제2판

보험업법

Insurance Business Law

한기정 김소연 양희석

박영사

제2판 머리말

보험연구원장 임기를 마치며 2019년에 보험업법을 출간한 이후 학계와 실무계로부터 적지 않은 호평을 받게 된 데 대하여 깊은 감사의 말씀을 드린다. 출간 당시 필자가 염두에 두었던 집필의 목적이 어느 정도 달성된 것으로 보아, 저자로서 더없이 기쁜 마음이다.

이번 개정판은 초판 출간 이후 이루어진 관련 법령과 감독규정의 개정 사항을 반영하고, 그간 축적된 학계 및 실무계의 새로운 논의와 동향을 충실히 담고자 하였다. 특히 초판 이후 가장 중요한 제도적 변화로는 금융소비자 보호에 관한 법률의 제정과 시행을 들 수 있는데, 본 개정판에서는 그중 보험업과 직접적으로 관련되는 내용을 빠짐없이 반영하여 서술하였다. 이러한 변화들을 반영한 개정판의 필요성은 오래전부터 인식하고 있었으나, 필자가 지난 3년간 공정거래위원장직을 수행하면서 집필에 충분한 시간을 할애하지 못하였다. 이번 개정판을 통해 오랫동안 마음에 남아 있던 부담을 덜어낼 수 있게 되어 참으로 다행스럽게 생각한다.

이번 개정판의 출간 과정에서는 김소연 교수(중앙대학교 법학전문대학원)와 양희석 교수(충남대학교 법학전문대학원)와 공동으로 작업을 진행하였다. 두 교수는 변호사로서 보험실무를 직접 경험하였을 뿐만 아니라, 이론과 실무 양 측면에서 모두 탁월한 식견과 역량을 갖추고 있어 본 개정 작업에 큰 힘이 되었다. 이 자리를 빌려 두 분의 노고에 깊이 감사드리며, 앞으로도 세 사람이 함께 고민하고 연구함으로써 본서가 학계와 실무계 모두에 실질적인 기여를 할 수 있도록 지속적으로 노력할 것을 다짐한다.

끝으로, 어려운 출판 환경 속에서도 본서의 출간을 흔쾌히 맡아 주신 박영사 안종만 회장님께 깊은 감사의 말씀을 드린다. 아울러 기획과 편집 전반에 걸쳐 세심한 노력을 기울여 주신 조성호 이사님과 김선민 이사님께도 진심으로 감사드린다.

2026년 1월

저자 씀

머리말

필자가 영국 케임브리지 대학의 말콤 클라크(M. Clarke) 교수님의 지도를 받아 보험법학 박사학위를 취득하고 대학에서 강의와 연구를 해온지 만 20년 이상이 훌쩍 지났다. 그간의 강의와 연구를 반영하여 지난 2017년에 「보험법」을 출간한 바 있다. 이 책은 보험관계에서 사인 간의 이해관계를 조정하는 보험계약법(the Law of Insurance Contracts)의 성격을 띤다. 이번에 출간하는 「보험업법」은 행정주체가 공익적 목적에서 보험관계를 규율하는 보험감독법 또는 보험규제법(the Law of Insurance Regulation)에 해당한다. 이것으로 필자는 보험법의 두 축인 보험계약법과 보험규제법에 대한 저서 출간을 마치게 되었다.

필자가 본서 「보험업법」을 출간한 이유는 우선, 실무상 필요가 크기 때문이다. 필자는 보험연구원 원장으로 재직하면서 금융위원회, 금융감독원, 보험회사의 CEO를 포함한 보험관련 분야의 적지 않은 분들을 만나 뵈었고, 보험업법에 관한 전문서적의 출간을 권유받은 경우가 종종 있었다. 가장 큰 이유는 보험실무에서 보험업법의 중요성이 지대함에도 불구하고 최근에 출간된 보험업법 저서가 드문 편이고, 더 나아가 실무자의 입장에서 중요성이 큰 보험업감독규정 및 보험업감독업무시행세칙이 빠짐없이 반영된 저서가 없다는 것이었다. 물론, 학문적 필요성도 크다. 대학의 보험관련 학과 또는 전공에서 보험업법이 강의되고 연구되는 사례가 많아서 이를 위해 적합한 교재가 필요했다. 출간의 필요성은 충분했지만 연구기관의 기관장으로서 감당해야 할 바쁜 일상이 선뜻 집필에 나서기 어렵게 했다. 돌이켜 보면 보험연구원 원장이지만 동시에 한명의 학자로서 보험의 학문적 발전에 기여할 기회를 지나치지 말자는 분수에 넘치는 사명감이 시간을 쪼개고 주말과 새벽을 활용해서 여기에 이르게 했다고 생각한다.

필자는 실무적, 학문적 활용도와 종합성이라는 상기의 저술 목적을 달성하기 위해 다음과 같은 방향으로 본서를 집필하였다.

첫째, 담론 또는 이론에 중심을 두기보다는 실무적으로 요긴한 부분에 집중하는 방식으로 내용을 전개하였다. 보험업법은 거대한 담론 또는 심오한 이론에 기초하기보다는 현재의 보험환경에 맞는 정책 또는 전략을 선택한 결과물이다. 따라서 보험업법 해당 규정의 배경, 취지를 소개하고 관련된 해석론을 다루는 방식으로 전개하였다. 입법론의 개진은 필요한 최소한으로 하였다.

둘째, 실무상 중요성이 큰 보험업감독규정 및 보험업감독업무시행세칙을 빠짐없이 소개하였다. 이 규정들의 대부분은 보험업법, 동법시행령, 동법시행규칙의 위임을 받은 것이기 때문에 법적 구속력이 있으므로 그 무게가 결코 가볍지 않고, 또한 이들이 포함되어야 비로소 보험업법 규정이 완결성을 띤다. 다만, 보험업감독규정 및 보험업감독업무시행세칙은 세부적이고 기술적인 사항들이 대부분이어서 이에 대한 깊이 있는 해석론을 전개하기는 다소 어려웠다. 또한 본서의 지면 제한 때문에 보험업감독규정 및 보험업감독업무시행세칙의 [별표] 및 [별지]의 내용 전부까지 소개하지는 못했다.

셋째, 보험업법에 관련된 규정 중 상위법령의 위임이 명시되지 않은 부분에 대해 적시하였다. 이는 법치행정의 관점에서 보면 아쉬운 대목이다. 오래 전에 제정된 법령들 중에는 상위법령의 위임이 명시되지 않은 경우가 종종 있는데 보험업법도 여기에 속한다. 반면, 최근 2015년에 제정된 '금융회사의 지배구조에 관한 법률'에는 이러한 경우를 찾아보기 어려웠다. 향후 보험업법의 전면 개정 시에 상위법령의 위임 문제가 완전히 해소되기를 기대해 본다.

본서를 집필하는 데는 많은 분들의 도움을 받았다. 무엇보다도 기존에 출간된 보험업법 저서들은 필자가 본서를 집필하는 데 절대적인 도움을 받았기에 그 저자 분들에게 깊은 감사를 드린다. 필자와 생각이 같거나 다른 부분도 있지만 그 모든 것이 본서를 집필하는 데 없어서는 안 될 망망대해에서의 나침반과 같은 역할을 해주었다. 보험연구원의 조재린 박사님(연구조정실장)과 백영화 변호사님(금융법센터장)은 연구원 일로 바쁜 가운데에도 원고를 읽고 필자가 보지 못한 부분에 대해 훌륭한 코멘트를 해주었다. 보험업법에는 행정법과 관련된 까다로운 사항이 적지 않은데 이 분야의 대가이자 친우인 이원우 교수님(서울대 법전원)이 소중한 코멘트를 해주었다. 삼성화재 준법감시인으로서 실무에서 활약하고 계시는 강윤미 변호사님도 원고를 읽고 귀중한 조언을 해주셨다. 이 분들의 도움이 없었다면 본서는 햇빛을 보지 못했으리라. 그리고 저자가 서울대에서 봉직할 수 있도록 허락해 주신 김건식 교수님, 그리고 박준 교수님 등 서울대 법전원의 상법학 선배, 동료 교수님들께서 주시는 학문적 자극에 재차 감사를 드린다. 보험연구원의 가족 여러분과 특히 교정을 도와준 이유리 씨에게 감사를 드린다. 마지막으로 본서를 출간해 주신 박영사 안종만 회장님, 그리고 기획과 편집에 애써주신 조성호 이사님, 김선민 부장님께 감사를 드린다.

2019년 봄 여의도에서

한 기 정

차 례

제1장 총설

제2장 보험업의 허가

제3장 보험회사

제5장 자산운용

제6장 계산

제7장 감독

제8장 해산 및 청산

제9장 손해보험에서 제3자 보호제도

제10장 보험관계단체 등

제11장 업무의 위탁 등

제12장 벌칙

약어표

주요법령 약어

[보험업법 관련]
법 … 보험업법
시행령 … 보험업법시행령
시행규칙 … 보험업법시행규칙
감독규정 … 보험업감독규정
감독시행세칙 … 보험업감독업무시행세칙

[기타 법률 관련]
개인정보법 … 개인정보 보호법
구조개선법 … 금융산업의 구조개선에 관한 법률
금융소비자법 … 금융소비자 보호에 관한 법률
금융실명법 … 금융실명거래 및 비밀보장에 관한 법률
금융위원회법 … 금융위원회의 설치 등에 관한 법률
보험사기방지법 … 보험사기방지 특별법
신용정보법 … 신용정보의 이용 및 보호에 관한 법률
약관규제법 … 약관의 규제에 관한 법률
자본시장법 … 자본시장과 금융투자에 관한 법률
자동차손배법 … 자동차손해배상보장법
지배구조감독규정 … 금융회사 지배구조 감독규정
지배구조감독시행세칙 … 금융회사 지배구조 감독규정 시행세칙
지배구조법 … 금융회사의 지배구조에 관한 법률
채무자회생법 … 채무자 회생 및 파산에 관한 법률
퇴직급여법 … 근로자퇴직급여 보장법
표시광고법 … 표시·광고의 공정화에 관한 법률

주요참고문헌 약어

김건식·노혁준·천경훈 … 김건식·노혁준·천경훈, 회사법, 9판, 2025
김은경 … 김은경, 보험계약법, 2016
김동희·최계영 … 김동희·최계영, 행정법(Ⅰ), 27판, 2023
김성태 … 김성태, 보험법, 2001
노상봉 … 노상봉, 보험업법 해설, 1998년 개정, 1998
박균성 … 박균성, 행정법론(상), 24판, 2025
박세민 … 박세민, 보험법, 8판, 2025
보험업법1 … 정찬형(편), 금융법(Ⅱ)[보험업법1], 2007
보험업법2 … 정찬형(편), 금융법(Ⅱ)[보험업법2], 2007
양승규 … 양승규, 보험법, 5판, 2005
이기수·최병규·김인현 … 이기수·최병규·김인현, 보험·해상법, 9판, 2015
이성남 … 이성남, 보험모집규제론, 2017
이성남·김건 … 이성남·김건, 보험업법, 2003
이철송 … 이철송, 회사법강의, 33판, 2025
임용수 … 임용수, 보험법, 2006
성대규·안종민 … 성대규·안종민, 한국보험업법, 개정2판, 2015
장덕조 … 장덕조, 보험법, 7판, 2025
정동윤 … 정동윤, 상법(하), 4판, 2011
정찬형 … 정찬형, 상법강의(하), 24판, 2025
정채웅 … 정채웅, 보험업법 해설, 2017
지배구조법설명서 … 금융위원회, 금융회사의 지배구조에 관한 법률 설명서, 2016
책무구조도 등 개정 지배구조법령 해설서 … 금융위원회, 책무구조도 등 개정 지배구조법령 해설서, 2024
최기원 … 최기원, 보험법, 1993
최준선 … 최준선, 보험·해상·항공운송법, 12판, 2020
홍정선 … 홍정선, 행정법원론(상), 32판, 2024

제 1 장

총설

제 1 관 보험업법의 개관

1. 보험업법의 정의

보험업법의 정의는 실질적 의미와 형식적 의미로 구분해서 살펴볼 수 있다.

(1) 실질적 의미의 보험업법

실질적 의미의 보험업법은 보험업을 규율하는 국내 공법이다. 이러한 의미의 보험업법은 보험규제법(the Law of Insurance Regulation), 보험감독법이라고도 부른다. 보험규제법은 보험관계를 공법적으로 규율하는 — 행정주체가 공익적 목적에서 보험관계를 규율하는 — 성격의 법이다. 이 점에서 보험계약을 사법적으로 규율하는, 즉 보험관계에서 사인간의 이해관계를 조정하는 보험계약법(the Law of Insurance Contracts)과 구분된다. 실질적 의미의 보험업법은 1962년에 제정된 성문법인 '보험업법'에 주로 존재한다. 하지만 실질적 의미의 보험업법은 여기에 그치지 않고 여러 관련법에도 존재한다. 그러한 법으로는 독점규제법, 지배구조법, 구조개선법, 금융위원회법, 약관규제법, 예금자보호법, 자동차손배법, 자본시장법, 금융소비자법 등이 있다.

(2) 형식적 의미의 보험업법

형식적 의미의 보험업법은 1962년에 제정된 성문법인 '보험업법'을 가리킨다. 이 보험업법에는 주로 보험관계를 공법적으로 규율하는 규정이 포함되어 있다. 구체적으로 보면 보험업의 허가, 보험모집의 규제, 기업회계 및 재무건전성의 규제, 각종의 감독제도 등이 포함되어 있다. 이 범위 내에서 형식적 의미의 보험업법과 실질적 의미의 보험업법은 일치한다. 다만, 형식적 의미의 보험업법에는 보험관계를 사법적으로 규율하는 규정도 일부 포함되어 있다. 이것은 실질적 의미의 보험계약법에 속한다. 즉 형식적 의미의 보험업법에는 보험회사와 보험계약자, 피보험자, 보험수익자, 모집종사자의 사법적 권리의무와 관련된 규정이 일부 있다. 가령 영업보증금에 대한 우선변제권(법103) 등이 그러하다.

(3) 본서의 대상

본서는 형식적 의미의 보험업법, 즉 성문법인 '보험업법'을 주된 기술 대상으로 삼는다. 전술한 바와 같이 여기에는 보험관계를 공법적으로 규율하는 규정이 대부분이고 사법적 규정이 일부 포함되어 있다. 그리고 다른 법률에 존재하는 실질적 의미의 보험업법에 대해서도 필요한 범위 내에서 기술하기로 한다.

2. 보험업법의 법원

(1) 의의

법원(法源)이란 법의 존재형식을 말한다. 보험업법의 법원이란 보험업법이 어떠한 형식의 법규범으로 존재하는지의 문제이다. 법원에는 성문법과 불문법이 있다. 이 중에서 보험업법의 주요 법원은 성문법이다.

(2) 성문법

1) 법률

⑴ 1962.1.15.에 제정된 성문법인 '보험업법'이 보험업에 관한 대표적인 법률이다. 보험업법은 2024.9.20.까지 63차에 걸쳐서 개정되었다. 보험업법은 보험환경의 변화에 맞추어 비교적 자주 개정되어 왔음을 알 수 있다. 그 중에서 전부개정은 1977.12.31.의 3차 개정과 2003.5.29.의 19차 개정이었고, 나머지는 일부개정이었다. 3차 전부개정 시에는 종전에 별도의 법률로 존재하던 '외국보험사업자에 관한 법률', 보험모집단속법, 대한재보험공사법이 폐지되고 그 내용이 보험업법에 흡수되었다.

⑵ 전술한 대로 실질적 의미의 보험업법은 독점규제법, 지배구조법, 구조개선법, 금융위원회법, 약관규제법, 예금자보호법, 자동차손배법, 자본시장법, 금융소비자법 등에도 존재한다. 본서는 '성문법'인 보험업법이 중심대상이지만 다른 실질적 의미의 보험업법도 필요한 범위 내에서 살펴본다.

2) 법규명령

i) 의의

⑴ 법규명령이란 행정권이 제정하는 법규를 가리키며 대외적 구속력을 갖는다. 법규명령은 행정입법의 일종이다. 우리 헌법상 국회입법의 원칙에 의하면 법규는 국민의 대표기관인 국회에서 제정되어야 한다. 하지만 행정의 전문화 및 복잡화 등으로 인해서 국회입법을 고수하기에는 현실적인 한계가 있기 때문에 국회입법의 원칙이 훼손되지 않는 범위 내에서 행정입법이 허용되고 있다.

⑵ 보험업법의 하위법령인 보험업법시행령과 보험업법시행규칙은 법규명령에 해당한다.

ii) 분류

법규명령은 제정권자와 위임 여부를 기준으로 다음과 같이 분류할 수 있다.

① 제정권자

(1) 제정권자를 기준으로 보면 법규명령에는 대통령령, 총리령, 부령 등이 있다. 대통령령은 시행령, 총리령과 부령에는 시행규칙이라는 명칭이 붙고, 독립행정위원회(가령 금융위원회)가 제정하는 법규명령에는 규칙이라는 명칭이 붙는 것이 원칙이다.

(2) 보험업법시행령은 제정권자가 대통령이고 보험업법시행규칙은 제정권자가 국무총리이다.

② 위임 여부

(1) 위임(수권) 여부를 기준으로 보면 법규명령에는 위임명령과 집행명령이 있다. 위임명령은 법률 등 상위법령의 명시적 위임을 받은 법규명령이고, 집행명령은 위임 없이 직권으로 제정되고 상위법령의 집행을 위한 법규명령이다.[1]

(2) 위임명령은 그 한계가 있다. 즉 상위법령의 명시적 위임이 있어야 하고 그 위임의 범위 내에 속해야 하며, 일반적·포괄적 위임은 금지된다(헌법75). 따라서 백지위임은 허용되지 않는다. 상위법령의 위임 시에 적어도 위임명령에 규정될 내용 및 범위의 기본사항을 구체적으로 규정하고 있어서 누구라도 당해 법률이나 상위법령으로부터 위임명령에 규정될 내용의 대강을 예측할 수 있어야 한다.[2] 그리고 위임명령이 위임받은 사항을 재위임하는 것은 허용되지만, 위임받은 사항에 관하여 대강을 정하고 구체적으로 재위임해야 한다.[3]

(3) 집행명령도 그 한계가 있다. 집행명령은 상위법령의 집행에 관하여 위임 없이 직권으로 제정된다는 점을 고려하면, '국민의 권리 또는 의무에 관한 사항'(법규사항)을 집행명령에서 정할 수 없다. 집행명령은 상위법령의 집행을 위해서 필요한 절차나 형식(가령

1) 위임명령과 집행명령에 대해서 헌법은 다음과 같이 규정한다. 대통령은 법률에서 구체적으로 범위를 정하여 위임받은 사항과 법률을 집행하기 위하여 필요한 사항에 관하여 대통령령을 발할 수 있다(헌법75). 국무총리 또는 행정각부의 장은 소관 사무에 관하여 법률이나 대통령령의 위임 또는 직권으로 총리령 또는 부령을 발할 수 있다(헌법95)

2) 대판 2015.1.15. 2013두14238(위임명령의 구체적인 위임의 범위는 규제하고자 하는 대상의 종류와 성격에 따라 달라지는 것이어서 일률적 기준을 정할 수는 없지만, 적어도 위임명령에 규정될 내용 및 범위의 기본사항이 구체적으로 규정되어 있어서 누구라도 당해 법률이나 상위법령으로부터 위임명령에 규정될 내용의 대강을 예측할 수 있어야 하나, 이 경우 그 예측가능성의 유무는 당해 위임조항 하나만을 가지고 판단할 것이 아니라 그 위임조항이 속한 법률의 전반적인 체계와 취지 및 목적, 당해 위임조항의 규정형식과 내용 및 관련 법규를 유기적·체계적으로 종합하여 판단하여야 하며, 나아가 각 규제 대상의 성질에 따라 구체적·개별적으로 검토함을 요한다)

3) 대판 2015.1.15. 2013두14238(법률에서 위임받은 사항을 전혀 규정하지 않고 재위임하는 것은 복위임금지 원칙에 반할 뿐 아니라 위임명령의 제정 형식에 관한 수권법의 내용을 변경하는 것이 되므로 허용되지 아니한다 할 것이나 위임받은 사항에 관하여 대강을 정하고 그 중의 특정사항을 범위를 정하여 하위법령에 다시 위임하는 경우에는 재위임이 허용된다 할 것이다)

신고서 양식)을 정하는 데 그쳐야 한다.[4] 행정기관은 법률에 근거하지 않은 규제로 국민의 권리를 제한하거나 의무를 부과할 수 없는 것이다(행정규제기본법4③).

(4) 보험업법시행령과 보험업법시행규칙은 대부분 상위법령의 명시적 위임에 근거한 위임명령에 해당한다. 이러한 법규명령들은 전술한 위임명령 또는 집행명령의 한계를 준수해야 한다.

3) 행정규칙

i) 의의

(1) 행정규칙이란 행정권 내부에서 행정의 사무처리 기준으로 제정된 일반적·추상적 규범을 말한다(통설). 실무상 고시, 훈령, 예규 등의 명칭으로 부른다. 행정규칙은 대외적 구속력, 즉 법규적 효력을 가진 것과 그렇지 않은 것으로 구분된다.

(2) 금융위원회가 고시하는 보험업감독규정('감독규정')은 행정규칙이며, 이의 위임에 따라 금융감독원장이 정하는 보험업감독업무시행세칙('감독시행세칙')도 행정규칙에 해당한다.

ii) 분류

행정규칙은 다음과 같이 법규적 효력을 가진 것과 그렇지 않은 것이 있다.

① 법규적 효력을 가진 행정규칙

(1) 법규적 효력을 갖는 행정규칙에는 법령보충적 행정규칙, 집행명령적 행정규칙이 있다.[5]

(2) 법령보충적 행정규칙은 법령의 위임에 의해 법령을 보충하는 법규사항을 정하는 행정규칙을 가리킨다.[6] 법령보충적 행정규칙은 수권법령과 결합하여 법규명령처럼 대외적인 구속력을 갖는다(판례,[7] 통설). 헌법재판소도 법령보충적 행정규칙이 헌법상 명시하고 있는 법규명령의 형식은 아니지만 국회입법의 원칙에 반하지 않으며, 다만 전문적·기술적 사항이나 경미한 사항으로서 업무의 성질상 위임이 불가피한 사항에 한정된다고 결정한 바 있다.[8] 행정규제기본법 4조 2항 단서도, 법령에서 전문적·기술적 사항이나 경미

4) 박균성 228면, 241-242면

5) 이외에도 독일법상 인정되는 규범구체화행정규칙, 특별명령 등이 법규적 성질을 갖는 행정규칙으로 논의되고 있다(박균성 306-307면)

6) 이러한 법령보충적 행정규칙은 더 이상 행정규칙이 아니며 법규명령에 해당한다고 보는 견해와 여전히 행정규칙에 불과하다는 견해가 대립한다.

7) 대판 1987.9.29. 86누484; 대판 2008.3.27. 2006두3742; 대판 2012.3.29. 2011다104253

8) 헌재 2016.2.25. 2015헌바191(사회적 변화에 대응한 입법수요의 급증과 종래의 형식적 권력분립주의로는 현대사회에 대응할 수 없다는 기능적 권력분립론 등을 감안하여 헌법 제40조와 헌법 제75조, 제95조의 의미를 살펴보면, 의회가 구체적으로 범위를 정하여 위임한 사항에 관하여는 당해 행정기관이 법정립의 권한을 갖게 되고, 이 경우 입법자는 규율의 형식도 선택할 수 있다 할 것이므로, 헌법이 명시하고 있는 법규명령의 형식이 아닌 행정규칙에 위임하더라도 이는 국회입법의 원칙과 상치되지 않는다. 다만, 행정규칙은 법규명령과 같은 엄격한 제정 및 개정절차를 요하지 아니하므로, 기본권을 제한하는 내용에 대해서는 법규명령에 위임함이 바람직하고, 부득이 고시와 같은 형식으로 위임을 할 때에는 적어도 전문적·기술적 사항이나 경미한 사항으로서 업무의 성질상 위임이 불

한 사항으로서 업무의 성질상 위임이 불가피한 사항에 관하여 구체적으로 범위를 정하여 위임한 경우에는 고시 등으로 정할 수 있다고 규정한다. 법령의 위임이 없거나 위임의 범위를 벗어난 행정규칙은 대외적 구속력이 인정되지 않는다(판례,[9] 통설). 그리고 행정규칙이 위임의 한계를 준수하고 있는지는 당해 법률 규정의 입법 목적과 규정 내용, 규정의 체계, 다른 규정과의 관계 등을 종합적으로 살펴서 판단해야 한다.[10]

(3) 집행명령적 행정규칙은 상위법령의 집행을 위한 절차 또는 형식을 규정하는 행정규칙이다. 이것은 상위법령의 명시적 위임이 없이 직권으로 제정할 수 있다. 다만, 상위법령의 명시적 위임이 없다는 점에서 법규사항(국민의 권리와 의무에 관한 사항)에 대해서는 정할 수 없다.

(4) 보험업법과 관련하여 감독규정의 대부분은 상위법령의 명시적 위임에 근거한 행정규칙에 해당한다. 따라서 대부분 법령보충적 행정규칙이라고 할 수 있으며, 대외적 구속력이 인정된다. 판례는 법령의 근거 없이도 법령보충적 행정규칙에서 재위임하는 것도 가능하다고 본다.[11] 감독시행세칙의 대부분은 감독규정의 재위임에 따른 것이며, 따라서 이것도 법령보충적 행정규칙이라고 할 수 있다. 감독규정 또는 감독시행세칙은 위 법령보충적 행정규칙 또는 집행명령적 행정규칙의 한계를 준수해야 하고, 이를 위반하면 대외적 구속력이 없는 것이 원칙이다.

② 법규적 효력이 없는 행정규칙

(1) 전술한 법규적 성질을 갖는 행정규칙을 제외한 행정규칙은 법규적 성질이 없다. 법규적 성질이 없는 행정규칙은 행정권 내부에서 구속력(대내적 구속력)은 인정되지만 행정행위의 상대방인 국민 또는 법원에 대한 구속력(대외적 구속력)이 인정되지 않는 것이 원칙이다(판례,[12] 통설). 다만, 예외적으로 간접적으로 대외적 구속력이 인정되기도 한다.

가피한 사항에 한정된다)

9) 대판 1999.11.26. 97누13474; 대판 2016.8.17. 2015두51132(일반적으로 행정 각부의 장이 정하는 고시라 하더라도 그것이 특히 법령의 규정에서 특정 행정기관에 법령 내용의 구체적 사항을 정할 수 있는 권한을 부여함으로써 그 법령 내용을 보충하는 기능을 가질 경우에는 그 형식과 상관없이 근거 법령 규정과 결합하여 대외적으로 구속력이 있는 법규명령으로서의 효력을 가지는 것이나 이는 어디까지나 법령의 위임에 따라 그 법령 규정을 보충하는 기능을 가지는 점에 근거하여 예외적으로 인정되는 효력이므로 특정 고시가 비록 법령에 근거를 둔 것이라고 하더라도 그 규정 내용이 법령의 위임 범위를 벗어난 것일 경우에는 위와 같은 법규명령으로서의 대외적 구속력을 인정할 여지는 없다)

10) 대판 2016.8.17. 2015두51132(특정 고시가 위임의 한계를 준수하고 있는지 여부를 판단할 때에는, 당해 법률 규정의 입법 목적과 규정 내용, 규정의 체계, 다른 규정과의 관계 등을 종합적으로 살펴야 하고, 법률의 위임 규정 자체가 그 의미 내용을 정확하게 알 수 있는 용어를 사용하여 위임의 한계를 분명히 하고 있는데도 고시에서 그 문언적 의미의 한계를 벗어났다든지, 위임 규정에서 사용하고 있는 용어의 의미를 넘어 그 범위를 확장하거나 축소함으로써 위임 내용을 구체화하는 단계를 벗어나 새로운 입법을 한 것으로 평가할 수 있다면, 이는 위임의 한계를 일탈한 것으로서 허용되지 아니한다)

11) 대판 2004.5.28. 2002두4716

12) 대판 2009.12.24. 2009두7967

재량준칙이 그러하다. 재량준칙은 재량권 행사의 기준을 정한 행정규칙이며, 이는 재량권 행사의 기준을 국민 또는 법원에게 미리 알려 주는 역할을 한다. 만약 법령에 의해서 행정권에게 재량권의 행사가 부여되어 있는 경우에 그 행사에 관한 기준을 정한 행정규칙이 존재한다면, 이러한 행정규칙은 평등원칙을 매개로 하여 간접적으로 대외적 구속력을 갖는데(판례,[13] 다수설), 이는 재량준칙 자체가 직접적으로 대외적 구속력을 갖는 것은 아니지만 특별한 사유 없이 특정인에게 재량준칙을 적용하지 않고 처분하는 것은 평등원칙에 반하여 위법한 처분이 된다는 의미이다.[14]

(2) 보험업법과 관련한 감독규정 및 감독시행세칙의 일부 규정은 상위법령의 명시적 위임에 근거하지 않은 행정규칙에 해당한다. 이러한 행정규칙에 대해서는 관련된 부분에서 밝히기로 한다.[15] 이 중에는 집행명령적 행정규칙에 해당하는 규정도 있을 수 있다. 하지만 집행명령적 행정규칙은 전술한 바와 같이 상위법령의 집행을 위한 절차 또는 형식을 규정하는 행정규칙으로서 법규사항(국민의 권리와 의무에 관한 사항)에 대해서는 정할 수 없다는 점에서 매우 제한적으로 인정될 수 있다. 요컨대 보험업법에 관한 감독규정 및 감독시행세칙 중에서 상위법령의 명시적 위임에 근거하지 않은 행정규칙이 일부 있고 이 중 상당수는 법규적 효력이 없는 행정규칙일 수 있다. 그리고 이 중에서 재량권 행사의 기준에 해당하는 행정규칙은 간접적으로 대외적 구속력이 인정될 수 있다.[16] 즉 보험업법 등 법령에 의해서 금융위원회 등에게 재량권의 행사가 부여되어 있는 경우에 감독규정 또는

---

13) 대판 2009.12.24. 2009두7967; 대판 2013.11.14. 2011두28783(위와 같은 감면고시의 규정은 그 형식 및 내용에 비추어 재량권 행사의 기준으로 마련된 행정청 내부의 사무처리준칙, 즉 재량준칙이라 할 것이고, 시행령 35조 1항 4호에 의한 추가감면 신청 시 그에 필요한 기준을 정하는 것은 행정청의 재량에 속하므로 그 기준이 객관적으로 보아 합리적이 아니라든가 타당하지 아니하여 재량권을 남용한 것이라고 인정되지 아니하는 이상 행정청의 의사는 가능한 한 존중되어야 한다. 이러한 재량준칙은 일반적으로 행정조직 내부에서만 효력을 가질 뿐 대외적인 구속력을 갖는 것은 아니므로 행정처분이 이를 위반하였다고 하여 그러한 사정만으로 곧바로 위법하게 되는 것은 아니고, 다만 그 재량준칙이 정한 바에 따라 되풀이 시행되어 행정관행이 이루어지게 되면 평등의 원칙이나 신뢰보호의 원칙에 따라 행정기관은 그 상대방에 대한 관계에서 그 규칙에 따라야 할 자기구속을 받게 되므로, 이러한 경우에는 특별한 사정이 없는 한 그에 반하는 처분은 평등의 원칙이나 신뢰보호의 원칙에 어긋나 재량권을 일탈·남용한 위법한 처분이 된다)

14) 박균성 281면

15) 가령 감독규정 7-14조 6항, 감독시행세칙 5-6조의2 등은 상위법령의 명시적 위임이 없는 행정규칙이다. 그리고 '금융기관 검사 및 제재에 관한 규정'도 상위법령의 명시적 위임이 없는 행정규칙이다.

16) 가령 감독규정 3-5조의2 1항은 상위법령의 명시적 위임이 없는 행정규칙인데, 이는 재량준칙에 해당할 수 있다. 주식회사인 보험회사가 자본감소를 결의할 때 대통령령으로 정하는 자본감소를 하려면 미리 금융위원회의 승인을 받아야 한다(법18②). 감독규정 3-5조의2 1항에 따르면, 금융위원회는 자본감소의 승인을 하려는 경우에는 다음 각 호의 기준에 적합한지를 심사해야 한다.
1. 자본감소 후에도 지급여력비율이 130% 이상일 것
2. 자본감소의 불가피성이 인정될 것
3. 내용과 절차가 법, 상법 등 관계법령에 비추어 흠이 없을 것
4. 보험계약자의 보호에 지장을 초래하지 아니할 것
5. 금융시장의 안정성 및 건전한 금융거래질서를 해치지 않을 것

감독시행세칙이 그 재량권의 행사에 관한 기준을 정하고 있다면 이는 간접적으로 대외적 구속력이 인정될 수 있는 것이다. 이를 제외하면 법규적 효력이 없는 행정규칙은 대외적 구속력이 인정되지 않는다. 본서는 감독규정 및 감독시행세칙의 규정을 인용할 때 상위법령의 명시적 위임에 근거한 것인지에 대해서도 다루고 있다.

3. 보험업법의 목적

(1) 의의

(1) 보험업법 1조는 보험업법의 목적을 밝히고 있다. 즉 보험업법은 보험업을 경영하는 자의 건전한 경영을 도모하고 보험계약자, 피보험자, 그 밖의 이해관계인의 권익을 보호함으로써 보험업의 건전한 육성과 국민경제의 균형 있는 발전에 기여함을 목적으로 한다(법1). 여기서 보험업법의 목적은 보험회사의 건전경영, 이해관계인의 권익보호, 보험업의 건전육성, 국민경제의 균형발전 등 네 가지이다.

(2) 보험업은 국민경제생활에 미치는 영향이 크다는 점에서 공공성, 사회성을 띠고 있으며 이로 인해서 허가제를 취하는 등 규제대상이다. 보험업법은 보험규제를 위한 법이므로, 보험업법의 목적은 보험규제의 목적을 의미하기도 한다. 보험업법의 목적은 보험업법상 내용에 대한 입법 및 해석의 기준 또는 지침으로서의 의미도 있다. 보험업법의 목적과 보험업법의 내용은 목적과 수단의 관계에 있으며 양자가 유기적이고 효율적으로 결합될 때 보험업법의 목적은 실현될 수 있을 것이다. 보험업법 1조를 보험업법 해석의 기준으로 사용한 판례로는 대판 2007.9.6. 2007다30263이 있다. 이 판결은 보험업법 1조(목적) 및 구 보험법 102조 1항(보험회사의 사용자책임)의 입법 취지에 비추어 보면 구 보험업법 102조 1항이 보험업과 관련해서는 일반적으로 적용되어야 할 규정이라고 이해하고, 보험업법이 아니라 다른 법률에 근거한 보험업에 대해서도 다르게 볼 만한 특별한 사정이 없는 한 구 보험업법 102조 1항이 적용되는 것으로 해석해야 한다고 판시한 것이다.[17] 이에 관해서는 보험회사의 사용자책임 부분에서 자세히 기술한다.

(2) 내용

보험업법 1조가 밝히는 목적은 크게 네 가지인데, 이를 나누어서 살펴보기로 한다. 이러한 목적들은 상호 관련되어 있음을 알 수 있다.

1) 보험회사의 건전경영

보험회사의 건전경영은 보험업법의 목적이다. 보험회사 건전경영의 핵심은 보험회사의 재무건전성 요건이다. 재무건전성이 훼손되면 보험회사가 보험금 등을 지급해야 할 경우에 이를 할 수 없게 되므로 이에 대비해서 적정한 지급능력을 갖추고 있어야 재무건전

17) 금융소비자법이 제정되면서 금융소비자법 45조로 이관되었다.

성 요건이 충족될 수 있다. 이를 위해서 보험업법은 보험업의 허가(2장), 자산운용(5장), 계산(6장), 감독(7장) 등에 관한 규정을 두고 있다. 또한 보험회사의 지배구조도 건전한 경영의 요건 중 하나이다. 보험회사의 임원의 자격요건, 이사회의 구성 및 운영, 내부통제제도 등은 보험회사의 건전경영을 위한 지배구조 요건에 해당한다. 2015.7.31. 지배구조법이 신설되면서 보험업법의 해당규정이 이관되어 지배구조법이 규정하고 있다.

2) 이해관계인의 권익보호

보험계약자, 피보험자, 그 밖의 이해관계인의 권익을 보호하는 것은 보험업법의 목적이다. 보험업의 전문성, 복잡성, 다양성 등을 고려하면 이해관계인 보호의 필요성이 크므로 보험업법은 이해관계인 권익보호에 적극적인 태도를 보인다. 이해관계인의 권익보호는 보험회사의 건전경영을 통해서 실현되는 측면이 있다. 즉 보험회사가 적정한 지급능력을 갖추고 있으면 보험금 등에 대한 이해관계인의 권익이 보호될 수 있다. 나아가 보험계약의 체결 또는 모집과정에서 이해관계인을 보호할 필요가 있다. 이를 위해서 보험업법은 모집(제4장)에 관한 규정을 두고 있다. 다만, 보험업법은 이해관계인 권익보호에 때로는 이해관계인별로 이원적 접근을 한다. 다시 말하면, 이해관계인이 보험회사에 비해 경제적 지위가 약한지에 따라서, 즉 전문성, 협상력, 자본력 등이 떨어지는지 여부를 기준으로 이해관계인을 둘로 나누고 경제적 지위가 약한 경우는 후견적 개입을 통하여 보다 두텁게 보호한다. 설명의무, 적합성 원칙 등에서 그러하다. 2021.3.25. 금융소비자법이 시행되면서 보험업법의 보험계약자 보호 관련 규정들 중 상당수가 이관되어 금융소비자법이 규정하고 있다.

3) 보험업의 건전육성

보험업의 건전한 육성은 보험업법의 목적이다. 보험업은 국민에게 경제적 안정성을 제공해 주기 때문에 보험업은 국민경제생활에 기여하는 바가 크다. 즉 현대인은 각종 사고의 발생으로 손해를 볼 위험에 노출되어 살아가고 있는데, 보험업은 보험료를 대가로 이러한 위험을 보험회사로 이전시키는 역할을 하며, 이를 통해서 국민의 경제적 안정성이 확보된다. 이러한 이유에서 보험업법은 보험업의 건전육성을 목적으로 삼고 있다. 보험회사의 건전경영과 이해관계인의 권익보호는 보험업 건전육성의 지름길이다. 나아가 시간의 경과, 환경의 변화에 맞추어 보험업을 건전하게 '성장, 발전'시키는 것도 보험업의 건전육성에 반드시 필요한 부분이다. 여기서 '성장, 발전'은 양적인 측면과 질적인 측면이 모두 포함된다. 최근에 4차 산업혁명(4th Industrial Revolution)에 발맞추어 보험업을 어떻게 양적 및 질적으로 성장, 발전시킬 것인가는 보험업법의 새로운 현안 과제이다.

4) 국민경제의 균형발전

국민경제의 균형 있는 발전은 보험업법의 최종적 목적이다. 전술한 보험업의 건전한 육성은 국민경제생활에 안정성을 가져오고 궁극적으로 국민경제의 균형 있는 발전에 기여한다. 즉 보험업이 건전하게 육성되면 위험관리가 가능해짐에 따라 국내외 경제활동이 활발해지고 기업 및 가계의 경제수준이 향상됨으로써 국민경제의 균형발전이 이루어진다. 또한 보험회사가 보유한 거대한 자산이 금융시장 및 각종 산업에 투자되는데, 이도 국민경제의 균형발전에 기여한다. 보험업법은 보험회사의 자산운용과 관련한 규정(5장)을 두고 있다.

4. 보험규제와 보험업법

이하에서는 보험규제의 문제를 살펴본다. 여기서 보험규제는 보험정책과 보험감독을 포함하는 넓은 의미로 사용한다.

(1) 보험규제의 필요성

(1) 보험업은 전형적인 규제산업이다. 보험업을 규제하는 방대한 법령이 존재하는 이유이다. 보험업이 갖는 공공성과 사회성이 규제의 1차적 필요성이다. 보험업은 국민경제생활에 필수적인 위험보장, 즉 각종 사고의 발생으로 인해 손해를 볼 위험을 보험료를 대가로 보험회사로 이전시키는 역할을 하며 이를 통해서 국민의 경제적 안정성이 확보되므로, 보험업은 공공성과 사회성이라는 특성을 띠게 되는 것이다.[18] 그 결과 보험회사가 건전하게 경영되고 이해관계인의 권익이 보호되며 보험업이 건전하게 육성됨으로써 국민경제의 균형 있는 발전에 기여하게 할 필요가 있다. 이를 위해서는 보험업에 대해서 어느 정도의 규제가 불가피하다. 게다가 보험의 전문성, 복잡성, 다양성 및 보험회사와 이해관계인 사이의 정보의 비대칭성 등도 규제의 필요성을 강화하는 요인이 된다.

(2) 보험업법은 위와 같은 보험규제의 필요성에 부응하여 제정되었고, 보험업법 1조가 규정하는 보험업법의 목적은 바로 보험규제의 목적이자 필요성을 가리킨다.

(2) 보험규제의 방식

(1) 보험규제의 방식은 공시주의, 준칙주의, 실질규제주의로 구분된다. 이는 보험회사의 자율성을 인정하는 수준에 따른 구분이다.

첫째, 공시주의는 보험회사가 재무제표 등 일정한 사항을 공시하는 것으로 충분하며 보험회사 자율성이 가장 광범위하게 인정된다.

둘째, 준칙주의는 보험업에 관한 준칙을 최소한으로 정해 놓고 보험회사가 이에 따르게 하는 방식이며 보험회사의 자율성이 상당히 인정된다.

셋째, 실질규제주의는 보험업 전반에 대해 실질적 규제를 가하는 방식으로 보험회사

---

18) 대판 2015.10.29. 2013두23935(보험계약자인 고객들이 납입하는 보험료 등으로 구성되는 보험회사의 자산은 종국적으로 고객에게 지급할 보험금에 충당되어야 할 재원으로서 이를 보존하여야 할 고도의 공익상 필요가 있으므로 대주주 등 특수관계인이 보험회사의 자산을 자신 또는 계열회사를 지원하는 목적으로 함부로 유출하는 행위를 규제할 필요성이 매우 크다)

의 자율성이 인정되는 폭이 좁다.

(2) 위 (1)의 세 가지 방식 중에 어느 것을 택할 것인지는 국가마다 입장이 다르다. 우리나라는 전통적으로 보험업에 대해 실질규제주의에 입각해 있으며, 따라서 규제의 강도가 비교적 강한 편이다. 보험업법은 실질규제주의에 입각하여 보험업의 허가, 모집, 재무건전성 등에 대해 규제하고 있다. 다만, 실질규제주의에 입각해 있더라도 규제의 진폭과 강도는 환경변화에 따라 변화해 왔다. 보험업의 경쟁력 강화를 위해서 규제를 다소 완화하자는 입장과 소비자보호를 위해 규제를 더 강화하자는 입장은 때로는 상호 보완관계에 있기도 하지만 서로 상충되는 경우도 많다. 어느 입장이 보다 강조되는지에 따라 보험업에 대한 보험업법상 규제의 진폭과 정도는 변화해 왔다.

(3) 보험규제의 기관

(1) 금융위원회법에 의하면 금융업에 관한 규제기관으로 금융위원회와 금융감독원이 있다.[19] 보험업은 금융업의 일종이므로 금융위원회와 금융감독원이 보험업의 규제기관이 됨은 물론이다.

(a) 금융위원회는 금융정책 및 금융감독에 관한 업무를 수행하는 국무총리 소속의 중앙행정기관이다(금융위원회법3). 금융위원회의 소관업무는 구체적으로 금융에 관한 정책 및 제도에 관한 사항, 금융기관 감독 및 검사·제재에 관한 사항 등이다(금융위원회법17).[20] 금융위원회는 금융위원회법 또는 다른 법령에 따라 금융감독원의 업무·운영·관리에 대한 지도와 감독을 하며, 금융감독원의 정관변경에 대한 승인 사항 등을 심의·의결한다(금융위원회법18).

(b) 금융감독원은 금융위원회의 지도·감독을 받아 금융기관에 대한 검사·감독 업무 등을 수행하는 무자본 특수법인이다(금융위원회법24). 금융감독원은 금융위원회법 또는 다른 법령에 따라 은행 등 검사대상기관의 업무 및 재산상황에 대한 검사 등의 소관업무를

---

19) 금융업에 대한 규제기관으로는 증권선물위원회도 있지만(금융위원회법 2장 4절), 보험업과는 관련성이 적으므로 여기서는 설명하지 않는다.

20) 금융위원회 소관업무는 구체적으로 다음 각 호와 같다(금융위원회법17).

1. 금융에 관한 정책 및 제도에 관한 사항
2. 금융기관 감독 및 검사·제재에 관한 사항
3. 금융기관의 설립, 합병, 전환, 영업의 양수·양도 및 경영 등의 인가·허가에 관한 사항
4. 자본시장의 관리·감독 및 감시 등에 관한 사항
5. 금융소비자의 보호와 배상 등 피해구제에 관한 사항
6. 금융중심지의 조성 및 발전에 관한 사항
7. 1호부터 6호까지의 사항에 관련된 법령 및 규정의 제정·개정 및 폐지에 관한 사항
8. 금융 및 외국환업무 취급기관의 건전성 감독에 관한 양자 간 협상, 다자 간 협상 및 국제협력에 관한 사항
9. 외국환업무 취급기관의 건전성 감독에 관한 사항
10. 그 밖에 다른 법령에서 금융위원회의 소관으로 규정한 사항

수행한다(금융위원회법37).[21]

(2) 금융위원회와 금융감독원은 금융위원회법에 따라서 보험업에 관한 소관업무를 수행한다. 보험업법은 사안별로 소관업무를 보다 구체화한다. 즉 보험업법에 따르면 금융위원회는 보험에 관한 정책 및 제도에 관한 법령 및 고시 등을 소관하고(법95의2 등), 보험업의 허가, 신고, 승인 등의 사항(법4,11,18 등)은 물론이고 각종의 감독 및 검사·제재에 관한 사항(법123 등) 등에 관한 권한을 갖고 있다. 그리고 금융위원회는 보험업법에 따른 소관업무의 일부를 대통령령으로 정하는 바에 따라 금융감독원장에게 위탁할 수 있다(법194③). 위탁업무의 구체적 내용에 대해서는 보험업법시행령 100조 및 [별표8]이 정하고 있다.

5. 보험업법의 주요내용

성문법인 보험업법은 13개의 장, 그리고 부칙으로 구성되어 있다. 보험업법의 주요내용을 장별로 살펴보면 다음과 같다.

(1) 1장은 총칙이다. 이것은 보험업법 전체를 통괄하는 규정이다. 보험업법의 목적에 대한 규정(법1), 보험상품을 비롯한 각종 용어에 대한 정의 규정(법2), 보험업의 허가를 받은 보험회사만이 보험계약 체결의 주체가 될 수 있다는 규정(법3)이 있다.

(2) 2장은 보험업의 허가 등에 관한 규정이다. 보험업을 경영하려면 허가를 받아야 한다는 규정(법4~7), 보험회사의 상호·명칭 및 자본금·기금에 관한 규정(법8~9), 보험회사의 업무범위에 관한 규정(법10~11의3), 외국보험회사 등의 국내사무소에 관한 규정(법12)이 있다.

(3) 3장은 보험회사에 관한 규정이다. 보험회사의 종류별로, 즉 주식회사, 상호회사, 그리고 외국보험회사 국내지점에 대해 각각 상법 회사편에 대한 특별규정을 두고 있다. 주식회사는 보험업법 18조~33조, 상호회사는 보험업법 34조~73조, 외국보험회사 국내지점은 보험업법 74조~82조가 규정한다. 한편 2015년까지는 보험회사의 지배구조에 관해 보험업법 13조~17조가 규정하고 있었지만 그 내용이 2015년에 제정된 지배구조법에 흡수되면서 삭제되었다.

(4) 4장은 모집에 관한 규정이다. 모집종사자(제1절), 모집관련 준수사항(2절), 보험계약자의 권리(3절)로 구성되어 있다. 모집종사자 부분에는 모집종사자의 종류에 대한 규정(법83), 모집종사자별 등록, 업무범위, 영업기준 등에 관한 규정(법84~94)이 있다. 모집 관

---

21) 금융감독원 소관업무는 구체적으로 다음 각 호와 같다(금융위원회법37).
1. 은행 등 검사대상기관의 업무 및 재산상황에 대한 검사
2. 1호의 검사 결과와 관련하여 이 법과 또는 다른 법령에 따른 제재
3. 금융위원회와 이 법 또는 다른 법령에 따라 금융위원회 소속으로 두는 기관에 대한 업무지원
4. 그 밖에 이 법 또는 다른 법령에서 금융감독원이 수행하도록 하는 업무

련 준수사항 부분에는 건전한 모집질서 또는 보험계약자 보호 등을 위해 필요한 각종의 금지사항 및 준수사항에 관한 규정(법95~101)이 있다. 그리고 보험계약자의 권리 부분에는 영업보증금에 대한 우선변제권 규정(법103)이 있다. 보험계약 체결시 설명의무(법95의2①,②), 적합성원칙(법95의3), 모집광고 관련 준수사항(법95의4), 보험계약 체결 또는 모집에 관한 금지행위(법97①(1)~(4)), 보험회사의 사용자책임에 관한 규정(법102), 청약철회권에 관한 규정(법102의4~102의5) 등 보험계약 체결 과정에서 보험계약자의 권리 관련 규정은 2020.3.24. 제정되어 2021.3.25. 시행된 금융소비자법으로 이관되었다.[22] 그리고 보험사기행위의 금지에 관한 규정(법102의2~102의3)이 보험계약자의 권리 부분에 들어 있는데 엄밀히 말하면 이는 보험계약자의 권리에 관한 규정이라고 볼 수는 없다.

(5) 5장은 자산운용에 관한 규정이다. 자산운용의 원칙(제1절)과 자회사(제2절)로 구분된다. 자산운용의 원칙 부분에는 자산운용의 원칙에 관한 규정(법104), 각종 자산운용의 제한에 관한 규정(법105~114)이 있다. 자회사 부분에는 보험회사와 자회사의 관계에 관한 규정(법115~117)이 있다.

(6) 6장은 계산에 관한 규정이다. 보험회사의 재무제표를 비롯한 각종의 회계처리에 대한 규정(법118~122)이다.

(7) 7장은 감독에 관한 규정이다. 보험회사의 재무건전성 유지에 관한 규정(법123), 공시의무에 관한 규정(법124), 상호협정에 관한 규정(법125), 정관변경에 관한 규정(법126), 기초서류에 관한 규정(법127~128의4), 보험요율 원칙에 관한 규정(법129), 보고사항에 관한 규정(법130), 금융위원회의 명령권, 제재 등에 관한 규정(법131~136)이 있다.

(8) 8장은 해산 및 청산에 관한 규정이다. 해산 부분에서는 보험회사의 해산사유 등에 관한 규정(법137~155)이 있다. 그리고 청산 부분에는 보험회사의 청산인 등에 관한 규정(법156~161)이 있다.

(9) 9장은 관계자에 대한 조사 규정이다. 금융위원회의 보험회사 등에 대한 조사권(법162), 보험조사협의회에 관한 규정(법163), 조사관련 정보의 공표에 관한 규정(법164)이 있다.

(10) 10장은 손해보험에서 제3자의 보호 규정이다. 의무적 손해보험 등에서 손해보험회사가 지급정지 등으로 인해서 보험계약의 제3자(피해자)에게 보험금을 지급하지 못하는 경우에 이를 보상하는 규정(법165~174)이다.

(11) 11장은 보험관계단체 등에 관한 규정이다. 보험협회 등(제1절)과 보험계리 및 손해사정(제2절)으로 구분된다. 보험협회 등의 부분에는 보험협회(법175), 보험요율산출기관(법176~177), 기타 보험관계 단체(법178), 기타 규정(법179~180)이 있다. 보험계리 및 손해사

22) 보험계약 체결 시부터 지급 시까지의 설명의무 등(법95의2③,④), 보험계약 체결 또는 모집에 관한 금지행위 중 다른 금융계약과 달리 보험계약에만 특유한 내용(법97①(5)~(11)) 등은 이관되지 않고 보험업법에 그대로 규정되어 있다.

정 부분에는 보험계리사 등에 관한 규정(법181~184), 손해사정사 등에 관한 규정(법185~189), 보험계리 및 손해사정의 공통규정(법190~192)이 있다.

(12) 12장은 보칙에 관한 규정이다. 공제관련 협의에 관한 규정(법193), 업무위탁에 관한 규정(법194), 허가 등의 공고에 관한 규정(법195), 과징금에 관한 규정(법196)이 있다.

(13) 13장은 벌칙에 관한 규정이다. 형벌에 관한 규정(법197~208), 과태료에 관한 규정(법209)이 있다.

제 2 관 보험업의 의의[23]

1. 보험의 정의

(1) 개관

1) 필요성

(1) 보험의 정의(definition)는 보험업법에 필수적이다. 왜냐하면 보험업법의 적용대상인 보험업이란 보험계약의 인수 등을 영업으로 하는 것(법2(2) 참조)을 가리키기 때문이다. 보험의 정의를 고찰함에 있어서는 상법 보험편도 함께 다루기로 한다. 보험업법은 보험계약을 공법적으로 규율하고 상법 보험편은 보험계약을 사법적으로 규율한다는 점에서는 차이가 있지만, 양 법이 규율하는 대상이 사보험[24]이라는 점에서 같고 보험의 정의도 원칙적으로 같다고 보기 때문이다.

(2) 여기서 필요한 보험의 정의는 사보험에 대한 '법적 정의'이다. 사보험에 관한 정의는 경영적 관점, 경제학적 관점 등에서도 가능하지만, 본서는 보험업법의 문제를 다루므로 법적 정의가 주된 관심사인 것이다.

2) 정의의 불완전성

아쉽게도 우리나라에는 아직 보험에 대한 완전한 일의적(一義的) 정의가 없다. 이 점은 외국의 주요 입법례도 마찬가지이다. 가령 영국의 경우 보험의 정의가 보험계약법과 보험규제법의 적용을 위해서 반드시 필요함에도 불구하고, 판례법은 보험 정의의 곤란성[25] 또는 오류가능성[26] 등을 이유로 지금까지 보험을 일의적으로 정의하는 데 주저해 왔다고 한다. 보험에 대한 완전한 일의적 정의가 이루어지려면 보험 요소 전체에 대해서 사회적 합의를 도출할 수 있어야 한다. 하지만 보험으로 지칭되는 현상이 다양하고 복잡하며 변동

23) 이에 관해서는 한기정, 보험법, 2025 중에 제1편 제2절의 내용을 주로 인용하였다.

24) 사보험이란 영리추구 또는 상호부조와 같이 사경제적 작용을 목적으로 하는 보험으로서 공공정책과 관련된 공경제적 작용을 목적으로 하는 공보험(국민건강보험 등)과는 구별된다.

25) Medical Defence Union Ltd v. Department of Trade [1980] 1 Ch. 82

26) Department of Trade and Industry v. St Christopher Motorists' Association Ltd [1974] 1 W.L.R. 99

하고 있어서, 그러한 합의가 이루어지지 못하고 있다. 그 결과 보험의 정의가 불완전할 수밖에 없고, 완전한 일의적 정의는 유보할 수밖에 없는 상황이다. 따라서 현재 합의되어 있는 보험의 요소를 중심으로 보험을 부분적으로 정의하는 것에 만족할 수밖에 없을 것 같다. 이하에서 관련 법규정, 학설, 판례를 중심으로 보험의 정의를 살펴보기로 한다.

(2) 관련 규정

1) 상법

(1) 상법 638조는 보험계약의 의의에 대한 규정인데, 여기서 보험정의에 필요한 보험의 요소를 발견할 수 있다. 상법 638조는 보험계약은 당사자 일방이 일정한 보험료를 지급하고 재산 또는 생명이나 신체에 불확정한 사고가 발생할 경우에 상대방이 일정한 보험금이나 그 밖의 급여를 지급할 것을 약정함으로써 효력이 생긴다고 규정한다.[27)]

(2) 여기에 나타난 보험의 요소는, 불확정한 사고, 보험료, 보험금이나 그 밖의 급여 등이다. 여기서 보험금이나 그 밖의 급여는 금전 또는 현물급여 등도 가능함을 가리키므로 보험급여라고 칭하기로 한다. 이에 따라서 보험을 정의해 보면, 보험은 불확정한 사고를 조건으로 대가적 급여의무(보험료, 보험급여 지급의무)를 부담하는 거래이다.

(3) 하지만 이러한 정의는 불완전하기 이를 데 없다. 그러한 정의로는 보험과 여타 거래를 구분하는 데 어려움이 있기 때문이다.[28)] 예를 들면 도박, 유상보증 등도 그러한 거래에 해당할 수 있다. 따라서 상법 638조는 보험요소를 최소한으로 규정했다고 볼 수 있다. 결국, 입법자는 보험정의에 필요한 보험요소를 상법 638조에 최소한으로 규정하고, 여타 보험요소는 학설 및 판례의 해석론에 맡겼다고 보아야 한다.

2) 보험업법

(1) 보험업법 2조 1호는 보험상품의 의의에 대한 규정인데, 여기서도 보험정의에 필요한 보험의 요소를 발견할 수 있다. 이에 의하면, 보험상품이란, 위험보장을 목적으로 우연한 사건 발생에 관하여 금전 및 그 밖의 급여를 지급할 것을 약정하고 대가를 수수하는 계약(국민건강보험법에 따른 건강보험, 고용보험법에 따른 고용보험 등 보험계약자의 보호 필요성 및 금융거래 관행 등을 고려하여 '대통령령으로 정하는 것'은 제외)이다. 보험업법 2조 1호가 상법 638조와 다른 점은 '위험보장'이라는 보험요소를 규정한 점과 건강보험, 고용보험 등을 보험상품의 범위에서 제외한 점이다.

(2) 위 (1)에서 '위험보장'이란 후술하는 대로 보험사고가 손해 또는 재산상 불이익을 야기할 위험이 있어야 하고 보험회사가 이를 보상해야 한다는 의미라고 해석된다.

(3) 위 (1)에서 '대통령령으로 정하는 것'이란 다음 각 호의 것을 말한다(시행령1의2①).

---

27) 상법 638조는 2014년에 일부 개정됐다. 다만 이 개정은 단순한 자구 수정에 그쳤다. 따라서 개정된 부분을 여기서 별도로 다루지 않는다.

28) 최기원 4면

1. 고용보험법에 따른 고용보험
2. 국민건강보험법에 따른 건강보험
3. 국민연금법에 따른 국민연금
4. 노인장기요양보험법에 따른 장기요양보험
5. 산업재해보상보험법에 따른 산업재해보상보험
6. '할부거래에 관한 법률' 2조 2호에 따른 선불식 할부계약

(4) 위 (3)의 1호에서 5호까지는 공보험에 해당하므로, 보험업법이 대상으로 하는 보험은 공보험을 제외한다는 의미이다. 그리고 6호의 선불식 할부계약은 계약의 명칭·형식이 어떠하든 소비자가 사업자로부터 장례 또는 혼례를 위한 용역(제공시기가 확정된 경우는 제외) 및 이에 부수한 재화의 대금을 2개월 이상의 기간에 걸쳐 2회 이상 나누어 지급하고 재화 또는 용역의 공급은 대금의 전부 또는 일부를 지급한 후에 받기로 하는 계약을 말한다('할부거래에 관한 법률' 2(2)).[29]

(5) 보험업법 2조 1호는 위험보장이라는 보험요소, 그리고 일정한 공보험과 선불식 할부계약이 보험에서 제외된다는 점을 제외하면 상법 638조와 별반 차이가 없다. 공보험이나 선불식 할부계약이 제외된다는 점에서 보험요소를 도출하기는 어렵다. 결국 보험업법 2조 1호 역시 보험요소에 관한 최소한의 규정에 그치고 있으며, 여타 보험요소는 학설 및 판례의 해석론에 맡겨져 있다고 볼 수 있다.

(3) 해석론

현재 판례와 통설은 보험사고, 보험료와 보험급여, 보험의 기술 등을 보험의 요소로 보고 있는데, 그 구체적 내용을 살펴보기로 한다. 보험의 정의에 관한 판례의 대부분은 무허가 보험업자의 처벌과 관련하여 해당사건의 영업이 보험업에 해당하는지가 주된 쟁점이었다.[30]

1) 보험사고

보험은 우연한 사고의 발생으로 손해를 입을 가능성에 대비하는 제도이다. 이러한 이유에서 보험사고는 불확정성(우연성)과 손해성이라는 특성을 갖는다.

i) 불확정성(우연성)

(1) 보험사고의 불확정성은 보험을 정의할 때 반드시 포함되는 보험의 요소이다(통설). 보험계약의 의의에 관한 상법 638조도 불확정한 사고를 요건으로 규정한다. 불확정한 사

29) 선불식 할부계약에는 장례 또는 혼례를 위한 용역(제공시기가 확정된 경우는 제외) 및 이에 부수한 재화뿐만 아니라 이에 준하는 소비자피해가 발생하는 재화 또는 용역으로서 소비자의 피해를 방지하기 위하여 대통령령으로 정하는 재화 또는 용역도 포함되는데, 현재 대통령령에는 이에 해당하는 규정이 없다('할부거래에 관한 법률' 2(2)가·나).

30) 무허가 보험업자는 형사처벌을 받는다. 즉 보험업을 경영하려면 금융위원회의 허가를 받아야 하고(법4①), 이를 위반하면 형사처벌을 받는다(법200(1), '유사수신행위의 규제에 관한 법률' 3,6①).

고의 발생가능성은 위험을 가리키고, 이러한 위험이 없으면 보험도 없는 것이다(Ohne Gefahr, keine Versicherung).[31] 보험사고의 불확정성은 보험사고의 발생 여부 또는 발생 시기가 확정되지 않은 것을 가리킨다(통설). 전자는 자동차사고, 화재, 상해 등에, 후자는 사람의 사망, 노령 등에 나타난다. 나아가 사고의 발생으로 인한 손해의 정도가 확정되지 않은 것도 보험사고의 불확정성에 포함될 수 있다.[32] 따라서 발생 여부, 발생 시기 등이 확정되어 있는 사고는 보험사고가 될 수 없다. 예견할 수 있거나 정기적이고 규칙적으로 발생하는 사고는 불확정성에 반하는 것으로서 보험사고가 될 수 없다.[33]

(2) 상법 644조에 의하면, 보험사고의 불확정성은 객관적임을 요하지 아니하고 주관적으로 계약당사자에게 불확정하면 된다.[34] 즉 보험계약을 체결할 때에 보험사고가 이미 발생했거나 발생할 수 없는 경우는 보험계약이 무효인 것이 원칙이다(상법644본). 이러한 보험계약이 유효라면, 보험제도가 남용되어 존립기반을 상실하기 때문이다. 다만 예외적으로 보험자, 보험계약자, 피보험자가 보험사고의 기발생 또는 발생불능을 알지 못한 경우는 유효로 한다(상법644단). 이 경우에는 보험제도가 남용될 우려가 없기 때문이다.

(3) 보험사고의 불확정성은 우연성이라고 표현되는 경우가 많다.[35] 그런데 보험사고의 우연성은 보험사고의 불확정성뿐만 아니라 다른 다양한 의미로도 널리 사용되고 있다. 즉 보험사고의 비인위성(인위적으로 야기한 사고가 아니라는 의미)을 우연성이라고 표현하기도 하고,[36] 보험사고의 불확정성과 보험사고의 비인위성을 포괄하여 우연성이라고 표현하기도 하며,[37] 상해사고의 특징을 우연성이라고 표현하기도 한다.[38] 따라서 혼동을 피할 필

31) 양승규 22-23면
32) Prudential Ins Co v. IRC [1904] 2 K.B. 658
33) 최기원 6면
34) 대판 1987.9.8. 87도565
35) 김성태 131면; 김은경 7면; 박세민 119면; 양승규 100면; 이기수 · 최병규 · 김인현 62면; 최기원 6면; 최준선 96면; 대판 2010.4.15. 2009다81623(보증보험계약은 기본적으로 보험계약으로서의 본질을 갖고 있으므로, 적어도 계약이 유효하게 성립하기 위해서는 계약 당시에 보험사고의 발생 여부가 확정되어 있지 않아야 한다는 우연성과 선의성의 요건을 갖추어야 할 것이다); 대판 1987.9.8. 87도565; 대판 1998.8.21. 97다50091; 대판 2013.10.11. 2012다25890; 대판 2016.1.28. 2013다74110
36) 대판 2009.12.10. 2009다56603(화재보험에서 화재가 발생한 경우에는 일단 우연성의 요건을 갖춘 것으로 추정되고, 다만 화재가 보험계약자나 피보험자의 고의 또는 중과실에 의하여 발생하였다는 사실을 보험자가 증명하는 경우에는 위와 같은 추정이 번복되는 것으로 보아야 한다); 대판(전원) 1991.12.24. 90다카23899; 대판 2014.4.10. 2013다18929(우발적이라는 표현을 사용)
37) 대판 2012.11.15. 2010도6910(보험사고가 이미 발생하였음에도 이를 묵비한 채 보험계약을 체결하거나 보험사고 발생의 개연성이 농후함을 인식하면서도 보험계약을 체결하는 경우 또는 보험사고를 임의로 조작하려는 의도를 갖고 보험계약을 체결하는 경우와 같이 그 행위가 보험사고의 우연성과 같은 보험의 본질을 해할 정도에 이르러야 비로소 보험금 편취를 위한 고의의 기망행위를 인정할 수 있다); 대판 2013.11.14. 2013도7494
38) 대판 2001.11.9. 2001다55499(사고가 피보험자가 예측할 수 없는 원인에 의하여 발생하는 것으로서, 고의에 의한 것이 아니고 예견하지 않았는데 우연히 발생하고 통상적인 과정으로는 기대할 수 없는 결과를 가져오는 것이어야 한다); 대판 2010.8.19. 2008다78491

요가 있을 때에는, 우연성 대신에 보험사고의 불확정성이라고 표현하는 것이 바람직하다.[39)]

(4) 한편 비인위성은 보험을 정의할 때 보험사고의 특성에 포함시키지 않는다(통설). 비인위성이란 보험사고가 보험계약자 등의 고의(또는 중과실)로 발생하지 않아야 한다는 의미이고, 인위적 사고가 발생하면 보험자가 면책된다(상법659 등).[40)] 인위적 사고는 보험사고의 성립, 효력과는 직접 관련이 없기 때문에 보험의 정의에서는 다루지 않는 것이다. 보험사고의 불확정성과 비인위성은 그 개념, 판단시점, 효과가 다르다. 첫째, 불확정성은 보험사고의 발생 여부가 불확정하다는 의미인데, 비인위성은 보험계약자가 고의(또는 중과실)로 보험사고를 일으키지 않는다는 의미이다. 둘째, 불확정성은 보험계약이 성립될 때를 기준으로, 비인위성은 보험사고가 발생할 때를 기준으로 판단한다. 셋째, 불확정성을 위반하면 보험계약이 무효이고, 비인위성을 위반하면 보험자가 면책된다.

ii) 손해성

보험사고는 손해 또는 재산상 불이익을 야기할 위험이 있어야 한다(손해성).[41)] 판례는 보험이란 위험이 현실화되어 손해를 입은 자에게 손해를 전보하는 제도라고 한다.[42)] 학설로는, 보험이란 우연한 사고로 인한 경제적 손해발생가능성에 대비하는 제도라는 견해,[43)] 사고의 발생으로 보험계약자가 입게 될 경제적 손실을 보상하는 것이 보험제도라는 견해[44)] 등이 있다. 요컨대, 우연한 사고가 손해를 초래할 위험이 있어야 보험사고로 인정될 수 있다. 보험사고의 특성인 손해성은 보험사고의 전형인 물건 또는 권리의 멸실·훼손, 사람의 사망·상해·질병과 같은 것에서 확인할 수 있다. 가령 주주의 입장에서 주식가격의 하락은 손해를 야기할 위험이 있으니 보험사고가 될 수 있지만, 주식가격의 상승은 손해를 야기할 위험이 없는 것이 보통이므로 특별한 사정이 없는 한 보험사고가 되기 어렵다. 한편 생존보험의 보험사고인 생존에 손해성이 인정되는지에 대해 논란의 여지가 있다. 생각건대, 생존에는 경제적 지출이 수반되므로 생존의 손해성을 인정할 수 있다.[45)]

2) 보험료와 보험급여

i) 의의

보험계약자가 보험료지급채무를 부담하고 보험자가 보험급여지급채무를 부담하는 것

39) 임용수 60면; 장덕조 13면

40) 손해보험에서 보험계약자 등의 고의 또는 중과실로 인해서 보험사고가 발생하면 보험자가 면책되고(상법659), 인보험에서는 보험계약자 등의 고의로 인해서 보험사고가 발생하면 보험자가 면책된다(상법732의2,739,739의3).

41) 여기서 손해는 법적 용어이다. 법적 관점이 아니라면 경제적 불안이라고 해도 좋다.

42) 대판(전원) 1991.12.24. 90다카23899

43) 김성태 18면

44) 최기원 7면

45) Clarke, *The Law of Insurance Contracts*, 2009, para. 1－1E

은 보험의 요소이다(통설). 보험계약자의 보험료지급채무와 보험자의 보험급여지급채무는 대가적 관계에 있다(통설). 그리고 보험급여지급채무는 보험기간 중에 면책사유가 없는 보험사고가 발생해야 구체화되는 정지조건부 권리이다(판례,[46] 통설). 그렇다고 해서 보험계약이 정지조건부 법률행위(민법147)는 아니다.[47] 정지조건부 법률행위는 조건이 성취되어야 그 효력이 생기지만, 보험계약은 원칙적으로 체결과 동시에 효력이 생기기 때문이다. 보험료지급채무와 보험급여지급채무를 통해서 보험계약자 측의 위험이 보험자에게로 이전 또는 전가된다(통설). 이를 위험이전(transfer of risk)이라고 한다. 여기에서 위험은 사고로 손해를 입을 가능성을 가리킨다.[48] 보험자가 사고발생 시에 보험급여를 지급한다는 것은 보험자가 위험을 부담함을 가리킨다. 위험은 원래 보험계약자 측에 속한 부담인데도 불구하고 보험료 지급을 대가로 보험자에게 이전된 것이다. 이렇듯 보험의 일차적 기능은 바로 위험이전 기능이다.[49]

ii) 보험료 지급채무

보험계약자는 보험료지급채무를 부담한다. 판례는 보험료 성격의 상조비를 미리 납부하는 것이 아니라 다른 회원의 사망 시마다 회원이 일정액의 상조비를 납부한다고 해서 이 점만으로 보험의 본질에 반하는 것은 아니라고 보았다.[50]

iii) 보험급여 지급채무

(1) 보험급여지급채무는 경제적 손해(또는 손실)의 발생을 전제로 하는 것이어야 한다. 이것은 보험사고가 손해를 야기할 위험이 있어야 한다는 것과 일맥상통한다. 손해의 발생이 없음에도 불구하고 보험급여가 이루어지면 보험이 금융투자, 도박 등과 구분되지 않는다. 자본시장법상 금융투자상품이란 "이익을 얻거나 손실을 회피할 목적"으로 취득하는 권리라고 정의되고 있는데(자본시장법3①), 이것과 보험을 구분하기 위해서, 보험에서는 손해의 발생을 전제로 보험급여가 제공된다고 보아야 한다. 판례도 같다. 대판(전원) 1991.12.24. 90다카23899에서, 보험제도는 보험자가 특정한 동종의 위험에 놓여 있는 다수인으로 보험단체를 구성하고 미리 일정한 금액(보험료)을 거출케 하여 위험에 대비한 공동비축기금을 형성한 후, "그 위험이 현실화되어 손해를 입은 구성원에게 그 기금에서 일정한 금액(보험금)을 지급하여" 그 손해를 전보케 하는 단체적 공동비축제도라고 판시했다.

(2) 보험이 금융투자, 도박 등 여타 제도와 구별되도록 정의하기 위해서는, 보험급여가 손해의 발생을 전제로 제공된다고 하면 충분하기 때문에, 보험급여의 방식까지 보험의

46) 대판 2001.6.15. 99다72453
47) 양승규 83면; 정찬형 536면
48) 김성태 4면
49) 따라서 자가보험(self-insurance)은 위험의 이전이 없기 때문에 보험이라고 할 수 없다.
50) 대판 1989.1.31. 87도2172

정의에서 고려할 필요는 없다고 본다. 보험급여의 방식에는 정액 보상방식과 비정액 보상방식이 있고, 전자는 손해액을 따지지 않고 정액으로 보상하는 것이며, 후자는 손해액을 측정해서 그만큼만 보상하는 방식이다. 종래에 보험급여의 방식을 보험(계약)의 정의에 포함시킬 것인지를 둘러싸고, 손해보상계약설, 경제적 수요충족설, 선택설, 재산급여설(또는 금액급여설) 등이 대립해 왔다.[51] 손해보상계약설은 보험계약이 '손해를 보상하는 계약'이라는 입장인데, 이러한 정의하에서는 비정액 보상방식의 손해보험만이 보험으로 될 수 있고, 정액 보상방식의 인보험은 배제된다는 비판을 받는다. 이 점을 고려하여 경제적 수요충족설은 손해 대신에 경제적 수요라는 표현을 사용하여 보험계약이 '경제적 수요를 충족시키는 계약'이라고 정의한다. 하지만 경제적 수요란 보험계약 체결의 동기일 뿐이고 법적으로는 별로 의미가 없다는 비판이 가해진다. 또한 선택설은 비정액 보상방식의 손해보험과 정액 보상방식의 인보험을 일의적으로 정의하기 어려우므로 양자를 구분하여 보험계약을 정의하자는 입장인데, 이러한 이원적 접근은 보험의 정의로는 이론적으로 만족스럽지 못하다는 비판을 받는다. 그리고 재산급여설은 손해보상이나 경제적 수요충족 대신에 보험계약을 '재산급여를 하는 계약'이라고 정의해서 손해보상설이나 경제적 수요충족설이 갖는 이론상 단점을 피하려 한다.[52] 하지만 재산급여설로는 보험이 금융투자, 도박 등과 어떻게 다른지에 대해서 잘 설명하지 못한다.[53] 생각건대, 정의 면에서 보험을 금융투자, 도박 등과 차별화하는 데는, 보험급여가 불확정한 사고로 인한 '손해의 발생을 전제로 제공되는 급여'라고 하는 것으로 충분하다고 본다. 따라서 보험급여 방식이 보험(계약)의 정의에 영향을 미칠 이유는 없다고 본다.

(3) 보험급여의 종류는 현금에 한정하지 않고 현물도 무방하다(통설). 현금으로 지급되는 것이 일반적이라는 점을 고려하여, 보험실무에서는 보험급여보다는 '보험금'이라는 표현이 선호된다. 한편 현금과 현물 이외에 용역(서비스)도 보험급여가 될 수 있는지가 문제된다. 이 문제는 보험의 정의 또는 요소와 관련된다. 대판 2014.5.29. 2013도10457에서는, 심각한 의료상태에 빠진 회원들에 대하여 회사가 미리 비용을 지급받고 자신의 재량에 따라 제공하는 환자 이송 및 송환 용역이 보험업법 2조 1호가 규정하는 보험급여에 해당하는지 여부가 다투어졌다. 대법원은 그러한 용역은 보험급여가 아니라고 판시했다. 즉 보험업법이 규정하는 '그 밖의 급여'에 포함되는 용역은, 경제적 위험보장을 목적으로 제공되는 용역, 즉 위험에 대한 보상으로서 원칙적으로 금전으로 급부가 이루어져야 하지만 보험자 내지는 고객의 편의 등을 위하여 금전에 대한 대체적 의미에서 용역이 제공되는 경우만을 의미한다고 판시했다. 하지만 판례는 의문이다. 위 이송 및 송환 용역은

51) 이에 관한 자세한 내용은, 양승규 77-79면; 최기원 63-68면
52) 이를 지지하는 견해로는, 최기원 67-68면
53) 양승규 79면

경제적 위험보장을 목적으로 하는 금전에 대한 대체적 의미의 용역이라고 볼 수 있고, 나아가 보험업법 2조 1호를 위와 같이 제한해석하여 금전에 대한 대체적 의미의 용역만을 보험급여라고 할 근거가 부족하다.[54] 이에 관해서는 항을 바꾸어 좀 더 자세히 살펴보기로 한다.

3) 보험의 기술

i) 의의

보험의 기술(technic)이 보험의 요소로서 논의되고 있는 점은 두 가지이다. 하나는 위험의 분산이고, 다른 하나는 개별 위험과 보험료의 일치이다.

① 위험의 분산

(1) 위험의 분산은 다수의 위험을 모아서 위험단체를 구성한 후 대수의 법칙을 통해서 사전에 예상한 사고발생률과 실제의 사고발생률을 근접시키는 방법이다. 이를 구체적으로 살펴보면 아래와 같다. 영리추구 또는 상호부조가 목적인 보험자는 수지균등의 원칙을 추구하게 마련이다. 수지균등의 원칙은 보험자의 총수입과 총지출의 균형을 맞춘다는 원칙이다. 여기서 총수입은 보험자가 수령한 전체 보험료이다. 그리고 총지출은 보험자가 지급한 전체 보험급여액, 운영비용 등으로 구성된다. 영리추구를 하는 보험자라면 총지출에 일정한 이익을 포함시킬 것이다. 보험자의 경영 성패는 수지균등 달성 여부에 달려 있다고 보아도 과언이 아닐 것이다. 수입과 지출의 균등을 꾀한다는 의미에서 수지균등은 사경제 주체라면 누구나 추구하는 원칙일 것이다. 그런데 보험은 수지균등을 달성하기 위해서 독특한 기술을 사용한다. 이것이 위험의 분산(distribution of risk)이다. 위험의 분산이란 위험을 정형화한 후 다수로 집적(pooling)하는 것을 가리킨다. 위험의 정형화는 보험사고, 면책사유 등의 표준화를 통해서 이루어진다.

(2) 보험의 수지균등을 위해서 위험의 분산이 활용되는 이유는 다음과 같다. 첫째로, 사전에 예상한 사고발생률과 실제의 사고발생률을 근접시키는 것이 꼭 필요하다. 양자가 일치하지 않으면 수지불균형은 피할 수 없다. 양자를 정확히 일치시키는 것은 신이 아닌 한 불가능하다. 양자를 최대한 근접시키기 위해서 보험이 택한 핵심적 기술이 위험의 분산인 것이다. 둘째로, 사전에 예상한 사고발생률과 실제의 사고발생률을 일치시키는 데 결정적으로 기여하는 것이 위험의 분산이다. 즉 위험을 동질적인 것으로 정형화한 후 다수로 집적하여 위험단체를 구성하면, 대수의 법칙(law of large numbers)이 작용하게 된다. 대수의 법칙이란, 모집단의 규모가 클수록 어떤 사건의 예상한 발생 확률과 실제의 발생 확률은 근접하게 된다는 통계학의 이론이다. 이 원칙을 보험에 적용해 보면, 사람의 연령

---

54) 한기정, "보험업의 개념에 관한 연구", 보험법연구9-2, 2015, 1면 이하; 판례에 찬성하는 견해로는 김선정, "무허가 보험업의 판단기준", 생명보험442, 2015, 56면; 김진오, "보험업법이 규정하는 보험상품의 개념요소로서 '위험보장의 목적'을 판단하는 기준", BFL68, 2014, 66면

별 사망률 등 사고발생 확률을 관찰할 수 있는 모집단이 크면 클수록 예상한 사고발생률과 실제의 사고발생률이 근접할 가능성이 높아진다는 것이다. 위험을 다수로 집적하지 않고 개개의 위험만 놓고 본다면, 예상 사고발생률과 실제 사고발생률의 근접 가능성은 비교적 낮다. 하지만 위험을 다수로 집적시키면 대수의 법칙이 작용하여 양자의 근접 가능성은 매우 높아지는 것이다.

(3) 요컨대, 위험의 분산이라는 것은 위험의 동질성을 전제로 대수의 법칙이라는 통계적 기초 위에서 위험단체 내의 위험을 분산시키는 보험의 기술을 말한다.[55] 여기서 위험단체라는 개념이 등장한다. 이에 의하면, 보험이란 동종의 위험하에 있는 다수의 경제주체들로 위험단체가 구성되는 것을 전제하는 것이다.

② 개별 위험과 보험료의 일치

(1) 개별 위험과 보험료의 일치는 각 위험을 측정하여 이에 부합하는 보험료를 부과함으로써 불량위험을 주로 인수하게 되는 현상을 방지하는 방법이다. 이를 구체적으로 살펴보면 아래와 같다.

(2) 보험자는 개별적 위험 각각에 대해서 그 위험의 정도를 측정하고 이에 부합하는 보험료를 부과한다. 사고발생률이 높은 고위험에 대해서는 고액의 보험료, 사고발생률이 낮은 저위험에 대해서는 저액의 보험료를 부과하는 것이다. 이것이 개별 위험과 보험료의 일치 문제이다. 보다 정확하게는 개별 위험과 계약조건의 일치 문제이다. 계약조건에는 보험료뿐만 아니라 면책사유 등도 포함된다. 여기서는 편의상 계약조건을 보험료라고 단순화한다. 개별 위험과 보험료의 일치(정확하게는 '근접')는 급여·반대급여 균등의 원칙이라고도 한다. 개별 위험과 보험료의 일치가 이루어지면, 개별 보험계약자가 지급하는 급여(보험료)와 보험자가 반대로 지급하는 급여(보험급여)가 일치하게 된다. 전술한 수지균등의 원칙은 전체 보험계약자가 지급하는 전체 급여와 보험자가 지급하는 전체 반대급여가 균등한 것을 가리키는 것으로 거시적 개념이다. 이와 달리 급여·반대급여 균등의 원칙은 개별 위험을 기준으로 추구하는 미시적 개념이다.

(3) 개별 위험과 보험료의 일치가 가져오는 효과는 무엇인가? 역선택(adverse selection)의 방지이다. 만약 위험의 정도와 무관하게 보험료가 산정되면, 저위험자는 보험을 회피하고, 고위험자만 가입하는 현상이 생길 수 있다. 그 결과 저위험자가 보험 제도를 이용할 수 없게 되는 문제가 생긴다. 결과적으로 역선택은 보험 제도의 합리적 존립 기반을 위태롭게 할 수 있다.[56] 요컨대 개별 위험과 보험료의 일치는 역선택을 방지하기 위해서 사용하는 보험의 기술이라고 말할 수 있다.

---

55) 양승규 23면

56) 山下友信, 保險法, 2005, 59면

ii) 학설 및 판례

(1) 상법 638조는 보험의 기술에 대한 규정을 두지 않고 있다. 하지만 통설은 위험의 분산과 개별 위험과 보험료의 일치라는 보험의 기술들을 보험의 요소라고 해석한다. 대표적인 견해로, 보험이란 위험의 동질성을 전제로 한 통계적 기초 위에서 위험단체 내의 위험을 전가시키고 분산시키는 제도라고 정의한다.[57]

(2) 주류적인 판례는 위험의 분산, 개별 위험과 보험료의 일치라는 보험기술을 보험요소로 인정하고 있는 것으로 보인다. 대판(전원) 1991.12.24. 90다카23899에서, 보험제도는 우연한 사고라고 할지라도 다수인을 대수적으로 관찰하면 일정한 기간 내에 발생하는 사고의 빈도는 평균적으로 일정하다는 대수의 법칙에 따라 통계적으로 사고의 개연율과 사고에 대비한 소요총액을 측정하여 각 구성원이 각자의 위험률에 따라 부담거출하는 보험료의 총액이 손해전보를 위하여 지급하는 보험금의 총액과 균형을 유지하도록 하는 것이라고 판시했다. 여기에 언급된 '대수의 법칙'은 위험의 분산, 그리고 '각자의 위험률에 따라'는 개별 위험과 보험료의 일치를 가리킨다고 볼 수 있다.

(3) 다만 판례가 고도의 엄격한 보험기술을 갖추어야 보험업이 될 수 있다고 보는 것은 아닌 것으로 보인다.[58] 이 점은 대판 1989.1.31. 87도2172에서 확인할 수 있다. 판시내용은 다음과 같다. 즉 상조회원의 자격에 관하여 사망률이 낮은 연령층을 제외한 점, 건강상태를 고려하지 않고 회원으로 가입케 하면서도 100일이 경과하기 전에 사망한 경우에는 상조부의금을 지급하지 않도록 하고 있는 점, 상조회원으로 가입한 기간이 길어짐에 따라 상조회비 출연의 기회가 많은 만큼 사망 시에 지급되는 상조부의 금액도 연차적으로 증가하도록 되어 있는 점 등을 보면, 급여와 반대급여의 균형을 유지하기 위하여 대수의 법칙을 응용한 확률계산의 방법을 고려한 것이라 할 수 있다고 판시했다.[59] 나아가, 대수의 법칙 등이 적용되지 않아도 보험업이 될 수 있다고 한 판례도 일부 있다. 대판 1989.9.26. 88도2111에서, 원심이 대수의 법칙을 응용한 확률계산에 의하지 아니하는 등 보험의 특질이라 할 여러 요건을 지니지 아니하여 상조사업이 보험사업이라고 보기 어렵다고 했지만, 대법원은 이 상조사업이 실질적으로 우연한 보험사고, 보험료, 보험급여의 요건을 갖추었으므로 원심이 들고 있는 바와 같은 고유한 의미의 보험과 일치하지 아니하는 부분이 있다고 해도 보험업에 해당한다고 판시했다.[60]

57) 양승규 23면
58) 김성태 25면; 장덕조 6−7면
59) 대판 1990.6.26. 89도2537도 같다. 대판 1993.12.24. 93도2540(이 사건 상조회사업은 우연한 사고발생으로 조합원들에게 생긴 손해의 보상을 위하여 조합원들이 공동으로 비축한 자금으로 대수의 법칙을 응용한 확률계산방법에 의하여 급여와 반대급여의 균형을 유지하는 것으로서 보험업법 5조 1항 소정의 보험사업으로서의 실질을 갖추고 있다 할 것)
60) 대판 1989.10.10. 89감도117도 같다.

iii) 결론

많은 경우 보험업이 보험의 기술을 사용하여 영위되고 있는 것이 사실이다. 즉 보험자는 보험의 기술을 통해서 수지균등을 추구하고 역선택을 방지하려고 하는 것이 보통이다. 하지만 위험의 분산이 보험의 요소라고 하는 통설 및 주류적 판례에 대해서는 의문이 있다. 보험자가 인수하는 해당 위험이 대수의 법칙이 적용될 만한 다수에 이르지 않는 경우도 있을 수 있는데, 이러한 현상을 보험이 아니라고 하는 것은 보험의 역사적 발전과정[61]이나 현재의 보험실무에도 맞지 않는다. 보험업이 대개 대수의 법칙을 사용하고 있는 것은 맞지만, 대수의 법칙을 사용하기에 적당하지 않은 경우도 있고, 사용하지 않아도 수지균등을 이루는 데 문제가 없는 경우도 있다. 요컨대 대수의 법칙을 통한 위험의 분산은 보험자가 수지균등을 달성하기 위한 유력하고 일반적인 수단이기는 하지만, 보험을 법적으로 정의할 때 보험의 요소로서 반드시 요구되는 것은 아니라고 본다. 즉 대수의 법칙을 통한 위험의 분산이 보험의 일반적 특징이라고 말하는 것은 가능하지만, 그것이 반드시 보험의 요소이고, 만약 이것이 결여되면 보험성이 부정된다고 할 것은 아닌 것이다. 이런 점에서 대판 1989.9.26. 88도2111이 타당하다고 할 것이다.

4) 용역의 보험급여성[62]

i) 문제의 제기

현금과 현물 이외에 용역(서비스)도 보험급여가 될 수 있는지가 다투어지고 있음은 전술한 바 있다. 이것은 미리 대가를 지급받고 우연한 사고가 발생하면 일정한 용역을 제공하는 용역제공계약이 보험인지의 문제이다. 전술한 바와 같이 대판 2014.5.29. 2013도10457은 의료용역이 보험급여가 될 수 있는지 여부가 쟁점이었다. 이 사건의 쟁점은 아니지만, 물건의 판매자(또는 제조자)가 물건의 하자에 대해 수리 등의 용역을 일정 기간 경과 후에 유상으로 제공하는 경우가 있는데, 이러한 추가워런티 또는 추가보증(extended warranty)이 보험인지 여부도 최근에 과제로 부각되고 있다. 아래에서 영국과 미국의 관련 판례, 학설을 살펴본다. 영국은 용역도 보험급여가 된다는 것이 대체적인 판례와 학설의 입장이고, 미국은 좀 더 다양한 입장들이 대립하고 있는 상황이다.

ii) 영국법

(1) 용역이 보험급여에 해당할 수 있는지에 대해서 판례는 긍정한다. 통설도 용역의 보험급여성을 긍정한다.[63] Department of Trade and Industry v. St. Christopher Motorists

---

61) 영국에서 17~18세기에 해상보험이 발달하고 이에 따라 해상보험법이 형성되던 시절에, 대수의 법칙이 사용되어야만 보험이 될 수 있다는 취지의 판례는 발견하기 어렵다.

62) 이에 관해서는 한기정, "보험업의 개념에 관한 연구", 보험법연구9-2, 2015

63) Clarke, *The Law of Insurance Contracts*, 2009, para. 1-1C; Birds, *Modern Insurance Law*, 2013, para. 1.6.5.

Association Ltd[64]에서, 가입자가 음주운전으로 인해 운전 자격을 상실한 경우 상대방이 대리운전 용역을 제공하는 약정이 체결됐는데, 대리운전 용역은 보험급여에 해당한다고 판시했다.[65]

(2) 영국의 FCA[66]는 보험계약의 개념에 대한 규제지침을 두고 있다. 즉 FCA의 법령집(Handbook)에 포함되어 있는 규제지침은 법적 구속력이 없지만 규제실무에 미치는 영향력은 상당하다. 이에 따르면 용역도 보험급여가 될 수 있는데, 구체적 내용은 다음과 같다. 첫째, 일정한 대가를 지급받고 향후 우연한 사건이 발생하면 일정한 용역을 제공하기로 하는 약정은 보험이다(PERG art. 6.7.20). 다만 제공된 용역에 비례해서 요금이 부과되는 것이라면 보험이 아니다(PERG art. 6.7.21). 우연한 사고의 발생 여부와 무관하게 정기적으로 용역을 제공하는 약정은 보험이 아니다(PERG art. 6.6.4). 둘째, 일정한 대가를 지급받고 우연한 사건(피소 등)이 발생하면 변호용역을 제공하기로 한 약정은 보험이다(PERG art. 6.7.20). 하지만 실제로 제공되는 변호용역에 비례해서 요금이 부과되는 것이면 보험계약이 아니다(PERG art. 6.7.21). 셋째, 용역의 제공자가 그 제공 여부에 대해서 완전한 재량을 갖는 것이라면 보험이 아니다(PERG art. 6.6.1). 넷째, 보험의 요소가 존재하면, 보험 요소가 전체 용역에서 상당한 비중을 차지하는지, 그것이 제공자의 전체 영업에서 차지하는

---

64) [1974] 1 W.L.R. 99

65) 관련 판례는 다음과 같다. ① Sentinel Securities Plc, Re [1996] 1 W.L.R. 316에서 이중유리 등 주택용 자재에 하자가 있는 경우 수리 또는 교체해 주는 워런티가 체결됐다. 법원(Chancery Division)은 수리 용역은 보험급여에 해당한다고 판시했다. ② Digital Satellite Warranty Cover Ltd, Re [2013] 1 W.L.R. 605에서, 위성TV 수신 장비가 고장나면 이를 수리 또는 교체해 주는 워런티가 보험계약인지 여부가 다투어졌다. 워런티 제공자는 이 워런티가 보험계약이 아니라는 이유를 다음과 같이 주장했으나, 대법원(Supreme Court)은 수용하지 않았다. 첫째로, 워런티 제공자는 보험급여란 금전이어야 하므로 장비의 수리 또는 교체는 보험급여가 될 수 없다고 주장했다. 이에 대해서 대법원은 보험급여는 금전뿐만 아니라 이에 상당한 것도 가능하며, 수리 또는 교체는 금전에 상당하는 것이라고 판시했다. 둘째로, 워런티 제공자는 보험계약이란 손해를 보상하는 요소가 있어야 하는데, 장비의 수리 또는 교체는 손해의 보상이 아니라고 주장했다. 이에 대해서 대법원은, 장비를 수리 또는 교체하기 위해서는 비용이 들게 되는데, 이를 전보하기 위해 금전을 지급하는 것이 손해의 보상일 뿐만 아니라 수리 또는 교체를 제공하는 것도 손해의 보상이라고 판시했다. ③ Medical Defence Union Ltd v. Department of Trade [1980] 1 Ch. 82에서, 어떤 회사가 의사들을 대상으로 미리 일정한 대가를 받고 우연히 법률문제가 발생하면 그들을 위해서, (a) 소송을 대리하거나, (b) 손해배상책임에 대한 보상을 하거나, (c) 노사문제, 명예훼손 문제 등에 대해서 조언을 했는데, 이것이 보험계약인지 여부가 다투어졌다. 법원(Chancery Division)은 두 가지 이유로 부정했다. 첫째로, 용역제공의 법적 구속력 문제다. 이 사건은 용역의 제공 여부가 위 회사의 자유재량에 달려 있었다. 즉 회원인 의사들은 위 용역제공을 요구 또는 청구할 수 있는 권리는 갖지 못했고, 단지 요청하는 것만이 가능했다고 한다. 법원은 이 사건 용역제공의 약속이 법적 구속력을 갖지 못하므로 보험계약이 될 수 없다고 판시했다. 둘째로, 용역의 경제적 가치문제이다. 이 사건에서 (a)와 (b)의 용역이 갖는 경제적 가치가 물론 인정되었다. 다만 법원은 (c)의 조언 제공이 일종의 혜택(benefit)에 해당하는 것은 맞지만 경제적 가치가 있다고 보기 어렵다고 판시했다. 하지만, 조언 제공도 경제적 가치를 인정할 수 있다는 점에서 이 판시는 타당하지 않다는 비판을 받았다.

66) 영국의 FCA(Financial Conduct Authority)는 금융기관의 영업행위에 대한 규제기관이다.

비중이 상당한지 여부를 묻지 않고 보험으로 인정한다(PERG art. 6.6.7).

iii) 미국법

① 손해보상성 기준

(1) 이 기준은 용역제공의 목적이 손해보상인지 여부에 따라 보험성을 판단한다. 이에 의하면, 용역제공계약의 당사자가 직접 용역을 제공하는 경우는 손해보상이 아니고 단순히 용역제공일 뿐이므로 보험이 아니다.[67] 반면, 당사자가 아니라 제3자를 통해서 용역이 제공되는 약정을 하면 이것은 손해보상이고, 따라서 보험이라고 한다.

(2) 하지만 이 기준을 지지하는 판례는 소수이다. 오히려 State ex rel. Attorney-General et al. v. Smith Funeral Service, Inc.[68]은 계약의 당사자가 장례용역을 직접 제공한 사건인데, 테네시 주 대법원은 보험으로 인정했다. Physicians' Defense Company v. O'Brien[69]은 의사로부터 일정한 수수료를 받고 의료과실과 관련하여 변호용역을 제공하는 계약에 관한 사건이다. 이것은 변호비용을 지원하는 것이 아니라, 계약의 당사자가 변호사를 고용하여 다른 당사자에게 변호용역을 제공한다. 미네소타 주 대법원은 변호용역의 제공은 해당 의사가 부담할 변호비용을 보상해 주는 것과 실질이 같으므로 보험에 해당한다고 판시했다. 이와 달리 계약의 당사자가 변호용역을 직접 제공하는 경우는 보험이 아니라고 한 판결로는 Vredenburgh v. Physicians Defense Company[70]가 있다. 이 사건에서 일리노이 주 항소법원은 변호용역의 제공은 변호사 수임계약에 불과하고 보험이 아니라고 판시했다. 그리고, 의료용역의 손해보상성을 부정한 판례로 Jordan v. Group Health Association[71]과 California Physicians' Service v. Garrison[72]이 언급되지만, 이것은 사고의 발생 여부와 무관하게 의료용역을 제공하는 사안이어서 손해보상성을 부정한 경우라고 보기 어렵다.

② 통제범위 기준

(1) 이것은 부보대상인 사고가 용역제공자에 의해 통제(control)될 수 있는 위험인지 여부를 기준으로 보험성을 판단한다. 이에 의하면, 물건의 판매자(또는 제조자)가 물건에 하자가 있는 경우 스스로 수리용역을 제공할 것을 약정하면, 하자의 위험이 판매자의 통제범위 내이기 때문에, 이것은 보험이 아니라고 본다. 한편 물건의 하자 이외의 사고가 발

---

67) 손해보상성 기준을 소개하고 있는 문헌으로는, Samini, "Third Party Extended Warranties and Service Contracts : Drawing the Line Between Insurance and Warranty Agreements", 54 Ohio St. L. J. 537 (1993), p. 554

68) 177 Tenn. 41 (1940)

69) 100 Minn. 490 (1907)

70) 126 Ill. App. 509 (1906)

71) 107 F.2d 239 (1939)

72) 172 P.2d 4 (1946)

생한 경우 판매자가 수리용역을 제공하는 것이라면, 이러한 사고위험은 판매자의 통제범위 밖이기 때문에 보험이 될 수 있다고 본다. 또한 만약 판매자가 아닌 용역제공자가 물건에 하자가 생길 때 용역제공을 하는 약정을 하면, 이러한 하자위험은 용역제공자의 통제범위 밖이기 때문에, 이것은 보험이라고 본다.

(2) 이 기준을 지지하는 판례는 많다.[73] State ex rel. Duffy v. Western Auto Supply Co.[74]에서, 타이어의 판매자가 타이어의 바람 빠짐, 찢김, 흠 등에 대해 수리 또는 교체해 주겠다는 약정은 바람 빠짐 등이 판매자의 통제범위 밖의 위험이기 때문에 보험에 해당한다고 오하이오 주 대법원이 판시했다.[75]

③ 주된 목적 기준

(1) 이것은 용역제공계약의 주된 목적(purpose)이 보험인지 여부를 기준으로 보험성을 판단한다. 이에 의하면, 용역제공계약에 보험의 요소가 일부 포함되어 있다고 해도, 그것이 주된 목적이 아니라 부수적인 수준에 머문다면, 보험으로 분류하지 않는다.

(2) Transportation Guarantee Company, Ltd. (A Corporation) v. Jellins[76]은 화물자동차의 관리계약(motor truck maintenance contract)에 관한 사건이다. 자동차 보유자로부터 일정 금액을 지급받고 자동차가 양호한 운행능력 상태에 있도록 유지, 관리할 의무를 부담하는 계약을 체결했고, 이 의무에는 주차공간의 제공, 자동차세 지급, 정기적인 세차 및 도색 등이 포함되어 있었다. 그리고 자동차에 손상이 생기면 수리 등을 제공하는 내용도 포함되어 있었다. 캘리포니아 주 대법원은 주차공간의 제공, 자동차세 지급, 정기적인 세차 및 도색의 제공의무는 우연한 사고의 발생을 조건으로 하지 않기 때문에 보험이 아니라고 판시했다. 다만 자동차에 손상이 생기면 수리 등을 제공하는 것에는 보험 요소가 있으나, 자동차의 손상에 의한 수리 등이 위 계약 전체에서 차지하는 비중이 작다는 점을 고려할 때, 이를 주된 목적이라고 볼 수 없으므로 위 계약은 보험이 아니라고 판시했다.

④ 규제필요성 기준

(1) 이것은 보험으로 규제할 필요성이 있는지 여부를 기준으로 보험성을 판단한다. 이에 의하면, 보험의 요소를 갖추었다고 해도 반드시 보험으로 규제해야 하는 것은 아니다.[77] 즉 보험규제의 이유를 고려해서 필요한 경우에만 규제하는 것이 바람직하다는 것이

73) Myerscough, "Service Contracts : A Subject for State Insurance or Federal Regulation — Do Consumers Need Protection from the Service Contract Industry", 4 S. Ill. U. L. J. 587 (1979), p. 602

74) 134 Ohio 163 (1938)

75) 또한 Rayos v. Chrysler Credit Corp. 683 S.W.2d 546 (1985)에서, 자동차 제조자가 자동차의 하자를 수리해 주겠다는 약정은 제조자의 통제범위 내의 위험이기 때문에 단순한 품질보증에 불과할 뿐이고 보험은 아니라고 텍사스주 항소법원이 판시했다.

76) 29 Cal. 2D 242 (1946)

77) Hellner, "The Scope of Insurance Regulation : What is Insurance for Purposes of Regulation", 12 Am. J. Comp. L., 494 (1963), p. 533. 이에 찬성하는 견해로는, McLemore, "Consumer Warranty or

다. 보험을 규제하는 이유는 보험자가 부담하는 보험금지급채무의 가치가 그가 미래에 이 채무를 이행할 수 있는지 여부에 달려 있는데, 정보력 등이 약한 보험계약자가 그 가치를 측정하기 어렵기 때문에 보험자로부터 불공정한 취급을 받을 위험이 높고,[78] 또한 보험이 공공성을 띠기 때문이라고 한다.[79] 따라서 이러한 위험과 공공성이 충분히 나타나는 경우에는 보험규제를 해야 하지만, 그렇지 않은 경우는 보험규제를 할 필요가 없다는 것이다.

(2) West & Co. Of La., Inc v. Sykes[80]에서 사업주가 피용자들에게 의료혜택을 제공했을 때, 피용자가 제공받을지 여부를 스스로 선택할 수 있었고 엄격한 보험계리가 적용되기보다는 실질적으로 사업주가 상당한 경제적 부담을 져서 피용자의 입장에서는 지급한 수수료보다 받은 혜택이 더 많았다. 아칸소 주 대법원은 이 제도를 보험으로 규제할 필요가 없다고 판시했다. GAF Corporation v. County School Board of Washington County에서 연방 항소법원이 보험 요소가 소량인 경우는 보험규제의 필요성이 크지 않다고 판시했다.[81]

iv) 결론

(1) 먼저 손해보상성 기준에 의하면, 용역제공계약의 당사자가 직접 제공하는 용역은 손해보상이 아니라고 하지만, 그것은 우연한 사고로 인해서 소요될 비용을 보상, 즉 손해를 보상하는 것과 그 실질이 같다고 보아야 한다는 비판을 받는다. 손해보상성 기준을 채용한 대판 2014.5.29. 2013도10457은 이 점에서 의문이다. 다음, 통제범위 기준에 따르면,

---

Insurance Contract? A View Towards a Rational State Regulatory Policy", 51 Ind. L.J. 1103 (1976), p. 1124; Myerscough, "Service Contracts : A Subject for State Insurance or Federal Regulation — Do Consumers Need Protection from the Service Contract Industry", 4 S. Ill. U. L. J. 587 (1979), p. 610 등이 있다. 한편, Keeton/Widiss, *Insurance Law*, 1988, §8.3(c)는 규제필요성 기준과 주된 목적 기준이 모두 기준이 될 수 있다는 입장을 취한다.

78) Samini, "Third Party Extended Warranties and Service Contracts : Drawing the Line Between Insurance and Warranty Agreements", 54 Ohio St. L. J. 537 (1993), p. 539

79) Spahn, "Service Warranty Associations : Regulating Service Contracts as "Insurance" under Florida's Chapter 634", 25 Stetson L. R. 597 (1996), p. 607; Appleman, *Insurance Law and Practice*, 1982, §10321

80) 257 Ark. 245 (1974)

81) ① GAF Corporation v. County School Board of Washington County 629 F.2d 981 (1980)에서, 지붕자재의 판매자가 그 하자에 대해서 수리 또는 교체를 약정하는 한편, 이에 부수하여 시공 실수로 지붕이 새는 경우에 이를 수리할 것을 약정한 경우에, 후자를 보험으로 규제할 것인지가 다투어졌다. 연방 항소법원은, 후자가 소량의 보험 요소(a small element of insurance)에 불과하고 여기에 보험규제를 통해서 제거해야 할 해로움이 나타난다고 보기 어려우므로 보험으로 취급하지 않는다고 판시했다. ② Truta v. Avis Rent A Car System, Inc. 193 Cal. App. 3d 802 (1987)에서, 자동차 임대업자가 자동차를 임대하면서 임차인의 임대차량 훼손으로 인한 손해배상책임을 면제하는 약정을 별도로 체결했다. 이 면제 약정은 위험을 이전하고 분산하는 요소가 포함되어 있다고 볼 여지가 충분하지만, 이러한 사실만으로 이 약정이 규제목적상 보험이라고 볼 것은 아니라고 캘리포니아 주 항소법원이 판시했다. 그 이유는, 이 약정에 따라 임대인은 임차인에게 일정한 급부의 지급을 약속한 것이 아니라 임차인에게 책임을 면제해 주는 것에 그치므로 임대인은 준비금을 쌓을 필요가 없는 것이고, 따라서 규제목적의 관점에서 보면 건전성 규제가 필요 없기 때문이라는 것이다.

물건의 하자와 관련하여 판매자(또는 제조자)가 수리 등의 용역제공을 하는 경우에는 보험성이 부인되는데, 판매자(또는 제조자)의 입장에서도 물건의 하자는 불확실한 사고일 수 있다는 점에서 미리 대가를 받고 하자의 발생 시에 용역제공을 하는 경우 보험성이 인정될 여지가 있다. 또한 주된 목적 기준은 용역제공 계약의 주된 목적이 무엇인지에 따라서 보험성을 판단하는 것인데, 보험 요소가 주된 목적이 아니라고 해서 언제나 보험업으로 규제하지 않는 것도 지나치다고 본다.[82] 보험 요소가 부수적 목적이라고 해도 영업의 전체 규모가 큰 경우는, 보험 요소가 상대적 비중은 작더라도 규제필요성의 관점에서 결코 경미하다고 보기 어렵기 때문이다.

(2) 결국 규제필요성 기준이 가장 타당하다고 본다. 보험급여가 용역으로 제공된다고 해도 보험의 요소는 갖춘 것이라고 보아야 한다. 다만 보험급여가 용역으로 제공되는 경우에 규제필요성이 인정되지 않는다면 보험으로 규제하지 않는 것이 합리적일 것이다. 하지만 규제필요성이 인정되지 않는 경우는 엄격하게 해석할 필요가 있을 것이다. 보험급여가 용역으로 제공된 사안은 아니지만 규제필요성 기준에 대해서 판시했던 부산지법 1992.2.19. 91가합3591이 참고할 가치가 있다. 동 판결에 의하면, "어느 사회나 단체가 그 구성원이 적립하여 둔 일정액의 금전을 가지고 불행을 당한 각 그 구성원들을 위하여 영위하는 공제사업이라 할지라도 그 사업이 다른 법률에 특별한 근거규정을 갖고 있다든가, 공제가입자의 수가 극히 한정되고 지역, 직역 등에 의한 인적 결합이 강하여 공적 감독의 필요가 없을 정도로 단체가 구성원의 자치에 의하여 잘 운영되고 있거나, 그렇지 않으면 공제사업의 목적이 단순히 소액의 부조금의 지불에 의한 동료의 원조에 있고 구성원 각자에게 공제금을 받을 권리까지를 보장하기 위하여 공적 감독을 할 필요는 없다고 명백히 인정되는 경우가 아닌 한 역시 보험업법상의 보험사업에 해당한다고 보아야 할 것이다."

5) 기타

판례는 무엇이 보험업법상 보험업에 해당하는지는 명칭이나 형식이 아니라 실질로 판단해야 한다는 입장이다. 대판 1989.1.31. 87도2172에서, 보험업법은 보험사업의 단체성, 사회성 등으로 인한 국가와 사회경제생활에 미치는 영향을 고려하여 그 사업에 대하여 정부의 허가를 받도록 하고 있을 뿐만 아니라 각종 감독에 관한 규정을 두고 있으므로, 보험사업의 규제를 위한 위 법률의 정신에 비추어 볼 때 보험사업의 범위는 그 사업의 명칭이나 법률적 구성형식에 구애됨이 없이 그의 실체 내지 경제적 성질에 즉응하여 해석해야 한다고 판시했다.[83] 또한 판례는 비영리적이거나 구성원이 한정되어 있는지 여

82) 김선정, "무허가 보험업의 판단기준", 생명보험442, 2015, 55면

83) ① 대판 1989.1.31. 87도2172에서, 회원이 입회비 및 상조비를 낸 후 일정 기간 내에 사망하는 등의 경우 상조부의금 등을 지급하는 상조사업이 보험업인지가 문제됐는데, 상조 등이 보험용어는 아니

부는 보험업법상 보험업에 해당하는지를 판단함에 있어 고려요소가 아니라고 본다.[84)]

2. 보험의 사회적 기능

(1) 순기능

(1) 보험의 순기능은 생활의 안정추구, 자금의 공급, 신용의 수단, 손해의 방지, 위험분산의 국제화 등이 언급된다.[85)] 이 중에서 가장 중요한 것은 생활의 안정추구이며, 이것은 경제적 안정성의 확보라고 말할 수 있다. 현대인은 각종 사고의 발생가능성, 즉 위험에 노출되어 살아가고 있다. 교통사고, 화재, 도난, 상해, 질병 등 사고의 종류는 헤아릴 수 없을 정도로 많다. 이러한 사고의 발생은 대개 경제적 손실(또는 불안정)을 야기한다. 이러한 위험이 도사리고 있는 한 가계활동이나 기업활동은 경제적 안정성을 위협받게 된다. 가계나 기업이 위험에 대비하여 저축을 하는 방법도 있다. 하지만 저축은 그리 효율적인 방법은 못 된다. 사고로 인한 손해액만큼 저축을 해 두어야 위험에 완전히 대비할 수 있기 때문이다.

(2) 보다 효율적인 방법은 손해액에 훨씬 못 미치는 비용을 지불하고 타인에게 위험을 이전시키는(transfer of risks) 방식이다. 즉 보험계약자가 손해액보다 훨씬 적은 보험료를 지불하고, 그 대가로 사고가 발생하면 보험자로부터 손해액에 상당하는 보험금을 지급받는 방식을 통하여, 위험은 보험계약자로부터 보험자에게로 이전되는 것이다. 보험은 상대적으로 적은 비용으로 위험에 대한 걱정에서 벗어나 경제생활의 안정성을 확보할 수 있다는 장점이 있다. 그리고 위험을 이전받은 보험자는 대개 보험의 기술(위험의 분산, 개별 위험과 보험료의 일치 등)을 활용해서 인수한 위험을 안정적으로 관리할 수 있게 된다. 위와 같이, 주로 위험의 이전 및 보험기술의 활용과 같은 효율적이고 합리적인 방법을 통해서 경제적 안정성을 확보하는 것은 보험 특유의 순기능이라고 볼 수 있다.

(2) 역기능

하지만 보험에는 부작용도 있다. 하나는 도덕적 위태(morale hazard)이고, 다른 하나는 좀 더 심각한 것으로 도덕적 위험(moral hazard), 보험사기, 보험의 도박화 등이 있다. 도덕적 위험을 넓게 정의하는 입장에서는, 도덕적 위험에 도덕적 위태도 포함시킨다. 도덕

나, 그 실질이 보험업이라고 판시했다. 대판 1990.6.26. 89도2537도 상조사업과 관련된 동일한 내용의 판결이다. ② 대판 2001.12.24. 2001도205에서, 회원이 연회비를 납부한 후 일정한 도로교통법시행령 위반행위를 범하면, 그 범칙금의 상당액을 대납해 주는 '라이센스 보장업'이 보험업인지가 문제됐는데, 라이센스 보장 등이 보험용어는 아니나, 그 실질이 보험업이라고 판시했다. ③ 대판 2013.4.26. 2011도13558에서, 지급보증서를 발급하는 대가로 채무자로부터 수수료를 받고, 채무자가 채무를 이행하지 않으면 보증금액 범위에서 채권자에게 손해를 보상하는 영업이 보증보험업인지가 문제됐는데, 지급보증서 등이 보험용어는 아니나, 그 실질이 보험업이라고 판시했다.

84) 대판 1993.12.24. 93도2540

85) 양승규 27－29면

적 위태, 도덕적 위험, 보험사기, 보험의 도박화에 어떻게 효율적으로 대처할 것인지가 보험제도의 역기능을 최소화하고 합리적으로 운영하기 위한 관건이자 보험업법의 주요 과제이다.

1) 도덕적 위태

도덕적 위태란, 보험가입으로 인해 보험계약자 등이 사고발생 등과 관련하여 평소보다 주의를 게을리하게 될 위험을 가리킨다. 보험가입이 없으면 마땅히 기울였을 주의를 보험가입으로 인해서 기울이지 않아 사고가 증가하는 등 부정적 효과가 생길 수 있는 것이다.

2) 도덕적 위험, 보험사기, 보험의 도박화

(1) 도덕적 위험은, 보험에 가입해 보험을 부당하게 이용할 위험을 가리킨다. 이것은 도덕적 위태보다 해악이 더 크다. 도덕적 위험은 계약의 체결 시, 보험기간 중, 보험금 청구 시에 다양한 유형으로 나타날 수 있다. 보험계약자 등이 의도적으로 사고를 일으켜 보험금을 편취할 위험이 이러한 도덕적 위험의 전형이다. 그러나 이것뿐만 아니라, 위험에 관한 정보를 허위로 알리거나, 발생하지 않은 보험사고를 발생한 것으로 가장하거나 또는 손해를 과장하여 보험금을 청구할 위험 등도 도덕적 위험에 속한다.

(2) 보험계약자 등이 도덕적 위험에 노출되기 쉬운 이유는 무엇인가? 보험금이 불확정한 사고 발생 여부에 의해 좌우되는 사행계약이라는 점, 보험계약자가 의도적으로 보험사고를 야기할 수 있는 점, 보험자와 보험계약자 사이에 위험에 관한 정보(사고에 관한 정보 포함)의 비대칭이 심하다는 점, 보험료에 비해 보험급여가 고액인 것이 보통인 점(이 점은 모든 사행계약의 특징이기도 하다) 등이 그 원인으로 거론된다.[86]

(3) 보험에는 위와 같은 도덕적 위험이 잠재되어 있는데, 도덕적 위험이 현실화되어 나타난 것이 보험사기(insurance fraud)이다. 도덕적 위험이 현실화되면 보험의 도박화 문제도 생긴다. 보험과 도박의 차이는, 전자는 손해를 보상하는 것이고 후자는 이익을 줄 수 있다는 것이다. 도덕적 위험의 현실화는 부당한 보험금의 취득을 의미하는 것으로 이것은 보험을 통해서 이득을 취하는 것이고, 결과적으로 보험이 도박화되는 것이다.

(4) 금융감독원의 통계자료에 의하면, 2024년에 보험사기로 적발된 금액은 무려 11,502억 원이고, 관련 혐의자가 108,997명에 이른다. 적발된 금액이나 인원이 해마다 큰 폭으로 증가하는 추세에 있다. 지능적 방법이 사용되기 때문에 보험사기의 적발이 쉽지 않다는 현실을 감안하면, 실제 금액이나 인원은 훨씬 더 많을 것으로 추정된다. 이러한 보험사기의 폐해는 심각하다. 보험사기 때문에 심지어 무고하게 사람이 죽거나 다치고, 재물이 손괴되기도 한다. 또한 보험자의 보험금지급부담이 커질 뿐만 아니라 결국 보험료 인상으

86) 김성태 168－169면

로 이어져 선량한 보험계약자가 피해를 보게 된다.

(5) 즉 보험사기를 방지하지 못하면 다음과 같은 문제가 생긴다.

첫째로, 고비용화 현상이다. 보험자가 수지균등을 맞추기 위해서 보험료를 인상하기 때문이다.

둘째로, 역선택화(adverse selection) 현상이다. 저위험은 가입하지 않고 고위험 중심으로 보험단체가 편중되는 현상이다.

셋째로, 반사회적 현상이다. 보험이 살인, 파괴 등 반사회적 행위를 유발하는 측면이 있는 것이다.

넷째로, 보험의 도박화 현상이다. 도덕적 위험을 방지하지 못하면 보험계약자 등이 부당한 이득을 얻을 수 있고, 그러면 보험은 도박으로 전락하고 만다. 즉 외관상은 보험이나 그 실질은 도박으로 변질되는 것이다. 따라서 도덕적 위험, 보험사기, 보험의 도박화 등의 역기능을 최소화하는 것은 보험법의 핵심적 과제이다.

제 3 관 보험의 종류[87)]

1. 의의

보험의 종류는 보험업법의 적용범위와 관련된다. 즉 보험의 종류에 따라 보험업법이 적용되는지 여부, 만약 적용된다면 어떤 규정이 적용되는지가 다르다. 보험의 종류는 상법 보험편의 적용과도 관련되는데 이에 대해서는 보험업법의 적용과 관련하여 필요한 범위 내에서 같이 살펴본다.

2. 공보험과 사보험

(1) 구별 기준

공보험과 사보험은 목적에 따른 구분이다. 공보험의 목적은 공공정책의 실현이며, 공공정책이란 국가, 지방자치단체 등의 사회복지정책, 경제정책 등을 가리킨다. 사보험의 목적은 순수한 사경제적 작용이다.

(2) 공보험

(1) 4대 사회보험은 공보험의 대표적인 예이며 그 목적은 사회복지정책의 실현이다. 4대 사회보험으로는, 국민건강보험(국민건강보험법), 국민연금(국민연금법), 산업재해보상보험(산업재해보상보험법), 고용보험(고용보험법) 등이 있다. 이외에도, 군인보험(군인보험법) 등이 있다. 그리고 경제정책의 실현이 목적인 공보험으로는 무역보험(무역보험법), 예금보험(예

87) 이에 관해서는 한기정, 보험법, 2025 중에 제1편 제2절의 내용을 주로 인용하였다.

금자보호법) 등이 있다.

(2) 공보험에는 각자의 근거 법률이 적용되고 보험업법은 적용되지 않는다. 보험업법 2조 1호도 ⓐ 고용보험법에 따른 고용보험 ⓑ 국민건강보험법에 따른 건강보험 ⓒ 국민연금법에 따른 국민연금 ⓓ 노인장기요양보험법에 따른 장기요양보험, 그리고 ⓔ 산업재해보상보험법에 따른 산업재해보상보험은 보험업법상 보험상품에 해당하지 않는다고 규정한다. 보험업법 2조 1호는 예시적 규정이라고 해석한다. 즉 ⓐ~ⓔ는 공보험의 예시이고 원칙적으로 여타의 공보험도 보험업법상 보험상품에 해당하지 않는다고 해석한다.

(3) 사보험

사보험은 순수한 사경제적 작용을 목적으로 하는 보험이다. 여기서 사경제적 작용이란, 영리추구, 상호부조 등을 가리킨다.

1) 보험업법에 의한 보험업

보험업법에 의한 보험업은 사보험의 전형이다. 이것은 보험회사가 운영하는 영리보험 또는 상호보험을 가리킨다. 여기에는 보험업법이 전면적으로 적용된다. 영리보험과 상호보험의 구분에 대해서는 후술한다.

2) 공제

i) 의의

(1) 공제(업)는 일정한 단체에 속한 구성원들 사이에 불확정한 사고에 대비한 상호부조다. 나아가 공제 중에는 이러한 구성원들 이외에 불특정 다수인도 대상으로 삼는 경우도 있다. 공제를 보험업과 비교할 때 실질적인 차이는 없다. 다만, 근거 법률이 다를 뿐이다. 우리 법제는 보험업법에 근거하면 보험업, 기타 법률에 의하면 대개 공제라고 칭한다. 법적 근거가 없는 상태에서 공제를 영위하면 무허가 보험업에 해당하여 보험업법 등에 따른 형사처벌을 받게 된다.[88)]

(2) 주요한 공제와 그 근거법률(괄호 안)을 보자. 수협공제(수산업협동조합법), 신협공제(신용협동조합법), 새마을금고공제(새마을금고법), 교직원공제(한국교직원공제회법), 건설공제(건설산업기본법), 자동차공제(화물자동차운수사업법, 여객자동차운수사업법) 등이 대표적인 공제다. 2011년 이전의 농협공제(농업협동조합법)는 국내 최대 규모의 공제였으나, 2011년에 농업협동조합법의 개정을 통해서 보험업법에 의한 보험업으로 탈바꿈하였고 보험회사인 농협생명보험(주)과 농협손해보험(주)이 되었다.

(3) 공제는 법적 성격이 보험업법상 상호보험과 유사하다(판례, 통설). 대판 1995.3.28. 94다47094에서, 육운진흥법 8조, 동법시행령 11조의 규정에 의하여 자동차운송사업조합이나 자동차운송사업조합연합회가 하는 공제사업은 비록 보험업법에 의한 보험사업은 아닐

---

88) 보험업법 4조 1항, 200조 1호, 그리고 '유사수신행위의 규제에 관한 법률' 3조, 6조 1항

지라도 그 성질에 있어서 상호보험과 유사한 것이라고 판시된 바 있다.[89] 후술하는 바와 같이 보험업법상 상호보험이란 보험자인 단체가 자신의 구성원에게 제공하는 보험으로서 영리성을 띠지 않는다. 공제도 일정한 단체에 속한 구성원에게 제공하는 보험이고,[90] 비영리가 목적이기 때문에 상호보험과 유사하다.

ii) 적용 법규

전술한 바와 같이 공제의 실질은 보험업법상 상호보험과 유사하다. 하지만 공제에는 보험업법이 아니라 각자의 근거가 되는 법률이 우선하여 적용된다. 각자의 근거법에 특별한 규정이 없는 경우에 보험업법이 적용되는지가 문제되는데, 원칙적으로 적용이 없다고 해석된다. 공제의 근거법에는 보험업법의 적용이 배제된다는 점을 명시한 경우도 있다. 이러한 경우로는 새마을금고공제(새마을금고법6②), 건설공제(건설산업기본법58) 등이 있다.

iii) 규제기관

① 원칙

공제의 소관 행정기관은 유형별로 다양하다. 가령 수협공제의 감독은 해양수산부, 새마을금고공제는 행정안전부, 건설공제는 국토교통부이다.[91] 이들이 일반적으로 보험에 관한 전문규제기관이라고 보기는 어렵다.

② 협의

㈀ 구분

금융위원회는 공제에 대해 일정한 협의 권한을 갖는다. 이에 관해서는 두 가지가 있다.

⑴ 기초서류에 관한 협의: 금융위원회는 각자의 법률에 따른 공제업과 보험업법에 따른 보험업 간의 균형 있는 발전을 위하여 필요하다고 인정하는 경우 공제업을 운영하는 자에게 기초서류에 해당하는 사항에 관한 협의를 요구할 수 있고, 이러한 요구를 받은 자는 정당한 사유가 없으면 따라야 한다(법193).[92] 다만, 이러한 협의는 보험업법에 존재하는 규정에 근거한 것이다. 따라서 만약 전술한 바와 같이 공제의 근거법에서 보험업법의 적용이 배제된다고 명시한 경우는 보험업법 193조가 적용될 수 없다고 해석한다.[93] 그러

89) 이외에도 공제의 실질이 상호보험이라고 보았던 판례는 적지 않다. 대판 1996.12.10. 96다37848(자동차운송사업조합연합회의 공제사업); 대판 1998.3.13. 97다52622(수산업협동조합중앙회의 선원보통공제); 대판 1999.8.24. 99다24508(주택사업공제조합의 지급보증); 대판 2009.7.9. 2008다88221(건설공제조합의 하도급대금지급보증); 대판 2014.10.27. 2014다212926(공인중개사협회의 공제) 등

90) 단체의 구성원이 아닌 자도 공제를 이용할 수 있는 경우가 있다. 예를 들면, 수산업협동조합은 조합원의 이용에 지장이 없는 범위 내에서 비조합원이 수협공제를 이용하게 할 수 있다(수산업협동조합법61①본,107②본,112②,139①본). 이 점에서는 상호보험과 차이가 있다.

91) 수산업협동조합법 60조의2; 새마을금고법 74조 1항, 7조 1항; 건설산업기본법 65조~65조의2

92) 보험업법 193조에 따른 공제업을 운영하는 자의 기초서류에 해당하는 사항에 대한 협의의 요구는 금융감독원장에게 위탁되어 있다(시행령[별표8]50).

93) 성대규·안종민 753면; 정채웅 987면

한 공제로는 수산업협동조합공제(수산업협동조합법12①), 신용협동조합공제(신용협동조합법6①), 새마을금고공제(새마을금고법6②) 등이 있다.

(2) 감독에 관한 협의: 공제의 소관 행정기관이 그 공제를 감독하면서 금융위원회와 협의하여 감독하는 문제이다. 이에 대해서는 보험업법에 근거 규정이 없고, 다만 공제의 근거법에서 규정하는 경우가 있다. 가령 새마을공제가 그러한데, 행정안전부장관은 새마을공제를 금융위원회와 협의하여 감독한다(새마을금고법74①).

(ㄴ) 취지

위와 같이 협의를 요구하는 취지는 다음과 같다. 보험업은 전문성이 요구되는 분야이고 이에 따라 보험을 포함한 금융에 관한 전문규제기관인 금융위원회가 소관 행정기관이다. 공제도 보험업과 마찬가지로 전문성이 요구되는 분야이지만 공제의 소관 행정기관은 전술한 바와 같이 그러한 전문성을 갖추지 못하는 경우가 대부분이다. 그 결과 공제의 건전경영 또는 공제계약자 등 이해관계자의 권익보호가 미흡할 수 있다. 나아가 공제와 보험업이 차등적인 규제가 적용되면 공제와 보험업 사이에 공정한 경쟁 및 균형 있는 발전을 기대하기 어렵다. 이 점을 고려하여 위와 같이 보험에 관한 전문규제기관인 금융위원회와의 협의를 요구하려는 것이다.

(ㄷ) 기초서류 협의의 요건

보험업법 193조가 규정하는 기초서류에 관한 협의요청권에 관해서 좀 더 살펴보면 다음과 같다.

(1) 공제와 보험업 사이에 균형발전을 위해 필요하다고 인정하는 경우에 협의요청권이 발생한다.

(2) 협의요청권의 상대방은 공제이다. 다만, 전술한 바와 같이 공제의 근거법에서 보험업법의 적용이 배제된다고 명시한 공제는 제외한다.

(3) 협의요청의 대상은 기초서류이다. 보험업의 기초서류는 보험종목별 사업방법서, 보험약관, 보험료 및 책임준비금의 산출방법서이다(법5(3)). 이에 비추어보면 공제의 기초서류는 공제상품별 사업방법서, 공제약관, 보험료 및 책임준비금의 산출방법서이다. 요컨대 공제상품에 관한 기초사항이 협의요청의 대상인 것이다.

(4) 협의요청을 받은 공제는 정당한 사유가 없으면 이에 응해야 한다. 이를 위반한 경우에 공법적 효과에 대해서는 규정이 없으며, 이것이 협의요청권의 한계이다. 한편 이를 위반한 기초서류의 사법적 효과에는 영향이 없다고 해석한다.[94)]

3) 우체국보험

(1) '우체국예금·보험에 관한 법률'(우체국보험법)에 근거하는 우체국보험은 보험의 보

94) 성대규·안종민 754면; 정채웅 988면

편화를 목적으로 국가가 운영하는 보험이다(우체국보험법1). 우체국보험은 국가가 경영하고 과학기술정보통신부장관이 관장한다(우체국보험법3). 비록 보험의 보편화라는 목적이 있다고 해도, 우체국보험의 실질을 공보험이라고 보기는 어렵다.[95)] 비록 공보험의 색채가 있다고 해도 그것은 옅은 것이다. 그래서 민영화 대상으로 종종 거론된다.

(2) 우체국보험에는 보험업법이 원칙적으로 적용되지 않는다. 다만, 해석을 통해서 보험업법이 우체국보험에 적용되는 경우도 있다. 즉 판례는 구 보험업법상 보험회사의 사용자책임에 관한 규정(법102)이 우체국보험에도 적용된다는 입장이며,[96)] 이는 타당하다.[97)]

(3) 우체국보험에 대해서는 보험업법의 소관 행정기관인 금융위원회가 검사, 협의 등을 통해 관련된다. 즉 과학기술정보통신부장관은 우체국보험에 대한 건전성을 유지하고 관리하기 위하여 필요한 경우 금융위원회에 검사를 요청할 수 있고, 우체국보험의 건전한 육성과 보험계약자 보호를 위해 금융위원회와 협의하여 건전성을 유지하고 관리하기 위하여 필요한 기준을 정하고 고시해야 한다(우체국보험법3의2).

4) 의무적 자동차보험

자동차보험은 사보험에 속한다. 다만, 자동차보험 중에서 의무적으로 가입해야 하는 자동차책임보험에는 공보험의 성격이 나타난다.[98)] 의무적 자동차책임보험에서 공보험성을 띠게 한 취지는 자동차 운행으로 인한 사고의 피해자를 두텁게 보호하기 위해서다. 하지만 의무적 자동차책임보험은 사보험과 마찬가지로 보험회사 또는 공제가 운영한다. 보험회사에 의한 의무적 자동차책임보험에는 보험업법이 적용되고, 공제에 의한 그것에는 공제별 근거 법률이 적용된다.

---

95) 박세민 14면; 양승규 32면

96) 대판 2007.9.6. 2007다30263(보험업법은 1조에서 "이 법은 보험업을 영위하는 자의 건전한 운영을 도모하고 보험계약자 · 피보험자 그 밖의 이해관계인의 권익을 보호함으로써 보험업의 건전한 육성과 국민경제의 균형 있는 발전에 기여함을 목적으로 한다."고 규정하고, 같은 법에서 사용하는 용어의 정의에 관하여 2조 5호에서 "보험회사라 함은 4조의 규정에 의한 허가를 받아 보험업을 영위하는 자를 말한다."고 규정하며, 102조 1항 본문에서 "보험회사는 그 임원 · 직원 · 보험설계사 또는 보험대리점이 모집을 함에 있어서 보험계약자에게 가한 손해를 배상할 책임을 진다."고 규정하고 있고, 한편 우체국 예금 · 보험에 관한 법률은 3조에서 "우체국예금사업과 우체국보험사업은 국가가 경영하며, 정보통신부장관이 이를 관장한다."고 규정하고 있는바, 위 보험업법 102조 1항의 규정은 보험모집에 관하여 보험계약자에게 가한 손해에 대하여 보험사업자에게, 그 손해가 보험사업자의 임원 · 직원의 행위로 인한 경우에는 무과실책임을 지우고 보험모집인과 보험대리점의 행위로 인한 경우에는 무과실책임에 가까운 손해배상책임을 지움으로써 보험계약자의 이익을 보호함과 동시에 보험사업의 건전한 육성을 기하고자 하는 데 그 의의가 있는 것으로서, <u>보험업법 1조가 정한 동법의 목적 및 102조 1항의 입법취지에 비추어 보면, 우체국 예금 · 보험에 관한 법률 3조에 의거하여 보험사업을 경영하는 국가 역시 '국가로부터 허가를 받아 보험업을 영위하는 자'와 마찬가지로 그 소속 직원이 보험모집을 함에 있어 보험계약자에게 가한 손해에 대하여는 보험업법 102조 1항에 따라 이를 배상할 책임을 진다고 보아야 할 것이다</u>)

97) 위 판례에 대한 평석으로, 한기정, "상호보험 · 공제 · 우체국보험의 적용법규에 대한 고찰", 보험법연구2-1, 2008, 30-35면

98) 박세민 26면; 양승규 32면; 장덕조 28면

3. 영리보험과 상호보험

(1) 구별 기준

영리보험과 상호보험은 사경제적 목적, 즉 영리추구 또는 상호부조를 목적으로 하므로 사보험에 속한다. 영리보험과 상호보험의 차이는 영리를 추구하는지 여부, 사원관계와 보험관계 사이의 관련성 유무 등에 있다.

(2) 영리보험

(1) 영리보험은 영리를 목적으로 하는 보험이다. 영리보험을 운영하려면 보험업법에 따라 금융위원회의 허가를 받아야 한다(법4①). 영리보험의 운영주체는 법적 형태가 주식회사인 보험회사이다(법2(6),18~33). 여기서 주식회사란 상법에 의해 설립되는 상법상 주식회사다. 주식회사는 출자의무를 부담하는 사원인 주주[99]로 결합된 사단법인이며, 주주와 주식회사 사이에는 사원관계가 형성된다. 의결권, 출자의무 등이 사원관계의 내용이 된다. 영리보험의 사원관계에는 보험업법상 주식회사인 보험회사의 특칙(법18~33)이 적용되고, 특칙에 정함이 없는 사항은 상법 제3편(회사) 중에서 제1장(통칙) 및 제4장(주식회사)이 적용된다.

(2) 위와 같은 영리보험은 상호보험과 비교할 때 다음과 같은 특징을 갖는다. 첫째, 영리보험은 영리성을 띤다. 둘째, 영리보험에서 보험관계와 사원관계는 완전히 별개이다. 사원관계는 주식회사인 보험회사의 주주가 됨으로써만 성립하고, 보험관계는 동 보험회사와 보험계약을 체결할 때만 성립할 수 있다. 주식회사인 보험회사의 주주가 되었다고 해서 당연히 보험관계가 성립하는 것은 아니다.

(3) 상호보험

상호보험은 상호부조를 목적으로 하는 보험이다. 상호보험에는 보험업법에 의한 상호보험과 선주상호보험조합법에 의한 선주상호보험이 있다.

1) 보험업법에 의한 상호보험

i) 의의

(1) 상호보험을 운영하려면 보험업법에 따라서 금융위원회의 허가를 받아야 한다(법4①). 우리나라에 이러한 상호회사가 존재한 예는 아직 없다.

(2) 상호보험의 운영주체는 법적 형태가 상호회사인 보험회사이다(법2(6)). 상호회사는 보험업법에 의해 설립되는 특수한 회사이며(법2(7)), 영리추구가 목적이 아니므로 상법상 회사(상법169)는 아니다. 상호회사는 출자의무를 부담하는 사원으로 결합된 사단법인이며,

---

99) 우리 상법상 회사는 출자의무를 부담하는 사원으로 결합된 사단법인이다. 주식회사에서 그러한 사원을 주주라고 부른다.

사원과 상호회사 사이에는 사원관계가 형성된다. 의결권, 출자의무 등이 사원관계의 내용이 된다. 상호보험의 사원관계에는 상호회사인 보험회사의 특칙(법34~73)이 적용되고, 준용규정들(법43 등)에 의해서 상법 규정이 준용된다.

ii) 특징

상호보험은 영리보험과 비교할 때 다음과 같은 특징을 갖는다.

① 비영리성

상호보험은 비영리성을 띤다.

② 보험관계와 사원관계의 병존

(1) 상호보험에서는 보험관계와 사원관계가 병존한다. 상호회사는 보험계약자를 사원으로 하는 회사(법2(7))이다. 상호회사인 보험회사의 사원이 된다는 것은 동 회사와 보험계약관계에 서게 된다는 것을 의미한다. 상호보험에서는 보험계약자의 지위와 사원의 지위가 일치하며, 보험관계에는 반드시 사원관계가 수반되고, 역으로 사원관계에는 보험관계가 반드시 수반된다. 이러한 이유에서, 상호보험은 상호회사가 자신의 사원에게 제공하는 보험이라고도 말할 수 있다.

(2) 먼저, 사원관계를 살펴보자. 사원은 간접책임과 유한책임을 진다. 즉 사원은 보험료지급의무를 부담하는데(법47), 이것으로 사원의 출자의무는 대체된다. 사원은 상호회사의 채권자에 대하여 직접적인 의무를 지지 않고, 상호회사의 채무에 관해서 보험료를 한도로 책임을 진다(법46~47). 사원은 정관에서 달리 정하지 않는 한 사원총회에서 1개의 의결권을 가진다(법55). 보험관계가 소멸하면 사원관계도 소멸한다(법66①(2)).

(3) 다음, 보험관계를 살펴보자. 사원의 보험관계 중에서 중요한 사항(보험계약의 종류, 보험금액 및 보험료)은 사원명부에 기재된다(법52(2)). 사원이 아닌 자는 보험관계를 가질 수 없다(법2(7)). 따라서 사원관계가 소멸하면 보험관계도 소멸한다. 사원은 보험관계에 기초한 각종의 권리의무를 가진다. 특이한 점은, 상호회사는 정관으로 보험금액의 삭감에 관한 사항을 정해야 하고(법49), 상호회사의 청산 시에 보험금청구권 등 보험관계상 채권이 일반채권에 비해 후순위(법72)라는 것이다. 이것은 상법 보험편의 보험계약 관계에서 볼 수 없는 점이다. 이러한 이유에서 사원의 보험관계가 '보험계약의 관계'인지에 대해서 의문이 제기되기도 한다.[100)]

③ 적용법규

보험관계에는 성질에 반하지 않는 범위에서 상법 보험편이 준용된다(상법664). 다만 보험업법에 특칙이 있으면 이것이 우선하여 적용된다. 이러한 특칙으로 전술한 것 이외에

100) 일본의 경우 1995년 보험업법이 개정되기 이전에는 전술한 우리나라 보험업법 49조, 72조와 같은 규정이 있었다. 일본에서는 이러한 규정으로 인해 상호회사의 보험관계는 보험계약관계가 아니라는 입장이 지배적이었다고 한다. 이에 대해서는 山下友信, 保險法, 2005, 83－84면 참조.

보험업법 51조가 있다. 이것은 손해보험에서 보험목적의 양도에 관한 규정인데, 상법 679조에 우선하여 적용된다.[101)]

④ 상호보험과 영리보험의 접근

상호보험에는 영리보험에 관한 상법 보험편이 준용되고, 영리보험 중에는 보험계약자에게 이익배당을 하는 경우가 있는데, 이러한 이유에서 상호보험과 영리보험이 상호 접근한다고 평가되고 있다.[102)]

2) 선주상호보험조합법에 의한 선주상호보험

i) 의의

(1) 선주상호보험은 선주상호보험조합법('선주보험법')에 따라서 상호부조를 목적으로 선주상호보험조합이 운용하는 상호보험이다(선주보험법1~2). 선주상호보험은 선주 등(선박소유자, 정기용선자, 선체용선자, 그 밖의 선박운항업자)이 선박을 운항함으로써 발생하는 책임 및 비용을 보상한다. 선주상호보험조합은 비영리법인이다(선주보험법4①).

(2) 선주상호보험조합법에 따라서 현재 설립되어 있는 선주상호보험조합이 상호보험을 운영하고 있다. 실무에서는 이러한 조합을 P&I Club(Protection and Indemnity Club)이라고 부른다. 선주상호보험조합의 조합원은 조합원관계와 보험관계를 갖는다.

ii) 특징

선주상호보험은 다음과 같은 특징을 갖는다.

① 비영리성

선주상호보험은 비영리성을 띤다.

② 보험관계와 조합원관계의 병존

(1) 선주상호보험에서는 보험관계와 조합원관계가 결합되어 있다. 선주상호보험조합의 조합원이 된다는 것은 동 조합과 보험계약을 체결한 것을 의미한다. 선주상호보험에서는 보험계약자의 지위와 조합원의 지위가 일치하며, 보험관계에는 반드시 조합원관계가 수반되고, 역으로 조합원관계에는 보험관계가 반드시 수반된다. 이러한 이유에서, 선주상호보험은 선주상호보험조합이 자신의 조합원에게 제공하는 보험이라고도 말할 수 있다.

(2) 먼저, 조합원관계를 살펴보자. 선주보험법에 의하면, 조합원은 선주 등으로서 정관이 정하는 자만이 될 수 있다(선주보험법19①). 조합원은 간접책임과 유한책임을 진다. 즉 조합원은 조합의 채권자에 대하여 직접적인 책임을 지지 않고, 조합채무에 관한 조합원의 책임은 선주보험법에서 별도로 정한 경우를 제외하면 출자금과 보험료를 한도로 한다(선주보험법23). 또한 조합원은 정관에서 달리 정하지 않는 한 총회에서 1개의 의결권을 가진

---

101) 보험업법 51조는, "손해보험을 목적으로 하는 상호회사의 사원이 보험의 목적을 양도한 경우에 양수인은 회사의 승낙을 받아 양도인의 권리와 의무를 승계할 수 있다"고 규정한다.

102) 양승규 32면

다(선주보험법33③). 만약 보험계약 전부가 소멸하면 조합원관계도 소멸한다(선주보험법28②(4)).

(3) 다음, 보험관계를 살펴보자. 조합원의 보험관계 중에서 중요한 사항(보험계약의 종류, 보험금액 및 보험료)은 사원명부에 기재된다(선주보험법31(4)). 조합원이 아닌 자는 보험관계를 가질 수 없다(선주보험법19③). 따라서 조합원관계가 소멸하면 보험관계도 소멸한다(선주보험법28③). 조합원은 보험관계에 기한 각종의 권리의무를 가진다. 선주상호보험에는 전술한 보험업법상 상호보험 규정(법49,72)과 같은 것은 없다. 그 결과 조합원의 보험관계가 보험계약 관계인지에 대한 의문은 제기될 여지가 없다. 선주보험법도 조합원이 보험계약을 체결해야 한다고 규정하여(선주보험법21①,22③), 보험관계가 보험계약에 기한 것임을 분명하게 밝히고 있다.

③ 적용법규

보험관계에는 성질이 반하지 않는 범위에서 상법 보험편이 준용된다(상법664). 다만, 선주보험법에 특칙이 있으면 이것이 우선해 적용된다.

4. 손해보험과 인보험

(1) 구별 기준

(1) 상법 보험편은 사보험을 손해보험과 인보험으로 분류한다. 이것은 보험업법이 보험의 종류를 생명보험, 손해보험, 제3보험으로 분류하는 것과 밀접한 관련이 있다. 대체로 보험업법은 상법 보험편의 인보험을 생명보험과 제3보험으로 세분화한 것이라고 볼 수 있기 때문이다. 따라서 보험업법상의 생명보험, 손해보험, 제3보험의 분류를 살펴보기에 앞서 상법 보험편의 손해보험과 인보험의 분류를 먼저 검토해 보기로 한다.

(2) 상법 보험편의 손해보험과 인보험은 보험목적과 보상방식에 따른 구분이다. 보험목적과 보상방식이 다르면 관련 법리도 달리 할 필요가 있다. 이 점을 고려하여, 상법 보험편은 양자에 공통으로 적용될 규정(1장 통칙)을 두되, 손해보험과 인보험에 각기 적용될 규정(2장 손해보험, 3장 인보험)을 두고 있다.

(3) 이론상으로 보면, 보험목적이 재산인지 사람인지를 기준으로 재산보험과 인보험으로 분류되고, 보상방식이 정액인지 비정액인지를 기준으로 정액보험과 손해보험(또는 비정액보험)으로 분류된다. 상법 보험편은 이 중에서 손해보험과 인보험을 보험분류의 기준으로 삼고 있다.

(2) 손해보험

(1) 상법상 손해보험은 보험목적이 재산이고, 보상방식은 비정액보상인 보험이다.[103]

---

103) 김성태 376면; 김은경 31면; 양승규 190; 최기원 92면; 최준선 180면

즉 상법상 손해보험은 이론상의 재산보험과 이론상의 손해보험이 결합되어 있다고 볼 수 있다. 위와 같은 실정법상의 분류는 이론상의 분류와는 차이가 있어서 혼동을 주기 쉽다. 이론적으로 보면, 보험목적의 종류를 기준으로 하는 경우 재산보험과 인보험으로 분류하고, 정액 보상방식인지 여부를 기준으로 하는 경우 손해보험(또는 비정액보험)과 정액보험으로 분류하는 것이 보다 적합하기 때문이다.

(2) 상법 보험편은, 2장 손해보험에서, 화재보험(2절), 운송보험(3절), 해상보험(4절), 책임보험(5절), 자동차보험(6절), 보증보험(7절) 등을 규정한다.

(3) 인보험

(1) 상법상 인보험은 보험목적이 사람인 보험이다. 이것은 이론상 인보험의 개념과 일치한다. 손해보험과 달리, 인보험을 규정하면서 보험목적만을 기준으로 삼을 뿐 보상방식을 연계시키지 않고 있다. 즉 상법 보험편에 의하면 보험목적이 사람이기만 하면, 보상방식이 무엇이든 인보험으로 분류되는 것이다. 상법 보험편이 보험목적이 사람인 경우와 특정한 보상방식을 연계시키지 않은 취지는, 보험목적이 사람인 경우 보상방식을 정액 또는 비정액 중 어느 하나로 한정할 필요가 없다고 보기 때문이다. 그 결과, 인보험에서 보상방식은 정액보상과 비정액보상으로 나뉜다. 생명보험은 정액 보상방식이고, 상해보험과 질병보험은 당사자가 약정을 통해서 정액 보상방식과 비정액 보상방식 중에서 선택할 수 있다. 그리고 비정액 보상방식을 선택한 경우는 손해보험 중에서 비정액 보상방식과 관련된 규정의 준용 문제가 등장하게 된다.

(2) 인보험도 보험목적의 종류, 보험사고의 종류 등에 따라 구분된다. 상법은 그 중에서 생명보험과 상해보험, 질병보험에 대해 규정한다. 생명보험은 생명이 보험목적이고, 사망 또는 생존이 보험사고이다. 보험사고의 종류에 따라서 사망보험(사망이 보험사고), 생존보험(생존이 보험사고), 생사혼합보험(사망과 생존이 보험사고) 등이 있다. 생사혼합보험은 양로보험이라고도 불린다. 또한 상해보험은 사람의 신체를 보험목적으로 하고 상해가 보험사고다. 그리고 질병보험은 사람의 신체를 보험목적으로 하고 질병이 보험사고다. 질병보험에 관한 규정이 2014년 상법 개정으로 신설되었다.

5. 생명보험, 손해보험, 제3보험

(1) 구별 기준

보험업법은 사보험을 생명보험, 손해보험과 제3보험으로 분류한다(법2(1)). 이것은 보험목적과 보상방식에 따른 구분이다. 전술한 것처럼 보험목적과 보상방식을 고려하여 보험을 분류한 점은 상법상 손해보험과 인보험과 같다. 다만, 보험업법은 보험업의 허가단위를 고려하여 인보험 대신에 생명보험과 제3보험으로 분류한다는 점이 다를 뿐이다. 즉 보험업법은 보험업을 생명보험업, 손해보험업, 제3보험업으로 구분하여 보험업 허가를 한다(법4①).

(2) 생명보험

1) 의의

(1) 생명보험상품은 위험보장을 목적으로 사람의 생존 또는 사망에 관하여 약정한 금전 및 그 밖의 급여를 지급할 것을 약속하고 대가를 수수하는 계약으로서 대통령령으로 정하는 계약이다(법2(1)가). 생명보험업이란 생명보험상품의 취급과 관련하여 발생하는 보험의 인수, 보험료 수수 및 보험금 지급 등을 영업으로 하는 것을 말한다(법2(3)).

(2) 생명보험은 사람의 생명을 보험목적으로 하고 정액보상을 보상방식으로 한다. 즉 '사람의 생존 또는 사망'은 사람의 생명에 대해 생기는 보험사고이고, '약정한 금전 및 그 밖의 급여를 지급'한다는 것은 보상방식이 정액보험임을 의미한다. 보험업법상 생명보험은 이론상의 인보험과 이론상의 정액보험이 결합되어 있는 것이다.

2) 종류

(1) 생명보험의 종류는 생명보험, 연금보험(퇴직보험을 포함)으로 구분된다(시행령1의2②). 전자의 생명보험은 넓은 의미의 생명보험이고, 후자의 생명보험은 좁은 의미, 즉 넓은 의미의 생명보험 중에서 연금보험과 퇴직보험을 제외한 것이다. 감독규정 [별표1]은 생명보험, 연금보험, 퇴직보험의 정의를 아래의 (2)~(4)와 같이 규정하고 있다. 감독규정 [별표1]은 보험업법시행령 1조의2 5항, 그리고 감독규정 1-2조의2의 위임을 받은 것이다.

(2) 생명보험은 사람의 생존 또는 사망에 관하여 약정한 금전 및 그 밖의 급여를 지급할 것을 약속하고 대가를 수수하는 보험이고, 다만 연금보험 및 퇴직보험을 제외한다(감독규정[별표1]). 생명보험은 보험사고의 종류에 따라서 사망보험(사망이 보험사고),[104] 생존보험(생존이 보험사고), 생사혼합보험(사망과 생존이 보험사고)[105]으로 구분된다.

(3) 연금보험은 생존보험의 일종인데 보험업법시행령은 연금보험을 좁은 의미의 생명보험과 구분하고 있다. 생존보험은 피보험자가 생존하면 보험금이 지급된다. 연금보험은 피보험자가 생존하면 보험금이 연금으로 지급되는 보험이다(감독규정[별표1]). 또는 일정 연령 이후에 생존하는 경우 연금을 주된 보장으로 하는 보험을 말한다(감독규정1-2(5)). 요컨대 연금보험은 생존보험의 일종인데 보험금 지급방식이 연금이라는 점에 특색이 있다.

(4) 퇴직보험은 피보험자가 퇴직하면 보험금이 연금 또는 일시금으로 지급되는 보험이다(감독규정[별표1]). 퇴직은 생명보험의 보험사고(생존 또는 사망)는 아니므로 이것만으로 생명보험의 일종이라고 하기는 어렵지만 보험금 지급방식이 연금인 것도 가능하다는 측면

---

104) 사망보험에는 정기보험과 종신보험이 있다. 양자는 보험기간에 따른 차이이다. 정기보험은 보험기간이 일정 기간으로 정해져 있고, 종신보험은 사망 시까지가 보험기간이다.

105) 생사혼합보험은 양로보험이라고도 부른다.

을 고려하여 연금보험의 일종으로 분류한 것이다.

(3) 손해보험

1) 의의

(1) 손해보험상품은 위험보장을 목적으로 우연한 사건(질병·상해 및 간병은 제외)으로 발생하는 손해(계약상 채무불이행 또는 법령상 의무불이행으로 발생하는 손해를 포함)에 관하여 금전 및 그 밖의 급여를 지급할 것을 약속하고 대가를 수수하는 계약으로서 대통령령으로 정하는 계약이다(법2(1)나). 손해보험업이란 손해보험상품의 취급과 관련하여 발생하는 보험의 인수, 보험료 수수 및 보험금 지급 등을 영업으로 하는 것을 말한다(법2(4)).

(2) 손해보험은 재산을 보험목적으로 하고 손해보상을 보상방식으로 한다. 즉 보험업법상 손해보험은 그 보험사고에 생존, 사망, 질병, 상해, 간병이 제외되므로 결국 보험목적이 사람이 아니라 재산이 되고, 또한 보험업법 2조 1호 나목에 따르면 손해보상이 보상방식임이 분명하다. 그렇다면 보험업법상 손해보험은 이론상의 재산보험과 이론상의 손해보험이 결합되어 있는 것이다. 그리고 보험업법 2조 1호 나목은 제3보험상품은 손해보험상품에 속하지 않으며 보증보험상품은 손해보험상품에 속한다고 명시하고 있다.

2) 종류

(1) 감독규정 [별표1]은 손해보험의 종류 및 그 정의를 아래의 (2)~(15)와 같이 규정하고 있다.

(2) 화재보험: 화재로 인하여 발생하는 손해에 관하여 금전 및 그 밖의 급여를 지급할 것을 약속하고 대가를 수수하는 보험이다.

(3) 해상보험(항공·운송보험 포함): 해상사업에 관한 사고로 인하여 발생하는 손해에 관하여 금전 및 그 밖의 급여를 지급할 것을 약속하고 대가를 수수하는 보험이다. 항공기·육상운송물·인공위성 등에 관하여 사고로 인하여 생긴 손해를 보상하는 항공·운송보험은 해상보험으로 본다.

(4) 자동차보험: 자동차를 소유·사용·관리하는 것과 관련한 사고로 인하여 발생하는 손해에 관하여 금전 및 그 밖의 급여를 지급할 것을 약속하고 대가를 수수하는 보험이다.

(5) 보증보험: 계약에 따른 채무의 불이행 또는 법령에 따른 의무의 불이행으로 발생하는 손해에 관하여 금전 및 그 밖의 급여를 지급할 것을 약속하고 대가를 수수하는 보험이다.

(6) 재보험: 보험회사가 인수한 보험계약상의 보험금 지급 등 기타 급여책임의 일부 또는 전부를 다시 다른 보험자에 전가하는 보험이다.

(7) 책임보험: 피보험자가 사고로 인하여 제3자에게 배상책임을 지게 되어 발생하는 손해에 관하여 금전 및 그 밖의 급여를 지급할 것을 약속하고 대가를 수수하는 보험

이다.

(8) 기술보험: 기계설비 및 장치, 전자기기, 조립공사, 건설공사 등 이와 유사한 목적물과 관련된 사고로 인하여 발생하는 손해에 관하여 금전 및 그 밖의 급여를 지급할 것을 약속하고 대가를 수수하는 보험이다.

(9) 권리보험: 동산·부동산에 대한 권리상의 하자로 인하여 발생하는 손해에 관하여 금전 및 그 밖의 급여를 지급할 것을 약속하고 대가를 수수하는 보험이다.

(10) 도난보험: 도난으로 인하여 발생하는 손해에 관하여 금전 및 그 밖의 급여를 지급할 것을 약속하고 대가를 수수하는 보험이다.

(11) 유리보험: 유리파손으로 인하여 발생하는 손해에 관하여 금전 및 그 밖의 급여를 지급할 것을 약속하고 대가를 수수하는 보험이다.

(12) 동물보험: 동물에 발생한 사고로 인하여 발생한 손해에 관하여 금전 및 그 밖의 급여를 지급할 것을 약속하고 대가를 수수하는 보험이다.

(13) 원자력보험: 원자력손해배상법에 의한 배상책임을 지게 됨으로써 발생하는 손해에 관하여 금전 및 그 밖의 급여를 지급할 것을 약속하고 대가를 수수하는 보험이다.

(14) 비용보험: 상금, 상품, 소송비용, 기타 비용을 발생시키는 사고로 인하여 발생하는 손해에 관하여 금전 및 그 밖의 급여를 지급할 것을 약속하고 대가를 수수하는 보험이다. 이 경우 법률서비스나 법률서비스의 비용을 발생시키는 사고로 인하여 발생한 손해를 보상하는 법률비용보험을 포함한다.

(15) 날씨보험: 날씨로 인하여 발생하는 손해에 관하여 금전 및 그 밖의 급여를 지급할 것을 약속하고 대가를 수수하는 보험이다.

(4) 제3보험

1) 의의

(1) 제3보험상품은 위험보장을 목적으로 사람의 질병·상해 또는 이에 따른 간병에 관하여 금전 및 그 밖의 급여를 지급할 것을 약속하고 대가를 수수하는 계약으로서 대통령령으로 정하는 계약이다(법2(1)다). 제3보험업이란 제3보험상품의 취급과 관련하여 발생하는 보험의 인수, 보험료 수수 및 보험금 지급 등을 영업으로 하는 것을 말한다(법2(5)).

(2) 제3보험은 보험목적의 측면에서는 인보험에 속하나 보상방식 측면에서는 정액보상과 손해보상이 모두 가능하다. 정액보상과 손해보상이 모두 가능하다고 해석하는 이유는 보험업법 2조 1호 다목이 '금전 및 그 밖의 급여를 지급'한다고만 규정할 뿐이지 정액보험인지 손해보상인지에 대해 정함이 없기 때문이다. 이 점에서 보험업법 2조 1호 가목이 생명보험에 대해 '약정한 금전 및 그 밖의 급여를 지급'한다고 규정하여 정액보상을 보상방식으로 정하고, 보험업법 2조 1호 나목이 손해를 보상한다고 명시하여 손해보상을

보상방식으로 규정한 것과 구분된다.

(3) 그렇다면 제3보험은 사람을 보험목적으로 한다는 점에서는 생명보험에 가깝고 보상방식 면에서 정액보상은 생명보험과 같고 손해보상은 손해보험과 같다. 이와 같이 제3보험에는 생명보험의 성격과 손해보험의 성격이 함께 나타난다는 점을 고려하여 보험업법은 제3보험을 생명보험과 손해보험 중의 어느 하나로 분류하기보다는 제3의 보험 종류로 분류하였다. 그리고 생명보험회사 및 손해보험회사가 제3보험을 겸영하거나 또는 이를 전업하는 보험회사가 경영할 수 있도록 하고 있다.

2) 종류

(1) 감독규정 [별표1]은 제3보험의 종류 및 그 정의를 아래의 (2)~(4)와 같이 규정하고 있다.

(2) 상해보험은 사람의 신체에 입은 상해에 대하여 치료에 소요되는 비용 및 상해의 결과에 따른 사망 등의 위험에 관하여 금전 및 그 밖의 급여를 지급할 것을 약속하고 대가를 수수하는 보험이다(감독규정[별표1]). 이에 따르면 상해보험은 상해 그 자체뿐만 아니라 상해로 인한 사망(상해사망)도 그 보험사고에 해당됨을 알 수 있다. 생각건대, 상해사망보험을 상해보험과 사망보험 중에서 어느 것으로 분류할 것인지는 입법정책의 문제이다. 보험업법은 생명보험회사는 물론이고 손해보험회사의 업무범위에도 상해사망보험을 포함시킬 수 있게 하기 위해서 상해사망보험을 제3보험인 상해보험으로 분류하고 있다고 이해할 수 있다.[106)]

(3) 질병보험은 사람의 질병 또는 질병으로 인한 입원·수술 등의 위험(질병으로 인한 사망을 제외)에 관하여 금전 및 그 밖의 급여를 지급할 것을 약속하고 대가를 수수하는 보험이다(감독규정[별표1]). 질병보험은 질병 그 자체만 보험사고에 해당하고 질병으로 인한 사망(질병사망)은 제외된다. 보험업법상 질병사망보험은 사망보험에 속한다.

(4) 간병보험은 치매 또는 일상생활장해 등 타인의 간병을 필요로 하는 상태 및 이로 인한 치료 등의 위험에 관하여 금전 및 그 밖의 급여를 지급할 것을 약속하고 대가를 수수하는 보험이다(감독규정[별표1]). 간병보험은 넓은 의미의 질병보험에 속하지만 별도로 구분하고 있다.

---

106) 보험업법이 상해사망을 상해보험으로 분류하고 있다고 해서 상법 보험편도 이에 반드시 따라야 하는 것은 아니다. 분류의 목적, 관련 규정 등을 종합적으로 고려해서 상해사망보험의 성격을 정하는 것이 합리적이다. 상법 보험편의 경우는 상해사망보험을 생명보험으로 분류하는 것이 타당한데, 그 이유는 상법 732조의 준용 문제 때문이다. 상해보험에는 상법 732조가 준용되지 않는데(상법739), 만약 상해사망보험을 상해보험으로 분류하게 되면 이에는 상법 732조가 준용되지 않으므로 이는 문제이다. 상법 732조에 따르면, 15세 미만자, 심신상실자, 또는 심신박약자의 사망을 보험사고로 하는 보험계약은 무효인데, 판단능력이 부족한 15세 미만자 등이 사망보험의 피보험자가 되어 도덕적 위험에 노출되는 것을 예방하는 데 그 취지가 있고, 이러한 예방의 필요성이 상해사망이라고 해서 다르지 않기 때문이다.

6. 가계보험과 기업보험

(1) 상법

(1) 상법 보험편은 보험을 가계보험과 기업보험으로 분류한다. 가계보험의 경우는 보험계약자를 보호할 필요가 있다고 보아서, 상법이 보험계약의 법률관계에 대해 보험계약자 보호를 위한 후견적 개입을 한다. 즉 상법 보험편의 규정은 보험회사와 보험계약자 사이의 특약으로 보험계약자 또는 피보험자나 보험수익자의 불이익으로 변경하지 못한다(상법663본). 이를 불이익변경 금지의 원칙이라고 한다. 다만, 재보험 및 해상보험 기타 이와 유사한 보험의 경우에는 그렇지 않다(상법663단). 상법 663조 본문은 가계보험에 적용되고, 그 단서는 기업보험에 적용된다고 해석한다(판례,[107] 통설).

(2) 그런데 가계보험과 기업보험은 보험계약자의 지위에 따른 구분이다(판례,[108] 통설). 가계보험은 보험계약자가 보험회사보다 약한 경제적 지위에 있는 경우를 가리키고, 기업보험은 양자가 대등한 경제적 지위에 있는 경우를 가리킨다.

(3) 가계보험과 기업보험의 구분은 보험계약자의 경제적 지위를 기준으로 한다는 점에서, 이는 보다 정확하게 말하면 보험의 분류라기보다는 보험계약자의 분류이다.

(2) 보험업법

(1) 보험업법도 보험계약자를 일반보험계약자와 전문보험계약자로 구분하여 이원적으로 취급한다. 보험업법은 보험회사가 부담하는 설명의무(법95의2)를 일반보험계약자에게만 적용한다. 금융소비자법은 금융소비자를 전문금융소비자와 일반금융소비자로 구분한다. 금융소비자법은 보험회사가 부담하는 적합성 원칙(금융소비자법17), 적정성 원칙(금융소비자법18) 및 설명의무(금융소비자법19)와 보험계약자가 행사할 수 있는 청약철회권(금융소비자법46)을 일반금융소비자에게만 적용한다. 이는 설명의무 등은 경제적 지위가 보험회사와 대등한 전문보험계약자 및 전문금융소비자에게 원칙적으로 그 적용을 배제한다는 의미이다.

(2) 전문보험계약자란 보험계약에 관한 전문성, 자산규모 등에 비추어 보험계약의 내용을 이해하고 이행할 능력이 있는 자로서 국가, 한국은행, 일정한 금융기관, 주권상장법인 등을 말한다(법2⒆본). 일반보험계약자는 전문보험계약자가 아닌 보험계약자를 말한다(법2⒇). 전문금융소비자란 금융상품에 관한 전문성 또는 소유자산규모 등에 비추어 금융상품 계약에 따른 위험감수능력이 있는 금융소비자로서 국가, 한국은행, 일정한 금융기관, 주권상장법인 등을 말한다(금융소비자법2⑼본). 일반보험계약자는 전문보험계약자가 아닌 보험계약자를 말한다(법2⑽).

107) 대판 2000.11.14. 99다52336
108) 대판 1996.12.20. 96다23818

7. 개별보험과 집합보험·총괄보험·단체보험

(1) 상법

(1) 보험목적의 수에 따라서도 보험을 분류할 수 있다. 상법 보험편에 따르면, 개별적 재산 또는 사람이 보험목적이면 개별보험이라고 한다. 복수의 재산 또는 사람이 보험목적인 일정한 경우에는 특수한 취급을 한다.

(2) 먼저, 집합된 물건을 일괄하여 보험목적으로 하면 집합보험(상법686)이 된다. 집합보험 중에서도 보험기간 중에 보험목적에 속한 물건이 수시로 교체되는 경우가 총괄보험이다(상법687).

(3) 다음, 어떤 단체에 속한 구성원들의 전부 또는 일부가 보험목적이 되는 인보험을 단체보험(상법735의3)이라고 한다.

(2) 보험업법

보험업법은 사람이 보험목적인 경우 개별보험과 단체보험으로 구분하여 규율한다. 후자와 관련해서는 간단보험대리점에서 단체보험의 특칙(시행령33의2④), 중복계약 확인의무에서 단체보험의 특칙(시행령42의5①) 등이 있다.

8. 투자성 보험과 비투자성 보험

(1) 구별 기준

투자성 보험과 비투자성 보험은 투자성이 있는지 여부를 기준으로 한 구분이다.

(2) 투자성 보험

투자성 있는 보험계약은 자본시장법 77조 2항이 규정한다. 여기서 “투자성”이란 그 계약상 권리를 취득하기 위하여 지급하였거나 지급하여야 할 금전 등의 총액(판매수수료 등 대통령령으로 정하는 금액을 제외한다)이 그 권리로부터 회수하였거나 회수할 수 있는 금전 등의 총액(해지수수료 등 대통령령으로 정하는 금액을 포함)을 초과하게 될 위험을 말한다(자본시장법3①본). 보험금이 자산운용 성과에 따라 변동하는 변액보험(법108①(3))은 위 투자성 요건을 충족하는 경우에 한하여 투자성 보험에 해당할 수 있다.[109]

(3) 비투자성 보험

비투자성 보험은 투자성 보험을 제외한 보험을 가리킨다.

(4) 구별 실익

투자성 보험은 자본시장법의 적용을 받는다는 점이 특징이다. 즉 보험회사가 투자성 있는 보험계약을 체결(중개 또는 대리 포함)하는 경우에 자본시장법상 투자매매업 또는 투

109) 가령 변액보험 중 원금보장형은 투자성있는 보험계약이라고 볼 수 없다.

자중개업에 관한 인가를 받은 것으로 보고, 일부 규정을 제외하고 자본시장법이 적용된다(자본시장법77②).

9. 보장성보험과 저축성보험

(1) 구별 기준

보장성보험과 저축성보험은 생존보험금의 비중을 기준으로 한 구분이다. 생존보험금은 생존이라는 보험사고가 발생하면 지급되는 보험금이다.

(2) 보장성보험

(1) 보장성보험은 생존보험금의 합계액이 이미 납입한 보험료를 초과하지 않는 보험이다. 즉 보장성보험은 기준연령 요건에서 생존 시 지급되는 보험금의 합계액이 이미 납입한 보험료를 초과하지 않는 보험을 말한다(감독규정1-2(3)). 여기서 기준연령 요건이란 "전기납 및 월납 조건"(보험기간 전체에 걸쳐서 보험료를 납입하되 매월 납입하는 방식)으로 남자가 만 40세에 보험에 가입하는 경우를 말한다(감독규정1-2(2)본). 다만, 남자가 만 40세에 보험에 가입할 수 없거나 연령만기보험(종신보험, 연금보험 포함)의 경우에는 가입가능연령의 중간연령을 가입시기로 하며, 전기납이 없는 경우에는 최장기납으로 한다(감독규정1-2(2)단).

(2) 보장성보험은 순수보장성보험과 기타 보장성보험으로 구분된다. 순수보장성보험이란 생존 시 지급되는 보험금이 없는 보장성보험을 말하고 기타 보장성보험이란 순수보장성보험을 제외한 보장성보험을 말한다(감독규정1-2(3)).

(3) 저축성보험

저축성보험은 생존보험금이 이미 납입한 보험료를 초과하는 보험을 가리킨다. 즉 저축성보험은 보장성보험을 제외한 보험으로서 생존 시 지급되는 보험금의 합계액이 이미 납입한 보험료를 초과하는 보험을 말한다(감독규정1-2(4)).

(4) 생존보험과 관계

기타 보장성보험 및 저축성보험은 모두 생존보험의 요소가 포함된 것이다. 생존이라는 보험사고가 발생하면 보험금을 받는 것이 생존보험이기 때문이다. 저축성보험이 저축이라는 용어를 사용하고 있다고 하더라도, 이것이 저축은 아니다. 저축처럼 원금 등이 상환되는 것처럼 보일 수 있어서 저축이라는 수식어가 붙는 것은 사실이지만, 생존보험금은 생존해야만 지급되고 사망하면 지급되지 않으므로 저축성보험도 보험인 점에는 틀림이 없다. 하지만 노령을 제외하면, 생존가능성이 사망가능성보다 훨씬 높기 때문에 대부분 생존보험금을 받게 되고, 또한 중도에 해지하면 생존보험금의 지급을 위해 적립했던 금액을 해지환급금으로 반환받을 수 있으므로, 결과적으로 저축과 매우 유사한 결과가 나타난다

는 점을 부인하기 어렵다.[110]

(5) 구별 실익

저축성보험과 보장성보험의 구별실익은 보험업법 95조의2 3항에 따른 설명의무에서 저축성보험과 보장성보험의 구분(감독규정4－35의2⑧), 보험업법 124조에 따른 보험상품의 비교공시에서 저축성보험과 보장성보험의 구분(감독규정7－46①) 등에서 나타난다. 2011년 개정된 민사집행법은 보장성보험의 보험금, 해약환급금 및 만기환급금의 일부에 대한 압류를 금지하였고(민사집행법246①(7), 시행령6), 이에 보장성보험의 경우 압류채권자의 해지권 행사도 금지되었다.[111]

10. 금리연동형보험, 자산연계형보험, 금리확정형보험

(1) 구별 기준

금리연동형보험, 자산연계형보험, 금리확정형보험은 보험료적립금의 적용이율에 따른 구분이다.

(2) 금리연동형보험

금리연동형보험은 보험회사의 자산운용이익률, 시장금리 등에 따라 계약자적립액 적용이율이 변동되는 보험을 말한다(감독규정1－2(6)). 여기의 적용이율은 보험회사가 공시하는 공시이율을 가리킨다(감독규정7－65③).

(3) 자산연계형보험

자산연계형보험이란 특정자산의 수익률 또는 지표 등에 연계하여 계약자적립액 적용이율이 변동되고 특별계정으로 설정·운용되는 금리연동형보험을 말한다(감독규정1－2(8)).

(4) 금리확정형보험

금리확정형보험은 계약자적립액 적용이율이 고정된 보험을 말한다(감독규정1－2(7)).

(5) 구별 실익

금리연동형보험에는 계약자적립액의 적용이율에서 특칙(감독규정7－65) 등이 적용되고, 자산연계형보험에는 특별계정에서 특칙(감독규정5－6①(6)) 등이 적용되며, 금리확정형보험은 설명의무에서 특칙(감독규정4－35의2①(7)) 등이 적용된다.

---

110) 山下友信, 保險法, 2005, 45면

111) 종래 대판 2009.6.23. 2007다26165에 따라 압류채권자의 보험계약 해지가 허용되어 사회적으로 문제되자 채무자의 최소한의 인간답게 살 권리 보장을 위하여 2011년 민사집행법이 개정되었다. 보장성보험의 해지가 불가능한지 법문언상 불분명하였으나 대판 2018.12.27. 2015다61606은 보장성보험의 경우 압류채권자의 해지가 불가능하며, 하나의 보험계약에 보장성보험과 저축성보험의 성격이 모두 있는 경우 보험의 주된 성격과 목적이 보장성보험이라면 해지할 수 없다고 판시하였다.

11. 일반손해보험과 장기손해보험

(1) 구별 기준

일반손해보험과 장기손해보험은 할인율 및 위험보험료에 따른 구분이다.

(2) 일반손해보험

일반손해보험은 보험료산출 시에 할인율을 적용하지 아니하고 순보험료가 위험보험료만으로 구성된 손해보험을 말한다(감독규정1-2⑾). 할인율이란 시간의 경과를 고려한 현재가치 계산을 위해 적용하는 이율을 말한다. 일반손해보험은 이러한 할인율을 사용하지 않는다. 가령 보험기간이 3년인데 보험료 납입방식이 일시납인 경우에 2년차 및 3년차에 해당하는 보험료를 현재가치로 할인하지 않고 보험료를 산정하는 경우를 가리킨다. 일반손해보험의 순보험료가 위험보험료로만 구성되어 있다는 의미는 일반손해보험은 생존보험적 성격이 전혀 없음을 가리킨다.

(3) 장기손해보험

장기손해보험은 일반손해보험을 제외한 손해보험을 말한다(감독규정1-2⑿).

(4) 구별 실익

일반손해보험에는 지급여력기준금액에서 특칙(감독규정7-2③) 등이 적용되고, 장기손해보험에는 통신판매전문보험회사에서 특칙(감독규정2-10②) 등이 적용된다.

12. 가계성 일반손해보험과 기업성 보험

(1) 구분

⑴ 일반손해보험은 가계성 일반손해보험, 자동차보험, 기업성 보험으로 구분된다.

⑵ 가계성 일반손해보험이란 개인 또는 가계의 일상생활 중 발생하는 위험(보험계약자가 개인인 경우로서 개인 또는 가계의 일상생활과 관련한 계약에 따른 채무의 불이행 또는 법령에 따른 의무의 불이행을 포함한다)을 보장하는 일반손해보험을 말한다(감독규정1-2⒆).

⑶ 기업성 보험이란 가계성 일반손해보험과 자동차보험을 제외한 일반손해보험을 말한다(감독규정1-2⒇).

(2) 구별 실익

가계성 일반손해보험은 비통계요율(감독규정7-73②⑵)과 관련되고, 기업성 보험은 비통계요율(감독규정7-73②⑴), 전문보험계약자의 범위(감독규정1-4의2), 기초서류 신고기준 제외(감독규정7-48), 보험약관 이해도 평가(감독규정7-82⑤), 기업성 보험 위험평가정보시스템의 운영(감독규정9-5의4) 등과 관련된다.

13. 임의보험, 강제보험

(1) 사보험은 대부분이 가입 여부가 자유로운 임의보험이다. 하지만 예외적으로 강제보험도 있다. 대표적인 것으로, 자동차보험 중 대인배상책임보험, 대물배상책임보험은 일정한 경우 가입이 강제된다(자동차손배법5).

(2) 이외에도 강제보험의 수는 많다.[112] 가령 사회복지사업법 34조의3은 사회복지시설 운영자에게 화재 등의 사고로 인한 손해배상책임을 이행하게 하기 위해 사회복지시설배상책임보험의 가입 등을 강제하고 있다. 또한 '환경오염피해 배상책임 및 구제에 관한 법률' 17조는 환경오염 유발물질을 배출하는 시설의 설치, 운영자 등에게 환경오염배상책임보험의 가입을 강제하고 있다.

제 4 관 보험 인접분야와의 비교[113]

보험의 정의를 도박, 예금, 보증, 공제 등의 정의와 비교해 보면, 보험의 정의를 혼동하지 않고 분명하게 이해하는 데 도움이 될 수 있다. 보험과 비교적 구분하기 쉬운 예금부터 비교해 보기로 한다.

1. 예금

예금이란 은행 등 예금업무를 운영하는 금융기관에 일정한 금액을 맡기면 이후에 일정한 급여(원금 및 이자)가 지급되는 제도를 가리킨다.[114] 이 상환은 불확정한 사고의 발생 여부와 무관하다. 하지만 보험은 불확정한 사고가 발생한 경우에만 보험금이 지급된다는 점에서 예금과 다르다. 생존보험의 경우 보험사고인 생존 시에만 보험금이 지급된다. 하지만 생존은 사고라고 생각하지 않을 수 있어서 생존보험은 예금과 혼동될 수 있다. 생존보험금이 마치 원금과 이자의 상환처럼 보일 수 있기 때문이다. 그러나 생존보험은 생존이 보험사고이므로, 생존 시에만 보험금이 지급되고 사망 시에는 지급되지 않는다는 점에서, 예금이 아니고 보험이다.

2. 신탁

(1) 신탁(trust)이란, 신탁을 설정하는 자(위탁자)와 신탁을 인수하는 자(수탁자) 간의 신

112) 가스사고배상책임보험, 승강기사고배상책임보험, 수렵·포획배상책임보험, 원자력손해배상책임보험, 학원배상책임보험 등 2025년 기준으로 재난안전보험 58개가 있다.

113) 이에 관해서는 한기정, 보험법, 2025 중에 제1편 제2절의 내용을 주로 인용하였다.

114) 요즈음 이자가 없는 예금이 등장한 나라도 있다.

임관계에 기하여, 위탁자가 수탁자에게 특정의 재산을 이전하거나 담보권의 설정 등을 하고, 수탁자로 하여금 일정한 자(수익자)의 이익 또는 특정의 목적을 위하여 그 재산의 관리, 처분, 운용, 개발, 그 밖에 신탁 목적의 달성을 위하여 필요한 행위를 하게 하는 법률관계를 가리킨다(신탁법2). 반대급여에 영향을 주는 수탁자의 재산관리 등의 행위는 불확정한 사고의 발생 여부와 무관하다. 따라서 이 점에서 불확정한 사고가 발생한 경우에만 보험금이 지급되는 보험과 다르다.

(2) 그리고 신탁의 한 종류로서, 생명보험의 보험금청구권을 신탁재산으로 하는 생명보험신탁(life insurance trust)이 있다.[115] 이것은 보험이 아니라 신탁이다. 여기에는 기업생명보험신탁과 개인생명보험신탁이 있는데, 후자는 유족의 안정적 생활보장을 목적으로 하는 것으로, 가령 피보험자의 사망으로 인한 보험금이 피보험자의 배우자 또는 자녀에게 즉시 지급되기보다는 그들을 수익자로 해서 적절하게 투자·관리할 수 있는 수탁자에게 일정기간 귀속되었다가 그들에게 지급되기를 희망하는 경우에 이용된다. 우리나라도 고령화 및 핵가족화에 따른 유족의 생활보장, 상속설계 및 자산관리서비스 선진화를 위하여 2024.11.12. 자본시장법시행령 개정을 통하여 생명보험에 대한 보험금청구권신탁이 허용되었다(자본시장법시행령 109③(10)).[116]

3. 금융투자

(1) 보험과 금융투자는 어떻게 구분되는가? 반대급여가 불확정한 사건의 발생에 영향을 받는다는 점은 양자가 같다. 가령 주식의 경우 기업 가치의 변화에 따라 그 가치가 결정된다. 주주의 입장에서 기업 가치의 변화가 불확정한 것은 사실이다. 그런데 금융투자는 불확정한 사실의 발생으로 손해 또는 이익이 생긴다는 점이 특징이다. 자본시장법 3조 1항은 금융투자상품을 "이익을 얻거나 손실을 회피할 목적"으로 취득하는 권리라고 정의하고 있다. 이와 달리 보험급여는 불확정한 사고로 인한 손해의 발생을 전제로 한다는 점에서 다르다. '손해'와의 관련성을 강조하기 위해서 보험에서는 '사건'보다는 '사고'라는 표현을 주로 사용한다.

(2) 금융파생상품과 손해보험과의 구분은 논란거리다. 금융파생상품 중에는 전통적으로 보험 분야에서 불확정한 사고로 활용되어 온 날씨, 재해 등과 연계시켜 불확정한 사건을 설정한 것들이 있고, 이들의 손해보험과의 관계가 문제되는 것이다. 생각건대, 실제 발생한 손해를 전보하는 것이 계약의 주된 목적인지, 피보험이익이 존재하는지, 급부의 대

---

115) 한기정, "생명보험신탁의 법적 문제에 관한 고찰", 보험금융연구20-2, 2009

116) 양희석, "보험금청구권신탁 도입 관련 법적 쟁점: 자본시장법 시행령 개정안을 중심으로", 보험학회지140, 2024

가로 위험이 이전하는지 등을 기준으로 판단할 수밖에 없을 것이다.[117]

4. 도박

보험과 도박은 어떻게 구분되는가? 보험과 도박은 사행계약이라는 점에서 비슷하다. 불확정한 사건의 발생에 의해서 반대급여가 지급되기 때문이다. 하지만 급여의 목적이 다르다. 도박의 급여는 이익 제공이 목적이다. 하지만 보험의 급여는 손실 보상이 목적이다. 물론 급여가 이득을 주는 내용이라고 해서 모두 도박인 것은 아니다. 공서양속의 관점에서 부당한 이득이라고 평가되는 경우에만 도박이 된다. 따라서 금융투자, 합법적 복권은 도박으로 보지 않는다. 보험은 손실을 보상하는 것이지 이득을 주는 것이 그 목적은 아니다. 그러나 이러한 이득금지가 보험에서 반드시 관철되어야 하는가? 이는 보험과 도박의 경계 문제이기도 하다. 사고로 인한 손해 보상의 목적성을 띤다면, 엄격하게 이득금지를 강제할 이유는 없다(통설). 다만, 이득금지 원칙을 지나치게 완화해서 적용하면, 보험이 실질적으로 도박이 될 수 있으므로 일정한 제한이 필요하다.

5. 보증

(1) 보증은 보험과 혼동되기 쉽다. 심지어 보증과 보험이 혼합되어 있는 보증보험이 존재할 정도로 양자는 가깝지만 그래도 구분되는 개념이다.

(2) 사고의 우연성(비인위성) 문제이다. 보증은 주채무자의 고의로 인해 주채무가 불이행되어도 이를 이유로 보증채무자가 면책을 주장할 수 없는 것이 원칙이다. 이와 달리 보험은 보험계약자 등의 고의(또는 중과실)로 야기한 사고에 대해서 보험자가 면책되는 것이 원칙이다(상법659 등).

(3) 자기채무인지 타인채무인지, 그리고 이에 따른 구상권 문제이다. 보험회사의 보험금지급채무와 보증인의 보증채무는 자기의 채무인지 여부에서 차이가 있다. 보증인이 보증채무를 이행하는 경우, 채권자와의 관계에서는 자신의 채무를 이행하는 것이지만, 주채무자와의 관계에서는 실질적으로 타인의 채무를 이행하는 것이 된다(통설). 그 결과 보증인은 주채무자에게 구상권을 갖는다. 이와 달리, 보험회사가 보험사고의 발생으로 인해 보험금을 지급하는 것은 자신의 채무를 이행하는 것이 된다. 따라서 보험금을 지급하였다고 해도 보험회사에게 구상권은 허용되지 않는다.[118] 손해가 제3자의 행위로 인하여 생긴 경우에 보험금을 지급한 보험회사는 제3자에 대한 보험계약자 또는 피보험자의 권리를 취득할 수 있는데(상법682), 이러한 청구권대위는 구상권과 다른 것이다. 청구권대위는 보험

117) 안재홍 · 양승현, "개정 보험업법상 보험상품의 정의에 관련된 이슈 검토", 보험법의 현대적 과제, 2013, 13면 이하

118) 대판 1992.5.12. 92다4345 참조

회사가 제3자(타인)의 채무를 대신 이행하였기 때문에 인정되는 것이 아니라, 제3자가 부당하게 면책되는 것을 막기 위해서 인정되는 것이다.

제5관 용어의 정의

보험업법 2조는 보험업법에서 사용할 주요 용어를 정의하고 있다. 그 내용은 다음과 같다. 다만 보다 자세한 내용은 해당 용어가 사용되는 부분에서 다루기로 한다.

1. 보험상품

(1) 보험업법 2조 1호는 보험상품을 정의하는 한편 이를 보다 세분하여 생명보험상품, 손해보험상품, 제3보험상품에 대해서 정의한다. 그 내용은 다음과 같다.

(2) 보험상품은 위험보장을 목적으로 우연한 사건 발생에 관하여 금전 및 그 밖의 급여를 지급할 것을 약정하고 대가를 수수하는 계약(국민건강보험법에 따른 건강보험, 고용보험법에 따른 고용보험 등 보험계약자의 보호 필요성 및 금융거래 관행 등을 고려하여 대통령령으로 정하는 것은 제외)으로서 다음 각 목의 것을 말한다(법2(1)).

가. 생명보험상품: 위험보장을 목적으로 사람의 생존 또는 사망에 관하여 약정한 금전 및 그 밖의 급여를 지급할 것을 약속하고 대가를 수수하는 계약으로서 대통령령으로 정하는 계약
나. 손해보험상품: 위험보장을 목적으로 우연한 사건(다목에 따른 질병·상해 및 간병은 제외)으로 발생하는 손해(계약상 채무불이행 또는 법령상 의무불이행으로 발생하는 손해를 포함)에 관하여 금전 및 그 밖의 급여를 지급할 것을 약속하고 대가를 수수하는 계약으로서 대통령령으로 정하는 계약
다. 제3보험상품: 위험보장을 목적으로 사람의 질병·상해 또는 이에 따른 간병에 관하여 금전 및 그 밖의 급여를 지급할 것을 약속하고 대가를 수수하는 계약으로서 대통령령으로 정하는 계약

(3) 위 (2)에 관해서는 전술한 보험의 종류에서 자세히 다루었다.

2. 보험업

(1) 보험업법 2조 2호~5호는 보험업을 정의하는 한편 이를 보다 세분하여 생명보험업, 손해보험업, 제3보험업에 대해서 정의한다. 그 내용은 다음과 같다.

(a) 보험업이란 보험상품의 취급과 관련하여 발생하는 보험의 인수, 보험료 수수 및 보험금 지급 등을 영업으로 하는 것으로서 생명보험업·손해보험업 및 제3보험업을 말한다(법2(2)).

(b) 생명보험업이란 생명보험상품의 취급과 관련하여 발생하는 보험의 인수, 보험료

수수 및 보험금 지급 등을 영업으로 하는 것을 말한다(법2(3)).

(c) 손해보험업이란 손해보험상품의 취급과 관련하여 발생하는 보험의 인수, 보험료 수수 및 보험금 지급 등을 영업으로 하는 것을 말한다(법2(4)).

(d) 제3보험업이란 제3보험상품의 취급과 관련하여 발생하는 보험의 인수, 보험료 수수 및 보험금 지급 등을 영업으로 하는 것을 말한다(법2(5)).

(2) 보험업의 정의에 대해서는 본서 제2장 보험업의 허가에서 자세히 다룬다.

3. 보험회사 등

(1) 보험업법 2조 6호~8호는 보험회사를 정의하는 한편 이를 보다 세분하여 상호회사와 외국보험회사를 정의한다. 그 내용은 다음과 같다.

(a) 보험회사는 보험업 허가를 받아 보험업을 경영하는 자를 말한다(법2(6)).

(b) 상호회사는 보험업을 경영할 목적으로 보험업법에 따라 설립된 회사로서 보험계약자를 사원으로 하는 회사를 말한다(법2(7)).

(c) 외국보험회사는 대한민국 이외의 국가의 법령에 따라 설립되어 대한민국 이외의 국가에서 보험업을 경영하는 자를 말한다(법2(8)).

(2) 보험회사에 대해서는 본서 제3장 보험회사, 외국보험회사에 대해서는 본서 제2장 보험업의 허가에서 자세히 다룬다.

4. 모집 및 모집종사자

(1) 보험업법 2조 12호는 모집에 대해 정의하고 보험업법 2조 9호~11호는 모집종사자에 대해서 정의한다. 그 내용은 다음과 같다.

(a) 모집이란 보험계약의 체결을 중개하거나 대리하는 것을 말한다(법2(12)).

(b) 보험설계사란 보험회사·보험대리점 또는 보험중개사에 소속되어 보험계약의 체결을 중개하는 자(법인이 아닌 사단과 재단을 포함)로서 보험업법 84조에 따라 등록된 자를 말한다(법2(9)).

(c) 보험대리점은 보험회사를 위하여 보험계약의 체결을 대리하는 자(법인이 아닌 사단과 재단을 포함)로서 보험업법 87조에 따라 등록된 자를 말한다(법2(10)).

(d) 보험중개사란 독립적으로 보험계약의 체결을 중개하는 자(법인이 아닌 사단과 재단을 포함)로서 보험업법 89조에 따라 등록된 자를 말한다(법2(11)).

(2) 모집과 모집종사자에 대해서는 본서 제4장 모집에서 자세히 다룬다.

5. 신용공여 등

보험업법 2조 13호~18호는 신용공여 등에 대해서 정의한다. 그 내용은 다음과 같다.

(1) 신용공여

(1) 신용공여는 대출 또는 유가증권의 매입(자금 지원적 성격인 것만 해당)이나 그 밖에 금융거래상의 신용위험이 따르는 보험회사의 직접적·간접적 거래로서 대통령령으로 정하는 바에 따라 금융위원회가 정하는 거래를 말한다(법2(13)).

(2) 신용공여의 구체적 범위에 대해서는 보험업법시행령 2조 1항, 그리고 감독규정 1-3조 및 [별표1의2]가 정하고 있다.

(3) 신용공여에 대해서는 자산운용 비율한도가 적용되며, 이에 관한 자세한 사항은 본서 제5장 자산운용에서 살펴본다.

(2) 총자산

(1) 총자산은 대차대조표에 표시된 자산에서 미상각신계약비, 영업권 등 대통령령으로 정하는 자산을 제외한 것을 말한다(법2(14)).

(2) 총자산의 구체적 범위에 대해서는 보험업법시행령 3조, 그리고 감독규정 5-10조 및 [별표11]이 정하고 있다.

(3) 총자산은 자산운용 비율한도의 기준이 되며, 이에 관한 자세한 사항은 본서 제5장 자산운용에서 살펴본다.

(3) 자기자본

(1) 자기자본은 납입자본금·자본잉여금·이익잉여금, 그 밖에 이에 준하는 것(자본조정은 제외)으로서 대통령령으로 정하는 항목의 합계액에서 영업권, 그 밖에 이에 준하는 것으로서 대통령령으로 정하는 항목의 합계액을 뺀 것을 말한다(법2(15)).

(2) 자기자본의 구체적 범위에 대해서는 보험업법시행령 4조, 그리고 감독규정 5-10조 및 [별표11]이 정하고 있다.

(3) 자기자본은 자산운용 비율한도의 기준이 되며, 이에 관한 자세한 사항은 본서 제5장 자산운용에서 살펴본다.

(4) 동일차주

(1) 동일차주는 동일한 개인 또는 법인 및 이와 신용위험을 공유하는 자로서 대통령령으로 정하는 자를 말한다(법2(16)). 여기서 대통령령이 정하는 자는 독점규제법 2조 2호에 따른 기업집단에 속하는 회사를 말한다(시행령5).

(2) 동일차주는 자산운용 비율한도가 적용되는 신용공여의 대상과 관련되며, 이에 관한 자세한 사항은 본서 제5장 자산운용에서 살펴본다.

6. 대주주

(1) 일반

(1) 보험업법상 대주주는 지배구조법 2조 6호에 따른 주주를 말한다(법2(17)). 지배구조법 2조 6호에 따르면 대주주는 다음과 같은 최대주주와 주요주주를 말한다.

(2) 최대주주: 금융회사의 의결권 있는 발행주식(출자지분을 포함) 총수를 기준으로 본인 및 그와 대통령령으로 정하는 특수한 관계가 있는 자('특수관계인')가 누구의 명의로 하든지 자기의 계산으로 소유하는 주식(그 주식과 관련된 증권예탁증권을 포함)을 합하여 그 수가 가장 많은 경우의 그 본인(지배구조법2(6)가)

(3) 주요주주: 주요주주는 다음 각 1) 및 2)의 어느 하나에 해당하는 자를 말한다(지배구조법2(6)나).

1) 누구의 명의로 하든지 자기의 계산으로 금융회사의 의결권 있는 발행주식 총수의 100분의 10 이상의 주식(그 주식과 관련된 증권예탁증권을 포함한다)을 소유한 자
2) 임원(업무집행책임자는 제외)의 임면 등의 방법으로 금융회사의 중요한 경영사항에 대하여 사실상의 영향력을 행사하는 주주로서 대통령령으로 정하는 자

(4) 위 최대주주와 주요주주의 구체적인 내용에 대해서는 본서 제3장 보험회사에서 자세히 살펴본다.

(5) 위 대주주 개념이 그대로 적용되는 경우는 보험업법의 경우 자회사의 소유(법115), 보고사항(법130) 등이다. 그리고 지배구조법의 경우는 이사회의 권한(지배구조법15), 감사위원회의 구성 및 감사위원의 선임 등(지배구조법19), 최대주주의 자격 심사 등(지배구조법32)을 들 수 있다.

(2) 특칙

지배구조법 2조 6호에 따른 대주주 개념을 기초로 하되 이를 약간 확대 또는 수정한 대주주 개념이 사용되는 경우가 있다. 그 내용은 다음과 같다.

(1) 보험업 허가 시에 요구되는 대주주 요건과 관련해서 대주주는 위 최대주주와 주요주주뿐만 아니라 '최대주주의 특수관계인인 주주'도 포함한다(법6①(4)).

(2) 보험회사의 자산운용 비율한도에 요구되는 대주주 요건과 관련해서 대주주는 위 최대주주와 주요주주뿐만 아니라 대주주의 특수관계인도 포함한다(법106①(4)). 또한 보험회사는 대주주와의 거래를 제한받는데, 여기서 대주주는 위 최대주주와 주요주주뿐만 아니라 대주주의 특수관계인도 포함하되 대주주의 특수관계인인 보험회사의 자회사는 제외한다(법106①(4),111).

(3) 보험회사 대주주의 변경 시에 요구되는 대주주 요건과 관련해서 대주주는 위 최대주주와 주요주주뿐만 아니라 최대주주의 특수관계인인 주주를 포함하고 최대주주가 법인인 경우 그 법인의 중요한 경영사항에 대하여 사실상 영향력을 행사하고 있는 자로서 대통령령으로 정하는 자를 포함한다(지배구조법31①본).

7. 자회사

(1) 자회사는 보험회사가 다른 회사(민법 또는 특별법에 따른 조합을 포함)의 의결권 있는 발행주식(출자지분을 포함) 총수의 100분의 15를 초과하여 소유하는 경우의 그 다른 회사를 말한다(법2⒅).

(2) 위 (1)의 자회사에 대해서는 자산운용 또는 소유 등에 관한 규제가 적용되며(법106,109,111,115~117), 이에 관한 자세한 사항은 본서 제5장 자산운용에서 살펴본다.

(3) 한편 보험업법 106조 1항 5호 및 6호의 경우는 별도의 자회사 개념을 사용하기도 하며, 이에 대해서는 보험업법시행령 50조 1항이 규정하고 있다. 이에 관한 자세한 사항은 본서 제5장 자산운용에서 살펴본다.

8. 전문보험계약자와 일반보험계약자

(1) 보험업법 2조 19호 및 20호는 보험계약자를 전문보험계약자와 일반보험계약자로 구분하여 정의한다. 그 내용은 다음과 같다.

(2) 전문보험계약자는 보험계약에 관한 전문성, 자산규모 등에 비추어 보험계약의 내용을 이해하고 이행할 능력이 있는 자로서 다음 각 목의 어느 하나에 해당하는 자를 말하고, 다만 전문보험계약자 중 대통령령으로 정하는 자가 일반보험계약자와 같은 대우를 받겠다는 의사를 보험회사에 서면으로 통지하는 경우 보험회사는 정당한 사유가 없으면 이에 동의하여야 하며, 보험회사가 동의한 경우에는 해당 보험계약자는 일반보험계약자로 본다(법2⒆).

가. 국가
나. 한국은행
다. 대통령령으로 정하는 금융기관
라. 주권상장법인
마. 그 밖에 대통령령으로 정하는 자

(3) 일반보험계약자는 전문보험계약자가 아닌 보험계약자를 말한다(법2⒇).

(4) 일반보험계약자와 전문보험계약자의 구분은 설명의무(법95의2, 금융소비자법19), 적합성 원칙(금융소비자법17, 법95의3), 적정성 원칙(금융소비자법18) 및 청약철회(금융소비자법

46)와 관련된다. 일반보험계약자와 전문보험계약자의 구분에 관해서는 본서 제4장 모집에서 자세히 다룬다.

제 2 장

보험업의 허가

제 1 관 총설

1. 보험업의 정의 및 종류

(1) 보험업의 정의

(1) 보험업은 보험상품의 취급과 관련하여 발생하는 보험의 인수, 보험료 수수 및 보험금 지급 등을 영업으로 하는 것을 가리킨다(법2(2)). 여기서 보험업의 요소는 '보험의 인수'와 '영업'으로 구분할 수 있다. 보험업의 정의는 보험의 정의와 마찬가지로 완전한 정의가 불가능하다. 다만, 보험의 인수와 영업이라는 보험업의 요소를 통해서 간접적으로 보험업을 정의한 것이다.

(2) 보험의 인수는 보험계약의 인수를 의미한다. 보험계약을 인수하면 그 효과로서 보험료의 수수와 보험금 지급이 수반된다. 따라서 보험업법 2조 2호가 규정하는 '보험상품의 취급', '보험료 수수', '보험금 지급'이란 보험계약의 인수에 부수하는 사항으로 보면 되고, 보험의 인수와 구분되는 별도의 보험업 요소라고 볼 것은 아니다. 그리고 보험계약의 인수에서 보험 또는 보험계약의 정의는 본서 제1장 총설에서 자세히 살펴본 바 있다.

(3) 영업이란 일반적으로 영리 추구와 계속성·반복성을 가리킨다.[1] 그런데 보험업법상 보험업에는 영리보험과 상호보험이 모두 포함되고 영리성은 전자에만 인정된다. 따라서 보험업의 요소로서 영업은 계속성·반복성만 가리키는 것으로 제한해서 해석해야 한다. 따라서 보험업의 요소로서 영업이란 보험계약의 인수를 계속적으로 반복하여 행하는 것을 의미한다.

(2) 보험업의 종류

(1) 보험업법은 보험업의 종류를 다음의 3가지로 구분한다.

(a) 생명보험업은 생명보험상품의 취급과 관련하여 발생하는 보험의 인수, 보험료 수

1) 이철송, 상법총칙·상행위, 2022, 82-84면

수 및 보험금 지급 등을 영업으로 하는 것을 말한다(법2(3)).

(b) 손해보험업은 손해보험상품의 취급과 관련하여 발생하는 보험의 인수, 보험료 수수 및 보험금 지급 등을 영업으로 하는 것을 말한다(법2(4)).

(c) 제3보험업은 제3보험상품의 취급과 관련하여 발생하는 보험의 인수, 보험료 수수 및 보험금 지급 등을 영업으로 하는 것을 말한다(법2(5)).

(2) 보험업의 개념에 관한 위 논의와 보험업법 2조 3호~5호에 비추어 보면 보험업의 종류는 다음의 3가지라고 해석할 수 있다. 생명보험업은 생명보험계약의 인수를 영업으로 하는 것, 손해보험계약은 손해보험계약의 인수를 영업으로 하는 것, 제3보험계약은 제3보험계약의 인수를 영업으로 하는 것이다. 생명보험, 손해보험, 제3보험의 구분에 관해서는 본서 1장 총설에서 자세히 살펴보았다.

2. 보험업 허가의 법적 성질

(1) 이론상 허가

(1) 보험업 허가는 어떠한 법적 성질을 갖는가? 이론상 행정행위는 하명, 허가, 예외적 승인(허가), 면제, 특허, 인가 등으로 구분된다(통설). 실정법상 표현에 구애받지 않고 해당 행위의 실질, 성질 등을 고려하여 이론상 행정행위의 유형 중에서 어느 것에 해당하는지 판단해야 한다(판례,[2] 통설).

(2) 보험업법 4조 1항이 규정하는 허가는 이론상 행정행위의 유형 중에서 허가에 해당한다고 볼 수 있다.[3] 이론상 허가란 법령에 의해서 자연적 자유가 공익목적상 제한되어 있는 경우 일정한 요건을 충족하면 이 제한을 해제하여 자연적 자유를 적법하게 회복시켜 주는 행정행위이다(통설).

(2) 기속재량행위

(1) 보험업의 허가는 기속행위인가 재량행위인가? 어떤 행정행위가 기속행위인지 재량행위인지 여부는 일률적으로 판단할 수 없고, 당해 행정행위의 근거가 된 규정의 형식, 체재 또는 문언에 따라 개별적으로 판단해야 한다(판례,[4] 통설).

(2) 보험업법 4조 1항은 금융위원회가 보험업허가의 요건이 충족되면 "허가를 할 수 있다" 또는 "허가를 하여야 한다"라고 규정하지 않고 보험업허가의 요건을 충족하여 금융위원회의 "허가를 받아야 한다"라고 규정할 뿐이다. 따라서 해석을 통해서 보험업의 허가가 재량행위인지 기속행위인지를 판단해야 한다. 허가는 법령에 규정이 있는 등 특별한

---

2) 대판 2002.9.24. 2000두5661(사회복지법인의 정관변경허가의 법적 성격은 법률행위의 효력을 보충하여 주는 인가이고 그 인가 여부는 행정청의 자유재량이 아니라 기속재량에 속한다)

3) 정채웅 98면

4) 대판 2001.2.9. 98두17593; 대판 2013.12.12. 2011두3388

사정이 없는 한 기속행위라고 해석한다(판례,[5] 통설). 왜냐하면 허가란 법령에 의해서 자연적 자유가 공익목적상 제한되어 있는 경우 일정한 요건을 충족하면 이 제한을 해제하여 자연적 자유를 적법하게 회복시켜 주는 행정행위이므로 허가요건을 충족했음에도 불구하고 허가를 거부하면 정당한 사유 없이 헌법상 자유권을 침해하는 것이기 때문이다. 다만, 법령에 특별한 규정이 있거나 중대한 공익의 고려가 필요하여 이익형량이 요구되는 경우는 재량행위 또는 기속재량행위가 될 수도 있다.[6]

(3) 생각건대, 보험업의 허가는 기속재량행위이다.[7] 보험업의 허가는 원칙상 기속행위이지만 예외적으로, 심히 중대한 공익상 필요가 있는 경우에만 거부할 수 있는 재량권이 인정된다고 볼 수 있다. 심히 중대한 공익상 필요가 있는 경우란 금융시장에 중대한 영향을 미칠 우려가 있는 경우로서 가령 보험산업의 경쟁도가 지나치게 높은 경우를 상정해 볼 수 있다. 또한 보험업의 허가 요건 중에 불확정개념도 일부 있는데(가령 '타당', '건전', '충분' 등), 이 범위 내에서는 금융위원회의 판단여지가 인정될 수 있다.

3. 보험종목별 허가주의

(1) 원칙

1) 의의

(1) 보험업을 경영하려는 자는 보험종목별로 금융위원회의 허가를 받아야 한다(법4①).

(2) 보험종목별 허가주의의 취지는 무엇인가? 보험종목별로 요구되는 최저자본금(기금) 등 허가 시에 고려해야 할 보험업 경영능력에 차등이 있다는 점을 고려한 것이다.

2) 보험종목

i) 구분

보험업법, 동법시행령, 감독규정은 보험종목을 생명보험업, 손해보험업, 제3보험업을 나누어 다음과 같이 분류하고 있다.

① 보험업법

보험업을 경영하려는 자는 다음 각 호에서 정하는 보험종목별로 금융위원회의 허가를 받아야 한다(법4①).

---

5) 대판 1992.12.11. 92누3038(건축허가권자는 건축허가신청이 건축법, 도시계획법 등 관계법규에서 정하는 어떠한 제한에 배치되지 않는 이상 당연히 같은 법조 소정의 건축허가를 하여야 하므로 법률상의 근거 없이 그 신청이 관계법규에서 정한 제한에 배치되는지 여부에 대한 심사를 거부할 수 없고, 심사결과 그 신청이 법정요건에 합치하는 경우에는 특별한 사정이 없는 한 이를 허가하여야 하며, 공익상 필요가 없음에도 불구하고 요건을 갖춘 자에 대한 허가를 관계법령에서 정하는 제한사유 이외의 사유를 들어 거부할 수는 없다고 할 것이다); 대판 1995.6.13. 94다56883

6) 김동희·최계영 288면; 박균성 387-388면; 홍정선 401면

7) 성대규·안종민 105면; 정채웅 98면

1. 생명보험업의 보험종목
   가. 생명보험
   나. 연금보험(퇴직보험을 포함)
   다. 그 밖에 대통령령으로 정하는 보험종목
2. 손해보험업의 보험종목
   가. 화재보험
   나. 해상보험(항공 · 운송보험을 포함)
   다. 자동차보험
   라. 보증보험
   마. 재보험
   바. 그 밖에 대통령령으로 정하는 보험종목
3. 제3보험업의 보험종목
   가. 상해보험
   나. 질병보험
   다. 간병보험
   라. 그 밖에 대통령령으로 정하는 보험종목

② 보험업법시행령

손해보험업의 보험종목과 관련하여 보험업법 4조 1항 2호 바목에서 대통령령으로 정하는 보험종목은 다음 각 호의 어느 하나에 해당하는 보험종목을 말한다(시행령8①).

1. 책임보험
2. 기술보험
3. 권리보험
4. 도난 · 유리 · 동물 · 원자력보험
5. 삭제
6. 삭제
7. 삭제
8. 비용보험
9. 날씨보험

③ 감독규정

(1) 보험업법 4조 1항 및 동법시행령 8조 1항에 따른 보험종목에 대한 구체적 구분 기준은 금융위원회가 정하여 고시한다(시행령8②). 이에 따라 감독규정 [별표1]이 구체적 구분기준을 제시한다(감독규정1-2의2).

(2) 그런데 감독규정 [별표1]에 따른 구분 기준의 내용은 위 보험업법 및 동법시행령에 따른 보험종목과 그 내용이 기본적으로 같다. 다만, 보험업법시행령 8조 1항이 도난·유리 · 동물 · 원자력보험을 하나의 보험종목이라고 규정하고 있는데 반해, 감독규정 [별표1]은

도난보험, 유리보험, 동물보험, 원자력보험을 별개의 보험종목으로 취급하는 것처럼 보인다. 하지만 2014년 개정 이전의 보험업법시행령 8조 1항이 도난보험, 유리보험, 동물보험, 원자력보험을 별개의 보험종목으로 규정하다가 개정 이후에는 하나의 보험종목으로 변경했다는 점을 고려하면 개정된 보험업법시행령 8조 1호에 따라서 하나의 보험종목으로 취급하는 것이 타당하다고 사료된다. 이렇게 하나의 보험종목으로 개정한 취지는 별개의 보험종목으로 허가하기에는 각각의 시장규모가 크지 않기 때문이다.[8)]

(2) 허가의 종류

보험업 허가는 예비허가·(본)허가, 신규허가와 추가허가로 구분된다.

(1) 예비허가·(본)허가는 허가의 절차에 따른 구분이다. 예비허가는 (본)허가를 받기 전에 허가요건에 대한 사전심사를 통해서 예비적으로 하는 허가이다. 예비허가와 (본)허가의 절차적 및 실체적 요건은 일정한 차이가 있으며, 이 차이에 대해서 해당 부분에서 기술한다.

(2) 신규허가와 추가허가는 허가의 대상에 따른 구분이다. 신규허가는 처음으로 보험업의 허가를 받으려는 경우를 가리키고, 추가허가는 이미 보험업의 허가를 받았으나 보험종목을 추가하는 허가를 받으려는 경우를 가리킨다. 신규허가와 추가허가의 절차적 및 실체적 요건은 일정한 차이가 있으며, 이 차이에 대해서 해당 부분에서 기술한다.

(3) 허가의제

다음의 일정한 경우는 허가를 받은 것으로 의제한다.

1) 재보험

보험종목별로 보험업의 허가를 받은 자(소액단기전문보험회사는 제외)는 해당 보험종목의 재보험에 대한 허가를 받은 것으로 본다(법4②).

2) 제3보험업

i) 의의

(1) 제3보험업만을 경영하려는 자는 제3보험업의 허가를 받아야 한다. 하지만 생명보험업 또는 손해보험업의 보험종목 전부에 관한 허가를 받은 자에 대해서는 제3보험업 허가를 받은 것으로 의제한다. 즉 생명보험업이나 손해보험업에 해당하는 보험종목의 전부(보증보험 및 재보험은 제외)에 관하여 보험업의 허가를 받은 자는 제3보험업에 해당하는 보험종목에 대한 허가를 받은 것으로 본다(법4③).

(2) 위 (1)에서 손해보험업의 보험종목 전부에서 보증보험 및 재보험을 제외한 이유는 이러한 보험종목이 제3보험업 허가의제의 필요성에 영향을 미치지 않는다고 입법자가 판단했기 때문이다.

---

8) 성대규·안종민 94면

ii) 취지

생명보험은 정액보상, 손해보험은 손해보상, 그리고 제3보험업은 정액보상과 손해보상이 모두 가능하다. 요컨대 생명보험업과 제3보험업은 정액보상 면에서, 그리고 손해보험업과 제3보험업은 손해보상 면에서 유사하다. 이렇게 제3보험업이 보상방식 면에서 생명보험과 손해보험의 특성을 모두 갖고 있다는 점에서 허가의제를 인정한 것이다.[9)]

3) 제3보험의 보험종목에 부가되는 보험

(1) 제3보험업에 관하여 보험업의 허가를 받은 자는 보험업법 10조 3호에 따른 보험종목을 취급할 수 있다(법4⑤).

(2) 보험업법 10조 3호에 따른 보험종목은 대통령령으로 정하는 기준에 따라 제3보험의 보험종목에 부가되는 보험을 가리킨다.[10)]

(3) 보험업법 4조는 보험업의 허가에 관한 규정이므로 보험업법 4조 5항을 허가의제 규정으로 볼 수도 있고, 또한 보험업법 10조 3호는 보험회사의 겸영금지에 대한 예외로서 규정되어 있다는 점을 고려하면, 보험업법 4조 5항은 허가의제이기도 하고 겸영금지의 예외이기도 하다. 보험업법 4조 5항에 대해서는 본서 제3장 보험회사에서 자세히 살펴본다.

4) 신설 보험종목

i) 의의

(1) 보험종목 전부를 허가받은 보험업종 내에서 기존의 보험종목 이외에 보험종목이 신설되는 경우는 이에 대한 허가를 받은 것으로 의제한다. 즉 생명보험업 또는 손해보험업에 해당하는 보험종목의 전부(보증보험 및 재보험은 제외)에 관하여 보험업 허가를 받은 자는 경제질서의 건전성을 해친 사실이 없으면 해당 생명보험업 또는 손해보험업의 종목으로 신설되는 보험종목에 대한 허가를 받은 것으로 본다(법4④).

(2) 만약 보험업법 4조 4항이 없다면, 생명보험업 또는 손해보험업의 보험종목 전부를 경영하고 제3보험업 허가의제(법4③)에 따라서 제3보험업을 경영하던 중에 생명보험업 또는 손해보험업의 보험종목이 신설되는 경우 이에 대한 허가를 받기 이전에도 제3보험업 허가의제가 적용될 수 있는지 여부가 해석상 문제될 수 있었다. 이 문제는 보험업법 4조 4항에 의해서 입법적으로 해결되었다.

---

9) 성대규 · 안종민 95면; 정채웅 100면

10) 보험업법 10조 3호에서 "대통령령으로 정하는 기준에 따라 제3보험의 보험종목에 부가되는 보험"이란 질병을 원인으로 하는 사망을 제3보험의 특약 형식으로 담보하는 보험으로서 다음 각 호의 요건을 충족하는 보험을 말한다(시행령15②).

1. 보험만기는 80세 이하일 것
2. 보험금액의 한도는 개인당 2억 원 이내일 것
3. 만기 시에 지급하는 환급금은 납입보험료 합계액의 범위 내일 것

ii) 취지

어떤 보험업종의 보험종목 전부에 대해서 허가를 받은 경우라면 그 보험업종 내에서 일부 보험종목이 신설되어도 이에 대한 보험업 경영능력을 충분히 갖춘 것으로 보아서 신설되는 보험종목에 대한 허가를 의제한 것이다.

iii) 요건

① 보험종목 전부

만약 보험종목 일부에 대해서만 허가를 받은 경우라면 신설된 보험종목을 경영하려면 이에 대한 허가를 별도로 받아야 하고, 이것은 보험종목 추가허가에 해당하므로 보험업법 6조 3항의 허가요건이 적용된다.

② 보증보험 및 재보험

손해보험업의 보험종목 전부에서 보증보험 및 재보험을 제외한 것은 이러한 보험종목이 없이 나머지 손해보험업의 보험종목에 대한 경영만으로도 사실상 손해보험업의 보험종목 전부를 경영한다고 보는 데 무리가 없다고 입법자가 판단한 것이다. 현재 보증보험을 전업으로 하는 서울보증보험(주)을 제외하고 손해보험회사 중에서 보증보험의 허가를 받아 이를 경영하는 경우는 없다. 이와 달리 재보험에 대해서는 손해보험회사가 그 허가를 갖고 있는 경우가 일반적이다.

③ 제3보험업

(1) 보험업법 4조 4항은 생명보험업과 손해보험업과 관련하여 신설 보험종목에 대한 허가의제를 규정하고 있다. 만약 제3보험업에서 신설 보험종목도 허가의제가 되는가?

(2) 가령 제3보험업만을 경영하는 경우에 일부 보험종목이 신설되는 경우 이에 대한 허가가 의제되는지가 문제된다. 생명보험업과 손해보험업과 달리 이에 대한 명문의 규정이 없는데, 이는 입법의 불비이다. 현재 제3보험업만 경영하는 사례가 없기 때문에 특별히 쟁점으로 부각되고 있지 않지만 해석상 문제가 아니라고 할 수 없다. 우선 보험업법 4조 4항을 유추적용하는 것이 타당하다. 제3보험의 보험종목 전부에 대해서 허가를 받은 경우라면 일부 보험종목이 신설되어도 이에 대한 보험업 경영능력을 충분히 갖춘 것으로 보아서 신설되는 보험종목에 대한 허가를 의제할 필요가 있기 때문이다.

(3) 또한 가령 생명보험업 또는 손해보험업의 보험종목 전부를 경영하는 자가 제3보험업 허가의제(법4③)에 따라서 제3보험업을 경영하는 경우 제3보험업의 보험종목이 신설되는 경우 이에 대한 허가도 의제되는가? 긍정해야 한다. 제3보험업 허가의제의 입법취지를 고려하면 기존의 보험종목뿐만 아니라 신설된 보험종목에도 허가의제가 적용된다고 해석할 필요가 있기 때문이다. 따라서 이 경우는 제3보험업의 신설 보험종목에 대한 허가의제 규정이 없더라도 생명보험업 또는 손해보험업의 보험종목 전부를 경영하는 자가 허가

의제를 받는 데 문제가 없다.

④ 경제질서의 건전성을 해친 사실

(1) 경제질서의 건전성을 해친 사실이 없어야 함이 허가의제의 요건이다. 그런데 경제질서의 건전성을 해친 사실이 무엇인지에 대해 구체적인 명문의 규정이 없으며, 이는 입법의 불비이다.

(2) 위 (1)과 같이 명문의 규정은 없지만 이에 대한 해석과 관련하여 보험업법 6조 1항 4호를 참고할 수 있을 것이다.[11] 이 규정은 보험업 허가의 요건과 관련하여 대주주가 지배구조법 5조 1항 각 호의 어느 하나에 해당하지 아니하고, 충분한 출자능력과 건전한 재무상태를 갖추고 있으며, '건전한 경제질서를 해친 사실'이 없을 것을 요구하고 있다. 경제질서의 건전성을 해친 사실과 건전한 경제질서를 해친 사실은 문구가 매우 유사하다는 점, 보험업법 4조 4항의 허가의제에서 경제질서의 건전성을 해친 사실이 없을 것을 요구하는 취지와 보험업법 6조 1항 4호에서 대주주가 건전한 경제질서를 해친 사실이 없을 것을 요구하는 취지가 다르지 않다는 점 등을 고려하면, 전자를 판단하는 데 후자를 참고할 필요가 있다. 다만, 보험업의 허가 시에 요구되는 요건과 신설되는 보험종목의 허가의제에 요구되는 요건이 동일할 수는 없으며, 후자는 원칙적으로 보다 완화된 기준을 적용할 필요가 있다.

(3) 보험업법 6조 1항 4호에서 건전한 경제질서를 해친 사실은 '사회경제적 신용 요건'(시행령[별표1](1)1마)을 의미한다. '사회경제적 신용 요건'은 보험업의 허가 시에 대주주에게 요구되는 요건이며, 이에 대해서는 후술한다.

4. 허가를 받을 수 있는 자

(1) 구분

보험업의 허가를 받을 수 있는 자는 주식회사, 상호회사 및 외국보험회사로 제한한다(법4⑥). 보험업의 허가를 받아 보험업을 경영하는 자가 보험회사이다. 이와 같이 보험회사의 유형은 주식회사, 상호회사, 외국보험회사 국내지점이 있다.

(2) 주식회사

(1) 보험회사인 주식회사는 상법상 주식회사를 가리킨다. 상법상 회사에는 합명회사, 합자회사, 유한책임회사, 주식회사, 유한회사 등이 있는데, 보험회사인 주식회사는 상법상 회사 중에서 주식회사를 가리킨다. 상법상 주식회사는 영리를 추구하므로(상법169) 주식회사인 보험회사도 영리보험을 경영한다. 보험회사인 주식회사에는 보험업법상 주식회사에 관한 규정(법18~33)이 우선적으로 적용되고, 이외에는 상법상 주식회사에 적용되는 규정

11) 성대규·안종민 95면; 정채웅 101면

이 적용된다. 상법상 주식회사에는 상법 회사편의 통칙(상법169~177)과 주식회사 규정(상법288~542의13)이 적용된다.

(2) 보험업의 허가를 신청할 당시에 주식회사가 설립되어 있어야 한다. 정관을 제출해야 하고, 자본금을 보유하며, 인적 및 물적 시설을 갖추어야 하는 등의 허가요건(법6조)을 고려하면 주식회사가 설립되지 않은 상태에서는 이러한 요건의 충족 여부를 판단할 수 없기 때문이다. 다만, 주식회사를 설립한 후 보험업의 허가를 신청하였으나 거부된 경우에는 상당한 설립비용이 손실로 귀결될 수 있다. 이를 고려해서 보험업의 예비허가(법7)를 활용하는 것이 보통인데, 예비허가 신청을 통해서 본허가의 가능성을 예측해 볼 수 있다. 예비허가(법7)의 신청 시에는 주식회사가 설립될 필요가 없다고 해석한다.[12] 예비허가를 받은 후에는 주식회사를 설립하여야 본허가(법4)를 받을 수 있다고 해석한다.

(3) 상호회사

(1) 보험회사인 상호회사는 보험업법상 상호회사를 가리킨다. 상호회사는 보험업을 경영할 목적으로 보험업법에 따라 설립된 회사로서 보험계약자를 사원으로 하는 회사를 말한다(법2(7)). 여기서 보험계약자는 상호회사와 보험계약관계에 있을 뿐만 아니라 상호회사의 사원으로서 사원관계에도 있다. 상호회사는 보험업법에 의해서 설립되어 보험업법의 규율을 받는다(법34~73). 보험회사인 상호회사는 상호보험을 경영하며, 보험회사인 주식회사가 경영하는 영리보험과 구분된다. 영리보험과 상호보험의 차이에 대해서는 본서 제1장 총설에서 자세히 살펴보았다.

(2) 보험업의 허가를 신청할 당시에 상호회사가 설립되어 있어야 한다. 이에 관한 내용은 위 주식회사와 같다.

(4) 외국보험회사 국내지점

1) 의의

(1) 외국보험회사는 국내에 지점을 설립하여 보험업법 4조 1항에 따라 허가를 받으면 보험업을 경영할 수 있다. 보험업의 허가를 받은 외국보험회사의 국내지점은 보험업법에 따른 보험회사로 본다(법4⑥).

(2) 외국보험회사의 '국내지점'이지만 보험회사의 일종으로 분류되는 것이다. 외국보험회사 자체는 보험회사의 일종으로 분류되지 않는다. 여기서 외국보험회사는 대한민국 이외의 국가의 법령에 따라 설립되어 대한민국 이외의 국가에서 보험업을 경영하는 자를 말한다(법2(8)). 외국보험회사가 국내에 지점을 설립하여 보험업 허가를 받으려고 하는 경우는 자본금 또는 기금 대신에 영업기금을 보유하는 등 일정한 사항에서 주식회사 또는 상호회사와는 다른 규율을 한다.

---

12) 성대규 · 안종민 96면; 정채웅 102면

(3) 보험업의 허가를 신청할 당시에 외국보험회사 및 그 국내지점이 설립되어 있어야 하는가? 위 주식회사, 상호회사와 마찬가지로 설립되어 있어야 한다고 해석한다. 그리고 그 국내지점이 예비허가 신청 시에는 설립될 필요가 없고, 예비허가를 받은 후 그 국내지점을 설립해야 본허가를 받을 수 있다고 해석한다. 외국보험회사도 예비허가 신청 시에는 설립될 필요가 없는가? 이는 부정해야 한다. 외국보험회사는 대한민국 이외의 국가의 법령에 따라 설립되어 대한민국 이외의 국가에서 보험업을 경영하는 자인데, 이러한 외국보험회사가 설립도 되지 않은 상태에서 그 지점에 대해 예비허가를 부여한다는 것이 허용되기 어렵기 때문이다. 이 점을 고려해서, 외국보험회사에 대한 보험업 허가요건으로, 외국보험회사는 국내에서 경영하려는 보험업과 같은 보험업을 외국 법령에 따라 경영하고 있을 것을 요구한다(법6②(2)).

2) 구분

i) 국내법인

외국보험회사가 국내법인(또는 현지법인)을 설립하여 보험업의 허가를 받는 경우도 있는데, 이것은 보험업법이 가리키는 외국보험회사 국내지점은 아니다. 이 경우는 국내법인의 법적 형태에 따라서 주식회사 또는 상호회사로 분류될 것이다.

ii) 국내사무소

외국보험회사 등의 국내사무소는 보험업의 허가를 받지 않은 경우로서 보험업을 경영할 수 없다. 즉 외국보험회사, 외국에서 보험대리 및 보험중개를 업으로 하는 자 또는 그 밖에 외국에서 보험과 관련된 업을 하는 자('외국보험회사 등')는 보험시장에 관한 조사 및 정보의 수집이나 그 밖에 이와 비슷한 업무를 하기 위하여 국내에 사무소('국내사무소')를 설치할 수 있는데(법12①), 이는 보험업을 경영할 수 없다(법12③(1)). 외국보험회사 등의 국내사무소에 대해서는 본서 제3장 보험회사에서 자세히 살펴본다.

5. 예비허가

(1) 의의

(1) 예비허가는 허가 전에 허가요건에 대한 사전심사를 통해서 예비적으로 행하는 허가이다. 보험업 허가를 보험업 예비허가와 구분하기 위해서 보험업 '본허가'라고도 부른다.

(2) 실무상 예비허가를 거치지 않고 바로 본허가를 신청하는 경우는 찾아보기 어렵기 때문에 예비허가 제도는 허가 제도에 못지않게 중요성이 있다.

(2) 취지

예비허가 제도의 취지는 예비허가를 통해서 보험업 허가의 예측가능성을 높이고 허가신청자가 불측의 손해를 입는 것을 막자는 것이다. 보험업의 허가를 받기 위해서는 허가 당시에 주식회사, 상호회사, 또는 외국보험회사 국내지점이 설립되어야 하는데, 이에는 전문 인력과 물적 시설 등이 요구되므로 비용과 시간 면에서 상당한 사전준비가 필요하다. 만약 그럼에도 불구하고 허가가 거부되는 경우 허가신청자는 불측의 손해를 입을 수 있으므로 예비허가 제도를 통해서 허가의 실체적 요건에 대한 사전심사를 거친 후 보험업 허가를 신청할 수 있도록 한 것이다.

(3) 법적 성질

예비허가의 법적 성질은 이론상 사전결정(예비결정)에 해당한다. 사전결정이란 최종적인 행정결정이 이루어지기 전에 사전 단계에서 최종적 행정결정의 요건 중의 일부에 대해 종국적인 판단에 기해 내려지는 결정이다.[13] 사전결정은 그 자체가 하나의 행정행위이고, 따라서 취소소송의 대상이 된다.[14]

제 2 관 예비허가 및 허가의 절차적 요건

1. 의의

보험업의 허가절차는 예비허가 절차와 허가 절차로 구분되며, 각각의 절차에 대한 개요는 아래 감독규정 [별지2]와 같다(감독규정2-2). 전술한 바와 같이 이론상으로는 예비허가 없이 허가를 받는 것도 가능하지만, 실무상으로는 예비허가 절차를 거치지 않고 허가를 받는 경우를 발견하기는 어렵다.

2. 예비허가

(1) 신청

1) 의의

⑴ 보험업의 허가를 신청하려는 자는 미리 금융위원회에 예비허가를 신청할 수 있다(법7①). 이에 따르면 예비허가를 신청할지 여부는 신청자의 의사에 달려 있다. 전술한 바와 같이 실무상 예비허가 제도를 활용하는 것이 일반적이다.

⑵ 금융위원회는 아래와 같은 신청서 및 첨부서류에 대한 심사를 통해서 예비허가의 실체적 요건이 충족되는지를 판단하게 된다.

⑶ 예비허가에 필요한 사항은 금융위원회 고시에 위임되어 있으므로(시행규칙10④), 아래의 감독규정은 상위법령의 명시적 위임이 있는 행정규칙이다.

---

13) 박균성 479면
14) 박균성 484면

2) 신청서

예비허가 신청자는 보험업법시행규칙 [별지1]의 예비허가 신청서를 제출해야 한다(시행규칙9①).

3) 첨부서류

i) 보험업법시행규칙 9조 1항

(1) 보험업법시행규칙에 따르면 예비허가 신청 시에는 허가 신청 시의 첨부서류를 제출해야 한다. 즉 예비허가 신청자는 예비허가 신청서에 보험업법 5조 각 호의 서류를 첨부하여 금융위원회에 제출해야 한다(시행규칙9①).

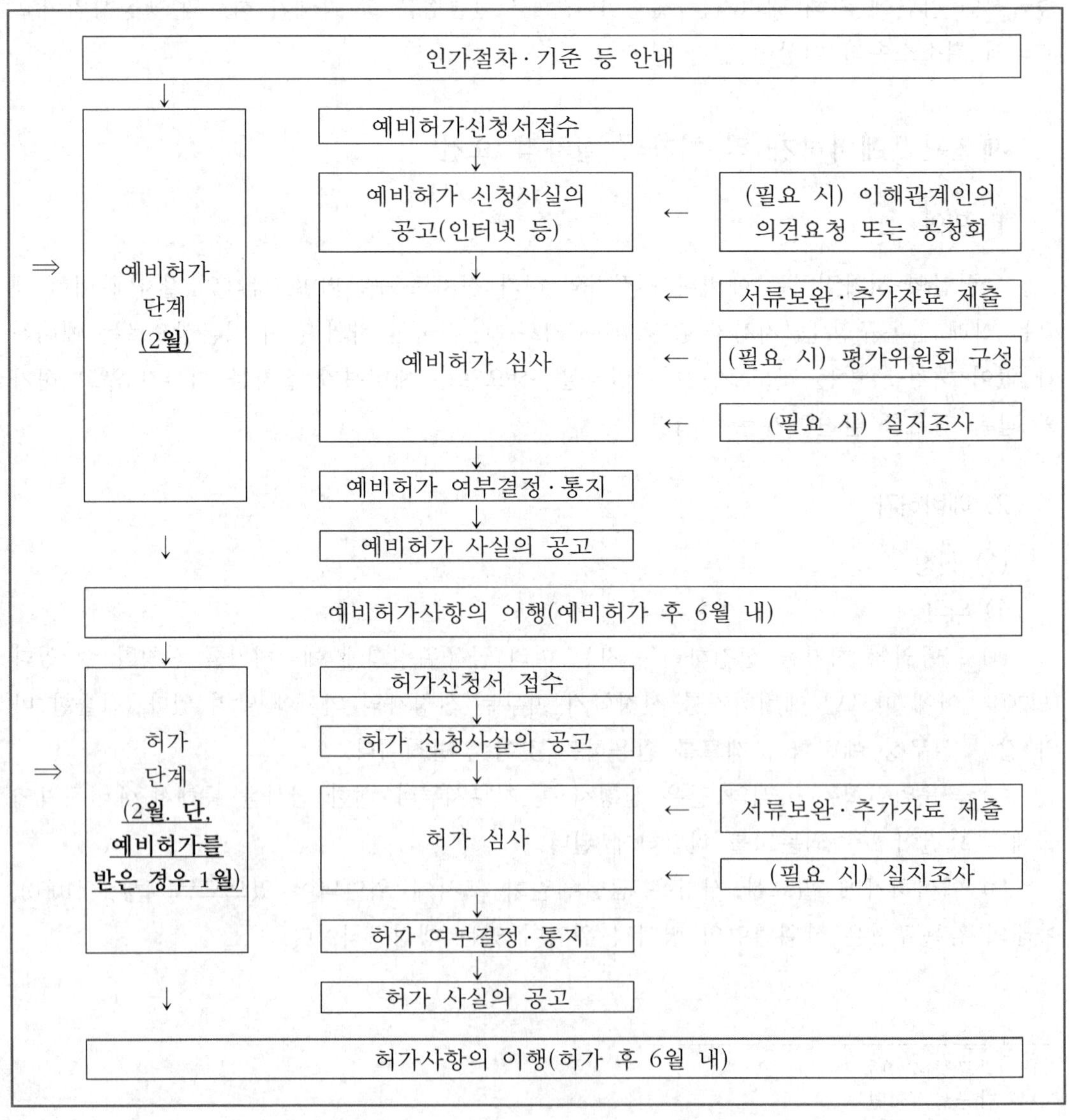

(2) 위 (1)에서 보험업법 5조 각 호의 서류는 허가 신청 시에 신청서에 첨부해야 하는 서류를 말한다. 여기에는 정관, 사업계획서, 기초서류 중 대통령령으로 정하는 서류, 기타 대통령령으로 정하는 서류가 포함되며(법5), 이에 대한 구체적인 내용은 후술하는 허가 신청 시의 첨부서류에서 다루기로 한다. 여기서 알 수 있는 것은 예비허가는 사실상 보험업 허가의 사전심사라는 점이다.

ii) 보험업법시행규칙 [별지1]

① 주식회사 또는 상호회사

보험업법시행규칙 [별지1]에 따르면 주식회사 또는 상호회사의 보험업 예비허가 신청 시에는 다음의 서류를 첨부해야 한다. 특히 여기에 사업계획서의 구체적 기재사항에 대해 규정되어 있다.

1. 정관
2. 발기인회의 의사록
3. 임원 및 발기인의 이력서 및 경력증명서
4. 사업방법서
5. 보험업 경영을 위한 자본금 또는 기금의 조달계획서
6. 주요 출자자가 자격요건을 갖추었음을 증명하는 서류
7. 합작계약서(외국인과 합작하여 보험업을 하려는 경우만 해당) 또는 이에 준하는 서류
8. 업무 시작 후 3년간의 사업연도별 사업계획서(작성기준, 추정재무제표, 보험종목별 계약성적예정표, 자금조달계획, 영업조직 및 영업방법, 직종별 인원계획, 물적 시설 및 전산설비계획, 상품개발계획 등)
9. 업무 시작 후 3년간의 사업연도별 지급여력비율 달성계획
10. 그 밖에 금융위원회가 필요하다고 인정하는 서류

② 외국보험회사 국내지점

보험업법시행규칙 [별지1]에 따르면 외국보험회사 국내지점의 보험업 예비허가 신청 시에는 다음의 서류를 첨부해야 한다. 특히 여기에 사업계획서의 구체적 기재사항에 대해 규정되어 있다. 또한 외국어로 된 서류를 제출하는 경우에는 그 번역문을 첨부해야 한다.

1. 정관
2. 사업방법서
3. 본점이 그 외국보험회사가 속한 국가에서 적법하게 보험업을 경영하고 있다는 사실을 증명하는 그 외국보험회사가 속한 국가의 권한 있는 기관의 증명서
4. 대한민국에서 대표자의 대표권을 증명하는 서류
5. 본점의 최근 3년간 대차대조표 및 손익계산서
6. 본점의 최근 3년간 준비금의 적립 명세와 주주(사원) 배당실적
7. 해당 외국보험회사가 속한 국가의 권한 있는 기관이 발급한 재무상태 건전성 증명서

8. 국제적 신용평가기관의 최근 신용평가 결과가 "투자적격"임을 증명하는 서류
9. 최근 3년간 해당 외국보험회사가 속한 국가의 감독당국 등으로부터 행정 및 형사상 처벌을 받지 않았음을 증명하는 서류
10. 국내지점 대표자 등 임원의 이력서 및 경력증명서
11. 업무 시작 후 3년간의 사업연도별 사업계획서(작성기준, 추정재무제표, 보험종목별 계약성적예정표, 자금조달계획, 영업조직 및 영업방법, 직종별 인원계획, 물적 시설, 상품개발계획 등)
12. 업무 시작 후 3년간의 사업연도별 지급여력비율 달성계획
13. 그 밖에 금융위원회가 필요하다고 인정하는 서류

iii) 보완이 필요한 경우

금융위원회는 예비허가 심사 시에 신청서 및 첨부서류의 보완이 필요한 경우 허가신청인에게 기한을 정하여 그 제출을 요구할 수 있다(감독규정2-5①).

(2) 심사

1) 위탁

보험업법 7조 2항에 따른 예비허가의 심사는 금융감독원장에게 위탁되어 있다(시행령[별표8]5).

2) 공고

금융위원회는 예비허가의 신청을 받은 경우에는 이해관계인의 의견 수렴을 위하여 다음 각 호의 사항을 인터넷 등을 이용하여 일반인에게 알려야 한다(시행규칙9②).

1. 신청 취지
2. 신청인, 신청일, 신청 보험종목의 범위 등 주요 신청내용
3. 의견 제시 방법 및 기간

3) 의견요청 또는 공청회

금융위원회는 금융시장에 중대한 영향을 미칠 우려가 있다고 판단되는 등 예비허가의 심사를 위하여 필요하다고 인정되는 경우에는 공고와는 별도로 예비허가의 신청에 대하여 이해관계인의 의견을 요청하거나 공청회를 개최할 수 있다(시행규칙9③).

4) 소명

금융위원회는 위 공고, 의견요청 또는 공청회에 따라 접수된 이해관계인의 의견 중에서 신청인에게 불리한 의견이 있는 경우에는 그 내용을 신청인에게 통보하고 기한을 정하여 소명하게 할 수 있다(시행규칙9④).

5) 평가위원회 또는 실지조사

금융위원회는 예비허가를 받으려는 자가 보험업법시행규칙 10조 1항에 따른 예비허가의 요건을 갖추고 있는지를 평가하기 위하여 평가위원회를 구성·운영할 수 있으며, 신

청내용의 확인, 발기인 및 경영진과의 면담 등을 위하여 실지조사를 실시할 수 있다(시행규칙10②).

(3) 심사결과의 통지

1) 기한

i) 원칙

(1) 예비허가의 신청을 받은 금융위원회는 2개월 이내에 심사하여 예비허가 여부를 통지해야 한다(법7②본).

(2) 위 (1)과 같이 예비허가의 심사기간을 단기로 설정한 이유는 그 신청자가 허가 신청 여부를 신속하게 정할 수 있도록 해주기 위해서이다.[15]

ii) 예외

다만, 총리령으로 정하는 바에 따라 그 통지 기간을 연장할 수 있다(법7②단). 총리령에 따르면, 금융위원회는 다음 각 호의 어느 하나에 해당하는 사유가 있는 경우에는 한 차례만 3개월의 범위에서 통지기간을 연장할 수 있다(시행규칙9⑤).

1. 예비허가의 신청서 및 첨부서류에 적힌 사항 중 내용이 불명확하여 사실 확인 및 자료의 보완이 필요한 경우
2. 이해관계인 등의 이해 조정을 위하여 보험업법시행규칙 3항 및 4항에 따른 공청회 개최 또는 신청인의 소명이 필요한 경우
3. 그 밖에 금융시장 안정 및 보험계약자 보호를 위하여 금융위원회가 필요하다고 인정하는 경우

2) 예비허가 거부 시

금융위원회는 예비허가 신청에 대한 심사 결과 예비허가를 거부하기로 결정한 경우에는 그 사실 및 거부사유를 신청인에게 서면으로 알려야 한다(시행규칙10③).

3. 허가

(1) 신청

1) 의의

(1) 보험업 허가를 받고자 하는 자는 신청서에 일정한 서류를 첨부해서 금융위원회에 제출해야 한다(법5).

(2) 금융위원회는 아래와 같은 신청서 및 첨부서류에 대한 심사를 통해서 보험업 허가의 실체적 요건이 충족되는지를 판단하게 된다.

(3) 금융감독원장은 보험업 허가를 신청하고자 하는 자 또는 그 대리인('허가신청인')이

15) 정채웅 147면

허가 신청 절차 등에 관하여 문의한 경우, 허가절차·심사기준·허가신청서 등 제반 문의사항을 서면으로 안내하거나 성실히 면담·협의해야 한다(감독규정2−3).

(4) 위 (3)의 감독규정은 상위법령의 명시적 위임이 없는 행정규칙이다. 아래의 허가의 신청서 및 첨부서류에 관련된 감독규정도 상위법령의 명시적 위임이 없는 행정규칙이다.

2) 신청서

(1) 보험업의 허가를 신청하는 자는 금융위원회에 제출하는 신청서에 다음 각 호의 사항을 적어야 한다(시행령9①).

1. 상호
2. 주된 사무소의 소재지
3. 대표자 및 임원의 성명·주민등록번호 및 주소
4. 자본금 또는 기금에 관한 사항
5. 시설, 설비 및 인력에 관한 사항
6. 허가를 받으려는 보험종목

(2) 위 (1)의 신청서는 감독규정 [별지3] 또는 [별지4]의 신청서에 따른다(감독규정2−4①).

3) 첨부서류

i) 보험업법 및 동법시행령

① 정관

(1) 회사의 정관을 첨부서류로 제출해야 한다(법5(1)). 회사의 정관이란 실질적 의미에서 회사의 설립, 조직, 업무 등의 단체적 법률관계를 규율하는 근본규칙 또는 기본규칙이고, 형식적 의미에서는 그러한 규칙을 기재한 서면을 말한다.[16)]

(2) 보험회사가 취급하는 보험종목을 추가하는 허가를 받으려는 경우에는 정관을 제출하지 않을 수 있다(법5단). 정관은 그 변경 시마다 금융위원회에 보고된다는 점(법126)을 고려한 것이다.

② 사업계획서

(1) 업무시작 후 3년간의 사업계획서(추정재무제표를 포함)를 첨부서류로 제출해야 한다(법5(2)). 이것은 허가요건 중 사업계획이 타당하고 건전할 것(법6①(3))과 주로 관련된다.[17)] 사업계획서를 통해서 허가신청자의 전반적인 보험업 경영능력을 평가하게 된다. 따라서 사업계획서는 경영하려는 보험업 전체에 관해 기재해야 한다고 해석한다.

(2) 감독규정 [별지3] 및 [별지4]에 따르면 사업계획서에는 작성기준, 추정재무제표,

---

16) 김건식·노혁준·천경훈 99면
17) 정채웅 108면

보험종목별 계약성적예정표, 자금조달계획, 영업조직 및 영업방법, 직종별 인원계획, 물적 시설, 상품개발계획 등이 포함되어야 한다.

(3) 보험회사가 취급하는 보험종목을 추가하는 허가를 받으려는 경우에도 사업계획서를 제출해야 한다. 이 경우는 추가시점 후 3년간의 사업계획서이며, 추가하려는 보험종목을 포함하여 경영하려는 보험업 전체에 관한 사업계획서라고 해석한다.

③ 기초서류

(ㄱ) 종류

(1) 경영하려는 보험업의 보험종목별 사업방법서, 보험약관, 보험료 및 책임준비금의 산출방법서('기초서류') 중 '대통령령으로 정하는 서류'를 첨부서류로 제출해야 한다(법5(3)). 기초서류는 보험종목별 핵심적 사항을 기재한 서류들을 가리킨다. '대통령령으로 정하는 서류'는 보험종목별 사업방법서('사업방법서')를 말한다(시행령9②). 요컨대, 보험업의 허가 신청 시에 사업방법서를 첨부서류로 제출해야 한다.

(2) 기초서류 중에서 보험약관, 보험료 및 책임준비금의 산출방법서는 허가 신청 시에 제출될 첨부서류에 포함되지 않는다.

(ㄴ) 사업방법서 기재사항

(1) 전술한 것처럼 사업방법서를 첨부서류로 제출해야 하는데, 감독규정은 사업방법서 기재사항에 대해서 규정한다(감독규정2-3의2). 이 규정은 감독규정 7-54조에서 규정하는 사업방법서 기재사항과 내용이 동일하다. 감독규정 7-54조는 상위법령의 명시적 위임이 있는 행정규칙이다. 감독규정 7-54조에 대해서는 본서 제7장 감독에서 기술한다.

(2) 위 (1)에 따르면 첨부서류로 제출되어야 할 사업방법서에는 다음 각 호의 사항을 기재해야 한다(감독규정2-3의2).

1. 보험업의 영위 지역, 영위하는 보험종목, 피보험자 또는 보험목적의 범위에 관한 사항
2. <삭제>
3. 보험금액과 보험기간의 제한에 관한 사항
4. 피보험자 또는 보험목적의 선택과 보험계약체결의 절차에 관한 사항
5. 보험료의 수수, 보험금의 지급과 보험료 등의 환급에 관한 사항
6. 재보험의 수수에 관한 사항
7. 보험계약에 대한 이익 또는 잉여금의 배당에 관한 사항
8. 보험약관의 규정에 의한 대출에 관한 사항
9. 보험금액·보험종류 또는 보험기간 등 보험계약의 변경에 관한 사항
10. 보험목적의 위험상태와 검사에 관한 사항
11. 그 밖에 보험약관에서 보험회사가 정하도록 한 사항

④ 기타

위 ①~③의 서류 이외에 '대통령령으로 정하는 서류'를 제출해야 한다(법5(4)). 여기서 '대통령령으로 정하는 서류'는 주식회사·상호회사와 외국보험회사로 구분되어 있다(시행령9③전). 이 경우 금융위원회는 전자정부법 36조 1항 또는 2항에 따른 행정정보의 공동이용을 통하여 회사의 법인 등기사항증명서(주식회사 또는 상호회사만 해당)를 확인해야 한다(시행령9③후).

(ㄱ) 주식회사 또는 상호회사

(1) 외국보험회사를 제외한 주식회사 또는 상호회사의 경우 다음 각 목의 서류를 제출해야 하고, 다만 보험종목을 추가하려는 경우 가목~다목의 서류는 제출하지 않을 수 있다(시행령9③(1)).

가. 발기인회의의 의사록
나. 임원 및 발기인의 이력서 및 경력증명서
다. 합작계약서(외국기업과 합작하여 보험업을 하려는 경우만 해당)
라. 보험업법 9조 1항 및 2항에 따른 자본금 또는 기금의 납입을 증명하는 서류
마. 재무제표와 그 부속서류
바. 주주(상호회사의 경우에는 사원)의 성명 또는 명칭과 소유주식 수(상호회사의 경우에는 출자지분)를 적은 서류
사. 그 밖에 보험업법 또는 동법시행령에 따른 허가 요건의 심사에 필요한 서류로서 '총리령으로 정하는 서류'이다.

(2) 위 (1)의 사목에서 '총리령으로 정하는 서류'는 다음 각 호의 서류와 같다(시행규칙7①).

1. 자본금 또는 기금의 조달 출처를 확인할 수 있는 서류
2. 보험업법시행령 10조 1항 및 3항에 따른 요건[18]을 충족하는지를 확인할 수 있는 서류
3. 예비허가를 받은 경우에는 예비허가 사항의 이행 사실을 확인할 수 있는 서류
4. 보험업법시행령 [별표1]에서 정한 요건[19]을 충족하는지를 확인할 수 있는 서류

(ㄴ) 외국보험회사 국내지점

(1) 외국보험회사의 경우 다음 각 목의 서류를 제출해야 하고, 다만 보험종목을 추가하려는 경우 나목, 라목, 마목의 서류는 제출하지 않을 수 있다(시행령9③(2)).

가. 외국보험회사의 본점이 적법한 보험업을 경영하고 있음을 증명하는 해당 외국보험회사가

18) 보험업법시행령 10조 1항 및 3항에 따른 요건은 보험업 허가요건으로서 인적 및 물적 요건, 그리고 사업계획 요건을 가리킨다.
19) 보험업법시행령 [별표1]에서 정한 요건은 보험업 허가요건으로서 보험업법시행령 10조 4항에서 정한 대주주의 요건을 가리킨다.

속한 국가의 권한 있는 기관의 증명서
나. 대한민국에서 외국보험회사를 대표하는 자('대표자')의 대표권을 증명하는 서류
다. 외국보험회사 본점의 최근 3년간의 대차대조표와 손익계산서
라. 보험업법 9조 3항에 따른 영업기금의 납입을 증명하는 서류
마. 대표자의 이력서 및 경력증명서
바. 재무제표와 그 부속서류
사. 그 밖에 보험업법 또는 동법시행령에 따른 허가 요건의 심사에 필요한 서류로서 '총리령으로 정하는 서류'이다.

(2) '총리령으로 정하는 서류'는 다음 각 호의 서류를 말한다(시행규칙7②).

1. 영업기금의 조달 출처를 확인할 수 있는 서류
2. 보험업법시행령 10조 1항 및 3항에 따른 요건[20]을 충족하는지를 확인할 수 있는 서류 및 예비허가를 받은 경우에는 예비허가 사항의 이행 사실을 확인할 수 있는 서류
3. 설치하려는 국내지점의 법인 등기사항증명서
4. 외국보험회사의 본점이 국제적으로 인정받은 신용평가기관으로부터 받은 신용평가등급이 투자적격 이상임을 확인할 수 있는 서류
5. 외국보험회사의 본점이 그 외국보험회사가 속한 국가의 감독기관이 정한 재무건전성에 관한 기준을 충족하고 있음을 확인할 수 있는 서류
6. 외국보험회사의 본점이 최근 3년간 그 외국보험회사가 속한 국가의 감독기관으로부터 보험업의 경영과 관련하여 법인경고 이상에 해당하는 행정처분을 받거나 벌금형 이상에 해당하는 형사처벌을 받은 사실이 없음을 확인할 수 있는 서류

ii) 감독규정

① 주식회사 또는 상호회사

감독규정 [별지3]에 따르면 주식회사 또는 상호회사의 보험업허가 신청 시에는 다음의 서류를 첨부해야 하고, 다만 예비허가 절차가 생략되는 경우에는 예비허가 시 구비해야 할 서류도 첨부해야 한다. 특히 여기에 사업계획서의 구체적 기재사항에 대해 규정되어 있다.

1. 정관
2. 창립총회 의사록
3. 임원의 이력서 및 경력증명서
4. 임원 및 주주자격 증명서류
5. 주주(상호회사인 경우는 사원)명부와 소유주식 수(상호회사인 경우는 출자지분) 및 비율을 기재한 서류
6. 준법감시인의 이력서 및 경력증명서

---

20) 보험업법시행령 10조 1항 및 3항에 따른 요건은 보험업 허가요건으로서 인적 및 물적 요건, 그리고 사업계획 요건을 가리킨다.

7. 회사의 법인등기부등본
8. 업무개시 3년간 사업연도별 사업계획서(작성기준, 추정재무제표, 보험종목별 계약성적예정표, 자금조달계획, 영업조직 및 영업방법, 직종별 인원계획, 물적시설, 상품개발계획 등)
9. 감독규정 [별표2]의 3호에서 정하는 전산설비를 구비하였음을 증명하는 서류
10. 신청 당시 재무제표 및 그 부속서류
11. 보험업법 9조 1항 또는 2항의 규정에 의한 자본금 또는 기금의 납입 및 조달출처를 증명하는 서류
12. 사업방법서
13. 내부통제기준
14. 예비허가가 있었던 경우 예비허가사항의 이행을 증명하는 서류
15. 기타 금융위원회가 필요하다고 인정하는 서류

② 외국보험회사 국내지점

(1) 감독규정 [별지4]에 따르면 외국보험회사 국내지점의 보험업허가 신청 시에는 다음의 서류를 첨부해야 하고, 다만 예비허가 절차가 생략되는 경우에는 예비허가 시 구비해야 할 서류도 첨부해야 한다. 또한 외국어로 되어 있는 서류를 제출하여야 할 경우 그 번역문을 첨부해야 한다. 특히 여기에 사업계획서의 구체적 기재사항에 대해 규정되어 있다.

1. 임원의 이력서 및 경력증명서
2. 준법감시인의 이력서 및 경력증명서
3. 설치되는 국내지점의 법인등기부등본
4. 업무개시 후 3년간의 사업연도별 사업계획서(작성기준, 추정재무제표, 보험종목별 계약성적예정표, 자금조달계획, 영업조직 및 영업방법, 직종별 인원계획, 물적시설, 상품개발계획 등)
5. 감독규정 [별표2] 3호에서 정하는 전산설비를 구비하였음을 증명하는 서류
6. 신청 당시의 재무제표 및 그 부속서류
7. 보험업법 9조 3항의 규정에 의한 영업기금의 납입 및 조달출처를 증명하는 서류
8. 주주(상호회사인 경우는 사원)명부와 소유주식 수(상호회사인 경우는 출자지분) 및 비율을 기재한 서류
9. 사업방법서
10. 내부통제기준
11. 예비허가가 있었던 경우 예비허가사항의 이행을 증명하는 서류
12. 기타 금융위원회가 필요하다고 인정하는 서류

iii) 보완이 필요한 경우

금융위원회는 허가 심사 시에 신청서 및 첨부서류의 보완이 필요한 경우 허가신청인에게 기한을 정하여 그 제출을 요구할 수 있다(감독규정2-5①).

(2) 심사

1) 주체

(1) 보험업법 6조 1항 및 2항에 따른 보험업의 허가 요건을 갖추었는지의 심사는 금융감독원장에게 위탁되어 있다(시행령[별표8]1).

(2) 보험업법 6조 3항에 따른 보험종목 추가 허가의 요건을 갖추었는지의 심사는 금융감독원장에게 위탁되어 있다(시행령[별표8]2).

2) 실지조사

금융위원회는 허가신청을 받은 경우 신청내용(조건부로 예비허가를 한 경우 그 조건의 이행 여부를 포함)을 확인하기 위하여 금융감독원장으로 하여금 실지조사를 실시하도록 할 수 있으며, 허가신청인은 이에 적극 협조해야 한다(감독규정2-4②).[21)]

3) 의견요청 또는 공청회

금융위원회는 허가의 신청이 있으면 보험업법시행규칙 9조 3항에 의하여 이해관계인의 의견을 요청하거나 공청회를 개최할 수 있다(감독규정2-4⑤).[22)]

(3) 심사결과의 통지

1) 기한

(1) 금융위원회는 보험업 허가신청을 받았을 때에는 2개월(예비허가를 받은 경우에는 1개월) 이내에 이를 심사하여 신청인에게 허가 여부를 통지해야 한다(시행령9④본). 신청서류의 보완 또는 실지조사에 걸린 기간은 통지기간에 산입하지 않는다(시행령9④단).

(2) 심사기간을 단기로 설정한 이유는 보험업허가의 사전준비에 소요되는 시간과 비용이 상당하다는 점을 고려하여 허가 여부를 신속히 정해주기 위해서이다.

2) 허가거부 시

금융위원회는 허가신청에 대한 심사결과 허가를 거부하기로 결정한 경우에는 그 사실 및 거부사유를 허가신청인에게 서면으로 통보한다(감독규정2-4③).[23)]

제 3 관 예비허가 및 허가의 실체적 요건

1. 구분

(1) 보험업의 예비허가 및 허가에는 일정한 실체적 요건이 요구된다. 이러한 실체적 요건으로는 자본금 또는 기금, 전문 인력 및 물적 시설, 사업계획, 대주주 등이 있다. 보험업법은 허가와 관련해서 신규허가와 추가허가, 주식회사·상호회사와 외국보험회사 국

21) 이 감독규정은 상위법령의 명시적 위임이 없는 행정규칙이다.
22) 이 감독규정은 상위법령의 명시적 위임이 없는 행정규칙이다.
23) 이 감독규정은 상위법령의 명시적 위임이 없는 행정규칙이다.

내지점의 허가로 구분하여 실체적 요건을 달리 정하고 있다.

(2) 보험업법시행규칙 10조가 예비허가의 실체적 요건을 정하고 있다. 그리고 보험업법 6조는 허가의 실체적 요건에 대한 대강을 정하고, 세부적인 내용은 동법시행령 10조, 감독규정 2-6조, 2-6조의3 등에 위임하고 있다.

2. 예비허가

(1) 예비허가를 받으려는 자는 다음 각 호의 요건을 갖추어야 한다(시행규칙10①).

1. 보험업법 6조 1항, 2항 또는 3항의 요건을 갖출 것. 다만, 자본금·기금 또는 영업기금과 인력, 물적 시설에 대해서는 그 이행계획이 타당할 것을 요건으로 한다.
2. 사업의 계획 및 실행방법이 법령에 위반되지 아니할 것

(2) 금융위원회는 예비허가를 받으려는 자가 위 (1)의 요건을 갖추고 있는지를 평가하기 위하여 평가위원회를 구성·운영할 수 있으며, 평가위원회의 구성·운영방법 등에 관한 사항은 금융위원회가 정하여 고시한다(시행규칙10②·④).

(3) 위 (1)의 각 호에 관한 구체적 내용은 아래 신규허가 부분에서 기술한다.

3. 신규허가

(1) 구분

보험업의 허가를 처음으로 받으려고 할 때 요구되는 실체적 요건은 허가를 받으려는 자가 주식회사·상호회사인 경우와 외국보험회사 국내지점인 경우로 구분된다. 외국보험회사라는 특성을 고려해야 하기 때문이다.

(2) 주식회사·상호회사

1) 의의

(1) 보험업의 허가를 받으려는 자(외국보험회사 및 보험종목을 추가하려는 보험회사는 제외)는 다음 각 호의 요건을 갖추어야 한다(법6①).

1. 보험업법 9조 1항 및 2항에 따른 자본금 또는 기금을 보유할 것
2. 보험계약자를 보호할 수 있고 그 경영하려는 보험업을 수행하기 위하여 필요한 전문 인력과 전산설비 등 물적 시설을 충분히 갖추고 있을 것. 이 경우 대통령령으로 정하는 바에 따라 업무의 일부를 외부에 위탁하는 경우에는 그 위탁한 업무와 관련된 전문 인력과 물적 시설을 갖춘 것으로 본다.
3. 사업계획이 타당하고 건전할 것
4. 대주주(최대주주의 특수관계인인 주주를 포함한다. 이하 이 조에서 같다)가 지배구조법 5조 1항 각 호의 어느 하나에 해당하지 아니하고, 충분한 출자능력과 건전한 재무상태를 갖추

고 있으며, 건전한 경제질서를 해친 사실이 없을 것

(2) 아래에서는 자본금 또는 기금, 전문 인력 및 물적 시설, 사업계획, 대주주로 구분하여 실체적 요건을 살펴보자.

2) 자본금 또는 기금

i) 의의

(1) 보험업의 허가를 받으려는 자는 보험업법 9조 1항 및 2항에 따른 자본금 또는 기금을 보유해야 한다(법6①(1)).

(2) 보험업의 허가 시에 일정한 자본금 또는 기금을 요구하는 이유는 보험회사가 보험업의 경영을 시작하려면 전문 인력 및 물적 시설을 마련해야 하고 또한 그 이후에 발생할 보험금 지급의무 등을 담보하기 위해서이다. 보험업법은 이러한 지급의무 등에 대비한 최소한 지급능력을 확보하기 위해서 자본금 또는 기금의 최저 금액을 규정한다.

ii) 내용

보험회사는 300억 원 이상의 자본금 또는 기금을 납입함으로써 보험업을 시작할 수 있다(법9①본). 주식회사는 자본금이 요구되고(상법329), 상호회사는 기금이 요구된다(법34).

iii) 일부 보험종목만 취급하는 보험회사

① 의의

보험종목의 일부만을 취급하는 경우 특칙이 있다. 즉 보험회사가 보험종목의 일부만을 취급하려는 경우 50억 원 이상의 범위에서 대통령령으로 자본금 또는 기금의 액수를 다르게 정할 수 있다(법9①단).

② 자본금 또는 기금 액수

(1) 보험종목의 일부만을 취급하려는 보험회사가 납입해야 하는 보험종목별 자본금 또는 기금의 액수는 다음 각 호의 구분에 따른다(시행령12①).[24)]

1. 생명보험: 200억 원
2. 연금보험(퇴직보험을 포함): 200억 원
3. 화재보험: 100억 원
4. 해상보험(항공·운송보험을 포함): 150억 원
5. 자동차보험: 200억 원
6. 보증보험: 300억 원

---

24) 금액별로 정리해 보면 다음과 같다.
ⓐ 보증보험, 재보험: 각각 300억 원
ⓑ 생명보험, 연금보험(퇴직보험 포함), 자동차보험: 각각 200억 원
ⓒ 해상보험(항공·운송보험을 포함): 150억 원
ⓓ 화재보험, 책임보험, 상해보험, 질병보험, 간병보험: 각각 100억 원
ⓔ 권리보험, 기술보험, 그리고 나머지 보험종목: 각각 50억 원

7. 재보험: 300억 원
8. 책임보험: 100억 원
9. 기술보험: 50억 원
10. 권리보험: 50억 원
11. 상해보험: 100억 원
12. 질병보험: 100억 원
13. 간병보험: 100억 원
14. 1호부터 13호까지 외의 보험종목: 50억 원

(2) 위 (1)의 14호에서 1호부터 13호까지 외의 보험종목으로는 도난·유리·동물·원자력보험, 비용보험, 날씨보험이 있다. 이들의 전부에 대해 허가를 받더라도 자본금 또는 기금이 각각 요구되는 것이 아니고 요구되는 자본금 또는 기금의 최저 액수가 50억 원이라고 해석한다.

③ 재보험

재보험에 요구되는 300억 원은 재보험을 전업으로 하려는 보험회사에 한정하여 적용하고, 취급하고 있는 보험종목에 대한 재보험을 하려는 경우에는 적용하지 않는다(시행령12②). 즉 취급하고 있는 보험종목에 대한 재보험을 하려는 경우 요구되는 자본금 또는 기금의 최저 액수는 없다.

④ 두 종목 이상 취급하려는 경우

보험회사가 위 ②(1)의 1호부터 14호까지의 보험종목 중에서 둘 이상의 보험종목을 취급하려는 경우 각각 요구되는 금액의 합계액을 자본금 또는 기금으로 하고, 다만 그 합계액이 300억 원 이상인 경우에는 300억 원으로 한다(시행령12③).

iv) 통신판매전문보험회사의 특칙

① 의의

(1) 전화·우편·컴퓨터통신 등 통신수단을 이용하여 대통령령으로 정하는 바에 따라 모집을 하는 보험회사가 통신판매전문보험회사이다(법9②(1)). 통신판매전문보험회사는 총 보험계약 건수 및 수입보험료의 100분의 90 이상을 전화, 우편, 컴퓨터통신 등 통신수단을 이용하여 모집해야 한다(시행령13①). 통신판매전문보험회사가 이러한 모집비율을 위반한 경우에는 그 비율을 충족할 때까지 통신수단 외의 방법으로 모집할 수 없다(시행령13②). 모집비율의 산정기준 등 통신수단을 이용한 모집에 필요한 사항은 금융위원회가 정하여 고시한다(시행령13③).

(2) 위 (1)의 보험업법시행령 13조 1항에 의한 통신판매전문보험회사의 통신수단을 이용한 모집비율은 보험업법 118조에 의해 금융감독원장에게 제출하는 직전 사업연도 사업보고서상의 보험계약 건수 및 수입보험료를 기준으로 산정한다(감독규정2-10①본). 다만,

통신판매전문보험회사로 보험업의 허가를 받고자 하는 경우에는 감독규정 [별지3]의 신청서에 첨부되는 사업계획서상의 보험계약 건수 및 수입보험료를 기준으로 산정한다(감독규정2－10①단). 모집비율 산정 시에 수입보험료는 생명보험 및 장기손해보험의 경우 모집된 보험계약의 월납 기준 초회보험료를 합산하여 산출하고, 그 밖의 손해보험은 원수보험료를 합산하여 산출한다(감독규정2－10②).

② 자본금 또는 기금 액수

(1) 통신판매전문보험회사는 보험업법 9조 1항에 따른 자본금 또는 기금의 3분의 2에 상당하는 금액 이상을 납입함으로써 보험업을 시작할 수 있다(법9②).

(2) 따라서 통신판매전문보험회사가 모든 보험종목을 경영하려는 경우 200억 원, 그리고 일부 보험종목만 경영하려는 경우 가령 해상보험만 경영하려는 경우라면 100억 원이 자본금 또는 기금의 최저 금액이 된다.

③ 취지

통신수단을 이용하여 모집하는 경우에는 모집조직의 구축 등에 소요되는 비용이 상대적으로 적다는 점을 고려하여 최저 금액을 다소 낮게 요구하는 것이다.

v) 소액단기전문보험회사의 특칙

① 의의

(1) 모집수단 또는 모집상품의 종류·규모 등이 한정된 보험회사 중에서, 모집할 수 있는 보험상품의 종류·보험기간 · 보험금 상한액 · 연간 총보험료 상한액 등 대통령령상 기준을 충족하는 보험회사를 소액단기전문보험회사라 한다(법9②(2)).

(2) 소액단기전문보험회사가 충족해야 할 "대통령령으로 정하는 기준"은 다음과 같다(시행령13의2①).

1. 모집할 수 있는 보험상품의 종류: 다음 각 목의 보험상품
   가. 생명보험상품 중 1조의2 2항 1호에 따른 보험상품
   나. 손해보험상품 중 1조의2 3항 6호, 9호부터 11호까지, 13호 또는 14호에 따른 보험상품
   다. 제3보험상품 중 1조의2 4항 1호 또는 2호에 따른 보험상품
2. 보험기간: 2년 이내의 범위에서 금융위원회가 정하여 고시하는 기간. 다만, 현행 보험업감독규정은 위 위임에 따라 보험기간을 1년으로 정하고 있다(감독규정2－10의2).
3. 보험금의 상한액: 5천만원
4. 연간 총보험료 상한액: 500억원

② 자본금 또는 기금 액수

(1) 소액단기전문보험회사는 10억원 이상의 범위에서 대통령령으로 정하는 금액 이상의 자본금 또는 기금을 납입함으로써 보험업을 시작할 수 있다(법9②(2)).

(2) 시행령은 위 “대통령령으로 정하는 금액”을 20억원으로 정하고 있다(시행령13의2②).

③ 취지

소액단기전문보험회사 제도는 종합보험회사 대비 진입규제를 대폭 완화하여 새로운 사업자의 진입과 경쟁·혁신을 촉진하고, 소비자 입장에서는 복잡·장기 상품이 아니라 실생활 밀착형 소액·간단·단기 보장을 쉽게 이용할 수 있게 하려는 데 핵심 취지가 있다. 다만 이때의 완화는 무제한이 아니라, 취급종목·보험기간·보험금·연간 총보험료 상한으로 외연을 그어 소비자보호 및 건전성을 함께 도모하는 구조로 설계되어 있다.

3) 전문 인력 및 물적 시설

i) 의의

(1) 보험계약자를 보호할 수 있고 그 경영하려는 보험업을 수행하기 위하여 필요한 전문 인력과 전산설비 등 물적 시설을 충분히 갖추고 있어야 한다(법6①(2)).

(2) 보험업의 허가 시에 일정한 전문 인력과 물적 시설을 요구하는 이유는 보험의 인수를 영업으로 수행하는 보험업의 건전한 경영과 보험계약자를 포함한 이해관계인의 권익을 보호하기 위해서이다.

(3) 전문 인력과 물적 시설에 관한 세부 내용에 대해서는 보험업법시행령 10조 1항, 감독규정 2-6조 1항, 2-10조 3항 및 [별표2]가 규정한다.

ii) 내용

① 전문 인력

(1) 임원이 지배구조법 5조 1항에 따른 임원의 결격사유에 해당되지 않아야 하고, 허가를 받으려는 보험업에 관한 전문성과 건전성을 갖춘 보험 전문 인력과 보험회사의 업무수행을 위한 전산요원 등 필요한 인력을 갖추어야 한다(시행령10①(1)). 이 중에서 발기인의 요건은 엄밀하게 보면 전문 인력의 요건은 아니다.

(2) 구체적으로 보면, 원활한 업무수행을 위하여 다음 각 목의 하나에 해당하는 자를 확보해야 한다(감독규정[별표2]1).

가. 지배구조법 25에 의한 준법감시인
나. 보험업법 181조 2항에 의한 선임계리사
다. 보험업법 185조에 의한 손해사정사 또는 손해사정업무 수탁자. 다만, 허가받고자 하는 보험업이 손해사정에 관한 업무를 필요로 하는 경우에 한함
라. 전산설비 운영·관리 등에 필요한 전산전문인력
마. 그 밖에 영업·계약·보전·보험금지급 등 보험업무 수행에 필요한 인력

② 물적 시설

(1) 허가를 받으려는 보험업을 경영하는 데에 필요한 전산설비를 구축하고 사무실 등

공간을 충분히 확보해야 한다(시행령10①(2)).

(2) 필요한 물적 시설을 보다 구체적으로 보면 다음 각 목과 같다(감독규정[별표2]2).

가. 허가받고자 하는 보험업을 적정하게 수행할 수 있는 사무실 등 영업시설을 구비할 것
나. 감독규정 [별표2] 3호의 전산설비를 갖출 것.[25] 다만, 전산설비의 적정 여부는 보험업의 종류 및 규모 등에 따라 판단한다.
다. 전산설비 등 주요 물적 시설의 관리·운영 등과 관련하여 보험업법시행령 10조 8항 각 호[26]의 요건을 충족할 것

iii) 외부위탁

(1) 대통령령으로 정하는 바에 따라 업무의 일부를 외부에 위탁하는 경우에는 그 위탁한 업무와 관련된 전문 인력과 물적 시설을 갖춘 것으로 본다(법6①(2)후).

(2) 다음 각 호의 어느 하나에 해당하는 업무를 외부에 위탁하는 경우에는 위 (1)에 따라 그 업무와 관련된 전문 인력과 물적 시설을 갖춘 것으로 본다(시행령10②).

1. 손해사정업무
2. 보험계약 심사를 위한 조사업무
3. 보험금 지급심사를 위한 보험사고 조사업무
4. 전산설비의 개발·운영 및 유지·보수에 관한 업무
5. 정보처리 업무

iv) 통신판매전문보험회사의 특칙

① 의의

통신판매전문보험회사는 안정적인 통신시스템 운영을 위해 감독규정 [별표2] 3호에서 정한 전산설비의 세부요건 외에 다음의 시스템을 갖추어야 한다(감독규정2-10③). 전술한 바와 같이 감독규정 [별표2] 3호는 전산설비의 세부요건으로 전산기기에 관한 사항, 전산기기 운영에 관한 사항, 전산기기 설치환경에 관한 사항을 규정하고 있다.

② 추가적 시스템의 내용

위 ①에 따라 통신판매전문보험회사가 추가적으로 갖추어야 할 시스템은 다음 각 호와 같다(감독규정2-10③).

---

25) 감독규정 [별표2] 3호는 전산기기에 관한 사항, 전산기기 운영에 관한 사항, 전산기기 설치환경에 관한 사항을 충족하는 전산설비를 갖출 것을 요구한다.

26) 보험업법시행령 10조 8항 각 호의 요건은 다음과 같다.
1. 개인정보 보호에 차질이 없을 것
2. 보험서비스 제공의 지연 등으로 인한 민원 발생의 우려가 없을 것
3. 보험계약과 관련한 신뢰성 있는 보험통계를 제때에 산출할 수 있을 것
4. 해당 보험회사에 대한 감독·검사 업무의 수행에 지장을 주지 아니할 것

1. 전화판매를 위한 녹취시스템
2. 재난대비 백업시스템
3. 이중화시스템(데이타베이스서버, 웹서버, 내부네트워크, 인터넷회선 등)
4. 고객의 신상정보에 관련된 내용(주민등록번호, 신용카드번호, 예금자계좌번호 등)을 암호화할 수 있는 보안관리 시스템

③ 전담부서 및 전문인력

통신판매전문보험회사는 위 통신시스템을 운영하는 전담부서 및 전문인력을 운영해야 한다(감독규정2－10④).

4) 사업계획

i) 의의

⑴ 보험업 허가를 받으려는 자는 사업계획이 타당하고 건전해야 한다(법6①⑶). 사업계획의 타당성과 건전성은 주로 보험업 허가신청 시에 제출하는 '업무 시작 후 3년간의 사업계획서'를 통해서 판단한다. 보험업 예비허가 또는 허가의 신청 시에 이러한 사업계획서를 제출하게 되어 있는데, 그 기재사항은 신청 시 첨부서류와 관련하여 살펴본 바 있다.

⑵ 사업계획의 타당성과 건전성이 요구되는 이유는 보험업의 건전한 경영과 보험계약자를 포함한 이해관계인의 권익을 보호하기 위해서이다.

ii) 내용

⑴ 사업계획은 다음 각 호의 요건을 모두 충족해야 한다(시행령10③).

1. 사업계획이 지속적인 영업을 수행하기에 적합하고 추정재무제표 및 수익 전망이 사업계획에 비추어 타당성이 있을 것
2. 사업계획을 추진하는 데 드는 자본 등 자금의 조달방법이 적절할 것
3. 사업방법서가 보험계약자를 보호하기에 적절한 내용일 것

⑵ 위 ⑴에 따른 사업계획의 세부요건은 다음과 같다(감독규정[별표3]).

가. 사업계획서는 합리적이고 실현가능성 있게 작성될 것
나. 지급여력비율 100분의 100 이상을 지속적으로 유지할 수 있을 것
다. 나목의 지급여력비율 유지 및 사업계획의 추진에 소요되는 자금은 차입(후순위채무 포함)으로 조달해서는 안되며, 조달자금의 출처가 명확할 것
라. 위험관리와 금융사고 예방 등을 위한 적절한 내부통제장치가 마련되어 있을 것

5) 대주주

i) 의의

① 대주주 요건

(1) 대주주(최대주주의 특수관계인인 주주를 포함)가 지배구조법 5조 1항의 각 호에 해당하지 않아야 하고, 충분한 출자능력과 건전한 재무상태를 갖추고 있으며, 건전한 경제질서를 해친 사실이 없어야 한다(법6①(4)).

(2) 위 (1)에서 지배구조법 5조 1항의 각 호는 금융회사의 임원이 될 수 없는 사유('임원결격사유')를 가리킨다. 충분한 출자능력과 건전한 재무상태는 '재무적 요건'이고, 건전한 경제질서를 해친 사실이 없어야 함은 '사회경제적 신용 요건'이라고 할 수 있다. 보험업법 시행령 [별표1]에 따르면, 대주주의 유형별로 임원결격사유, 재무적 요건, 사회경제적 신용 요건의 전부 또는 일부가 요구되거나 또는 경우에 따라서는 이외에 요건이 추가되어 요구되기도 한다.

② 대주주 개념

위 ①에서 대주주는 최대주주와 주요주주뿐만 아니라 최대주주의 특수관계인인 주주도 포함된다는 점이 특징이다. 일반적으로 보험업법상 대주주는 최대주주와 주요주주를 가리킨다는 점(지배구조법2(6))을 고려하면, 보험업 허가 시에 요구되는 대주주 요건에서 대주주의 개념은 일반적인 대주주의 개념보다 확장된 것임을 알 수 있다. 이는 보험업 허가 시에 대주주를 보다 엄격하게 규율하기 위해서이다. 최대주주, 주요주주, 최대주주의 특수관계인의 개념에 대해서는 본서 제1장 총론에서 살펴보았다.

③ 취지

대주주 요건이 요구되는 이유는 보험업의 건전한 경영과 보험계약자를 포함한 이해관계인의 권익을 보호하기 위해서이다.

ii) 내용

① 구분

(1) 대주주의 유형 및 유형별 구체적 요건은 보험업법시행령 [별표1]에 규정되어 있다(시행령10④). 이에 따르면 대주주의 유형은 다섯 가지이다. 즉 대주주가 금융기관인 경우, 내국법인인 경우, 내국인으로서 개인인 경우, 외국법인인 경우, 경영참여형 사모집합투자기구 또는 투자목적회사인 경우로 구분된다. 그리고 유형별로 임원결격사유, 재무적 요건, 사회경제적 신용 요건 등의 전부 또는 일부를 구체적 요건으로 요구한다.

(2) 보험업법시행령 [별표1]은 대주주의 유형별 구체적 요건에 대해 대주주가 금융기관인 경우를 기본형으로 하고 이를 여타의 대주주 유형에 대해서 준용, 수정 또는 추가하는 방식으로 규정하고 있다. 이하에서도 이러한 방식에 따라 기술하기로 한다.

(3) 이하에서 대주주 요건과 관련하여 '금융관련법령'이란 지배구조법 2조 7호 및 동법시행령 5조에 따른 법령[27]을 가리킨다고 해석한다.

② 대주주가 금융기관인 경우

대주주가 금융기관인 경우에 대주주 요건은 다음과 같이 재무적 요건과 사회경제적 신용 요건으로 구분해 볼 수 있다. 여기서 금융기관은 금융위원회법 38조에 따라 금융감독원의 검사를 받는 기관[28](경영참여형 사모집합투자기구는 제외)을 가리킨다(시행령[별표1]1).

(ㄱ) 재무적 요건

(a) 자기자본

최근 사업연도 말 현재 대차대조표상 자산총액에서 부채총액을 뺀 금액('대차대조표상 자기자본')이 출자하려는 금액의 3배 이상으로서 금융위원회가 정하여 고시하는 기준을 충족해야 한다(시행령[별표1]1가).

금융위원회 고시에 따르면 최근 사업연도 말 현재 대차대조표상 자기자본이 출자하

---

27) 금융관련법령은 현재 65개이고 다음과 같다. 1. 가상자산이용자보호법 1의2. 개인금융채무자보호법 2. 공인회계사법 2의2. 공적자금관리법 2의3. 테러자금금지법 2의4. 국민연금법(124, 128③(4) 한정) 3. 근로자퇴직급여 보장법 3의2. 금융거래지표법 3의3. 금융복합기업집단법 4. 구조개선법 4의2. 금융소비자법 5. 금융실명법 6. 금융위원회법 7. 금융지주회사법 7의2. 금융혁신법 7의3. 기업구조조정 촉진법 7의4. 구조조정회사법 8. 금융회사부실자산 등의 효율적 처리 및 한국자산관리공사의 설립에 관한 법률 9. 기술보증기금법 10. 농림수산식품투자조합 결성 및 운용에 관한 법률 10의2. 농수산신용보증법 11. 농업협동조합법 12. 담보부사채신탁법 13. 대부업 등의 등록 및 금융이용자 보호에 관한 법률 14. 문화산업진흥 기본법 15. 벤처기업육성에 관한 특별조치법 15의2. 보험사기방지법 16. 보험업법 17. 감정평가 및 감정평가사에 관한 법률 18. 부동산투자회사법 19. 사회기반시설에 대한 민간투자법 20. 산업발전법 21. 상호저축은행법 22. 새마을금고법 22의2. 서민의 금융생활 지원에 관한 법률 23. 선박투자회사법 24. 소재·부품전문기업 등의 육성에 관한 특별조치법 25. 수산업협동조합법 26. 신용보증기금법 27. 신용정보법 28. 신용협동조합법 29. 여신전문금융업법 30. 예금자보호법 30의2. 온라인투자연계금융업 및 이용자 보호에 관한 법률 31. 외국인투자 촉진법 32. 외국환거래법 33. 유사수신행위의 규제에 관한 법률 34. 은행법 34의2. 이중상환청구권부 채권 발행에 관한 법률 34의3. 인터넷전문은행 설립 및 운영에 관한 특례법 35. 자본시장법 36. 자산유동화에 관한 법률 37. 전자금융거래법 37의2. 주식·사채 등의 전자등록에 관한 법률 38. 주식회사의 외부감사에 관한 법률 39. 주택법 40. 중소기업은행법 41. <삭제> 42. 채권의 공정한 추심에 관한 법률 43. 특정 금융거래정보의 보고 및 이용 등에 관한 법률 44. 한국산업은행법 45. 한국수출입은행법 46. 한국은행법 47. 한국주택금융공사법 48. 한국투자공사법 49. 해외자원개발 사업법

28) 금융감독원의 검사를 받는 기관은 다음 각 호와 같다(금융위원회법38).
1. 은행법에 따른 인가를 받아 설립된 은행
2. 자본시장법에 따른 금융투자업자, 증권금융회사, 종합금융회사 및 명의개서대행회사
3. 보험업법에 따른 보험회사
4. 상호저축은행법에 따른 상호저축은행과 그 중앙회
5. 신용협동조합법에 따른 신용협동조합 및 그 중앙회
6. 여신전문금융업법에 따른 여신전문금융회사 및 겸영여신업자
7. 농업협동조합법에 따른 농협은행
8. 수산업협동조합법에 따른 수협은행
9. 다른 법령에서 금융감독원이 검사를 하도록 규정한 기관
10. 그 밖에 금융업 및 금융 관련 업무를 하는 자로서 대통령령으로 정하는 자

고자 하는 금액의 300% 이상이어야 한다(감독규정[별표4]1가). 대차대조표상 자기자본을 산정할 때에는 최근 사업연도 말 이후 허가신청일까지의 자본금의 증감분을 포함하여 계산해야 하고, 이하의 대차대조표상 자기자본도 동일하다(시행령[별표1]비고1).

(b) 재무건전성

해당 금융기관에 적용되는 재무건전성에 관한 기준으로서 금융위원회가 정하여 고시하는 기준을 충족해야 한다(시행령[별표1]1나). 금융위원회 고시에 따른 기준은 다음과 같다(감독규정[별표4]1나).

1) 은행인 경우 최근 분기 말 현재 위험가중자산에 대한 자기자본 비율이 8% 이상일 것
2) 투자매매업자 또는 투자중개업자인 경우 최근 분기 말 현재 영업용순자본비율이 100% 이상일 것
3) 보험회사인 경우 최근 분기 말 현재 지급여력비율이 100% 이상일 것
4) 1) 내지 3) 이외의 금융기관인 경우 당해 금융기관에 적용되는 재무건전성 기준을 준수할 것

(c) 소속 기업집단의 부채비율

해당 금융기관이 독점규제법에 따른 상호출자제한기업집단 등('상호출자제한기업집단등')에 속하거나 같은 법에 따른 기업집단으로서 금융위원회가 정하여 고시하는 주채무계열('주채무계열')에 속하는 회사인 경우에는 해당 상호출자제한기업집단등 또는 주채무계열의 부채비율(최근 사업연도 말 현재 대차대조표상 부채총액을 대차대조표상 자기자본으로 나눈 비율을 말하며, 이 경우 금융기관은 부채비율 산정대상에서 제외)이 100분의 300 이하로서 금융위원회가 정하여 고시하는 기준을 충족해야 한다(시행령[별표1]1다).

금융위원회 고시에 따르면 상호출자제한기업집단등 또는 주채무계열에 속하는 회사인 경우에는 당해 상호출자제한기업집단등 또는 주채무계열의 부채비율(최근 사업연도 말 이후 허가신청일까지 유상증자에 따라 자기자본이 증가하거나 감자 또는 자기주식의 취득 등으로 자기자본이 감소하는 경우에는 이를 감안하여 산정함)이 200% 이하이어야 한다(감독규정[별표4]1다).

(d) 출자금

출자금은 금융위원회가 정하여 고시하는 바에 따라 차입으로 조성된 자금이 아니어야 한다(시행령[별표1]1라).

금융위원회 고시에 따르면 대주주는 자본금 또는 기금의 납입을 위하여 조달한 자금이 차입(후순위채무 및 기업어음·회사채 발행 등 부채성 조달자금을 포함)에 의한 것이어서는 안 되고 출자자금의 출처가 명확해야 한다(감독규정[별표4]1라).

(ㄴ) 사회경제적 신용

다음의 사회경제적 신용 요건을 충족하고 하고, 다만 그 위반 등의 정도가 경미하다

고 인정되는 경우는 제외한다(시행령[별표1]1마).

(a) 형사처벌

최근 5년간 금융관련법령, 독점규제법 및 '조세범 처벌법'을 위반하여 벌금형 이상에 상당하는 형사처벌을 받은 사실이 없어야 한다(시행령[별표1]1마1)).

금융위원회 고시에 따르면 최근 5년간 보험업법 및 그 시행령, 금융관계법령(보험업법 시행령 19조 2항의 규정[29]에 의한 금융관계법령을 말함), 독점규제법 및 '조세범 처벌법'을 위반하여 벌금형 이상에 상당하는 형사처벌을 받은 사실이 없어야 하고, 다만 그 사실이 영위하려는 업무의 건전한 영위를 어렵게 한다고 볼 수 없는 경우에는 그렇지 않다(감독규정[별표4]1마).

(b) 채무불이행 등

최근 5년간 채무불이행 등으로 건전한 신용질서를 해친 사실이 없어야 한다(시행령[별표1]1마2)).

(c) 부실금융기관 지정 등

구조개선법에 따라 부실금융기관으로 지정되거나 금융관련법령에 따라 허가·인가 또는 등록이 취소된 금융기관의 대주주 또는 그 특수관계인이 아니어야 하고, 다만 법원의 판결에 따라 부실책임이 없다고 인정된 자 또는 부실에 따른 경제적 책임을 부담하는 등 '금융위원회가 정하여 고시하는 기준에 해당하는 자'는 제외한다(시행령[별표1]1마3)).

'금융위원회가 고시하는 기준에 해당하는 자'는 대주주가 부실금융기관 또는 허가·인가·등록이 취소된 금융기관의 부실책임이 있는 대주주 또는 그 특수관계인인 경우 금융위원회가 정하는 '부실금융기관 대주주의 경제적 책임부담 기준'에 의하여 경제적 책임부담의무를 이행하거나 면제받은 자이다(감독규정[별표4]1사).

(d) 기타

그 밖에 금융위원회가 정하여 고시하는 바에 따라 건전한 금융거래질서를 해친 사실이 없어야 한다(시행령[별표1]1마4)).

금융위원회 고시에 따르면 최대주주인 경우에는 최근 1년간 기관경고 조치 또는 최근 3년간 시정명령이나 업무정지 이상의 조치를 받은 사실이 없어야 한다(기관경고를 받은 후 최대주주 및 그 특수관계인인 주주 전체가 변경된 경우 또는 금융산업의 신속한 구조개선을 지원할 필요가 있거나 조치를 받은 사실이 영위하고자 하는 업무의 건전한 영위를 어렵게 한다고 볼 수 없는 경우에는 적용을 제외함)(감독규정[별표4]1바).

---

29) 보험업법 19조는 2016년에 삭제되었다. '보험업법시행령 19조 2항의 규정'은 '지배구조법 2조 7호의 규정' 또는 '지배구조법시행령 5조'로 변경되어야 한다.

③ 대주주가 내국법인인 경우

대주주가 내국법인인 경우에 내국법인은 위 금융기관 이외의 내국법인(경영참여형 사모집합투자기구와 투자목적회사는 제외)을 가리킨다(시행령[별표1]2).

(ㄱ) 재무적 요건

대주주가 내국법인인 경우 재무적 요건은 대주주가 금융기관인 경우와 대동소이하다. 차이가 있는 부분은 내국법인에게는 자신의 부채비율이 요건이다. 대주주가 금융기관인 경우는 자신의 부채비율 대신에 재무건전성이 요구된다.

(a) 자기자본

대주주가 금융기관인 경우와 내용이 같다(시행령[별표1]2가,감독규정[별표4]2나).

(b) 자신의 부채비율

최근 사업연도 말 현재 부채비율이 100분의 300 이하로서 금융위원회가 정하여 고시하는 기준을 충족해야 한다(시행령[별표1]2나).

금융위원회 고시에 따르면 최근 사업연도 말 현재 부채비율이 200% 이하이어야 한다(감독규정[별표4]2가).

(c) 소속 기업집단의 부채비율

대주주가 금융기관인 경우와 내용이 같다(시행령[별표1]2다,감독규정[별표4]2나).

(d) 출자금

대주주가 금융기관인 경우와 내용이 같다(시행령[별표1]2라,감독규정[별표4]2나).

(ㄴ) 사회경제적 신용 요건

대주주가 내국법인인 경우에 사회경제적 신용 요건은 대주주가 금융기관인 경우와 같다.

다만, 건전한 금융거래질서를 해친 사실이 없어야 한다는 요건은 차이가 있다. 내국법인이든 금융기관이든 금융위원회 고시가 정하는 바에 따라 건전한 금융거래질서를 해친 사실이 없어야 한다는 요건이 적용되지만(시행령[별표1]1마,2라), 금융기관은 최대주주인 경우에 최근 1년간 기관경고 조치 또는 최근 3년간 시정명령이나 업무정지 이상의 조치를 받은 사실이 없어야 한다는 금융위원회 고시(감독규정[별표4]1바)가 있으나 내국법인인 경우는 이러한 고시가 없으므로, 내국법인인 경우는 건전한 금융거래질서를 해친 사실이 없어야 한다는 요건이 적용될 수 없다.

④ 대주주가 내국인으로서 개인인 경우

대주주가 내국인으로서 개인인 경우는 재무적 요건 및 사회경제적 신용 요건 이외에 임원 결격사유 요건도 충족해야 한다. 금융회사 임원 결격사유 요건은 사회경제적 신용 요건과 관련된다.

(ㄱ) 임원결격사유 요건

대주주가 내국인으로서 개인인 경우 지배구조법 5조 1항 각 호의 어느 하나에 해당하지 않아야 한다(시행령[별표1]3가). 지배구조법 5조 1항 각 호는 금융회사의 임원이 될 수 없는 사유('임원결격사유')를 규정하고 있다. 이에 대해서는 본서 제3장 보험회사 부분에서 자세히 살펴본다.

(ㄴ) 재무적 요건

대주주가 내국인으로서 개인인 경우는 출자금 요건만 적용되고, 그 내용은 대주주가 금융기관인 경우와 같다(시행령[별표1]3나,감독규정[별표4]3가).

(ㄷ) 사회경제적 신용 요건

대주주가 내국인으로서 개인인 경우에 사회경제적 신용 요건은 대주주가 금융기관인 경우와 같다.

다만, 건전한 금융거래질서를 해친 사실이 없어야 한다는 요건은 차이가 있다. 내국인으로서 개인이든 금융기관이든 금융위원회 고시가 정하는 바에 따라 건전한 금융거래질서를 해친 사실이 없어야 한다는 요건이 적용되지만(시행령[별표1]1마,3나), 금융위원회 고시의 내용에 차이가 있다. 내국인으로서 개인인 경우 최근 3년간 금융위원회로부터 직무정지 또는 정직 이상의 조치를 받은 사실이 없어야 한다(감독규정[별표4]3나).

⑤ 대주주가 외국법인인 경우

대주주가 외국법인인 경우에 외국법인은 외국법령에 따라 설립된 외국법인을 가리킨다(시행령[별표1]4).

(ㄱ) 보험업경영 요건

외국법인은 허가신청일 현재 보험업을 경영하고 있어야 한다(시행령[별표1]4가). 여기서 보험업은 허가받고자 하는 보험종목과 동일한 보험종목을 말하고 이를 적법하게 영위하고 있어야 한다(감독규정[별표4]4가).

(ㄴ) 재무적 요건

(a) 자기자본

금융기관에게 요구되는 자기자본과 내용이 같다(시행령[별표1]4나,감독규정[별표4]4나).

(b) 신용평가·재무건전성

국제적으로 인정받는 신용평가기관으로부터 투자적격 이상의 신용평가등급을 받거나 해당 외국법인이 속한 국가의 감독기관이 정하는 재무건전성에 관한 기준을 충족하고 있는 사실이 확인되어야 한다(시행령[별표1]4다).

(ㄷ) 사회경제적 신용 요건

금융기관에게 요구되는 사회경제적 신용 요건이 외국법인에게도 똑같이 요구된다(시행령[별표1]4마,감독규정[별표4]4나).

위의 사회경제적 신용 요건에 추가하여 소속국가로부터의 제재 등이 없어야 한다. 즉 외국법인은 최근 3년간 금융업의 경영과 관련하여 해당 외국법인이 속한 국가의 감독기관으로부터 법인경고 이상에 상당하는 행정처분을 받거나 벌금형 이상에 상당하는 형사처벌을 받은 사실이 없어야 한다(시행령[별표1]4라).

㈃ 지주회사인 경우의 특칙

대주주인 외국법인이 지주회사여서 위 ㈀~㈂의 전부 또는 일부를 그 지주회사에 적용하는 것이 곤란하거나 불합리한 경우 그 지주회사가 허가신청 시에 지정하는 회사(해당 지주회사의 경영을 사실상 지배하고 있는 회사 또는 해당 지주회사가 경영을 사실상 지배하고 있는 회사만 해당)가 그 전부 또는 일부를 충족하는 때에 그 지주회사가 그 요건을 충족한 것으로 본다(시행령[별표1]비고2).

⑥ 대주주가 기관전용 사모집합투자기구 또는 투자목적회사인 경우

㈀ 의의

⑴ 대주주가 기관전용 사모집합투자기구 또는 투자목적회사인 경우는 이에 대해 '지배력이 있는 자'를 기준으로 그가 금융기관, 내국법인, 내국인으로서 개인, 외국법인 중 어느 것에 해당하는지를 정하고 그에 따르는 일정한 대주주 요건을 충족해야 한다. 여기서 기관전용 사모집합투자기구 및 투자목적회사는 자본시장법에 따른 것을 말한다(시행령[별표1]비고3). '지배력이 있는 자'에 대해서는 아래 ㈁에서 살펴본다.

⑵ 위 ⑴에서 기관전용 사모집합투자기구는 경영권 참여, 사업구조 또는 지배구조의 개선 등을 위하여 지분증권 등에 투자·운용하는 투자합자회사인 사모집합투자기구를 말하며, 사모집합투자기구란 집합투자증권을 사모로만 발행하는 집합투자기구로서 대통령령으로 정하는 투자자의 총수가 대통령령으로 정하는 방법에 따라 산출한 100인 이하인 것을 말한다(자본시장법9⑲).

⑶ 위 ⑴에서 투자목적회사는 다른 회사(투자회사, 투자유한회사, 투자합자회사, 투자유한책임회사, 그 밖에 대통령령으로 정하는 회사는 제외)의 의결권 있는 발행주식총수 또는 출자총액의 100분의 10 이상이 되도록 하는 투자를 목적으로 회사로서 일정한 요건을 갖춘 회사를 가리킨다(자본시장법249의13①).[30]

---

30) 투자목적회사가 갖추어야 할 요건은 다음 각 호와 같다(자본시장법249의13①).
1. 상법에 따른 주식회사 또는 유한회사일 것
2. 특정 법인 또는 특정 자산 등에 대한 효율적인 투자를 목적으로 할 것
3. 그 주주 또는 사원이 다음 각 목의 어느 하나에 해당하되, 가목에 해당하는 주주 또는 사원의 출자비율이 대통령령으로 정하는 비율 이상일 것
가. 사모집합투자기구 또는 그 사모집합투자기구가 투자한 투자목적회사
나. 투자목적회사가 투자하는 회사의 임원 또는 대주주

㈁ 지배력이 있는 자

기관전용 사모집합투자기구인 경우 ⓐ 업무집행사원과 ⓑ 그 출자지분이 100분의 30 이상인 유한책임사원(사실상 영향력을 행사하고 있지 않다는 사실이 정관, 투자계약서, 확약서 등에 의하여 확인된 경우는 제외), 그리고 ⓒ 기관전용 사모집합투자기구를 '사실상 지배'하고 있는 유한책임사원('업무집행사원 등')이 '금융기관, 내국법인, 내국인으로서 개인, 외국법인' 중에서 어느 하나에 해당하면 그에 따르는 '일정 요건'을 충족해야 한다.

또한 투자목적회사의 주주나 사원인 기관전용 사모집합투자기구의 업무집행사원으로서 그 투자목적회사의 자산운용업무를 수행하는 자('업무집행사원 겸 자산운용업무수행자')가 '금융기관, 내국법인, 내국인으로서 개인, 외국법인' 중 어느 하나에 해당하면 그에 따르는 '일정 요건'을 충족해야 한다.

㈂ 일정 요건

경영참여형 사모집합투자기구의 업무집행사원 등 또는 투자목적회사의 업무집행사원 겸 자산운용업무수행자가 금융기관, 내국법인, 내국인으로서 개인, 외국법인 중 어느 하나에 해당하면 그가 충족해야 '일정 요건'은 다음과 같다(시행령[별표1]5).

ⓐ 금융기관에 해당하는 경우

대수수가 금융기관인 경우에 요구되는 재무직 요건 중에 재무건전성, 소속 기업집단의 부채비율, 그리고 사회경제적 신용 요건(시행령[별표1]1나,다,마)을 충족해야 한다.

ⓑ 내국법인에 해당하는 경우

대주주가 내국법인인 경우에 요구되는 재무적 요건 중에 자신의 부채비율 및 소속 기업집단의 부채비율, 그리고 대주주가 금융기관인 경우에 요구되는 사회경제적 신용 요건(시행령[별표1]2나·다,1마)을 충족해야 한다.

ⓒ 내국인으로서 개인에 해당하는 경우

대주주가 내국인으로서 개인인 경우에 요구되는 임원결격 요건, 그리고 대주주가 금융기관인 경우에 요구되는 사회경제적 신용 요건(시행령[별표1]3가,1마)을 충족해야 한다.

ⓓ 외국법인에 해당하는 경우

대주주가 내국법인인 경우에 요구되는 재무적 요건으로서 자신의 부채비율(금융업을 경영하는 법인은 제외), 대주주가 외국법인인 경우에 요구되는 신용평가·재무건전성, 그리고 대주주가 금융기관인 경우에 요구되는 사회경제적 신용 요건 및 대주주가 외국법인인

다. 그 밖에 투자목적회사의 효율적 운영을 위하여 투자목적회사의 주주 또는 사원이 될 필요가 있는 자로서 대통령령으로 정하는 자

4. 그 주주 또는 사원인 경영참여형 사모집합투자기구의 사원 수와 경영참여형 사모집합투자기구가 아닌 주주 또는 사원의 수를 합산한 수가 100명 이내일 것

5. 상근임원을 두거나 직원을 고용하지 아니하고, 본점 외에 영업소를 설치하지 아니할 것

경우에 추가로 요구되는 사회경제적 신용 요건인 소속국가로부터의 제재 등(시행령[별표 1]2나,4다,1마,4라)을 충족해야 한다.

(3) 외국보험회사 국내지점

1) 의의

(1) 국내지점을 설치하여 보험업의 허가를 받으려는 외국보험회사는 다음 각 호의 요건을 갖추어야 한다(법6②).

1. 보험업법 9조 3항에 따른 영업기금을 보유할 것
2. 국내에서 경영하려는 보험업과 같은 보험업을 외국 법령에 따라 경영하고 있을 것
3. 자산상황·재무건전성 및 영업건전성이 국내에서 보험업을 경영하기에 충분하고, 국제적으로 인정받고 있을 것
4. 보험업법 6조 1항 2호 및 3호의 요건을 갖출 것

(2) 위 (1)에 따르면, 영업기금, 보험업경영, 자산상황·재무건전성 및 영업건전성, 전문 인력 및 물적 시설, 사업계획에 관하여 일정한 요건이 요구된다.

(3) 외국보험회사의 보험업 허가요건에 대해서는 감독규정 2-6조 4항도 규정하고 있다. 그런데 이 규정이 상위법령의 명시적 위임을 받았는지는 논란이 될 수 있다. 보험업법 시행령 10조 9항은 보험업 허가요건에 관한 같은 10조 1항~8항에 관한 세부기준을 정해서 금융위원회가 고시할 수 있다고 규정하고 있지만, 10조 1항~8항에는 외국보험회사의 보험업 허가요건에 관한 내용이 없기 때문이다.

2) 비교

보험업 허가요건에 관하여 외국보험회사와 주식회사·상호회사를 비교하면 다음과 같다.

(1) 외국보험회사의 경우 전문 인력 및 물적 시설, 사업계획이 요구되는데, 그 내용이 주식회사·상호회사의 경우와 동일하다.

(2) 외국보험회사의 경우 영업기금이 요구되지만 주식회사·상호회사는 자본금 또는 기금이 요구되므로 유사하지만 동일하지는 않다. 외국보험회사의 경우 주식회사·상호회사와 마찬가지로 재무적 요건 및 사회경제적 신용 요건이 요구되는데 그 내용에는 차이가 있다.

(3) 외국보험회사의 경우 보험업경영이 요구되는데, 이것은 주식회사·상호회사인 경우에 원칙적으로 요구되지 않고 다만 대주주가 외국법인인 경우에만 대주주 요건으로 요구된다.

3) 내용

i) 영업기금

(1) 외국보험회사는 보험업법 9조 3항에 따른 영업기금을 보유해야 한다(법6②(1)). 외

국보험회사는 대통령령으로 정하는 영업기금을 납입함으로써 대한민국에서 보험업을 시작할 수 있고, 이 영업기금을 자본금 또는 기금으로 본다(법9③). 외국보험회사의 영업기금은 30억 원 이상으로 한다(시행령14). 이 영업기금의 납입은 원화, OECD국가통화 등으로 한다(감독규정2-9).[31]

(2) 위 (1)에서 영업기금은 외국보험회사의 국내지점에 요구되는 것이다. 국내에서 보험업을 경영하는 보험회사로 인정되는 것은 외국보험회사 자체가 아니라 외국보험회사의 국내지점이다(법4⑥).

(3) 법인이 아닌 국내지점 자체에 자본금 또는 기금을 요구할 수는 없으므로 그 대신에 영업기금을 요구하는 것이고, 또한 영업기금은 자본금 또는 기금으로 간주하는 것이다.[32]

ii) 보험업경영

외국보험회사는 국내에서 경영하려는 보험업과 같은 보험업을 외국 법령에 따라 경영하고 있어야 한다(법6②(2)). 보험업법 4조 1항 각 호에서 정한 보험종목 중에서 국내에서 영위하고자 하는 보험종목을 외국법령에 의하여 영위하고 있어야 한다(감독규정2-6④(1)).

iii) 자산상황·재무건전성 및 영업건전성

① 의의

외국보험회사는 자산상황·재무건전성 및 영업건전성이 국내에서 보험업을 경영하기에 충분하고, 국제적으로 인정받고 있어야 한다(법6②(3)). 자산상황·재무건전성은 재무적 요건, 영업건전성은 사회경제적 신용 요건이라고 할 수 있다.

② 재무적 요건

외국보험회사는 국제적 신용평가기관에 의한 최근의 신용평가등급이 "투자적격"이어야 한다(감독규정2-6④(2)). 이것은 재무적 요건이라고 할 수 있다.

③ 사회경제적 신용 요건

외국보험회사는 최근 3년간 보험업 경영과 관련하여 본국의 정부 또는 감독당국으로부터 벌금형 이상의 형사처벌 또는 법인경고 이상의 행정처분을 받은 사실이 없어야 한다(감독규정2-6④(3)). 이것은 사회경제적 신용 요건이라고 할 수 있다.

iv) 전문 인력 및 물적 시설

외국보험회사는 전문 인력 및 물적 시설 면에서 주식회사·상호회사와 같은 요건이 적용된다(감독규정2-6④단).

---

31) 이 규정은 상위법령의 명시적 위임이 없는 행정규칙이다.
32) 성대규·안종민 130면

v) 사업계획

외국보험회사는 사업계획 면에서 주식회사·상호회사와 같은 요건이 적용된다(감독규정2-6④단).

4. 보험종목의 추가허가

(1) 의의

1) 원칙

(1) 보험업의 허가를 받은 자가 보험종목을 추가하려는 경우 이에 대한 허가를 받아야 한다. 이와 같이 보험종목을 추가하여 허가를 받으려는 보험회사는 다음 각 호의 요건을 갖추어야 한다(법6③).

1. 보험업법 6조 1항 또는 2항의 요건을 충족할 것(다만, 1항 4호의 허가 요건은 같은 호에도 불구하고 대통령령으로 정하는 완화된 요건을 적용한다)
2. 대통령령으로 정하는 건전한 재무상태와 사회적 신용을 갖출 것

(2) 보험종목의 추가 시에 허가가 필요한 이유는 추가하려는 보험종목에 대한 보험업 경영능력을 충분히 갖추었는지를 확인하고 판단해야 하기 때문이다.

2) 예외

다만, 보험종목 전부를 허가받은 보험업종 내에서 기존의 보험종목 이외에 보험종목이 신설되는 경우는 이에 대한 허가를 받은 것으로 의제하므로(법4④), 이러한 경우는 추가허가를 받지 않아도 된다.

(2) 비교

보험종목의 추가허가 시의 요건을 보험업 신규허가 시의 요건과 동일하게 할 필요는 없을 것이다. 보험업법은 다음과 같은 차이를 둔다.

(1) 추가 허가 시에 자본금 또는 기금, 전문 인력 및 물적 시설, 사업계획, 대주주 요건을 요구하는데, 이는 신규허가 시와 동일하며, 다만 추가허가 시에는 대주주 요건을 완화한다는 점에 차이가 있다.

(2) 추가허가 시에 보험회사가 건전한 재무상태와 사회경제적 신용을 갖출 것도 요구하는데, 이는 신규허가 시에는 요구하지 않는 요건이다. 추가허가 시에는 보험회사로서 보험업 경영을 이미 시작한 상태이므로 이제는 보험회사의 건전한 재무상태와 사회경제적 신용을 확인할 수 있다는 점을 고려한 것이다.

(3) 내용

1) 자본금 또는 기금, 전문 인력 및 물적 시설, 사업계획 요건

(1) 보험업의 신규허가 시에 요구되는 자본금 또는 기금, 전문 인력 및 물적 시설, 사

업계획 요건이 추가허가 시에도 그대로 적용된다(법6③(1)).

(2) 자본금 또는 기금의 경우를 보면, 추가허가 시에 보험업법 9조 1항 및 2항에 따른 자본금 또는 기금 내지 3항에 따른 영업기금을 보유해야 한다(법6③(1),①(1),②(1)). 가령 화재보험만 취급하는 보험회사가 책임보험도 추가하는 허가를 받으려는 경우 추가허가 시에 200억 원의 자본금 또는 기금을 보유해야 한다.

2) 대주주 요건

보험업의 신규허가 시에 대주주 요건이 요구된다. 이러한 대주주 요건이 추가허가 시에는 '대통령령으로 정하는 완화된 요건'으로 적용된다(법6③(1)). '대통령령으로 정하는 완화된 요건'이란 다음을 말한다(시행령10⑤).

i) 대주주가 금융기관, 내국법인, 내국인으로서 개인인 경우

① 의의

추가허가를 받으려는 자의 대주주가 보험업법시행령 [별표1] 1호~3호까지의 어느 하나에 해당하는 자인 경우, 즉 대주주가 금융기관, 내국법인, 내국인으로서 개인인 경우에는 다음의 대주주 요건이 적용된다(시행령10⑤(1)). 이러한 대주주 요건은 신규허가 시에 금융기관, 내국법인, 또는 내국인으로서 개인인 대주주에게 요구되는 요건에 비해 완화된 것이다.

② 재무적 요건

신규허가 시에 대주주(금융기관)에게 요구되는 재무적 요건 중에서 출자금 요건(시행령 [별표1]1라)만이 추가허가 시에 대주주(금융기관, 내국법인 또는 내국인으로서 개인)에게 요구된다.

③ 사회경제적 신용 요건

(1) 신규허가 시에 대주주(금융기관)에게 요구되는 사회경제적 신용 요건 중에서 형사처벌, 부실금융기관 지정 등의 요건(시행령[별표1]1마1),3))만이 추가허가 시에 대주주(금융기관, 내국법인 또는 내국인으로서 개인)에게 요구된다.

(2) 형사처벌 요건은 신규허가 시에 대주주(금융기관)에게 요구되는 요건이 일부 수정되어 적용된다. 즉 추가허가 시에 최대주주가 최근 5년간 금융관련법령, 독점규제법 및 '조세범 처벌법'을 위반하여 5억 원의 벌금형 이상에 상당하는 형사처벌을 받은 사실이 없을 것이 요구된다. 이것은 신규허가 시에 대주주(금융기관)에게 요구되는 형사처벌과 관련된 요건을 일부 수정하여 적용한 것인데, "최근 5년간"을 "최대주주가 최근 5년간"으로, "벌금형"을 "5억 원의 벌금형"으로 수정함으로써, 대주주 중에 최대주주만 기준으로 삼고 벌금형 기준을 5억 원으로 상향한 것이다.

ii) 대주주가 외국법인인 경우

① 의의

(1) 추가허가를 받으려는 자의 대주주가 보험업법시행령 [별표1] 4호에 해당하는 자인 경우, 즉 대주주가 외국법인인 경우에는 완화된 대주주 요건이 적용된다(시행령10⑤(2)).

(2) 위 (1)과 같은 대주주 요건은 신규허가 시에 외국법인인 대주주에게 요구되는 요건에 비해 완화된 것인데, 대주주가 외국법인인 경우 신규허가 시에는 보험업경영 요건, 재무적 요건, 사회경제적 신용 요건이 요구되지만, 추가허가 시에는 사회경제적 신용 요건만이 적용된다.

(3) 한편 보험업법시행령 10조 5항 2호는 대주주가 외국법인인 경우 추가허가 시에 적용되는 사회경제적 신용 요건을 대주주가 금융기관인 경우 신규허가 시에 요구되는 사회경제적 신용 요건을 기준으로 삼아 규정하고 있는데, 이렇게 해서는 어떠한 면에서 대주주가 외국법인인 경우 신규허가 시에 요구되는 요건이 완화되는지를 이해하기 쉽지 않으므로, 이해의 편의를 위해 대주주가 외국법인인 경우로 변환하여 비교해 보기로 한다.

② 사회경제적 신용 요건

(1) 대주주가 외국법인인 경우 신규허가 시에 요구되는 사회경제적 신용 요건은 대주주가 금융기관인 경우에 요구되는 사회경제적 신용 요건이 기본적으로 적용된다. 그리고 추가적인 사회경제적 신용 요건이 적용되는데, 외국법인은 최근 3년간 금융업의 경영과 관련하여 해당 외국법인이 속한 국가의 감독기관으로부터 법인경고 이상에 상당하는 행정처분을 받거나 벌금형 이상에 상당하는 형사처벌을 받은 사실이 없어야 한다(시행령[별표1]4라).

(2) 대주주가 외국법인인 경우 추가허가 시에 요구되는 사회경제적 신용 요건은 신규허가 시에 요구되는 사회경제적 신용 요건 중의 일부를 제외하고 적용된다. 그 내용은 다음과 같다.

첫째, 대주주가 외국법인인 경우 신규허가 시에 기본적으로 적용되는 사회경제적 신용 요건 중에서 형사처벌, 부실금융기관 지정 등의 요건(시행령[별표1]1마1),3))만이 적용된다(시행령10⑤(2)). 따라서 이 점에서 보면 대주주가 외국법인인 경우 추가허가 시에 적용되는 사회경제적 신용 요건은 신규허가 시에 비해 완화된다. 또한 형사처벌 요건은 신규허가 시에 대주주에게 요구되는 요건이 일부 수정되어 적용된다. 즉 추가허가 시에 최대주주가 최근 5년간 금융관련법령, 독점규제법 및 '조세범 처벌법'을 위반하여 5억 원의 벌금형 이상에 상당하는 형사처벌을 받은 사실이 없을 것이 요구된다(시행령10⑤(2)후). 수정내용은 위에서 살펴본 대주주가 금융기관, 내국법인, 내국인으로서 개인인 경우에서와 같다.

둘째, 위 첫째와 같은 사회경제적 신용 요건에 추가하여 외국법인은 최대주주가 최근 3년간 금융업의 경영과 관련하여 해당 외국법인이 속한 국가의 사법기관으로부터 5억 원의 벌금형 이상에 상당하는 형사처벌을 받은 사실이 없어야 한다(시행령10⑤(2)). 이것은 대주주가 외국법인인 경우 신규허가 시에 요구되는 요건을 일부 수정하여 적용한 것이다. 즉 신규허가 시에 대주주(금융기관)에게 요구되는 형사처벌과 관련된 요건을 일부 수정하여 적용한 것으로서, "최근 3년간"을 "최대주주가 최근 3년간"으로, "해당 외국법인이 속한 국가의 감독기관으로부터 법인경고 이상에 상당하는 행정처분을 받거나 벌금형 이상에 상당하는 형사처벌을 받은 사실"을 "해당 외국법인이 속한 국가의 사법기관으로부터 5억 원의 벌금형 이상에 상당하는 형사처벌을 받은 사실"로 수정함으로써, 대주주 중에 최대주주만 기준으로 삼고 행정처분을 제외하고 벌금형 기준을 5억 원으로 상향한 것이다.

iii) 대주주가 기관전용 사모집합투자기구 또는 투자목적회사인 경우(1)

대주주인 기관전용 사모집합투자기구의 업무집행사원 등 또는 투자목적회사의 업무집행사원 겸 자산운용업무수행자가 외국법인에 해당하는 경우는 위에서 본 대주주가 외국법인인 경우와 추가허가 시에 요구되는 요건이 같다(시행령10⑤(2)).

iv) 대주주가 기관전용 사모집합투자기구 또는 투자목적회사인 경우(2)

① 의의

(1) 대주주인 기관전용 사모집합투자기구의 업무집행사원 등 또는 투자목적회사의 업무집행사원 겸 자산운용업무수행자가 금융기관, 내국법인, 내국인으로서 개인 중 어느 하나에 해당하는 경우에 완화된 대주주 요건이 적용된다(시행령10⑤(3)).

(2) 이러한 추가허가 시의 대주주 요건은 신규허가 시의 그것에 비해 완화된 것인데, 신규허가 시에는 사회경제적 신용 이외의 요건도 요구되지만, 추가허가 시에는 사회경제적 신용 요건만이 적용된다. 여기의 사회경제적 신용 요건도 신규허가 시 사회경제적 신용요건에 비해 완화된 요건이다. 그 내용은 다음과 같다.

② 사회경제적 신용 요건

위 ①(1)과 같은 대주주의 경우 신규허가 시에 기본적으로 적용되는 사회경제적 신용 요건 중에서 형사처벌, 부실금융기관 지정 등의 요건(시행령[별표1]1마1),3))만이 적용된다(시행령10⑤(3)). 또한 형사처벌 요건은 신규허가 시에 대주주에게 요구되는 요건이 일부 수정되어 적용된다. 즉 추가허가 시에는 최대주주가 최근 5년간 금융관련법령, 독점규제법 및 '조세범 처벌법'을 위반하여 5억 원의 벌금형 이상에 상당하는 형사처벌을 받은 사실이 없을 것이 요구된다(시행령10⑤(3)). 수정내용은 위에서 살펴본 대주주가 금융기관, 내국법인, 내국인으로서 개인인 경우에서와 같다.

3) 보험회사의 재무건전성 및 사회경제적 신용 요건

i) 의의

보험종목을 추가하는 허가를 받으려는 보험회사는 이미 보험업을 경영하고 있으므로,

이 보험회사 자체가 보험종목을 추가할 정도의 재무건전성과 사회경제적 신용을 갖추고 있는지를 판단할 필요가 있는데, 이것이 보험회사의 재무건전성 및 사회경제적 신용 요건이다. 즉 보험종목을 추가하여 허가를 받으려는 자는 '대통령령으로 정하는 건전한 재무상태와 사회경제적 신용'을 갖추어야 한다(법6③(2)). 이러한 요건은 신규허가 시에는 요구되지 않는 요건이다.

ii) 재무건전성 요건

(1) '대통령령으로 정하는 건전한 재무상태'는 보험회사의 보험금 지급능력과 경영건전성을 확보하기 위한 것으로서 금융위원회가 정하여 고시하는 재무건전성 기준을 충족할 수 있는 상태를 의미한다(시행령10⑥(1)).

(2) 위 (1)에서 금융위원회가 고시하는 재무건전성 기준은 최근 분기 말 현재 지급여력비율 130% 이상을 말한다(감독규정2-6의3①).

iii) 사회경제적 신용 요건

다음의 사회경제적 신용 요건을 모두 충족해야 하고, 다만 그 위반 등의 정도가 경미하다고 인정되는 경우는 제외한다(시행령10⑥(2)).

① 형사처벌

최근 3년간 금융관련법령, 독점규제법 및 '조세범 처벌법'을 위반하여 벌금형 이상에 상당하는 형사처벌을 받은 사실이 없어야 한다(시행령10⑥(2)가).

② 채무불이행 등

최근 3년간 채무불이행 등으로 건전한 신용질서를 해친 사실이 없어야 한다(시행령10⑥(2)나).

③ 부실금융기관 지정 등

구조개선법에 따라 부실금융기관으로 지정되거나 금융관련법령에 따라 허가·인가 또는 등록이 취소된 자가 아니어야 하고, 다만 법원의 판결에 따라 부실책임이 없다고 인정된 자 또는 부실에 따른 경제적 책임을 부담하는 등 '금융위원회가 정하여 고시하는 기준에 해당하는 자'는 제외한다(시행령10⑥(2)다). '금융위원회가 고시하는 기준에 해당하는 자'는 '부실금융기관 대주주의 경제적 책임부담 기준'에 의하여 경제적 책임부담의무를 이행하거나 면제받은 자이다(감독규정2-6의3②).

④ 일정한 시정조치

금융관련법령에 따라 금융위원회, 외국 금융감독기관 등으로부터 지점이나 그 밖의 영업소의 폐쇄 또는 그 업무의 전부나 일부의 정지 이상의 조치를 받은 후 다음 구분에 따른 기간이 지나야 한다(시행령10⑥(2)라).

1) 업무의 전부정지: 업무정지가 끝난 날부터 3년

2) 업무의 일부정지: 업무정지가 끝난 날부터 2년
3) 지점이나 그 밖의 영업소의 폐쇄 또는 그 업무의 전부나 일부의 정지: 해당 조치를 받은 날부터 1년

제 4 관 보험업 예비허가 및 허가의 효과

1. 예비허가의 효과

(1) 의의

1) 예비허가의 조건

금융위원회는 예비허가에 조건을 붙일 수 있다(법7③).

2) 조건 이행 시 허가의무

금융위원회는 예비허가를 받은 자가 예비허가의 조건을 이행한 후 보험업 허가를 신청하면 허가해야 한다(법7④). 예비허가는 그 조건을 이행하면 이와 같이 허가를 기속행위로 만드는 효과가 생긴다. 전술한 바와 같이 보험업의 허가는 원칙적으로 기속재량행위이다. 다만, 보험업 허가에 조건을 붙이는 것은 무방하다.

(2) 취지

예비허가의 조건 이행 시에 허가의무를 부과하는 것은 예비허가를 통해서 허가에 내한 예측가능성을 높인다는 예비허가 제도의 취지가 반영된 것이다. 또한 전술한 것처럼 예비허가의 법적 성질은 사전결정에 해당하며 사전결정이란 사전 단계에서 최종적 행정결정의 요건 중의 일부에 대해 종국적인 판단으로 내려지는 결정이므로, 그 판단에 따른 조건을 이행하면 허가를 해야 한다고 보는 것이 법리상 타당하기 때문이다.

(3) 허가 신청 기간

1) 6개월 원칙

예비허가의 위와 같은 기속효과가 발생하기 위해서는 허가를 일정기간 내에 신청해야 한다. 즉 예비허가를 받은 자는 예비허가를 받은 날부터 6개월 이내에 예비허가의 내용 및 조건을 이행한 후 보험업 허가를 신청해야 한다(시행규칙9⑥본). 다만, 금융위원회의 예비허가 당시에 보험업 허가의 신청기한을 따로 정하였거나 예비허가 후에 보험업 허가의 신청기한 연장에 대하여 금융위원회의 승인을 받은 경우에는 그 기간을 달리 정할 수 있다(시행규칙9⑥단).

2) 기간의 법적 성질

위 (1)의 기간은 제척기간이며, 이 기간 내에 허가를 신청하지 않으면 예비허가가 효력을 상실한다고 해석할 것인가? 제척기간 또는 효력상실을 가리키는 명문의 규정이 없는 상태에서 이러한 해석은 무리가 있다. 금융위원회가 위 기간이 경과되었음에도 불구하고

허가를 내주는 것은 가능하다고 해석함이 합리적이라고 사료된다. 다만, 금융위원회가 위 기간이 경과되었음을 이유로 허가를 거부하는 것도 가능하고, 이는 정당한 사유가 있는 허가거부라고 해석한다.

2. 허가의 효과

(1) 보험업 경영의 개시

(1) 보험업 허가를 받은 자는 보험회사로서 보험업 경영을 시작할 수 있게 된다(법2(6)). 이와 달리 보험업 허가를 받지 않고 보험업을 경영하면 형사처벌의 대상이 된다.[33]

(2) 금융위원회는 허가를 받은 보험회사에게 감독규정 [별지24]의 허가증을 발급해야 하며, 보험회사의 신청에 따라 아래 사항에 대한 확인결과를 기재한 감독규정 [별지25]의 보험업 영업허가 등 확인서를 발급할 수 있다(감독규정2-4⑥).[34]

1. 보험업 영업을 위한 적법한 허가 사실
2. 영업 또는 인수 가능 보험종목
3. 지급여력비율 충족 등 재무건전성 현황
4. 기타 확인이 필요한 사항

(3) 보험업의 허가 시부터 보험업의 경영을 시작할 수 있는 것이 원칙이다. 다만, 허가 시에 개시시점을 별도로 정한 경우라면 이에 따르면 된다. 만약 일정 기간 내에 일정한 사항을 이행할 것을 조건으로 보험업의 허가를 한 경우라면 이러한 조건의 이행 이전에는 허가의 효력이 발생하지 않으므로 보험업의 경영을 시작할 수 없다.

(2) 허가조건의 이행

(1) 금융위원회는 허가에 조건을 붙일 수 있다(법4⑦). 여기서 조건은 행정행위인 허가의 효력을 발생시키거나 소멸시키는 장래의 불확실한 사실을 말한다. 이는 행정행위의 부관의 일종이다. 조건을 붙일지 여부 및 조건의 선택은 금융위원회의 재량사항이다.

(2) 조건의 종류는 다양하다. 일정한 기간 내에 일정한 사항을 이행해야 하는 조건이 있을 수 있는데, 이 경우는 이 조건의 이행 이전에는 허가의 효력이 발생하지 않는 것이 원칙이다. 보험업 허가의 실무상 이러한 조건을 두는 경우는 드물고, 이 경우는 그러한 조건이 이행되기 전에는 허가를 내주지 않는 것이 보통이다. 보험업 영업을 하면서 일정한 행위를 하지 않는 것을 조건으로 두는 경우도 있다.

(3) 보험업허가 시에 부과된 조건이 있는 경우 허가신청인은 그 조건을 이행한 결과를 5영업일 내에 금융위원회에 보고해야 한다(감독규정2-5②). 다만, 이는 상위법령의 명시적

---

33) 무허가 보험업자는 형사처벌을 받는다(보험업법200①, '유사수신행위의 규제에 관한 법률' 3,6①).
34) 다만 이는 상위법령의 명시적 위임이 없는 행정규칙이다.

위임이 없는 행정규칙이다.

(4) 보험업 허가를 받은 자는 허가일로부터 6월 이내에 허가내용을 이행해야 하고, 다만 허가 시에 그 기간을 따로 정하였거나 그 기간의 연장을 승인받은 경우에는 그렇지 않다(감독규정2-4④). 여기서 허가내용은 허가조건을 의미하는 것으로 해석한다. 따라서 이는 허가조건의 이행 기간에 관한 규정이다. 허가 조건 중에서 보험업의 허가 후 일정 기간 내에 이행해야 하는 것에 대해서만 적용될 수 있는 규정이다. 다만, 이는 상위법령의 명시적 위임이 없는 행정규칙이다.

(3) 허가요건의 유지의무

1) 의의

(1) 보험업 허가요건은 원칙적으로 허가 당시에 충족되어야 한다. 나아가 허가 이후에도 충족되어야 하는가? 법령상 특별한 규정 또는 허가의 조건 등에 의해서 허가 이후에도 유지되어야 한다고 규정되지 않는 한 원칙적으로 허가 이후에도 충족되어야 한다고 해석하기는 어렵다. 그런데 보험업법은 전문 인력 및 물적 시설과 관련해서는 허가 이후에도 유지할 것을 규정하고 있다.

(2) 전문 인력 및 물적 시설의 유지의무에 대해서는 보험업법 6조 4항, 동법시행령 10조 7항 및 8항, 감독규정 2-7조가 규정하고 있다.

2) 전문 인력 및 물적 시설의 유지의무

i) 원칙

(1) 보험업법은 보험업 허가요건 중의 일부를 허가 이후에도 충족해야 한다고 규정한다. 즉 보험회사는 보험업 허가요건 중에서 전문 인력 및 물적 시설의 요건을 대통령령에 따라 보험업의 허가를 받은 이후에도 계속하여 유지해야 한다(법6④본). 감독규정도 이를 확인하고 있다. 즉 보험회사는 보험업 허가를 받은 이후에도 감독규정 [별표2]에서 정한 기준을 충족하는 인력·물적 시설을 보유·유지해야 한다(감독규정2-7①).

(2) 물적 시설의 일정한 일부변경은 허가요건이 유지된 것으로 간주한다. 즉 보험회사가 보험업 허가를 받은 이후 전산설비의 성능 향상이나 보안체계의 강화 등을 위하여 그 일부를 변경하는 경우에는 물적 시설을 유지한 것으로 본다(시행령10⑦).

ii) 예외

① 의의

(1) 보험회사의 경영건전성을 확보하고 보험가입자 등의 이익을 보호하기 위하여 '대통령령으로 정하는 경우'로서 '금융위원회의 승인'을 받은 경우에는 유지의무가 면제된다(법6④단).

(2) 이러한 예외는 전문 인력과 물적 시설 모두에게 적용되고, 예외인정 요건이 충족

되면 허가요건을 유지하지 못하더라도 무방하다는 의미이다.

② 대통령령으로 정하는 경우

위 ①에서 '대통령령으로 정하는 경우'는 보험계약자의 이익 보호에 지장을 주지 않고 해당 보험회사의 경영효율성 향상 등을 위하여 불가피한 경우로서 다음 각 호의 요건을 모두 충족하는 경우를 말한다(시행령10⑧).

1. 개인정보 보호에 차질이 없을 것
2. 보험서비스 제공의 지연 등으로 인한 민원 발생의 우려가 없을 것
3. 보험계약과 관련한 신뢰성 있는 보험통계를 제때에 산출할 수 있을 것
4. 해당 보험회사에 대한 감독·검사 업무의 수행에 지장을 주지 아니할 것

③ 금융위원회 승인

(1) 위 ①에 따라 금융위원회의 '승인'을 얻기 위해서는 감독규정 [별지5]의 서식에 따라 금융위원회에 승인신청을 해야 한다(감독규정2-7②).[35)]

(2) 금융위원회는 승인을 함에 있어서 승인신청일로부터 60일 이내에 위 ②의 예외인정사유 요건을 충족하는지 여부를 확인한 후 승인 여부를 결정하고 그 결과를 신청인에게 통지해야 하고, 요건확인·통지의 기간산정 시에 승인신청 내용에 보완이 필요하여 소요된 기간은 산입하지 않는다(감독규정2-7③).[36)]

(3) 보험업법 6조 4항 단서에 따른 물적 시설 유지의 예외 승인 요건을 갖추었는지의 심사는 금융감독원장에게 위탁되어 있다(시행령[별표8]3).

iii) 위반 시 효과

① 허가의 철회 문제

(1) 보험업법 6조 4항은 전문 인력 및 물적 시설의 유지의무를 위반한 경우에 그 법적 효과에 대해 정함이 없다. 보험회사가 전문 인력 및 물적 시설의 유지요건을 위반한 경우 법적 효과는 보험업 허가의 철회 문제로서 논의가 필요하다. 보험업법 134조 2항은 보험업의 허가 취소에 대해 규정하고 있고 여기에는 이론상 보험업의 허가 철회도 포함되어 있다고 해석할 수 있지만,[37)] 보험업법 134조 2항 각 호의 사유에 위 유지의무 위반이 규정되어 있지 않으므로 허가 철회의 법적 근거가 없는 상황이다.

---

35) 이 감독규정은 상위법령의 명시적 위임이 없는 행정규칙이다.

36) 이 감독규정은 상위법령의 명시적 위임이 없는 행정규칙이다.

37) 보험업법 134조 2항은 ① 거짓이나 그 밖의 부정한 방법으로 보험업의 허가를 받은 경우 ② 허가의 내용 또는 조건을 위반한 경우 ③ 영업의 정지기간 중에 영업을 한 경우 ④ 위반행위에 대한 시정명령을 이행하지 아니한 경우 ⑤ 금융소비자법 51조 1항 4호에 따라 금융위원회의 시정명령 또는 중지명령을 받고 금융위원회가 정한 기간 내에 시정하거나 중지하지 아니한 경우에 보험업의 허가 취소를 할 수 있다고 규정한다. 이 중에서 ①은 이론상 행정행위의 취소에 해당하고, ②~⑤는 이론상 행정행위의 철회에 해당한다.

(2) 행정행위의 철회에 법적 근거가 필요한지에 대해서는 논란이 있다. 근거불요설은 행정법규가 완전하지 않은 상태에서 철회에 법적 근거를 요한다고 하면 중대한 공익상의 요청이 있는 경우에도 철회할 수 없다는 점을 논거로 한다. 근거필요설은 침익적 행정행위의 경우 그 철회는 수익적이므로 법적 근거가 없어도 철회가 가능하지만 수익적 행정행위의 경우는 그 철회는 침익적이므로 법적 근거가 필요하다고 보며, 보험업허가의 철회는 수익적 행정행위의 철회로서 침익적이므로 법적 근거가 필요하다고 보게 된다. 판례는 근거불요설의 입장을 취하면서, 다만 수익적 행정행위의 철회에 대해서는 중대한 공익상의 필요 등을 고려하여 제한적으로만 철회를 인정한다.[38)]

② 시정조치

보험회사가 전문 인력 및 물적 시설의 유지의무를 위반한 경우 금융위원회는 이에 대한 시정명령을 할 수 있다(법134①(2)). 보험회사가 이를 이행하지 않는 경우 금융위원회는 보험업 허가를 취소할 수 있다(법134②(4)). 여기서 취소는 철회를 의미한다.

제 5 관 보험업 허가의 취소

1. 의의

금융위원회는 일정한 사유가 있는 경우 보험업의 허가를 취소할 수 있다. 보험업 허가의 취소는 일반적인 경우와 외국보험회사 국내지점의 특칙으로 구분하여 살펴볼 필요가 있다.

2. 요건

(1) 일반적인 경우

(1) 금융위원회는 보험회사가 다음 각 호의 어느 하나에 해당하는 경우에는 6개월 이내의 기간을 정하여 영업 전부의 정지를 명하거나 청문을 거쳐 보험업의 허가를 취소할 수 있다(법134②).

---

38) 대판 2004.11.26. 2003두10251(행정행위를 한 처분청은 비록 그 처분 당시에 별다른 하자가 없었고, 또 그 처분 후에 이를 철회할 별도의 법적 근거가 없다 하더라도 원래의 처분을 존속시킬 필요가 없게 된 사정변경이 생겼거나 또는 중대한 공익상의 필요가 발생한 경우에는 그 효력을 상실케 하는 별개의 행정행위로 이를 철회할 수 있다고 할 것이나, 수익적 행정처분을 취소 또는 철회하는 경우에는 이미 부여된 그 국민의 기득권을 침해하는 것이 되므로, 비록 취소 등의 사유가 있다고 하더라도 그 취소권 등의 행사는 기득권의 침해를 정당화할 만한 중대한 공익상의 필요 또는 제3자의 이익보호의 필요가 있는 때에 한하여 상대방이 받는 불이익과 비교·교량하여 결정하여야 하고, 그 처분으로 인하여 공익상의 필요보다 상대방이 받게 되는 불이익 등이 막대한 경우에는 재량권의 한계를 일탈한 것으로서 그 자체가 위법하다)

1. 거짓이나 그 밖의 부정한 방법으로 보험업의 허가를 받은 경우
2. 허가의 내용 또는 조건을 위반한 경우
3. 영업의 정지 기간 중에 영업을 한 경우
4. 보험업법 134조 1항 2호에 따른 위반행위 시정명령을 이행하지 않은 경우
5. 지배구조법 별표 각 호의 어느 하나에 해당하는 경우(영업의 전부정지로 한정)
6. 금융소비자법 51조 1항 4호 또는 5호에 해당하는 경우
7. 금융소비자법 51조 2항 각호 외 부분 본문 중 대통령령으로 정하는 경우(영업의 전부정지로 한정)

(2) 보험업의 허가를 취소하기 위해서는 청문 절차를 거쳐야 한다. 여기서 청문이란 금융위원회가 등록취소를 하거나 업무정지를 명하기 전에 보험회사 등의 의견을 직접 듣고 증거를 조사하는 절차를 말한다(행정절차법2(5)). 이러한 청문에 대해서는 행정절차법 28조~37조 등이 적용된다.

(2) 외국보험회사 국내지점의 특칙

1) 취소 사유

(1) 금융위원회는 외국보험회사의 본점이 다음 각 호의 어느 하나에 해당하게 되면 그 외국보험회사 국내지점에 대하여 청문을 거쳐 보험업의 허가를 취소할 수 있다(법74①).

1. 합병, 영업양도 등으로 소멸한 경우
2. 위법행위, 불건전한 영업행위 등의 사유로 외국감독기관으로부터 보험업법 134조 2항에 따른 처분에 상당하는 조치를 받은 경우
3. 휴업하거나 영업을 중지한 경우

(2) 금융위원회는 외국보험회사 국내지점이 보험업법 또는 이 법에 따른 명령이나 처분을 위반하거나 외국보험회사의 본점이 그 본국의 법령을 위반하는 등의 사유로 해당 외국보험회사 국내지점의 보험업 수행이 어렵다고 인정되면 공익 또는 보험계약자 보호를 위하여 영업정지 또는 그 밖에 필요한 조치를 하거나 청문을 거쳐 보험업의 허가를 취소할 수 있다(법74②).

(3) 외국보험회사 국내지점에 대한 보험업 허가취소의 사유는 일반적인 경우의 허가취소의 사유(법134②) 이외에 몇 가지가 추가되어 있다. 즉 보험업법 74조 1항 및 2항이 추가된 취소사유이다. 이는 외국보험회사 국내지점의 특수성을 반영한 별도의 취소사유이다.

2) 보고 의무

외국보험회사 국내지점은 그 외국보험회사의 본점이 보험업법 74조 1항 각 호의 어느 하나에 해당하게 되면 그 사유가 발생한 날부터 7일 이내에 그 사실을 금융위원회에 알려야 한다(법74③).

3. 법적 성질

(1) 취소 또는 철회

(1) 보험업법 134조 2항은 취소라는 표현을 사용하고 있지만, 이론적으로 보면 취소와 철회가 섞여 있다.[39] 즉 전술한 보험업법 134조 2항 1호는 이론상 행정행위의 취소에 해당하고, 같은 항 2호~7호는 이론상 행정행위의 철회에 해당한다. 보험업법 134조 2항 1호는 행정행위의 취소 중에서도 직권취소에 해당한다. 직권취소란 행정청이 행하는 취소이며, 이하에서 취소는 직권취소를 가리킨다. 행정행위의 취소란 행위 당시에 위법 또는 부당한 하자가 있음을 이유로 행정청이 유효한 행정행위의 효력을 소멸시키는 행위를 가리키고, 행정행위의 철회란 행위 당시에는 위법 또는 부당한 하자가 없었지만 이후에 새로운 사정의 발생으로 인한 공익상 필요에 따라서 행정청이 행정행위의 효력을 소멸시키는 행위를 가리킨다.[40] 보험업법 134조 2항 2호~7호는 보험업 허가 당시에는 위법 또는 부당한 하자가 없었지만 이후에 보험업 허가를 폐지할 사정이 생긴 경우이므로 행정행위의 철회와 관련된다. 이와 달리 보험업법 134조 2항 1호는 이론상 보험업 허가 당시에 보험업 허가를 폐지할 만한 하자가 있었으므로 행정행위의 취소와 관련된다.

(2) 외국보험회사 국내지점에 대한 보험업 허가취소의 사유로 추가된 보험업법 74조 1항 및 2항은 행정행위의 철회와 관련된다. 이들은 보험업 허가 당시에는 위법 또는 부당한 하자가 없었지만 이후에 보험업 허가를 폐지할 사정이 생긴 경우이기 때문이다.

(2) 재량행위

(1) 보험업법 134조 2항에 따르면 금융위원회는 보험회사가 일정한 사유에 해당하는 경우 "영업 전부의 정지를 명하거나 청문을 거쳐 보험업의 허가를 취소할 수 있다"라고 규정하고 있다. 또한 보험업법 74조 2항에 따르면 외국보험회사 국내지점에 대하여 "영업 정지 또는 그 밖에 필요한 조치를 하거나 청문을 거쳐 보험업의 허가를 취소할 수 있다" 라고 규정되어 있다. 이에 따라 영업정지를 명할지 보험업 허가취소를 명할지 여부, 만약 한다면 둘 중 어느 것을 선택할지는 금융위원회의 재량사항이다. 행정행위의 취소 또는 철회는 원칙상 재량행위이기도 하다.[41]

(2) 보험업법 74조 1항에 따르면 금융위원회는 외국보험회사 국내지점의 보험업 허가를 "취소할 수 있다"라고 규정되어 있다. 이 문리에 따르면 취소는 재량행위이다. 전술한 바와 같이 행정행위의 취소 또는 철회는 원칙상 재량행위이기도 하다.

---

39) 이와 달리 행정행위의 철회에 해당한다고 보는 견해로는, 최동준(보험업법2) 401면

40) 박균성 454면

41) 박균성 448면, 459면

4. 효과

(1) 사법상 효과

보험업 허가라는 행정행위가 취소 또는 철회되더라도 그 이전에 보험회사가 행한 보험계약체결의 사법적 효력에는 영향이 없다고 해석한다. 즉 보험업 허가가 취소 또는 철회되더라도 이 점이 보험회사가 행한 보험계약체결의 효력에 영향을 미치지는 않는다. 보험업 허가가 소급적으로 효력을 상실하는지 여부와 무관하게 이렇게 해석해야 한다.

(2) 공법상 효과

① 소급효 문제

보험업 허가라는 행정행위가 철회 또는 취소되면 보험업 허가의 효력이 장래를 향해서 소멸하는지 아니면 허가 시로 소급하여 소멸하는지를 살펴보자. 이것이 행정행위 철회 또는 취소의 공법적 효과이다. 이를 철회와 취소로 구분하여 살펴보자.

② 철회의 효과

행정행위의 철회는 그 성질상 장래를 향해서만 효과(장래효)가 생긴다(통설). 따라서 행정행위의 철회에 해당하는 경우는 철회 이후부터 보험업 허가가 효력을 상실한다.

③ 취소의 효과

생각건대, 행정행위의 취소 효과가 소급효인지 장래효인지는 구체적 사안별로 귀책사유의 유무 및 정도, 원상회복의 가능 여부, 소급효를 부여하여 달성하려는 공익상 필요성 등을 종합적으로 고려한 이익형량의 결과에 따라 취소권자가 결정해야 한다. 보험업 허가 취소의 경우 소급효를 부여하면 원상회복이 현실적으로 곤란한 측면이 있는 것이 보통인 점을 고려하면 장래효를 원칙으로 삼는 것이 합리적이라고 사료된다.

제3장

보험회사

제1절 총설

제1관 보험회사의 의의

1. 보험회사의 개념

보험회사는 보험업법 4조에 따른 보험업 허가를 받아 보험업을 경영하는 자를 말한다(법2(6)).

2. 보험회사의 종류

(1) 보험회사의 종류로는 주식회사, 상호회사 그리고 외국보험회사의 국내지점이 있다(법4⑥). 이러한 보험회사의 보험업 허가에 대해서는 본서 제2장 보험업의 허가에서 자세히 살펴보았다.

(2) 외국보험회사, 외국에서 보험대리 및 보험중개를 업으로 하는 자 또는 그 밖에 외국에서 보험과 관련된 업을 하는 자는 보험시장에 관한 조사 및 정보의 수집이나 그 밖에 이와 비슷한 업무를 하기 위하여 국내에 사무소('국내사무소')를 설치할 수 있다(법12①). 이러한 국내사무소는 보험업 허가를 받지 않은 경우이므로 보험회사가 아니다. 따라서 이러한 국내사무소는 보험업을 경영할 수 없다(법12③(1)).

3. 보험회사의 정관

(1) 의의

회사의 정관이란 실질적 의미에서 회사의 설립, 조직, 업무 등의 단체적 법률관계를 규율하는 규범이고, 형식적 의미에서는 그러한 규범을 기재한 서면을 말한다.[1)]

1) 이철송 98면

(2) 기재사항

1) 절대적 기재사항

(1) 주식회사의 경우를 보면,[2] 그 설립 시에 발기인은 정관을 작성하여 다음 각 호의 사항을 적고 각 발기인이 기명날인 또는 서명해야 한다(상법289①). 이를 절대적 기재사항이라고 부른다.

1. 목적
2. 상호
3. 회사가 발행할 주식의 총수
4. 액면주식을 발행하는 경우 1주의 금액
5. 회사의 설립 시에 발행하는 주식의 총수
6. 본점의 소재지
7. 회사가 공고를 하는 방법
8. 발기인의 성명·주민등록번호 및 주소

(2) 위 절대적 기재사항이 결여되거나 기재내용이 위법하면 정관이 무효가 된다.[3]

2) 상대적 기재사항과 임의적 기재사항

정관에는 상대적 기재사항과 임의적 기재사항도 있다. 주식회사인 경우를 보면 다음과 같다.

(1) 상대적 기재사항이란 정관에 기재하지 않아도 정관의 효력에는 영향이 없지만 그 사항을 유효하게 하려면 정관에 기재되어야 하는 사항을 가리키고, 이러한 사항으로는 변태설립사항(상법290) 등이 있다.

(2) 임의적 기재사항은 정관에 기재하지 않아도 정관의 효력에는 영향이 없고 또한 그 사항을 실현하지 못하는 것도 아니지만 기재하게 되면 정관이 갖는 구속력을 갖게 되는 사항을 가리키고, 이러한 사항으로는 이사의 보수결정(상법388) 등이 있다.

---

2) 상호회사의 발기인은 정관을 작성하여 다음 각 호의 사항을 적고 기명날인해야 하며(법34), 이것이 상호회사 정관의 절대적 기재사항이다.
1. 취급하려는 보험종목과 사업의 범위
2. 명칭
3. 사무소 소재지
4. 기금의 총액
5. 기금의 갹출자가 가질 권리
6. 기금과 설립비용의 상각 방법
7. 잉여금의 분배 방법
8. 회사의 공고 방법
9. 회사 성립 후 양수할 것을 약정한 자산이 있는 경우에는 그 자산의 가격과 양도인의 성명
10. 존립시기 또는 해산사유를 정한 경우에는 그 시기 또는 사유

3) 이철송 233면

(3) 정관의 변경

1) 절차

정관을 변경하기 위해서는 이에 관한 절차(상법433~435)에 따라야 한다.

2) 보고

i) 의의

(1) 보험회사는 정관을 변경한 경우에는 변경한 날부터 7일 이내에 금융위원회에 알려야 한다(법126). 보험회사가 정관변경의 보고를 하는 경우 다음 각 호의 서류를 금융위원회에 제출해야 한다(감독규정7-47의2).[4)]

1. 변경사유서
2. 변경된 정관의 내용
3. 총회의 의사록 사본

(2) 정관변경 보고의 접수 업무는 금융감독원장에게 위탁되어 있다(시행령[별표8]30).

ii) 취지

금융위원회는 보고받은 정관 기재사항 중에서 보험업법 위반 등이 있는지를 판단하게 된다.

3) 시정조치

(1) 금융위원회는 보험업법 126조에 따라 보고받은 내용이 보험업법 또는 관계 법령에 위반되거나 보험계약자 및 피보험자 등의 권익을 침해하는 내용이 있는 경우에는 해당 보험회사에 대하여 이를 보완하도록 요구할 수 있다(시행령70①). 정관변경의 보고의 방법 및 절차 등에 관하여 필요한 사항은 금융위원회가 정하여 고시한다(시행령70②).

(2) 다만, 위 (1)의 규정들은 상위법령의 명시적 위임에 근거한 것이라고 보기 어렵다. 대신에 보험회사는 보험업법 131조 1항의 시정조치 명령권을 행사해서 정관을 변경 또는 보완하라고 명령할 수 있다. 즉 정관변경에 보험업법 또는 관계 법령에 위반되거나 보험계약자 등의 권익을 침해하는 내용이 있다면 보험회사의 업무운영이 부적정한 경우에 해당하고, 금융위원회가 업무집행방법의 변경(가령 정관의 변경 또는 보완)을 명령할 수 있다.

제 2 관 비보험회사와의 보험계약 체결 등

1. 의의

(1) 우리나라에서 보험업을 경영하려면 금융위원회로부터 보험업의 허가를 받은 보험

---

4) 이 감독규정은 상위법령의 명시적 위임이 없는 행정규칙이다.

회사이어야 한다(법4①). 보험업의 허가를 받을 수 있는 자는 주식회사, 상호회사, 외국보험회사 국내지점이다(법4⑥). 이러한 보험회사가 아닌 자('비보험회사')는 보험업 경영을 할 수 없으며, 이를 위반하면 형사처벌을 받는다.[5)]

(2) 위와 같이 비보험회사가 보험업을 경영하는 것을 금지할 뿐만 아니라 그 상대방에 대해서도 그와 거래하는 것을 금지하면 허가 없이 보험업이 행해지는 현상을 보다 실효성 있게 규제할 수 있다. 이 점을 고려하여 보험업법 3조 본문은 누구든지 비보험회사와 보험계약을 체결하거나 중개 또는 대리하지 못한다고 규정한다.

(3) 비보험회사에는 보험업 허가를 받지 않은 내국인이 포함됨은 물론이다. 그런데 비보험회사로서 주로 문제가 되는 경우는 우리나라에서 보험업 허가를 받지 않고 국내에서 거래하는 외국보험회사이다. 외국보험회사는 보험회사로서의 실체를 어느 정도 이상 갖추고 있는 것이 보통이므로 이를 상대로 한 거래는 보험업 허가를 받지 않은 내국(법)인에 비해서 상당한 수준에 이를 수 있다. 비보험회사와 거래하는 상대방을 규제하는 실익은 주로 비보험회사가 외국보험회사인 경우인 것이다.

(4) 비보험회사와 관련된 금지행위에 대해서는 보험업법 3조, 동법시행령 7조, 감독규정 1－5조에서 1－10조까지가 규정하고 있다.

2. 비보험회사와의 금지행위

(1) 의의

누구든지 보험회사가 아닌 자와 보험계약을 체결하거나 중개 또는 대리하지 못한다(법3본). 이와 같이 비보험회사와는 보험계약체결 또는 보험의 모집이 금지된다.

(2) 금지의무의 주체

(1) 금지의무의 주체는 '누구든지'이다(법3본). 여기서 '누구든지'는 거주자라고 해석해야 한다. 감독규정 1－5조에서 1－10조는 거주자가 외국보험회사와 보험계약을 체결할 수 있는 경우를 규정하고 있는데, 그 반대해석상 거주자가 금지의무의 주체라고 보아야 하기 때문이다.

(2) 거주자는 외국환거래법 3조 1항 14호에 따른 거주자이며(감독규정1－5), 외국환거래법 3조 1항 14호에 따르면 대한민국에 주소 또는 거소를 둔 개인과 대한민국에 주된 사무소를 둔 법인을 말한다.

(3) 금지행위의 내용

누구든지 비보험회사와 '보험계약을 체결하거나 중개 또는 대리'하지 못한다(법3본). 이를 보험계약의 체결과 모집으로 나누어 볼 수 있다.

---

5) 보험업법 200조 1호, '유사수신행위의 규제에 관한 법률' 3조, 6조 1항

1) 비보험회사와 계약체결

누구든지 비보험회사와 보험계약을 체결할 수 없다(법3본).

2) 비보험회사와 모집행위

(1) 누구든지 비보험회사와 보험계약체결을 중개 또는 대리하지 못한다(법3본). 즉 누구든지 비보험회사와 보험계약자 사이에서 보험계약 체결의 중개 또는 대리를 할 수 없다.

(2) 보험계약 체결의 중개 또는 대리의 경우는 보험계약의 체결 여부와 무관하게 그러한 행위를 한 것만으로 금지행위를 위반한 것이라고 해석한다.

3. 외국보험회사의 특칙

(1) 의의

(1) 비보험회사와의 금지행위에 예외가 있다. 즉 대통령령이 정하는 경우에는 비보험회사와 보험계약을 체결하거나 중개 또는 대리를 할 수 있는데(법3단), 외국보험회사의 경우가 그 예외에 해당한다. 여기서 외국보험회사는 대한민국 이외의 국가의 법령에 따라서 설립되어 대한민국 이외의 국가에서 보험업을 경영하는 자를 가리킨다(법2(8)). 외국보험회사는 우리나라의 보험업법에 따라 허가를 받은 보험회사는 아니지만, 일정한 경우에는 우리나라 거주자와 보험계약의 체결 등을 할 수 있도록 한 것이다.

(2) 예외는 외국보험회사와 '보험계약 체결'과 '대리 또는 중개'로 구분해 볼 수 있는데, 전자는 예외가 다소 넓게 인정되고 후자는 다소 좁게 인정된다. 그 내용은 다음과 같다.

(2) 외국보험회사와의 보험계약 체결

1) 의의

(1) 외국보험회사와 보험계약을 체결할 수 있는 경우는 다음 각 호의 어느 하나에 해당하는 경우이다(시행령7①).

1. 외국보험회사와 생명보험계약, 수출적하보험계약, 수입적하보험계약, 항공보험계약, 여행보험계약, 선박보험계약, 장기상해보험계약 또는 재보험계약을 체결하는 경우
2. 1호 이외의 경우로서 대한민국에서 취급되는 보험종목에 관하여 셋 이상의 보험회사로부터 가입이 거절되어 외국보험회사와 보험계약을 체결하는 경우
3. 대한민국에서 취급되지 않는 보험종목에 관하여 외국보험회사와 보험계약을 체결하는 경우
4. 외국에서 보험계약을 체결하고, 보험기간이 지나기 전에 대한민국에서 그 계약을 지속시키는 경우
5. 1호부터 4호까지 이외에 보험회사와 보험계약을 체결하기 곤란한 경우로서 금융위원회의 승인을 받은 경우

(2) 거주자는 외국보험회사와 체결하고자 하는 보험계약이 보험업법시행령 7조에서 허용되고 있는 보험계약인지의 여부에 대하여 보험협회에 확인을 요청할 수 있다(감독규정

1－9①). 보험협회는 이 확인을 요청받은 경우 즉시 확인해주어야 하며 정당한 이유가 없는 한 이를 거부해서는 안 된다(감독규정1－9②).

(3) 위 (1)의 구체적인 내용을 아래에서 살펴보기로 한다.

2) 체결이 가능한 경우

i) 생명보험계약 등

(1) 생명보험계약 등 일정한 보험계약은 예외이다. 즉 생명보험계약, 수출적하보험계약, 수입적하보험계약, 항공보험계약, 여행보험계약, 선박보험계약, 장기상해보험계약 또는 재보험계약의 경우는 외국보험회사와 계약체결을 할 수 있다(시행령7①(1)).

(2) 위 (1) 중에서 생명보험계약, 장기상해보험계약, 여행보험계약은 우리나라가 OECD에 가입하는 과정에서 금융시장 개방의 측면에서 허용된 경우이다.[6] 여행보험계약을 포함하여 나머지 보험계약은 국제 간 거래 또는 이동에 따른 위험을 보장하는 것으로서 외국보험회사와의 계약체결이 필요할 수 있는 경우이다.

ii) 보험회사의 인수거절

(1) 보험회사가 인수거절을 한 경우는 예외이다. 즉 우리나라에서 취급되는 보험종목에 관하여 셋 이상의 보험회사로부터 가입이 거절되는 경우에 외국보험회사와의 계약체결이 허용된다(시행령7①(2)).

(2) 보험협회는 거주자가 국내에서 보험가입이 거절되었음을 증명할 수 있는 서식을 제정하여 보험회사에게 제공할 수 있다(감독규정1－10①). 보험회사는 이 서식을 본점 및 지점에 비치해야 한다(감독규정1－10②).

iii) 국내에서 취급하지 않는 보험계약

(1) 우리 보험회사가 취급하지 않는 보험계약은 예외이다. 즉 우리나라에서 취급되지 않는 보험계약에 관해서는 외국보험회사와의 계약체결이 허용된다(시행령7①(3)).

(2) 국내에서 취급하지 않는 보험계약을 외국보험회사와 체결한 이후 그 보험계약이 국내에서 취급되기 시작한 경우에 외국보험회사와 체결한 보험계약을 갱신하는 것이 허용되는가? 부정해야 한다.[7] 국내에서 취급하지 않는 보험계약인지 여부는 그 보험계약을 체결하는 시점을 기준으로 판단하는 것이 합리적인데, 보험계약의 갱신은 새로운 보험계약을 체결하는 행위의 일종이고 이 시점에 그것이 국내에서 취급하는 보험계약에 해당된다면 외국보험회사와의 보험계약 체결이 허용되지 않는다고 보아야 한다.

iv) 외국에서 체결한 보험계약

(1) 외국에서 체결한 보험계약은 예외이다. 즉 거주자가 '외국에서 보험계약을 체결하

---

6) 성대규 · 안종민 89면; 정채웅 92면; 한창희(보험업법1) 76면

7) 성대규 · 안종민 89면

고' 보험기간이 지나기 전에 우리나라에서 그 계약을 지속시키는 경우이다(시행령7①(4)).

(2) '외국에서 보험계약을 체결하고'는 외국에서 외국보험회사와 보험계약을 체결한 것을 의미한다고 해석한다. 이 경우 보험계약의 체결도 가능하고 유지하는 것도 가능하다는 의미이다. 거주자가 외국에서 외국보험회사와 보험계약을 체결하고 외국에서 그 계약을 지속시키는 것이 허용됨은 물론이다.

v) 기타

(1) 위 i)~iv)까지 이외에 보험회사와 보험계약을 체결하기 곤란한 경우로서 금융위원회의 승인을 받은 경우이다(시행령7①(5)).

(2) 위 (1)의 경우에 외국보험회사와 보험계약을 체결할 수 있다는 의미이다. 즉 거주자가 보험회사와 보험계약을 체결하기 곤란한 사정을 입증하여 금융위원회의 승인을 받으면 외국보험회사와 보험계약을 체결할 수 있다. 가령 국내에서 취급하는 보험계약이지만 보험료가 지나치게 고액이거나 보장범위가 지나치게 좁은 경우 등이 그러한 경우에 해당할 수 있을 것이다.[8)]

(3) 위 (1)에 따라 보험계약을 체결하기 곤란한 경우에 해당하는지에 대한 검토는 금융감독원장에게 위탁되어 있다(시행령[별표8]53).

3) 계약체결의 방식 등

(1) 외국보험회사가 거주자와 보험계약의 체결을 할 수 있는 경우에도 계약체결의 방식과 관련하여 일정한 금지의무가 있다. 즉 외국보험회사는 우편, 전화, 팩스, 컴퓨터통신을 이용하여 거주자와 보험계약을 체결할 수 있다(감독규정1-6①). 이는 통신수단을 이용하여 보험계약을 체결할 수 있다는 의미이고, 그 반대해석상 이를 제외한 방식은 허용되지 않는다고 해석한다.

(2) 외국보험회사는 그 임원 또는 직원이 우리나라에서 보험계약의 체결과 관련된 업무를 하게 할 수 없다(감독규정1-6③).

(3) 외국보험회사와의 중개 또는 대리

(1) 전술한 바와 같이 거주자가 외국보험회사와 중개 또는 대리를 하는 것이 금지되어 있다(법3본). 이러한 원칙은 외국보험회사와의 보험계약 체결이 허용되는 경우에도 마찬가지로 적용된다.

(2) 감독규정은 보험업법 3조 본문을 다음과 같이 구체화하고 있고, 재보험계약과 관련한 예외를 인정하고 있다. 감독규정의 내용은 다음과 같다.

(a) 외국보험회사는 우리나라에 소재하는 보험회사, 보험설계사, 보험대리점 및 보험중개사에게 보험계약의 모집을 의뢰하거나 위임해서는 안 되고, 다만 보험중개사를 통하

8) 성대규 · 안종민 90면; 정채웅 93면

여 재보험계약을 체결하는 경우는 가능하다(감독규정1－6②). 또한 외국보험회사는 그 임원 또는 직원이 우리나라에서 보험계약의 모집과 관련된 업무를 하게 할 수 없다(감독규정1－6③).

(b) 거주자는 우리나라에 소재하는 보험회사, 보험설계사, 보험대리점 및 보험중개사를 통하여 외국보험회사와 보험계약을 체결할 수 없고, 다만 보험중개사를 통하여 재보험계약을 체결하는 경우는 가능하다(감독규정1－8).

(c) 위 (a) 및 (b)에 따르면 결국 거주자인 보험중개사가 재보험계약과 관련하여 외국보험회사와 중개를 하는 것은 허용된다고 해석한다.

(4) 외국보험회사의 보험광고

1) 의의

감독규정은 외국보험회사의 국내 광고에 관한 규정을 두고 있다.

2) 광고의 요건

i) 방식

외국보험회사는 우리나라에서 신문, 텔레비전, 라디오, 잡지, 컴퓨터통신 등을 이용하여 보험상품을 광고할 수 있다(감독규정1－7①).

ii) 신고

외국보험회사가 광고를 하고자 하는 경우에는 금융감독원장에게 다음 각 호의 서류를 첨부하여 미리 신고해야 한다(감독규정1－7②).

1. 광고하고자 하는 외국보험회사의 상호 및 그 본점 소재지
2. 광고하고자 하는 내용

iii) 필수적 기재사항

광고 시에 당해 외국보험회사와 체결된 보험계약에는 우리나라 보험업법에 따른 계약자보호제도가 적용되지 않는다는 문언을 한국어로 표시해야 한다(감독규정1－7③).

iv) 금지적 기재사항

외국보험회사는 광고를 함에 있어 다음 각 호의 사항을 그 내용으로 하지 못한다(감독규정1－7④).

1. 보험계약에 관한 허위의 사실 또는 보험계약자를 기만하거나 오인시킬 우려가 있는 사항
2. 장래의 이익배당 또는 잉여금 분배의 예상에 관한 사항
3. 보험계약의 일부에 대하여 다른 보험회사와 비교한 사항

v) 시정조치

감독규정 1－7조 2항 내지 4항을 위반한 외국보험회사에 대해 금융감독원장은 광고

를 제한하거나 공시하는 등의 필요 조치를 할 수 있다(감독규정1－7⑤).

4. 위반 시 효과

(1) 사법상 효과

보험업법 3조를 위반하여 비보험회사와 보험계약을 체결하거나 중개 또는 대리한 경우에도 그 사법적 효력은 인정된다.

(2) 공법상 효과

보험업법 3조를 위반한 자에게는 과태료(법209⑤(1))가 따른다.

제 3 관 보험회사의 상호 또는 명칭

1. 의의

(1) 보험업법은 보험회사의 상호 또는 명칭과 관련하여 일정하게 규제를 가한다. 즉 보험회사는 그 상호 또는 명칭 중에 주로 경영하는 보험업의 종류를 표시해야 한다(법8①). 이는 보험회사의 보험업종 표시의무에 관한 문제이다.

(2) 그리고 보험회사가 아닌 자는 그 상호 또는 명칭 중에 보험회사임을 표시하는 글자를 포함해서는 안 된다(법8②). 이는 비보험회사의 보험회사 표시금지에 관한 문제이다.

2. 보험회사의 보험업종 표시의무

(1) 의의

보험회사는 상호 또는 명칭에 주로 경영하는 보험업의 종류를 표시해야 한다(법8①). 보험업법상 보험업의 종류는 생명보험업, 손해보험업, 제3보험업의 세 가지이다(법2(2)).

(2) 상호자유주의에 대한 예외

보험업종 표시의무는 상법상 상호자유주의에 대한 예외이다. 상인은 그 성명 기타의 명칭으로 상호를 정할 수 있는 것이 원칙이다(상법18). 다만, 상호선정의 자유에는 일정한 예외가 있는데, 회사의 상호에는 그 종류에 따라 합명회사, 합자회사, 유한책임회사, 주식회사 또는 유한회사의 문자를 사용해야 한다(상법19). 이 범위 내에서 상호진실주의가 적용되는 것이다. 보험업종 표시의무도 회사종류의 표시의무와 같이 상호선정의 자유에 대한 예외에 해당한다.

(3) 취지

보험업종 표시의무의 취지는 보험회사가 주로 경영하는 보험업이 무엇인지를 상호 또는 명칭에 표시하게 함으로써 거래 상대방이 이에 관해서 오인하지 않게 하자는 취지이다.

(4) 보험업종의 해석 문제

1) 문제의 제기

(1) 보험업법상 보험업의 종류는 생명보험업, 손해보험업, 제3보험업의 세 가지이다(법 2(2)). 보험업법 8조 1항의 문리를 엄격하게 해석하면 보험회사는 생명보험업, 손해보험업, 제3보험업 중에서 주로 경영하는 보험업의 종류를 표시해야 한다.

(2) 위 (1)의 문리해석에 따르면 실제로 사용되고 있는 일부 보험회사의 상호 또는 명칭이 보험업법 8조 1항을 위반하는 문제가 생긴다. 2003년 보험업법 개정 이전에는 보험회사는 상호 또는 명칭 중에 '주로 영위하는 보험사업의 종류'를 표시해야 했는데, 보험사업의 종류에 대해 보험업법에 규정이 없었기 때문에 특히 손해보험을 주로 경영하는 보험회사의 일부가 상호 또는 명칭에 자동차보험, 화재보험, 해상보험, 화재해상보험이라고 표시했고 2003년 이후에도 이것이 유지되는 경우가 있기 때문이다. 2003년에 보험업법을 개정할 때 보험업의 종류에 대한 규정을 신설하고 이를 보험회사의 상호 또는 명칭에 반영하도록 한 것이 현재의 보험업법 8조 1항인데, 이를 문리대로 해석하면 보험회사의 상호 또는 명칭에 자동차보험, 해상화재보험, 화재해상보험 등이라고 표시하면 이는 보험업법 8조 1항에 대한 위반이 되는 것이다. 하지만 이 경우 보험업법 8조 1항 위반이라고 볼 것은 아니라는 견해가 유력하다.[9)]

2) 해석의 방향

보험업법 8조 1항과 실제 사용되는 보험회사의 상호 또는 명칭과의 조화로운 해석이 필요하다. 보험업법 8조 1항의 문리를 지나치게 엄격하게 해석하기보다는 그 취지를 고려한 확대해석이 필요하다. 생각건대, 보험업법 8조 1항의 취지는 주된 보험업종을 표시하라는 것이다. 즉 보험회사의 거래 상대방이 적어도 해당 보험회사의 주된 보험업종에 대해서는 오인하지 않도록 상호 또는 명칭에 그러한 표시를 하게 하자는 것이 보험업법 8조 1항의 취지이다. 그리고 평균적 일반인의 관점에서 해당 보험회사의 주된 보험업종이 무엇인지를 알 수 있게 해주는 표시이기만 하면 주된 보험업종의 표시방법은 보험회사별 사정을 고려하여 폭넓게 인정할 필요가 있다. 이를 위해서 주된 보험업종에 대한 직접적 표시인 경우는 물론이고 간접적 표시까지 허용하자는 것이다. 그 구체적인 해석 방법은 다음과 같다.

i) 보험업종의 직접표시

(1) 보험업종의 직접표시는 생명보험, 손해보험, 제3보험 중의 하나를 표시하는 것을 말한다. 즉 보험업법상 보험업의 종류인 생명보험, 손해보험, 제3보험 중에서 주로 경영하는 것을 표시하는 것이 직접표시이고, 이러한 직접표시는 보험업법 8조 1항에 정확히 부

---

9) 성대규 · 안종민 125면; 정채웅 151면

합한다.

(2) 보험종목의 일부만 허가받은 경우라도 그 보험종목을 포괄하는 보험업종을 표시하는 것은 허용된다고 해석한다. 가령 화재보험만 경영하는 보험회사가 상호 또는 명칭에 손해보험이라는 표시를 하는 것은 무방하다고 본다. 이 경우 마치 손해보험의 모든 보험종목을 경영할 수 있는 것과 같은 오인가능성을 주기 때문에 금지되어야 한다는 견해가 있을 수 있다.[10] 하지만 보험업법 8조 1항의 문리에 비추어보면 보험종목에 대해서까지 상호진실주의를 관철하려는 규정이라고 보기는 어렵다.

ii) 보험업종의 간접표시

(1) 보험업종의 간접표시는 생명보험, 손해보험, 제3보험에 속한 보험종목을 표시하는 것을 말한다. 이것은 보험종목의 표시를 통해서 주로 경영하는 보험업종을 간접적으로 표시하는 것으로서, 이는 보험업법 8조 1항에 부합한다고 해석한다. 이러한 간접적 표시는 평균적 일반인의 관점에서 볼 때 해당 보험회사의 주된 보험업종이 무엇인지를 알 수 있게 해주는 표시라고 볼 수 있기 때문이다. 가령 자동차보험, 화재해상보험, 해상화재보험이라는 표시는 손해보험을 주로 경영한다는 점, 연금보험이라는 표시는 생명보험을 주로 경영한다는 점, 상해보험이라는 표시는 제3보험을 주로 경영한다는 점을 간접적으로 표시하는 것이다. 요컨대, 보험종목을 표시하는 것은 비록 보험업종을 간접적으로 표시하는 것이기는 하지만 주된 보험업종을 표시해야 한다는 보험업법 8조 1항의 취지에 반한다고 볼 것은 아니므로 허용되어야 한다. 이러한 해석에 따르면 우리나라에서 보험회사의 상호 또는 명칭에 실제로 사용되고 있는 화재해상보험 등의 표시는 보험업법 8조 1항의 위반 문제가 생기지 않는다고 보아야 한다.

(2) 위 (1)의 경우 자동차보험, 화재해상보험, 해상화재보험, 연금보험, 상해보험이 해당 보험업종에서 주된 보험종목인지 여부는 묻지 않는다. 주된 보험업종을 표시할 수 있는 보험종목이기만 하면 그것이 주된 보험종목이 아니더라도 무방하다고 해석한다. 보험업법 8조 1항이 주된 보험종목을 상호 또는 명칭에 표시할 것을 요구하고 있지 않기 때문이다. 즉 보험업법 8조 1항은 원칙적으로 상호진실주의를 주된 보험업종에 대해 요구하는 것이지 보험종목에 대해서까지 요구하는 것이 아니다. 또한 만약 주된 보험종목을 표시해야 한다고 해석한다면 허가받은 보험종목이 수개인 경우 주된 보험종목의 기준을 무엇으로 정해야 하는지, 주된 보험종목이 변경되는 경우 상호 또는 명칭을 변경해야 하는지 등의 곤란한 문제에 봉착하게 된다.

(3) 어떤 보험업종의 보험종목 일부만 허가받은 보험회사가 그 보험업종 내에서 허가

10) 정채웅 150면은 연금보험만 허가받은 보험회사가 상호를 생명보험회사라고 하면 오인가능성을 야기하므로 상호를 연금보험회사로 해야 한다는 입장이다.

받지 않는 보험종목을 상호 또는 명칭에 표시하는 것은 보험업종의 간접표시로 인정할 수 없다. 이는 보험종목에 대한 상호진실주의는 별론으로 하고, 보험업종의 간접표시를 남용하는 것으로서 허용할 수 없다고 본다.

3. 비보험회사의 보험회사 표시금지

(1) 보험회사가 아닌 자는 그 상호 또는 명칭 중에 보험회사임을 표시하는 글자를 포함해서는 안 된다(법8②).

(2) 보험회사라는 상호 또는 명칭은 그가 보험업을 경영한다는 외관을 만들어서 이를 신뢰한 거래 상대방이 불측의 손해를 입을 수 있으므로, 보험회사가 아닌 자가 상호 또는 명칭에 이를 표시할 수 없도록 한 것이다. 참고로 상법상 회사가 아니면 상호에 회사임을 표시하는 문자를 사용하지 못한다(상법20).

4. 위반 시 효과

보험업법 8조 2항을 위반한 자에게는 벌금(법204①(1))이 따른다.

제 4 관 보험회사의 업무범위

1. 보험업 겸영의 제한

(1) 의의

보험회사는 생명보험업, 손해보험업, 제3보험업이라는 보험업의 종류별로 보험업 허가를 받는다. 하나의 보험회사가 이러한 보험업종들을 같이 경영할 수 있는가? 이것이 보험업 겸영의 문제이다. 보험업 겸영은 장점 면에서 보험업종 간의 시너지 효과가 있을 수 있지만 단점 면에서 보험업종 간의 리스크 전이 문제가 있어서 논란의 대상이다.

(2) 겸영금지의 원칙

1) 의의

(1) 보험업법은 보험회사가 생명보험업과 손해보험업을 겸영하는 것을 금지한다(법10). 여기서 금지하는 것은 하나의 보험회사가 두 가지 보험업을 모두 허가받아서 자신의 회사 내에서 같이 경영하는 것이다. 이를 사내겸영이라고 한다.

(2) 위 (1)에 대비되는 것이 사외겸영이다. 가령 생명보험회사가 손해보험회사를 자회사로 두거나 손해보험회사가 생명보험회사를 자회사로 두거나(자회사 방식의 겸영), 금융지주회사가 생명보험회사와 손해보험회사를 자회사로 두는 것(지주회사 방식의 겸영)이 사외겸영이다. 보험업법 10조가 이러한 사외겸영까지 금지하는 것은 아니라고 해석된다.

(3) 보험업법 10조의 반대해석상 보험회사가 생명보험업과 제3보험업, 또는 손해보험업과 제3보험업을 겸영하는 것은 허용된다. 생명보험업 또는 손해보험업에 속하는 보험종목 전부에 대해 허가를 받은 보험회사에 대해 제3보험업에 대한 허가의제를 해주는 것(법4③)은 보험회사가 생명보험업과 제3보험업, 또는 손해보험업과 제3보험업을 겸영할 수 있음이 전제된 것이다.

2) 입법례

보험업법 10조의 겸영금지는 해외의 대체적인 입법 경향과 일치한다.[11]

3) 취지

(1) 생명보험업과 손해보험업 겸영금지의 주된 취지는 리스크 전이 문제 때문이다. 양자를 비교해 보면, 대체적으로 생명보험은 보험기간이 장기이고 보험사고의 빈도는 높지만 보험금액이 적은 정액보험이고, 이와 달리 손해보험은 상대적으로 보험기간이 단기이고 보험사고의 빈도는 낮지만 보험금액이 큰 실손보험이다.

(2) 보험상품 간의 위 (1)과 같은 차이로 인해서 생명보험업과 손해보험업의 재무건전성에 미치는 보험위험, 자산운용위험[12] 등이 다르고, 따라서 이러한 위험의 전이로부터 보험회사의 재무건전성 및 보험계약자의 권익을 보호하기 위해서 생명보험업과 손해보험업의 겸영을 금지하자는 것이다. 전술한 자회사 방식의 겸영이나 지주회사 방식의 겸영에서도 이러한 위험전이 현상은 간접적으로 나타나지만 이를 이유로 겸영을 금지할 수준이라고 보기는 어렵다.

(3) 겸영금지 예외

1) 의의

(1) 생명보험업과 손해보험업의 겸영은 원칙적으로 금지되지만, 다음 각 호의 어느 하나에 해당하는 경우는 허용된다(법10단).

1. 생명보험의 재보험 및 제3보험의 재보험
2. 다른 법령에 따라 겸영할 수 있는 보험종목으로서 대통령령으로 정하는 보험종목
3. 대통령령으로 정하는 기준에 따라 제3보험의 보험종목에 부가되는 보험

(2) 위 (1)의 각 호의 구체적인 내용은 다음과 같다.

2) 일정한 재보험

i) 의의

생명보험 또는 제3보험의 재보험은 겸영이 허용된다(법10(1)).

---

11) EU, 미국의 대부분의 주, 중국, 일본 등에서는 생명보험업과 손해보험업의 겸영을 금지한다.
12) 자산운용위험이란 금리위험, 신용위험, 시장위험 등을 말한다.

ii) 취지

재보험은 손해보험업에 속하는 보험종목이어서 생명보험회사나 제3보험회사가 겸영할 수 없다. 하지만 자신이 경영하는 생명보험 또는 제3보험에 대한 재보험은 위험전이의 문제가 크지 않다고 보아서 겸영을 허용하는 것이다.

iii) 보험종목의 일부만 경영하는 경우

겸영허용의 취지를 고려하여 겸영의 범위를 제한하는 해석이 필요하다. 즉 생명보험업 및 제3보험업의 보험종목 전부를 경영하는 경우에는 그 범위 내에서 보험종목이 무엇이든 그 재보험의 겸영이 가능하지만, 그 보험종목의 일부만 경영하는 경우에는 그 범위 내에서만 그 재보험의 겸영이 가능하다고 해석해야 한다. 이에 따르면 가령 생명보험업만 경영하는 보험회사가 제3보험업에 대한 재보험을 겸영할 수는 없다. 또한 가령 생명보험 중에서 연금보험만 경영하는 보험회사가 사망보험에 대한 재보험을 겸영하거나 제3보험 중에서 상해보험만 경영하는 보험회사가 질병보험에 대한 재보험을 겸영할 수는 없다.

3) 타 법령상 겸영 가능한 보험종목

i) 의의

(1) 다른 법령에 따라 겸영할 수 있는 보험종목으로서 '대통령령으로 정하는 보험종목'은 예외이다(법10(2)). '대통령령으로 정하는 보험종목'은 다음 각 호의 보험을 말한다(시행령15①본). 다만, 손해보험업의 보험종목(재보험과 보증보험은 제외) 일부만을 취급하는 보험회사와 제3보험업만을 경영하는 보험회사는 겸영할 수 없다(시행령15①단).

1. 소득세법 20조의3 1항 2호 각 목 외의 부분에 따른 연금저축계좌를 설정하는 계약
2. 퇴직급여법 29조 2항에 따른 보험계약 및 퇴직급여법(법률7379호, 2005.1.27.) 부칙 2조 1항에 따른 퇴직보험계약

(2) 연금저축이나 퇴직연금에 대해서는 일반인의 접근성을 높이기 위해서 겸영을 허용한 것이다.[13] 이러한 연금저축 또는 퇴직연금은 신탁 또는 펀드 등의 형태로 은행, 증권회사 등도 겸영이 가능하다.

(3) 위 (1)에 따라 연금저축과 퇴직보험 별로 아래에서 구체적으로 살핀다.

ii) 연금저축

연금저축은 생명보험업의 보험종목이지만, 예외규정에 의해서 손해보험회사도 겸영이 가능하다. 즉 소득세법 20조의3 1항 2호 각 목 외의 부분에 따른 연금저축계좌를 설정하는 계약에 따른 연금저축을 손해보험회사도 겸영할 수 있다(시행령15①(1)).

---

13) 정채웅 162면

iii) 퇴직보험

(1) 퇴직보험은 생명보험업의 보험종목이지만, 예외규정에 의해서 손해보험회사도 겸영이 가능하다. 즉 퇴직급여법 29조 2항에 따른 보험계약 및 퇴직급여법(법률7379호, 2005.1.27.) 부칙 2조 1항에 따른 퇴직보험계약도 손해보험회사가 겸영할 수 있다(시행령15①(2)).

(2) 첫째, 퇴직급여법 29조 2항에 따른 보험계약은 겸영이 가능하다. 보험회사는 일정한 요건을 갖추어 고용노동부장관에게 등록하면 퇴직연금사업자가 될 수 있다(퇴직급여법 26(2)). 퇴직연금제도를 설정한 사용자 또는 가입자는 자산관리업무의 수행을 내용으로 하는 계약을 퇴직연금사업자와 체결해야 하는데, 이는 근로자 또는 가입자를 피보험자 또는 수익자로 하여 '대통령령으로 정하는 보험계약' 또는 신탁계약의 방법으로 하여야 한다(퇴직급여법29②). 여기서 '대통령령으로 정하는 보험계약'이 겸영이 가능한 보험계약이다. '대통령령으로 정하는 보험계약'은 보험업법 108조에 따른 특별계정으로 운영하는 보험계약으로서 일정한 요건[14]을 모두 갖춘 것을 말한다(퇴직급여법시행령24).

(3) 둘째, 퇴직급여법(법률7379호, 2005.1.27.) 부칙 2조 1항에 따른 퇴직보험은 겸영이 가능하다. 동 부칙 2조 1항에 따르면, 사용자가 근로자를 피보험자 또는 수익자로 하여 '대통령령이 정하는 퇴직보험'에 가입하여 근로자의 퇴직 시에 일시금 또는 연금으로 수령하게 하는 경우에는 퇴직금제도를 설정한 것으로 본다. 동 부칙 2조 2항에 따르면, 위 2조 1항은 그 효력기간이 2010.12.31.까지이므로, 위 퇴직보험계약은 2010.12.31.까지만 효력이 유지되었다. 이후에 위 퇴직보험계약의 잔액은 근로자의 퇴직금 지급을 위한 재원으로 사용되었고, 퇴직연금을 도입한 경우 이 잔액을 퇴직연금 적립금으로 전환이 가능했다. 그런데 아직도 이 잔액이 일부 존재하는 상황이어서, 위 퇴직보험 겸영의 근거 규정을 둔 것이다.

4) 제3보험의 부가보험

i) 의의

대통령령으로 정하는 기준에 따라 제3보험의 보험종목에 부가되는 보험은 겸영이 가능하다(법10(3)). 이러한 보험은 질병을 원인으로 하는 사망을 제3보험의 특약 형식으로 담

---

14) 여기서 일정한 요건은 다음 각 호와 같다(퇴직급여법시행령24).

1. 퇴직급여법 16조 4항에 따라 적립금이 기준책임준비금의 100분의 150을 초과하고 사용자가 반환을 요구하는 경우 퇴직연금사업자는 사용자에게 그 초과분을 반환할 것
2. 급여는 가입자가 퇴직하는 경우에 지급하는 것일 것
3. 가입자가 퇴직연금사업자에 대하여 직접 급여를 청구할 수 있을 것. 다만, 계속근로기간이 1년 미만인 가입자는 급여를 청구할 수 없으며, 그 적립금은 사용자에게 귀속되는 것이어야 한다.
4. 계약이 해지되는 경우 적립금은 가입자에게 지급되는 것일 것. 다만, 계속근로기간이 1년 미만인 가입자에 대한 적립금은 사용자에게 귀속되는 것이어야 한다.

보하는 보험으로서 일정한 요건을 충족하는 보험을 말한다(시행령15②).

ii) 취지

질병을 원인으로 사망('질병사망')하는 것을 보상하는 질병사망보험은 사망보험의 일종이다. 제3보험상품의 일종인 질병보험으로는 질병사망을 보장할 수 없다.[15] 사망보험은 생명보험업에 속하므로 손해보험회사가 겸영할 수 없지만, 일정한 요건을 갖춘 사망보험은 손해보험회사가 겸영할 수 있도록 허용한 것이다. 이 겸영허용은 손해보험회사의 겸영 요청에 기초해 정책적으로 결정된 것이다.

iii) 질병보험의 요건

겸영이 허용되는 질병보험의 요건은 다음과 같다.

① 특약

질병사망을 제3보험의 특약 형식으로 보장하는 보험이어야 한다(시행령15②). 이에 따르면 질병보험의 특약 형식으로 질병사망을 보장하는 보험이 겸영대상이다. 만약 질병사망을 주계약의 형식으로 보장한다면 이는 겸영대상이 아니다.

② 보험만기

보험만기는 80세 이하이어야 한다(시행령15②(1)). 따라서 만기의 제한이 없는 종신보험은 겸영대상이 아니다.

③ 보험금액

보험금액의 한도는 개인당 2억 원 이내이어야 한다(시행령15②(2)).

④ 환급금

만기 시에 지급하는 환급금은 납입보험료 합계액의 범위 내이어야 한다(시행령15②(3)). 이러한 보험이 보장성보험(감독규정1-2(3))이며, 이에 한하여 질병사망을 보장하는 보험의 겸영이 가능하다.

(4) 겸영금지의 완화 현상

1) 의의

(1) 생명보험업과 손해보험업의 겸영금지는 아래에서 보는 것처럼 적어도 생명보험에 관한 한 크게 완화되어 있다. 이러한 금지완화는 연혁적 이유에 기초한다. 종래에 물가통제의 차원에서 자동차보험의 보험료를 강하게 규제할 때 이로 인해 손실을 입던 손해보험회사들이 손실을 만회하기 위한 차원에서 생명보험업을 겸영할 수 있게 해 줄 것을 정부에 지속적으로 요청했었고, 이러한 요청이 어느 정도 수용됨으로써 생명보험에 관한 한 겸영금지가 크게 완화되었다.

(2) 위 (1)에 따라 손해보험회사가 겸영할 수 있는 생명보험업은 다음과 같다.

---

15) 제3자보험상품인 상해보험으로 상해사망까지 보장할 수 있는 것과 비교된다.

2) 사망보험

보험업법상 상해사망보험은 상해보험의 일종으로 분류되어 있으므로(감독규정[별표1]), 손해보험회사가 경영할 수 있다. 그리고 질병사망보험은 일정한 요건하에서 손해보험회사가 겸영할 수 있다(시행령15②). 따라서 겸영불가인 일정한 질병사망보험을 제외하면 손해보험회사는 사망보험을 경영하는 데 문제가 없다.

3) 생존보험

(1) 손해보험회사가 경영할 수 있는 장기손해보험에는 저축성보험이 있다(감독규정[별표6]). 이러한 저축성보험은 생존 시에 지급되는 보험금의 합계액이 이미 납입한 보험료를 초과하는 보험을 말한다(감독규정1－2(4)). 손해보험회사의 원수보험료에서 이러한 저축성보험이 차지하는 비중이 2024년 기준으로 18.8% 정도에 이른다. 손해보험회사가 취급하는 저축성보험은 그 실질이 생명보험회사가 경영하는 생존보험과 유사하다. 손해보험회사가 취급할 수 없는 저축성보험은 전술한 질병사망을 질병보험의 특약 형식으로 보장하는 경우에 그치고 있다.

(2) 전술한 바와 같이 손해보험회사가 연금저축과 퇴직보험을 겸영할 수 있다. 이러한 보험은 생존보험의 일종이다. 이러한 연금저축을 제외한 여타의 연금보험만 손해보험회사가 취급할 수 없다.

(5) 위반 시 효과

보험업법 10조를 위반하면 과태료(법209①(1),④(1))가 따른다.

2. 보험회사의 겸영업무

(1) 의의

(1) 보험회사는 주로 보험업을 경영하는 자이다. 보험회사가 보험업 이외에 다른 업무, 특히 다른 금융업무를 겸영하는 것이 보험회사의 겸영업무의 문제이고, 더 넓은 관점에서 보면 금융겸업화의 문제이기도 한다. 겸영업무를 어느 정도 허용할 것인지는 입법정책의 문제이다.

(2) 금융겸업화의 관점에서는 겸업의 주체가 보험회사, 은행, 증권회사 등으로 확대된다. 여기서는 겸업의 주체를 보험회사로 한정해서 고찰한다. 가령 보험회사가 은행업이나 금융투자업을 겸영할 수 있는지, 만약 겸영할 수 있다면 어떤 방식으로 가능한지 등의 문제가 등장한다. 겸영방식은 사내겸영과 사외겸영이 있고, 후자에는 자회사 방식 또는 지주회사 방식 등이 있다. 여기서 주로 살펴볼 것은 사내겸영의 문제이다. 즉 보험회사가 자신의 회사 내에서 보험업 이외의 다른 금융업무를 겸영할 수 있는지가 주된 고찰대상이다.

(2) 겸영이 가능한 금융업무

1) 의의

보험회사는 법령이 허용하는 금융업무만 겸영이 가능하다. 즉 보험회사는 경영건전성을 해치거나 보험계약자 보호 및 건전한 거래질서를 해칠 우려가 없는 금융업무로서 다음 각 호에 규정된 업무를 할 수 있다(법11전).

1. 대통령령으로 정하는 금융 관련 법령에서 정하고 있는 금융업무로서 해당 법령에서 보험회사가 할 수 있도록 한 업무
2. 대통령령으로 정하는 금융업으로서 해당 법령에 따라 인가·허가·등록 등이 필요한 금융업무
3. 그 밖에 보험회사의 경영건전성을 해치거나 보험계약자 보호 및 건전한 거래질서를 해칠 우려가 없다고 인정되는 금융업무로서 대통령령으로 정하는 금융업무

2) 포지티브 규제

(1) 위 1)은 이른바 포지티브(positive) 방식의 규제, 즉 허용항목을 명시하고 나머지는 모두 금지하는 방식이다. 이는 네거티브(negative) 방식의 규제(금지항목을 명시하고 나머지는 모두 허용)와 비교된다.

(2) 위 1)과 같이 포지디브 방식의 규제가 채택된 취지는 보험회사가 보험업에 충실하게 하기 위한 것이다. 보험회사가 다른 금융업무에 지나치게 관여하게 되면 주된 업무인 보험업무에 소홀하게 될 수 있고 리스크가 상이한 금융업무 사이에 위험전이 문제도 발생할 수 있어서 결국 보험회사의 경영건전성 또는 보험계약자를 포함한 이해관계자의 권익을 해칠 수 있기 때문이다.

3) 겸영업무의 종류

보험업법 11조에 따라 허용되는 겸영업무의 구체적인 내용은 다음과 같다.

i) 타 법령상 허용되는 경우

(1) 대통령령으로 정하는 금융 관련 법령에서 정하고 있는 금융업무로서 해당 법령에서 보험회사가 할 수 있도록 한 업무는 겸영할 수 있다(법11(1)). 이러한 업무는 인가 등을 포함한 별도의 절차 없이 겸영이 가능하다.

(2) 위 (1)에 따라 허용되는 겸영업무는 다음 각 호와 같다(시행령16①).

1. '자산유동화에 관한 법률'에 따른 유동화자산의 관리업무
2. 삭제
3. 한국주택금융공사법에 따른 채권유동화자산의 관리업무
4. 전자금융거래법 28조 2항 1호에 따른 전자자금이체업무(동법 2조 6호에 따른 결제중계시스템의 참가기관으로서 하는 전자자금이체업무와 보험회사의 전자자금이체업무에 따른 자금

정산 및 결제를 위하여 결제중계시스템에 참가하는 기관을 거치는 방식의 전자자금이체업무는 제외)

5. '신용정보의 이용 및 보호에 관한 법률'에 따른 본인신용정보관리업

ii) 타 법령에 따른 인가 등이 필요한 경우

(1) 대통령령으로 정하는 금융업으로서 해당 법령에 따라 인가·허가·등록 등이 필요한 금융업무는 겸영할 수 있다(법11(2)). 보험회사는 해당 법령에 따라 인가·허가·등록 등을 거쳐야 이 금융업무를 겸영할 수 있다.

(2) 위 (1)에 따라 허용되는 겸영업무는 다음 각 호와 같다(시행령16②).

1. 자본시장법 6조 4항에 따른 집합투자업
2. 자본시장법 6조 6항에 따른 투자자문업
3. 자본시장법 6조 7항에 따른 투자일임업
4. 자본시장법 6조 8항에 따른 신탁업
5. 자본시장법 9조 21항에 따른 집합투자증권에 대한 투자매매업
6. 자본시장법 9조 21항에 따른 집합투자증권에 대한 투자중개업
7. 외국환거래법 3조 16호에 따른 외국환업무
8. 퇴직급여법 2조 13호에 따른 퇴직연금사업자의 업무
9. 보험업의 경영이나 보험업법 11조의2에 따라 보험업에 부수(附隨)하는 업무의 수행에 필요한 범위에서 영위하는 전자금융거래법에 따른 선불전자지급수단의 발행 및 관리 업무

(3) 위 (2)의 8호에서 퇴직연금사업자는 퇴직연금제도의 운용관리업무 및 자산관리업무를 수행하기 위하여 퇴직급여법 26조에 따라 등록한 자를 말하고(퇴직급여법2(13)), 일정한 자[16]로서 퇴직연금사업자가 되려는 자는 재무건전성 및 인적·물적 요건 등 대통령령으로 정하는 요건을 갖추어 고용노동부장관에게 등록해야 한다(퇴직급여법26). 그런데 퇴직연금은 연금의 일종이고, 연금은 생명보험의 일종이라는 점을 감안하면 보험회사의 입장에서 볼 때 퇴직연금이 겸영업무인 것에 대해 의문이 생길 수 있다. 생각건대, 퇴직연금사업자의 퇴직연금제도는 연금 이외의 요소도 포함되어 있다는 점이 고려된 것으로 보인다. 퇴직연금사업자의 퇴직연금제도는 퇴직 시까지 퇴직급여의 적립과 연금의 실시로 구성되는데 후자만 연금 요소인 것이다.

---

16) 여기서 일정한 자란 다음 각 호를 말한다(퇴직급여법26).
1. 자본시장법에 따른 투자매매업자, 투자중개업자 또는 집합투자업자
2. 보험업법에 따른 보험회사
3. 은행법에 따른 은행
4. 신용협동조합법에 따른 신용협동조합중앙회
5. 새마을금고법에 따른 새마을금고중앙회
6. 산업재해보상보험법에 따른 근로복지공단
7. 그 밖에 1호부터 6호까지에 준하는 자로서 대통령령으로 정하는 자

iii) 기타

(1) 그 밖에 보험회사의 경영건전성을 해치거나 보험계약자 보호 및 건전한 거래질서를 해칠 우려가 없다고 인정되는 금융업무로서 '대통령령으로 정하는 금융업무'는 겸영할 수 있다(법11(3)).

(2) 위 (1)에서 '대통령령으로 정하는 금융업무'는 다른 금융기관의 업무 중 '금융위원회가 정하여 고시'하는 바에 따라 그 업무의 수행방법 또는 업무 수행을 위한 절차상 본질적 요소가 아니면서 중대한 의사결정을 필요로 하지 않다고 판단하여 위탁한 업무를 말한다(시행령16③).

(3) 신고의무

(1) 보험회사는 보험업법 11조 1호 또는 3호의 업무를 하려면 겸영업무를 시작하려는 날의 7일 전까지 그 사실을 금융위원회에 신고해야 한다(법11후).

(2) 보험회사가 겸영업무를 신고하려는 경우 보험업법시행규칙 [별지2]의 신고서에 다음 각 호의 서류를 첨부하여 금융위원회에 제출해야 한다(시행규칙12).[17)]

1. 겸영하려는 업무의 종류와 방법을 적은 서류
2. 보험업과 겸영하려는 업무와의 관계를 적은 서류

(4) 회계처리

1) 구분회계

(1) 보험회사는 다른 금융업무를 겸영하는 경우에는 대통령령으로 정하는 바에 따라 그 업무를 보험업과 구분하여 회계처리해야 한다(법11의3).

(2) 보험업무와 여타 금융업무를 구분하여 회계처리하게 하는 취지는 이를 통해서 보험업무의 경영성과를 정확하게 측정하려는 것이다. 이를 통해서 보험업무에 대한 충실도가 감소하거나 보험업무와 여타 금융업무 사이에 위험이 전이되는 문제를 간접적으로 규율할 수 있게 된다.

2) 대상 및 방법

i) 대상

겸영업무 중에서 구분회계의 대상은 보험업법시행령 16조 1항 1호부터 3호까지, 2항 2호부터 4호까지의 업무이다(시행령17①). 즉 ⓐ '자산유동화에 관한 법률'에 따른 유동화자산의 관리업무 ⓑ 한국주택금융공사법에 따른 채권유동화자산의 관리업무 ⓒ 자본시장법 6조 6항에 따른 투자자문업 ⓓ 자본시장법 6조 7항에 따른 투자일임업, 그리고 ⓔ 자본시장법 6조 8항에 따른 신탁업이다.

---

17) 이 보험업법시행규칙의 조항은 상위법령의 명시적 위임은 없지만, 집행명령으로 볼 수 있다.

ii) 회계처리 방법

(1) 위 i)에 따른 구분회계의 대상인 금융업무에 속하는 자산·부채 및 수익·비용을 보험업과 구분하여 회계처리해야 한다(시행령17①).

(2) 회계처리의 세부 기준 등 그 밖에 필요한 사항은 금융위원회가 정하여 고시한다(시행령17②). 겸영업무 및 보험업의 손익에 관한 배분기준은 금융감독원장이 정할 수 있다(감독규정2-12②).

3. 보험회사의 부수업무

(1) 의의

보험회사는 보험업 이외에 이에 부수하는 업무를 수행할 수 있다. 이와 같이 '보험업에 부수하는 업무'(법11의2①)가 보험회사의 부수업무이다. 보험회사의 부수업무를 어느 정도 허용할 것인지는 입법정책의 문제이다. 보험회사의 겸영업무는 보험업 이외의 다른 금융업무를 의미하지만, 보험회사의 부수업무는 보험업과 관련성이 있는 업무 등이라는 점에서 차이가 있다.

(2) 겸영이 가능한 부수업무

1) 네거티브 규제

i) 의의

(1) 보험회사는 법령이 금지하는 것을 제외하고 모든 부수업무가 허용된다. 이것은 이른바 네거티브(negative) 방식의 규제, 즉 금지항목을 명시하고 나머지는 모두 허용하는 방식이다. 이는 포지티브(positive) 방식의 규제(허용항목을 명시하고 나머지는 모두 금지)와 비교된다.

(2) 보험업법은 2010년 개정 이전에는 부수업무에 대해 포지티브 규제를 따랐지만 그 개정 이후부터 네거티브 규제로 전환하였다.

ii) 취지

네거티브 방식의 규제가 채택된 이유는 보험회사가 보험업을 충실하게 수행하는 데에 보험업의 부수업무가 미치는 영향이 심각하지 않다고 보기 때문이다. 겸영업무의 경우는 보험회사가 보험업을 충실하게 수행하는 데 큰 지장을 줄 수 있고 따라서 포지티브 방식의 규제를 취한 것과 비교된다.

2) 부수업무의 신고 및 공고

i) 신고의무

① 의의

(1) 보험회사가 부수업무를 하려면 그 업무를 하려는 날의 7일 전까지 금융위원회에

신고해야 한다(법11의2①본). 다만, 다른 보험회사가 이미 신고하여 공고된 부수업무(제한명령 또는 시정명령을 받은 것은 제외)와 같은 부수업무를 하려는 경우에는 별도의 신고 없이 그 부수업무를 할 수 있다(법11의2①단).

(2) 부수업무 신고의 접수는 금융감독원장에게 위탁되어 있다(시행령[별표8]7). 이 경우 신고서는 감독규정 [별지6-2]에 따른다(감독규정2-11②). 다만, 이 감독규정의 조항은 상위법령의 명시적 위임이 없는 행정규칙이다.

(3) 금융위원회는 부수업무 신고를 받은 경우 그 내용을 검토하여 이 법에 적합하면 신고를 수리해야 한다(법11의2②).

② 취지

위 i)의 신고의무는 일종의 사전규제이다. 부수업무를 사전에 신고하게 한 후 금지기준 위반 여부를 심사해서 필요한 경우 제한 또는 시정의 명령을 하려는 것이다.

ii) 공고의무

① 의의

(1) 금융위원회는 신고받은 부수업무를 대통령령으로 정하는 방법에 따라 인터넷 홈페이지 등에 공고해야 한다(법11의2⑤).

(2) 위 (1)에 따른 공고는 금융감독원장에게 위탁되어 있다(시행령[별표8]54).

② 취지

위 ①의 공고의무는 신고받은 부수업무를 공고하게 해서 규제의 투명성을 확보하려는 것이다. 공고의무의 내용은 다음과 같다.

③ 대상 및 방식

(1) 금융위원회는 부수업무를 신고받은 경우 그 신고일부터 7일 이내에 다음 각 호의 사항을 인터넷 홈페이지 등에 공고해야 한다(시행령16의2①).

1. 보험회사의 명칭
2. 부수업무의 신고일
3. 부수업무의 개시 예정일
4. 부수업무의 내용
5. 그 밖에 보험계약자의 보호를 위하여 공시가 필요하다고 인정되는 사항으로서 금융위원회가 정하여 고시하는 사항

(2) 위 (1)의 5호가 규정하는 금융위원회가 정하여 고시하는 사항은 다음 각 호의 사항을 말한다(감독규정2-11①).

1. 보험회사의 소재지
2. 부수업무의 영위장소

3) 금지기준

i) 의의

보험업법은 부수업무의 종류를 규정하고 있지 않다. 전술한 바와 같이 네거티브 방식의 규제에 따라서 부수업무로서 금지되는 기준을 정할 뿐이다.

ii) 내용

(1) 부수업무에 대한 금지기준의 내용은 다음과 같다. 즉 금융위원회는 부수업무의 내용이 다음 각 호의 어느 하나에 해당하면 그 부수업무를 하는 것을 제한하거나 시정할 것을 명할 수 있다(법11의2③).

1. 보험회사의 경영건전성을 해치는 경우
2. 보험계약자 보호에 지장을 가져오는 경우
3. 금융시장의 안정성을 해치는 경우

(2) 위 (1)의 각 호의 기준이 매우 일반적이고 추상적이다. 부수업무에 대해 네거티브 규제를 도입한 취지가 부수업무에 대한 규제완화에 있다는 점을 고려하여 위 기준을 엄격하게 해석하고 적용할 필요가 있다.

iii) 관련사항

전술한 것처럼 보험업법이 2010년 개정되기 이전에는 허용되는 부수업무의 종류를 규정했는데, 이것이 위 부수업무의 금지기준을 판단하는 데 참고가 될 수 있다. 2010년 개정 이전의 보험업법은 보험업과 관련된 업무 등을 부수업무로서 허용했었다.[18]

18) 2010년 보험업법 개정 이전에는 보험업법 11조 1항 3호에 따른 보험업법시행령 16조 3항이 부수업무의 종류를 다음과 같이 규정했다.

1. 보험업과 관련된 업무(다른 보험회사를 위하여 그 보험업에 속하는 거래의 중개 또는 대리를 하는 업무를 포함한다)의 경우에는 다음 각 목의 1에 해당하는 업무
   가. 보험수리업무
   나. 보험사고 및 보험계약 조사업무
   다. 보험에 관한 연수·간행물·도서출판업무
   라. 보험업과 관련된 전산시스템 또는 소프트웨어 등의 대여 및 판매 업무
   마. 보험관련 인터넷 정보서비스 제공업무
   바. 자동차와 관련된 교육, 상담 그 밖의 부가서비스 업무
   사. 재공제 업무(영위하고 있는 보험종목과 관련된 재공제 업무에 한한다)
   아. 그 밖에 가목 내지 사목에 준하는 업무로서 총리령이 정하는 업무
2. 보험회사가 소유하는 인력·자산 또는 설비 등을 활용하는 업무의 경우에는 다음 각 목의 1에 해당하는 업무
   가. 기업의 인수 및 합병의 중개·주선 또는 대리업무
   나. 대여금고 업무
   다. 수입인지·복권·상품권 등의 판매대행 업무
   라. 기업 및 보험계약자에 대한 상담 및 위험관리 업무
   마. 금융·경제관련 조사 및 연구업무
   바. 다른 금융기관의 업무 중 금융위원회가 정하는 바에 따라 그 업무의 수행방법 또는 업무수행을 위한 절차상 본질적 요소가 아니면서 중대한 의사결정을 요하지 아니한다고 판단하여 위

4) 금융위원회 명령권

i) 의의

(1) 금융위원회는 보험회사가 신고한 부수업무의 내용이 위 3)에 따른 부수업무의 금지기준 중 어느 하나에 해당하면 그 부수업무를 제한하거나 시정할 것을 명할 수 있다(법11의2②). 이 규정의 문리에 비추어 보면 명령권의 행사 여부는 재량사항이다.

(2) 부수업무의 신고내용이 위 3)에 따른 부수업무 금지기준의 어느 하나에 해당하는지에 대한 심사는 금융감독원장에게 위탁되어 있다(시행령[별표8]7).

ii) 방식

위 (1)에 따른 제한명령 또는 시정명령은 그 내용 및 사유가 구체적으로 적힌 문서로 해야 한다(법11의2④).

iii) 공고의무

(1) 제한명령·시정명령을 한 부수업무를 공고하게 해서 규제의 투명성을 확보하려는 것이다. 공고의무의 내용은 다음과 같다.

(2) 금융위원회는 제한명령 또는 시정명령을 한 부수업무를 대통령령으로 정하는 방법에 따라 인터넷 홈페이지 등에 공고하여야 한다(법11의2⑤). 금융위원회는 부수업무를 제한 또는 시정할 것을 명한 경우 그 내용과 사유를 인터넷 홈페이지 등에 공고히여야 한다(시행령16의2②).

(3) 회계처리

(1) 보험회사는 부수업무를 하는 경우 대통령령으로 정하는 바에 따라 그 업무를 보험업과 구분하여 회계처리해야 한다(법11의3).

(2) 부수업무를 구분하여 회계처리 하는 취지, 회계처리의 방법 등은 겸영업무와 동일하다(법11의3,시행령17,감독규정2-12). 다만, 차이가 나는 부분은 구분회계의 대상이다. 부수업무의 경우는 직전 사업연도 매출액이 해당 보험회사 수입보험료의 1천분의 1 또는 10억 원 중 많은 금액에 해당하는 금액을 초과하는 업무만을 대상으로 해당 업무에 속하는 자산·부채 및 수익·비용을 보험업과 구분하여 회계처리해야 한다(시행령17①).

탁한 업무

사. 기업의 후생복지에 관한 상담 및 사무처리 대행업무

아. 보험회사의 설비 등을 활용한 광고대행 업무

자. 그 밖에 가목 내지 아목에 준하는 업무로서 총리령이 정하는 업무

3. 자본시장법에 따른 집합투자업 및 집합투자증권에 대한 투자매매업 또는 투자중개업
4. 전자금융거래법에 따른 전자자금이체업무(동법 2조 6호에 따른 결제중계시스템의 참가기관이 되거나 동법시행령 15조 2항 2호 각 목 이외의 부분에 따른 대표참가기관을 경유하는 방식의 전자자금이체업무는 제외)

4. 보험회사 업무의 위탁 또는 수탁

(1) 관련 규정

(1) 보험회사가 허가받은 보험업, 그리고 겸영업무 및 부수업무를 수행하면서 이를 제3자에게 위탁할 수 있는가? 또는 보험회사가 제3자가 경영하는 업무를 수탁할 수 있는가? 보험업법은 이에 관해 명시적인 규정을 두고 있지 않다.

(2) 다만, 아래에서 보는 바와 같이 '금융기관의 업무위탁 등에 관한 규정'('업무위탁규정')이 있다. 업무위탁규정은 보험회사를 포함한 금융기관이 금융위원회 인가·허가 또는 등록 등의 업무를 수행함에 있어 그 업무의 위탁 및 수탁에 관한 사항을 정하고 있다. 이 규정은 상위법령의 명시적 위임이 없는 행정규칙에 불과하므로 대외적 구속력은 없지만, 보험회사가 업무를 위탁하거나 수탁할 경우 그 기준과 관련하여 참고할 필요가 있다.

(3) 한편, 정보처리업무의 위탁(IT Outsourcing)과 관련해서는 '금융회사의 정보처리 업무 위탁에 관한 규정'이 별도로 있다.

(2) 업무위탁규정

1) 의의

업무위탁규정상 업무위탁은 금융기관이 인가 등을 받은 금융업을 영위하기 위하여 제3자(개인을 포함)의 용역 또는 시설 등을 계속적으로 활용하는 행위를 말한다(업무위탁규정2②본). 그리고 업무수탁은 금융기관이 제3자가 영위하는 업무를 위탁받아 계속적으로 처리하는 행위를 말한다(업무위탁규정2④).

2) 적용 범위

금융관련법령에서 정하는 바에 따라 금융기관이 제3자에게 업무를 위탁하거나 제3자로부터 업무를 수탁하는 경우에는 업무위탁규정을 적용하지 않는다(업무위탁규정6).

3) 네거티브 규제

i) 의의

금융기관은 인가 등을 받은 업무를 영위함에 있어 제3자에게 업무를 위탁하거나 제3자의 업무를 수탁할 수 있고, 다만 일정한 사항은 그렇지 않다(업무위탁규정3①). 즉 금융기관은 일정 사항을 제외하고 모든 업무를 위탁 또는 수탁할 수 있다. 이것은 이른바 네거티브(negative) 방식의 규제, 즉 금지항목을 명시하고 나머지는 모두 허용하는 방식이다. 이는 포지티브(positive) 방식의 규제(허용대상을 규정하고 나머지는 모두 금지)와 비교된다.

ii) 취지

위 i)과 같이 네거티브 규제가 채택된 이유는 원칙적으로 금융기관의 업무위탁 또는 업무수탁이 인가 등의 취지에 반한다고 보지 않기 때문이다. 후술하는 바와 같이 인가 등을 받은 업무의 본질적 요소만 위탁 또는 수탁하지 않으면, 그 이외의 부분은 위탁 또는 수탁하더라도 해당 금융업 수행에 지장이 없다고 본 것이다.

4) 위탁 또는 수탁의 금지기준

위와 같은 네거티브 규제에 따라 금지되는 업무위탁 또는 업무수탁의 기준은 다음과 같다(업무위탁규정3①).

i) 본질적 요소

① 원칙

(1) 인가 등을 받은 금융업 또는 다른 금융업의 본질적 요소를 포함하는 업무는 금지된다(업무위탁규정3①(1)).

(2) 보험회사의 업무와 관련한 본질적 요소의 기준은 다음 각 목과 같다(업무위탁규정 [별표2]).

가. 보험의 인수 여부에 대한 심사 및 결정. 다만, 보험업법시행령 10조 2항에 따른 보험계약 심사를 위한 조사업무는 제외한다.

나. 보험계약의 체결. 다만, 보험업법 83조 1항 1호부터 3호까지에 해당하는 자[19]에 의한 보험계약의 모집은 제외한다.

다. 보험계약의 변경, 해지 및 부활처리, 다만, 다음의 각 행위는 제외한다.
   (1) 해지 및 부활처리를 위한 신청접수, 전산 입력 등 절차적 행위
   (2) 보험업법 115조 1항 3호에 따라 보험계약의 유지·해지·변경 또는 부활 등을 관리하는 자회사에 해당업무를 위탁하는 행위
   (3) 별도의 심사를 요하지 않는 부활처리 행위

라. 보험금 지급 여부에 대한 심사 및 결정. 다만, 다음의 각 행위는 제외한다.
   (1) 보험업법시행령 10조 2항에 따른 보험사고 조사 및 손해사정 업무
   (2) 보험업법 185조에 따라 손해사정업무를 위탁받은 손해사정사 또는 손해사정업자에 대하여 보험금 산정·지급관련 구체적 기준 및 적정성 점검방안을 수립하여 위탁하는 보험금 지급여부 심사·결정 업무. 다만, 이 경우 보험회사는 업무위수탁 보고 시 보험금 산정기준 적정성 점검방안을 포함한 관리계획을 함께 제출하여야 한다.

마. 재보험(재공제 포함) 출·수재
   (1) 재보험 계약 체결
   (2) 재보험 정산업무 중 입·송금 업무

바. 대출의 심사 및 승인, 대출계약의 체결 및 해지, 대출의 실행 업무. 다만, 대출 잔액증명 발급, 금융기관에 의한 원리금 수납 업무는 제외한다.

사. 채무보증 업무
   (1) 채무보증의 심사 및 승인
   (2) 채무보증 계약의 체결 및 해지

19) 보험설계사, 보험대리점, 보험중개사를 가리킨다.

② 예외

위 ①과 같은 본질적 요소의 경우에도 다음 각 목의 어느 하나에 해당하는 업무의 경우에는 예외이다(업무위탁규정3①(1)단).

가. 위탁하고자 하는 업무가 해당 금융업의 본질적 요소가 아니라 다른 금융업의 본질적 요소인 경우로서 법령에서 해당 업무수행을 허용하고 있는 자에 대하여 위탁하는 경우
나. 인가 등을 받은 업무를 효율적으로 수행하는 데 필요한 경우로서 해당 업무를 위탁하더라도 금융기관의 건전성 또는 신인도를 저해하거나 금융질서의 문란 또는 금융이용자 피해를 발생시킬 우려가 낮은 것으로 금융위원회가 인정하는 경우

ii) 의무적 사항

관련 법령에서 금융기관이 수행하도록 의무를 부여하고 있는 경우는 금지된다(업무위탁규정3①(2)).

iii) 건전성 등 저해

업무의 위탁 또는 수탁으로 인하여 당해 금융기관의 건전성 또는 신인도를 크게 저해하거나 금융질서의 문란 또는 금융이용자의 피해 발생이 심히 우려되는 경우는 금지된다(업무위탁규정3①(3)).

5) 주의의무

금융기관이 제3자에게 업무를 위탁하거나 제3자로부터 업무를 수탁하는 경우에는 다음 각 호의 사항을 고려하여 동 업무가 적정하게 처리될 수 있도록 해야 한다(업무위탁규정3③).

1. 업무위탁 또는 수탁에 따른 비용·편익분석
2. 금융이용자 피해발생 및 금융질서 문란 여부
3. 제3자가 관련 법규(다만, 제3자가 외국인인 경우에는 국제사법 3조)에 따라 업무수탁이 가능한지의 여부
4. 제3자가 수탁업무를 적절히 수행할 수 있는지의 여부
5. 금융실명법 등 관련 법령에의 저촉 여부

6) 재위탁

금융기관의 업무를 위탁받은 자는 위탁자의 동의를 얻어 위탁받은 업무를 제3자에게 재위탁할 수 있다(업무위탁규정3④전).

7) 업무 위수탁 운영기준

(1) 금융기관은 업무위탁 또는 업무수탁에 따른 리스크의 체계적 관리를 위하여 업무위탁규정 [별표3]에서 정하는 업무 위수탁 기준에 따라 금융권역 및 위탁대상자의 특성 등을 감안하여 자체적으로 업무 위수탁 운영기준을 마련하고 이를 준수해야 한다(업무위탁

규정3의2).

(2) 업무위탁규정 [별표3]에서 정하는 업무 위수탁 기준의 내용은 다음과 같다.

업무 위수탁 기준

금융회사가 업무 위수탁을 추진하는 경우 다음 각 호의 사항을 참고로 하여 업무 위수탁 운영기준을 제정·운영하여야 한다

1. 위수탁계약에 따른 리스크 평가 및 관리대책
2. 위수탁계약의 결정·해지 절차 및 재위탁에 관한 사항
3. 위탁업무의 모니터링에 관한 사항
   - 위탁업무 수행관련 주요사항(수탁자의 재무상태 및 리스크, 비상계획 및 그 테스트 결과 등)에 대한 모니터링 절차, 모니터링 담당직원의 지정, 경영진에 대한 보고체계 등에 관한 사항
4. 고객정보의 보호에 관한 사항
   - 위탁금융회사 고객자료의 별도 관리, 인가된 자에게만 접근권 부여 및 비밀보호 위반 시 위탁금융회사의 조치권 등 안전장치 확보
5. 비상계획에 관한 사항
   - 수탁자의 부도 또는 통신문제 등 우발상황 발생 시 대책에 관한 사항
6. 위탁업무관련 자료에 대한 접근권 확보에 관한 사항
   - 감독당국 또는 내외부 감사인의 자료접근권 보장
7. 위수탁 계약서 주요 기재사항
   - 위수탁업무의 범위(공급주기, 내용, 형태 등)
   - 업무수행의 수단
   - 정보제공 책임(수탁자 내부의 영업상 중요정보 포함)
   - 수탁자에 대한 감사 권한
   - 업무 위수탁에 대한 수수료 및 보상금
   - 위탁업무에서 발생하는 자료에 대한 위탁금융회사의 소유권과 당해 금융회사의 물적 설비 및 지적재산권 등의 이용조건
   - 고객정보의 보호 및 비밀유지에 관한 사항
   - 업무의 연속성을 확보하기 위한 백업시스템 확보 등 비상계획
   - 면책조항, 보험가입, 분쟁해결(중재, 조정 등) 방법
   - 수탁자의 책임한계
   - 계약의 파기 또는 종료(위탁금융회사의 계약해지권, 자료의 복구방법 등)에 관한 규정
   - 감독당국의 검사 수용의무
   - 재위탁 시 발생한 손해에 대해 원위탁자의 연대배상책임에 대한 내용
   - 수탁자가 업무 재위탁 시 원계약 준수 명시
   - 준거법 및 관할법원(업무 위수탁 상대방이 외국에 소재하는 경우)
   - 기타 업무 위수탁에 따른 리스크관리 등을 위하여 필요한 사항 등
8. 기타 고려사항

- 금융회사는 금융권역 및 위탁대상자의 특성 등을 감안하여 상기 각 호의 사항을 가감하여 반영할 수 있다.

8) 배상책임

업무위탁 또는 업무재위탁의 경우에 위탁회사는 수탁회사가 업무위탁규정 등 금융관련법령 및 위 업무 위수탁 기준상의 의무를 위반하여 발생하는 손해에 대해서 수탁회사와 연대하여 배상책임을 진다(업무위탁규정3⑤).

9) 보고의무

i) 금융기관

① 원칙

금융기관이 업무위탁규정 3조 1항에 따라 제3자와 업무위탁 계약을 체결하거나 제3자(금융기관 및 금융투자업자, 종합금융회사는 제외)와 업무수탁계약을 체결하고자 하는 경우에는 그 사실을 업무를 위탁받은 자가 그 위탁받은 업무를 실제로 수행하려는 날의 7영업일 이전에 업무위탁규정 [별지1] 서식에 따라 다음 각 호의 서류를 첨부하여 금융감독원장에게 보고해야 한다(업무위탁규정4①).

1. 위탁 또는 수탁 관련 계약서(안) 사본
2. 업무 위수탁 계약이 업무위탁규정 3조 3항 각 호의 고려사항에 저촉되지 않고 3조의2에 따른 자체 업무 위수탁 운영기준에 위배되지 않는 준법감시인(준법감시인이 없는 경우에는 감사 등 이에 준하는 자를 말함)의 검토의견 및 관련 자료 사본
3. 위탁 또는 수탁의 필요성 및 기대효과
4. 위탁 또는 수탁에 따른 업무처리절차의 주요 변경내용

② 예외

금융기관은 위 ①에도 불구하고 다음 각 호의 하나에 해당하는 경우에는 사전보고를 생략하고, 업무위탁규정 [별지2] 서식에 따라 업무위수탁 현황을 그 금융기관의 설립근거가 되는 법률 등에 따른 업무보고서에 포함하여 금융감독원장에게 반기별로 사후 보고할 수 있다(업무위탁규정4②).

1. 당해 금융기관 또는 동일한 금융업을 영위하는 다른 금융기관이 금융감독원장에게 보고한 내용과 동일한 경우
2. 금융기관이 약관 등을 보고하면서 당해 약관 등의 내용과 관련된 위탁 또는 수탁예정업무를 보고한 경우(업무위탁규정 4조 1항에 의한 첨부서류를 제출한 경우에 한한다)
3. 해당 금융기관이 이미 보고한 내용을 일부 변경하는 경우로서 변경되는 내용이 경미한 경우
4. 동일한 수탁자에게 반복, 지속적으로 업무위탁이 이루어지는 경우로서 최초 업무위탁 시에 사전보고가 이루어진 경우. 다만, 이 경우 금융회사는 사전보고 시에 향후 발생 가능한 추가적인 업무위탁의 대략적인 내용을 작성하여 금융감독원장에게 제출해야 한다.

5. 금융기관이 제3자로부터 업무를 수탁하는 경우

ii) 금융감독원장

금융감독원장은 업무위탁규정 4조 1항 및 2항에 의하여 금융기관이 보고한 업무위탁 또는 수탁현황을 매 반기 금융위원회에 보고해야 한다(업무위탁규정4③).

10) 시정조치

금융감독원장은 업무위탁 또는 업무수탁이 업무위탁규정 3조에 적합하지 않다고 판단하는 경우에는 당해 금융기관에 대하여 그 내용의 변경권고 등 필요한 조치를 할 수 있고, 이 경우 금융감독원장은 그 조치결과를 지체 없이 금융위원회에 보고해야 한다(업무위탁규정5).

제 2 절 보험회사의 지배구조

제 1 관 총설

1. 지배구조법

(1) 보험회사의 지배구조는 보험회사의 임원, 이사회, 내부통제 및 위험관리 등, 대주주, 소수주주 등에 관한 문제이다. 보험회사의 지배구조는 종래에 보험업법 규정(법13~17)이 규율했는데, 이 규정을 대체하여 지배구조법이 2015.7.16.에 제정되고 2016.8.1.에 시행되었다.

(2) 지배구조법은 보험회사의 지배구조를 다루는 공법에 해당하며, 실질적 의미의 보험업법에 속한다고 할 수 있다. 지배구조법의 목적은 금융회사 임원의 자격요건, 이사회의 구성 및 운영, 내부통제 제도 등 금융회사의 지배구조에 관한 기본적인 사항을 정함으로써 금융회사의 건전한 경영과 금융시장의 안정성을 기하고, 예금자, 투자자, 보험계약자, 그 밖의 금융소비자를 보호하는 것이다(지배구조법1).

(3) 지배구조법이 시행됨에 따라 보험회사는 물론이고 은행, 금융투자업자를 포함한 금융회사[20]에 동일한 회사지배구조가 적용된다. 종래에는 금융회사별로 각 근거법률에 따

---

20) *지배구조법 2조 1호에 따르면 금융회사는 다음 각 목의 어느 하나에 해당하는 회사를 말한다.
가. 은행법에 따른 인가를 받아 설립된 은행
나. 자본시장법에 따른 금융투자업자 및 종합금융회사
다. 보험업법에 따른 보험회사
라. 상호저축은행법에 따른 상호저축은행
마. 여신전문금융업법에 따른 여신전문금융회사
바. 금융지주회사법에 따른 금융지주회사

른 지배구조가 적용됨으로써 규제형평 또는 규제사각의 문제가 제기되었고 이에 따라 금융회사에 대한 통합적 지배구조법이 제정된 것이다. 다만, 금융회사별 업종에 맞는 특수성을 입법 또는 해석의 관점에서 어떻게 고려할 것인지가 향후의 과제라고 할 수 있다.

2. 적용범위

(1) 의의

1) 보험회사에 적용

지배구조법은 은행, 금융투자업자 등을 포함하여 보험회사에도 적용된다(지배구조법2(1)다).

2) 상호회사 적용 문제

(1) 위 1)의 보험회사에는 주식회사 및 상호회사가 포함되고, 또한 상호회사에 대해서 아래에서 보는 바와 같이 적용제외 조항을 두고 있지 않으므로, 지배구조법은 상호회사에도 적용된다고 해석한다. 지배구조법 3조 3항 5호도 "제33조에 따른 소수주주권(「보험업법」 제2조 제7호에 따른 상호회사인 보험회사의 경우 소수사원권을 말한다)의 행사에 관한 사항"은 자산규모 등을 고려한 보험회사에 대해서는 적용하지 않는다고 규정하고 있는데, 이는 지배구조법이 상호회사에도 적용되는 것이 원칙임을 전제한 것이다. 실질적 측면에서 보아도, 법제상 우리나라 상호회사는 인적 요소가 희박하다는 점, 그 공공성 및 사회성을 고려할 때 사적 자치에만 맡겨두는 것이 바람직하지 않다는 점 등을 고려하면 지배구조법의 적용을 받는 것이 합리적이다.

(2) 그런데 상호회사와 관련하여 보험업법은 소수주주권에 관한 지배구조법 33조를 준용하는 규정을 두고 있다(법58,59③,73). 이는 상호회사에 대해 지배구조법이 적용되지 않는다는 전제에 입각한 것이다. 하지만 위 (1)에서 본 바와 같이 지배구조법이 상호회사에 적용된다고 해석되기 때문에, 이 준용규정은 주의적 또는 확인적 규정이라고 해석해야 한다.

(2) 적용 제한

지배구조법은 일정한 경우 그 적용이 제한된다. 이 중에서 보험회사와 관련된 부분만 살펴보면 다음과 같다.

사. 그 밖의 법률에 따라 금융업무를 하는 회사로서 대통령령으로 정하는 회사

**지배구조법 2조 1호 사목에서 대통령령으로 정하는 회사란 다음 각 호의 어느 하나에 해당하는 자를 말한다(지배구조법시행령2).

1. 한국산업은행법에 따른 한국산업은행
2. 중소기업은행법에 따른 중소기업은행
3. 농업협동조합법에 따른 농협은행
4. 수산업협동조합법에 따른 수협은행

1) 보험회사의 국외현지법인 등

(1) 보험회사의 국외현지법인(국외지점을 포함)에게는 지배구조법을 적용하지 않는다(지배구조법3①(1)).

(2) 보험회사의 국외현지법인과 국외지점에는 해당 국가의 법이 적용되는데, 지배구조법까지 적용하면 이중규제의 문제가 생기므로 적용을 배제한 것이다.

(3) 보험회사의 국외현지법인과 국외지점이 해당 국가와 관련된 행위를 하는 경우에는 위와 같이 지배구조법을 적용하지 않지만, 국내와 관련된 행위를 하는 경우에는 지배구조법이 적용된다고 해석한다. 가령 보험회사의 국외현지법인과 국외지점에 속한 임원이 국내에서 겸직하려는 경우는 지배구조법 10조 및 11조가 적용된다.[21]

2) 외국보험회사 국내지점

(1) 외국의 법령에 따라 설립되어 외국에서 보험업을 영위하는 자('외국보험회사': 법2(8))의 국내지점에 대해서는 지배구조법 5조(임원의 자격요건), 7조(임원의 자격요건 적합 여부 보고 등), 4장(내부통제 및 위험관리 등: 24~30), 7장(처분 및 제재절차: 34~39)이 적용된다(지배구조법3②전). 지배구조법상 이 규정 이외의 나머지 규정은 외국보험회사 국내지점에 대해 적용되지 않는다고 해석한다.

(2) 외국보험회사는 외국의 법령에 따라서 설립되어 외국에서 보험업을 영위하는 자이므로 원칙적으로 지배구조법이 적용될 여지가 없다. 다만, 외국보험회사 국내지점은 국내에서 보험업 허가를 받고 보험업을 영위하는 자로서 보험업법에 따른 보험회사로 보므로(법4⑥) 지배구조법의 적용을 받을 필요가 있는데, 그 국내지점이 독립법인이 아니라는 특성을 고려해야 하므로, 지배구조법의 일부 규정만 적용받게 한 것이다.

3) 일정한 자산규모 미만의 보험회사

(1) 최근 사업연도 말 현재 자산총액이 5조 원 미만(주권상장법인인 경우는 2조 원 미만)인 보험회사에 대해서는 다음을 적용하지 않는다(지배구조법3③,동법시행령6③단(3)).

1. 지배구조법 12조 1항 및 같은 조 2항 본문, 14조에 따른 이사회의 구성·운영에 관한 사항
2. 지배구조법 16조 1항부터 3항까지에 따른 이사회 내 위원회의 설치에 관한 사항
3. 지배구조법 21조에 따른 위험관리위원회에 관한 사항
4. 지배구조법 22조에 따른 보수위원회 및 보수체계 등에 관한 사항

4의2. 지배구조법 22조의2에 따른 내부통제위원회에 관한 사항

5. 지배구조법 33조에 따른 소수주주권(보험업법 2조 7호에 따른 상호회사인 보험회사의 경우 소수사원권을 말함)의 행사에 관한 사항

(2) 지배구조법은 보험회사의 임원, 이사회, 내부통제 및 위험관리, 대주주, 소수주주

21) 지배구조법설명서 6면

등과 관련하여 상법(회사편)에 비해 엄격한 내용을 담고 있는데, 이를 보험회사의 규모 등을 고려하지 않고 획일적으로 적용하면 과잉규제의 부작용이 생길 수 있다. 이 점을 고려하여 자산총액이 5조 원 미만(주권상장법인인 경우는 2조 원 미만)인 보험회사에 지배구조법의 적용을 배제한다. 이러한 보험회사는 지배구조법을 거치지 않고 주식회사인 경우는 상법(회사편)의 규율을 받는다.

3. 적용 법률

(1) 종류

(1) 보험회사의 지배구조에 적용되는 법률에는 지배구조법을 포함한 금융관계법령과 상법(회사편)이 있다. 전술한 바와 같이 2015.7.16.에 개정되기 이전의 보험업법에는 보험회사 지배구조에 관한 규정(법13~17)이 있었지만, 지배구조법의 제정과 함께 삭제되어 이제는 관련 규정이 없다.

(2) 전술한 바와 같이 일정한 자산규모 미만의 보험회사에게는 지배구조법을 제외하고 상법(회사편)이 적용된다. 보험회사의 국외현지법인에는 지배구조법은 물론이고 상법(회사편)도 적용되지 않는데, 외국의 법령에 따라 설립되어 외국에서 보험업을 경영하기 때문이다. 보험회사의 국외지점은 지배구조법이 적용되지 않지만 상법은 적용되고, 다만 그 국외지점은 독립된 법인이 아니므로 보험회사에 상법이 적용됨으로써 그 국외지점에도 영향을 미칠 뿐이다.

(2) 적용순서

(1) 회사의 지배구조(corporate governance) 문제는 금융회사뿐만 아니라 모든 회사와 관련된다. 이에 따라 상법(회사편)은 회사의 지배구조에 대해 상세하게 규정하고 있다. 이러한 의미에서 상법(회사편)은 회사의 지배구조에 관한 일반법이다. 반면에 지배구조법은 금융회사의 지배구조에 관한 특별법이라고 할 수 있다. 요컨대 보험회사의 지배구조에 관해서 일반법은 상법(회사편)이고 특별법이 지배구조법이다. 따라서 지배구조법에 특칙이 있으면 이것이 상법(회사편)에 우선하여 적용되고 특칙이 없으면 상법(회사편)이 적용된다(지배구조법4②).

(2) 만약 보험회사의 지배구조에 관하여 지배구조법 이외의 다른 금융관계법령에 특별한 규정이 있다면 이것이 지배구조법에 대한 특별법이므로 지배구조법에 우선해서 적용된다(지배구조법4①). 가령 전자금융거래법 21조의2는 임원의 일종인 정보보호최고책임자[22]에 대해 규정하고 있으며, 이는 지배구조법에 우선하여 적용된다.

---

22) 이에 관해서는 제6관 내부통제, 위험관리, 정보보호 부분에서 자세히 살펴본다.

(3) 보험회사별 상법의 적용 문제

1) 의의

지배구조법에 특칙이 있으면 이것이 상법(회사편)에 우선하여 적용되고 특칙이 없으면 상법(회사편)이 적용된다(지배구조법4②). 그런데 보험회사의 종류에는 주식회사, 상호회사, 외국보험회사 국내지점이 있는데, 상법(회사편)의 적용 문제는 그 종류별로 검토가 필요하다. 상법(회사편)상 회사의 종류에 주식회사는 있지만 상호회사와 외국보험회사 국내지점은 없다.

2) 주식회사

주식회사에 대해서는 상법(회사편)상 주식회사에 관한 규정이 적용될 수 있다.

3) 상호회사

상호회사에 대해서는 상법(회사편)상 회사의 종류에 상호회사가 없기 때문에 상법(회사편)을 적용할 수 없다. 보험업법상 상호회사에 관한 규정을 보면 상호회사에 관한 자체 규정도 있고 상법을 준용하기도 한다. 따라서 상호회사의 경우는 지배구조법에 특칙이 있으면 이것이 보험업법에 우선 적용되고 특칙이 없으면 보험업법이 적용된다고 해석해야 한다.

4) 외국보험회사 국내지점

(1) 외국보험회사 국내지점에 대해서 원칙상 상법(회사편)상 주식회사에 관한 규정이 적용되지 않는다고 해석한다. 외국보험회사 국내지점에 대해서는 지배구조법 중에서 5조(임원의 자격요건), 7조(임원의 자격요건 적합 여부 보고 등), 4장(내부통제 및 위험관리 등: 24~30), 7장(처분 및 제재절차: 34~39)만 적용된다(지배구조법3②전).

(2) 현지법인이 아닌 외국보험회사 국내지점은 그 본점과 별도의 독자적인 지배구조를 갖기 어렵기 때문에 위 규정에 대해서만 제한적으로 지배구조법이 적용된다고 볼 수 있다. 이 점을 고려하면 상법(회사편)은 원칙적으로 외국보험회사 국내지점에 적용되지 않는다고 보아야 한다. 다만, 상법상 외국회사에 관한 규정인 회사편 6장(상법614~621)은 적용될 수 있다.

5) 본서의 서술

위 2)~4)와 같은 이유 때문에, 이하에서 보험회사의 지배구조와 관련하여 상법(회사편)을 기술할 때는, 주식회사인 보험회사에 적용될 상법(회사편)의 주식회사에 관련된 규정을 기준으로 삼기로 한다.

4. 구성

지배구조법은 보험회사의 지배구조를 다루는 공법에 해당하며, 실질적 의미의 보험업법에 속한다고 할 수 있다. 지배구조법은 2장(임원), 3장(이사회), 4장(내부통제 및 위험관리 등), 5장(대주주의 건전성 유지), 6장(소수주주의 권리행사 특례), 7장(처분 및 제재절차)으로 구성되어 있다. 이하에서는 이러한 순서에 따라서 지배구조법을 살펴보기로 한다.

5. 용어

(1) 대주주

1) 일반

지배구조법상 대주주는 다음과 같은 최대주주와 주요주주를 말한다(지배구조법2(6)).

i) 최대주주

① 개념

금융회사의 의결권 있는 발행주식(출자지분을 포함) 총수를 기준으로 본인 및 그와 대통령령으로 정하는 특수한 관계가 있는 자('특수관계인')가 누구의 명의로 하든지 자기의 계산으로 소유하는 주식(그 주식과 관련된 증권예탁증권을 포함)을 합하여 그 수가 가장 많은 경우의 그 본인(지배구조법2(6)가)

② 특수관계인

보험회사의 경우 최대주주를 정할 때 합산하는 위 ①의 '특수관계인'은 본인과 다음 각 호의 어느 하나에 해당하는 관계가 있는 자를 말한다(지배구조법시행령3①).

1. 본인이 개인인 경우: 다음 각 목의 어느 하나에 해당하는 자(다만, 독점규제법시행령 5조 1항 2호 가목에 따른 독립경영자 및 같은 목에 따라 공정거래위원회가 동일인관련자의 범위로부터 분리를 인정하는 자는 제외)를 말한다.
   가. 배우자(사실상의 혼인관계에 있는 사람을 포함한다. 이하 같다)
   나. 6촌 이내의 혈족
   다. 4촌 이내의 인척
   라. 양자의 생가의 직계존속
   마. 양자 및 그 배우자와 양가의 직계비속
   바. 혼인 외의 출생자의 생모
   사. 본인의 금전이나 그 밖의 재산으로 생계를 유지하는 사람 및 생계를 함께 하는 사람
   아. 본인이 혼자서 또는 그와 가목부터 사목까지의 관계에 있는 자와 합하여 법인이나 단체에 100분의 30 이상을 출자하거나, 그 밖에 임원(업무집행책임자는 제외한다. 이하 이 조에서 같다)의 임면 등 법인이나 단체의 중요한 경영사항에 대하여 사실상의 영향력을 행사하고 있는 경우에는 해당 법인 또는 단체와 그 임원(본인이 혼자서 또는 그와 가목부터 사목까지의 관계에 있는 자와 합하여 임원의 임면 등의 방법으로 그 법인 또는 단체의 중요한 경영사항에 대하여 사실상의 영향력을 행사하고 있지 아니함이 본인의 확인서 등을 통하여 확인되는 경우에 그 임원은 제외한다)

자. 본인이 혼자서 또는 그와 가목부터 아목까지의 관계에 있는 자와 합하여 법인이나 단체에 100분의 30 이상을 출자하거나, 그 밖에 임원의 임면 등 법인이나 단체의 중요한 경영사항에 대하여 사실상의 영향력을 행사하고 있는 경우에는 해당 법인 또는 단체와 그 임원(본인이 혼자서 또는 그와 가목부터 아목까지의 관계에 있는 자와 합하여 임원의 임면 등의 방법으로 그 법인 또는 단체의 중요한 경영사항에 대하여 사실상의 영향력을 행사하고 있지 아니함이 본인의 확인서 등을 통하여 확인되는 경우에 그 임원은 제외한다)

2. 본인이 법인이나 단체인 경우: 다음 각 목의 어느 하나에 해당하는 자를 말한다.
가. 임원
나. 독점규제법에 따른 계열회사 및 그 임원
다. 혼자서 또는 1호 각 목의 관계에 있는 자와 합하여 본인에게 100분의 30 이상을 출자하거나, 그 밖에 임원의 임면 등 본인의 중요한 경영사항에 대하여 사실상의 영향력을 행사하고 있는 개인(그와 위 1호의 각 목의 관계에 있는 자를 포함한다) 또는 법인(계열회사는 제외한다. 이하에서 같다), 단체와 그 임원
라. 본인이 혼자서 또는 본인과 가목부터 다목까지의 관계에 있는 자와 합하여 다른 법인이나 단체에 100분의 30 이상을 출자하거나, 그 밖에 임원의 임면 등 다른 법인이나 단체의 중요한 경영사항에 대하여 사실상의 영향력을 행사하고 있는 경우에는 해당 법인, 단체와 그 임원(본인이 임원의 임면 등의 방법으로 그 법인 또는 단체의 중요한 경영사항에 대하여 사실상의 영향력을 행사하고 있지 아니함이 본인의 확인서 등을 통하여 확인되는 경우에 그 임원은 제외한다)

ii) 주요주주

① 개념

주요주주는 다음 중 어느 하나에 해당하는 자를 말한다(지배구조법2(6)나).

1) 누구의 명의로 하든지 자기의 계산으로 금융회사의 의결권 있는 발행주식 총수의 100분의 10 이상의 주식(그 주식과 관련된 증권예탁증권을 포함한다)을 소유한 자
2) 임원(업무집행책임자는 제외)의 임면 등의 방법으로 금융회사의 중요한 경영사항에 대하여 사실상의 영향력을 행사하는 주주로서 대통령령으로 정하는 자

② 사실상의 영향력을 행사하는 주주

주요주주를 정할 때 위 ①의 2)에서 사실상의 영향력을 행사하는 주주로서 대통령령으로 정하는 자는 다음의 어느 하나에 해당하는 자를 말한다(지배구조법시행령4).

1. 혼자서 또는 다른 주주와의 합의·계약 등에 따라 대표이사 또는 이사의 과반수를 선임한 주주
2. 보험회사의 경영전략·조직변경 등 주요 의사결정이나 업무집행에 지배적인 영향력을 행사한다고 인정되는 자로서 금융위원회가 정하여 고시하는 주주

2) 특칙

지배구조법상 대주주 개념에 관한 특칙이 있다. 즉 보험회사 대주주의 변경 시에 요구되는 대주주 요건과 관련해서 대주주는 위 최대주주와 주요주주뿐만 아니라 최대주주의 특수관계인인 주주를 포함하고 최대주주가 법인인 경우 그 법인의 중요한 경영사항에 대하여 사실상 영향력을 행사하고 있는 자로서 대통령령으로 정하는 자를 포함한다(지배구조법31①본).

(2) 금융관계법령

'금융관계법령'이란 대통령령으로 정하는 금융 관계 법령 및 이에 상당하는 외국의 금융 관계 법령을 말한다(지배구조법2(7)). 여기서 대통령령은 지배구조법시행령 5조이다. 지배구조법시행령 5조는 65개의 금융 관계 법령을 열거하고 있으며 이들을 특히 '금융관련법령'이라고 부른다.[23)]

---

23) 지배구조법시행령 5조에 따른 금융관련법령은 현재 65개이고 다음과 같다. 1. 가상자산 이용자 보호 등에 관한 법률 1의2. 개인금융채권의 관리 및 개인금융채무자의 보호에 관한 법률 2. 공인회계사법 2의2. 공적자금관리 특별법 2의3. 공중 등 협박목적 및 대량살상무기 확산을 위한 자금조달행위의 금지에 관한 법률 2의4. 국민연금법(1조 및 128조 3항 4호로 한정) 3. 근로자퇴직급여 보장법 3의2. 금융거래지표의 관리에 관한 법률 3의3. 금융복합기업집단의 감독에 관한 법률 4. 금융산업의 구조개선에 관한 법률 4의2. 금융소비자 보호에 관한 법률 5. 금융실명거래 및 비밀보장에 관한 법률 6. 금융위원회의 설치 등에 관한 법률 7. 금융지주회사법 7의2. 금융혁신지원 특별법 7의3. 기업구조조정 촉진법 7의4. 기업구조조정투자회사법 8. 한국자산관리공사 설립 등에 관한 법률 9. 기술보증기금법 10. 농림수산식품투자조합 결성 및 운용에 관한 법률 10의2. 농림수산업자 신용보증법 11. 농업협동조합법 12. 담보부사채신탁법 13. 대부업 등의 등록 및 금융이용자 보호에 관한 법률 14. 문화산업진흥 기본법 15. 벤처투자 촉진에 관한 법률 15의2. 보험사기방지 특별법 16. 보험업법 17. 감정평가 및 감정평가사에 관한 법률 18. 부동산투자회사법 19. 사회기반시설에 대한 민간투자법 20. 산업발전법 21. 상호저축은행법 22. 새마을금고법 22의2. 서민의 금융생활 지원에 관한 법률 23. 선박투자회사법 24. 소재·부품·장비산업 경쟁력 강화 및 공급망 안정화를 위한 특별조치법 25. 수산업협동조합법 26. 신용보증기금법 27. 신용정보의 이용 및 보호에 관한 법률 28. 신용협동조합법 29. 여신전문금융업법 30. 예금자보호법 30의2. 온라인투자연계금융업 및 이용자 보호에 관한 법률 31. 외국인투자 촉진법 32. 외국환거래법 33. 유사수신행위의 규제에 관한 법률 34. 은행법 34의2. 이중상환청구권부 채권 발행에 관한 법률 34의3. 인터넷전문은행 설립 및 운영에 관한 특례법 35. 자본시장과 금융투자업에 관한 법률 36. 자산유동화에 관한 법률 37. 전자금융거래법 37의2 주식·사채 등의 전자등록에 관한 법률 38. 주식회사 등의 외부감사에 관한 법률 39. 주택법 40. 중소기업은행법 41. 삭제 42. 채권의 공정한 추심에 관한 법률 43. 특정 금융거래정보의 보고 및 이용 등에 관한 법률 44. 한국산업은행법 45. 한국수출입은행법 46. 한국은행법 47. 한국주택금융공사법 48. 한국투자공사법 49. 해외자원개발 사업법

제 2 관 보험회사의 임원

1. 총설

(1) 의의

1) 구분

보험회사의 임원은 이사, 감사, 집행임원(상법에 따른 집행임원을 둔 경우로 한정) 및 업무집행책임자를 말한다(지배구조법2(2)).

2) 외국보험회사 국내지점

(1) 외국보험회사 국내지점에 대한 특칙이 있다. 즉 외국보험회사 국내지점의 대표자와 그 밖에 '대통령령으로 정하는 사람'은 지배구조법에 따른 보험회사의 임원으로 본다(지배구조법 3②).

(2) 위 (1)에서 '대통령령으로 정하는 사람'은 명예회장 · 회장 · 부회장 · 사장 · 부사장 · 대표 · 부대표 · 전무 · 상무 · 이사 등과 같이 업무를 집행할 권한이 있는 것으로 인정될 만한 명칭을 사용하여 국내지점에서 업무를 집행하는 사람을 말한다(지배구조법시행령6②). 여기서 '대통령령으로 정하는 사람'은 지배구조법 2조 2호에서 말하는 업무집행책임자를 가리키는데, 다만 국내지점에서 업무집행을 하는 사람에 한정시키기 위해서 특칙을 둔 것이다. 한편 보험업법도 외국보험회사 국내지점의 대표를 임원으로 보는데(법76③), 위 지배구조법과 내용이 같다.

(2) 이사

(1) 이사는 주주총회에서 선임되어 주로 이사회의 구성원으로서 회사 업무집행의 결정에 참가하는 자이다(상법382①,393①). 이사에는 사내이사, 사외이사 및 그 밖에 상시적인 업무에 종사하지 아니하는 이사('비상임이사')가 있다(지배구조법2(3)).

(2) 사내이사는 업무를 집행하는 등 상시적 업무에 종사하는 자이고, 사외이사 및 비상임이사는 상시적 업무에 종사하지 않는다. 특히 사외이사는 상시적인 업무에 종사하지 않는 이사로서 지배구조법 17조에 따라 선임되는 사람을 말한다(지배구조법2(4)).

(3) 이사에 관해서는 지배구조법 등 다른 법령에 특별한 규정이 없으면 상법 382조~388조, 394조~408조, 542조의5, 542조의7~542조의9 등이 적용된다.

(3) 감사

(1) 감사는 주주총회에서 선임되어 회사의 경영을 감사하는 자로서 필요적 상설기관이다(상법409①,412). 소규모 회사(자본금의 총액이 10억 원 미만인 회사)는 감사를 선임하지 않을 수 있다(상법409④). 그리고 회사는 정관이 정한 바에 따라 감사에 갈음하여 이사회 내 위원회로서 감사위원회를 설치할 수 있고, 감사위원회를 설치한 경우에는 감사를 둘

수 없다(상법415의2①).

(2) 감사에 관해서는 지배구조법 등 다른 법령에 특별한 규정이 없으면 상법 409조~415조의2, 542조의5, 542조의9~542조의12 등이 적용된다.

(4) 집행임원

(1) 집행임원은 이사회의 결의로 선임되어 회사의 업무집행과 회사 대표의 권한을 가진 자이다(상법408의2,408의4). 집행임원은 대표이사를 대신하는 제도이어서, 집행임원을 둔 회사는 대표이사를 두지 못한다(상법408의2①후).

(2) 집행임원에 관해서는 지배구조법 등 다른 법령에 특별한 규정이 없으면 상법 408조의2~408조의9, 542조의9 등이 적용된다.

(5) 업무집행책임자

1) 의의

(1) 업무집행책임자는 이사가 아니면서 명예회장·회장·부회장·사장·부사장·행장·부행장·부행장보·전무·상무·이사 등 업무를 집행할 권한이 있는 것으로 인정될 만한 명칭을 사용하여 보험회사의 업무를 집행하는 사람을 말한다(지배구조법2(5)).

(2) 업무집행책임자 중에서 일정한 주요업무를 수행하는 자를 특히 주요업무집행책임자라고 한다(지배구조법8①).

(3) 업무집행책임자에 관해서는 지배구조법 등 다른 법령에 특별한 규정이 있으면 이것이 우선 적용되고, 그렇지 않으면 상법 401조의2 1항 3호 등이 적용된다.

2) 취지

보험회사에는 대표이사, 사내이사 등이 업무집행 등의 상시적 업무에 종사한다. 그런데 보험회사의 이사 중에 사외이사가 일정 수 이상 포함되어야 한다는 점이 고려되어 특히 사내이사 수가 제한되어 있다. 하지만 보험회사의 업무가 많은 경우 이를 집행할 사람이 더 필요하다. 이러한 수요에 맞추어 이사가 아니면서 위와 같은 명칭을 사용하여 이사에 준하는 업무집행상 권한과 책임을 부여받아 활동하는 사람을 두는 것이 보통인데, 이러한 사람이 바로 업무집행책임자에 해당한다. 업무집행책임자는 이사에 준하는 업무집행상 권한과 책임을 부여받아 활동한다는 점을 고려하여 이사와 더불어 임원에 포함시킨 것이다.

3) 요건

(1) 업무집행책임자의 구성요소는 ⓐ 이사가 아니라는 점 ⓑ 업무를 집행할 권한이 있는 것으로 인정될 만한 명칭을 사용한다는 점, 그리고 ⓒ 업무를 집행한다는 점이다. 이를 구체적으로 살펴보면 다음과 같다.

(2) 업무집행책임자는 이사가 아니다. 따라서 사내이사는 업무집행책임자가 될 수 없다.

(3) 업무집행책임자는 업무집행 권한이 있는 것으로 인정될 만한 명칭을 사용하여 보험회사의 업무를 집행하는 사람이다. 따라서 그러한 명칭만 사용하고 실제로 업무를 집행하는 사람이 아니면 여기서 말하는 업무집행책임자라고 볼 수 없다.[24] 위에서 명예회장 등의 명칭은 예시적인 것으로 해석한다.[25] 가령 본부장, 담당, 상무보 등의 명칭을 사용하더라도 객관적으로 이사에 준하는 업무집행상 권한과 책임을 부여받아 활동하는 자는 업무집행책임자에 포함된다고 해석한다.

4) 적용 범위

지배구조법은 일부 조항의 적용에 있어서 업무집행책임자를 배제하기도 한다. 가령 지배구조법 35조 1항은 임직원에 대한 제재와 관련하여 임원의 범위에서 업무집행책임자를 제외하고, 그리고 동법시행령 3조 1항 1호 아목은 특수관계인의 범위를 정함에 있어서 임원의 범위에서 업무집행책임자를 제외한다.

(6) 정보보호최고책임자에 대한 특칙

(1) 정보보호최고책임자에 대한 특칙이 있다. 전자금융거래법에 따르면 보험회사는 전자금융업무 및 그 기반이 되는 정보기술부문 보안을 총괄하여 책임질 정보보호최고책임자를 지정해야 하고, 총자산, 종업원 수 등을 감안하여 대통령령으로 정하는 보험회사는 정보보호최고책임자를 임원으로 지정해야 하고, 정보보호최고책임자의 자격요건 등에 필요한 사항은 대통령령으로 정한다(전자금융거래법21의2①·②·⑤).

(2) 위 (1)에 따라 최근 사업연도 말 현재 총자산이 2조 원 이상이고 상시 종업원 수가 300명[26] 이상인 보험회사는 정보보호최고책임자를 임원(상법 401조의2 1항 3호에 따른 자[27]를 포함)으로 지정해야 한다(전자금융거래법시행령11의3①).

(3) 정보보호최고책임자의 자격요건은 전자금융거래법시행령 [별표1]과 같다(전자금융거래법시행령11의4④). 또한, 정보보호최고책임자를 선임할 때에는 지배구조법상 임원의 자격요건의 적용을 받게 된다.[28] 따라서 정보보호최고책임자는 전자금융거래법이 요구하는 정보보호최고책임자로서의 자격요건 및 지배구조법이 요구하는 임원으로서의 자격요건을 모두 충족해야 한다.

---

24) 지배구조법설명서 1면은 상무, 전무 등의 명칭을 사용하고 있으면 실제 업무와 관계없이 업무집행책임자라고 할 수 있다는 입장인데, 이것이 그러한 명칭을 사용하면 실제로 업무를 집행하지 않더라도 업무집행책임자가 될 수 있다는 의미라면 찬성하기 어렵다.

25) 지배구조법설명서 2면

26) 이 경우 상시 종업원 수는 소득세법에 따른 원천징수의무자가 근로소득세를 원천징수한 자를 말한다(전자금융거래법시행령11의3①, 전자금융감독규정6의2①).

27) 상법 401조의2 1항 3호에 따른 자는 '명예회장 · 회장 · 사장 · 부사장 · 전무 · 상무 · 이사 기타 회사의 업무를 집행할 권한이 있는 것으로 인정될 만한 명칭을 사용하여 회사의 업무를 집행한 자'이며, 이는 지배구조법상 임원에 속하는 업무집행책임자(지배구조법2(2)·(5))를 가리킨다.

28) 지배구조법설명서 4면

2. 임원의 자격요건

임원의 자격요건에는 이사, 감사, 집행임원 및 업무집행책임자 모두에게 적용되는 공통요건이 있고, 사외이사에게만 요구되는 특수요건이 있다. 공통요건과 관련하여 종래 지배구조법은 소극적 요건을 규정할 뿐 사외이사를 제외한 임원에 대해서는 적극적 요건을 부과하지 않았다. 2024.7.3. 시행된 개정 지배구조법은 개별 임원의 내부통제 책임을 명확히 하기 위하여 책무구조도를 도입하고, 책무구조도에 따라 내부통제 관리의무를 담당하는 임원에 대해 전문성과 업무경험, 정직성, 신뢰성 등 적극적 요건을 갖추도록 한다(지배구조법5③). 이를 나누어서 살펴본다.

(1) 임원의 소극적 요건

1) 의의

i) 자격 제한

지배구조법은 보험회사의 경영건전성을 위해서 임원의 자격을 엄격하게 제한하는 규정을 두고 있다. 즉 다음 각 호의 어느 하나에 해당하는 사람은 보험회사의 임원이 되지 못한다(지배구조법5①).

1. 미성년자 · 피성년후견인 또는 피한정후견인
2. 파산선고를 받고 복권되지 아니한 사람
3. 금고 이상의 실형을 선고받고 그 집행이 끝나거나(집행이 끝난 것으로 보는 경우를 포함) 집행이 면제된 날부터 5년이 지나지 않은 사람
4. 금고 이상의 형의 집행유예를 선고받고 그 유예기간 중에 있는 사람
5. 지배구조법 또는 금융관계법령에 따라 벌금 이상의 형을 선고받고 그 집행이 끝나거나(집행이 끝난 것으로 보는 경우를 포함한다) 집행이 면제된 날부터 5년이 지나지 아니한 사람
6. 다음 각 목의 어느 하나에 해당하는 조치를 받은 금융회사의 임직원 또는 임직원이었던 사람(그 조치를 받게 된 원인에 대하여 직접 또는 이에 상응하는 책임이 있는 사람으로서 대통령령으로 정하는 사람으로 한정)으로서 해당 조치가 있었던 날부터 5년이 지나지 아니한 사람
   가. 금융관계법령에 따른 영업의 허가 · 인가 · 등록 등의 취소
   나. 구조개선법 10조 1항에 따른 적기시정조치
   다. 구조개선법 14조 2항에 따른 행정처분
7. 지배구조법 또는 금융관계법령에 따라 임직원 제재조치(퇴임 또는 퇴직한 임직원의 경우 해당 조치에 상응하는 통보를 포함)를 받은 사람으로서 조치의 종류별로 5년을 초과하지 아니하는 범위에서 대통령령으로 정하는 기간이 지나지 않은 사람
8. 해당 금융회사의 공익성 및 건전경영과 신용질서를 해칠 우려가 있는 경우로서 대통령령으로 정하는 사람

ii) 특징

① 소극적 요건

위 i)에 지배구조법은 임원자격에 대해 소극적 요건을 요구한다. 즉 이는 임원이 되려면 해당하지 않아야 하는 사유를 말하는데, 가령 미성년자·피성년후견인 또는 피한정후견인에 해당하지 않아야 한다.

② 선임 및 재임 요건

지배구조법은 위와 같은 요건을 임원으로 선임되는 데도 요구하고 원칙적으로 임원으로 재임하는 데도 요구한다. 즉 선임 요건이자 유지 요건으로 요구하는 것이다.

iii) 상법상 요건

위 i) 이외에 상법에는 다음과 같은 자격요건 있다. 상업사용인은 영업주의 허락 없이 회사의 이사가 되지 못한다(상법17①). 대리상은 본인의 승인이 없으면, 합명회사 또는 합자회사의 무한책임사원은 다른 사원의 승인이 없으면, 그리고 주식회사 또는 유한회사의 이사는 이사회의 승인이 없으면, 동종영업을 목적으로 하는 다른 회사의 이사가 되지 못한다(상법89,198①,269,397①,567).

2) 선임 시 요건

지배구조법 5조 1항에 따라 보험회사 임원으로 선임되기 위해서 필요한 소극적 요건에 대해서 보다 구체적으로 살펴보자.

i) 행위능력 제한

미성년자, 피성년후견인 또는 피한정후견인은 보험회사의 임원이 되지 못한다(지배구조법5①(1)). 미성년자,[29] 피성년후견인[30]과 피한정후견인[31]은 정신적 제약으로 인해서 사무처리 능력이 결여되거나 부족한 사람이므로 민법상 법률행위를 할 수 있는 행위능력이 제한된다. 정신적 제약으로 인한 행위능력 제한을 고려하여 미성년자, 피성년후견인과 피한정후견인은 임원으로 선임될 수 없도록 한 것이다.

ii) 파산선고

파산선고를 받고 복권되지 아니한 사람은 임원이 될 수 없다(지배구조법5①(2)). 파산선

29) 미성년자는 만 19세 미만의 자이고, 미성년자가 법률행위를 함에는 원칙적으로 법정대리인의 동의를 얻어야 하고 이를 위반한 행위는 취소할 수 있다(민법4,5).

30) 피성년후견인은 질병, 장애, 노령, 그 밖의 사유로 인한 정신적 제약으로 사무를 처리할 능력이 지속적으로 결여된 사람으로서 성년후견개시의 심판을 받은 자이고(민법9①), 피성년후견인의 법률행위는 원칙상 취소할 수 있다(민법10①).

31) 피한정후견인은 질병, 장애, 노령, 그 밖의 사유로 인한 정신적 제약으로 사무를 처리할 능력이 부족한 사람으로서 한정후견개시의 심판을 받은 자이고(민법12①), 가정법원은 피한정후견인이 한정후견인의 동의를 받아야 하는 행위의 범위를 정할 수 있고 한정후견인의 동의가 필요한 법률행위를 피한정후견인이 한정후견인의 동의 없이 하였을 때에는 원칙상 그 법률행위를 취소할 수 있다(민법13①·④).

고를 받은 이후 복권[32]되기 전에는 경제적 신용이 낮기 때문이다.

iii) 형벌

형벌과 관련된 자는 임원이 될 수 없다. 이 경우에 사회적 신용이 낮기 때문이다. 그 내용은 다음과 같다.

① 금고 이상의 실형

(1) 금고 이상의 실형을 선고받고 그 집행이 끝나거나(집행이 끝난 것으로 보는 경우를 포함) 집행이 면제된 날부터 5년이 지나지 않은 사람은 임원이 될 수 없다(지배구조법5①(3)).

(2) 형의 종류는 사형, 징역, 금고, 자격상실, 자격정지, 벌금, 구류, 과료, 몰수가 있는데, 여기서 금고 이상의 형은 사형, 징역, 금고를 말한다(형법41). 실형을 받는 것이 소극적 요건이므로, 선고유예나 집행유예는 이에 해당하지 않는다. 위반한 법의 종류는 묻지 않는다고 해석한다.

② 금고 이상의 형의 집행유예

(1) 금고 이상의 형의 집행유예를 선고받고 그 유예기간 중에 있는 사람은 임원이 될 수 없다(지배구조법5①(4)).

(2) 위반한 법의 종류는 묻지 않는다.

③ 지배구조법 또는 금융관계법령에 따라 벌금 이상의 형

(1) 지배구조법 또는 금융관계법령에 따라 벌금 이상의 형을 선고받고 그 집행이 끝나거나(집행이 끝난 것으로 보는 경우를 포함) 집행이 면제된 날부터 5년이 지나지 않은 사람은 임원이 될 수 없다(지배구조법5①(5)).

(2) 벌금 이상의 형은 형 중에서 사형, 징역, 금고뿐만 아니라 자격상실, 자격정지, 벌금도 포함하고 구류, 과료, 몰수만 제외한다(형법41). 실형을 받지 않아도 되므로 선고유예나 집행유예도 포함한다. 지배구조법 또는 금융관계법령의 위반을 보다 무겁게 취급하는 것이다.

iv) 제재

제재와 관련된 자는 임원이 될 수 없다. 이 경우도 사회적 신용이 낮기 때문이다. 아래와 같이 ①과 ②의 두 가지 유형이 있다.

① 허가취소 등의 조치를 당한 보험회사의 임직원으로서 제재를 받은 경우

(ㄱ) 의의

허가취소 등의 조치를 받은 금융회사의 임직원 또는 임직원이었던 사람(그 조치를 받게 된 원인에 대하여 직접 또는 이에 상응하는 책임이 있는 사람으로서 '대통령령으로 정하는 사람'으로 한정)은 해당 조치가 있었던 날부터 5년이 지나지 않으면 임원이 될 수 없다(지배구조

32) 파산선고를 받은 채무자는 면책의 결정이 확정된 때 등의 경우에 복권된다(채무자회생법574,575).

법5①(6)).

(ㄴ) 조치의 종류

위 (ㄱ)에서 조치의 종류에는 ⓐ 금융관계법령에 따른 영업의 허가·인가·등록 등의 취소 ⓑ 구조개선법 10조 1항에 따른 적기시정조치,[33] 또는 ⓒ 구조개선법 14조 2항에 따른 행정처분[34]이 있다.

(ㄷ) 임직원의 범위

(1) 위 (ㄱ)에서 임원이 될 수 없는 사람은 허가취소 등의 조치를 받은 보험회사의 임직원 또는 임직원이었던 사람 모두가 아니라 '대통령령으로 정하는 사람'으로 한정한다. 이에 따라 '대통령령으로 정하는 사람'은 해당 조치의 원인이 되는 사유가 발생한 당시의 임직원으로서 다음 각 호의 어느 하나에 해당하는 사람을 말한다(지배구조법시행령7①).

1. 감사 또는 감사위원회 위원('감사위원')
2. 위 (ㄴ)의 ⓐ 또는 ⓒ에 해당하는 조치의 원인이 되는 사유의 발생과 관련하여 위법·부당한 행위로 금융위원회 또는 금융감독원장으로부터 주의·경고·문책·직무정지·해임요구, 그 밖에 이에 준하는 조치를 받은 임원(업무집행책임자는 제외. 이하 이 조에서 같다)

---

33) 구조개선법 10조 1항에 따르면, 금융위원회는 금융기관의 자기자본비율이 일정 수준에 미달하는 등 재무상태가 2항에 따른 기준에 미달하거나 거액의 금융사고 또는 부실채권의 발생으로 금융기관의 재무상태가 2항에 따른 기준에 미달하게 될 것이 명백하다고 판단되면 금융기관의 부실화를 예방하고 건전한 경영을 유도하기 위하여 해당 금융기관이나 그 임원에 대하여 다음 각 호의 사항을 권고·요구 또는 명령하거나 그 이행계획을 제출할 것을 명하여야 한다.
1. 금융기관 및 임직원에 대한 주의·경고·견책 또는 감봉
2. 자본증가 또는 자본감소, 보유자산의 처분이나 점포·조직의 축소
3. 채무불이행 또는 가격변동 등의 위험이 높은 자산의 취득금지 또는 비정상적으로 높은 금리에 의한 수신의 제한
4. 임원의 직무정지나 임원의 직무를 대행하는 관리인의 선임
5. 주식의 소각 또는 병합
6. 영업의 전부 또는 일부 정지
7. 합병 또는 제3자에 의한 해당 금융기관의 인수
8. 영업의 양도나 예금·대출 등 금융거래와 관련된 계약의 이전
9. 그 밖에 1호부터 8호까지의 규정에 준하는 조치로서 금융기관의 재무건전성을 높이기 위하여 필요하다고 인정되는 조치

34) 구조개선법 14조 2항에 따르면, 금융위원회는 부실금융기관이 다음 각 호의 어느 하나에 해당하는 경우에는 그 부실금융기관에 대하여 계약이전의 결정, 6개월 이내의 영업정지, 영업의 인가·허가의 취소 등 필요한 처분을 할 수 있다. 다만, 4호에 해당하면 6개월 이내의 영업정지처분만을 할 수 있으며, 1호 및 2호의 부실금융기관이 부실금융기관에 해당하지 아니하게 된 경우에는 그러하지 아니하다.
1. 구조개선법 10조 1항 또는 12조 3항에 따른 명령을 이행하지 아니하거나 이행할 수 없게 된 경우
2. 구조개선법 10조 1항 및 11조 3항에서 규정하는 명령 또는 알선에 따른 부실금융기관의 합병 등이 이루어지지 아니하는 경우
3. 부채가 자산을 뚜렷하게 초과하여 구조개선법 10조 1항에 따른 명령의 이행이나 부실금융기관의 합병 등이 이루어지기 어렵다고 판단되는 경우
4. 자금사정의 급격한 악화로 예금등 채권의 지급이나 차입금의 상환이 어렵게 되어 예금자의 권익이나 신용질서를 해칠 것이 명백하다고 인정되는 경우

3. 위 (ㄴ)의 ⓑ에 해당하는 조치의 원인이 되는 사유의 발생과 관련하여 위법·부당한 행위로 금융위원회 또는 금융감독원장으로부터 직무정지·해임요구, 그 밖에 이에 준하는 조치를 받은 임원
4. 위 (ㄴ)의 ⓐ, ⓑ 또는 ⓒ에 해당하는 조치의 원인이 되는 사유의 발생과 관련하여 위법·부당한 행위로 금융위원회 또는 금융감독원장으로부터 직무정지요구 또는 정직요구 이상에 해당하는 조치를 받은 직원(업무집행책임자를 포함. 이하 이 조에서 같다)
5. 2호부터 4호까지의 제재 대상자로서 그 제재를 받기 전에 퇴임하거나 퇴직한 사람

⑵ 위 ⑴의 1호는 감사 또는 감사위원과 관련된다. 위 ㈁의 ⓐ, ⓑ 또는 ⓒ의 원인이 되는 사유와 발생과 관련되거나 이에 관한 위법·부당한 행위를 했는지 여부를 묻지 않고, 해당 조치의 원인이 되는 사유가 발생한 당시의 감사 또는 감사위원은 임원이 될 수 없는 것이다. 감사 또는 감사위원은 보험회사의 경영을 감사하는 자라는 점으로 고려하여 이들의 임원 자격을 엄격하게 제한한 것이다.

⑶ 위 ⑴의 2호 및 3호는 임원과 관련된다. 허가취소 등의 강한 처분이 포함된 위 ㈁의 ⓐ의 조치 또는 ⓒ의 조치는 제재의 기준이 주의·경고·문책·직무정지·해임요구이지만, ⓑ 조치는 상대적으로 약한 처분이라는 점을 감안하여 제재의 기준을 직무정지·해임요구로 제한하고 있다. 그리고 여기의 임원에는 이사, 감사, 집행임원이 포함되고 업무집행책임자는 제외된다. 감사는 위 ⑴의 1호에도 해당할 수 있고, 2호 또는 3호에도 해당할 수 있는 것이다.

⑷ 위 ⑴의 4호는 직원과 관련된다. 임원의 경우 위 ㈁의 ⓐ의 조치 또는 ⓒ의 조치는 제재의 기준이 주의·경고·문책·직무정지·해임요구이지만, 직원의 경우 직무정지요구·정직요구·면직으로 제한하고 있다. 그리고 업무집행책임자는 원칙적으로 임원의 일종이지만(지배구조법2⑵), 본 문제와 관련해서는 직원과 같이 취급하고 있음을 알 수 있다.

⑸ 위 ⑴의 5호는 퇴임자 또는 퇴직자와 관련된다. 제재 대상자에 해당하지만 퇴임 또는 퇴직을 이유로 제재를 받지 않은 사람도 재임 또는 재직을 가정하여 제재를 받은 것과 같게 취급하자는 것이다. 다만, 감사 또는 감사위원은 제외되어 있다. 감사 또는 감사위원은 위 ⑴의 1호에 따라 위 ㈁의 ⓐ, ⓑ 또는 ⓒ의 조치의 원인이 되는 사유와 발생과 관련되거나 이에 관한 위법·부당한 행위를 했는지 여부를 묻지 않고 임원이 될 수 없다고 한 점을 고려한 것이다.

② 지배구조법 또는 금융관계법령에 따라 임직원이 제재를 받은 경우

⑴ 지배구조법 또는 금융관계법령에 따라 임직원 제재조치(퇴임 또는 퇴직한 임직원의 경우 해당 조치에 상응하는 통보를 포함)를 받은 사람으로서 조치의 종류별로 5년을 초과하지 아니하는 범위에서 '대통령령으로 정하는 기간'이 지나지 않은 사람은 임원이 될 수 없다(지배구조법5①⑺).

(2) 위 (1)에서 '대통령령으로 정하는 기간'은 다음 각 호의 구분에 따른 기간을 말한다(지배구조법시행령7②).

1. 임원에 대한 제재조치의 종류별로 다음 각 목에서 정하는 기간
   가. 해임(해임요구 또는 해임권고를 포함): 해임일(해임요구 또는 해임권고의 경우에는 해임 요구일 또는 해임 권고일을 말함)부터 5년
   나. 직무정지(직무정지의 요구를 포함) 또는 업무집행정지: 직무정지 종료일(직무정지 요구의 경우에는 직무정지 요구일을 말함) 또는 업무집행정지 종료일부터 4년
   다. 문책경고: 문책 경고일부터 3년
2. 직원에 대한 제재조치의 종류별로 다음 각 목에서 정하는 기간
   가. 면직요구: 면직 요구일부터 5년
   나. 정직요구: 정직 요구일부터 4년
   다. 감봉요구: 감봉 요구일부터 3년
3. 재임 또는 재직 당시 금융관계법령에 따라 그 소속기관 또는 금융위원회·금융감독원장 외의 감독·검사기관으로부터 1호 또는 2호의 제재조치에 준하는 조치를 받은 사실이 있는 경우 1호 또는 2호에서 정하는 기간
4. 퇴임하거나 퇴직한 임직원이 재임 또는 재직 중이었더라면 1호부터 3호까지의 조치를 받았을 것으로 인정되는 경우 그 받았을 것으로 인정되는 조치의 내용을 통보받은 날부터 1호부터 3호까지에서 정하는 기간

③ 위 ①과 ②의 비교

(1) 위 ①과 ②는 일정한 제재를 받은 자는 일정 기간 동안 임원이 될 수 없다고 한 점에서 기본적으로 같다. 퇴임하거나 퇴직한 임직원에 대해서도 적용된다는 점도 ①과 ②가 같은 점이다.

(2) ①도 ②처럼 지배구조법 또는 금융관계법령에 따라 임직원이 제재를 받은 경우에 속하지만, ①의 경우는 해당 임직원이 소속된 보험회사가 ⓐ 금융관계법령에 따른 영업의 허가·인가·등록 등의 취소 ⓑ 구조개선법 10조 1항에 따른 적기시정조치, 또는 ⓒ 구조개선법 14조 2항에 따른 행정처분을 받은 경우와 관련하여 제재를 받은 경우로 한정한다는 점에서 차이가 있다. 또한 임원이 될 수 없는 기간도 차이가 있다. 그리고 ②의 경우는 재임 또는 재직 당시 금융관계법령에 따라 그 소속기관 또는 금융위원회·금융감독원장 외의 감독·검사기관으로부터 제재조치에 준하는 조치를 받은 사실이 있는 경우도 포함된다는 점도 차이가 있다.

(3) 위 ①과 ②의 두 가지 유형에 모두 해당하여 경합하여 적용되는 경우가 있을 수 있다. 가령 구조개선법 10조 1항에 따른 적기시정조치 원인이 되는 사유의 발생과 관련하여 위법·부당한 행위로 금융위원회 또는 금융감독원장으로부터 직무정지의 제재를 받은 임원은 임원이 될 수 없는 기간이 ①에 따르면 5년이지만(지배구조법5①(6)), ②에 따르면 4

년이다(지배구조법시행령7②(1)나). 이 경우는 보다 엄한 규정을 적용한다고 해석한다.

v) 공익성 및 건전경영과 신용질서를 해칠 우려가 있는 경우

(1) 해당 금융회사의 공익성 및 건전경영과 신용질서를 해칠 우려가 있는 경우로서 '대통령령으로 정하는 사람'은 임원이 될 수 없다(지배구조법5①(8)).

(2) 위 (1)에서 '대통령령으로 정하는 사람'은 다음의 사람을 말한다. 즉 해당 보험회사와 여신거래규모가 '금융위원회가 정하여 고시하는 기준' 이상인 기업과 특수관계에 있는 사람으로서 해당 금융회사의 자산운용과 관련하여 특정 거래기업 등의 이익을 대변할 우려가 있는 사람을 말한다(지배구조법시행령7③(3)). '금융위원회가 정하여 고시하는 기준'은 여신거래잔액이 10억 원인 경우를 말한다(지배구조감독규정2).

3) 재임 시 요건

원칙상 보험회사의 임원으로 선임된 후 소극적 요건에 저촉되면 더 이상 재임할 수 없고, 다만 예외적으로 소극적 요건에 저촉되었음에도 불구하고 계속 재임할 수 있다. 자세한 내용은 다음과 같다.

i) 원칙

보험회사의 임원으로 선임된 사람이 지배구조법 5조 1항 1호~8호가 규정하는 사유에 해당하게 된 경우에는 그 직을 잃는다(지배구조법5②본).

① 요건

(ㄱ) 선임 이후 소극적 요건

보험회사의 임원으로 선임된 사람이 지배구조법 5조 1항 1호~8호가 규정하는 사유에 해당하게 된 경우가 요건이다. 지배구조법 5조 1항 1호~8호가 규정하는 사유는 보험회사의 임원으로 선임되기 위한 소극적 요건을 가리킨다.

(ㄴ) 선임 시에 소극적 요건에 저촉된 경우

(1) 보험회사의 임원으로 선임될 당시에 이미 소극적 요건에 저촉되었음에도 불구하고 임원으로 선임된 경우에 임원은 그 직을 유지할 수 있는가? 지배구조법 5조 2항 본문은 보험회사의 임원으로 선임될 당시에는 문제가 없었지만 그 이후에 소극적 요건에 해당하게 된 경우에 적용된다는 점은 그 문리에 비추어 분명하다. 지배구조법으로 대체되기 이전의 보험업법 13조 4항은 보험회사의 임원으로 선임된 자가 소극적 요건에 해당하게 되거나 선임 당시에 그에 해당하는 자이었음이 밝혀지면 해임된다고 규정하고 있었는데, 지배구조법은 선임될 당시에 소극적 요건에 저촉된 경우에 대해 언급하지 않고 있다.

(2) 이 문제에 대한 해석은 다양할 수 있다. 소극적 요건에 저촉된 자가 임원으로 선임된 것과 선임된 이후에 소극적 요건에 저촉된 것은 다르다고 보아서 그 직을 유지할 수 있다고 볼 것인가? 선임된 당시에 소극적 요건에 저촉되었음이 드러난 시점에 여전히 소

극적 요건에 저촉되는 경우에만 그 직을 잃는다고 볼 것인가?[35] 아니면 선임 당시부터 그 직을 잃는다고 볼 것인가?[36]

(3) 생각건대, 선임 당시부터 그 직을 잃는다고 해석해야 한다. 즉 보험회사 임원의 경우 선임될 당시에 이미 소극적 요건에 저촉된 경우에는 임원으로 선임된 경우라도 선임의 효력이 없다고 새기는 것이 타당하다. 지배구조법 5조 2항 본문에 따라 보험회사의 임원으로 선임되더라도 소극적 요건에 해당하면 그 즉시 그 직을 상실하게 한 것은 보험회사의 임원이 경영건전성에 미치는 영향이 중대하는 점을 고려한 것이다. 보험회사 임원의 경우 선임될 당시에 이미 소극적 요건에 저촉된 경우에 지배구조법 5조 2항 본문을 유추 적용해서 그 임원은 선임 시부터 직을 상실해서 결국 선임의 효력이 없다고 해석한다. 이렇게 해석하지 않으면 임원 선임 시에 소극적 요건에 저촉된 사람과 임원 선임 후에 소극적 요건에 저촉된 사람 사이에 형평에 맞지 않는 결과를 가져온다.

② 효과

(ㄱ) 당연 해임

(1) 위 ①의 요건이 충족되면 해당 임원은 그 직을 잃는다. 즉 별도의 해임절차를 거치지 않고 법률의 규정에 의해서 당연히 해임의 효과가 발생한다.

(2) 위 (1)과 같이 보험회사 임원으로 선임된 후 소극적 요건에 해당하면 해임절차를 거치지 않고 즉시 그 직을 잃게 한 것은 임원의 자격 요건을 무겁게 본다는 의미이다. 보험회사의 임원은 보험회사를 경영하는 역할을 수행하면서 경영건전성에 미치는 영향이 중대하다는 점을 고려한 것이다.

(ㄴ) 장래적 효력

(1) 지배구조법 5조 2항 본문의 문리에 따르면 해임의 효과는 장래를 향해서만 발생하고 소급하지 않는다고 해석한다. 이와 같은 장래효에 비추어 보면 보험회사 임원의 직을 잃기 전에 임원으로서 행한 행위의 효력을 인정하는 것은 당연하다.

(2) 임원의 직을 잃은 후에 임원으로서 행한 행위의 효력이 문제된다. 이러한 행위는 무효인 것이 원칙이고, 다만 거래의 안전을 보호하려면 선의의 제3자 사이에서는 유효라고 해석해야 한다(상대적 무효설). 무효의 주장은 보험회사가 할 수 있고, 제3자는 할 수 없다고 해석한다.

(ㄷ) 확정적 효력

(1) '그 직을 잃는다'는 효력은 확정적인 것이며, 그 이후의 사정에 따라 변동될 수 있

---

35) 선임된 당시에 소극적 요건에 저촉되었음이 드러난 시점에 여전히 소극적 요건에 저촉되는 경우에만 그 직을 상실한다고 해석하는 견해로는 정채웅 194면. 이에 따르면 임원 선임 당시에 미성년자이었으나 판명 당시에는 성년이 된 경우에는 임원의 직을 잃지 않는다고 본다.

36) 선임 자체를 무효로 보아야 한다는 견해로 정순섭, 은행법, 2024, 133면

는 것이 아니라고 해석한다.

(2) 위 (1)과 관련된 문제가 보험회사 임원으로 선임된 후 소극적 요건에 저촉되었지만 재임 중에 이러한 하자가 치유된 경우에 그 직을 유지할 수 있는지이다. 선임된 당시에 소극적 요건에 저촉되었지만 이후 이러한 하자가 치유된 경우에 그 직을 유지할 수 있는지도 마찬가지로 관련된 문제이다.[37] 생각건대, 소극적 요건에 저촉되었을 때 임원의 직을 잃는다고 해석한다. 지배구조법 5조 2항 본문에 의하면 임원으로 선임된 후 소극적 요건에 저촉되면 그 직을 잃는다고 규정할 뿐이기 때문이다. 해석상 하자의 치유를 인정하는 것은 지배구조법 5조 2항 본문의 취지를 고려할 때 허용될 수 없다고 본다. 요컨대, '그 직을 잃는다'는 효력은 확정적인 것이며, 그 이후의 사정에 따라 변동될 수 있는 것이 아니라고 해석한다.

ii) 예외

① 의의

다만, 지배구조법 5조 1항 7호에 해당하는 사람으로서 '대통령령으로 정하는 경우'에는 '그 직을 잃지 않는다'(지배구조법5②단).

② 요건

'대통령령으로 정하는 경우'는 직무정지, 업무집행정지 또는 정직요구(재임 또는 재직 중이었더라면 조치를 받았을 것으로 통보를 받은 경우를 포함) 이하의 제재를 받은 경우를 말한다(지배구조법시행령7④). 이는 지배구조법 5조 1항 7호에 해당하는 사람 중에서는 해임(해임요구 또는 해임권고를 포함)에 해당하는 사람만 그 직을 잃는다는 의미이다.

③ 효과

(1) '그 직을 잃지 않는다'는 것은 지배구조법 5조 2항 본문의 적용이 배제되기 때문에 당연히 그 직을 상실하게 되지는 않는다는 의미일 뿐이다. 보험회사가 스스로 해당 임원을 해임하는 것은 별개의 사안이다.

(2) 지배구조법 5조 2항 단서에 따라서 재임을 계속하더라도 그 임기 종료 후에 임원으로 선임되기 위해서는 소극적 요건이 적용된다. 따라서 지배구조법 5조 1항 7호에 따라서 제재조치일로부터 일정 기간이 경과해야 임원으로 선임될 수 있다.

(2) 임원의 적극적 요건

1) 의의

(1) 지배구조법은 내부통제등 관리의무를 부담하는 임원의 자격으로 책무구조도에서 정하는 책무를 수행하기에 적합한 전문성, 업무경험, 정직성 및 신뢰성을 갖출 것을 요구한다(지배구조법5③).

---

37) 이 경우 하자가 치유되면 직을 유지된다는 견해로는 정채웅 194면

(2) 책무구조도 도입으로 인해 책무의 범위가 명확해진 임원에 대해 전문성, 업무경험 등 적극적 요건을 요구하여 내부통제 관리의무의 충실한 이행을 담보하려는 취지이다.

2) 임원의 범위

내부통제등 관리의무를 부담하는 임원은 ⓐ 임원 중 사외이사를 제외하되(단, 이사회 의장은 포함), ⓑ 직원인 준법감시인, 위험관리책임자와 담당 업무에서 임원에 준하여 해당 업무를 수행하는 직원(해당 부서의 업무를 담당하는 임원이 없는 경우에 한함)을 포함한다(지배구조법30조의2①).

3) 적극적 요건 판단기준

(1) 보험회사는 임원을 선임하거나 책무구조도에서 정하는 직책을 변경하려는 등의 경우 임원의 적극적 요건 충족여부를 확인할 것을 요구한다. 다만 개정법률은 이러한 기본적 사항 외에 적격성 요건에 관한 세부기준을 정하고 있지는 않다.

(2) 보험회사 별로 업무·조직특성 등이 상이할 수 있음을 고려할 때, 책무를 수행하기에 적합한 전문성, 업무경험, 정직성 및 신뢰성의 구체적인 내용은 보험회사별로 달라질 수 있다. 따라서 보험회사별로 특성을 감안하여 자체적으로 확인해야 한다.

(3) 다만, 각 자격요건과 관련하여 다음과 같은 사항을 고려할 수 있다.[38]

1. (전문성) 책무를 수행하기 위한 충분한 역량 또는 지식 등을 보유하고 있는지 여부 등. 보험회사의 비전, 영업전략, 사업계획 및 전략체계에 대한 이해도, 보험시장 및 업계 전반에 대한 이해도 등
2. (업무경험) 책무와 관련된 업무에 대한 충분한 경험을 보유하고 있는지 여부 등. 책무 관련 업무 분야에서의 실무경험 등
3. (정직성 및 신뢰성) 책무와 관련된 민·형사상 불법행위 및 기타 제재조치 이력 등. 감독기관 또는 소속 보험회사로부터 징계·제재조치를 받은 이력이 있는지 여부 등

(4) 지배구조감독규정시행세칙은 적극적 요건 신설에 따른 내용을 반영하여 임원 선임보고 서식을 개정하고[별지 1호], 임원의 직책 변경 등 보고 서식[별지 1호의2]을 신설하였다. 위 서식은 각 보험회사가 해당 임원이 책무구조도에서 정하는 자신의 책무를 수행하기에 적합한 전문성, 업무경험, 정직성 및 신뢰성을 갖추었다고 판단한 사유 및 근거를 요건별로 구분하여 기재하도록 하고 있다.

38) 책무구조도 등 개정 지배구조법령 해설서 6면

(3) 사외이사의 특수요건

1) 의의

i) 지배구조법

① 사외이사의 특수성

(1) 사외이사는 상시적인 업무에 종사하지 아니하는 이사로서 지배구조법 17조에 따라 선임되는 사람을 말한다(지배구조법2(4)). 상시적 업무에는 주로 업무집행이 포함된다.

(2) 사외이사는 임원에 속하므로 전술한 임원의 자격요건 중에서 공통요건이 적용된다. 사외이사는 이와 같이 임원의 자격요건 중에서 공통요건이 적용되는 이외에 추가적인 자격요건이 요구된다. 이는 사외이사의 독립성과 전문성을 고려해서 추가적으로 요구되는 자격요건이다. 그 내용은 다음과 같다.

② 소극적 요건의 필요성

(1) 사외이사는 이사회를 통해서 회사경영에 대한 감시기능을 강화하기 위해서 도입된 제도이다. 사외이사가 그러한 감시기능을 충실하게 수행하기 위해서는 회사 등 이해관계자로부터 독립되어 있어야 하고 사외이사의 역할에 충실할 수 있어야 한다. 이러한 이유에서 사외이사로 선임되거나 재임하기 위해서는 회사 등 이해관계자로부터 독립성과 사외이사의 역할에 대한 충실성(책임성)을 확보할 수 있어야 한다. 이를 위해서 사외이사로 선임 또는 재임하기 위해서 존재해서는 안 되는 요건(소극적 요건)을 둘 필요가 있다.

(2) 위 (1)에 따라 지배구조법은 보험회사 사외이사의 독립성 및 충실성(책임성) 확보를 위해서 선임 및 재임 시에 요구되는 소극적 요건을 두고 있다.

③ 적극적 요건의 필요성

(1) 한편 사외이사는 회사경영과 관련하여 일정한 전문성도 확보할 필요가 있다. 전문성의 뒷받침이 없이는 이사회의 구성원으로서 회사경영에 관한 의사결정을 하기 어렵기 때문이다. 이러한 이유에서 사외이사로 선임 또는 재임하기 위해서 존재해야 할 요건(적극적 요건)을 둘 필요가 있다.

(2) 위 (1)에 따라 지배구조법은 사외이사의 전문성 확보를 위해서 선임 시에 요구되는 적극적 요건을 두고 있다. 이러한 적극적 요건은 선임 시에 요구하면 충분하기 때문에 재임 시까지 요구하지는 않는다.

ii) 상법

① 보충적 적용

상법도 사외이사의 선임과 재임과 관련하여 소극적 요건을 두고 있다. 지배구조법이 우선 적용되고 이어서 상법도 적용되므로, 지배구조법이 사외이사의 자격요건에 대해 규정한 부분을 제외하면 상법상 소극적 요건이 보험회사의 사외이사의 선임 및 재임과 관련하여 적용된다. 그 내용은 다음과 같다.

② 소극적 요건

(1) 주식회사 일반에 적용되는 상법 382조 3항에 따르면 사외이사는 선임 및 재임 시에 일정한 소극적 요건이 요구된다. 즉 사외이사는 해당 회사의 상무[39]에 종사하지 않는 이사로서 다음 각 호의 어느 하나에 해당하지 않는 자를 말하고, 사외이사가 다음 각 호의 어느 하나에 해당하는 경우에는 그 직을 상실한다(상법382③).

1. 회사의 상무에 종사하는 이사·집행임원 및 피용자 또는 최근 2년 이내에 회사의 상무에 종사한 이사·감사·집행임원 및 피용자
2. 최대주주가 자연인인 경우 본인과 그 배우자 및 직계 존속·비속
3. 최대주주가 법인인 경우 그 법인의 이사·감사·집행임원 및 피용자
4. 이사·감사·집행임원의 배우자 및 직계 존속·비속
5. 회사의 모회사 또는 자회사의 이사·감사·집행임원 및 피용자
6. 회사와 거래관계 등 중요한 이해관계에 있는 법인의 이사·감사·집행임원 및 피용자
7. 회사의 이사·집행임원 및 피용자가 이사·집행임원으로 있는 다른 회사의 이사·감사·집행임원 및 피용자

(2) 상장회사인 주식회사에 적용되는 특칙인 상법 542조의8 2항에 따르면 사외이사는 선임 및 재임 시에 일정한 소극적 요건이 요구된다. 즉 상장회사의 사외이사는 상법 382조 3항 각 호뿐만 아니라 다음 각 호의 어느 하나에 해당되지 않아야 하고, 이에 해당하게 된 경우에는 그 직을 상실한다(상법542의8②).

1. 미성년자, 피성년후견인 또는 피한정후견인
2. 파산선고를 받고 복권되지 아니한 자
3. 금고 이상의 형을 선고받고 그 집행이 끝나거나 집행이 면제된 후 2년이 지나지 아니한 자
4. 대통령령으로 별도로 정하는 법률[40]을 위반하여 해임되거나 면직된 후 2년이 지나지 아니한 자
5. 상장회사의 주주로서 의결권 없는 주식을 제외한 발행주식총수를 기준으로 본인 및 그와 대통령령으로 정하는 특수한 관계에 있는 자('특수관계인')[41]가 소유하는 주식의 수가 가장

---

39) 상시적인 업무를 가리킨다.

40) 상법시행령 34조 3항에 따르면 대통령령으로 별도로 정하는 법률은 다음 각 호의 금융 관련 법령(이에 상응하는 외국의 금융 관련 법령을 포함한다)을 말한다.
1. 한국은행법 2. 은행법 3. 보험업법 4. 자본시장법 5. 상호저축은행법 6. 금융실명법 7. 금융위원회법 8. 예금자보호법 9. '한국자산관리공사의 설립등에 관한 법률' 10. 여신전문금융업법 11. 한국산업은행법 12. 중소기업은행법 13. 한국수출입은행법 14. 신용협동조합법 15. 신용보증기금법 16. 기술보증기금법 17. 새마을금고법 18. '벤처투자 촉진에 관한 법률' 19. 신용정보법 20. 외국환거래법 21. '외국인투자 촉진법' 22. '자산유동화에 관한 법률' 23. 삭제 24. 구조개선법 25. 담보부사채신탁법 26. 금융지주회사법 27. 기업구조조정투자회사법 28. 한국주택금융공사법

41) 상법시행령 34조 4항에 따르면 특수관계인은 다음과 같다.
1. 본인이 개인인 경우에는 다음 각 목의 어느 하나에 해당하는 사람

많은 경우 그 본인('최대주주') 및 그의 특수관계인

6. 누구의 명의로 하든지 자기의 계산으로 의결권 없는 주식을 제외한 발행주식총수의 100분의 10 이상의 주식을 소유하거나 이사·집행임원·감사의 선임과 해임 등 상장회사의 주요 경영사항에 대하여 사실상의 영향력을 행사하는 주주('주요주주') 및 그의 배우자와 직계 존속·비속

7. 그 밖에 사외이사로서의 직무를 충실하게 수행하기 곤란하거나 상장회사의 경영에 영향을 미칠 수 있는 자로서 대통령령으로 정하는 자[42]

가. 배우자(사실상의 혼인관계에 있는 사람을 포함한다)
나. 6촌 이내의 혈족
다. 4촌 이내의 인척
라. 본인이 단독으로 또는 본인과 가목부터 다목까지의 관계에 있는 사람과 합하여 100분의 30 이상을 출자하거나 그 밖에 이사·집행임원·감사의 임면 등 법인 또는 단체의 주요 경영사항에 대하여 사실상 영향력을 행사하고 있는 경우에는 해당 법인 또는 단체와 그 이사·집행임원·감사
마. 본인이 단독으로 또는 본인과 가목부터 라목까지의 관계에 있는 자와 합하여 100분의 30 이상을 출자하거나 그 밖에 이사·집행임원·감사의 임면 등 법인 또는 단체의 주요 경영사항에 대하여 사실상 영향력을 행사하고 있는 경우에는 해당 법인 또는 단체와 그 이사·집행임원·감사

2. 본인이 법인 또는 단체인 경우에는 다음 각 목의 어느 하나에 해당하는 자
가. 이사·집행임원·감사
나. 계열회사 및 그 이사·집행임원·감사
다. 단독으로 또는 1호 각 목의 관계에 있는 자와 합하여 본인에게 100분의 30 이상을 출자하거나 그 밖에 이사·집행임원·감사의 임면 등 본인의 주요 경영사항에 대하여 사실상 영향력을 행사하고 있는 개인 및 그와 1호 각 목의 관계에 있는 자 또는 단체(계열회사는 제외한다. 이하 이 호에서 같다)와 그 이사·집행임원·감사
라. 본인이 단독으로 또는 본인과 가목부터 다목까지의 관계에 있는 자와 합하여 100분의 30 이상을 출자하거나 그 밖에 이사·집행임원·감사의 임면 등 단체의 주요 경영사항에 대하여 사실상 영향력을 행사하고 있는 경우 해당 단체와 그 이사·집행임원·감사

42) *상법시행령 34조 5항에 따르면 대통령령으로 정하는 자는 다음과 같다.

1. 해당 상장회사의 계열회사의 상무에 종사하는 이사·집행임원·감사 및 피용자이거나 최근 3년 이내에 계열회사의 상무에 종사하는 이사·집행임원·감사 및 피용자였던 자
2. 다음 각 목의 법인 등의 이사·집행임원·감사 및 피용자[사목에 따른 법무법인, 법무법인(유한), 법무조합, 변호사 2명 이상이 사건의 수임·처리나 그 밖의 변호사 업무수행 시 통일된 형태를 갖추고 수익을 분배하거나 비용을 분담하는 형태로 운영되는 법률사무소, 합작법무법인, 외국법자문법률사무소의 경우에는 해당 법무법인 등에 소속된 변호사, 외국법자문사를 말한다]이거나 최근 2년 이내에 이사·집행임원·감사 및 피용자였던 자
가. 최근 3개 사업연도 중 해당 상장회사와의 거래실적의 합계액이 자산총액(해당 상장회사의 최근 사업연도 말 현재의 대차대조표상의 자산총액을 말한다) 또는 매출총액(해당 상장회사의 최근 사업연도 말 현재의 손익계산서상의 매출총액을 말한다. 이하 이 조에서 같다)의 100분의 10 이상인 법인
나. 최근 사업연도 중에 해당 상장회사와 매출총액의 100분의 10 이상의 금액에 상당하는 단일의 거래계약을 체결한 법인
다. 최근 사업연도 중에 해당 상장회사가 금전, 유가증권, 그 밖의 증권 또는 증서를 대여하거나 차입한 금액과 담보제공 등 채무보증을 한 금액의 합계액이 자본금(해당 상장회사의 최근 사업연도 말 현재의 대차대조표상의 자본금을 말한다)의 100분의 10 이상인 법인
라. 해당 상장회사의 정기주주총회일 현재 그 회사가 자본금(해당 상장회사가 출자한 법인의 자본금을 말한다)의 100분의 5 이상을 출자한 법인

2) 선임 시 요건

i) 소극적 요건

지배구조법 6조 1항 본문에 따르면 아래 ①~⑦의 어느 하나에 해당하는 사람은 보험회사의 사외이사가 될 수 없다. 즉 보험회사의 사외이사로서 직무를 충실하게 이행하기 곤란하거나 그 금융회사의 경영에 영향을 미칠 수 있는 사람은 사외이사가 될 수 없다(지배구조법6①(8)). 이는 사외이사의 독립성과 충실성(책임성)을 확보하기 위해서이다. 아래에서 ①~⑥은 주로 독립성과 관련되고, ⑦은 독립성과 충실성(책임성) 모두와 관련된다. 가령 해당 보험회사 외의 둘 이상의 다른 주권상장법인의 사외이사, 비상임이사 또는 비상임감사로 재임 중인 사람이 사외이사가 될 수 없다고 한 것(지배구조법시행령8③(4))은 충실성(책임성)과 관련된다.

① 최대주주와 그의 특수관계인

(1) 최대주주 및 그의 특수관계인[43](최대주주 및 그의 특수관계인이 법인인 경우에는 그 임

마. 해당 상장회사와 기술제휴계약을 체결하고 있는 법인
바. 해당 상장회사의 감사인으로 선임된 회계법인
사. 해당 상장회사와 주된 법률자문·경영자문 등의 자문계약을 체결하고 있는 법무법인, 법무법인(유한), 법무조합, 변호사 2명 이상이 사건의 수임·처리나 그 밖의 변호사 업무수행 시 통일된 형태를 갖추고 수익을 분배하거나 비용을 분담하는 형태로 운영되는 법률사무소, 합작법무법인, 외국법자문법률사무소, 회계법인, 세무법인, 그 밖에 자문용역을 제공하고 있는 법인
3. 해당 상장회사 외의 2개 이상의 다른 회사의 이사·집행임원·감사로 재임 중인 자
4. 해당 상장회사에 대한 회계감사 또는 세무대리를 하거나 그 상장회사와 법률자문·경영자문 등의 자문계약을 체결하고 있는 변호사(소속 외국법자문사를 포함한다), 공인회계사, 세무사, 그 밖에 자문용역을 제공하고 있는 자
5. 해당 상장회사의 발행주식총수의 100분의 1 이상에 해당하는 주식을 보유(자본시장법 133조 3항에 따른 보유를 말함)하고 있는 자
6. 해당 상장회사와의 거래(약관규제법 2조 1호의 약관에 따라 이루어지는 해당 상장회사와의 정형화된 거래는 제외) 잔액이 1억 원 이상인 자
7. 해당 상장회사에서 6년을 초과하여 사외이사로 재직했거나 해당 상장회사 또는 그 계열회사에서 각각 재직한 기간을 더하면 9년을 초과하여 사외이사로 재직한 자

**상법시행령 34조 6항에 따르면 위 34조 5항에도 불구하고 다음 각 호의 어느 하나에 해당하는 법인인 기관투자자 및 이에 상당하는 외국금융회사는 위 34조 5항에 해당하는 자에서 제외한다.
1. 은행 2. 한국산업은행 3. 중소기업은행 4. 한국수출입은행 5. 농업협동조합중앙회 및 농협은행 6. 수산업협동조합중앙회 7. 상호저축은행중앙회 및 상호저축은행 8. 보험회사 9. 여신전문금융회사 10. 신용협동조합중앙회 11. 산림조합중앙회 12. 새마을금고중앙회 13. 한국주택금융공사 14. 자본시장법에 따른 투자매매업자 및 투자중개업자 15. 자본시장법에 따른 종합금융회사 16. 자본시장법에 따른 집합투자업자 17. 자본시장법에 따른 증권금융회사 18. 법률에 따라 설립된 기금을 관리·운용하는 법인으로서 다음 각 목의 법인 가. 공무원연금공단 나. 사립학교교직원연금공단 다. 서울올림픽기념국민체육진흥공단 라. 신용보증기금 마. 기술보증기금 바. 한국무역보험공사 사. 중소기업중앙회 아. 한국문화예술위원회 19. 법률에 따라 공제사업을 영위하는 법인으로서 다음 각 목의 법인 가. 한국교직원공제회 나. 군인공제회 다. 건설공제조합 및 전문건설공제조합 라. 전기공사공제조합 마. 정보통신공제조합 바. 대한지방행정공제회 사. 과학기술인공제회

43) 지배구조법시행령 3조 1항에 따르면 특수관계인은 다음을 말한다.
1. 본인이 개인인 경우: 다음 각 목의 어느 하나에 해당하는 자. 다만, 독점규제법시행령 3조의2 1항 2호 가목에 따른 독립경영자 및 같은 목에 따라 공정거래위원회가 동일인관련자의 범위로부

직원을 말함)은 사외이사가 될 수 없다(지배구조법6①(1)).

(2) 최대주주는 보험회사의 의결권 있는 발행주식(출자지분을 포함) 총수를 기준으로 본인 및 그의 특수관계인이 누구의 명의로 하든지 자기의 계산으로 소유하는 주식(그 주식과 관련된 증권예탁증권을 포함)을 합하여 그 수가 가장 많은 경우의 그 본인을 말한다(지배구조법2(6)가).

(3) 다만, 사외이사가 됨으로써 최대주주의 특수관계인에 해당하게 되는 사람은 사외이사가 될 수 있다(지배구조법6①단). 사외이사가 됨으로써 최대주주의 특수관계인에 해당하는 경우는 무엇인가? 지배구조법 6조 1항 1호에 의하면 최대주주의 특수관계인이 법인인 경우에는 그 임직원을 특수관계인으로 본다. 이에 따르면 어떤 사람이 보험회사의 사외이사로 선임되면 그는 그 보험회사 최대주주의 특수관계인이 되는 결과가 된다. 이 경

터 분리를 인정하는 자는 제외한다.
가. 배우자(사실상의 혼인관계에 있는 사람을 포함한다. 이하 같다)
나. 6촌 이내의 혈족
다. 4촌 이내의 인척
라. 양자의 생가의 직계존속
마. 양자 및 그 배우자와 양가의 직계비속
바. 혼인 외의 출생자의 생모
사. 본인의 금전이나 그 밖의 재산으로 생계를 유지하는 사람 및 생계를 함께 하는 사람
아. 본인이 혼자서 또는 그와 가목부터 사목까지의 관계에 있는 자와 합하여 법인이나 단체에 100분의 30 이상을 출자하거나, 그 밖에 임원(업무집행책임자는 제외한다. 이하 이 조에서 같다)의 임면 등 법인이나 단체의 중요한 경영사항에 대하여 사실상의 영향력을 행사하고 있는 경우에는 해당 법인 또는 단체와 그 임원(본인이 혼자서 또는 그와 가목부터 사목까지의 관계에 있는 자와 합하여 임원의 임면 등의 방법으로 그 법인 또는 단체의 중요한 경영사항에 대하여 사실상의 영향력을 행사하고 있지 아니함이 본인의 확인서 등을 통하여 확인되는 경우에 그 임원은 제외한다)
자. 본인이 혼자서 또는 그와 가목부터 아목까지의 관계에 있는 자와 합하여 법인이나 단체에 100분의 30 이상을 출자하거나, 그 밖에 임원의 임면 등 법인이나 단체의 중요한 경영사항에 대하여 사실상의 영향력을 행사하고 있는 경우에는 해당 법인 또는 단체와 그 임원(본인이 혼자서 또는 그와 가목부터 아목까지의 관계에 있는 자와 합하여 임원의 임면 등의 방법으로 그 법인 또는 단체의 중요한 경영사항에 대하여 사실상의 영향력을 행사하고 있지 아니함이 본인의 확인서 등을 통하여 확인되는 경우에 그 임원은 제외한다)

2. 본인이 법인이나 단체인 경우: 다음 각 목의 어느 하나에 해당하는 자
가. 임원
나. 독점규제법에 따른 계열회사(이하 "계열회사"라 한다) 및 그 임원
다. 혼자서 또는 1호 각 목의 관계에 있는 자와 합하여 본인에게 100분의 30 이상을 출자하거나, 그 밖에 임원의 임면 등 본인의 중요한 경영사항에 대하여 사실상의 영향력을 행사하고 있는 개인(그와 1호 각 목의 관계에 있는 자를 포함한다) 또는 법인(계열회사는 제외한다. 이하 이 호에서 같다), 단체와 그 임원
라. 본인이 혼자서 또는 본인과 가목부터 다목까지의 관계에 있는 자와 합하여 다른 법인이나 단체에 100분의 30 이상을 출자하거나, 그 밖에 임원의 임면 등 다른 법인이나 단체의 중요한 경영사항에 대하여 사실상의 영향력을 행사하고 있는 경우에는 해당 법인, 단체와 그 임원(본인이 임원의 임면 등의 방법으로 그 법인 또는 단체의 중요한 경영사항에 대하여 사실상의 영향력을 행사하고 있지 아니함이 본인의 확인서 등을 통하여 확인되는 경우에 그 임원은 제외한다)

우는 그가 사외이사가 됨으로써 최대주주의 특수관계인이 되었지만 그의 독립성에 영향을 미칠 사유가 아니므로 사외이사가 될 수 있다고 규정한 것이다. 나아가 보험회사의 사외이사가 된 사람이 소극적 요건에 해당하게 된 경우 그 직을 잃지만(지배구조법6②), 이 경우는 그 직을 잃는다고 해석해서도 안 된다.

② 주요주주 및 그의 배우자와 직계존속·비속

(1) 주요주주 및 그의 배우자와 직계존속·비속(주요주주가 법인인 경우에는 그 임직원을 말함)은 사외이사가 될 수 없다(지배구조법6①(2)).

(2) 주요주주는 다음 각 1) 및 2)의 어느 하나에 해당하는 자를 가리킨다(지배구조법2(6)나).

1) 누구의 명의로 하든지 자기의 계산으로 금융회사의 의결권 있는 발행주식 총수의 100분의 10 이상의 주식(그 주식과 관련된 증권예탁증권을 포함한다)을 소유한 자
2) 임원(업무집행책임자는 제외)의 임면 등의 방법으로 금융회사의 중요한 경영사항에 대하여 사실상의 영향력을 행사하는 주주로서 대통령령으로 정하는 자

(3) 위 (2)에서 대통령령으로 정하는 자는 다음을 가리킨다(지배구조법시행령4).

1. 혼자서 또는 다른 주주와의 합의·계약 등에 따라 대표이사 또는 이사의 과반수를 선임한 주주
2. 보험회사의 경영전략·조직변경 등 주요 의사결정이나 업무집행에 지배적인 영향력을 행사한다고 인정되는 자로서 금융위원회가 정하여 고시하는 주주

③ 해당 보험회사 또는 계열회사의 상근 임직원 등

(1) 해당 보험회사 또는 그 계열회사(독점규제법 2조 12호에 따른 계열회사를 말함)의 상근 임직원 또는 비상임이사이거나 최근 3년 이내에 상근 임직원 또는 비상임이사이었던 사람은 사외이사가 될 수 없다(지배구조법6①(3)). 사외이사로 선임되는 시점에 계열회사인 경우에만 여기에 해당한다고 해석한다.[44]

(2) 해당 보험회사 임원의 배우자 및 직계존속·비속도 사외이사가 될 수 없다(지배구조법6①(4)).

④ 해당 보험회사 임직원이 비상임이사로 있는 회사의 상근 임직원

해당 보험회사 임직원이 비상임이사로 있는 회사의 상근 임직원은 사외이사가 될 수 없다(지배구조법6①(5)). 전자가 후자에게 사실상 영향력 행사하여 후자의 독립성에 영향을 미칠 수 있기 때문이다.

---

44) 재정경제부 유권해석, 2003.7.11.

⑤ 중요한 거래관계가 있는 법인 등의 상근 임직원

(1) 해당 보험회사와 '대통령령으로 정하는 중요한 거래관계가 있거나 사업상 경쟁관계 또는 협력관계에 있는 법인'의 상근 임직원이거나 최근 2년 이내에 상근 임직원이었던 사람은 사외이사가 될 수 없다(지배구조법6①(6)). 중요한 거래관계, 사업상 경쟁관계 또는 협력관계 모두가 사외이사의 독립성에 영향을 미칠 수 있기 때문이다.

(2) '대통령령으로 정하는 중요한 거래관계가 있거나 사업상 경쟁관계 또는 협력관계에 있는 법인'은 다음 각 호의 어느 하나에 해당하는 법인을 말한다(지배구조법시행령8①).

1. 최근 3개 사업연도 중 해당 보험회사와의 거래실적 합계액이 자산총액(해당 보험회사의 최근 사업연도 말 현재 재무상태표 상의 자산총액을 말한다) 또는 영업수익(해당 보험회사의 최근 사업연도 말 현재 손익계산서 상의 영업수익을 말한다)의 100분의 10 이상인 법인
2. 최근 사업연도 중에 해당 보험회사와 매출총액(해당 보험회사와 거래계약을 체결한 법인의 최근 사업연도 말 현재 손익계산서 상의 매출총액을 말한다)의 100분의 10 이상의 금액에 상당하는 단일 거래계약을 체결한 법인
3. 최근 사업연도 중에 해당 보험회사가 금전, 유가증권, 그 밖의 증권 또는 증서를 대여하거나 차입한 금액과 담보제공 등 채무보증을 한 금액의 합계액이 최근 사업연도 말 현재 재무상태표 상의 자본금의 100분의 10 이상인 법인
4. 해당 보험회사의 정기주주총회일(상호회사인 보험회사의 경우에는 정기사원총회일을 말한다) 현재 해당 보험회사가 자본금(해당 보험회사가 출자한 법인의 자본금을 말한다)의 100분의 5 이상을 출자한 법인
5. 해당 보험회사와 기술제휴계약을 체결하고 있는 법인
6. 해당 보험회사의 회계감사인('주식회사의 외부감사에 관한 법률' 3조 1항에 따른 감사인을 말한다)으로 선임된 회계법인
7. 해당 보험회사와 주된 법률자문, 경영자문 등의 자문계약을 체결하고 있는 법인

(3) 위 (2)에도 불구하고 다음 각 호의 어느 하나에 해당하는 법인 및 이에 준하는 외국법인은 제외한다(지배구조법시행령8②).

1. 한국은행
2. 자본시장법시행령 10조 2항 각 호[45]의 어느 하나에 해당하는 자
3. 자본시장법시행령 10조 3항 1호부터 13호[46]까지의 어느 하나에 해당하는 자

---

45) 자본시장법시행령 10조 2항 각 호는 다음과 같다.
1. 은행 2. 한국산업은행 3. 중소기업은행 4. 한국수출입은행 5. 농업협동조합중앙회 6. 수산업협동조합중앙회 7. 보험회사 8. 금융투자업자(자본시장법 8조 9항에 따른 겸영금융투자업자는 제외) 9. 증권금융회사 10. 종합금융회사 11. 자본시장법 355조 1항에 따라 인가를 받은 자금중개회사 12. 금융지주회사 13. 여신전문금융회사 14. 상호저축은행 및 그 중앙회 15. 산림조합중앙회 16. 새마을금고연합회 17. 신용협동조합중앙회 18. 1호부터 17호까지의 기관에 준하는 외국 금융기관

46) 자본시장법시행령 10조 3항 1호부터 13호는 다음과 같다

이러한 법인은 그 상근 임직원이거나 최근 2년 이내에 상근 임직원이었던 사람도 사외이사가 될 수 있다는 의미이다.

⑥ 해당 보험회사 등에서 사외이사 재직기간

(1) 해당 보험회사에서 6년 이상 사외이사로 재직하였거나 해당 보험회사 또는 그 계열회사(독점규제법 2조 3호에 따른 계열회사를 말함)에서 사외이사로 재직한 기간을 합산하여 9년 이상인 사람은 사외이사가 될 수 없다(지배구조법6①(7)). 해당 보험회사 또는 그 계열회사에서 장기간 사외이사로 재직한 경우는 독립성이 약화될 수 있다고 보기 때문이다.

(2) 지배구조법의 시행 당시에 재직 중인 보험회사의 임원자격에 관하여는 지배구조법 6조 1항 7호에도 불구하고 그 임기가 만료되는 날까지는 종전의 보험업법에 따르는데,[47] 종전의 보험업법에는 위와 같은 사외이사 재임기간 제한이 없다. 따라서 위와 같은 사외이사 재임기간 제한은 새롭게 사외이사로 선임되는 때에 적용된다. 다만, 새롭게 사외이사로 선임할 때 이전에 재임한 기간이 위 제한에 저촉되면 사외이사가 될 수 없다.[48]

(3) 위 (1)에 따라 사외이사 재직기간을 산정할 때 사외이사가 보험회사와 그 계열회사의 사외이사를 겸직한 경우 그 겸직기간을 중복하여 산입하지 않는다.[49]

⑦ 기타

(1) 그 밖에 보험회사의 사외이사로서 직무를 충실하게 이행하기 곤란하거나 그 보험회사의 경영에 영향을 미칠 수 있는 사람으로서 '대통령령으로 정하는 사람'은 사외이사가 될 수 없다(지배구조법 6①(8)).

(2) 위 (1)에 따른 '대통령령으로 정하는 사람'은 다음 각 호의 어느 하나에 해당하는 사람을 말한다(지배구조법시행령8③). 아래의 1호, 5호~7호는 사외이사로서의 독립성과 관련되고, 4호 및 8호~10호는 사외이사로서의 충실성(책임성)과 관련된다.

1. 해당 보험회사의 최대주주와 지배구조법시행령 8조 1항 각 호[50]의 어느 하나에 해당하는 관계에 있는 법인(지배구조법시행령 8조 2항 각 호[51]의 어느 하나에 해당하는 법인은 제외)의 상근 임직원 또는 최근 2년 이내에 상근 임직원이었던 사람. 이 경우 지배구조법시행령 8조 1항 각 호의 '해당 보험회사'는 '해당 금융회사의 최대주주'로 본다.

---

1. 예금보험공사 및 정리금융회사 2. 한국자산관리공사 3. 한국주택금융공사 4. 한국투자공사 4의2. 삭제 5. 협회 6. 한국예탁결제원 7. 거래소 8. 금융감독원 9. 집합투자기구 10. 신용보증기금 11. 기술보증기금 12. 법률에 따라 설립된 기금(10호 및 11호는 제외) 및 그 기금을 관리·운용하는 법인 13. 법률에 따라 공제사업을 경영하는 법인

47) 지배구조법(법률13453호, 2015.7.31.) 부칙 8조

48) 지배구조법설명서 13면

49) 지배구조법설명서 12면

50) 지배구조법시행령 8조 1항 각 호는 위 '⑤ 중요한 거래관계가 있는 법인 등의 상근 임직원'에서 살펴보았다.

51) 지배구조법시행령 8조 2항 각 호는 위 '⑤ 중요한 거래관계가 있는 법인 등의 상근 임직원'에서 살펴보았다.

4. 해당 보험회사 외의 둘 이상의 다른 주권상장법인의 사외이사, 비상임이사 또는 비상임감사로 재임 중인 사람. 다만, 해당 보험회사가 주권상장법인인 경우는 해당 보험회사 외의 둘 이상의 다른 회사의 이사·집행임원·감사로 재임 중인 사람
5. 다음 각 목의 어느 하나에 해당하는 사람
   가. 해당 보험회사에 대한 회계감사인으로 선임된 감사반('주식회사의 외부감사에 관한 법률' 3조 1항 2호에 따른 감사반을 말한다) 또는 주된 법률자문·경영자문 등의 자문계약을 체결하고 있는 법률사무소(변호사법 21조 1항에 따른 법률사무소를 말한다)·법무조합(변호사법 58조의18에 따른 법무조합을 말한다)·외국법자문법률사무소(외국법자문사법 2조 4호에 따른 외국법자문법률사무소를 말한다)에 소속되어 있거나 최근 2년 이내에 소속되었던 공인회계사, 세무사 또는 변호사
   나. 그 밖에 해당 보험회사에 대한 회계감사 또는 세무대리를 하거나 해당 금융회사와 주된 법률자문, 경영자문 등의 자문계약을 체결하고 있는 공인회계사, 세무사, 변호사 또는 그 밖의 자문용역을 제공하고 있는 사람
6. 해당 보험회사의 지분증권(자본시장법 4조 4항에 따른 지분증권을 말한다. 이하 같다) 총수의 100분의 1 이상에 해당하는 지분증권을 보유(자본시장법 133조 3항 본문에 따른 보유를 말한다)하고 있는 사람
7. 해당 보험회사와의 거래(약관규제법 2조 1호에 따른 약관에 따라 이루어지는 정형화된 거래는 제외한다) 잔액이 1억 원 이상인 사람
8. 신용정보법 25조 2항 1호에 따른 종합신용정보집중기관에 신용질서를 어지럽힌 사실이 있는 자 또는 약정한 기일 내에 채무를 변제하지 않은 자로 등록되어 있는 자(기업이나 법인인 경우에는 해당 기업이나 법인의 임직원을 말한다)
9. 채무자회생법에 따라 회생 절차 또는 파산 절차가 진행 중인 기업의 임직원
10. '기업구조조정 촉진법'에 따른 부실징후기업의 임직원

⑧ 금융지주회사 관련 특칙

㈀ 의의

금융지주회사와 관련하여 다음에 해당하는 경우는 위 지배구조법 6조 1항 1호~2호 및 4호~8호에도 불구하고 사외이사가 될 수 있다(지배구조법10④). 즉 다음의 경우는 위 지배구조법 6조 1항 1호~2호 및 4호~8호가 규정하는 소극적 요건에 해당하더라도 사외이사가 될 수 있다. 지배구조법 6조 1항 3호가 규정하는 소극적 요건에 해당하는 경우는 사외이사가 될 수 없다.

㈁ 사외이사가 될 수 있는 경우

⑴ 금융지주회사의 임직원이 해당 금융지주회사의 자회사등[52]의 임직원을 겸직하는 경우는 겸직이 허용된다(지배구조법10④⑴). 이에 따르면 금융지주회사의 임직원이 그 자회사의 사외이사가 될 수 있다. 가령 지배구조법 6조 1항 1호에 따르면 해당 보험회사의 최

52) 금융지주회사법 4조 1항 2호에 따르면 '자회사등'은 자회사, 손자회사 및 증손회사(금융지주회사법 19조의2, 32조에 따라 금융지주회사에 편입된 다른 회사를 포함함)를 가리킨다.

대주주(법인)의 임직원은 그 보험회사의 사외이사가 될 수 없으므로 금융지주회사의 임직원이 그 자회사의 사외외사가 될 수 없지만, 지배구조법 10조 4항 1호에 따라서 사외이사가 될 수 있는 것이다. 이에 따르면 금융지주회사의 사외이사가 그 자회사인 보험회사의 사외이사가 될 수 있다.[53] 다만, 지배구조법 6조 1항 3호[54]에 따른 사외이사의 결격요건은 적용되므로 이 범위 내에서 금융지주회사의 상근임직원 및 비상임이사는 그 금융지주회사의 자회사등인 보험회사의 사외이사가 될 수 없다.[55]

(2) 금융지주회사의 자회사등(금융업을 영위하는 회사 또는 금융업의 영위와 밀접한 관련이 있는 회사로서 대통령령으로 정하는 회사[56]로 한정)의 임직원이 다른 자회사등의 임직원을 겸직하는 경우로서 다음 각 목의 어느 하나의 업무를 겸직하지 않는 경우에는 겸직할 수 있다(지배구조법10④(2)).

가. 자본시장법 6조 4항에 따른 집합투자업(대통령령으로 정하는 경우는 제외)
나. 보험업법 108조 1항 3호에 따른 변액보험계약에 관한 업무
다. 그 밖에 자회사등의 고객과 이해가 상충하거나 해당 자회사등의 건전한 경영을 저해할 우려가 있는 경우로서 금융위원회가 정하여 고시하는 업무

이에 따르면 금융지주회사 자회사등의 임직원이 다른 자회사등의 사외이사가 될 수 있다. 가령 지배구소법 6조 1항 1호에 따르면 해당 보험회사의 최대주주의 특수관계인(법인)의 임직원은 그 보험회사의 사외이사가 될 수 없으므로 금융지주회사 자회사등의 임직원이 다른 자회사등의 사외이사가 될 수 없지만, 지배구조법 10조 4항 2호에 따라서 사외이사가 될 수 있는 것이다.

(3) 위 (1) 및 (2)에서 겸직을 허용하는 이유는 금융지주회사와 그 자회사등이 금융지주회사를 정점으로 한 소유관계 등을 맺고 있기 때문에 경영성과에 대한 공통의 이해관계를 갖는다는 점, 임직원겸직을 통한 효율성의 극대화를 추구할 수 있도록 해줄 필요가 있기 때문이다.

ii) 적극적 요건

(1) 보험회사의 사외이사는 금융, 경제, 경영, 법률, 회계 등 분야의 전문지식이나 실무경험이 풍부한 사람으로서 '대통령령으로 정하는 사람'이어야 한다(지배구조법6③).

---

53) 지배구조법설명서 10면
54) 해당 보험회사의 계열회사(독점규제법 2조 3호에 따른 계열회사를 말함)의 상근 임직원 또는 비상임이사이거나 최근 3년 이내에 상근 임직원 또는 비상임이사이었던 사람은 그 보험회사의 사외이사가 될 수 없다
55) 지배구조법설명서 11면
56) 대통령령으로 정하는 회사는 금융지주회사법시행령 2조 1항에 따른 금융 및 보험업을 영위하는 회사 또는 같은 조 2항에 따른 금융업의 영위와 밀접한 관련이 있는 회사를 말한다(지배구조법시행령 10②).

(2) 위 (1)에서 '대통령령으로 정하는 사람'은 금융, 경영, 경제, 법률, 회계, 소비자보호 또는 정보기술 등 보험회사의 보험업 영위와 관련된 분야에서 연구·조사 또는 근무한 경력이 있는 사람으로서 사외이사 직무 수행에 필요한 전문지식이나 실무경험이 풍부하다고 해당 보험회사가 판단하는 사람을 말한다(지배구조법시행령8④). 사외이사의 전문성을 판단함에 있어서 보험회사의 입장에서 객관적으로 판단하라는 의미로 해석된다.

3) 재임 시 요건

(1) 금융회사의 사외이사가 된 사람이 지배구조법 6조 1항 각 호의 어느 하나에 해당하게 된 경우에는 그 직을 잃는다(지배구조법6②). 여기서 직을 잃는다는 것에 대한 해석은 임원의 자격요건에서 논의한 바 있다.

(2) 지배구조법 6조 1항 각 호는 보험회사 사외이사의 자격요건으로서 소극적 요건이다. 적극적 요건은 재임 시의 요건은 아니다. 적극적 요건인 전문성은 경력과 관련된 것으로서 선임 시에 충족되면 재임 시에도 충족된다고 보아야 하기 때문이다.

(3) 재임 시 요건과 그 효과는 임원 일반에 적용되는 재임 시 요건(지배구조법5②)의 그것과 같으므로, 여기서는 설명을 생략한다.

(4) 임원 자격요건의 확인의무 등

1) 선임 시 자격 확인의무

보험회사는 임원을 선임하려는 경우 또는 책무구조도에서 정한 임원의 직책을 변경하려거나 책무를 변경[57]·추가하려는 경우에는 그가 지배구조법 5조 및 6조(임원의 자격요건 중에서 공통요건 및 사외이사의 특수요건)를 충족하는지를 확인해야 한다(지배구조법7①,시행령8의2). 이러한 확인의무는 임원의 선임시에 이행하면 되고, 선임 후 계속적 확인의무가 부과되고 있지는 않다.

2) 선임 또는 해임 시 공시 및 보고의무

i) 의의

(1) 보험회사는 임원을 선임한 경우 또는 책무구조도에서 정한 임원의 직책을 변경하거나 책무를 변경·추가한 경우에는 지체 없이 그 사실 및 자격요건 적합 여부와 그 사유 등을 금융위원회가 정하여 고시하는 바에 따라 인터넷 홈페이지 등에 공시하고 금융위원회에 보고해야 한다(지배구조법7②).

(2) 보험회사는 임원을 해임(사임을 포함)한 경우에는 금융위원회가 정하여 고시하는 바에 따라 지체 없이 그 사실을 인터넷 홈페이지 등에 공시하고 금융위원회에 보고해야 한다(지배구조법7③). 여기 해임에는 사임은 포함되나 임기종료는 포함되지 않는다.[58]

---

57) 기존 책무의 범위가 축소되는 경우에는 자격요건 충족여부를 추가로 확인할 필요는 없다.

58) 지배구조법설명서 15면

(3) 지배구조법 7조 2항 및 3항에 따른 보고의 접수는 금융감독원장에게 위탁되어 있다(지배구조법시행령30①(1)).

ii) 취지

보험회사의 임원은 경영의 주체로서 보험회사 경영에 중대한 영향을 미치고 주요 감독대상에 해당한다. 지배구조법 5조 1항에 따르면 미성년자 등은 보험회사 임원이 될 수 없기도 하다. 지배구조법 10조 1항 본문에 따르면 보험회사의 상근 임원은 원칙상 다른 영리법인의 상시적인 업무에 종사할 수도 없다. 금융위원회 및 이해관계자가 임원의 선임 또는 해임을 알 필요가 있는 이유들이다.

iii) 보고의무

(1) 보험회사는 임원을 선임 또는 해임한 경우 또는 책무구조도에서 정한 임원의 직책을 변경하거나 책무를 변경·추가한 경우에는 다음 각 호의 사항을 포함하여 지체 없이 금융감독원장에게 보고해야 한다(지배구조감독규정3②).

1. 선임한 경우, 책무구조도에서 정한 임원의 직책을 변경하거나 책무를 변경·추가한 경우: 성명 및 인적사항, 법에서 정한 자격요건에 적합하다는 사실과 그 사유, 임기 및 업무범위(책무구조도상 정하는 자신의 책무가 있는 경우 해당 책무 포함)에 대한 사항
2. 해임한 경우: 성명, 해임 사유, 향후 선임일정 및 절차

(2) 위 지배구조감독규정 3조 2항에 대한 세부적인 절차 및 방법은 금융감독원장이 정한다(지배구조감독규정3②). 이에 따라 임원의 선임보고는 지배구조감독시행세칙 [별지1] 서식으로, 임원의 직책 변경 등 보고는 지배구조감독시행세칙 [별지1의2] 서식으로, 해임 보고는 지배구조감독시행세칙 [별지2] 서식으로 각 사유 발생일로부터 7영업일 이내에 해야 한다(지배구조감독시행세칙2).

(5) 공시의무

공시의무의 구체적 내용은 다음과 같다. 즉 보험회사는 임원을 선임 또는 해임(사임을 포함), 책무구조도에서 정한 임원의 직책을 변경하거나 책무를 변경·추가할 때에는 다음 각 호의 사항을 준수하여 사유발생일부터 7영업일 이내에 해당 금융회사 및 지배구조감독규정 5조 3항에 따른 관련협회등의 인터넷 홈페이지 등에 공시해야 한다(지배구조감독규정3①).

1. 임원을 선임, 책무구조도에서 정한 임원의 직책을 변경하거나 책무를 변경·추가한 경우: 임원(지배구조법 30조의2 1항에 따른 임원을 포함)이 법에서 정한 자격요건에 적합하다는 사실과 그 사유, 임원의 임기·담당하는 업무·직위에 대한 사항을 포함할 것
2. 임원을 해임한 경우: 해임 사유 및 향후 임원 선임일정을 포함할 것
3. 일반인이 알기 쉬운 표현을 사용할 것

4. 해당 금융회사가 공고한 것임을 식별할 수 있는 정보를 포함할 것

(6) 위반 시 효과

지배구조법 7조 1항을 위반하여 임원의 자격요건 적합 여부를 확인하지 아니한 자, 지배구조법 7조 2항을 위반하여 그 사실 및 자격요건 적합 여부와 그 사유 등에 관한 공시 또는 보고를 하지 않거나 거짓으로 공시 또는 보고를 한 자, 지배구조법 7조 3항을 위반하여 임원의 해임(사임을 포함한다)에 관한 공시 또는 보고를 하지 아니하거나 거짓으로 공시 또는 보고를 한 자는 과태료(지배구조법43②(1)~(1의3))가 따른다.

3. 주요업무집행책임자

(1) 의의

1) 업무집행책임자

업무집행책임자는 이사가 아니면서 명예회장·회장·부회장·사장·부사장·행장·부행장·부행장보·전무·상무·이사 등 업무를 집행할 권한이 있는 것으로 인정될 만한 명칭을 사용하여 금융회사의 업무를 집행하는 사람을 말한다(지배구조법2(5)). 업무집행책임자는 이사에 준하는 업무집행상 권한과 책임을 부여받아 활동한다. 이 점을 고려하여 업무집행책임자를 임원에 포함시킨다(지배구조법2(2)). 업무집행책임자에 관해서는 임원의 의의와 관련하여 이미 살펴보았다.

2) 주요업무집행책임자

i) 개념

주요업무집행책임자는 전략기획, 재무관리, 위험관리 및 그 밖에 이에 준하는 업무로서 '대통령령으로 정하는 주요업무'를 집행하는 업무집행책임자를 말한다(지배구조법8①).

ii) 주요업무

위 i)에서 '대통령령으로 정하는 주요업무'는 다음 각 호의 어느 하나를 가리킨다(지배구조법시행령9).

1. 경영전략 수립 등 전략기획 업무
2. 재무, 예산 및 결산 회계 등 재무관리 업무
3. 자산의 운용 등에 대한 위험관리 업무

iii) 여러 명인 경우

위 ii)의 주요업무를 수행하는 업무집행책임자가 복수로 존재하는 것이 가능하고 그 모두를 주요업무책임자로 본다.[59]

---

59) 지배구조법설명서 20면

iv) 선임 여부

주요업무집행책임자를 반드시 선임해야 하는 것은 아니다.[60] 이 점은 지배구조법 9조의 문리에도 드러난다. 위와 같은 주요 업무를 사내이사가 수행하게 하는 것도 가능하며, 이 경우 사내이사가 주요업무집행책임자로 되는 것은 아니다.[61]

v) 특칙의 필요성

주요업무집행책임자는 보험회사의 경영건전성에 미치는 영향이 지대하다는 점을 고려하여 지배구조법은 일반적 업무집행책임자와 다른 특칙을 주요업무집행책임자에 대해 두고 있다. 이는 주요업무집행책임자의 독립성, 책임성 등을 반영한 것이다.

(2) 주요업무책임자의 특칙

1) 임면

(1) 주요업무집행책임자는 이사회의 의결을 거쳐 임면한다(지배구조법8①). 업무집행책임자의 임면은 원칙적으로 대표이사가 정하지만, 주요업무집행책임자는 이사회의 의결을 거쳐 임면하게 한 것이다. 여기서 이사회의 의결은 사전의결을 의미한다.[62]

(2) 이사회 의결을 하게 한 취지는 주요업무집행책임자를 대표이사가 임면하는 것을 차단하여 대표이사로부터 독립성을 확보하기 위해서이다.[63]

(3) 이사와 감사의 임면은 원칙상 주주총회 의결에 의하고(상법382,385,409,415), 집행임원의 임면은 이사회 의결에 의한다(상법408의2③(1)). 주요업무집행책임자의 임면을 집행임원과 유사하게 취급하고 있음을 알 수 있다.

2) 임기

(1) 주요업무집행책임자의 임기는 정관에 다른 규정이 없으면 3년을 초과하지 못한다(지배구조법8②). 업무집행책임자의 임기는 법에 별도로 정함이 없지만, 주요업무집행책임자는 위와 같은 임기를 두고 있다. 주요업무집행책임자의 임기는 3년을 초과하지 않는 범위 내에서 이사회의 의결로 정할 수 있다고 해석한다.[64] 이는 임기제한에 관한 규정인 셈이다. 주요업무집행책임자가 3년을 초과하여 재임하려면 이사회의 의결을 다시 거쳐야 한다는 의미이다. 다만, 정관을 통해서 임기제한을 단축하거나 연장하는 것은 가능하다. 한편, 연임을 제한하는 법 규정은 없으므로 연임이 가능하다고 해석한다.[65]

(2) 이사의 임기는 3년을 초과할 수 없고(상법383②), 집행임원의 임기는 정관에 다른 규정이 없으면 2년을 초과하지 못하며(상법408의3①), 감사의 임기는 취임 후 3년 내의 최

60) 지배구조법설명서 22면
61) 지배구조법설명서 21면
62) 지배구조법설명서 23면
63) 지배구조법설명서 23면
64) 이와 달리 최소 3년의 임기를 보장한 것이라고 보는 견해로는 정순섭, 은행법, 2024, 140면
65) 지배구조법설명서 25면

종의 결산기에 관한 정기총회의 종결 시까지로 한다(상법410). 기간에 차이가 있지만 주요업무집행책임자의 임기를 집행임원의 그것과 유사하게 취급하고 있음을 알 수 있다. 감사의 임기는 3년을 보장한 것이라는 점에서 주요업무집행책임자와 차이가 있다.

3) 위임관계

(1) 주요업무집행책임자와 해당 보험회사는 위임관계에 있으며 주요업무집행책임자는 보험회사에 대한 수임인의 지위를 갖는다. 주요업무집행책임자와 해당 보험회사 사이에 민법상 위임에 관한 규정이 준용되는 것이다(지배구조법8③). 이사, 감사 및 집행임원과 보험회사 사이에는 민법상 위임에 관한 규정이 준용되는데(상법382②,408의2②,415), 주요업무집행책임자도 같이 취급하기 위해서 지배구조법 8조 3항을 둔 것이다.

(2) 일반적 업무집행책임자에게도 민법상 위임에 관한 규정이 준용되는가? 부정해야 한다.[66] 현행법이 일반적 업무집행책임자에 대해 위임관계와 관련된 규정을 두고 있지 않은 것은 보험회사와 해당 업무집행책임자 사이가 위임관계인지 고용관계인지를 당사자 사이에 사적 자치에 맡겼기 때문이라고 본다. 실제로 보험회사에서 본부장 또는 담당 등의 명칭을 사용하는 업무집행책임자 중에는 고용관계에 속하는 경우도 흔히 있다.

(3) 민법상 위임에 관한 규정은 민법 680조~692조인데 주요 내용은 다음과 같으며, 고용과는 차이가 있다. 즉 수임인은 위임의 본지에 따라 선량한 관리자의 주의로써 위임사무를 처리해야 하고(민법681), 위임계약은 각 당사자가 언제든지 해지할 수 있으며 당사자 일방이 부득이한 사유 없이 상대방의 불리한 시기에 계약을 해지한 때에는 그 손해를 배상해야 하고(상법689), 위임은 당사자 한쪽의 사망이나 파산으로 종료되고 수임인이 성년후견개시의 심판을 받은 경우에도 종료된다(상법690).

4) 보고의무

주요업무집행책임자는 이사회의 요구가 있으면 언제든지 이사회에 출석하여 요구한 사항을 보고해야 한다(지배구조법9). 주요업무집행책임자가 보험회사의 주요업무를 집행하는 자라는 점을 고려한 것이다.

(3) 위반 시 효과

지배구조법 8조 1항을 위반하여 이사회의 의결을 거치지 않고 주요업무집행책임자를 임면한 자는 과태료(지배구조법43①(1))가 따른다.

4. 임직원의 겸직 관련

(1) 의의

(1) 지배구조법 제2장은 기본적으로 임원에 관한 규정이지만, 겸직과 관련해서는 임원

66) 긍정하는 견해로는 정순섭, 은행법, 2024, 140면

에 대해서는 물론 직원에 대해서도 규정하고 있다. 이하에서 보험회사의 상근 임원에 대한 겸직제한, 그리고 보험회사의 임직원에 대한 겸직제한으로 구분하여 살펴보기로 한다.

(2) 임직원의 겸직에 관해서는 지배구조법 10조~11조, 지배구조법시행령 10조~11조, 지배구조감독규정 4조가 규정하고 있다.

(2) 보험회사 상근 임원의 겸직

1) 원칙

i) 의의

보험회사의 상근 임원은 다른 영리법인의 상시적인 업무에 종사할 수 없다(지배구조법 10①본).

ii) 취지

보험회사의 상근 임원은 보험회사의 상시적 업무에 종사하는 자로서 이를 충실히 수행할 의무가 있다. 만약 그가 다른 영리법인의 상시적인 업무를 겸직하게 되면 보험회사의 상시적 업무를 충실히 수행하기 어렵고 또한 이익충돌(conflict of interests)이 발생할 수도 있기 때문에 보험회사의 경영건전성이 훼손될 수 있다. 이런 점을 고려해서 지배구조법이 보험회사의 상근 임원이 다른 영리법인의 상시적인 업무에 종사할 수 없도록 규정한 것이다.

iii) 상법과의 비교

(1) 상법에 따르면 주식회사의 이사는 이사회의 승인이 없으면 동종영업을 목적으로 하는 다른 회사의 무한책임사원이나 이사가 될 수 없다(상법397①). 이 규정은 집행임원에 준용된다(상법408의9). 감사는 자신이 소속된 회사 및 그 자회사의 이사 또는 지배인 기타의 사용인의 직무를 겸하지 못한다(상법411).

(2) 지배구조법의 상근 임원과 상법상 이사를 비교해 보면, 전자의 경우는 동종영업인지 여부 및 이사회의 승인이 있는지 여부를 묻지 않고 겸직을 금지하고 겸직금지의 대상을 상법상 회사의 무한책임사원이나 이사의 업무에 한정하지 않고 모든 영리법인의 상시적 업무로 확대하여 겸직을 금지한다는 점에서 후자에 비해서 규제가 강하다고 볼 수 있다.

iv) 요건

지배구조법 10조 1항 본문의 요건을 좀 더 자세히 살펴보면 다음과 같다.

① 주체

(1) 겸직금지의 주체는 '상근 임원'이다. 상근이란 상시적 업무에 종사한다는 의미이다. 보험회사의 임원은 이사, 감사, 집행임원(상법에 따른 집행임원을 둔 경우로 한정) 및 업무집행책임자인데, 이사 중에서 사내이사를 제외한 사외이사 및 비상임이사는 상시적 업무에 종사하지 않으므로 상근 임원이 아니다(지배구조법2(2)~(4)).

(2) 다만, 사외이사 및 비상임이사에게는 전술한 상법 397조 1항의 적용을 받는다.

② 대상

(1) 겸직금지의 대상은 '영리법인'의 '상시적 업무'이다. 상법상 회사가 전형적인 영리법인이며, 이외에도 영리를 추구하는 법인이면 영리법인에 해당한다. 학술, 종교, 자선, 기예, 사교 기타 영리 아닌 사업을 목적으로 하는 사단 또는 재단(민법32) 등과 같은 비영리법인에 대해서는 지배구조법 10조 1항 본문이 적용되지 않는다.

(2) 영리법인에 해당하면 국내법인인지 외국법인인지를 묻지 않는다.[67] 그리고 상시적 업무는 영리법인에 상근하면서 수행하는 업무를 가리킨다고 해석한다. 영리법인에서의 지위가 상근 임원인지 상근 직원인지는 묻지 않는다.[68]

(3) 지배구조법 10조 1항 본문은 보험회사의 상근 임원이 다른 영리법인의 상근 임직원이 되는 것을 금지하므로, 보험회사의 상근 임원이 다른 영리법인의 사외이사가 되는 것은 금지하지 않는다. 다만, 이 경우에 전술한 상법 397조 1항의 적용을 받는다.

2) 예외

i) 다른 영리법인의 상시적 업무에 대한 겸직

① 의의

다음 각 호의 어느 하나에 해당하는 경우에는 보험회사의 상근 임원이 다른 영리법인의 상시적인 업무에 종사할 수 있다(지배구조법10①단).

1. 채무자회생법 74조에 따라 관리인으로 선임되는 경우
2. 구조개선법 10조 1항 4호에 따라 관리인으로 선임되는 경우
3. 금융회사 해산 등의 사유로 청산인으로 선임되는 경우

즉 채무자회생법상 관리인, 구조개선법상 관리인, 또는 금융회사의 청산인을 겸직하는 것은 가능하다.

② 취지

해당 보험회사가 회생절차의 대상인 채무자, 적기시정조치의 대상인 금융기관, 청산의 대상인 금융회사와 거래관계 등의 이해관계를 갖는 경우에 그 보험회사의 상근 임원이 그 관리인 또는 청산인으로 선임되는 것이 보통이고 이러한 겸직을 통해서 그 보험회사의 이해관계를 반영할 수 있다는 점이 고려된 것이다.[69]

---

67) 정찬형(보험업법1) 140면; 정채웅 212면
68) 정찬형(보험업법1) 140면; 정채웅 212면
69) 성대규·안종민 161면; 정채웅 213면

③ 종류

(ㄱ) 채무자회생법상 관리인

보험회사의 상근 임원이 채무자회생법 74조에 따라 관리인으로 선임되는 경우는 회생절차의 대상인 채무자가 영리법인이라고 하더라도 그 관리인으로서 상시적인 업무에 종사할 수 있다(지배구조법10①(1)). 관리인은 회생절차의 대상인 채무자를 관리하는 역할을 하며, 법원이 관리위원회와 채권자협의회의 의견을 들어 관리인을 선임한다(채무자회생법 74①).

(ㄴ) 구조개선법상 관리인

보험회사의 상근 임원이 구조개선법 10조 1항 4호에 따라 관리인으로 선임되는 경우는 적기시정조치의 대상인 금융기관[70]이 영리법인이라고 하더라도 그 관리인으로서 상시적인 업무에 종사할 수 있다(지배구조법10①(2)). 금융위원회는 금융기관의 재무상태가 기준에 미달하는 등의 경우 적기시정조치를 취할 수 있는데, 그 조치 중의 하나가 임원의 직무를 대행하는 관리인의 선임이다(구조개선법10①(4)).

(ㄷ) 금융회사의 청산인

보험회사의 상근 임원이 금융회사의 청산인으로 선임되는 경우 해산 중인 금융회사가 영리법인이라고 하더라도 그 청산인으로서 상시적인 업무에 종사할 수 있다(지배구조법 10①(3)). 법인이 해산되면 청산법인을 거쳐 소멸하게 되는데, 청산인은 해산 전의 이사와 같은 지위에서 청산법인의 사무를 처리하는 자이다(민법96). 법인이 해산한 때에는 파산의 경우를 제하고는 이사가 청산인이 되고, 정관 또는 총회의 결의로 달리 정한 바가 있으면 그에 의하며, 이에 따르더라도 청산인이 될 자가 없거나 청산인의 결원으로 인하여 손해가 생길 염려가 있는 때에는 법원이 직권 또는 이해관계인이나 검사의 청구에 의하여 청산인을 선임할 수 있다(민법82~83).

ii) 자회사의 상근 임직원에 대한 겸직

① 의의

보험회사의 상근 임원은 자회사의 상근 임직원을 겸직할 수 있다(지배구조법10②(3)). 여기서 자회사는 그 보험회사가 의결권 있는 발행주식 총수의 100분의 15를 초과하는 주식을 보유하고 있는 다른 회사를 가리키며, 다만 자회사의 범위에서 은행을 포함하여 일

---

70) 구조개선법 2조 1호에 따르면 적기시정조치의 대상인 금융기관은 다음 각 목의 어느 하나에 해당하는 것을 말한다
가. 은행 나. 중소기업은행 다. 자본시장법에 따른 투자매매업자·투자중개업자 라. 자본시장법에 따른 집합투자업자, 투자자문업자 또는 투자일임업자 마. 보험회사 바. 상호저축은행 사. 자본시장법에 따른 신탁업자 아. 자본시장법에 따른 종합금융회사 자. 금융지주회사 차. 그 밖의 법률에 따라 금융업무를 하는 기관으로서 '대통령령으로 정하는 기관'(구조개선법시행령 2조에 따르면 위 차목에서 '대통령령으로 정하는 기관'은 여신전문금융업법에 따른 여신전문금융회사를 말한다)

정한 금융기관은 제외한다(지배구조법10②(3)).[71]

② 취지

해당 보험회사의 상근 임원이 그 자회사의 상근 임직원을 겸직함으로써 그 보험회사의 자회사에 대한 소유관계 등의 이해관계를 자회사의 경영에 반영할 수 있다는 점을 고려한 것이다.

(3) 보험회사 임직원의 겸직

1) 의의

보험회사의 임직원은 다음과 같은 경우 금융지주회사와 관련하여 겸직을 할 수 있다.

i) 금융지주회사의 임직원에 대한 겸직

(1) 금융지주회사의 임직원이 해당 금융지주회사의 자회사등[72]의 임직원을 겸직하는 경우는 겸직이 허용된다(지배구조법10④(1)). 이는 금융지주회사의 자회사등의 임직원이 그 금융지주회사의 임직원을 겸직할 수 있다는 의미로도 해석된다.[73]

(2) 위 (1)에 따르면 보험회사가 금융지주회사의 자회사등에 해당하는 경우 그 보험회사의 임직원은 그 금융지주회사의 임직원을 겸직할 수 있으며, 여기서 임직원은 상근인지 비상근인지를 가리지 않는다.

ii) 금융지주회사 자회사등의 임직원에 대한 겸직

(1) 금융지주회사의 자회사등(금융업을 영위하는 회사 또는 금융업의 영위와 밀접한 관련이 있는 회사로서 대통령령으로 정하는 회사[74]로 한정)의 임직원이 다른 자회사등의 임직원을 겸직하는 경우로서 다음 각 목의 어느 하나의 업무를 겸직하지 않는 경우에는 겸직할 수 있다(지배구조법10④(2)).

가. 자본시장법 6조 4항에 따른 집합투자업(대통령령으로 정하는 경우는 제외)
나. 보험업법 108조 1항 3호에 따른 변액보험계약에 관한 업무
다. 그 밖에 자회사등의 고객과 이해가 상충하거나 해당 자회사등의 건전한 경영을 저해할 우려가 있는 경우로서 금융위원회가 정하여 고시하는 업무

(2) 위 (1)에 따르면 보험회사가 금융지주회사의 자회사등에 해당하는 경우 위와 같은 요건하에서 그 보험회사의 임직원은 그 금융지주회사의 다른 자회사등의 임직원을 겸직할 수 있으며, 여기서 임직원은 상근인지 비상근인지를 가리지 않는다.

---

71) 구조개선법 2조 1호 가목부터 아목까지 및 차목에 따른 금융기관은 제외한다. 이에 대해서는 위 각주 69)를 참조.

72) 금융지주회사법 4조 1항 2호에 따르면 '자회사등'은 자회사, 손자회사 및 증손회사(금융지주회사법 19조의2, 32조에 따라 금융지주회사에 편입된 다른 회사를 포함함)를 가리킨다.

73) 지배구조법설명서 26면

74) 대통령령으로 정하는 회사는 금융지주회사법시행령 2조 1항에 따른 금융 및 보험업을 영위하는 회사 또는 같은 조 2항에 따른 금융업의 영위와 밀접한 관련이 있는 회사를 말한다(지배구조법10②).

2) 취지

금융지주회사와 그 자회사등은 금융지주회사를 정점으로 한 소유관계 등을 맺고 있기 때문에 경영성과에 대한 공통의 이해관계를 갖는다는 점, 임직원 겸직을 통한 효율성의 극대화를 추구할 수 있도록 해줄 필요가 있다는 점이 겸직을 허용하는 취지이다.

(4) 겸직의 승인 또는 보고

1) 겸직 승인

i) 의의

(1) 보험회사는 자신의 임직원이 다른 회사의 임직원을 겸직하려는 '일정한 경우' 이해충돌 방지 및 금융회사의 건전성 등에 관하여 대통령령으로 정하는 기준('겸직기준')을 갖추어 미리 금융위원회의 승인을 받아야 한다(지배구조법11①본).

(2) 위 (1)에서 승인은 사전 승인을 가리킨다.

(3) 임직원 겸직 승인의 심사는 금융감독원장에게 위탁되어 있다(지배구조법시행령30①(2)).

ii) 겸직 승인을 받아야 하는 경우

(1) 겸직 승인을 받아야 하는 '일정한 경우'는 전술한 자회사의 상근 임직원을 겸직하는 경우(지배구조법10②(3))와 금융지주회사와 관련된 겸직(지배구조법10④)이다. 다만, 이러한 경우라고 해서 전부 승인을 받아야 하는 것은 아니다. 즉 후술하는 바와 같이 일정한 경우에는 겸직 승인을 겸직 보고로 대체할 수 있다.

(2) 채무자회생법상 관리인, 구조개선법상 관리인, 금융회사의 청산인을 겸임하는 경우(지배구조법10①)는 승인의 대상이 아니다. 이 경우는 법원에 의해서 선임되는 등의 사정을 고려한 것이다.

iii) 겸직기준

겸직 승인을 받을 때 준수해야 할 '겸직기준'에는 '겸직 운용기준'과 '확인서'가 있다(지배구조법시행령11①).

① 겸직 운용기준

(1) 해당 보험회사의 임직원의 '겸직 운용기준'이 다음 각 목의 사항을 포함하여 마련되어 있어야 한다(지배구조법시행령11①(1)).

가. 임직원 겸직에 따른 위험관리·평가
나. 임직원 겸직개시·종료절차
다. 겸직 임직원에 대한 관리·감독
라. 고객정보(금융지주회사법 48조의2 3항에 따른 고객정보)의 보호
마. 임직원 겸직에 따른 이해상충 방지체계

바. 겸직 임직원의 업무범위

사. 임직원 겸직에 따른 해당 금융회사(금융지주회사인 경우 금융지주회사와 그 자회사등을 말한다)의 겸직 임직원의 책임범위

아. 고객과의 이해상충 발생 등에 대비한 비상계획 마련, 분쟁해결방법, 해당 금융회사의 손해배상책임 등

자. 그 밖에 겸직에 따른 이해상충 방지 및 금융회사의 건전성 등에 관하여 필요한 사항으로서 금융위원회가 정하여 고시하는 사항

(2) 위 (1)의 자목에서 금융위원회가 정하여 고시하는 사항이란 다음 각 호를 말한다(지배구조감독규정4①).

1. 겸직 임직원의 자격요건 및 선정절차에 관한 사항
2. 겸직 임직원의 담당 업무 관련 업무처리절차 및 보고체계에 관한 사항
3. 금융위원회, 금융감독원, 준법감시인, 감사위원회(감사를 포함) 및 해당 금융회사로부터 독립된 외부의 감사인 등의 임직원 겸직 관련 자료에 대한 접근권 확보에 관한 사항

② 확인서

(1) 임직원이 겸직하는 해당 보험회사는 다음 사항에 대한 각각의 '확인서'를 마련해야 한다(지배구조법시행령11①(2)).

가. 겸직하는 회사에서 수행하는 업무의 범위

나. 겸직하는 업무의 처리에 대한 기록유지

다. 겸직의 목적

라. 겸직의 기간

마. 그 밖에 겸직에 따른 이해상충 방지 및 금융회사의 건전성 등에 관하여 필요한 사항으로서 금융위원회가 정하여 고시하는 사항

(2) 위 (1)의 마목에서 금융위원회가 정하여 고시하는 사항이란 다음 각 호를 말한다(지배구조감독규정4②).

1. 겸직 임직원, 임직원이 겸직하는 회사의 책임범위
2. 겸직 임직원의 담당업무에 대한 적격성
3. 겸직 임직원에 대한 보수산정방식
4. 면책조항 및 분쟁해결(중재 및 조정을 포함) 방법에 관한 사항

iv) 방법 및 절차

① 승인신청서 및 첨부서류

(1) 겸직 승인을 받으려는 보험회사는 일정한 승인신청서에 다음 각 호의 서류를 첨부하여 금융위원회에 제출해야 한다(지배구조법시행령11④).

1. 임직원 겸직 운용기준
2. 확인서
3. 지배구조법 24조 1항에 따른 내부통제기준
4. 임직원의 겸직이 다음 각 목의 요건을 충족한다는 해당 금융회사 준법감시인의 보고서
   가. 금융시장의 안정성을 저해하지 아니할 것
   나. 금융회사의 경영건전성을 저해하지 아니할 것
   다. 고객과의 이해상충을 초래하지 아니할 것
   라. 금융거래질서를 문란하게 하지 아니할 것
   마. 임직원 겸직 운용기준 및 지배구조법 24조 1항에 따른 내부통제기준에 위배되지 아니할 것

(2) 위 (1)의 승인신청서와 첨부서류의 서식은 금융감독원장이 정한다(지배구조감독규정 4③). 이에 따른 임직원 겸직승인신청서 및 첨부서류는 지배구조감독시행세칙 [별지3] 서식을 따른다(지배구조감독시행세칙3①).

(3) 위 (1)의 첨부서류가 이미 제출된 경우에는 제출된 서류를 참조하라는 뜻을 기재한 서면으로 첨부서류 제출을 갈음할 수 있다(지배구조감독규정4⑥).

② 심사 및 통지

(1) 금융위원회는 승인신청서를 제출받은 경우에는 해당 임직원의 겸직이 위에서 살펴 본 지배구조법시행령 11조 4항 4호 각 목의 요건을 충족하는지 심사하여 제출일부터 30일 이내에 승인 여부를 결정하고, 그 결과와 이유를 지체 없이 해당 보험회사에 문서로 통지해야 한다(지배구조법시행령11⑤전). 이 경우 승인신청서에 흠결이 있는 경우에는 보완을 요구할 수 있다(지배구조법시행령11⑤후).

(2) 위 (1)의 심사기간을 계산할 때 승인신청서 흠결의 보완기간 등 '금융위원회가 정하여 고시하는 기간'[75]은 심사기간에 넣지 아니한다(지배구조법시행령11⑥).

2) 겸직 보고

i) 지배구조법 10조의 겸직인 경우

① 의의

(1) 위에서 살펴 본 1) 겸직 승인은 일정한 경우에 겸직 보고로 대체한다. 즉 이해상

---

75) '금융위원회가 정하여 고시하는 기간'은 다음 각 호의 어느 하나를 말한다(지배구조감독규정4④).
   1. 지배구조법시행령 11조 4항 4호 각 목의 요건을 충족하는지를 확인하기 위하여 다른 기관 등으로부터 필요한 자료를 제공받는 데에 걸리는 기간
   2. 지배구조법시행령 11조 5항 후단에 따라 승인신청서 흠결의 보완을 요구한 경우에는 그 보완기간
   3. 해당 보험회사 또는 그의 대주주(지배구조법 2조 6호에 따른 대주주를 말함)를 상대로 형사소송 절차가 진행되고 있거나 금융위원회, 공정거래위원회, 국세청, 검찰청 또는 금융감독원 등(외국 금융회사인 경우에는 이들에 준하는 본국의 감독기관 등을 포함)에 의한 조사·검사 등의 절차가 진행되고 있고, 그 소송이나 조사·검사 등의 내용이 심사에 중대한 영향을 미칠 수 있다고 인정되는 경우에는 그 소송이나 조사·검사 등의 절차가 끝날 때까지의 기간
   4. 천재·지변 그 밖의 사유로 불승인사유를 통지할 수 없는 기간

충 또는 금융회사의 건전성 저해의 우려가 적은 경우로서 '대통령령으로 정하는 경우'에는 다음 각 호의 사항을 대통령령으로 정하는 방법 및 절차에 따라 금융위원회에 보고해야 한다(지배구조법11①단).

1. 겸직하는 회사에서 수행하는 업무의 범위
2. 겸직하는 업무의 처리에 대한 기록 유지에 관한 사항
3. 그 밖에 이해상충 방지 또는 금융회사의 건전성 유지를 위하여 필요한 사항으로서 대통령령으로 정하는 사항

(2) 위 (1)의 3호에서 대통령령으로 정하는 사항이란 다음 각 호의 사항을 말한다(지배구조법시행령11⑧).

1. 겸직의 목적
2. 겸직의 기간
3. 그 밖에 이해상충 방지 또는 금융회사의 건전성 유지를 위하여 필요한 사항으로서 금융위원회가 정하여 고시하는 사항

(3) 임직원 겸직 보고의 접수는 금융감독원장에게 위탁되어 있다(지배구조법시행령30①(2)).

② 겸직 보고로 대체하는 경우

(1) 위 지배구조법 11조 1항 단서에서 '대통령령으로 정하는 경우'란 다음 각 호의 어느 하나에 해당하지 않는 경우를 말한다(지배구조법시행령11②). 즉 아래 각 호의 어느 하나에 해당하지 않으면 겸직 신고를 겸직 보고로 대체할 수 있다.

1. 해당 보험회사의 대표이사, 대표집행임원(상법408의5①), 사내이사 또는 주요업무집행책임자가 다른 회사의 상시적인 업무에 종사하는 임직원을 겸직하려는 경우. 다만, 다음 가목에 해당하는 경우는 제외한다.
   가. 금융지주회사와 해당 금융지주회사의 자회사등 간의 겸직인 경우
   나. 해당 금융회사가 여신전문금융업법에 따른 신기술사업금융업자인 경우로서 같은 법 41조 1항 각 호의 업무를 수행하기 위하여 다른 회사의 임직원을 겸직하려는 경우
2. 해당 보험회사의 감사위원(감사를 포함. 이하 같음), 준법감시인 또는 위험관리책임자가 다른 금융회사의 감사위원, 준법감시인 또는 위험관리책임자를 겸직하려는 경우. 다만, 해당 금융회사가 금융지주회사인 경우로서 그 금융지주회사의 자회사등에서 해당 금융지주회사에서 수행하는 업무와 동일한 업무를 겸직하려는 경우는 제외한다.
3. 해당 보험회사의 임직원(1호에 따른 임원은 제외)이 다른 금융회사의 상시적인 업무에 종사하는 임직원을 겸직하려는 경우로서 겸직하려는 임직원의 업무가 다음 각 목의 어느 하나에 해당하는 경우
   가. 지배구조법 10조 4항 2호 각 목의 어느 하나에 해당하는 업무[76]

76) 지배구조법 10조 4항 2호 각 목에 해당하는 업무는 다음과 같다.

나. 자본시장법에 따른 신탁업의 경우에는 자본시장법시행령 47조 1항 6호 각 목의 업무. 다만, 다음의 어느 하나에 해당하는 업무는 제외한다.
   1) '주식·사채 등의 전자등록에 관한 법률' 2조 4호에 따른 전자등록주식등, 자본시장법 308조 2항에 따른 예탁대상증권등 또는 외화자산인 집합투자재산·신탁재산의 보관·관리업무(외화자산인 집합투자재산의 운용 및 운용지시의 이행업무를 포함)
   2) 신탁재산 중 외화자산의 운용업무[신탁재산에 속하는 지분증권(지분증권과 관련된 증권예탁증권을 포함)의 의결권 행사를 포함한다. 이하 이 목에서 같다]
   3) 신탁재산(외화자산이 아닌 자산만 해당) 총액의 100분의 20 범위에서의 운용업무(금융투자업자에게 위탁하는 경우만 해당)
   4) 신탁재산의 운용업무와 관련한 조사·분석업무
   5) 신탁재산 중 증권, 장내파생상품 또는 외국환거래법에 따른 대외지급수단의 단순매매주문업무
   6) 자본시장법 6조 10항 3호에 따른 업무

4. 손해보험회사의 임직원이 생명보험회사의 임직원을 겸직하려는 경우 또는 생명보험회사의 임직원이 손해보험회사의 임직원을 겸직하려는 경우

(2) 위 (1)의 각 호에 해당하는 경우라도 다음 각 호의 어느 하나에 해당하는 경우에는 금융위원회에 보고할 수 있다(지배구조법시행령11③). 즉 이 경우도 겸직 승인을 겸직 보고로 대체할 수 있다.

1. 최근 3년 이내에 지배구조법 11조 1항 본문에 따라 겸직 승인을 받은 경우로서 해당 금융회사의 임직원이 인사교체 등으로 변경되었고 새로 변경된 임직원이 겸직하는 업무·겸직하는 회사가 전임자가 겸직하였던 업무·겸직하였던 회사와 동일한 경우
2. 해당 금융회사의 임직원이 외국 자회사등의 임직원을 겸직하려는 경우

③ 보고의 방법 및 절차

(1) 보험회사는 금융위원회가 정하여 고시하는 서류를 첨부하여 반기별 겸직 현황을 매 반기 경과 후 1개월 이내에 금융위원회에 제출해야 한다(지배구조법시행령11⑦).

(2) 위 (1)에서 금융위원회가 정하여 고시하는 서류는 금융감독원장이 정하는 서식에 따른 보고서 및 다음 각 호의 첨부서류를 말한다(지배구조감독규정4⑤).[77]

1. 임직원 겸직 계약서 사본
2. 임직원 겸직이 지배구조법시행령 11조 4항 4호 각 목[78]의 요건에 적합하다는 해당 보험회

가. 자본시장법 6조 4항에 따른 집합투자업(대통령령으로 정하는 경우는 제외)
나. 보험업법 108조 1항 3호에 따른 변액보험계약에 관한 업무
다. 그 밖에 자회사등의 고객과 이해가 상충하거나 해당 자회사등의 건전한 경영을 저해할 우려가 있는 경우로서 금융위원회가 정하여 고시하는 업무

77) 이에 따른 임직원 겸직의 반기별 현황 보고서 및 첨부서류는 지배구조감독시행세칙 [별지4] 서식에 따른다(지배구조감독시행세칙3②).

78) 4. 임직원의 겸직이 다음 각 목의 요건을 충족한다는 해당 금융회사 준법감시인의 보고서

사 준법감시인의 검토의견 및 관련 자료

(3) 위 (2)의 첨부서류가 이미 제출된 경우에는 제출된 서류를 참조하라는 뜻을 기재한 서면으로 첨부서류 제출을 갈음할 수 있다(지배구조감독규정4⑥).

ii) 지배구조법 10조 이외의 겸직인 경우

① 의의

(1) 보험회사는 자신의 임원이 다른 금융회사의 임원을 겸직하는 경우(지배구조법 10조에 따른 겸직은 제외)로서 '대통령령으로 정하는 경우'에는 '일정한 사항'을 '대통령령으로 정하는 방법 및 절차'에 따라 금융위원회에 보고해야 한다(지배구조법11②).

(2) 임원 겸직 보고의 접수는 금융감독원장에게 위탁되어 있다(지배구조법시행령30①(3)).

② 겸직 보고를 해야 하는 경우

'대통령령으로 정하는 경우'는 해당 보험회사의 사외이사, 비상임이사 또는 비상근감사가 다른 금융회사의 임원을 겸직하는 경우를 말한다(지배구조법시행령11⑨전). 즉 보험회사의 비상근 임원이 다른 금융회사의 임원을 겸직하는 경우에 이를 금융위원회에 보고하게 하는 것이다.

③ 보고 대상

보고 대상인 '일정한 사항'은 전술한 i) 지배구조법 10조의 겸직인 경우의 보고사항(지배구조법11①)과 같다(지배구조법11②).

④ 방법 및 절차

(1) 보험회사는 금융위원회가 고시하는 서류를 첨부하여 반기별 겸직 현황을 매 반기 경과 후 1개월 이내에 금융위원회에 제출해야 한다(지배구조법시행령11⑨후).

(2) 위 (1)에서 금융위원회가 정하여 고시하는 서류는 전술한 i) 지배구조법 10조의 겸직인 경우의 그것과 같다(지배구조감독규정4⑤).

(3) 위 (2)의 첨부서류가 이미 제출된 경우에는 제출된 서류를 참조하라는 뜻을 기재한 서면으로 첨부서류 제출을 갈음할 수 있다(지배구조감독규정4⑥).

(4) 위 (1)과 (2)에 따른 비상근 임원의 반기별 현황 보고서 및 첨부서류는 지배구조감독시행세칙 [별지5] 서식에 따른다(지배구조감독시행세칙3③).

가. 금융시장의 안정성을 저해하지 아니할 것
나. 금융회사의 경영건전성을 저해하지 아니할 것
다. 고객과의 이해상충을 초래하지 아니할 것
라. 금융거래질서를 문란하게 하지 아니할 것
마. 임직원 겸직운용기준 및 지배구조법 24조 1항에 따른 내부통제기준에 위배되지 않을 것

(5) 겸직제한 또는 시정명령

금융위원회는 금융회사가 겸직기준을 충족하지 않는 경우 또는 지배구조법 11조 1항 단서에 따른 보고 방법 및 절차를 따르지 않거나 보고한 사항을 이행하지 않는 경우에는 해당 임직원 겸직을 제한하거나 그 시정을 명할 수 있다(지배구조법11③).

(6) 손해배상책임

1) 의의

임직원을 겸직하게 한 금융지주회사와 해당 자회사등은 금융업의 영위와 관련하여 임직원 겸직으로 인한 이해상충 행위로 고객에게 손해를 끼친 경우에는 연대하여 그 손해를 배상할 책임이 있다(지배구조법11④본). 다만, 다음 각 호의 어느 하나에 해당하는 경우에는 그렇지 않다(지배구조법11④단).

1. 금융지주회사와 해당 자회사등이 임직원 겸직으로 인한 이해상충의 발생 가능성에 대하여 상당한 주의를 한 경우
2. 고객이 거래 당시에 임직원 겸직에 따른 이해상충 행위라는 사실을 알고 있었거나 이에 동의한 경우
3. 그 밖에 금융지주회사와 해당 자회사등의 책임으로 돌릴 수 없는 사유로 손해가 발생한 경우로서 대통령령으로 정하는 경우

2) 특색

i) 입증책임의 전환

지배구조법 11조 4항 1호 등을 고려하면 입증책임이 전환된다. 즉 금융지주회사 또는 해당 자회사등은 임직원 겸직으로 인한 이해상충 행위로 고객에게 끼친 손해의 배상책임을 면하려면 자신에게 귀책사유가 없음을 입증해야 한다. 이는 귀책사유를 피해자가 입증해야 한다는 원칙(민법750)에 대한 예외이다.

ii) 연대책임

금융지주회사와 그 자회사등은 연대하여 손해배상책임을 진다. 금융지주회사와 그 자회사등에게 각각 손해배상책임이 인정된다면 이들은 연대하여 손해배상책임을 지게 된다는 의미이다. 이는 손해배상책임은 각각 개별적으로 부담한다는 원칙(민법750)에 대한 예외이다.

3) 취지

임직원 겸직으로 인해서 고객에게 손해를 끼친 경우 이에 대해 책임이 있는 자는 손해배상의 일반원칙(민법750)에 따라서 책임을 지게 된다. 위와 같은 책임이 있는 자라면 금융지주회사와 해당 자회사등은 물론이고 모든 해당 회사 및 임직원이 손해배상책임을 지게 된다. 그런데 금융지주회사와 그 자회사등은 효율극대화 등을 고려해서 임직원 겸직

을 비교적 넓게 인정해 주므로(지배구조법10④(1)), 임직원 겸직으로 인한 이해상충 행위와 관련해서는 위와 같이 손해배상책임을 강화한 것이다.

(7) 위반 시 효과

지배구조법 10조를 위반하여 겸직하게 하거나 겸직한 자, 지배구조법 11조 1항 본문을 위반하여 겸직승인을 받지 아니한 자, 지배구조법 11조 1항 단서 및 같은 조 2항을 위반하여 겸직보고를 하지 아니하거나 거짓으로 보고한 자는 과태료(지배구조법43②(2)~(2의3))가 따른다.

제 3 관 보험회사의 이사회

1. 의의

(1) 이사회는 업무집행에 관한 의사결정을 위해서 이사 전원으로 구성된 보험회사의 기관이다. 이러한 의사결정이 이루어지면 대표이사가 업무집행을 하게 된다. 지배구조법은 보험회사 이사회의 의결사항 및 구성에 대해 규정하고 있다.

(2) 보험회사 사외이사의 수에 관한 지배구조법 규정은 최근 사업연도 말 현재 자산총액이 5조 원 미만(주권상장법인인 경우는 2조 원 미만)인 보험회사에 대해서는 적용하지 않는다(지배구조법3③(1),동법시행령6③단(3)).

2. 의결사항

(1) 상법

1) 393조

(1) 상법 393조에 따르면 이사회의 권한은 다음과 같다. 즉 ⓐ 중요한 자산의 처분 및 양도, 대규모 재산의 차입, 지배인의 선임 또는 해임과 지점의 설치·이전 또는 폐지 등 회사의 업무집행은 이사회의 결의로 하고, ⓑ 이사회는 이사의 직무의 집행을 감독하며, ⓒ 이사는 대표이사로 하여금 다른 이사 또는 피용자의 업무에 관하여 이사회에 보고할 것을 요구할 수 있고, ⓓ 이사는 3월에 1회 이상 업무의 집행상황을 이사회에 보고해야 한다.

(2) 위(1) 의 ⓐ에서 중요한 자산의 처분 등은 이사회의 업무집행 의결권에 대한 예시라고 본다(통설). 즉 ⓐ는 회사의 업무집행에 대한 결정권이 포괄적으로 이사회에 귀속됨을 나타낸다.

2) 기타

이사회는 상법 393조 이외에도 주주총회의 소집(상법362), 사채발행(상법469) 등에 대해 의결권을 갖고 있다.

(2) 지배구조법

지배구조법 15조는 이사회의 업무집행 의결권에 관한 특칙을 두고 있다.

1) 의결사항

(1) 다음 각 호의 사항은 이사회의 심의·의결을 거쳐야 한다(지배구조법15①).

1. 경영목표 및 평가에 관한 사항
2. 정관의 변경에 관한 사항
3. 예산 및 결산에 관한 사항
4. 해산·영업양도 및 합병 등 조직의 중요한 변경에 관한 사항
5. 지배구조법 24조에 따른 내부통제기준 및 27조에 따른 위험관리기준의 제정·개정 및 폐지에 관한 사항

5의2. 내부통제 및 위험관리 정책의 수립 및 감독에 관한 사항

6. 최고경영자의 경영승계 등 지배구조 정책 수립에 관한 사항
7. 대주주·임원 등과 회사 간의 이해상충 행위 감독에 관한 사항

(2) 위 (1)의 의결사항은 이사회의 업무집행에 관한 결정권에 속하기 때문에 이사회의 권한사항이기도 하지만, 지배구조법 15조 1항이 이를 필수적 의결사항으로 규정함으로써 이사회의 책임사항이기도 하다. 그러한 의결사항은 보험회사의 경영건전성에 미치는 영향이 크다는 점을 고려하여 필수적으로 의결해야 한다고 규정한 것이다.

2) 정관

이사회의 의결사항은 정관으로 정해야 한다(지배구조법15②). 여기의 의결사항은 위 필수적 의결사항뿐만 아니라 이사회의 의결사항 전부를 의미한다고 해석한다.

3) 위임 불가의 원칙

(1) 위 1)에서 본 바와 같이 위 의결사항은 필수적 의결사항이다. 따라서 이사회가 결의해야 하고 이사회 내 위원회로 위임할 수 없다고 해석한다.[79] 다만, 위험관리기준의 제정·개정은 위험관리위원회가 의결할 수 있다(지배구조법21(4)).

(2) 상법 393조 1항에 따른 이사회의 권한 중 지배인의 선임 또는 해임과 지점의 설치·이전 또는 폐지에 관한 권한은 정관에서 정하는 바에 따라 위임할 수 있다(지배구조법15③). 상법이 정한 이사회의 의결권은 이사회의 고유권한으로서 다른 기관에 위임할 수 없다고 해석한다. 지배구조법 15조 3항은 이에 대한 예외규정이다.

4) 내부통제 총괄 관리의무의 이행 감독

(1) 2024.7.3. 시행된 개정 지배구조법은 이사회 심의·의결 사항에 내부통제 및 위험관리 정책의 수립 및 감독에 관한 사항을 추가하여 이사회의 내부통제 권한을 명확히 하

79) 지배구조법설명서 36면

였다(지배구조법15①(5의2)).

(2) 이는 내부통제에 관해 최종적 책임을 지는 이사회의 감시 역할을 강화함으로써 지배구조의 견제와 균형이 원활하게 작동되도록 하기 위한 것이다.[80)]

3. 구성 등

이사회는 이사로 구성된다. 이사회의 구성 등과 관련하여 주요한 사항은 다음과 같다.

(1) 사외이사

1) 법정 인원수

i) 상법

(1) 상법에 따르면 일반적으로는 이사회에서 사외이사의 인원수에 대해 정함이 없지만, 상장회사의 경우는 특칙이 있는데 다음과 같다.

(2) 상장회사는 일정한 경우[81)]를 제외하면 이사 총수의 4분의 1 이상을 사외이사로 해야 한다(상법542의8①본). 나아가 상장회사 중에서도 최근 사업연도 말 현재의 자산총액이 2조 원 이상인 경우는 사외이사는 3명 이상으로 하되 이사 총수의 과반수가 되도록 해야 한다(상법542의8①단,상법시행령34②).

(3) 위 (2)와 같은 특칙은 독립성 및 전문성 등을 가진 사외이사를 일정 인원수 이상 두게 함으로써 경영의 건전성을 도모하자는 취지이다.

ii) 지배구조법

지배구조법은 사외이사에 대해 다음과 같은 특칙을 두고 있다.

① 자산총액이 5조 원 이상인 경우

(1) 보험회사는 이사회에 사외이사를 3명 이상 두어야 하고, 사외이사의 인원수는 이사 총수의 과반수가 되어야 한다(지배구조법12①,12②본). 이에 따르면 전체 이사 중에 사외이사가 다수가 된다.

---

80) 금융위원회·금융감독원 보도자료(2023.6.22), "금융사고, 제재보다 예방에 주력－금융권 내부통제 제도개선 방안 발표－", 3면; 국회 정무위원회(2023), 31면

81) '일정한 경우'는 다음 각 호의 어느 하나에 해당하는 경우를 말한다(상법시행령34①).

1. '벤처기업육성에 관한 특별법'에 따른 벤처기업 중 최근 사업연도 말 현재의 자산총액이 1천억 원 미만으로서 코스닥시장 또는 코넥스시장에 상장된 주권을 발행한 벤처기업인 경우
2. 채무자회생법에 따른 회생절차가 개시되었거나 파산선고를 받은 상장회사인 경우
3. 유가증권시장, 코스닥시장 또는 코넥스시장에 주권을 신규로 상장한 상장회사(신규상장 후 최초로 소집되는 정기주주총회 전날까지만 해당)인 경우. 다만, 유가증권시장에 상장된 주권을 발행한 회사로서 사외이사를 선임하여야 하는 회사가 코스닥시장 또는 코넥스시장에 상장된 주권을 발행한 회사로 되는 경우 또는 코스닥시장 또는 코넥스시장에 상장된 주권을 발행한 회사로서 사외이사를 선임하여야 하는 회사가 유가증권시장에 상장된 주권을 발행한 회사로 되는 경우에는 그러하지 아니하다.
4. '부동산투자회사법'에 따른 기업구조조정 부동산투자회사인 경우
5. 해산을 결의한 상장회사인 경우

(2) 위 (1)은 최근 사업연도 말 현재 자산총액이 5조 원 미만(주권상장법인인 경우는 2조 원 미만)인 보험회사에 대해서는 적용하지 않는다(지배구조법3③(1),동법시행령6③단·(3)). 따라서 위 (1)은 최근 사업연도 말 현재 자산총액이 5조 원 이상(주권상장법인인 경우는 2조 원 이상)인 보험회사에 적용된다.

(3) 위 (1)은 자산총액이 2조 원 이상인 주권상장법인[82]과 관련해서는 상법의 규정과 내용이 같다. 다만, 지배구조법은 주권상장법인이 아닌 경우에도 자산총액이 5조 원 이상이면 사외이사 인원수를 3명 이상으로 하고 사외이사가 이사 총수의 과반수가 되어야 한다고 규정한 점이 상법과 다르다.

② 자산총액이 3천억 원 이상 5조 원 미만인 경우

최근 사업연도 말 현재 자산총액이 5조 원 미만(주권상장법인인 경우는 2조 원 미만)이고 3천억 원 이상인 보험회사의 경우는 이사 총수의 4분의 1 이상을 사외이사로 해야 한다(지배구조법12②단,동법시행령12(4)).

③ 자산총액이 3천억 원 미만인 경우

자산총액이 3천억 원 미만인 보험회사에 대해서는 지배구조법이 사외이사 인원수를 정하고 있지 않는다. 다만, 그 보험회사가 주권상장법인이라면 일정한 경우를 제외하고 이사 총수의 4분의 1 이상을 사외이사로 해야 한다(상법542의8①본).

④ 금융지주회사의 완전자회사등인 경우

(1) 보험회사가 금융지주회사의 완전자회사등인 경우는 사외이사를 두지 않을 수 있다. 즉 금융지주회사가 발행주식 총수를 소유하는 자회사 및 그 자회사가 발행주식 총수를 소유하는 손자회사(손자회사가 발행주식 총수를 소유하는 증손회사를 포함. 이를 '완전자회사등'이라고 함)는 경영의 투명성 등 대통령령으로 정하는 요건[83]에 해당하는 경우에는 사외이사를 두지 않을 수 있다(지배구조법23①).

(2) 위 (1)에도 불구하고 보험회사가 자의로 사외이사를 두는 것은 가능하며, 이 경우 인원수에 특별한 제한은 없다고 해석한다.[84]

2) 결원 시 보충

i) 보충의 유예

(1) 보험회사는 사외이사의 사임·사망 등의 사유로 사외이사의 인원수가 지배구조법 12조 1항 및 2항에 따른 이사회의 구성요건에 미치지 못하게 된 경우에는 그 사유가 발생한 후 최초로 소집되는 주주총회(상호회사인 보험회사의 경우는 사원총회)에서 지배구조법 12

82) 상법은 상장회사라고 표현하고 있다.

83) 이에 대해서는 지배구조법시행령 18조 및 지배구조감독규정 10조가 규정하고 있다. 그 자세한 내용은 이사회 내 위원회와 관련한 금융지주회사 특칙 부분에서 살펴보기로 한다.

84) 지배구조법설명서 43면

조 1항 및 2항에 따른 요건을 충족하도록 조치해야 한다(지배구조법12③).

(2) 위 (1)은 보험회사의 사외이사에 결원이 생겨서 법정 인원수에 미달하는 경우 결원에 대한 보충의무를 일정기간 유예해준다.

ii) 유예의 취지

보충의무를 유예해주는 취지는 주주총회의 소집 및 의결에 소요되는 시간과 비용을 고려한 것이다.

iii) 결원 사유

사외이사의 결원사유는 사임·사망 등이다(지배구조법12③). 이것은 예시적인 규정이라고 해석한다.[85] 보충의무 유예의 취지를 고려하면 이에 한정하지 않을 필요가 있기 때문이다. 사외이사의 종임 사유는 다양하다. 사외이사는 회사와 위임관계에 있다. 이에 따라 사외이사는 해임, 파산 등으로도 종임된다(민법689~690). 이뿐만 아니라 임기만료, 소극적 요건에 저촉된 경우(지배구조법6②) 등 다양한 종임 사유가 있다.

iv) 퇴임이사 규정

퇴임이사에 관한 상법 규정은 사외이사에게는 적용이 없다고 해석한다. 즉 상법 386조 1항에 따르면 법률 또는 정관에 정한 '이사의 원수'를 결한 경우에는 임기의 만료 또는 사임으로 인하여 퇴임한 이사는 새로 선임된 이사가 취임할 때까지 이사의 권리의무가 있는데, 여기서 '이사의 원수'는 상법 383조 1항이 규정하는 원수(이사는 3명 이상이어야 한다. 다만, 자본금 총액이 10억 원 미만인 회사는 1명 또는 2명으로 할 수 있다)만을 가리킨다고 해석한다.

v) 유예의 부적용

주주총회가 즉시 사외이사를 선임할 수 있는 경우라면 보충의무 유예가 적용되지 않는다고 해석한다. 가령 주주총회가 사외이사를 해임함으로써 법정 인원수에 미달하게 되는 경우는 특별한 사정이 없는 한 그 주주총회에서 사외이사를 선임해서 보충해야 한다고 해석한다.[86]

3) 사외이사에 대한 정보제공

i) 의의

(1) 보험회사는 사외이사의 원활한 직무수행을 위하여 대통령령으로 정하는 바에 따라 충분한 자료나 정보를 제공해야 한다(지배구조법18①).

(2) 사외이사는 해당 보험회사에 대하여 그 직무를 수행할 때 필요한 자료나 정보의 제공을 요청할 수 있고, 이 경우 보험회사는 특별한 사유가 없으면 이에 따라야 한다(지배

85) 정찬형(보험업법1) 171면; 정채웅 222면
86) 정찬형(보험업법1) 171면; 정채웅 222면

구조법18②).

ii) 취지

독립성 및 전문성 등을 가진 사외이사를 일정 수 이상 두도록 함으로써 경영의 건전성을 도모하자는 취지를 살리자면 사외이사가 원활하게 직무수행을 할 수 있도록 충분한 정보제공이 이루어져야 한다. 사외이사는 해당 회사의 상시적 업무에 종사하는 자가 아니므로 정보제공의 필요성은 더욱 크다고 할 수 있다.

iii) 제공 방법

보험회사는 지배구조법 18조 1항에 따라서 다음 각 호의 방법으로 사외이사에게 자료나 정보를 제공하여야 한다(지배구조법시행령15).

1. 사외이사가 회사의 경영실태를 원활히 파악할 수 있도록 영업·재무, 그 밖의 업무집행 상황 등에 관한 자료나 정보를 연 1회 이상 정기적으로 제공할 것
2. 사외이사가 원활한 직무 수행을 위하여 지배구조법 13조에 따른 이사회 의장 또는 선임사외이사를 통하여 해당 보험회사에 대하여 자료나 정보의 제공을 요구하는 경우 보험회사는 정당한 사유가 없으면 요구받은 자료나 정보를 지체 없이 제공할 것
3. 이사회 및 이사회 내 위원회('이사회등')의 회의자료를 회의 개최 2주일 전까지 제공할 것. 다만, 해당 금융회사의 정관 또는 이사회규정 등에서 그 기간을 달리 정할 수 있다.

(2) 의장

1) 선임

(1) 이사회는 매년 사외이사 중에서 이사회 의장을 선임한다(지배구조법13①). 이사회는 사외이사가 아닌 자를 이사회 의장으로 선임할 수 있으며 이 경우 이사회는 그 사유를 공시해야 한다(지배구조법13②).

(2) 위 (1)에 따르면 사외이사 중에서 이사회 의장을 선임하는 것이 원칙임을 알 수 있는데, 독립성을 갖춘 사외이사가 이사회 의장이 되면 대주주 등 이해관계자로부터 이사회의 독립성을 확보하는 데 기여할 수 있다고 보는 것이다.

(3) 이사회 의장은 매년 선임하는 것이며, 이는 사외이사가 아닌 자가 이사회 의장이 되는 경우도 마찬가지라고 해석한다.[87]

2) 적용 범위

(1) 이사회 의장에 관한 위 1)의 규정은 최근 사업연도 말 현재 자산총액이 5조 원 미만(주권상장법인인 경우는 2조 원 미만)인 보험회사에 대해서는 적용하지 않는다고 해석한다. 이사회 의장에 관한 위 1)의 규정은 사외이사가 3명 이상이고 이사의 과반수에 이른다는 점을 전제로 한다고 보아야 하므로, 이러한 전제가 적용되지 않는 보험회사에 대해 이사

87) 지배구조법설명서 35면

회 의장에 관한 위 규정을 적용할 수 없기 때문이다.[88)]

(2) 따라서 위 (1)에 맞추어 지배구조법 3조 3항 1호를 개정하여 지배구조법 13조도 적용배제조항에 포함시킬 필요가 있다.

(3) 선임사외이사

1) 선임

이사회가 사외이사가 아닌 자를 이사회 의장으로 선임하는 경우 사외이사를 대표하는 자('선임사외이사')를 별도로 선임해야 한다(지배구조법13②).

2) 업무

(1) 선임사외이사는 다음 각 호의 업무를 수행한다(지배구조법13③).

1. 사외이사 전원으로 구성되는 사외이사 회의의 소집 및 주재
2. 사외이사의 효율적인 업무수행을 위한 지원
3. 사외이사의 책임성 제고를 위한 지원

(2) 보험회사 및 그 임직원은 선임사외이사가 위 (1)의 업무를 원활하게 수행할 수 있도록 적극 협조해야 한다(지배구조법13④).

3) 적용 범위

(1) 선임사외이사에 관한 위 규정은 최근 사업연도 말 현재 자산총액이 5조 원 미만(주권상장법인인 경우는 2조 원 미만)인 보험회사에 대해서는 적용하지 않는다고 해석한다. 선임사외이사에 관한 위 규정은 사외이사가 3명 이상이고 이사의 과반수에 이른다는 점을 전제로 한다고 보아야 하므로, 이러한 전제가 적용되지 않는 보험회사에 대해 선임사외이사에 관한 위 규정을 적용할 수 없기 때문이다.[89)]

(2) 따라서 위 (1)에 맞추어 지배구조법 3조 3항 1호를 개정하여 지배구조법 13조도 적용배제조항에 포함시킬 필요가 있다.

4. 위반 시 효과

지배구조법 12조 1항 및 2항을 위반하여 같은 항에 규정된 사외이사 선임의무를 이행하지 아니한 자, 지배구조법 12조 3항을 위반하여 같은 조 1항 및 2항의 이사회의 구성요건을 충족시키지 아니한 자, 지배구조법 13조 2항을 위반하여 선임사외이사를 선임하지 아니한 자, 지배구조법 13조 4항을 위반하여 선임사외이사의 업무를 방해하거나 협조를 거부한 자, 지배구조법 13조 2항을 위반하여 사외이사가 아닌 자를 이사회 의장으로 선임하면서 그 사유를 공시하지 아니하거나 거짓으로 공시한 자, 지배구조법 18조를 위반하여

---

88) 지배구조법설명서 7면
89) 지배구조법설명서 7면

자료나 정보를 제공하지 아니하거나 거짓으로 제공한 자는 과태료(지배구조법43①(2)~(5),②(2의4)·(3))가 따른다.

제 4 관 보험회사의 이사회 내 위원회

1. 의의

(1) 상법

1) 의의

이사회 내에 위원회('이사회 내 위원회')를 두어서 이사회 권한의 일부를 대신 행사하게 할 수 있다.

2) 취지

이사회 내 위원회 제도는 위원회의 기능별로 적합한 이사를 배치하여 운영함으로써 이사회 의사결정의 전문성과 신속성을 높이려는 취지이다.

3) 관련 규정

상법 393조의2는 이사회 내 위원회에 대해 다음과 같이 규정한다.

(1) 이사회는 정관이 정한 바에 따라 위원회를 설치할 수 있다(상법393의2①).

(2) 이사회는 다음 각 호의 사항을 제외하고는 그 권한을 위원회에 위임할 수 있다(상법393의2②).

1. 주주총회의 승인을 요하는 사항의 제안
2. 대표이사의 선임 및 해임
3. 위원회의 설치와 그 위원의 선임 및 해임
4. 정관에서 정하는 사항

(3) 위원회는 2인 이상의 이사로 구성한다(상법393의2③). 이사 이외의 자는 위원회의 위원이 될 수 없고, 위원회 위원의 겸임은 가능하다고 해석한다.[90]

(4) 위원회는 결의된 사항을 각 이사에게 통지하여야 하고, 이 경우 이를 통지받은 각 이사는 이사회의 소집을 요구할 수 있으며, 이사회는 위원회가 결의한 사항에 대하여 다시 결의할 수 있다(상법393의2④).

(5) 이사회 내 위원회에는 이사회에 관한 규정이 준용되는데, 이러한 규정에는 상법 386조 1항(결원의 경우), 390조(이사회의 소집), 391조(이사회의 결의방법), 391조의3(이사회의 의사록), 392조(이사회의 연기·속행)가 있다(상법393의2⑤).

---

90) 지배구조법설명서 42면

(2) 지배구조법

1) 이사회 내 위원회 설치의무

i) 원칙

(1) 보험회사는 상법 393조의2에 따른 이사회 내 위원회로서 다음 각 호의 위원회를 설치해야 한다(지배구조법16①전).

1. 임원후보추천위원회
2. 감사위원회
3. 위험관리위원회
4. 보수위원회
5. 내부통제위원회

(2) 위 (1)에서 감사위원회는 상법 415조의2에 따른 감사위원회로 본다(지배구조법16①후).

(3) 위 (1)의 위원회 설치의무는 정관에 정함이 없더라도 강제되며, 이 점이 상법393조의2에 따른 이사회 내 위원회와 다른 점이다.[91)]

ii) 예외

(1) 보험회사의 정관에서 정하는 바에 따라 감사위원회가 보수위원회의 의결사항(지배구조법22①)을 의결하는 경우에는 보수위원회를 설치하지 않을 수 있다(지배구조법16②본). 다만, 최근 사업연도 말 현재 자산총액이 5조 원 이상인 보험회사는 보수위원회를 반드시 설치해야 한다(지배구조법16②단,동법시행령14).

(2) 보험회사의 정관에서 정하는 바에 따라 감사위원회 또는 위험관리위원회에서 내부통제위원회의 의결사항(지배구조법22의2①)을 의결하고, 점검·평가 및 필요한 조치를 요구하는 경우(지배구조법22의2②)에는 내부통제위원회를 설치하지 않을 수 있다(지배구조법16③).

2) 이사회 내 위원회의 구성

i) 의의

(1) 이사회 내 위원회 위원의 과반수는 사외이사로 구성하고, 위원회의 대표는 사외이사로 한다(지배구조법16·④⑤).

(2) 위 (1)은 이사회 내 위원회의 구성에 관한 사항이며, 이는 이사회 내 위원회의 독립성을 확보하기 위해서 둔 것이다.

ii) 적용 범위

(1) 이사회 내 위원회의 구성에 관한 위 규정은 설치가 의무적인 ⓐ 임원후보추천위원

91) 지배구조법설명서 41면

회 ⓑ 감사위원회 ⓒ 위험관리위원회, ⓓ 보수위원회 그리고 ⓔ 내부통제위원회에 한해서 적용된다고 해석한다.[92] 이 점은 지배구조법 16조 1항 · 4항 · 5항의 조문체계 및 문리를 살펴보면 분명하다.

(2) 따라서 위 (1)에 해당하는 종류의 이사회 내 위원회를 제외한 나머지 이사회 내 위원회에 대해서는 그 구성에 관한 위 i)의 규정이 적용되지 않으며, 이에 대해서는 해당 보험회사가 그 구성에 관해 자율적으로 정할 수 있다.

iii) 위원의 겸임

이사가 이사회 내 위원회 간 위원을 겸임하는 것을 제한하는 규정이 없으므로 겸임이 가능하다고 해석한다.[93]

3) 설치의무 면제

i) 일정한 자산규모 미만인 보험회사

(1) 이사회 내 위원회의 설치의무에 관한 규정(지배구조법16①·②)은 최근 사업연도 말 현재 자산총액이 5조 원 미만(주권상장법인인 경우는 2조 원 미만)인 보험회사에 대해서 적용하지 않는다(지배구조법3③(1),동법시행령6③단(3)).

(2) 위 (1)에 따르면 대규모 보험회사에 대해서만 이사회 내 위원회의 설치를 강제한다. 다만, 그 설치의무가 강제되지 않는 보험회사도 자의로 위와 같은 이사회 내 위원회를 설치하는 것은 가능하다.

ii) 금융지주회사의 완전자회사등인 보험회사

① 의의

(1) 보험회사가 금융지주회사의 완전자회사등에 해당하는 경우는 이사회 내 위원회의 설치의무가 면제된다. 즉 금융지주회사가 발행주식 총수를 소유하는 자회사 및 그 자회사가 발행주식 총수를 소유하는 손자회사(손자회사가 발행주식 총수를 소유하는 증손회사를 포함. 이를 '완전자회사등'이라고 함)는 경영의 투명성 등 '대통령령으로 정하는 요건'에 해당하는 경우에는 이사회 내 위원회의 설치의무가 면제된다(지배구조법23①).

(2) 위 (1)에도 불구하고 보험회사가 자의로 위와 같은 이사회 내 위원회를 설치하는 것은 가능하다고 해석한다.[94]

② 요건

위 ①(1)에서 금융지주회사 관련한 '대통령령으로 정하는 요건'은 다음 각 호의 요건을 모두 충족하는 경우를 말한다(지배구조법시행령18).

---

92) 지배구조법설명서 41면
93) 지배구조법설명서 42면
94) 지배구조법설명서 43면

1. 완전자회사등의 경영의 투명성 확보를 위한 다음 각 목의 요건. 이 경우 해당 이사회 또는 해당 감사위원회는 다음 각 목과 관련하여 금융위원회가 정하여 고시하는 기준[95]을 준수하여야 한다.
   가. 금융지주회사의 이사회가 완전자회사등에 대하여 조언·시정권고 및 이에 필요한 자료의 제출을 요구하는 경우 완전자회사등은 특별한 사정이 없으면 요구에 성실히 응할 것
   나. 금융지주회사의 감사위원회가 완전자회사등에 대하여 그 업무·재무구조 등에 대한 감사 및 이에 필요한 자료의 제출을 요구하는 경우 완전자회사등은 특별한 사정이 없으면 요구에 성실히 응할 것
2. 완전자회사등을 포함하여 자회사등을 총괄하는 사항으로서 금융지주회사의 내부통제 체제에 관한 사항인 다음 각 목의 요건
   가. 금융위원회가 정하여 고시하는 사항[96]을 금융지주회사의 지배구조법 24조 1항에 따른 내부통제기준에 포함할 것
   나. 금융지주회사의 준법감시와 관련하여 해당 준법감시인, 금융지주회사 및 그 자회사등은 금융위원회가 정하여 고시하는 기준[97]을 준수할 것

③ 임의로 설치한 경우에 적용 법규

(1) 위 ①과 같이 이사회 내 위원회의 설치의무가 면제되더라도 보험회사가 임의로 이를 설치하는 것은 허용된다. 이 경우 이사회 내 위원회에 관한 상법 393조의2, 그리고 감사위원회에 관한 상법 415조의2를 준수해야 함은 물론이다. 만약 주권상장법인이라면 감

---

95) 금융위원회가 정하여 고시하는 기준은 다음 각 호를 말한다(지배구조감독규정10①).
1. 완전자회사등의 경영의 건전성, 소비자 권익 및 건전한 금융거래질서를 해하지 아니할 것
2. 금융지주회사의 이사는 재임 중뿐만 아니라 퇴임 후에도 직무상 알게 된 완전자회사등의 영업상 비밀을 누설하지 아니할 것
3. 금융관계법령을 위반하지 아니할 것

96) 금융위원회가 정하여 고시하는 기준은 다음 각 호를 말한다(지배구조감독규정10②).
1. 금융지주회사등(금융지주회사 및 그 자회사등을 말함)의 업무의 분장 및 조직구조에 관한 사항
2. 금융지주회사등의 자산의 운용 또는 업무의 영위과정에서 발생하는 위험의 관리에 관한 사항
3. 금융지주회사등의 임·직원이 업무를 수행함에 있어서 반드시 준수하여야 하는 절차에 관한 사항
4. 금융지주회사등의 임·직원이 업무를 수행함에 있어서 준수해야 하는 지배구조법, 동법시행령, 이 규정, 금융지주회사법, 독점규제법 등 금융지주회사 관련 법령 준수 여부의 확인에 관한 사항
5. 금융지주회사등의 경영의사결정에 필요한 정보가 효율적으로 전달될 수 있는 체제의 구축에 관한 사항
6. 금융지주회사등의 임·직원의 지배구조법 24조에 따른 내부통제기준의 준수여부를 확인하는 절차·방법 및 내부통제기준을 위반한 임·직원의 처리에 관한 사항
7. 금융지주회사등 임·직원의 유가증권 거래내역의 보고 등 불공정거래행위를 방지하기 위한 절차나 기준에 관한 사항

97) 금융위원회가 정하여 고시하는 기준은 다음 각 호를 말한다(지배구조감독규정10③).
1. 준법감시인은 선량한 관리자의 주의로 직무를 수행하여야 하며, 그 금융지주회사의 자회사등의 임직원이 아닐 것
2. 금융지주회사등은 준법감시인이 그 직무를 수행함에 있어서 자료나 정보의 제출을 요구하는 경우 성실히 응할 것
3. 금융지주회사등은 준법감시인이었던 자에 대하여 해당 직무 수행과 관련한 사유로 부당한 인사상 불이익을 주지 아니할 것

사위원회에 관한 상법 542조의11 및 542조의12 중에서 해당하는 규정도 적용된다.

(2) 문제는 지배구조법상 이사회 내 위원회에 관한 규정인 16조 3항~4항(위원회의 구성), 17조(임원후보추천위원회), 19조 1항~7항(감사위원회), 21조(위험관리위원회), 22조 1항(보수위원회)이 임의로 설치한 이사회 내 위원회에 적용된다고 볼 것인지이다. 지배구조법은 이에 대해 분명한 규정을 두고 있지 않다. 생각건대, 부정하는 것이 타당하다. 위 규정들은 대규모 보험회사의 이사회 내 위원회를 상정하여 그 기준을 강화한 것이 대부분이기 때문이다. 대규모가 아닌 보험회사가 임의로 이사회 내 위원회를 설치한 경우에 이러한 기준의 적용을 받는다면 형평에 맞지 않는다.

(3) 다만, 위 (2)에도 불구하고 감사위원회와 관련해서는 예외적 취급이 필요하다. 지배구조법에 따르면 자산총액이 1천억 원 이상 5조 원 미만(주권상장법인인 경우는 2조 원 미만)인 보험회사는 상근감사를 두어야 한다(지배구조법19⑧본). 그런데 감사위원회 설치의무가 없는 이러한 보험회사가 지배구조법 19조의 요건을 갖춘 감사위원회를 설치한 경우에는 상근감사를 둘 수 없다(지배구조법19⑧단,동법시행령16③). 따라서 이 경우의 감사위원회에 지배구조법 19조가 적용됨은 물론이다.

(4) 한편 지배구조법 3장 이사회, 2절 이사회 내 위원회에 있는 규정 중에서 18조(사외이사에 대한 정보제공), 20조(감사위원회 또는 감사에 대한 지원 등), 22조 2항~5항(보수관련 보험회사의 의무)은 이사회 내 위원회의 설치가 강제되지 않은 보험회사에 대해서도 적용된다고 해석한다.

4) 위반 시 효과

지배구조법 16조 1항 및 같은 조 2항 단서를 위반하여 이사회 내 위원회를 설치하지 아니한 자, 지배구조법 16조 3항을 위반하여 위원회 위원의 과반수를 사외이사로 두지 아니한 자는 과태료(지배구조법43①(6)·(7))가 따른다.

2. 임원후보추천위원회

(1) 의의

(1) 임원후보추천위원회는 상법 393조의2에 따른 이사회 내 위원회의 일종이다.

(2) 최근 사업연도 말 현재 자산총액이 5조 원 이상(주권상장법인인 경우는 2조 원 이상)인 보험회사는 임원후보추천위원회를 필수적으로 설치해야 한다(지배구조법16①(1),3③(2)). 그 이외의 보험회사의 경우 임원후보추천위원회의 설치의무가 면제되고, 다만 상법 393조의2에 따른 이사회 내 위원회로서 임원후보추천위원회를 임의로 설치하는 것은 가능하다.

(2) 관련 위원회

(1) 사외이사 후보추천위원회, 감사위원 후보추천위원회 등과 같이 임원별로 후보추천

위원회를 구성하는 것은 임원후보추천위원회를 설치한 것과 같다고 본다.[98]

(2) 일정한 상장회사는 사외이사 후보를 추천하기 위하여 이사회 내 위원회로서 사외이사 후보추천위원회를 설치해야 한다(상법542의8④본). 임원후보추천위원회에서 추천후보에는 사외이사도 포함되므로 임원후보추천위원회를 설치한 경우는 사외이사 후보추천위원회를 설치할 필요가 없다고 해석한다.[99]

(3) 구성

임원후보추천위원회는 3명 이상의 위원으로 구성한다(지배구조법17②). 다만, 이 조항 및 이사회 내 위원회의 구성에 관한 조항(지배구조법16③·④)은 최초로 이사회를 구성하는 보험회사의 경우에는 적용하지 않는다(지배구조법17⑥).

(4) 역할

(1) 임원후보추천위원회는 임원 후보를 추천하는데, 여기서 임원은 사외이사, 대표이사, 대표집행임원, 감사위원에 한정한다(지배구조법17①). 임원후보추천위원회는 이러한 임원 후보를 추천하는 것이지 임원을 선임하는 역할을 수행하는 것은 아니다.

(2) 보험회사는 주주총회 또는 이사회에서 임원을 선임하려는 경우 임원후보추천위원회의 추천을 받은 사람 중에서 선임해야 한다(지배구조법17③). 이 점은 임원의 연임 시에도 마찬가지로 적용된다.[100] 임원의 연임도 임원을 선임하는 것이기 때문이다.

(5) 절차

1) 사외이사 후보추천

i) 소수주주권

(1) 일정한 소수주주(6개월 전부터 계속하여 보험회사의 의결권 있는 발행주식 총수의 1만분의 10 이상에 해당하는 주식을 대통령령으로 정하는 바에 따라 보유한 자)는 상법 363조의2에 따른 주주제안권을 행사할 수 있는데(지배구조법33①), 주주제안의 내용에는 사외이사 후보의 추천이 포함될 수 있다.

(2) 소수주주에 의한 주주제안권의 행사 여부는 소수주주의 재량에 속하므로 소수주주에게 사외이사 후보의 추천을 강제할 수는 없다.[101]

ii) 소수주주 추천후보를 포함

(1) 임원후보추천위원회가 사외이사 후보를 추천하는 경우에는 지배구조법 33조 1항에 따른 주주제안권을 행사할 수 있는 요건을 갖춘 주주가 추천한 사외이사 후보를 포함시켜야 한다(지배구조법17④).

---

98) 지배구조법설명서 50면
99) 지배구조법설명서 48면
100) 지배구조법설명서 17면
101) 지배구조법설명서 14면

(2) 보험회사가 주주총회에서 사외이사를 선임하려는 경우 임원후보추천위원회에서 추천을 받은 사람 중에서 선임해야 하므로(지배구조법17③), 임원후보추천위원회가 사외이사 후보의 추천 시에 소수주주의 주주제안권에 따라 추천된 사외이사 후보도 포함시키게 한 것이다.

2) 의결권 제척

임원후보추천위원회의 위원은 본인을 임원 후보로 추천하는 임원후보추천위원회 결의에 관하여 의결권을 행사하지 못한다(지배구조법17⑤).

(6) 위반 시 효과

지배구조법 17조 1항을 위반하여 임원후보를 추천하지 않은 자, 지배구조법 17조 2항을 위반하여 임원후보추천위원회를 구성한 자, 지배구조법 17조 3항에 따라 임원을 선임하지 않은 자, 지배구조법 17조 4항을 위반하여 주주제안권을 행사할 수 있는 요건을 갖춘 주주가 추천한 사외이사 후보를 포함시키지 않은 자는 과태료(지배구조법43①(8)~(11))가 따른다.

3. 감사위원회(감사)

(1) 의의

1) 필요적 상설기관

(1) 감사는 회사의 경영을 감사하는 자로서 필요적 상설기관이다(상법409①,412).[102] 회사는 정관이 정한 바에 따라 감사에 갈음하여 이사회 내 위원회로서 감사위원회를 설치할 수 있고, 감사위원회를 설치한 경우에는 감사를 둘 수 없다(상법415의2①). 이와 같이 감사와 감사위원회는 대체적 관계에 있다.

(2) 감사 또는 감사위원회는 회사의 경영을 감사하는 기관이므로 회사의 임직원 또는 대주주 등으로부터 독립성이 요구된다. 상법과 지배구조법은 이를 목적으로 하는 다수의 규정을 마련하고 있다.

2) 자산총액 등과의 상관관계

i) 구분

감사 또는 감사위원회와 관련하여 보험회사를 다음과 같이 ⓐ유형~ⓕ유형으로 구분해 볼 수 있다. 이는 보험회사의 자산총액 및 상장 여부에 따른 구분이다. 자산총액은 최근 사업연도 말 현재의 자산총액을 가리킨다.

ⓐ유형: 자산총액 5조 원 이상인 비주권상장법인

ⓑ유형: 자산총액 2조 원 이상인 주권상장법인[103]

---

102) 자본금의 총액이 10억 원 미만인 회사는 감사를 선임하지 않을 수 있다(상법409④). 현재 보험회사 중에는 자본금의 총액이 10억 원 미만인 회사가 없으므로 여기서는 이는 제외하고 논의하기로 한다.

103) 상법에서는 이를 상장회사라고 표현하고 있다(상법 13절).

ⓒ유형: 자산총액 1천억 원 이상 5조 원 미만인 비주권상장법인

ⓓ유형: 자산총액 1천억 원 이상 2조 원 미만인 주권상장법인

ⓔ유형: 자산총액 1천억 원 미만인 주권상장법인

ⓕ유형: 자산총액 1천억 원 미만인 비주권상장법인

ii) 실익

감사 또는 감사위원회는 보험회사의 자산총액 및 상장 여부에 따라 그 설치 여부, 상근 여부, 선임 또는 해임 방법 등에서 차이가 있다. 상법은 회사 일반에 대한 감사 또는 감사위원회에 대해 규정하는 한편으로 ⓑ유형, ⓓ유형, ⓔ유형에 대한 특칙을 두고 있다. 그리고 지배구조법은 ⓐ유형, ⓑ유형, ⓒ유형, ⓓ유형에 대한 특칙을 두고 있다. 다만, 지배구조법은 ⓐ유형과 ⓑ유형을 같게 취급하고, ⓒ유형과 ⓓ유형을 같게 취급한다.

(2) 감사

1) 감사 일반

i) 선임 여부

감사의 선임 여부는 감사위원회와 밀접하게 연관되어 있다.

(1) ⓐ유형·ⓑ유형은 감사위원회를 필수적으로 설치해야 한다(지배구조법16①(2),3③(2)). 감사위원회를 설치한 경우 감사를 선임할 수 없으므로(상법415의2①), 이러한 유형에서는 감사를 선임할 수 없다.

(2) ⓒ유형~ⓕ유형은 감사위원회의 설치 여부가 보험회사의 재량에 달려 있다. 이 경우 감사위원회를 설치하지 않으면 감사를 선임해야 한다. ⓒ유형·ⓓ유형에서 감사를 선임하는 경우 그는 상근감사이어야 한다.

ii) 선임·해임 방법 및 의결권 제한

① 방법

(1) 감사는 주주총회에서 선임한다(상법409①). 주권상장법인(ⓑ유형·ⓓ유형·ⓔ유형)에서는 주주총회의 목적사항으로 감사의 선임을 위한 의안을 상정하려는 경우에는 이사의 선임을 위한 의안과는 별도로 상정하여 의결해야 한다(상법542의12⑤).

(2) 감사는 언제든지 주주총회의 결의로 해임할 수 있으며, 감사의 해임에 대해서는 이사의 해임에 관한 상법 385조를 준용한다(상법415).

② 의결권 제한

감사의 선임 또는 해임 시에 다음과 같은 의결권 제한이 있다.

(1) 발행주식 총수의 일정 비율을 초과하는 경우 의결권을 제한한다. 즉 의결권 없는 주식을 제외한 발행주식의 총수의 100분의 3을 초과하는 수의 주식을 가진 주주는 그 초과하는 주식에 관하여 감사 선임 시에 의결권을 행사하지 못하고, 회사는 정관으로 이 비

율보다 낮은 비율을 정할 수 있다(상법409②·③).

(2) 주권상장법인(ⓑ유형 · ⓓ유형 · ⓔ유형)에서는 추가적인 의결권 제한이 있다. 감사의 선임 또는 해임 시에 최대주주를 기준으로 합산하여 의결권을 제한하는데, 최대주주에 대해서는 보다 엄격하게 의결권을 제한하는 것이다. 즉 최대주주, 최대주주의 특수관계인, 그 밖에 대통령령으로 정하는 자[104]가 소유하는 상장회사의 의결권 있는 주식의 합계가 그 회사의 의결권 없는 주식을 제외한 발행주식총수의 100분의 3을 초과하는 경우, 그 주주는 그 초과하는 주식에 관하여 감사를 선임하거나 해임할 때에는 의결권을 행사하지 못하고, 다만 정관에서 이보다 낮은 주식 보유비율을 정할 수 있다(상법542의12④).

iii) 인원수, 법적 지위 등

(1) 감사의 수는 제한이 없으며, 2인 이상인 경우는 각자가 독립해서 권한을 행사한다.[105]

(2) 감사는 보험회사와 위임관계이다(상법415,382②).

(3) 감사의 임기는 취임 후 3년 내의 최종의 결산기에 관한 정기총회의 종결 시까지로 한다(상법410). 합병을 하는 회사의 일방이 합병 후 존속하는 경우에 존속하는 회사의 감사로서 합병 전에 취임한 자는 합병계약서에 다른 정함이 있는 경우를 제외하고는 합병 후 최초로 도래하는 결산기의 정기총회가 종료하는 때에 퇴임한다(상법527의4).

(4) 감사는 회사 및 자회사의 이사 또는 지배인 기타의 사용인의 직무를 겸하지 못한다(상법411).

(5) 감사의 보수는 이사의 보수에 관한 상법 388조를 준용한다(상법415). 주권상장법인(ⓑ유형 · ⓓ유형 · ⓔ유형)에서는 주주총회의 목적사항으로 감사의 보수결정을 위한 의안을 상정하려는 경우에는 이사의 보수결정을 위한 의안과는 별도로 상정하여 의결해야 한다(상법542의12⑤).

(6) 감사에 대해서는 이사의 결원에 관한 상법 386조를 준용한다(상법415).

iv) 권한 등

(1) 감사는 이사의 직무집행을 감사하고, 감사는 언제든지 이사에 대하여 영업에 관한 보고를 요구하거나 회사의 업무와 재산상태를 조사할 수 있다(상법412). 감사는 자회사에 대한 조사권을 갖는다(상법412의5).

(2) 감사는 보험회사의 비용으로 전문가의 도움을 구할 수 있다(지배구조법20①,상법412

---

104) 대통령령으로 정하는 자는 다음 각 호의 어느 하나에 해당하는 자를 말한다(상법시행령38①).
1. 최대주주 또는 그 특수관계인의 계산으로 주식을 보유하는 자
2. 최대주주 또는 그 특수관계인에게 의결권(의결권의 행사를 지시할 수 있는 권한을 포함)을 위임한 자(해당 위임분만 해당)

105) 이철송 838면

③).

(3) 보험회사는 감사의 업무를 지원하는 담당부서를 설치해야 한다(지배구조법20②). 보험회사는 감사의 원활한 직무수행을 위하여 대통령령으로 정하는 바에 따라 충분한 자료나 정보를 제공해야 하고, 감사는 해당 보험회사에 대하여 그 직무를 수행할 때 필요한 자료나 정보의 제공을 요청할 수 있으며 이 경우 보험회사는 특별한 사유가 없으면 이에 따라야 한다(지배구조법20④·18).[106]

(4) 이사는 회사에 현저하게 손해를 미칠 염려가 있는 사실을 발견하면 즉시 감사에게 보고해야 한다(상법412의2).

(5) 감사는 이사회 또는 임시주주총회의 소집을 청구할 수 있다(상법412의3,412의4).

(6) 이사는 정기총회 회일의 6주간 전에 재무제표 및 영업보고서를 감사에게 제출하여야 한다(상법447의3).

v) 의무 또는 책임 등

(1) 감사는 이사가 주주총회에 제출할 의안 및 서류를 조사하여 법령 또는 정관에 위반하거나 현저하게 부당한 사항이 있는지의 여부에 관하여 주주총회에 그 의견을 진술하여야 한다(상법413).

(2) 감사가 그 임무를 해태하면 회사에게 연대하여 손해를 배상할 책임이 있고, 감사가 악의 또는 중대한 과실로 인하여 그 임무를 해태하면 제3자에게 연대하여 손해를 배상할 책임이 있으며, 감사가 회사 또는 제3자에 대하여 손해를 배상할 책임이 있는 경우에 이사도 그 책임이 있는 때에는 그 감사와 이사는 연대하여 배상할 책임이 있다(상법414).

(3) 감사에 대해서는 이사의 비밀유지의무(상법382의4), 책임감면(상법400), 제3자에 대한 책임(상법401), 주주대표소송·직무집행정지(상법403~407)의 규정을 준용한다(상법415).

(4) 감사는 이사로부터 재무제표 등의 서류를 받은 날부터 4주 내에 감사보고서를 이사에게 제출해야 한다(상법447의4①). 주권상장법인(ⓑ유형·ⓓ유형·ⓔ유형)인 경우는 주주총회 회일의 1주 전까지 제출할 수 있다(상법542의12⑥).

(5) 정기총회에서 재무제표 승인을 한 후 2년 내에 다른 결의가 없으면 회사는 감사의 책임을 해제한 것으로 본다(감사의 부정행위는 제외)(상법450).

---

106) 보험회사는 다음의 방법으로 감사에게 자료나 정보를 제공해야 한다(지배구조법 18조 1항의 위임에 따른 동법시행령 15조를 준용).

1. 감사가 회사의 경영실태를 원활히 파악할 수 있도록 영업·재무, 그 밖의 업무집행 상황 등에 관한 자료나 정보를 연 1회 이상 정기적으로 제공해야 한다.
2. 감사가 원활한 직무 수행을 위하여 해당 보험회사에 대하여 자료나 정보의 제공을 요구하는 경우 보험회사는 정당한 사유가 없으면 요구받은 자료나 정보를 지체 없이 제공해야 한다.
3. 이사회 및 이사회 내 위원회의 회의자료를 회의 개최 2주일 전까지 제공해야 한다. 다만, 해당 보험회사의 정관 또는 이사회규정 등에서 그 기간을 달리 정할 수 있다.

(6) 합병, 분할, 청산 시에 감사와 관련한 규정 등이 있다(상법523(9),524(6),527의4①,529①,530의5①(9),530의6①(10),534).

vi) 보고서 제출

(1) 보험회사는 감사의 업무 내용을 적은 보고서를 정기적으로 금융위원회가 정하는 바에 따라 금융위원회에 제출해야 한다(지배구조법20③). 이에 따른 보고서의 접수는 금융감독원장에게 위탁되어 있다(지배구조법시행령30①(4)).

(2) 위 (1)에 따라 금융회사는 다음 각 호의 사항을 포함한 감사의 업무 내용을 적은 보고서를 매 반기 경과 후 1개월 이내에 금융감독원장에게 제출해야 한다(지배구조감독규정7①).

1. 감사의 감사 현황
2. 감사 결과 및 그 조치내역
3. 그 밖에 감사의 업무로서 금융감독원장이 정하는 사항

(3) 위 (1)에 따른 감사의 업무내용 보고는 지배구조감독시행세칙 [별지6] 서식으로 한다(지배구조감독시행세칙4).

2) 상근감사

i) 의의

상근감사는 보험회사에 상근하면서 감사업무를 수행하는 감사이다. 상근감사는 상근이라는 점을 제외하면 감사의 일종이다. 따라서 아래 상근감사에 관한 특칙을 제외하면, 위 감사에 관한 규정이 상근감사에도 적용된다.

ii) 선임 여부

(1) 지배구조법은 다음 각 호의 하나에 해당하는 경우를 제외하고 ⓒ유형 · ⓓ유형에서 상근감사를 1명 이상 둘 것을 요구한다(지배구조법19⑧,동법시행령16③).

1. 외국보험회사의 국내지점, 그 밖의 영업소
2. 주주총회일 또는 사원총회일부터 6개월 이내에 합병 등으로 인하여 소멸하는 보험회사
3. 채무자회생법에 따라 회생절차가 개시되거나 파산선고를 받은 보험회사
4. 해산을 결의한 보험회사

(2) 위 (1)의 1호는 주의적 규정이다. 외국보험회사의 국내지점에 대해서는 상근감사에 관한 지배구조법 19조의 적용이 배제되어 있고(지배구조법3②), 상법 542조의10의 적용도 배제된다고 해석되기 때문이다.

(3) 상법에 따르면 ⓓ유형에서 주주총회 결의에 의하여 상근감사를 1명 이상 두어야 한다(상법542의10①본,상법시행령36①). 지배구조법이 ⓒ유형에서도 상근감사를 요구한다는

점이 주된 차이이다. 만약 보험회사의 선택으로 감사위원회를 설치한 경우에는 상근감사를 둘 수 없음은 물론이다(지배구조법19⑧단,상법542의10①단).

(4) ⓔ유형 · ⓕ유형에서 상근감사를 둘지 여부는 보험회사의 재량사항이다.

iii) 자격 요건

① 상법

(1) 상법에 따르면 다음 각 호의 어느 하나에 해당하는 자는 상근감사가 될 수 없고, 이에 해당하게 되면 그 직을 상실한다(상법542의10②).

1. 상법 542조의8 2항 1호부터 4호까지 및 6호에 해당하는 자
2. 회사의 상무에 종사하는 이사 · 집행임원 및 피용자 또는 최근 2년 이내에 회사의 상무에 종사한 이사 · 집행임원 및 피용자. 다만, 상법 4장 13절에 따른 감사위원회 위원으로 재임 중이거나 재임하였던 이사는 제외한다.
3. 1호 및 2호 이외에 회사의 경영에 영향을 미칠 수 있는 자로서 대통령령으로 정하는 자

(2) 위 (1)의 1호에서 상법 542조의8 2항 1호부터 4호까지 및 6호에 해당하는 자는 상장회사의 사외이사가 될 수 없는 경우를 가리키며, 그 내용은 다음과 같다.

1. 미성년자, 피성년후견인 또는 피한정후견인
2. 파산선고를 받고 복권되지 아니한 자
3. 금고 이상의 형을 선고받고 그 집행이 끝나거나 집행이 면제된 후 2년이 지나지 아니한 자
4. 대통령령으로 별도로 정하는 법률[107]을 위반하여 해임되거나 면직된 후 2년이 지나지 아니한 자
6. 누구의 명의로 하든지 자기의 계산으로 의결권 없는 주식을 제외한 발행주식총수의 100분의 10 이상의 주식을 소유하거나 이사 · 집행임원 · 감사의 선임과 해임 등 상장회사의 주요 경영사항에 대하여 사실상의 영향력을 행사하는 주주('주요주주') 및 그의 배우자와 직계 존속 · 비속

(3) 위 (1)의 3호에서 대통령령으로 정하는 자는 ⓐ 해당 회사의 상무에 종사하는 이사 · 집행임원의 배우자 및 직계존속 · 비속, 또는 ⓑ 계열회사의 상무에 종사하는 이사 · 집행임원 및 피용자이거나 최근 2년 이내에 상무에 종사한 이사 · 집행임원 및 피용자를

107) 상법시행령 34조 3항에 따르면 대통령령으로 별도로 정하는 법률은 다음 각 호의 금융 관련 법령(이에 상응하는 외국의 금융 관련 법령을 포함한다)을 말한다.
1. 한국은행법 2. 은행법 3. 보험업법 4. 자본시장법 5. 상호저축은행법 6. 금융실명법 7. 금융위원회법 8. 예금자보호법 9. '금융회사부실자산 등의 효율적 처리 및 한국자산관리공사의 설립에 관한 법률' 10. 여신전문금융업법 11. 한국산업은행법 12. 중소기업은행법 13. 한국수출입은행법 14. 신용협동조합법 15. 신용보증기금법 16. 기술보증기금법 17. 새마을금고법 18. '중소기업창업 지원법' 19. 신용정보법 20. 외국환거래법 21. '외국인투자 촉진법' 22. '자산유동화에 관한 법률' 23. 주택저당채권유동화회사법 24. 구조개선법 25. 담보부사채신탁법 26. 금융지주회사법 27. 기업구조조정투자회사법 28. 한국주택금융공사법

가리킨다(상법시행령36②).

② 지배구조법

(1) 지배구조법에 따르면 상근감사의 자격요건에 대해 지배구조법 6조 1항 및 2항을 준용한다(지배구조법19⑩본). 지배구조법 6조 1항은 최대주주 등 일정한 요건에 해당하는 사람은 사외이사가 될 수 없다고 규정하고, 6조 2항은 사외이사가 된 사람이 그러한 요건에 해당하면 그 직을 잃는다고 규정한다. 여기서 직을 잃는다는 것에 대한 해석은 임원의 자격요건에서 논의한 바 있다.

(2) 다만, 해당 보험회사의 상근감사 또는 사외이사가 아닌 감사위원으로 재임 중이거나 재임했던 사람은 지배구조법 6조 1항 3호에도 불구하고 상근감사가 될 수 있다(지배구조법19⑩단).

iv) 의결권 제한

지배구조법에 따르면 상근감사와 관련하여 다음과 같이 의결권을 제한한다(지배구조법19⑨).

(1) 발행주식 총수의 일정 비율을 초과하는 경우 의결권을 제한한다. 즉 의결권 없는 주식을 제외한 발행주식의 총수의 100분의 3을 초과하는 수의 주식을 가진 주주는 그 초과하는 주식에 관하여 상근감사 선임 시에 의결권을 행사하지 못하고, 회사는 정관으로 이 비율보다 낮은 비율을 정할 수 있다(지배구조법19⑨,상법409②·③).

(2) 추가적인 의결권 제한으로서 상근감사의 선임 시에 최대주주를 기준으로 합산하여 의결권을 제한하는데, 최대주주에 대해서는 보다 엄격하게 의결권을 제한하는 것이다. 즉 최대주주, 최대주주의 특수관계인, 그 밖에 대통령령으로 정하는 자[108]가 소유하는 상장회사의 의결권 있는 주식의 합계가 그 회사의 의결권 없는 주식을 제외한 발행주식총수의 100분의 3을 초과하는 경우 그 주주는 그 초과하는 주식에 관하여 상근감사를 선임하거나 해임할 때에는 의결권을 행사하지 못하고, 다만 정관에서 이보다 낮은 주식 보유비율을 정할 수 있다(지배구조법19⑨·⑦).

(3) 감사위원회

1) 설치 여부

(1) ⓐ유형 · ⓑ유형은 감사위원회를 필수적으로 설치해야 한다(지배구조법16①(1),3③(2)). 감사위원회는 감사를 대체하는 기관이므로, 보험회사가 감사위원회를 둔 경우 상근감사를 둘 수 없음은 물론이고(지배구조법19⑧단) 비상근 감사도 둘 수 없다(상법415의2①).

---

108) 대통령령으로 정하는 자는 다음 각 호의 어느 하나에 해당하는 자를 말한다(지배구조법시행령16②).
1. 최대주주 또는 그 특수관계인의 계산으로 주식을 보유하는 자
2. 최대주주 또는 그 특수관계인에게 의결권(의결권의 행사를 지시할 수 있는 권한을 포함)을 위임한 자(해당 위임분만 해당)

(2) ⓒ유형~ⓕ유형은 감사위원회의 설치의무가 면제된다. 다만, 상법 393조의2에 따른 이사회 내 위원회로서 감사위원회를 임의로 설치하는 것은 가능하다. 상법 393조의2 1항에 따르면 이사회는 정관이 정한 바에 따라 이사회 내 위원회를 설치할 수 있다.

(3) 지배구조법에 따르면 ⓒ유형·ⓓ유형은 상근감사를 두어야 한다(지배구조법19⑧본). 그런데 감사위원회 설치의무가 없는 이러한 보험회사가 지배구조법 19조의 요건을 갖춘 감사위원회를 설치한 경우에는 상근감사를 둘 수 없다(지배구조법19⑧단). 따라서 이 경우의 감사위원회에 지배구조법 19조가 적용됨은 물론이다.[109]

(4) 한편 ⓔ유형·ⓕ유형의 경우 감사위원회를 둔다면 지배구조법 19조는 적용되지 않고 상법 이사회 내 위원회에 관한 상법 393조의2, 그리고 감사위원회에 관한 상법 415조의2가 적용된다. 그리고 주권상장법인인 ⓔ유형은 감사위원회에 관한 상법 542조의11 및 542조의12 중에서 그에 해당하는 규정도 적용된다.

2) 구성

i) 인원수 등

(1) 감사위원회는 3명 이상의 이사로 구성하고 사외이사가 감사위원회 위원('감사위원')의 3분의 2 이상이어야 한다(상법415의2②). 지배구조법은 ⓐ유형·ⓑ유형에 대해 같은 규정을 두고 있다(지배구조법19①·②). 사외이사를 3분의 2 이상 두게 한 것은 감사위원회의 독립성을 강화하기 위해서이다.

(2) 감사위원은 회의체기구인 감사위원회의 구성원이 된다.

(3) 사외이사가 아닌 감사위원의 상근 여부에 대해서는 상법 및 지배구조법이 정하고 있지 않다. 사내이사로서 감사위원에 선임된 자가 상근감사위원이다. 보험회사가 스스로 판단하여 상근감사위원을 두는 것은 가능하다고 해석한다.[110]

ii) 자격요건

① 회계 또는 재무 전문가

(ㄱ) 상법

상법은 ⓑ유형에서 감사위원 중 1명 이상은 대통령령으로 정하는 회계 또는 재무 전문가일 것을 요구한다(상법542의11②(1)). 이는 감사위원회의 전문성을 강화하기 위해서이다. 회계 또는 재무 전문가는 다음 각 호 중 어느 하나에 해당하는 사람을 말한다(상법시행령37②).

1. 공인회계사의 자격을 가진 사람으로서 그 자격과 관련된 업무에 5년 이상 종사한 경력이

109) 다만, ⓒ유형·ⓓ유형·ⓔ유형에서는 임원후보추천위원회 구성의무가 없으므로, 지배구조법 19조에 따른 절차 중에서 임원후보추천위원회를 통한 감사위원 후보의 추천은 생략할 수 있다(지배구조법 설명서 57면).

110) 지배구조법설명서 55면; 정찬형(보험업법1) 186면; 정채웅 236면

있는 사람
2. 회계 또는 재무 분야에서 석사 이상의 학위를 취득한 사람으로서 연구기관 또는 대학에서 회계 또는 재무 관련 분야의 연구원이나 조교수 이상으로 근무한 경력(학위 취득 전의 경력을 포함)이 합산하여 5년 이상인 사람
3. 상장회사에서 회계 또는 재무 관련 업무에 합산하여 임원으로 근무한 경력이 5년 이상 또는 임직원으로 근무한 경력이 10년 이상인 사람
4. 자본시장법 29조 2항 4호 각 목의 기관에서 회계 또는 재무 관련 업무나 이에 대한 감독업무에 근무한 경력이 합산하여 5년 이상인 사람

(ㄴ) 지배구조법

(1) 지배구조법은 ⓐ유형 · ⓑ유형에서 감사위원 중에서 1명 이상은 대통령령으로 정하는 회계 또는 재무 전문가일 것을 요구한다(지배구조법19①). 회계 또는 재무 전문가는 다음 각 호의 어느 하나에 해당하는 사람을 말한다(지배구조법시행령16①).

1. 공인회계사 자격을 취득한 후 그 자격과 관련된 업무에 5년 이상 종사한 경력이 있는 사람
2. 재무 또는 회계 분야의 석사 이상의 학위가 있는 사람으로서 해당 학위 취득 후 연구기관이나 대학에서 재무 또는 회계 관련 분야의 연구원 또는 조교수 이상의 직에 5년 이상 근무한 경력이 있는 사람
3. 주권상장법인에서 재무 또는 회계 관련 업무에 임원으로 5년 이상 또는 임직원으로 10년 이상 근무한 경력이 있는 사람
4. 국가, 지방자치단체, '공공기관의 운영에 관한 법률'에 따른 공공기관, 금융감독원, 한국거래소 또는 자본시장법 9조 17항에 따른 금융투자업관계기관(같은 항 8호에 따른 금융투자관계단체는 제외)에서 재무 또는 회계 관련 업무 또는 이에 대한 감독업무에 5년 이상 종사한 경력이 있는 사람
5. 금융위원회법 38조에 따른 검사대상기관(이에 상응하는 외국금융기관을 포함)에서 재무 또는 회계 관련 업무에 5년 이상 종사한 경력이 있는 사람
6. 그 밖에 1호부터 5호까지의 규정에 준하는 사람으로서 금융위원회가 정하여 고시하는 자격을 갖춘 사람

(2) 위 (1)의 6호에서 금융위원회가 정하여 고시하는 자격을 갖춘 사람은 다음 각 호의 어느 하나에서 재무 또는 회계 관련 업무에 5년 이상 근무한 경력이 있는 사람을 말한다(지배구조감독규정6).

1. 전국은행연합회
2. 생명보험협회
3. 손해보험협회
4. 상호저축은행중앙회
5. 여신전문금융업협회

② 사외이사가 아닌 감사위원

㈀ 상법

⑴ 상법에 따르면 ⓑ유형에서 상법 542조의10 2항 각 호의 어느 하나에 해당하는 자는 사외이사가 아닌 감사위원이 될 수 없고 이에 해당하게 된 경우에는 그 직을 잃는다(상법542의11③).

⑵ 위 ⑴에서 직을 잃는다는 것에 대한 해석은 임원의 자격요건에서 논의한 바 있다. 상법 542조의10 2항 각 호는 ⓓ유형에서 상근감사가 될 수 없는 자에 해당한다. 이에 대해서는 상근감사 부분에서 자세히 살펴보았다.

㈁ 지배구조법

⑴ 지배구조법에 따르면 상근감사의 자격요건에 대해 지배구조법 6조 1항 및 2항을 준용한다(지배구조법19⑩본). 지배구조법 6조 1항은 최대주주 등 일정한 요건에 해당하는 사람은 사외이사가 될 수 없다고 규정하고, 6조 2항은 사외이사가 된 사람이 그러한 요건에 해당하면 그 직을 잃는다고 규정한다. 여기서 직을 잃는다는 것에 대한 해석은 임원의 자격요건에서 논의한 바 있다.

⑵ 다만, 해당 보험회사의 상근감사 또는 사외이사가 아닌 감사위원으로 재임 중이거나 재임했던 사람은 지배구조법 6조 1항 3호에도 불구하고 상근감사가 될 수 있다(지배구조법19⑩단).

iii) 감사위원의 선임 또는 해임

① 주체 및 방식

㈀ ⓒ유형~ⓕ유형

⑴ 감사위원의 선임 또는 해임의 주체는 이사회이다(상법393의2②⑶). 감사위원은 이사회 내 위원회에 속한 위원이므로 이사회가 선임 또는 해임하게 한 것이다.

⑵ 이사회의 결의방식은 원칙적으로 이사 과반수의 출석과 출석이사의 과반수이다(다만 정관으로 그 비율을 높게 정할 수 있다)(상법393의2⑤,391①). 이에 따라 감사위원의 선임 시에 이사회 결의는 이에 따르면 된다. 하지만 감사위원의 해임에 관한 이사회의 결의는 이사 총수의 3분의 2 이상의 결의로 해야 한다(상법415의2③).

㈁ ⓐ유형·ⓑ유형

⑴ 감사위원의 선임 또는 해임의 주체는 주주총회이다(지배구조법19⑥전). 상법도 ⓑ유형에 대해 같은 규정은 두고 있다(상법542의12①). 또한 상법은 ⓑ유형에 대해 주주총회에서 이사를 선임한 후 선임된 이사 중에서 감사위원을 선임할 것을 요구한다(상법542의12②).

⑵ 감사위원 후보는 임원후보추천위원회에서 추천하고, 임원후보추천위원회에서는 위원 총수의 3분의 2 이상의 찬성으로 의결한다(지배구조법19④). 감사위원이 되는 사외이사

1명 이상에 대해서는 다른 이사와 분리하여 선임해야 한다(지배구조법19⑤). 다른 이사와 분리하여 선임한다는 것은 다른 이사의 선임을 위한 의안과는 별도로 상정하여 의결해야 한다는 의미이다.

② 의결권 제한

감사위원이 되는 이사의 선임 시에 대주주의 영향력을 억제하여 감사위원의 독립성을 확보하기 위해서이다.

(ㄱ) 최대주주 등

(1) 상법은 주권상장법인(ⓑ유형·ⓓ유형·ⓔ유형)에서 감사위원의 선임 또는 해임과 관련하여 최대주주를 중심으로 합산하여 의결권을 제한한다. 즉 최대주주, 최대주주의 특수관계인, 그 밖에 대통령령으로 정하는 자[111]가 소유하는 상장회사의 의결권 있는 주식의 합계가 그 회사의 의결권 없는 주식을 제외한 발행주식총수의 100분의 3을 초과하는 경우 그 주주는 그 초과하는 주식에 관하여 사외이사가 아닌 감사위원을 선임하거나 해임할 때에 의결권을 행사하지 못하고, 다만 정관에서 이보다 낮은 주식 보유비율을 정할 수 있다(상법542의12④).

(2) 지배구조법도 관련 규정을 두고 있다. 즉 최대주주, 최대주주의 특수관계인, 그 밖에 대통령령으로 정하는 자가 소유하는 보험회사의 의결권 있는 주식의 합계가 그 금융회사의 의결권 없는 주식을 제외한 발행주식 총수의 100분의 3을 초과하는 경우 그 주주는 100분의 3을 초과하는 주식에 관하여 감사위원이 되는 이사를 선임하거나 해임할 때에는 의결권을 행사하지 못하고, 다만 보험회사는 정관으로 100분의 3보다 낮은 비율을 정할 수 있다(지배구조법19⑦). 이 지배구조법 조항은 ⓐ유형·ⓒ유형에도 적용되고 사외이사인 감사위원뿐만 아니라 이사인 감사위원 전부에 대해 적용된다는 점이 상법과 다르다.

(ㄴ) 100분의 3을 초과하는 주주

(1) 상법은 ⓑ유형에 대해 사외이사인 감사위원을 선임할 때 의결권 제한 규정을 두고 있다. 즉 의결권 없는 주식을 제외한 발행주식의 총수의 100분의 3을 초과하는 수의 주식을 가진 주주는 그 초과하는 주식에 관하여 감사위원이 되는 사외이사의 선임에 있어서는 의결권을 행사하지 못하고, 다만 정관으로 이 비율보다 낮은 비율을 정할 수 있다(상법542의12④).

(2) 지배구조법도 관련 규정을 두고 있다. 즉 이 경우 감사위원이 되는 이사의 선임에 관하여는 위 상법과 같은 규정을 준용한다(지배구조법19⑥후). 이 지배구조법 조항은 ⓐ유

111) 대통령령으로 정하는 자는 다음 각 호의 어느 하나에 해당하는 자를 말한다(상법시행령38①).
1. 최대주주 또는 그 특수관계인의 계산으로 주식을 보유하는 자
2. 최대주주 또는 그 특수관계인에게 의결권(의결권의 행사를 지시할 수 있는 권한을 포함)을 위임한 자(해당 위임분만 해당)

형 · ⓒ유형 · ⓓ유형에도 적용되고 사외이사인 감사위원뿐만 아니라 이사인 감사위원 전부에 대해 적용된다는 점이 상법과 다르다.

iv) 감사위원회 의결의 효력

(1) 일반적으로 이사회 내 위원회는 결의된 사항을 각 이사에게 통지해야 하고 통지받은 각 이사는 이사회의 소집을 요구할 수 있으며, 이사회는 위원회가 결의한 사항에 대하여 다시 결의할 수 있다(상법393의2④).

(2) 하지만 감사위원회의 경우는 결의된 사항을 각 이사에게 통지해야 하지만, 통지받은 각 이사는 이사회의 소집을 요구하고 이사회가 감사위원회가 결의한 사항에 대하여 다시 결의할 수 없다(상법415의2⑥). 이 조항은 2009년에 신설된 조항이고, 이전에는 이사회가 감사위원회가 결의한 사항에 대해 다시 결의할 수 있었다. 감사위원회의 독립성을 높이기 위해서 이 조항을 신설한 것이다.

v) 대표

(1) 감사위원회는 그 결의로 위원회를 대표할 자(감사위원장)를 선정해야 하고, 이 경우 수인의 위원이 공동으로 위원회를 대표할 것을 정할 수 있다(상법415의2④).

(2) ⓑ유형에서 감사위원장은 사외이사이어야 한다(상법542의11②(2)).

vi) 결원 시 보충

(1) 상법에 의하면 주권상장법인(ⓑ유형 · ⓓ유형 · ⓔ유형)에서 감사위원인 사외이사의 사임 · 사망 등의 사유로 인하여 사외이사의 수가 감사위원회의 구성요건에 미달하게 되면 그 사유가 발생한 후 처음으로 소집되는 주주총회에서 그 요건에 합치되도록 해야 한다(상법542의11④).

(2) 지배구조법에 의하면 보험회사는 감사위원의 사임 · 사망 등의 사유로 감사위원의 수가 감사위원회의 구성요건에 미치지 못하게 된 경우에는 그 사유가 발생한 후 최초로 소집되는 주주총회에서 그 요건을 충족하도록 조치해야 한다(지배구조법19③). 이 지배구조법 조항은 ⓐ유형 · ⓒ유형에도 적용되고 사외이사인 감사위원뿐만 아니라 이사인 감사위원 전부에 대해 적용된다는 점에서 특칙이다.

(3) 감사위원의 결원 시 보충에 관한 기타 자세한 사항은 임원의 결원 시 보충에서 논의한 내용과 같다.

vii) 지원 등

(1) 감사위원회는 보험회사의 비용으로 전문가의 도움을 구할 수 있다(지배구조법20①, 상법415의2⑤).

(2) 보험회사는 감사위원회의 업무를 지원하는 담당부서를 설치해야 한다(지배구조법20②). 보험회사는 감사위원의 원활한 직무수행을 위하여 대통령령으로 정하는 바에 따라

충분한 자료나 정보를 제공해야 하고, 감사위원은 해당 보험회사에 대하여 그 직무를 수행할 때 필요한 자료나 정보의 제공을 요청할 수 있으며 이 경우 보험회사는 특별한 사유가 없으면 이에 따라야 한다(지배구조법20④·18).[112)]

viii) 보고서 제출

(1) 보험회사는 감사위원회의 업무 내용을 적은 보고서를 정기적으로 금융위원회가 정하는 바에 따라 금융위원회에 제출해야 한다(지배구조법20③).

(2) 위 (1)에 따라 금융회사는 다음 각 호의 사항을 포함한 감사위원회의 업무 내용을 적은 보고서를 매 반기 경과 후 1개월 이내에 금융감독원장에게 제출해야 한다(지배구조감독규정7①).

1. 감사위원회의 구성 및 운영 현황
2. 감사 결과 및 그 조치내역
3. 그 밖에 감사위원회의 업무로서 금융감독원장이 정하는 사항

(3) 위 (1)에 따른 감사위원회의 업무내용 보고는 지배구조감독시행세칙 [별지6] 서식으로 한다(지배구조감독시행세칙4).

ix) 준용 규정

(1) 감사위원회에는 다음의 규정을 준용하고 이 경우 상법 530조의5 1항 9호 및 530조의6 1항 10호 중에서 "감사"는 "감사위원회 위원"으로 본다(상법415의2⑦).

(2) 이사를 포함한 임원에 관한 규정을 준용한다. 즉 발기설립의 경우의 임원선임(상법296), 창립총회에서 임원의 선임(상법312), 검사인의 선임(상법367), 자격주(상법387), 위반행위 보고의무(상법391의2②), 이사와 회사 간의 소에 관한 대표(상법394①), 이사의 책임감면(상법400), 이사의 유지청구권·대표소송·직무집행정지(상법402~407)에 관한 규정을 준용한다.

(3) 감사에 관한 규정을 준용한다. 감사위원회가 감사와 동일한 역할을 한다는 점을 고려한 것이다. 즉 감사의 직무와 보고요구 및 조사의 권한(상법412), 이사의 감사에 대한 보고의무(상법412의2), 감사의 총회소집청구(상법412의3), 감사의 이사회 소집 청구(상법412의4), 감사의 자회사에 대한 조사권(상법412의5), 감사의 조사 및 보고의무(상법413), 감사의

112) 보험회사는 다음의 방법으로 감사위원에게 자료나 정보를 제공해야 한다(지배구조법 18조 1항의 위임에 따른 동법시행령 15조를 준용).
1. 감사위원이 회사의 경영실태를 원활히 파악할 수 있도록 영업·재무, 그 밖의 업무집행 상황 등에 관한 자료나 정보를 연 1회 이상 정기적으로 제공해야 한다.
2. 감사위원이 원활한 직무 수행을 위하여 해당 보험회사에 대하여 자료나 정보의 제공을 요구하는 경우 보험회사는 정당한 사유가 없으면 요구받은 자료나 정보를 지체 없이 제공해야 한다.
3. 이사회 및 이사회 내 위원회의 회의자료를 회의 개최 2주일 전까지 제공해야 한다. 다만, 해당 보험회사의 정관 또는 이사회규정 등에서 그 기간을 달리 정할 수 있다.

책임(상법414), 이사의 감사에 대한 재무제표 등의 제출의무(상법447의3), 감사의 감사보고서 제출의무(상법447의4), 감사의 책임해제(상법450), 합병 시에 감사의 임기(상법527의4), 분할과 청산 시에 감사 관련한 규정(상법530의5①(9),530의6①(10),534)을 준용한다.

(4) 위반 시 효과

지배구조법 19조 1항 및 2항을 위반하여 같은 항에 규정된 요건을 모두 충족하는 감사위원회를 설치하지 않은 자, 지배구조법 19조 3항을 위반하여 같은 조 1항 및 2항의 감사위원회의 구성요건을 충족시키지 않은 자, 지배구조법 19조 4항부터 7항까지의 규정을 위반하여 감사위원의 선임절차를 준수하지 않은 자, 지배구조법 19조 8항을 위반하여 상근감사를 두지 않은 자, 지배구조법 20조 4항을 위반하여 자료나 정보를 제공하지 아니하거나 거짓으로 제공한 자, 지배구조법 20조 2항을 위반하여 담당부서를 설치하지 아니한 자, 지배구조법 20조 3항을 위반하여 보고서를 제출하지 아니한 자는 과태료(지배구조법43①(12)~(15),43②(3)~(5))가 따른다.

4. 위험관리위원회

(1) 의의

1) 설치의무

(1) 보험회사는 상법 393조의2에 따른 이사회 내 위원회로서 위험관리위원회를 설치해야 한다(지배구조법16①(3)).

(2) 다만, 최근 사업연도 말 현재 자산총액이 5조 원 미만(주권상장법인인 경우는 2조 원 미만)인 보험회사에 대해서 위험관리위원회 설치의무를 적용하지 않는다(지배구조법3③(1), 동법시행령6③단·(3)). 그 설치의무가 없는 보험회사라도 상법 392조의2에 따라 이사회 내 위원회로서 위험관리위원회를 설치하는 것은 가능하다.

2) 취지

위험관리는 보험회사의 재무건전성에 영향을 미치는 위험요소를 체계적으로 관리하는 행위로서 자산의 운용이나 업무의 수행, 그 밖의 각종 거래에서 발생하는 위험을 제때에 인식·평가·감시·통제하는 것을 가리킨다. 보험회사의 재무건전성은 금융환경의 변화로 인해 각종의 위험요소에 노출되는 경우가 흔히 발생하기 때문에 위와 같이 위험관리위원회의 설치를 의무화한 것이다.

(2) 의결사항

(1) 위험관리위원회는 위험관리에 관한 다음 각 호의 사항을 심의·의결한다(지배구조법21).

1. 위험관리의 기본방침 및 전략 수립

2. 보험회사가 부담 가능한 위험 수준 결정
3. 적정투자한도 및 손실허용한도 승인
4. 지배구조법 27조에 따른 위험관리기준의 제정 및 개정
5. 그 밖에 금융위원회가 정하여 고시하는 사항

(2) 위 (1)의 5호에 따라 위험관리위원회는 위험관리에 관한 다음 각 호의 사항을 심의·의결한다(지배구조감독규정8).

1. 위험관리조직 구조 및 업무 분장에 관한 사항
2. 위험관리정보시스템의 운영에 관한 사항
3. 각종 한도의 설정 및 한도초과의 승인에 관한 사항
4. 각 국외 현지법인 및 국외지점의 상황을 고려한 위기상황분석(감독규정에 따른 위기상황분석을 말함) 결과와 관련된 자본관리계획·자금조달계획에 관한 사항. 단, 위기상황분석 결과는 반기 1회 이상 위험관리위원회에 보고한다.
5. 자산건전성 분류기준·대손충당금 등 적립기준(각 국외 현지법인 및 국외 지점의 상황을 고려하여야 한다)에 관한 사항

(3) 위 (1)의 4호에서 위험관리기준이란 보험회사가 자산의 운용이나 업무의 수행, 그 밖의 각종 거래에서 발생하는 위험을 제때에 인식·평가·감시·통제하는 등 위험관리를 하기 위한 기준 및 절차를 의미한다(지배구조법27①).

(3) 위험관리책임자

위험관리위원회는 위와 같이 위험관리에 관한 주요 사항을 심의·의결한다. 이와 같은 의결에 따라 위험관리를 집행하는 책임자가 위험관리책임자(지배구조법28①)이다. 이에 관한 자세한 사항은 후술한다.

5. 보수위원회 및 보수관련 의무

(1) 구분

(1) 여기서는 이사회 내 위원회로서 보수위원회를 살펴본다. 그런데 보수위원회의 의결사항에는 보수체계가 포함되어 있는데, 이에 대해서는 보험회사도 일정한 의무를 부담한다. 이하에서는 보수위원회와 보험회사의 보수관련 의무를 구분하여 살펴보자.

(2) 보수위원회 및 보수관련 의무에 관해서는 지배구조법 22조, 지배구조법시행령 17조, 지배구조감독규정 9조가 규정한다. 보수위원회에 관한 규정은 보수위원회의 설치의무를 부담하는 보험회사에게만 적용되고, 보험회사가 부담하는 보수관련 의무는 보수위원회의 설치 여부와 무관하게 모든 보험회사에게 적용된다고 해석한다. 전자에 대해서는 이사회 내 위원회의 적용범위에서 자세히 살펴본 바 있다.

(2) 보수위원회

1) 의의

i) 설치의무

(1) 보험회사는 상법 393조의2에 따른 이사회 내 위원회로서 보수위원회를 설치해야 한다(지배구조법16①(4)). 보험회사의 정관에서 정하는 바에 따라 감사위원회가 보수위원회의 의결사항(지배구조법22①)을 의결하는 경우에는 보수위원회를 설치하지 않을 수 있지만, 최근 사업연도 말 현재 자산총액이 5조 원 이상인 보험회사는 보수위원회를 반드시 설치해야 한다(지배구조법16②,동법시행령14).

(2) 다만, 최근 사업연도 말 현재 자산총액이 5조 원 미만(주권상장법인인 경우는 2조 원 미만)인 보험회사에 대해서 보수위원회 설치의무를 적용하지 않는다(지배구조법3③(2),동법시행령6③단(3)). 그 설치의무가 없는 보험회사라도 상법 392조의2에 따라 보수위원회를 설치하는 것은 가능하다.

ii) 취지

보험회사 임직원의 보수체계는 위험관리와 밀접하게 관련된다. 가령 임직원이 과도한 위험을 부담하는 방향으로 보수와 회사의 재무적 성과가 연동되는 체계는 위험관리에 부정적이다. 이러한 점이 보수체계 등에 합리적으로 반영될 수 있게 하기 위해서 이사회 내 위원회로서 보수위원회를 설치하게 한 것이다.

2) 의결사항

i) 보수관련 사항

(1) 보수위원회는 대통령령으로 정하는 임직원에 대한 보수와 관련한 다음 각 호에 관한 사항을 심의·의결한다(지배구조법22①).

1. 보수의 결정 및 지급방식에 관한 사항
2. 보수지급에 관한 연차보고서의 작성 및 공시에 관한 사항
3. 그 밖에 금융위원회가 정하여 고시하는 사항

(2) 위 (1)의 3호에서 그 밖에 금융위원회가 정하여 고시하는 사항은 다음 각 호를 말한다(지배구조감독규정9①).

1. 지배구조법시행령 17조 1항 각 호에 해당하는 사람에 대한 보수체계의 설계·운영 및 그 설계·운영의 적정성 평가 등에 관한 사항
2. 보수정책에 대한 의사결정 절차와 관련된 사항
3. 그 밖에 보수체계와 관련된 사항

(3) 위 (1)의 1호에 따른 보수의 결정 및 지급방식에 관한 사항과 관련하여 원칙적 사

항을 의결하면 되는 것이지 반드시 개별 임직원의 보수를 결정해야만 하는 것은 아니라고 해석한다.113)

ii) 적용대상인 임직원

(1) 위 i)(1)에서 대통령령으로 정하는 임직원은 다음 각 호의 사람을 가리킨다(지배구조법시행령17①).

1. 임원(사외이사, 비상임이사, 감사위원, 준법감시인 및 위험관리책임자는 제외)
2. 자본시장법에 따른 증권 또는 파생상품의 설계·판매·운용 업무를 담당하는 직원으로서 지배구조법 22조 1항에 따라 보수위원회가 심의·의결한 사람('금융투자업무담당자')

(2) 지배구조법시행령 17조 1항이 정한 일정한 사람은 최소한의 범위이므로, 보험회사가 자의로 사외이사 등의 보수도 보수위원회 의결사항에 포함시키는 것은 가능하다.114) 준법감시인 및 위험관리책임자에게는 회사의 재무적 경영성과와 연동하지 않는 별도의 보수체계가 적용된다(지배구조법25⑥,28②). 이들에게 성과보수가 지급되면 준법감시 업무 또는 위험관리 업무와 이익상충의 문제가 발생할 수 있기 때문이다.

(3) 위 (1)의 2호에 따른 금융투자업무담당자의 구체적 기준은 해당 업무의 실질(투자성, 중요성 등)을 반영하여 보수위원회가 자율적으로 정해야 한다.115)

(3) 보험회사의 보수관련 의무

1) 보수체계

i) 원칙

보험회사는 임직원이 과도한 위험을 부담하지 않도록 보수체계를 마련해야 한다(지배구조법22②).

ii) 성과보수의 이연지급

① 이연지급의무

(1) 보수체계상 성과보수는 임직원으로 하여금 과도한 위험을 부담하게 하는 유인요소가 될 수 있다. 위험관리를 위해서는 성과보수를 이연지급하게 하여 단기적 성과에 좌우되지 않도록 할 필요가 있다.

(2) 이에 따라 보험회사는 일정한 임직원에 대해서는 성과보수를 일정기간 이상 이연하여 지급해야 한다(지배구조법22③본). 성과보수란 보수의 일정비율 이상을 성과에 연동하여 미리 정해진 산정방식에 따른 보수를 가리킨다.

---

113) 지배구조법설명서 61면
114) 지배구조법설명서 60면
115) 지배구조법설명서 61면

② 적용대상인 임직원

(1) 성과보수의 이연지급의무가 적용되는 임직원은 다음 각 호의 어느 하나에 해당하는 자를 가리킨다(지배구조법시행령17②).

1. 임원(감사, 감사위원, 준법감시인 및 위험관리책임자는 제외)[116]
2. 금융투자업무담당자
3. 단기 실적에 따른 성과보수를 지급할 경우 과도한 위험을 추구하는 등 부작용이 나타날 수 있는 업무로서 다음 각 목의 어느 하나에 해당하는 업무에 종사하는 직원 중 고용계약에 따라 담당 업무로부터 발생하는 이익의 일부를 성과보수로 받는 직원(금융위원회가 정하여 고시하는 직원[117] 및 '기간제 및 단시간근로자 보호 등에 관한 법률'에 따른 기간제근로자 또는 단시간근로자는 제외할 수 있음)
   가. 대출, 지급보증 및 어음의 할인·인수, 팩토링 업무
   나. 보험상품 개발 및 보험계약 인수에 관한 업무
   다. 매출채권의 양수 및 신용카드의 발행 업무
   라. 그 밖에 단기 실적에 따른 성과보수를 지급할 경우 부작용이 나타날 수 있는 것으로 보험회사가 판단하여 정하는 업무

(2) 위 (1)의 3호 라목에 따르면 성과보수의 이연지급대상자는 보험회사가 객관적으로 판단해서 구체적이고 개별적으로 정하게 된다. 이는 각 보험회사가 회사별 특성 등을 고려해서 자체적으로 선정해야 한다는 의미이다.[118]

③ 이연기간 등

(1) 금융회사는 다음 각 호의 기준에 맞추어 성과와 연동하여 미리 정해진 산정방식에 따른 성과보수를 지급해야 한다(지배구조법시행령17③).

1. 성과보수의 비율은 직무의 특성, 업무책임의 정도 및 해당 업무의 투자성(자본시장법3①) 등을 고려하여 달리 정할 것
2. 임원(사외이사 및 비상임이사는 제외) 및 금융투자업무담당자에 대해서는 해당 업무의 투자성과 그 존속기간 등을 고려하여 성과보수의 100분의 40 이상에 대하여 이연 기간을 3년 이상으로 할 것. 다만, 해당 업무의 투자성 존속기간이 3년 미만인 경우에는 성과보수의 이연 기간을 3년 미만으로 할 수 있다.
3. 그 밖에 성과보수에 관하여 필요한 사항으로서 금융위원회가 정하여 고시하는 기준

(2) 위 (1)의 3호에서 금융위원회가 정하여 고시하는 기준이란 다음 각 호를 말한다(지배구조감독규정9③).

116) 여기서 사외이사 및 비상임이사를 제외하고 있지 않은데, 보수위원회의 의결사항에서 이들의 보수를 제외하고 있다는 점을 고려하면, 여기서도 제외하는 규정을 두는 것이 일관적이라고 할 수 있다.

117) 최하위 직급의 직원을 가리킨다(지배구조감독규정9②).

118) 지배구조법설명서 62면

1. 지배구조법시행령 17조 3항 2호에 따라 성과보수를 이연 지급할 경우에는 이연기간 중 초기에 지급되는 부분이 기간별 균등배분한 수준보다 크지 않도록 할 것
2. 임원 및 금융투자업무 담당자에게 이연지급되는 성과보수는 해당 보험회사의 장기 성과와 연계될 수 있도록 다음 각 목의 하나의 형태로 지급할 것. 다만, 해당 보험회사를 금융지주회사법 4조 1항 2호에 따른 자회사등으로 하는 금융지주회사가 주권상장법인인 경우는 그 금융지주회사 주식 등으로 대체하여 지급할 수 있다.
   가. 해당 보험회사의 주식 또는 주식연계상품
   나. 이연지급 기간 중 담당 업무와 관련하여 보험회사에 손실이 발생한 경우 이연지급 예정인 성과보수를 실현된 손실규모를 반영하여 재산정
   다. 그 밖에 보험회사의 장기 성과와 연계할 수 있는 방식으로서 해당 보험회사가 정하는 방식
3. 성과보수 지급의 기준이 되는 재무제표가 오류 또는 부정 등으로 인하여 정정되는 경우 기지급된 성과보수는 정정 내용을 반영하여 조정할 것

(3) 위 (2)의 2호에서 장기성과와 연계되도록 하라는 의미는 해당 보험회사의 장기성과에 기여할 수 있도록 다년도 성과에 기초해서 성과보수를 정하라는 의미이고, 여기에는 이연지급된 성과보수의 환수 또는 축소 등이 포함된다고 해석한다.[119]

2) 보수체계 연차보고서

i) 작성 및 공시의무

(1) 보험회사는 대통령령으로 정하는 임직원의 보수지급에 관한 연차보고서를 작성하고 결산 후 3개월 이내에 금융위원회가 정하는 바에 따라 인터넷 홈페이지 등에 그 내용을 공시해야 한다(지배구조법22④). 이러한 연차보고서를 보수체계 연차보고서라고 한다.

(2) 위 (1)에서 대통령령으로 정하는 임직원은 위에서 살펴본 성과보수의 이연대상인 임직원과 같다(지배구조법시행령17②).

ii) 작성의무 관련

① 기재사항

(1) 연차보고서에는 다음 각 호의 사항이 포함되어야 하며, 연차보고서의 작성에 관한 세부 기준은 대통령령으로 정한다(지배구조법22⑤).

1. 보수위원회의 구성, 권한 및 책임 등
2. 임원의 보수총액(기본급, 성과보수, 이연 성과보수 및 이연 성과보수 중 해당 회계연도에 지급된 금액 등)

(2) 위 (1)에 따라서 보험회사는 보수체계 연차보고서를 작성하는 경우 다음 각 호에 따른 보수에 관한 총계정보와 임원 및 금융투자업무담당자의 보수에 관한 세부적인 사항

---

119) 지배구조법설명서 65면

을 포함해야 한다(지배구조감독규정9⑤본).[120] 다만, 6호에는 임원 및 직원의 보수에 관한 총계정보를 포함해야 한다(지배구조감독규정9⑤단).

1. 회계연도 중 보수액(기본급 및 성과보수를 구분하고 대상 임직원 수를 포함)
2. 성과보수 금액, 지급형태(현금, 주식, 주식연계상품 및 기타로 구분), 성과보수 환수기준[121] 및 보수 간의 배분을 결정하는 기준
3. 이연된 성과보수(지급이 확정된 부분과 그렇지 않은 부분을 구분)
4. 이연된 성과보수 중 해당 회계연도에 지급된 금액
5. 회계연도 중 지급된 퇴직 관련 보수금액, 해당 임직원 수 및 1인 기준 최고 지급액
6. 회계연도 중 임직원에게 지급된 보수금액, 직급별 보수액 및 성과보수액

② 작성기준

(1) 연차보고서는 다음의 기준에 따라 작성하여야 한다(지배구조법시행령17④).

1. 보수위원회의 구성, 심의·의결 절차 등 보수체계에 대한 의사결정 절차가 제시될 것
2. 임직원에 대한 성과측정, 성과와 보수의 연계방식, 성과보수의 이연 등 그 밖에 보수체계의 주요 내용을 제시할 것
3. 그 밖에 연차보고서 작성에 필요한 세부 기준으로서 금융위원회가 정하여 고시하는 기준

(2) 위 (1)의 작성기준에 관한 구체적인 사항은 각 보험회사가 속한 보험협회의 장이 정하는 보수체계 연차보고서 작성기준에 따른다(지배구조감독규정9⑥).

iii) 공시의무 관련

(1) 보험회사는 보수체계 연차보고서를 지배구조 연차보고서(지배구조감독규정5④)와 함께 익년도 정기주주총회일 20일 전부터 해당 보험회사 및 관련 보험협회의 인터넷 홈페이지 등에 공시해야 한다(지배구조감독규정9④본). 다만, 보험회사의 이사회 또는 이사회 내 위원회가 최근 사업연도에 발생한 성과보수에 관한 사항을 기간 이내에 보수체계 연차보고서를 통해 공시하지 못한 경우에는 최근 사업연도 성과보수는 이를 의결하는 이사회 또는 이사회 내 위원회가 개최된 날의 익월 15일까지 추가로 공시할 수 있다(지배구조감독규정9④단).

(2) 위 (1)의 공시에 관한 구체적인 사항은 각 보험회사가 속한 보험협회의 장이 정하는 보수체계 연차보고서 작성기준에 따른다(지배구조감독규정9⑥).

(4) 위반 시 효과

지배구조법 22조 4항 또는 5항에 따른 연차보고서의 공시를 하지 않거나 거짓으로

---

120) 지배구조감독규정 9조 5항은 지배구조법시행령 17조 4항 3호의 위임을 받았다.

121) 성과보수 환수기준이 기재되어야 한다. 성과보수는 보험회사의 장기성과에 기여할 수 있도록 다년도 성과에 연계되어야 하고 이를 관철하기 위해서는 일정한 경우 이연지급된 성과보수의 환수 등이 필요한데, 이에 대한 기준을 기재해야 한다는 의미이다(지배구조법설명서 66면).

공시한 자는 과태료(지배구조법43②(5의2))가 따른다.

6. 내부통제위원회

(1) 설치의무

(1) 보험회사는 이사회 내 위원회로서 내부통제위원회를 설치해야 한다(지배구조법16①(5)).

(2) 다만, 보험회사의 정관으로 정하는 바에 따라 감사위원회 또는 위험관리위원회에서 내부통제위원회의 역할을 수행하는 경우에는 내부통제위원회를 설치하지 않을 수 있다(지배구조법16③).[122)]

(3) 최근 사업연도 말 현재 자산총액이 5조 원 미만(주권상장법인인 경우는 2조 원 미만)인 보험회사에 대해서 내부통제위원회 설치의무를 적용하지 않는다(지배구조법3③(2),시행령6③단(3)).

(2) 구성

(1) 이사회 내 위원회인 내부통제위원회는 위원의 과반수는 사외이사로 구성한다(지배구조법16④). 내부통제위원회의 대표는 사외이사로 한다(지배구조법16⑤).

(2) 내부통제위원회의 설치·운영과 관련하여, 구성위원, 대표 등 법령에서 규정된 사항 이외의 사항에 대해서 보험회사가 자율적으로 정할 수 있으므로 내부통제위원회 위원으로 대표이사를 포함할 것인지 여부는 보험회사가 자율적으로 결정할 수 있다.[123)]

(3) 심의·의결사항

(1) 이사회 내 소위원회로서의 내부통제위원회는 다음 각 호의 사항을 심의·의결한다(지배구조법22의2①).

1. 내부통제의 기본방침 및 전략 수립
2. 임직원의 직업윤리와 준법정신을 중시하는 조직문화의 정착방안 마련
3. 지배구조법 14조 1항에 따른 지배구조내부규범의 마련 및 변경
4. 지배구조법 24조 1항에 따른 내부통제기준의 제정 및 개정
5. 그 밖에 금융위원회가 정하여 고시하는 사항

(2) 위 (1)의 4호에 따라 내부통제기준의 개정시 내부통제위원회의 심의·의결을 거쳐

---

122) 보험회사의 정관에서 감사위원회 또는 위험관리위원회에서 내부통제위원회의 역할을 수행한다는 명시적인 규정이 없다면 내부통제위원회를 설치해야 한다. 정관의 개정은 주주총회의 권한이므로, 정관에서 "감사위원회 의결사항으로 '이사회가 위임한 사항' 등을 규정"하고 있더라도 이사회 의결로 감사위원회가 내부통제위원회 역할을 수행하도록 결정할 수는 없다(책무구조도 등 개정 지배구조법령 해설서 14면)

123) 책무구조도 등 개정 지배구조법령 해설서 14면

야 한다.[124]

(4) 점검 · 평가 등

(1) 내부통제위원회는 내부통제등 관리의무를 부담하는 임원과 대표이사등이 내부통제 관리조치와 보고를 적절하게 수행하고 있는지 여부를 점검·평가하고 미흡한 사항에 대해서는 개선 등 필요한 조치를 요구하여야 한다(지배구조법22의2②).

(2) 위 (1)에도 불구하고 대통령령으로 정하는 사항에 대해서는 금융회사의 정관으로 정하는 바에 따라 내부통제위원회가 아닌 감사위원회나 위험관리위원회가 담당하도록 할 수 있다(지배구조법22의2③).

(3) 여기서 '대통령령으로 정하는 사항'이란 임원 및 대표이사가 관리조치와 보고를 적절하게 수행하고 있는지 여부에 대한 점검·평가와 미흡한 사항에 대한 개선 등 필요한 조치의 요구를 말한다.

(5) 위반 시 효과

지배구조법 16조 1항을 위반하여 내부통제위원회를 설치하지 아니한 자, 지배구조법 16조 4항을 위반하여 내부통제위원회 위원의 과반수를 사외이사로 두지 아니한 자는 과태료(지배구조법43①(6)(7))가 따른다.

제 5 관 보험회사의 지배구조내부규범

1. 의의

(1) 보험회사는 지배구조내부규범을 마련해야 한다(지배구조법14①). 지배구조내부규범이란 주주와 보험계약자 및 그 밖의 금융소비자의 이익을 보호하기 위하여 보험회사의 이사회의 구성과 운영, 이사회 내 위원회의 설치, 임원의 전문성 요건, 임원 성과평가 및 최고경영자의 자격 등 경영승계에 관한 사항 등에 관하여 지켜야 할 구체적인 원칙과 절차를 가리킨다.

(2) 금융지주회사는 이사회의 심의·의결을 거쳐 소속 자회사등이 지배구조내부규범에 반영해야 할 원칙과 절차 등을 정할 수 있다(지배구조법시행령13②). 따라서 보험회사가 금융지주회사에 소속된 자회사등에 속하는 경우 이에 따라 금융지주회사의 이사회가 그 보험회사에 적용될 지배구조내부규범을 정할 수 있다.

---

124) 다만, 내부통제기준 자체에 '조문체계 단순변경, 자구수정 등 내부통제기준 내용의 실질적 변경을 수반하지 않거나 법령 개정사항의 반영 등의 경우 내부통제위원회 심의·의결 없이 대표이사가 개정할 수 있다'는 규정을 두고 있고, 해당 규정에 대해 내부통제위원회의 심의·의결을 거쳤다면 이후 경미한 수정에 대해서는 내부통제위원회의 심의·의결을 반드시 거칠 필요는 없다(책무구조도 등 개정 지배구조법령 해설서 16면).

2. 적용범위

보험회사 지배구조내부규범에 관한 규정은 최근 사업연도 말 현재 자산총액이 5조 원 미만(주권상장법인인 경우는 2조 원 미만)인 보험회사에 대해서는 적용하지 않는다(지배구조법3③(1),동법시행령6③단(3)).

3. 작성 및 공시

(1) 공통의무

보험회사는 지배구조내부규범의 작성 및 관련 내용의 공시와 관련하여 다음 각 호를 준수해야 한다(지배구조감독규정5①).

1. 지배구조내부규범 및 관련 내용의 공시자료는 주주 및 보험회사 이용자 등이 쉽게 이해할 수 있도록 객관적인 사실에 근거하여 명료하게 작성해야 한다.
2. 지배구조내부규범 및 관련 내용의 공시자료는 보험회사의 지배구조와 관련해 중요한 사항을 포함해야 한다. 다만 세부적인 사항은 금융회사의 다른 내규 등에 위임하거나 인용할 수 있다.

(2) 작성관련 의무

1) 의의

지배구조내부규범에는 다음 각 호의 사항이 포함되어야 한다(지배구조법시행령13①). 이는 필수적 기재사항이라고 할 수 있다. 보험회사는 지배구조내부규범을 지배구조감독규정 [별표1]에 따라 작성해야 하는데(지배구조감독규정5②), 이 [별표1]은 위 필수적 기재사항을 보다 세분화하고 있다.

2) 필수적 기재사항

i) 지배구조법시행령 13조 1항

지배구조법시행령 13조 1항이 규정하는 지배구조내부규범의 필수적 기재사항은 다음 각 호와 같다.

1. 이사회의 구성과 운영에 관한 사항
   가. 이사회의 구성 방법 및 절차
   나. 이사회의 소집절차 및 의결권 행사 방법
   다. 이사회 운영 실적 등의 평가에 관한 사항
   라. 이사회 및 이사의 권한과 책임
   마. 이사의 자격요건
   바. 이사의 선임과 퇴임에 관한 기준 및 절차
2. 이사회 내 위원회(지배구조법 16조 1항에 따른 위원회와 임원으로 구성되는 위원회를 말한

다)의 설치와 운영에 관한 사항
가. 이사회 내 위원회의 종류와 그 위원회의 구성·기능·운영 절차
나. 이사회 내 위원회 운영 실적 등의 평가에 관한 사항
3. 임원에 관한 사항
가. 임원의 자격요건
나. 임원의 권한과 책임
다. 4호에 따른 경영승계 계획을 포함한 임원의 선임과 퇴임에 관한 기준 및 절차
라. 임원 및 임원 후보(해당 금융회사의 임직원만 해당한다)에 대한 교육제도
마. 임원에 대한 성과평가 및 보수지급 방법에 관한 사항
4. 최고경영자(대표이사 또는 대표집행임원을 말한다)의 자격 등 경영승계에 관한 사항
가. 최고경영자의 경영승계 원칙
나. 최고경영자의 자격
다. 최고경영자 후보의 추천절차
라. 최고경영자 추천 관련 공시
마. 책임경영체제 확립

ii) 지배구조감독규정 [별표1]

지배구조감독규정 [별표1]이 규정하는 지배구조내부규범의 필수적 기재사항은 다음 각 호와 같다.

1. 이사회의 구성현황
가. 상임이사·비상임이사·사외이사의 최소 숫자·비율
나. 의장 선임절차·임기·자격요건·권한
2. 이사의 자격요건
가. 상임이사·비상임이사·사외이사 각각의 결격사유 및 적극적 자격요건
3. 이사회 및 이사의 권한·책임
가. 이사회의 심의·의결사항, 보고사항, 기타 권한 및 권한의 위임에 관한 사항
나. 상임이사·비상임이사·사외이사의 권한과 책임
4. 이사의 선임·퇴임에 관한 기준 및 절차
가. 상임이사·비상임이사·사외이사 각각의 선임절차(추천절차 포함)·임기 및 사외이사 연임기준
나. 이사의 퇴임사유 및 퇴임절차
5. 이사회의 소집절차 및 의결권 행사방법
가. 소집권자, 소집절차, 최소 소집횟수, 의결요건 및 의결권 제한사유
6. 이사회 운영실적 등의 평가에 관한 사항
가. 이사회 운영실적에 대한 평가주체·방법·절차·지표 등
7. 위원회의 종류·구성·기능
가. 위원회의 종류, 위원회별 구성기준(위원비율, 위원장 선임기준 등)·권한 및 소집에 관한 사항 등

8. 위원회 운영실적 등의 평가에 관한 사항
   가. 위원회 운영실적에 대한 평가주체·방법·절차·지표 및 평가결과 활용방안 등
9. 임원의 자격요건
   가. 임원별 결격사유 및 적극적 자격요건
10. 임원의 권한·책임
   가. 임원별 권한(업무범위 등) 및 책임에 관한 기본사항
11. 임원의 선임·퇴임에 관한 기준 및 절차
   가. 임원후보자 선정기준, 임원별 선임절차(추천절차 포함)·임기·연임기준
   나. 임원별 퇴임사유 및 퇴임절차, 유고 시 업무대행자 및 후임자 선출방법
12. 임원 및 그 후보자에 대한 교육제도
   가. 임원에 대한 교육 및 연수제도
   나. 임원후보자에 대한 교육·연수·평가제도 및 평가결과 활용방안 등
13. 임원에 대한 성과평가 및 보수지급의 방법
   가. 임원 성과에 대한 평가주체·방법·절차·지표 및 평가결과 활용방안 등
   나. 임원 보수의 구성내역·지급방법 등
14. 최고경영자 경영승계 원칙
   가. 최고경영자 경영승계 절차, 경영승계 계획의 수립 및 변경
   나. 경영승계 절차의 개시사유 및 개시결정 시기
   다. 최고경영자 사고 등 비상상황 발생 시 대행자 선정, 신임 후보 선임 등 비상계획
15. 최고경영자의 경영승계 지원
   가. 최고경영자 승계 관련업무 담당 지원부서 지정 및 운영현황
16. 최고경영자의 자격
   가. 최고경영자의 최소 자격요건
17. 최고경영자 후보자 추천절차
   가. 최고경영자 후보자 추천절차, 후보군 선발 및 자격검증 등 관리 방법
   나. 주주, 이해관계자 및 외부 자문기관 등 금융회사 외부로부터의 추천 활용 방법
18. 최고경영자 추천 관련 공시
   가. 다음 각 호의 사항에 대한 공시 여부, 주주총회 소집 통지 시 공시사실 및 공시확인 방법 고지 여부
      1) 최고경영자 후보추천절차 개요
      2) 임원후보추천위원회 위원의 명단 및 약력
      3) 임원후보추천위원회 후보 제안자 및 후보자와의 관계
      4) 관련 법령에 따른 자격요건 충족 여부 및 근거
      5) 최고경영자 후보자 추천이유
      6) 최고경영자 후보자의 경력
19. 책임경영체제 확립
   가. 최고경영자의 임기, 선임과 해임의 이사회 결의·보고 내역
   나. 최고경영자의 역할, 권한 위임 사항
   다. 최고경영자의 임면을 위한 평가기준 및 절차, 해임 및 퇴임사유

(3) 공시관련 의무

1) 의의

(1) 보험회사는 다음 각 호의 사항을 금융위원회가 정하는 바에 따라 인터넷 홈페이지 등에 공시해야 한다(지배구조법14③).

1. 지배구조내부규범을 제정하거나 변경한 경우 그 내용
2. 보험회사가 매년 지배구조내부규범에 따라 이사회 등을 운영한 현황

(2) 위 (1)의 내용은 지배구조감독규정에 의해서 다음과 같이 구체화된다.

2) 지배구조내부규범의 제정·변경

위 1)(1)의 1호와 관련하여 보험회사는 지배구조내부규범을 제정·변경한 경우 해당 보험회사 및 그가 속한 협회(생명보험협회 또는 손해보험협회)의 인터넷 홈페이지 등에 제정·변경일부터 7영업일 이내에 공시해야 한다(지배구조감독규정5③).

3) 지배구조 연차보고서

i) 의의

위 1)(1)의 2호와 관련하여 보험회사는 매년 지배구조내부규범에 따른 이사회 등을 운영한 현황에 대한 보고서('지배구조 연차보고서')를 익년도 정기주주총회일 20일 전부터 해당 보험회사 및 그가 속한 협회(생명보험협회 또는 손해보험협회)의 인터넷 홈페이지 등에 공시해야 한다(지배구조감독규정5④).

ii) 필수적 기재사항 및 작성기준

보험회사는 지배구조 연차보고서에 다음 각 호의 내용을 포함해야 하며, 그 작성기준은 해당 보험회사가 속한 생명보험협회의 장 또는 손해보험협회의 장이 정할 수 있다(지배구조감독규정5⑤).

1. 보험회사의 지배구조 정책(지배구조내부규범, 윤리강령 등) 및 지배구조 현황
2. 이사회, 이사회 내 위원회 등에 관한 다음의 각 목의 사항
   가. 이사회, 이사회 내 위원회 등의 역할, 책임 및 운영에 관한 기준
   나. 이사에 대한 직무평가 기준
   다. 이사회, 이사회 내 위원회, 부의장이 있는 경우 부의장, 선임사외이사가 있는 경우 그 선임사외이사, 그 밖의 구성원 명단 및 경력
   라. 이사회 및 이사회 내 위원회의 회의개최 횟수 및 이사들의 개인별 참석 현황
   마. 사외이사가 아닌 이사를 이사회 의장으로 선임한 경우에는 그 선임 이유
3. 임원후보추천위원회에 관한 다음 각 목의 사항
   가. 임원후보추천위원회의 구성, 권한과 책임
   나. 임원후보추천위원회의 명단 및 약력
   다. 임원(사외이사, 대표이사, 대표집행임원, 감사위원에 한함) 후보의 자격요건, 후보추천

절차, 임원 업무수행 평가방식 등 임원 선임기준

라. 임원 후보자 및 그 제안자와의 관계(해당 보험회사의 사외이사이거나 사외이사이었던 자를 사외이사 후보로 추천할 때에는 과거 해당 사외이사 후보 제안자를 모두 포함)

마. 법에 따른 임원 자격요건 충족 여부 및 근거

바. 사외이사 후보와 해당 보험회사(그 계열회사를 포함), 그 임원 및 대주주와의 관계

사. 사외이사 후보자 추천 이유 및 사외이사 후보자의 경력

아. 사외이사 재임여부 및 평가결과

자. 사외이사 후보군 관리현황

차. 임원후보추천위원회가 이사회에 사외이사 후보군 추천과 관련하여 보고한 내용

카. 사외이사 지원부서가 임원후보추천위원회에 사외이사 후보군관리 업무와 관련하여 주기적으로 보고한 내용

타. 최고경영자(대표이사 또는 대표집행임원을 말함) 후보자 추천이유 및 최고경영자 후보자의 경력

파. 그 밖의 이사회가 정한 임원후보추천 관련 사항

4. 사외이사의 활동에 관한 사항으로 다음 각 목의 사항

가. 이사회 및 이사회 내 위원회의 회의일시, 안건내용(보고안건도 포함), 사외이사 개인별 이사회 내 위원회 참석 및 찬성 여부

나. 사외이사에 대한 임원배상책임보험 가입 여부 및 현황

다. 사외이사에 대하여 제공한 금융회사의 전략, 금융, 회계, 위험관리 등에 대한 교육 및 연수 실시 현황

라. 사외이사의 자격요건 유지 여부

마. 사외이사 또는 그 배우자, 직계혈족, 배우자의 직계혈족('사외이사등')이 수탁자·임직원이거나 최근 2년 이내에 수탁자·임직원이었던 대학 그 밖의 비영리법인에 대한 기부금 등의 제공내역

바. 사외이사의 활동내역을 근거로 한 평가 개요 및 평가 결과

사. 사외이사 지원부서의 지정 및 운용현황

아. 사외이사 개인별 재직기간

자. 사외이사 개인별 보수 총액 및 내역

차. 사외이사 개인별 보수 외에 지급된 편익 제공 현황

카. 보험회사와 사외이사등이 소속한 기관과의 계약체결 내역

타. 최근 5년간 사외이사 선임 내역

5. 최고경영자 경영승계에 관한 다음 각 목의 사항

가. 최고경영자 경영승계와 관련된 내부규정

나. 보험회사 최고경영자후보 추천절차 개요

다. 법에 따른 자격요건 충족 여부 및 근거

라. 최고경영자 경영승계절차가 진행된 경우 그 내역

마. 최고경영자 후보군 관리 내역

바. 이사회의 최고경영자 경영승계계획 적정성 점검 내역

사. 최고경영자 경영승계 지원부서 지정 및 운영현황

6. 감사위원회의 활동내역
7. 위험관리위원회의 활동 내역
8. 지배구조법 22조의2에 따른 내부통제위원회의 활동 내역
9. 지배구조와 관련한 금융위원회 또는 금융감독원장의 권고·지시한 사항 및 금융회사의 개선 내용 또는 계획
10. 그 밖에 보험회사의 정관이 정하는 지배구조 관련 주요사항

(4) 위반 시 효과

지배구조법 14조 3항을 위반하여 공시하지 않거나 거짓으로 공시한 자는 과태료(지배구조법43②(2의5))가 따른다.

제6관 보험회사의 내부통제, 위험관리, 정보보호

1. 총설

(1) 내부통제, 위험관리, 정보보호 제도는 보험회사가 경영건전성 및 보험계약자를 포함한 이해관계자의 권익보호를 내부적, 사전적, 상시적으로 통제하는 제도이다. 위험관리 및 정보보호도 넓은 의미에서 보면 내부통제에 속하지만 위험관리와 및 정보보호의 특수성을 고려해서 별도로 구분하는 것이다.

(2) 위 (1)과 같은 내부통제, 위험관리, 정보보호 제도 없이 외부적, 사후적, 일시적인 검사 또는 감독에만 의존해서는 그 효과에 한계가 있다. 뿐만 아니라 내부통제, 위험관리, 정보보호 제도는 보험회사의 내부적인 통제 제도이므로 경영의 자율성에 대한 침해를 최소화할 수 있는 장점이 있다. 이러한 점들을 고려해서 최근에는 내부통제, 위험관리, 정보보호 제도를 강화하는 추세에 있다.

(3) 내부통제와 위험관리에 관해서는 지배구조법 4장(24~30)이 규정하고 있다. 이 규정은 모든 보험회사에 적용되어서 외국보험회사 국내지점에 대해서도 적용된다(지배구조법3②). 한편 정보보호에 대해서는 전자금융거래법 21조의2가 규정한다. 이 규정도 외국보험회사 국내지점에 대해서 적용된다(전자금융거래법4).

2. 내부통제

(1) 구분

(1) 내부통제 제도에는 내부통제기준, 준법감시인, 책무구조도, 내부통제 관리의무 등이 있다. 보험회사는 내부통제기준을 마련해야 하고 이 내부통제기준을 위반하는 경우 이를 조사하는 등의 역할을 수행하는 준법감시인을 선임해야 한다.

(2) 금융회사 이사 등 임원의 내부통제 의무를 강화하기 위한 지배구조법 개정안이

2024.7.3.부터 시행되었다. 주요 내용은 책무구조도의 도입, 임원에 대한 내부통제 관리의무 및 대표이사에 대한 내부통제등 총괄 관리의무 부여, 이사회의 내부통제 역할 강화 및 이사회 내 위원회로서의 내부통제위원회 설치, 내부통제등 관리의무를 위반한 임원에 대한 신분제재 부과 등이다.

(3) 내부통제 제도에 대해서는 지배구조법 24조~26조 및 29조~30조, 30조의2, 30조의3, 30조의4, 35조의2, 동법시행령 19조~21조 및 24조~25조, 지배구조감독규정 11조~12조 및 14조, 14조의2, 14조의3이 규정하고 있다.

(2) 내부통제기준

1) 의의

(1) 보험회사는 내부통제기준을 마련할 의무가 있다(지배구조법24①). 내부통제기준이란 보험회사가 법령을 준수하고, 경영을 건전하게 하며, 주주 및 이해관계자 등을 보호하기 위하여 그 임직원이 직무를 수행할 때 준수해야 할 기준 및 절차를 가리킨다(지배구조법24①).

(2) 금융지주회사가 금융회사인 자회사등의 내부통제기준을 마련하는 경우 그 자회사등은 내부통제기준을 마련하지 않을 수 있다(지배구조법24②). 보험회사가 자회사등에 포함될 수 있음은 물론이다.

2) 내부통제기준의 필수적 사항

i) 지배구조법시행령

내부통제기준에는 보험회사의 내부통제가 실효성 있게 이루어질 수 있도록 다음 각 호의 사항이 포함되어야 한다(지배구조법시행령19①).

1. 업무의 분장 및 조직구조
2. 임직원이 업무를 수행할 때 준수해야 하는 절차
3. 내부통제와 관련하여 이사회, 임원 및 준법감시인이 수행하여야 하는 역할
4. 내부통제와 관련하여 이를 수행하는 전문성을 갖춘 인력과 지원조직
5. 경영의사결정에 필요한 정보가 효율적으로 전달될 수 있는 체제의 구축
6. 임직원의 내부통제기준 준수 여부를 확인하는 절차·방법과 내부통제기준을 위반한 임직원의 처리
7. 임직원의 금융관계법령 위반행위 등을 방지하기 위한 절차나 기준(임직원의 금융투자상품 거래내용의 보고 등 불공정행위를 방지하기 위한 절차나 기준을 포함)
8. 내부통제기준의 제정 또는 변경 절차
9. 준법감시인의 임면절차
10. 이해상충을 관리하는 방법 및 절차 등
11. 상품 또는 서비스에 대한 광고의 제작 및 내용과 관련한 준수사항
12. 지배구조법 11조 1항에 따른 임직원 겸직이 지배구조법시행령 11조 4항 4호 각 목의 요건

을 충족하는지에 대한 평가·관리

13. 그 밖에 내부통제기준에서 정하여야 할 세부적인 사항으로서 금융위원회가 정하여 고시하는 사항

ii) 지배구조감독규정

위 i)의 13호에 따라 금융위원회가 정하여 고시하는 사항은 지배구조감독규정 11조 2항과 [별표3]에 규정되어 있다. 그 내용은 다음과 같다.

(1) 지배구조감독규정 11조 2항이 규정하는 내부통제기준의 필수적 사항은 다음 각 호와 같다.

1. 내부고발자 제도의 운영에 관한 다음 각 목의 사항
   가. 내부고발자에 대한 비밀보장
   나. 내부고발자에 대한 불이익 금지 등 보호조치
   다. 회사에 중대한 영향을 미칠 수 있는 위법·부당한 행위를 인지하고도 회사에 제보하지 않는 사람에 대한 불이익 부과
2. 위법·부당한 행위를 사전에 방지하기 위하여 명령휴가제도 도입 및 그 적용대상, 실시주기, 명령휴가 기간, 적용 예외 등 명령휴가제도 시행에 필요한 사항
3. 사고발생 우려가 높은 단일거래에 대해 복수의 인력 또는 부서가 참여하도록 하는 직무분리 기준에 대한 사항
4. 새로운 금융상품 개발 및 금융상품 판매 과정에서 금융소비자 보호 및 시장질서 유지 등을 위하여 준수하여야 할 업무절차에 대한 사항(금융지주회사만 해당)
5. 영업점 자체점검의 방법·확인사항·실시 주기 등에 대한 사항
6. '특정 금융거래정보의 보고 및 이용 등에 관한 법률' 2조 4호에 따른 자금세탁행위 및 같은 조 5호에 따른 공중협박자금조달행위('자금세탁행위등')를 방지하기 위한 다음 각 목의 사항
   가. '특정 금융거래정보의 보고 및 이용 등에 관한 법률' 2조 2호에 따른 금융거래에 내재된 자금세탁행위 등의 위험을 식별, 분석, 평가하여 위험도에 따라 관리 수준을 차등화하는 자금세탁 위험평가체계의 구축 및 운영
   나. 자금세탁행위등의 방지 업무를 수행하는 부서로부터 독립된 부서 또는 외부전문가가 그 업무수행의 적절성, 효과성을 검토·평가하고 이에 따른 문제점을 개선하기 위한 독립적 감사체계의 마련 및 운영
   다. 소속 임직원이 자금세탁행위등에 가담하거나 이용되지 않도록 하기 위한 임직원의 신원사항 확인 및 교육·연수

(2) 지배구조감독규정 [별표3]의 2호 및 3호가 규정하는 내부통제기준의 필수적 사항은 다음과 같다.

2. 해당 금융회사가 보험회사인 경우
   가. 보험업법시행령 [별표4]에 따른 교육을 이수하지 않은 모집종사자의 관리에 관한 사항
   나. 다음의 보험계리업무와 관련한 업무처리기준 및 세부절차, 관련 기초통계자료의 보관,

내부 검증절차 및 검증기준, 임직원의 권한과 책임에 관한 사항

1) 상품개발 관련 업무

2) 최적기초율 산출 관련 업무

3) 계약자 배당 관련 업무

4) 실제사업비 배분 관련 업무

5) 기타 회사가 정하는 계리업무

다. 보험금 지급업무를 공정하고 투명하게 처리하기 위하여 보험금 지급 관련 소송 시 따라야 할 절차와 기준으로서 금융감독원장이 정하는 사항[125)]

라. 보험사기행위 예방 및 보험리스크 관리를 위해 계약심사 시 따라야 할 절차와 기준

마. 대출금리의 산정 및 운용 시 따라야 할 절차와 기준

3. 해당 금융회사가 보험대리점 또는 보험중개인으로 등록하여 보험모집을 하는 경우

가. 제휴보험회사의 선정·해지 기준 및 절차에 관한 사항

나. 판매대상 보험상품 선정기준에 관한 사항

다. 보험회사와 체결하는 제휴계약서에 포함되어야 할 민원 및 분쟁 처리절차와 책임소재에 관한 사항

라. 보험회사와의 제휴계약이 종료될 경우 고객보호에 관한 사항

마. 보험상품판매와 관련한 불공정행위 방지에 관한 사항

3) 내부통제기준의 설정·운용 시 준수의무

내부통제기준을 설정·운영할 때에는 지배구조감독규정 [별표2]에서 정하는 기준을 준수해야 한다(지배구조감독규정11①). 지배구조감독규정 [별표2]의 내용 중에서 보험회사와 관련된 부분은 다음 각 호와 같다.

1. 이사회 등의 역할 및 위임

보험회사는 내부통제에 관한 이사회, 경영진 및 준법감시인 등의 역할을 명확히 구분해야 하고, 내부통제업무를 위임할 경우에는 위임받은 자와 그 권한을 위임한 자를 명확히 해야 하며, 위임한 자는 위임받은 자의 업무를 정기적으로 관리·감독하여야 한다.

2. 준법감시인의 선임 및 독립성

보험회사는 준법감시업무가 효과적으로 수행될 수 있도록 충분한 경험과 능력을 갖춘 자를 준법감시인으로 선임해야 하며, 준법감시인이 자신의 책무를 공정하게 집행할 수 있도록 업

---

125) 지배구조감독시행세칙 [별표1]은 보험금 지급 관련 소송 시 따라야 할 절차와 기준에 대해 다음과 같이 규정한다.

1. 소송제기 관련 내부통제에 관한 사항

가. 보험금 지급 관련 소송제기 여부를 결정하는 절차와 기준을 마련할 것

나. 소송제기 여부 심의 및 소송제기 관련 내부통제를 위하여 소송관리위원회를 설치하여 운영할 것

다. 임원 이상의 자가 소송제기 여부에 대한 최종 의사결정에 참여하는 절차를 마련할 것

라. 소송관련 준법감시인의 견제기능 등을 내부통제 기준에 반영할 것

마. 소송관리위원회 운영현황 등에 대해 정기적으로 이사회에 보고하는 절차를 마련할 것

2. 소송관리위원회 설치운영에 관한 사항

가. 소송관리위원회의 구성, 권한, 운영 등에 관한 내부운영기준을 마련할 것

나. 소송관리위원회에 보험·법률 등에 전문적인 식견을 가진 외부위원을 포함할 것

무상 독립성을 보장해야 한다.

3. 인력배치 및 물적자원배분
   보험회사는 준법감시업무가 효과적으로 수행될 수 있도록 충분한 경험과 능력을 갖춘 적절한 수의 인력을 준법감시조직에 배치하고 업무수행에 필요한 물적자원을 배분해야 한다.
4. 정보접근, 회의참석, 보고
   준법감시인은 직무수행에 필요한 경우 장부 등 보험회사의 각종 기록에 접근하거나 각종 회의에 직접 참석할 수 있는 권한이 있어야 하며, 대표이사와 감사 또는 감사위원회에 아무런 제한 없이 보고할 수 있어야 한다.
5. 내부통제기준의 문서화 등
   내부통제기준 및 관련 절차는 문서화되어야 하며 법규 등이 개정될 경우 즉각적으로 수정되거나 재검토되어야 한다.
6. 내부통제기준의 포괄성 등
   내부통제기준은 보험회사의 가능한 모든 업무활동을 포괄할 수 있어야 하며, 업무절차 및 전산시스템은 적절한 단계로 구분하여 집행되도록 설계되어야 한다.
7. 준수대상 법률
   내부통제기준에서의 준수대상 법률은 원칙적으로 상법, 지배구조법, 지배구조법시행령, 금융관계법령 및 금융소비자·투자자 보호와 직접 관련이 있는 법률에 한한다.
8. 금지사항 등의 교육
   보험회사는 금지사항 및 의무사항을 정한 법규의 취지를 임직원이 이해하는 데 필요한 교육과정을 수립하고 정기적·비정기적으로 필요한 교육을 실시해야 한다.
9. 법규관련 의문사항 지원
   보험회사는 영업과정에서 발생하는 각종 법규관련 의문사항에 대하여 임직원이 상시에 적절한 지원 및 자문을 받을 수 있는 절차를 마련해야 한다.
10. 법규준수 여부의 점검
    보험회사는 중대한 법규위반사항을 사전에 방지하고 내부통제 관련제도의 운영상 나타난 취약점을 조기에 식별하기 위해 법규준수 여부 등을 주기적으로 점검해야 한다.
11. 법규위반 시의 조치
    보험회사는 법규준수 여부에 대한 점검결과 임직원의 위법 행위를 발견한 경우에는 해당 임직원에 대한 제재, 내부통제의 취약부분 개선 등을 통하여 법규위반사항이 재발하지 않도록 신속하고 효과적인 조치를 취하여야 한다.
12. 분쟁처리절차
    보험회사는 고객과의 이해상충, 투자자의 고충사항 및 직원과의 분쟁을 신속하게 처리하기 위하여 적절한 절차를 마련하여야 한다.

(3) 내부통제기준의 운영조직 등

1) 내부통제 전담조직

(1) 보험회사는 내부통제를 전담하는 조직을 마련해야 한다(지배구조법시행령19③). 이에 따라 보험회사는 내부통제업무가 효율적으로 수행될 수 있도록 충분한 경험과 능력을

갖춘 적절한 수의 인력으로 지원조직을 구성·유지하여 준법감시인의 직무수행을 지원해야 한다(지배구조감독규정11③본). 다만, 자산총액이 1천억 원 미만인 보험회사의 경우에는 준법감시인 본인만으로 내부통제조직을 운영할 수 있다(지배구조감독규정11③단).

(2) 위와 같이 내부통제를 위한 전담조직을 두는 취지는 내부통제업무의 독립성을 확보하기 위해서이다. 따라서 전담인원을 두는 것만으로는 부족하고 전담조직을 두어야 한다.[126] 보험회사의 인력 사정 등에 따라 불가피한 경우 준법감시 전담부서와 위험관리 전담부서를 통합하여 운영할 수 있다는 견해가 있지만,[127] 이는 전담부서를 두라는 위 규정의 문리에 반할 뿐만 아니라 인력 사정 등과 같은 모호한 기준으로 통합운영의 가능 여부를 정하는 것도 부적절하다. 통합운영을 허용하려면 명확한 기준을 제시하는 명문의 규정을 둘 필요가 있다.

2) 적정성 점검 및 보고 등

(1) 보험회사의 지점장(보험회사가 지정하는 영업부문의 장을 포함)은 소관 영업에 대한 내부통제업무의 적정성을 정기적으로 점검하여 그 결과를 대표이사(대표집행임원을 포함)에 보고하고, 법규위반 행위가 발생한 경우 재발방지대책을 마련하여 시행해야 한다(지배구조감독규정11④본).

(2) 다만, 해당 지점장이 해당 보험회사의 임직원이 아닌 경우 해당 지점을 관장하는 관리조직의 장이 동 업무를 수행할 수 있으며, 대표이사는 지점장의 점검결과를 보고받는 업무를 준법감시인에게 위임할 수 있다(지배구조감독규정11④단). 여기서 해당 지점장이 해당 보험회사의 임직원이 아닌 경우 동 업무를 수행할 수 없다는 것은 아니고 필요한 경우 해당 지점을 관장하는 관리조직의 장이 동 업무를 수행할 수 있다는 의미로 해석한다.

3) 표준내부통제기준

생명보험협회 또는 손해보험협회는 소속 보험회사가 공통으로 사용할 수 있는 표준내부통제기준을 제정할 수 있고, 소속 보험회사에게 그 사용을 권고할 수 있다(지배구조감독규정11⑥).

(4) 준법감시인

1) 의의

(1) 보험회사는 준법감시인을 1명 이상 두어야 한다(지배구조법25①). 준법감시인은 내부통제기준의 준수 여부를 점검하고 내부통제기준을 위반하는 경우 이를 조사하고 필요하다고 판단하는 경우 조사결과를 감사위원회 또는 감사에게 보고하는 등 내부통제 관련 업무를 총괄하는 사람이다(지배구조법25①).

---

126) 지배구조법설명서 91면

127) 지배구조법설명서 91면

⑵ 준법감시인의 업무는 내부통제로서 사전적 규율을 의미하기 때문에 사후적 규율의 성격이 강한 감사 또는 감사위원회의 업무와 다르다. 따라서 준법감시인의 업무를 감사 또는 감사위원회에 위임할 수 없다고 해석한다.[128]

2) 자격요건

i) 선임요건

보험회사의 준법감시인으로 선임되기 위해서는 다음의 소극적 요건과 적극적 요건을 충족해야 한다.

① 소극적 요건

⑴ 보험회사의 준법감시인이 되기 위해서는 문책경고 등의 조치를 받은 사실이 없어야 한다. 즉 최근 5년간 지배구조법 또는 금융관계법령을 위반하여 금융위원회 또는 금융감독원장, 그 밖에 대통령령으로 정하는 기관[129]으로부터 지배구조법 35조 1항 각 호 및 2항 각 호에 규정된 조치 중 문책경고 또는 감봉요구 이상에 해당하는 조치를 받은 사실이 없어야 한다(지배구조법26①⑴).

⑵ 위와 같은 소극적 요건을 둔 이유는 준법감시인의 사회경제적 신용을 확보하기 위해서이다.

② 적극적 요건

⑴ 보험회사의 준법감시인이 되기 위해서는 다음 각 목의 어느 하나에 해당하는 사람이어야 한다(지배구조법26①⑵본). 다만, 다음 각 목(라목 후단의 경우는 제외)의 어느 하나에 해당하는 사람으로서 라목 전단에서 규정한 기관에서 퇴임하거나 퇴직한 후 5년이 지나지 않은 사람은 제외한다.

가. 금융위원회법 38조에 따른 검사 대상기관(이에 상당하는 외국금융회사를 포함)에서 10년 이상 근무한 사람

나. 금융 관련 분야의 석사학위 이상의 학위소지자로서 연구기관 또는 대학에서 연구원 또는 조교수 이상의 직에 5년 이상 종사한 사람

다. 변호사 또는 공인회계사의 자격을 가진 사람으로서 그 자격과 관련된 업무에 5년 이상 종사한 사람

라. 기획재정부, 금융위원회, 증권선물위원회, 감사원, 금융감독원, 한국은행, 예금보험공사, 그 밖에 금융위원회가 정하여 고시하는 금융 관련 기관에서 7년 이상 근무한 사람. 이 경우 예금보험공사의 직원으로서 예금자보호법 2조 5호에 따른 부실금융회사 또는 같은 조 6호에 따른 부실우려금융회사와 같은 법 36조의3에 따른 정리금융회사의 업무 수행을 위하여

128) 지배구조법설명서 69면

129) 대통령령으로 정하는 기관은 다음 각 호의 기관을 말한다(지배구조법시행령21①).

1. 해당 임직원이 소속되어 있거나 소속되었던 기관

2. 금융위원회와 금융감독원장이 아닌 자로서 금융관계법령에서 조치 권한을 가진 자

필요한 경우에는 7년 이상 근무 중인 사람을 포함한다.

마. 그 밖에 가목부터 라목까지의 규정에 준하는 자격이 있다고 인정되는 사람으로서 대통령령으로 정하는 사람

(2) 위 (1)의 마목에서 대통령령으로 정하는 사람이란 다음 각 호의 사람을 말한다(지배구조법시행령21②).

1. 보험계리사 자격을 취득한 후 그 자격과 관련된 업무에 5년 이상 종사한 사람
2. 다음 각 목의 기관에서 7년 이상 종사한 사람
   가. 전국은행연합회
   나. 한국금융투자협회
   다. 생명보험협회
   라. 손해보험협회
   마. 상호저축은행중앙회
   바. 여신전문금융업협회
   사. 그 밖에 가목부터 바목까지의 기관에 준하는 기관으로서 금융위원회가 정하여 고시하는 기관

(3) 위 (2)의 사목에서 금융위원회가 정하여 고시하는 기관이란 다음 각 호의 어느 하나를 말한다(지배구조감독규정12).

1. 한국거래소
2. 한국예탁결제원

(4) 위 (1)~(3)과 같은 적극적 요건을 둔 이유는 준법감시인의 전문성과 책임성을 확보하기 위해서이다.

ii) 유지요건

준법감시인이 된 사람이 위 i)①의 소극적 요건을 충족하지 못하게 된 경우에는 그 직을 잃는다(지배구조법26②). 여기서 직을 잃는다는 것에 대한 해석은 임원의 자격요건에서 논의한 바 있다.

3) 준법감시인의 임면 등

준법감시인은 선량한 관리자의 주의로 그 직무를 수행해야 한다(지배구조법29본). 나아가 지배구조법은 준법감시인의 책임성, 독립성을 확보하기 위해서 그 임면 등에 대해 다음과 같이 규정한다.

i) 임면

① 대상

(1) 보험회사는 사내이사 또는 업무집행책임자 중에서 준법감시인을 선임해야 한다(지

배구조법25②본). 따라서 비상근 임직원은 준법감시인이 될 수 없다.[130]

(2) 다만, 최근 사업연도 말 현재 자산총액이 5조 원 미만(주권상장법인인 경우는 2조 원 미만)인 보험회사 또는 외국보험회사 국내지점은 사내이사 또는 업무집행책임자가 아닌 직원 중에서 준법감시인을 선임할 수 있다(지배구조법25②단,동법시행령20②). 이와 같이 직원 중에서 준법감시인을 선임하는 경우 '기간제 및 단시간근로자 보호 등에 관한 법률'에 따른 기간제근로자 또는 단시간근로자를 준법감시인으로 선임해서는 안 된다(지배구조법25⑤).

② 절차

보험회사(외국보험회사 국내지점은 제외)가 준법감시인을 임면하려는 경우에는 이사회의 의결을 거쳐야 하며, 해임할 경우에는 이사 총수의 3분의 2 이상의 찬성으로 의결한다(지배구조법25③). 이사회 의결은 사전의결을 의미한다고 해석한다.

ii) 임기

준법감시인의 임기는 2년 이상으로 한다(지배구조법25④). 재선임의 경우에도 임기는 2년 이상으로 해야 한다고 해석한다.

iii) 보수 및 평가

(1) 보험회사는 준법감시인에 대하여 회사의 재무적 경영성과와 연동하지 않는 별도의 보수지급 및 평가 기준을 마련하여 운영해야 한다(지배구조법25⑥). 회사의 재무적 경영성과와 연동하지 않는 한 보수가 고정급일 필요는 없다.[131]

(2) 준법감시인이 회사의 재무적 경영성과와 연동하는 보수를 받게 되면 본연의 업무수행과 이해가 상충할 소지가 있기 때문에 금지된다.[132] 준법감시인이 다른 업무를 겸직하는 경우 다른 업무와 관련해서 경영성과와 연동하는 보수를 받는 것은 마찬가지로 이해상충의 소지가 있으므로 금지된다.[133] 이러한 보수관련 논의는 평가와 관련해서도 타당하다고 사료된다.

4) 겸직금지

(1) 준법감시인은 다음 각 호의 업무를 수행하는 직무를 담당해서는 안 된다(지배구조법29). 이는 이해상충의 우려가 있거나 내부통제업무에 전념하기 어렵기 때문이다,

1. 자산 운용에 관한 업무
2. 해당 보험회사의 본질적 업무(해당 보험회사가 인가를 받거나 등록을 한 업무와 직접적으로 관련된 필수업무로서 대통령령으로 정하는 업무[134]를 말함) 및 그 부수업무

130) 지배구조법설명서 87면
131) 지배구조법설명서 67면
132) 지배구조법설명서 67면
133) 지배구조법설명서 67면

3. 해당 보험회사의 겸영업무
5. 그 밖에 이해가 상충할 우려가 있거나 내부통제 및 위험관리업무에 전념하기 어려운 경우로서 대통령령으로 정하는 업무

(2) 위 (1)의 5호에서 대통령령으로 정하는 업무는 위험관리책임자의 위험 점검·관리 업무를 말한다(지배구조법시행령24②본). 다만, 최근 사업연도 말 현재 자산총액이 5조 원 미만(주권상장법인인 경우는 2조 원 미만)인 보험회사 또는 외국보험회사의 자산총액 7천억 원 미만인 국내지점(자본시장법 3조 2항 2호에 따른 파생상품을 대상으로 하는 투자매매업을 겸영하지 않는 경우에 한정)의 경우에는 위험관리책임자의 위험 점검·관리 업무를 겸직할 수 있다(지배구조법시행령24②단).

(3) 위 (1)과 (2)와 같은 겸직금지 규정을 둔 취지는 그러한 업무가 내부통제업무와 이해상충하는 문제가 생길 수 있기 때문이다.

(4) 위 (2)에 따라서 준법감시인이 위험관리책임자의 업무를 겸직하는 경우 이는 동일한 회사의 위험관리책임자의 업무를 가리킨다.[135] 다른 회사의 위험관리책임자의 업무를 겸직하는 경우는 지배구조법 11조 1항이 규율하며 금융위원회 승인 또는 보고의 대상이 된다.

(5) 위 (1)과 (2)에서 정한 겸직금지 업무 이외에는 겸직이 허용된다고 해석한다. 인사, 총무, 법무 등의 업무는 다른 법령상 제한이 없다면 겸직이 가능하다.[136]

5) 준법감시인에 대한 보험회사의 의무

i) 직무의 독립성 확보

(1) 보험회사는 준법감시인이 그 직무를 독립적으로 수행할 수 있도록 해야 한다(지배구조법30①).

(2) 준법감시인은 내부통제기준의 준수 여부를 점검하고 조사하고 보고하는 등 내부통제 관련 업무를 총괄하는 사람이다. 가령 이러한 준법감시인의 업무와 이해상충의 소지가 있는 상위 임원의 산하에 준법감시인을 배속하는 것 등은 직무독립성의 확보에 대한 위반이 될 수 있다.[137]

---

134) 그러한 필수업무로서 대통령령으로 정하는 업무는 다음을 가리킨다(지배구조법시행령24①(3)).
3. 보험업법에 따라 해당 보험회사가 취급하는 보험에 관한 업무로서 다음 각 목에서 정하는 업무
가. 보험상품 개발에 관한 업무
나. 보험계리에 관한 업무(위험관리책임자가 해당 업무를 수행하는 사람인 경우는 예외로 한다)
다. 모집 및 보험계약 체결에 관한 업무
라. 보험계약 인수에 관한 업무
마. 보험계약 관리에 관한 업무
바. 보험금 지급에 관한 업무
사. 재보험에 관한 업무
아. 그 밖에 보험에 관한 업무로서 금융위원회가 정하여 고시하는 업무

135) 지배구조법설명서 88면
136) 지배구조법설명서 76면
137) 지배구조법설명서 89면

ii) 임면 시 보고

(1) 보험회사는 준법감시인을 임면하였을 때에는 임면일부터 7영업일 이내에 그 사실을 금융위원회에 보고해야 한다(지배구조법30②,동법시행령25①). 준법감시인 임면사실 보고의 접수는 금융감독원장에게 위탁되어 있다(지배구조법시행령30①(5)).

(2) 보험회사는 준법감시인을 임면하였을 때에는 다음 각 호의 사항을 금융감독원장에게 보고해야 한다(지배구조감독규정14①).

1. 선임한 경우: 성명 및 인적사항, 법에서 정한 자격요건에 적합하다는 사실, 임기 및 업무범위에 대한 사항
2. 해임한 경우: 성명, 해임 사유, 향후 선임일정 및 절차

(3) 준법감시인의 임면 보고는 선임 또는 해임일로부터 7영업일 이내에 지배구조감독시행세칙 [별지7] 서식으로 한다(지배구조감독시행세칙6).

iii) 정보제공

보험회사 및 그 임직원은 준법감시인이 그 직무를 수행할 때 필요한 자료나 정보의 제출을 요구하는 경우 이에 성실히 응하여야 한다(지배구조법30③).

iv) 인사상 불이익 금지

보험회사는 준법감시인이었던 사람에 대하여 그 직무수행과 관련된 사유로 부당한 인사상의 불이익을 주어서는 안 된다(지배구조법30④).

(5) 위반 시 효과

지배구조법 24조 1항을 위반하여 내부통제기준을 마련하지 않은 자, 지배구조법 25조 1항을 위반하여 준법감시인을 두지 않은 자, 지배구조법 25조 2항에 따라 준법감시인을 선임하지 않은 자, 지배구조법 25조 3항에 따른 의결절차를 거치지 않고 준법감시인을 임면한 자, 지배구조법 25조 5항을 위반하여 준법감시인을 선임한 자, 지배구조법 29조를 위반하여 준법감시인이 같은 조 각 호의 어느 하나에 해당하는 업무를 수행하는 직무를 담당하거나 준법감시인에게 이를 담당하게 한 자, 지배구조법 30조 2항을 위반하여 준법감시인의 임면사실을 보고하지 않거나 거짓으로 보고한 자는 과태료(지배구조법43①(16)~(20), ②(7)~(8))가 따른다.

3. 위험관리

(1) 구분

(1) 위험관리제도에는 위험관리기준과 위험관리책임자가 있다. 보험회사는 위험관리기준을 마련해야 하고 자산의 운용이나 업무의 수행, 그 밖의 각종 거래에서 발생하는 위험을 점검하고 관리하는 위험관리책임자를 선임해야 한다.

(2) 위험관리제도에 대해서는 지배구조법 27조~30조, 동법시행령 22조~25조, 지배구조감독규정 13조~14조가 규정하고 있다.

(2) 위험관리기준

1) 의의

(1) 보험회사는 위험관리기준을 마련할 의무가 있다(지배구조법27①). 위험관리기준이란 보험회사가 자산의 운용이나 업무의 수행, 그 밖의 각종 거래에서 발생하는 위험을 제때에 인식·평가·감시·통제하는 등 위험관리를 위한 기준 및 절차를 가리킨다(지배구조법27조①).

(2) 금융지주회사가 금융회사인 자회사등의 내부통제기준을 마련하는 경우 그 자회사등은 위험관리기준을 마련하지 않을 수 있다(지배구조법27②). 보험회사가 자회사등에 포함될 수 있음은 물론이다.

2) 위험관리기준의 필수적 사항

i) 지배구조법시행령

위험관리기준에는 보험회사의 위험관리가 실효성있게 이루어질 수 있도록 다음 각 호의 사항이 포함되어야 한다(지배구조법시행령22①).

1. 위험관리의 기본방침
2. 보험회사의 자산운용 등과 관련하여 발생할 수 있는 위험의 종류, 인식, 측정 및 관리
3. 보험회사가 부담 가능한 위험 수준의 설정
4. 적정투자한도 또는 손실허용한도의 승인
5. 위험관리를 전담하는 조직의 구조 및 업무 분장
6. 임직원이 업무를 수행할 때 준수하여야 하는 위험관리 절차
7. 임직원의 위험관리기준 준수 여부를 확인하는 절차·방법과 위험관리기준을 위반한 임직원의 처리
8. 위험관리기준의 제정이나 변경
9. 위험관리책임자의 임면
10. 그 밖에 위험관리기준에서 정하여 할 세부적인 사항으로서 금융위원회가 정하여 고시하는 사항

ii) 지배구조감독규정

위 i)의 10호에 따라 금융위원회가 정하여 고시하는 사항은 지배구조감독규정 13조 1항에 다음 각 호와 같이 규정되어 있다.

1. 금융사고 등 우발상황에 대한 위험관리 비상계획
2. 위험관리전담조직의 구성 및 운영
3. 부서별 또는 사업부문별 위험부담한도 및 거래한도 등의 설정·운영
4. 개별 자산 또는 거래가 보험회사에 미치는 영향(잠재적인 영향을 포함)의 평가
5. 위험한도의 운영상황 점검 및 분석

6. 위험관리정보시스템의 운영
7. 장부와 거래기록의 작성·유지
8. 내부적으로 관리할 지급여력수준

(3) 위험관리 전담조직

(1) 보험회사는 위험관리를 전담하는 조직을 마련해야 한다(지배구조법시행령19③).

(2) 위 (1)에 따라 보험회사는 위험관리업무가 효율적으로 수행될 수 있도록 충분한 경험과 능력을 갖춘 적절한 수의 인력으로 위험관리를 전담하는 조직을 구성·유지하여 다음 각 호에 해당하는 위험관리책임자의 직무수행을 지원해야 한다(지배구조감독규정13③본). 다만, 자산총액이 1천억 원 미만인 보험회사의 경우에는 위험관리책임자 본인만으로 위험관리 조직을 운영할 수 있다(지배구조감독규정13③단).

1. 위험한도의 운영상황 점검 및 분석
2. 위험관리정보시스템의 운영
3. 위험관리위원회, 이사회, 임원에 대한 위험관리정보의 적시 제공
4. 그 밖의 위험관리에 필요한 사항

(3) 위 (1)과 같이 위험관리를 위한 전담조직을 두는 취지는 위험관리업무의 독립성을 확보하기 위해서이다. 따라서 전담인원을 두는 것만으로는 부족하고 전담조직을 두어야 한다.[138] 보험회사의 인력 사정 등에 따라 불가피한 경우 위험관리 전담부서와 준법감시 전담부서를 통합하여 운영할 수 있는지의 문제는 준법감시인 부분에서 논의한 바 있다.

(4) 위험관리책임자

1) 의의

(1) 보험회사는 위험관리책임자를 1명 이상 두어야 한다(지배구조법28①). 위험관리책임자는 자산의 운용이나 업무의 수행, 그 밖의 각종 거래에서 발생하는 위험을 점검하고 관리하는 사람이다(지배구조법28①).

(2) 위험관리책임자와 주요업무집행책임자는 구분된다. 후자는 위험관리와 같은 주요업무를 집행하는 업무집행책임자이다(지배구조법8①). 위험관리책임자가 위험관리를 집행하는 주요업무집행자를 겸임하는 것이 가능하며, 위험관리책임자 이외에 위험관리를 집행하는 주요업무집행자를 별도로 선임하는 것도 가능하다.[139] 겸임하는 경우 각자에 관련된 규정이 중복적으로 적용된다. 가령 임기의 경우 위험관리책임자는 임기 2년 이상이고(지배구조법28②,25④), 주요업무집행책임자는 정관에 다른 규정이 없으면 3년을 초과하지 못하므로(지배구조법8②), 겸임의 경우 임기는 2년 이상 3년 이하이되 정관에 의해서 3년을 초

---

138) 지배구조법설명서 91면
139) 지배구조법설명서 84-85면

과하는 것도 가능하다.[140]

2) 자격요건

i) 선임요건

위험관리책임자로 선임되기 위해서는 위험관리에 대한 전문적인 지식과 실무경험을 갖춘 사람으로서 다음의 소극적 요건과 적극적 요건을 충족해야 한다

① 소극적 요건

(1) 보험회사의 위험관리책임자가 되기 위해서는 문책경고 등의 조치를 받은 사실이 없어야 한다. 즉 최근 5년간 지배구조법 또는 금융관계법령을 위반하여 금융위원회 또는 금융감독원장, 그 밖에 대통령령으로 정하는 기관[141]으로부터 지배구조법 35조 1항 각 호 및 2항 각 호에 규정된 조치 중 문책경고 또는 감봉요구 이상에 해당하는 조치를 받은 사실이 없어야 한다(지배구조법28③(1)).

(2) 위와 같은 소극적 요건을 둔 이유는 위험관리책임자의 사회적 신용을 확보하기 위해서이다.

② 적극적 요건

(1) 보험회사의 위험관리책임자가 되기 위해서는 다음 각 목의 어느 하나에 해당하는 사람이어야 한다(지배구조법28③(2)본). 다만, 다음 각 목의 어느 하나에 해당하는 사람으로서 다목에서 규정한 기관에서 퇴임하거나 퇴직한 후 5년이 지나지 않은 사람은 제외한다(지배구조법28③(2)단).

가. 금융위원회법 38조에 따른 검사 대상기관(이에 상당하는 외국금융회사를 포함)에서 10년 이상 근무한 사람
나. 금융 관련 분야의 석사학위 이상의 학위소지자로서 연구기관 또는 대학에서 연구원 또는 조교수 이상의 직에 5년 이상 종사한 사람
다. 금융감독원, 한국은행, 예금보험공사, 그 밖에 금융위원회가 정하는 금융 관련 기관에서 위험관리 관련 업무에 7년 이상 종사한 사람
라. 그 밖에 가목부터 다목까지의 규정에 준하는 자격이 있다고 인정되는 사람으로서 대통령령으로 정하는 사람

(2) 위 (1)의 라목에서 대통령령으로 정하는 사람이란 지배구조법시행령 21조 2항 2호 각 목의 기관에서 위험관리 관련 업무에 7년 이상 종사한 사람을 말한다(지배구조법시행령 23③). 지배구조법시행령 21조 2항 2호 각 목의 기관은 다음과 같다.

---

140) 지배구조법설명서 85면

141) 대통령령으로 정하는 기관은 다음 각 호의 기관을 말한다(지배구조법시행령23②,21①).
1. 해당 임직원이 소속되어 있거나 소속되었던 기관
2. 금융위원회와 금융감독원장이 아닌 자로서 금융관계법령에서 조치 권한을 가진 자

가. 전국은행연합회
나. 한국금융투자협회
다. 생명보험협회
라. 손해보험협회
마. 상호저축은행중앙회
바. 여신전문금융업협회
사. 그 밖에 가목부터 바목까지의 기관에 준하는 기관으로서 금융위원회가 정하여 고시하는 기관

(3) 위 (2)의 사목에서 금융위원회가 정하여 고시하는 기관이란 다음 각 호의 어느 하나를 말한다(지배구조감독규정12).

1. 한국거래소
2. 한국예탁결제원

(4) 위 (1)~(3)과 같은 적극적 요건을 둔 이유는 위험관리책임자의 전문성과 책임성을 확보하기 위해서이다.

ii) 유지요건

위험관리책임자가 된 사람이 위 소극적 요건을 충족하지 못하게 된 경우에는 그 직을 잃는다(지배구조법28④). 여기서 직을 잃는다는 것에 대한 해석은 임원의 자격요건에서 논의한 바 있다.

3) 위험관리책임자의 임면 등

위험관리책임자는 선량한 관리자의 주의로 그 직무를 수행해야 한다(지배구조법29본). 나아가 지배구조법은 위험관리책임자의 책임성, 독립성을 확보하기 위해서 그 임면 등에 대해 다음과 같이 규정하는데 그 내용은 준법감시인과 같다. 지배구조법이 이에 관하여 준법감시인에 관한 규정(지배구조법25②~⑥)을 위험관리책임자에게 준용하고 있는 것이다(지배구조법28②).

i) 임면

① 대상

(1) 보험회사는 사내이사 또는 업무집행책임자 중에서 위험관리책임자를 선임해야 한다(지배구조법28②,25②본). 따라서 비상근 임직원은 위험관리책임자가 될 수 없다.[142]

(2) 다만, 최근 사업연도 말 현재 자산총액이 5조 원 미만(주권상장법인인 경우는 2조 원 미만)인 보험회사 또는 외국보험회사 국내지점은 사내이사 또는 업무집행책임자가 아닌 직원 중에서 위험관리책임자를 선임할 수 있다(지배구조법28②,25②단,동법시행령20②). 이와

142) 지배구조법설명서 73면, 87면

같이 직원 중에서 위험관리책임자를 선임하는 경우 '기간제 및 단시간근로자 보호 등에 관한 법률'에 따른 기간제근로자 또는 단시간근로자를 위험관리책임자로 선임해서는 안 된다(지배구조법28②,25⑤).

② 절차

(1) 보험회사(외국보험회사의 국내지점은 제외)가 위험관리책임자를 임면하려는 경우에는 이사회의 의결을 거쳐야 하며, 해임할 경우에는 이사 총수의 3분의 2 이상의 찬성으로 의결한다(지배구조법28②,25③). 이사회 의결은 사전의결을 의미한다고 해석한다.[143)]

(2) 위험관리책임자의 임면은 위와 같이 이사회 의결사항이므로 위험관리위원회의 의결로 임면하는 것은 가능하지 않다.[144)]

ii) 임기

위험관리책임자의 임기는 2년 이상으로 한다(지배구조법28②,25④). 재선임의 경우에도 임기는 2년 이상으로 해야 한다고 해석한다.[145)]

iii) 보수 및 평가

(1) 보험회사는 위험관리책임자에 대하여 회사의 재무적 경영성과와 연동하지 않는 별도의 보수지급 및 평가 기준을 마련하여 운영해야 한다(지배구조법28②,25⑥). 회사의 재무적 경영성과와 연동하지 않는 한 보수가 고정급일 필요는 없다.[146)]

(2) 위험관리책임자가 회사의 재무적 경영성과와 연동하는 보수를 받게 되면 본연의 업무수행과 이해가 상충할 소지가 있기 때문에 금지된다.[147)] 위험관리책임자가 다른 업무를 겸직하는 경우 다른 업무와 관련해서 경영성과와 연동하는 보수를 받는 것은 마찬가지로 이해상충의 소지가 있으므로 금지된다.[148)] 이러한 보수 관련 논의는 평가와 관련해서도 타당하다고 사료된다.

4) 겸직금지

(1) 위험관리책임자는 다음 각 호의 업무를 수행하는 직무를 담당해서는 안 된다(지배구조법29). 이는 이해상충의 우려가 있거나 내부통제업무에 전념하기 어렵기 때문이다.

1. 자산 운용에 관한 업무
2. 해당 보험회사의 본질적 업무(해당 보험회사가 인가를 받거나 등록을 한 업무와 직접적으로 관련된 필수업무로서 대통령령으로 정하는 업무[149)]를 말함) 및 그 부수업무

---

143) 지배구조법설명서 74면
144) 지배구조법설명서 72면
145) 지배구조법설명서 75면
146) 지배구조법설명서 67면
147) 지배구조법설명서 67면
148) 지배구조법설명서 67면
149) 그러한 필수업무로서 대통령령으로 정하는 업무는 다음을 가리킨다(지배구조법시행령24①(3)).
3. 보험업법에 따라 해당 보험회사가 취급하는 보험에 관한 업무로서 다음 각 목에서 정하는 업무

3. 해당 금융회사의 겸영업무
5. 그 밖에 이해가 상충할 우려가 있거나 내부통제 및 위험관리업무에 전념하기 어려운 경우로서 대통령령으로 정하는 업무

(2) 위 (1)의 5호에서 대통령령으로 정하는 업무는 준법감시인의 내부통제 관련 업무를 말한다(지배구조법시행령24②본). 다만, 최근 사업연도 말 현재 자산총액이 5조 원 미만(주권상장법인인 경우는 2조 원 미만)인 보험회사 또는 외국보험회사의 자산총액 7천억 원 미만인 국내지점(자본시장법 3조 2항 2호에 따른 파생상품을 대상으로 하는 투자매매업을 겸영하지 않는 경우에 한정)의 경우에는 준법감시인의 내부통제 관련 업무를 겸직할 수 있다(지배구조법시행령24②단).

(3) 위 (1)과 (2)와 같은 겸직금지 규정을 둔 취지는 위와 같은 업무가 위험관리업무와 이해상충하는 문제가 생길 수 있기 때문이다.

(4) 위 (1)의 2호가 규정하는 보험회사 본질적 업무라고 해도 위험관리책임자의 고유업무와 관련된 경우 겸직이 가능하다.[150] 즉 위험관리책임자는 자산의 운용이나 업무의 수행, 그 밖의 각종 거래에서 발생하는 위험을 점검하고 관리하는 사람이므로 이와 관련한 업무는 보험회사의 본질적 업무라고 하더라도 겸직할 수 있다고 보아야 하기 때문이다. 가령 위험관리책임자가 자산운용 등과 관련한 심사위원회에서 의결권을 행사하거나 의견을 개진하는 것은 가능하고, 다만 위험관리책임자가 본질적 업무와 관련된 부서를 직접 관장하거나 본질적 업무와 관련된 최종적인 집행권을 갖는 것은 이해상충의 소지가 크기 때문에 허용될 수 없다.[151]

(5) 위 (2)에 따라서 위험관리책임자가 준법감시인의 업무를 겸직하는 경우 이는 동일한 회사의 준법감시인의 업무를 가리킨다.[152] 다른 회사의 준법감시인의 업무를 겸직하는 경우는 지배구조법 11조 1항이 규율하며 금융위원회 승인 또는 보고의 대상이 된다.

(6) 위 (1)과 (2)에서 정한 겸직금지 업무 이외에는 겸직이 허용된다고 해석한다. 인사, 총무, 법무 등의 업무는 다른 법령상 제한이 없다면 겸직이 가능하다.[153]

가. 보험상품 개발에 관한 업무
나. 보험계리에 관한 업무(위험관리책임자가 해당 업무를 수행하는 사람인 경우는 예외로 한다)
다. 모집 및 보험계약 체결에 관한 업무
라. 보험계약 인수에 관한 업무
마. 보험계약 관리에 관한 업무
바. 보험금 지급에 관한 업무
사. 재보험에 관한 업무
아. 그 밖에 보험에 관한 업무로서 금융위원회가 정하여 고시하는 업무

150) 지배구조법설명서 77면
151) 지배구조법설명서 77면. 본질적 업무에 대한 겸직허용 여부에 대한 세부적 판단기준은 지배구조법설명서 78-83면을 참고할 수 있다.
152) 지배구조법설명서 88면

5) 위험관리책임자에 대한 보험회사의 의무

i) 직무의 독립성 확보

(1) 보험회사는 위험관리책임자가 그 직무를 독립적으로 수행할 수 있도록 해야 한다(지배구조법30①).

(2) 위험관리책임자는 자산의 운용이나 업무의 수행, 그 밖의 각종 거래에서 발생하는 위험을 점검하고 관리하는 사람이다. 가령 이러한 위험관리책임자의 업무와 이해상충의 소지가 있는 상위 임원의 산하에 위험관리책임자를 배속하는 것 등은 직무독립성의 확보에 대한 위반이 될 수 있다.[154]

ii) 임면 시 보고

(1) 보험회사는 위험관리책임자를 임면하였을 때에는 임면일부터 7영업일 이내에 그 사실을 금융위원회에 보고해야 한다(지배구조법30②,동법시행령25①). 위험관리책임자 임면 사실 보고의 접수는 금융감독원장에게 위탁되어 있다(지배구조법시행령30①(5)).

(2) 보험회사는 위험관리책임자를 임면하였을 때에는 다음 각 호의 사항을 금융감독원장에게 보고해야 한다(지배구조감독규정14①).

1. 선임한 경우: 성명 및 인적사항, 법에서 정한 자격요건에 적합하다는 사실, 임기 및 업무범위에 대한 사항
2. 해임한 경우: 성명, 해임 사유, 향후 선임일정 및 절차

(3) 위험관리책임자의 임면 보고는 선임 또는 해임일로부터 7영업일 이내에 지배구조감독시행세칙 [별지7] 서식으로 한다(지배구조감독시행세칙6).

iii) 정보제공

보험회사 및 그 임직원은 위험관리책임자가 그 직무를 수행할 때 필요한 자료나 정보의 제출을 요구하는 경우 이에 성실히 응하여야 한다(지배구조법30③).

iv) 인사상 불이익 금지

보험회사는 위험관리책임자이었던 사람에 대하여 그 직무수행과 관련된 사유로 부당한 인사상의 불이익을 주어서는 안 된다(지배구조법30④).

(5) 위반 시 효과

지배구조법 27조 1항을 위반하여 위험관리기준을 마련하지 않은 자, 지배구조법 28조 1항을 위반하여 위험관리책임자를 두지 않은 자, 지배구조법 25조 6항(지배구조법 28조 2항에서 준용)을 위반하여 위험관리책임자에 대한 별도의 보수지급 및 평가 기준을 운영하지 않은 자, 지배구조법 29조를 위반하여 위험관리책임자가 같은 조 각 호의 어느 하나에 해

153) 지배구조법설명서 76면
154) 지배구조법설명서 89면

당하는 업무를 수행하는 직무를 담당하거나 위험관리책임자에게 이를 담당하게 한 자, 지배구조법 30조 2항을 위반하여 위험관리책임자의 임면사실을 보고하지 않거나 거짓으로 보고한 자는 과태료(지배구조법43①(21)~(22),43②(6)~(8))가 따른다.

4. 정보보호

(1) 의의

(1) 보험회사의 전자보험업무[155]가 급증하고 있는데 이는 고도의 전문성과 안정성이 요구된다. 만약 이를 갖추지 못한 경우 보험회사의 경영건전성 및 보험계약자 보호에 막대하게 부정적 영향을 미친다. 이를 고려하여 전자금융거래법은 정보보호최고책임자를 지정하여 보험회사의 정보보호업무를 총괄하도록 하고 있다.

(2) 보험회사로서 전자보험업무를 행하지 않는 경우는 정보보호최고책임자의 규정을 적용하지 않는다(전자금융거래법3③,동법시행령5②). 한편 외국보험회사 국내지점에 대해서도 정보보호최고책임자의 규정을 적용한다(전자금융거래법4).

(3) 보험회사의 정보보호최고책임자에 대해서는 전자금융거래법 21조의2, 동법시행령 11조의3 및 [별표1], 전자금융감독규정 6조의2가 규정한다.

(2) 정보보호최고책임자의 개념

보험회사의 정보보호최고책임자는 전자보험업무 및 그 기반이 되는 정보기술부문 보안을 총괄하여 책임질 사람이다(전자금융거래법21의2①).

(3) 정보보호최고책임자의 선임

(1) 보험회사는 전자보험업무 및 그 기반이 되는 정보기술부문 보안을 총괄하여 책임질 정보보호최고책임자를 지정해야 한다(전자금융거래법21의2①).

(2) 최근 사업연도 말 현재 총자산이 2조 원 이상이고 상시 종업원 수가 300명[156] 이상인 보험회사는 정보보호최고책임자를 임원(상법 401조의2 1항 3호에 따른 자[157]를 포함)으로 지정해야 한다(전자금융거래법21의2②,동법시행령11의3①). 상법 401조의2 1항 3호에 따른 자는 지배구조법상 임원에 속하는 업무집행책임자(지배구조법2(2)·(5))를 가리킨다. 이에 따라 정보보호최고책임자를 선임할 때에는 지배구조법상 임원의 자격요건의 적용을 받게 된다.[158]

---

155) 전자금융거래법 21조의2가 전자금융업무라고 표현하고 있고 보험회사는 보험업무 이외에 겸영업무로서 다른 금융업무도 할 수 있다는 점에서 전자금융업무라고 하는 것이 적절하지만 편의상 전자보험업무라고 기술한다.

156) 이 경우 상시 종업원 수는 소득세법에 따른 원천징수의무자가 근로소득세를 원천징수한 자를 말한다(전자금융거래법시행령11의3①,전자금융감독규정6의2①).

157) 이는 '명예회장 · 회장 · 사장 · 부사장 · 전무 · 상무 · 이사 기타 회사의 업무를 집행할 권한이 있는 것으로 인정될 만한 명칭을 사용하여 회사의 업무를 집행한 자'를 가리킨다.

(4) 정보보호최고책임자의 자격요건

정보보호최고책임자가 되기 위해서 일정한 자격요건을 갖추어야 한다(전자금융거래법시행령11의3④). 구체적인 내용은 전자금융거래법시행령 [별표1]이 정하고 있다.[159] 이러한 자격요건은 정보보호최고책임자의 전문성과 관련된 적극적 요건이다. 이러한 요건은 선임시에 충족되어야 한다고 해석한다.

(5) 정보보호최고책임자의 겸직금지

최근 사업연도 말 현재 총자산이 10조 원 이상이고 상시 종업원 수가 1,000명[160] 이상인 보험회사의 정보보호최고책임자는 아래의 정보보호최고책임자의 업무 외의 다른 정보기술부문 업무를 겸직할 수 없다(전자금융거래법21의2③,동법시행령11의3②).

---

158) 지배구조법설명서 4면

159) 전자금융거래법시행령 [별표1]은 정보보호최고책임자의 자격요건을 다음과 같이 규정한다.

1. 정보보호 또는 정보기술(IT) 분야의 학력 또는 기술자격을 가진 사람으로서 다음 각 목의 어느 하나에 해당하는 사람은 정보보호최고책임자의 자격을 가진다.
   가. 정보보호 또는 정보기술 분야의 전문학사학위를 취득한 후 4년 이상 정보보호 분야 업무 또는 5년 이상 정보기술 분야 업무를 수행한 경력이 있는 사람
   나. 정보보호 또는 정보기술 분야의 학사학위 또는 다음 전문자격을 취득한 후 2년 이상 정보보호 분야 또는 3년 이상 정보기술 분야 업무를 수행한 경력이 있는 사람
      1) 전자정부법 2조 15호에 따른 감리원
      2) '정보통신망 이용촉진 및 정보보호 등에 관한 법률' 47조 5항에 따른 정보보호 관리체계 인증기관의 인증 심사원
      3) 자격기본법에 따라 공인을 받은 정보보호전문가
      4) 국제정보시스템감사통제협회의 정보시스템감사사
      5) 국제정보시스템보안자격협회의 정보시스템보호전문가
   다. 정보보호 또는 정보기술 분야의 석사학위를 취득한 후 1년 이상 정보보호 분야 업무 또는 2년 이상 정보기술 분야 업무를 수행한 경력이 있는 사람
2. 다음 각 목의 어느 하나에 해당하는 사람은 정보보호최고책임자의 자격을 가진다.
   가. 8년 이상 정보보호 분야 업무 또는 10년 이상 정보기술 분야 업무를 수행한 경력이 있는 사람
   나. 전문학사학위를 취득한 후 6년 이상 정보보호 분야 업무 또는 7년 이상 정보기술 분야 업무를 수행한 경력이 있는 사람
   다. 학사학위를 취득한 후 4년 이상 정보보호 분야 업무 또는 5년 이상 정보기술 분야 업무를 수행한 경력이 있는 사람
   라. 석사학위를 취득한 후 2년 이상 정보보호 분야 업무 또는 3년 이상 정보기술 분야 업무를 수행한 경력이 있는 사람
3. 농업협동조합법에 따른 조합, 수산업협동조합법에 따른 조합, 산림조합법에 따른 조합, 신용협동조합법에 따른 신용협동조합 및 새마을금고법에 따른 지역금고의 경우에는 1호 및 2호에도 불구하고 다음 각 목의 어느 하나에 해당하는 사람도 정보보호최고책임자의 자격을 가진다.
   가. 정보보호 또는 정보기술 분야의 학력 또는 기술자격을 가진 사람으로서 6년 이상 금융업에 종사한 사람
   나. 금융위원회가 정하여 고시하는 교육을 이수한 사람으로서 조합·신용협동조합·지역금고의 장이나 그 장이 지정한 사람. 다만, 상시 종업원 수(상시 종업원 수는 소득세법에 따른 원천징수의무자가 근로소득세를 원천징수한 자를 말함. 전자금융감독규정6의2②)가 20명 이하인 조합·신용협동조합·지역금고의 경우로 한정한다.

160) 이 경우 상시 종업원 수는 소득세법에 따른 원천징수의무자가 근로소득세를 원천징수한 자를 말한다(전자금융거래법시행령11의3②,전자금융감독규정6의2①).

(6) 정보보호최고책임자의 업무

(1) 보험회사의 정보보호최고책임자는 전자보험거래의 안정성을 확보하기 위해서 다음의 업무를 수행한다(전자금융거래법21의2④).

1. 전자금융거래법 21조 2항[161]에 따른 전자보험거래의 안정성 확보 및 이용자 보호를 위한 전략 및 계획의 수립
2. 정보기술부문의 보호
3. 정보기술부문의 보안에 필요한 인력관리 및 예산편성
4. 전자보험거래의 사고 예방 및 조치
5. 그 밖에 전자보험거래의 안정성 확보를 위하여 대통령령으로 정하는 사항

(2) 위 (1)의 5호에서 대통령령으로 정하는 사항은 다음 각 호의 사항을 말한다(전자금융거래법시행령11의3③).

1. 전자보험업무 및 그 기반이 되는 정보기술부문 보안을 위한 자체심의에 관한 사항
2. 정보기술부문 보안에 관한 임직원 교육에 관한 사항

(7) 위반 시 효과

전자금융거래법 21조의2 1항~3항을 위반하면 과태료(전자금융거래법51②(2)·(3))가 따른다.

5. 책무구조도와 내부통제등 관리의무

(1) 의의

(1) 지배구조법은 보험회사 내부통제 규율의 명확성 및 예측가능성 제고를 통해 보험회사 내부통제제도의 실효성을 제고하기 위하여 책무구조도를 도입하고 임원등에게 내부통제 관리의무를 부과한다.

(2) 책무구조도는 내부통제와 관련된 임원 간 역할을 사전에 배분하여 개별 임원의 의무 및 책임을 명확하게 함으로써 대표이사를 포함한 임원에게 내부통제 관리의무의 범위를 사전에 확정하는 데에 의의가 있다.[162]

(2) 책무구조도

1) 정의

(1) 보험회사의 대표이사등은 내부통제 및 위험관리('내부통제등') 의무를 부담하는 임

161) 금융회사등은 전자금융거래의 안전성과 신뢰성을 확보할 수 있도록 전자적 전송이나 처리를 위한 인력, 시설, 전자적 장치, 소요경비 등의 정보기술부문, 전자금융업무 및 전자서명법에 의한 인증서의 사용 등 인증방법에 관하여 금융위원회가 정하는 기준을 준수해야 한다(전자금융거래법21①).

162) 국회 정무위원회, 금융회사의 지배구조에 관한 법률 일부개정법률안 심사보고서(2023), 12~13면

원 및 임원의 직책별로 책무를 배분한 문서('책무구조도')를 마련해 이사회 심의·의결을 거쳐 금융위원회에 제출하여야 한다(지배구조법30의3①,④). 제출된 책무구조도의 기재 내용에 변경이 있는 경우에도 같다(지배구조법30의3⑥).

(2) 책무구조도는 임원별로 책무의 상세내용을 기술한 문서('책무기술서')와 임원의 직책별 책무체계를 일괄적으로 파악할 수 있는 도표('책무체계도')로 구분된다(지배구조감독규정14의3②).

2) 마련 의무자

책무구조도는 대표이사가 마련해야 한다. 다만, 상법에 따른 집행임원을 둔 경우에는 대표집행임원, 외국보험회사의 국내지점의 경우 그 대표자를 포함한다.

3) 임원의 범위

(1) 책무구조도에 포함해 책무를 배분해야 하는 임원은 지배구조법 30조의2에 따른 '내부통제등 관리의무를 이행해야 하는 임원'이다.

(2) '내부통제등 관리의무를 이행해야 하는 임원'에는 해당 금융회사의 책무에 사실상 영향력을 미치는 다른 회사 임원이 포함되며, 금융회사의 자산규모, 담당 직책의 특성 등을 고려해 대통령령으로 정하는 임원을 제외하거나 직원을 포함할 수 있다(지배구조법30조의2①본).

(3) 지배구조법 시행령에 따르면 이사회 의장이 아닌 사외이사는 임원의 범위에서 제외된다(지배구조법시행령25의2①).

(4) 직원 중에서 외국 금융회사 국내지점에서 임원에 준해 업무를 수행하는 자, 법률상 예외 규정에 따라 직원 중에서 선임된 준법감시인 또는 위험관리책임자, 그 밖에 담당 업무에서 임원에 준하여 해당 업무를 수행하는 직원(해당 부서 업무를 담당하는 임원이 없는 경우에 한함)은 임원의 범위에 포함한다(지배구조법시행령25의2①,감독규정14의2).

4) 책무의 배분

i) 책무의 정의

(1) 책무는 보험회사의 업무와 관련하여 금융관계법령등에 따라 보험회사 또는 보험회사 임직원이 준수해야 하는 사항에 대한 내부통제 및 위험관리의 집행 및 운영에 대한 책임을 의미한다.

(2) 책무는 보험회사 또는 보험회사 임직원이 업무를 수행하는 과정에서 법령위반이 발생하지 않도록 하는 내부통제등의 집행 및 운영에 대한 책임이라는 점에서 업무와 구분되는 개념이다.[163]

(3) 보험회사 임직원이 보험회사의 업무와 관련 없는 사적인 영역에서 준수해야 하는

163) 책무구조도 등 개정 지배구조법령 해설서 2면.

사항에 대한 내부통제 및 위험관리의 집행 및 운영에 대한 책임까지는 포함되지 않는다.164)

ii) 책무의 내용

(1) 지배구조법은 책무의 구체적인 내용에 관해 지배구조법, 상법, 형법, 금융관계법령 및 그 밖에 대통령령으로 정하는 금융 관련 법령에서 정한 사항으로서 대통령령으로 정하도록 위임하고 있다(지배구조법30의3①).

(2) 여기서 '대통령령으로 정하는 금융 관련 법령'이란 다음 각 호의 법령을 말한다(지배구조법시행령25의3①).

1. 개인정보 보호법
2. 공익신고자 보호법
3. 독점규제 및 공정거래에 관한 법률
4. 마약류 불법거래 방지에 관한 특례법
5. 범죄수익은닉의 규제 및 처벌 등에 관한 법률
6. 약관의 규제에 관한 법률
7. 전기통신금융사기 피해 방지 및 피해금 환급에 관한 특별법
8. 특정경제범죄 가중처벌 등에 관한 법률
9. 그 밖에 금융위원회가 정하여 고시하는 법률

(3) 국내 금융당국이 감독권을 행사할 수 없는 국내 보험회사 국외 지점의 외국법령 준수에 대해서까지 국내 보험회사 임원에게 책무를 배분할 필요는 없다.165) 다만, 국내 보험회사 국외 지점의 외국법령 위반 등으로 인하여 국내 보험회사의 건전성이 저해되는 등 국내 금융당국이 감독권을 행사할 수 있는 사항에 대해서는 국내 보험회사의 임원에게 국외지점의 관리 업무와 관련한 책무를 배분할 필요가 있다.166)

(4) 지배구조법 시행령은 '책무'를 보험회사 또는 임직원이 ⓐ 법령에 따라 책임자 지정을 요하는 내부통제·위험관리 업무, ⓑ 보험회사가 영위하는 보험업 관련 업무, ⓒ 보험회사의 경영 관련 업무로 구분하여 [별표1]에 그 세부항목을 예시적으로 열거한다(지배구조법시행령25의3②).

(5) 다만, 지배구조법 시행령 [별표1]에 규정된 책무의 유형은 예시적 성격이며, 보험회사가 책무구조도 작성시 지배구조법 시행령에 규정된 책무를 그대로 작성해야 하는 것은 아니다. 보험회사별 조직, 업무 특성, 업무 범위 등을 감안하여 작성하고 책무를 배분하면 된다.167)

164) 책무구조도 등 개정 지배구조법령 해설서 7면.
165) 책무구조도 등 개정 지배구조법령 해설서 7면.
166) 책무구조도 등 개정 지배구조법령 해설서 7면.
167) 책무구조도 등 개정 지배구조법령 해설서 3면.

iii) 책무구조도의 요건

책무구조도는 다음 각 호의 요건을 갖추어야 한다(지배구조법30의3②,시행령25의3③).

1. 책무별로 담당하는 임원이 반드시 존재할 것
2. 책무별로 담당하는 임원이 복수로 존재하지 아니할 것
3. 책무를 배분할 때 특정 임원에게 편중되지 않을 것

5) 이사회 의결

(1) 대표이사등이 책무구조도를 마련하려는 경우에는 이사회의 의결을 거쳐야 한다(지배구조법30의3③본).

(2) 다만, 이사회가 없는 외국금융회사의 국내지점은 해당 외국금융회사 국내지점의 대표자가 참여하는 내부 의사결정기구의 의결을 거쳐야 한다(지배구조법30의3③단,시행령25의3④).

6) 제출 및 정정·보완 요구

i) 금융위원회 제출

(1) 보험회사는 책무구조도를 이사회 의결일로부터 7영업일 이내에 금융위원회에 제출하여야 한다(지배구조법30의3④,감독규정14의3③).

(2) 나만, 외국보험회사 국내지점은 국내지점 대표자가 참여하는 내부 의사결정기구 의결일로부터 7영업일 이내로 한다.

ii) 정정·보완 요구

(1) 금융위원회는 대표이사등의 책무구조도 마련 의무의 준수 여부를 확인하고, 금융사고 등 발생 시 임원 등의 내부통제 관리의무 위반 등을 판단하기 위하여 책무구조도를 제출받을 뿐 책무구조도의 실질적 내용에 대해서는 규제하지 않는다.[168] 그러나 금융위원회는 제출된 책무구조도가 다음 각 호의 어느 하나에 해당하는 경우에는 책무구조도의 기재내용을 정정하거나 보완하여 제출할 것을 요구할 수 있다(지배구조법30의3⑤).

1. 형식을 제대로 갖추지 아니한 경우
2. 중요사항을 누락한 경우
3. 기재내용이 불분명한 경우
4. 1호부터 3호까지에 준하는 사항으로서 금융위원회가 정하여 고시하는 사항

(2) 위 4호에서 '금융위원회가 정하여 고시하는 사항'이란 다음 각 호를 말한다(지배구조감독규정14의3①).

1. 책무구조도에 오류가 있는 경우
2. 책무구조도의 기재내용이 사실과 다른 경우

168) 국회 정무위원회, 금융회사의 지배구조에 관한 법률 일부개정법률안 심사보고서, 2023, 13~14면.

(3) 금융위원회의 정정 또는 보완 요구에 따라 수정해야 하는 사항이 '책무를 배분받는 임원의 변경', '책무구조도에서 정하는 임원 직책의 변경', '임원 책무의 변경 또는 추가'에 해당한다면 보험회사는 다시 이사회 의결을 거쳐서 책무구조도를 변경한 후 제출해야 한다.[169)]

7) 기재내용 변경 - 책무구조도 변경

(1) 책무구조도의 기재내용에 다음 각 호의 변경이 있는 경우에도 동일한 요건과 절차를 거쳐 책무구조도를 금융위원회에 제출하여야 한다(지배구조법30의3⑥).

1. 책무구조도에서 정하는 책무를 배분받은 임원의 변경
2. 책무구조도에서 정하는 임원 직책의 변경
3. 책무구조도에서 정하는 임원 책무의 변경 또는 추가

(2) 다만, 책무구조도에서 정하는 임원 직책 명칭의 변경 및 그 밖에 금융위원회가 정하여 고시하는 경미한 사항의 변경은 제외한다(지배구조법시행령25의3⑤).

8) 작성방법 등

책무구조도의 작성방법, 기재내용, 제출방법 및 정정·보완 요구 등에 관하여 필요한 사항은 금융위원회가 정하여 고시한다(지배구조법30의3⑦).

i) 작성시 준수의무

대표이사등은 책무구조도의 작성과 관련하여 다음 각 호를 준수하여야 한다.

1. 대표이사등은 지배구조법 30조의2 1항에 따른 임원별로 책무의 상세내용을 기술한 문서('책무기술서')와 임원의 직책별 책무체계를 일괄적으로 파악할 수 있는 도표('책무체계도')를 작성한다.
2. 책무기술서와 책무체계도의 내용은 일치해야 하며 각 책무가 명확하게 구분되도록 작성해야 한다.
3. 대표이사등은 임원의 책무 현황을 일괄하여 파악할 수 있도록 도식화하여 책무체계도를 작성하여야 한다.
4. 책무기술서에는 소관부서, 겸직 여부·내용, 주관회의체, 유관법령, 소관내규 등을 포함한 임원 및 직책의 기본정보, 책무의 상세 내용 등이 포함되어야 한다.
5. 책무체계도에는 임원별 성명, 직책, 책무 등이 포함되어야 한다.
6. 책무기술서와 책무체계도에는 임원의 책무 배분일자를 명확하게 표기해야 한다.

ii) 제출양식

(1) 책무구조도 제출양식은 지배구조감독규정시행세칙은 [별지7호의2] 서식으로 한다(지배구조감독규정14의3③단).

169) 책무구조도 등 개정 지배구조법령 해설서 10면.

(2) [별지7호의2] 서식에는 책무구조도의 제출 개요, 책무기술서, 책무체계도 서식이 마련되어 있다.

(3) 임원의 내부통제등 관리의무

1) 의의

(1) 보험회사의 임원은 책무구조도에서 정하는 자신의 책무와 관련하여 내부통제등이 효과적으로 작동할 수 있도록 다음 각 호의 관리조치를 하여야 한다(지배구조법30의2①).

1. 지배구조법 및 금융관계법령에 따른 내부통제기준 및 위험관리기준('내부통제기준등')이 적정하게 마련되었는지 여부에 대한 점검
2. 내부통제기준등이 효과적으로 집행·운영되고 있는지 여부에 대한 점검
3. 임직원이 법령 또는 내부통제기준등을 충실하게 준수하고 있는지 여부에 대한 점검
4. 1호부터 3호까지에 따른 점검 과정에서 알게 된 법령 및 내부통제기준등의 위반사항이나 내부통제등에 관한 미흡한 사항에 대한 시정·개선 등 필요한 조치
5. 1호부터 4호까지에 따른 조치에 준하는 조치로서 내부통제등의 효과적 작동을 위하여 대통령령으로 정하는 관리조치

(2) 위 (1)에서 '대통령령으로 정하는 관리조치'란 다음 각 호의 조치를 말한다(지배구조법시행령 25조의2③).

1. 지배구조법 30조의2 1항 4호에 따른 조치의 이행 여부에 대한 점검
2. 임직원이 법령 또는 지배구조법 30조의2 1항 1호에 따른 내부통제기준등을 준수하도록 하기 위하여 필요한 교육·훈련 등의 지원
3. 지배구조법 30조의2 1항 1호부터 3호까지의 규정에 따른 점검 과정에서 임직원의 법령 또는 내부통제기준등의 위반 사항이나 내부통제 및 위험관리에 관한 미흡한 사항을 알게 된 경우 해당 임직원에 대해 조사 및 제재조치를 할 것을 소속 금융회사에 요구하는 것

2) 대표이사등에 대한 보고

(1) 보험회사의 임원은 다음 각 호의 사항에 관하여 대표이사(상법에 따른 집행임원을 둔 경우에는 대표집행임원, 외국금융회사의 국내지점의 경우 그 대표자를 포함하며, 이하 '대표이사등')에게 보고하여야 한다(지배구조법30의2②).

1. 1항 각 호에 따른 관리조치의 내용과 결과
2. 1항에 따른 관리조치를 수행하는 과정에서 알게 된 내부통제등에 관한 사항
3. 1호 및 2호에 준하는 사항으로서 대통령령으로 정하는 사항

(2) 지배구조법 30조의2 1항에 따른 관리조치 및 2항에 따른 보고 등에 관하여 필요한 사항은 대통령령으로 정한다.

(4) 대표이사등의 내부통제등 총괄 관리의무

1) 의의

보험회사의 대표이사는 내부통제 총괄 책임자로서, 전사적 내부통제체계를 구축하고 각 임원의 통제활동을 감독하는 총괄 관리의무가 있다.

2) 관리조치

(1) 보험회사의 대표이사는 내부통제의 전반적 집행 및 운영에 대한 최종적인 책임자로서 다음 각 호의 총괄적인 관리조치를 실효성 있게 하여야 한다(지배구조법30의4①).

1. 내부통제등 정책·기본방침 및 전략의 집행·운영
2. 임직원이 법령 및 내부통제기준등을 준수하기 위하여 필요한 인적·물적 자원의 지원 및 그 지원의 적정성에 대한 점검
3. 임직원의 법령 또는 내부통제기준등 위반사실을 대표이사등이 적시에 파악할 수 있도록 하기 위한 제보·신고 및 보고 등에 대한 관리체계의 구축·운영
4. 각 임원이 지배구조법 30조의2에 따른 관리의무를 적절하게 수행하고 있는지 여부에 대한 점검
5. 임직원의 법령 또는 내부통제기준등 위반을 초래할 수 있는 대통령령으로 정하는 잠재적 위험요인 또는 취약분야에 대한 점검
6. 임직원의 법령 또는 내부통제기준등 위반이 장기화 또는 반복되거나 조직적으로 또는 광범위하게 이루어지는 것을 방지하기 위한 조치로서 대통령령으로 정하는 조치
7. 1호부터 6호까지 및 8호에 따른 관리조치를 하는 과정에서 알게 된 법령 및 내부통제기준등의 위반사항이나 내부통제등에 관한 미흡한 사항에 대한 시정·개선 등 필요한 조치
8. 그 밖에 내부통제등의 효과적 작동을 위한 대통령령으로 정하는 조치

위 8호에서 '대통령령으로 정하는 조치'란 같은 항 7호에 따른 조치의 이행 여부에 대한 점검을 말한다(지배구조법시행령25의4③).

(2) 위 (1)의 5호에서 '대통령령으로 정하는 잠재적 위험요인 또는 취약분야'란 다음 각 호의 사항을 말한다(지배구조법시행령25의4①).

1. 금융회사의 업무가 신규로 추가되는 등의 사유로 해당 업무와 관련된 내부통제기준등의 제정·개정이 필요한 사항
2. 내부통제등과 관련하여 임원이 담당하는 업무 간 또는 임직원과 소속 금융회사 간의 이해상충이 발생했거나 발생할 우려가 있는 사항
3. 금융회사의 특정 사업 부문 또는 취급 상품과 관련된 자산[170] 또는 영업수익의 급격한 변동 또는 이상 징후가 있는 사항
4. 복수의 임원이 지배구조법 30조의2 2항에 따라 보고한 동일하거나 유사한 내부통제등에 관한 사항

170) 자산은 금융회사의 고유재산 뿐만 아니라 관리·운용하는 모든 자산을 포함한다.

5. 금융회사가 특정 사업 부문 또는 취급 상품과 관련하여 임직원의 성과보수체계 또는 성과평가지표를 신설하거나 상당한 수준으로 변경 또는 조정하는 경우 해당 성과보수체계 또는 성과평가지표에 관한 사항
6. 그 밖에 1호부터 5호까지에 준하는 사항으로서 금융위원회가 정하여 고시하는 사항

(3) 위 (1)의 6호에서 임직원의 법령 또는 내부통제기준등 위반이 장기화 또는 반복되거나 조직적으로 또는 광범위하게 이루어지는 것을 방지하기 위한 조치란 아래 각 호의 조치를 말한다(지배구조법시행령25의4②).

1. 임직원의 법령 또는 내부통제기준등 위반사항을 알게 된 경우 다음 각 목의 조치
   가. 해당 위반행위와 연관된 다른 임직원이 있는지에 대한 점검
   나. 동일하거나 유사한 위반행위가 발생할 가능성에 대한 점검
   다. 동일하거나 유사한 위반행위의 발생을 방지하기 위한 조치
2. 특정 임직원이 동일하거나 유사한 업무를 장기간 수행함에 따라 발생할 수 있는 법령 또는 내부통제기준등의 위반행위를 방지하기 위한 조치
3. 법령 또는 내부통제기준등의 위반행위가 금융회사 본점의 여러 부서 또는 지점이나 그 밖의 영업소에 걸쳐 발생할 가능성에 대한 점검
4. 그 밖에 임직원의 법령 또는 내부통제기준등 위반이 장기적, 반복적 또는 조직적으로 이루어지거나 광범위하게 이루어지는 것을 방지하기 위한 조치로서 금융위원회가 정하여 고시하는 조치

3) 이사회 보고

금융회사의 대표이사등은 다음 각 호의 사항에 관하여 이사회에 보고하여야 한다(지배구조법30의4②).

1. 관리조치의 내용과 결과
2. 관리조치를 수행하는 과정에서 알게 된 내부통제등에 관한 중요한 사항
3. 지배구조법 30조의2 2항에 따라 임원이 보고하는 사항 중 중요한 사항
4. 1호 및 2호에 준하는 사항으로서 대통령령으로 정하는 사항

(5) 제재 및 책임감면

1) 의의

금융위원회는 임원이나 대표이사가 내부통제등 관리의무를 위반하는 경우 지배구조법 35조에 따라 신분적 제재를 부과할 수 있으나, 이 경우 임직원의 법령 또는 내부통제기준등 위반행위의 발생 경위, 정도와 그 결과 및 이들이 위반행위 발생을 방지하기 위해 상당한 주의를 다하여 관리의무를 수행하였는지 여부를 고려해 제재 조치를 감경하거나 면제할 수 있다.

2) 관리의무 위반에 대한 제재조치

i) 임원 및 대표이사

⑴ 금융위원회는 임원이 지배구조법 30조의2 내부통제등 관리의무를 위반하거나, 대표이사등이 지배구조법 30조의4의 내부통제등 총괄 관리의무를 위반하는 경우에는 지배구조법 35조에 따른 임직원 제재조치(같은 조 제5항에 따른 조치는 제외)를 할 수 있다(지배구조법35의2①).

⑵ 대표이사 또는 책무구조도상 임원의 관리의무 위반으로 인한 제재는 위법행위 발생에 대한 결과책임이나 하급자의 행위에 대한 감독자책임이 아니라 임원이 본연의 내부통제 관리의무를 소홀히 한 데 대한 자기책임이다.[171] 따라서 내부통제등 관리의무 위반에 대해서는 임직원 제재 조치에 관한 지배구조법 35조 5항의 감독자책임 관련 규정을 적용에서 제외한다.

ii) 책무를 배분받은 직원

책무를 배분받은 직원의 경우 지배구조법 30조의2에 따라 내부통제등 관리의무가 부여되므로 이를 위반 시 지배구조법 35조의2에 따라 제재를 받을 수 있으며, 이 경우 해당 직원은 지배구조법 2조에 따른 임원이 아니므로, 지배구조법 35조 2항에 따른 제재조치가 적용된다.[172]

iii) 제재의 감면

⑴ 금융사고가 발생하더라도 내부통제등 관리의무를 이행한 경우에는 내부통제등 관리의무 위반에 따른 제재를 받지 않으며, 내부통제등 관리의무를 위반한 경우에도 임직원의 법령 또는 내부통제기준등 위반행위의 발생을 방지하기 위해 상당한 주의를 다한 경우에는 제재의 면제·감경이 가능하다(지배구조법35의2②⑵).

⑵ 내부통제등 관리의무를 도입하는 목적은 임원을 제재하는 데 있다기보다 임원이 자율적으로 내부통제 관리의무를 충실히 이행하도록 유도하는 데 있다.[173] 내부통제 책임이 결과책임으로 귀결되지 않도록 개정 법률은 '상당한 주의'를 다하여 관리의무를 수행한 경우에는 제재를 감경 또는 면제하도록 규정하고 있는 것이다.

⑶ 금융위원회는 조치를 하는 경우에는 다음 각 호의 사항을 고려하여 제재조치를 감경하거나 면제할 수 있다(지배구조법35의2②).

1. 임직원의 법령 또는 내부통제기준등 위반행위의 발생 경위, 정도와 그 결과

---

171) 금융위원회 보도자료(2022. 11. 30), "「금융권 내부통제 제도개선 T/F」 중간논의 결과", 3면; 금융위원회·금융감독원(2023), 7면.
172) 책무구조도 등 개정 지배구조법령 해설서 13면.
173) 금융위원회·금융감독원 보도자료(2023. 6. 22), "금융사고, 제재보다 예방에 주력−금융권 내부통제 제도개선 방안 발표−", 2면.

2. 1호에 따른 위반행위의 발생을 방지하기 위하여 상당한 주의를 다하여 지배구조법 30조의2 또는 30조의4에 따른 관리의무를 수행하였는지 여부

iv) 제재 적용시점

지배구조법에 따른 내부통제등 관리의무는 보험회사가 책무구조도를 작성하여 금융당국에 제출한 경우부터 적용되며, 책무구조도 제출 전에 내부통제등 총괄 관리의무 또는 내부통제등 관리의무 위반으로 금융사고가 발생한 경우에는 개정법이 적용되지 않는다(지배구조법부칙4).

v) 금융위원회의 조치

금융위원회는 임원 또는 대표이사등에 대하여 제재조치를 하는 경우 해당 금융회사에 대하여 지배구조법 34조 1항 각 호의 조치를 할 수 있다. 이 경우 2조 1호 다목에 따른 보험회사에 대한 조치는 지배구조법 34조 2항 각 호에서 정하는 바에 따른다(지배구조법35의2③후).

제 7 관 보험회사 대주주의 건전성 유지

1. 총설

(1) 보험회사의 대주주는 보험회사의 경영건전성 및 보험계약자를 포함한 이해관계자에게 미치는 영향이 매우 크다. 이 점을 고려하여 보험업의 허가 시에 대주주 요건이 요구되며, 이에 대해서는 보험업의 허가 부분에서 자세히 살펴보았다. 나아가 지배구조법은 대주주 변경의 승인요건과 최대주주의 적격성 유지요건을 통해서 보험회사 대주주에게 일정한 재무적 건실성 또는 사회경제적 신용을 요구한다. 즉 보험회사의 주식을 취득·양수하여 대주주가 되려는 자는 일정한 자격요건을 갖추어서 금융위원회의 승인을 받게 하고(대주주 변경의 승인 제도), 또한 대주주 중에서 최대주주로서 최다출자자는 그 자격을 유지하기 위해서는 적격성 유지요건의 충족에 대한 금융위원회 심사를 받게 한다(최대주주의 자격심사 제도). 이하에서 대주주 변경의 승인, 최대주주의 자격심사의 순서로 살펴보기로 한다.

(2) 대주주 변경의 승인에 대해서는 지배구조법 31조, 동법시행령 26조, 지배구조감독규정 15조~16조, 지배구조감독시행세칙 7조가 규정한다. 최대주주의 자격심사에 대해서는 지배구조법 32조, 동법시행령 27조, 지배구조감독규정 17조, 지배구조감독시행세칙 8조가 규정한다.

2. 대주주 변경의 승인

(1) 의의

1) 원칙

(1) 보험회사의 대주주가 변경되는 경우에는 금융위원회의 승인이 필요하다. 즉 보험회사가 발행한 주식을 취득·양수('취득등')하여 대주주가 되고자 하는 자는 건전한 경영을 위하여 대통령령으로 정하는 요건을 갖추어 미리 금융위원회의 승인을 받아야 한다(지배구조법31①본).

(2) 위 (1)에서 주식의 취득·양수는 실질적으로 해당 주식을 지배하는 것을 말한다(지배구조법31①본).

(3) 위 (1)에서 대주주는 최대주주와 주요주주뿐만 아니라 최대주주의 특수관계인인 주주도 포함되며, 최대주주가 법인인 경우 그 법인의 중요한 경영사항에 대하여 사실상 영향력을 행사하고 있는 자로서 대통령령으로 정하는 자를 포함한다(지배구조법31①본). 여기서 대통령령으로 정하는 자는 다음 각 호의 자를 말한다(지배구조법시행령26①).

1. 최대주주인 법인의 최대주주(최대주주인 법인의 주요 경영사항을 사실상 지배하는 자가 그 법인의 최대주주와 명백히 다른 경우에는 그 사실상 지배하는 자를 포함)
2. 최대주주인 법인의 대표자

(4) 일반적인 대주주에는 최대주주와 주요주주만 포함되지만(지배구조법2(6)), 위 (3)과 같이 대주주의 개념을 확장한 것은 대주주의 변경 시에 보다 엄격하게 규율하기 위해서이다. 참고로 보험업 허가 시의 대주주에는 최대주주와 주요주주, 그리고 최대주주의 특수관계인인 주주도 포함되는데(법6①(4)), 대주주 변경 시에 대주주 개념이 이것보다도 확대되어 있음을 알 수 있다.

2) 예외

(1) 대통령령으로 정하는 자는 위 1)에 대한 예외이다(지배구조법31①단). 즉 다음 각 호의 어느 하나가 보험회사의 대주주가 되고자 하는 경우에는 금융위원회의 승인을 받을 의무가 없다(지배구조법시행령26④).

1. 국가
2. 예금보험공사
3. 한국산업은행(구조개선법에 따라 설치된 금융안정기금의 부담으로 주식을 취득하는 경우만 해당)
4. 자본시장법에 따른 일반사모집합투자업자 및 온라인소액투자중개업자의 대주주가 되려는 자. 다만, 자본시장법시행령 [별표1]에 따른 금융투자업 인가를 받은 자의 대주주가 되려는

자는 제외한다.

5. 최대주주 또는 그의 특수관계인인 주주로서 보험회사의 의결권 있는 발행주식 총수 또는 지분의 100분의 1 미만을 소유하는 자. 다만, 지배구조법시행령 4조 각 호의 어느 하나에 해당하는 자는 제외한다.
6. 한국자산관리공사
7. 국민연금공단
8. 회사의 합병·분할에 대하여 금융관련법령에 따라 금융위원회의 승인을 받은 금융회사의 신주를 배정받아 대주주가 된 자

(2) 위 (1)의 경우를 예외로 한 취지는 보험회사의 대주주가 사회경제적 신용이 충분하거나, 보험회사에 대한 영향력이 미미하거나, 이미 금융위원회의 승인을 거쳤기 때문이다.

3) 승인의 법적 성질

i) 이론상 허가

(1) 대주주 변경의 승인은 어떠한 법적 성질을 갖는가? 이론상 행정행위는 하명, 허가, 예외적 승인(허가), 면제, 특허, 인가 등으로 구분된다(통설). 실정법상 표현에 구애받지 않고 해당 행위의 실질, 성질 등을 고려하여 이론상 행정행위의 유형 중에서 어느 것에 해당하는지 판단해야 한다(판례,[174] 통설).

(2) 대주주 변경의 승인은 이론상 행정행위의 유형 중에서 허가에 해당한다고 볼 수 있다. 이론상 허가란 법령에 의해서 자연적 자유가 공익목적상 제한되어 있는 경우 일정한 요건을 충족하면 이 제한을 해제하여 자연적 자유를 적법하게 회복시켜 주는 행정행위이다(통설).

ii) 기속행위

(1) 대주주 변경의 승인은 기속행위인가 재량행위인가? 어떤 행정행위가 기속행위인지 재량행위인지 여부는 일률적으로 판단할 수 없고, 당해 행정행위의 근거가 된 규정의 형식, 체재 또는 문언에 따라 개별적으로 판단해야 한다(판례,[175] 통설).

(2) 지배구조법 31조 1항은 금융위원회가 대주주 변경의 승인 요건이 충족되면 "승인을 할 수 있다" 또는 "승인을 하여야 한다"라고 규정하지 않고 대주주 변경의 요건을 충족하여 금융위원회의 "승인을 받아야 한다"라고 규정할 뿐이다. 따라서 해석을 통해서 대주주 변경의 승인이 재량행위인지 기속행위인지를 판단해야 한다. 허가는 법령에 규정이 있는 등 특별한 사정이 없는 한 기속행위라고 해석한다(판례,[176] 통설). 왜냐하면 허가란

---

174) 대판 2002.9.24. 2000두5661(사회복지법인의 정관변경허가의 법적성격은 법률행위의 효력을 보충하여 주는 인가이고 그 인가 여부는 행정청의 자유재량이 아니라 기속재량에 속한다)

175) 대판 2001.2.9. 98두17593; 대판 2013.12.12. 2011두3388

176) 대판 1992.12.11. 92누3038(건축허가권자는 건축허가신청이 건축법, 도시계획법 등 관계법규에서 정

법령에 의해서 자연적 자유가 공익목적상 제한되어 있는 경우 일정한 요건을 충족하면 이 제한을 해제하여 자연적 자유를 적법하게 회복시켜 주는 행정행위이므로 허가요건을 충족했음에도 불구하고 허가를 거부하면 정당한 사유 없이 헌법상 자유권을 침해하는 것이기 때문이다. 다만, 법령에 특별한 규정이 있거나 중대한 공익의 고려가 필요하여 이익형량이 요구되는 경우는 재량행위 또는 기속재량행위가 될 수도 있다.[177)]

(3) 생각건대, 대주주 변경의 승인은 기속재량행위이다. 대주주 변경의 승인은 원칙상 기속행위이지만 예외적으로, 심히 중대한 공익상 필요가 있는 경우에만 거부할 수 있는 재량권이 인정된다고 볼 수 있다. 심히 중대한 공익상 필요가 있는 경우란 해당 보험회사의 건전성을 해칠 만한 중대한 사유가 있는 경우 등을 가리킨다. 또한 대주주 변경의 승인의 요건 중에는 불확정개념도 일부 있는데(가령 '건전'), 이 범위 내에서는 금융위원회의 판단여지가 인정될 수 있다.

(2) 절차적 요건

1) 승인신청

i) 신청 기한

① 사전 승인

원칙상 보험회사의 대주주가 되려는 자는 금융위원회의 사전 승인이 필요하다(지배구조법31①본). 즉 보험회사가 발행한 주식의 취득등을 하기 이전에 금융위원회의 승인을 신청해야 한다.

② 사후 승인

(1) 예외적으로 사후 승인이 인정된다. 즉 주식의 취득등이 기존 대주주의 사망 등 대통령령으로 정하는 사유로 인한 때에는 취득·양수를 한 날부터 3개월 이내에서 대통령령으로 정하는 기간 이내에 금융위원회에 승인을 신청해야 한다(지배구조법31②).

(2) 위 (1)은 법률의 규정에 의한 취득·양수를 포함하여 사후 승인이 불가피한 경우에만 인정된다.

(3) 위 (1)에 따라 금융위원회의 사후 승인을 신청하려는 자는 다음 각 호의 구분에 따른 기간 이내에 금융위원회에 승인을 신청해야 한다(지배구조법시행령26⑤).

1. 기존 주주의 사망에 따른 상속·유증·사인증여로 인하여 주식의 취득등을 하여 대주주가

하는 어떠한 제한에 배치되지 않는 이상 당연히 같은 법조 소정의 건축허가를 하여야 하므로 법률상의 근거 없이 그 신청이 관계법규에서 정한 제한에 배치되는지 여부에 대한 심사를 거부할 수 없고, 심사결과 그 신청이 법정요건에 합치하는 경우에는 특별한 사정이 없는 한 이를 허가하여야 하며, 공익상 필요가 없음에도 불구하고 요건을 갖춘 자에 대한 허가를 관계법령에서 정하는 제한사유 이외의 사유를 들어 거부할 수는 없다고 할 것이다); 대판 1995.6.13. 94다56883

177) 김동희 290면; 박균성 343-344면; 홍정선 374면

되는 경우: 기존 주주가 사망한 날부터 3개월. 다만, 불가피한 사유가 있으면 금융위원회의 승인을 받아 3개월의 범위에서 그 기간을 연장할 수 있다.
2. 담보권의 실행, 대물변제의 수령 또는 그 밖에 이에 준하는 것으로서 금융위원회가 정하여 고시하는 원인[178]에 의하여 주식의 취득등을 하여 대주주가 되는 경우: 주식 취득등을 한 날부터 1개월
3. 다른 주주의 감자 또는 주식처분 등의 원인에 의하여 대주주가 되는 경우: 대주주가 된 날부터 1개월

ii) 신청서류 및 첨부서류

① 신청서류

(1) 지배구조법 31조 1항 또는 2항에 따라 승인을 받으려는 자는 다음 각 호의 사항이 기재된 대주주 변경승인신청서를 금융위원회에 제출해야 한다(지배구조법시행령26⑥).

1. 신청인에 관한 사항
2. 대주주가 되려고 보험회사의 주식을 취득하려는 경우 그 보험회사가 발행한 주식의 소유현황
3. 지배구조법 31조 1항에 따라 대주주가 되려는 자가 주식취득대상 보험회사가 발행하였거나 발행할 주식을 취득하려는 경우 그 취득계획
4. 그 밖에 승인요건 심사에 필요한 사항으로서 금융위원회가 정하여 고시하는 사항

(2) 변경승인신청서는 금융감독원장이 정하고(지배구조감독규정15①), 이에 따라 지배구조감독시행세칙 [별지8]의 서식으로 한다(지배구조감독시행세칙7①).

(3) 외국인 또는 외국법인이 변경승인신청서를 제출하는 때에는 외국환거래법 3조 1항 14호의 거주자를 대리인으로 지정해야 한다(지배구조감독규정15②).

② 첨부서류

(1) 변경승인신청서에 첨부되어야 할 서류는 다음 각 호와 같다(지배구조법시행령26⑦).

1. 대주주가 되려는 자가 법인인 경우
   가. 정관
   나. 최근 사업연도 말 현재의 재무제표(최근 사업연도 말 이후 6개월이 지난 경우에는 해당 연도의 반기재무제표)
   다. 나목에 따른 재무제표에 대한 회계감사인의 감사보고서 및 검토보고서
2. 대주주가 되려는 자가 다음 각 목의 어느 하나에 해당하는 경우
   가. 외국 법인인 경우: 법인 등기사항증명서에 준하는 서류
   나. 금융위원회법 38조에 따라 금융감독원의 검사를 받는 기관(자본시장법에 따른 기관전

178) 금융위원회가 정하여 고시하는 원인이란 다음 각 호를 말한다(지배구조감독규정15④).
1. 투자매매업자·투자중개업자가 자본시장법 9조 11항에 따른 증권의 인수업무를 영위하는 과정에서 다른 회사의 주식을 소유하게 되는 경우
2. 법원의 경매를 통해 다른 회사의 주식을 소유하게 되는 경우

용 사모집합투자기구 또는 같은 법에 따른 투자목적회사 및 국가재정법 5조에 따른 기금 또는 그 기금을 관리·운용하는 법인은 제외)인 경우: 그 금융기관에 적용되는 재무건전성 기준에 따라 산출한 재무상태와 이에 대한 회계감사인의 검토보고서

다. 독점규제법에 따른 상호출자제한기업집단 및 채무보증제한기업집단, 또는 은행법에 따른 주채무계열에 속하는 경우: 부채비율 산출명세서 및 회계법인의 확인서

3. 그 밖에 승인요건의 심사에 필요한 서류로서 금융위원회가 정하여 고시하는 서류

(2) 지배구조감독시행세칙 [별지8]은 첨부서류로서 다음 각 호를 추가하고 있다.

1. 신청인이 외국인인 경우 당해 외국법인에 관하여 기본적인 사항(국적, 회사형태 및 설립근거, 설립일, 대표자, 경영진 구성, 임직원수, 자산규모, 자본금, 주주구성, 계열사 현황, 국내투자현황 등)을 기재한 서류 및 신청인의 국적증명서류와 대리인의 대리권을 증명하는 서류
2. 신청인이 전자정부법 36조 1항에 따른 행정정보의 공동이용을 통하여 주민등록표 등본 또는 사업자등록증의 확인에 동의하지 않는 경우에는 주민등록표 등본 또는 사업자등록증 사본
3. 기타 대주주 요건 확인서류(확인서 및 입증서류 등)

2) 승인 심사 및 결정

i) 행정정보의 확인

변경승인신청서를 제출받은 금융위원회는 전자정부법 36조 1항에 따른 행정정보의 공동이용을 통하여 다음 각 호의 행정정보를 확인해야 한다(지배구조법시행령26⑧본). 다만, 신청인이 2호에 따른 서류의 확인에 동의하지 않는 경우에는 그 서류를 첨부하도록 하여야 한다(지배구조법시행령26⑧단).

1. 법인 등기사항증명서(신청인이 국내 법인인 경우만 해당)
2. 주민등록표 등본 또는 사업자등록증명
3. 주식취득대상 보험회사의 법인 등기사항증명서

ii) 심사 기한 및 통지

(1) 금융위원회는 변경승인신청서를 제출받은 경우에는 그 내용을 심사하여 60일 이내에 승인 여부를 결정하고, 그 결과와 이유를 지체 없이 신청인에게 문서로 통지해야 하고, 변경승인신청서에 흠결이 있는 경우에는 보완을 요구할 수 있다(지배구조법시행령26⑨).

(2) 위 (1)의 심사기간을 계산할 때 변경승인신청서의 흠결 보완기간 등 금융위원회가 정하여 고시하는 기간은 심사기간에 넣지 않는다(지배구조법시행령26⑩). 여기서 금융위원회가 정하여 고시하는 기간은 다음 각 호의 어느 하나에 해당하는 기간을 말한다(지배구조감독규정16③).

1. 지배구조법 31조 1항의 요건을 충족하는지를 확인하기 위하여 다른 기관 등으로부터 필요

한 자료를 제공받는 데에 걸리는 기간

2. 변경승인신청서 흠결의 보완을 요구한 경우에는 그 보완기간
3. 보험회사의 대주주가 되려는 자를 상대로 형사소송 절차가 진행되고 있거나 금융위원회, 공정거래위원회, 국세청, 검찰청 또는 금융감독원 등(외국 금융회사인 경우에는 이들에 준하는 본국의 감독기관 등을 포함)에 의한 조사·검사 등의 절차가 진행되고 있고, 그 소송이나 조사·검사 등의 내용이 심사에 중대한 영향을 미칠 수 있다고 금융위가 인정하여 심사를 중단한 경우에는 그 소송이나 조사·검사 등의 절차가 끝날 때까지의 기간(금융위가 본문 단서에 따라 소송이나 조사·검사 등의 절차가 끝나기 전 심사재개를 결정한 경우 심사재개시까지의 기간)
4. 천재·지변 그 밖의 사유로 불승인사유를 통지할 수 없는 기간

(3) 다만, 금융위원회는 위 (2)의 3호에 따라 심사를 중단한 경우 소송이나 조사·검사 등의 진행경과 등을 고려하여 필요하다고 인정하는 경우 심사를 재개할 수 있으며, 심사를 중단한 날부터 매 6개월이 경과할 때마다 심사 재개 여부를 판단하여야 한다.

iii) 금융감독원장의 업무

(1) 위 ii)(1)에 따른 변경승인신청서 내용의 심사 및 변경승인신청서 흠결에 대한 보완요구는 금융감독원장에게 위탁되어 있다(지배구조법시행령30①(14)). 또한 지배구조법 31조 1항 본문에 따른 대주주의 변경승인의 심사, 같은 조 2항에 따른 승인의 심사는 금융감독원장에게 위탁되어 있다(지배구조법시행령30①(6)).

(2) 금융감독원장은 대주주 변경승인의 심사와 관련하여 다음 각 호의 업무를 수행할 수 있다(지배구조감독규정16①).

1. 이해관계인 등의 의견을 수렴하기 위한 승인 신청내용, 의견제시 방법 및 기간 등의 공고
2. 1호에 따라 접수된 의견 중 신청인에게 불리하다고 판단되는 의견의 신청인에 대한 통보 및 소명 청취

(3) 금융감독원장은 위 (2)의 업무를 수행한 후에 그 결과를 지체없이 금융위원회에 통보해야 한다(지배구조감독규정16②).

iv) 승인의 효력 기한

금융위원회 승인의 효력은 보험회사의 대주주가 되고자 하는 자가 승인을 받은 날부터 6개월 이내에 해당 보험회사의 주식을 취득하지 않은 때 소멸한다(지배구조감독규정15⑤본). 다만, 금융위원회의 승인 당시 주식취득기한을 따로 정하였거나 승인 후 주식취득기한의 연장에 대하여 금융위원회의 승인을 받은 경우에는 그 기간을 달리 정할 수 있다(지배구조감독규정15⑤단).

v) 승인 후 취득에 대한 보고 등

보험회사의 대주주가 되고자 하는 자가 금융위원회 승인을 받은 후 주식을 취득한 때

에는 그 사실을 지체 없이 금융감독원장에게 보고해야 하고 해당 보험회사에 통보해야 한다(지배구조감독규정15⑥). 여기서 취득뿐만 아니라 양수도 마찬가지라고 해석한다.

vi) 기한을 넘긴 신청에 대한 승인 문제

(1) 금융위원회의 사전승인(지배구조법31①)을 받지 않고 주식을 취득·양수한 이후에, 또는 사후승인(지배구조법31②)의 기간을 넘긴 이후에 승인신청을 한 경우에 승인 심사를 거쳐서 승인할 수 있는지가 문제된다.

(2) 생각건대, 가능하다고 해석한다.[179] 왜냐하면 승인을 받지 않은 경우에 주식의 의결권만을 제한하고 있고 또한 처분명령권의 행사 여부도 재량사항이라는 점을 고려하면 승인 없는 취득·양수를 절대적으로 금지하는 것이라고 보기 어렵고, 따라서 이 경우는 승인 심사를 거쳐서 승인 여부를 결정할 수 있다고 함이 비례의 원칙과 합목적성에 부합한다고 볼 수 있기 때문이다.

(3) 실체적 요건

1) 의의

주식의 취득등을 통해서 보험회사의 대주주가 되기 위해서는 독점규제법, '조세범 처벌법' 및 금융과 관련하여 대통령령으로 정하는 법령을 위반하지 아니하는 등 대통령령으로 정하는 요건을 갖추어야 한다(지배구조법31①본). 여기서 대통령령으로 정하는 법령이란 금융관련법령을 말한다(지배구조법시행령26②). 금융관련법령에 대해서는 지배구조법시행령 5조가 규정하고 있다.

2) 관련 규정

(1) 위 1)에서 대통령령으로 정하는 요건은 지배구조법시행령 [별표1의2]의 요건을 말한다. 그리고 지배구조법시행령 26조 12항의 위임에 따른 지배구조감독규정 [별표4]도 그러한 요건에 대해서 규정한다. 요컨대, 대주주 변경의 실체적 요건에 대한 구체적인 내용은 지배구조법시행령 [별표1의2]와 지배구조감독규정 [별표4]가 규정한다.

(2) 그런데 지배구조감독규정 [별표4]는 지배구조법시행령 [별표1의2]를 보완하기도 하지만 때로는 내용이 다른 경우도 있다. 지배구조감독규정 [별표4]는 지배구조법시행령 26조 12항(1항부터 11항까지에서 규정한 사항 이외에 변경승인에 필요한 사항은 금융위원회가 정하여 고시한다)에 근거를 두고 있는데, 이러한 근거만으로 지배구조감독규정 [별표4]가 지배구조법시행령 [별표1의2]와 다른 내용을 규정하는 것은 위임입법의 한계를 벗어날 우려가 있다. 따라서 이러한 위임입법의 한계를 고려하면서 지배구조법시행령 [별표1의2]와 지배구조감독규정 [별표4]를 통해서 대주주 변경의 실체적 요건에 대한 구체적 내용을 파악하고자 한다.

---

179) 정찬형(보험업법1) 92면; 정채웅 136면

⑶ 가령 지배구조법시행령 [별표1의2] 3호 라목에서는 대주주가 내국법인인 경우에 [별표1의2] 1호 다목의 사회경제적 신용 요건을 충족해야 한다고 규정하지만 지배구조감독규정 [별표4] 3호 라목 및 마목은 [별표1의2] 1호 다목의 일부를 수정하여 구체화하고 있는데, 이 경우는 위임입법의 한계를 벗어나지 않는 보완적 수정이라고 해석한다. 한편 가령 지배구조법시행령 [별표1의2] 1호 다목 2)가 규정하고 있는 사회경제적 신용 요건을 이에 상응하는 지배구조감독규정 [별표4] 1호는 요건으로서 언급하고 있지 않은데, 이 경우 후자 때문에 전자가 효력이 없다고 해석하는 것은 위임입법의 한계를 벗어날 소지가 있으므로, 지배구조법시행령 [별표1의2] 1호 다목 2)는 사회경제적 신용 요건으로서 유효하다고 해석한다.

3) 요건의 내용

① 구분

⑴ 보험회사 대주주 변경의 실체적 요건은 아래에서 보는 바와 같이 ② 대주주가 금융기관인 경우 ③ 대주주가 기금 등인 경우 ④ 대주주가 내국법인인 경우 ⑤ 대주주가 내국인으로서 개인인 경우 ⑥ 대주주가 외국법인인 경우 ⑦ 대주주가 기관전용사모집합투자기구 또는 투자목적회사인 경우, 그리고 ⑧ 대주주가 최대주주인 법인의 최대주주 등인 경우로 구분해 볼 수 있다. 대주주가 외국인으로서 개인인 경우(주식취득대상 금융회사가 금융지주회사인 경우만 해당)도 있지만(지배구조법시행령[별표1의2]6), 이는 보험회사의 대주주에는 적용이 없으므로 제외된다. 그리고 유형별로 금융회사 임원결격사유, 재무적 요건, 사회경제적 신용 요건 등의 전부 또는 일부를 구체적 요건으로 요구한다.

⑵ 지배구조법시행령 [별표1의2]는 대주주의 유형별 구체적 요건에 대해 대주주가 금융기관인 경우를 기본형으로 하고 이를 여타의 대주주 유형에 대해서 준용, 수정 또는 추가하는 방식으로 규정하고 있다. 이하에서도 이러한 방식에 따라 기술하기로 한다.

② 대주주가 금융기관인 경우

대주주가 되려는 자가 금융기관인 경우에 대주주 변경요건은 다음과 같이 재무적 요건과 사회경제적 신용 요건으로 구분해 볼 수 있다. 여기서 금융기관은 금융위원회법 38조에 따라 금융감독원의 검사를 받는 기관(기관전용사모집합투자기구는 제외)을 가리킨다고 해석한다.

㈀ 재무적 요건

(a) 재무건전성

주식취득대상 금융회사가 보험회사인 경우에 다음을 충족해야 한다(지배구조감독규정[별표4]1가(2)).

㈎ 대주주가 은행인 경우 최근 분기 말 현재 총자본비율이 100분의 10, 기본자본비율이 100분

의 7.5 및 보통주자본비율이 100분의 7 이상일 것

(나) 대주주가 투자매매업자 또는 투자중개업자인 경우 최근 분기 말 현재 순자본비율이 150% 이상 일 것

(다) 대주주가 보험회사인 경우 최근 분기 말 현재 지급여력비율이 150% 이상일 것

(라) 대주주가 (가) 내지 (다) 이외의 금융기관인 경우 해당 금융기관에 적용되는 재무건전성기준을 충족할 것

(b) 소속 기업집단의 부채비율

지배구조법시행령 [별표1의2] 1호 나목은 다음과 같이 규정한다. 즉 해당 금융기관이 상호출자제한기업집단등이거나 주채무계열에 속하는 회사인 경우에는 해당 상호출자제한기업집단등 또는 주채무계열의 부채비율이 100분의 300 이하로서 금융위원회가 정하는 기준을 충족해야 한다.

지배구조감독규정은 [별표4] 1호 나목은 다음과 같이 규정한다. 즉 해당 금융기관이 상호출자제한기업집단등에 속하거나 은행업감독규정에 따른 주채무계열에 속하는 회사인 경우에는 그 소속기업 중 금융회사를 제외한 기업의 수정재무제표를 합산하여 산출한 부채비율(최근 사업연도 말 이후 승인신청일까지 유상증자에 따라 자기자본이 증가하거나 감자 또는 자기주식의 취득 등으로 자기자본이 감소하는 경우에는 이를 감안하여 산정함)이 100분의 200 이하이어야 한다.

(ㄴ) 사회경제적 신용

다음의 사회경제적 신용 요건을 충족해야 하고, 다만 그 위반 등의 정도가 경미하다고 금융위원회가 인정하거나 그 사실이 건전한 업무 수행을 어렵게 한다고 볼 수 없는 경우에는 그렇지 않다(지배구조법시행령[별표1의2]1다).

(a) 형사처벌

최근 5년간 금융관련법령, 독점규제법 또는 '조세범 처벌법'을 위반하여 벌금형 이상에 상당하는 처벌받은 사실이 없어야 한다(지배구조법시행령[별표1]1다1)).

(b) 채무불이행 등

최근 5년간 채무불이행 등으로 건전한 신용질서를 저해한 사실이 없어야 한다(지배구조법시행령[별표1]1다2)).

(c) 부실금융기관 지정 등

구조개선법에 따라 부실금융기관으로 지정되거나 금융관련법령에 따라 허가·인가 또는 등록이 취소된 금융기관의 대주주 또는 그의 특수관계인이 아니어야 하고, 다만 법원의 판결에 의하여 부실책임이 없다고 인정된 자 또는 부실에 따른 경제적 책임을 부담한 경우 등을 포함하여 '부실금융기관 대주주의 경제적 책임 부담기준'에 따라 경제적 책임 부담의무를 이행 또는 면제받은 경우를 제외한다(지배구조법시행령[별표1의2]1다3),지배구조

감독규정[별표4]1다(2)).

(d) 기타

그 밖에 위 (a)~(c)의 규정에 준하는 것으로서 금융위원회가 정하여 고시하는 건전한 금융거래질서를 저해한 사실이 없어야 한다(지배구조법시행령[별표1의2]1다4)). 금융위원회 고시에 따르면 다음과 같이 건전한 신용질서, 그 밖에 건전한 금융거래질서를 저해한 사실이 없어야 한다(다만, 그 사실이 영위하고자 하는 업무의 건전한 영위를 어렵게 한다고 볼 수 없거나 금융산업의 신속한 구조개선을 지원할 필요가 있는 경우를 제외한다)(지배구조감독규정[별표4]1다(3)).

㈎ 최대주주가 되고자 하는 경우에는 최근 1년간 기관경고 조치 또는 최근 3년간 시정명령이나 중지명령, 업무정지 이상의 조치를 받은 사실(기관경고를 받은 후 최대주주 및 그 특수관계인인 주주 전체가 변경된 경우에는 적용을 제외한다)

㈏ 최근 5년간 파산절차·회생절차, 그 밖에 이에 준하는 절차의 대상인 기업이거나 그 기업의 최대주주 또는 주요주주로서 이에 직접 또는 간접으로 관련된 사실. 다만, 이에 관한 책임이 인정되는 경우에 한한다.

③ 대주주가 기금 등인 경우

(1) 대주주가 되려는 자가 기금 등인 경우에는 사회경제적 신용 요건만 요구된다(지배구조법시행령[별표1의2]2). 여기서 기금 등은 국가재정법 5조에 따른 기금 또는 그 기금을 관리·운용하는 법인을 가리킨다(지배구조법26⑦(2)나). 그런데 지배구조감독규정에서는 대주주가 '기금 등'인 경우가 아니라 '기금'인 경우로 수정하고 있다(지배구조감독규정[별표4]2).

(2) 한편 보험업 허가 시의 대주주 요건에서는 대주주가 기금 등인 경우를 별도로 구분하지 않고 대주주가 내국법인인 경우에 포함시키는데, 이 점이 대주주 변경요건과 다른 점이다.

(3) 대주주가 기금 등인 경우 요구되는 사회경제적 신용 요건은 대주주가 금융기관인 경우에 요구되는 사회경제적 신용 요건과 내용이 같다(지배구조법시행령[별표1의2]2).

④ 대주주가 내국법인인 경우

대주주가 내국법인인 경우 내국법인은 위 금융기관 및 기금 등 이외의 내국법인(기관전용 사모집합투자기구와 투자목적회사는 제외)을 가리킨다(지배구조법시행령[별표1의2]3).

(ㄱ) 재무적 요건

(a) 자신의 부채비율

최근 사업연도 말 현재 부채비율이 100분의 200 이하이어야 한다(지배구조법시행령[별표1의2]3가, 지배구조감독규정[별표4]3가).

ⓑ 소속 기업집단의 부채비율

대주주가 금융기관인 경우와 내용이 같다(지배구조법시행령[별표1의2]3나, 지배구조감독규정[별표4]3나).

ⓒ 출자금

차입으로 조성된 자금이 출자금의 3분의 2 이하이어야 한다(지배구조법시행령[별표1의2]3다). 즉 ⓐ 유상증자 ⓑ 1년 내의 고정자산 매각 ⓒ 내부유보, 그리고 ⓓ 그 밖에 위 ⓐ~ⓒ에 준하는 것으로 인정되는 방법 이외의 방법에 따라 조성한 자금으로서 그 합계액이 출자금(대주주가 되고자 하는 자가 승인신청한 주식의 취득액)의 3분의 2 이하이어야 한다(지배구조감독규정[별표4]3다).

㈏ 사회경제적 신용 요건

(1) 대주주가 금융기관인 경우에 요구되는 사회경제적 신용 요건인 (a) 형사처벌 (b) 채무불이행, 그리고 (c) 부실금융기관 지정 등이 여기에 적용된다(지배구조법시행령[별표1의2]3라, 지배구조감독규정[별표4]3라).

(2) 그리고 위 (1)에 추가해서 다음이 요구된다(지배구조감독규정[별표4]3마). 즉 ⓐ 최근 5년간 부도발생, 그 밖에 이에 준하는 사유로 인하여 은행거래정지처분을 받은 사실, 또는 ⓑ 최근 5년간 파산절차·회생절차, 그 밖에 이에 준하는 절차의 대상인 기업이거나 그 기업의 최대주주 또는 주요주주로서 이에 직접 또는 간접으로 관련된 사실(다만, 이에 관한 책임이 인정되는 경우에 한함)이 없어야 한다.

⑤ 대주주가 내국인으로서 개인인 경우

대주주가 내국인으로서 개인인 경우는 금융회사의 임원결격사유에 해당하지 않아야 하고, 재무적 요건을 갖추어야 하며, 또한 사회경제적 신용 요건을 충족해야 한다.

㈎ 금융회사 임원결격사유 요건

대주주가 내국인으로서 개인인 경우 금융회사의 임원결격사유(지배구조법5①)에 해당하지 않아야 한다(지배구조법시행령[별표1의2]4가).

㈏ 재무적 요건

출자자금 중 객관적으로 자금출처를 확인할 수 있는 소명자료에 따라 확인된 다음의 어느 하나에 해당하는 재원 이외의 재원으로 마련된 자금이 3분의 2 이하이어야 한다(지배구조법시행령[별표1의2]4나, 지배구조감독규정[별표4]4나). 즉 ⓐ '상속세 및 증여세법'에 따라 적법하게 취득한 상속재산 또는 수증재산 처분자금 ⓑ 이자, 배당소득, 사업소득, 근로소득, 퇴직소득, 기타소득, 임대소득, 양도소득, 그리고 ⓒ 그 밖에 위 ⓐ 및 ⓑ에 준하는 소득재원 이외의 재원으로 마련된 자금이 3분의 2 이하이어야 한다.

(ㄷ) 사회경제적 신용 요건

(1) 대주주가 금융기관인 경우에 요구되는 사회경제적 신용 요건인 (a) 형사처벌 (b) 채무불이행, 그리고 (c) 부실금융기관 지정 등이 여기에 적용된다(지배구조법시행령[별표1의2]4나,지배구조감독규정[별표4]4다).

(2) 그리고 위 (1)에 추가해서 다음이 요구된다(지배구조감독규정[별표4]4라). 즉 ⓐ 최근 5년간 부도발생 및 그 밖에 이에 준하는 사유로 인하여 은행거래정지처분을 받은 사실 ⓑ 최근 3년간 신용정보법에 따른 종합신용정보집중기관에 금융질서 문란정보 거래처 또는 약정한 기일 내에 채무를 변제하지 아니한 자로 등록된 사실 ⓒ 최대주주가 되고자 하는 경우에 최근 4년간 금융위원회로부터 직무정지 또는 정직요구 이상의 조치를 받은 사실, 또는 ⓓ 최근 5년간 파산절차·회생절차, 그 밖에 이에 준하는 절차의 대상인 기업이거나 그 기업의 최대주주 또는 주요주주로서 이에 직접 또는 간접으로 관련된 사실(다만, 이에 관한 책임이 인정되는 경우에 한함)이 없어야 한다.

⑥ 대주주가 외국법인인 경우

대주주가 외국법인인 경우에서 외국법인은 외국법령에 따라 설립된 외국법인이라고 해석한다. 대주주가 외국법인인 경우는 보험업경영 요건, 재무적 요건 및 사회경제적 신용 요건이 요구된다. 다만, 그 외국법인이 지주회사인 경우에는 그 지주회사가 인가신청 시에 지정하는 회사(그 지주회사의 경영을 사실상 지배하고 있는 회사 또는 지주회사가 경영을 사실상 지배하고 있는 회사에 한함)가 그러한 요건을 충족하는 때에는 그 지주회사가 그 요건을 충족한 것으로 본다(지배구조감독규정[별표4]5단).

(ㄱ) 보험업경영 요건

외국법인은 승인신청일 현재 보험업(허가받고자 하는 보험종목과 동일한 보험종목)을 경영하고 있어야 한다(지배구조법시행령[별표1의2]5가,지배구조감독규정[별표4]5가(3)).

(ㄴ) 재무적 요건

국제적으로 인정받는 신용평가기관으로부터 투자적격 이상의 신용평가등급을 받거나 외국 법인이 속한 국가의 감독기관이 정하는 재무건전성에 관한 기준을 충족하고 있는 사실이 확인되어야 한다(지배구조법시행령[별표1의2]5나).

(ㄷ) 사회경제적 신용 요건

(1) 대주주가 금융기관인 경우에 요구되는 사회경제적 신용 요건인 (a) 형사처벌 (b) 채무불이행 (c) 부실금융기관 지정 등, 그리고 (d) 기타가 여기에 적용된다(지배구조법시행령[별표1의2]5라).

(2) 그리고 위 (1)에 추가해서 다음이 요구된다(지배구조법시행령[별표1의2]5다,지배구조감독규정[별표4]5다). 즉 최근 3년간 금융업에 상당하는 영업의 영위와 관련하여 본국의 감독

기관으로부터 기관경고 이상에 상당하는 행정처분(감독기관이 제재방법으로 행하는 활동·기능·영업에 대한 제한명령, 등록의 취소나 정지 등이 포함되며 행정처분에 따라 민사제재금 등을 징구 받은 경우에는 해당국 감독기관의 전체적인 제재수준 및 위법행위의 내용 등을 감안하여 결정함)을 받거나 벌금형 이상에 상당하는 형사처벌을 받은 사실이 없어야 한다.

⑦ 대주주가 기관전용 사모집합투자기구 또는 투자목적회사인 경우

(1) 대주주가 기관전용 사모집합투자기구 또는 투자목적회사인 경우는 이에 대해 지배력이 있는 자를 기준으로 그가 금융기관, 기금 등, 내국법인, 내국인으로서 개인, 외국법인 중 어느 것에 해당하는지를 정하고 그에 따르는 일정한 대주주 요건을 충족해야 한다. 여기서 기관전용 사모집합투자기구 및 투자목적회사는 자본시장법에 따른 것을 말한다(지배구조법시행령[별표1의2]비고1). 경영참여형 사모집합투자기구 및 투자목적회사의 내용에 대해서 보험업 허가 시의 대주주 요건에서 기술하였다.

(2) 기관전용 사모집합투자기구인 경우 ⓐ 업무집행사원과 ⓑ 그 출자지분이 100분의 30 이상인 유한책임사원(기관전용 사모집합투자기구에 대하여 사실상의 영향력을 행사하고 있지 않다는 사실이 정관, 투자계약서, 확약서 등에 의하여 확인된 경우는 제외), 그리고 ⓒ 기관전용 사모집합투자기구를 '사실상 지배'하고 있는 유한책임사원('업무집행사원 등')이 '금융기관, 기금 등, 내국법인, 내국인으로서 개인, 외국법인' 중에서 어느 하나에 해당하면 그에 따르는 '일정 요건'을 충족해야 한다(지배구조법시행령[별표1의2]7).

또한 투자목적회사의 주주나 사원인 기관전용 사모집합투자기구의 업무집행사원으로서 그 투자목적회사의 자산운용업무를 수행하는 자('업무집행사원 겸 자산운용업무수행자')가 '금융기관, 기금 등, 내국법인, 내국인으로서 개인, 외국법인' 중 어느 하나에 해당하면 그에 따르는 '일정 요건'을 충족해야 한다(지배구조법시행령[별표1의2]7).

(3) 기관전용 사모집합투자기구의 업무집행사원 등 또는 투자목적회사의 업무집행사원 겸 자산운용업무수행자가 금융기관, 기금 등, 내국법인, 내국인으로서 개인, 외국법인 중 어느 하나에 해당하면 그가 충족해야 할 일정 요건은 다음과 같다(지배구조법시행령[별표1의2]7).

(ㄱ) 금융기관에 해당하는 경우

대주주가 금융기관인 경우에 요구되는 요건이 그대로 적용된다(지배구조법시행령[별표1의2]7가, 지배구조감독규정[별표4]7가).

(ㄴ) 기금 등에 해당하는 경우

대주주가 기금 등인 경우에 요구되는 요건이 그대로 적용된다(지배구조법시행령[별표1의2]7나, 지배구조감독규정[별표4]7나). 그런데 지배구조감독규정에서는 대주주가 '기금 등'인 경우가 아니라 '기금'인 경우로 수정하고 있다(지배구조감독규정[별표4]7나).

(ㄷ) 내국법인에 해당하는 경우

대주주가 내국법인인 경우에 요구되는 요건 중에 출자금 요건을 제외하고 나머지가 그대로 적용된다(지배구조법시행령[별표1의2]7다, 지배구조감독규정[별표4]7다).

(ㄹ) 내국인으로서 개인에 해당하는 경우

대주주가 내국인으로서 개인인 경우에 요구되는 요건 중에서 출자금 요건을 제외하고 나머지가 그대로 적용된다(지배구조법시행령[별표1의2]7라, 지배구조감독규정[별표4]7라).

(ㅁ) 외국법인에 해당하는 경우

대주주가 내국법인인 경우에 요구되는 요건 중에서 보험업경영의 요건을 제외하고 나머지가 그대로 적용된다(지배구조법시행령[별표1의2]7마, 지배구조감독규정[별표4]7마).

⑧ 대주주가 최대주주인 법인의 최대주주 등인 경우

(1) 대주주가 ⓐ 최대주주인 법인의 최대주주(최대주주인 법인의 주요 경영사항을 사실상 지배하는 자가 그 법인의 최대주주와 명백히 다른 경우에는 그 사실상 지배하는 자를 포함한다), 그리고 ⓑ 최대주주인 법인의 대표자인 경우에는 아래 (2)의 대주주 요건이 적용된다(지배구조법시행령[별표1의2]비고2본). 다만, 최대주주인 법인이 기관전용 사모집합투자기구이거나 투자전문회사인 경우에는 위 ⑦ 대주주가 기관전용 사모집합투자기구 또는 투자목적회사인 경우의 대주주 요건을 적용한다(지배구조법시행령[별표1의2]비고2단).

(2) 여기의 대주주 요건에 대해서는 관련 규정들(지배구조법시행령[별표1의2]비고2, 지배구조감독규정[별표4]8가)이 있는데, 후자가 전자를 구체화한 것이고 그 내용은 다음과 같다.

(ㄱ) 해당인이 금융기관인 경우

대주주가 금융기관인 경우에 요구되는 사회적 요건이 그대로 적용된다(지배구조감독규정[별표4]8가(1)).

(ㄴ) 해당인이 기금인 경우

대주주가 기금인 경우에 요구되는 사회적 요건이 그대로 적용된다(지배구조감독규정[별표4]8가(2)).

(ㄷ) 해당인이 내국법인인 경우

대주주가 내국법인인 경우에 요구되는 사회적 요건이 그대로 적용된다(지배구조감독규정[별표4]8가(3)).

(ㄹ) 대주주가 내국인으로서 개인인 경우

대주주가 내국인으로서 개인인 경우에 요구되는 사회적 요건이 그대로 적용된다(지배구조감독규정[별표4]8가(4)).

(ㅁ) 대주주가 외국법인인 경우

대주주가 외국법인인 경우에 요구되는 사회적 요건이 그대로 적용된다(지배구조감독규정[별표4]8가(5)).

⑨ 특칙

(ㄱ) 사회경제적 신용 요건

위에서 사회경제적 신용 요건은 다음의 어느 하나에 해당하면 그 범위 내에서 충족된 것으로 간주한다(지배구조감독규정[별표4]8나).

(1) 대주주가 합병회사로서 합병 전 피합병회사의 사유로 인하여 지배구조감독규정 [별표4] 1호 다목 및 3호 마목에서 정하는 사실에 해당하는 경우(그 사실에 직접 또는 간접으로 관련되는 피합병회사의 임원, 최대주주 및 주요주주가 합병회사의 경영권에 관여하지 아니하거나 사실상 영향력을 행사할 수 없는 경우에 한한다)

(2) 대주주가 경영권이 변경된 회사로서 경영권 변경 전의 사유로 인하여 지배구조감독규정 [별표4] 1호 다목 및 3호 마목에서 정하는 사실에 해당할 경우(그 사실에 직접 또는 간접으로 관련되는 경영권변경 전의 임직원, 최대주주 및 주요주주가 그 사실이 종료될 때까지 경영에 관여하거나 사실상 영향력을 행사하는 경우는 제외한다. 이와 관련하여 금융회사는 그 사실에 직접 또는 간접으로 관련되는 경영권 변경 전의 임직원, 최대주주 및 주요주주를 그 사실이 종료될 때까지 경영에 관여하는 직위에 임명할 수 없다)

(3) 그 밖에 위 (1) 및 (2)와 유사한 경우로서 지분변동 등으로 실질적으로 대주주의 동일성이 유지되고 있다고 인정하기 어려운 경우에 지배주주가 지분변동 등의 전의 사유로 인하여 지배구조감독규정 [별표4] 1호 다목 및 3호 마목에서 정하는 사실에 해당하는 경우

(ㄴ) 대주주가 외국법인인 경우

위 ⑥ 대주주가 외국법인인 경우와 관련하여 대주주인 외국법인이 지주회사여서 지배구조법시행령 [별표1의2] 5호 각 목의 전부 또는 일부를 그 지주회사에 적용하는 것이 곤란하거나 불합리한 경우에는 그 지주회사가 승인신청 시에 지정하는 회사(해당 지주회사의 경영을 사실상 지배하고 있는 회사 또는 해당 지주회사가 경영을 사실상 지배하고 있는 회사로 한정한다)가 지배구조법시행령 [별표1의2] 5호 각 목의 전부 또는 일부를 충족하면 그 지주회사가 그 요건을 충족한 것으로 본다(지배구조법시행령[별표1의2]비고3).

(ㄷ) 대주주가 정부 등인 경우

대주주가 정부, 예금보험공사, 한국산업은행(다만, 구조개선법에 따라 설치된 금융안정기금의 부담으로 주식을 취득하는 경우로 한정), 한국자산관리공사 또는 국민연금공단인 경우에는 위 대주주 변경에 대한 승인 요건을 적용하지 않는다(지배구조감독규정[별표4]8라).

(4) 위반 시 효과

1) 사법적 효과

금융위원회의 사전승인(지배구조법31①)을 받지 않거나 사후승인(지배구조법31②)을 신

청하지 않은 자는 승인 없이 취득하거나 취득 후 승인을 신청하지 않은 주식에 대하여 의결권을 행사할 수 없다(지배구조법31④). 여기에는 취득은 물론이고 양수도 포함된다고 해석한다.

2) 공법적 효과

i) 처분 명령

(1) 금융위원회의 사전승인(지배구조법31①)을 받지 않거나 사후승인(지배구조법31②)을 신청하지 않고 취득·양수한 주식에 대하여 6개월 이내의 기간을 정하여 처분을 명할 수 있다(지배구조법31③).

(2) 처분명령 여부는 금융위원회의 재량사항이다.

(3) 금융위원회는 처분명령을 하는 경우 처분대상 주식의 수, 처분 기한 등을 명시한 서면으로 해야 한다(지배구조법시행령26⑪).

ii) 이행강제금

(1) 금융위원회는 주식처분명령을 받은 자가 그 정한 기간 이내에 그 명령을 이행하지 않으면 이행기간이 지난 날부터 1일당 그 처분해야 할 주식의 장부가액에 1만분의 3을 곱한 금액을 초과하지 않는 범위에서 이행강제금을 부과할 수 있다(지배구조법39①).

(2) 이행강제금은 주식처분명령에서 정한 이행기간의 종료일의 다음 날부터 주식처분명령을 이행하는 날(주권지급일을 말한다)까지의 기간에 대하여 이를 부과한다(지배구조법39②). 금융위원회는 주식처분명령을 받은 자가 주식처분명령에서 정한 이행기간의 종료일부터 90일이 지난 후에도 그 명령을 이행하지 않으면 그 종료일부터 매 90일이 지나는 날을 기준으로 하여 이행강제금을 징수한다(지배구조법39③). 이행강제금의 부과 및 징수에 관하여는 은행법 65조의4부터 65조의8까지, 65조의10 및 65조의11을 준용한다(지배구조법39④).

iii) 형벌

지배구조법 31조 1항 또는 2항을 위반하여 승인을 받지 않은 자 또는 승인신청을 하지 않은 자, 지배구조법 31조 3항에 따른 주식처분명령을 위반한 자는 형벌(지배구조법42)이 따른다.

3. 최대주주의 자격심사

(1) 의의

(1) 금융위원회는 보험회사의 최대주주 중 최다출자자 1인에 대하여 변경승인요건 중에서 적격성 유지요건에 부합하는지 여부를 심사해야 한다(지배구조법32①). 이를 적격성 심사라고 한다.

(2) 적격성 심사는 보험회사의 최대주주가 된 이후에 이 자격을 유지하는 문제와 관련된다. 적격성 심사는 모든 대주주가 아니라 최대주주 중 최다출자자 1인에 대해서만 적용된다.

(2) 적격성 심사대상

1) 최다출자자 1인

최대주주 중 최다출자자 1인이 적격성 심사대상이다. 최대주주 중에서 최다출자자 1인이란 최대주주가 2명 이상인 경우에서 그 중에서 최대출자자 1인만 심사대상이라는 의미이다. 즉 최대주주는 본인과 그의 특수관계인을 합한 주식 수가 가장 많은 경우에 그 본인을 가리키는데, 최대주주가 우연히 2인 이상인 경우에 그 중에서 본인을 기준으로 주식 수가 가장 많은 자가 최대주주 중 최다출자자가 된다.

2) 최다출자자 1인이 법인인 경우

(1) 최다출자자 1인이 법인인 경우 그 법인의 최대주주 중 최다출자자 1인을 말하며, 그 최다출자자 1인도 법인인 경우에는 최다출자자 1인이 개인이 될 때까지 같은 방법으로 선정하고, 다만 법인 간 순환출자 구조인 경우에는 최대주주 중 '대통령령으로 정하는 최다출자자' 1인으로 한다(지배구조법32①).

(2) 위 (1)에서 '대통령령으로 정하는 최다출자자'는 순환출자 구조의 법인이 속한 기업집단의 동일인(독점규제법2(2)) 또는 그 밖에 이에 준하는 자로서 금융위원회가 정하는 자를 말한다(지배구조법시행령27①본). 다만, 동일인이 법인인 경우에는 그 법인의 최대주주 중 최다출자자 1인을 말하며, 그 최다출자자 1인도 법인인 경우에는 최다출자자 1인이 개인이 될 때까지 같은 방법으로 선정한다(지배구조법시행령27①단).

3) 최다출자자 1인이 외국법인 또는 금융지주회사인 경우

최다출자자 1인이 외국법인 또는 금융지주회사인 경우에도 적격성 심사대상이 된다.[180]

(3) 적격성 심사주기

1) 정기 심사

적격성 심사는 2년마다 이루어져야 한다(지배구조법시행령27②본).

2) 수시 심사

(1) 일정한 경우는 2년 이내의 기간이라도 적격성 심사가 가능하다. 즉 ⓐ 보험회사가 해당 보험회사의 적격성 심사대상이 적격성 유지요건을 충족하지 못하는 사유가 발생한 사실을 인지하여 금융위원회에 보고하는 경우, 또는 ⓑ 적격성 심사대상과 금융회사의 불법거래 징후가 있는 경우 등 특별히 필요하다고 인정하는 경우에는 2년 이내의 기간으로

180) 지배구조법설명서 92-93면

할 수 있다(지배구조법시행령27②단).

(2) 위 (1)에 따른 심사기간의 설정은 금융감독원장에게 위탁되어 있다(지배구조법시행령30①(15)).

(4) 적격성 유지요건

(1) 적격성 심사대상이 '적격성 유지요건'에 부합하는지 여부를 심사해야 한다. 적격성 유지요건은 변경승인요건 중에서 독점규제법, '조세범 처벌법' 및 지배구조법 2조 7호에 따른 금융관계법령을 위반하지 않는 등 대통령령으로 정하는 요건을 가리킨다(지배구조법32①,동법시행령27③).

(2) 적격성 유지요건은 구체적으로 다음 각 호의 요건을 말한다(지배구조법시행령27④).

1. 지배구조법 5조 1항 1호·2호·5호·6호·7호에 해당하지 않을 것[181)]
2. 다음 각 목의 요건을 모두 충족할 것. 다만, 그 위반 등의 정도가 경미하다고 인정되거나 해당 금융회사의 건전한 업무 수행을 어렵게 한다고 볼 수 없는 경우는 제외한다.
   가. 최근 5년간 금융관계법령, 독점규제법 또는 '조세범 처벌법'을 위반하여 벌금형 이상에 상당하는 형사처벌을 받은 사실이 없을 것
   나. 구조개선법에 따라 부실금융기관으로 지정되었거나 금융관계법령에 따라 영업의 허가·인가·등록 등이 취소된 금융기관의 대주주 또는 그 특수관계인이 아닐 것. 다만, 법원의 판결에 따라 부실책임이 없다고 인정된 자 또는 부실에 따른 경제적 책임을 부담하는 등 금융위원회가 정하여 고시하는 기준에 해당하는 자는 제외한다.
   다. 최근 5년간 부도발생 및 그 밖에 이에 준하는 사유로 은행거래정지처분을 받은 사실이 없을 것
   라. 최근 3년간 신용정보법에 따른 종합신용정보집중기관에 금융질서 문란정보 거래처 또는 약정한 기일 내에 채무를 변제하지 않은 자로 등록된 사실이 없을 것
   마. 최근 5년간 채무자회생법에 따른 회생절차 또는 파산절차를 진행 중인 기업의 최대주주 또는 주요주주로서 해당 기업을 회생절차 또는 파산절차에 이르게 한 책임이 인정되

---

181) 지배구조법 5조 1항 1호·2호·5호·6호·7호는 임원의 결격요건에 관한 규정이며, 그 내용은 다음과 같다.
1. 미성년자·피성년후견인 또는 피한정후견인
2. 파산선고를 받고 복권되지 않은 사람
5. 지배구조법 또는 금융관계법령에 따라 벌금 이상의 형을 선고받고 그 집행이 끝나거나(집행이 끝난 것으로 보는 경우를 포함) 집행이 면제된 날부터 5년이 지나지 않은 사람
6. 다음 각 목의 어느 하나에 해당하는 조치를 받은 금융회사의 임직원 또는 임직원이었던 사람(그 조치를 받게 된 원인에 대하여 직접 또는 이에 상응하는 책임이 있는 사람으로서 대통령령으로 정하는 사람으로 한정)으로서 해당 조치가 있었던 날부터 5년이 지나지 않은 사람
   가. 금융관계법령에 따른 영업의 허가·인가·등록 등의 취소
   나. 구조개선법 10조 1항에 따른 적기시정조치
   다. 구조개선법 14조 2항에 따른 행정처분
7. 지배구조법 또는 금융관계법령에 따라 임직원 제재조치(퇴임 또는 퇴직한 임직원의 경우 해당 조치에 상응하는 통보를 포함한다)를 받은 사람으로서 조치의 종류별로 5년을 초과하지 아니하는 범위에서 대통령령으로 정하는 기간이 지나지 않은 사람

지 아니하고 이에 직접 또는 간접으로 관련된 사실이 없을 것

(3) 위 (2)의 요건들은 모두 소극적 요건이자 사회경제적 신용 요건과 관련된다. 그 중에서 1호는 보험회사의 임원결격사유에 해당하기도 하며, 그 구체적인 내용에 대해서는 보험회사의 임원 부분에서 자세히 기술한 바 있다. 그리고 1호와 2호는 내용 면에서 다소 중복되는 부분도 있다. 하지만 2호는 그 위반 등의 정도가 경미하다고 인정되거나 해당 보험회사의 건전한 업무 수행을 어렵게 한다고 볼 수 없는 경우를 제외한다는 점에서는 1호와는 다르게 취급된다.

(5) 적격성 유지요건 미충족을 인지한 경우

(1) 보험회사는 해당 보험회사의 적격성 심사대상이 적격성 유지요건을 충족하지 못하는 사유가 발생한 사실을 인지한 경우 지체 없이 그 사실을 금융위원회에 보고해야 한다(지배구조법32②). 이에 따라 보험회사는 적격성 심사대상이 적격성 유지요건을 충족하지 못하는 사유가 발생한 사실을 알게 된 경우에는 그 사실을 알게 된 날부터 7영업일 이내에 다음 각 호의 사항을 금융위원회에 보고해야 한다(지배구조법시행령27⑤).

1. 적격성 심사대상이 충족하지 못하는 적격성 유지요건의 내용 및 충족하지 못하게 된 사유
2. 향후 적격성 유지요건 충족 가능 여부
3. 적격성 심사대상과 해당 보험회사의 거래 관계

(2) 적격성 유지요건의 미충족에 대한 보고접수의 업무는 금융감독원장에게 위탁되어 있고(지배구조법시행령30①(7)), 이에 따라 보고는 지배구조감독시행세칙 [별지11]의 서식에 의한다(지배구조감독시행세칙8⑤).

(6) 심사 절차

1) 심사서류 제출 및 심사

(1) 적격성 심사대상이 적격성 유지요건에 부합하는지에 대한 심사 업무는 금융감독원장에게 위탁되어 있다(지배구조법시행령30①(7)).

(2) 적격성 심사대상은 금융감독원장이 정하는 서식에 따른 심사서류를 제출해야 하고(지배구조감독규정17②), 이에 따라 지배구조감독시행세칙 [별지10]의 서식에 의한다(지배구조감독시행세칙8①).

(3) 심사기준일은 연도 말로 하며, 적격성 심사대상은 심사서류를 연도 말로부터 2개월 이내에 금융감독원장에게 제출해야 한다(지배구조감독시행세칙8②).

(4) 금융감독원장은 서류제출기한 만료일로부터 3개월 이내에 심사를 완료해야 한다(지배구조감독시행세칙8③). 이 심사기간을 계산할 때 다음 각 호의 어느 하나에 해당하는 기간은 심사기간에 넣지 않는다(지배구조감독시행세칙8④).

1. 최대주주 적격성 심사자료의 흠결을 보완하는 기간
2. 적격성 유지요건을 충족하는지를 확인하기 위하여 다른 기관 등으로부터 필요한 자료를 제공받는 데에 걸리는 기간
3. 천재·지변 그 밖의 사유로 자격심사 결과를 통지할 수 없는 기간

2) 정보 및 자료 요구권

(1) 금융위원회는 적격성 심사를 위하여 필요한 경우에는 보험회사 또는 적격성 심사대상에 대하여 필요한 자료 또는 정보의 제공을 요구할 수 있다(지배구조법32③).

(2) 금융위원회가 해당 보험회사 또는 해당 적격성 심사대상에게 다음 각 호의 구분에 따른 자료 또는 정보의 제출을 요구하는 경우 해당 보험회사 또는 해당 적격성 심사대상은 10영업일 이내에 자료 또는 정보를 제출해야 하며, 제출하기 어려운 경우에는 그 사유를 소명해야 한다(지배구조법시행령27⑨).

1. 보험회사: 해당 보험회사 또는 그 최대주주 중 최다출자자 1인인 법인 등의 주주명부, 해당 적격성 심사대상 및 그 특수관계인에 대한 정보
2. 적격성 심사대상: 주식예탁증서, 주식실물 사본, 특수관계인 범위 확인에 필요한 자료
3. 그 밖에 심사에 필요한 자료 또는 정보로서 금융위원회가 정하는 자료 또는 정보

(3) 위 (1) 및 (2)에 따른 자료 또는 징보의 제공 요구는 금융감독원장에세 위탁되어 있다(지배구조법시행령30①(8)-(15)).

(7) 적격성 유지요건 미충족 시의 조치

1) 경영건전성 확보를 위한 조치

(1) 금융위원회는 적격성 심사의 결과 적격성 심사대상이 적격성 유지요건을 충족하지 못하고 있다고 인정되는 경우 해당 적격성 심사대상에 대하여 6개월 이내의 기간을 정하여 해당 보험회사의 경영건전성을 확보하기 위한 다음 각 호의 전부 또는 일부를 포함한 조치를 이행할 것을 명할 수 있다(지배구조법32④).

1. 적격성 유지요건을 충족하기 위한 조치
2. 해당 적격성 심사대상과의 거래의 제한 등 이해상충 방지를 위한 조치
3. 그 밖에 보험회사의 경영건전성을 위하여 필요하다고 인정되는 조치로서 대통령령으로 정하는 조치

(2) 위 (1)에서 대통령령으로 정하는 조치는 다음 각 호와 같다(지배구조법시행령27⑥).

1. 적격성 심사대상의 적격성 유지조건을 충족하지 못하는 사유 및 지배구조법 32조 4항 1호 및 2호의 조치와 관련한 사항을 해당 보험회사의 주주 및 금융소비자들이 알 수 있도록 인터넷 홈페이지 등에 공시
2. 그 밖에 보험회사의 경영건전성을 위하여 필요하다고 인정되는 조치로서 금융위원회가 정

하여 고시하는 조치

(3) 위 (2)에서 금융위원회가 정하여 고시하는 조치는 다음 각 호의 어느 하나를 말한다(지배구조감독규정17①).

1. 보험회사의 경영건전성을 위한 계획의 제출 요구
2. 1호에 따른 계획의 수정 요구
3. 1호 또는 2호에 따른 계획의 이행 촉구

(4) 위 (1)~(3)에 따른 명령의 이행 여부 점검은 금융감독원장에게 위탁되어 있다(지배구조법시행령30①(9)).

2) 의결권 행사의 금지

i) 의의

일정한 적격성 유지요건의 위반 시에는 의결권 행사의 금지를 명령할 수 있다. 즉 금융위원회는 적격성 심사의 결과 적격성 심사대상이 다음의 어느 하나에 해당하는 경우로서 법령 위반 정도를 감안할 때 건전한 금융질서와 보험회사의 건전성이 유지되기 어렵다고 인정되는 경우 5년 이내의 기간으로서 대통령령으로 정하는 기간 내에 해당 적격성 심사대상이 보유한 보험회사의 의결권 있는 발행주식(최다출자자 1인이 법인인 경우 그 법인이 보유한 해당 보험회사의 의결권 있는 발행주식을 말함) 총수의 100분의 10 이상에 대하여는 의결권을 행사할 수 없도록 명할 수 있다(지배구조법32⑤).

ii) 위반 사유

(1) 의결권 행사의 금지를 명령할 수 있는 일정한 적격성 유지요건의 위반은 다음 각 호와 같다(지배구조법32⑤).

1. 독점규제법, '조세범 처벌법' 또는 지배구조법 2조 7호에 따라 금융관계법령의 위반으로 금고 1년 이상의 실형을 선고받고 그 형이 확정된 경우
2. 그 밖에 건전한 금융질서 유지를 위하여 대통령령으로 정하는 경우

(2) 위 (1)에 따라 대통령령으로 정하는 경우는 다음 각 호의 어느 하나에 해당하는 경우를 말한다(지배구조법시행령27⑧본). 다만, 2호 및 3호는 그 사실이 발생한 날부터 1개월 이내에 그 사실이 해소된 경우는 제외한다(지배구조법시행령27⑧단).

1. 지배구조법시행령 27조 4항 2호 나목의 요건을 충족하지 못하는 경우[182]
2. 최근 5년간 부도발생 및 그 밖에 이에 준하는 사유로 인하여 은행거래정지처분을 받은 경우

182) 구조개선법에 따라 부실금융기관으로 지정되었거나 금융관계법령에 따라 영업의 허가·인가·등록 등이 취소된 금융기관의 대주주 또는 그 특수관계인이 아니어야 한다는 요건(다만, 법원의 판결에 따라 부실책임이 없다고 인정된 자 또는 부실에 따른 경제적 책임을 부담하는 등 금융위원회가 정하여 고시하는 기준에 해당하는 자는 제외함)을 충족하지 못하는 경우(지배구조법시행령27④(2)나)

3. 최근 3년간 신용정보법에 따른 종합신용정보집중기관에 금융질서 문란정보 거래처 또는 약정한 기일 내에 채무를 변제하지 않은 자로 등록된 경우

iii) 명령의 기한

(1) 의결권 행사 금지의 명령은 5년 이내의 기간으로서 대통령령으로 정하는 기간 내에 해야 한다(지배구조법32⑤).

(2) 위 (1)에서 대통령령으로 정하는 기간은 5년을 말하고, 다만 금융위원회는 적격성 심사대상의 법령 위반 정도를 고려하여 그 기간을 줄일 수 있다(지배구조법시행령27⑦).

iv) 의결권 행사 금지의 대상

의결권 행사 금지의 대상은 해당 적격성 심사대상이 보유한 보험회사의 의결권 있는 발행주식총수의 100분의 10 이상이다. 이 의미는 어떤 보험회사의 의결권 있는 발행주식 총수의 100분의 10 이상을 해당 적격성 심사대상이 보유한 경우 그 이상분에 대해서 의결권 행사의 금지를 명령할 수 있다는 것이다. 가령 보험회사의 의결권 있는 발행주식 총수가 10,000주이고 적격성 심사대상이 보유한 주식수가 1,500주이면, 발행주식 총수의 100분의 10(1,000주) 이상에 해당하는 501주에 대해서 의결권 행사의 금지를 명령할 수 있다.[183]

(8) 경합범에 대한 분리 선고

(1) 지배구조법 32조 1항에 규정된 법령(독점규제법, '조세범 처벌법' 또는 지배구조법 2조 7호에 따른 금융관계법령)의 위반에 따른 죄와 다른 죄의 경합범에 대하여는 형법 38조[184]에도 불구하고 이를 분리 심리하여 따로 선고해야 한다(지배구조법32⑥).

(2) 지배구조법 32조 1항에 규정된 법령(독점규제법, '조세범 처벌법' 또는 지배구조법 2조 7호에 따른 금융관계법령)의 위반에 따른 죄는 최대주주의 자격심사 시에 적격성 유지요건의 중요 요소가 되기 때문에 다른 죄와 경합하는 경우에도 이를 분리 심리하여 따로 선고하게 하는 것이다. 위 법령의 위반은 보험업 허가 시의 대주주 요건, 대주주 변경 시의 요건 등에서도 중요 요소에 해당한다.

(9) 위반 시 효과

지배구조법 32조 2항을 위반하여 보고를 하지 않거나 거짓으로 보고한 자, 지배구조

183) 지배구조법설명서 94면

184) 경합범을 동시에 판결할 때에는 다음 각 호의 구별에 의하여 처벌하고, 다만 징역과 금고는 동종의 형으로 간주하여 징역형으로 처벌한다(형법38).

1. 가장 중한 죄에 정한 형이 사형 또는 무기징역이나 무기금고인 때에는 가장 중한 죄에 정한 형으로 처벌한다.
2. 각 죄에 정한 형이 사형 또는 무기징역이나 무기금고 이외의 동종의 형인 때에는 가장 중한 죄에 정한 장기 또는 다액에 그 2분의 1까지 가중하되 각 죄에 정한 형의 장기 또는 다액을 합산한 형기 또는 액수를 초과할 수 없다. 단, 과료와 과료, 몰수와 몰수는 병과할 수 있다.
3. 각 죄에 정한 형이 무기징역이나 무기금고 이외의 이종의 형인 때에는 병과한다.

법 32조 3항에 따른 금융위원회의 자료 또는 정보의 제공 요구에 따르지 않거나 거짓 자료 또는 정보를 제공한 자는 과태료(지배구조법43①(23)·(24))가 따른다.

제 8 관 소수주주의 권리행사 특례

1. 의의

(1) 개념

(1) 소수주주권이란 발행주식총수의 일정 비율에 해당하는 주식을 보유한 주주만이 행사할 수 있는 권리이다. 1명의 주주가 이 비율을 보유한 경우는 물론이고 수인이 합하여 이 비율을 보유한 경우에도 소수주주권이 인정된다.

(2) 소수주주권은 단 1주만을 가진 주주도 행사할 수 있는 권리인 단독주주권과 비교된다.

(2) 공익권과의 관계

(1) 소수주주권은 주주의 권리 중에서 공익권에 한해서 인정되는데, 공익권이란 회사의 운영에 참가하는 것을 목적으로 하거나 이와 관련하여 행사하는 권리이다. 공익권도 원칙적으로 단독주주권에 속하지만, 단독주주권으로 인정했을 때 생길 수 있는 주주권의 남용을 막을 필요가 있는 경우에는 소수주주권으로만 인정하는 것이다.[185)]

(2) 주주의 권리는 공익권 이외에도 자익권이 있으며, 자익권은 주주가 회사로부터 경제적 이익을 받는 것을 목적으로 하는 권리이고 이러한 권리는 단독주주권에 속한다.

(3) 관련 규정

상법에는 다양한 소수주주권이 존재한다. 그리고 그 중에는 상장회사에만 적용되는 특칙도 있다. 상장회사의 경우 주식 보유가 분산되어 있다는 점을 고려하여 소수주주권의 행사를 용이하게 만들기 위해서 그 행사의 요건 중에서 주식보유 비율 및 기간을 완화한 것이다. 한편 지배구조법은 이러한 소수주주권의 일부에 대한 특례 규정을 두고 있다. 이것도 소수주주권의 행사를 용이하게 만들기 위해서 주식보유 비율 및 기간을 완화한 것이다. 요컨대, 보험회사의 소수주주권에 대해서는 상법의 각 규정, 그리고 지배구조법 33조, 동법시행령 28조가 규정하고 있다.

---

185) 이철송 310면

2. 특례의 내용

(1) 의의

1) 구분

지배구조법은 소수주주권의 특례를 아래의 (2) 주주제안권 (3) 주주총회 소집청구권 및 검사인 청구권 (4) 이사·감사 또는 청산인의 해임청구권 (5) 이사의 위법행위에 대한 유지청구권 (6) 대표소송권, 그리고 (7) 회계장부 열람청구권으로 구분하여 규정하고 있다.

2) 상법과의 관계

아래의 (2)~(7)의 특례는 그에 상응하는 상법상 소수주주권의 행사에 영향을 미치지 않는다(지배구조법33⑧). 즉 소수주주는 상법상 소수주주권과 지배구조법상 소수주주권을 경합적으로 행사할 수 있다. 이 점을 고려하여 이하에서는 지배구조법의 소수주주권은 물론이고 그에 상응하는 상법상 소수주주권에 대해서도 살펴보기로 한다.

3) 주식의 보유방식

소수주주권은 해당 보험회사의 주식을 다음 각 호의 어느 하나의 방식으로 보유한 자에게만 인정된다(상법542의6⑧, 지배구조법시행령28①).

1. 주식의 소유
2. 주주권 행사에 관한 위임장의 취득
3. 주주 2인 이상의 주주권 공동행사

4) 적용 범위

아래의 (3), (4), (5) 및 (7)의 경우는 최근 사업연도 말 현재 자산총액이 5조 원 이상으로서 자본금이 1천억 원 이상인 보험회사와 그렇지 않은 보험회사 사이에는 주식소유비율에 대해서 차등이 있다(지배구조법시행령28②(3)).

5) 공시의무

보험회사는 주주가 지배구조법 33조에 따른 소수주주권을 행사한 경우 이를 공시해야 한다(지배구조법41②).

6) 상법상 상장회사 특칙

아래의 (2)~(7)에서 상법상 상장회사의 특칙과 관련하여 주식보유 기간 또는 비율은 조정할 수 있다. 즉 상장회사는 정관에서 아래 (2)~(7)에 규정된 것보다 단기의 주식 보유기간을 정하거나 낮은 주식 보유비율을 정할 수 있다(상법542의6⑦).

(2) 주주제안권

1) 상법

상법에 따르면 소수주주에게 주주제안권이 인정된다.

(1) 비상장회사인 경우 의결권 없는 주식을 제외한 발행주식총수의 100분의 3 이상에 해당하는 주식을 가진 주주는 이사에게 주주총회일의 6주 전에 서면 또는 전자문서로 일정한 사항을 주주총회의 목적사항으로 할 것을 제안할 수 있다(상법363의2①).

(2) 상장회사인 경우 6개월 전부터 계속하여 상장회사의 발행주식총수의 1천분의 10 이상(최근 사업연도 말 현재의 자본금이 1천억 원 이상인 상장회사는 1천분의 5 이상)에 해당하는 주식을 보유한 자는 주주제안권을 행사할 수 있다(상법542의6②,동법시행령32).

2) 지배구조법

지배구조법은 소수주주의 주주제안권에 대한 특칙을 둔다. 즉 6개월 전부터 계속하여 보험회사의 의결권 있는 발행주식총수의 1만분의 10 이상에 해당하는 주식을 보유한 자는 주주제안권을 행사할 수 있다(지배구조법33①).

(3) 주주총회 소집청구권 및 검사인 청구권

1) 상법

상법에 따르면 소수주주에게 주주총회 소집청구권 및 검사인 청구권이 인정된다.

(1) 비상장회사인 경우 발행주식총수의 100분의 3 이상에 해당하는 주식에 해당하는 주식을 가진 주주는 ⓐ 회의의 목적사항과 소집의 이유를 적은 서면 또는 전자문서를 이사회에 제출하여 임시총회의 소집을 청구하거나(상법366①), 또는 ⓑ 회사의 업무집행에 관하여 부정행위 또는 법령이나 정관에 위반한 중대한 사실이 있음을 의심할 사유가 있는 때에는 회사의 업무와 재산상태를 조사하게 하기 위하여 법원에 검사인의 선임을 청구할 수 있다(상법467①).

(2) 상장회사인 경우 6개월 전부터 계속하여 그 발행주식총수의 1천분의 15 이상에 해당하는 주식을 보유한 자는 주주총회 소집청구권 및 검사인 청구권을 행사할 수 있다(상법542의6①).

2) 지배구조법

지배구조법은 상법상 소수주주의 주주총회 소집청구권 및 검사인 청구권에 대한 특칙을 둔다. 즉 6개월 전부터 계속하여 보험회사의 발행주식총수의 1만분의 150 이상(최근 사업연도 말 현재 자산총액이 5조 원 이상으로서 자본금이 1천억 원 이상인 보험회사의 경우에는 1만분의 75 이상)에 해당하는 주식을 보유한 자는 주주총회 소집청구권 또는 검사인 청구권을 행사할 수 있다(지배구조법33②전,동법시행령28②(3)). 이 경우 주주총회 소집청구권을 행사할 때에는 의결권 있는 주식을 기준으로 한다(지배구조법33②후).

(4) 이사·감사 또는 청산인의 해임청구권

1) 상법

상법에 따르면 소수주주에게 이사·감사 또는 청산인의 해임청구권이 인정된다.

(1) 비상장회사인 경우 발행주식총수의 100분의 3 이상에 해당하는 주식을 가진 주주는 ⓐ 이사 또는 감사가 그 직무에 관하여 부정행위 또는 법령이나 정관에 위반한 중대한 사실이 있음에도 불구하고 주주총회에서 그 해임을 부결한 때에는 총회의 결의가 있은 날부터 1월 내에 그 이사의 해임을 법원에 청구하거나(상법385②,415), 또는 ⓑ 청산인이 그 업무를 집행함에 현저하게 부적임하거나 중대한 임무에 위반한 행위가 있는 때에는 법원에 그 청산인의 해임을 청구할 수 있다(상법539②).

(2) 상장회사인 경우 6개월 전부터 계속하여 그 발행주식총수의 1만분의 50(최근 사업연도 말 현재의 자본금이 1천억 원 이상인 상장회사는 1만분의 25)에 해당하는 주식을 보유한 자는 이사·감사 또는 청산인의 해임청구권을 행사할 수 있다(상법542의6③,동법시행령32).

2) 지배구조법

지배구조법은 소수주주의 이사·감사 또는 청산인 해임청구권에 대한 특칙을 둔다. 즉 6개월 전부터 계속하여 보험회사의 발행주식총수의 10만분의 250 이상(최근 사업연도 말 현재 자산총액이 5조 원 이상으로서 자본금이 1천억 원 이상인 보험회사인 경우에는 10만분의 125 이상)에 해당하는 주식을 보유한 자는 이사의 해임청구권(상법385), 감사의 해임청구권(상법415,385), 또는 청산인의 해임청구권(상법539)을 행사할 수 있다(지배구조법33③,동법시행령28②(3)).

(5) 이사의 위법행위에 대한 유지청구권

1) 상법

상법에 따르면 소수주주에게 이사의 위법행위에 대한 유지청구권이 인정된다.

(1) 비상장회사인 경우 발행주식총수의 100분의 1 이상에 해당하는 주식을 가진 주주는 이사가 법령 또는 정관에 위반한 행위를 하여 이로 인하여 회사에 회복할 수 없는 손해가 생길 염려가 있는 경우에는 회사를 위하여 이사에 대하여 그 행위를 유지할 것을 청구할 수 있다(상법402).

(2) 상장회사인 경우 6개월 전부터 계속하여 그 발행주식총수의 10만분의 50(최근 사업연도 말 현재의 자본금이 1천억 원 이상인 상장회사는 10만분의 25) 이상에 해당하는 주식을 보유한 자는 이사의 위법행위에 대한 유지청구권을 행사할 수 있다(상법542의6⑤,동법시행령32).

2) 지배구조법

지배구조법은 소수주주의 이사의 위법행위 유지청구권에 대한 특칙을 둔다. 즉 6개월 전부터 계속하여 보험회사의 발행주식총수의 100만분의 250 이상(최근 사업연도 말 현재 자산총액이 5조 원 이상으로서 자본금이 1천억 원 이상인 보험회사인 경우에는 100만분의 125 이상)에 해당하는 주식을 보유한 자는 이사의 위법행위에 대한 유지청구권을 행사할 수 있다

(지배구조법33④,동법시행령28②(3)).

(6) 대표소송권

1) 상법

상법에 따르면 소수주주에게 대표소송권이 인정된다.

(1) 비상장회사인 경우 발행주식총수의 100분의 1 이상에 해당하는 주식을 가진 주주는 회사에 대하여 이사, 발기인, 업무집행지시자 등, 감사, 감사위원, 집행임원, 불공정한 가액으로 신주를 인수한 자, 주주권의 행사와 관련하여 이익을 공여받은 자, 청산인에 대한 소의 제기를 청구할 수 있다(상법403,324,401의2,408의9,415,415의2,424의2,467의2,542).

(2) 상장회사인 경우 6개월 전부터 계속하여 그 발행주식총수의 1만분의 1 이상에 해당하는 주식을 보유한 자는 대표소송권(상법403,324,408의9,415,424의2,467의2,542)을 행사할 수 있다(상법542의6⑥).

2) 지배구조법

지배구조법은 소수주주의 대표소송권에 대한 특칙을 둔다. 즉 6개월 전부터 계속하여 보험회사의 발행주식총수의 10만분의 1 이상에 해당하는 주식을 보유한 자는 대표소송권(상법403,324,415,424의2,467의2,542)을 행사할 수 있다(지배구조법33⑤). 또한 이 경우에 소수주주가 대표소송권에 따른 소송을 제기하여 승소한 경우에는 보험회사에게 소송비용, 그 밖에 소송으로 인한 모든 비용의 지급을 청구할 수 있다(지배구조법33⑦).

(7) 회계장부 열람청구권

1) 상법

상법에 따르면 소수주주에게 회계장부 열람청구권이 인정된다.

(1) 비상장회사인 경우 발행주식의 총수의 100분의 3 이상에 해당하는 주식을 가진 주주는 이유를 붙인 서면으로 회계의 장부와 서류의 열람 또는 등사를 청구할 수 있다(상법466①).

(2) 상장회사인 경우 6개월 전부터 계속하여 그 발행주식총수의 1만분의 10 이상(최근 사업연도 말 현재의 자본금이 1천억 원 이상인 상장회사는 1만분의 5 이상)에 해당하는 주식을 보유한 자는 회계장부 열람청구권을 행사할 수 있다(상법542의6④,동법시행령32).

2) 지배구조법

지배구조법은 소수주주의 회계장부 열람청구권에 대한 특칙을 둔다. 즉 6개월 전부터 계속하여 금융회사의 발행주식총수의 10만분의 50 이상(최근 사업연도 말 현재 자산총액이 5조 원 이상으로서 자본금이 1천억 원 이상인 보험회사인 경우에는 10만분의 25 이상)에 해당하는 주식을 보유한 자는 회계장부 열람청구권을 행사할 수 있다(지배구조법33⑥,동법시행령28②(3)).

3. 위반 시 효과

보험업법 41조 2항을 위반하여 주주가 소수주주권을 행사한 내용을 공시하지 않거나 거짓으로 공시한 자는 과태료(지배구조법43②⑽)가 따른다.

제 9 관 처분 및 제재

1. 의의

보험회사(그 임직원을 포함)가 지배구조법을 위반한 경우에 그에 대한 처분 및 제재('제재')가 따른다. 지배구조법 위반 시의 제재에 대해서는 지배구조법 34조~39조가 규정한다. 다만, 제재와 관련하여 6개월 이내의 영업정지 또는 영업의 전부정지를 하고자 하는 경우에는 보험업법 134조에 따라야 한다. 따라서 지배구조법 위반에 대한 제재는 지배구조법과 보험업법으로 이원화되어 있다. 이하에서는 지배구조법상 제재를 중심으로 살펴보기로 한다.

2. 보험회사에 대한 조치

(1) 금융위원회는 보험회사가 지배구조법 [별표][186]의 각 호의 어느 하나에 해당하는

---

186) 지배구조법 [별표]의 내용은 다음과 같다(아래 조항은 지배구조법을 가리킨다).

1. 5조를 위반하여 임원 선임과 관련된 의무를 이행하지 않는 경우
2. 6조를 위반하여 사외이사 선임과 관련된 의무를 이행하지 않는 경우
3. 7조 1항을 위반하여 임원의 자격요건 적합 여부를 확인하지 않는 경우
4. 7조 2항을 위반하여 공시 또는 보고를 하지 아니하거나 거짓으로 공시 또는 보고를 한 경우
5. 7조 3항을 위반하여 해임(사임을 포함한다)사실을 공시 또는 보고를 하지 않거나 거짓으로 공시 또는 보고를 한 경우
6. 8조 1항을 위반하여 이사회의 의결을 거치지 아니하고 주요업무집행책임자를 임면한 경우
7. 10조를 위반하여 겸직하는 경우
8. 11조 1항 및 2항을 위반하여 겸직 승인을 받지 않는 경우 또는 겸직 보고를 하지 않거나 거짓으로 보고하는 경우
9. 11조 3항에 따른 금융위원회의 명령을 따르지 않는 경우
10. 12조를 위반하여 이사회의 구성과 관련된 의무를 이행하지 않는 경우
11. 13조 2항을 위반하여 공시를 하지 아니하거나 거짓으로 공시를 한 경우 또는 선임사외이사를 선임하지 않는 경우
12. 13조 4항을 위반하여 선임사외이사의 업무를 방해하거나 협조를 거부하는 경우
13. 14조를 위반하여 지배구조내부규범과 관련된 의무를 이행하지 않는 경우
14. 15조 1항 및 2항을 위반하여 이사회의 심의·의결에 관한 의무를 이행하지 아니하는 경우
15. 16조를 위반하여 이사회 내에 위원회 설치 및 구성과 관련된 의무를 이행하지 않는 경우
16. 17조를 위반하여 임원 선임과 관련된 의무를 이행하지 않는 경우
17. 18조를 위반하여 사외이사에게 자료나 정보를 제공하지 않거나 거짓으로 제공하는 경우
18. 19조를 위반하여 감사위원회의 구성 및 감사위원의 선임 등과 관련된 의무를 이행하지 않는 경우
19. 20조를 위반하여 감사위원회 또는 감사에 대한 지원 등과 관련된 의무를 이행하지 않는 경우

경우에는 다음 각 호의 어느 하나에 해당하는 조치를 할 수 있다(지배구조법34①).

1. 위법행위의 시정명령
2. 위법행위의 중지명령
3. 금융회사에 대한 경고
4. 금융회사에 대한 주의
5. 그 밖에 위법행위를 시정하거나 방지하기 위하여 필요한 조치로서 대통령령으로 정하는 조치

(2) 금융위원회는 금융감독원장의 건의에 따라 위 (1)의 각 호의 어느 하나에 해당하는 조치를 하거나, 금융감독원장으로 하여금 위 (1)의 3호 또는 4호의 어느 하나에 해당하는 조치를 하게 할 수 있다(지배구조법34②(2)). 위 (1)의 3호 또는 4호의 조치는 금융감독원장에게 위탁되어 있다(지배구조법시행령30①(10)).

(3) 위 (1)의 5호에서 대통령령으로 정하는 조치는 다음 각 호의 어느 하나에 해당하는 조치를 말한다(지배구조법시행령29).

---

20. 21조를 위반하여 위험관리위원회의 심의·의결에 관한 의무를 이행하지 않는 경우
21. 22조 1항을 위반하여 보수위원회의 심의·의결에 관한 의무를 이행하지 않는 경우
22. 22조 2항 및 3항을 위반하여 보수체계 등에 관한 의무를 이행하지 않는 경우
23. 22조 4항 및 5항을 위반하여 연차보고서를 작성하지 않은 경우 또는 공시를 하지 않거나 거짓으로 공시하는 경우
24. 23조 2항 및 3항을 위반하여 상근감사를 선임하지 않거나 자격요건을 갖추지 못한 상근감사를 선임하는 경우
25. 24조를 위반하여 내부통제기준과 관련된 의무를 이행하지 않는 경우
26. 25조 1항을 위반하여 준법감시인을 두지 아니하는 경우
27. 25조 2항부터 6항까지(28조 2항에서 준용하는 경우를 포함한다)를 위반하여 준법감시인 임면 및 보수지급과 평가기준 운영에 관련된 의무를 이행하지 않는 경우
28. 26조에 따른 자격요건을 갖추지 못한 준법감시인을 선임하는 경우
29. 27조를 위반하여 위험관리기준과 관련된 의무를 이행하지 않은 경우
30. 28조 1항을 위반하여 위험관리책임자를 두지 아니하는 경우
31. 28조 3항 및 4항에 따른 자격요건을 갖추지 못한 위험관리책임자를 선임하는 경우
32. 29조를 위반하여 준법감시인 또는 위험관리책임자가 같은 조 각 호의 어느 하나에 해당하는 업무를 수행하는 직무를 담당하거나 준법감시인 또는 위험관리책임자에게 이를 담당하게 하는 경우
33. 30조 2항을 위반하여 준법감시인 및 위험관리책임자의 임면 사실을 보고하지 않거나 거짓 보고하는 경우
34. 30조 3항을 위반하여 준법감시인 및 위험관리책임자에 자료나 정보를 제공하지 않거나 거짓으로 제공하는 경우
35. 30조 4항을 위반하여 준법감시인 및 위험관리책임자에게 인사상 불이익을 주는 경우
36. 32조 2항을 위반하여 적격성 유지요건을 충족하지 못함을 보고하지 않은 경우
37. 32조 3항에 따른 금융위원회의 자료제출 또는 정보제공 요구에 따르지 않거나 거짓 자료 또는 정보를 제공하는 경우
38. 33조에 따른 소수주주권의 행사를 부당한 방법으로 방해한 경우
39. 38조 2항을 위반하여 조치한 내용을 기록하지 않거나 이를 유지·관리하지 아니하는 경우
40. 41조 1항을 위반하여 주주총회와 관련한 공시를 하지 않거나 거짓으로 공시한 경우
41. 41조 2항을 위반하여 주주가 주주권을 행사한 내용을 공시하지 않거나 거짓 공시한 경우

1. 위법행위로 인하여 조치를 받았다는 사실의 공표명령 또는 게시명령
2. 경영이나 업무방법의 개선요구 또는 개선권고
3. 법을 위반한 경우 수사기관에의 고발 또는 통보

(4) 보험회사가 지배구조법 [별표]의 각 호의 어느 하나에 해당하는 경우에 6개월 이내의 영업정지 또는 영업의 전부정지를 명하고자 하는 경우에는 보험업법 134조의 제재에 따른다. 즉 금융위원회는 금융감독원장의 건의에 따라서 6개월 이내의 영업의 일부정지를 명령할 수 있고(법134①), 금융위원회가 6개월 이내의 영업의 전부정지를 명령할 수 있다(법134②). 보험업법 134조의 제재는 본서 제7장 감독에서 자세히 살펴본다.

(5) 지배구조법 [별표]의 위반을 이유로 해서 보험업의 허가를 취소하는 조치는 가능하지 않다.

3. 임직원에 대한 조치

(1) 임원

(1) 금융위원회는 보험회사의 임원(업무집행책임자는 제외)이 지배구조법 [별표]의 각 호의 어느 하나에 해당하는 경우에는 다음 각 호의 어느 하나에 해당하는 조치를 할 수 있다(지배구조법35①).

1. 해임요구
2. 6개월 이내의 직무정지 또는 임원의 직무를 대행하는 관리인의 선임
3. 문책경고
4. 주의적 경고
5. 주의

(2) 금융위원회는 보험회사의 임원에 대해서는 금융감독원장의 건의에 따라 위 (1)의 각 호의 어느 하나에 해당하는 조치를 하거나, 금융감독원장으로 하여금 위 (1)의 3호부터 5호까지의 어느 하나에 해당하는 조치를 하게 할 수 있다(지배구조법35③(2)). 위 (1)의 4호 또는 5호의 조치는 금융감독원장에게 위탁되어 있다(지배구조법시행령30①(11)).

(3) 금융위원회는 임원의 해임요구의 조치를 할 때에는 청문을 해야 한다(지배구조법36).

(4) 위 (1)에서 업무집행책임자는 이사가 아니면서 명예회장·회장·부회장·사장·부사장·행장·부행장·부행장보·전무·상무·이사 등 업무를 집행할 권한이 있는 것으로 인정될 만한 명칭을 사용하여 보험회사의 업무를 집행하는 사람을 말한다(지배구조법2(5)). 업무집행책임자는 이사에 준하는 업무집행상 권한과 책임을 부여받아 활동한다는 점을 고려하여 이사와 더불어 보험회사의 임원에 포함된다(지배구조법2(2)). 다만, 임직원에 대한 제재와 관련하여 위와 같이 업무집행책임자를 임원에서 제외하고 있는 것이다.

(2) 직원

(1) 금융위원회는 보험회사의 직원(업무집행책임자를 포함)이 지배구조법 [별표]의 각 호의 어느 하나에 해당하는 경우에는 다음 각 호의 어느 하나에 해당하는 조치를 금융감독원장의 건의에 따라 그 보험회사에 요구할 수 있다(지배구조법35②).

1. 면직
2. 6개월 이내의 정직
3. 감봉
4. 견책
5. 주의

(2) 금융위원회는 보험회사의 직원에 대해서는 위 (1)의 각 호의 어느 하나에 해당하는 조치를 할 것을 금융감독원장의 건의에 따라 그 보험회사에 요구하거나, 금융감독원장으로 하여금 요구하게 할 수 있다(지배구조법35④(2)). 위 (1)의 2호부터 5호까지의 조치 요구는 금융감독원장에게 위탁되어 있다(지배구조법시행령30①(11)).

(3) 금융위원회는 직원의 면직요구의 조치를 할 때에는 청문을 해야 한다(지배구조법36).

(3) 관리·감독자

금융위원회는 보험회사의 임직원에 대하여 조치를 하거나 해당 조치를 하도록 요구하는 경우 그 임직원에 대한 관리·감독의 책임이 있는 임직원에 대한 조치를 함께 하거나, 해당 조치를 하도록 요구할 수 있다(지배구조법35⑤본). 다만, 관리·감독의 책임이 있는 사람이 그 임직원의 관리·감독에 상당한 주의를 다한 경우에는 조치를 감경하거나 면제할 수 있다(지배구조법35⑤단).

(4) 퇴임한 임직원

(1) 금융위원회(위에 따라 조치를 하거나 조치를 할 것을 요구할 수 있는 금융감독원장을 포함)는 보험회사의 퇴임한 임원 또는 퇴직한 직원이 재임 또는 재직 중이었더라면 위 관리·감독자를 포함한 임직원에 대한 조치를 받았을 것으로 인정되는 경우에는 그 조치의 내용을 해당 보험회사의 장에게 통보할 수 있다(지배구조법35⑥전). 이 경우 통보를 받은 보험회사의 장은 이를 퇴임·퇴직한 해당 임직원에게 통보해야 한다(지배구조법35⑥후).

(2) 위 (1)에 따른 조치 내용의 결정 및 통보(지배구조법 35조 1항 4호부터 5호까지의 조치 또는 같은 조 2항 2호부터 5호까지의 조치 요구를 받았을 것으로 인정되는 경우의 조치 내용의 결정 및 통보에 한정)의 요구는 금융감독원장에게 위탁되어 있다(지배구조법시행령30①(11의2)).

4. 조치의 효과

(1) 보험회사 임원이 제재를 받으면, 일정한 경우 대통령령으로 정하는 기간[187] 내에

는 금융회사의 임원에 선임되지 못하고, 또한 일정한 경우 임원직을 상실한다(지배구조법5①(7),②).[188]

(2) 최근 5년간 지배구조법 또는 금융관계법령을 위반하여 금융위원회 또는 금융감독원장, 그 밖에 대통령령으로 정하는 기관으로부터 문책경고 또는 감봉요구 이상에 해당하는 조치를 받은 사실이 있으면 위험관리책임자가 될 수 없다(지배구조법28③(1)).

5. 이의신청

(1) 위 보험회사의 조치, 임직원(관리·감독자 포함)에 대한 조치(해임요구 또는 면직요구의 조치는 제외)에 대하여 불복하는 자는 그 조치를 고지받은 날부터 30일 이내에 그 사유를 갖추어 금융위원회에 이의를 신청할 수 있다(지배구조법37①). 해임요구 또는 면직요구의 조치는 제외한 이유는 이에 대해서는 청문이 수반되기 때문이다.

(2) 위 (1)에 따른 이의신청의 접수는 금융감독원장에게 위탁되어 있다(지배구조법시행령30①(12)).

(3) 금융위원회는 이의신청에 대하여 60일 이내에 결정을 해야 하고, 다만 부득이한 사정으로 그 기간 이내에 결정을 할 수 없는 경우에는 30일의 범위에서 그 기간을 연장할 수 있다(지배구조법37②).

(4) 위 보험회사의 조치, 임직원(관리·감독자 포함)에 대한 조치(해임요구 또는 면직요구의 조치를 포함)에 대하여 불복하는 자가 이의신청과 무관하게 행정심판 또는 행정소송을 제기할 수 있음은 물론이다.

---

187) 대통령령으로 정하는 기간이란 아래 각 호의 기간을 말한다(지배구조법시행령7②).
1. 임원에 대한 제재조치의 종류별로 다음 각 목에서 정하는 기간
   가. 해임(해임요구 또는 해임권고를 포함): 해임일(해임요구 또는 해임권고의 경우에는 해임요구일 또는 해임권고일)부터 5년
   나. 직무정지(직무정지의 요구를 포함한다) 또는 업무집행정지: 직무정지 종료일(직무정지 요구의 경우에는 직무정지 요구일) 또는 업무집행정지 종료일부터 4년
   다. 문책경고: 문책경고일로부터 3년
2. 직원에 대한 제재조치의 종류별로 다음 각 목에서 정하는 기간
   가. 면직요구: 면직요구일로부터 5년
   나. 정직요구: 정직요구일로부터 4년
   다. 감봉요구: 감봉요구일로부터 3년
3. 재임 또는 재직 당시 금융관계법령에 따라 그 소속기관 또는 금융위원회·금융감독원장 외의 감독·검사기관으로부터 1호 또는 2호의 제재조치에 준하는 조치를 받은 사실이 있는 경우 1호 또는 2호에서 정하는 기간
4. 퇴임하거나 퇴직한 임직원이 재임 또는 재직 중이었더라면 1호부터 3호까지의 조치를 받았을 것으로 인정되는 경우 그 받았을 것으로 인정되는 조치의 내용을 통보받은 날부터 1호부터 3호까지에서 정하는 기간

188) 임원직을 상실하지 않는 경우는 직무정지, 업무집행정지 또는 정직요구(재임 또는 재직 중이었더라면 조치를 받았을 것으로 통보를 받은 경우를 포함) 이하의 제재를 받은 경우를 말한다(지배구조법시행령7④).

6. 기록 및 조회 등

(1) 금융위원회는 지배구조법 34조, 35조 및 35조의2에 따라 조치한 경우에는 그 내용을 기록하고 이를 유지·관리하여야 한다(지배구조법38①). 보험회사는 금융위원회의 조치 요구에 따라 그 임직원을 조치한 경우 및 지배구조법 35조 6항에 따라 퇴임한 임직원에 대한 통보를 받은 경우에는 그 내용을 기록하고 이를 유지·관리하여야 한다(지배구조법38②).

(2) 금융회사 또는 그 임직원(임직원이었던 사람을 포함)은 금융위원회 또는 보험회사에 자기에 대한 지배구조법 34조, 35조 및 35조의2에 따른 조치 여부 및 그 내용을 조회할 수 있다(지배구조법38③). 금융위원회 또는 보험회사는 이 조회를 요청받은 경우에는 정당한 사유가 없으면 조치 여부 및 그 내용을 그 조회요청자에게 통보해야 한다(지배구조법38④).

(3) 지배구조법 38조 1항에 따른 조치 내용의 기록·유지·관리, 같은 조 3항에 따른 조회요청의 접수, 같은 조 4항에 따른 조회요청자에 대한 통보는 금융감독원장에게 위탁되어 있다(지배구조법시행령30①⒀).

7. 위반 시 효과

지배구조법 30조의3 3항에 따른 절차를 거치지 아니하고 책무구조도를 마련한 자, 지배구조법 34조에 따른 시정명령·중지명령 및 조치를 이행하지 않은 자, 지배구조법 35조에 따른 임직원에 대한 조치요구를 이행하지 않은 자는 과태료(지배구조법43①(22의2)(25)·(26))가 따른다.

제10관 공시

1. 의의

보험회사는 주주총회와 관련하여 주주의 참석률, 안건에 대한 찬반비율 등 대통령령으로 정하는 사항을 공시해야 한다(지배구조법41①). 이에 따라 보험회사는 다음 각 호의 사항을 주주총회가 종료된 날부터 7영업일 이내에 해당 보험회사의 인터넷 홈페이지를 통하여 공시해야 한다(지배구조법시행령32).

1. 주주의 참석률
2. 안건별 찬반 주식 수 비율
3. 발행주식 총수, 의결권 행사 주식 수

2. 위반 시 효과

지배구조법 41조 1항을 위반하여 주주총회와 관련한 공시를 하지 않거나 거짓으로 공시한 자는 과태료(지배구조법43②(9))가 따른다.

제 3 절 주식회사

제 1 관 자본의 감소

1. 의의

(1) 개념

자본의 감소 또는 자본금의 감소는 자본금의 금액을 축소하는 것을 가리킨다.

(2) 규제의 필요성

자본금은 주식회사의 물적 기초로서 자본이 충실한지를 정하는 규범적 기준이다. 자본의 감소는 이러한 규범적 기준을 낮추는 것이므로 주주 및 채권자는 자본의 감소에 대해서 중대한 이해관계를 갖는다. 상법은 이들을 보호하기 위해서 자본의 감소에 대해 엄격한 제한 규정을 두고 있다. 나아가 보험업법은 채권자의 일종인 보험계약자 또는 그 밖에 보험계약으로 발생한 권리를 가진 자('보험계약자 등')를 보호하기 위한 특칙을 두면서 자본의 감소에 대한 제한 규정을 추가적으로 두고 있다.

(3) 관련 규정

보험회사인 주식회사가 행하는 자본의 감소에 대해서는 보험업법상 규정이 우선 적용된다. 다음으로, 이에 상충되지 않는 범위 내에서 금융기관의 자산감소에 대해 규정하는 구조개선법 5조의2가 적용된다. 마지막으로, 이에 상충되지 않는 범위 내에서 상법상 규정이 적용된다.

2. 자본감소의 의의, 방법 및 종류

(1) 의의

자본의 감소는 자본금의 금액을 축소하는 것을 가리킨다.

(2) 방법

1) 액면주식을 발행한 경우

(1) 액면주식이란 1주의 금액이 정관에 정해지고 주권에 표시되는 주식이다. 1주의 금

액은 100원 이상이고(상법329③), 발행한 주식의 액면가가 자본금으로 계상되므로 자본금은 발행주식의 액면총액이고(상법451①), 액면가를 초과하여 발행한 경우에 초과액은 자본준비금으로 적립해야 한다(상법459①).

(2) 액면주식을 발행한 경우 자본의 감소는 주식의 액면가를 감액하거나 주식 수를 감소시키는 방법에 의한다. 주식 수의 감소는 주식의 병합 또는 주식의 소각에 의한다.

2) 무액면주식을 발행한 경우

(1) 무액면주식이란 1주의 금액이 존재하지 않고 주권에는 주식 수만 기재되는 주식이다. 액면가는 없고 주식을 발행할 때 회사가 정하는 발행가가 있다. 무액면주식을 발행하는 경우 회사의 자본금은 주식 발행가액의 2분의 1 이상의 금액으로서 이사회(일정한 경우는 주주총회)에서 자본금으로 계상한 금액으로 하고 자본금으로 계상하지 않은 금액은 자본준비금으로 적립해야 한다(상법451②). 무액면주식 제도는 2011년에 상법개정을 통해서 도입되었다.

(2) 무액면주식을 발행한 경우 자본의 감소는 회사가 자본감소의 의사결정을 하면 된다. 이 경우는 액면가의 감액이나 주식의 병합 또는 소각에 의하지 않는다.

(3) 종류

1) 실질적 감자와 명목적 감자

(1) 실질적 자본감소(유상감자)와 명목적 자본감소(무상감자)는 자본의 감소에 따라 순자산이 감소하는지 여부에 따른 구분이다. 전자는 자본의 감소에 따라 자본금의 일부가 주주에게 상환됨으로써 순자산이 감소하고, 자본금이 과다한 경우 그 전부 또는 일부를 주주에게 상환하기 위해서 주로 사용된다. 후자는 자본의 감소는 있지만 위와 같은 상환이 없는 경우이므로 순자산은 그대로 유지되고, 이는 자본금이 부족한 경우에 자본금과 순자산의 차이를 조정하기 위해서 주로 사용된다.

(2) 액면주식의 경우는 실질적 자본감소와 명목적 자본감소가 모두 존재한다. 무액면주식의 경우는 실질적 자본감소만 존재한다.

(3) 실질적 자본감소의 경우에는 금융위원회의 승인을 요한다는 점에서 실질적 감자와 명목적 감자의 구별 실익이 있다.

2) 결손보전의 감자와 일반적 감자

(1) 결손보전의 감자와 일반적 감자는 자본감소의 목적에 따른 구분이다. 전자는 결손을 보전하려는 목적에서 자본을 감소하는 경우이고 이 경우는 순자산이 감소하지 않는다. 후자는 그 이외의 경우에 행하는 자본의 감소를 가리킨다.

(2) 결손보전의 감자는 그 목적과 순자산이 감소하지 않는다는 점을 고려하여 주주총회의 결의에 보통결의만 요구되고 채권자보호절차는 요구되지 않는다는 점에 구별 실익이

있다.

3. 자본감소의 절차

(1) 금융위원회의 승인

1) 의의

자본감소를 결의할 때 대통령령으로 정하는 자본감소를 하려면 미리 금융위원회의 승인을 받아야 한다(법18②). 대통령령으로 정하는 자본감소는 주식 금액 또는 주식 수의 감소에 따른 자본금의 실질적 감소를 말한다(시행령23의2).

2) 적용 범위

보험업법시행령 23조의2에 따른 실질적 자본감소는 액면주식의 경우에 일어난다. 무액면주식의 경우에는 주식 금액 또는 주식 수의 감소 없이도 자본금의 실질적 감소가 가능하다. 따라서 보험업법시행령 23조의2를 해석할 때 무액면주식의 자본감소는 금융위원회의 승인이 필요하다고 해석할 필요가 있다. 나아가 무액면주식의 경우를 고려해서 대통령령을 개정할 필요가 있다.

3) 법적 성질

금융위원회 승인의 법적 성질은 이론상 인가에 해당한다. 행정행위의 일종인 인가는 제3자의 법률적 행위를 보충하여 그 법률적 효력을 완성시켜 주는 행위이다. 즉 금융위원회의 승인은 보험회사의 자본감소라는 행위의 법률적 효력을 완성시켜 주는 행정행위에 해당한다.[189] 금융위원회의 승인은 보험회사의 자본감소가 효력을 발생하기 위한 효력요건이다. 따라서 금융위원회의 승인을 얻지 못한 자본감소는 효력이 발생할 수 없다.

4) 신청서

(1) 보험회사가 자본감소의 승인을 신청하려는 경우에는 감독규정 [별지6-3]의 승인신청서를 금융위원회에 제출해야 한다(감독규정3-5의2②).

(2) 다만, 위 (1)의 규정은 상위법령의 명시적 위임이 없는 행정규칙이다.

5) 승인 기준

(1) 금융위원회는 자본감소의 승인을 하려는 경우에는 다음 각 호의 기준에 적합한지를 심사해야 한다(감독규정3-5의2①).

1. 자본감소 후에도 지급여력비율이 130% 이상일 것
2. 자본감소의 불가피성이 인정될 것
3. 내용과 절차가 법, 상법 등 관계법령에 비추어 흠이 없을 것
4. 보험계약자의 보호에 지장을 초래하지 아니할 것

189) 정찬형(보험업법2) 208면; 정채웅 282면

5. 금융시장의 안정성 및 건전한 금융거래질서를 해치지 않을 것

(2) 다만, 위 (1)의 규정은 상위법령의 명시적 위임이 없는 행정규칙이다.

(2) 주주총회의 결의

1) 소집

(1) 주주총회를 소집할 때에는 주주총회일의 2주 전에 각 주주에게 서면으로 통지를 발송하거나 각 주주의 동의를 받아 전자문서로 통지를 발송하여야 한다(상법363①본). 다만, 그 통지가 주주명부상 주주의 주소에 계속 3년간 도달하지 아니한 경우에는 회사는 해당 주주에게 총회의 소집을 통지하지 않을 수 있다(상법363①단).

(2) 보험회사는 주식을 소각하거나 병합하여 자본감소를 결의하기 위하여 주주총회를 소집할 때에는 상법 363조 1항에도 불구하고 주주총회일 7일 전에 각 주주에게 서면으로 통지를 발송할 수 있다(구조개선법5의2,5④전). 이 경우 금융기관은 서면통지 발송일 이전에 2개 이상의 일간신문[190]에 주주총회를 소집하는 뜻과 회의의 목적사항을 공고해야 한다(구조개선법5의2,5④후).

2) 주주명부의 폐쇄 또는 기준일

(1) 회사는 의결권을 행사할 자를 정하기 위하여 일정한 기간을 정하여 주주명부의 기재변경을 정지하거나 일정한 날에 주주명부에 기재된 주주를 그 권리를 행사할 주주 또는 질권자로 볼 수 있다(상법354①). 회사가 이에 따라 기간 또는 날을 정한 때에는 그 기간 또는 날의 2주간 전에 이를 공고해야 한다(상법354④본). 그러나 정관으로 그 기간 또는 날을 지정한 때에는 그렇지 않다(상법354④단).

(2) 보험회사는 주식을 소각하거나 병합하여 자본감소를 결의하기 위하여 상법 354조 1항에 따라 주주명부를 폐쇄하거나 기준일을 정할 때에는 상법 354조 4항에도 불구하고 그 폐쇄일 또는 기준일부터 7일 전에 이를 공고할 수 있다(구조개선법5의2,5⑥전). 이 경우 2개 이상의 일간신문에 공고해야 한다(구조개선법5의2,5⑥후).

3) 결의방법

i) 결손보전 감자

결손보전 감자인 경우는 주주총회의 보통결의에 의한다(상법438②). 즉 총회의 결의는 정관에 다른 정함이 있는 경우를 제외하고는 출석한 주주의 의결권의 과반수와 발행주식총수의 4분의 1 이상의 수로써 결의해야 한다.

ii) 일반적 감자

일반적 감자인 경우는 주주총회의 특별결의에 의한다(상법438①). 즉 출석한 주주의 의결권의 3분의 2 이상의 수와 발행주식총수의 3분의 1 이상의 수로써 결의해야 한다.

---

190) '신문 등의 진흥에 관한 법률' 2조 1호 가목에 따른 일반일간신문을 말한다.

4) 결의 후 공고

(1) 보험회사가 자본감소를 결의한 경우에는 그 결의를 한 날부터 2주 이내에 결의의 요지와 대차대조표를 공고해야 한다(법18①).

(2) 위 (1)의 공고에는 보험계약자로서 이의가 있는 자는 일정한 기간 동안 이의를 제출할 수 있다는 뜻을 덧붙여야 하고 그 기간은 1개월 이상으로 해야 한다(법18③,141②).

(3) 정관의 변경

주식의 액면가를 감액하는 방식으로 자본감소를 하는 경우에는 정관의 변경이 필요하다. 왜냐하면 액면주식에서 액면가는 정관의 기재사항이기 때문이다(상법289①(4)).

(4) 채권자 보호절차

1) 결손보전 감자

결손보전 감자인 경우는 채권자보호절차가 요구되지 않는다(상법439②단).

2) 일반적 감자

(1) 회사는 자본감소의 결의가 있은 날부터 2주 내에 회사 채권자에 대하여 자본감소에 이의가 있으면 1개월 이상의 기간을 정하여 이 기간 내에 이의를 제출하도록 공고하고, 알고 있는 채권자에 대하여는 개별적으로 최고해서 이의를 제출하게 해야 한다(상법439②본,232①). 이와 같은 상법 규정에도 불구하고, 보험회사가 주식을 소각하거나 병합하여 자본감소를 결의하는 경우 채권자에게 10일 이상의 기간을 정하여 이의를 제출할 것을 2개 이상의 일간신문[191]에 공고할 수 있다(구조개선법5의2,5③전). 이 경우 개별 채권자에 대한 최고는 생략할 수 있다(구조개선법5의2,5③후).

(2) 사채권자(社債權者)가 이의를 제기하려면 사채권자집회의 결의가 있어야 하고, 이 경우 법원은 이해관계인의 청구에 의하여 사채권자를 위하여 이의제기 기간을 연장할 수 있다(상법439③).

(3) 채권자가 위 (1)의 기간 내에 이의를 제출하지 않으면 자본의 감소를 승인한 것으로 본다(상법439②본,232②).

(4) 채권자가 위 (1)의 기간 내에 이의를 제출하면 회사는 그 채권자에 대하여 변제 또는 상당한 담보를 제공하거나 이를 목적으로 하여 상당한 재산을 신탁회사에 신탁해야 한다(상법439②본,232③).

(5) 보험계약자 등의 보호절차

1) 의의

보험업법은 보험계약자 등을 위한 보호절차를 별도로 규정한다. 보험계약자 등은 채권자의 일종이지만 보험의 단체성을 고려하여 보험업법은 보험계약자 등을 단체적으로 보

191) '신문 등의 진흥에 관한 법률' 2조 1호 가목에 따른 일반일간신문을 말한다.

호하는 별도의 절차를 두고 있고, 보험계약자 등에 대해서는 위 채권자 보호절차는 적용되지 않는다고 해석한다.

2) 공고

전술한 바와 같이 보험회사는 자본감소를 결의한 경우 그 결의를 한 날부터 2주 이내에 결의의 요지와 대차대조표를 공고해야 하고, 여기의 공고에 보험계약자로서 이의가 있는 자는 1개월 이상의 기간을 정해서 그 기간 내에 이의를 제출할 수 있다는 뜻을 덧붙여야 한다(법18③,141②).

3) 기준

(1) 위 2)의 이의제출 기간 내에 이의를 제기한 보험계약자가 보험계약자 총수의 10분의 1을 초과하거나 그 보험금액이 보험금 총액의 10분의 1을 초과하는 경우에는 조직변경을 하지 못한다(법18③,141③전).

(2) 일반 채권자의 경우 이의제기를 한 자에게 변제 또는 상당한 담보를 제공하거나 신탁을 하면 자본감소를 할 수 있지만, 보험계약자에 대해서는 이미 보험사고가 발생한 경우 등이 아니면 이러한 조치를 취하는 것이 적절하지 않다. 이 점을 고려해서 일정 수 이상의 이의제기가 있으면 자본감소를 하지 못하게 했다.

4) 효력

(1) 자본감소는 이의를 제기한 보험계약자나 그 밖에 보험계약으로 발생한 권리를 가진 자에 대하여도 그 효력이 미친다(법18③,151③).

(2) 위 (1)은 보험계약자의 이의제기를 보험의 단체적 시각에서 처리하는 것이다.

(3) 위 (1)에서 보험계약으로 발생한 권리를 가진 자는 피보험자(손해보험인 경우), 보험수익자(인보험인 경우), 보험금청구권의 양수인 등을 가리킨다.[192] 보험계약자는 보험계약의 해지 시에 해지환급금에 대한 청구권자가 되고, 한편으로는 예외적으로 보험금청구권자가 되기도 한다.[193]

(6) 주식의 병합·소각 또는 액면가의 감액

1) 액면주식

(1) 액면주식이 발행된 경우에 주식의 병합 또는 소각을 통해서 자본감소를 하는 경우에는 주식의 병합 또는 소각의 절차를 거쳐야 하고(상법440~443,343), 액면가의 감액을 통해서 자본감소를 하는 경우에는 주식의 병합 절차를 준용한다(통설).

(2) 보험회사는 주식을 소각하거나 병합하여 자본감소하는 경우 주식의 소각 및 병합

---

192) 정찬형(보험업법1) 211면; 정채웅 282면

193) 상법 639조 2항 단서에 의하면, 타인을 위한 손해보험계약에서 보험계약자가 그 타인에게 보험사고의 발생으로 생긴 손해의 배상을 하면 그 타인의 권리를 해하지 아니하는 범위 안에서 보험자에게 보험금액의 지급을 청구할 수 있다.

의 기간과 절차에는 구조개선법 12조 6항[194]을 준용한다(구조개선법5의2).

2) 무액면주식

무액면주식의 경우는 주식의 병합·소각 또는 액면가의 감액과 같은 절차가 요구되지 않는다.

4. 자본감소의 효력발생

(1) 액면주식이 발행된 경우에는 전술한 3. 자본감소의 절차 중에서 (1)~(6)이 이행되면 자본감소의 효력이 발생한다.

(2) 무액면주식이 발행된 경우에는 주식의 병합·소각 또는 액면가의 감액이 요구되지 않으므로, 전술한 3. 자본감소의 절차 중에서 (1)~(5)가 이행되면 자본감소의 효력이 발생한다.

5. 변경등기

(1) 자본금이 감소하면 등기사항이 변동되므로(상법317②) 이에 따라 변경등기를 해야 한다(상법317④,183).

(2) 위 변경등기의 요건에 대해서는 상업등기규칙 139조, 141조 및 142조가 규율한다.

(3) 보험업법은 보험회사의 자본감소에 관한 특칙을 두고 있다. 즉 자본감소로 인한 변경등기의 신청서에는 ⓐ 주주총회 등의 의사록 ⓑ 보험업법 18조에 따른 공고 및 이의에 관한 서류, 그리고 ⓒ 자본감소의 승인을 증명하는 서류가 첨부되어야 한다(법18③,149).

6. 위반 시 효과

보험업법 18조 2항을 위반하여 승인을 받지 않고 자본감소의 결의를 한 보험회사는 형벌(법202(1)), 보험업법 18조를 위반하여 자본감소의 절차를 밟은 경우 과태료(법209④(3))가 따른다.

---

194) 구조개선법 12조 3항 및 4항에 따라 주식을 병합하는 경우 해당 부실금융기관은 5일 이상의 기간(그 기간 중 마지막 날을 '주식병합기준일'이라 함)을 정하여 병합 내용과 그 기간 내에 주권을 회사에 제출할 것을 공고하고, 주식병합기준일부터 1개월 이내에 신주권을 교부해야 한다(구조개선법12⑥본). 다만, 자본시장법에 따라 주권이 예탁결제원에 예탁되어 있는 주식을 병합하는 경우에는 주식병합기준일에 실질 주주명부의 기재에 따라 구주권의 제출 및 신주권의 교부가 이루어진 것으로 할 수 있으며 이 경우 그 사실을 본문에 따른 공고를 할 때 함께 공고해야 한다(구조개선법12⑥단).

제 2 관 보험회사의 조직변경

1. 의의

(1) 개념

(1) 회사의 조직변경이란 회사의 법인격을 그대로 유지하면서 회사의 종류를 변경하는 것을 말한다(통설). 보험업법은 보험회사인 주식회사를 상호회사로 변경하는 것에 대해 규정한다. 보험회사인 주식회사의 상호회사로의 조직변경이란 보험회사인 주식회사가 그 법인격을 그대로 유지하면서 회사의 종류를 상호회사로 변경하는 것을 가리킨다.

(2) 위 (1)과 같은 경우 보험회사의 법인격이 그대로 유지되므로 기존의 주식회사가 소멸되고 새로이 상호회사가 설립되는 과정을 거치지 않는다. 따라서 주식회사를 소멸시키고 새로운 상호회사를 설립하는 절차를 거치지 않을 뿐만 아니라 보험업의 허가를 비롯하여 주식회사의 권리의무가 상호회사의 권리의무로 유지된다.

(2) 필요성

보험회사인 기존의 주식회사를 소멸시키고 새로운 상호회사를 설립하게 되면 그 절차가 복잡할 뿐만 아니라 보험업의 허가를 새롭게 받아야 하는 부담이 있다. 보험업법은 이러한 과정을 거치지 않고 보험회사의 종류를 주식회사에서 상호회사로 변경할 수 있게 하는 조직변경 제도를 두고 있다.

(3) 구분

(1) 조직변경은 법인격이 그대로 유지되므로 권리의무가 그대로 존속한다는 점에서 합병과 다르다. 합병에는 법인격에 변동이 생기고 권리의무가 승계된다. 즉 합병이란 수개의 회사 중에서 하나만 존속하고 나머지 회사는 소멸하되 존속회사가 소멸회사의 권리의무를 승계하거나(흡수합병) 수개의 회사가 전부 소멸하되 신설된 회사가 그 권리의무를 승계하는(신설합병) 것을 가리킨다.

(2) 조직변경은 금융기관의 전환과 다르다. 금융기관은 같은 종류 또는 다른 종류의 금융기관과 서로 합병하여 다른 종류의 금융기관이 될 수 있고 단독으로 다른 종류의 금융기관으로 전환할 수 있다(구조개선법3). 금융기관의 전환은 가령 은행업을 경영하는 회사가 보험업을 경영하는 회사로 변경하는 경우를 가리킨다. 금융기관의 전환은 영위하는 업무의 종류를 변경하는 것이지만, 조직변경은 영위하는 업무의 종류는 같고 회사의 종류만을 변경하는 것이다.

(3) 조직변경은 사실상의 조직변경과 구분된다. 사실상의 조직변경이란 회사를 해산하여 청산한 후에 그 인적 및 물적 요소에 기초해서 다른 종류의 회사를 설립하는 것을 의미한다.

(4) 관련 규정

(1) 보험업법은 보험회사의 조직변경에 관한 여러 개의 조문을 두고 있다. 상법에는 회사의 조직변경에 대한 규정이 있지만(상법242,286,287의43,604①,607①), 이것이 보험회사의 조직변경에는 적용될 수 없다. 왜냐하면 주식회사를 비롯한 상법상 회사는 모두 영리를 목적으로 하는 법인이지만(상법169), 상호회사는 영리를 목적으로 하지 않는 법인이기 때문이다. 보험회사인 주식회사와 상호회사는 영리성 여부에 차이가 있지만 그럼에도 그 변경을 허용하는 것은 보험업을 경영하는 회사라는 점에서 공통성이 있기 때문이다.

(2) 보험업법은 보험회사인 상호회사를 주식회사로 변경하는 것에 대해서는 규정하고 있지 않다. 현재 우리나라에는 보험회사인 상호회사가 없는 것은 사실이지만, 법체계의 완결성을 위해서는 이에 관한 규정을 둘 필요가 있다.[195]

2. 조직변경 후에 상호회사의 기금

(1) 의의

(1) 보험회사 조직변경의 경우 상호회사는 보험업법 9조에도 불구하고 기금의 총액을 300억 원 미만으로 하거나 설정하지 않을 수 있다(법20②).

(2) 보험회사가 보험업을 시작하려면 원칙적으로 300억 원 이상의 자본금(주식회사인 경우) 또는 기금(상호회사인 경우)을 납입해야 한다(법9①본). 이는 보험회사에 요구되는 전문 인력과 물적 시설을 마련하는 데 필요한 최소한의 재무적 요건이다. 위 (1)은 조직변경 시의 기금 요건을 보험업을 시작할 때 요구되는 기금 요건보다 완화할 수 있음을 규정한 것이다.

(2) 취지

(1) 주식회사의 주주는 조직변경 과정에서 소멸되므로 자신의 출자를 반환받게 되고 따라서 자본금도 존재하지 않게 된다. 조직변경에 의해서 주식회사의 자본금이 상호회사의 기금으로 전환된다고 할 수 없다.

(2) 상호회사로서 보험업을 시작할 때 일정한 기금이 요구되는데(법9①), 상호회사로 조직변경이 되기 위해서도 마찬가지의 기금이 필요하다고 보아야 한다. 이러한 이유에서 보험업법 20조 2항은 보험업법 9조가 상호회사로의 조직변경 시에 적용된다고 전제하고 있다. 다만, 조직변경 시에는 보험회사에 이미 전문 인력과 물적 시설이 마련되어 있는 경우가 보통이고 자본결손 시에 사용할 이익준비금(상법458)이 적립되어 있을 수 있으므로 보험회사의 재무상태를 감안해서 기금의 총액을 300억 원 미만으로 하거나 설정하지 않을 수 있다고 규정한 것이다.

195) 정찬형(보험업법1) 242면; 정채웅 286면

3. 손실보전준비금의 적립의무

(1) 의의

(1) 보험회사의 조직변경 시에 손실 보전에 충당하기 위해서 금융위원회가 필요하다고 인정하는 금액을 준비금으로 적립해야 한다(법20③). 이것이 손실보전준비금의 적립의무이다.

(2) 주식회사와 상호회사의 경우 각각 손실보전준비금에 대한 규정이 있다. 즉 주식회사의 경우 손실의 보전에 대비해서 이익준비금 및 자본준비금을 적립해야 한다(상법458~460). 자본금의 2분의 1이 될 때까지 매 결산기 이익배당액의 10분의 1 이상을 이익준비금으로 적립해야 하고(다만, 주식배당의 경우에는 그러하지 않다)(상법458), 자본거래에서 발생한 잉여금을 대통령령으로 정하는 바에 따라 자본준비금으로 적립해야 한다(상법459①). 또한 상호회사의 경우는 손실의 보전에 대비해서 각 사업연도의 잉여금 중에서 준비금을 적립해야 하고 이 준비금의 총액과 매년 적립할 최저액은 정관으로 정한다(법60).

(2) 취지

(1) 위와 같이 주식회사와 상호회사의 경우 각각 손실보전준비금에 대한 규정이 있음에도 불구하고 보험업법 20조 3항을 둔 이유는 무엇인가? 그 이유는 주식회사와 상호회사의 손실보전준비금의 차이를 조정하기 위해서이다. 즉 조직변경 시에는 주식회사의 손실보전준비금이 상호회사의 그것으로 전환되는데, 전술한 바와 같이 그 적립해야 할 금액이 주식회사와 상호회사가 일치하지 않는다. 이 점을 고려해서 조직변경 시에 금융위원회가 필요하다고 인정하는 금액을 준비금으로 적립하게 하자는 것이 보험업법 20조 3항을 둔 취지라고 할 수 있다.

(2) 한편 이미 적립된 손실보전준비금이 조직변경으로 소멸하므로 조직변경 시에 새로 손실보전준비금을 계상하기 위해서 보험업법 20조 3항을 두었다는 견해가 있다.[196] 하지만 조직변경의 개념과 취지를 고려하면 주식회사의 손실보전준비금이 소멸되는 것이 아니라 상호회사의 그것으로 전환된다고 해석하는 것이 타당하다고 본다.

4. 조직변경의 절차

(1) 주주총회의 결의

1) 결의방법

(1) 주식회사의 조직변경은 주주총회의 특별결의를 거쳐야 한다(법21①). 즉 주식회사 조직변경의 결의는 출석한 주주의 의결권의 3분의 2 이상의 수와 발행주식총수의 3분의 1

---

196) 정찬형(보험업법1) 249면

이상의 수로써 해야 한다(법21②).

(2) 특별결의 방식을 요구하는 이유는 주식회사에서 상호회사로의 변경은 주주의 이해관계에 중대한 영향을 미치기 때문이다.

2) 공고와 통지

i) 의의

(1) 주식회사가 조직변경을 결의한 경우 그 결의를 한 날부터 2주 이내에 결의의 요지와 대차대조표를 공고하고 주주명부에 적힌 질권자에게는 개별적으로 알려야 한다(법22①).

(2) 위 (1)의 공고에는 보험계약자로서 이의가 있는 자는 일정한 기간 동안 이의를 제출할 수 있다는 뜻을 덧붙여야 하고 그 기간은 1개월 이상으로 해야 한다(법22②,141②).

(3) 위 (1)에서 주주명부에 적힌 질권자는 주식에 대한 등록질권자를 의미한다. 등록질권자는 주식에 대한 질권자로서 질권설정자의 청구에 따라 질권자의 성명과 주소가 주주명부에 적힌 경우를 가리키며, 등록질권자는 회사로부터 이익배당, 잔여재산의 분배 또는 질권의 물상대위에 따른 금전의 지급을 받아 다른 채권자에 우선하여 자기채권의 변제에 충당할 수 있다(상법340①).[197] 따라서 등록질권자는 조직변경 시에 주식의 소각 등으로 인하여 종전의 주주가 받을 금선 등에 대해서 물상대위에 따라 회사로부터 직접 지급받을 수 있다.[198] 또한 등록질권자는 물상대위의 목적이 금전채권이고 이 채권의 변제기가 질권자의 채권 변제기보다 먼저 도래한 때에 제3채무자에 대하여 그 변제금액의 공탁을 청구할 수 있고 이 경우에 질권은 그 공탁금에 존재한다(상법340②,민법353③).

ii) 취지

등록질권자는 자신의 권리를 행사하기 위해서 조직변경에 대해 알고 있어야 하므로 그를 위해서 공고뿐만 아니라 통지도 하게 한 것이다. 등록질권자는 회사의 채권자가 아니라 주주의 채권자이어서 아래의 채권자 보호절차와 구분하여 별도로 그 보호절차를 규정한 것이다.

(2) 채권자 보호절차

(1) 회사는 조직변경의 결의가 있은 날부터 2주 내에 회사 채권자에 대하여 조직변경에 이의가 있으면 1개월 이상의 기간을 정하여 이 기간 내에 이의를 제출하도록 공고하고, 알고 있는 채권자에 대하여는 개별적으로 최고해서 이의를 제출하게 해야 한다(법22②,상법232①).

(2) 채권자가 위 (1)의 기간 내에 이의를 제출하지 않으면 조직변경을 승인한 것으로

197) 이와 달리 당사자 사이에 주식에 대한 질권설정의 합의와 질권자에 대한 주권의 교부만으로 질권이 성립하는 경우가 약식질이고 이에 대한 권리자가 약식질권자이다.

198) 정찬형(보험업법1) 254면

본다(법22②,상법232②).

(3) 채권자가 위 (1)의 기간 내에 이의를 제출하면 회사는 그 채권자에 대하여 변제 또는 상당한 담보를 제공하거나 이를 목적으로 하여 상당한 재산을 신탁회사에 신탁해야 한다(법22②,상법232③).

(3) 보험계약자 보호절차

1) 의의

보험업법은 보험계약자 등을 위한 보호절차를 별도로 규정한다. 보험계약자 등은 채권자의 일종이지만 보험의 단체성을 고려하여 보험업법은 보험계약자 등을 단체적으로 보호하는 별도의 절차를 두고 있고, 보험계약자 등에 대해서는 위 채권자 보호절차는 적용되지 않는다고 해석한다.

2) 공고

전술한 바와 같이 보험회사는 조직변경을 결의한 경우 그 결의를 한 날부터 2주 이내에 결의의 요지와 대차대조표를 공고해야 하고, 여기의 공고에 보험계약자로서 이의가 있는 자는 1개월 이상의 기간을 정해서 그 기간 내에 이의를 제출할 수 있다는 뜻을 덧붙여야 한다(법22②,141②).

3) 기준

(1) 위 2)의 이의제출 기간 내에 이의를 제기한 보험계약자가 보험계약자 총수의 10분의 1을 초과하거나 그 보험금액이 보험금 총액의 10분의 1을 초과하는 경우에는 자본감소를 하지 못한다(법22②,141③전).

(2) 일반 채권자의 경우 이의제기를 한 자에게 변제 또는 상당한 담보를 제공하거나 신탁을 하면 조직변경을 할 수 있지만, 보험계약자에 대해서는 이미 보험사고가 발생한 경우 등이 아니면 이러한 조치를 취하는 것이 적절하지 않다. 이 점을 고려해서 일정 수 이상의 이의제기가 있으면 조직변경을 하지 못하게 했다.

(4) 공고 후의 보험계약

1) 보험계약체결의 요건

(1) 주식회사는 조직변경 결의 후에 보험업법 22조 1항에 따른 공고를 한 날 이후에 보험계약을 체결하려면 보험계약자가 될 자에게 조직변경 절차가 진행 중임을 알리고 그 승낙을 받아야 한다(법23①). 이는 보험계약자가 될 자의 승낙 요건이다.

(2) 주식회사가 상호회사로 조직변경이 되면 보험계약자는 사원의 지위도 갖게 된다. 이와 같이 보험계약자의 지위가 달라진다는 점을 고려하여 보험계약자가 될 자에게 위 (1)과 같은 요건을 갖추게 한 것이다.

(3) 위 (1)에서 승낙은 조직변경에 대한 승낙이 아니라 조직변경의 가능성을 감수하면

서 보험계약을 체결하는 것에 대한 확인을 의미한다.[199]

2) 보험계약자의 지위

(1) 위 1)(1)의 승낙을 한 보험계약자는 조직변경 절차를 진행하는 중에는 보험계약자가 아닌 자로 본다(법23②).

(2) 위 (1)은 승낙을 한 보험계약자를 조직변경의 절차와 관련하여 보험계약자가 아닌 자로 본다고 해석한다. 보험계약 자체와 관련해서는 보험계약자로서의 지위를 갖는다고 보아야 하므로 그에게 보험계약상 권리와 의무가 귀속된다. 조직변경의 절차와 관련하여 보험계약자가 아닌 자로 보는 이유는 조직변경 절차가 진행 중이라는 사실을 알고 보험계약을 체결한 자에 대해서는 조직변경 결의에 대한 공고 이전에 보험계약을 체결한 자가 누리는 절차적 보호를 할 필요가 없기 때문이다.

(3) 위 (1)의 승낙을 한 보험계약자는 조직변경 절차를 진행하는 중에는 보험계약자가 아닌 자로 보므로 이의제출과 관련해서 보험계약자의 범주에서 제외해야 한다. 또한 아래에 기술하는 보험계약자총회의 구성이 되지도 못한다.

(5) 보험계약자총회

1) 의의

(1) 조직변경이 되면 보험계약자는 상호회사의 사원이 될 자이므로 조직변경 후의 상호회사의 조직에 대해 보험계약자가 정할 수 있도록 해야 한다. 이를 위해서 보험업법은 보험계약자총회의 소집, 결의사항 등에 대해서 규정하고 있다.

(2) 보험계약자총회는 상호회사 설립 시의 창립총회와 같은 기능을 수행하므로 이러한 창립총회에 대한 법적 규율과 유사한 법적 규율을 한다.

2) 보험계약자총회의 소집

(1) 보험계약자 보호절차에 따라서 이의를 제출한 보험계약자의 수가 보험계약자 총수의 10분의 1 이하이거나 그 보험금액이 보험금 총액의 10분의 1 이하이고, 채권자 보호절차도 끝나면, 7일 이내에 보험계약자총회를 소집해야 한다(법24①). 만약 이의를 제출한 보험계약자의 수가 보험계약자 총수의 10분의 1을 초과하거나 그 보험금액이 보험금 총액의 10분의 1을 초과하는 경우는 조직변경을 할 수 없으므로(법22②,141③전), 보험계약자총회를 소집할 이유가 없다.

(2) 위 (1)의 소집통지는 보험계약자명부에 기재한 주소 또는 그 자로부터 회사에 통지한 주소로 하면 되고, 그 통지는 보통 그 도달할 시기에 도달한 것으로 본다(법24②,상법353).

---

199) 정찬형(보험업법1) 257면

3) 보험계약자총회에서 보고

(1) 주식회사의 이사는 조직변경에 관한 사항을 보험계약자 총회에 보고해야 한다(법27).

(2) 보험계약자총회에서 조직변경에 관하여 정보에 입각한 결의가 이루어질 수 있도록 하기 위한 것이며, 따라서 결의에 앞서서 보고가 이루어져야 한다고 해석한다.

(3) 조직변경에 관한 사항의 구체적 내용에 대해서는 규정이 없다. 보험계약자총회가 조직변경을 의결하는 데 필요한 사항으로서 조직변경의 배경, 경과사항, 주주총회 결의사항 등을 가리킨다고 해석한다.[200)]

4) 보험계약자총회에서 결의

i) 결의 사항

(1) 보험계약자총회는 정관의 변경이나 그 밖에 상호회사의 조직에 필요한 사항을 결의해야 한다(법28①). 조직변경 시의 보험계약자총회는 상호회사 설립 시의 창립총회와 유사하므로, 보험계약자총회의 구체적인 결의사항은 상호회사 창립총회에 준한다고 해석한다.

(2) 위 (1)의 결의는 소집통지서에 그 뜻의 기재가 없는 경우에도 할 수 있다(법28④,상법316②). 위 (1)의 결의사항은 조직변경을 위해서 필수적으로 요구되므로 소집통지서에 기재하지 않은 경우에도 결의할 수 있도록 한 것이다.[201)]

(3) 위 (1)의 결의는 보험계약자 과반수의 출석과 그 의결권의 4분의 3 이상의 찬성으로 결의한다(법26①).

ii) 조직변경에 관한 주주총회 결의의 변경

(1) 조직변경에 관한 주주총회의 결의는 보험계약자총회의 결의로 변경할 수 있고, 다만 이 경우 주식회사의 채권자의 이익을 해치지 못한다(법28②). 채권자의 이익을 해치는 주주총회의 결의는 무효라고 해석한다.[202)]

(2) 조직변경에 관한 주주총회의 결의를 보험계약자총회의 결의로 변경하면서 주주에게 손해를 입히게 되는 경우에는 주주총회의 동의를 받아야 한다(법28③전). 이 경우 주주총회의 동의는 특별결의가 요구되어서 출석한 주주의 의결권의 3분의 2 이상의 수와 발행주식총수의 3분의 1 이상의 수로써 하여야 한다(법28③후).

5) 보험계약자총회에 관한 준용규정

보험계약자총회에 관하여는 다음의 규정을 준용한다(법26②). 즉 의결권(법55), 소집의 통지(상법363①·②), 소집지(상법364), 검사인의 선임(상법367), 의결권의 행사(상법368②·③),[203)]

200) 성대규 · 안종민 204면; 정찬형(보험업법1) 269면; 정채웅 294면
201) 정찬형(보험업법1) 272면
202) 정찬형(보험업법1) 271면; 정채웅 294면
203) 2014년 상법 개정을 통해서 '상법368③ · ④'가 '상법368② · ③'으로 변경되었다.

의결권 수의 계산(상법371②), 총회 연기·속행의 결의(상법372), 총회 의사록(상법373) 및 결의 하자에 관한 소(상법376~381)에 관한 규정을 준용한다.

6) 보험계약자총회의 대행기관

(1) 주식회사는 조직변경을 결의할 때 보험계약자총회를 갈음하는 기관에 관한 사항을 정할 수 있다(법25①). 보험계약자 수가 매우 많은 현실을 고려한 규정이다.

(2) 위 (1)의 대행기관에 대하여는 보험계약자총회에 관한 규정(법24,26~28)을 준용한다(법25②).

(3) 위 (1)의 대행기관에 관한 사항을 정한 경우에는 그 기관의 구성방법을 보험업법 22조 1항에 따른 조직변경결의 공고의 내용에 포함해야 한다(법25③).

(4) 보험계약자총회 대행기관을 구성하는 자가 그 임무를 위반하여 재산상의 이익을 취득하거나 제3자로 하여금 취득하게 하여 보험계약자나 사원에게 손해를 입힌 경우에는 형벌에 처한다(법198).

(6) 조직변경의 등기

(1) 주식회사가 조직변경을 한 경우에는 변경한 날부터 본점과 주된 사무소의 소재지에서는 2주 이내에 주식회사는 해산등기를 하고 상호회사는 설립등기를 해야 한다(법29①). 주식회사가 조직변경을 한 경우라는 것은 위 (1)~(5)의 절차를 모두 마친 경우를 가리킨다.

(2) 조직변경에 의해서 보험회사 법인격의 동일성은 유지되지만 회사의 형태는 주식회사가 상호회사로 전환되므로 이에 맞추어 해산등기 및 설립등기를 하게 한 것이다. 다만, 이는 해산등기에 이어서 청산절차를 밟아야 한다든가 또는 설립등기 위해서 요구되는 설립절차를 밟아야 한다는 의미는 아니다. 위 (1)~(5)의 절차를 거치고 해산등기 및 설립등기를 하면 충분하다.

(3) 위 (1)의 등기 신청서에는 정관과 다음 각 호의 사항이 적힌 서류를 첨부해야 한다(법29②).

1. 보험업법 21조 1항의 결의
2. 보험업법 22조 1항의 공고
3. 보험업법 28조의 결의 및 동의
4. 보험업법 141조 3항의 이의
5. 상법 232조에 따른 절차를 마쳤음을 증명하는 내용

5. 조직변경의 효과

(1) 효력발생 시점

조직변경의 효력이 발생하는 시점에 대해서는 규정이 없다. 보험회사와 관련된 여러 이해관계자의 법률관계를 획일적으로 처리할 필요가 있다. 따라서 주식회사의 해산등기 및 상호회사의 설립등기 시에 조직변경의 효력이 발생한다고 해석함이 타당하다.[204]

(2) 조직변경에 따른 입사

(1) 조직변경이 효력을 발생하면 해당 보험회사는 더 이상 주식회사가 아니고 상호회사의 지위를 갖는다. 따라서 주식회사의 보험계약자는 해당 상호회사의 사원이 된다(법30). 이에 대해 보험업법 30조는 조직변경에 따른 입사라고 표현하고 있다. 상호회사의 보험계약자는 그 사원의 지위도 갖는데, 보험업법 30조는 이 점을 확인적으로 규정한 것이라고 이해하면 된다.

(2) 조직변경에 따른 입사는 조직변경이 효력을 발생하는 시점의 모든 보험계약자에게 적용된다. 조직변경 결의를 공고한 이후에 조직변경 절차가 진행 중임을 통지받고 보험계약을 체결한 보험계약자(법23)에게도 적용됨은 물론이다.[205] 이러한 보험계약자는 조직변경의 절차와 관련하여 보험계약자가 아닌 자로 보지만 이는 조직변경 시 보험계약자에 대한 절차적 보호를 배제한다는 의미이지 보험계약자의 지위를 박탈한다는 의미는 아니기 때문이다.

6. 조직변경의 무효

(1) 가령 주주총회 결의 또는 채권자 보호절차에 하자가 있는 경우에 조직변경의 효력에 어떤 영향을 미치는가? 이는 조직변경의 무효에 관한 문제이다. 이에 관해서는 보험업법에 규정이 없다. 상법에서도 조직변경의 무효에 관한 규정이 없다.

(2) 생각건대, 보험회사인 주식회사의 상호회사로의 조직변경에 하자가 있는 경우 이해관계자 사이의 획일적 확정을 위해서 주식회사 설립의 무효의 소(상법328)를 준용한다고 해석한다. 만약 조직변경의 무효판결이 확정되면 회사설립의 무효와는 달리 해산 후에 청산을 할 것이 아니라 변경 전의 회사로 회복된다고 해석한다.[206]

7. 조직변경과 관련한 준용규정

주식회사의 조직변경에 관하여는 보험계약 이전의 공고(법145), 변경·소멸의 등기(상

---

204) 정찬형(보험업법1) 274면; 정채웅 297면

205) 성대규·안종민 207면; 정찬형(보험업법1) 275면; 정채웅 297면

206) 이철송 135면

법40), 질권의 물상대위(상법339), 주식의 등록질(상법 340①·②), 자본의 감소(상법439①), 감자 무효의 소(상법445,446)[207]를 준용한다(법31).

제 3 관 우선취득권 및 우선변제권

1. 총설

보험업법은 보험계약자나 보험금을 취득할 자를 보호하기 위해서 피보험자를 위하여 적립한 금액에 대해 우선권을 인정하고 있다. 이에 대해서는 보험업법 32조와 33조가 규정하고 있으며, 보험계약자 등의 우선취득권과 우선변제권으로 구분하여 살펴보기로 한다.

2. 보험계약자 등의 우선취득권

(1) 의의

(1) 보험계약자나 보험금을 취득할 자는 피보험자를 위하여 적립한 금액을 다른 법률에 특별한 규정이 없으면 주식회사의 자산에서 우선하여 취득한다(법32①). 이는 보험계약자나 보험금을 취득할 자('보험계약자 등')가 주식회사에 대한 채권자의 일종이지만 다른 채권자에 우선해서 주식회사의 자산을 우선취득한다는 의미이다.

(2) 위 (1)의 우선취득권은 채권자평등의 원칙에 대한 예외이다. 채권자평등의 원칙은 동일한 채무자에게 수인의 채권자가 있는 경우 채권발생의 원인에 관계없이 모든 채권자가 채무자의 총재산으로부터 균등하게 변제를 받을 수 있다는 원칙이다.

(2) 적용 범위

보험업법은 보험계약자 등의 우선취득권을 주식회사에 대해서만 규정하고 상호회사에 대해서는 규정하지 않는다. 상호회사에서 보험계약자는 그 사원으로서의 지위를 고려한 것이다. 상호회사의 청산 시에 일반채무는 사원의 보험금액에 우선하여 변제된다(법72①).

(3) 취지

보험계약자 등의 우선취득권을 인정할 것인지는 입법정책의 문제이다. 보험업법은 피보험자를 위해서 적립한 금액은 보험금 등의 지급을 위해서 그 적립이 강제된다는 점을 고려하여 보험계약자 등의 우선취득권을 인정하는 입장을 취했다. 이는 결과적으로 보험계약자 등을 사회정책상 보호하자는 취지이다.[208]

(4) 우선취득권자

보험계약자나 보험금을 취득할 자가 우선취득권자이다. 보험금을 취득할 자는 피보험

---

207) 이 경우 상법 446조 중에서 '192조'는 '238조'로 본다.

208) 이성남 · 김건 117면; 정찬형(보험업법1) 282면; 정채웅 301면

자(손해보험인 경우), 보험수익자(인보험인 경우), 보험금청구권의 양수인 등을 가리킨다.[209] 보험계약자는 보험계약의 해지 시에 해지환급금에 대한 청구권자가 되고, 한편으로는 예외적으로 보험금청구권자가 되기도 한다.[210]

(5) 우선취득의 대상

(1) 피보험자를 위하여 적립한 금액을 보험회사의 자산에서 우선취득한다.

(2) 위 (1)에서 피보험자를 위하여 적립한 금액은 책임준비금과 비상위험준비금(법120)이라고 해석한다.[211] 여기서 적립금액은 실제로 적립된 금액이 기준이 되는 것이 아니라 적립금으로 적립되어야 할 금액이 기준이 된다는 견해가 있다.[212] 하지만 이는 보험업법 32조 1항의 법문(피보험자를 위하여 '적립한' 금액)에 반하는 해석이다. 또한 정책적 측면에서도 보험계약자 등에 대한 지나친 보호라고 여겨진다.

(3) 보험회사의 자산에서 우선취득하며, 자산의 범위는 아래에서 보는 예외를 제외하면 그 제한이 없다.

(6) 우선취득의 예외

다른 법률에 특별한 규정이 있는 경우에는 우선취득이 가능하지 않다. 이러한 경우로는 민법에 따른 유치권(민법320), 질권(민법329,345), 저당권(민법356) 등과 같은 담보물권, '동산·채권 등의 담보에 관한 법률'에 따른 동산담보권 또는 채권담보권, 그리고 근로기준법에 따른 임금, 재해보상금, 그 밖에 근로관계로 인한 채권(근로기준법38①) 등이 있다.

(7) 특별계정와 일반계정의 구분 적용

(1) 보험업법 108조에 따라 특별계정이 설정된 경우에 보험계약자 등의 우선취득권은 특별계정과 그 밖의 계정을 구분하여 적용한다(법32②). 여기서 그 밖의 계정은 다른 특별계정 또는 일반계정을 말한다. 즉 우선취득권은 특별계정과 일반계정으로 구분하여 적용하고, 특별계정이 여러 종류인 경우에는 특별계정별로 구분하여 적용한다고 해석한다.

(2) 보험회사는 특별계정에 속하는 자산은 다른 특별계정에 속하는 자산 및 그 밖의 자산과 구분하여 회계처리해야 하므로(법108②), 위 (1)과 같은 구분 적용이 가능하다.

3. 보험계약자 등의 우선변제권

(1) 의의

(1) 보험계약자나 보험금을 취득할 자는 피보험자를 위하여 적립한 금액을 주식회사

---

209) 정찬형(보험업법1) 283면; 정채웅 301면
210) 상법 639조 2항 단서에 의하면, 타인을 위한 손해보험계약에서 보험계약자가 그 타인에게 보험사고의 발생으로 생긴 손해의 배상을 하면 그 타인의 권리를 해하지 아니하는 범위 안에서 보험자에게 보험금액의 지급을 청구할 수 있다.
211) 정찬형(보험업법1) 283면; 정채웅 301면
212) 정찬형(보험업법1) 283면

가 보험업법에 의거한 금융위원회의 명령에 따라 예탁한 자산에서 다른 채권자보다 우선하여 변제를 받을 권리를 가진다(법33①). 이는 보험계약자나 보험금을 취득할 자('보험계약자 등')가 주식회사에 대한 채권자의 일종이지만 다른 채권자에 우선해서 주식회사가 금융위원회의 명령에 따라 예탁한 자산에 대해서 우선변제를 받을 수 있다는 의미이다.

(2) 위 (1)의 우선변제권이 채권자평등의 원칙에 대한 예외라는 점은 전술한 우선취득권과 같다.

(2) 적용 범위

전술한 우선취득권과 내용이 같다.

(3) 취지

전술한 우선취득권과 내용이 같다.

(4) 우선변제권자

전술한 우선취득권과 내용이 같다.

(5) 우선변제의 대상

(1) 주식회사가 보험업법에 의거한 금융위원회의 명령에 따라 예탁한 자산에서 우선변제를 받을 수 있다. 즉 금융위원회는 보험회사의 업무운영이 적정하지 않거나 자산상황이 불량하여 보험계약자 및 피보험자 등의 권익을 해칠 우려가 있는 경우 금융위원회가 지정하는 기관에 자산 예탁을 명령할 수 있는데(법131①(2)), 이러한 자산에서 우선변제를 받을 수 있다.

(2) 피보험자를 위하여 적립한 금액에 대해서는 전술한 우선취득권과 내용이 같다.

(6) 우선변제의 예외

(1) 보험업법 33조는 다른 법률에 특별한 규정이 있는 경우에는 우선변제가 가능하지 않다는 규정을 두지 않고 있다. 이 점이 전술한 우선취득권과 차이점이다.

(2) 이와 관련하여 해석상 우선취득권과 마찬가지로 다른 법률에 특별한 규정이 있는 경우에는 우선변제가 가능하지 않다고 보아야 한다는 견해가 있다.[213] 하지만 이렇게 해석하게 되면 보험업법 33조와 32조가 차이가 없기 때문에 33조가 무의미해진다. 따라서 입법론은 별론으로 하더라도, 해석상으로는 다른 법률에 특별한 규정이 있는 경우에도 우선변제가 가능하다고 보아야 한다.

(3) 다만, 금융위원회 명령에 따른 예탁 시를 기준으로 그 이후부터 다른 법률에 특별한 규정이 있더라도 우선변제가 가능하다고 해석해야 한다. 이렇게 해석해야 거래의 안전이 보호될 수 있기 때문이다.

---

213) 정찬형(보험업법1) 286면

(7) 특별계정와 일반계정의 구분 적용

전술한 우선취득권과 내용이 같다(법33②).

제 4 절 상호회사

제 1 관 총설

1. 상호회사의 개념

상호회사는 상호보험을 경영하는 보험업법상 회사이다. 이에 따르면 상호회사의 구성요소는 다음과 같다.

(1) 상호보험의 경영

상호회사는 상호보험을 경영한다. 상호보험이란 보험보호를 원하는 사람들이 보험단체를 결성하여 상호간에 보험보호를 주는 보험의 일종이다. 영리보험을 경영하는 주식회사는 사원에 의해서 결성되고 보험계약자와 독립적이고 대립적인 관계에 있지만, 상호보험의 상호회사는 사원에 의해서 결성되고 사원이 보험계약자의 지위도 가지므로 보험계약자와 비독립적이고 상호적인 관계에 있다. 상호보험에서 사원은 상호회사와 보험관계 및 사원관계를 맺는 것이다.

(2) 보험업법상 회사

상호회사는 보험업법상 회사이다. 상법상 회사에는 합명회사, 합자회사, 유한책임회사, 주식회사, 유한회사 등이 있지만 상호회사는 없다. 상호회사는 보험업법에만 존재하는 특수한 회사이며 따라서 보험업법에 상호회사에 관한 규정을 두어야 한다. 보험업법은 상호회사에 대한 규정을 일부 두면서 상당 부분을 상법상 주식회사에 관한 규정을 준용하고 있다. 상호회사의 경우 사원이 유한책임, 간접책임을 지고(법46,47), 실제로 회사의 경영에 직접 관여하지 않으며, 대수의 법칙을 고려하면 사원의 수가 상당할 수 있다는 점을 고려했기 때문이다.

2. 상호회사의 특성

(1) 비영리성

(1) 보험보호를 원하는 자들이 보험단체를 결성하여 상호간에 보험보호를 주는 상호보험은 원칙적으로 영리성을 띠지 않는다(통설). 따라서 상호회사도 영리성을 띠지 않는

다. 이 점이 상법상 회사와 큰 차이점이다. 상법상 회사는 영리성을 띤다(상법169). 상호보험의 경우 그 경영결과 잉여금이 발생하게 되면 사원에게 배분하게 되는데, 이는 이익의 배분이 아니라, 초과로 지급된 보험료를 사후에 정산하여 환원하는 것이라고 볼 수 있다(통설).

(2) 다만, 상호회사의 경우에도 영리성이 인정될 필요성에 대한 논의가 있다. 상호회사가 자산운용의 효율화를 통해서 잉여금을 증가시키려는 행위, 또는 예외적으로 사원이 아닌 자와 보험계약을 체결하는 행위 등은 영리성과 밀접한 관련이 있는 것이 사실이다.[214]

(2) 사단성

(1) 상호회사는 사단이다. 사단이란 일정한 목적을 위해서 사람이 결합된 단체(인적 결합)를 가리킨다. 사단의 경우 이러한 인적 결합의 단체성이 구성원의 독립성에 우선한다.

(2) 사단은 일정한 목적을 위해서 제공된 재산의 결합인 재단과 구분되고, 인적 결합이라는 점은 같지만 그 단체성보다는 구성원의 독립성이 우선하는 조합과 구분된다.

(3) 상호회사의 경우 사원이 유한책임, 간접책임을 지고(법46,47) 실제로 회사의 경영에 직접 관여하지 않는다는 점에서 사단성이 다소 약한 것은 사실이지만, 사원별로 1개의 의결권이 인정되고 보험금액의 삭감 가능성이 인정되는 등 여전히 사단성을 띠고 있다.

(3) 법인성

(1) 상호회사는 법인이다. 보험업법이 상호회사가 법인이라고 명시하고 있지는 않으나, 전형적인 법인에 해당하는 회사라는 표현을 사용하고 있다는 점, 사원이 회사의 채권자에 대해서 간접책임을 진다는 점(법46), 주식회사에 관한 규정이 다수 준용된다는 점 등을 고려하면 법인성이 인정된다.

(2) 상호회사는 법인이므로 법인격을 갖고 있으며, 이에 따라 권리의무의 주체가 된다. 상호회사는 독자적인 권리능력을 가지므로 사원으로부터 독립하여 스스로 권리의무의 주체가 되고, 한편 사원은 상호회사에 대해 권리의무를 가질 뿐이다.

3. 상호회사의 실익 및 현황

(1) 상호회사는 사원이 보험계약자의 지위도 가지므로 보험계약자와 비독립적이고 상호적인 관계에 있으며 영리를 추구하지 않기 때문에 영리보험에 비해서 보다 저렴한 보험료를 지급하고 같은 보험보호를 받을 수 있다. 다만, 영리보험 중에는 보험계약자에게 이익배당을 하는 경우가 있는데, 이러한 이유에서 상호보험과 영리보험이 상호접근한다고

---

214) 이에 관한 자세한 논의는 한기정, "상호보험·공제·우체국보험의 적용법규에 대한 고찰", 보험법연구2-1, 2008

평가되고 있다.[215]

(2) 우리나라에서는 보험업법이 제정된 이후 지금까지 상호회사가 설립된 바가 없다. 이로 인해 상호회사에 관한 보험업법 규정에 대해 관심이 적고 실제로 보험업법 제정 이후에 이에 대한 변화가 거의 없다.

4. 상호회사의 명칭

(1) 보험회사는 그 상호 또는 명칭 중에 주로 경영하는 보험업의 종류를 표시해야 한다(법8①). 이 점에 대해서는 보험회사의 상호에서 자세히 살펴보았다.

(2) 나아가 상호회사는 그 명칭 중에 상호회사라는 글자를 포함해야 한다(법35). 상호회사와 보험계약을 체결하는 것은 그 상호회사의 사원이 되는 등의 특수성이 있으므로, 상호회사임을 명칭을 통해서 알 수 있도록 하자는 것이다. 즉 보험회사인 주식회사와 상호회사는 영리성 유무, 보험계약자의 법적 지위 등에서 차이가 있다는 점을 고려한 것이다.

(3) 위 (1)과 (2)에 따르면, 상호회사의 명칭에는 상호회사라는 글자와 주로 경영하는 보험업의 종류를 표시해야 한다.

제 2 관 상호회사의 설립

1. 의의

(1) 상호회사를 설립하기 위해서는 보험업법이 규정하는 일정한 기준을 충족해야 한다(준칙주의). 그런데 상호회사가 상호보험을 경영하려면 금융위원회의 허가(법4)를 받아야 한다. 따라서 상호회사의 설립은 준칙주의가 적용되지만 상호회사의 경영에는 허가주의가 적용된다고 말할 수 있다.

(2) 보험업법은 상호회사의 설립을 주식회사의 설립과 유사하게 규정하고 있다. 무엇보다도 발기인이 회사설립을 주관하게 하고 발기설립과 모집설립으로 구분하며 상법상 주식회사의 설립에 관한 규정을 다수 준용하고 있기 때문이다.

(3) 상호회사가 설립되기 위해서는 다음과 같은 절차를 거쳐야 한다. 즉 정관을 작성하고, 기금을 갹출하며, 창립총회를 개최하고, 설립등기를 하면 상호회사가 설립된다. 이에 대해 살펴보기로 한다. 이에 앞서 상호회사의 설립유형을 먼저 살펴본다.

---

215) 노일석(보험업법1) 303면; 양승규 32면

2. 발기인과 설립유형

(1) 발기인

(1) 발기인이란 상호회사의 설립을 기획하고 그 절차를 주관하는 자인데, 법적 측면에서 보면 정관에 발기인으로 기재되고 기명날인한 자를 가리킨다(법34).

(2) 발기인은 설립 중의 회사의 기관으로서 회사의 설립을 위한 행위를 할 수 있고, 그의 행위는 설립 후의 회사에 귀속된다. 이를 위해서 상호회사의 설립과 관련하여 보험업법, 상법 등이 규정하는 권한과 책임이 발기인에게 주어진다.

(3) 발기인의 수에 대해서는 규정이 없으므로 1명 이상이면 충분하다고 해석한다(통설).

(2) 발기설립과 모집설립

발기설립과 모집설립은 기금갹출자의 구성에 따른 구분이다. 발기설립이란 발기인이 기금을 출연하여 회사를 설립하는 방식이다. 모집설립은 발기인 이외의 기금갹출자를 모집하여 출연하게 하여 회사를 설립하는 방식이다.

3. 정관의 작성

(1) 정관의 의의

(1) 회사의 정관이란 실질적으로는 회사의 조직과 운영에 관한 근본규칙을 말하고 형식적으로는 그러한 근본규칙을 기재한 서면을 가리킨다. 정관의 법적 성격은 상사자치법이다(판례,[216] 통설).

(2) 회사의 설립 시에 작성한 정관을 그 이후에 변경된 정관과 구분하여 원시정관이라고 부른다.

(3) 원시정관은 발기인이 작성한다(법34). 이후 회사의 설립 중에 창립총회가 변경할 수 있고(법44,상법316), 회사 설립 후에는 사원총회가 변경할 수 있다(법65①).

(4) 상호회사의 정관 중에는 사원관계에 관한 규정이 있으며 이는 사원에게 구속력이 있다. 상호회사의 사원은 상호회사와 사원관계뿐만 아니라 보험관계도 맺는데, 보험관계는 보험약관이 규율하는 것이 보통이다.

(2) 정관의 기재사항

1) 구분

정관의 기재사항에는 절대적 기재사항, 상대적 기재사항, 임의적 기재사항이 있다.

---

216) 대판 2000.11.24. 99다12437

i) 절대적 기재사항

절대적 기재사항은 정관에 반드시 기재해야 하고 기재가 누락되거나 위법하면 정관이 무효가 되는 사항이다. 원시정관의 기재사항(법34), 보험금액의 삭감(법49) 등이 절대적 기재사항이다. 다만, 원시정관의 기재사항 중 일부는 후술하는 바와 같이 상대적 기재사항에 속한다.

ii) 상대적 기재사항

상대적 기재사항이란 정관에 기재하지 않아도 정관의 효력에는 영향이 없지만 그 사항을 유효하게 하려면 정관에 기재되어야 하는 사항을 가리킨다. 사원총회 대행기관(법54), 사원 의결권의 특칙(법55단) 등이 상대적 기재사항이다.

iii) 임의적 기재사항

임의적 기재사항은 정관에 기재하지 않아도 정관의 효력에는 영향이 없고 또한 그 사항을 실현하지 못하는 것도 아니지만 기재하게 되면 정관이 갖는 구속력을 갖게 되는 사항을 가리킨다. 다만, 이러한 사항도 정관에 기재되면 회사의 기관과 사원을 구속하고 정관변경의 절차를 거쳐야 한다.

2) 원시정관의 기재사항

i) 의의

(1) 발기인이 작성하는 정관이 원시정관이다. 즉 상호회사의 발기인은 원시정관을 작성하여 다음 각 호의 사항을 적고 기명날인해야 한다(법34).

1. 취급하려는 보험종목과 사업의 범위
2. 명칭
3. 사무소 소재지
4. 기금의 총액
5. 기금의 갹출자가 가질 권리
6. 기금과 설립비용의 상각 방법
7. 잉여금의 분배 방법
8. 회사의 공고 방법
9. 회사 성립 후 양수할 것을 약정한 자산이 있는 경우에는 그 자산의 가격과 양도인의 성명
10. 존립시기 또는 해산사유를 정한 경우에는 그 시기 또는 사유

(2) 위 (1)의 각 호의 대부분은 절대적 기재사항이나 일부는 상대적 기재사항도 있다.

ii) 세부 사항

① 취급하려는 보험종목과 사업의 범위

취급하려는 보험종목의 종류는 금융위원회의 허가를 받은 것이어야 한다(법4).

② 명칭

상호회사의 명칭을 정관에 기재해야 한다. 정관에 기재해야 하는 상호회사의 명칭에는 상호회사라는 글자와 주로 경영하는 보험업의 종류를 표시해야 한다(법8,35).

③ 사무소 소재지

사무소는 본점과 지점을 전부 포함한다. 따라서 정관에는 상호회사의 본점과 지점의 소재지를 모두 기재해야 한다. 참고로 주식회사의 경우 정관에는 본점의 소재지만 기재하면 된다(상법289①(6)).

④ 기금의 총액

상호회사는 원칙적으로 300억 원 이상의 기금을 납입함으로써 보험업을 시작할 수 있으며(법9①본), 정관에는 그 기금의 총액을 기재해야 한다.

⑤ 기금의 갹출자가 가질 권리

기금의 갹출자가 가질 권리를 정관에 기재해야 한다. 가령 기금이자청구권이 이에 해당한다. 기금갹출자에게 잉여금을 배당하려는 경우에도 이를 정관에 기재해야 한다.[217)]다만, 기금갹출자가 가질 권리는 그것이 있는 경우에만 기재하면 되므로 상대적 기재사항에 해당한다고 볼 수 있다.

⑥ 기금과 설립비용의 상각 방법

설립비용은 상호회사의 설립 시에 필요로 하는 비용이다.

⑦ 잉여금의 분배 방법

잉여금은 사원에게 분배되는 것이 원칙이고, 정관으로 정하는 경우 기금갹출자 등에 대해서도 분배할 수 있다. 사원 이외에 기금갹출자 등에 대한 잉여금 분배는 상대적 기재사항에 해당한다고 볼 수 있다.

⑧ 회사의 공고 방법

상호회사의 경우 사원 또는 채권자 등의 이해관계자에게 공고(공시)해야 하는 경우가 있는데(가령 보험업법 69조 1항에 따른 해산 공고), 이 공고 방법을 정관에 기재해야 한다. 상호회사의 공고는 관보 또는 시사에 관한 사항을 게재하는 일간신문에 해야 하고, 다만 상호회사는 공고를 정관으로 정하는 바에 따라 전자적 방법으로 할 수 있다(법44,상법289③).

⑨ 회사 성립 후 양수할 것을 약정한 자산이 있는 경우

회사 성립 후 양수할 것을 약정한 자산이 있는 경우에는 그 자산의 가격과 양도인의 성명을 기재해야 한다. 재산인수의 약정이 있는 경우에만 정관에 기재하면 되므로 상대적 기재사항에 속한다.

---

217) 노일석(보험업법1) 326면

⑩ 존립시기 또는 해산사유를 정한 경우에는 그 시기 또는 사유

존립시기 또는 해산사유를 정한 경우에만 정관에 기재하면 되므로 상대적 기재사항에 속한다.

4. 기금의 납입

(1) 기금의 의의

1) 법정 요구액

상호회사는 원칙적으로 300억 원 이상의 기금을 납입함으로써 보험업을 시작할 수 있다(법9①본).

2) 기금의 필요성

(1) 상호회사의 기금이란 경영자금의 기능을 수행한다. 주식회사의 경우는 자본금이 경영자금의 기능을 수행하는데, 상호회사에는 자본금 대신에 기금 제도가 있는 것이다. 후술하는 바와 같이 기금은 자본금이 아니고 채무에 속하므로 자산이 아니라 부채에 속한다.

(2) 상호회사의 경우 자본금이 아닌 기금 제도를 두는 이유는 무엇인가? 자본금이란 사원이 출자하는 출연금이다. 상호회사의 경우 사원인 보험계약자가 보험료를 통해서 자본금을 출자한다고 가정하면 보험계약의 체결 또는 종료 시마다 출자금의 납입 또는 반환이 이루어지게 되어 자본금이 불확정해지고 불안정해지는 문제가 있다. 회사설립의 초기에는 전문 인력과 물적 시설의 준비, 그리고 책임준비금 마련에 상당한 자금이 소요될 수 있으므로 이에 대비한 확정적이고 안정적인 자금을 확보할 수 있어야 한다.

3) 기금의 성격

(1) 기금은 자본금이 아니고 채무에 속하므로 자산이 아니라 부채에 속한다. 기금은 채무의 일종이지만 특수한 측면이 있다. 일반적인 소비대차는 정기적으로 이자를 지급하고 일정 기간이 경과한 후 원금을 반환하는 것이 보통이다. 상호회사의 기금도 이러한 성격을 띠어서는 경영자금으로서의 확정성을 확보하기 어렵다.

(2) 위 (1)을 고려해서 기금은 이자 지급 및 원금 반환에서 후순위적 채무의 성격을 띤다. 즉 상호회사가 손실을 보전하기 전에는 기금이자를 지급하지 못하고 설립비용과 사업비의 전액을 상각하고 손실보전준비금을 공제하기 전에는 기금의 상각을 하지 못하는데(법61①·②), 이는 기금이 무용지물이 되는 현상을 막기 위한 것이다. 청산 시에 자산처분의 순서도 일반채무의 변제, 사원의 보험금액과 사원에게 환급할 금액의 지급의 다음 순서가 기금의 상각이다(법72①).

4) 기금의 갹출자

(1) 전술한 바와 같이 상호회사의 기금은 채무로서의 성격을 띠며 기금의 갹출자는 일종의 채권자에 불과하며 상호회사의 사원이 아니다. 즉 기금의 출연자는 주주와 달리 채권자로서의 지위를 가질 뿐 사원으로서의 지위는 갖지 않는다. 따라서 기금의 갹출자는 사원이 가지는 권리와 의무(사원총회의 의결권 등)를 갖지 못한다. 기금의 갹출자가 보험계약자가 됨으로써 사원의 지위를 갖는 경우도 있겠지만, 기금의 갹출자와 사원의 지위는 별개의 것이다.

(2) 기금의 갹출자는 약정한 바에 따라 기금이자 및 원금을 상환받을 수 있다. 그런데 기금갹출자에 대한 잉여금의 배당에 대해 정관에서 정할 수 있다.218) 이는 기금의 갹출자가 단순한 채권자가 아니라 사원적 색채가 다소 가미된다는 것을 의미하나, 다만 그렇다고 해서 기금갹출자를 사원으로 분류하지는 않는다.

(2) 납입방법

(1) 상호회사의 기금은 금전 이외의 자산으로 납입하지 못한다(법36①). 상호회사의 기금은 자본과 달리 부채인데, 이를 금전으로만 납입할 수 있게 규정한 것이다.

(2) 발기설립인 경우(발기인이 기금의 총액을 인수한 경우) 지체없이 그 전액을 납입해야 하고, 이 경우 발기인은 납입을 맡을 은행 기타 금융기관과 납입장소를 지정해야 한다(법36②,상법295①).

(3) 모집설립인 경우(기금갹출자를 모집하는 경우) 기금의 총액이 인수된 때 발기인은 지체없이 그 인수자에게 인수가액 전액을 납입시켜야 하고, 이 납입은 입사청약서에 기재한 납입장소에서 해야 한다(법36②,상법305①·②).

5. 사원의 수 및 구성

(1) 인원수

1) 최소 인원수

(1) 상호회사로 설립되기 위해서는 일정 수 이상의 사원이 필요하다. 상호회사의 사원은 보험계약자를 의미하기도 하는데, 보험단체를 구성하기 위해서는 대수의 법칙에 따라 일정 수 이상의 보험계약자가 필요한 것이다. 이에 따라 상호회사로 설립되기 위해서는 100명 이상의 사원이 필요한데(법37), 이는 상호회사의 설립 시에 요구되는 최소한의 사원 수를 정한 것이다.

(2) 위 (1)과 같은 최소 사원 수는 설립 시에만 요구된다고 해석한다.219) 보험업법은

---

218) 노일석(보험업법1) 326면

219) 노일석(보험업법1) 350면

상호회사 설립 이후에 최소 사원 수 미달을 해산사유로 규정하고 있지 않기 때문이다.

2) 예정 인원수

상호회사의 설립 시에 사원의 예정된 수는 위 최소 사원 수를 충족하여 발기인이 작성하는 입사청약서(법38②(6))에서 정해진다. 입사한 사원 수가 예정 사원 수에 미치지 못하면 창립총회를 소집할 수 없다(법39①).

(2) 사원의 구성

1) 발기인

(1) 발기인이 당연사원이 되는지에 대해서 보험업법상 규정이 없다. 주식회사의 경우 발기인은 당연주주가 된다(상법293). 그런데 보험업법 38조 1항 본문은 발기인이 아닌 자가 상호회사가 사원이 되려면 입사청약서를 작성해야 한다고 규정하는데, 이는 발기인이 사원이 되려는 경우 그러한 작성이 없어도 된다는 의미이고, 결국 발기인은 특별한 입사행위를 하지 않아도 사원이 된다는 것을 전제한 것이라고 해석할 수 있다. 발기인의 상호회사에 대한 발기행위 자체가 입사행위에 해당한다고 해석한다.[220)]

(2) 발기인이 100명 이상인 경우는 발기인만으로 상호회사를 설립하는 것(발기설립)이 가능하다. 발기인이 100명 이상인 경우에도 발기인 이외의 자를 사원으로 모집하여 상호회사를 설립하는 것(모집설립)이 가능하다. 발기인이 100명 미만인 경우는 발기인 이외의 자를 사원으로 모집해야만 상호회사를 설립할 수 있다. 발기인 이외의 자가 상호회사의 설립에 사원으로 참여하는 경우는 아래에서 살펴본다.

2) 발기인 이외의 자

i) 의의

(1) 발기인이 아닌 자가 상호회사의 사원이 되려면 입사청약서 2부에 보험목적과 보험금액을 적고 기명날인해야 한다(법38①본). 이를 위반하면 입사청약의 효력이 인정되지 않는다고 해석한다.

(2) 다만, 상호회사가 성립한 후 사원이 되려는 자는 그렇지 않다(법38①단). 즉 상호회사가 성립한 후에는 보험계약을 체결하는 것만으로 그 사원이 된다.

ii) 요식행위

상호회사의 설립 시에 사원이 되기 위한 입사청약은 위와 같이 입사청약서를 작성해야 한다는 점에서 요식행위에 속한다. 상호회사의 설립을 위해서는 일정한 사원 수가 필수적 요건이고 이에 대한 충족을 명확하게 하기 위해서 요식행위로 처리한 것이다.

iii) 입사청약서

발기인은 위 i)의 입사청약서를 다음 각 호의 사항을 포함하여 작성해서 비치해야 한

---

220) 노일석(보험업법1) 349면

다(법38②).

1. 정관의 인증 연월일과 그 인증을 한 공증인의 이름
2. 보험업법 34조 각 호의 사항[221)]
3. 기금 갹출자의 이름·주소와 그 각자가 갹출하는 금액
4. 발기인의 이름과 주소
5. 발기인이 보수를 받는 경우에는 그 보수액
6. 설립 시 모집하려는 사원의 수
7. 일정한 시기까지 창립총회가 끝나지 아니하면 입사청약을 취소할 수 있다는 뜻

iv) 입사청약의 취소

일정한 시기까지 창립총회가 끝나지 아니하면 입사청약을 취소할 수 있다(법38②(7)).

v) 위반 시 효과

보험업법 38조 2항을 위반하여 입사청약서를 작성하지 않거나 입사청약서에 적을 사항을 적지 않거나 부실하게 적은 경우 경우에 과태료가 따른다(법209④(5)).

3) 진의 아닌 의사표시의 특칙

상호회사 성립 전의 입사청약에 대하여는 민법 107조 1항 단서를 적용하지 않는다(법38③). 즉 이 입사청약에 관한 의사표시는 표의자가 진의가 아님을 알고 한 것이라도 그 효력이 있고, 상대방이 표의자의 진의가 아님을 알았거나 이를 알 수 있었을 경우에도 그 효력이 있다. 이러한 입사청약은 단체법상의 계약이므로 당사자의 의사를 존중하기보다는 회사 법률관계의 안정을 중시하기 때문이다.

6. 창립총회

(1) 의의

창립총회는 회사설립의 종결단계에서 사원으로 될 자로 구성되는 설립 중의 회사의 의결기관이다. 이를 통해서 사원으로 될 자들은 자치적으로 회사설립에 필요한 사항을 의결하게 된다.

(2) 소집

(1) 상호회사의 발기인은 상호회사의 기금의 납입이 끝나고 사원의 수가 예정된 수가 되면 그 날부터 7일 이내에 창립총회를 소집해야 한다(법39①).

(2) 위 (1)에서 사원의 예정된 수는 발기인이 입사청약서를 작성하면서 포함시킨 '설립 시 모집하려는 사원의 수'(법38②(6))를 말한다. 이러한 사원의 수가 100명 이상이어야 함(법37)은 물론이다.

---

221) 보험업법 34조는 발기인이 작성하는 정관의 기재사항을 가리킨다.

(3) 주식회사의 경우 모집설립의 경우는 창립총회를 요구하고(상법308①(1)), 여기에서 이사와 감사를 선임하나(상법312), 발기설립의 경우를 창립총회를 요구하는 규정을 두고 있지 않고 발기인이 이사와 감사를 선임한다(상법296①). 상호회사의 경우 발기설립과 모집설립을 구분하여 창립총회의 개최 여부를 정하고 있지 않을 뿐만 아니라 발기설립의 경우 발기인이 이사와 감사를 선임한다는 상법 규정을 준용하고 있지 않다. 따라서 상호회사의 경우는 발기설립의 경우에도 창립총회를 개최해야 한다고 해석한다.[222]

(3) 의결권의 수

사원으로 될 자는 1인이 1의결권을 갖는다(법39③,55).

(4) 의결방법

창립총회는 사원 과반수의 출석과 그 의결권의 4분의 3 이상의 찬성으로 결의한다(법39②).

(5) 결의사항

(1) 창립총회는 회사설립 과정에 필요한 사항을 결의할 수 있다(통설).

(2) 창립총회에서는 정관의 변경 또는 설립의 폐지를 결의할 수 있으며, 이 결의는 소집통지서에 그 뜻의 기재가 없는 경우에도 할 수 있다(법44,상법316).

(6) 준용 규정

창립총회에 관하여는 다음의 규정을 준용한다(법39③). 즉 의결권(법55), 소집의 통지(상법363①·②), 소집지(상법364), 의결권의 행사(상법368②·③),[223] 의결권 수의 계산(상법371②), 총회 연기·속행의 결의(상법372), 총회 의사록(상법373) 및 결의 하자에 관한 소(상법376~381)에 관한 규정을 준용한다.

(7) 위반 시 효과

창립총회에서의 발언이나 의결권 행사와 관련하여 부정한 청약을 받고 재산상의 이익을 수수·요구 또는 약속한 자 또는 그러한 이익을 약속 또는 공여하거나 공여 의사를 표시한 자는 형사처벌(법203①(1)·②)을 받는다.

7. 설립등기

(1) 의의

상호회사는 본점소재지에서 설립등기를 함으로써 성립한다(법44,상법172). 상호회사는 설립등기를 하면 법인이 된다. 보험업을 경영하려면 설립등기를 통해서 상호회사로 성립되는 것만으로는 부족하고 금융위원회로부터 보험업 허가(법4)를 받아야 한다.

---

222) 노일석(보험업법1) 358면

223) 2014년 상법 개정을 통해서 '상법368③·④'가 '상법368②·③'으로 변경되었다.

(2) 신청 주체

설립등기는 이사 및 감사의 공동신청으로 하여야 한다(법40③).

(3) 등기기한, 등기사항, 첨부서류

(1) 상호회사의 설립등기는 창립총회가 끝난 날부터 2주 이내에 해야 한다(법40①).

(2) 위 (1)에 따른 설립등기에는 다음 각 호의 사항이 포함되어야 한다(법40②).

1. 보험업법 34조 각 호의 사항[224]
2. 이사와 감사의 이름 및 주소
3. 대표이사의 이름
4. 여러 명의 대표이사가 공동으로 회사를 대표할 것을 정한 경우에는 그 규정

(3) 상호회사의 설립등기를 하려는 경우에는 등기신청서에 다음 각 호의 서류를 첨부해야 한다(시행령25).

1. 정관
2. 사원명부
3. 사원을 모집하는 경우에는 각 사원의 입사청약서
4. 이사, 감사 또는 검사인의 조사보고서 및 그 부속서류
5. 창립총회의 의사록
6. 대표이사에 관한 이사회의 의사록

(4) 상호회사 등기부

관할 등기소에 상호회사 등기부를 비치해야 한다(법41). 상호회사 설립등기를 하려면 이러한 등기부가 존재해야 한다.

(5) 위반 시 효과

보험업법 40조를 위반하면 과태료(법209④(43))가 따른다.

8. 발기인의 책임 등

(1) 발기인의 책임

상호회사 발기인의 책임에 대해서는 주식회사의 관련 상법 규정이 준용된다(법44). 즉 발기인의 손해배상책임(상법322), 발기인 및 임원의 연대책임(상법323), 발기인의 책임면제 및 주주의 대표소송(상법324), 검사인의 손해배상책임(상법325), 회사불성립의 경우 발기인의 책임(상법326), 유사발기인의 책임(상법327) 등을 준용한다.

(2) 소수사원권

(1) 상호회사의 발기인에 관해서는 지배구조법 33조를 준용한다(법43). 지배구조법 33

224) 보험업법 34조는 발기인이 작성하는 정관의 기재사항을 가리킨다.

조는 소수주주권 행사에 관한 특칙이며, 여기에는 발기인에 대한 소수주주권 행사가 포함되어 있다.

(2) 그런데 지배구조법은 보험회사에 적용되며(지배구조법2(1)다), 상호회사라고 해서 그 적용이 배제된다는 규정이 없다. 따라서 위 보험업법 43조 규정은 불필요한 것으로서 주의적 성격을 띨 뿐이다.

(3) 책임면제

상호회사의 발기인에 관해서는 상법 400조를 준용한다(법43). 상법 400조는 이사의 회사에 대한 책임 감면에 관한 규정인데, 이것이 발기인에게 준용되는 것이다.

9. 준용규정

상호회사에 대해서는 관련 규정이 준용된다. 여기의 준용규정에는 상호회사의 설립에 관한 규정도 일부 있지만, 설립 후의 조직 등에 관한 규정이 다수이다.

(1) 상법

상호회사에 관해서는 다음의 상법 규정이 준용된다(법44).

(1) 상법의 총칙 및 상행위에 관한 규정, 즉 지배인의 선임(상법10), 지배인의 대리권(상법11), 공동지배인(상법12), 지배인의 등기(상법13), 표현지배인(상법14), 부분적 포괄대리권을 가진 사용인(상법15), 상업사용인의 의무(상법17), 상호등기의 효력(상법22), 주체를 오인시킬 상호의 사용금지(상법23), 상호불사용의 효과(상법26), 상호등기의 말소청구(상법27), 상업장부의 종류 및 작성원칙(상법29), 상업장부의 작성방법(상법30), 자산평가의 원칙(상법31),[225] 상업장부의 제출(상법32), 상업장부 등의 보존(상법33), 지점소재지에서의 등기(상법35), 등기의 효력(상법37), 부실의 등기(상법39), 변경 및 소멸의 등기(상법40), 대리상의 의의(상법87), 대리상의 통지의무(상법88), 대리상의 경업금지(상법89), 대리상의 유치권(상법91), 대리상계약의 해지(상법92) 등을 준용한다.

(2) 상법의 회사에 관한 규정, 즉 회사의 주소(상법171), 회사의 성립(상법172), 권리능력의 제한(상법173), 회사의 해산명령(상법176), 등기기간의 기산점(상법177), 지점 설치의 등기(상법181), 본점 및 지점의 이전등기(상법182), 변경등기(상법183), 발기인(상법288), 정관의 작성 및 절대적 기재사항(상법289③), 정관의 효력발생(상법292), 변태설립의 경우 조사(상법310), 발기인의 보고(상법311), 임원의 선임(상법312), 이사 및 감사의 조사·보고(상법313), 변태설립사항의 변경(상법314), 발기인에 대한 손해배상청구(상법315), 정관변경 및 설립폐지의 결의(상법316), 발기인의 손해배상책임(상법322), 발기인 및 임원의 연대책임(상법323), 발기인의 책임면제 및 주주의 대표소송(상법324), 검사인의 손해배상책임(상법325),

---

225) 상법 31조는 현재 삭제되어 있다.

회사불성립의 경우 발기인의 책임(상법326), 유사발기인의 책임(상법327) 등을 준용한다.

(2) 비송사건절차법

상호회사에 관해서는 다음의 비송사건절차법 규정이 준용된다(법45). 즉 비송사건절차법 중에서 관할(동법72①·②), 검사인 선임신청의 방식(동법73), 검사인의 보수(동법77), 즉시항고(동법78), 업무 및 재산상태의 검사 및 총회소집 허가의 신청(동법80), 업무 및 재산상태의 검사 등의 신청에 대한 재판(동법81), 직무대행자 선임의 재판(동법84), 직무대행자의 상무 외의 행위의 허가신청(동법85), 해산을 명하는 재판(동법90), 즉시항고(동법91), 해산명령신청의 공고와 그 방법(동법92), 해산재판의 확정과 등기촉탁(동법93), 해산명령 전의 회사재산 보전에 필요한 처분(동법94), 관리인의 사임허가 등(동법94의2), 회사관리인의 회사 재산상태 보고 등(동법95), 비용의 부담(동법96), 해산명령 청구자의 담보제공(동법97), 설립 무효판결의 확정과 등기촉탁(동법98), 합병 등의 무효판결의 확정과 등기촉탁(동법99), 합병회사의 채무부담부분 결정의 재판(동법100), 관할법원(동법117), 법원의 감독(동법118), 청산인의 선임·해임 등의 재판(동법119), 청산인의 업무대행자(동법120), 청산인의 결격사유(동법121), 청산인의 보수(동법123), 감정인의 선임 비용(동법124), 감정인 선임의 절차 및 재판(동법125), 청산인의 변제 허가신청(동법126), 서류 보존인 선임의 재판(동법127) 등을 준용한다.

(3) 상업등기법

(1) 상호회사에 관해서는 다음의 상업등기법 규정이 준용된다(법45의2). 즉 상업등기법 3조, 5조 2항·3항, 6조부터 11조까지, 14조, 17조부터 30조까지, 53조부터 55조까지, 61조 2항, 66조, 67조, 94조, 95조, 102조, 114조부터 128조까지 및 131조를 준용한다.

(2) 위 (1)의 상업등기법은 2014.5.20.에 전면개정되기 이전의 것을 가리킨다. 2014.5.20. 이후에 전면개정된 상업등기법에 맞출 수 있도록 준용규정을 개정해야 한다.

제 3 관 사원에 관한 사항

1. 개관

(1) 사원의 입사

1) 상호회사 설립 시

(1) 상호회사의 설립과 동시에 입사하는 방법이 있다. 먼저, 발기인은 발기행위를 통해서 사원이 된다. 다음, 발기인 이외의 자가 상호회사가 설립되는 과정에서 보험계약의 요소가 가미된 입사청약서에 기명날인을 하게 되고(법38①본), 이후 상호회사가 설립되는 즉시 사원이 된다. 이들을 원시사원이라고 한다.

⑵ 원시사원의 경우 사원관계는 상호회사의 설립 시에 성립한다. 한편 보험관계는 보험업의 허가 취득 이후에 성립한다고 해석한다.[226] 상호회사가 보험업의 허가를 취득하기 전에는 보험관계를 맺을 수 없기 때문이다.

2) 상호회사 설립 후

⑴ 상호회사가 설립된 이후에 입사하는 방법이다. 이 경우는 상호회사가 설립된 이후에 보험계약을 체결하면 이에 의해서 상호회사의 상원이 된다. 이를 보통사원이라고 한다.

⑵ 이 경우는 위 1)과 달리 입사청약서를 작성할 필요가 없으며(법38①단), 상호회사가 성립한 후에 보험계약을 체결하는 것만으로 그 사원이 된다. 이 경우는 사원관계와 보험관계가 동시에 성립한다.

(2) 사원의 권리와 의무

1) 권리

⑴ 상호회사의 사원은 회사의 운영에 참여하는 것과 관련된 권리(공익권)와 회사로부터 경제적 이익을 받는 것에 관련된 권리(자익권)를 갖는다. 공익권 행사의 효과는 회사와 사원 전체에 미치나 자익권 행사의 효과는 이를 행사한 사원에게만 미친다는 점에서 차이가 있다.

⑵ 공익권으로는 사원총회 의결권(법55), 사원총회 소집청구권(법56) 등이 있다. 자익권으로는 잉여금 분배청구권(법63) 등이 있다.

2) 의무

사원의 주된 의무는 보험료지급의 책임을 지며, 이는 유한책임(법47)이고 간접책임(법6)이다. 이에 관해서는 아래에서 자세히 살펴본다.

2. 사원의 보험료지급채무

(1) 유한·간접책임

1) 유한책임

⑴ 사원의 채무는 보험료를 한도로 하는 유한책임이다(법47). 즉 사원은 보험계약자로서 상호회사에 대해서 부담하는 보험료를 한도로만 회사에 대해 책임을 진다.

⑵ 이러한 보험료지급채무는 선급확정보험료 방식이 있을 수 있다. 이는 사원이 미리 확정된 보험료만큼만 지급채무를 부담하는 방식이다. 이와 달리 보험료추징 방식이나 보험료추보 방식이 있을 수 있다. 이는 수지균등을 달성하는 데 필요한 보험료를 사후에 갹출하는 방식, 또는 수지균등에 부족이 생긴 경우 필요한 보험료를 추가로 사후에 갹출하

226) 노일석(보험업법1) 349면은 원시사원의 경우 보험관계와 사원관계가 동시에 발생하지 않고 보험관계는 보험업의 허가 취득 이후에 발생하므로 그때까지는 정지조건부 보험관계라고 한다.

는 방식이다.

(3) 사원이 어떠한 방식의 보험료지급채무를 부담할 것인지는 상호회사가 스스로 정할 사적 자치의 문제이다.

2) 간접책임

상호회사는 법인으로서 독자적인 권리의무의 주체이다. 상호회사의 채무는 사원의 채무가 아니다. 이에 따라 사원은 회사의 채무자에 대해서는 직접적인 책임을 지지 않고 회사에 대한 보험료지급채무를 매개로 간접적으로 책임을 진다. 이러한 의미에서 사원은 간접책임을 진다(법46).

(2) 상계금지

1) 의의

(1) 사원은 보험료의 납입에 관하여 상계로써 회사에 대항하지 못한다(법48). 즉 사원이 회사에 부담하는 보험료채무와 회사에 대해 갖고 있는 채권이 모두 변제기에 있는 경우 사원이 이를 상계하여 보험료채무를 면할 수 없다.

(2) 위 (1) 규정의 반대해석상 회사가 사원에 대해 부담하는 채무와 사원에 대해 갖고 있는 보험료채권이 모두 변제기에 있는 경우 회사가 이를 상계하여 자신의 채무를 면하는 것은 가능하다고 해석한다.[227] 회사가 사원에 대해 부담하는 채무로는 잉여금분배채무 등이 있다.

2) 취지

상계를 금지하는 취지는 사원이 지급해야 할 보험료가 일종의 출자금에 해당하므로 회사자금의 충실화를 도모하기 위해서이다(통설). 이러한 취지는 구 상법 334조의 상계금지의 취지와 같다. 즉 2011년 개정 이전의 상법 334조에 따르면 주주는 주금의 납입에 관하여 상계로써 회사에 대항하지 못하는데, 이것도 회사자금의 충실화를 도모하자는 취지였다.

3) 주식회사와 비교

그런데 2011년 개정을 통해서 상법 334조가 삭제되는 대신에 상법 421조 2항이 신설되었다. 이에 따르면 신주의 인수인은 회사의 동의 없이 주식인수가액의 납입채무와 주식회사에 대한 채권을 상계할 수 없다. 이는 상계 가능 여부를 회사가 자금사정 등을 고려해서 회사자금의 충실화에 문제가 있는지에 대해 판단하여 결정하게 하자는 취지이다. 이에 비추어 보면 보험업법 48조도 상법 421조 2항에 부합하게 개정하는 것이 바람직하다.

227) 노일석(보험업법1) 385면; 정채웅 325면

3. 보험금액의 삭감

(1) 의의

상호회사는 정관으로 보험금액의 삭감에 관한 사항을 정해야 한다(법49). 보험금액의 삭감이 정관의 절대적 또는 필수적 기재사항임을 알 수 있다.

(2) 취지

상호회사의 사원은 보험료를 한도로 유한책임을 지므로 회사의 재무상태가 악화된 경우 사원의 추가출자를 통해서 재무상태를 회복시키기는 어렵다. 이 경우 회사를 청산하는 것보다 보험금액을 삭감하여 회사를 유지하는 것이 회사 및 사원 입장에서 유리한 경우도 있다. 이러한 경우를 고려하자는 것이 보험금액의 삭감 규정을 둔 취지이다.

(3) 내용

보험업법 49조에 따라 보험금액 삭감에 관한 사항을 정관에 정해야 한다. 보험료 삭감의 기준 등까지 정관에 상세하게 규정할 필요는 없고, 회사의 재무상태가 불량하여 보험금액의 지급이 곤란한 경우 사원총회의 결의에 의해 보험금액의 삭감을 정하는 것이 가능하다는 식으로 정관에 정하면 충분하다(통설).

4. 사원 지위의 승계

(1) 생명보험 및 제3보험

1) 의의

생명보험 및 제3보험을 목적으로 하는 상호회사의 사원은 회사의 승낙을 받아 타인으로 하여금 그 권리와 의무를 승계하게 할 수 있다(법50). 이것은 당사자의 의사에 의해서 상호회사의 사원 지위를 제3자에게 포괄적으로 승계하게 하는 제도이다.

2) 취지

생명보험 및 제3보험은 일반적으로 보험기간이 장기인데 그 사이 신분상 또는 경제상 여건의 변동이 생겨서 사원의 지위를 유지하기 어려운 경우가 있다. 이 경우 타인이 사원의 지위를 이전받아서 해당 보험계약을 유지하는 것이 양도인, 양수인, 상호회사 모두에게 유리한 경우가 있을 수 있다. 이 점을 고려해서 보험업법 50조를 두고 있다.

3) 법적 성질

사원 지위 이전의 법적 성질은 무엇인가? 유사한 제도와의 비교를 통해서 법적 성질을 살펴보자.

i) 채권양도 또는 채무인수와 비교

사원 지위를 이전하면 사원 지위에 따르는 권리와 의무 전부를 승계하는 것이므로 채권만의 양도(민법449~452) 또는 채무만의 인수(민법453~459)와는 다르다.

ii) 계약이전과의 비교

(1) 사원 지위의 이전은 계약당사자의 지위를 이전하는 성격을 띠므로 민법상 계약이전 또는 계약인수와 유사한 측면이 있다. 계약이전에 대해서는 민법상 규정이 없지만 계약이전의 필요성과 계약자유의 원칙에 따라 그 유효성이 인정된다(판례,[228] 통설). 계약이전은 양도인, 양수인, 잔류 당사자의 삼자 계약에 의해서 이루어지기도 하고 2인이 합의하고 나머지 당사자가 동의하는 방법으로도 가능하다.[229] 계약이전의 효력이 발생하면 종래 계약에서 발생한 권리와 의무를 포함하여 일체의 권리와 의무가 양수인에게 이전한다.[230]

(2) 하지만 사원 지위의 이전은 민법상 일반적 계약이전과 다른 특수성이 있다. 사원 지위의 이전은 회사법이라는 단체법적 시각에서 바라볼 필요가 있기 때문이다. 단체법적 시각에서 사원 지위의 이전 여부 및 그 조건이 무엇인지를 상호회사와 여타 회사 사이에 비교해 볼 필요가 있다. 보험업법 50조는 상호회사의 사원이 회사의 승낙을 얻으면 그 지위를 양도할 수 있다고 규정함으로써(법50), 다른 회사와는 조금 다른 태도를 보이고 있다. 즉 합명회사에서 사원은 다른 사원의 동의가 있어야 지분을 양도할 수 있고(상법197), 합자회사에서 무한책임사원은 다른 사원의 동의가 있어야 지분을 양도할 수 있고 유한책임사원은 무한책임사원 전원의 동의가 있어야 지분을 양도할 수 있으며(상법269,276), 주식회사에서 주주는 원칙적으로 지분의 양도가 가능하고 다만 이사회의 승인이 필요하다고 정관에 정할 수 있고(상법335①), 유한회사에서 사원은 그 지분의 전부 또는 일부를 양도할 수 있지만 정관으로 지분의 양도를 제한할 수 있다(상법556).

4) 요건

(1) 보험업법 50조의 문리에 따르면 사원 지위의 이전에 대해 양도인과 양수인이 합의하면 사원 지위의 이전계약은 성립하고, 다만 회사의 승낙이 있어야 효력이 발생한다고 해석된다.[231]

(2) 보험업법 50조는 '회사의 승낙'이라고 규정하고 있는데, 회사 내에 별다른 정함이 없는 한 대표이사가 승낙 여부를 정할 수 있다고 해석한다. 한편 보험업법 50조가 회사의 승낙을 요구하는 것에 대해서 개정론이 제기되고 있다.[232]

---

228) 대판 1982.10.26. 82다카508
229) 대판 2012.5.24. 2009다88303
230) 대판(전원) 2011.6.23. 2007다63089
231) 이성남·김건 128면
232) 노일석(보험업법1) 394면은 상호회사에서 사원의 자격은 특별한 제한이 없다는 점에서 인적 결합적 요소는 희박하므로 이러한 회사의 승낙을 불필요하고 단지 회사에게 승계를 통지하게 하는 방향으로 개정되어야 한다고 주장한다.

5) 효과

사원 지위 이전계약의 효력이 발생하면 다른 약정이 없는 한 종래 계약에서 발생한 권리와 의무를 포함하여 일체의 권리와 의무가 양수인에게 이전한다고 해석한다. 그리고 여기에 보험계약상 권리와 의무가 포함됨은 물론이다.

(2) 손해보험

1) 의의

손해보험을 목적으로 하는 상호회사의 사원이 보험의 목적을 양도한 경우에는 양수인은 회사의 승낙을 받아 양도인의 권리와 의무를 승계할 수 있다(법51). 이것은 당사자의 의사에 의해서 상호회사의 사원 지위를 제3자에게 포괄적으로 승계하게 하는 제도이다.

2) 취지

보험업법 51조의 취지는 상법 679조의 그것과 유사하다. 상법 679조 1항에 따르면 피보험자가 보험목적을 양도한 때에 양수인은 보험계약상의 권리와 의무를 승계한 것으로 추정한다. 상법이 승계추정을 하는 취지는 무엇인가? 양도인은 보험목적을 양도하면 피보험이익을 상실하고 보험계약이 실효되므로 양도인이 양도 이후에 부담하는 보험료는 낭비이고, 양수인은 자신을 피보험자로 한 보험에 가입하기 이전까지 무보험 상태에 놓이며, 보험회사는 보험계약의 실효로 고객을 잃는다. 이러한 이유에서 보험목적이 양도되면 보험관계를 승계하는 것이 이해관계자 모두에게 유리하다. 이 점은 상호회사의 사원이 보험목적을 양도하는 경우에도 다를 바 없다.

3) 상법 679조에 대한 특칙

위 2)에서 본 것처럼 취지 면에서는 유사하지만, 다음과 같은 이유에서 보험업법 51조는 상법 679조에 대한 특칙이다(통설).

(1) 상법 679조는 주식회사인 보험회사를 전제한 규정이어서 보험계약의 승계만을 다룰 뿐이지 사원 지위의 이전에 대해서는 언급이 없다. 상호회사의 경우 사원 지위의 이전이 필요하기 때문에 보험업법 51조가 이러한 내용으로 규정하고 있다.

(2) 보험업법 51조는 상호회사의 경우 사원 지위를 이전하려면 양도인과 양수인이 합의를 하고 양수인이 회사의 승낙을 받도록 하고 있다. 상법 679조에 의하면 양도인과 양수인 사이에 승계의사가 있는 것으로 추정하고 회사의 승낙이 필요하지 않다. 상호회사의 사원은 단순한 보험계약자가 아니라 사원의 지위도 겸하고 있으므로 회사가 선택할 여지를 둘 필요가 있기 때문이라고 설명된다.[233] 이러한 이유에서 생명보험 및 제3보험에서도

233) 노상봉 318면. 회사의 승낙을 얻도록 하는 이유를 보험계약자가 달라짐에 따라서 보험위험이 달라지기 때문이라는 견해가 있다(성대규 · 안종민 233면). 참고로 상법 679조에 따른 보험목적의 양도에서 보험위험이 달라지는 문제는 보험회사의 승낙을 요구하는 것이 아니라 위험변경증가(상법 652,653)로 처리한다. 이를 고려하면 상호회사에서 보험목적의 양도에 보험회사의 승낙이 필요한 이

사원 지위를 이전하려면 회사의 승낙을 요구하고 있음은 전술한 바 있다.

4) 요건

(1) 보험업법 51조의 문리에 따르면 사원 지위의 이전에 대해 양도인과 양수인이 합의하면 사원 지위의 이전계약은 성립하고 다만 회사의 승낙이 있어야 효력이 발생한다고 해석된다.[234)]

(2) 보험업법 51조는 '회사의 승낙'이라고 규정하고 있으므로 회사 내에 별다른 정함이 없는 한 대표이사가 승낙 여부를 정할 수 있다고 해석한다. 한편 보험업법 51조가 회사의 승낙을 요구하는 것에 대해서 개정론이 제기되고 있다.[235)]

5) 효과

사원 지위 이전계약의 효력이 발생하면 다른 약정이 없는 한 종래 계약에서 발생한 권리와 의무를 포함하여 일체의 권리와 의무가 양수인에게 이전한다고 해석한다. 그리고 여기에 보험계약상 권리와 의무가 포함됨은 물론이다.

5. 사원명부

(1) 상호회사의 사원명부는 사원에 관한 일정한 사항을 기재하여 누가 사원인지를 확인하기 위해 작성된 장부이다. 사원은 사원관계와 보험관계에 따른 권리와 의무의 주체이므로 사원이 누구인지를 파악할 필요가 있는 것이다.

(2) 상호회사의 사원명부에는 다음 각 호의 사항을 적어야 한다(법52).

1. 사원의 이름과 주소
2. 각 사원의 보험계약의 종류, 보험금액 및 보험료

(3) 상호회사의 이사는 사원명부를 주된 사무소에 비치해야 한다(법57①).

6. 통지 및 최고

(1) 구분

상호회사는 사원관계 또는 보험관계에 기초하여 일정한 경우 통지 및 최고를 해야 한다. 보험업법은 사원관계에 대해서는 단체적 법률관계를 간이·신속하게 처리하기 위해서 통지 및 최고에 관한 특칙을 두고, 보험관계에 대해서는 일반 원칙에 따르는 이원적 태도를 취한다. 이하에서 먼저 사원관계를 살펴보고 이어서 보험관계를 살펴보자.

유를 보험위험의 변경증가에서 찾는 것은 균형이 맞지 않는다.

234) 이성남·김건 128면

235) 노일석(보험업법1) 394면은 상호회사에서 사원의 자격은 특별한 제한이 없다는 점에서 인적 결합적 요소는 희박하므로 이러한 회사의 승낙은 불필요하고, 단지 회사에게 승계를 통지하게 하는 방향으로 개정되어야 한다는 견해이다.

(2) 사원관계

상호회사의 입사청약서나 사원에 대한 통지 및 최고에 관하여는 상법 353조를 준용한다(법53본). 상법 353조를 준용하면 다음과 같다.

1) 주소

사원명부에 기재한 주소 또는 그 자로부터 회사에 통지한 주소로 통지 또는 최고를 하면 된다(법53본,상법353①). 주소가 변경되거나 사원이 주소를 잘못 제출함으로써 주소가 사실과 다르고 이 때문에 사원이 통지를 받지 못하는 경우에 회사는 이에 대한 책임이 없다.

2) 도달의제

(1) 통지 또는 최고는 보통 그 도달할 시기에 도달한 것으로 본다(법53본,상법353②). 이는 통지 또는 최고의 도달의제이다. 상대방 있는 의사표시는 상대방에게 도달한 때에 그 효력이 생기고(민법111①), 이는 준법률행위에도 유추적용된다(통설). 따라서 통지 또는 최고는 사원에게 실제로 도달해야 그 효력이 생기는 것이 원칙인데, 보험업법 53조에 따르면 보통 그 도달할 시기에 도달한 것으로 의제되므로 예외가 인정된다. 즉 도달할 시기에 실제로 도달하지 않더라도 그때 통지 또는 최고의 효력이 생긴다.

(2) 위 (1)의 도달의제에 대해서 형식적으로 도달주의 원칙에 입각해 있지만 실질적으로 발신주의를 전면적으로 채택했다는 견해가 있다.[236] 하지만 발신주의를 전면적으로 채택했다고 보기는 어렵다. 왜냐하면 발신한 시점이 아니라 도달할 시기에 통지 또는 최고의 효력이 발생하기 때문이다.

(3) 보험관계

(1) 보험관계에 속하는 사항의 통지 및 최고에 관하여는 상법 353조를 준용하지 않는다(법53단). 이에 따르면 보험관계에서 통지 및 최고의 문제는 다음과 같다.

(2) 보험계약자 등에 대해 통지 또는 최고(가령 보험료지급에 대한 최고)를 할 때 필요한 보험계약자 등의 주소는 보험약관을 포함한 일반적 원칙에 따르면 된다.

(3) 통지 또는 최고의 도달의제는 적용되지 않으며, 일반 원칙에 따라서 통지 또는 최고는 상대방에게 도달한 때에 그 효력이 생긴다.

제 4 관 상호회사의 기관

1. 의의

(1) 상호회사에는 사원총회를 비롯한 다양한 기관이 있으며, 보험업법은 이에 대한 규

236) 노일석(보험업법1) 399면

정을 두고 있다.

(2) 지배구조법이 보험회사에 적용되므로(지배구조법2(1)다), 이는 주식회사는 물론이고 상호회사도 적용된다고 볼 수 있다. 따라서 상호회사의 지배구조에 대해서는 지배구조법이 우선 적용되며 이에 특별한 규정이 없는 경우에 보험업법상 상호회사에 관한 규정이 적용된다. 지배구조법의 내용에 대해서는 전술한 보험회사의 지배구조에서 자세히 살펴본 바 있으므로 여기서는 보험업법상 상호회사에 관한 규정을 중심으로 논의하기로 한다. 지배구조법에 있는 보험회사의 지배구조에 관한 규정으로는 임원(2장), 이사회(3장), 내부통제 및 위험관리 등(4장), 대주주의 건전성 유지(5장), 소수주주의 권리행사의 특례(6장), 처분 및 제재절차(7장) 등이 있다.

2. 사원총회

(1) 의의

(1) 사원총회는 사원으로 구성되는 필요적 상설기관이며 상호회사 최고의 의사결정기관이다. 사원은 사원총회를 통해서 상호회사의 주요한 의사결정에 참여함으로써 사원으로서 공익권을 행사하게 된다. 상호회사의 사원총회는 주식회사의 주주총회에 상응하는 기관이다.

(2) 상호회사는 사원총회를 대신할 대행기관을 둘 수 있는데 이 경우에 사원총회는 사원총회 대행기관에 의해서 대체된다.

(2) 의결사항

1) 종류

보험업법에 따르면 다음 사항은 사원총회의 의결사항이다. 즉 정관의 변경(법65①), 검사인의 선임(법59①,상법367), 이사의 선임·해임(법59②,상법382,385), 감사의 선임·해임(법59③,상법382,385), 재무제표 등의 승인·공고 및 잉여금의 분배(법64,상법449,462), 청산인의 선임·해임(법73,상법531,539), 해산(법138), 합병(법138), 보험계약의 이전(법138) 등이 사원총회의 의결사항이다.

2) 이사회와의 권한 배분

(1) 위와 같이 보험업법은 개별 조항별로 사원총회의 의결사항을 정하고 있는데, 이는 예시적인 것인지 한정적 열거인지가 문제된다. 주식회사의 경우 주주총회는 상법 또는 정관에 정하는 사항에 한하여 결의할 수 있다고 한정하고 있어서(상법361), 주주총회와 이사회의 권한배분이 분명하다. 즉 상법은 주주총회에게 이와 같이 한정적인 의결권한을 부여하고, 이사회에게는 중요한 자산의 처분 및 양도, 대규모 재산의 차입, 지배인의 선임 또는 해임과 지점의 설치·이전 또는 폐지 등 회사의 업무집행을 결의할 수 있다고 하여(상

법393①) 포괄적 의결권한을 부여하고 있다.

(2) 보험업법은 상호회사에 대해서 상법 393조 1항은 준용하면서(법59②) 상법 361조는 준용하고 있지 않는데, 상법 361조에 대한 준용 규정도 두어서 상호회사의 사원총회가 보험업법 또는 정관이 정하는 사항에 한하여 결의할 수 있게 할 필요가 있다.[237] 이러한 규정을 두면 상호회사의 사원총회와 이사회의 권한배분이 명확해진다.

(3) 소수사원의 총회소집청구권

1) 이사를 통한 소집청구

i) 의의

(1) 정관에 다른 기준을 정함이 없는 한 상호회사의 100분의 5 이상의 사원은 회의의 목적과 그 소집의 이유를 적은 서면을 이사에게 제출하여 사원총회의 소집을 청구할 수 있다(법56①본). 다만, 이 권리의 행사에 관해서는 정관으로 다른 기준을 정할 수 있다(법56①단).

(2) 위 (1)은 소수사원에 의한 총회소집청구권으로서 사원의 권리 중에서 공익권의 일종이다.

ii) 취지

소수사원의 총회소집청구권을 인정하는 취지는 다수사원의 전횡 폐해 등을 소수사원이 시정하여 회사의 공익에 기여할 수 있게 하는 데 있다.

iii) 요건

(1) 보험업법 56조 1항 단서에 따라서 정관에서 100분의 5 이상이라는 요건을 완화(가령 100분의 3 이상)할 수 있다. 정관에서 소수사원의 총회소집청구권을 박탈하거나 요건을 강화(가령 100분의 10 이상)하는 것은 소수사원에게 총회소집청구권을 인정한 취지에 반한다.[238]

(2) 보험업법 56조 1항은 소집청구의 서면을 이사에게 제출한다고 규정하고 있는데 이는 대표이사를 의미한다고 해석한다.[239] 그리고 소집청구에 응하여 사원총회를 소집할지는 보험업법에 다른 규정이 있는 경우 이외에는 이사회가 결정한다(법59①,상법362).

(3) 회의의 목적은 사원총회의 의결권한에 속하는 사항이어야 한다. 소집의 이유는 사원총회 결의의 필요성을 소명하는 것으로 충분하다.[240]

2) 법원을 통한 소집청구

(1) 이사를 통한 소집청구가 있은 후 지체 없이 총회소집의 절차를 밟지 않은 때이면

---

237) 노일석(보험업법1) 409면
238) 노일석(보험업법1) 426면
239) 노일석(보험업법1) 425면
240) 이철송 493면

청구한 사원은 법원의 허가를 받아 총회를 소집할 수 있고, 이 경우 법원은 이해관계인의 청구나 직권으로 사원총회의 의장을 선임할 수 있다(법56②,상법366②).

(2) 지체 없이는 총회소집을 위해서 소요되는 최소한의 시일 이내라는 의미로 해석한다.

3) 검사인의 선임

위 1) 및 2)에 의한 사원총회는 회사의 업무와 재산상태를 조사하기 위하여 검사인을 선임할 수 있다(법56②,상법366③).

(4) 의결권의 수

(1) 상호회사의 사원은 정관에 특별한 정함이 없는 한 사원총회에서 각각 1개의 의결권을 가진다(법55). 즉 1인의 사원에게 1개의 의결권을 부여하는 것이 원칙이다. 이 점에서 주식의 수에 따라 의결권의 수가 달라지는 주식회사의 주주와 차이가 있다.

(2) 정관에서 보험금액 등을 고려하여 의결권 수에 차등을 두는 것이 가능하다.[241] 다만, 정관에서 1인 1의결권을 박탈하는 규정을 두는 것은 허용되지 않는다고 해석한다.[242]

(5) 결의방법

(1) 사원총회의 결의방법에는 주식회사의 주주총회 결의방법(상법368①~③)[243]이 준용된다(법59①). 이에 따르면 사원총회의 결의방법은 다음과 같다. 사원총회의 결의는 보험업법 또는 정관에 다른 정함이 있는 경우를 제외하고는 출석한 사원의 의결권의 과반수와 사원총수의 4분의 1 이상의 수로써 해야 한다. 사원은 대리인으로 하여금 그 의결권을 행사하게 할 수 있고, 이 경우 그 대리인은 대리권을 증명하는 서면을 총회에 제출해야 한다. 사원총회의 결의에 관하여 특별한 이해관계가 있는 사원은 의결권을 행사하지 못한다.

(2) 위 (1)에서 출석한 사원의 의결권의 과반수와 사원총수의 4분의 1 이상의 수로써 하는 결의를 보통결의라고 한다. 보험업법에 다른 정함이 있는 경우로는 해산, 합병 또는 보험계약의 이전이 있다. 즉 이에 관한 사원총회의 결의는 보험업법 39조 2항 또는 상법 434조에 따라야 하는데(법138), 이에 따르면 사원총회는 ⓐ 사원 과반수의 출석과 그 의결권의 4분의 3 이상의 찬성으로 결의하거나, 또는 ⓑ 출석한 사원의 의결권의 3분의 2 이상의 수와 사원총수의 3분의 1 이상의 수로써 결의해야 한다. 이를 특별결의라고 한다.

(6) 준용 규정

상호회사의 사원총회에 관하여는 다음의 규정을 준용한다(법59①). 즉 소집의 결정(상법362), 소집의 통지(상법363①·②), 소집장소(상법364), 총회의 소집(상법365①·③), 검사인의 선임(상법367), 총회의 결의방법과 의결권 행사(상법368①~③),[244] 정족수 및 의결권수의

---

241) 노일석(보험업법1) 422면

242) 노일석(보험업법1) 422면

243) 2014년 상법 개정으로 인해서 종전 상법368조①·③·④가 현재 상법368조①·②·③으로 바뀌었다.

계산(상법371②), 총회의 연기 및 속행의 결의(상법372), 총회의 의사록(상법373), 사후설립(상법375), 결의취소의 소(상법376), 제소주주의 담보제공의무(상법377), 결의취소의 등기(상법378), 법원 재량에 의한 청구기각(상법379), 결의무효 및 부존재확인의 소(상법380), 부당결의의 취소 및 변경의 소(상법381)의 규정을 준용한다.

3. 사원총회 대행기관

(1) 의의

(1) 사원총회 대행기관은 사원총회를 대신하는 기관이다. 상호회사는 사원총회를 갈음할 기관을 정관으로 정할 수 있다(법54①).

(2) 사원총회 대행기관을 둘지는 상호회사가 임의로 정할 수 있고, 다만 이를 두고자 하는 경우 정관에 정함이 있어야 한다. 사원총회를 갈음하는 대행기관은 정관으로 정할 수 있지만 창립총회를 갈음하는 대행기관도 정관으로 정할 수 있다고 해석하지는 않는다.

(3) 사원총회 대행기관은 정관으로 정할 수 있는데, 정관에는 동 기관의 구성방법, 구성원 등에 대해서도 규정해야 한다. 다만, 그 구성원은 사원에 한정된다고 해석한다.[245] 사원총회 대행기관은 사원총회와 동일한 기능을 수행한다는 점을 고려해야 하기 때문이다. 사원총회 대행기관의 구성원은 일정한 절차에 따라 선임되므로, 사원총회 대행기관의 구성원인 사원의 지위를 승계한다고 해서 사원총회 대행기관 구성원의 지위까지 승계한다고 볼 수 없다. 가령 생명보험, 제3보험, 손해보험에서 사원 지위의 승계(법50,51)와 관련하여 그 사원이 사원총회 대행기관 구성원인 경우 사원 지위의 양수인이 사원총회 대행기관의 구성원 지위까지 양수한다고 볼 수는 없다.

(2) 취지

사원총회 대행기관을 둘 수 있게 한 취지는, 사원이 다수인 경우 사원총회를 개최하는 것에 무리가 따르고, 사원의 주된 관심사가 보험관계일 뿐 사원관계에는 관심을 덜 갖는 경향이 있어서 사원총회 자체가 유명무실해질 수 있기 때문이다. 이 점을 고려해서 보험업법은 사원총회 대행기관을 둘 수 있다고 규정한 것이다.

(3) 사원총회 규정의 준용

사원총회 대행기관은 그 기능이 사원총회와 같다. 따라서 사원총회 대행기관에 대해서는 사원총회에 관한 위 규정을 준용한다(법54②). 이에 따라 사원총회의 의결사항, 소수사원의 총회소집청구권, 의결권의 수, 결의방법 등을 사원총회 대행기관에 준용한다.

---

244) 2014년 상법 개정으로 인해서 종전 상법368조①·③·④가 현재 상법368조①·②·③으로 바뀌었다.
245) 노일석(보험업법1) 417면

(4) 위반 시 효과

사원총회 대행기관을 구성하는 자가 그 임무를 위반하여 재산상의 이익을 취득하거나 제3자로 하여금 취득하게 하여 보험계약자나 사원에게 손해를 입힌 경우에는 형벌에 처한다(법198).

4. 이사, 대표이사, 이사회 등

(1) 이사 배상책임의 면제

1) 의의

이사가 다음 각 호의 어느 하나에 해당하는 행위로 상호회사에 손해를 입힌 경우에는 사원총회의 동의가 없으면 그 손해에 대한 배상책임을 면제하지 못한다(법42).

1. 위법한 이익 배당에 관한 의안을 사원총회에 제출하는 행위
2. 다른 이사에게 금전을 대부하는 행위
3. 그 밖의 부당한 거래를 하는 행위

2) 결의방법

사원총회의 결의는 보험업법 또는 정관에 다른 정함이 있는 경우를 제외하고는 출석한 사원 의결권의 과반수와 사원총수의 4분의 1 이상의 수로써 해야 한다(법59①,상법368①). 보험업법은 이사의 배상책임 면제에 대해서 특별한 의결방식을 정하고 있지 않으므로, 정관에 다른 정함이 있는 경우를 제외하고는 출석한 사원의 의결권의 과반수와 사원총수의 4분의 1 이상의 수로써 해야 한다. 즉 정관에 다른 정함이 없으면 보통결의 방식을 취한다.

3) 비교

위 1) 및 2)와 같은 배상책임의 면제는 주식회사 이사의 배상책임 면제와는 차이가 있다. 주식회사의 이사의 경우 법령 또는 정관에 위반하거나 임무를 해태하면 회사에 대해서 손해배상책임을 지되(상법399①), 주주 전원의 동의로 배상책임을 면제하거나 또는 일정한 요건하에 정관을 통해서 배상책임을 면제할 수 있다(상법400).[246] 배상책임의 면제방식 면에서 상호회사 이사와는 다소 차이가 있음을 알 수 있다. 주식회사 이사의 경우 일정한 요건하에 정관을 통해서 배상책임을 면제하는 것과 관련하여 정관이 어떻게 면제

246) 상법 400조의 내용은 다음과 같다.
① 상법 399조에 따른 이사의 책임은 주주 전원의 동의로 면제할 수 있다.
② 회사는 정관으로 정하는 바에 따라 상법 399조에 따른 이사의 책임을 이사가 그 행위를 한 날 이전 최근 1년간의 보수액(상여금과 주식매수선택권의 행사로 인한 이익 등을 포함한다)의 6배(사외이사의 경우는 3배)를 초과하는 금액에 대하여 면제할 수 있다. 다만, 이사가 고의 또는 중대한 과실로 손해를 발생시킨 경우와 상법 397조, 397조의2 및 398조에 해당하는 경우에는 그러하지 아니하다.

방식을 정하는지에 따라 이 범위 내에서 상호회사 이사의 배상책임 면제와의 차이가 결정된다고 할 것이다.

(2) 준용 규정

상호회사의 이사, 대표이사, 이사회 등에 대해서는 주식회사의 이사에 관한 다음의 상법 규정이 준용된다(법59②). 즉 이사의 선임, 회사와의 관계 및 사외이사(상법382), 이사의 임기(상법383②·③), 이사의 해임(상법385), 이사의 결원(상법386), 이사의 보수(상법388), 대표이사(상법389), 이사회의 권한(상법393), 표현대표이사(상법395), 이사 등과 회사 간의 거래(상법398), 이사의 회사에 대한 책임(상법399①), 이사의 제3자에 대한 책임(상법401①), 이사의 직무집행정지 및 직무대행자의 선임(상법407), 직무대행자의 권한(상법408)을 준용한다.

5. 감사

(1) 지배구조법 준용

상호회사의 감사에 대해서는 지배구조법 33조가 준용된다(법59③). 지배구조법 33조는 소수주주권 행사에 관한 특칙이며, 여기에는 감사에 대한 소수주주권 행사가 포함되어 있다. 그런데 전술한 바와 같이 지배구조법은 보험회사에 적용되며(지배구조법2(1)다), 상호회사라고 해서 그 적용이 배제된다는 규정이 없다. 따라서 이 규정은 불필요하며 주의적 성격을 띨 뿐이다.

(2) 상법 준용

상호회사의 감사에 대해서는 주식회사의 이사 및 감사에 관한 다음의 규정이 준용된다(법59③). 즉 이사의 선임, 회사와의 관계 및 사외이사(상법382),[247] 이사의 해임(상법385), 이사의 결원(상법386), 이사의 보수(상법388), 이사와 회사 간의 소에 관한 대표(상법394), 이사의 회사에 대한 책임(상법399①), 이사의 제3자에 대한 책임(상법401①), 이사의 직무집행정지 및 직무대행자의 선임(상법407), 감사의 임기(상법410), 감사의 겸임금지(상법411), 감사의 직무와 보고요구, 조사의 권한(상법412), 이사의 보고의무(상법412의2), 감사의 총회 소집청구(상법412의3), 감사의 이사회 소집청구(상법412의4), 감사의 조사·보고의무(상법413), 감사록의 작성(상법413의2), 감사의 책임(상법414③)을 준용한다.

6. 소수사원권의 행사

(1) 상호회사에 관하여는 지배구조법 33조를 준용한다(법58전). 이 경우 "발행주식 총수"는 "사원 총수"로, "주식을 대통령령으로 정하는 바에 따라 보유한 자"는 "사원"으로

247) 사외이사에 관한 상법 382조 3항은 준용되지 않는다고 해석하는 것이 타당하다.

본다(법58후).

(2) 전술한 바와 같이 지배구조법은 보험회사에 적용되며(지배구조법2(1)다), 상호회사라고 해서 그 적용이 배제된다는 규정이 없다. 따라서 위 규정은 불필요하며 주의적 성격을 띨 뿐이다.

제 5 관 회사의 계산

1. 총설

보험업법은 6장에서 보험회사의 계산에 관한 규정을 두고 있다. 그리고 보험업법은 상호회사에만 적용되는 계산에 대한 특칙을 두고 있다. 즉 손실보전준비금, 기금의 이자 및 상각, 잉여금의 분배 등에 대해서 규정하고 있다.

2. 손실보전준비금

(1) 의의

상호회사는 손실보전준비금을 적립해야 한다. 즉 상호회사는 손실을 보전하기 위하여 각 사업연도의 잉여금 중에서 준비금을 적립해야 한다(법60①).

(2) 법적 성질

손실보전준비금은 잉여금 중에서 적립하는 것이므로 상법상 이익준비금(상법458)과 그 성격이 같고, 법이 강제하는 것이므로 법정준비금에 해당한다.

(3) 취지

손실보전준비금을 적립하게 하는 취지는 결산에 따른 잉여금을 전부 사원에게 분배하게 되면 이후에 손실이 생긴 경우에 상호회사의 재무적 기초가 위협받을 수 있으므로 잉여금 중의 일부를 적립하여 자본결손에 대비하자는 것이다.

(4) 요건

1) 손실

손실보전준비금에서 손실이란 자본의 결손(상법460)을 가리킨다고 해석한다(통설). 자본의 결손이란 부채가 자산을 초과하는 경우를 말한다. 따라서 결산에 따른 당기손실이 발생해도 부채가 자산을 초과하지 않는 한 여기서 말하는 손실에 해당하지는 않는다.

2) 적립금액

손실보전준비금의 총액과 매년 적립할 최저액은 정관으로 정한다(법60②). 이와 같이 적립할 금액에 대해서는 정관에 의한 사적 자치에 맡겨져 있다. 이와 달리 주식회사의 경우는 적립할 금액이 법정되어 있다는 점에 차이가 있다. 즉 주식회사의 경우는 그 자본금의 2분의 1이 될 때까지 매 결산기 이익배당액의 10분의 1 이상을 이익준비금으로 적립해야 한다(상법458본).

(5) 위반 시 효과

보험업법 60조를 위반하여 준비금을 적립하지 않거나 준비금을 사용하면 과태료(법209④(9))가 따른다.

3. 기금의 이자 및 상각 등

(1) 기금의 이자

1) 의의

상호회사는 손실을 보전하기 전에는 기금이자를 지급하지 못한다(법61①). 이로 인해서 기금이자의 지급채무는 일종의 후순위채무이다.

2) 취지

상호회사에서 기금은 주식회사의 자본금에 상응하는 경영자금으로서 설립비용 및 사업비를 충당하는 데 사용된다. 이러한 기금의 안정성과 확실성을 위해서 기금이자의 지급은 손실을 보전하기 전에는 지급할 수 없다고 규정한 것이다.

3) 요건

(1) 손실보전에서 손실은 자본결손을 가리킨다고 해석한다. 보험업법 61조 1항의 손실은 보험업법 60조 1항이 규정하는 손실과 동일하게 해석하는 것이 문리적, 체계적인 해석이기 때문이다. 따라서 자본결손이 생기지 않는 한 기금이자를 지급해야 하고, 결산에 따른 당기손실이 발생해도 자본결손이 아닌 한 기금이자는 지급해야 한다고 해석한다.[248]

(2) 위 (1)과 달리 결산에 따른 당기잉여금이 생기면 기금이자를 지급하는 것이 허락된다는 견해가 있다.[249] 나아가 기금이자를 기본적으로 이익배당이라고 보는 견해도 있다.[250] 하지만 자본결손이 생기지 않는 범위 내에서 약정한 기금이자를 지급하는 한 이를 갖고 기금이자에 이익배당의 성격이 있다고 보기는 어렵다. 기금갹출자가 이익배당을 받는 현상은 정관에서 이익이 발생한 경우 이를 기금갹출자에게도 배분한다고 정한 경우에 비로소 나타난다고 할 수 있다.

4) 위반 시 효과

(1) 상호회사가 보험업법 61조 1항을 위반하여 기금이자를 지급한 경우 상호회사의 채권자는 이를 반환하게 할 수 있다(법61③).

---

248) 노일석(보험업법1) 454면; 정채웅 337면

249) 회계연도 결산상 잉여금이 생기면 기금이자를 지급하는 것이 허락된다는 견해로 노일석(보험업법1) 454면; 정채웅 337면

250) 정채웅 337면; 성대규 · 안종민 243면

⑵ 위 ⑴에 따른 반환의 효과는 회사에게 귀속한다(통설). 기금갹출자는 선의, 악의를 묻지 않고 반환할 의무를 부담한다(통설).

(2) 기금의 상각

1) 의의

⑴ 상호회사는 설립비용과 사업비의 전액을 상각하고 손실보전준비금을 공제하기 전에는 기금의 상각을 하지 못한다(법61②).

⑵ 기금의 상각이란 기금갹출자에게 출연금을 반환하는 것을 가리킨다. 즉 기금갹출자는 상호회사에 대한 채권자이며 기금의 상각이란 상호회사가 채무를 상환하는 것을 가리킨다.

2) 취지

상호회사의 기금이란 설립비용과 사업비와 같은 경영자금을 충당하기 위한 목적을 띠는데, 설립비용과 사업비가 상각되지 않은 상태에서 기금을 상각하면 기금 제도의 취지에 반하게 된다. 이 점을 고려해서 설립비용과 사업비의 전액 상각이 기금의 상각에 우선하게 만든 것이다. 또한 결산에 따른 당기잉여금에서 손실보전준비금을 공제하기 전에 기금의 상각을 먼저 행하면 손실보전준비금이 불충분해질 수 있다. 이 점을 고려해서 손실보전준비금의 적립을 기금의 상각에 우선하게 한 것이다.

3) 위반 시 효과

⑴ 상호회사가 보험업법 61조 2항을 위반하여 기금을 상각한 경우 상호회사의 채권자는 이를 반환하게 할 수 있다(법61③).

⑵ 반환의 효과는 회사에게 귀속한다(통설). 기금갹출자는 선의, 악의를 묻지 않고 반환할 의무를 부담한다(통설).

(3) 기금상각적립금

1) 의의

상호회사가 기금을 상각할 때에는 상각하는 금액과 같은 금액을 적립해야 한다(법62). 이것이 기금상각적립금이고 법정준비금의 일종이다.

2) 취지

기금을 상각하면 기금의 감소로 상호회사의 재무적 기초가 약해질 수 있으므로 기금상각적립금은 이에 대비하자는 취지이다.

3) 위반 시 효과

보험업법 62조를 위반하여 준비금을 적립하지 않거나 준비금을 사용하면 과태료(법209④⑼)가 따른다.

4. 잉여금의 분배

(1) 원칙

1) 의의

상호회사의 잉여금은 정관에 특별한 규정이 없으면 각 사업연도 말 당시 사원에게 분배한다(법63).

2) 요건

i) 잉여금

분배의 대상인 잉여금은 사업연도별로 수입에서 지출을 제외한 잔액으로서 결산에 따른 당기잉여금을 말한다. 이에 따라 사원에게는 잉여금분배청구권이 인정되고 이는 사원권 중에서 자익권에 속한다.

ii) 사원

사업연도 말 당시의 사원은 분배할 잉여금이 생긴 해당 사업연도 말의 사원을 가리킨다(통설).

iii) 방법 및 기준

(1) 정관에는 잉여금의 분배방법 및 기준에 대해서 정할 수 있다. 상호회사의 사원은 보험계약자이기도 하므로 보험약관에서 이에 대해 정하기도 한다.

(2) 잉여금의 분배는 사원평등의 원칙이 적용되지만 보험료 및 보험금액을 포함한 보험계약의 내용을 감안한 것이어야 한다.[251)]

(3) 정관에서 사원 이외에 기금갹출자, 임원 등에 대해서도 잉여금의 분배를 정할 수 있다.[252)]

(2) 제한

1) 의의

상호회사는 설립비용과 사업비의 전액을 상각하고 손실보전준비금을 공제하기 전에는 잉여금의 분배를 하지 못한다(법61②).

2) 취지

상호회사의 재무적 기초를 튼튼히 하려면 설립비용과 사업비를 상각한 후에 잉여금을 분배하게 할 필요가 있다. 또한 손실보전준비금을 공제하기 전에 잉여금을 분배하면 손실보전준비금이 불충분해질 수 있으므로 손실보전준비금을 우선 적립하게 한 것이다.

---

251) 노일석(보험업법1) 464면; 정채웅 338면
252) 노일석(보험업법1) 464면; 정채웅 338면

3) 위반 시 효과

(1) 상호회사가 보험업법 61조 2항을 위반하여 잉여금을 배당한 경우 상호회사의 채권자는 이를 반환하게 할 수 있다(법61③).

(2) 반환의 효과는 회사에게 귀속한다(통설). 잉여금을 분배받은 자는 선의, 악의를 묻지 않고 반환할 의무를 부담한다(통설).

5. 준용 규정

상호회사의 계산에는 다음의 상법 규정을 준용한다(법64). 즉 재무제표의 작성(상법447), 영업보고서의 작성(상법447의2), 재무제표 등의 제출(상법447의3), 감사보고서(상법447의4), 재무제표 등의 비치·공시(상법448), 재무제표 등의 승인·공고(상법449), 이사, 감사의 책임해제(상법450), 사용인의 우선변제권(상법468)을 준용한다. 한편, 자산의 평가방법 규정(상법452)도 준용한다고 하고 있지만, 이 상법 규정은 현재 삭제된 상태이다.

제6관 정관의 변경

1. 사원총회의 결의

(1) 상호회사의 정관을 변경하려면 사원총회의 결의를 거쳐야 한다(법65①).

(2) 정관이란 상호회사의 조직 등에 관한 근본규칙이라는 점을 고려하여 정관의 변경 시에 사원총회의 결의를 거치게 한 것이다. 회사를 설립할 때 정관 변경 시에는 창립총회의 결의를 거쳐야 한다.

2. 결의 방법

정관 변경을 위한 사원총회의 결의 방법에 대해 보험업법이 특별 규정을 두고 있지 않다. 따라서 정관에 다른 정함이 있지 않는 한 보통결의 방식인 출석한 사원의 의결권의 과반수와 사원총수의 4분의 1 이상의 수로써 해야 한다(법59①,상법368①). 주식회사의 경우 정관 변경은 특별결의 방식인 출석한 주주의 의결권의 3분의 2 이상의 수와 발행주식총수의 3분의 1 이상의 수로써 해야 한다(상법434).

3. 준용 규정

상호회사의 정관 변경에는 다음의 보험업법 및 상법 규정을 준용한다(법65②). 즉 의결권(법55), 주주총회 소집의 통지(상법363①·②), 소집지(상법364), 의결권의 행사(상법368②·③),[253] 정족수, 의결권수의 계산(상법371②), 주주총회 연기, 속행의 결의(상법372), 주주총회의 의사록(상법373), 결의취소의 소(상법376), 제소주주의 담보제공의무(상법377), 결의취소의 등기(상법378), 법원재량에 의한 청구기각(상법379), 결의무효 및 부존재확인의 소(상법380), 부당결의 취소, 변경의 소(상법381), 정관변경의 방법(상법433②)을 준용한다.

제 7 관 사원의 퇴사

1. 사원의 퇴사

상호회사의 사원이 퇴사한다는 것은 사원의 지위를 상실하는 것을 말한다. 그 결과 해당 사원과 상호회사 사이의 사원관계는 소멸한다.

2. 퇴사의 사유

보험업법이 규정하는 사원의 퇴사사유는 다음과 같다.

(1) 정관상 사유

정관으로 정하는 사유가 발생하면 사원이 퇴사한다(법66①(1)).

(2) 보험관계의 소멸

(1) 보험관계가 소멸하면 사원이 퇴사한다(법66①(2)). 상호회사의 사원은 보험관계의 발생을 위해서 입사한 것이기 때문이다. 이와 같이 상호회사에서 사원관계와 보험관계는 일정한 견련관계에 있다. 즉 보험관계가 소멸하면 사원관계가 소멸하고, 반대로 사원관계가 소멸하면 보험관계도 소멸한다.

(2) 보험관계가 소멸하는 사유에는 보험사고의 발생, 보험기간의 만료, 보험계약의 취소, 해지 등이 있다.

(3) 사원의 사망

(1) 상호회사의 사원이 사망한 경우에는 그 상속인이 그 지분을 승계하여 사원이 된다(법66②,상법283①). 상속인이 수인인 때에는 사원의 권리를 행사할 자 1인을 정해야 하고, 이를 정하지 않은 때에는 회사의 통지 또는 최고는 그 중의 1인에 대하여 하면 전원에 대하여 그 효력이 있다(법66②,상법283②).

(2) 보험계약자와 피보험자가 다른 경우 보험계약자만이 사원이므로 그가 사망하면 그의 상속인이 사원 지위를 승계하여 사원이 된다. 또한 생명보험의 경우 보험계약자와 피보험자가 동일인인 경우 보험계약자가 사망하면 보험관계와 사원관계가 동시에 소멸하므로 상속에 의한 사원 지위의 승계 문제는 생기지 않는다. 그리고 손해보험의 경우 보험목적의 상속인만이 피보험이익을 가지므로 사원 지위의 승계는 보험목적의 상속인에 한정

253) 2014년 상법 개정으로 인해서 종전 상법368③·④가 현재 상법368②·③으로 바뀌었다.

된다는 견해가 있지만,[254] 손해보험에서 보험계약자가 피보험이익을 가져야 하는 것은 아니고(피보험자가 피보험이익을 가져야 함) 상속에 의한 사원 지위의 승계문제는 보험계약자 지위의 승계문제이므로 사원지위의 승계가 보험목적의 상속인에 한정될 필요는 없다.

3. 퇴사원의 환급청구권

(1) 환급청구권의 내용

(1) 상호회사에서 퇴사한 사원은 정관이나 보험약관으로 정하는 바에 따라 그 권리에 따른 금액의 환급을 청구할 수 있다(법67①).

(2) 환급의 대상에는 보험계약의 해지환급금, 잉여금 등이 있으며, 해당 사원별로 구체적, 개별적으로 판단할 사항이다.

(2) 채무액의 공제

퇴사한 사원이 회사에 대하여 부담한 채무가 있는 경우에는 회사는 위 환급 금액에서 그 채무액을 공제할 수 있다(법67②). 가령 지급이 지체된 보험료가 있다면 이를 공제할 수 있다.

(3) 환급기한 및 시효

1) 기한

(1) 상호회사에서 퇴사한 사원의 권리에 따른 금액의 환급은 퇴사한 날이 속하는 사업연도가 종료한 날부터 3개월 이내에 하여야 한다(법68①).

(2) 위 (1)과 같이 환급기한을 퇴사한 날이 속하는 사업연도가 종료한 날부터 3개월 이내라고 제한한 이유는 환급의 대상인 잉여금이 해당 사업연도의 결산을 마쳐야 확정되는 경우를 상정한 것이라고 이해된다.[255]

2) 시효

(1) 퇴사원의 환급청구권은 퇴사한 날이 속하는 사업연도가 종료한 날부터 3개월이 지난 후 2년 동안 행사하지 않으면 시효로 소멸한다(법68②).

(2) 위 1) 같이 환급기한이 정해져 있으므로 환급청구권의 행사는 위 환급기한 중에 가능하고, 소멸시효는 권리를 행사할 수 있을 때부터 진행하므로(민법166①) 환급청구권의 소멸시효도 위 환급기한 이후부터 진행한다고 규정한 것이다.

---

254) 노일석(보험업법1) 476면

255) 정채웅 344면

제 8 관 상호회사의 해산 및 청산

이에 관해서는 본서 제8장 해산 및 청산 부분에서 설명하기로 한다.

제 9 관 형사처벌의 특칙

1. 의의

상호회사의 발기인 등에 대한 형사처벌의 특칙이 있다. 보험업법은 상호회사의 발기인 등에 대해 배임죄, 회사재산을 위태롭게 한 죄 등에 대해 특칙을 두고 있다.

2. 배임죄[256)]

(1) 상호회사의 발기인, 보험업법 70조 1항에서 준용하는 상법 175조 1항에 따른 설립위원·이사·감사, 보험업법 59조에서 준용하는 상법 386조 2항 및 407조 1항에 따른 직무대행자나 지배인, 그 밖에 사업에 관하여 어떠한 종류의 사항이나 특정한 사항을 위임받은 사용인이 그 임무를 위반하여 재산상의 이익을 취득하거나 제3자로 하여금 취득하게 하여 보험회사에 재산상의 손해를 입힌 경우에는 10년 이하의 징역 또는 1억 원 이하의 벌금에 처한다(법197①).

(2) 상호회사의 청산인 또는 보험업법 73조에서 준용하는 상법 386조 2항 및 407조 1항에 따른 직무대행자도 위 보험업법 197조 1항의 적용을 받는다(법197②).

(3) 보험계약자총회 대행기관(법25①) 또는 사원총회 대행기관(법54①)을 구성하는 자가 그 임무를 위반하여 재산상의 이익을 취득하거나 제3자로 하여금 취득하게 하여 보험계약자나 사원에게 손해를 입힌 경우에는 7년 이하의 징역 또는 7천만 원 이하의 벌금에 처한다(법198).

---

256) 참고로 주식회사의 발기인 등에 대해서는 다음의 배임죄가 적용된다.
(1) 주식회사의 발기인, 업무집행사원, 이사, 집행임원, 감사위원회 위원, 감사 또는 상법 386조 2항, 407조 1항, 415조 또는 567조의 직무대행자, 지배인 기타 회사영업에 관한 어느 종류 또는 특정한 사항의 위임을 받은 사용인이 그 임무에 위배한 행위로써 재산상의 이익을 취하거나 제3자로 하여금 이를 취득하게 하여 회사에 손해를 가한 때에는 10년 이하의 징역 또는 3천만 원 이하의 벌금에 처한다(상법622①).
(2) 주식회사의 청산인 또는 상법 542조 2항의 직무대행자, 175조의 설립위원도 상법 622조 1항의 적용을 받는다(상법622②).
(3) 위 (1)과 (2)의 미수범은 처벌한다(상법624).

3. 회사재산을 위태롭게 한 죄[257)]

보험업법 197조 1항에 열거된 자 또는 상호회사의 검사인이 다음 각 호의 어느 하나에 해당하는 행위를 한 경우에는 7년 이하의 징역 또는 7천만 원 이하의 벌금에 처한다(법199).

1. 상호회사를 설립하면서 사원의 수, 기금총액의 인수, 기금의 납입 또는 보험업법 34조 4호부터 6호까지 및 9호와 38조 2항 3호 및 5호에 열거된 사항에 관하여 법원 또는 총회에 보고를 부실하게 하거나 사실을 숨긴 경우
2. 명의에 관계없이 보험회사의 계산으로 부정하게 그 주식을 취득하거나 질권의 목적으로 받은 경우
3. 법령 또는 정관을 위반하여 기금의 상각, 기금이자의 지급 또는 이익이나 잉여금의 배당을 한 경우
4. 보험업을 하기 위한 목적 이외의 투기거래를 위하여 보험회사의 자산을 처분한 경우

제 5 절 외국보험회사 국내지점

1. 의의

(1) 외국보험회사는 국내에 지점을 설치하여 보험업을 경영하려면 금융위원회의 허가를 받아야 한다. 이에 따라 허가를 받은 외국보험회사 국내지점은 보험업법상 보험회사가 된다(법4⑥).

(2) 외국보험회사 국내지점은 보험업법상 보험회사로 의제되지만, 그 실질은 '지점'에 불과하기 때문에 이 점을 고려하여 보험업법상 특칙을 마련할 필요성이 있다.

---

257) 참고로 주식회사의 발기인 등에 대해서는 다음과 같이 회사재산을 위태롭게 한 죄가 적용된다. 상법 622조 1항에 규정된 자, 검사인, 상법 298조 3항, 299조의2, 310조 3항 또는 313조 2항의 공증인(인가공증인의 공증담당변호사를 포함)이나 299조의2, 310조 3항 또는 422조 1항의 감정인이 다음의 행위를 한 때에는 5년 이하의 징역 또는 1천500만 원 이하의 벌금에 처한다(상법625).

1. 주식 또는 출자의 인수나 납입, 현물출자의 이행, 상법 290조, 416조 4호 또는 544조에 규정된 사항에 관하여 법원·총회 또는 발기인에게 부실한 보고를 하거나 사실을 은폐한 때
2. 누구의 명의로 하거나를 불문하고 회사의 계산으로 부정하게 그 주식 또는 지분을 취득하거나 질권의 목적으로 이를 받은 때
3. 법령 또는 정관에 위반하여 이익배당을 한 때
4. 회사의 영업범위 외에서 투기행위를 하기 위하여 회사재산을 처분한 때

2. 허가취소 등

(1) 의의

외국보험회사 국내지점에 대해서 위법행위 등 일정한 사유가 발생하면 공익 또는 보험계약자 보호를 위하여 영업정지·허가취소 등의 조치를 취할 필요가 있다. 보험업법은 허가취소를 할 수 있는 경우, 그리고 영업정지·허가취소 등에서 조치를 선택할 수 있는 경우로 구분하고 있다.

(2) 허가취소

(1) 금융위원회는 외국보험회사의 본점이 다음 각 호의 어느 하나에 해당하게 되면 그 외국보험회사 국내지점에 대하여 청문을 거쳐 보험업의 허가를 취소할 수 있다(법74①).

1. 합병, 영업양도 등으로 소멸한 경우
2. 위법행위, 불건전한 영업행위 등의 사유로 외국감독기관으로부터 6개월 이내의 영업 전부정지 또는 허가취소에 상당하는 조치를 받은 경우
3. 휴업하거나 영업을 중지한 경우

(2) 위 (1)의 1호~3호는 본점에서 생긴 사유인데 그 사유가 중하므로 국내지점의 허가취소 사유가 된다.

(3) 보험업법은 '취소할 수 있다'라고 하여 허가취소 여부를 재량행위로 규정하고 있다.

(4) 외국보험회사 국내지점은 그 본점이 (1)의 1호~3호의 어느 하나에 해당하게 되면 그 사유가 발생한 날부터 7일 이내에 그 사실을 금융위원회에 알려야 한다(법74③). 허가취소사유 보고의 접수는 금융감독원장에게 위탁되어 있다(시행령[별표8]11).

(5) 보험업의 허가를 취소하기 위해서는 청문 절차를 거쳐야 한다. 여기서 청문이란 금융위원회가 등록취소를 하거나 업무정지를 명하기 전에 외국보험회사 국내지점 등의 의견을 직접 듣고 증거를 조사하는 절차를 말한다(행정절차법2(5)). 이러한 청문에 대해서는 행정절차법 28조~37조 등이 적용된다.

(3) 영업정지, 허가취소 등

(1) 금융위원회는 외국보험회사 국내지점이 보험업법 또는 보험업법에 따른 명령이나 처분을 위반하거나 외국보험회사의 본점이 그 본국의 법령을 위반하는 등의 사유로 해당 외국보험회사 국내지점의 보험업 수행이 어렵다고 인정되면 공익 또는 보험계약자 보호를 위하여 영업정지 또는 그 밖에 필요한 조치를 하거나 청문을 거쳐 보험업의 허가를 취소할 수 있다(법74②).

(2) 영업정지, 그 밖에 필요한 조치, 보험업의 허가취소 중에서 조치를 취할지 여부,

어떤 조치를 취할지는 재량사항이라고 해석한다.

3. 국내자산 보유의무

(1) 의의

(1) 외국보험회사 국내지점이 국내에서 경영한 결과 취득하는 자산을 국내에서 보유하지 않고 그 본점 등을 포함한 외국에서 보유하게 되면 국내 보험계약자 등의 보호에 문제가 생길 수 있다. 이 점을 고려하여 국내지점이 일정한 자산을 국내에서 보유하게 할 필요가 있다.

(2) 이에 따라 외국보험회사 국내지점은 대한민국에서 체결한 보험계약에 관하여 보험업법 120조에 따라 적립한 책임준비금 및 비상위험준비금에 상당하는 자산을 대한민국에서 보유해야 한다(법75①). 대한민국에서 보유해야 하는 자산의 종류 및 범위 등에 관하여는 대통령령으로 정한다(법75②).

(2) 보유방식

(1) 국내자산 보유방식은 다음과 같이 제한된다. 외국보험회사 국내지점은 다음 각 호의 어느 하나에 해당하는 자산을 대한민국에서 보유해야 한다(시행령25의2).

1. 현금 또는 국내 금융기관에 대한 예금, 적금 및 부금
2. 국내에 예탁하거나 보관된 증권
3. 국내에 있는 자에 대한 대여금, 그 밖의 채권
4. 국내에 있는 고정자산
5. 삭제
6. 국내에 적립된 보험업법시행령 63조 2항에 따른 재보험자산[258)]
7. 1호부터 6호까지의 자산과 유사한 자산으로서 금융위원회가 정하여 고시하는 자산

(2) 위 (1)의 7호에서 금융위원회가 정하여 고시하는 자산은 다음 각 호의 어느 하나에 해당하는 자산을 말한다(감독규정3-5③).

1. 보험업법시행령 25조의2 1호에 준하는 금, 외국통화, 예치금 및 증거금
2. 1호 외의 유동성 자산

(3) 보유자산 부족 시 보전의무

(1) 외국보험회사 국내지점이 보유한 자산이 부족하게 된 경우 이를 보전해야 한다. 감독규정은 이에 대해 아래 (2)와 같이 규정하고 있는데, 다만 이 규정은 상위법령의 명시

---

258) 보험업법시행령 63조 2항에 따른 재보험은 다음 각 호의 요건을 모두 충족하는 재보험이다.
1. 보험위험의 전가가 있을 것
2. 해당 재보험계약으로 인하여 재보험을 받은 회사에 손실 발생 가능성이 있을 것

적 위임이 있는 행정규칙이라고 보기 어렵다.

(2) 외국보험회사 국내지점이 매 사업연도 결산결과 보험업법 75조에 의하여 대한민국 안에서 보유해야 할 자산이 부족하게 된 때에는 결산 확정일부터 60일 내에 본점으로부터 자금을 도입하는 등의 방법으로 이를 보전해야 한다(감독규정3-5①본). 다만, 결산 이전에 있어서도 금융감독원장이 필요하다고 인정하여 금융위원회의 의결을 거쳐 보전을 지시하는 경우에는 그 지시를 받은 날부터 30일 내에 이를 보전해야 한다(감독규정3-5①단).

(4) 보고의무

외국보험회사 국내지점은 위 (3)에 따라 자산을 보전하거나, 보험업법 75조에 의하여 보유해야 하는 자산의 범위를 초과하는 자산을 외국환거래법 등 관련 법규에 의하여 본점에 송금한 때에는 10일 이내에 그 사실을 금융감독원장에게 보고해야 한다(감독규정3-5②). 다만, 이 규정은 상위법령의 명시적 위임이 있는 행정규칙이라고 보기 어렵다.

(5) 위반 시 효과

보험업법 75조를 위반하면 형사처벌(법202(2))이 따른다.

4. 국내 대표자 등

(1) 대표자

1) 대표사원의 권한 준용

국내지점의 대표자에게는 합명회사의 대표사원 권한(상법209)이 준용된다. 이에 따라 국내지점의 대표자는 보험회사의 영업에 관하여 재판상 또는 재판외의 모든 행위를 할 권한이 있고, 이러한 권한에 대한 제한은 선의의 제3자에게 대항하지 못한다.

2) 임원 의제

(1) 국내지점의 대표자에게 대표사원의 권한이 준용되지만 그가 실제로 외국보험회사의 임원인지 여부는 별개의 문제이다. 그가 실제로 외국보험회사의 임원은 아니더라도 위와 같이 국내지점에 관한 한 보험회사의 임원과 유사한 역할을 수행하고 있다.

(2) 위와 같은 역할을 고려하여, 국내지점의 대표자는 보험업법상 보험회사의 임원으로 본다(법76③). 그리고 국내지점의 대표자는 지배구조법에 따른 보험회사의 임원으로 본다(지배구조법3②).

(2) 일정한 명칭의 사용자의 임원 의제

(1) 국내지점에서 명예회장 · 회장 · 부회장 · 사장 · 부사장 · 대표 · 부대표 · 전무 · 상무 · 이사 등과 같이 업무를 집행할 권한이 있는 것으로 인정될 만한 명칭을 사용하여 국내지점에서 업무를 집행하는 사람은 지배구조법에 따른 보험회사의 임원으로 본다(지배구조법3②, 동법시행령6②).

(2) 국내지점에는 이사 등과 같은 명칭을 사용하면서 업무를 집행하는 자가 흔히 존재한다. 이러한 자가 실제로는 외국보험회사의 임원이 아니더라도 국내지점에서는 마치 임원과 유사한 역할을 수행하므로 위 (1)과 같은 의제 규정을 둔 것이다.

(3) 일정한 명칭의 사용자에 대한 임원 의제는 지배구조법에서만 인정된다. 보험업법에서는 이러한 의제가 인정되고 있지 않다. 보험업법도 지배구조법과 같게 규정하는 것이 바람직하다고 본다.

5. 잔무처리자

(1) 필요성

(1) 국내지점이 국내에서 더 이상 보험업을 경영할 수 없는 경우 국내지점의 잔무를 정리할 필요가 있고, 이러한 업무를 처리할 잔무처리자가 필요하다.

(2) 잔무처리에 해산 절차를 적용해서 청산인을 두는 것을 고려해 볼 수 있지만 국내지점은 독립된 법인이 아니어서 독자적인 해산의 대상으로 적합하지 않다. 따라서 국내지점에 대해서는 해산에 관한 규정을 적용하지 않는다(법82①).

(2) 선임 및 해임

(1) 외국보험회사의 본점이 보험업을 폐업하거나 해산한 경우 또는 대한민국에서의 보험업을 폐업하거나 그 허가가 취소된 경우에는 금융위원회가 필요하다고 인정하면 그 국내지점의 잔무를 처리할 자를 선임하거나 해임할 수 있다(법77①).

(2) 위 (1)에 따른 잔무처리자의 선임 또는 해임은 금융감독원장에게 위탁되어 있다(시행령[별표8]12).

(3) 권한 및 보수

잔무처리자는 국내지점의 대표자와 같은 권한을 갖는다(법77②,76①). 그리고 잔무처리자에게는 잔무처리 중인 국내지점으로 하여금 금융위원회가 정하는 보수를 지급하게 할 수 있다(법77②,157).

(4) 감독

(1) 금융위원회는 잔무처리자를 감독하기 위하여 국내지점의 잔무처리업무와 자산상황을 검사하고, 자산의 공탁을 명하며, 그 밖에 잔무처리의 감독상 필요한 명령을 할 수 있다(법77③,160).

(2) 위 (1)에 따른 검사, 자산의 공탁 및 기타 잔무처리의 감독상 필요한 명령은 금융감독원장에게 위탁되어 있다(시행령[별표8]39).

6. 외국상호회사 국내지점의 등기

(1) 상호회사인 외국보험회사(외국상호회사)의 국내지점에 관하여는 관할 등기소에 상호회사 등기부를 비치해야 한다(법78①,41).

(2) 외국상호회사 국내지점이 등기를 신청하는 경우에는 그 외국상호회사 국내지점의 대표자는 신청서에 대한민국에서의 주된 영업소와 대표자의 이름 및 주소를 적고 다음 각 호의 서류를 첨부해야 한다(법78②).

1. 대한민국에 주된 영업소가 있다는 것을 인정할 수 있는 서류
2. 대표자의 자격을 인정할 수 있는 서류
3. 회사의 정관이나 그 밖에 회사의 성격을 판단할 수 있는 서류

(3) 위 (2)에서 각 호의 서류는 해당 외국상호회사 본국의 관할 관청이 증명한 것이어야 한다(법78③).

7. 준용 규정

(1) 상법

(1) 외국상호회사 국내지점에 관해서는 다음의 상법 규정이 준용된다(법79①). 즉 지배인의 선임(상법10), 지배인의 대리권(상법11), 공동지배인(상법12), 지배인의 등기(상법13), 표현지배인(상법14), 부분적 포괄대리권을 가진 사용인(상법15), 상업사용인의 의무(상법17), 상호등기의 효력(상법22), 주체를 오인시킬 상호의 사용금지(상법23), 명의대여자의 책임(상법24), 상호불사용의 효과(상법26), 상업장부의 종류·작성 원칙(상법29), 상업장부의 작성방법(상법30), 상업장부의 제출(상법32), 상업장부 등의 보존(상법33), 등기의 통칙(상법34), 지점소재지에서의 등기(상법35), 등기의 효력(상법37), 부실의 등기(상법39), 변경, 소멸의 등기(상법40), 대리상의 의의(상법87), 통지의무(상법88), 경업금지(상법89), 대리상의 유치권(상법91), 계약의 해지(상법92), 대리상의 보상청구권(상법92의2), 대리상의 영업비밀 준수의무(상법92의3), 등기기간의 기산점(상법177)을 준용한다.

(2) 외국보험회사 국내지점이 대한민국에 종된 영업소를 설치하거나 외국보험회사 국내지점을 위하여 모집을 하는 자가 영업소를 설치한 경우에는 상법 619조 및 620조 1항 및 2항을 준용한다(법79②). 이를 준용한 결과는 다음과 같다.

(a) 위 영업소에 다음 각 호의 사유가 있는 때에는 법원은 이해관계인 또는 검사의 청구에 의하여 그 영업소의 폐쇄를 명할 수 있다(법79②,상법619①).

1. 영업소의 설치목적이 불법한 것인 때

2. 영업소의 설치등기를 한 후 정당한 사유없이 1년 내에 영업을 개시하지 아니하거나 1년 이상 영업을 휴지한 때 또는 정당한 사유없이 지급을 정지한 때
3. 회사의 대표자 기타 업무를 집행하는 자가 법령 또는 선량한 풍속 기타 사회질서에 위반한 행위를 한 때

(b) 위 (a)의 청구가 있는 때에는 법원은 폐쇄를 명하기 전일지라도 이해관계인이나 검사의 청구에 의하여 또는 직권으로 관리인의 선임 기타 회사재산의 보전에 필요한 처분을 할 수 있다(법79②,상법619②,176②). 이해관계인이 위 청구를 한 때에는 법원은 회사의 청구에 의하여 상당한 담보를 제공할 것을 명할 수 있고, 회사가 이 청구를 함에는 이해관계인의 청구가 악의임을 소명하여야 한다(법79②,상법619②,176③·④).

(c) 위 (a)에 따라 영업소의 폐쇄를 명한 경우에는 법원은 이해관계인의 신청에 의하여 또는 직권으로 대한민국에 있는 그 회사재산의 전부에 대한 청산의 개시를 명할 수 있다. 이 경우에는 법원은 청산인을 선임하여야 한다(법79②,상법620①). 이 경우 주식회사의 청산에 관한 일부 규정(상법535~537,542)은 그 성질이 허락하지 않는 경우 이외에는 이 청산에 준용한다(법79②,상법620②).

(3) 위 (2)에 따라서 보험업법 79조 2항에서 준용하는 상법 619조 또는 620조를 위반한 경우 과태료(법209④(15))가 따른다.

(2) 비송사건절차법의 준용

외국상호회사의 국내지점에 대해서는 다음의 비송사건절차법 규정이 준용된다(법80). 즉 비송사건절차법 중에서 관할(동법72③), 유한회사와 외국회사 영업소 폐쇄에의 준용(동법101②) 및 외국회사의 영업소 폐쇄 시의 청산절차(동법128)를 준용한다.

(3) 상업등기법의 준용

외국상호회사의 국내지점에 대해서는 다음의 상업등기법 규정이 준용된다(법80의2). 즉 상업등기법 중에서 3조, 5조 2항·3항, 7조부터 11조까지, 14조, 17조부터 19조까지, 22조부터 24조까지, 26조부터 30조까지, 53조, 55조, 61조 2항, 66조, 67조, 113조부터 119조까지, 121조부터 128조까지 및 131조를 준용한다. 여기의 상업등기법은 2014.5.20.에 전면 개정되기 이전의 것을 가리킨다. 2014.5.20. 이후에 전면 개정된 상업등기법에 맞출 수 있도록 준용규정을 개정해야 한다.

8. 총회 결의

(1) 의의

외국보험회사 국내지점은 독립된 법인이 아니므로 독자적인 주주총회 또는 사원총회('총회')를 두고 있지 않다. 이 점을 고려하여 보험업법은 국내지점에 대해서 총회에 관한

규정의 적용을 배제하고, 총회 의결을 다른 방식으로 대체하는 규정을 두고 있다.

(2) 적용 제외

(1) 외국보험회사 국내지점에 대해서는 보험업법 8장(해산·청산) 중에서 총회의 결의에 관한 규정을 적용하지 않는다(법82②).

(2) 외국보험회사 국내지점에 대해서는 상호회사의 사원총회 대행기관에 관련된 규정(법141④)을 적용하지 않는다(법82①).

(3) 결의 의제

보험업법 81조에 따르면 총회 결의는 다음과 같은 방식으로 대체된다.

(1) 보험계약을 이전하려는 보험회사는 '보험업법 138조에 따른 결의를 한 날'부터 2주 이내에 계약 이전의 요지와 각 보험회사의 대차대조표를 공고해야 하는데(법141①), 여기서 '보험업법 138조에 따른 결의를 한 날'을 '이전계약서를 작성한 날'로 본다.

(2) 보험계약을 이전하려는 보험회사는 '총회의 결의가 있었던 때'부터 보험계약을 이전하거나 이전하지 않게 될 때까지 그 이전하려는 보험계약과 같은 종류의 보험계약을 하지 못하는데(법142), 여기서 '총회의 결의가 있었던 때'는 '이전계약서를 작성한 때'로 본다.

(3) 보험업법 143조에 따라 보험금액을 삭감하기로 정하는 경우 보험계약을 이전하려는 보험회사는 '총회의 결의가 있었던 때'부터 보험계약을 이전하거나 이전하지 않게 될 때까지 그 자산을 처분하거나 채무를 부담하려는 행위를 하지 못하는데(법144①본), 여기서 '총회의 결의가 있었던 때'는 '이전계약서를 작성한 때'로 본다.

(4) '보험계약 이전의 결의를 한 후'에 이전할 보험계약에 관하여 발생한 수지나 그 밖에 이전할 보험계약 또는 자산에 관하여 발생한 변경은 이전을 받은 보험회사에 귀속되는데(법146②), 여기서 '보험계약 이전의 결의를 한 후'는 '이전계약서를 작성한 후'로 본다.

9. 기타 적용제외 규정

외국보험회사 국내지점에 관하여는 다음의 보험업법 규정을 적용하지 않는다.

(1) 상호

보험회사의 상호에 관한 보험업법 8조를 적용하지 않는다(법82①). 외국보험회사 국내지점의 경우 외국보험회사에 상호가 있음에도 국내지점에만 독자적인 상호를 사용하는 것은 부적절하다고 보아서 상호에 관한 규정을 적용하지 않는 것이다.

(2) 해산과 합병

외국보험회사 국내지점은 독립된 법인이 아니므로 해산과 합병의 대상으로 하기에 적절하지 않다. 이를 고려하여 보험업법 중 해산과 합병에 관련된 규정 중에서 138조, 139조 중 해산 및 합병에 관한 부분, 141조 4항, 148조, 149조, 151조부터 154조까지, 156

조, 157조 및 159조부터 161조까지의 규정을 적용하지 않는다(법82①).

제6절 외국보험회사 등의 국내사무소

1. 총설

외국보험회사를 포함하여 외국에서 보험과 관련된 업을 하는 자가 우리나라에서 보험시장에 관한 조사 등을 위해서 사무소를 두는 경우가 있다. 보험시장의 조사 등은 보험업을 경영하는데 부수적으로 필요한 업무이기는 하지만 보험업의 본질적 요소인 '보험의 인수'는 아니기 때문에 허가가 요구되는 등의 강한 규제가 필요하다고 보기는 어려운 상황이다. 다만, 보험시장의 조사 등을 하면서 위법하게 직접적으로 또는 간접적으로 '보험의 인수' 등에 관여하는 경우가 있을 수 있다는 점에서 이를 금지하는 등의 규제가 필요하기도 하다. 이 점을 고려하여 보험업법 12조가 이에 관한 규정을 두고 있다.

2. 국내사무소의 설치 및 명칭

(1) 설치

1) 의의

외국보험회사, 외국에서 보험대리 및 보험중개를 업으로 하는 자, 또는 그 밖에 외국에서 보험과 관련된 업을 하는 자('외국보험회사 등')는 보험시장에 관한 조사 및 정보의 수집이나 그 밖에 이와 비슷한 업무를 하기 위하여 국내에 사무소('국내사무소')를 설치할 수 있다(법12①).

2) 주체

(1) 국내사무소의 설치주체는 외국보험회사, 외국에서 보험대리 및 보험중개를 업으로 하는 자, 또는 '그 밖에 외국에서 보험과 관련된 업'을 하는 자이다. 여기서 '업'이란 계속성, 반복성을 의미한다고 해석한다.

(2) 위 (1)에서 그 밖에 '보험과 관련된 업'이란 보험계리업, 손해사정업 등을 예로 들 수 있다.[259] 2010년 이전의 보험업법시행령 16조 3항은 부수업무의 종류와 관련하여 '보험업과 관련된 업무'를 규정하고 있었는데,[260] 이 규정이 위 '보험과 관련된 업'을 판단하

---

259) 성대규·안종민 148면; 정채웅 178면

260) 2010년 이전의 보험업법시행령 16조 3항이 부수업무의 종류와 관련하여 보험업과 관련된 업무를 다음과 같이 규정했다.

1. 보험업과 관련된 업무(다른 보험회사를 위하여 그 보험업에 속하는 거래의 중개 또는 대리를 하는 업무를 포함한다)의 경우에는 다음 각 목의 1에 해당하는 업무

는 데 참고할 수 있을 것이다.

3) 법적 형태

국내사무소의 법적 형태는 묻지 않는다고 해석한다. 즉 법인이든 개인이든, 법인인 경우에 회사인지 여부를 묻지 않는다.

(2) 명칭

국내사무소는 그 명칭 중에 '사무소'라는 글자를 포함해야 한다(법12④). 국내사무소는 보험업의 경영, 모집행위 등을 할 수 없는 자이므로, 국내사무소에게 '사무소'라는 명칭을 사용하게 함으로써 그러한 행위를 할 수 없는 자임을 간접적으로 표시하게 하려는 취지이다.

3. 신고의무

(1) 외국보험회사 등이 국내사무소를 설치한 경우 그 설치한 날부터 30일 이내에 금융위원회에 신고해야 한다(법12②).

(2) 위 (1)에 따른 국내사무소의 설치신고 시 필요한 서류는 감독규정 [별표5-5]와 같다(감독규정3-4③).[261] 이러한 서류에는 설치신고서, 국내사무소의 법인등기부등본, 외국기업국내지사 설치신고서, 국내사무소 사업계획서, 본사의 정관 및 국적 증명서(법인등기문서 등), 국내사무소 설치 등에 관한 본사 결의안 등이 포함된다.

(3) 위 (1)에 따른 국내사무소 설치신고의 접수는 금융감독원장에게 위탁되어 있다(시행령[별표8]8).

(4) 위 (1)에 따른 신고의무는 국내사무소를 설치한 이후 일정 기간 이내에 이행하면 되고, 따라서 이는 일종의 사후규제에 해당한다.

(5) 1999년 이전에는 국내사무소 설치에 허가가 요구되었으나 그 이후에 허가제를 폐지하고 신고도 요구하지 않음으로써 규제를 대폭 완화했다. 하지만 이후에 아래의 금지행위와 관련하여 국내사무소를 체계적으로 관리할 필요성이 제기됨에 따라서 현재의 신고의무 제도가 2010년에 도입되었다.

가. 보험수리업무
나. 보험사고 및 보험계약 조사업무
다. 보험에 관한 연수·간행물·도서출판업무
라. 보험업과 관련된 전산시스템 또는 소프트웨어 등의 대여 및 판매 업무
마. 보험관련 인터넷 정보서비스 제공업무
바. 자동차와 관련된 교육, 상담 그 밖의 부가서비스 업무
사. 재공제 업무(영위하고 있는 보험종목과 관련된 재공제 업무에 한한다)
아. 그 밖에 가목 내지 사목에 준하는 업무로서 총리령이 정하는 업무

261) 이는 상위법령의 명시적 위임이 없는 행정규칙이다.

4. 국내사무소의 업무 및 금지행위

(1) 국내사무소의 업무

국내사무소의 업무는 보험에 관한 시장조사 및 정보수집이나 그 밖에 이와 비슷한 업무이다(법12①). 여기서 정보수집은 보험시장에 관한 일반적 성격을 띠는 것이어야 하지, 특정한 보험계약의 체결 또는 모집에 관한 것은 금지된다고 해석한다.

(2) 금지행위

국내사무소는 보험업의 경영 등 일정한 행위를 할 수 없다(법12③). 국내사무소를 설치하게 하는 취지는 보험에 관한 시장조사 및 정보수집이나 그 밖에 이와 비슷한 업무를 하는 데 있으므로 이를 관철하기 위해서 그 범위를 벗어난 보험업의 경영행위 등을 금지한 것이다.

1) 보험업 경영

(1) 국내사무소는 보험업을 경영하는 행위가 금지된다(법12③(1)). 국내사무소는 국내에서 보험업 허가를 받은 자가 아니므로 보험업의 경영을 할 수 없음은 물론이다. 따라서 보험업 허가 없이 보험업을 경영하면 이에 따른 처벌을 받는다.[262] 나아가 보험업을 경영한 행위를 한 국내사무소에 대해서는 이 금지의무 위반이 되므로 금융위원회가 업무정지 또는 폐쇄의 명령을 할 수 있다. 이것이 보험업 경영을 금지행위로 규정한 의의라고 하겠다.

(2) 여기서 보험업은 넓은 의미라고 해석하는 것이 이를 금지하는 취지에 부합한다. 즉 보험상품의 취급과 관련하여 발생하는 보험의 인수, 보험료 수수 및 보험금 지급 등을 영업으로 하는 것(법2(2))이기만 하면, 그것이 영리보험, 상호보험, 공제인지를 묻지 않고 국내사무소가 행하는 것이 문제된다고 해석한다.

2) 모집행위

(1) 국내사무소는 보험계약의 체결을 중개하거나 대리하는 행위가 금지된다(법12③(2)). 즉 국내사무소는 보험의 모집행위를 할 수 없다. 모집은 법정된 모집종사자만이 할 수 있으므로(법83①), 이를 위반하면 형벌 등이 따른다.[263] 나아가 보험의 모집행위를 한 국내사무소에 대해서는 이 금지의무 위반이 되므로 금융위원회가 업무정지 또는 폐쇄의 명령을 할 수 있다. 이것이 보험의 모집행위를 금지행위로 규정한 의의라고 하겠다.

(2) 외국보험회사는 일정한 경우 우리나라 거주자와 보험계약을 체결할 수 있는데(법3단,시행령7), 이 경우 그 국내사무소가 특정한 보험계약에 필요한 정보를 수집할 수 있는지

---

262) 즉 보험업을 경영하려면 금융위원회의 허가를 받아야 하고(법4①), 이를 위반하면 형사처벌을 받는다(법200(1), '유사수신행위의 규제에 관한 법률' 3,6①).

263) 보험업법 83조 1항이 규정한 모집종사자가 아니면서 모집을 한 자에 대해서는 형벌(법204①(2))이 따른다.

가 문제된다. 이를 긍정하는 견해[264]와 부정하는 견해[265]가 있다. 생각건대, 부정하는 것이 타당하다. 특정한 보험계약의 체결과 관련하여 필요한 정보를 수집하는 행위는 보험계약의 체결 또는 모집과 관련된 행위의 일종이다. 외국보험회사는 그 임원 또는 직원이 우리나라에서 보험계약의 체결 또는 모집과 관련된 업무를 하게 할 수 없다는 점(감독규정 1-6③)을 고려하면, 국내사무소도 그러한 행위를 할 수 없다고 해석하는 것이 타당하다.

3) 위법한 방법의 사용

국내사무소는 국내의 관련 법령에 저촉되는 방법에 의하여 보험시장의 조사 및 정보의 수집을 하는 행위가 금지된다(법12③(3)).

4) 설치목적 위반행위

국내사무소는 그 밖에 국내사무소의 설치 목적에 위반되는 행위로서 대통령령으로 정하는 행위가 금지된다(법12③(4)).

5. 금융위원회 명령권

(1) 업무정지 또는 폐쇄

금융위원회는 국내사무소가 보험업법 또는 동법에 따른 명령 또는 처분을 위반한 경우에는 6개월 이내의 기간을 정하여 업무의 정지를 명하거나 국내사무소의 폐쇄를 명할 수 있다(법12⑤).

(2) 보고 또는 자료 제출

(1) 금융감독원장은 외국보험회사 등이 국내사무소를 설치한 경우 다음 각 호에 관한 보고 또는 자료 제출을 명할 수 있다(감독규정3-4①).

1. 본점의 매 사업연도의 재무상태표 및 포괄손익계산서: 결산확정일부터 2개월 내
2. 국내사무소의 매년 경비 및 인원현황: 다음 해 2월 말까지
3. 국내사무소의 대표자의 변경: 변경된 날부터 2주일 이내
4. 본점의 명칭변경, 영업정지, 영업허가 또는 등록의 취소, 피합병, 해산 및 파산: 그 사유가 발생한 날부터 2주일 이내
5. 국내사무소의 소재지 이전 및 폐쇄: 이전일 또는 폐쇄일부터 2주일 이내

(2) 위 (1)에 따른 자료가 외국어로 작성된 경우에는 국문요약본을 첨부해야 한다(감독규정3-4②).

(3) 다만, 감독규정 3-4조 1항 및 2항은 상위법령의 명시적 위임이 없는 행정규칙이다.

264) 성대규·안종민 149면
265) 정채웅 179면

제 4 장

모집

제 1 절 의의

1. 모집의 중요성

(1) 대량적, 반복적인 보험거래의 특성상 보험계약은 모집을 통해 체결되는 것이 보통이다. 또한 보험상품은 무형의 추상적인 상품으로서 미래에 불확실한 사고가 발생해야 그 효용이 드러나므로 보험소비자 스스로보다는 모집종사자의 권유에 의해서 구매하는 경우가 많기 때문에 보험계약은 전통적으로 모집을 통해서 체결되는 경우가 많다.

(2) 보험의 모집을 할 수 있는 자는 보험설계사 등으로 제한되어 있고(법83①), 이러한 자 이외의 자가 모집을 하면 형벌이 따른다(법204①(2)).[1] 따라서 보험 모집에 대한 정의 문제는 보험업법상 중요한 과제이다.

2. 모집의 개념

(1) 의의

모집이란 보험계약의 체결을 중개하거나 대리하는 것을 말한다(법2(12)). 모집은 보험의 모집, 보험계약의 모집, 보험계약체결의 모집이라고도 부른다.

(2) 대리와 중개

보험업법 2조 12호는 모집이란 보험계약체결의 중개 또는 대리라고 단순하게 규정하고 있고 나머지는 해석에 맡기고 있다.

1) 대리

보험계약체결의 대리란 보험계약의 법률효과를 보험회사에게 귀속시키는 대리인의 법률행위를 말한다. 보험계약체결의 대리는 특정하고 구체적인 행위이다.

---

1) 뿐만 아니라 보험회사는 모집할 수 있는 자 이외의 자에게 모집을 위탁하거나 모집에 관하여 수수료, 보수, 그 밖의 대가를 지급하지 못한다(법99①본). 모집종사자도 원칙적으로 모집할 수 있는 자 이외의 자에게 모집을 하게 하거나 그 위탁을 하거나, 모집에 관하여 수수료·보수나 그 밖의 대가를 지급하지 못한다(법99②본).

2) 중개

(1) 보험계약체결의 중개는 보험회사 및 보험계약자와 교섭하여 보험계약이 체결되도록 힘쓰는 중개인의 일체의 사실행위를 가리킨다(통설). 이러한 중개의 정의에 비추어 보면 보험계약체결의 중개는 원칙적으로 특정하고 구체적인 행위이어야 한다고 해석한다. 가령 특정한 보험계약체결을 권유하거나 이를 목적으로 보험계약의 내용을 설명하는 등의 유인행위는 특정하고 구체적인 행위로서 보험계약체결의 중개에 해당한다고 해석한다.

(2) 모집종사자를 제한하는 취지는 건전한 모집질서를 확보하고 보험계약자를 포함한 이해관계자를 보호하는 등에서 찾을 수 있는데, 원칙적으로 일반적이고 추상적인 행위의 단계에서는 건전한 모집질서를 훼손하거나 보험계약자를 포함한 이해관계자를 해칠 위험이 있다고 보기 어렵다. 다만, 일반적이고 추상적인 행위라도 행위의 성질, 태양, 방식 등에 따라서는 모집에 해당한다고 보아야 하는 경우도 있다고 할 것이다.

(3) 특수 쟁점

보험계약체결의 중개 또는 대리에 관한 위 설명만으로는 실무상 특정한 행위가 보험모집에 해당하는지 여부가 분명하지 않은 경우가 발생한다. 주로 문제가 되는 것은 보험계약체결의 중개이다.

1) 소개 또는 상담

i) 잠재적 보험계약자의 소개 또는 상담

(1) 잠재적 보험계약자의 소개 또는 상담이 중개에 해당하는가? 가령 특정한 보험계약을 목적으로 한다는 점을 잠재적 보험계약자에게 표시하면서 그를 모집종사자에게 소개하거나 잠재적 보험계약자에게 특정한 보험계약을 상담하는 경우는 모집에 해당한다고 해석한다. 여기의 소개 또는 상담은 특정하고 구체적인 행위로서 전체적 관점에서 보면 모집의 일부를 구성한다고 볼 수 있기 때문이다.

(2) 위 (1)과 달리 특정한 보험계약과 무관하게 잠재적 보험계약자를 모집종사자에게 소개하거나 보험계약 일반을 상담하는 경우는 원칙적으로 모집에 해당하지 않는다고 해석한다. 다만, 이러한 경우 소개 또는 상담의 경위, 배경, 목적, 대가 지급여부, 그 이후의 전개과정 등을 종합하여 볼 때 모집에 해당한다고 보아야 하는 경우도 있을 수 있다. 또한 모집이라고 보기 어려운 소개 또는 상담도 계속성과 반복성을 띠는 경우는 '모집과 관련된 행위'로서 모집보다 약화된 규제를 가하는 문제는 검토해 볼 수 있을 것이다.

ii) 보험업법 83조 2항

(1) 보험업법 83조 2항은 모집과 상담·소개를 규정하고 있는데 그 해석이 문제된다. 즉 보험업법 83조 2항에 따르면 금융기관보험대리점등은 그 금융기관 소속 임직원이 아닌 자로 하여금 모집을 하게 하거나, 보험계약 체결과 관련한 상담 또는 소개를 하게 하

고 상담 또는 소개의 대가를 지급해서는 안 된다. 여기서 모집과 상담·소개의 관계가 해석상 쟁점이다.

(2) 위 (1)과 관련하여 여기서 금지하는 것은 모집이고 상담·소개는 그 예시에 불과하다는 해석과 모집과 상담·소개를 엄격하게 구분해서 별개의 행위로 이해하는 해석이 가능하다. 생각건대, 기본적으로 후자가 타당하다. 모든 상담·소개를 모집에 포함시키는 것은 행정법의 일반원칙으로서 비례의 원칙에 반한다고 보아야 하기 때문이다. 즉 일반적 추상적 수준의 상담·소개도 모집에 포함시키는 것은 과잉규제에 해당하며 비례원칙의 구성요소인 최소침해의 원칙 및 상당성 원칙에 반한다고 할 수 있다. 즉 보험업법 83조 2항의 상담·소개는 모집에 이르지 않는 수준의 상담·소개를 의미한다고 해석해야 한다. 일반적으로는 비모집적 성질의 상담·소개는 규제하지 않지만, 금융기관보험대리점등에 대해서는 이러한 상담·소개도 규제하겠다는 것이 보험업법 83조 2항의 뜻이라고 볼 수 있다.

2) 청약서 기재

잠재적 보험계약자를 위해서 청약서의 내용을 설명하거나 작성을 도와주는 행위는 중개에 해당할 수 있다. 이러한 행위는 보험계약체결을 위해 적극적으로 조력하는 행위일 뿐만 아니라 보험계약자 등 이해관계자의 보호를 위해서 모집을 할 수 있는 자격을 가진 자만이 해야 할 행위라고 보아야 하기 때문이다. 다만, 잠재적 보험계약자의 지시하에 단순히 사실을 대신 기재하는 정도라면 모집에 해당한다고 보기 어려울 것이다.

3) 배너

인터넷 홈페이지에 특정한 보험계약에 관한 배너(banner)를 게시하는 경우가 있다. 배너는 인터넷 홈페이지에 띠 모양으로 부착하는 광고를 말한다. 이것은 특정한 보험계약을 대상으로 한 권유행위의 성질이 있지만 불특정 다수인을 상대로 하는 홍보행위라는 점에서 모집이 아닌 광고에 해당한다. 아래에서 보는 것처럼 보험광고에 대해서는 별도의 규제를 하고 있다.

3. 모집과 구별 개념

(1) 보험광고

(1) 보험광고는 보험모집과 구별된다. 일반적으로 광고라 함은 사업자(사업자단체 포함)가 상품 또는 용역에 관한 자기 또는 다른 사업자에 관한 사항이나 그의 상품 또는 용역의 거래에 관한 사항을 신문·인터넷신문, 정기간행물, 방송, 전기통신, 그 밖에 대통령령으로 정하는 방법으로 소비자에게 널리 알리거나 제시하는 것을 말한다(표시광고법2(2)).

(2) 위 (1)을 고려할 때 보험의 광고란 보험회사가 불특정 다수인을 상대로 자신이나 자신의 보험상품을 널리 알리거나 제시하는 행위를 말한다. 보험광고에 대해서는 금융소

비자법 22조가 규율하고 있고, 이를 제외하면 표시광고법의 적용을 받는다.

(2) 비교공시

비교공시는 보험모집과 구별된다. 비교공시란 보험협회, 보험회사, 모집종사자 등이 보험료·보험금 등 보험계약에 관한 사항 등을 비교하여 공시하는 것을 가리킨다(법124②·⑤,감독규정7-46의2). 모집종사자가 아닌 자도 비교공시의 주체가 될 수 있다는 점, 특정한 보험계약체결을 권유하는 것이 아니라 객관적인 정보의 제공이라는 점을 고려하면,[2] 이는 모집이라고 하기 어렵다.

제 2 절 모집종사자

제 1 관 의의

1. 필요성

보험계약은 모집종사자를 통해서 거래되는 것이 보통이다. 모집종사자는 보험의 모집을 할 수 있는 자를 가리킨다. 전술한 바와 같이 대량적, 반복적인 보험거래의 특성상, 또한 보험상품은 무형의 추상적인 상품으로서 미래에 불확실한 사고가 발생해야 그 효용이 드러나므로 보험소비자 스스로보다는 모집종사자의 권유에 의해서 구매하는 경우가 많기 때문에 보험계약은 전통적으로 주로 모집을 통해서 체결되어 왔다.

2. 종류

(1) 보험업법은 모집종사자의 종류를 일정하게 제한한다. 그 취지는 건전한 모집질서를 확보하고 보험계약자를 포함한 이해관계자를 보호하는 등에서 찾을 수 있다.

(2) 보험업법이 규정하는 모집종사자로는 ⓐ 보험설계사 ⓑ 보험대리점 ⓒ 보험중개사, 또한 ⓓ 보험자의 임원(대표이사, 사외이사, 감사 및 감사위원은 제외) 또는 직원 등이 있다(법83①). 이하에서는 보험설계사, 보험대리점,[3] 보험중개사, 보험회사 임직원 등의 순으로 살펴보자.

---

2) 모집종사자가 아닌 자에 의한 비교공시의 경우 보험협회를 통해서 제공받은 정보만 비교공시를 해야 하고, 보험협회를 통해 제공받은 모든 보험상품에 대해 비교공시를 해야 한다는 점(감독규정 7-46의2②)을 고려하면 특정한 보험계약 체결의 권유가 아니라 객관적인 정보제공에 가깝다고 볼 수 있다.

3) 보험업법은 보험대리점이라고 부르지만, 상법에서는 보험대리상이라고 한다(상법 646의2).

3. 위반 시 효과

(1) 사법상 효과

보험업법 83조 1항을 위반하여 모집종사자가 아니면서 모집을 한 경우 그 모집행위의 사법적 효력은 인정된다.

(2) 공법상 효과

보험업법 83조 1항이 규정한 모집종사자가 아니면서 모집을 한 자에 대해서는 형벌(법204①(2))이 따른다. 보험회사의 대표이사, 사외이사, 감사 및 감사위원이 모집행위를 하면 보험업법 83조 1항 위반이 되어서 제재(법134)도 따른다.

제2관 보험설계사

1. 보험설계사의 의의

(1) 보험업법

1) 개념

보험업법은 보험설계사를 보험회사, 보험대리점 또는 보험중개사에 소속되어 보험계약의 체결을 중개하는 자로 정의한다(2(9)).

2) 소속

(1) 보험설계사는 보험회사, 보험대리점 또는 보험중개사에 소속된다. 이에 대한 반대해석상 보험설계사가 보험설계사에 소속될 수는 없다.

(2) 2010년 보험업법 개정 이전에는 보험설계사가 보험회사에 소속된 자로 한정하고 있었으나, 그 개정을 통해서 현행법과 같이 소속대상이 확대되었다.

(3) 2010년 보험업법 개정 이전을 보면, 보험대리점의 사용인은 보험대리점 또는 보험설계사 등록을 할 수 있는 자격을 가진 자이어야 하고(구 감독규정4-7④), 보험중개사의 업무보조자는 보험중개사, 보험대리점 또는 보험설계사 등록을 할 수 있는 자격을 가진 자이어야 했다(구 감독규정4-20③). 2010년 보험업법 개정을 통해서 이러한 모집사용인과 업무보조자를 보험설계사와 동일하게 규제하기 위해서 이들을 보험설계사의 범위에 포함시켜 등록하게 하고 있다.

3) 형태

보험설계사는 법인이 아닌 사단과 재단도 가능하며, 보험업법 84조에 따라 등록된 자를 가리킨다(2(9)).[4] 실무상으로는 개인이 아닌 보험설계사를 발견하기 어렵다.

---

4) 2003년 개정 이전의 보험업법에는 보험설계사가 아니라 보험모집인이라는 명칭이 사용되었고, 실무

4) 계약체결상 권한[5)]

i) 중개 권한

보험설계사는 보험계약의 체결을 중개하는 자이다. 이는 보험설계사가 보험계약 체결을 중개하는 권한을 갖는다는 의미이다. 이에 대한 반대해석상 보험설계사는 원칙적으로 보험계약체결을 대리하는 권한은 없다.

ii) 소속별 검토

문제는 보험설계사가 보험계약의 체결을 중개하는 권한을 갖는다는 부분이 그의 소속이 무엇인지와 무관하게 타당하다고 할 수 있는지 여부이다. 그의 소속별로 살펴보자.

① 보험회사

보험설계사가 보험회사에 소속되어 보험계약의 체결을 중개하는 자라는 점에는 이견이 없다.[6)] 2010년 보험업법 개정 이전에도 이렇게 규정되어 있었다.

② 보험대리점 등

(1) 보험설계사가 보험대리점 또는 보험중개사에 소속되어 보험계약의 체결을 중개한다는 것은 보험설계사가 보험대리점 또는 보험중개사를 위하여 보험계약의 체결을 중개한다는 것을 의미한다. 보험설계사의 이러한 권한은 보험대리점 또는 보험중개사의 권한과는 다르다. 보험대리점은 보험회사를 위하여 보험계약체결을 대리할 권한(법2(10)), 보험중개사는 독립하여 보험계약체결을 중개할 권한(법2(11))을 갖기 때문이다. 그 결과 보험대리점 또는 보험중개사에 소속된 보험설계사의 모집에는 이원적 권한 구조가 나타난다.

(2) 위 (1)과 같은 이원적 권한 구조는 보험계약자 보호의 관점에서 볼 때 바람직하다고 보기 어렵다. 가령 보험대리점의 경우를 보면, 상법 646조의2 1항 4호는 보험계약자 보호를 위해서 보험대리상이 원칙적으로 보험계약체결의 대리권을 갖는다고 규정하고 있다. 또한 보험업법 2조 10호도 보험대리점은 보험회사를 위해서 보험계약체결을 대리하는 자라고 규정하고 있다. 하지만 이원적 권한 구조하에서는 보험계약자가 보험대리점에 소속한 보험설계사에 대해 상법 646조의2 1항 4호 또는 보험업법 2조 10호를 주장할 수 있는지가 문제된다.

(3) 위와 같이 이원적 권한 구조에 문제가 있다는 점을 고려하면 보험업법 2조 9호가 보험설계사를 보험대리점 또는 보험중개사에 소속되어 '보험계약의 체결을 중개하는 자'로 정의한 것은 타당한 입법이라고 보기 어렵다. 보험설계사가 보험대리점 또는 보험중개사에게 소속되도록 하는 것은 문제가 없지만 이 경우 권한을 보험회사에 소속된 경우와 동일하게 규정한 부분이 문제인 것이다. 따라서 보험업법 2조 9호는 개정할 필요가 있다.

상으로는 보험모집인 이외에 모집사원, 외무사원 등의 명칭으로 다양하게 호칭된 바 있다.

5) 이에 관해서는 한기정, 보험법, 2025 중에 제2편 제1장 제1절의 내용을 주로 인용하였다.

6) 2010년 보험업법 개정 이전에도 2조 9호는 이렇게 규정하고 있었다.

이원적 권한 구조보다는 보험설계사가 보험대리점 또는 보험중개사의 권한을 이행하는 보조자라고 처리하는 것이 법리상 간명하다.[7] 이렇게 하려면 보험대리점 또는 보험중개사에 소속된 보험설계사가 보험계약의 체결을 중개할 권한을 갖는다는 부분을 삭제할 필요가 있다. 이러한 개정 전이라도 상법 646조의2 1항 4호 및 보험업법 2조 10호 등의 취지를 살리기 위해서는 보험설계사는 자신이 소속한 보험대리점 또는 보험중개사를 위하여 활동하는 자로서 그들의 계약체결상 권한을 수권받아 이행하는 보조자라고 해석할 필요가 있다.

(2) 상법

⑴ 상법 보험편에는 보험설계사의 개념 규정이 없었으나 2014년 상법 개정을 통해서 새로이 도입됐다. 즉 상법 646조의2 3항은 "보험대리상이 아니면서 특정한 보험자를 위하여 계속적으로 보험계약의 체결을 중개하는 자"의 권한에 대해 규정하고 있는데, 이것은 보험설계사를 염두에 두고 규정한 것이라고 볼 수 있다.[8] 이를 고려해 보면, 보험설계사란 특정한 보험회사를 위하여 계속적으로 보험계약의 체결을 중개하는 사용인이라고 정의할 수 있다. 여기서 사용인이란 독립된 상인이 아니면서 타인의 사무를 보조하는 자라는 의미이다.

⑵ 상법 646조의2 3항은 보험회사에 소속한 보험설계사의 계약체결상 권한에 대해서만 규정하고 있다. 전술한 바와 같이 보험대리점 또는 보험중개사에 소속한 보험설계사의 계약체결상 권한은 독자적으로 설정하기보다는 보험대리점 또는 보험중개사의 계약체결상 권한을 수권받아 행사한다고 하는 것이 바람직하다. 상법 646조의2 3항이 보험회사에 소속한 보험설계사의 계약체결상 권한에 대해서만 규정한 취지는 이렇게 이해할 수 있다. 따라서 상법 646조의2 3항이 보험대리점 또는 보험중개사에 소속한 보험설계사의 계약체결상 권한에 유추적용되지 않는다고 해석한다.[9]

(3) 보험회사에 소속된 보험설계사

보험설계사의 법적 지위, 여타 모집종사자와 구분, 계약체결상 권한 등에 관한 판례 및 학설은 보험회사에 소속된 보험설계사를 중심으로 이루어지고 있다. 이하에서도 이를 중심으로 살펴본다.

1) 법적 지위

보험설계사는 보험회사와 고용관계에 있는 피용자(被傭者)라고 볼 수 있는가? 판례는

7) 보험대리점 또는 보험중개사에 소속된 보험설계사는 그 이행보조자로서의 지위에 있다고 보는 견해로 이성남 59면

8) 상법은 보험계약을 인수하는 자를 보험자로 표현하는데, 보험업법은 보험회사라고 표현한다. 본서는 보험업법을 대상으로 하므로 특별한 사정이 없는 한 보험회사로 표현하기로 한다.

9) 이와 달리 유추적용에 찬성하는 견해로는 이성남 57면

부정한다. 그 이유는, 고용관계에 있기 위해서는 피용자가 임금을 목적으로 종속적인 관계에서 사용자에게 노무를 제공해야 하는데, 보험설계사는 그러한 종속적인 관계에서 보험회사에게 노무를 제공한다고 보기 어렵다는 것이다.[10)]

2) 여타 모집종사자와 구분

보험설계사는 특정한 보험회사를 위해서 계속적으로 보험계약의 체결을 중개한다는 점에서 중개보험대리점과 같다. 하지만 보험설계사는 독립된 상인이 아니면서 보험회사의 사무를 보조하는 사용인이지만, 중개보험대리점은 독립된 상인이라는 점에서 다르다.[11)] 보험설계사는 보험계약 체결의 중개를 한다는 점에서는 보험중개사와 같다. 하지만 보험설계사가 특정한 보험회사를 위해 계속적으로 중개행위를 하는 것과 달리, 보험중개사는 보험회사로부터 독립하여 불특정 다수를 대상으로 중개행위를 한다는 점에서 차이가 있다.

3) 계약체결상 권한

i) 판례

(1) 판례는 보험설계사가 보험회사를 위해 보험계약의 체결에 관한 중개권한만 갖고 체결을 대리할 권한인 체약대리권은 없으며, 나아가 고지수령권, 통지수령권도 없다고 본다. 이에 따르면, 보험설계사가 보험계약의 체결에 관해 보험회사를 대리해도 이는 무권대리에 불과하고, 보험계약자 등이 보험설계사에게 상법 651조의 고지의무나 상법 652조의 통지의무 등을 이행해도 이것은 보험회사에게 이행한 것으로 보지 않는다.[12)]

---

10) 대판 2000.1.28. 98두9219(근로기준법상의 근로자에 해당하는지 여부는 그 계약이 민법상의 고용계약이든 또는 도급계약이든 그 계약의 형식에 관계없이 그 실질에 있어 근로자가 사업 또는 사업장에 임금을 목적으로 종속적인 관계에서 사용자에게 근로를 제공하였는지 여부에 따라 결정되는 것이고, … 그런데 원심판결 이유와 기록에 의하면, 원고는 위에서 본 조회나 석회에 참석의무가 있다고 할 수 없고, 조회, 석회 자리에서 이루어지는 보험상품의 내용이나 판매기법 등에 관한 교육이나 실적확인은 참가인 회사가 위탁자의 지위에서 행하는 보험모집인의 수탁업무의 원활한 수행을 위한 교육과 최소한의 지시에 불과하며, 원고는 위촉계약에서 수탁한 업무만을 수행하고 제공한 근로의 내용이나 시간과는 관계 없이 보험모집인 제 수당 지급규정에 의하여 오로지 자신의 노력으로 체결된 보험계약의 계약고, 수금액 등 실적에 따라 그 지급항목 및 지급액이 결정되는 수당을 지급받고, 위 규정에 정해진 실적에 미치지 아니하면 기본수당도 지급받지 못하며, 법률(보험업법 148조 2항)에 의하여 다른 보험자를 위한 보험의 모집은 할 수 없지만 참가인 회사의 보험모집인으로 활동하면서 다른 종류의 영업에 종사하는 것이 금지되어 있는 것도 아니고 또 그것이 사실상 곤란한 것도 아니며, 타인의 노동력의 이용 등 업무수행방식에 제한이 없고, 한편 업무수행과정에서 아무 때나 임의로 이탈할 수 있으며 실제로 참가인 회사 보험모집인의 영업활동 일수는 월 평균 15일 정도임을 알 수 있다). 대판 1990.5.22. 88다카28112도 같은 입장을 취한 바 있다. 그리고 대판 1989.11.28. 88다카33367에서는 보험설계사가 고용계약이나 도급적 요소가 가미된 위임계약에 바탕을 둔 보험회사의 사용인이라고 판시한 바 있다.

11) 김은경 116면; 박세민 99면; 양승규 97-98면

12) 대판 2006.6.30. 2006다19672에서, 보험목적인 건물에서 영위하고 있는 업종이 변경되었고, 이것은 위험변경증가로 인한 통지의무(상법652)의 대상인데, 보험설계사가 업종변경사실을 알았다고 하더라도 보험회사가 이를 알았다거나, 보험계약자가 보험회사에게 업종변경사실을 통지한 것으로 볼 수 없다고 판시했다. 대판 1979.10.30. 79다1234에서, 보험가입을 권유하던 보험설계사에게 기왕병력을 말했다고 하지만 보험설계사에게 말한 것으로는 보험회사에의 고지라 할 수 없을 뿐 아니라,

(2) 다만, 판례는 일정한 경우 보험료수령권은 인정한다. 즉 보험설계사가 보험회사에 의해 작성된 보험료영수증을 보험계약자에게 교부하고 보험료를 수령하는 경우는 보험설계사가 보험료수령권을 보험회사로부터 수권받은 것으로 본다.[13)]

ii) 학설

(1) 통설은 판례와 같다. 즉 보험설계사는 체약대리권이 없으며, 나아가 고지수령권, 통지수령권도 없지만, 일정한 경우 보험료수령권은 인정된다.

(2) 다만, 이에 반대하는 소수설도 있다. 화재보험이나 자동차보험과 같이 정형화되어 있는 보험에서는, 보험설계사의 체약대리권이나 고지수령권을 인정해서 보험계약자 등을 보호해야 한다는 견해가 제시된다.[14)] 나아가 보험계약자 보호를 위해서 보험설계사의 고지수령권을 일반적으로 인정하자는 해석론도 있다. 왜냐하면 보험실무상 보험계약자는 보험회사가 아니라 보험설계사를 상대로 청약을 하는 것이 보통이고, 이 과정에서 고지된 사항이 보험회사에게 제대로 전달되지 않거나, 심지어 보험계약자가 중요사항을 보험회사에 알리는 것을 방해하거나, 불고지 또는 부실고지를 권유하는 경우 이로 인한 피해를 보험계약자가 입을 위험을 고려해야 하기 때문이다.[15)]

iii) 상법 규정

2014년에 개정된 상법은 보험설계사가 일정한 경우 보험료수령권과 보험증권교부권을 갖는다고 명문으로 인정한다. 먼저, 보험설계사는 보험회사가 작성한 영수증을 보험계약자에게 교부하는 경우 보험계약자로부터 보험료를 수령할 수 있는 권한이 있다(상법646의2①(1),③). 또한 타인을 위한 보험계약에서 피보험자(손해보험) 또는 보험수익자(인보험)가 보험료를 지급할 의무를 부담하는 경우가 있는데, 이 경우 보험설계사는 마찬가지로 보험료수령권을 갖는다(상법646의2④). 다음, 보험설계사는 보험회사가 작성한 보험증권을 보험계약자에게 교부할 수 있는 권한도 갖는다(상법646의2①(2),③).

iv) 결론

(1) 판례 및 통설에 찬성한다. 위에 소개한 소수설은 경청할 만하나, 현행법의 해석으

보험청약서에 기왕병력이 없다고 기재되어 있는 점을 보아도 병력을 고지한 것이라고 볼 수 없다고 판시했다.

13) 대판 1989.11.28. 88다카33367에서, 보험약관상에 보험자가 제1회 보험료를 받은 후 보험청약에 대한 승낙이 있기 전에 보험사고가 발생한 때에는 제1회 보험료를 받은 때에 소급하여 그때부터 보험회사의 보험금지급 책임이 생긴다고 규정되어 있는 경우에, 생명보험의 보험설계사가 그의 권유에 응한 청약의 의사표시를 한 보험계약자로부터 제1회 보험료로서 선일자수표를 발행받고 보험료 가수증을 해주었다면 비록 보험모집인이 보험회사와의 고용계약이나 도급적 요소가 가미된 위임계약에 바탕을 둔 보험회사의 사용인으로서 보험계약의 체결대리권이나 고지수령권이 없는 중개인에 불과하다고 해도 제1회 보험료의 수령권이 있음을 부정할 수는 없다고 판시했다.

14) 최기원 89면

15) 김창종, "보험외무원·대리점의 지위", 해상·보험법에 관한 제문제(하), 1991, 132－133면

로는 무리가 있다. 다만, 보험설계사가 모집과정에서 불법행위를 하면 보험회사가 사용자책임(금융소비자법45)을 질 수 있다. 특히 보험계약의 체결 또는 모집에 종사하는 자는, 보험계약자나 피보험자가 중요사항을 보험회사에 알리는 것을 방해하거나, 알리지 아니할 것을 권유하거나, 부실한 사항을 알릴 것을 권유하는 행위를 해서는 안 된다(금융소비자법21(5)가.나.). 만약 보험설계사에 의해서 이러한 행위가 행해지고 이로 인해서 보험계약자 등에게 손해가 발생하면, 보험회사가 사용자책임을 질 수 있다(금융소비자법45).

(2) 입법론으로는, 생명보험계약 중 무진단보험과 같이 보험계약자가 보험회사를 직접 대할 수 없는 경우에는 보험설계사에게 고지수령권을 부여하여 보험계약자를 보호해야 한다는 견해가 있다.[16] 나아가 보험설계사에게 체약대리권, 고지수령권을 인정하는 입법을 해야 한다는 견해도 있다.[17]

2. 보험설계사의 구분 및 영업범위

(1) 보험설계사의 구분

1) 영업범위 기준

(1) 보험설계사는 생명보험설계사, 손해보험설계사, 제3보험설계사로 구분된다(법84③, 시행령27①).

(2) 생명보험설계사, 손해보험설계사, 제3보험설계사는 영업범위에 따른 구분이다. 여기의 영업범위는 보험종목의 종류를 기준으로 정해진다. 보험설계사별로 취급할 수 있는 보험종목은 보험설계사의 영업범위에서 살펴본다. 종래에는 손해보험설계사에만 간단손해보험설계사가 포함되었으나, 2025.10.28. 보험업법시행령 개정으로 생명보험설계사에 간단생명보험설계사, 손해보험설계사가 간단손해보험설계사, 제3보험설계사가 간단제3보험설계사가 포함된다(시행령27①).

(3) 생명보험설계사, 손해보험설계사, 제3보험설계사를 겸업할 수 있는지가 문제된다. 후술하는 바와 같이 보험설계사는 일정한 요건하에 교차모집이 허용되는데 이는 보험설계사의 겸업이 허용된다는 것을 의미한다. 가령 생명보험설계사가 손해보험의 교차모집설계사로 등록할 수 있는데, 이는 생명보험설계사와 손해보험설계사의 겸업이 가능함을 의미한다. 이에 관한 자세한 논의는 보험설계사의 모집제한에서 다룬다.

2) 법인 기준

보험설계사도 개인보험설계사와 법인보험설계사가 있을 수 있지만(법2(9)), 법인보험설계사에 대해 보험업법상 특별한 규율이 존재하지 않기 때문에 구분의 실익이 없다. 보험

16) 양승규 97면
17) 이기수 · 최병규 · 김인현 78면

대리점 및 보험중개사는 법인 여부에 따라 규율 내용이 구분된다는 점에서 차이가 있다.

(2) 보험설계사의 영업범위

1) 보험종목

보험설계사의 영업범위는 대통령령에 위임되어 있고(법84③)[18] 이에 따라 보험업법시행령 28조 1항이 보험설계사의 영업범위를 정하고 있는데, 여기서 생명보험설계사, 손해보험설계사, 제3보험설계사별로 취급할 수 있는 보험종목의 범위가 정해진다. 그 내용은 다음과 같다.

i) 생명보험설계사

① 일반

생명보험설계사는 생명보험업의 보험종목(법4①(1))을 취급할 수 있다. 즉 생명보험설계사는 생명보험, 연금보험, 퇴직보험 등을 포함한 생명보험업의 보험종목을 취급할 수 있다(시행령28①(1)).

② 간단생명보험설계사

(1) 간단생명보험설계사는 간단생명보험대리점 소속의 생명보험설계사이다(시행령27①(1)). 간단생명보험대리점이란 재화의 판매, 용역의 제공 또는 사이버몰[19]을 통한 재화·용역의 중개를 본업으로 하는 자(재화판매자등)가 판매·제공·중개하는 재화 또는 용역과 관련 있는 생명보험상품을 모집하는 생명보험대리점을 가리킨다(시행령30①(1)). 가령 여행자보험을 모집하는 항공사, 골프보험을 모집하는 스포츠용품판매업자는 간단생명보험대리점으로 등록할 수 있다.

(2) 간단생명보험설계사의 영업범위는 간단생명보험대리점이 영위하는 본업과의 관련성 등을 고려하여 금융위원회가 고시하는 보험종목으로 한다(시행령28①단). 이에 따라 간단생명보험설계사의 영업범위는 간단생명보험대리점을 통해 판매·제공·중개되는 재화 또는 용역과 관련된 보험상품으로 한정하며 그 세부적인 보험종목은 금융감독원장이 정한다(감독규정4-4의2). 간단생명보험설계사가 모집할 수 있는 보험상품의 범위는 생명보험계약, 연금보험계약, 퇴직보험계약 중 보험금의 상한액이 5천만 원의 기준을 충족하는 보험상품이다(감독시행세칙2-10의3①, [별표29]1). 각 협회의 장은 한국표준산업분류표를 참고하여 보험상품을 판매할 수 있는 간단보험설계사의 업종을 정하고, 업종별 취급가능한 보험상품 등 간단보험설계사 등록에 관한 세부적인 등록기준을 정할 수 있다(감독시행세칙2-10의3②).

---

18) 보험업법 84조 3항이 "보험설계사의 구분, 등록요건, 영업기준 및 영업보증금의 한도액 등에 관하여 필요한 사항은 대통령령으로 정한다"고 규정하면서 영업범위를 언급하고 있지 않지만, 조문의 전체적인 취지를 고려하면 영업범위에 대해서도 구체화를 위임한 것으로 해석할 수 있다.

19) '전자상거래 등에서의 소비자보호에 관한 법률' 2조 4호에 따른 사이버몰을 말한다.

ii) 손해보험설계사

① 일반

손해보험설계사는 손해보험업의 보험종목(법4①(2))을 취급할 수 있다. 즉 손해보험설계사는 화재보험, 해상보험, 항공·운송보험, 자동차보험, 보증보험, 재보험 등을 포함한 손해보험업의 보험종목을 취급할 수 있다(시행령28①(2)).

② 간단손해보험설계사

(1) 간단손해보험설계사는 간단손해보험대리점 소속의 손해보험설계사이다(시행령27①(2)). 간단손해보험대리점이란 재화판매자등이 자신이 판매·제공·중개하는 재화 또는 용역과 관련 있는 보험상품을 모집하는 손해보험대리점을 가리킨다(시행령30①(2)). 가령 여행자보험을 모집하는 항공사, 애견보험을 모집하는 애견샵은 간단손해보험대리점으로 등록할 수 있다.

(2) 간단손해보험설계사의 영업범위는 간단손해보험대리점이 영위하는 본업과의 관련성 등을 고려하여 금융위원회가 고시하는 보험종목으로 한다(시행령28①단). 이에 따라 간단손해보험설계사의 영업범위는 간단손해보험대리점을 통해 판매·제공·중개되는 재화 또는 용역과 관련된 보험상품으로 한정하며 그 세부적인 보험종목은 금융감독원장이 정한다(감독규정4-4의2). 이에 따라 세부적인 보험종목은 감독시행세칙 [별표29]2가 정하고 있다(감독시행세칙2-10의3①).[20]

iii) 제3보험설계사

① 일반

제3보험설계사는 제3보험업의 보험종목(법4①(3))을 취급할 수 있다. 즉 제3보험설계사는 상해보험, 질병보험, 간병보험 등을 포함한 제3보험업의 보험종목을 취급할 수 있다(시행령28①(3)).

② 간단제3보험설계사

(1) 간단제3보험설계사는 간단제3보험대리점 소속의 제3보험설계사이다(시행령27①(3)).

---

20) 감독시행세칙 [별표29]에 따르면 간단손해보험설계사가 모집할 수 있는 보험상품의 범위는 다음과 같다.

가. 화재보험
나. 특종-책임
다. 특종-상해-여행
라. 특종-상해-기타
마. 특종-종합
바. 특종-권리
사. 특종-기타
아. 보증보험(주택임대차보호법의 적용을 받는 주거용 건물의 임대차계약과 관련하여 임차인의 보증금을 보증하는 상품에 한한다)
자. 장기동물

간단제3보험대리점이란 재화의 판매, 용역의 제공 또는 사이버몰을 통한 재화·용역의 중개를 본업으로 하는 자(재화판매자등)가 판매·제공·중개하는 재화 또는 용역과 관련 있는 제3보험상품을 모집하는 제3보험대리점을 가리킨다(시행령30①(3)).

(2) 간단제3보험설계사의 영업범위는 간단제3보험대리점이 영위하는 본업과의 관련성 등을 고려하여 금융위원회가 고시하는 보험종목으로 한다(시행령28①단). 이에 따라 간단제3보험설계사의 영업범위는 간단제3보험대리점을 통해 판매·제공·중개되는 재화 또는 용역과 관련된 보험상품으로 한정하며 그 세부적인 보험종목은 금융감독원장이 정한다(감독규정4-4의2). 간단생명보험설계사가 모집할 수 있는 보험상품의 범위는 상해보험계약, 질병보험계약, 간병보험계약 중 보험금의 상한액이 5천만 원의 기준을 충족하는 보험상품이다(감독시행세칙2-10의3①, [별표29]3).

2) 기타

보험설계사는 관련 법령에 따라 보험의 모집 이외에도 다른 금융상품의 '모집'도 할 수 있다. 그 주요한 내용은 다음과 같다.

i) 집합투자증권의 투자권유대행

보험설계사는 다음의 요건을 갖추면 금융상품 중에서 집합투자증권[21]의 투자권유를 대행할 수 있다. 즉 보험설계사가 집합투자증권의 투자권유대행인이 되려면 ⓐ 보험설계사의 등록요건을 갖춘 개인으로서 보험모집에 종사하는 자이고 ⓑ 금융투자협회가 정하여 금융위원회의 인정을 받은 교육을 마쳐야 하며 ⓒ 금융투자업자로부터 집합투자증권의 투자권유 위탁을 받아야 하고 ⓓ 투자권유를 위탁한 금융투자업자가 위탁받은 자를 금융위원회에 투자권유대행인으로 등록해야 한다(자본시장법51,동법시행령56).

ii) 퇴직연금제도의 모집

보험설계사는 다음의 요건을 갖추면 퇴직급여법에 따른 퇴직연금제도를 설정하거나 가입할 자를 모집할 수 있다. 즉 보험설계사가 퇴직연금제도 모집인이 되려면 ⓐ 보험설계사로서 해당 분야에서 1년 이상의 경력이 있는 자이고 ⓑ 고용노동부장관이 정하는 교육과정을 이수해야 하며 ⓒ 퇴직연금사업자로부터 퇴직연금제도 모집의 위탁을 받아야 하고 ⓓ 모집을 위탁한 퇴직연금사업자가 위탁받은 자를 고용노동부장관에게 퇴직연금제도 모집인으로 등록해야 한다(퇴직급여법31,동법시행령28).

3. 보험설계사의 등록

(1) 법적 성격

(1) 보험설계사 등록은 이론상 허가에 해당한다. 보험설계사 등록이 되면 모집행위를

21) 집합투자란 펀드(fund)를 가리킨다.

할 수 있게 된다. 행정행위의 한 종류인 허가는 법령에 의해서 자연적 자유가 공익목적상 제한되어 있는 경우 일정한 요건을 충족하면 이 제한을 해제하여 자연적 자유를 적법하게 회복시켜 주는 행정행위이다(통설). 보험설계사로서 모집행위는 일종의 자연적 자유에 해당하나 건전한 모집질서 및 보험계약자 보호라는 공익적 목적을 위해서 자연적 자유를 제한하되 등록을 통해서 자연적 자유를 회복시켜 주는 것이다.

(2) 허가는 관계법령에 비추어 허가 시에 중대한 공익의 고려가 필요하여 이익형량이 필요한 경우를 제외하면 원칙적으로 기속행위이며(판례,[22] 통설), 보험설계사 등록은 그러한 공익의 고려가 필요하다고 보기 어려우므로 기속행위라고 할 수 있다.[23]

(2) 등록의무

1) 의의

보험회사·보험대리점 및 보험중개사는 대통령령에 따라 소속 보험설계사가 되려는 자를 금융위원회에 등록해야 한다(법84①).

2) 위반 시 효과

i) 보험회사 등

(1) 보험회사·보험대리점 및 보험중개사가 소속 보험설계사가 되려는 자를 등록하지 않은 경우 효과는 무엇인가?

(2) 위 (1)과 같은 보험회사·보험대리점 및 보험중개사는 보험업법 84조 1항 위반을 이유로 제재(법134,136)가 따른다. 또한, 보험회사가 보험업법 83조에 따라 모집을 할 수 있는 자 이외의 자에게 모집을 위탁하거나 모집에 관하여 수수료, 보수, 그 밖의 대가를 지급하면 보험업법 99조 1항 본문 위반이 되어 과징금(법196①(3))이 따른다.

ii) 보험설계사

① 형벌

보험설계사로 등록하지 않은 채 보험설계사로서 모집행위를 하는 자는 보험업법 83조 1항 1호 위반이 되어 형벌(법204①(2))이 따른다.

② 교차모집의 경우

(1) 보험설계사가 교차모집의 등록을 하지 않은 채 교차모집 보험상품을 모집한 경우 보험업법 83조 1항 1호 위반이 되는가? 가령 손해보험설계사로 등록된 자가 교차모집의 등록(법85③·④,시행령29①·②)을 하지 않은 채 생명보험상품을 모집한 경우가 그렇다.

(2) 먼저, 부정설을 보자.[24] 이는 손해보험설계사는 보험설계사의 신분을 갖고 있으므

---

22) 대판 2006.11.9. 2006두1227

23) 참고로 금융투자상품의 투자권유대행인이 되고자 하는 경우 금융위원회에 투자권유대행인 등록이 이루어져야 하는데 자본시장법 51조 7항은 이 등록이 원칙상 기속행위임을 명문으로 규정하고 있다.

24) 이성남 98면

로 업무범위의 위반일 뿐이지 보험업법 83조 1항 1호 위반은 아니라는 입장이다. 이와 달리, 위 (1)의 예에서 손해보험설계사는 생명보험상품을 모집할 수 있는 보험설계사로 등록된 자가 아니므로 생명보험상품의 모집에 관한 한 보험설계사라고 할 수 없다는 긍정설이 있을 수 있다. 이것은 보험설계사란 보험계약의 체결을 중개하는 자로서 "제84조에 따라 등록된 자"(법2(9))인데, 보험업법 84조[25]에 의하면 보험설계사는 취급할 수 있는 보험상품의 종류를 기준으로 생명보험설계사, 손해보험설계사, 제3보험설계사로 구분하여 등록되므로, 모집할 수 있는 보험설계사인지 여부는 보험상품의 종류를 기준으로 판단해야 한다는 것이다.

(3) 생각건대, 부정설이 타당하다. 보험설계사가 자신이 취급할 수 없는 보험상품을 모집한 경우와 보험설계사가 아니면서 보험상품을 모집한 경우는 위법성의 면에서 달리 취급할 필요가 있기 때문이다. 보험설계사는 소극적 요건과 적극적 요건을 충족하여 등록된 자라는 점이 고려되어야 한다. 손해보험설계사가 생명보험상품의 교차모집설계사로 등록되려면 생명보험설계사 등록의 일반적인 경우에 비해 적극적 등록요건이 완화된다.[26] 따라서 위 (1)의 예에서 손해보험설계사는 — 모집을 할 수 있는 자에 관한 보험업법 83조 1항 1호를 위반했다기보다 — 보험설계사의 등록에 관한 규정이면서 보험설계사가 모집할 수 있는 보험상품의 종류에 관한 규정이기도 한 보험업법 84조를 위반했다고 해야 한다. 그렇다면 위 (1)의 예에서 손해보험설계사의 행위는 모집에 관한 보험업법 규정의 위반으로 보아서 업무정지 또는 등록취소사유(법86②(1))로 다루면 합당하다.

③ 변액보험의 모집

자격 요건을 충족하지 않고 변액보험상품을 모집한 경우도 위와 마찬가지로 보아야 한다.[27] 보험설계사가 변액보험계약을 모집하려면 금융위원회 고시에 따라 변액보험계약의 모집에 관한 연수과정을 이수해야 하는데(시행령56②), 연수과정의 이수 없이 변액보험상품을 모집한 경우도 보험업법 83조 1항 1호 위반이 아니라 모집에 관한 보험업법 규정의 위반으로 보아 업무정지 또는 등록취소사유로 다루면 적절하다.

iii) 부정한 방법으로 등록한 자

거짓이나 그 밖의 부정한 방법으로 보험설계사의 등록을 한 자에게는 형벌(법204①(3))이 따른다.

---

25) 그리고 동법시행령 27조 1항, 4항, 감독규정 4-1조

26) 보험설계사 등록의 일반적인 경우는 교육요건과 시험요건을 충족해야 하는데, 실무상 교차모집설계사로 등록되는 경우 시험요건은 면제되고 교육요건도 경감된다. 교육요건은 일반적으로 20시간 이상 교육을 받아야 충족되는 것이 원칙인데 교차모집설계사로 등록되는 경우는 5시간 교육만 받으면 충족된다. 보험설계사 공통의 교육내용은 교육이 면제되기 때문이다. 이에 관해서는 보험설계사 등록의 적극적 요건에서 자세히 살펴본다.

27) 이성남 98면

(3) 등록신청

1) 의의

(1) 보험회사·보험대리점 및 보험중개사('보험회사등')는 소속 보험설계사가 되려는 자를 금융위원회에 등록해야 한다.

(2) 보험설계사의 등록업무는 보험협회에 위탁되어 있다(법194①(1)). 보험설계사의 등록에 관하여 필요한 세부사항은 보험협회장이 정한다(감독규정4-1⑤). 보험협회장은 보험설계사의 등록과 관련된 업무를 처리하고, 이 업무를 처리함에 있어 필요한 세부지침을 정할 수 있으며, 지침을 제정 또는 변경할 경우 금융감독원장에게 그 사실을 보고해야 한다(감독시행세칙2-1).[28] 이에 따라 생명보험협회는 '생명보험 모집관리 업무지침' 및 '생명보험 모집관리 업무처리 시행세칙', 그리고 손해보험협회는 '손해보험 모집관리업무지침' 및 '모집관리업무 세부처리기준'을 통해서 보험설계사 등록 등에 관한 세부사항을 정하고 있다.

2) 주체

(1) 보험업법 84조 1항에 따르면 등록신청의 주체는 보험설계사가 소속한 보험회사·보험대리점 및 보험중개사이다. 보험설계사가 아니라 보험회사 등이 등록신청의 주체로 규정된 것은 등록업무의 효율성, 책임성 등을 고려했기 때문이다.

(2) 보험회사는 보험대리점 또는 보험중개사를 대리하여 보험설계사 등록신청을 할 수 있다(감독규정4-1④).

3) 등록신청서 및 첨부서류

(1) 등록신청은 보험설계사가 소속하는 보험회사, 보험대리점, 보험중개사의 종류에 따라 생명보험협회장 또는 손해보험협회장에게 해야 한다. 즉 보험회사등이 해당 보험회사등의 소속보험설계사가 되고자 하는 자의 등록신청을 하는 때에는 감독규정 [별지7-2] 서식의 등록신청서를 다음 각 호의 구분에 의한 협회의 장에게 제출해야 한다(감독규정 4-1①).

1. 생명보험업 또는 생명보험업 및 제3보험업을 영위하는 보험회사등: 생명보험협회의 장
2. 손해보험업 또는 손해보험업 및 제3보험업을 영위하는 보험회사등: 손해보험협회의 장
3. 제3보험업을 영위하는 보험회사등: 생명보험협회의 장 또는 손해보험협회의 장

(2) 위 (1)의 등록신청서에는 소속보험설계사가 되고자 하는 자가 보험업법시행령 [별표3] 1호에 규정된 등록요건을 갖추었는지 여부를 확인할 수 있는 서류를 첨부해야 한다(감독규정4-1②).

---

28) 이 규정은 상위법령의 명시적 위임이 없는 행정규칙이다.

4) 수리

보험협회장이 등록신청을 수리하면 이를 감독규정 [별지7-3] 서식의 보험설계사등록부에 기재하고 그 사실을 보험회사등에 지체없이 통지해야 한다(감독규정4-1③).

5) 등록수수료

보험설계사가 되려는 자가 등록을 신청하는 경우 총리령에 따라 수수료를 내야 한다(법94). 보험설계사의 등록수수료는 6천 원이다(시행규칙28(1)).

(4) 등록요건

1) 구분

보험업법 84조 2항은 보험설계사의 일정한 등록요건을 규정하고 있고, 84조 3항은 나머지 등록요건을 대통령령에 위임하고 있다. 이러한 등록요건에는 소극적 요건과 적극적 요건이 있다.

2) 소극적 등록요건

i) 의의

(1) 다음 각 호의 어느 하나에 해당하는 자는 보험설계사가 되지 못한다(법84②).

1. 피성년후견인 또는 피한정후견인
2. 파산선고를 받은 자로서 복권되지 않은 자
3. 보험업법 또는 금융소비자법에 따라 벌금 이상의 형을 선고받고 그 집행이 끝나거나(집행이 끝난 것으로 보는 경우를 포함) 집행이 면제된 날부터 2년이 지나지 않은 자
4. 보험업법 또는 금융소비자법에 따라 금고 이상의 형의 집행유예를 선고받고 그 유예기간 중에 있는 자
5. 보험업법에 따라 보험설계사·보험대리점 또는 보험중개사의 등록이 취소(1호 또는 2호에 해당하여 등록이 취소된 경우는 제외)된 후 2년이 지나지 않은 자
6. 5호에도 불구하고 보험업법에 따라 보험설계사·보험대리점 또는 보험중개사 등록취소 처분을 2회 이상 받은 경우 최종 등록취소 처분을 받은 날부터 3년이 지나지 않은 자
7. 보험업법 또는 금융소비자법에 따라 과태료 또는 과징금 처분을 받고 이를 납부하지 아니하거나 업무정지 및 등록취소 처분을 받은 보험대리점·보험중개사 소속의 임직원이었던 자(처분사유의 발생에 관하여 직접 또는 이에 상응하는 책임이 있는 자로서 대통령령으로 정하는 자만 해당함)로서 과태료·과징금·업무정지 및 등록취소 처분이 있었던 날부터 2년이 지나지 아니한 자
8. 영업에 관하여 성년자와 같은 능력을 가지지 않은 미성년자로서 그 법정대리인이 1호부터 7호까지의 규정 중 어느 하나에 해당하는 자
9. 법인 또는 법인이 아닌 사단이나 재단으로서 그 임원이나 관리인 중에 1호부터 7호까지의 규정 중 어느 하나에 해당하는 자가 있는 자
10. 이전에 모집과 관련하여 받은 보험료, 대출금 또는 보험금을 다른 용도에 유용한 후 3년이 지나지 않은 자

(2) 위 (1)의 사유는 등록 시에 '존재하지 않아야' 한다는 의미에서 소극적 등록요건이라고 한다. 등록 후 이러한 사유가 새로이 생기거나 또는 등록 시에 이러한 사유가 존재했음이 이후에 밝혀진 경우에 금융위원회는 등록을 취소해야 한다(법86①(1),(2)). 이에 관해서는 후술한다.

ii) 내용

보험업법 84조 2항이 규정하는 소극적 등록요건을 다음과 같이 ①~⑥으로 구분하여 살펴보자.

① 행위능력 제한

(1) 피성년후견인 또는 피한정후견인은 보험설계사로 등록할 수 없다(법84②(1)).

(2) 피성년후견인[29]과 피한정후견인[30]은 정신적 제약으로 인해서 사무처리 능력이 결여되거나 부족한 사람이므로 민법상 법률행위를 할 수 있는 행위능력이 제한된다. 정신적 제약으로 인한 행위능력 제한을 고려하여 피성년후견인과 피한정후견인은 보험설계사로 등록될 수 없도록 한 것이다. 한편, 미성년자도 민법상 행위능력이 제한되지만 보험설계사 등록은 허용되고 있다.[31]

② 파산선고

(1) 파산선고를 받았으나 아직 복권되지 않은 자는 보험설계사로 등록될 수 없다(법84②(2)).

(2) 파산선고를 받은 이후 복권[32]되기 전에는 경제적 신용이 낮기 때문이다.

③ 형벌 등

형벌, 과태료, 과징금 등과 관련된 자는 일정기간 동안 보험설계사로 등록될 수 없다. 이러한 경우는 사회적 신용이 낮기 때문이다. 이에 관한 소극적 요건의 유형은 다음의 세 가지이다.

(1) 보험업법 또는 금융소비자법에 따라 벌금 이상을 선고받고 집행이 끝나거나(집행

29) 피성년후견인은 질병, 장애, 노령, 그 밖의 사유로 인한 정신적 제약으로 사무를 처리할 능력이 지속적으로 결여된 사람으로서 성년후견개시의 심판을 받은 자이고(민법9①), 피성년후견인의 법률행위는 원칙상 취소할 수 있다(민법10①).

30) 피한정후견인은 질병, 장애, 노령, 그 밖의 사유로 인한 정신적 제약으로 사무를 처리할 능력이 부족한 사람으로서 한정후견개시의 심판을 받은 자이고(민법12①), 가정법원은 피한정후견인이 한정후견인의 동의를 받아야 하는 행위의 범위를 정할 수 있고 한정후견인의 동의가 필요한 법률행위를 피한정후견인이 한정후견인의 동의 없이 하였을 때에는 원칙상 그 법률행위를 취소할 수 있다(민법13①,④).

31) 미성년자는 정신적 능력이 성숙하지 않았다는 점을 고려하여 민법상 행위능력이 제한되지만, 나이(만 19세 미만)를 기준으로 획일적으로 정해질 뿐이지(민법4) 실제 정신적 능력이 충분한지 여부를 따지지 않는다. 보험업법은 미성년자가 보험설계사로 등록되기에 충분한 정신적 능력이 갖춘 경우도 있을 수 있다는 점을 고려하여 보험설계사 등록의 소극적 요건에서 미성년자를 제외한 것으로 보인다.

32) 파산선고를 받은 채무자는 면책의 결정이 확정된 때 등에 복권된다(채무자회생법574,575).

이 끝난 것으로 보는 경우를 포함) 집행이 면제된 날부터 2년이 지나지 않은 자는 보험설계사로 등록될 수 없다(법84②(3)). 형의 종류는 사형, 징역, 금고, 자격상실, 자격정지, 벌금, 구류, 과료, 몰수가 있는데, 여기서 금고 이상의 형은 사형, 징역, 금고를 말한다(형법41). 실형을 받지 않아도 되므로 선고유예나 집행유예도 포함한다.

(2) 보험업법 또는 금융소비자법에 따라 금고 이상의 집행유예를 선고받고 그 유예기간 중에 있는 자는 보험설계사로 등록될 수 없다(법84②(4)).

(3) 보험업법에 따라 과태료 또는 과징금 처분을 받고 납부하지 않은 보험대리점·보험중개사 소속의 임직원이었던 자[33]로서 과태료 또는 과징금 처분이 있었던 날부터 2년이 지나지 않은 자는 보험설계사로 등록될 수 없다(법84②(7)).

④ 등록취소 등

등록취소, 업무정지 등과 관련된 자는 일정기간 동안 보험설계사로 등록될 수 없다. 이에 관한 소극적 요건의 유형은 다음의 세 가지이다.

(1) 보험업법에 따라 보험설계사·보험대리점 또는 보험중개사의 등록이 취소된 후 2년이 지나지 않은 자는 보험설계사로 등록될 수 없다(법84②(5)). 보험설계사 등의 등록이 취소된 경우 2년의 등록대기기간이 경과하지 않으면 보험설계사로 등록될 수 없도록 한 것이다.

(2) 보험업법에 따라 보험설계사·보험대리점 또는 보험중개사의 등록취소 처분을 2회 이상 받은 경우 최종 등록취소 처분을 받은 날부터 3년이 지나지 않은 자는 보험설계사로 등록할 수 없다(법84②(6)). 보험설계사 등의 등록이 2회 이상 취소된 경우에는 등록대기기간을 3년으로 늘린 것이다.

(3) 보험업법 또는 금융소비자법에 따라 업무정지 및 등록취소 처분을 받은 보험대리점·보험중개사 소속의 임직원이었던 자[34]로서 업무정지 및 등록취소 처분이 있었던 날부터 2년이 지나지 않은 자는 보험설계사로 등록할 수 없다(법84②(7)). 이 경우는 보험설계사로 등록하고자 하는 자가 임직원으로서 소속되었던 보험대리점·보험중개사가 업무정지 및 등록취소 처분을 받은 경우이고, 전술한 보험업법 84조 2항 5호의 경우는 보험설계사로 등록하고자 하는 자 본인이 보험설계사·보험대리점 또는 보험중개사로서 등록취소의 처분을 받은 경우라는 점에서 양자는 차이가 있다. 한편 보험업법 84조 2항 7호의 문리에 따르면 업무정지와 등록취소는 모두 필요적 요건이다. 하지만 업무정지 및 등록취소는 그 성질상 동시에 발생할 수 없으므로 그 해석상 선택적 요건으로 해석하는 것이 타당하다.

---

33) 여기서 임직원이었던 자는 처분사유의 발생에 관하여 직접 또는 이에 상응하는 책임이 있는 자로서 대통령령이 정하는 자만 해당한다. 대통령령이 정하는 자는 ⓐ 직무정지 이상의 조치를 받은 임원, ⓑ 정직 이상의 조치를 받은 직원, 또는 ⓒ 그러한 조치들에 따른 제재를 받기 전에 사임 또는 사직한 사람을 가리킨다(시행령27③).

34) 여기서 임직원이었던 자는 위 각주 33)과 같다(시행령27③).

⑤ 법정대리인 등의 경우

보험설계사로 등록될 자(갑)와 일정한 관계에 있는 자(을)에게 소극적 등록요건이 적용되는 경우가 있다. 이 경우 을이 소극적 등록요건에 해당하면 갑은 보험설계사로 등록될 수 없다.

(ㄱ) 보험설계사로 등록될 미성년자의 법정대리인

(1) 보험설계사로 등록될 미성년자의 법정대리인에게 소극적 등록요건이 적용되는 경우이다. 즉 영업에 관하여 성년자와 같은 능력을 가지지 않은 미성년자로서 그 법정대리인이 보험업법 84조 2항 1호부터 7호까지의 규정 중 어느 하나에 해당하는 자는 보험설계사로 등록될 수 없다(법84②(8)).

(2) 여기서 보험업법 84조 2항 1호부터 7호까지는 전술한 ① 행위능력 제한 ② 파산선고 ③ 형벌 등, 그리고 ④ 등록취소 등을 가리킨다. 행위능력 제한에서 설명한 바와 같이 미성년자는 보험설계사로 등록될 수 있다.

(3) 미성년자의 법정대리인에게 소극적 등록요건을 적용하는 취지는 법정대리인이 자신은 보험설계사로 등록될 수 없는 경우에 자신의 미성년자를 내세워 보험설계사로 활동하는 것을 방지하기 위해서이다.[35]

(4) 다만, 보험업법 84조 2항 8호는 영업에 관하여 성년자와 같은 능력이 없는 미성년자의 경우로 적용범위가 제한된다(법84②(8)). 즉 영업에 관하여 미성년자가 성년자와 같은 능력이 있는 경우는 보험업법 84조 2항 8호가 적용되지 않는다. 영업에 관하여 미성년자가 성년자와 같은 능력이 있는 경우가 무엇인지에 대해서는 보험업법에 규정이 없고, 민법 8조 1항이 미성년자가 법정대리인으로부터 허락을 얻은 특정한 영업에 관하여는 성년자와 동일한 행위능력이 있다고 규정한다. 보험업법 84조 2항 8호 및 민법 8조 1항을 적용해 보면, 미성년자가 법정대리인으로부터 보험설계사 활동에 관해 허락을 받은 경우는 미성년자도 보험설계사 활동에 관해 성년자와 같은 능력이 있게 되고 이 경우는 미성년자의 법정대리인에게 소극적 등록요건이 적용되지 않는다는 결론에 이른다. 실무상으로 미성년자가 보험설계사 등록을 하려면 법정대리인의 허락을 받는 것이 요구된다.[36] 따라서 보험업법 84조 2항 8호는 사실상 적용되기 어렵다.

(ㄴ) 보험설계사로 등록될 법인 등의 임원 또는 관리인

(1) 보험설계사로 등록될 법인 또는 법인이 아닌 사단이나 재단의 임원 또는 관리인에게 소극적 등록요건이 적용되는 경우이다. 즉 법인 또는 법인이 아닌 사단이나 재단으로서 그 임원이나 관리인 중에 보험업법 84조 2항 1호부터 7호까지의 규정 중 어느 하나에

35) 정채웅 377면

36) 보험협회의 업무지침에 따르면 미성년자가 보험설계사로 등록하려면 법정대리인 동의서를 제출하게 하고 있다.

해당하는 자가 있는 자는 보험설계사로 등록할 수 없다(법84②(9)).

(2) 여기서 보험업법 84조 2항 1호부터 7호까지는 전술한 ① 행위능력 제한 ② 파산선고 ③ 형벌 등, 그리고 ④ 등록취소 등을 가리킨다.

(3) 법인 또는 법인이 아닌 사단이나 재단의 임원 또는 관리인에게 소극적 등록요건을 적용하는 취지는 임원 또는 관리인이 자신은 보험설계사로 등록할 수 없는 경우에 법인 또는 법인이 아닌 사단이나 재단을 내세워 보험설계사로 활동하는 것을 방지하기 위해서이다.[37]

⑥ 보험료 등의 유용

모집과 관련하여 받은 보험료, 대출금 또는 보험금을 다른 용도에 유용한 후 3년이 지나지 않은 자는 보험설계사로 등록할 수 없다(법84②(10)).

3) 적극적 등록요건

i) 의의

전술한 보험설계사의 소극적 등록요건을 제외한 기타 등록요건은 대통령령에 위임되어 있다(법84③). 이것은 등록 시에 '존재해야' 한다는 의미에서 적극적 등록요건이라고 할 수 있다. 보험업법시행령 27조 2항 및 [별표3]이 적극적 등록요건에 대해 보험설계사의 종류별로 각각 규정한다.

ii) 내용

보험설계사의 적극적 등록요건은 생명보험설계사, 손해보험설계사 및 제3보험설계사로 구분된다.

① 생명보험설계사

생명보험설계사로 등록되기 위해서는 다음 (ㄱ)~(ㄹ) 중 어느 하나를 갖추어야 한다.

(ㄱ) 연수과정 이수자

(1) 금융위원회 고시에 따라 생명보험설계사에 관한 연수과정을 이수한 자는 생명보험설계사가 될 수 있다(시행령[별표3]1가).

(2) 위 (1)의 연수과정을 이수한 사람이란 다음의 교육요건, 시험요건, 기간요건을 모두 갖춘 사람을 말한다(감독규정4-3①본).

(a) 교육요건: 보험업법시행령 [별표4]에 따른 교육을 이수해야 한다(감독규정4-3①(1)). 이에 관한 자세한 내용은 보험설계사의 교육에서 설명한다.

(b) 시험요건: 생명보험협회가 실시한 시험에 합격해야 한다(감독규정4-3①(2)가). 이 시험의 합격자는 100점을 만점으로 하여 60점 이상을 득점한 자로 한다(감독규정4-3②). 생명보험협회의 장은 보험설계사의 시험과 관련된 업무를 처리하며, 이 업무를 처리함에

37) 정채웅 377면

있어 필요한 세부지침을 정할 수 있으며, 지침을 제정 또는 변경할 경우 금융감독원장에게 그 사실을 보고해야 한다(감독시행세칙2－1).[38)]

(c) 기간요건: 교육요건 충족일로부터 1년 내에 시험요건을 충족하거나 시험요건 충족일로부터 1년 내에 교육요건을 충족해야 한다(감독규정4－3①(3)).

(3) 등록신청 기간제한이 있다. 즉 위 (2)의 연수과정을 이수한 후 1년 내에서만 보험설계사 등록신청이 가능하다(시행령[별표3]1비고).

(ㄴ) 보험관계 경력자

(1) 생명보험관계 업무에 종사한 경력자로서 교육요건 충족자는 생명보험설계사가 될 수 있다. 즉 금융위원회가 고시하는 생명보험 관계 업무에 1년 이상 종사한 경력이 있는 사람(등록신청일부터 3년 이내에 해당 업무에 종사한 사람으로 한정)으로서 보험업법시행령 [별표4]에 따른 교육을 이수한 자는 생명보험설계사가 될 수 있다(시행령[별표3]1나).

(2) 보험관계 업무에 종사한 경력자에게는 위 (ㄱ)(2)의 시험요건과 기간요건을 면제한 것이다.

(3) 위 (1)에서 경력자는 다음 각 호의 어느 하나에 해당하는 자를 가리킨다(감독규정4－3③).

1. 보험회사, 금융감독원, 보험협회, 보험요율산출기관 그 밖에 보험관계단체(법178)에서 생명보험 관련 업무에 종사한 경력
2. 손해사정업자, 보험계리업자에서 생명보험 관련 업무에 종사한 경력
3. 개인보험대리점, 개인보험중개사 및 보험회사·보험대리점·보험중개사의 소속 보험설계사로 생명보험상품의 모집업무에 종사한 경력[39)]

(4) 위 (3)에 따른 경력에는 운전기사 · 교환원 · 경비 · 안전관리업무 등 보험업과 직접 관련이 없는 업무에 종사한 경력 또는 비상근직으로 근무한 경력은 제외한다(감독규정4－3⑥).

(5) 등록신청 기간제한이 있다. 즉 교육을 이수한 후 1년 내에서만 보험설계사 등록신청이 가능하다(시행령[별표3]1비고).

(ㄷ) 개인보험대리점의 등록요건을 갖춘 자

개인인 생명보험대리점의 등록요건을 갖춘 사람은 법인인 생명보험대리점에 소속된 생명보험설계사가 될 수 있다(시행령[별표3]1다). 개인인 생명보험대리점의 등록요건은 보험대리점 등록에서 살펴본다.

---

38) 이 규정은 상위법령의 명시적 위임이 없는 행정규칙이다.

39) 보험설계사로 모집업무에 종사한 경력은 등록신청을 수리한 날부터 계산한다(감독규정4－3⑦).

(ㄹ) 개인보험중개사의 등록요건을 갖춘 자

개인인 생명보험중개사의 등록요건을 갖춘 사람은 법인보험중개사의 소속 생명보험설계사가 될 수 있다(시행령[별표3]1라). 개인인 생명보험중개사의 등록요건은 보험중개사 등록에서 살펴본다.

② 손해보험설계사와 제3보험설계사

(1) 손해보험설계사와 제3보험설계사는 위 생명보험설계사의 내용 중에서 '생명' 부분을 '손해' 또는 '제3'으로 대체하면 된다(시행령[별표3]1).

(2) 다만, 위 ①(ㄱ)의 연수과정 이수자의 경우 간단손해보험설계사는 교육요건만 충족하면 된다(감독규정4-3①단). 즉 시험요건과 기간요건을 면제한다. 간단손해보험설계사는 간단손해보험대리점(재화의 판매, 용역의 제공 또는 사이버몰[40]을 통한 재화·용역의 중개를 본업으로 하는 자가 판매·제공·중개하는 재화 또는 용역과 관련 있는 보험상품을 모집하는 손해보험대리점)에 소속된 보험설계사라는 점(시행령27①,30①)을 고려하여 다른 보험설계사에 비해 요건을 완화한 것이다.

iii) 변액보험계약의 모집 관련

① 요건

(1) 보험설계사가 변액보험계약을 모집하려면 별도의 요건이 필요하다. 즉 보험설계사를 포함한 모집종사자가 변액보험계약을 모집하려면 금융위원회 고시에 따라 변액보험계약의 모집에 관한 연수과정을 이수해야 한다(시행령56②).

(2) 위 (1)과 관련하여 금융위원회 고시는 보험협회에서 실시하는 변액보험모집 자격시험 또는 종합자산관리사 시험에 합격할 것을 요구한다(감독규정5-4①). 보험협회의 장은 이 시험 및 교육과정의 운영·관리와 교육이수 여부 확인 등을 위해 필요한 세부적인 기준과 방법을 정해야 한다(감독규정5-4②).

② 성격

위 ①의 요건은 보험설계사가 되기 위한 등록요건이기보다는 변액보험계약의 모집자격이라고 할 수 있다. 보험업법은 보험설계사의 종류로서 변액보험설계사를 별도로 두어 등록하게 하고 있지 않기 때문이다.

③ 적용 범위

(1) 현행법하에서 변액보험계약은 생명보험회사만 체결할 수 있는 보험계약이다. 변액보험계약은 특별계정이 설정·운용되어야 하는데, 현재 생명보험회사가 판매하는 변액보험계약만이 특별계정 설정·운용이 가능하기 때문이다(법108①,시행령52,감독규정5-6①).

(2) 위 (1)에 따르면 생명보험회사에 소속되는 보험설계사 등록이 되거나 또는 생명보

---

40) '전자상거래 등에서의 소비자보호에 관한 법률' 2조 4호에 따른 사이버몰을 말한다.

험회사에 교차모집설계사 등록이 되어야 변액보험계약을 모집할 수 있다.

(5) 등록취소

1) 의의

보험설계사로 등록된 경우에도 등록상 하자가 있는 등 등록을 그대로 유지하는 데 장애가 생기면 등록의 효력을 소멸시키는 방법을 고려해야 한다. 이것이 보험설계사 등록취소의 문제이다.

2) 사유

금융위원회는 보험설계사가 다음 중 하나에 해당하는 경우 등록을 취소해야 한다(법86①).

i) 등록 이후에 소극적 등록요건에 해당하게 된 경우

(1) 보험설계사로 등록한 이후에 소극적 등록요건(법84②)의 어느 하나에 해당하게 되면 등록취소사유가 된다(법86①(1)). 즉 보험설계사 등록 시에는 없던 소극적 등록요건이 등록 이후에 생긴 경우 보험설계사 등록을 취소해야 한다.

(2) 보험설계사로 활동하기 위해서는 등록 당시뿐만 아니라 그 이후에도 소극적 등록요건에 해당하지 않아야 한다는 취지이다.

ii) 등록 당시에 소극적 등록요건에 해당했던 경우

(1) 보험설계사가 등록 당시에 소극적 등록요건(법84②)의 어느 하나에 해당했음에도 불구하고 등록이 되었으나 이후에 그 사실이 밝혀진 경우 등록취소사유가 된다(법86①(2)).

(2) 보험설계사 등록 당시에 소극적 등록요건에 해당했던 경우는 비록 등록이 되었다고 해도 하자가 있는 등록이므로 이를 사후적으로라도 바로 잡아야 한다는 취지이다.

iii) 부정한 방법으로 등록을 한 경우

(1) 거짓이나 그 밖의 부정한 방법으로 보험업법 84조에 따른 등록을 한 경우 등록취소사유가 된다(법86①(3)). 가령 보험설계사의 적극적 등록요건을 충족하지 못했음에도 불구하고 이를 충족한 것처럼 보이게 가장하여 보험회사가 등록을 한 경우 등록취소사유가 된다.

(2) 한편, 거짓이나 그 밖의 부정한 방법으로 보험설계사의 등록을 한 자에 대해서는 형벌(법204①(3))이 따른다.

iv) 2회 이상의 업무정지를 받은 경우

(1) 보험업법에 따라 업무정지 처분을 2회 이상 받은 경우 등록취소사유가 된다(법86①(4)).

(2) 업무정지 처분을 2회 이상 받은 경우라면 보험설계사 등록을 유지하는 것이 부적절한다고 판단되기 때문이다. 보험업법에 따른 업무정지 처분은 보험업법 86조 2항이 규

정하고 있다.

⑶ 위 ⑴에서 2회 이상의 의미가 무엇인지 해석상 논란이 있다. 2회째 업무정지 처분을 받고 나서 3회째 업무정지 사유가 발생한 경우라고 해석하는 견해가 있다.[41] 하지만 이것은 등록취소사유를 3회 이상의 업무정지로 사실상 변경하는 결과를 가져오기 때문에 보험업법 86조 1항 4호의 문리에 반한다. 2회째 업무정지 사유가 발생하면 이에 따라 업무정지 처분을 한 후 — 3회째 업무정지 사유가 발생하기를 기다리지 않고 — 보험설계사 등록취소 처분을 해야 한다.

3) 법적 성질

i) 취소 또는 철회

⑴ 보험업법 86조 1항은 취소라는 표현을 사용하고 있지만, 이론적으로 보면 취소와 철회가 섞여 있다.

⑵ 즉 전술한 등록취소사유 i)(등록 이후에 소극적 등록요건에 해당하게 된 경우), iv)(2회 이상의 업무정지를 받은 경우)는 이론상 행정행위의 철회에 해당한다. 그리고 ii)(등록 당시에 소극적 등록요건에 해당했던 경우), iii)(부정한 방법으로 등록을 한 경우)은 이론상 행정행위의 취소에 해당한다.

⑶ 위 ⑵의 ii)와 iii)은 행정행위의 취소 중에서도 직권취소에 해당한다.[42] 직권취소란 행정청이 행하는 취소이며, 이하에서 취소는 직권취소를 가리킨다. 행정행위의 취소란 행위 당시에 위법 또는 부당한 하자가 있음을 이유로 행정청이 유효한 행정행위의 효력을 소멸시키는 행위를 가리키고, 행정행위의 철회란 행위 당시에는 위법 또는 부당한 하자가 없었지만 이후에 새로운 사정의 발생으로 인한 공익상 필요에 따라서 행정청이 행정행위의 효력을 소멸시키는 행위를 가리킨다.[43]

⑷ 위 ⑵의 i), iv)는 보험설계사 등록 당시에는 위법 또는 부당한 하자가 없었지만 이후에 소극적 등록요건에 해당하게 되거나 2회 이상의 업무정지를 받은 경우이므로 행정행위의 철회와 관련된다. 이와 달리 ii), iii)은 등록 당시에 소극적 등록요건에 해당했거나 부정한 방법으로 등록을 한 경우이므로 행정행위의 취소와 관련되는 것이다.

ii) 기속행위

⑴ 보험설계사 등록의 취소 또는 철회는 기속행위이다. 보험업법 86조 1항에 따르면 금융위원회는 보험설계사가 일정한 사유에 해당하는 경우 등록을 "취소해야 한다"고 규정하기 때문이다.

⑵ 행정행위의 취소 또는 철회는 원칙상 재량행위이지만,[44] 보험업법 86조 1항 1호

41) 이성남 86면
42) 이성남 81면
43) 박균성 454면

에서 4호까지의 취소 또는 철회 사유의 중대성에 비추어 기속행위로 규정했다고 이해할 수 있다.

4) 효과

i) 사법상 효과

보험설계사 등록이라는 행정행위가 취소 또는 철회되더라도 그 이전에 보험설계사가 행한 모집행위의 사법적 효력에는 영향이 없다고 해석한다.[45] 즉 보험설계사 등록이 취소 또는 철회되더라도 이 점이 보험설계사가 행한 모집행위의 효력에 영향을 미치지는 않는다. 보험설계사 등록이 소급적으로 효력을 상실하는지 여부와 무관하게 이렇게 해석해야 한다.

ii) 공법상 효과

① 소급효 문제

보험설계사 등록이라는 행정행위가 철회 또는 취소되면 보험설계사 등록의 효력이 장래를 향해서 소멸하는지 아니면 등록 시로 소급하여 소멸하는지를 살펴보자. 이것이 행정행위의 철회 또는 취소의 공법적 효과이다. 이를 철회와 취소로 구분하여 살펴보자.

② 철회의 효과

행정행위의 철회는 그 성질상 장래를 향해서만 효과(장래효)가 생긴다(통설). 따라서 행정행위의 철회에 해당하는 경우는 철회 이후부터 보험설계사 등록이 효력을 상실한다.

③ 취소의 효과

생각건대, 행정행위의 취소 효과가 소급효인지 장래효인지는 구체적 사안별로 귀책사유의 유무 및 정도, 원상회복의 가능 여부, 소급효를 부여하여 달성하려는 공익상 필요성 등을 종합적으로 고려한 이익형량의 결과에 따라 취소권자가 결정해야 한다. 보험설계사 등록취소의 경우 소급효를 부여하면 원상회복이 현실적으로 곤란한 측면이 있는 것이 보통인 점을 고려하면 장래효를 원칙으로 삼는 것이 합리적이라고 사료된다.

(6) 업무정지 또는 등록취소

1) 의의

보험설계사로 등록된 경우에도 이후에 보험업법 위반 등 중대한 사유가 생기면 일정한 기간 동안 업무를 정지시키거나 등록을 취소하는 방법을 고려해야 한다. 이것이 보험설계사 업무정지 또는 등록취소의 문제이다. 금융위원회는 일정한 경우 보험설계사에게 6개월 이내의 기간을 정하여 그 업무의 정지를 명하거나 그 등록을 취소할 수 있다(법86②).

44) 박균성 448면, 459면

45) 성대규 · 안종민 294면; 이성남 97면; 정채웅 395면

2) 사유

금융위원회가 보험설계사에게 그 업무의 정지를 명하거나 그 등록을 취소할 수 있는 사유는 다음과 같다(법86②).

i) 모집에 관한 보험업법 규정을 위반한 경우

보험설계사가 보험업법상 모집에 관한 규정을 위반하면 업무정지 또는 등록취소사유가 된다(법86②(1)). 모집에 관한 보험업법 규정에는 보험업법 95조~99조 등이 있다.

ii) 보험업법 102조의2를 위반한 경우

(1) 보험설계사가 보험계약자, 피보험자 또는 보험금을 취득할 자로서 보험업법 102조의2를 위반하면 업무정지 또는 등록취소사유가 된다(법86②(2)).

(2) 보험업법 102조의2는 보험계약에 이해관계가 있는 자(보험계약자, 피보험자, 보험금을 취득할 자 등)에 대해 특별히 보험사기행위를 금지하는 규정이다. 즉 보험업법 86조 2항 2호에 따르면, 보험설계사가 보험계약에 이해관계가 있는 자로서 보험사기행위를 하면 업무정지 또는 등록취소사유가 되는 것이다. 보험사기행위의 정의는 보험사기방지법 2조 1호에 따르면 된다. 즉 보험사기행위란 보험사고의 발생, 원인 또는 내용에 관하여 보험회사를 기망하여 보험금을 청구하는 행위를 말한다(보험사기방지법2(1)).

iii) 보험업법 102조의3을 위반한 경우

(1) 보험설계사가 보험업법 102조의3을 위반하면 업무정지 또는 등록취소사유가 된다(법86②(3)).

(2) 보험업법 102조의3은 보험설계사 등 보험관련 업무종사자가 보험계약에 이해관계가 있는 자로 하여금 보험사기행위를 하게 해서는 안 된다는 규정이다. 즉 보험업법 102조의3에 따르면, 보험관련 업무종사자(보험회사의 임직원, 보험설계사, 보험대리점, 보험중개사, 손해사정사 등)는 보험계약에 이해관계가 있는 자(보험계약자, 피보험자, 보험금을 취득할 자 등)로 하여금 고의로 보험사고를 발생시키거나 발생하지 않은 보험사고를 발생한 것처럼 조작하여 보험금을 수령하도록 하는 행위, 또는 이미 발생한 보험사고의 원인, 시기 또는 내용 등을 조작하거나 피해의 정도를 과장하여 보험금을 수령하도록 하는 행위를 해서는 안 된다. 이러한 행위는 보험사기행위, 즉 보험사고의 발생, 원인 또는 내용에 관하여 보험회사를 기망하여 보험금을 청구하는 행위에 속한다고 볼 수 있다.

iv) 보험업법에 따른 명령이나 처분을 위반한 경우

(1) 보험설계사가 보험업법에 따른 명령이나 처분을 위반하면 업무정지 또는 등록취소사유가 된다(법86②(4)).

(2) 위 (1)에서 명령이란 행정법의 법원으로서 법규명령(대통령령, 총리령, 부령 등)을 가리키기도 하고,[46] 행정청이 일정한 행위를 명하는 행정행위를 가리키기도 한다. 보험업법

86조 2항 4호에서 명령은 법규명령, 즉 보험업법시행령 및 보험업법시행규칙, 감독규정 등을 의미하는 것으로 해석한다. 이와 달리 행정행위로서의 명령행위(가령 보험업법 131조에 따른 명령)를 가리킨다고 해석하는 견해도 있지만,[47] 이러한 명령행위가 처분의 한 종류에 불과하다는 점을 고려하면 보험업법 86조 2항 4호에서 명령에게 독자적 의미를 부여하는 해석이라고 보기 어려운 측면이 있다.[48] 다만, 여기서 명령이 법규명령을 의미한다고 해석하는 경우에도 입법론적 문제는 남는다. 전술한 보험업법 86조 2항 1호가 모집에 관한 보험업법 규정을 위반한 경우를 업무정지 또는 등록취소사유로 규정하고 있는데, 보험업법 86조 2항 4호는 모집과의 관련성을 묻지 않고 보험업법에 따른 명령(즉 법규명령)을 위반한 경우를 업무정지 또는 등록취소사유로 규정하고 있어서, 두 규정이 조화롭지 못하기 때문이다. 입법적 해결이 필요한 대목이다.

v) 보험업법에 따라 과태료 처분을 2회 이상 받은 경우

(1) 보험설계사가 보험업법에 따라 과태료 처분을 2회 이상 받으면 업무정지 또는 등록취소사유가 된다(법86②(5)).

(2) 보험설계사는 보험업법 95조의2 등을 위반하면 과태료 처분을 받게 된다. 2회째 과태료 처분을 받을 사유가 발생하면 업무정지 또는 등록취소사유가 된다고 해석한다.

3) 법적 성질

i) 철회

(1) 보험업법 86조 2항은 취소라는 표현을 사용하고 있지만, 이론적으로 보면 철회에 해당한다. 행정행위의 취소란 행위 당시에 위법 또는 부당한 하자가 있음을 이유로 행정청이 유효한 행정행위의 효력을 소멸시키는 행위를 가리키고, 행정행위의 철회란 행위 당시에는 위법 또는 부당한 하자가 없었지만 이후에 새로운 사정의 발생으로 인한 공익상 필요에 따라서 행정청이 행정행위의 효력을 소멸시키는 행위를 가리킨다.[49]

(2) 위 2)의 i)~v)는 보험설계사 등록 당시에는 위법 또는 부당한 하자가 없었지만 이후에 발생한 사정으로서 공익상 필요에 따라서 행정청이 행정행위의 효력을 소멸시킬 만한 사유라고 볼 수 있다. 따라서 i)~v)는 보험설계사 등록의 취소가 아니라 철회 사유이고 그에 따른 등록의 취소는 이론상 철회에 해당한다.

---

46) 박균성 43면

47) 성대규·안종민 295면; 정채웅 396면

48) 가령 "감독원장 또는 당해 보험회사로부터 보험업법 또는 이 법에 의한 명령이나 처분을 위반하여 정직 이상의 처분을 받은 자로서 그 처분을 받은 날부터 2년(업무정지 처분을 받은 경우에는 업무정지기간)이 경과하지 아니한 자"(감독규정4-6②(6))에서 명령은 명령이란 행정법의 법원으로서 법규명령(대통령령, 총리령, 부령 등)을 가리킨다고 해석한다.

49) 박균성 454면

ii) 재량행위

금융위원회가 행하는 보험설계사의 업무정지 또는 등록취소는 재량행위이다(법86②). "그 업무의 정지를 명하거나 그 등록을 취소할 수 있다"라고 규정하고 있기 때문이다. 즉 업무정지, 등록취소 처분을 할지 여부, 만약 한다면 둘 중 어느 것을 선택할지 등이 금융위원회의 재량사항이다. 업무정지를 명하는 경우 그 기간도 재량사항이며, 6개월 이내의 범위에서 구체적 타당성을 고려하여 정한다.

4) 효과

(1) 보험설계사 등록이라는 행정행위가 철회되더라도 그 이전에 보험설계사가 행한 모집행위의 사법적 효력에는 영향이 없다고 해석한다.[50] 즉 보험설계사 등록이 철회되더라도 이 점이 보험설계사가 행한 모집행위의 효력에 영향을 미치지는 않는다.

(2) 행정행위의 철회는 그 성질상 장래를 향해서만 효과(장래효)가 생긴다(통설). 따라서 전술한 i)~v)에 따른 철회는 그 이후부터 보험설계사의 등록이 효력을 상실한다.

(3) 보험업법 86조 2항에 따른 업무정지 명령을 위반하여 모집을 한 자에 대해서는 형벌(법204①(4))이 따른다.

(7) 청문 및 통지

1) 청문

전술한 바와 같이 보험업법 86조 1항은 보험설계사 등록취소, 보험업법 86조 2항은 보험설계사 등록취소 또는 업무정지에 대해 규정하고 있다. 보험업법 86조 1항 또는 2항에 따라서 금융위원회가 보험설계사 등록취소를 하거나 업무정지를 명하고자 할 때는 보험설계사에 대해 청문을 실시해야 한다(법86③).[51]

2) 통지

(1) 금융위원회는 보험설계사 등록취소를 하거나 업무정지를 명한 경우에 지체 없이 그 이유를 문서에 적어서 보험설계사 및 해당 보험설계사가 소속된 보험회사·보험대리점 및 보험중개사에게 그 뜻을 알려야 한다(법86④).

---

50) 성대규·안종민 294면; 정채웅 395면

51) 여기서 청문이란 금융위원회가 변경 등 명령을 하기 전에 당사자 등의 의견을 직접 듣고 증거를 조사하는 절차를 말한다(행정절차법2(5)). 여기서 당사자 등이란, 금융위원회의 변경 등 명령에 대해서 직접 그 상대가 되는 당사자, 금융위원회가 직권으로 또는 신청에 따라 변경 등 명령에 관한 행정절차에 참여하게 한 이해관계인을 가리킨다(행정절차법2(4)). 금융위원회는 변경 등 명령을 할 때 청문조서, 청문 주재자의 의견서, 그 밖의 관계 서류 등을 충분히 검토하고 상당한 이유가 있다고 인정하는 경우에는 청문결과를 반영해야 한다(행정절차법35의2). 또한 금융위원회는 청문을 마친 후 변경 등 명령을 할 때까지 새로운 사정이 발견되어 청문을 재개할 필요가 있다고 인정할 때에는 청문조서 등을 되돌려 보내고 청문의 재개를 명할 수 있다(행정절차법36). 이외에도 금융위원회는 청문의 주재자, 청문 주재자의 제척·기피·회피, 청문의 공개, 청문의 진행, 청문의 병합·분리, 증거조사, 청문조서, 청문 주재자의 의견서, 청문의 종결, 문서의 열람 및 비밀유지 등의 규정(행정절차법28~35,37)을 준수해야 한다.

⑵ 해당 보험설계사 또는 그가 소속된 보험회사등이 등록취소 또는 업무정지사실을 알 수 있도록 하기 위함이다.

⑶ 위 ⑴에 따른 보험설계사의 등록취소의 통지 및 업무정지의 통지는 금융감독원장에게 위탁되어 있다(시행령[별표8]13).

(8) 등록관련 신고의무

1) 의의

⑴ 보험설계사는 등록과 관련하여 일정한 사항에 해당하는 경우에는 지체 없이 그 사실을 금융위원회에 신고해야 한다(법93①).

⑵ 위 ⑴을 통해서 금융위원회가 신고사항을 관리할 수 있게 하기 위해서이다.

⑶ 위 ⑴에 따른 신고의 수리는 금융감독원장에게 위탁되어 있다(시행령[별표8]18).

2) 신고의 주체

⑴ 보험설계사가 신고의무의 주체이다(법93①). 다만, 보험설계사 본인의 사망 등의 경우 상속인 등의 이해관계자가 신고하도록 정하고 있다(법93②).

⑵ 또한 해당 보험설계사가 소속된 보험회사, 보험대리점 또는 보험중개사도 신고사항을 알게 된 경우 신고해야 한다(법93④,③). 보험설계사 또는 보험회사·보험대리점·보험중개사 중 어느 하나가 신고하였다고 해도 다른 하나가 신고하지 않으면 의무위반이 된다.

3) 신고의 대상

보험업법 93조 1항이 규정하는 신고의 대상은 보험설계사 등록과 직접 또는 간접으로 관련된 사항이다. 신고대상은 다음과 같다.

i) 신청서류 기재사항 변경

보험설계사 등록을 신청할 때 제출한 서류에 적힌 사항이 변경된 경우는 신고대상이다(법93①⑴). 등록 이후에 변동이 생긴 경우가 신고대상이다.

ii) 등록의 취소사유 또는 실효사유

① 등록의 취소사유

⑴ 보험업법 84조 2항에 해당하게 된 경우는 신고대상이다(법93①⑵). 보험업법 84조 2항은 보험설계사로 등록될 수 없는 사유를 가리킨다. 이러한 사유는 등록취소사유에 해당한다(법86①⑴).

⑵ 등록취소사유에는 이외에도 등록 당시에 보험설계사로 등록될 수 없는 사유가 존재함이 밝혀진 경우 등도 포함되는데(법86①⑵), 이것이 신고대상에 포함되지 않은 것은 입법의 불비이다.

② 등록의 실효사유

(1) 보험설계사 등록은 행정행위의 일종으로서 이론상 허가에 해당한다. 허가의 대상이 소멸되면 행정행위는 소멸된다(판례,[52] 통설). 아래 (2)의 (a)~(e)는 허가의 대상이 소멸된 경우에 해당되며, 따라서 보험설계사 등록은 실효된다. 실효의 효력은 장래효이다.

(2) 등록의 실효사유로서 신고대상은 다음과 같다.

(a) 모집업무를 폐지한 경우(법93①(3))

(b) 개인의 경우에는 본인이 사망한 경우(법93①(4)). 이 경우는 그 상속인이 신고해야 한다(법93②).

(c) 법인의 경우에는 그 법인이 해산한 경우(법93①(5)). 이 경우는 그 청산인·업무집행임원이었던 자 또는 파산관재인이 신고해야 한다(법93②).

(d) 법인이 아닌 사단 또는 재단의 경우에는 그 단체가 소멸한 경우(법93①(6)). 그 관리인이었던 자가 신고해야 한다(법93②).

(e) 보험대리점 또는 보험중개사가 소속 보험설계사와 보험모집에 관한 위탁계약을 해지한 경우(법93①(7)). 이 경우는 보험대리점 또는 보험중개사에게 신고의무가 있다고 해석한다.

iii) 교차모집의 등록

(1) 보험업법 85조 3항에 따라 보험설계사가 다른 보험회사를 위하여 모집을 한 경우는 신고대상이다(법93①(8)).

(2) 보험업법 85조 3항은 보험설계사의 교차모집을 가리킨다. 신고대상은 보험설계사가 교차모집의 '등록'을 한 경우라고 해석한다.

4. 보험설계사의 모집제한

(1) 의의

보험설계사는 보험회사, 보험대리점 또는 보험중개사에 속해서 모집행위를 한다. 문제는 보험설계사가 다수의 보험회사등에 소속되어 모집행위를 할 수 있는지 여부이다. 보험업법은 이를 원칙적으로 부정하는 입장을 취하고 있는데, 이를 보험설계사 전속주의라고 한다. 보험설계사 전속주의는 보험설계사의 모집제한의 일종이며, 이에 대해서 보험업

---

52) 대판 1981.7.14. 80누593(청량음료 제조업허가는 신청에 의한 처분이고, 이와 같이 신청에 의한 허가처분을 받은 원고가 그 영업을 폐업한 경우에는 그 영업허가는 당연 실효되고, 이런 경우 허가행정청의 허가취소처분은 허가의 실효됨을 확인하는 것에 불과하므로 원고는 그 허가취소처분의 취소를 구할 소의 이익이 없다); 대판 1990.7.13. 90누2284(유기장의 영업허가는 대물적 허가로서 영업장소의 소재지와 유기시설 등이 영업허가의 요소를 이루는 것이므로, 영업장소에 설치되어 있던 유기시설이 모두 철거되어 허가를 받은 영업상의 기능을 더 이상 수행할 수 없게 된 경우에는, 이미 당초의 영업허가는 허가의 대상이 멸실된 경우와 마찬가지로 그 효력이 당연히 소멸된다)

법 85조가 규정하고 있다.

(2) 원칙 - 전속주의

1) 의의

(1) 현행 보험업법하에서 전속주의란 보험설계사가 보험회사, 보험대리점 또는 보험중개사 중에서 어느 하나에만 소속될 수 있다는 주의를 가리킨다. 가령 1개의 보험회사에 소속되면 다른 보험회사는 물론이고 보험대리점 또는 보험중개사에도 소속될 수 없다. 또한 1개의 보험대리점에 소속되면 다른 보험대리점은 물론이고 보험회사 또는 보험중개사에도 소속될 수 없다.

(2) 위 (1)의 전속주의를 관철하기 위해서 보험설계사에게는 전속의무를 지우고, 보험회사등에는 타소속 보험설계사에 대한 위탁금지의무를 지운다.

2) 전속의무

(1) 보험설계사는 전속의무를 진다. 즉 보험설계사는 자기가 소속된 보험회사, 보험대리점 또는 보험중개사 이외의 자를 위하여 모집을 하지 못한다(법85②). 보험설계사가 보험회사등을 위해서 모집하려면 그 보험회사등에 소속되는 보험설계사 등록이 이루어져야 한다(감독규정4-1①,[별지7-2]). 결국 보험설계사는 자기가 소속된 보험회사등 이외의 자에게는 소속될 수 없으며, 이는 전속의무를 의미한다. 이에 따라 보험설계사는 보험회사, 보험대리점 또는 보험중개사 중에서 어느 하나에만 소속될 수 있으며, 2개 이상에 소속되면 전속의무 위반이 된다.

(2) 보험회사에 소속된 보험설계사가 다른 보험회사에 소속될 수 없다는 주의를 특히 1사 전속주의라고 한다. 이러한 전속주의에 대해서는 입법론상 찬성론과 비판론이 있다. 보험회사가 보험설계사를 육성하고 관리하는 데 전속주의가 보다 효율적이라는 점이 찬성론의 주된 논거이다. 보험설계사가 여러 보험회사에 소속될 수 있다면(비전속주의) 보험회사가 보험설계사 육성 및 관리에 덜 적극적이고, 보험설계사 수당을 놓고 보험회사 사이에 과당경쟁이 발생하는 문제가 있다. 한편 비판론은 1사 전속주의하에서는 보험설계사가 자신이 소속된 1사의 보험상품만 모집할 수 있다는 점에서 소비자 편익에 미흡하다는 점이 주된 논거이다. 현행 1사 전속주의하에서 모집과정에서 소비자가 여러 보험회사의 보험상품을 접하려면 보험회사에 소속된 보험설계사의 상대방이 아니라 보험대리점 또는 보험중개사에 소속된 보험설계사의 상대방이 되어야만 한다. 보험대리점 또는 보험중개사에게는 1사 전속주의가 일률적으로 강제되지 않는다.

3) 타소속 보험설계사에 대한 위탁금지의무

(1) 보험회사등은 타소속 보험설계사에 대한 위탁금지의무를 진다. 즉 보험회사, 보험대리점 또는 보험중개사는 다른 보험회사, 보험대리점 또는 보험중개사에 소속된 보험설

계사에게 모집을 위탁하지 못한다(법85①). 이에 따라 보험회사등은 자신에게 소속된 보험설계사에게만 모집위탁을 할 수 있다.

(2) 보험회사등이 보험설계사에게 모집을 위탁하기 위해서는 자신에게 소속시키기 위한 보험설계사 등록이 이루어져야 한다(감독규정4-1①,[별지7-2]). 결국 타소속 보험설계사에 대한 위탁금지의무라고 함은 보험회사등이 타소속 보험설계사를 동시에 자기에게도 소속시킬 수는 없다는 것을 의미하기도 한다.

(3) 예외 - 교차모집

1) 의의

(1) 보험설계사 전속주의가 원칙이지만 그 예외도 있다. 즉 보험업법 85조 3항은 1개 보험회사에 소속된 보험설계사가 일정한 다른 보험회사를 위해서도 모집할 수 있다고 규정한다.

(2) 위 (1)과 같은 모집을 교차모집이라고 하고 이를 행하는 보험설계사를 교차모집설계사라고 한다(시행령29). 교차모집에 대해서는 전속의무 및 타소속 보험설계사에 대한 위탁금지의무가 적용되지 않는다(법85③,시행령29).

(3) 교차모집이 허용된다는 것은 보험설계사의 겸업이 허용된다는 것을 의미한다. 가령 생명보험설계사가 손해보험의 교차모집설계사로 등록할 수 있는데, 이는 생명보험설계사와 손해보험설계사의 겸업이 가능함을 의미한다. 이것은 생명보험설계사, 손해보험설계사, 제3보험설계사를 겸업할 수 있는지의 문제와 연결된다. 후술하는 바와 같이 보험대리점과 보험중개사도 이러한 겸업이 원칙적으로 허용된다.

2) 연혁

교차모집 제도는 2003년 보험업법 개정을 통해서 도입되었고, 5년의 준비기간을 거쳐서 2008년부터 시행되었다.

3) 취지

교차모집을 허용한 취지는 당시 방카슈랑스의 도입, 통신판매의 증가 등으로 인해 보험설계사의 역할이 감소될 것이 우려됨에 따라 교차판매의 허용을 통해서 보험설계사 역할의 감소를 상쇄하고 또한 한 명의 보험설계사가 생명보험 및 손해보험 상품을 일괄서비스(one stop service) 방식으로 모집할 수 있도록 하는 데 있었다.[53]

4) 교차모집의 허용

i) 허용되는 경우

다음 각 호의 어느 하나에 해당하는 경우에는 교차모집이 허용된다(법85③).

1. 생명보험회사 또는 제3보험업을 전업으로 하는 보험회사에 소속된 보험설계사가 1개의 손

53) 성대규·안종민 283면

해보험회사를 위하여 모집을 하는 경우
2. 손해보험회사 또는 제3보험업을 전업으로 하는 보험회사에 소속된 보험설계사가 1개의 생명보험회사를 위하여 모집을 하는 경우
3. 생명보험회사나 손해보험회사에 소속된 보험설계사가 1개의 제3보험업을 전업으로 하는 보험회사를 위하여 모집을 하는 경우

ii) 보험업종이 다른 보험회사 사이의 교차모집

보험업법 85조 3항이 허용하는 교차모집은 '보험업종이 다른' '보험회사 사이의' 교차모집이다.

① 보험회사 사이의 교차모집

(1) 보험업법 85조 3항을 보면 교차모집이란 1개 보험회사에 소속된 보험설계사가 일정한 다른 보험회사를 위해 모집하는 것을 의미한다.

(2) 보험대리점 또는 보험중개사에 소속된 보험설계사에게는 전속주의의 예외가 적용되지 않는다.

② 보험업종이 다른 경우의 교차모집

(1) 보험업법 85조 3항을 보면 동일한 보험업종에서 교차모집, 가령 2개의 생명보험회사에 소속되는 것을 허용하지는 않는다.

(2) 전술한 바와 같이 보험설계사가 여러 보험회사에 소속될 수 있다면(비전속주의) 보험회사가 보험설계사 육성 및 관리에 덜 적극적이고, 보험설계사 수당을 놓고 보험회사 사이에 과당경쟁이 발생하는 문제가 있다. 하지만 보험업종이 다른 경우의 교차모집은 이러한 문제가 심각하지 않다. 이 점을 고려하여 보험업법 85조 3항은 보험업종이 상이한 경우에 전속주의에 대한 예외를 인정하고 있다.

(3) 다만, 보험업법 85조 3항을 보면 제3보험업에 관한 한 업종이 같은 경우에도 교차모집이 허용된다. 가령 어떤 보험설계사가 1개의 생명보험회사에도 소속되고 1개의 손해보험회사에도 소속되는 경우 생명보험회사가 경영하는 제3보험과 손해보험회사가 경영하는 제3보험을 교차모집하게 된다. 하지만 이 경우 두 회사가 제3보험 이외에도 각각 생명보험과 손해보험을 본업으로 경영한다는 점을 고려하면 보험회사가 자신의 보험설계사 육성 및 관리에 덜 적극적일 우려는 크지 않다고 본 것이다.

iii) 교차모집을 위한 등록

(1) 교차모집을 하기 위해서는 교차모집을 하려는 보험계약의 종류에 따라 등록요건을 갖추어 보험설계사 등록을 먼저 해야 한다(시행령29②). 보험업법 85조 3항의 법문을 보면 다른 회사를 위한 모집 또는 다른 회사에 의한 모집위탁을 언급할 뿐이지 이를 위해서 보험설계사 등록이 필요한지에 대한 언급은 없다. 하지만 위 보험업법시행령 규정이

교차모집을 위해서는 보험설계사 등록이 필요함을 분명히 밝히고 있다.

(2) 만약 보험설계사 등록 없이도 교차모집을 할 수 있게 한다면 모집을 위한 등록요건을 회피하는 문제가 생긴다. 가령 A생명보험회사에 소속된 보험설계사가 다른 B손해보험회사를 위해 등록 없이 교차모집을 할 수 있다면 손해보험 모집을 위한 등록요건을 충족하지 않은 채 모집하게 되는 문제가 생긴다. 소극적 등록요건은 보험의 종목별로 차이가 별로 없지만 적극적 등록요건의 면에서는 차이가 적지 않다. 이 점에서 보험업법시행령 29조 2항이 교차모집을 하려면 보험설계사 등록을 먼저 해야 한다고 규정한 점은 타당하다.

iv) 보험설계사와 보험회사들과의 관계

(1) 보험설계사는 당초에 등록된 보험회사와 그리고 이후에 교차모집을 위해 등록된 보험회사와 어떠한 관계에 있는가? 보험업법 85조 3항은 보험설계사와 당초에 등록된 보험회사의 관계는 기본적으로 '소속', 보험설계사와 교차모집을 위해 등록된 보험회사의 관계는 '모집'이라는 표현을 사용하여 양자를 구분하고 있다.

(2) 가령 생명보험회사에 소속된 채 1개 손해보험회사를 위해 모집하는 교차모집(법85③(1))과 손해보험회사에 소속된 채 1개 생명보험회사를 위해 모집하는 교차모집(법85③(2))은 '소속'과 '모집'의 대상인 보험회사가 다르다는 점에서 구분된다.

(3) 보험설계사에 대한 육성 및 관리의 권한과 책임이 기본적으로 당초에 등록된 보험회사에 있고 교차보험을 위해 등록된 보험회사는 단순히 모집위탁만을 할 수 있다는 점을 강조하기 위해서 전자에는 '소속', 후자에는 '모집'이라는 표현을 구분하여 사용하고 있다고 이해할 수 있다.

v) 보험업법 85조 3항 3호에 대한 해석론

(1) 위 iv)에서 설명한 관점에 따라서 보험업법 85조 3항 3호에 대한 해석론을 살펴볼 필요가 있다. 보험업법 85조 3항 3호는 생명보험회사나 손해보험회사에 소속된 보험설계사가 1개의 제3보험업을 전업으로 하는 보험회사를 위하여 모집을 하는 경우에 교차모집을 허용하면서, 제3보험업을 전업으로 하는 보험회사에 소속된 보험설계사가 1개의 생명보험회사 또는 손해보험회사를 위하여 모집을 하는 경우에 교차모집을 허용하는지에 대해서는 언급이 없다.

(2) 위 (1)과 관련하여 보험업법 85조 3항 3호를 반대해석하면 허용되지 않는다고 해석해야 하고, 유추해석하면 허용된다고 해석해야 한다. 유추해석에 찬성하는 견해도 있지만,[54] 반대해석이 타당하다고 본다. 왜냐하면, 보험업법 85조 3항 1호가 생명보험회사에 소속된 보험설계사가 1개의 손해보험회사를 위하여 모집을 하는 경우에 교차모집을 허용

54) 성대규 · 안종민 284면

하면서 보험업법 85조 3항 2호가 손해보험회사에 소속된 보험설계사가 1개의 생명보험회사를 위하여 모집을 하는 경우에도 교차모집이 허용된다고 명시하고 있는 점을 고려하면, 입법자의 의사는 제3보험업을 전업으로 하는 보험회사에 소속된 보험설계사가 1개의 생명보험회사 또는 손해보험회사를 위하여 모집을 하는 경우에는 교차모집을 허용하지 않겠다는 것으로 이해하는 것이 타당하기 때문이다. 이러한 이유에서, 입법론은 별개로 하고, 해석론으로는 반대해석이 타당하다고 본다.

5) 교차모집 시 준수의무

i) 의의

교차모집이 허용되는 경우 해당 보험회사 및 보험설계사가 모집을 할 때 지켜야 할 사항은 대통령령으로 정한다(법85④). 이에 따라 보험업법시행령 29조, 그리고 이의 위임에 따라 보험업법시행규칙 16조가 이를 구체화하고 있다.

ii) 보험회사

교차모집보험설계사의 소속 보험회사 또는 교차모집을 위탁한 보험회사는 다음의 행위를 해서는 안 된다. 과당경쟁 방지 등 건전한 모집질서를 확립하고 보험설계사를 보호하기 위한 취지이다.

① 소속전환 권유

교차모집보험설계사에게 자사 소속의 보험설계사로 전환하도록 권유하는 행위를 해서는 안 된다(시행령29③(1)). 교차모집을 위탁한 보험회사에게 요구되는 금지행위이다.

② 추가적 대가 지급

교차모집보험설계사에게 자사를 위하여 모집하는 경우 보험회사가 정한 수수료·수당 외에 추가로 대가를 지급하기로 약속하거나 이를 지급하는 행위를 해서는 안 된다(시행령29③(2)). 소속 보험회사 또는 교차모집을 위탁한 보험회사 모두에게 요구되는 금지행위이다.

③ 계약탈취

교차모집보험설계사가 다른 보험회사를 위하여 모집한 보험계약을 자사의 보험계약으로 처리하도록 유도하는 행위를 해서는 안 된다(시행령29③(3)). 소속 보험회사 또는 교차모집을 위탁한 보험회사 모두에게 요구되는 금지행위이다.

④ 정당한 사유 없는 불이익 조치

교차모집보험설계사에게 정당한 사유 없이 위탁계약 해지, 위탁범위 제한 등 불이익을 주는 행위를 해서는 안 된다(시행령29③(4)). 소속 보험회사 또는 교차모집을 위탁한 보험회사 모두에게 요구되는 금지행위이다.

⑤ 교차모집의 제약·방해

교차모집보험설계사의 소속 영업소를 변경하거나 모집한 계약의 관리자를 변경하는 등 교차모집을 제약·방해하는 행위를 해서는 안 된다(시행령29③(5)). 소속 보험회사에게 요구되는 금지행위이다.

⑥ 위탁계약 체결 강요

소속 보험설계사에게 특정 보험회사를 지정하여 위탁계약의 체결을 강요하는 행위를 해서는 안 된다(시행규칙16①(1)). 소속 보험회사에게 요구되는 금지행위이다.

⑦ 교차모집보험설계사 유치 강요

소속 보험설계사에게 교차모집보험설계사가 될 자의 유치를 강요하는 행위를 해서는 안 된다(시행규칙16①(2)). 소속 보험회사에게 요구되는 금지행위이다.

⑧ 합리적 근거 없는 우대행위

합리적 근거 없이 교차모집보험설계사를 소속 보험설계사보다 우대하는 행위를 해서는 안 된다(시행규칙16①(3)). 교차모집을 위탁한 보험회사에게 요구되는 금지행위이다.

iii) 보험설계사

교차모집보험설계사는 다음 각 호의 어느 하나에 해당하는 행위를 해서는 안 된다(시행령29④). 건전한 모집질서를 확립하고 해당 보험회사 또는 보험계약자를 보호하기 위한 취지이다.

① 업무상 지득한 보험회사 정보 제공

업무상 알게 된 특정 보험회사의 정보를 다른 보험회사에 제공하는 행위를 해서는 안 된다(시행령29④(1)).

② 편향적 모집행위

보험계약을 체결하려는 자의 의사에 반하여 다른 보험회사와의 보험계약 체결을 권유하는 등 모집을 위탁한 보험회사 중 어느 한 쪽의 보험회사만을 위하여 모집하는 행위를 해서는 안 된다(시행령29④(2)).

③ 추가적 대가 요구

모집을 위탁한 보험회사에 대하여 회사가 정한 수수료·수당 외에 추가로 대가를 지급하도록 요구하는 행위를 해서는 안 된다(시행령29④(3)).

④ 합리적 근거 없는 우대 요구

교차모집을 위탁한 보험회사에 대하여 합리적 근거 없이 다른 보험설계사보다 우대하여 줄 것을 요구하는 행위를 해서는 안 된다(시행규칙16②(1)).

⑤ 교차모집보험설계사 유치의 대가 요구

교차모집을 위탁한 보험회사에 대하여 다른 교차모집보험설계사 유치를 조건으로 대가를 요구하는 행위를 해서는 안 된다(시행규칙16②(2)).

⑥ 보험계약 정보의 외부유출

교차모집 관련 보험계약 정보를 외부에 유출하는 행위를 해서는 안 된다(시행규칙16②(3)).

(4) 위반 시 효과

(1) 보험업법 85조 1항의 위탁금지의무를 위반하거나 보험업법 85조 2항의 전속의무를 위반하면 과태료(법209⑥⒃,⑦(2))가 따른다.

(2) 보험업법 85조 2항 또는 4항을 위반한 보험설계사에게는 업무정지를 명하거나 또는 등록을 취소할 수 있다(법86②(1)).

5. 보험설계사의 영업기준

(1) 의의

(1) 보험설계사의 영업기준은 대통령령에 위임되어 있다(법84③). 그런데 보험업법시행령은 보험설계사의 영업기준을 구체화하는 규정을 두고 있지 않다. 보험대리점 및 보험중개사의 경우 그 영업기준이 대통령령에 위임되어 있고 이에 따라 보험업법시행령이 구체화하는 규정을 두고 있는 것(법87④,89④,시행령33의2,36)과 비교된다.

(2) 다만, 보험업법시행령 28조 2항이 보험설계사의 영업에 관하여 필요한 사항은 금융위원회가 정하여 고시한다고 규정하는데, 이것이 보험업법 84조 3항에 따른 것이되 구체적인 내용은 금융위원회 고시에 재위임한 것으로 해석할 수는 있다. 이렇게 보험설계사의 영업기준이 금융위원회 고시에 재위임되어 있다고 해석할 때 그러한 영업기준으로는 다음이 있다.

(2) 공동인수 보험계약

보험설계사는 모집을 위탁한 보험회사가 다른 보험회사와 동일위험에 대한 보험계약을 공동으로 인수하는 경우에는 그 다른 보험회사와도 보험설계사계약이 체결되어 있는 것으로 본다(감독규정4-8의2). 여기서 보험설계사계약은 모집위탁계약을 의미한다.

6. 보험설계사의 교육

(1) 의의

(1) 보험설계사의 모집행위 과정에서 건전한 모집질서를 해치거나 불완전판매를 통해서 보험계약자에게 손해를 끼칠 수 있다. 이를 방지하기 위해서 새로운 보험상품에 대한 교육은 물론이고 특히 보험모집과 관련한 윤리교육, 분쟁사례 등에 대한 교육이 필요하다.

(2) 보험업법 85조의2가 보험설계사 교육에 대해서 규정한다. 또한 보험업법시행령 29조의2, 감독규정 4-2조, 4-5조 등이 이를 구체화하고 있다.

(2) 보험회사등이 교육할 의무

(1) 보험회사등은 보험설계사를 교육할 의무를 진다. 즉 보험회사, 보험대리점, 보험중개사는 대통령령에 따라 소속 보험설계사에게 보험계약의 모집에 관한 교육을 해야 한다(법85의2①). 한편, 법인이 아닌 보험대리점 및 보험중개사는 대통령령으로 정하는 바에 따라 보험업법 85조의2 1항에 따른 교육을 받아야 한다(법85의2②).

(2) 보험업법 85조의2 1항은 보험설계사를 교육해야 할 주체를 법인보험대리점 또는 법인보험중개사로 한정하지 않고 널리 보험대리점 또는 보험중개사라고 규정하고 있다. 따라서 보험대리점과 보험중개사는 법인이든 개인이든 묻지 않는다고 해석한다. 즉 법인보험대리점과 법인보험중개사는 물론이고 개인보험대리점과 개인보험중개사의 경우도 자신에게 소속된 보험설계사를 교육할 의무가 있다. 다만, 실무상 개인보험대리점과 개인보험중개사에 보험설계사가 소속되는 경우는 드물다.

(3) 위 (2)와 달리 개인보험대리점 또는 개인보험중개사에 소속된 보험설계사는 보험업법 85조의2 2항에 따라 스스로 교육받을 의무가 있다고 해석할 여지도 있다.[55] 이 견해는 보험업법 85조의2 1항의 교육할 의무는 법인보험대리점 또는 법인보험중개사에게만 적용된다는 전제에 입각한 것이다. 하지만 전술한 바와 같이 보험업법 85조의2 1항의 문언은 교육해야 할 주체를 널리 보험대리점 또는 보험중개사라고 규정하고 있을 뿐이다. 보험대리점 또는 보험중개사가 개인이라고 해도 그 소속 보험설계사에 대한 교육책임을 지울 필요가 있다는 점에서 위 문언에 따른 해석이 타당하다.

(4) 교차모집을 위탁한 보험회사는 소속 보험회사를 대신하여 교차모집을 하는 보험설계사에 대한 추가 교육을 실시할 수 있다(감독규정4-5⑤).

(3) 모집종사자교육협의회

1) 의의

(1) 보험협회, 보험회사, 보험대리점, 보험중개사는 교육할 의무를 효율적으로 실시하기 위하여 필요한 단체를 구성·운영할 수 있다(시행령29의2⑥). 동 단체의 구성 및 운영에 필요한 사항은 금융위원회가 정하여 고시한다(시행령29의2⑦).

(2) 위 (1)에 따른 단체를 모집종사자교육협의회라고 한다(감독규정4-2①).

2) 구성

(1) 모집종사자교육협의회는 다음 각 호의 어느 하나에 해당하는 자로서 8인의 위원으로 구성한다(감독규정4-2②).

1. 금융감독원장이 추천하는 자 1인
2. 생명보험협회, 손해보험협회의 장이 정하는 자 각 1인

55) 이성남 76면

3. 생명보험협회 및 손해보험협회의 장이 정하는 생명보험회사 및 손해보험회사 담당 임원 각 1인
4. 보험연수원장이 정하는 자 1인
5. 보험대리점협회의 장이 정하는 자 1인
6. 보험중개사협회의 장이 정하는 자 1인

(2) 위 (1)에 따른 모집종사자교육협의회의 장은 위 (1)의 2호의 위원이 1년씩 담당한다(감독규정4-2③).

3) 업무

모집종사자교육협의회는 다음 각 호의 업무를 한다(감독규정4-2④).

1. 교육기관이 적용할 표준 교육과정 마련
2. 외부교육 기관, 외부 강사 지정 및 취소
3. 교육계획 확인 및 교육결과 점검
4. 그 밖에 1호부터 3호까지에 준하는 업무

4) 세부기준 및 보고

모집종사자교육협의회는 교육 실시를 위한 세부기준을 마련하여야 하고, 업무의 처리내용을 연 1회 금융감독원장에세 보고하여야 한다(감독규정4-2⑤).

(4) 교육시기

보험회사, 보험대리점, 보험중개사는 소속 보험설계사에게 등록일부터 2년이 지날 때마다 2년이 된 날부터 6개월 이내에 교육을 하여야 한다(시행령29의2①).

(5) 교육기준

보험설계사에 대한 교육기준은 보험업법시행령 [별표4] 등이 다음과 같이 정하고 있다(시행령29의2①).

1) 일반 보험설계사

i) 교육내용

(1) 교육내용은 다음과 같다(시행령[별표4]1가).

1) 보험모집과 관련한 윤리교육
2) 보험 관련 법령 및 분쟁 사례
3) 보험상품(생명보험상품, 손해보험상품 및 제3보험상품)
4) 회계원리 및 위험관리론
5) 보험소비자 보호 및 보험사기 예방

(2) 위 (1)의 3) 보험상품을 보험설계사별 구분없이 생명보험상품, 손해보험상품 및 제3보험상품으로 하고 있지만, 해석상 보험설계사의 종류별로 교육내용을 달리해야 한다.

가령 생명보험회사에 속하는 보험설계사이면서 교차모집을 하지 않는 경우 손해보험상품에 대한 교육을 포함시켜야 할 의무는 없다.

(3) 위 (1)의 4) 회계원리 및 위험관리론은 보험중개사의 등록요건을 갖추고 법인보험중개사에 소속된 보험설계사(시행령[별표3]1라)만 해당하고, 나머지 보험설계사의 경우에는 제외한다.

ii) 교육기관

(1) 교육기관은 다음 각 호와 같다(시행령[별표4]1나).

1. 보험회사
2. 보험회사가 보험교육을 위하여 소유하는 자회사(시행령59③(6))
3. 회원에 대한 연수·교육을 위하여 설립된 단체(법178③(2))[56]
4. 보험연구원

(2) 위 (1)의 1호~2호의 교육기관이 하는 교육은 내부교육, 3호~4호의 교육기관이 하는 교육은 외부교육으로 분류된다(감독규정4-5①).

iii) 교육방법

교육방법은 집합교육 또는 사이버교육이다(시행령[별표4]1다).

iv) 교육시간

교육시간은 20시간 이상이고, 이 경우 금융위원회 고시에 따라 외부교육을 5시간 이상 포함해야 하는 바 다음 각 호와 같다(시행령[별표4]1라, 감독규정4-5②).

1. 금융감독원, 보험회사 및 보험대리점 소속 보험설계사에 대한 교육 시간: 20시간 이상
2. 보험중개사 소속 보험설계사에 대한 교육 시간: 22시간 이상
3. 법인이 아닌 보험대리점에 대한 교육 시간: 20시간 이상
4. 법인이 아닌 보험중개사에 대한 교육 시간: 22시간 이상
5. 교차모집을 하는 보험설계사에 대한 추가 교육 시간: 5시간 이상
6. 외부 교육 시간: 8시간 이상

v) 외부교육

(1) 위 iv)에 따른 외부교육은 보험연수원에서 실시하는 교육으로 다음 각 호의 강사가 실시하는 교육을 말한다(감독규정4-5①).

1. 보험협회, 보험요율산출기관, 보험업법 178조에 따른 보험관계단체에서 보험모집과 관련한 윤리교육 및 보험법규 관련 업무, 소비자보호 및 보험사기 예방 등에 3년 이상 종사한 경력이 있는 자

56) 보험업법 178조 3항 2호에 따라 회원에 대한 연수·교육을 위하여 설립된 단체가 현재 보험연수원이다.

2. 보험법규, 상법 등 보험관련 전공자로서 고등교육법 14조 2항에 따른 교원 및 17조에 따른 명예교수 및 시간강사로 일하는 자

(2) 외부교육의 교육내용은 다음과 같다(감독규정4-5①).

1) 보험모집과 관련한 윤리교육
2) 보험 관련 법령 및 분쟁 사례
3) 소비자보호 및 보험사기 예방

2) 일반 보험설계사의 불완전판매방지교육 교육기준

i) 교육대상

보험회사등은 전년도 불완전판매 건수 및 비율이 금융위원회가 정하여 고시하는 기준 이상인 소속 보험설계사에게 제1항에 따른 교육과는 별도로 해당 사업연도에 불완전판매를 방지하기 위한 교육(불완전판매방지교육)을 해야 한다(시행령29의2③). 한편, 전년도 불완전판매 건수 및 비율이 금융위원회가 정하여 고시하는 기준 이상인 법인이 아닌 보험대리점 및 보험중개사는 불완전판매방지교육을 받아야 한다(시행령29의2④). 금융위원회가 정하여 고시하는 기준은 직전연도의 기간 동안 금융감독원장이 정하는 바에 따라 산정한 불완전판매 보험계약 비율이 100분의 1 이상이면서, 불완전판매 보험계약이 3건 이상인 경우를 말한다(감독규정4-5③).[57]

ii) 교육내용은 다음과 같다(시행령[별표4]2가).

1) 보험모집과 관련한 윤리교육
2) 보험 관련 법령 및 분쟁 사례
3) 보험소비자 보호 및 보험사기 예방
4) 그 밖에 보험소비자 보호와 관련된 교육으로 금융위원회가 정하여 고시하는 교육 과목[58]

iii) 교육기관

보험업법 178조 3항 2호에 따라 회원에 대한 연수·교육을 위하여 설립된 단체(시행령[별표4]2나).[59]

iv) 교육방법

교육방법은 집합교육이다(시행령[별표4]2다).

iv) 교육시간

교육시간은 5시간 이상으로 금융위원회가 고시에 따라 12시간 이상이어야 한다(시행령[별표4]2라, 감독규정4-5④).

---

57) 이에 대한 세부적 산출기준은 감독시행세칙 5-11조의2 1항 및 [별표1의1] 1이 규정하고 있다.
58) 이에 해당하는 고시사항은 제정되지 않았다.
59) 현재 보험연수원이다.

3) 간단손해보험설계사

i) 교육내용

교육내용은 다음과 같다(시행령[별표4]3가).

1) 보험모집과 관련한 윤리교육
2) 보험 관련 법령
3) 해당 간단손해보험상품

ii) 교육기관

교육기관은 전술한 일반 보험설계사의 경우와 같다(시행령[별표4]3나).

iii) 교육방법

합교육 또는 사이버교육이 가능하다(시행령[별표4]3다).

iv) 교육시간

교육시간은 8시간 이상이고, 이 경우 금융위원회 고시에 따라 외부교육을 2시간 이상 포함해야 한다(시행령[별표4]3라).

v) 외부교육

외부교육은 전술한 일반 보험설계사의 경우와 교육기관은 같지만, 교육내용과 교육시간이 다르다(감독규정4-5①). 즉 교육시간은 2시간 이상이고, 교육내용은 다음과 같다.

1) 보험모집과 관련한 윤리교육
2) 보험 관련 법령

7. 보험설계사에 대한 불공정행위 금지

(1) 의의

(1) 보험회사, 보험대리점, 보험중개사는 자신에게 소속된 보험설계사에게 거래상의 지위를 이용하여 불공정한 행위를 할 우려가 있다. 보험업법 85조의3은 이러한 행위를 금지하고 있다. 즉 보험회사, 보험대리점, 보험중개사는 보험설계사에게 모집위탁을 할 때 일정한 불공정한 행위를 해서는 안 된다(법85의3①).

(2) 한편 독점규제법도 불공정거래행위의 금지를 하는데, 사업자는 자기의 거래상의 지위를 부당하게 이용하여 상대방과 거래하는 행위를 해서는 안 된다(독점규제법45①(6)). 독점규제법 45조는 불공정거래행위의 일반법이고, 보험업법 85조의3은 특별법이다. 양 규정은 배척관계에 있다고 보기 어려우며, 따라서 경합적으로 적용된다.

(2) 불공정행위의 유형

불공정행위의 유형은 다음과 같다.

1) 위탁계약서 미교부

보험모집 위탁계약서를 교부하지 않는 행위를 해서는 안 된다(법85의3①(1)).

2) 위탁계약사항 미이행

위탁계약서상 계약사항을 이행하지 않는 행위를 해서는 안 된다(법85의3①(2)).

3) 미약정 사유로 위탁계약 해지

위탁계약서에서 정한 해지요건 이외의 사유로 위탁계약을 해지하는 행위를 해서는 안 된다(법85의3①(3)).

4) 정당한 사유 없는 위탁해지 거부

정당한 사유 없이 보험설계사가 요청한 위탁계약 해지를 거부하는 행위를 해서는 안 된다(법85의3①(4)).

5) 위탁업무 이외의 업무 강요

위탁계약서에서 정한 위탁업무 이외의 업무를 강요하는 행위를 해서는 안 된다(법85의3①(5)).

6) 정당한 사유 없는 수수료지급 불이행 등

정당한 사유 없이 보험설계사에게 지급되어야 할 수수료의 전부 또는 일부를 지급하지 않거나 지연하여 지급하는 행위를 해서는 안 된다(법85의3①(6)).

7) 정당한 사유 없는 수수료 환수

정당한 사유 없이 보험설계사에게 지급한 수수료를 환수하는 행위를 해서는 안 된다(법85의3①(7)).

8) 보험료대납 강요

보험설계사에게 보험료 대납을 강요하는 행위를 해서는 안 된다(법85의3①(8)).

9) 기타

그 밖에 대통령령으로 정하는 불공정한 행위를 해서는 안 된다(법85의3①(9)).

(3) 규약 제정

(1) 보험협회는 보험설계사에 대한 보험회사, 보험대리점, 보험중개사의 불공정한 모집위탁행위를 막기 위하여 보험회사등이 지켜야 할 규약을 정할 수 있다(법85의3②).

(2) 위 (1)은 자율규제의 일종이다. 이에 따라 제정된 규약이 '보험설계사에 대한 불공정행위 예방을 위한 준수규약'이다.

(4) 위반 시 효과

보험업법 85조의3을 위반하여 불공정행위를 한 자에게는 과태료(법209⑦(2의2))가 따른다.

제3관 보험대리점

1. 보험대리점의 의의

(1) 개념

1) 관련 규정

i) 상법

상법은 보험대리점 대신에 보험대리상이라는 표현을 사용한다. 상법에는 보험대리상에 대한 개념 규정은 없고 보험대리상의 권한에 관한 규정만을 갖고 있다(상법646의2). 2014년에 신설된 상법 646조의2는 보험대리상이 원칙상 보험체약대리상이고, 다만 권한의 일부를 제한할 수 있다고 규정한다.

ii) 보험업법

(1) 보험업법에 의하면, 보험대리점이란 보험회사를 위하여 보험계약의 체결을 대리하는 자를 가리킨다(법2(10)). 그리고 법인이 아닌 사단과 재단을 포함하며, 보험업법 87조에 따라 등록된 자를 말한다(법2(10)).

(2) 위 (1)의 규정을 볼 때 보험업법상 보험대리점은 다음과 같은 특징이 있다. 첫째, 보험대리상 대신에 보험대리점이라는 표현을 사용한다. 둘째, 보험업법의 보험대리점과 상법상 보험대리상이 개념, 요건 면에서 일치하는지 분명하지 않다. 보험업법은 보험대리점이 보험회사를 위하여 대리한다고 할 뿐, 여타 요건에 대해서는 아무런 언급이 없다. 셋째, 보험업법 제정 이후 줄곧 보험대리점을 체약대리점으로 정의해 왔다. 하지만 이 규정은 강행적 효력이 있는 것으로 해석되어 오지 않았다. 실제로 대부분의 보험대리점이 보험회사로부터 중개권한만 수여받아 온 현실과는 거리가 있는 정의규정이다.

2) 해석

(1) 통설은 보험대리점이 상법상 대리상의 일종에 해당한다고 해석한다. 따라서 보험대리점의 개념은 상법상 대리상에 따라 정의한다. 상법상 대리상이란 "일정한 상인을 위하여 상업사용인이 아니면서 상시 그 영업부류에 속하는 거래의 대리 또는 중개를 영업으로 하는 자"이다(상법87). 여기서 대리를 영업으로 하면 체약대리상, 중개를 영업으로 하면 중개대리상이다.

(2) 위 (1)과 같은 상법상 대리상의 개념정의에 따르면, 보험대리점이란 특정한 보험회사를 위하여 계속적으로 보험계약의 체결을 대리 또는 중개하는 독립된 상인이다. 여기서 다음과 같은 개념요소가 확인된다.

첫째, 보험회사의 특정, 계속이다. 특정되기만 하면, 단수의 보험회사이든 복수의 보험회사이든 무방하다.

둘째, 대리 또는 중개이다. 대리를 영업으로 하면 보험체약대리점, 중개를 영업으로 하면 보험중개대리점이 된다.

셋째, 상인성이다. 보험대리점은 독립된 상인이다. 독립된 상인인지의 기준은, 독립적으로 운영하는 사무소의 유무, 보수의 성격(수수료인지, 정액급여인지), 업무에 대한 보험회사의 관여 정도(지휘감독인지, 특정사무의 위탁인지) 등을 토대로 판단한다.[60]

(3) 상법 646조의2는 상법 87조에 대한 특별규정이다. 2014년에 신설된 상법 646조의2는 보험대리점이 원칙상 보험체약대리점이고, 다만 권한의 일부를 제한할 수 있다고 규정한다. 따라서 보험대리점은 상법상 대리상의 일종이지만, 보험대리점의 권한은 상법 87조에 대한 특별규정인 상법 646조의2가 우선하여 적용된다.

(4) 그리고 상법상 보험대리상과 보험업법의 보험대리점이 개념, 요건 면에서 어떠한 차이가 있는지는 앞으로의 연구 과제이다. 양자가 가급적 개념, 요건 면에서 동일해야 보험실무상 혼란을 예방할 수 있을 것이다.

(2) 여타 모집종사자와 구분

보험체약대리점은 보험계약의 체결을 대리한다는 점에서 보험설계사나 보험중개사와 구분된다. 보험중개대리점은 특정한 보험회사를 위해 계속적으로 보험계약의 체결을 중개한다는 점에서 보험설계사와 같다. 하지만 보험중개대리점은 독립된 상인이지만, 보험설계사는 독립된 상인이 아니면서 보험회사의 사무를 보조하는 사용인이라는 점에서 다르다. 보험중개대리점은 보험계약의 중개를 한다는 점에서 보험중개사와 같지만, 보험중개대리점은 특정한 보험회사를 위해 계속적으로 보험계약의 체결을 중개하고, 보험중개사는 보험회사로부터 독립하여 불특정, 다수를 대상으로 중개행위를 한다는 점에서 다르다.

(3) 법적 지위

보험회사와 보험대리점은 위임(민법680)의 관계에 있고 보험대리점은 보험회사의 수임인이다. 상법상 대리상(상법87)은 본인인 상인과 위임관계에 있는데, 보험대리점은 바로 상법상 대리상에 해당한다(통설).

(4) 계약체결상 권한[61]

1) 종래의 논의

(1) 보험대리점이 대리권과 중개권 중 어느 것을 갖는지는 보험회사와 보험대리점 사이의 대리점계약의 내용에 달린 문제이다. 보험계약 체결의 대리권이 부여된다면 보험체약대리점이 되고, 그 중개권만 부여된다면 보험중개대리점이 된다. 우리나라 보험실무상으로는 대부분의 보험대리점이 보험중개대리점이었다.[62] 보험체약대리점과 보험중개대리

60) 대판 1962.7.5. 62다244; 이철송, 상법총칙·상행위, 2022, 464면

61) 이에 관해서는 한기정, 보험법, 2025 중에 제2편 제1장 제1절의 내용을 주로 인용하였다.

62) 손해보험은 대개 보험기간이 단기여서 신속한 계약체결을 위해 대부분의 보험대리점이 체약대리상

점 별로 권한은 다음과 같았다.

(2) 보험체약대리점은 보험계약의 체결에 관한 대리권한을 갖고, 고지수령권, 통지수령권, 보험료수령권을 갖는다(통설). 대리인에 의하여 보험계약을 체결한 경우에 대리인이 안 사유는 본인이 안 것으로 간주한다(상법646). 따라서 보험체약대리점에 의하여 보험계약을 체결하는 경우 그가 안 사유는 보험회사가 안 것으로 간주하는 것이다. 판례는 보험체약대리점은 상법 652조가 규정하는 위험변경증가의 통지를 수령할 권한이 있다고 보았다.[63] 또한 판례는 자동차보험의 체약대리점이 계약의 청약을 받으면서 보험료를 현실적으로 지급받기 전에 청약자를 위해 보험료를 대납하기로 약정했다면, 이 약정일에 보험계약이 체결되어 보험회사가 보험료를 수령한 것으로 보았다.[64] 그리고 판례는 보험회사의 대리인이 보험회사를 대리하여 보험계약자와 사이에 보험계약을 체결하고 그 보험료수령권에 기하여 보험계약자로부터 1회분 보험료를 받으면서 2, 3회분 보험료에 해당하는 약속어음을 함께 교부받았다면 대리인이 약속어음을 횡령하였다고 하더라도 그 변제수령의 효과는 보험회사에 미친다고 보았다.[65]

(3) 보험중개대리점은 보험계약 체결의 중개권한만 가지므로, 보험계약 체결의 대리권한이 없고 또는 고지수령권, 통지수령권, 보험료수령권이 없는 것이 원칙이다(통설). 다만, 보험설계사와 마찬가지로 보험회사가 발행한 보험료영수증을 교부하는 경우에는 보험중개대리점에게도 보험료수령권이 인정될 수 있다. 이러한 점에서 보험중개대리점은 보험설계사와 권한 면에서 같다.

(4) 그런데 문제는 보험계약자가 모든 보험대리점을 보험체약대리점이라고 오인할 수 있다는 점이었다.[66] 보험계약자가 보험중개대리점을 보험체약대리점이라고 믿은 채 거래하다가 예측하지 못한 손해를 입을 수 있었다. 가령 보험중개대리점에게 구두로 중요사항을 고지한 경우 그가 보험회사에게 전달하지 않으면 보험계약자는 고지의무를 이행하지 않은 것으로 된다. 위와 같은 오인을 야기한 주된 이유 중 하나는, 보험업법이 보험대리점의 권한을 보험계약의 체결을 대리한다고 규정하고, 보험대리점이 '대리'점이라는 명칭을 사용하는 점 등을 들 수 있다.

(5) 그리하여 보험중개대리점도 보험회사를 위한 일정한 대리권을 인정해야 한다는 주장이 해석론, 입법론으로 제기되었다. 먼저, 물건판매 또는 그 중개위탁을 받은 대리상은 매매목적물의 하자 또는 수량부족 기타 매매의 이행에 관한 통지를 받을 권한이 있는

이었다는 설명이 다수이지만(양승규 94면 등), 우리나라 보험실무에는 맞지 않는 설명이다.

63) 대판 2000.7.4. 98다62909

64) 대판 1991.12.10. 90다10315. 대판 1995.5.26. 94다60615도 같다.

65) 대판 1987.12.8. 87다카1793

66) 최기원 85면

데(상법90), 이를 보험중개대리점에 유추적용해서 통지수령권을 인정하고, 보험회사가 발행한 보험료영수증을 소지하고 있을 때는 고지수령권도 인정하자는 견해가 있었다.[67] 하지만 보험설계사와 마찬가지로, 보험중개대리점의 권한을 해석만에 의해서 확대하기는 어려웠다.[68] 그리하여 판례와 통설은 보험중개대리점이 그러한 권한을 갖고 있지 않다는 입장을 고수하고 있었다. 또한 외관법리 또는 표현대리 법리의 적용에 의한 보험계약자 보호도 주장되었지만,[69] 그 요건이 충족될 수 있는 경우는 제한적이다. 그리고 보험대리점은 보험체약대리점으로 추정해야 한다는 주장도 제기되었다.[70] 그러나 근본적인 문제해결은 입법에 의할 수밖에 없다는 공감대가 형성되었고, 최근 2014년 상법개정으로 결실을 보게 되었다.

2) 2014년 상법개정 이후

i) 내용

(1) 2014년에 신설된 상법 646조의2는 보험대리점이 원칙상 보험체약대리점이고, 다만 권한의 일부를 제한할 수 있다고 규정한다. 보험계약자가 보험대리점을 보험체약대리점이라고 오인할 수 있다는 점을 고려한 것이다.

(2) 보험대리상은 다음 각 호의 권한이 있다(상법646의2①).

1. 보험계약자로부터 보험료를 수령할 수 있는 권한
2. 보험자가 작성한 보험증권을 보험계약자에게 교부할 수 있는 권한
3. 보험계약자로부터 청약, 고지, 통지, 해지, 취소 등 보험계약에 관한 의사표시를 수령할 수 있는 권한
4. 보험계약자에게 보험계약의 체결, 변경, 해지 등 보험계약에 관한 의사표시를 할 수 있는 권한

(3) 위 (2)에도 불구하고 보험자는 보험대리상의 1항 각 호의 권한 중 일부를 제한할 수 있다(상법646의2②본). 다만, 보험자는 그러한 권한 제한을 이유로 선의의 보험계약자에게 대항하지 못한다(상법646의2②단).

ii) 해석

① 입법취지

상법 646조의2는 보험대리점의 권한을 내부적 관계와 외부적 관계로 구분하였다. 이렇게 구분한 이유는 보험대리점의 권한을 오인한 선의의 보험계약자를 보호하기 위한 것이다. 이와 같이 보험대리점의 권한을 이원적으로 규정하게 된 것은, 보험실무상 보험중

67) 양승규 95면
68) 최기원 85면
69) 최기원 85면
70) 한기정, “보험대리점 및 보험중개인의 법적 지위”, 한림법학Forum7, 1998, 168-169면

개대리점이 주류를 이루고 있다는 현실과 보험계약자 보호의 필요성을 같이 고려했기 때문이다. 상법 646조의2가 신설됨으로써, 보험체약대리점과 보험중개대리점의 구분이 소멸했다고 볼 것인가? 이를 긍정하는 견해가 있다.[71] 생각건대, 외부적 관계에서 보험체약대리점이 원칙적 형태라는 것일 뿐, 양자의 구분은 여전히 존재한다고 해석할 수 있다. 아래에서 내부적 관계와 외부적 관계로 구분하여 살펴보자.

② 내부적 관계

보험회사와 보험대리점의 내부적 관계에서, 보험대리점이 보험계약 체결의 대리권을 갖는지 중개권만 갖는지는 당사자가 대리점 계약에서 정할 문제이다. 이 점에서는 2014년 상법개정 이전과 다르지 않다. 위 개정상법의 도입 이후에도, 적어도 내부적 관계에서는, 대부분의 보험대리점이 보험중개대리점인 상황이다.

③ 외부적 관계

(1) 보험대리점과 보험계약자와의 외부적 관계에서, 보험대리점은 원칙적으로 보험계약 체결의 대리권을 갖는 보험체약대리점이다. 이것은 일종의 외관법리를 채용한 것으로 볼 수 있다. 보험대리점에게는 보험계약 체결의 대리권이 수여되어 있다는 외관을 인정하는 것이다. 따라서 보험회사가 보험대리점의 권한을 제한해도, 이를 알지 못하는 선의의 제3자에게는 대항하지 못한다. 제3자의 선의, 악의에 따라서 보험대리점의 외부적 관계가 달라질 수 있음을 알 수 있는 대목이다. 여기서 선의, 악의는 보험대리점의 권한 제한이 있음을 알지 못하는 것과 아는 것을 의미한다.

(2) 여기서 보험회사가 어떤 보험대리점과 체약대리권이 없는 것으로 약정한 경우를 가정해 보자. 제3자가 선의인 경우(위와 같은 약정 내용을 알지 못하는 경우)에는, 전술한 바와 같이 보험대리점은 외부적 관계에서 보험체약대리점이다. 하지만 제3자가 악의인 경우(위와 같은 약정 내용을 아는 경우)에는, 보험대리점은 외부적 관계에서도 보험중개대리점이다. 따라서 보험회사가 어떤 보험대리점과 체약대리권이 없는 것으로 약정하고 이를 보험계약자에게 알린 경우에는, 이 보험대리점은 보험회사의 관계(내부적 관계)에서나 보험계약자와의 관계(외부적 관계)에서나 보험중개대리점이라고 볼 수 있다. 요컨대, 보험대리점에게는 보험계약 체결의 대리권이 수여되어 있다는 외관을 인정하되, 이를 신뢰한 보험계약자만 보호하겠다는 취지이다. 따라서 외관에 대한 신뢰를 부인하려는 보험회사가 보험계약자의 악의를 입증해야 한다고 해석한다.[72]

71) 장덕조 92-93면
72) 장덕조 95면

(5) 보험대리점 사용인의 모집에 관한 법률관계

1) 의의

보험대리점에는 그 임직원, 보험설계사와 같은 사용인이 있다. 이러한 사용인의 모집에 관한 법률관계를 본다.

2) 보험대리점의 임직원

(1) 보험대리점의 임직원은 모집행위를 할 수 없다고 해석한다. 왜냐하면 보험업법 83조 1항은 모집종사자를 한정적으로 열거하고 있다고 보아야 하는데, 보험대리점의 임직원 등 사용인을 모집종사자에 포함시키지 않기 때문이다. 참고로 2010년 보험업법이 개정되기 이전에는 보험대리점의 임원 또는 사용인으로서 보험업법에 따라 모집종사자로 신고된 자는 모집행위를 할 수 있다고 명시하고 있었다. 하지만 2010년 보험업법 개정을 통해서 이 규정이 삭제되었으므로 입법 연혁의 측면에서 보아도 보험대리점의 사용인이 모집행위를 하려면 보험설계사로 등록되어야 한다. 다만, 2010년 보험업법 개정 당시에 경과조치를 두었다. 즉 2010년 당시 규정에 따라 보험대리점의 임원 또는 사용인으로서 모집종사자로 신고된 자는 보험업법 84조 1항의 개정규정에 따라 보험설계사로 등록된 것으로 본다.[73]

(2) 보험대리점의 임직원이 보험대리점 또는 그 소속설계사의 모집행위를 보조하는 것은 가능한가? 그 보조행위가 모집행위에 이를 정도는 아니라는 조건 하에서 모집종사자가 아니더라도 모집종사자의 모집행위를 보조하는 일은 가능하다고 해석할 필요가 있다. 가령 보험대리점의 지시에 따라 청약서류 기재사항을 확인한 경우라면 모집행위를 보조하는 행위라고 할 수 있을 것이다.

3) 보험대리점 소속 보험설계사

i) 의의

보험대리점이 보험계약 체결의 모집을 직접 하는 경우도 있다. 보험설계사를 사용인으로 두지 않는 것이 보통인 개인인 보험대리점이 그렇다. 하지만 법인인 보험대리점은 보험설계사를 사용인으로 두고 모집하게 하는 것이 보통이다. 다만, 법인보험대리점에 소속된 보험설계사는 등록요건 면에서 보험회사에 소속된 보험설계사와 차이가 있다. 즉 법인보험대리점의 소속 보험설계사로 등록하기 위해서는 개인보험대리점의 등록요건을 갖추어야 한다(시행령[별표3]1다). 이하에서는 보험대리점에 소속된 보험설계사의 모집에 관한 법률관계를 중심으로 살펴보자.

ii) 보험설계사의 계약체결상 권한

(1) 보험설계사 부분에서 설명한 바와 같이 보험대리점에 소속된 보험설계사는 보험

---

73) 보험업법 부칙(법률10394호, 2010.7.23.) 7조

대리점을 위해서 모집행위를 하는 자이므로 보험대리점의 계약체결상 권한을 수권받아 이행하는 보조자라고 해석한다. 따라서 보험설계사는 보험대리점의 계약체결상 권한(상법646의2①·②)과 동일한 권한을 갖는다.

(2) 비록 보험업법 2조 9호가 보험설계사를 보험회사, 보험대리점 또는 보험중개사에 소속되어 '보험계약의 체결을 중개하는 자'로 정의하고 있지만 이것은 보험회사에 소속된 보험설계사에게만 적용된다고 한정할 필요가 있다. 전술한 바와 같이 법인보험대리점에 소속된 보험설계사는 보험회사에 소속된 보험설계사와 등록요건이 다르며 개인보험대리점의 등록요건을 갖춘 자(시행령[별표3]1다)라는 점을 고려할 필요가 있다.

iii) 모집에 관한 규정을 위반하는 경우

(1) 보험대리점에 소속된 보험설계사가 모집행위를 하면서 모집에 관한 보험업법 규정(법95~99 등)을 위반하면 보험설계사의 위반인가 아니면 보험대리점의 위반인가? 생각건대, 보험설계사의 위반이라고 보아야 한다. 위법행위는 자기책임의 원칙에 따라 행위자인 보험설계사에게 귀속되는 것이 원칙이다. 법률이 특별히 보험대리점에게 대위책임을 지우는 경우가 아닌 한 보험대리점의 위반이라고 보지 않는다.

(2) 보험업법은 일정한 경우 보험대리점에게 감독책임을 지운다. 즉 보험대리점 소속 보험설계사가 보험업법 95조의2, 95조의5, 97조, 101조의2 1항 및 2항을 위반한 경우 해당 보험대리점에는 과태료가 따르고, 다만 보험대리점이 그 위반행위를 방지하기 위하여 해당 업무에 관하여 상당한 주의와 감독을 게을리하지 않은 경우는 제외한다(법209⑥⒅).

iv) 보험회사 사용자책임의 문제

(1) 보험대리점이 모집관련 불법행위를 한 경우 보험회사가 사용자책임을 진다(금융소비자법45). 보험회사는 보험대리점을 선임했고 이들 사이에 사용관계가 인정되기 때문이며, 여기서 사용관계는 고용관계 또는 근로관계에 한정되지 않고 이보다 넓은 의미이며 실질적인 지휘감독관계를 가리킨다.

(2) 보험대리점 소속의 보험설계사가 모집관련 불법행위를 한 경우도 보험회사가 사용자책임을 진다(금융소비자법45). 다만, 보험대리점에 소속된 보험설계사는 보험대리점과 달리 보험회사가 선임하지는 않았기 때문에 보험회사와 그들 사이에는 사용관계가 인정될 수 없는 것 아닌가라는 의문이 제기될 수 있다. 하지만 사용자책임이 성립하기 위해서 요구되는 사용관계는 직접 선임관계가 없더라도 사용인을 실질적으로 지휘감독하는 관계에 있는 것으로 충분하다(판례, 통설).[74] 따라서 보험대리점에 소속된 보험설계사는 보험대리점과 달리 보험회사가 선임하지는 않았지만, 보험회사와 보험대리점 소속의 보험설계사 사이에 사용관계(지휘감독관계)가 인정되는 데 문제가 없다. 그리고 보험회사가 보험대리

74) 대판 1996.10.11. 96다30182; 대판 1999.10.12. 98다62671

점을 지휘감독할 위치에 있다면 이러한 지휘감독관계는 보험대리점에 소속된 보험설계사에게도 미친다고 보아야 한다. 금융소비자법 45조 1항은 이러한 법리를 확인하는 규정이라고 할 수 있다. 종래에는 보험업법 102조가 규정하고 있었으나 금융소비자법이 2021. 3.25. 시행되면서 이관되었다.

(3) 한편 보험회사의 실제적인 지휘감독관계가 인정되기 어려운 대형법인보험대리점의 경우에는 해당 보험대리점에게 직접적인 배상책임을 부과하여 소속 보험설계사에 대한 관리감독을 강화하되 해당 보험대리점이 해산하였거나 배상자력을 갖추지 못한 경우에 한하여 보험회사가 배상책임을 부담하는 방향으로 구 보험업법 102조를 개정해야 한다는 주장도 있었다.[75)]

2. 보험대리점의 구분 및 영업범위

(1) 보험대리점의 구분

보험대리점은 먼저 개인보험대리점 또는 법인보험대리점으로 구분하고, 그리고 각각 생명보험대리점, 손해보험대리점 또는 제3보험대리점으로 구분한다. 이에 따르면 보험대리점은 6개 유형으로 구분된다.[76)] 전자는 법인 여부에 따른 구분이고, 후자는 영업범위에 따른 구분이다.

1) 법인 기준

(1) 보험대리점은 법인이 아닌 개인인 보험대리점(개인보험대리점)과 법인인 보험대리점(법인보험대리점)으로 구분된다(법87①,시행령30①). 법인보험대리점의 경우 '법인'이라는 특성을 고려하여 개인보험대리점과 다른 규율을 하는 경우가 있다. 가령 보험업법 87조의2(법인보험대리점 임원의 자격)와 87조의3(법인보험대리점의 업무범위 등)은 법인보험대리점에 적용되는 특칙이다. 또한 등록요건 면에서도 일정한 차이가 있다(시행령[별표3]2). 이 점이 양자를 구별하는 실익이다.

(2) 감독규정은 법인보험대리점이 상법상의 회사이어야 한다고 규정한다(감독규정4-11의2④). 이 규정은 보험업법 87조 4항, 동법시행령 33조의2 5항의 위임에 따른 것이라고 볼 여지가 없는 것은 아니나, 규정 내용의 성격상 위임범위를 벗어난 것이고 따라서 상위법령의 명시적 위임이 없는 행정규칙이라고 사료된다.

2) 영업범위 기준

(1) 보험대리점은 생명보험대리점, 손해보험대리점, 제3보험대리점으로 구분된다(시행

75) 채이배 의원 발의, 보험업법 개정안, 의안번호 15856. 금융소비자법으로 이관되기 전 보험업법 102조에 대한 개정안이나 금융소비자법에도 그대로 적용될 수 있다.

76) 개인생명보험대리점, 개인손해보험대리점, 개인제3보험대리점, 법인생명보험대리점, 법인손해보험대리점, 법인제3보험대리점의 6개 유형으로 구분할 수 있다.

령31①).

(2) 생명보험대리점, 손해보험대리점, 제3보험대리점은 영업범위에 따른 구분이다. 여기서 영업범위는 보험종목의 종류를 기준으로 정해진다. 보험대리점별로 취급할 수 있는 보험종목은 보험대리점의 영업범위에서 살펴본다. 생명보험대리점에는 간단생명보험대리점이, 손해보험대리점에는 간단손해보험대리점이, 제3보험대리점에는 간단제3보험대리점이 포함된다.

(3) 생명보험대리점, 손해보험대리점, 제3보험대리점을 겸업할 수 있는지가 문제된다. 보험업법상 이를 금지하는 규정은 없다. 가령 하나의 법인이 생명보험대리점과 손해보험대리점을 각각 등록하여 겸업하는 것이 가능하다. 보험대리점을 겸업하려는 경우 보험대리점 종류별 등록요건을 각각 충족하여 등록해야 한다고 해석한다. 이에 관한 자세한 논의는 보험대리점의 겸업에서 다룬다.

(2) 보험대리점의 영업범위

1) 보험종목

보험대리점의 영업범위는 대통령령에 위임되어 있고(법87④)[77] 이에 따라 보험업법시행령 31조 1항이 보험대리점의 영업범위를 정하고 있는데, 여기서 생명보험대리점, 손해보험대리점, 제3보험대리점별로 취급할 수 있는 보험종목의 범위가 정해진다. 그 내용은 다음과 같다. 금융기관보험대리점(법91①에 따라 보험대리점으로 등록한 금융기관)의 영업범위는 금융기관보험대리점등 부분에서 살펴보기로 한다.

i) 생명보험대리점

① 일반

생명보험대리점은 생명보험업의 보험종목(법4①(1))을 취급할 수 있다. 즉 생명보험대리점은 생명보험, 연금보험, 퇴직보험 등을 포함한 생명보험업의 보험종목을 취급할 수 있다(시행령31①(1)).

② 간단생명보험대리점

(1) 간단생명보험대리점이란 재화의 판매, 용역의 제공 또는 사이버몰[78]을 통한 재화·용역의 중개를 본업으로 하는 자(재화판매자등)가 판매·제공·중개하는 재화 또는 용역과 관련 있는 생명보험상품을 모집하는 생명보험대리점을 가리킨다(시행령30①(1)). 가령 여행자보험을 모집하는 항공사, 골프보험을 모집하는 스포츠용품판매업자는 간단생명보험대리점으로 등록할 수 있다.

---

77) 보험업법 87조 4항이 "보험대리점의 구분, 등록요건, 영업기준 및 영업보증금의 한도액 등에 관하여 필요한 사항은 대통령령으로 정한다"고 규정하면서 영업범위를 언급하고 있지 않지만, 조문의 전체적인 취지를 고려하면 영업범위에 대해서도 구체화를 위임한 것으로 해석할 수 있다.

78) '전자상거래 등에서의 소비자보호에 관한 법률' 2조 4호에 따른 사이버몰을 말한다.

(2) 간단생명보험대리점의 영업범위는 개인 또는 가계의 일상생활 중 발생하는 위험을 보장하는 보험종목으로서 간단보험대리점을 통하여 판매·제공·중개되는 재화 또는 용역과의 관련성 등을 고려하여 금융위원회가 정하여 고시하는 보험종목으로 한다(시행령31①단). 이에 따라 간단생명보험대리점의 영업범위는 간단생명보험대리점을 통해 판매·제공·중개되는 재화 또는 용역과 관련된 보험상품으로 한정하며 그 세부적인 보험종목은 금융감독원장이 정한다(감독규정4-4의2). 간단생명보험대리점이 판매할 수 있는 보험상품의 범위는 생명보험계약, 연금보험계약, 퇴직보험계약 중 보험금의 상한액이 5천만 원의 기준을 충족하는 보험상품이다(감독시행세칙2-10의3①, [별표29]1). 각 협회의 장은 한국표준산업분류표를 참고하여 보험상품을 판매할 수 있는 간단손해보험대리점의 업종을 정하고, 업종별 취급가능한 보험상품 등 간단손해보험대리점 등록에 관한 세부적인 등록기준을 정할 수 있다(감독시행세칙2-10의3②).

ii) 손해보험대리점

① 일반

손해보험대리점은 손해보험업의 보험종목(법4①(2))을 취급할 수 있다. 즉 손해보험대리점은 화재보험, 해상보험, 항공·운송보험, 자동차보험, 보증보험, 재보험 등을 포함한 손해보험업의 보험종목을 취급할 수 있다(시행령31①(2)본).

② 간단손해보험대리점

(1) 간단손해보험대리점이란 재화판매자등이 판매·제공·중개하는 재화 또는 용역과 관련 있는 손해보험상품을 모집하는 손해보험대리점을 가리킨다(시행령30①(2)). 가령 애견보험을 모집하는 애견샵, 골프보험을 모집하는 스포츠용품판매업자는 간단손해보험대리점으로 등록할 수 있다.

(2) 간단손해보험대리점의 영업범위는 개인 또는 가계의 일상생활 중 발생하는 위험을 보장하는 보험종목으로서 간단보험대리점을 통하여 판매·제공·중개되는 재화 또는 용역과의 관련성 등을 고려하여 금융위원회가 고시하는 보험종목으로 한다(시행령28①단). 이에 따라 간단손해보험대리점의 영업범위는 간단손해보험대리점을 통해 판매·제공·중개되는 재화 또는 용역과 관련된 보험상품으로 한정하며 그 세부적인 보험종목은 금융감독원장이 정한다(감독규정4-4의2). 이에 따라 세부적인 보험종목은 감독시행세칙 [별표29]2가 정하고 있다(감독시행세칙2-10의3①).[79]

---

79) 감독시행세칙 [별표29]2에 따르면 간단손해보험설계사가 모집할 수 있는 보험상품의 범위는 다음과 같다.

가. 화재보험
나. 특종-책임
다. 특종-상해-여행
라. 특종-상해-기타

iii) 제3보험대리점

① 일반

제3보험대리점은 제3보험업의 보험종목(법4①(3))을 취급할 수 있다. 즉 제3보험대리점은 상해보험, 질병보험, 간병보험 등을 포함한 제3보험업의 보험종목을 취급할 수 있다(시행령31①(3)).

② 간단제3보험대리점

(1) 간단제3보험대리점이란 재화판매자등이 판매·제공·중개하는 재화 또는 용역과 관련 있는 제3보험상품을 모집하는 제3보험대리점을 가리킨다(시행령30①(3)).

(2) 간단제3보험대리점의 영업범위는 개인 또는 가계의 일상생활 중 발생하는 위험을 보장하는 보험종목으로서 간단보험대리점을 통하여 판매·제공·중개되는 재화 또는 용역과의 관련성 등을 고려하여 금융위원회가 정하여 고시하는 보험종목으로 한다(시행령31① 단). 이에 따라 간단제3보험대리점의 영업범위는 간단제3보험대리점을 통해 판매·제공·중개되는 재화 또는 용역과 관련된 보험상품으로 한정하며 그 세부적인 보험종목은 금융감독원장이 정한다(감독규정4-4의2). 간단제3보험대리점이 판매할 수 있는 보험상품의 범위는 상해보험계약, 질병보험계약, 간병보험계약 중 보험금의 상한액이 5천만 원의 기준을 충족하는 보험상품이다(감독시행세칙2-10의3①, [별표29]3).

2) 기타

보험대리점은 관련 법령에 따라서 보험의 모집 이외에도 다른 금융상품의 '모집'도 할 수 있다. 그 주요한 내용은 다음과 같다.

i) 집합투자증권의 투자권유대행

보험대리점은 다음의 요건을 갖추면 금융상품 중에서 집합투자증권[80]의 투자권유를 대행할 수 있다. 즉 보험대리점이 집합투자증권의 투자권유대행인이 되려면 ⓐ 보험대리점의 등록요건을 갖춘 개인으로서 보험모집에 종사하는 자이고 ⓑ 금융투자협회가 정하여 금융위원회의 인정을 받은 교육을 마쳐야 하며 ⓒ 금융투자업자로부터 집합투자증권의 투자권유 위탁을 받아야 하고 ⓓ 투자권유를 위탁한 금융투자업자가 위탁받은 자를 금융위원회에 투자권유대행인으로 등록해야 한다(자본시장법51,동법시행령56).

마. 특종-종합
바. 특종-권리
사. 특종-기타
아. 보증보험(주택임대차보호법의 적용을 받는 주거용 건물의 임대차계약과 관련하여 임차인의 보증금을 보증하는 상품에 한한다)
자. 장기동물

80) 집합투자란 펀드(fund)를 가리킨다.

ii) 퇴직연금제도의 모집

보험대리점은 다음의 요건을 갖추면 퇴직급여법에 따른 퇴직연금제도를 설정하거나 가입할 자를 모집할 수 있다. 즉 보험대리점이 퇴직연금제도 모집인이 되려면 ⓐ 개인보험대리점으로서 해당 분야에서 1년 이상의 경력이 있는 자이고 ⓑ 고용노동부장관이 정하는 교육과정을 이수해야 하며 ⓒ 퇴직연금사업자로부터 퇴직연금제도 모집의 위탁을 받아야 하고 ⓓ 모집을 위탁한 퇴직연금사업자가 위탁받은 자를 고용노동부장관에게 퇴직연금제도 모집인으로 등록해야 한다(퇴직급여법31,동법시행령28).

3. 보험대리점의 등록

(1) 등록의 법적 성격

(1) 보험대리점 등록은 이론상 허가에 해당한다. 보험대리점 등록이 되면 모집행위를 할 수 있게 된다. 행정행위의 한 종류인 허가는 법령에 의해서 자연적 자유가 공익목적상 제한되어 있는 경우 일정한 요건을 충족하면 이 제한을 해제하여 자연적 자유를 적법하게 회복시켜 주는 행정행위이다(통설). 보험대리점으로서 모집행위는 일종의 자연적 자유에 해당하나 건전한 모집질서 및 보험계약자 보호라는 공익적 목적을 위해서 자연적 자유를 제한하되 등록을 통해서 자연적 자유를 회복시켜 주는 것이다.

(2) 허가는 관계법령에 비추어 허가 시에 중대한 공익의 고려가 필요하여 이익형량이 필요한 경우를 제외하면 원칙적으로 기속행위이며(판례,[81] 통설), 보험대리점 등록은 그러한 공익의 고려가 필요하다고 보기 어려우므로 기속행위라고 할 수 있다.[82]

(2) 등록의무

(1) 보험대리점이 되려는 자는 대통령령에 따라 금융위원회에 등록해야 한다(법87①).

(2) 등록하지 않은 채 보험대리점으로서 모집행위를 하는 경우 보험업법 83조 1항 2호 위반이 되어 형벌(법204①(2))이 따른다.

(3) 거짓이나 그 밖의 부정한 방법으로 보험대리점의 등록을 한 자에게는 형벌(법204①(3))이 따른다.

(3) 등록신청

1) 의의

(1) 보험대리점이 되려는 자는 대통령령에 따라 금융위원회에 등록해야 한다(법87①).

(2) 보험대리점의 등록업무는 보험협회에 위탁되어 있다(법194①(2)). 보험대리점의 등

81) 대판 2006.11.9. 2006두1227

82) 참고로 금융투자상품의 투자권유대행인이 되고자 하는 경우 금융위원회에 투자권유대행인 등록이 이루어져야 하는데, 자본시장법 51조 7항은 이 등록이 원칙상 기속행위임을 명문으로 규정하고 있다.

록에 관하여 필요한 세부사항은 보험협회장이 정한다(감독규정4-1⑤). 보험협회장은 보험대리점의 등록과 관련된 업무를 처리하며, 이 업무를 처리함에 있어 필요한 세부지침을 정할 수 있으며, 지침을 제정 또는 변경할 경우 금융감독원장에게 그 사실을 보고해야 한다(감독시행세칙2-1).[83] 이에 따라 생명보험협회는 '생명보험 모집관리 업무지침' 및 '생명보험 모집관리 업무처리 시행세칙', 그리고 손해보험협회는 '손해보험 모집관리업무지침' 및 '모집관리업무 세부처리기준'을 통해서 보험대리점 등록 등에 관한 세부사항을 정하고 있다.

2) 주체

(1) 보험업법 87조 1항에 따르면 등록신청의 주체는 보험대리점이 되려는 자이다.

(2) 위 (1)의 등록신청은 모집을 위탁한 보험회사를 대리인으로 하여 할 수 있다(감독규정4-4⑤).

3) 등록신청서 및 첨부서류

(1) 보험대리점이 되려는 자는 개인보험대리점과 법인보험대리점을 구분하여 등록신청을 한다(법87①).

(2) 등록신청은 보험대리점의 종류에 따라 생명보험협회장 또는 손해보험협회장에게 해야 한다. 즉 보험대리점이 되려는 자는 다음 각 호의 구분에 따라 해당협회의 장에게 등록을 신청해야 한다(감독규정4-4①).

1. 생명보험대리점: 생명보험협회의 장
2. 손해보험대리점: 손해보험협회의 장
3. 제3보험대리점: 생명보험협회의 장 또는 손해보험협회의 장

(3) 보험대리점의 등록신청을 하고자 하는 자는 감독규정 [별지7-4] 서식의 등록신청서를 제출해야 한다(감독규정4-4②).

(4) 보험대리점의 등록신청을 하고자 하는 자는 위 (3)의 등록신청서에 다음 각 호의 서류를 첨부하여 보험협회장에게 제출해야 한다(감독규정4-4②).

1. 보험업법시행령 [별표3] 2호에 규정된 등록요건을 갖추었는지 여부를 확인할 수 있는 서류
2. 등록을 하고자 하는 자가 개인인 경우에는 이력서, 법인인 경우에는 등기부등본·임원 및 보험업법시행령 [별표3] 1호 다목에 따라 등록한 보험설계사('법인보험대리점 유자격자')의 이력서
3. 보험협회장이 정하는 서식에 의한 보험대리점 등록신청인의 고지사항(등록을 하고자 하는 자가 법인인 경우에는 임원 및 법인보험대리점 유자격자의 고지사항을 포함, 간단손해보험대리점을 등록하려는 주권상장법인의 경우에는 대표이사, 담당 임원 및 법인보험대리점 유

83) 이 규정은 상위법령의 명시적 위임이 없는 행정규칙이다.

자격자의 고지사항을 포함)
4. 주주명부(간단손해보험대리점을 등록하려는 주권상장법인의 경우에는 주요주주의 명부)

4) 수리 및 등록증

(1) 보험협회장이 등록신청을 수리하면 그 사실을 신청인에게 지체없이 통지하고 감독규정 [별지7－5] 서식의 보험대리점등록증을 교부해야 한다(감독규정4－4③).

(2) 보험협회장은 보험대리점등록증을 교부한 때에 감독규정 [별지7－6] 서식의 보험대리점등록대장에 기재·관리하고 일반인이 열람할 수 있도록 해야 한다(감독규정4－4④).

5) 등록수수료

보험대리점이 되려는 자가 등록을 신청하는 경우 총리령에 따라 수수료를 내야 한다(법94). 등록수수료는 개인인 보험대리점이 2만 원, 법인인 보험대리점이 20만 원, 금융기관보험대리점이 100만 원이다(시행규칙28(2)·(3)).

(4) 등록요건

1) 의의

보험업법 87조 2항은 보험대리점의 일정한 등록요건을 규정하고 있고, 87조 4항은 나머지 등록요건을 대통령령에 위임하고 있다. 이러한 등록요건에는 소극적 요건과 적극적 요건이 있나.

2) 소극적 등록요건

i) 의의

(1) 다음 각 호의 어느 하나에 해당하는 자는 보험대리점이 되지 못한다(법87②).

1. 보험업법 84조 2항 각 호의 어느 하나에 해당하는 자
2. 보험설계사 또는 보험중개사로 등록된 자
3. 다른 보험회사등의 임직원
4. 외국의 법령에 따라 1호에 해당하는 것으로 취급되는 자
5. 그 밖에 경쟁을 실질적으로 제한하는 등 불공정한 모집행위를 할 우려가 있는 자로서 대통령령으로 정하는 자

(2) 위 (1)의 사유는 등록 시에 '존재하지 않아야' 한다는 의미에서 소극적 등록요건이라고 한다. 등록 후 이러한 사유가 새로이 생기거나 또는 등록 시에 이러한 사유가 존재했음이 이후에 밝혀진 경우에 금융위원회는 등록을 취소해야 한다(법88①(1)·(2)). 이에 관해서는 후술한다.

(3) 보험대리점의 소극적 등록요건은 보험설계사의 그것에 비해 엄격하다. 보험설계사는 아래에서 ①만 소극적 등록요건이지만, 보험대리점은 나아가 ②~⑤도 소극적 등록요건으로 추가된다.

ii) 내용

보험업법 87조 2항이 규정하는 소극적 등록요건을 다음과 같이 ①~⑤로 구분하여 살펴보자.

① 보험설계사가 될 수 없는 자

보험설계사의 소극적 등록요건(법84②)에 해당하는 자는 보험대리점이 되지 못한다(법87②(1)). 보험설계사의 소극적 등록요건은 보험대리점뿐만 아니라 보험중개사에게도 적용되며, 이들 사이에 공통적인 소극적 등록요건이다. 보험설계사가 될 수 없는 자는 다음과 같으며, 구체적 내용은 보험설계사 부분에서 설명한 바 있다.

(ㄱ) 행위능력 제한

피성년후견인 또는 피한정후견인(법84②(1))

(ㄴ) 파산선고

파산선고를 받았으나 아직 복권되지 않은 자(법84②(2))

(ㄷ) 형벌 등

(1) 보험업법 또는 금융소비자법에 따라 벌금 이상을 선고받고 집행이 끝나거나(집행이 끝난 것으로 보는 경우를 포함) 집행이 면제된 날부터 2년이 지나지 않은 자(법84②(3))

(2) 보험업법 또는 금융소비자법에 따라 금고 이상의 집행유예를 선고받고 그 유예기간 중에 있는 자(법84②(4))

(3) 보험업법 또는 금융소비자법에 따라 과태료 또는 과징금 처분을 받고 납부하지 않은 보험대리점·보험중개사 소속의 임직원이었던 자로서 과태료 또는 과징금 처분이 있었던 날부터 2년이 지나지 않은 자(법84②(7))

(ㄹ) 등록취소 등

(1) 보험업법에 따라 보험설계사·보험대리점 또는 보험중개사의 등록이 취소된 후 2년이 지나지 않은 자(법84②(5))

(2) 보험업법에 따라 보험설계사·보험대리점 또는 보험중개사의 등록취소 처분을 2회 이상 받은 경우 최종 등록취소 처분을 받은 날부터 3년이 지나지 않은 자(법84②(6))

(3) 보험업법 또는 금융소비자법에 따라 업무정지 및 등록취소 처분을 받은 보험대리점·보험중개사 소속의 임직원이었던 자로서 업무정지 및 등록취소 처분이 있었던 날부터 2년이 지나지 않은 자(법84②(7))

(ㅁ) 법정대리인 등의 경우

(1) 영업에 관하여 성년자와 같은 능력을 가지지 아니한 미성년자로서 그 법정대리인이 보험업법 84조 2항 1호부터 7호까지의 규정 중 어느 하나에 해당하는 자(법84②(8))

(2) 법인 또는 법인이 아닌 사단이나 재단으로서 그 임원이나 관리인 중에 보험업법

84조 2항 1호부터 7호까지의 규정 중 어느 하나에 해당하는 자가 있는 자(법84②(9))

(ㅂ) 보험료 등의 유용

모집과 관련하여 받은 보험료, 대출금 또는 보험금을 다른 용도에 유용한 후 3년이 지나지 않은 자(법84②(10))

② 보험설계사 또는 보험중개사로 등록된 자

(1) 보험설계사 또는 보험중개사로 등록된 자는 보험대리점으로 등록될 수 없다(법87②(2)). 따라서 보험대리점이 보험설계사 또는 보험중개사를 겸업하는 것은 금지된다.

(2) 보험대리점과 보험설계사 또는 보험중개사는 각각의 법적 지위, 계약체결상 권한 등에서 차이가 있기 때문에 보험계약자에게 혼동과 오해를 야기할 수 있으므로 보험계약자 보호의 차원에서 겸업을 금하는 것이다.

③ 다른 보험회사등의 임직원

(1) 다른 보험회사, 보험대리점, 보험중개사 등에 속한 임직원은 보험대리점으로 등록될 수 없다(법87②(3)).

(2) 다른 보험회사, 보험중개사, 보험대리점 등의 임직원이 보험대리점을 겸하면 이익충돌(conflict of interests)의 문제가 생길 수 있기 때문이다.[84] 즉 만약 다른 보험회사, 보험중개사, 보험대리점 등의 임직원이 자신이 임직원으로서 소속한 보험회사 등의 희생 하에 자신의 보험대리점, 나아가 그 보험대리점이 소속한 보험회사의 이익을 우선하게 되면 이익충돌이 생긴다.

④ 외국의 법령에 따라 행위능력 제한자 등으로 취급되는 자

(1) 외국의 법령에 따라 보험업법 84조 2항 각 호의 어느 하나에 해당하는 자에 해당하는 것으로 취급되는 자는 보험대리점으로 등록될 수 없다(법87②(4)).

(2) 보험업법 84조 2항 각 호는 행위능력 제한자 등 보험설계사가 될 수 없는 자를 가리킨다. 보험설계사의 경우 소극적 등록요건으로 보험업법 84조 2항 각 호에 해당 여부는 국내 법령에 따라서 판단한다. 보험대리점의 경우는 이에 그치지 않는다. 보험대리점의 경우는 국내 법령에 따르는 경우는 물론이고 외국 법령에 따라 보험업법 84조 2항 각 호에 해당하는 자는 보험대리점으로 등록될 수 없게 한 것이다. 가령 외국 법령에 따라 파산선고를 받았으나 복권되지 않은 자, 외국 법령에 따라 행위능력이 제한된 자 등은 우리나라에서 보험대리점으로 등록될 수 없다. 이 규정은 우리나라에서 보험대리점이 되려는 외국인은 물론이고 내국인에게도 적용될 수 있다.

---

84) 정채웅 401면

⑤ 불공정한 모집행위의 우려가 있는 자

(ㄱ) 유형

그 밖에 경쟁을 실질적으로 제한하는 등 불공정한 모집행위를 할 우려가 있는 자로서 대통령령으로 정하는 자는 보험대리점으로 등록될 수 없다(법87②(5)). 이에 따라 보험업법 시행령 32조 1항 및 감독규정 4-6조 2항이 다음과 같이 규정하고 있다.

Ⓐ 국가기관 등

국가기관과 특별법에 따라 설립된 기관 및 그 기관의 퇴직자로 구성된 법인 또는 단체는 보험대리점으로 등록될 수 없다(시행령32①(1)).

Ⓑ 국가기관 등이 지배력을 행사하는 법인 또는 단체

국가기관과 특별법에 따라 설립된 기관, 금융지주회사법에 따른 금융지주회사 또는 보험업법 91조 1항에 따른 금융기관[85]이 출연·출자하는 등 금융위원회가 정하여 고시하는 방법과 기준에 따라 사실상의 지배력을 행사하고 있다고 인정되는 법인 또는 단체[86]는 보험대리점으로 등록될 수 없다(시행령32①(2)).

Ⓒ 금융감독원의 검사를 받는 기관

(1) 금융위원회법 38조 각 호의 기관[87](보험업법 91조 1항 각 호의 금융기관, 금융위원회가 정하여 고시하는 기관은 제외)은 보험대리점으로 등록될 수 없다(시행령32①(3)). 보험업법

---

85) 여기서 금융기관은 보험대리점 또는 보험중개사로 등록될 수 있는 다음을 가리킨다(법91①). 다만, 겸영업무로 자본시장법에 따른 투자매매업 또는 투자중개업 인가를 받은 보험회사는 제외한다(시행령32①(2)).
1. 은행법에 따라 설립된 은행
2. 자본시장법에 따른 투자매매업자 또는 투자중개업자
3. 상호저축은행법에 따른 상호저축은행
4. 그 밖에 다른 법률에 따라 금융업무를 하는 기관으로서 대통령령으로 정하는 기관

86) 금융위원회가 정하여 고시하는 방법과 기준에 따라 사실상의 지배력을 행사하고 있다고 인정되는 법인 또는 단체는 국가기관과 특별법에 따라 설립된 기관, 금융지주회사 또는 보험업법 91조 1항에 따른 금융기관이 출연 또는 출자한 금액의 합이 다음 각 호의 하나에 해당하는 경우를 말한다(감독규정4-6①).
1. 출연 또는 출자총액의 100분의 15를 초과하는 경우
2. 최대출연자 또는 최대출자자인 경우

87) 금융위원회법 38조 각 호의 기관은 금융감독원의 검사를 받는 기관이며 다음 각 호와 같다.
1. 은행법에 따른 인가를 받아 설립된 은행
2. 자본시장법에 따른 금융투자업자, 증권금융회사, 종합금융회사 및 명의개서대행회사
3. 보험업법에 따른 보험회사
4. 상호저축은행법에 따른 상호저축은행과 그 중앙회
5. 신용협동조합법에 따른 신용협동조합 및 그 중앙회
6. 여신전문금융업법에 따른 여신전문금융회사 및 겸영여신업자
7. 농업협동조합법에 따른 농협은행
8. 수산업협동조합법에 따른 수협은행
9. 다른 법령에서 금융감독원이 검사를 하도록 규정한 기관
10. 그 밖에 금융업 및 금융 관련 업무를 하는 자로서 대통령령으로 정하는 자

91조 1항 각 호의 금융기관은 금융기관보험대리점등을 가리킨다. 금융위가 정하여 고시하는 기관은 법인 또는 단체가 아닌 자를 말한다(감독규정4-6②).

(2) 다만, 전자금융거래법 2조 4호에 따른 전자금융업자(보험업법 91조 1항 각 호의 금융기관은 제외)는 간단보험대리점으로 등록할 수 있다(시행령32②). 전자금융업자는 전자금융거래법에 따라 금융감독원의 검사를 받기 때문에 금융위원회법 38조 9호의 금융기관에 해당하여 원래 보험대리점이 될 수 없지만, 간단손해보험대리점에 한하여 등록을 허용해준 것이다. 이는 사이버몰을 통해서 재화나 용역을 중개하는 전자금융업자도 간단손해보험대리점으로 등록할 수 있도록 함으로써 소액보험시장을 활성화시키기 위한 취지이다.

Ⓓ Ⓐ~Ⓒ의 임직원

위 Ⓐ~Ⓒ의 법인·단체 또는 기관의 임원 또는 직원은 보험대리점으로 등록할 수 없다(시행령32①(4)).

Ⓔ 비영리법인 또는 단체

비영리법인 또는 단체는 보험대리점으로 등록할 수 없다(감독규정4-6③(1)).

Ⓕ 운송사업자와 그 임직원

손해보험대리점(간단손해보험대리점은 제외)의 경우 '화물자동차 운수사업법' 3조 3항 또는 '여객자동차 운수사업법' 4조 1항의 규정에 의한 운송사업자와 이에 소속된 임직원은 보험대리점으로 등록할 수 없다(감독규정4-6③(2)).

Ⓖ 다단계판매업자 및 그 임직원

'방문판매 등에 관한 법률'에 의하여 등록된 다단계판매업자 및 이에 소속된 임직원은 보험대리점으로 등록할 수 없다(감독규정4-6③(3)).

Ⓗ 자동차제조업자 또는 자동차판매업자 등

손해보험대리점(간단손해보험대리점은 제외)의 경우 자동차제조업자 또는 자동차판매업자[88] 등 보험판매와 밀접한 관련이 있는 법인 또는 단체는 보험대리점으로 등록할 수 없다(감독규정4-6③(4)).

Ⓘ 자기계약을 주된 목적으로 하는 자

보험업법 101조에 따른 자기계약을 주된 목적으로 하는 보험대리점을 운영하려는 자는 보험대리점으로 등록할 수 없다(감독규정4-6③(5)).

Ⓙ 정직 이상의 처분을 받은 자

금융감독원장 또는 당해 보험회사로부터 보험업법 또는 이 법에 의한 명령이나 처분을 위반하여 정직 이상의 처분을 받은 자로서 그 처분을 받은 날부터 2년(업무정지 처분을

88) 다만, 중고차 판매업자, 수입차 판매업자 또는 방송법 9조 5항 단서에 따라 방송채널사용사업자로 승인된 자로서 자동차판매업을 겸영하는 자는 제외한다(감독규정4-6③(4)).

받은 경우에는 업무정지기간)이 경과하지 않은 자는 보험대리점으로 등록할 수 없다(감독규정4-6③(6)).

(ㄴ) 특색

(1) 위 (ㄱ)의 소극적 등록요건 중에서 Ⓖ와 Ⓙ를 제외한 나머지는 모두 경쟁을 실질적으로 제한하여 보험대리점 육성을 저해할 우려가 있는 경우이다.

(2) Ⓖ는 다단계판매업자는 사행적인 판매원 확장행위로 인해서 소비자 피해가 생길 소지('방문판매 등에 관한 법률' 24,25)가 있다는 점 등을 고려해서 보험대리점 등록을 제한한 것이다. Ⓙ는 보험업법 등을 위반하여 정직 이상의 처분을 받은 자에 대해서는 일정기간 동안 보험대리점 등록을 제한한 것이다. 전술한 바와 같이 등록취소를 받은 경우에도 일정기간 동안 보험대리점 등록을 제한하는데(법87②(1),84②(5)·(6)), 이에 추가하여 정직 이상의 처분을 받은 경우에도 일정기간 동안 보험대리점 등록을 제한한 것이다.

3) 적극적 등록요건

i) 의의

전술한 보험대리점의 소극적 등록요건을 제외한 기타 등록요건은 대통령령에 위임되어 있다(법87④). 이것은 등록 시에 '존재해야' 한다는 의미에서 적극적 등록요건이라고 할 수 있다. 보험업법시행령 30조 2항 및 [별표3]이 적극적 등록요건에 대해 보험대리점의 종류별로 각각 규정한다.

ii) 내용

보험대리점의 적극적 등록요건은 개인보험대리점과 법인보험대리점, 그리고 생명보험대리점, 손해보험대리점 및 제3보험대리점으로 구분된다.

① 개인보험대리점

(ㄱ) 생명보험

개인인 생명보험대리점은 다음 Ⓐ와 Ⓑ 중 어느 하나를 갖추어야 한다(시행령[별표3]2).

Ⓐ 연수과정 이수자

(1) 금융위원회 고시에 따라 생명보험대리점에 관한 연수과정을 이수한 자는 개인생명보험대리점이 될 수 있다(시행령[별표3]2).

(2) 위 (1)의 연수과정을 이수한 사람이란 다음의 교육요건, 시험요건, 기간요건을 모두 갖춘 사람을 말한다(감독규정4-3①본).

(a) 교육요건: 보험업법시행령 [별표4]에 따른 교육을 이수해야 한다(감독규정4-3①(1)). 이에 관한 자세한 내용은 보험대리점의 교육에서 설명한다.

(b) 시험요건: 보험연수원이 실시한 시험에 합격해야 한다(감독규정4-3①(2)나). 이 시

험의 합격자는 100점을 만점으로 하여 60점 이상을 득점한 자로 한다(감독규정4-3②).

(c) 기간요건: 교육요건 충족일로부터 1년 내에 시험요건을 충족하거나 시험요건 충족일로부터 1년 내에 교육요건을 충족해야 한다(감독규정4-3①(3)).

(3) 등록신청 기간제한이 있다. 즉 위 (2)의 연수과정을 이수한 후 2년 내에서만 개인생명보험대리점 등록신청이 가능하다(시행령[별표3]2비고).

Ⓑ 보험관계 경력자

(1) 생명보험관계 업무에 종사한 경력자로서 교육요건 충족자는 개인생명보험대리점이 될 수 있다. 즉 금융위원회가 고시하는 생명보험 관계 업무에 2년 이상 종사한 경력이 있는 사람(등록신청일부터 4년 이내에 해당 업무에 종사한 사람으로 한정)으로서 보험업법시행령 [별표4]에 따른 교육을 이수한 자는 개인생명보험대리점이 될 수 있다(시행령[별표3]2).

(2) 보험관계 업무에 종사한 경력자에게는 위 Ⓐ(2)의 시험요건과 기간요건을 면제한 것이다.

(3) 위 (1)에서 경력자는 다음 각 호의 어느 하나에 해당하는 자를 가리킨다(감독규정4-3③).

1. 보험회사, 금융감독원, 보험협회, 보험요율산출기관 그 밖에 보험관계단체(법178)에서 생명보험 관련 업무에 종사한 경력
2. 손해사정업자, 보험계리업자에서 생명보험 관련 업무에 종사한 경력
3. 개인보험대리점, 개인보험중개사 및 보험회사보험대리점·보험중개사의 소속 보험설계사로 생명보험상품의 모집업무에 종사한 경력[89)]

(4) 위 (3)에 따른 경력에는 운전기사·교환원·경비·안전관리업무 등 보험업과 직접 관련이 없는 업무에 종사한 경력 또는 비상근직으로 근무한 경력은 제외한다(감독규정4-3⑥).

(5) 등록신청 기간제한이 있다. 즉 교육을 이수한 후 2년 내에서만 개인생명보험대리점 등록신청이 가능하다(시행령[별표3]2비고).

(ㄴ) 손해보험과 제3보험

(1) 개인인 손해보험대리점과 제3보험대리점은 위 개인인 생명보험대리점의 내용 중에서 '생명' 부분을 '손해' 또는 '제3'으로 대체하면 된다(시행령[별표3]2).

(2) 다만, 위 ①(ㄱ)Ⓐ의 연수과정 이수자의 경우 개인인 간단손해보험대리점은 교육요건만 충족하면 된다(감독규정4-3①단). 즉 시험요건과 기간요건을 면제한다. 간단손해보험대리점이란 재화의 판매, 용역의 제공 또는 사이버몰[90)]을 통한 재화·용역의 중개를 본업

89) 보험설계사로 모집업무에 종사한 경력은 등록신청을 수리한 날부터 계산한다(감독규정4-3⑦).
90) '전자상거래 등에서의 소비자보호에 관한 법률' 2조 4호에 따른 사이버몰을 말한다.

으로 하는 자가 판매·제공·중개하는 재화 또는 용역과 관련 있는 보험상품만을 모집한다는 점(시행령30①)을 고려하여 다른 보험대리점에 비해 연수요건을 완화한 것이다.

② 법인보험대리점

(ㄱ) 생명보험

(1) 법인생명보험대리점은 다음 각 목을 모두 갖추어야 한다(시행령[별표3]2).

가. 개인생명보험대리점의 적극적 등록요건의 어느 하나에 해당하는 사람을 1명 이상 두고 있을 것

나. 임직원 수가 100명 이상인 법인인 경우 소속 임직원의 10분의 1 이상이 보험설계사 등록요건을 갖출 것

(2) 위 (1)의 가목에서 규정하고 있는 개인보험대리점의 적극적 등록요건의 어느 하나에 해당하는 사람을 '법인보험대리점의 유자격자'라고 한다(감독규정4-4②(2)). 이러한 유자격자는 법인보험대리점의 업무에 상시 종사하는 자이어야 한다(감독규정4-11의2④). 상시종사자가 아니면 유자격자 요건이 형식화될 수 있기 때문이다.

(3) 금융기관보험대리점은 위 (1)의 나목의 요건을 면제한다. 금융기관보험대리점등은 원칙상 점포별로 2명 이내에서 보험설계사인 임직원이 모집에 종사할 수 있다는 점(시행령40④)을 고려한 것이다

(ㄴ) 손해보험과 제3보험

(1) 법인인 손해보험대리점과 제3보험대리점은 위 생명보험대리점의 내용 중에서 '생명' 부분을 '손해' 또는 '제3'으로 대체하면 된다(시행령[별표3]2).

(2) 다만, 법인인 간단손해보험대리점은 위 (ㄱ)(1)의 나목의 요건을 면제한다. 간단손해보험대리점은 재화의 판매, 용역의 제공 또는 사이버몰[91]을 통한 재화·용역의 중개를 본업으로 하는 자가 판매·제공·중개하는 재화 또는 용역과 관련 있는 보험상품만을 모집하는데(시행령30①), 보험설계사를 일정 수 이상 두게 하는 것이 적절하지 않기 때문이다.

(5) 등록취소

1) 의의

보험대리점으로 등록된 경우에도 등록상 하자가 있는 등 등록을 그대로 유지하는 데 장애가 생기면 등록의 효력을 소멸시키는 방법을 고려해야 한다. 이것이 보험대리점 등록취소의 문제이다.

2) 사유

금융위원회는 보험대리점이 다음 중 하나에 해당하는 경우 등록을 취소해야 한다(법88①).

91) 위 각주 90)을 참조

i) 등록 이후에 소극적 등록요건에 해당하게 된 경우

(1) 보험대리점으로 등록한 이후에 소극적 등록요건(법87②)의 어느 하나에 해당하게 되면 등록취소사유가 된다(법88①(1)). 즉 보험대리점 등록 시에는 없던 소극적 등록요건이 등록 이후에 생긴 경우 보험대리점 등록을 취소해야 한다.

(2) 보험대리점으로 활동하기 위해서는 등록 당시뿐만 아니라 그 이후에도 소극적 등록요건에 해당하지 않아야 한다는 취지이다.

ii) 등록 당시에 소극적 등록요건에 해당했던 경우

(1) 보험대리점이 등록 당시에 소극적 등록요건(법87②)의 어느 하나에 해당했음에도 불구하고 등록이 되었으나 이후에 그 사실이 밝혀진 경우 등록취소사유가 된다(법88①(2)).

(2) 보험대리점이 등록 당시에 소극적 등록요건에 해당했던 경우는 비록 등록이 되었다고 해도 하자가 있는 등록이므로 이를 사후적으로라도 바로 잡아야 한다는 취지이다.

iii) 부정한 방법으로 등록을 한 경우

(1) 거짓이나 그 밖의 부정한 방법으로 보험업법 87조에 따른 등록을 한 경우 등록취소사유가 된다(법88①(3)). 가령 보험대리점의 적극적 등록요건을 충족하지 못했음에도 불구하고 이를 충족한 것처럼 보이게 가장하여 등록을 한 경우 등록취소사유가 된다.

(2) 한편, 거짓이나 그 밖의 부정한 방법으로 보험대리점의 등록을 한 자에 대해서는 형벌(법204①(3))이 따른다.

iv) 업무범위를 위반한 경우

(1) 보험대리점이 보험업법 87조의3 1항의 업무범위를 위반한 경우 등록취소사유가 된다(법88①(4)).

(2) 법인보험대리점은 보험계약자 보호 등을 해칠 우려가 없는 업무로서 대통령령으로 정하는 업무 또는 보험계약의 모집업무 이외의 업무를 하지 못한다(법87의3①). 따라서 이 등록취소사유는 법인보험대리점에만 적용된다.

v) 자기계약의 금지를 위반한 경우

(1) 보험대리점이 자기계약의 금지를 위반한 경우 등록취소사유가 된다(법88①(5)).

(2) 보험대리점의 자기계약 금지는 보험대리점이 자기 또는 자기를 고용하고 있는 자를 보험계약자 또는 피보험자로 하는 보험을 모집하는 것을 주된 목적으로 하지 못하는 것을 말한다(법101).

3) 법적 성질

i) 취소 또는 철회

(1) 보험업법 88조 1항은 취소라는 표현을 사용하고 있지만, 이론적으로 보면 취소와 철회가 섞여 있다.

(2) 즉 전술한 i)(등록 이후에 소극적 등록요건에 해당하게 된 경우), iv)(업무범위를 위반한 경우), v)(자기계약의 금지를 위반한 경우)는 이론상 행정행위의 철회에 해당한다. 그리고 ii)(등록 당시에 소극적 등록요건에 해당했던 경우)와 iii)(부정한 방법으로 등록을 한 경우)은 이론상 행정행위의 취소에 해당한다.

(3) 위 (2)의 ii)와 iii)은 행정행위의 취소 중에서도 직권취소에 해당한다. 직권취소란 행정청이 행하는 취소이며, 이하에서 취소는 직권취소를 가리킨다. 행정행위의 취소란 행위 당시에 위법 또는 부당한 하자가 있음을 이유로 행정청이 유효한 행정행위의 효력을 소멸시키는 행위를 가리키고, 행정행위의 철회란 행위 당시에는 위법 또는 부당한 하자가 없었지만 이후에 새로운 사정의 발생으로 인한 공익상 필요에 따라서 행정청이 행정행위의 효력을 소멸시키는 행위를 가리킨다.[92)]

(4) 위 (2)의 i), iv), v)는 보험대리점 등록 당시에는 위법 또는 부당한 하자가 없었지만 이후에 소극적 등록요건에 해당하게 되거나 업무범위를 위반하거나 자기계약의 금지를 위반한 경우이므로 행정행위의 철회와 관련된다. 이와 달리 ii), iii)은 등록 당시에 소극적 등록요건에 해당했거나 부정한 방법으로 등록을 한 경우이므로 행정행위의 취소와 관련된다.

ii) 기속행위

보험대리점 등록의 취소 또는 철회는 기속행위이다. 보험업법 88조 1항에 따르면 금융위원회는 보험대리점이 일정한 사유에 해당하는 경우 등록을 "취소해야 한다"고 규정하기 때문이다. 행정행위의 취소 또는 철회는 원칙상 재량행위이지만,[93)] 보험업법 88조 1항 1호에서 5호까지의 취소 또는 철회 사유의 중대성에 비추어 기속행위로 규정했다고 이해할 수 있다.

4) 효과

i) 사법상 효과

보험대리점 등록이라는 행정행위가 취소 또는 철회되더라도 그 이전에 보험대리점이 행한 모집행위의 사법적 효력에는 영향이 없다고 해석한다.[94)] 즉 보험대리점 등록이 취소 또는 철회되더라도 이 점이 보험대리점이 행한 모집행위의 효력에 영향을 미치지는 않는다. 보험대리점 등록이 소급적으로 효력을 상실하는지 여부와 무관하게 이렇게 해석해야 한다.

92) 박균성 454면
93) 박균성 448면, 459면
94) 정채웅 415면

ii) 공법상 효과

① 소급효 문제

보험대리점 등록이라는 행정행위가 철회 또는 취소되면 보험대리점 등록의 효력이 장래를 향해서 소멸하는지 아니면 등록 시로 소급하여 소멸하는지를 살펴보자. 이것이 행정행위의 철회 또는 취소의 공법적 효과이다. 이를 철회와 취소로 구분하여 살펴보자.

② 철회의 효과

행정행위의 철회는 그 성질상 장래를 향해서만 효과(장래효)가 생긴다(통설). 따라서 행정행위의 철회에 해당하는 경우는 철회 이후부터 보험대리점 등록이 효력을 상실한다.

③ 취소의 효과

생각건대, 행정행위의 취소 효과가 소급효인지 장래효인지는 구체적 사안별로 귀책사유의 유무 및 정도, 원상회복의 가능 여부, 소급효를 부여하여 달성하려는 공익상 필요성 등을 종합적으로 고려한 이익형량의 결과에 따라 취소권자가 결정해야 한다. 보험대리점 등록취소의 경우 소급효를 부여하면 원상회복이 현실적으로 곤란한 측면이 있는 것이 보통인 점을 고려하면 장래효를 원칙으로 삼는 것이 합리적이라고 사료된다.

(6) 업무정지 또는 등록취소

1) 의의

보험대리점으로 등록된 경우에도 이후에 보험업법 위반 등 중대한 사유가 생기면 일정한 기간 동안 업무를 정지시키거나 등록을 취소하는 방법을 고려해야 한다. 이것이 보험대리점 업무정지 또는 등록취소의 문제이다. 금융위원회는 일정한 경우 보험대리점에게 6개월 이내의 기간을 정하여 그 업무의 정지를 명하거나 그 등록을 취소할 수 있다(법88②).

2) 사유

금융위원회가 보험설계사에게 그 업무의 정지를 명하거나 그 등록을 취소할 수 있는 사유는 다음과 같다(법88②). 이 중에서 i)~iv)는 보험설계사의 업무정지 또는 등록취소사유와 동일하므로 이에 대한 자세한 설명은 생략한다.

i) 모집에 관한 보험업법 규정을 위반한 경우

보험대리점이 보험업법상 모집에 관한 규정을 위반하면 업무정지 또는 등록취소사유가 된다(법88②(1)).

ii) 보험업법 102조의2를 위반한 경우

보험대리점이 보험계약에 이해관계가 있는 자로서 보험업법 102조의2를 위반하면 업무정지 또는 등록취소사유가 된다(법88②(2)). 보험업법 102조의2는 보험계약에 이해관계가 있는 자(보험계약자, 피보험자, 보험금을 취득할 자 등)에 대해 특별히 보험사기행위를 금지하는 규정이다. 즉 보험업법 88조 2항 2호에 따르면, 보험대리점이 보험계약에 이해관계가 있는 자로서 보험사기행위를 하면 업무정지 또는 등록취소사유가 되는 것이다.

iii) 보험업법 102조의3을 위반한 경우

보험대리점이 보험업법 102조의3을 위반하면 업무정지 또는 등록취소사유가 된다(법88②(3)). 보험업법 102조의3은 보험대리점 등 보험관련 업무종사자가 보험계약에 이해관계가 있는 자(보험계약자, 피보험자, 보험금을 취득할 자)로 하여금 보험사기행위를 하게 해서는 안 된다는 규정이다.

iv) 보험업법에 따른 명령이나 처분을 위반한 경우

보험대리점이 보험업법에 따른 명령이나 처분을 위반하면 업무정지 또는 등록취소사유가 된다(법88②(4)).

v) 금융소비자법 51조 1항 3호부터 5호까지의 어느 하나에 해당하는 경우

금융소비자법 51조 1항 3호부터 5호까지의 어느 하나에 해당하면 업무정지 또는 등록취소사유가 된다(법88②(5)). 금융소비자법 51조 1항 3호는 업무의 정지기간 중에 업무를 한 경우, 4호는 금융위원회의 시정명령 또는 중지명령을 받고 금융위원회가 정한 기간 내에 시정하거나 중지하지 아니한 경우, 5호는 그 밖에 금융소비자의 이익을 현저히 해칠 우려가 있거나 해당 금융상품판매업등을 영위하기 곤란하다고 인정되는 경우로서 대통령령으로 정하는 경우를 말한다. 위 대통령령으로 정하는 경우란 다음 각호를 말한다.

1. 금융소비자법 49조 2항에 따른 금융상품판매업자에 대한 금융상품 계약 체결의 권유 금지 또는 계약 체결의 제한·금지명령에 따르지 않은 경우
2. 1년 이상 계속하여 정당한 사유 없이 영업을 하지 않는 경우
3. 업무와 관련하여 제3자로부터 부정한 방법으로 금전등을 받거나 금융소비자에게 지급해야 할 금전등을 받는 경우
4. 금융소비자법 51조 2항 각 호에 따른 조치를 받은 날부터 3년 이내의 범위에서 금융위원회가 정하여 고시하는 기간 이내에 금융위원회가 정하여 고시하는 횟수 이상 동일한 위반행위를 반복한 경우

vi) 금융소비자법 51조 2항 각호 외의 부분 본문 중 대통령령으로 정하는 경우(업무의 정지를 명하는 경우로 한정)

금융소비자법 51조 2항 각호 외의 부분 본문 중 대통령령으로 정하는 경우에는 업무정지사유가 된다(법88②(6)). 위 대통령령으로 정하는 경우란 금융소비자법시행령 [별표1]을 말한다.

vii) 소속 보험설계사가 i) 및 iv)~vi)에 해당하는 경우

(1) 해당 보험대리점 소속 보험설계사가 i) 모집에 관한 보험업법 규정을 위반한 경우

및 iv) 보험업법에 따른 명령이나 처분을 위반한 경우 그 보험대리점의 업무정지 또는 등록취소사유가 된다(법88②(5)).

(2) 보험업법 88조 2항 7호의 문리에 의하면 i), iv)부터 vi)가 모두 갖추어진 경우에만 업무정지 또는 등록취소사유가 되지만,[95] i) 또는 iv)부터 vi) 중 어느 하나만 충족되어도 업무정지 또는 등록취소사유가 된다고 하는 해석이 합리적이다.

3) 법적 성질

i) 철회

(1) 보험업법 88조 2항은 취소라는 표현을 사용하고 있지만, 이론적으로 보면 철회에 해당한다. 행정행위의 취소란 행위 당시에 위법 또는 부당한 하자가 있음을 이유로 행정청이 유효한 행정행위의 효력을 소멸시키는 행위를 가리키고, 행정행위의 철회란 행위 당시에는 위법 또는 부당한 하자가 없었지만 이후에 새로운 사정의 발생으로 인한 공익상 필요에 따라서 행정청이 행정행위의 효력을 소멸시키는 행위를 가리킨다.[96]

(2) 위 2)의 i)~vii)는 보험대리점 등록 당시에는 위법 또는 부당한 하자가 없었지만 이후에 발생한 사정으로서 공익상 필요에 따라서 행정청이 행정행위의 효력을 소멸시킬 만한 사유라고 볼 수 있다. 따라서 i)~vii)는 보험대리점 등록의 취소가 아니라 철회 사유이고 그에 따른 등록의 취소는 이론상 철회에 해당한다.

ii) 재량행위

금융위원회가 행하는 보험대리점의 업무정지 또는 등록취소는 재량행위이다(법88②). "그 업무의 정지를 명하거나 그 등록을 취소할 수 있다"라고 규정하고 있기 때문이다. 즉 업무정지, 등록취소 처분을 할지 여부, 만약 한다면 둘 중 어느 것을 선택할지 등이 금융위원회의 재량사항이다. 업무정지를 명하는 경우 그 기간도 재량사항이며, 6개월 이내의 범위에서 구체적 타당성을 고려하여 정한다.

4) 효과

(1) 보험대리점 등록이라는 행정행위가 철회되더라도 그 이전에 보험대리점이 행한 모집행위의 사법적 효력에는 영향이 없다고 해석한다.[97] 즉 보험대리점 등록이 철회되더라도 이 점이 보험대리점이 행한 모집행위의 효력에 영향을 미치지는 않는다.

(2) 행정행위의 철회는 그 성질상 장래를 향해서만 효과(장래효)가 생긴다(통설). 따라서 전술한 2)의 i)~vii)에 따른 철회는 그 이후부터 보험대리점의 등록이 효력을 상실한다.

(3) 보험업법 88조 2항에 따른 업무정지 명령을 위반하여 모집을 한 자에 대해서는

---

95) 보험업법 88조 2항 5호는 "해당 보험대리점 소속 보험설계사가 제1호, 제4호부터 제6호에 해당하는 경우"라고 규정한다.

96) 박균성 454면

97) 정채웅 415면

형벌(법204①(4))이 따른다.

(7) 청문 및 통지

1) 청문

(1) 전술한 바와 같이 보험업법 88조 1항은 보험대리점 등록취소, 보험업법 88조 2항은 보험대리점 등록취소 또는 업무정지에 대해 규정하고 있다. 보험업법 88조 1항 또는 2항에 따라서 금융위원회가 보험대리점 등록취소를 하거나 업무정지를 명하고자 할 때는 보험대리점에 대해 청문을 실시해야 한다(법88③,86③).

(2) 청문의 개념 등에 관해서는 보험설계사 등록취소 또는 업무정지 부분에서 살펴본 바 있다.

2) 통지

(1) 금융위원회는 보험대리점 등록취소를 하거나 업무정지를 명한 경우에 지체 없이 그 이유를 문서에 적어서 보험대리점 및 해당 보험대리점에 모집을 위탁한 보험회사에게 그 뜻을 알려야 한다(법88③,86④).

(2) 해당 보험대리점 또는 모집위탁을 한 보험회사가 등록취소 또는 업무정지 사실을 알 수 있도록 하기 위함이다.

(3) 위 (1)에 따른 보험대리점의 등록취소의 통지 및 업무정지의 통지는 금융감독원장에게 위탁되어 있다(시행령[별표8]15).

(8) 등록관련 신고의무

1) 의의

(1) 보험대리점은 일정한 사항에 해당하는 경우에는 지체 없이 그 사실을 금융위원회에 신고해야 한다(법93①). 여기서 일정한 사항은 등록과 밀접하게 관련되어 있다.

(2) 위 (1)을 통해서 금융위원회가 신고사항을 관리할 수 있게 하기 위해서이다.

(3) 위 (1)에 따른 신고의 수리는 금융감독원장에게 위탁되어 있다(시행령[별표8]18).

2) 신고의 주체

(1) 보험대리점이 신고의무의 주체이다(법93①). 다만, 보험대리점 본인의 사망 등의 경우 상속인 등의 이해관계자가 신고하도록 정하고 있다(법93②).

(2) 또한 해당 보험대리점이 소속된 보험회사도 신고사항을 알게 된 경우 신고해야 한다(법93④·③). 보험대리점과 보험회사 중에서 어느 하나가 신고하였다고 해도 다른 하나가 신고하지 않으면 의무위반이 된다.

3) 신고의 대상

보험업법 93조 1항이 규정하는 신고의 대상은 보험대리점 등록과 직접 또는 간접으로 관련된 사항이다. 신고대상은 다음과 같다.

i) 신청서류 기재사항 변경

보험대리점 등록을 신청할 때 제출한 서류에 적힌 사항이 변경된 경우는 신고대상이다(법93①(1)). 등록 이후에 변동이 생긴 경우가 신고대상이다.

ii) 등록의 취소사유 또는 실효사유

① 등록의 취소사유

(1) 보험업법 84조 2항에 해당하게 된 경우는 신고대상이다(법93①(2)). 보험업법 84조 2항은 보험대리점으로 등록될 수 없는 사유를 가리킨다. 이러한 사유는 보험대리점의 등록취소사유 중 하나에 해당한다(법88①(1)).

(2) 그런데 보험대리점의 등록취소사유는 위 (1) 이외에도 보험설계사로 등록된 경우 등 여러 가지가 있는데(법88①), 그것만 신고대상에 포함된 것은 입법의 불비이다.

② 등록의 실효사유

(1) 보험대리점 등록은 행정행위의 일종으로서 이론상 허가에 해당한다. 허가의 대상이 소멸되면 행정행위는 소멸된다(판례,[98] 통설). 아래 (2)의 (a)~(e)는 허가의 대상이 소멸된 경우에 해당되며, 따라서 대리점 등록은 실효된다. 실효의 효력은 장래효이다.

(2) 등록의 실효사유로서 신고대상은 다음과 같다

(a) 모집업무를 폐지한 경우(법93①(3))

(b) 개인의 경우에는 본인이 사망한 경우(법93①(4)). 이 경우는 그 상속인이 신고해야 한다(법93②).

(c) 법인의 경우에는 그 법인이 해산한 경우(법93①(5)). 이 경우는 그 청산인·업무집행임원이었던 자 또는 파산관재인이 신고해야 한다(법93②).

(d) 법인이 아닌 사단 또는 재단의 경우에는 그 단체가 소멸한 경우(법93①(6)). 그 관리인이었던 자가 신고해야 한다(법93②).

(e) 보험대리점이 소속 보험설계사와 보험모집에 관한 위탁계약을 해지한 경우(법93①(7)). 이 경우는 보험대리점에게 신고의무가 있다고 해석한다.

---

98) 대판 1981.7.14. 80누593(청량음료 제조업허가는 신청에 의한 처분이고, 이와 같이 신청에 의한 허가처분을 받은 원고가 그 영업을 폐업한 경우에는 그 영업허가는 당연 실효되고, 이런 경우 허가행정청의 허가취소처분은 허가의 실효됨을 확인하는 것에 불과하므로 원고는 그 허가취소처분의 취소를 구할 소의 이익이 없다); 대판 1990.7.13. 90누2284(유기장의 영업허가는 대물적 허가로서 영업장소의 소재지와 유기시설 등이 영업허가의 요소를 이루는 것이므로, 영업장소에 설치되어 있던 유기시설이 모두 철거되어 허가를 받은 영업상의 기능을 더 이상 수행할 수 없게 된 경우에는, 이미 당초의 영업허가는 허가의 대상이 멸실된 경우와 마찬가지로 그 효력이 당연히 소멸된다)

4. 보험대리점의 전속의무, 겸직 또는 겸업

(1) 전속의무

(1) 보험업법이 강제하는 보험대리점의 보험회사에 대한 전속의무는 없다. 즉 보험대리점은 한 개의 보험회사와 보험대리점 계약을 체결해도 되지만 한 개 이상의 보험회사와 보험대리점 계약을 체결해도 무방하다. 가령 A보험회사의 보험대리점으로 등록된 후 이에 추가하여 B보험회사의 보험대리점으로 등록되는 것이 가능하다.

(2) 보험설계사의 경우는 육성 및 관리를 하기 위해서 보험업법이 전속의무를 두고 있지만, 독립된 상인인 보험대리점의 경우는 육성 및 관리의 중요성이 상대적으로 덜 하기 때문에 보험업법상 전속의무를 두고 있지 않다.

(3) 다만, 당사자의 약정에 의해서 전속의무를 두는 것은 가능하다. 즉 보험대리점과 보험회사가 그 보험회사에만 소속되도록 약정하는 것이 가능하며 이 약정은 법적 구속력이 있다.

(2) 보험대리점 종류별 겸업

(1) 생명보험대리점, 손해보험대리점, 제3보험대리점을 겸업할 수 있는지가 문제된다. 보험업법상 이를 금지하는 규정은 없다. 오히려 겸업이 가능함을 전제로 한 규정이 있다.[99] 가령 하나의 법인이 생명보험대리점과 손해보험대리점을 각각 등록하여 겸업하는 것이 가능하다. 따라서 보험대리점은 취급하는 업종이 다른 여러 보험회사와 보험대리점 계약을 체결하는 것도 가능하다.

(2) 위 (1)에 따라 여러 보험회사와 모집위탁계약을 체결한 보험대리점에 소속된 보험설계사는 여러 보험회사의 보험상품을 모집할 수 있게 된다. 이 점에서 보험대리점에 소속된 보험설계사는 보험회사에 소속된 보험설계사와 차이가 있다. 보험회사에 소속된 보험설계사는 교차모집인 경우를 제외하고 한 개의 보험회사 보험상품만 모집할 수 있다.

(3) 다른 모집종사자 등과의 겸직 또는 겸업

(1) 보험설계사 또는 보험중개사로 등록된 자, 그리고 다른 보험회사, 보험대리점, 보험중개사에 속한 임직원은 보험대리점으로 등록될 수 없다(법87②(2),(3)).

(2) 보험업법 87조 2항을 위반하면 등록취소사유가 된다(법88①).

(4) 소속 보험설계사의 겸직 또는 겸업 등

보험대리점에 소속된 보험설계사는 다음과 같은 규제를 받는다.

(1) 보험대리점에 소속된 보험설계사는 보험회사의 임직원, 다른 보험대리점·보험중

---

99) 보험업법 93조 1항 8호에 따르면, 보험대리점은 생명보험계약의 모집과 손해보험계약의 모집을 겸하게 된 경우 그 사실을 금융위원회에 신고해야 한다.

개사의 임직원을 겸직할 수 없다(감독규정4-9②). 이러한 겸직은 이익상충의 우려가 있기 때문이다.

(2) 보험대리점은 보험업법시행령 32조 1항 4호 및 5호에 해당하는 자를 임직원 또는 보험설계사로 둘 수 없고, 다만 상법 382조 3항에 따른 사외이사를 간단손해보험대리점의 사외이사로 두는 경우는 제외한다(감독규정4-9③). 보험업법시행령 32조 1항 4호 및 5호에 해당하는 자는 경쟁을 실질적으로 제한하는 등 불공정한 모집행위를 할 우려가 있는 자로서 보험대리점으로 등록될 수 없는 자에 해당하는데, 이에 그치지 않고 보험대리점의 임직원 또는 보험설계사도 될 수 없도록 한 것이다.

5. 영업보증금의 예탁

(1) 의의

1) 필요성

보험대리점은 보험계약체결의 모집 등 영업을 하면서 보험계약자 등에게 위법행위로 인한 손해를 끼칠 수 있다. 이러한 손해배상책임을 담보하기 위한 수단이 필요하다.

2) 예탁의무

(1) 위 1)에 따라 금융위원회는 등록을 한 보험대리점으로 하여금 금융위원회가 지정하는 기관에 영업보증금을 예탁하게 할 수 있다(법87③). 영업보증금의 한도액 등 필요한 사항은 대통령령에 위임되어 있다(법87④).

(2) 보험업법 87조 3항의 문언을 보면 금융위원회가 영업보증금 예탁 등의 조치를 취할지 여부가 재량행위로 되어 있다. 하지만 영업보증금 예탁의 제도 취지, 성질 등을 고려하면 기속사항이라고 해석함이 타당하다. 이 점에서 영업보증금 예탁이 영업개시요건이자 영업유지요건이라고 규정한 것(시행령33③)은 타당하다.

3) 보험중개사와 비교

i) 규율의 방향

보험대리점의 영업보증금 제도는 보험중개사의 그것과 비교해 규율의 방향이 다르다.

(1) 보험대리점의 경우 영업보증금의 주된 목적이 모집관련 불법행위에 관해서 보험회사가 보험계약자 등에게 사용자책임(금융소비자법45)을 진 후에 보험대리점에게 구상권을 행사함에 있어 담보기능을 수행하는 데 있기 때문에 영업보증금 문제를 최대한 보험회사와 보험대리점 사이에 자율에 맡기려 한다.

(2) 이와 달리 보험중개사의 경우 모집관련 불법행위에 대해 보험회사가 사용자책임을 지지 않고 보험중개사만이 손해배상책임을 진다는 점을 고려하여 영업보증금 문제에 보다 엄격한 태도와 법정주의의 입장을 취하고 있다. 양자의 차이는 구체적으로 다음과

같다.

ii) 구체적 차이점

① 예탁금액

보험대리점의 경우 영업보증금의 금액이 보험중개사에 비해 하향되고 보험회사와 보험대리점이 협의하여 정하지만(시행령33①), 보험중개사의 경우 영업보증금의 금액이 보험대리점에 비해 상향되고 법정되어 있다(시행령37①).

② 예탁장소

보험대리점의 경우 예탁장소가 보험회사이지만(감독규정4－10①), 보험중개사의 경우 예탁장소가 금융감독원이다(감독규정4－10①).

③ 예탁금의 반환 등

보험중개사의 경우 예탁금액의 반환과 손해배상금의 지급이 법정되어 있지만(시행령37③,38), 보험대리점의 경우 예탁금액의 반환에 대해서만 규정이 있다(감독시행세칙2－8④).

(2) 영업요건

(1) 영업보증금의 예탁은 영업을 하기 위한 요건이다. 즉 보험대리점의 등록을 한 자는 영업보증금을 예탁기관에 예탁하지 않으면 영업을 할 수 없다(시행령33③).

(2) 위 (1)에 따른 영업보증금의 예탁은 영업개시요건이자 영업유지요건이라고 해석한다. 영업을 개시하기 위해서도 필요하지만 영업을 계속하기 위해서도 필요한 요건이라는 의미이다.[100] 영업개시요건뿐만 아니라 나아가 영업유지요건으로 한 이유는 영업보증금을 실효성 있게 확보하기 위해서이다.

(3) 금융기관보험대리점에 대해서는 영업보증금 예탁을 면제한다(시행령33①단). 금융기관보험대리점은 일반적으로 예탁금액 이상의 변제자력을 갖고 있기 때문이다.

(3) 예탁금액

1) 협정예탁금액

(1) 영업보증금은 개인보험대리점의 경우 1억 원, 법인보험대리점의 경우 3억 원의 범위에서 보험회사와 보험대리점이 협의하여 정할 수 있다(시행령33①본). 이렇게 협의로 정해진 금액이 '협정예탁금액'이다. 개인보험대리점의 경우 1억 원, 법인보험대리점의 경우 3억 원은 '최고영업보증금'이라고 할 수 있다.

(2) 위 (1)과 같이 법령이 최고영업보증금만 정하되 보험회사와 보험대리점이 협의하여 정하도록 한 취지는 영업보증금이 실질적으로는 보험회사가 보험대리점에게 구상권을 행사하기 위한 담보로서의 기능이 우선하기 때문이다. 보험대리점이 모집과정에서 보험계

100) 성대규 · 안종민 301면; 정채웅 405면

약자에게 손해를 끼친 경우 보험계약자가 보험대리점에게 불법행위에 따른 손해배상청구권(민법750)을 행사할 수도 있지만 이보다는 보험회사에게 사용자책임에 따른 손해배상청구권(금융소비자법45①)을 행사하는 것이 일반적이고, 사용자책임에 따라 손해배상을 한 보험회사는 보험대리점에게 구상권을 행사할 수 있다(금융소비자법45②). 영업보증금은 보험계약자 등에 대한 직접적 손해구제보다는 보험회사의 이러한 구상권 행사를 위한 담보기능에 보다 중점이 있다.[101]

(3) 위 (2)와 같은 이유에서 보험업법 103조가 보험중개사의 영업보증금에 대해서는 보험계약자 등이 우선변제권을 갖는다고 규정하지만 보험대리점의 영업보증금에 대해서는 언급이 없는 것이다.

2) 예탁금액의 증액

(1) 금융위원회는 보험계약자의 보호와 모집질서의 유지를 위해 필요하다고 인정하면 영업보증금의 증액을 명할 수 있다(시행령33②). 이렇게 증액된 예탁금액이 '증액예탁금액'이다.

(2) 보험업법시행령 33조 1항이 정하고 있는 최고영업보증금(1억 원 또는 3억 원)을 초과하는 증액명령도 가능하다고 해석한다. 다만, 증액명령의 금액 한도에 대해 명문으로 규정힐 필요가 있다고 본다.

(4) 예탁장소

예탁장소는 금융위원회가 지정하는 기관인데(법87③), 이에 따르면 예탁장소 또는 예탁기관은 보험대리점이 대리점계약을 체결한 보험회사이다(감독규정4-10①). 예탁장소 또는 예탁기관이 보험회사인 것은 영업보증금이 보험회사 구상권을 위한 담보기능을 한다는 점을 고려했기 때문이다.

(5) 예탁방법

(1) 영업보증금은 현금 또는 다음 각 호의 어느 하나에 해당하는 증권 등으로 예탁할 수 있다(시행령33④).

1. 거래소에 상장된 증권 중 금융위원회가 인정하는 증권
2. 금융위원회가 인정하는 보증보험증권
3. 금융위원회가 인정하는 기관이 발행한 지급보증서

(2) 위 (1)의 1호에서 금융위원회가 인정하는 증권은 다음 각 호의 하나를 가리킨다(감독규정4-10②).

1. 자본시장법 4조 3항에 따른 채무증권 중 국채증권, 지방채증권, 특수채증권, 사채권

---

101) 이성남 115면

2. 자본시장법 9조 21항에 따른 집합투자증권(자본시장법 9조 19항 1호에 따른 경영참여형 사모집합투자기구의 집합투자증권을 제외) 중에서 채권형 집합투자증권
3. 자본시장법 110조에 따라 신탁업자가 발행하는 수익증권 중 공사채형 수익증권

(3) 위 (1)의 2호에서 금융위원회가 인정하는 보증보험증권이란 보험회사를 피보험자로 하고 국내 보증보험회사가 발행하는 이행보증보험증권을 말한다(감독규정4-10③).

(4) 위 (1)의 3호에서 금융위원회가 인정하는 기관이란 은행법 2조 1항 2호의 규정에 의한 금융기관을 말한다(감독규정4-10④). 이는 은행으로서 은행업을 규칙적·조직적으로 경영하는 한국은행 외의 모든 법인을 말한다(은행법2①(2)).

(6) 예탁금액의 보전, 재예탁, 반환

1) 예탁금액의 보전

i) 평가액 변동

(1) 만약 예탁된 증권 등이 그 평가액의 변동으로 법정예탁금액(또는 증액예탁금액)에 부족하게 된 때에는 금융위원회가 정하는 기간 내에 부족한 금액을 보전해야 한다(시행령33⑤).

(2) 위 (1)에서 금융위원회가 정하는 기간은 영업보증금 미달 통보를 받은 날부터 14일 이내를 말한다(감독규정4-10⑤).

ii) 평가 기준

위 i)(1)에 따른 평가는 다음과 같다.

(1) 채무증권의 평가는 한국거래소가 공시한 최근 월의 대용가격으로 한다(감독시행세칙2-8①).

(2) 집합투자증권 및 수익증권의 평가는 당해 집합투자증권 및 수익증권의 발행기관이 평가하여 확인한 금액(잔고증명서)으로 한다(감독시행세칙2-8②).

(3) 이행보증보험증권의 평가는 보험가입금액의 전액으로 하고, 금융기관이 발행한 지급보증서의 평가는 당해 금융기관이 지급을 보증한 금액의 전액으로 한다(감독시행세칙2-8③).

2) 재예탁

만약 보험기간이 만료되었을 때에는 다시 예탁하여야 한다(시행령33⑤). 여기서 보험기간은 보증보험증권의 보험기간이라고 해석한다.

3) 반환

보험회사는 대리점계약이 해지된 때에는 영업보증금을 반환해야 한다(감독시행세칙2-8④).

6. 보험대리점 영업기준

(1) 의의

1) 관련 규정

(1) 보험대리점의 영업기준은 대통령령에 위임되어 있다(법87④). 이에 따라 보험업법 시행령 33조의2가 보험대리점의 영업기준을 정하면서 추가적인 필요한 사항은 금융위원회 고시에 위임한다. 이에 따라 감독규정 4-11조, [별표5의6], [별표5의7] 등이 보험대리점의 영업기준에 대해 규정하고 있다. 보험회사는 감독규정 [별표5의7]에서 정한 보험대리점의 준수사항의 이행을 방해해서는 안 된다(감독규정4-7③).

(2) 보험대리점의 영업기준에 대해 규정하고 있는 보험업법시행령 33조의2 1항~3항 등에 비추어 보면, 보험대리점의 영업기준이란 보험계약체결의 모집과 관련하여 준수해야 할 의무를 통칭한다고 할 수 있다. 보험대리점의 모집행위 자체뿐만 아니라 이를 통제하기 위한 내부통제기준 등과 같이 보험계약체결 모집의 건전성, 적법성, 투명성 등을 확보하기 위해서 직접적으로 또는 간접적으로 관련된 의무를 포괄하는 개념이다. 다만, 보험대리점의 영업기준을 지나치게 확장해서 해석하면 위임입법의 한계를 벗어날 수 있으므로 보험입법시행령 33조의2 1항~3항 능의 취지, 내용 등에 비추어 합리적으로 해석할 필요가 있다.

2) 보험대리점의 유형별 영업기준

(1) 보험업법은 영업기준을 보험대리점의 유형별로 다르게 설정한다. 그 유형은 다음과 같이 나뉜다.

(a) 모든 보험대리점에 적용되는 일반적·공통적 영업기준
(b) 모든 법인보험대리점에 추가되는 영업기준
(c) 보험설계사가 100명 이상인 법인보험대리점에 추가되는 영업기준
(d) 보험설계사가 500명 이상인 대형 법인보험대리점에 추가되는 영업기준

(2) 위 (1)의 (a)는 모든 보험대리점에 적용되는 일반적·공통적 영업기준이다. 법인보험대리점은 (a) 이외에 영업기준이 추가된다. 우선, 모든 법인보험대리점에는 (a) 및 (b)의 영업기준이 적용된다. 보험설계사가 100명 이상인 법인보험대리점에는 (a), (b) 및 (c)의 영업기준이 적용된다. 보험설계사가 500명 이상인 대형 법인보험대리점에는 (a), (b), (c) 및 (d)의 영업기준이 적용된다.

(3) 위 (1)의 (c)와 (d)는 법인보험대리점이 중형화, 대형화되면서 그에 적합한 영업기준으로 만들어진 것이다.

3) 금융기관보험대리점

금융기관보험대리점에 대해서는 대형 법인보험대리점에게 요구되는 영업기준인 감독규정 [별표5의6]의 요건이 적용되지 않는다(감독규정4-11①). 또한 감독규정 [별표5의7]의 요건도 적용되지 않는다(감독규정4-11②). 이를 제외하면 보험대리점에 관한 영업기준은 금융기관보험대리점에도 적용되며, 다만 일부 적용되지 않는 부분에 대해서는 해당 부분에서 설명하기로 한다. 그리고 금융기관보험대리점에만 적용되는 영업기준에 대해서는 본서 이 장의 제5관에서 별도로 다루기로 한다.

(2) 일반적·공통적 영업기준

1) 구분

보험대리점의 유형(개인보험대리점, 법인보험대리점 등)을 묻지 않고 일반적으로 적용되는 영업기준이 있다.

2) 상호 관련

i) 보험대리점 명기

보험대리점과 그 소속 보험설계사는 일정한 자료 또는 광고에서 보험대리점의 상호를 사용하는 경우 상호 중에 "보험대리점"이라는 글자를 포함해야 한다(감독규정[별표5의7]2가). 여기서 자료 또는 광고는 ⓐ 보험안내자료(법95①) 등 보험계약의 체결 또는 모집을 위하여 제공하는 자료, 또는 ⓑ 보험상품에 관한 광고를 가리킨다(감독규정[별표5의7]2가). 자료 또는 광고에 상호를 사용할 때 그 주체가 보험대리점임을 분명히 하자는 취지이다.

ii) 상호 게시

보험대리점은 상호 및 명칭이 기재된 표지를 점포 외부의 보기 쉬운 곳에 게시해야 한다(감독규정[별표5의7]2나). 해당 점포에서 영업하는 주체가 보험대리점임을 분명히 하자는 취지이다.

iii) 타 보험대리점 상호와 혼동 금지

보험대리점은 다른 보험대리점과 같은 상호 또는 명칭을 사용해서는 안 된다(감독규정[별표5의7]2라). 다른 보험대리점과의 혼동을 방지하자는 취지이다.

3) 등록번호 등 게시

i) 점포 외부

보험대리점은 등록번호, 모집을 위탁한 보험회사가 기재된 표지를 점포 외부의 보기 쉬운 곳에 게시해야 한다(감독규정[별표5의7]2나). 전술한 바와 같이 상호 및 명칭도 같이 게시해야 한다. 해당 보험대리점이 특정한 보험회사를 위한 적법한 모집종사자라는 점을 보험계약자가 보험대리점 점포의 외부에서 알 수 있도록 하기 위해서이다.

ii) 점포 내부

보험대리점은 등록증(지점은 등록증의 사본)을 점포 내부의 적당한 위치에 부착해야 한다(감독규정[별표5의7]2다). 해당 보험대리점이 특정한 보험회사를 위한 적법한 모집종사자라는 점을 보험계약자가 보험대리점 점포의 내부에서 확인할 수 있도록 하기 위해서이다.

4) 위탁계약서 등 보관·관리

보험대리점은 소속 보험설계사와의 위탁계약서, 수입 및 지출 명세에 관한 회계장부 등을 보관하고 관리해야 한다(감독규정[별표5의7]2마). 보험대리점의 영업현황을 투명하게 관리하게 위해서이다.

5) 장부 등 작성·비치

(1) 다음의 각 장부 등을 작성·비치해야 하고, 다만 보험회사가 제공하는 전산자료로 대체하거나 전산처리시설을 이용하여 관리할 수 있다(감독규정[별표5의7]2바). 장부 등 작성·비치의무를 둔 이유는 보험대리점의 영업현황을 투명하게 관리하게 위해서이다.

1) 보험료수납부
2) 모집을 위탁한 보험회사가 정한 보험계약원부
3) 보험회사 예금계정에의 입금확인증철
4) 소속 보험설계사와의 위탁계약서
5) 회계장부
6) 그 밖에 모집을 위탁한 보험회사가 요구하는 서류

(2) 만약 보험대리점이 2개 이상의 보험회사와 대리점계약을 체결한 경우 보험계약사항이 기록된 서류를 보험회사별로 작성·비치해야 하고, 다만 보험회사가 제공하는 전산자료로 대체하거나 전산처리시설을 이용하여 관리할 수 있다(감독규정[별표5의7]2아).

6) 보험료의 입금

모집을 위탁한 보험회사와 별도 특약이 있거나 부득이한 사유가 없는 한, 매 계약 건마다 영수한 보험료를 모집을 위탁한 보험회사의 예금계정에 즉시 입금해야 한다(감독규정[별표5의7]2사). 보험료 유용 등을 방지하기 위해서이다.

7) 보험대리점 계약의 문제

i) 의의

보험회사가 보험대리점에게 보험모집을 위탁하려면 보험대리점 계약(대리점계약)을 체결하는 것이 일반적이다. 대리점계약은 위임계약(민법680)의 일종이다(통설). 보험업법은 건전한 대리점 계약관계를 위해서 일정한 규제를 가한다. 그 내용은 다음과 같다.

ii) 계약체결의 범위

(1) 대리점계약은 보험대리점의 영업범위에 구속을 받는다. 즉 보험회사가 보험대리점

과 대리점계약을 체결하고자 할 때에는 보험대리점의 구분별 영업범위 내에서 계약을 체결해야 한다(감독규정4-7①). 보험대리점의 구분별 영업범위는 생명보험대리점, 손해보험대리점(간단손해보험대리점 포함), 제3보험대리점 별로 차이가 있으며, 이에 관해서는 보험대리점의 영업범위에서 기술한 바 있다.

(2) 만약 보험대리점의 구분별 영업범위를 벗어나서 계약이 체결된 경우 그 효력은 무효라고 해석한다. 보험대리점 영업범위에 관한 법규정은 보험회사와 보험대리점 모두를 구속하는 강행법규라고 해석되기 때문이다. 다만, 보험대리점이 이러한 계약에 기초해서 모집행위를 한 경우 이 모집행위가 당연히 무효라고 해석하지는 않는다.

iii) 표준대리점계약서

(1) 보험협회는 표준대리점계약서를 제정할 수 있다. 즉 보험협회는 대리점계약 체결과 관련하여 보험회사 및 보험대리점이 공통으로 사용할 수 있는 표준대리점계약서를 제정할 수 있다(감독규정4-7②). 표준대리점계약서에는 대리점계약에 관한 공정한 경쟁질서 등을 고려한 내용이 담기게 된다.

(2) 보험협회가 표준대리점계약서를 제정한 경우 모든 보험회사 및 보험대리점이 이에 따라야 하는지에 대해서는 명시적인 규정이 없다. 하지만 위 규정에 따르면 표준대리점계약서는 보험회사 및 보험대리점이 '공통'으로 사용하기 위한 목적을 띠고 있다는 점에서 모든 보험회사 및 보험대리점은 그에 따라야 한다고 해석한다.

(3) 한편 보험회사는 표준대리점계약서에서 정한 사항 외에 정상적인 거래 관행에 비추어 부당하게 수수료, 비용, 기타 경제상의 이익을 지원하는 등의 공정한 경쟁질서를 해하는 행위를 해서는 안 된다(감독규정4-7③).

iv) 계약기간

(1) 대리점계약의 기간은 보험회사와 보험대리점이 사적 자치에 따라 정하는 것이 원칙이다. 다만, 개인보험대리점의 경우 보험회사에 비해 경제적 약자라는 점을 고려하여 최소 계약기간을 정하여 준수하게 한다. 즉 보험회사가 대리점계약을 개인보험대리점과 체결할 경우에는 계약의 기간을 1년 이상으로 해야 한다(감독규정4-7④본).

(2) 위 (1)에서 계약기간 중에 대리점 위임업무 등 계약사항의 일부를 변경할 때에 계약기간의 계산은 당초 계약체결일부터 기산한다(감독규정4-7④단). 계약사항의 일부 변경인지 여부는 객관적으로 판단한다. 일부 변경의 경우 변경일로부터 최소 계약기간을 다시 계산하지 않도록 한 이유는 당초 계약체결일을 기준으로 계산하더라도 개인보험대리점 보호에 큰 문제가 없는데다가 오히려 보험회사가 최소 계약기간의 연장을 우려하여 일부 변경에 지나치게 소극적일 수 있는 등 대리점 계약관계가 경색될 우려가 있기 때문이다.

v) 다른 보험회사와 계약체결

보험대리점이 다른 보험회사와 대리점계약을 체결하는 경우 보험협회의 장에게 일정한 서류를 제출해야 한다.

(1) 다른 보험회사와 새로운 대리점계약을 체결하는 경우이다. 즉 보험대리점이 다른 보험회사와 새로운 대리점계약을 체결하고자 하는 경우에는 그 다른 보험회사를 거쳐 감독규정 [별지7]의 서식에 의한 계약체결신고서를 보험협회의 장에게 제출해야 한다(감독규정4-7⑤). 이 규정은 동일한 보험업을 영위하는 다른 보험회사와 대리점계약을 체결하는 경우에만 적용된다. 서로 다른 보험업을 영위하는 다른 보험회사와 대리점계약을 체결하는 경우는 아래와 같이 따로 규율하기 때문이다.

(2) 서로 다른 보험업을 영위하는 보험회사와 대리점계약을 체결하는 경우이다. 즉 보험대리점이 서로 다른 보험업을 영위하는 보험회사와 대리점계약을 체결하여 모집을 겸업하고자 하는 때에는 대리점계약을 체결하고자 하는 보험회사를 거쳐 다음 각 호에 해당하는 서류를 보험협회의 장에게 제출해야 한다(감독규정4-7⑥).

1. 감독규정 [별지8]의 서식에 의한 겸업신고서
2. 겸업하고자 하는 보험업의 등록요건을 증명하는 서류

vi) 계약의 해지

보험회사는 대리점계약을 해지한 때에는 그 해지일부터 14일 내에 감독규정 [별지9]의 서식에 따라 보험협회의 장에게 신고해야 한다(감독규정4-7⑦).

vii) 공동인수 보험계약

보험대리점은 모집을 위탁한 보험회사가 다른 보험회사와 동일위험에 대한 보험계약을 공동으로 인수하는 경우에는 그 다른 보험회사와도 대리점계약이 체결되어 있는 것으로 본다(감독규정4-8의2).

(3) 모든 법인보험대리점에 추가되는 영업기준

1) 구분

법인보험대리점 일반에 적용되는 영업기준이 있다. 여기에는 지점 관련 기준 등이 포함된다. 법인보험대리점 일반에는 이 영업기준뿐만 아니라 전술한 보험대리점의 일반적·공통적 영업기준도 적용된다. 따라서 2층의 중첩적 영업기준이 적용된다.

2) 지점 관련 기준

법인보험대리점은 지점과 관련하여 다음의 기준을 준수해야 한다.

i) 지점의 설치

(1) 법인보험대리점은 지점을 설치하여 운영할 수 있다(감독규정4-11의2①). 여기서 지

점은 보험대리점의 영업에 필요한 물리적 공간과 설비를 갖추고 계속·반복적으로 모집행위를 하는 장소를 말한다(감독규정4-11의2②).

(2) 지점을 설치하는 경우 신고가 필요하다. 즉 법인보험대리점이 지점을 설치하려면 보험협회의 장이 정하는 신고서에 아래의 유자격자 자격을 증명하는 서류를 첨부하여 모집을 위탁한 보험회사를 거쳐 보험협회의 장에게 신고해야 한다(감독시행세칙2-9①).

(3) 금융기관보험대리점에 대한 특칙이 있다. 즉 금융기관보험대리점으로 등록하였거나 등록하고자 하는 금융기관은 동일한 주소지에 2개 이상의 지점을 설치할 수 없고, 다만 인수·합병 또는 물리적 구분에 의하여 동일한 주소지에 점포명 또는 회계가 구분되고 별도의 지배인 등기가 되어 있는 복수의 점포를 가지고 있는 경우는 예외이다(감독규정4-11의2③).

ii) 유자격자 요건

(1) 법인보험대리점의 지점에는 모집하고자 하는 보험종목에 대한 유자격자를 두어야 한다(감독시행세칙2-9②). 여기서 유자격자는 보험업법시행령 [별표3] 1호 다목의 요건을 충족하는 보험설계사를 말하는데, 이는 개인생명보험대리점(또는 개인손해보험대리점 또는 개인제3보험대리점)의 등록요건을 갖춘 자를 의미한다. 법인보험대리점이 되기 위해서는 개인생명보험대리점(또는 개인손해보험대리점 또는 개인제3보험대리점)의 등록요건을 갖춘 자를 1명 이상 두어야 하는데(시행령[별표3]2), 그 지점에도 이러한 유자격자를 두도록 한 것이다.

(2) 지점에 두는 유자격자는 법인보험대리점이 되기 위해서 두어야 하는 개인생명보험대리점(또는 개인손해보험대리점 또는 개인제3보험대리점)의 등록요건을 갖춘 자의 수에 포함하지 않는다(감독시행세칙2-9③). 결국 법인보험대리점의 본점은 물론이고 각 지점에도 개인생명보험대리점(또는 개인손해보험대리점 또는 개인제3보험대리점)의 등록요건을 갖춘 자를 1명 이상 두게 한 것이다.

(3) 위 (1)의 유자격자는 법인보험대리점의 업무에 상시 종사하는 자이어야 한다(감독규정4-11의2④). 상시종사자가 아니면 유자격자 요건이 형식화될 수 있기 때문이다.

iii) 지점의 폐쇄

(1) 법인보험대리점은 지점이 다음 각 호에서 정한 사실상 영업을 폐지한 사유에 해당하는 때에는 해당 지점을 폐쇄해야 한다(감독규정4-11의2⑤).

1. 지점 신고 후 6월 내에 영업을 개시하지 않은 때
2. 법인보험대리점이 개인보험대리점으로 인격을 변경한 때
3. 유자격자의 결원을 2월 내에 충원하지 않은 때

(2) 법인보험대리점이 지점을 폐쇄하였을 때에는 폐쇄한 날부터 7일 내에 보험협회의 장이 정하는 신고서에 따라 모집을 위탁한 보험회사를 거쳐 보험협회의 장에게 신고해야

한다(감독시행세칙2-10①).

(3) 금융감독원장은 법인보험대리점이 다음의 어느 각 호의 하나의 사유에 해당하는 경우에는 지점을 폐쇄할 수 있다(감독시행세칙2-10②).

1. 감독규정 2-9조 1항에 따라 지점 설치를 신고하지 아니한 때
2. 감독규정 4-11조의2 5항의 규정에도 불구하고 법인보험대리점이 지점을 폐쇄하지 않은 때

iv) 지점에 대한 준용규정

감독규정 [별표5의7] 2호가 규정하는 준수사항 중에서 마, 바, 사, 아목은 지점에 대하여 이를 준용한다(감독시행세칙2-11). 이에 대해서는 보험대리점 일반에 적용되는 일반적·공통적 영업기준에 기술한 바 있다.

(1) 마목에 따르면 소속 보험설계사와의 위탁계약서, 수입 및 지출 명세에 관한 회계장부 등을 보관하고 관리해야 한다.

(2) 바목에 따르면 일정한 장부 등을 작성·비치해야 한다.

(3) 사목에 따르면 모집을 위탁한 보험회사와 별도 특약이 있거나 부득이한 사유가 없는 한 매 계약 건마다 영수한 보험료를 모집을 위탁한 보험회사의 예금계정에 즉시 입금해야 한다.

(4) 아목에 따르면 2개 이상의 보험회사와 대리점계약을 체결한 경우 보험계약사항이 기록된 서류를 보험회사별로 작성·비치해야 한다.

(4) 100명 이상인 법인보험대리점에 추가되는 영업기준

1) 의의

(1) 직전 분기 중 일평균 소속 보험설계사가 100명 이상인 법인보험대리점에게 적용되는 영업기준이다. 이러한 법인보험대리점에는 이 영업기준뿐만 아니라 전술한 보험대리점의 일반적·공통적 영업기준, 모든 법인보험대리점에 추가되는 영업기준도 적용된다. 따라서 3층의 중첩적 영업기준이 적용된다.

(2) 금융기관보험대리점에 대해서는 이하의 감독규정 [별표5의7]의 요건이 적용되지 않는다(감독규정4-11②).

2) 수수료 등 이외의 추가대가 금지

보험대리점이 모집을 위탁한 보험회사에게 보험회사의 모집에 관하여 대리점계약서에서 정한 수수료·수당 외에 추가로 대가를 지급하도록 요구하거나 수수하는 행위를 해서는 안 된다(감독규정[별표5의7]1가).

3) 비용 등의 부당한 전가

보험대리점이 보험계약 체결을 대리하면서 발생하는 비용 또는 손실을 보험회사에

부당하게 떠넘기는 행위를 해서는 안 된다(감독규정[별표5의7]1나).

4) 임차료 등의 지원 금지

새로운 보험계약을 일정한 수준으로 모집하는 조건으로 사무실 등의 임차료, 대여금 등의 지원을 요구하거나 수수하는 행위를 해서는 안 된다(감독규정[별표5의7]1다).

5) 의사에 반하는 모집행위 금지

보험계약을 체결하려는 자의 의사에 반하여 다른 보험회사와의 보험계약 체결을 강요하는 행위를 해서는 안 된다(감독규정[별표5의7]1라).

6) 대리점계약 이외의 사항 요구 등 금지

그 밖에 대리점계약서에서 정하지 않은 사항을 부당하게 요구하거나 수수하는 행위를 해서는 안 된다(감독규정[별표5의7]1마).

(5) 대형 법인보험대리점에 추가되는 영업기준

1) 의의

(1) 보험대리점의 대형화 추세에 맞추어 일정 규모 이상의 '대형 법인보험대리점'에 대해서만 적용되는 영업기준이다. 대형 법인보험대리점은 이 영업기준뿐만 아니라 전술한 보험대리점의 일반적·공통적 영업기준, 모든 법인보험대리점에 추가되는 영업기준, 보험설계사가 100인 이상 법인보험대리점에 추가되는 영업기준도 적용된다. 따라서 4층의 중첩적 영업기준이 적용된다.

(2) 보험업법상 대형 법인보험대리점의 기준은 소속 보험설계사가 500명 이상인 법인보험대리점을 가리킨다. 즉 직전 분기 중 일평균 소속 보험설계사가 500명 이상인 법인보험대리점을 가리킨다(감독규정4-11①). 직전 분기 중 일평균 소속 보험설계사가 1,000명 이상인 법인보험대리점은 아래 상술하는 바와 같이 내부통제인력확보의무가 추가된다(감독규정[별표5의6]3마).

(3) 다만, 금융기관보험대리점에는 적용되지 않는다(감독규정4-11①). 왜냐하면 이러한 금융기관의 경우 아래 내용은 각자의 근거법률에서 별도로 규율하고 있기 때문이다.

(4) 위 (2)의 대형 법인보험대리점에 대해서는 보험업법시행령 33조의2 1항이 다음 각 호의 요건을 갖출 것을 요구한다.

1. 법령을 준수하고 보험계약자를 보호하기 위한 업무지침을 정할 것
2. 1호에 따른 업무지침의 준수 여부를 점검하고 그 위반사항을 조사하는 임원 또는 직원을 1명 이상 둘 것
3. 보험계약자를 보호하고 보험계약의 모집 업무를 수행하기 위하여 필요한 전산설비 등 물적 시설을 충분히 갖출 것

(5) 위 (4)의 보험업법시행령은 감독규정에 의해서 보다 구체화되어 있다. 이에 따라

대형 법인보험대리점에는 감독규정 [별표5의6]의 영업기준이 적용된다(감독규정4-11①). 그 내용은 아래 2)~5)와 같다.

2) 내부통제의무

i) 업무지침

보험대리점은 법령을 준수하고 경영을 건전하게 하며, 보험소비자 등 이해관계인을 보호하기 위한 업무지침을 정해야 하며, 내부통제가 실효성있게 이루어질 수 있도록 업무지침에 다음 각 목의 사항을 포함해야 한다(감독규정[별표5의6]1). 업무지침은 보험회사의 내부통제기준(지배구조법24)에 상응한다.[102)]

가. 업무의 분장 및 조직구조
나. 임직원 및 소속 보험설계사가 업무를 수행할 때 준수하여야 하는 절차
다. 내부통제와 관련하여 이사회, 임원 및 준법감시인이 수행하여야 하는 역할
라. 경영의사결정에 필요한 정보가 효율적으로 전달될 수 있는 체제의 구축
마. 임직원 및 소속 보험설계사의 내부통제기준 준수 여부를 확인하는 절차·방법과 내부통제기준을 위반한 임직원 및 소속 보험설계사의 처리
바. 임직원 및 소속 보험설계사의 금융관계법령 위반행위 등을 방지하기 위한절차나 기준
사. 업무지침의 제정 또는 변경 절차
아. 준법감시인의 임면절차 및 업무상 독립성 보장에 관한 사항
자. 이해상충을 관리하는 방법 및 절차 등
차. 보험상품에 대한 광고의 제작 및 내용과 관련한 준수사항
카. 내부고발자 제도의 운영에 관한 다음 각 세목의 사항
  1) 내부고발자에 대한 비밀보장
  2) 내부고발자에 대한 불이익 금지 등 보호조치
  3) 보험대리점에 중대한 영향을 미칠 수 있는 위법·부당한 행위를 인지하고도 준법감시인에 제보하지 않는 사람에 대한 불이익 부과
타. 보험상품 판매과정에서 소비자 보호 및 시장질서 유지 등을 위하여 준수하여야 할 업무절차 및 자율협약에 대한 사항
파. 영업점 자체점검의 방법·확인사항·실시 주기 등에 대한 사항
하. 지배구조 감독규정 [별표3] 3호 각 목에 해당하는 사항
거. 소속 보험설계사 위촉·관리에 관한 다음 각 세목의 사항
  1) 보험설계사 위촉기준
  2) 법 85조의2에 따른 보험계약의 모집에 관한 교육을 이수하지 않은 소속 보험설계사에 대한 모집업무 수행 제한 등 불이익 부과

102) 성대규·안종민 302면

ii) 준법감시인

① 의의

(1) 보험대리점은 업무지침의 준수 여부를 점검하고 그 위반사항을 조사하는 임원 또는 직원을 1명 이상 두어야 하고, 이러한 임직원이 준법감시인이다(감독규정[별표5의6]2). 이것은 보험회사의 준법감시인(지배구조법25)에 상응한다.

(2) 준법감시인은 다음 각 목의 요건에 해당하는 자이다(감독규정[별표5의6]2).

가. 다음 각 세목의 어느 하나에 해당하는 경력이 있는 자일 것
  1) 보험회사, 협회, 보험요율산출기관 또는 보험업법 178조에 따른 보험관계단체에서 10년 이상 근무한 경력이 있는 자
  2) 보험대리점 또는 보험중개사에서 내부통제 및 감사 관련 업무에 10년 이상 종사한 경력이 있는 자
  3) 변호사, 공인회계사 또는 보험계리사의 자격을 가진 자로서 해당 자격과 관련된 업무에 5년 이상 종사한 경력이 있는 자
  4) 기획재정부, 금융위원회, 금융감독원에서 7년 이상 근무한 경력이 있는 자로서 그 기관에서 퇴임하였거나 퇴직한 후 5년이 지난 자

나. 지배구조법 5조 1항 각 호의 어느 하나에 해당되지 않는 자일 것

다. 최근 5년간 지배구조법령을 위반하여 금융위원회 또는 금융감독원장으로부터 주의·경고의 요구 이상에 해당하는 조치를 받은 사실이 없는 자일 것

(3) 준법감시인이 된 사람이 위 (2) 다.의 요건을 충족하지 못하게 된 경우에는 그 직을 잃는다(감독규정[별표5의6]2다).

② 준수의무

준법감시인과 관련하여 보험대리점이 준수해야 할 원칙은 다음과 같다.

(1) 모집업무 금지: 보험대리점은 준법감시인으로 하여금 보험계약의 모집과 관련된 업무에 종사하지 않도록 해야 한다(감독규정[별표5의6]3가).

(2) 정보제출 요구: 보험대리점은 준법감시인이 그 직무를 수행할 때 임직원에게 자료나 정보의 제출을 요구하는 경우 그 임직원으로 하여금 성실히 따르게 해야 한다(감독규정[별표5의6]3나).

(3) 인사상 불이익 금지: 보험대리점은 준법감시인에게 그 직무수행과 관련된 이유로 인사에서 부당한 불이익을 주지 않아야 한다(감독규정[별표5의6]3다).

(4) 임면 통지의무: 보험대리점은 준법감시인을 임면한 때에는 그 사실을 감독규정[별지9-2] 서식에 따라 금융감독원장에게 통보해야 한다(감독규정[별표5의6]3라).

(5) 내부통제인력확보: 직전 분기중 일평균 소속 보험설계사가 1,000명 이상인 법인보험대리점은 내부통제업무가 효율적으로 수행될 수 있도록 내부통제업무를 독립적으로 수

행하는 충분한 경험과 능력을 갖춘 적절한 수(소속 보험설계사의 인원에 비례)의 인력으로 지원조직을 구성·유지하여 준법감시인의 직무수행을 지원해야 한다(감독규정[별표5의6]3마).

(6) 준법감시인의 임기는 2년 이상으로 해야 한다(감독규정[별표5의6]3바).

3) 물적 설비 구비의무

보험대리점은 보험계약자를 보호하고 보험계약의 모집업무를 수행하기 위하여 필요한 전산설비 등 물적 시설을 충분히 갖추어야 한다(감독규정[별표5의6]4). 이것은 보험회사가 보험업의 허가를 받으려면 갖추어야 할 물적 시설(법6①(2))에 상응한다.

4) 보험상품 비교·설명의무

(1) 보험대리점이 모집할 때 여러 보험회사의 보험상품을 비교·설명하게 하면 보험계약자의 정보 부족에 따라 발생하는 불완전판매를 방지할 수 있다.

(2) 위 (1)에 따라 보험대리점은 모집에 관해 위임계약을 체결한 보험회사의 동종 또는 유사한 보험상품을 3개 이상(비교 가능한 상품이 3개 이상일 경우에는 3개 이상, 3개 미만일 경우에는 전 상품을 말하며, 비교대상 상품은 다른 보험회사의 상품을 말함) 비교·설명하고 설명내용에 대한 확인서를 받아야 한다(감독규정[별표5의6]5본). 다만, 전화·우편·인터넷 등 통신수단을 이용하여 모집하는 경우와 기업성 보험, 자동차보험(보험협회가 비교·공시하는 자동차 보험의 보험료 비교·공시 조회 결과를 보험계약자가 확인할 수 있도록 한 경우에 한함) 또는 간단손해보험을 모집하는 경우에는 비교의무가 없다(감독규정[별표5의6]5단).

5) 표준상품설명대본 준수 확인의무

(1) 보험대리점은 전화를 이용한 모집의 경우 모집종사자가 표준상품설명대본을 준수했는지 확인해야 한다. 즉 보험대리점은 매월 전화를 이용하여 모집한 보험계약의 100분의 20 이상에 대하여 음성녹음[103] 내용을 점검하여 모집종사자가 보험계약자에게 표준상품설명대본에 따라 보험계약의 내용을 제대로 설명하였는지 여부 등을 확인해야 한다(감독규정[별표5의6]6본). 다만, 보험회사가 점검·확인하는 보험계약[104]은 제외한다(감독규정[별표5의6]6단).

(2) 위 (1)에서 표준상품설명대본이란 전화를 이용한 보험모집 시에 준수해야 할 상품별 표준상품설명대본으로서 보험회사가 작성해서 모집종사자가 이 대본에 따라 통신판매가 이루어지게 해야 한다(감독규정4－36⑧).

---

103) 보험회사 및 모집종사자는 전화를 이용하여 보험을 모집하는 경우에 보험계약자와 최초 통화내용부터 청약이 완료될 때까지 모든 과정을 음성녹음하고 이를 보관해야 한다(감독규정4－36⑩). 감독규정 [별표5의6]은 감독규정 4－36조 6항의 음성녹음이라고 규정하고 있지만 감독규정 4－36조 11항이라고 해야 한다.

104) 보험회사는 매월 전화를 이용하여 체결한 보험계약의 100분의 20 이상에 대하여 음성녹음 내용을 점검하여 모집종사자가 보험계약자에게 표준상품설명대본에 따라 보험계약의 내용을 제대로 설명하였는지 여부 등을 확인해야 한다(감독규정4－36⑬).

6) 내부통제기준

(1) 보험대리점은 내부통제제도를 운영함에 있어 다음 각 목의 기준을 준수해야 한다(감독규정[별표5의6]7). 이것은 보험회사의 내부통제기준(지배구조법24)에 상응한다.

가. 보험대리점은 내부통제기준의 운영과 관련하여 준법감시인을 위원장으로 하는 내부통제위원회를 둘 것
나. 지점장(보험영업 관리자를 포함)은 소관 영업에 대한 내부통제업무의 적정성을 연 1회 이상 정기적으로 점검하여 그 결과를 준법감시인에 보고하고, 법규위반 행위가 발생한 경우 재발방지대책을 마련하여 시행할 것
다. 준법감시인은 매년 1회 이상 정기적으로 내부통제 체계·운영에 대한실태를 점검하고 그 결과와 미비점이 있는 경우 그 개선방안을 이사회 및 감독원장에 보고할 것

(2) 보험업법 178조 1항에 따라 보험대리점을 회원으로 하여 설립된 단체[105)]는 소속 보험대리점이 공통으로 사용할 수 있는 표준내부통제기준을 제정할 수 있고, 소속 보험대리점에게 사용을 권고할 수 있다(감독규정[별표5의6]8).

(6) 간단보험대리점의 영업기준

1) 의의

(1) 소액의 간단보험 활성화를 위해서 2018.6.5.에 보험업법시행령 개정을 통해서 간단손해보험대리점 제도를 도입하였다. 2025.10.28. 보험업법시행령 개정을 통해서 간단생명보험대리점, 간단제3보험대리점도 도입하였다. 간단보험대리점의 등록 요건 등을 완화하되, 고객보호의 차원에서 간단보험대리점의 영업기준을 둔 것이다.

(2) 간단보험대리점은 재화·용역과 보험을 모두 판매하기 때문에 불공정거래행위를 할 위험이 있다는 점을 고려하여 구속성 거래행위를 금지하는 등의 영업기준을 두고 있다.

(3) 간단보험대리점은 다음 2)~5)의 사항을 준수해야 한다.

2) 연계성 거래금지

(1) 소비자에게 재화 또는 용역의 판매·제공·중개를 조건으로 보험가입을 강요해서는 안 된다(시행령33의2④(1)).

(2) 판매·제공·중개하는 재화 또는 용역과 별도로 소비자가 보험계약을 체결 또는 취소하거나 보험계약의 피보험자가 될 수 있는 기회를 보장해야 한다(시행령33의2④(2)).

(3) 간단보험대리점의 경우 재화 또는 용역의 거래와 보험의 가입이 밀접하게 연계되어 있다는 점을 이용하여 이를 부당하게 연계시키는 행위를 방지하기 위해서 위 (1)과 (2)를 마련한 것이다.

---

105) 보험대리점협회를 말한다.

3) 차별적 거래금지

재화·용역을 구매하면서 동시에 보험계약을 체결하는 경우와 보험계약만 체결하는 경우 간에 보험료, 보험금의 지급조건 및 보험금의 지급규모 등에 차이가 발생해서는 안 된다(시행령33의2④(4)).

4) 안내자료 제공의무

(1) 단체보험계약(보험계약자에게 피보험이익이 없고 피보험자가 보험료의 전부를 부담하는 경우만 해당. 아래 같음)을 체결하는 경우 사전에 서면, 문자메세지, 전자우편 또는 팩스 등의 방법으로 다음 각 목의 사항이 포함된 안내자료를 피보험자가 되려는 자에게 제공해야 한다(시행령33의2④(3)).

가. 삭제
나. 단체보험계약의 피보험자에서 제외되는 방법 및 절차에 관한 사항
다. 판매·제공·중개하는 재화 또는 용역과 별도로 소비자가 보험계약을 체결 또는 취소하거나 보험계약의 피보험자가 될 수 있는 기회(시행령33의2④(2))에 관한 사항
라. 보험계약자 등 소비자 보호를 위하여 금융위원회가 정하여 고시하는 사항

(2) 보험상품에 대한 설명의무 등은 보험계약자를 대상으로 하고 피보험자는 그 대상이 아니다. 보험계약자가 보험계약의 당사자라는 점을 고려한 것이다. 그런데 위 (1)에서는 보험계약자에게 피보험이익이 없고 피보험자가 보험료의 전부를 부담하는 단체간단보험에 관해서 피보험자에 대한 안내자료 제공의무를 부과하여 피보험자를 보호하려고 한다.

5) 인터넷 홈페이지 등의 사용

(1) 보험업법시행령 32조 2항에 따라 간단보험대리점으로 등록한 전자금융업자는 인터넷 홈페이지[이동통신단말장치에서 사용되는 애플리케이션(Application) 및 그 밖에 이와 비슷한 응용프로그램을 통하여 가상의 공간에 개설하는 장소를 포함]를 통해서만 다음 각 목의 행위를 할 수 있다(시행령33의2④(5)).

가. 보험을 모집하는 행위
나. 단체보험계약을 위하여 피보험자로 이루어진 단체를 구성하는 행위

(2) 위 (1)은 전자금융업자로서 간단손해보험대리점이 대면영업을 할 수 있게 되면 기존 판매채널과의 이해상충이 생기게 된다는 점 등을 고려하여 영업방식을 인터넷 홈페이지로 제한한 것이다.

7. 법인보험대리점의 임원, 업무범위, 공시·보고의무

(1) 의의

법인보험대리점의 임원, 업무범위, 공시·보고의무 등에 관한 특별 규정이 있다.

(2) 임원의 자격요건

1) 의의

(1) 법인보험대리점의 임원은 법인보험대리점을 경영하는 주체이다. 법인보험대리점 경영의 건전성을 확보하기 위해서는 임원의 자격을 제한할 필요가 있다. 이에 따라 보험업법은 일정한 자는 법인보험대리점의 임원이 될 수 없다고 규정한다(법87의2①). 임원이 되기 위해서는 이러한 요건에 해당하지 않아야 한다는 점에서 임원의 소극적 요건이라고 할 수 있겠다.

(2) 여기서 법인보험대리점의 임원이란 그 이사·감사 또는 사실상 이와 동등한 지위에 있는 자로서 대통령령으로 정하는 자를 말한다(법87의2①). 대통령령으로 정하는 자는 상법 401조의2 1항에 따라 지시하거나 집행한 업무에 관하여 이사로 간주되는 자를 말한다(시행령33의3). 이렇게 이사로 간주되는 자는 다음 각 호 중 어느 하나이다(상법401의2①).

1. 회사에 대한 자신의 영향력을 이용하여 이사에게 업무집행을 지시한 자
2. 이사의 이름으로 직접 업무를 집행한 자
3. 이사가 아니면서 명예회장·회장·사장·부사장·전무·상무·이사 기타 회사의 업무를 집행할 권한이 있는 것으로 인정될 만한 명칭을 사용하여 회사의 업무를 집행한 자

2) 소극적 자격요건

i) 의의

(1) 다음 각 호의 어느 하나에 해당하는 자는 법인보험대리점의 임원이 될 수 없다(법87의2①).

1. 지배구조법 5조 1항 1호·2호 및 4호에 해당하는 자
2. 보험업법 84조 2항 5호부터 7호까지에 해당하는 자
3. 금고 이상의 실형을 선고받고 그 집행이 끝나거나(집행이 끝난 것으로 보는 경우를 포함한다) 집행이 면제된 날부터 3년이 지나지 아니한 자
4. 보험업법 또는 금융소비자법에 따라 벌금 이상의 형을 선고받고 그 집행이 끝나거나(집행이 끝난 것으로 보는 경우를 포함한다) 집행이 면제된 날부터 3년이 지나지 아니한 자

(2) 위 (1)에 따른 임원의 자격요건에 대한 구체적인 사항은 대통령령으로 정하지만(법87의2②), 이에 관한 보험업법시행령 규정은 현재 없다. 이하에서는 보험업법 87조의2 1항에 따른 소극적 요건을 다음과 같이 분류하여 살펴보자.

ii) 행위능력 제한

미성년자·피성년후견인 또는 피한정후견인은 법인보험대리점의 임원이 될 수 없다(법87의2①(1),지배구조법5①(1)). 미성년자, 피성년후견인,[106] 피한정후견인[107]은 정신적 제약으로 인해서 사무처리 능력이 결여되거나 부족한 사람이므로 민법상 법률행위를 할 수 있는 행위능력이 제한된다. 법인보험대리점 경영의 건전성을 확보하기 위해서 행위능력이 제한된 자를 임원의 소극적 요건으로 규정한 것이다.

iii) 파산선고

파산선고를 받았으나 아직 복권되지 않은 자는 법인보험대리점의 임원이 될 수 없다(법87의2①(1),지배구조법5①(2)). 파산선고를 받은 이후 복권[108]되기 전에는 경제적 신용이 낮기 때문이다.

iv) 형벌 등

형벌, 과태료, 과징금 등과 관련된 자는 일정기간 동안 법인보험대리점 임원이 될 수 없다.

(1) 금고 이상의 형의 집행유예를 선고받고 그 유예기간 중에 있는 자(법87의2①(1),지배구조법5①(4))

(2) 금고 이상의 실형을 선고받고 그 집행이 끝나거나(집행이 끝난 것으로 보는 경우를 포함) 집행이 면제된 날부터 3년이 지나지 않은 자(법87의2①(3))

(3) 보험업법에 따라 벌금 이상의 형을 선고받고 그 집행이 끝나거나(집행이 끝난 것으로 보는 경우를 포함) 집행이 면제된 날부터 3년이 지나지 않은 자(법87의2①(4))

(4) 보험업법 또는 금융소비자법에 따라 과태료 또는 과징금 처분을 받고 납부하지 않은 보험대리점·보험중개사 소속의 임직원이었던 자[109]로서 과태료 또는 과징금 처분이 있었던 날부터 2년이 지나지 않은 자(법87의2①(2),법84②(7))

---

106) 피성년후견인은 질병, 장애, 노령, 그 밖의 사유로 인한 정신적 제약으로 사무를 처리할 능력이 지속적으로 결여된 사람으로서 성년후견개시의 심판을 받은 자이고(민법9①), 피성년후견인의 법률행위는 원칙상 취소할 수 있다(민법10①).

107) 피한정후견인은 질병, 장애, 노령, 그 밖의 사유로 인한 정신적 제약으로 사무를 처리할 능력이 부족한 사람으로서 한정후견개시의 심판을 받은 자이고(민법12①), 가정법원은 피한정후견인이 한정후견인의 동의를 받아야 하는 행위의 범위를 정할 수 있고 한정후견인의 동의가 필요한 법률행위를 피한정후견인이 한정후견인의 동의 없이 하였을 때에는 원칙상 그 법률행위를 취소할 수 있다(민법13①,④).

108) 파산선고를 받은 채무자는 면책의 결정이 확정된 때 등에 복권된다(채무자회생법574,575).

109) 여기서 임직원이었던 자는 처분사유의 발생에 관하여 직접 또는 이에 상응하는 책임이 있는 자로서 대통령령이 정하는 자만 해당한다. 대통령령이 정하는 자는 ⓐ 직무정지 이상의 조치를 받은 임원, ⓑ 정직 이상의 조치를 받은 직원, 또는 ⓒ 그러한 조치들에 따른 제재를 받기 전에 사임 또는 사직한 사람을 가리킨다(시행령27③).

v) 등록취소 등

등록취소, 업무정지 등과 관련된 자는 일정기간 동안 법인보험대리점의 임원이 될 수 없다.

(1) 보험업법에 따라 보험설계사·보험대리점 또는 보험중개사의 등록이 취소된 후 2년이 지나지 않은 자(법87의2①(2),84②(5)). 보험설계사 등의 등록이 취소된 경우 2년의 대기기간이 경과하지 않으면 법인보험대리점의 임원이 될 수 없도록 한 것이다.

(2) 보험업법에 따라 보험설계사·보험대리점 또는 보험중개사의 등록취소 처분을 2회 이상 받은 경우 최종 등록취소 처분을 받은 날부터 3년이 지나지 않은 자(법87의2①(2),84②(6)). 보험설계사 등의 등록이 2회 이상 취소된 경우에는 대기기간을 3년으로 늘린 것이다.

(3) 보험업법에 따라 업무정지 및 등록취소 처분을 받은 보험대리점·보험중개사 소속의 임직원이었던 자[110]로서 업무정지 및 등록취소 처분이 있었던 날부터 2년이 지나지 않은 자(법87의2①(2),84②(7)). 여기서 업무정지 및 등록취소 처분의 해석은 보험설계사 등록에서의 그것과 동일하게 하면 된다.

(3) 업무범위

1) 의의

법인보험대리점 영업의 건전성을 확보하기 위해서는 업무범위를 모집업무 중심으로 일정하게 제한할 필요가 있다. 가령 법인보험대리점이 대부업도 함께 영위한다면 불공정행위의 우려 등 보험계약자 보호에 문제가 생긴다.

2) 보험업법 87조의3 1항

(1) 법인보험대리점은 보험계약자 보호 등을 해칠 우려가 없는 업무로서 대통령령으로 정하는 업무 또는 보험계약의 모집업무 이외의 업무를 하지 못한다(법87의3①).

(2) 위 (1)에 따르면 법인보험대리점은 보험의 모집업무 및 대통령령으로 정하는 업무만 할 수 있다. 보험업법 87조의3 1항은 법인보험대리점이 할 수 있는 업무를 열거하는 포지티브(positive) 방식의 규정에 해당한다.

3) 보험업법시행령 33조의4 1항

(1) 보험업법 87조의3 1항에 따라 법인보험대리점은 다음 각 호의 어느 하나에 해당하는 업무를 하지 못 한다(시행령33의4①).

1. '방문판매 등에 관한 법률'에 따른 다단계판매업
2. '대부업 등의 등록 및 금융이용자 보호에 관한 법률'에 따른 대부업 또는 대부중개업

(2) 다단계판매업은 사행적인 판매원 확장행위로 인해서 소비자 피해가 생길 소지[111]

110) 여기서 임직원이었던 자는 위 각주 109)와 같다.
111) '방문판매 등에 관한 법률' 24조, 25조

가 있다는 점 등을 고려해서 법인보험대리점의 업무범위에서 제외한 것이다.[112] 그리고 대부업 등은 대출조건부 모집 등 불공정거래의 우려가 있다는 점을 고려해서 법인보험대리점의 업무범위에서 제외한 것이다.

(3) 위 (1)은 법인보험대리점이 할 수 없는 업무를 열거하는 네거티브(negative) 방식의 규제이다. 네거티브 방식의 규제는 열거되지 않은 것이 모두 허용된다는 의미에서 포괄주의라고도 부른다.

4) 입법론

위 2) 및 3)에서 보는 같이 보험업법 87조의3 1항과 동법시행령 33조의4 1항의 규정 방식이 다르기 때문에 보험업법 87조의3 1항의 취지가 제대로 살려지지 않고 있다. 보험업법 87조의3 1항의 입법자는 법인보험대리점 영업의 건전성을 확보하기 위해 업무범위를 모집업무 중심으로 일정하게 열거하는 포지티브 방식의 접근을 취했다. 하지만 동법시행령 33조의4 1항이 네거티브 규제 방식을 취함으로써 법인보험대리점이 할 수 있는 업무가 지나치게 확장되는 결과를 낳았다. 입법적 정비가 필요하다.

5) 위반 시 효과

법인보험대리점이 영업범위를 위반하면 등록취소사유(법88①(4))가 된다.

(4) 공시·보고의무

1) 의의

(1) 법인보험대리점의 건전성을 확보하기 위해서는 일정한 사항을 공시·보고하게 할 필요가 있다. 공시를 통해서 법인보험대리점 경영의 투명성을 확보하게 되고 결국 경영의 건전성을 높이게 된다. 이에 따라 법인보험대리점은 경영현황 등 대통령령으로 정하는 업무상 주요 사항을 대통령령으로 정하는 바에 따라 공시하고 금융위원회에 알려야 한다(법87의3②).

(2) 위 (1)에 따라 법인보험대리점이 금융위원회에 알리는 사항의 접수는 금융감독원장에게 위탁되어 있다(시행령[별표8]14).

2) 공시·보고사항

i) 구분

(1) 공시·보고사항은 경영현황 등 대통령령으로 정하는 업무상 주요 사항이다(법87의3②). 업무상 주요 사항은 법인보험대리점 일반에 해당하는 사항과 대형 법인보험대리점에만 해당하는 사항으로 구분되어 있다.

112) 다단계판매업자 및 그 임직원은 보험대리점으로 등록할 수 없기도 하다(법87②(5), 시행령32①(5), 감독규정4-6②(3)). 보험대리점이 등록 당시에 다단계판매업자 또는 그 임직원이었거나, 또는 보험대리점 등록 이후에 다단계판매업자 또는 그 임직원이 된 경우는 보험대리점의 등록취소사유에 해당한다(법88①(1),(2)).

(2) 위 (1)의 대형 법인보험대리점은 직전 분기 중 일평균 소속 보험설계사가 500명 이상인 법인보험대리점을 가리킨다(감독규정4-11①).

(3) 법인보험대리점은 감독시행세칙 [별지4-2]의 양식, 대형 법인보험대리점은 감독시행세칙 [별지4-3]의 양식에 따라 공시한다(감독시행세칙2-10의2③).

ii) 업무상 주요 사항

(1) 경영현황 등 대통령령으로 정하는 업무상 주요 사항이란 다음 각 호의 사항을 말한다(시행령33의4②).

1. 경영하고 있는 업무의 종류
2. 모집조직에 관한 사항
3. 모집실적에 관한 사항
4. 그 밖에 보험계약자 보호를 위하여 금융위원회가 정하여 고시하는 사항

(2) 위 (1)의 4호에서 금융위원회가 정하여 고시하는 사항은 다음 각 호의 사항을 말한다(감독규정4-12①).

1. 대표자의 성명, 주소
2. 임원에 관한 사항
3. 회사[113)]의 조직, 재무, 손익 및 경영지표
4. 모집위탁계약을 체결한 보험회사 및 영업보증금 규모
5. 보험회사별·보험종목별 모집실적 및 수수료 현황
6. 소속 보험설계사 현황 및 정착률
7. 금융감독원장이 정하는 바에 따른 보험계약의 불완전판매비율 및 불완전판매 발생사유
8. 최근 5년간 감독기관으로부터 주의 이상의 지적을 받은 내용 및 사유

(3) 위 (2)의 3호, 5호, 6호 및 8호는 대형 법인보험대리점에 한한다(감독규정4-12①). 대형 법인보험대리점인 경우 공시사항을 강화한 것이다.

(4) 위 (2)의 7호에서 금융감독원장이 정하는 바에 따른 보험계약의 불완전판매비율은 다음 2호에서 4호까지를 합한 건수를 1호의 신계약 건수로 나눈 비율을 말한다(감독시행세칙2-10의2①).

1. 신계약 건수
2. 품질보증해지 건수
3. 민원해지 건수
4. 무효 건수

---

113) 여기서 회사는 법인보험대리점을 가리킨다고 해석한다. 법인보험대리점은 상법상 회사의 형태를 띤다(감독규정4-11의2④).

위 각 호의 구체적 산출기준은 감독시행세칙 [별표1-1]이 규정하고 있다(감독시행세칙령2-10의2②).

iii) 자료제공

보험회사는 공시에 필요한 자료를 모집에 관한 위탁계약을 체결한 법인보험대리점에 제공해야 한다(시행령33의4③).

iv) 공시·보고의 방법 및 주기

(1) 법인보험대리점은 보험협회의 인터넷 홈페이지 등을 통하여 공시사항을 반기별로 공시해야 한다(시행령33의4④).

(2) 법인보험대리점은 공시·보고사항을 매 반기 종료일부터 2개월 이내에 공시하고 금융감독원장에게 보고해야 한다(감독규정4-12②본문). 다만, 최근 반기 종료일 현재 모집위탁계약을 체결한 보험회사가 없거나 최근 반기 중 모집실적이 100만원 이하인 법인보험대리점의 경우에는 그러하지 아니하다. 이 경우 생명보험 및 장기손해보험 상품의 모집실적은 모집된 보험계약의 월납기준 초회보험료를 합산하여 산출하고, 그 밖의 손해보험 상품의 모집실적은 원수보험료를 합산하여 산출한다(감독규정4-12②단서).

v) 보고대행

(1) 보험회사 또는 보험협회는 법인보험대리점을 대신하여 공시사항을 금융위원회에 알릴 수 있다(시행령33의4③).

(2) 보험회사는 법인보험대리점을 대신하여 ⓐ 모집실적에 관한 사항, 그리고 ⓑ 회사[114]의 조직, 재무, 손익 및 경영지표 등을 금융감독원장에게 제출할 수 있다(감독규정 4-12③).

(3) 보험협회의 장은 법인보험대리점을 대신하여 ⓐ 경영하고 있는 업무의 종류 ⓑ 모집조직에 관한 사항 ⓒ 대표자의 성명, 주소 ⓓ 임원에 관한 사항, 그리고 ⓔ 모집위탁계약을 체결한 보험회사 및 영업보증금 규모 등을 금융감독원장에게 제출할 수 있다(감독규정4-12④).

8. 보험대리점의 교육의무

(1) 의의

(1) 보험대리점은 보험계약의 모집에 대한 교육의무가 있다. 보험대리점의 모집행위 과정에서 건전한 모집질서를 해치거나 불완전판매를 통해서 보험계약자에게 손해를 끼칠 수 있다. 이를 방지하기 위해서 새로운 보험상품에 대한 교육은 물론이고 특히 보험모집

114) 여기서 회사는 법인보험대리점을 가리킨다고 해석한다. 법인보험대리점은 상법상 회사의 형태를 띤다(감독규정4-11의2④).

과 관련한 윤리교육, 분쟁사례 등에 대한 교육이 필요하다. 교육의무는 '교육할 의무'와 '교육받을 의무'로 구분하여 살펴볼 필요가 있다.

(2) 보험업법 85조의2가 보험대리점의 교육의무에 대해서 규정한다. 또한 보험업법시행령 29조의2, 감독규정 4－2조, 4－5조 등이 이를 구체화하고 있다.

(2) 구분

1) 교육할 의무

보험대리점은 대통령령에 따라서 소속 보험설계사에 대해 '교육할 의무'가 있다(법85의2①). 이에 대해서는 보험설계사의 교육 부분에서 살펴본 바 있다. 참고로, 법인보험대리점 소속의 보험설계사로 등록된 자는 개인보험대리점의 등록요건을 갖춘 자이다(시행령[별표3]1다).

2) 교육받을 의무

(1) 법인이 아닌 보험대리점은 대통령령으로 정하는 바에 따라 '교육받을 의무'가 있다(법85의2②).

(2) 법인이 아닌 보험대리점은 개인보험대리점을 가리킨다고 해석한다. 법인이 아닌 자에는 개인 이외에도 조합, 법인이 아닌 사단 또는 재단 등이 있을 수 있지만,[115] 보험대리점으로 등록될 수 있는 자는 법인 또는 개인에 한하고 그 이외의 자는 보험대리점 등록이 될 수 없기(법87①) 때문이다. 설령 조합, 법인이 아닌 사단과 재단이 보험대리점으로 등록될 수 있다고 해도 이는 자연인이 아니므로 교육을 받도록 해야 할 실익도 없다.

(3) 개인보험대리점은 소속 보험설계사를 교육시켜야 할 뿐만 아니라 자연인인 개인보험대리점도 교육이 필요하기 때문에 교육받을 의무를 지게 된 것이다. 이와 달리 자연인이 아닌 법인보험대리점은 교육받을 의무가 면제된다.

(3) 모집종사자교육협의회

보험협회, 보험회사, 보험대리점, 보험중개사는 교육을 효율적으로 실시하기 위하여 필요한 단체를 구성·운영할 수 있다(시행령29의2③). 이에 관해서는 보험설계사의 교육 부분에서 상술하였다.

(4) 교육시기

(1) 보험대리점은 소속 보험설계사에게 등록일부터 2년이 지날 때마다 2년이 된 날부터 6개월 이내에 교육을 하여야 한다(시행령29의2①). 이에 대해서는 보험설계사의 교육 부분에서 상술한 바 있다.

(2) 개인보험대리점은 등록한 날부터 2년이 지날 때마다 2년이 된 날부터 6개월 이내

---

115) 보험업법상 보험대리점의 정의에 따르면 법인이 아닌 사단과 재단도 보험대리점이 될 수 있다(법2⑽).

에 교육을 받아야 한다(시행령29의2②).

(5) 교육기준

(1) 보험대리점이 소속 보험설계사에게 해야 할 교육의 기준에 대해서는 보험설계사의 교육 부분에서 상술한 바 있다.

(2) 개인보험대리점의 교육기준은 보험설계사의 교육기준과 내용이 같다(시행령[별표4]). 따라서 보험설계사의 교육기준 중에서 보험설계사를 보험대리점으로 대체하면 된다. 다만, 유의할 점은 회계원리 및 위험관리론은 개인보험대리점의 교육내용에서 제외된다는 점이다.

제4관 보험중개사

1. 보험중개사의 의의[116)]

(1) 개념

보험업법에 의하면, 보험중개사란 독립적으로 보험계약의 체결을 중개하는 자를 가리킨다(2⑪). 상법 보험편에는 보험중개사에 대한 규정이 없다. 보험중개사는 상법 93조가 규정하는 중개인의 일종이라고 볼 수 있다(통설). 보험업법 2조 11호 및 상법 93조를 고려하여 보험중개사를 정의하면, 특정한 보험회사로부터 독립하여 보험계약 체결의 중개를 하는 독립된 상인이다.

(2) 여타 모집종사자와 구분

보험중개사는 중개를 한다는 점에서 보험설계사, 보험중개대리점과 같고, 보험체약대리점과는 다르다. 그리고 보험중개사는 특정한 보험회사로부터 독립하여 불특정, 다수를 대상으로 중개행위를 한다는 점에서, 특정한 보험회사를 위하여 계속하여 중개행위를 하는 보험설계사, 보험중개대리점과 다르다.

(3) 도입 연혁 및 영미의 논의

(1) 보험중개사는 1995년 보험업법 개정을 통해서 입법화되었는데, 영미에서 활성화되어 있는 insurance broker를 모델로 한 것이다. 영미, 특히 영국에서 보험중개사는 보험계약자를 위하여 보험상품이나 보험회사, 보험시장에 대한 정보를 제공하고, 보험계약의 협상 및 체결을 하며, 보험금을 청구하는 역할 등을 수행한다. 특히 보험계약자를 위하여 가장 유리한 조건(보험료 등)의 보험상품에 관한 정보를 제공하는 것이 보험중개사의 가장 중요한 역할이다. 이와 같이 보험계약자를 위하여 행위하는 보험중개사는 그에게 충실의무(fiduciary duty)를 부담하며, 보험계약자의 동의 없이는 보험회사를 위하여 행위할 수 없다.[117)]

116) 이에 관해서는 한기정, 보험법, 2025 중에 제2편 제1장 제1절의 내용을 주로 인용하였다.

(2) 한편 Keeton과 Widiss는, 보험중개사가 보험계약자를 위해 행위한다는 점에 대해서 다음과 같은 두 가지 이유에서 의문을 제기하기도 했지만, 널리 지지를 받지는 못했다.

첫째, 보험회사가 보험중개사에 대해 수수료를 지급하는 현상과 보험중개사가 보험계약자를 위한 모집종사자라는 것은 모순이라는 것이다.[118] 하지만 보험회사가 보험중개사에게 수수료를 지급하는 것은 관행에 불과한 것이고, 그 수수료는 보험료가 재원이며 보험회사가 보험계약자를 위하여 대신 지급하는 것으로 이해한다.[119] 영국에서는 보험회사가 정상적인 수수료보다 많은 액수의 지불을 보험중개사에게 약속하는 경우, 보험중개사는 이를 보험계약자에게 고지해야 한다.[120]

둘째, 보험중개사는 보험계약자보다는 보험회사들과 지속적인 접촉과 교류가 있는 것이 보통이므로, 보험중개사는 보험회사를 위한 모집종사자라고 보는 것이 타당하다.[121] 하지만 중개업무를 영업으로 하는 보험중개사가 보험회사들과 지속적으로 접촉하고 교류하는 것은 자연스러운 현상일 뿐, 이것이 보험중개사의 법적 지위를 결정한다고 볼 것은 아니다.

(4) 법적 지위

(1) 보험업법 2조 11호 및 상법 93조로부터, 보험중개사가 특정한 보험회사로부터 독립되어 있고, 불특정 다수의 보험회사와 보험계약자 사이에서 보험계약의 체결을 중개한다. 여기에서 다음과 같은 점을 알 수 있다.

첫째, 보험중개사는 원칙적으로 중개권한을 갖는다. 보험중개사가 대리권한도 가질 수 있는지의 문제는 후술한다.

둘째, 보험중개사는 누구를 위해서 중개를 하는 자인지가 문제된다. 보험설계사는 보험회사, 보험대리상 또는 보험중개사에 소속되어 있고(법2(9)), 보험대리상은 보험회사를 위하여 모집을 하는 자(법2(10))라는 점이 분명하다. 하지만 보험중개사에 대해서는 보험업법 2조 11호가 "독립적으로"라고 규정하고 있을 뿐이어서 해석이 필요하다.

(2) 보험중개사가 보험회사만을 위하여 중개하는 자, 즉 보험회사를 위한 일방위탁중개인이 될 수 없음은 보험업법 2조 10호 및 11호의 법문에 비추어 분명하다. 보험업법 2조 10호는 보험대리점이란 보험회사를 위한 모집종사자라고 명시하고 있지만, 보험업법 2조 11호는 보험중개사가 독립적으로 중개활동을 한다고 명시하고 있기 때문이다. 또한 이 점은, 금융소비자법상 금융상품판매대리·중개업자(보험업법상 모집종사자)가 모집과정에서

117) Anglo−African Merchants v. Bayley [1970] 1 Q.B. 311
118) Keeton/Widiss, *Insurance Law*, 1988, pp. 84−85
119) Clarke, *The Law of Insurance Contracts*, 1994, p. 226
120) Green & Son Ltd v. Tunghan & Co (1913) 30 TLR 64
121) Keeton/Widiss, *Insurance Law*, 1988, pp. 84−85

보험계약자에게 불법행위를 하는 경우 보험회사가 사용자책임을 지는 것과 관련하여 보험중개사는 보험대리점과 달리 그 금융상품판매대리·중개업자에서 제외된다는 점(금융소비자법45)을 통해서도 확인할 수 있다.[122)]

(3) 그렇다면 해석상 남은 선택지는, 보험중개사가 보험계약자와 보험회사 쌍방을 위하여 중개행위를 하는 쌍방위탁중개인으로 볼 것인가, 아니면 보험계약자를 위한 일방위탁중개인으로 볼 것인가이다. 전자로 보게 되면, 보험중개사는 보험회사 및 보험계약자 쌍방으로부터 중개위탁을 받아서 어느 한쪽에 치우치지 않고 중립적 지위에서 중개행위를 해야 한다. 후자로 보게 되면, 보험중개사는 보험계약자로부터 중개위탁을 받고 중개를 하는 자로서 보험계약자를 위해서 중개행위를 하면 된다. 이와 관련하여 보험중개사는 쌍방위탁중개인에 해당한다고 보는 견해가 있다. 이는 보험중개사는 보험계약의 당사자를 위하여 중립적 지위에서 중개해야 한다는 견해로 보험중개사의 보수는 상법 100조 2항에 따라서 당사자 쌍방이 균분으로 부담하는 것이 원칙이라고 본다.[123)] 하지만 보험중개사는 일방위탁중개인으로 추정하는 것이 타당하다.[124)] 물론 상법의 해석상 중개인은 쌍방위탁중개인으로 추정하는 것이 원칙이다(통설). 하지만 이것을 보험중개사에 그대로 적용하는 것은 바람직하지 않다. 왜냐하면, 보험의 전문성, 복잡성, 다양성을 고려할 때, 보험계약자를 위하여 가장 유리한 조건(보험료 등)의 보험상품에 관한 정보를 제공해 주는 모집종사자가 필요한데, 이러한 역할을 하는 모집종사자가 영미의 insurance broker이고, 보험중개사는 이것을 모델로 해서 도입된 제도이기 때문이다. 다만, 보험중개사가 쌍방위탁중개인으로 활동하는 것도 가능은 한데, 보험중개사가 보험회사와 중개업무계약을 체결한 경우 그 계약서를 갖춰 두고 있어야 한다(시행령41②(4)).

(5) 권한

1) 보험계약자를 위한 대리권 문제

(1) 보험중개사는 원칙적으로 보험계약의 체결을 중개할 권한을 갖고 있다(법2(11)). 보험중개사가 보험계약자의 수권에 의해서 체결대리권 등을 가질 수 있는가? 이와 관련하여, 원칙적으로 찬성하는 견해들이 있다. 먼저, 보험중개인에게 대리권이 인정되지 않는 것이 원칙이지만, 외국에서 보험중개인을 일반적으로 보험계약자의 대리인으로 파악하고 있으며, 이러한 외국의 관행이 우리나라에도 나타난다면, 보험중개인을 보험계약자의 대리인으로 인정할 수 있다는 견해가 있다.[125)] 또한 보험중개사는 보험계약의 당사자를 위

122) 그리고 보험중개사는 보험회사의 임직원이 될 수 없으며, 보험계약의 체결을 중개하면서 보험회사·보험설계사·보험대리상·보험계리사 및 손해사정사의 업무를 겸할 수 없다(법92②).

123) 최기원 87면

124) 이 점에 대해서는 한기정, "보험대리점 및 보험중개인의 법적 지위," 한림법학Forum7, 1998, 174면. 또한, 김은경 115면도 같다. 양승규 96면도 같은 취지로 보인다.

125) 양승규 96면

해서 중립적인 지위에서 중개하지만, 보험중개사가 특히 보험계약자를 위하여 행동했다고 해도 바로 그의 대리인이라고 할 수는 없고, 보험계약자가 명시 또는 묵시의 대리권을 수여한 경우에는 대리인이라고 볼 수 있을 것이라는 견해도 있다.[126)]

(2) 생각건대, 보험중개사가 보험계약자의 수권에 의해서 체결대리권 등을 가질 수 있다고 본다. 보험계약자가 명시적 또는 묵시적으로 체약대리권 등의 대리권을 보험중개사에게 수권하는 것의 법적 효력을 부인할 이유가 없으며, 또한 이것이 보험중개사 제도가 필요한 이유이기도 하다. 또한 보험업법 등이 보험중개사가 보험계약자의 수권에 의해서 체약대리권 등을 갖는 것을 금지하는 규정을 두고 있지도 않다.

(3) 한편 보험중개사가 보험계약자의 수권에 의해서 보험금청구를 대리할 수 있는가? 영국에서도 보험계약자의 수권이 있으면 보험중개사가 보험금청구를 대리하되 합리적인 주의의무를 다해야 하는 것으로 본다.[127)] 보험중개사가 보험계약자로부터 수권을 받아서 보험금청구를 대리할 수 없는 것은 아니다. 다만, 보험금청구 과정에서 보험회사의 면책 등을 둘러싸고 보험회사와 보험금청구권자 사이에 법적 분쟁이 생기면, 보험금청구가 법률사건이 될 수 있고, 이 경우 보험중개사가 대가를 받거나 대가를 약속받고 대리행위를 했다면, 변호사법 109조가 규정하는 금지행위에 해당할 수 있다.[128)]

(4) 만약 보험중개사가 수권받은 대리권을 남용하는 경우, 이로 인한 손해를 보험계약자에게 배상할 책임을 부담한다. 보험중개사의 손해배상책임의 이행에 대비해서, 금융위원회는 보험중개사가 중개와 관련하여 보험계약자에게 입힌 손해의 배상을 보장하기 위하여 보험중개사로 하여금 영업보증금을 예탁하게 하거나 보험 가입, 그 밖에 필요한 조치를 하게 할 수 있다(법89③).

2) 보험회사를 위한 대리권 문제

(1) 보험중개사는 원칙적으로 보험계약의 체결을 중개할 권한을 갖고 있다(법2⑾). 보험중개사가 보험회사의 수권에 의해서 체약대리권 등을 가질 수 있는가?

(2) 종래 구 보험업법에서는 보험중개사는 중개할 때 보험회사로부터 위임받은 권한

126) 최기원 87면

127) Merkin/McGee, *Insurance Contracts Law*, 1988, para. D.2.3−41

128) 변호사법 109조는 다음의 행위를 금지한다.

1. 변호사가 아니면서 금품·향응 또는 그 밖의 이익을 받거나 받을 것을 약속하고 또는 제3자에게 이를 공여하게 하거나 공여하게 할 것을 약속하고 다음 각 목의 사건에 관하여 감정·대리·중재·화해·청탁·법률상담 또는 법률관계 문서 작성, 그 밖의 법률사무를 취급하거나 이러한 행위를 알선한 자

가. 소송 사건, 비송 사건, 가사 조정 또는 심판 사건

나. 행정심판 또는 심사의 청구나 이의신청, 그 밖에 행정기관에 대한 불복신청 사건

다. 수사기관에서 취급 중인 수사 사건

라. 법령에 따라 설치된 조사기관에서 취급 중인 조사 사건

마. 그 밖에 일반의 법률사건

이 있는 경우에는 그 내용을 적은 서면을 미리 보험계약자에게 발급하고 설명하여야 한다는 규정이 있었다.[129] 여기의 권한에는 체약대리권 등이 포함될 수 있으며, 이러한 권한이 있음을 보험계약자에게 밝히면 된다는 의미로 해석할 수 있었다. 영국에서도 보험중개사는 보험회사를 위한 체약대리권 등이 없는 것이 원칙이지만,[130] 보험회사가 보험중개사에게 일정한 범위 내에서 체약대리권 등을 수권하는 경우 그 효력을 인정한다.[131] 그러나 금융소비자법에서는 금융상품판매대리·중개업자가 금융상품직접판매업자를 대신하여 계약을 체결하는 행위를 금지하면서, 상법 646조의2에 따라 보험대리점이 해당 금융상품직접판매업자로부터 계약에 관한 의사표시를 할 수 있는 권한을 받은 경우를 제외하고 있다(금융소비자법25①(3), 금융소비자법시행령23③(1)). 따라서 보험업법상 보험대리상을 제외한 보험모집인은 보험회사를 위한 체약대리권을 수권할 수 없으며, 보험중개인도 그러다하고 보아야 한다.

금융상품직접판매업자로부터 금융상품 계약체결권을 부여받지 아니한 금융상품판매대리·중개업자의 경우 자신이 금융상품계약을 체결할 권한이 없다는 사실을 미리 금융소비자에게 알려야 한다(금융소비자법26①(3)).

(6) 의무

보험중개사는 보험계약자를 위해서 중개행위를 하는 경우, 그에게 신의칙상 주의의무를 부담하게 된다. 또한, 보험중개사는 보험계약의 체결을 중개할 때 그 중개와 관련된 내용을 대통령령에서 정하는 대로 장부에 적고 보험계약자에게 알려야 하며, 수수료에 관한 사항을 비치하여 보험계약자가 열람할 수 있도록 해야 한다(보험업법92①). 이에 따라, 보험중개사는 중개와 관련하여 실제로 받은 수수료, 보수와 그 밖의 대가를 장부에 기재해야 하고(시행령41①(2)), 보험계약자가 요청하는 경우에는 중개와 관련하여 보험회사로부터 받은 수수료, 보수와 그 밖의 대가를 알려 주어야 한다(시행령41④). 이러한 규정들은 보험중개사가 보수의 다과에 의해 보험계약자보다는 자신의 이익을 도모하려는 것을 방지하기 위한 것이다. 그리고 보험중개사가 보수를 보험회사로부터 받는 경우와 보험계약자로부터 받는 경우를 구분할 수 있다.[132] 다만, 보험중개사가 보험계약자와 보수계약을 체결한 경

---

129) 보험업법 92조 1항, 구 동법시행령 41조 3항 4호

130) Winter v. Irish Life Assurance plc [1995] 2 Lloyd's Rep. 274

131) Stockton v. Mason [1978] 2 Lloyd's Rep. 430; Woolcott v. Excess Insurance Co. Ltd [1979] 1 Lloyd's Rep. 231

132) 보험중개사의 보수에 관한 감독규정 4-28조는 다음과 같다. 이에 관한 설명은 후술한다.
① 보험중개사는 보험계약체결의 중개와 관련하여 영업보험료의 일정율로 표시되는 수수료·보수 그 밖의 대가를 보험회사에게 청구하여야 하며, 보험계약자에게 청구하여서는 아니된다.
② 보험중개사는 1항의 규정에도 불구하고 보험계약 체결의 중개와는 별도로 보험계약자 등에게 제공한 서비스의 대가로 일정금액으로 표시되는 보수 및 그 밖의 대가를 청구하고자 하는 경우에는 사전에 보험계약자등과 합의한 서면약정서에 의한 경우에 한하여 보험계약자 등에게 직접

우 그 계약서를 갖춰 두고 있어야 한다(시행령41②(4)).

(7) 보험중개사 사용인의 모집에 관한 법률관계

1) 의의

보험중개사에는 그 임직원, 보험설계사와 같은 사용인이 있다. 이러한 사용인의 모집에 관한 법률관계를 본다.

2) 보험중개사의 임직원

(1) 보험중개사의 임직원은 모집행위를 할 수 없다고 해석한다. 왜냐하면 보험업법 83조 1항은 모집종사자를 한정적으로 열거하고 있다고 보아야 하는데, 보험중개사의 임직원 등 사용인을 모집종사자에 포함시키지 않기 때문이다. 참고로 2010년 보험업법이 개정되기 이전에는 보험중개사의 임원 또는 사용인으로서 보험업법에 따라 모집종사자로 신고된 자는 모집행위를 할 수 있다고 명시하고 있었다. 하지만 2010년 보험업법 개정을 통해서 이 규정이 삭제되었으므로 입법 연혁의 측면에서 보아도 보험중개사의 사용인이 모집행위를 하려면 보험설계사로 등록되어야 한다. 다만, 2010년 보험업법 개정 당시에 경과조치를 두었다. 즉 2010년 당시 규정에 따라 보험중개사의 임원 또는 사용인으로서 모집종사자로 신고된 자는 보험업법 84조 1항의 개정규정에 따라 보험설계사로 등록된 것으로 본다.[133]

(2) 보험중개사의 임직원이 보험중개사 또는 그 소속설계사의 모집행위를 보조하는 것은 가능한가? 그 보조행위가 모집행위에 이를 정도는 아니라는 조건하에서 모집종사자가 아니더라도 모집종사자의 모집행위를 보조하는 일은 가능하다고 해석할 필요가 있다. 가령 보험중개사의 지시에 따라 청약서류 기재사항을 확인한 경우라면 모집행위를 보조하는 행위라고 할 수 있을 것이다.

3) 보험중개사 소속 보험설계사

i) 의의

보험중개사가 보험계약 체결의 모집을 직접 하는 경우도 있다. 보험설계사를 사용인으로 두지 않는 것이 보통인 개인인 보험중개사가 그렇다. 하지만 법인인 보험중개사는 보험설계사를 사용인으로 두고 모집하게 하는 것이 보통이다. 다만, 법인보험중개사에 소속된 보험설계사는 등록요건 면에서 보험회사에 소속된 보험설계사와 차이가 있다. 즉 법인보험중개사의 소속 보험설계사로 등록되기 위해서는 개인보험중개사의 등록요건을 갖

청구할 수 있다.

③ 보험중개사는 2항의 규정에 의한 보수 및 그 밖의 대가를 직접 보험계약자 등에게 청구하기 위해서는 제공할 서비스별 내역이 표시된 보수명세표를 당해 서비스를 제공하기 전에 보험계약자 등에게 알려야 한다.

133) 보험업법 부칙(법률10394호, 2010.7.23.) 7조

추어야 한다(시행령[별표3]1라). 이하에서는 보험중개사에 소속된 보험설계사의 모집에 관한 법률관계를 중심으로 살펴보자.

ii) 보험설계사의 계약체결상 권한

(1) 보험설계사 부분에서 설명한 바와 같이 보험중개사에 소속된 보험설계사는 보험중개사를 위해서 모집행위를 하는 자이므로 보험중개사의 계약체결상 권한을 수권받아 이행하는 보조자라고 해석한다. 따라서 보험설계사는 보험중개사의 계약체결상 권한과 동일한 권한을 갖는다.

(2) 비록 보험업법 2조 9호가 보험설계사를 보험회사, 보험대리점 또는 보험중개사에 소속되어 '보험계약의 체결을 중개하는 자'로 정의하고 있지만 이것은 보험회사에 소속된 보험설계사에게만 적용된다고 한정할 필요가 있다. 전술한 바와 같이 법인보험중개사에 소속된 보험설계사는 보험회사에 소속된 보험설계사와 등록요건이 다르며 개인보험중개사의 등록요건을 갖춘 자(시행령[별표3]1라)라는 점을 고려할 필요가 있다.

iii) 모집에 관한 규정을 위반하는 경우

(1) 보험중개사에 소속된 보험설계사가 모집행위를 하면서 모집에 관한 보험업법 규정(법95~99 등) 및 금융소비자법 규정(금융소비자법13~22)을 위반하면 보험설계사의 위반인가 아니면 보험중개사의 위반인가? 생각건대, 보험설계사의 위반이라고 보아야 한다. 위법행위는 자기책임의 원칙에 따라 행위자인 보험설계사에게 귀속되는 것이 원칙이다. 법률이 특별히 보험중개사에게 대위책임을 지우는 경우가 아닌 한 보험중개사의 위반이라고 보지 않는다.

(2) 보험업법은 일정한 경우 보험중개사에게 감독책임을 지운다. 즉 보험중개사 소속 보험설계사가 보험업법 95조의2, 96조 1항, 97조 1항, 99조 3항을 위반한 경우 해당 보험중개사에는 과태료가 따르고, 다만 보험중개사가 그 위반행위를 방지하기 위하여 해당 업무에 관하여 상당한 주의와 감독을 게을리하지 않은 경우는 제외한다(법209⑦(7)).

iv) 보험회사 사용자책임의 문제

보험중개사가 모집관련 불법행위를 한 경우 보험회사가 사용자책임을 지지 않는다(금융소비자법45 참조). 보험회사와 보험중개사 사이에는 사용관계, 즉 지휘감독관계가 인정되지 않기 때문이다. 또한 보험중개사 소속의 보험설계사가 모집관련 불법행위를 한 경우도 보험회사가 사용자책임을 지지 않음은 물론이다.

2. 보험중개사의 구분 및 영업범위

(1) 보험중개사의 구분

보험중개사는 먼저 개인보험중개사 또는 법인보험중개사로 구분하고, 그리고 각각 생명보험중개사, 손해보험중개사 또는 제3보험중개사로 구분한다. 이에 따르면 보험중개사는 6개 유형으로 구분된다.[134] 전자는 법인 여부에 따른 구분이고, 후자는 영업범위에 따른 구분이다.

1) 법인 여부

보험중개사는 법인이 아닌 개인인 보험중개사(개인보험중개사)와 법인인 보험중개사(법인보험중개사)로 구분된다(법89①,시행령34①). 법인보험중개사의 경우 '법인'이라는 특성을 고려하여 개인보험중개사와 다른 규율을 하는 경우가 있다. 가령 보험업법 89조의2(법인보험중개사 임원의 자격)와 89조의3(법인보험중개사의 업무범위 등)은 법인보험중개사에 적용되는 특칙이다. 또한 등록요건 면에서도 일정한 차이가 있다(시행령[별표3]3). 이 점이 양자를 구별하는 실익이다.

2) 영업범위 기준

(1) 보험중개사는 생명보험중개사, 손해보험중개사, 제3보험중개사로 구분한다(시행령35).

(2) 생명보험중개사, 손해보험중개사, 제3보험중개사는 영업범위에 따른 구분이다. 여기의 영업범위는 보험종목의 종류를 기준으로 정해진다. 보험중개사별로 취급할 수 있는 보험종목은 보험중개사의 영업범위에서 살펴본다. 한편 보험대리점의 경우와 달리 보험중개사의 경우는 간단손해보험중개사라는 제도가 없다.

(3) 생명보험중개사, 손해보험중개사, 제3보험중개사를 겸업할 수 있는지가 문제된다. 보험업법상 이를 금지하는 규정은 없다. 가령 하나의 법인이 생명보험중개사와 손해보험중개사를 각각 등록하여 겸업하는 것이 가능하다. 다만, 겸업하는 경우 일정한 의무가 부과된다. 이에 관한 자세한 논의는 보험중개사의 겸업에서 다룬다.

(2) 보험중개사의 영업범위

1) 보험종목 종류

보험중개사의 영업범위는 대통령령에 위임되어 있고(법89④)[135] 이에 따라 보험업법 시행령 35조가 보험중개사의 영업범위를 정하고 있는데, 여기서 생명보험중개사, 손해보험중개사, 제3보험중개사별로 취급할 수 있는 보험종목의 범위가 정해진다. 그 내용은 다음과 같다. 금융기관보험중개사(법91①에 따라 보험중개사로 등록한 금융기관)의 영업범위는 금융기관보험대리점등 부분에서 별도로 살펴보기로 한다.

---

134) 개인생명보험중개사, 개인손해보험중개사, 개인제3보험중개사, 법인생명보험중개사, 법인손해보험중개사, 법인제3보험중개사의 6개 유형으로 구분할 수 있다.

135) 보험업법 89조 4항이 "보험중개사의 구분, 등록요건, 영업기준 및 영업보증금의 한도액 등에 관하여 필요한 사항은 대통령령으로 정한다"고 규정하면서 영업범위를 언급하고 있지 않지만 조문의 전체적인 취지를 고려하면 영업범위에 대해서도 구체화를 위임한 것으로 해석할 수 있다.

i) 생명보험중개사

(1) 생명보험중개사는 생명보험업의 보험종목(법4①(1)) 및 그 재보험을 취급할 수 있다. 즉 생명보험중개사는 생명보험, 연금보험, 퇴직보험 등을 포함한 생명보험업의 보험종목 및 그 재보험을 취급할 수 있다(시행령35(1)).

(2) 생명보험설계사와 생명보험대리점이 생명보험업의 보험종목만을 취급할 수 있는 반면, 생명보험중개사는 생명보험업의 보험종목뿐만 아니라 그 재보험도 취급할 수 있다는 점이 특색이다.

ii) 손해보험중개사

(1) 손해보험중개사는 손해보험업의 보험종목(법4①(2)) 및 그 재보험을 취급할 수 있다. 즉 손해보험중개사는 화재보험, 해상보험, 항공·운송보험, 자동차보험, 보증보험, 재보험 등을 포함한 손해보험업의 보험종목 및 그 재보험을 취급할 수 있다(시행령35(2)).

(2) 여기서 검토가 필요한 부분은 재보험이다. 손해보험업의 보험종목(법4①(2))에는 재보험이 포함되며 이 경우 재보험은 원보험의 종류를 묻지 않는다. 그럼에도 불구하고 보험업법시행령 35조 2호가 손해보험중개사가 "그 재보험"을 취급할 수 있다고 규정함으로써 혼란을 야기한다. 생각건대, "그 재보험"은 확인적 성격에 그친다고 해석해야 하고, 입법적으로는 삭제함이 바람직하다.

iii) 제3보험중개사

(1) 제3보험중개사는 제3보험업의 보험종목(법4①(3)) 및 그 재보험을 취급할 수 있다. 즉 제3보험중개사는 상해보험, 질병보험, 간병보험 등을 포함한 제3보험업의 보험종목 및 그 재보험을 취급할 수 있다(시행령35(3)).

(2) 제3보험설계사와 제3보험대리점이 제3보험업의 보험종목만을 취급할 수 있는 반면, 제3보험중개사는 제3보험업의 보험종목뿐만 아니라 그 재보험도 취급할 수 있다는 점이 특색이다.

2) 기타

(1) 보험중개사는 보험계약체결의 중개와 그에 부수하는 위험관리자문을 할 수 있다(감독규정4-19①). 위험관리자문은 보험계약체결의 중개에 부수하여 고객의 위험을 확인·평가·분석하고, 보험계획 또는 설계에 대한 검토와 검증을 하며, 그에 대한 권고 또는 조언(보험금청구에 대한 조언을 포함)을 하는 것을 말한다(감독규정4-19②).

(2) 다만, 감독규정 4-19조는 상위법령의 명시적 위임에 근거한 행정규칙이라고 하기 어렵다. 보험중개사의 업무범위와 관련하여 이를 금융위원회 고시에 위임한 상위법령이 없기 때문이다. 하지만 이 규정의 법적 성격과 무관하게 보험중개사는 위와 같은 위험관리자문을 할 수 있다고 해석한다. 위와 같은 위험관리자문은 보험계약자를 위해서 행하는

보험계약체결의 중개에 부수하는 성격의 업무이기도 하고 보험계약자 보호의 차원에게 금지할 만한 위험성이 있다고 보기 어렵기 때문이다. 따라서 감독규정 4-19조는 확인적 성격을 띤다고 해석한다.

3. 보험중개사의 등록

(1) 법적 성격

(1) 보험중개사 등록은 이론상 허가에 해당한다. 보험중개사 등록이 되면 모집행위를 할 수 있게 된다. 행정행위의 한 종류인 허가는 법령에 의해서 자연적 자유가 공익목적상 제한되어 있는 경우 일정한 요건을 충족하면 이 제한을 해제하여 자연적 자유를 적법하게 회복시켜 주는 행정행위이다(통설). 보험중개사로서 모집행위는 일종의 자연적 자유에 해당하나 건전한 모집질서 및 보험계약자 보호라는 공익적 목적을 위해서 자연적 자유를 제한하되 등록을 통해서 자연적 자유를 회복시켜 주는 것이다.

(2) 허가는 관계법령에 비추어 허가 시에 중대한 공익의 고려가 필요하여 이익형량이 필요한 경우를 제외하면 원칙적으로 기속행위이며(판례,[136] 통설), 보험중개사 등록은 그러한 공익의 고려가 필요하다고 보기 어려우므로 기속행위라고 할 수 있다.[137]

(2) 등록의무

(1) 보험중개사가 되려는 자는 대통령령에 따라 금융위원회에 등록해야 한다(법89①).

(2) 등록하지 않은 채 보험중개사로서 모집행위를 하는 경우 보험업법 83조 1항 3호 위반이 되어 형벌(법204①(2))이 따른다.

(3) 거짓이나 그 밖의 부정한 방법으로 보험중개사의 등록을 한 자에게는 형벌(법204①(3))이 따른다.

(3) 등록신청

1) 의의

(1) 보험중개사가 되려는 자는 대통령령에 따라 금융위원회에 등록해야 한다(법89①).

(2) 보험중개사의 등록업무는 금융감독원장에게 위탁되어 있다(법194②(1)). 보험중개사의 등록에 관하여 필요한 세부사항은 금융감독원장이 정한다(감독규정4-17의2④).

2) 주체

보험업법 89조 1항에 따르면 등록신청의 주체는 보험중개사가 되려는 자이다.

---

136) 대판 2006.11.9. 2006두1227

137) 참고로 금융투자상품의 투자권유대행인이 되고자 하는 경우 금융위원회에 투자권유대행인 등록이 이루어져야 하는데 자본시장법 51조 7항은 이 등록이 원칙상 기속행위임을 명문으로 규정하고 있다.

3) 등록신청서 및 첨부서류

(1) 보험중개사가 되려는 자는 개인보험중개사와 법인보험중개사를 구분하여 등록신청을 한다(법89①).

(2) 보험중개사가 되려는 자는 보험중개사의 종류(생명보험중개사, 손해보험중개사, 제3보험중개사)에 따라 등록신청해야 한다(시행령34①·② 참조).

(3) 보험중개사의 등록신청을 하고자 하는 자는 감독규정 [별지11-2] 서식의 등록신청서를 제출해야 한다(감독규정4-17의2①).

(4) 보험중개사의 등록신청을 하고자 하는 자는 위 (3)의 등록신청서에 다음 각 호의 서류를 첨부하여 금융감독원장에게 제출해야 한다(감독규정4-17의2①).

1. 시행령 [별표3] 3호에 규정된 등록요건을 갖추었는지 여부를 확인할 수 있는 서류
2. 등록을 하고자 하는 자가 개인인 경우에는 이력서, 법인인 경우에는 정관·등기부등본·임원 및 법인보험중개사 유자격자[138]의 이력서
3. 금융감독원장이 정하는 서식에 의한 보험중개사 등록신청인의 고지사항(등록을 하고자 하는 자가 법인인 경우에는 임원 및 법인보험중개사 유자격자의 고지사항을 포함)[139]
4. 주주명부

4) 심사기준

금융감독원장은 보험중개사의 등록신청을 받은 때에는 다음 각 호의 사항을 심사하여 그 등록여부를 결정한다(감독시행세칙2-12③).

1. 보험업법 89조 2항에서 정한 등록제한 사유에 해당되는지 여부
2. 법인으로서 보험중개사의 등록을 하고자 하는 자의 경우에는 보험업법시행령 34조 2항에서 정한 요건을 갖추었는지 여부
3. 그 밖에 공정한 보험거래질서 및 건전한 모집질서를 저해할 우려가 있는지 여부

5) 수리 및 등록증

(1) 금융감독원장이 보험중개사의 등록신청을 수리한 때에는 그 사실을 신청인에게 지체없이 통지해야 하고 감독규정 [별지11-3] 서식의 보험중개사등록증을 교부해야 한다(감독규정4-17의2②).

(2) 금융감독원장은 위 (1)에 따라 보험중개사등록증을 교부한 때에는 이를 감독규정

---

138) 법인보험중개사 유자격자는 보험업법시행령 [별표3] 1호 라목의 요건을 충족하는 보험설계사를 말하는데, 이는 개인생명보험중개사(또는 개인손해보험중개사 또는 개인제3보험중개사)의 등록요건을 갖춘 자를 의미한다. 법인보험중개사가 되기 위해서는 임직원의 3분의 1 이상이 개인생명보험중개사(또는 개인손해보험중개사 또는 개인제3보험중개사)의 교육이수 및 시험합격자의 자격을 갖추고 상근하는 법인이어야 한다(시행령[별표3]3).

139) 이 경우 고지사항 서식은 감독시행세칙 [별지5] 또는 [별지6]과 같다(감독시행세칙2-12②).

[별지11－4] 서식의 보험중개사등록대장에 기재·관리하고 일반인이 열람할 수 있도록 해야 한다(감독규정4－17의2③).

(3) 보험중개사가 등록증을 분실 또는 훼손하여 재발급을 받고자 하는 때에는 감독시행세칙 [별지7] 서식의 등록증 재발급신청서를 금융감독원장에게 제출하여야 하며, 금융감독원장이 등록증을 재발급할 때에는 당해 등록증이 재발급되었음을 표시하여 교부한다(감독시행세칙2－13①). 보험중개사는 교부받은 등록증의 기재사항에 변경사유가 발생한 때에는 감독시행세칙 [별지8] 서식의 기재사항 변경신고서에 이미 발급된 등록증을 첨부하여 금융감독원장에게 제출하고 등록증을 변경발급받아야 하며, 금융감독원장은 그 변경된 내용 및 등록증의 변경발급사실을 보험중개사등록대장에 기록·관리한다(감독시행세칙2－13②).

6) 등록수수료

보험중개사가 되려는 자가 등록을 신청하는 경우 총리령에 따라 수수료를 내야 한다(법94). 등록수수료는 개인인 보험중개사가 5만 원, 법인인 보험중개사가 20만 원, 금융기관보험중개사가 100만 원이다(시행규칙28(4)~(6)).

(4) 등록요건

1) 의의

보험업법 89조 2항은 보험중개사의 일정한 등록요건을 규정하고 있고, 89조 4항은 나머지 등록요건을 대통령령에 위임하고 있다. 이러한 등록요건에는 소극적 요건과 적극적 요건이 있다.

2) 소극적 등록요건

i) 의의

(1) 다음 각 호의 어느 하나에 해당하는 자는 보험중개사가 되지 못한다(법89②).

1. 보험업법 84조 2항 각 호의 어느 하나에 해당하는 자
2. 보험설계사 또는 보험대리점으로 등록된 자
3. 다른 보험회사등의 임직원
4. 보험업법 87조 2항 4호 및 5호에 해당하는 자
5. 부채가 자산을 초과하는 법인

(2) 위 (1)의 사유는 등록 시에 '존재하지 않아야' 한다는 의미에서 소극적 등록요건이라고 한다. 등록 후 이러한 사유가 새로이 생기거나 또는 등록 시에 이러한 사유가 존재했음이 이후에 밝혀진 경우에 금융위원회는 등록을 취소해야 한다(법90①(1)·(2)). 이에 관해서는 후술한다.

(3) 보험중개사의 소극적 등록요건은 보험설계사의 그것에 비해 엄격하다. 보험설계사는 아래 ii)에서 ①만 소극적 등록요건이지만, 보험중개사는 나아가 ②~⑥도 소극적 등록

요건으로 추가된다.

ii) 내용

보험업법 89조 2항이 규정하는 소극적 등록요건을 다음과 같이 ①~⑥으로 구분하여 살펴보자.

① 보험설계사가 될 수 없는 자

보험설계사의 소극적 등록요건(법84②)에 해당하는 자는 보험중개사가 되지 못한다(법89②(1)). 보험설계사의 소극적 등록요건은 보험대리점뿐만 아니라 보험중개사에게도 적용되며, 이들 사이에 공통적인 소극적 등록요건이다. 보험설계사가 될 수 없는 자는 다음과 같으며, 구체적 내용은 보험설계사 부분에서 설명한 바 있다.

(ㄱ) 행위능력 제한

피성년후견인 또는 피한정후견인(법84②(1))

(ㄴ) 파산선고

파산선고를 받았으나 아직 복권되지 않은 자(법84②(2))

(ㄷ) 형벌 등

(1) 보험업법 또는 금융소비자법에 따라 벌금 이상을 선고받고 집행이 끝나거나(집행이 끝난 것으로 보는 경우를 포함) 집행이 면제된 날부터 2년이 지나지 않은 자(법84②(3))

(2) 보험업법 또는 금융소비자법에 따라 금고 이상의 집행유예를 선고받고 그 유예기간 중에 있는 자(법84②(4))

(3) 보험업법 또는 금융소비자법에 따라 과태료 또는 과징금 처분을 받고 납부하지 않은 보험대리점·보험중개사 소속의 임직원이었던 자로서 과태료 또는 과징금 처분이 있었던 날부터 2년이 지나지 않은 자(법84②(7))

(ㄹ) 등록취소 등

(1) 보험업법에 따라 보험설계사·보험대리점 또는 보험중개사의 등록이 취소된 후 2년이 지나지 않은 자(법84②(5))

(2) 보험업법에 따라 보험설계사·보험대리점 또는 보험중개사의 등록취소 처분을 2회 이상 받은 경우 최종 등록취소 처분을 받은 날부터 3년이 지나지 않은 자(법84②(6))

(3) 보험업법 또는 금융소비자법에 따라 업무정지 및 등록취소 처분을 받은 보험대리점·보험중개사 소속의 임직원이었던 자로서 업무정지 및 등록취소 처분이 있었던 날부터 2년이 지나지 않은 자(법84②(7))

(ㅁ) 법정대리인 등의 경우

(1) 영업에 관하여 성년자와 같은 능력을 가지지 아니한 미성년자로서 그 법정대리인이 보험업법 84조 2항 1호부터 7호까지의 규정 중 어느 하나에 해당하는 자(법84②(8))

(2) 법인 또는 법인이 아닌 사단이나 재단으로서 그 임원이나 관리인 중에 보험업법 84조 2항 1호부터 7호까지의 규정 중 어느 하나에 해당하는 자가 있는 자(법84②(9))

(ㅂ) 보험료 등의 유용

모집과 관련하여 받은 보험료, 대출금 또는 보험금을 다른 용도에 유용한 후 3년이 지나지 않은 자(법84②(10))

② 보험설계사 또는 보험대리점으로 등록된 자

(1) 보험설계사 또는 보험대리점으로 등록된 자는 보험중개사로 등록될 수 없다(법89②(2)). 따라서 보험중개사가 보험설계사 또는 보험대리점을 겸업하는 것은 금지된다.

(2) 보험중개사와 보험설계사 또는 보험대리점은 각각의 법적 지위, 계약체결상 권한 등에서 차이가 있기 때문에 보험계약자에게 혼동과 오해를 야기할 수 있으므로 보험계약자 보호의 차원에서 겸업을 금하는 것이다.

③ 다른 보험회사등의 임직원

(1) 다른 보험회사, 보험대리점, 보험중개사 등에 속한 임직원은 보험중개사로 등록될 수 없다(법89②(3)).

(2) 다른 보험회사, 보험중개사, 보험대리점 등의 임직원이 보험중개사를 겸하면 이익충돌(conflict of interests)의 문제가 생길 수 있기 때문이다.[140] 즉 만약 다른 보험회사, 보험중개사, 보험대리점 등의 임직원이 자신이 임직원으로서 소속한 보험회사등의 희생 하에 자신의 보험중개사, 나아가 그 보험중개사가 중개하는 보험계약자의 이익을 우선하게 되면 이익충돌이 생긴다.

④ 외국의 법령에 따라 행위능력 제한자 등으로 취급되는 자

(1) 외국의 법령에 따라 보험업법 84조 2항 각 호의 어느 하나에 해당하는 자에 해당하는 것으로 취급되는 자는 보험중개사로 등록될 수 없다(법89②(4),87②(4)).

(2) 보험업법 84조 2항 각 호는 행위능력 제한자 등 보험설계사가 될 수 없는 자를 가리킨다. 보험설계사의 경우 소극적 등록요건으로 보험업법 84조 2항 각 호의 해당 여부는 국내 법령에 따라서 판단한다. 보험중개사의 경우는 이에 그치지 않는다. 보험중개사의 경우는 국내 법령에 따르는 경우는 물론이고 외국 법령에 따라 보험업법 84조 2항 각 호에 해당하는 자는 보험중개사로 등록될 수 없다. 가령 외국 법령에 따라 파산선고를 받았으나 복권되지 않은 자, 외국 법령에 따라 행위능력이 제한된 자 등은 우리나라에서 보험중개사로 등록될 수 없다. 이 규정은 우리나라에서 보험중개사가 되려는 외국인은 물론이고 내국인에게도 적용될 수 있다.

140) 정채웅 419면

⑤ 불공정한 모집행위의 우려가 있는 자

(ㄱ) 유형

그 밖에 경쟁을 실질적으로 제한하는 등 불공정한 모집행위를 할 우려가 있는 자로서 대통령령으로 정하는 자는 보험중개사로 등록될 수 없다(법89②(4),87②(5)). 이에 따라 보험대리점에 관한 보험업법시행령 32조 1항 및 감독규정 4-6조가 보험중개사에게 준용되며,[141] 이는 다음과 같이 규정하고 있다.

Ⓐ 국가기관 등

국가기관과 특별법에 따라 설립된 기관 및 그 기관의 퇴직자로 구성된 법인 또는 단체는 보험중개사로 등록될 수 없다(시행령32①(1)).

Ⓑ 국가기관 등이 지배력을 행사하는 법인 또는 단체

국가기관과 특별법에 따라 설립된 기관, 금융지주회사법에 따른 금융지주회사 또는 보험업법 91조 1항에 따른 금융기관[142]이 출연·출자하는 등 금융위원회가 정하여 고시하는 방법과 기준에 따라 사실상의 지배력을 행사하고 있다고 인정되는 법인 또는 단체[143]는 보험중개사로 등록될 수 없다(시행령32조①(2)).

Ⓒ 금융감독원의 검사를 받는 기관

금융위원회법 38조 각 호의 기관[144](보험업법 91조 1항 각 호의 금융기관, 금융위원회법

---

141) 감독시행세칙 2-12조 4항도 감독규정 4-6조가 보험중개사의 등록에 준용된다고 규정하고 있다.

142) 여기서 금융기관은 보험대리점 또는 보험중개사로 등록될 수 있는 다음을 가리킨다(법91①). 다만, 겸영업무로 자본시장법에 따른 투자매매업 또는 투자중개업 인가를 받은 보험회사는 제외한다(시행령32①(2)).
1. 은행법에 따라 설립된 은행
2. 자본시장법에 따른 투자매매업자 또는 투자중개업자
3. 상호저축은행법에 따른 상호저축은행
4. 그 밖에 다른 법률에 따라 금융업무를 하는 기관으로서 대통령령으로 정하는 기관

143) 금융위원회가 정하여 고시하는 방법과 기준에 따라 사실상의 지배력을 행사하고 있다고 인정되는 법인 또는 단체는 국가기관과 특별법에 따라 설립된 기관, 금융지주회사 또는 보험업법 91조 1항에 따른 금융기관이 출연 또는 출자한 금액의 합이 다음 각 호의 하나에 해당하는 경우를 말한다(감독규정4-6①).
1. 출연 또는 출자총액의 100분의 15를 초과하는 경우
2. 최대출연자 또는 최대출자자인 경우

144) 금융위원회법 38조 각 호의 기관은 금융감독원의 검사를 받는 기관이며 다음 각 호와 같다.
1. 은행법에 따른 인가를 받아 설립된 은행
2. 자본시장법에 따른 금융투자업자, 증권금융회사, 종합금융회사 및 명의개서대행회사
3. 보험업법에 따른 보험회사
4. 상호저축은행법에 따른 상호저축은행과 그 중앙회
5. 신용협동조합법에 따른 신용협동조합 및 그 중앙회
6. 여신전문금융업법에 따른 여신전문금융회사 및 겸영여신업자
7. 농업협동조합법에 따른 농협은행
8. 수산업협동조합법에 따른 수협은행
9. 다른 법령에서 금융감독원이 검사를 하도록 규정한 기관

38조 9호의 기관 중 법인 또는 단체가 아닌 자는 제외)은 보험중개사로 등록될 수 없다(시행령 32①(3),감독규정4-6②). 보험업법 91조 1항 각 호의 금융기관은 금융기관보험대리점등을 가리킨다.

Ⓓ Ⓐ~Ⓒ의 임직원

위 Ⓐ~Ⓒ의 법인·단체 또는 기관의 임원 또는 직원은 보험중개사로 등록될 수 없다 (시행령32①(4)).

Ⓔ 비영리법인 또는 단체

비영리법인 또는 단체는 보험중개사로 등록될 수 없다(감독규정4-6③(1)).

Ⓕ 운송사업자와 그 임직원

손해보험중개사의 경우 '화물자동차 운수사업법' 3조 3항 또는 '여객자동차 운수사업법' 4조 1항의 규정에 의한 운송사업자와 이에 소속된 임직원은 보험중개사로 등록될 수 없다(감독규정4-6③(2)).

Ⓖ 다단계판매업자 및 그 임직원

'방문판매 등에 관한 법률'에 의하여 등록된 다단계판매업자 및 이에 소속된 임직원은 보험중개사로 등록될 수 없다(감독규정4-6③(3)).

Ⓗ 자동차제조업자 또는 자동차판매업자 등

손해보험중개사의 경우 자동차제조업자 또는 자동차판매업자[145] 등 보험판매와 밀접한 관련이 있는 법인 또는 단체는 보험중개사로 등록될 수 없다(감독규정4-6③(4)).

Ⓘ 자기계약을 주된 목적으로 하는 자

보험업법 101조에 따른 자기계약을 주된 목적으로 하는 보험중개사를 운영하려는 자는 보험중개사로 등록될 수 없다(감독규정4-6③(5)).

Ⓙ 정직 이상의 처분을 받은 자

금융감독원장 또는 당해 보험회사로부터 보험업법 또는 이 법에 의한 명령이나 처분을 위반하여 정직 이상의 처분을 받은 자로서 그 처분을 받은 날부터 2년(업무정지 처분을 받은 경우에는 업무정지기간)이 경과하지 않은 자는 보험중개사로 등록될 수 없다(감독규정 4-6③(6)).

(ㄴ) 특색

(1) 위 (ㄱ)의 소극적 등록요건 중에서 Ⓖ와 Ⓙ를 제외한 나머지는 모두 경쟁을 실질적으로 제한하여 보험중개사 육성을 저해할 우려가 있는 경우이다.

(2) Ⓖ는 다단계판매업자는 사행적인 판매원 확장행위로 인해서 소비자 피해가 생길

---

10. 그 밖에 금융업 및 금융 관련 업무를 하는 자로서 대통령령으로 정하는 자

145) 다만, 중고차 판매업자, 수입차 판매업자 또는 방송법 9조 5항 단서에 따라 방송채널사용사업자로 승인된 자로서 자동차판매업을 겸영하는 자는 제외한다(감독규정4-6②(4)).

소지('방문판매 등에 관한 법률' 24,25)가 있다는 점 등을 고려해서 보험중개사 등록을 제한한 것이다. Ⓙ는 보험업법 등을 위반하여 정직 이상의 처분을 받은 자에 대해서는 일정기간 동안 보험중개사 등록을 제한한 것이다. 전술한 바와 같이 등록취소를 받은 경우에도 일정기간 동안 보험중개사 등록을 제한하는데(법89②(1),84②(5)·(6)), 이에 추가하여 정직 이상의 처분을 받은 경우에도 일정기간 동안 보험중개사 등록을 제한한 것이다.

⑥ 부채 초과

(1) 부채가 자산을 초과하는 법인은 보험중개사로 등록될 수 없다(법89②(5)).

(2) 위 (1)의 경우는 경제적 신용이 낮기 때문이다.

3) 적극적 등록요건

i) 의의

전술한 보험중개사의 소극적 등록요건을 제외한 기타 등록요건은 대통령령에 위임되어 있다(법89④). 이것은 등록 시에 '존재해야' 한다는 의미에서 적극적 등록요건이라고 할 수 있다. 보험업법시행령 34조 2항 및 [별표3]이 적극적 등록요건에 대해 보험중개사의 종류별로 각각 규정한다.

ii) 내용

보험중개사의 적극적 등록요건은 개인보험중개사와 법인보험중개사, 그리고 생명보험중개사, 손해보험중개사 및 제3보험중개사로 구분된다.

① 개인보험중개사

(ㄱ) 생명보험

개인생명보험중개사는 다음 Ⓐ~Ⓒ 중 어느 하나를 갖추어야 한다(시행령[별표3]3).

Ⓐ 교육이수 및 시험합격자

(1) 보험중개사 교육(시행령[별표4])을 이수하고 생명보험중개사 시험에 합격한 자는 개인생명보험중개사가 될 수 있다(시행령[별표3]3).

(2) 교육에 관한 자세한 내용은 보험중개사의 교육에서 설명한다. 보험중개사 시험에 관해서는 감독규정 4-18조가 규정하는데, 아래 (ㄷ)에서 별도로 설명한다.

(3) 등록신청 기간제한이 있다. 즉 교육을 이수하거나 또는 시험을 합격한 후 2년 내에서만 보험중개사 등록신청이 가능하다(시행령[별표3]3비고).

Ⓑ 보험관계 경력자1

(1) 개인인 생명보험중개사로 2년 이상 종사한 경력이 있는 자(등록신청일부터 4년 이내에 해당 업무에 종사한 자로 한정)로서 보험중개사 교육(시행령[별표4])을 이수한 경우 개인생명보험중개사가 될 수 있다(시행령[별표3]3).

(2) 등록신청 기간제한이 있다. 즉 교육을 이수한 후 2년 내에서만 개인생명보험중개

사 등록신청이 가능하다(시행령[별표3]3비고).

Ⓒ 보험관계 경력자2

(1) 위 Ⓐ를 충족하고 법인보험중개사의 소속 보험설계사로 2년 이상 종사한 경력이 있는 자(등록신청일로부터 4년 이내에 해당 업무에 종사한 자로 한정)로서 보험중개사 교육(시행령[별표4])을 이수한 경우 개인생명보험중개사가 될 수 있다(시행령[별표3]3).

(2) 등록신청 기간제한이 있다. 즉 교육을 이수한 후 2년 내에서만 보험중개사 등록신청이 가능하다(시행령[별표3]3비고).

(ㄴ) 손해보험과 제3보험

개인인 손해보험중개사와 제3보험중개사는 위 생명보험중개사의 내용 중에서 '생명' 부분을 '손해' 또는 '제3'으로 대체하면 된다(시행령[별표3]3).

(ㄷ) 보험중개사 시험

(1) 시험실시: 보험중개사 시험은 금융감독원이 실시한다(감독규정4-18①). 다만, 다음 각 호의 업무는 보험요율산출기관(보험개발원)이 실시한다(감독시행세칙7-1).

1. 시험응시원서의 교부 및 접수
2. 시험의 시행 및 그에 부수되는 업무

(2) 시험과목: 보험중개사시험의 과목 및 각 과목별 배점은 보험업감독규정 [별표7]과 같다(감독규정4-18②).[146)]

(3) 시험방법: 보험중개사시험은 선택형·논문형 또는 기입형을 같이 실시할 수 있다(감독규정4-18③).

(4) 시험시기: 보험중개사시험은 매년 1회 실시함을 원칙으로 한다(감독규정4-18④본). 다만, 금융감독원장이 보험중개사의 수급상 필요하다고 인정하는 경우에는 연 2회 실시할 수 있다(감독규정4-18④단).

(5) 합격자 결정방법: 보험중개사시험의 합격자 결정은 매 과목별 배점의 100분의 40 이상을 득점하고, 전과목 배점합계의 100분의 60 이상을 득점한 자를 합격자로 한다(감독규정4-18⑤본). 다만, 금융감독원장이 미리 합격 예정인원을 공고한 경우에는 매 과목별 배점의 100분의 40 이상을 득점한 자 중에서 전과목 총득점에 의한 고득점자 순으로 합격예정인원의 범위 안에서 합격자를 결정할 수 있으며, 동점자로 인하여 합격 예정인원이 초과되는 경우에는 동점자 모두를 합격자로 하되, 동점자의 점수계산은 소수점 이하 둘째

146) 가령 생명보험중개사의 시험과목 및 배점은 다음과 같다.
(1) 보험관계법령 등(100점): 보험업법, 상법 중 보험편(4편), 보험관련 세제 및 재무설계, 위험관리론
(2) 생명보험 1부(100점): 생명보험 상품 및 약관
(3) 생명보험 2부(100점): 연금보험(퇴직보험 포함), 생명보험의 재보험

자리까지 계산한다(감독규정4-18⑤단).

(6) 시험공고: 금융감독원장은 보험중개사시험을 실시하고자 할 때에는 다음 각 호의 사항을 시험실시 3개월 전까지 전국에서 발간되는 1개 이상의 일간지에 공고해야 한다(감독규정4-18⑥).

1. 시험 일시 및 장소
2. 시험 방법 및 과목
3. 응시자격 및 그 절차
4. 그 밖에 필요한 사항

(7) 시험수수료: 보험중개사시험에 응시하고자 하는 자는 금융감독원장이 정하는 시험수수료를 금융감독원장에게 현금으로 납부해야 하며, 금융감독원은 응시자가 시험일 전일까지 응시의 의사를 철회하는 경우에는 금융감독원장이 정하는 바에 따라 응시수수료를 반환해야 한다(감독규정4-18⑦).

(8) 세부사항: 금융감독원장은 보험중개사 시험의 실시에 필요한 세부사항을 정할 수 있다(감독규정4-18⑧). 이에 따라서 감독시행세칙 7장(보험전문인 시험)이 세부사항을 규정하고 있다.

② 법인보험중개사

(ㄱ) 생명보험

(1) 임직원의 3분의 1 이상이 개인생명보험중개사의 교육이수 및 시험합격자의 자격을 갖추고 상근하는 법인은 법인생명보험중개사가 될 수 있다(시행령[별표3]3).

(2) 위 (1)의 교육이수 및 시험합격자는 보험중개사 교육(시행령[별표4])을 이수하고 생명보험중개사 시험에 합격한 자를 말한다.

(3) 법인생명보험대리점의 경우 임직원 수가 100명 이상이면 소속 임직원의 10분의 1 이상이 보험설계사 등록요건을 갖추어야 하고, 다만 금융기관보험대리점은 이 요건의 적용을 면제한다(시행령[별표3]2). 금융기관보험대리점등은 원칙상 점포별로 2명 이내에서 보험설계사인 임직원이 모집에 종사할 수 있기 때문에(시행령40④), 보험설계사를 일정 수 이상 두게 하는 것이 적절하지 않기 때문이다. 하지만 법인생명보험중개사의 경우는 위 (1)의 적용을 받음에도 불구하고, 금융기관보험중개사에 대해 그 요건을 면제하거나 완화하는 조항이 없다. 그 결과 금융기관이 보험중개사로 등록하기는 사실상 어렵다

(ㄴ) 손해보험과 제3보험

법인인 손해보험중개사와 제3보험중개사는 위 생명보험중개사의 내용 중에서 '생명' 부분을 '손해' 또는 '제3'으로 대체하면 된다(시행령[별표3]3).

(5) 등록취소

1) 의의

보험중개사로 등록된 경우에도 등록상 하자가 있는 등 등록을 그대로 유지하는 데 장애가 생기면 등록의 효력을 소멸시키는 방법을 고려해야 한다. 이것이 보험중개사 등록취소의 문제이다.

2) 사유

금융위원회는 보험중개사가 다음 중 하나에 해당하는 경우 등록을 취소해야 한다(법90①).

i) 등록 이후에 소극적 등록요건에 해당하게 된 경우

① 원칙

⑴ 보험중개사로 등록한 이후에 소극적 등록요건(법89②)의 어느 하나에 해당하게 되면 등록취소사유가 된다(법90①⑴본). 즉 보험중개사 등록 시에는 없던 소극적 등록요건이 등록 이후에 생긴 경우 보험중개사 등록을 취소해야 한다.

⑵ 보험중개사로 활동하기 위해서는 등록 당시뿐만 아니라 그 이후에도 소극적 등록요건에 해당하지 않아야 한다는 취지이다.

② 예외

⑴ 다만, 소극적 등록요건인 부채가 자산을 초과하는 법인(법89②⑸)에 대해서는 예외가 있다. 즉 일시적으로 부채가 자산을 초과하는 법인으로서 대통령령으로 정하는 법인인 경우는 등록취소의 예외가 인정된다(법90①⑴단).

⑵ 위 ⑴에서 대통령령으로 정하는 법인이란 다음의 두 가지 요건을 충족해야 한다(시행령39①).

⒜ 부채가 자산을 초과하는 데 보험중개사에게 귀책사유가 없어야 한다. 즉 보험중개사의 사업 개시에 따른 투자비용의 발생, 급격한 영업환경의 변화, 그 밖에 보험중개사에게 책임을 물을 수 없는 사유로 보험중개사의 재산 상태에 변동이 생겨 부채가 자산을 초과하게 된 법인이어야 한다.

⒝ 금융위원회의 조건부 승인이 필요하다. 즉 등록취소 대신 6개월 이내에 이를 개선하는 조건으로 금융위원회의 승인을 받은 법인을 말한다.

⑶ 금융위원회는 승인 후 6개월이 지나도 부채가 자산을 초과하는 경우에는 지체 없이 등록을 취소해야 한다(시행령39②).

⑷ 등록취소의 예외인정을 받고자 하는 보험중개사는 부채가 자산을 초과한 때로부터 지체없이 다음 각 호의 서류를 첨부하여 금융위원회에 제출해야 한다(감독규정4-30).

1. 부채가 자산을 초과한 시점의 재무상태표

2. 부채가 자산을 초과하는 사유 및 그에 대한 개선대책
3. 그 밖의 참고서류

ii) 등록 당시에 소극적 등록요건에 해당했던 경우

(1) 보험중개사가 등록 당시에 소극적 등록요건(법89②)의 어느 하나에 해당했음에도 불구하고 등록이 되었으나 이후에 그 사실이 밝혀진 경우 등록취소사유가 된다(법90①(2)).

(2) 보험중개사가 등록 당시에 소극적 등록요건에 해당했던 경우는 비록 등록이 되었다고 해도 하자가 있는 등록이므로 이를 사후적으로라도 바로 잡아야 한다는 취지이다.

iii) 부정한 방법으로 등록을 한 경우

(1) 거짓이나 그 밖의 부정한 방법으로 보험업법 89조에 따른 등록을 한 경우 등록취소사유가 된다(법90①(3)). 가령 보험중개사의 적극적 등록요건을 충족하지 못했음에도 불구하고 이를 충족한 것처럼 보이게 가장하여 등록을 한 경우 등록취소사유가 된다.

(2) 한편, 거짓이나 그 밖의 부정한 방법으로 보험중개사의 등록을 한 자에 대해서는 형벌(법204①(3))이 따른다.

iv) 업무범위를 위반한 경우

(1) 보험중개사가 보험업법 89조의3 1항의 업무범위를 위반한 경우 등록취소사유가 된다(법90①(3의2)).

(2) 법인보험중개사는 보험계약자 보호 등을 해칠 우려가 없는 업무로서 대통령령으로 정하는 업무 또는 보험계약의 모집 업무 이외의 업무를 하지 못한다(법89의3①). 따라서 이 등록취소사유는 법인보험중개사에만 적용된다.

v) 자기계약의 금지를 위반한 경우

(1) 보험중개사가 자기계약의 금지를 위반한 경우 등록취소사유가 된다(법90①(4)).

(2) 보험중개사의 자기계약 금지는 보험중개사가 자기 또는 자기를 고용하고 있는 자를 보험계약자 또는 피보험자로 하는 보험을 모집하는 것을 주된 목적으로 하지 못하는 것을 말한다(법101).

3) 법적 성질

i) 취소 또는 철회

(1) 보험업법 90조 1항은 취소라는 표현을 사용하고 있지만, 이론적으로 보면 취소와 철회가 섞여 있다.

(2) 즉 전술한 i)(등록 이후에 소극적 등록요건에 해당하게 된 경우), iv)(업무범위를 위반한 경우), v)(자기계약의 금지를 위반한 경우)는 이론상 행정행위의 철회에 해당하고, ii)(등록 당시에 소극적 등록요건에 해당했던 경우)와 iii)(부정한 방법으로 등록을 한 경우)은 이론상 행정행위의 취소에 해당한다. 이에 관한 자세한 논의는 보험대리점의 등록취소에서 살펴보

았다.

ii) 기속행위

보험중개사 등록의 취소 또는 철회는 기속행위이다. 보험업법 90조 1항에 따르면 금융위원회는 보험중개사가 일정한 사유에 해당하는 경우 등록을 "취소해야 한다"고 규정하기 때문이다. 행정행위의 취소 또는 철회는 원칙상 재량행위이지만,[147] 보험업법 90조 1항 1호에서 5호까지의 취소 또는 철회 사유의 중대성에 비추어 기속행위로 규정했다고 이해할 수 있다.

4) 효과

i) 사법상 효과

보험중개사 등록이라는 행정행위가 취소 또는 철회되더라도 그 이전에 보험중개사가 행한 모집행위의 사법적 효력에는 영향이 없다고 해석한다.[148] 즉 보험중개사 등록이 취소 또는 철회되더라도 이 점이 보험중개사가 행한 모집행위의 효력에 영향을 미치지는 않는다. 보험중개사 등록이 소급적으로 효력을 상실하는지 여부와 무관하게 이렇게 해석해야 한다.

ii) 공법상 효과

① 소급효 문제

보험중개사 등록이라는 행정행위가 철회 또는 취소되면 보험중개사 등록의 효력이 장래를 향해서 소멸하는지 아니면 등록 시로 소급하여 소멸하는지를 살펴보자. 이것이 행정행위의 철회 또는 취소의 공법적 효과이다. 이를 철회와 취소로 구분하여 살펴보자.

② 철회의 효과

행정행위의 철회는 그 성질상 장래를 향해서만 효과(장래효)가 생긴다(통설). 따라서 행정행위의 철회에 해당하는 경우는 철회 이후부터 보험중개사 등록이 효력을 상실한다.

③ 취소의 효과

생각건대, 행정행위의 취소 효과가 소급효인지 장래효인지는 구체적 사안별로 귀책사유의 유무 및 정도, 원상회복의 가능 여부, 소급효를 부여하여 달성하려는 공익상 필요성 등을 종합적으로 고려한 이익형량의 결과에 따라 취소권자가 결정해야 한다. 보험중개사 등록취소의 경우 소급효를 부여하면 원상회복이 현실적으로 곤란한 측면이 있는 것이 보통인 점을 고려하면 장래효를 원칙으로 삼는 것이 합리적이라고 사료된다.

---

147) 박균성 448면, 459면

148) 정채웅 434면

(6) 업무정지 또는 등록취소

1) 의의

보험중개사로 등록된 경우에도 이후에 보험업법 위반 등 중대한 사유가 생기면 일정한 기간 동안 업무를 정지시키거나 등록을 취소하는 방법을 고려해야 한다. 이것이 보험중개사 업무정지 또는 등록취소의 문제이다. 금융위원회는 일정한 경우 보험중개사에게 6개월 이내의 기간을 정하여 그 업무의 정지를 명하거나 그 등록을 취소할 수 있다(법90②).

2) 사유

금융위원회가 보험중개사에게 그 업무의 정지를 명하거나 그 등록을 취소할 수 있는 사유는 다음과 같다(법90②). 이 중에서 i)~iv)는 보험설계사의 업무정지 또는 등록취소사유와 동일하므로 이에 대한 자세한 설명은 생략한다.

i) 모집에 관한 보험업법 규정을 위반한 경우

보험중개사가 보험업법상 모집에 관한 규정을 위반하면 업무정지 또는 등록취소사유가 된다(법90②(1)).

ii) 보험업법 102조의2를 위반한 경우

보험중개사가 보험계약에 이해관계가 있는 자로서 보험업법 102조의2를 위반하면 업무정지 또는 등록취소사유가 된다(법90②(2)). 보험업법 102조의2는 보험계약에 이해관계가 있는 자(보험계약자, 피보험자, 보험금을 취득할 자 등)에 대해 특별히 보험사기행위를 금지하는 규정이다. 즉 보험업법 90조 2항 2호에 따르면, 보험중개사가 보험계약에 이해관계가 있는 자로서 보험사기행위를 하면 업무정지 또는 등록취소사유가 되는 것이다.

iii) 보험업법 102조의3을 위반한 경우

보험중개사가 보험업법 102조의3을 위반하면 업무정지 또는 등록취소사유가 된다(법90②(3)). 보험업법 102조의3은 보험중개사 등 보험관련 업무종사자가 보험계약에 이해관계가 있는 자(보험계약자, 피보험자, 보험금을 취득할 자 등)로 하여금 보험사기행위를 하게 해서는 안 된다는 규정이다.

iv) 보험업법에 따른 명령이나 처분을 위반한 경우

보험중개사가 보험업법에 따른 명령이나 처분을 위반하면 업무정지 또는 등록취소사유가 된다(법90②(4)).

v) 금융소비자법 51조 1항 3호부터 5호까지의 어느 하나에 해당하는 경우

금융소비자법 51조 1항 3호부터 5호까지의 어느 하나에 해당하면 업무정지 또는 등록취소사유가 된다(법88②(5)). 금융소비자법 51조 1항 3호는 업무의 정지기간 중에 업무를 한 경우, 4호는 금융위원회의 시정명령 또는 중지명령을 받고 금융위원회가 정한 기간 내

에 시정하거나 중지하지 아니한 경우, 5호는 그 밖에 금융소비자의 이익을 현저히 해칠 우려가 있거나 해당 금융상품판매업등을 영위하기 곤란하다고 인정되는 경우로서 대통령령으로 정하는 경우를 말한다. 위 대통령령으로 정하는 경우란 다음 각호를 말한다.

1. 금융소비자법 49조 2항에 따른 금융상품판매업자에 대한 금융상품 계약 체결의 권유 금지 또는 계약 체결의 제한·금지명령에 따르지 않은 경우
2. 1년 이상 계속하여 정당한 사유 없이 영업을 하지 않는 경우
3. 업무와 관련하여 제3자로부터 부정한 방법으로 금전등을 받거나 금융소비자에게 지급해야 할 금전등을 받는 경우
4. 금융소비자법 51조 2항 각 호에 따른 조치를 받은 날부터 3년 이내의 범위에서 금융위원회가 정하여 고시하는 기간 이내에 금융위원회가 정하여 고시하는 횟수 이상 동일한 위반행위를 반복한 경우

vi) 금융소비자법 51조 2항 각호 외의 부분 본문 중 대통령령으로 정하는 경우(업무의 정지를 명하는 경우로 한정)

금융소비자법 51조 2항 각호 외의 부분 본문 중 대통령령으로 정하는 경우에는 업무정지사유가 된다(법88②(6)). 위 대통령령으로 정하는 경우란 금융소비자법시행령 [별표1]을 말한다.

vii) 소속 보험설계사가 i) 및 iv)~vi)에 해당하는 경우

(1) 해당 보험중개사 소속 보험설계사가 i) 모집에 관한 보험업법 규정을 위반한 경우 및 iv) 보험업법에 따른 명령이나 처분을 위반한 경우, 그 보험중개사의 업무정지 또는 등록취소사유가 된다(법90②(5)).

(2) 보험업법 90조 2항 7호의 문리에 의하면 i) 및 iv)부터 vi)가 모두 갖추어진 경우에만 업무정지 또는 등록취소사유가 되지만,[149] i) 또는 iv)부터 vi) 중 어느 하나만 충족되어도 업무정지 또는 등록취소사유가 된다고 하는 해석이 합리적이다.

3) 법적 성질

i) 철회

보험업법 90조 2항은 취소라는 표현을 사용하고 있지만, 이론적으로 보면 철회에 해당한다. 즉 전술한 2)의 i)~vii)는 보험중개사 등록의 취소가 아니라 철회 사유이고 그에 따른 등록의 취소는 이론상 철회에 해당한다. 이에 관한 자세한 논의는 보험대리점의 업무정지 또는 등록취소에서 살펴보았다.

ii) 재량행위

금융위원회가 행하는 보험중개사의 업무정지 또는 등록취소는 재량행위이다(법90②).

149) 보험업법 90조 2항 5호는 "해당 보험중개사 소속 보험설계사가 제1호 및 제4호에 해당하는 경우"라고 규정한다.

"그 업무의 정지를 명하거나 그 등록을 취소할 수 있다"라고 규정하고 있기 때문이다. 즉 업무정지, 등록취소 처분을 할지 여부, 만약 한다면 둘 중 어느 것을 선택할지 등이 금융위원회의 재량사항이다. 업무정지를 명하는 경우 그 기간도 재량사항이며, 6개월 이내의 범위에서 구체적 타당성을 고려하여 정한다.

4) 효과

(1) 보험중개사 등록이라는 행정행위가 철회되더라도 그 이전에 보험중개사가 행한 모집행위의 사법적 효력에는 영향이 없다고 해석한다.[150] 즉 보험중개사 등록이 철회되더라도 이 점이 보험중개사가 행한 모집행위의 효력에 영향을 미치지는 않는다.

(2) 행정행위의 철회는 그 성질상 장래를 향해서만 효과(장래효)가 생긴다(통설). 따라서 전술한 2)의 i)~vii)에 따른 철회는 그 이후부터 보험중개사의 등록이 효력을 상실한다.

(3) 보험업법 90조 2항에 따른 업무정지 명령을 위반하여 모집을 한 자에 대해서는 형벌(법204①(4))이 따른다.

(7) 청문 및 통지

1) 청문

(1) 전술한 바와 같이 보험업법 90조 1항은 보험중개사 등록취소, 보험업법 90조 2항은 보험중개사 등록취소 또는 업무정지에 대해 규정하고 있다. 보험업법 90조 1항 또는 2항에 따라서 금융위원회가 보험중개사 등록취소를 하거나 업무정지를 명하고자 할 때는 보험중개사에 대해 청문을 실시해야 한다(법90③,86③).

(2) 청문의 개념 등에 관해서는 보험설계사 등록취소 또는 업무정지 부분에서 살펴본 바 있다.

2) 통지

(1) 금융위원회는 보험중개사 등록취소를 하거나 업무정지를 명한 경우에 지체 없이 그 이유를 문서에 적어서 보험중개사 및 해당 보험중개사에 모집을 위탁한 보험회사에게 그 뜻을 알려야 한다(법90③,86④).

(2) 해당 보험중개사 또는 모집위탁을 한 보험회사가 등록취소 또는 업무정지 사실을 알 수 있도록 하기 위함이다.

(8) 등록관련 신고의무

1) 의의

(1) 보험중개사는 일정한 사항에 해당하는 경우에는 지체 없이 그 사실을 금융위원회에 신고해야 한다(법93①). 여기서 일정한 사항은 등록과 밀접하게 관련되어 있다.

(2) 위 (1)을 통해서 금융위원회가 신고사항을 관리할 수 있게 하기 위해서이다.

150) 정채웅 434면

(3) 위 (1)에 따른 신고의 수리는 금융감독원장에게 위탁되어 있다(시행령[별표8]18).

2) 신고의 주체

(1) 보험중개사가 신고의무의 주체이다(법93①). 다만, 보험중개사 본인의 사망 등의 경우 상속인 등의 이해관계자가 신고하도록 정하고 있다(법93②).

(2) 또한 해당 보험중개사가 소속된 보험회사도 신고사항을 알게 된 경우 신고해야 한다(법93④,③). 보험중개사와 보험회사 중에서 어느 하나가 신고하였다고 해도 다른 하나가 신고하지 않으면 의무위반이 된다.

3) 신고의 대상

보험업법 93조 1항이 규정하는 신고의 대상은 보험중개사 등록과 직접 또는 간접으로 관련된 사항이다. 신고대상은 다음과 같다.

i) 신청서류 기재사항 변경

보험중개사 등록을 신청할 때 제출한 서류에 적힌 사항이 변경된 경우는 신고대상이다(법93①(1)). 등록 이후에 변동이 생긴 경우가 신고대상이다.

ii) 등록의 취소사유 또는 실효사유

① 등록의 취소사유

보험업법 84조 2항에 해당하게 된 경우는 신고대상이다(법93①(2)). 보험업법 84조 2항은 보험설계사로 등록될 수 없는 사유를 가리킨다. 이러한 사유는 보험중개사의 등록취소사유 중 하나에 해당한다(법90①(1)). 그런데 보험중개사의 등록취소사유는 이외에도 보험설계사로 등록된 경우 등 여러 가지가 있는데(법90①), 그것만 신고대상에 포함된 것은 입법의 불비이다.

② 등록의 실효사유

(1) 보험중개사 등록은 행정행위의 일종으로서 이론상 허가에 해당한다. 허가의 대상이 소멸되면 행정행위는 소멸된다(판례,[151] 통설). 아래 (2)의 (a)~(e)는 허가의 대상이 소멸된 경우에 해당되며, 따라서 보험중개사 등록은 실효된다. 실효의 효력은 장래효이다.

(2) 등록의 실효사유로서 신고대상은 다음과 같다.

(a) 모집업무를 폐지한 경우(법93①(3))

(b) 개인의 경우에는 본인이 사망한 경우(법93①(4)). 이 경우는 그 상속인이 신고해야

151) 대판 1981.7.14. 80누593(청량음료 제조업허가는 신청에 의한 처분이고, 이와 같이 신청에 의한 허가처분을 받은 원고가 그 영업을 폐업한 경우에는 그 영업허가는 당연 실효되고, 이런 경우 허가행정청의 허가취소처분은 허가의 실효됨을 확인하는 것에 불과하므로 원고는 그 허가취소처분의 취소를 구할 소의 이익이 없다); 대판 1990.7.13. 90누2284(유기장의 영업허가는 대물적 허가로서 영업장소의 소재지와 유기시설 등이 영업허가의 요소를 이루는 것이므로, 영업장소에 설치되어 있던 유기시설이 모두 철거되어 허가를 받은 영업상의 기능을 더 이상 수행할 수 없게 된 경우에는, 이미 당초의 영업허가는 허가의 대상이 멸실된 경우와 마찬가지로 그 효력이 당연히 소멸된다)

한다(법93②).

(c) 법인의 경우에는 그 법인이 해산한 경우(법93①(5)). 이 경우는 그 청산인·업무집행임원이었던 자 또는 파산관재인이 신고해야 한다(법93②).

(d) 법인이 아닌 사단 또는 재단의 경우에는 그 단체가 소멸한 경우(법93①(6)). 그 관리인이었던 자가 신고해야 한다(법93②).

(e) 보험중개사가 소속 보험설계사와 보험모집에 관한 위탁계약을 해지한 경우(법93①(7)). 이 경우는 보험중개사에게 신고의무가 있다고 해석한다.

4) 감독규정상 특칙

보험중개사가 보험업법 93조 1항 1호, 3호 내지 7호의 규정에 해당되는 경우에는 지체없이 그 사실을 금융감독원장에게 신고해야 한다(감독시행세칙2-32①). 이에 따라 보험중개사가 금융감독원장에게 신고할 때에는 그 사유에 따라 감독시행세칙 [별지15] 내지 [별지17] 서식의 신고서를 제출해야 한다(감독시행세칙2-33①).

4. 보험중개사의 전속의무, 겸직 또는 겸업

(1) 전속의무

보험중개사는 보험회사로부터 독립하여 보험계약 체결의 모집을 하는 자(법2(11))이므로 특정한 보험회사에 속하지 않는다. 즉 보험업법상 보험중개사의 보험회사에 대한 전속의무가 없다.

(2) 보험중개사 종류별 겸업

1) 의의

(1) 생명보험중개사, 손해보험중개사, 제3보험중개사를 겸업할 수 있는지가 문제된다. 보험업법상 이를 금지하는 규정은 없다. 오히려 겸업이 가능함을 전제한 규정이 있다.[152] 가령 하나의 법인이 생명보험중개사와 손해보험중개사를 각각 등록하여 겸업하는 것이 가능하다.

(2) 다만, 겸업하는 경우 다음과 같은 일정한 의무가 부과된다.

2) 신고의무

보험중개사 등록을 한 자로서 다른 보험업의 보험중개사를 겸하고자 하는 자는 감독규정 [별지11]의 서식에 의한 겸업신고서에 다른 보험업의 보험중개사 시험 합격증 사본을 첨부하여 금융감독원장에게 신고해야 한다(감독규정4-17①).

152) 보험업법 93조 1항 8호에 따르면, 보험중개사는 생명보험계약의 모집과 손해보험계약의 모집을 겸하게 된 경우 그 사실을 금융위원회에 신고해야 한다.

3) 보험업종별 등록요건

(1) 다른 보험업의 보험중개사를 겸하고자 하는 법인은 보험업법시행령 34조에서 정한 보험중개사 등록요건을 보험업종별로 각각 갖추어야 한다(감독규정4-17②).

(2) 위 (1)의 의무는 법인인 보험중개사에 한정하여 적용됨을 알 수 있다.

(3) 다른 모집종사자 등과의 겸직 또는 겸업

1) 보험업법 92조 2항

보험중개사는 보험회사의 임직원이 될 수 없으며, 보험계약의 체결을 중개하면서 보험회사·보험설계사·보험대리점·보험계리사 및 손해사정사의 업무를 겸할 수 없다(법92②). 이를 위반하면 과태료(법209⑤(3))가 따른다.

2) 보험업법 89조 2항

보험설계사 또는 보험대리점으로 등록된 자, 그리고 다른 보험회사, 보험대리점, 보험중개사에 속한 임직원이 보험중개사로 등록될 수 없다(법89②(2)·(3)). 이를 위반하면 등록취소사유가 된다(법90①).

3) 비교

i) 유사점

보험업법 92조 2항과 보험업법 89조 2항은 중복되는 측면이 있다. 즉 보험업법 92조 2항 중에서 보험중개사가 보험회사의 임직원이 될 수 없고 보험설계사, 보험대리점의 업무를 겸할 수 없다고 한 부분은 보험업법 89조 2항과 중복된다. 즉 89조 2항 2호 및 3호에 따르면 보험설계사 또는 보험대리점으로 등록된 자, 그리고 다른 보험회사에 속한 임직원은 보험중개사로 등록될 수 없기 때문이다.

ii) 차이점

위 i)과 같이 중복되는 측면이 있음에도 불구하고 보험업법 92조 2항과 89조 2항은 다음과 같은 차이가 있고, 여기서 보험업법 92조 2항의 존재의의를 찾을 수 있다.

① 겸직 또는 겸업 금지의 범위

(1) 겸직 또는 겸업 금지의 범위에서 차이가 있다. 보험업법 92조 2항에 따르면 보험중개사는 보험회사, 보험계리사, 손해사정사의 업무를 겸할 수 없는데, 이에 대해서 보험업법 89조 2항은 정함이 없다.

(2) 보험업법 92조 2항이 이러한 겸업금지를 규정한 취지는 다음과 같다. 먼저, 보험중개사는 보험회사로부터 독립하여 보험계약체결의 중개를 하는 자이므로 보험회사의 업무를 겸하면 이익충돌(conflict of interests)의 문제가 생긴다. 다음, 보험중개사가 보험계리사 또는 손해사정사의 업무를 겸하면 이익충돌의 우려가 생길 소지가 있다. 보험계리사 및 손해사정사는 보험계리 및 손해사정 업무를 객관적이고 공정하게 수행해야 하지만 보

험회사와 고용관계 또는 위탁관계를 갖게 되는 것이 보통이고[153] 이 경우 보험계리사 및 손해사정사가 현실적으로 보험회사로부터 완전히 독립되기 어려운 측면이 있기 때문이다.

② 위반 시 효과

위반 시 효과에서 차이가 있다. 보험업법 89조 2항을 위반하면 등록취소사유가 된다(법90①). 한편 보험업법 92조 2항을 위반하면 과태료(법209⑦(3))가 따른다. 등록취소사유와 과태료는 중복적용할 수 있다.

(4) 소속 보험설계사의 겸직 또는 겸업

법인보험중개사에 소속된 보험설계사는 다음과 같은 규제를 받는다.

(1) 법인보험중개사에 소속된 보험설계사는 보험회사의 임직원, 다른 보험대리점·보험중개사의 임직원을 겸직할 수 없다(감독규정4-20①). 이러한 겸직은 이익상충의 우려가 있기 때문이다.

(2) 법인보험중개사는 보험업법시행령 32조 1항 4호 및 5호에 해당하는 자를 소속 보험설계사로 둘 수 없다(감독규정4-20②). 보험업법시행령 32조 1항 4호 및 5호에 해당하는 자는 경쟁을 실질적으로 제한하는 등 불공정한 모집행위를 할 우려가 있는 자로서 보험중개사로 등록될 수 없는 자에 해당하는데, 이에 그치지 않고 법인보험중개사에 소속된 보험설계사도 될 수 없도록 한 것이다.

5. 영업보증금의 예탁

(1) 의의

1) 필요성

보험중개사는 보험계약체결의 모집을 하면서 보험계약자 등에게 위법행위로 인한 손해를 끼칠 수 있다. 이러한 손해배상책임을 담보하기 위한 수단이 필요하다.

2) 예탁의무

(1) 위 1)에 따라 금융위원회는 등록한 보험중개사로 하여금 금융위원회가 지정하는 기관에 영업보증금을 예탁하게 하거나 보험의 가입, 그 밖에 필요한 조치를 하게 할 수 있다(법89③). 이에 따른 보험중개사에 대한 영업보증금 예탁 등의 조치는 금융감독원장에게 위탁되어 있다(시행령[별표8]16).

(2) 보험업법 89조 3항의 문언을 보면 금융위원회가 영업보증금 예탁 등의 조치를 취할지 여부가 재량행위로 되어 있다. 하지만 영업보증금 예탁의 제도 취지, 성질 등을 고려

---

153) 고용관계 또는 위탁관계: 보험회사는 보험계리업무와 관련하여 보험계리사를 고용하거나 또는 보험계리사가 소속된 보험계리업자에게 업무위탁을 해야 하고(법181), 대통령령으로 정하는 보험회사는 원칙적으로 손해사정업무와 관련하여 손해사정사를 고용하거나 또는 손해사정사가 소속된 손해사정업자에게 업무위탁을 해야 한다(법185본).

하면 기속사항이라고 해석함이 타당하다. 이 점에서 영업보증금 예탁이 영업개시요건이자 영업유지요건이라고 규정한 것(시행령37④,33③)은 타당하다.

(3) 보험업법 89조 3항의 문언을 보면 영업보증금의 예탁과 보험의 가입이 손해배상 책임을 담보하기 위한 별개의 수단으로 되어 있지만, 후술하는 것처럼 보험의 가입은 영업보증금 예탁의 방법 중의 하나(시행령37④,33④)에 불과하다. 현행법은 영업보증금의 예탁 이외에 기타 조치에 대한 세부규정은 두고 있지 않다. 따라서 이하에서는 영업보증금의 예탁을 중심으로 살펴본다.

3) 보험대리점과 비교

영업보증금에 관련한 보험중개사와 보험대리점의 비교는 보험대리점의 영업보증금 부분에서 살펴보았다.

4) 관련 규정

보험중개사 영업보증금에 대해서는 보험업법 89조 3항, 보험업법시행령 37조 4항, 보험업법시행규칙 19조, 21~23조, 감독규정 4-10조, 4-23조, 감독시행세칙 2-8조, 2-14조~2-31조가 규정하고 있다. 여기서 감독시행세칙은 동 2-8조 1항~3항을 제외하고 나머지는 상위법령의 명시적 위임이 없는 행정규칙이다.

(2) 영업요건

(1) 영업보증금의 예탁은 영업을 하기 위한 요건이다. 즉 보험중개사의 등록을 한 자는 영업보증금을 예탁기관에 예탁하지 않으면 영업을 할 수 없다(시행령37④,33③).

(2) 위 (1)에 따른 영업보증금의 예탁은 영업개시요건이자 영업유지요건이라고 해석한다. 영업을 개시하기 위해서도 필요하지만 영업을 계속하기 위해서도 필요한 요건이라는 의미이다.[154] 영업개시요건뿐만 아니라 나아가 영업유지요건으로 한 이유는 영업보증금을 실효성 있게 확보하기 위해서이다.

(3) 금융기관보험중개사에 대해서는 영업보증금 예탁을 면제한다(시행령37①단). 금융기관보험중개사는 일반적으로 예탁금액 이상의 변제자력을 갖고 있기 때문이다.

(3) 예탁금액

1) 법정예탁금액

i) 의의

영업보증금은 개인보험중개사는 1억 원 이상, 법인보험중개사는 3억 원 이상으로 하며, 그 구체적인 금액은 해당 보험중개사의 영업 규모를 고려하여 총리령으로 정한다(시행령37①본). 이렇게 정해진 금액이 '법정예탁금액'이다. 보험대리점의 경우 보험회사와 보험대리점이 영업보증금액을 협의하여 정할 수 있다고 규정한 것(시행령33①본)과 차이가 있다.

---

154) 성대규·안종민 301면; 정채웅 405면

ii) 결정기준

(1) 개인보험중개사 1억 원 이상, 법인보험중개사 3억 원 이상이 '최저영업보증금'이다(시행규칙19본). 이를 최저 한도로 하면서 영업개시 후 기간 경과에 따라 법정예탁금액을 다음과 같이 결정한다.

첫째, 보험중개사의 영업 개시일부터 최초의 사업연도(금융위원회가 정하는 사업연도 기준)가 끝난 후 3개월 14일의 기간까지는 위 최저영업보증금이 법정예탁금액이다(시행규칙19본). 여기서 금융위원회가 정하는 사업연도는 매년 1월 1일부터 12월 31일까지로 한다(감독규정4-23①).

둘째, 위 기간이 지난 후부터는 1년 단위로 해당 보험중개사의 최근 2개 사업연도의 보험중개와 관련된 수입금액 중 큰 금액으로 한다(시행규칙19본). 다만, 그 금액이 최저영업보증금보다 적은 경우에는 최저영업보증금으로 하고, 100억 원보다 큰 경우에는 100억 원으로 한다(시행규칙19단). 여기서 보험중개와 관련한 수입금액은 당해 보험중개사가 보험계약체결의 중개와 관련하여 받은 수수료·보수 그 밖의 대가를 합한 금액을 말한다(감독규정4-23②).

(2) 보험대리점의 경우 개인보험대리점의 경우 1억 원, 법인보험대리점의 경우 3억 원을 한도로 영업보증금이 정해지는 것이 원칙인 것과 달리 보험중개사의 경우 위 금액을 최저로 영업보증금이 정해지는 이유는 전술한 바와 같이 보험중개사의 배상책임 담보를 강화하기 위해서이다.

iii) 결정절차

(1) 보험중개사는 영업보증금을 결정함에 필요한 직전 사업연도의 중개보험료와 보험계약체결의 중개와 관련하여 받은 수수료, 보수 등 일체의 수입명세를 감독시행세칙 [별지10] 서식의 수입명세서에 기재하여 이를 매년 2월 말까지 금융감독원장에게 제출해야 한다(감독시행세칙2-15①).

(2) 금융감독원장은 매년 3월 말까지 보험중개사별 영업보증금을 결정하여 이를 각 보험중개사에게 통보하며, 보험중개사는 이미 예탁한 영업보증금이 통보된 영업보증금에 미달될 경우에는 그 부족액을 매년 4월 14일까지 추가 예탁해야 한다(감독시행세칙2-15②).

2) 예탁금액의 증액

금융위원회는 보험계약자의 보호와 모집질서의 유지를 위하여 필요하다고 인정하면 최근 사업연도의 보험중개와 관련된 총수입금액의 5배의 범위에서 영업보증금의 증액을 명할 수 있다(시행령37②). 이렇게 증액된 예탁금액이 '증액예탁금액'이다.

(4) 예탁장소

예탁장소는 금융위원회가 지정하는 기관인데(법89③), 이에 따르면 예탁장소 또는 예탁기관은 금융감독원이다(감독규정4-10①).

(5) 예탁절차 및 예탁증서

(1) 보험중개사로 등록을 한 자는 영업보증금을 영업개시 7일 전까지 금융감독원에 예탁해야 한다(감독시행세칙2-14①).

(2) 영업보증금을 예탁할 때에는 감독시행세칙 [별지9] 서식의 영업보증금예탁신청서와 등록증 사본을 첨부해야 한다(감독시행세칙2-14③).

(3) 금융감독원장은 보험중개사가 영업보증금을 예탁한 때에는 감독시행세칙 [별지11] 서식의 영업보증금예탁증서를 교부한다(감독시행세칙2-16).

(6) 예탁방법

1) 유형

(1) 영업보증금은 현금 또는 다음 각 호의 어느 하나에 해당하는 증권 등으로 예탁할 수 있다(시행령37④,33④).

1. 거래소에 상장된 증권 중 금융위원회가 인정하는 증권
2. 금융위원회가 인정하는 보증보험증권
3. 금융위원회가 인정하는 기관이 발행한 지급보증서

(2) 위 (1)의 1호에서 금융위원회가 인정하는 증권은 다음 각 호의 하나를 가리킨다(감독규정4-10②).

1. 자본시장법 4조 3항에 따른 채무증권 중 국채증권, 지방채증권, 특수채증권, 사채권
2. 자본시장법 9조 21항에 따른 집합투자증권(자본시장법 9조 19항 1호에 따른 경영참여형 사모집합투자기구의 집합투자증권을 제외) 중에서 채권형 집합투자증권
3. 자본시장법 110조에 따라 신탁업자가 발행하는 수익증권 중 공사채형 수익증권

(3) 위 (1)의 2호에서 금융위원회가 인정하는 보증보험증권이란 금융감독원장을 피보험자로 하고 국내 보증보험회사가 발행하는 인허가보증보험증권을 말한다(감독규정4-10③).

(4) 위 (1)의 3호에서 금융위원회가 인정하는 기관이란 은행법 2조 1항 2호의 규정에 의한 금융기관을 말한다(감독규정4-10④). 이는 은행으로서 은행업을 규칙적·조직적으로 경영하는 한국은행 외의 모든 법인을 말한다(은행법2①(2)).

2) 예탁 유가증권 등의 반환

(1) 영업보증금을 감독규정 4-10조 2항 내지 4항에 의한 유가증권 등으로 예탁한 보험중개사는 유가증권의 만기가 도래한 경우에는 당해 유가증권에 갈음하는 영업보증금을

예탁하고 당해 유가증권의 반환을 신청할 수 있다(감독시행세칙2-23①).

(2) 위 (1)의 유가증권의 반환신청을 하고자 하는 자는 당해 유가증권에 갈음하는 영업보증금의 종류 및 금액과 반환받고자 하는 유가증권의 명칭, 매수, 총액 등을 기재한 감독시행세칙 [별지13] 서식의 유가증권반환신청서를 금융감독원장에게 제출해야 한다(감독시행세칙2-23②).

(3) 금융감독원장은 위 (1)에 따른 유가증권 반환신청을 거부하는 경우에는 당해 보험중개사에게 15일 이내에 그 사유 및 거부사실을 통보한다(감독시행세칙2-23③).

3) 인허가보증보험증권 등의 해지승인

(1) 보험중개사가 영업보증금을 보험중개사 인허가보증보험증권 또는 지급보증서로 예탁한 경우 당해 인허가보증보험증권, 지급보증서의 해지를 하고자 할 때에는 미리 이에 갈음하는 예탁금을 금융감독원에 예탁한 후 감독시행세칙 [별지14] 서식의 해지승인신청서에 영업보증금을 예탁하였음을 증명하는 서류를 첨부하여 금융감독원장에게 제출해야 한다(감독시행세칙2-25①).

(2) 금융감독원장은 위 (1)에 의한 해지승인 신청을 거부하는 경우에는 당해 보험중개사에게 그 사유를 통보하고 보험중개사 인허가보증보험 등에 갈음하여 예탁한 영업보증금을 반환한다(감독시행세칙2-25②).

(7) 예탁금액의 보전, 재예탁

1) 예탁금액의 보전

i) 평가액 변동

(1) 만약 예탁된 증권 등이 그 평가액의 변동으로 법정예탁금액(또는 증액예탁금액)에 부족하게 된 때에는 금융위원회가 정하는 기간 내에 부족한 금액을 보전해야 한다(시행령37④,33⑤).

(2) 위 (1)에서 금융위원회가 정하는 기간은 영업보증금 미달 통보를 받은 날부터 14일 이내를 말한다(감독규정4-10⑤).

ii) 평가 기준

위 i)(1)에 따른 평가는 다음과 같다.

(1) 채무증권의 평가는 한국거래소가 공시한 최근 월의 대용가격으로 한다(감독시행세칙2-8①).

(2) 집합투자증권 및 수익증권의 평가는 당해 집합투자증권 및 수익증권의 발행기관이 평가하여 확인한 금액(잔고증명서)으로 한다(감독시행세칙2-8②).

(3) 이행보증보험증권의 평가는 보험가입금액의 전액으로 하고, 금융기관이 발행한 지급보증서의 평가는 당해 금융기관이 지급을 보증한 금액의 전액으로 한다(감독시행세칙

2-8③).

2) 재예탁

만약 보험기간이 만료되었을 때에는 다시 예탁하여야 한다(시행령37④,33⑤). 여기서 보험기간은 보증보험증권의 보험기간이라고 해석한다.

(8) 예탁금액의 반환

1) 반환사유

금융위원회는 보험중개사가 다음 각 호의 사유 중 어느 하나에 해당하면 총리령에 따라 영업보증금의 전부 또는 일부를 반환한다(시행령37③).

1. 보험중개사가 보험중개업무를 폐지한 경우
2. 보험중개사인 개인이 사망한 경우
3. 보험중개사인 법인이 파산 또는 해산하거나 합병으로 소멸한 경우
4. 보험업법 90조 1항에 따라 보험중개사 등록이 취소된 경우
5. 보험중개사의 업무상황 변화 등으로 이미 예탁한 영업보증금이 예탁해야 할 영업보증금을 초과하게 된 경우

2) 반환절차

i) 신청

보험중개사가 영업보증금을 반환받으려면 반환신청서에 반환사유를 확인할 수 있는 서류를 첨부하여 금융위원회에 제출해야 한다(시행규칙21①).

ii) 공시

(1) 금융위원회는 보험중개사가 반환신청을 하는 경우에는 다음 각 호의 사항을 일간신문 또는 인터넷 등에 공시해야 한다(시행규칙21②).

1. 해당 보험중개사의 영업보증금 반환신청 사실 및 그 사유
2. 해당 보험중개사의 보험계약 체결의 중개행위와 관련하여 손해를 입은 자는 공시일부터 6개월 이내에 손해배상금의 지급을 신청해야 하며, 해당 기간에 손해배상금의 지급을 신청하지 않은 경우에는 해당 보험중개사가 예탁한 영업보증금에서 배분을 받을 수 없다는 내용

(2) 위 (1)의 공시절차의 진행에 드는 비용은 해당 보험중개사가 부담한다(시행규칙23).

iii) 지급신청에 대한 처리절차

공시한 결과에 따라 손해를 입은 보험계약자 등이 손해배상금 지급신청을 한 경우에 그 처리절차는 아래의 손해배상금의 지급에 관한 규정(시행규칙22①,②,⑤~⑦)을 준용한다(시행규칙21③).

iv) 반환

금융위원회는 공시 및 지급신청에 대한 처리절차를 진행한 결과에 따라 해당 보험중

개사가 예탁한 영업보증금 중에서 남은 금액이 있으면 보험계약자 등의 보호에 지장이 없다고 인정될 때에만 금융감독원장으로 하여금 그 남은 금액을 반환하도록 해야 한다(시행규칙21④).

(9) 손해배상금의 지급

1) 지급신청

(1) 보험중개사의 모집행위와 관련하여 손해를 입은 보험계약자 등은 그 보험중개사의 영업보증금의 한도에서 영업보증금예탁기관(금융감독원)에게 손해배상금의 지급을 신청할 수 있다(시행령38①).

(2) 손해배상금의 지급을 신청하고자 하는 자는 감독시행세칙 [별지12] 서식의 손해배상지급신청서에 보험중개사의 보험계약 체결의 중개행위와 관련하여 손해를 입었음을 증명하는 서류를 첨부하여 금융감독원장에게 제출해야 한다(감독시행세칙2-20).

2) 지급절차

금융감독원장은 지급신청을 받으면 총리령으로 정하는 절차에 따라 해당 보험중개사의 영업보증금에서 손해배상금의 전부 또는 일부를 지급할 수 있다(시행령38②).

① 통지 및 조사

금융감독원장은 지급신청을 받으면 그 사실을 해당 보험중개사에게 지체 없이 통지하고 사실관계에 대한 조사를 해야 한다(시행규칙22①).

② 증거 제출 등

금융감독원장은 조사 실시와 관련하여 관계 당사자에게 증거 제출 및 의견 진술의 기회를 주어야 한다(시행규칙22②).

③ 공시

(1) 조사한 결과에 비추어 지급신청에 타당한 이유가 있다고 인정하는 경우에는 60일 이상의 기간을 정하여 손해를 입은 보험계약자 등에게 손해배상금의 지급을 신청할 것과 그 기간에 신청하지 않는 경우에는 해당 보험중개사의 영업보증금 배분절차에서 제외된다는 뜻을 일간신문 또는 인터넷 등에 공시해야 한다(시행규칙22③).

(2) 위 (1)에 따른 공시절차의 진행에 드는 비용은 해당 보험중개사가 부담한다(시행규칙23).

(3) 감독시행세칙은 위 (1)에 대해 다음과 같이 규정한다. 즉 금융감독원장은 시행규칙 22조에 의한 손해배상금의 지급신청을 받은 때에는 7일 이내에 국내에서 발간되는 하나 이상의 일간신문 또는 금융감독원 인터넷 홈페이지에 시행규칙 22조 3항에 의한 공시를 하고, 관련 보험중개사에게 손해배상금의 지급신청이 접수된 사실 및 14일 이내에 그에 대한 의견과 증거서류를 제출할 것을 서면으로 통지해야 한다(감독시행세칙2-21①본). 다

만, 감독시행세칙 2－32조에 의하여 금융감독원에 신고된 주소지로 통지를 하였으나 주소 불명 등의 사유로 2회 이상 반송된 때에는 통지한 것으로 본다(감독시행세칙2－21①단).

④ 처리절차

(1) 위 ③의 공시에 따라 손해배상금 지급을 신청한 자에 대한 처리절차에 관하여는 위 ①과 ②를 준용한다(시행규칙22④).

(2) 금융감독원장은 감독시행세칙 2－21조 1항에 의한 공시 후 손해발생원인 및 손해액 등에 대한 조사를 한다(감독시행세칙2－21②).

⑤ 배분표 작성 및 이의제기절차 등

(1) 금융감독원장은 위 ①~④에 따른 절차의 진행 결과 해당 보험중개사의 손해배상 책임이 인정되는 신청인에 대해서는 신청인별로 영업보증금 배분표를 작성하여 관계 당사자에게 알리고 배분액에 관하여 이의가 있는 자는 14일 이내에 이의를 제기할 수 있음을 알린다(시행규칙22⑤).

(2) 신청인별 배분표에 대하여 이의가 있는 관계당사자는 통지를 받은 날부터 14일 이내에 그 내용 및 관계 증빙서류를 첨부하여 금융감독원장에게 제출해야 한다(감독시행세칙2－21③).

(3) 금융감독원장은 위 (2)에 의한 이의신청을 받은 때에는 이의신청 사실에 대한 조사를 실시한 후 그 이의신청이 타당하다고 인정되는 경우에는 배당표를 재작성하여 관계당사자에게 통지한다(감독시행세칙2－21④).

(4) 위 (3)에 의하여 재작성된 배당표에 대하여는 다시 이의를 제기할 수 없다(감독시행세칙2－21⑤).

⑥ 배분표에 따른 배분

(1) 금융감독원장은 시행규칙 22조 5항에 따른 통지 결과 관계 당사자로부터 이의가 없는 경우에는 배분표에 따라 배분을 한다(시행규칙22⑥). 관계 당사자로부터 이의가 있는 경우에는 위 ⑤의 이의제기절차를 거친 후 배분표에 따라 배분을 할 수 있음은 물론이다.

(2) 위 (1)에 따른 배분을 위해서는 위 ⑤까지의 절차를 거친 후 보험중개사 영업보증금관리위원회의 심의를 거쳐야 한다(감독시행세칙2－22①).

(3) 보험중개사의 영업보증금이 유가증권으로 예탁된 경우에는 영업보증금의 배분을 위하여 이를 매각할 수 있고 이 경우 매각비용은 매각대금에서 공제한다(시행규칙22⑦).

3) 지급에 따른 면책

보험중개사는 위 2)의 지급절차에 따라 금융감독원장으로부터 손해배상금의 전부 또는 일부를 지급받은 보험계약자 등에 대하여 그 금액만큼 손해배상책임을 면한다(시행령38③).

(10) 영업보증금의 관리·운용

1) 의의

i) 운용방법

금융감독원장은 영업보증금을 현금으로 예탁받은 경우에는 보험중개사별로 다음 각 호의 방법으로 운용한다(감독시행세칙2-17①).

1. 은행법에 의한 금융기관에의 예치
2. 감독규정 4-10조 2항의 규정에서 정한 유가증권[155]의 매입
3. 신탁업자에 대한 금전 또는 유가증권의 신탁

ii) 운용방법의 요청

보험중개사는 예탁한 영업보증금의 운용에 관하여 위 i)의 운용방법 범위 내에서 금융감독원장에게 그 운용방법을 지정하거나 운용방법의 변경을 요청할 수 있다(감독시행세칙2-17②).

2) 운용비용

보험중개사의 영업보증금 관리를 위하여 직접적으로 소요된 비용은 당해 보험중개사의 부담으로 하며, 금융감독원장은 이를 당해 보험중개사가 예탁한 영업보증금의 운용수익에서 공제할 수 있다(감독시행세칙2-18).

3) 운용상황의 통보

(1) 금융감독원장은 영업보증금의 운용내역과 회계연도 말 현재 영업보증금의 평가액을 회계연도 종료 후 1월 이내에 당해 보험중개사에게 통보한다(감독시행세칙2-19).

(2) 영업보증금의 회계연도는 감독규정 4-23조 1항에 의한 보험중개사의 사업연도와 같다(감독시행세칙2-17③).

4) 영업보증금관리위원회

i) 설치

금융감독원장은 보험중개사 영업보증금의 관리·운용과 손해배상금의 지급 등에 관한 사항을 심의하기 위하여 금융감독원에 영업보증금관리위원회를 설치할 수 있다(감독시행세칙2-26).

ii) 구성

(1) 영업보증금관리위원회는 위원장, 부위원장 및 5인 이내의 위원으로 구성한다(감독

155) 감독규정 4-10조 2항의 규정에서 정한 유가증권은 다음 각 호를 말한다.
1. 자본시장법 4조 3항에 따른 채무증권 중 국채증권, 지방채증권, 특수채증권, 사채권
2. 자본시장법 9조 21항에 따른 집합투자증권(자본시장법 9조 19항 1호에 따른 경영참여형 사모집합투자기구의 집합투자증권을 제외) 중에서 채권형 집합투자증권
3. 자본시장법 110조에 따라 신탁업자가 발행하는 수익증권 중 공사채형 수익증권

시행세칙2－27①).

(2) 위원장은 금융감독원의 부원장으로 하고, 부위원장은 영업보증금 관리업무를 관장하는 금융감독원의 부원장보로 하며, 위원은 다음 각 호의 하나에 해당하는 자 중에서 금융감독원장이 위촉하는 자로 한다(감독시행세칙2－27②).

1. 보험중개사를 대표하는 단체의 장
2. 보험에 관한 학식과 경험이 풍부한 자 또는 소비자를 대표하는 자

(3) 위원의 임기는 3년으로 하되 연임할 수 있고, 다만 보궐위원의 임기는 전임자의 잔임기간으로 한다(감독시행세칙2－27③).

iii) 기능

영업보증금관리위원회는 다음 각 호의 사항을 심의한다(감독시행세칙2－28).

1. 영업보증금의 증액명령에 관한 사항
2. 영업보증금의 반환에 관한 사항
3. 보험중개사의 손해배상금의 지급에 관한 사항
4. 그 밖에 위원장이 부의하는 사항

iv) 회의 등

① 회의

(1) 영업보증금관리위원회의 회의는 위원장이 필요하다고 인정하는 때에 소집하고 위원장이 의장이 된다(감독시행세칙2－29①).

(2) 위원장이 회의를 소집하고자 할 때에는 회의의 일시, 장소 및 목적사항 등을 기재한 회의소집통지서와 회의안건을 회의개최 7일 전까지 각 위원에게 통보해야 한다(감독시행세칙2－29②본). 다만, 회의 소집통지서 또는 안건을 발송함이 부적당한 사안이거나, 긴급을 요하는 경우에는 그렇지 않다(감독시행세칙2－29②단).

(3) 영업보증금관리위원회의 회의는 재적위원 과반수의 출석으로 개회하고, 출석위원 과반수의 찬성으로 의결한다(감독시행세칙2－29③본). 다만, 가부동수인 경우에는 의장이 결정하는 바에 따른다(감독시행세칙2－29③단).

(4) 영업보증금관리위원회의 의결에 관하여 이해관계가 있는 위원은 의결권을 행사하지 못한다(감독시행세칙2－29④).

(5) 영업보증금관리위원회는 직무수행상 필요하다고 인정하는 때에는 외부인사 또는 관계자로부터 의견이나 증언을 청취할 수 있다(감독시행세칙2－29⑤).

② 간사

영업보증금관리위원회의 간사는 금융감독원의 영업보증금관리 담당부서장으로 하며,

간사는 영업보증금관리위원회의 의사록작성 등의 사무를 처리한다(감독시행세칙2-30).

③ 수당 등

영업보증금관리위원회에 출석한 위원 중 위원장 및 부위원장 이외의 위원과 영업보증금관리위원회에 출석하여 의견을 진술한 외부인사에 대하여는 금융감독원의 예산의 범위 안에서 수당 및 그 밖에 필요한 경비를 지급할 수 있다(감독시행세칙2-31).

6. 보험중개사 영업기준

(1) 의의

1) 관련 규정

(1) 보험중개사의 영업기준에 대해서는 보험업법 89조 4항, 92조, 그리고 동법시행령 36조, 41조 등, 그리고 동법시행령 36조 4항의 위임에 따른 감독규정, 감독시행세칙이 규정하고 있다.

(2) 보험중개사의 영업기준에 대해 규정하고 있는 보험업법시행령 36조 1항~3항 등에 비추어 보면, 보험중개사의 영업기준이란 보험계약체결의 중개와 관련하여 준수해야 할 의무를 통칭한다고 할 수 있다. 보험중개사의 중개행위 자체뿐만 아니라 이를 통제하기 위한 내부통제기준 등과 같이 보험계약체결 중개의 건전성, 적법성, 투명성 등을 확보하기 위해서 직접적으로 또는 간접적으로 관련된 의무를 포괄하는 개념이다. 다만, 보험중개사의 영업기준을 지나치게 확장해서 해석하면 위임입법의 한계를 벗어날 수 있으므로 보험업법시행령 36조 1항~3항 등의 취지, 내용 등에 비추어 합리적으로 해석할 필요가 있다.

2) 보험중개사의 유형별 영업기준

(1) 보험업법은 영업기준을 보험중개사의 유형별로 다르게 설정한다. 그 유형은 다음과 같이 나뉜다.

(a) 모든 보험중개사에 적용되는 일반적·공통적 영업기준

(b) 모든 법인보험중개사에 추가되는 영업기준

(c) 일정한 법인보험중개사에 추가되는 영업기준

(2) 위 (1)의 (a)는 모든 보험중개사에 적용되는 일반적·공통적 영업기준이다. 법인보험중개사는 (a) 이외에 영업기준이 추가된다. 우선, 모든 법인보험중개사에는 (a) 및 (b)의 영업기준이 적용된다. 그리고 일정한 법인보험중개사에는 (a), (b) 및 (c)의 영업기준이 적용된다.

(2) 일반적·공통적 영업기준

1) 구분

보험중개사의 유형(개인보험중개사, 법인보험중개사 등)을 묻지 않고 일반적으로 적용되는 영업기준이 있다.

2) 상호사용 시에 "보험중개사" 명기

(1) 보험중개사와 그 보험중개사에 소속된 임직원 및 보험설계사는 다음 각 호의 자료 또는 광고에서 보험중개사의 상호를 사용하는 경우 상호 중에 "보험중개사"라는 글자를 포함해야 한다(시행령36②).

1. 보험안내자료 등 보험계약의 중개를 위하여 소비자에게 제공하는 자료
2. 보험상품에 관한 광고

(2) 위 (1)은 자료 또는 광고에 상호를 사용할 때 그 주체가 보험중개사임을 분명히 하여 보험계약자가 오인하지 않도록 하자는 취지이다.

3) 위탁계약서, 회계장부 등의 보관·관리·제출

(1) 보험중개사는 소속된 보험설계사와의 위탁계약서를 보관하고 관리해야 한다(시행령36③).

(2) 보험중개사는 수입 및 지출 명세에 관한 회계장부를 보관하고 관리해야 한다(시행령36③).

(3) 보험중개사는 매년 12월 31일에 그 장부를 폐쇄하고 장부폐쇄일부터 2월 이내에 다음 각 호의 서류를 금융감독원장에게 제출해야 한다(감독규정4−27).[156]

1. 사업보고서
2. 재무상태표
3. 포괄손익계산서
4. 이익잉여금처분계산서 또는 결손금처리계산서(법인인 경우에 한함)

(4) 보험중개사 영업의 투명성, 건전성을 확보하기 위해서 위 (1)~(3)과 같이 위탁계약서, 회계장부 등에 대해 보관·관리·제출의무를 규정한 것이다.

4) 보험회사등에 대한 행위제한

i) 의의

보험중개사는 보험회사 및 그에 소속된 임직원, 보험설계사, 보험대리점, 보험계리사, 손해사정사 등과의 모집위탁 등과 관련하여 다음과 같은 행위를 해서는 안 된다.

---

156) 감독규정 4−27조에 의하여 금융감독원장에게 제출해야 하는 계산서류의 양식은 법인보험중개사의 경우 감독시행세칙 [별지19], 개인보험중개사의 경우 감독시행세칙 [별지20]과 같다(감독시행세칙 2−33③).

ii) 금지행위

① 독립성 저해행위

보험중개사가 보험회사로부터 독립하여 보험계약자를 위하여 보험계약체결의 중개를 하는 자라는 점을 고려할 때, 보험중개사가 보험회사 및 그에 소속된 임직원, 보험설계사, 보험대리점, 보험계리사, 손해사정사 등으로부터 독립성을 확보할 수 있도록 다음과 같은 행위가 금지된다.

(ㄱ) 모집위탁 및 수수료 등 금지

(1) 보험중개사는 보험회사와 그 임직원, 보험설계사에 대하여 모집을 위탁하거나 보험계약체결의 중개와 관련한 수수료 보수 그 밖의 대가를 지급해서는 안 된다(감독규정4−22①).

(2) 보험회사와 그 임직원 및 보험설계사는 보험중개사에 대하여 모집을 위탁할 수 없다(감독규정4−22②).

(ㄴ) 동일계약의 공동취급 금지

보험중개사는 보험회사와 그 임직원, 보험설계사 및 보험대리점과 동일계약을 공동으로 취급할 수 없다(감독규정4−22③).

(ㄷ) 편중의 금지

보험중개사는 그 업무의 독립성을 유지할 수 있도록 보험중개계약이 특정 보험회사에 편중되지 않도록 해야 한다(감독규정4−22⑤).

(ㄹ) 겸영금지 대상과의 상호출자 등의 금지

(1) 보험중개사는 보험회사의 임직원이 될 수 없으며, 보험계약의 체결을 중개하면서 보험회사·보험설계사·보험대리점·보험계리사 및 손해사정사의 업무를 겸할 수 없다(법92②).

(2) 보험중개사는 위 (1)의 겸영금지대상과 다음 각 호의 행위를 할 수 없다(감독규정4−26).

1. 상호출자
2. 금전, 물품, 정보 등의 편의제공. 이 경우 편의제공이란 금전, 물품, 역무, 고객으로부터 얻은 정보(다만, 사전에 당해 고객의 개별 동의가 있는 경우는 제외)를 제공하는 것을 말한다.
3. 사무실의 공동사용. 이 경우 사무실의 공동사용이란 같은 사무실을 사용하거나 사무실이 동일 건물 내에 설치되어 있어 고객에게 같은 사무실이라는 혼동이 생길 수 있도록 되어 있는 상태를 말한다.
4. 인사교류. 이 경우 인사교류는 업무보조자 또는 임직원을 파견(다만, 퇴직자의 경우는 제외)하는 것을 말한다.

② 보험료 등의 강제행위

(1) 보험중개사는 보험료, 보유율 및 출재비율을 보험회사에 강제하는 등의 행위를 할 수 없다(감독규정4－22③).

(2) 규모가 큰 보험중개사가 보험계약체결의 중개를 하면서 우월적 지위를 이용하여 위와 같은 강제행위 등을 하는 것을 금지하려는 취지이다.157)

③ 기타

(1) 보험중개사는 부당한 보험중개행위나 과당경쟁을 해서는 안 되고, 보험가입자에게 보험약관의 내용을 정확하게 인식시켜 보험민원·분쟁의 소지가 없도록 하여야 한다(감독규정4－22④).

(2) 위 (1)은 건전한 모집질서의 확보와 보험계약자를 보호하자는 취지이다.

(3) 다만, 위 (1)은 다음과 같은 입법적 한계가 있다.158) 첫째, 부당한 보험중개행위나 과당경쟁에 관한 구체성이 없어서 선언적 성격이 강하다. 보험업법 95조~101조가 부당한 보험중개행위 등에 대해 구체적으로 규정하고 있는 것과 대비된다. 둘째, 보험가입자에게 보험약관의 내용을 정확하게 인식시킬 의무도 마찬가지이다. 이러한 측면의 보험가입자에 대한 보호를 위해 보험계약에 대한 설명의무(법95의2, 금융소비자법19)가 존재한다.

5) 보험중개계좌의 개설 등

보험중개사가 보험중개와 관련하여 행하는 금전의 수령 또는 지급 등의 투명성, 안정성을 확보하기 위해서 보험중개계좌에 관련한 의무가 있다.

i) 개설 및 신고

(1) 보험중개사는 영업개시와 동시에 전용계좌를 개설하고 이를 즉시 금융감독원장에게 신고해야 하고, 전용계좌를 변경하거나 폐지하는 경우에도 이를 즉시 금융감독원장에게 신고해야 한다(감독규정4－29①). 전용계좌는 보험계약체결의 중개수수료의 수수, 보험회사에 대한 보험료의 지급 등 보험중개업무와 관련된 모든 자금거래를 취급할 계좌를 말한다.

(2) 보험중개사는 위 (1)에 따른 신고사항이 발생하거나 신고사항의 변경사유가 발생된 때에는 그 사유가 발생한 날부터 7일 내에 금융감독원장에게 신고해야 한다(감독시행세칙2－32②). 이 경우 신고는 감독시행세칙 [별지21] 서식에 따른다(감독시행세칙2－33④).

ii) 계좌의 구분

보험중개계좌는 원보험중개 계좌와 재보험중개 계좌를 구분하여 각각 개설하며, 원보험중개와 재보험중개 관련 자금은 구분하여 계리한다(감독규정4－29①).

---

157) 성대규·안종민 317면; 정채웅 425면

158) 성대규·안종민 317면

iii) 입금

(1) 보험중개사는 보험중개업무와 관련하여 수수한 모든 수입(보험료를 포함)을 수령하는 즉시 전용계좌에 입금해야 한다(감독규정4-29②).

(2) 보험중개사는 원보험중개의 경우 보험계약체결의 중개와 관련하여 보험계약자로부터 받은 보험료를 당일 보험회사에게 지급하고, 재보험중개의 경우 출재사로부터 받은 재보험료와 재보험자로부터 받은 재보험금을 정당한 사유가 없는 한 지체없이 지급해야 하며, 다만, 보험회사와 특약을 체결한 경우는 그렇지 않다(감독규정4-29③).

iv) 출금

보험중개사는 전용계좌에서 보험계약체결의 중개와 그 밖에 보험계약자 등에게 제공한 용역에 대한 대가로 수수하는 수수료 등과 전용계좌에서 발생하는 이자 및 전용계좌의 유지를 위하여 필요한 자금을 인출하거나 착오로 전용계좌에 입금된 금액을 인출하는 경우에는 그 인출의 근거서류(수수료 인출의 경우 계약서상의 수수료율과 해당 보험계약의 계약체결완료 증빙서류 등을 말함)를 구비해야 한다(감독규정4-29④).

v) 지급

보험중개사는 전용계좌를 통해서만 피보험자와 보험회사에게 보험중개업무와 관련한 지급을 할 수 있다(감독규정4-29⑤).

6) 결약서 사본 등의 비치·열람·발급

i) 의의

보험중개사는 결약서 사본 등에 대한 비치·열람·발급의무를 부담한다. 그 취지는 보험중개사 영업의 투명성, 건전성 등을 확보하는 데 있다.

① 비치의무

(1) 보험중개사는 결약서 사본 등을 포함한 장부 및 서류에 대해 일정한 사항을 기재하여 비치할 의무를 부담한다(시행령41①·②).

(2) 위 (1)에 따라 보험중개사는 장부 및 서류를 모집을 중개한 보험계약별로 원보험중개의 경우 당해 보험계약이 소멸한 날부터 5년간, 재보험중개의 경우 당해 재보험계약이 소멸한 날로부터 10년간 보험중개사의 각 사무소별로 비치·보존해야 한다(감독규정4-25의2).

② 열람·발급의무

보험중개사는 위 ①(1)의 장부 및 서류를 보험계약자나 이해당사자가 열람할 수 있도록 하고 보험계약자 등이 요청할 때에는 그 내용에 대한 증명서를 발급해야 한다(시행령41⑤).

ii) 대상

비치·열람·발급의무의 대상에는 다음 ①~⑤가 있다.

① 결약서 사본

(1) 금융위원회가 고시하는 사항을 기재한 결약서는 비치·열람·발급의무 대상이다(시행령41①(1),②(1),⑤).

(2) 위 (1)의 결약서는 당사자 사이에 계약이 성립된 때 보험중개사가 지체없이 각 당사자의 성명 또는 상호, 계약연월일과 그 요령(중요사항)을 기재한 서면을 작성하여 기명날인 또는 서명한 후 각 당사자에게 교부해야 하는 서면을 가리킨다(상법96(1)).

(3) 결약서에 기재해야 할 사항은 다음 각 호의 사항이다(감독규정4-25).

1. 보험중개사의 상호 또는 명칭, 주소 및 대표자의 성명
2. 보험중개사의 등록번호
3. 인수보험회사의 상호 또는 명칭 및 주소
4. 보험계약자, 피보험자 및 보험금을 수취해야 할 자의 상호 또는 명칭, 성명
5. 보험계약 체결일
6. 보험계약의 종류 및 그 내용
7. 보험의 목적 및 그 가액
8. 보험가입금액
9. 보험기간의 시기와 종기
10. 보험료 및 그 납부방법

② 수수료 등에 관한 서류

보험중개사가 보험계약 체결의 중개와 관련하여 해당 보험중개사가 받은 수수료·보수와 그 밖의 대가를 기재한 서류는 비치·열람·발급의무의 대상이다(시행령41①(2),②(2),⑤).

③ 자기계약에 관한 서류

보험중개사가 자기계약(법101) 즉 자기 또는 자기를 고용하고 있는 자를 보험계약자 또는 피보험자로 하는 보험계약의 체결을 중개한 경우 이를 기재한 서류는 비치·열람·발급의무의 대상이다(시행령41①(3),②(2),⑤).

④ 계약서

보험중개사가 보험회사와 중개업무계약을 체결하거나 보험계약자와 보수계약을 체결한 경우에 그 계약서는 비치·열람·발급의무 대상이다(시행령41②(4),⑤).

7) 수수료 등의 고지

보험중개사는 보험계약자가 요청하는 경우 보험계약체결의 중개와 관련하여 보험회사로부터 받은 수수료·보수와 그 밖의 대가를 알려 주어야 한다(시행령41④). 보험계약자가 자신을 위해 보험계약체결의 중개를 할 보험중개사를 합리적으로 선택할 수 있게 하자는 취지이다.

8) 수수료 등의 청구

보험중개사는 자신이 제공하는 서비스에 대한 대가를 청구하는 것과 관련하여 일정한 제한이 있다.

i) 보험계약자에 대한 청구 금지

(1) 보험중개사는 '대통령령으로 정하는 경우' 이외에는 보험계약 체결의 중개와 관련한 수수료나 그 밖의 대가를 보험계약자에게 청구할 수 없다(법99③). 즉 보험중개사는 보험계약체결의 중개와 관련하여 영업보험료의 일정률로 표시되는 수수료·보수 그 밖의 대가를 보험회사에게 청구하여야 하며, 보험계약자에게 청구하지 못한다(감독규정4-28①).

(2) 보험계약체결의 중개와 관련된 수수료 등은 보험계약자가 지급하는 보험료에 포함되고 따라서 보험중개사는 보험료를 수령한 보험회사에게 수수료 등을 청구해야 한다는 취지이다.

ii) 보험계약자 등에 대한 청구가 허용되는 경우

① 의의

(1) 위 i)(1)에서 '대통령령으로 정하는 경우'란 보험계약 체결의 중개와는 별도로 보험계약자 등에게 특별히 제공한 서비스에 대하여 일정 금액으로 표시되는 보수나 그 밖의 대가를 지급할 것을 미리 보험계약자 등과 합의한 서면약정서에 의하여 청구하는 경우를 말한다(감독규정4-28②).

(2) 위 (1)과 같은 서비스는 보험중개사가 보험계약체결의 중개와 그에 부수하는 위험관리자문을 할 수 있고, 위험관리자문은 보험계약체결의 중개에 부수하여 고객의 위험을 확인·평가·분석하고, 보험계획 또는 설계에 대한 검토와 검증을 하며, 그에 대한 권고 또는 조언(보험금청구에 대한 조언을 포함)을 하는 것을 가리킨다(감독규정4-19).

② 요건

다만, 보험중개사가 보험계약자 등에게 서비스의 대가를 부당하게 청구하지 못하게 하기 위해서 일정한 요건을 두고 있다.

(ㄱ) 사전 서면약정서

(1) 서비스의 대가를 청구하려면 사전에 미리 합의한 서면약정서가 있어야 한다. 즉 전술한 바와 같이 보험중개사는 보험계약체결의 중개와는 별도로 보험계약자에게 제공한

서비스의 대가로 일정금액으로 표시되는 보수 및 그 밖의 대가를 청구하고자 하는 경우에는 사전에 보험계약자와 합의한 서면약정서에 의한 경우에 한하여 보험계약자에게 직접 청구할 수 있다(감독규정4-28②).

(2) 사전의 서면약정을 요구하는 이유는 서비스 대가의 지급 여부를 둘러싸고 보험중개사와 보험계약자 등 사이에 생길 수 있는 분쟁을 예방하기 위해서이다.

(ㄴ) 보수명세표

(1) 보험중개사는 보수나 그 밖의 대가를 청구하려는 경우에는 해당 서비스를 제공하기 전에 제공할 서비스별 내용이 표시된 보수명세표를 보험계약자에게 알려야 한다(시행령47②). 즉 보험중개사는 보수 및 그 밖의 대가를 직접 보험계약자 등에게 청구하기 위해서는 제공할 서비스별 내역이 표시된 보수명세표를 당해 서비스를 제공하기 전에 보험계약자 등에게 알려야 한다(감독규정4-28③).

(2) 서비스별 내역이 표시된 보수명세표를 미리 고지하게 함으로써 보수의 투명성을 확보하고 분쟁을 예방하기 위해서이다.

(3) 모든 법인보험중개사에 추가되는 영업기준

1) 구분

(1) 법인보험중개사 일반에 적용되는 영업기준이 있다. 개인보험중개사에 비해 법인보험중개사는 규모가 큰 것이 일반적이어서 이에 부합하는 영업기준을 별도로 마련한 것이다. 여기에는 이하에서 보는 바와 같이 지점 관련 기준 등이 포함된다.

(2) 모든 법인보험중개사에는 이 영업기준뿐만 아니라 전술한 보험중개사의 일반적·공통적 영업기준도 적용된다. 따라서 2층의 중첩적 영업기준이 적용된다.

2) 지점 관련 기준

법인보험중개사는 지점과 관련하여 다음의 기준을 준수해야 한다(감독규정4-21).

i) 지점의 설치

(1) 법인보험중개사가 지점을 설치하려면 금융감독원장에게 신고서와 지점장이 법인보험중개사 유자격자임을 증명하는 서류를 제출해야 한다(감독규정4-21①).

(2) 금융기관보험중개사에 대한 특칙이 있다. 즉 금융기관보험중개사로 등록하였거나 등록하고자 하는 금융기관은 동일한 주소지에 2개 이상의 지점을 설치할 수 없고, 다만 인수·합병 또는 물리적 구분에 의하여 동일한 주소지에 점포명 또는 회계가 구분되고 별도의 지배인 등기가 되어 있는 복수의 점포를 가지고 있는 경우는 예외이다(감독규정4-21④,4-11의2③).

ii) 지점장의 요건

(1) 법인보험중개사의 지점에는 법인보험중개사 유자격자인 지점장을 두어야 한다(감

독규정4-21②).

(2) 위 (1)의 유자격자는 보험업법시행령 [별표3] 1호 라목의 요건을 충족하는 보험설계사를 말하는데, 이는 개인생명보험중개사(또는 개인손해보험중개사 또는 개인제3보험중개사)의 등록요건을 갖춘 자를 의미한다.

iii) 지점의 폐쇄

(1) 법인보험중개사가 지점을 폐쇄하면 폐쇄한 날부터 7일 내에 금융감독원장에게 신고해야 한다(감독규정4-21③).

(2) 보험중개사는 위 (1)에 따른 신고사항이 발생하거나 신고사항의 변경사유가 발생된 때에는 그 사유가 발생한 날부터 7일 내에 금융감독원장에게 신고해야 한다(감독시행세칙2-32②). 이 경우 신고는 감독시행세칙 [별지18] 서식에 따른다(감독시행세칙2-33②).

(4) 일정한 법인보험중개사에 추가되는 영업기준

1) 구분

(1) 일정한 법인보험중개사에 대해서만 적용되는 영업기준이 있다. 즉 법인보험중개사로서 금융위원회가 정하여 고시하는 법인보험중개사는 아래와 같은 영업기준을 준수해야 한다(시행령36①). 다만, 이에 관한 금융위원회 고시가 아직 없다. 이러한 고시가 제정되어야 여기의 법인보험중개사의 영업기준이 실제로 적용될 수 있다.

(2) 일정한 법인보험중개사는 이 영업기준뿐만 아니라 전술한 보험중개사의 일반적·공통적 영업기준, 그리고 모든 법인보험중개사에 추가되는 영업기준도 적용된다. 따라서 3층의 중첩적 영업기준이 적용된다.

2) 내부통제의무

i) 업무지침

보험중개사는 법령을 준수하고 보험계약자를 보호하기 위한 업무지침을 정해야 한다(시행령36①(1)). 업무지침은 보험회사의 내부통제기준(지배구조법24)에 상응한다.

ii) 준법감시인

보험중개사는 업무지침의 준수 여부를 점검하고 그 위반사항을 조사하는 임원 또는 직원을 1명 이상 두어야 한다(시행령36①(2)). 이러한 임직원은 준법감시인이라고 할 수 있다. 이것은 보험회사의 준법감시인(지배구조법25)에 상응한다. 준법감시인이 되기 위한 요건이나 준수해야 할 원칙에 대해서는 규정이 없다.

3) 물적 설비 구비의무

보험중개사는 보험계약자를 보호하고 보험계약의 모집 업무를 수행하기 위하여 필요한 전산설비 등 물적 시설을 충분히 갖추어야 한다(시행령36①(3)). 이것은 보험회사가 보험업의 허가를 받으려면 갖추어야 할 물적 시설(법6①(2))에 상응한다.

(5) 위반 시 효과

보험중개사가 보험업법 92조 1항을 위반한 경우 과태료(법209⑦(3))가 따른다. 여기에 해당하는 것에는 결약서 사본 등의 비치·열람·발급의무, 권한과 지위 등을 기재한 서면의 발급·설명의무, 수수료 등의 고지의무 등의 위반이 있다.

7. 법인보험중개사의 임원, 업무범위, 공시·보고의무 등

(1) 의의

법인보험중개사의 임원, 업무범위, 공시·보고의무 등에 관한 특별 규정이 있다.

(2) 임원의 자격요건

1) 의의

법인보험중개사의 임원은 법인보험중개사를 경영하는 주체이다. 법인보험중개사 경영의 건전성을 확보하기 위해서는 임원의 자격을 제한할 필요가 있다. 이에 따라 보험업법은 일정한 자는 법인보험중개사의 임원이 될 수 없다고 규정한다(법89의2①). 임원이 되기 위해서는 이러한 요건에 해당하지 않아야 한다는 점에서 임원의 소극적 요건이라고 할 수 있겠다.

(2) 위 (1)의 법인보험중개사 임원의 개념에 대해서는 규정이 없다. 법인보험대리점의 경우는 이에 대한 규정이 있으며, 그 임원은 이사·감사 또는 사실상 이와 동등한 지위에 있는 자로서 대통령령으로 정하는 자를 말한다(법87의2①). 법인보험중개사 임원의 자격요건을 규율하는 취지, 목적 등이 보험대리점의 경우와 다르지 않다고 볼 수 있으므로, 법인보험중개사의 임원 개념에는 법인보험대리점의 임원 개념이 유추적용된다고 해석한다.[159]

2) 소극적 자격요건

i) 의의

(1) 다음 각 호의 어느 하나에 해당하는 자는 법인보험중개사의 임원이 될 수 없다(법89의2①).

1. 지배구조법 5조 1항 1호·2호 및 4호에 해당하는 자
2. 보험업법 84조 2항 5호부터 7호까지에 해당하는 자
3. 금고 이상의 실형을 선고받고 그 집행이 끝나거나(집행이 끝난 것으로 보는 경우를 포함한다) 집행이 면제된 날부터 3년이 지나지 아니한 자
4. 보험업법 또는 금융소비자법에 따라 벌금 이상의 형을 선고받고 그 집행이 끝나거나(집행이 끝난 것으로 보는 경우를 포함한다) 집행이 면제된 날부터 3년이 지나지 아니한 자

(2) 위 (1)에 따른 임원의 자격요건에 대한 구체적인 사항은 대통령령으로 정하지만(법

---

159) 정채웅 428면

89의2②), 이에 관한 보험업법시행령 규정은 현재 없다. 이하에서는 보험업법 89조의2 1항에 따른 소극적 요건을 다음과 같이 분류하여 살펴보자.

ii) 행위능력 제한

미성년자·피성년후견인 또는 피한정후견인은 법인보험중개사의 임원이 될 수 없다(법89의2①(1),지배구조법5①(1)). 미성년자, 피성년후견인,[160] 피한정후견인[161]은 정신적 제약으로 인해서 사무처리 능력이 결여되거나 부족한 사람이므로 민법상 법률행위를 할 수 있는 행위능력이 제한된다. 법인보험중개사 경영의 건전성을 확보하기 위해서 행위능력이 제한된 자를 임원의 소극적 요건으로 규정한 것이다.

iii) 파산선고

파산선고를 받았으나 아직 복권되지 않은 자는 법인보험중개사의 임원이 될 수 없다(법89의2①(1),지배구조법5①(2)). 파산선고를 받은 이후 복권[162]되기 전에는 경제적 신용이 낮기 때문이다.

iv) 형벌 등

형벌, 과태료, 과징금 등과 관련된 자는 일정기간 동안 법인보험중개사 임원이 될 수 없다.

(1) 금고 이상의 형의 집행유예를 선고받고 그 유예기간 중에 있는 자(법89의2①(1),지배구조법5①(4))

(2) 금고 이상의 실형을 선고받고 그 집행이 끝나거나(집행이 끝난 것으로 보는 경우를 포함) 집행이 면제된 날부터 3년이 지나지 않은 자(법89의2①(3))

(3) 보험업법 또는 금융소비자법에 따라 벌금 이상의 형을 선고받고 그 집행이 끝나거나(집행이 끝난 것으로 보는 경우를 포함) 집행이 면제된 날부터 3년이 지나지 않은 자(법89의2①(4))

(4) 보험업법 또는 금융소비자법에 따라 과태료 또는 과징금 처분을 받고 납부하지 않은 보험대리점·보험중개사 소속의 임직원이었던 자[163]로서 과태료 또는 과징금 처분이

160) 피성년후견인은 질병, 장애, 노령, 그 밖의 사유로 인한 정신적 제약으로 사무를 처리할 능력이 지속적으로 결여된 사람으로서 성년후견개시의 심판을 받은 자이고(민법9①), 피성년후견인의 법률행위는 원칙상 취소할 수 있다(민법10①).

161) 피한정후견인은 질병, 장애, 노령, 그 밖의 사유로 인한 정신적 제약으로 사무를 처리할 능력이 부족한 사람으로서 한정후견개시의 심판을 받은 자이고(민법12①), 가정법원은 피한정후견인이 한정후견인의 동의를 받아야 하는 행위의 범위를 정할 수 있고 한정후견인의 동의가 필요한 법률행위를 피한정후견인이 한정후견인의 동의 없이 하였을 때에는 원칙상 그 법률행위를 취소할 수 있다(민법13①·④).

162) 파산선고를 받은 채무자는 면책의 결정이 확정된 때 등에 복권된다(채무자회생법574,575).

163) 여기서 임직원이었던 자는 처분사유의 발생에 관하여 직접 또는 이에 상응하는 책임이 있는 자로서 대통령령이 정하는 자만 해당한다. 대통령령이 정하는 자는 ⓐ 직무정지 이상의 조치를 받은 임원, ⓑ 정직 이상의 조치를 받은 직원, 또는 ⓒ 그러한 조치들에 따른 제재를 받기 전에 사임 또는 사직

있었던 날부터 2년이 지나지 않은 자(법89의2①(2), 법84②(7))

v) 등록취소 등

등록취소, 업무정지 등과 관련된 자는 일정기간 동안 법인보험중개사의 임원이 될 수 없다.

(1) 보험업법에 따라 보험설계사·보험대리점 또는 보험중개사의 등록이 취소된 후 2년이 지나지 않은 자(법89의2①(2), 법84②(5)). 보험설계사 등의 등록이 취소된 경우 2년의 대기기간이 경과하지 않으면 법인보험중개사의 임원이 될 수 없도록 한 것이다.

(2) 보험업법에 따라 보험설계사·보험대리점 또는 보험중개사의 등록취소 처분을 2회 이상 받은 경우 최종 등록취소 처분을 받은 날부터 3년이 지나지 않은 자(법89의2①(2), 법84②(6)). 보험설계사 등의 등록이 2회 이상 취소된 경우에는 대기기간을 3년으로 늘린 것이다.

(3) 보험업법 또는 금융소비자법에 따라 업무정지 및 등록취소 처분을 받은 보험대리점·보험중개사 소속의 임직원이었던 자[164]로서 업무정지 및 등록취소 처분이 있었던 날부터 2년이 지나지 않은 자(법89의2①(2), 법84②(7)). 여기서 업무정지 및 등록취소 처분의 해석은 보험설계사 등록에서의 그것과 동일하게 하면 된다.

(3) 업무범위

1) 의의

법인보험중개사 영업의 건전성을 확보하기 위해서는 업무범위를 모집업무 중심으로 일정하게 제한할 필요가 있다. 가령 법인보험중개사가 대부업도 함께 영위한다면 불공정행위의 우려 등 보험계약자 보호에 문제가 생긴다.

2) 보험업법 89조의3 1항

(1) 법인보험중개사는 보험계약자 보호 등을 해칠 우려가 없는 업무로서 대통령령으로 정하는 업무 또는 보험계약의 모집업무 이외의 업무를 하지 못한다(법89의3①).

(2) 위 (1)에 따르면 법인보험중개사는 보험의 모집업무 및 대통령령으로 정하는 업무만 할 수 있다. 보험업법 89조의3 1항은 법인보험중개사가 할 수 있는 업무를 열거하는 포지티브(positive) 방식의 규정에 해당한다.

3) 보험업법시행령 33의4 1항

(1) 보험업법 89조의3 1항에 따라 법인보험중개사는 다음 각 호의 어느 하나에 해당하는 업무를 하지 못 한다(시행령38의2①, 33의4①).

1. '방문판매 등에 관한 법률'에 따른 다단계판매업
2. '대부업 등의 등록 및 금융이용자 보호에 관한 법률'에 따른 대부업 또는 대부중개업

한 사람을 가리킨다(시행령27③).

164) 여기서 임직원이었던 자는 위 각주 163)과 같다.

(2) 다단계판매업은 사행적인 판매원 확장행위로 인해서 소비자 피해가 생길 소지[165]가 있다는 점 등을 고려해서 법인보험중개사의 업무범위에서 제외한 것이다.[166] 그리고 대부업 등은 대출조건부 모집 등 불공정거래의 우려가 있다는 점을 고려해서 법인보험중개사의 업무범위에서 제외한 것이다.

(3) 위 (1)은 법인보험중개사가 할 수 없는 업무를 열거하는 네거티브(negative) 방식의 규제이다. 네거티브 방식의 규제는 열거되지 않은 것이 모두 허용된다는 의미에서 포괄주의라고도 부른다.

4) 입법론

위 2) 및 3)에서 보는 바와 같이 보험업법 89조의3 1항과 동법시행령 38조의2 1항이 적용하는 33조의4 1항의 규정방식이 다르기 때문에 보험업법 89조의3 1항의 취지가 제대로 살려지지 않고 있다. 보험업법 89조의3 1항의 입법자는 법인보험중개사 영업의 건전성을 확보하기 위해 업무범위를 모집업무 중심으로 일정하게 열거하는 포지티브 방식의 접근을 취했다. 하지만 동법시행령 33조의4 1항이 네거티브 규제 방식을 취함으로써 법인보험중개사가 할 수 있는 업무가 지나치게 확장되는 결과를 낳았다. 입법적 정비가 필요하다.

5) 위반 시 효과

법인보험중개사가 영업범위를 위반하면 등록취소사유(법90①(3의2))가 된다.

(4) 공시·보고의무

1) 의의

(1) 법인보험중개사의 건전성을 확보하기 위해서는 일정한 사항을 공시·보고하게 할 필요가 있다. 공시를 통해서 법인보험중개사 경영의 투명성을 확보하게 되고 결국 경영의 건전성을 높이게 된다. 이에 따라 법인보험중개사는 경영현황 등 대통령령으로 정하는 업무상 주요 사항을 대통령령으로 정하는 바에 따라 공시하고 금융위원회에 알려야 한다(법89의3②).

(2) 위 (1)에 따라 법인보험중개사가 금융위원회에 알리는 사항의 접수는 금융감독원장에게 위탁되어 있다(시행령[별표8]17).

(3) 법인보험중개사는 감독시행세칙 [별지18－2]의 양식에 따라 공시한다(감독시행세칙 2－13의2②).

---

165) '방문판매 등에 관한 법률' 24조, 25조

166) 다단계판매업자 및 그 임직원은 보험중개사로 등록할 수 없기도 하다(법89②(4),87②(5),시행령32①(5),감독규정4－6③(3)). 보험중개사가 등록 당시에 다단계판매업자 또는 그 임직원이었거나, 또는 보험중개사 등록 이후에 다단계판매업자 또는 그 임직원이 된 경우는 보험중개사의 등록취소사유에 해당한다(법90①(1),(2)).

2) 공시·보고사항

i) 의의

공시·보고사항은 경영현황 등 대통령령으로 정하는 업무상 주요 사항이다(법89의3②).

ii) 업무상 주요 사항

(1) 경영현황 등 대통령령으로 정하는 업무상 주요 사항이란 다음 각 호의 사항을 말한다(시행령38의2②).

1. 경영하고 있는 업무의 종류
2. 모집조직에 관한 사항
3. 모집실적에 관한 사항
4. 그 밖에 보험계약자 보호를 위하여 금융위원회가 정하여 고시하는 사항

(2) 위 (1)의 4호에서 금융위원회가 정하여 고시하는 사항은 다음 각 호의 사항을 말한다(감독규정4-22의2①).

1. 대표자의 성명, 주소
2. 임원에 관한 사항
3. 금융감독원장이 정하는 바에 따른 보험계약의 불완전판매비율

(3) 위 (2)의 3호에서 금융감독원장이 정하는 바에 따른 보험계약의 불완전판매비율은 다음 2호에서 4호까지를 합한 건수를 1호의 신계약 건수로 나눈 비율을 말한다(감독시행세칙2-13의2①,2-10의2①).

1. 신계약 건수
2. 품질보증해지 건수
3. 민원해지 건수
4. 무효 건수

위 각 호의 구체적 산출기준은 감독시행세칙 [별표1-1]이 규정하고 있다(감독시행세칙2-10의2②).

iii) 자료제공

보험회사는 공시에 필요한 자료를 보험계약 체결을 중개한 법인보험중개사에 제공해야 한다(시행령38의2③).

iv) 공시·보고의 방법 및 주기

(1) 법인보험중개사는 공시사항을 법인보험중개사의 인터넷 홈페이지 등을 통하여 반기별로 공시해야 한다(시행령38의2④).

(2) 법인보험중개사는 공시 · 보고사항을 매 반기 종료일부터 2개월 이내에 공시하고 금융감독원장에게 보고해야 한다(감독규정4-22의2②본). 다만, 감독규정 4-27조에 따라 계산서류를 제출하는 경우에는 이것으로 하반기 보고를 대신할 수 있다(감독규정4-22의2②단).

8. 보험중개사의 교육의무

(1) 의의

(1) 보험중개사는 보험계약의 모집에 대한 교육의무가 있다. 보험중개사의 모집행위 과정에서 건전한 모집질서를 해치거나 불완전판매를 통해서 보험계약자에게 손해를 끼칠 수 있다. 이를 방지하기 위해서 새로운 보험상품에 대한 교육은 물론이고 특히 보험모집과 관련한 윤리교육, 분쟁사례 등에 대한 교육이 필요하다. 교육의무는 '교육할 의무'와 '교육받을 의무'로 구분하여 살펴볼 필요가 있다.

(2) 보험업법 85조의2가 보험중개사의 교육의무에 대해서 규정한다. 또한 보험업법시행령 29조의2, 감독규정 4-2조, 4-5조 등이 이를 구체화하고 있다.

(2) 구분

1) 교육할 의무

보험중개사는 대통령령에 따라서 소속 보험설계사에 대해 '교육할 의무'가 있다(법85의2①). 이에 대해서는 보험설계사의 교육 부분에서 살펴본 바 있다. 참고로, 법인보험중개사의 소속 보험설계사로 등록된 자는 개인보험중개사의 등록요건을 갖춘 자이다(시행령[별표3]1라).

2) 교육받을 의무

(1) 법인이 아닌 보험중개사는 대통령령으로 정하는 바에 따라 '교육받을 의무'가 있다(법85의2②).

(2) 법인이 아닌 보험중개사는 개인보험중개사를 가리킨다고 해석한다. 법인이 아닌 자에는 개인 이외에도 조합, 법인이 아닌 사단 또는 재단 등이 있을 수 있지만,[167] 보험중개사로 등록될 수 있는 자는 법인 또는 개인에 한하고 그 이외의 자는 보험중개사 등록이 될 수 없기(법89①) 때문이다. 설령 조합, 법인이 아닌 사단과 재단이 보험중개사로 등록될 수 있다고 해도 이는 자연인이 아니므로 교육을 받도록 해야 할 실익도 없다.

(3) 개인보험중개사는 소속 보험설계사를 교육시켜야 할 뿐만 아니라 자연인인 개인보험중개사도 교육이 필요하기 때문에 교육받을 의무를 지게 된 것이다. 이와 달리 자연

---

167) 보험업법상 보험중개사의 정의에 따르면 법인이 아닌 사단과 재단도 보험중개사가 될 수 있다(법2(11)).

인이 아닌 법인보험중개사는 교육받을 의무가 면제된다.

(3) 모집종사자교육협의회

보험협회, 보험회사, 보험대리점, 보험중개사는 교육을 효율적으로 실시하기 위하여 필요한 단체를 구성·운영할 수 있다(시행령29의2③). 이에 관해서는 보험설계사의 교육 부분에서 상술하였다.

(4) 교육시기

(1) 보험중개사는 소속 보험설계사에게 등록일부터 2년이 지날 때마다 2년이 된 날부터 6개월 이내에 교육을 하여야 한다(시행령29의2①). 이에 대해서는 보험설계사의 교육 부분에서 상술한 바 있다.

(2) 개인보험중개사는 등록한 날부터 2년이 지날 때마다 2년이 된 날부터 6개월 이내에 교육을 받아야 한다(시행령29의2②).

(5) 교육기준

(1) 보험중개사 소속 보험설계사에게 해야 할 교육의 기준에 대해서는 보험설계사의 교육 부분에서 상술한 바 있다.

(2) 개인보험중개사의 교육기준은 보험설계사의 교육기준과 내용이 같다(시행령[별표 4]). 따라서 보험설계사의 교육기준 중에서 보험설계사를 보험중개사로 대체하면 된다. 다만, 유의할 점은 회계원리 및 위험관리론이 개인보험중개사의 교육내용에 포함된다는 점이다. 그리고 간단손해보험설계사 및 간단손해보험대리점의 교육기준이 개인보험중개사에 적용되지 않음은 물론이다.

제5관 금융기관보험대리점등

1. 의의

(1) 방카슈랑스

(1) 방카슈랑스(Bancassurance)는 어원 그대로 보면 은행(Banque)과 보험(Assurance)의 결합이다. 업무주체의 결합이기도 하고(은행과 보험회사의 결합), 업무내용의 결합(은행업무와 보험업무의 결합)이기도 하다. 방카슈랑스의 당초 출발은 '은행'과 보험의 결합이었지만 이제는 은행뿐만 아니라 금융투자 등을 포함한 금융 전체와 보험의 결합으로 확대되어 있다. 그래도 결합 효과가 가장 큰 분야는 은행과 보험이어서 방카슈랑스의 중심은 여전히 '은행'과 보험의 결합이며 여기서도 편의상 은행이라고 표현한다. 또한 방카슈랑스는 은행의 관점에서 보험의 결합이든 보험의 관점에서 은행의 결합이든 이론상 모두 가능하나, 후자는 은산분리 등을 이유로 실무상 별다른 진전이 없으며, 이하에서는 전자를 중심으로

살펴본다.

(2) 방카슈랑스는 은행과 보험이 어떠한 방식으로 결합되는지에 따라 세 가지 의미를 띨 수 있다.[168]

(a) 은행이 보험업자가 아니라 단순히 모집채널로서 보험계약의 체결을 모집하는 것

(b) 은행 또는 (은행중심)금융지주회사가 보험회사를 자회사로 소유하여 보험업을 경영하게 하는 것

(c) 하나의 금융기관이 은행업과 보험업을 동시에 겸영하는 것

(3) 현재 우리나라에서는 (a)와 (b) 방식의 방카슈랑스가 허용되어 있다. 보험업법 91조가 허용하는 금융기관보험대리점등이란 이 중에서 (a) 방식의 방카슈랑스를 가리키며, 이하에서 (a) 방식에 대해서 주로 논의하기로 한다.

(2) 방카슈랑스의 도입취지와 관련규제

1) 도입취지

위에서 (a) 방식의 방카슈랑스, 즉 금융기관보험대리점등이란 보험회사 이외의 금융기관이 보험대리점 또는 보험중개사로서 보험계약체결을 모집하는 것을 가리킨다. 우리나라에 금융기관보험대리점등이 도입된 것은 2003년 보험업법 개정 이후이다. 금융기관보험대리점등을 도입한 주된 취지는 모집채널을 다양화하는 등 소비자의 편익을 높이자는 것이었다. 특히 신용이 높고 지점이 잘 발달된 은행이 보험대리점 등으로 활동하면 소비자 편익이 증대될 수 있다.

2) 관련규제

i) 의의

(1) 보험업법은 금융기관보험대리점등에 관련하여 상당한 규제를 가하고 있다. 취급할 수 있는 보험상품의 종류, 모집종사자, 모집방법, 모집장소 등 여러 가지 면에서 상당히 규제하고 있다. 이는 금융기관보험대리점등 때문에 기존의 보험 판매채널이 약화될 우려, 금융기관이 우월적 지위를 이용하여 보험계약자 또는 보험회사에 대해 불공정한 행위를 할 우려 등을 고려한 것이다.

(2) 위와 같은 규제를 계속 유지할 것인지, 만약 변화시킨다면 어떠한 방향으로 변화시킬 것인지 등이 향후 보험업법의 과제이다. 특히 보험업법시행령 40조에 따른 금융기관보험대리점등의 영업기준 등에 대해서는 '규제의 재검토 기한'(행정규제기본법8)이 설정되어 있다. 즉 보험업법시행령 40조에 따른 금융기관보험대리점등의 영업기준 등에 대해 2014.1.1.을 기준일로 해서 3년마다(매 3년이 되는 해의 기준일과 같은 날 전까지를 말함) 그 타당성을 검토하여 개선 등의 조치를 해야 한다(시행령103).

168) 성대규 · 안종민 326-327면

ii) 신용카드업자 등

(1) 금융기관보험대리점등에 적용되는 규제에 예외가 있다. 2003년 보험업법 개정에 따라서 금융기관보험대리점등이 도입될 당시에 이미 전업신용카드업자 및 농업협동조합법에 따른 조합[169]은 별다른 규제 없이 보험대리점으로 활동하고 있었다. 이 점을 고려해서 전업신용카드업자 등에 대해서는 예외를 인정한다. 예외의 개략적인 내용은 다음과 같다.

(2) 2003년 당시 보험대리점으로 등록되어 있던 전업신용카드업자에 대해서 2003년 이전에는 금융기관보험대리점에 적용되는 규제의 거의 대부분을 면제했지만,[170] 2003년부터는 이 사실상 전면면제조항이 삭제되고 금융기관보험대리점에 적용되는 규제의 상당 부분만을 면제해 준다. 현재 기준으로 면제되는 규제의 구체적 내용은 후술하는 모집할 수 있는 보험종목, 각종의 영업기준 등에서 살펴볼 것이다.

(3) 농업협동조합법에 따른 조합에 대해서는 두 가지 방법으로 규제의 전부 또는 일부를 면제해 준다.

(a) 농업협동조합법에 따른 조합에 대해서는—농협생명보험 또는 농협손해보험을 위해 보험계약 체결을 대리하는 경우에 한정하여—2027.3.1.까지 보험업법 91조 2항·3항 및 100조 1항 4호의 적용을 유예한다.[171] 이는 한시적이지만 대폭적인 적용유예이다. 보험업법 91조 2항·3항에 대해서는 후술하는 모집할 수 있는 보험종목, 각종의 영업기준 등에서 살펴본다. 다만, 특정 보험회사의 보험상품에 대한 모집비율을 규율하는 이른바 '25% 룰'에 대한 적용유예는 한시적이고 순차적이다.[172] 당초에 이러한 적용유예기간은 농협생명보험 및 농협손해보험이 설립된 2012.3.2.부터 5년이었지만, 2016.12.27.에 농업협동조합법 부칙(법률10522호, 2011.3.31.) 15조 3항을 개정해서 2022.3.1.까지로, 2021.4.13. 다시 위 부칙조항을 개정하여 2027.3.31.로 적용유예기간을 연장했다.

169) 농업협동조합법에 따른 농협은행에 대해서는 예외가 인정되지 않는다.

170) 보험업법시행령 부칙(대통령령18093호, 2003.8.27.) 13조에 따르면 동시행령 시행 당시 보험대리점으로 등록되어 있는 신용카드업자(동시행령 시행일 이후 인수 또는 합병 등의 방법에 의하여 여신전문금융업법시행령 3조의 규정에 의한 겸영여신업자가 되는 신용카드업자를 제외)는 보험업법 91조 2항 및 3항, 100조 1항 및 2항의 개정규정에 불구하고 종전의 규정을 적용한다. 이에 따르면 전업신용카드업자에게는 보험업법시행령 100조 3항 정도가 적용된다.

171) 농업협동조합법 부칙(법률10522호, 2011.3.31.) 15조 3항 본문

172) 즉 최근 사업연도 말 현재 자산총액이 2조 원 이상인 조합이 모집할 수 있는 1개 농협생명보험 또는 농협손해보험 상품의 모집액은 각각 해당 조합이 신규로 모집하는 생명보험회사 상품의 모집총액 또는 손해보험회사 상품의 모집총액 중 다음 각 호의 비율을 초과할 수 없다[농업협동조합법 부칙(법률10522호, 2011.3.31.) 15③].

1. 농협생명보험 또는 농협손해보험이 설립된 날부터 1년까지: 100분의 100
2. 농협생명보험 또는 농협손해보험이 설립된 날부터 1년이 지난 날부터 2년까지: 100분의 85
3. 농협생명보험 또는 농협손해보험이 설립된 날부터 2년이 지난 날부터 3년까지: 100분의 70
4. 농협생명보험 또는 농협손해보험이 설립된 날부터 3년이 지난 날부터 4년까지: 100분의 55
5. 농협생명보험 또는 농협손해보험이 설립된 날부터 4년이 지난 날부터 5년까지: 100분의 40
6. 농협생명보험 또는 농협손해보험이 설립된 날부터 5년이 지난 날부터 15년까지: 100분의 25

(b) 농업협동조합법에 따른 조합에 대해서는 금융기관보험대리점등에 적용되는 규제의 상당 부분을 면제해 준다. 면제의 구체적 내용은 후술하는 모집할 수 있는 보험종목, 각종의 영업기준 등에서 살펴본다.

(3) 금융기관보험대리점등의 개념 등

1) 개념

(1) 일정한 금융기관은 보험대리점 또는 보험중개사로 등록될 수 있다(법91①). 이러한 금융기관이 보험대리점 또는 보험중개사로 등록되면 금융기관보험대리점 또는 금융기관보험중개사이며, 이를 통칭할 때 '금융기관보험대리점등'이라고 한다. 지금까지 금융기관보험대리점으로 등록된 경우는 다수 있으나, 금융기관보험중개사로 등록된 경우는 아직 없다.

(2) 위 (1)에서 일정한 금융기관은 다음 각 호의 어느 하나에 해당하는 기관이다(법91①).

1. 은행법에 따라 설립된 은행
2. 자본시장법에 따른 투자매매업자 또는 투자중개업자
3. 상호저축은행법에 따른 상호저축은행
4. 그 밖에 다른 법률에 따라 금융업무를 하는 기관으로서 대통령령으로 정하는 기관

(3) 위 (2)의 4호에서 대통령령으로 정하는 기관이란 다음 각 호의 기관을 말한다(시행령40①).

1. 한국산업은행법에 따라 설립된 한국산업은행
2. 중소기업은행법에 따라 설립된 중소기업은행
3. 여신전문금융업법에 따라 허가를 받은 신용카드업자(겸영여신업자는 제외한다. 이하 같다)
4. 농업협동조합법에 따라 설립된 조합 및 농협은행

2) 법적 지위 등

금융기관보험대리점등의 여타 모집종사자와 비교, 법적 지위, 계약체결상 권한, 소속 사용인의 모집에 관한 법률관계 등은 금융기관보험대리점등이 아닌 보험대리점 또는 보험중개사의 그것과 다르지 않다.

2. 금융기관보험대리점등의 구분 및 영업범위

(1) 금융기관보험대리점등의 구분

(1) 금융기관보험대리점은 법인보험대리점이다. 그리고 금융기관보험대리점은 취급하고자 하는 보험종목의 종류에 따라 금융기관생명보험대리점, 금융기관손해보험대리점, 금

융기관제3보험대리점으로 구분되고, 이들은 겸업하는 데 문제가 없으며 겸업하려는 경우 보험대리점 종류별 등록요건을 각각 충족하여 등록해야 한다고 해석한다.

(2) 위 내용은 금융기관보험중개사에도 적용되며, 보험대리점을 보험중개사로 용어를 전환시키면 된다.

(2) 금융기관보험대리점등의 영업범위

1) 구분

금융기관보험대리점등의 영업범위는 금융기관보험대리점등이 모집할 수 있는 금융상품의 범위문제이다. 보험상품과 여타의 금융상품으로 구분하여 살펴보자.

2) 보험의 모집

i) 모집할 수 있는 보험종목의 제한

① 의의

(1) 일반적으로 생명보험대리점은 생명보험업의 보험종목(법4①(1)), 손해보험대리점은 손해보험업의 보험종목(법4①(2)), 제3보험대리점은 제3보험업의 보험종목(법4①(3))을 모집할 수 있다(시행령31①). 이는 금융기관보험중개사에도 적용되며, 보험대리점을 보험중개사로 용어를 전환시키면 된다.

(2) 하지만 금융기관보험대리점등의 경우는 모집할 수 있는 보험종목에 제한이 있다. 당초에는 금융기관보험대리점등이 도입된 2003년부터 2008년까지 단계적으로 대부분의 보험종목을 모집할 수 있도록 규제를 대폭 완화할 계획이었으나,[173] 보험설계사의 실직 등 기존의 보험 판매채널이 약화되는 문제, 은행이 우월적 지위를 이용하여 보험계약자 또는 보험회사에 대해 불공정한 행위를 행하는 문제 등이 논란거리가 되면서 현재와 같이 보험종목의 일부만을 모집할 수 있게 하는 제한이 유지되고 있다. 현재 모집할 수 있는 보험종목의 제한은 다음과 같다.

② 구체적 제한 내용

금융기관보험대리점등이 취급할 수 있는 보험종목은 생명보험, 손해보험, 제3보험별로 다음과 같이 제한된다(시행령40②본,[별표5]).

(ㄱ) 생명보험종목

(1) 생명보험종목은 개인저축성보험[174](개인연금, 일반연금, 교육보험, 생사혼합보험, 그 밖의 개인저축성 보험), 신용생명보험[175]에 한정된다. 여기서 개인연금은 개인연금저축보

173) 1단계(2003.8. 이후), 2단계(2005.4. 이후 및 2006.10. 이후), 3단계(2008.4. 이후)로 구분하여 금융기관보험대리점등이 대부분의 보험종목을 모집할 수 있도록 할 계획이었다.

174) 저축성보험이란 보장성보험을 제외한 보험으로서 생존 시에 지급되는 보험금의 합계액이 이미 납입한 보험료를 초과하는 보험을 말한다(감독규정1－2(4)).

175) 신용생명보험이란 금융기관으로부터 대출을 받은 피보험자가 사망하였을 때 미상환액을 보상하는 보험을 말한다(감독규정4－13①).

험,[176] 일반연금은 연금보험을 말한다.

(2) 위 (1)에 따르면 생명보험종목 중에서 신용생명보험을 제외한 개인보장성보험[177](종신보험 및 이에 관한 변액보험 등) 및 단체보험은 모집이 제한된다.

(ㄴ) 손해보험종목

(1) 손해보험종목은 개인연금, 장기저축성손해보험, 화재보험(주택), 상해보험(단체상해보험은 제외), 종합보험,[178] 신용손해보험에 한정된다. 이러한 상품 구분은 감독규정 [별표6]과 같다. 여기서 개인연금은 위 (ㄱ)과 같이 개인연금저축보험을 가리킨다. 그리고 상해보험은 일반손해보험으로 분류되는 단기보장성 상해보험을 말한다.

(2) 위 (1)에 따르면 다음의 모집이 제한된다. 첫째, 장기보장성손해보험은 모집이 제한된다. 둘째, 대부분의 일반손해보험은 모집이 제한된다. 즉 일반손해보험 중에서 모집이 허용된 화재보험(주택), 종합보험, 신용손해보험,[179] 상해보험(단체상해보험은 제외)을 제외하고 자동차보험, 해상보험 등을 포함한 대부분의 일반손해보험은 모집이 제한된다. 손해보험을 장기손해보험과 일반손해보험으로 분류한 것에 대해서는 감독규정 [별표6][180]을 참조하면 된다.

(ㄷ) 제3보험종목

제3보험종목의 모집은 다음의 보험상품으로 제한된다.

(1) 금융기관인 생명보험대리점(제3보험대리점을 겸영) 또는 생명보험중개사(제3보험중개사를 겸영)가 모집할 수 있는 제3보험은 다음과 같다.

(a) 생명보험종목의 개인저축성보험에는 개인저축성 제3보험도 포함되어 있으므로, 생명보험대리점은 개인저축성 제3보험을 모집할 수 있다.

(b) 개인보장성 제3보험을 모집할 수 있는데, 다만 주계약[181]으로 한정하고, 저축성보

---

176) 개인연금저축보험은 소득공제 혜택이 부여되는 형태로 2010년까지 판매되었고 그 이후는 연금저축보험으로 대체되어 세액공제 혜택이 부여되고 있다. 이에 대해서는 조세특례제한법 부칙(법률11614호, 2013.1.1.) 40조 참고.

177) 보장성보험이란 기준연령 요건에서 생존 시에 지급되는 보험금의 합계액이 이미 납입한 보험료를 초과하지 아니하는 보험을 말한다(감독규정1-2(3)). 기준연령 요건이란 전기납 및 월납 조건으로 남자가 만 40세에 보험에 가입하는 경우를 말하고, 다만 남자가 만 40세에 보험에 가입할 수 없거나 연령만기보험(종신보험, 연금보험 포함)의 경우에는 가입연령의 중간연령을 가입시기로 하고 전기납이 없는 경우에는 최장기납으로 한다(감독규정1-2(2)).

178) 종합보험이란 개인재물의 화재, 도난, 파손, 폭발 등 재물손해, 신체손해 및 손해배상책임손해를 보상하는 가계성종합보험과 기업의 화재, 기계, 기업휴지, 배상책임위험 중 2개 이상의 위험을 결합한 손해를 보상하는 기업성종합보험을 말한다(감독규정4-13②).

179) 신용손해보험이란 금융기관으로부터 대출을 받은 피보험자가 상해로 인하여 사망하였을 때 미상환액을 보상하는 보험을 말한다(감독규정4-13③).

180) 감독규정 [별표6]의 주된 목적은 보험료산출기준을 목적으로 하지만, 일반손해보험과 장기손해보험의 구분 기준에 참고가 된다.

181) 주계약이란 독립적으로 판매할 수 있는 보험을 말한다(감독규정1-2(9)).

험 특별약관[182] 및 질병사망 특별약관을 부가한 상품은 제외한다. 모집할 수 없는 제3보험은 개인보장성보험 중에서 특별약관의 형태를 띠거나 또는 저축성보험 특별약관 또는 질병사망 특별약관이 부가된 경우이다.

(2) 금융기관인 손해보험대리점(제3보험대리점을 겸영) 또는 손해보험중개사(제3보험중개사를 겸영)가 모집할 수 있는 제3보험은 다음과 같다.

(a) 손해보험종목의 장기저축성보험에는 장기저축성 제3보험도 포함되어 있으므로, 손해보험대리점은 장기저축성 제3보험을 모집할 수 있다.

(b) 개인장기보장성 제3보험을 모집할 수 있는데, 다만 주계약으로 한정하고, 저축성보험 특별약관 및 질병사망 특별약관을 부가한 상품은 제외한다. 모집할 수 없는 제3보험은 개인보장성보험 중에서 특별약관의 형태를 띠거나 또는 저축성보험 특별약관 또는 질병사망 특별약관이 부가된 경우이다.

ii) 제한의 예외

① 의의

위 i)과 같은 보험종목의 제한이 적용되지 않는 두 가지 예외가 있다. 하나는 신용카드업자이고, 다른 하나는 농업협동조합법에 따른 조합이다. 이러한 예외는 2003년 보험업법 개정에 따라서 금융기관보험대리점등이 도입될 당시에 이미 신용카드업자 및 농업협동조합법에 따른 조합이 모집하고 있던 보험상품에 대해서 그 도입 이후에도 그대로 모집할 수 있도록 해 주기 위해 인정된 것이다.

② 신용카드업자

전업신용카드업자가 모집할 수 있는 보험상품의 범위는 금융기관보험대리점등이 아닌 보험대리점이 모집할 수 있는 보험상품의 범위와 같다(시행령40②단). 이에 따라 신용카드업자의 경우 모집할 수 있는 보험상품의 범위는 일반 보험대리점과 동일하다.

③ 농업협동조합법에 따른 조합

(1) 농업협동조합법에 따른 조합이 모집할 수 있는 보험상품의 범위는 농업협동조합법 부칙(법률10522호, 2011.3.31.) 15조 8항에 따라 허가받은 것으로 보는 보험상품이고, 구체적인 보험상품의 범위는 금융위원회가 정하여 고시한다(시행령40②단). 위 부칙 15조 8항에 따라 허가받은 것으로 보는 보험상품은 원칙상 2009년 10월 28일 현재 조합과 중앙회가 판매하는 공제상품을 가리킨다.[183] 따라서 농업협동조합법에 따른 조합이 모집할 수

182) 특별약관(특약)이란 주계약에 부가하여 보장을 추가하거나 보험계약자 등의 편의를 도모하기 위한 제도 등을 추가하는 보험을 말한다(감독규정1-2(9)).

183) 농업협동조합법 부칙(법률10522호, 2011.3.31.) 15조 8항: 농협생명보험 또는 농협손해보험이 설립되는 경우 2009년 10월 28일 현재 조합과 중앙회가 판매하는 공제상품에 관하여는 이에 상응하는 보험종목으로 보험업법 4조에 따른 허가를 받은 것으로 본다. 다만, 다음 각 호의 보험상품에 관하여는 다음 각 호의 구분에 따른 조건으로 허가를 받은 것으로 본다.

있는 보험상품의 범위는 원칙상 2009년 10월 28일 현재 조합과 중앙회가 판매하는 공제상품을 가리킨다.

(2) 구체적인 보험상품의 범위는 금융위원회가 정하여 고시한다고 규정하고 있으나(시행령40②단), 위 금융위원회 고시는 아직 정해지지 않았다. 위 금융위원회 고시가 없더라도 농업협동조합법에 따른 조합이 모집할 수 있는 보험상품의 범위가 위 (1)에 따라 정해지는데 문제는 없다고 해석한다.

3) 기타

보험대리점의 경우는 관련 법령에 따라서 보험의 모집 이외에도 다른 금융상품의 '모집'도 할 수 있다. 그 주요한 내용으로는 집합투자증권의 투자권유대행(자본시장법51,동법시행령56)과 퇴직연금제도의 모집(퇴직급여법31,동법시행령28)이 있는데, 이는 모두 개인보험대리점의 경우에만 허용되므로 법인에 해당하는 금융기관보험대리점에는 적용이 없다고 해석한다. 금융기관보험대리점으로서 이러한 모집 업무는 할 수 없다고 해도, 가령 은행은 겸영업무로서 집합투자증권에 대한 투자중개업, 퇴직연금사업자의 업무를 수행할 수 있다(은행법시행령18의2②(10)·(15)).

3. 금융기관보험대리점등의 등록

(1) 금융기관은 보험업법 87조 또는 89조에 따라 보험대리점 또는 보험중개사로 등록할 수 있다(법91①). 금융기관보험대리점등의 등록은 금융기관보험대리점등이 아닌 법인보험대리점 또는 법인보험중개사의 그것과 같다.

(2) 금융기관보험대리점등이 되려는 자가 등록을 신청하는 경우 총리령에 따라 수수료를 내야 하고(법94), 수수료는 금융기관보험대리점 또는 금융기관보험중개사 각각 100만원이다(시행규칙28(6)).

4. 금융기관보험대리점등의 전속의무, 겸직 또는 겸업

금융기관보험대리점등의 전속의무, 겸직 또는 겸업은 금융기관보험대리점등이 아닌 법인보험대리점 또는 법인보험중개사의 그것과 같다.

---

1. 보증과 관련한 보험상품: 다음 각 목의 보험상품만을 판매하는 조건
   가. 조합의 조합원, 조합·중앙회·농협경제지주회사·농협금융지주회사 및 그 자회사의 임직원을 대상으로 하는 신원보증보험
   나. '복권 및 복권기금법' 2조 1호 마목에 따른 온라인복권의 이행(지급)보증보험
   다. 조합·중앙회·농협경제지주회사·농협금융지주회사 및 그 자회사의 임직원을 대상으로 하는 채무이행보증보험
2. 농기계종합보험상품: 동일한 위험을 보장하는 보험상품을 판매하는 조건

5. 금융기관보험대리점등의 영업보증금

금융기관보험대리점등에 대해서는 영업보증금 예탁을 면제한다(시행령33①단,37①단). 금융기관보험대리점등은 일반적으로 예탁금액 이상의 변제자력을 갖고 있기 때문이다.

6. 금융기관보험대리점등의 영업기준

(1) 의의

1) 일반적 보험대리점 등에 적용되는 영업기준과의 관련

(1) 금융기관보험대리점등이 아닌 보험대리점 또는 보험중개사의 영업기준이 금융기관보험대리점등에 적용된다. 다만, 금융기관보험대리점등에 대해서는 아래 (2)~(4)의 사항을 특별히 고려해야 한다. 이에 대해서는 보험대리점 또는 보험중개사의 영업기준에서 상세하게 다룬 바 있다.

(2) 금융기관보험대리점의 지점 설치에 대해서는 특칙이 있다(감독규정4-11의2③). 즉 금융기관보험대리점으로 등록하였거나 등록하고자 하는 금융기관은 동일한 주소지에 2개 이상의 지점을 설치할 수 없고, 다만 인수·합병 또는 물리적 구분에 의하여 동일한 주소지에 점포명 또는 회계가 구분되고 별도의 지배인 등기가 되어 있는 복수의 점포를 가지고 있는 경우는 예외이다(감독규정4-11의2③).

(3) 금융기관보험대리점에 대해서는 보험대리점에게 요구되는 영업기준인 감독규정 [별표5의6] 및 [별표5의7]의 요건이 적용되지 않는다(감독규정4-11). 왜냐하면 이러한 금융기관의 경우 그러한 내용에 대해 각자의 근거법률에서 별도로 규율하고 있기 때문이다.

(4) 법인보험대리점의 경우 임직원 수가 100명 이상이면 소속 임직원의 10분의 1 이상이 보험설계사 등록요건을 갖추어야 하지만 금융기관보험대리점은 이 요건의 적용을 면제한다(시행령[별표3]2). 금융기관보험대리점은 원칙상 점포별로 2명 이내에서 보험설계사인 임직원이 모집에 종사할 수 있기 때문에(시행령40④), 보험설계사를 일정 수 이상 두게 하는 것이 적절하지 않다. 법인보험중개사의 경우는 임직원의 3분의 1 이상이 개인보험중개사 자격요건(시행령[별표4]에 따른 교육을 이수하고 보험중개사 시험에 합격)을 갖추어야 하는데, 금융기관보험중개사에 대해서는 이 요건의 면제조항이 없으며(시행령[별표3]3), 그 결과 금융기관이 보험중개사로 등록하기는 사실상 어렵다.

2) 금융기관보험대리점등에만 적용되는 영업기준과 관련

(1) 위 1)과 같은 영업기준 이외에도 금융기관보험대리점등에만 적용되는 특유의 영업기준이 있다. 이는 금융기관보험대리점등의 존재 때문에 기존의 보험 판매채널이 약화될 우려, 은행이 우월적 지위를 이용하여 보험계약자 또는 보험회사에 대해 불공정한 행위를

할 우려 등을 고려한 것이다. 이하에서는 금융기관보험대리점등에만 적용되는 특칙을 중심으로 살펴보기로 한다.

(2) 위 (1)과 같이 금융기관보험대리점등에만 적용되는 특칙으로는 보험업법 91조, 동법시행령 40조, 감독규정 4-39조 등이 있다.

(2) 모집종사자 제한

1) 금융기관 일반

i) 소속 임직원

(1) 금융기관보험대리점등은 그 소속 임직원만이 보험계약체결의 모집, 상담 또는 소개를 할 수 있다. 즉 금융기관보험대리점등은 대통령령으로 정하는 바에 따라 그 금융기관 소속 임직원이 아닌 자로 하여금 모집을 하게 하거나, 보험계약 체결과 관련한 상담 또는 소개를 하게 하고 상담 또는 소개의 대가를 지급할 수 없다(법83②).

(2) 위 (1)의 임직원은 고용관계에 있는 자에 한하는가? 원칙적으로 금융기관보험대리점등과 고용관계에 있는 자로 한정한다. 가령 위임관계에 있는 사용인은 원칙적으로 여기의 임직원에 포함하지 않는다.

ii) 모집과 상담·소개의 관련성

(1) 보험업법 83조 2항은 모집과 상담·소개를 구분하고 있는데, 그 구분이 모호하기 때문에 해석이 필요하다. 여기서 금지하는 것은 모집이고 상담·소개는 그 예시에 불과하다는 해석과 모집과 상담·소개를 엄격하게 구분해서 별개의 행위로 이해하는 해석이 가능하다.

(2) 생각건대, 위 (1)의 해석 중에서 기본적으로 후자가 타당하다. 모든 상담·소개를 모집에 포함시키는 것은 행정법의 일반원칙으로서 비례의 원칙에 반한다고 보아야 하기 때문이다. 즉 일반적 추상적 수준의 상담·소개도 모집에 포함시키는 것은 과잉규제에 해당하며 비례원칙의 구성요소인 최소침해의 원칙 및 상당성 원칙에 반한다고 할 수 있다. 다시 말하면, 보험업법 83조 2항의 상담·소개는 모집에 이르지 않는 수준의 상담·소개를 의미한다고 해석해야 한다. 일반적으로는 비모집적 성질의 상담·소개는 규제하지 않지만, 금융기관보험대리점등에 대해서는 이러한 상담·소개도 규제하겠다는 것이 보험업법 83조 2항의 뜻이라고 볼 수 있다.

iii) 위반 시 효과

위 i)의 모집종사자 제한은 금지행위로도 규정되어 있으며 이를 위반한 경우 과태료가 부과된다. 즉 해당 금융기관의 임직원(보험업법 83조에 따라 모집할 수 있는 자는 제외)에게 모집을 하도록 하거나 이를 용인하는 행위가 금지되고(법100①(3)), 이를 위반하면 과태료(법209②)가 따른다. 또한 모집에 종사하는 자 이외에 소속 임직원으로 하여금 보험계약

체결에 대한 상담 또는 소개를 하게 하거나 상담 또는 소개의 대가를 지불하는 행위가 금지된다(시행령48①). 이에 대해서는 모집종사자에 대한 영업행위규제에서도 기술한다.

2) 전업신용카드업자 등

(1) 여신전문금융업법에 따라 허가를 받은 전업신용카드업자는 위 모집종사자 제한이 적용되지 않는다. 즉 전업신용카드업자가 등록한 보험대리점등은 소속 임직원이 아닌 자로 하여금 모집을 하게 하거나, 보험계약 체결과 관련한 상담 또는 소개를 하게 하고 상담 또는 소개의 대가를 지급할 수 있다(시행령26①(1)).

(2) 농업협동조합법에 따라 설립된 조합은 농협생명보험 또는 농협손해보험이 판매하는 보험상품을 모집하는 경우에 한하여 위 모집종사자 제한이 적용되지 않는다(시행령26①(2)). 이에 따라 보험을 모집하거나 보험계약을 상담 또는 소개하게 할 수 있는 조합의 소속 임직원이 아닌 자는 보험설계사로서 구체적인 범위는 금융위원회가 정하여 고시한다(시행령26②). 보험설계사로서 구체적인 범위는 '농업협동조합 공제사업감독기준'에 따라 2009.10.28. 현재 조합을 위하여 공제를 모집하는 공제상담사 인원 범위 내에서 보험협회에 보고한 소속 보험설계사를 말한다(감독규정4－9④). 다만, 농업협동조합법에 따른 조합에 적용되는 보험업법시행령 26조 1항 2호 및 2항은 유효기간이 2027.3.1.까지인 한시법 조항이다.[184]

(3) 전업신용카드업자 또는 농업협동조합법에 따른 조합이 영위하는 금융기관보험대리점은 위 보험업법시행령 26조에서 정한 모집종사자를 보험협회에 보고해야 한다(감독규정4－9①).

(3) 모집방법의 제한

1) 금융기관 일반

금융기관보험대리점등은 모집방법이 일정하게 제한된다. 즉 다음 i) 또는 ii) 이외의 방법으로는 모집할 수 없다(시행령40③본). i)과 ii) 중 어느 하나만을 취하든 둘 다 취하든 무방하다.

i) 대면 모집

(1) 금융기관보험대리점등은 보험업법 100조 2항 3호에 따라서 — 즉 보험을 모집하는 장소와 대출 등을 취급하는 장소를 보험계약자가 쉽게 알 수 있을 정도로 분리하여 — 해당 금융기관보험대리점등의 점포 내의 지정된 장소에서 보험계약자와 직접 대면하여 모집할 수 있다(시행령40③(1)). 그 모집장소는 안내판을 설치하는 등의 방법으로 보험계약자가 쉽게 식별할 수 있도록 해야 한다(감독규정4－39④(2)가).

(2) 위 (1)의 점포는 금융기관보험대리점등의 본점 또는 감독규정 4－11조의2[185]에 따

184) 보험업법시행령 부칙(대통령령23479호, 2011.12.31.) 2호

른 금융기관보험대리점등의 지점으로서 '금융기관의 업무위탁 등에 관한 규정' 3조에서 정한 당해 금융기관의 본질적 요소에 해당하는 업무를 행하는 장소를 말한다(감독규정 4-14②).

(3) 보험계약자가 모집에 종사할 수 있는 임직원을 쉽게 알 수 있도록 해야 하는데(감독규정4-39④(2)나), 이 규정은 이러한 대면 모집에 주로 적용된다고 볼 수 있다.

(4) 위 (1)의 대면 모집의 제한은 아래와 같이 금지행위로도 규정되어 있으며 이를 위반한 경우 과태료(법209②)가 부과된다. 즉 해당 금융기관의 점포 외의 장소에서 모집을 하는 행위가 금지되고(법100①(4)), 보험계약체결을 모집하는 장소와 대출 등을 취급하는 장소를 보험계약자가 쉽게 알 수 있을 정도로 분리해야 한다(법100②(3)).

ii) 인터넷 홈페이지에 의한 모집

금융기관보험대리점등은 인터넷 홈페이지를 이용하여 불특정 다수인을 대상으로 보험상품을 안내하거나 설명하여 모집할 수 있다(시행령40③(2)). 인터넷 홈페이지에 의한 모집을 하는 경우 인터넷을 통해서 보험가입설계 및 청약이 이루어져야 한다(감독규정4-14①).

2) 전업신용카드업자 등

(1) 전업신용카드업자는 위 1)의 모집방법을 사용할 수 있을 뿐만 아니라 이에 더하여 보험업법 96조 1항에 따른 전화, 우편, 컴퓨터통신 등의 통신수단을 이용하여 모집하는 방법까지 사용할 수 있다(시행령40③단). 이 통신수단을 이용한 모집방법을 사용하여 불특정 다수인은 물론이고 특정한 개인을 대상으로 모집하는 것도 가능하다.

(2) 농협협동조합법에 따른 조합이 농업인을 대상으로 다음 각 호의 보험상품을 모집하는 경우에는 위 1)의 모집방법의 제한이 적용되지 않는다(시행령40⑫).

1. 농어업재해보험법 2조 2호에 따른 농어업재해보험
2. '농어업인 삶의 질 향상 및 농어촌지역 개발촉진에 관한 특별법' 3조 3호에 따른 농어업인 등의 복지증진 및 농어촌의 개발촉진 등을 위하여 정부나 지방자치단체가 보험료의 일부를 지원하는 보험상품으로서 금융위원회가 정하여 고시하는 보험상품[186]

---

185) 감독규정 4-11조의2는 법인보험대리점의 지점에 관한 규정이며, 이에 대해서는 법인보험대리점 부분에서 설명한 바 있다.

186) 금융위원회가 정하여 고시하는 보험상품은 다음 각 호와 같다(감독규정4-14⑤).

1. 농업 또는 임업 작업 중에 발생되는 농업인 또는 임업인의 상해, 질병, 사망 등을 보상하는 보험상품
2. 농업 작업 중에 발생되는 농장주·농업법인의 피고용인의 상해, 질병, 사망 등을 보상하는 보험상품
3. 농업협동조합법(법률10522호) 부칙 15조 8항 2호에 따른 보험상품

(4) 모집종사자 인원 제한 등

1) 금융기관 일반

i) 인원 제한

(1) 금융기관보험대리점등은 모집종사자의 인원이 제한된다. 즉 금융기관보험대리점등은 그 금융기관보험대리점등의 본점·지점 등 점포별로 2명의 범위에서 보험업법 84조 1항에 따라 등록된 소속 임원 또는 직원으로 하여금 모집에 종사하게 할 수 있다(시행령40④).

(2) 위 (1)에서 점포의 의미는 위 모집방법의 제한에서의 그것과 같다(감독규정4-14②).

(3) 2003.8.27.에 도입된 위 (1)의 인원제한 규정은 그 유효기간이 도입 후 3년인 한시법 조항이었으나,[187] 이후 유효기간이 2년 더 연장되었다가, 2008년에는 한시법 조항이 아예 삭제되어서 이제는 유효기간이 별도로 없다.

(4) 보험설계사 자격을 갖춘 사람으로서 금융위원회가 정한 기준과 방법에 따라 채용된 사람은 위 인원에 포함시키지 않는다(시행령40④). 금융위원회가 정한 기준과 방법은 다음 각 호와 같다(감독규정4-14④).

1. 보험회사에서 2년 이상 모집에 종사한 경력이 있는 보험설계사로서 모집의 업무를 폐지한 지 6월 이상 경과한 자를 대상으로 한다.
2. 금융기관보험대리점등이 1호에서 정한 사람을 채용할 경우에는 채용기간을 1년 이상으로 하여야 한다.

(5) 금융기관보험대리점은 보험업법시행령 40조 4항이 정한 모집종사자를 보험협회에 보고해야 한다(감독규정4-9①).

ii) 보험설계사 등록

(1) 금융기관보험대리점등에 소속된 임직원이 모집종사자가 되기 위해서는 보험업법 84조 1항에 따라 소속 보험설계사로 등록되어야 한다. 보험회사의 임직원은 이러한 등록 없이도 모집종사자가 되지만(법83①(4)), 금융기관보험대리점등은 보험대리점 등에 불과하므로 그에 소속된 보험설계사로 등록되어야 모집종사자가 될 수 있는 것이다.

(2) 금융기관보험대리점등은 법인보험대리점 또는 법인보험중개사이다. 따라서 이에 소속되기 위해서는 그에 부합하는 등록요건을 갖추어야 한다. 법인보험대리점 또는 법인보험중개사에 소속된 보험설계사는 보험회사에 소속된 보험설계사와 등록요건이 다르다. 즉 법인보험대리점의 소속 보험설계사로 등록되기 위해서는 개인보험대리점의 등록요건을 갖춘 자(시행령[별표3]1다)이어야 하고, 법인보험중개사의 소속 보험설계사로 등록되기 위해서는 개인보험중개사의 등록요건을 갖춘 자이어야 한다(시행령[별표3]1라).

187) 보험업법시행령 부칙(대통령령18093호, 2003.8.27.) 2조

iii) 모집종사자 표시

보험계약자가 모집에 종사할 수 있는 임직원을 쉽게 알 수 있도록 해야 한다(감독규정 4-39④(2)나). 명찰, 명패 등을 통해서 모집종사자임을 보험계약자에게 표시할 수 있을 것이다.

2) 전업신용카드업자 등

(1) 전업신용카드업자는 위 모집종사자 인원 제한이 적용되지 않는다(시행령40④).

(2) 농협협동조합법에 따른 조합이 농업인을 대상으로 일정한 보험상품을 모집하는 경우에는 위 모집종사자 인원 제한이 적용되지 않는다(시행령40⑫). 여기서 일정한 보험상품은 위 모집방법의 제한에 기술된 농업인을 대상으로 하는 보험상품과 동일하다.

(5) 모집종사자의 겸직 제한

금융기관보험대리점등에서 모집에 종사하는 사람은 '대출 등 불공정 모집의 우려가 있는 업무'를 취급할 수 없다(시행령40⑤). 대출 등 불공정 모집의 우려가 있는 업무는 은행업감독규정 [별표2]에서 정한 신용공여의 범위에 해당하는 업무를 말하고, 다만 불공정 모집의 우려가 없는 신용카드(직불카드를 포함)의 발행 업무 등은 제외한다(감독규정4-14③).

(6) 보험회사별 모집비중의 제한

1) 금융기관 일반

i) '25% 룰'

(1) 금융기관보험대리점등이 1개 생명보험회사 또는 1개 손해보험회사의 보험상품에 대한 모집액은 전체 생명보험회사 또는 전체 손해보험회사 보험상품의 모집총액의 25%를 초과할 수 없다. 이것을 이른바 '25% 룰(rule)'이라고 한다. 즉 금융기관보험대리점등이 모집할 수 있는 1개 생명보험회사 또는 1개 손해보험회사 보험상품의 모집액은 매 사업연도별로 해당 금융기관보험대리점등이 신규로 모집하는 생명보험회사 보험상품의 모집총액 또는 손해보험회사 보험상품의 모집총액 각각의 100분의 25를 초과할 수 없다(시행령40⑥). 가령 금융기관보험대리점등(A)이 특정한 손해보험회사(B)의 보험상품에 대한 모집액은 A의 전체 손해보험회사 보험상품에 대한 모집총액의 100분의 25를 초과할 수 없다.

(2) '25% 룰'은 금융기관보험대리점등이 소수의 보험회사 보험상품에 편중하여 모집할 수 없도록 한 것이다. 이에 따르면 편중하여 모집하더라도 생명보험회사 및 손해보험회사별로 각각 최소한 4개 이상 보험회사의 보험상품을 모집해야만 한다.

ii) 관련 사항

① 적용 금융기관

최근 사업연도 말 현재 자산총액이 2조 원 이상인 금융기관에 대해서만 모집액의 제한이 적용된다(시행령40⑥).

② '33% 합산 룰'이 적용되는 경우

(ㄱ) 의의

(1) 1개 생명보험회사 또는 1개 손해보험회사 보험상품의 대한 모집액을 산정할 때 '합산하여 계산하는 경우'에는 100분의 25가 아니라 100분의 33을 초과할 수 없다(시행령40⑥). 이것을 이른바 '33% 합산 룰(rule)'이라고 한다.

(2) 위 (1)에서 합산하여 계산하는 경우는, 가령 금융기관보험대리점등과 대리점계약을 체결한 보험회사(체약보험회사)와 '특수한 관계에 있는 보험회사'가 존재하는 경우이다. 예를 들어, 금융기관보험대리점등(A)이 손해보험회사(B)와 대리점계약을 체결하였고 B와 최대주주가 동일한 손해보험회사(C)가 존재하는 경우 A의 B와 C 보험상품에 대한 모집액은 합산하여 계산하고 이 합산모집액은 A의 전체 손해보험회사 보험상품에 대한 모집총액의 100분의 33을 초과할 수 없다.

(ㄴ) 취지

'33% 합산 룰'은 '25% 룰'이 체약보험회사와 '특수한 관계에 있는 보험회사'를 통해서 회피되는 것을 방지하기 위한 규정이다. 33%는 50%(양 보험회사를 별개로 인식하는 경우)와 25%(양 보험회사를 하나로 인식하는 경우)를 절충한 결과이다.

(ㄷ) '특수한 관계에 있는 보험회사'의 종류

(1) 체약보험회사와 '특수한 관계에 있는 보험회사'의 종류는 다음 각 호와 같다(시행령40⑦).

1. 최대주주가 동일한 보험회사
2. 체약보험회사 지분의 100분의 15 이상을 소유한 금융기관보험대리점등이 지분의 100분의 15 이상을 소유한 보험회사
3. 체약보험회사 지분의 100분의 15 이상을 소유한 금융기관보험대리점등의 지주회사가 지분의 100분의 15 이상을 소유한 보험회사
4. 1호부터 3호까지에 준하는 경우로서 금융위원회가 정하여 고시하는 관계에 있는 보험회사

(2) 위 (1)의 4호에서 금융위원회가 정하여 고시하는 관계에 있는 보험회사는 다음 각 호의 어느 하나의 관계에 있는 자를 말한다(감독규정4-15③).

1. 체약보험회사와 금융기관보험대리점등이 합작(최대지분 소유 또는 지분의 100분의 15 이상 소유를 의미한다. 이하 이 항에서 같다)하여 설립한 보험회사
2. 체약보험회사 지분의 100분의 15 이상을 갖고 있는 국내외 사업자와 금융기관보험대리점등이 합작하여 설립한 보험회사
3. 체약보험회사의 지주회사와 금융기관보험대리점등이 합작하여 설립한 보험회사

4. 체약보험회사와 금융기관보험대리점등의 지주회사가 합작하여 설립한 보험회사
5. 체약보험회사 지분의 100분의 15 이상을 갖고 있는 국내외 사업자와 금융기관보험대리점등의 지주회사가 합작하여 설립한 보험회사

③ 보험자회사 간 담합적 교차판매

(1) 보험자회사 간 담합적 교차판매는 별도로 규제한다. 즉 보험자회사를 소유한 금융기관보험대리점등이 상호 결탁하여 상대방의 보험자회사의 상품을 직접 또는 우회적으로 교차하여 모집할 경우 상대방의 보험자회사에 대한 모집비중은 자신의 보험자회사에 대한 모집비중과 합산하여 산출한다(감독규정4-15④).

(2) 가령 두 개의 금융기관보험대리점등(A, B)이 각각 보험자회사(C, D)를 소유하고 있는데 A와 B가 담합하여 서로 상대방의 보험자회사 보험상품을 교차하여 모집할 경우, A의 D에 대한 모집액은 C에 대한 모집액과 합산하여 계산하고, B의 C에 대한 모집액은 D에 대한 모집액과 합산하여 계산한다.

(3) 위 (1)의 합산모집액에 대해 '33% 합산 룰'과 '25% 룰' 중 어느 것을 적용할지에 대해 명문의 규정이 없다. 현행법의 해석으로는 보험자회사 간 담합적 교차판매는 '특수한 관계에 있는 보험회사'에 준하여 '33% 합산 룰'을 적용하는 것이 무리가 없다.

④ 보고의무

(1) 금융기관보험대리점등은 당해 금융기관보험대리점등의 사업연도 기준으로 보험회사별로 신규로 모집한 보험상품의 모집총액 및 그 비율(판매비중)을 감독규정 [별지10]의 서식으로 사업연도 종료 후 1월 내에 금융감독원장에게 보고해야 한다(감독규정4-15①).

(2) 위 (1)의 판매비중은 생명보험상품 및 장기손해보험상품의 경우 신규로 모집된 계약의 월납 기준 초회보험료를 합산하여 산출하고, 그 밖의 손해보험상품은 신규로 모집된 계약의 원수보험료를 합산하여 산출한다(감독규정4-15②).

⑤ 보고서 작성

금융감독원장은 보험업법시행령 40조 6항에 따른 금융기관보험대리점등의 모집총액(매 사업연도별로 해당 금융기관보험대리점등이 신규로 모집하는 생명보험회사 보험상품의 모집총액 또는 손해보험회사 보험상품의 모집총액)에 관한 보고서를 금융기관보험대리점등의 사업연도별로 작성하여야 한다(시행령40⑪).

2) 전업신용카드업자 등

(1) 전업신용카드업자는 경과규정이 적용되어서 위 보험회사별 모집비율의 제한이 2020.1.1. 이후 시작되는 사업연도부터 적용된다.[188]

(2) 농업협동조합법에 따른 조합이 농업인을 대상으로 일정한 보험상품을 모집하는

188) 보험업법시행령 부칙(대통령령25887호, 2014.12.23.) 2조

경우에는 위 보험회사별 모집비율의 제한이 적용되지 않는다(시행령40⑫). 여기서 일정한 보험상품은 위 모집방법의 제한에 기술된 농업인을 대상으로 하는 보험상품과 동일하다.

(7) 모집수수료율의 공시의무

1) 공시 및 비교공시

(1) 금융기관보험대리점등은 해당 금융기관에 적용되는 모집수수료율을 모집을 하는 점포의 창구 및 인터넷 홈페이지에 공시해야 한다(시행령40⑧). 여기서 점포의 의미는 위 모집방법의 제한에서의 그것과 같다(감독규정4-14②). 농업협동조합법에 의한 조합은 모집수수료율을 농업협동조합중앙회를 통해서 공시할 수 있다(감독규정4-16④).

(2) 보험회사는 모집을 위탁한 금융기관보험대리점등의 모집수수료율을, 보험협회는 전체 금융기관보험대리점등의 모집수수료율을 각각 비교공시하여야 한다(시행령40⑧). 비교공시는 인터넷홈페이지에 해야 한다(감독규정4-16②).

(3) 위 (1)의 공시에는 다음 각 호의 사항이 포함되어야 할 사항이다(감독규정4-16③).

1. 모집을 위탁한 보험회사의 명칭
2. 모집을 위탁받은 금융기관보험대리점등의 명칭
3. 감독규정 [별표6]에 따른 보험상품군의 명칭 및 당해 보험상품군의 모집수수료율

2) 모집수수료율의 제공

보험회사는 모집을 위탁한 금융기관보험대리점등에 적용되는 모집수수료율을 다음 각 호의 기준에 따라 산출하여 당해 금융기관보험대리점등 및 협회에 제공하여야 한다(감독규정4-16①본). 다만, 농업협동조합법에 의한 조합에 적용되는 모집수수료율은 농업협동조합법에 따라 설립된 농업협동조합중앙회에도 제공해야 한다(감독규정4-16①단).

1. 보험료: 감독규정 [별표6]의 "보험상품군별 보험료 산정기준"에 의해 산출된 보험상품별 보험료
2. 모집수수료: 보험계약 1건당 예정된 모집수수료
3. 모집수수료율: (모집수수료÷보험료) × 100

3) 모집수수료율의 변경

모집수수료율이 변경되었을 경우에도 보험업법시행령 40조 8항, 감독규정 4-16조 1항 및 2항을 준용한다(규정4-16④).

4) 보고서 작성

금융감독원장은 위 1)의 모집수수료율에 관한 보고서를 금융기관보험대리점등의 사업연도별로 작성하여야 한다(시행령40⑪).

(8) 설명의무

1) 의의

(1) 금융기관보험대리점등은 보험계약의 체결을 대리하거나 중개할 때에는 금융위원회 고시에 따라 다음의 일정한 사항을 보험계약자에게 설명해야 한다(시행령40⑨).

(2) 2010년 보험업법 개정을 통해서 일반규정으로서 모든 모집종사자에게 설명의무(법95의2, 금융소비자법19)가 부과된 이후로는 금융기관보험대리점등의 설명의무에 관한 본 규정은 존재의의가 크게 감소되었다. 아래의 '대출 등과 보험계약의 체결은 관계가 없다는 사항' 정도가 의미가 있다고 할 수 있다.

2) 취지

설명의무는 보험계약자에 대한 보호의무에 기초한다. 보험계약자는 보험에 관한 전문성 등의 차이로 금융기관보험대리점등과 사이에 정보비대칭이 존재하며 이를 해소하기 위한 제도가 설명의무이다.

3) 설명 대상

(1) 설명의 대상은 다음 각 호의 모든 사항이다(시행령40⑨).

1. 대리하거나 중개하는 보험계약의 주요 보장 내용
2. 대리하거나 중개하는 보험계약의 환급금
3. 그 밖에 불완전판매를 방지하기 위하여 필요한 경우로서 금융위원회가 정하여 고시하는 사항

(2) 위 (1)에서 금융위원회가 고시하는 사항은 다음 세목과 같다(감독규정4-39④(2)사).

1) 보험금의 종류 및 지급사유
2) 보험금을 지급하지 않는 보험사고의 종류 및 내용
3) 청약철회 및 계약취소에 관한 사항
4) 대출 등과 보험계약의 체결은 관계가 없다는 사항

4) 설명 방법

설명 방법으로서, 금융기관보험대리점등이 대리 또는 중개 계약을 체결한 보험회사의 동종 또는 유사한 보험상품 중 3개 이상(비교 가능한 상품이 3개 이상일 경우에는 3개 이상, 3개 미만일 경우에는 전체 상품을 말하며, 비교대상 상품은 다른 보험회사의 상품을 말함)을 비교·설명하고 설명내용에 대한 확인서를 받아야 한다(감독규정4-39④(2)바).

(9) 보험회사와의 구분과 관련

금융기관보험대리점등은 보험회사 자체가 아니라 보험대리점 또는 보험중개사와 같은 모집종사자이다. 이에 따라 다음과 같은 영업기준이 적용된다.

(1) 보험계약 체결의 대리 또는 중개와 관련하여 직접 또는 간접적으로 발생한 수익·

비용과 금융기관보험대리점등과 보험회사 사이의 채권·채무관계를 반영하여 구분되게 회계처리를 해야 한다(감독규정4-39④(2)다).

(2) 보험계약자 등이 금융기관보험대리점등에서 모집하는 보험상품을 당해 금융기관보험대리점등의 상품으로 오인되지 않도록 해야 한다(감독규정4-39④(2)마).

(10) 위반 시 효과

금융기관보험대리점등 또는 금융기관보험대리점등이 되려는 자가 83조 2항 또는 100조를 위반한 경우에는 과태료(법209②)가 따른다.

7. 금융기관보험대리점등의 영업행위규제

보험업법 100조는 금융기관보험대리점등의 금지행위 등에 대해서 규정하고 있다. 이에 관해서는 금융기관보험대리점등의 영업기준과 관련하여 일부 조항을 다루었다. 나머지 조항은 본 장의 제3절 영업행위규제 부분에서 자세히 살펴보기로 한다.

8. 금융기관보험대리점등의 임원, 업무범위, 공시·보고의무

(1) 임원

(1) 금융기관보험대리점등의 임원에 대해서는 보험업법 87조의2 1항을 적용하지 않는다(법91의2). 보험업법 87조의2 1항은 법인보험대리점의 임원에 관한 특칙이다.

(2) 위 (1)과 같이 그러한 특칙을 금융기관보험대리점등에 대해 적용하지 않는 이유는 금융기관의 임원은 관련 설립법 등에서 별도로 규율하고 있기 때문이다.[189)]

(3) 보험업법 91조의2는 금융기관보험대리점등에 대해 법인보험대리점 임원에 관한 특칙(법87의2①)을 적용 배제할 것에 대해서만 언급하고 있는데, 법인보험중개사 임원에 관한 특칙(법89의2①)의 적용 배제도 같이 언급하는 것이 옳다. 금융기관보험대리점등에는 금융기관보험대리점뿐만 아니라 금융기관보험중개사도 있으므로 후자에 대해서는 법인보험중개사 임원에 관한 특칙을 배제한다고 하는 것이 타당하기 때문이다. 보험업법 91조의2의 취지, 목적 등을 고려하면 금융기관보험중개사에 대해서는 이렇게 해석되어야 하지만, 입법적 보완이 바람직하다고 사료된다.

(2) 업무범위

(1) 금융기관보험대리점등의 업무범위에 대해서는 보험업법 87조의3을 적용하지 않는다(법91의2). 보험업법 87조의3은 법인보험대리점 업무범위에 관한 특칙이다.

(2) 위 (1)과 같이 이러한 특칙을 금융기관보험대리점등에 대해 적용하지 않는 이유는 금융기관의 업무범위는 관련 설립법 등에서 별도로 규율하고 있기 때문이다.[190)]

---

189) 성대규·안종민 335면; 정채웅 448면

(3) 보험업법 91조의2는 금융기관보험대리점등에 대해 법인보험대리점 업무범위에 관한 특칙(법87의3)을 적용 배제할 것에 대해서만 언급하고 있는데, 법인보험중개사 업무범위에 관한 특칙(법89의3)의 적용 배제도 같이 언급하는 것이 옳다. 그 이유, 해석, 입법 문제는 위 (1)에서 언급한 그것과 같다.

(3) 공시·보고의무

금융기관보험대리점등의 공시·보고의무는 법인보험대리점 또는 법인보험중개사의 그것과 같다.

9. 금융기관보험대리점등의 교육의무

금융기관보험대리점등의 교육의무는 일반적인 법인보험대리점 또는 법인보험중개사의 그것과 같다. 즉 금융기관보험대리점등은 대통령령에 따라서 소속 보험설계사에 대해 '교육할 의무'가 있다(법85의2①). 법인이 아닌 보험대리점 또는 보험중개사는 대통령령으로 정하는 바에 따라 '교육받을 의무'가 있는데(법85의2①), 금융기관보험대리점등은 법인보험대리점이므로 '교육받을 의무'는 없다.

제 6 관 보험회사의 임직원

1. 모집종사자로서의 임직원

(1) 의의

보험회사의 임원, 직원은 모집종사자이다(법83①(4)). 보험회사는 보험계약의 인수를 영업으로 하는 자이므로 그에 소속된 임직원이 보험계약의 대리 또는 중개를 할 수 있도록 해 준 것이다.

(2) 자격 요건

보험회사 임직원이 모집종사자가 되기 위한 자격 요건은 별도로 규정되어 있지 않다. 이 점에서 보험설계사, 보험대리점, 보험중개사와는 다르다. 보험회사 임직원은 보험회사에 소속되어 보험계약의 인수에 상시적으로 직접 또는 간접으로 관련되어 있다는 점, 임직원의 모집관련 불법행위에 대해 보험회사가 엄격한 사용자책임[191]을 진다는 점(금융소비자법45①) 등을 고려한 것이다.

---

190) 성대규·안종민 335면; 정채웅 448면

191) 보험회사의 임직원에 대한 사용자책임은 무과실책임이다.

(3) 임직원별 구체적 사항

1) 임원

i) 원칙

보험회사의 임원은 원칙상 모집종사자가 된다. 임원의 개념은 지배구조법의 정의에 따르면 된다. 즉 임원이란 이사,[192] 감사, 집행임원(상법상 집행임원을 둔 경우로 한정) 및 업무집행책임자[193]를 말한다(지배구조법2(2)).

ii) 예외

보험회사 임원 중에서 대표이사·사외이사·감사 및 감사위원은 모집종사자가 되지 못한다(법83①(4)).

① 대표이사

(1) 보험회사 대표이사는 모집종사자가 되지 못한다(법83①(4)). 대표이사는 보험회사의 대표기관으로서 그를 대표하여 보험계약을 체결하는 권한을 갖는 자라는 점을 고려하여 모집종사자에서 제외한 것으로 이해할 수 있다. 보험계약의 체결에 관한 대표이사의 대표행위는 보험회사의 행위로 의제된다. 대표행위의 효력은 법률행위는 물론이고 사실행위, 불법행위에도 미친다.

(2) 대표이사가 보험계약의 체결과 관련하여 보험업법상 주의의무(가령 보험업법 95조의2부터 98조까지의 주의의무)를 위반한 경우 책임은 누구에게 귀속되는가? 공법적 책임과 사법적 책임을 나눌 필요가 있다.

(a) 공법적 책임: 공법적 책임은 보험업법 위반에 따라 적용되는 과징금(법196), 형벌(법197~208), 과태료(법209), 제재(법134) 등을 가리킨다. 대표이사가 보험계약의 체결과 관련하여 보험업법을 위반한 경우 보험회사와 대표이사 중 누가 공법적 책임을 지는지는 보험업법의 규정에 의해서 판단한다. 보험업법 규정에 의하면 보험회사가 책임지는 경우(가령 법209①), 행위자가 책임지는 경우(가령 법209⑥), 또는 양자 모두가 책임지는 경우(가령 법208①,134)로 나뉘어져 있다.

(b) 사법적 책임: 주식회사인 보험회사인 경우 그 대표이사가 보험계약 체결로 인하여 타인에게 불법행위(민법750)를 범하면 대표이사와 회사가 연대하여 배상할 책임이 있다.[194] 이 경우 대표이사가 가령 보험업법 97조의 금지행위를 위반하여 불법행위를 범하

---

192) 이사는 사내이사, 사외이사 및 비상임이사(상시적인 업무에 종사하지 아니하는 이사)를 말한다(지배구조법2(3)). 사외이사는 상시적인 업무에 종사하지 아니하는 이사로서 지배구조법 17조에 따라 선임되는 자를 말한다(지배구조법2(4)).

193) 업무집행책임자란 이사가 아니면서 명예회장·회장·부회장·사장·부사장·행장·부행장·부행장보·전무·상무·이사 등 업무를 집행할 권한이 있는 것으로 인정될 만한 명칭을 사용하여 금융회사의 업무를 집행하는 사람을 말한다(지배구조법2(5)).

194) 이것은 주식회사의 대표이사가 그 업무집행으로 인하여 타인에게 손해를 가한 때에는 회사는 그 대

면 회사와 연대하여 손해배상책임을 진다. 이와 같이 대표이사의 불법행위 시에 회사도 피해자에게 직접 손해배상책임을 지게 되고, 별도로 사용자책임(금융소비자법45)을 지지는 않는다.

② 기타

(1) 보험회사 사외이사·감사 및 감사위원은 모집종사자가 되지 못한다(법83①(4)).

(2) 사외이사는 상시적인 업무에 종사하지 않는 이사이고 중립성을 고려하여 지배구조법 17조에 따라 선임되므로(지배구조법2(4)), 보험의 모집과 같은 상시적 업무를 하는 것은 허용되지 않는다.

(3) 감사와 감사위원도 회사의 업무를 감시하는 등의 역할을 수행하고 중립성을 고려하여 선임되므로(상법409,412,415의2 등), 보험의 모집과 같은 상시적 업무를 하는 것은 허용되지 않는다.

2) 직원

모집종사자로서 직원은 원칙적으로 보험회사와 고용관계(민법655)에 있는 자를 의미한다고 해석한다.

2. 고객응대직원에 대한 보호조치

(1) 의의

보험회사에는 보험계약체결의 모집, 보험금 청구 등의 업무과정에서 보험계약자 등의 고객을 응대하는 직원이 다수 있다. 이들은 경우에 따라 이른바 '감정노동'을 수행하면서 폭언 등에 노출될 수 있고, 이들을 보호하기 위해서 고객응대직원에 대한 보호조치제도를 마련하였다.

(2) 조치의무 및 조치요구권

(1) 보험회사는 조치의무를 부담하고 직원은 조치요구권을 갖는다. 즉 보험회사는 고객을 직접 응대하는 직원을 고객의 폭언이나 성희롱, 폭행 등으로부터 보호하기 위하여 일정한 조치를 해야 할 의무를 부담하고(법85의4①), 직원은 그러한 조치를 요구할 수 있다(법85의4②).

(2) 보험회사는 직원이 보호조치를 요구했다는 이유로 불이익을 주어서는 안 된다(법85의4③).

표이사와 연대하여 배상할 책임이 있다는 규정(상법389③,210)에 따른 것이다. 만약 상호회사인 보험회사는 상법상 회사는 아니므로 민법 35조 1항이 적용된다. 이에 따르면, 법인은 이사 기타 대표자가 그 직무에 관하여 타인에게 가한 손해를 배상할 책임이 있고, 이사 기타 대표자는 이로 인하여 자기의 손해배상책임을 면하지 못한다.

(3) 보호조치의 내용

보호조치의 내용은 보험업법 85조의4 1항, 동법의 위임에 따른 동법시행령 29조의3이 다음과 같이 규정하고 있다.

1) 분리 및 교체

보험회사는 직원이 요청하는 경우 폭언 등을 행한 고객으로부터 직원을 분리하고 업무담당자를 교체해야 한다(법85의4①(1)).

2) 치료 및 상담 지원

보험회사는 폭언 등을 당한 직원에 대한 치료 및 상담을 지원해야 한다(법85의4①(2)).

3) 고충처리기구

보험회사는 고객을 직접 응대하는 직원을 위한 상시적인 고충처리기구를 마련해야 하고, 다만 '근로자참여 및 협력증진에 관한 법률' 26조에 따라 고충처리위원을 두는 경우에는 고객을 직접 응대하는 직원을 위한 전담 고충처리위원을 선임 또는 위촉해야 한다(법85의4①(3)).

4) 관할 수사기관 등에 고발 등

(1) 보험회사는 고객의 폭언 등이 관계 법률의 형사처벌 규정에 위반된다고 판단되고 그 행위로 피해를 입은 직원이 요청하는 경우에는 관할 수사기관 등에 고발해야 한다(시행령29의3(1)).

(2) 만약 고객의 폭언 등이 관계 법률의 형사처벌 규정에 위반되지는 않지만 그 행위로 피해를 입은 직원의 피해정도 및 그 직원과 다른 직원에 대한 장래 피해발생 가능성 등을 고려하여 필요하다고 판단되는 경우에는 관할 수사기관 등에 필요한 조치를 요구해야 한다(시행령29의3(2)).

5) 고소 등에 대한 지원

보험회사는 직원이 직접 폭언 등의 행위를 한 고객에 대하여 관할 수사기관 등에 고소, 고발, 손해배상청구 등의 조치를 하는 데 필요한 행정적, 절차적 지원을 해야 한다(시행령29의3(3)).

6) 예방교육 등의 실시

보험회사는 고객의 폭언 등을 예방하거나 이에 대응하기 위한 직원의 행동요령 등에 대해서 교육을 실시해야 한다(시행령29의3(4)).

7) 기타

보험회사는 그 밖에 고객의 폭언 등으로부터 직원을 보호하기 위하여 필요한 사항으로서 금융위원회가 정하여 고시하는 조치를 취해야 한다(시행령29의3(5)).

제 7 관 부당모집행위자의 관리

1. 의의

(1) 모집종사자 중에서 위법 또는 부당한 행위를 한 경우 이러한 부당모집행위자에 대해서는 보험계약자를 보호하고 건전한 모집질서를 확립한다는 취지에서 특별한 관리가 필요하다.

(2) 감독규정 4-11조의5가 부당모집행위자의 관리에 대해서 규정하고 있다. 다만, 이 규정은 상위법령의 명시적 위임이 있는 행정규칙이라고 보기 어렵다. 입법적 보완이 필요하다.

2. 보험회사의 보고의무

보험회사는 보험회사에 소속되거나 모집을 위탁받은 자가 모집에 관하여 위법 또는 부당한 행위를 한 사실을 발견하였을 때에는 금융감독원장에게 보고해야 한다(감독규정 4-11의5①본). 다만, 다른 특별한 규정이 있는 경우에는 그 규정에 따른다(감독규정4-11의5①단).

3. 금융감독원장의 관리의무

금융감독원장은 다음 각 호에 해당하는 자에 대하여 그 인적사항을 기록하여 관리한다(감독규정4-11의5②).

1. 모집에 관하여 위법 또는 부당한 행위를 하여 금융위원회 또는 금융감독원장으로부터 정직 이상의 징계조치요구를 받거나 소속 보험회사로부터 정직 이상의 징계조치를 받은 보험회사의 임직원
2. 등록이 취소되었거나 업무정지 처분을 받은 보험중개사 및 그 대표자, 보험대리점의 대표자
3. 보험업법시행령 [별표3] 1호 다목 및 라목[195]의 요건에 해당하는 보험설계사(법인보험중개사 유자격자 또는 법인보험대리점 유자격자)의 행위로 인하여 법인보험중개사 또는 법인보험대리점의 등록이 취소된 경우 그 법인보험중개사 유자격자 또는 법인보험대리점 유자격자
4. 보험업법 136조의 규정에 의한 검사의 결과 정직 이상의 처분을 받은 보험중개사의 임직원
5. 등록취소 또는 업무정지 등의 처분을 받은 보험설계사

---

195) 감독규정 4-11조의5 2항 3호는 보험업법시행령 [별표3] 1호 '라목'의 요건이라고 규정하고 있으나, 법인보험대리점 유자격자를 고려하면 '다목 및 라목'이라고 하는 것이 정확하다.

제3절 영업행위규제

제1관 총설

1. 의의

(1) 보험업법은 모집종사자, 보험회사, 체결종사자(보험계약의 체결에 종사하는 자)에 대한 업무행위규제를 규정하고 있다. 여기서 업무행위규제란 모집종사자 등이 보험계약자 등을 상대로 업무행위를 할 때 준수해야 할 주의의무이다.

금융소비자법은 금융상품직접판매업자, 금융상품판매대리·중개업자판매업자 및 금융상품자문업자의 영업행위규제를 규정하고 있다. 보험업법에 따른 보험회사는 금융상품직접판매업자 또는 금융상품판매대리·중개업자에 해당하고, 보험업법에 따른 보험설계사, 보험대리점, 보험중개사는 금융상품판매대리·중개업자에 해당한다(금융소비자법4(9)−(12)). 금융관계법률에서 금융상품판매업등에 해당하는 업무에 대하여 해당 법률에 따른 인허가를 받거나 등록을 하도록 규정한 경우에는 별도의 등록을 요하지 않으므로(금융소비자법12①(1)), 보험업법에 따른 인허가 또는 등록을 마친 보험회사와 모집종사자의 경우 금융소비자법상 등록은 필요하지 않다.

보험업법상 영업행위 규제의 수범자인 보험회사와 보험설계사, 대리점, 중개사는 금융소비자법상 금융상품판매업자로서 금융소비자법상 영업행위 규제의 수범자에도 해당되나, 보험회사의 임직원은 보험업법상 모집종사자이지만 이를 자신의 영업으로 하는 것이 아니어서 금융소비자법의 직접 적용대상은 아니다. 보험업법은 이러한 공백을 메우기 위해 보험회사 임직원에게 금융소비자법상 설명의무, 부당권유행위 금지, 광고 관련 준수사항 및 모집위탁 등에 관한 규정을 준용하고(법101의2) 위반 시 과태료를 신설하였다(법209⑥(18),⑦(11−2)).[196]

(2) 보험업법 4장 2절 '모집 관련 준수사항' 중에서 보험업법 95조~101조는 보험회사 또는 모집종사자가 모집과 관련해서 준수해야 할 사항이다. 이는 보험회사 또는 모집종사자가 보험계약의 체결 또는 모집을 행함에 있어서 건전한 질서의 확보 또는 고객 등을 보호하기 위해서 이들에게 일정한 규제를 가하는 것이다. 보험업법 95조~101조는 위 영업행위규제에 해당한다고 볼 수 있다.

금융소비자법 4장 '금융상품판매업자등의 영업행위 준수사항'은 금융상품직접판매업자 및 금융상품판매대리·중개업자가 영업행위시 준수해야 할 사항을 정하고 있다. 4장의

196) 양승현, 보험업 영업행위 규제체계 연구, 2021, 보험연구원 이슈보고서, 5−6면

1절에서는 영업행위 일반원칙에 대해(금융소비자법13~16의2), 2절에서는 금융상품판매업자등이 영업행위를 함에 있어서 준수해야 하는 6대 영업행위 규제등에 관해(금융소비자법17~23), 3절에서는 금융상품판매대리·중개업자, 자문업자등 업종별로 특히 영업행위시 준수해야 할 사항에 대해 규정하고 있다(금융소비자법24~28). 이는 금융상품직접판매업자 또는 금융상품판매대리·중개업자가 영업행위시 건전한 시장질서 구축 및 금융소비자 보호를 위하여 영업행위시 일정한 규제를 가하는 것이다.

2. 취지

보험업법상 업무행위규제의 취지는, 보험계약자의 보호 또는 건전한 거래질서의 확립을 도모하는 데 있다(법1). 가령 보험계약의 중요사항 등에 대한 설명의무(법95의2, 금융소비자법19)는 전자이고, 특별이익의 제공금지(법98)는 후자의 예이다. 금융소비자법상 영업행위규제는 금융소비자 보호의 실효성을 높이고 국민경제 발전에 이바지함을 목적으로 한다(금융소비자법1).

3. 고객 구분

(1) 보험업법은 업무행위규제의 보호대상을 일반보험계약자와 전문보험계약자로 구분한다. 금융소비자법은 일반금융소비자와 전문금융소비자로 구분한다. 그 취지는 보험계약자 및 금융소비자 유형별로 보호의 정도를 달리하는 데 있다.

(2) 전문보험계약자란 "보험계약에 관한 전문성, 자산규모 등에 비추어 보험계약의 내용을 이해하고 이행할 능력이 있는 자"이고, 금융기관, 주권상장법인 등이 여기에 포함된다(법2⒆). 그리고 일반보험계약자란 전문보험계약자가 아닌 보험계약자를 가리킨다(법2⒇).

(3) 전문금융소비자란 "금융상품에 관한 전문성 또는 소유자산규모 등에 비추어 금융상품 계약에 따른 위험감수능력이 있는 금융소비자"이고, 국가, 금융회사, 주권상장법인 등이 이에 포함된다(금융소비자법2⑼). 그리고 일반금융소비자란 전문금융소비자가 아닌 금융소비자를 말한다(금융소비자법2⑽).

4. 대상상품

(1) 금융통합법률인 금융소비자법은 금융상품을 보장성·투자성·예금성·대출성의 4가지 유형으로 분류하여(금융소비자법3) 원칙적으로 동일한 유형의 금융상품에 대해서는 동일한 규제를 적용한다. 금융소비자법은 금융상품을 직접 정의하는 대신 권역별 법령에서 규정하는 금융상품(예금, 대출, 금융투자상품, 보험상품, 신용카드 등)을 열거하여 간접 정의한 후, 그와 유사한 상품 내지 서비스를 시행령으로 정하여 추가하는 방식을 취한다(금

융소비자법2(1)). 보험업법상 보험상품은 모두 금융소비자법상 보상성상품에 해당된다(금융소비자법3(4)).

(2) 금융소비자법은 동일상품 동일규제를 취하는 금융통합법률로서 금융소비자법은 개별 금융상품이 상다른 상품 유형의 속성을 겸유하는 경우 해당 금융상품 유형에 각각 적용되는 규제를 적용한다. 만기에 원금을 보장하지 않는 변액보험은 보장성상품뿐 아니라 투자성상품에도 해당된다.[197]

5. 금융소비자법상 영업행위 일반원칙

(1) 영업행위 준수사항 해석의 기준

금융소비자법 4장 영업행위 준수사항에 관한 규정을 해석·적용하려는 경우 금융소비자의 권익을 우선적으로 고려하여야 하며, 금융상품 또는 계약관계의 특성 등에 따라 금융상품 유형별 또는 금융상품판매업자등의 업종별로 형평에 맞게 해석·적용되도록 하여야 한다(금융소비자법13). 규제가 기계적·획일적으로 적용되지 않도록 업종별로 형평에 맞게 해석·적용할 것을 규정하고 있다.[198]

(2) 신의성실의무 등

① 금융상품판매업자등은 금융상품 또는 금융상품자문에 관한 계약의 체결, 권리의 행사 및 의무의 이행을 신의성실의 원칙에 따라 하여야 한다(금융소비자법14①). 기존에도 판례는 보험회사에게 보험계약자에 대한 민법 2조의 신의칙상 주의의무에 근거한 고객보호의무 등을 인정해왔다.[199]

② 금융상품판매업자등은 금융상품판매업등을 영위할 때 업무의 내용과 절차를 공정히 하여야 하며, 정당한 사유 없이 금융소비자의 이익을 해치면서 자기가 이익을 얻거나 제3자가 이익을 얻도록 해서는 아니 된다(금융소비자법14②).

(3) 차별금지

금융상품판매업자등은 금융상품 또는 금융상품자문에 관한 계약을 체결하는 경우 정당한 사유 없이 성별·학력·장애·사회적 신분 등을 이유로 계약조건에 관하여 금융소비자를 부당하게 차별해서는 아니 된다(금융소비자법15). 보험업법은 129조 3호에서 "보험요율이 보험계약자 간에 부당하게 차별적이지 아니할 것"을 규정하고 있으나, 다른 계약조건에 대해서는 금융소비자법의 차별금지 규정이 새로 도입된 것이다.

(4) 금융상품판매업자 등의 관리책임

① 금융상품판매업자등은 임직원 및 금융상품판매대리·중개업자(보험업법 2조 11호에

---

197) 금융위원회·금융감독원 보도자료(2021.3.17), "금융소비자법 FAQ 답변(2차)", 9면.
198) 구기성, 금융소비자보호에 관한 법률안(정부제출) 검토보고서, 국회 정무위원회, 2012.
199) 대판 2013.6.13. 2010다카34159.

따른 보험중개사는 제외)가 업무를 수행할 때 법령을 준수하고 건전한 거래질서를 해치는 일이 없도록 성실히 관리하여야 한다(금융소비자법16①).

② 법인인 금융상품판매업자등으로서 대통령령으로 정하는 자는 제1항에 따른 관리업무를 이행하기 위하여 그 임직원 및 금융상품판매대리·중개업자가 직무를 수행할 때 준수하여야 할 기준 및 절차(내부통제기준)를 대통령령으로 정하는 바에 따라 마련하여야 한다(금융소비자법16②). 지배구조법 24조에 따라 내부통제기준을 마련한 보험회사에 대해서도 입법취지가 다른 금융소비자법에 따른 내부통제기준 마련의무는 별도 적용되지만, 반드시 별도의 기준을 마련할 필요는 없고 기존의 내부통제기준에 금융소비자법상 요구되는 항목을 추가하는 방식으로 마련·시행하는 것도 가능한 것으로 이해된다.[200]

6. 위반 효과

(1) 모집종사자 등이 업무행위규제를 위반하면 보험업법 및 금융소비자법 규정에 따른 공법적 효과가 발생한다. 이는 과징금, 형벌, 과태료, 제재 등 업무행위규제 내용별로 다양하다. 금융소비자법상 제재(금융소비자법48이하)의 개관은 아래 제6관 금융상품등에 관한 광고 10. 제재 조치에서 설명한다.

(2) 모집종사자 등이 업무행위규제를 위반하여 위법성이 인정되고 보험계약자에게 손해가 발생한 경우에는, 불법행위로 인한 손해배상청구권이 성립될 수 있고 보험회사는 금융소비자법 45조에 따른 사용자책임을 질 수 있다.[201]

제 2 관 보험안내자료

1. 의의

(1) 개념

(1) 보험안내자료는 보험의 모집을 위하여 사용하는 자료를 말한다(법95①). 이는 서면을 가리킨다.

(2) 모집종사자는 보험안내자료를 통해서 보험계약의 내용을 소개하고 청약을 유인하는 것이 일반적이다.

(3) 반드시 보험안내자료라는 명칭을 사용해야 하는 것은 아니며, 실무에서는 상품설

---

200) 양승현, 보험업 영업행위 규제체계 연구, 2021, 보험연구원 이슈보고서, 24면

201) 대판 2010.11.25. 2010다39192(보험업법 97조 1항 1호는 보험계약의 체결 또는 모집에 종사하는 자로 하여금 보험계약자 또는 피보험자에게 보험계약의 내용을 사실과 다르게 알리거나 그 내용의 중요한 사항을 알리지 아니하는 행위를 하지 못하도록 규정하고 있는바, 위 규정의 위반을 이유로 보험업법 102조에 기하여 손해배상을 청구하는 경우 그 위반행위에 대한 증명책임은 손해배상을 청구하는 측에 있다). 구 보험업법 102조의 사용자책임에 관한 규정이 금융소비자법 45조로 이관되었다.

명서 등의 명칭이 사용되고 있다.

(2) 규제의 필요성

보험안내자료는 보험회사 또는 모집종사자가 일방적으로 작성하기 때문에 자신에게 유리한 정보, 과장되거나 왜곡된 정보 등이 기재될 위험성이 있다. 만약 고객이 이를 신뢰하고 보험계약을 체결한다면 예측하지 못한 손해를 입을 수 있다. "보험계약자를 보호하고 정보취득자의 오해를 방지하기"(시행령42④) 위해서는 보험안내자료에 대한 일정한 규제가 필요하다.

(3) 고객 구분의 문제

현행 보험업법상 보험안내자료에 대한 규제는 일반보험계약자와 전문보험계약자를 구분하지 않고 있는데, 일반보험계약자에 대한 보험안내자료에 한정해서 규제할 것인지의 문제를 향후에 검토할 필요가 있다.

(4) 법적 성격

1) 보험약관과의 관련성

보험안내자료의 법적 성격은 이것이 보험약관에 해당되는지가 주로 문제된다. 보험안내자료는 다수의 보험계약자를 대상으로 보험계약체결을 권유하기 위해서 작성되며 보험계약의 내용이 기재되는 것이 보통이다. 이 점에서 보면 보험안내자료와 보험약관은 구분하기 쉽지 않은 측면이 있다. 보험약관이란 보험계약의 내용으로서 그 명칭이나 형태 또는 범위에 상관없이 계약의 한쪽 당사자가 여러 명의 상대방과 계약을 체결하기 위하여 일정한 형식으로 미리 마련한 것이기 때문이다(약관규제법2(1)).

2) 견해의 대립

(1) 보험안내자료는 보험약관의 개념에 부합하므로 보험안내자료 그 자체가 보험약관이라는 견해가 있다.[202]

(2) 보험안내자료는 보험약관과 구분된다는 견해가 있다.[203] 구분설에 따르면 보험안내자료는 보험계약의 청약을 권유하기 위해 제시되는 자료이고, 보험약관은 그 자체가 보험계약의 내용으로 제시되는 것이므로 구분된다고 한다.

3) 보험약관에 해당하는 경우

생각건대, 보험안내자료는 '보험회사'가 '다수의 보험계약자'를 대상으로 작성하고 '보험계약의 내용'을 포함하고 있다면 이는 원칙적으로 보험약관에 해당한다고 볼 수 있다. 보험안내자료가 보험약관으로 인정되는 범위 내에서는 보험안내자료를 명시, 교부, 설명한 경우에는 보험약관을 명시, 교부, 설명한 것으로 인정해야 한다. 보험안내자료가 보

202) 유관우 · 이현열, 인보험약관해석, 2006, 517면
203) 이성남 180면; 장경환(보험업법2) 110면

험약관이 되기 위한 요건을 나누어 살펴보면 다음과 같다.

i) 보험회사

'보험회사'가 작성한 보험안내자료이면 보험약관이 될 수 있다. 이와 달리 모집종사자가 작성한 보험안내자료는 보험약관이 될 수 없다. 약관이란 계약의 일방 당사자가 작성한 것인데, 모집종사자는 계약의 당사자가 아니기 때문이다. 다만, 모집종사자가 작성한 보험안내자료이더라도 보험회사가 심사 등을 통해서 그 작성에 관여한 경우라면 보험회사가 작성한 보험안내자료에 포함시킬 수 있다.

ii) 다수의 보험계약자

'다수의 보험계약자'를 대상으로 한 보험안내자료이면 보험약관이 될 수 있다. 보험약관이란 다수인을 대상으로 미리 만들어 놓은 보험계약의 내용이기 때문이다. 해상보험 등 기업보험에서 보험안내자료 중에는 소수의 보험계약자를 대상으로 하는 경우가 흔히 있다. 다수인지 소수인지의 구분은 보험상품의 특성 등을 고려해서 구체적, 개별적으로 판단할 일이다.

iii) 보험계약의 내용

'보험계약의 내용'을 담고 있는 보험안내자료라면 이에 관한 한 보험약관이 될 수 있다. 보험안내자료와 보험약관이 구분된다는 입장에서는 보험안내자료가 보험계약자의 청약을 유인하기 위한 협상용 자료에 불과하다고 한다. 이는 보험안내자료란 보험계약자의 청약을 유인하기 위한 협상용 자료에 불과할 뿐이고 협상결과에 따라 변동될 수 있는 잠정적인 내용을 담고 있는 자료이므로 보험계약의 내용 자체는 되지 못한다는 의미이다. 하지만 보험약관의 법적 성질에 관한 합의설(판례,[204] 다수설)에 따르면 보험약관도 보험계약자와의 협상결과에 따라 변동될 수 있는 것이다. 물론 적어도 가계보험에서 보험약관이 협상결과에 따라 변동되는 경우는 실무상 찾기 어렵지만, 이 점에서는 보험회사가 다수의 보험계약자를 대상으로 작성한 보험안내자료도 다를 바가 없다.

iv) 명칭

보험안내자료가 보험약관이라는 명칭을 사용하고 있지 않은 점은 보험약관이 되는데 장애가 되지 않는다. 약관인지는 그 명칭과 상관없이 위 i)~iii)과 같은 실질에 의해서 정해지기 때문이다.

(5) 관련 규정

보험안내자료에 대해서는 보험업법 95조가 규정한다. 그리고 동법시행령 42조, 감독규정 4-34조, 4-35조, 4-35조의2, 7-45조 등도 관련 규정이다. 그런데 상위법령에 위임 근거를 명확히 하는 등의 입법적 정비가 필요한 상황이다.

---

204) 대판 1985.11.26. 84다카2543

(1) 보험업법시행령 42조 4항은 법률의 위임이 있다고 보기 어렵다. 보험업법시행령 42조 4항에 따르면, 금융위원회는 보험계약자를 보호하고 정보취득자의 오해를 방지하기 위하여 보험안내자료의 작성 및 관리 등에 필요한 사항을 정하여 고시할 수 있다. 그런데 보험업법 95조 1항 6호가 필수적 기재사항의 종류에 대해서만 대통령령에 위임을 하고 있을 뿐인데, 보험업법시행령 42조 4항이 그 이외의 사항에 대해서도 규정하고 있으므로 위임의 한계를 넘어선 규정이라고 사료된다.

(2) 보험업법시행령 42조 2항도 법적 근거가 모호하다. 이 조항은 금지적 기재사항을 규정하고 있는데, 보험업법 95조 1항 6호는 필수적 기재사항의 종류에 대해 대통령령에 위임을 하고 있기 때문이다.

(3) 나아가 감독규정 4-34조, 4-35조도 보험업법시행령 42조 2항 또는 4항을 구체화하는 규정이므로 역시 위임 근거가 없다는 문제를 안고 있다.

2. 보험안내자료 제공의무

(1) 의의

(1) 보험안내자료는 반드시 제공해야 하는가? 보험업법 95조는 이에 대한 명문의 규정이 없고, 필수적 기재사항, 금지적 기재사항 등에 대해서만 규정하고 있다. 후술하는 바와 같이 이러한 기재사항은 보험계약자 등의 보호를 위해서 그 중요성이 인정된다는 점을 고려하면 보험안내자료의 제공의무를 강제할 필요성이 인정된다. 입법적으로 보완이 필요한 부분이다.

(2) 그런데 아래와 같이 보험업법의 해석상 보험안내자료의 일종인 상품설명서의 제공의무가 원칙적으로 인정된다고 볼 수 있고 이 경우 보험업법 95조의 적용도 받는다. 그리고 보험회사 또는 모집종사자가 상품설명서 이외에 별도의 보험안내자료를 추가적으로 사용하는 것은 무방하며, 이를 사용하는 경우에도 보험업법 95조의 적용을 받는다.

(2) 설명서

1) 제공의무가 인정되는 경우

(1) 금융소비자법에 따르면 일반금융소비자에게 설명의무를 이행하는 과정에서 설명서가 제공되어야 한다고 규정하고 있는데, 이 설명서가 보험안내자료에 해당하고, 따라서 이러한 범위에서 보험안내자료의 제공의무가 인정된다고 해석된다. 구 보험업법에서는 상품설명서라고 하였으나 상품설명서에 대한 내용이 금융소비자법으로 이관되면서 설명서라고 변경되었다.

(2) 즉 금융상품판매업자등은 '일반'금융소비자에게 금융상품에 관한 중요한 사항을 설명해야 하는데(금융소비자법19①), 이러한 설명에 필요한 설명서를 일반금융소비자에게

제공하고 설명한 내용을 이해하였다는 확인을 받아야 한다(금융소비자법19②). 설명의무를 이행하는 데 필요한 이 상품설명서는 보험계약의 체결 권유단계에서 제공된다는 점(금융소비자법19②), 이 설명서에는 보험계약에 관한 중요한 사항을 담고 있고 이는 모집과 관련된 내용이라는 점 등에 비추어 보면, 설명서는 보험안내자료에 속한다고 할 수 있을 것이다.

(3) 한편 일정한 보험계약의 경우는 설명서를 독자적으로 작성할 필요 없이, 설명서와 청약서가 통합된 통합청약서로 대신할 수 있는 경우도 있다(금융소비자감독규정13②(6)).[205] 이 경우는 해당 보험계약의 내용, 성격 등을 고려할 때 통합청약서만으로도 보험계약자 보호에 문제가 없다고 본 것이다.

(4) 요컨대, 위 (1)의 설명서는 보험안내자료의 역할도 하고 설명의무의 이행을 위한 자료로서의 역할도 한다. 설명서가 보험안내자료로서의 역할을 하는 한 이에 대해서는 보험업법 95조가 규정하는 보험안내자료에 대한 각종의 규제가 적용된다. 그리고 설명서가 설명의무의 이행을 위한 자료로서의 역할을 하는 한 이에 대해서는 금융소비자법 19조가 규정하는 설명의무에 대한 각종의 규제가 적용된다.

2) 제공의무가 면제되는 경우

(1) 다음의 경우는 설명서의 제공의무가 면제된다. 이 경우는 설명의무가 면제되거나 이행된 것으로 간주되는 경우이다.

(a) 전문보험계약자가 체결하는 보험계약이다. 전문보험계약자에게는 설명의무가 적용되지 않으므로(법95의2), 상품설명서가 요구되지 않는다.

(b) 금융소비자 보호 및 건전한 거래질서를 해칠 우려가 없는 경우로서 대통령령으로 정하는 경우에는 설명서를 제공하지 아니할 수 있다(금융소비자법19②단). 이러한 유형의 보험계약에 대해서는 설명의무 부분에서 기술한다.

(2) 위 (1)과 같이 상품설명서의 제공의무가 면제되더라도 보험회사 또는 모집종사자가 자발적으로 보험계약자에게 보험안내자료를 제공하는 것은 무방하다. 자발적으로 보험안내자료를 제공하는 경우에는 보험업법 95조에 따른 규제를 받게 된다.

---

205) 금융소비자법 19조 1항 각 호의 보장성 상품에 관한 중요한 사항을 청약서에 반영한 경우(개인 또는 가계의 일상생활에서 발생 가능한 위험을 보장하고 위험보장을 받는 사람이 보험료를 모두 부담하는 보험계약으로서 다음 각 목의 어느 하나에 해당하는 보장성 상품만 해당한다).

가. 보장기간이 1년 초과 3년 이하인 보장성 상품으로서 다음의 어느 하나에 해당하는 보장성 상품('자동차손해배상 보장법'에 따른 책임보험은 제외한다)

1) 월보험료가 5만원 이하인 계약

2) 연간보험료가 60만원 이하인 계약

나. 여행 중 발생 가능한 위험을 보장하는 보장성 상품

다. 보장기간이 1년 이하인 계약

3. 보험안내자료의 작성

(1) 작성 주체

보험업법 95조는 보험안내자료의 작성 주체에 대한 언급이 없다. 보험안내자료는 보험모집을 위한 자료이므로 보험회사 또는 모집종사자가 작성 주체라고 해석할 수 있다. 감독규정 4-35조 1항도 보험회사 또는 모집종사자가 보험안내자료의 작성 주체임을 전제로 보험안내자료의 관리에 대해 규정하고 있다.

(2) 기재 방법

(1) 보험안내자료는 일정한 사항을 명백하고 알기 쉽게 적어야 한다(법95①).

(2) 보험안내자료는 보험계약자의 이해를 돕기 위한 자료이고 따라서 '명백성'과 '용이성'을 요구하는 것이다. 명백성과 용이성은 평균적인 보험계약자를 기준으로 판단한다.

(3) 기재 내용

1) 필수적 기재사항

(1) 보험안내자료에는 다음 각 호의 사항을 필수적으로 기재해야 한다(법95①).

1. 보험회사의 상호나 명칭 또는 보험설계사·보험대리점 또는 보험중개사의 이름·상호나 명칭
2. 보험계약에 따른 권리·의무에 관한 주요 사항[206]
3. 보험약관으로 정하는 보장에 관한 사항[207]

3의2. 보험금 지급제한 조건에 관한 사항

4. 해약환급금에 관한 사항
5. 예금자보호법에 따른 예금자보호와 관련된 사항
6. 그 밖에 보험계약자를 보호하기 위하여 대통령령으로 정하는 사항

(2) 위 (1)의 6호에서 보험계약자를 보호하기 위하여 대통령령으로 정하는 사항이란 다음 각 호의 사항을 말한다(시행령42③).

1. 보험금이 금리에 연동되는 보험상품의 경우 적용금리 및 보험금 변동에 관한 사항
2. 보험금 지급제한 조건의 예시
3. 보험안내자료의 제작자·제작일, 보험안내자료에 대한 보험회사의 심사 또는 관리번호
4. 보험 상담 및 분쟁의 해결에 관한 사항

---

206) 보험업법 95조 1항 2호에 따른 보험 가입에 따른 권리·의무에 관한 사항에는 보험업법 108조 1항 3호에 따른 변액보험계약의 경우 다음 각 호의 사항이 포함된다(시행령42①).
  1. 변액보험자산의 운용성과에 따라 납입한 보험료의 원금에 손실이 발생할 수 있으며 그 손실은 보험계약자에게 귀속된다는 사실
  2. 최저로 보장되는 보험금이 설정되어 있는 경우에는 그 내용

207) 여기서 보장은 보험금지급사유를 가리킨다.

(3) 보험회사는 보험안내자료를 작성함에 있어 다음 각 호의 사항을 명료하고 알기 쉽게 기재해야 한다(감독규정4-34①).

1. 보험업법 95조 1항 각 호에서 정하는 사항
2. 보험업법시행령 42조 3항 각 호에서 정하는 사항
3. 변액보험(퇴직연금실적배당보험 포함)계약의 경우 보험업법시행령 42조 1항 각 호에서 정하는 사항[208]
4. 화재보험계약의 경우 보험료와 보험가입금액 감액청구 방법·절차 및 재조달가액담보특별약관의 내용, 보험가입금액 및 보험가액에 따라 보험금이 다르게 결정된다는 내용
5. 그 밖에 금융감독원장이 보험계약자 등의 보호를 위하여 필요하다고 인정하는 내용

2) 임의적 기재사항

(1) 보험안내자료에 보험회사의 자산과 부채에 관한 사항을 적는 경우에는 재무제표 등에 관한 보험업법 118조에 따라 금융위원회에 제출한 서류에 적힌 사항과 다른 내용의 것을 적지 못한다(법95②).

(2) 보험회사의 자산과 부채에 관한 사항은 반드시 기재해야 하는 사항은 아니지만 만약 이를 기재하는 경우 보험업법 118조에 따라 금융위원회에 제출한 재무제표 등과의 일관성을 유지하게 하려는 것이 위 (1)의 취지이다.

3) 금지적 기재사항

i) 의의

(1) 금지적 기재사항은 보험안내자료에 기재해서는 안 되는 사항을 말한다.

(2) 우선, 보험안내자료에는 보험회사의 장래의 이익 배당 또는 잉여금 분배에 대한 예상에 관한 사항을 적지 못하고, 다만 보험계약자의 이해를 돕기 위하여 금융위원회가 필요하다고 인정하여 정하는 경우에는 그렇지 않다(법95③).

(3) 다음, 보험안내자료에는 다음 각 호의 사항을 적어서는 안 된다(시행령42②).

1. 독점규제법 45조에 따른 사항
2. 보험계약의 내용과 다른 사항
3. 보험계약자에게 유리한 내용만을 골라 안내하거나 다른 보험회사 상품과 비교한 사항
4. 확정되지 않은 사항이나 사실에 근거하지 않은 사항을 기초로 다른 보험회사 상품에 비하여 유리하게 비교한 사항

(4) 다음, 보험회사는 보험안내자료를 작성함에 있어 다음 각 호의 사항 등 정보취득자의 오해를 유발할 수 있는 사항을 기재해서는 안 된다(감독규정4-34②).

1. 보험업법시행령 42조 2항 각 호에서 정하는 사항

208) 보험업법시행령 42조 1항 각 호에 정하는 사항은 위 각주 206)을 참조.

2. 특정 보험계약자에게만 혜택을 준다는 내용
3. 그 밖에 금융감독원장이 보험계약자등의 보호를 위하여 필요하다고 인정하는 내용

(5) 위 (1)~(4)와 같이 보험업법 95조 3항, 동법시행령 42조 2항, 감독규정 4-34조 2항이 금지적 기재사항에 대해서 규정한다. 그런데 보험업법 95조 3항은 금지적 기재사항에 대해 하위법령에 위임을 하지 않아서 동법시행령 42조 2항 및 감독규정 4-34조 2항이 법적 근거가 있다고 보기 어렵다. 입법적 정비가 필요하다.

(6) 위 (1)~(4)의 금지적 기재사항에 관한 구체적 내용은 다음 ii)~vii)과 같다.

ii) 이익배당 등

① 원칙

(1) 보험안내자료에는 보험회사의 장래의 이익 배당 또는 잉여금 분배에 대한 예상에 관한 사항을 적지 못한다(법95③본).

(2) 위 (1)에서 이익배당은 주식회사인 보험회사의 경영결과에 따라 이익이 생기면 이를 일정한 기준에 따라 보험계약자에게 배당하기로 약정한 경우에 이에 따라 배당하는 것이고 이를 '계약자배당'이라고 하며, 이익배당을 약정한 보험계약을 '유배당보험계약'이라고 한다. 또한, 위 (1)의 잉여금분배는 상호회사인 보험회사인 경우 그 경영결과에 따라 잉여금이 생기면 그 사원에게 분배하는 것을 가리킨다(법34(7),63). 잉여금분배도 사원인 보험계약자에게 하는 것이므로 넓은 의미에서 보험계약자에 대한 이익배당에 포함시킬 수 있지만, 엄격하게 보면 이익배당과 잉여금분배는 구분되는 것이다. 감독규정 4-34조 3항은 이익배당 또는 잉여금분배 대신에 '계약자배당'이라고 표현하는데, 이는 이익배당을 의미한다고 해석된다. 이는 현재 우리나라에 상호회사인 보험회사가 존재하지 않는다는 점을 고려한 표현이라고 사료되며, 이하에서는 편의상 이익배당 또는 잉여금분배 대신에 계약자배당이라고 부르기로 한다.

(3) 위 (1)이 계약자배당을 확정적으로 기재하는 것을 허용하지 않는 점은 자명하다. 왜냐하면 계약자배당은 장래의 경영상황 등을 포함한 불확실한 조건에 따라 발생 여부, 그 금액이 달라지기 때문이다. 이보다는 보험업법 95조 3항 본문이 계약자배당에 대한 예상을 기재하는 것도 금지한다는 점에 의의가 있다. 계약자배당에 대해 단지 예상을 기재하는 경우라고 하더라도 이것이 객관적인 근거에 기초하지 않은 경우에는, 계약자배당에 관한 객관적이지 않은 기대를 유발하여 보험계약자로 하여금 이에 기초하여 보험계약을 잘못 체결하게 할 위험이 있기 때문에 금지한다.

(4) 장래의 계약자배당에 대한 예상이면 그 기재가 직접적인지 여부, 명시적인지 여부와 무관하게 금지된다고 해석한다.

② 예외

(1) 다만, 예외가 있다. 즉 보험계약자의 이해를 돕기 위하여 '금융위원회가 필요하다고 인정하여 정하는 경우'에는 계약자배당 등에 관한 예상을 기재할 수 있다(법95③단).

(2) 위 (1)에서 '금융위원회가 필요하다고 인정하여 정하는 경우'란 계약자배당이 있는 연금보험을 말하며, 직전 5개년도 실적을 근거로 장래의 계약자배당을 예시할 수 있다(감독규정4－34③전). 즉 유배당연금보험계약의 경우에 한하여 직전 5개년도 실적에 근거하여 장래의 계약자배당을 예시하는 것은 가능하다. 이는 비교적 객관적인 근거에 기초한 예시라고 볼 수 있다. 다만, 이것도 확정적인 것은 아니므로 자칫 보험계약자가 잘못된 기대를 갖지 않도록 할 필요가 있다. 따라서 이 경우 장래의 계약자배당금액은 예상금액이므로 실제금액과 차이가 있을 수 있음을 명시해야 한다(감독규정4－34③후).

iii) 독점규제법 45조에 따른 사항

(1) 보험안내자료에는 독점규제법 23조에 따른 사항을 기재해서는 안 된다(시행령42②(1)). 즉 보험안내자료에는 불공정거래행위에 관련된 사항을 기재해서는 안 된다.

(2) 독점규제법 45조에 따르면 사업자는 공정한 거래를 저해할 우려가 있는 행위를 해서는 안 되는데,[209] 가령 보험회사가 경쟁관계에 있는 다른 보험회사를 배제하는 행위를 기재하는 것이 금지된다.

iv) 보험계약의 내용과 다른 사항

(1) 보험안내자료에는 보험계약의 내용과 다른 사항을 기재해서는 안 된다(시행령42②(2)).

(2) 보험안내자료에 보험계약의 내용(가령 보험약관)과 다른 사항을 기재하면 어느 것

---

209) 독점규제법 45조 1항에 따르면, 사업자는 다음 각 호의 어느 하나에 해당하는 행위로서 공정한 거래를 저해할 우려가 있는 행위(불공정거래행위)를 하거나, 계열회사 또는 다른 사업자로 하여금 이를 행하도록 해서는 안 된다.
1. 부당하게 거래를 거절하는 행위
2. 부당하게 거래의 상대방을 차별하여 취급하는 행위
3. 부당하게 경쟁자를 배제하는 행위
4. 부당하게 경쟁자의 고객을 자기와 거래하도록 유인하는 행위
5. 부당하게 경쟁자의 고객을 자기와 거래하도록 강제하는 행위
6. 자기의 거래상의 지위를 부당하게 이용하여 상대방과 거래하는 행위
7. 거래의 상대방의 사업활동을 부당하게 구속하는 조건으로 거래하는 행위
8. 부당하게 다른 사업자의 사업활동을 방해하는 행위
9. 부당하게 다음 각 목의 어느 하나에 해당하는 행위를 통하여 특수관계인 또는 다른 회사를 지원하는 행위
가. 특수관계인 또는 다른 회사에 대하여 가지급금·대여금·인력·부동산·유가증권·상품·용역·무체재산권 등을 제공하거나 상당히 유리한 조건으로 거래하는 행위
나. 다른 사업자와 직접 상품·용역을 거래하면 상당히 유리함에도 불구하고 거래상 실질적인 역할이 없는 특수관계인이나 다른 회사를 매개로 거래하는 행위
10. 그 밖의 행위로서 공정한 거래를 저해할 우려가 있는 행위

이 우선적 효력이 있는지의 사법상 효과 문제가 생긴다. 보험업법시행령 42조 2항 2호는 보험계약의 내용과 다른 사항이 기재되면 과태료 등을 포함한 공법상 효과를 부여하자는 것이다.

v) 공정하지 않은 비교

(1) 보험안내자료에 보험계약자에게 유리한 내용만을 골라서 안내하거나 다른 보험회사 상품과 비교한 사항을 기재해서는 안 된다(시행령42②(3)).

(2) 또한 확정되지 아니한 사항이나 사실에 근거하지 아니한 사항을 기초로 다른 보험회사 상품에 비하여 유리하게 비교한 사항을 보험안내자료에 기재해서는 안 된다(시행령42②(4)).

(3) 위 (1) 또는 (2)의 사항들은 공정하지 않은 비교에 해당하며, 보험계약자로 하여금 이에 기초하여 보험계약을 잘못 체결하게 할 위험이 있기 때문에 금지한다.

vi) 특정 보험계약자에게만 혜택을 준다는 내용

보험안내자료에 특정 보험계약자에게만 혜택을 준다는 내용을 기재해서는 안 된다(감독규정4-34②(2)). 이는 특별이익의 제공금지(법98)를 고려한 규정이다.

vii) 기타

그 밖에 금융감독원장이 보험계약자등의 보호를 위하여 필요하다고 인정하는 금지적 내용을 기재해서는 안 된다(감독규정4-34②(3)).

4) 광고에 준용

(1) 보험회사의 자산 및 부채에 관한 사항과 장래의 이익 배당 또는 잉여금 분배에 대한 예상에 관한 사항을 방송·인터넷 홈페이지 등 그 밖의 방법으로 모집을 위해 불특정 다수인에게 알리는 경우에는 95조 2항 및 3항을 준용한다(법95④).

(2) 광고란 사업자등이 상품 등에 관한 사항을 신문·인터넷신문, 정기간행물, 방송, 전기통신, 그 밖에 대통령령으로 정하는 방법으로 소비자에게 널리 알리거나 제시하는 것을 말한다(표시광고법2(2)).[210]

(3) 모집을 위해 광고를 하는 경우에도 그 내용을 보험회사 또는 모집종사자가 일방적으로 제작하기 때문에 자신에게 유리한 정보, 과장되거나 왜곡된 정보 등이 제공될 위험성이 있으므로 보험안내자료에 관한 규정의 일부를 준용한 것이다.

(4) 모집을 위한 광고에 대해서는 위 (1)의 준용 규정 이외에 주로 보험업법 95조의4가 규율한다. 이에 대해서는 후술한다.

---

210) 표시광고법 2조 2호에 따르면, 광고란 사업자등이 상품 등에 관한 사항을 신문·인터넷신문, 정기간행물, 방송, 전기통신, 그 밖에 대통령령으로 정하는 방법으로 소비자에게 널리 알리거나 제시하는 것을 말한다.

4. 보험안내자료의 관리

(1) 의의

(1) 보험회사는 보험안내자료를 사전적으로 관리할 필요가 있다. 전술한 바와 같이 보험안내자료에는 기재사항에 대한 규제가 있는데, 보험회사가 이를 사전적으로 관리한다면 보험계약자가 입을 수 있는 불측의 손해를 상당 부분 예방할 수 있다.

(2) 보험안내자료의 관리는 감독규정 4-35조가 규정한다. 그런데 전술한 바와 같이 이 규정은 보험업법시행령 42조 4항에 위임을 받은 것인데, 동법시행령 42조 4항이 법적 근거가 없는 상황이다. 입법적 정비가 필요하다.

(2) 관리방법

1) 심사 및 관리번호

(1) 보험회사의 전담부서가 보험안내자료를 심사하고 관리번호를 부여해야 한다. 즉 보험회사는 보험안내자료의 관리를 전담하는 부서를 지정하고 자체 제작한 보험안내자료 및 모집종사자가 제작한 보험안내자료를 심사하여 관리번호를 부여한 후 사용하도록 해야 하며, 보험중개사 이외의 자는 보험회사의 심사를 받지 않은 보험안내자료를 사용할 수 없다(감독규정4-35①). 보험중개사는 보험회사로부터 독립하여 중개하는 자(법2(11))라는 점이 고려되어 제외된 것으로 볼 수 있다.

(2) 보험회사는 보험안내자료를 심사함에 있어 보험계리사 또는 상품계리부서를 참여시켜야 한다(감독규정4-35②).

2) 시정조치

금융감독원장은 보험안내자료가 부적정한 경우에는 해당 보험안내자료의 수정, 폐기, 정정보도 요구 등 적절한 조치를 취할 수 있다(감독규정4-35③).

5. 보험안내자료와 보험약관이 일치하지 않는 경우

(1) 문제 상황

(1) 보험안내자료의 내용과 보험약관의 내용이 다른 다음과 같은 경우가 있다. 이 경우 보험안내자료의 효력이 문제된다.

ⓐ 보험안내자료에 있는 내용이지만 보험약관에는 없는 내용인 경우

ⓑ 보험안내자료와 보험약관 모두에 있는 내용이지만 양자가 일치하지 않는 경우

(2) 보험안내자료의 해당 내용이 보험약관에 해당하는 경우와 그렇지 않은 경우를 나누어 보아야 한다. 실무상 대부분의 보험안내자료는 전자에 해당한다고 사료된다. 이 점에 대해서는 보험안내자료의 법적 성격에서 이미 논의한 바 있다.

(2) 보험안내자료의 내용이 보험약관에 해당하는 경우

1) ⓐ의 경우

ⓐ의 경우 해당 보험안내자료의 내용을 보험계약의 내용으로 한다는 합의가 인정될 수 있다면 이는 보험계약의 내용으로 편입된다.

2) ⓑ의 경우

i) 작성자불이익의 원칙

(1) ⓑ의 경우 작성자불이익의 원칙을 (유추)적용해 볼 수 있다. 이 원칙은 약관의 뜻이 명백하지 않은 경우에 작성자에게 불리하게 고객에게 유리하게 해석해야 한다는 것을 가리킨다(약관규제법5②). 작성자불이익의 원칙은 보험약관의 해석에 관한 원칙이지만, 이 원칙의 취지는 보험안내자료와 보험약관이 충돌하는 경우에도 (유추)적용할 수 있다고 본다.[211] 이에 따르면 보험안내자료의 내용과 보험약관의 내용 중에서 보험계약자에게 유리한 내용이 보험계약의 내용으로 편입된다. 생명보험표준약관 등에서도 이렇게 정하고 있다.[212]

(2) 다만, 작성자불이익의 원칙을 적용하는 경우에도 보험안내자료, 보험약관, 보험청약서, 계약체결의 경위, 계약체결을 전후한 구체적인 제반 사정을 토대로 보험안내자료의 내용과 보험약관의 내용 중에서 어느 것이 진정한 보험계약의 내용을 구성하는지를 밝혀 보는 것이 우선이라고 본다. 만약 그런 과정을 거친 후에도 보험안내자료와 보험약관 중에서 어느 것이 우선하는지가 모호한 경우에 비로소 보험안내자료와 보험약관의 작성자인 보험회사에게 불이익하게 해석하는 것이 타당하다고 본다.

ii) 금반언의 원칙

(1) ⓑ에 대해 금반언의 원칙(the doctrine of estoppel)의 적용도 고려해 볼 수 있다.[213] 이 원칙은 행위자가 진실과 다른 외관을 작출한 경우 이를 신뢰한 상대방에게 외관에 따른 책임을 져야 한다는 영미법상의 법리이다.

(2) 금반언의 원칙은 보험계약자가 보험안내자료의 내용을 신뢰한 경우에만 적용된다는 점에서 작성자불이익의 원칙에 비해서 적용범위가 제한된다는 단점이 있다.

---

211) 장경환(보험업법2) 111면; 정채웅 461면

212) 생명보험표준약관 39조 3항: 보험설계사 등이 모집과정에서 사용한 회사 제작의 보험안내자료(계약의 청약을 권유하기 위해 만든 자료 등을 말합니다) 내용이 이 약관의 내용과 다른 경우에는 계약자에게 유리한 내용으로 계약이 성립된 것으로 봅니다(질병·상해보험 41조 3항, 실손의료보험 43조 3항 등 동일).
자동차보험표준약관 40조 3항: 보험회사가 보험모집과정에서 제작·사용한 보험안내자료(서류·사진·도화 등 모든 안내자료를 포함)의 내용이 보험약관의 내용과 다른 경우에는 보험계약자에게 유리한 내용으로 보험계약이 성립된 것으로 봅니다.

213) 이성남 181면; 장경환(보험업법2) 111면; 정채웅 461면

(3) 보험안내자료의 내용이 보험약관에 해당하지 않는 경우

1) 개별약정

(1) ⓐ와 ⓑ의 경우 해당 보험안내자료의 내용을 보험계약의 내용으로 한다는 합의가 인정될 수 있다면 이는 보험계약의 내용으로 편입된다.

(2) 위 (1)과 같이 보는 이유는 ⓐ와 ⓑ의 경우 해당 보험안내자료가 일종의 개별약정에 해당할 수 있기 때문이다. 사업자와 고객이 약관의 내용과 다르게 합의한 개별약정은 약관보다 우선한다(약관규제법4).

2) 보험회사가 작성한 경우

보험회사가 작성한 보험안내자료의 경우 위 1)과 같은 개별약정으로 인정될 여지가 크다.

3) 모집종사자가 작성한 경우

(1) 보험회사의 관여 없이 모집종사자가 임의로 작성한 보험안내자료의 경우는 개별약정으로 인정될 여지가 크지 않다.

(2) 만약 모집종사자가 보험회사로부터 보험약관과 다르게 모집할 권한을 받은 경우라면 그러한 모집행위가 유효한 것이고, 결국 보험약관과 다르게 개별약정이 체결되었다고 하는 데 별다른 문제가 없다. 하지만 우리 실무상 보험약관과 다르게 모집할 권한이 모집종사자에게 주어지는 경우는 매우 드물다.

(3) 그렇다면 모집종사자가 권한 없이 약관과 다른 모집행위를 한 경우 보험회사는 이에 대해 계약책임을 지게 되는가? 원칙적으로는 부정된다. 대신에 불법행위의 문제로 처리해서 보험계약자는 모집종사자에게 손해배상책임(민법750)을 묻거나 보험회사에게 사용자책임(금융소비자법45)을 물을 수 있다. 이 과정에서 보험계약자의 과실 부분에 대해서는 과실상계가 이루어지게 된다. 다만 표현대리의 법리가 (유추)적용될 수 있는 경우라면, 보험회사가 개별약정에 따른 계약책임을 지게 된다(통설).

(4) 먼저, 권한을 넘은 표현대리(민법126)를 적용하는 경우를 보자. 이것이 적용되려면 모집종사자에게 체약대리권이 있어야 하고, 모집종사자가 권한 외의 대리행위를 하더라도 그에게 그러한 권한이 있다고 믿을 만한 정당한 이유가 보험계약자에게 있어야 한다. 만약 보험약관과 다른 모집행위를 한다는 것이 보험계약자에게 표시된 경우라면, 그런 권한이 모집종사자에게 잘 주어지지 않는다는 점을 고려할 때, 보험계약자가 정당한 사유를 입증하기가 쉽지 않을 것이다. 이와 달리 보험약관과 다른 내용으로 모집한다는 것이 보험계약자에게 표시되지 않은 경우에도, 정당한 사유는 신중하게 인정될 필요가 있다. 가령 계약체결 당시에 보험약관이 보험계약자에게 교부되지 않는 등 보험약관과 다른 모집행위라는 사실을 확인하는 것이 보험계약자에게 합리적으로 기대되지 않는 경우로 제한할

필요가 있다.

(5) 다음, 권한을 넘은 표현대리(민법126)를 유추적용하는 경우를 보자. 모집종사자는 체약대리권이 없더라도 보험회사의 사자(使者)로서 보험약관에 관한 설명 권한을 갖는 것이 보통이다. 모집종사자가 그 권한을 넘어서 약관과 다르게 설명하고, 보험계약자가 이를 신뢰하여 계약을 체결한 경우 표현대리를 유추적용하는 것이 필요하다.[214] 이 경우에도 정당한 사유가 신중하게 인정되어야 한다는 점은 위와 같다.

6. 위반 시 효과

보험업법 95조를 위반한 경우 과태료(법209①(2),⑥(17),⑦(5))가 따른다.

제 3 관 설명의무

1. 의의

(1) 개념

보험회사 또는 모집종사자가 일반보험계약자에게 보험계약의 주요내용 등을 설명해야 한다(금융소비자법19①). 설명의무 규정은 2010년 보험업법 개정 시에 신설되었다. 2021.3.25. 금융소비자법이 시행되면서 계약체결 권유시 중요사항 설명의무 및 확인의무(법95의2①②)는 금융소비자법 19조로 이관되고, 보험계약의 체결시부터 보험금 지급시까지 주요 과정 설명의무와 보험금 지급 요청시 지급절차 및 지급내역 등 설명의무는 보험계약에 특유한 규정으로서 보험업법 95조의2 3항과 4항에 유지되고 있다.

(2) 고객보호의무

(1) 보험업법 95조의2 1항에 따른 설명의무는 보험회사·모집종사자의 고객보호 의무에 기초한다. 보험회사·모집종사자와 보험계약자 사이는 보험에 관한 전문성 등의 차이로 인한 정보비대칭이 존재한다. 보험회사·모집종사자는 고객보호의 차원에서 이러한 정보비대칭을 해소하는 목적으로 설명의무를 부담한다. 설명의무가 이행되면 고객은 그 정보를 바탕으로 보험계약 체결여부 및 그 조건을 합리적으로 판단할 수 있게 된다.

(2) 위 (1)과 같은 고객보호의무와 이에 따른 설명의무는 신의칙상 주의의무에 근거한다. 판례도 같다. 대판 2013.6.13. 2010다34159에서, 보험회사 또는 모집종사자는 고객과 사이에 보험계약을 체결하거나 모집함에 있어서 보험료의 납입, 보험금·해약환급금의 지급사유와 그 금액의 산출 기준, 변액보험계약인 경우 그 투자형태 및 구조 등 개별 보

214) 山下友信, 保險法, 2005, 116－117면. 이와 달리 모집종사자에게 체약대리권이 없다면 개별약정이 성립될 수 없다는 견해로는, 정호열, "약관과 다른 보험모집인의 설명과 보험자의 책임", 보험법연구1, 1995, 33면.

험상품의 특성과 위험성을 알 수 있는 보험계약의 중요사항을 명확히 설명함으로써 고객이 그 정보를 바탕으로 보험계약 체결 여부를 합리적으로 판단할 수 있도록 고객을 보호하여야 할 의무가 있고, 이러한 의무를 위반하면 민법 750조 또는 구 보험업법 102조 1항에 따라서 이로 인하여 발생한 고객의 손해를 배상할 책임을 부담한다고 판시했다. 대판 2014.10.27. 2012다22242도 같은 취지이다.

(3) 입법화의 실익

보험업법 95조의2, 금융소비자법 19조는 위 (2)와 같은 고객보호 의무에 기초한 설명의무를 입법화한 것이다. 보험업법 등에 설명의무를 입법화한 실익은 첫째, 보험회사·모집종사자가 부담하는 설명의무의 존재를 분명하게 확인하고, 둘째, 그 위반 시에 공법적 효과, 즉 과징금(법196②, 금융소비자법57①(1)) 또는 과태료(법209⑥(18),⑦(6)·(7), 금융소비자법69①(2))를 부과하는 데 있다. 한편 자본시장법은 설명의무 위반 시에 손해액의 추정 등에 관한 특칙을 두고 있는데,[215] 구 보험업법 및 금융소비자법은 이러한 규정을 두고 있지 않다. 물론 이러한 특칙이 없다고 해도, 손해배상책임을 인정하는 데는 문제가 없다.

2. 관련 규정

(1) 금융소비자법 19조는 보험계약 체결 권유시의 설명의무에 대해 다음과 같이 규정한다.

① 금융상품판매업자등은 일반금융소비자에게 계약 체결을 권유(금융상품자문업자가 자문에 응하는 것을 포함한다)하는 경우 및 일반금융소비자가 설명을 요청하는 경우에는 다음 각 호의 금융상품에 관한 중요한 사항(일반금융소비자가 특정 사항에 대한 설명만을 원하는 경우 해당 사항으로 한정한다)을 일반금융소비자가 이해할 수 있도록 설명하여야 한다.

1. 다음 각 목의 구분에 따른 사항
   가. 보장성 상품
   1) 보장성 상품의 내용
   2) 보험료(공제료 포함)
   3) 보험금(공제금 포함) 지급제한 사유 및 지급절차
   4) 위험보장의 범위
   5) 그 밖에 위험보장 기간 등 보장성 상품에 관한 중요한 사항으로서 대통령령으로 정하는

---

215) 자본시장법에는 설명의무 위반에 따른 손해배상책임에 관한 특칙이 있다. 자본시장법 48조의 내용은 다음과 같다.
① 금융투자업자는 금융소비자법 19조 1항 또는 3항을 위반한 경우 이로 인하여 발생한 일반투자자의 손해를 배상할 책임이 있다.
② 금융투자상품의 취득으로 인하여 일반투자자가 지급하였거나 지급하여야 할 금전등의 총액에서 그 금융투자상품의 처분, 그 밖의 방법으로 그 일반투자자가 회수하였거나 회수할 수 있는 금전등의 총액을 뺀 금액은 1항에 따른 손해액으로 추정한다.

사항

② 금융상품판매업자등은 제1항에 따른 설명에 필요한 설명서를 일반금융소비자에게 제공하여야 하며, 설명한 내용을 일반금융소비자가 이해하였음을 서명, 기명날인, 녹취 또는 그 밖에 대통령령으로 정하는 방법으로 확인을 받아야 한다. 다만, 금융소비자 보호 및 건전한 거래질서를 해칠 우려가 없는 경우로서 대통령령으로 정하는 경우에는 설명서를 제공하지 아니할 수 있다.

③ 금융상품판매업자등은 제1항에 따른 설명을 할 때 일반금융소비자의 합리적인 판단 또는 금융상품의 가치에 중대한 영향을 미칠 수 있는 사항으로서 대통령령으로 정하는 사항을 거짓으로 또는 왜곡(불확실한 사항에 대하여 단정적 판단을 제공하거나 확실하다고 오인하게 할 소지가 있는 내용을 알리는 행위를 말한다)하여 설명하거나 대통령령으로 정하는 중요한 사항을 빠뜨려서는 아니 된다.

④ 제2항에 따른 설명서의 내용 및 제공 방법·절차에 관한 세부내용은 대통령령으로 정한다.

(2) 위 (1)에 따라 금융소비자법시행령 13조가 설명의무를 규정하고 세부적 사항을 금융위원회 고시에 위임하였다. 이에 따라 감독규정 12조가 설명의무의 세부사항을 정하고 있다. 구 보험업법과 금융소비자법의 계약체결 권유 시 중요사항 설명의무 내용을 비교하면 아래와 같다.

구분	보험업법	금융소비자법
주체	보험회사와 모집종사자(보험회사 임직원, 보험설계사, 보험대리점, 보험중개사)	금융상품판매업자등(보험회사, 보험설계사, 보험대리점, 보험중개사, 대출모집인, 금융상품자문업자등), 보험회사 임직원(보험업법 101조의2 1항으로 금융소비자법 준용)
상대방	일반보험계약자	일반금융소비자
시점	보험계약 체결 권유 시	금융상품 계약 체결 권유 시 및 설명 요청을 받은 경우
적용대상	보험계약의 중요 사항	금융상품(보장성상품, 대출성상품 등) 및 각 금융상품과 연계·제휴된 서비스의 중요 사항
확인방법	(원칙) 상품설명서에 의한 확인 (예외) 전화이용모집, 통합청약서 사용 시	(원칙) 설명서 제공 및 확인 (예외) 동일 조건하의 계약 갱신, 기본 계약에 따른 계속·반복적 거래, 해상보험 및 자동차보험 등의 동일 계약의 반복적 체결, 여행자보험 및 단체보험, 전화이용모집, 통합청약서 사용 시 등
이행간주	동일 조건 하의 보험계약 갱신, 기본 계약에 따른 계속 체결되는 보험계약, 동일 계약의 반복적 체결	이행간주 조항 없음

	(해상·자동차보험), 특정인이 일괄 가입하는 일정한 보험계약(여행자보험 또는 단체보험)	

(3) 보험업법 95조의2가 설명의무에 대해 다음 각 항과 같이 규정한다.

① 삭제

② 삭제

③ 보험회사는 보험계약의 체결 시부터 보험금 지급 시까지의 주요 과정을 대통령령으로 정하는 바에 따라 일반보험계약자에게 설명하여야 한다. 다만, 일반보험계약자가 설명을 거부하는 경우에는 그러하지 아니하다.

④ 보험회사는 일반보험계약자가 보험금 지급을 요청한 경우에는 대통령령으로 정하는 바에 따라 보험금의 지급절차 및 지급내역 등을 설명하여야 하며, 보험금을 감액하여 지급하거나 지급하지 아니하는 경우에는 그 사유를 설명하여야 한다.

(4) 위 (3)에 따라 보험업법시행령 42조의2가 설명의무를 규정하고 세부적 사항을 금융위원회 고시에 위임하였다. 이에 따라 감독규정 4-35조의2가 설명의무의 세부사항을 정하고 있고, 그 위임에 따라 감독시행세칙 2-34조의2도 규정하고 있다.

3. 설명의무의 내용

(1) 설명의 주체

1) 구분

설명의무의 주체는 설명대상별로 차이가 있다. 즉 후술하는 것처럼 설명의 대상은 보험계약의 중요사항(금융소비자법19①), 계약체결 시부터 보험금지급 시까지 주요과정(법95의2③), 보험금 지급을 요청한 경우 보험금의 지급내역 등(법95의2④) 등이 있는데, 각각 설명의무의 주체가 다르다.

2) 보험계약의 중요사항

보험계약의 중요사항에 대한 설명의무의 주체는 금융상품판매업자등이며 보험회사는 금융상품판매업자, 모집종사자는 금융상품판매대리·중개업자로서 설명 및 확인의무를 부담한다(금융소비자법19①). 금융소비자법은 보험회사의 임직원을 수범자로 하지 않지만, 보험업법에 준용규정을 두어 보험회사의 임직원에게도 금융소비자법상 설명의무를 적용한다(법101조의2). 보험계약의 중요사항은 보험계약의 체결 또는 모집과 관련되므로 이들을 설명의무의 주체로 한 것이다.

3) 계약체결 시부터 보험금지급 시까지의 주요 과정

(1) 계약체결 시부터 보험금지급 시까지의 주요과정에 대한 설명의무의 주체는 보험

회사이다(법95의2③). 보험계약체결의 주체는 보험회사라는 점을 고려한 규정이다.

(2) 모집종사자가 설명의무의 주체는 아니더라도 위 (1)에 대한 설명을 행하는 경우가 있을 수 있는데, 이는 설명의무의 주체로서가 아니라 보험회사의 사자(使者)로서 설명을 하는 것이며, 설명의무 위반에 따른 공법적 효과 등은 원칙적으로 보험회사에게 귀속된다. 입법론으로는, 보험계약의 체결 단계에 대한 설명의무의 주체에는 보험계약체결을 대리하는 모집종사자도 포함시키는 방안을 고려해 볼 수 있다.

4) 보험금 지급을 요청한 경우 보험금의 지급내역 등

일반보험계약자가 보험금 지급을 요청한 경우 지급내역 등에 대한 설명의무의 주체는 보험회사이다(법95의2④).

(2) 설명의 상대방

1) 일반금융소비자 및 일반보험계약자

설명의무는 일반금융소비자 내지 일반보험계약자를 상대로 이행되어야 한다(금융소비자법19①, 법95의2①). 일반금융소비자는 전문금융소비자가 아닌 금융소비자를 말하고(금융소비자법2⑽) 일반보험계약자는 전문보험계약자가 아닌 보험계약자를 말한다(법2⒇).

2) 전문금융소비자 및 전문보험계약자

i) 원칙

(1) 금융소비자법 19조 1항 및 보험업법 95조의2 1항의 반대해석에 의하면 전문금융소비자 내지 전문보험계약자는 설명의 상대방이 아니다. 즉 금융소비자법과 보험업법상 설명의무는 전문성 등을 갖춘 전문금융소비자 및 전문보험계약자에게 원칙적으로 그 적용을 배제한다. 전문금융소비자란 전문성 또는 소유자산규모 등에 비추어 금융상품 계약에 따른 위험감수능력이 있는 금융소비자로서 국가, 한국은행, 일정한 금융회사, 주권상장법인 등을 말한다(금융소비자법2⑼본). 전문보험계약자란 보험계약에 관한 전문성, 자산규모 등에 비추어 보험계약의 내용을 이해하고 이행할 능력이 있는 자로서 국가, 한국은행, 일정한 금융기관, 주권상장법인 등을 말한다(법2⒆본).

(2) 전문금융소비자의 구체적 종류는 다음과 같은데, 아래 1부터 3까지는 금융소비자법 2조 9호, 4부터 16까지는 금융소비자법시행령 2조 8항, 10항, 23부터 40까지는 금융소비자감독규정 2조 6항이 규정하고 있다.

1. 국가 2. 한국은행 3. 주권상장법인 4. 금융회사 5. 보험업법에 따른 보험요율 산출기관 6. 보험업법에 따른 보험 관계 단체 7. 보장성 상품을 취급하는 금융상품판매대리·중개업자 8. 공공기관 9. 금융지주회사 10. 한국수출입은행 11. 한국투자공사 12. 신용협동조합중앙회(공제사업 부문) 13. 온라인투자연계금융업자 14. 집합투자업자, 증권금융회 15. 국가재정법 [별표 2]에 따른 법률에 따라 설치된 기금을 관리·운용하는 공공기관 16. 개별 법률에 따라 공제사

업을 영위하는 법인·조합·단체 17. 감독규정 7－49조 2호 각 목의 요건을 충족하는 단체보험계약을 체결하고자 하는 자 18. 기업성 보험계약을 체결하고자 하는 자 19. 퇴직연금계약을 체결하고자 하는 자, 20. 공공기관, 지방공기업, 21. 특별법에 따라 설립된 기관, 22. 5인이상을 고용하는 단체로서 단체보험을 체결하려는 자 23. 금융감독원 24. 기술보증기금 25. 농업협동조합중앙회, 산림조합중앙회, 새마을금고중앙회, 수산업협동조합중앙회 26. 대부업자 27. 신용보증기금 28. 자본시장법에 따른 거래소 29. 자본시장법에 따른 집합투자기구 30. 지방자치단체 31. 한국금융투자협회 32. 생명보험협회 33. 손해보험협회 34. 상호저축은행중앙회 35. 여신전문금융업협회 36. 주권을 외국 증권시장에 상장한 법인 37. 외국 정부 38. 국제기구 39. 외국 중앙은행 40. 4~6, 17~39에 해당하거나 이에 준하는 외국인

(3) 전문보험계약자의 구체적 종류는 다음과 같은데, 아래 1부터 3까지는 보험업법 2조 19호, 4부터 37까지는 보험업법시행령 6조의2 2항 및 3항, 38부터 43까지는 감독규정 1－4조의2가 규정하고 있다.

1. 국가 2. 한국은행 3. 주권상장법인 4. 보험회사 5. 금융지주회사 6. 농업협동조합중앙회 7. 산림조합중앙회 8. 상호저축은행 및 그 중앙회 9. 새마을금고연합회 10. 수산업협동조합중앙회 11. 신용협동조합중앙회 12. 여신전문금융회사 13. 은행 14. 금융투자업자(겸영금융투자업자는 제외), 증권금융회사, 종합금융회사 및 자금중개회사 15. 중소기업은행 16. 한국산업은행 17. 한국수출입은행 18. 위 4에서 17까지의 기관에 준하는 외국금융기관 19. 지방자치단체 20. 보험업법 83조에 따라 모집을 할 수 있는 자 21. 보험업법 175조에 따른 보험협회, 보험업법 176조에 따른 보험요율산출기관 및 보험업법 178조에 따른 보험 관계 단체 22. 한국자산관리공사 23. 금융감독원 24. 예금보험공사법에 따른 예금보험공사 및 정리금융회사 25. 자본시장법에 따른 한국예탁결제원 및 동법 373조의2에 따라 허가를 받은 거래소 26. 자본시장법에 따른 집합투자기구(금융위원회가 정하여 고시하는 집합투자기구는 제외) 27. 한국주택금융공사 28. 한국투자공사 29. 기술보증기금 30. 신용보증기금 31. 법률에 따라 공제사업을 하는 법인 32. 법률에 따라 설립된 기금(기술보증기금과 신용보증기금은 제외) 및 그 기금을 관리·운용하는 법인 33. 해외 증권시장에 상장된 주권을 발행한 국내법인 34. 외국 정부 35. 조약에 따라 설립된 국제기구 36. 외국 중앙은행 37. 위 19에서 32까지의 자 및 아래 38에서 40까지의 자에 준하는 외국인 38. 감독규정 7－49조 2호 각 목의 요건을 충족하는 단체보험계약을 체결하고자 하는 자 39. 기업성 보험계약을 체결하고자 하는 자 40. 퇴직연금계약을 체결하고자 하는 자, 41. 공공기관, 지방공기업, 42. 특별법에 따라 설립된 기관, 43. 5인 이상을 고용하는 단체로서 단체보험을 체결하려는 자

ii) 예외

(1) 금융소비자법 및 보험업법상 설명의무는 전문성 등을 갖춘 전문금융소비자 및 전문보험계약자에게도 적용되는 예외가 있다. 즉 전문금융소비자 중 금융소비자법시행령으로 정하는 자가 일반금융소비자와 같은 대우를 받겠다는 의사를 금융상품판매업자등에게 서면으로 통지하는 경우 금융상품판매업자등은 정당한 사유가 없으면 이에 동의해야 하

며, 금융상품판매업자등이 동의한 경우에는 해당 금융소비자는 일반금융소비자로 본다(금융소비자법2⑼단). 전문보험계약자 중 보험업법시행령으로 정하는 자가 일반보험계약자와 같은 대우를 받겠다는 의사를 보험회사에 서면으로 통지하는 경우 보험회사는 정당한 사유가 없으면 이에 동의해야 하며, 보험회사가 동의한 경우에는 해당 보험계약자는 일반보험계약자로 본다(법2⒆단).

⑵ 하지만 주의할 것은 금융소비자법 19조 및 보험업법 95조의2의 설명의무는 전문금융소비자 및 전문보험계약자에게 적용되지 않지만, 그에 대한 신의칙상 주의의무로서의 설명의무까지도 배제되는 것은 아니라는 점이다. 보험회사는 일반적 고객보호의무로서 전문금융소비자 및 전문보험계약자에 대해서도 민법상 신의칙에 기초한 설명의무를 부담하고 이를 위반하면 민법상 손해배상책임(민법750)을 지게 된다.[216] 다만, 전문금융소비자 및 전문보험계약자의 보험가입 경험이나 전문성 등을 고려하여 보호의무의 범위와 정도를 다르게 할 수 있을 것이다.

(3) 설명의 정도

⑴ 금융소비자법 19조 1항은 "일반금융소비자가 이해할 수 있도록 설명하여야 한다"고 규정한다. 이 경우 일반금융소비자는 평균적인 일반금융소비자가 아니라 설명의 상대방인 특정한 일반금융소비자를 가리킨다고 해석한다.[217]

⑵ 대판 2013.6.13. 2010다34159에서, 설명의 정도와 관련하여 고객의 보험가입경험 및 이해능력 등을 종합적으로 고려한다고 하였는데, 이것은 평균적인 고객이 아니라 설명의 상대방인 특정한 고객을 기준으로 삼은 입장이라고 볼 수 있다. 이 판례의 판시내용은 다음과 같다.[218] 즉 "여기서 보험회사 또는 보험모집종사자가 고객에게 보험계약의 중요사항에 관하여 어느 정도의 설명을 하여야 하는지는 보험상품의 특성 및 위험도 수준, 고객의 보험가입경험 및 이해능력 등을 종합하여 판단하여야 하지만, 구 보험업법 97조 1

---

216) 금융투자와 관련하여 대판 2015.2.26. 2014다17220(투자권유단계에서 판매회사의 투자자 보호의무는 투자자가 일반투자자가 아닌 전문투자자라는 이유만으로 배제된다고 볼 수는 없고, 다만 투자신탁재산의 특성과 위험도 수준, 투자자의 투자 경험이나 전문성 등을 고려하여 투자자 보호의무의 범위와 정도를 달리 정할 수 있다)

217) 자본시장법상 금융투자상품에 대한 설명의무가 금융소비자법으로 이관되기 전의 구 자본시장법에 따르면 금융투자상품의 내용 등을 "일반투자자가 이해할 수 있도록" 설명해야 하는데(구 자본시장법47①), 여기의 일반투자자도 설명의 상대방인 특정한 투자자를 가리킨다고 해석했다(김건식 · 정순섭, 자본시장법, 2023, 817면).

218) 자본시장법 제정 이전에 설명의무의 정도에 관한 판례에서도 설명의 상대방의 투자경험과 능력 등을 고려한다고 하였고, 이것은 설명의 상대방인 특정한 투자자의 사정을 고려한다는 의미로 이해할 수 있다. 대판 2006.5.11. 2003다51057(투자신탁회사의 임직원이 고객에게 투자신탁상품의 매입을 권유할 때에는 그 투자에 따르는 위험을 포함하여 당해 투자신탁의 특성과 주요 내용을 설명함으로써 고객이 그 정보를 바탕으로 합리적인 투자판단을 할 수 있도록 고객을 보호하여야 할 주의의무가 있고, 이때 고객에게 어느 정도의 설명을 해야 하는지는 투자 대상인 상품의 특성 및 위험도의 수준, 고객의 투자 경험과 능력 및 기관투자자인지 여부 등을 종합적으로 고려해야 한다)

항, 95조 1항, 구 보험업법시행령(2008.2.29. 대통령령 20653호로 개정되기 전의 것) 42조 등에서 규정하는 보험회사와 보험모집종사자의 의무 내용이 유력한 판단 기준이 된다. 그리고 보험계약의 중요사항은 반드시 보험약관에 규정된 것에 한정된다고 할 수 없으므로, 보험약관만으로 보험계약의 중요사항을 설명하기 어려운 경우에는 보험회사 또는 보험모집종사자는 상품설명서 등 적절한 추가자료를 활용하는 등의 방법을 통하여 개별 보험상품의 특성과 위험성에 관한 보험계약의 중요사항을 고객이 이해할 수 있도록 설명하여야 한다."[219]

(4) 설명 방법

(1) 금융소비자법 19조 2항은 금융상품판매업자등은 계약체결시 중요한 사항의 설명에 필요한 설명서를 일반금융소비자에게 제공하여야 한다고 정하고 있다. 종래 보험업법은 설명의 방법에 대해서는 구두 또는 서면 등 특별히 제한을 두고 있지 않았고, 판례도 설명의무의 이행방법을 제한하고 있지 않으나, 보험계약의 중요한 내용에 대하여 구체적이고 상세한 명시·설명의무를 지고 있다고 본다.[220] 따라서 보험계약의 청약을 유인하는 안내문에 보험약관의 내용이 추상적·개괄적으로 소개되어 있는 경우 그 안내문의 송부만으로는 약관에 대한 설명의무를 다했다고 볼 수 없다고 한다.[221] 금융소비자법은 설명서 제공의무를 신설하였으나 설명서 교부만으로 설명의무 이행이 완료되는 것은 아니며, 서면에 의한 설명은 제한적으로 인정될 수밖에 없을 것이다. 즉 일반적인 경우에는 설명대상이 기술된 서면이 단순히 교부된 것으로는 부족하고, 가령 구두에 의한 설명 과정에서 이해를 돕기 위해 그림, 표 등을 포함한 서면을 활용하는 경우와 같이 설명으로 인정할 만한 특별한 사정이 있는 경우에 허용될 수 있을 것이다.

(2) 다만, 보험계약 체결 단계에서 설명해야 하는 일정 사항에 대해서는 음성통화 등을 포함하여 설명방법을 정하고 있는 경우가 있다(감독시행세칙2-34의2①). 이에 관해서는 계약체결 시부터 보험금지급 시까지 주요과정 등에 대한 설명의무 부분에서 기술한다.

(3) 금융상품판매업자등은 금융소비자법 19조 1항의 설명을 할 때 일반금융소비자의 합리적인 판단 또는 금융상품의 가치에 중대한 영향을 미칠 수 있는 사항으로서 금융소비자법 19조 1항에서 정하는 사항을 거짓으로 또는 왜곡(불확실한 사항에 대하여 단정적 판단을 제공하거나 확실하다고 오인하게 할 소지가 있는 내용을 알리는 행위를 말한다)하여 설명하거나 빠뜨려서는 아니 된다(금융소비자법19③).

219) 대판 2018.4.12. 2017다229536도 같다.
220) 대판 2005.12.9. 2004다26164, 대판 2004.4.27. 2003다7302 등
221) 대판 1997.9.26. 97다4494, 대판 2014.10.27. 2012다22242

(5) 설명 대상 및 시기

1) 구분

설명의무는 여러 단계에서 준수될 필요가 있는데, 각 단계마다 설명의 대상이 다르다. 설명의 대상은 보험계약의 중요사항(금융소비자법19①), 계약체결 후 보험금지급까지 주요과정(법95의2③), 보험금 지급을 요청한 경우 보험금의 지급내역 등(법95의2④) 등이 있는데, 이를 구분하여 살펴보자. 또한 설명 대상별로 설명시기가 다르므로 설명 대상별로 설명 시기를 살펴본다.

2) 보험계약의 중요사항

i) 의의

보험계약의 중요사항을 설명해야 한다. 즉 보장성 상품의 내용, 보험료(공제료 포함), 보험금(공제금 포함) 미급제한 사유 및 절차, 위험보장의 범위, 그 밖에 위험보장 기간 등 보장성 상품에 관한 중요한 사항을 이해할 수 있도록 설명해야 한다(금융소비자법19①). 금융소비자법상 보장성상품에 관한 중요 사항은 보험업법상 보험계약의 중요 사항과 거의 일치하나, '만기환급금 및 산출근거', '수익자 지정 가능 여부 및 지정방법' 등이 새로 추가되었으며, 보험업법상 설명사항이었던 '보험설계사 등의 모집에 관한 경력, 징계이력 및 불완전판매 비율 등 정보 조회'에 관한 사항은 설명의무가 아닌 금융상품판매대리업자의 고지의무로 변경되었다.

① 설명의 대상

설명의 대상인 중요한 사항이란 보험계약의 체결 여부 또는 그 조건에 영향을 미치는 사항이라고 볼 수 있다. 보험계약의 중요사항은 반드시 보험약관에 규정된 것에 한정되지 않는다. 보험약관만으로 보험계약의 중요사항을 설명하기 어려운 경우에는 보험회사 또는 모집종사자가 상품설명서 등 적절한 추가자료를 활용해야 한다.[222] 판례는 보험의 내용이나 위험성, 투자수익률에 따른 해약환급금의 변동, 특히 해약환급금이 납입보험료 원금 상당액에 이르려면 상당한 기간이 소요된다는 점 등을 중요사항으로 보았다.[223]

② 설명의 시기

보험계약의 중요사항에 대한 설명 시기는 "보험계약의 체결을 권유"할 때와 "일반금융소비자가 설명을 요청하는 경우"이다(금융소비자법19①).

ii) 설명 대상의 구체적 종류

(1) 금융소비자법 19조 1항 1호 가목이 정하는 보장성 상품에 대한 중요한 사항은 다음 각호의 사항을 말한다.

---

222) 대판 2013.6.13. 2010다34159; 대판 2014.10.27. 2012다22242

223) 대판 2013.6.13. 2010다34159

1. 보장성 상품의 내용
2. 보험료(공제료 포함)
3. 보험금(공제금 포함) 미급제한 사유 및 절차
4. 위험보장의 범위
5. 그 밖에 위험보장 기간 등 보장성 상품에 관한 중요한 사항으로서 대통령령으로 정하는 사항

(2) 위 (1)의 5에서 그 밖에 위험보장 기간 등 보장성 상품에 관한 중요한 사항으로서 대통령령으로 정하는 사항은 다음 각 호의 사항을 말한다(금융소비자법시행령13①).

1. 위험보장 기간
2. 계약의 해지·해제
3. 보험료의 감액 청구
4. 보험금 또는 해약환급금의 손실 발생 가능성
5. 그 밖에 제1호부터 제4호까지의 사항에 준하는 것으로서 금융위원회가 정하여 고시하는 사항

(3) 위 (2)의 5호에서 금융위원회가 정하여 고시하는 사항은 다음 각 호의 사항을 말한다(금융소비자감독규정12①, [별표3]1).

1. 주된 위험보장사항·부수적인 위험보장사항 및 각각의 보험료·보험금
2. 보험료 납입기간
3. 해약을 하거나 만기에 이른 경우에 각각 금융소비자에 돌려주어야 하는 금액(환급금) 및 산출근거. 이 경우 그 금액이 이미 납부한 보험료보다 적거나 없을 수 있다는 사실을 함께 설명해야 한다.
4. 일반금융소비자 또는 피보험자가 상법 651조에 따른 고지의무 및 같은 법 652조에 따른 통지의무를 각각 위반한 경우에 금융상품직접판매업자가 계약을 해지할 수 있다는 사실
5. 보험금(공제금 포함)을 지급받는 자를 일반금융소비자가 지정할 수 있는지 여부(보험금을 지급받는 자를 지정할 수 있는 경우에는 지정방법을 포함한다)
6. 다음의 구분에 따른 사항
   1) 금융소비자법시행령 11조 1항 1호 각 목의 금융상품
      가) 만기에 일정한 금액 이상을 제공한다는 사실을 보장하는 계약인 경우에도 일반금융소비자가 중도에 해지를 하는 경우에 그 금액을 제공하지 못할 수 있다는 사실
      나) 금융상품의 구조 및 자산운용 방식
   2) 보험업법시행령 30조 1항에 따른 간단손해보험대리점이 취급하는 보장성 상품: 판매·제공 또는 중개하는 재화 또는 용역의 매매와 별도로 일반금융소비자가 보장성 상품에 관한 계약을 체결 또는 취소할 수 있거나 그 계약의 피보험자가 될 수 있는 권리가 보장된다는 사실
   3) 피보험자가 생존 시 금융상품직접판매업자가 지급하는 보험금의 합계액이 일반금융소비자가 이미 납입한 보험료(공제료 포함)를 초과하는 보장성 상품: 다음의 사항
      가) 일반금융소비자가 적용받을 수 있는 이자율(적용이율) 및 산출기준

나) 보험료 중 사업비(계약을 체결·관리하는데 사용된 금액) 등을 뺀 일부 금액만 특별계정에서 운영되거나 적용이율이 적용된다는 사실 및 그 사업비 금액(적용이율이 고정되지 않는 계약에 한정)

4) 65세 이상을 보장하는 실손의료보험 및 이에 준하는 공제: 65세 시점의 예상보험료 및 보험료의 지속납입에 관한 사항

5) 해약환급금(금융소비자가 계약의 해지를 요구하여 계약이 해지된 경우에 금융상품판매업자가 금융소비자에게 환급해주는 금액)이 지급되지 않는 보장성 상품: 위험보장 내용이 동일하지만 해약환급금이 지급될 수 있는 다른 보장성 상품

6) 일반금융소비자에 배당이 지급되는 보장성 상품: 배당에 관한 사항

7) 계약 종료 이후 금융소비자가 청약에 필요한 사항을 금융상품직접판매업자에 알리지 않고 해당 금융상품에 관한 계약을 다시 체결할 수 있는 보장성 상품: 가입조건 및 보장내용 등의 변경에 관한 사항

7. 그 밖에 보통의 주의력을 가진 일반적인 금융소비자가 오해하기 쉬워 민원이 빈발하는 사항 등 보험금 지급 등 서비스 제공과 관하여 일반금융소비자가 특히 유의해야할 사항

(4) 금융소비자법 19조 1항 2호에서는 보장성 상품 등과 연계되거나 제휴된 금융상품 또는 서비스 등(연계·제휴서비스등)이 있는 경우 다음 각 목의 사항을 설명하도록 정하고 있다.

1. 연계·제휴서비스등의 내용
2. 연계·제휴서비스등의 이행책임에 관한 사항
3. 그 밖에 연계·제휴서비스등의 제공기간 등 연계·제휴서비스등에 관한 중요한 사항으로서 대통령령으로 정하는 사항

위 대통령령으로 정하는 사항은 다음 각호의 사항을 말한다(금융소비자법시행령13⑦).

1. 연계·제휴서비스등의 제공기간
2. 연계·제휴서비스등의 변경·종료에 대한 사전통지

(5) 금융소비자법 19조 1항 3호에서는 금융소비자법 46조에 따른 청약 철회의 기한·행사방법·효과에 관한 사항을 설명하도록 정하고 있다.

(6) 금융소비자법 19조 1항 4호에 따라 그 밖에 금융소비자 보호를 위하여 설명해야 하는 사항으로서 대통령령으로 정하는 사항은 다음 각호의 사항을 말한다(금융소비자법시행령13⑧).

1. 민원처리 및 분쟁조정 절차
2. 예금자보호법 등 다른 법률에 따른 보호 여부(대출성상품은 제외)
3. 그 밖에 일반금융소비자의 의사결정 지원 또는 권익보호를 위해 필요한 것으로서 금융위원회가 정하여 고시하는 사항

위 금융위원회가 정하여 고시하는 사항이란 연계·제휴서비스등을 받을 수 있는 조건을 말한다(금융소비자감독규정12⑥).

3) 계약체결 시부터 보험금지급 시까지 주요과정 등

i) 의의

보험회사는 계약체결 시부터 보험금지급 시까지 주요과정 등을 설명해야 한다.

① 설명의 대상

여기서 설명대상은 두 가지이다.

(1) 계약체결 시부터 보험금지급 시까지 주요과정을 설명해야 한다. 즉 보험회사는 보험계약의 체결 시부터 보험금지급 시까지의 주요 과정에서 중요사항을 대통령령으로 정하는 바에 따라 일반보험계약자에게 설명해야 한다(법95의2③본). 다만, 일반보험계약자가 설명을 거부하는 경우에는 예외이다(법95의2③본).

(2) 보험금 지급을 요청한 경우 보험금의 지급내역 등을 설명해야 한다. 즉 보험회사는 일반보험계약자가 보험금 지급을 요청한 경우에는 대통령령으로 정하는 바에 따라 보험금의 지급절차 및 지급내역 등을 설명해야 하며, 보험금을 감액하여 지급하거나 지급하지 않은 경우에는 그 사유를 설명해야 한다(법95의2④).

(3) 이상에서 위 (1)은 계약체결 단계를 포함해서 보험금지급 단계까지가 설명대상이다. 위 (2)는 보험금 지급사유가 발생해서 보험금을 요청한 경우에 그와 관련된 사항이 설명사항이다. (1)과 (2)는 모두 보험금지급과 관련된 사항이 포함된다는 점에서 구분하기 어려운 부분이 있다. 이러한 점을 고려하여 보험업법시행령 42조의2 3항은 (1)과 (2)를 함께 묶어서 보험계약의 체결 단계, 보험금의 청구 단계, 보험금의 심사·지급 단계의 세 가지 단계로 구분하여 설명대상을 규정하고 있다.

② 설명의 시기

설명할 시기는 위 ①의 세 가지 단계의 시점이라고 해석된다.

(1) 보험업법시행령 42조의2 3항에 1호 사목이 보험계약 체결 단계에서 설명되어야 할 사항과 관련하여 "그 밖에 일반보험계약자가 보험계약 체결 단계에서 설명받아야 하는 사항"이라고 규정하고 있는데 이는 이러한 사항이 보험계약 체결 단계의 시점에 설명되어야 한다는 것을 전제한 것이라고 볼 수 있다. 보다 구체적으로는, 청약 후 금융소비자법 46조 1항 1호에 따라 청약철회가 가능한 기간, 즉 일반금융소비자가 보험증권을 받은 날부터 15일과 청약을 한 날부터 30일 중 먼저 도래하는 기간 이내에 설명해야 한다(감독규정4-35의2⑧(2)).[224)]

224) 감독규정 4-35조의2 8항 2호는 청약 후 보험업법 102조의4 1항에 따라 청약철회가 가능한 기간 이내에 설명할 것이라고 정하고 있으나, 위 보험업법 102조의4의 청약철회기간은 금융소비자법 46조로 이관되었다. 감독규정의 정비가 필요하다.

(2) 보험업법시행령 42조의2 3항에 2호 라목은 "그 밖에 일반보험계약자가 보험금 청구 단계에서 설명받아야 하는 사항"이라고 규정한다.

(3) 보험업법시행령 42조의2 3항에 3호 마목은 "그 밖에 일반보험계약자가 보험금 심사·지급 단계에서 설명받아야 하는 사항"이라고 규정한다.

ii) 설명 대상의 구체적 종류 및 주의사항 등

① 보험계약 체결 단계

(ㄱ) 구체적 종류

(1) 보험계약의 체결 단계에서는 다음 각 목의 사항이 설명대상이다(시행령42의2③(1)).

가. 보험의 모집에 종사하는 자의 성명, 연락처 및 소속
나. 보험의 모집에 종사하는 자가 보험회사를 위하여 보험계약의 체결을 대리할 수 있는지 여부
다. 보험의 모집에 종사하는 자가 보험료나 고지의무사항을 보험회사를 대신하여 수령할 수 있는지 여부
라. 보험계약의 승낙절차
마. 보험계약 승낙거절 시 거절 사유
바. 상법 638조의3 2항에 따라 3개월 이내에 해당 보험계약을 취소할 수 있다는 사실 및 그 취소 절차·방법
사. 그 밖에 일반보험계약자가 보험계약 체결 단계에서 설명받아야 하는 사항으로서 금융위원회가 정하여 고시하는 사항

(2) 보험회사는 보험업법 95조의2 3항 및 동법시행령 42조의2 3항 1호 바목·사목에 따라 보험계약 체결 단계에서 일반보험계약자에게 중요 사항을 설명할 때에는 다음 각 호의 사항을 준수해야 한다(감독규정4-35의2⑧).

1. 다음 각 목의 보험계약에 대하여 설명할 것. 다만, 보험계약자가 법인인 보험계약은 제외한다.
   가. 변액보험계약
   나. 저축성보험계약
   다. 장기보장성보험계약
3. 다음 각 목의 사항을 설명할 것[225]

225) 감독시행세칙 2-34조의2 1항은 다음과 같이 규정한다.
1. 보험회사는 감독규정 4-35조의2 8항 3호에 따른 설명은 다음 각 목의 방법 중 하나로 하여야 하며, 노인복지법 26조에 따른 경로우대자와 체결하는 보험계약에 대하여는 가목 또는 다목에 따른 방법을 사용하여야 한다. 다만, 경로우대자가 협회의 장이 정하는 바에 따라 배우자 또는 직계비속을 조력자로 정하는 경우 나목에 따른 방법을 사용할 수 있다.
   가. 전화 등 음성통화
   나. 컴퓨터, 모바일 단말기 등 전자적 방법
   다. 감독규정 4-36조 3항에 따른 전자적 상품설명장치(다만, 감독규정 4-36조 3항 1호 및 2호의 요건을 적용하지 아니한다.)

가. 보험계약의 청약 시 보험약관을 교부받고 보험계약의 중요 사항을 설명받아야 한다는 사실
나. 보험계약의 청약 시 보험계약자가 청약서에 자필서명을 해야 한다는 사실
다. 보험계약의 청약 시 청약서 부본을 교부받아야 한다는 사실
라. 가목부터 다목까지의 사항이 이행되지 않은 경우 청약일로부터 3개월 이내에 해당 보험계약을 취소할 수 있다는 사실 및 그 취소 절차·방법
마. 저축성보험계약 또는 변액보험계약의 경우 납입보험료 중 사업비 등이 차감된 일부 금액이 특별계정에 투입되어 운용되거나 적용이율로 부리된다는 사실
바. 저축성보험계약(금리확정형보험은 제외)의 경우 다음 각 세목의 사항
 1) 사업비 수준
 2) 해약환급금
사. 변액보험계약의 경우 다음 각 세목의 사항
 1) 투자에 따르는 위험
 2) 예금자보호 대상이 되지 않는다는 사실
아. 만기 시 자동갱신되는 보험계약의 경우 보험료가 인상될 수 있다는 사실
자. 상법 662조에 따른 보험금청구권 등의 소멸시효에 관한 사항
차. 외화보험의 경우 다음 각 세목의 사항
 1) 환율변동에 따라 보험료 및 보험금이 변동될 수 있다는 사실
 2) 해약환급금
카. 그 밖에 가목부터 차목까지에 준하는 사항으로서 금융감독원장이 정하는 사항

(3) 위 (2)의 3호 카목에서 금융감독원장이 정하는 사항은 다음 각 호와 같다(감독시행세칙2−34의2②).

1. 타인의 사망을 보험사고로 하는 보험계약의 경우 상법 731조 1항에 따라 그 타인의 서면에 의한 동의가 필요하다는 사실
2. 장기보장성보험계약인 경우 만기 시 환급금이 원금보다 적거나 없을 수 있다는 사실
3. 실손의료보험계약 및 2−34조의3에서 정하는 기타손해보험계약[226]의 경우 중복보상에 관한

---

2. 1호 나목에 따른 방법은 보험계약자가 보험계약 청약 후 단계 설명의무를 이행하기 전에 동의한 경우에 한하여 적용한다.
3. 1호 다목에 따른 방법은 다음 각 목의 요건을 모두 충족하는 경우에 한하여 적용한다.
 가. 보험계약자가 전자적 상품설명장치를 통한 설명의 중단을 요청할 수 있을 것
 나. 가목에 따라 감독규정 4−35조의2 8항 3호에 따른 설명이 중단된 경우, 보험회사는 1호가목의 방법으로 전환하여 감독규정 4−35조의2 8항 3호에 따른 설명을 시도할 것
4. 보험회사는 보험계약 청약 후 단계의 설명을 당해 보험계약을 체결한 보험대리점 등 모집종사자에게 위탁하지 아니하며, 설명 근거를 기록 관리하여야 한다.
5. 보험회사는 1일당 2회 이상 최소 3영업일간 1호 가목에 의한 통화를 시도하고도 보험계약자가 응대하지 않을 경우, 감독규정 4−35조의2 8항에 따른 설명을 우편 또는 1호 나목의 전자적 방법에 의한 안내로 갈음할 수 있다.

226) 기타손해보험계약은 중복계약체결 확인의무의 대상인 보험계약으로서 실제 부담한 손해액만을 지급하는 보험상품계약을 말한다(시행령42의5①).

사항
4. 건강체 할인 등 보험료 할인에 관한 사항
5. 상품별 특성에 따른 보험계약의 중요 내용으로 보험협회의 장이 정하는 사항

(4) 위 (2)의 3호 라목에서 가목부터 다목까지의 사항이 이행되지 않은 경우란, 보험계약의 청약 시에 보험약관을 교부받지 않거나 보험계약의 중요사항이 설명되지 않은 경우, 보험계약의 청약 시에 보험계약자가 청약서에 자필서명을 하지 않은 경우, 보험계약의 청약 시에 청약서 부본을 교부받지 않은 경우를 의미한다고 해석한다. 가목부터 다목까지의 사항이 이행되지 않은 경우에 청약일로부터 3개월 이내에 해당 보험계약을 취소할 수 있다는 내용은 표준약관에 근거하고 있는 것으로 보인다. 가령 생명보험표준약관 18조 3항이 이에 대해 규정한다.[227] 다만, 이 표준약관이 청약서에 자필서명과 관련하여 이행시기를 보험계약의 체결 시라고 하고 있고 자필서명에 날인, 전자서명, 공인전자서명을 포함하고 있으므로, 위 (2)의 3호 라목을 해석함에 있어서 고려할 필요가 있다.

(ㄴ) 주의사항

(1) 보험회사는 보험업법 95조의2 3항 및 동법시행령 42조의2 3항 1호 바목·사목에 따라 보험계약 체결 단계에서 일반보험계약자에게 중요 사항을 설명할 때에는 다음 각 호의 사항을 준수해야 한다(감독규정4-35의2⑧).

2. 청약 후 금융소비자법 46조 1항 1호[228]에 따라 청약철회가 가능한 기간 이내에 설명할 것
4. 그 밖에 다음 각 목을 준수할 것
   가. 설명하기 전에 보험계약자 본인인지 여부를 확인할 것
   나. 보험계약 중요사항의 설명 확인 항목에 대한 충분한 이해시간을 확보할 것
   다. 기타 금융감독원장이 정하는 방법을 사용하여 설명하는 등 금융감독원장이 정하는 사항을 준수할 것

(2) 위 (1)의 4호 다목에 따라 금융감독원장이 정하는 사항이 감독시행세칙 2-34조의2 1항이며, 이에 대해서는 위 각주 235)에서 기술하였다.

② 보험금 청구 단계

(ㄱ) 구체적 종류

(1) 보험금의 청구 단계에서는 다음 각 목의 사항이 설명대상이다(시행령42의2③(2)).

227) 가령 생명보험표준약관 18조 3항: 회사가 1항에 따라 제공될 약관 및 계약자 보관용 청약서를 청약할 때 계약자에게 전달하지 않거나 약관의 중요한 내용을 설명하지 않은 때 또는 계약을 체결할 때 계약자가 청약서에 자필서명(날인(도장을 찍음) 및 전자서명법 2조 2호에 따른 전자서명 또는 동법 2조 3호에 따른 공인전자서명을 포함합니다)을 하지 않은 때에는 계약자는 계약이 성립한 날부터 3개월 이내에 계약을 취소할 수 있습니다.

228) 감독규정 4-35조의2 8항 2호는 청약 후 보험업법 102조의4 1항에 따라 청약철회가 가능한 기간 이내에 설명할 것이라고 정하고 있으나, 위 보험업법 102조의4의 청약철회기간은 금융소비자법 46조로 이관되었다. 감독규정의 정비가 필요하다.

가. 담당 부서, 연락처 및 보험금 청구에 필요한 서류
나. 보험금 심사 절차, 예상 심사기간 및 예상 지급일
다. 일반보험계약자가 보험사고 조사 및 손해사정에 관하여 설명받아야 하는 사항으로서 금융위원회가 정하여 고시하는 사항
라. 그 밖에 일반보험계약자가 보험금 청구 단계에서 설명받아야 하는 사항으로서 금융위원회가 정하여 고시하는 사항

(2) 위 (1)의 다목의 보험사고 조사 및 손해사정에 관하여 설명받아야 하는 사항으로서 금융위원회가 정하여 고시하는 사항은 다음 각 호의 사항을 말한다(감독규정4-35의2⑨).

1. 해당 보험사고 및 보험금 청구가 보험업법 185조 및 동법시행령 96조의3에 따른 손해사정 대상인지 여부
2. 1호에 따른 손해사정 대상인 경우 보험계약자 등은 보험업법 185조 1항 2호 및 감독규정 9-16조 2항 및 4항에 따라 따로 손해사정사를 선임할 수 있다는 사실 및 감독규정 9-16조 5항에 따른 손해사정 비용 부담에 관한 사항
3. 보험계약자 등이 보험업법 185조 1항 2호에 따라 손해사정사를 선임하려는 경우 보험회사의 동의기준
4. 보험회사가 보험계약자 등의 손해사정사 선임에 동의하지 않는 경우 그 이유 및 근거
5. 보험계약자 등이 따로 손해사정사를 선임하지 않은 경우 보험회사에 소속된 손해사정사 또는 보험회사와 위탁계약이 체결된 손해사정업자가 손해사정을 하게 된다는 사실

(3) 위 (1)의 라목의 그 밖에 일반보험계약자가 보험금 청구 단계에서 설명받아야 하는 사항으로서 금융위원회가 정하여 고시하는 사항이란 다음 각 호의 사항을 말한다(감독규정4-35의2⑩).

1. 보험금 지급심사 현황 결과 문의 및 조회 방법
2. 보험약관에 따른 보험금 지급기한 및 보험금 지급지연 시 지연이자 가산 등 보험회사의 조치사항
3. 그 밖에 1호 및 2호에 준하는 사항으로서 금융감독원장이 정하는 사항

(4) 위 (3)의 3호에서 금융감독원장이 정하는 사항은 다음 각 호와 같다(감독시행세칙2-34의2③).

1. 보험금 청구 접수 완료 여부
2. 보험금 청구서류의 제출방법
3. 보험금 청구서류의 사본 허용 여부 및 그 기준
4. 보험회사가 손해사정 및 사고조사, 보험금 지급심사 등의 업무수행에 필요한 신용정보법, 개인정보법 등에 따른 개인정보의 처리 등에 대한 동의가 필요하다는 사실
5. 보험금 가지급제도에 관한 사항
6. 실손의료보험 및 감독규정 2-34조의3에서 정하는 기타손해보험이 중복가입된 경우에 보험금은 보험계약별로 비례하여 지급된다는 사실

7. 장해보험금 청구 시 약관에 따라 양 당사자 간 합의가 있을 경우 장해상태에 대하여 의료 재심사가 이루어질 수 있으며, 의료 재심사 비용은 보험회사가 부담한다는 사실
8. 보험금 지급심사 결과에 따라 보험금의 지급이 거절될 수 있으며, 이 경우 보험금 지급거절 사유 등을 안내한다는 사실
9. 보험금 지급이 지연될 수 있으며, 이 경우 보험금의 지급 지연 사유를 안내한다는 사실
10. 보험금 청구권의 소멸예정일
11. 타 보험회사에 가입되어 있는 보험계약은 협회를 통하여 확인할 수 있다는 사실
12. 인터넷을 통하여 보험금 지급심사 진행과정 및 결과를 조회할 수 있다는 사실
13. 약관에서 정한 분쟁조정절차 및 피해구제에 관한 사항
14. 독립손해사정사 또는 독립손해사정사에 소속된 손해사정사는 보험금의 대리청구, 보험회사와 보험금에 대하여 합의 또는 절충 등의 불공정한 행위를 할 수 없다는 사실

(ㄴ) 표준모범규준

보험협회의 장은 보험업법시행령 42조의2 3항 2호의 이행에 필요한 사항에 대하여 보험회사가 공통으로 사용할 수 있는 표준모범규준을 제정할 수 있다(감독시행세칙2−34의2 ④).

③ 보험금 심사·지급 단계

보험금 심사·지급 단계에서는 다음 각 목의 사항이 설명대상이다(시행령42의2③(3)).

가. 보험금 지급일 등 지급절차
나. 보험금 지급 내역
다. 보험금 심사 지연 시 지연 사유 및 예상 지급일
라. 보험금을 감액하여 지급하거나 지급하지 않은 경우에는 그 사유
마. 그 밖에 일반보험계약자가 보험금 심사·지급 단계에서 설명받아야 하는 사항으로서 금융위원회가 정하여 고시하는 사항

iii) 통보 방식에 의한 설명의무 이행

(1) 위 ii)의 계약체결 시부터 보험금지급 시까지 주요과정 등에 대한 설명의무는 일정한 요건이 충족되면 통보만으로 설명의무를 대신할 수 있다. 즉 보험계약의 체결 단계(보험계약 승낙 거절 시 거절사유로 한정), 보험금 청구의 단계 또는 보험금의 심사·지급 단계의 경우 일반보험계약자가 계약체결 전에 또는 보험금청구권자가 보험금 청구 단계에서 동의한 경우에 한정하여 서면, 문자메시지, 전자우편 또는 팩스 등으로 중요 사항을 통보하는 것으로 이를 대신할 수 있다(시행령42의2③단).

(2) 일반보험계약자의 동의하에 설명의무 이행을 통보 방식에 의해 간소화한 것이다.

(6) 설명의 확인

1) 의의

금융상품판매업자등은 설명에 필요한 설명서를 일반금융소비자에게 제공하여야 하며,

설명한 내용을 일반금융소비자가 이해하였음을 서명, 기명날인, 녹취, 그 밖에 대통령령으로 정하는 방법으로 확인을 받아야 한다(금융소비자법19②본).

2) 취지

설명의 확인제도는 일반보험계약자가 보험계약의 중요사항에 대해 설명을 받고 이해하였는지를 둘러싸고 분쟁이 생길 수 있는 것에 대비하자는 것이다. 서명 등의 확인은 그 진정성을 부정할 만한 분명하고도 수긍할 수 있는 반증이 없는 한 효력이 인정된다.[229)]

3) 확인의 주체

금융상품판매업자등이다(금융소비자법19②본). 보험회사는 금융상품판매업자, 모집종사자는 금융상품판매대리·중개업자로서 설명 및 확인의무를 부담한다.

4) 확인의 대상

(1) 설명을 받고 이해하였음을 확인받아야 하는 대상은 보장성상품, 즉 보험계약의 중요사항이다(금융소비자법19①). 아래에 설명서에서 보는 것처럼 이외에 일부사항이 추가된다.

(2) 한편, 계약체결 시부터 보험금지급 시까지 주요과정(법95의2③), 보험금 지급을 요청한 경우 보험금의 지급내역 등(법95의2④) 등도 설명의 대상이지만, 원칙적으로 이들은 설명을 받고 이해하였음을 확인받아야 하는 대상은 아니다.

5) 확인의 방법

i) 보험업법과 금융소비자법의 비교

개정 전 보험업법 95조의2 1항은 서명, 기명날인, 녹취 그 밖에 대통령령으로 정하는 방법으로 확인을 받아야 한다고만 언급하였을 뿐, 상품설명서에 관해서는 명시적으로 언급하지 않았다. 구 보험업법시행령 42조의2 2항은 ① 전자서명법 2조 제2호에 따른 전자서명, ② 그 밖에 금융위원회가 정하는 기준을 준수하는 안전성과 신뢰성이 확보될 수 있는 수단을 활용하여 설명한 내용을 일반보험계약자가 이해하였음을 확인하는 방법으로 규정하였다. 구 보험업감독규정 4−35조의2 3항은 원칙적으로 상품설명서 2부에 보험계약의 중요사항, 모집종사자의 소속·지위 및 이와 관련하여 보험료·고지의무사항을 수령할 수 있는지 여부를 기재하여 보험계약자의 서명 등으로 확인을 받은 후 1부에는 모집종사자가 서명하여 교부하고, 나머지 1부는 보험회사가 보관하도록 하였다. 그리고 서면 교부에 대한 예외로는 ① 전화 등 통신수단을 이용한 모집, ② 통합청약서를 사용하는 경우 및 ③모집종사자가 대면하여 전자적 방법으로 상품설명서를 제공하는 경우를 규정하였다.

금융소비자법은 제19조 제2항에서 설명서 제공 및 확인 의무 및 이러한 의무가 면제되는 예외를 둘 수 있는 근거를 규정하고, 설명서의 내용 및 제공 방법·절차에 관한 세부

229) 대판 1986.2.25. 85다카856 참조

내용을 하위법령으로 정하도록 명시적으로 위임하였다. 한편, 금융소비자법 25조 1항 3호는 원칙적으로 대면영업 보험설계사 등이 일반금융소비자를 만나지 않고 설명하는 행위를 금지하면서도 예외적으로 소정의 요건을 갖춘 경우에 한해 이를 허용하고 있다.[230)]

ii) 설명서의 교부 및 확인관련 규정

(1) 금융상품판매업자등은 설명에 필요한 설명서를 일반금융소비자에게 제공하여야 하며, 설명한 내용을 일반금융소비자가 이해하였음을 서명, 기명날인, 녹취 또는 그 밖에 대통령령으로 정하는 방법으로 확인을 받아야 한다(금융소비자법19②).

(2) 위 (1)에서 '대통령령으로 정하는 방법'이란 일반금융소비자의 의사를 전달하는 데에 금융위원회가 정하여 고시하는 기준을 충족하는 수단으로서 안전성과 신뢰성이 확보된 전자적 수단을 이용하여 일반금융소비자의 확인을 받을 수 있는 방법을 말한다(금융소비자법시행령13⑨,11②).[231)]

(3) 위 (1)에 따른 설명서의 내용 및 제공 방법·절차에 관한 세부내용은 대통령령으로 정한다(금융소비자법19④). 설명서에는 금융소비자법 19조 1항 각 호의 구분에 따른 사항이 포함되어야 하며, 그 내용이 일반금융소비자가 쉽게 이해할 수 있도록 작성되어야 하고(금융소비자법시행령14①), 위의 설명한 내용과 실제 설명서의 내용이 같다는 사실에 대해 설명을 한 사람의 서명(전자서명법 2조2호에 따른 전자서명 포함)이 있어야 한다(금융소비자법시행령14②).

---

230) 금융소비자법 25조 1항 3호, 금융소비자법시행령 23조 3항 6호, 금융소비자감독규정 22조 7호. 이에 대하여는 후술한다.

231) 종래 설명의무 이행 확인의 방법은 보험업법시행령 42조의2 2항 2호에서 '금융위원회가 정하여 고시하는 기준'이라고 정하고 있었고, 그 금융위원회가 정하는 기준은 보험업감독규정 4-35조의2 7항에 위임되어 있었다. 보험업법 95조의2 1항, 2항과 시행령 42조의2 1항, 2항은 삭제되고 그 내용이 금융소비자법 19조 2항과 시행령 13조 9항, 11조 2항으로 이관되었으므로 금융소비자감독규정에서 '금융위원회가 정하여 고시하는 기준'을 정하여야 하나 규정이 제정되지 않았다. 금융소비자감독규정을 정비하여야 한다. 구 보험업감독규정 4-35조의2 7항을 기준으로 설명한다.
금융위원회가 정하는 기준은 전자금융거래법 21조 2항에 따른 기준을 말한다(감독규정4-35의2⑦). 전자금융거래법 21조 2항에 따르면, 금융회사등은 전자금융거래의 안전성과 신뢰성을 확보할 수 있도록 전자적 전송이나 처리를 위한 인력, 시설, 전자적 장치, 소요경비 등의 정보기술부문, 전자금융업무 및 전자서명법에 의한 인증서의 사용 등 인증방법에 관하여 '금융위원회가 정하는 기준'을 준수해야 한다. 여기서 금융위원회가 정하는 기준이라 함은 다음 각 호의 내용에 관하여 전자금융감독규정 8조부터 36조에서 정하는 기준을 말한다(전자금융감독규정7).
1. 인력, 조직 및 예산 부문
2. 건물, 설비, 전산실 등 시설 부문
3. 단말기, 전산자료, 정보처리시스템 및 정보통신망 등 정보기술부문
4. 해킹, 악성코드 감염 등 정보보호부문
5. 정보처리시스템 및 전자금융거래 관련 사업 부문
6. 비상대책 등 업무지속성부문
7. 전산원장통제, 프로그램 통제 등 정보기술부문 내부통제
8. 그 밖에 전자금융업무의 안전성 확보를 위하여 필요한 사항

그리고 금융상품판매업자등은 위의 설명을 하기 전에 서면교부, 우편 또는 전자우편, 휴대전화 문자메시지 또는 이에 준하는 전자적 의사표시의 방법으로 일반금융소비자에게 설명서를 제공해야 한다(금융소비자법시행령14③).[232]

(4) 금융소비자법 19조 2항 단서는 금융소비자 보호 및 건전한 거래질서를 해칠 우려가 없는 경우로서 대통령령으로 정하는 경우에는 설명서를 제공하지 아니할 수 있다고 예외를 인정하고 있다. 대통령령으로 정하는 경우란 다음 각호를 말한다(금융소비자법시행령 14④).

1. 금융상품자문업자가 다음 각 목의 내용이 포함된 서류를 일반금융소비자에게 제공한 경우
   가. 해당 금융소비자의 자문에 대한 답변 및 그 근거
   나. 자문의 대상이 된 금융상품의 세부정보 확인 방법
   다. 그 밖에 일반금융소비자의 이해를 위해 필요한 사항으로서 금융위원회가 정하여 고시하는 사항
4. 기존 계약과 동일한 내용으로 계약을 갱신하는 경우
5. 그 밖에 제1호부터 제4호까지의 경우에 준하는 것으로서 금융위원회가 정하여 고시하는 경우

위 5.에서 금융위원회가 고시하는 경우는 다음 각호의 어느 하나에 해당하는 경우를 말한다(금융소비자감독규정13②).

1. 기본 계약을 체결하고 그 계약내용에 따라 계속적·반복적으로 거래를 하는 경우
2. 다음 각 목의 어느 하나에 해당하는 계약으로서 동일한 계약을 반복하여 체결하는 경우
   가. 해상보험계약
   나. 자동차보험계약
3. 다음 각 목의 구분에 따른 자에게 설명서를 제공한 경우
   가. 여행자인 일반금융소비자를 위해 일괄하여 보험계약을 체결한 관광진흥법 제4조에 따라 등록한 여행업자
   나. 구성원이 5명 이상인 단체의 구성원을 위해 체결하는 단체계약의 해당 단체 또는 그 단체의 대표자
4. 보험업법시행령 43조 2항에 따른 전화를 이용하여 모집하는 자가 보장성 상품에 관한 계약의 체결을 대리·중개하는 경우
6. 금융소비자법 19조 1항 각 호의 보장성 상품에 관한 중요한 사항을 청약서에 반영한 경우(개인 또는 가계의 일상생활에서 발생 가능한 위험을 보장하고 위험보장을 받는 사람이 보험료를 모두 부담하는 보험계약으로서 다음 각 목의 어느 하나에 해당하는 보장성 상품만 해당한다)
   가. 보장기간이 1년 초과 3년 이하인 보장성 상품으로서 다음의 어느 하나에 해당하는 보장

232) 금융소비자법시행령 14조 5항은 같은 조 2항에서 4항까지 규정한 사항 외에 설명서의 작성·제공 방법 및 절차에 관하여 필요한 세부 사항은 금융위원회가 정하여 고시한다고 위임하고 있으나, 해당하는 감독규정은 제정되지 않았다.

성 상품(자동차손해배상보장법에 따른 책임보험은 제외)

1) 월보험료가 5만원 이하인 계약

2) 연간보험료가 60만원 이하인 계약

나. 여행 중 발생 가능한 위험을 보장하는 보장성 상품

다. 보장기간이 1년 이하인 계약

4. 설명의무 위반의 유형

(1) 중요사항 등을 허위로 또는 왜곡하여 설명한 경우(적극적 위반), 중요사항 등에 대한 설명을 누락하여 설명한 경우(소극적 위반) 등은 설명의무 위반의 유형이라고 할 수 있다. 두 가지 모두 중요사항 등에 대한 올바른 인식형성을 방해할 수 있기 때문이다.[233)]

(2) 대판 2013.6.13. 2010다34159에서, 보험의 내용이나 위험성, 투자수익률에 따른 해약환급금의 변동, 특히 해약환급금이 납입보험료 원금 상당액에 이르려면 상당한 기간이 소요된다는 점에 대한 설명이 누락되었고, 변액보험의 경우 보장되지 않는 고율의 수익률을 전제로 하여 보험계약의 내용을 설명함으로써 중요사항이 허위로 또는 왜곡하여 설명되었는데, 두 가지가 모두 설명의무 위반이라고 판시했다.[234)]

5. 설명의무 위반의 효과

(1) 공법상 효과

금융소비자법상 설명의무가 위반되면 과징금(금융소비자법57①(1)), 과태료(금융소비자법69①(2))가 따른다. 보험업법상 설명의무가 위반되면 과징금(법196②), 과태료(법209⑥(18),⑦(6)·(7))가 따른다.

(2) 사법상 효과[235)]

1) 손해배상책임

i) 인정 근거

(1) 금융소비자법 44조 2항은 금융상품판매업자등이 19조를 위반하여 금융소비자에게 손해를 발생시킨 경우에는 그 손해를 배상할 책임을 지고, 다만 그 금융상품판매업자등이 고의 및 과실이 없음을 입증한 경우에는 그러하지 아니하다고 명시하고 있다. 기존 보험업법에서는 설명의무가 위반된 경우 손해배상책임이 발생하는지에 관하여 명문의 규정이

233) 대판 2012.12.26. 2010다86815(설명의무를 위반하여 경험이 부족한 일반 투자자에게 거래행위에 필연적으로 수반되는 위험성에 관한 올바른 인식형성을 방해해서는 안 된다). 대판 1994.1.11. 93다26205도 같다.

234) 금융투자의 경우도 같다. 대판 2015.9.15. 2015다216123(금융투자자의 합리적인 투자판단 또는 해당 금융투자상품의 가치에 중대한 영향을 미칠 수 있는 중요사항을 거짓 또는 왜곡하여 설명하거나 중요사항을 누락해서는 안 된다)

235) 이에 관해서는 한기정, 보험법, 2025 중에 제2편 제1장 제34절의 내용을 주로 인용하였다.

없었다. 판례가 보험업법 97조(보험계약의 체결 또는 모집에 관한 금지행위)가 위반된 경우 손해배상책임이 성립될 수 있다고 보는 점에 비추어 볼 때,[236] 마찬가지로 보험업법 95조의2가 규정하는 설명의무가 위반된 경우 손해배상책임이 성립함을 긍정할 것으로 해석되었다. 보험회사·모집종사자의 손해배상책임 규정이 보험업법에서 삭제되고 금융상품판매업자등의 손해배상책임 규정이 금융소비자법 44조, 45조에 신설되면서 설명의무 위반시에 손해배상책임을 지는 것을 별도로 명시한 것이다.

(2) 보험회사·모집종사자의 설명의무는 보험업법 등에 근거규정이 없더라도, 신의칙상 인정되는 고객보호 의무로부터 도출될 수 있다.[237] 금융소비자법 및 보험업법상 설명의무는 이러한 주의의무를 확인한다는 점에 의의가 있는 것이다. 따라서 금융소비자법 및 보험업법상 설명의무가 위반되어 그로 인한 손해가 생겼다면 해석상 손해배상책임이 인정될 수 있다. 이런 측면에서 금융소비자법 및 보험업법상 설명의무는 보험계약자에 대한 사법적 의무이기도 하다.

ii) 손해의 종류

손해는 재산적 손해와 정신적 손해로 나뉜다. 설명의무 위반으로 인하여 보험계약자가 입은 재산상 손해액은 이러한 위법행위가 없었을 경우에 보험계약자에게 존재하였을 재산상태와 위법행위가 가해진 재산상태의 차이라고 할 것인데, 앞부분의 가액을 객관적으로 산정할 만한 방법이 없어 재산상 손해액의 산정이 불가능한 경우는 그러한 사정을 정신적 손해의 산정에 참작하여 배상할 손해액을 산정한다.[238]

iii) 손해액

(1) 손해액은 설명의무 위반에 따라 발생하는 손해의 유형에 따라 다르다. 설명의무 위반이 있은 이후에 보험약관에 따른 해약환급금이 지급된 경우, 보험계약자가 설명의무 위반으로 입은 손해는 납입한 보험료 합계액에서 지급받은 해약환급금액을 공제한 금액 상당이다.[239]

---

236) 대판 2014.10.27. 2012다22242(보험회사 또는 모집종사자는 고객과 사이에 보험계약을 체결하거나 모집할 때 보험계약의 중요사항을 명확히 설명함으로써 고객이 그 정보를 바탕으로 보험계약 체결 여부를 합리적으로 판단을 할 수 있도록 고객을 보호하여야 할 의무가 있고, 이러한 의무를 위반하면 민법 750조 또는 보험업법 102조 1항에 따라 이로 인하여 발생한 고객의 손해를 배상할 책임을 부담하며, <u>여기서 보험회사 또는 모집종사자가 고객에게 보험계약의 중요사항에 관하여 어느 정도의 설명을 하여야 하는지는 보험상품의 특성 및 위험도 수준, 고객의 보험가입경험 및 이해능력 등을 종합하여 판단하여야 하지만, 구 보험업법 97조 1항, 95조 1항, 구 보험업법시행령 42조 등에서 규정하는 보험회사와 모집종사자의 의무 내용이 유력한 판단 기준이 된다</u>)

237) 대판 2010.11.11. 2010다55699(금융기관은 금융상품의 중요내용을 설명할 신의칙상의 의무가 있다). 보험업법 95조의2 설명의무조항은 2010.7.23. 신설되었다.

238) 대판 2018.4.12. 2017다229536. 재산상 손해의 발생이 인정되는데도 증명 곤란 등의 이유로 그 손해액의 확정이 불가능하여 그 배상을 받을 수 없는 경우에 이러한 사정을 위자료의 증액사유로 참작할 수 있다(대판 1984.11.13. 84다카722, 대판 2007.6.1. 2005다5843 등 참조).

239) 대판 2014.10.27. 2012다22242

(2) 설명의무 위반이 있은 이후에 보험사고가 발생한 경우, 보험계약자가 설명의무 위반으로 입은 손해는 보험금에 상당하는 금액이다.[240]

(3) 금융소비자법 및 보험업법에는 설명의무 위반 시에 발생한 손해액을 추정하는 규정을 두고 있지 않은데,[241] 그 이유는 보험계약의 경우 설명의무 위반 시에 발생하는 손해의 유형이 위와 같이 일률적이지 않기 때문이다.[242]

2) 위법계약 해지

금융소비자법 47조 1항은 금융상품판매업자등이 19조 1항의 설명의무를 위반하여 보험계약을 체결한 경우 금융소비자는 계약 체결에 대한 위반사항을 안 날로부터 1년, 계약 체결일로부터 5년 이내의 기간 내에 서면 등으로 해당 계약의 해지를 요구할 수 있다고 명시하였다(금융소비자법47①, 금융소비자법시행령38②). 이에 대해서는 후술한다.

3) 착오로 인한 취소

(1) 설명의무가 위반되고 이로 인해서 보험계약자가 보험계약의 내용을 제대로 이해하지 못한 채 착오에 빠져 보험계약을 체결한 경우 민법 109조 1항에 따라 보험계약을 취소할 수 있는가? 의사표시는 법률행위 내용의 중요부분에 착오가 있는 때에는 취소할 수 있고, 다만 그 착오가 표의자의 중대한 과실로 인한 때에는 취소하지 못한다(민법109①).

(2) 판례는 위 (1)에 따른 취소를 긍정한다. 대판 2018.4.12. 2017다229536을 살펴보자.

(a) 이 사건에서 보험상품('개인퇴직계좌 자산관리보험')은 과세이연[243] 여부 및 급여종류에 따라 과세방식이 다르고 이에 따라 보험계약자가 해지 시에 또는 55세 이후 급여 수령 시에 지급받을 수 있는 금액이 달라지며, 이는 위 보험상품에 가입 여부, 중도해지 여부, 급여종류 등에 관한 선택에도 영향을 미친다. 과세이연 여부 및 급여종류에 따른 과세방식의 차이 등은 상세한 설명 없이는 세무지식이 없는 보험계약자가 제대로 이해하기 어렵다. 그럼에도 이 사건 보험상품의 설명서 뒷면에 작은 글씨로 기재된 부분은 마치 퇴직급여액을 전부 개인퇴직계좌(IRA)에 이체·입금하지 않으면 과세이연 등의 혜택을 받을 수 없는 것처럼 오해할 소지를 제공하고 있고, 이러한 기재만으로 과세이연 여부 및 급여종류에 따른 과세방식의 차이 등에 관하여 제대로 알 수 있다고 보기도 어렵다. 이러한 상

240) 대판 1997.11.14. 97다26425, 대판 2024.12.12. 2022다200317

241) 한편 자본시장법 48조 2항은 설명의무 위반 시에 손해액의 추정에 대한 규정을 두고 있다. 즉 "금융투자상품의 취득으로 인하여 일반투자자가 지급하였거나 지급하여야 할 금전등의 총액에서 그 금융투자상품의 처분, 그 밖의 방법으로 그 일반투자자가 회수하였거나 회수할 수 있는 금전등의 총액을 뺀 금액은 제1항에 따른 손해액으로 추정한다."

242) 이성남 213면

243) 과세이연이란 구 소득세법 시행령(2010.2.18. 대통령령 22034호로 개정되기 전의 것) 등 관련 법령에 의하면 국내에 거주하는 근로자가 퇴직급여액 100분의 80에 해당하는 금액 이상을 퇴직한 날부터 60일 이내에 개인퇴직계좌(IRA)로 이체·입금하는 경우 당해 퇴직급여액은 실제로 지급받기 전까지 퇴직소득으로 보지 않는 것을 가리킨다.

황에서 보험회사의 직원은 이에 관한 명확한 설명 없이 보험계약자에게 구 조세특례제한법에 따른 퇴직소득세 경감혜택만을 강조하면서 과세미이연을 권유하였다.[244] 이에 보험계약자는 과세이연 여부 및 급여종류에 따른 과세방식의 차이 등에 관하여 제대로 이해하지 못한 채 향후 추가 세금부담 없이도 이 사건 상품을 통해 연금 수령을 할 수 있다는 등의 착오에 빠진 채 이 사건 계약을 체결했다.

(b) 위 사건의 쟁점은 보험계약자의 착오가 민법 109조 1항이 규정하는 법률행위 내용의 착오라고 볼 수 있는지 여부에 있다. 향후 추가적 세금부담 없이도 이 사건 보험상품을 통해 연금 수령을 할 수 있다는 등의 착오는 보험계약을 체결한 '동기의 착오'에 해당한다고 할 수 있다. 동기의 착오는 주관적 사정에 불과한데, 이를 이유로 계약을 취소할 수 있다고 하면 상대방이 지나치게 불리해지는 측면이 있다. 이런 점을 고려해서 당사자가 동기를 법률행위의 내용으로 삼은 경우에만 동기의 착오가 법률행위 내용의 착오가 된다고 해석한다(판례,[245] 다수설). 동기가 법률행위의 내용이 되는 경우로 동기가 상대방에게 표시된 경우[246] 또는 동기가 상대방에 의해서 유발된 경우[247] 등이 있다. 그런데 위 사건은 보험계약을 체결한 동기(향후 추가적 세금부담 없이도 이 사건 상품을 통해 연금 수령을 할 수 있다는 등)가 상대방에게 표시되거나 또는 상대방에 의해서 유발된 경우라고 보기는 어렵고, 이보다는 보험계약을 체결한 동기가 객관적으로 명백한 경우에 해당한다고 볼 수 있다. 즉 대법원은 보험계약자가 보험회사 직원으로부터 충분한 설명을 들어 위 착오에 빠지지 않았더라면 과세이연의 혜택을 배제한 채 이 사건 계약을 체결하지는 않았을 것이 명백하고 따라서 위 착오는 법률행위 내용의 중요한 사항에 해당한다고 판시했다. 요컨대, 대법원은 동기의 착오에 불과하다고 하더라도 그러한 착오를 일으키지 않았더라면 보험계약을 체결하지 않았거나 아니면 적어도 동일한 내용으로 보험계약을 체결하지 않았을 것이 명백하다면, 위 착오는 보험계약 내용의 중요부분에 관한 것에 해당하므로 이를 이유로 보험계약을 취소할 수 있다고 판시했다. 이 판결에서 대법원은 법률행위를 한 동기가 객관적으로 명백한 경우도 동기가 법률행위의 내용이 되는 경우에 포함시키고 있으며, 이는 타당한 해석이라고 사료된다.

---

244) 당시 구 조세특례제한법(2011.12.31. 법률11133호로 개정되기 전의 것) 96조 1항에 "2009.12.31.까지 퇴직하여 소득세법에서 정한 퇴직소득이 있는 경우 해당 퇴직소득 산출세액의 100분의 30에 상당하는 금액을 그 산출세액에서 공제한다."라는 한시적 특례규정이 있었다.

245) 대판 1984.10.23. 83다카1187

246) 대판 1994.9.30. 94다11217; 대판 1997.8.26. 97다6063

247) 대판 1992.2.25. 91다38419; 대판 1998.9.22. 98다23706

6. 여타 설명의무와의 비교

(1) 금융소비자법 19조 3항에 따른 설명의무

(1) 금융상품판매업자등은 일반금융소비자의 합리적인 판단 또는 금융상품의 가치에 중대한 영향을 미칠 수 있는 사항을 거짓으로 또는 왜곡(불확실한 사항에 대하여 단정적 판단을 제공하거나 확실하다고 오인하게 할 소지가 있는 내용을 알리는 행위를 말한다)하여 설명하거나 중요한 사항을 빠뜨려서는 아니 된다(금융소비자법19③). 구 보험업법 97조 1항 1호에 있던 규정이 이관된 것이다. 이러한 금융소비자법 19조 3항은 설명의무의 일종이다. 이 점에서 금융소비자법 19조 1항의 설명의무와 그 성격이 같다.

(2) 다만, 위 (1)에 따른 두 가지 설명의무는 위법행위의 태양, 설명의무의 대상, 설명의무의 상대방 등에서 차이가 있다. 이에 관한 자세한 논의는 본서 본절의 제8관에서 다룬다.

(2) 약관규제법, 상법, 보험표준약관에 따른 설명의무

1) 의의

i) 약관규제법, 상법, 보험표준약관의 내용

(1) 보험회사는 약관규제법 3조, 상법 638조의3, 그리고 각종 보험표준약관 등에 따라 설명의무를 진다.

(2) 사업자는 계약을 체결할 때 약관의 중요내용을 고객이 이해할 수 있도록 설명해야 하고 이를 위반하면 해당 사항을 계약의 내용으로 주장하지 못한다(약관규제법3).

(3) 보험회사는 보험계약을 체결할 때 보험약관의 중요내용을 설명해야 하고, 이를 위반하면 보험계약자가 보험계약의 성립 후 3개월 내에 보험계약을 취소할 수 있다(상법638의3).

(4) 보험표준약관에 따르면 보험회사는 보험계약자가 청약할 때에 약관의 중요한 내용을 설명해야 하며, 보험회사가 보험약관의 중요한 내용을 설명하지 않으면 보험계약자는 계약이 성립한 날부터 3개월 이내에 계약을 취소할 수 있다.[248)]

ii) 약관규제법, 상법, 보험표준약관의 비교

(1) 약관규제법, 상법, 보험표준약관에 따른 설명의무는 보험약관의 중요내용에 대한 설명의무이고 그 위반 시의 효과가 보험계약의 효력에 관련된 사법적 효과라는 점에서 공통적이다.

(2) 약관규제법상 설명의무와 상법상 설명의무는 요건 면에서는 큰 차이가 없고 효과 면에서는 상당한 차이가 있다. 양자는 일반법과 특별법의 관계에 있으며 서로 모순되거나 저촉되지 않으므로 경합적으로 적용된다.[249)] 따라서 보험계약자는 양자의 법적 효과 중에

---

248) 가령 생명보험표준약관 18조 1항 및 3항

서 자신에게 유리한 것으로 선택하여 행사할 수 있다.

(3) 보험표준약관상 설명의무는 상법상 설명의무와 법적 효과도 같으며, 다만 요건 면에서 설명의무의 시기를 보험계약의 청약 시로 정하고 있다는 점이 다르다. 다시 말하면 보험표준약관상 설명의무는 설명의무의 시기를 제외하고 상법상 설명의무를 보험약관에 반영한 것이라고 볼 수 있다.[250)]

(4) 보험표준약관상 설명의무가 상법상 설명의무 및 약관규제법상 설명의무와 크게 다른 점은 후자와 달리 전자는 법규범이 아니라는 점이다. 약관의 법적 성질에 관한 합의설(판례,[251)] 다수설)에 따르면, 약관이 법적 효력을 갖는 이유는 그것이 법규범이어서가 아니라 계약의 당사자가 이를 보험계약의 내용에 포함시키기로 합의하였기 때문이다. 이와 같이 보험계약의 당사자가 보험표준약관상 설명의무를 보험계약의 내용에 포함시키기로 합의한 경우에는 이것이 상법상 설명의무에 우선하여 적용된다. 이때에도 약관규제법상 설명의무가 보험표준약관상 설명의무와 함께 경합적으로 적용됨은 물론이다.

2) 금융소비자법 및 보험업법상 설명의무와 비교

금융소비자법 및 보험업법상 설명의무와 약관규제법, 상법, 보험표준약관에 따른 설명의무는 취지는 같지만, 법적 효과 면에서 전자는 공법적 효과와 관련되고 후자는 사법적 효과에 관련된다는 점에서 근본적 차이가 있고, 법적 요건, 예외 면에서도 상당한 차이가 있다.

i) 취지

약관규제법, 상법, 보험표준약관 등에 따른 설명의무는 사업자(보험회사)와 고객(보험계약자) 사이에 존재하는 약관내용 관련 정보비대칭에 대처하기 위해서 부과된 의무이다. 이러한 설명의무는 보험회사와 보험계약자 사이에 존재하는 정보비대칭의 해소라는 취지 면에서는 금융소비자법 및 보험업법상 설명의무와 공통점이 있다.

ii) 법적 효과

(1) 금융소비자법 및 보험업법상 설명의무는 약관규제법, 상법, 보험표준약관에 따른 설명의무와 법적 효과 면에 근본적 차이가 있다. 금융소비자법상 설명의무는 그 위반 시의 효과가 손해배상(금융소비자법44②), 위법계약해지(금융소비자법47①)의 사법적 효과와 과징금(금융소비자법57①(1)), 과태료(금융소비자법69①(6)가), 제재(법134,136) 등의 공법적 효과

249) 대판 1996.4.12. 96다4893; 대판 1998.11.27. 98다32564; 대판 1999.3.9. 98다43342. 반면에 학설은 판례를 지지하는 경합적용설과 이와 달리 상법만 적용된다는 상법적용설이 팽팽하게 대립하고 있다. 이러한 학설대립에 대해서는 한기정, 보험법, 2025, 148-151면 참조.

250) 보험표준약관상 설명의무의 시기(보험계약의 청약 시)가 상법상 설명의무의 시기(보험계약의 체결 시)와 다르지만, 전자는 후자에 비해서 보험계약자에게 유리하게 약정한 것이므로 그 효력이 인정된다(상법 663조 참조).

251) 대판 1985.11.26. 84다카2543; 대판 1999.7.23. 98다31868; 대판 2007.6.29. 2007다9160

가 함께 있으며, 보험업법상 설명의무는 과징금(법196②), 과태료(법209⑥⒅,⑦⑹·⑺), 제재(법134,136) 등 공법적 효과 중심이라는 점이 약관규제법, 상법, 보험표준약관에 따른 설명의무와 다르다. 이렇게 공법적 효과를 가함으로써 설명의무의 준수를 관철하려는 것이 금융소비자법 및 보험업법상 설명의무의 존재이유이다.

⑵ 금융소비자법 및 보험업법상 설명의무에 대한 위반 시에 손해배상책임, 위법계약해지, 착오로 인한 취소 등의 사법적 효과도 발생할 수 있지만, 약관규제법, 상법, 보험표준약관에 따른 설명의무 위반 시에 발생하는 사법적 효과와 그 내용 면에서 일부 차이가 있다.

iii) 법적 요건

금융소비자법 및 보험업법상 설명의무와 약관규제법, 상법, 보험표준약관에 따른 설명의무는 법적 요건 면에서도 상당한 차이가 있다. 설명의무의 대상, 시기, 확인 등의 순서로 살펴보자.

① 설명객체

금융소비자법과 보험업법상 설명의무의 상대방은 일반금융소비자 내지 일반보험계약자이다(금융소비자법19①, 법95의2③④). 약관규제법, 상법, 보험표준약관에 따른 설명의무의 상대방에는 이러한 제한이 없다.

② 설명대상

금융소비자법상 설명대상은 보험계약 체결 권유 단계에서 보험계약의 중요사항에 대한 것이고, 보험업법상 설명대상은 계약체결 후 보험금지급까지 주요과정, 보험금 지급 관련사항 등으로 계약 체결 권유 단계에서의 다른 설명의무들과 대상이 다르다.

③ 설명시기

금융소비자법 및 보험업법상 설명의무의 시기는 설명대상별로 차이가 있는데, 보험계약의 중요사항은 보험계약의 체결을 권유할 때이고(금융소비자법19①), 나머지 사항은 각 단계별 시점이다(법95의2③·④). 약관규제법, 상법에 따른 설명의무는 보험계약의 체결 시, 그리고 보험표준약관에 따른 설명의무는 보험계약의 청약 시가 설명시기이다.

④ 확인절차

금융소비자법상 설명의무는 설명한 보험계약의 중요사항을 일반금융소비자가 이해하였음을 서명 등의 방법으로 확인받아야 한다(금융소비자법19②). 약관규제법, 상법, 보험표준약관에 따른 설명의무의 상대방에는 이러한 확인절차가 요구되지 않는다.

iv) 예외

① 약관규제법, 상법, 보험표준약관

⑴ 명문에 의해서 인정되는 예외로서, 약관규제법에 따르면 계약의 성질상 현저하게

곤란하면 설명의무가 면제되는데(약관규제법3③단), 이는 상법 및 보험표준약관에 따른 설명의무에도 유추적용된다고 해석된다. 다만, 원칙적으로 보험계약이 그 성질상 설명이 현저히 곤란한 경우라고 보기는 어렵다.[252)]

(2) 해석상 인정되는 예외로서, 보험회사에게 보험약관의 설명의무가 인정되는 것은 보험계약자가 알지 못하는 가운데 보험약관의 중요사항이 계약내용으로 되어서 보험계약자가 예측하지 못한 불이익을 받는 것을 피하는 데 그 근거가 있다는 전제하에, 보험약관의 중요한 내용에 해당하는 사항이라 하더라도 ⓐ 보험계약자나 그 대리인이 그 내용을 충분히 잘 알고 있거나, ⓑ 거래상 일반적이고 공통된 것이어서 보험계약자가 별도의 설명 없이도 충분히 예상할 수 있었거나, ⓒ 이미 법령에 의하여 정하여진 것을 되풀이하거나 부연하는 정도에 불과한 사항이라면 그러한 사항에 대하여서까지 보험회사에게 설명의무가 인정되는 것은 아니다.[253)]

② 금융소비자법 및 보험업법

금융소비자법 및 보험업법상 설명의무에는 위와 같은 예외를 사법적 의무의 측면과 공법적 의무의 측면으로 구분해서 살펴볼 필요가 있다.

(1) 먼저, 사법적 의무의 측면을 보자. 위 (ㄱ)과 같은 예외의 경우 금융소비자법과 보험업법상 설명의무 위반으로 인해서 상당인과관계에 있는 손해가 있다고 보기 어려울 것이다. 따라서 이 경우는 설명의무 위반으로 다루지 않는 것이 바람직하다고 본다. 판례는 투자자나 그 대리인이 중요사항을 충분히 잘 알고 있는 경우에는, 금융투자업자에게 자본시장법상 설명의무(자본시장법47)가 인정되지 않으므로 손해배상책임이 없다고 본다.[254)] 이것은 금융소비자법 및 보험업법상 설명의무에도 동일하게 적용될 필요가 있다고 본다.

(2) 하지만 공법적 의무의 측면은 다르다. 공법적 의무는 질서준수라는 목적성을 띠기 때문에, 그 위반 시에 실질적, 결과적으로 사인의 법익을 침해했는지 여부를 판단해서 그 위법성(실질적 위법성)을 판단하는 것이 아니라, 위반 그 자체를 질서위반으로 취급하여 위

252) 다만, 예외적으로 설명이 곤란한 예로는 대판 2011.7.28. 2011다23743(이 사건에서는 화재보험보통약관에서 '보험계약을 맺은 후 보험의 목적에 아래와 같은 사실이 생긴 경우에는 보험계약자나 피보험자는 지체 없이 서면으로 회사에 알리고 보험증권에 확인을 받아야 한다'고 규정하면서 그 중 하나로 '그 이외에 사고발생의 위험이 현저히 증가한 경우'를 들고 있다. 대법원은 여기서 현저한 위험증가라는 것은 계약의 체결 당시에 알았다면 계약의 체결 여부 또는 그 조건에 영향을 미쳤을 정도의 위험증가를 의미하는 것으로서 구체적인 여러 사정을 종합하여 인정하고 판단하여야 할 문제이므로, 평균적 고객의 입장에서 예상하기 어려운 사유를 현저한 위험 증가사유로 약관에 규정하고 있다는 등의 특별한 사정이 없는 한, 무엇이 여기에 해당되는지를 보험자가 보험계약을 체결할 때 보험계약자에게 미리 설명하기는 곤란하다고 판시했다)

253) 대판 2004.11.25. 2004다28245. 그리고 대판 1998.4.14. 97다39308; 대판 1998.11.27. 98다32564; 대판 1999.5.11. 98다59842; 대판 2000.7.4. 98다62909; 대판 2001.7.27. 99다55533; 대판 2003.5.30. 2003다15556; 대판 2005.10.7. 2005다28808 등도 같다.

254) 대판 2010.11.11. 2010다55699. 대판(전원) 2013.9.26. 2013다26746; 대판 2015.9.15. 2015다216123; 대판 2015.2.26. 2014다17220 등도 같다.

법성(형식적 위법성)을 인정한다. 따라서 만약 보험회사가 보험계약자 측이 이미 그 내용을 알고 있다는 사실을 모른 채 설명의무를 위반한 경우, 보험계약자 측에 손해가 발생하지 않았다는 점에서 보면 설명의무 위반이 실질적 위법성은 없다고 할 수 있지만, 공법적 의무로서 설명의무는 일단 준수되지 않으면 질서의무 위반으로서 형식적 위법성이 인정되는 것이다. 다만, 이 경우에 설명의무 위반의 이유, 형태, 경위, 상대방의 피해 정도 등을 종합적으로 참작하여 공법적 효과(과태료, 벌금 등)의 감면이 고려될 수 있을 것이다.

7. 투자성 있는 보험계약

(1) 투자성 있는 보험계약에는 자본시장법상 설명의무(자본시장법47,48)가 적용되었으나[255] 자본시장법상 설명의무조항(자본시장법47)이 금융소비자법으로 이관됨에 따라 금융소비자법상 투자성 상품에 대한 설명의무가 적용된다(금융소비자법19①(1)(나)). 투자성 있는 변액보험이 투자성 있는 보험계약에 해당된다. 다만, 투자성 상품에 대한 설명의무위반시 손해배상책임은 자본시장법에 그대로 유지되고 있다(자본시장법48).

(2) 변액보험이란 보험금이 자산운용의 성과에 따라 변동하는 보험계약을 말한다(법108①(3)). 그리고 투자성이란, 이해의 편의를 위해서 단순화하면, 가령 원금손실의 가능성이 있으면 투자성이 있는 것이다. 정확하게는, 현재 또는 장래의 특정 시점에 금전(기타 재산적 가치가 있는 것 포함)을 지급하기로 약정함으로써 취득하는 권리와 관련하여, 그 권리를 취득하기 위하여 지급하였거나 지급하여야 할 금전의 총액(판매수수료 등 제외)이 그 권리로부터 회수하였거나 회수할 수 있는 금전의 총액(해지수수료 등 제외)을 초과하게 될 위험이 투자성이다(자본시장법3①).

(3) 금융소비자법상 투자성 상품에 대한 설명의 대상은, 투자성 상품의 내용, 투자에 따르는 위험, 연계투자와 자본시장법에 따른 신탁계약의 경우 자본시장법상 기초자산, 신용등급, 구조의 복잡성, 최대 원금손실 가능금액 등의 기준에 따라 금융상품판매업자가 정하는 위험등급 등이다(금융소비자법19①(1)(나), 동법시행령13②③). 설명대상이 보장성 상품의 설명대상과 차이가 있음을 알 수 있다.

(4) 자본시장법은 설명의무와 관련하여 손해배상책임에 대한 특칙을 두고 있는데(자본시장법48), 설명의무 위반 시에 손해배상책임을 진다는 점과, 일정한 금액을 손해액으로 추정한다는 내용이다. 금융소비자법에는 이러한 조항이 없다.

(5) 투자성 있는 보험계약에는 금융소비자법상 보장성 상품에 대한 설명의무(금융소비자법19①(1)(가))도 적용된다고 해석된다. 왜냐하면 투자성 있는 보험계약에는 투자성도 있

---

255) 보험회사가 투자성 있는 보험계약을 체결(중개 또는 대리 포함)을 하는 경우에 자본시장법상 투자매매업 또는 투자중개업에 관한 인가를 받은 것으로 보고, 일부 규정을 제외하고 자본시장법이 적용(자본시장법77②)되기 때문이다.

지만 보험성도 있고, 또한 금융소비자법의 설명의무가 요건 및 효과 면에서 차이가 있기 때문이다. 따라서 자본시장법과 금융소비자법이 경합적으로 적용된다.

8. 대출성상품

(1) 개정 전 보험업법은 보험계약만을 설명의무 적용대상으로 하였으나, 금융소비자법은 동일 기능·동일 규제 원칙에 따라 보험회사가 취급하는 대출도 대출성상품으로 설명의무를 적용한다. 보험회사는 보험약관대출, 기업과 가계를 대상으로 한 주택담보대출, 신용재출 등을 취급하고 있는데, 개정 전 보험업법은 이를 영업행위가 아닌 자산운용의 일환인 신용공여로 규제하였으나 금융소비자법에 따라 설명의무 등 영업행위 규제를 받게 되었다.

(2) 금융소비자법은 대출성 상품에 대하여 다음 각 목의 사항을 설명하도록 정하고 있다(금융소비자법19①(1)(라)).

1. 금리 및 변동 여부, 중도상환수수료(금융소비자가 대출만기일이 도래하기 전 대출금의 전부 또는 일부를 상환하는 경우에 부과하는 수수료) 부과 여부·기간 및 수수료율 등 대출성 상품의 내용
2. 상환방법에 따른 상환금액·이자율·시기
3. 저당권 등 담보권 설정에 관한 사항, 담보권 실행사유 및 담보권 실행에 따른 담보목적물의 소유권 상실 등 권리변동에 관한 사항
4. 대출원리금, 수수료 등 금융소비자가 대출계약을 체결하는 경우 부담하여야 하는 금액의 총액
5. 그 밖에 대출계약의 해지에 관한 사항 등 대출성 상품에 관한 중요한 사항으로서 대통령령으로 정하는 사항

(3) 위 (2)의 5에서 대통령령으로 정하는 사항은 다음 각호의 사항을 말한다(금융소비자법시행령13⑥).

1. 계약의 해지·해제
2. 신용에 미치는 영향
3. 원리금 납부 연체에 따른 연체 이자율 및 그 밖의 불이익
4. 계약기간 및 그 연장에 관한 사항
5. 그 밖에 제1호부터 제4호까지의 사항에 준하는 것으로서 금융위원회가 정하여 고시하는 사항

(4) 위 (3)의 5에서 금융위원회가 정하여 고시하는 사항은 다음 각호의 사항을 말한다(금융소비자감독규정12⑤)

⑤ 영 제13조 제6항 제5호에서 "금융위원회가 정하여 고시하는 사항"이란 다음 각 호의 사항을 말한다.

1. 이자율의 산출기준
2. 신용카드에 관한 다음 각 목의 사항
가. 신용카드로 결제한 금액 중 일정 비율만 지불하고 나머지 금액은 이후에 지불하는 서비스의 위험성 및 관련 예시
나. 연회비 등 신용카드의 거래조건 및 연회비 반환에 관한 사항(반환사유, 반환금액 산정방식, 반환금액의 반환기한을 포함한다)

제 4 관 적합성의 원칙[256)]

1. 의의

(1) 금융상품판매업자등은 일반금융소비자의 연령, 재산상황, 금융상품 취득·처분 경험 등에 비추어 그에게 적합하지 않다고 인정되는 계약체결 권유를 해서는 안된다(금융소비자법17). 이러한 의무를 적합성 원칙(rule of suitability)이라고 한다.

(2) 적합성 원칙은 금융상품판매업자등의 고객보호 의무에 기초한다. 적합성 원칙은 금융투자에서 출발한 것이고 이후에 보험 분야로 적용이 확대되었다. 금융투자에서 적합성 원칙의 기초는 투자자보호 의무이다. 판례는 고객의 투자상황에 비추어 과대한 위험성을 수반하는 거래를 적극적으로 권유하는 것은 고객에 대한 보호의무를 저버려 위법성을 띠는 것으로 평가될 수 있다고 하였다.[257)] 또한 판례는 고객의 자산을 관리하는 금융기관은 고객에 대하여 선관주의를 부담하는 것이므로, 고객의 투자목적·투자경험·위험선호의 정도 및 투자예정기간 등을 미리 파악하여 그에 적합한 투자방식을 선택하여 투자하도록 권유해야 하고 이를 위법하게 위반하면 손해배상책임을 진다고 했다.[258)] 이후 2007년 자본시장법이 제정되면서 적합성 원칙이 성문화되었다(구 자본시장법46). 이후 판례는 투자성 있는 변액보험이나 기타의 변액보험에서 보험회사·모집종사자가 적합성 원칙의 적용을 받는다고 판시했다. 대판 2013.6.13. 2010다34159에서, 보험회사·모집종사자는 고객의 연령, 재산 및 소득상황, 사회적 경험, 보험가입의 목적 등에 비추어 투자성이 있는 보험이나 변액보험이 고객에게 적합하지 않다고 인정되면 그러한 보험계약의 체결을 권유하여서는 안 되고, 이러한 적합성 원칙을 지키지 않은 채 과대한 위험성을 수반하는 보험계약의 체결을 권유함으로써 그 권유행위가 고객에 대한 보호의무를 저버려 위법성을 띤 행위로 평가되면, 민법 750조 또는 보험업법 102조 1항에 기초하여 그로 인하여 발생한 고객의 손해를 배상할 책임을 부담한다고 판시했다.

---

256) 이에 관해서는 한기정, 보험법, 2025 중에 제2편 제1장 제4절의 내용을 주로 인용하였다.
257) 대판 1994.1.11. 93다26205
258) 대판 2010.11.11. 2010다55699

(3) 구 보험업법 95조의3은 위와 같이 고객보호 의무에 기초한 적합성 원칙을 입법화한 것이다. 보험업법에 적합성 원칙을 입법화한 실익은, 보험회사·모집종사자가 부담하는 적합성 원칙의 존재를 분명하게 확인하는 것이다. 다만, 그 위반 시에 과태료 등이나 불법행위로 인한 손해배상책임에 대해서는 규정하고 있지 않았다. 금융소비자법이 시행됨에 따라 자본시장법 및 보험업법상 적합성 원칙 규정은 2021.3.25.에 실효되었고, 금융소비자법상 적합성 원칙이 그 역할을 대신하고 있다.

2. 적용 범위

(1) 금융상품판매업자등이 일반금융소비자의 정보를 파악하고 그 정보에 대해 해당 일반금융소비자의 확인을 받아야 하는 금융상품의 범위는 다음 각 호와 같다(금융소비자법 17②(1),시행령11①(1)(3)).

가. 보험업법에 따른 변액보험
나. 보험료 또는 공제료의 일부를 자본시장법에 따른 금융투자상품의 취득·처분 또는 그 밖의 방법으로 운용할 수 있도록 하는 보험 또는 공제
다. 보험업법에 따른 보험상품 중 보험료의 납입과 보험금의 지급이 모두 외국통화로 이루어지는 보험(보험료의 납입과 보험금의 지급이 원화로 환산하여 이루어지는 보험을 포함)

(2) 종래에는 변액보험만 적합성 원칙의 적용 대상이었으나 금융소비자법은 변액보험과 유사한 상품까지 적용 대상을 확대하였다.

3. 적용 주체 및 객체

(1) 적합성 원칙을 준수해야 할 주체는 금융상품직접판매업자인 보험회사와 금융상품판매대리·중개업자인 보험설계·중개사, 보험대리점 등이다(금융소비자법2(3)).

(2) 적합성 원칙에 의해 보호되는 객체는 일반금융소비자이다(금융소비자법 17③). 하지만 주의할 것은 금융소비자법상 적합성 원칙은 전문금융소비자에게 적용되지 않지만, 전문금융소비자에게 신의칙상 주의의무로서의 적합성 원칙까지도 배제되는 것은 아니라는 점이다. 설명의무에서와 마찬가지로,[259] 보험회사는 일반적 고객보호의무로서 전문금융소비자에 대해서도 민법상 신의칙에 기초한 적합성 원칙을 부담하고 이를 위반하면 민법상 손해배상책임(민법750)을 진다고 해석한다. 다만, 전문금융소비자의 금융상품가입 경험이나 전문성 등을 고려하여 금융소비자 보호의무의 범위와 정도를 달리 정할 수 있을 것이다.

---

259) 금융투자와 관련하여 대판 2015.2.26. 2014다17220(투자권유단계에서 판매회사의 투자자 보호의무는 투자자가 일반투자자가 아닌 전문투자자라는 이유만으로 배제된다고 볼 수는 없고, 다만 투자신탁재산의 특성과 위험도 수준, 투자자의 투자 경험이나 전문성 등을 고려하여 투자자 보호의무의 범위와 정도를 달리 정할 수 있다)

4. 적합성 원칙의 내용

(1) 금융소비자분류 확인의무

적합성 원칙은 일반금융소비자에게만 적용되고 전문금융소비자에게는 적용되지 아니하므로, 금융상품판매업자등은 금융상품계약체결등을 하거나 자문업무를 하는 경우에는 상대방인 금융소비자가 일반 금융소비자인지 전문금융소비자인지를 확인해야 한다(금융소비자법17①).

(2) 고객파악의무

1) 취지

(1) 적합성 원칙을 준수하기 위해서는 고객의 특성을 파악하는 과정이 선행될 필요가 있다. 이를 가리켜 고객파악의무, 고객이해의무, 고객숙지의무라고 한다(Know Your Customer Rule). 즉 금융상품판매업자등이 일반금융소비자에게 계약체결등을 권유하기 전에 면담 또는 질문을 통하여 일반금융소비자의 연령, 재산상황, 보험가입의 목적 등 대통령령으로 정하는 사항을 파악하고 일반금융소비자의 서명(전자서명법에 따른 전자서명을 포함), 기명날인, 녹취, 그 밖에 대통령령으로 정하는 방법으로 확인을 받아 유지·관리하여야 하며, 확인받은 내용을 일반금융소비자에게 지체 없이 제공해야 한다(금융소비자법17②).

(2) 금융상품판매업자등이 일반금융소비자에게 다음과 같은 금융상품 계약체결을 권유하는 경우에 다음과 같은 구분에 따른 정보를 파악해야 한다(금융소비자법17②).

1. 보장성 상품: 법 108조 1항 3호에 따른 변액보험 등 대통령령으로 정하는 보장성 상품
   가. 일반금융소비자의 연령
   나. 재산상황(부채를 포함한 자산 및 소득에 관한 사항을 말한다.)
   다. 보장성 상품 계약 체결의 목적
2. 투자성 상품(자본시장법 9조 27항에 따른 온라인소액투자중개의 대상이 되는 증권 등 대통령령으로 정하는 투자성 상품은 제외) 및 운용 실적에 따라 수익률 등의 변동 가능성이 있는 금융상품으로서 대통령령으로 정하는 예금성 상품
   가. 일반금융소비자의 해당 금융상품 취득 또는 처분 목적
   나. 재산상황
   다. 취득 또는 처분 경험
3. 대출성 상품
   가. 일반금융소비자의 재산상황
   나. 신용 및 변제계획
4. 그 밖에 일반금융소비자에게 적합한 금융상품 계약의 체결을 권유하기 위하여 필요한 정보로서 대통령령으로 정하는 사항

2) 파악의 대상

① 보장성 상품

(1) 파악의 대상은 고객의 특성이다. 이를 위해서 보장성 상품의 경우 ⓐ 일반금융소비자의 연령, ⓑ 재산상황(부채를 포함한 자산 및 소득에 관한 사항), ⓒ 보장성 상품 계약 체결의 목적 및 ⓓ 그 밖에 일반금융상품계약자에게 적합한 계약의 체결을 권유하기 위해 필요한 정보로서 대통령령으로 정하는 사항을 파악해야 한다(금융소비자법17②).

(2) 위 (1)에서 대통령령으로 정하는 사항은 다음 각 호의 사항을 말한다(금융소비자법 시행령11③(1)).

가. 금융상품을 취득·처분한 경험[260]
나. 금융상품에 대한 이해도
다. 기대이익 및 기대손실 등을 고려한 위험에 대한 태도

② 대출성 상품

(1) 대출성 상품의 경우 ⓐ 일반금융소비자 재산상황, ⓑ 신용 및 변제계획, ⓒ 그 밖에 일반금융소비자에게 적합한 금융상품 계약의 체결을 권유하기 위하여 필요한 정보로서 대통령령으로 정하는 사항을 파악해야 한다(금융소비자법17②(3)(4)).

(2) 위 (1)에서 대통령령으로 정하는 사항은 다음 각 호의 사항을 말한다(금융소비자법 시행령11③(1)).

가. 일반금융소비자의 연령
나. 계약체결의 목적(대출만 해당)

(3) 위 (1)에서 '신용'의 내용은 신용정보법에 따른 신용정보 또는 자본시장법에 따른 신용등급으로 한정하며(금융소비자법시행령11⑤), 적합성 평가에 필요한 범위 내에서 파악해야 한다(금융소비자감독규정10③).

3) 파악의 시기

금융상품판매업자등은 금융소비자법상 적합성 원칙을 충족하기 위해서는 금융상품계약 체결을 권유하기 전에 금융소비자가 일반금융소비자인지 전문금융소비자인지를 확인해야 하며, 계약 체결을 권유하기 전에 고객의 특성을 파악해야 한다.

4) 파악내용의 확인·유지·관리·제공

(1) 고객의 특성을 파악한 다음에는 이를 일반금융소비자의 서명(전자서명법에 따른 전자서명을 포함), 기명날인, 녹취, 그 밖에 대통령령으로 정하는 방법으로 확인을 받아 유지·관리하여야 하며, 확인받은 내용은 일반금융소비자에게 지체 없이 제공해야 한다(금

260) 외화보험의 경우 해당 외화보험 또는 유사한 구조의 외화금융상품을 취득 처분한 경험을 고려한다.

융소비자법17②후).

(2) 금융상품판매업자등은 일반금융소비자로부터 확인받은 내용을 10년(보장성 상품의 보장기간이 10년을 초과하는 경우에는 보장기간) 동안 유지·관리하여야 한다(금융소비자법시행령26②).

(2) 적합성 판단의무

(1) 금융상품판매업자등은 파악한 정보를 고려하여 일반금융소비자에게 적합하지 않다고 인정되는 계약체결을 권유하는 것이 금지된다(금융소비자법17③). 적합성 원칙에 의하여 부담하는 의무는 적합한 계약체결을 권유할 적극적 의무가 아니라 부적합한 계약체결을 권유하지 않을 소극적 의무이다.

(2) 적합성 판단 기준은 금융소비자법 17조 2항 각 호의 구분에 따라 대통령령으로 정한다(금융소비자법17④). 적합성 판단 기준은 다음 각 호의 구분에 따른다. 다만, 해당 기준의 적용이 현저히 불합리하다고 인정되는 경우로서 금융위원회가 정하여 고시하는 사유에 해당하는 때에는 해당 고시에서 정하는 기준에 따를 수 있다(금융소비자법17④, 시행령11④).

1. 보장성 상품 또는 투자성 상품: 금융위원회가 정하여 고시하는 바에 따라 일반금융소비자의 정보를 파악한 결과 손실에 대한 감수능력이 적정한 수준일 것
2. 대출성 상품: 금융위원회가 정하여 고시한 바에 따라 일반금융소비자의 정보를 파악한 결과 상환능력이 적정한 수준일 것

(3) 금융상품판매업자등은 금융소비자법시행령 11조 4항 각 호 외의 본문에 따른 평가를 하는 경우에 다음 각 호의 구분에 따른 사항을 준수해야 한다(금융소비자감독규정10②).

1. 보장성 상품 또는 투자성 상품: 다음 각 목의 사항. 금융소비자법시행령 11조 1항 1호 다목에 따른 보장성 상품의 경우 나목의 사항은 제외한다.
   가. 일반금융소비자의 손실에 대한 감수능력과 관련하여 다음의 사항을 종합 고려하여 평가할 것. 다만, 일반금융소비자 보호를 위해 필요한 경우에는 다음의 사항 중 어느 하나만으로 해당 금융상품에 적합하지 않다고 평가할 수 있다.
      1) 거래 목적
      2) 계약기간, 기대이익 및 기대손실 등을 고려한 위험에 대한 태도
      3) 금융상품에 대한 이해도
      4) 재산상황(보유한 자산 중 금융상품의 유형별 비중을 말한다)
      5) 투자성 상품을 취득·처분한 경험(단, 금융소비자법시행령 11조 1항 1호 다목에 따른 보장성 상품은 해당 상품 및 이와 유사한 구조의 금융상품을 취득·처분한 경험을 말한다)

6) 연령

나. 가목 1)부터 6)까지를 해당 금융상품의 금융소비자법 19조 1항 1호 나목 3)에 따른 위험등급('위험등급')에 관한 정보와 비교하여 평가할 것. 이 경우 해당 금융상품이 다수의 금융상품으로 구성되어 있는 경우에는 각 금융상품의 위험등급을 종합적으로 고려하여 평가할 수 있다.

다. 가목 1)부터 6)까지에 대한 평가결과를 평가근거와 함께 문서에 기록할 것

2. 대출성 상품: 다음 각 목의 사항

가. 일반금융소비자의 상환능력과 관련하여 다음의 사항을 종합 고려하여 평가할 것. 다만, 해당 금융상품의 특성상 필요한 경우에는 다음의 사항 중 어느 하나만으로 평가할 수 있다.

1) 거래 목적

2) 원리금 변제계획

3) 금융소비자법 17조 2항 3호 나목에 따른 신용

4) 재산상황(소득, 부채 및 자산을 말한다) 및 고정지출

5) 연령

나. 가목 1)부터 5)까지에 대한 평가결과를 평가근거와 함께 문서에 기록할 것.

(4) 금융소비자감독규정은 위 (3)에도 불구하고 다음 각 호의 어느 하나에 해당하는 금융상품은 그 특성상 필요한 범위 내에서 금융상품판매업자등이 자체 기준에 따라 평가할 수 있다고 정하고 있다.

1. 여신전문금융업법에 따른 신용카드

1의2. 전자금융거래법 35조의2에 따른 소액후불결제

2. 분양된 주택의 계약 또는 주택조합 조합원의 추가 분담금 발생에 따른 중도금 지급을 목적으로 하는 대출

3. 주택 재건축·재개발에 따른 이주비 확보를 목적으로 하는 대출

4. 환매조건부채권 등 원금손실 위험이 현저히 낮은 투자성 상품

5. 그 밖에 1호부터 4호까지의 규정에 준하는 금융상품으로서 그 특성상 금융소비자감독규정 10조 2항에 따른 기준 적용이 객관적으로 어려운 금융상품

(3) 금융상품판매업자는 일반보험계약자가 제공한 정보에 기초하여 적합성 여부를 판단하였다면 적합성 원칙을 준수한 것이 된다. 적합성 원칙이 제공되지 않은 정보에 대해서까지 탐지의무를 요구하는 것은 아니다.[261]

5. 적합성 원칙 위반의 효과

(1) 사법상 효과

금융소비자법 17조의 적합성원칙을 위반하여 금융계약을 체결한 경우 그 금융계약의

261) 김건식·정순섭, 자본시장법, 2013, 771면

사법적 효력은 인정된다.

(2) 위법계약해지권

(1) 금융상품판매업자등이 적합성 판단의무를 위반하여 금융상품 계약을 체결한 경우 금융소비자가 계약체결에 대한 위반사항을 안 날부터 1년(계약 체결일로부터 5년 내) 이내의 기간 내에 금융소비자는 서면등으로 계약의 해지를 요구할 수 있다(금융소비자법47①,시행령38②). 이 경우 금융상품판매업자등은 해지를 요구받은 날부터 10일 이내에 금융소비자에게 수락여부를 통지하여야 하며, 거절할 때에는 거절사유를 함께 통지하여야 한다. 금융소비자는 금융상품판매업자등이 정당한 사유 없이 요구를 따르지 않는 경우 해당 계약을 해지할 수 있다(금융소비자법47②,시행령38②). 계약이 해지된 경우 금융상품판매업자등은 수수료, 위약금 등 계약의 해지와 관련된 비용을 요구할 수 없다.

(2) 금융상품판매업자등이 고의 또는 과실로 금융소비자법 17조를 위반하여 금융소비자에게 손해를 발생시킨 경우에는 그 손해를 배상할 책임을 진다(금융소비자법44①).

(3) 공법상 효과

금융소비자법 17조 2항 또는 3항을 위반한 경우 과태료(금융소비자법69②(1)(2))가 따른다.

제 5 관 적정성의 원칙

1. 의의

(1) 금융소비자법은 보험업법에는 규정되어 있지 않았던 적정성 원칙을 도입하고 보장성 상품, 대출성 상품 및 투자성 상품에 적용한다.

(2) 적합성 원칙이 금융상품의 계약체결을 '권유'할 때 적용되는 것과 달리 적정성의 원칙은 금융소비자가 '권유가 수반되지 않는' 계약체결 시에 적용된다.

(3) 금융상품판매업자등은 일반금융소비자에게 투자권유를 하지 않는 금융상품 계약체결의 경우에도 일반금융소비자의 재산상황, 금융상품 취득·처분 경험 등을 바탕으로 적정성을 파악해야 하고, 적정하지 않다고 판단되는 경우에는 그 사실을 알리고 서명 등의 방법으로 확인을 받아야 한다(금융소비자법18①).

2. 취지

일반금융소비자의 자발적 의사에 의한 계약체결일지라도 거래위험 및 중복거래를 경고함으로써 일반금융소비자를 보호하기 위함이다.

3. 적용 범위

(1) 보험상품이 속한 보장성 상품을 대상으로 보면, 금융소비자법상 적정성 원칙이 적용되는 금융상품의 구체적인 범위는 적합성 원칙과 같다.

(2) 즉 ⓐ 보장성 상품에 속하는 보험업법에 따른 변액보험, ⓑ 보험료 또는 공제료의 일부를 자본시장법에 따른 금융투자상품의 취득 처분 또는 그 밖의 방법으로 운용할 수 있도록 하는 보험, ⓒ 공제 및 보험료의 납입과 보험금의 지급이 모두 외국통화로 이루어지는 보험(보험료의 납입과 보험금의 지급이 원화로 환산하여 이루어지는 보험을 포함)에 적용된다(금융소비자법18①(1), 시행령12①(1)).

(3) 금융소비자가 자발적으로 계약하려는 경우인 점을 감안하여 대출성 상품의 경우 적정성 원칙이 적용되는 범위가 적합성 원칙보다 좁다. 대출성 상품의 경우 ⓐ 주택법상 주택담보대출과 ⓑ 증권·지적재산권 등을 담보로 한 대출에만 적용한다(금융소비자법18①(3),시행령12①(1)(3)).

4. 적용 주체 및 객체

(1) 적정성 원칙을 준수해야 할 주체는 금융상품직접판매업자인 보험회사와 금융상품판매대리·중개업자인 보험설계·중개사, 보험대리점 등이다(금융소비자법18,2(3)).

(2) 금융소비자법상 적정성 원칙은 일반금융소비자를 대상으로 적용된다(금융소비자법18).

5. 내용

(1) 의의

(1) 금융상품판매업자등은 일반금융소비자에게 계약 체결을 권유하지 않고 금융상품판매계약을 체결하려는 경우에는 미리 면담 또는 질문을 통하여 일반금융소비자의 연령, 재산상황, 금융계약 체결 목적 등 일정한 사항을 파악해야 한다(금융소비자법18①).

(2) 금융상품판매업자등은 파악한 사항을 고려하여 해당 금융상품이 일반금융소비자에게 적정하지 않다고 판단되는 경우에는 그 사실을 알리고, 일반금융소비자로부터 확인을 받아야 한다(금융소비자법18②).

(2) 파악의 대상

① 보장성 상품

(1) 보장성 상품의 경우 일반금융소비자의 연령, 재산상황(부채를 포함한 자산 및 소득에 관한 사항), 보장성 상품 계약체결 목적 및 그 밖에 일반금융소비자에게 적합한 계약의 체

결을 권유하기 위해 필요한 정보로서 대통령령으로 정하는 사항을 파악해야 한다(금융소비자법18①).

(2) 위 (1)에서 대통령령으로 정하는 사항은 다음 각 호의 사항을 말한다(금융소비자법 시행령11③(1)).

가. 금융상품을 취득·처분한 경험[262]
나. 금융상품에 대한 이해도
다. 기대이익 및 기대손실 등을 고려한 위험에 대한 태도

② 대출성 상품

(1) 대출성 상품의 경우 일반금융소비자 재산상황, 신용 및 변제계획, 그 밖에 일반금융소비자에게 적합한 금융상품 계약의 체결을 권유하기 위하여 필요한 정보로서 대통령령으로 정하는 사항을 파악해야 한다(금융소비자법18①(3)).

(2) 위 (1)에서 대통령령으로 정하는 사항은 다음 각 호의 사항을 말한다(금융소비자법 시행령11③(1)).

가. 일반금융소비자의 연령
나. 계약체결의 목적(대출만 해당)

(3) 파악의 시기

고객의 특성을 파악하는 시기는 금융계약을 체결하기 전이다.

(4) 부적정상품 고지의무

(1) 금융상품판매업자등은 파악한 사항을 고려하여 해당 금융상품이 그 일반금융소비자에게 적정하지 않다고 판단되는 경우에는 대통령령으로 정하는 바에 따라 그 사실을 알리고, 그 일반금융소비자로부터 서명, 기명날인, 녹취, 그 밖에 대통령령으로 정하는 방법으로 확인을 받아야 한다(금융소비자법18②).

(2) 적정성 판단 기준은 적합성 원칙과 동일하다(금융소비자법18②(1)).

(3) 금융상품판매업자등은 위 (1)에 따라 해당 금융상품이 일반금융소비자에게 적정하지 않다는 사실을 알리는 경우에는 서면 교부, 우편 또는 전자우편, 전화 또는 팩스, 휴대전화 문자메세지 또는 이에 준하는 의사표시로 알려야 한다(금융소비자법시행령12④전). 이 경우 금융상품판매업자등은 금융상품의 적정성 판단 결과 및 그 이유를 기재한 서류와 설명서를 제공하여야 한다(금융소비자법시행령12④후).

262) 외화보험의 경우 해당 외화보험 또는 유사한 구조의 외화금융상품을 취득 처분한 경험을 고려한다.

6. 위반의 효과

(1) 사법상 효과

금융소비자법 18조의 적정성원칙을 위반하여 금융계약을 체결한 경우 그 금융계약의 사법적 효력은 인정된다.

(2) 위법계약해지권

(1) 금융상품판매업자등이 적정성 판단의무(금융소비자법18②)를 위반하여 금융상품에 관한 계약을 체결한 경우 일반금융소비자가 계약 체결에 대한 위반사항을 안 날부터 1년 이내의 기간(계약체결일로부터 5년 이내)의 범위에서 내에 일반금융소비자는 서면등으로 계약의 해지를 요구할 수 있다(금융소비자법47①,시행령38②).

(2) 이 경우 금융상품판매업자등은 해지를 요구받은 날부터 10일 이내에 금융소비자에게 수락여부를 통지하여야 하며, 거절할 때에는 거절사유를 함께 통지하여야 한다. 금융소비자는 금융상품판매업자등이 정당한 사유 없이 요구를 따르지 않는 경우 해당 계약을 해지할 수 있다(금융소비자법47②,시행령38②). 계약이 해지된 경우 금융상품판매업자등은 수수료, 위약금 등 계약의 해지와 관련된 비용을 요구할 수 없다.

(3) 금융상품판매업자등이 고의 또는 과실로 적정성 원칙을 위반하여 금융소비자에게 손해를 발생시킨 경우에는 그 손해를 배상할 책임을 진다(금융소비자법44①).

(2) 공법상 효과

금융소비자법 18조 1항을 위반하여 정보를 파악하지 아니한 자 또는 2항을 위반하여 해당 금융상품이 적정하지 않다는 사실을 알리지 않거나 확인을 받지 않은 자에게는 과태료(금융소비자법69②(3)(4))가 따른다.

제 6 관 보험광고

1. 규제의 필요성

오늘날 보험회사 또는 모집종사자가 보험상품의 광고를 하는 경우를 흔히 볼 수 있다. 광고매체가 발달하고 보험상품의 판매경쟁이 치열해지면서 보험광고의 증가는 더욱 가속화되고 있다.

2. 보험광고 규제의 기초

(1) 보험광고의 개념

(1) 광고란 사업자가 불특정 다수인을 상대로 자신 또는 자신의 상품이나 용역을 널리

알리거나 제시하는 행위를 말한다. 즉 일반적으로 광고라 함은 사업자(사업자단체 포함)가 상품 또는 용역에 관한 자기 또는 다른 사업자에 관한 사항이나 그의 상품 또는 용역의 거래에 관한 사항을 신문·인터넷신문, 정기간행물, 방송, 전기통신, 그 밖에 대통령령으로 정하는 방법으로 소비자에게 널리 알리거나 제시하는 것을 말한다(표시광고법2(2)). 보험상품 광고의 개념도 이러한 일반적 광고 개념과 다르지 않다.[263)]

(2) 한편 광고와 구분되지만 밀접한 관련이 있는 행위로 표시와 모집이 있다.

(a) 먼저, 표시를 보자. 광고와 표시는 알리려는 대상은 같지만 알리려는 매체가 다르다. 즉 표시란 사업자 또는 사업자단체가 상품 또는 용역에 관한 자기 또는 다른 사업자에 관한 사항이나 그의 상품 또는 용역의 거래에 관한 사항을 상품의 용기·포장(첨부물과 내용물을 포함), 사업장 등의 게시물 또는 상품권·회원권·분양권 등 상품 또는 용역에 관한 권리를 나타내는 증서에 쓰거나 붙인 문자·도형과 상품의 특성을 나타내는 용기·포장을 말한다(표시광고법2(1)).

(b) 한편, 보험모집은 구체적인 특정한 보험계약자를 상대로 해서 보험계약이 체결되도록 하는 법률행위(대리) 또는 이를 위해 노력하는 사실행위(중개)라는 점에서 보험광고와는 구분된다.

(2) 관련 규정

1) 표시광고법

(1) 상품 또는 용역에 관한 광고를 할 때 소비자를 기망하거나 오인시키는 부당한 광고가 행해질 수 있으므로, 이를 방지하고 소비자에게 정확하고 유용한 정보의 제공을 촉진하며 공정한 거래질서를 확립하고 소비자를 보호할 필요성이 있다. 이러한 필요성에 부응하여 제정된 법이 표시광고법이고, 동법 1조에서 그 필요성을 확인할 수 있다. 표시광고법은 광고에 관한 일반법의 지위를 갖는다.

(2) 표시광고법에 의하면, 거짓·과장의 광고, 기만적인 광고, 부당하게 비교하는 광고, 비방적인 광고 등의 부당한 광고를 금지한다(표시광고법3①). 표시광고법 3조 1항, 동법시행령 3조 5항의 위임에 따라 부당한 광고의 세부적인 유형 또는 기준에 관해서 공정거래위원회가 정하여 고시한 것이 '금융상품 등의 표시·광고에 관한 심사지침'이며, 여기에는 심사의 일반원칙,[264)] 그리고 보험상품의 부당한 광고에 대한 세부적인 유형 또는 기

---

263) 특정한 금융소비자를 대상으로 하는 경우에도 금융소비자가 그 광고를 상품 권유로 인지할 수 있는 정도인지에 따라 광고에 해당할 수도 있고 권유에 해당할 수도 있다(금융위원회/금융감독원, "금융광고규제 가이드라인", 2021.6.8., 2면). 금융감독당국은 사실상 불특정 다수로 볼 수 있을 정도로 연령이나 특정 소득계층을 기준으로 포괄적으로 분류된 소비자군에 대해 동일한 정보를 알리는 행위는 "광고"에 해당하나, 다양한 정보의 조합을 통해 소비자군을 세분화하여 사실상 특정 소비자에 맞춤형으로 상품정보를 제공한다고 볼 수 있는 경우에는 "권유"에 해당된다고 판단한다(금융위원회/금융감독원, "금융소비자법 FAQ 답변(3차)", 2021.4.26., 4면)

준으로서 보험료에 관한 사항, 보험혜택에 관한 사항, 중도해약환급금 지급에 관한 사항, 만기환급금 지급에 관한 사항, 부수적 혜택에 관한 사항 등이 포함되어 있다.

2) 금융소비자법

(1) 보험광고의 경우도 소비자를 기망하거나 오인시키는 부당한 광고가 행해질 수 있으므로, 이를 방지하고 소비자에게 바르고 유용한 정보의 제공을 촉진하며 공정한 거래질서를 확립하고 소비자를 보호할 필요성이 있으므로 위 표시광고법의 적용을 받는다. 나아가 보험광고의 경우는 보험상품의 전문성, 복잡성 등을 고려하여 특칙을 둘 필요성이 인정된다. 이 점을 고려하여 구 보험업법 95조의4는 보험광고에 관한 특칙을 두고 있었다. 이 특칙에 관한 한 보험업법 95조의4가 우선하여 적용되고, 나머지 사항은 표시광고법에 따랐다. 보험업법 95조의4는 금융소비자법의 제정과 함께 보험업법에서 삭제되었다.

(2) 금융소비자법 제정에 따라 은행법, 보험업법, 자본시장법 등 개별 금융업법에 마련되어 있던 광고 규제 관련 조항이 금융소비자법으로 통합되었다. 보험업과 관련하여 금융소비자법 22조는 광고 규제 대상을 보장성 상품, 대출성 상품을 포함한 모든 금융상품으로 확대하였다. 금융상품판매업자등이 아닌 자의 금융상품 광고를 원칙적으로 금지하고 금융상품 유형별로 보험상품 광고에 필수적으로 포함시켜야 할 사항 및 광고 시 금지되는 행위에 관해 규정한다. 이와 같은 광고규제는 허위·과장광고로부터 금융소비자를 보호하기 위한 것이다.[265] 표시광고법과 금융소비자법 22조는 광고에 관한 일반법과 특별법의 관계에 있는 것이다.

(3) 규제의 당사자 및 규제대상

1) 규제의 주체

(1) 공정거래위원회는 보험사업자가 표시광고법 3조 1항을 위반한 부당한 광고를 하였다고 인정하여 직권으로 조사할 사유가 있는 경우에는 이를 조사하지 않고 금융위원회에 통보하여 금융위원회에서 처리하도록 해야 한다(표시광고법15④). 이 통보를 받은 금융위원회는 금융관계 법령에 따라 이를 성실히 처리하여 그 결과를 공정거래위원회에 통보

---

264) '금융상품 등의 표시·광고에 관한 심사지침'이 제시하고 있는 심사의 일반원칙은 다음과 같다.
1. 금융상품 등에 관한 표시·광고는 사실에 부합하여야 하며, 특히 다음과 같은 경우 부당한 표시·광고에 해당될 수 있다.
가. 확정되지 않은 사항을 확정적으로 표현하는 경우
나. 객관적인 근거 없이 자신의 상품이 거래통념상 동등한 것으로 인식되고 있는 타 금융상품보다 비교우위가 있다고 표현하는 경우
다. 금융상품 등의 혜택이 일부 제한되는 상품에 대해 제한사항을 누락하거나 은폐함으로써 표시·광고상에 나타난 혜택이 특별한 제한 없이 주어지는 것처럼 소비자를 오인시킬 우려가 있는 경우
라. 금융상품 등의 거래조건 등이 경제여건 등에 따라 장래에 변동될 수 있음에도 그 변동가능성에 대한 내용을 표기하지 않는 경우

265) 금융소비자법 안내자료(2021.3.24.), 37면 참조.

해야 한다(표시광고법15⑤). 공정거래위원회는 부당한 광고를 한 사업자 또는 사업자단체에 대하여 시정조치를 명할 수 있다(표시광고법7①).

(2) 위 (1)은 금융위원회가 금융분야의 전문규제기관으로서 부당한 광고에 대한 조사를 하고, 일반규제기관인 공정거래위원회가 시정명령을 명하도록 역할을 분담시킨 것이다.

2) 규제의 상대방

(1) 금융소비자법 22조의 적용을 받는 규제의 상대방은 금융상품판매업자등(보험회사, 보험설계사, 보험대리점, 보험중개사, 대출모집인, 금융상품자문업자, 협회등)과 보험회사의 임직원이다(법101의2).

(2) 보험업법상 영업행위 규제의 수범자인 보험회사, 보험설계사, 보험대리점 및 보험중개사는 금융소비자법상 금융상품판매업자로서 영업행위 규제의 수범자에도 해당되나, 보험회사의 임직원은 보험업법상 모집종사자이지만 이를 자신의 영업으로 하는 것이 아니어서 금융소비자법의 직접 적용대상은 아니다. 보험업법은 이러한 공백을 메우기 위해 보험회사 임직원에게 금융소비자법상 광고 관련 준수사항에 관한 규정을 준용(법101의2)하고 위반 시 과태료를 신설(법209⑥⒅,⑦)하였다.

3) 규제의 대상

(1) 금융소비자법 22조의 규제 대상 광고는 '금융상품 광고'와 '업무 광고'를 모두 포함한다. 여기서 금융상품 광고는 금융상품의 내용, 거래조건, 그 밖의 거래에 관한 사항을 소비자에게 널리 알리거나 제시하는 광고를 의미하고, 업무 광고는 자문서비스에 관한 광고 및 금융거래 유인 관련 업무에 관한 광고를 의미한다.

(2) 금융소비자법 22조가 규제하는 금융상품은 보장성 상품과 대출성 상품이다. 보장성 상품 중 보험상품이란 위험보장을 목적으로 우연한 사건 발생에 관하여 금전 및 그 밖의 급여를 지급할 것을 약정하고 대가를 수수하는 계약(국민건강보험법에 따른 건강보험, 고용보험법에 따른 고용보험 등 보험계약자의 보호 필요성 및 금융거래 관행 등을 고려하여 대통령령으로 정하는 것은 제외)으로서 생명보험상품, 손해보험상품, 제3보험상품을 가리킨다(법2(1)).

(4) 광고 규제의 일반원칙

(1) 금융상품판매업자등이 금융상품 광고를 하는 경우 금융소비자가 금융상품의 내용에 대해 오해하지 않도록 명확하고 공정하게 전달하여야 한다(금융소비자법22②).

(2) 위 (1)은 금융상품에 대한 규제의 일반원칙으로서 '명확성'과 '공정성'을 규정한 것이다. 명확성과 공정성은 일반적이고 추상적인 기준으로서 광고 규제의 기본적 방향을 가리킨다. 이러한 일반원칙으로부터 아래의 세부적인 규제내용이 도출된다.

3. 광고 주체의 제한

(1) 의의

금융소비자법은 금융상품판매업자등이 아닌 자의 금융상품 내지 업무 광고를 엄격히 제한한다(금융소비자법22①, 시행령17①(1)(2), 감독규정16).

(2) 광고 주체의 원칙적 범위와 예외적 허용

1) 원칙적 범위

금융상품판매업자등이 아닌 자 및 대통령령으로 정하는 금융상품판매업자등은 금융상품에 관한 광고를 할 수 없다(금융소비자법22①). 여기서 광고가 금지되는 '대통령령으로 정하는 금융상품판매업자등'은 다음과 같은 자를 말한다(금융소비자법시행령17①).

1. 업무 광고의 경우: 투자성 상품을 취급하는 금융상품판매대리·중개업자
2. 금융상품 광고의 경우: 금융상품판매대리·중개업자. 다만, 금융상품직접판매업자가 금융위원회가 정하여 고시하는 바에 따라 금융상품판매대리·중개업자에게 허용한 경우(투자성 상품을 취급하는 경우는 제외)는 제외한다.

즉 보험대리점 등 금융상품판매대리·중개업자의 경우 금융상품 광고는 보험회사가 승인한 경우에 허용되며, 금융상품이 아닌 업무 광고는 허용된다.

2) 예외적 허용

(1) 협회 등 다음과 같은 기관 및 금융상품판매업자등이 아닌 자로서 금융상품판매업자등을 자회사·손자회사로 하는 금융지주회사 등 대통령령으로 정하는 자는 금융상품등에 관한 광고를 할 수 있다(금융소비자법22①단).

1. 자본시장법 283조에 따라 설립된 한국금융투자협회
2. 보험업법 175조에 따라 설립된 보험협회 중 생명보험회사로 구성된 협회
3. 보험업법 175조에 따라 설립된 보험협회 중 손해보험회사로 구성된 협회
4. 상호저축은행법 25조에 따라 설립된 상호저축은행중앙회
5. 여신전문금융업법 62조에 따라 설립된 여신전문금융업협회
6. 그 밖에 1호부터 5호까지의 기관에 준하는 기관으로서 대통령령으로 정하는 기관[266]

(2) 위 (1)에서 '금융상품판매업자등을 자회사·손자회사로 하는 금융지주회사 등 대통

---

266) "대통령령으로 정하는 기관"이란 다음 각 호의 기관을 말한다.
1. 「대부업 등의 등록 및 금융이용자 보호에 관한 법률」 18조의2에 따라 설립된 대부업 및 대부중개업 협회
2. 민법 32조에 따라 설립된 전국은행연합회
3. 신용협동조합법에 따른 신용협동조합중앙회
4. 그 밖에 1호부터 3호까지의 기관에 준하는 자로서 금융위원회가 정하여 고시하는 기관

령령으로 정하는 자'란 다음 각 호의 자를 말한다.

1. 금융상품판매업자등을 자회사 또는 손자회사로 하는 금융지주회사
2. 자본시장법에 따른 증권의 발행인 또는 매출인(해당 증권에 관한 광고를 하는 경우로 한정)
3. 「주택도시기금법」에 따른 주택도시보증공사
4. 「한국주택금융공사법」에 따른 한국주택금융공사
5. 집합투자업자
6. 그 밖에 제1호부터 제5호까지의 자에 준하는 자로서 금융위원회가 정하여 고시하는 자

4. 필수적 광고사항

(1) 의의

(1) 금융상품판매업자등이 금융상품에 대해 광고를 하는 경우에는 일정한 사항을 반드시 포함시켜야 한다(금융소비자법22③). 이러한 사항이 필수적 광고사항 또는 법정 광고사항이다.

(2) 위 (1)과 같은 필수적 기재사항을 통하여 금융소비자가 금융상품의 핵심사항을 제대로 파악할 수 있게 되고 그 결과 정보가 부족한 금융상품광고 때문에 발생할 수 있는 금융상품의 내용에 대한 오인가능성을 차단 또는 감소시켜서 합리적 의사결정을 할 수 있게 된다.

(2) 금융상품 공통 필수적 사항

1) 상품설명서 등을 읽어 보도록 권유하는 내용

(1) 금융상품에 관한 계약을 체결하기 전에 금융상품 설명서 및 약관을 읽어 볼 것을 권유하는 내용이 광고에 포함되어야 한다(금융소비자법22③(1)).

(2) 금융상품 광고는 계약 내용의 전체가 아니라 일부만을 대상으로 장점만을 부각시킬 가능성이 있고 이로 인해서 오인가능성이 생기므로, 이를 막기 위해서 상품설명서 및 약관을 읽어 보도록 권유하는 내용을 광고에 포함시키도록 한 것이다.

2) 금융상품판매업자등의 명칭, 금융상품 내용

i) 일반적인 경우

(1) 금융상품판매업자등의 명칭, 금융상품의 내용(금융상품의 명칭, 이자율, 수수료)과 대출조건(갖춰야 할 신용 수준에 관한 사항, 원리금 상환방법)이 광고에 포함되어야 한다(금융소비자법22③(2),시행령18①(1)). 보장성 상품의 경우 보험금 지급제한 사유와 이자율의 범위 및 산출기준[267]이 광고에 포함되어야 한다(금융소비자법22③(2),시행령18①(1)라,감독규정17①(1)가,나).

---

267) 피보험자가 생존 시 금융상품직접판매업자가 지급하는 보험금의 합계액이 일반금융소비자가 이미 납입한 보험료를 초과하는 보장성 상품으로서 일반금융소비자가 적용받을 수 있는 이자율이 고정되

(2) 금융소비자 보호를 위하여 다음의 내용이 포함되어야 한다(금융소비자법22③(2),시행령18③,감독규정[별표5]).

1. 금융소비자법 19조 1항에 따른 설명을 받을 수 있는 권리
2. 금융소비자법 및 내부통제기준에 따른 광고 관련 절차의 준수에 관한 사항
3. 예금자보호법 등 다른 법률에 따른 금융소비자의 보호 내용(대출성 상품 제외)
4. 금융상품판매대리·중개업자의 금융소비자법 26조 1항 1호부터 3호까지의 사항
   1) 판매대리·중개업자가 대리·중개하는 직접판매업자의 명칭 및 업무 내용
   2) 하나의 직접판매업자만을 대리하거나 중개하는 금융상품판매대리·중개업자인지 여부
   3) 직접판매업자로부터 금융상품 계약 체결권을 부여받지 아니한 판매대리·중개업자의 경우 자신이 금융상품계약을 체결할 권한이 없다는 사실
5. 금융상품자문업자의 금융소비자법 27조 3항 1호부터 4호까지의 규정에 따른 사항
   1) 독립금융상품자문업자인지 여부
   2) 금융상품판매업자로부터 자문과 관련한 재산상 이익을 제공받는 경우 그 재산상 이익의 종류 및 규모(다만, 경미한 재산상 이익으로서 대통령령으로 정하는 경우는 제외)
   3) 금융상품판매업을 겸영하는 경우 자신과 금융상품계약 체결등 업무의 위탁관계에 있는 금융상품판매업자의 명칭 및 위탁 내용
   4) 자문업무를 제공하는 금융상품의 범위
6. 그 밖에 금융소비자의 계약 체결이나 권리·의무에 중요한 영향을 미치는 사항으로서 감독규정 [별표5]에서 정하는 사항
   1) 광고의 유효기간이 있는 경우 해당 유효기간
   2) 통계수치나 도표 등을 인용하는 경우 해당 자료의 출처
   3) 연계·제휴서비스 등 부수되는 서비스를 받기 위해 충족해야 할 요건(연계·제휴서비스 등 부수되는 서비스를 광고하는 경우만 해당)
   4) 금융상품판매대리·중개업자의 경우 금융소비자법 2조 3호에 따른 금융관계법률에 따라 등록되어 있다는 사실

ii) 필수적 광고사항 중 일부를 제외할 수 있는 경우

(1) 금융위원회는 금융상품등에 관한 광고의 목적, 광고매체의 특성, 광고시간의 제약 등에 따라 금융소비자법 22조 3항 각 호의 사항을 금융상품등에 관한 광고에 포함시키기 곤란하다고 인정하는 경우에는 금융위원회가 정하여 고시하는 바에 따라 일부 내용을 제외할 수 있다(금융소비자법22③(2),시행령18④).

(2) 금융상품판매업자등이 위 (3)에 따라 일부 내용을 제외할 경우 준수해야 할 기준은 금융상품 유형별로 다음과 같다(금융소비자감독규정17③).

1. 보장성 상품에 관한 광고
   가. 다음의 사항 전부 또는 일부만을 개괄적으로 알릴 것

지 않는 계약에 한정한다.

1) 금융상품의 편익
2) 금융상품에 적합한 금융소비자의 특성 또는 가입요건
3) 금융상품의 특성
4) 판매채널의 특징 및 상담 연락처

나. 영상 또는 음성을 활용하는 광고인 경우에는 광고 시간이 2분 이내일 것

2. 그 밖의 금융상품에 관한 광고: 광고에 금융소비자법시행령 18조 3항 각 호의 내용 중 일부를 제외함으로 인해 금융소비자의 합리적 의사결정이 저해되거나 건전한 시장질서가 훼손될 우려가 없을 것

(3) 즉 보장성 상품은 필수적 광고사항 중 일부 내용을 포함하지 않는 경우 금융상품의 편익, 금융상품에 적합한 금융소비자의 특성 또는 가입요건, 금융상품의 특성, 판매채널의 특징 및 상담 연락처 전부 또는 일부만을 개괄적으로 알리고, 영상 또는 음성을 활용하는 광고인 경우에는 광고 시간이 2분 이내여야 한다. 이와 같이 보장성 상품에 관해 필수적 포함사항 일부를 제외하고 광고하는 경우 ⓐ 광고 시 보장성상품의 가격, 보장내용 및 만기에 지급받는 환급금 등의 특징, 이행조건을 안내하는 방법(음성 또는 자막)이 동일하지 않거나, ⓑ 광고 시 금융상품의 주요 특징을 유사한 단어로 3회 이상 연속 또는 반복하여 음성으로 안내하는 것은 금지된다(금융소비자법시행령20①(6),감독규정19①(4)).

(3) 보장성 상품의 필수 사항

1) 기존계약 해지하고 신계약을 체결 할 때의 불리한 점

(1) 기존에 체결했던 계약을 해지하고 다른 계약을 체결하는 경우에는 계약체결의 거부 또는 보험료가 인상되거나 보장내용이 변경될 수 있다는 사항이 보험광고에 포함되어야 한다(금융소비자법22③(3)가목).

(2) 보험광고는 새로운 보험계약의 장점을 내세우는 것이 보통이지만, 보험계약자가 기존 보험계약을 해지하고 신 보험계약을 체결하는 경우에 위 (1)과 같은 불리한 점도 알고 있어야 양자를 비교형량하여 합리적인 의사결정을 할 수 있게 되므로, 위와 같은 불리한 점을 보험광고에 포함시키게 한 것이다.

2) 적합성 원칙 적용 대상인 보장성 상품

(1) 적합성 원칙 적용대상인 변액보험등의 경우 보험료 중 일부를 금융투자상품을 취득·처분하는데 사용하거나 그 밖의 방법으로 운용한 결과에 따라 보험금 또는 해약환급금에 손실이 발생할 수 있다는 사실이 보험광고에 포함되어야 한다(금융소비자법22,시행령18③(6),감독규정17②[별표5]).

(2) 변액보험등은 자산운용의 성과에 따라 보험금이 변동하는 보험계약으로서(법108①(3)) 자산운용의 경제적 성과가 보험계약자 측에 귀속된다는 점, 그리고 예금자보호법이 적용되는 보험금의 범위에 자산운용과 관련된 특별계정이 원칙적으로 제외된다는 점이 보

험광고에 포함되도록 하여 보험계약자가 변액보험의 위험성에 대해 알 수 있도록 하자는 취지이다.

3) 보험료 · 보험금에 관한 사항

보험료와 보험금 각각의 예시를 광고에 포함하는 보장성 상품의 경우 다음 각 호의 사항이 포함되어야 한다.

1. 주된 위험보장사항 · 부수적인 위험보장사항 및 각각의 보험료 · 보험금 예시
2. 특정 시점(계약체결 후 1년, 3년 및 5년을 말한다)에 해약을 하거나 만기에 이른 경우의 환급금 예시 및 산출근거
3. 해약환급금이 이미 납부한 보험료보다 적거나 없을 수 있다는 사실

(4) 대출성 상품

대출성 상품의 경우 다음의 사항이 광고에 포함되어야 한다(금융소비자법22, 시행령18③(6), 감독규정17②[별표5]).

1. 대출조건
   가. 갖춰야 할 신용 수준에 관한 사항
   나. 원리금 상환방법
2. 금융소비자감독규정 17조 1항에서 대출성상품에 관하여 정하는 사항(신용카드, 시설대여, 연불판매, 할부금융 제외)
   가. 이자율(연체이자율 포함)의 범위 및 산출 기준
   나. 이자 부과시기
   다. 금융소비자가 계약기간 중 금전 · 재화를 상환하는 경우 적용받는 조건
3. 금융소비자감독규정 [별표5]에서 대출성상품에 관하여 정하는 사항 및 관련 경고문구
   가. 상환능력에 비해 대출금, 신용카드 사용액이 과도할 경우 개인신용평점이 하락할 수 있다는 사실
   나. 개인신용평점 하락으로 금융거래와 관련된 불이익이 발생할 수 있다는 사실
   다. 일정 기간 납부해야 할 원리금이 연체될 경우에 계약만료 기한이 도래하기 전에 모든 원리금을 변제해야 할 의무가 발생할 수 있다는 사실

(5) 표시광고법상 필수적 광고사항

1) 의의

(1) 금융상품등에 관한 광고를 할 때 표시광고법 4조 1항에 따른 표시 · 광고사항이 있는 경우에는 같은 법에서 정하는 바에 따른다(금융소비자법22조⑤).

(2) 표시광고법 4조 1항에 따른 광고사항은 소비자 보호 등을 위해서 광고에 반드시 포함시켜야 하는 사항으로서 일종의 필수적 광고사항에 해당한다.

(3) 표시광고법과 금융소비자법 22조는 광고에 관한 일반법과 특별법의 관계에 있다.

일반법과 특별법이 경합적으로 적용되는지 특별법이 단독으로 적용되는지 여부는, 두 법의 관계가 병존관계인지 배척관계인지에 달려 있다. 일반법과 특별법의 관계가 있더라도 두 법이 서로 모순되거나 저촉되지 않으면 경합하여 적용되는 것이며, 서로 모순되거나 저촉되면 특별법 우선의 원칙이 작용하여 특별법만이 적용되는 것이다. 이 경우 두 법이 상호 모순되거나 저촉되는지 여부는 각 법률의 입법목적, 규정사항 및 적용범위 등을 종합적으로 검토하여 판단해야 한다.[268] 금융소비자법 22조 5항은 동법 22조 3항의 필수적 광고사항과 표시광고법 4조 1항에 따른 광고사항이 경합하여 적용되는 병존관계에 있다는 점을 밝혔다는 데에 그 존재 의의가 있다.

2) 표시광고법상 광고사항

(1) 공정거래위원회는 상품 또는 용역이나 거래 분야의 성질에 비추어 소비자 보호 또는 공정한 거래질서 유지를 위하여 필요한 사항으로서 다음 각 호의 어느 하나에 해당하는 사항에 대해서는 사업자 또는 사업자단체가 광고에 포함해야 하는 사항('중요정보')과 광고의 방법을 고시(인터넷 게재를 포함)할 수 있되, 다른 법령에서 표시·광고를 하도록 한 사항은 제외한다(표시광고법4①).

1. 표시·광고를 하지 아니하여 소비자 피해가 자주 발생하는 사항
2. 표시·광고를 하지 아니하면 다음 각 목의 어느 하나에 해당하는 경우가 생길 우려가 있는 사항
   가. 소비자가 상품등의 중대한 결함이나 기능상의 한계 등을 정확히 알지 못하여 구매 선택을 하는 데에 결정적인 영향을 미치게 되는 경우
   나. 소비자의 생명·신체 또는 재산에 위해를 끼칠 가능성이 있는 경우
   다. 그 밖에 소비자의 합리적인 선택을 현저히 그르칠 가능성이 있거나 공정한 거래질서를 현저히 해치는 경우

(2) 사업자 또는 사업자단체는 광고행위를 하는 경우에는 위 (1)에 따라 고시된 중요정보를 광고해야 한다(표시광고법4⑤). 여기서 표시광고법 4조 1항에 따른 광고사항인 중요정보는 소비자 보호 등을 위해서 광고에 반드시 포함시켜야 하는 사항으로서 일종의 필수적 광고사항에 해당하는 것이다.

---

268) 대판 1989.9.12. 88누6856(동일한 형식의 성문법규인 법률이 상호 모순, 저촉되는 경우에는 신법이 구법에, 그리고 특별법이 일반법에 우선한다 할 것이나, 법률이 상호 모순되는지 여부는 각 법률의 입법목적, 규정사항 및 그 적용범위 등을 종합적으로 검토하여 판단하여야 할 것이고, 입법목적을 달리하는 법률들이 일정한 행위를 관할관청의 허가사항으로 각 규정하고 있는 경우에는 어느 법률이 다른 법률에 우선하여 배타적으로 적용된다고 해석되지 아니하는 이상은, 그 행위에 관하여 각 법률의 규정에 따른 허가를 받아야 한다고 할 것이다); 대판 1998.11.27. 98다32564; 대판 2016.11.25. 2014도14166

3) 보험광고에의 적용 문제

(1) 금융소비자법 22조 5항 및 표시광고법 4조 1항에 따르면 다음과 같이 해석할 수 있다. 보험회사 또는 모집종사자는 광고를 할 때 금융소비자법 22조 3항에 따른 필수적 광고사항을 포함해야 하고, 금융소비자법상 필수적 광고사항은 아니지만 표시광고법 4조 1항에 따른 광고사항인 중요정보에 해당하는 정보도 포함해야 한다.

(2) 다만, 표시광고법 4조 1항에 따른 광고사항인 중요정보는 공정거래위원회 고시인 '중요한 표시·광고사항 고시'에 규정되어 있는데, 현재 보험상품에 관해서는 정한 바가 없다. 따라서 현재는 표시광고법 4조 1항에 따른 광고사항인 중요정보는 보험회사 또는 모집종사자가 보험상품의 광고를 할 때 그 적용이 없다.

5. 보장성 상품 광고 시의 금지행위

(1) 의의

(1) 금융상품판매업자등이 보장성 금융상품에 관한 광고를 하는 경우 다음과 같은 행위를 해서는 아니 된다(금융소비자법22④(1)).

가. 보장한도, 보장 제한 조건, 면책사항 또는 감액지급 사항 등을 빠뜨리거나 충분히 고지하지 아니하여 제한 없이 보장을 받을 수 있는 것으로 오인하게 하는 행위
나. 보험금이 큰 특정 내용만을 강조하거나 고액 보장 사례 등을 소개하여 보장내용이 큰 것으로 오인하게 하는 행위
다. 보험료를 일(日) 단위로 표시하거나 보험료의 산출기준을 불충분하게 설명하는 등 보험료등이 저렴한 것으로 오인하게 하는 행위
라. 만기 시 자동갱신되는 상품의 경우 갱신 시 보험료등이 인상될 수 있음을 금융소비자가 인지할 수 있도록 충분히 고지하지 아니하는 행위
마. 금리 및 투자실적에 따라 만기환급금이 변동될 수 있는 보장성상품의 경우 만기환급금이 보장성상품의 만기일에 확정적으로 지급되는 것으로 오인하게 하는 행위 등 금융소비자보호를 위하여 금융소비자법시행령 20조 1항에 정하는 행위

(2) 금융소비자법 22조 4항 1호 마목에서 "대통령령으로 정하는 행위"란 다음 각 호의 행위를 말한다(금융소비자법시행령20①).

1. 이자율 및 투자실적에 따라 만기환급금이 변동될 수 있는 보장성 상품의 경우 만기환급금이 보장성 상품의 만기일에 확정적으로 지급되는 것으로 오인하게 하는 행위
2. 보험료를 일(日) 단위로 표시하는 등 금융소비자의 경제적 부담이 작아 보이도록 하거나 계약체결에 따른 이익을 크게 인지하도록 하여 금융상품을 오인하게끔 표현하는 행위
3. 비교대상 및 기준을 분명하게 밝히지 않거나 객관적인 근거 없이 다른 금융상품등과 비교하는 행위
4. 불확실한 사항에 대해 단정적 판단을 제공하거나 확실하다고 오인하게 할 소지가 있는 내

용을 알리는 행위
5. 계약 체결 여부나 금융소비자의 권리·의무에 중대한 영향을 미치는 사항을 사실과 다르게 알리거나 분명하지 않게 표현하는 행위
6. 그 밖에 제1호부터 제5호까지의 행위에 준하는 것으로서 금융소비자의 합리적 의사결정을 저해하거나 건전한 시장질서를 훼손할 우려가 있다고 금융위원회가 정하여 고시하는 행위

(3) 금융소비자법시행령 20조 1항 6호에서 '금위원회가 정하여 고시하는 행위' 다음 각 호의 구분에 따른 행위를 말한다.

1. 금융소비자에 따라 달라질 수 있는 거래조건을 누구에게나 적용될 수 있는 것처럼 오인하게 만드는 행위
2. 보험금 지급사유나 지급시점이 다름에도 불구하고 각각의 보험금이 한꺼번에 지급되는 것처럼 오인하게 만드는 행위
3. 금융상품에 관한 광고에 연계하여 시행령 46조에서 정한 금액을 초과하는 금품을 금융소비자에 제공하는 행위
4. 17조 3항 1호 각 목의 기준을 충족하는 광고로서 다음 각 목의 어느 하나에 해당하는 행위
   가. 광고 시 다음의 사항을 안내하는 방법(음성 또는 자막 등을 말한다)이 동일하지 않은 경우
      1) 보장성 상품의 가격, 보장내용 및 만기에 지급받는 환급금 등의 특징
      2) 1)의 이행조건
   나. 광고 시 금융상품의 주요 특징을 유사한 단어로 3회 이상 연속 또는 반복하여 음성으로 안내하는 경우
5. 광고에서 금융상품과 관련하여 해당 광고매체 또는 금융상품판매대리·중개업자의 상호를 부각시키는 등 금융소비자가 금융상품직접판매업자를 올바르게 인지하는 것을 방해하는 행위

(2) 보험금에 관한 금지행위

(1) 보장한도, 보장 제한 조건, 면책사항, 감액지급 사항 등을 빠뜨리거나 충분히 고지하지 아니하여 제한 없이 보장을 받을 수 있는 것으로 오인하게 하는 행위가 금지된다(금융소비자법22④(1)). 가령 상해보험에서 기왕증을 감액하고 보험금을 지급한다는 약관조항이 있음에도 기왕증감액을 누락하여 광고하는 경우가 금지된다.

(2) 보험금이 큰 특정 내용만을 강조하거나 고액 보장 사례 등을 소개하여 보장내용이 큰 것으로 오인하게 하는 행위가 금지된다(금융소비자법22④(1)). 가령 보험사고별로 보험금액이 달라짐에도 불구하고 그 중에서 금액이 큰 특정한 보험금액만 강조하거나 그러한 금액의 수령 사례를 소개하는 행위가 금지된다.

(3) 보험금 지급사유 또는 지급시점이 다른 두 개 이상의 보험금을 더하여 하나의 보험사고 발생 시에 지급될 수 있는 것으로 오인하게 하는 행위가 금지된다(시행령20①).

종류가 다른 보험사고별 보험금액을 합산하여 하나의 보험금으로 광고(가령 사망 시의 보험금과 질병 시의 보험금을 합산하여 하나의 보험금으로 광고)하거나, 또는 종류가 같은 보험사고라고 하더라도 발생 시마다 지급될 보험금액을 합산하여 하나의 보험금으로 광고(가령 30세, 40세, 50세, 60세 생존 시에 지급될 각 보험금을 합산하여 하나의 보험금으로 광고)함으로써 마치 하나의 보험사고 발생 시에 지급될 수 있는 것으로 오인하게 하는 행위가 금지되는 것이다.

(3) 보험료에 관한 금지행위

(1) 보험료를 일할로 분할하여 표시하거나 보험료 산출기준(보험가입금액, 보험료 납입기간, 보험기간, 성별, 연령 등)을 불충분하게 설명하여 보험료가 저렴한 것으로 오인하게 하는 행위가 금지된다(금융소비자법22④(1)). 가령 보험료는 월납 또는 연납이 보통인데 보험료를 일할로 분할하여 표시하는 행위가 금지된다. 또한 가령 연령에 따라 보험료가 다름에도 불구하고 보험료가 저렴한 연령을 기준으로 광고하는 행위도 금지된다.

(2) 만기 시에 자동적으로 갱신되는 보장성 상품의 경우, 갱신 시에 보험료가 인상될 수 있음을 보험계약자가 인지할 수 있도록 충분히 고지하지 않는 행위는 금지된다(금융소비자법22④(1)). 갱신 시에 보험료가 인상될 수 있음을 고지하지 않아서 광고한 일정한 보험료가 계속 적용되는 것처럼 오인하게 하는 행위가 금지되는 것이다.

(4) 만기환급금에 관한 금지행위

(1) 이자율 및 투자실적에 따라 만기환급금이 변동될 수 있는 보장성 상품의 경우, 만기환급금이 보장성 상품의 만기일에 확정적으로 지급되는 것으로 오인하게 하는 행위가 금지된다(금융소비자법시행령20①).

(2) 이자율에 따라 만기환급금이 변동될 수 있는 보험이란 '금리연동형보험'과 '자산연계형보험'을 가리킨다.[269] 그리고 투자실적에 따라 만기환급금이 변동될 수 있는 보험상품은 자기책임의 원칙에 따라 투자결과가 개별적으로 보험계약자에게 귀속되는 변액보험을 가리킨다.

(5) 특별이익에 관한 금지행위

(1) 보험회사 또는 모집종사자는 보험상품의 광고를 할 때 보험업법시행령 46조에서 정한 금액을 초과하는 금품을 제공하여 건전한 보험거래질서를 저해하는 행위를 해서는

---

269) *'금리연동형보험'이란 보험회사의 자산운용이익률, 시장금리 등에 따라 계약자적립액 적용이율이 변동되는 보험을 말한다(감독규정1－2(6)).

**'자산연계형보험'이란 특정자산의 수익률 또는 지표 등에 연계하여 계약자적립액 적용이율이 변동되고 특별계정으로 설정·운용되는 금리연동형보험을 말한다(감독규정1－2(8)). 공시이율 이외에 예외적으로 연계지수에 의해서 만기환급금이 변동될 수 있는 보험도 여기에 포함된다. 공시이율이란 보험회사가 공시하는 형태의 이율로서 공시기준이율에 조정률을 반영하여 일정한 방법에 따라 결정된다(감독규정6－12③).

안 된다(금융소비자감독규정19①(3)).

(2) 보험계약의 체결 또는 모집과 관련하여 보험계약자 또는 피보험자에게 금품이 제공되는 것은 금지되지만(법98(1)), 보험계약 체결 시부터 최초 1년간 납입되는 보험료의 100분의 10과 3만 원 중 적은 금품이 제공되는 것은 허용된다(시행령46).

(3) 보험상품의 광고는 보험의 모집과는 구분되지만, 보험광고 시에 금품이 제공되는 것은 모집 시와 마찬가지로 건전한 보험거래질서가 저해될 수 있으므로, 광고 시에도 모집 시에 허용되는 금액까지의 금품 제공만 허용하자는 취지이다.

6. 대출성 상품 광고 시의 금지행위

금융상품판매업자등이 대출성 상품에 관한 광고를 하는 경우 다음과 같은 구분에 따른 행위를 해서는 아니 된다(금융소비자법22④(1)).

1. 대출이자율의 범위·산정방법, 대출이자의 지급·부과 시기 및 부수적 혜택·비용을 명확히 표시하지 아니하여 금융소비자가 오인하게 하는 행위
2. 대출이자를 일 단위로 표시하여 대출이자가 저렴한 것으로 오인하게 하는 행위 등 금융소비자보호를 위하여 금융소비자법시행령 20조 4항에서 정하는 행위
   가. 금융소비자의 경제적 부담이 작아 보이도록 하거나 계약 체결에 따른 이익을 크게 인지하도록 하여 금융상품을 오인하게끔 표현하는 행위
   나. 비교대상 및 기준을 분명하게 밝히지 않거나 객관적인 근거 없이 다른 금융상품등과 비교하는 행위
   다. 불확실한 사항에 대해 단정적 판단을 제공하거나 확실하다고 오인하게 할 소지가 있는 내용을 알리는 행위
   라. 계약 체결 여부나 금융소비자의 권리·의무에 중대한 영향을 미치는 사항을 사실과 다르게 알리거나 분명하지 않게 표현하는 행위
   마. 그 밖에 이에 준하는 것으로서 금융소비자의 합리적 의사결정을 방해하거나 건전한 시장질서를 훼손할 우려가 있다고 금융소비자감독규정 19조 1항에서 정하는 행위
   1) 금융소비자에 따라 달라질 수 있는 거래조건을 누구에게나 적용될 수 있는 것처럼 오인하게 만드는 행위보장한도, 보장 제한 조건, 면책사항 또는 감액지급 사항 등을 빠뜨리거나 충분히 고지하지 아니하여 제한 없이 보장을 받을 수 있는 것으로 오인하게 하는 행위

7. 광고의 방법 및 절차

금융상품판매업자등이 금융상품등에 관한 광고를 하는 경우에는 금융소비자가 금융상품의 내용을 오해하지 아니하도록 명확하고 공정하게 전달하여야 한다(금융소비자법22②). 금융상품판매업자등은 금융상품의 광고를 할 때에 일정한 방법 및 절차를 지켜야 하고, 그 내용은 다음과 같다.

(1) 글씨의 크기 및 음성의 강도·속도

(1) 금융상품판매업자등이 금융상품등에 관한 광고를 하는 경우에는 금융소비자가 광고의 내용을 쉽게 이해할 수 있도록 광고의 글자, 영상 및 음성 등 전달방법에 관하여 금융위원회가 정하여 고시하는 기준을 준수해야 한다(금융소비자법시행령19①).

(2) 위 (1)에서 '금융위원회가 정하여 고시하는 기준'이란 광고에서 글자의 색깔·크기 또는 음성의 속도·크기 등이 해당 금융상품으로 인해 금융소비자가 받을 수 있는 혜택과 불이익을 균형 있게 전달할 것을 말한다(금융소비자감독규정18). 구 보험업법령은 보험상품 광고 방법 및 절차에 관해 글씨 크기, 음성의 강도·속도 등 측면에서 보다 구체적으로 열거하고 있었으나, 금융소비자법은 구체적 열거 없이 원칙적 내용만을 규정하고 있다.

(2) 내부통제기준 및 준법감시인

(1) 금융소비자법상 내부통제기준에 '광고물 제작 및 광고물 내부 심의에 관한 사항이 포함되어야 한다(금융소비자감독규정9②,[별표2]2.나.).

(2) 금융상품판매업자등이 금융상품등에 관한 광고를 하는 경우에는 지배구조법 25조 1항에 따른 준법감시인(준법감시인이 없는 경우에는 감사를 말한다)의 심의를 받아야 한다(금융소비자법시행령19②). 준법감시인이란 내부통제기준의 준수 여부를 점검하고 내부통제기준을 위반하는 경우 이를 조사하는 등 내부통제 관련 업무를 총괄하는 자로서 보험회사는 준법감시인을 1명 이상 두어야 한다(지배구조법25①).

(3) 광고 시의 준수사항을 준법감시인의 확인을 받도록 함으로써 금융상품의 광고 시에 법령을 준수하고 보험계약자 등의 이해관계자를 보호할 수 있게 된다.

8. 보험협회의 확인

(1) 보험협회는 금융상품판매업자등의 금융상품등에 관한 광고와 관련하여 대통령령으로 정하는 바에 따라 금융소비자법 22조 1항부터 4항까지의 광고 관련 기준을 준수하는지를 확인하고 그 결과에 대한 의견을 해당 금융상품판매업자등에게 통보할 수 있다(금융소비자법22⑥).

(2) 보험협회가 금융상품등에 관한 광고 관련 기준을 준수하는지를 확인하는 경우에는 소속 회원사인 금융상품판매업자등(금융상품판매업자와 위탁계약을 체결한 금융상품판매대리·중개업자를 포함)을 그 대상으로 한다(금융소비자법시행령21①). '광고 관련 기준'은 다음 각 호의 사항을 말한다(금융소비자감독규정20②).

1. 보통의 주의력을 가진 일반적인 금융소비자의 관점에서 금융소비자법 22조 1항부터 4항까지의 광고 관련 기준이 지켜졌는지를 확인할 것
2. 광고심의 대상을 선정하는 기준은 금융상품의 특성 및 민원빈도, 광고매체의 파급효과 등을

종합적으로 고려할 것

(3) 보험협회가 금융상품판매업자등이 금융상품등에 관한 광고 관련 기준을 준수하는지를 확인하기 위해 필요한 경우에는 관련 기관·단체 또는 전문가 등에게 자료 또는 의견의 제출을 요청할 수 있다(금융소비자법시행령21②).

(4) 보험협회는 광고심의를 하는 경우 다음 각 호의 절차를 준수하여야 한다(금융소비자감독규정20③).

1. 광고가 이루어지기 전에 확인할 것. 다만, 광고가 생방송으로 이루어지는 경우에는 협회등이 달리 정할 수 있다.
2. 광고심의가 종료된 후에 그 결과(광고에 수정이 필요한 경우에 구체적인 사유를 포함)를 지체 없이 해당 금융상품판매업자(금융상품판매대리·중개업자가 하나의 금융상품직접판매업자가 취급하는 금융상품에 관한 계약의 체결만 대리·중개하는 것을 영업으로 하는 경우에는 해당 금융상품직접판매업자를 말한다)에 통보할 것
3. 광고심의 결과에 대한 이의신청 절차를 마련할 것

(5) 보험협회가 금융상품판매업자등에게 그 의견을 통보하는 경우에는 문서로 해야 한다(금융소비자법시행령21③전). 이 경우 금융상품판매업자등의 법 위반사실이 있는 때에는 그 사실을 금융위원회에 알릴 수 있다(금융소비자법시행령21③후).

(6) 위 (1)은 보험광고에 대한 일종의 자율규제에 해당한다. 이러한 사전심의가 헌법 21조 1항이 보장하는 언론·출판의 자유를 침해하는 것인지에 대한 논란이 있을 수 있는데, 이와 유사한 사례(지금은 삭제된 '건강기능식품에 관한 법률' 16조 1항 및 2항 등에 따라 건강기능식품의 기능성 광고를 하려는 자가 사전에 건강기능식품협회의 심의절차를 거치도록 한 것)에서 헌법재판소가 합헌성을 인정한 것[270]에 비추어 볼 때 금융소비자법 22조 6항의 합헌성을 긍정할 수 있다.[271]

---

270) 헌재 2010.7.29. 2006헌바75(우리 재판소는 사전검열금지원칙을 적용함에 있어서 <u>행정권이 주체가 된 사전심사절차의 존재를 비롯한 4가지 요건을 모두 갖춘 사전심사절차의 경우에만 이를 절대적으로 금지</u>하여 사전검열행위 자체의 범위를 헌법 제21조의 진정한 목적에 맞는 범위 내로 제한하여 적용해 왔다. 이와 같이 사전검열금지원칙을 적용함에 있어서는 사전검열행위 자체의 범위를 제한하여 적용해야 할 뿐만 아니라 사전검열금지원칙이 적용될 대상 역시 헌법이 언론·출판의 자유를 보장하고 사전검열을 금지하는 목적에 맞게 한정하여 적용해야 할 것이다. 건강기능식품의 허위·과장 광고를 사전에 예방하지 않을 경우 불특정 다수가 신체·건강상 피해를 보는 등 광범위한 해악이 초래될 수 있고, 허위·과장 광고 등에 대해 사후적인 제재를 하더라도 소비자들이 신체·건강상으로 이미 입은 피해는 피해 회복이 사실상 불가능할 수 있어서 실효성이 별로 없다는 문제가 있다. 반면에 건강기능식품 광고는 영리 목적의 순수한 상업광고로서 사상이나 지식에 관한 정치적·시민적 표현행위 등과 별로 관련이 없고, 이러한 광고를 사전에 심사한다고 하여 예술활동의 독창성과 창의성 등이 침해되거나 표현의 자유 등이 크게 위축되어 집권자의 입맛에 맞는 표현만 허용되는 결과가 될 위험도 작다. <u>따라서 건강기능식품의 기능성 표시·광고를 하고자 하는 자가 사전에 건강기능식품협회의 심의절차를 거치도록 하는 것은 헌법 제37조 제2항의 과잉금지원칙에 위반하여 청구인의 표현의 자유 등 기본권을 침해한다고 보기 어렵다</u>).

(7) 보험협회는 그 밖에 광고심의에 관한 기준 및 절차를 자율적으로 정할 수 있다(금융소비자법시행령21④,감독규정20④). 이에 따라 보험협회에서 광고 시의 준수사항 및 금지행위, 심의절차 등에 관한 세부적 사항을 정하는 규정을 만들어서 운영하고 있다. 이 규정이 '생명보험 광고선전에 대한 규정', '생명보험 광고선전에 대한 규정 시행세칙', '손해보험 광고선전에 대한 규정', '손해보험 광고선전에 관한 운영세칙' 등이다.

9. 위반 시 효과

(1) 손해배상책임

금융상품판매업자등이 고의 또는 과실로 금융소비자법 22조의 광고규제를 위반하여 금융소비자에게 손해를 발생시킨 경우 이를 배상할 책임이 있다.

금융상품직접판매업자는 금융상품판매대리·중개업자등에 대한 관리책임을 부담하므로, 금융상품판매대리·중개업자등이 대리·중개 업무를 할 때 금융소비자에게 손해를 발생시킨 경우에는 그 손해를 배상할 책임이 있다. 다만, 금융상품직접판매업자가 금융상품판매대리·중개업자등의 선임과 그 업무 감독에 대하여 적절한 주의를 하였고 손해를 방지하기 위하여 노력한 경우에는 면책된다.

(2) 행정적 책임

1) 과징금

금융상품직접판매업자 또는 금융상품자문업자가 금융소비자법 22조 2항 또는 4항을 위반하여 금융상품등에 관한 광고를 한 경우, 위반행위와 관련한 계약으로 얻은 수입 또는 이에 준하는 금액의 50% 이내에서 과징금을 부과받을 수 있다(금융소비자법57①).

금융상품직접판매업자가 금융상품계약체결등을 대리하거나 중개하게 한 금융상품판매대리·중개업자 또는 금융상품직접판매업자의 소속 임직원이 금융소비자법 22조 3항 또는 4항을 위반하여 금융상품등에 관한 광고를 한 경우, 그 금융상품직접판매업자는 그 위반행위와 관련된 계약으로 얻은 수입등의 50% 이내에서 과징금을 부과받을 수 있다. 다만, 금융상품직접판매업자가 그 위반행위를 방지하기 위하여 해당 업무에 관하여 적절한 주의와 감독을 게을리하지 아니한 경우에는 그 금액을 감경하거나 면제받을 수 있다(금융소비자법57②).

2) 과태료

금융상품판매업자등이 금융소비자법 22조 1항, 3항 또는 4항을 위반하여 금융상품등에 관한 광고를 한 경우 과태료(금융소비자법69①(5))에 따른다. 그리고 금융상품판매대리·중개업자가 금융상품계약체결등의 업무를 대리하거나 중개하게 한 금융상품판매대리·중

271) 이성남 254면

개업자가 금융소비자법 22조 3항 또는 4항을 위반하여 금융상품등에 관한 광고를 한 경우에는 그 업무를 대리하거나 중개하게 한 금융상품판매대리·중개업자에게 과태료(금융소비자법69①(6)라)가 따른다. 다만, 업무를 대리하거나 중개하게 한 금융상품판매대리·중개업자로서 그 위반행위를 방지하기 위하여 해당 업무에 관하여 적절한 주의와 감독을 게을리하지 아니한 자는 제외된다(금융소비자법69①(6)단).

3) 제재 조치

금융소비자법 22조를 위반한 금융상품판매업자등 및 그 임직원은 금융위원회 또는 금융감독원으로부터 제재 조치를 받을 수 있다. 제재의 근거와 내용은 금융소비자법 48조부터 64조까지에 규정되어 있는데, 위반행위의 내용과 정도에 따라 위반행위의 시정명령 또는 중지명령, 금융상품 계약 체결의 권유 금지 또는 계약 체결의 제한, 금지명령 등 거래제한 조치(금융소비자법49②), 업무정지 또는 등록취소 등 영업상 제재(금융소비자법51) 등이 가능하다. 이러한 제재는 앞에서 본 과징금(금융소비자법57), 과태료(금융소비자법69)와 병과될 수 있으므로 위법광고가 반복되거나 시정명령 등을 이행하지 아니하는 경우에는 금전제재를 넘어 보다 중한 제재로 이어질 수 있다. 이하에서는 항을 바꾸어 금융소비자법상 제재조치를 상세히 살펴본다.

10. 금융소비자법상 제재조치(금융소비자법 48조~64조)

금융소비자법상 광고규제를 위반한 경우에는 과태료 등 금전제재 외에도 금융위원회·금융감독원에 의한 감독·검사와 행정상 제재(처분·조치), 과징금 부과 및 징수절차가 문제된다. 금융소비자법의 제재체계는 (i) 감독·명령 및 검사(48조~50조), (ii) 금융상품판매업자등에 대한 처분 및 임직원 조치(51조~53조), (iii) 절차적 통제(청문·이의신청·기록/조회: 54조~56조), (iv) 과징금의 부과·불복·징수 및 환급(57조~64조)로 정리할 수 있다.

(1) 감독·명령 및 검사

(1) 금융위원회는 금융소비자의 권익 보호와 건전한 거래질서 유지를 위해 금융상품판매업자등이 금융소비자법 및 이에 따른 명령·처분을 적절히 준수하는지 감독한다(금융소비자법48①). 또한 등록 금융상품자문업자에게는 정기적 업무보고서 제출의무가 부과되고(금융소비자법48②), 등록요건 변동사항의 변경보고의무가 인정된다(금융소비자법48③).

(2) 금융위원회는 필요하다고 인정하면 금융상품판매업자등에 대하여 경영·업무개선, 영업질서 유지, 영업방법 등에 관한 시정·중지 등 조치를 명할 수 있고(금융소비자법49①), 금융상품으로 인해 금융소비자에게 현저한 재산상 피해가 발생할 우려가 명백한 경우에는 해당 금융상품의 권유금지 또는 계약체결의 제한·금지를 명할 수 있다(금융소비자법49②).

(3) 한편 금융상품판매업자등은 업무 및 재산상황에 관하여 금융감독원장의 검사를

받으며(금융소비자법50①), 금융감독원장은 보고·자료제출 요구, 관계인 출석 및 의견진술 요구, 현장 출입에 의한 장부·서류·시설 등 검사를 할 수 있고(금융소비자법50②), 검사결과를 금융위원회에 보고한다(금융소비자법50④).

(2) 금융상품판매업자등에 대한 처분(기관 제재 포함)

(1) 금융위원회는 등록 금융상품판매업자등에 대하여 거짓·부정한 방법에 의한 등록 등 일정 사유가 있는 경우 등록을 취소할 수 있으며(금융소비자법51①), 등록취소 외에도 위반행위의 경중 및 감독목적에 따라 업무정지(6개월 이내), 시정명령, 중지명령, 공표/게시명령, 기관경고, 기관주의 등 다양한 처분을 할 수 있다(금융소비자법51②).

(2) 또한 금융소비자법은 금융상품판매업자등의 업권·지위에 따라 금융감독원장의 건의에 기초한 금융위원회의 조치 또는 금융감독원장에게의 조치권한 위탁 등 집행구조를 달리 정하고 있으므로(금융소비자법51③), 실제 집행에서는 "금융위원회－금융감독원" 간 역할분담과 위탁범위를 함께 확인해야 한다.

(3) 임직원에 대한 조치 및 퇴임·퇴직자에 대한 통보

(1) 금융위원회는 위반행위의 재발방지와 책임추궁을 위하여 금융상품판매업자등의 임직원에 대하여 해임요구·직무정지요구 및 면직·정직(6개월 이내)·감봉·견책·주의 등 신분상 조치를 할 수 있고(금융소비자법52조), 일정 업권에 대해서는 금융감독원장의 건의 또는 금융감독원장에게의 조치 위탁이 가능하다(금융소비자법52③).

(2) 아울러 위반행위에 대한 내부 관리·감독 책임이 있는 임직원에 대해서도 필요한 조치를 함께 하거나 조치하도록 요구할 수 있으나, 관리·감독자가 적절한 주의와 감독을 다한 경우에는 감경·면제가 가능하다(금융소비자법52).

(3) 또한 퇴임한 임원 또는 퇴직한 직원이 재임·재직 중이었더라면 임직원 조치를 받았을 것으로 인정되는 경우, 금융위원회는 그 조치내용을 회사에 통보할 수 있고, 회사는 해당 임원·직원에게 이를 통보해야 한다(금융소비자법53조).

(4) 절차적 통제: 청문·이의신청, 기록·유지 및 조회

(1) 금융위원회는 등록취소 및 임원의 해임요구 또는 직원의 면직요구 등 중대한 처분·조치를 하려면 청문을 실시해야 한다(금융소비자법54).

(2) 등록취소 및 해임·면직요구를 제외한 금융소비자법 51조 및 52조상의 처분 또는 조치에 대해서는 처분·조치를 고지받은 날부터 30일 이내에 이의신청을 할 수 있으며, 금융위원회는 60일 이내에 결정하되 불가피한 경우 30일 범위에서 연장할 수 있다(금융소비자법55조).

(3) 나아가 금융위원회 및 금융감독원장은 금융소비자법 49조, 51조, 52조에 따른 처분·조치를 한 경우 그 내용을 기록·유지·관리해야 하고, 회사도 임직원 조치 및 퇴임자

통보사항을 기록 · 유지 · 관리해야 한다(금융소비자법56조①②). 또한 회사 및 임직원(퇴직자 포함)은 본인 관련 처분 · 조치 여부 및 내용에 대한 조회를 요청할 수 있고, 요청을 받은 기관 또는 회사는 정당한 사유가 없으면 통보해야 한다(금융소비자법56조③④).

(5) 과징금(57조~64조): 부과사유 · 산정 · 감경/면제 · 갈음부과, 불복 및 징수 · 환급

(1) 금융위원회는 금융상품직접판매업자 또는 금융상품자문업자가 (i) 설명의무 위반(금융소비자법19①,19②), (ii) 불공정영업행위(금융소비자법20①), (iii) 부당권유행위(금융소비자법21), (iv) 광고규제 중 일부 위반(금융소비자법22③④)에 해당하는 경우, 위반행위 관련 계약으로 얻은 "수입등"의 50% 이내에서 과징금을 부과할 수 있고, 수입등이 없거나 산정이 곤란한 경우에는 대통령령이 정하는 범위에서 10억원을 초과하지 않는 한도로 과징금을 부과할 수 있다(금융소비자법57①).

(2) 또한 금융상품직접판매업자가 "전속(하나의 직접판매업자만을 대리)" 판매대리 · 중개업자 또는 소속 임직원을 통해 위 각 위반행위가 발생한 경우에도 직접판매업자에게 수입등의 50% 이내 과징금을 부과할 수 있으나, 직접판매업자가 위반행위 방지를 위해 해당 업무에 관하여 적절한 주의와 감독을 게을리하지 아니한 경우에는 감경 또는 면제가 가능하다(금융소비자법57②).

(3) 업무정지 처분이 가능하더라도 그것이 금융소비자 등 이해관계인에게 중대한 영향을 미치거나 공익을 침해할 우려가 있는 경우, 금융위원회는 업무정지처분을 갈음하여 업무정지기간 동안 얻을 이익의 범위에서 과징금을 부과할 수 있다(금융소비자법57③). 수입등 산정에 필요한 구체 사항은 대통령령에서 금융시장 환경변화, 금융상품 유형별 특성, 계약체결 방식, 사업규모 등을 고려하여 정하도록 한다(금융소비자법57④).

(4) 과징금 부과 시에는 위반행위의 내용 · 정도, 위반기간 · 횟수, 취득이익 규모, 업무정지기간 등을 고려해야 하고(금융소비자법58①), 위반법인이 합병하는 경우 위반행위는 합병 후 존속 · 신설법인의 행위로 보아 과징금을 부과 · 징수할 수 있다(금융소비자법58②).

(5) 과징금 부과처분에 대해서도 처분 고지일부터 30일 이내 이의신청이 가능하고, 금융위원회는 60일 이내 결정하되 불가피한 경우 30일 범위에서 연장할 수 있다(금융소비자법59). 과징금의 납부기한 연기 · 분할납부 및 담보 제공 등은 법이 정한 요건과 절차(대통령령 위임)에 따르며, 분할납부액 미납, 담보 미제공, 강제집행 · 파산 · 해산 등으로 징수곤란이 인정되는 경우, 또는 일시납부 가능 사유 발생 등 일정 사유가 있으면 금융위원회는 납부기한 연기 · 분할납부 등을 철회하고 과징금을 일시에 징수할 수 있다(금융소비자법60). 납부기한까지 과징금을 납부하지 않으면 납부기한 다음 날부터 납부 전날까지의 기간에 대해 가산금을 징수할 수 있고(최대 60개월), 독촉 후에도 미납이면 국세체납처분의 예에 따라 징수하며, 관련 업무를 국세청장에게 위탁할 수 있다(금융소비자법61).

(6) 이의신청 재결 또는 법원판결 등으로 과징금 과오납금이 발생한 경우 금융위원회는 지체 없이 환급해야 하고, 다른 과징금이 있으면 환급금으로 충당할 수 있으며(금융소비자법62), 환급 시에는 납부일부터 환급일까지의 기간에 대해 대통령령이 정하는 가산금 이율을 적용한 환급가산금을 지급해야 한다(금융소비자법63).

(7) 과징금 징수의 실효성이 없는 경우(체납처분 종료 후 배분금액 부족, 소멸시효 완성, 무재산·행방불명, 체납처분 목적물 가치 부족, 우선권 있는 조세·담보권 등에 충당 시 잔여 없음이 확인되는 경우 등)에는 결손처분을 할 수 있다(금융소비자법64).

제7관 중복계약 체결의 확인의무

1. 의의

(1) 보험회사 또는 모집종사자는 일정한 보험계약을 모집하기 전에 중복보험이 있는지를 확인해서 보험계약자가 되려는 자에게 알려야 한다. 즉 보험회사 또는 모집종사자는 일정한 보험계약을 모집하기 전에 보험계약자가 되려는 자의 동의를 얻어 모집하고자 하는 보험계약과 동일한 위험을 보장하는 보험계약을 체결하고 있는지를 확인해야 하며 확인한 내용을 보험계약자가 되려는 자에게 즉시 알려야 한다(법95의5①).

(2) 중복보험 확인의무의 주체는 보험회사 또는 모집종사자이다(법95의5①).

(3) 이하에서 중복보험에 적용되는 법리는 무엇이며, 중복보험을 확인해야 할 필요성은 무엇인지에 대해서 먼저 살펴보자.

2. 중복보험과 그 법리

(1) 손해보험에서는 동일한 보험계약이 다수 존재하더라도 발생한 손해를 초과하는 보상을 받을 수 없다. 가령 특정 질병에 관해 치료비를 보상하는 다수의 실손의료보험에 가입한 경우 그 치료비가 1백만 원 발생하면 피보험자는 1백만 원의 보험보상을 받을 수 있을 뿐이지 각 실손의료보험별로 1백만 원씩의 보험보상을 받을 수는 없다.

(2) 위와 같은 결과는 손해보험에 적용되는 이득금지의 원칙 때문이다. 이득금지의 원칙은 손해보험에 적용되는 대원칙이다(통설).[272] 이는 피보험자가 보험을 통해서 자신이 입은 손해를 초과하는 보상을 받음으로써 결과적으로 이득을 얻는 현상을 금지한다는 원칙이다. 이 원칙은 보험의 도박화 또는 인위적 사고 등을 방지하는 것이 그 취지다. 인보험인 상해보험이나 질병보험의 경우 보험사고 발생 시에 정액을 지급하는 것이 아니라 손해를 보상하는 방식으로 당사자가 약정할 수 있는데, 이 경우는 손해보험적 성격도 띠므

272) 손해보험에서 이득금지 원칙을 언급하고 있는 판결로는, 대판 2002.3.26. 2001다6312 등이 있다.

로 중복보험의 법리가 유추적용 또는 준용될 수 있다(판례,[273] 다수설).

3. 중복보험 확인의 필요성

(1) 위 2.에 따르면 손해보험 또는 인보험 중에서 손해보험형 상해보험 또는 질병보험에서 중복보험에 해당되면 수개의 보험계약이 체결되어 있더라도 피보험자가 손해를 초과해서까지 보험금을 받을 수는 없다. 그렇다면 필요 이상의 보험계약이 체결되어서 보험계약자가 보험료를 낭비하는 문제가 있다. 특히 보험계약자의 착오 또는 모집종사자의 설명부족 등으로 인해서 중복보험이 된다는 점을 알지 못하는 보험계약자에게 중복보험의 확인제도는 이러한 문제를 해결하는 데 크게 기여할 수 있다.

(2) 보험계약자가 중복보험계약을 체결한 당사자이므로 자기책임의 원칙에 따라 중복보험으로 인한 보험료 낭비에 따른 불이익을 감수하기보다는, 보험계약의 전문성 및 복잡성 등을 고려한 고객보호의 관점에서 중복보험의 확인제도가 2010년 보험업법 개정을 통해서 도입된 것이다.

4. 중복확인의 대상인 보험계약

(1) 다수의 동일한 보험계약

1) 의의

(1) 확인의무가 적용되는 보험계약은 다수의 동일한 보험계약이 체결된 경우를 가리킨다(법95의5①).

(2) 다수의 동일한 보험계약의 보험금액[274]의 합계가 보험가액[275]을 초과하는지 여부를 묻지 않고, 또한 동일한 보험계약이 체결된 보험회사가 하나인지 다수인지는 묻지 않는다.[276] 가령 보험회사 A와 특정 질병에 대해 치료비로 5백만 원까지 보상하는 실손의료

273) 대판 2006.11.10. 2005다35516

274) 보험금액은 보험계약의 당사자가 보험사고 발생 시에 지급하기로 약정한 금액이다.

275) 보험가액은 피보험이익을 금전으로 평가한 금액이다.

276) 이 점에서 보험업법 95조의5의 중복보험은 상법 672조의 중복보험과 요건 면에서 차이가 있다. 상법 672조의 중복보험은 다수의 동일한 보험계약이 다수의 보험회사와 체결되고 그 보험금액의 합계가 보험가액을 초과한 경우를 가리킨다. 상법 672조는 다수의 보험회사가 보험계약의 당사자이고 보험금액의 합계가 보험가액을 초과한 경우에 피보험자의 손해 범위 내에서 각 보험회사의 책임을 분배하고 조정하기 위해서 둔 규정이다. 따라서 상법 672조의 중복보험 개념은 보험업법 95조의5의 그것에 비해서 요건이 엄격하다. 즉 다수 보험회사가 계약의 당사자일 것, 보험금액의 합계가 보험가액을 초과할 것 등은 상법 672조의 중복보험에만 요구되는 요건이다. 상법 672조 1항에 따르면, 각 보험회사는 각자의 보험금액의 비율에 따라 보상책임(비례책임)을 지되 각자의 보험금액의 한도에서 연대책임을 진다. 예를 들면 보험가액이 1억 6천만 원이고 보험금액은 보험회사 A가 1억 원, 보험회사 B가 1억 원인 중복보험인데, 전손이 발생한 경우를 가정하고 여기에 연대·비례 방식을 적용해 보면, 피보험자는 손해액 1억 6천만 원을 보상받을 때까지 A에게 1억 원을 한도로, B에게 1억 원을 한도로 연대책임을 물을 수 있고, 만약 A가 1억 원의 보험금을 피보험자에게 지급한 경우

보험계약을 체결했는데 동일한 보험회사와 같은 내용의 실손의료보험계약을 추가로 체결하는 경우 중복보험 확인의무가 적용된다. 이 경우에도 중복보험 확인의 필요성은 마찬가지로 인정되어야 하기 때문이다.

2) 동일한 보험계약

(1) 중복보험이 되기 위한 요건인 동일한 보험계약이 무엇인지에 대해서 보험업법 95조의5는 '동일한 위험을 보장하는 보험계약'이라고 규정하고 있다.

(2) 상법 672조 1항 전단은 '보험계약의 목적(피보험이익)과 보험사고가 동일한 보험계약'이라고 규정하고 있는데, 판례[277]와 통설은 구체적으로 피보험자, 보험목적, 피보험이익, 보험사고, 보험기간 등이 동일한 보험계약이라고 정의하고 있고, 이러한 정의는 보험업법 95조의5가 규정하는 중복보험에 대해서도 유효하다고 사료된다.

(3) 동일성의 정도와 관련하여, 겹치는 부분에 대해서만 중복보험으로 취급하면 되므로 완전한 정도로 동일할 필요는 없다(판례,[278] 통설). 이 경우 동일한 부분에 관해서만 중복보험이 성립되는 것이고, 그렇지 아니한 부분은 중복보험이 아니다. 한편, 보험계약자의 동일성은 필요하지 않다(판례,[279] 통설). 중복보험을 통해서 이득을 취득할 가능성은 보험금청구권자인 피보험자를 기준으로 판단하면 되기 때문이다.

(2) 보험계약의 종류

1) 일정한 손해보험계약

(1) 중복보험 확인대상은 실손보상의 원칙이 적용되는 손해보험계약이다. 그런데 보험업법은 중복보험 확인대상을 그 중에서도 '대통령령이 정하는 보험계약'으로 제한한다(법 95의5①).

(2) 위 (1)에서 '대통령령이 정하는 보험계약'이란 실제 부담한 의료비만 지급하는 제3보험상품계약('실손의료보험계약')과 실제 부담한 손해액만을 지급하는 것으로서 금융감독원장이 정하는 보험상품계약('기타손해보험계약')의 두 가지이다(시행령42의5①본).

(3) 종래에는 실손의료보험계약만 중복보험 확인대상이었으나, 2018.6.5.에 보험업법 시행령 개정을 통해서 기타손해보험계약도 그 대상에 포함시킴으로써 확인대상을 확대하였다. 이는 보험계약자 보호를 강화하자는 취지이다. 다만, 금융감독원장은 중복보험에 대한 확인이 용이한지 여부를 판단해서 확인대상에 포함시킬지를 정하게 된다. 중복확인이 곤란하거나 지나친 비용이 발생하는 경우까지 중복확인을 강제하게 되면 규제의 실효성이 감소한다. 중복보험의 확인이 용이한지 여부는 보험상품의 표준화 수준, 중복확인의 전산

라면 자신의 부담분인 8천만 원을 넘어서는 2천만 원을 B에게 구상할 수 있다.

277) 대판 1989.11.14. 88다카29177; 대판 2005.4.29. 2004다57687

278) 대판 2005.4.29. 2004다57687

279) 대판 2005.4.29. 2004다57687

화 수준 등에 달린 문제이다.

(4) 위 (2)에서 '기타손해보험계약'이란 개인이 가입한 다음 각 호의 손해보험계약을 말한다(감독시행세칙2-34의3본). 다만, 단체계약 및 보험기간이 1개월 이하인 보험계약은 제외한다(감독시행세칙2-34의3단).

1. 자동차사고와 관련된 변호사선임비용, 처리지원금을 보상하는 보험계약
2. 자동차보험 중 무보험차에 의한 상해, 다른 자동차 운전 및 다른 자동차 차량손해를 보장하는 보험계약
3. 벌금을 보상하는 보험계약
4. 일상생활배상책임을 보상하는 보험계약
5. 민사소송법률비용 및 의료사고법률비용을 보상하는 보험계약
6. 홀인원비용을 보상하는 보험계약
7. 가전제품수리비용을 보상하는 보험계약
8. 반려동물의 치료비 등을 보상하는 보험계약

2) 제외되는 보험계약

(1) 위 1)의 일정한 손해보험계약에 속하더라도 중복보험 확인대상에서 제외되는 경우가 있다. 즉 다음 각 호의 보험계약은 중복보험 확인대상에서 제외한다(시행령42의5①단).

1. 삭제
2. 여행 중 발생한 위험을 보장하는 보험계약으로서 다음 각 목의 어느 하나에 해당하는 보험계약
   가. 관광진흥법 4조에 따라 등록한 여행업자가 여행자를 위하여 일괄 체결하는 보험계약
   나. 특정 단체가 그 단체의 구성원을 위하여 일괄 체결하는 보험계약
3. 국외여행, 연수 또는 유학 등 국외체류 중 발생한 위험을 보장하는 보험계약

(2) 위 (1)의 2호의 보험계약은 보험회사가 여행업자 또는 단체와 일괄적으로 체결하기 때문에 개별 피보험자별로 중복보험을 확인하기 곤란하고, 3호의 보험계약은 중복보험 사례가 사실상 없기 때문에 예외로 인정한 것이다.[280)]

5. 중복확인의 요건

(1) 보험계약자 동의

보험계약을 모집하기 전에 보험계약자가 되려는 자의 동의를 얻어야 한다(법95의5①). 보험계약자가 되려는 자의 다른 실손의료보험계약 또는 기타손해보험계약의 존재는 개인정보에 해당하므로 동의요건이 필요하다.

280) 성대규·안종민 372면; 정채웅 495면

(2) 확인해야 할 사항

확인해야 할 사항은 피보험자가 되려는 자가 이미 다른 실손의료보험계약 또는 보장내용이 동일한 기타손해보험계약의 피보험자로 되어 있는지 여부이다(시행령42의5②).

(3) 중복확인 방법

1) 의의

(1) 종합신용정보집중기관의 보유정보를 통해서 중복보험을 확인한다. 즉 보험회사 또는 모집종사자는 종합신용정보집중기관이 보유한 계약정보를 통해 피보험자가 되려는 자가 이미 다른 실손의료보험계약의 피보험자로 되어 있는지 여부를 확인해야 한다(감독규정4－35의5①).

(2) 위 (1)의 종합신용정보집중기관이란 대통령령으로 정하는 금융기관 전체로부터의 신용정보를 집중관리·활용하는 신용정보집중기관이며(신용정보법25②(1)), 현재 이 기관이 한국신용정보원이다.

2) 종합신용정보집중기관의 의무

종합신용정보집중기관의 보유정보를 통한 중복확인을 위해서 계약정보의 제공의무 및 보유정보 정확성의 확인의무가 부과된다.

(1) 실손의료보험계약을 체결한 보험회사는 중복확인을 위해서 해당 보험계약 체결 다음날까지 계약내용을 종합신용정보집중기관에 제공해야 한다(감독규정4－35의5②).

(2) 종합신용정보집중기관은 중복확인을 위해서 보유한 계약정보가 실제 계약내용과 일치하는지를 매 분기 확인해야 한다(감독규정4－35의5③).

(4) 중복보험 안내 및 이해확인

1) 안내

(1) 중복보험이 확인된 경우에는 이를 안내해야 한다. 중복확인을 한 결과, 피보험자가 되려는 자가 다른 실손의료보험계약 또는 보장내용이 동일한 기타손해보험계약의 피보험자로 되어 있는 경우에는 보험금 비례분담 등 보장금 지급에 관한 세부 사항을 안내해야 한다(시행령42의5③).

(2) 안내의 주체는 보험회사 또는 모집종사자이고 안내의 상대방은 보험계약자이다(법95의5①).

(3) 안내해야 하는 내용은 중복보험의 존재 및 내용, 보험금 비례분담을 포함한 중복보험의 효과 등이라고 해석한다.

2) 확인

안내사항을 이해했다는 확인을 받아야 한다. 즉 보험계약자가 되려는 자가 그 안내사항을 이해하였음을 서명(전자서명법 2조 2호에 따른 전자서명을 포함), 기명날인, 녹취 및 그 밖에 보험계약자 본인의 의사 전달의 안전성과 신뢰성이 확보될 수 있는 수단을 활용하여 해당 보험계약자에게 본인 의사표시를 확인하여 입증하는 방법 등의 방법으로 확인받아야 한다(감독규정4-35의5④).

제 8 관 통신수단을 이용한 보험모집 등

1. 의의

(1) 규율의 필요성

(1) 전화·우편·사이버몰 등 통신수단을 이용하여 보험계약 체결을 모집하는 경우가 증가하고 있다. 여기서 사이버몰은 인터넷 홈페이지, 컴퓨터통신이라고도 부른다. 통신수단을 이용한 모집의 증가 현상은 통신수단의 발달에 기인한 것이다. 통신수단을 이용한 보험모집은 기존의 대면 방식의 모집과 달리 비대면성을 그 특징으로 한다. 비대면성에 따른 편의성과 신속성 등은 통신수단을 이용한 보험모집의 장점이다. 그런데 기존의 보험모집에 대한 행위규제는 대부분 대면모집을 전제로 한 것들이다. 따라서 비대면성을 요소로 하는 통신수단의 특수성을 감안하여 통신수단을 이용한 보험모집에 대한 법적 규율을 새로이 마련할 필요성이 인정된다. 이에 따라 보험업법 96조 1항이 통신수단을 이용한 모집을 규율하고 있다.

(2) 통신수단의 이용 필요성은 보험의 모집에만 한정되지 않는다. 보험계약을 청약한 이후에도 보험계약자는 통신수단을 이용할 필요성이 적지 않다. 즉 청약의 확인·정정 및 철회, 계약내용의 확인, 계약의 해지 등에서도 통신수단을 이용할 수 있다면 보험계약자의 편의성은 높아진다. 이런 방식으로 보험계약자의 편의성을 도모하기 위해서 보험업법 96조 2항은 통신수단을 이용한 보험계약의 철회, 해지 등에 대해서 규정하고 있다.

(2) 관련 규정

통신수단을 이용한 모집, 철회, 해지 등과 관련하여 보험업법 96조, 동법시행령 43조, 감독규정 4-36조부터 4-38조가 규정하고 있다. 이러한 규정은 주로 통신수단을 이용하여 모집을 하는 보험회사인 통신판매전문보험회사(법9②)에 대해서만 적용되는 것이 아니고 일반 보험회사에 대해서도 적용된다.

2. 통신수단을 이용한 보험모집

(1) 모집의 주체

전화·우편·컴퓨터통신 등 통신수단을 이용하여 모집을 하는 자는 보험업법 83조에 따른 모집종사자이어야 한다(법96①). 감독규정 4-36조 1항도 통신수단을 이용한 보험상품판매('통신판매')에 종사하는 자('통신판매종사자')는 보험업법 83조에 의한 모집종사자이어야 한다고 규정한다. 여기서 통신판매종사자는 보험회사 또는 모집종사자에 소속되어 특히 통신수단을 이용하여 모집에 종사하는 자라고 해석된다. 통신수단을 이용한 모집이더라도 모집종사자의 자격은 동일하게 유지될 필요가 있으며, 보험업법 96조 1항은 이 점을 확인적으로 규정한 것이라고 할 수 있다.

(2) 모집의 상대방

통신수단을 이용한 보험모집은 이에 대해 동의한 자를 대상으로 해야 한다(시행령43①). 이는 통신수단을 이용한 모집의 경우에 다른 사람의 평온한 생활을 침해하지 않아야 한다는 대원칙(법96①)과 관련된다. 이러한 동의 요건을 둠으로써 평온한 생활을 보호할 수 있다.

(3) 모집의 방법

1) 공통 원칙

다음은 전화, 우편, 사이버몰 등 어떤 종류의 통신수단이든 이를 이용하여 보험모집을 하는 경우에 준수해야 할 공통적인 원칙이다.

i) 평온한 생활 보호

전화·우편·컴퓨터통신 등 통신수단을 이용하여 모집하는 경우 다른 사람의 평온한 생활을 침해하는 방법으로 모집을 해서는 안 된다(법96①). 이와 같이 평온한 생활의 보호는 통신수단을 이용하여 모집하는 경우 준수해야 할 대원칙이다.

ii) 개인정보의 보호

(1) '통신모집에 관한 업무를 영위하는 자'는 개인정보의 수집·활용·제공에 있어 관계법령을 준수해야 하며, 개인정보가 유출되어 고객에게 피해를 주지 않도록 통신모집종사자에 대한 교육 및 보안에 만전을 기하여야 한다(감독규정4-36④).

(2) 위 (1)에서 '통신모집에 관한 업무를 영위하는 자'는 통신모집종사자를 소속시켜서 통신수단을 이용하여 모집을 하게 하는 보험회사 또는 모집종사자를 의미한다고 해석한다.

iii) 안내해야 할 사항

(1) 보험회사는 보험모집의 과정에서 다음 각 호의 어느 하나에 해당하는 사유가 발생한 경우로서 보험약관에 따라 보험계약자가 보험계약을 취소할 수 있는 경우에는 보험계약을 취소할 수 있다는 사실과 관련 절차 등을 보험계약자에게 안내해야 한다(감독규정4-36⑭).

1. 보험광고 시 보험약관의 중요 내용을 설명하지 않거나, 사실과 다르게 설명한 것으로 판단될 경우(다만, 음성녹음 과정에서 불충분한 설명 내용을 정정·보완한 경우는 제외)
2. 감독규정 4-36조 13항의 확인 결과 보험약관의 중요 내용을 설명하지 않거나, 사실과 다

르게 설명한 것으로 판단될 경우

(2) 보험회사 및 모집종사자는 보험계약자에게 음성녹음 또는 보험계약자의 전자적 의사표시에 의해 청약이 완료된다는 사실과 보험료의 결제시기, 방법 등을 충분히 안내해야 한다(감독규정4-36의2(4)).

iv) 허위 설명의 금지 등

(1) 보험회사 및 모집종사자는 보험계약 체결을 유도하기 위해 해당 상품이 이벤트 당첨고객 등 특정 고객에게만 제공된다거나, 특정 일자까지만 가입 가능하다고 안내하는 등 사실과 다르게 설명하는 행위가 금지된다(감독규정4-36의2(2)).

(2) 보험계약자에게 음성녹음 또는 보험계약자의 전자적 의사표시에 의해 청약이 완료된다는 사실과 보험료 결제 시기, 방법 등을 충분히 안내하지 않는 행위가 금지된다(감독규정4-36의2(4)).

2) 전화 이용 시

i) 특수성

전화를 이용한 모집('전화이용모집')의 경우 보험회사 또는 모집종사자와 보험계약자 사이에 대면 없이 통화에 의해서 정보, 의사 등이 전달된다는 점이 특징이다. 이러한 특수성을 고려하여 전화이용모집에 대한 특별한 규율이 필요하다. 이에 대해 안내 사항, 질의·설명 및 이해확인, 자필서명, 기타의 순서로 살펴본다.

ii) 안내해야 할 사항

(1) 보험회사 또는 모집종사자는 전화이용모집 시에 고객 접촉단계에서 보험계약자에게 통신판매종사자의 소속, 성명을 정확히 안내해야 한다(감독규정4-36⑤).

(2) 보험회사 또는 모집종사자는 전화이용모집 시에 고객이 본인의 개인정보에 대한 취득경로를 질의할 경우 이를 정확히 안내해야 한다(감독규정4-36⑥).

(3) 보험회사 및 모집종사자는 보험계약자에게 음성녹음 또는 보험계약자의 전자적 의사표시에 의해 청약이 완료된다는 사실을 충분히 안내해야 한다(감독규정4-36의2(4)).

(4) 보험회사는 청약서 부본, 보험증권 또는 별도의 안내문을 통하여 당해 보험계약이 음성녹음에 의해 체결되었다는 사실과 음성내용 확인방법을 보험계약자에게 알려야 한다(감독규정4-36⑫).

iii) 질의·설명 및 이해확인

① 의의

(1) 전화를 이용하여 모집하는 자는 보험계약의 청약이 있으면 보험계약자의 동의를 받아 청약 내용, 보험료의 납입, 보험기간, 고지의무, 약관의 주요 내용 등 보험계약 체결을 위하여 필요한 사항을 질문 또는 설명하고 그에 대한 보험계약자의 답변 및 확인 내용

을 음성녹음하는 등 증거자료를 확보·유지해야 한다(시행령43②).

(2) 보험업법시행령 43조 2항과 관련하여 질의 및 확인 대상을 보다 구체적으로 정한 하위 규정이 있다. 즉 보험회사 또는 모집종사자는 전화이용모집 시에 보험계약의 청약이 종료되기 전에 다음 각 호의 사항 중 보험계약자에게 불이익이 될 수 있는 보험약관의 중요 내용을 선정하여 보험계약자에게 질의하고, 상품설명 내용에 대한 보험계약자의 이해 여부를 확인해야 한다(감독규정4-36⑦).

1. 지급한도, 면책사항, 감액지급사항 등 보험금 지급제한 조건
2. 만기 시 자동으로 갱신되는 보험상품의 경우 자동갱신의 조건(갱신보험료 예시를 포함)
3. 실손의료보험의 경우 중복가입 시에 비례보상된다는 사실
4. 그 밖에 보험계약자에게 불이익이 될 수 있는 사항

(3) 위 (1)의 설명은 보험업법 95조의2가 규정하는 설명과 그 실질이 같다고 사료된다. 다만, 전화이용모집의 특수성을 고려하여 설명대상이 좀 더 추가되고 질문 또는 음성녹음 등과 같은 요소가 추가된 것으로 이해할 수 있다.

(4) 이하에서는 위 내용 중에서 보험계약자의 동의, 표준상품설명대본을 통한 설명, 음성녹음을 통한 이해확인에 대해 좀 더 자세히 살펴보자.

② 보험계약자 동의

(1) 보험계약 체결을 위하여 필요한 사항을 질문 또는 설명하고 그에 대한 보험계약자의 답변 및 확인 내용을 음성녹음하는 등 증거자료를 확보·유지하는 데에 보험계약자의 동의가 요구된다.

(2) 위 (1)과 같이 동의를 요건으로 한 것은 보험계약자의 답변이 개인정보와 관련되고, 또한 음성녹음 등의 적법성 및 증거능력을 확보하기 위해서이다.[281)] 그리고 음성녹음 등의 증거자료를 확보·유지하게 한 것은 전화를 이용한 경우 사후에 확인 여부를 둘러싼 당사자 분쟁이 있을 수 있다는 점을 고려한 것이다.

③ 표준상품설명대본을 통한 설명

(1) 일반 모집의 경우는 상품설명서를 사용하여 보험계약의 중요사항을 설명해야 하는 것이 원칙이다(금융소비자법19②). 하지만 전화이용모집의 경우는 상품설명서 대신에 표준상품설명대본을 통해서 보험계약 중요사항에 대해 설명한다. 즉 보험회사는 보험모집 시에 준수해야 할 상품별 표준상품설명대본을 작성하고 모집종사자가 표준상품설명대본에 따라 통신판매가 이루어지도록 해야 한다(감독규정4-36⑧). 보험회사 및 모집종사자는

281) 누구든지 통신비밀보호법과 형사소송법 또는 군사법원법의 규정에 의하지 않고는 공개되지 않은 타인 간의 대화를 녹음하지 못한다(통신비밀보호법3①). 이에 위반하여, 지득 또는 채록된 전기통신의 내용은 재판 또는 징계절차에서 증거로 사용할 수 없다(통신비밀보호법4).

보험회사가 작성·마련한 표준상품설명대본을 오인 가능성이 있는 내용으로 임의로 수정하여 사용해서는 안 된다(감독규정4-36의2(3)).

(2) 표준상품설명대본의 제작, 심사 등 관리절차 및 방법은 감독규정 4-35조를 준용한다(감독규정4-36⑨). 이를 준용하게 되면 다음과 같다.

(a) 보험회사는 표준상품설명대본의 관리를 전담하는 부서를 지정하고 자체 제작한 표준상품설명대본 및 보험계약의 체결 또는 모집에 종사하는 자가 제작한 표준상품설명대본을 심사하여 관리번호를 부여한 후 사용해야 한다.

(b) 보험중개사 이외의 자는 보험회사의 심사를 받지 아니한 표준상품설명대본을 사용할 수 없다.

(c) 보험회사는 표준상품설명대본을 심사함에 있어 보험계리사 또는 상품계리부서를 참여시켜야 한다.

(d) 금융감독원장은 보험회사 등이 작성한 표준상품설명대본이 부적정한 경우에는 해당 표준상품설명대본의 수정, 폐기, 정정보도 요구 등 적절한 조치를 취할 수 있다.

④ 전자적 정보처리장치의 활용

전화이용모집의 경우 다음 각 호의 요건을 충족하는 경우에 자동화된 전자적 정보처리장치('전자적 상품설명장치')를 활용할 수 있다(감독규정4-36③).

1. 보험계약자에게 전자적 상품 설명장치를 활용하여 보험계약 체결을 위해 필요한 사항을 질문 또는 설명한다는 사실을 미리 안내하고 동의를 받을 것
2. 보험계약자가 질의를 하거나 추가적인 설명을 요청하는 등 전자적 상품설명장치의 활용을 중단할 것을 요구할 경우, 보험을 모집하는 자가 직접 계약자의 질의 또는 요청 등에 즉시 응할 수 있을 것
3. 전자적 상품설명장치에 질문 또는 설명의 속도와 음량을 조절할 수 있는 기능을 갖출 것
4. 2호 및 3호의 내용에 관한 사항을 보험계약자에게 안내할 것

⑤ 음성녹음 및 전자문서를 통한 이해확인

(1) 보험회사는 음성녹음 내용, 전자문서로 기록된 보험계약자의 답변 확인 내용을 감독규정 4-37조 3호의 방법에 의해 보험계약자 또는 피보험자가 확인할 수 있도록 해야 한다(감독규정4-36⑫). 감독규정 4-37조 3호의 방법은 다음 각 목과 같다.

가. 전화
나. 인터넷 홈페이지
다. 문서화된 확인서(보험계약자 및 피보험자[282]가 요청한 경우에 한하며, 모집에 종사하는 자는 보험계약자 또는 피보험자에게 문서화된 확인서를 요청할 수 있음을 보험계약 체결 전에 알려야 한다)

282) "보험계약자 및 피보험자"라고 규정하지만 "보험계약자 또는 피보험자"라고 해석한다.

(3) 보험회사는 청약서 부본, 보험증권 또는 별도의 안내문을 통하여 당해 보험계약이 음성녹음에 의해 체결되었다는 사실과 음성내용 확인방법을 보험계약자에게 알려야 한다(감독규정4-36⑫).

(4) 위 (1)과 같은 확인을 위해서 보험회사 및 모집종사자는 전화이용모집의 경우 보험계약자와 최초 통화내용부터 청약완료 시까지 모든 통화과정을 음성녹음하여 보관해야 한다(감독규정4-36⑩). 다만, 금융소비자법 19조 1항에 따른 중요사항 이외에 보험계약 체결을 위하여 필요한 사항에 대하여 질문 또는 설명하고 그에 대한 보험계약자의 답변 및 확인내용에 대한 증거자료를 확보·유지하기 위하여 전자우편, 휴대전화 문자메시지 또는 이에 준하는 전자적 의사표시 등 전자적 방법으로 음성녹음을 대체할 수 있다(감독규정4-36②). 이 경우, 보험계약자가 전화로 설명을 들은 내용과 실제 보험계약의 내용이 동일한지 확인할 수 있도록 금융소비자법 19조 2항에 따른 설명서를 보험계약이 체결되기 전에 전자적 방법으로 제공하여야 한다(감독규정4-36②).

(5) 보험회사는 매월 전화를 이용하여 체결한 보험계약의 100분의 20 이상에 대하여 음성녹음 또는 전자문서로 기록된 보험계약자의 답변·확인 내용을 점검하여 모집종사자가 보험계약자에게 표준상품설명대본에 따라 보험계약의 내용을 제대로 설명하였는지 여부 등을 확인해야 한다(감독규정4-36⑬).

(6) 전화이용모집의 경우 다음 각 호의 요건을 모두 충족하는 경우 8항 및 10항에도 불구하고 금융소비자법 19조 1항에 따른 중요사항에 대하여 컴퓨터, 모바일 단말기 등 전자적 방법으로 질문 또는 설명하고 그에 대한 보험계약자의 답변 및 확인내용을 전자문서로 저장하는 등 증거자료('전자적 증거자료')를 확보·유지하는 방법으로 음성녹음을 대체할 수 있다(감독규정4-36⑱).

1. 다음 각 목에서 정한 보험계약이 아닐 것
   가. 변액보험
   나. 저축성보험계약
   다. 월납보험료가 20만원을 초과하는 보험계약
   라. 보험계약자와 피보험자가 동일하지 아니한 보험계약(다만, 피보험자에게 별도로 전화를 통해 계약체결 사실을 알리고 이에 대한 동의 및 고지의무에 관한 사항 등을 음성녹음한 경우는 제외)
2. 모집종사자가 제공하는 화면을 통해 보험계약자가 설명내용을 이해하고 확인할 수 있도록 화면구성, 설명절차 등 기술적 장치를 마련할 것
3. 표준상품설명대본에 대한 질문·설명내용과 보험계약자의 답변·확인내용이 저장된 전자문서를 보안이 유지되는 별도의 시스템에 보관하고 보험계약자가 인터넷 홈페이지 등을 통해 개별적으로 확인할 수 있도록 할 것
4. 전자적 증거자료의 표준안을 인터넷 홈페이지에 게시할 것

5. 보험계약자가 설명을 받은 내용과 실제 보험계약의 내용이 동일한지 확인할 수 있도록 금융소비자법 19조 2항에 따른 설명서를 보험계약이 체결되기 전에 전자적 방법으로 제공할 것

iv) 자필서명

(1) 전화이용 모집종사자는 보험계약의 청약이 있으면 우편이나 팩스 등을 통하여 지체 없이 보험계약자로부터 청약서에 자필서명을 받아야 한다(시행령43②). 여기서 자필서명에는 날인이 포함되지 않는다고 해석한다.[283] 일반적인 보험모집의 경우에도 자필서명이 필요한데, 이는 표준약관에 근거한다.[284] 전화이용모집의 경우에는 청약의사의 존재를 명확하게 하기 위해서 자필서명의 수령을 법령으로 강제하는 것이다.

(2) 다만, 청약자의 신원을 확인할 수 있는 증명자료가 있는 등 '금융위원회가 정하여 고시하는 경우'에는 자필서명을 받지 않을 수 있다(시행령43③). 여기서 '금융위원회가 정하여 고시하는 경우'는 다음 각 호의 사항이 모두 충족되는 경우를 말한다(감독규정4-37).

1. 다음 각 목의 하나에 해당하는 보험계약
   가. 사망 또는 장해를 보장하지 아니하는 보험계약
   나. 사망 또는 장해를 보장하는 보험계약으로서 보험계약자, 피보험자 및 보험수익자가 동일하거나 보험계약자와 피보험자가 동일하고 보험수익자가 법정상속인인 보험계약
   다. 사망을 보장하는 보험계약으로서 상법 시행령 44조의2 각 호의 요건을 충족하는 전자서명을 받은 보험계약 및 장해를 보장하는 보험계약으로서 상법 시행령 44조의2 1호, 3호 및 4호의 요건을 충족하는 전자서명을 받은 보험계약
   라. 신용생명보험계약 또는 신용손해보험계약
   마. 보험계약자와 피보험자가 동일하고 보험금이 비영리법인에게 기부되는 보험계약
2. 본인확인내용, 보험청약내용, 보험료납입, 보험기간, 고지의무, 보험약관의 주요내용 등 보험계약 체결을 위하여 필요한 사항을 질문 또는 설명하고 그에 대한 보험계약자의 답변, 확인내용을 음성녹음 하는 등 그 증거자료를 확보, 유지하는 시스템을 갖출 것
3. 2호에 따른 음성녹음 내용을 다음 각 목의 방법에 의해 보험계약자 및 피보험자가 확인할 수 있을 것
   가. 전화
   나. 인터넷 홈페이지
   다. 문서화된 확인서(보험계약자 및 피보험자가 요청한 경우에 한하며, 모집에 종사하는 자는 보험계약자 또는 피보험자에게 문서화된 확인서를 요청할 수 있음을 보험계약 체결 전에 알려야 한다)

---

283) 보험업법 95조의2 2항도 서명을 기명날인 등과 구분하고 있다.

284) 가령 생명보험표준약관 18조 2항은 "계약을 체결할 때 계약자가 청약서에 자필서명(날인, 전자서명법 2조 2호에 따른 전자서명 또는 2조 3호에 따른 공인전자서명을 포함함)을 하지 않으면 보험계약자는 계약이 성립한 날부터 3개월 이내에 계약을 취소할 수 있다"라고 규정한다. 이에 따르면 자필서명을 해야 하는 시기는 보험계약의 체결 시이고, 자필서명에는 날인, 전자서명, 공인전자서명이 포함됨을 알 수 있다.

v) 기타

보험회사 및 모집종사자는 통화 또는 청약의 의사가 없음을 명백히 밝히는 고객, 통화를 중단하고 금융소비자법 19조 2항에 따른 상품설명서('설명서') 등 보험안내자료를 우선 확인하고자 하는 고객 등에게 상품 소개, 계약체결 권유 등을 지속하는 행위가 금지된다(감독규정4-36의2(1)). 이는 전화이용모집의 과정에서 보험계약자의 의사에 반하여 모집하는 행위를 금지하는 것이다.

3) 사이버몰 이용 시

i) 특수성

사이버몰(cybermall)은 인터넷 홈페이지, 컴퓨터통신 등이라고도 불린다. 이와 같은 사이버몰을 이용한 보험모집('사이버몰이용모집')의 경우 보험회사 또는 모집종사자와 보험계약자 사이에 대면 없이 전자적 방식으로 정보, 의사 등이 전달된다는 점이 특징이다. 이러한 특수성을 고려하여 사이버몰이용모집에 대한 특별한 규율이 필요하다. 이에 대해 전자거래약관, 설명의무 이행, 보험약관 또는 보험증권, 자필서명의 순서로 살펴본다.

ii) 전자거래 관련 약관

(1) 컴퓨터 등 전자적 수단으로 보험계약의 체결 및 대출 등을 하려는 보험회사는 그 거래의 안정성과 보험서비스 이용자의 보호를 위하여 보험회사와 보험서비스 이용자 간의 권리와 의무를 정한 약관을 마련하여 사용해야 한다(감독규정4-38②).

(2) 위 (1)의 전자거래 관련 약관에는 사이버몰의 특수성을 고려하여 당사자 사이의 권리와 의무에 대해 규정하게 된다.

iii) 설명의무 이행

① 의의

사이버몰이용모집의 경우에도 보험업법상 설명의무(법95의2)를 이행해야 한다. 주로 문제가 되는 것은 보험계약 중요사항의 설명의무이다(법95의2①·②).

② 일반적인 경우

일반 모집의 경우는 보험회사 또는 모집종사자는 상품설명서를 사용해서 보험계약 중요사항의 설명에 대한 확인, 서명, 교부 및 보관을 해야 한다.

③ 사이버몰이용모집인 경우

사이버몰회사이용모집의 경우에는 그 특수성을 감안하여 다음과 같은 방식으로 위 설명의무를 이행할 수 있다.

(ㄱ) 전자서면

(1) 일반 모집의 방식대로 설명의무를 이행하되 전자적 요소를 반영하는 방안이다. 즉 전자문서 형식의 상품설명서를 사용하여 보험계약의 중요사항을 설명하고 전자서명 등으

로 서명한다.

(2) 전자문서 형태의 설명과 관련하여 생명보험표준약관 18조 1항 1호에 따르면, 보험회사는 보험계약자의 동의를 얻어 "인터넷 홈페이지에서 약관 및 그 설명문(약관의 중요한 내용을 알 수 있도록 설명한 문서)을 읽거나 내려받게 하는 방법"으로 설명하고 "이 경우 계약자가 이를 읽거나 내려받은 것을 확인한 때에 당해 약관을 드리고 그 중요한 내용을 설명한 것으로 봅니다"라고 규정한다.

(3) 위 (2)는 사이버몰이용모집의 비대면성을 고려한 일종의 전자서면을 통한 설명방식이다.[285] 그리고 설명에 대한 이해확인 등에 필요한 서명은 전자서명법 2조 2호에 따른 전자서명 및 그 밖에 전자금융거래법 21조 2항[286]에 따르는 기준을 준수하는 안정성과 신뢰성이 확보될 수 있는 수단을 활용하여 하는 서명 방식을 활용한다.

(ㄴ) 표준상품설명대본

(1) 표준상품설명대본을 통해서 보험계약 중요사항에 대해 설명하고 이해확인을 하는 방안이다. 즉 전화 등 통신수단을 이용하여 보험을 모집하는 경우는 표준상품설명대본을 통해 보험계약의 중요사항을 설명하고 녹취를 통해 보험계약자가 이해하였음을 확인할 수 있다(감독규정4-35의2③(1)).

(2) 위 (1)에 따르면 사이버몰을 이용한 모집의 경우 보험계약 중요사항에 대한 설명과 이해확인에 관한 한 표준상품설명대본을 통해 설명하고 그 내용을 녹취하여 보험계약자가 이해했음을 확인받으면 상품설명서에 의한 확인 등이 면제되는 것이다. 이것은 사이버몰이용모집에 전화를 사용한 설명의무 이행이 가미된 것이다.

iv) 보험약관 또는 보험증권 등

① 표시

(1) 사이버몰을 이용하여 모집하는 자는 사이버몰에 보험약관의 주요 내용을 표시해야 한다(시행령43⑤(2)).

(2) 모집을 위한 사이버몰에 다음 각 호의 사항도 이용자가 쉽게 알 수 있도록 표시해야 한다(감독규정4-38①).

1. 사이버몰을 설치한 자의 성명 또는 상호나 명칭, 전화번호, 주소 및 위탁 보험회사의 상호나 명칭
2. 자필(전자)서명, 고지의무 위반 시 불이익 등 보험계약 청약 시의 유의사항
3. 청약철회, 보험료 미납 시 계약해지, 보험료납입 유예 및 계약부활, 통지의무 등 계약변동

---

285) 전자상거래는 약관규제법 3조 3항이 규정하고 있는 "계약의 성질상 설명하는 것이 현저하게 곤란한 경우"에 해당한다고 보아서 설명의무를 면제하자는 논의도 있다(이에 대해서는 장경환(보험업법2) 127면을 참조).

286) 전자금융거래법 21조 2항에 대해서는 위 각주 161)을 참조.

에 관한 사항
4. 예금자보호제도, 보험상담 및 분쟁조정 등 보험계약자 보호에 관한 사항
5. 해약환급금이 적은 이유 등 보험료 환급에 관한 사항
6. 보장내용, 가입자격의 범위 및 보상하지 않는 손해의 내용 등 보험상품의 중요사항

(3) 위 (1)의 보험약관의 '표시'는 약관규제법 3조 2항이 규정하는 보험약관의 '명시'에 상응하는 개념이다. 보험약관을 명시하지 않으면 사업자는 이를 계약의 내용으로 주장하지 못한다는 점(약관규제법3④)에서 이 명시의무는 사법적 의무이다. 이와 달리 사이버몰을 이용하여 모집하는 자가 사이버몰에 보험약관의 주요 내용을 표시한다는 보험업법시행령 43조 4항 2호는 공법적 의무이다. 이는 사이버몰에서 보험계약자에 대한 정보제공의무의 실효성을 강화하려는 취지이다.

② 발급

(1) 사이버몰을 이용하여 모집하는 자는 보험약관 또는 보험증권을 전자문서로 발급하는 경우에 보험계약자가 해당 문서를 수령하였는지를 확인해야 하며, 보험계약자가 서면으로 발급해 줄 것을 요청하는 경우에는 서면으로 발급해야 한다(시행령43④(3)).

(2) 위 (1)에서 보험약관 또는 보험증권의 '발급'은 '교부'를 의미한다. 우편과 달리 전자문서의 경우 보험계약자에게 도달해도 보험계약자가 이를 확인하지 않는 경우가 많다는 점을 고려하여 수령 여부를 확인하게 한 것이다.

v) 자필서명

(1) 사이버몰을 이용하여 모집하는 자는 보험계약자의 청약내용에 대해 원칙적으로 보험계약자로부터 자필서명을 받아야 한다(시행령43⑤(2)).

(2) 위 (1)의 자필서명에는 날인이 포함되지 않는다고 해석한다.[287] 일반적인 보험모집의 경우에도 자필서명이 필요한데, 이는 표준약관에 근거한다.[288] 사이버몰이용모집의 경우에는 전화이용모집과 마찬가지로 청약의사의 존재를 명확하게 하기 위해서 자필서명의 수령을 법령으로 강제하는 것이다.

(3) 다만, 청약자의 신원을 확인할 수 있는 엄격한 요건이 충족된 경우에는 자필서명을 요구하지 않는다. 즉 보험계약자의 청약내용에 대해서 다음 각 목의 어느 하나에 해당하는 경우는 자필서명의 예외이다(시행령43④(2)).

---

287) 보험업법 95조의2 2항도 서명을 기명날인 등과 구분하고 있다.

288) 가령 생명보험표준약관 18조 2항은 "계약을 체결할 때 계약자가 청약서에 자필서명(날인, 전자서명법 2조 2호에 따른 전자서명 또는 2조 3호에 따른 공인전자서명을 포함함)을 하지 않으면 보험계약자는 계약이 성립한 날부터 3개월 이내에 계약을 취소할 수 있다"고 규정한다. 이에 따르면 자필서명을 해야 하는 시기는 보험계약의 체결 시이고, 자필서명에는 날인, 전자서명, 공인전자서명이 포함됨을 알 수 있다.

가. 전자서명법 2조 2호에 따른 전자서명(서명자의 실지명의를 확인할 수 있는 것으로 한정)을 받은 경우

나. 그 밖에 금융위원회가 정하는 기준[289)]을 준수하는 안전성과 신뢰성이 확보될 수 있는 수단을 활용하여 청약 내용에 대하여 보험계약자의 확인을 받은 경우

4) 홈쇼핑 이용 시

(1) '홈쇼핑 사업자'가 보험광고를 하면서 보험을 모집하는 경우가 있다. 이러한 광고 및 모집 주체는 방송채널사용사업자로 승인된 보험대리점이며, 이는 방송법 9조 5항 단서에 의해 상품소개와 판매에 관한 전문편성을 행하는 방송채널사용사업[290)]을 하려는 자로서 과학기술정보통신부장관의 승인을 받은 후 보험업법 87조에 따라 보험대리점으로 등록한 자를 가리킨다.

(2) 보험회사는 방송채널사용사업자로 승인된 보험대리점의 판매방송에 대한 대가를 모집수수료 형태로 지급해야 하고 광고비 형태로 지급해서는 아니된다(감독규정4-36⑬). 이러한 보험대리점이 보험회사에 대해 과도한 수수료를 요구할 수 있으므로 판매방송에 대한 대가를 모집수수료로서 통제할 수 있도록 하자는 취지이다.[291)]

5) 인터넷 화상장치 이용 시

(1) 보험업법 96조 1항에 따른 통신수단 중 동영상과 음성을 동시에 송수신하는 인터넷 화상장치를 이용하여 모집하는 자는 다음 각 호의 사항을 준수해야 한다(시행령43④).

1. 보험회사가 구축한 인터넷 화상장치를 이용할 것
2. 보험계약의 청약이 있는 경우 보험계약자의 동의를 받아 청약 내용, 보험료의 납입, 보험기간, 고지의무, 약관의 주요 내용 등 보험계약 체결을 위하여 필요한 사항을 질문 또는 설명하고 그에 대한 보험계약자의 답변 및 확인 내용 등을 음성녹음하거나 전자문서로 저장하는 등 증거자료를 확보·유지할 것
3. 보험계약자의 청약 내용에 대해서는 다음 각 목의 어느 하나에 해당하는 경우 외에는 우편이나 팩스 등을 통하여 지체 없이 보험계약자로부터 청약서에 자필서명을 받을 것
   가. 전자서명법 2조 2호에 따른 전자서명(서명자의 실지명의를 확인할 수 있는 것으로 한정)을 받은 경우
   나. 그 밖에 금융위원회가 정하는 기준을 준수하는 안전성과 신뢰성이 확보될 수 있는 수단을 활용하여 청약 내용에 대하여 보험계약자의 확인을 받은 경우
4. 그 밖에 보험계약자 보호를 위해 금융위원회가 정하여 고시하는 사항을 준수할 것

---

289) 금융위원회가 정하는 기준은 전자금융거래법 21조 2항에 따른 기준이고(감독규정4-35의2⑦), 이에 대해서는 위 각주 231)을 참조.

290) 방송채널사용사업이란 지상파방송사업자, 종합유선방송사업자 또는 위성방송사업자와 특정채널의 전부 또는 일부 시간에 대한 전용사용계약을 체결하여 그 채널을 사용하는 사업을 가리킨다(방송법 2(2)라).

291) 정채웅 504면

(2) 인터넷 화상장치를 이용하여 모집하는 자가 지켜야 할 사항은 다음과 같다(감독규정4－36⑲).

1. 모집종사자는 보험계약자와 공유하는 화면을 통해 설명내용을 동시에 보면서 진행할 것
2. 보험회사 및 모집종사자는 다음 각 목의 정보를 음성녹음이나 '전자문서 및 전자거래 기본법' 2조 1호에 따른 전자문서 등 증거자료로 확보·유지할 것
   가. 인터넷 화상장치 이용시기, 보험계약자의 정보 및 본인확인 여부, 보험회사 정보, 설명상품, 중요사항 설명 여부 등의 정보가 포함된 로그정보(서버나 컴퓨터 등에서 처리한 내용이나 이용 상황을 시간의 흐름에 따라 전자적으로 기록한 정보를 말한다.)
   나. 인터넷 화상장치를 통해 금융소비자법 19조 1항 1호 가목에 따른 사항 등을 설명한 내용, 보험계약자에게 보험업법시행령 43조 4항 2호에 따라 청약내용에 대하여 질문한 자료 및 그에 대해 보험계약자가 답변하고 확인한 내용
3. 보험회사가 매분기 인터넷 화상장치를 이용하여 체결한 보험계약의 100분의 20 이상에 대하여 1호의 설명자료와 2호 각 목의 증거자료에 이상이 없는지 확인할 것

(3) 보험협회는 인터넷 화상장치를 이용한 보험모집과 관련하여 보험회사와 모집종사자가 금융소비자 보호 등을 위하여 준수하여야 할 사항에 관한 모범규준을 마련할 수 있다(감독규정4－36⑳).

(4) 통신판매전문보험회사의 특칙

1) 개념

통신판매전문보험회사에 대한 특칙이 있다. 전화·우편·컴퓨터통신 등 통신수단을 이용하여 대통령령으로 정하는 바에 따라 모집을 하는 보험회사가 통신판매전문보험회사이다(법9②). 통신판매전문보험회사는 총보험계약건수 및 수입보험료의 100분의 90 이상을 전화, 우편, 컴퓨터통신 등 통신수단을 이용하여 모집하는 보험회사를 말한다(시행령13①). 통신판매전문보험회사의 경우 보험회사 자본금 요건의 2/3만 맞추면 된다(법9②). 이상에 대해서는 인가 부분에서 기술하였다.

2) 특칙

(1) 통신판매전문보험회사가 위 1)의 모집비율을 위반한 경우에는 그 비율을 충족할 때까지 통신수단 외의 방법으로 모집할 수 없다(시행령13②).

(2) 위 1)의 모집비율은 보험업법 118조에 의해 금융감독원장에게 제출하는 직전 사업연도 사업보고서상의 보험계약건수 및 수입보험료를 기준으로 산정하고, 다만 통신판매전문보험회사로 보험업의 허가를 받고자 하는 자의 경우에는 감독규정 [별지3]의 신청서에 첨부되는 사업계획서상의 보험계약건수 및 수입보험료를 기준으로 산정한다(감독규정2－10①). 이 경우 모집비율 산정 시에 수입보험료는 생명보험·장기손해보험[292]의 경우

292) 장기손해보험이란 일반손해보험을 제외한 손해보험을 말한다(감독규정1－2⑿). 일반손해보험이란

모집된 보험계약의 월납기준 초회보험료를 합산하여 산출하고, 그 밖의 손해보험은 원수보험료를 합산하여 산출한다(감독규정2-10②).

3. 통신수단 이용기회를 제공할 의무

(1) 의의

(1) 보험회사는 일정한 경우 보험계약의 청약자, 보험계약자 등이 통신수단을 이용할 수 있는 기회를 제공해야 한다(법96②). 이를 통해서 보험계약의 청약자 또는 보험계약자가 청약의 철회 등 필요한 사항을 편리하고 신속하게 확인하는 등의 행위를 할 수 있게 하기 위한 것이다.

(2) 위 (1)은 통신수단을 통해서 보험계약을 체결했는지를 묻지 않고 적용된다.

(2) 보험청약의 확인·정정 또는 철회

1) 내용

보험회사는 보험계약의 청약자가 청약 내용의 확인·정정을 요청하거나 청약을 철회하려는 경우 통신수단을 이용할 수 있도록 해야 한다(법96②(1)).

2) 절차

i) 필요성

청약내용의 확인·정정 또는 철회에는 청약자 본인인지 등에 대한 엄격한 확인 등의 절차를 거칠 필요가 있다. 청약자가 아닌 자가 청약내용의 확인·정정 또는 철회를 하게 되면 청약자가 불측의 손해를 입을 수 있기 때문이다. 청약내용이 확인·정정되면 청약내용이 변경되고, 철회를 하게 되면 청약이 효력을 상실한다.

ii) 전화를 통한 확인·정정 또는 철회

(1) 청약자가 전화를 이용하여 청약내용의 확인·정정 또는 철회를 하려는 경우에 보험회사는 상대방의 동의를 받아 일정한 내용을 확인해야 하고, 또한 그 내용을 음성녹음하는 등 증거자료를 확보·유지해야 한다(시행령43⑥).

(2) 위 (1)에서 확인 내용은 청약내용, 청약자 본인인지 여부이다(시행령43⑥).

(3) 위 (1)에서 상대방의 동의를 요건으로 한 것은 청약내용, 청약자 본인인지가 개인정보와 관련되고, 또한 음성녹음 등의 적법성 및 증거능력을 확보하기 위해서이다.[293] 그리고 음성녹음 등의 증거자료를 확보·유지하게 한 것은 전화를 이용하면 사후에 확인 여

보험료를 산출 시에 할인율을 적용하지 아니하고 순보험료가 위험보험료만으로 구성된 손해보험을 말한다(감독규정1-2(11)).

293) 누구든지 통신비밀보호법과 형사소송법 또는 군사법원법의 규정에 의하지 않고는 공개되지 아니한 타인 간의 대화를 녹음하지 못한다(통신비밀보호법3①). 이에 위반하여, 지득 또는 채록된 전기통신의 내용은 재판 또는 징계절차에서 증거로 사용할 수 없다(통신비밀보호법4).

부를 둘러싼 당사자 분쟁이 있을 수 있다는 점을 고려한 것이다.

iii) 컴퓨터통신을 통한 확인·정정 또는 철회

(1) 청약자가 컴퓨터통신을 이용하여 청약내용의 확인·정정 또는 철회를 하려는 경우에 보험회사는 일정한 내용을 확인해야 한다(시행령43⑦).

(2) 위 (1)에서 확인 내용은 청약자 본인인지 여부이고 이에 대한 확인 방법은 다음 각 호의 방법 중 어느 하나이어야 한다(시행령43⑦).

1. 전자서명법 2조 3호에 따른 전자서명(서명자의 실지명의를 확인할 수 있는 것으로 한정한다)
2. 그 밖에 금융위원회가 정하는 기준[294]을 준수하는 안전성과 신뢰성이 확보될 수 있는 수단을 활용하여 청약자 본인인지를 확인하는 방법

(3) 보험계약 내용의 확인

1) 내용

보험회사는 보험계약자가 체결한 계약의 내용을 확인하고자 하는 경우 통신수단을 이용할 수 있도록 해야 한다(법96②(2)).

2) 절차

i) 필요성

보험계약 내용의 확인에는 보험계약자 본인인지 등에 대한 엄격한 확인 등의 절차를 거칠 필요가 있다. 보험계약 내용은 보험계약자의 개인정보이기 때문이다.

ii) 전화를 통한 계약내용 확인

(1) 보험계약자가 전화를 이용하여 체결한 계약의 내용을 확인하려는 경우에 보험회사는 상대방의 동의를 받아 일정한 내용을 확인하고 그 내용을 음성녹음 하는 등 증거자료를 확보·유지해야 한다(시행령43⑧).

(2) 위 (1)에서 확인 내용은 보험계약자 본인인지 여부이다(시행령43⑧).

(3) 상대방의 동의를 요건으로 한 것은 보험계약자 본인인지 확인하는 데에 개인정보가 관련되고, 또한 음성녹음 등의 적법성 및 증거능력을 확보하기 위해서이다.[295] 그리고 음성녹음 등의 증거자료를 확보·유지하게 한 것은 전화를 이용하면 사후에 확인 여부를 둘러싼 당사자 분쟁이 있을 수 있다는 점을 고려한 것이다.

iii) 컴퓨터통신을 통한 계약내용 확인

(1) 보험업법시행령 43조는 컴퓨터 통신을 통한 보험계약 내용의 확인 시에 보험계약자 본인인지 등에 대한 확인 절차를 규정하지 않는다.

---

294) 금융위원회가 정하는 기준에 대해서는 위 각주 289)를 참조

295) 위 각주 293)을 참조.

(2) 위 (1)은 보험청약의 확인·정정 또는 철회, 보험계약의 해지와는 다른 점이다. 이는 보험계약자 이외의 자가 보험계약의 내용을 확인함으로 인해서 보험계약자가 입을 수 있는 불측의 손해(가령 계약변경위험 등)의 정도가 상대적으로 덜하다고 보고, 컴퓨터 통신을 이용하여 보험계약의 내용을 확인할 때 보험계약자 본인인지에 대한 확인이 물론 필요하지만 전자서명법 2조 3호에 따른 공인전자서명, 또는 그 밖에 금융위원회가 정하는 기준을 준수하는 안전성과 신뢰성이 확보될 수 있는 수단까지 활용할 필요는 없다고 입법자가 판단한 것으로 보인다.

(4) 보험계약의 해지

1) 내용

보험회사는 보험계약자가 체결한 계약을 해지하고자 하는 경우(보험계약자가 계약을 해지하기 전에 안전성 및 신뢰성이 확보되는 방법을 이용하여 보험계약자 본인임을 확인받은 경우에 한정한다) 통신수단을 이용할 수 있도록 해야 한다(법96②(3)).

2) 절차

i) 필요성

보험계약의 해지에는 보험계약자 본인인지 등에 대한 엄격한 확인 등의 절차를 거칠 필요가 있다. 보험계약자가 아닌 자가 보험계약의 해지를 하게 되면 보험계약자가 불측의 손해를 입을 수 있기 때문이다. 즉 보험계약자 본인의 의사에 반하여 보험계약이 효력을 상실하게 되고, 해지로 인하여 발생하는 해지환급금이 범죄의 대상이 되어 보험계약자가 아닌 자에게 귀속될 위험도 있기 때문이다.

ii) 전화를 통한 계약해지

(1) 보험계약자가 전화를 이용하여 보험계약을 해지하려는 경우에 보험회사는 상대방의 동의를 받아 보험계약자 본인인지를 확인하고, 또한 그 내용을 음성녹음 하는 등 증거자료를 확보·유지해야 한다(시행령43⑨).

(2) 상대방의 동의를 요건으로 한 것은 보험계약자 본인인지 확인하는 데에 개인정보가 관련되고, 또한 음성녹음 등의 적법성 및 증거능력을 확보하기 위해서이다.[296] 그리고 음성녹음 등의 증거자료를 확보·유지하게 한 것은 전화를 이용하면 사후에 확인 여부를 둘러싼 당사자 분쟁이 있을 수 있다는 점을 고려한 것이다.

iii) 컴퓨터통신을 통한 계약해지

보험계약자가 컴퓨터통신을 이용하여 체결한 계약을 해지하려는 경우에 보험회사는 보험계약자 본인인지 여부를 확인해야 한다(시행령43⑩).

그에 대한 확인 방법은 다음 각 목의 방법 중 어느 하나이어야 한다(시행령43⑩).

---

296) 위 각주 293)을 참조

가. 전자서명법에 따른 전자서명(서명자의 실지명의를 확인할 수 있는 것으로 한정한다)
나. 그 밖에 금융위원회가 정하는 기준[297]을 준수하는 안전성과 신뢰성이 확보될 수 있는 수단을 활용하여 청약자 본인인지를 확인하는 방법

4. 위반 시 효과

보험업법 96조 1항을 위반하는 경우 과징금(법196②), 보험업법 96조를 위반한 경우 과태료(법209①(3),④(19),⑤(7)·(9))가 따른다.

제9관 체결 또는 모집 관련 금지행위

1. 관련 법률

(1) 보험업법상 금지의무

1) 불공정행위

(1) 보험계약의 체결 또는 모집에 종사하는 자는 보험계약의 체결 또는 모집에 관해 다음 각 호의 행위를 해서는 안 된다(법97).

1. 삭제
2. 삭제
3. 삭제
4. 삭제
5. 보험계약자 또는 피보험자로 하여금 이미 성립된 보험계약('기존보험계약')을 부당하게 소멸시킴으로써 새로운 보험계약(대통령령으로 정하는 바에 따라 기존보험계약과 보장 내용 등이 비슷한 경우만 해당)을 청약하게 하거나 새로운 보험계약을 청약하게 함으로써 기존보험계약을 부당하게 소멸시키거나 그 밖에 부당하게 보험계약을 청약하게 하거나 이러한 것을 권유하는 행위
6. 실제 명의인이 아닌 자의 보험계약을 모집하거나 실제 명의인의 동의가 없는 보험계약을 모집하는 행위
7. 보험계약자 또는 피보험자의 자필서명이 필요한 경우에 보험계약자 또는 피보험자로부터 자필서명을 받지 아니하고 서명을 대신하거나 다른 사람으로 하여금 서명하게 하는 행위
8. 다른 모집종사자의 명의를 이용하여 보험계약을 모집하는 행위
9. 보험계약자 또는 피보험자와의 금전대차의 관계를 이용하여 보험계약자 또는 피보험자로 하여금 보험계약을 청약하게 하거나 이러한 것을 요구하는 행위
10. 정당한 이유 없이 '장애인차별금지 및 권리구제 등에 관한 법률' 2조에 따른 장애인의 보험가입을 거부하는 행위

---

297) 금융위원회가 정하는 기준은 전자금융거래법 21조 2항에 따른 기준이고(감독규정4-35의2⑦), 이에 대해서는 위 각주 231)을 참조

11. 보험계약의 청약철회 또는 계약 해지를 방해하는 행위

(2) 위 (1)의 각 호의 행위에는 보험계약자의 이익을 해치거나 보험업의 신뢰를 훼손할 수 있는 행위가 포함되어 있다. 이러한 행위를 금지행위로 규정하고 이를 위반하면 공법상 효과(과징금, 과태료 등)를 부과함으로써 금지행위를 예방할 수 있도록 하고 있다.

2) 의무의 주체

보험계약의 체결 또는 모집에 종사하는 자가 본 의무의 주체이다(법97). 전자가 보험계약의 체결종사자, 후자가 보험계약의 모집종사자이다. 여기서 보험계약의 체결종사자에는 보험회사도 포함된다고 해석한다.

3) 관련 규정

체결 또는 모집 관련 금지행위에 대해서 보험업법 97조, 동법시행령 43조의2, 44조, 45조가 규정하고 있다. 위 (1)에서 본 바와 같이 보험업법 97조 1항은 7가지의 금지행위의 유형을 열거하고 있다. 이하에서는 이러한 7가지의 금지행위를 주로 살펴본다.

(2) 금융소비자법상 금지의무

1) 불공정영업행위

(1) 금융상품판매업자등은 우월적 지위를 이용하여 금융상품 계약의 체결을 강요하거나, 부당한 편익을 요구하는 등 금융소비자의 권익을 침해하는 다음 각 호의 어느 하나에 해당하는 행위('불공정영업행위')를 해서는 안 된다(금융소비자법20①).

1. 대출성 상품, 그 밖에 대통령령으로 정하는 금융상품에 관한 계약체결과 관련하여 금융소비자의 의사에 반하여 다른 금융상품의 계약체결을 강요하는 행위
2. 대출성 상품, 그 밖에 대통령령으로 정하는 금융상품에 관한 계약체결과 관련하여 부당하게 담보를 요구하거나 보증을 요구하는 행위
3. 금융상품판매업자등 또는 그 임직원이 업무와 관련하여 편익을 요구하거나 제공받는 행위
4. 대출성 상품의 경우 다음 각 목의 어느 하나에 해당하는 행위
   가. 자기 또는 제3자의 이익을 위하여 금융소비자에게 특정 대출 상환방식을 강요하는 행위
   나. 1)부터 3)까지의 경우를 제외하고 수수료, 위약금 또는 그 밖에 어떤 명목이든 중도상환수수료를 부과하는 행위
      1) 대출계약이 성립한 날부터 3년 이내에 상환하는 경우
      2) 다른 법령에 따라 중도상환수수료 부과가 허용되는 경우
      3) 금융소비자 보호 및 건전한 거래질서를 해칠 우려가 없는 행위로서 대통령령으로 정하는 경우
   다. 개인에 대한 대출 등 대통령령으로 정하는 대출상품의 계약과 관련하여 제3자의 연대보증을 요구하는 경우
5. 연계·제휴서비스등이 있는 경우 연계·제휴서비스등을 부당하게 축소하거나 변경하는 행위로서 대통령령으로 정하는 행위. 다만, 연계·제휴서비스등을 불가피하게 축소하거나 변경

하더라도 금융소비자에게 그에 상응하는 다른 연계·제휴서비스등을 제공하는 경우와 금융상품판매업자등의 휴업·파산·경영상의 위기 등에 따른 불가피한 경우는 제외한다.

6. 그 밖에 금융상품판매업자등이 우월적 지위를 이용하여 금융소비자의 권익을 침해하는 행위

(2) 위 (1)의 6호의 행위는 다음 각 목의 행위이다(금융소비자법시행령15④(6)).

가. 금융소비자의 계약의 변경·해지 요구 또는 계약의 변경·해지에 대해 정당한 사유 없이 금전을 요구하거나 그 밖의 불이익을 부과하는 행위
나. 계약 또는 법령에 따른 금융소비자의 이자율·보험료 인하 요구에 대해 정당한 사유 없이 이를 거절하거나 그 처리를 지연하는 행위
다. 금융소비자법 17조 2항에 따라 확인한 금융소비자의 정보를 이자율이나 대출 한도 등에 정당한 사유 없이 반영하지 않는 행위
라. 그 밖에 가목부터 다목까지의 행위에 준하는 것으로서 금융위원회가 정하여 고시하는 행위

2) 부당권유행위

(1) 금융상품판매업자등은 계약 체결을 권유하는 경우에 다음 각 호의 어느 하나에 해당하는 행위를 해서는 안 된다(금융소비자법21①본). 다만, 금융소비자 보호 및 건전한 거래질서를 해칠 우려가 없는 행위로서 대통령령으로 정하는 행위는 제외한다(금융소비자법21①단).

1. 불확실한 사항에 대하여 단정적 판단을 제공하거나 확실하다고 오인하게 할 소지가 있는 내용을 알리는 행위
2. 금융상품의 내용을 사실과 다르게 알리는 행위
3. 금융상품의 가치에 중대한 영향을 미치는 사항을 미리 알고 있으면서 금융소비자에게 알리지 아니하는 행위
4. 금융상품 내용의 일부에 대하여 비교대상 및 기준을 밝히지 아니하거나 객관적인 근거 없이 다른 금융상품과 비교하여 해당 금융상품이 우수하거나 유리하다고 알리는 행위
5. 보장성 상품의 경우 다음 각 목의 어느 하나에 해당하는 행위
   가. 금융소비자(이해관계인으로서 대통령령으로 정하는 자를 포함)가 보장성 상품 계약의 중요한 사항을 금융상품직접판매업자에게 알리는 것을 방해하거나 알리지 아니할 것을 권유하는 행위
   나. 금융소비자가 보장성 상품 계약의 중요한 사항에 대하여 부실하게 금융상품직접판매업자에게 알릴 것을 권유하는 행위
6. 투자성 상품의 경우 다음 각 목의 어느 하나에 해당하는 행위
   가. 금융소비자로부터 계약의 체결권유를 해줄 것을 요청받지 아니하고 방문·전화 등 실시간 대화의 방법을 이용하는 행위
   나. 계약의 체결권유를 받은 금융소비자가 이를 거부하는 취지의 의사를 표시하였는데도 계약의 체결권유를 계속하는 행위
7. 그 밖에 금융소비자 보호 또는 건전한 거래질서를 해칠 우려가 있는 행위로서 대통령령으

로 정하는 행위

(2) 위 (1)의 7호에서 '대통령령으로 정하는 행위'란 다음 각 호의 행위를 말한다.

1. 금융소비자법상 내부통제기준에 따른 직무수행 교육을 받지 않은 자로 하여금 계약체결 권유와 관련된 업무를 하게 하는 행위
2. 금융소비자법 17조 2항에 따른 일반금융소비자의 정보를 조작하여 권유하는 행위
3. 투자성 상품에 관한 계약의 체결을 권유하면서 일반금융소비자가 요청하지 않은 다른 대출성 상품을 안내하거나 관련 정보를 제공하는 행위
4. 그 밖에 제1호부터 제3호까지의 행위에 준하는 것으로서 금융상품에 대한 금융소비자의 합리적 판단을 저해하는 금융위원회가 정하여 고시하는 행위

2. 금융소비자법상 불공정영업행위

(1) 의의

1) 도입경과

(1) 금융소비자법 제정 전 보험업법은 보험회사 및 금융기관보험대리점이 제공하는 대출과 관련하여 우월적 지위를 이용하여 보험계약자에게 대출과 결부하여 보험계약 체결을 요구하는 등 불공정행위를 하는 것을 금지하였다(구보험업법100①(1)(6)),110의2). 금융소비자법이 보험업법 대출 관련 금지행위를 모두 반영함에 따라 보험회사의 불공정 대출을 금지하던 구 보험업법 110조의2 및 금융기관보험대리점의 불공정 대출을 금지하던 동법 101조 1항 1호는 보험업법에서 삭제되었다.

(2) 금융소비자법 20조의 불공정영업행위 금지규정은 구 보험업법이 금지하던 대출 관련 보험가입 강요, 부당한 보증 내지 담보요구 등 행위 외에 특정 대출상환방식 강요, 중도상환수수료 부과 등 금지행위 유형이 추가되었다. 그리고 대출과 관련되지 않은 연계·제휴서비스의 부당축소·변경행위, 그 밖에 금융소비자의 계약 변경·해지 요구에 불이익을 부과하는 행위 등 금융상품판매업자등의 우월적 지위를 이용해 금융소비자의 권익을 침해하는 행위 전반으로 금지유형을 확대하였다.

2) 금지의무의 주체와 상대방

(1) 구 보험업법상 금지의무의 주체는 보험회사와 금융기관보험대리점, 상대방은 차주에 국한되었다.

(2) 반면 금융소비자법은 대출과 결부되거나, 대출 자체에 관한 불공정행위 외에도 금융상품과 연계·제휴된 서비스의 부당 축소·변경 및 기타 금융상품판매업자등이 거래상 갖는 지위를 남용한 불공정행위를 금지하므로 금지의무의 주체는 모든 금융상품판매업자등이고, 상대방은 모든 금융소비자가 된다.

(2) 구속성계약의 강요

1) 주관적 요건을 요하는 경우

i) 의의

금융소비자 등의 의사에 반한다는 요건이 충족되어야 구속성계약 강요가 인정될 수 있는 경우는 다음과 같다.

ii) 일반

(1) 대출을 조건으로 차주의 의사에 반하여 다른 금융상품계약의 체결을 강요하는 행위는 금지된다(금융소비자법20①(1)).

(2) 차주의 의사에 반하는지는 차주의 주관적 의사를 기준으로 판단한다.[298]

iii) 중소기업

(1) 중소기업 대출인 경우 보다 강한 규제가 적용된다. 금융소비자가 중소기업기본법에 따른 중소기업인 경우[299] 그 대표자 또는 관계인(금융위원회가 정하여 고시하는 자로 한정)의 의사에 반하여 금융상품 계약의 체결을 강요하는 행위가 금지된다(금융소비자법시행령15④(1)라목). 여기서 '금융위원회가 정하여 고시하는 자'란 중소기업의 대표자·임원·직원 및 그 가족(민법 779조 1항 1호 중에서 배우자 및 직계혈족을 말함)을 말한다(금융소비자감독규정15③).

(2) 차주 관계인의 의사에 반하는지는 그의 주관적 의사를 기준으로 판단한다.

2) 주관적 요건을 요하지 않는 경우

i) 의의

차주 등의 의사에 반한다는 요건이 충족되지 않아도 구속성계약 강요가 인정될 수 있

---

298) 정순섭, 은행법, 2024, 241면

299) *중소기업기본법 2조는 다음과 같다.

① 중소기업을 육성하기 위한 시책(이하 "중소기업시책"이라 한다)의 대상이 되는 중소기업자는 다음 각 호의 어느 하나에 해당하는 기업(이하 "중소기업"이라 한다)을 영위하는 자로 한다.

1. 다음 각 목의 요건을 모두 갖추고 영리를 목적으로 사업을 하는 기업
   가. 업종별로 매출액 또는 자산총액 등이 대통령령으로 정하는 기준에 맞을 것
   나. 지분 소유나 출자 관계 등 소유와 경영의 실질적인 독립성이 대통령령으로 정하는 기준에 맞을 것
2. '사회적기업 육성법' 2조 1호에 따른 사회적기업 중에서 대통령령으로 정하는 사회적기업
3. '협동조합 기본법' 2조에 따른 협동조합, 협동조합연합회, 사회적협동조합, 사회적협동조합연합회 중 대통령령으로 정하는 자

② 중소기업은 대통령령으로 정하는 구분기준에 따라 소기업과 중기업으로 구분한다.

③ 1항을 적용할 때 중소기업이 그 규모의 확대 등으로 중소기업에 해당하지 아니하게 된 경우 그 사유가 발생한 연도의 다음 연도부터 3년간은 중소기업으로 본다. 다만, 중소기업 외의 기업과 합병하거나 그 밖에 대통령령으로 정하는 사유로 중소기업에 해당하지 아니하게 된 경우에는 그러하지 아니하다.

④ 중소기업시책별 특성에 따라 특히 필요하다고 인정하면 중소기업협동조합법이나 그 밖의 법률에서 정하는 바에 따라 중소기업협동조합이나 그 밖의 법인·단체 등을 중소기업자로 할 수 있다.

는 경우가 있다. 즉 객관적 정황에 비추어 볼 때 금융상품판매업자등의 우월적 지위 때문에 금융상품가입 강요가 이루어졌음이 명백하다고 판단되는 경우에는 차주 등의 의사에 반한다는 주관적 요건을 요구하지 않는다.

ii) 요건

① 의의

차주 요건, 행위 요건이 충족되어야 한다. 즉 대출과 관련하여 대출실행일 전후 1개월 이내에 다른 보장성 상품을 판매하는 행위로서, 해당 차주 및 차주의 관계인을 보호하기 위한 목적으로 금융상품의 특성·판매금액 등을 고려하여 금융위원회가 정하여 고시하는 행위가 금지된다(금융소비자감독규정15④).

② 차주 요건

(1) 차주 중에서 중소기업 및 그 기업의 대표자, 개인신용평점이 하위 10%에 해당하는 사람, 피성년후견인 또는 피한정후견인을 말한다(금융소비자감독규정14④(1)가목).

(2) 차주가 위 (1)에 해당하지 않더라도 금융소비자가 계약에 따라 매월 금융상품직접판매업자에게 지급해야 하는 금액(금융감독원장이 정한 바에 따라 산출한 금액으로서 월 단위로 지급하는 방식이 아닌 경우에는 월 단위로 환산한 금액을 말한다. 이하 '월지급액')이 대출에 따라 금융소비자가 제공받거나 받을 금액의 100분의 1을 초과하는 경우에 해당하는 경우도 포함된다(금융소비자감독규정14④(1)나목). 여기서 '금융감독원장이 정한 바에 따라 산출한 금액'은 다음 각 호를 말한다(금융소비자감독시행세칙3).

1. 월납입식 계약인 경우에는 월 납입금액
2. 정기납입식 계약인 경우에는 월납 기준으로 환산한 금액. 다만 정기납 주기가 1년 이상인 경우에는 초회 납입금액을 제4호에 따른 일시납 계약의 일시에 수취하는 금액으로 간주하여 계산한다.
3. 자유적립식 계약의 경우 금전제공일 1개월 전부터 금전제공일까지 납입된 금액과 금전제공일 후 1개월 이내에 납입된 금액 중 큰 금액
4. 일시납 계약의 경우 만기 또는 유효기간이 정해진 상품은 일시에 수취하는 금액을 만기 또는 유효기간까지의 개월수로 나눈 금액. 다만, 다음 각 목의 어느 하나에 해당하는 경우에는 일시납 금액을 12개월로 하여 나눈 금액을 적용한다.
   가. 만기 또는 유효기간이 1년 이상인 계약
   나. 만기 또는 유효기간이 정하여지지 않은 계약
5. 일시납과 정기납 등이 혼합된 계약의 경우에는 제1호부터 제4호의 기준에 따라 각각 계산한 후 합산한다.

③ 행위 요건

(1) 대출실행일 전후 1개월 이내에 보험상품을 판매하는 행위를 말한다(금융소비자감독

규정14④).

(2) 다만, 위 (1)에 불구하고 다음 각 호의 어느 하나에 해당하는 경우는 제외한다(금융소비자감독규정14⑤).

1. 금전제공계약이 다음 각 목의 금융상품에 관한 계약인 경우
   가. 지급보증
   나. 법 105조 6호의 보험약관에 따른 대출에 관한 계약
   다. 신용카드 및 여신전문금융업법 13조 1항 1호에 따른 신용카드회원에 대한 자금 융통
   라. 자본시장법 72조 1항에 따른 신용공여
2. 한국주택금융공사법 2조 8의2호에 따른 주택담보노후연금보증에 의한 대출과 연계하여 법 4조 1항 3호 각 목에 해당하는 보험에 관한 계약을 체결한 경우
3. 중소기업이 아닌 기업과 다음 각 목의 어느 하나에 해당하는 계약을 체결한 경우
   가. 퇴직급여보장법 29조 1항에 따른 계약
   나. 퇴직급여보장법 부칙 2조 1항의 규정에 따른 퇴직보험
   다. 종업원의 복리후생을 목적으로 하는 보장성 상품(해당 보험료가 법인세법에 따른 복리후생비로 인정되는 경우에 한정)에 관한 계약
4. 다음 각 호의 보장성보험에 관한 계약을 체결한 경우
   가. 단체가 그 단체의 구성원을 위하여 체결하는 보장성보험(단체의 구성원이 보험료를 납입하는 경우에 한정)
   나. 감독규정 1－2조 11호에 따른 일반손해보험
   다. 감독규정 1－2조 12호에 따른 장기손해보험으로서 채권확보 및 자산보호를 목적으로 담보물건가액 기준에 의해 산정되는 장기화재보험 등 재물보험
5. 금전제공계약이 최초로 이행된 날 전·후 1개월 이내에 해지한 예금성 상품에 대하여 해지 전의 금액 범위 내에서 다시 계약을 체결한 경우
6. 그 밖에 해당 계약을 사회통념상 금융소비자법 20조 1항 1호에 따른 행위로 보기 어렵거나 그러한 행위에 해당하지 않는다는 사실이 명백한 경우(그 사실을 금융소비자가 서명, 기명날인, 녹취 각각에 준하여 안정성·신뢰성이 확보될 수 있는 전자적 확인방식으로 확인한 경우는 제외)

(3) 부당한 담보 등의 요구

1) 의의

(1) 금융상품판매업자등은 대출 시에 부당하게 담보를 요구하거나 보증을 요구하는 행위가 금지된다(금융소비자법20①(2)). 담보에는 물적 담보와 인적 담보가 있으며, 인적 담보에는 보증채무, 연대채무, 연대보증채무 등이 있다.

(2) 금융소비자법 20조 1항 4호에서 연대보증을 별도로 언급하는 이유는 연대보증의 경우 부당성 요건을 배제하기 위해서라고 해석할 수 있다. 즉 연대보증의 경우는 부당성 요건을 별도로 입증할 필요가 없다.

2) 부당한 담보의 요구

금지되는 부당한 담보요구의 구체적인 유형으로는 ⓐ 담보 또는 보증이 필요 없음에도 이를 요구하는 행위와 ⓑ 해당 계약의 체결에 통상적으로 요구되는 일반적인 담보 또는 보증 범위보다 많은 담보 또는 보증을 요구하는 행위가 있다(금융소비자법시행령15④(2)).

3) 제3자의 연대보증의 요구

(1) 개인에 대한 대출 등 대통령령으로 정하는 대출상품의 계약과 관련하여 제3자의 연대보증을 요구하는 행위는 금지된다(금융소비자법20①(4)다목).

(2) 위 (1)에 따르면 제3자인 담보제공자에게 연대보증을 요구하면 위법하며, 별도의 부당성(또는 정당한 사유) 입증은 필요하지 않다. 부당성 요건을 배제하여 제3자에 대한 연대보증을 엄격히 금지하는 취지라고 해석된다. 연대보증이란 보증인이 채권자에 대해서 주채무자와 연대하여 채무를 부담하는 보증의 일종인데, 연대보증인이 최고검색의 항변권을 행사할 수 없는(민법437단) 등 일반적인 보증인에 비해 불리하다.

(3) 금융소비자법 20조 1항 4호 다목에서 '개인에 대한 대출 등 대통령령으로 정하는 대출상품의 계약과 관련하여 제3자의 연대보증을 요구하는 경우'란 다음 각 호의 경우를 말한다.

1. 개인인 금융소비자와 체결하는 대출성 상품 계약에 제3자의 연대보증을 요구하는 경우. 다만, 다음 각 목의 제3자에 대해서는 연대보증을 요구할 수 있다.
   가. 사업자등록증 상 대표자의 지위에서 대출성 상품 계약을 체결하는 경우 해당 사업자등록증에 기재된 다른 대표자
   나. 「건축물의 분양에 관한 법률」에 따른 분양대금을 지급하기 위해 대출성 상품 계약을 체결하는 경우 같은 법에 따른 분양사업자 및 해당 건축물의 시공사
2. 법인인 금융소비자와 체결하는 대출성 상품 계약에 제3자의 연대보증을 요구하는 경우. 다만, 다음 각 목의 제3자에 대해서는 연대보증을 요구할 수 있다.
   가. 해당 법인의 대표이사 또는 무한책임사원
   나. 해당 법인에서 가장 많은 지분을 보유한 자
   다. 해당 법인의 의결권 있는 발행 주식 총수의 100분의 30(배우자·4촌 이내의 혈족 및 인척이 보유한 의결권 있는 발행 주식을 합산한다)을 초과하여 보유한 자
   라. 그 밖에 대출성 상품 계약의 목적·성격 및 대상 등을 고려하여 금융위원회가 정하여 고시하는 자
3. 조합·단체인 금융소비자와 체결하는 대출성 상품 계약에 제3자의 연대보증을 요구하는 경우. 다만, 해당 조합·단체의 대표자에 대해서는 연대보증을 요구할 수 있다.

(4) 특정 대출 상환 방식 강요

금융상품판매업자등은 우월적 지위를 이용하여 대출성 상품의 경우 자기 또는 제3자의 이익을 위하여 금융소비자에게 특정 대출 상환방식을 강요하는 행위를 해서는 안 된다

(금융소비자법20①(3)).

(5) 중도상환수수료 원칙금지

(1) 금융상품판매업자등은 대출성 상품과 관련하여 대출계약이 성립한 날로부터 3년이 경과한 경우에는, 수수료, 위약금 또는 그 밖에 어떤 명목으로든 중도상환수수료를 부과하는 것이 금지된다(금융소비자법20①(4)나목).

(2) 다만, 다른 법령에 따라 중도상환수수료의 부과가 허용되는 경우이거나 금융소비자가 여신전문금융업법에 따른 시설대여, 연불판매 또는 할부금융에 관한 계약을 해지한 경우[300]에는 중도상환수수료를 부과할 수 있다(금융소비자법20①(4)나목,시행령15①).

(3) 기존 대출을 대환하는 경우와 같이 대출에 관한 계약을 체결했던 금융소비자와 기존 계약을 해지하고 그 계약과 사실상 동일한 신규 대출계약(기존 계약에 따라 금융소비자에 지급된 금전등을 상환받는 계약)을 체결한 후에, 신규 대출계약 기간 중 해당 신규 대출계약을 해지하고자 하는 경우, 기존 계약의 유지기간과 신규 대출계약의 유지기간을 합하여 3년이 넘었다면, 금융소비자법 20조 1항 4호 나목 1)에 해당한다는 이유로 금융소비자의 계약해지에 대해 중도상환수수료를 부과하는 행위 등 계약의 변경 해지를 이유로 금융소비자에 수수료 등 금전의 지급을 부당하게 요구하는 행위는 금지된다(금융소비자법시행령14④(3)라목,감독규정14⑥(9)).

(6) 연계·제휴서비스등의 부당한 축소·변경

(1) 금융상품판매업자등은 연계·제휴서비스등이 있는 경우 연계·제휴서비스등을 부당하게 축소하거나 변경하는 행위로서 대통령령으로 정하는 행위를 해서는 안 된다(금융소비자법20①(5)본). 다만, 연계·제휴서비스등을 불가피하게 축소하거나 변경하더라도 금융소비자에게 그에 상응하는 다른 연계·제휴서비스등을 제공하는 경우와 금융상품판매업자등의 휴업·파산·경영상의 위기 등에 따른 불가피한 경우는 제외한다(금융소비자법20①(5)단).

(2) 금융소비자법 20조 1항 5호 본문에서 '대통령령으로 정하는 행위'란 다음 각 호의 행위를 말한다(금융소비자법시행령15③).

1. 연계·제휴서비스등을 축소·변경한다는 사실을 금융위원회가 정하여 고시하는 바[301]에 따

300) 다만, 이 경우에도 금융소비자가 금융상품판매업자등으로부터 계약에 따른 재화를 인도받지 못하거나, 인도받은 재화에 하자가 있어 정상적 사용이 어렵다는 이유로 계약을 해지한 경우에는 금융상품판매업자등은 금융소비자에 대하여 중도상환수수료를 부과할 수 없다(금융소비자법시행령15①단).

301) 금융소비자법시행령 15조 3항 1호에 따라 금융상품판매업자등은 연계·제휴서비스등을 축소·변경한다는 사실을 다음 각 호 중 2개 이상의 방법으로 축소·변경하기 6개월 전부터 매월 고지해야 한다. 다만, 휴업·파산, 경영상의 위기 또는 연계·제휴서비스등을 제공하는 자의 일방적인 연계·제휴서비스등 제공 중단 등 6개월 전부터 고지하기 어려운 불가피한 사유가 있는 경우에는 해당 상황이 발생하는 즉시 고지해야 한다(금융소비자보호감독규정14②).
1. 서면 교부
2. 우편 또는 전자우편

라 미리 알리지 않고 축소하거나 변경하는 행위

2. 연계·제휴서비스등을 정당한 이유 없이 금융소비자에게 불리하게 축소하거나 변경하는 행위. 다만, 연계·제휴서비스등이 3년 이상 제공된 후 그 연계·제휴서비스등으로 인해 해당 금융상품의 수익성이 현저히 낮아진 경우는 제외한다.

(7) 기타 불공정영업행위

(1) 금융소비자법은 금융상품판매업자등이 금융소비자에 대해 갖는 우월적 지위를 이용하여 금융소비자의 권익을 침해하는 행위에 관해 상세히 규정하고 있다. 예를 들어, 금융소비자의 계약의 변경·해지, 청약철회를 방해하거나, 금융소비자의 정당한 이자율·보험료 인하 요구에 응하지 않는 등 금융소비자의 정당한 권리행사를 방해하거나, 근저당부 대출이 모두 변제된 후 담보제공자에게 말소의사를 확인하지 않는 등의 행위들이다.

(2) 보험업법은 이를 불공정영업행위로 별도 규제하고 있지는 않으나, 보험계약의 체결 또는 모집에 종사하는 자가 '보험계약의 청약철회 또는 계약 해지를 방해하는 행위'를 금지(97①(11))하고 근저당이 설정된 여신거래의 채무변제 완료 시 근저당 설정 유지의사를 확인(감독규정5-4의3)하도록 하는 등 일부에 대해서는 유사한 규제를 가지고 있다. 유사한 내용이 보험업법과 금융소비자법에 동시에 존재하는 경우라도 요건과 효과를 달리하는 부분이 있으므로 병존적으로 적용되는 것으로 이해된다.[302)]

가. 금융소비자의 계약의 변경·해지 요구 또는 계약의 변경·해지에 대해 정당한 사유 없이 금전을 요구하거나 그 밖의 불이익을 부과하는 행위

나. 계약 또는 법령에 따른 금융소비자의 이자율·보험료 인하 요구에 대해 정당한 사유 없이 이를 거절하거나 그 처리를 지연하는 행위

다. 금융소비자법 17조 2항에 따라 확인한 금융소비자의 정보를 이자율이나 대출 한도 등에 정당한 사유 없이 반영하지 않는 행위

라. 그 밖에 가목부터 다목까지의 행위에 준하는 것으로서 금융위원회가 정하여 고시하는 행위

(3) 위 (2)의 라목에서 '그 밖에 가목부터 다목까지의 행위에 준하는 것으로서 금융위원회가 정하여 고시하는 행위'는 다음과 같다.

1. 금융상품직접판매업자가 계약이 최초로 이행된 날 전후 각각 1개월 내에 다음 각 호의 상품에 관한 계약을 체결하는 행위를 말한다. 이 경우, 가목 및 나목은 금융소비자가 중소기업인 경우로서 금융소비자의 월지급액이 금전제공계약에 따라 금융소비자가 제공받거나 받을 금액의 1000분의 10을 초과하는 경우로 한정한다.

   가. 중소기업협동조합법 115조 1항에 따른 공제상품

---

3. 전화 또는 팩스

4. 휴대전화 문자메시지 또는 이에 준하는 전자적 의사표시

302) 양승현(2021), 영업행위 규제체계, 보험연구원

나. 중소기업 인력지원 특별법 35조의6 1항에 따른 공제상품
다. 상품권(권면금액(券面金額)에 상당하는 물품 또는 용역을 제공받을 수 있는 유가증권). 다만, 전통시장 및 상점가 육성을 위한 특별법 2조 12호에 따른 온누리상품권 및 지방자치단체가 발행한 상품권은 제외한다.

2. 금융상품판매업자가 보장성 상품(시행령 [별표 5] 1호에 따른 신용생명보험은 제외)에 관한 계약 체결을 위해 금융소비자에 금융상품에 관한 계약 체결과 관련하여 이자율 우대 등 특혜를 제공하는 행위
3. 금융상품판매업자 또는 그 임원·직원이 업무와 관련하여 직접적·간접적으로 금융소비자또는 이해관계자로부터 금전, 물품 또는 편익 등을 부당하게 요구하거나 제공받는 행위
4. 금전제공계약을 체결한 자의 의사에 반하여 보험에 관한 계약조건 등을 변경하는 행위(은행만 해당다)
5. 금융소비자가 계약 해지를 요구하는 경우에 계약 해지를 막기 위해 재산상 이익의 제공, 다른 금융상품으로의 대체 권유, 또는 해지 시 불이익에 대한 과장된 설명을 하는 행위
6. 금융소비자가 금융소비자법 46조 1항에 따라 청약을 철회하였다는 이유로 금융상품에 관한 계약에 불이익을 부과하는 행위. 다만, 같은 금융상품직접판매업자에 같은 유형의 금융상품에 관한 계약에 대하여 1개월 내 2번 이상 청약의 철회의사를 표시한 경우는 제외한다.
7. 금융소비자가 금융상품에 관한 계약에 따라 예치한 금액을 돌려받으려 하는 경우에 그 금액을 정당한 사유 없이 지급하지 않는 행위
8. 금융소비자 또는 제3자로부터 담보 또는 보증을 취득하는 계약과 관련된 다음 각 목의 행위
   가. 해당 계약서에 그 담보 또는 보증의 대상이 되는 채무를 특정하지 않는 행위
   나. 해당 계약서상의 담보 또는 보증이 장래 다른 채무에도 적용된다는 내용으로 계약을 하는 행위
9. 계약의 변경·해지를 이유로 금융소비자에게 수수료 등 금전의 지급을 부당하게 요구하는 행위로서 다음 각 목의 행위
   가. 대출에 관한 계약('기존 계약')을 체결했던 금융소비자와 기존 계약을 해지하고 그 계약과 사실상 동일한 계약(기존 계약에 따라 금융소비자에 지급된 금전등을 상환받는 계약을 말한다. '신규 계약')을 체결한 후에 기존 계약의 유지기간과 신규 계약의 유지기간을 합하여 3년이 넘었음에도 금융소비자법 20조 1항 4호 나목1)에 해당한다는 이유로 금융소비자의 계약해지에 대해 중도상환수수료를 부과하는 행위
   나. 대출에 관한 계약 체결·변경·해지과정에서 소요되는 비용('대출계약비용')으로 인정되는 비용이 아닌 비용을 부당하게 가산하여 금융소비자의 대출에 관한 계약 변경·해지에 대해 중도상환수수료를 부과하는 행위. 이 경우 인정가능한 대출계약비용은 다음 각각의 항목에 한한다.
      1) 금융소비자가 대출에 관한 계약을 변경·해지함에 따른 자금운용과 관련한 기회비용
      2) 대출에 관한 계약 체결·변경·해지 과정에서 소요되는 행정비용 및 모집비용 등
10. 근저당이 설정된 금전제공계약의 금융소비자가 채무를 모두 변제한 경우에 해당 담보를 제공한 자에 근저당 설정을 유지할 것인지를 확인하지 않는 행위
11. 수표법에 따른 지급제시기간 내 같은 법에 따라 발행된 자기앞수표에 도난, 분실 등 사고가 발생했다는 신고가 접수되었음에도 불구하고 그 날부터 5영업일 이내에 신고를 한 자

가 아닌 자기앞수표를 제시한 자에게 해당 금액을 지급하는 행위. 다만, 해당 기간 내 신고한 자가 민법 521조에 따른 공시최고의 절차를 신청하였다는 사실을 입증할 수 있는 서류를 제출하지 않은 경우는 제외한다.

3. 금융소비자법상 부당권유행위 금지

(1) 의의

(1) 금융상품판매업자등은 계약체결을 권유하는 경우에 다음 각 호의 어느 하나에 해당하는 행위를 해서는 아니 된다(금융소비자법21본). 다만, 금융소비자보호 및 건전한 거래질서를 해칠 우려가 없는 행위로서 대통령령으로 정하는 행위는 제외한다(금융소비자법21단).

1. 불확실한 사항에 대하여 단정적 판단을 제공하거나 확실하다고 오인하게 할 소지가 있는 내용을 알리는 행위
2. 금융상품의 내용을 사실과 다르게 알리는 행위
3. 금융상품의 가치에 중대한 영향을 미치는 사항을 미리 알고 있으면서 금융소비자에게 알리지 아니하는 행위
4. 금융상품 내용의 일부에 대하여 비교대상 및 기준을 밝히지 아니하거나 객관적인 근거 없이 다른 금융상품과 비교하여 해당 금융상품이 우수하거나 유리하다고 알리는 행위
5. 보장성 상품의 경우 다음 각 목의 어느 하나에 해당하는 행위
   가. 금융소비자(이해관계인으로서 대통령령으로 정하는 자를 포함)가 보장성 상품 계약의 중요한 사항을 금융상품직접판매업자에게 알리는 것을 방해하거나 알리지 아니할 것을 권유하는 행위
   나. 금융소비자가 보장성 상품 계약의 중요한 사항에 대하여 부실하게 금융상품직접판매업자에게 알릴 것을 권유하는 행위
6. 투자성 상품의 경우 다음 각 목의 어느 하나에 해당하는 행위
   가. 금융소비자로부터 계약의 체결권유를 해줄 것을 요청받지 아니하고 방문·전화 등 실시간 대화의 방법을 이용하는 행위
   나. 계약의 체결권유를 받은 금융소비자가 이를 거부하는 취지의 의사를 표시하였는데도 계약의 체결권유를 계속하는 행위
7. 그 밖에 금융소비자 보호 또는 건전한 거래질서를 해칠 우려가 있는 행위로서 대통령령으로 정하는 행위

(2) 단정적 판단 제공

(1) 금융상품 계약체결 권유 시 금융소비자에게 불확실한 사항에 대하여 단정적 판단을 제공하거나 확실하다고 오인하게 할 소지가 있는 내용을 알리는 행위를 금지한다(금융소비자법21①). 여기서 '불확실한 사항에 대하여 단정적 판단을 제공하거나 확실하다고 오인하게 할 소지가 있는 내용을 알리는 행위'란 금융소비자의 합리적인 투자판단 또는 해당 금융상품의 가치에 영향을 미칠 수 있는 사항 중 객관적으로 진위가 분명히 판명될 수

없는 사항에 대하여 진위를 명확히 판단해 주거나 금융소비자에게 그 진위가 명확하다고 잘못 생각하게 할 가능성이 있는 내용을 알리는 행위를 말한다.[303)]

(2) 금융소비자가 금융상품판매업자등의 단정적 판단을 신뢰하고 계약을 하는 등 금융소비자의 의사결정에 영향을 미칠 가능성이 있기 때문이다. 이에 금융상품판매업자등이 금융소비자의 판단을 돕는 자료를 제공하는 것에 그치도록 하여 금융소비자가 자기책임의 원칙에 의해 투자판단을 할 수 있도록 해야 한다.[304)]

(3) 금융상품판매업자등의 비단정적 예상이나 견해를 알리는 행위는 금지대상이 아니다. 계약체결의 기초자료로서 제3자의 평가를 제공하는 행위도 이에 해당하지 않는다. 단정적 판단을 제공하는 행위 자체가 금지되기 때문에 그러한 단정적 판단이 결과적으로 옳은지 여부는 묻지 않는다.[305)]

(4) 대법원은 위 규정과 동일한 구 자본시장법 49조 2호에 대한 형사판결에서 금융투자업자가 일단 불확실한 사항에 대하여 단정적 판단 제공 등의 행위를 한 이상 이로써 바로 위 조항 위반죄가 성립한다고 판시하였다.[306)] 이와 관련하여, 헌법재판소도 해당 규정이 죄형법정주의의 명확성 원칙과 과잉금지원칙에 위배되지 않는다고 판시한 바 있다.[307)]

(3) 금융상품에 대한 부실고지 또는 불고지

1) 의의

(1) 금융상품판매업자등은 계약체결을 권유하는 경우에 ⓐ 금융상품의 내용을 사실과 다르게 알리거나, ⓑ 금융상품의 가치에 중대한 영향을 미치는 사항을 미리 알고 있으면서 금융소비자에게 알리지 아니하는 행위는 금지된다(금융소비자법21(2)(3)). 금융소비자법 21조 2호, 3호는 설명의무의 일종이다. 금융상품의 내용을 설명할 때 사실과 다르게 설명하거나 설명하지 않는 행위를 금지하는 것이다.

(2) 위 (1)과 같은 행위는 금융상품계약의 체결 여부 등에 대한 금융소비자의 합리적 의사결정을 방해하기 때문에 금지한다.

2) 부실고지와 불고지의 구분

사실과 다르게 알리는 행위는 부실고지(misrepresentation), 중요한 사항을 알리지 않는 행위는 불고지(non-disclosure)를 의미한다. 부실고지에는 사실 전체를 다르게 알리는 것은 물론이고, 사실 일부만 알릴 뿐이어서 전체적으로는 사실과 어긋나는 이른바 부분고지(partial disclosure)도 포함된다.

303) 대판 2017.12.5. 2014도14924
304) 온주 자본시장과금융투자업에관한법률 제49조(2019.11.26.) 참조.
305) 온주 자본시장과금융투자업에관한법률 제49조(2019.11.26.) 참조.
306) 대판 2017.12.5. 2014도14924
307) 헌재 2017.5.25. 2014헌바459

3) 부실고지 등의 대상

불고지의 경우는 금융상품의 중요사항을 대상으로 하지만, 부실고지의 경우는 대상에 대한 제한이 없다. 이는 부실고지가 적극적으로 허위 사실을 알리는 행위라는 점에서 위법성이 더욱 크다고 평가하여 그 대상을 중요사항으로 한정하지 않고 보험상품의 내용 전체에 대해 부실고지 금지의무를 부과한 것이라고 이해할 수 있다.

4) 부실고지 등의 상대방

부실고지 또는 불고지의 상대방에는 제한이 없다. 즉 일반금융소비자는 물론이고 전문금융소비자에 대해서도 금융상품의 내용에 대한 부실고지 또는 불고지를 해서는 안 된다. 전문금융소비자의 경우에도 금융상품의 내용에 대한 부실고지로부터 보호받을 필요성은 있다. 또한 불고지와 관련해서 금융상품판매업자등은 일반적 고객보호의무로서 전문금융소비자에 대해서도 민법상 신의칙에 기초한 설명의무를 부담하고 이를 위반하면 민법상 손해배상책임(민법750)을 지게 된다.[308] 이에 기초하여 금융소비자법 21조 2호, 3호는 부실고지 또는 불고지의 상대방에 대한 제한을 두지 않는다고 볼 수 있다.

5) 사법적 효력

금융소비자법 21조 2호, 3호는 단속규정이므로, 이를 위반하였다고 해서 금융상품계약의 일부 또는 전부가 당연히 무효가 되는 것은 아니다.[309] 그리고 금융상품판매업자등이 이 규정을 위반하고 이로 인하여 계약자 등이 손해를 입은 경우 손해배상책임이 성립된다.

(4) 부당한 비교행위

1) 의의

(1) 금융상품 사이의 부당한 비교행위를 금지한다. 즉 금융소비자에게 금융상품 내용의 일부에 대하여 비교의 대상 및 기준을 분명하게 밝히지 않거나, 객관적인 근거 없이 다른 금융상품과 비교하여 그 금융상품이 우수하거나 유리하다고 알리는 행위가 금지된다(금융소비자법21(4)).

(2) 위 (1)의 행위는 금융상품계약의 체결 여부 등에 대한 금융소비자의 합리적 의사결정을 방해하기 때문에 금지한다.

2) 요건

부당한 비교행위가 되기 위해서 다음과 같은 요건이 충족되어야 한다.

---

308) 금융투자와 관련하여 대판 2015.2.26. 2014다17220(투자권유단계에서 판매회사의 투자자 보호의무는 투자자가 일반투자자가 아닌 전문투자자라는 이유만으로 배제된다고 볼 수는 없고, 다만 투자신탁재산의 특성과 위험도 수준, 투자자의 투자 경험이나 전문성 등을 고려하여 투자자 보호의무의 범위와 정도를 달리 정할 수 있다)

309) 대판 2007.6.29. 2007다9160

i) 비교 방법

① 일부 비교

(ㄱ) 일부 비교의 허용

금융소비자법 21조 4호의 존재의의는 일부 비교를 허용한다는 점이다. 비교의 대상 및 기준이 분명하고 객관적 근거가 있다고 하더라도 일부만 비교하는 것은 전체적으로 보면 공정한 비교가 아닐 수도 있기 때문이다. 가령 보험료는 상대적으로 저렴하지만 보장내용이 상대적으로 부족한 경우에 전자만 비교하는 경우가 그렇다. 다시 말하면 보험상품 내용의 일부 비교에서 장점이 있다고 해도 다른 일부 비교에서는 단점이 있을 수 있는데, 전자만 비교되면 보험계약자가 해당 보험상품의 장점과 단점을 종합적이고 균형 있게 보고 합리적 의사결정을 할 수 없게 되는 문제가 있다. 그럼에도 불구하고 금융소비자법 21조 4호는 일정한 요건하에 일부 비교를 허용한 것이다.

(ㄴ) 일부 비교를 허용한 취지

계약 체결과정에서 다른 금융상품과의 비교 정보는 금융소비자에게도 합리적 의사결정을 위해서 필요한 측면이 있고 금융상품 내용의 전체를 비교하는 것은 현실적으로 기대하기 어려운 측면도 있으므로 금융소비자법 21조 4호는 일부 비교를 허용하되 비교의 대상 및 기준, 그리고 객관적 근거를 갖추도록 요구하고 있는 것으로 보인다.

(ㄷ) 일부 비교의 요건

결국 현행법하에서는 일부 비교 시에 비교의 대상 및 기준, 그리고 객관적 근거를 엄격하게 해석하여 일부 비교가 남용되지 않도록 할 필요가 있다. 일부 비교를 보다 엄격하게 제한하는 입법이 필요하다고 사료된다. 금융상품계약의 중요사항 중에서 상호 관련되어 있는 사항은 포함시켜서 비교를 해야 금융소비자가 합리적 의사결정을 할 수 있으며, 보험에서 이러한 사항으로는 ⓐ 보험료, 보험기간, 보험료 납입주기 및 납입기간 ⓑ 보험가입금액 및 주요 보장 내용 ⓒ 보험금액 및 환급금액 ⓓ 예정 이자율 중 공시이율 ⓔ 보험목적, 그리고 ⓕ 보험회사의 면책사유 및 면책사항 등을 들 수 있다(중요사항 판단의 참고로서 아래 '부당한 승환계약' 부분의 보험업법시행령 44조 1항 비교사항 열거를 참조).

② 전부 비교

금융소비자법 21조 4호의 법문에 따르면 금융상품 내용의 일부에 대해 비교하는 것을 요건으로 한다. 하지만 금융상품의 전체에 대해서도 마찬가지라고 해석한다.[310] 즉 금융상품 전체에 대해 비교하더라도 비교의 대상 및 기준이 분명하지 않은 등 공정한 비교가 아니라면 부당한 비교행위라고 보아야 한다. 따라서 금융소비자법 21조 4호의 법문에 구애받지 않고 비교대상이 일부이든 전부이든 부당한 비교행위가 될 수 있다고 해석할 필

310) 이성남 283면

요가 있다. 다만, 금융상품의 복잡성을 고려하면 금융상품의 비교는 일부 비교가 대부분일 것이다.

ii) 금융상품의 종류

비교 대상인 금융상품은 동일한 금융회사에 속한 것인지 상이한 금융회사에 속한 것인지 묻지 않는다.[311] 어느 것이든 부당한 비교행위는 금융소비자의 합리적 의사결정을 방해하기 때문이다.

iii) 위법행위의 태양

(1) 다음 중 어느 하나에 해당하면 그 비교행위는 위법성을 띠게 된다(금융소비자법21(4)).

(a) 비교의 대상 및 기준을 분명하게 밝히지 않는 비교행위는 위법하다. 비교의 대상 및 기준이 명확하지 않다면 공정한 비교행위라고 할 수 없다.

(b) 객관적 근거가 없는 비교행위는 위법하다. 이 경우도 마찬가지로 공정한 비교행위라고 할 수 없다.

(2) 비교의 대상 및 기준이 분명하고 객관적 근거가 있는지에 대해서는 엄격하게 해석해서 부당한 비교행위를 제한할 필요가 있다.

(5) 중요사항에 대한 고지의무 방해 등

1) 의의

(1) 보험계약자 또는 피보험자가 보장성상품 계약의 중요한 사항을 금융상품직접판매업자에게 알리는 것을 방해하거나 알리지 아니할 것을 권유하거나, 중요한 사항에 대하여 부실하게 금융상품직접판매업자에게 알릴 것을 권유하는 행위는 금지된다(금융소비자법21(6)·(7)).

(2) 위 (1)의 금지는 주로 고지의무(상법651)의 이행에 관련된다.[312] 즉 상법 651조에 따르면 보험계약자 또는 피보험자는 보험계약의 체결 당시에 중요한 사항에 대한 고지의무를 이행해야 하는데, 이는 보험회사가 고지내용에 기초해서 위험을 평가하고 이를 통하여 보험계약의 체결 여부나 계약조건을 정하게 된다는 점에서 보험제도의 근간에 해당하는 중요한 의무이다.

(3) 금융소비자법 21조 6호 및 7호는 고지의무 제도가 잘 운용될 수 있도록 체결종사자 또는 모집종사자가 보험계약자 또는 피보험자의 고지를 방해하거나 불고지 또는 부실고지를 권유하는 것을 금지하는 데에 그 취지가 있다.

---

311) 이성남 283면; 장경환(보험업법2) 136면

312) 장경환(보험업법2) 138－139면

2) 요건

고지의무 방해 등이 위법행위가 되기 위해서 다음과 같은 요건이 충족되어야 한다.

i) 중요사항

(1) 금융소비자법 21조 6호 및 7호는 중요한 사항을 알리는 것을 방해하는 등의 행위를 금지한다. 여기서 중요한 사항은 고지의무에서 그것과 같다.

(2) 고지의무에서 중요사항이란 보험계약의 체결 여부나 그 조건에 영향을 미치는 위험에 관한 사항으로서, 객관적으로 보험회사가 그 사실을 안다면 그 계약을 체결하지 않든가 또는 적어도 동일한 조건으로는 계약을 체결하지 않으리라고 생각되는 사항을 말하고, 보험의 종류에 따라 달라지되 보험의 기술에 비추어 객관적으로 정해지는 것이다(판례,[313] 통설).

ii) 위법행위의 태양

(1) 중요한 사항을 금융상품직접판매업자에 알리는 것을 방해하는 행위는 위법하다. 가령 모집종사자가 보험청약서의 고지사항을 임의로 작성하는 행위가 이에 해당한다.

(2) 중요사항을 알리지 않을 것을 권유하거나 부실한 사항을 보험회사에 알릴 것을 권유하는 행위도 위법하다. 전자가 불고지(non－disclosure)를 권유하는 것이고, 후자가 부실고지(misrepresentation)를 권유하는 것이다. 부실고지는 사실과 다르게 알리는 것을 가리킨다. 부실고지에는 사실 전체를 다르게 알리는 것은 물론이고, 사실 일부만 알릴 뿐이어서 전체적으로는 사실과 어긋나는 이른바 부분고지(partial disclosure)도 포함된다.

(3) 위 (2)의 경우 그와 같은 권유가 있는 것만으로 위법행위는 성립되며, 이러한 권유에 따라서 실제로 보험계약자 또는 피보험자가 중요사항을 알리지 않거나 부실한 사항을 알릴 것까지 요구되지는 않는다.

(4) 만약 보험계약자 또는 피보험자에게 위와 같은 금지행위와 관련하여 '공모'로 평가할 만한 귀책사유가 있더라도 위와 같은 금지행위가 존재하면 그 위법성이 인정된다. 다만, 공모한 보험계약자 또는 피보험자가 위와 같은 위법행위를 이유로 보험회사에게 사용자책임(법102)을 물을 수는 없다고 해석한다.

---

313) 대판 1996.12.23. 96다27971에서, 보험계약자나 피보험자가 보험계약 당시에 보험자에게 고지할 의무를 지는 상법 651조에서 정한 중요한 사항이란, 보험자가 보험사고의 발생과 그로 인한 책임부담의 개연율을 측정하여 보험계약의 체결 여부 또는 보험료나 특별한 면책조항의 부가와 같은 보험계약의 내용을 결정하기 위한 표준이 되는 사항으로서, 객관적으로 보험자가 그 사실을 안다면 그 계약을 체결하지 않든가 또는 적어도 동일한 조건으로는 계약을 체결하지 않으리라고 생각되는 사항을 말하고, 어떠한 사실이 이에 해당하는가는 보험의 종류에 따라 달라질 수밖에 없는 사실인정의 문제로서 보험의 기술에 비추어 객관적으로 관찰하여 판단되어야 하고, 최종적으로는 보험의 기술에 정통한 전문가의 감정에 의하여 결정될 수밖에 없다고 판시했다.

(6) 기타 부당권유행위

1) 의의

(1) 금융소비자법 21조 7호는 그 밖에 금융소비자보호 또는 건전한 거래질서를 해칠 우려가 있는 행위를 하위법령으로 규정할 수 있도록 위임하고 있으며, 그에 따라 기존에 보험업법으로 규제되지 않던 새로운 금지유형이 추가되었다.

(2) 그 중 주목할 만한 부분으로 '내부통제기준에 따른 직무수행 교육을 받지 않은 자로 하여금 계약 체결 권유와 관련된 업무를 하게 하는 행위'를 부당권유행위로 규정한 것이다. 이는 직무에 적합한 지식과 소양을 구비하지 않는 자에게 권유행위를 하도록 하는 것 자체를 부당하다고 보는 것으로 '상품숙지의무'라고 부르기도 한다.

(3) 금융소비자법 17조 2항의 적합성원칙과 관련하여 적합성 판단 관련 정보를 조작하거나 동 원칙을 적용받지 않고 권유하기 위해 일반금융소비자로부터 이른바 불원확인서 등 서면을 징구하는 행위도 부당권유행위로 규정한다.

(4) 그 밖에 이에 준하는 것으로서 금융상품에 대한 금융소비자의 합리적 판단을 저해하는 감독규정 15조 4항에서 정하는 다음 행위가 금지된다.

1. 금융소비자("신용카드 회원")의 사전 동의 없이 신용카드를 사용하도록 유도하거나 다른 대출성상품을 권유하는 행위
2. 금융소비자법 17조를 적용받지 않고 권유하기 위해 일반금융소비자로부터 계약 체결의 권유를 원하지 않는다는 의사를 서면 등으로 받는 행위

4. 부당한 계약전환 등의 금지

(1) 의의 및 취지

(1) 보험계약의 부당한 전환(이른바 승환)을 금지한다. 즉 체결종사자나 모집종사자가 보험계약자 또는 피보험자로 하여금, 이미 성립된 기존보험계약을 부당하게 소멸시킴으로써 새로운 보험계약을 청약하게 하거나, 새로운 보험계약(대통령령으로 정하는 바에 따라 기존보험계약과 보장 내용 등이 비슷한 경우만 해당)을 청약하게 함으로써 기존보험계약을 부당하게 소멸시키거나, 그 밖에 부당하게 보험계약을 청약하게 하거나 이를 권유하는 행위가 금지된다(법97①(5)).

(2) 부당한 계약전환 등을 포함하여 부당하게 보험계약의 청약을 하게 하는 행위는 보험계약자에게 손해를 끼치기 때문에 금지된다.

(2) 요건

보험업법 97조 1항 5호의 금지행위가 되기 위해서 다음과 같은 요건이 충족되어야 한다.

1) 금지행위의 태양

i) 관련 조항

보험업법 97조 1항 5호가 금지하는 행위는 다음과 같다.

ⓐ 이미 성립된 기존 보험계약을 부당하게 소멸시킴으로써 새로운 보험계약을 청약하게 하는 행위

ⓑ 새로운 보험계약(대통령령으로 정하는 바에 따라 기존보험계약과 보장 내용 등이 비슷한 경우만 해당)을 청약하게 함으로써 기존 보험계약을 부당하게 소멸시키는 행위

ⓒ 그 밖에 부당하게 보험계약을 청약하게 하는 행위

ⓓ 이를 권유하는 행위

ii) ⓐ와 ⓑ

① 계약전환

(1) ⓐ와 ⓑ는 부당하게 기존 보험계약을 소멸시켜서 새로운 보험계약을 청약하게 하거나, 또는 반대로 새로운 보험계약을 청약하게 해서 기존 보험계약을 소멸시키는 행위를 가리킨다. 이렇게 기존 보험계약이 소멸하고 새로운 보험계약이 청약되는 현상을 '계약전환'이라고 부른다. 이를 승환행위 또는 계약승환이라고도 부른다. 다시 말하면 ⓐ와 ⓑ는 부당한 계약전환을 하게 하는 행위를 가리킨다.

(2) 위 (1)에서 보험계약의 소멸은 보험계약의 효력을 상실시킨다는 의미이다. 보험계약의 효력을 상실시킨다는 것은 해지, 취소 등에 의해 효력을 상실시키는 것을 의미한다.[314] 보험계약의 무효가 여기에 포함될 수 없음은 물론인데, 이는 효력을 상실시키는 행위와 무관하게 그 자체로 효력이 없기 때문이다.

(3) 부당한 계약전환에는 상당한 인과관계가 존재해야 한다. 즉 기존 보험계약의 소멸과 새로운 보험계약 청약 사이에, 그리고 새로운 보험계약의 청약과 기존 보험계약의 소멸 사이에는 상당한 인과관계가 있어야 한다. 이러한 인과관계가 없다면 금지되는 계약전환이라고 할 수 없다.

② 계약전환을 하게 하는 행위

(1) 계약전환을 하게 하는 행위가 금지된다. 계약전환을 유도하는 행위가 계약전환을 하게 하는 행위에 포함됨은 물론이다. 사기 또는 강박을 사용한 경우도 계약전환을 하게 하는 행위에 포함될 수 있다. 가령 부당하게 비교하여 알려줌으로써 보험계약자가 착오에 빠져 계약전환을 하는 경우는 사기에 의한 계약전환에 해당할 수 있다. 이 경우는 보험업법 97조 1항 5호의 적용을 받지만, 이와 별도로 민법 110조에 따른 취소가 가능하다.

---

314) 장경환(보험업법2) 147면; 정채웅 512면

(2) 만약 체결종사자 또는 모집종사자와 무관하게 보험계약자가 스스로 계약전환을 하려는 경우는 계약전환을 하게 한 경우라고 볼 수 없다. 다만 보험계약자가 스스로 착오에 빠져 계약전환을 하는 경우라도 체결종사자 또는 모집종사자가 이를 알고 있었다면 이 때에도 보험업법 97조 1항 5호에 대한 위반이라고 할 수 있는가? 긍정하는 견해도 있지만,[315] 보험업법 97조 1항 5호의 법문에 비추어 보면 부정하는 것이 타당하다. 다만, 이 경우는 설명의무 위반 문제, 착오로 인한 계약취소의 문제로 접근해 볼 수 있을 것이다.

iii) ⓒ

① 의의

ⓒ는 부당하게 보험계약을 청약하게 하는 행위를 가리킨다.

② 문제의 제기

ⓒ가 그 밖에 부당하게 보험계약을 청약하게 하는 행위를 금지하는데, 그 의미를 둘러싸고 논란이 있다. 이에 대해서는 첫째, 부당하게 청약하게 하는 행위 '일반'을 금지한다는 견해가 있다,[316] 둘째, 부당한 계약전환의 준비행위라는 견해,[317] 셋째, 모든 부당한 계약전환을 금지하는 포괄적 규정이라는 견해,[318] 또는 ⓐ와 ⓑ와 유사한 경우로 그 밖의 모든 부당한 계약전환을 금지한다는 견해가 있다.[319] 둘째와 셋째는 ⓒ를 부당한 계약전환과 관련시킨다는 점에 공통점이 있고, 첫째는 부당한 계약전환은 부당한 청약의 예시라고 이해한다.

③ 결어

(1) 생각건대, 위 ②에서 셋째 견해에 찬성한다. 보험업법 97조 1항 5호가 금지하는 행위는 기본적으로 계약전환과 관련된 금지행위라고 좁혀서 해석하는 것이다. 이러한 방향의 입법도 필요하다. 가령 "그 밖에 이와 유사한 행위로서 부당하게 보험계약을 청약하게 하는 행위"라고 개정하는 방안이 있다.

(2) 한편, 첫째 견해는 ⓐ와 ⓑ의 부당한 계약전환은 부당하게 보험계약을 청약하게 하는 행위의 예시이고, ⓒ는 부당하게 보험계약을 청약하게 하는 행위를 일반적으로 금지하는 규정이라고 해석하는 것으로서 보험업법 97조 1항 5호의 문리에 잘 부합된다고 볼 여지도 있다. 하지만 이렇게 해석하면 부당하게 보험계약을 청약하게 하는 행위의 범위가 지나치게 넓어질 수 있다. 보험업법 97조 1항 위반에는 과징금, 과태료가 따른다는 점을 고려해야 한다. 그 세부유형이 대통령령에 위임되어 정해지지 않는 한 이러한 해석은 법

315) 장경환(보험업법2) 148면
316) 노상봉 516면
317) 장경환(보험업법2) 147면
318) 성대규 · 안종민 385면
319) 정채웅 512면

적 불확실성이 크다.

iv) ⓓ

ⓓ는 ⓐ, ⓑ 또는 ⓒ의 '권유'를 가리킨다고 해석한다. 이에 따르면 부당한 계약전환 또는 부당한 청약을 하게 한 경우는 물론이고, 이를 권유하는 것만으로도 보험업법 97조 1항 5호의 위반이 된다.

2) 금지행위의 상대방

(1) 보험계약자뿐만 아니라, 피보험자를 상대방으로 하는 행위도 금지된다.

(2) 보험계약 청약의 법적 주체는 피보험자가 아니라 보험계약자라는 점에서 행위의 상대방은 보험계약자로 한정할 수도 있다. 하지만 피보험자에 대한 행위가 보험계약자의 청약에도 간접적으로 영향을 미칠 수 있다는 점을 고려하여, 피보험자에 대한 행위도 금지하는 것으로 입법한 것이다.

3) 전환계약 사이의 유사성

(1) 새로운 보험계약은 기존보험계약과 보장내용 등이 비슷한 경우여야 하고 이에 대해서는 대통령령으로 정하는 바에 따른다(법97①(5)).

(2) 위 (1)의 대통령령에 따르면, 기존보험계약과 보장 내용 등이 비슷한 새로운 보험계약은 다음 각 호의 사항에 모두 해당하여야 한다(시행령43의2①본). 다만, 기존보험계약 또는 새로운 보험계약의 보험기간이 1년 이하인 경우 또는 컴퓨터통신을 이용하여 새로운 보험계약을 체결하는 경우에는 그러하지 아니하다(시행령43의2①단).

1. 기존보험계약과 새로운 보험계약의 피보험자가 같을 것
2. 기존보험계약과 새로운 보험계약의 위험보장의 범위가 보험업법 2조 1호 각 목의 생명보험상품, 손해보험상품, 제3보험상품의 구분에 따라 비슷할 것

(3) 위 (2)에 따르면 부당한 계약전환이 인정되려면 원칙적으로 기존 보험계약과 새로운 보험계약 사이에 그러한 유사성이 있어야 한다. 즉 이러한 유사성이 없다면 금지되는 계약전환이라고 할 수 없다.

(4) 위 (2)에 따르면 보험업법시행령 43조의2 1항 단서는 일정한 경우 "그러하지 아니하다"라고 규정한다. 여기서 "그러하지 아니하다"의 의미가 문제된다. 문리대로 보면 보험업법시행령 43조의2 1항 1호 및 2호의 요건이 충족되지 않아도 된다는 의미로 읽힐 수 있고, 나아가 이러한 요건이 충족되지 않아도 새로운 보험계약과 기존보험계약의 유사성이 인정될 수 있다는 의미로까지 읽힐 수 있다. 하지만 보험업법시행령 43조의2 1항 단서는 이러한 취지에서 둔 규정이 아니라 기존보험계약과 새로운 보험계약 사이에 계약전환을 부당한 것으로 보지 않겠다는 규정이다. 왜냐하면 기존보험계약 또는 새로운 보험계약의

보험기간이 1년 이하인 경우 또는 컴퓨터통신을 이용하여 새로운 보험계약을 체결하는 경우는 보험계약자의 필요에 따른 자발적인 행위인 것이 일반적이라는 점을 고려한 것이다. 즉 이 경우는 모집수수료가 상대적으로 작기 때문에 모집종사자 등이 계약전환을 유도하거나 권유할 유인이 낮다는 것이다.[320] 따라서 보험업법시행령 43조의2 1항의 문구를 이러한 입법취지와 일치할 수 있도록 정비할 필요가 있다.

4) 부당성

i) 일반

(1) 일반적으로 전환행위의 부당성은 보험계약자가 입증해야 하고 만약 입증할 수 있다면 이 전환행위는 보험업법 97조 1항 5호 위반에 해당하게 된다고 해석한다.

(2) 전환행위의 부당성은 아래에서 보는 바와 같이 부당성이 의제되는 경우로 한정된다는 견해도 있으나,[321] 보험업법 97조 3항이 부당성이 의제되는 전환행위를 규정한 취지는 그러한 행위는 부당성이 워낙 농후하여 입증의 편의를 도모하자는 것일 뿐이지 부당한 전환행위의 유형을 이것으로 한정하자는 것은 아니라고 사료된다.

(3) 부당성의 기준은 전환행위가 보험계약자에게 유리한지 불리한지에 따라 객관적으로 정할 문제이고 보험료, 보험사고, 보험금액, 면책사유 등을 종합적으로 고려하여 판단해야 한다.[322]

ii) 부당성 의제

① 의의 및 취지

(1) 일정한 경우는 계약전환이 부당한 것으로 의제 또는 간주한다. 즉 1개월 이내의 전환행위 등 일정한 유형의 행위를 한 경우에는 기존보험계약을 부당하게 소멸시키거나 소멸하게 하는 행위를 한 것으로 간주한다(법97③). 간주 규정을 둔 취지는 이러한 유형의 전환행위의 경우 부당성이 농후하다는 점을 고려하여 입증의 편의를 도모한 것이다.

(2) 위 (1)과 같은 유형의 전환행위에 의제되는 부당성은 그러한 행위가 실제로 발생한 경우는 물론이고 그러한 전환행위를 '권유'한 경우에도 마찬가지로 인정된다.

② 1개월 이내의 전환행위

(1) 1개월 이내의 전환행위는 부당성이 농후하다고 보아서 부당성을 간주한다. 즉 기존보험계약이 소멸된 날부터 1개월 이내에 새로운 보험계약을 청약하게 하거나, 새로운 보험계약을 청약하게 한 날부터 1개월 이내에 기존보험계약을 소멸하게 하면, 부당한 전환으로 간주된다(법97③(1)본).

---

320) 정채웅 514면

321) 부당한 전환행위로 간주되는 경우 이외에는 어떠한 전환행위도 부당한 전환행위로 보지 않는다는 견해로는 정채웅 515면

322) 장경환(보험업법2) 148면; 정채웅 512면

(2) 다만, 보험계약자가 기존보험계약 소멸 후 새로운 보험계약 체결 시에 손해가 발생할 가능성이 있다는 사실을 알고 있음을 자필로 서명하는 등 대통령령으로 정하는 바에 따라 본인의 의사에 따른 행위임이 명백히 증명되는 경우에는 부당한 전환으로 간주되지 않는다(법97③(1)단). 보험계약자의 자의에 따른 계약전환이 분명한 경우라면 1개월 이내의 전환행위라도 부당성을 면제하는 것이다. 여기서 본인 의사의 증명은 다음 각 호의 어느 하나에 해당하는 방법으로 한다(시행령43의2②).

1. 서명(전자서명법 2조 2호에 따른 전자서명을 포함)
2. 기명날인
3. 녹취
4. 그 밖에 금융위원회가 정하는 기준[323]을 준수하는 안전성과 신뢰성이 확보될 수 있는 수단을 활용하여 보험계약자 본인의 의사에 따른 행위임을 명백히 증명하는 방법

(3) 그리고 보험회사는 위 (2)의 방법에 의한 본인 의사의 증명사실을 확인할 수 있는 서류 등을 금융위원회가 정하여 고시하는 방법에 따라 보관·관리해야 한다(시행령43의2③).

③ 6개월 이내의 전환행위

(1) 6개월 이내의 전환행위인 경우 중요사항에 대한 비교·고지를 하지 않으면 부당성이 간주된다. 즉 기존보험계약이 소멸된 날부터 6개월 이내에 새로운 보험계약을 청약하게 하거나, 새로운 보험계약을 청약하게 한 날부터 6개월 이내에 기존보험계약을 소멸하게 하는 경우로서, 해당 보험계약자 또는 피보험자에게 기존보험계약과 새로운 보험계약의 '보험기간 및 예정 이자율 등 대통령령으로 정하는 중요한 사항'을 비교하여 알리지 않으면, 부당한 전환으로 간주된다(법97③(2)).

(2) 6개월 이내의 계약전환인 경우에도 부당성이 상당하므로 보험계약자에게 중요사항에 대한 비교·고지를 통한 객관적 판단 기회를 제공한 경우가 아니라면 부당성을 간주하겠다는 취지이다.

(3) 위 (1)에서 비교하여 알려야 할 사항으로 대통령령으로 정한 사항은 다음 각 호의 사항을 말한다(시행령44①).

1. 보험료, 보험기간, 보험료 납입주기 및 납입기간
2. 보험가입금액 및 주요 보장 내용
3. 보험금액 및 환급금액
4. 예정 이자율 중 공시이율

---

323) 금융위원회가 정하는 기준은 전자금융거래법 21조 2항에 따른 기준이고(감독규정4-35의2⑦), 이에 대해서는 위 각주 231)을 참조.

5. 보험목적
6. 보험회사의 면책사유 및 면책사항

(4) 보험회사는 위 (1)과 같은 사항을 비교하여 알린 사실을 확인할 수 있는 서류 등을 금융위원회가 정하여 고시하는 방법에 따라 보관·관리해야 한다(시행령44②).

(3) 효과

1) 부활청구권과 취소권의 발생

(1) 부당한 계약전환이 이루어진 경우 보험계약자는 소멸된 보험계약에 대한 부활청구권과 새로운 보험계약에 대한 취소권을 갖는다. 즉 보험계약자는 체결종사자 또는 모집종사자(보험중개사는 제외)가 부당하게 기존보험계약을 소멸시키거나 소멸하게 하였을 때에는, 체결종사자 또는 모집종사자가 속하거나 모집을 위탁한 보험회사에 대하여, 그 소멸한 날부터 6개월 이내에 소멸된 보험계약의 부활을 청구하고 새로운 보험계약은 취소할 수 있다(법97④).

(2) 보험업법 97조 4항은 새로운 보험계약을 취소할 수 있다고 규정하고 있다. 다만, 새로운 보험계약에 대한 청약만이 있고 아직 승낙이 이루어지지 않은 경우에는 계약의 취소가 아니라 청약을 철회할 수 있다고 해석할 필요가 있다. 즉 계약의 청약은 원칙적으로 철회할 수 없지만(민법527), 이 경우는 철회를 할 수 있다고 해석할 필요가 있다. 이하에서는 편의상 취소권을 중심으로 살펴보기로 한다.

2) 선택적 행사의 문제

(1) 부당한 계약전환의 경우에 보험계약자는 부활청구권과 취소권을 병행하여 행사할 수 있다. 보험계약자가 그 중에서 선택하여 행사하는 것도 가능한가? 가령 기존 보험계약을 부활하면서 새로운 보험계약을 취소하지 않거나, 기존 보험계약을 부활하지 않으면서 새로운 보험계약을 취소하는 경우를 말한다.

(2) 생각건대, 부활청구권만 행사하든지 또는 취소권만 행사하든지 보험계약자의 의사에 달린 것이라고 해석한다. 보험업법 97조 4항의 법문에 따르면 부활청구권과 취소권 중에서 선택하여 행사하는 것을 금지한다고 해석하기 어렵다. 또한 선택하여 행사한다고 해서 보험계약자에게 부당한 이득이 생긴다고 보기도 어렵다. 기존 보험계약이 소멸된 후 부활청구 이전에 보험사고가 발생했을 때 부활청구만 하고 새로운 보험계약을 취소하지 않으면 이중의 이득을 얻게 되는 문제가 등장할 수 있는데, 손해보험의 경우에는 이득금지 원칙에 따라 손해만큼만 보상받을 수 있을 뿐이고, 손해보험이 아닌 경우에도 후술하는 바와 같이 이 경우는 보험사고가 이미 발생한 경우에는 보험사고의 불확정성(상법644) 때문에 부활청구를 할 수 없다고 해석해야 하므로 이중의 이득을 얻게 되는 문제는 생기지 않는다.

3) 부활청구권과 취소권의 공통요소

i) 부활청구권자 및 취소권자

부활청구권 또는 취소권을 행사할 수 있는 자는 보험계약자이다(법97④). 보험계약자가 보험계약의 당사자이기 때문이다.

ii) 부활청구 및 취소의 상대방

① 보험회사

부활청구 및 취소의 상대방은 보험계약의 당사자인 보험회사이다.

② 보험회사의 범위

(1) 부당한 계약전환 등을 하게 하거나 권유한 체결종사자 또는 모집종사자가 속하거나 모집을 위탁한 보험회사가 청구의 상대방이다.

(2) 보험중개사는 보험회사로부터 독립하여 모집을 할 뿐이지 특정한 보험회사에 속하거나 그로부터 모집을 위탁받은 자가 아니므로 보험중개사와 관련해서는 부활청구 또는 취소의 상대방인 보험회사가 없다. 이러한 이유에서 부활청구권 또는 취소권과 관련하여 보험업법 97조 4항이 보험중개사를 모집종사자에서 제외하고 있다. 보험중개사는 보험회사로부터 독립하여 모집을 하는 자이므로 그의 행위에 대해 보험회사에게 책임을 물어 불이익(부활 및 취소)을 귀속시킬 수 없기 때문이다. 보험계약자로 하여금 부당한 계약전환을 하게 하거나 이를 권유한 보험중개사에게 보험업법 97조 1항 5호의 위반으로 인한 책임은 물을 수는 있지만 보험회사를 상대방으로 해서 부활청구권이나 취소권을 행사할 수는 없는 것이다.

(3) 보험계약의 부활청구 및 취소는 해당 보험계약이 같은 보험회사를 대상으로 한 계약에만 적용한다(시행령45⑤). 즉 동일한 보험회사를 상대방으로 해서만 부활청구와 취소를 할 수 있다는 의미이다. 이는 부활청구의 상대방인 보험회사와 취소의 상대방인 보험회사가 다른 경우에는 보험회사 사이에 이해충돌이 생길 수 있기 때문이라고 설명된다.[324] 또한 보험회사가 다른 경우에 보험회사 입장에서는 실제로 부당한 계약승환을 하지 못하도록 관리하기가 어렵다는 점도 이유가 될 수 있다. 같은 보험회사의 경우에는 계약전환의 대상인지를 확인할 수 있는 시스템을 갖출 수 있겠지만 다른 보험회사의 계약을 소멸시키면서 부당한 계약승환을 하는 경우에는 이를 확인하기가 어려울 것이다.

iii) 부활청구 및 취소의 기한

(1) 부활청구 및 취소의 기한은 보험계약이 소멸한 날부터 6개월 이내이다. 이 점은 보험업법 97조 4항이 "보험계약이 소멸한 날부터 6개월 이내에 소멸된 보험계약의 부활을 청구하고 새로운 보험계약은 취소할 수 있다"고 규정하고 있기 때문이다.

324) 장경환(보험업법2) 150면; 정채웅 518면

(2) 위 (1)에 따른 기간의 법적 성격은 제척기간이다. 이와 같이 단기의 제척기간을 둔 이유는 보험계약관계를 장기간 불확정한 상태에 두는 것이 보험회사에게 적지 않은 부담이 될 수 있다는 점을 고려했기 때문이다.

iv) 부활청구 및 취소를 위한 절차

(1) 소멸된 보험계약의 부활을 청구하고 새로운 보험계약을 취소하려는 보험계약자는 보험계약 부활청구서에 다음 각 호의 서류를 첨부하여 보험회사에 제출해야 한다(시행령45①).

1. 기존 보험계약의 소멸을 증명하는 서류
2. 새로운 보험계약의 보험증권

(2) 보험회사는 위 (1)의 서류를 접수했을 때 접수증을 발급하고 부활사유 및 제출된 서류의 기재사항 등을 확인해야 한다(시행령45②).

4) 부활청구권에 관한 특수요소

i) 상법 650조의2의 부활과의 비교

(1) 상법 650조의2의 부활[325]이나 보험업법 97조 4항의 부활이나 소멸된 보험계약을 회복시킨다는 점에서는 본질적 차이가 없다. 즉 상법 650조의2의 부활의 법적 성질은 다음과 같은데 이는 보험업법 97조 4항의 부활도 같다.

(2) 부활의 법적 성질은 계약이다(통설). 부활이 계약이라고 할 때, 그 내용이 무엇인지를 보는 시각은 둘로 나뉜다. 하나는 특수계약설로서, 부활계약이란 해지된 보험계약을 해지되지 않은 것으로 되살리는 특수한 계약이라는 입장이 있다. 특수계약설이 우리나라의 통설이다. 다른 하나는 신계약설로서, 부활계약이란 해지된 보험계약과 동일한 내용의 새로운 보험계약이라는 입장이 있다. 판례도 특수계약설을 취한다고 볼 수 있다.[326]

(3) 소멸된 보험계약을 회복시키려는 목적은 같지만, 보험업법 97조 4항의 부활은 체결종사자 또는 모집종사자에 의해서 부당하게 보험계약이 소멸된 경우이고, 상법 650조의2의 부활은 보험계약자의 자의에 따라 보험계약을 해지한 경우라는 점에서 구체적 내용 면에서는 다음과 같이 일정한 차이를 보인다.

ii) 부활의 청구

① 요건

(1) 보험업법 97조 4항의 부활청구에는 해지환급금이 지급되지 않았을 것, 연체보험료

---

325) 상법 650조의2에 따르면 보험계약자가 보험계약을 임의로 해지하고 해지환급금이 지급되지 않은 경우에 보험계약자가 일정한 기간 내에 연체보험료에 약정이자를 붙여 보험회사에게 지급하고 그 계약의 부활을 청구할 수 있는데, 상법 638조의2의 규정이 이 경우에 준용된다.

326) 대판 2005.12.9. 2004다26164

에 약정이자를 붙여 지급할 것이라는 요건이 적용되지 않는다고 해석한다. 이와 달리 상법 650조의2의 부활청구에는 해지환급금이 지급되지 않았을 것, 연체보험료에 약정이자를 붙여 보험회사에 지급할 것이라는 요건이 적용된다.

(2) 보험계약자에게 해지환급금이 지급된 경우에도 보험업법 97조 4항의 부활청구를 할 수 있다. 부당하게 보험계약이 소멸된 경우이므로 해지환급금이 지급되지 않았을 것을 요건으로 삼아서는 안 된다. 다만, 해지환급금을 반환하지 않으면 부활이 성립되어도 그 효력이 발생하지 않고 해지환급금이 반환된 때부터 부활의 효력이 발생한다(시행령45④(1)).

(3) 연체보험료에 약정이자를 붙여 지급할 의무도 없다. 상법 650조의2의 부활은 보험계약자가 임의로 해지한 보험계약을 회복시켜 주는 대가로 연체보험료에 약정이자를 지급하도록 하는 것이지만, 보험업법 97조 4항의 부활은 체결종사자 또는 모집종사자에 의해서 부당하게 보험계약이 소멸된 경우이므로 이러한 대가를 요구할 수 없다고 보아야 한다.

② 낙부통지의무

(1) 부활청구에 대해 보험회사는 낙부통지의무를 부담한다. 즉 보험업법 97조 4항의 부활인 경우, 보험회사는 보험계약의 부활청구를 받은 날(건강진단을 받는 계약의 경우에는 진단일)부터 30일 이내에 승낙 또는 거절의 통지를 하여야 하며 그 기간에 통지가 없을 때에는 승낙한 것으로 본다(시행령45③).

(2) 위 (1)에서 본 바와 같은 보험업법 97조 4항의 부활에서 낙부통지의무는 상법 650조의2의 부활과 조금 차이가 있다. 상법 650조의2의 부활은 상법 638조의2 1항 및 2항을 준용하는데, 이에 따르면 보험계약자로부터 부활의 청구와 함께 보험료 상당액의 전부 또는 일부의 지급을 받은 때에 보험회사의 낙부통지의무가 성립된다. 보험업법시행령 45조 3항은 보험료의 지급이 없더라도 부활청구만으로 낙부통지의무가 성립된다는 점과 차이가 있는 것이다.

③ 승낙 전 보험보호

(1) 보험업법 97조 4항의 부활에는 승낙 전 보험보호가 준용될 필요가 있다. 상법 650조의2의 부활에는 상법 638조의2 3항이 준용된다고 규정되어 있는데, 보험업법 97조 4항의 부활에도 마찬가지로 준용된다고 해석할 필요가 있다.

(2) 위 (1)의 준용에 따르면, 보험회사가 보험계약자로부터 부활의 청구와 함께 보험료 상당액의 전부 또는 일부를 받은 경우에 그 청구를 승낙하기 전에 보험계약에서 정한 보험사고가 생긴 때에는 그 청구를 거절할 사유가 없는 한 보험회사는 보험계약상의 책임을 지고, 다만 인보험계약의 피보험자가 신체검사를 받아야 하는 경우에 그 검사를 받지 않은 때에는 그렇지 않다.

④ 승낙의무

(1) 보험계약의 부활청구를 받은 보험회사는 특별한 사유가 없는 한 소멸된 보험계약의 부활을 승낙해야 한다(법97⑤). 부당하게 보험계약이 소멸된 것인 만큼 특별한 사정이 없는 한 보험회사에게 승낙의무를 지운 것이다.

(2) 위 (1)에서 특별한 사유란 해당 보험계약의 소멸과 부활청구 사이에 현저한 위험증가가 있는 경우 등을 의미한다고 해석한다.[327] 여기에는 이미 보험사고가 발생한 경우도 포함된다고 해석한다. 이미 보험사고가 발생한 경우에 부활청구에 대해 승낙하는 것은 보험사고의 불확정성(상법644)에 반하는 것이므로 그 부활계약은 효력이 없다.

iii) 부활의 효력

(1) 보험업법 97조 4항의 부활인 경우 해지환급금을 반환하지 않으면 부활이 성립되어도 그 효력이 발생하지 않고 해지환급금이 반환된 때부터 부활의 효력이 발생한다(시행령45④(1)).

(2) 해지환급금이 반환되지 않았음에도 부활의 효력을 인정하는 것은 보험회사에게 가혹하다는 점을 고려한 것이다. 이와 관련하여, 보험업법시행령 45조 4항 1호가 해지환급금 반환만으로 보험회사의 승낙이 없더라도 보험계약의 부활이 성립됨을 규정한 것이라고 해석하면서, 부활은 계약이므로 보험회사의 승낙 없이는 성립될 수 없고 따라서 보험업법 45조 4항 1호는 입법적 결함이 있다는 지적이 있다.[328] 하지만 보험업법 45조 4항 1호는 해지환급금의 반환이 부활의 효력발생요건이라고 규정하고 있을 뿐이다.

5) 취소권에 관한 특수요소

(1) 새로운 보험계약에 대해 취소권을 행사하면 취소의 효과가 생기며, 이는 보험회사의 승낙 여부와 무관하게 생긴다.

(2) 새로운 보험계약에 대한 취소의 효력은 새로운 보험계약으로부터 보험계약자가 제급부금을 수령한 경우 그 반환을 해야 가능하다(시행령45④(2)).

(3) 새로운 보험계약을 취소하려면 그 보험계약이 유효해야 한다. 만약 새로운 보험계약이 보험사고의 발생 등을 이유로 이미 소멸한 경우에는 취소가 가능하지 않다.[329]

5 가공계약 모집 등의 금지

(1) 실제 명의인이 아닌 자의 보험계약을 모집하거나 실제 명의인의 동의가 없는 보험계약을 모집하는 행위가 금지된다(법97①(6)).

(2) 실제 명의인이 아닌 자는 가공인일 수도 있고, 실제로 존재하지만 명의인은 아닌

327) 장경환(보험업법2) 150면; 정채웅 517면
328) 장경환(보험업법2) 151면
329) 장경환(보험업법2) 150면

자일 수도 있다. 이러한 자를 위한 보험계약을 전자는 가공계약(또는 허위계약), 후자는 차명계약이라고 할 수 있다. 실제 명의인의 동의가 없는 보험계약은 무단계약(또는 가공계약 또는 허위계약)이라고 부를 수 있다.

(3) 가공계약 등은 동의하지 않은 보험계약자의 이익을 해치고 보험업에 대한 신뢰를 훼손하는 행위이므로 금지하는 것이다.

(4) 감독규정도 유사한 규정을 두고 있다. 즉 모집종사자는 보험계약자 또는 피보험자의 실지명의(금융실명법 2조 4호의 규정에 의한 실지명의를 말함)가 아닌 명의로 보험계약청약서를 임의로 작성하여 보험계약을 체결하지 못한다(감독규정4-31⑤). 다만, 이 규정은 상위법령의 명시적 위임 여부가 모호하다.

6. 자필서명 생략 등의 금지

(1) 보험계약자 또는 피보험자의 자필서명이 필요한 경우에 자필서명을 받지 않고 서명을 대신하거나 다른 사람으로 하여금 서명하게 하는 행위가 금지된다(법97①(7)).

(2) 가령 전화 또는 사이버몰을 이용한 모험모집의 경우 보험계약의 청약이 있으면 우편이나 팩스 등을 통하여 지체 없이 보험계약자로부터 청약서에 자필서명을 받아야 하는데(시행령43②,④(2)), 이 경우 서명을 대신하거나 다른 사람으로 하여금 서명하게 하면 보험업법 97조 1항 7호의 위반이 된다.

(3) 보험계약자 또는 피보험자에게 자필서명을 요구하는 이유는 계약의 청약 등에서 본인의 의사 또는 이해 등을 명확하게 확인하기 위해서이다.

7. 다른 모집종사자 명의 이용의 금지

(1) 다른 모집종사자의 명의를 이용하여 보험계약을 모집하는 행위를 금지한다(법97①(8)).

(2) 다른 모집종사자의 명의를 이용할 수 있게 되면 보험계약자 모집의 책임관계가 불분명해지고 모집제한에 관한 규정들(법85②,99②)[330]이 잠탈될 가능성 등의 문제가 생기므로,[331] 이를 방지하지 위해서 그러한 이용행위를 금지하는 것이다.

(3) 감독규정도 유사한 규정을 두고 있다. 즉 모집종사자는 자기가 모집한 계약을 타인이 모집한 것으로 또는 타인이 모집한 것을 자기가 모집한 것으로 처리하지 못한다(감

330) *보험업법 85조 2항: 보험설계사는 자기가 소속된 보험회사등 이외의 자를 위하여 모집을 하지 못한다.

**보험업법 99조 2항: 모집에 종사하는 자는 다음 각 호의 어느 하나에 해당하는 경우 이외에는 타인에게 모집을 하게 하거나 그 위탁을 하거나, 모집에 관하여 수수료·보수나 그 밖의 대가를 지급하지 못한다.

331) 이성남 303면

독규정4-31④). 다만, 이 규정은 상위법령의 명시적 위임 여부가 모호하다.

8. 금전대차를 이용한 모집의 금지

(1) 보험계약자 또는 피보험자와의 금전대차의 관계를 이용하여 보험계약을 청약하게 하거나 이를 요구하는 행위가 금지된다(법97①(9)).

(2) 금전대차가 조건이 되어서 보험계약의 청약을 하게 하거나 요구하는 것이면 충분하고, 금전대차 관계가 보험계약 청약의 이전에 존재하든 이후에 존재하든 이는 묻지 않는다.

(3) 금전대차로 인한 우월적 지위를 이용하여 보험계약자 또는 피보험자에게 보험계약의 청약을 하게 하거나 요구하는 것을 금지하는 데에 취지가 있다.

(4) 위 (1)과 같은 금지행위는 다른 규정에 의해서도 금지되므로 경합적으로 적용될 수 있다.

(a) 독점규제법 23조 1항 4호가 경합적으로 적용될 수 있다. 위와 같은 우월적 지위의 이용행위는 사업자가 자기의 거래상의 지위를 부당하게 이용하여 상대방과 거래하는 행위(독점규제법23①(4))에도 해당할 수 있기 때문이다.

(b) 금융기관보험대리점등에게는 보험업법 100조 1항도 경합적으로 적용될 수 있다. 보험업법 100조 1항은 금융기관보험대리점등이 대출 등 자신이 제공하는 용역을 조건으로 대출 등을 받는 자에게 보험계약을 체결할 것을 요구하는 등의 행위를 금지한다. 이 경우도 대출 등이 조건이 되어서 보험계약의 청약을 요구하는 것이면 충분하고, 대출 등이 보험계약 청약의 이전에 존재하든 이후에 존재하든 이는 묻지 않는다.

9. 장애인에 대한 보험가입 거부의 금지

(1) 의의

(1) 정당한 이유 없이 장애인의 보험가입을 거부하는 행위가 금지된다(법97①(10)).

(2) 위 (1)에서 장애인은 '장애인차별금지 및 권리구제 등에 관한 법률' 2조에 의해 정의되고(법97①(10)), 이에 의하면 신체적·정신적 손상 또는 기능상실이 장기간에 걸쳐 개인의 일상 또는 사회생활에 상당한 제약을 초래하는 상태의 장애가 있는 사람을 가리킨다.

(3) 장애인에 대한 보험가입 거절이 문제되는 것은 주로 장애인이 생명보험 또는 제3보험의 피보험자가 되는 경우이다.

(2) 정당한 이유

(1) 장애인에 대해 차등적인 보험료를 부과하는 것은 보험업법 97조 1항 10호 위반이라고 볼 수 없다. 다만, 합리적인 근거 없이 과다한 보험료를 부과한다면 이는 정당한 사유 없이 장애인에 대한 보험가입을 거절하는 경우에 해당한다고 볼 수 있다.[332]

(2) 장애인이라는 이유만으로 보험가입을 거절하는 것은 보험업법 97조 1항 10호의 위반이지만, 정당한 사유가 있는 경우에는 보험가입을 거절할 수 있다. 가령 위험인수를 하기 곤란할 정도로 해당 장애인의 보험사고 위험이 지나치게 높은 경우 등을 정당한 사유로 고려해 볼 수 있을 것이다.

(3) 관련 규정

(1) 보험업법 97조 1항 10호는 정당한 이유 없이 보험가입이 거절되는 것으로부터 장애인을 보호하는 데에 그 취지가 있다. '장애인차별금지 및 권리구제 등에 관한 법률'도 유사한 취지의 규정을 두고 있다. 동법 1조에 의하면 동법은 모든 생활영역에서 장애를 이유로 한 차별을 금지하고 장애를 이유로 차별받은 사람의 권익을 효과적으로 구제하는 것을 목적으로 하고 있고, 동법 17조는 금융상품 및 서비스의 제공자는 금전대출, 신용카드 발급, 보험가입 등 각종 금융상품과 서비스의 제공에 있어서 정당한 사유 없이 장애인을 제한·배제·분리·거부해서는 안 된다고 규정한다.

(2) 위 (1)의 '장애인차별금지 및 권리구제 등에 관한 법률' 17조가 장애인에 대한 보험가입 거절의 일반규정이고, 보험업법 97조 1항 10호가 특별규정이라고 할 수 있다. 장애인이 정당한 이유 없이 보험가입이 거절되면, 이 경우는 보험업법 97조 1항 10호와 '장애인차별금지 및 권리구제 등에 관한 법률' 17조가 경합적으로 적용된다고 해석한다.

10. 청약철회 또는 계약해지의 방해 금지

(1) 보험계약의 청약철회 또는 계약해지를 방해하는 행위가 금지된다(법97①⑾). 보험계약자는 금융소비자법 46조에 따라서 보험계약의 청약을 철회할 수 있고, 상법 649조에 따라서 보험계약을 해지할 수 있다.

(2) 위 (1)과 같은 방해 행위는 보험계약자의 이익을 해치고 보험업에 대한 신뢰를 훼손하는 행위이므로 금지하는 것이다.

11. 위반 시 효과

보험업법 97조 1항을 위반하는 경우 과징금(법196②), 보험업법 97조 또는 97조 1항을 위반한 경우 과태료(법209④⒅,⑤⑺·⑽)가 따른다.

332) 성대규·안종민 386면; 정채웅 519면

제10관 특별이익 제공의 금지

1. 총설

(1) 의의

(1) 특별이익의 제공 또는 약속이 금지된다. 즉 보험계약의 체결 또는 모집에 종사하는 자는 그 체결 또는 모집과 관련하여 보험계약자나 피보험자에게 일정한 특별이익을 제공하거나 제공하기로 약속해서는 안 된다(법98). 특별이익의 제공 또는 약속을 이하에서는 편의상 '특별이익의 제공'이라고 한다.

(2) 특별이익 제공의 경우는 보험업법 97조와 달리 위반 시에 형벌(법202,206,208)을 부과하여 보다 엄격하게 규제한다.

(2) 취지

(1) 특별이익을 금지하는 취지는 다양하다. 경쟁적인 특별이익의 제공은 과당경쟁을 유발함으로써 보험거래질서를 문란하게 하여 보험회사의 재무건전성을 훼손하고 나아가 보험모집이 전문성과 서비스보다는 특별이익에 의해서 좌우될 가능성이 있고, 특별이익의 재원이 불법적 또는 탈법적인 방법에 의해 조성될 수 있으며, 보험계약자 사이의 평등이 훼손되는 등의 문제가 생길 수 있으므로 이를 막고자 하는 것이 특별이익 금지의 취지이다.[333]

(2) 다만, 어느 정도 범위 내의 특별이익의 제공은 위와 같은 부작용을 야기하지 않으면서 오히려 정당한 경쟁을 촉진하는 측면도 있기 때문에, 이 경우에 특별이익을 허용하는 것은 위 취지에 반하지 않는다. 이러한 예외에 대해서는 후술한다.

(3) 의무의 주체 및 상대방

1) 주체

(1) 보험계약의 체결 또는 모집에 종사하는 자가 의무의 주체이다(법98). 의무의 주체는 보험계약의 체결종사자와 모집종사자임을 알 수 있다.[334] 여기서 보험계약의 체결종사자에는 보험회사도 포함된다고 해석한다.[335]

(2) 보험계약의 모집종사자에 보험업법 83조 1항에 따른 '모집을 할 수 있는 자'가 포함됨은 물론이다. 이러한 유자격 모집종사자는 아니지만 사실상 모집업무에 종사하는 자(무자격 모집종사자)도 여기에 포함된다고 할 수 있는가? 보험업법 83조 1항에 위반하여 모

333) 성대규·안종민 395면; 이성남 315면; 장경환(보험업법2) 153면; 정채웅 524면

334) "보험계약의 체결 또는 모집에 종사하는 자"에서 모집에는 체결의 의미가 포함되어 있으므로 "모집에 종사하는 자"로 변경하고 보험업법 98조의 취지를 고려하면 "모집에 종사하는 자"에는 보험회사가 포함된다고 해석하는 견해[장경환(보험업법2) 153-154면]가 있으나, 보험계약의 체결과 모집은 엄격하게 구분되는 개념이다.

335) 이성남 319면; 장경환(보험업법2) 154면; 정채웅 525면

집을 하면 1년 이하의 징역 또는 1천만 원 이하의 벌금에 처해지고(법204①(2)), 보험업법 98조를 위반하여 모집을 하면 3년 이하의 징역 또는 2천만 원 이하의 벌금에 처해지므로(법202(3)), 만약 무자격 모집종사자가 98조의 모집종사자에 포함되지 않는다면 무자격자가 유자격자에 비해서 더 보호되는 불합리한 결과에 이른다. 하지만 보험업법 98조가 속한 보험업법 4장은 1절 '모집종사자'를 '모집할 수 있는 자'로 제한한 후 2절 '모집 관련 준수사항'에서 보험업법 98조를 규정하고 있다는 점을 고려하면, 보험업법 98조의 모집종사자를 유자격 모집종사자로 한정하는 것이 보다 체계적인 해석이라고 할 수 있다.[336] 만약 보험업법 98조의 의무 주체로 무자격 모집종사자도 포함시키려면 "누구든지 보험계약의 체결 또는 모집과 관련하여…"라고 입법해야 할 것이다.

2) 상대방

(1) 보험계약자나 피보험자가 의무의 상대방이다(법98). 여기에 보험수익자도 의무의 상대방에 포함된다고 해석할 필요가 있다.[337] 손해보험에서는 보험계약자가 보험계약의 당사자이고 피보험자는 보험금청구권자이며, 인보험에서는 보험계약자가 보험계약의 당사자이고 피보험자는 보험사고의 객체이며 보험수익자가 보험금청구권자인 것이다. 특별이익 금지의 취지를 고려하면 보험수익자에게 특별이익이 제공되는 것도 금지되어야 한다. 이를 분명하게 하는 입법적 정비를 할 필요가 있다.

(2) 보험계약자, 피보험자 또는 보험수익자에게 직접 제공된 것이 아니라도 이들에게 지급된 것으로 갈음할 수 있는 경우라면 금지된다고 해석한다.[338]

(4) 관련 규정

특별이익의 금지에 대해서는 보험업법 98조, 동법시행령 46조가 규정하고 있다.

2. 체결 또는 모집과의 관련성

(1) 특별이익은 그 체결 또는 모집과 관련해서 제공되어야 한다. 특별이익이 체결 또는 모집과 무관하게 제공된 경우는 보험업법 98조 위반이 아니다.

(2) 위 (1)에서 체결 또는 모집과의 관련성은 객관적으로 정한다. 또한 체결 또는 모집과 특별이익의 제공이 시기적으로 동시적이어야 한다고 해석할 것은 아니다. 보험거래질서 문란, 불법적 재원조성, 계약자평등 훼손 등의 부작용이 생기는 것을 막는다는 특별이익 금지의 취지를 고려하면 서로 관련되어 있다면 시기적으로 다르더라도 무방하다고 보아야 하기 때문이다. 따라서 가령 잠재고객에게 특별이익을 제공하는 경우에도 그것이 보

336) 보험업법 98조는 조문의 위치상 유자격 모집종사자를 전제로 한 규정으로서 일종의 신분범이라는 견해로 이성남 320면
337) 이성남 320면
338) 이성남 320면

험계약의 체결 또는 모집과 관련된다면 금지대상이라고 보아야 한다.[339]

(3) 위 (1)의 관련성이 특별이익과 체결 또는 모집과 상당한 인과관계가 있을 것까지 요구하지는 않는다고 해석한다. 즉 특별이익이 보험계약의 체결 또는 모집에 상당한 영향을 미쳤다는 인과관계는 요구하지 않는다. 왜냐하면 특별이익 금지의 취지가 보험거래질서 문란, 불법적 재원조성, 계약자평등 훼손 등의 부작용이 생기는 것을 막는 데 있는 것이고, 이러한 문제는 보험계약의 체결 또는 모집이라는 상황하에서 특별이익이 제공되기만 하면 발생하는 것이지 특별이익으로 인해서 체결 또는 모집이 성립되어야만 발생하는 것은 아니기 때문이다.

3. 위법행위의 태양

(1) 보험업법 98조에 따른 위법행위는 특별이익의 제공 또는 약속이다. 특별이익의 제공은 물론이고 약속도 금지하여 예방적 효과를 기하고 있다.

(2) 보험업법 98조 각 호는 특별이익의 유형을 규정하면서, 1호는 지급 또는 약속을 언급하지 않고, 2호 및 4호 내지 7호는 지급(대납, 포기 등을 포함)만을 언급하고, 3호는 약속만을 언급하고 있다. 여기서 지급은 제공과 그 의미가 같다. 보험업법 98조 각 호의 표현에 구애받지 않고 어떠한 유형의 특별이익이든 그 제공 또는 약속이 금지된다고 해석해야 한다. 보험업법 98조 본문이 특별이익의 제공 또는 약속을 위법행위 태양으로 명시하고 있고 이것이 98조 각 호의 표현에 우선한다고 해석함이 합리적이기 때문이다.

4. 특별이익의 구체적 유형

(1) 의의

보험업법 98조는 다음 각 호의 하나에 해당하는 것이 특별이익이라고 규정한다.

1. 금품(대통령령으로 정하는 금액을 초과하지 아니하는 금품은 제외)
2. 기초서류에서 정한 사유에 근거하지 아니한 보험료의 할인 또는 수수료의 지급
3. 기초서류에서 정한 보험금액보다 많은 보험금액의 지급 약속
4. 보험계약자나 피보험자를 위한 보험료의 대납
5. 보험계약자나 피보험자가 해당 보험회사로부터 받은 대출금에 대한 이자의 대납
6. 보험료로 받은 수표 또는 어음에 대한 이자 상당액의 대납
7. 상법 682조에 따른 제3자에 대한 청구권 대위행사의 포기

(2) 해석의 방향

(1) 보험업법 98조는 특별이익의 구체적 유형에 대해 규정하고 있다. 이와 관련하여

339) 잠재고객에 대해 사은품 등을 제공하는 경우 체결 또는 모집 관련성을 인정하지 않는 견해로는 이성남 322면

보험업법 98조 각 호는 특별이익의 유형을 열거한 것이고 여기에 해당하지 않는 이익은 허용된다고 해석하는 견해가 유력하다.[340] 2003년에 보험업법 개정을 통해서 특별이익 유형을 규정한 것은 그러한 유형이 규정되지 않았던 그 이전에 어떤 행위가 특별이익에 해당하는지를 판단하기 어려웠다는 문제를 해소하기 위해서였다. 이렇게 금지되는 특별이익을 열거하는 네거티브(negative) 방식의 규정을 도입한 것은 진일보한 것이라는 평가를 받았다.[341] 네거티브 방식의 규제하에서는 열거되지 않은 것은 모두 허용된다는 의미에서 포괄주의라고도 부른다.

(2) 위 (1)과 같이 보험업법 98조 각 호가 한정적 열거 방식을 취하고 있지만, 보험업법 98조 각 호를 문리에 입각하여 엄격하게 해석하기보다는 실질에 입각해서 폭넓게 해석할 필요가 있다고 사료된다. 이와 달리 해석하는 것은 보험업법 98조 각 호의 취지 등을 고려할 때 지나치게 좁은 해석이 될 수 있다. 왜냐하면 보험업법 98조 각 호가 금지되어야 할 특별이익의 종류를 빠짐없이 나열했다고 보기 어려운데 똑같이 금전적 가치가 있는 이익임에도 불구하고 보험업법 98조 각 호의 문리를 좁게 해석해서 특별이익에서 제외하게 되면 규제의 형평성 측면에서도 바람직하지 않기 때문이다.

(3) 따라서 그 실질이 금전적 가치가 있는 이익이고 보험업법 98조의 각 호와 '그 실질이 유사하다면' 폭넓게 특별이익의 유형에 포함시키는 해석이 타당하다. 한정적 열거주의를 전제하면서도 한편으로는 그러한 열거를 예시적으로 접근하는 해석방법을 병행하면 보다 규제의 형평성을 도모할 수 있을 것이다.

(4) 판례의 입장도 위 (3)과 같다. 대판 2006.11.23. 2004두8323은 손해보험회사가 제공한 긴급출동서비스도 보험업법 98조 각 호가 명시한 특별이익의 유형에 포함되어 있지 않지만 특별이익의 유형이 될 수 있다는 전제에 입각한 판결이다. 또한 대판 2005.7.15. 2004다34929에서, 보험회사의 임원이 보험계약을 유치하기 위하여 보험계약자가 발행한 회사채를 유통금리보다 싼 표면금리에 의하여 매입한 사안에 대해서 이는 실질적으로 보험계약자에게 보험료를 할인하여 주는 것과 동일하기 때문에 특별한 이익을 제공하는 행위라고 판시했다. 회사채를 시가보다 저렴하게 매입한 행위가 보험업법 98조 각 호에는 명시되어 있지 않지만 이를 특별이익의 일종이라고 해석한 것이다. 판례가 회사채를 시가보다 저렴하게 매입한 행위는 보험료 할인과 실질이 같다고 했지만 이는 양자가 경제적 이득을 준다는 점에서 동일하다는 것이지 전자가 보험료 할인의 유형에 속한다고 본 것은 아니라고 사료된다.

340) 이성남 323면; 장경환(보험업법2) 154면; 정채웅 525면
341) 장경환(보험업법2) 154면

(3) 금품

1) 원칙

(1) 금품은 특별이익이다(법98(1)).

(2) 금품은 현금과 물품을 가리킨다. 서비스도 특별이익에 포함되는가? 보험업법 98조 1호의 문리에 따르면 서비스는 포함되지 않으므로 반대하는 견해도 있다.[342] 하지만 서비스도 포함된다고 해석한다. 전술한 바와 같이 보험업법 98조 각 호는 특별이익의 예시라고 보아야 하고 금전적 가치가 있는 서비스는 금품과 그 실질이 같고 특별이익 금지의 취지를 고려하면 특별이익에 포함시켜야 하기 때문이다. 가령 무료통화서비스 제공은 금품에 해당한다고 해석한다.[343] 다만, 보험업법 98조 위반 시에는 형벌(법202,206,208)이 따른다는 점을 고려하면 죄형법정주의의 관점에서 이를 명확하게 하기 위한 입법적 정비가 필요하다.

(3) 물품의 지급도 특별이익이지만 금품에 대한 할인도 특별이익에 해당한다(가령 유류할인). 그리고 금전적 가치가 있는 포인트 또는 멤버십카드의 적립도 금품에 해당한다고 해석한다.

(4) 체결종사자 또는 모집종사자의 계산으로 하는 것이면 제공을 누가 하든, 즉 체결종사자 또는 모집종사자가 직접 제공하든 제3자를 통해서 제공하든 금지된다고 해석한다.[344] 체결종사자 또는 모집종사자의 계산으로 제공한다는 것은 체결종사자 또는 모집종사자가 특별이익의 제공으로 인한 경제적 부담을 진다는 의미이다.

2) 예외

(1) '대통령령으로 정하는 금액'을 초과하지 아니하는 금품은 제외한다(법98(1)). '대통령령으로 정하는 금액'은 보험계약 체결 시부터 최초 1년간 납입되는 보험료의 100분의 10과 3만 원(보험계약에 따라 보장되는 위험을 감소시키는 물품의 경우 20만원) 중 적은 금액을 말한다(시행령46). 이를 '예외금품'이라고 부르자.

(2) 예외금품은 그 금액이라면 특별이익을 금지하는 취지에 크게 반하지 않고 오히려 어느 정도의 정당한 경쟁은 필요하다는 측면에서 허용되는 것이다.

(3) 예외금품은 보험계약별로 적용되며 보험계약별로 허용되는 합계액이다. 즉 보험계약이 여러 건이면 건별로 예외금품이 허용되고, 다만 건별로 여러 번 예외금품이 제공된 경우 그 합계액이 위 금액을 초과할 수 없다고 해석한다.[345] 보험계약의 갱신은 새로운 보험계약의 체결을 의미하므로 예외금품이 새롭게 제공될 수 있다.[346]

---

342) 이성남 323면
343) 금융위원회 유권해석(2009.9.15.)
344) 장경환 156; 정채웅 527면
345) 이성남 327면; 장경환(보험업법2) 157면; 정채웅 527면
346) 장경환(보험업법2) 157면

(4) 예외금액을 산정할 때 물품의 가액은 그 시장가격을 기준으로 산정한다.[347] 보험회사의 구매가액으로 산정하게 되면 법 위반 여부가 구매가액이라는 우연적 요소에 의해 정해지므로 객관성이 상실되기 때문이다.

(5) 보험업법 98조는 예외적으로 일정 금액 내에서 금품의 제공 등을 허용하되, 다른 유형의 특별이익에 대해서는 이러한 예외를 두고 있지 않다. 다른 유형의 특별이익도 그 실질은 금품이라는 점에서 의문이 생길 수 있다.[348] 이러한 차등은 보험료, 수수료, 이자, 보험금액, 대출금, 청구권대위와 같은 보험업의 요소에 관한 부분은 비록 예외금액이라고 하더라도 특별이익을 제공해서는 안 된다는 입법자의 의도가 반영된 것으로 이해된다. 하지만 이러한 의도가 정당화될 수 있는지에 대해서는 재검토가 필요하다.

(6) 보험업법 98조 1호와 관련하여 "기초서류에서 정한 사유에 근거한 금품 또는 서비스"의 경우 특별이익의 범위에서 제외하는 명시적 조항을 두는 것도 입법적으로 고려할 필요가 있다. 혜택의 내용에 대해 기초서류에 반영하고 이에 기초하여 제공하는 경우 보험계약자 평등의 원칙에 위배되지 않고 또한 해당 혜택 제공에 관련된 비용이 예정사업비에 포함되어 보험료에도 적정히 반영되어 있을 것이므로 특별이익 제공금지의 취지에도 반하지 않는다고 사료된다. 현행 보험업법은 98조 2호 및 3호의 경우에 기초서류 반영 시에 특별이익에 해당하지 않는다고 규정하지만 98조 1호의 경우에는 이에 대한 명시적 조항이 없다.

(4) 보험료, 수수료, 이자

1) 보험료 할인 또는 수수료 지급

(1) 기초서류에서 정한 사유에 근거하지 않은 보험료 할인이나 수수료 지급은 특별이익이다(법98(2)). 여기서 기초서류는 사업방법서, 보험약관, 보험료 및 책임준비금의 산출방법서를 말한다(법5(3)).

(2) 위 (1)에 따라 기초서류에는 합리적인 근거가 있는 보험료 할인을 정할 수 있는데(가령 일시납의 경우 보험료 할인, 통신수단을 이용한 모집의 경우 보험료 할인 등), 이를 제외한 보험료 할인은 특별이익에 해당하는 것이다.

(3) 위 (1)의 수수료는 리베이트(rebate)를 의미한다고 해석한다. 이러한 수수료 지급은 기초서류에 정할 수도 없는 것이며 전면적 금지사항이라고 해석한다.

2) 보험료 대납

(1) 보험계약자나 피보험자를 위한 보험료의 대납은 특별이익이다(법98(4)).

(2) 위 (1)에서 대납은 무상대납을 가리킨다. 만약 보험료 원금과 그 이자에 대한 반환

---

347) 이성남 328면; 금융위원회 유권해석(2010.1.5.)
348) 이성남 328면

의무를 조건으로 하는 대납은 특별이익에 해당하는 보험료 대납이라고 보기 어렵다.[349)]

(3) 전술한 바와 같이 대납의 상대방이 보험계약자 또는 피보험자라고 규정되어 있으나 보험수익자도 포함된다고 해석한다. 보험계약자가 원칙적인 보험료지급의무자이지만, 타인을 위한 보험계약에서는 타인도 2차적인 보험료지급의무자이다(상법639③). 타인을 위한 손해보험계약에서 제3자는 피보험자이고 타인을 위한 인보험계약에서 제3자는 보험수익자라는 점을 고려하면, 대납의 상대방에는 보험수익자가 포함된다고 해석해야 하는 것이다. 이에 따른 입법적 정비가 필요하다. 즉 보험업법 98조 4호는 '보험계약자나 피보험자'를 '보험계약자, 피보험자 또는 보험수익자'로 변경하는 것이 타당하다.

3) 보험료 이자의 대납

보험료로 받은 수표 또는 어음에 관한 이자에 상당하는 금액의 대납은 특별이익이다(법98(6)).

4) 대출금 이자의 대납

(1) 보험계약자나 피보험자가 해당 보험회사로부터 받은 대출금에 대한 이자의 대납은 특별이익이다(법98(5)).

(2) 전술한 바와 같이 대납의 상대방이 보험계약자 또는 피보험자라고 규정되어 있으나 보험수익자도 포함된다고 해석한다.

(5) 보험금액

(1) 기초서류에서 정한 보험금액보다 많은 보험금액은 특별이익이다(법98(3)).

(2) 기초서류에서 정한 보험금액의 정당한 차등이 특별이익이 아님은 물론이다. 가령 기초서류상 공시이율보다 높은 이율을 제공하거나 약속하면 특별이익에 해당한다.

(3) 기초서류에서 정한 보장내용보다 더 보장해주는 경우는 그 실질이 보험금액이 많은 경우와 유사하므로 특별이익이 될 수 있다. 다만, 기초서류에서 정했는지 여부가 반드시 특별이익인지 여부에 영향을 미친다고 볼 수 없다는 것이 판례의 입장이다. 대판 2006.11.23. 2004두8323에서 대법원은 손해보험회사가 보험계약자에게 무료로 제공하던 자동차보험에서 긴급출동서비스가 비록 기초서류에 정해져 있지 않았더라도 특별이익이 아니라고 보았다. 무료 긴급출동서비스가 모든 보험계약자에게 적용되고, 서비스내용이 자동차보험과 밀접한 관련이 있으며, 위 서비스가 1년 이상 제공되었고, 보험계약자가 이를 이용한 건수가 상당한 정도에 이르렀다는 점을 고려할 때 이는 특별이익이 아니며 기초서류에 명시되어 있지 않았다는 이유만으로 특별이익이라고 할 수는 없다고 보았다.

349) 이성남 325면

(6) 청구권대위

1) 의의

제3자에 대한 청구권대위의 행사 포기는 특별이익이다(법98(7)).

2) 청구권 대위의 법리

(1) 청구권대위란 손해가 제3자의 행위로 인하여 발생한 경우에 보험금을 지급한 보험회사가 그 금액의 한도에서 제3자에 대한 보험계약자 또는 피보험자의 권리를 취득하는 것을 가리킨다(상법682①).

(2) 청구권대위는 원칙적으로 손해보험에 적용된다. 인보험의 경우는 청구권대위가 금지되지만, 예외적으로 상해보험의 경우에 당사자 간에 다른 약정이 있으면 청구권대위를 할 수 있고(상법729), 이러한 예외는 질병보험에 준용된다(상법739의3).

(3) 청구권대위의 취지는 피보험자가 보험금도 받고 제3자에 대해 손해배상도 받아서 손해를 초과하는 이득을 얻는 것을 막고(이득금지의 원칙), 보험금을 받은 피보험자가 가해자인 제3자에게 손해배상을 청구하지 않음으로써 제3자가 부당하게 면책되는 것을 막기 위해서 보험회사가 제3자에 대한 청구권을 취득하게 하는 데에 있다. 이와 같이 청구권대위의 대상은 원칙적으로 피보험자의 제3자에 대한 권리이다.[350] 청구권대위에 따라 청구권이 귀속되는 주체는 보험회사이다.

3) 청구권대위 포기가 특별이익이 되는 경우

청구권대위를 포기하는 것이 특별이익에 해당하는 것은 두 가지 경우를 상정해 볼 수 있다. 즉 피보험자에게 특별이익이 되는 경우와 제3자에게 특별이익이 되는 경우이다.

i) 제3자

제3자에게 특별이익이 되는 경우는 제3자와 보험계약의 체결 또는 모집을 하면서 그에 대한 청구권대위를 포기하는 경우이다. 이 경우는 전형적인 특별이익에 해당한다.[351]

ii) 피보험자

(1) 청구권대위를 포기하는 것이 피보험자에게 특별이익이 되는 경우는 제한적이다. 보험회사가 청구권대위를 포기한다고 해서 피보험자가 적법하게 제3자에 대한 청구권을 행사할 수 있는 경우는 상해보험이나 질병보험에 한정되고, 이 경우에만 청구권대위의 포기가 진정한 특별이익이 될 수 있다는 것이다. 즉 상해보험이나 질병보험의 경우는 당사자 사이에 약정이 없는 한 청구권대위가 적용되지 않는다는 점을 고려하면, 약정이 있더라도 보험회사가 청구권대위를 포기하면 결국 제3자에 대한 청구권은 피보험자에게 귀속

350) 상법 682조 1항은 보험계약자의 제3자에 대한 권리도 청구권대위의 대상으로 언급하고 있는데, 이러한 예로는 창고업자와 같은 물건의 수치인이 타인(임치인)을 위한 손해보험계약을 체결했고 제3자에 의해 그 물건이 멸실된 경우 수치인이 가해자인 제3자에 대해 갖게 되는 손해배상청구권을 들 수 있다(양승규 250면).

351) 이성남 326면

된다고 해석할 수 있다. 다만, 이 경우에도 보험회사가 청구권대위를 포기하는 것만으로 제3자에 대한 청구권이 피보험자에게 귀속된다고 보기는 어렵다. 상법 682조의 청구권대위에 의해서 청구권이 보험회사에 법률상 당연히 이전된다고 해석해야 하므로, 보험회사는 피보험자에게 청구권을 다시 이전하는 절차를 거쳐야 한다고 본다.

(2) 손해보험의 경우는 보험회사가 청구권대위를 포기한다고 해서 제3자에 대한 청구권이 피보험자에게 귀속된다고 보기 어렵다. 청구권대위의 법적 효과는 제3자에 대한 청구권이 상법 682조 1항에 따라서 보험회사에게 당연히 이전되는 것이고, 보험회사가 이전된 청구권을 포기한다고 해서 이전된 청구권이 피보험자에게 귀속된다고 할 수는 없는 것이다. 보험회사가 피보험자에게 청구권을 양도하는 것을 생각해 볼 수 있지만 이는 이득금지 원칙을 위반하는 것이므로 그 효력이 없다고 사료된다. 이를 고려하면 손해보험의 경우에 보험회사가 청구권대위를 포기하는 경우 이것이 피보험자에게 진정한 특별이익이 되기는 어렵다. 다만, 보험회사가 피보험자에게 보험금을 지급하였고 따라서 손해배상청구권이 보험회사에게 이전되었다는 사정을 모르는 제3자가 피보험자의 배상청구에 응하고 또한 보험회사가 제3자에게 손해배상청구를 하지 않아서 결과적으로 피보험자가 사실상 이득을 얻게 되는 경우를 상정해 볼 수는 있지만, 이를 특별이익이라고 부르는 것은 좀 무리가 있다. 그리고 이 경우에 제3자는 피보험자에게 부당이득반환청구권을 행사할 수 있다.

5. 위반 시 효과

(1) 공법상 효과

보험업법 98조를 위반하는 경우 과징금(법196①(2)), 형벌(법202,206,208)이 따른다.

(2) 사법상 효과

(1) 보험업법 98조에 위반하여 체결된 보험계약의 효력은 어떻게 되는가? 이는 보험업법 98조가 단속규정인지 효력규정인지의 문제이기도 한다.

(2) 위 (1)과 관련하여 보험업법 98조는 보험계약자 평등 원칙에 취지가 있다는 전제하에 위 규정을 위반한 경우 해당 보험계약이 무효라고 해석하는 견해가 있다.[352] 이 견해에 따르면 위 규정은 단속규정에 그치는 것이 아니라 효력규정으로 해석된다. 이와 달리, 계약자평등의 원칙이 특별이익 금지의 취지라는 점은 인정하지만, 특별이익의 금지는 단속규정으로 보아야 한다는 입장이 있다.[353]

(3) 판례는 일응 절충적인 입장을 취하고 있는 것으로 보인다. 대판 2001.7.10. 2001

352) 김성태 160면
353) 장경환(보험업법2) 155면; 장덕조 62면, 104면

다16449는 보험약관상의 이율을 초과하는 이자를 보험금으로 지급하기로 하는 초과이자 지급약정의 효력을 다루었다.[354] 이 판결은 보험계약 중 보험업법에 위반되는 특별이익의 약정부분은 효력이 없다고 하였고, 다만 해당 보험계약의 효력은 부인하지 않았다. 즉 보험계약과 특별이익 부분을 분리하여 그 효력을 달리 가져간 것이다. 다만, 이 사건은 그러한 특별이익이 과세대상인 소득에 해당하는지 여부가 쟁점이었을 뿐이고 그러한 약정 자체의 효력을 정면으로 판단했다고 보기는 어렵다. 또한 이 판결은, 특별이익 약정부분의 효력을 부인하면서도, 결과적으로 해당 금원만큼을 지급하기로 하는 보험자와 보험계약자 사이의 약정의 효력을 긍정한 것이므로(무효행위 전환의 법리를 연상시킨다), 결론적으로 보험계약자들 사이의 평등을 도모하지 않았다.

(4) 생각건대, 보험업법 98조는 단속규정으로만 새기는 것이 타당하다. 특별이익은 이를 수혜한 특정한 보험계약자에게 유리한 거래가 이루어진 것인데 이것만으로 계약의 효력을 부인함은 계약법의 일반원칙에 반하는 것이다. 다만, 위험과 보험료의 일치라는 보험기술이 심히 훼손될 정도로 특별이익이 현저하다면 보험제도의 목적을 훼손하는 것이므로, 민법 103조 위반으로서 해당 보험계약이 효력이 없다고 해석해야 할 것이다.[355]

제11관 수수료 지급 등의 금지

1. 의의

보험업법 99조는 모집위탁 및 수수료 등과 관련하여 일정한 금지의무를 규정한다. 의

354) 그 판시내용은 다음과 같다. 즉 "원심이, 원고와 피고 사이에 체결된 이 사건 각 보험계약 중 보험약관상의 이율에 의한 보험금을 초과하는 이익을 지급하기로 한 초과이자 지급약정은 그 범위 내에서 보험업법 위반으로 무효이므로 그 약정에 따라 지급하는 돈은 보험금이 아니고, 이는 다만 금액이 크고 기간이 긴 보험에 가입하여 준 데 대한 보답의 의미로 지급하는 사례금이며, 이 사건 조정금액은 이 사례금과 그 이행지체에 대한 배상금으로서 소득세법상 원천징수의 대상이 되는 기타소득이므로, 원고가 이 사건 조정금액을 피고에게 지급하면서 그 원천징수세액을 공제한 나머지를 지급한 것은 변제로서 유효하고, 또 이 사건 조정금액이 과세 및 원천징수의 대상이 된다는 점이 그 조정과정에서 주장되어야 하는 것은 아니므로, 원고가 조정이 성립된 이후에 이를 주장하여도 이 사건 조정조서의 기판력에 의하여 차단되지 아니한다고 판단한 것은 정당하고, 거기에 상고이유의 주장과 같은 조정조서의 효력에 관한 법리오해 등의 위법이 없다."

355) 山下友信, 保険法, 2005, 115면. 한편 특별이익과는 직접 관련이 없지만, 판례상 보험제도의 목적을 훼손하는 경우 민법 103조 위반으로 다룬 사안으로는, 보험금을 부정취득할 목적으로 다수의 보험계약을 체결한 경우가 있다. 대판 2009.5.28. 2009다12115(보험계약자가 다수의 보험계약을 통하여 보험금을 부정취득할 목적으로 보험계약을 체결한 경우, 이러한 목적으로 체결된 보험계약에 의하여 보험금을 지급하게 하는 것은 보험계약을 악용하여 부정한 이득을 얻고자 하는 사행심을 조장함으로써 사회적 상당성을 일탈하게 될 뿐만 아니라, 또한 합리적인 위험의 분산이라는 보험제도의 목적을 해치고 위험발생의 우발성을 파괴하며 다수의 선량한 보험가입자들의 희생을 초래하여 보험제도의 근간을 해치게 되므로, 이와 같은 보험계약은 민법 103조의 선량한 풍속 기타 사회질서에 반하여 무효라고 할 것이다)

무의 주체별로 보면 보험회사와 모집종사자로 구분할 수 있다. 이하에서는 보험회사의 금지행위, 모집종사자의 금지행위로 구분하여 살펴보기로 한다.

2. 보험회사의 금지행위

(1) 원칙

(1) 보험회사는 모집할 수 있는 자 이외의 자에게 모집을 위탁하거나 모집에 관하여 수수료, 보수, 그 밖의 대가를 지급하지 못한다(법99①본).

(2) 보험계약의 모집을 할 수 있는 자는 일정한 자('유자격 모집종사자')로 제한되어 있다(법83). 이를 위반하여 모집을 한 자는 형벌에 처해진다(법204①(2)). 보험업법 99조 1항 본문은 모집종사자의 제한에 대한 실효성을 높이기 위해서 보험회사에게도 금지행위를 규정한 것이다. 이에 따라 보험회사도 유자격 모집종사자가 아닌 자에게 모집을 위탁하거나 모집에 대해 수수료 등의 대가를 지급하지 못하게 된 것이다.

(2) 예외

다음의 경우는 보험회사가 모집할 수 있는 자 이외의 자에게도 모집을 위탁하거나 모집에 관하여 수수료, 보수, 그 밖의 대가를 지급할 수 있다(법99①단).

1) 기초서류에서 정하는 방법에 따른 경우

(1) 기초서류에서 정하는 방법에 따른 경우가 예외이다(법99①(1)).

(2) 그런데 기초서류에서 정하는 방법의 예는 실제로 발견하기 어렵다. 보험회사가 인터넷 포털사이트를 통해 보험상품을 광고하면서 판매액의 일정 부분을 그 포털사이트에 대가로 지불한다는 내용을 기초서류에 포함시키는 경우가 예로 들어지는데, 논리적으로 보면 이는 보험광고에 대한 대가라고 하는 것이 옳다.[356]

2) 외국에서 외국의 모집조직을 이용하는 경우 등

(1) 보험회사가 대한민국 밖에서 외국의 보험회사와 공동으로 원보험계약을 인수하거나 대한민국 밖에서 외국의 모집조직(외국의 법령에 따라 모집을 할 수 있도록 허용된 경우만 해당한다)을 이용하여 원보험계약 또는 재보험계약을 인수하는 경우가 예외이다(법99①(2)).

(2) 위 (1)의 경우는 우리 보험회사가 외국의 보험회사 또는 외국의 모집조직에게 모집을 위탁하거나 모집에 관하여 그 대가를 지급할 수 있는 것이다. 다른 나라의 법제상 그 나라에서 우리나라의 보험회사가 보험계약의 인수를 하는 것이 허용되어 있는 경우에만 이와 같은 예외가 발생할 수 있음은 물론이다.

3) 그 밖에 대통령령으로 정하는 경우

그 밖에 대통령령으로 정하는 경우도 예외이나(법99(3)), 현재 이에 관한 규정이 없다.

---

356) 이성남 344면

(3) 금융소비자법상 미등록자를 통한 대리 · 중개 금지

1) 의의

(1) 금융소비자법 24조는 보험업법 99조 1항과 유사하게 금융상품판매업자가 금융상품판매대리 · 중개업자가 아닌 자에게 금융상품계약 체결등을 대리하거나 중개하게 하는 것을 금지한다.

(2) 보험업법은 보험회사가 보험업법상 모집자격이 없는 자에게 보험상품의 모집을 위탁하거나 모집에 관하여 수수료 등을 지급하는 것을 금지하나, 금융소비자법은 금융상품판매업자가 금융상품판매대리 · 중개업자가 아닌 자에게 금융상품계약 체결등을 대리하거나 중개하는 행위를 금지하므로, 대상이 되는 금융상품의 범위 면에서 금융소비자법이 보다 넓다.

2) 보험업법과 금융소비자법과의 관계

(1) 금융소비자법 제정에도 보험업법 99조 1항은 삭제되지 않고 존속하므로 무자격자에 대한 보험계약의 모집위탁과 관련해서는 두 법의 적용관계가 문제된다. 보험업법 99조 1항은 금융소비자법 24조에 대하여 특별법에 해당되는데, 규정사항과 입법취지 등은 거의 동일하지만 금융소비자법이 별도의 예외 적용 근거를 두고 있지 않은 것에 비해 보험업법은 기초서류에서 정하는 방법에 따른 경우 등 일정한 경우에는 예외를 인정하고 있다. 보험업법 99조 1항 각호의 경우에는 두 법이 모순 · 저촉된다 할 것이므로 이 경우는 일반법인 금융소비자법 적용이 배제되고 특별법인 보험업법에 따라 금융상품판매대리 · 중개업자가 아닌 자에게 모집을 위탁하거나 수수료 등을 지급하는 것이 허용되는 것으로 해석함이 타당하다고 사료된다.[357]

(2) 보험회사가 보험업법 99조 1항을 위반하여 모집을 할 수 있는 자 이외의 자에게 모집을 위탁한 경우 보험업법은 과징금(법196①(3))만 규정하고 있는데, 금융소비자법은 24조 위반의 경우 5년 이하의 징역 또는 2억 원 이하의 벌금(금융소비자법67조(3))에 처할 수 있도록 벌칙을 규정하고 있다. 이와 관련하여 보험회사가 보험상품의 모집을 무자격자에게 위탁한 경우, ⓐ 보험업법 99조 1항이 금융소비자법 24조의 적용을 전체적으로 배제하는 것으로 보고 과징금만 부과되는 것인지, ⓑ 동일한 금지사항에 대해 금융소비자법은 벌칙을, 보험업법은 과징금을 각 규정하고 있으므로 모순 · 저촉이 없다고 보아 양자 모두 부과될 수 있는 것으로 보아야 하는지 견해가 나뉠 수 있다. 벌칙 적용에 관한 사항은 수범자에게 중대한 영향을 미치는 사안이므로 향후 입법적 조치 등을 통해 명확히 하는 것이 바람직하다.[358]

---

357) 양승현(2021), "보험업 영업행위 규제체계 연구", 이슈보고서 2021-11, 보험연구원, 77면
358) 양승현(2021), "보험업 영업행위 규제체계 연구", 이슈보고서 2021-11, 보험연구원, 77면

3. 모집종사자의 금지행위

(1) 원칙

(1) 모집종사자에 대해서는 금융소비자법이 규정하고 있다. 금융소비자법에 따라 금융상품판매대리·중개업자는 자신이 대리·중개하는 업무를 제3자에게 하게 하거나 그러한 행위에 관하여 수수료·보수나 그 밖의 대가를 지급하는 행위를 해서는 안 된다(금융소비자법25①(2)).

(2) 원칙적으로 모집종사자는 자신이 직접 모집행위를 해야지 다른 자에게 모집을 위탁할 수 없으며 모집에 관해서 대가도 지급해서는 안 되는 것이다.

(3) 위 (1)에서 타인은 무자격자는 물론이고 유자격 모집종사자도 포함된다.

(4) 위 (1)과 같은 금지의 취지는 무자격자와 관련해서는 무자격자의 모집행위를 막기 위해서이고, 유자격 모집종사자에 대해서는 아래에서 별도로 살펴보자.

(2) 예외

(1) 금융상품판매대리·중개업자는 금융상품직접판매업자의 이익과 상충되지 아니하고 금융소비자 보호를 해치지 아니하는 경우로서 다음 각 호의 행위는 허용된다.

1. 다음 각 목의 위탁계약을 체결한 경우 수탁자로 하여금 보장성 상품에 관한 계약의 체결을 대리·중개하는 업무를 하게 하거나 그러한 행위에 관하여 위탁자가 수수료·보수나 그 밖의 대가를 지급하는 행위
   가. 보험설계사가 같은 보험회사·보험대리점 또는 보험중개사에 소속된 다른 보험설계사와 위탁계약을 체결한 경우
   나. 보험대리점이 소속 보험설계사 또는 같은 보험회사의 다른 보험대리점과 위탁계약을 체결한 경우. 다만, 같은 보험회사의 다른 보험대리점과 위탁계약을 체결하는 경우에는 금융상품직접판매업자로부터 그 계약의 내용에 대해 사전동의를 받아야 한다.
   다. 보험중개사가 소속 보험설계사 또는 다른 보험중개사와 위탁계약을 체결한 경우
2. 법인인 금융상품판매대리·개업자가 개인인 금융상품판매대리·중개업자에게 예금성 상품 또는 대출성 상품에 관한 계약의 체결을 대리·중개하는 업무를 하게 하거나 그러한 행위에 관하여 수수료·보수나 그 밖의 대가를 지급하는 행위

금융소비자법은 구 보험업법과 달리 보험대리점이 같은 보험회사의 다른 보험대리점과 위탁계약을 체결하는 경우 보험회사로부터 사전동의를 받도록 한 점에서 차이가 있다(금융소비자법시행령23②(1)㉯단).

(2) 위 (1)과 같이 일정한 유자격 모집종사자에 대해서만 모집위탁 등을 할 수 있게 한 취지는 모집종사자 자신의 모집관련 위임계약상 선관의무(민법681)[359]에 따르게 한 것이다.

---

359) 민법 681조: 수임인은 위임의 본지에 따라 선량한 관리자의 주의로써 위임사무를 처리하여야 한다.

(a) 위 (1)의 1호 가목은 보험설계사가 일정한 보험회사, 보험대리점 또는 보험중개사를 위해서 위임계약 하에 보험모집을 하는 자이므로 자신이 속한 보험회사 등이 아닌 자에 소속된 보험설계사에게 모집위탁 등을 하는 것은 수임인의 선관주의에 반한다는 점을 고려한 것이다.

(b) 위 (1)의 1호 나목은 보험대리점도 일정한 보험회사를 위해서 위임계약 하에 보험모집을 하는 자이므로 그 보험회사와 위임계약이 체결되지 않은 보험대리점 또는 그 소속 보험설계사에 대해서 모집위탁 등을 하는 것은 수임인의 선관주의에 반한다는 점을 고려한 것이다.

(c) 위 (1)의 1호 다목은 보험중개사는 보험회사로부터 독립하여 보험모집을 하는 자라는 점을 고려하여 다른 보험중개사나 그 소속 보험설계사에게 모집위탁 등을 하더라도 수임인의 선관주의에 반하는 문제가 생기지 않는다는 점을 고려한 것이다.

(3) 금융소비자법 제정 이후에도 감독규정 4-31조는 삭제되지 않고 위 (1)과 유사한 조항을 두고 있다. 다만, 이는 상위법령의 명시적 위임 여부가 모호하다. 즉 보험회사와 모집종사자는 다른 보험회사에 소속되거나 다른 보험회사로부터 모집을 위탁받은 모집종사자에게 모집을 위탁하거나 수수료·보수·그 밖의 대가를 지급하지 못하며, 모집종사자는 소속보험회사 또는 모집을 위탁한 보험회사 이외의 보험회사를 위하여 보험을 모집하지 못한다(감독규정4-31①).

4. 보험중개사의 수수료 특칙

(1) 의의

보험중개사는 보험회사로부터 독립하여 보험계약자를 위하여 보험계약체결의 중개를 하는 자인데 그 중개와 관련된 수수료 등을 보험계약자에게 청구할 수 있는지가 문제된다. 보험업법은 보험중개사는 수수료 등을 원칙적으로 보험회사에만 청구할 수 있다고 규정하고 있다. 그 내용은 다음과 같다.

(2) 보험회사에 대한 청구

(1) 보험중개사는 '대통령령으로 정하는 경우' 이외에는 보험계약체결의 중개와 관련한 수수료나 그 밖의 대가를 보험계약자에게 청구할 수 없다(법99③).

(2) 보험계약체결의 중개와 관련된 수수료 등은 보험계약자가 지급하는 보험료에 포함되고 따라서 보험중개사는 보험료를 수령한 보험회사에게 수수료 등을 청구해야 한다는 취지이다. 감독규정도 마찬가지로 규정하고 있다. 즉 보험중개사는 보험계약체결의 중개와 관련하여 영업보험료의 일정률로 표시되는 수수료·보수 그 밖의 대가를 보험회사에게 청구하여야 하며, 보험계약자에게 청구하지 못한다(감독규정4-28①).

(3) 보험계약자에 대한 청구

1) 의의

(1) 위 (2)(1)에서 '대통령령으로 정하는 경우'란 보험계약 체결의 중개와는 별도로 보험계약자에게 특별히 제공한 서비스에 대하여 일정 금액으로 표시되는 보수나 그 밖의 대가를 지급할 것을 미리 보험계약자와 합의한 서면약정서에 의하여 청구하는 경우를 말한다(시행령47①).

(2) 위 (1)과 같은 서비스의 예로는, 보험중개사는 보험계약체결의 중개와 그에 부수하는 위험관리자문을 할 수 있고, 위험관리자문은 보험계약체결의 중개에 부수하여 고객의 위험을 확인·평가·분석하고, 보험계획 또는 설계에 대한 검토와 검증을 하며, 그에 대한 권고 또는 조언(보험금청구에 대한 조언을 포함)을 하는 것을 가리킨다(감독규정4-19).

2) 제한

다만, 보험중개사가 보험계약자 등에게 서비스의 대가를 부당하게 청구하지 못하게 하기 위해서 일정한 제한을 가하고 있다.

i) 사전 서면약정

(1) 서비스의 대가를 청구하려면 사전에 미리 합의한 서면약정이 있어야 한다. 즉 전술한 바와 같이 보험중개사는 보험계약체결의 중개와는 별도로 보험계약자 등에게 제공한 서비스의 대가로 일정금액으로 표시되는 보수 및 그 밖의 대가를 청구하고자 하는 경우에는 사전에 보험계약자와 합의한 서면약정서에 의한 경우에 한하여 보험계약자에게 직접 청구할 수 있다(감독규정4-28②).

(2) 사전의 서면약정을 요구하는 이유는 서비스 대가의 지급 여부를 둘러싸고 보험중개사와 보험계약자 사이에 생길 수 있는 분쟁을 예방하기 위해서이다.

ii) 보수명세표

(1) 보험중개사는 보수나 그 밖의 대가를 청구하려는 경우에는 해당 서비스를 제공하기 전에 제공할 서비스별 내용이 표시된 보수명세표를 보험계약자에게 알려야 한다(시행령47②).

(2) 감독규정은 제공시점까지 규정한다. 즉 보험중개사는 보수 및 그 밖의 대가를 직접 보험계약자에게 청구하기 위해서는 제공할 서비스별 내역이 표시된 보수명세표를 당해 서비스를 제공하기 전에 보험계약자 등에게 알려야 한다(감독규정4-28③). 서비스별 내역이 표시된 보수명세표를 미리 고지하게 함으로써 보수의 투명성을 확보하고 분쟁을 예방하기 위해서이다.

5. 위반 시 효과

보험업법 99조 1항을 위반하는 경우 과징금(법196①(3)), 보험업법 99조 2항 또는 3항을 위반하는 경우 과태료(법209①(4),⑤(7)·(11))가 따른다.

제12관 금융기관보험대리점등의 금지행위 등

1. 의의

(1) 금융기관보험대리점등에게 특별히 적용되는 모집관련 의무사항(법100)이 있다. 여기에는 금지행위와 준수사항이 있다. 금지행위는 어떤 행위를 하지 말아야 하는 의무(부작위의무)이고 준수사항은 어떤 행위를 해야 할 의무(작위의무)를 말한다.

(2) 위 (1)의 부작위의무로는 다음 각 호가 있다(법100①).

1. 삭제
2. 대출등 해당 금융기관이 제공하는 용역('대출등')을 받는 자의 동의를 미리 받지 않고 보험료를 대출등의 거래에 포함시키는 행위
3. 해당 금융기관의 임직원(보험업법 83조에 따라 모집할 수 있는 자는 제외)에게 모집을 하도록 하거나 이를 용인하는 행위
4. 해당 금융기관의 점포 외의 장소에서 모집을 하는 행위
5. 모집과 관련이 없는 금융거래를 통하여 취득한 개인정보를 미리 그 개인의 동의를 받지 아니하고 모집에 이용하는 행위
6. 그 밖에 2호부터 5호까지의 행위와 비슷한 행위로서 대통령령으로 정하는 행위

(3) 또 다른 부작위의무가 있다. 즉 금융기관보험대리점등이나 금융기관보험대리점등이 되려는 자는 보험계약 체결을 대리하거나 중개하는 조건으로 보험회사에 대하여 다음 각 호의 어느 하나의 행위를 해서는 안 된다(법100③).

1. 해당 금융기관을 계약자로 하는 보험계약의 할인을 요구하거나 그 금융기관에 대한 신용공여, 자금지원 및 보험료 등의 예탁을 요구하는 행위
2. 보험계약 체결을 대리하거나 중개하면서 발생하는 비용 또는 손실을 보험회사에 부당하게 떠넘기는 행위
3. 그 밖에 금융기관의 우월적 지위를 이용하여 부당한 요구 등을 하는 행위로서 대통령령으로 정하는 행위

(4) 위 (1)의 작위의무로는 다음 각 호가 있다(법100②).

1. 해당 금융기관이 대출등을 받는 자에게 보험계약의 청약을 권유하는 경우 대출등을 받는 자가 그 금융기관이 대리하거나 중개하는 보험계약을 체결하지 않더라도 대출등을 받는 데

영향이 없음을 알릴 것
2. 해당 금융기관이 보험회사가 아니라 보험대리점 또는 보험중개사라는 사실과 보험계약의 이행에 따른 지급책임은 보험회사에 있음을 보험계약을 청약하는 자에게 알릴 것
3. 보험을 모집하는 장소와 대출등을 취급하는 장소를 보험계약을 청약하는 자가 쉽게 알 수 있을 정도로 분리할 것
4. 1호부터 3호까지의 사항과 비슷한 사항으로서 대통령령으로 정하는 사항

(5) 위 보험업법 100조는 금융기관보험대리점등에게 적용되는 특유의 의무사항이다. 이렇게 특칙을 둔 이유는 금융기관보험대리점등 때문에 기존의 보험 판매채널이 약화될 우려, 은행이 우월적 지위를 이용하여 보험계약자 또는 보험회사에 대해 불공정한 행위를 할 우려 등을 고려하여 금융기관보험대리점등을 특별히 규율하기 위해서이다.

(6) 보험업법 100조는 금융기관보험대리점등의 영업기준에 해당하는 측면도 있다. 따라서 이를 본서 제4장, 제2절, 제5관 금융기관보험대리점등에서 다루는 방법도 있겠지만, 보험업법의 체계에 따라서 여기 제3절 영업행위규제에서 다루게 되었다. 다만, 보험업법 100조의 일부 조항은 필요한 범위 내에서 전자에서도 다루었다.

2. 금지행위

(1) 의의

(1) 금융기관보험대리점등은 모집을 할 때 다음 각 호의 어느 하나에 해당하는 행위를 하여서는 안 된다(법100①).

(2) 금융기관보험대리점등은 보험업법 100조 1항의 사항을 보험상품을 판매하기 전에 구두, 서면 또는 전자방식으로 알려야 한다(감독규정4－39④(2)라).

(2) 영업기준 위반행위 금지

1) 취지

금융기관보험대리점등은 모집방법이 제한되는 등의 영업기준이 적용된다. 이러한 영업기준에 위반하는 행위를 막기 위해서 금지 규정을 둔 것이다. 이러한 영업기준은 위반 시에 제재(법134,136)가 따른다. 그럼에도 불구하고 이러한 영업기준 위반행위를 금지행위로 규정한 이유는 그 위반 시에 과태료(법209②)를 부과함으로써 예방 또는 처벌을 강화하기 위해서이다.

2) 금지행위의 유형

i) 모집종사자 제한 위반

(1) 영업기준에 따르면 금융기관보험대리점등은 그 모집종사자가 제한된다. 즉 금융기관보험대리점등은 해당 금융기관에 소속된 임직원이 아닌 자로 하여금 모집을 하게 하거나, 보험계약 체결과 관련한 상담 또는 소개를 하게 하고 상담 또는 소개의 대가를 지급

해서는 안 된다(법83②). 그리고 금융기관에 소속된 임직원의 경우이더라도 금융기관보험대리점등의 본점·지점 등 점포별로 2명의 범위에서만 모집이 가능하다(시행령40④). 다만, 보험설계사 자격을 갖춘 사람으로서 금융위원회가 정한 기준과 방법에 따라 채용된 사람은 위 인원에 포함시키지 않는다(시행령40④).

(2) 위 (1)의 영업기준 중에서 다음을 금지행위로 규정한다. 즉 해당 금융기관의 임직원(보험업법 83조에 따라 모집할 수 있는 자는 제외)에게 모집을 하도록 하거나 이를 용인하는 행위가 금지된다(법100①(3)). 또한 모집에 종사하는 자 외에 소속 임직원으로 하여금 보험계약체결에 대한 상담 또는 소개를 하게 하거나 상담 또는 소개의 대가를 지급하는 행위가 금지된다(시행령48①).

ii) 모집장소 위반

(1) 영업기준에 따르면 금융기관보험대리점등은 모집장소가 제한된다. 즉 금융기관보험대리점등은 해당 금융기관의 점포 내 지정된 장소에서 보험계약자와 직접 대면하여 모집할 수 있다(시행령40③(1)). 점포의 의미는 금융기관보험대리점등의 영업기준에서 기술한 바 있다.

(2) 해당 금융기관의 점포 외의 장소에서 모집을 하는 행위가 금지된다(법100①(4)).

iii) 개인정보 위반

(1) 모집과 관련이 없는 금융거래를 통하여 취득한 개인정보를 미리 그 개인의 동의를 받지 않고 모집에 이용하는 행위가 금지된다(법100①(5)).

(2) 금융기관보험대리점등의 영업기준에는 위 (1)과 같은 제한이 없지만, 특별히 금지행위로 규정한 것이다. 개인정보는 개인의 동의 등 일정한 요건을 갖추어 수집할 수 있고 또한 그 수집목적 범위 내에서만 이용이 가능한데,[360] 위 (1)의 규정은 금융기관보험대리점등의 경우 모집에 관한 개인정보는 그 개인의 동의를 받아 모집을 목적으로 수집되고 이용되어야 한다는 점을 명시한 것이다.

(3) 보험회사에 대한 우월적 행위

1) 우월적 지위의 이용행위 금지

(1) 금융기관보험대리점등(금융기관보험대리점등이 되려는 자를 포함)이 보험계약체결의 대리 또는 중개를 조건으로 금융기관의 우월적 지위를 이용하여 보험회사에게 부당한 요구 등을 하는 행위가 금지된다(법100③).

(2) 보험대리점 등인 금융기관은 모집할 보험회사 및 보험계약의 종류 등을 선택할 수 있기 때문에 보험회사에게 우월적 지위에 있고 또한 이를 이용하여 부당한 요구 등을 하기 쉬운데 이러한 불공정한 거래를 차단하기 위해서 위 (1)의 금지규정을 둔 것이다.

360) 개인정보법 18조 1항; 신용정보법 15조 1항 및 33조

(3) 금지행위의 주체에 금융기관보험대리점등이 되려는 자를 포함시킨 것은 금융기관보험대리점등으로 등록되기 이전부터 발생할 수 있는 우월적 지위의 이용행위를 사전적으로 차단시키기 위해서이다.

(4) 위 (1)과 같은 우월적 지위의 이용행위는 사업자가 자기의 거래상의 지위를 부당하게 이용하여 상대방과 거래하는 행위(독점규제법23①(4))에도 해당할 수 있다. 이 경우 보험업법 100조 3항과 독점규제법 23조 1항 4호는 경합적으로 적용된다.

2) 금지행위의 기준

우월적 지위를 이용하는 행위를 금지하는 기준은 무엇인가? 이는 우월적 지위의 이용행위를 구체화하는 데 척도가 된다. 이러한 금지행위의 기준은 다음 각 호와 같다(시행령48④).

1. 금융기관보험대리점등이 요구하는 행위가 일반적인 거래조건에 비추어 명백히 보험회사의 이익에 반하는 것으로 인정될 수 있을 것
2. 해당 행위가 보험회사의 경영건전성이나 보험계약자의 이익, 그 밖에 건전한 모집질서를 명백히 해치는 것으로 인정될 수 있을 것

3) 금지행위의 유형

위와 같은 두 가지 기준에 따라 금지되는 우월적 지위의 이용행위 유형은 다음과 같다.[361]

i) 할인 등 요구

해당 금융기관을 보험계약자로 하는 보험계약의 할인을 요구하거나 그 금융기관에 대한 신용공여, 자금지원 및 보험료 등의 예탁을 요구하는 행위가 금지된다(법100③(1)).

ii) 비용 등의 전가

(1) 보험계약 체결을 대리하거나 중개하면서 발생하는 비용 또는 손실을 보험회사에 부당하게 떠넘기는 행위가 금지된다(법100③(2)).

(2) 감독규정 [별표7－2] 2호는 위 (1)의 비용 등의 전가를 다음 각 호와 같이 구체화하고 있다.

---

361) 이에 대해서는 보험업법 100조 3항, 동법시행령 48조 4항이 규정한다. 그리고 이 규정들은 우월적 지위의 이용행위 유형에 대한 구체화를 감독규정에 위임하고 있고, 이에 따라 감독규정 4－39조 4항 2호 아목에 따른 감독규정 [별표7－2]의 일부가 이에 대해 정하고 있다. 다만 보험업법 100조 3항, 동법시행령 48조 4항은 자신들이 정하고 있는 우월적 지위의 이용행위 유형에 대해 보다 구체적으로 정할 것을 위임할 뿐이지 그 이외에 우월적 지위의 이용행위 유형을 새롭게 추가하여 정할 것을 위임하고 있다고 해석하기는 어렵다. 그럼에도 불구하고 감독규정 4－39조 4항 1호, 그리고 2호 아목에 따른 감독규정 [별표7－2]의 다른 일부가 우월적 지위의 이용행위 유형을 구체화하면서 우월적 지위의 이용행위 유형을 새롭게 추가하여 정하고 있기 때문에 보험업법 100조 3항, 동법시행령 48조 4항이 위임한 범위를 벗어난 것으로 보인다. 요컨대, 감독규정 4－39조 4항 1호, 감독규정 [별표7－2] 1호, 4호, 6호, 8호는 상위법령의 명시적 위임이 없는 행정규칙으로 보인다.

2. 각종 비용의 부담에 관한 사항

가. 금융기관보험대리점등의 보험모집과 관련된 홍보·판매촉진 등의 마케팅비용, 물류비용, 시책비, 모집직원 교육비용(보험회사가 금융기관보험대리점등에 신규로 모집을 위탁한 상품에 대하여 행하는 설명 및 판매교육은 제외) 등 일체 비용은 금융기관보험대리점등이 부담한다. 다만 농협생명보험 또는 농협손해보험이 농업협동조합법에 의한 조합의 물류, 교육 등을 대행하는 경우는 제외한다.

나. 금융기관보험대리점등의 보험모집과 관련된 전산 구축비용, 프로그램의 구입·유지·관리비용 등은 금융기관보험대리점등이 부담하며, 전산비용 중 회선료 등 공동으로 사용하는 비용은 보험회사와 금융기관보험대리점등이 공동으로 부담한다.

다. 보험회사는 금융기관보험대리점등의 모집성과에 대하여 대리 또는 중개 계약에서 정한 모집수수료 이외에 여타의 성과급을 지급하지 않는다. 다만, 보험업법시행령 48조 3항 및 감독규정 4−39조 1항에 따라 지급하는 경우는 제외한다.

3. 부실모집의 책임에 관한 사항

가. 금융기관보험대리점등은 다음 각 세목의 하나에 해당하는 사유로 보험계약이 취소되어 발생한 일체의 비용(보험회사에서 부담한 모집수수료 등 직접비용뿐만 아니라 동 보험계약 체결 및 취소 등에 따르는 인건비 등 간접비용을 포함한다)을 부담한다. 다만, 다음 각 세목의 하나 이외의 부실모집 행위로 인하여 보험계약이 취소된 경우에는 간접비용을 부담하지 않을 수 있다.

(1) 금융기관보험대리점등이 보험계약 모집 시에 약관 및 청약서 부본을 보험계약자에게 전달하지 아니한 경우

(2) 금융기관보험대리점등이 약관의 중요한 내용을 설명하지 아니한 경우

(3) 금융기관보험대리점등이 보험계약자의 자필서명을 수령하지 아니한 경우

나. 가목의 직접비용 및 간접비용의 범위 및 산정방법에 대한 세부적인 사항은 보험회사와 금융기관보험대리점등 사이에 정한다.

5. 보험료의 지급에 관한 사항

가. 금융기관보험대리점등은 보험계약자로부터 영수한 보험료를 지체 없이 보험회사에 지급해야 하며, 보험료 지급지연에 따른 이자비용 등 각종 비용은 금융기관보험대리점등이 부담한다.

나. 금융기관보험대리점등은 보험료의 전부 또는 일부를 보험회사에 대한 채권과 상계할 수 없다.

7. 모집수수료에 관한 사항

가. 보험회사와 금융기관보험대리점등은 모집수수료를 약정함에 있어 보험회사가 다른 모집종사자에게 지급하는 모집수수료 등을 감안하여 합리적인 범위 내에서 정한다.

나. 보험회사는 금융기관보험대리점등이 모집한 보험계약에서 추가적으로 납입되는 보험료(새로운 보험계약의 체결로 볼 수 있는 경우는 제외)에 대하여 별도의 추가 모집수수료를 지급하지 않는다.

다. 보험회사는 모집수수료의 환급 절차, 사유, 방법 등에 관하여 금융기관보험대리점등과 다른 모집종사자를 차별하지 않아야 한다.

iii) 이익분배 요구

(1) 모집수수료 이외에 금융기관보험대리점등이 모집한 보험계약에서 발생한 이익의 배분을 요구하는 행위('금융위원회 고시가 정하는 기준'에 따라 이익 배분을 요구하는 경우는 제외)가 금지된다(시행령48③).

(2) 위 (1)에서 '금융위원회 고시가 정하는 기준'이란 당해 금융기관보험대리점등이 모집한 계약에서 위험률차 이익의 발생에 기여한 사실이 객관적으로 입증되는 경우를 말하고, 다만 금융기관보험대리점등이 모집한 계약에서 위험률차 손실이 발생한 경우에는 모집수수료를 삭감할 수 있다(감독규정4-39③).

iv) 이면계약 체결 등

보험회사와 금융기관보험대리점등의 권리·의무에 관련된 사항은 반드시 대리 또는 중개 계약서에 명시해야 하고, 여기에 명시되지 않은 사항에 대해서는 그 효력을 주장하지 못하며, 이면계약 체결을 요구하는 행위는 부당한 요구행위로 본다(감독규정[별표7-2]8).

v) 입점 모집의 강제

당해 금융기관보험대리점등의 본점, 지점 등 점포 내에 보험회사 임직원, 보험설계사 또는 다른 보험대리점, 보험중개사를 입주시켜 모집을 하게 하는 행위가 금지된다(감독규정4-39④(1)가). 이러한 모집을 '금융기관 내 입점방식에 의한 모집'이라고 한다.

vi) 경영에 부당한 영향력 행사

보험회사 경영에 부당한 영향력을 행사하는 것으로 인정되는 다음 각 세목의 행위가 금지된다(감독규정4-39④(1)나).

(1) 당해 금융기관보험대리점등 또는 제3자의 용역·물품 등의 구입을 요구하는 행위
(2) 적법한 절차 없이 보험계약자 등 제3자의 개인정보를 요구하는 행위
(3) 일방적으로 전산시스템의 변경을 요구하는 행위
(4) 모집한 보험계약을 통해 형성된 보험회사의 자산에 일정한 제한을 요구하는 행위

(4) 기타

감독규정 [별표7-2] 1호, 4호 및 6호는 금융기관보험대리점등과 관련하여 다음과 같이 규정한다.[362)]

1. 금융기관보험대리점등의 대리 또는 중개계약의 기간 및 종료에 관한 사항
   가. 보험회사와 금융기관보험대리점등이 체결하는 대리 또는 중개 계약 기간은 3년 이상으로 한다.

362) 이 규정들에 대한 상위법령의 명시적 위임 문제는 위 각주 361)을 참조.

나. 보험회사와 금융기관보험대리점등은 대리 또는 중개 계약을 종료하고자 하는 경우에 계약기간 종료일 6월 전까지 상대방에게 그 사실을 서면으로 통지한다.

다. 나목의 서면통지가 없을 경우 대리 또는 중개 계약은 동일한 조건으로 연장된 것으로 본다.

4. 보험계약 정보의 보유 및 활용에 관한 사항

가. 보험계약 체결에 따른 보험계약자 및 피보험자의 정보('계약정보')는 보험회사가 보유하며, 계약정보의 관리·활용 등의 권리는 보험회사에 있다.

나. 가목에도 불구하고 금융기관보험대리점등은 대리 또는 중개 계약기간 동안 보험회사가 동 금융기관보험대리점등이 모집한 계약정보를 추가적인 모집을 위하여 금융기관보험대리점등 이외의 모집종사자에게 제공하는 것을 제한할 수 있다.

6. 보험계약의 모집 및 인수에 관한 사항

가. 금융기관보험대리점등은 보험모집 시에 보험계약자 및 피보험자의 자필서명 수령, 유진단계약의 진단안내, 보험약관의 중요사항에 대한 설명, 보험청약서 부본 교부 등을 직접 해야 한다.

나. 보험회사는 금융기관보험대리점등이 모집한 질병보험 및 간병보험의 위험률차 손해의 발생내역을 사업연도별로 해당 금융기관보험대리점등에 통보하며, 금융기관보험대리점등은 보험회사와 협의하여 모집심사기준을 제정·운용한다.

다. 보험회사는 금융기관보험대리점등이 모집하는 계약에 대하여 인수기준, 진단기준, 부담보기준, 보험료 할증기준 등을 다른 모집종사자를 통한 보험계약과 차별적으로 운용하지 않아야 하고, 금융기관보험대리점등도 이를 요구하지 않아야 한다.

라. 금융기관보험대리점등은 매월 전화를 이용하여 체결한 보험계약(감독규정 4－36조 11항에 따라 보험회사가 점검·확인하는 보험계약은 제외)의 100분의 20 이상에 대하여 감독규정 4－36조 6항의 음성녹음 내용을 점검하여 모집종사자가 보험계약자에게 표준상품설명대본에 따라 보험계약의 내용을 제대로 설명하였는지 여부 등을 확인해야 한다.

3. 준수사항

(1) 의의

(1) 금융기관보험대리점등은 모집을 할 때 일정한 사항을 지켜야 한다(법100②).

(2) 금융기관보험대리점등은 보험업법 100조 2항의 사항을 보험상품을 판매하기 전에 구두, 서면 또는 전자방식으로 알려야 한다(감독규정4－39④(2)라).

(2) 고지의무

1) 대출등과 모집이 연계되지 않는다는 사실

대출등과 모집이 연계되지 않는다는 사실을 알려야 한다. 즉 해당 금융기관이 대출등을 받는 자에게 보험계약의 청약을 권유하는 경우 대출등을 받는 자가 그 금융기관이 대리하거나 중개하는 보험계약을 체결하지 않아도 대출등을 받는 데 영향이 없음을 알려야 한다(법100②(1)).

2) 금융기관보험대리점등의 법적 지위

금융기관보험대리점등의 법적 지위를 고지해야 한다. 즉 해당 금융기관이 보험회사가 아니라 보험대리점 또는 보험중개사라는 사실과 보험계약의 이행에 따른 지급책임은 보험회사에 있음을 보험계약을 청약하는 자에게 알려야 한다(법100②(2)). 보험계약자가 해당 금융기관보험대리점등의 법적 지위에 대해 분명히 알 수 있도록 하자는 취지이다.

(3) 모집장소 분리

보험계약체결을 모집하는 장소와 대출등을 취급하는 장소를 보험계약을 청약하는 자가 쉽게 알 수 있을 정도로 분리해야 한다(법100②(3)).

(4) 민원전담창구의 설치·운영

보험계약자 등의 보험민원을 접수하여 처리할 전담창구를 해당 금융기관의 본점에 설치·운영해야 한다(시행령48②). 농업협동조합중앙회는 농업협동조합법에 따른 조합을 위하여 보험민원을 접수하여 처리할 전담창구를 운영할 수 있다(감독규정4-39②).

4. 금융상품판매대리·중개업자의 금지행위

(1) 의의

(1) 금융상품판매대리·중개업자는 다음 각 호의 어느 하나에 해당하는 행위를 해서는 안 된다(금융소비자법25①).

1. 금융소비자로부터 투자금, 보험료 등 계약의 이행으로서 급부를 받는 행위. 다만, 금융상품직접판매업자로부터 급부 수령에 관한 권한을 부여받은 경우로서 대통령령으로 정하는 행위는 제외한다.
2. 금융상품판매대리·중개업자가 대리·중개하는 업무를 제3자에게 하게 하거나 그러한 행위에 관하여 수수료·보수나 그 밖의 대가를 지급하는 행위. 다만, 금융상품직접판매업자의 이익과 상충되지 아니하고 금융소비자 보호를 해치지 아니하는 경우로서 대통령령으로 정하는 행위는 제외한다.
3. 그 밖에 금융소비자 보호 또는 건전한 거래질서를 해칠 우려가 있는 행위로서 대통령령으로 정하는 행위

(2) 금융상품판매대리·중개업자는 금융상품판매 대리·중개 업무를 수행할 때 금융상품직접판매업자로부터 정해진 수수료 외의 금품, 그 밖의 재산상 이익을 요구하거나 받아서는 아니 된다(금융소비자법25②).

(2) 급부수령 금지

(1) 금융상품판매대리·중개업자는 금융소비자로부터 투자금, 보험료 등을 수령하는 행위가 금지된다(금융소비자법25①). 이는 금융소비자가 금융상품판매대리·중개업자를 계약체결 상대방으로 오인하여 보험료 등을 지급하는 것을 방지하기 위함이다.

⑵ 다만, 금융상품직접판매업자로부터 급부 수령에 관한 권한을 부여받은 경우로서 보장성 상품에 관한 계약과 관련하여 보험료 또는 공제료를 수령하는 행위는 허용된다(금융소비자법25①,시행령23①). 보험회사로부터 보험계약 체결의 대리권을 수여받은 보험대리점은 보험료수령권을 가지며, 보험회사를 대리할 권한이 없는 보험설계사와 보험대리점이라 하더라도 보험자가 작성한 영수증을 보험계약자에게 교부하는 경우 보험계약자로부터 보험료를 수령할 수 있는 권한이 있다(상법646의2). 따라서 금융소비자법 25조 1항은 보험설계사, 보험대리점 등 보장성 상품 판매대리·중개업자가 보험회사로부터 부여받은 권한을 넘어 보험료 등 명목으로 급부를 수령하는 행위를 금지하는 의미가 있다.

(3) 기타 금지행위

⑴ 금융소비자법 25조 3항, 동법 시행령 23조 3항은 그 밖에 금융상품판매대리·중개업자의 금지행위를 다음과 같이 열거한다.

1. 금융상품직접판매업자를 대신하여 계약을 체결하는 행위(다만, 상법 646조의2에 따라 보험계약체결권한을 수여받은 보험대리점은 제외)
2. 금융소비자를 대신하여 계약을 체결하는 행위
3. 금융소비자로 하여금 금융상품직접판매업자 또는 금융상품자문업자로 오인할 수 있는 상호를 광고나 영업에 사용하는 행위
4. 금융상품직접판매업자에게 자신에게만 대리·중개 업무를 위탁하거나 다른 금융상품판매대리·중개업자에게 위탁하지 않도록 강요하는 행위
5. 다른 금융상품판매대리·중개업자의 명의를 사용하거나 다른 금융상품판매대리·중개업자가 자신의 명의를 사용하도록 하는 행위
6. 그 밖에 1호부터 5호까지의 행위에 준하는 것으로서 감독규정 22조에서 정하는 행위

⑵ 위 ⑴의 6호에서 '금융위원회가 정하여 고시하는 행위'란 다음 각 호의 행위를 말한다.

1. 같은 상품유형의 금융상품에 대하여 둘 이상의 금융상품직접판매업자를 위해 금융상품에 관한 계약의 체결을 대리·중개하는 행위(동일인이 다수의 금융상품판매대리·중개업자에 각각 사실상 영향력을 행사하는 경우에 해당 법인들은 모두 하나의 금융상품판매대리·중개업자로 본다). 다만, 다음 각 목의 행위는 제외한다.
   가. 보장성 상품을 취급하는 금융상품판매대리·중개업자가 둘 이상의 금융상품직접판매업자를 위해 보장성 상품에 관한 계약의 체결을 대리·중개하는 행위
   나. 대출성 상품을 취급하는 금융상품직접판매업자가 다른 금융상품직접판매업자의 대출성 상품에 관한 계약의 체결을 대리·중개하는 행위
   다. 신용카드, 시설대여, 연불판매 또는 할부계약에 관한 계약의 체결을 대리·중개하는 자가 다른 하나의 금융상품직접판매업자를 위해 대출 계약의 체결을 대리·중개하는 행위
   라. 시설대여, 연불판매 또는 할부계약에 관한 계약의 체결을 대리·중개하는 자가 다른 하

나의 금융상품직접판매업자를 위해 신용카드에 관한 계약의 체결을 대리·중개하는 행위

마. 다음의 자가 둘 이상의 금융상품직접판매업자를 위해 대출성 상품에 관한 계약의 체결을 대리·중개하는 행위

1) 대부중개업자

2) 대출성 상품에 관한 금융상품판매대리·중개업을 전자금융거래 방식으로만 영위하는 법인

3) 신용협동조합이 취급하는 대출성 상품에 관한 계약의 체결만 대리·중개하는 금융상품판매대리·중개업자

바. 시설대여·연불판매·할부금융 또는 이와 유사한 금융상품에 관한 계약의 체결을 대리·중개하는 행위

사. 「방문판매 등에 관한 법률」에 따른 전화권유판매로만 대출성 상품에 관한 계약의 체결을 대리·중개하는 행위

2. 대출성 상품에 관한 계약의 체결을 대리하거나 중개하는 자가 다음 각 목의 업을 영위하는 행위(가목은 대부업자 및 대부중개업자에 적용하지 않는다)

가. 「대부업 등의 등록 및 금융이용자 보호에 관한 법률」에 따른 대부업·대부중개업. 다만, 대출성 상품에 관한 금융상품판매대리·중개업을 전자금융거래 방식으로만 영위하는 법인이 「대부업등 감독규정」에 따른 서민금융 우수 대부업자의 대출성 상품을 판매대리·중개하는 경우는 제외한다.

나. 방문판매법에 따른 다단계판매업

다. 「사행산업통합감독위원회법」에 따른 사행산업

라. 「식품위생법 시행령」에 따른 단란주점영업 및 유흥주점영업

3. 투자성 상품에 관한 계약의 체결을 대리하거나 중개하는 행위로서 다음 각 목의 어느 하나에 해당하는 행위

가. 자본시장법에 따른 투자일임재산이나 같은 법에 따른 신탁재산을 각각의 금융소비자별 또는 재산별로 운용하지 않고 모아서 운용하는 것처럼 투자일임계약이나 신탁계약의 계약체결등(계약의 체결 또는 계약 체결의 권유를 하거나 청약을 받는 것을 말한다)을 대리·중개하거나 광고하는 행위

나. 금융소비자로부터 금융투자상품을 매매할 수 있는 권한을 위임받는 행위

다. 투자성 상품에 관한 계약의 체결과 관련하여 제3자가 금융소비자에 금전을 대여하도록 대리·중개하는 행위

라. 법에 따른 보험설계사가 위탁계약을 체결하지 않은 같은 법에 따른 보험회사의 투자성 상품에 관한 계약의 체결을 대리·중개하는 행위

4. 업무수행 과정에서 알게 된 금융소비자의 정보를 자기 또는 제3자의 이익을 위해 이용하는 행위

5. 위탁계약을 체결한 금융상품직접판매업자가 발행한 주식의 매수 또는 매도를 권유하는 행위

6. 방송법 9조 5항 단서에 따라 상품소개와 판매에 관한 전문편성을 행하는 방송채널사용사업을 승인받은 금융상품판매대리·중개업자(보장성 상품을 취급하는 자에 한정)가 보장성 상품에 관한 금융상품판매대리·중개업을 영위할 수 없는 개인으로 하여금 같은 법 2조 1호에

따른 방송을 통해 그 금융상품을 설명하게 하는 행위

7. 보장성 상품을 취급하는 금융상품대리·중개업자(법시행령 43조 2항에 따른 전화를 이용하여 모집하는 자, 같은 조 제4항에 따른 인터넷 화상장치를 이용하여 모집하는 자 및 같은 조 5항에 따른 사이버몰을 이용하여 모집하는 자는 제외)가 일반금융소비자와 만나지 않고 법 19조에 따른 설명을 하는 행위. 다만, 다음 각 목의 요건에 모두 해당하는 경우는 제외한다.
   가. 보험업감독규정 4-36조 8항에 따른 표준상품설명대본에 따라 설명할 것
   나. 해당 금융상품을 취급하는 금융상품직접판매업자가 가목에 따른 설명내용이 녹취된 전자파일을 통해 해당 설명내용이 보험업감독규정 4-36조 8항에 따른 표준상품설명대본과 일치하는지를 확인하고 그 전자파일을 보관할 것
8. 보험업법 12조 1항 단서에 따라 등록을 하지 아니하고 금융상품판매업등을 영위하는 자 중에서 전자금융거래법에 따른 전자적 장치를 이용한 자동화 방식을 통해서 금융상품판매대리·중개업을 영위하는 경우, 다음 각 목의 이해상충행위 방지 조치를 하지 않는 것
   가. 금융소비자가 이자율, 개인신용평점 또는 상환기간 등 대출성 상품 계약에 관한 의사결정을 하는 경우에 자신에게 필요한 사항을 선택하여 이에 부합하는 금융상품을 검색할 수 있을 것
   나. 가목에 따른 검색을 하는 경우에 이자율이나 원리금이 낮은 금융상품을 상단에 배치시키는 등 금융소비자의 선택에 따라 금융소비자에 유리한 조건의 우선순위를 기준으로 금융상품이 배열되도록 할 것
   다. 가목에 따른 검색결과를 보여주는 화면에서 검색결과와 관련 없는 동종의 금융상품을 광고하지 않을 것
   라. 금융상품직접판매업자가 제공하는 수수료 등 재산상 이익으로 인해 가목 및 나목 각각의 기능이 왜곡되지 않을 것금융소비자감독규정 22조는 금융상품판매대리·중개업자의 금지행위를 다음과 같이 열거한다.

(4) 정해진 수수료 외의 금품 요구 금지

(1) 금융상품판매대리·중개업자는 대리·중개 업무를 수행할 때 직접판매업자로부터 정해진 수수료 외의 금품, 그 밖의 재산상 이익을 요구하거나 받아서는 안 된다. 여기서 재산상 이익이란, ⓐ 금전등의 지급 또는 대여, ⓑ 금융상품판매대리·중개업 수행 시 발생하는 비용 또는 손해의 보전, ⓒ 금융상품직접판매업자가 취급하는 금융상품에 대한 계약 체결 시 우대 혜택을 말한다(금융소비자법시행령23④).

(2) 보험업법은 유사한 규제를 금융기관보험대리점(법100③)과 100명 이상인 법인보험대리점(법87④,시행령33의2⑤,감독규정[별표5의7]1)에 적용하고 있는데, 금융소비자법은 이를 모든 금융상품판매대리·중개업자에게로 범위를 확대한 것이다. 금융기관대리점과 100명 이상의 법인보험대리점에 대해서는 두 법률의 규정이 경합적으로 적용되는 것으로 사료된다.

(5) 모집종사자에 관한 금지행위

(1) 방송채널사용사업자로 승인된 보험대리점이 보험업법 83조에 따른 모집종사자가 아닌 자로 하여금 보험상품을 설명하게 하는 행위가 금지된다(금융소비자감독규정22(6)).

(2) 위 (1)에서 방송채널사용사업자로 승인된 보험대리점이란, 방송법 9조 5항 단서에 의해 상품소개와 판매에 관한 전문편성을 행하는 방송채널사용사업[363]을 하려는 자로서 과학기술정보통신부장관의 승인을 받은 후 보험업법 87조에 따라 보험대리점으로 등록한 자를 가리킨다. 상품소개와 판매에 관한 전문편성을 행하는 방송채널사용사업자가 이른바 '홈쇼핑 사업자'이다.

(3) 위 (1)은 '홈쇼핑' 보험광고에 적용되는 특칙이다. 보험상품의 광고는 보험의 모집과는 구분되지만, '홈쇼핑' 보험광고에서 보험상품을 설명하는 경우에는 보험모집에 필요한 정도의 전문성이 요구된다고 보아서 유자격 모집종사자가 보험상품을 설명하게 한 것이다.

5. 금융상품판매대리 · 중개업자의 고지의무

(1) 의의

(1) 금융소비자법 26조는 금융상품판매대리 · 중개업자가 금융상품판매대리 · 중개업무를 수행할 때 금융소비자에게 알려야 할 사항들을 규정하고 있다.

(2) 이러한 고지의무의 취지는 금융상품의 계약 체결을 대리 · 중개할 때 법적 지위, 책임관계, 권한 등 판매대리 · 중개업자와 관련된 정보를 사전에 제공하게 함으로써 정보비대칭을 해소하여 금융소비자를 보호하기 위한 것이다.

(2) 고지의무

(1) 금융상품판매대리 · 중개업자는 금융상품판매대리 · 중개업무를 수행할 때 다음 사항 모두를 금융소비자에게 미리 알려야 한다(금융소비자법26①). 여기서 미리 알려야 한다는 것은 상품 권유가 이루어지기 전에 고지사항을 안내하라는 의미이다.[364]

1. 금융상품판매대리 · 중개업자가 대리·중개하는 금융상품직접판매업자의 명칭 및 업무 내용
2. 하나의 금융상품직접판매업자만을 대리하거나 중개하는 금융상품판매대리 · 중개업자인지 여부
3. 금융상품직접판매업자로부터 금융상품 계약 체결권을 부여받지 아니한 금융상품판매대리 · 중개업자의 경우 자신이 금융상품계약을 체결할 권한이 없다는 사실

---

363) 방송채널사용사업이란 지상파방송사업자, 종합유선방송사업자 또는 위성방송사업자와 특정채널의 전부 또는 일부 시간에 대한 전용사용계약을 체결하여 그 채널을 사용하는 사업을 가리킨다(방송법 2(2)라).

364) 신속처리시스템 회신(손보 210406-2) 참조

4. 금융소비자법 44조와 45조에 따른 손해배상책임에 관한 사항
5. 그 밖에 금융소비자보호 또는 건전한 거래질서를 위하여 금융소비자법시행령 24조 1항에서 정하는 사항
   가. 금융소비자법 25조 1항 1호 본문에 따라 급부를 받을 수 있는지 여부
   나. 금융소비자법 23조 2항 1호 각 목에 따른 위탁계약을 체결한 경우 그 업무를 위탁한 금융상품판매대리·중개업자의 명의와 위탁받은 업무 내용
   다. 금융소비자가 제공한 신용정보 또는 개인정보 등은 금융상품직접판매업자가 보유·관리한다는 사실(보험업법에 따른 보험중개사의 경우는 제외)
   라. 그 밖에 1호부터 3호까지의 사항에 준하는 것으로서 감독규정 23조 1항 2호에서 정하는 보장성상품에 관한 사항: 다음 각 사항을 전자적 장치로 확인할 수 있다는 사실 및 확인 방법
      1) 보험업법에 따른 보험설계사의 이력(위탁계약을 체결했던 법인 및 그 법인과의 계약 기간을 포함)
      2) 다음의 조치를 받은 경우 그 이력
         가) 보험업법에 따른 영업정지, 등록취소 또는 과태료 처분
         나) 보험사기방지특별법 2조 1호에 따른 보험사기행위에 대한 3개월 이상의 업무정지
      3) 감독규정 9-4조의2 7호에 따른 불완전판매비율 및 계약 유지율

(3) 표시게시 등

(1) 금융상품판매대리·중개업자는 금융상품판매 대리·중개 업무를 수행할 때 자신이 금융상품판매대리·중개업자라는 사실을 나타내는 표지를 게시하거나 증표를 금융소비자에게 보여 주어야 한다. 이때 권한 있는 기관이 발급한 표지나 증표를 사용해야 하며, 표지는 사업장 및 인터넷 홈페이지(홈페이지가 있는 경우만 해당)에 항상 게시해야 한다(금융소비자법26②③, 시행령24②).

(2) 이는 금융상품판매대리·중개업자가 대리·중개 업무를 수행할 때 판매대리·중개업자로서 이를 수행한다는 점을 분명히 하여 금융소비자가 오인하지 않도록 하기 위한 취지이다. 유사한 취지로 보험업법은 보험대리점이 보험안내자료 등 보험계약의 체결 또는 모집을 위하여 제공하는 자료와 보험상품에 관한 광고에서 상호를 사용하는 경우 그 상호 중에 '보험대리점'이라는 글자를 사용해야 하며, 등록번호, 상호 및 명칭, 모집을 위탁한 회사가 기재된 표지를 점포 외부의 보기 쉬운 곳에 게시하는 등 유사한 규제를 두고 있다(시행령33의2②, 감독규정[별표5의7]2). 보험중개사도 보험안내자료 등 보험계약 체결, 모집 내지 중개를 위하여 소비자에게 제공하는 자료 및 보험상품에 관한 광고에서 상호를 사용하는 경우에는 그 상호 중에 '보험중개사'라는 글자를 사용해야 한다(시행령36②).

제13관 자기계약 모집의 금지

1. 의의

(1) 개념

보험대리점 또는 보험중개사의 자기계약이란 자기 또는 자기를 고용하고 있는 자를 보험계약자 또는 피보험자로 하는 보험계약을 가리킨다(법101①). 보험대리점 또는 보험중개사는 자기계약의 모집을 주된 목적으로 하는 것이 금지된다(법101①).

(2) 취지

(1) 보험대리점 또는 보험중개사가 자기계약을 하게 되면 모집수수료만큼 실질적인 보험료 할인 등의 효과가 생기고 또한 전문적인 보험대리점 또는 보험중개사가 위축되므로 이를 방지할 필요가 있다는 점에서 자기계약 모집을 금지하는 취지를 찾을 수 있다.[365] 이를 구체적으로 살펴보자.

(2) 먼저, 실질적인 보험료 할인 등의 문제이다. 보험대리점 또는 보험중개사가 자기계약을 통하여 모집수수료를 수령하는 것 자체가 법적 관점에서 특별이익(법98)에 해당한다고 하기는 어렵지만 실질적으로 보험료 할인 등의 효과가 생기는 것은 사실이다. 만약 보험대리점 또는 보험중개사가 자기를 고용하고 있는 자를 보험계약자 또는 피보험자로 하는 자기계약을 통하여 보험회사로부터 지급받은 모집수수료의 전부 또는 일부를 자신을 고용하고 있는 자에게 지급한다면 이는 특별이익의 제공에 해당한다.[366]

(3) 다음, 전문적인 보험대리점 또는 보험중개사의 위축 문제이다. 보험대리점 또는 보험중개사 자신 또는 이를 고용하는 자가 자신의 보험계약에 대한 모집을 그 보험대리점 또는 보험중개사에게 몰아주게 되면 여타 전문적인 보험대리점 또는 보험중개사는 설 자리가 좁아진다. 위와 같은 몰아주기에 의존하여 특정인의 보험계약에 대한 모집을 독점하는 보험대리점 또는 보험중개사에게는 전문적인 모집종사자로의 발전을 기대하기 어려울 것이다.

(3) 의무의 주체

자기계약 모집의 금지의무 주체는 보험대리점 또는 보험중개사이다(법101①). 따라서 여타의 모집종사자, 즉 보험설계사 및 보험회사의 임직원은 이 금지의무의 주체가 아니다. 보험설계사는 모집규모가 상대적으로 작고, 보험회사의 임직원은 일반적으로 모집수수료가 발생하지 않기 때문에 규제의 필요성이 크지 않다.

365) 石田 満, 保険業法, 2017, 696면
366) 장경환(보험업법2) 198면

2. 요건

(1) 자기계약 모집이 주된 목적

(1) 보험대리점 또는 보험중개사의 자기계약을 완전히 금지하는 것은 아니다. 자기계약 모집을 '주된 목적'으로 하는 경우에 한하여 금지된다(법101①). 자기계약 모집을 금지하는 취지인 실질적인 보험료 할인 등의 효과 및 전문적인 보험대리점 또는 보험중개사의 위축은 자기계약 모집이 주된 목적에 이를 정도가 아니면 규제 대상은 아니라고 판단한 것이다.

(2) '주된 목적'은 불확실한 개념이므로 객관적 기준이 제시되면 법적 확실성이 높아진다. 이를 위해서 보험업법 101조 2항은 주된 목적에 대한 간주규정을 둔다. 즉 보험대리점 또는 보험중개사가 모집한 보험의 전체 보험료 중에서 자기계약의 보험료 누계액이 100분의 50을 초과하게 되면 주된 목적으로 간주된다(법101②). 다시 말하면 보험료 기준으로 자기계약이 과반수를 초과하면 주된 목적으로 간주된다. 위와 같은 기준이 충족되지 않으면, 가령 보험료 기준으로 자기계약이 100분의 40이라면 자기계약이 주된 목적이라고 할 수 없다.

(3) 상위법령의 명시적 위임이 없지만 감독규정 4-40조는 자기계약의 보험료 누계 기준을 구체화하고 있다. 즉 자기계약에 해당하는 보험료 누계의 계산은 보험회사의 사업연도를 기준으로 직전 사업연도 1년간의 보험료 실적으로 하고 1년 미만의 기간은 계상하지 아니한다(감독규정4-40본). 다만, 간단보험대리점이 자기를 보험계약자로 하여 감독규정 7-49조 2호 각 목의 요건을 충족하는 단체보험계약[367]을 체결하는 경우로서 보험계

---

367) 감독규정 7-49조 2호 각 목의 요건은 다음과 같다.
가. 대상 단체
1) 동일한 회사, 사업장, 관공서, 국영기업체, 조합 등 5인 이상의 근로자를 고용하고 있는 단체. 다만, 사업장, 직제, 직종 등으로 구분되어 있는 경우의 단체소속 여부는 관련법규 등에서 정하는 바에 따를 것
2) 비영리법인단체 또는 변호사회, 의사회 등 동업자단체로서 5인 이상의 구성원이 있는 단체
3) 그 밖에 단체의 구성원이 명확하여 계약의 일괄적인 관리가 가능한 단체로서 5인 이상의 구성원이 있는 단체
나. 가목의 대상단체에 소속된 자로서 동일한 보험계약을 체결한 5인 이상의 주피보험자로 피보험단체를 구성하여야 하며, 주피보험자의 배우자, 자녀, 부모, 배우자의 부모 등을 종피보험자로 하는 경우
다. 단체 구성원의 일부만을 대상으로 가입하는 경우에는 다음의 조건을 모두 충족할 것
1) 단체의 내규에 의한 복지제도로서 노사합의에 의할 것. 이 경우 보험료의 일부를 단체 또는 단체의 대표자가 부담하여야 한다.
2) 가목 2)와 3)에 해당하는 단체는 내규에 의해 단체의 대표자와 보험회사가 협정에 의해 체결할 것
라. 개별 피보험자가 보험료의 일부를 부담하는 때에는 그 부담비율 만큼 보험계약자의 권리를 행사할 수 있을 것

약자에게 피보험이익이 없고, 피보험자가 보험료의 전부를 부담하는 경우에는 피보험자를 기준으로 계산한다(감독규정4-40단).

(2) '고용하고 있는 자'

(1) 금지되는 자기계약에는 보험대리점 또는 보험중개사를 '고용하고 있는 자'가 보험계약자 또는 피보험자가 되는 것도 포함된다. 가령 어떤 회사의 직원이 보험대리점으로 등록하여 그 회사를 보험계약자 또는 피보험자로 하는 보험계약을 모집하는 경우는 고용하고 있는 자를 대상으로 한 전형적인 자기계약이다.

(2) 그런데 여기서 '고용'을 이와 같이 민법상 고용계약(민법655)만을 가리킨다고 해석하면 자기계약 모집을 금지하는 취지가 제대로 살아나지 못한다. 가령 어떤 회사의 이사가 보험대리점으로 등록하여 위와 같은 모집을 하면 자기계약 모집의 문제점이 나타나지만, 회사와 이사는 고용관계가 아니라 위임관계이다.[368] 또한 법인인 보험대리점 또는 보험중개사에 대해 소유지분을 갖고 있는 기업이나 개인을 대상으로 위와 같은 모집을 하면 역시 자기계약 모집의 문제점이 나타나지만, 이러한 기업이나 개인과 보험대리점 또는 보험중개사의 관계는 고용관계가 아니라 소유관계이다. 만약 자기계약의 대상자인 제3자와 관계를 진정한 고용계약에 한정하면 위와 같은 경우들을 자기계약의 모집에 포함시키지 못하여 규제 공백이 발생한다.

(3) 위 (2)와 같은 한계를 극복하기 위해서는 '고용'이라는 문언에 집착하기보다는 자기계약 금지의 취지를 고려하여 보다 넓고 유연하게 해석하는 방법이 있다. 즉 보험중개사 또는 보험중개사가 자신과 일정한 관계에 있는 제3자에 대한 보험계약 모집을 독점하는 현상을 막자는 취지를 고려하면 보험대리점 또는 보험중개사와 제3자는 그에 대한 보험모집을 몰아주어 독점할 정도로 밀접한 관계에 있다면 충분하다고 해석하는 것이다. 여기서 제3자는 주로 기업이 될 것이다. 밀접한 관계인지 여부는 객관적으로 정해져야 한다. 고용은 이러한 밀접한 관계의 예시에 해당하고, 이에 준하는 경우라면 위임관계, 모자회사관계, 친족관계 등도 밀접한 관계에 포함될 수 있다고 해석하는 것이다.[369] 하지만 이러한 해석의 취지는 타당하나 보험업법 101조 1항의 문리해석으로는 무리가 있다. 입법적 정비가 필요하다. 즉 밀접한 관계의 종류에 대해서 보다 넓고 구체적인 규정을 둠으로써 법적 불확실성을 해소할 필요가 있다고 사료된다.

마. 단체 구성원의 입사, 퇴직 등의 사유로 피보험자의 변동이 있을 경우 보험계약자는 피보험자의 동의를 얻어 피보험자를 추가 또는 변경할 수 있으며, 보험료의 일부를 부담한 피보험자의 경우 개별계약으로 전환할 수 있어야 하며, 개별 피보험자의 위험에 부합하게 보험료를 정산 또는 조정할 수 있을 것

368) 石田 満, 保険業法, 2017, 696면

369) 장경환(보험업법2) 200면; 정채웅 555면

(3) '보험계약자 또는 피보험자'

(1) 보험대리점 또는 보험중개사의 자기계약이란 자기 또는 자기를 고용하고 있는 자를 '보험계약자 또는 피보험자'로 하는 보험계약을 가리킨다(법101①).

(2) 자기 또는 자기를 고용하는 자를 '보험수익자'로 하는 보험계약은 자기계약에 포함되지 않는가? 생각건대, 포함된다고 해석해야 한다. 손해보험에서는 보험계약자가 보험계약의 당사자이고 피보험자는 보험금청구권자이고, 인보험에서는 보험계약자가 보험계약의 당사자이고 피보험자는 보험사고의 객체이며 보험수익자가 보험금청구권자인 것이다. 자기계약 모집금지의 취지를 고려하면 자기 또는 자기를 고용하는 자를 '보험수익자'로 하는 보험계약도 금지되어야 한다. 이를 분명하게 하는 입법적 정비를 할 필요가 있다.

3. 위반 시 효과

(1) 공법상 효과

보험대리점 또는 보험중개사가 보험업법 101조를 위반하면 제재(법134,136)가 따른다. 또한 보험대리점 또는 보험중개사에 대한 등록취소사유가 된다(법88①(5),90①(4)).

(2) 사법상 효과

자기계약 모집의 금지를 위반한 보험계약도 그 효력에는 영향이 없다고 해석한다.[370]

제14관 보험사기 금지의무

1. 의의

(1) 보험업법

(1) 보험업법 102조의2 및 102조의3은 보험계약자 등을 비롯하여 보험계약을 둘러싼 이해관계자가 보험사기에 관련된 위법행위를 하는 것을 금지한다. 이와 같은 규정을 둔 취지는 우리 사회에 만연하고 있는 심각한 보험사기 때문이다. 아래에서 취지를 살펴보자.

(2) 금융감독원의 통계자료에 의하면, 2015년에 보험사기로 적발된 금액은 무려 6,549억 원이고, 관련 혐의자가 83,431명에 이른다. 적발된 금액이나 인원이 해마다 큰 폭으로 증가하는 추세에 있다. 지능적 방법이 사용되기 때문에 보험사기의 적발이 쉽지 않다는 현실을 감안하면, 실제 금액이나 인원은 훨씬 더 많을 것으로 추정된다. 또한 이러한 보험사기의 폐해는 심각하다. 따라서 보험사기를 방지하는 것은 보험업법의 핵심적 과제이다.

(3) 보험업법 102조의2 및 102조의3은 보험계약을 둘러싼 이해관계자가 보험사기에 관한 금지의무를 위반하면 제재 등의 공법적 효과를 부과하기 위한 목적을 갖는다. 이 점

---

370) 장경환(보험업법2) 200면; 정채웅 556면

에서 형벌의 부과를 주된 목적으로 하는 보험사기방지법과는 차이가 있다.

(2) 보험사기방지법

1) 의의

보험사기를 처벌하기 위한 법제가 마련되어 있다. 2016년 이전에는 형법 347조의 사기죄가 그것이고, 2016년에는 이에 대한 특별법으로 제정된 보험사기방지법이 있다. 이는 보험사기를 범한 자에 대해 형벌을 가함으로써 보험사기를 예방하고 처벌하려는 목적을 갖는다.

2) 목적 및 지위

보험사기방지법은 보험사기행위의 조사·방지·처벌에 관한 사항을 정하고(보험사기방지법1), 이에 관해서는 다른 법률에 우선하여 적용된다(보험사기방지법3).

3) 보험사기 개념

보험사기행위는 보험사고의 발생, 원인 또는 내용에 관하여 보험회사를 기망하여 보험금을 청구하는 행위를 말한다(보험사기방지법2(1)).

4) 보험사기 조사 등 관련절차

(1) 보험회사는 보험사고의 조사과정에서 보험계약자 등의 개인정보를 침해하지 않도록 노력해야 한다(보험사기방지법5①).

(2) 보험회사는 '대통령령으로 정하는 사유'[371] 없이 보험사고 조사를 이유로 보험금의 지급을 지체 또는 거절하거나 삭감하여 지급해서는 안 된다(보험사기방지법5②). 이에 위반하여 보험금의 지급을 지체 또는 거절하거나 보험금을 삭감하여 지급한 보험회사에게는 1천만 원 이하의 과태료를 부과하고 이 과태료는 대통령령으로 정하는 바에 따라 금융

---

371) '대통령령으로 정하는 사유'란 다음 각 호의 어느 하나에 해당하는 경우를 가리킨다(보험사기방지법시행령3).

1. 해당 보험계약의 약관 또는 다른 법령에서 보험금 지급을 지체 또는 거절하거나 삭감하여 지급하도록 정하는 경우
2. 보험회사가 보험사고 조사 과정에서 보험사기방지법 4조에 따른 보험계약자 등의 행위가 보험사기행위로 의심할 만한 합당한 근거가 있는 경우로서 다음 각 목의 어느 하나에 해당하는 행위를 한 경우. 이 경우 보험금의 지급을 지체하는 경우로 한정한다.
   가. 보험사기방지법 4조에 따라 금융위원회에 보고한 경우
   나. 보험사기방지법 6조에 따라 관할 수사기관에 고발 또는 수사의뢰하거나 그 밖에 필요한 조치를 한 경우
3. 보험회사가 보험사고 조사 결과에 따라 다음 각 목의 어느 하나에 해당하는 행위를 한 경우. 다만, 보험회사가 부당하게 보험금의 지급을 지체하거나 보험금의 감액 합의 또는 보험금 청구권의 포기를 유도하기 위한 목적으로 소를 제기하거나 조정을 신청한 것으로 인정되는 경우는 제외한다.
   가. 소를 제기한 경우
   나. 민사조정법 또는 금융위원회법에 따른 조정을 신청한 경우
4. 그 밖에 보험회사가 보험금의 지급을 지체 또는 거절하거나 삭감하여 지급할 수 있는 합리적인 이유가 있는 경우로서 금융위원회가 정하여 고시하는 경우

위원회가 부과·징수한다(보험사기방지법15).[372)]

(3) 보험회사는 보험계약의 보험계약자, 피보험자, 보험금을 취득할 자, 그 밖에 보험계약 또는 보험금 지급에 관하여 이해관계가 있는 자의 행위가 보험사기행위로 의심할 만한 합당한 근거가 있는 경우에는 금융위원회에 보고할 수 있다(보험사기방지법4).[373)] 보고의 접수에 관한 사항은 금융감독원장에게 위탁되어 있다(보험사기방지법13,동법시행령4). 여기서 보험회사는 보험업법 4조에 따른 허가를 받아 보험업을 경영하는 자를 말한다(보험사기방지법2(2)).

(4) 금융위원회, 금융감독원, 보험회사는 보험계약자 등의 행위가 보험사기행위로 의심할 만한 합당한 근거가 있는 경우에는 관할 수사기관에 고발 또는 수사의뢰하거나 그 밖에 필요한 조치를 취해야 한다(보험사기방지법6①). 수사기관에 고발 또는 수사의뢰를 한 경우에는 해당 보험사고와 관련된 자료를 수사기관에 송부해야 한다(보험사기방지법6②).

(5) 수사기관은 보험사기행위 수사를 위하여 보험계약자 등의 입원이 적정한 것인지 여부에 대한 심사가 필요하다고 판단되는 경우 건강보험심사평가원에 심사를 의뢰할 수 있다(보험사기방지법7①). 건강보험심사평가원은 심사의뢰를 받은 경우 입원적정성을 심사하여 그 결과를 수사기관에 통보해야 한다(보험사기방지법7②).

(6) 보험사기행위 조사업무에 종사하는 자 또는 해당 업무에 종사했던 자는 직무수행 중 취득한 정보나 자료를 타인에게 제공 또는 누설하거나 직무상 목적 외의 용도로 사용해서는 안 된다(보험사기방지법12). 이를 위반하여 직무수행 중 취득한 정보나 자료를 타인에게 제공 또는 누설하거나 목적 외의 용도로 사용한 자는 3년 이하의 징역 또는 3천만원 이하의 벌금에 처한다(보험사기방지법14).

(7) 금융위원회(보험사기방지법 13조에 따라 금융위원회의 업무를 위탁받은 자를 포함), 금융감독원장 및 건강보험심사평가원은 다음 각 호의 사무를 수행하기 위하여 불가피한 경우 개인정보법 23조에 따른 건강에 관한 정보 및 동법시행령 18조 2호에 따른 범죄경력자료에 해당하는 정보, 신용정보법시행령 29조에 따른 주민등록번호, 여권번호, 운전면허의 면허번호, 외국인 등록번호 또는 국내거소신고번호가 포함된 자료를 처리할 수 있다(보험사기방지법시행령5).

1. 보험사기방지법 4조에 따른 보고의 접수에 관한 사무

---

372) 이 과태료의 부과기준은 보험사기방지법시행령 [별표]가 규정하고 있다(보험사기방지법시행령6).

373) 보험사기방지법시행령 2조에 따르면 이 보고는 금융위원회가 정하여 고시하는 서식에 따라 다음 각 호의 사항을 문서·전자기록매체, 그 밖에 금융위원회가 정하는 방법으로 해야 한다.
1. 보험회사의 명칭
2. 보고대상 행위가 발생한 날짜 및 장소
3. 보고대상 행위의 관련자
4. 보고대상 행위의 내용

2. 보험사기방지법 6조 1항에 따른 고발 등 조치에 관한 사무
3. 보험사기방지법 7조 2항에 따른 입원적정성의 심사에 관한 사무

5) 보험사기죄의 처벌

(1) 보험사기행위로 보험금을 취득하거나 제3자에게 보험금을 취득하게 한 자는 10년 이하의 징역 또는 5천만 원 이하의 벌금에 처한다(보험사기방지법8). 형법 347조의 사기죄에서 처벌이 10년 이하의 징역 또는 2천만 원 이하의 벌금인 것과 비교할 때 벌금형이 상향되어 있음을 알 수 있다.

(2) 상습으로 보험사기죄를 범한 자는 그 죄에 정한 형의 2분의 1까지 가중하고(보험사기방지법9), 보험사기죄 또는 이를 상습으로 범한 죄에 대한 미수범은 처벌한다(보험사기방지법10).

(3) 가중처벌 규정도 있다. 즉 보험사기죄 또는 이를 상습으로 범한 죄의 경우 그 범죄행위로 인하여 취득하거나 제3자로 하여금 취득하게 한 보험사기이득액이 50억 원 이상일 때는 무기 또는 5년 이상의 징역, 보험사기이득액이 5억 원 이상 50억 원 미만일 때 때는 3년 이상의 유기징역에 처하고, 이러한 징역 이외에 보험사기이득액 이하에 상당하는 벌금을 병과할 수 있다(보험사기방지법11). 이러한 가중처벌 규정은 '특정경제범죄 가중처벌 등에 관한 법률' 3조가 형법상 사기죄에 관하여 가중처벌 하는 것과 내용 면에서 같다. 따라서 보험사기 이득액에 따른 가중처벌의 면에서는 보험사기방지법이 형법 및 '특정경제범죄 가중처벌 등에 관한 법률'과 다르지 않다. 그리고 보험사기방지법 11조에 따라 가중처벌을 받는 경우는 일정 기간 동안 금융회사 또는 기업체 등에 취업이 제한되고 인가·허가 등이 금지된다(보험사기방지법16, '특정경제범죄 가중처벌 등에 관한 법률' 14).

2. 보험업법상 금지의무

(1) 보험사기의 개념

(1) 보험사기방지법 2조는 보험사기를 보험사고의 발생, 원인 또는 내용에 관하여 보험회사를 기망하여 보험금을 청구하는 행위라고 규정한다.

(2) 보험업법상 보험사기의 개념도 위 (1)과 다르지 않다. 특히, 보험업법 102조의3 1호 및 2호로부터 보험사기행위의 구체적인 예시를 참고할 수 있다. 즉 고의로 보험사고를 발생시키거나 발생하지 않은 보험사고를 발생한 것처럼 조작하여 보험금을 수령하는 행위, 또는 이미 발생한 보험사고의 원인, 시기 또는 내용 등을 조작하거나 피해의 정도를 과장하여 보험금을 수령하는 행위 등은 보험사기에 해당한다.

(2) 금지의무 주체별 금지행위

1) 보험계약자 등

(1) 보험계약자, 피보험자, 보험금을 취득할 자, 그 밖에 '보험계약에 관하여 이해관계가 있는 자'는 보험사기행위를 해서는 안 된다(법102의2).

(2) 위 (1)에서 '보험계약에 관하여 이해관계가 있는 자'에는 보험계약자 등의 법정대리인, 상속인, 파산관재인 등을 포함한다고 해석한다.

2) 보험관계 업무종사자

(1) 보험회사의 임직원, 보험설계사, 보험대리점, 보험중개사, 손해사정사, 그 밖에 '보험 관계 업무에 종사하는 자'는 다음 각 호의 어느 하나에 해당하는 행위를 해서는 안 된다(법102의3).

1. 보험계약자, 피보험자, 보험금을 취득할 자, 그 밖에 보험계약에 관하여 이해가 있는 자로 하여금 고의로 보험사고를 발생시키거나 발생하지 아니한 보험사고를 발생한 것처럼 조작하여 보험금을 수령하도록 하는 행위
2. 보험계약자, 피보험자, 보험금을 취득할 자, 그 밖에 보험계약에 관하여 이해가 있는 자로 하여금 이미 발생한 보험사고의 원인, 시기 또는 내용 등을 조작하거나 피해의 정도를 과장하여 보험금을 수령하도록 하는 행위

(2) 위 (1)에서 '보험 관계 업무에 종사하는 자'는 자동차정비업자, 병원관계자 등이 포함된다고 해석한다.

제15관 실손의료보험의 보험금 청구 전산화

1. 의의

실손의료보험의 보험금 청구 전산화는 보험계약자 또는 피보험자가 병원 등 요양기관에서 진료를 받은 후 보험금 청구에 필요한 서류를 직접 제출하지 않고, 요양기관이 전자적 방식으로 보험회사에 전송하도록 하는 제도를 말한다. 이 제도는 실손의료보험 계약자의 보험금 청구 편의성을 제고하고, 보험금 청구에 소요되는 시간과 비용을 절감하기 위해 2023.10.24. 보험업법 개정으로 도입되어 2024.10.24.부터 시행되었다.

2. 취지

(1) 종래 실손보험 제도하에서는 환자가 진료 후 직접 병원을 방문해 서류를 수령한 다음, 이를 다시 보험회사에 제출해야 하므로, 청구 과정이 복잡하고 불편하다는 문제점이 제기되어 왔다. 특히 고령자, 중증환자, 디지털 소외 계층에게는 보험금 청구 자체가

어려운 제도적 장벽이 되었고, 그에 따른 보험금 미청구·지연청구로 인해 사회적 손실도 발생하였다.

(2) 이에 따라, 요양기관이 진료비 영수증, 세부내역서, 처방전 등 보험금 청구에 필요한 서류를 전자적으로 보험회사에 직접 전송함으로써, 보험계약자의 절차적 부담을 줄이고, 보험금 청구를 보다 효율적·투명하게 수행할 수 있도록 하는 것이 본 제도의 취지이다.

3. 실손보험금 청구를 위한 서류의 전자적 전송

(1) 보험계약자등의 요청

(1) 실손의료보험(실제로 부담한 의료비만을 지급하는 제3보험상품을 말한다)계약의 보험계약자, 피보험자, 보험금을 취득할 자 또는 그 대리인('보험계약자등')은 국민건강보험법 42조에 의한 요양기관으로 하여금 보험금 청구를 위해 필요한 서류를 보험회사에 전자적 형태로 전송하여 줄 것을 요청할 수 있다(법102조의6①).

(2) 여기서 '국민건강보험법 42조에 의한 요양기관'은 의료기관, 약국, 한국희귀·필수의약품센터, 보건소·보건의료원·보건지소, 보건진료소를 의미한다(법102의6①).

(3) 보험계약자등은 요양기관 명칭, 진료내역, 보험회사 등을 확인하여 요양기관에 보험 청구서류 전자 전송을 요청할 수 있으며, 전송되는 청구서류는 정보청리 장치로 처리 가능한 형태이며 안정성 확보 및 개인정보 보호 요건을 갖추어야 한다(시행령48의3)

(2) 요양기관의 서류 전송 의무

(1) 위 (1)의 보험계약자등의 요청을 받은 요양기관은 대통령령으로 정하는 정당한 사유가 없으면 그 요청에 따라야 한다(법102의6②).

(2) 요양기관이 전송 요청에 응하지 않을 수 있는 정당한 사유란 다음 각 호의 사유를 말한다(시행령48의2③).

1. 보험업법 102조의7 1항에 따른 실손전산시스템에 전산장애가 발생하거나 실손전산시스템의 보수·점검 등으로 전송을 할 수 없는 경우
2. 전자금융거래법 2조 22호에 따른 전자적 침해행위가 발생한 경우로서 개인정보 보호 등을 위하여 실손전산시스템을 차단할 필요가 있는 경우
3. 실손전산시스템에 의한 서류 전송을 위하여 시스템 연계 등 사전절차를 진행하고 있는 경우로서 금융위원회가 정하여 고시하는 경우[374]
4. 그 밖에 1호부터 3호까지에 준하는 경우로서 금융위원회가 정하여 고시하는 경우[375]

374) '금융위원회가 정하여 고시하는 바'란 보험회사 또는 보험업법시행령 48조의5에 따른 전송대행기관과 전산시스템 연결을 위한 계약을 체결한 후 전산시스템을 구축중이거나 보완중에 있는 경우를 말한다(감독규정4-45).

375) '금융위원회가 정하여 고시하는 정당한 사유'란 다음 각 호의 사유를 말한다(감독규정 4-45).

(3) 전송할 서류

(1) 요양기관이 전송할 서류는 진료비 계산서·영수증, 진료비 세부산정내역 등 보험금 청구에 필요한 서류로서 금융위원회가 정하여 고시한다(법102의6①).

(2) '보험금 청구에 필요한 서류로서 금융위원회가 정하여 고시하는 서류'는 다음 각 호와 같다(감독규정4-44).

1. 국민건강보험 요양급여의 기준에 관한 규칙 7조 1항의 계산서·영수증 및 '지역보건법' 2조에 따른 지역보건의료기관('농어촌 등 보건의료를 위한 특별조치법' 2조 4호에 따른 보건진료소를 포함)에서 발행하는 계산서·영수증
2. 국민건강보험 요양급여의 기준에 관한 규칙 7조 3항 및 4항에 따른 세부산정내역
3. 의료법 시행규칙 12조에 따른 처방전

4. 청구전산화를 위한 시스템의 구축

(1) 보험회사의 의무

(1) 보험회사는 의료기관이 실손의료보험금 청구를 위해 필요한 서류를 전자적 형태로 전송할 수 있는 전산시스템을 구축·운영하여야 한다(법102의7①).

(2) 전산시스템 구축·운영에 필요한 비용은 보험회사가 부담한다(법102의7③).

(3) 전송대행기관에 위탁

(1) 전산시스템 구축·운영에 관한 업무는 공공성·보안성·전문성 등을 고려하여 대통령령으로 정하는 전송대행기관인 보험요율 산출기관에 위탁하거나 보험회사가 직접 수행할 수 있다(법102의7②).

(2) 여기서 '대통령령으로 정하는 전송대행기관'이란 보험요율산출기관을 말하며(시행령48의3), 현재 보험개발원이 전송대행기관 역할을 담당하고 있다.

(3) 보험회사는 보험업법 102조의6 1항에 따른 업무를 수행하기 위하여 전송대행기관 외의 제3자와 계약을 체결하여 전산시스템을 구축·운영하는 경우 보험업감독규정 4-46조 각 호의 요건을 갖추고, 4-47조를 준수하여야 한다.

(4) 전송대행기관의 전산시스템은 다음 각 호의 정보시스템과 전자적으로 연계하여

---

1. 의료법에 따른 의료기관이 동법 64조에 따른 의료업 정지처분으로 인해 전산시스템의 사용이 어려운 경우
2. 약사법에 따른 약국이 동법 76조 및 76조의2에 따른 업무정지 처분으로 인해 전산시스템의 사용이 어려운 경우
3. 의료법에 따른 의료기관이 동법 23조의2 1항에 따른 전자의무기록시스템을 사용하지 않는 경우
4. 약사법에 따른 약국이 국민건강보험법시행령 28조 1항 1호에 따른 요양급여비용 심사청구소프트웨어를 사용하지 않는 경우
5. 의료법에 따른 의료기관이 동법 40조에 따라 폐업 또는 휴업을 신고한 경우
6. 약사법에 따른 약국이 22조에 따른 폐업 또는 휴업을 신고한 경우

활용할 수 있다(감독규정4-48).

1. 의료법 23조의2 1항에 따른 전자의무기록시스템
2. '지역보건법' 5조 1항에 따른 지역보건의료정보시스템
3. 약사법에 따라 등록된 약국이 사용하는 '국민건강보험법 시행령' 28조 1항 1호에 따른 요양급여비용 심사청구소프트웨어
4. 신용정보법 25조 6항에 따른 신용정보공동전산망(실손의료보험 보험계약 관련 정보에 한한다)
5. 그 밖에 서류전송 전산시스템의 운영을 위하여 필요한 정보시스템으로서 금융감독원장이 정하는 정보시스템

(5) 전송대행기관은 보험업법 102조의7 2항에 따라 위탁된 전산시스템의 구축·운영 업무를 주관하여 관리한다(감독규정4-49①). 전송대행기관은 위 업무를 효율적으로 처리하기 위하여 필요한 조직 및 인력을 구성·운영할 수 있다(감독규정4-49②). 전송대행기관은 서류전송 시스템의 운영에 필요한 지침을 정할 수 있다(감독규정4-49③).

(4) 실손보험전산시스템운영위원회

(1) 보험회사(위탁 시에는 전송대행기관 포함)는 요양기관 등과 전산시스템의 구축·운영에 관한 사항을 협의하기 위하여 대통령령으로 정하는 바에 따라 위원회를 구성·운영[376]할 수 있다(법102의7④).

376) 보험업법시행령 48조의4(실손전산시스템운영위원회의 구성·운영)
① 법102조의7 4항에 따른 위원회('실손전산시스템운영위원회')는 다음 각 호의 사항을 협의한다.
1. 실손전산시스템의 구축·운영 및 그 개선에 관한 사항
2. 실손전산시스템의 구축·운영 등에 관한 관계기관 간 의견 조정에 관한 사항
3. 법 102조의7 2항에 따른 전송대행기관의 실손전산시스템 구축·운영 등 업무수행에 대한 평가 및 그 개선에 관한 사항
② 실손전산시스템운영위원회는 위원장 1명을 포함한 18명의 위원으로 구성한다.
③ 실손전산시스템운영위원회의 위원은 다음 각 호의 사람이 되고, 위원장은 위원 중에서 호선한다.
1. 보건복지부·금융위원회의 고위공무원단에 속하는 일반직공무원 또는 3급 공무원으로서 해당 기관의 장이 지명하는 사람 각 1명
2. 금융감독원 소속 임직원 중에서 금융감독원의 장이 지명하는 사람 1명
3. 전송대행기관 소속 임직원 중에서 전송대행기관의 장이 지명하는 사람 1명
4. 보험협회 중 생명보험회사로 구성된 협회('생명보험협회')의 장이 지명하는 사람 2명
5. 보험협회 중 손해보험회사로 구성된 협회('손해보험협회')의 장이 지명하는 사람 3명
6. 의료법 28조1항에 따른 의사회, 치과의사회 및 한의사회의 장이 지명하는 사람 각 1명
7. 의료법 52조에 따른 의료기관단체 중 같은 법 3조 2항 3호 가목 및 라목부터 바목까지의 규정에 따른 의료기관의 장으로 구성된 의료기관단체의 장이 지명하는 사람 1명
8. 약사법 11조에 따른 대한약사회의 장이 지명하는 사람 1명
9. 보험 소비자 보호, 의료 소비자 보호, 보험 또는 보건의료 분야에 관한 학식과 경험이 풍부한 사람으로서 전송대행기관의 장이 위촉하는 사람 4명
④ 위원의 임기는 2년으로 한다. 다만, 3항 1호부터 3호까지에 해당하는 위원의 임기는 해당 직(職)에 재직하는 기간으로 한다.
⑤ 실손전산시스템운영위원회의 회의는 재적위원 과반수의 출석으로 개의하고 출석위원 과반수의 찬성으로 의결한다.

(2) 그 밖에 전산시스템의 구축·운영, 업무위탁의 범위·방법 및 절차 등에 관해 필요한 사항은 금융위원회가 정하여 고시하도록 한다.

(3) 20인 이내의 위원으로 구성하며, 이 중 보험업계를 대표하는 단체가 추천하는 사람과 의약계를 대표하는 단체가 추천하는 사람을 동수로 구성한다.

(4) 위원회는 실손보험 전산 청구 과정에서의 관계기관 간 협의·조정, 전산 청구 개선방안 연구, 전송대행기관 업무 수행에 관한 권고·평가 등의 업무를 수행한다.

(5) 개인정보보호

(1) 전송대행기관은 개인정보보호법 및 신용정보법 등 관련 법령을 준수하여야 한다(감독규정4-47①).

(2) 전송대행기관은 다음 각 호의 어느 하나에 해당하는 방법으로 보험업법 102조의6 1항에 따라 요청을 하는 자의 본인확인을 하여야 한다(감독규정4-47②).

1. 휴대전화를 통한 본인인증 등 '정보통신망 이용촉진 및 정보보호 등에 관한 법률' 23조의3에 따른 본인확인기관에서 제공하는 본인확인의 방법
2. 전자서명법 2조 2호에 따른 전자서명 또는 같은 법 2조 6호에 따른 인증서를 통한 본인확인의 방법
3. '개인정보의 안전성 확보조치 기준' 2조 10호의 생체인식정보를 통한 본인확인의 방법

(3) 보험계약자등의 개인정보 보호를 위해서는 암호화 등의 보호조치 및 개인정보 보호 등의 장치가 마련되어야 한다. 따라서 요양기관은 보험계약자등의 요청에 따라 실손의료보험계약의 보험금 청구에 필요한 서류를 보험회사에 전송하는 경우에는 다음 각 호의 요건을 모두 갖추어 전송해야 한다(시행령48의2②).

1. 정보처리장치로 처리가 가능한 형태일 것
2. 암호화 등 안전성 확보 및 개인정보 보호 등을 위한 조치로서 금융위원회가 정하여 고시하는 조치[377]를 할 것

(6) 비밀누설 금지 및 업무목적 외 정보사용 금지

(1) 전산시스템의 구축·운영에 관한 업무에 종사하거나 종사한 사람은 그 업무를 수

---

⑥ 실손전산시스템운영위원회는 필요한 경우 분야별 분과위원회를 둘 수 있다.
⑦ 실손전산시스템운영위원회는 필요하다고 인정하면 관계 행정기관·공공단체나 그 밖의 기관·단체의 장 또는 민간전문가를 회의에 참석하게 하여 의견을 들을 수 있다.
⑧ 1항부터 7항까지에서 규정한 사항 외에 실손전산시스템운영위원회 및 분과위원회의 구성 및 운영 등에 필요한 사항은 위원회 의결을 거쳐 위원장이 정한다.

377) '금융위원회가 정하여 고시하는 요건'은 각 호와 같다(보험업감독규정4-46).
1. 전송대상이 되는 정보의 암호화 또는 이에 상응하는 조치 등 안전성 확보 조치가 시행되었을 것
2. 해킹 등 전자적 침해행위로부터 보호하는 조치가 시행되었을 것
3. 요양기관 및 보험회사가 상호 식별·인증 등을 통해 확인할 수 있는 방법일 것

행 하는 과정에서 알게 된 정보·자료를 누설하거나 서류 전송 업무 외의 용도로 사용·보관하는 것이 금지된다(법102의7⑤).

(2) 위반 시에는 3년 이하의 징역 또는 3천만 원 이하의 벌금 대상이다(법202(3의2)).

제16관 영업보증금에 대한 우선변제권

1. 의의

(1) 보험중개사는 보험계약 체결의 중개와 관련하여 보험계약자에게 불법행위를 가함으로써 손해를 입히면 불법행위로 인한 손해배상의무를 진다(민법750). 보험중개사는 보험회사로부터 독립하여 중개행위를 하므로 이 행위와 관련하여 보험회사가 보험계약자에 대해 사용자책임을 지지는 않는다(법102 참조).

(2) 보험중개사는 보험계약 체결의 중개와 관련하여 보험계약자에게 입힌 손해의 배상을 보장하기 위하여 영업보증금을 예탁해야 한다(법89③). 이러한 영업보증금은 보험중개사의 중개행위로부터 손해를 입은 보험계약자가 배상을 받는 데 아주 중요한 재원이 된다.

(3) 문제는 만약 보험중개사에게 다른 채권자가 있는 경우 영업보증금에 대해서 보험계약자의 손해배상청구권과 다른 채권자의 채권 중에 어느 권리가 우선하는지이다. 보험업법 103조는 이에 대한 순서를 정하고 있으며, 보험계약자의 손해배상청구권이 우선한다고 규정한다.

2. 취지

보험중개사의 영업보증금은 그 목적이 보험중개사가 보험계약 체결의 중개와 관련하여 보험계약자에게 입힌 손해의 배상을 보장하는 데 있다는 점을 고려하여 보험계약자의 권리가 여타 채권자의 권리에 우선한다는 것이 보험업법 103조의 취지이다.

3. 요건

(1) 우선변제권자

(1) 우선변제권자는 보험중개사의 보험계약체결 중개행위와 관련하여 손해를 입은 '보험계약자나 보험금을 취득할 자'이다(법103). 타인을 위한 보험계약에서는 보험계약자와 보험금을 취득할 자가 다르다. 보험금을 취득할 자는 보험금청구권자라고도 부른다. 타인을 위한 손해보험계약에서 보험금을 취득할 자는 피보험자이고, 타인을 위한 인보험계약에서 보험금을 취득할 자는 보험수익자이다. 여기서 손해보험과 인보험은 상법에 따른 구

분이며, 인보험에는 생명보험, 상해보험, 질병보험 등이 포함된다. 타인을 위한 보험계약에서 위법한 중개행위로 인한 손해배상청구권자는 보험계약자인 경우도 보험금청구권자인 경우도 있다.

(2) 보험중개사의 위법한 중개행위로 보험계약을 체결한 경우 불법행위로 인한 손해배상청구권자가 보험계약자인지 보험금을 취득할 자인지는 사안별로 다르다.

(a) 위법한 중개행위로 인해서 발생한 보험료에 관한 손해에 대해서는 1차적 보험료 지급의무자인 보험계약자(상법639③)가 손해배상청구권자인 것이 원칙이다. 가령 보험중개사가 보험료를 횡령한 경우가 이에 해당한다.

(b) 반면에 위법한 중개행위로 인해서 발생한 보험금에 관한 손해는 보험금을 취득할 자가 손해배상청구권자이다. 가령 보험사고가 발생했음에도 불구하고 위법한 중개행위로 인해서 보험회사의 보상책임이 인정되지 않는 경우에는 보험금을 취득할 자가 보험중개사에 대해서 손해배상을 청구할 수 있다.

(2) 위법한 중개행위로 인한 손해의 발생

우선변제권자가 우선변제권을 주장하려면 보험중개사의 위법한 중개행위로 인해 손해가 발생했음을 입증해야 한다. 위법한 중개행위와 손해 사이에 상당인과관계가 존재해야 함은 물론이다.

4. 효과

(1) 보험계약자나 보험금을 취득할 자가 보험중개사의 위법한 중개행위로 인해 손해를 입으면 우선변제권이 성립한다. 즉 영업보증금에서 다른 채권자보다 우선하여 변제받을 권리를 가진다(법103).

(2) 다른 채권자에는 담보채권자, 고용관계로 인한 채권자 등을 포함한다고 해석한다.[378] 보험업법 103조가 명문으로 보험계약자나 보험금을 취득할 자의 우선변제권을 명시하고 있고, 보험중개사 영업보증금은 보험중개사의 위법한 중개행위로 인한 손해배상을 보장하는 법정의 기금임이 명백하다는 점에서 이러한 해석이 타당하다.

제17관 기타

1. 의의

감독규정은 영업행위규제와 관련하여 다음과 같은 규정을 두고 있다. 다만, 이들은 상위법령의 명시적 위임 여부가 모호한 경우이다.

---

378) 성대규 · 안종민 431면; 정채웅 579면

2. 모집질서의 확립

(1) 모집의 위탁 등

보험회사와 모집종사자는 다른 보험회사에 소속되거나 다른 보험회사로부터 모집을 위탁받은 모집종사자에게 모집을 위탁하거나 수수료·보수·그 밖의 대가를 지급하지 못하며, 모집종사자는 소속보험회사 또는 모집을 위탁한 보험회사 이외의 보험회사를 위하여 보험을 모집하지 못한다(감독규정4-31①). 이에 관해서는 보험업법 99조와 관련하여 앞의 제10관에서 살펴본 바 있다.

(2) 보험료 관련

(1) 모집종사자는 보험료를 받지 않고 영수증을 선발행하거나, 분납보험료의 경우 보험약관에서 정한 납입유예기간 이후에 결제되는 어음 등을 영수하지 못한다(감독규정4-31②).

(2) 모집종사자는 보험료를 영수한 때에는 소속보험회사 또는 모집을 위탁한 보험회사가 정한 영수증을 발급하여야 한다(감독규정4-31③본). 다만, 신용카드 또는 금융기관(우체국을 포함한다)을 통하여 보험료를 영수한 경우에는 영수증을 발급하지 아니할 수 있다(감독규정4-31③단).

(3) 명의 관련

(1) 모집종사자는 자기가 모집한 계약을 타인이 모집한 것으로 또는 타인이 모집한 것을 자기가 모집한 것으로 처리하지 못한다(감독규정4-31④). 모집종사자는 보험계약자 또는 피보험자의 실지명의(금융실명법 2조 4호에 의한 실지명의를 말함)가 아닌 명의로 보험계약청약서를 임의로 작성하여 보험계약을 체결하지 못한다(감독규정4-31⑤).

(2) 위 (1)에 관해서는 보험업법 97조 1항 6호 및 8호와 관련하여 앞의 제8관에서 살펴본 바 있다.

(4) 모집종사자에 대한 보험회사의 의무

보험회사등은 모집종사자에게 보험계약의 모집을 위탁할 때 다음 각 호의 사항을 준수하여야 한다(감독규정4-31⑥).

1. 4-32조 1항에 따라 마련된 수수료등 지급기준을 안내하여야 한다.
2. 4-32조 1항에 따라 마련된 수수료등 지급기준에는 피보험자의 사망으로 보험계약(일반손해보험 및 자동차보험은 제외)이 소멸되는 경우에 대한 지급기준을 포함하여야 한다.
3. 4-32조 8항에서 정하는 방식으로 수수료등을 지급하는 경우에는 수수료등의 환수와 관련하여 별도의 보증보험 가입 등을 요구하여서는 아니된다.

3. 변액보험계약 모집의 준수사항

(1) 모집종사자가 변액보험(퇴직연금실적배당보험 포함)계약을 모집하고자 하는 경우에는 다음 각 호의 행위를 해서는 안 된다(감독규정4-31의2①).

1. 납입한 보험료의 원금을 보장하는 권유 행위
2. 모집과 관련하여 취득한 정보를 자신 또는 제3자의 이익을 위하여 이용하는 행위
3. 허위표시 또는 중요한 사항에 대하여 오해를 유발할 수 있는 표시 행위
4. 사실에 근거하지 아니한 판단자료 또는 출처를 제시하지 아니한 예측자료를 제공하는 행위

(2) 보험협회는 위 (1)과 관련하여 보험회사가 공통으로 사용할 수 있는 모범규준을 제정할 수 있다(감독규정4-31의2②).

4. 사업비의 합리적 집행

(1) 자체지급기준

보험회사는 상품별 보험료 및 해약환급금 산출방법서에서 정한 최적사업비(단, 일반손해보험은 예정사업비) 한도내에서 보험중개사, 보험대리점과 보험설계사에 대한 수수료·수당 등의 보수와 그 밖의 지원경비가 지급될 수 있도록 자체 지급기준을 마련하고 이를 적정하게 집행하여야 한다(감독규정4-32①).

(2) 경비집행과 회계처리

보험회사가 모집과 관련하여 경비를 집행하는 때에는 그 경비가 거래의 실질내용과 합치하여야 하며, 관인 영수증 등에 의하여 적정하게 회계처리하여야 한다(감독규정4-32③).

(3) 대주주 등과 금지행위

보험회사가 보험업법 2조 17호에서 정한 대주주 및 보험업법시행령 50조 2항 각 호 이외의 자회사와 보험계약(자동차보험 및 여행보험은 제외)을 체결함에 있어서는 교통비와 사무경비 등 실비 이외의 경비는 집행하지 못한다(감독규정4-32④).

(4) 보장성보험의 수수료등 지급기준

(1) 보험회사는 보장성보험(일반손해보험 및 자동차보험은 제외)에 대하여 위 (1)에 따른 수수료등 지급기준을 마련할 때 보험상품의 보험료 납입기간별·판매채널별 대표가입속성 기준에서 보험계약 체결일로부터 1년간 지급하는 수수료등[379]이 보험계약자가 1년간 납입할 것으로 예상되는 보험료 이내가 되도록 설정하여야 한다(감독규정4-32⑤).

---

379) 단, [별표14]에서 정한 표준해약공제액의 80%이상을 해약시 계약자적립액에서 공제하는 보험계약의 경우 보험계약 체결일로부터 1년 경과시점의 예상 해약환급금을 합산한다.

(2) 위 (1)에 따른 수수료등 지급기준에도 불구하고 보험회사는 보장성보험(일반손해보험 및 자동차보험은 제외)에 대하여 보험계약이 해지되는 경우 해지시점까지 지급한 수수료등[380]이 보험계약자가 해지시점까지 실제로 납입한 보험료 이내가 되도록 집행하여야 한다(감독규정4－32⑥).

(3) 보험회사는 위 (1)에 따른 보험계약 체결일로부터 1년간 지급하는 수수료등 및 위 (2)에 따른 보험계약이 해지되는 경우 해지시점까지 지급한 수수료등을 계산할 때 다음 각 호의 금액을 제외할 수 있다(감독규정4－32⑦).

1. 보험회사 및 통신판매종사자가 4－36조 8항에 따른 음성녹음·보관 의무 등을 준수하기 위해 필요한 금액
2. 4－36조 13항에 따른 방송채널사용사업자로 승인된 보험대리점이 보험계약 모집 프로그램을 방송하기 위해 '방송법' 2조 3호에 따른 종합유선방송사업자 등 방송을 행하는 사업자에게 제공한 금액
3. 법 84조에 따라 금융위원회에 가장 최근에 등록한 날로부터 직전 3년간 모집에 관한 경력(시행령 84조 2항 5호의2와 9－4조의2에 따라 보험협회가 수집한 보험설계사 등의 모집에 관한 경력을 말함)이 없는 모집종사자에게 가장 최근 등록한 날로부터 1년 이내의 기간 동안 모집활동을 지원하기 위해 제공한 금액

(5) 보장성보험 선지급수수료의 한도

보험회사는 보장성보험(일반손해보험 및 자동차보험은 제외)에 대하여 (1)에 따른 수수료등 지급기준을 마련할 때 보험계약 체결 후 일정 기간내에 지급이 완료되는 항목('선지급수수료')에 대해서는 지급 총액이 보험상품의 보험료 납입기간별·판매채널별 대표가입속성 기준에서 보험료에 부가된 계약체결비용을 초과하지 않도록 수수료등 지급기준을 마련하여야 한다(감독규정4－32⑪).

(6) 보장성보험의 유지·관리 수수료

보험회사는 보장성보험(일반손해보험 및 자동차보험은 제외)에 대하여 (1)에 따른 수수료등 지급기준을 마련할 때 최대 7년의 범위에서 보험계약이 유지되는 기간 동안에 한해 매월 동일한 금액이 지급되는 항목(유지관리수수료)을 포함시켜야 하며, 유지관리수수료의 지급기준은 다음 각 호의 요건을 갖추어야 한다(감독규정4－32⑫).

1. 계약을 유지관리하는 모집종사자에게 보험상품의 보험료 납입기간별·판매채널별 대표가입속성 기준에서 매월 계약체결비용의 0.8% 이내의 금액을 지급할 것
2. 계약이 5년 이상 유지될 경우 계약을 유지관리하는 모집종사자에게 매월 추가로 지급하는 항목('장기유지수수료')에 관한 내용을 포함할 것. 이 경우 장기유지수수료는 보험료 납입기

---

380) 단, [별표14]에서 정한 표준해약공제액의 80%이상을 해약시 계약자적립액에서 공제하는 보험계약 중 계약 체결 이후 3년 이내에 해지된 보험계약의 경우 해지시점의 해약환급금을 합산한다.

간별·판매채널별 대표가입속성 기준에서 매월 계약체결비용의 0.4% 이내의 금액으로 한다.
3. 수수료등에 포함되는 모집활동에 대한 간접적인 지원경비의 지급 에 관한 사항을 정할 것
4. 최대 7년간 지급되는 유지관리수수료의 총액은 보험상품의 보험료 납입기간별·판매채널별 대표가입속성 기준에서 보험료에 부가된 계약체결비용을 초과하지 않을 것

(7) 보장성보험 판매수수료별 한도의 합리적 설정

보험회사는 선지급수수료 및 유지관리수수료에 따른 수수료가 각각 보험상품의 보험료 납입기간별·판매채널별 대표가입속성기준에서 보험상품에 부가된 계약체결비용 이내가 되도록 설정되었는지 계산할 때 보험업감독규정 4-32조 7항 각 호의 금액을 제외할 수 있다(감독규정4-32⑬).

(8) 보험대리점의 수수료 지급 한도 적용

보험회사 소속 모집종사자 수수료 지급체계 규제를 보험대리점 소속 모집종사자에 대한 수수료 지급체계에도 적용한다. 즉 보험대리점 소속 모집종사자에게 1년간 지급되는 시책, 정착지원금 등 수수료를 1년간 납입된 보험료 총액 이내로 제한하며, 선지급수수료와 유지관리수수료 구분 등 신설 수수료 체계를 적용한다(감독규정4-32⑭).

(9) 법인보험대리점

보험회사는 제5항에 따른 보험계약체결일로부터 1년간 지급하는 수수료등을 계산할 때, 법인보험대리점이 [별표5의6], [별표5의7]에서 정한 사항을 준수하고 이에 관한 내부통제 등에 필요한 인력 등을 운영하는데 지급하는 금액(보험계약의 월납기준 초회보험료의 100분의 3 이내)을 제외할 수 있다(감독규정4-32⑮).

5. 보험료 영수제도 등의 건전운용

(1) 보험료 수납시기

(1) 보험회사는 보험기간이 시작되기 전에 보험료를 수납해야 한다(감독규정4-33①본). 다만, 기초서류에 의한 보험료 분납특약 또는 금융감독원장이 승인한 특별약정서가 있는 경우에는 그렇지 않다(감독규정4-33①단). 이 경우 보험료정산특별약정서는 과거 6월간에 있어 월평균 보험계약건수가 25건 이상이고, 월평균 보험료가 500만 원 이상인 보험계약자에 한하여 사용할 수 있다(감독규정4-33⑥).

(2) 보험회사는 정부(지방자치단체도 포함. 이하 같다)와 직접 체결한 보험계약과 정부가 보험료를 부담하는 보험계약에 대해서는 증권 발행 후 1월까지 보험료 영수를 유예할 수 있다(감독규정4-33⑤).

(2) 보험료 수납방법

(1) 보험료는 현금수납을 원칙으로 하되, 손해보험의 비가계성보험계약의 경우에는 보

험계약자가 발행한 선일자수표 또는 은행도어음(진성어음인 경우 배서분을 포함하며, 이하 이 조에서 “어음”이라 한다)으로 수납할 수 있다(감독규정4-33②본). 다만, 해외에서 송금되는 보험료의 수납은 현지 관례에 따를 수 있다(감독규정4-33②단).

(2) 보험료로 받은 선일자수표 또는 어음은 취득일부터 1월 이내에 결제되는 것이어야 한다(감독규정4-33③전). 이 경우 해당 보험료에 보험요율산출기관이 공시한 1년 만기 은행정기예금 평균이율로 계산한 이자 상당액을 가산해야 하며, 1월이 경과되면 자동 부도처리해야 하고, 이자 수취기간은 결제일까지로 한다(감독규정4-33③후). 다만, 납입유예기간이 있는 보험의 경우 받은 선일자수표 등은 취득일부터 그 유예기간 만료일까지, 1월이 초과하는 때에는 그 유예기간 만료일까지 결제되는 것이어야 한다(감독규정4-33③단).

(3) 선일자수표 또는 어음의 이자 계산은 어음취득 익일부터 계산한다(감독규정4-33④본). 다만, 기간보험계약의 선불계약은 책임개시일부터 계산한다(감독규정4-33④단).

제18관 자료의 기록 및 유지·관리 등

1. 의의

금융소비자법 28조는 금융상품판매업자등에게 금융상품판매업등의 업무와 관련한 자료의 기록 및 유지·관리 의무를 부여하고, 금융소비자가 분쟁조정 또는 소송의 수행등 권리구제를 목적으로 이들 자료의 열람을 요구하는 경우 법정 예외 사유가 존재하지 않는 이상 이를 허용하도록 규정한다.

2. 대상 자료 및 유지·관리 기간

(1) 금융상품판매업자등은 금융상품판매업등의 업무와 관련한 자료로서 대통령령으로 정하는 자료를 기록하여야 하며, 자료의 종류별로 대통령령으로 정하는 기간 동안 유지·관리하여야 한다(금융소비자법28①).

(2) 위 (1)에서 대통령령으로 정하는 자료란 다음 각 호의 자료를 말한다(금융소비자법 시행령26①).

1. 계약체결에 관한 자료
2. 계약의 이행에 관한 자료
3. 금융상품등에 관한 광고 자료
4. 금융소비자의 권리행사에 관한 다음 각 목의 자료
   가. 금융소비자법 28조 4항 후단 및 5항에 따른 금융소비자의 자료 열람 연기·제한 및 거절에 관한 자료
   나. 금융소비자법 46조에 따른 청약의 철회에 관한 자료

다. 금융소비자법 47조에 따른 위법계약의 해지에 관한 자료
5. 내부통제기준의 제정 및 운영 등에 관한 자료
6. 업무 위탁에 관한 자료
7. 1호부터 6호까지의 자료에 준하는 것으로서 금융위원회가 정하여 고시하는 자료

(3) 위 (1)에서 대통령령으로 정하는 기간이란 10년을 말한다. 다만, 다음 각 호의 자료는 해당 호에서 정하는 기간으로 한다(금융소비자법시행령26②).

1. 1항 1호 및 2호의 자료: 다음 각 목의 구분에 따른 기간
   가. 보장기간이 10년을 초과하는 보장성 상품의 경우: 해당 보장성 상품의 보장기간
   나. 계약기간이 10년을 초과하는 금융상품의 경우: 해당 금융상품의 계약기간
2. 1항 5호의 자료: 5년 이내의 범위에서 금융위원회가 정하여 고시하는 기간
3. 1항 7호의 자료: 10년 이내의 범위에서 금융위원회가 정하여 고시하는 기간

3. 열람 요구 제한, 통지의 방법 및 절차

(1) 금융소비자가 금융소비자법 28조 3항에 따라 자료의 열람을 요구하는 경우 금융소비자는 열람의 목적, 범위 및 방법 등을 포함한 열람요구서를 금융상품판매업자등에게 제출하여야 한다(금융소비자법시행령26③). 금융상품판매업자등은 원칙적으로 열람을 요구받은 날부터 6영업일 이내에 금융소비자가 해당 자료를 열람할 수 있도록 해야 한다(금융소비자법시행령26④).

(2) 금융상품판매업자등은 규정에 따른 열람, 열람의 연기 및 열람의 제한·거절을 알리는 경우에는 원칙적으로 소정의 사항을 담은 문서를 통하되, 열람을 알리는 경우에는 전화, 팩스, 전자우편 또는 문자메시지 등으로 알릴 수 있다(금융소비자법시행령26⑤).

(3) 금융상품판매업자등은 금융소비자에게 수수료 또는 우송료를 청구하는 경우에는 실비를 기준으로 한 금액을 청구해야 하며, 이 경우 열람업무의 효율적인 운영을 위해 필요한 경우에는 미리 수수료 또는 우송료를 청구할 수 있다(금융소비자법시행령26⑦).

4. 열람 제한·거절 사유

(1) 금융상품판매업자등은 법령에 따라 열람을 제한하거나 거절할 수 있는 경우, 다른 사람의 생명·신체를 해칠 우려가 있거나 다른 사람의 재산과 그 밖의 이익을 부당하게 침해할 우려가 있는 경우, 그 밖에 열람으로 인하여 해당 금융회사의 영업비밀(부정경쟁방지법2(2))을 현저히 침해되는 등 열람하기 부적절한 경우로서 대통령령으로 정하는 경우에는 금융소비자에게 그 사유를 알리고 열람을 제한하거나 거절할 수 있다(금융소비자법28⑤).

(2) 위 (1)의 '대통령령으로 정하는 경우'란 다음 각 호의 경우를 말한다(금융소비자법시행령26⑥).

1. 부정경쟁방지법 2조2호에 따른 영업비밀을 현저히 침해할 우려가 있는 경우
2. 개인정보의 공개로 인해 사생활의 비밀 또는 자유를 부당하게 침해할 우려가 있는 경우
3. 열람하려는 자료가 열람목적과 관련이 없다는 사실이 명백한 경우

5. 제재

이를 위반하여 금융소비자에게 계약서류를 제공하지 아니한 자에 대해서는 1억 원 이하의 과태료가 부과된다(금융소비자법69①(7)).

제4절 금융소비자 보호

제1관 금융소비자정책과 금융교육

1. 금융소비자정책

(1) 금융위원회는 금융소비자의 권익 보호와 금융상품판매업등의 건전한 시장질서 구축을 위하여 금융소비자정책을 수립해야 한다(금융소비자법29①).

(2) 금융위원회는 금융소비자의 권익 증진, 건전한 금융생활 지원 및 금융소비자의 금융역량 향상을 위하여 노력해야 한다(금융소비자법29②).

2. 금융교육

(1) 금융위원회는 금융교육을 통하여 금융소비자가 금융에 관한 높은 이해력을 바탕으로 합리적인 의사결정을 내리고 이를 기반으로 하여 장기적으로 금융복지를 누릴 수 있도록 노력하여야 하며, 예상의 범위에서 이에 필요한 지원을 할 수 있다(금융소비자법30①). 금융위원회는 금융환경 변화에 따라 금융소비자의 금융역량 향상을 위한 교육프로그램을 개발하여야 한다(금융소비자법30②). 금융위원회는 금융교육과 학교교육·평생교육을 연계하여 금융교육의 효과를 높이기 위한 시책을 수립·시행하여야 한다(금융소비자법30③). 금융위원회는 3년마다 금융소비자의 금융역량에 관한 조사를 하고, 그 결과를 금융교육에 관한 정책 수립에 반영하여야 한다(금융소비자법30④). 금융위원회는 제2항부터 제4항까지의 규정에 따른 금융교육에 관한 업무를 대통령령으로 정하는 바에 따라 금융감독원의 장 또는 금융교육 관련 기관·단체에 위탁할 수 있다(금융소비자법30⑤).

(2) 금융교육에 대한 정책을 심의·의결하기 위하여 금융위원회에 금융교육협의회를 둔다(금융소비자법31①).

제2관 금융분쟁의 조정

1. 의의

(1) 금융소비자법은 제5장 제2절(금융분쟁의 조정)에서 금융감독원이 운영하는 금융분쟁조정위원회에 의한 금융분쟁의 조정에 관한 사항을 규정하고 있다. 금융소비자는 대개 금융회사 등 금융 관련 사업자에 비해 정보, 전문성, 경제력, 조직 등 측면에서 열위에 있기 때문에 보험을 비롯한 금융상품 관련 분쟁이 발생했을 때 대등하게 맞서 싸우기 어려운 경우가 많다. 이에 금융 관련 분쟁이 발생했을 때 금융소비자가 개별협상이나 소송을 통하지 않고 피해를 구제받을 수 있도록 절차가 간이하고 신속한 대체적 분쟁해결제도(Alternative Dispute Resolution)에 의한 분쟁해결 필요성이 강조되고 있다.

(2) 금융소비자법은 이러한 대체적 분쟁해결제도의 일환으로 기존에 금융위설치법에 따라 이루어지던 금융분쟁조정위원회에 의한 금융분쟁 조정제도를 금융소비자법으로 이관하면서, 금융소비자보호의 실효성을 제고하기 위해 분쟁조정 중 소송중지 제도(금융소비자법41①) 및 소액분쟁사건에 대한 조정이탈금지 제도(금융소비자법42)를 새로 도입하였다.

2. 금융분쟁조정위원회의 구성

(1) 금융소비자법은 금융위설치법 38조 각 호의 기관(조정대상기관)과 금융소비자 및 그 밖의 이해관계인 사이에 발생하는 금융 관련 분쟁의 조정에 관한 사항을 심의·의결하기 위하여 금융감독원에 금융분쟁조정위원회를 둔다(금융소비자법33①). 조정대상기관은 금융위설치법 38조 각 호의 기관으로서, 은행, 금융투자업자, 보험회사, 여신전문금융회사 등 금융회사들 외에도 다른 법령에서 금융감독원이 검사를 하도록 규정된 기관을 포함한다. 따라서 금융소비자법에 따라 금융감독원이 검사를 하도록 규정된 금융상품판매대리·중개업자(보험설계사, 보험대리점, 보험중개사 등)와 금융상품자문업자도 조정대상기관에 속한다. 금융소비자는 금융상품계약 체결등에 관한 금융상품판매업자의 거래상대방 또는 금융상품자문업자의 자문업무의 상대방인 전문금융소비자 또는 일반금융소비자를 말한다(금융소비자법2(8)).

(2) 조정위원회는 위원장 1명을 포함한 35명 이내의 위원으로 구성되는데, 위원장은 원장이 지명하는 금융감독원 부원장이 되며, 위원은 금융감독원장이 금융감독원 부원장보 중에서 지명하는 사람(내부위원)과 법률전문가, 의료인, 소비자단체 임직원, 금융업무 관련 경력자 등 금융소비자법 34조 3항 각 호에 열거된 자 중에서 성별을 고려하여 금융감독원장이 위촉한 사람(외부위원)으로 한다. 심신장애, 직무 관련 비위 등 사유 발생 시 금융감독원장은 위원의 지명을 철회하거나 위촉을 해제할 수 있다.

3. 금융분쟁 조정의 절차 및 운영

(1) 금융분쟁의 조정은 ⓐ 금융회사, 금융소비자 등 일방 당사자의 분쟁 조정 신청, ⓑ 금융감독원장의 합의 권고, ⓒ 합의 불성립 시 조정위원회 회부, ⓓ ④ 조정위원회의 심의 및 조정안작성, ⓔ 금융감독원장의 조정안 제시 및 수락 권고 순으로 진행된다.

(2) 조정위원회의 회의는 조정위원회 위원장과 회의마다 위원장이 지명하는 6명 이상 10명 이하의 위원(소비자단체 추천위원 및 금융업계 추천위원은 1명 이상 동수로 지명)으로 진행한다.

(3) 조정위원에게 공정한 심의·의결을 기대할 수 없는 사유가 존재하는 경우 제척·기피할 수 있으며, 제척사유 해당 시 조정위원은 스스로 심의·의결에서 회피하여야 한다.

(1) 금융분쟁 조정의 절차

안정성 원칙은 자산을 운용할 때 자산가치가 하락할 위험에 노출되지 않도록 하는 원칙이다. 자산가치의 하락위험에는 신용위험(채무자의 파산 등으로 채무가 불이행될 위험), 시장위험(주가, 금리, 환율 등 시장가격의 변동 때문에 생기는 위험) 등이 있다.

(2) 조정위원회의 회의

(1) 조정대상기관, 금융소비자 및 그 밖의 이해관계인은 금융과 관련하여 분쟁이 있을 때에는 금융감독원장에게 분쟁조정을 신청할 수 있다(금융소비자법36①).

(2) 금융감독원장은 분쟁조정 신청을 받았을 때에는 관계 당사자에게 그 내용을 통지하고 합의를 권고할 수 있다. 다만, 분쟁조정의 신청내용이 다음과 같은 경우에는 합의를 권고하지 아니하거나 조정위원회에의 회부를 하지 아니할 수 있다(금융소비자법36②).

1. 신청한 내용이 분쟁조정대상으로서 적합하지 아니하다고 금융감독원장이 인정하는 경우
2. 신청한 내용이 관련 법령 또는 객관적인 증명자료 등에 의하여 합의권고절차 또는 조정절차를 진행할 실익이 없는 경우
3. 그 밖에 1호나 2호에 준하는 사유로서 대통령령으로 정하는 경우

(3) 위원의 제척 · 기피 · 회피

(1) 금융분쟁 조정제도에 대한 금융소비자의 신뢰를 유지하기 위해서는 해당 사건의 당사자나 사건의 내용과 특수한 관계를 가진 조정위원 등을 심의·의결에서 배제할 필요가 있다. 제척은 조정위원에게 불공정한 심의·의결을 할 우려가 현저한 것으로 법률에 열거되어 있는 사유에 해당하는 때에 조정위원을 심의·의결에서 배제하는 것이다(금융소비자법38①).

(2) 이는 금융소비자법 38조 1항 각 호의 사유가 존재하면 법률의 규정에 따라 당연히 발생한다는 점에서 당사자나 조정위원의 신청이 있을 때 심의·의결에서 배제되는 회피·기

피와 구별된다. 기피란 조정위원에게 공정한 심의·의결을 기대하기 어려운 사정이 있는 경우 당사자의 신청에 의해 조정위원을 심의·의결에서 제외하는 것으로, 조정위원회 위원장은 당사자의 기피 신청이 타당하다고 인정할 때 기피 결정을 한다(금융소비자법38②).

(3) 회피란, 조정위원이 스스로 공정한 조정을 할 수 없는 사유가 있다고 생각하는 경우 스스로 심의·의결에서 물러서는 것이다. 금융소비자법은 조정위원이 제척 사유에 해당하는 경우 스스로 심의·의결에서 회피하여야 한다고 규정한다(금융소비자법38③).

4. 조정의 효력

양 당사자가 조정안을 수락한 경우 해당 조정안은 재판성 화해와 동일한 효력을 갖는다(금융소비자법39).

5. 시효의 중단

(1) 분쟁조정의 신청은 시효중단의 효력이 있다(금융소비자법40①). 중단된 시효는 다음과 같은 때부터 새로이 진행한다(금융소비자법40③).

1. 양 당사자가 조정안을 수락한 경우
2. 분쟁조정이 이루어지지 아니하고 조정절차가 종료된 경우

(2) 다만, 금융소비자법 36조 2항에 따라 합의권고를 하지 아니하거나 조정위원회에 회부하지 아니할 때에는 그러하지 아니하다(금융소비자법40①단). 이 경우에 1개월 이내에 재판상의 청구, 파산절차참가, 압류 또는 가압류, 가처분을 한 때에는 시효는 최초의 분쟁조정의 신청으로 인하여 중단된 것으로 본다(금융소비자법40②).

6. 소송중지와 조정중지

(1) 조정이 신청된 사건에 대하여 신청 전 또는 신청 후 소가 제기되어 소송이 진행 중일 때에는 수소법원은 조정이 있을 때까지 소송절차를 중지할 수 있다(금융소비자법41①).

(2) 조정위원회는 소송절차가 중지되지 않는 경우에는 해당 사건의 조정절차를 중지해야 한다(금융소비자법41②). 조정위원회는 조정이 신청된 사건과 동일한 원인으로 다수인이 관련되는 동종·유사 사건에 대한 소송이 진행 중인 경우에는 조정위원회의 결정으로 조정절차를 중지할 수 있다(금융소비자법41②).

7. 소제기 금지(조정이탈금지)

(1) 조정대상기관은 다음 요건 모두를 충족하는 분쟁사건('소액분쟁사건')에 대하여 조정절차가 개시된 경우에는 조정위원회의 조정안을 제시받기 전에는 소를 제기할 수 없다. 다만, 합의권고나 조정위원회 회부를 하지 않는다는 서면통지를 받거나 조정회부 60일 내에 조정안을 제시받지 못한 경우에는 그러하지 아니하다(금융소비자법42).

1. 일반금융소비자가 신청한 사건일 것
2. 조정을 통하여 주장하는 권리나 이익의 가액이 2천만원(금융소비자법시행령 35) 이하일 것

제3관 손해배상책임 등

1. 손해배상책임과 입증책임전환

(1) 의의

금융판매업자등이 고의 또는 과실로 금융소비자법을 위반하여 금융소비자에게 손해를 발생시킨 경우에는 그 손해를 배상해야 한다(금융소비자법44①). 금융상품판매업자등이 금융상품의 주요내용 설명의무(금융소비자법19)를 위반하여 금융소비자에게 손해를 발생시킨 경우에는 그 손해를 배상할 책임을 지고, 다만, 금융상품판매업자등이 고의 및 과실이 없음을 입증한 경우에는 그러하지 아니하다(금융소비자법44②).

(2) 모집종사자의 불법행위

(1) 모집종사자가 모집과정에서 보험계약자 등에게 불법행위를 범하는 경우가 있다. 개정 전 보험업법에는 금융소비자법 44조 1항과 같이 모집종사자의 불법행위를 인정하는 규정이 없었으나, 민법 750조에 의해 불법행위에 의한 손해배상책임이 인정되었다. 판례상 불법행위가 인정된 사례로는 다음을 들 수 있다.

(2) 대판 1994.11.22. 94다19617은, 보험설계사가 가공의 보험상품에 가입할 것을 권유하고 보험료 명목으로 금원을 받아 편취한 사안이며, 이 경우 피해자가 보험설계사에게 손해배상책임을 물을 수 있음은 물론이다.

(3) 대판 1997.11.14. 97다26425는, 자동차보험계약 모집에 있어서, 보험대리점이 과실로 2종보통운전면허로도 4.5톤 화물트럭을 운전하는 것이 가능하다고 부실설명하였고, 이를 믿은 보험계약자가 계약을 체결했으나, 보험사고의 발생 후에 무면허운전 면책조항에 따라 보험회사가 면책된 사안이다. 대법원은 보험대리점의 부실설명으로 인한 보험계약자의 손해에 대해서 손해배상책임을 진다고 판시했다.

(4) 대판 2006.6.29. 2005다11602는, 타인의 사망보험계약의 모집에 있어서, 보험설계

사가 피보험자의 서면동의 요건에 대해서 보험계약자에게 설명하지 않았고, 위 요건이 흠결되어 보험계약이 무효가 되었으며, 그 결과 보험사고의 발생에도 불구하고 보험회사가 면책된 사안이다. 대법원은, 보험설계사가 피보험자의 서면동의 요건에 대해서 보험계약자에게 설명할 주의의무가 있는데, 이를 위반하여 보험계약자에게 손해를 끼친 것이므로, 보험설계사는 손해배상책임을 진다고 판시했다.

(5) 대판 2024.12.12. 2022다200317은, 생명보험계약에서 이륜자동차 운전 중 상해에 대해서는 담보하지 않되, 다만 피보험자가 보험자의 계열사 직원으로 이륜자동차로 회사에 출퇴근하는 경우에 한해, '회사에 출퇴근 시 이외에는 이륜자동차를 운행하지 않는다'는 취지의 비운행 확인서와 계열사 출입증을 제출하여 보험계약에 가입한 경우에는, 출퇴근 시 발생한 이륜자동차 교통사고로 인한 상해 및 사망 보험금을 지급하도 있는데, 보험설계사가 이러한 보험금 지급요건 사실을 설명해서 보험계약자가 비운행 확인서 및 출입증을 제출할 수 있는 기회를 제공해야 함에도 이를 행하지 않고 보험계약을 체결했던 사안이다. 대법원은, 설명의무 등 위반을 이유로 보험설계사가 보험계약자에게 손해배상책임을 진다고 판시했다.

(3) 금융상품판매대리 · 중개업자의 직접적인 손해배상책임

금융판매업자등이 고의 또는 과실로 금융소비자법을 위반하여 금융소비자에게손해를 발생시킨 경우에는 그 손해를 배상해야 하는데(금융소비자법44①), 이는 불완전판매에 직접 책임이 있는 금융상품직접판매업자(보험회사 등), 금융상품판매대리 · 중개업자(보험설계사, 보험대리점 등)등이 금융소비자에게 금전적 손해를 배상하여야 한다는 내용으로, 금융소비자법 45조의 금융상품직접판매업자의 사용자책임과 별도로 금융상품판매대리·중개업자의 직접적인 책임을 규정한 것이다. 종전에도 모집종사자에게 민법상 손해배상책임이 인정되었으므로 금융소비자법 44조 1항의 규정을 선언적인 것이라 볼 여지도 있으나, 개정 전 보험업법 102조의 사용자책임 등으로 보험회사 등 금융회사가 사실상 1차적 손해배상책임을 부담하는 것으로 이해되어 온 실정에서 금융소비자법을 위반하여 금융소비자에게 손해를 끼친 판매대리 · 중개업자등에게 손해배상책임이 있음을 명시적으로 규정한 것은 실질적으로 판매업자등의 책임을 강화한 것으로 볼 수 있다.[381)]

(4) 설명의무위반시 입증책임전환

(1) 금융소비자법은 개정 전 보험업법과 달리 금융상품판매업자등이 금융상품의 주요내용 설명의무(금융소비자법19)를 위반하여 금융소비자에게 손해를 발생시킨 경우 손해배상책임을 짐을 별도로 명시하였고, 금융상품판매업자등이 고의 및 과실이 없음을 입증하도록 입증책임을 전환하여 금융소비자의 입증부담을 완화하였다(금융소비자법44②).

---

381) 양승현, 보험소비자 권리와 사후적 구제체계, 2021, 보험연구원 이슈보고서, 37면

(2) 민법에 의하면 불법행위의 존재를 주장하는 금융소비자가 설명의무의 존재 및 불이행, 고의 내지 과실, 손해의 발생과 손해액, 설명의무 불이행과 손해 발생 간의 인과관계를 모두 입증해야 한다. 보험업법에는 입증책임전환 등의 규정이 없었는데 금융소비자법 44조 2항은 금융소비자법상 설명의무 위반에 한하여, 손해배상책임의 성립요건 중 금융상품판매업자등의 고의 및 과실의 존재에 대한 입증책임을 금융소비자에게서 금융상품판매업자등에게로 전환한 것이다.

(3) 금융소비자법 44조 2항은 금융소비자법 시행 이후 금융상품판매업자등이 금융소비자법 19조를 위반하여 금융소비자에게 손해를 발생시킨 경우부터 적용한다(부칙 제5조).

2. 금융상품직접판매업자의 사용자책임[382)]

(1) 의의

금융상품직접판매업자(보험회사 등)는 금융상품계약 체결등의 업무를 대리·중개한 판매대리·중개업자등이 대리·중개 업무를 할 때 금융소비자에게 손해를 발생시킨 경우 그 손해를 배상할 책임이 있다(금융소비자법45①). 동 조항이 적용되는 판매대리·중개업자등에는 보험설계사와 보험대리점, 보험회사의 임직원, 보험회사와 위탁계약을 체결한 대출모집인 등이 포함되나, 보험중개사는 제외된다. 사용자책임이 인정될 수 있는 경우라면, 보험계약자는 배상자력이 튼튼한 보험회사에게 우선적으로 배상책임을 추궁하려 할 것이기 때문에 사용자책임은 보험계약자에 있어서 중요한 피해 구제수단 중 하나이다.

다만, 금융상품직접판매업자가 판매대리·중개업자등의 선임과 그 업무 감독에 대하여 적절한 주의를 하였고 손해를 방지하기 위하여 노력한 경우에는 그러하지 아니한다(금융소비자법45①)

금융소비자법 45조 사용자책임은 금융소비자법 시행 이후 금융상품판매대리·중개업자가 대리·중개 업무를 하는 경우부터 적용한다(부칙 제6조).

(2) 구 보험업법 102조

1) 내용

(1) 금융소비자법 45조가 시행되기 이전에는 구 보험업법 102조가 보험자의 사용자책임에 대해 규정했다. 즉 "보험회사는 그 임직원, 보험설계사 또는 보험대리점(보험대리점 소속 보험설계사를 포함한다. 이하 이 조에서 같다)이 모집을 하면서 보험계약자에게 손해를 입힌 경우 배상할 책임을 진다. 다만, 보험회사가 보험설계사 또는 보험대리점에 모집을 위탁하면서 상당한 주의를 하였고 이들이 모집을 하면서 보험계약자에게 손해를 입히는 것을 막기 위하여 노력한 경우에는 그러하지 아니하다." 기존에 보험자의 사용자책임에

382) 이에 관해서는 한기정, 보험법, 2025 중에 제2편 제1장 제3절의 내용을 주로 인용하였다.

관한 판례 및 이론이 구 보험업법 102조를 대상으로 형성되었는데, 금융소비자법 45조는 구 보험업법 102조와 그 내용이 유사하므로, 구 보험업법 102조에 관한 판례 및 이론은 특별한 사정이 없는 한 금융소비자법 45조에도 그대로 적용될 것으로 보인다. 이하에서는 구 보험업법 102조에 관련된 판례 및 이론을 소개하고, 필요한 범위 내에서 금융소비자법 45조를 설명한다.

(2) 구 보험업법 102조는 보험회사가 부담하는 사용자책임을 규정한다. 이 규정은 민법상 사용자책임(민법756)의 특칙이다. 이에 따라 보험회사의 사용자책임에 대해서는 구 보험업법 102조가 민법 756조에 우선해서 적용된다(판례,[383] 통설). 특칙을 둔 취지는, 보험계약자의 이익을 보호함과 동시에 보험사업의 건전한 육성을 기하고자 하는 데에 있다.[384]

구 보험업법 102조가 특칙인 이유는 첫째, 보험자의 임원·직원·보험설계사 또는 보험대리상이 모집을 함에 있어서는 보험자와 사이에 지휘감독관계가 존재함을 법정한 것이라고 볼 수 있다. 따라서 민법 756조와 달리 사용자책임을 주장하는 자가 지휘감독관계를 입증할 필요가 없다. 이 점에서 금융소비자법 45조도 같다. 둘째, 주의의무 이행으로 인한 면책부분이다. 구 보험업법 102조 1항 단서는 주의의무 이행으로 인한 사용자책임의 면책대상을 보험설계사 또는 보험대리상의 모집관련 행위로 제한하고 있어서 보험자의 임원 또는 직원의 모집관련 행위에 대해서는 보험자가 주의의무를 다한 경우에도 면책될 수 없는 무과실 책임이라는 점에서 민법 756조에 대한 특칙이 된다. 금융소비자법 45조 1항은 보험자의 임원·직원에 대한 사용자책임을 무과실책임으로 한다는 규정을 두지 않았기에 민법 756조에 대한 특칙이라고 보기 어렵다.

(3) 이상과 같이, 사용자책임은 임직원, 보험설계사 또는 보험대리점을 대상으로 하고, 보험대리점에 속한 보험설계사도 포함된다. 보험대리점 소속 보험설계사의 포함 부분은 확인적 규정이라고 본다. 보험대리점 소속 보험설계사의 모집행위는 보험대리점의 모집행위가 되므로, 보험회사가 보험대리점에 대해 사용자책임을 진다면, 보험회사가 보험대리점 소속 보험설계사에 대해 사용자책임을 지는 것은 당연하기 때문이다. 판례도 보험대리점에 속한 사용인에 대해서도 구 보험업법 102조가 적용된다고 해석한 바 있다.[385][386] 한

383) 대판 1994.11.22. 94다19617

384) 대판 1997.11.14. 97다26425

385) 대판 1997.11.14. 97다26425(보험대리점의 임원이나 사용인이 모집을 함에 있어 보험계약자에게 손해를 가한 경우에도 '보험대리점이 모집을 함에 있어 보험계약자에게 손해를 가한 경우'에 해당하여 위 구 보험업법 제158조 제1항이 적용된다 할 것이고, 신고를 하지 않은 보험대리점의 임원이나 사용인이 모집을 함에 있어 보험계약자에게 손해를 가한 경우에도, 그 임원이나 사용인이 위 구 보험업법 제218조 제1호에 의하여 형사처벌을 받게 된다 하더라도 그의 보험 모집의 법률적 효과가 보험대리점에 귀속되는 이상 역시 위 구 보험업법 제158조 제1항이 적용된다고 해석함이 위 구 보험업법의 취지에 부합한다 할 것이다)

386) 한편 보험자의 실제적인 지휘감독관계가 인정되기 어려운 대형법인보험대리점의 경우에는 해당 보

편, 모집종사자 중 보험중개사는 보험회사로부터 독립하여 모집을 하는 자이므로, 특별한 사정이 없는 한 보험회사에게 지휘감독의무가 없다고 보아야 하고, 따라서 구 보험업법 102조에서 제외되어 있다. 이에 따라 보험중개사의 배상능력을 강화하기 위해서, 금융위원회는 보험중개사로 하여금 영업보증금을 예탁하게 하거나 보험에 가입하게 하는 등의 조치를 취할 수 있다(법89③).

(4) 그리고 우체국보험에는 원칙적으로 우체국 예금·보험에 관한 법률이 적용된다. 다만, 판례는 구 보험업법 102조가 우체국보험에도 적용된다고 해석한다.[387] 대판 2007.9.6. 2007다30263에서, 구 보험업법 1조가 정한 보험업법의 목적 및 102조 1항의 입법 취지에 비추어 보면, '우체국 예금·보험에 관한 법률' 3조에 의거하여 보험사업을 경영하는 국가 역시 '국가로부터 허가를 받아 보험업을 영위하는 자'와 마찬가지로 그 소속 직원이 보험모집을 함에 있어 보험계약자에게 가한 손해에 대하여는 구 보험업법 102조 1항에 따라 이를 배상할 책임을 진다고 판시했다. 대법원은 구 보험업법 1조의 목적 및 102조 1항의 입법 취지에 비추어 보면 구 보험업법 102조 1항은 보험업과 관련해서는 일반적으로 적용되어야 할 규정이라고 이해하고, 보험업법이 아니라 다른 법률에서 근거한 보험업에 대해서도 다르게 볼 만한 특별한 사정이 없는 한 구 보험업법 102조 1항이 적용되는 것으로 해석해야 한다고 판시한 것이다. 이제는 금융소비자법 45조가 우체국보험에 적용된다고 보면 된다.

(5) 구 보험업법 102조 위반에 따라 보험자가 배상해야 할 금액은 보험종사자의 모집으로 인하여 보험계약자가 입은 손해액이다. 이러한 손해액은 손해의 유형에 따라 구체적 개별적으로 판단해야 한다.

대판 2024.12.12. 2022다200317에서, 보험계약자와 보험수익자가 다른 타인을 위한 생명보험에서, 보험설계사의 위법행위로 보험계약이 무효가 되거나 일정한 사고를 담보하지 못하여 보험계약자가 지정한 보험수익자에게 보험금이 지급되지 않은 경우, 보험계약자에게 발생한 손해는 보험설계사의 위법행위가 없었으면 보험계약자가 지정한 보험수익자에게 지급되었을 전체 보험금 상당액이며, 보험계약자는 이러한 금액을 보험자에게 청구할 수 있다고 판시되었다.

2) 보험회사의 귀책사유

(1) 구 보험업법 102조 1항 단서에 의하면, 보험회사의 사용자책임은 보험설계사나 보

험대리점에게 직접적인 배상책임을 부과하여 자기 소속 보험설계사에 대한 관리감독을 강화하되 해당 보험대리점이 해산하였거나 배상자력을 갖추지 못한 경우에 한하여 보험회사가 배상책임을 부담하는 방향으로 보험업법 102조를 개정해야 한다는 주장도 있다(채이배 의원 발의, 보험업법 개정안, 의안번호 15856).

387) 이에 찬성하는 견해로는 한기정, "상호보험·공제·우체국보험의 적용법규에 대한 고찰", 보험법연구2-1, 2008, 30-35면.

험대리점의 행위에 대한 과실책임이다. 즉 보험회사가 이들에 대한 모집위탁 및 손해방지에 상당한 주의를 다한 경우에 면책된다. 그 반대해석상, 임직원의 행위에 대한 보험회사의 사용자책임은 무과실책임이다.

(2) 민법상 사용자책임은 과실책임이 원칙(민법756①단)이라는 점에서, 임직원에 관한 한, 구 보험업법 102조 1항 단서가 민법 756조에 대한 특칙이 된다.

(3) 다만, 보험설계사나 보험대리점의 행위에 대해서 과실책임이라고 하나, 판례의 태도에 비추어 보험회사가 면책되기는 현실적으로 매우 어렵다. 즉 판례는 보험설계사와 보험대리점의 경우도 사용자책임을 무과실책임에 가깝게 운용하고 있기 때문이다. 즉 대판 1997.11.14. 97다26425에서, 보험모집에 관하여 보험계약자에게 가한 손해에 대하여 보험사업자에게, 위 손해가 보험사업자의 임원, 직원의 행위로 인한 경우에는 무과실책임을 지우고 보험설계사와 보험대리점의 행위로 인한 경우에는 무과실책임에 가까운 손해배상책임을 지움으로써 보험계약자의 이익을 보호함과 동시에 보험사업의 건전한 육성을 기한다고 판시했다. 이 점은 민법 756조를 사실상 무과실책임처럼 운용해 온 대법원의 입장[388]과 궤를 같이하는 것이다.

전술한 바와 같이 금융소비자법 45조 1항은 보험자의 임원·직원에 대한 사용자책임을 무과실책임으로 한다는 규정을 두지 않았다. 그렇다고 해도 판례가 사용자책임을 사실상 무과실책임으로 운용해 온 점을 고려하면 실제로 별 차이를 가져올 것으로 보이지 않는다.

3) 모집 관련성

(1) 구 보험업법 102조의 사용자책임은 "모집을 하면서" 보험계약자에게 손해를 입힌 경우에 적용된다. 민법 756조는 "타인을 사용하여 어느 사무에 종사하게 한 자는 피용자가 그 사무집행에 관하여 제3자에게 가한 손해를 배상할 책임이 있다"고 규정하는데, "모집을 하면서"는 여기의 "그 사무집행에 관하여"와 동일하게 해석하면 된다. 외형이론에 따라, 원칙적으로 피용자의 직무범위 내의 행위이어야 하나, 외형상 마치 직무범위 내에 속하는 것과 같은 행위도 포함된다(판례,[389] 통설).

(2) 위 (1)에 따라 구 보험업법 102조와 관련해서도, 판례는 객관적으로 모집행위 내에 속하는 외형을 갖추고 있으면 모집 관련성을 인정한다. 대판 2006.11.23. 2004다45356에서, 보험설계사의 모집행위 그 자체는 아니더라도 그 행위를 외형적으로 관찰할 때 객관적으로 보아 보험설계사의 본래 모집행위와 밀접한 관련이 있거나 유사하여 마치 그 모집행위 범위 내에 속하는 것과 같이 보이는 행위도 포함하는 것으로 해석해야 한다고 판시

388) 이에 대해서는 송덕수, 신민법강의, 2025, 1472면
389) 대판 1988.11.22. 86다카1923

했다. 이 판례는, 정상적인 부부관계에 있는 부인이 보험설계사인 남편에게 보험가입을 부탁하면서 보험상품을 특정하지 않은 채 보험료 명목으로 1억 원을 지불했고, 이때 보험계약의 보험청약서를 작성하거나 보험료영수증을 교부받지 않았던 사안이다. 쟁점은 보험설계사의 금원수령행위가 모집 관련성이 있는지 여부다. 대법원은 긍정했다. 대법원은, 보험설계사인 남편에게 보험가입 및 보험청약서의 기재 등을 일임하고 굳이 보험료 영수증을 교부받지 않을 여지도 충분히 있다는 점에서 그러한 금원수령행위는 외형상 보험모집과 상당한 관련성이 있다고 판시했다.

한편 금융소비자법은 "금융상품에 관한 계약의 체결 또는 계약 체결의 권유를 하거나 청약을 받는 것"(금융소비자법45①,2(8))과 관련하여 사용자책임을 진다고 명시하고 있다. 이는 위에서 설명한 모집관련성과 별 차이가 없을 것으로 보인다.

4) 보험계약자 측의 귀책사유

i) 의의

구 보험업법 102조에 의한 손해배상책임에서 보험계약자에게 손해의 발생 또는 확대에 관하여 과실이 있거나 보험회사의 책임을 제한할 사유가 있는 경우에는 배상책임의 범위를 정함에 있어서 당연히 이를 참작하여야 하나, 과실상계 또는 책임제한 사유에 관한 사실인정이나 그 비율을 정하는 것은 그것이 형평의 원칙에 비추어 현저히 불합리하다고 인정되지 않는 한 사실심의 전권사항에 속한다.[390]

ii) 중대한 책임

손해의 발생에 보험계약자 측에 중대한 책임이 있다면 사용자책임은 부인된다. 대판 2002.4.26. 2000다11065는, 화물자동차 소유자(보험계약자)가 그 자동차로 인한 교통사고 전력이 있어 보험료의 할증이 예상됨에 따라 보험설계사의 권유를 받아들여 무사고 경력의 다른 사람 명의로 보험계약을 체결하였다가, 보험계약자의 피용자가 교통사고를 낸 뒤 고지의무 위반으로 보험계약이 해지되자, 보험계약자가 보험회사에게 사용자책임을 물은 사안이다. 대법원은 사용자책임을 부인했다. 즉 보험설계사가 구 보험업법 97조 1항 1호에 규정된 금지행위, 즉 보험계약자 또는 피보험자에 대하여 사실과 다르게 알리거나 보험계약의 계약조항 중 중요한 사항을 알리지 아니하는 행위를 하여, 그 결과 보험계약자가 사실을 모르고 보험계약을 체결함으로써 보험금을 받지 못하게 되는 손해를 입었다고 볼 수 없음은 물론, 보험설계사가 모집을 하면서 실제 보험계약자에 대한 관계에서 위법한 행위를 하고 그로 인하여 보험계약자에게 손해를 가하였다고 할 수도 없으므로, 보험회사에게는 보험계약자에 대하여 구 보험업법 102조에 따른 사용자책임이 없다고 판시했다.

390) 대판 2024.12.12. 2022다200317

ii) 과실상계

① 내용

(1) 보험계약자 측에게 과실이 있는 경우 과실상계가 적용된다(판례,[391] 통설). 즉 불법행위로 인한 손해의 발생 또는 확대에 관하여 피해자에게도 과실이 있으면 가해자의 손해배상의 범위를 정함에 있어 당연히 이를 참작해야 하는데, 그 적용에 있어서는 가해자와 피해자의 과실의 정도, 위법행위의 발생 및 손해의 확대에 관하여 어느 정도의 원인이 되는지 등의 제반 사정을 고려하여 배상액의 범위를 정한다.[392] 이러한 과실상계는 사용자책임에서도 같다.

(2) 불법행위로 인한 손해배상의 책임 및 그 범위를 정함에 있어 피해자의 과실을 참작하는 이유는 불법행위로 인하여 발생한 손해를 가해자와 피해자 사이에 공평하게 분담시키는 데 있다.[393]

(3) 불법행위에 있어서 가해자의 과실은 의무위반이라는 강력한 과실이지만, 이와 달리 과실상계에 있어서의 피해자 과실은 사회통념상, 신의성실의 원칙상, 공동생활상 요구되는 약한 의미의 부주의를 가리킨다.[394] 피해자의 과실에는 피해자 본인의 과실뿐 아니라 그와 신분상 내지 사회생활상 일체를 이루는 관계에 있는 자의 과실도 피해자 측의 과실로서 참작되어야 하고, 어느 경우에 신분상 내지 사회생활상 일체를 이루는 관계라고 할 것인지는 구체적인 사정을 검토하여 피해자 측의 과실로 참작하는 것이 공평의 관념에서 타당한지에 따라 판단한다.[395]

② 사례

(1) 전술한 대판 1997.11.14. 97다26425는, 자동차보험계약 모집에 있어서, 보험대리상이 과실로 2종보통운전면허로도 4.5톤 화물트럭을 운전하는 것이 가능하다고 부실설명한 사안인데, 보험계약자도 2종보통운전면허로 4.5톤 화물트럭을 운전할 수 있는지 여부가 결정적인 사항임에도 적극적으로 사실 여부를 확인해 보지 않고 보험대리상의 말만 믿고 계약을 체결했으므로 과실비율을 20%로 상계하고 사용자책임을 인정했다.

(2) 전술한 대판 2006.6.29. 2005다11602는, 타인의 사망보험계약의 모집에 있어서, 보험설계사가 피보험자의 서면동의 요건에 대해서 보험계약자에게 설명하지 않았던 사안인

391) 대판 1994.11.22. 94다19617

392) 대판 2004.7.22. 2001다58269; 대판 2010.3.11. 2007다76733. 그리고 불법행위로 인한 손해배상 청구 사건에서 과실상계 사유에 관한 사실인정 또는 그 비율은 형평의 원칙에 비추어 현저히 불합리하다고 인정되지 않는 한 사실심의 전권사항에 속한다(대판 1999.7.23. 98다31868; 대판 2007.1.25. 2004다51825).

393) 대판 1999.7.23. 98다31868

394) 대판 1999.7.23. 98다31868; 대판 2001.3.23. 99다33397

395) 대판 1999.7.23. 98다31868

데, 보험계약자도 보험계약 체결 시에 보험설계사로부터 교부받은 보험계약청약서 및 약관을 검토하여 보험계약이 유효하도록 피보험자의 서면동의를 받았어야 할 주의의무가 있음에도 불구하고 이를 위반하였으므로 과실비율을 40%로 상계하고 사용자책임을 인정했다.

(3) 예외적으로 과실상계가 제한되는 경우가 있다. 대판 2013.6.13. 2010다34159에서, 가해행위가 사기, 횡령, 배임 등의 영득행위인 경우 등, 과실상계를 인정하게 되면 가해자로 하여금 불법행위로 인한 이익을 최종적으로 보유하게 하여, 공평의 이념이나 신의칙에 반하는 결과를 가져오는 경우에는, 예외적으로 과실상계가 허용되지 않는다고 판시했다.

5) 구상권

금융상품직접판매업자가 사용자책임을 지는 경우 금융상품판매대리·중개업자등에 대해 구상권을 행사할 수 있다(금융소비자법45②). 구 보험업법 102조 2항도 보험자가 사용자책임의 대상인 해당 임직원·보험설계사 또는 보험대리점에 대해 구상권을 행사할 수 있다고 규정하고 있다.

3. 보험계약 등의 청약철회

(1) 의의

1) 철회 제도

금융상품판매업자등(보험회사 등)과 보장성 상품 등에 관한 계약의 청약을 한 일반금융소비자는 일반금융소비자가 보험증권을 받은 날부터 15일과 청약을 한 날부터 30일 중 먼저 도래하는 기간 내에 청약을 철회할 수 있다(금융소비자법46①(1)).

이를 통해서 일반보험계약자는 청약의 구속력에서 벗어날 수 있다. 이는 계약의 청약은 철회할 수 없다는 대원칙(민법527)에 대한 중요한 예외에 해당한다.

금융소비자법 46조가 시행되기 이전에는 구 보험업법 102조의4가 청약 철회를 규정했다. 이는 금융소비자법 46조와 그 내용이 유사하므로, 구 보험업법 102조의4에 관한 판례 및 이론은 특별한 사정이 없는 한 금융소비자법 46조에도 그대로 적용될 것으로 보인다.

2) 취지

청약철회제도(Cooling Off System)는 소비자가 재화 또는 서비스를 구입하는 청약을 한 이후 냉각기 중에 단순히 마음이 변하거나 마음에 안들면 청약을 철회하는 제도를 가리킨다. 이와 같이 청약철회제도는 구입을 청약한 재화 또는 서비스에 하자가 있어야만 적용되는 것이 아니며 일시적인 감정에 좌우된 충동구입을 포함하여 그 사유를 묻지 않는다.

3) 현황

(1) 현재 청약철회제도는 소비자를 특별히 보호할 필요가 있는 특수한 거래분야, 즉 방문판매·전화권유판매·다단계 판매·할부거래·전자상거래판매 등에 적용된다.[396] 다만,

이러한 청약철회제도는 금융소비자법상 보장성 상품 등의 청약에는 적용이 배제된다.[397]

(2) 보험 분야에서도 모집종사자의 권유 등에 따라 충동적으로 보험계약의 청약을 하는 경우가 적지 않아서 보험소비자 보호를 위한 청약철회제도의 도입 필요성이 꾸준히 제기되어 왔다. 이에 따라 보험 분야에서도 표준약관을 통해서 청약철회제도가 도입되어 있었다. 나아가 2014년 보험업법 개정을 통해서 청약철회제도가 법제화되었고, 2021년 금융소비자법 시행으로 일정 범위의 보장성상품, 대출성상품 및 투자성상품, 금융상품자문계약으로 청약철회권이 확대되었다. 금융소비자법상 보장성상품에 관한 청약철회의 요건 및 효과는 보험업법의 규정과 거의 동일하나, 법 시행으로 보험회사가 취급하는 대출에 관해서도 청약철회제도가 적용된다는 점에서 가장 큰 차이가 있다.

금융소비자법상 청약의 철회 규정은 동법 시행 이후 계약의 청약을 한 경우부터 적용한다(부칙 제7조).

4) 관련 규정

보험계약 등의 청약철회에 관해서는 금융소비자법 46조가 적용된다. 위 (3)의 (1)에서 본 바와 같이 방문판매 등에 적용되는 청약철회제도는 보험 분야에는 적용되지 않는다.

(2) 요건

1) 청약철회권자

(1) 청약철회권자는 일반금융소비자로서 보장성상품, 투자성상품, 대출성상품 또는 금융상품자문에 관한 계약을 청약한 자다(금융소비자법46①(1)).

(2) 청약철회제도는 충동구매에 취약한 소비자를 보호하는 예외적인 제도인데, 전문금융소비자를 위해서도 적용하는 것은 지나친 보호에 해당한다고 입법자가 판단한 것이다.

2) 청약철회가 적용되지 않는 보험계약

청약철회는 대통령령으로 정하는 보험계약에 한하여 인정되는데(금융소비자법46①(1)), 대통령령은 다음의 일정한 보험계약에는 청약철회가 적용되지 않는다고 규정한다(금융소비자법시행령37①(1)). 구 보험업법 하에서는 단체보험도 청약철회 대상에서 제외되었으나 금융소비자법에서는 특별히 제외하고 있지 않다.

i) 보증보험

(1) 청약의 철회를 위해 제3자의 동의가 필요한 보증보험은 청약철회의 대상이 아니다(금융소비자법시행령37①(1)가).

(2) 보험업법상 보증보험은 계약에 따른 채무의 불이행 또는 법령에 따른 의무의 불이

396) '방문판매 등에 관한 법률' 8조, 17조, '할부거래에 관한 법률' 8조, '전자상거래 등에서의 소비자 보호에 관한 법률' 17조

397) '방문판매 등에 관한 법률' 3조, '할부거래에 관한 법률'시행령 4조, '전자상거래 등에서의 소비자 보호에 관한 법률'시행령 3조

행으로 발생하는 손해에 관하여 금전 및 그 밖의 급여를 지급할 것을 약속하고 대가를 수수하는 보험계약이며(감독규정[별표1]), 보험회사는 보험계약자가 피보험자에게 계약상의 채무불이행 또는 법령상의 의무불이행으로 입힌 손해를 보상할 책임이 있다(상법726의5). 이와 같이 보증보험계약은 보험계약자가 채무자이고 피보험자가 채권자인 타인을 위한 보험계약이다. 보증보험계약에서 보험계약자와 피보험자는 채무자와 채권자로서 대립적 관계에 있는 것이 보통이며, 이 점을 고려하여 구 보험업법에서는 일반보험계약자가 타인인 피보험자의 동의를 얻은 경우에만 청약철회가 가능하도록 한 것이다.

구 보험업법에서는 일반보험계약자가 타인의 동의를 얻은 경우는 청약철회가 가능하다고 명시하고 있었으나, 금융소비자법에서는 이러한 문구가 삭제되었으므로 법문상으로는 제3자의 동의가 있더라도 청약철회권을 행사할 수 없는 것처럼 모순적으로 해석될 여지가 있다. 금융소비자보호를 강화하기 위한 취지를 생각할 때 개정 전 보험업법과 동일하게 제3자의 동의를 얻어 청약철회권을 행사할 수 있다고 보는 것이 합리적이다.

ii) 의무적 자동차보험

(1) 자동차손배법 5조에 따라 가입할 의무가 있는 책임보험계약은 청약철회의 대상이 아니다(금융소비자법시행령37①(1)나.본). 다만, 동종의 다른 책임보험이 가입한 경우는 제외한다(금융소비자법시행령37①(1)나.단).

(2) 이러한 의무적 보험계약은 충동구매의 대상이라고 하기 어렵기 때문이다.

iii) 단기의 보험계약

(1) 보험기간이 1년 이내의 범위에서 금융위원회가 정하여 고시하는 기간 이내인 보험계약은 청약철회의 대상이 아니다(금융소비자법시행령37①(1)다). 금융위원회가 정하여 고시하는 기간은 90일이다(금융소비자감독규정30①).

(2) 가령 여행자보험은 보험기간이 1~3개월인 것이 보통이다. 청약철회제도는 충동구매로부터 일반보험계약자를 보호하는 제도이지만, 보험기간이 단기인 경우는 청약철회를 인정하지 않는 경우에 일반보험계약자가 지는 부담(보험료 부담)에 비해서 청약철회를 인정하는 경우에 보험회사가 지는 부담(보험계약의 청약 또는 체결에 소요되는 비용, 청약철회의 처리에 소요되는 비용 등의 부담)이 더 클 수도 있다. 보험기간이 짧을수록 이러한 가능성이 커지는 것이 일반적이다. 이러한 점을 상호 절충하여 보험기간이 단기인 보험계약은 청약철회의 대상에서 제외하기로 한 것이다.

iv) 법정의무가입보험

(1) 법률에 따라 가입의무가 부과되고 그 해제·해지도 해당 법률에 따라 가능한 보험계약은 청약철회의 대상이 아니다(금융소비자법시행령37①(1)다, 금융소비자감독규정30②(1)).

(2) 사회복지시설배상책임보험(사회복지사업법34의3), 환경책임보험(환경오염피해 배상책

임 및 구제에 관한 법률17), 가스사고배상책임보험(고압가스법25), 관광사업자배상책임보험(관광진흥법9), 원자력손해배상책임보험(원자력보상보험법8) 등 강제보험이 이에 해당한다.

v) 유진사 보험계약

(1) 보험계약을 체결하기 전에 일반금융소비자의 건강상태 진단을 지원하는 보험계약은 청약철회의 대상이 아니다(금융소비자법시행령37①(1)다, 금융소비자감독규정30②(2)).

(2) 위 (1)과 같은 유진사 보험계약은 충동구매의 가능성이 상대적으로 낮기 때문에 청약철회의 대상에서 제외한 것이다. 다만, 해석상 문제가 되는 것은 유진사 보험계약이면 건강진단을 거치기 전에도 청약철회가 배제되는지 여부이다. 생각건대, 건강진단을 거치기 이전이라면 충동구매로 인한 청약철회를 인정하는 것이 청약철회제도의 취지를 고려하면 타당하다고 사료된다.

3) 대출계약

(1) 청약철회는 대통령령으로 정하는 보험계약에 한하여 인정되는데(금융소비자법46①(3)), 대통령령은 다음의 일정한 대출성상품에는 청약철회가 적용되지 않는다고 규정한다(금융소비자법시행령37①(3)).

(2) 대출성상품에 대해서는 ① 여신전문금융업법에 따른 시설대여·할부금융·연불판매, ② 온라인투자연계금융업 및 이용자 보호에 관한 법률에 따른 연계대출, ③ 자본시장법 72조 1항에 따른 신용의 공여(청약철회의 기간 이내에 담보로 제공된 증권을 처분한 경우만 해당), ④ 지급보증(청약의 철회에 대해 제3자의 동의를 받은 경우는 제외), ⑤ 신용카드를 제외하고는 모두 청약철회가 가능하다. 따라서 보험회사가 취급하는 담보대출, 신용대출 등은 일반적으로 청약철회권의 대상이다.

(3) 보험약관대출은 '대출'이라는 명칭에도 불구하고 법적 성격은 보험계약과 일체를 이루는 하나의 계약으로 보험약관상 의무이행으로 행해지는 장래 보험금 내지 해약환급금의 선지급이다.[398] 보험약관대출은 계약자가 보험계약상 권리로 복잡한 절차없이 주로 단기자금 활용 목적으로 해지환급금등을 수시로 선급 및 상환할 수 있다는 점에서 소비자효용이 있다. 이러한 특성상 보험약관대출은 보험계약과 별도의 금융상품으로 보아서는 안된다는 의견이 제기되고 있음에도 불구하고, 현재까지 금융감독원은 보험계약대출은 보험계약과 별도로 계약 체결이 이루어지며, 이자 부담 및 원리금 미상환에 따른 금전 부담이 발생하므로 일반 대출과 달리 취급해야 할 만한 특별한 이유는 없다는 입장으로 보험약관대출을 보험상품의 일부분이 아니라 별도의 금융상품에 해당한다고 보기 때문에 보험약관대출 또한 청약철회권 대상이다.[399]

398) 대판 2007.9.28. 2005다15598

399) 양승현, 보험소비자 권리와 사후적 구제체계, 2021, 보험연구원 이슈보고서, 46면에 따르면 금융소비자법 제정 당시 생명보험업계의 문의에 대해 금융감독원은 금융소비자법상 보험약관대출은 보험

4) 청약철회의 기간

(1) 보험계약의 청약철회의 기간은 상법 640조에 따른 보험증권을 받은 날로부터 15일과 청약을 한 날부터 30일 중 먼저 도래하는 기간(거래 당사자 사이에 이보다 긴 기간으로 약정한 경우에는 그 기간) 이내이다(금융소비자법46①(1)). 구 보험업법 102조의4와 동일하다. 대출계약의 청약철회의 기간은 대출계약서류를 제공받은 날, 대출서류 없이 대출계약을 체결한 경우에는 계약체결일 및 계약에 따른 금전 등의 지급이 늦게 이루어진 경우에는 그 지급일로부터 14일 이내이다(금융소비자법46①(3)).

(2) 보험증권은 보험회사가 보험목적, 보험사고, 보험금액, 보험료 등 상법이 정하는 보험계약의 내용에 관한 사항을 기재하고 기명날인 또는 서명한 문서이다(상법666,728 등). 보험회사는 보험계약자가 보험료의 전부 또는 최초의 보험료를 지급하지 않은 때를 제외하고는 보험계약이 성립한 때 지체없이 보험증권을 작성하여 보험계약자에게 교부해야 한다(상법640①). 보험회사는 보험증권의 교부를 통해서 승낙의 의사표시를 하는 것이 일반적이다.

(3) 2004년에 구 보험업법 102조의4가 신설되기 전에 표준약관에 의해 청약철회제도가 인정될 때에는 청약철회의 기간이 '청약일로부터 15일 이내'였다. 하지만 구 보험업법 102조의4가 신설됨에 따라 청약일로부터 30일 이내이기만 하면 보험증권을 받은 날로부터 15일 이내로 청약철회 기간이 늘어났다. 이에 따르면 청약일로부터 30일 이내이기만 하면, 청약자는 보험계약이 성립하기 전에 언제라도 청약철회를 하는 것이 가능할 뿐만 아니라, 보험계약이 성립한 후 보험증권을 교부받고 15일 이내에 그 내용을 확인한 후에 청약철회를 하는 것도 가능하다.

(4) 보험증권의 교부일로부터 15일 이내에 청약철회가 가능하도록 한 것은 청약철회의 기간을 늘렸다는 의미도 있지만, 보험증권의 교부를 통해서 보험계약의 성립 및 내용을 환기시켜주고 청약의사를 다시 숙고해볼 기회를 제공한다는 의미도 크다. 한편 청약철회기간을 청약일로부터 30일 이내로 제한한 것은 보험료가 월납으로 지급되는 경우라면 이 때 2회차 보험료 지급이 있고 이를 지급한 청약자라면 청약철회의 의사가 없는 것으로 보자는 취지이다.[400]

5) 청약철회의 방식

(1) 청약철회는 서면 또는 대통령령으로 정하는 바에 따라 청약철회의 의사가 표시되어야 한다(금융소비자법46②(1)(3)) 이에 따라 청약철회의 의사표시는 다음 각 호의 어느 하나에 해당하는 방식으로 한다(금융소비자법시행령37③).

상품과는 다른 금융상품으로 보고 있기 때문에 청약철회권의 예외로 인정할 만한 특별한 사유가 있다고 보기 어렵다는 입장이라고 하였다.

400) 성대규·안종민 427면

1. 전자우편
2. 휴대전화 문자메시지 또는 이에 준하는 전자적 의사표시
3. 제1호 및 제2호의 방법에 준하는 것으로서 금융위원회가 정하여 고시하는 의사표시[401)]

(2) 위 (1)과 같이 청약철회의 방식을 제한하는 취지는 청약철회 의사표시의 존재 여부를 둘러싼 분쟁을 예방하기 위해서이다.

(3) 보험업법 96조 2항 1호에 따르면 보험회사는 청약자가 청약철회를 하고자 하는 경우에 전화·우편·컴퓨터통신 등 통신수단을 이용할 수 있도록 해야 한다. 그리고, 보험회사는 청약자가 전화를 이용한 청약철회를 하려는 경우 상대방의 동의를 받아 청약내용, 청약자 본인인지를 확인하고 그 내용을 음성녹음하는 등 증거자료를 확보·유지해야 한다(시행령43⑥). 보험회사는 청약자가 컴퓨터통신을 이용하여 청약철회를 하려는 경우 다음 각 호의 어느 하나에 해당하는 방법을 이용하여 청약자 본인인지를 확인해야 한다(시행령43⑦).

1. 전자서명법 2조 2호에 따른 전자서명
2. 그 밖에 금융위원회가 정하는 기준[402)]을 준수하는 안전성과 신뢰성이 확보될 수 있는 수단을 활용하여 청약자 본인인지를 확인하는 방법

(4) 보험업법 96조 2항과 달리 금융소비자법은 전화를 통한 청약철회는 규정하지 않고 있는바, 의도적으로 제외한 것인지 입법의 미비인지 불분명하다. 청약철회권 행사방법에 관한 해석상 혼란이 없도록 입법적 해결이 필요하다.

(3) 청약철회의 효과

1) 청약의 효력 상실

(1) 청약자가 청약철회의 의사표시를 하면 청약은 더 이상 효력이 없다. 청약철회의 의사표시는 보험계약의 경우 보험계약자가 청약의 철회의사를 표시하기 위하여 서면등을 발송한 때 효력이 발생한다(금융소비자법46②(1)). 대출계약의 경우 서면등을 발송하고 이미 공급받은 금전, 이자, 수수료 등을 반환하면 청약철회의 효력이 발생한다(금융소비자법46②(2)).

개정전 보험업법에서는 청약철회의 효력발생시기에 관해 규정이 없었으므로 민법에 따라 청약철회의 의사표시가 보험회사에 도달한 때(민법111①) 효력이 있다고 보았다. 금융소비자법에서는 도달주의를 취할 경우 일반금융소비자가 충분히 숙고할 시간이 부족하다는 점을 고려하여 발송을 기준으로 한 것이다.

---

401) 이에 해당하는 감독규정은 제정되지 않았다.

402) 금융위원회가 정하는 기준은 전자금융거래법 21조 2항에 따른 기준이고(감독규정4-35의2⑦), 이에 대해서는 위 231)을 참조

청약의 철회는 계약이 성립된 경우에도 청약철회기간 이내이면 가능하다. 계약이 성립된 경우에는 청약의 철회란 실질적으로 청약자를 보호하기 위해서 인정되는 보험계약의 특수한 '해제'에 해당하며, 청약철회기간이 지나야 계약이 확정적으로 유효하게 된다.[403)]

(2) 청약철회 당시에 이미 보험금의 지급사유가 발생한 경우에는 청약철회의 효력은 발생하지 않는다(금융소비자법46⑤본). 이 경우는 청약자의 입장에서 보면 청약철회보다 보험금의 지급을 받는 것이 유리하기 때문이다. 다만, 청약자가 보험금의 지급사유가 발생했음을 알면서 해당 보험계약의 청약을 철회한 경우에는 청약철회의 효과가 발생한다(금융소비자법46⑤단). 이 경우는 청약이 철회되었으므로 청약자가 보험금을 지급받을 수는 없고 청약철회의 효과가 발생할 뿐이다.

2) 보험회사의 준수사항

i) 보험료 등의 반환

(1) 보험회사는 청약철회를 접수한 날로부터 3영업일 이내에 이미 납입받은 보험료 및 대출금에 대한 이자 및 수수료를 반환해야 하고, 보험료 등의 반환이 늦어진 기간에 대하여는 '대통령령으로 정하는 바에 따라 계산한 금액'을 더하여 지급해야 한다(금융소비자법46③). 개정 전 보험업법에서는 청약철회 접수일로부터 3일이라고 규정하였으나 금융소비자법에서는 3영업일이라고 명확하게 규정하였다.

(2) 금전(이자 및 수수료를 포함한다)을 반환하는 경우에는 해당 일반금융소비자가 지정하는 계좌로 입금해야 한다(금융소비자법시행령37⑦).

(3) 보험료를 신용카드로 납부해왔던 일반금융소비자가 청약의 철회의사를 표시한 경우에 보험회사는 철회의사를 접수한 날부터 3영업일 이내에 해당 신용카드를 일반금융소비자에 발급한 금융상품직접판매업자로 하여금 보험료 납입 관련 대금 청구를 하지 않도록 해야 하며, 이 경우 금전 등을 반환한 것으로 본다(금융소비자감독규정30④).

(4) 위 (1)에서 '대통령령으로 정하는 바에 따라 계산한 금액'은 다음과 같다. 즉 보험회사는 보험료 등 이미 받은 금전의 반환이 늦어진 기간에 대해서는 해당 보험약관에서 정해진 연체지자율을 금전의 대금에 곱한 금액을 일 단위로 계산하여 지급한다(금융소비자법시행령37⑧).

ii) 손해배상청구 등의 금지

(1) 보험회사는 청일반금융소비자에 대하여 청약의 철회에 따른 손해배상 또는 위약금 등 금전의 지급을 청구할 수 없다(금융소비자법46④).

(2) 위 (1)에 따라 보험회사는 보험계약의 청약 또는 체결에 소요되는 비용, 청약철회의 처리에 소요되는 비용 등을 부담하게 된다. 이를 통해서 청약자는 손해배상 등의 부담

403) 지원림, 민법원론, 2024, 240면

없이 자유롭게 청약철회제도를 활용할 수 있게 된다.

3) 금융소비자법 46조 1항부터 5항까지의 규정에 반하는 특약으로서 일반금융소비자에게 불리한 것은 무효로 한다(금융소비자법46⑥).

4) 금융소비자가 청약을 철회하였다는 이유로 금융상품에 관한 계약에 불이익을 부과하는 행위는 불공정영업행위로 금지된다(금융소비자법20①, 금융소비자법시행령15④(3)라, 금융소비자감독규정16⑥(6)본). 다만, 같은 금융상품판매업자에 같은 유형의 금융상품에 관한 계약에 대하여 1개월 내 2번 이상 청약의 철회의사를 표시한 경우는 그렇지 않다(금융소비자감독규정16⑥(6)단).

4. 위법계약해지

(1) 의의

(1) 금융소비자는 금융상품판매업자등이 적합성·적정성 원칙 준수의무, 설명의무, 불공정영업행위금지, 부당권유행위금지 등 주요 영업행위 규제를 위반한 경우 5년 이내 대통령령으로 정하는 기간 내에 서면등으로 계약의 해지를 요구할 수 있다(금융소비자법47①).

위법계약해지제도는 금융소비자법에서 새로 도입한 제도이다. 비록 소송 등을 통해 계약의 위법성이 인정되더라도 계약 자체는 유효하므로, 소비자에게 불리한 계약이 계속 유지되는 문제를 해결하기 위한 것이다.[404] 금융소비자에게 계약을 유지할지 선택권을 부여하여 금융소비자를 두텁게 보호하려는 것으로 영업행위 규제 준수를 위한 실효성 확보 수단이다.[405]

최대 5년이라는 장기간 동안 계약 해지권을 부여하고 있고, 해외에서도 유사 입법례를 찾아보기 힘들어[406] 해석과 적용에 어려움이 예상된다. 금융소비자법상 위법계약의 해지 조항은 이 법 시행 이후 계약을 체결하는 경우부터 적용한다(부칙8).

(2) 요건

1) 해지권 발생사유

권리발생사유인 영업행위 준수사항 위반은 적합하지 않은 계약 체결 권유(금융소비자법17③), 부적정 계약에 대한 고지 및 확인의무 불이행(금융소비자법18②), 중요한 사항에 대한 설명의무 불이행(금융소비자법19①), 거짓·왜곡 설명 내지 설명누락(금융소비자법19③), 우월적 지위를 이용한 불공정영업행위(금융소비자법20①) 또는 부당권유행위(금융소비자법

404) 전상수, "금융소비자법안·금융소비자 보호 및 금융상품 판매에 관한 법률안·금융소비자 보호에 관한 법률안 검토보고", 국회 정무위원회, 2017, 103면
405) 정완, "금융소비자법의 주요내용과 개선방안", 경희법학 56권 1호, 2021, 321면
406) 양승현, 보험소비자 권리와 사후적 구제체계, 2021, 보험연구원 이슈보고서, 53면

21)를 말하며, 광고 관련 준수사항(금융소비자법22) 위반은 해당되지 않는다.

2) 대상상품

금융소비자와 금융상품직접판매업자 또는 금융상품자문업자 간 계속적 거래가 이루어지고 금융소비자가 해지 시 재산상 불이익이 발생하는 금융상품 중 ① 온라인 투자연계금융업 및 이용자 보호에 관한 법률에 따른 온라인투자연계금융업자와 체결하는 계약, ② 자본시장법에 따른 원화 표시 양도성 예금증서, ③ 자본시장법에 따른 표지어음을 제외한 모든 금융상품이다(금융소비자법47①, 시행령37①, 감독규정31①). 따라서 보험상품 및 보험회사가 취급하는 대출은 원칙적으로 모두 위법계약 해지가 적용되는 금융상품이다.

영업행위 순수사항마다 의무의 상대방인 금융소비자의 범위 및 적용되는 대상상품이 다르기 때문에 실제로 위법계약 해지의 권리행사자 및 대상상품은 발생사유가 되는 각 영업행위 준수사항에 따라 달라진다.

3) 인과관계

해지권이 발생하려면 열거된 영업행위준수사항을 '위반하여 계약을 체결'해야 하는데, 위반과 계약체결 사이에 인과관계를 요하는지, 위반과 계약체결 사실만 존재하면 해지권이 발생하는지 법문상 불분명하다.

불완전판매로 소비자가 계약을 잘못 체결하는 것을 방지하는 입법취지를 고려하면 전자가 타당하고, 계속적 계약관계에서 상황이 전재되면서 계약이 더 이상 당초 목적에 부합하지 않게 된 경우도 보호하기 위한 것이라고 보면 후자가 타당하다.[407] 후자가 금융소비자보호에 보다 충실한 해석이지만, 계약체결상 경미한 위반으로 거래가 과도하게 장기간 불안정한 상태에 놓이게 될 우려가 있다.[408] 해석상 혼란이 있을 수 있으므로 금융당국의 법령해석이나 입법적 조치가 필요하다.

(3) 해지절차 및 방법

1) 해지절차

(1) 금융소비자가 위법계약에 대하여 해지를 요구하면, 금융상품판매업자등은 해지를 요구받은 날부터 10일 이내에 금융소비자에게 수락 여부를 통지해야 하며, 거절할 때는 거절사유를 함께 통지해야 한다(금융소비자법47①). 금융상품판매업자등이 정당한 사유 없이 해지요구를 따르지 않는 경우 금융소비자는 계약을 해지할 수 있다(금융소비자법47②③, 시행령38③).

(2) 보험계약자가 해지요구를 하는 경우 보험회사는 이를 수락 또는 거절할 수 있고, 보험회사가 정당한 사유 없이 이를 거절하는 경우 소비자가 비로소 일방적으로 계약을 해

407) 이상훈, "금융소비자보호 기본법(안)의 위법계약 해지권 소고", 은행법연구 10권 1호, 2017, 224-225면

408) 양승현, 보험소비자 권리와 사후적 구제체계, 2021, 보험연구원 이슈보고서, 55-56면

지할 수 있는 권리가 발생하는 것으로 본다면, 금융소비자법 47조 1항의 해지요구권은 청구권이 된다. 그리고 같은 조 3항의 해지권은 금융회사등이 정당한 사유 없이 해지 수락을 거절하는 경우 소비자에게 부여되는 형성권으로 별도의 의사표시가 필요하다.

반면, 위 1항과 3항을 동일한 권리로 보아 소비자의 해지요구가 있으면 금융회사등에게 정당한 사유가 존재하지 않는 한 수락 여부와 무관하게 위법계약이 해지된다고 보는 해석도 가능하고 이 경우 1항의 해지요구권은 형성권이 된다. 이 경우 금융회사등의 수락·거절에 관한 규정은 소비자의 해지요구에 대하여 10일 이후 해지 효력이 발생한다는 의미 내지 금융회사등으로 하여금 소비자의 해지요구에 조속히 응하고 거절 시 거절사유를 알리도록 하는 의미로 볼 수 있을 것이다.[409]

후자가 금융소비자에게 위법한 계약에서 용이하게 벗어날 권리를 부여하는 입법취지에 더욱 부합하나, 법문의 내용과 규정체계에 다르면 전자가 타당하다. 해석상 혼란이 있으므로 입법적 조치가 필요하다.

2) 해지방법

계약의 해지를 요구하려는 경우에는 금융상품의 명칭과 법 위반사실을 기재한 계약해지요구서에 위반사항을 증명하는 서류를 첨부하여 금융상품직접판매업자 또는 금융상품자문업자에게 제출해야 한다(금융소비자법시행령38③, 감독규정31②). 자동차손해배상 보장법에 따른 책임보험이나 법정의무가입보험에 대해 해지요구를 하는 경우에는 동종의 다른 보험에 가입해 있어야 한다(금융소비자법시행령38③, 감독규정31③).

(4) 금융상품판매업자등의 정당한 사유

금융상품판매업자등은 '정당한 사유'가 있는 경우 금융소비자의 해지요구를 거절할 수 있다(금융소비자법47②). 대통령령이 정하는 정당한 사유의 범위는 다음 각 호와 같다(금융소비자법시행령38④).

1. 위반사실에 대한 근거를 제시하지 않거나 거짓으로 제시한 경우
2. 계약 체결 당시에는 위반사항이 없었으나 금융소비자가 계약 체결 이후의 사정변경에 따라 위반사항을 주장하는 경우
3. 금융소비자의 동의를 받아 위반사항을 시정한 경우
4. 그 밖에 제1호부터 제3호까지의 경우에 준하는 것으로서 금융위원회가 정하여 고시하는 경우

위 금융위원회가 정하여 고시하는 경우란 다음 각 호의 어느 하나에 해당하는 경우를 말한다(금융소비자감독규정32④).

---

409) 양승현, 보험소비자 권리와 사후적 구제체계, 2021, 보험연구원 이슈보고서, 58면

1. 금융상품판매업자등이 계약의 해지 요구를 받은 날부터 10일 이내에 법 위반사실이 없음을 확인하는데 필요한 객관적·합리적인 근거자료를 금융소비자에 제시한 경우. 다만, 10일 이내에 금융소비자에 제시하기 어려운 경우에는 다음 각 목의 구분에 따른다.
   가. 계약의 해지를 요구한 금융소비자의 연락처나 소재지를 확인할 수 없거나 이와 유사한 사유로 금융소비자법 47조 1항 후단에 따른 통지기간 내 연락이 곤란한 경우: 해당 사유가 해소된 후 지체 없이 알릴 것
   나. 금융소비자법 위반사실 관련 자료 확인을 이유로 금융소비자의 동의를 받아 금융소비자법 47조 1항 후단에 따른 통지기한을 연장한 경우: 연장된 기한까지 알릴 것

(5) 해지의 효과

해지는 장래에 대하여 계약을 소멸시킨다(민법550). 위법계약 해지의 효과는 장래효를 가지므로 해지 시점부터 계약은 무효가 되고, 보험회사는 계약 체결 후 해지시점까지 보험계약에 따른 보험료는 반환할 의무가 없다.

다만, 금융상품판매업자등은 위법계약 해지시 금융소비자에게 수수료, 위약금 등 계약의 해지와 관련된 비용을 요구할 수 없다(금융소비자법47③). 이는 금융소비자의 해지권 행사를 용이하게 하고 금융상품판매업자등의 적법한 판매행위를 유도하기 위한 것이다.[410)]

금융소비자법은 계약 해지 비용이 구체적으로 무엇인지 규정하고 있지 않은데, 금융감독당국은 보도자료를 통해 위법계약 해지시 금융소비자에게 환급해야 할 금원에 대하여 가이드라인을 제시하였다.[411)]

가이드라인에 따르면 보험상품의 경우, 보험회사가 금융소비자에게 환급해야 할 보험료의 범위는 납입보험료 중에서 해지시점 전까지 위험보장, 계약의 체결·유지관리 등에 소요된 비용(위험보험료와 부가보험료)을 제외한 나머지 금액, 즉 장래 소비자에게 보험금을 지급하기 위해 해지시점까지 적립해 둔 금액 및 그에 대한 이자이다. 여기서 위험보장, 계약의 체결·유지관리 등에 대한 비용(위험보험료와 부가보험료)은 전 계약기간에 걸쳐 안분하여 '해지시점 이전에 해당하는 금액'만 비용으로 인정된다.

대출의 경우에는 중도상환수수료를 부과할 수 없고, 소비자가 기지급한 이자는 환급하지 않는다. 대출한도 약정 대출인 경우에는 해지 후 남은 계약기간에 대한 '한도약정 수수료'를 부과할 수 없다.

(6) 행사기간

금융소비자는 계약 체결일부터 5년 이내의 기간으로서 계약 체결에 대한 위반사항을 안 날부터 1년 이내에 서면등으로 계약의 해지를 요구할 수 있다(금융소비자법47①)(시행령

410) 이상훈, "금융소비자보호 기본법(안)의 위법계약 해지권 소고", 은행법연구 10권 1호, 2017, 229면
411) 금융위원회·금융감독원 보도자료, "금융소비자법 관련 10문 10답", 2021.3.24.자, 2-3면

38②).

5. 자료열람요구권

(1) 의의

금융소비자는 분쟁조정 또는 소송의 수행 등 권리구제를 위한 목적으로 금융상품판매업자등이 기록 및 유지·관리하는 자료의 열람(사본의 제공 또는 청취를 포함)을 요구할 수 있다(금융소비자법28③).

금융소비자가 금융상품 관련하여 손해를 입었을 때 분쟁조정이나 소송으로 구제받기 위해서는 관련 자료를 수집할 필요가 있기 때문에 실질적 권리구제를 위하여 도입하였다. 기존에는 분쟁조정신청 사건의 경우는 금융감독원에 정보공개청구를, 소송의 경우는 법원에 사실조회를 신청하여 관련 자료를 입수하였으나, 자료열람요구권을 법률에 규정함으로써 금융소비자가 신속하고 편리하게 분쟁조정이나 소송에 대응할 수 있게 되었다.[412]

자료열람요구권은 금융소비자법 시행 이후 금융상품계약 체결을 권유하거나 계약을 체결하는 경우부터 적용한다(부칙2).

(2) 열람 대상 자료 및 유지·관리 기간

(1) 금융상품판매업자등이 기록 및 유지·관리하는 자료는 다음과 같다(금융소비자법28③, 시행령22①).

1. 계약체결에 관한 자료
2. 계약의 이행에 관한 자료
3. 금융상품등에 관한 광고 자료
4. 금융소비자의 권리행사에 관한 다음 각 목의 자료
   가. 금융소비자법 28조 4항 후단 및 5항에 따른 금융소비자의 자료 열람 연기·제한 및 거절에 관한 자료
   나. 금융소비자법 46조에 따른 청약의 철회에 관한 자료
   다. 금융소비자법 47조에 따른 위법계약의 해지에 관한 자료
5. 내부통제기준의 제정 및 운영 등에 관한 자료
6. 업무 위탁에 관한 자료
7. 1호부터 6호까지의 자료에 준하는 것으로서 금융위원회가 정하여 고시하는 자료[413]

(2) 금융상품판매업자등이 유지·관리해야 하는 기간은 10년을 말하며 다만, 다음 각호의 자료는 해당 호에서 정하는 기간으로 한다(금융소비자법28③, 시행령26②).

---

412) 원일연, "금융소비자법 제정이 보험계약자 보호에 미치는 영향 연구 – 금융소비자법과 보험법의 비교분석을 중심으로", 서강법률논총 9권 3호, 2020, 105면

413) 이에 해당하는 감독규정은 제정되지 않았다.

1. 위 1호 및 2호의 자료 중 보장기간이 10년을 초과하는 보장성 상품의 경우: 해당 보장성 상품의 보장기간
2. 위 5호의 자료: 5년

(3) 열람의 요구 · 제한, 통지 등의 방법 및 절차

금융소비자가 자료의 열람을 요구하는 경우 금융소비자는 열람의 목적, 범위 및 방법 등에 관한 사항이 포함된 열람요구서를 상품판매업자등에게 제출해야 하고(금융소비자법시행령26③), 금융상품판매업자등은 원칙적으로 열람 요구를 받은 날로부터 6영업일 이내에 금융소비자가 해당자료를 열람할 수 있도록 해야 한다(금융소비자법시행령26④). 열람, 열람의 연기 및 열람의 제한·거절을 알리는 경우에는 원칙적으로 소정의 사항을 담은 문서를 통하되, 열람을 알리는 경우에는 전화, 팩스, 전자우편 또는 문자메시지 등으로 알릴 수 있다(금융소비자법시행령26⑤).

금융상품판매업자등은 금융소비자가 열람을 요구하는 경우 실비를 기준으로 금융소비자에게 수수료 또는 우송료(사본의 우송을 청구하는 경우만 해당)를 청구할 수 있으며, 열람업무의 효율적인 운영을 위해 필요한 경우에는 미리 수수료 또는 우송료를 청구할 수 있다(금융소비자법시행령26⑦).

(4) 열람의 제한 · 거절 사유

금융상품판매업자등은 다음 각 호의 어느 하나에 해당하는 경우에는 금융소비자에게 그 사유를 알리고 열람을 제한하거나 거절할 수 있다(금융소비자법28⑤).

1. 법령에 따라 열람을 제한하거나 거절할 수 있는 경우
2. 다른 사람의 생명 · 신체를 해칠 우려가 있거나 다른 사람의 재산과 그 밖의 이익을 부당하게 침해할 우려가 있는 경우
3. 그 밖에 열람으로 인하여 해당 금융회사의 영업비밀(부정경쟁방지법 2조 2호에 따른 영업비밀)이 현저히 침해되는 등 열람하기 부적절한 경우로서 대통령령으로 정하는 경우

위 3.에서 대통령령으로 정하는 경우는 다음과 같다(금융소비자법시행령26⑥).

1. 부정경쟁방지법 2조 2호에 따른 영업비밀을 현저히 침해할 우려가 있는 경우
2. 개인정보의 공개로 인해 사생활의 비밀 또는 자유를 부당하게 침해할 우려가 있는 경우
3. 열람하려는 자료가 열람목적과 관련이 없다는 사실이 명백한 경우

제 5 장

자산운용

제 1 관 자산운용의 원칙

1. 의의

(1) 공공성, 사회성을 띠는 보험업은 전형적인 규제산업이다. 규제는 보험회사의 자산운용에도 미친다. 보험회사의 자산은 보험회사가 보험계약자에게 부담하는 각종 지급의무의 재원이기 때문이다. 즉 보험회사는 보험계약을 통해서 보험계약자로부터 보험료를 지급받되 보험계약자에게 보험금, 환급금 등의 지급의무를 지는데, 지급재원은 보험회사 자산이다. 만약 자산운용이 잘못되면 보험회사 재무건전성은 타격을 입게 되고 지급재원이 부실해진다. 보험계약자를 보호하기 위해서는 지급재원인 자산을 운용하는 데 일정한 규제가 필요하다. 자산운용을 규제해야 할 주된 이유는 여기에 있다.

(2) 자산운용 규제를 위해서 보험업법 104조는 자산운용의 원칙을 규정한다. 즉 보험회사는 자산을 운용할 때 안정성, 유동성, 수익성 그리고 공익성이 확보되도록 해야 한다(법104①). 안정성 등은 자산을 운용할 때 준수해야 할 원칙이다. 그리고 자산을 운용할 때 선관주의를 다해야 한다. 즉 보험회사는 선량한 관리자의 주의로써 자산을 운용해야 한다(법104②). 보다 정확하게는, 선관주의는 자산운용의 원칙이라기보다는 자산운용상 주의의무라고 볼 수 있다.

2. 운용원칙

(1) 종류

보험회사는 자산을 운용할 때 안정성, 유동성, 수익성 그리고 공익성 원칙을 준수해야 한다(법104①). 구체적인 내용은 다음과 같다.

1) 안정성

안정성 원칙은 자산을 운용할 때 자산가치가 하락할 위험에 노출되지 않도록 하는 원칙이다. 자산가치의 하락위험에는 신용위험(채무자의 파산 등으로 채무가 불이행될 위험), 시장위험(주가, 금리, 환율 등 시장가격의 변동 때문에 생기는 위험) 등이 있다.

2) 유동성

유동성 원칙은 자산을 운용할 때 자산의 일부가 현금이거나 또는 현저한 가치 하락 없이 단기간에 현금화될 형태이어야 한다는 원칙이다. 자산의 양이 충분해도 유동성이 부족하면 일시적으로 지급불능 위험에 노출될 수 있기 때문에 유동성 원칙이 필요하다.

3) 수익성

수익성 원칙은 자산을 운용할 때 적정한 수익을 거두어야 한다는 원칙이다. 수익성은 예정이율, 보험료에 영향을 미치기 때문에 적정한 수준이어야 할 것이 요구된다. 예정이율이란 보험계약자로부터 받은 보험료를 보험금 지급 시까지 운용하여 거둘 예상수익률이다. 보험회사는 예정이율을 고려하여 보험상품별 보험료를 정하는데, 예정이율이 높으면 보험료가 싸고 예정이율이 낮으면 보험료가 비싸다. 보험료가 비싸면 보험계약자에게 부담이 됨은 물론이다.

4) 공익성

공익성 원칙은 자산을 운용할 때 공익에 부합해야 한다는 원칙이다. 보험업이 내포하는 공공성, 사회성을 고려한 원칙이다. 비업무용 부동산 소유의 금지, 공익사업 투자 등은 공익성을 고려한 자산운용의 예에 해당한다.

(2) 원칙 간의 관계

(1) 안정성, 유동성, 수익성 및 공익성 사이에 우선순위가 있는가? 보험업법 104조 1항은 네 가지 원칙을 나열할 뿐 그 사이에 순서를 정하고 있다고 보기는 어렵다. 해석을 통해서 정할 문제라고 사료된다.

(2) 안정성, 유동성, 수익성 및 공익성 사이에 우선순위가 있다고 해석해야 하는가? 생각건대, 원칙적으로 우선순위를 정할 관계는 아니라고 본다. 안정성, 유동성, 수익성, 공익성은 보험회사가 상황별로 각각 적정하게 추구하면 되고 어느 한 원칙이 절대적으로 우선한다고 할 성질은 아니다. 어느 한 원칙을 절대적으로 추구하면 다른 원칙이 훼손될 수 있는 관계에 있기 때문이다. 가령 안정성을 지나치게 중시하면 수익성이 훼손될 수 있다. 요컨대, 안정성, 유동성, 수익성 및 공익성 원칙은 각각 적정하게 추구하여 어느 하나가 약화되거나 훼손되지 않게 해야 한다.

3. 선관주의

(1) 취지

(1) 자산운용에는 일정한 주의의무가 요구된다. 즉 보험회사는 자산을 운용할 때 선량한 관리자의 주의를 다해야 한다(법104②). 보험회사로 하여금 선량한 관리자의 주의, 즉 선관주의를 부담하도록 규정하는 취지는 보험회사 자산이 보험회사가 보험계약자에게 부담하는 각종 지급의무의 재원이라는 점을 고려하여 보험회사가 자산운용 시에 선관주의를 다하지 않는 경우 그에게 공법상 책임을 묻기 위해서이다.

(2) 한편, 보험회사는 자산운용을 할 때 선관주의를 다하면 자산운용상 공법상 책임은 지지 않는다는 의미도 된다. 가령 자산운용을 한 결과 낮은 수익을 냈다고 해도 선관주의를 다했다면 수익성 원칙 위반을 이유로 공법상 책임을 지지 않는다. 다시 말하면 보험회사가 자산운용상 선관주의를 진다는 취지는 보험회사가 자산운용상 고의 또는 과실이 없는 한 공법상 책임을 면한다는 의미이기도 하다. 일반적으로 공법상 책임은 무과실책임이며 고의 또는 과실 여부는 책임수준 결정 시에 참작 요소에 불과하므로, 보험업법 104조 2항은 예외조항에 해당한다.

(2) 내용

선관주의는 일반적으로 평균인에게 요구되는 주의(가령 민법 374조)를 가리킨다.[1] 평균인의 주의가 기준이므로 개인차를 인정하지 않는다. 선관주의는 '자기 재산과 동일한 주의'(가령 민법 695조)와 구분되며, 후자는 개인차를 인정한다는 점이 다르다. 선관주의를 다하지 않은 경우 과실이 인정되며, 이를 추상적 과실이라고 한다. '자기 재산과 동일한 주의'를 다하지 않은 경우에도 과실이 인정되며, 이를 구체적 과실이라고 하여 선관주의와 구분한다.

(3) 주체

(1) 선관주의를 부담하는 주체는 누구인가? 보험업법 104조 2항에 따르면 선관주의의 주체는 보험회사이다. 나아가 보험회사의 임직원도 주체에 포함된다고 해석한다. 보험업법 134조에 따르면 보험업법을 위반하면 보험회사는 물론이고 그 임직원이 제재를 받기 때문이다. 임직원이 제재를 받는다는 의미는 임직원이 보험업법상 의무를 부담하기 때문이고 보험업법상 의무에는 보험업법 104조 2항의 선관주의도 포함된다고 해석해야 한다. 보험업법 134조가 제재 대상을 보험회사에 한정하지 않고 그 임직원에까지 확대한 이유는 보험업의 공공성, 사회성을 고려하여 해당 행위자도 제재하기 위해서이다.

(2) 한편 다른 해석론도 있다. 즉 보험회사의 이사는 선관주의를 부담하지만 직원은

---

1) 곽윤직, 민법총칙, 2013, 40면

그렇지 않으며, 직원은 근로계약상 주의의무로 규율하면 충분하다는 견해가 있다.[2] 보험업법 134조는 직원도 제재 대상에 포함시키므로, 직원도 보험업법 104조 2항의 선관주의를 진다는 해석이 타당하다.

(4) 적용 범위

선관주의는 보험회사가 수행하는 업무 전반에 적용되는가? 긍정하는 견해가 있으나,[3] 타당하지 않다. 보험업법 104조 2항은 자산운용 업무에 선관주의가 적용된다고 규정하고 있을 뿐이다. 보험업법 104조 2항의 선관주의는 추상적 과실이 있는 경우에만 자산운용상 공법적 책임을 진다는 의미이고 공법상 책임이 일반적으로 무과실책임이라는 점을 고려하면, 명문의 근거 없이 해석을 통해서 선관주의를 보험회사 업무 전반으로 확대하여 적용하기 어렵다.

제 2 관 자산운용 방식

1. 규제 방식

(1) 자산운용의 방식은 투자, 대출 등 다양하다. 자산운용의 방식 중의 일부는 자산운용의 원칙(안정성, 유동성, 수익성, 공익성)을 해칠 위험도 있다. 자산운용의 원칙을 해칠 우려가 있는 자산운용 방식을 어떻게 규제할 것인지가 문제된다.

(2) 보험업법 105조는 일정한 자산운용 방식을 예외적으로 금지하고 나머지는 모두 허용한다. 즉 보험업법 105조는 "보험회사는 그 자산을 다음 각 호의 어느 하나에 해당하는 방법으로 운용하여서는 아니된다"라고 규정한다.

(3) 명시적으로 금지한 사항을 제외하고 나머지는 전부 허용하는 규제 방식을 네거티브(Negative) 규제라고 한다. 네거티브 규제는 피규제자의 자율성을 넓힌다. 네거티브 규제하의 자산운용방식에서는 자율성이 확대되는 결과 가령 지나치게 수익성을 추구하여 안정성을 해칠 우려가 문제로 지적되는데, 안정성 훼손 우려는 자산운용의 원칙(법104①)을 통해서 규율하게 된다. 자산운용방식에서 네거티브 규제는 자산운용방식에 대한 직접 규제를 최소화하되 사후 규제에 방점을 두는 규제 유형이다. 이와 대조적으로, 포지티브(Positive) 규제는 자산운용방식을 사전적으로 직접 규제하는 보다 엄격한 규제 방식이다. 즉 포지티브 규제는 명시적으로 허용한 사항을 제외하고 나머지는 전부 금지하는 규제로서 피규제자의 자율성을 좁힌다. 네거티브 규제 방식을 취한 보험업법 105조는 2003년 개정에서 신설되었고, 이전에는 포지티브 규제 방식을 취했었다. 포지티브 규제 방식에 따

2) 이성남(보험업법2) 228면; 정채웅 584면
3) 이성남(보험업법2) 229면

랐던 2002년 기준 보험업법시행령 19조 2항은 "보험사업자는 그 재산을 다음 각호의 방법에 의하여 운용하여야 한다"라고 규정했었다.

2. 금지되는 운용방식

보험업법 105조는 일정한 자산운용방식을 금지(또는 제한)한다. 이에 따라 일정한 부동산 소유, 대출, 외국환 및 파생금융거래가 금지되는데 구체적 내용은 다음과 같다.

(1) 부동산

1) 비업무용 부동산

i) 의의

비업무용 부동산의 소유가 금지된다. 즉 '대통령령이 정하는 업무용 부동산' 이외에는 부동산 소유가 금지되고, 다만 업무용 이외의 부동산이더라도 저당권 등 담보권의 실행으로 취득하는 부동산은 예외이다(법105(1)).

ii) 취지

비업무용 부동산의 소유를 금지하는 이유는 자산운용의 원칙 중에서 공익성과 주로 관련된다. 보험회사가 업무와 무관하게 부동산을 소유한다면 국내 부동산 시장에 바람직하지 않은 영향을 미친다고 보기 때문이다.

iii) 업무용 부동산

① 의의

'대통령령이 정하는 업무용 부동산'의 소유는 허용된다. 업무용 부동산은 법인세법시행령 49조 1항 1호의 부동산[4] 해당하지 않아야 하고, 업무시설용 부동산과 투자사업용 부동산 중의 하나에 해당해야 하며, 세부사항은 금융위원회가 정하여 고시한다(시행령49①·③).

② 업무시설용 부동산

(1) 업무시설용 부동산은 영업장(연면적의 100분의 10 이상을 보험회사가 직접 사용하고 있는 것만 해당), 연수시설, 임원 또는 직원의 복리후생시설 및 이에 준하는 용도로 사용하고 있거나 사용할 토지 · 건물과 그 부대시설이다(시행령49①(1)본).

(2) 다만, 영업장은 원칙적으로 단독소유의 대상이어야 하고, 만약 단일 건물에 구분소유되어 있는 경우에는 다음 각 목을 모두 충족해야 한다(시행령49①(1)단).

---

4) 법인세법시행령 49조 1항 1호의 부동산은 다음 각 목의 하나에 해당하는 부동산을 가리킨다. 다만, 법령에 의하여 사용이 금지되거나 제한된 부동산, '자산유동화에 관한 법률'에 의한 유동화전문회사가 동법 3조의 규정에 의하여 등록한 자산유동화계획에 따라 양도하는 부동산 등 기획재정부령이 정하는 부득이한 사유가 있는 부동산을 제외한다.
가. 법인의 업무에 직접 사용하지 아니하는 부동산. 다만, 기획재정부령이 정하는 기간(이하 이 조에서 "유예기간"이라 한다)이 경과하기 전까지의 기간 중에 있는 부동산을 제외한다.
나. 유예기간 중에 당해 법인의 업무에 직접 사용하지 아니하고 양도하는 부동산. 다만, 기획재정부령이 정하는 부동산매매업을 주업으로 영위하는 법인의 경우를 제외한다.

가. 구분소유권의 객체인 여러 층이 연접하거나 물리적으로 하나의 부동산으로 인정할 수 있을 것
나. 부동산의 소유 목적, 경제적 효용 및 거래관행에 비추어 수개의 부동산 취득의 불가피성이 인정될 것

(3) 보험회사가 문화·예술진흥에 기여할 수 있는 사업으로서 다음 각 호의 어느 하나에 해당하는 사업에 사용하는 부동산은 업무시설용 부동산으로 본다(감독규정5-1).

1. 상설전시관 사업
2. 공연행사장 사업
3. 그 밖에 금융감독원장이 필요하다고 인정하는 사업

위 3호에서 금융감독원장이 필요하다고 인정하는 사업에는 지역문화행사, 전국학생미술대회 협찬, 전시회 개최, 문화·예술관련 재단 설립 등이 있다(감독시행세칙3-1②).

③ 투자사업용 부동산

투자사업용 부동산은 주택사업, 부동산임대사업, 장묘사업 등 사회복지사업, 도시재개발사업, 사회기반시설사업 등 공공성 사업과 해외부동산업을 위한 토지·건물 및 그 부대시설을 가리킨다(시행령49조①(2)).

2) 특별계정을 통한 소유

(1) 보험업법 108조 1항 2호에 따라 설정된 특별계정을 통한 부동산의 소유가 금지된다(법105(2)).

(2) 특별계정이란 일정한 보험계약에 대해서 준비금에 상당하는 자산의 전부 또는 일부를 그 밖의 자산과 구별하여 이용하기 위해서 설정한 계정이다. 보험업법 108조 1항 2호에 따라 설정된 특별계정은 퇴직급여법 29조 2항에 따른 퇴직보험계약 및 동법 부칙(법률7379호, 2005.1.27.) 2조 1항에 따른 퇴직보험계약의 특별계정을 가리킨다.

(3) 퇴직보험계약을 위해서 보유하는 자산은 유동성을 우선할 필요가 있다는 점이 퇴직연금계약의 특별계정을 이용하여 부동산을 소유하는 행위를 금지하는 이유이다.[5]

(2) 대출

1) 투기 목적

i) 의의

(1) 상품이나 유가증권에 대한 투기를 목적으로 하는 자금의 대출은 금지된다(법105(3)). 투기는 극단적인 수익 가능성과 손실 가능성이 병존하는 모험적인 위험거래를 가리킨다.

(2) 투기 목적의 자금 대출이 금지되는 이유는 주로 자산운용의 안정성 원칙을 고려하

---
5) 정채웅 588면

기 위함이다. 즉 투기 목적으로 자금 대출을 하는 것은 자산운용의 안정성을 크게 해칠 수 있다. 투기 목적이 있는지는 해당 거래별로 구체적 개별적으로 판단해야 한다.[6]

ii) 투기의 대상

금지되는 투기의 대상을 어디까지로 볼지가 문제된다. 보험업법 105조 3호는 상품이나 유가증권이라고 규정한다. 투기 목적의 자금 대출은 자산운용의 안정성을 크게 해칠 수 있으므로 비교적 엄격하게 제한해야 하고, 따라서 금지되는 투기 대상은 넓게 해석할 필요가 있다. 해석 방법으로는 두 가지가 가능하다.

첫째, 상품이나 유가증권의 개념을 넓게 해석하는 방법이다. 유가증권은 법적 권리 또는 지위를 표창하는 증서라는 정의(통설)에 따르면 된다. 상품이라는 용어는 개별 실정법에서 사용되고 있지만,[7] 상품에 대한 단일한 정의는 아직 없다. 단일한 정의에 맞출 필요가 없으므로, 보험업법 105조 3호의 입법 취지에 맞추어 상품을 정의하면 된다. 생각건대, 투기의 목적이 되는 상품은 넓게 정의해서 이는 거래의 대상이라면 유형이든 무형이든 모든 재산을 의미한다고 정의할 수 있다. 여기에는 부동산, 지적재산권 등도 포함된다고 해석한다.[8]

둘째, 상품이나 유가증권이 투기 대상의 예시에 불과하다고 해석하는 방법이다. 만약 상품에는 동산만 포함된다고 좁게 정의하더라도, 상품은 투기 대상의 하나의 예시에 불과하다고 해석함으로써, 투기의 대상을 넓게 해석할 수 있게 된다.

2) 자기주식취득 목적

(1) 직접 또는 간접을 불문하고 해당 보험회사의 주식을 사도록 하기 위한 대출은 금지된다(법105(4)).

(2) 보험회사가 자기주식을 취득하려는 목적으로 대출하는 행위는 자기주식 취득의 요건과 효과를 우회적으로 회피할 수 있기 때문에 금지된다. 자기주식이란 주식회사가 발행한 주식을 스스로 소유하는 경우 그 소유 주식을 가리킨다. 상법은 주식회사가 엄격한 요건 하에서만 자기주식을 취득할 수 있게 하고 또한 취득한 자기주식의 의결권을 인정하지 않는다(상법341,341의2,369②). 상법은 자기주식 취득의 요건 및 효과에 대한 제한을 주식회사를 중심으로 규정하고, 그 일부 조항을 유한회사에 준용한다(상법560).

3) 정치자금 목적

(1) 직접 또는 간접을 불문하고 정치자금의 대출은 금지된다(법105(5)). 정치자금의 종류는 정치자금법 3조 1항에 따른다고 해석한다.[9]

---

6) 성대규·안종민 436면; 정채웅 588면
7) '부정경쟁방지 및 영업비밀보호에 관한 법률' 2조 1호, 상표법 2조 1항, 독점규제법시행령 53조의4 등
8) 정채웅 588면도 부동산이 포함된다고 해석한다.
9) 정치자금법 3조 1호가 규정하는 정치자금의 종류는 다음 각 목과 같다.

(2) 보험회사가 정치자금 목적으로 대출을 하는 행위는 정치자금 기부금지를 우회적으로 회피할 수 있기 때문에 금지한다. 즉 정치자금법 31조에 따르면 국내외의 법인은 정치자금을 기부할 수 없고 누구든지 국내외의 법인과 관련된 자금으로 정치자금을 기부할 수 없다. 또한, 정치자금 목적의 대출은 자산운용의 원칙(안정성, 수익성 등)을 훼손할 위험이 크다는 점도 금지하는 이유라고 할 수 있다.

4) 임직원

i) 의의

(1) 해당 보험회사의 임직원에 대한 대출은 금지되고, 다만 보험약관에 따른 대출 및 '금융위원회가 정하는 소액대출'은 허용된다(법105(6)). 이 규정의 해석상 금융위원회가 정하는 소액대출에 보험약관에 따른 대출은 제외하는 것이 타당하다.[10)]

(2) 해당 보험회사 임직원에 대한 대출을 금지하는 이유는 대출 공급자와 수요자가 사실상 일치하여 보험회사와 보험계약자 사이에 이해 상충을 일으킬 수 있고 자산운용의 원칙을 해칠 위험이 크기 때문이다. 보험약관에 따른 대출 및 소액대출은 이러한 위험이 작으므로 허용된다.

ii) 소액대출

(1) '금융위원회가 정하는 소액대출'은 다음 각 호의 대출을 말한다(감독규정5-8①본).

1. 일반자금 대출: 20백만 원 이내
2. 주택자금 대출(일반자금대출 포함): 50백만 원 이내
3. 사고금정리 대출(일반자금 및 주택자금대출 포함): 60백만 원 이내

(2) 위 (1)의 소액대출을 함에 있어서 책임준비금(시행령63①)을 재원으로 대출하는 경우 대출조건은 일반고객과 동일해야 한다(감독규정5-8①단). 여기서 책임준비금은 보험회사가 장래에 지급할 보험금·환급금 및 계약자배당금의 지급에 충당하기 위하여 계상해야 하는 책임준비금을 가리킨다. 이러한 재원으로 대출하는 경우 임직원에게 유리하게 대출조건을 정하면 부당하다고 본 것이다.

(3) 위 (1)의 소액대출의 대출금을 산정함에 있어서 다음 각 호에서 정하는 대출금은

가. 당비
나. 후원금
다. 기탁금
라. 보조금
마. 정당의 당헌·당규 등에서 정한 부대수입
바. 정치활동을 위하여 정당(중앙당창당준비위원회를 포함), 공직선거법에 따른 후보자가 되려는 사람, 후보자 또는 당선된 사람, 후원회·정당의 간부 또는 유급사무직원, 그 밖에 정치활동을 하는 사람에게 제공되는 금전이나 유가증권 또는 그 밖의 물건
사. 바목에 열거된 사람(정당 및 중앙당창당준비위원회를 포함)의 정치활동에 소요되는 비용

10) 감독규정 [별표11] 6호는 이 점을 확인하고 있다.

제외한다(감독시행세칙3－11①).

1. 관계법령 또는 금융기관의 내규에서 정하는 바에 따라 일반고객과 동일한 조건으로 취급하는 다음 각 목의 대출금
   가. 임직원 소유 주택에 의해 담보된 대출금
   나. 임직원이 주택조합 조합원으로서 시공사가 당해 보험회사를 지정하여 이주비 또는 중도금을 대출받는 경우의 대출금
2. 합병으로 존속 또는 신설되는 보험회사의 임직원이 합병 당시 재임 또는 재직한 보험회사 이외의 합병당사자인 보험회사로부터 받은 대출금

(4) 보험회사는 소액대출 현황을 감독시행세칙 [별표3]에 따라 다음 해 1월 말까지 금융감독원장에게 보고해야 한다(감독시행세칙3－11②).

(3) 외국환거래 및 파생금융거래

1) 의의

(1) 자산운용의 안정성을 크게 해칠 우려가 있는 행위로서 외국환거래 및 파생금융거래가 금지된다(법105⑦). 즉 금융위원회가 정하는 기준을 충족하지 않는 외국환거래[11] 및 파생금융거래[12]가 금지된다(시행령49②(1)).

(2) 금융위원회가 정하는 외국환거래 기준은 감독규정 [별표8], 파생금융거래는 감독규정 [별표9]에 정해져 있다(감독규정5－2②).

(3) 그리고 외환건전성 관리에 관해서는 본서 제7장 감독, 제1절 재무건전성 유지에서 별도로 살펴보기로 한다.

2) 외국환거래 기준

다음은 감독규정 [별표8]에 따른 외국환거래의 허용 기준이다. 여기서 외국환거래는 외국환이 수반되는 거래를 가리킨다.

1. 거래기준
보험회사는 외국환 종류별로 아래에서 정하는 기준을 충족하는 외국환거래를 할 수 있다.
2. 용어의 정의
   가. 비거주자라 함은 외국환거래법 3조 1항 15호에서 규정하는 비거주자(동항 14호에서 규정하는 거주자의 현지법인 및 해외지사는 제외)를 말한다.
   나. 외화표시 신용파생결합증권이라 함은 외국환거래규정 1－2조 13－1호에서 규정하는 신용연계채권(Credit Linked Note), 합성담보부채권(Synthetic Collateralized Debt Obli－gations) 등 신용파생금융거래가 내재된 외화증권을 말한다.

---

11) '외국환 거래법' 3조 13호에 따른 외국환 중에서 대외지급수단, 외화증권, 외화채권만 해당한다.
12) '외국환 거래법' 3조 9호에 따른 파생상품에 관한 거래로서 채무불이행, 신용등급 하락 등 계약 당사자 사이의 약정된 조건에 의한 신용사건의 발생 시에 신용위험을 거래 당사자 한쪽에게 전가하는 거래 또는 이와 유사한 거래를 포함한다.

다. 대외지급수단이라 함은 외국환거래법 3조 1항 4호에 따른 외국통화, 외국통화로 표시된 지급수단, 그 밖에 표시통화에 관계없이 외국에서 사용할 수 있는 지급수단을 말한다.

라. 투자일임계약이라 함은 자본시장법 8조에 따른 투자일임업자(일임업자가 비거주자인 경우는 이와 동일하거나 유사한 업무를 수행하는 자)와 체결하는 투자일임계약을 말한다.

3. 외화증권

가. 주식 및 출자지분

(1) 외국유가증권시장에 상장 또는 등록된 주식 및 상장 또는 등록이 예정된 주식

(2) 보험업법 2조 18호에서 규정하는 보험회사의 자회사 주식

(3) 외국환거래규정 1-2조 15호에서 규정하는 역외금융회사의 주식 또는 출자지분

(4) 외국 유가증권시장에 상장 또는 등록되지 않은 주식으로서 보험업법시행령 59조 1항 1호부터 14호까지의 어느 하나에 해당하는 업무를 주로 하는 회사의 주식

(5) 사모투자전문회사의 출자지분

나. 외화표시 수익증권

다. 외화표시 신용파생결합증권

(1) 신용연계채권(Credit Linked Note) 및 신용연계예금(Credit Linked Deposit)은 기초자산의 신용평가등급이 신용평가기관으로부터 투자적격등급 이상을 얻은 경우. 다만 기초자산의 발행자가 비거주자인 경우 당해 기초자산에 대하여 국제적인 외국 신용평가기관으로부터 우수등급(S&P 기준 A- 이상 또는 이에 준하는 타 신용평가기관의 신용등급) 이상을 얻은 경우에 한한다.

(2) 합성담보부채권(Synthetic Collateralized Debt Obligations)의 경우 신용평가등급이 신용평가기관으로부터 투자적격등급 이상을 얻은 경우. 다만 기초자산에 비거주자의 신용위험이 포함된 경우에는 당해 합성담보부채권이 국제적인 외국 신용평가기관으로부터 우수등급(S&P 기준 A- 이상 및 이에 준하는 타 신용평가기관의 신용등급) 이상을 얻은 경우에 한한다.

라. 가목 내지 다목 이외의 외화증권

(1) 거주자가 발행한 외화증권

신용평가기관에서 투자적격등급 이상을 얻거나 동 신용등급 이상의 금융기관에 의한 객관적인 보증관계가 명시된 외화증권

(2) 비거주자가 발행한 외화증권

(가) 국제적인 외국 신용평가기관으로부터 투자적격등급(S&P 기준 BBB- 이상 또는 이에 준하는 타 신용평가기관의 신용등급) 이상을 얻은 외화증권

(나) 투자적격 신용등급 이상의 금융기관 또는 우수등급(S&P 기준 A- 이상 또는 이에 준하는 타 신용평가기관의 신용등급) 이상의 비금융기관에 의한 객관적인 보증관계가 명시된 외화증권

(다) 발행 소재국의 금융감독당국이 바젤기준(또는 이에 준하는 해당국의 기준)에 따라 지정한 적격외부신용평가기관으로부터 투자적격등급 이상의 등급을 얻은 외화증권

4. 외국 부동산

보험업법시행령 49조 1항의 요건에 부합되는 외국부동산의 거래

5. 기타 외환거래
   가. 대외지급수단
      (1) OECD국가 통화 및 국제적인 외국신용평가기관으로부터 AA−(S&P 기준) 또는 이에 준하는 신용등급 이상인 국가의 통화
      (2) 해외 자회사에 대한 출자금
      (3) 선물거래 및 그에 준하는 수단에 의해 원화 또는 가목의 통화로 환율 변동에 따른 위험이 헷지되어 있는 기타 통화
   나. 외화예금, 외화예치금
      (1) 금융실명법 2조 1호 가목부터 파목까지의 금융기관 및 이에 준하는 외국 금융기관에 대한 외화예금 또는 예치금
      (2) 해외선물거래를 위한 해외선물거래소 등에 대한 증거금 또는 예치금
   다. 외화표시 자산운용 일임계약
   라. 외화대출
6. 그 밖의 사항
   가. "5. 기타 외환거래"의 외화표시 자산운용 일임계약 거래 시에는 다음 각 호의 기준을 준수하여야 한다.
      (1) 거래상대방이 소재국 법령상 인정된 집합투자업자일 것
      (2) 자산운용의 목적, 주요투자대상 등 운용전략, 투자제한, 성과측정, 계약취소에 관한 사항 등을 기재한 자산운용지침서에 의할 것
      (3) 보험회사는 수탁기관에 당해 보험회사 명의의 계좌를 설정하여 유가증권을 보관할 것
      (4) 지배구조법 24조 및 동법시행령 19조의 규정에 의한 내부통제기준에 다음 사항을 포함할 것
         (가) 집합투자업자의 선정·해임 기준 및 절차에 관한 사항
         (나) 집합투자업자의 자산운용 실적 평가에 관한 사항
         (다) 집합투자업자의 자산운용의 적정성 여부를 감시하기 위한 조직에 관한 사항
         (라) 기타 보험회사의 건전한 자산운용을 위하여 필요한 사항
      (5) 보험업법 및 동법시행령에서 규정하는 자산운용비율 규제, 금지 또는 제한 행위의 적용에 있어서는 당해 자산운용 일임계약의 운용자산을 당해 보험회사의 운용자산으로 간주하여 적용한다.
   나. 이 기준에 의한 보험회사의 외국환거래가 역외금융회사에 대한 투자일 경우 당해 보험회사 및 당해 보험회사와 보험업법 2조 17호에서 규정하는 관계에 있는 자(계약 형태의 역외금융회사를 포함한다)의 합산 지분율이 당해 역외금융회사 지분율의 50%를 초과하는 경우에는 보험업법 및 동법시행령에서 규정하는 자산운용비율 규제, 금지 또는 제한 행위의 적용에 있어서는 역외금융회사의 운용자산을 당해 보험회사의 운용자산으로 간주하여 적용한다. 이 경우 한도 산정 시에는 출자지분비율을 감안한다.
   다. "3. 외화증권"의 신용연계채권 및 합성담보부채권 투자 시 당해 채권의 기초자산의 발행자(합성담보부채권의 경우 신용위험 대상자를 포함한다) 중 보험업법 2조 17호에서 규정하는 대주주이거나 동법시행령 50조 1항에서 규정하는 자회사가 포함된 경우에는 당해 채권금액의 기초자산 지분비율 상당액(비율이 불분명한 경우에는 채권금액 전액)

을 당해 보험회사의 대주주 및 자회사에 대한 신용공여에 포함하여 한도를 산정한다.

라. 신용등급의 사용 기준

(1) 외화유가증권의 개별 신용등급을 우선 적용하고, 개별 신용등급이 부여되어 있지 않은 경우에는 다음의 신용등급이 부여된 것으로 간주할 수 있다. 다만, 해당 기준에 따라 사용할 수 있는 신용등급이 없는 경우에는 무등급으로 한다.

(가) 채무자가 부담하고 있는 다른 무담보채권에 대하여 장기 신용등급이 부여되어 있는 경우, 해당 익스포져가 무담보채권보다 후순위가 아닐 때는 해당 무담보채권의 신용등급

(나) 채무자에 대하여 신용등급이 부여되어 있는 경우, 해당 익스포져가 채무자의 다른 채무와 동순위 또는 선순위일 때는 채무자 신용등급

(2) 유효한 신용평가기관의 신용등급이 두 개 이상인 경우 낮은 신용등급을 적용한다.

(3) (1) 및 (2)에도 불구하고 국내 채무자가 발행한 외화채권 익스포져에 대해서는 해당 채무자가 발행한 원화표시 무담보채권에 대한 국내 신용평가기관의 신용등급(단, 해당 익스포져가 원화표시 무담보채권보다 후순위가 아닌 경우에 한함)을 적용할 수 있다.

(4) 이 기준에서 신용평가등급으로 기준을 정한 외국환이 거래일 이후에 신용평가등급이 하향 조정되어 기준을 충족하지 못하게 되는 경우에는 내규에서 정하는 바에 따라 외국환투자 담당임원 등이 포함된 투자위원회 또는 위험관리위원회 등의 심의를 거쳐 계속 보유 여부를 결정해야 한다.

마. “3. 외화증권”의 역외금융회사의 주식 또는 출자지분에 대한 투자, “5. 기타 외환거래”의 외화표시 자산운용 일임계약 체결 시에는 내규에서 정하는 바에 따라 외국환투자 담당임원 등이 포함된 투자위원회 또는 위험관리위원회 등의 심의를 거쳐야 한다.

3) 파생금융거래 기준

다음은 감독규정 [별표9]에 따른 파상금융거래의 허용 기준이다.

1. 파생금융거래 기준

보험회사는 이 기준을 충족하는 파생금융거래를 할 수 있다.

2. 파생금융거래의 범위

이 규정에서 파생금융거래라 함은 다음 각 목의 하나의 거래를 말한다.

가. 기초자산이나 기초자산의 가격·이자율·지표·단위 또는 이를 기초로 하는 지수 등에 의하여 산출된 금전 등을 장래의 특정 시점에 인도할 것을 약정하는 계약

나. 당사자 어느 한쪽의 의사표시에 의하여 기초자산이나 기초자산의 가격·이자율·지표·단위 또는 이를 기초로 하는 지수 등에 의하여 산출된 금전 등을 수수하는 거래를 성립시킬 수 있는 권리를 부여하는 것을 약정하는 계약

다. 장래의 일정 기간 동안 미리 정한 가격으로 기초자산이나 기초자산의 가격·이자율·지표·단위 또는 이를 기초로 하는 지수 등에 의하여 산출된 금전 등을 교환할 것을 약정하는 계약

라. 위 가목 내지 다목의 계약과 연계하여 미리 정하여진 방법에 따라 지급금액 또는 회수

금액이 결정되는 권리에 대한 계약

3. 삭제

4. 삭제

(4) 기타

그 밖에 자산운용의 안정성을 크게 해칠 우려가 있는 행위로서 금융위원회가 정하여 고시하는 행위도 금지된다(시행령49②(3)).

3. 위반 시 효과

보험업법 105조 1호를 위반하여 업무용 부동산이 아닌 부동산(저당권 등 담보권의 실행으로 취득하는 부동산은 제외)을 소유하는 경우 과징금(법196①(3의2))이 따른다.

제 3 관 자산운용의 비율

1. 의의

(1) 보험업법 106조는 특정한 자산운용 방식이 일정한 비율을 초과할 수 없도록 규정한다. 가령 일반계정을 통한 부동산의 소유는 총자산의 100분의 25를 초과할 수 없다.[13]

(2) 자산운용 비율규제의 취지는 자산운용의 원칙(안정성, 유동성, 수익성, 공익성)을 준수하기 위해서이다. 특정한 자산운용 방식에 편중되는 경우에 자산운용의 원칙은 훼손될 수 있다. 가령 부동산 소유에 총자산이 쏠리면 특히 자산운용의 유동성이 문제 된다. 자산운용 방식별로 비율 한도를 정해 놓으면 특정한 자산운용 방식에 편중되는 현상을 막을 수 있다.

2. 자산운용 비율 한도

(1) 규제의 방향

보험업법은 자산운용 비율 한도를 다음과 같은 방식으로 정하고 있다.

1) 위험 수준별 설정

위험 수준별로 자산운용 비율 한도를 각각 설정한다. 즉 자산운용의 방식(신용공여, 주식·채권, 부동산, 외국환 및 외국부동산 등), 자산운용의 대상(동일한 법인·개인, 동일차주, 대주주, 자회사 등) 등에 따라 위험 수준이 달라질 수 있다는 점을 고려하여 자산운용 비율 한도를 달리하여 규제한다.

---

13) 다만, 보험업법시행령에 의해서 100분의 15로 조정되어 있는데(시행령50③), 이에 대해서는 후술한다.

2) 비율 한도의 기준

i) 의의

비율 한도의 기준은 총자산 또는 자기자본이다. 다만, 총자산을 원칙적 기준으로 삼고, 필요한 경우 자기자본을 보완적 기준으로 한다. 일반적으로 보험회사의 운용자산은 총자산이고 그 운용 결과가 보험회사의 재무건전성에 지대한 영향을 미치는 데다가 총자산이 자기자본보다 훨씬 크기 때문에 총자산이 비율 한도의 원칙적 기준이 된다. 다만, 대주주 또는 자회사 등을 대상으로 자산운용을 하는 경우처럼 자산운용의 원칙을 해칠 위험이 매우 높다고 인정되는 경우에는 보다 엄격한 기준인 자기자본 기준을 적용한다.

ii) 총자산

① 개념

보험업법은 총자산에 대해 다음과 같이 규정한다.

(1) 총자산은 대차대조표에 표시된 자산에서 영업권 등 '대통령령으로 정하는 자산'을 제외한 것을 말한다(법2(14)).

(2) 위 (1)에서 '대통령령으로 정하는 자산'은 영업권, 보험업법 108조 1항 2호 및 3호에 따른 특별계정 자산(다만 시행령 50조 1항의 특별계정자산은 제외)을 말한다(시행령3①).

(3) 또한 감독규정 [별표11] 1호에 따르면, 총자산은 직전 분기 말 현재 금액을 기준으로 하며, 그 범위는 각각 다음과 같다.

> 가. 일반계정(특별계정에 속하는 계정을 제외한 보험계약이 속하는 계정을 말함)의 총자산은 대차대조표에 표시된 자산에서 영업권, 보험업법 108조 1항 2호 및 3호의 특별계정 자산을 제외한 것을 말한다.
>
> 나. 보험업법 108조 1항 2호 및 3호의 특별계정의 총자산은 대차대조표에 표시된 자산에서 영업권을 제외한 것을 말한다.

(4) 위 (2)와 (3)은 내용 면에서 대동소이하나, (3)은 일반계정과 특별계정을 분리해서 총자산을 정의한다는 점이 다르다.

② 총자산에서 제외되는 항목

(1) 위 ①에서 알 수 있는 것은 총자산이란 대차대조표상에 직전 분기 말 현재 금액으로 표시된 자산을 가리킨다. 그런데 여기서 총자산 개념은 자산운용 비율 한도와 관련된다는 점을 고려하여 일정한 항목을 총자산 개념에서 제외한다. 그 내용은 아래와 같다.

(2) 일반계정 또는 특별계정의 총자산에서 영업권은 제외한다. 이들은 실질적으로 자본 충실에 기여할 수 없는 성격의 자산이기 때문이다.

(3) 일반계정의 총자산에서 보험업법 108조 1항 2호 및 3호의 특별계정 자산은 제외한다.

(a) 보험업법 108조 1항 2호의 특별계정은 퇴직급여법 29조 2항에 따른 보험계약, 그리고 동법 부칙(법률7379호, 2005.1.27.) 2조 1항에 따른 퇴직보험계약의 특별계정을 말하고, 보험업법 108조 1항 3호의 특별계정은 변액보험계약의 특별계정을 말한다. 후술하는 바와 같이 전자의 특별계정은 일반계정과 구분해서 별도의 자산운용 비율 한도가 적용되는 경우이고, 후자의 특별계정은 자산운용 비율 한도가 적용되지 않는 경우라는 점을 고려하여 일반계정의 총자산에서 제외한 것이다.

(b) 일반계정에 보험업법 108조 1항 2호 및 3호의 규정에 의한 특별계정 자산을 제외한다는 것은 나머지 특별계정의 자산은 포함된다는 것을 의미한다. 즉 나머지 특별계정은 자산운용 비율 한도와 관련해서는 일반계정에 포함시키기 때문에 일반계정의 총자산에서 제외하지 않는 것이다.

iii) 자기자본

보험업법은 자기자본에 대해 다음과 같이 규정한다.

(1) 자기자본은 납입자본금 · 자본잉여금 · 이익잉여금, 그 밖에 이에 준하는 것(자본조정은 제외)으로서 대통령령으로 정하는 항목의 합계액에서 영업권, 그 밖에 이에 준하는 것으로서 대통령령으로 정하는 항목의 합계액을 뺀 것을 말한다(법2⒂).

(2) 위 (1)에 따른 자기자본을 산출할 때 합산해야 할 항목 및 빼야 할 항목은 다음 각 호의 기준에 따라 금융위원회가 정하여 고시한다(시행령4).

1. 합산할 항목: 납입자본금, 자본잉여금 및 이익잉여금 등 보험회사의 자본 충실에 기여하거나 영업활동에서 발생하는 손실을 보전할 수 있는 것
2. 빼야 할 항목: 영업권 등 실질적으로 자본 충실에 기여하지 않는 것

(3) 감독규정 [별표11] 2호에 따르면, 자기자본은 직전 분기 말 현재 납입자본금 · 자본잉여금 · 신종자본증권(감독규정 7-1조에 따른 기본자본에 한함) · 이익잉여금(감독규정 7-4조에 따라 '고정', '회수의문', '추정손실'로 분류된 자산에 대하여 적립된 대손준비금 및 비상위험준비금은 제외) 및 감독규정 7-3조에 의한 자산건전성 분류의 결과 '정상' 및 '요주의'로 분류된 자산에 대하여 적립된 대손충당금의 합계액에서 영업권을 차감한 금액을 기준으로 한다.

3) 특별계정의 문제

i) 의의

(1) 특별계정이란 연금저축계약 등 일정한 계약의 준비금에 상당하는 자산의 전부 또는 일부를 그 밖의 자산과 구별하여 이용하기 위한 계정을 가리킨다(법108①).

(2) 보험업법은 자산운용 비율 한도를 특별계정별로 다르게 취급한다. 먼저, 일반계정과 구분해서 자산운용 비율 한도가 적용되는 특별계정이 있다. 이와 달리, 일반계정에 포

함되어 자산운용 비율 한도가 적용되는 특별계정도 있고, 자산운용 비율 한도의 적용이 없는 특별계정도 있다.

ii) 일반계정과 구분해서 별도의 자산운용 비율 한도가 적용되는 특별계정

(1) 보험업법 106조 1항은 일정한 특별계정에 대해서는 일반계정과 구분해서 자산운용 비율 한도를 적용한다. 다만, 특별계정의 자산으로서 자산운용의 손실이 일반계정에 영향을 미치는 자산 중 대통령령으로 정하는 자산의 경우에는 일반계정에 포함하여 자산운용비율을 적용한다(법106①단). 보험업법 108조 1항 2호의 특별계정이 이러한 특별계정에 해당하는데, 이는 퇴직급여법 29조 2항에 따른 보험계약, 그리고 동법 부칙(법률7379호, 2005.1.27.) 2조 1항에 따른 퇴직보험계약의 특별계정을 말한다.

(2) 위 (1)의 보험계약 특별계정의 자산운용 비율 한도를 일반계정과 구분하여 적용하는 이유는 그러한 보험계약은 적립금 운용성과가 보험계약자 측에 귀속되는 경우가 있다는 점에서 일반보험계약과 다른 측면이 있기 때문이다. 또한 퇴직보험제도는 근로자의 퇴직 이후에 안정적인 노령생활의 보장에 이바지함을 목적으로 하므로(퇴직급여법1) 자산운용의 안정성도 어느 정도 중시하기 때문이다.

iii) 자산운용 비율 한도가 적용되지 않는 특별계정

(1) 변액보험계약의 특별계정은 보험업법 106조의 자산운용 비율 한도가 적용되지 않는다(법106①).

(2) 변액보험계약은 보험금이 자산운용의 성과에 따라 변동하는 보험계약이다(법108①(3)). 다시 말하면 자산운용의 경제적 성과가 보험계약자 측에 귀속되는 계약이라는 점에서 퇴직보험계약과 유사하다. 변액보험계약 중에서 일정한 경우는 투자성 있는 보험계약으로 분류되어 원칙적으로 자본시장법의 적용을 받기도 한다.[14] 변액보험계약에 보험업법 106조의 자산운용 비율 한도가 적용되지 않는 이유는 변액보험계약은 일반의 보험계약에 비해 투자성이 보다 중시된다는 점을 고려했기 때문이다.

iv) 일반계정에 포함되어 자산운용 비율 한도가 적용되는 특별계정

(1) 보험업법 106조 1항은 일정한 특별계정에 대해서는 일반계정에 포함시켜 자산운용 비율 한도를 적용한다. 이러한 특별계정은 소득세법 20조의3 1항 2호 각 목 외의 부분에 따른 연금저축계좌를 설정하는 계약(법108①(1)) 및 그 밖에 금융위원회가 필요하다고 인정하는 보험계약(법108①(4))을 가리킨다. 즉 특별계정 중에서 위 ii)와 iii)의 특별계정을 제외한 나머지 특별계정이 여기에 속한다.

(2) 연금저축계약 등의 특별계정은 자산운용 비율 한도 면에서 일반계정과 차등을 둘

---

14) 보험회사가 투자성 있는 보험계약을 체결(중개 또는 대리 포함) 하는 경우에 자본시장법상 투자매매업 또는 투자중개업에 관한 인가를 받은 것으로 보고, 일부 규정을 제외하고 자본시장법이 적용(자본시장법77②) 되기 때문이다.

만한 이유가 없다고 보는 것이다.

(2) 신용공여, 채권, 주식의 비율 한도

1) 의의

(1) 보험업법은 타인에게 신용공여를 하거나, 타인이 발행한 채권 및 주식을 소유하는 비율 한도를 규제한다.

(2) 신용공여, 채권 및 주식의 소유는 원금 손실 가능성이 있으므로 자산운용이 여기에 편중되는 경우 자산운용 원칙이 훼손될 수 있고, 따라서 비율 한도를 둘 필요가 있다.

2) 정의

i) 신용공여

① 개념

여기서 신용공여는 대출 또는 유가증권의 매입(자금 지원적 성격인 것만 해당)이나 그 밖에 금융거래상의 신용위험이 따르는 보험회사의 직접적·간접적 거래로서 대통령령이 정하는 바에 따라 금융위원회가 정하는 거래를 말한다(법2(13)).

② 범위

(1) 신용공여의 범위는 다음 각 호의 것으로서 그 구체적인 내용은 금융위원회가 정하여 고시한다(시행령2①).

1. 대출
2. 어음 및 채권의 매입
3. 그 밖에 거래 상대방의 지급불능 시에 이로 인하여 보험회사에 손실을 초래할 수 있는 거래
4. 보험회사가 직접적으로 1호부터 3호까지에 해당하는 거래를 한 것은 아니나 실질적으로 1호부터 3호까지에 해당하는 거래를 한 것과 같은 결과를 가져올 수 있는 거래

(2) 금융위원회는 위 (1)에도 불구하고 다음 각 호의 어느 하나에 해당하는 거래를 신용공여의 범위에 포함시키지 않을 수 있다(시행령2②).

1. 보험회사에 손실을 초래할 가능성이 적은 것으로 판단되는 거래
2. 금융시장에 미치는 영향 등 해당 거래의 상황에 비추어 신용공여의 범위에 포함시키지 않는 것이 타당하다고 판단되는 거래

(3) 감독규정 1-3조 및 이에 근거한 [별표1의2]는 위 보험업법시행령 2조를 고려하여 신용공여의 범위를 정하고 있다. 감독규정 [별표1의2]의 구체적 내용은 다음 표와 같다.

<table>
<tr><th>계정</th><th>대분류</th><th>소분류</th></tr>
<tr><td rowspan="4">일반 계정</td><td>B/S 난내 (대출채권)</td><td>유가증권담보대출금, 부동산담보대출금, 신용대출금, 어음할인대출금, 지급보증대출금, 기타대출금</td></tr>
<tr><td>(유가증권)</td><td>기업어음, 대여유가증권, 사모사채</td></tr>
<tr><td>(기타)</td><td>기타 예금 중에서 환매조건부채권매수, 여신성 가지급금, 보험영업 이외의 거래에서 발생한 미수금, 대주주(특수관계인을 포함) 또는 자회사에 대한 예치금</td></tr>
<tr><td>B/S 난외</td><td>자회사에 대한 채무보증, 원화대출약정, 외화대출약정</td></tr>
<tr><td rowspan="4">특별 계정</td><td>B/S 난내 (대출채권)</td><td>유가증권담보대출금, 부동산담보대출금, 신용대출금, 어음할인대출금, 지급보증대출금, 기타대출금</td></tr>
<tr><td>(유가증권)</td><td>기업어음, 대여유가증권, 사모사채</td></tr>
<tr><td>(기타)</td><td>기타 예금 중에서 환매조건부채권매수, 여신성 가지급금, 보험영업 이외의 거래에서 발생한 미수금, 대주주(특수관계인을 포함) 또는 자회사에 대한 예치금</td></tr>
<tr><td>B/S 난외</td><td>자회사에 대한 채무보증, 원화대출약정, 외화대출약정</td></tr>
</table>

주1) 금융감독원장이 정하는 신용등급별 위험계수가 1.4% 미만인 자산은 신용공여 산출대상에서 제외. 다만, 보험업법 106조 1항 5호의 대주주 및 자회사에 대한 신용공여 한도 및 보험업법 111조 2항 내지 4항의 대주주에 대한 신용공여규제 적용 시에는 신용공여 산출대상에서 제외하지 않음

주2) 보험료 수납 및 대출 업무 등 일상적인 업무 수행을 목적으로 금융기관에 개설된 보험회사의 계좌로 입금한 금액으로서 입금일로부터 3영업일(다만, 특별계정에 속하는 보험료는 감독규정 5-7조 2항에서 정한 기간)이 경과하지 않은 경우 및 특정된 청약 및 집합투자증권의 가입을 위해 예치한 금액은 신용공여 산출대상에서 제외

주3) 보험회사가 장내파생상품 거래를 위해 자본시장법 396조에 따라 장내파생상품의 투자매매업자 및 투자중개업자에 예치한 위탁증거금과 한국거래소 파생상품시장업무규정 70조 2항에 따른 상품별 가격제한비율 이내의 초과 예치금은 지속기간에 관계없이 신용공여 산출대상에서 제외하고, 가격제한 비율을 초과하는 초과 예치금은 익영업일까지 신용공여 산출대상에서 제외

주4) 손실을 초래할 가능성이 적은 다음과 같은 유가증권대여 거래는 신용공여 범위에서 제외
 *한국증권예탁결제원 및 한국증권금융의 유가증권 대차거래중개시스템을 이용한 경쟁방식의 거래
 *거래 상대방이 한국은행 등 결손이 발생할 경우 정부로부터 제도적으로 결손보전이 이루어질 수 있는 기관이거나, 동 기관 또는 정부가 발행한 채권에 의해 담보된 거래

주5) 보험업법 113조에 따라 금지되는 채무보증에 해당 대출약정은 제외한다.

주6) 신용공여금액은 대차대조표 해당 항목에 계상된 금액으로 한다. 다만, 난외항목의 경우 대차대조표 난외에 계상된 금액에서 금융감독원장이 정한 신용환산율을 곱한 금액으로 한다.

(4) 감독규정 [별표11] 5호에 따르면 신용공여는 다음에 따른다.

가. 신용공여는 대손충당금 차감 전 금액을 기준으로 한다.
나. 유가증권으로 분류된 기업어음은 취득원가를 기준으로 한다.

③ 타인이 발행한 채권 소유와의 구분

보험업법 2조 13호에 따르면 신용공여의 수단에 유가증권이 포함되지만 유가증권의

구체적 범위는 하위 규정에 의해서 정할 수 있다. 감독규정 [별표1의2]는 기업어음, 대여유가증권, 사모사채 등과 같은 타인이 발행한 채권을 유가증권의 범위에 포함시키고 있다. 그런데 보험업법 106조가 타인에 대한 신용공여와 타인이 발행한 채권 소유를 구분하여 비율 한도를 규제하고 있으므로 규제 중복을 피하려면, 타인이 발행한 채권 소유에 위와 같은 타인이 발행한 채권은 포함되지 않는다고 해석해야 한다.[15)]

ii) 주식 또는 채권

① 기준 금액

(1) 주식 또는 채권의 소유금액은 취득원가를 기준으로 한다(감독규정[별표11]3).

(2) 다만, 감독규정 [별표11] 3호는 상위법령의 명시적 위임에 근거하지 않은 행정규칙이다.

② 채권의 범위

(1) 채권에 대한 자산운용 비율 한도를 적용함에 있어 다음 각 목에 해당하는 채권을 제외한다(감독규정[별표11]7).

가. 한국산업은행법 25조의 규정에 의한 산업금융채권
나. 중소기업은행법 36조의2의 규정에 의한 중소기업금융채권
다. 한국수출입은행법 20조의 규정에 의한 수출입금융채권
라. 한국은행법 69조의 규정에 의한 한국은행통화안정증권
마. 예금자보호법 26조의 규정에 의한 예금보험기금채권
바. 외국환거래법 13조의 규정에 의한 외국환평형기금채권
사. 지방재정법 11조의 규정에 의한 지방채
아. 한국정책금융공사법 23조에 따른 정책금융채권
자. 한국주택금융공사법 31조에 따른 주택저당채권담보부채권
차. 가목 내지 자목에 준하는 채권으로서 금융감독원장이 인정하는 채권

(2) 위 (1)의 채권들은 그 안정성 등 때문에 자산운용의 원칙을 훼손하지 않는다고 본 것이다. 다만, 감독규정 [별표11] 7호는 상위법령의 명시적 위임에 근거하지 않은 행정규칙이다.

3) 비율 한도의 특징

보험업법이 신용공여 등에 대한 비율 한도를 규제하면서 보이는 특징은 다음과 같다.

(1) 보험업법은 신용공여가 채권 및 주식에 비해서 안정성을 해칠 위험이 더 높다는 전제하에 신용공여에 대한 비율 한도를 보다 엄격하게 정한다.

(2) 보험업법은 신용공여의 대상자, 채권 및 주식의 발행자가 누구인지를 고려하여 자산운용의 원칙을 해칠 위험이 높다고 판단되는 경우 비율 한도를 낮게 정한다. 대주주 및 자회사의 경우는 비율 한도 규제를 보다 엄격하게 하는 이유이다.

---

15) 성대규·안종민 446면도 신용공여와 채권을 구분한다.

(3) 보험업법은 안정성을 해칠 위험이 보다 크다고 판단되는 경우는 비율 한도의 기준을 총자산이 아니라 자기자본으로 삼는다.

(4) 퇴직보험계약의 특별계정은 일반계정에 비해 비율 한도를 상향한다. 퇴직보험계약의 특별계정은 자산운용의 경제적 성과가 보험계약자 등에 귀속되고 일반계정보다는 수익성을 좀 더 추구하기 위해서 신용공여 등의 비율 한도를 덜 엄격하게 설정했다. 다만 대주주, 자회사에 대한 신용공여 등 또는 거액의 신용공여는 자산운용의 안전성을 해칠 위험이 아주 크다는 점을 고려하여 일반계정과 유사하게 규제한다.

4) 비율 한도의 내용

보험업법 106조 1항에 따르면 비율 한도의 구체적 내용은 다음과 같다.

i) 동일한 개인 또는 법인에 대한 신용공여

동일한 개인 또는 법인에게 하는 신용공여의 비율 한도는 다음과 같다(법106①(1)).

가. 일반계정: 총자산의 100분의 3
나. 특별계정: 각 특별계정 자산의 100분의 5

ii) 동일한 법인이 발행한 채권 및 주식의 소유

동일한 법인이 발행한 채권 및 주식을 소유하는 경우 채권 및 주식 합계액의 비율 한도는 다음과 같다(법106①(2)).

가. 일반계정: 총자산의 100분의 7
나. 특별계정: 각 특별계정 자산의 100분의 10

iii) 동일차주에 대한 신용공여 또는 그 동일차주가 발행한 채권 및 주식의 소유

(1) 동일차주에게 신용공여를 하거나 그 동일차주가 발행한 채권 및 주식을 소유하는 경우 신용공여, 채권, 주식 합계액의 비율 한도는 다음과 같다(법106①(3)).

가. 일반계정: 총자산의 100분의 12
나. 특별계정: 각 특별계정 자산의 100분의 15

(2) 동일차주는 동일한 개인 또는 법인보다 확장된 개념이다. 즉 동일차주는 동일한 개인 또는 법인은 물론이고, 이와 신용위험을 공유하는 자로서 대통령령이 정하는 자까지 포괄한다(법2(16)). 대통령령이 정하는 자는 독점규제법 2조 2호에 따른 기업집단에 속하는 회사를 말한다(시행령5). 동일한 개인 또는 법인, 그리고 그와 신용위험을 공유하는 자도 비율 한도 규제에 포함시키자는 취지이다.

iv) 동일한 개인·법인, 동일차주 또는 대주주에 대한 거액 신용공여

(1) 동일한 개인·법인, 동일차주 또는 대주주(그의 특수관계인을 포함)에 대한 총자산의

100분의 1을 초과하는 거액 신용공여의 합계액의 비율 한도는 다음과 같다(법106①(4)).

가. 일반계정: 총자산의 100분의 20
나. 특별계정: 각 특별계정 자산의 100분의 20

(2) 거액의 신용공여는 일반적으로 자산운용의 안전성을 해칠 위험이 매우 크므로 합계액의 비율 한도를 별도로 설정하여 규제하는 것이다.

v) 대주주 및 자회사에 대한 신용공여

(1) 대주주 및 자회사에게 신용공여를 하는 경우 비율 한도는 다음과 같다(법106①(5)).

가. 일반계정: 자기자본의 100분의 40(자기자본의 100분의 40에 해당하는 금액이 총자산의 100분의 2에 해당하는 금액보다 큰 경우에는 총자산의 100분의 2)
나. 특별계정: 각 특별계정 자산의 100분의 2

(2) 대주주에는 그의 특수관계인이 포함된다(법106①(4)). 보험업법 106조 1항 5호는 명시하고 있지 않지만, 대주주 및 자회사에 대한 신용공여의 '합계액'의 비율 한도라고 해석한다.

(3) 자회사는 대통령령이 정하는 경우로 한정된다(법106①(5)). 즉 자회사는 보험회사가 다른 회사(민법 또는 특별법에 따른 조합을 포함)의 의결권 있는 발행주식(출자지분을 포함) 총수의 100분의 15를 초과하여 소유하는 경우의 그 다른 회사를 말하지만(법2(18)), 보험업법 106조 1항 5호가 규정하는 자회사는 다음 각 호의 하나에 해당하지 않는 자회사를 말한다(시행령50①).

1. 보험업법시행령 59조 1항 1호부터 13호까지에 해당하는 업무[16]를 수행하는 회사로서 보험

---

16) 보험업법시행령 59조 3항 1호부터 13호까지는 다음과 같이 규정한다.
1. 보험회사의 사옥관리 업무
2. 보험수리 업무
3. 손해사정 업무
4. 보험대리 업무
5. 보험사고 및 보험계약 조사 업무
6. 보험에 관한 교육·연수·도서출판·금융리서치·경영컨설팅 업무
7. 보험업과 관련된 전산시스템·소프트웨어 등의 대여·판매 및 컨설팅 업무
8. 보험계약 및 대출 등과 관련된 상담 업무
9. 보험에 관한 인터넷 정보서비스의 제공 업무
10. 자동차와 관련된 긴급출동·차량관리·운행정보 등 부가서비스 업무
11. 보험계약자 등에 대한 위험관리 업무
12. 건강·장묘·장기간병·신체장애 등의 사회복지사업 및 이와 관련된 조사·분석·조언 업무
13. 노인복지법 31조에 따른 노인복지시설의 설치·운영에 관한 업무 및 이와 관련된 조사·분석·조언 업무
14. 건강 유지·증진 또는 질병의 사전 예방 등을 위해 수행하는 업무
15. 외국에서 하는 다음 각 목의 업무

회사가 해당 회사의 의결권 있는 발행주식(출자지분을 포함)의 전부를 소유하는 회사

1의2. '중소기업창업 지원법'에 따른 중소기업창업투자회사 또는 중소기업창업투자조합

2. 자본시장법에 따른 집합투자기구

3. 부동산투자회사법에 따른 부동산투자회사

4. 선박투자회사법에 따른 선박투자회사

4의2. '벤처기업육성에 관한 특별조치법'에 따른 한국벤처투자조합

4의3. 여신전문금융업법에 따른 신기술사업투자조합

5. 외국에서 하는 보험업, 보험수리 업무, 손해사정 업무, 보험대리 업무, 보험에 관한 금융리서치 업무, 투자자문업, 투자일임업, 집합투자업 또는 부동산업(시행령59①⒁)을 수행하는 회사

5의2. '사회기반시설에 대한 민간투자법'에 따른 사회기반시설사업 및 사회기반시설사업에 대한 투융자사업(시행령59①⒂)을 수행하는 회사

6. 외국에서 하는 사업(위 5호는 제외)(시행령59②⑴)을 수행하는 회사

⑷ 위 ⑶의 1호부터 6호까지는 보험회사의 업무를 수행하는 자회사, 보험업과 관련된 업무를 수행하는 자회사, 특정한 정책목표와 관련된 자회사 등이며, 이에 대해서는 자산운용 비율 한도의 예외를 인정하자는 취지이다.[17]

⑸ 대주주 또는 자회사에 대한 신용공여의 비율 한도를 보다 엄격하게 규제하는 이유는 공급자와 수요자가 사실상 일치하여 보험회사와 보험계약자 사이에 이해 상충을 일으킬 수 있고 자산운용의 원칙을 해칠 위험이 크기 때문이다.

⑹ 대주주 또는 자회사에 대한 신용공여의 비율 한도를 엄격하게 규제하기 위해서 일반계정의 경우 자기자본 기준으로 비율 한도를 정하되 총자산 기준도 부가했다. 자기자본은 납입자본금·자본잉여금·이익잉여금 등으로 구성되고(법2⒂) 보험계약자가 지급한 보험료는 그 구성 요소가 아니라는 점을 고려하여 자기자본 범위 내에서 행하는 신용공여는 허용하되, 보험회사는 보험계약자에게 지급할 책임에 대비하여 일정한 책임준비금, 지급여력기준금액 등의 자본건전성을 유지해야 하므로 신용공여를 하더라도 자기자본의 일정 비율 이내에서만 할 수 있도록 제한을 가했다. 한편, 특별계정은 규모가 작아서 자기자본 규모에 훨씬 못 미치므로 자기자본 기준을 사용할 필요성이 적고 따라서 특별계정의 자산을 기준으로 채택했다.

vi) 대주주 및 자회사가 발행한 채권 및 주식 소유

⑴ 대주주 및 자회사가 발행한 채권 및 주식을 소유하는 경우 채권 및 주식 합계액의

가. 1호부터 14호까지의 규정에 따른 업무

나. 보험업, 보험중개업무, 투자자문업, 투자일임업, 집합투자업 및 부동산업

다. 외국환거래법에 따른 증권, 파생상품 및 채권에 투자하는 업무로서 금융위원회가 정하여 고시하는 업무

17) 정채웅 602면

비율 한도는 다음과 같다(법106①(6)).

가. 일반계정: 자기자본의 100분의 60(자기자본의 100분의 60에 해당하는 금액이 총자산의 100분의 3에 해당하는 금액보다 큰 경우에는 총자산의 100분의 3)
나. 특별계정: 각 특별계정 자산의 100분의 3

(2) 신용공여에 비해 채권 및 주식 소유는 비율 한도를 덜 엄격하게 정했다. 자회사는 대통령령이 정하는 경우로 한정되며(법106①(6)), 이의 구체적 내용은 위 v)의 (3)과 같다. 그리고 대주주에는 그의 특수관계인이 포함된다(법106①(4)).

vii) 동일한 자회사에 대한 신용공여

(1) 동일한 자회사에게 하는 신용공여의 비율 한도는 다음과 같다(법106①(7)).

가. 일반계정: 자기자본의 100분의 10
나. 특별계정: 각 특별계정 자산의 100분의 4

(2) 대주주 및 자회사에게 하는 신용공여에 적용되는 비율 한도는 보험업법 106조 1항 5호가 규정하고 있고, 여기서는 동일한 자회사에게 하는 신용공여의 비율 한도를 별도로 규정하는 것이다. 그리고 보험업법 106조 1항 5호에서 자회사는 대통령령에 의해서 범위가 일정하게 제한되지만, 여기서 자회사의 범위에는 제한이 없다. 즉 여기의 자회사는 보험회사가 다른 회사(민법 또는 특별법에 따른 조합을 포함)의 의결권 있는 발행주식(출자지분을 포함) 총수의 100분의 15를 초과하여 소유하는 경우의 그 다른 회사를 가리키고(법2(18)), 보험업법 106조 1항 5호에서 배제되는 자회사도 여기의 자회사에는 포함된다.

(3) 동일한 자회사에 대한 신용공여 비율 한도를 설정하는 취지는 특정한 자회사로 신용공여가 편중되어 제공되지 않도록 하여 위험이 분산되도록 하는 데 있다고 해석할 수 있다. 따라서 취지 면에서 동일한 자회사에 대한 신용공여의 비율 한도 규제와 보험업법 106조 1항 5호가 정하는 자회사(대통령령이 정함)에 대한 신용공여의 비율 한도 규제는 다르다고 보아야 한다.

(3) 부동산 소유의 비율 한도

(1) 부동산 소유의 비율 한도는 다음과 같다(법106①(8)).

가. 일반계정: 총자산의 100분의 25
나. 특별계정: 각 특별계정 자산의 100분의 15

(2) 여기서 부동산은 감가상각 누계액을 차감한 후의 금액을 기준으로 하고, 토지·건물·건설 중인 자산 등과 이의 취득을 위해 계약보증금·가지급금 등의 형태로 지출되는 모든 자금을 포함한다(감독규정[별표11]4). 다만, 감독규정 [별표11] 4호는 상위법령의 명시

적 위임에 근거하지 않은 행정규칙이다.

(3) 부동산 소유의 비율 한도를 설정하는 이유는 부동산이 유동성 리스크가 크기 때문이다. 보험업법 106조 1항 8호의 부동산은 국내 부동산은 물론이고 외국 부동산도 포함한다고 해석한다. 외국 부동산은 보험업법 106조 1항 9호가 별도로 규율하고 있다고 해서 여기의 부동산이 국내 부동산만을 가리킨다고 해석할 일은 아니다. 보험업법 106조 1항 8호가 부동산 소유의 비율 한도를 설정하는 이유는 부동산이 유동성이 낮기 때문이지만, 보험업법 106조 1항 9호가 외국 부동산 소유의 비율 한도를 설정하는 이유는 환 리스크 때문이다. 외국 부동산의 환 리스크로 인한 비율 한도는 보험업법 106조 1항 9호가 규율하고, 유동성 리스크로 인한 비율 한도는 보험업법 106조 1항 8호가 규율해야 한다.

(4) 부동산 소유와 관련하여 일반계정이 특별계정보다 비율 한도가 높은 이유는 보험회사가 소유할 수 있는 부동산은 업무용 부동산이고(법105(1)) 업무용 부동산에는 업무시설용 부동산과 투자사업용 부동산이 있는데(시행령49①·③), 업무시설용 부동산을 일반계정을 통해서 소유하는 경향이 있다는 점을 고려했기 때문이다. 다만, 보험업법시행령에 의해서 일반계정을 통한 부동산 소유의 비율 한도가 총자산의 100분의 15로 조정되어 있기 때문에(법106②,시행령50③), 100분의 15라는 기준이 특별계정의 그것과 다를 바 없게 되어 있다. 보험업법시행령을 통한 자산운용 비율 한도의 조정 문제는 후술한다.

(4) 외국환 또는 외국 부동산 소유의 비율 한도

(1) 외국환거래법에 따른 외국환이나 외국 부동산을 소유하는 비율 한도는 다음과 같다(법106①(9)).

가. 일반계정: 총자산의 100분의 50
나. 특별계정: 각 특별계정 자산의 100분의 50

(2) 외국환이나 외국 부동산을 소유하는 비율 한도를 설정하는 이유는 환 리스크 때문이다. 다만, '외화표시'보험에 대하여 지급보험금과 같은 외화로 보유하는 자산의 경우에는 금융위원회가 정하는 바에 따라 책임준비금을 한도로 자산운용 비율의 산정 대상에 포함하지 않는다(법106①(9)). 예외를 두는 이유는 외환표시보험의 지급보험금과 동일한 외화로 보유하는 자산의 경우는 환 리스크가 없기 때문이다. 여기서 자산은 외국환이나 외국 부동산이라고 해석한다.

3. 비율 한도의 조정

(1) 보험업법은 자산운용 비율 한도를 정하되, 다만 비율 한도의 인하 등을 포함하는 비율 한도의 조정을 대통령령에 위임하고 있다. 즉 보험업법상 자산운용 비율 한도는 자

산운용의 건전성 향상 또는 보험계약자 보호에 필요하면 대통령령이 정하는 대로 비율의 100분의 50의 범위에서 인하하거나, 발행주체 및 투자수단 등을 구분하여 별도로 정할 수 있다(법106②).

(2) 보험업법 106조 2항에 따라 비율 한도가 조정된 예에 해당하는 것이 부동산 소유이다. 즉 보험업법에 따르면 일반계정을 통한 부동산의 소유는 총자산의 100분의 25를 초과할 수 없지만(법106①(8)가), 보험업법시행령에는 총자산의 100분의 15로 인하되어 있다(시행령50③). 보험업법시행령을 통해서 부동산 소유의 비율 한도를 좀 더 엄격하게 설정했음을 알 수 있다.

(3) 대통령령을 통해서 비율 한도 등을 조정할 수 있게 한 취지는 무엇인가? 자산운용 비율 한도를 정하는 규제는 비교적 강한 사전규제에 하므로 국회가 입법자로서 비율 한도를 정하는 데 관여할 수 있게 하되, 일정 범위 내에서 비율 한도의 조정 권한을 행정부에 위임하여 상황 변화에 맞추어 탄력적인 대처를 할 수 있도록 하자는 데 그 취지가 있다.

4. 비율 한도의 적용면제

(1) 의의

(1) 보험업법 106조가 규정하는 자산운용 비율 한도를 예외 없이 엄격하게 지키게 하기보다는 불가피한 사유 등을 인정해서 상황별 구체적 타당성을 기하는 것이 바람직할 수 있다. 이 점을 고려해서 보험업법 107조는 일정한 경우 자산운용 비율 한도에 대한 예외를 인정하고 있다.

(2) 보험업법 107조에 따르면, 다음 각 호의 어느 하나에 해당하는 경우에는 보험업법 106조를 적용하지 않는다. 다만, 1호의 사유로 자산운용비율을 초과하게 된 경우에는 해당 보험회사는 그 비율을 초과하게 된 날부터 1년 이내, 2호의 사유로 자산운용비율을 초과하게 된 경우에는 해당 보험회사는 그 비율을 초과하게 된 날부터 3년 이내에 보험업법 106조에 적합하도록 해야 한다(대통령령으로 정하는 사유에 해당하는 경우에는 금융위원회가 정하는 바에 따라 그 기간을 연장할 수 있다).

1. 보험회사의 자산가격의 변동 등 보험회사의 의사와 관계없는 사유로 자산상태가 변동된 경우
2. 보험회사에 적용되는 회계처리기준('주식회사 등의 외부감사에 관한 법률' 5조 1항 1호에 따른 회계처리기준을 말한다)의 변경으로 보험회사의 자산 또는 자기자본 상태가 변동된 경우
3. 다음 각 목의 어느 하나에 해당하는 경우로서 금융위원회의 승인을 받은 경우
   가. 보험회사가 보험업법 123조에 따라 재무건전성 기준을 지키기 위하여 필요한 경우
   나. '기업구조조정 촉진법'에 따른 출자전환 또는 채무재조정 등 기업의 구조조정을 지원하기 위하여 필요한 경우

다. 그 밖에 보험계약자의 이익을 보호하기 위하여 필수적인 경우

(3) 이하에서는 보험업법 107조를 (1) 의사와 무관한 비율 한도 변동, 그리고 (2) 재무건전성 준수 등으로 구분해서 살펴보기로 한다.

(2) 의사와 무관한 비율 한도 변동

1) 의의

(1) 보험회사의 자산가격의 변동 등 보험회사의 의사와 관계없는 사유로 자산상태가 변동된 경우에는 보험업법 106조를 적용하지 않는다(법107(1)).

(2) 보험회사의 의사에 무관한 사유로 자산상태가 변경된 경우에도 보험업법 106조 위반으로 다룬다면 이는 가혹한 결과이므로 보험업법 106조의 적용을 면제한다.

(3) 한편 보험업법시행령 53조 4항은 특히 특별계정과 관련하여 보험업법 107조 1호와 동일한 내용으로 규정하고 있다.[18] 보험업법 107조 1호가 특별계정에의 적용을 배제하는 규정을 두고 있지 않다는 점을 고려하면 보험업법시행령 53조 4항은 확인적 성격을 띤다고 볼 수 있다.

2) 적용면제 기간

i) 1년

(1) 보험회사의 의사와 관계없는 사유로 자산상태가 변동된 경우라도 보험업법 106조 적용을 항구적으로 면제시킬 필요는 없다. 해당 보험회사에게 상당한 기간을 주어서 자산운용 비율 한도를 다시 준수할 수 있게 하면 된다. 상당한 기간을 주어야 하는 이유는 단기간에 자산운용 비율 한도의 초과를 해소하게 하면 해당 보험회사에 현저한 재산상의 손실이나 재무건전성의 악화를 가져올 수 있기 때문이다.

(2) 보험업법상 106조 적용면제의 기간(또는 자산운용 비율 한도초과의 해소기간)은 1년이다. 즉 보험회사의 의사와 관계없는 사유로 자산운용 비율 한도를 초과하게 된 경우에 보험회사는 비율 한도가 초과된 날부터 1년 이내에 보험업법 106조에 적합하도록 해야 한다(법107②).

ii) 3년

(1) 보험회사에 적용되는 회계처리기준('주식회사 등의 외부감사에 관한 법률' 5조 1항 1호에 따른 회계처리기준을 말한다)의 변경으로 보험회사의 자산 또는 자기자본 상태가 변동된 경우에는 해당 보험회사는 그 비율을 초과하게 된 날부터 3년 이내에 보험업법 106조에

18) 즉 보험업법시행령 53조 4항은 "보험회사의 자산가격의 변동, 담보권의 실행, 그 밖에 보험회사의 의사에 의하지 아니하는 사유로 자산상태에 변동이 있는 경우에는 법 제106조 제1항을 적용하지 아니한다. 이 경우 그 보험회사는 그 한도를 초과하게 된 날부터 1년 이내에 법 제106조 제1항에 적합하게 하여야 하고, 제51조에서 정하는 사유에 해당하는 경우에는 금융위원회가 그 기간을 연장할 수 있다"라고 규정한다.

적합하도록 해야 한다(법107②).

(2) 2023년 IFRS 17 도입으로 재무상태표에서 총자산 및 자기자본이 변동함에 따라 총자산 및 자기자본을 기준으로 한 자산운용한도 산출 시 한도 초과가 발생할 수 있으므로 3년 이내의 유예기간을 부여한 것이다.

iii) 기간의 연장

(1) 일정한 사유가 있는 경우에는 적용면제 기간의 연장도 가능하다. 즉 '대통령령으로 정하는 사유'에 해당하는 경우에는 금융위원회가 정하는 대로 그 기간을 연장할 수 있다(법107②단).

(2) 위 (1)에서 '대통령령으로 정하는 사유'란 보험회사가 자산운용 비율 한도를 초과하게 된 날부터 보험업법 107조 2항에 따른 기간 이내에 한도를 초과하는 자산을 처분하는 일이 일반적인 경우에 비추어 해당 보험회사에 현저한 재산상의 손실이나 재무건전성의 악화를 초래할 것이 명백하다고 '금융위원회가 인정하는 경우'를 가리킨다(시행령51).

(3) 위 (2)에서 '금융위원회가 인정하는 경우'는 다음 각 호의 하나를 가리킨다(감독규정5－12③).

1. 이미 취급한 자산운용의 기한이 도래하지 않아서 기간 내에 회수가 곤란하거나 시장상황 등으로 보아 해당 자산을 기간 내에 처분하면 보험회사의 자산건전성에 현저히 불리한 경우
2. 보험회사의 의사에 기인하지 않은 사유가 장기간 지속되고 당해 자산을 계속해서 운용하더라도 보험회사의 자산건전성을 저해하지는 않으나 중단할 경우에는 거래 상대방의 경영안정성이 크게 저해될 우려가 있는 경우
3. 그 밖에 위 1호 또는 2호에 준하는 경우로서 자산운용의 비율 한도에 적합하지 않은 상태가 일정기간 지속되더라도 당해 보험회사의 자산건전성이 크게 저해되지 아니하는 경우

(4) 위 (3)의 1호 내지 3호 중 어느 하나에 해당하는 경우 금융감독원장은 그 기간을 정하여 자산운용 비율 한도의 초과를 해소하는 기간을 연장할 수 있다(감독규정5－12⑤).

(3) 재무건전성 기준의 준수 등

1) 의의

(1) 일정한 사유의 하나에 해당하는 경우로서 금융위원회의 승인을 받으면 보험업법 106조를 적용하지 않는다(법107(2)). 일정한 사유로는 재무건전성 기준의 준수, 기업구조조정의 지원, 보험계약자 이익보호 등이 있다.

(2) 보험업법 107조 2호에 따른 자산운용 제한에 대한 예외 승인 여부의 심사는 금융감독원장에게 위탁되어 있다(시행령[별표8]19).

2) 면제 사유

i) 재무건전성 기준의 준수

(1) 보험회사가 보험업법 123조에 따라 재무건전성 기준을 지키기 위하여 필요한 경우에는 보험업법 106조가 적용되지 않는다(법107(2)가).

(2) 보험회사는 보험금 지급능력과 경영건전성을 확보하기 위해서 자본의 적정성, 자산의 건전성 등을 포함하는 재무건전성 기준을 지켜야 한다(법123①). 자산운용 비율 한도는 재무건전성을 확보하기 위한 수단 중 하나이다. 따라서 재무건전성 기준은 자산운용 비율 한도보다 상위개념이며, 재무건전성 기준의 준수를 위해서 필요한 경우라면 자산운용 비율 한도는 적용을 면제할 필요가 있다. 가령 보험회사가 자본적정성을 위해 요구되는 100분의 100 이상의 지급여력비율(시행령65②(1))을 유지하기 위해서 필요하다면 자산운용 비율 한도가 적용되지 않는다.

ii) 기업구조조정의 지원

(1) '기업구조조정 촉진법'에 따른 출자전환 또는 채무재조정 등 기업의 구조조정을 지원하기 위하여 필요한 경우에는 보험업법 106조가 적용되지 않는다(법107(2)나). '기업구조조정 촉진법'은 부실징후기업[19]의 기업개선이 신속하고 원활하게 추진되도록 하여 상시적 기업구조조정을 촉진하고 금융시장의 안정과 국민경제의 발전에 이바지하는 목적을 갖는다(동법1). 보험회사가 신용공여를 한 기업이 부실징후기업으로 인정된 경우 해당 기업을 구조조정함으로써 신용공여의 회수가능성이 높아지고 그 결과 해당 보험회사의 재무건전성이 확보될 수 있다.[20] 기업구조조정의 지원으로 발생하는 자산운용 비율 한도의 초과가 용인될 수 있는 이유이다.

(2) 한편, '기업구조조정 촉진법' 33조 1항 2호에도 보험업법 107조 2호 나목과 같은 취지의 규정이 있다. 즉 채권금융기관이 '기업구조조정 촉진법'에 따른 기업구조조정을 위해서 채권을 출자전환하거나 금융채권자협의회 의결에 따라 채무조정을 하는 경우 보험업법 106조를 적용하지 않는다고 규정한다. 다만 '기업구조조정 촉진법'은 한시법이며, 동법 부칙(법률15855호, 2018.10.16.) 2조 1항에 따르면 동법 시행일인 2018.10.16.부터 5년간 효력을 갖는다.

iii) 보험계약자 이익 보호

(1) 그 밖에 보험계약자의 이익을 보호하기 위하여 필수적인 경우에는 보험업법 106조가 적용되지 않는다(법107(2)다).

---

19) 부실징후기업이란 주채권은행이 신용위험평가를 통하여 통상적인 자금차입 이외에 외부로부터의 추가적인 자금유입 없이는 금융채권자에 대한 차입금 상환 등 정상적인 채무이행이 어려운 상태(부실징후)에 있다고 인정한 기업을 가리킨다('기업구조조정 촉진법' 2(7)).

20) 성대규 · 안종민 456면; 정채웅 608면

(2) 전술한 보험업법 123조에 따른 재무건전성 기준의 준수 또는 기업구조조정의 지원에 비해서 보험계약자 이익 보호라는 기준은 추상적이어서 자칫하면 자산운용 비율 한도를 회피하는 통로로 남용될 수 있다. 금융위원회의 승인 과정에서 보험계약자 이익 보호라는 요건의 충족 요부가 엄격하게 판단되어야 한다.[21)]

3) 금융위원회 승인

i) 의의

재무건전성 기준의 준수 등 일정한 사유의 존재 여부는 보험회사가 주관적으로 판단하기보다는 객관적으로 판단되어야 하며, 이를 고려하여 금융위원회의 승인을 요건으로 하고 있다.

ii) 승인의제가 인정되는 경우

(1) 재무건전성 기준의 준수 등 일정한 사유의 존재 여부가 객관적으로 명백한 경우라면 굳이 금융위원회 승인의 절차를 거치게 하지 않고 승인을 받은 것으로 의제하는 방법이 가능하다. 감독규정이 승인의제 제도를 두는 이유이다.

(2) 다음 각 호의 어느 하나에 해당하면 금융위원회의 승인을 받은 것으로 의제한다(감독규정5－12①본).

1. 대물변제의 수령 또는 강제집행 등 채권회수의 결과로 자산운용금액이 증가하는 경우
2. 다음 각 목의 어느 하나에 해당하는 기업에 대한 대출금 등을 출자전환함으로써 주식을 취득하는 경우
   가. 회사정리법에 의한 정리절차개시 결정을 받은 기업
   나. 화의법에 의한 화의개시 결정을 받은 기업[22)]
   다. '기업구조조정 촉진법' 또는 기업구조조정 촉진을 위한 금융기관 협약에 의한 기업개선작업을 추진 중인 기업
3. 당해 보험회사가 소유하는 전환사채 또는 신주인수권부사채에 대한 권리행사의 결과로 주식을 취득하는 경우

(3) 다만, 승인의제의 사유에 해당하더라도 경쟁제한성을 띠는 경우까지 승인의제를 적용할 수는 없다. 즉 위 (2)의 1호 내지 3호 중 어느 하나에 의해서 다른 회사의 의결권 있는 발행주식 총수의 100분의 20 이상을 소유하게 되는 경우로서 구조개선법 24조 3항에 따라 공정거래위원회와 협의한 결과 관련시장에서의 경쟁을 실질적으로 제한한다고 판단되면 승인의제가 적용되지 않는다(감독규정5－12①단). 공정거래위원회와의 협의를 위해서, 보험회사는 다른 회사의 의결권 있는 발행주식 총수의 100분의 20 이상을 소유하게

21) 성대규 · 안종민 456면; 정채웅 609면
22) 감독규정 5－12조 1항 2호 나목은 '화의법에 의한 화의개시 결정을 받은 기업'이라고 규정하고 있으나 화의법은 이미 폐지되었다. 감독규정 5－12조 1항 2호 나목은 '채무자회생법에 의한 회생절차개시의 결정을 받은 기업'이라고 수정되어야 한다.

되는 경우에는 미리 금융위원회에 보고해야 한다(감독규정5－12②).

4) 적용면제 기간

⑴ 재무건전성 기준의 준수 등의 면제 사유의 존재와 금융위원회 승인을 받으면 보험업법 106조를 적용하지 않지만(법107⑵), 적용면제 기간(또는 자산운용 비율 한도초과의 해소기간)에 대해서는 명문의 규정이 없다. 보험회사의 의사와 관계없는 사유로 자산상태가 변동된 경우에 보험업법 106조 적용을 면제하는 기간은 원칙적으로 1년이라고 규정되어 있다(법107단).

⑵ 재무건전성 기준의 준수 등과 관련하여 적용면제 기간이 규정되지 않은 점은 입법의 불비이다. 재무건전성 기준의 준수 등 어느 하나에 해당하여 자산상태가 변동된 경우라도 보험업법 106조 적용을 항구적으로 면제시킬 필요는 없다. 적용면제 기간에 대한 규정이 없는 현재는 해당 면제사유가 소멸되는 시점까지가 적용면제 기간이라고 해석할 수 있다. 또한, 금융위원회가 적용면제의 승인 시에 적용면제 기간을 둔다면 적용면제 기간 부재에 대한 논란을 피할 수 있을 것이다.

5. 자료제출 요구권

(1) 의의

⑴ 금융위원회는 보험회사 또는 그 대주주가 보험업법 106조를 위반한 혐의가 있다고 인정되는 경우 보험회사 또는 그 대주주에게 필요한 자료의 제출을 요구할 수 있다(법112).

⑵ 위와 같은 자료제출 요구권은 금융감독원장에게 위탁되어 있다(시행령[별표8]22).

(2) 요건

1) 객체

⑴ 보험업법 112조에 따른 자료제출 요구의 객체는 보험회사 또는 그 대주주이다.

⑵ 대주주에게 자료제출 요구를 할 수 있다는 점이 보험업법 112조의 존재 의의이다. 보험회사에는 보험업법 133조 1항에 근거하여 자료제출 요구를 할 수 있기 때문이다. 즉 보험업법 133조 1항은 금융위원회가 공익 또는 보험계약자 등을 보호하기 위해 보험업법상 감독업무의 수행과 관련한 자료 제출을 보험회사에 명할 수 있다고 규정하고 있고, 보험회사가 보험업법 106조를 위반한 혐의가 인정된다면 보험업법 133조 1항에 따라 관련자료의 제출을 요구할 수 있다고 해석된다.

2) 사유

자료제출 요구를 위해서는 보험업법 106조를 위반한 혐의가 있다고 인정되어야 한다. 이는 보험업법 133조 1항의 자료제출 요구권에 비해 비교적 엄격한 요건이다. 비교적 엄격한 요건을 둔 이유는 요구의 객체에 대주주가 포함되어 있다는 점이 고려된 것이다. 보험업을 경영하는 보험회사에 대해서는 구체적인 위법행위의 혐의가 인정되지 않는 상황하에서도 보험업법 133조 1항에 따라 일반적, 상시적, 예방적 감독의 차원에서 자료제출 요구도 가능하다. 하지만 대주주에게도 일반적, 상시적, 예방적 감독의 차원에서 자료제출 요구를 할 수 있다고 하면 과잉감독, 과잉규제의 문제가 발생할 여지가 있다. 이 점이 보험업법 112조가 보험업법 106조를 위반한 혐의가 있다고 인정되어야 한다는 요건을 둔 이유이다.

(3) 관련 사항

(1) 금융감독원장은 매월 보험회사가 보험관련법령 및 감독규정 등에 의하여 그 자산을 적정하게 운용하고 있는지에 대하여 확인한다(감독시행세칙3-10①). 금융감독원장은 보험관련법령 또는 감독규정을 위배하여 자산을 운용한 보험회사에 대하여는 관련규정에서 정하는 바에 따라 적정한 조치를 취한다(감독시행세칙3-10②).

(2) 다만, 위 (1)의 감독시행세칙 3-10조 1항 및 2항은 상위법령의 명시적 위임이 없는 행정규칙이다.

6. 위반 시 효과

(1) 보험업법 106조 1항 1호부터 3호까지의 규정에 따른 신용공여 등의 한도를 초과한 경우, 보험업법 106조 1항 5호에 따른 신용공여의 한도를 초과한 경우, 보험업법 106조 1항 6호에 따른 채권 또는 주식의 소유한도를 초과한 경우에는 과징금이 따른다(법196①(4)~(6)).

(2) 보험업법 106조 1항 4호 및 5호를 위반하여 신용공여를 한 자, 보험업법 106조 1항 6호를 위반하여 채권 및 주식을 소유한 자는 형벌이 따른다(법200(2)·(3)). 보험업법 106조 1항 1호부터 3호까지의 규정을 위반한 자는 형벌이 따른다(법202(4)).

(3) 보험업법 106조 1항 7호~10호까지의 규정을 위반한 경우, 보험업법 106조 1항 4호 또는 7호부터 10호까지의 규정을 위반하여 자산운용을 한 경우 과태료가 따른다(법209①(5),④(20)).

제 4 관 특별계정

1. 특별계정의 의의

(1) 특별계정이란 특정한 보험계약에 속한 자산의 전부 또는 일부를 다른 일반적 보험계약의 그것과 구분하여 이용하기 위한 계정을 말한다. 보험회사는 연금저축계약 등 일정

한 계약의 준비금에 상당하는 자산의 전부 또는 일부를 그 밖의 자산과 구별하여 이용하기 위해 특별계정을 설정·운용할 수 있다(법108①). 보험업법 108조는 특별계정을 규율하는 대강의 중요사항을 정하고 구체적인 내용은 대통령령에 위임하고 있다.

(2) 특별계정을 설정하여 운용하는 이유는 보험계약별로 다양하다. 가령 변액보험계약은 자산운용의 성과가 원칙적으로 보험계약자 측에 귀속된다는 점이 특별계정으로 설정·운용하는 이유이다. 아래에서 보험계약별로 특별계정 설정·운용 이유를 살펴보기로 한다.

2. 특별계정의 설정·운용

(1) 특별계정의 종류

1) 의의

(1) 특별계정으로 설정·운용하는 보험계약의 종류에는 제한이 있다. 즉 보험회사는 연금저축계약 등 일정한 계약에 대하여 특별계정을 설정하여 운용할 수 있다(법108①). 이에 따라 보험회사는 다음 각 호의 하나에 해당하는 보험계약을 특별계정으로 설정·운용해야 한다(감독규정5-6①).

1. 소득세법 20조의3 1항 2호 각 목 외의 부분에 따른 연금저축계좌를 설정하는 계약
2. 퇴직급여법 29조 2항에 따른 보험계약(퇴직연금실적배당보험계약 제외) 및 동법 부칙 2조 1항의 본문에 따른 퇴직보험계약
3. 생명보험회사가 판매하는 변액보험계약 및 퇴직급여법 29조 2항의 규정에 따라 보험회사가 판매하는 퇴직연금실적배당보험계약
4. 삭제
5. 손해보험회사가 판매하는 장기손해보험계약
6. 자산연계형보험계약(감독규정 7-65조 3항에 의한 공시이율을 적용하는 보험계약은 제외)
7. 외화보험계약(다만, 변액보험계약, 자산연계형보험계약은 제외)

(2) 아래에서는 위 (1)의 특별계정의 종류별로 그 내용을 구체적으로 살펴보자.

2) 연금저축계약

(1) 소득세법 20조의3 1항 2호 각 목 외의 부분에 따른 연금저축계좌를 설정하는 계약의 특별계정이 있다(법108조①(1),감독규정5-6①(1)).

(2) 연금저축생명보험계약은 생명보험회사의 특별계정이고, 연금저축손해보험계약은 손해보험회사의 특별계정이다.

(3) 소득세법 20조의3 1항 2호에 따른 연금계좌에 대해서 세제상 세액공제가 부여된다(소득세법59의3). 이렇게 세제상 혜택이 따르는 연금저축계약을 일반계정과 구분하려는 이유에서 소득세법 59의3에 따른 연금저축계약을 특별계정으로 설정·운용하게 하는 것이다.

3) 퇴직보험계약

(1) 퇴직급여법 29조 2항에 따른 보험계약, 그리고 동법 부칙(법률7379호, 2005.1.27.) 2조 1항에 따른 퇴직보험계약(법108①(2))의 특별계정이 있다.

(2) 위 (1)의 두 종류의 보험계약은 별개의 보험계약으로서 각각 별도의 특별계정으로 설정·운용되고 있다.

(3) 퇴직급여법 29조 2항의 규정에 따른 보험계약 중에서 퇴직연금실적배당보험계약은 위 (1) 및 (2)와는 다른 별도의 특별계정으로 설정·운용된다(감독규정5-6①(2)·(3)).

(4) 퇴직급여법은 근로자 퇴직급여제도의 설정 및 운영에 필요한 사항을 정함으로써 퇴직 후의 안정적인 노령생활의 보장에 이바지함을 목적으로 하고(퇴직급여법1), 퇴직보험계약의 경우 보험회사는 적립금[23]의 운용관리 업무를 수행하는 퇴직연금 사업자의 지위를 가지며(퇴직급여법26), 퇴직보험계약을 체결할 때에 보험계약자 측의 손실 전부 또는 일부를 부담하거나 부담할 것을 약속하는 행위를 해서는 안 되는 등(퇴직급여법33④(1))에 따라 적립금의 운용성과가 보험계약자 측에 귀속되는 경우가 있고, 매년 말 적립금의 운용수익률을 공시해야 한다(퇴직급여법33⑧). 이와 같이 퇴직보험계약은 적립금의 운용 손익이 보험계약자 측에 귀속되는 경우가 있고, 적립금의 운용 수익률을 공시해야 한다는 점이 특별계정으로 설정·운용하는 이유이다.

4) 변액보험계약

(1) 변액보험계약의 특별계정이 있다(법108①(3)).

(2) 변액보험계약이란 보험금이 자산운용의 성과에 따라 변동하는 보험계약을 말한다(법108①(3)). 변액보험계약은 자산운용 성과가 원칙적으로 보험계약자 측에 귀속된다는 점이 특별계정으로 설정·운용하는 이유이다.

(3) 변액보험계약 중에서 투자성이 강한 경우는 투자성 있는 보험계약으로 분류되며, 투자성 있는 보험계약에는 원칙적으로 자본시장법이 적용된다.[24] 투자성이란, 이해의 편의를 위해서 단순화하면, 가령 원금손실의 가능성이 있으면 투자성이 있는 것이다. 정확하게는, 현재 또는 장래의 특정 시점에 금전(기타 재산적 가치가 있는 것 포함)을 지급하기로 약정함으로써 취득하는 권리와 관련하여, 그 권리를 취득하기 위하여 지급하였거나 지급해야 할 금전의 총액(판매수수료 등 제외)이 그 권리로부터 회수하였거나 회수할 수 있는 금전의 총액(해지수수료 등 제외)을 초과하게 될 위험이 투자성이다(자본시장법3①).

---

23) 적립금이란 가입자의 퇴직 등 지급사유가 발생할 때에 급여를 지급하기 위하여 사용자 또는 가입자가 납입한 부담금으로 적립된 자금을 말한다(퇴직급여법2(12))

24) 보험회사가 투자성 있는 보험계약을 체결(중개 또는 대리 포함)을 하는 경우에 자본시장법상 투자매매업 또는 투자중개업에 관한 인가를 받은 것으로 보고, 일부 규정을 제외하고 자본시장법이 적용(자본시장법77②)되기 때문이다.

5) 기타

(1) 그 밖에 금융위원회가 필요하다고 인정하는 보험계약의 특별계정이 있다(법108①(4)). 감독규정 5-6조 1항의 다음 각 호에 따라 다음을 특별계정으로 설정·운용해야 한다.

4. 삭제
5. 손해보험회사가 판매하는 장기손해보험계약
6. 자산연계형보험계약(감독규정 6-12조 3항에 의한 공시이율을 적용하는 보험계약은 제외)
7. 외화보험계약(다만, 변액보험계약, 자산연계형보험계약은 제외)

(2) 위 (1)의 5호의 장기손해보험계약은 일반손해보험계약과 인수위험의 성질, 기간 면에서 차이가 있다는 점, 그리고 6호의 자산연계형보험계약은 자산연계 여부에 따른 차이가 있다는 점에서 일반계약과 구분하여 특별계정으로 설정해야 한다.

(2) 설정·운용의 재량 여부

(1) 보험업법 108조 1항은 "특별계정을 설정하여 운용할 수 있다"라고 규정하고 있어서 그 문리만 보면 특별계정을 설정하여 운용할지 여부는 보험회사의 재량사항이다.

(2) 하지만 특별계정 제도의 취지, 성질 등을 고려하면 특별계정의 설정·운용은 기속사항이라고 해석함이 타당하다. 가령 변액보험계약의 경우를 보면 이는 일반계약과 달리 자산운용의 경제적 성과가 원칙상 보험계약자 측에 귀속되므로 이에 대한 특별계정을 설정하여 운용할 필요가 크므로 변액보험계약의 특별계정 설정·운용은 기속사항이라고 보아야 한다. 보험업법 108조 1항과 달리 보험업법시행령 52조 및 감독규정 5-6조 1항은 보험회사가 일정한 보험계약을 특별계정으로 "설정·운용하여야 한다"라고 하여 특별계정 설정·운용이 기속사항이라고 규정하고 있는데, 이는 특별계정 설정·운용이 기속사항에 속한다는 해석을 뒷받침한다. 보험업법 108조 1항의 위 문리는 특별계정 설정·운용이 재량사항이라는 점을 명시하는 데 목적이 있다기보다는 특별계정 설정·운용의 법적 근거를 두기 위한 것이라고 해석하면 된다.

(3) 특별계정의 수

(1) 보험계약별로 특별계정을 설정·운용해야 한다. 즉 특별계정을 설정·운용하는 보험회사는 보험업법 108조 1항 각 호의 구분에 따른 보험계약별로 별도의 특별계정을 설정·운용해야 한다(시행령52①). 가령 연금보험계약과 변액보험계약을 묶어서 하나의 특별계정으로 설정·운용해서는 안 된다는 의미이다.

(2) 보험계약별로 하나가 아니라 이를 나누어서 둘 이상의 특별계정으로 설정·운용하는 일도 가능하다. 즉 보험회사는 특별계정의 효율적인 운용을 위하여 금융위원회가 필요하다고 인정하면 보험업법 108조 1항 각 호의 구분에 따른 보험계약별로 둘 이상의 특별계정을 설정·운용할 수 있다(시행령52②). 가령 퇴직급여법 29조 2항에 따른 보험계약은

이를 위한 특별계정과 퇴직연금실적배당보험계약의 특별계정으로 구분하여 설정·운용한다(감독규정5-6①(2)·(3)).

(4) 기타

감독규정 5-6조 2항부터 8항까지는 특별계정에 관한 다음과 같은 특칙을 두고 있다. 다만, 이는 상위법령의 명시적 위임이 없는 행정규칙이다.

(1) 특별계정(변액보험계약의 특별계정 및 퇴직연금실적배당보험계약의 특별계정은 제외)은 감독규정 5-6조 1항에서 정한 보험계약별로 설정·운용하여야 하며 계약자배당 유무에 따라 구분해야 한다(감독규정5-6②).

(2) 생명보험회사가 판매하는 변액보험계약은 둘 이상의 집합투자기구(자본시장법 9조 18항에 따른 집합투자기구로서 같은 조 19항 1호에 따른 경영참여형 사모집합투자기구는 제외한다. 아래 (3)에서도 같다)를 특별계정으로 설정·운용할 수 있다(감독규정5-6③).

(3) 퇴직급여법 29조 2항의 규정에 따라 보험회사가 판매하는 퇴직연금실적배당보험계약은 둘 이상의 집합투자기구를 특별계정으로 설정·운용할 수 있다(감독규정5-6④).

(4) 특별계정의 운용대상은 영업보험료에서 위험보장에 필요한 부분과 사업비 등 기초서류에서 정한 사항을 차감한 금액('적립보험료')과 그 운용수익으로 한다(감독규정5-6⑤).

(5) 특별계정으로 운용되는 소득세법 20조의3 1항 2호 각 목 외의 부분에 따른 연금저축계좌를 설정하는 계약 그리고 손해보험회사가 판매하는 장기손해보험계약의 적용이율은 감독규정 7-60조 10호, 7-65조 3항 및 7-66조 3항을 준용한다(감독규정5-6⑥).

(6) 퇴직급여법 29조 2항의 규정에 따른 보험계약(퇴직연금실적배당보험계약 제외), 동법 부칙 2조 1항의 규정에 따른 퇴직보험계약 및 외화보험계약(다만, 변액보험계약, 자산연계형 보험계약은 제외)의 적용이율은 해당 계정의 운용자산 이익률 또는 객관적인 외부 지표금리를 감안하여 합리적으로 결정하며, 산출방식을 기초서류에 기재해야 한다(감독규정5-6⑦).

(7) 특별계정으로 운용되는 자산연계형보험계약(감독규정 6-12조 3항에 의한 공시이율을 적용하는 보험계약은 제외)의 적용이율은 특정자산의 수익률 또는 객관적인 외부 지표금리에 일정이율을 미리 가감하여 결정하며, 산출방식을 기초서류에 기재해야 한다(감독규정5-6⑧).

3. 특별계정의 회계

보험회사는 특별계정에 속하는 자산은 다른 특별계정에 속하는 자산 및 그 밖의 자산과 구분하여 회계처리를 해야 한다(법108②). 이것은 확인적 성격의 규정이다. 특별계정의 성격상 일반계정과 구분하여 회계처리를 해야 함은 당연하다.

4. 특별계정 자산에 관한 금지행위

(1) 의결권 행사

1) 일반적 특별계정

i) 원칙적 금지

(1) 일반적 특별계정에 속한 주식의 의결권은 원칙적으로 행사가 금지된다. 즉 보험회사는 변액보험계약의 특별계정을 제외하고 특별계정의 자산으로 취득한 주식의 의결권을 행사할 수 없다(시행령53①본).

(2) 다만, 주식을 발행한 회사의 합병, 영업의 양도·양수, 임원의 선임, 그 밖에 이에 준하는 사항으로서 특별계정의 자산에 손실을 초래할 것이 명백하게 예상되는 사항은 의결권을 행사할 수 있다(시행령53①단).

ii) 입법론

의결권의 원칙적 금지에 대해서는 입법론적 비판이 제기된다.[25] 일반계정의 경우 의결권을 원칙적으로 금지하는 규정이 없다는 점, 아래에서 보는 대로 변액보험계약 특별계정의 경우 의결권을 원칙적으로 허용하고 있다는 점 등에 비추어 보면, 특별계정 일반의 경우 의결권의 원칙적 금지는 기본적으로 과도한 규제에 해당한다. 의결권 행사를 원칙적으로 금지하기보다는 이익 충돌의 방지, 보험계약자 보호 또는 특별계정의 적정한 운용을 해할 우려가 있는 일정한 경우로 한정해서 의결권 행사를 제한하는 방향이 바람직하다고 사료된다.

2) 변액보험계약 특별계정

(1) 변액보험계약 특별계정에 속한 주식의 의결권은 원칙적으로 행사가 허용된다. 투자신탁이나 투자익명조합의 집합투자업자는 투자자 이익을 위하여 집합투자재산에 속하는 주식의 의결권을 충실히 행사해야 한다(자본시장법87①). 보험회사가 변액보험계약 특별계정을 투자신탁으로 하는 집합투자업의 인가를 받은 경우라면(자본시장법251①) 보험회사는 위 자본시장법 87조 1항에 따라서 변액보험계약 특별계정에 속하는 주식의 의결권을 충실히 행사해야 한다.

(2) 의결권 행사를 원칙적으로 허용하되 의결권 행사가 남용될 우려에 대비해서 일정한 경우에 의결권 행사를 제한한다. 즉 집합투자업자는 이익상충의 방지, 투자자의 보호 또는 집합투자재산의 적정한 운용을 해할 우려가 있는 일정한 경우[26] 집합투자재산에 속

25) 이성남(보험업법2) 248면; 정채웅 614면

26) 일정한 경우는 다음 각 호의 어느 하나에 해당하는 경우이다.

1. 다음 각 목의 어느 하나에 해당하는 자가 그 집합투자재산에 속하는 주식을 발행한 법인을 계열회사로 편입하기 위한 경우

하는 주식을 발행한 법인의 주주총회에 참석한 주주가 소유하는 주식 수에서 집합투자재산에 속하는 주식 수를 뺀 주식 수의 결의내용에 영향을 미치지 않게 의결권을 행사하여야 한다(자본시장법87②). 다만, 의결권 행사 제한에 일정한 예외를 두고 있다. 즉 집합투자업자는 투자자 이익에 명백한 영향을 미치는 사항(법인의 합병, 영업의 양도·양수, 임원의 임면, 정관변경, 그 밖에 이에 준하는 사항)에 대해 자본시장법 87조 2항에 따라 의결권을 제한적으로 행사하게 되면 집합투자재산에 손실을 초래함이 명백히 예상되는 경우 자본시장법 87조 1항에 따라 의결권을 충실히 행사할 수 있다(자본시장법87③본).

(2) 차입

(1) 보험회사는 퇴직보험계약 특별계정의 부담으로 차입할 수 없다(시행령53②본). 자금차입은 이자 부담이 생기고 차입담보로 자산이 제공되는 부담이 생기는데 이를 최소화하기 위해서 둔 규정이다. 다만, 일시적 유동성 문제를 해소하기 위해 예외적으로 차입이 허용된다. 즉 퇴직보험계약 특별계정별로 자산의 100분의 10의 범위에서 은행으로부터의 당좌차월을 포함한 일정한 방법[27]으로 하는 차입은 허용된다(시행령53②단).

(2) 한편, 변액보험계약 특별계정에서 차입은 자본시장법 83조가 규율한다.[28] 그리고 일반계정 및 기타 특별계정에서 차입은 보험업법 114조가 규율한다. 보험업법 114조에 관해서는 후술한다.

(3) 보험계약자 지시에 따른 자산운용

보험회사는 특별계정의 자산을 운용할 때 보험계약자의 지시에 따라 자산을 운용해서는 안 된다(시행령53③(1)). 특별계정은 — 고객의 지시에 따라 자산운용을 하는 — 특정

가. 그 집합투자업자 및 그와 대통령령이 정하는 이해관계가 있는 자
나. 그 집합투자업자에 대하여 사실상의 지배력을 행사하는 자로서 대통령령이 정하는 자
2. 그 집합투자재산에 속하는 주식을 발행한 법인이 그 집합투자업자와 다음 각 목의 어느 하나에 해당하는 관계가 있는 경우
가. 계열회사의 관계가 있는 경우
나. 그 집합투자업자에 대하여 사실상의 지배력을 행사하는 관계로서 대통령령이 정하는 관계가 있는 경우
3. 그 밖에 투자자 보호 또는 집합투자재산의 적정한 운용을 해할 우려가 있는 경우로서 대통령령이 정하는 경우

27) 일정한 방법은 다음 각 호의 어느 하나의 방법이다.
1. 은행법에 따른 은행으로부터의 당좌차월
2. 금융기관으로부터의 만기 1개월 이내의 단기자금 차입
3. 일반계정(특별계정에 속하는 보험계약을 제외한 보험계약이 속하는 계정)으로부터의 만기 1개월 이내의 단기자금 차입. 이 경우 금리는 금융위원회가 정하여 고시하는 기준에 따른다.
4. 1호부터 3호까지에 준하는 방법으로서 금융위원회가 정하여 고시하는 방법

28) 자본시장법 83조에 따르면, 집합투자업자는 집합투자재산을 운용함에 있어서 집합투자기구의 계산으로 금전을 차입하지 못하는 것이 원칙이고 예외적인 경우에만 일정한 요건 하에 차입이 가능하며, 집합투자기구의 계산으로 금전을 차입하는 경우 그 차입금의 총액은 차입 당시 집합투자기구 자산총액에서 부채총액을 뺀 가액의 100분의 10을 초과할 수 없다.

금전신탁과는 성질이 다르다는 점을 명시한 규정이다.

(4) 사전수익률 보장

보험회사는 변액보험계약 특별계정의 자산을 운용할 때 사전수익률을 보장해서는 안 된다(시행령53③(2)). 변액보험계약은 보험금이 자산운용의 성과에 따라 변동하는 보험계약으로서 금융투자상품과 같은 투자성[29]이 있거나 그에 준하는 성격을 띤다. 사전수익률 보장은 투자성에 반하기 때문에 자본시장법도 금융투자상품의 매매 시에 사전수익률의 보장을 금지하고 있다(자본시장법55(3)). 동일한 맥락에서 변액보험계약 특별계정의 사전수익률 보장이 금지된다고 볼 수 있다.

(5) 계정 간 자산편입

1) 의의

(1) 보험회사는 특별계정의 자산을 운용할 때 특별계정에 속하는 자산을 일반계정 또는 다른 특별계정에 편입하거나 일반계정의 자산을 특별계정에 편입하는 행위를 해서는 안 된다(시행령53③(3)본).

(2) 일반계정과 특별계정 간이나 특별계정들 간에 자산편입을 허용한다면 계정들을 분리한 취지와 맞지 않는다. 따라서 원칙적으로 자산편입을 금지하되 특별한 사정이 있는 경우에 한하여 자산편입을 허용한다.

2) 자산편입의 허용

(1) 초기투자자금을 일반계정에서 편입받는 행위 등 다음 각 목의 어느 하나에 해당하면 예외로 한다(시행령53③(3)단).

> 가. 특별계정의 원활한 운영을 위하여 금융위원회가 정하여 고시하는 바에 따라 초기투자자금을 일반계정에서 편입받는 행위[30]
>
> 나. 특별계정이 일반계정으로부터 만기 1개월 이내의 단기자금을 금융위원회가 정하여 고시하는 금리 기준에 따라 차입받는 행위[31]
>
> 다. 퇴직급여법 부칙(법률7379호, 2005.1.27.) 2조 1항에 따른 퇴직보험계약을 같은 법 16조 2

---

29) 자본시장법 3조 1항 본문에 따르면, 금융투자상품이란 이익을 얻거나 손실을 회피할 목적으로 현재 또는 장래의 특정 시점에 금전, 그 밖의 재산적 가치가 있는 것을 지급하기로 약정함으로써 취득하는 권리로서, 그 권리를 취득하기 위하여 지급하였거나 지급하여야 할 금전 등의 총액이 그 권리로부터 회수하였거나 회수할 수 있는 금전등의 총액을 초과하게 될 위험(투자성)이 있는 것을 말한다.

30) 일반계정에서 편입받는 특별계정의 초기투자자금의 운용은 특별계정별로 다음 각 호에 의한다(감독규정5-7⑤).
1. 일반계정 총자산의 100분의 1과 100억 원 중에서 작은 금액을 최고한도로 한다.
2. 특별계정의 자산이 분기 말 기준으로 초기투자자금의 100분의 200을 초과하는 경우에는 초기투자자금과 그 자산운용실적을 더하여 3개월 이내에 일반계정으로 상환한다.
3. 초기투자자금의 이체 또는 상환은 현금으로 한다.

31) 금융위원회가 정하는 기준이란 차입일에 자본시장법 355조에 따른 자금중개회사를 경유한 동일만기 자금거래의 중개금리(종가)를 말한다(감독규정5-7③(3)).

항에 따른 보험계약으로 전환하면서 자산을 이전하는 행위

라. 변액보험계약 특별계정을 자본시장법 233조에 따른 모자형집합투자기구로 전환하면서 모집합투자기구로 자집합투자기구의 자산을 이전하는 행위

마. 그 밖에 가목부터 라목까지에 준하는 행위로서 금융위원회가 정하여 고시하는 행위

(2) 위 (1)의 마목에서 금융위원회가 정하여 고시하는 행위는 감독규정 5-6조 1항 6호의 특별계정이 일반계정의 유가증권 등을 담보로 제공받는 행위로서 다음 각 호의 요건을 모두 충족하는 경우를 말한다(감독규정5-7⑥). 감독규정 5-6조 1항 6호의 특별계정은 자산연계형보험계약(감독규정 6-12조 3항에 의한 공시이율을 적용하는 보험계약은 제외)의 특별계정이다.

1. 통화스왑 등의 파생금융거래와 관련하여 거래상대방 또는 결제기관에 증거금 등의 담보로 제공하는 경우일 것
2. 일반계정이 각 특별계정에 담보로 제공하는 유가증권 등의 합계액이 보험회사 자기자본의 40% 이내일 것
3. 신규 또는 추가 담보제공을 하는 경우에는 전분기 말 보험회사의 지급여력비율이 200% 이상일 것

3) 기타

(1) 한편, 감독규정 5-7조 1항부터 4항까지도 자산편입에 관한 규정을 두고 있다. 다만, 이 규정들은 상위법령의 명시적 위임이 없는 행정규칙이다.

(2) 특별계정과 일반계정 간의 자금이체는 다음 각 호의 어느 하나에 해당하는 경우에 한한다(감독규정5-7①).

1. 특별계정에 속하는 보험료의 수납과 보험금, 배당금 및 환급금의 지급을 위한 경우
2. 보험계약의 위험보장, 보험계약 체결·유지·관리에 필요한 금액을 일반계정으로 이체하는 경우
3. 운용수수료의 이체, 대출금의 지급 및 원리금을 회수하기 위한 경우
4. 채권 장외거래 시에 채권과 대금을 동시에 결제하기 위하여 한국은행 또는 은행의 자금이체망을 사용하는 경우
5. 그 밖에 특별계정을 유지하기 위하여 필요하다고 인정되는 경우

(3) 자금이체는 이체사유가 발생한 날부터 5영업일 이내에 한다(감독규정5-7②본). 다만, 소득세법 20조의3 1항 2호 각 목 외의 부분에 따른 연금저축계좌를 설정하는 계약, 손해보험회사가 판매하는 장기손해보험계약, 그리고 자산연계형보험계약(감독규정 7-65조 3항에 의한 공시이율을 적용하는 보험계약은 제외)인 경우에는 이체 사유가 매월 1일부터 15일 중에 발생한 때에는 당월 말까지, 16일부터 월말까지 발생한 때에는 다음달 15일까지

이체한다(감독규정5－7②단).

(4) 위 (2)에 의해서 특별계정과 일반계정 간의 자금이체에 따른 정산방법은 다음 각 호와 같다(감독규정5－7③).

1. 소득세법 20조의3 1항 2호 각 목 외의 부분에 따른 연금저축계좌를 설정하는 계약, 퇴직급여법 29조 2항의 규정에 따른 보험계약(퇴직연금실적배당보험계약 제외) 및 동법 부칙 2조 1항의 규정에 따른 퇴직보험계약, 손해보험회사가 판매하는 장기손해보험계약, 그리고 자산연계형보험계약(감독규정 7－65조 3항에 의한 공시이율을 적용하는 보험계약은 제외), 외화보험계약(다만, 변액보험계약, 자산연계형보험계약은 제외)인 경우에는 특별계정과 일반계정 간의 이체에 따른 기간경과 이자는 감독규정 1－2조 13호에 따른 평균공시이율로 한다.
2. 생명보험회사가 판매하는 변액보험계약 및 퇴직급여법 29조 2항의 규정에 따라 보험회사가 판매하는 퇴직연금실적배당보험계약인 경우 특별계정과 일반계정 사이의 이체에 따른 정산은 정산일의 특별계정의 기준가격으로 한다.

(5) 특별계정자산은 유통시장 등을 통하여 매매해야 한다(감독규정5－7④).

(6) 어음으로 보험료 수납

보험회사는 보험료를 어음으로 수납하는 행위를 해서는 안 된다(시행령53③(4)). 어음은 신용증권으로서 만기 시에 미지급 위험이 있으므로 현금에 비해서 안정성이 떨어진다.

(7) 제3자의 이익 도모

보험회사는 특정한 특별계정 자산으로 제3자의 이익을 꾀하는 행위를 해서는 안 된다(시행령53③(5)).

5. 특별계정 자산운용 비율 한도

특별계정의 자산운용 비율 한도는 보험업법 106조 및 107조가 규정하고 있고, 이에 관해서는 전술하였다. 보험업법 108조의 위임에 근거한다고 보이는 보험업법시행령 53조의 표제는 '특별계정자산의 운용비율'이다.[32] 그런데 보험업법시행령 53조 1항부터 3항까지의 규정 내용은 운용비율과 무관하다. 보험업법시행령 53조 4항은 운용비율에 대해 규정하지만,[33] 보험업법 107조와 내용이 같기 때문에 특별한 의미가 있다고 볼 수 없다. 요

32) 종래에는 보험업법 106조가 일반계정 자산운용비율에 대해서만 정하고 특별계정 자산운용비율에 대해서는 보험업법시행령 53조 1항이 정했다. 그런데 2010년 보험업법 개정을 통해서 보험업법시행령 53조 1항의 내용이 보험업법 106조로 이전 반영될 때 보험업법시행령 53조 1항의 표제도 수정되었어야 했는데 그렇지 않아서 생긴 현상이다.

33) 보험업법시행령 53조 4항은 "보험회사의 자산가격의 변동, 담보권의 실행, 그 밖에 보험회사의 의사에 의하지 아니하는 사유로 자산상태에 변동이 있는 경우에는 법 제106조 제1항을 적용하지 아니한다. 이 경우 그 보험회사는 그 한도를 초과하게 된 날부터 1년 이내에 법 제106조 제1항에 적합하게 하여야 하고, 제51조에서 정하는 사유에 해당하는 경우에는 금융위원회가 그 기간을 연장할 수 있다."고 규정한다.

컨대 특별계정의 자산운용 비율 한도는 보험업법 106조 및 107조에 따르면 된다.

6. 특별계정 자산평가 등

(1) 자산평가 및 손익배분

(1) 특별계정(변액보험계약 특별계정은 제외)에 속하는 자산은 금융위원회가 정하는 방법으로 평가한다(시행령54①). 금융위원회가 정하는 방법은 다음과 같다. 첫째, 특별계정 자산의 평가는 개별 특별계정별로 적용하여야 한다(감독규정6-25①). 둘째, 특별계정에 속하는 자산은 다음 각 호의 구분에 의한 방법으로 이를 평가한다(감독규정6-25②).

1. 변액보험(퇴직연금실적배당보험 포함) 특별계정에 속하는 유가증권의 경우에는 자본시장법 239조 1항 본문의 규정에 의한 방법[34]
2. 1호 이외의 자산인 경우에는 한국채택국제회계기준에서 규정한 방법

(2) 특별계정 자산평가와 관련하여 감독규정에서 정하지 않은 사항은 일반계정의 회계처리방법을 준용한다(감독규정6-25⑤).

(3) 보험회사는 변액보험계약 특별계정의 운용수익에서 해당 특별계정의 운용에 대한 보수 및 그 밖의 수수료를 뺀 수익을 해당 특별계정 보험계약자의 몫으로 처리해야 한다(시행령54②). 변액보험계약은 자산운용의 성과가 원칙적으로 보험계약자 측에 귀속된다는 점을 명시한 규정이다.

(2) 자산운용실적 등의 공시 등

1) 자산운용에 관한 사항의 공시

(1) 보험회사는 특별계정(변액보험계약 특별계정은 제외)의 자산운용에 관한 다음 각 호의 사항을 공시해야 한다(시행령55①).

1. 매월 말 현재의 특별계정별 자산·부채 및 자산구성 내용
2. 자산운용에 대한 보수 및 수수료
3. 그 밖에 보험계약자의 보호를 위하여 공시가 필요하다고 인정되는 사항으로서 금융위원회가 정하여 고시하는 사항

(2) 변액보험계약 특별계정의 자산운용에 관한 공시는 자본시장법에 따른다.

2) 자산운용 실적의 비교·공시

보험협회는 보험회사별로 보험회사가 설정하고 있는 특별계정별 자산의 기준가격 및

---

34) 감독규정 6-25조 2항은 자본시장법 239조 1항 본문이라고 규정하고 있으나 자본시장법 240조 1항이 타당하다. 자본시장법 240조 1항에 따르면, 투자신탁이나 투자익명조합의 집합투자업자 또는 투자회사 등은 집합투자재산에 관하여 회계처리를 하는 경우 금융위원회가 증권선물위원회의 심의를 거쳐 정하여 고시한 회계처리기준에 따라야 한다.

수익률 등 자산운용실적을 비교·공시할 수 있다(시행령55②).

3) 보험계약 관리내용의 제공

(1) 보험회사는 특별계정(변액보험계약 특별계정은 제외)으로 설정·운용되는 보험계약의 관리 내용을 매년 1회 이상 보험계약자에게 제공해야 한다(시행령55③).

(2) 변액보험계약 특별계정의 관리내용 제공은 자본시장법에 따른다.

(3) 운용 전문 인력 확보의무 등

(1) 특별계정(변액보험계약 특별계정은 제외)을 설정·운용하는 보험회사는 특별계정의 공정한 관리를 위하여 특별계정의 관리 및 운용을 전담하는 조직과 인력을 갖추어야 한다(시행령56①본). 다만, 특별계정을 통한 대출업무의 경우에는 내부통제기준의 준수 여부에 대한 준법감시인의 확인을 거쳐 일반계정의 운용인력 및 조직을 이용할 수 있다(시행령56①단).

(2) 변액보험계약 특별계정의 운용을 위한 전문 인력 확보의무 등은 자본시장법에 따른다.

(3) 보험을 모집할 수 있는 자(법83①)가 변액보험계약을 모집하려는 경우에는 금융위원회가 정하여 고시하는 대로 변액보험계약의 모집에 관한 연수과정을 이수해야 한다(시행령56②). 이에 따라 변액보험계약을 모집하고자 하는 경우에는 보험협회에서 실시하는 변액보험모집 자격시험 또는 종합자산관리사 시험에 합격해야 한다(감독규정5-4①). 보험협회의 장은 위 시험 및 교육과정의 운영·관리와 교육이수 여부 확인 등을 위해 필요한 세부적인 기준과 방법을 정해야 한다(감독규정5-4②).

7. 예외 규정

'기업구조조정 촉진법' 33조 1항 2호에 따르면, 채권금융기관이 '기업구조조정 촉진법'에 따른 기업구조조정을 위하여 채권을 출자전환하거나 금융채권자협의회 의결에 따라 채무조정을 하는 경우에는 보험업법 108조를 적용하지 않는다.

제 5 관 자산운용 관련 기타 금지행위

1. 의의

보험업법은 자산운용과 관련하여 전술한 금지행위 이외에도 몇 가지 금지행위를 규정하고 있다. 여기에는 다른 회사에 대한 출자(법109), 자금지원 관련 금지행위(법110), 타인을 위한 담보제공(법113), 자금의 차입(법114)에 관한 것이 포함된다. 이하에서 순서대로 살펴본다. 그리고 대주주와 관련된 금지행위는 별도로 후술한다.

2. 다른 회사에 대한 출자

(1) 원칙적 금지

1) 의의

보험회사는 다른 회사의 의결권 있는 발행주식(출자지분을 포함) 총수의 100분의 15를 초과하는 주식을 소유할 수 없다(법109본).

2) 취지

다른 회사에 대한 출자 제한은 보험회사가 자기자본이 아닌 자산(타인 자금)의 출자를 통해서 다른 회사를 '지배'하는 현상을 막는 데 일차적 취지가 있다. 또한, 출자된 다른 회사의 부실화로 인해 보험회사의 재무건전성이 악화되는 현상을 막는 데에도 취지가 있다.

3) 요건

다른 회사에 대한 출자제한의 구체적 요건은 다음과 같다.

(1) 다른 회사를 지배하는지는 다른 회사의 '발행주식 총수의 100분의 15'를 초과해 취득하는지가 기준이다. 다른 회사의 발행주식 총수 100분의 15 이하를 취득하는 정도로는 지배력을 인정하기 어렵다고 보아서 허용한다. 다만, 만약 100분의 15 이하로 취득하더라도 보험업법 106조가 규정하는 자산운용 비율 한도에 저촉되는 경우라면 보험업법 106조 위반이 될 수 있음은 물론이다.

(2) 발행주식 총수는 '의결권 있는' 주식을 기준으로 한다. 의결권 없는 주식은 취득하더라도 다른 회사를 '지배'한다고 보기 어렵기 때문이다.

(3) 100분의 15를 초과하는 취득은 원칙상 금지되지만, 예외적으로 금융위원회의 승인을 받은 경우는 허용된다. 그 내용은 아래와 같다.

(2) 예외적 허용

예외적으로 보험업법 115조에 따라 금융위원회의 승인(승인이 의제되거나 신고 또는 보고하는 경우를 포함)을 받은 자회사의 주식은 소유할 수 있다(법109단). 보험회사가 다른 회사의 의결권 있는 발행주식 총수의 100분의 15를 초과해서 취득하면 그 다른 회사가 보험회사의 자회사이다(법2⒅). 자회사 소유에 관한 구체적 내용은 후술하기로 한다.

(3) 예외 규정

'기업구조조정 촉진법' 33조 1항 2호에 따르면, 채권금융기관이 '기업구조조정 촉진법'에 따른 기업구조조정을 위하여 채권을 출자전환하거나 금융채권자협의회 의결에 따라 채무조정을 하는 경우에는 보험업법 109조를 적용하지 아니한다.

(4) 위반 시 효과

보험업법 109조에 위반하여 다른 회사의 주식을 소유한 경우 과태료(209①(6),④(21))가 따른다.

3. 자금지원 관련 행위

(1) 의의

(1) 보험회사는 다른 금융기관(구조개선법 2조 1호에 따른 금융기관을 말함)[35] 또는 회사와 행하는 일정한 자금지원 관련 행위를 금지한다(법110①).

(2) 금지되는 행위의 종류별로 살펴보기로 한다.

(2) 자산운용한도 회피행위

1) 의의

(1) 보험업법 106조와 108조에 따른 자산운용 한도의 제한을 회피하기 위해서 다른 금융기관 또는 회사의 의결권 있는 주식을 서로 교차하여 보유하거나 신용공여를 하는 행위가 금지된다(법110①(1)). 보험업법 110조 1항 1호의 법문에 따르면, 금지되는 행위는 보험업법 106조와 108조에 따른 자산운용 한도의 제한을 회피하기 위한 주식의 교차보유 또는 신용공여이다.

(2) 보험업법 110조 1항 1호는 주식 소유 또는 신용공여와 관련하여 보험업법 106조와 108조에 따른 자산운용 한도의 제한을 회피하는 행위를 규제한다고 규정하지만, 보험업법 108조는 주식소유 또는 신용공여와 관련하여 자산운용 한도의 제한을 규정하고 있지 않기 때문에, 보험업법 110조 1항 1호가 보험업법 108조를 언급하고 있는 점은 부적절하다.

(3) 이하에서는 주식 소유와 신용공여 순으로 좀 더 구체적으로 살펴보자.

2) 주식 소유

(1) 주식의 교차 '보유'는 교차 소유를 의미한다고 해석한다. 그리고 보험업법 110조 1항 1호의 법문이 주식의 소유를 '교차' 소유라고 규정한 점은 타당성이 의심스럽다. 아래

35) *구조개선법 2조 1호에 따른 금융기관은 다음과 같다.
1. 금융기관이란 다음 각 목의 어느 하나에 해당하는 것을 말한다.
가. 은행법에 따라 설립된 은행
나. 중소기업은행법에 따른 중소기업은행
다. 자본시장법에 따른 투자매매업자·투자중개업자
라. 자본시장법에 따른 집합투자업자, 투자자문업자 또는 투자일임업자
마. 보험업법에 따른 보험회사
바. 상호저축은행법에 따른 상호저축은행
사. 자본시장법에 따른 신탁업자
아. 자본시장법에 따른 종합금융회사
자. 금융지주회사법에 따른 금융지주회사
차. 그 밖의 법률에 따라 금융업무를 하는 기관으로서 대통령령으로 정하는 기관
**구조개선법시행령 2조에 따르면 구조개선법 2조 1호 차목의 기관은 여신전문금융업법에 따른 여신전문금융회사를 말한다.

사례에서 보는 바와 같이 주식을 교차 소유하지 않더라도 우회적 주식 소유에 의한 회피행위가 발생할 수 있기 때문이다. '교차' 소유는 그러한 회피행위보다는 상호주 소유의 문제를 야기한다. 따라서 보험업법 110조 1항 1호가 규정하는 주식의 교차 소유는 단순히 주식 소유를 의미한다고 해석함이 타당하다.

(2) 보험업법에 따른 자산운용 한도의 제한을 회피하기 위한 주식 소유는 다음과 같은 경우를 들 수 있다. 가령 보험회사가 A회사의 주식을 취득하면서 A회사가 B회사의 주식을 취득할 것을 조건으로 내세운 경우를 보자. 이 경우 보험회사가 A회사 주식을 소유하지만 나아가 보험회사는 B회사 주식을 우회적으로 또는 간접적으로 소유하게 된다. 만약 보험회사가 직접 B회사 주식을 소유하면 보험업법 106조를 위반하게 되는 경우 이 위반을 회피하기 위해서 위와 같은 우회적 방식을 사용할 수 있고, 이에 대비해 보험업법 110조 1항 1호를 둔 것이다.

3) 신용공여

(1) 보험업법에 따른 자산운용 한도의 제한을 회피하기 위한 신용공여는 다음과 같은 경우를 들 수 있다. 가령 보험회사가 A회사에게 신용공여를 하면서 A회사가 B회사에 신용공여를 할 것을 조건으로 내세운 경우를 보자. 이 경우 형식적 측면에서는 보험회사가 A회사에 신용공여를 하지만 실질적으로 보면 보험회사가 B회사에 신용공여를 한다고 볼 수 있다. 만약 보험회사가 직접 B회사에 신용공여를 하면 보험업법 106조를 위반하는 경우 이를 회피하기 위해서 위와 같은 우회적 방식을 사용할 수 있고, 이에 대비해 보험업법 110조 1항 1호를 둔 것이다.

(2) 주식의 교차 소유처럼 교차적 신용공여가 금지된다고 해석하는 견해가 있지만,[36] 보험업법 110조 1항 1호의 법문에 비추어 볼 때 타당하지 않다.

(3) 자기주식 취득제한 회피행위

1) 의의

보험회사가 상법 341조와 자본시장법 165조의3(주권상장법인의 특례)에 따른 자기주식 취득의 제한을 회피하기 위한 목적으로 서로 교차하여 주식을 취득하는 행위가 금지된다 (법110①(2)).

2) 상호주 소유

(1) 주식을 교차하여 소유하는 경우를 상호주 소유라고 한다. 가령 보험회사가 A회사의 주식을 소유하고 A회사가 보험회사의 주식을 소유하는 경우(또는 보험회사가 A회사의 주식을 소유하고 A회사는 B회사의 주식을 소유하며 B회사가 보험회사의 주식을 소유하는 경우)가 상호주 소유에 해당한다.

---

36) 정채웅 622면

(2) 상호주 소유는 본질상 자기주식을 취득한다는 성격을 갖는데,[37] 위 사례에서 보험회사는 간접적인 방식으로 자기주식을 취득하는 셈이 된다. 자기주식 취득이라는 요소 때문에 상호주 소유는 규제 대상이다.

(3) 보험업법 110조 1항 2호는 주관적 요건으로서 상법 341조와 자본시장법 165조의3에 따른 자기주식 취득의 제한을 회피하기 위한 목적을 규정하고 있지만, 상호주 소유는 그 실질이 자기주식 취득이라는 점을 고려하면 상호주 소유를 입증하는 것으로 충분하다고 보아야 하지 주관적 요건까지 입증할 필요는 없다고 해석해야 한다.

3) 상호주 소유에 대한 상법상 규제

(1) 상법은 모자관계와 非모자관계로 구분하여 규제의 정도를 달리하며 그 내용은 다음과 같다.

(2) 상법 342조의2는 모자회사 관계(다른 회사의 발행주식 총수 100분의 50을 초과하는 주식을 가진 경우)에서 상호주 소유(자회사에 의한 모회사 주식의 취득)를 원칙상 금지한다.[38]

(3) 상법 369조 3항은 非모자회사 관계(어떤 회사가 다른 회사의 발행주식 총수 10분의 1을 초과하는 주식을 가진 경우)에서 의결권을 제한하는데, 다른 회사가 가진 어떤 회사의 주식은 의결권이 없다.[39]

4) 상호주 소유에 대한 보험업법상 규제

(1) 보험회사가 상호주 소유를 하면 상법 342조의2, 369조 3항이 적용될 뿐만 아니라, 보험업법 110조 1항 2호도 적용된다. 그런데 보험업법상 규제가 상법상 규제보다 엄격한데, 그 내용은 다음과 같다.

(2) 보험업법상 규제가 요건 면에서 엄격하다. 상법은 모자관계와 非모자회사 관계에 한정하여 규율하지만 보험업법은 그 이외에 경우에도 ― 보험회사가 다른 회사의 발행주식 총수 10분의 1 미만의 주식을 가진 경우에도 ― 상호주 보유가 규제되기 때문이다.

(3) 보험업법상 규제가 효과 면에서도 엄격하다. 상법 369조 3항에 따르면 非모자회사

37) 이철송 408면

38) 상법 342조의2는 다음과 같이 규정한다.

① 다른 회사의 발행주식의 총수의 100분의 50을 초과하는 주식을 가진 회사(모회사)의 주식은 다음의 경우를 제외하고는 그 다른 회사(자회사)가 이를 취득할 수 없다.

1. 주식의 포괄적 교환, 주식의 포괄적 이전, 회사의 합병 또는 다른 회사의 영업 전부의 양수로 인한 때
2. 회사의 권리를 실행함에 있어 그 목적을 달성하기 위하여 필요한 때

② 1항 각 호의 경우 자회사는 그 주식을 취득한 날로부터 6월 이내에 모회사의 주식을 처분해야 한다.

③ 다른 회사의 발행주식의 총수의 100분의 50을 초과하는 주식을 모회사 및 자회사 또는 자회사가 가지고 있는 경우 그 다른 회사는 이 법의 적용에 있어 그 모회사의 자회사로 본다.

39) 상법 369조 3항은 다음과 같이 규정한다. 회사, 모회사 및 자회사 또는 자회사가 다른 회사의 발행주식의 총수의 10분의 1을 초과하는 주식을 가지고 있는 경우 그 다른 회사가 가지고 있는 회사 또는 모회사의 주식은 의결권이 없다.

관계(어떤 회사가 다른 회사의 발행주식 총수 10분의 1을 초과하는 주식을 가진 경우)에서 다른 회사가 가진 어떤 회사의 주식은 의결권이 없지만, 보험업법 110조 2항에 따르면 어떤 회사가 가진 다른 회사 주식의 의결권도 없다. 또한, 금융위원회가 주식의 처분을 명하는 등 필요한 조치를 취할 수 있다(법110③).

(4) 기타

그 밖에 보험계약자의 이익을 크게 해칠 우려가 있는 행위로서 대통령령이 정하는 행위가 금지된다(법110①(3)).

(5) 위반 시 효과

1) 사법상 효과

보험회사는 보험업법 110조 1항을 위반하여 취득한 주식에 대하여는 의결권을 행사할 수 없다(법110②). 그럼에도 불구하고 주주총회에서 의결권을 행사한 경우에 효력은 어떠한가? 효력이 없다는 견해도 있으나,[40] 상법 376조 1항에 따라 주주총회 결의취소사유라고 해석하는 것이 옳다. 주주총회의 소집절차 또는 결의방법이 법령에 위반하는 경우에 결의취소의 소를 제기할 수 있는데(상법376①), 의결권이 없음에도 불구하고 의결권을 행사했다면 결의방법이 법령에 위반한 경우로서 결의취소의 소를 제기할 수 있다고 해석해야 한다.[41] 판례도 같다.[42]

2) 공법상 효과

(1) 금융위원회는 보험업법 110조 1항을 위반하여 주식을 취득하거나 신용공여를 한 보험회사에 대하여 그 주식의 처분 또는 공여한 신용의 회수를 명하는 등 필요한 조치를 할 수 있다(법110③).

(2) 보험업법 110조 1항을 위반하여 자금지원 관련 금지행위를 하는 경우 과징금(법196①(6의2))이 따른다.

4. 금리인하 요구 관련

(1) 금리 인하 요구권

(1) 보험회사와 신용공여 계약을 체결한 자는 재산 증가나 신용등급 또는 개인신용평점상승 등 신용상태 개선이 나타났다고 인정되는 경우 보험회사에 금리인하를 요구할 수 있다(법110의3①). 이를 금리 인하 요구권이라고 한다.

---

40) 성대규·안종민 468면; 정채웅 623면

41) 김건식·노혁준·천경훈 317면; 이철송 418면

42) 대판 1983.8.23. 83도748(주주총회가 적법하게 소집되어 개회된 이상 의결권 없는 자가 의결권을 행사하였으며 동인이 의결권을 행사한 주식수를 제외하면 의결정족수에 미달하여 총회결의에 하자가 있다는 주장은 주주총회 결의방법이 법령 또는 정관에 위반하는 경우에 해당하여 결의취소의 사유에 해당한다)

(2) 금리 인하 요구권을 둔 이유는 신용공여를 받은 자의 권익을 보호하기 위해서이다.

(3) 그 밖에 금리 인하 요구의 요건 및 절차에 관한 구체적 사항은 대통령령으로 정한다(법110의3③). 그리고 보험업감독규정 5-15조의3 및 감독시행세칙 3-16조도 이를 구체화하고 있다.

(2) 금리인하 요구권에 대한 통지

(1) 보험회사는 신용공여 계약을 체결하려는 자에게 보험업법 110조의3 1항에 따라 금리 인하를 요구할 수 있음을 알려야 한다(법110의3②). 보험회사는 금리인하 요구의 인정요건 및 절차 등을 인터넷 홈페이지 등을 이용하여 안내하여야 한다(감독규정5-15의3③).

(2) 신용공여를 받은 자 중에는 금리 인하 요구권에 대한 존재를 알지 못하는 경우가 많다는 점을 고려하여 이에 대한 통지의무를 둔 것이다.

(3) 금리인하 요구권자

보험회사와 신용공여 계약을 체결한 자는 다음 각 호의 어느 하나에 해당하는 경우 보험회사에 금리인하를 요구할 수 있다(시행령56의3①).

1. 개인이 신용공여 계약을 체결한 경우: 취업, 승진, 재산 증가 또는 개인신용평점 상승 등 신용상태의 개선이 나타났다고 인정되는 경우
2. 개인이 아닌 자(개인사업자 포함)가 신용공여 계약을 체결한 경우: 재무상태 개선, 신용등급 또는 개인신용평점 상승 등 신용상태의 개선이 나타났다고 인정되는 경우

(4) 금리인하 심사

(1) 금리인하 요구를 받은 보험회사는 해당 요구가 다음 각 호의 어느 하나에 해당하는지를 고려하여 수용여부를 판단할 수 있다(감독규정5-15의3①).

1. 신용공여 계약을 체결할 때, 계약을 체결한 자의 신용상태가 금리에 산정에 영향을 미치지 아니한 경우(보험계약 대출의 경우를 포함)
2. 신용상태의 개선이 경미하여 금리 재산정에 영향을 미치지 아니하는 경우

(2) 보험회사는 신용공여 계약을 체결한 자가 금리인하를 요구하는 때에는 신용상태 개선을 확인하는 데 필요한 자료 제출을 요구할 수 있다(감독규정5-15의3②).

(5) 심사결과 안내 및 기록보관

(1) 보험회사는 금리인하 요구를 받은 날부터 10영업일 이내(금리인하 요구자에게 자료의 보완을 요구하는 날부터 자료가 제출되는 날까지의 기간은 포함하지 않음)에 해당 요구의 수용 여부 및 그 사유를 금리인하 요구자에게 전화, 서면, 문자메시지, 전자우편, 팩스 또는 그 밖에 이와 유사한 방법으로 알려야 한다(시행령56의3③).

(2) 보험회사는 금리인하를 요구받은 경우 접수, 심사결과 등 관련 기록을 보관·관리

해야 한다(감독규정5－15의3④).

(6) 협회의 비교 · 공시

(1) 협회는 매반기 종료일로부터 2개월 이내에 보험회사별 금리인하 요구의 수용 건수 등 운영실적을 인터넷 홈페이지를 통하여 비교·공시하여야 하며, 보험회사는 비교·공시에 필요한 정보를 협회에 제공하여야 한다(감독규정5－15의3⑤).

(2) 협회는 보험업감독규정 5－15조의3 5항에 따라 보험회사별 다음 각호의 사항을 비교·공시하여야 한다(감독시행세칙3－16①).

1. 금리인하 요구 건수
2. 금리인하 수용 건수
3. 금리인하 수용에 따른 이자감면액
4. 금리인하 수용률
5. 금리인하 수용에 따른 인하금리
6. 비대면 신청률

5. 대출 시 불공정행위

보험회사는 보험업법, 동법시행령 및 감독규정에서 정하는 자산운용 제한에 관한 규정의 적용을 면탈하기 위한 행위를 해서는 안 된다(감독규정5－15③).

보험회사가 금융기관(구조개선법 2조 1호의 규정에 의한 금융기관을 말함[43])에 대하여 후순위자금공여(감독규정 7－10조 1항 2호 내지 4호를 조건으로 하는 대출 또는 회사채의 인수 및 예금의 가입을 말함)를 하고자 하는 때에는 다음 각 호의 기준을 준수해야 한다(감독규정 5－15⑤).

1. 당해 보험회사의 직전 분기 말 지급여력비율이 100% 이상일 것
2. 후순위자금공여 대상 금융기관이 독점규제법 2조 2호의 규정에 의한 기업집단에 속하는 경

---

43) *구조개선법 2조 1호에 따른 금융기관은 다음과 같다.
1. 금융기관이란 다음 각 목의 어느 하나에 해당하는 것을 말한다.
가. 은행법에 따라 설립된 은행
나. 중소기업은행법에 따른 중소기업은행
다. 자본시장법에 따른 투자매매업자·투자중개업자
라. 자본시장법에 따른 집합투자업자, 투자자문업자 또는 투자일임업자
마. 보험업법에 따른 보험회사
바. 상호저축은행법에 따른 상호저축은행
사. 자본시장법에 따른 신탁업자
아. 자본시장법에 따른 종합금융회사
자. 금융지주회사법에 따른 금융지주회사
차. 그 밖의 법률에 따라 금융업무를 하는 기관으로서 대통령령으로 정하는 기관
**구조개선법시행령 2조에 따르면 구조개선법 2조 1호 차목의 기관은 여신전문금융업법에 따른 여신전문금융회사를 말한다.

우에는 구조개선법 10조의 규정에 의하여 적기시정조치의 대상이거나 유예 중인 금융기관이 아닐 것

6. 타인을 위한 담보제공

(1) 원칙적 금지

(1) 보험회사는 타인을 위하여 그 소유 자산을 담보로 제공하거나 채무보증을 할 수 없다(법113본). 타인을 위한 담보제공 또는 채무보증이 그에 상응하는 대가가 수반되거나 업무로 행하는 경우 등의 특별한 사정이 없는 한, 타인이 채무를 이행하지 않아 담보 또는 보증이 집행되면 보험회사 재무건전성에 악영향을 주게 되므로 원칙상 금지한다.

(2) 보험업법 113조 본문의 해석상 주의할 점은 다음과 같다.

(a) 보험업법 113조 본문은 금지 대상을 담보제공과 채무보증이라고 규정한다. 일반적으로 담보는 물적 담보와 인적 담보도 포함되고 인적 담보에는 채무보증 등이 속하므로 보험업법 113조가 금지하는 담보제공에는 당연히 채무보증도 포함된다고 해석할 수 있고, 따라서 보험업법 113조가 금지 대상이라고 규정하는 채무보증은 확인적 성격을 띤다고 해석할 수 있다.

(b) 보험업법 113조 본문은 채무보증이라고 표현하지만 여기에는 보증채무는 물론이고 연대채무, 연대보증채무도 포함된다고 해석한다. 보증채무가 금지된다면, 이보다 무거운 채무인 연대채무, 연대보증채무는 당연히 금지된다고 해석해야 하기 때문이다. 물상보증인이 채무보증인에 포함된다는 견해가 있으나,[44] 물상보증인은 제외하는 것이 타당하다. 물상보증인은 타인의 채무를 담보하기 위해서 자기의 물건 위에 질권 또는 저당권을 설정하는 자로서 그가 담보로 제공한 물건의 한도에서 책임을 진다는 점에서, 물상보증은 물적 담보의 한 유형이라고 보아야 하기 때문이다.

(c) 타인은 보험회사 이외의 자를 가리키며(보험회사의 대주주, 계열회사, 자회사 등도 타인에 해당), 명의를 기준으로 하지 않고 담보제공 또는 채무보증 때문에 생기는 경제적 이익의 귀속 주체를 기준으로 타인인지 여부를 판단한다.[45] 즉 타인성은 형식이 아니라 실질을 기준으로 판단한다.

(2) 예외적 허용

타인을 위한 채무보증은 예외적으로만 허용된다. 즉 보험업법 및 대통령령에 따라서 채무보증을 할 수 있는 경우에는 가능하다(법113단).

1) 보증보험

(1) 손해보험회사가 보증보험(시행령1의2③(4))을 영위하면서 채무보증을 할 수 있다.

---

44) 정채웅 640면

45) 이성남(보험업법2) 264－265면; 정채웅 640면

(2) 보증보험이 보험이라는 형식을 취하지만 그 실질은 보증에 해당한다고 보는 판례에 따르면,[46] 보증보험은 타인을 위한 채무보증에 해당할 수 있다.

(3) 보증보험은 보험회사가 대가를 받고 업무로 행한다는 점을 고려하여 채무보증 금지의 예외로 인정된다.

2) 손해보험협회 차입에 대한 보증

(1) 손해보험회사는 일정한 경우 손해보험협회의 차입에 대해 채무보증할 수 있다.

(2) 일정한 손해보험계약의 경우 이를 인수한 손해보험회사가 지급불능이 된 경우 예금자보호법의 보호 범위를 초과하는 금액에 대해 손해보험협회가 그 손해보험계약상 보험사고로 손해를 입은 제3자(피해자)에게 보험금 지급책임을 지게 되고(법165~167,169), 손해보험회사는 보험금 지급의 보장을 위하여 일정한 금액을 손해보험협회에 출연해야 한다(법168①). 손해보험협회는 보험금 지급을 위해 필요하면 정부 등으로부터 자금을 차입할 수 있는데(법171①), 손해보험회사는 손해보험협회 차입을 보증할 수 있고 보증의 범위는 손해보험회사가 출연해야 하는 금액 이내이다(법171②).

(3) 손해보험회사의 채무보증은 자신의 출연의무 범위 내에서 이루어지므로 채무보증 금지의 예외로 인정된다.

3) 신용연계증권 등

(1) 보험회사가 파생금융상품의 일종인 신용연계증권 또는 신용연계예금을 거래하는 경우 채무보증을 할 수 있다. 신용연계증권 또는 신용연계예금이란 신용위험 이전자가 신용위험 인수자에게 금전 등의 대가를 지급하고 신용사건이 발생하면 신용위험 인수자가 신용위험 이전자에게 손실을 보전해 주기로 하는 계약에 기초한 증권[47] 또는 예금을 가리키는데, 보험회사는 이를 매수하거나 가입할 수 있다(시행령57의2①).

(2) 보험회사가 신용연계증권 또는 신용연계예금을 매수하거나 가입하면 신용사건의 발생을 조건으로 신용위험 이전자를 위해 채무보증을 하는 것과 실질이 같다. 보험회사가 행하는 신용연계증권 또는 신용연계예금의 거래는 대가를 받으면서 업무로 행한다는 점을 고려하여 채무보증 금지의 예외로 인정된다.

4) 외국소재 자회사를 위한 보증

(1) 보험회사가 일정한 외국소재 자회사를 위해서 채무보증을 할 수 있다. 즉 보험회사는 외국에서 보험업을 경영하는 자회사를 위한 채무보증을 일정한 요건하에 할 수 있다

46) 대판 2001.2.13. 99다13737; 대판 2011.11.10. 2011다62090(보증보험은 보험계약자인 채무자의 채무불이행으로 인하여 채권자가 입게 되는 손해의 전보를 보험자가 인수하는 것을 내용으로 하는 손해보험으로서, 형식적으로는 채무자의 채무불이행을 보험사고로 하는 보험계약이지만 실질적으로는 보증의 성격을 가지고 보증계약과 같은 효과를 목적으로 한다)

47) 자본시장법 3조 2항 1호에 따른 증권을 가리킨다. 이러한 증권에는 채무증권, 지분증권, 수익증권, 투자계약증권, 파생결합증권, 증권예탁증권이 포함된다(자본시장법4②).

(시행령57의2②). 자회사를 위한 채무보증을 원칙상 금지하면서도(법113본) 이러한 예외를 두는 이유는, 자회사가 외국에 진출할 때 현지에서 지급능력을 저평가 당할 위험이 있고 모회사인 보험회사의 채무보증이 있으면 신용이 보강되기 때문이다. 보험업을 경영하는 자회사의 해외 진출을 돕기 위한 정책적 이유에서 인정된 예외이다.[48)]

(2) 외국소재 자회사를 위한 채무보증을 하기 위해서는 다음 각 호의 요건을 모두 충족해야 한다(시행령57의2②).

1. 채무보증 한도액이 보험회사 총자산의 100분의 3 이내일 것
2. 보험회사의 직전 분기 말에 지급여력비율이 100분의 200 이상일 것
3. 보험금 지급채무에 대한 채무보증일 것
4. 보험회사가 채무보증을 하려는 자회사의 의결권 있는 발행주식(출자지분을 포함) 총수의 100분의 50을 초과하여 소유할 것(외국 정부에서 최대 소유 한도를 정하는 경우 그 한도까지 소유하는 것을 가리킴)

(3) 금융위원회는 위 (2)의 요건을 갖추었는지를 확인하기 위하여 보험회사에게 필요 자료의 제출을 요청할 수 있다(시행령57의2③).

(4) 위 (2)와 (3)에서 채무보증 한도액, 지급여력비율의 산정, 그리고 자료제출 요청 방법 등에 관한 구체적인 사항은 금융위원회가 정하여 고시한다(시행령57의2②).

(3) 위반 시 효과

1) 사법상 효과

보험업법 113조 본문에 위반하여 보험회사가 타인을 위한 채무보증을 한 경우 채무보증의 효력은 인정되는가? 보험업법 113조 본문이 단속규정인지 효력규정인지의 문제이다. 판례는 단속규정에 불과하므로 채무보증의 효력에는 영향이 없다고 본다.[49)] 타당한 판시이다.

2) 공법상 효과

i) 과태료

보험업법 113조에 위반하면 과태료(209①(8),④(23))가 따른다.

---

48) 성대규·안종민 484면; 정채웅 642면

49) 대판 1989.9.12. 88다카2233(보험회사가 자산운용을 자율로 행함이 원칙이나 보험업의 공공성, 사회성 때문에 자산운용의 방법과 기준을 법령에 명시하여 일정한 행위를 금지, 제한함으로써 보험회사를 효율적으로 지도감독하고 이해관계인의 권익을 보호하여 보험업의 건전한 육성과 국민경제의 균형 있는 발전에 기여하는 데 위 규정의 입법취지가 있다. 위 규정에 위반한 자산운용행위 자체가 사법상의 효력까지도 부인하지 않으면 안 될 정도로 현저히 반사회성, 반도덕성을 지녔다고 할 수 없고 사법상의 효력을 부인해야만 비로소 보험업법의 목적을 이룰 수 있다고 볼 수 없으므로 단속법규에 지나지 않으며 따라서 위 규정에 위반하여 채무보증이 이루어진 경우에도 그 사법상의 효력에는 영향이 없다)

ii) 시정조치

(1) 보험회사가 담보제공 또는 채무보증 금지를 위반한 경우에 금융위원회가 그 해소를 위한 시정조치를 취할 수 있는지가 문제된다.

(2) 입법론의 측면에서 시정조치 권한이 부여되어야 하지만, 현행법의 해석으로는 시정조치 할 수 없다는 견해가 있다.[50] 근거는 보험업법이 명문으로 시정조치 권한을 부여하지 않기 때문이라고 한다.

(3) 생각건대, 시정조치가 가능하다고 해석할 수 있다. 보험업법 131조 1항에 따르면 금융위원회는 보험회사의 업무운영이 적정하지 않거나 자산상황이 불량하여 보험계약자 등의 권익을 해칠 우려가 있다고 인정되는 경우에 업무집행방법의 변경 등을 명령할 수 있다. 이것은 요건이 비교적 일반적이고 추상적인 이른바 일반적 명령권이다. 보험회사가 법령에 위반하여 담보제공 또는 채무보증을 행한 경우 일반적 명령권에 근거하여 위법상태를 해소하라는 취지의 시정조치를 행할 수 있다고 본다.

7. 자금의 차입

(1) 개념

(1) 개정된 국제보험회계기준(IFRS17) 및 신지급여력제도(K-ICS)가 2023년부터 시행됨에 따라 보험산업 전반에 걸친 패러다임의 전환을 앞두고 있는 상황에서 보험회사들이 선제적으로 자본 확충에 총력을 기울이고 있는바, 조건부자본증권의 발행 등을 통해 다양한 자금조달 수단을 활성화하였다.

(2) 보험회사는 보험업법 123조에 따른 재무건전성 기준을 충족시키기 위한 경우 또는 적정한 유동성을 유지하기 위한 경우에는 다음 각 호의 어느 하나에 해당하는 방법으로 사채를 발행하거나 자금을 차입할 수 있다(법114의2①본). 다만, 제3호는 자본시장법 9조 15항 4호에 따른 주권비상장법인인 보험회사('주권비상장보험회사')만이 할 수 있다(법114의2①단).

1. 자본시장법 165조의11 1항에 따른 사채 중 해당 사채의 발행 당시 객관적이고 합리적인 기준에 따라 미리 정하는 사유('예정사유')가 발생하는 경우 그 사채의 상환과 이자지급 의무가 감면된다는 조건이 붙은 사채('상각형 조건부자본증권')의 발행
2. 자본시장법 165조의11 1항에 따른 사채 중 해당 사채의 발행 당시 예정사유가 발생하는 경우 보험회사의 주식으로 전환된다는 조건이 붙은 사채('보험회사주식 전환형 조건부자본증권')의 발행
3. 상법 469조 2항, 513조 및 516조의2에 따른 사채와 다른 종류의 사채로서 해당 사채의 발행 당시 예정사유가 발생하는 경우 주권비상장보험회사의 주식으로 전환됨과 동시에 그 전환된 주식이 상장금융지주회사(해당 사채의 발행 당시 주권비상장보험회사의 발행주식 총

50) 이성남(보험업법2) 265면; 정채웅 643면

수를 보유한 자본시장법 9조 15항 3호에 따른 주권상장법인인 금융지주회사를 말한다.)의 주식과 교환된다는 조건이 붙은 사채('금융지주회사주식 전환형 조건부자본증권')의 발행
4. 상법에 따른 사채의 발행
5. 그 밖에 1호부터 4호까지의 방법에 준하는 것으로서 대통령령으로 정하는 사채의 발행 및 자금의 차입

(3) 위 (1)의 사채발행 및 자금차입에 관한 조건, 절차 및 제한사항 등에 관하여 필요한 사항은 대통령령으로 정한다(법114의2②).

(2) 사채의 발행 및 자금의 차입

1) 원칙

i) 보험업법시행령

(1) 보험업법 123조에 따른 재무건전성 기준을 충족시키기 위한 경우 또는 적정한 유동성을 유지하기 위한 경우로서 대통령령으로 정하는 사채의 발행 및 자금을 차입할 수 있다(법114의2①(5)). 여기서 '대통령령으로 정하는 사채의 발행 및 자금의 차입'이란 다음 각 호의 어느 하나에 해당하는 방법으로 사채를 발행하거나 자금을 차입하는 것을 말한다(시행령58의2①).

1. 은행법에 따른 은행으로부터의 당좌차월
2. 어음의 발행
3. 환매조건부채권의 매도
4. 후순위차입
5. 신종자본증권(만기의 영구성, 배당지급의 임의성, 채무변제의 후순위성 등의 특성을 갖는 자본증권을 말한다)의 발행
6. 그 밖에 보험회사의 경영건전성을 해칠 우려가 없는 자금 차입 방법으로서 금융위원회가 정하여 고시하는 방법

(2) 보험업법 114조의2 1항 1호부터 4호까지의 사채의 발행한도는 직전 분기 말 현재 자기자본의 범위 내로 한다(시행령58의2①). 금융위원회는 사채 또는 어음의 발행조건 등 위 (1)의 각 호에 따른 자금차입 방법에 관하여 필요한 세부 사항을 정하여 고시할 수 있다(시행령58④).

ii) 감독규정

(1) 보험업법시행령 58조의2 1항 및 5항의 규정에 의하여 보험회사는 재무건전성 기준을 충족시키기 위한 경우 또는 적정한 유동성을 유지하기 위한 경우 다음 각 호의 어느 하나에 해당하는 방법에 한하여 차입할 수 있다(감독규정7-9).

1. 은행으로부터의 당좌차월
2. 환매조건부채권의 매도

3. 삭제
4. 정부로부터의 국채인수 지원자금 차입
5. 후순위차입 또한 후순위채권 발행('후순위채무')
6. 본점으로부터의 차입(외국보험회사의 국내지점에 한한다)
7. 채권의 발행
8. 기업어음의 발행
9. 만기의 영구성, 배당지급의 임의성, 기한부후순위채무보다 후순위인 특성을 갖는 자본증권('신종자본증권')
10. '한국은행법' 80조에 따른 한국은행으로부터의 차입

(2) 보험회사가 이미 발행한 사채 및 신종자본증권을 상환하기 위하여 새로 사채 및 신종자본증권을 발행하는 경우에는 상환할 사채 및 신종자본증권의 발행금액은 보험업법시행령 58조의2 2항의 발행한도에 산입하지 아니한다(감독규정7-9②전). 이 경우 상환하기로 한 사채 및 신종자본증권은 새로 사채 및 신종자본증권을 발행한 후 1개월 이내에 상환하여야 한다(감독규정7-9②후).

(3) 보험회사가 변액보험 등의 만기보험금, 사망보험금, 중도인출금, 해약환급금 등에 대한 최저보증이 부가된 보험계약의 보증위험을 회피하기 위한 파생상품거래의 일일정산에 따라 발생한 손실금액을 납입하기 위하여 7-9조 2호의 환매조건부채권을 매도하는 경우는 적정한 유동성을 유지하기 위한 목적으로 인정된다(감독규정7-9의2①).

(4) 위 (3)에 따른 환매조건부채권의 매도액은 보험업법시행령 58조의2 2항의 총 발행한도에 산입한다(감독규정7-9의2②).

2) 후순위채무의 특칙

i) 발행 요건

(1) 후순위채무는 다음 각 호의 요건을 충족해야 한다(감독규정7-10①).

1. 차입기간 또는 만기가 5년 이상일 것
2. 기한이 도래하기 이전에는 상환할 수 없을 것
3. 무담보 및 후순위특약(파산 등의 사태가 발생할 경우 선순위채권자가 전액을 지급받은 후에야 후순위채권자의 지급청구권 효력이 발생함을 정한 특약을 말한다)의 조건일 것
4. 파산 등의 사태가 발생할 경우 선순위채권자가 전액을 지급받을 때까지 후순위채권자의 상계권이 허용되지 않는 조건일 것

(2) 금융감독원장은 위 (1)에 따른 후순위채권의 세부 발행요건을 정할 수 있다(감독규정7-10②). 여기서 금융감독원장이 정하는 세부 발행요건이란 다음을 감안할 때 지급여력비율이 악화될 우려가 있는 경우를 말한다(감독시행세칙5-7의4①).

1. 민감도 분석 결과

2. 지급여력비율에 영향을 미치는 1년 이내(발행시점 기준)의 제도개선 효과

ii) 사전 신고

후순위채무를 통한 자금조달을 하고자 하는 보험회사는 후순위채무에 관한 다음 각 호의 사항이 포함된 서류를 첨부하여 금융감독원장에게 미리 신고해야 한다(감독규정7-10③).

1. 자금조달금액
2. 자금공여자
3. 자금조달금리
4. 그 밖에 금융감독원장이 정한 신고서 및 신고내용과 관련 요건이 충족됨을 증명하는 자료

iii) 금지행위

보험회사는 후순위자금 공여자에 대한 대출 등을 통하여 후순위채무와 관련하여 직·간접적으로 지원할 수 없다(감독규정7-10④).

iv) 상환

(1) 위 i)의 2호에서 전술한 바와 같이 후순위채무는 기한이 도래하기 이전에는 상환할 수 없을 것이 발행 요건이다. 하지만 다음 각 호의 요건을 모두 충족하거나 후순위채무를 상환한 후의 지급여력비율이 130% 이상인 경우에 보험회사는 금융감독원장의 승인을 받아 당해 후순위채무를 기한이 도래하기 전에 상환할 수 있다(감독규정7-10⑤).

1. 지급여력비율이 100% 이상일 것
2. 상환 전까지 당해 후순위채무에 비해 유상증자 등 자본적 성격이 강한 자본조달로 상환될 후순위채무와의 대체가 명확히 입증되고 그 금액이 당해 후순위채무의 상환예정액 이상일 것. 기한이 도래하기 전에 상환하고자 하는 후순위채무의 잔존만기보다 원만기가 길고 금리 등 자금조달 조건 등이 유리한 후순위채무는 자본적 성격이 강한 자본조달수단으로 본다.
3. 후순위채무 계약서상 금융감독원장의 사전승인이 있으면 기한이 도래하기 전에 채무자의 임의상환이 가능하다는 조항이 명시되어 있거나 당사자 간에 합의가 있을 것
4. 금융시장의 여건변화에 따라 당해 후순위채무의 금리조건이 현저히 불리하다고 인정될 것

(2) 위 (1)의 요건을 모두 충족하여 후순위채무를 기한이 도래하기 전에 상환하고자 하는 보험회사는 위 (1)의 요건의 충족여부를 입증하는 자료 및 대체자금 조달계획을 첨부하여 금융감독원장에게 사전에 승인을 요청해야 한다(감독규정7-10⑥).

(3) 위 (1)의 요건을 모두 충족하여 금융감독원장의 승인을 받은 보험회사는 대체자금 조달이 완료된 후에 당해 후순위채무를 상환해야 한다(감독규정7-10⑦).

3) 채권 및 기업어음 발행의 특칙

(1) 채권발행은 자산·부채의 만기불일치 등에 의한 손실을 회피하거나 재무건전성 기준을 충족하기 위해 필요한 경우에 한한다(감독규정7-11①).

(2) 기업어음 발행은 금융기관(구조개선법 2조 1항의 규정에 의한 금융기관을 말함[51]))의 인수, 할인 및 중개를 통하지 않고는 이를 발행할 수 없다(감독규정7-11②).

4) 신종자본증권의 특칙

(1) 보험회사가 신종자본증권을 중도 상환하려는 경우에는 금융감독원장의 승인을 받아야 한다(감독규정7-11의2).

(2) 신종자본증권의 세부요건, 조기상환 요건, 신고절차 등 그 밖에 필요한 사항은 금융감독원장이 정한다(감독규정7-11의2). 이에 따라 감독시행세칙 5-7조의34 및 [별표22]는 이에 관한 세부사항을 정하고 있다.[52]

---

51) *구조개선법 2조 1호에 따른 금융기관은 다음과 같다.
1. 금융기관이란 다음 각 목의 어느 하나에 해당하는 것을 말한다.
가. 은행법에 따라 설립된 은행
나. 중소기업은행법에 따른 중소기업은행
다. 자본시장법에 따른 투자매매업자·투자중개업자
라. 자본시장법에 따른 집합투자업자, 투자자문업자 또는 투자일임업자
마. 보험업법에 따른 보험회사
바. 상호저축은행법에 따른 상호저축은행
사. 자본시장법에 따른 신탁업자
아. 자본시장법에 따른 종합금융회사
자. 금융지주회사법에 따른 금융지주회사
차. 그 밖의 법률에 따라 금융업무를 하는 기관으로서 대통령령으로 정하는 기관
**구조개선법시행령 2조에 따르면 구조개선법 2조 1호 차목의 기관은 여신전문금융업법에 따른 여신전문금융회사를 말한다.

52) 감독시행세칙 [별표22]의 세부사항은 다음과 같다.
6. (신종자본증권 세부인정 요건 등) 신종자본증권 세부인정 요건은 다음과 같다.
가. 배당(채권형태로 발행 시 이자. 이하 같음)를 상향조정 또는 중도상환이 가능한 우선주 또는 채권형태로 자본을 조달하고자 할 경우 다음의 요건을 모두 충족('신종자본증권')하는 경우 지급여력금액에 산입할 수 있다. 다만, 지급여력비율이 50% 이하(신종자본증권에 의한 조달분은 제외)인 보험회사는 신종자본증권을 발행할 수 없다.
(1) 비누적적 영구 우선주 또는 채권 형태일 것. 다만, 만기 30년 이상 채권으로서 보험회사가 동일한 조건으로 만기를 연장할 수 있는 권한을 보유한 경우 영구로 본다.
(2) 기한부후순위채무보다 후순위 특약 조건일 것
(3) 발행 보험회사가 구조개선법 2조 3호에서 정하는 부실금융기관으로 지정된 경우 또는 감독규정 7-17조 내지 7-19조, 7-43조에서 정하는 조치를 받은 경우 동 사유가 해소될 때까지 배당의 지급이 정지되는 조건일 것
(4) 배당 지급기준은 신종자본증권 발행 당시에 확정되어 있어야 하고, 배당률이 보험회사의 신용상태에 따라 결정되지 않아야 하며, 배당 지급기준의 상향조정은 발행일부터 10년이 경과한 후 1회에 한하여 가능하고 그 범위는 1% 포인트 또는 최초 신용가산금리(당해 신종자본증권의 배당 지급기준과 국고채, 미국재무성채권 등 시장의 지표가 되는 금리와의 차이)의 50% 이내일 것
(5) 보험회사는 배당의 시기와 배당규모의 결정권을 가질 것
(6) 발행 후 5년 이내에 상환되지 아니하며, 동 기간 경과 후 상환하는 경우에도 발행 당시 정해진 상환권에 근거하여 상환하되 상환 여부는 발행 보험회사의 판단에 의하여야 하고 신종자본증권 보유자의 의사에 의한 상환이 허용되지 아니할 것. 발행 보험회사에게 사실상 상환을 하도록 하는 부담을 부과하는 조건이 있을 경우 신종자본증권 보유자의 의사에 의한 상환권이 있는 것으로 본다.

1. 지급여력비율이 50% 이하(신종자본증권에 의한 조달분은 제외한다)인 보험회사는 신종자본증권을 발행할 수 없다.
2. 그 밖에 신종자본증권의 발행 및 상환과 관련된 사항은 감독규정 7－10조3항부터 7항까지의 내용을 준용한다.

(3) 보험회사가 보험업법시행령 65조 2항 3호 및 감독규정 7－5조에 따른 위험관리를 위하여 신종자본증권의 방법으로 자금을 차입하는 경우에는 7－9조의 재무건전성 기준을 충족시키기 위한 경우에 해당하는 것으로 본다(감독규정7－11의2③).

제 6 관 자산평가의 방법

1. 의의

(1) 보험업법은 보험회사의 자산평가 방법에 대해 규제한다. 즉 보험회사가 취득·처분하는 자산의 평가 방법에 관하여 필요한 사항은 대통령령이 정한다(법114). 이에 따르면 보험회사는 자산의 취득·처분 또는 대출 등을 위한 감정을 필요로 하는 경우에 '감정평가 및 감정평가사에 관한 법률'(감정평가법)에 따라야 한다고 규정한다(시행령58①).

(2) 보험회사가 자산운용 과정에서 자산 감정이 필요한 경우가 있는데, 만약 자산 감정이 자의적으로 과대 또는 과소하게 이루어진다면 자산운용의 원칙을 훼손할 수 있다. 보험업법은 자산 감정의 객관성을 확보하기 위해서 자산 감정 시에 법령에 따르도록 요구하는 것이다.

나. 보험회사가 자기자본조달만을 목적으로 다음의 요건을 모두 충족하는 자회사인 특수목적회사('특수목적자회사')를 통하여 가.의 방법으로 신종자본증권을 발행하고자 할 경우 동 특수목적자회사의 신종자본증권은 자기자본에 산입할 수 있다.
  (1) 당해 보험회사가 특수목적자회사의 의결권 있는 발행주식 또는 지분 총수를 소유하여야 하며, 동 특수목적자회사는 보험회사의 자기자본조달 이외의 다른 업무를 영위할 수 없고, 신종자본증권의 발행에 의한 자본 조달액과 모보험회사의 지분투자액을 초과하는 자산을 소유하지 아니할 것
  (2) 특수목적자회사는 신종자본증권 발행에 따른 납입금을 납입 즉시 전액 대출 또는 채권매입 등의 방법으로 모보험회사에 이전하되 동 대출 또는 채권 등은 신종자본증권과 실질적으로 동일한 조건이어야 하며, 기한부 채권 매입방법에 의할 경우 기한이 도래한 경우에도 신종자본증권이 상환되지 않는 한 채권액을 변제할 수 없고 동일 조건으로 기한이 연장될 것
  (3) 특수목적자회사를 외국에 설립하는 경우에는 신종자본증권의 모든 발행 요건이 소재국의 법률에 의해 보호될 수 있음을 모보험회사가 입증할 수 있을 것
다. 보험회사는 신종자본증권의 매입자에 대하여 대출, 지급보증 등에 의하여 관련 자금을 직·간접적으로 지원함으로써 무배당에 대한 보상 또는 신종자본증권에 우선하는 모든 채권자에 대하여 사실상 동일하거나 우선적인 효력을 수반할 수 있는 행위를 하여서는 안 된다.
라. 신종자본증권의 발행 및 상환과 관련된 사항은 감독규정 7－10조 3항 내지 7항의 내용을 준용한다.

2. 감정평가법의 주요내용

감정평가법이 정하는 자산평가와 관련된 주요 내용은 다음과 같다.

(1) 개념

감정평가란 자산의 경제적 가치를 판정하여 그 결과를 가액으로 표시하는 행위이다(감정평가법2(2)).

(2) 대상

(1) 감정평가의 대상인 자산은 토지 등이다. 토지 등은 토지 및 그 정착물, 동산, 그 밖에 '대통령령이 정하는 재산'과 이들에 관한 소유권 외의 권리를 말한다(감정평가법2(1)).

(2) 위 (1)에서 '대통령령으로 정하는 재산'이란 다음 각 호의 재산을 말한다(감정평가법시행령2).

1. 저작권 · 산업재산권 · 어업권 · 광업권 및 그 밖의 물권에 준하는 권리
2. '공장 및 광업재단 저당법'에 따른 공장재단과 광업재단
3. '입목에 관한 법률'에 따른 입목
4. 자동차 · 건설기계 · 선박 · 항공기 등 관계 법령에 따라 등기하거나 등록하는 재산
5. 유가증권

(3) 기준

(1) 감정평가의 공정성과 합리성을 보장하기 위하여 감정평가업자가 준수할 세부적인 원칙과 기준은 국토교통부령으로 정한다(감정평가법3③). 이에 따른 국토교통부령이 '감정평가에 관한 규칙'이다.

(2) 토지의 평가인 경우 그 토지와 이용가치가 비슷하다고 인정되는 '부동산 가격공시에 관한 법률'에 따른 표준지공시지가를 기준으로 하고 적정한 실거래가가 있는 경우라면 이를 기준으로 할 수 있다(감정평가법3①). 다만, 기업의 재무제표 작성에 필요한 감정평가와 담보권의 설정 · 경매 등 대통령령이 정하는 감정평가를 할 때에는 해당 토지의 임대료, 조성비용 등을 고려하여 감정평가를 할 수 있다(감정평가법3②).

(4) 감정평가업자

(1) 보험회사가 대출, 자산의 매입 · 매각 · 관리 또는 '주식회사의 외부감사에 관한 법률'(이하 '외부감사법')에 따른 재무제표 작성을 포함한 기업의 재무제표 작성 등과 관련하여 토지 등의 감정평가를 하려는 경우에는 감정평가업자에게 의뢰해야 한다(감정평가법5②).

(2) 감정평가업자는 감정평가를 의뢰받은 때에는 지체 없이 감정평가를 실시한 후 국토교통부령에 따라 감정평가서를 발급해야 한다(감정평가법6①). 국토교통부장관은 감정평

가서가 발급된 후 해당 감정평가가 감정평가법 또는 다른 법률에서 정하는 절차와 방법 등에 따라 타당하게 이루어졌는지를 직권으로 또는 관계기관 등의 요청에 따라 조사할 수 있다(감정평가법8①).

제 7 관 보험회사의 대주주

1. 의의

보험회사의 대주주는 보험회사에 대한 상당한 영향력을 발휘할 수 있는 위치에 있다. 특히 보험회사가 자산운용을 함에 있어서 대주주로부터 부당한 영향력을 받는다면 자산운용의 원칙이 훼손되어 재무건전성이 위협받을 수 있다. 이를 방지하기 위해서 보험업법은 자산운용과 관련하여 보험회사와 대주주의 관계를 규율하는 제도를 마련하고 있다. 이하에서는 대주주의 개념, 대주주 관련 금지행위(법111①·⑤), 이사회 의결이 필요한 경우(법111②), 보고 및 공시가 필요한 경우(법111③·④), 부실 대주주에 대한 지원제한 명령권(법111⑥), 자료제출 요구권(법112) 등에 대해 살펴본다.

2. 대주주의 개념

(1) 일반적 개념

보험업법상 대주주는 지배구조법 2조 6호에 따른 주주를 가리키고(법2⒄), 지배구조법 2조 6호에 따른 대주주는 최대주주 또는 주요주주 중에서 하나를 가리킨다. 이에 대해서는 본서 제1장 총설, 제5관 용어의 정의, 그리고 제3장 보험회사, 제2절 보험회사의 지배구조 부분에서 자세히 살펴본 바 있다.

(2) 자산운용 관련 대주주의 개념

보험회사는 대주주와의 거래를 제한받는데, 여기서 대주주는 위 최대주주와 주요주주뿐만 아니라 대주주의 특수관계인도 포함하되, 대주주의 특수관계인인 보험회사의 자회사는 제외한다(법111). 다만, 보험회사의 자회사에 대해서는 별도의 거래 제한이 있다. 즉 보험업법 116조 1호가 111조 1항 2호와 동일한 내용으로 규제한다.

3. 대주주 관련 금지행위

(1) 의의

⑴ 보험업법 111조 1항 및 5항은 보험회사 대주주와 관련된 금지행위를 규정한다. 보험업법 111조 1항 및 5항은 아래처럼 입법 취지 면에서 같으나 의무 주체 면에서 차이가 난다. 보험업법 111조 1항은 보험회사가 의무의 주체이고 111조 5항은 대주주가 의무의

주체이다.

(2) 보험업법 111조 1항 및 5항의 입법 취지를 살펴보자. 보험업법 111조 5항은 보험회사의 이익에 반하고 대주주의 이익을 위하는 행위를 금지한다는 취지를 분명히 밝히고 있고, 보험업법 111조 1항은 명시하고 있지 않지만 해석상 그러한 취지가 인정된다. 판례는 보험업법 111조 1항 2호와 관련하여 그 입법 취지를 밝힌 바 있다. 즉 보험계약자인 고객들이 납입하는 보험료 등으로 구성되는 보험회사의 자산은 종국적으로 고객에게 지급할 보험금에 충당되어야 할 재원으로서 이를 보존하여야 할 고도의 공익상 필요가 있으므로 대주주 등 특수관계인이 보험회사의 자산을 자신 또는 계열회사를 지원하는 목적으로 함부로 유출하는 행위를 규제할 필요성이 매우 크다고 보았다.[53] 이러한 입법 취지는 비단 보험업법 111조 1항 2호에 그치지 않고 보험업법 111조 1항 및 5항의 전체를 관통하는 것이라고 사료된다.

(3) 이하에서는 의무 주체 별로 금지행위의 구체적 내용을 살펴보기로 한다.

(2) 보험회사의 의무

1) 의의

(1) 보험회사는 직접 또는 간접으로 그 보험회사의 대주주(그의 특수관계인인 보험회사의 자회사는 제외)와 일정한 행위를 해서는 안 된다(법111①).

(2) 의무의 주체가 보험회사임은 위 문언에 비추어 분명하다.

(3) 대주주와 공모 또는 공동행위 여부는 요건이 아니라고 해석한다.

(4) '간접으로'란 가령 보험회사가 제3자로 하여금 금지되는 행위를 하게 하는 것을 가리킨다.

(5) 금지되는 행위는 대주주의 타 회사 출자에 대한 지원, 그리고 불리한 조건하에 대주주와 자산거래이다. 이하에서는 금지되는 행위의 유형별로 살펴보기로 한다.

2) 타 회사 출자에 대한 지원

i) 의의

대주주가 다른 회사에 출자하는 것을 지원하기 위해서 보험회사가 하는 신용공여가 금지된다(법111①(1)). 이러한 행위는 해당 보험회사의 이익에 반하고 대주주의 이익을 위한 것이기 때문이다.

ii) 요건

(1) 출자 지원을 의도한다는 주관적 요건과 신용공여라는 객관적 요건이 충족되어야 금지행위가 성립한다.[54] 신용공여는 대출 또는 유가증권의 매입(자금 지원적 성격인 것만 해

53) 대판 2015.10.29. 2013두23935
54) 이성남(보험업법2) 259면

당)이나 그 밖에 금융거래상의 신용위험이 따르는 보험회사의 직접적·간접적 거래로서 대통령령이 정하는 바에 따라 금융위원회가 정하는 거래를 가리킨다(법2⒀). 신용공여 개념에 대해서는 자산운용의 비율 한도에서 자세히 살펴본 바 있다.

⑵ 보험회사가 행하는 출자 지원은 직접이든 또는 간접이든 허용되지 않는다(법111①). 간접적 출자 지원이란 보험회사가 자신이 아니라 제3자로 하여금 지원하게 하는 행위를 가리킨다.

iii) 독점규제법상 불공정거래행위

보험회사가 대주주의 타 회사 출자를 지원하는 행위를 하면 독점규제법상 불공정거래행위의 금지도 적용될 수 있다. 즉 독점규제법 23조 1항 7호에 따르면 사업자는 부당하게 특수관계인 또는 다른 회사를 지원하는 행위를 할 수 없고, 이러한 행위에는 보험회사가 대주주의 타 회사 출자를 지원하는 행위가 포함될 수 있다.[55][56] 보험업법 111조 1항 1호와 독점규제법 23조 1항 7호를 동시에 위반하는 경우에 과징금의 중첩적 부과 문제는 아래의 '불리한 조건의 자산거래'를 따르면 된다.

3) 불리한 조건의 자산거래

i) 의의

⑴ 보험회사가 대주주와 불리한 조건의 자산거래를 하는 것은 금지된다. 즉 대통령령이 정하는 바에 따라 자산을 무상으로 양도하거나 일반적인 거래 조건에 비추어 해당 보험회사에 뚜렷하게 불리한 조건으로 자산에 대하여 매매·교환·신용공여 또는 재보험계약을 하는 행위가 금지된다(법111①⑵).

⑵ 위 ⑴의 행위를 금지하는 이유는 해당 보험회사의 이익에 반하고 대주주의 이익을 위한 것이기 때문이다.

ii) 요건

① 행위 유형

⑴ 보험회사는 직접 또는 간접으로 그 보험회사의 대주주와 다음 각 호의 행위를 해

---

55) 독점규제법 23조 1항 7호는 부당하게 다음 각 목의 어느 하나에 해당하는 행위를 통하여 특수관계인 또는 다른 회사를 지원하는 행위를 금지한다.
가. 특수관계인 또는 다른 회사에 대하여 가지급금·대여금·인력·부동산·유가증권·상품·용역·무체재산권 등을 제공하거나 상당히 유리한 조건으로 거래하는 행위
나. 다른 사업자와 직접 상품·용역을 거래하면 상당히 유리함에도 불구하고 거래상 실질적인 역할이 없는 특수관계인이나 다른 회사를 매개로 거래하는 행위

56) 독점규제법 7조 1항, 동법시행령 11조에 따르면 특수관계인은 회사 또는 회사 외의 자와 다음 각 호의 하나에 해당하는 자를 말한다.
1. 당해 회사를 사실상 지배하고 있는 자
2. 동일인관련자. 다만, 독점규제법시행령 3조의2 1항의 규정에 의하여 동일인관련자로부터 분리된 자를 제외한다.
3. 경영을 지배하려는 공동의 목적을 가지고 당해 기업결합에 참여하는 자

서는 안 된다(시행령57①).

1. 증권, 부동산, 무체재산권 등 경제적 가치가 있는 유형·무형의 자산을 무상으로 제공하는 행위
2. 위 1호의 자산을 정상가격(일반적인 거래에서 적용되거나 적용될 것으로 판단되는 가격을 말함)에 비하여 뚜렷하게 낮거나 높은 가격으로 매매하는 행위
3. 자산을 정상가격에 비하여 뚜렷하게 낮은 가격의 자산과 교환하는 행위
4. 정상가격에 비하여 뚜렷하게 낮은 가격의 자산을 대가로 신용공여를 하는 행위
5. 정상가격에 비하여 뚜렷하게 낮거나 높은 보험료를 지급받거나 지급하고 재보험계약을 체결하는 행위

(2) 신용공여와 매매의 구분이 문제되는 경우가 있다. 대판 2015.10.29. 2013두23935는 보험회사가 사업승인이 완료되지 않은 골프장의 법인회원권 10구좌에 대한 우선분양권을 대주주로부터 매입하기로 약정하고 예치금 220억 원을 먼저 지급한 사안이다. 보험회사의 이러한 행위의 성격이 무엇인지가 다투어졌다. 원심은 예치금 선지급일부터 입회계약일까지의 기간 동안 대주주에게 220억 원에 대한 무이자 상당의 신용을 공여한 것으로 판단했다. 하지만 대법원은 이를 매매라고 판시했다. 대주주에게 교부된 200억 원이 법인회원권의 거래를 전제로 한 대가이므로 보험회사의 위 행위는 법인회원권의 매매라고 본 것이다.[57]

② 대주주

(ㄱ) 자회사의 제외

여기의 대주주에는 특수관계인 중에서 보험회사의 자회사는 제외된다는 점(법111①)은 전술하였다.

(ㄴ) 비영리법인 또는 단체의 제외

(1) 여기의 대주주에는 특수관계인 중에서 '상속세 및 증여세법' 16조 1항에 따른 공익법인 등에 해당하는 비영리법인 또는 단체도 제외한다(시행령57②).

(2) 비영리법인 또는 단체에 관한 한 비록 특수관계인에 해당한다고 해도 보험회사가 기업의 사회적 책임을 다할 수 있도록 그와 불리한 조건의 자산거래를 할 수 있는 길을 열어 준 것이다.

---

57) 대판 2015.10.29. 2013두23935(신용공여는 금융거래상의 신용위험을 수반하는 거래를 개념적 표지로 하는 것으로서 거래 상대방의 장래의 지급능력에 따라 그 상환이 지급불능에 빠질 위험이 있거나 그와 실질적으로 동일한 위험을 수반하는 금융상의 거래를 의미하므로, 상대방에게 지원·교부된 자금이 특정한 상품 또는 용역의 거래를 전제로 하여 그와 대가관계에 있는 것임이 인정되는 때에는 자산을 매매하는 행위로 볼 수 있다. 따라서 설령 그 대가의 지급조건이 상대방으로부터의 이행의 제공이 불확실한 상태에서 그 위험에 관한 적정한 담보 없이 이를 선이행하는 등 통상적인 거래 관행에 비추어 보험회사에게 현저히 불리하더라도, 이는 보험업법 111조 1항 2호에 의하여 금지되는 자산 매매 행위라 할 것이며, 이를 가리켜 신용공여를 하는 행위에 해당한다고 볼 수 없다)

(3) 보험회사는 보험업법시행령 57조 2항에 따라 대주주의 특수관계인에서 제외되는 자('공익법인등')에게 자산을 무상으로 양도하거나 일반적인 거래 조건에 비추어 그 보험회사에 뚜렷하게 불리한 조건으로 자산에 대하여 매매·교환·신용공여 또는 재보험계약('자산의 무상양도등')을 하는 경우 다음 각 호를 준수해야 한다(감독규정7-13의2①).

1. 자산의 무상양도등을 하기 전에 이사회 의결을 거칠 것
2. 자산의 무상양도등을 한 경우 지체 없이 인터넷 홈페이지 등을 이용하여 공시할 것
3. 자산의 무상양도등에 대한 적정성 점검 및 평가 절차 등을 포함한 내부통제기준을 운영할 것
4. 매년 자산의 무상양도등에 대한 현황, 적정성 점검 및 평가결과 등을 이사회에 보고할 것
5. 공익법인등의 설립근거 법률에 따른 목적사업에 사용하는 조건부로 자산의 무상양도등을 하고 공익법인 등의 사업이 설립 근거법률에서 정하는 사업에 적합하지 않는 경우 자산의 무상양도등을 중단할 것
6. 공익법인등의 사업으로부터 보험회사(보험회사, 보험회사의 계열회사 및 그 임직원을 포함한다)가 우대를 받는 등 대가성이 있어서는 안 되고, 대가성이 있는 경우 자산의 무상양도등을 중단할 것

(4) 보험회사는 위 (3)에 따른 자산의 무상양도등을 하는 경우 지체 없이 금융감독원장에게 보고해야 하며 연 1회 이상 해당 공익법인등이 발행한 후원금의 수입 및 사용내역 명세서를 금융감독원장에게 제출해야 한다(감독규정7-13의2②). 후원금의 수입 및 사용내역 명세서는 자산의 무상양도등이 있는 해의 다음 해 3월 말까지 제출한다(감독시행세칙 3-15).

③ 직접 또는 간접

보험회사가 행하는 불리한 조건의 자산거래는 직접이든 또는 간접이든 허용되지 않는다(법111①). 간접적 자산거래는 보험회사가 자신이 아니라 제3자로 하여금 자산거래를 하게 하는 것을 가리킨다.

④ 지급능력의 저하

매매, 신용공여 등의 거래조건이 보험회사에 객관적으로 현저하게 불리한 것으로 충분한지, 아니면 나아가 보험회사의 보험금 지급능력을 저하시키는 등으로 보험계약자의 권익을 현저하게 해치는 정도까지 이르러야 하는지가 문제된다. 보험업법 111조 1항 2호의 법문에 비추어보면 전자로 충분하다고 사료된다. 또한 보험업법 111조 1항 2호의 입법취지가 보험회사의 대주주에 대한 매매, 신용공여 등을 규제함으로써 보험회사 보유 자산의 부실을 사전에 엄격하게 방지하는 데 있다고 이해한다면 전자로 충분하다고 사료된다.[58]

---

58) 대판 2015.10.29. 2013두23935(보험회사의 대주주에 대한 일정한 자산거래와 신용공여를 규제함으로써 보험회사 보유 자산의 부실을 사전에 엄격하게 방지하고자 하는 보험업법 111조 1항 2호의 입

iii) 독점규제법상 불공정거래행위

(1) 보험회사가 자신에게 불리한 조건의 자산거래를 대주주와 하면 독점규제법상 불공정거래행위의 금지도 적용될 수 있다. 즉 독점규제법 23조 1항 1호에 따르면 사업자는 부당하게 거래의 상대방을 차별하여 취급하는 행위를 할 수 없고 동법 23조 1항 7호에 따르면 사업자는 부당하게 특수관계인 또는 다른 회사를 지원하는 행위를 할 수 없는데,[59] 이러한 행위에는 보험회사가 자신에게 불리한 조건으로 대주주와 자산거래를 하는 행위가 포함될 수 있다.

(2) 보험업법 111조 1항 2호의 금지행위를 위반하면 과징금이 부과될 수 있고(법196①(5)), 독점규제법 23조 1항 7호의 불공정거래행위를 위반해도 과징금이 부과될 수 있다(독점규제법24의2). 문제는 두 가지 과징금을 중첩적으로 부과할 수 있는지이다. 이는 이중처벌금지의 원칙을 위반하거나 과잉금지의 원칙을 위반하여 위헌인 것은 아닌지와 관련된다. 판례는 보험업법과 공정거래법의 체계와 내용, 입법 취지와 목적, 보호법익 등을 종합하여 보면, 어느 동일한 행위에 대하여 중첩적으로 적용하여 해당 과징금을 각각 부과할 수 있고 이중처벌 금지 원칙을 위반하거나 과잉금지 원칙을 위반했다고 보기 어렵다는 입장이다.[60]

법 취지를 고려할 때, 자산거래나 신용공여의 거래조건이 보험회사에 객관적으로 현저하게 불리한 경우에는 특별한 사정이 없는 한 보험업법 111조 1항 2호에 해당한다고 볼 수 있고, 반드시 해당 거래로 인해 보험회사의 자산운용의 안정성·수익성 등에 악영향을 미치고 그로 인하여 보험금 지급능력을 저하시키는 등으로 보험계약자 등의 권리나 이익을 현저하게 해치는 정도에 이르러야만 위 규정에 해당한다고 볼 것은 아니다)

59) 독점규제법 23조 1항 7호의 내용은 다음과 같다.
7. 부당하게 다음 각 목의 어느 하나에 해당하는 행위를 통하여 특수관계인 또는 다른 회사를 지원하는 행위
가. 특수관계인 또는 다른 회사에 대하여 가지급금·대여금·인력·부동산·유가증권·상품·용역·무체재산권 등을 제공하거나 상당히 유리한 조건으로 거래하는 행위
나. 다른 사업자와 직접 상품·용역을 거래하면 상당히 유리함에도 불구하고 거래상 실질적인 역할이 없는 특수관계인이나 다른 회사를 매개로 거래하는 행위

60) 대판 2015.10.29. 2013두23935(상고이유의 요지는, 이와 같이 하나의 행위에 대하여 공정거래법상의 과징금과 중첩적으로 과징금을 부과할 수 있도록 규정한 이 사건 과징금 조항들이 이중처벌 금지의 원칙을 위반하거나 과잉금지의 원칙을 위반하여 위헌으로서 무효라는 취지이다. 그러나 헌법 13조 1항에서 정하고 있는 이중처벌 금지 원칙에서의 '처벌'은 범죄에 대한 국가의 형벌권 실행을 의미하는 것이고, 국가가 행하는 일체의 제재나 불이익처분이 모두 그 '처벌'에 포함된다고 할 수 없다. 따라서 보험업법에서 정한 이 사건 과징금 조항들과 공정거래법 규정에 의한 과징금 부과에 대해서는 이중처벌 금지의 원칙이 직접 적용될 여지는 없다(대법원 2007.7.12. 선고 2006두4554 판결, 헌법재판소 2003.7.24. 선고 2001헌가25 결정 등 참조). 그리고 보험업법과 공정거래법은 그 입법 목적과 보호법익이 서로 다르며, 공정거래법의 각종 규제만으로 보험업법의 입법 목적을 충분히 달성할 수 있다고 단정하기 어렵다. 이 사건 과징금 조항들과 공정거래법상 과징금 부과 근거 규정의 문언, 내용, 취지 등을 고려할 때 양 법률에 의한 과징금 부과처분은 모두 재량행위로서, 각 부과권자는 위반행위의 정도와 내용, 위반행위로 인하여 취득한 이익의 규모 등의 여러 사정을 종합적으로 고려하여 과징금 부과 여부 및 그 액수를 정할 재량이 있으므로, 동일한 위반행위에 대하여 양 법률에 의한 과징금이 반드시 중복적으로 부과된다고 볼 수도 없다. 특히 보험업법상 과징금에 관

(3) 보험회사 대주주의 의무

1) 의의

(1) 보험회사의 대주주는 해당 보험회사의 이익에 반하여 대주주 개인의 이익을 위하여 다음 각 호의 어느 하나에 해당하는 행위를 해서는 안 된다(법111⑤).

1. 부당한 영향력을 행사하기 위하여 해당 보험회사에 대하여 외부에 공개되지 아니한 자료 또는 정보의 제공을 요구하는 행위. 다만, 지배구조법 33조 7항(지배구조법 58조에 따라 준용되는 경우를 포함)에 해당하는 경우는 제외한다.
2. 경제적 이익 등 반대급부를 제공하는 조건으로 다른 주주 또는 출자자와 담합하여 해당 보험회사의 인사 또는 경영에 부당한 영향력을 행사하는 행위
3. 보험업법 106조 1항 4호 및 5호에서 정한 비율을 초과하여 보험회사로부터 신용공여를 받는 행위
4. 보험업법 106조 1항 6호에서 정한 비율을 초과하여 보험회사에게 대주주의 채권 및 주식을 소유하게 하는 행위
5. 그 밖에 보험회사의 이익에 반하여 대주주 개인의 이익을 위한 행위로서 대통령령으로 정하는 행위

(2) 의무의 주체가 대주주임은 위 문언에 비추어 분명하다.

(3) 명문의 규정은 없지만 직접이든 간접이든 허용되지 않는다고 해석한다.

(4) 보험회사의 이익에 반하고 대주주 개인의 이익을 위한다는 요건을 별도로 입증할 필요는 없다고 해석한다. 보험업법 111조 5항의 각 호가 규정하는 일정한 행위는 보험회사의 이익에 반하고 대주주 개인의 이익을 위하는 행위로 간주될 수 있기 때문이다.

(5) 금지되는 행위는 미공개 자료 등의 요구, 부당한 영향력 행사, 자산운용 비율 한도의 초과, 경쟁 사업자에게 불리한 신용공여 요구, 비영리법인 등에 대한 자산 무상양도 등을 강제하는 행위이다. 이하에서는 금지되는 행위의 유형별로 살펴보기로 한다.

2) 미공개 자료 등의 요구

i) 의의

대주주가 부당한 영향력을 행사하기 위해 보험회사에 외부에 공개되지 않은 자료 또는 정보의 제공을 요구하는 행위가 금지된다(법111⑤(1)본).

한 부과기준을 정하고 있는 금융위원회 고시인 '금융기관 검사 및 제재에 관한 규정'은 '동일한 위반행위에 대하여 형벌·과징금·과태료 등 실효성 있는 제재조치를 이미 받은 경우에는 그 제재에 상응하는 과징금을 부과하지 아니할 수 있다'는 취지의 명시적 규정을 두고 있다. 또한 보험계약자인 고객들이 납입하는 보험료 등으로 구성되는 보험회사의 자산은 종국적으로 고객에게 지급할 보험금에 충당되어야 할 재원으로서 이를 보존하여야 할 고도의 공익상 필요가 있으므로 대주주 등 특수관계인이 보험회사의 자산을 자신 또는 계열회사를 지원하는 목적으로 함부로 유출하는 행위를 규제할 필요성이 매우 크다. 이러한 사정들에 비추어 보면, 앞에서 본 것과 같이 공정거래법과 별도로 과징금을 부과할 수 있도록 한 이 사건 과징금 조항들이 헌법상 과잉금지의 원칙에 반한다고 볼 수도 없다)

ii) 요건

(1) 부당한 영향력을 행사하려 한다는 주관적 요건, 미공개 자료 등의 요구라는 객관적 요건이 충족되어야 금지행위가 성립한다.

(2) 예외도 있다. 즉 지배구조법 33조 7항(지배구조법 58조에 따라 준용되는 경우를 포함)에 해당하는 경우는 자료 등의 제공을 요구할 수 있다(법111⑤(1)단). 지배구조법 33조 7항에 따르면 일정한 주주[61]가 대표소송[62]에서 승소한 경우 금융회사에 소송비용, 그 밖에 소송에 따른 모든 비용을 청구할 수 있는데, 대주주가 소송비용 등을 청구하는 데 필요한 범위 내에서는 보험회사에 미공개 자료 등을 요구할 수 있다는 의미이다. 다만, 소송비용 등을 청구하는 데 필요한 미공개 자료 등의 범위는 그 성질상 한정적일 수밖에 없다.

(3) 한편, 보험업법 111조 5항 1호 단서의 의미를 주주가 대표소송을 수행하는 데 필요한 미공개 자료 등을 보험회사에 요구하는 행위가 허용된다는 의미로 해석하는 견해가 있다.[63] 하지만 이는 보험업법 111조 5항 1호 단서의 문리에서 벗어나는 해석이다. 현행 상법에서도 주주가 대표소송 수행에 필요한 미공개 자료 등을 회사에 요구할 권리는 인정되어 있지 않다.

3) 부당한 영향력 행사

i) 의의

(1) 대주주가 경제적 이익 등 반대급부를 제공하는 조건으로 다른 주주 또는 출자자와 담합하여 보험회사의 인사 또는 경영에 부당한 영향력을 행사하는 행위가 금지된다(법111⑤(2)).

(2) 보험업법이 대주주의 담합에 의한 영향력 행사를 금지하는 것은 일종의 특칙이다. 주주는 주주총회에서 의결권 등 주주권[64]을 행사하여 회사의 인사 또는 경영에 '공식적' 영향을 미칠 수 있고, 이외에도 주주, 특히 대주주는 회사의 인사 또는 경영에 '사실상' 영향력을 미치는 경우가 많으며, 이 자체가 금지되는 것은 아니다.[65] 나아가 주주 사이에 합종연횡을 통해 영향력을 확대하는 행위가 회사법상 일반적으로 금지되는 것도 아니다.

---

61) 여기서 주주는 6개월 전부터 계속하여 금융회사의 발행주식 총수의 10만분의 1 이상에 해당하는 주식을 대통령령이 정하는 대로 보유한 자를 가리킨다(지배구조법33⑤).

62) 상법 403조, 324조, 415조, 424조의2, 467조의2 및 542조의 주주대표소송을 가리킨다. 이것은 주주가 이사, 발기인, 업무집행관여자, 감사, 청산인 등의 책임을 묻기 위한 대표소송이다.

63) 성대규·안종민 478면

64) 회사의 인사 또는 경영에 영향을 미치는 주주권(공익권)에는 주주총회소집청구권(상법366), 설립무효소송, 대표소송 등 소제기권(상법328,403 등), 의결권(상법369), 이사의 위법행위유지청구권(상법402), 회계장부열람권(상법466), 이사·감사의 해임청구권(상법385,415), 업무 및 재산상태의 검사청구권(상법467), 해산판결청구권(상법520) 등이 포함된다.

65) 다만, 대주주가 회사에 대한 자신의 영향력을 이용하여 이사에게 업무집행을 지시하는 자 등에 해당한다면 그는 이사로 간주되며, 만약 위법행위 등 일정한 요건이 충족되면 회사 또는 제3자에 대해 손해배상책임을 지게 된다(상법401의2).

그럼에도 불구하고 보험업법이 대주주의 담합에 의한 영향력 행사를 금지하는 이유는 보험업이 갖는 공공성, 사회성에서 그 취지를 찾아야 할 것이다.

ii) 요건

(1) 대주주가 경제적 이익 등 반대급부를 제공하는 조건으로 다른 주주 또는 출자자와 담합한다는 요건(담합 요건)과 담합하에 보험회사의 인사 또는 경영에 부당한 영향력을 행사한다는 요건(부당한 영향력 요건)이 충족되어야 금지행위가 성립한다. 모두 객관적 요건이다. 좀 더 구체적으로 살펴보면 다음과 같다.

(2) 담합만으로는 금지행위가 성립되지 않는다. 또한 담합과 영향력 행사 사이에 인과관계가 없으면 금지행위가 성립되지 않는다.[66]

(3) 부당한 영향력 요건에서 '부당성'을 별도로 입증해야 하는지가 해석상 문제된다. 대주주가 담합하에 인사 또는 경영에 영향력을 행사하는 것만으로 부당성이 인정되는지 아니면 인사 또는 경영에 행사한 영향력의 내용이 부당하다는 점을 담합 사실 이외에 별도로 입증해야 하는지의 해석 문제이다. 전자가 타당하다고 본다. 왜냐하면, 인사 또는 경영에 행사한 영향력의 내용이 부당하다는 점을 담합과 분리해서 별도로 판단하는 일이 용이하지 않을 뿐만 아니라, 대주주가 인사 또는 경영에 행사한 영향력의 부당성을 내용 면에서 별도로 입증해야 한다면, 굳이 담합을 요건으로 두지 않고도 그러한 행위를 금지행위로 설정하는 데 무리가 없기 때문이다. 이러한 해석에 따르면 '부당한'이라는 문언은 확인적 성격에 불과하다.

(4) 영향력의 행사에는 주주총회에서 의결권 행사 등 공식적 영향력은 물론이고 사실상 영향력도 포함된다고 해석한다.

4) 자산운용 비율 한도의 초과

(1) 대주주가 보험업법 106조 1항 4호 및 5호의 비율을 초과하여 보험회사로부터 신용공여를 받는 행위를 금지한다(법111⑤(3)). 대주주가 보험업법 106조 1항 6호의 비율을 초과하여 보험회사에게 대주주의 채권 및 주식을 소유하게 하는 행위도 금지한다(법111⑤(4)).

(2) 보험회사는 보험업법 106조를 준수할 의무를 진다. 만약 보험회사가 대주주와 관련하여 자산운용 비율 한도를 초과하면 보험업법 106조 위반이 되며 이에 따른 불이익을 받는다. 보험업법 111조 5항 3호 및 4호는 대주주로 인해서 보험회사가 보험업법 106조를 위반하는 되는 것을 차단하려는 규정이다. 즉 보험회사가 대주주와 관련된 자산운용 비율 한도를 위반하게 되는 주된 이유는, 대주주의 영향력 때문이므로 보험회사 이외에 대주주에게도 금지 의무를 부과함으로써 대주주가 영향력을 행사하여 보험회사가 자산운용 비율 한도를 위반하는 현상을 차단하는 데 있다.

---

66) 성대규 · 안종민 478면

5) 경쟁사업자에게 불리한 신용공여 요구

i) 의의

대주주는 보험회사가 대주주의 경쟁사업자에 대하여 신용공여를 할 때 정당한 이유 없이 금리, 담보 등 계약조건을 불리하게 하도록 요구하는 행위를 해서는 안 된다(법111⑤(5),시행령57⑤(1)).

ii) 독점규제법상 불공정거래행위

(1) 대주주의 위 i)과 같은 요구에 따라 보험회사가 불리한 계약조건으로 신용공여를 한 경우 독점규제법상 불공정거래행위에 해당할 수도 있다. 즉 독점규제법 23조 1항 1호에 따르면 사업자는 부당하게 거래의 상대방을 차별하여 취급하는 행위를 할 수 없고, 동법 23조 1항 4호에 따르면 사업자는 자기의 거래상의 지위를 부당하게 이용하여 상대방과 거래하는 행위를 할 수 없는데, 이러한 불공정거래행위에 보험회사가 신용공여를 할 때 자신의 거래상 지위를 이용하여 정당한 이유 없이 금리, 담보 등 계약조건을 불리하게 정하는 행위가 포함될 수 있기 때문이다.[67]

(2) 만약 불공정거래행위 요건이 충족되면 그러한 행위를 한 보험회사는 물론이고 보험회사로 하여금 경쟁 사업자에게 그러한 행위를 하게 한 대주주도 사업자에 해당하는 경우 독점규제법 23조 1항 1호 또는 4호에 대한 위반 책임을 진다.[68]

6) 비영리법인 등에 대한 자산 무상양도등을 강제하는 행위

(1) 보험회사가 특수관계인을 포함한 대주주에게 자산 무상양도등의 행위를 할 수 없음이 원칙이나 특수관계인 중 비영리법인 등에게는 예외적으로 그러한 행위를 할 수 있다는 점은 전술한 바 있다.[69]

(2) 다만, 대주주가 보험회사에 비영리법인 등에게 그러한 행위를 하도록 강제하는 것은 금지된다. 즉 대주주가 보험회사로 하여금 보험회사의 특수관계인인 비영리법인 등에게 자산을 무상으로 양도하게 하거나 일반적인 거래 조건에 비추어 해당 보험회사에 뚜렷

67) 독점규제법 23조 1항 1호 및 4호를 구체화 한 동법시행령 [별표1의2]에 의하면, 부당하게 거래의 상대방을 차별하여 취급하는 행위에 부당하게 특정 사업자에 대하여 수량·품질 등의 거래조건이나 거래내용에 관하여 현저하게 유리하거나 불리한 취급을 하는 행위가 포함되고, 자기의 거래상의 지위를 부당하게 이용하여 상대방과 거래하는 행위에 거래 상대방에게 불이익이 되도록 거래조건을 설정 또는 변경하거나 그 이행 과정에서 불이익을 주는 행위가 포함된다.

68) 불공정거래행위 위반의 책임은 그러한 행위를 한 사업자뿐만 아니라 다른 사업자로 하여금 그러한 행위를 하게 한 사업자도 진다(독점규제법23①).

69) 편의상 여기서 다시 기술한다. 보험회사가 대주주에게 자산을 무상으로 양도하거나 일반적인 거래 조건에 비추어 해당 보험회사에 뚜렷하게 불리한 조건으로 자산에 대하여 매매·교환·신용공여 또는 재보험계약을 하는 행위는 원칙상 금지된다(법111①(2)). 다만, 예외가 있다. 만약 일정한 비영리법인 등이 보험회사에 대해 특수관계인의 지위에 있는 경우 보험회사가 그 비영리법인 등에게 자산 무상양도등을 하는 것은 허용된다(시행령57②). 여기서 비영리법인 등이란 '상속세 및 증여세법' 16조 1항에 따른 공익법인 등(종교·자선·학술 관련 사업 등 공익성을 고려하여 대통령령이 정하는 사업을 하는 자)에 해당하는 비영리법인 또는 단체를 가리킨다.

하게 불리한 조건으로 매매·교환·신용공여 또는 재보험계약을 하게 하는 행위가 금지된다(법111⑤(5),시행령57⑤(2)).

(3) 보험회사가 자발적으로 자신의 특수관계인인 비영리법인 등에게 자산 무상양도 등을 하는 경우와 달리, 보험회사의 의사에 반하여 그러한 행위를 하게 되는 것은 보험회사의 이익에 반하고 대주주의 이익을 위한 행위에 해당하기 때문에 금지한다. 특수관계인인 비영리법인 등이 강제하는 경우는 물론이고 그 이외의 대주주가 강제하는 경우도 금지된다고 해석한다.

4. 이사회 의결이 필요한 경우

(1) 의의

대주주와 관련한 일정한 신용공여 또는 주식·채권의 취득 시에는 이사회의 의결이 필요하다. 즉 보험회사는 자신의 대주주에게 대통령령이 정한 금액 이상의 신용공여를 하거나 자신의 대주주가 발행한 채권 또는 주식을 일정 금액 이상으로 취득하려는 경우 미리 이사회의 의결을 거쳐야 한다(법111②전). 이 경우 이사회는 재적이사 전원의 찬성으로 의결해야 한다(법111②후).

(2) 취지

엄격한 이사회의 의결 요건을 둔 이유는 거래의 객관성과 투명성을 확보할 수 있게 하여 대주주의 부당한 영향력 행사를 차단하기 위해서이다.

(3) 요건

(1) 대통령령이 정한 금액은 단일 거래금액이 자기자본의 1천분의 1에 해당하는 금액 또는 10억 원 중 적은 금액을 말한다(시행령57③전). 이 경우 대주주가 발행한 주식을 취득하는 경우 자본시장법에 따른 증권시장·다자간매매체결회사 또는 이와 유사한 시장으로서 외국에 있는 시장에서 취득하는 금액은 단일 거래금액에서 제외한다(시행령57③전). 자본시장법에 따른 증권시장에서의 주식취득은 취득가액의 객관성과 투명성 면에서 별다른 문제가 없기 때문이다.[70)]

(2) 위 (1)에서 단일 거래금액의 구체적인 산정기준은 금융위원회가 정하여 고시한다(시행령57③후). 단일 거래금액은 동일한 개인 또는 법인 각각에 대한 개별 신용공여약정(기존의 신용공여약정을 갱신·대환·연장하는 경우를 포함)상의 약정금액(보험업법 111조 2항에서 정하는 채권 또는 주식 취득의 경우에는 단일한 매매계약에 의한 취득금액을 가리킴)을 기준으로 산정하고, 동일한 개인 또는 법인에 대하여 같은 날에 다수의 약정이 체결되는 경우에는 개별 약정금액의 합계액을 기준으로 산정한다(감독규정5-5①).

---

70) 성대규·안종민 476면; 정채웅 633면

5. 보고 및 공시 의무

(1) 의의

대주주와 관련한 일정한 신용공여 또는 주식·채권의 취득 시에 보고 및 공시가 요구된다. 보고 및 공시는 수시적 성격과 정기적 성격이 있다.

(2) 수시 보고 및 공시

1) 의의

(1) 보험회사는 자신의 대주주와 일정한 행위를 한 경우 7일 이내에 그 사실을 금융위원회에 보고하고 인터넷 홈페이지 등을 이용하여 공시해야 한다(법111③).

(2) 위 (1)에 따른 대주주와의 거래 등에 대한 보고의 접수는 금융감독원장에게 위탁되어 있다(시행령[별표8]20).

2) 대상

(1) 수시 보고 및 공시의 대상이 되는 일정한 행위는 다음 각 호의 하나와 같다(법111③).

1. 대통령령으로 정하는 금액 이상의 신용공여
2. 해당 보험회사의 대주주가 발행한 채권 또는 주식을 대통령령으로 정하는 금액 이상으로 취득하는 행위
3. 해당 보험회사의 대주주가 발행한 주식에 대한 의결권을 행사하는 행위

(2) 위 (1)의 1호와 2호에서 대통령령이 정한 금액은 단일거래금액이 자기자본의 1천분의 1에 해당하는 금액 또는 10억 원 중 적은 금액을 말한다(시행령57③전). 여기서 단일거래금액은 전술한 이사회 의결이 필요한 경우에서 그것과 같다(시행령57③후,감독규정5-5①).

(3) 정기 보고 및 공시

1) 의의

(1) 보험회사는 자신의 대주주에 대한 신용공여나 대주주가 발행한 채권 또는 주식의 취득에 관한 사항을 대통령령이 정하는 대로 분기별로 금융위원회에 보고하고 인터넷 홈페이지 등을 이용하여 공시해야 한다(법111④).

(2) 위 (1)에 따른 대주주에 대한 신용공여나 대주주가 발행한 채권 또는 주식의 취득에 관한 사항에 대한 보고의 접수업무는 금융감독원장에게 위탁되어 있다(시행령[별표8]21).

2) 대상

(1) 보험업법 111조 4항에 따라, 보험회사는 매 분기 말 현재 대주주에 대한 신용공여 규모, 분기 중 신용공여의 증감액, 신용공여의 거래조건, 대주주가 발행한 채권 또는 주식의 취득 규모, 그 밖에 '금융위원회가 정하여 고시하는 사항'을 매 분기 말이 지난 후 1개월 이

내에 금융위원회에 보고하고 인터넷 홈페이지 등을 이용하여 공시해야 한다(시행령57④).

(2) 위 (1)에서 '금융위원회가 정하여 고시하는 사항'이란 신용공여 형태별로 자금용도, 신용공여기간·적용금리 등 거래조건, 담보의 종류 및 평가액, 주요 특별약정내용과 동일한 개인 또는 법인 각각에 대한 신용공여 현황을 포함한 대주주 전체에 대한 신용공여 현황을 말한다(감독규정5-5②).

6. 부실 대주주에 대한 지원 제한 명령권

(1) 의의

(1) 금융위원회는 보험회사의 대주주(회사만 해당)의 부채가 자산을 초과하는 등 재무구조가 부실하여 보험회사의 경영건전성을 뚜렷하게 해칠 우려가 있는 경우로서 대통령령이 정하는 경우에는 보험회사에게 일정한 조치를 할 수 있다(법111⑥).

(2) 위 (1)은 부실 대주주에 대한 지원을 제한하는 명령권이다. 보험회사가 재무구조가 부실한 대주주에게 신용공여 등의 자금지원을 하면 보험회사의 재무건전성을 해칠 우려가 있다. 정상적 자산운용 하에서는 재무구조가 부실한 자에게 보험회사가 스스로 자금지원을 제한하는 것이 보통이지만, 대주주에 관한 한 그의 영향력 때문에 정상적 자산운용이 작동하지 않을 수 있다. 이 점을 고려하여 보험업법은 금융위원회가 자금지원 제한을 명령할 수 있도록 규정한 것이다.

(2) 요건

(1) 여기서 대주주는 회사만 해당하며, 회사인 특수관계인을 포함한다(시행령57⑥). 즉 본 명령권은 이러한 회사의 형태를 띠고 있는 대주주에 대해서만 적용된다.

(2) 대주주 재무구조가 부실하여 보험회사의 경영건전성을 뚜렷하게 해칠 우려가 있는 경우로서 다음 각 호의 어느 하나에 해당해야 한다(시행령57⑥).

1. 대주주의 부채가 자산을 초과하는 경우
2. 대주주가 자본시장법에 따른 신용평가회사 중 둘 이상의 신용평가회사에 의하여 투자부적격 등급으로 평가받은 경우

(3) 효과

(1) 위 요건이 충족되면 금융위원회는 다음 각 호의 조치를 취할 수 있다(법111⑥).

1. 대주주에 대한 신규 신용공여 금지
2. 대주주가 발행한 유가증권의 신규 취득 금지
3. 그 밖에 대주주에 대한 자금지원 성격의 거래제한 등 대통령령으로 정하는 조치

(2) 위 (1)의 1호 내지 3호 중에서 일부 또는 전부의 조치가 가능하다고 해석한다.

7. 자료 제출 요구권

(1) 의의

(1) 금융위원회는 보험회사 또는 그 대주주가 보험업법 111조를 위반한 혐의가 있다고 인정되는 경우 보험회사 또는 그 대주주에게 필요한 자료의 제출을 요구할 수 있다(법 112). 이러한 자료 제출 요구권은 보험업법 112조뿐만 아니라 자산운용 비율 한도에 관한 보험업법 106조에서도 인정된다. 그 구체적 내용은 보험업법 106조와 관련하여 기술했지만 여기서도 반복하여 기술하기로 한다.

(2) 위 (1)에 따른 대주주 등에 대한 자료 제출 요구는 금융감독원장에게 위탁되어 있다(시행령[별표8]22).

(2) 요건

1) 객체

(1) 자료제출 요구의 객체는 보험회사 또는 그 대주주이다.

(2) 특히 대주주에게 자료제출 요구를 할 수 있다는 점이 보험업법 112조의 존재 의의이다. 보험회사에는 보험업법 133조 1항에 근거하여 자료제출 요구를 할 수 있기 때문이다. 즉 보험업법 133조 1항은 금융위원회가 공익 또는 보험계약자 등을 보호하기 위해 보험업법상 감독업무의 수행과 관련한 자료 제출을 보험회사에 명할 수 있다고 규정하고 있고, 보험회사가 보험업법 111조를 위반한 혐의가 인정된다면 보험업법 133조 1항에 따라서도 관련 자료의 제출을 요구할 수 있다고 해석된다.

2) 보험업법 111조 위반

(1) 자료제출 요구를 위해서는 보험업법 111조를 위반한 혐의가 있다고 인정되어야 한다. 보험업법 133조 1항의 보험회사에 대한 자료제출 요구권에 비해 비교적 엄격한 요건이다.

(2) 보험업법 112조가 비교적 엄격한 요건을 둔 이유는 요구의 객체에 대주주가 포함되어 있다는 점이 고려된 것이다. 보험업을 경영하는 보험회사에 대해서는 구체적인 위법행위의 혐의가 인정되지 않는 상황에서도 보험업법 133조 1항에 따라 일반적, 상시적, 예방적 감독의 차원에서 자료제출 요구도 가능하다. 하지만 대주주에게도 일반적, 상시적, 예방적 감독의 차원에서 자료제출 요구를 할 수 있다고 하면 과잉감독, 과잉규제의 문제가 발생할 여지가 있다. 이 점이 보험업법 112조가 보험업법 111조를 위반한 혐의가 있다고 인정되어야 한다는 요건을 둔 이유이다.

8. 위반 시 효과

(1) 보험업법 111조 1항을 위반하여 신용공여를 하거나 자산의 매매 또는 교환 등을 한 경우에 과징금(법196①(7))이 따른다.

(2) 보험업법 111조 1항을 위반하여 같은 항 각 호의 어느 하나에 해당하는 행위를 한 자, 또는 보험업법 111조 5항을 위반하여 같은 항 각 호의 어느 하나에 해당하는 행위를 한 대주주 또는 그의 특수관계인에게는 형벌(법200(4)·(5))이 따른다.

(3) 보험업법 111조 2항을 위반하여 이사회의 의결을 거치지 않은 경우, 또는 보험업법 111조 3항 또는 4항에 따른 보고 또는 공시를 하지 않거나 거짓으로 보고 또는 공시한 경우, 또는 보험업법 112조에 따른 자료 제출을 거부한 자는 과태료(법209①(7의3)·(7의4),209⑤(12))가 따른다.

제 8 관 보험회사의 자회사

1. 의의

보험회사는 자회사를 통해서 활동영역을 확장할 수 있다. 하지만 이 과정에서 자산운용의 원칙이 훼손되어 재무건전성이 위협받는 등 부작용이 있을 수 있다. 이를 방지하기 위해서 보험업법은 자산운용과 관련하여 보험회사와 자회사의 관계를 규율하는 제도를 마련하고 있다. 이하에서는 보험회사의 자회사 소유(법115), 자회사와의 금지행위(법116), 서류제출의무(법117) 등에 대해 살펴본다.

2. 자회사 소유

(1) 자회사의 개념

1) 보험업법 2조 18호

보험업법상 자회사는 보험회사가 다른 회사(민법 또는 특별법에 따른 조합을 포함)의 의결권 있는 발행주식(출자지분을 포함) 총수의 100분의 15를 초과하여 소유하는 경우의 그 다른 회사를 가리킨다(법2(18)).

2) 특칙

(1) 자회사 기준에 관한 특례가 있다. 즉 보험회사가 중소기업창업투자조합, 신기술사업투자조합, 한국벤처투자조합, 경영참여형 사모투자집합기구에서 업무집행사원 또는 무한책임사원이거나 유한책임사원으로서 출자총액의 100분의 30을 초과하여 지분을 소유하는 경우 그 조합 등을 자회사로 본다(감독규정5－13의4).[71][72]

⑵ 위 ⑴에서 유한책임사원으로서 출자총액의 100분의 30은 보험업법 2조 18호의 발행주식 총수의 100분의 15에 비해 자회사 소유 규제를 완화한 셈인데, 이는 보험회사가 투자조합 등에 투자하는 것을 활성화시키자는 취지이다.

(2) 원칙적 금지

⑴ 보험업법은 자회사 소유를 원칙적으로 금지한다. 즉 보험회사는 다른 회사의 의결권 있는 발행주식(출자지분을 포함) 총수의 100분의 15를 초과하는 주식을 소유할 수 없다(법109본).

⑵ 다른 회사에 대한 출자 제한은 보험회사가 자기자본이 아닌 타인 자금(보험료 등으로 구성된 자산)을 다른 회사에 출자하여 지배하는 현상을 방지할 필요가 있다는 데 일차적 취지가 있다. 또한 자회사의 재무적 부실이 보험회사로 전이될 수 있다는 점, 보험업과 무관한 자회사를 지배하면서 보험업에 전념하지 않을 수 있다는 점도 이유가 된다.

(3) 예외적 허용

1) 의의

⑴ 보험업법은 자회사 소유를 예외적으로 허용한다. 즉 보험회사는 일정한 업무를 하는 회사를 금융위원회의 승인(또는 신고)하에 자회사로 소유할 수 있다(법115①).

⑵ 보험회사가 소유하고 있는 자회사가 업무를 추가하거나 변경하는 경우에도 같은데(법115⑤), 이는 추가하거나 변경하는 업무가 일정한 업무 범위에 속해야 하고 금융위원회의 승인(또는 신고)도 받아야 한다는 의미이다.

⑶ 승인의 요건 등 필요한 사항은 대통령령이 정한다(법115⑦). 이에 따르면 보험업법 시행령 59조가 보험회사의 자회사 소유 범위 및 승인 요건 등에 대해 규정하고 있다.

---

71) 감독규정 5－13조의4는 다음과 같이 규정한다. 보험회사가 다음 각 호의 어느 하나에 해당하는 회사(이하 이 조에서 "회사등"이라 한다)의 업무집행사원 또는 무한책임사원이거나 유한책임사원으로서 회사등(무한책임사원 및 투자대상이 동일한 회사등은 하나의 회사등으로 본다) 출자총액의 100분의 30을 초과하여 지분을 보유하는 경우 해당 회사등을 보험업법 115조 1항에서 정하는 자회사로 본다.

1. '중소기업창업 지원법'에 따른 중소기업창업투자조합(자본시장법 269조 4항의 내용을 규약에 반영하고 준수하는 경우로 한정)
2. 여신전문금융업법에 따른 신기술사업투자조합(자본시장법 269조 4항의 내용을 규약에 반영하고 준수하는 경우로 한정)
3. '벤처기업육성에 관한 특별조치법'에 따른 한국벤처투자조합(자본시장법 269조 4항의 내용을 규약에 반영하고 준수하는 경우로 한정)
4. 자본시장법에 따른 경영참여형 사모투자집합기구

72) 다만, 감독규정5－13조의4는 상위법령의 명시적 위임이 있는지가 모호하다. 보험업법시행령 59조 5항은 금융위원회 승인 요건을 금융위원회 고시에 위임하는데, 보험업법은 자회사 기준과 승인 요건을 별도로 정하고 있고 그 내용도 다르다는 점을 고려하면 자회사 기준이 승인 요건에 포함된다고 볼 수 있는지가 논란이 될 수 있기 때문이다. 입법적 해결이 필요하다.

2) 취지

보험회사가 금융위원회의 승인 하에서 자회사를 소유할 수 있도록 하는 취지는 금융업의 겸업화 추세 때문이다.[73] 2000년 전후로 금융 겸업화 현상이라는 세계적 추세가 시작되었고, 영국의 2000년 '금융서비스 및 시장 법'(Financial Services and Markets Act 2000)은 금융 겸업화를 추구한 대표적 입법이다. 우리 보험업법은 2003년 개정을 통해서 자회사 방식으로 보험업의 겸업화가 가능하도록 하는 법적 근거를 마련했다.

3) 방향

보험업법은 보험업의 겸업화를 위해서 자회사 소유를 허용하되 다음과 같은 일정한 요건을 충족해야만 허용하는 방식을 취한다.

(1) 자기자본의 일정 범위 이내로 한다(법106①(6)). 원칙적으로 다른 회사에 대한 출자를 제한하는 취지는 보험회사가 자기자본이 아닌 타인 자금(보험료 등으로 구성된 자산)을 통해서 다른 회사를 지배하는 현상을 막기 위해서이다.

(2) 자회사의 업무범위가 제한되고, 또한 금융위원회의 승인(또는 신고)을 얻어야 한다. 이러한 요건은 자회사의 재무적 부실이 보험회사로 전이되어 보험회사의 재무건전성을 해칠 위험, 그리고 보험업과 무관한 자회사를 지배하면서 보험업에 전념하지 않을 위험 등을 방지하자는 취지가 고려된 것이다.

(3) 이하에서는 (I) 금융위원회 승인을 얻어야 허용되는 경우, (II) 금융위원회 신고만으로 허용되는 경우, (III) 금융위원회 보고만으로 허용되는 경우로 구분하여 살펴보자.

4) 허용 요건(I) - 금융위원회 승인

i) 의의

(1) 보험회사는 '일정한 업무를 주로 하는 회사'를 금융위원회의 승인을 받아 자회사로 소유할 수 있다(법115①본). 다만, 그 주식의 소유에 대하여 금융위원회로부터 승인 등을 받은 경우 또는 금융기관의 설립근거가 되는 법률에 따라 금융위원회로부터 그 주식의 소유에 관한 사항을 요건으로 설립 허가·인가 등을 받은 경우에는 승인을 받은 것으로 본다(법115①단).

(2) 자회사 소유의 승인을 신청하려는 경우 일정한 신청서를 제출해야 한다(감독규정 5-13의2).

(3) 자회사 소유의 승인 여부의 심사는 금융감독원장에게 위탁되어 있다(시행령[별표 8]23).

ii) 일정한 업무를 주로 하는 회사

다음과 같은 '일정한 업무를 주로 하는 회사'를 자회사로 할 수 있다. 이러한 업무에

73) 국회 재정경제위원회, 보험업법 개정법률안 심사보고서, 2003

는 금융업, 신용정보업, 보험계약 관리업무, 또는 보험업의 건전성을 저해하지 아니하는 업무로서 대통령령이 정하는 업무 등이 있다. 구체적 내용은 다음과 같다.

① 금융업

(1) 구조개선법 2조 1호에 따른 금융기관[74]이 경영하는 금융업을 주로 하는 회사는 금융위원회의 승인을 받으면 보험회사의 자회사가 될 수 있다(법115①(1)).

(2) 만약 보험회사의 대주주가 은행법 16조의2 1항에 따른 비금융주력자인 경우라면 그 보험회사는 은행을 자회사로 소유할 수 없다(법115④). 이는 산업자본이 은행자본을 지배할 수 없다는 금산분리 원칙을 확인하는 규정이다. 은행법에 따르면 비금융주력자는 은행의 의결권 있는 발행주식 총수의 100분의 4(지방은행의 경우는 100분의 15)를 초과하여 소유할 수 없다(은행법2①(9),16의2①).[75][76]

② 신용정보업 및 채권추심업

(1) 신용정보업 및 채권추심업을 주로 하는 회사는 금융위원회의 승인을 받으면 보험회사의 자회사가 될 수 있다(법115①(2)).

(2) 신용정보업에는 신용조회업, 신용조사업, 채권추심업 등이 포함된다(신용정보법4①). 신용정보업은 보험회사의 경영, 특히 자산운용과 밀접한 관련이 있다. 한편, 신용평가업은 신용정보법에 따른 신용정보업에 포함되지 않고 대신에 자본시장법(335의2~335의15)의 규율을 받고 있다. 따라서 신용평가업을 주로 하는 회사는 보험회사의 자회사가 될 수 없다.[77] 신용평가회사는 평가대상자 중 하나인 보험회사로부터 독립성, 객관성을 확보할

---

74) *구조개선법 2조 1호에 따른 금융기관은 다음과 같다.
1. 금융기관이란 다음 각 목의 어느 하나에 해당하는 것을 말한다.
가. 은행법에 따라 설립된 은행
나. 중소기업은행법에 따른 중소기업은행
다. 자본시장법에 따른 투자매매업자·투자중개업자
라. 자본시장법에 따른 집합투자업자, 투자자문업자 또는 투자일임업자
마. 보험업법에 따른 보험회사
바. 상호저축은행법에 따른 상호저축은행
사. 자본시장법에 따른 신탁업자
아. 자본시장법에 따른 종합금융회사
자. 금융지주회사법에 따른 금융지주회사
차. 그 밖의 법률에 따라 금융업무를 하는 기관으로서 대통령령으로 정하는 기관
**구조개선법시행령 2조에 따르면 구조개선법 2조 1호 차목의 기관은 여신전문금융업법에 따른 여신전문금융회사를 말한다.

75) 은행법 2조 1항 9조에 따르면 비금융주력자에는 5개의 유형이 있다. 그 중 하나가 동일인(본인 및 그의 특수관계인) 중 비금융회사인 자의 자본총액의 합계액이 동일인 중 회사인 자의 자본총액의 합계액의 100분의 25 이상인 경우의 그 동일인이다.

76) 여기서 비금융주력자에는 독점규제법 14조의2에 따라 상호출자제한기업집단 등에서 제외되어 비금융주력자에 해당하지 않게 된 자로서 그 제외된 날부터 대통령령이 정하는 기간이 지나지 않은 자를 포함한다(은행법16의2①).

77) 2003년에 신용정보법이 개정되기 전에는 신용평가업이 신용정보업에 포함되었지만, 당시 보험업법

필요가 있다는 점이 고려된 것이다.[78)]

③ 보험계약 관리업무

(1) 보험계약 관리업무를 주로 하는 회사는 금융위원회의 승인을 받으면 보험회사의 자회사가 될 수 있다.

(2) 보험계약의 유지·해지·변경 또는 부활 등을 관리하는 업무가 보험계약 관리업무이다(법115①(3)). 보험업은 보험상품의 취급과 관련하여 발생하는 보험의 인수, 보험료 수수 및 보험금 지급 등을 영업으로 하는 것이고(법2(2)), 보험계약 관리업무는 보험업의 일부를 구성한다고 해석할 수 있다.[79)] 따라서 보험계약 관리업무는 보험회사가 직접 수행할 수도 있지만, 보험회사가 업무 효율화 등을 위해 필요하다고 판단하는 경우 자회사를 통해서 보험계약 관리업무를 할 수 있도록 한 것이다.

④ 외국에서 하는 사업

(1) 외국에서 하는 사업을 주로 하는 회사는 금융위원회의 승인을 받으면 보험회사의 자회사가 될 수 있다(법115①(4),시행령59②(1)). 이에 따르면 외국에서 하는 사업이기만 하면 범위 제한도 없이 자회사의 업무가 될 수 있다. 따라서 업무 범위가 지나치게 광범위하기 때문에 타당한 입법인지 다소 의문이다.

(2) 다만, 외국에서 하는 보험업, 보험수리업무, 손해사정업무, 보험대리업무, 보험에 관한 금융리서치 업무, 투자자문업, 투자일임업, 집합투자업 또는 부동산업은 제외한다(법115①(4),시행령59②(1)). 이러한 업무는 보험회사가 금융위원회 신고만으로 자회사를 둘 수 있는 경우이다(시행령59③(15)).

⑤ 기업의 후생복지

기업의 후생복지에 관한 상담 및 사무처리의 대행 업무를 주로 하는 회사는 금융위원회의 승인을 받으면 보험회사의 자회사가 될 수 있다(법115①(4),시행령59②(2)).

iii) 금융위원회 승인

① 요건

(1) 자회사의 소유에 대하여 금융위원회 승인을 받으려는 보험회사는 다음 각 호의 요건을 모두 갖추어야 한다(시행령59⑥).

1. 보험회사의 재무상태와 경영관리상태가 건전할 것
2. 자회사의 재무상태가 적정할 것
3. 보험업법 106조 1항 6호[80)]에 따른 자산운용의 비율 한도를 초과하지 않을 것

115조 1항 2호에 따르면 신용평가업을 주로 하는 회사는 보험회사의 자회사가 될 수 없었다.

78) 이성남(보험업법2) 279면; 정채웅 652면

79) 이성남(보험업법2) 279면; 정채웅 653면. 보험계약 관리업무가 보험업의 일부가 아니라고 보는 견해로는 성대규·안종민 493면

(2) 위 (1) 이외에 자회사 승인의 요건에 필요한 세부 사항은 금융위원회가 정하여 고시하고(시행령59⑧), 이에 따라 감독규정 5-13조 본문 및 [별표11-2]는 자회사 승인을 받기 위해서는 일정한 보험회사의 요건 및 자회사의 요건을 모두 갖출 것을 요구한다.[81] 이에 따르면 보험회사 및 자회사 모두 일정 수준의 재무건전성을 유지해야 한다. 다만, 금융위원회가 부실자산 정리 등을 통하여 자회사의 요건을 충족할 수 있다고 인정하는 경우에는 승인 당시에 자회사의 요건을 충족하지 않아도 된다(감독규정5-13단).

② 기한

금융위원회는 승인 신청을 받은 경우에 2개월 이내에 심사하여 승인 여부를 신청인에게 알려야 한다(시행령59⑤).

---

80) 6. 대주주 및 대통령령으로 정하는 자회사가 발행한 채권 및 주식 소유의 합계액
가. 일반계정: 자기자본의 100분의 60(자기자본의 100분의 60에 해당하는 금액이 총자산의 100분의 3에 해당하는 금액보다 큰 경우에는 총자산의 100분의 3)
나. 특별계정: 각 특별계정 자산의 100분의 3

81) 보험회사에 대한 요건과 자회사에 대한 요건은 다음과 같다.
1. 보험회사에 대한 요건
자회사를 소유하려는 보험회사는 다음 각 목의 사항을 모두 충족해야 한다. 다만 감독규정 7-14조 6항 단서에 따라 경영실태평가에서 제외된 보험회사에 대해서는 다목의 요건을 적용하지 않는다.
가. 해당 자회사에 대한 출자금액이 전액 부실화된다고 가정할 경우에도 신청일이 속한 날의 직전 분기 말 현재 지급여력비율이 130% 이상일 것
나. 해당 자회사에 대한 출자금액이 전액 제외된다고 가정할 경우에도 신청일이 속한 날의 직전 분기 말 현재 유동성 비율이 100% 이상일 것
다. 보험회사의 신청일이 속한 날의 직전 경영실태평가결과 종합평가등급이 3등급 이상일 것. 다만, 동 경영실태평가가 자회사 소유 신청일(신고일)로부터 1년 이상 경과한 시기를 기준으로 실시된 경우 감독규정 7-14조 5항에 따라 분기별로 실시하는 계량평가항목에 대한 경영실태평가결과 평가등급으로 종합평가등급을 대체한다.
라. 해당 자회사에 대한 출자 후에도 보험업법 106조에서 정한 자산운용의 방법 및 비율을 준수할 수 있을 것
2. 자회사에 대한 요건
보험회사가 소유하고자 하는 자회사가 다음 각 목의 어느 하나에 해당하는 경우에는 각각 각 목에서 정한 요건을 충족해야 한다. 다만, 자회사가 설립일로부터 1년이 경과되지 않거나 금융위원회가 필요하다고 인정하는 경우에는 이를 적용하지 아니한다.
가. 자회사가 금융위원회법 38조의 규정에 의하여 금융감독원의 검사를 받는 기관(금융기관)인 경우: 신청일이 속한 날의 직전 분기 말 현재 해당 금융기관에 적용되는 재무건전성 기준을 준수할 것
나. 자회사가 가목 이외의 내국법인인 경우: 다음 (1) 및 (2)의 요건을 충족할 것
(1) 신청일이 속한 날의 직전 사업연도 말 현재 자본금의 일부라도 잠식 상태가 아닐 것
(2) 자회사가 외부감사법 2조에 따른 외부감사의 대상인 경우: 신청일이 속한 날의 직전 사업연도 말 감사보고서상 감사인의 의견이 "적정"일 것
다. 자회사가 외국법령에 의하여 설립된 외국법인으로서 금융업종인 경우: 본국 감독기관에서 정하는 재무건전성 기준을 충족할 것
라. 자회사가 다목 이외의 외국법인인 경우: 나목의 요건을 충족할 것

5) 허용 요건(II) - 금융위원회 신고

i) 의의

(1) 보험업 경영과 밀접한 관련이 있는 업무 등으로서 대통령령이 정하는 업무를 주로 하는 회사를 자회사로 소유하려는 경우에는 신고로써 승인을 갈음할 수 있다(법115②).

(2) 자회사 소유의 신고를 하려는 경우 일정한 신고서를 제출해야 한다(감독규정5-13의2).

(3) 자회사 소유의 신고의 접수는 금융감독원장에게 위탁되어 있다(시행령[별표8]24).

ii) 일정한 업무

금융위원회 신고하에 자회사가 할 수 있는 일정한 업무는 보험업 경영과 밀접한 관련이 있는 업무이며, 이러한 업무로 대통령령이 정하는 업무는 22개 종류가 있다(시행령59③). 위 업무는 다음과 같이 분류할 수 있다.

① 보험서비스와 직접 관련된 업무

보험계약의 인수, 유지, 보험금지급 등 보험서비스와 직접 관련된 업무에 대해서는 보험업법시행령 59조 1항 1호부터 11호까지 다음과 같이 규정한다.

1. 보험회사의 사옥관리 업무
2. 보험수리 업무
3. 손해사정 업무
4. 보험대리 업무
5. 보험사고 및 보험계약 조사 업무
6. 보험에 관한 교육·연수·도서출판·금융리서치·경영컨설팅 업무
7. 보험업과 관련된 전산시스템·소프트웨어 등의 대여·판매 및 컨설팅 업무
8. 보험계약 및 대출 등과 관련된 상담 업무
9. 보험에 관한 인터넷 정보서비스의 제공 업무
10. 자동차와 관련된 긴급출동·차량관리·운행정보 등 부가서비스 업무
11. 보험계약자 등에 대한 위험관리 업무

② 보험서비스와 간접 관련된 업무

보험계약의 인수, 유지, 보험금지급 등 보험서비스와 간접 관련된 업무에 대해서는 보험업법시행령 59조 3항 12호부터 13호까지 다음과 같이 규정한다.

12. 건강·장묘·장기간병·신체장애 등의 사회복지사업 및 이와 관련된 조사·분석·조언 업무
13. 노인복지법 31조에 따른 노인복지시설의 설치·운영에 관한 업무 및 이와 관련된 조사·분석·조언 업무

③ 외국에서 하는 보험업 등의 업무

외국에서 하는 보험업, 보험수리 업무, 손해사정 업무, 보험대리 업무, 보험에 관한

금융리서치 업무, 투자자문업, 투자일임업, 집합투자업 또는 부동산업 등이 있다(시행령59③⒂).

iii) 금융위원회 신고

⑴ 보험업 경영과 밀접한 관련이 있는 업무 등을 주로 하는 회사를 자회사로 소유하려는 경우 금융위원회에 신고해야 한다.

⑵ 신고 시에는 금융위원회 승인을 받아야 하는 경우와 동일한 요건을 모두 갖추어야 한다(감독규정5-13본). 즉 신고 시에 감독규정 [별표11-2]가 정하는 보험회사의 요건 및 자회사의 요건을 모두 갖출 것이 요구된다. 이러한 요건의 구체적인 내용은 금융위원회 승인과 관련하여 이미 기술하였으므로 여기서는 반복을 피하기로 한다.

⑶ 금융위원회는 신고를 받은 경우 그 내용을 검토하여 이 법에 적합하면 신고를 수리하여야 한다(법 115조⑥).

6) 허용 요건(Ⅲ) - 금융위원회 보고

i) 의의

⑴ 보험회사는 자산운용과 밀접한 관련이 있는 업무로서 대통령령으로 정하는 업무를 주로 하는 회사를 금융위원회의 승인을 받지 아니하고 자회사로 소유할 수 있다(법115③전).

ii) 일정한 업무

보험회사의 자산운용과 관련된 업무에 대해서는 보험업법시행령 59조 4항 1호부터 8호까지 다음과 같이 규정한다.

1. 벤처투자 촉진에 관한 법률에 따른 벤처투자회사 및 벤처투자조합의 업무
2. 부동산투자회사법에 따른 부동산투자회사의 업무
3. 사회기반시설에 대한 민간투자법에 따른 사회기반시설사업 및 사회기반시설사업에 대한 투융자사업
4. 선박투자회사법에 따른 선박투자회사의 업무
5. 여신전문금융업법에 따른 신기술사업투자조합의 업무
6. 자본시장법에 따른 투자회사 또는 기관전용 사모집합투자기구가 하는 업무
7. 자산유동화에 관한 법률에 따른 자산유동화업무 및 유동화자산의 관리업무
8. 그 밖에 1호부터 7호까지의 업무와 유사한 것으로서 금융위원회가 정하여 고시하는 업무

iii) 금융위원회 신고

이 경우 보험회사는 해당 자회사를 소유한 날부터 2개월까지의 기간 이내에 금융위원회에 보고하여야 한다(법115③후,시행령59⑤).

(4) 자회사 소유 등에 따른 기업결합 문제

1) 의의

i) 기업결합의 개념

보험회사가 자회사를 소유하는 경우 기업결합의 현상이 생길 수 있다. 기업결합이란 독립한 다수의 기업이 결합하여 경제적 단일체로 통합하는 과정이나 결과를 말한다.[82)]

ii) 경쟁을 제한하는 기업결합의 금지

경쟁을 제한하는 기업결합은 원칙적으로 금지된다. 기업결합은 보험회사가 자회사를 소유하는 방식뿐만 아니라 다른 영업을 양수받는 경우 등에서 발생할 수 있다. 여기서는 자회사 소유로 인한 기업결합뿐만 아니라 기타 사유로 인한 기업결합도 함께 살펴보기로 한다.

iii) 관련 법규

(1) 보험회사의 기업결합 문제에는 보험업법, 구조개선법, 독점규제법이 이 순서대로 적용된다. 독점규제법이 기업결합에 관한 일반법이고, 구조개선법은 기업 중에서 금융회사의 기업결합에 대해 적용되므로 이에 관한 한 독점규제법에 대한 특별법이며, 보험업법은 금융회사 중에서 보험회사의 기업결합에 대해 적용되므로 이에 관한 한 구조개선법에 대한 특별법이기 때문이다.

(2) 이에 따라 보험회사의 자회사 소유에 따른 기업결합 문제는 보험업법에 따르게 되면 구조개선법, 독점규제법의 적용을 면제받는 것이 원칙이고, 다만 예외적으로 구조개선법이 적용될 수 있다. 이에 관해서는 후술한다.

(3) 다만, 위 세 가지 법은 적용 범위 면에서 차이가 있다. 보험업법과 구조개선법은 주식 소유를 통한 기업결합에 대해서만 적용되나, 독점규제법은 주식 소유 이외의 방식을 통한 기업결합에 대해서도 적용된다. 따라서 주식 소유 이외의 방식에 의한 기업결합인 경우에는 보험업법 또는 구조개선법은 적용될 여지가 없고 독점규제법만이 적용된다.

(4) 이하에서 독점규제법, 구조개선법, 보험업법의 순서로 기업결합 문제를 살펴보기로 한다.

2) 독점규제법에 따른 기업결합

i) 의의

보험회사가 경쟁을 제한하는 기업결합을 하는 경우 독점규제법에 의해서 금지되지만 예외적인 경우에 허용된다. 독점규제법의 내용은 다음과 같다

ii) 기업결합이 금지되는 경우

누구든지 직접 또는 대통령령이 정하는 특수한 관계에 있는 자를 통하여 다음 각 호

82) 정호열, 경제법, 2022, 205면

의 어느 하나에 해당하는 기업결합으로서 일정한 거래분야에서 경쟁을 실질적으로 제한하는 행위를 해서는 안 된다(독점규제법7①본). 다만, 자산총액 또는 매출액의 규모(계열회사의 자산총액 또는 매출액을 합산한 규모를 말함)가 대통령령이 정하는 규모에 해당하는 대규모회사 이외의 자가 2호에 해당하는 행위를 하는 경우에는 그렇지 않다(독점규제법7①단).

1. 다른 회사의 주식의 취득 또는 소유
2. 임원 또는 종업원(계속하여 회사의 업무에 종사하는 자로서 임원 이외의 자를 말함)에 의한 다른 회사의 임원 지위의 겸임
3. 다른 회사와의 합병
4. 다른 회사의 영업의 전부 또는 주요 부분의 양수·임차 또는 경영의 수임이나 다른 회사의 영업용 고정자산의 전부 또는 주요 부분의 양수
5. 새로운 회사 설립에의 참여. 다만, 다음 각 목의 하나에 해당하는 경우는 제외한다.
   가. 특수관계인(대통령령이 정하는 자를 제외) 이외의 자는 참여하지 않는 경우
   나. 상법 530조의2(회사의 분할·분할합병) 1항의 규정에 의하여 분할에 의한 회사 설립에 참여하는 경우

iii) 기업결합이 허용되는 경우

기업결합이 허용되는 경우가 있다. 즉 다음 각 호의 어느 하나에 해당한다고 공정거래위원회가 인정하는 기업결합에 대하여는 위 ii)를 적용하지 않으며, 이 경우 해당요건을 충족하는지에 대한 입증은 당해 사업자가 해야 한다(독점규제법7②).

1. 당해 기업결합 이외의 방법으로는 달성하기 어려운 효율성 증대효과가 경쟁제한으로 인한 폐해보다 큰 경우
2. 상당기간 대차대조표상의 자본총계가 납입자본금보다 작은 상태에 있는 등 회생이 불가한 회사와의 기업결합으로서 대통령령이 정하는 요건에 해당하는 경우

3) 구조개선법에 따른 기업결합

i) 의의

(1) 구조개선법은 금융기관을 이용한 기업결합을 하는 경우 금융위원회의 승인을 받게 하고 이때 공정거래위원회와 협의를 거치도록 하고 있다. 보험회사를 비롯한 금융기관이 구조개선법에 따라 승인을 받은 경우에는 위 독점규제법은 적용되지 않는다.[83)]

(2) 구조개선법이 규정하는 기업결합은 금융기관이 주식 소유를 하는 경우로 한정되어 있다.

---

83) 기업결합의 신고에 대한 독점규제법 12조 1항은 관계중앙행정기관의 장이 다른 법률의 규정에 의하여 미리 당해 기업결합에 관하여 공정거래위원회와 협의한 경우에는 이를 적용하지 아니한다(독점규제법12④).

ii) 요건

① 금융위원회 승인

(1) 금융기관[84](다만, 중소기업은행은 제외) 및 그 금융기관과 같은 기업집단[85]에 속하는 금융기관('동일계열 금융기관')은 다음 각 호의 어느 하나에 해당하는 행위를 하려면 대통령령으로 정하는 기준에 따라 미리 금융위원회의 승인을 받아야 한다(구조개선법24①본). 다만, 그 금융기관의 설립 근거가 되는 법률에 따라 인가·승인 등을 받은 경우에는 그렇지 않다(구조개선법24①단).

1. 다른 회사의 의결권 있는 발행주식 총수의 100분의 20 이상을 소유하게 되는 경우
2. 다른 회사의 의결권 있는 발행주식 총수의 100분의 5 이상을 소유하고 동일계열 금융기관이나 동일계열 금융기관이 속하는 기업집단이 그 회사를 사실상 지배하는 것으로 인정되는 경우로서 대통령령으로 정하는 경우
3. 다른 회사의 의결권 있는 발행주식 총수의 100분의 10 이상을 소유하고 동일계열 금융기관이나 동일계열 금융기관이 속하는 기업집단이 그 회사를 사실상 지배하는 것으로 인정되는 경우로서 대통령령으로 정하는 경우
4. 다른 회사의 의결권 있는 발행주식 총수의 100분의 15 이상을 소유하고 동일계열 금융기관이나 동일계열 금융기관이 속하는 기업집단이 그 회사를 사실상 지배하는 것으로 인정되는 경우로서 대통령령으로 정하는 경우

(2) 위 (1)에서 구조개선법 24조 1항 2호부터 4호까지에서 대통령령으로 정하는 경우는 각각 다음 각 호의 어느 하나에 해당하는 경우를 말한다(구조개선법시행령6②).

1. 주식소유비율이 1위에 해당할 것
2. 주식의 분산도로 보아 주주권 행사에 의한 지배관계가 형성될 것

(3) 다른 주주의 감자 등 대통령령으로 정하는 '부득이한 사유'로 위 (1)의 각 호의 어

---

84) *구조개선법 2조 1호에 따른 금융기관은 다음과 같다.
1. 금융기관이란 다음 각 목의 어느 하나에 해당하는 것을 말한다.
가. 은행법에 따라 설립된 은행
나. 중소기업은행법에 따른 중소기업은행
다. 자본시장법에 따른 투자매매업자·투자중개업자
라. 자본시장법에 따른 집합투자업자, 투자자문업자 또는 투자일임업자
마. 보험업법에 따른 보험회사
바. 상호저축은행법에 따른 상호저축은행
사. 자본시장법에 따른 신탁업자
아. 자본시장법에 따른 종합금융회사
자. 금융지주회사법에 따른 금융지주회사
차. 그 밖의 법률에 따라 금융업무를 하는 기관으로서 대통령령으로 정하는 기관
**구조개선법시행령 2조에 따르면 구조개선법 2조 1호 차목의 기관은 여신전문금융업법에 따른 여신전문금융회사를 말한다.

85) 기업집단은 독점규제법 2조 2호에 따른 기업집단을 말한다(구조개선법24②).

느 하나에 해당하게 된 동일계열 금융기관은 그 사유가 발생한 날부터 대통령령으로 정하는 기간 내에 금융위원회에 승인을 신청해야 한다(구조개선법24④전). 여기서 '부득이한 사유'란 다음 각 호의 어느 하나에 해당하는 경우를 말한다(구조개선법시행령6③).

1. 다른 주주의 감자 또는 주식처분
2. 담보권의 실행 또는 대물변제의 수령으로 다른 회사의 주식을 소유하게 되는 경우
3. 유증에 따라 다른 회사의 주식을 소유하게 되는 경우
4. 투자매매업자·투자중개업자가 자본시장법 9조 11항에 따른 증권의 인수업무를 영위하는 과정에서 다른 회사의 주식을 소유하게 되는 경우
5. 동일계열 금융기관이 그 금융기관에 적용되는 법령에 따른 업무 또는 자산운용의 범위에서 긴급하게 다른 회사의 주식을 소유할 필요가 있는 경우로서 금융위원회가 정하여 고시하는 경우[86]

(4) 동일계열 금융기관이 다음의 구분에 따른 한도를 초과하여 다른 회사의 주식을 소유하려면 위 (1) 및 (3)에도 불구하고 다시 금융위원회의 승인을 받아야 한다(구조개선법24⑤).

1. 의결권 있는 발행주식 총수의 100분의 25
2. 의결권 있는 발행주식 총수의 100분의 33

(5) 위 구조개선법 24조 1항 및 5항의 의결권 있는 발행주식은 상법 370조 1항에 의한 의결권 없는 주식을 제외한 발행주식을 말한다(감독규정5-13의3①).

(6) 위 구조개선법 24조 1항 및 5항에 따른 주식소유비율은 동일계열 금융기관이 소유하게 되는 다른 회사의 의결권 있는 발행주식수를 당해 회사의 의결권 있는 발행주식 총수로 나눈 비율을 말한다(감독규정5-13의3②). 이 주식소유비율을 계산할 때 다음 각 호의 어느 하나에 해당하는 주식은 동일계열 금융기관이 소유한 주식수와 합산한다(감독규정5-13의3③).

1. 동일계열 금융기관이 투자한 사모단독집합투자기구(자본시장법 9조 19항에 따른 사모집합

---

86) 구조개선법시행령 6조 3항 5호에서 금융위원회가 정하여 고시하는 경우는 다음 각 호의 어느 하나에 해당하는 경우로서 미리 금융위원회의 승인을 얻을 시간적 여유가 없는 경우를 말한다(감독규정5-13의3④).
1. 동일계열 금융기관이 출자한 자본시장법 9조 19항 1호에 따른 경영참여형 사모집합투자기구의 해산 등으로 인한 현물수령으로 다른 회사의 주식을 소유하는 경우
2. 동일계열 금융기관이 '사회기반시설에 대한 민간투자법'에 의하여 민간투자사업을 영위하는 회사 또는 부동산투자회사법에 의한 부동산투자회사의 주식을 소유하는 경우
3. 다음 각 목의 어느 하나에 해당하는 기업에 대한 기존 대출금 등의 출자전환으로 다른 회사의 주식을 소유하는 경우
가. 채무자회생법에 의해 회생절차 개시의 결정을 받은 기업
나. 기업구조조정 촉진을 위한 금융기관 협약에 의해 기업개선작업을 추진 중인 기업

투자기구로서 그 투자자가 1인인 집합투자기구를 말함) 및 공모단독집합투자기구(사모집합투자기구가 아닌 집합투자기구로서 그 투자자가 1인인 집합투자기구를 말함)가 소유한 다른 회사의 주식

2. 동일계열 금융기관이 자본시장법에 의한 신탁업자에 위탁한 자본시장법에 의한 금전신탁자금으로 신탁업자가 취득한 다른 회사 주식 또는 신탁업자에 위탁한 다른 회사 주식

② 공정거래위원회와 협의

(1) 금융위원회가 구조개선법 24조 1항 본문에 따라 기업결합 승인을 할 때에는 해당 주식소유가 관련 시장에서의 경쟁을 실질적으로 제한하는지에 대하여 미리 공정거래위원회와 협의해야 한다(구조개선법24③전).

(2) 구조개선법 24조 1항 단서에 따라 인가·승인 등을 하는 경우에도 위 (1)과 같다(구조개선법24③후).

③ 초과소유요건의 심사

(1) 금융위원회는 위 ①의 구조개선법 24조 1항, 4항, 5항에 따라 동일계열 금융기관에 대하여 승인을 할 때 다음 각 호의 요건('초과소유요건')을 심사해야 한다(구조개선법24⑥전). 심사를 위하여 필요하면 그 금융기관에 자료를 요구할 수 있다(구조개선법24⑥후).

1. 해당 주식소유가 다음 각 목의 어느 하나에 해당하는 회사가 아닌 다른 회사를 사실상 지배하기 위한 것이 아닐 것
   가. 금융업(통계법 22조 1항에 따라 통계청장이 작성·고시하는 한국표준산업분류에 따른 금융 및 보험업을 말함)을 경영하는 회사. 다만, 독점규제법 8조의2 2항 5호에 따른 일반지주회사는 금융업을 경영하는 회사로 보지 않는다.
   나. '사회기반시설에 대한 민간투자법' 8조의2에 따라 주무관청이 지정한 민간투자대상사업을 경영하는 회사(법인세법 51조의2 1항 6호의 회사만 해당한다)
   다. 신용정보법에 따른 신용정보업 등 그 금융기관의 업무와 직접적인 관련이 있거나 그 금융기관의 효율적인 업무수행을 위하여 필요한 사업을 경영하는 회사
2. 해당 주식소유가 관련 시장에서의 경쟁을 실질적으로 제한하지 아니할 것

(2) 금융위원회는 동일계열 금융기관이 위 ①의 구조개선법 24조 1항, 4항, 5항에 따른 승인을 받은 후 대통령령으로 정하는 바에 따라 초과소유요건을 충족하는지를 심사해야 한다(구조개선법24⑧). 이에 따라 금융위원회는 동일계열 금융기관이 구조개선법 24조 1항, 4항 및 5항에 따른 승인을 받은 후 초과소유요건을 충족하는지 여부를 2년마다 정기적으로 심사해야 하고, 다만 다른 회사의 의결권 있는 발행주식 총수 중 동일계열 금융기관이 소유하는 비율의 변경, 그 밖의 사유로 구조개선법 24조 6항 각 호의 초과소유요건 충족 여부를 심사할 필요가 있는 경우에는 수시로 심사할 수 있다(구조개선법시행령6⑥).[87]

87) 금융감독원장은 구조개선법시행령 6조 2항에 의하여 매 2년마다 초과소유주주의 초과소유요건 충

iii) 효과

① 시정조치 등

(1) 금융위원회는 동일계열 금융기관이 구조개선법 24조 1항, 4항 또는 5항을 위반하여 금융위원회의 승인을 받지 않고 다른 회사의 주식을 소유한 경우 그 동일계열 금융기관에 대하여 다음 각 호의 어느 하나에 해당하는 조치를 할 수 있다(구조개선법24의2①).

1. 법 위반상태를 시정하기 위한 계획의 제출 요구 또는 그 계획의 수정 요구
2. 동일계열 금융기관에 대한 주의 또는 경고
3. 위반행위에 관련된 임직원에 대한 주의·경고 또는 문책의 요구
4. 위반행위에 관련된 임원의 해임권고 또는 직무정지의 요구
5. 소유한도를 초과하는 주식의 전부 또는 일부의 처분명령

(2) 만약 주식의 처분명령을 받은 동일계열 금융기관이 정한 기간 내에 명령을 이행하지 않으면 금융위원회는 매 1일당 처분해야 하는 주식의 장부가액에 1만분의 3을 곱한 금액을 초과하지 않는 범위에서 이행강제금을 부과할 수 있다(구조개선법24의3①).

② 의결권 제한

동일계열 금융기관은 구조개선법 24조 1항, 4항 또는 5항을 위반하여 금융위원회의 승인을 받지 않고 같은 조 1항 각 호 및 같은 조 5항 각 호에 따른 주식소유 한도를 초과하여 소유하고 있는 다른 회사의 주식에 대하여는 의결권을 행사할 수 없다(구조개선법24의2②).

4) 보험업법에 따른 기업결합

i) 의의

(1) 보험회사는 일정한 업무를 하는 회사를 금융위원회의 승인(또는 신고)하에 자회사로 소유할 수 있다(법115①). 보험업법상 자회사는 보험회사가 다른 회사의 의결권 있는 발행주식 총수의 100분의 15를 초과하여 소유하는 경우의 그 다른 회사를 가리킨다(법2⒅).

(2) 만약 보험회사가 다른 회사의 의결권 있는 발행주식 총수의 100분의 20을 초과하여 소유하게 되면 구조개선법 24조 1항 1호의 기업결합에도 해당할 수 있다. 이 경우 구조개선법 24조 1항에 따라 금융위원회의 승인을 별도로 받아야 하는가? 이 경우 별도의 승인은 필요하지 않다고 해석한다. 즉 금융기관의 설립 근거가 되는 법률에 따라 인가·승인 등을 받은 경우에는 금융기관의 기업결합에 관한 구조개선법 24조 1항 본문에 따른

족여부에 관한 검토 등을 하고 그 결과를 취합하여 금융위원회에 보고해야 하고, 다만 검토 등의 결과 초과소유주주가 초과소유요건을 충족하지 못한 사실이 확인된 때에는 즉시 금융위원회에 보고하여야 한다(감독규정5-13의3⑤). 그럼에도 불구하고 다른 회사의 의결권 있는 발행주식 총수 중 동일계열 금융기관이 소유하는 비율의 변경, 그 밖의 사유로 구조개선법 24조 6항 각 호의 초과소유요건 충족여부를 심사할 필요가 있는 경우에는 수시로 관련서류의 검토 등을 할 수 있다(감독규정5-13의3⑥).

금융위원회 승인을 받지 않아도 되기 때문이다(구조개선법24①단).

⑶ 보험회사가 보험업법 115조 1항 단서에 따라 금융위원회 신고하에 자회사 소유를 하게 되는 경우도 마찬가지라고 해석한다. 구조개선법 24조 1항 단서가 금융기관의 설립 근거가 되는 법률에 따라 인가·승인 등을 받은 경우라고 규정하고 있지만, 인가·승인 등에는 보험업법 115조 1항 단서에 따른 신고가 포함될 수 있다고 해석되기 때문이다.

ii) 구조개선법과의 비교

⑴ 위와 같이 보험업법 115조 1항에 따라 금융위원회 승인하에 자회사 소유를 하면 구조개선법 24조 1항에 따른 금융위원회 승인은 면제되지만, 양자는 다음과 같은 차이가 있다는 점에 유의해야 한다.

⑵ 보험업법 115조 1항과 구조개선법 24조 1항은 입법취지가 다르다. 보험업법 115조 1항은 보험회사 자산운용의 관점에 따른 규제이고 구조개선법 24조 1항은 보험회사 기업결합의 관점에 따른 규제이다. 이러한 차이 때문에 전자는 금융위원회 승인 시에 보험회사와 자회사의 재무건전성 요건을 주로 심사하지만 후자는 경쟁제한성 요건을 주로 심사한다. 후자의 경우 공정거래위원회와의 협의를 거치도록 하는 것은 이러한 이유 때문이다. 따라서 보험업법 115조 1항에 따른 자회사 소유의 경우가 구조개선법 24조 1항의 요건에도 해당하는 경우에는 기업결합 문제도 등장하므로 이 경우 구조개선법 24조 1항에 따른 금융위원회 승인은 면제하더라도 공정거래위원회와의 협의는 면제할 수 없다. 기업결합에 따른 경쟁제한성 문제에 대한 규제 공백이 생길 수 있기 때문이다. 따라서 보험업법 115조 1항에 따라 자회사를 소유하는 경우 구조개선법 24조 1항에 따른 금융위원회 승인은 면제되지만 해당 자회사 소유의 경쟁제한성을 공정거래위원회와 미리 협의해야 한다(구조개선법24③단).

iii) 공정거래위원회와 협의

⑴ 공정거래위원회와 협의 요건을 좀 더 살펴보기로 한다. 보험회사가 115조 1항에 따라서 자회사를 소유하는 경우 구조개선법의 적용이 면제되지만 경쟁제한성 문제로 인해서 공정거래위원회와 협의가 필요한 경우가 있다.

⑵ 만약 보험회사(여타 동일계열 금융기관 포함)가 다른 회사의 의결권 있는 발행주식 총수의 100분의 20 이상을 소유하기 위해서 보험업법 115조 1항에 따라 금융위원회 승인을 얻는 경우라면 금융위원회는 그 주식 소유의 경쟁제한성에 대해 공정거래위원회와 협의해야 한다. 이 경우 금융기관의 설립 근거가 되는 법률에 따라 인가·승인 등을 받은 경우에 해당하므로 구조개선법 24조 1항 본문에 따른 금융위원회 승인 요건은 면제되지만(구조개선법24①단), 해당 주식소유의 경쟁제한성을 공정거래위원회와 미리 협의해야 하는 것이다(구조개선법 24③단).

(3) 위 (2)와 달리, 만약 보험업법 115조 1항에 따라 보험회사(여타 동일계열 금융기관 포함)가 다른 회사의 의결권 있는 발행주식 총수의 100분의 20 미만을 소유하게 되는 경우라면 경쟁제한성에 대해 공정거래위원회와 협의할 필요가 없다. 왜냐하면 구조개선법 24조 1항 1호 및 3항에 의하면 다른 회사의 의결권 있는 발행주식 총수의 100분의 20 이상을 소유하는 경우에 경쟁제한성을 공정거래위원회와 협의해야 하는 것이기 때문이다.

iv) 구조개선법이 다시 적용되는 경우

(1) 보험회사가 보험업법 115조 1항에 따라 금융위원회 승인 또는 신고가 이루어진 경우라도 이후 사정 변경이 생겨서 구조개선법 24조 1항 본문에 따른 금융위원회의 승인이 다시 필요한 경우가 있다.

(2) 가령 보험회사가 다른 회사의 의결권 있는 발행주식 총수의 100분의 15를 소유하기 위해서 보험업법 115조 1항 본문에 따라 금융위원회의 승인을 받았으나 이후 지분을 증가시켜 발행주식 총수의 100분의 20 이상을 소유하려는 경우라면 구조개선법 24조 1항 본문에 따라서 금융위원회의 승인이 필요하다. 보험회사가 다른 회사의 의결권 있는 발행주식 총수의 100분의 15를 소유하기 위해서 보험업법 115조 1항 본문에 따라 금융위원회의 승인을 받은 경우에는 기업결합으로 인한 경쟁제한성이 문제되지 않는다. 하지만 보험회사가 다른 회사의 의결권 있는 발행주식 총수의 100분의 20 이상을 소유하기 위해서는 경쟁제한성이 검토되어야 하고 이를 위해서는 구조개선법 24조 1항 본문에 따라서 금융위원회의 승인을 받아야 한다.

(3) 가령 보험회사가 다른 회사의 의결권 있는 발행주식 총수의 100분의 20을 소유하기 위해서 보험업법 115조 1항 본문에 따라 금융위원회의 승인을 받았으나, 이후 동일계열 금융기관이 의결권 있는 발행주식 총수의 100분의 25를 초과하게 된 경우 또는 의결권 있는 발행주식 총수의 100분의 33을 초과하게 되는 경우, 구조개선법 24조 5항에 따라서 금융위원회의 승인이 필요하다.

3. 자회사와의 금지행위

(1) 의의

1) 보험업법 116조

보험회사는 자회사와 다음 각 호의 행위를 해서는 안 된다(법116).

1. 자산을 대통령령으로 정하는 바에 따라 무상으로 양도하거나 일반적인 거래 조건에 비추어 해당 보험회사에 뚜렷하게 불리한 조건으로 매매·교환·신용공여 또는 재보험계약을 하는 행위
2. 자회사가 소유하는 주식을 담보로 하는 신용공여 및 자회사가 다른 회사에 출자하는 것을 지원하기 위한 신용공여

3. 자회사 임직원에 대한 대출(보험약관에 따른 대출과 금융위원회가 정하는 소액대출은 제외한다)

2) 취지

보험업법 116조가 규정하는 금지행위는 보험회사가 자회사와 거래하는 경우 자칫 자산운용의 원칙이 훼손되어 재무건전성이 위협받을 수 있다는 점을 고려한 것이다. 이를 방지하기 위해서 보험업법은 자산운용과 관련하여 보험회사와 자회사의 관계를 규율하는 제도를 마련하고 있다.

3) 대주주와의 금지행위와 비교

보험업법 116조의 금지행위 유형 중에서 1호와 2호는 보험회사가 대주주와 해서는 안 되는 금지행위(법111①)와 그 내용이 같다. 다만, 대주주와의 금지행위는 직접이든 간접이든 해서는 안 된다고 규정하고 있고, 자회사와의 금지행위에는 이런 부분이 규정되어 있지 않다는 점이 다르다. 간접적 금지행위 위반은 가령 보험회사가 제3자로 하여금 금지되는 행위를 하게 하는 것을 가리킨다. 생각건대, 그러한 문리적 차이에도 불구하고 자회사의 금지행위도 직접이든 간접이든 위반해서는 안 된다고 해석해야 한다. 왜냐하면, 간접 위반을 금지한다고 해석하는 것이 해석 원칙상 문제되지 않고, 자회사와의 금지행위에서만 간접 위반을 허용해야 할 만한 특별한 사정도 엿보이지 않기 때문이다.

(2) 금지행위의 유형

1) 불리한 조건의 자산거래

i) 의의

(1) 보험회사가 자회사와 불리한 조건의 자산거래를 하는 것이 금지된다. 즉 대통령령이 정하는 바에 따라 자산을 무상으로 양도하거나 일반적인 거래 조건에 비추어 해당 보험회사에 뚜렷하게 불리한 조건으로 자산에 대하여 매매·교환·신용공여 또는 재보험계약을 하는 행위가 금지된다(법116(1)).

(2) 이러한 행위를 금지하는 이유는 해당 보험회사의 이익에 반하고 자회사의 이익을 위한 행위이기 때문이다.

ii) 행위유형

(1) 보험업법 116조 1호의 위임에 따라 보험업법시행령 59조의2 본문은 불리한 조건의 자산거래 유형을 다음과 같이 규정한다. 이는 대주주와 해서는 안 되는 불리한 조건의 자산거래의 유형(시행령57①)과 같다.

1. 증권, 부동산, 무체재산권 등 경제적 가치가 있는 유형·무형의 자산을 무상으로 제공하는 행위
2. 1호의 자산을 정상가격(일반적인 거래에서 적용되거나 적용될 것으로 판단되는 가격을 말

함)에 비하여 뚜렷하게 낮거나 높은 가격으로 매매하는 행위
3. 자산을 정상가격에 비하여 뚜렷하게 낮은 가격의 자산과 교환하는 행위
4. 정상가격에 비하여 뚜렷하게 낮은 가격의 자산을 대가로 신용공여를 하는 행위
5. 정상가격에 비하여 뚜렷하게 낮거나 높은 보험료를 지급받거나 지급하고 재보험계약을 체결하는 행위

(2) 나머지 사항은 보험회사가 대주주와의 사이에 금지되는 불리한 조건의 자산거래(법111①(2))를 참고하면 된다. 나머지 사항으로는 간접적 자산거래, 신용공여와 매매의 구분 문제, 거래조건이 객관적으로 현저하게 불리한 것만으로 요건 충족이 되는지, 독점규제법상 불공정거래행위와의 관계 등이 있다.

iii) 예외적으로 허용되는 경우

(1) 예외적으로 다음의 거래는 허용된다. 즉 보험회사가 외국에서 보험업을 경영하는 자회사(자회사로 편입된 지 5년이 경과하지 아니한 경우만 해당)에 대하여 무형의 자산을 무상으로 제공하는 행위는 허용된다(시행령59의2단).

(2) 위 (1)은 보험업을 경영하는 자회사의 해외 진출을 돕기 위한 정책적 이유에서 인정된 예외이다.

2) 타 회사 출자에 대한 지원

i) 의의

(1) 보험회사는 자회사가 소유하는 주식을 담보로 신용공여를 하거나 자회사가 다른 회사에 출자하는 것을 지원하기 위한 신용공여를 해서는 안 된다(법116(2)).

(2) 위 (1)과 같은 행위는 해당 보험회사의 이익에 반하고 자회사의 이익을 위한 것이기 때문에 금지한다.

(3) 자회사가 소유하는 주식을 담보로 하는 신용공여는 자회사가 다른 회사에 출자하는 것을 지원하는 신용공여의 일종이라고 해석할 수 있다.

(4) 타 회사 출자에 대한 지원은 대주주와의 사이에서도 금지(법111①(1)) 된다는 점은 전술하였다.

ii) 요건

(1) 출자 지원을 의도한다는 주관적 요건과 신용공여라는 주관적 요건이 충족되어야 금지행위가 성립한다. 신용공여는 대출 또는 유가증권의 매입(자금 지원적 성격인 것만 해당)이나 그 밖에 금융거래상의 신용위험이 따르는 보험회사의 직접적·간접적 거래로서 대통령령이 정하는 바에 따라 금융위원회가 정하는 거래를 가리킨다(법2(13)).

(2) 나머지 사항은 보험회사와 대주주 사이에 금지되는 불리한 조건의 자산거래(법111①(2))를 참고하면 된다. 나머지 사항으로는 간접적 출자 지원, 독점규제법상 불공정거래행

위와의 관계 등이 있다.

3) 임직원 대출

i) 의의

(1) 자회사 임직원에 대한 대출이 금지되고, 다만 보험약관에 따른 대출과 '금융위원회가 정하는 소액대출'은 허용된다(법116(3)).

(2) 자회사 임직원에 대한 대출을 금지하는 이유는 대출 공급자와 수요자가 사실상 일치하여 보험회사와 보험계약자 사이에 이해 상충을 일으킬 수 있고 자산운용의 원칙을 해칠 위험이 크기 때문이다. 이러한 행위는 해당 보험회사의 이익에 반하고 자회사 임직원의 이익을 위한 것일 수 있다.

(3) 보험약관에 따른 대출 및 소액대출은 위 (2)와 같은 위험이 작으므로 허용된다. 금융위원회가 정하는 소액대출의 기준은 감독규정 5-8조에 규정되어 있다.

ii) 소액대출

(1) '금융위원회가 정하는 소액대출'은 다음 각 호의 대출을 말한다(감독규정5-8①본).

1. 일반자금대출: 20백만 원 이내
2. 주택자금대출(일반자금대출 포함): 50백만 원 이내
3. 사고금정리대출(일반자금 및 주택자금대출 포함): 60백만 원 이내

(2) 위 (1)의 소액대출을 함에 있어서 책임준비금(시행령63①)을 재원으로 대출하는 경우 대출조건은 일반고객과 동일해야 한다(감독규정5-8①단). 여기서 책임준비금은 보험회사가 장래에 지급할 보험금·환급금 및 계약자배당금의 지급에 충당하기 위하여 계상해야 하는 책임준비금을 가리킨다. 이러한 재원으로 대출하는 경우 자회사 임직원에게 유리하게 대출조건을 정하면 부당하다고 본 것이다.

(3) 위 (1)의 소액대출의 대출금을 산정함에 있어서 다음 각 호에서 정하는 대출금은 제외한다(감독시행세칙3-11①).

1. 관계법령 또는 금융기관의 내규에서 정하는 바에 따라 일반고객과 동일한 조건으로 취급하는 다음 각 목의 대출금
   가. 임직원 소유 주택에 의해 담보된 대출금
   나. 임직원이 주택조합 조합원으로서 시공사가 당해 보험회사를 지정하여 이주비 또는 중도금을 대출받는 경우의 대출금
2. 합병으로 존속 또는 신설되는 자회사의 임직원이 합병 당시 재임 또는 재직한 자회사 이외의 합병 당사자인 보험회사로부터 받은 대출금

(4) 보험회사는 소액대출 현황을 감독시행세칙 [별표3]에 따라 다음해 1월 말까지 금융감독원장에게 보고해야 한다(감독시행세칙3-11②).

(3) 위반 시 효과

보험업법 116조를 위반하면 과태료(법209①(9), 209④(24))가 따른다.

4. 서류 제출의무

(1) 의의

(1) 보험회사는 금융위원회에게 자회사와 관한 서류를 제출할 의무를 진다. 이를 통해서 금융위원회는 보험회사의 자회사 감독에 필요한 정보를 얻게 된다.

(2) 아래 보험업법 117조 1항 및 2항에 따른 자회사에 관한 서류의 접수 업무는 금융감독원장에게 위탁되어 있다(시행령[별표8]25).

(2) 수시적 서류 제출의무

보험회사는 자회사를 소유하게 된 날부터 15일 이내에 자회사의 정관과 대통령령이 정하는 서류를 금융위원회에 제출하여야 한다(법117①). 대통령령이 정하는 서류로는 다음 각 호가 있다(시행령60①).

1. 정관
2. 업무의 종류 및 방법을 적은 서류
3. 주주현황
4. 대차대조표 및 손익계산서 등의 재무제표와 영업보고서
5. 자회사가 발행주식 총수의 100분의 10을 초과하여 소유하고 있는 회사의 현황

(3) 정기적 서류 제출의무

보험회사는 자회사의 사업연도가 끝난 날부터 3개월 이내에 자회사의 대차대조표와 대통령령이 정하는 서류를 금융위원회에 제출해야 한다(법117②). 대통령령이 정하는 서류로는 다음 각 호가 있다(시행령60②).

1. 대차대조표 및 손익계산서 등의 재무제표와 영업보고서
2. 자회사와의 주요 거래 상황을 적은 서류

(4) 서류 제출의무의 면제

1) 의의

보험회사의 자회사가 대통령령이 정하는 자회사인 경우에는 보험업법 117조 1항 및 2항에 따른 제출서류 일부를 대통령령이 정하는 바에 따라 제출하지 않을 수 있다(법117③).

2) 서류 제출의무가 면제되는 경우

위와 같이 서류 제출의무가 면제되는 자회사와 제출이 면제되는 서류는 다음과 같다(시행령60③·④).

i) 자본시장법에 따른 투자회사 및 외국에서 이와 같은 유형의 사업을 수행하는 회사인 경우

(1) 수시적 서류 제출의무 관련: 정관 및 업무의 종류 및 방법을 적은 서류의 제출이 면제된다.

(2) 정기적 서류 제출의무 관련: 자회사와의 주요 거래 상황을 적은 서류의 제출이 면제된다.

ii) 설립일부터 1년이 지나지 않은 회사인 경우

수시적 서류 제출의무 관련: 대차대조표 및 손익계산서 등의 재무제표와 영업보고서의 제출이 면제된다.

제 6 장

계산

제 1 관 보험회계 총설

주주, 투자자의 의사결정에 필요한 재무정보 제공목적의 재무제표 작성기준을 일반회계라고 한다. 보험회사는 '주식회사 등의 외부감사에 관한 법률' 5조 1항 1호에 따른 '국제회계기준위원회의 국제회계기준을 채택하여 정한 회계처리기준'(한국채택국제회계기준 또는 K-IFRS)을 적용해 보험계약에 대한 회계처리를 수행한다.

재무건전성 유지, 계약자 보호 등 감독목적에 활용하기 위한 재무제표 작성기준을 감독회계라고 한다. 이는 보험업법에 근거를 두며, 보험업감독규정등에서 정한 감독목적 회계는 국제회계기준을 수용하면서 회사간 재무정보 비교가능성 확대 등의 국제회계기준을 보완하는 역할을 담당하고 있다.

2023.1.1.부터 최초의 국제적으로 통일된 보험계약 회계기준으로서 IFRS 17 이 적용되고 있고, 우리나라에서도 IRFS 17을 반영한 한국채택국제회계기준 및 보험업법이 적용되고 있다.

제 2 관 IFRS 17 보험계약 회계기준

1. 의의

(1) IASB

⑴ 국제회계기준위원회(IASB: International Accounting Standards Board)는 보험계약의 회계처리에 대하여 국제적으로 통일된 고품질의 회계기준을 제정하고자 1997년부터 국제회계기준(IFRS: International Financial Reporting Standards)에 관한 프로젝트를 시작하였다.

⑵ IASB는 각 국의 보험계약에 대한 회계처리가 크게 달라 일시에 통일된 기준을 정하여 시행하기 곤란하다고 판단하여 프로젝트를 2단계로 구분하고 2004년 1단계 기준서

(IFRS 4)를, 2017년 2단계 기준서(IFRS 17)를 공표하였다.

(3) 우리나라의 IFRS의 도입 연혁은 다음과 같다.

(a) 1997년 외환위기 이후 우리나라는 회계 투명성을 높이기 위해서 IFRS의 내용 중 대부분을 국내기업회계기준(K-GAAP)에 반영해 왔으나, 국제사회는 여전히 한국을 '별도의 회계기준 사용국'으로 분류하는 등 우리나라의 회계투명성에 대해서 부정적 시선으로 바라보았다. 이에 우리나라 정부는 2007년 회계투명성 제고 및 회계기준 단일화라는 국제 추세에 부응하기 위해서 'IFRS 도입 로드맵'을 발표하였다. 로드맵의 주요 내용은 2009년부터 IFRS를 선택 적용하되 2011년부터 상장회사 전부에 대해서 IFRS를 전부 적용한다는 것이었다.

(b) 위 (a)에 따라 금융위원회는 증권선물위원회의 심의를 거쳐 회사의 회계처리기준을 다음 각 호와 같이 구분하여 정한다('주식회사 등의 외부감사에 관한 법률' 5①).

1. 국제회계기준위원회의 국제회계기준을 채택하여 정한 회계처리기준
2. 그 밖에 이 법에 따라 정한 회계처리기준

회사는 위 5조 1항 각 호의 어느 하나에 해당하는 회계처리기준에 따라 재무제표를 작성해야 하고, 이 경우 위 5조 1항 1호의 회계처리기준을 적용해야 하는 회사의 범위와 회계처리기준의 적용 방법은 대통령령으로 정한다고 규정한다('주식회사 등의 외부감사에 관한 법률' 5③). 이에 따르면 보험업법에 따른 보험회사는 위 5조 1항 1호에 따라 국제회계기준위원회(IASB)의 국제회계기준(IFRS)을 채택하여 정한 회계처리기준을 적용해야 한다('주식회사 등의 외부감사에 관한 법률'시행령6①(6)).[1)]

(2) IFRS 4

(1) IFRS 4는 각국의 보험회계 관행을 대부분 인정하기로 하고 부채적정성평가(LAT:

---

1) '주식회사 등의 외부감사에 관한 법률' 시행령 6조는 다음과 같다.

① 다음 각 호의 어느 하나에 해당되는 회사는 법 5조 3항 후단에 따라 같은 조 1항 1호의 회계처리기준(이하 "한국채택국제회계기준"이라 한다)을 적용하여야 한다.

1. 주권상장법인. 다만, 자본시장법시행령 11조 2항에 따른 코넥스시장에 주권을 상장한 법인은 제외한다.
2. 해당 사업연도 또는 다음 사업연도 중에 주권상장법인이 되려는 회사. 다만, 코넥스시장에 주권을 상장하려는 법인은 제외한다.
3. 금융지주회사법에 따른 금융지주회사. 다만, 같은 법 22조에 따른 전환대상자는 제외한다.
4. 은행법에 따른 은행
5. 자본시장법에 따른 투자매매업자, 투자중개업자, 집합투자업자, 신탁업자 및 종합금융회사
6. 보험업법에 따른 보험회사
7. 여신전문금융업법에 따른 신용카드업자

② 3조 1항에 따른 지배·종속의 관계에 있는 경우로서 지배회사가 연결재무제표에 한국채택국제회계기준을 적용하는 경우에는 연결재무제표가 아닌 재무제표에도 한국채택국제회계기준을 적용하여야 한다.

Liability Adequacy Test)를 통해 보완하도록 하였다. 부채적정성평가는 평가시점에 추정한 기초율로 책임준비금을 재평가하고 부족한 경우 추가로 적립하는 것을 말한다.

(2) 그 외 주요내용으로는 비상위험준비금을 부채로 인정하지 않고 자본으로 적립하고, 보험상품을 보험계약과 투자계약으로 구분하고 투자계약에는 일반금융상품 회계기준(IAS39)을 적용하는 등의 것이 있다.

(3) 우리나라는 2011년 국제회계기준 도입으로 2022년까지 1단계인 IFRS 4를 적용하였다.

(3) IFRS 17

(1) IASB는 2004년부터 2단계 기준서 작성을 시작하여 2010년 1차 공개 초안 발표, 2013년 2차 공개 초안 발표에 이어 2017년 5월 최종기준서인 IFRS 17을 발표하고 2021년부터 시행하기로 하였다. 그러나 실행에 따른 어려움을 이유로 2018년 시행일을 1년 미뤄 2022년부터 시행하기로 하였고, 다시 2020년 시행일을 추가로 1년 연기하여 2023.1.1.에 시행할 것을 최종적으로 의결하였다. IFRS 17은 국제적으로 처음 적용하는 보험회계 기준이며 보험회사의 재무제표에 상당한 변화를 초래할 것이므로, 전 세계 동시 적용이 바람직하다는 의견을 고려하여 2023년으로 시행 시기가 추가적으로 연기된 것이다.

(2) 우리나라는 2021.4.23. 기업회계기준서 제1117호 "보험계약" 제정을 의결함에 따라 국내 시행일 확정 및 해당 한국채택국제회계기준(K-IFRS)을 공표하였다. 그리고 IFRS 17를 반영한 감독회계기준으로서 보험업법 개정안이 2022.12.28.에 국회 본회의를 통과하였다. 이로써 일반회계와 감독회계 모두 해외와 동일하게 2023.1.1.부터 IFRS 17이 시행되었다. 이하에서는 IFRS 17의 주요 내용에 대해 살펴보기로 한다.

2. 주요내용

(1) 보험부채의 평가

1) 의의

IFRS 17은 보험부채를 평가할 때 미래현금흐름, 화폐의 시간가치(할인율), 위험조정, 보험계약마진의 4가지 요소를 이용하여 준비금을 평가한다. 이때 보험계약 체결 당시의 가정이 아닌 현재 자본시장에서 관찰되는 시장가격을 최대한 이용하여 평가하거나 평가 당시 이용 가능한 모든 정보를 반영하여 평가해야 한다. 여기서 미래현금흐름에 할인율을 적용하여 현재가치화한 값을 미래현금흐름의 현재가치라 부른다.

2) 미래현금흐름의 현재가치

(1) 현재 보험부채(책임준비금) 산출 방법은 보험료 중 사업비(부가보험료)를 제외한 순보험료만을 대상으로 보험계약 판매시점의 기초율(위험률, 할인율 등)을 전 보험기간에 동

일하게 적용하여 산출한다. 이는 판매시점의 가정이 평가시점에도 변하지 않는다는 가정하에 장래에 보험계약을 이행하는 데 필요한 비용을 구하는 방식으로서 흔히 순보험료식 원가평가라 부른다.

(2) 반면 IFRS 17은 사업비(부가보험료)를 포함한 총보험료(영업보험료)를 대상으로 매 보고기간 말 그 시점의 계리적 가정(사고율, 사업비율, 해약률 등)과 시장이자율을 사용하여 보험부채를 다시 측정해야 한다. 또한 보험계약의 옵션과 보증도 함께 측정해야 한다.

(3) 이 경우 할인율은 보험계약의 현금흐름 특성이 반영되는 할인율이어야 하고, 무위험 수익률에 보험계약의 비유동성 프리미엄을 더하여 산출하거나(상향식 접근법), 보험회사가 보유한 자산의 투자수익률에서 신용위험에 대한 프리미엄 등 보험계약과 관련 없는 요소를 제거하는 방식(하향식 접근법)으로 산출한다. 그러나 보험계약자에 대한 의무와 자산의 투자성과가 연계된 경우에는 자산의 투자수익률을 할인율로 사용할 수 있다.

(4) 할인율 및 기타 시장변수의 변동효과는 당기손익 또는 기타포괄손익(OCI)으로 회계처리할 수 있는 선택권이 있다.

3) 보험계약마진

(1) 보험계약마진이란 보험계약으로 인해 발생할 장래 이익의 총현가를 말한다.

(2) IFRS 17에서는 보험계약의 인식과 측정의 회계단위를 보험계약 집합(Group of Contracts)으로 본다. 보험계약 집합은 유사한 위험에 노출되어 있고 단일의 풀(Pool)로 함께 관리되는 계약으로 구성된 포트폴리오를 말하며, 최초 인식 시 손실 부담이 있는 계약 집합, 후속적으로 손실을 부담할 유의적인 가능성이 없는 계약 집합, 그 이외 나머지 계약 집합으로 나눈다. 최초 인식 시 손실 부담이 있는 계약의 손실은 즉시 손실로 인식하고 나머지에 대해 보험계약 집합 단위로 보험계약마진이 결정된다.

(3) 이후 보장기간에 걸쳐 보장 단위의 수와 기대 듀레이션을 기초로 상각되고 당기손익에 반영된다. 또한 계약의 최초 인식 시점의 이자율을 사용하여 보험계약마진에 대한 이자를 인식한다.

(4) 보험계약마진은 미래 보장과 관련된 계리적 가정에 따라 조정될 수 있다. 예를 들면, 사망률이 상승할 것으로 예상되는 경우 장래 이익은 감소하므로 이를 반영하여 조정한다.

4) 위험조정

(1) 위험조정은 미래현금흐름의 시기 및 금액의 불확실성을 반영하며 구한다. 이 경우 이러한 위험에 대한 개별 기업의 선호를 반영하여 측정한다.

(2) 위험조정은 계약 시점에 결정한 금액을 상각하지 않고 매 보고기간 말에 다시 측정한다.

(3) 미래 보장 및 서비스와 관련이 있는 위험조정의 변화는 보험계약마진에 가감하여

조정한다. 그 이외의 효과는 당기손익에 반영한다.

(4) 다양한 위험조정 측정기법을 사용할 수 있으나 신뢰수준 기법(Confidence Level Technique) 이외의 기법을 사용한 경우, 그 결과가 신뢰수준으로 평가한다면 어느 정도 수준의 신뢰수준을 사용한 것과 같은지를 공시해야 한다.

(2) 사업비의 분류와 이연

1) 사업비의 분류

(1) 현재는 비용의 성격에 따라 보험계약 모집활동과 관련된 비용은 신계약비로, 보험계약의 유지와 관리 비용은 유지비로 구분한다.

(a) 신계약비는 모집수당, 판매촉진비, 점포운영비, 광고선전비 등 신계약의 창출에 사용된 금액을 말한다.

(b) 유지비는 보험상품의 판매를 지원하는 데 필요한 경비와 보험료 수금에 직접 관련된 비용을 말한다.

(2) IFRS 17은 보험계약과의 관련성에 따라 직접사업비(신계약비, 유지비)와 간접사업비로 구분한다.

(a) 직접사업비 중 신계약비는 보험계약 판매, 인수, 보험계약을 개시하는 데 소요되는 원가로서 직접 귀속이 가능한 비용을 말한다. 직접사업비 중 유지비는 계약변경비용, 보험료 청구비용 등 개별 보험계약 집단에 배분 가능한 금액을 말한다. 그 이외의 비용은 간접사업비로 분류한다.

(b) 직접사업비는 미래현금흐름(유출)에 포함하여 보험부채 평가에 반영하나 간접사업비는 발생 즉시 비용으로 처리한다.

2) 사업비의 이연

(1) 현재는 표준해약공제액을 한도로 실제 집행한 신계약비 전액을 가공의 자산(미상각신계약비)으로 계상 후 7년 이내의 기간에 걸쳐 균등 상각한다.

(2) IFRS 17은 별도의 이연자산을 계상한 후 상각하지 않으나 보험부채 평가 시 미래현금유출에 포함된 직접사업비 중 신계약비를 보험기간 동안 체계적으로 배분하여 비용으로 인식하므로 그 신계약비의 이연효과가 발생한다.

3) 보험수익의 인식

(1) 현재는 보험료의 회수기일이 도래한 때 보험료 전체를 수익으로 인식한다. 그러나 현재의 인식 방법은 이익의 원천을 명확히 설명하지 못한다는 비판을 받아왔다.

(2) IFRS 17에서 보험수익은 보험회사가 보험계약에서 발생하는 약정된 서비스의 이전을 반영하는 금액, 즉 약정된 서비스의 대가로 받은 금액을 말하며, 저축 요소와 관련된 금액은 보험수익에서 제외한다. 저축 요소란 보험사고가 발생하지 않더라도 보험회사가

보험계약자에게 상환하여야 하는 금액을 말한다.

(3) 보험수익은 다음의 항목으로 구성된다.

1. 당해연도 보험보장 관련 보험금 및 비용 예상금액에 대한 추정치
2. 위험조정의 변동
3. 당해연도에 당기손익으로 인식되는 보험계약마진

4) 비용의 인식

보험계약과 관련하여 발생된 보험금과 그 밖의 비용을 비용으로 표시한다. 이 경우 만기환급금과 같이 투자요소와 관련하여 발생한 금액은 비용에 포함시키지 않는다.

제3관 장부 및 업무보고서

1. 장부

(1) 의의

(1) 보험업법은 보험회사의 계산과 관련하여 장부 및 업무보고서에 대한 보험회사의 의무에 대해서 규정한다.

(2) 보험업법 118조 및 119조가 장부 및 업무보고서에 대해서 규정하고 있으며, 그 위임에 따라서 보험업법시행령, 감독규정, 감독시행세칙 등이 상세하게 규정하고 있다.

(2) 장부의 종류

장부에는 ⓐ 사업보고서 ⓑ 재무제표 및 부속명세서 ⓒ 감사보고서, 그리고 ⓓ 기금의 상각, 기금이자의 지급에 관한 사항 등이 포함된다(감독규정6-7③). 이 중에서 사업보고서와 재무제표에 대해 좀 더 자세히 살펴보자.

1) 사업보고서

사업보고서는 재무제표 이외에 보험회사의 경영 현황을 보여주는 서류이다. 사업보고서의 서식과 기재사항은 금융감독원장이 정한다(감독규정6-7④). 이에 따라 사업보고서의 서식과 기재사항이 감독시행세칙 [별지25]에 규정되어 있다(감독시행세칙4-1⑤).

2) 재무제표

(1) 재무제표에는 재무상태표, 포괄손익계산서, 이익잉여금처분계산서(또는 결손금처리계산서), 현금흐름표, 자본변동표가 포함된다(감독규정6-2①). 연결재무제표를 작성하는 경우 연결재무상태표, 연결포괄손익계산서, 연결현금흐름표, 연결자본변동표가 포함된다(감독규정6-2①).

(2) 재무제표는 당해 회계연도분과 직전 회계연도분을 비교하는 형식으로 영문표기를 병행하여 작성해야 하고, 다만 매월 작성하는 재무상태표와 포괄손익계산서는 당해 회계

연도분만을 작성할 수 있다(감독규정6-2②).

(3) 재무제표의 서식, 계정과목별 회계처리기준 및 외국환거래법시행령에서 위탁한 외국환계정의 계리기준은 금융감독원장이 정한다(감독규정6-2③). 이에 따라, 재무제표 작성시 부속명세서가 필요한 경우에는 그 부속명세서를 작성하여 재무제표에 첨부해야 한다(감독시행세칙4-1①). 재무제표의 계정과목별 회계처리기준 및 외국환계정 회계처리기준은 감독시행세칙 [별표4] 및 [별표4-1]과 같다(감독시행세칙4-1②본). 다만, 계정과목을 세분할 필요가 있을 때에는 세부 계정과목을 설정할 수 있다(감독시행세칙4-1②단).

(3) 장부의 폐쇄·제출·비치·제공

1) 장부의 폐쇄

i) 의의

(1) 보험회사는 매년 대통령령이 정하는 날에 그 장부를 폐쇄해야 한다(법118①).

(2) 장부폐쇄란 사업연도 말에 그 기간의 손익을 계산하여 결산을 하고 장부를 마감하는 일을 가리킨다.

(3) 폐쇄할 장부에는 ⓐ 사업보고서 ⓑ 재무제표 및 부속명세서 ⓒ 감사보고서, 그리고 ⓓ 기금의 상각, 기금이자의 지급에 관한 사항 등이 포함된다(감독규정6-7③).

(4) 장부폐쇄일은 매년 12월 31일이다(시행령61).

ii) 결산

(1) 전술한 바와 같이 장부폐쇄는 결산이 그 핵심 요소이다. 결산이란 다음과 같다.

(2) 보험회사는 당해 회계연도의 경영성과와 재무상태를 명확히 파악할 수 있도록 여러 법령이나 금융위원회 또는 금융감독원장의 지시 등을 준수하여 결산서류를 명료하게 작성해야 한다(감독규정6-7①).

(3) 금융감독원장은 필요하다고 인정하는 경우에 결산에 관한 지침을 정할 수 있으며, 회계연도 중에 결산에 준하는 임시결산을 하도록 할 수 있다(감독규정6-7②). 이에 따라 보험회사는 분기별로 임시결산을 실시해야 한다(감독시행세칙4-1③). 또한, 보험회사는 변액보험(퇴직연금실적배당보험 포함) 특별계정이 폐지되는 경우 해당 특별계정에 대한 임시결산을 실시하고 재무제표 및 그 부속명세서를 30일 내에 금융감독원에 제출해야 한다.(감독시행세칙4-1④).

2) 장부의 제출

i) 의의

(1) 보험회사는 장부를 폐쇄한 날부터 3개월 이내에 금융위원회가 정하는 바에 따라 재무제표(부속명세서를 포함) 및 사업보고서를 금융위원회에 제출해야 한다(법118①).

(2) 제출할 장부에는 ⓐ 사업보고서 ⓑ 재무제표 및 부속명세서 ⓒ 감사보고서, 그리

고 ⓓ 기금의 상각, 기금이자의 지급에 관한 사항 등이 포함된다(감독규정6-7③). 보험업법 118조 1항은 ⓐ와 ⓑ만 언급하고 있지만, 감독규정이 ⓒ와 ⓓ도 포함시키고 있다.

(3) 제출의 상대방은 금융위원회이다. 다만, 장부의 접수 업무는 금융감독원장에게 위탁되어 있다(시행령[별표8]26).

ii) 제출방법

(1) 보험회사는 대통령령으로 정하는 바에 따라 전자문서로 제출할 수 있다(법118③). 이 규정은 전자문서로만 제출해야 한다는 것을 의미하는 것은 아니므로, 일반 문서에 의한 제출도 가능하다고 해석한다.

(2) 보험회사가 전자문서로 제출할 시 정보통신망[2]을 이용하여 제출할 수 있고(시행령62①), 금융위원회는 이에 관한 세부 기준을 정하여 고시할 수 있다(시행령62②).

3) 장부의 비치 또는 제공

i) 의의

보험회사는 재무제표 및 사업보고서를 일반인이 열람할 수 있도록 금융위원회에 제출하는 날부터 본점과 지점, 그 밖의 영업소에 비치하거나 전자문서로 제공해야 한다(법119).

ii) 주체

위와 같이 열람의 주체를 보험계약자, 채권자 등 이해관계자로 한정하지 않고 일반인으로 확대했다. 그 결과 누구나 보험회사의 경영현황을 재무제표 및 사업보고서를 통해서 투명하게 확인할 수 있다. 이는 보험업의 공공성, 사회성을 고려했기 때문이다.

iii) 대상

비치 또는 제공의 대상인 장부는 재무제표 및 사업보고서이다. 입법론으로는, 장부의 제출의무와 동일하게 비치 또는 제공의 대상인 장부는 ⓐ 사업보고서 ⓑ 재무제표 및 부속명세서 ⓒ 감사보고서, 그리고 ⓓ 기금의 상각, 기금이자의 지급에 관한 사항 등으로 하는 것이 바람직하다. 한편, 다른 법률에 의한 비치·공시의무가 있다. 즉 보험회사에 적용되는 '주식회사 등의 외부감사에 관한 법률' 23조 5항에 따르면, 회사는 대통령령으로 정하는 바에 따라 재무제표와 감사보고서를 비치·공시해야 한다.

2. 업무보고서

(1) 의의

(1) 보험회사는 업무보고서를 작성하여 제출할 의무를 진다. 즉 매월의 업무 내용을 적은 보고서인 업무보고서를 다음 달 말일까지 금융위원회가 정하는 바에 따라 금융위원

2) '정보통신망 이용촉진 및 정보보호 등에 관한 법률'에 따른 정보통신망을 가리킨다.

회에 제출해야 한다(법118②).

(2) 금융위원회는 제출받은 업무보고서를 통해서 매달의 보험회사의 경영상황을 파악할 수 있다. 재무제표, 기타의 장부는 1년에 1회 제출되어 연간 경영 상황을 알려주지만, 업무보고서는 매달 제출되어 월간 경영 상황을 알려준다는 점에 차이가 있다.

(3) 제출의 상대방은 금융위원회이다. 다만, 업무보고서의 접수 업무는 금융감독원장에게 위탁되어 있다(시행령[별표8]26).

(2) 기재내용

업무보고서에 기술할 업무내용에 관한 사항은 금융감독원장이 정한다(감독규정6-8). 업무보고서의 서식·항목별 작성주기·보고기한에 관한 세부사항은 감독시행세칙 [별지26] 및 [별지26-2]와 같다(감독시행세칙4-1⑥본). 다만, 해외에서 보험업 이외의 업종의 해외점포를 운영하는 경우에는 해당 업종의 감독시행세칙에서 정한 해외점포 업무보고서 서식을 따른다(감독시행세칙4-1⑥단).

(3) 제출방법

(1) 보험회사는 업무보고서를 대통령령으로 정하는 바에 따라 전자문서로 제출할 수 있다(법118③). 이 규정은 전자문서로만 제출해야 한다는 것을 의미하는 것은 아니므로, 일반 문서에 의한 제출도 가능하다고 해석한다.

(2) 보험회사가 전자문서로 제출할 시 정보통신망[3]을 이용하여 제출할 수 있고(시행령62①), 금융위원회는 이에 관한 세부기준을 정하여 고시할 수 있다(시행령62②).

3. 위반 시 효과

보험업법 118조를 위반하여 재무제표 등을 기한까지 제출하지 않거나 사실과 다르게 작성된 재무제표 등을 제출한 경우 과태료(법209①⑽, 209⑥(25))가 따른다. 또한, 보험업법 119조를 위반하여 서류의 비치나 열람의 제공을 하지 않은 경우 과태료(법209⑥(26))가 따른다.

제4관 회계처리기준

1. 의의

(1) 보험회사가 제출대상인 재무제표를 작성할 때에는 회계처리기준에 입각해야 한다. 보험업법 118조 1항의 위임에 따라 감독규정이 회계처리기준에 대해 자세히 규정한다.

(2) 보험회사는 법령, 그리고 감독규정이 정하는 보험감독목적의 회계처리기준('보험감

3) '정보통신망 이용촉진 및 정보보호 등에 관한 법률'에 따른 정보통신망을 가리킨다.

독회계기준')에 따라야 한다.

(3) 위 (2) 이외의 사항은 '주식회사의 외부감사에 관한 법률' 5조 1항 1호에 따른 국제회계기준위원회의 국제회계기준을 채택하여 정한 회계처리기준('한국채택국제회계기준')을 준용한다(감독규정6-1②).

(4) 2023.1.1. 감독회계가 사업비, 해지율 등을 포함한 계리적 가정에 대해 구체적인 기준을 제시하지 않는 원칙 중심으로 변경되어 보험회사의 자율성을 확대하는 새로운 패러다임으로 전환되었다. 이러한 자율성을 확대하는 대신 다양한 검증 프로세스가 추가되었다. 보험업법[4]에서 선임계리사의 업무 범위를 확대하고 업무 수행의 독립성을 보장하여 자체 검증을 강화하고 독립계리업자 또는 보험요율 산출기관을 통한 외부 검증[5]을 통해 신뢰를 확보하는 방안을 마련하였다.[6]

2. 재평가자산

자산재평가법에 따라 자산을 재평가한 경우에는 재평가액을 기초로 하여 계상해야 한다(감독규정6-5).

3. 재공제의 회계처리 방법

(1) 재공제

재공제란 관련 법률에 따라 공제업무를 행하는 기관이 보유하고 있는 공제계약의 일부 또는 전부를 인수하는 업무로서 재재공제를 포함한다.

(2) 재보험 회계처리방식의 준용

1) 의의

재공제를 부수업무로 영위하는 보험회사는 재공제에 따른 손익을 재보험에 대한 회계처리 방식을 준용하여 일반계정 포괄손익계산서에 계정과목별로 합산하여 계상한다(감독규정6-6①).

2) 취지

재공제는 보험회사가 공제기관이 보유하고 있는 공제계약을 인수하는 것이므로 재보험과 유사한 업무이다. 따라서 위와 같이 재보험에 대한 회계처리 방식을 준용한다. 보험업법시행령 17조에 의하면 직전 사업연도 매출액이 해당 보험회사 수입보험료의 1천분의 1 또는 10억 원 중 많은 금액에 해당하는 금액을 초과하는 부수업무는 해당 업무에 속하는 자산·부채 및 수익·비용을 보험업과 구분하여 회계처리해야 하지만, 재공제의 경우에

4) 보험업법 181조(보험계리), 181조의 2(선임계리사의 임면 등)
5) 보험업법시행령 63조의 2(책임준비금 적정성 검증)
6) 노건엽, 조영현, 이승주, "IFRS17 도입과 보험회사 가치경영", 보험연구원 연구보고서, 2023, 72-73면

는 업무처리 방식이 재보험과 유사하고 그 규모도 크지 않아 일반계정에서 처리하도록 특칙을 둔 것이다.

3) 금지행위

보험회사는 재공제와 관련하여 교통비와 사무경비 등 실비 외에 보험취득현금흐름 등 모집실적에 따른 비용을 집행하거나 계상할 수 없다(감독규정6-6②). 이는 과도한 사업비 지출 및 부실계약 인수 가능성을 방지하자는 취지이다.

4. 재무제표 작성기준

(1) 생명보험회사

1) 재무제표

i) 계정과목

재무제표는 자산·부채 및 자본으로 구분하고, 자산은 운용자산·비운용자산 및 특별계정자산으로, 부채는 책임준비금·계약자지분조정·기타부채 및 특별계정부채로, 자본은 자본금·자본잉여금·신종자본증권·이익잉여금·자본조정 및 기타포괄손익누계액으로 각각 구분하여 작성한다(감독규정6-9①). 각 계정과목에 대해서는 감독시행세칙 [별표4]에서 설명하고 있다(감독시행세칙4-1②).

ii) 손해보험과의 차이

위 i)의 계정과목 중 손해보험에는 없는 계정과목은 계약자지분조정이다. 이는 생명보험회사가 매도가능금융자산평가손익, 재평가잉여금 등을 주주 몫과 계약자 몫으로 구분할 필요가 있는 배당보험상품을 취급하기 때문이다.

2) 포괄손익계산서

i) 계정과목

포괄손익계산서는 보험손익·투자손익·영업손익·영업외손익·법인세비용차감전순손익·법인세비용, 당기순손익·기타포괄손익, 총포괄손익으로 구분하여 표시해야 한다(감독규정6-9③). 각 계정과목에 대해서는 감독시행세칙 [별표4]에서 설명하고 있다(감독시행세칙4-1②).

ii) 분류 및 표시

(1) 포괄손익계산서는 생명보험회사의 경영성과 등을 보고하기 위하여 그 회계기간에 속하는 모든 수익과 비용을 그 발생 원천에 따라 명확하게 분류하고 각 수익항목과 이에 관련되는 비용항목을 적정하게 대응하여 표시해야 한다(감독규정6-9②).

(2) 위 (1)은 발생주의 회계원칙을 말하는 것으로 발생주의 회계원칙이란 거래 발생을 기준으로 수입과 비용을 인식하는 회계제도를 말한다. 반면, 현금주의 회계원칙은 현금의

수입과 지출을 기준으로 수입과 비용을 인식한다. 회계제도는 단순한 현금주의에서 발생주의로 발달해왔다.

(2) 손해보험회사

손해보험사의 재무제표와 포괄손익계산서 작성기준에 대하여는 생명보험의 규정을 준용한다(감독규정6-16). 손해보험에는 생명보험의 계약자지분조정이라는 계정이 없으므로 이를 제외하고 준용된다.

5. 기타포괄손익 - 공정가치측정금융자산평가손익 등의 구분 계상

(1) 적용범위

배당보험을 취급하는 생명보험회사에 대해서만 적용된다.

(2) 취지

배당보험을 취급하는 생명보험회사는 공정한 배당을 위하여 평가손익과 재평가잉여금을 주주 몫과 계약자 몫으로 합리적으로 구분하자는 것이다.

(3) 평가손익과 재평가잉여금의 계산

1) 공정가치에 의한 평가

공정가치로 평가하는 관계·종속기업투자주식 및 기타포괄손익-공정가치측정금융자산의 평가손익은 당해 자산의 취득가액과 공정가액의 차액으로 한다(감독규정6-10①). 공정가치란 합리적 거래를 전제로 다른 당사자 사이에 자산이 거래될 수 있는 가격을 말한다. 즉 시장 가격에 준하는 가격을 말한다.

2) 지분법에 의한 평가

지분법을 적용하는 관계·종속기업투자주식의 평가손익은 지분법을 적용하는 관계·종속기업의 자본잉여금, 자본조정 및 기타포괄손익누계액 합계의 누적변동액 중에서 지분비율 해당금액으로 한다(감독규정6-10②). 누적변동액이란 취득 시와 평가 시의 차액을 말한다.

3) 유형자산의 재평가잉여금

(1) 유형자산의 재평가잉여금은 평가시점의 당해 유형자산의 장부금액과 재평가금액과의 차액으로 한다(감독규정6-10③본).

(2) 다만, 당기손익으로 반영되는 재평가잉여금은 제외한다(감독규정6-10③단). 당기손익으로 반영되는 재평가잉여금이 발생하는 이유는 다음과 같다. 재평가의 결과로 자산의 가치가 증가하면 감가상각비가 증가하게 된다. 그런데 원칙적으로 재평가잉여금은 손익에 반영되지 않으므로 증가된 감가상각비만큼 손실이 증가하게 된다. 이를 보상하기 위해 재평가잉여금 중 감가상각비 증가분만큼을 당기손익으로 반영할 수 있다.

(4) 주주 몫과 계약자 몫의 구분

1) 구분계상의무

(1) 평가손익과 재평가잉여금은 당해 회계연도 배당·무배당보험 평균책임준비금의 구성비율을 기준으로 계약자지분조정계정(책임준비금에 포함된 금액 제외)과 기타포괄손익누계액계정으로 구분하여 계상한다(감독규정6-10④). 연결재무제표를 작성하는 경우에도 이를 준용한다(감독규정6-10④). 다시 말해 평가손익과 재평가잉여금을 일정 기준에 따라 계약자 몫인 계약자지분조정계정과 주주 몫인 기타포괄손익누계액계정으로 구분 계상한다.

(2) 감독규정 7-80조 4항[7]의 규정에 의한 투자연도별 투자재원 구성비 방식을 적용하는 보험회사의 경우에는 투자연도별 투자재원 구성비율을 기준으로 계약자지분조정계정과 기타포괄손익누계액계정으로 구분하여 계상한다(감독규정6-10④). 감독규정 7-80조 4항은 손익을 구분함에 있어 투자손익 배분방법은 평균책임준비금 구성비 방식 또는 투자연도별 투자재원 구성비 방식 중에서 보험회사가 선택하여 적용할 수 있다고 규정하고 있다.

2) 구분계상의 대상

(1) 구분계상의 대상인 평가손익의 범위, 배당·무배당보험 평균책임준비금 구성비율 및 투자연도별 투자재원 구성비율 산출방식 등 필요한 세부사항은 금융감독원장이 정한다(감독규정6-10⑤).

(2) 위 (1)에 따라 감독시행세칙은 평가손익을 자본계정운용손익의 평가손익, 계약자이익배당준비금에 해당하는 투자손익의 평가손익 및 배당·무배당보험의 평가손익으로 구분한다(감독시행세칙4-1의2①). 이때 감독시행세칙 [별표16] 3호가 규정하는 상품별 손익 구분기준 중에서 투자손익 배분기준을 준용한다(감독시행세칙4-1의2①). 그 후 자본계정운용손익, 배당보험평가손익의 100분의 10 이하 및 무배당보험평가손익은 기타포괄손익누계액계정으로, 잔여 평가손익(책임준비금에 포함된 금액 제외)은 계약자지분조정계정으로 구분하여 계상한다(감독시행세칙4-1의2①). 배당보험평가손익의 100분의 10 이하를 기타포괄손익누계액계정으로 분류하는 이유는 배당보험계약에서 발생하는 이익의 100분의 10 이하를 주주지분으로 하고, 나머지 부분을 계약자지분으로 회계처리해야 하기 때문이다(시행규칙30의2①).

(3) 위 (2)에서 기타포괄손익-공정가치측정금융자산평가손실과 관계·종속기업투자주식평가손실의 합계액에서 계약자지분조정계정으로 계상되는 금액은 계약자이익배당준비금과 계약자배당안정화준비금의 합계액을 한도로 한다(감독시행세칙4-1의2②). 즉 평가손실에 대해서 보험계약자는 계약자이익배당준비금과 계약자배당안정화준비금의 합계액을

7) 7-80조 3항이라고 규정되어 있지만 7-80조 4항이 맞다.

한도로 책임을 지고 그 나머지는 주주가 책임을 지도록 하고 있다.

6. 책임준비금

(1) 계상 및 기재의무

(1) 보험회사는 결산기마다 보험계약의 종류에 따라 대통령령으로 정하는 책임준비금을 계상하고 따로 작성한 장부에 각각 기재하여야 한다(법120①). 책임준비금의 계상에 관하여 필요한 사항은 총리령으로 정한다(법120②). 금융위원회는 책임준비금의 적정한 계상과 관련하여 필요한 경우에는 보험회사의 자산 및 비용, 그 밖에 '대통령령으로 정하는 사항'에 관한 회계처리기준을 정할 수 있다(법120③). 여기서 '대통령령으로 정하는 사항'이란 다음 각 호의 사항을 말한다(시행령63⑤).

1. 장래의 손실 보전을 목적으로 하는 준비금의 적립에 관한 사항
2. 책임준비금과 관련된 손익의 처리에 관한 사항

(2) 책임준비금이란 결산 시점에서 보험회사가 장래에 지급할 보험금·환급금 및 계약자배당금('보험금 등')의 지급에 충당하기 위하여 적립해야 하는 다음 각 호의 금액을 말한다(시행령63①).

1. 보험계약부채: 다음 각 목의 구분에 따른 금액을 합한 금액
   가. 발생사고요소: 매 결산기 말 현재 보험계약 상 지급사유가 발생한 보험금등을 지급하기 위해 미래현금흐름에 대한 현행추정치를 적용하여 적립한 금액
   나. 잔여보장요소: 매 결산기 말 현재 보험계약 상 보험금등의 지급사유가 발생하지 않았으나 장래에 그 보험금등을 지급하기 위해 미래현금흐름에 대한 현행추정치를 적용하여 적립한 금액
2. 투자계약부채: 보험계약 중 '주식회사 등의 외부감사에 관한 법률' 5조 1항 1호에 따른 회계처리기준 1117호의 적용을 받지 않아 투자계약으로 분류된 보험계약에 대해 보험회사가 장래에 보험금등을 지급하기 위해 적립한 금액
3. 그 밖에 금융위원회가 정하는 방법에 따라 미래현금흐름에 대한 현행추정치를 적용하여 적립한 금액

(3) 책임준비금은 보험계약부채·재보험계약부채·투자계약부채로 구분하여 각각 적립한다(감독규정6-11①).[8] 보험계약부채(재보험계약부채)는 결산시점 현재 아직 발생하지 않은 보험사고 및 지급사유가 발생하지 않은 투자요소에 대한 부채(잔여보장요소)와 발생한

8) 종전에는 책임준비금(재무건전성준비금은 제외)은 보험료적립금·미경과보험료적립·지급준비금·계약자배당준비금·계약자이익배당준비금·배당보험손실보전준비금·재보험료적립금·보증준비금으로. 구분하여 각각 적립한다고 정하고 각 항목마다 구체적으로 감독규정 및 시행세칙이 산출기준을 정하고 있었다.

보험사고 및 지급사유가 발생하였으나 지급되지 않은 투자요소에 대한 부채(발생사고요소)로 구분하여 각각 적립한다. 다만, 보험계약부채(재보험계약부채)의 포트폴리오별로 잔여보장요소와 발생사고요소의 합계가 영(0)보다 작은 경우 자산(보험계약자산(재보험계약자산))으로 계상한다(감독규정6-11②). 투자계약부채는 보험계약의 법률적 형식을 취하고 있으나, 한국채택국제회계기준 제1117호의 적용을 받지 않아 투자계약으로 분류된 계약들의 평가금액으로 한다(감독규정6-11③). 보험계약부채와 투자계약부채에 대한 구체적인 산출기준은 감독원장이 정한다(감독규정6-11④).[9]

(4) 보험회사는 위 보험업법시행령 63조 1항 1호 및 3호에 따라 미래현금흐름에 대한 현행추정치를 적용할 때에는 과거 발생한 사건에 대한 정보와 현재 상태에 대한 정보 및 미래 상태에 대한 예측 정보로서 사업비, 해약률 및 위험률 등 합리적이고 그 근거가 충분히 있는 모든 정보(계리적 최적가정)를 중립적으로 반영해야 한다(시행규칙29①). 책임준비금의 계산방법 등 책임준비금의 계상에 필요한 세부 사항은 금융위원회가 정하여 고시한다(시행규칙29②).[10]

(2) 회계처리기준

금융위원회는 책임준비금의 적정한 계상과 관련하여 필요한 경우에는 보험회사의 자산 및 비용, 그 밖에 '대통령령으로 정하는 사항'에 관한 회계처리기준을 정할 수 있다(법120③). 여기서 '대통령령으로 정하는 사항'이란 다음 각 호의 사항을 말한다(시행령63⑤).

1. 장래의 손실 보전을 목적으로 하는 준비금의 적립에 관한 사항
2. 책임준비금과 관련된 손익의 처리에 관한 사항

(3) 생명보험에서 적립계상 방법

(1) 생명보험의 책임준비금은 보험계약부채, 재보험계약부채, 투자계약부채로 구분하여 각각 적립한다(감독규정6-11①).

(2) 보험계약부채(재보험계약부채)는 결산시점 현재 아직 발생하지 않은 보험사고 및 지급사유가 발생하지 않은 투자요소에 대한 부채(잔여보장요소)와 발생한 보험사고 및 지급사유가 발생하였으나 지급되지 않은 투자요소에 대한 부채(발생사고요소)로 구분하여 각각 적립한다. 다만, 보험계약부채(재보험계약부채)의 포트폴리오별로 잔여보장요소와 발생사고요소의 합계가 영(0)보다 작은 경우 자산(보험계약자산(재보험계약자산))으로 계상한다(감독규정6-11②).

---

9) 종전에는 시행세칙4-1의3에서 [별표26]보험계리기준에 따른다고 정하고 있었으나, 2023.1.1.부터 감독회계가 계리적 가정에 대해 구체적인 기준을 제시하지 않는 원칙중심으로 변경됨에 따라 시행세칙4-1의3과 [별표26]은 삭제되었다. 그리고 보험업감독규정6-11조 4항의 구체적인 산출기준은 제정되지 않았다.

10) 시행규칙 29조 1항에 따른 구체적인 산출기준은 제정되지 않았다.

(3) 투자계약부채는 보험계약의 법률적 형식을 취하고 있으나, 한국채택국제회계기준 제1117호의 적용을 받지 않아 투자계약으로 분류된 계약들의 평가금액으로 한다(감독규정 6-11②). 보험계약부채와 투자계약부채의 구체적 산출기준은 감독원장이 정한다(감독규정 6-11③).

7. 재보험계약의 회계처리

(1) 재보험자산 계상

(1) 보험회사가 다음 각 호의 요건을 모두 충족하는 재보험에 가입하는 경우로서 그 재보험을 받은 보험회사는 재보험을 받은 부분에 대하여 책임준비금을 적립해야 하며, 보험회사는 재보험을 받은 보험회사가 적립한 책임준비금을 별도의 자산(재보험자산)으로 계상해야 한다(시행령63②).

1. 보험위험의 전가가 있을 것
2. 해당 재보험계약으로 인하여 재보험을 받은 회사에 손실 발생 가능성이 있을 것

(2) 만약 해당 재보험계약으로 인하여 재보험을 받은 회사에 손실이 발생할 가능성이 없다면 이는 실질적으로 원보험사의 위험을 재보험사에 전가한 것이라고 볼 수 없다. 따라서 이러한 경우에는 재보험계약이 아닌 예치금 또는 예수금으로 회계처리한다(감독규정 7-13②).

(2) 재보험자산의 감액

(1) 재보험에 가입한 보험회사는 재보험을 받은 보험회사가 보험금 지급을 불이행하는 등 재보험자산에 손실이 예상되는 경우에는 금융위원회가 정하여 고시하는 방법에 따라 그 손실액을 추정하여 재보험자산에서 그 추정액을 감액해야 한다(시행령63③).

(2) 보험회사가 위 (1)에 따라 재보험계약자산을 감액하는 경우에는 한국채택국제회계기준에 따라 기대값에 기초한 기대신용손실액을 추정하여 반영하여야 한다(감독규정7-13③).

8. 책임준비금의 적정성 검증

(1) 의의

보험회사가 경영하는 보험종목의 특성 또는 보험회사의 총자산 규모 등을 고려하여 대통령령으로 정하는 보험회사는 보험업법 128조 2항에 따른 독립계리업자 또는 176조에 따른 보험요율 산출기관으로부터 책임준비금의 적정성에 대하여 검증을 받아야 한다(법120의2①). 2023.1.1. IFRS 도입 이후 감독회계가 사업비, 해지율 등을 포함한 계리적 가정

에 대해 구체적인 기준을 제시하지 않는 원칙 중심으로 변경되어 보험회사의 자율성을 확대하는 대신 외부기관의 검증을 요구하는 것이다.

(2) 대상

책임준비금 적정성 금증을 해야 하는 '대통령령으로 정하는 보험회사'란 다음 각 호의 어느 하나에 해당하는 보험회사를 말한다(시행령63의2①).

1. 직전 사업연도 말의 재무상태표에 따른 자산총액이 1조원 이상인 보험회사
2. 다음 각 목의 어느 하나에 해당하는 보험종목을 취급하는 보험회사
   가. 생명보험
   나. 연금보험
   다. 자동차보험
   라. 상해보험
   마. 질병보험
   바. 간병보험

(3) 검증의 내용

보험회사가 받아야 하는 책임준비금 적정성 검증의 내용은 다음 각 호와 같다(시행령63의2②).

1. 책임준비금의 규모에 관한 사항
2. 책임준비금의 산출 기준 및 방법에 관한 사항
3. 1호 및 2호와 유사한 것으로서 금융위원회가 정하여 고시하는 사항

(4) 검증의 방법

(1) 보험회사는 책임준비금을 계상한 날이 속하는 사업연도의 종료 후 6개월 이내에 책임준비금의 적정성 검증을 받고, 책임준비금 적정성 검증보고서를 사업연도 종료 후 6개월 이내에 감독원장에게 제출하여야 한다(시행령63의2③, 감독규정6-11의4①).

(2) 보험회사가 같은 독립계리업자 또는 보험요율 산출기관으로부터 연속해서 책임준비금의 적정성 검증을 받을 수 있는 기간은 3개 사업연도로 한정한다(시행령63의2③). 책임준비금의 적정성 검증을 수행하는 독립계리업자 또는 보험요율 산출기관은 해당 보험회사에 대해 적정성 검증에 필요한 추가 또는 보완 자료를 요청할 수 있다(시행령63의2④).

(3) 책임준비금 적정성 검증보고서에는 다음 각 호의 사항을 기재하여야 한다(시행세칙4-1의4①).

1. 검증절차
2. 검증대상 업무별 담당자, 결재자, 최종결재자
3. 책임준비금 적정성 검증 내용 및 결과

4. 책임준비금의 산출 및 평가 등에 사용된 가정의 적정성 검증 내용 및 결과
5. 종합의견 및 근거

위 5호의 종합의견은 다음 각 호의 어느 하나의 방법으로 표시하여야 한다(시행세칙 4-1의4②).

1. 적정: 제반 가정, 산출방법 등이 적정할 경우
2. 한정: 제반 가정, 산출방법 등이 전반적으로 적정하나 부분적으로 부적정할 경우
3. 부적정: 제반 가정, 산출방법 등이 부적정할 경우

9. 보증준비금

(1) 의의

⑴ 보험회사는 결산일(분기별 임시결산 포함) 현재 보험금 등을 일정수준 이상으로 보증하기 위해 장래 예상되는 손실액 등을 고려하여 이익잉여금 내에 보증준비금을 적립하여야 한다(시행령65②⑶, 감독규정6-11의5①).

⑵ 보증준비금과 관련 있는 보험은 변액보험(변액연금, 변액종신보험, 변액유니버셜보험 등)으로 최저사망보험금, 최저연금적립금, 최저해약환급금 등을 보증하는 경우 보증준비금이 발생한다. 예를 들어, 기납입보험료를 최저사망보험금으로 보증하는 변액종신보험의 경우 시장환경에 따라 적립금이 기납입보험료에 미치지 못하는 경우가 생길 수 있는데, 이런 경우를 대비한 금액이 보증준비금이다.

(2) 적립 기준

⑴ 보증준비금은 해약환급금준비금을 적립한 후에 적립하여야 하며, 이익잉여금에서 위에 따라 적립한 해약환급금준비금을 차감한 금액을 한도로 한다. 보험회사에 미처리결손금이 있는 경우에는 미처리결손금이 처리된 때부터 보증준비금을 적립하며, 기존에 적립한 보증준비금이 결산일 현재 적립하여야 하는 보증준비금을 초과하는 경우에는 그 초과하는 금액을 환입할 수 있다(감독규정6-11의5②).

⑵ 보증준비금의 세부적인 적립 기준은 감독원장이 정한다(감독규정6-11의5③). 보증준비금 적립기준은 다음과 같다(감독시행세칙4-15①).

⑶ 보험회사는 결산일(분기별 임시결산을 포함한다) 현재 유지계약에 대하여 다음 1호에 따라 계산한 금액을 적립하며, 2호에 따라 계산한 금액(영(0)보다 적은 때에는 영(0)으로 한다) 및 3호의 금액을 차감할 수 있다(감독시행세칙4-15①).

1. 보증수수료를 결산일 현재까지 보험료 및 책임준비금 산출방법서에서 보험료 계산시 적용한 이율(변액보험계약의 보증수수료는 매 사업연도별 해당시점의 평균공시이율)로 부리하여 적립한 금액. 다만, 결산일 현재 유지계약에 대한 기존에 적립한 보증준비금의 구분이

어려운 경우 직전 결산일(분기별 임시결산을 포함한다)의 계약자적립액에 대한 유지계약의 계약자적립액의 비율로 산출한다.

2. 보증준비금 적립 대상 계약과 관련하여 보증 관련 요소(보증수수료, 보증손실 등)를 포함하여 산출한 최선추정에서 보증 관련 요소를 제외하고 산출한 최선추정을 차감하여 산출한 금액 또는 보증과 직접적으로 관련된 최선추정. 다만, 보험계약 및 재보험계약의 평가 시 기타포괄손익으로 반영된 누적 효과를 제거한 금액을 기준으로 한다.
3. 보험금 등을 일정수준 이상으로 보증하기 위해 실제 발생한 손실액. 다만, 해당 보험계약으로 인해 적립된 보증준비금을 한도로 한다.

(4) 위 (3)에도 불구하고 변액보험 등의 만기보험금, 사망보험금, 중도인출금, 해약환급금 등에 대한 최저보증이 부가된 보험계약의 보증위험을 회피할 목적으로 파생금융상품을 위험회피수단으로 최초 지정하는 시점에 위험회피 대상항목, 위험관리목적, 위험의 속성, 위험회피전략, 위험회피효과에 대한 주기적인 평가방법(최소한 분기) 등을 문서화하고 최소한 분기마다 평가한 직전 1년 동안의 위험회피 효과가 다음 각 호의 요건을 충족하는 계약의 보증준비금은 위 (3)를 적용하지 아니한다(감독시행세칙4－15②).

1. 위험회피 대상항목과 위험회피 수단인 파생상품의 공정가액 변동비율이 부의 관계로서 위험회피 기간 동안 90% 이상 110% 이하인 경우: 해당 보험계약의 보증준비금
2. 위험회피 대상항목과 위험회피 수단인 파생상품의 공정가액 변동비율이 부의 관계로서 위험회피 기간 동안 80%이상 90% 미만인 경우: 해당 보험계약의 보증준비금에 "50%＋50% × (위험회피효과－80%)÷(90%－80%)" 비율을 곱한 금액
3. 위험회피 대상항목과 위험회피 수단인 파생상품의 공정가액 변동비율이 부의 관계로서 위험회피 기간 동안 110%초과 125% 이하인 경우: 해당 보험계약의 보증준비금에 "50%＋50%×(125%－위험회피효과)÷(125%－110%)" 비율을 곱한 금액

10. 해약환급금 준비금

(1) 의의

보험회사는 보험계약 해지에 대한 위험을 고려하여 보험회사 전체단위로 해약환급금 준비금을 산출하여 적립 또는 환입하여야 한다(시행령65②(3), 감독규정6－11의6①).

(2) 적립 기준

(1) 보험회사는 결산일(분기별 임시결산 포함) 현재 유지계약에 대하여 다음 1호에 따라 계산한 금액이 다음 2호에 따라 계산한 금액보다 작을 경우, 그 차액을 이익잉여금 내 해약환급금준비금으로 적립한다(감독규정6－11의6②본). 다만, 직전 분기말 경과조치 적용 전 지급여력비율이 130% 이상인 경우 다음 3호의 금액을 적립한다(감독규정6－11의6②단).

1. 책임준비금(보험계약부채의 잔여보장요소, 재보험계약부채의 잔여보장요소 및 투자계약부채로 한정하며, 보험계약자산의 잔여보장요소, 재보험계약자산의 잔여보장요소 및 투자계

약 보험계약대출은 차감한다)과 특별계정부채(계약자적립금으로 한정)의 합계액(단, 해당 보험계약 및 재보험계약의 공정가치 변동 중 기타포괄손익으로 인식한 미실현손익의 법인세 반영 전 금액을 가산한다.)

2. 감독규정 7-66조 1항에 따른 해약환급금(감독규정 7-66조 4항에 따른 보험상품의 경우에도 1항을 준용하여 계산)과 7-66조 5항에 따른 미경과보험료(단, 보험계약대출 실행 잔액 및 보험계약 해지시 재보험사와 정산할 금액은 가감)

3. 결산일(분기별 임시결산을 포함한다) 현재 유지계약에 대하여 위 1호에 따라 계산한 금액이 위 2호에 따라 계산한 금액보다 작을 경우, 그 차액에 100분의 80을 곱하여 산출한 금액

(3) 위 (1)에도 불구하고 보험회사에 미처리결손금이 있는 경우에는 미처리결손금이 처리된 때부터 해약환급금준비금을 적립하며, 기존에 적립한 해약환급금준비금이 결산일 현재 적립하여야 하는 해약환급금준비금을 초과하는 경우에는 그 초과하는 금액을 환입한다(감독규정6-11의6③).

(4) 장기손해보험(순보험료가 위험보험료만으로 구성되는 경우에 한한다) 또는 일반손해보험의 재보험계약을 제외한 보험회사가 순보험료를 출재하는 재보험계약(공동재보험계약)은 보험회사와 재보험사가 출재비율에 따라 해약환급금준비금을 각각 산출하여 적립 또는 환입한다(감독규정6-11의6④).

(3) 손해보험

손해보험회사의 해약환급금준비금은 장기손해보험상품을 대상으로 하며, 해약환급금준비금의 적립 및 환입기준 등은 위 (2)를 준용한다. 다만, 해약환급금준비금은 비상위험준비금을 적립한 후에 적립하여야 하며, 해약환급금준비금 적립액의 한도는 이익잉여금에서 비상위험준비금을 차감한 금액으로 한다(감독규정6-18의6).

11. 비상위험준비금

(1) 의의

(1) 보험회사는 결산기마다 보험계약의 종류에 따라 대통령령으로 정하는 비상위험준비금을 계상하고 따로 작성한 장부에 각각 기재해야 한다(법120①). 이에 따라 손해보험업을 경영하는 보험회사는 해당 사업연도의 보험료 합계액의 100분의 50(보증보험의 경우 100분의 150)의 범위에서 금융위원회가 정하여 고시하는 기준에 따라 비상위험준비금을 계상해야 한다(시행령63④).

(2) 비상위험준비금은 책임준비금의 규모를 훨씬 넘는 손해에 대비한 준비금이다.

(2) 적용 범위

(1) 비상위험준비금은 손해보험업을 경영하는 보험회사가 적립해야 한다(시행령63④). 손해보험회사가 비상위험준비금을 적립하는 이유는 손해보험은 지진, 홍수 등 자연재해나

대규모 화재 등으로 책임준비금의 규모를 훨씬 넘는 손해('대재해')가 발생할 가능성이 있기 때문이다. 보증보험이 다른 종류의 보험계약보다 더 큰 범위의 비상위험준비금을 계상할 수 있도록 한 이유도 보증보험은 계약 간 상관관계가 커서 대재해가 발생할 경우 그 손실 규모가 다른 종류의 보험보다 클 수 있기 때문이다.

(2) 생명보험회사는 손해보험회사에 비해 대재해가 발생할 가능성이 적기 때문에 비상위험준비금을 적립하지 않는다.

(3) 회계처리기준

금융위원회는 비상위험준비금의 적정한 계상과 관련하여 필요한 경우에는 보험회사의 자산 및 비용, 그 밖에 '대통령령으로 정하는 사항'에 관한 회계처리기준을 정할 수 있다(법120③). 여기서 '대통령령으로 정하는 사항'이란 다음 각 호의 사항을 말한다(시행령63⑤).

1. 장래의 손실 보전을 목적으로 하는 준비금의 적립에 관한 사항
2. 책임준비금 및 비상위험준비금의 계상과 관련된 손익의 처리에 관한 사항

(4) 적립계상의 기준

(1) 비상위험준비금은 해당 사업연도의 보험료 합계액의 100분의 50(보증보험의 경우 100분의 150)의 범위에서 금융위원회가 정하여 고시하는 기준에 따라 계상해야 한다(시행령63④).

(2) 비상위험준비금의 적립과 환입기준은 다음 각 호와 같다(감독규정6-18의2).

1. 비상위험준비금은 보험종목별(화재보험, 해상보험, 자동차보험, 특종보험, 보증보험, 해외수재 및 해외원보험의 6개 종목으로 구분)로 금융감독원장이 정하는 적립대상보험료의 일정비율에 도달할 때까지 매분기 "보험종목별 보유보험료 × 금융감독원장이 정한 적립기준율"에 의하여 산출된 금액의 100분의 35 이상 100분의 100 이하의 금액을 기존 적립액, 향후 손해율 추이 등을 고려하여 이익잉여금 내 비상위험준비금으로 적립한다.[11] 다만, 미처리결손금이 있는 경우에는 미처리결손금이 처리된 때부터 비상위험준비금을 적립한다.
2. 비상위험준비금은 보험종목별로 감독원장이 정하는 바에 따라 보유기준으로 계산한 발생손해액을 예정손해액으로 나눈 비율이 금융감독원장이 정한 일정비율을 초과하는 경우 그 초과금액을 미처분이익잉여금으로 환입할 수 있다.
3. 비상위험준비금의 적립과 환입은 보험종목별로 구분하여 관리한다. 다만, 특정 보험종목의 비상위험준비금 적립액이 2호에서 정한 환입가능금액보다 적은 경우 그 부족액의 50% 이내에서 다른 보험종목의 비상위험준비금 적립액에서 각 적립수준에 비례하여 환입할 수 있다.

11) 금융감독원장이 정하는 보험종목별 비상위험준비금 적립기준 등은 감독시행세칙 [별표34]와 같다(감독시행세칙4-16).

4. 1호 및 2호의 보험종목별 적립대상보험료, 발생손해액 및 예정손해액은 당해 사업연도를 기준으로 한다. 다만, 당해 사업연도의 경과보험료가 직전 사업연도의 경과보험료보다 적은 경우 직전 사업연도의 금액을 기준으로 한다.

(3) 위 (2)의 1호에서 금융감독원장이 정하는 보험종목별 비상위험준비금 적립기준율은 적립한도를 의미한다. 적립한도를 두는 이유는 비상위험준비금을 손익을 조작하거나 법인세를 낮추기 위한 수단으로 사용하지 못하도록 하기 위해서이다. 보험종목별 비상위험준비금 적립기준율이 다른 것은 보험종목별로 위험의 정도가 다르기 때문이다.

(4) 위 (2)의 2호 및 3호에서 환입 제도를 둔 이유는 경과위험손해율이 일정비율을 초과하는 경우 비상위험이 발생했다고 간주하여 비상위험준비금을 환입하여 손실보전에 사용할 수 있도록 한 것이다.

12. 배당보험계약의 회계처리

(1) 의의

(1) 배당보험계약이란 해당 보험계약으로부터 발생하는 이익의 일부를 보험회사가 보험계약자에게 배당하기로 약정한 보험계약이다(법121①).

(2) 보험회사는 대통령령으로 정하는 바에 따라 배당보험계약의 보험계약자에게 배당을 할 수 있다(법121②).

(2) 생명보험

1) 구분회계

(1) 보험회사는 배당보험계약에 대하여는 대통령령으로 정하는 바에 따라 다른 보험계약과 구분하여 회계처리하여야 한다(법121①).

(2) 배당계약을 다른 보험계약과 구분하여 회계처리하는 이유는 배당보험의 계약자몫을 정확하게 산출하기 위해서이다.

(3) 배당보험의 회계처리에 관해 보험업법시행령 64조 1항부터 5항까지에서 규정한 사항 외에 배당보험계약의 계약자배당에 필요한 사항은 금융위원회가 정하여 고시한다(시행령64⑥).

2) 계약자배당준비금적립전잉여금

i) 의의

(1) 매 회계연도 말에 책임준비금을 우선 적립한 후에 잔여액을 계약자배당준비금적립전잉여금이라 한다(감독규정6-13①). 이 경우 적립할 책임준비금에 금리차보장배당 등의 소요액은 포함하고, 직전 회계연도 말 신규로 적립한 계약자배당준비금을 초과하여 발생한 계약자배당금은 제외한다(감독규정6-13①). 연결재무제표를 작성하는 보험회사의 경우

책임준비금을 우선 적립한 후에 연결손익 중에서 지배회사 지분 상당액(지배회사 발생손익과 종속기업 발생손익에 대한 지배회사 지분상당액의 합계액)을 계약자배당준비금적립전잉여금으로 본다(감독규정6－13⑥).

⑵ 회계기준 변경 등에 따라 이익잉여금에서 직접 변동되는 금액 및 기타포괄손익－공정가치측정금융자산의 처분손익을 당기손익에 반영하지 않을 경우 그 금액은 계약자배당준비금적립전잉여금에 가산하여 처리한다(감독규정6－13⑦본). 다만, 연결재무제표를 작성하는 보험회사의 경우 연결이익잉여금 변동금액 및 기타포괄손익－공정가치측정금융자산의 처분손익을 계약자배당준비금적립전잉여금에 가산한다(감독규정6－13⑦단).

ii) 주주지분과 계약자지분의 구분

⑴ 생명보험회사는 매 회계연도 말에 계약자배당준비금적립전잉여금을 유·무배당보험손익 및 자본계정운용손익으로 구분하며, 무배당보험손익 및 자본계정운용손익은 주주지분으로 처리하고 유배당보험이익에 대한 주주지분은 100분의 10 이하로 하고 잔여부분은 계약자지분으로 처리한다(감독규정6－13①). 배당보험평가손익의 100분의 10 이하를 주주지분으로 분류하는 이유는 보험업법시행규칙 30조의2 1항에 따라 배당보험계약에서 발생하는 이익의 100분의 10 이하를 주주지분으로 하고, 나머지 부분을 계약자지분으로 회계처리해야 하기 때문이다(시행규칙30의2①).

⑵ 생명보험회사는 매 회계연도 결산기마다 위의 처리내역을 '선임계리사의 검증의견서'에 첨부해야 한다(감독규정6－13⑤).

iii) 주주지분과 계약자지분의 사용

⑴ 주주지분은 법인세비용의 납부재원, 결손보전 및 주주배당 등으로 사용할 수 있다(감독규정6－13②). 주주배당은 당해 회계연도 말 지급여력비율이 100% 이상인 경우에 정관이 정하는 바에 따라 실시할 수 있다(감독규정6－13④). 지급여력비율이 100% 이상인 경우에만 주주배당을 실시할 수 있도록 한 것은 보험계약자에 대한 지급여력 확보가 주주배당에 우선해야 한다는 의미이다.

⑵ 계약자지분은 계약자배당을 위한 재원과 배당보험손실보전준비금 적립의 목적 이외에 다른 용도로 사용하거나 적립할 수 없다(시행령64⑤,감독규정6－13③). 계약자지분의 사용 순서는 배당보험손실보전준비금을 우선 적립한 후에 계약자배당준비금으로 적립하고 잔여지분을 총액으로 계약자이익배당준비금으로 적립한다(감독규정6－14③).

3) 배당보험손실보전준비금과 배당보험계약의 손실보전

i) 배당보험손실보전준비금

① 적립

보험회사는 매 결산기 말에 배당보험계약의 손익과 무배당보험계약의 손익을 구분하여 회계처리하고, 배당보험계약 이익의 계약자지분 중 일부는 금융위원회가 정하여 고시하는 범위에서 배당보험계약의 손실보전을 위한 준비금으로 적립할 수 있다(시행령64①). 이에 따라 생명보험회사는 매 결산기 이후 배당보험이익 계약자지분의 100분의 30 이내에서 배당보험손실보전준비금을 적립할 수 있다(감독규정6-13의2①).

② 사용

배당보험손실보전준비금은 적립한 회계연도 종료일로부터 5년 내의 회계연도에 배당보험계약의 손실을 보전하고, 보전 후에 잔액은 개별 계약자에 대한 계약자배당재원으로 사용해야 한다(감독규정6-13의2②).

ii) 배당보험계약의 손실보전

(1) 배당보험계약에서 손실이 발생한 경우에는 배당보험손실보전준비금을 우선 사용하여 보전하고, 손실이 남는 경우에는 총리령으로 정하는 방법에 따라 이를 보전한다(시행령64④). 이에 따라 배당보험계약에서 발생한 손실을 배당보험계약 손실보전준비금으로 보전하고도 손실이 남는 경우에는 그 남은 손실을 우선 주주지분으로 보전한 후, 주주지분으로 보전한 손실을 주주지분의 결손이나 배당보험계약의 이월결손으로 회계처리할 수 있다(감독시행세칙30의2②).

(2) 배당보험계약의 이월결손은 이월결손이 발생한 해당 사업연도 종료일부터 5년 이내에 신규로 적립되는 배당보험손실보전준비금으로 보전하거나 주주지분의 결손으로 회계처리해야 한다(감독시행세칙30의2③).

(3) 다시 말해 배당보험계약에서 배당보험손실보전준비금 이상의 손실이 나는 경우에는 우선 주주지분으로 보전하고, 추후 계약자지분의 신규 배당보험손실보전준비금으로 보전하거나 주주지분의 결손으로 처리해야 한다. 이는 배당보험계약의 궁극적인 책임은 주주에게 있다는 의미라고 해석할 수 있다.

4) 계약자배당

i) 계약자배당의 종류

(1) 계약자배당은 이자율차배당, 장기유지특별배당, 위험률차배당, 사업비차배당으로 구분한다(감독규정6-14①).

(2) 이자율차배당, 위험률차배당, 사업비차배당은 보험료 계산에 쓰인 예정률과 실제율의 차이에서 발생하는 이익을 배당하는 것이다. 여기서 이자율차란 예정이율과 실제 자산운용이익률의 차이를, 위험률차란 예정위험률과 실제발생률의 차이를, 사업비차는 예정사업비와 실제사업비의 차이를 말한다.

(3) 장기유지특별배당은 생명보험계약의 장기유지를 유도하기 위해 일정기간 이상 유지된 보험에 대해 실시하는 배당이다.

ii) 대상계약

계약자배당의 대상계약은 금융감독원장이 정한다(감독규정6-14②). 이에 따라 1년 이상 유지되고 당해 보험연도 보험료납입이 완료된 배당보험계약에 대하여 계약자배당을 실시한다(감독시행세칙4-2①).

iii) 배당금 산출기준

① 의의

(1) 배당금산출에는 이익 발생에 대한 기여도와 보험회사의 재무건전성을 고려해야 한다. 각 계약자에게 이익 발생에 기여한 정도에 맞게 배당을 주는 것이 공평한 배당 방법일 것이며, 배당으로 인해 보험회사의 재무건전성이 훼손되는 것은 바람직하지 않을 것이기 때문이다.

(2) 위 (1)과 같은 이유에서 보험계약자에 대한 배당기준은 배당보험계약자의 이익과 보험회사의 재무건전성 등을 고려하여 정해야 한다(법121③). 이에 따라 보험회사는 배당을 할 때 이익 발생에 대한 기여도, 보험회사의 재무건전성 등을 고려하여 총리령으로 정하는 기준에 따라 계약자지분과 주주지분을 정해야 한다(시행령64②).

(3) 보험회사는 배당보험계약에서 발생하는 이익의 100분의 10 이하를 주주지분으로 하고, 나머지 부분을 계약자지분으로 회계처리해야 한다(시행규칙30의2①).

② 내부통제기준

각 계약의 이익발생에 대한 기여도, 보험회사의 재무건전성 등을 감안한 계약자배당금 산출기준을 내부통제기준에 반영하여 운영하고(감독시행세칙4-2②), 그 산출기준에 따라 계산된 금액을 계약자배당금으로 지급한다(감독시행세칙4-2③).

③ 이자상당액 가산

(1) 계약자배당금은 보험계약별로 보험연도 말에 지급하되 배당 발생 후 실제 지급 시까지 자산운용실적 등을 고려하여 매 회계연도별로 생명보험회사가 정하는 이율로 계산한 이자상당액을 가산한다(감독규정6-14⑧본). 다만, 생명보험회사가 정하는 이율은 직전 회계연도 평균공시이율과 같거나 높아야 한다(감독규정6-14⑧단). 실제 지급 시까지 계약자배당금에 이자를 지급하는 것은 계약자배당금은 계약자의 소유이고 보험회사에 맡겨진 상태이므로 예금에 대해 이자를 지급하는 것과 같은 이치이다.

(2) 위 (1)의 평균공시이율은 다음 각 호의 기준에 따라 매 사업연도 말까지 산출하여 다음 사업연도에 적용한다(감독시행세칙4-4).

1. 평균공시이율은 감독규정 7-65조 3항에서 정한 보험회사별 공시이율의 평균으로서 보험계약이 체결되는 연도의 이율을 전체 보험기간에 걸쳐 적용하며, 0.25% 포인트 단위로 반올림하여 산출한다.

가. 보험회사별 공시이율은 매월 말 계약자적립액 기준으로 가중평균하여 산출한다.
나. 평균공시이율은 회사별 공시이율을 계약자적립액 기준으로 가중평균하여 산출한다.
2. 1호에 의한 공시이율은 8월 말을 기준으로 최근 12개월을 대상으로 한다.

iv) 계약자배당의 재원

(1) 보험회사는 다음 각 호의 어느 하나의 재원으로 배당보험계약에 대하여 배당을 할 수 있다(시행령64③본).

1. 해당 회계연도에 배당보험계약에서 발생한 계약자지분
2. 해당 회계연도 이전에 발생한 계약자지분 중 배당에 지급되지 않고 총액으로 적립된 금액
3. 1호 및 2호의 재원으로 배당재원이 부족한 경우에는 주주지분[12)]

(2) 다만, 해당 회계연도에 배당보험계약에서 발생한 계약자지분은 손실 보전을 위한 준비금 적립의 재원으로 사용할 수 있다(시행령64③단). 이 단서는 보험업법시행령 64조 1항에 의해 해당 회계연도에 배당보험계약에서 발생한 계약자지분을 계약자배당손실보전준비금으로 적립할 수 있음을 확인하기 위한 조항이라 할 수 있다.

v) 계약자배당의 지급방법

(1) 생명보험회사는 계약자배당금을 ⓐ 현금지급 ⓑ 납입할 보험료와 상계, 또는 ⓒ 보험금 또는 제환급금 지급 시의 가산 중에서 보험계약자가 선택하는 방법에 따라 지급해야 한다(감독규정6-14⑨본).

(2) 다만, 소득세법 20조의3 1항 2호 각 목 외의 부분에 따른 연금저축계좌를 설정하는 계약의 계약자배당금은 미지급계약자배당금에 부리하는 이율로 부리하여 계약소멸 시 또는 연금개시 이후에 연금에 증액하여 지급한다(감독규정6-14⑨단). 또한, 퇴직보험의 계약자배당금은 보험료적립금에 가산하며 종업원퇴직적립보험의 계약자배당금을 납입할 보험료와 상계하는 경우에는 당해 보험료 산출 시의 사업비를 부가할 수 없다(감독규정6-14⑨단).

5) 계약자배당 관련 준비금

i) 의의

(1) 계약자배당 관련 준비금은 계약자배당준비금·계약자이익배당준비금·배당보험손실보전준비금으로 구분하여 각각 적립한다(감독규정6-11의7①, 감독규정6-14①).[13)]

12) 계약자배당금은 약관상의 조건이나 보험회사의 경영 전략 등을 고려하여 정해지는 면도 있기 때문에 위 1호 및 2호의 재원을 초과하는 금액으로 정해질 수 있다. 이 경우 초과분은 주주지분으로 보전해야 한다.
13) 종전에는 감독규정 6-11조 책임준비금 항목 속에 계약자배당을 위한 준비금이 포함되어 있었는데 책임준비금에서 계약자배당을 위한 준비금이 제외되면서 감독규정 6-11조의7로 계약자배당을 위한 준비금이 별도로 분리되었다.

(2) 계약자배당준비금은 금리차보장준비금, 총괄배당준비금, 장기유지특별배당준비금, 재평가특별배당준비금으로 구분한다(감독규정6-11의7②).

(3) 계약자이익배당준비금은 장래에 계약자배당에 충당할 목적으로 법령이나 보험약관에 의해 영업성과에 따라 총액으로 적립하는 금액을 말한다(감독규정6-11의7③).

(4) 배당보험손실보전준비금은 보험업법시행령 64조 1항의 규정에 의하여 배당보험계약의 손실을 보전하기 위한 목적으로 적립하는 준비금을 말한다(감독규정6-11의7④).

ii) 적립기준

(1) 보험회사는 당기 계약자배당준비금적립전잉여금의 계약자지분을 배당보험손실보전준비금으로 우선 적립한 후에 계약자배당준비금으로 적립하고 잔여지분을 총액으로 계약자이익배당준비금으로 적립한다(감독규정6-14③).

(2) 생명보험회사는 계약자배당준비금적립전잉여금이 부족한 경우에도 이익이 발생한 원천을 감안하여 계약자배당준비금을 적립할 수 있다(감독규정6-14④).

iii) 계약자이익배당준비금

(1) 생명보험회사는 당해 회계연도 이전에 총액으로 적립한 계약자이익배당준비금을 계약자배당준비금으로 우선 사용해야 하며, 직전 회계연도 말 신규로 적립한 계약자배당준비금 중에서 실제로 발생하지 않은 계약자배당금은 당해 회계연도 이전에 총액으로 적립한 계약자이익배당준비금에 가산한다(감독규정6-14⑤본).

(2) 다만, 직전 회계연도 말 신규로 적립한 계약자배당준비금을 초과하여 발생한 계약자배당금은 당해 회계연도 이전에 총액으로 적립한 계약자이익배당준비금, 당해 계약자배당준비금적립전잉여금의 계약자지분, 주주지분의 순으로 차감한다(감독규정6-14⑤단). 직전 회계연도 말 신규로 적립한 계약자배당준비금을 초과하여 계약자배당금이 발생하는 이유는 직전 회계연도 말 신규로 적립할 계약자배당준비금을 계산할 때 계약자배당금에 [1-예정계약소멸률]을 곱했기 때문이다. 따라서 예정계약소멸률보다 당기의 실제계약소멸률이 낮은 경우 직전 회계연도 말 신규로 적립한 계약자배당준비금을 초과하여 계약자배당금이 발생하게 된다.

(3) 총액으로 적립한 계약자이익배당준비금은 당해 회계연도 종료일부터 5년 내에 개별 계약자에 대한 계약자배당재원으로 사용해야 한다(감독규정6-14⑥).

(3) 손해보험

(1) 손해보험의 계약자배당을 위한 준비금은 계약자배당준비금과 계약자이익배당준비금으로 구분한다(감독시행세칙6-20①). 이에 따르면 손해보험은 생명보험과 다르게 장기유지특별배당이 없다.

(2) 위 (1) 이외에 손해보험의 배당보험계약에 대해서는 생명보험의 배당보험계약에

대한 규정(감독규정6-14②·⑨,감독시행세칙4-2)을 준용한다(감독규정6-20③,감독시행세칙4-5).

(4) 퇴직보험계약의 특칙

1) 퇴직보험계약의 이익배당

(1) 1년 이상 유지된 유효한 배당퇴직보험계약(종업원 퇴직적립보험 포함)에 대하여 이자율차배당금 및 사업비차배당금을 지급한다(감독시행세칙4-7①).

(2) 이자율차배당금 및 사업비차배당금 산출기준은 보험회사가 보험계약별로 이익기여도를 반영하여 공평하고 합리적으로 정해야 한다(감독시행세칙4-7②).

(3) 1997년 10월 1일 이후에 판매된 종업원퇴직적립보험의 경우 보험연도 중에 계약이 소멸하더라도 당해 보험연도의 경과기간분에 해당하는 이자율차배당금을 지급할 수 있다(감독시행세칙4-7③).

(4) 퇴직보험계약이 모두 해지된 후에도 계약자이익배당준비금이 남아 있는 경우에는 잔여 계약자이익배당준비금의 적립에 기여한 과거 계약자(민법 77조에 의한 해산 후 청산 등으로 법인이 소멸한 경우는 제외)에 대하여 계약별로 산정된 잔여 계약자이익배당준비금 적립 기여분을 최종계약이 해지된 날부터 60일 이내에 배당금으로 지급해야 한다(감독시행세칙4-7④). 이 경우 과거 계약자 기여분은 잔여 계약자이익배당준비금의 적립에 기여한 계약유지기간의 평균책임준비금 누적금액을 기준으로 산정한다(감독시행세칙4-7⑤). 그리고 그 처리내역을 감독시행세칙 [별지61]에 따라 처리일부터 1개월 이내에 금융감독원장에게 제출해야 한다(감독시행세칙4-7⑥).

2) 계약자배당준비금

당해 사업연도 말 현재 유효한 배당퇴직보험계약에 대하여 계약자배당의 종류별로 사업연도 말에 계약자배당준비금으로 적립해야 한다(감독시행세칙4-8).

(5) 상품별 손익 분석

(1) 보험회사는 보험업법시행령 64조 6항 및 64조의2 3항에 따라 계약자지분·주주지분의 산출 및 계약자배당의 기초자료로 활용하기 위하여 상품별 손익을 분석해야 한다(감독규정7-80①).

(2) 위 (1)에 의한 분석 시 손익은 계정별(일반계정, 각 특별계정)로 구분하되, 연결재무제표를 작성하는 보험회사의 경우 계정별로 종속기업을 구분한다(감독규정7-80②). 이 경우 계정별 손익은 유배당보험손익, 무배당보험손익, 자본계정운용손익, 계약자이익배당준비금과 배당보험손실보전준비금에 해당하는 투자손익으로 구분한다(감독규정7-80③). 또한, 손익을 구분함에 있어 투자손익 배분방법은 평균책임준비금 구성비 방식 또는 투자년도별 투자재원 구성비 방식 중에서 보험회사가 선택하여 적용할 수 있다(감독규정7-80④본). 다만, 보험계약자 보호를 위해 총자산 규모 및 기타포괄손익-공정가치측정금융자산

과 관계·종속기업투자주식의 평가손익 등을 고려하여 금융감독원장이 정하는 기준에 해당되는 보험회사는 그렇지 않다(감독규정7-80④본).

(3) 위 (1) 및 (2)에 의한 손익분석기준, 투자손익 배분방법 적용에 관한 사항 및 서식 등 그 밖에 세부사항은 금융감독원장이 정한다(감독규정7-80⑤). 이에 따른 손익분석기준은 감독시행세칙 [별표16]과 같다(감독시행세칙5-14①).

13. 배당보험 이외의 보험계약의 구분회계

(1) 의의

(1) 보험회사는 배당보험계약 이외의 보험계약에 대하여 자산의 효율적 관리와 보험계약자 보호를 위하여 필요한 경우에는 보험계약별로 대통령령으로 정하는 바에 따라 금융위원회의 승인을 받아 자산 또는 손익을 구분하여 회계처리할 수 있다(법121의2). 이 조항에 따라 무배당보험의 경우에도 그 일부를 구분 회계처리할 수 있다.

(2) 보험업법 121조의2는 2008년 보험업법 개정 시에 신설된 조항으로 보험업법 부칙(법률8902호, 2008.3.14.)에 따르면 금융위원회의 승인을 받은 이후 체결된 보험계약 및 그 신규자산에 한하여 적용한다. 배당보험 이외의 보험계약의 구분회계에 대한 세부 적용기준과 그 밖에 필요한 사항은 금융위원회가 정하여 고시한다(시행령64의2③).

(3) 배당보험계약 외의 보험계약에 대한 구분 회계처리에 관한 승인 여부의 심사는 금융감독원장에게 위탁되어 있다(시행령[별표8]27).

(2) 회계처리

1) 허용되는 방식

배당보험계약 외의 보험계약별 자산 또는 손익의 회계처리는 다음 각 호의 어느 하나에 해당하는 방식으로 한다(시행령64의2①).

1. 자산을 보험계약별로 구분하지 아니하고 통합하여 운용하되, 이 경우 발생한 손익을 전체 보험계약의 평균 책임준비금에 대한 보험계약별 평균 책임준비금의 비율을 기준으로 구분하여 보험계약별로 배분하는 방식
2. 자산을 보험계약별로 구분하지 아니하고 통합하여 운용하되, 이 경우 발생한 손익을 자산을 취득할 때 필요한 자금에 대한 보험계약별로 조성된 자금의 비율을 기준으로 구분하여 보험계약별로 배분하는 방식
3. 자산을 보험계약별로 구분하여 운용하되, 이 경우 발생한 손익을 보험계약별로 직접 배분하는 방식
4. 그 밖에 금융위원회가 합리적이라고 인정하는 배분 방식

2) 금융위원회 승인

(1) 위 1)의 3호 또는 4호의 방식에 따르는 경우에는 미리 금융위원회의 승인을 받아

야 한다(시행령64의2②).

(2) 금융위원회 승인이 필요한 이유는 위 1)의 1호 또는 2호의 경우에는 손익이 책임준비금의 비율 또는 조성된 자금의 비율 등 명확하고 객관적인 기준에 의해 배분되도록 하고 있어 별도의 승인이 필요하지 않지만, 3호 또는 4호의 방식은 그 기준이 명확하지 않아 별도의 승인이 필요하기 때문이다. 특히 3호의 경우 자산을 보험계약별로 구분할 때 자의성이 많이 개입될 여지가 있으며, 이는 특정 보험계약에 유리한 방식으로 적용될 가능성이 있어 금융위원회의 승인이 필요하다고 본 것이다.

(3) 공제계약에 대한 구분회계

농협생명보험 및 농협손해보험은 농업협동조합법(법률10522호) 15조 5항에 따라 인수한 공제계약과 감독규정의 시행 후 신규로 판매하는 보험상품의 운용손익을 보험업법시행령 64조의2 1항 1호에 따라 구분하여 회계처리해야 한다(감독규정7-81의2).

14. 재평가적립금의 사용에 관한 특례

(1) 예외적 허용

(1) 자산재평가법에 의하면 재평가적립금은 재평가세의 납부, 자본에의 전입, 재평가일 이후 발생한 대차대조표상의 이월결손금의 보전, 환율조정계정상의 금액과의 상계 등에 해당하는 경우를 제외하고는 이를 처분하지 못한다(자산재평가법28).

(2) 그러나 보험업법 122조의 특례에 따라 보험회사가 자산재평가법에 따른 재평가를 한 경우 그 재평가에 따른 재평가적립금은 금융위원회의 허가를 받아 보험계약자에 대한 배당을 위하여도 처분할 수 있다(법122).

(3) 보험회사는 보험업법 122조에 따라 재평가적립금의 처분에 관한 허가를 받으려면 신청서에 상법 447조에 따른 서류를 첨부하여 정기총회 개최일 2주 전에 금융위원회에 제출해야 한다(시행규칙31).

(2) 처분의 방법

(1) 생명보험회사는 재평가적립금(자산재평가법에 의한 자산재평가를 한 경우에 재평가차익에서 재평가일 1일 전의 대차대조표상의 이월결손금과 재평가세액을 공제한 후의 잔액을 말함)의 90% 이상을 계약자지분으로 처리하고 잔여액은 주주지분으로 처리한다(감독규정6-15①).

(2) 주주지분은 재평가일 이후 발생한 대차대조표상 이월결손금의 보전 또는 자본전입 등에 사용할 수 있다(감독규정6-15②). 생명보험회사는 주주지분 사용 시에 재평가적립금의 처리방법과 계약자지분의 처리에 대한 구체적인 계획을 금융감독원장에게 제출해야 한다(감독규정6-15④).

(3) 계약자지분은 부채계정으로 처리하고 금융감독원장의 승인을 받아 다음과 같이

사용한다(감독규정6－15③).

1. 계약자지분 중에서 2분의 1 이상을 과거 계약자의 몫으로 하여 공익법인에 출연한다.
2. 계약자지분 중에서 1호에 의하여 처리된 금액의 잔여액은 재평가일 1일 전 현재 1년 이상 유지된 보험계약에 대하여 계약자적립액에 비례하여 계산한 금액을 당해 계약자에게 지급한다.

(4) 위 (3)의 1호인 공익법인출연과 2호인 계약자배당금의 지급은 생명보험회사가 자본전입을 시작한 회계연도부터 실시해야 한다(감독규정6－15⑤).

15. 특별계정

(1) 의의

특정 보험종목에 대해 위험의 전이를 막고 수급권을 보호하기 위하여 일반계정과 분리하여 특별계정으로 독립하여 회계처리한다.

(2) 특별계정의 대상

보험회사가 특별계정으로 설정·운용하여야 하는 보험계약은 다음 각 호와 같다(감독규정5－6①).

1. 소득세법 20조의3 1항 2호 각 목 외의 부분에 따른 연금저축계좌를 설정하는 계약 조세특례제한법 86조의2에 의한 연금저축생명보험계약, 연금저축손해보험계약
2. 퇴직급여법 29조 2항에 따른 보험계약(퇴직연금실적배당보험계약 제외) 및 동법 부칙 2조 1항에 따른 퇴직보험계약
3. 생명보험회사가 판매하는 변액보험계약 및 퇴직급여법 29조 2항의 규정에 따라 보험회사가 판매하는 퇴직연금실적배당보험계약
4. 삭제
5. 손해보험회사가 판매하는 장기손해보험계약
6. 자산연계형보험계약(감독규정 7－65조 3항에 의한 공시이율을 적용하는 보험계약은 제외)
7. 외화보험계약(다만, 변액보험계약, 자산연계형보험계약은 제외)

(3) 용어 정의

특별계정과 관련한 용어의 정의는 다음 각 호와 같다(감독규정6－21).

1. ‘변액보험(퇴직연금실적배당보험 포함) 특별계정’이라 함은 납입보험료에 대한 운용손익을 전액 계약자에게 귀속시키기 위하여 운용하는 특별계정을 말한다.
2. ‘원리금보장형 특별계정’이라 함은 손익구조는 일반계정과 동일하나 수급권 보장을 위하여 자산을 별도로 운용하는 특별계정을 말한다.
3. ‘계약자적립금’이라 함은 일반계정에서 투입한 보험료, 기간이자 등의 투입원본액과 특별계정 운용에서 발생한 운용손익과 배당금 등을 가감한 금액을 말한다.

(4) 회계처리

(1) 특별계정은 일반계정과 분리하여 독립된 계정으로 회계처리해야 하며, 재무상태 및 경영성과를 적정하게 표시해야 한다(감독규정6-22).

(2) 특별계정의 자산과 부채는 각각 '특별계정자산'과 '특별계정부채'로 하여 총액으로 재무상태표에 계상한다(감독규정6-23①).

(3) 변액보험(퇴직연금실적배당보험 포함) 특별계정의 수익과 비용은 포괄손익계산서에 구분하여 표시하지 않고, 계약자적립금 적립 등을 반영하여 특별계정 포괄손익계산서에 별도로 표시한다(감독규정6-23②)

(4) 위 (2)와 (3)에도 불구하고 감독규정 5-6조 1항 1호, 2호, 5호 내지 7호[14]는 일반계정과 계정과목별로 합산하여 재무상태표에 계상한다(감독규정6-23③).

(5) 특별계정의 재무상태표와 포괄손익계산서의 서식은 금융감독원장이 정한다(감독규정6-23④). 이에 따라 금융감독원장이 정하는 재무상태표와 포괄손익계산서는 다음 각 호에 의한다(감독시행세칙4-13).

1. 감독규정 5-6조 1항 3호의 계약[15]: 감독시행세칙 [별지27] 및 [별지28]
2. 감독규정 5-6조 1항 1호, 2호, 4호 내지 7호의 계약[16]: 감독시행세칙 [별지65] 및 [별지66]

(6) 특별계정의 손익은 특별계정별로 산출해야 한다(감독규정6-23⑤).

(5) 손익조정

(1) 변액보험(퇴직연금실적배당보험 포함) 특별계정의 손익조정은 매일 실시함을 원칙으로 하며 공휴일인 경우에도 손익조정을 해야 한다(감독규정6-24①).

(2) 원리금보장형 특별계정의 손익조정은 일반계정의 회계처리방법을 준용한다(감독규정6-24②).

(6) 자산의 평가

(1) 특별계정 자산의 평가는 개별 특별계정별로 적용해야 한다(감독규정6-25①). 특별계정에 속하는 자산은 다음 각 호의 구분에 의한 방법으로 이를 평가한다(감독규정6-25

---

14) 감독규정 5-6조 1항 1호, 2호, 5호 내지 7호의 보험계약은 다음과 같다.
  1. 소득세법 20조의3 1항 2호 각 목 외의 부분에 따른 연금저축계좌를 설정하는 계약
  2. 퇴직급여법 29조 2항에 따른 보험계약(퇴직연금실적배당보험계약 제외) 및 동법 부칙 2조 1항 본문에 따른 퇴직보험계약
  5. 손해보험회사가 판매하는 장기손해보험계약
  6. 자산연계형보험계약(감독규정 7-65조 3항에 의한 공시이율을 적용하는 보험계약은 제외)
  7. 외화보험계약(다만, 변액보험계약, 자산연계형보험계약은 제외)

15) 감독규정 5-6조 1항 3호의 보험계약은 다음과 같다.
  3. 생명보험회사가 판매하는 변액보험계약 및 퇴직급여법 29조 2항의 규정에 따라 보험회사가 판매하는 퇴직연금실적배당보험계약

16) 위 각주 14)를 참조

②).

1. 변액보험(퇴직연금실적배당보험을 포함) 특별계정에 속하는 유가증권의 경우에는 자본시장법 238조 1항 본문의 규정에 의한 방법
2. 1호 이외의 자산의 경우에는 한국채택국제회계기준에서 규정한 방법

(2) 특별계정 자산평가와 관련하여 감독규정에서 정하지 않은 사항은 일반계정의 회계처리 방법을 준용한다(감독규정6-25⑤).

(7) 계약자적립금의 적립

(1) 특별계정의 계약자적립금은 다음 각 호의 방법에 의한다(감독규정6-26①).

1. 변액보험(퇴직연금실적배당보험 포함)은 회계연도 말 개별 특별계정에서 발생한 손익을 전액 해당 보험계약의 계약자적립금으로 적립한다.
2. 원리금보장형은 일반계정의 보험료 및 책임준비금 산출방법서에 따라 산출한 계약자적립금을 적립한다.

(2) 위 1호의 계약자적립금과 한국채택국제회계기준 1117호에 의한 책임준비금의 차액은 일반계정에 계상한다(감독규정6-26②).

(8) 특별계정의 운용으로 발생하는 손익의 처리

퇴직급여법 29조 2항에 따른 보험계약(퇴직연금실적배당보험계약 제외) 및 동법 부칙 2조 1항에 따른 퇴직보험계약의 특별계정 운용으로 인한 손실은 특별계정의 계약자이익배당준비금에서 우선적으로 충당하고, 부족한 경우에는 주주지분에서 전액 보전한다(감독규정6-27).

(9) 변액보험계약 및 퇴직연금실적배당보험계약의 좌수

생명보험회사가 판매하는 변액보험계약 및 퇴직급여법 29조 2항에 따라 보험회사가 판매하는 퇴직연금실적배당보험계약의 특별계정의 좌수 및 기준가격은 다음 각 호와 같이 산출한다(감독시행세칙4-14).

1. 좌수
특별계정 설정 시 1원을 1좌로 하며 그 이후에는 매일 좌당 기준가격에 따라 좌단위로 특별계정에 이체 또는 인출한다.
2. 좌당 기준가격
특별계정의 좌당 기준가격은 다음과 같이 산출하되, 1,000좌 단위로 원 미만 셋째 자리에서 사사오입하여 원 미만 둘째 자리까지 계산하며 최초판매개시일의 기준가격은 1,000좌당 1,000원으로 한다.
좌당 기준가격 = 당일 특별계정의 순자산가치[17] / 특별계정의 총좌수

17) 당일 특별계정의 순자산가치라 함은 당일 특별계정의 총자산에서 특별계정운용수수료와 최저사망

16. 보험상품자문위원회

(1) 목적

금융감독원장은 보험상품·계리·감리에 관한 사항을 심의하기 위하여 자문기구로서 보험상품자문위원회('위원회')를 설치할 수 있다(감독시행세칙4-4의2①).

(2) 구성

(1) 위원회는 위원장 1인을 포함하여 14인 이내의 위원으로 구성한다(감독시행세칙4-4의2②).

(2) 위원장은 금융감독원의 보험감독업무를 관장하는 임원으로 하며, 위원은 다음 각 호의 어느 하나에 해당하는 자 중에서 위원장이 위촉하는 자로 한다(감독시행세칙4-4의2③).

1. 보험회사, 보험관계단체 등에서 10년 이상 근무한 경력이 있는 자
2. 금융관련 분야의 석사학위 이상 소지자로서 연구기관 또는 대학에서 5년 이상 근무한 경력이 있는 자
3. 보험계리사, 변호사, 공인회계사의 자격을 가진 자로서 그 자격과 관련된 업무에 5년 이상 종사한 경력이 있는 자
4. 기타 보험계리 등에 관하여 1호부터 3호까지의 기준에 상당하다고 위원장이 인정하는 자

(3) 역할

위원회는 위원장이 필요하다고 인정하는 경우 다음의 사항을 심의할 수 있다(감독시행세칙4-4의2④).

1. 보험계리·상품감독정책 및 상품감리에 관한 사항
2. 보험상품·계리·감리와 관련된 기준 제·개정에 관한 사항
3. 삭제
4. 책임준비금 등의 적정성 검증에 관한 사항
5. 그 밖에 위원장이 부의하는 사항

(4) 회의 소집

위원회 회의는 위원장이 필요하다고 인정하는 때에 소집한다(감독시행세칙4-4의2⑤).

보험금보증비용을 차감한 금액으로 한다.

제 7 장

감독

제 1 절 재무건전성의 유지

제 1 관 재무건전성 기준

1. 의의

(1) 준수의무

보험회사는 보험금 지급능력과 경영건전성을 확보하기 위하여 다음 각 호의 사항에 관하여 대통령령으로 정하는 재무건전성 기준을 지켜야 한다(법123①).

1. 자본의 적정성에 관한 사항
2. 자산의 건전성에 관한 사항
3. 그 밖에 경영건전성 확보에 필요한 사항

(2) 취지

(1) 보험회사의 재무가 부실하면 보험계약자를 포함한 다수의 이해관계자가 손해를 입게 되고 나아가 보험산업, 국민경제에 부정적 영향을 미칠 수 있다.[1] 공공성, 사회성을 띠고 있는 보험회사가 재무건전성을 유지해야 할 이유이다. 오늘날 보험산업은 경쟁이 심화되고 다양한 리스크에 노출되어 있기 때문에 보험회사의 재무건전성 유지가 각별히 필요하다.

---

1) 헌재(전원) 2004.10.28. 99헌바91(부실금융기관을 그대로 방치할 경우 당해 금융기관의 주주를 포함하여 채권자인 예금주, 당해 금융기관으로부터 자금을 조달하는 다수의 기업과 개인 및 당해 금융기관과 거래관계에 있는 여타 금융기관 등 다수의 이해관계자들이 상당한 재산적 손실을 입을 것이 예상되고 나아가 국민경제 전체에 미치는 부정적인 효과가 매우 크므로, 금융거래의 안전과 예금자 보호 등 국민경제의 안정을 위하여 부실화된 금융기관에 대한 정부 등의 출자를 통하여 이를 회생시키고자 하는 것이 '금융산업의 구조개선에 관한 법률' 12조의 입법목적이다)

(2) 이에 보험업법은 보험회사가 재무건전성을 일정하게 유지하도록 규제를 한다. 규제방식은 보험회사가 준수해야 할 재무건전성 기준을 제시하고, 위반하는 경우 금융위원회가 일정한 시정조치를 취하도록 하는 방식이다.

(3) 구분

이하에서 구체적인 재무건전성 기준을 자본적정성, 자산건전성, 기타 경영건전성으로 구분해서 살펴보자. 보험업법 123조 1항은 구체적 재무건전성 기준을 보험업법시행령에 위임하고, 보험업법시행령 65조는 일정 사항을 직접 규정하고 나머지 사항을 금융위원회 고시에 위임한다.

2. 자본적정성

(1) 의의

자본적정성이란 보험회사가 보험계약자에 대해 지는 지급책임에 대비하여 적정한 자본을 보유하는 것을 가리킨다. 자본적정성이 확보되어야 보험회사는 자신의 지급책임을 제대로 이행할 수 있다.

(2) 지급여력비율

(1) 자본적정성을 확보하기 위해 보험회사는 100분의 100 이상의 지급여력비율을 유지해야 한다(시행령65②(1)).

(2) 지급여력비율이란 지급여력금액을 지급여력기준금액으로 나눈 비율이다(시행령65①(3)). 구체적으로 보면, 지급여력비율은 보험회사가 보험계약자에게 지급할 책임에 대비하여 적립하는 책임준비금 이외에 추가로 적립해야 할 여력의 기준금액(지급여력기준금액)에 대해 실제로 보유하는 순자산(지급여력금액)의 비율이고, 이는 100% 이상이어야 한다.

(3) 이하에서는 지급여력비율의 요소인 지급여력기준금액, 지급여력금액을 구체적으로 살펴보자.

(3) 지급여력기준금액

1) 의의

지급여력기준금액은 책임준비금 이외에 추가로 요구되는 여력의 기준금액이다. 즉 지급여력기준금액이란 보험업 경영에 따른 위험을 금융위원회 고시가 정하는 대로 환산한 금액이다(시행령65①(2)).

2) 목적

(1) 보험회사는 장래에 보험계약자에게 지급해야 할 보험금 및 지급금 등을 확보하기 위해 일정한 준비금, 즉 책임준비금을 보유하도록 요구된다.[2] 그런데 보험업 경영에 수반

2) 이경룡, 보험학원론, 2008, 433면

되는 예상하기 어려운 위험 때문에 책임준비금 보유만으로 보험금 및 지급금 등을 충당하기 어려운 경우가 있을 수 있다. 보험리스크, 금리리스크 등 때문에 책임준비금이 실제 지급할 금액에 비해 부족해지는 경우가 생길 수 있는 것이다. 당초 예상보다 보험사고가 많이 발생하여—즉 보험리스크가 생겨서—지급할 보험금이 증가한 경우가 그 예에 해당한다. 시장리스크, 신용리스크 등 때문에 자산가치가 하락하여 보험회사가 보유하는 지급능력이 책임준비금에 비해 감소하는 경우도 생길 수 있다.

(2) 요컨대, 지급여력기준금액은 보험회사가 예상하기 어려운 보험업 경영상 위험이 발생하여 책임준비금만으로 지급책임을 다하지 못하는 경우에 대비하여 책임준비금 이외에 보험회사가 추가로 보유해야 하는 여력의 기준금액이다.

3) 산정기준

i) 내용

(1) 지급여력기준금액은 보험업 경영에 따른 위험의 범위와 정도를 어디까지 인정하는가에 달린 사항이고, 대내외 시장상황, 경제상황 등이 고려되어 결정된다.

(2) 지급여력기준금액은 아래 1호에서 정한 위험액에 대해 2호의 방법으로 산출한다(감독규정7-2①).

1. 위험액 산출대상: 보험위험액, 금리위험액, 신용위험액, 시장위험액, 운영위험액
2. 지급여력기준금액은 위험액을 기초로 아래 수식을 적용하여 산출한다. 다만, 각 위험액 사이의 상관관계를 나타내는 상관계수는 금융감독원장이 정한다.[3)]

$$\text{지급여력기준금액} = \sqrt{\sum_i \sum_i (\text{위험액}_i \times \text{위험액}_i) \times \text{상관계수}_{ij}} + \text{운영위험액}$$

(단, i, j는 보험, 금리, 신용, 시장)

ii) 위험액 산출대상

① 보험위험액

보험위험액은 아래 1호의 보험가격위험액과 2호의 준비금위험액에 대해 산출한다(감독규정7-2①본). 다만, 기업성보험 등 사고심도가 높은 일반손해보험계약의 경우에는 별도의 위험액을 산출하여 보험위험액에 추가로 반영할 수 있다(감독규정7-2①단).

1. 보험가격위험액은 보험회사의 모든 보험계약에 대하여 보험료(또는 위험보험료) 및 보험가입금액에 위험계수 등을 곱하여 산출
2. 준비금위험액은 감독규정 1-2조 11호의 일반손해보험계약에 대하여 지급준비금에 위험계수 등을 곱하여 산출

---

3) 이에 대해서는 감독시행세칙 5-7조의3 및 [별표22]가 규정하고 있다.

② 금리위험액

금리위험액은 아래 1호의 금리부자산 금리민감액에서 2호의 보험부채 금리민감액을 차감한 금액의 절대값에 금리변동계수를 곱하여 산출한 금액(최저금리위험액을 최저한도로 한다)에 금리역마진위험액을 가산하여 산출한다(감독규정7-2③).

1. 금리부자산 금리민감액은 금리부자산의 금리위험 노출금액과 금리민감도를 곱하여 산출
2. 보험부채 금리민감액은 보험부채의 금리위험 노출금액과 금리민감도를 곱하여 산출

③ 신용위험액

신용위험액은 단기매매증권을 제외한 자산, 장외 파생금융거래의 신용위험 노출금액 및 대차대조표 난외에 계상된 항목 중에 금융감독원장이 정하는 방식으로 계산한 금액에 위험계수를 곱하여 산출하되, 일반계정과 감독규정 5-6조 1항 1호, 2호 및 4호 내지 6호의 특별계정[4]을 대상으로 산출한다(감독규정7-2④).

④ 시장위험액

시장위험액은 아래 1호의 일반시장위험액과 2호의 변액보험 보증위험액을 합산한 금액으로 한다(감독규정7-2⑤).

1. 일반시장위험액은 단기매매증권, 외국통화표시 자산, 외국통화표시 부채 및 파생금융거래의 시장위험 노출금액에 위험계수를 곱하여 산출하되, 일반계정 및 감독규정 5-6조 1항 1호, 2호 및 4호 내지 6호에 해당하는 특별계정을 대상으로 산출한다.[5]
2. 변액보험 보증위험액은 보험업법 108조 1항 3호에 규정된 변액보험계약을 대상으로 장래지출예상액에서 장래수입예상액을 차감한 금액에서 보증준비금을 차감하여 산출한다.

⑤ 운영위험액

(1) 운영위험액은 운영위험 노출금액과 위험계수를 곱하여 산출한다(감독규정7-2⑥).

(2) 운영위험이란 경영자위험, 평판위험 등을 가리킨다.

iii) 위험액 산정방법

(1) 위험액은 금융감독원장이 정하는 기준에 따라 위험액을 산출하는 모형('표준모형') 또는 보험회사의 자체 통계에 기초하여 위험액을 산출하는 모형('내부모형')을 사용하여 산출할 수 있다(감독규정7-2⑦전). 이 경우 내부모형에 대한 세부 사항은 금융감독원장이 정

4) 감독규정 5-6조 1항 1호, 2호 및 4호 내지 6호에 해당하는 특별계정은 다음과 같다.
1. 소득세법 20조의3 1항 2호 각 목 외의 부분에 따른 연금저축계좌를 설정하는 계약
2. 퇴직급여법 16조 2항의 규정에 따른 보험계약(퇴직연금실적배당보험계약 제외) 및 동법 부칙 2조 1항의 규정에 따른 퇴직보험계약
4. 조세특례제한법 86조의 규정에 의한 세제지원개인연금손해보험계약
5. 손해보험회사가 판매하는 장기손해보험계약
6. 자산연계형보험계약(감독규정 6-12조 3항에 의한 공시이율을 적용하는 보험계약은 제외)

5) 감독규정 5-6조 1항 1호, 2호 및 4호 내지 6호에 해당하는 특별계정은 바로 위의 각주를 참조

하여 제시할 수 있다(감독규정7-2⑦후).

(2) 위 (1)에 따라 금융감독원장이 정하는 기준 및 세부사항은 감독시행세칙 5-7조의3 및 [별표22]가 규정하고 있다.

iv) 연결재무제표 기준

지급여력기준금액은 원칙상 한국채택국제회계기준(K-IFRS)에 따른 연결재무제표를 기준으로 산출하고, 그 세부사항은 금융감독원장이 정한다(감독규정7-2의2). 이에 따라 금융감독원장이 정하는 사항에 대해서는 감독시행세칙 5-7조의3 및 [별표22]가 규정하고 있다.

(4) 지급여력금액

1) 의의

지급여력금액은 보험회사가 실제로 추가 보유한 여분의 금액이다. 지급여력금액은 보험회사의 순자산을 가리킨다.[6)]

2) 산정기준

i) 일반 재무제표 기준

(1) 지급여력금액은 아래 (2)의 1호와 2호를 합산하고, 3호를 차감하여 산출한다(감독규정7-1).

(2) 합산항목과 차감항목을 정하고 있는 감독규정 7-1조의 내용은 다음과 같다.

1. 재무상태표에서 부채금액을 초과하는 자산금액('순자산')으로 다음 각 목의 항목으로 구성된다.
   가. 보통주자본금 및 자본잉여금
   나. 우선주자본금 및 자본잉여금(누적적우선주 제외)
   다. 이익잉여금
   라. 기타포괄손익누계액
   마. 자본금에 준하는 경제적 기능(후순위성, 영구성 등)을 가진 것으로서 금융감독원장이 정하는 기준을 충족하는 자본증권
   바. 가목부타 마목까지의 항목 및 금액 이외에 손실보전에 사용될 수 있다고 금융감독원장이 인정하는 항목
2. 감독규정 7-2조의2의 재무상태표에서 부채에 해당하나, 손실보전에 사용할 수 있는 금액으로 다음 각 목의 항목
   가. 감독규정 7-9조 1항 5호의 규정에 의한 후순위채무액
   나. 1호의 각 목보다 자본성이 낮은 것으로 인정되는 항목 중 가목 이외에 손실보전에 사용될 수 있다고 금융감독원장이 인정하는 항목

6) 최동준(보험업법2) 341면. 지급여력금액으로서의 순자산은 자산에서 부채를 제외한 금액으로서 감독 관점의 개념이다. 이것과 재무제표의 순자산과 반드시 일치하지는 않는다.

3. 주식할인발행차금, 자기주식 등 감독규정 7-2조의2의 재무상태표의 자산 또는 자본 중 보험회사의 예상하지 못한 위험으로 인한 손실보전에 사용될 수 없다고 금융감독원장이 인정하는 금액

ii) 연결재무제표 기준

지급여력금액은 원칙상 한국채택국제회계기준(K-IFRS)에 따른 연결재무제표를 기준으로 산출하고, 그 세부사항은 금융감독원장이 정한다(감독규정7-2의2). 이에 따라 금융감독원장이 정하는 사항에 대해서는 감독시행세칙 5-7조의3 및 [별표22]가 규정하고 있다.

3. 자산건전성

(1) 의의

자산건전성이란 보험회사가 자신이 보유하는 자산을 건전한 상태로 유지하는 것을 가리킨다. 자산건전성이 적정하게 확보되어야 보험회사 자본이 부실해지는 현상을 막을 수 있다.

(2) 분류 및 적립 의무

(1) 자산건전성을 확보하기 위해서, 보험회사는 보유자산의 건전성을 정기적으로 분류하고 대손충당금을 적립해야 한다(시행령65②(2)). 보유자산의 건전성 정도를 평가하여 불건전 자산이 생기는 현상을 미리 방지하고 이미 발생한 불건전 자산은 조기에 정상으로 만들어 자산건전화를 도모하기 위해서이다.

(2) 이하에서는 건전성 분류와 대손충당금 적립을 구분해서 살펴보기로 한다.

(3) 건전성 분류

1) 5단계 분류

보험회사는 정기적으로 차주의 채무상환능력과 금융거래내용 등을 감안하여 보유자산 등의 건전성을 "정상", "요주의", "고정", "회수의문", "추정손실"의 5단계로 분류해야 한다(감독규정7-3①).

2) 분류의 대상

5단계 분류의 대상인 보유자산 등은 다음 각 호에서 정하는 자산을 말하고, 특별계정의 해당 자산을 포함한다(감독규정7-3②).

1. 명칭 등 형식에 불구하고 경제적 실질이 이자수취 등을 목적으로 담보를 제공받거나 신용으로 일정기간 동안 또는 동기간 종료 시에 원리금의 반환을 약정하고 자금을 대여하여 발생한 채권('대출채권')
2. 유가증권
3. 보험미수금

4. 미수금 · 미수수익 · 가지급금 및 받을어음 · 부도어음
5. 그 밖에 보험회사가 건전성 분류가 필요하다고 인정하는 자산

(4) 대손충당금 적립

1) 의의

(1) 보험회사는 자산건전성 분류에 따라서 적정한 수준의 대손충당금(대손준비금 포함)을 적립해야 한다(감독규정7-3①).

(2) 보험회사는 "회수의문" 및 "추정손실"로 분류된 자산은 조기에 상각하여 자산의 건전성을 확보해야 한다(감독규정7-3⑤).

2) 세부기준

i) 원칙

보험회사는 결산 시(분기별 임시결산을 포함) 보유자산 등에 대한 대손충당금 적립액이 다음 각 호에서 정한 금액에 미달하는 경우 그 차액을 대손준비금으로 적립(분기별 임시결산 시로서 대손준비금 적립이 확정되지 않은 경우에는 적립예정금액을 산정하는 것을 말함)하되, 이익잉여금에서 보험업법 및 다른 법률에 따라 적립한 적립금을 차감한 금액을 한도로 한다(감독규정7-4①본). 다만, 미처리결손금이 있는 경우에는 미처리결손금이 처리된 때부터 대손준비금을 적립하며, 기존에 적립한 대손준비금이 결산일 현재 적립해야 하는 대손준비금을 초과하는 경우에는 그 초과하는 금액을 환입할 수 있다(감독규정7-4①단).

1. 감독규정 7-3조 2항 1호 및 3호 내지 5호의 자산에 대한 건전성 분류 결과에 따라 다음 각 목에서 정하는 금액
   가. "정상"분류 자산 금액의 0.5% 이상
   나. "요주의"분류 자산 금액의 2% 이상
   다. "고정"분류 자산 금액의 20% 이상
   라. "회수의문"분류 자산 금액의 50% 이상
   마. "추정손실"분류 자산 금액의 100%
2. 가계대출채권(개인에 대한 생활자금 또는 주택자금 등 비영리용도의 대출과 사업자로 등록되지 아니한 개인에 대한 부업자금 대출 등을 말함)에 대하여는 다음 각 목에서 정하는 금액
   가. "정상"분류 자산 금액의 1% 이상
   나. "요주의"분류 자산 금액의 10% 이상
   다. "고정"분류 자산 금액의 20% 이상
   라. "회수의문"분류 자산 금액의 55% 이상
   마. "추정손실"분류 자산 금액의 100%
3. 부동산 프로젝트 파이낸싱 대출채권에 대하여는 다음 각 목에서 정하는 금액
   가. "정상"분류 자산 금액의 0.9% 이상
   나. "요주의"분류 자산 금액의 7% 이상

다. "고정"분류 자산 금액의 20% 이상
라. "회수의문"분류 자산 금액의 50% 이상
마. "추정손실"분류 자산 금액의 100%

4. 미사용약정에 대하여 다음 각 목에서 정하는 금액의 합계금액. 이 경우 감독규정 [별표1의 2]의 신용환산율에 의해 환산된 금액을 기준으로 산정한다.
가. 기업자금 미사용약정: 건전성 분류에 따라 1호 각 목에서 정하는 기준율에 의해 산정한 금액의 합계금액
나. 가계자금 미사용약정: 건전성 분류에 따라 2호 각 목에서 정하는 기준율에 의해 산정한 금액의 합계금액

ii) 예외

(1) 보험회사는 차주가 대한민국 정부 또는 지방자치단체인 자산과 "정상"으로 분류된 환매조건부채권매수, "정상"으로 분류된 미수수익 중 대출채권에 대한 미수수익이 아닌 자산 및 가지급금 중 대출성격의 가지급금이 아닌 자산에 대하여는 대손충당금 등을 적립하지 않을 수 있다(감독규정7-4②).

(2) 보험회사는 '기업구조조정 촉진법' 13조에 따라 우선 변제권이 인정되는 "고정"·"회수의문"·"추정손실" 분류 자산에 대해서는 예상되는 손실규모를 별도로 평가하여 위 i)에 따라 적립해야 할 충당금의 100분의 50 이상으로 적립할 수 있다(감독규정7-4④).

(3) 금융감독원장은 '금융기관 검사 및 제재에 관한 규정'에서 정하는 금융사고가 발생하여 보험회사의 전월 말 현재 자산총액의 0.5%에 상당하는 금액을 초과하는 손실이 발생했거나 발생이 예상되는 경우에는 당해 보험회사에 대하여 해당 분기 말까지 손실예상액 전액을 대손충당금 등으로 적립할 것을 요구할 수 있다(감독규정7-4③). 이에 따라 보험회사가 대손충당금 등을 적립한 후 당해 손실예상분에 대한 자산건전성 분류가 확정되는 경우에는 동 충당금 등을 환입하고 위 i)에 의하여 대손충당금 등을 적립할 수 있다(감독규정7-4⑤).

(5) 관련 사항

1) 세부기준

보험회사는 감독규정 [별표13] 및 7-4조에서 정하는 기준을 반영하여 차주의 채무상환능력 평가기준을 포함한 자산건전성 분류 및 대손충당금 적립을 위한 세부기준을 정해야 한다(감독규정7-3④).

2) 내부통제체제

보험회사는 자산건전성 분류 및 대손충당금 적립의 적정성·객관성을 확보하기 위하여 독립된 대출감사기능을 유지하는 등 필요한 내부통제체제를 구축·운용해야 한다(감독규정7-3③).

3) 보고의무

보험회사는 자산건전성 분류업무와 관련하여 다음 각 호의 사항을 금융감독원장에게 보고해야 한다(감독규정7-3⑥전). 이 경우 1호에 의한 보고는 보고사유가 발생한 때에 지체 없이 하고, 2호에 의한 보고는 사업연도 중에는 분기종료 후 1월 이내에, 사업연도 말에는 사업연도 종료 후 2월 이내에 해야 한다(감독규정7-3⑥후).

1. 세부기준을 제정하거나 변경한 경우 그 내용
2. 자산건전성 분류 및 대손충당금 등 적립 현황

4) 시정요구

금융감독원장은 보험회사의 자산건전성 분류 및 대손충당금 적립의 적정성을 점검하고, 부적정하다고 판단되면 시정을 요구할 수 있다(감독규정7-3⑦).

4. 기타 경영건전성

(1) 의의

보험회사의 위험, 유동성 및 재보험의 관리에 관하여 금융위원회가 정하여 고시하는 기준을 충족해야 한다(시행령65②(3)). 보험업법시행령 65조 2항 3호가 외환건전성 관리는 언급하고 있지 않지만 이는 넓은 의미의 위험 관리에 포함될 수 있다. 이하에서는 위험관리, 유동성 관리, 재보험 관리, 외환건전성 관리로 구분해서 살펴본다.

(2) 위험 관리

1) 의의

(1) 보험회사는 업무와 관련된 여러 위험을 관리해야 한다. 이에 대해서는 감독규정 7-5조부터 7-8조까지가 규정하고 있다. 여기서는 이를 중심으로 기술한다.

(2) 이외에도 지배구조법은 금융회사의 위험관리제도에 대해서 규정하고 있다. 즉 지배구조법 27조~30조, 동법시행령 22조~25조, 지배구조감독규정 13조~14조가 위험관리기준 및 위험관리책임자에 대해서 규정하고 있다. 그리고 이사회 내 위험관리위원회에 대해서는 지배구조법 16조 1항 3호, 지배구조감독규정 8조 등이 규정하고 있다. 이러한 위험관리제도가 보험회사에도 적용됨은 물론이다. 따라서 보험회사 위험관리의 전체를 알기 위해서는 감독규정뿐만 아니라 지배구조법도 같이 살펴보아야 한다. 지배구조법상 위험관리제도에 대해서는 본서 제3장 보험회사, 제2절 보험회사의 지배구조 부분에서 기술한 바 있다.

2) 위험관리체제

i) 의의

보험회사는 보험영업, 자산의 운용 또는 그 밖에 업무 영위과정에서 발생하는 제반 위험을 적시에 인식·측정·감시·통제하는 등 위험을 적절히 관리하고 내부 자본적정성을 평가·관리할 수 있는 체제를 갖추어야 한다(감독규정7-5①). 이것이 보험회사가 내부에서 독자적으로 행하는 '자체 위험 및 지급여력 평가 체제'(ORSA: Own Risk and Solvency Assessment)이다(감독규정7-5①).

ii) 내용

① 감독규정

(1) 보험회사는 각종 거래에서 발생하는 보험위험, 금리위험, 시장위험, 신용위험 및 운영위험 등 주요 위험을 종류별로 측정하고 관리해야 한다(감독규정7-5②). 보험회사는 이러한 위험 측정의 결과를 내부적으로 관리할 지급여력기준액 산출 등 경영목표 수립에 적절히 반영해야 한다(감독규정7-5③). 보험회사는 위험을 효율적으로 관리하기 위하여 보장위험담보별, 거래별, 부서별 또는 담당자별 위험부담한도 및 거래한도 등을 적절히 설정·운용해야 한다(감독규정7-5④). 보험회사는 주요 위험의 변동상황을 자회사와 연결하여 종합적으로 인식하고 감시해야 한다(감독규정7-5⑥).

(2) 금융감독원장은 보험회사의 재무건전성 확보 및 지도 등을 위하여 필요한 경우 위험액 산출에 관한 세부자료를 보험회사에 요구할 수 있다(감독규정7-5⑤).

② 감독시행세칙

(1) 감독시행세칙 5-6조의2는 ORSA에 대해서 다음과 같이 규정한다. 다만, 이 규정은 상위법령의 명시적 위임이 없는 행정규칙이다.

(2) ORSA는 다음 각 호의 사항을 포함한다(감독시행세칙5-6의2①).

1. 연 1회 이상 정기적으로 실시하여 이사회의 승인을 받을 것
2. 현재 직면하고 있거나 가까운 장래에 직면할 수 있는 중요한 리스크를 모두 식별·평가할 것
3. 장래 사업 지속을 위해 필요한 지급여력 수준을 평가할 것
4. 회사의 리스크 특성·규모·복잡성 등을 적정하게 반영하기 위해 중요리스크(최소 1개 이상)에 대해 내부모형을 활용하고, 통합리스크 관리를 위한 내부모형 구축 계획을 이사회에서 승인할 것
5. 평가결과를 한도설정, 자본계획, 성과평가, 배당결정 등 경영관리와 의사결정에 활용할 것

(3) 위 (1)에도 불구하고 보험회사는 내부모형 활용 등이 미흡할 경우 이사회에서 결정한 바에 따라 ORSA의 구축을 유예할 수 있다(감독시행세칙5-6의2②).

(4) 금융감독원장은 경영실태평가를 통해 보험회사 ORSA의 적정성을 평가할 수 있다(감독시행세칙5-6의2③).

3) 위험관리조직

i) 이사회 및 위험관리위원회

(1) 보험회사(외국보험회사의 국내지점을 제외)의 이사회는 위험관리에 관한 다음 각 호의 사항을 심의·의결한다(감독규정7-6①본). 다만, 효율적인 위험관리를 위하여 필요하다고 인정되는 경우 이사회 내에 위험관리를 위한 위원회('위험관리위원회')를 설치하고 그 업무를 수행하게 할 수 있다(감독규정7-6①단).

1. 경영전략에 부합하는 위험관리기본방침의 수립
2. 보험회사가 부담이 가능한 위험(공시이율 등) 수준의 결정
3. 적정투자한도 또는 손실허용한도의 승인
4. 위험관리세부기준의 제정 및 개정
5. 금융감독원장이 정하는 방법에 따른 위기상황분석('위기상황분석') 결과(이 경우 해외의 영업현황을 고려하여야 한다)
6. 위기상황분석 결과와 관련된 자본관리계획
7. 감독규정 7-12조의2 1항부터 4항까지의 내용 등 재보험 관리에 필요한 기준의 수립 및 변경
8. 건전성감독기준 재무상태표의 자산·부채평가에 적용할 확률론적 시나리오에 대한 유효성 검증방법 및 결과

(2) 지배구조법에 따르면 보험회사는 상법 393조의2에 따른 이사회 내 위원회로서 위험관리위원회를 설치해야 한다(지배구조법16①(3)). 다만, 최근 사업연도 말 현재 자산총액이 5조 원 미만(주권상장법인인 경우는 2조 원 미만)인 보험회사에 대해서 위험관리위원회 설치의무를 적용하지 않는다(지배구조법3③(2),동법시행령6③단·(3)). 그 설치의무가 없는 보험회사라도 상법 392조의2에 따라 위험관리위원회를 설치하는 것은 가능하다. 위험관리위원회는 위험관리에 관한 일정한 사항을 심의·의결하는데(지배구조법21,지배구조감독규정8), 이에 대해서는 본서 제3장 보험회사, 제2절 보험회사의 지배구조 부분에서 기술한 바 있다.

ii) 위험관리책임자와 위험관리전담조직

(1) 보험회사는 경영상 발생할 수 있는 위험을 실무적으로 종합관리하고, 위험관리업무와 관련하여 이사회 또는 위험관리위원회를 보좌할 수 있는 위험관리책임자와 전담조직을 두어야 한다(감독규정7-6②). 다만, 위험관리전담조직은 최근 사업연도 종료일 현재 자산총액이 3천억 원 이상인 보험회사만 둘 의무가 있다(감독시행세칙5-3).

(2) 위험관리전담조직은 영업부서 및 자산운용부서와는 독립적으로 운영되어야 하고 다음 각 호의 업무를 수행한다(감독규정7-6③).

1. 위험한도의 운용상황 점검 및 분석
2. 위험관리정보시스템의 운영
3. 이사회 또는 위험관리위원회에 대한 위험관리정보의 적시 제공

4) 주택담보대출에 대한 위험관리

(1) 보험회사는 주택담보대출 취급 시에 보험업법시행령 65조 4항에 따라 재무건전성이 유지되도록 감독규정 [별표21]에서 정하는 담보인정비율, 총부채상환비율, 기타 주택담보대출 취급 및 만기연장에 대한 제한 등을 준수해야 한다(감독규정7－5의2①).

(2) 금융감독원장은 보험회사의 재무건전성 등을 감안하여 긴급하다고 인정하는 경우 감독규정 [별표21]에서 정한 담보인정비율 및 총부채상환비율을 10% 포인트 범위 이내에서 가감하는 조정을 할 수 있다(감독규정7－5의2②전). 이 경우 금융감독원장은 그 내용을 지체 없이 금융위원회에 보고해야 한다(감독규정7－5의2②후). 또한, 금융감독원장은 위 (1)의 담보인정비율 및 총부채상환비율의 산정방법 및 적용대상의 세부판단기준, 주택담보대출 취급 및 만기연장 제한 등과 관련한 세부적인 사항을 정할 수 있으며(감독규정7－5의2③), 이에 대해서는 감독시행세칙 [별표21]에서 정하고 있다.

5) 파생금융거래에 관한 기록 유지 등

(1) 보험회사는 선물, 선도, 옵션, 스왑 등 파생금융거래 및 그 밖에 재무제표에 표시되지 않는 거래에 관한 기록(당해 거래를 위한 계약서와 부속서류를 포함)을 발생시점 기준으로 작성, 유지해야 한다(감독규정7－8①). 보험회사는 파생금융거래에 필요한 자격과 능력을 갖춘 직원을 관련 부서에 배치하여 거래가격 및 거래절차의 적정성을 검토하여야 하며, 거래실행부서와 사후관리부서를 독립적으로 운영해야 한다(감독규정7－8③).

(2) 보험회사의 이사회 또는 위험관리위원회는 매년 회사의 자산부채관리방침, 위험감내능력 등을 종합적으로 고려하여 파생금융거래전략을 승인해야 한다(감독규정7－8②전). 파생금융거래전략에는 파생금융거래의 목적, 위험의 종류, 위험측정·관리 방법, 거래한도, 거래 실행부서 및 사후관리부서의 역할과 책임 등이 포함되어야 한다(감독규정7－8②후).

(3) 보험회사는 파생금융거래전략의 준수여부를 정기적으로 감사하고 이사회 또는 위험관리위원회에 보고해야 한다(감독규정7－8④).

(3) 유동성 관리

(1) 보험회사는 유동성 관리를 위해서 행하는 자금차입에서 일정한 규제를 받는다. 즉 보험회사는 보험업법 123조에 따른 재무건전성 기준을 충족시키기 위한 경우 또는 적정한 유동성을 유지하기 위한 경우에만 일정한 방법으로 자금을 차입할 수 있다(시행령58②).

(2) 자금차입의 제한에 대해서는 보험업법시행령 58조 2항부터 4항까지, 감독규정 7－9조부터 7－11조의2까지가 규정하고 있다. 이에 대해서는 본서 제5장 자산운용 부분에서 자세히 살펴본 바 있다.

(4) 재보험 관리

1) 보고의무

(1) 보험회사는 다음 각 호의 어느 하나에 해당하는 재보험계약을 체결하거나 동 계약의 조건을 변경하는 경우에는 계약체결 후 1개월 이내에 계약체결 내용을 금융감독원장에게 제출해야 한다(감독규정7－12①).

1. 예상 투자수익을 감안하여 재보험료 산정
2. 상당한 보험위험의 전가가 없는 재보험계약으로서 금융감독원장이 정하는 계약
3. 보험회사가 영업보험료를 출재하는 재보험 계약('공동재보험')

(2) 위 (1)의 2호에 따른 재보험계약의 보험위험전가 평가기준에 대해서는 감독시행세칙 5－17조의2 및 [별표28]이 정하고 있다.

2) 위험관리전략 등

(1) 보험회사는 재보험 계약과 관련한 재무건전성을 관리하기 위해 재보험 위험관리전략을 수립하여 운영해야 한다(감독규정7－12의2①전). 이 경우 위험관리전략을 수립함에 있어 보험회사의 자본관리계획, 위험관리 기본방침, 사업규모, 위험의 특성, 위험의 감내능력 등을 고려해야 한다(감독규정7－12의2①후). 보험회사는 재보험 위험관리전략을 이행하기 위해서 필요한 내부통제체계를 구축하여 운영해야 한다(감독규정7－12의2③).

(2) 보험회사는 재보험 계약과 관련된 계약서류 및 합의내용 등 일체의 자료 및 정보를 문서화(자기테이프디스켓, 그 밖의 정보보존장치를 포함)한 서류를 작성하여 관리해야 한다(감독규정7－12의2②).

(3) 금융감독원장은 위 (1) 및 (2)에 따른 재보험 위험관리전략의 수립 및 운영, 재보험계약 관련 자료 및 정보의 관리, 내부통제체계의 구축운영 등에 관하여 세부적인 절차 및 기준을 정할 수 있다(감독규정7－12의2④). 이에 따라 감독시행세칙 5－17조의3 및 [별표28의1]이 이에 대해 정하고 있다.

3) 자체 보유의무

(1) 보험회사는 보험위험의 인수 및 보유에 따른 비용 등 합리적인 사업비를 충당할 수 있도록 개별 일반손해보험(자동차보험 제외)의 계약별로 인수한 보험위험의 100분의 10 이상을 보유해야 한다(감독규정7－12의2⑤본). 이는 국내 보험회사의 위험인수능력을 높이자는 취지이다. 다만, 다음 각 호의 어느 하나에 해당하는 경우에는 그렇지 않다(감독규정7－12의2⑤단).

1. 위험관리위원회가 보험계약의 특수성, 위험분석, 회사의 재무여건 등을 감안하여 보험위험을 100분의 10 이상 보유하는 것이 어렵다고 결정하는 경우
2. 재보험 계약을 인수한 보험회사가 당해 재보험 계약에 대해 다시 재보험에 가입하는 경우

(2) 위 (1)을 준수했는지는 원수보험료에서 재보험료를 차감한 금액이 원수보험료의 100분의 10 이상인지를 기준으로 한다(감독규정7-12의2⑥).

4) 적격 재보험사의 목록

(1) 보험요율산출기관은 보험업법 176조 3항 2호에 따라 보험업법시행령 63조 3항 1호 및 2호에 해당하지 않는 보험회사('적격 재보험사')의 목록을 작성관리하는 업무를 수행할 수 있고, 금융감독원장은 보험회사가 적격 재보험사의 목록을 활용하는 기준 등 세부사항을 정할 수 있다(감독규정7-12의2⑦).

(2) 위 (1)에서 보험업법시행령 63조 3항 1호 및 2호에 해당하지 않는 적격 재보험사는 재보험을 받은 회사로서 다음 각 호에 해당하지 않는 경우를 말한다.

1. 국내외 감독기관이 정하는 재무건전성에 관한 기준을 충족하지 못하는 경우
2. 국제적으로 인정받는 신용평가기관에서 실시한 최근 3년 이내의 신용평가에서 평가등급(이에 상응하는 국내 신용평가기관의 신용등급을 포함)이 투자적격이 아닌 경우. 다만, 외국정부가 자본금의 2분의 1 이상을 출자한 외국보험회사로서 국제적으로 인정받는 신용평가기관에서 실시한 최근 3년 이내의 신용평가에서 해당 정부가 받은 국가신용등급이 투자적격인 경우는 제외한다.

(3) 위 (1)에 따르면 금융감독원장은 보험회사가 적격 재보험사의 목록을 활용하는 기준 등 세부사항을 정할 수 있는데, 이를 규정하고 있는 것이 감독시행세칙 5-17조의3 및 [별표28의1]이다.

5) 공동재보험 허용범위 설정 등

(1) 보험회사가 영업보험료를 출재하는 재보험 계약의 경우에는 보험회사와 재보험 계약을 인수한 보험회사 간에 재보험료 수수 및 보험금 지급과 관련하여 사전에 일정한 비율을 정하는 형태의 계약('비례재보험계약')이어야 한다(감독규정7-12의2⑧).

(2) 위 (1)에 따른 비례재보험계약을 체결하기 위해서는 보험계약을 인수 받는 보험회사는 보험업감독규정 7-12의2 7항에 따른 적격 재보험회사이어야 하며, 해당 적격 재보험사가 적격 재보험사의 지위를 상실할 경우 해당 내용을 알게 된 후 1개월 이내에 해당 계약의 처리 방안을 금융감독원장에게 제출해야 한다(감독규정7-12의2⑨).

6) 회계처리 등

(1) 계약기간이 1년을 초과하는 재보험 계약에 대하여는 동 계약에 의해 발생하는 보험료, 보험금 및 수수료 등 수익과 비용은 그것이 발생한 기간에 정당하게 배분되도록 회계처리해야 한다(감독규정7-13①).

(2) 보험업법시행령 63조 2항 각 호의 요건을 충족하지 않는 계약에 대하여는 예치금 또는 예수금으로 회계처리해야 한다(감독규정7-13②,시행령63②). 보험업법시행령 63조 2항

각 호의 요건은 다음과 같다.

1. 보험위험의 전가가 있을 것
2. 해당 재보험계약으로 인하여 재보험을 받은 회사에 손실 발생 가능성이 있을 것

(3) 보험회사가 보험업법시행령 63조 3항에 따라 재보험자산을 감액하는 경우에는 이를 전액 감액해야 한다(감독규정7－13③본). 다만, 재보험자산에서 재보험을 받은 해당 보험회사가 가입한 보험계약의 책임준비금을 차감하여 감액할 수 있다(감독규정7－13③단).

(4) 보험회사가 재보험사와 공동재보험계약을 체결하는 경우 회계처리는 다음과 같으며, 금융감독원장은 기타 회계처리에 필요한 사항을 정할 수 있다(감독규정7－13④).

1. 보험회사가 공동재보험계약을 통해 책임준비금을 재보험사에 이전하면서 책임준비금을 초과하여 재보험료 이외의 금액을 지급하는 경우 보험회사는 이를 선급비용으로서 자산으로 계상하여 계약기간에 걸쳐 상각하여 비용처리하고 재보험사는 선수수익으로서 부채로 계상하여 계약기간에 걸쳐 상각하여 이익으로 처리한다.
2. 보험회사가 공동재보험계약을 통해 장부상 책임준비금보다 적은 금액을 재보험사에 이전하는 경우 그 차액에 대해 보험회사는 이를 선수수익으로서 부채로 계상하여 계약기간에 걸쳐 상각하여 수익처리하고 재보험사는 선급비용으로서 자산으로 계상하여 계약기간에 걸쳐 상각하여 비용처리한다.

7) 불리한 조건의 재보험계약

(1) 보험회사는 보험업법시행령 57조 2항에 따라 대주주의 특수관계인에서 제외되는 자('공익법인등')에게 자산을 무상으로 양도하거나 일반적인 거래 조건에 비추어 그 보험회사에 뚜렷하게 불리한 조건으로 자산에 대하여 매매·교환·신용공여 또는 재보험계약('자산의 무상양도등')을 하는 경우 다음 각 호를 준수해야 한다(감독규정7－13의2①).

1. 자산의 무상양도등을 하기 전에 이사회 의결을 거칠 것
2. 자산의 무상양도등을 한 경우 지체없이 인터넷 홈페이지 등을 이용하여 공시할 것
3. 자산의 무상양도등에 대한 적정성 점검 및 평가 절차 등을 포함한 내부통제기준을 운영할 것
4. 매년 자산의 무상양도등에 대한 현황, 적정성 점검 및 평가결과 등을 이사회에 보고할 것
5. 공익법인등의 설립 근거 법률에 따른 목적사업에 사용하는 조건부로 자산의 무상양도등을 하고 공익법인등의 사업이 설립 근거 법률에서 정하는 사업에 적합하지 않는 경우 자산의 무상양도등을 중단할 것
6. 공익법인등의 사업으로부터 보험회사(보험회사, 보험회사의 계열회사 및 그 임직원을 포함한다)가 우대를 받는 등 대가성이 있어서는 안 되고, 대가성이 있는 경우 자산의 무상양도등을 중단할 것

(2) 보험회사는 위 (1)에 따른 자산의 무상양도등을 하는 경우 지체 없이 금융감독원장에게 보고해야 하고, 연 1회 이상 해당 공익법인등이 발행한 후원금의 수입 및 사용내역

명세서를 금융감독원장에게 제출해야 한다(감독규정7－13의2②). 후원금의 수입 및 사용내역 명세서는 자산의 무상양도등이 있는 해의 다음 해 3월 말까지 제출한다(감독시행세칙3－15).

(5) 외환건전성 관리

1) 외국환업무취급기관의 등록

i) 의의

외국환업무를 업으로 하려는 자는 대통령령으로 정하는 바에 따라 외국환업무를 하는 데에 충분한 자본·시설 및 전문인력을 갖추어 미리 기획재정부장관에게 등록해야 한다(외국환거래법8①본). 보험회사도 외국환업무를 업으로 하려면 이러한 등록을 해야 한다. 이하에서는 이러한 등록을 한 보험회사를 '외국환업무취급기관'으로 부르기로 한다(감독규정5－16).

ii) 등록요건

보험회사가 외국환업무취급기관으로 등록하기 위해서는 다음 각 호의 요건을 충족해야 한다(외국환거래법시행령13②).

1. 해당 보험회사에 대하여 금융위원회가 정하는 재무건전성 기준에 비추어 자본 규모와 재무구조가 적정할 것[7]
2. 외국환거래법 25조 2항에 따른 외환정보집중기관과 전산망이 연결되어 있을 것
3. 외국환업무 및 그 사후관리를 원활하게 수행할 수 있는 전산설비를 갖출 것
4. 외국환업무에 2년 이상 종사한 경력이 있는 자 또는 기획재정부장관이 정하는 교육을 이수한 자를 영업소별로 2명 이상 확보할 것

iii) 기타

(1) 금융감독원장은 외국환거래법시행령 13조 3항의 규정에 의하여 기획재정부장관으로부터 등록요건 충족 여부의 확인 요청이 있을 경우에는 위 등록요건 기준에 따라 확인한다(감독규정5－17②).

(2) 외국환거래법시행령 16조 1항의 규정에 의하여 외국환업무취급기관이 외국환업무를 취급하는 국내영업소를 신설·폐지하거나 주소를 변경하고자 할 경우에는 변경이 있는 날 7일 전까지 금융감독원장에게 신고해야 한다(감독규정5－18①). 이 신고와 관련하여 필요한 사항은 금융감독원장이 정한다(감독규정5－18②). 이 신고는 기획재정부장관에게 하게 되어 있으나(외국환거래법8④), 금융감독원장에게 업무가 위탁된 것이다(외국환거래법23).

---

7) 금융위원회가 정하는 재무건전성 기준은 다음의 기준을 말한다(감독규정5－17①).
1. 보험업법 9조에서 정하는 최저자본금 기준
2. 보험업법시행령 65조에서 정하는 재무건전성에 관한 기준

2) 유동성 위험관리

(1) 외국환업무취급기관은 외국환거래법시행령 21조 4호의 규정에 의하여 외화자산 및 외화부채를 각각 잔존 만기별로 구분하여 관리하고 다음 각 호에서 정하는 비율을 유지해야 한다(감독규정5-19①본). 다만, 총자산에 대한 외화부채의 비율이 100분의 1에 미달하는 경우에는 이를 적용하지 않는다(감독규정5-19①단).

1. 잔존만기 3개월 이내 부채에 대한 잔존만기 3개월 이내 자산의 비율: 100분의 80 이상
2. 외화자산 및 부채의 만기 불일치비율
   가. 잔존만기 7일 이내의 경우 자산이 부채를 초과하는 비율: 100분의 0 이상
   나. 잔존만기 1개월 이내의 경우 부채가 자산을 초과하는 비율: 100분의 10 이내

(2) 위 (1)에 의한 잔존만기의 구분, 범위 및 비율의 산정방법은 금융감독원장이 정하는 바에 의한다(감독규정5-19②). 이 잔존 만기의 구분방법, 범위 및 비율의 산정방법은 감독시행세칙 [별표1]과 같다(감독시행세칙3-4).

3) 외국환포지션 관리

i) 외국환포지션의 구분

(1) 외국환업무취급기관의 각 외국통화별 종합포지션은 다음 각 호와 같이 구분한다(감독규정5-20①전). 이 경우, 외화로 발행된 신종자본증권은 회계처리와는 별도로 외국환포지션 계산시 외화 부채에 포함한다(감독규정5-20①후).

1. 외국환매입초과포지션은 해당 외국통화의 현물자산잔액 및 선물자산잔액의 합계액이 현물부채잔액 및 선물부채잔액의 합계액을 초과하는 경우 동 차액을 말한다.
2. 외국환매각초과포지션은 해당 외국통화의 현물부채잔액 및 선물부채잔액의 합계액이 현물자산잔액 및 선물자산잔액의 합계액을 초과하는 경우 동 차액을 말한다.

(2) 외국환업무취급기관의 외국환포지션은 각 외국통화별 종합매입초과포지션의 합계액과 종합매각초과포지션의 합계액 중 큰 것으로 한다(감독규정5-20②).

(3) 위 (1)에 의한 외화자산 및 부채의 구체적인 범위는 금융감독원장이 정하는 바에 따른다(감독규정5-20③). 이에 따라 감독시행세칙 3-5조는 현물외화자산 및 부채와 선물외화자산 및 부채의 범위에 대해서 다음 각 호와 같이 정하고 있다.

1. 현물외화자산 및 부채의 범위는 감독시행세칙 [별지24]의 서식인 '외국환업무현황보고서'상 외화자금상황의 대차대조표난내계정 외화자산과 부채로 한다. 다만, 외화표시자산 또는 부채 중 해당 외국통화와 원화 사이에 환율의 변동에 관계없이 원화환산금액이 정하여지는 외화자산 또는 부채는 제외한다.
2. 선물외화자산 및 부채의 범위는 감독시행세칙 [별지24]의 서식인 '외국환업무현황보고서'상 외화자금상황의 파생금융거래관련 계정과목을 기준으로 다음 각 목에서 정하는 바에 따른다.

가. 선물외화자산은 통화관련 파생금융상품거래 매입분, 신용 및 그 밖의 파생금융상품거래 중 통화관련 매입분으로 한다. 다만, 통화옵션의 경우 매수옵션(콜옵션)의 매입분 및 매도옵션(풋옵션)의 매도분을 통화관련 매입분으로 한다.
나. 선물외화부채는 통화관련 파생금융상품거래 매도분, 신용 및 그 밖의 파생금융상품거래 중 통화관련 매도분으로 한다. 다만, 통화옵션의 경우 매수옵션(콜옵션)의 매도분 및 매도옵션(풋옵션)의 매입분을 통화관련 매도분으로 한다.
3. 1호 및 2호에도 불구하고 외국환업무취급기관이 통화옵션거래의 환율위험을 환율변동에 따른 옵션가치의 변화도(델타)를 사용하여 관리할 경우, 자체적으로 산출한 위험노출액(명목금액×델타)을 선물외화자산 또는 부채금액으로 계산할 수 있다.

(4) 외국환포지션 산정을 위하여 미달러화 이외의 외국통화를 미달러화로 환산할 경우 당해 외국통화의 대미달러 환율은 매 영업일 외국환중개회사의 장이 산출·통보하는 환율을 적용한다(감독시행세칙3－6①).

ii) 외국환포지션의 한도

① 한도금액

(1) 외국환업무취급기관의 외국환포지션 한도는 다음과 같다(감독규정5－21①).

1. 외국환매입초과포지션은 각 외국통화별 종합매입초과포지션의 합계액 기준으로 전분기 말 지급여력금액의 100분의 20에 상당하는 금액
2. 외국환매각초과포지션은 각 외국통화별 종합매각초과포지션의 합계액 기준으로 전분기 말 지급여력금액의 100분의 20에 상당하는 금액

(2) 위 (1)의 지급여력금액은 감독규정 7－1조에 의하여 산출한 것을 말하며, 미달러화로 환산한 금액을 기준으로 한다(감독규정5－21②전). 이 경우 적용되는 대미달러 환율은 금융감독원장이 정하는 바에 따른다(감독규정5－21②후). 즉 대미달러 환율은 전년도 외국환포지션 한도 산정 시의 적용환율과 전년도 평균매매기준율을 평균한 환율로 하고, 다만 전년도 외국환포지션 한도를 산정하지 않은 경우는 전년도 평균매매기준율을 적용한다(감독시행세칙3－6②).

② 별도한도의 인정

(1) 금융감독원장은 이월이익잉여금의 환리스크 헷지를 위한 외국환매입분에 대하여 별도한도를 인정받고자 하는 외국보험회사의 국내지점과 외국환포지션 한도의 초과가 필요하다고 인정되는 외국환업무취급기관에 대하여는 감독규정 5－21조에서 정한 외국환포지션 한도 외에 별도한도를 인정할 수 있다(감독규정5－22①).

(2) 위 (1)에 의한 별도한도의 인정기간은 1년 이내로 하며, 그 밖에 별도한도 인정에 관한 구체적인 사항은 금융감독원장이 정한다(감독규정5－22②). 이에 따라 외국환포지션 별도한도 인정신청을 하고자 하는 외국환업무취급기관은 다음 각 호에서 정한 기한 내에

감독시행세칙 [별지23]의 서식인 외국환포지션 별도한도 인정신청서를 금융감독원장에게 제출해야 한다(감독시행세칙3-7①).

1. 다음 해의 별도한도를 인정받고자 하는 경우 매년 11월 말까지
2. 이월이익잉여금 환리스크 헷지를 위해 별도한도를 인정받고자 하는 외국보험회사의 국내지점의 경우 매년 결산일 1개월 전까지

(3) 금융감독원장은 위 (2)의 신청에 대한 별도한도의 인정 여부를 당해 연도 및 당해 회계연도의 개시 전일까지 통지한다(감독시행세칙3-7②).

③ 기타

외국환포지션 한도 산정 시에 미달러화 1천불 미만은 절상한다(감독시행세칙3-6③).

iii) 외국환포지션 한도관리

① 적용대상

(1) 외국환업무취급기관은 외국환포지션 한도 준수 여부를 매 영업일 잔액을 기준으로 확인해야 한다(감독규정5-23①본). 다만, 토요일 및 뉴욕외환시장이 휴일인 날의 외국환포지션은 다음 영업일의 외국환포지션과 합산한 평균잔액을 기준으로 한다(감독규정5-23①단).

(2) 외국환업무취급기관이 외국환포지션 한도를 위반한 경우에는 위반한 날로부터 3영업일 이내에 금융감독원장에게 이를 보고해야 한다(감독규정5-23②).

(3) 외국환업무취급기관은 금융감독원장이 정하는 바에 따라 일별 외국환포지션 상황을 매월 금융감독원장에게 보고해야 한다(감독규정5-23③).

(4) 금융감독원장은 외국환업무취급기관에 대하여 외국환포지션 한도관리에 필요한 증빙자료의 제출을 요구하거나 관계 장부 및 서류의 열람을 요구할 수 있다(감독규정5-23④).

② 제외대상

외국환업무취급기관의 구조적 요인에 의해 발생하는 외국환포지션으로서 다음 각 호의 하나에 해당하는 경우는 외국환포지션 한도관리대상에서 제외한다(감독규정5-24).

1. 자본금 또는 영업기금의 환리스크 헷지를 위한 외국환매입분
2. 외국보험회사의 국내지점이 이월이익잉여금 환리스크헷지를 위해 별도 한도로 인정받은 외국환매입분

iv) 외국환업무취급기관의 내부관리

(1) 외국환업무취급기관은 외국환거래법시행령 21조 6호의 규정에 의하여 국가별 위험, 거액신용위험, 파생금융상품거래위험, 시장위험 등 외국환거래에 따르는 위험의 종류별로 관리기준을 설정·운용해야 한다(감독규정5-25①).

(2) 외국환업무취급기관은 위 (1)에 의한 관리기준을 설정·변경하거나 동 기준을 초과하여 외국환거래를 취급하고자 할 경우에는 감독규정 7-6조에 의한 위험관리위원회의 승인을 받아야 한다(감독규정5-25②).

(3) 금융감독원장은 위 (1)에 의한 위험의 종류별로 예시기준을 정해야 한다(감독규정 5-25③). 이에 따라 외국환업무취급기관은 감독시행세칙 [별표2]에서 정하는 '외국환 위험관리 예시기준'을 참고로 하여 자체적인 위험관리기준을 설정·운용해야 한다(감독시행세칙3-8). 그리고 금융감독원장은 외국환업무취급기관의 위험관리기준이 부적절하다고 판단될 경우에는 그 시정을 요구할 수 있다(감독규정5-25③).

v) 적용배제

(1) 본점이 외국에 소재하는 외국환업무취급기관에 대하여는 감독규정 5-19조 및 5-25조의 규정을 적용하지 않는다(감독규정5-26①).

(2) 외국환거래규정 2-12조 2항 3호 라목에 의한 거래[8]를 취급하지 않는 외국환업무취급기관에 대하여는 감독규정 5-23조 2항·3항 및 5-28조 1항·2항의 규정을 적용하지 않는다(감독규정5-26②).

vi) 외환건전성규제의 위반에 대한 제재

(1) 외국환업무취급기관이 감독규정 5-19조에서 정하는 비율을 위반하여 위반횟수가 과거 1년 동안 2회 이하(다만, 감독규정 5-19조 1항 2호 가목에서 정하는 비율[9]은 과거 1년 동안 3회 이하)인 경우에는 매 위반 시마다 위반사유가 발생한 날로부터 20일 이내에 사유서 및 달성계획서를 금융감독원장에게 제출해야 한다(감독규정5-27①).

(2) 외국환업무취급기관이 감독규정 5-19조에서 정하는 비율을 위반하여 위반횟수가 과거 1년 동안 3회일 경우에는 감독규정 5-19조의 규정에 불구하고 동 비율을 다음과 같이 상향하여 당해 외국환업무취급기관에 적용한다(감독규정5-27②).

1. 잔존만기 3개월 이내 부채에 대한 잔존만기 3개월 이내 자산의 비율: 100분의 85 이상
2. 잔존만기 1개월 이내의 경우 부채가 자산을 초과하는 비율: 100분의 5 이내

(3) 외국환업무취급기관이 다음의 어느 하나에 해당하는 경우에는 계약만기 3개월 이내 신규 외화자금 차입은 아래 각 호의 비율을 달성할 때까지 정지해야 한다(감독규정 5-27③).

1. 감독규정 5-27조 2항 1호에서 정하는 비율[10] 또는 5-19조 1항 1호에서 정하는 비율[11]을 위반 시 위반횟수가 과거 1년 동안 4회 이상일 경우: 100분의 85 이상

8) 그런데 외국환거래규정 2-12조 2항은 2016년에 삭제되었다.
9) 잔존만기 7일 이내의 경우 자산이 부채를 초과하는 비율: 100분의 0 이상
10) 잔존만기 3개월 이내 부채에 대한 잔존만기 3개월 이내 자산의 비율: 100분의 85 이상
11) 잔존만기 3개월 이내 부채에 대한 잔존만기 3개월 이내 자산의 비율: 100분의 80 이상

2. 감독규정 5-19조 1항 2호 가목에서 정하는 비율[12)]을 위반 시 위반횟수가 과거 1년 동안 4회 이상일 경우: 100분의 5 이상
3. 감독규정 5-27조 2항 2호에서 정하는 비율[13)] 또는 5-19조 1항 2호 나목에서 정하는 비율[14)]을 위반 시 위반횟수가 과거 1년 동안 4회 이상일 경우: 100분의 5 이내

(4) 금융감독원장은 위 (2) 또는 (3)의 제재사유에 해당하더라도 국내외 금융·경제여건 악화 등으로 인해 불가피하다고 인정하는 경우에는 금융위원회에 제재의 면제, 유예 또는 이미 조치한 제재에 대하여 해제를 건의할 수 있다(감독규정5-27④본). 다만, 제재면제의 경우에는 당해 면제대상을 위반횟수에 산입하지 않는다(감독규정5-27④단).

(5) 외국환업무취급기관이 감독규정 5-19조에서 정한 비율을 과거 1년 동안 2회 이상 위반한 경우 금융감독원장은 당해 외국환업무취급기관에 대하여 감독규정 5-30조에 의한 보고의 주기 단축 등 그 밖에 필요한 조치를 병행할 수 있다(감독규정5-27⑤).

vii) 외국환포지션 한도 위반에 대한 제재

(1) 외국환업무취급기관이 감독규정 5-23조 1항에 의해 외국환포지션 한도를 확인한 결과 위반한 경우 다음 각 호에 따라 금융감독원장이 제재한다(감독규정5-28①).

1. 한도 위반일로부터 과거 1년간 1회 위반 시: 주의
2. 한도 위반일로부터 과거 1년간 2회 위반 시: 일평균 한도 위반금액을 한도위반 일수만큼 외국환포지션 한도에서 감축

(2) 외국환업무취급기관이 다음 각 호의 하나에 해당하는 경우에는 감독규정 5-28조 1항 2호에 의한 외국환포지션 한도 감축금액을 2배로 한다(감독규정5-28②).

1. 한도위반일로부터 과거 1년간 3회 이상 위반 시
2. 한도를 고의로 위반한 경우
3. 최초 한도위반일로부터 3영업일 이내에 감독규정 5-23조 2항에 의한 보고를 하지 않은 경우

(3) 금융감독원장은 위 (1) 및 (2)의 제재를 함에 있어서 자기자본의 감소 등 한도초과 사유가 부득이 하다고 인정되는 경우 당해 제재를 면제, 유예 또는 이미 조치한 제재에 대하여 해제할 수 있다(감독규정5-28③전). 제재면제의 경우에는 당해 면제대상을 위반횟수에 산입하지 않는다(감독규정5-28③후).

(4) 금융감독원장은 외국환업무취급기관이 보고의무를 이행하지 않거나 허위로 보고한 경우 주의, 시정명령 및 외국환포지션 한도의 일정기간 감축 등의 조치를 할 수 있다(감독규정5-28④).

---

12) 잔존만기 7일 이내의 경우 자산이 부채를 초과하는 비율: 100분의 0 이상
13) 잔존만기 1개월 이내의 경우 부채가 자산을 초과하는 비율: 100분의 5 이내
14) 잔존만기 1개월 이내의 경우 부채가 자산을 초과하는 비율: 100분의 10 이내

viii) 제재현황 보고

금융감독원장은 감독규정 5−27조 및 5−28조에 의해 외국환업무취급기관에 대하여 제재한 경우에는 그 현황을 매 분기 말 종료 후 1월 이내에 금융위원회에 보고해야 한다(감독규정5−29).

ix) 일반 보고

(1) 외국환업무취급기관은 외화자산 및 부채현황, 만기별 외화자금조달·운용현황 그 밖에 필요한 사항을 금융감독원장이 정하는 바에 따라 금융감독원장에게 보고해야 한다(감독규정5−30).

(2) 위 (1)에 따른 보고는 감독시행세칙 [별지24] 서식의 외국환업무현황보고서로 한다(감독시행세칙3−9①). 이 보고서는 다음 각 호의 기한 내에 제출해야 한다(감독시행세칙3−9②).

1. 월보: 다음 달 20일 이내
2. 분기보: 분기가 속한 달의 다음 달 20일 이내

제2관 경영실태평가 등

1. 의의

(1) 금융위원회는 보험회사의 재무건전성 확보를 위한 경영실태 및 위험에 대한 평가를 실시해야 한다(법123②,시행령66). 이를 경영실태평가라고 한다.

(2) 경영실태 및 위험에 대한 평가는 금융감독원장에게 위탁되어 있다(시행령[별표8]57). 즉 금융감독원장은 보험회사의 경영실태평가를 하여 경영의 건전성 여부를 감독해야 한다(감독규정7−14①).[15] 금융감독원장은 보험회사에 대한 경영실태평가 결과를 감독 및 검사업무에 반영할 수 있다(감독규정7−14②).

(3) 경영실태평가의 세부사항은 아래에서 보는 바와 같이 감독규정 및 감독시행세칙이 정하고 있는데, 이는 상위법령의 명시적 위임이 없는 행정규칙이다.

2. 적용범위

(1) 경영실태평가는 모든 보험회사와 보험회사의 해외현지법인 및 해외지점을 대상으로 한다(감독규정7−14⑥본).

(2) 다만, 영업개시 후 만 2년이 경과하지 않은 보험회사, 영업개시 후 만 5년이 경과하지 아니한 해외현지법인과 해외지점 및 소규모 또는 정리절차 진행 등으로 평가의 실익이 적다고 금융감독원장이 인정하는 경우는 평가대상에서 제외할 수 있다(감독규정7−14⑥단).

---

15) 이는 보험업법시행령 [별표8] 63에 근거한 것으로 볼 수 있다.

3. 평가의 내용

(1) 구분 - 부문별 평가 및 종합평가

각 리스크 부문별로 평가하고 이를 종합하여 종합리스크를 평가한다. 즉 경영실태평가는 검사 등을 통하여 보험회사의 경영실태 및 위험을 경영관리리스크, 보험리스크, 금리리스크, 투자리스크, 유동성리스크, 자본적정성, 수익성 부문으로 구분하여 평가하고, 또한 각 부문별 평가결과를 감안하여 종합평가한다(감독규정7-14③).

(2) 평가 시기

검사 이외의 기간 중에는 부문별 평가항목 중 계량평가가 가능한 항목에 대해서만 분기별(해외현지법인 및 해외지점은 반기별)로 경영실태평가를 실시함을 원칙으로 하되, 금융감독원장이 필요하다고 인정하는 경우에는 수시로 실시할 수 있다(감독규정7-14⑤).

(3) 부문별 평가

전술한 바와 같이 부문별 평가와 종합평가가 있는데, 여기서는 부문별 평가의 구체적 내용을 살펴보자.

1) 평가항목

부문별 계량평가항목과 비계량평가항목은 감독규정 [별표13-2]가 규정하고 있으며 그 내용은 다음과 같다(감독규정7-14④).

i) 생명보험

평가부문	계량 평가항목	비계량 평가항목
경영관리 리스크	-	■ 이사회와 경영진의 적정성 ■ 리스크관리체제의 적정성 ■ 내부통제의 적정성 ■ 보험사기 방지실태의 적정성 ■ 소비자보호 업무의 적정성
보험리스크	■ 보험가격리스크 비율 ■ 손해율(위험보험료 대 사망보험금 비율)	■ 보험리스크 측정 및 관리의 적정성 ■ 상품개발·판매의 적정성 ■ 계약 인수·관리의 적정성 ■ 보험금 지급심사의 적정성
금리리스크	■ 금리리스크비율 ■ 부담이자 대 투자영업이익 비율	■ 금리리스크 측정 및 관리의 적정성 ■ 자산-부채 종합관리의 적정성 ■ 준비금관리의 적정성
투자리스크	■ 신용시장리스크 비율 ■ 변액보증리스크 비율 ■ 부실자산비율 ■ 대손충당금적립률	■ 투자리스크 측정 및 관리의 적정성 ■ 자산운용 관리체계 및 업무의 적정성 ■ 자산건전성 분류의 적정성 ■ 대주주와의 거래 적정성
유동성리스크	■ 유동성리스크 비율	■ 유동성리스크 측정 및 관리의 적정성

	▪유동성비율 ▪수지차비율	▪유동성 변동요인의 적정성
자본적정성	▪지급여력비율 ▪기본자본지급여력비율 ▪자기자본지급여력비율	▪지급여력비율 관리의 적정성 ▪내부 자본관리 정책의 타당성 ▪자본구성의 적정성 및 지속가능성
수익성	▪리스크 대 수익비율 ▪운용자산이익률 ▪영업이익률	▪손익구조의 안정성 및 지속가능성 ▪장기적 기업가치 관점의 손익관리 정책의 적정성

주) 각 평가시점에서 비계량평가가 이루어지지 않은 경우 직전의 비계량평가결과를 적용하며, 이전에 비계량평가가 실시되지 않은 경우에는 계량평가결과만을 적용하여 평가

ii) 손해보험

평가부문	계량 평가항목	비계량 평가항목
경영관리 리스크	–	▪이사회와 경영진의 적정성 ▪리스크관리체제의 적정성 ▪내부통제의 적정성 ▪보험사기 방지실태의 적정성 ▪업무의 적정성
보험리스크	▪보험가격리스크 비율 ▪준비금리스크 비율 ▪손해율(원수사: 위험손해율, 전업재보사: 합산비율)	▪보험리스크 측정 및 관리의 적정성 ▪상품개발·판매의 적정성 ▪계약 인수·관리의 적정성 ▪보험금 지급심사의 적정성
금리리스크	▪금리리스크비율 ▪부담이자 대 투자영업이익 비율	▪금리리스크 측정 및 관리의 적정성 ▪자산–부채 종합관리의 적정성 ▪준비금관리의 적정성
투자리스크	▪신용시장리스크 비율 ▪부실자산비율 ▪대손충당금적립률	▪투자리스크 측정 및 관리의 적정성 ▪자산운용 관리체계 및 업무의 적정성 ▪자산건전성 분류의 적정성 ▪대주주와의 거래 적정성
유동성리스크	▪유동성리스크 비율 ▪유동성비율 ▪수지차비율	▪유동성리스크 측정 및 관리의 적정성 ▪유동성 변동요인의 적정성
자본적정성	▪지급여력비율 ▪기본자본지급여력비율 ▪자기자본지급여력비율	▪지급여력비율 관리의 적정성 ▪내부 자본관리 정책의 타당성 ▪자본구성의 적정성 및 지속가능성
수익성	▪리스크 대 수익비율 ▪운용자산이익률 ▪영업이익률	▪손익구조의 안정성 및 지속가능성 ▪장기적 기업가치 관점의 손익관리 정책의 적정성

주) 각 평가시점에서 비계량평가가 이루어지지 않은 경우 직전의 비계량평가결과를 적용하며, 이전에 비계량평가가 실시되지 않은 경우에는 계량평가결과만을 적용하여 평가

2) 항목별 산정기준 및 배점

(1) 위 1) 평가항목 중 평가부문별 및 계량평가항목별 배점은 감독시행세칙 [별표13] 1이 다음과 같이 정하고 있다(감독시행세칙5-6①).

주) 평가부문의 중요도가 현저히 높거나 낮은 경우 또는 평가등급이 부여되지 않은 부문이 있는 경우 평가부문별 배점을 조정할 수 있다.

평가부문	배점		
	생명보험	손해보험	
		장기보험 취급 회사	장기보험 미취급 회사
경영관리리스크	20점	20점	20점
보험리스크	15점	20점	25점
금리리스크	15점	10점	-
투자리스크	15점	15점	20점
유동성리스크	5점	5점	5점
자본적정성	20점	20점	20점
수익성	10점	10점	10점

(2) 계량평가항목의 산정기준은 감독시행세칙 [별표13] 2와 같다(감독시행세칙5-6②).

4. 평가결과

(1) 등급의 부여

(1) 평가등급은 1등급(우수), 2등급(양호), 3등급(보통), 4등급(취약), 5등급(위험)의 5단계 등급으로 구분한다(감독규정7-14⑥본). 이러한 평가등급은 경영관리리스크, 보험리스크, 금리리스크, 투자리스크, 유동성리스크, 자본적정성, 수익성 부문을 포함한 7개 평가부문별로 그리고 이를 종합한 종합리스크에 대해서 부여한다. 내부통제 부문에 대하여는 별도의 평가등급을 산정할 수 있다(감독시행세칙5-6⑤).

(2) 평가등급은 평가부문별로 감독규정 [별표13-2]에서 정하는 계량평가항목, 비계량평가항목 및 감독시행세칙 [별표13] 3에서 정하는 참고지표를 감안하여 종합평가등급을 산정함을 원칙으로 한다(감독시행세칙5-6④본). 다만, 해외현지법인 및 해외지점에 대해서는 별도의 계량평가항목만으로 평가할 수 있다(감독시행세칙5-6④단).

(2) 등급별 정의

경영실태평가의 등급별 정의는 감독시행세칙 [별표13] 4와 같다(감독시행세칙5-6③). 여기에는 경영관리리스크, 보험리스크, 금리리스크, 투자리스크, 유동성리스크, 자본적정성, 수익성, 내부통제, 그리고 종합리스크별로 등급별 정의가 규정되어 있다. 이 중에서 종합리스크의 등급별 정의를 살펴보면 다음과 같다.

평가등급	정의
1등급 (우수: Strong)	리스크가 손실로 현실화될 가능성이 매우 낮으며 손실로 현실화되더라도 전반적인 재무상태에 악영향을 미칠 가능성이 매우 낮음
2등급 (양호: Satisfactory)	리스크가 손실로 현실화될 가능성이 낮으며 손실로 현실화되더라도 자체적인 자본 및 리스크관리체제 등이 양호하여 전반적인 재무상태에 악영향을 미칠 가능성이 낮음
3등급 (보통: Less than Satisfactory)	리스크가 손실로 현실화될 가능성이 다소 있으며 리스크관리체제가 일부 미흡하여 리스크가 손실로 현실화될 경우 재무상태에 악영향을 미칠 가능성이 다소 잠재되어 있음
4등급 (취약: Deficient)	리스크가 손실로 현실화될 가능성이 다소 높고 동 리스크를 확인 및 감시하는 통제기능이 취약하거나 손실을 흡수할 수 있는 자기자본 등이 취약하여 전반적인 재무상태에 상당한 악영향을 미칠 가능성이 있음
5등급 (위험: Critically Deficient)	리스크가 손실로 현실화될 가능성이 매우 높거나 일부 현실화되었을 뿐만 아니라 리스크관리체제 및 손실흡수능력이 취약하여 전반적인 재무상태에 중대한 악영향을 미칠 가능성이 높거나 악영향이 일부 현실화됨

5. 의견제출 기회

(1) 금융감독원장은 경영실태평가 종료 후 그 내용을 보험회사에 설명하고 의견제출의 기회를 부여해야 한다(감독시행세칙5－6⑥본). 다만, 감독시행세칙 5－6조 4항 단서 또는 감독규정 7－14조 5항의 규정에 의하여 계량항목만으로 평가한 경우에는 그렇지 않다(감독시행세칙5－6⑥단).

(2) 평가대상인 보험회사의 권익을 보호하기 위해서 의결제출의 기회를 제공하는 것이다. 의견제출기회가 실효성을 띠기 위해서는 평가등급이 최종적으로 확정되기 전에 부여될 필요가 있다.

6. 평가등급의 조정

경영실태평가 이후에 감독규정 [별표13－2]의 계량평가항목에 의해 보험회사에 대해 분기별로 실시하는 평가결과가 다음 각 호의 하나에 정하는 바와 같이 악화되는 경우 감독규정 [별표13－2]의 비계량평가항목을 감안하여 당해 평가등급의 조정여부를 판단해야 한다(감독시행세칙5－6⑧본). 다만, 당해 보험회사에 대해 즉각적인 시정조치가 필요하다고 판단될 경우 비계량평가항목을 감안하지 않고 평가등급을 조정할 수 있다(감독시행세칙5－6⑧단).

1. 분기별로 실시하는 계량지표에 의한 평가등급이 최근 종합평가등급 평가 시에 산출된 계량

등급보다 2등급 이상 악화된 경우
2. 분기별로 실시하는 계량지표에 의한 평가등급이 최직근 종합평가등급 평가 시에 산출된 계량등급보다 2분기 연속해서 악화되는 경우
3. 최직근 종합평가등급이 3등급 이상으로서 분기별 계량평가에 의한 자본적정성 등급이 4등급 이하로 산정되거나 보험리스크, 금리리스크 및 투자리스크 부문의 평가등급 중 2개 이상의 등급이 4등급 이하로 산정된 경우
4. 그 밖에 경영상태가 심각하게 악화되었다고 판단되는 경우

7. 경영개선협약의 체결 등

금융감독원장은 경영실태평가 또는 위험평가 결과 지급여력비율이 악화될 우려가 있거나 경영상 취약부문이 있다고 판단되는 보험회사에 대하여 그 개선을 위한 계획 또는 약정서를 제출토록 하거나 당해 보험회사와 경영개선협약을 체결할 수 있다(감독규정7-16본). 다만, 감독규정 7-17조 내지 7-19조의 규정에 의한 경영개선권고·경영개선요구 또는 경영개선명령('적기시정조치')을 받고 있는 보험회사의 경우에는 그렇지 않다(감독규정 7-16단).

제3관 시정조치

1. 개관

(1) 의의

보험회사가 재무건전성이 악화되거나 악화될 우려가 있는 경우 금융위원회는 일정한 시정조치를 취할 수 있다. 법적 근거는 세 가지가 있다. 보험업법 123조 2항, 131조의2, 그리고 구조개선법 10조가 있다.

(2) 경합관계

위 (1)의 세 가지는 경합관계에 있다. 즉 보험회사가 재무건전성 기준을 위반한 경우 금융위원회는 각각의 요건과 효과를 고려하여 어느 하나를 선택하여 시정조치를 하면 된다.

(3) 비교

(1) 구조개선법 10조가 요건, 효과 면에서 가장 엄격하다. 구조개선법상 시정조치인 적기시정조치는 재무건전성이 심각한 정도에 따라서 경영개선권고, 경영개선요구, 경영개선명령으로 나뉘고, 각 조치별로 요건 및 효과를 엄격하게 차등한다.

(2) 보험업법 123조 2항과 131조의2는 다음과 같이 공통점이 많다.

(a) 보험업법 123조 2항과 131조의2는 요건 및 효과가 추상적이고 포괄적이라는 점이 공통적이다. 따라서 금융위원회가 이에 따른 시정조치를 취할 때 재량적 요소가 크다. 이

러한 이유에서 금융위기가 심각한 경우 보험업법 123조 2항과 131조의2는 보다 융통성 있고 탄력적으로 적용될 수 있다고 평가된다.[16)]

(b) 보험업법 123조 2항과 131조의2는 요건과 효과 면에서도 표현상 다소 차이가 있을 뿐 실질은 차이가 없다. 요건 면에서 보면, 보험업법 123조 2항은 보험회사가 재무건전성 기준을 지키지 않아서 경영건전성을 해칠 우려가 있다고 인정되는 경우이고 보험업법 131조의2는 보험회사의 파산 또는 보험금 지급불능 우려 등 보험계약자의 이익을 크게 해칠 우려가 있다고 인정되는 경우인데, 별 차이가 없다. 효과 면에서 보면, 보험업법 123조 2항은 자본금 또는 기금의 증액명령 등 필요한 조치이고, 보험업법 131조의2는 보험계약 체결 제한, 보험금 전부 또는 일부의 지급정지 등 필요한 조치인데, 예시만 다를 뿐 필요한 조치에 제한이 없다는 점에서 차이가 없다고 볼 수 있다.

(3) 이하에서는 보험업법 123조 2항 및 131조의2에 대해서 간단히 살펴보고, 구조개선법 10조가 규정하는 적기시정조치에 대해서 자세히 살펴보기로 한다.

2. 보험업법 123조 2항

(1) 금융위원회는 재무건전성 기준을 위반한 보험회사에 일정한 시정조치를 할 수 있다고 규정한다. 즉 금융위원회는 보험회사가 보험업법 123조의 1항에 따른 재무건전성 기준을 지키지 않아서 경영건전성을 해칠 우려가 있다고 인정되는 경우에는 대통령령으로 정하는 바에 따라 자본금 또는 기금의 증액명령, 주식 등 위험자산의 소유 제한 등 필요한 시정조치를 할 수 있다(법123②).

(2) 위 (1)에 따라 금융위원회가 보험회사에 대하여 자본금 또는 기금의 증액명령, 주식 등 위험자산 소유의 제한 등의 조치를 하려는 경우에는 다음 각 호의 사항을 고려해야 한다(시행령65③).

1. 해당 조치가 보험계약자의 보호를 위하여 적절한지 여부
2. 해당 조치가 보험회사의 부실화를 예방하고 건전한 경영을 유도하기 위하여 필요한지 여부

3. 보험업법 131조의2

(1) 의의

(1) 금융위원회는 보험회사의 파산 또는 보험금 지급불능 우려 등 보험계약자의 이익을 크게 해칠 우려가 있다고 인정되는 경우 보험계약 체결 제한, 보험금 전부 또는 일부의 지급정지 또는 그 밖에 필요한 조치를 명할 수 있다(법131의2).

---

16) 성대규 · 안종민 615면은 보험업법 131조의2가 2010년 보험업법 개정 시에 신설된 이유는 구조개선법 10조와 같이 단계적인 적기시정조치만으로는 보험계약자 보호에 미흡하기 때문이라고 설명한다.

(2) 보험업법 131조의2에 따라 감독규정 7-43조와 같은 긴급조치를 취할 수 있다고 해석한다. 다만, 감독규정 7-43조는 상위법령의 명시적 위임이 없는 행정규칙이다.

(2) 긴급조치

1) 요건

금융위원회는 보험회사가 다음 각 호의 어느 하나에 해당되어 보험계약자의 이익을 저해할 우려가 있다고 인정하는 경우에는 금융감독원장으로 하여금 그 위험을 제거하기 위한 긴급조치를 취하게 할 수 있다(감독규정7-43①본). 다만, 금융위원회를 소집할 수 없는 긴급한 경우에는 금융감독원장은 우선 필요한 조치를 취할 수 있으며, 이를 지체없이 금융위원회에 보고해야 한다(감독규정7-43①단).

1. 보험계약해약의 쇄도 등으로 인해 유동성이 일시적으로 급격히 악화되어 보험금지급준비자산의 부족, 대외차입금의 상환불능 등의 사태에 이른 경우
2. 휴업·영업의 중지·보험해약인출 쇄도 또는 노사분규 등 돌발사태가 발생하여 정상적인 영업이 불가능하거나 어려운 경우

2) 조치

금융위원회는 위 1)의 요건이 충족되면 금융감독원장으로 하여금 그 위험을 제거하기 위해 다음 각 호에 해당하는 긴급조치를 취하게 할 수 있다(감독규정7-43②).

1. 보험료의 수입·대출의 제한
2. 보험금의 전부 또는 일부의 지급정지
3. 채무변제행위의 금지
4. 자산의 처분
5. 사업의 정지
6. 업무와 자산의 관리위탁
7. 계약의 이전
8. 그 밖에 금융위원회가 인정하는 사항

4. 구조개선법 10조

(1) 의의

(1) 재무건전성 기준을 위반한 경우 시정조치를 할 수 있는 법적 근거는 구조개선법에도 있다. 구조개선법 10조는 보험회사를 포함한 구조개선법 2조 1호에 따른 금융기관[17]이

---

17) *구조개선법 2조 1호에 따른 금융기관은 다음과 같다.
1. 금융기관이란 다음 각 목의 어느 하나에 해당하는 것을 말한다.
   가. 은행법에 따라 설립된 은행
   나. 중소기업은행법에 따른 중소기업은행
   다. 자본시장법에 따른 투자매매업자·투자중개업자

재무상태가 부실하면 금융위원회가 적기시정조치를 할 수 있다고 규정한다. 즉 금융위원회는 금융기관의 자기자본비율이 일정 수준에 미달하는 등 재무상태가 일정한 기준에 미달하거나 거액의 금융사고 또는 부실채권의 발생으로 금융기관의 재무상태가 그러한 기준에 미달하게 될 것이 명백하다고 판단되면 금융기관의 부실화를 예방하고 건전한 경영을 유도하기 위하여 해당 금융기관이나 그 임원에 대하여 다음 각 호의 사항을 권고·요구 또는 명령하거나 그 이행계획을 제출할 것을 명해야 한다(구조개선법10①).

1. 금융기관 및 임직원에 대한 주의·경고·견책 또는 감봉
2. 자본증가 또는 자본감소, 보유자산의 처분이나 점포·조직의 축소
3. 채무불이행 또는 가격변동 등의 위험이 높은 자산의 취득금지 또는 비정상적으로 높은 금리에 의한 수신의 제한
4. 임원의 직무정지나 임원의 직무를 대행하는 관리인의 선임
5. 주식의 소각 또는 병합
6. 영업의 전부 또는 일부 정지
7. 합병 또는 제3자에 의한 해당 금융기관의 인수
8. 영업의 양도나 예금·대출 등 금융거래와 관련된 계약의 이전('계약이전')
9. 그 밖에 1호부터 8호까지의 규정에 준하는 조치로서 금융기관의 재무건전성을 높이기 위하여 필요하다고 인정되는 조치

(2) 금융위원회는 위 (1)에 따른 적기시정조치를 하려면 미리 그 기준 및 내용을 정하여 고시해야 한다(구조개선법10②). 이에 따라 감독규정 7-17조부터 7-23조까지가 이에 대해 상세히 규정하고 있다. 금융위원회는 이러한 기준을 정할 때 금융기관이나 금융기관의 주주에게 중대한 재산상의 손실을 끼칠 우려가 있는 다음의 조치는 그 금융기관이 부실금융기관이거나 재무상태가 그러한 기준에 크게 미달하고 건전한 신용질서나 예금자의 권익을 해칠 우려가 뚜렷하다고 인정되는 경우에만 해야 한다(구조개선법10④).

1. 영업의 전부정지
2. 영업의 전부양도
3. 계약의 전부이전
4. 주식의 전부소각에 관한 명령

라. 자본시장법에 따른 집합투자업자, 투자자문업자 또는 투자일임업자
마. 보험업법에 따른 보험회사
바. 상호저축은행법에 따른 상호저축은행
사. 자본시장법에 따른 신탁업자
아. 자본시장법에 따른 종합금융회사
자. 금융지주회사법에 따른 금융지주회사
차. 그 밖의 법률에 따라 금융업무를 하는 기관으로서 대통령령으로 정하는 기관
**구조개선법시행령 2조에 따르면 구조개선법 2조 1호 차목의 기관은 여신전문금융업법에 따른 여신전문금융회사를 말한다.

5. 그 밖에 1호부터 4까지의 규정에 준하는 조치

(3) 금융위원회는 적기시정조치에 관한 권한을 대통령령으로 정하는 바에 따라 금융감독원장에게 위탁할 수 있다(구조개선법10⑤). 이에 따라 구조개선법 10조 1항에 따른 이행계획의 접수 및 그에 따른 이행실적의 접수와 이행 여부의 점검은 금융감독원장에게 위탁한다(구조개선법시행령6의2(2)).

(2) 경영개선권고, 경영개선요구, 경영개선명령

1) 의의

i) 구분

감독규정 7-17조에서 7-19조까지는 적기시정조치를 경영개선권고, 경영개선요구, 경영개선명령의 세 가지로 구분하고 있다. 재무건전성이 심각한 정도에 따른 구분이고, 경영개선권고, 경영개선요구, 경영개선명령의 순서로 재무건전성이 더 심각하다.

ii) 법적 성질

(1) 법적 성질의 면에서 보면, 경영개선권고, 경영개선요구, 경영개선명령 모두 강제력이 있는 하명행위라고 볼 수 있다.

(2) 먼저, 경영개선요구, 경영개선명령은 그 표현상 하명행위임이 분명하다.

(3) 그런데 경영개선권고는 '권고'라고 표현되어서 단순한 행정지도로 보일 수 있으므로 강제력이 있는 하명행위인지에 의문이 생길 수 있다. 행정지도는 강제력이 없기 때문에 따르지 않더라도 불이익을 줄 수 없다. 하지만 경영개선권고에는 불이익이 따른다는 점에서 단순한 행정지도라고 볼 수 없다. 경영개선권고는 경영개선요구나 경영개선명령과 달리 그 위반 시에 형벌 또는 과태료 부과가 없지만,[18] 금융감독원장이 경영개선계획의 이행상황을 점검한 결과 경영개선권고를 받은 보험회사가 경영개선계획에서 정한 사항을 이행하지 않으면 금융위원회는 경영개선요구를 해야 한다고 규정하고 있다(감독규정7-22①). 경영개선요구는 경영개선권고보다 요건이 엄격하고 시정조치의 내용이 강하기 때문에, 경영개선권고를 이행하지 않는다는 이유에서 경영개선요구의 시정조치를 취하는 행위는 경영개선권고의 불이행을 향해 주는 불이익에 해당한다고 볼 수 있다. 경영개선권고가 행정소송의 대상인 처분에 해당한다고 볼 이유이다. 행정소송법 2조 1항 1호는 처분을 행정청이 행하는 구체적 사실에 관한 법집행으로서의 공권력의 행사 또는 그 거부와 그 밖에 이에 준하는 행정작용이라고 정하는데, 경영개선권고는 여기에 포함된다고 해석한다.

iii) 근거와 이유 제시

금융위원회는 경영개선권고, 경영개선요구, 경영개선명령을 하는 경우 당해 보험회사

---

18) 구조개선법 10조에 근거한 경영개선요구를 위반하면 과태료(구조개선법28①(6)), 경영개선명령을 위반하면 과태료(구조개선법28①(6)) 또는 형벌(구조개선법27(1))이 따른다.

에 근거와 이유를 제시해야 한다(감독규정7-19의2).

iv) 유예·완화·면제

① 유예

금융위원회는 적기시정조치의 기준에 일시적으로 미달한 금융기관이 단기간에 그 기준을 충족시킬 수 있다고 판단되거나 이에 준하는 사유가 있다고 인정되는 경우에는 기간을 정하여 적기시정조치를 유예할 수 있다(구조개선법10③). 감독규정도 같은 취지로 규정하고 있다. 즉 적기시정조치의 대상이 되는 보험회사가 자본확충 또는 자산매각 등으로 단기간 내에 적기시정조치 요건에서 벗어날 수 있다고 판단되는 경우 또는 이에 준하는 사유가 있다고 인정되는 경우 일정기간 동안 적기시정조치를 유예할 수 있다(감독규정7-23①).

② 완화·면제

적기시정조치를 받은 보험회사가 자본확충 또는 부실채권 정리 등으로 경영개선계획의 주요사항을 당초 계획보다 조기에 달성하여 경영상태가 현저히 개선된 경우 적기시정조치의 내용을 완화하거나 이행을 면제할 수 있다(감독규정7-23②).

2) 경영개선권고

i) 요건

금융위원회는 보험회사가 다음 각 호의 하나에 해당하는 경우에는 당해 보험회사에 대하여 필요한 조치를 이행하도록 권고('경영개선권고')해야 한다(감독규정7-17①).

1. 지급여력비율이 50% 이상 100% 미만인 경우
2. 경영실태평가결과 종합평가등급이 3등급(보통) 이상으로서 자본적정성 부문의 평가등급이 4등급(취약) 이하로 평가받은 경우
3. 경영실태평가를 한 결과 종합평가등급이 3등급(보통) 이상으로서 보험리스크, 금리리스크 및 투자리스크 부문의 평가등급 중 2개 이상의 등급이 4등급(취약) 이하로 평가받은 경우
4. 거액 금융사고 또는 부실채권 발생으로 1호 내지 3호의 기준에 해당될 것이 명백하다고 판단되는 경우

ii) 조치

금융위원회는 위 i)의 요건이 충족되면 당해 보험회사에 대하여 다음과 같은 필요한 조치의 일부 또는 전부를 이행하도록 권고해야 한다(감독규정7-17②본). 다만, 9호 및 10호의 조치는 손해보험회사에 한하여 적용한다(감독규정7-17②단).

1. 자본금의 증액 또는 감액
2. 사업비의 감축
3. 점포관리의 효율화

4. 고정자산에 대한 투자 제한
5. 부실자산의 처분
6. 인력 및 조직운영의 개선
7. 주주배당 또는 계약자배당의 제한
8. 신규업무 진출 및 신규출자의 제한
9. 자기주식의 취득금지
10. 요율의 조정

iii) 제재의 병행

금융위원회는 경영개선을 권고하는 경우 당해 보험회사 또는 관련 임원에 대하여 주의 또는 경고조치를 취할 수 있다(감독규정7－17③).

3) 경영개선요구

i) 요건

금융위원회는 보험회사가 다음 각 호의 하나에 해당하는 경우에는 당해 보험회사에 대하여 필요한 조치를 이행하도록 요구('경영개선요구')해야 한다(감독규정7－18①).

1. 지급여력비율이 0% 이상 50% 미만인 경우
2. 경영실태평가결과 종합평가등급을 4등급(취약) 이하로 평가받은 경우
3. 거액 금융사고 또는 부실채권 발생으로 1호 또는 2호에 해당될 것이 명백하다고 판단되는 경우

ii) 조치

(1) 금융위원회는 위 i)의 요건이 충족되면 당해 보험회사에 대하여 다음과 같은 필요한 조치의 일부 또는 전부를 이행하도록 요구해야 한다(감독규정7－18②본). 다만, 8호의 조치는 손해보험회사에 한하여 적용한다(감독규정7－18②단).

1. 점포의 폐쇄·통합 또는 신설 제한
2. 임원진 교체 요구
3. 보험업의 일부정지
4. 인력 및 조직의 축소
5. 합병, 금융지주회사법에 의한 금융지주회사의 자회사로의 편입(단독으로 또는 다른 금융기관과 공동으로 금융지주회사를 설립하여 그 자회사로 편입하는 경우를 포함), 제3자 인수, 영업의 전부 또는 일부의 양도 등에 관한 계획 수립
6. 위험자산의 보유제한 및 자산의 처분
7. 자회사의 정리
8. 재보험처리
9. 경영개선권고의 조치사항(감독규정7－17②) 중 전부 또는 일부

(2) 경영개선요구의 조치는 경영개선권고의 조치 이외에 위 (1)의 1호부터 8호까지를 추가한 것이다.

4) 경영개선명령

i) 요건

① 내용

금융위원회는 보험회사가 다음 각 호의 하나에 해당하는 경우에는 당해 보험회사에 대하여 필요한 조치를 이행하도록 명령('경영개선명령')해야 한다(감독규정7-19①).

1. 구조개선법 2조 2호에서 정하는 부실금융기관에 해당하는 경우
2. 지급여력비율이 0% 미만인 경우

② 부실금융기관

(ㄱ) 개념

감독규정 7-19조 1항 1호에서 구조개선법 2조 2호에서 정하는 부실금융기관에 해당하는 경우란 다음 각 목의 어느 하나에 해당하는 금융기관을 말한다.

가. 경영상태를 실제 조사한 결과 부채가 자산을 초과하는 금융기관이나 거액의 금융사고 또는 부실채권의 발생으로 부채가 자산을 초과하여 정상적인 경영이 어려울 것이 명백한 금융기관으로서 금융위원회나 예금자보호법 8조에 따른 예금보험위원회가 결정한 금융기관. 이 경우 부채와 자산의 평가 및 산정은 금융위원회가 미리 정하는 기준에 따른다.
나. 예금자보호법 2조 4호에 따른 예금 등 채권의 지급이나 다른 금융기관으로부터의 차입금 상환이 정지된 금융기관
다. 외부로부터의 지원이나 별도의 차입(정상적인 금융거래에서 발생하는 차입은 제외한다)이 없이는 예금 등 채권의 지급이나 차입금의 상환이 어렵다고 금융위원회나 예금자보호법 8조에 따른 예금보험위원회가 인정한 금융기관

(ㄴ) 결정방법

(1) 구조개선법 2조 2호에서 정하는 부실금융기관의 결정을 위한 자산·부채의 평가 및 산정대상이 되는 보험회사는 다음 각 호의 어느 하나이다(감독규정7-41).

1. 자산의 건전성이 크게 악화되어 금융감독원장이 채무초과상태가 발생할 우려가 있다고 판단하는 보험회사
2. 지급여력비율기준에 미달되는 보험회사
3. 경영실태평가결과 금융감독원장이 정하는 평가부문의 평가등급이 5등급(위험)으로 판정된 보험회사[19]

19) 금융감독원장이 정하는 평가부문이라 함은 감독규정 7-14조 3항의 평가부문 중 지급여력 또는 자산건전성 평가부문을 말한다(감독시행세칙5-4).

(2) 자산·부채의 평가 및 산정은 원칙적으로 직전월 말 현재 보험회사의 대차대조표(특별계정, 주기·주석을 포함)상 자산·부채의 각 계정과목을 대상으로 한다(감독규정7-42①). 그 평가 및 산정은 다음 각 호의 기준에 의한다(감독규정7-42②).

1. 장부가액이 실질가치를 반영하는 항목에 대해서는 동 장부가액으로 평가한다.
2. 장부가액이 실질가치를 반영하지 못하는 항목에 대해서는 시가 또는 손실발생예상액을 차감한 실질가치로 조정하여 평가한다.

(3) 자산·부채의 각 항목별 구체적인 평가 및 산정기준은 금융감독원장이 정한다(감독규정7-42③). 이에 따라 자산·부채의 평가 및 산정기준은 감독시행세칙 5-5조 및 [별표 9]가 규정하고 있다.

(4) 금융감독원장은 자산·부채의 평가 및 산정을 위하여 필요한 기초자료를 평가대상 보험회사에 요구할 수 있으며, 필요한 경우에는 평가 및 산정대상 보험회사에 임점하여 자산과 부채의 실사를 실시할 수 있다(감독규정7-42④).

ii) 조치

(1) 금융위원회는 위 i)의 요건이 충족되면 당해 보험회사에 대하여 다음 각 호의 일부 또는 전부를 이행하도록 명령해야 한다(감독규정7-19②본). 다만, 주식의 전부소각, 보험업의 전부정지, 영업의 전부양도, 계약의 전부이전의 조치는 ⓐ '구조개선법 2조 2호에서 정하는 부실금융기관'이거나, 또는 ⓑ '지급여력비율이 0% 미만이고 건전한 보험거래질서나 보험가입자의 권익을 해할 우려가 현저하다고 인정'되는 경우에 한한다(감독규정7-19②단).

1. 주식의 일부 또는 전부 소각
2. 임원의 직무집행 정지 및 관리인의 선임
3. 6월 이내의 보험업 전부 정지
4. 계약의 전부 또는 일부의 이전
5. 합병 또는 금융지주회사의 자회사로의 편입(단독으로 또는 다른 금융기관과 공동으로 금융지주회사를 설립하여 그 자회사로 편입하는 경우를 포함한다)
6. 제3자에 의한 당해 보험업의 인수
7. 영업의 전부 또는 일부의 양도
8. 경영개선요구의 조치사항(감독규정7-18②) 중 전부 또는 일부

(2) 경영개선명령의 조치는 경영개선요구의 조치 이외에 위 (1)의 1호부터 7호까지를 추가한 것이다.

(3) 경영개선계획

1) 의의

적기시정조치를 받은 보험회사는 그에 상응하는 경영개선계획을 제출하고 이행해야

한다. 경영개선계획은 적기시정조치의 실행계획이라고 할 수 있다. 적기시정조치를 받은 보험회사는 경영개선계획을 제출하여 승인받고 이를 이행할 의무가 있다. 경영개선계획의 승인 여부 또는 이행 여부는 적기시정조치를 종료할 것인지, 강화할 것인지 등에 영향을 미치게 된다.

2) 계획의 제출

적기시정조치를 받은 보험회사는 경영개선권고·경영개선요구 또는 경영개선명령의 내용이 반영된 경영개선계획을 당해 조치가 있었던 날부터 2개월 내에 당해 조치권자가 정하는 기한 내에 금융감독원장에게 제출해야 한다(감독규정7-20①).

3) 승인 절차

(1) 금융위원회는 경영개선계획을 제출받은 날부터 각각 1월 이내에 승인 여부를 결정해야 한다(감독규정7-20②).

(2) 승인 여부를 결정하기에 앞서 외부 전문가로 구성된 경영평가위원회의 사전심의를 거쳐야 하며, 이 경우 당해 보험회사를 출석시켜 의견을 청취할 수 있다(감독규정7-20③본). 다만, 긴급을 요하거나 심의의 실익이 크지 않다고 금융감독원장이 인정하는 경우에는 그렇지 않다(감독규정7-20③단). 경영평가위원회의 구성·운영과 관련된 세부사항은 금융감독원장이 정한다(감독규정7-20⑥).

4) 승인되지 않는 경우

제출한 경영개선계획이 승인되지 않는 경우에 보다 강화된 적기시정조치가 취해진다. 그 내용은 다음과 같다.

(1) 금융위원회는 경영개선권고를 받은 보험회사가 제출한 경영개선계획의 타당성이 인정되지 않아 승인하지 않는 경우 경영개선요구의 필요조치(감독규정7-18②) 중에서 일부 또는 전부를 이행토록 요구해야 한다(감독규정7-20④).

(2) 금융위원회는 경영개선요구를 받은 보험회사가 제출한 경영개선계획의 타당성이 인정되지 않아 불승인하는 경우 경영개선요구의 필요조치 중에서 일부 또는 전부를 이행하도록 요구해야 하며, 동 요구의 내용이 반영된 경영개선계획이 타당성이 인정되지 않아 불승인하는 경우 경영개선명령의 필요조치(감독규정7-19②) 일부 또는 전부를 이행하도록 명령해야 한다(감독규정7-20⑤).

5) 승인된 경우

i) 이행기간

(1) 경영개선권고를 받은 보험회사의 경영개선계획 이행기간은 경영개선계획의 승인일로부터 1년 이내이다(감독규정7-21①).

(2) 경영개선요구를 받은 보험회사의 경영개선계획의 이행기간은 경영개선계획의 승

인일로부터 1년 6월 이내이다(감독규정7-21②본). 다만, 경영개선권고를 받은 보험회사가 그 경영개선계획의 이행 중에 경영개선요구를 받은 경우의 이행기간은 경영개선권고에 따른 경영개선계획의 승인일로부터 1년 6월 이내이다(감독규정7-21②단).

(3) 경영개선명령을 받은 보험회사의 경영개선계획의 이행기간은 금융위원회가 정한다(감독규정7-21③).

ii) 이행실적 제출

경영개선계획을 승인받은 보험회사는 매 분기 종료 후 10일 이내에 동 계획의 분기별 이행실적을 금융감독원장에게 제출해야 한다(감독규정7-20⑦).

iii) 불이행 시 조치

(1) 금융감독원장은 위 ii)에 따라 제출된 이행실적을 점검하여 이행실적이 미흡하거나 관련 제도의 변경 등 여건변화로 인하여 이행이 곤란하다고 판단되는 경우에는 경영개선계획의 수정요구, 일정기간 내 이행촉구 등 필요한 조치를 취할 수 있다(감독규정7-20⑦).

(2) 금융감독원장이 경영개선계획의 이행상황을 점검한 결과 경영개선권고를 받은 보험회사가 경영개선계획에서 정한 사항을 이행하지 않으면 금융위원회는 경영개선요구를 해야 한다(감독규정7-22①).

(3) 금융감독원장은 경영개선요구를 받은 보험회사가 경영개선계획의 주요사항을 이행하지 않으면 일정기간을 정하여 경영개선계획을 이행하도록 촉구할 수 있다(감독규정7-22②전). 이 경우 이행촉구기간은 경영개선계획의 이행기간에 포함하지 않을 수 있다(감독규정7-22②후).

(4) 위 (3)에 따라 경영개선계획의 이행촉구를 받고도 경영개선계획의 주요사항을 이행하지 않거나 이행이 곤란하여 정상적인 경영이 어려울 것으로 판단되는 보험회사에 대하여는 금융위원회가 경영개선명령을 해야 한다(감독규정7-22③).

(5) 금융위원회는 경영개선명령을 받은 보험회사가 경영개선계획에서 정한 사항을 이행하지 않은 경우 당해 보험회사에 대하여 다음 각 호의 조치를 할 수 있다(감독규정7-22④).

1. 보험업의 전부정지
2. 보험업 허가의 취소
3. 그 밖에 보험계약자 보호를 위하여 필요하다고 인정하는 조치

iv) 이행기간 만료 후 조치

① 목표달성 시

경영개선계획의 이행기간이 만료된 보험회사가 100분의 100 이상의 지급여력비율(시행령65②(1))을 유지하는 등 경영상태가 충분히 개선되었다고 인정되면 당해 조치권자는 당

초의 조치가 종료되었음을 해당 보험회사에게 통지해야 한다(감독규정7-21④).

② 목표미달 시

보험회사가 이행기간이 만료되었음에도 경영개선계획의 목표를 달성하지 못한 경우에는 만료 시점의 경영상태를 기준으로 다시 적기시정조치를 해야 한다(감독규정7-21④).

5. 위반 시 효과

구조개선법 10조 1항에 따른 요구 또는 명령을 이행하지 아니하거나 위반한 경우 과태료(구조개선법28①(6)), 구조개선법 10조 1항에 따른 명령을 이행하기 위한 절차·조치를 이행하지 않은 경우 형벌(구조개선27(1))이 따른다.

제 2 절 보험정보의 공시

1. 의의

(1) 개념

보험정보 공시(公示)제도는 보험회사 등이 보험상품 등에 관한 정보('보험정보')를 공시하는 것을 규율하는 제도이다. 이에 대해서는 보험업법 124조가 일반적 원칙을 규정하되, 구체적인 내용의 입법은 위임되어 있다.

(2) 취지

보험정보 공시제도의 취지는 보험계약자 보호에 있다. 다시 말하면, 보험회사 등이 보험정보를 공시하는 것을 규율함으로써 보험계약자가 이를 기초로 자신의 책임하에 계약체결 여부 등을 결정할 수 있도록 하자는 데 그 취지가 있다.

(3) 종류

(1) 보험정보 공시제도는 크게 단독공시와 비교공시로 구분할 수 있다. 단독공시는 특정한 보험회사 중심의 공시이고, 비교공시는 보험회사별, 보험상품별, 판매채널별 등을 비교하는 공시이다. 보험정보 공시제도는 단독공시인지 비교공시인지에 따라서 그 내용이 다르므로, 이하에서는 이를 구분하여 살펴보기로 한다.

(2) 위 (1)과 구분되는 것으로 금융감독원에 의한 공시 제도가 있다(감독시행세칙5-10).

2. 단독공시

(1) 의의

1) 개념

단독공시란 특정한 보험회사의 경영상황이나 상품정보 등을 단독으로 공시하는 것을 가리킨다(법124①). 보험회사별, 보험상품별, 판매채널별로 비교하여 공시하는 비교공시와 구분된다.

2) 취지

단독공시는 특정한 보험회사의 경영상황이나 상품정보 등을 신속하고 정확하게 공시하도록 강제함으로써, 보험계약자가 계약체결 여부 등을 결정함에 있어서 도움을 주자는 데 그 취지가 있다.

3) 주체

단독공시의 주체는 보험회사이다(법124①). 한편, 감독규정에 따르면 모집종사자도 주체가 되는 경우가 있다(감독규정7-45의2 등).

4) 강제성

보험회사에 의한 단독공시는 강제적 성격을 띤다. 즉 보험회사는 일정한 보험정보를 반드시 공시할 의무를 부담한다(법124①). 이 점에서 비교공시와 구분된다.

5) 공시사항

(1) 단독공시의 공시사항은 보험계약자를 보호하기 위하여 필요한 사항으로서 대통령령으로 정하는 사항이다(법124①). 이에 따라 보험업법시행령 67조 1항은 공시사항을 다음 각 호와 같이 정하고 있다.

1. 재무 및 손익에 관한 사항
2. 자금의 조달 및 운용에 관한 사항
3. 보험업법 123조 2항, 131조 1항, 134조 및 구조개선법 10조 및 14조에 따른 조치를 받은 경우 그 내용
4. 보험약관 및 사업방법서, 보험료 및 해약환급금, 공시이율 등 보험료 비교에 필요한 자료
5. 그 밖에 보험계약자의 보호를 위하여 공시가 필요하다고 인정되는 사항으로서 금융위원회가 정하여 고시하는 사항

(2) 감독규정 7-44조~7-45조의2는 위 보험업법시행령 67조 1항에 따른 단독공시의 공시사항을 보다 구체화한다. 감독규정 7-44조~7-45조의2에 따른 공시사항을 기준으로 단독공시를 경영공시와 상품공시로 구분할 수 있다. 경영공시는 보험회사의 경영상황 전반에 대한 공시를 의미하고, 그 공시사항에는 재무 및 손익, 자금조달 및 운용, 조직 및

인력 등에 관한 사항이 포함된다(감독규정7-44①·③). 상품공시란 개별상품의 정보에 대한 공시를 의미하고, 그 공시사항에는 상품요약서, 상품설명서, 사업방법서, 보험약관 등에 관한 사항이 포함된다(감독규정7-45①).

(3) 위 (2)의 감독규정에 따라 아래에서는 단독공시를 경영공시와 상품공시로 구분하여 자세히 살펴보기로 한다.

(2) 경영공시

1) 구분

경영공시는 공시 시점과 공시사항을 기준으로 정기공시와 수시공시로 구분된다. 전자는 1년 중 일정한 시점에 공시하는 것이고, 후자는 발생 시마다 수시로 공시하는 것이다. 정기공시와 수시공시는 공시사항이 다르며, 그 결과 공시 시점도 다른 것이다.

2) 정기공시

(1) 보험회사는 결산일부터 3월 이내에 다음 각 호에서 정하는 사항을 공시해야 한다(감독규정7-44①본). 다만, 분기별 임시결산 결과에 대한 공시자료는 임시결산일부터 2월 이내에 공시해야 한다(감독규정7-44①단).

1. 재무 및 손익, 그리고 자금의 조달 및 운용에 관한 사항
2. 조직 및 인력에 관한 사항
3. 안정성, 수익성, 생산성 등 경영지표에 관한 사항
4. 지배구조법 27조에 따른 위험관리기준의 설정 및 운영현황 등 위험관리에 관한 사항
5. 경영·자산 등에 관하여 중대한 영향을 미칠 회계처리기준 등을 변경하기로 한 결정
6. 주주총회 결의사항 등 보험회사의 이해관계자에 중대한 영향을 미칠 수 있는 사항

(2) 위 (1)의 사항에 대한 구체적인 공시항목 및 방법은 보험협회장이 정하는 보험경영통일공시기준에 따른다(감독규정7-44②).

(3) 정기공시의 공시시점을 원칙적으로 결산일부터 3월 이내라고 규정한 것은, 일정한 공시사항에 대해서는 결산일부터 통상 2월 전후가 지난 뒤에 개최되는 정기주주총회의 의결을 거쳐야 공시할 수 있다는 점을 고려했기 때문이다. 다만, 보험업법 124조 1항이 공시 시점을 "즉시"라고 규정하고 있는 점에 비추어 볼 때, 결산일부터 3월 이내에 위 공시사항이 정기주주총회의 의결을 통해서 확정된 경우 즉시 공시해야 한다고 규정하는 것이 보험업법과 감독규정 사이의 정합성을 보다 높일 수 있는 방법이라고 사료된다.

3) 수시공시

i) 공시사항

(1) 보험회사는 다음 각 호의 어느 하나에 해당되는 사항에 대하여는 그 내용을 즉시 공시해야 한다(감독규정7-44③).

1. 보험업법시행령 67조 1항 3호 및 4호에서 정한 사항[20]
2. 부실채권 또는 금융사고 등이 발생한 경우
3. 감독규정 7-43조에 의한 긴급조치가 취해진 경우 그 내용[21]
4. 자본시장법 9조 15항 3호에 따른 주권상장법인이 아닌 보험회사에 다음 각 목의 어느 하나에 해당되는 사항이 발생하는 경우
   가. 재무구조에 중대한 변경을 초래하는 사항
   나. 보험회사 경영환경에 중대한 변경을 초래하는 사항
   다. 재산 등에 대규모 변동을 초래하는 사항
   라. 채권채무관계에 중대한 변동을 초래하는 사항
   마. 투자 및 출자관계에 관한 사항
   바. 손익구조변경에 관한 사항
   사. 기타 보험회사 경영에 중대한 영향을 미칠 수 있는 사항

(2) 위 (1)의 공시사유에 대한 보다 구체적인 사항은 감독시행세칙 [별표32]가 규정하고 있다(감독시행세칙5-10의2③). 또한, 세부 공시항목 및 서식 등은 보험협회장이 정하는 보험경영통일공시기준에 따른다(감독시행세칙5-10의2④).

ii) 공시방법

보험회사는 위 i)(1)의 공시사유가 발생하면 즉시 보험협회의 인터넷 홈페이지와 당해 보험회사의 인터넷 홈페이지 등 전자매체를 통하여 공시해야 한다(감독시행세칙5-10의2①). 보험회사는 이에 따라 공시를 하는 경우 금융감독원장에게 그 내용을 지체없이 보고해야 한다(감독시행세칙5-10의2②).

4) 불성실 공시

금융감독원장은 보험회사가 경영공시 사항을 허위로 공시하거나 중요한 사항을 누락하는 등 불성실하게 공시하는 경우에는 당해 보험회사에 대해 정정공시 또는 재공시를 요구할 수 있다(감독규정7-44⑦).

(3) 상품공시

1) 의의

상품공시는 보험상품에 관한 정보를 공시하는 것이다. 상품공시는 필요한 경우 수시로 이루어져야 한다고 해석되므로 수시공시의 일종이다. 이하에서 기재사항 및 공시방법에 대해서 살펴보기로 한다.

---

20) 보험업법시행령 67조 1항 3호 및 4호에서 정한 사항은 다음과 같다.
3. 보험업법 123조 2항, 131조 1항, 134조 및 구조개선법 10조 및 14조에 따른 조치를 받은 경우 그 내용
4. 보험약관 및 사업방법서, 보험료 및 해약환급금, 공시이율 등 보험료 비교에 필요한 자료

21) 감독규정 7-43조에 의하면 금융위원회는 보험회사가 보험계약자의 이익을 저해할 우려가 있다고 인정하는 경우에는 금융감독원장으로 하여금 그 위험을 제거하기 위한 긴급조치를 취하게 할 수 있다.

2) 기재사항

(1) 금융감독원장은 공시대상인 상품요약서, 상품설명서, 통합청약서, 보험계약관리내용, 변액보험(퇴직연금실적배당보험 포함) 운용설명서 등의 기재 사항 및 작성방법 등에 대하여 세부적인 사항을 정할 수 있다(감독규정7-45④). 이에 따라 감독시행세칙 5-11조는 그 구체적인 기재사항 등을 정하고 있다. 그리고, 보험협회장은 감독시행세칙 5-11조 1항 및 2항에 의한 상품설명서 등의 작성기준 및 방법 등에 관한 세부적인 기준을 정할 수 있다(감독시행세칙5-11④).

(2) 감독시행세칙 5-11조 1항이 정하고 있는 상품요약서 등의 기재사항은 다음 각 호와 같다.

1. 삭제
2. 상품요약서
 가. 가입자격제한 등 상품별 특이사항
 나. 보험금 지급사유, 지급금액 및 지급제한사항
 다. 보험료 분석표 예시(일반손해보험에 한함)
 라. 공시이율(다만, 일반손해보험은 보험료산출기초 예시)
 마. 저축성보험: 보험계약 체결에 사용할 목적으로 부가된 금액 등 감독규정 7-45조 6항 1호 내지 7호에 관한 사항[22]
 바. 보장성보험: 보험가격지수 및 보장범위지수 예시
 사. 저축성보험: 모집수수료율 예시(다만, 일반손해보험은 제외)[23]
 아. 계약자배당에 관한 사항(계약자배당의 종류, 계약자배당금 산출기준, 과거 5년간의 배당율 및 배당실적, 계약자배당준비금 부리이율 등)
 자. 해지환급금에 관한 사항(해지환급금 산출기준 및 예시, 납입보험료 대비 계약자적립액 및 적립률 예시, 해약환급금이 적은 이유 등)[24]

---

22) 감독규정 7-45조 6항 1호 내지 7호에 관한 사항은 다음과 같다.
1. 보험계약 체결에 사용할 목적으로 부가된 금액의 총액
2. 보험계약 관리에 사용할 목적으로 부가된 금액의 총액
3. 위험보장을 위해 부가된 금액의 총액
4. 특별계정운용에 대한 보수 및 수수료의 총액
5. 중도인출수수료의 총액
6. 기타서비스 제공에 사용할 목적으로 부가된 금액의 총액
7. 해약공제액

23) 보험회사는 저축성보험에 대해 다음 각 호의 기준에 따라 산출된 모집수수료율을 상품요약서에 기재해야 한다(감독규정7-45⑧).
1. 보험료: 감독규정 [별표6]의 "보험상품군별 보험료 산정기준"에 의해 산출된 보험상품별 보험료
2. 모집수수료: 보험계약 1건당 예정된 모집수수료
3. 모집수수료율: (모집수수료총액÷보험료총액) × 100

24) 보험회사는 금리연동형보험 및 변액보험의 상품요약서에 기재하는 해약환급금 예시를 다음 각 호에서 정한 이율을 기준으로 산출한다(감독시행세칙5-11⑤).
1. 금리연동형 보험계약은 최저보증이율, 감독규정 1-2조 13호에 따른 평균공시이율(단, 판매시점

3. 삭제
4. 변액보험(퇴직연금실적배당보험 포함) 운용설명서
   가. 삭제
   나. 삭제
   다. 변액보험(퇴직연금실적배당보험 포함) 특별계정별 자산의 운용 및 평가
   라. 특별계정 운용과 관련하여 부가·집행하는 각종 보수 및 수수료(귀속주체별로 구분한다)
   마. 최근 3개년의 변액보험(퇴직연금실적배당보험 포함) 특별계정운용실적
5. 보험계약관리내용[25]
   가. 보험계약자와 피보험자의 성명, 연령 및 성별
   나. 보험회사의 상호, 본점 또는 점포의 주소와 전화번호
   다. 보험계약의 내용에 관한 사항
   라. 보험료 납입에 관한 사항
   마. 계약자배당에 관한 사항
   바. 보험계약자에 대한 대출금액 및 대출이율에 관한 사항
   사. 금리연동형보험(감독규정 5-6조 1항 6호에 의한 계약[26] 포함)의 경우 직전연도에 적용한 적용이율의 변동현황
   아. 직업·직무변경 등 통지의무에 관한 사항
   자. 저축성보험(금리확정형보험은 제외)의 사업비, 위험보장을 위해 부가된 금액의 총액, 특별계정에 투입되거나 적용이율로 부리되는 금액의 총액 및 납입보험료 대비 수익률
6. 삭제

(3) 보험회사 및 모집종사자는 보험계약자에게 제공하는 상품설명서, 보험계약청약서, 보험증권에 모집종사자(보험대리점의 경우에는 실제 모 집한 소속보험설계사를 말함)의 소속, 성명, 연락처 등을 기재해야 한다(감독규정7-45⑤).

(4) 보험회사는 보장성보험(일반손해보험은 제외)의 상품요약서와 상품설명서에 보험가격지수(보험료총액을 참조순보험료[27] 총액과 보험회사 평균사업비총액을 합한 금액으로 나눈 비율

의 공시이율을 상한으로 함) 및 판매시점의 공시이율
2. 변액보험계약의 경우 -1%, 감독규정 1-2조 13호에 따른 평균공시이율 및 동 이율의 1.5배

25) 변액보험(퇴직연금실적배당보험 포함)계약의 보험계약관리내용에는 일반적인 보험계약관리내용 이외에 다음을 사항을 추가로 포함해야 한다(감독시행세칙5-11②).
1. 보험금액 변동에 관한 사항
2. 납입구좌, 구좌당 기준가격 및 해지 시 해지환급금
3. 가입한 특별계정의 종류 및 특별계정별 계약자적립금 내역
4. 특별계정 운용과 관련하여 부가·집행하는 각종 보수 및 수수료(귀속주체별로 구분한다)
5. 직전 사업연도 말 기준 변액보험(퇴직연금실적배당보험 포함)의 특별계정 결산사항 등

26) 감독규정 5-6조 1항 6호에 의한 계약은 자산연계형보험계약(감독규정 6-12조 3항에 의한 공시이율을 적용하는 보험계약은 제외)을 가리킨다.

27) 참조순보험료는 평균공시이율, 평균해지율 및 참조순보험요율을 적용하여 계산한 순보험료를 말한다(감독규정1-2⒅본). 다만, 참조순보험요율이 없는 경우에는 최적위험률을 보수적으로 할인·할증한 위험률을 사용한다(감독규정1-2⒅단). 최적기초율은 장래 현금흐름이 실제 발생하는 현금흐름에 최대한 근접하도록 추정된 기초율(최적사업비율, 최적위험률, 최적해지율 등)을 말한다(감독규정

을 말한다) 및 보장범위지수(보험상품공시위원회에서 정하는 표준보장범위의 순보험료와 해당 보험상품의 순보험료를 나눈 비율을 말하며, 보장하지 않는 사유 및 기간 등을 설정한 제3보험 상품 중 보험상품공시위원회에서 정하는 보험상품에 한한다)를 기재한다(감독규정7-45⑦본). 다만, 실손의료보험은 해당 계약을 갱신하는 경우에도 보험가격지수에 대해 안내한다(감독규정7-45⑦단).

(5) 보험회사는 사이버몰을 이용하여 모집하는 보장성보험의 상품설명서와 상품요약서에 납입보험료 대비 사업비율을 기재할 수 있다(감독규정7-45⑩).

3) 공시방법

i) 구분

감독규정은 공시방법을 기준으로 상품공시를 다음과 같이 구분한다.

첫째, 인터넷 홈페이지에서 보험계약자가 쉽게 확인할 수 있도록 상품정보를 공시하는 방법이다.

둘째, 상품정보를 보험계약자에게 모집단계별로 '제공'하는 방법이다. 다만, 이러한 '제공'은 일반적 의미의 공시에 포함된다고 보기 어렵고, 따라서 이것이 공시에 관한 보험업법 124조에 근거를 둔 것이라고 할 수 있는지는 논란의 여지가 있다.

셋째, 보험계약자가 보험회사의 본점에서 상품정보에 대한 열람을 신청하는 방법이다.

ii) 인터넷 공시

보험회사는 다음 각 호의 사항을 당해 보험회사의 인터넷 홈페이지에서 보험계약자 등이 쉽게 확인할 수 있도록 공시해야 한다(감독규정7-45①본). 다만, 보증보험의 상품설명서, 단체보험·퇴직연금(퇴직보험 포함)의 상품요약서 및 상품설명서, 일반손해보험(자동차보험은 제외) 중 기업성보험의 경우에는 1호의 사항을 공시하지 않을 수 있다(감독규정7-45①단).

1. 판매상품별 상품요약서, 상품설명서,[28] 사업방법서, 보험약관(변경 전의 보험약관 및 판매중지 후 2년이 경과되지 않은 보험약관을 포함). 다만, 감독규정 4-35조의2 2항 단서에 따른 보험계약[29]인 경우에는 상품요약서, 상품설명서 대신 상품요약서, 상품설명서 및 청약서가 통합된 통합청약서를 공시할 수 있다.

1-2⒄).

28) 상품설명서의 경우 모든 판매형태별로 보험료, 해지환급금 등을 인터넷 홈페이지에서 쉽게 확인할 수 있도록 해야 한다(감독시행세칙5-11③).

29) 감독규정 4-35조의2 2항 단서에 따른 보험계약이란 개인 또는 가계의 일상생활 중 발생하는 위험을 보장하고 해당 개인 또는 가계가 보험료를 전부 부담하는 보험계약으로서 다음 각 호의 어느 하나에 해당하는 보험계약을 가리킨다.

1. 보험기간이 1년 초과 3년 이하인 보험계약으로서 월보험료가 5만 원 이하 또는 연간보험료가 60만 원 이하인 보험계약 또는 보험기간이 1년 이하인 보험계약. 다만, 자동차보험계약은 제외한다.
2. 여행 중 발생한 위험을 보장하는 보험계약

2. 금리연동형보험[30]의 적용이율(최저보증이율 포함) 및 산출방법(공시이율 적용상품은 공시기준이율 산출방법, 공시기준이율, 조정율 포함) 등
3. 감독규정 5−6조 1항 3호의 규정에 의한 변액보험계약 및 퇴직연금실적배당보험계약의 경우[31] 다음 각 목의 사항
   가. 매월 말 현재의 특별계정별 자산·부채 및 자산구성내역
   나. 매일의 특별계정별 자산의 기준가격 및 수익률
   다. 특별계정 운용에 대한 보수 및 수수료(귀속주체별로 구분한다)
   라. 변액보험(퇴직연금실적배당보험 포함) 운용설명서
   마. 매월 말 현재의 특별계정별 자산에 대한 보험업법시행령 6조에서 정한 특수관계에 있는 자[32]에 해당하는 자산운용회사에 위탁한 금액 및 비율
   바. 변액보험계약의 경우 보험업법시행령 6조에서 정한 특수관계에 있는 자[33]에 해당하는 자산운용사와 기타 자산운용회사별로 위탁비중, 수익률, 특별계정운용 위탁과 관련하여 자산운용사에 지급하는 투자일임보수
4. 소득세법 20조의3 1항 2호 각 목 외의 부분에 따른 연금저축계좌를 설정하는 계약 그리고 자산연계형보험계약(감독규정 6−12조 3항에 의한 공시이율을 적용하는 보험계약은 제외)인 경우 다음 각 목의 사항
   가. 매월 말 현재의 특별계정별 자산·부채 및 자산구성내역
   나. 금리연동형보험의 직전 3년간 공시이율(최저보증이율 포함) 및 직전 3년간 이자율차 배당률
5. 계약자배당금 산출기준, 계약자배당율, 계약자배당준비금 부리이율
6. 그 밖에 금융감독원장이 보험계약자등의 보호를 위하여 필요하다고 인정하는 사항

iii) 계약서류 제공의무

① 계약서류의 제공

(1) 금융소비자법에 따라 금융상품직접판매업자 및 금융상품자문업자는 금융소비자와 금융상품 또는 금융상품자문에 관한 계약을 체결하는 경우 금융상품의 유형별로 대통령령으로 정하는 계약서류를 금융소비자에게 지체 없이 제공할 의무가 있다(금융소비자법23① 본). 다만, 계약내용 등이 금융소비자 보호를 해칠 우려가 없는 경우로서 대통령령으로 정하는 경우[34]에는 계약서류를 제공하지 아니할 수 있다(금융소비자법23①단).

---

30) 금리연동형보험에는 퇴직급여법 29조 2항의 규정에 따른 보험계약(퇴직연금실적배당보험계약 제외) 및 동법 부칙 2조 1항의 규정에 따른 퇴직보험계약은 제외하고, 자산연계형보험계약(감독규정 6−12조 3항에 의한 공시이율을 적용하는 보험계약은 제외)은 포함한다.

31) 감독규정 5−6조 1항 3호의 규정에 의한 변액보험계약 및 퇴직연금실적배당보험계약은 생명보험회사가 판매하는 변액보험계약 및 퇴직급여법 29조 2항의 규정에 따라 보험회사가 판매하는 퇴직연금실적배당보험계약을 가리킨다.

32) 위 각주 39)를 참조

33) 특수관계에 있는 자에 관한 보험업법시행령 6조는 삭제되면서 지배구조법시행령 3조 1항으로 변경되었다.

34) “금융소비자 보호를 해칠 우려가 없는 경우로서 대통령령으로 정하는 경우”란 다음 각 호의 경우를 말한다.

(2) 금융소비자법 23조 1항 본문에서 '대통령령으로 정하는 계약서류'란 다음 각 호의 서류를 말한다(금융소비자법시행령22①).

1. 금융상품 계약서
2. 금융상품의 약관
3. 금융상품 설명서(금융상품판매업자만 해당)[35)]
4. 상법에 따른 보험증권(보장성 상품 중 보험만 해당)

(3) 보험회사 또는 모집종사자는 변액보험(퇴직연금실적배당보험을 포함)계약의 경우 계약 체결 권유 단계에서 변액보험운용설명서를 보험계약자에게 제공하여야 한다(감독규정 7-45②).

② 증명책임

계약서류의 제공 사실 또는 계약체결 사실 및 그 시기에 관하여 금융소비자와 다툼이 있는 경우에는 금융상품직접판매업자 및 금융상품자문업자가 이를 증명해야 한다(금융소비자법23②). 금융상품직접판매업자 및 금융상품자문업자는 계약서류 자체를 체계적으로 잘 보관하고 있으므로 그 증명이 용이함을 고려한 것이다.

③ 계약서류 제공 방식

(1) 금융상품직접판매업자 및 금융상품자문업자가 계약서류를 제공하는 때에는 다음 각 호의 방법으로 제공한다. 다만, 금융소비자가 다음 각 호의 방법 중 특정 방법으로 제공해 줄 것을 요청하는 경우에는 그 방법으로 제공해야 한다(금융소비자법시행령22③).

1. 서면교부
2. 우편 또는 전자우편
3. 휴대전화 문자메시지 또는 이에 준하는 전자적 의사표시[36)]

---

1. 다음 각 목의 법률에 따라 계약서류가 제공된 경우
   가. 「대부업 등의 등록 및 금융이용자 보호에 관한 법률」
   나. 자본시장법(온라인소액투자중개업자만 해당한다)
   다. 「온라인투자연계금융업 및 이용자 보호에 관한 법률」
2. 그 밖에 계약 내용이나 금융상품의 특성 등을 고려할 때 계약서류를 제공하지 않아도 금융소비자 보호가 저해될 우려가 없는 경우로서 금융위원회가 정하여 고시하는 경우

35) 보험업감독규정은 설명의무 대상인 전문보험계약자에 대해서나, 통합청약서를 사용하는 경우, 설명의무 이행이 면제되는 경우 설명서 제공을 하지 않아도 되도록 규정하였으나, 금융소비자법은 전문금융소비자에 대해서나, 같은 법률에서 설명서 교부가 면제되는 경우에 대해서 명시적으로 계약서류 제공의무가 면제된다고 밝히고 있지 않다. 그러나 금융소비자법 23조에 따른 설명서 제공의무는 19조 1항에 따른 설명의무 및 2항의 설명서 제공의무를 전제로 하므로 설명의무나 설명서 제공의무가 없는 경우에는 계약서류로서 설명서 제공의무도 없다고 보는 것이 합리적 해석이라 본다.

36) 금융상품판매업자등은 계약서류를 전자우편 또는 이에 준하는 전자적 의사표시로 교부하는 경우에 금융소비자가 전자금융거래법에 따른 전자적 장치를 통해 계약서류를 확인하는데 필요한 소프트웨어 및 안내자료를 제공해야 한다(금융소비자보호감독규정2①)

(2) 계약서류 제공방법 및 준수사항에 관하여 구 보험업감독규정은 전자적 의사표시로 계약서류를 전달하는 데 보험계약자의 동의를 요구하였지만, 금융소비자법은 금융소비자의 동의를 전제로 하지 않고 서면, 우편, 전자우편 기타 전자적 의사표시 중에서 의무주체가 선택할 수 있도록 하였다. 이 경우 금융소비자가 특정 방법을 원하는 경우 그에 따르도록 하여 금융소비자의 선택권도 함께 도모하였다.

④ 과태료

금융소비자법 23조를 위반하여 금융소비자에게 계약서류를 제공하지 않은 자에게 과태료(금융소비자법69①(7))가 따른다.

iv) 열람

보험계약자는 보험회사의 본점에서 다음 각 호의 서류 등에 대한 열람을 신청할 수 있으며, 보험회사는 특별한 사유가 없는 한 이에 응해야 한다(감독규정7-45③).

1. 기초서류(다만, 보험료 및 책임준비금산출방법서 중 보험료의 계산에 관한 사항은 제외)
2. 변액보험(퇴직연금실적배당보험 포함)계약자의 경우 변액보험(퇴직연금실적배당보험 포함) 특별계정에 관한 장부·서류로서 다음 각 목의 사항

가. 자산명세서
나. 기준가격대장
다. 재무제표 및 그 부속명세서
라. 유가증권 등 매매거래내역서

v) 기타 - 대출안내장

① 의의

(1) 감독시행세칙 5-12조는 공시와 관련하여 대출안내장에 대해서 규정하고 있다. 다만, 이 조항은 상위법령의 명시적 위임이 없는 행정규칙이다.

(2) 대출안내장은 보험회사의 대출관련 규정의 내용과 부합되게 작성해야 하고, 본사에서 이를 심사하여 관리번호를 부여받은 후 사용토록 한다(감독시행세칙5-12①).

② 기재사항

대출안내장에는 다음 각 호의 사항을 기재해야 한다(감독시행세칙5-12②).

1. 대출금리(연 단위의 약정이율로 표시하되 변동금리부 대출상품의 경우 적용금리의 결정방법을 명시하며, 대출금액·대출기간 또는 차주의 신용도 등에 따라 다른 대출금리를 적용하는 경우에는 대표적인 금리를 참고로 예시할 수 있으나 예시된 내용이 실제로 적용되는 거래조건으로 오인되지 않도록 하여야 함)
2. 대출부대비용(대출과 관련하여 이용자가 부담하는 제비용의 금액 또는 요율을 표시해야 함. 다만, 대출조건에 따라 변동이 있는 경우에는 대표적인 내용을 예시할 수 있으나 예시된 내용이 실제로 적용되는 거래조건으로 오인되지 않도록 하여야 함)

3. 대출금 상환기간, 상환방법, 대출만기 경과 후 미상환 시의 처리방법
4. 담보 또는 보증의 필요 여부
5. 대출거래 제한사항, 대출신청 자격요건, 보험가입의 필요 여부
6. 공시내용의 유효기간(개시 시기와 종료 시기로 표시하되, 이와 같은 표시가 곤란한 경우에는 유효한 현재 시점으로만 표시할 수 있음)

3. 비교공시

(1) 의의

1) 개념

비교공시란 보험회사별, 보험상품별, 판매채널별 등을 비교하여 공시하는 것을 가리킨다. 비교공시는 특정한 보험회사의 경영상황이나 상품정보 등을 단독으로 공시하는 단독공시와는 다르다.

2) 취지

보험회사별, 보험상품별, 판매채널별 비교공시는 보험계약자가 계약체결 여부 등을 결정하는 데 도움이 될 수 있고, 따라서 보험계약자 보호에 그 취지가 있다고 볼 수 있다.

3) 주체

(1) 비교공시의 주체에는 원칙적으로 제한이 없다. 즉 보험협회를 포함하여 보험협회 이외의 자도 비교공시의 주체가 될 수 있다(법124②·⑤). 다만, 감독규정은 보험협회, 보험회사, 모집종사자 이외의 자가 비교공시를 하는 경우 이러한 자를 '보험상품 비교공시기관'이라고 칭하고 있다(7-46⑤). 이는 비교공시의 주체를 '기관'으로 제한하는 것이라고 해석된다.

(2) 보험업법은 비교공시의 주체가 누구인지에 따라서 강제 여부, 비교공시의 대상 및 방법 등에서 차등을 두고 있다. 이에 따라 비교공시의 주체별로 비교공시에 대해서 살펴보는 것이 필요하다.

4) 공시 시점

비교공시는 공시 시점에 대한 제한이 없다. 이 점에서 보험회사가 즉시 공시해야 할 의무를 지는 단독공시와 구분된다.

5) 강제성 여부

(1) 보험협회의 비교공시는 강제성을 띤다. 보험업법은 보험협회가 "금융위원회가 정하는 바에 따라 비교·공시할 수 있다"라고 규정함으로써 비교공시 여부가 임의성을 띠는 것처럼 규정하고 있지만, 감독규정은 보험협회가 비교공시를 해야 할 의무를 부담한다고 규정하고 있다(감독규정7-46①). 보험계약자의 권익보호라는 비교공시의 취지를 고려하여 적어도 보험협회에 대해서는 비교공시를 하도록 강제하고 있는 것이다.

(3) 보험협회 이외의 자의 비교공시는 임의성을 띤다. 이 점에서 보험협회 이외의 자의 비교공시는 전술한 단독공시 및 보험협회의 비교공시와 비교된다. 보험업법 124조 및 감독규정 7-46조의2는 보험협회 이외의 자에 대해서는 비교공시를 강제하지 않고, 다만 보험협회 이외의 자도 비교공시를 할 수 있고 만약 비교공시를 하는 경우에는 그 내용, 방법 등에 대해서 일정한 제약을 두는 것이다. 즉 보험협회 이외의 자에 의해서 비교공시가 이루어지는 경우 그 비교공시가 객관적이고 공정한 기준, 절차 등에 따라 이루어지지 않으면 자칫 왜곡된 정보를 고객에게 제공할 위험이 있으므로 이러한 위험에 대처하기 위해서 비교공시가 행해지는 경우 객관적이고 공정한 기준, 절차 등을 갖출 것을 요구하는 것이다.

(3) 보험협회의 비교공시와 보험협회 이외의 자의 비교공시는 위와 같은 중대한 차이가 있으므로, 이하에서는 비교공시의 주체별로 비교공시에 대해서 살펴보기로 한다.

(2) 보험협회에 의한 비교공시

1) 의의

보험협회는 보험료·보험금 등 보험계약에 관한 사항으로서 대통령령으로 정하는 사항을 금융위원회가 정하는 바에 따라 비교공시할 수 있다(법124②).

2) 비교공시사항

보험업법 및 동법시행령이 공시사항을 정하고 있으나,[37] 보다 구체적인 사항은 감독규정에 위임하고 있으므로 이하에서는 감독규정을 중심으로 공시사항을 살펴보기로 한다. 보험협회는 다음 각 호의 구분별로 각 목의 사항을 비교공시해야 한다(감독규정7-46①본). 다만, 단체보험, 일반손해보험(자동차보험은 제외) 및 특정가입단체와 제휴하여 판매되는 보험상품은 제외한다(감독규정7-46①단).

1. 보험회사별·보험종류별
   가. 보장내용 및 보험료, 저축성보험의 해약환급금(납입보험료 대비 계약자적립액 및 적립률 포함), 공시이율(최저보증이율 포함), 그 밖의 특이사항 등
   나. 위험률의 조정 등으로 인하여 실손의료보험의 보험요율이 변경되는 경우 변경 전·후 보험료
   다. 감독규정 7-45조 1항 3호 가목부터 라목까지 및 5호[38]

---

37) 보험업법 124조 2항에 따르면, 비교공시의 사항은 보험료·보험금 등 보험계약에 관한 사항으로서 대통령령으로 정하는 사항이다. 이를 구체화한 보험업법시행령 67조 2항에 따르면, 비교공시의 사항은 다음 각 호와 같다.
1. 보험료, 보험금, 보험기간, 보험계약에 따라 보장되는 위험, 보험회사의 면책사유, 공시이율 등 보험료 비교에 필요한 자료
2. 그 밖에 보험계약자 보호 및 보험계약 체결에 필요하다고 인정되는 사항으로 금융위원회가 정하여 고시하는 사항

38) *감독규정 7-45조 1항 3호 가목부터 라목은 다음과 같다.

라. 저축성보험의 경우 감독규정 7-45조 6항 1호부터 7호까지[39] 및 납입보험료 대비 수익률(금리확정형 보험은 제외)에 대한 사항

마. 보장성보험(자동차보험은 제외)의 경우 감독규정 7-45조 7항 및 11항에 따른 보험가격지수 및 보장범위지수, 계약체결비용지수 및 부가보험료지수

2. 보험회사별·판매채널별 및 보험상품별

가. 금융감독원장이 정하는 바에 따른 보험계약의 유지율, 불완전판매비율 및 청약철회비율[40]

나. 금융감독원장이 정하는 바에 따른 보험금 부지급률 및 청구 이후 해지비율

다. 금융감독원장이 정하는 바에 따른 보험금 지급기간

라. 금융감독원장이 정하는 바에 따른 총보험료 대비 수수료등 비중(판매채널별 제외)

3. 보험회사별

가. 삭제

나. 금융감독원장이 정하는 바에 따른 보험금 청구건 대비 보험금 지급건 비율, 보험금 지급기간 및 보험금 부지급사유 등[41]

다. 금융감독원장이 정하는 바에 따른 보험금 청구지급 관련 소송 제기 건수 및 보험금 청구건 대비 소송 제기 비율 등[42]

라. 금융감독원장이 정하는 바에 따른 보험료 신용카드 납입제도 운영현황[43]

3) 비교공시방법

보험협회는 인터넷 홈페이지를 통하여 비교공시해야 한다(감독규정7-46①).

4) 보험상품공시위원회

i) 의의

(1) 보험협회가 비교공시를 하는 경우에는 대통령령으로 정하는 바에 따라 보험상품

가. 매월 말 현재의 특별계정별 자산·부채 및 자산구성내역

나. 매일의 특별계정별 자산의 기준가격 및 수익률

다. 특별계정 운용에 대한 보수 및 수수료(귀속주체별로 구분한다)

라. 변액보험(퇴직연금실적배당보험 포함) 운용설명서

**감독규정 7-45조 1항 5호는 다음과 같다.

계약자배당금 산출기준, 계약자배당률, 계약자배당준비금 부리이율

39) 감독규정 7-45조 6항 1호부터 7호까지는 다음과 같다.

1. 보험계약 체결에 사용할 목적으로 부가된 금액의 총액
2. 보험계약 관리에 사용할 목적으로 부가된 금액의 총액
3. 위험보장을 위해 부가된 금액의 총액
4. 특별계정운용에 대한 보수 및 수수료의 총액
5. 중도인출수수료의 총액
6. 기타서비스 제공에 사용할 목적으로 부가된 금액의 총액
7. 해약공제액

40) 이에 대한 세부적 산출기준은 감독시행세칙 5-11조의2 1항 및 [별표1의1] 1이 규정하고 있다.

41) 이에 대한 세부적 산출기준은 감독시행세칙 5-11조의2 2항 및 [별표1의1] 3이 규정하고 있다.

42) 이에 대한 세부적 산출기준은 감독시행세칙 5-11조의2 3항 및 [별표1의1] 4가 규정하고 있다.

43) 이에 대한 세부적 산출기준은 감독시행세칙 5-11조의2 4항 및 [별표1의1] 5가 규정하고 있다.

공시위원회를 구성해야 한다(법124③).

(2) 보험상품공시위원회를 구성하는 이유는 비교공시의 객관성과 공정성을 확보하기 위해서이다.

ii) 업무

(1) 보험상품공시위원회는 보험협회가 실시하는 보험상품의 비교공시에 관한 중요 사항을 심의·의결한다(시행령68①).

(2) 보험상품공시위원회는 보험협회의 비교공시를 위한 세부적 기준 및 절차를 정할 수 있다(감독규정7-46④).

iii) 구성 및 운영

(1) 보험상품공시위원회는 위원장 1명을 포함하여 9명의 위원으로 구성한다(시행령68②).

(2) 위원장은 위원 중에서 호선하며, 위원은 금융감독원 상품담당 부서장, 보험협회의 상품담당 임원, 보험요율산출기관의 상품담당 임원 및 보험협회장이 위촉하는 다음 각 호의 사람으로 구성한다(시행령68③).

1. 보험회사 상품담당 임원 또는 선임계리사 2명
2. 판사, 검사 또는 변호사의 자격이 있는 사람 1명
3. 소비자단체에서 추천하는 사람 2명
4. 보험에 관한 학식과 경험이 풍부한 사람 1명

(3) 위원의 임기는 2년으로 하고, 다만 금융감독원 상품담당 부서장과 보험협회의 상품담당 임원 및 보험요율산출기관의 상품담당 임원인 위원의 임기는 해당 직에 재직하는 기간으로 한다(시행령68④).

(4) 위원회의 회의는 재적위원 과반수의 출석으로 개의하고 출석위원 과반수의 찬성으로 의결한다(시행령68⑤).

(5) 보험업법시행령 63조 1항부터 5항까지에서 규정한 사항 외에 위원회의 구성 및 운영에 필요한 사항은 위원회의 의결을 거쳐 위원장이 정한다(시행령68⑥).

5) 보험회사의 통지의무

(1) 보험회사는 비교공시에 필요한 정보를 보험협회에 제공해야 한다(법124④). 보험회사는 비교공시된 내용을 변경한 경우에는 지체 없이 보험협회에 그 변경한 내용을 통지해야 하며, 보험협회는 보험회사로부터 통지받은 내용을 지체 없이 비교공시사항에 반영해야 한다(감독규정7-46②).

(2) 보험회사는 보험계약자에게 실손의료보험의 변경된 보험료를 안내하는 경우에는 실손의료보험의 변경 전후 보험료가 적정하게 비교공시될 수 있도록 미리 보험협회에 그

보험료를 통지해야 한다(감독규정7-46③).

6) 별도의 비교공시

보험협회는 다음 각 호의 보험상품에 대하여 비교공시 항목 중 보험료 및 환급금 등을 인터넷 홈페이지를 통하여 별도로 안내할 수 있으며 이와 관련한 세부적인 기준과 절차 등을 정할 수 있다(감독규정7-46⑥).

1. 사이버몰을 이용하여 모집하는 보험
2. 단독실손의료보험
3. 자동차보험
4. 그 밖에 보험협회가 별도 안내를 통한 비교공시 필요성을 인정하는 보험

(3) 보험회사, 모집종사자에 의한 비교공시

(1) 보험회사, 모집종사자가 비교공시를 하는 경우 준수해야 할 기준 및 절차는 보험상품공시위원회가 보험협회의 비교공시를 위해 마련한 세부적 기준 및 절차 등을 준용한다(감독규정7-46의2①).[44]

(2) 보험회사, 모집종사자가 비교공시를 하는 경우 보험회사의 공시자료 등 객관적인 자료를 근거로 공정하게 실시하여야 하고 자료의 출처 등을 구체적으로 기재해야 한다(감독규정7-46의2①).

(3) 보험회사, 모집종사자가 비교공시를 하는 경우 이에 포함해야 하는 공시사항은 원칙적으로 감독규정 7-46조 1항에 의한 보험협회의 비교공시 내용과 같고, 다만 그 내용이 다르거나 일부만을 비교공시하려는 경우는 보험상품공시위원회와 협의해야 한다(감독규정7-46의2①).

(4) 보험상품 비교공시기관에 의한 비교공시

1) 의의

보험협회, 보험회사, 모집종사자 이외의 자로서 보험계약에 관한 사항을 비교공시하려는 자를 '보험상품 비교공시기관'이라고 한다(감독규정7-46⑤).

2) 보험협회에 의한 정보제공

(1) 보험협회는 보험상품 비교공시기관이 적정하게 비교공시 업무를 수행할 수 있도록 보험상품 비교공시기관과 협의하여 보험업법 124조 4항에 따라 보험회사로부터 제공받은 비교공시에 필요한 정보, 감독규정 7-46조 2항에 따라 비교공시된 내용을 변경한 보험회사로부터 통지받은 내용 및 같은 조 6항에 따라 일정한 보험상품에 대하여 별도로 안내하는 정보를 제공할 수 있다(감독규정7-46⑤).

---

44) 감독규정 7-46조의2 1항은 감독규정 7-46조 3항을 준용한다고 되어 있는데, 감독규정 7-46조 4항을 7-46조 3항으로 잘못 적은 것으로 보인다.

(2) 아래에서 보는 바와 같이 보험상품 비교공시기관은 위 (1)에 의해서 보험협회로부터 제공받은 정보만을 비교공시할 수 있다. 이는 보험상품 비교공시기관의 비교공시가 객관성과 공정성을 갖출 수 있도록 하게 하기 위한 사전규제라고 할 수 있다.

3) 준수사항

(1) 보험상품 비교공시기관은 비교공시를 하는 경우 다음 각 호를 준수해야 한다(감독규정7-46의2②).

1. 보험협회를 통해 제공받은 정보만을 비교공시할 것
2. 감독규정 7-46조 1항 각 호의 사항 중 금융감독원장이 정하는 사항을 반드시 포함할 것[45]
3. 전문용어 또는 법률용어에 대한 설명을 연계하여 제공할 것
4. 보험상품 비교공시기관의 기본적인 검색기능과 연계하고 포괄적인 상품검색 및 재검색 기능을 제공할 것
5. 비교공시 사항은 광고 등 상업적 용도로 제공하는 정보와 명확히 분리하여 제공하되, 상업적 정보보다 우선하여 제공되도록 할 것
6. 그 밖에 객관적이고 공정하게 비교·공시 업무를 수행하기 위하여 금융감독원장이 정하는 사항[46]

(2) 입법론의 면에서 보면 위 (1)의 4호에서 6호까지는 보험협회, 보험회사 또는 모집종사자가 비교공시를 하는 경우에도 준수할 필요가 있는 사항이라고 사료된다.

(5) 시정조치 등

(1) 금융위원회는 비교공시가 거짓이거나 사실과 달라 보험계약자 등을 보호할 필요가 있다고 인정되는 경우 비교공시의 중단이나 시정조치 등을 요구할 수 있다(법124⑥).

(2) 위 (1)에 따른 거짓이거나 사실과 다른 공시의 중단이나 시정조치 등의 요구는 금융감독원장에게 위탁되어 있다(시행령[별표8]28).

4. 금융감독원에 의한 공시

(1) 금융감독원장은 분쟁처리결과 및 보험회사에 대한 경영실태평가 등을 포함한 보험회사의 경영실적 등을 일반에게 공시할 수 있다(감독시행세칙5-10①). 이외에도 금융감독원장은 보험계약자 보호를 위하여 필요하다고 인정하는 사항에 대하여는 이를 공시할 수 있다(감독시행세칙5-10②).

---

45) 금융감독원장이 정하는 사항이란 다음 각 호의 사항을 말한다(감독시행세칙5-11의3①).
1. 보장내용 및 보험료
2. 저축성보험의 해약환급금 및 공시이율(최저보증이율 포함)

46) 금융감독원장이 정하는 사항이란 보험협회를 통해 제공받은 모든 상품에 대해 다음 각 호의 사항을 비교공시하는 것을 말한다(감독시행세칙5-11의3②).
1. 보장내용 및 보험료
2. 저축성보험의 해약환급금 및 공시이율(최저보증이율 포함)

(2) 다만, 위 (1)의 규정은 상위법령의 명시적 위임이 없는 행정규칙이다.

5. 위반 시 효과

보험업법 124조 1항을 위반하여 공시하지 않은 경우, 보험업법 124조 4항을 위반하여 정보를 제공하지 않거나 부실한 정보를 제공한 경우, 보험업법 124조 5항을 위반하여 비교공시한 자에 대해서는 과태료(법209①(11)·(12),209④(28)·(29),209⑤(13))가 따른다.

제3절 상호협정의 인가

제1관 의의

(1) 독점규제법은 부당하게 경쟁을 제한하는 공동행위를 금지하며, 다만 일정한 경우 예외를 인정하고 있다. 보험업법 125조에 따른 보험회사 사이의 상호협정도 이 예외에 해당한다. 보험회사 사이의 상호협정이 보험업법 125조의 요건을 충족하게 되면 이는 합법적인 공동행위가 되는 것이다.

(2) 이하에서는 독점규제법이 금지하는 부당공동행위가 무엇인지, 그 예외에는 어떤 것이 있는지, 특히 보험업법 125조가 규정하는 예외가 무엇인지에 대해서 살펴보기로 한다.

제2관 독점규제법상 공동행위

1. 부당공동행위의 금지

(1) 부당한 공동행위는 사업자가 다른 사업자와 공동으로 부당하게 경쟁을 제한하여 하는 행위를 가리킨다. 사업자단체에 의한 가격결정행위가 부당한 공동행위의 예시가 될 수 있으며, 부당한 공동행위는 담합 또는 카르텔(cartel)이라고도 부른다.

(2) 부당공동행위는 해당 거래 분야의 경쟁을 감소시켜 시장기능을 왜곡하고 자원의 효율적 배분을 방해할 수 있다. 이에 따라 독점규제법 19조 1항은 사업자가 계약·협정·결의 기타 어떠한 방법으로도 다른 사업자와 공동으로 부당하게 경쟁을 제한하는 행위를 할 것을 합의하거나 다른 사업자로 하여금 이를 행하도록 해서는 안 된다고 규정한다.[47]

---

47) 독점규제법 19조 1항이 규정하는 부당공동행위의 구체적 유형은 다음과 같다.
1. 가격을 결정·유지 또는 변경하는 행위
2. 상품 또는 용역의 거래조건이나, 그 대금 또는 대가의 지급조건을 정하는 행위
3. 상품의 생산·출고·수송 또는 거래의 제한이나 용역의 거래를 제한하는 행위

(3) 이러한 부당공동행위의 요건은 사업자 사이의 합의, 그리고 경쟁제한성이다.

2. 금지예외

독점규제법 19조 1항의 적용에는 예외가 있는데, 다음과 같은 세 가지이다.

(1) 독점규제법 19조 1항

독점규제법 19조 1항의 해석을 통한 적용 면제이다. 즉 판례는 독점규제법 19조 1항에서 부당공동행위를 금지하는 취지가 직접적으로는 공정하고 자유로운 경쟁을 촉진하고 궁극적으로는 소비자를 보호함과 아울러 국민경제의 균형 있는 발전을 도모하는 데 있으므로, 만약 어떤 공동행위가 경쟁을 제한하는 정도에 비해서 산업합리화, 거래조건의 합리화 등에 기여하는 효과가 상당히 커서 소비자를 보호함과 아울러 국민경제의 균형 있는 발전을 도모한다는 목적에 실질적으로 반하지 않는다고 판단되는 예외적인 경우는 부당공동행위가 허용된다고 해석한다.[48)]

(2) 독점규제법 19조 2항

(1) 독점규제법 19조 2항이 규정하는 예외이다. 즉 부당공동행위가 다음 각 호의 하나에 해당하는 '일정한 목적'을 위하여 행해지는 경우로서 대통령령이 정하는 요건에 해당하고 공정거래위원회의 인가를 받은 경우에는 독점규제법 19조 1항이 적용되지 않는다(독점규제법19②).

1. 산업합리화

---

4. 거래지역 또는 거래상대방을 제한하는 행위
5. 생산 또는 용역의 거래를 위한 설비의 신설 또는 증설이나 장비의 도입을 방해하거나 제한하는 행위
6. 상품 또는 용역의 생산·거래 시에 그 상품 또는 용역의 종류·규격을 제한하는 행위
7. 영업의 주요부문을 공동으로 수행·관리하거나 수행·관리하기 위한 회사등을 설립하는 행위
8. 입찰 또는 경매에 있어 낙찰자, 경락자, 투찰가격, 낙찰가격 또는 경락가격, 그 밖에 대통령령으로 정하는 사항을 결정하는 행위
9. 1호부터 8호까지 외의 행위로서 다른 사업자(그 행위를 한 사업자를 포함한다)의 사업활동 또는 사업내용을 방해하거나 제한함으로써 일정한 거래분야에서 경쟁을 실질적으로 제한하는 행위

48) 대판 2005.8.19. 2003두9251. 또한 대판 2005.9.9. 2003두11841(독점규제법 19조 1항은 일정한 거래분야에서 경쟁을 실질적으로 제한하는 '가격을 결정·유지 또는 변경하는 행위' 등을 부당한 공동행위로서 금지하고, 2항은 1항의 부당한 공동행위에 해당하더라도 일정한 목적을 위하여 행하여지는 경우로서 공정거래위원회의 인가를 받은 경우에는 1항의 적용을 배제하고 있는 점, 독점규제법 19조 1항에서 부당한 공동행위를 금지하는 입법 취지는 직접적으로는 공정하고 자유로운 경쟁을 촉진하고, 궁극적으로는 소비자를 보호함과 아울러 국민경제의 균형 있는 발전을 도모하고자 함에 있는 점 등에 비추어 보면, 사업자단체에 의한 가격결정행위가 일정한 거래분야의 경쟁이 감소하여 사업자단체의 의사에 따라 어느 정도 자유로이 가격의 결정에 영향을 미치거나 미칠 우려가 있는 상태를 초래하는 행위에 해당하더라도, 이로 인하여 경쟁이 제한되는 정도에 비하여 독점규제법 19조 2항 각 호에 정해진 목적 등에 이바지하는 효과가 상당히 커서 소비자를 보호함과 아울러 국민경제의 균형 있는 발전을 도모한다는 독점규제법의 궁극적인 목적에 실질적으로 반하지 아니하는 예외적인 경우에 해당한다면, 부당한 가격제한행위라고 할 수 없다)

2. 연구·기술개발
3. 불황의 극복
4. 산업구조의 조정
5. 거래조건의 합리화
6. 중소기업의 경쟁력 향상

(2) 위 (1)의 각 호는 공동행위의 정당화사유에 해당한다고 말할 수 있다. 독점규제법시행령 24조의2부터 28조까지가 공동행위의 정당화사유를 보다 구체적으로 정하고 있다. 가령 독점규제법시행령 24조의2에 따르면, 독점규제법 19조 2항 1호에 의한 산업합리화를 위한 공동행위의 인가는 당해 공동행위가 다음 각 호의 요건에 해당하는 경우에 한하여 이를 할 수 있다.

1. 공동행위에 의한 기술향상·품질개선·원가절감 및 능률증진 등의 효과가 명백한 경우
2. 공동행위 이외의 방법으로는 산업합리화의 달성이 곤란한 경우
3. 경쟁을 제한하는 효과보다 산업합리화의 효과가 클 경우

(3) 독점규제법 58조

(1) 독점규제법 58조가 규정하는 예외이다. 즉 사업자 또는 사업자단체가 다른 법률 또는 그 법률에 의한 명령에 따라 행하는 정당한 행위에 대하여는 독점규제법 규정을 적용하지 않는다(독점규제법58). 여기의 독점규제법 규정에 부당공동행위에 관한 19조 1항이 포함됨은 물론이다.

(2) 다만, 판례는 독점규제법 58조에 의한 적용 면제를 엄격히 제한한다. 즉 대판 2006.11.23. 2004두8323에서, 독점규제법 58조가 가리키는 '법률 또는 그 법률에 의한 명령에 따라 행하는 정당한 행위'라는 것은 당해 사업의 특수성으로 인해서 경쟁제한이 합리적이라고 인정되는 사업 또는 인가제 등에 의하여 사업자의 독점적 지위가 보장되는 반면에 공공성의 관점에서 고도의 공적 규제가 필요한 사업 등에 있어서 자유경쟁의 예외를 구체적으로 인정하고 있는 법률 또는 그 법률에 의한 명령의 범위 내에서 행하는 '필요·최소한의 행위'를 말한다고 판시되었다.

제 3 관 보험업법 125조에 따른 공동행위(상호협정)

1. 의의

(1) 보험업법 125조

(1) 보험회사 사이의 상호협정은 부당공동행위에 해당할 수 있지만, 보험업법 125조에 따르면 일정한 요건을 갖추어 금융위원회의 인가 또는 명령에 따르게 되면 합법성을 취득

하게 된다.

(2) 보험업법 125조의 내용은 구체적으로 다음과 같다.

(a) 상호협정에 대한 금융위원회의 인가이다. 즉 보험회사들이 공동행위를 하기 위해 상호협정을 체결하는 경우 원칙적으로 금융위원회의 인가를 받아야 한다(법125①본).

(b) 상호협정에 대한 금융위원회의 명령이다. 즉 금융위원회는 보험회사에 대하여 상호협정의 체결·변경 또는 폐지를 명하거나 상호협정의 전부 또는 일부에 따를 것을 명할 수 있다(법125②).

(c) 공정거래위원회와의 사전협의이다. 즉 금융위원회는 상호협정을 인가해 주거나 또는 체결 등을 명령하려는 경우 원칙적으로 미리 공정거래위원회와 협의해야 한다(법125③본).

(2) 취지

(1) 상호협정은 공동행위의 일종이므로 경쟁을 제한하고 보험가입자의 이익을 저해하는 측면이 있다. 따라서 원칙적으로 상호협정은 독점규제법 19조에 따라 금지된다. 하지만 보험업의 특성을 고려할 때 예외적으로 상호협정의 필요성이 인정될 수 있다. 가령 개별 보험회사가 인수하기 어렵거나 꺼리는 위험을 예로 보자. 이 경우 보험회사들에 의한 공동인수는 경쟁을 제한하는 측면이 있다. 하지만 그러한 위험은 공동으로 인수하는 것 이외에 다른 방법이 없고, 공동인수가 보험가입자의 이익에 기여하며, 경쟁제한성보다 보험가입자의 이익이 더 큰 경우라면 공동행위를 허용할 필요가 있는 것이다. 여기에 보험업법 125조의 취지가 있다.[49]

(2) 위 (1)과 같은 취지에 반하는 상호협정에 대해서는 독점규제법 19조가 적용된다는 것이 판례의 입장이다. 대판 2006.11.23. 2004두8323에서, 손해보험회사들이 인가를 받은 '공정경쟁질서유지에 관한 상호협정'의 세부 적용기준에 의거하여 일정한 자동차 긴급출동서비스를 폐지하기로 합의한 사안과 관련하여, 이러한 합의는 상품의 거래조건에 관한 경쟁을 실질적으로 제한하는 행위로서 부당한 공동행위에 해당하고, 나아가 보험업법 125조가 보험회사에 그 사업에 관한 공동행위를 하기 위한 상호협정을 허용한 취지는 보험회사가 자율적으로 건전한 보험거래질서를 확립할 수 있도록 하기 위함이므로 위 상호협정의 세부 적용기준에 의거한 공동행위라 하더라도 이러한 보험업법의 취지에 부합하지 않는 공동행위는 허용되지 않는다 할 것이므로, 위 보험업법 125조에 따라 행하는 정당한 행위로서 독점규제법 58조에 해당한다고 할 수 없다고 판시되었다.

---

49) 보험업법 125조의 취지를 언급한 판례로는 대판 2006.11.23. 2004두8323(보험업법이 보험사업자에게 그 사업에 관한 공동행위를 하기 위한 상호협정을 허용한 취지는 보험사업자가 자율적으로 건전한 보험거래질서를 확립할 수 있도록 하기 위함이다)

(3) 독점규제법 19조와의 관계

1) 19조 1항

(1) 이러한 상호협정에는 독점규제법 19조 1항의 부당공동행위 규정이 적용 면제된다. 즉 보험업법 125조에 따른 상호협정에 대해서 공정거래위원회가 독자적으로 독점규제법 19조 1항을 적용할 수 없다고 해석한다.[50] 그 이유는 다음과 같다.

(2) 독점규제법 19조와 보험업법 125조는 일반법과 특별법의 관계에 있다. 즉 독점규제법 19조는 부당공동행위의 일반법이고 보험업법 125조는 보험업에 관련된 부당공동행위의 특별법인 것이다. 일반법과 특별법이 경합적으로 적용되는지 특별법이 단독으로 적용되는지는 두 법의 관계가 병존관계인지 배척관계인지에 달려 있다. 일반법과 특별법의 관계가 있더라도 두 법이 서로 모순되거나 저촉되지 않으면 경합하여 적용되는 것이며, 서로 모순되거나 저촉되면 특별법 우선의 원칙이 작용하여 특별법만이 적용되는 것이다. 이 경우 두 법이 상호 모순되거나 저촉되는지는 각 법률의 입법목적, 규정사항 및 적용범위 등을 종합적으로 검토하여 판단해야 한다(대판 1989.9.12. 88누6856). 생각건대, 독점규제법 19조와 보험업법 125조는 배척관계에 있다고 볼 수 있다. 따라서 보험업법 125조에 따른 상호협정에는 독점규제법 19조가 적용될 수 없다고 해석한다.

2) 19조 2항

(1) 보험업법 125조 1항에 의한 상호협정의 인가는 독점규제법 19조 2항에 의한 공동행위의 인가와 기능적 측면에서 공통적 측면이 있다. 즉 일정한 공동행위는 경쟁제한성이 있더라도 이를 상쇄하는 정당화 사유가 있는 경우 인가를 통해서 합법적인 공동행위로 인정된다는 점에서 공통성이 있는 것이다.

(2) 그러면 보험회사가 독점규제법 19조 2항 또는 보험업법 125조 1항 중에서 선택하여 이에 따라서 상호협정의 인가를 받는 것이 가능한가? 부정하는 것이 옳다고 본다. 보험업법 125조 1항은 보험회사가 상호협정을 체결하려는 경우에는 "금융위원회의 인가를 받아야 한다"라고 규정함으로써 금융위원회가 보험업법 125조 1항의 요건을 충족하는 상호협정에 대해서는 배타적 인가권자임을 명시한 것이라고 보아야 하기 때문이다. 그와 같이 규정한 이유는 보험업에 관한 관할행정기관인 금융위원회가 보험업의 특성을 고려하여 상호협정의 인가 여부를 결정하는 것이 바람직하다고 보았기 때문이다.

(3) 위 (2)의 해석론은 별론으로 하더라도, 보험실무상으로도 보험업법 125조가 이용되고 있다. 그 주된 이유는, 연혁 면에서 보험업법 125조 1항은 1962년 보험업법 제정 시부터 존재했으므로 이에 의거한 상호협정의 인가가 독점규제법 19조 2항이 신설된 시점(1996년) 이전부터 이미 활성화되어 있었고, 독점규제법 19조 2항은 산업 전반을 대상으로

---

50) 정호열, 경제법, 2022, 81면; 노상봉 224면

한 조항이므로 공동행위의 요건에 보험업의 특성이 반영되어 있는 것이 아니어서 공동행위 요건의 충족 여부에 관한 불확실성이 큰 편이며, 보험업의 관할행정기관인 금융위원회가 보험업 특성에 대해 밝기 때문인 것으로 보인다.[51)]

(4) 현황

2019년 1월 기준으로 다음과 같은 상호협정이 있다. 이하에서는 상호협정의 구체적 종류와 목적(괄호 안에 기술)을 생명보험과 손해보험으로 구분해서 살펴보기로 한다.

1) 생명보험

1. 생명보험 신상품 개발이익 보호에 관한 협정(생명보험회사가 개발한 새로운 상품에 대해 배타적사용권을 부여함으로써 생명보험산업의 발전과 공정한 경쟁풍토 조성에 기여함을 목적)
2. 생명보험 공정경쟁질서 유지에 관한 협정(생명보험회사의 보험모집질서를 확립하여 공정경쟁질서를 유지함으로써 생명보험회사의 공신력을 제고하고 보험가입자의 권익을 보호함을 목적)

2) 손해보험

1. 손해보험 신상품 개발이익 보호에 관한 협정(손해보험회사가 개발한 창의적이고 독창적인 새로운 보험상품에 대해 배타적사용권을 부여함으로써 신상품 개발을 촉진하고 손해보험산업의 발전에 기여할 목적)
2. 손해보험 공정경쟁질서 유지에 관한 상호협정(손해보험회사 상호간에 보험모집을 함에 있어 건전한 경쟁을 통한 모집활동을 함으로써 공정경쟁질서를 유지하고 보험의 공신력을 제고하며 보험가입자의 권익을 보호함을 목적)
3. 해상 및 보세보험 공동인수 협정(소형선박의 선박보험, 방위산업 관련 해상적하보험·선박건조보험·항공보험계약, 영업용보세창고 등의 화재보험 및 동산종합보험 등을 공동인수 하는 것과 관련하여 인수계약의 배분, 보험료 및 보험금의 정산 기준을 정함으로써 공동인수의 효율성을 도모함을 목적)
4. 자동차보험 공동물건 위험배분에 관한 상호협정(자동차보험 가입이 거절된 자동차보험 계약에 대하여 가입이 가능토록 함으로써 보험가입자의 편익과 사고피해자 보호를 도모하고, 자동차보험의 건전한 발전을 기함을 목적)
5. 자동차보험 구상금분쟁심의에 관한 상호협정(자동차손배법 등에 정한 자동차보험 또는 자동차공제의 책임경합을 원인으로 그 책임의 유무와 범위에 관하여 손해보험회사 또는 공제사업자 사이에 발생된 분쟁을 합리적·경제적으로 신속히 해결하기 위한 목적)

2. 상호협정의 요건

(1) 합의

보험업법 125조 1항이 가리키는 상호협정이란 보험회사가 그 업무에 관한 공동행위

51) 보험업법 125조 1항에 의한 상호협정 인가에는 금융위원회 인가가 필요하지만, 독점규제법 19조 2항에 의한 상호협정 인가에는 공정거래위원회의 인가가 필요하다.

를 하기 위하여 다른 보험회사와 행하는 합의라고 할 수 있다. 따라서 이러한 합의가 존재해야 한다.

(2) 주체

(1) 상호협정 주체는 보험회사이다(법125①·②). 보험회사란 금융위원회 허가를 받아서 보험업을 경영하는 자이다(법2(6)). 상호협정은 그 성격상 둘 이상의 보험회사가 체결해야 한다.

(2) 보험회사 이외인 자는 보험업법 125조에 따른 상호협정의 주체가 되지 못한다.[52] 보험업법 125조는 독점규제법 19조 1항에 대한 예외 조항이고 보험업법 125조에 의한 상호협정은 필요·최소한으로만 허용한다는 점을 고려할 때,[53] 상호협정 주체를 보험업법 125조 문리에 따라 엄격하게 제한하여 해석할 필요가 있고 이를 넘어서는 부분에 대해서는 금융위원회가 인가권이나 명령권을 보유하지 않는다고 해석할 필요가 있기 때문이다. 가령 보험회사 이외인 자가 상호협정 인가를 신청하거나, 금융위원회가 보험회사 이외인 자에게 상호협정과 관련해 하는 명령은 허용되지 않는다고 해석한다.

(3) 대상

(1) 상호협정의 대상은 무엇인가? 보험업법 125조 1항은 "보험회사가 그 업무에 관한 공동행위를 하기 위하여 다른 보험회사와 상호협정을 체결"할 수 있다고 규정한다. 이에 따르면 보험회사의 업무가 상호협정의 대상이 될 수 있다.

(2) 다만, 보험회사의 업무가 무엇인가에 관해서는 해석론이 대립한다.

첫째, 보험회사가 행하는 업무 전반이라고 해석하는 견해가 있다. 이것은 보험업법 125조 1항의 문리에 충실한 견해이다.[54] 이에 따르면 보험업 이외의 업무(가령 보험업법 11조가 규정하는 겸영업무)도 상호협정의 대상이 된다.

둘째, 보험회사가 행하는 업무 중에서 보험업만이 상호협정의 대상이 될 수 있다는 견해가 있다.[55] 이 견해는 보험회사의 공동행위가 예외적으로 허용되는 이유는 보험업의 특성을 감안했기 때문이라고 한다. 보험업은 보험업법 2조가 규정하는 바와 같이 "보험의 인수, 보험료 수수 및 보험금 지급 등을 영업으로 하는 것"을 의미한다.[56]

생각건대, 독점규제법 19조 1항의 예외로서 보험업법 125조 1항을 규정한 취지는 보험업의 특성을 고려한 것이라고 이해하는 것이 타당하므로 둘째 견해가 타당하다고 본다.

---

52) 정호열, 상호협정 관련 입법정책 연구, 2017, 보험연구원 연구보고서, 21면

53) 대판 2006.11.23. 2004두8323

54) 이성남·김건 339면

55) 성대규·안종민 561면; 이황, "보험산업에 대한 공정거래법 적용의 범위와 한계", 경쟁법연구18, 2008, 362-363면

56) 성대규·안종민 561면

(4) 금융위원회의 인가 또는 신고

1) 인가

i) 의의

(1) 보험회사가 그 업무에 관한 공동행위를 하기 위하여 다른 보험회사와 상호협정을 체결(변경 또는 폐지를 포함)하려는 경우 대통령령으로 정하는 바에 따라 금융위원회의 인가를 받아야 한다(법125①본).

(2) 1962년 보험업법 제정 당시에는 사후적 규제방식을 취하고 있었다. 즉 보험회사들이 상호협정을 체결·변경 또는 폐지하면 재무부장관에게 신고해야 하고, 만약 상호협정이 공익에 반하거나 또는 보험업의 건전한 발달을 해한다고 재무부장관이 인정할 때에는 변경 또는 취소를 명령할 수 있었다(1962년 법14①·②).

(3) 이후 1977년 보험업법 개정 시에 현행과 같이 사전적 규제방식으로 전환하여 상호협정에 대한 규제를 강화하였다(1977년 법17①).

ii) 인가의 법적 성질

① 예외적 승인

(1) 상호협정의 인가는 어떠한 법적 성질을 갖는가? 이론상 행정행위는 하명, 허가, 예외적 승인(허가), 면제, 특허, 인가 등으로 구분된다(통설). 실정법상 인가라고 표현되어 있더라도 이것이 반드시 이론상 인가에 해당한다고 할 것은 아니며,[57] 해당 행위의 실질, 성질 등을 고려하여 이론상 행정행위의 유형 중에서 어느 것에 해당하는지 판단해야 한다(판례,[58] 통설).

(2) 생각건대, 상호협정의 인가는 이론상 행정행위의 유형 중에서 예외적 승인에 해당한다고 볼 수 있다. 예외적 승인이란 일정한 행위를 할 수 있는 자유를 그 행위의 반사회성(사회적으로 유해하거나 바람직하지 않은 성격)을 이유로 금지하고 이를 위반하면 처벌하는데, 만약 일정한 요건을 갖춘 경우 예외적으로 금지를 해제시켜주는 행정행위를 가리키고, 사행행위 영업허가 등이 대표적인 예이다.[59] 부당공동행위는 반사회적 행위이므로 금지되고 다만 상호협정은 인가 요건이 갖추어진 경우 예외적으로 허용해 주는 것이므로, 이 인가는 예외적 승인에 해당한다고 볼 수 있는 것이다.

(3) 한편 상호협정의 인가는 이론상 허가에 해당한다는 견해가 있다.[60] 허가란 법령에 의해서 자연적 자유가 공익목적상 제한되어 있는 경우 일정한 요건을 충족하면 이 제한을

57) 가령 실정법상 허가라고 표현되어 있더라도 이것이 반드시 이론상 허가에 해당한다고 할 것도 아니다.

58) 대판 2002.9.24. 2000두5661(사회복지법인의 정관변경허가의 법적 성격은 법률행위의 효력을 보충하여 주는 인가이고 그 인가 여부는 행정청의 자유재량이 아니라 기속재량에 속한다)

59) 박균성 347면

60) 노상봉 221면; 최동준(보험업법2) 355면

해제하여 자연적 자유를 적법하게 회복시켜 주는 행정행위이다(통설). 하지만 상호협정이 내포하고 있는 반사회성(사회적으로 유해하거나 바람직하지 않은 성격)을 고려하면 예외적 승인이라고 보는 것이 타당하다. 예외적 승인과 허가의 차이는, 예외적 승인은 재량행위로 해석될 여지가 많고 허가는 기속행위로 해석될 여지가 많으며, 예외적 승인은 해제사유에 대해서 신청인이 입증책임을 지지만 허가는 거부사유의 존부에 대해서 국가가 입증책임을 지는 등에 있다.[61]

(4) 나아가 상호협정의 인가를 이론상 인가에 해당한다는 견해도 있다.[62] 이에 따르면 상호협정의 인가는 이론상 인가에 해당하고, 이론상 인가는 형성적 행정행위의 일종으로서 법률적 효력의 보충·완성을 목적으로 하며, 사인의 행위에 대한 유효요건이므로 인가 없이 공동행위를 한 경우 공동행위 자체가 무효라고 본다. 이론상의 인가는 공익상의 이유로 사인 간의 사법상 효력을 행정기관의 결정에 맡기는 것이다. 이렇게 상호협정의 인가를 이론상 인가라고 보는 입장은 인가를 통해서 상호협정이 보험회사 간에 당사자를 구속하는 효력을 갖게 된다는 점에 초점을 둔다. 하지만 상호협정 인가제도의 취지는 보험회사 간에 사법적 효력을 부여하는 데 있는 것이 아니라 경쟁제한성을 상쇄할 만한 경제적 편익이 있는 상호협정에 대해서는 독점규제법 19조 1항에 의한 금지를 해제함으로써 공법적 제재를 부과하지 않는 데 있다. 따라서 상호협정의 인가를 이론상 인가라고 보는 견해에 찬성하기 어렵다.[63]

② 재량행위

(1) 상호협정의 인가는 재량행위인지 기속행위인지가 문제된다. 어떤 행정행위가 기속행위인지 재량행위인지 여부는 일률적으로 판단할 수 없고, 당해 행정행위의 근거가 된 규정의 형식, 체재 또는 문언에 따라 개별적으로 판단해야 한다(판례,[64] 통설). 다만, 예외적 승인은 행정기관에게 공익을 고려한 선택의 자유가 인정되는 재량행위라고 해석될 가능성이 높다.[65] 예외적 승인이 반사회적 행위를 예외적으로 허용하는 행정행위라는 점을 고려한 것이다.

(2) 보험업법 125조 1항은 금융위원회가 상호협정의 요건이 충족되면 "인가를 할 수 있다" 또는 "인가를 하여야 한다"라고 규정하지 않고 상호협정의 요건을 충족하여 금융위원회의 "인가를 받아야 한다"라고 규정할 뿐이다. 따라서 해석을 통해서 상호협정의 인가가 재량행위인지 기속행위인지를 판단해야 한다.

61) 박균성 347면
62) 성대규·안종민 562면
63) 노상봉 221면; 최동준(보험업법2) 355면
64) 대판 2001.2.9. 98두17593; 대판 2013.12.12. 2011두3388
65) 박균성 347면; 홍정선 370면

(3) 생각건대, 상호협정의 인가도 반사회적 성격의 공동행위인 상호협정이 가져올 경쟁제한성과 경제적 편익을 비교형량하여 예외적으로 허용하는 행정행위이므로, 이를 재량행위라고 보는 것이 타당하다. 이러한 재량행위에 있어서는 요건이 충족되더라도 공익과의 비교형량을 통해서 법이 정해 놓은 효과를 부여하지 않을 수 있는 것이다. 따라서 요건이 충족되면 법에 정해진 효과를 반드시 부여해야 하는 기속행위와 구분된다. 상호협정의 인가를 재량행위라고 보면, 금융위원회가 상호협정 인가에 재량권을 행사하면서 한계(재량권의 일탈 또는 남용)를 벗어나면 위법하지만 한계 내에서 재량을 그르친 경우라면 부당에 그친다. 행정소송에서 법원은 재량행위의 경우 당해 행위에 재량권의 일탈 또는 남용이 있는지만을 심사한다(판례,[66] 통설).

(4) 한편 상호협정의 인가가 재량행위(자유재량행위)가 아니라 기속재량행위에 속한다는 견해가 있다.[67] 다수설은 기속재량행위의 관념 또는 실익을 부정하지만,[68] 판례와 소수설은 이를 인정하고 있으며, 이에 따르면 기속재량행위는 원칙적으로 기속행위이지만 예외적으로 중대한 공익을 이유로 인가를 거부할 수 있는 행위를 가리킨다.[69] 기속재량행위는 요건을 갖추면 원칙상 인가를 해야 하지만 중대한 공익상 이유가 있는 경우에 예외적으로 인가를 거부할 수 있고(재량행위는 공익상 이유로 인가를 거부할 수 있고, 인가 여부에 원칙과 예외가 없음), 행정기관이 인가를 거부할 중대한 공익상 이유가 있음을 입증해야 하며(재량행위는 상대방이 재량권의 일탈 또는 남용을 입증해야 함), 인가를 거부할 공익상 이유가 상대방이 받을 불이익에 비해 월등히 우월해야 한다(재량행위는 공익상 이유가 상대방이 받을 불이익보다 크면 됨).[70] 상호협정 인가의 경우 상호협정이 가져올 경쟁제한성과 경제적 편익을 비교형량하여 전자가 후자에 비해 크다는 사실만으로 인가를 거부할 공익상 이유가 충분하다고 볼 수 있다. 따라서 상호협정의 인가는 기속재량행위가 아니라 재량행위라고 보는 것이 타당하다.

iii) 인가의 절차 및 기준

(1) 보험회사가 상호협정의 체결·변경 또는 폐지를 인가받기 위해서는 '일정한 사항'[71]

---

66) 대판 2001.2.9. 98두17593(기속행위의 경우 그 법규에 대한 원칙적인 기속성으로 인하여 법원이 사실인정과 관련 법규의 해석·적용을 통하여 일정한 결론을 도출한 후 그 결론에 비추어 행정청이 한 판단의 적법 여부를 독자적 입장에서 판정하는 방식에 의하게 되나, 재량행위의 경우 행정청의 재량에 기한 공익판단의 여지를 감안하여 법원은 독자적 결론을 도출함이 없이 당해 행위에 재량권의 일탈·남용이 있는지 여부만을 심사하게 되고, 이러한 재량권의 일탈·남용 여부에 대한 심사는 사실오인, 비례·평등의 원칙 위배, 당해 행위의 목적 위반이나 동기의 부정 유무 등을 그 판단 대상으로 한다)

67) 정호열, 상호협정 관련 입법정책 연구, 2017, 보험연구원 연구보고서, 22면

68) 김동희 265－266면; 홍정선 351면

69) 박균성 314면; 대판 1985.12.10. 85누674; 대판 1997.6.13. 96누12269

70) 박균성 314－316면

71) 여기의 '일정한 사항'은 다음 각 호와 같다(시행령69①).

을 적은 신청서에 '총리령으로 정하는 서류'[72]를 첨부하여 금융위원회에 제출해야 한다(시행령69①).

(2) 금융위원회는 위와 같은 신청서를 받은 경우 다음 각 호의 사항을 심사하여 인가 여부를 결정해야 한다(시행령69②).

1. 상호협정의 내용이 보험회사 간의 공정한 경쟁을 저해하는지 여부
2. 상호협정의 내용이 보험계약자의 이익을 침해하는지 여부

(3) 하지만 위 (2)의 심사기준은 오해를 줄 수 있다. 마치 공정한 경쟁을 저해하면 인가가 거부된다고 읽힐 수 있는 것이다. 하지만 상호협정이란 그 본질상 경쟁을 제한하는 속성을 갖고 있다.[73] 만약 이러한 측면이 없다면 인가의 문제를 논의할 필요도 없다. 이러한 속성이 있음에도 불구하고 공동으로 인수하는 것 이외에 다른 방법이 없고 공동인수가 보험가입자의 이익에 기여하며 경쟁제한성보다 보험가입자의 이익이 더 큰 경우 등이라면 상호협정을 허용할 필요가 있는 것이다. 따라서 위 심사기준은 개정될 필요가 있으며, 이를 위해서는 독점규제법시행령 24조의2부터 28조까지가 규정하는 공동행위의 요건을 참고할 필요가 있다.

---

1. 상호협정을 체결하는 경우
   가. 상호협정 당사자의 상호 또는 명칭과 본점 또는 주된 사무소의 소재지
   나. 상호협정의 명칭과 그 내용
   다. 상호협정의 효력의 발생시기와 기간
   라. 상호협정을 하려는 사유
   마. 상호협정에 관한 사무를 총괄하는 점포 또는 사무소가 있는 경우에는 그 명칭과 소재지
   바. 외국보험회사와의 상호협정인 경우에는 그 보험회사의 영업 종류와 현재 수행 중인 사업의 개요 및 현황
2. 상호협정을 변경하는 경우
   가. 1호 가목 및 나목의 기재사항
   나. 변경될 상호협정의 효력의 발생시기와 기간
   다. 상호협정을 변경하려는 사유 및 변경 내용
3. 상호협정을 폐지하는 경우
   가. 폐지할 상호협정의 명칭
   나. 상호협정 폐지의 효력 발생시기
   다. 상호협정을 폐지하려는 사유

72) 여기서 '총리령으로 정하는 서류'는 다음 각 호의 서류를 말한다(시행규칙32).
1. 상호협정서
2. 상호협정서 변경 대비표(상호협정을 변경하는 경우만 해당)
3. 그 밖에 상호협정의 내용을 설명하는 데에 필요한 서류

73) 성대규 · 안종민 561면; 정호열, 상호협정 관련 입법정책 연구, 2017, 보험연구원 연구보고서, 22면(보험업법상 상호협정 제도는 그 경쟁제한성에도 불구하고 일정한 절차를 거쳐 이를 허용하고 독점규제법의 집행대상에서 제외하는 것이 그 본령이라고 할 때, 보험업법 시행령에서 인가요건으로서 공정경쟁저해성을 두는 것은 정책적으로 재고할 여지가 있다)

2) 신고

(1) 예외적으로 금융위원회 인가를 받지 않고 신고로 대신할 수 있는 경우가 있다. 즉 상호협정의 내용 중에서 '대통령령으로 정하는 경미한 사항'을 변경하려는 경우에는 신고로써 갈음할 수 있다(법125①단). 경미한 사항의 변경도 인가를 받는 것은 규제의 적정성에 반하기 때문이다.

(2) 위 (1)에서 '대통령령으로 정하는 경미한 사항'이란 다음 각 호의 어느 하나에 해당하는 사항을 가리킨다(시행령69③).

1. 보험회사의 상호 변경, 보험회사 간의 합병, 보험회사의 신설 등으로 상호협정의 구성원이 변경되는 사항
2. 조문체제의 변경, 자구수정 등 상호협정의 실질적인 내용이 변경되지 않는 사항

(3) 보험업법 125조 1항 단서에 따른 상호협정 변경신고의 접수는 금융감독원장에게 위탁되어 있다(시행령[별표8]29).

3. 금융위원회의 명령

(1) 내용

금융위원회는 공익 또는 보험업의 건전한 발전을 위하여 특히 필요하다고 인정되는 경우에는 보험회사에 대하여 상호협정의 체결·변경 또는 폐지를 명하거나 그 협정의 전부 또는 일부에 따를 것을 명할 수 있다(법125②).[74]

(2) 명령의 종류

금융위원회 명령은 상호협정의 변동 여부를 기준으로 크게 두 가지로 나눌 수 있다.

1) 상호협정 체결·변경 또는 폐지를 명령

i) 의의

(1) 금융위원회는 상호협정을 체결·변경 또는 폐지하도록 명령할 수 있다. 체결 등 명령은 상호협정의 변동, 즉 상호협정의 성립, 변경 또는 소멸과 관련된다.

(2) 상호협정의 체결 명령은 종래에 없던 새로운 상호협정을 체결하게 하는 명령은 물론이고, 이미 체결된 상호협정에 참여하지 않은 보험회사에 참여하라는 명령도 포함한다고 해석한다.

---

74) 금융위원회가 보험회사들에게 상호협정의 체결 등을 명령하는 제도는 법정카르텔의 잔재에 해당하는 시대착오적인 것이라는 입법론적 비판으로, 정호열, 상호협정 관련 입법정책 연구, 2017, 보험연구원 연구보고서, 23면

ii) 상호협정 인가와의 관련성

① 문제의 제기

(1) 상호협정 체결 등의 명령과 상호협정 인가(법125①)와 관련성이 문제된다. 즉 상호협정 체결 등 명령과 상호협정 인가는 별개라고 보아서 체결 등 명령을 해도 인가는 별도로 받아야 하는지, 아니면 체결 등을 명령하면 인가는 별도로 받지 않아도 되는지가 문제된다.

(2) 폐지 명령과 체결·변경의 명령을 구분해서 살펴볼 필요가 있다. 주로 문제되는 경우는 체결·변경의 명령을 한 경우이다.

② 폐지 명령

(1) 폐지 명령이 있으면 별도 인가는 불필요하다고 해석해야 한다.[75] 폐지 명령이 있는 경우는 인가 과정을 별도로 두어 살펴볼 사항이 없으므로 별도 인가는 불필요하기 때문이다.

(2) 다만, 폐지 명령 시에 후술하는 공정거래위원회와의 협의는 필요하다고 해석한다. 상호협정의 폐지를 위해서는 금융위원회 인가가 요구되고 이 때 공정거래위원회의 협의가 필요한데(법125③본), 폐지 명령을 받은 경우 폐지를 위한 금융위원회의 인가는 거치지 않아도 된다고 해석한다고 해서 공정거래위원회의 협의까지도 면제한다면 그러한 협의를 요구한 법의 취지가 사라지기 때문이다.

③ 체결·변경의 명령

(1) 이에 관한 학설은 다음과 같다.

(a) 체결·변경의 명령이 있더라도 별도 인가를 받아야 한다는 견해가 있다.[76]

(b) 체결·변경을 명령하는 취지, 대상, 내용에 따라서 인가의 필요 여부를 구체적, 개별적으로 판단할 문제라고 보는 견해도 있을 수 있다. 이에 따르면 만약 금융위원회가 상호협정 내용을 상세하게 정해서 체결·변경하도록 명령하고 이에 따라 보험회사가 상호협정을 체결·변경하는 경우라면 상호협정 인가를 별도로 받을 필요는 없다고 해석한다. 이 경우는 상호협정을 체결·변경하도록 하는 명령에 그러한 내용으로 체결 또는 변경한 상호협정을 합법으로 본다는 금융위원회 의사가 당연히 포함된다고 전제하는 것이다. 만약 금융위원회가 상호협정을 체결·변경하도록 명령하면서 그 방향 또는 개요만 제시하는 경우는 상호협정 인가를 별도로 받아야 한다고 해석한다. 이는 보험회사로부터 상호협정을 체결·변경하기 위한 인가신청을 받은 후 금융위원회가 그 신청 내용에 따라서 인가 여부를 판단해야 한다고 전제하는 것이다.

---

75) 노상봉 222-223면; 최동준(보험업법2) 357면
76) 노상봉 222-223면; 최동준(보험업법2) 357면

(2) 생각건대, 체결·변경 명령이 있더라도 별도 인가를 받아야 견해가 타당하다. 보험업법 125조 2항의 법문은 체결·변경을 명령할 수 있다고 할 뿐이지 이 경우 인가를 받은 것으로 본다고 규정하고 있지 않다. 행정법상 인허가 등을 면제할 때는 특별규정을 두는 것이 일반적이다. 면제한다는 특별규정이 없는 이상 체결·변경 명령에 따라서 상호협정을 체결·변경한다고 해서 인가가 면제된다고 보기 어렵다. 금융위원회가 상호협정 내용을 상세하게 정해서 이를 체결·변경하도록 명령한 경우에도, 결국 상호협정에 그러한 내용이 그대로 잘 반영되었는지를 검토할 필요는 있으므로 인가절차를 거치도록 해야 한다. 체결·변경하도록 명령한 내용을 제대로 반영하지 않고 상호협정을 체결하는 것을 방지할 필요가 있다면 — 현실적으로 그런 일은 발생하기 어렵겠지만 — 이런 행위를 사후적으로 명령 위반으로 제재하기보다, 사전에 인가받도록 하여 이 과정에서 걸러내는 것이 타당하다고 본다. 보험회사가 명령받은 내용을 약간씩 변경하거나 다른 사항을 추가하여 상호협정을 체결하는 등의 행위를 미연에 방지할 수 있다.

2) 상호협정 전부 또는 일부에 따를 것을 명령

(1) 금융위원회는 상호협정의 전부 또는 일부에 따르도록 명령할 수 있다. 이 경우는 상호협정의 변동과 무관하다. 상호협정의 주체로 참여하여 인가를 받은 보험회사가 이를 준수하지 않은 경우 이를 따르도록 명령하는 것이 보험업법 125조 2항의 명령이라고 해석한다.

(2) 상호협정의 주체로 참여하지 않은 보험회사에 주체로 참여하게 하는 명령은 전술한 대로 상호협정을 체결하게 하는 명령이라고 해석한다.

4. 공정거래위원회와의 사전협의

(1) 의의

(1) 상호협정에 관련된 인가 또는 명령에는 공정거래위원회와 사전협의가 필요하다. 즉 금융위원회는 상호협정의 체결·변경 또는 폐지의 인가를 하거나 협정에 따를 것을 명하려면 미리 공정거래위원회와 협의해야 한다(법125③본).

(2) 다만, 대통령령으로 정하는 경미한 사항을 변경하려는 경우에는 공정거래위원회와 사전협의를 거치지 않아도 된다(법125③단). 여기서 대통령령으로 정하는 경미한 사항이란 다음 각 호의 어느 하나에 해당하는 사항을 말한다(시행령69③).

1. 보험회사의 상호 변경, 보험회사 간의 합병, 보험회사의 신설 등으로 상호협정의 구성원이 변경되는 사항
2. 조문체제의 변경, 자구수정 등 상호협정의 실질적인 내용이 변경되지 않는 사항

(3) 공정거래위원회와의 사전협의에 대한 규정은 1997년 보험업법 개정을 통해서 신

설되었다(1997년 법17③).

(2) 취지

공정거래위원회의 사전협의를 거치도록 한 취지는, 금융위원회가 상호협정의 인가 여부를 신중하게 판단할 수 있도록 하기 위해서 공동행위를 규율하는 경쟁당국인 공정거래위원회로부터 의견청취를 받아 이를 고려할 수 있게 하기 위한 것이다.[77]

(3) 적용 범위

보험업법 125조 3항 단서에 의하면 공정거래위원회와 사전협의가 요구되는 경우는 ⓐ 상호협정의 체결·변경 또는 폐지의 인가를 하는 경우, 또는 ⓑ 상호협정에 따를 것을 명령하는 경우이다. 이에 대한 반대해석에 따르면, 금융위원회가 행하는 상호협정의 체결·변경 또는 폐지의 명령에는 공정거래위원회와의 사전협의가 요구되지 않는다. 상호협정의 체결·변경의 명령에 관한 한 그러한 해석에 따르면 된다. 이 명령에 따라 상호협정의 체결·변경을 위한 금융위원회 인가 절차를 거쳐야 하고 이때 공정거래위원회와 사전협의가 요구되는데 굳이 그 명령을 위한 사전협의까지 요구할 일은 아니다. 하지만 상호협정의 폐지 명령 시에는 공정거래위원회와의 사전협의가 요구된다고 해석할 필요가 있다. 왜냐하면 전술한 바와 같이 이 경우는 상호협정 폐지를 위한 금융위원회 인가 절차를 거치지 않는다고 해석되므로 폐지 명령 시에는 공정거래위원회와의 사전협의가 요구된다고 해석하는 것이 합리적이기 때문이다. 이 점에 관해서는 전술한 상호협정의 폐지 명령 부분에서 기술한 바 있다.

(4) 협의의 의미

(1) 보험업법은 공정거래위원회와 미리 협의해야 한다고 규정할 뿐이지 '협의'의 구체적 의미에 대해서는 언급이 없다. 이에 대한 해석이 필요한 이유이다.

(2) 해석상 쟁점은 공정거래위원회와의 협의가 단순한 협의를 의미하는지 아니면 동의까지를 의미하는지이다. 그 협의가 단순한 협의에 불과하다면 금융위원회(관할행정기관)가 인가 여부를 결정함에 있어서 공정거래위원회(관계행정기관)의 의사에 기속되지 않지만, 이와 달리 그 협의가 동의를 의미한다면 이 경우 금융위원회가 공정거래위원회의 의사에 기속된다는 점에서 해석상 의의가 있다. 판례에 따르면 행정행위 시에 단순한 협의를 거치지 않으면 이는 절차적 하자로서 행정행위의 취소사유에 해당하고, 반면 동의를 얻지 않으면 중대하고 명백한 하자에 해당하여 행정행위의 무효사유에 해당한다.[78] 다만, 공정거래위원회와 사전협의 과정에서 공정거래위원회의 이의 또는 반대가 있었음에도 불구하고 금융위원회가 상호협정의 인가를 추진하는 사례는 찾기 어려우므로 이러한 쟁점이 실

77) 정호열, 상호협정 관련 입법정책 연구, 2017, 보험연구원 연구보고서, 23면
78) 대판 2000.10.13. 99두653; 대판 2009.4.23. 2007두13159; 대판 2009.12.10. 2009두8359

무상 크게 부각되는 것은 아니다.

(3) 학설은 대립한다. 먼저, 공정거래위원회와 협의가 동의를 의미한다는 견해가 있다. 즉 이 협의는 충분한 기간을 둔 구체적이고 실질적인 협의여야 하고 실질적으로 동의를 의미한다는 견해가 있다.79) 이와 달리 단순한 협의 또는 단순히 의견을 청취하는 것이라는 견해가 있다.80)

(4) 판례가 보험업법 125조 3항의 협의를 직접 다룬 것은 없다. 다만, 여타 법령상 협의의 의미와 관련하여 단순한 협의라고 해석한 경우81)와 동의를 의미한다고 해석한 경우82)로 나뉜다. 판례는 관계행정기관과 협의의 의미를 당해 협의의 근거가 된 규정의 목적, 원칙, 내용 등을 종합적으로 고려하여 해석하기 때문에 어떤 경우에는 단순한 협의, 그리고 다른 경우에는 동의에 해당한다고 해석하는 것이다.

(5) 생각건대, 보험업법 125조 3항의 협의는 실질적으로 또는 궁극적으로 동의를 의미한다고 해석하는 것이 타당하다. 보험업법 125조 3항이 공정거래위원회와 협의를 요구하는 취지는 경쟁제한성, 그리고 그 예외 적용에 관해서 고도의 전문성을 갖추고 있는 공정거래위원회의 판단이 상호협정에 대한 금융위원회의 인가 결정에 영향을 미치도록 하는

79) 정호열, "보험회사간 상호협정에 관한 법적 규제와 그 문제점", 성균관법학23-3, 2011, 734면. 이에 따르면 공정거래위원회의 '동의' 또는 '이견 없음'의 명시적 의사표시가 금융당국에 전달되지 않으면 협의를 거쳤다고 보기 어렵다고 한다. 성대규·안종민 562면도 같은 견해이다.

80) 이봉의, "보험업과 카르텔에 관한 고찰", 경쟁법연구18, 2008, 294면. 그리고 관할행정기관이 신중한 판단을 할 수 있도록 전문성을 가진 관계행정기관의 협의를 거치도록 한 경우에 이 협의를 동의라고 해석할 수 없다는 견해로, 이원우, "통신시장규제에 있어서 전문통신규제기관과 일반경쟁규제기관의 관계", 행정법연구2005(하), 343면

81) 대판 2000.10.13. 99두653(택지개발촉진법 3조에서 건설부장관이 택지개발예정지구를 지정함에 있어 미리 관계중앙행정기관의 장과 협의를 하라고 규정한 의미는 그의 자문을 구하라는 것이지 그 의견을 따라 처분을 하라는 의미는 아니다). 대판 2009.12.10. 2009두8359(법은 법학전문대학원의 설치인가에 관하여 필요한 세부기준 및 총입학정원을 교육과학기술부가 정하도록 하면서, 법학전문대학원의 설치인가도 위원회의 심의를 거쳐 교육과학기술부가 정하도록 하고 있는 점과 위원회가 법학전문대학원의 설치인가에 관한 사항 등을 심의하기 위하여 장관에 소속되어 있고 위원장과 위원은 교육과학기술부의 임명이나 위촉에 의하는 등의 각 규정을 두고 있는 점에 비추어 보면, 위원회는 피고의 심의기관에 해당할 뿐 의결기관의 지위를 가진다고 할 수는 없다)

82) 대판 2006.3.10. 2004추119(문화재보호법시행규칙 18조의2 2항 2호 (다)목의 규정의 취지는 국가지정문화재의 보존에 영향을 미치는 행위에 대하여는 어디까지나 문화재청장이 그 허가권을 가지되 국가지정문화재의 보존에 관한 사항이 지역적으로 일률적이라고는 할 수 없으므로 지역적 특성을 고려하여 그 지역의 특성에 정통한 시·도지사와 협의하여 문화재청장의 판단에 따라 지역적 차이를 둘 수 있는 여지를 부여하였다고 봄이 상당하고, 따라서 위 규칙에서 말하는 시·도지사와의 협의는 궁극적으로 문화재청장의 동의를 말한다); 대판 1995.3.10. 94누12739(군사시설보호법에 의하면, 관계 행정청이 군사시설보호구역 안에서 가옥 기타 축조물의 신축 또는 증축, 입목의 벌채 등을 허가하고자 할 때에는 미리 관할 부대장과 협의를 하도록 규정하고 있고, 동법시행령 10조 2항에 비추어 보면, 여기서 협의는 동의를 뜻한다 할 것이며, 같은 조 3항에 의하면, 관계행정청이 이러한 협의를 거치지 않거나 협의를 한 경우에도 협의조건을 이행하지 아니하고 건축허가 등을 한 경우에는 당해 행정청에 대하여 그 허가의 취소 등을 요구할 수 있고, 그 요구를 받은 행정청은 이에 응하여야 한다고 규정하고 있으므로, 군사시설보호구역으로 지정된 토지는 군 당국의 동의가 없는 한 건축 또는 사용이 금지된다)

데 있다고 보아야 하기 때문이다. 이러한 동의 과정에서 자유경쟁에 대한 예외인 상호협정의 인가를 필요·최소한으로 제한하는 역할을 공정거래위원회가 맡게 되는 것이다.

5. 위반 시 효과

(1) 사법상 효과

(1) 인가받지 않은 상호협정이 체결되어도 관련된 당사자 사이에 사법적(私法的) 효력은 인정되는가? 이를 인정하는 견해가 있다.[83] 하지만, 인가를 받지 않은 상호협정이 독점규제법 19조 1항에 해당하여 위법한 경우는 선량한 사회질서 위반(민법103)이라고 보아서 무효라고 해석해야 타당하다. 독점규제법 19조 4항도 부당한 공동행위를 할 것을 약정하는 계약 등의 행위는 사업자 사이에 무효라고 규정한다. 설령 독점규제법 19조 4항이 없다고 가정하더라도, 독점규제법 19조 1항을 위반하는 행위의 위법성은 중대하므로 무효라고 해석해야 한다.

(2) 인가받지 않은 상호협정에 기초하여 체결된 보험계약의 효력을 보자. 이 경우 상호협정과 보험계약의 효력은 분리해서 효력을 정해야 하는데, 이러한 보험계약까지 선량한 사회질서 위반 등 무효사유가 인정된다고 보기 어려우므로 이 경우 원칙적으로 보험계약의 효력은 유효하다고 해석하는 것이 타당하다.[84]

(2) 공법상 효과

보험업법 125조를 위반하면 과태료(법209④(30))가 따른다.

제4절 보험회사 기초서류

제1관 총설

1. 의의

(1) 기초서류 개념

보험회사 기초서류는 보험료, 보험금, 책임준비금 등 보험종목별 핵심적 사항을 기재한 서류들을 가리킨다(법5(3)).

(2) 규제 취지

보험회사 기초서류는 보험상품을 규제하기 위한 수단이다.[85] 보험회사는 보험상품별

---

83) 노상봉 223면

84) 보험업법이 원칙적으로 단속법규이고 금융감독위원회의 인가가 적법요건이지 유효요건은 아니므로 상호협정에 의해서 체결된 보험계약의 사법상 효력은 유효하다는 견해로, 최동준(보험업법2) 355면

위험 인수, 보험료 수수 및 보험금 지급 등을 영업으로 하므로(법2(2)), 보험상품의 핵심적 사항은 해당 보험회사의 재무건전성, 보험계약자 보호 등에 중대한 영향을 미친다. 보험업법은 보험회사로 하여금 일정한 원칙과 기준에 따라 보험상품별 기초서류를 작성하고 관리하며 준수하게 하여 보험상품을 규제하고 궁극적으로 보험회사 재무건전성, 보험계약자 보호 등을 도모한다.

(3) 규제 내용

보험업법이 규정하는 기초서류 규제로는, 작성의무·신고의무·제출의무(법127), 변경권고(법127의2), 기재사항 준수의무(법127의3), 금융감독원의 확인 등(법128), 관리기준(법128의2), 작성·변경 원칙(법128의3), 약관 이해도 평가(법128의4), 보험요율의 산출 원칙(법129) 등이 있다. 보험업법상 기초서류 규제는 보험회사에 적용되므로 보험업 허가를 받는 단계에서는 직접 적용될 수 없다.

2. 기초서류의 종류

(1) 내용 기준

기초서류는 내용을 기준으로 사업방법서, 보험약관, 보험료 및 책임준비금의 산출방법서('산출방법서')로 분류한다(법5(3)).

1) 사업방법서

사업방법서는 해당 보험회사가 영위하는 보험종목 내에서 보험상품별로 영위지역, 점포, 보험금액, 보험기간, 보험료의 수수 및 보험금 지급 등에 관해서 기재한 서면이다(감독규정7-54). 사업방법서는 보험상품 판매를 위한 영업방침을 기재한다.[86]

2) 보험약관

보험약관은 보험상품별로 보험회사가 보험계약자와 계약을 체결하기 위하여 일정한 형식으로 미리 마련한 보험계약의 내용을 가리킨다. 보험약관에는 보험금 지급사유, 보험계약 무효사유, 보험회사 면책사유, 보험회사 의무의 범위 등에 관해서 기재한다(감독규정7-59). 보험약관은 보험계약자와 합의하여 보험계약의 내용으로 삼으려는 목적으로 작성된다.

3) 산출방법서

산출방법서는 보험상품별로 보험료·책임준비금·해약환급금의 계산, 보험금·보험료의 변경 시 그 계산에 관한 사항 등에 대해 기재한 서면이다(감독규정7-64).

---

85) 성대규·안종민 567면
86) 이성남·김건 306면

(2) 시점 및 성질 기준

기초서류는 허가 시에 작성하는 것인지 아니면 허가 이후에 작성하는 것인지 기준으로 구분할 수 있다. 전자가 허가 시 기초서류이고 후자가 허가 이후 기초서류이다. 또한 허가 이후에 작성한 경우에도 새로이 작성(제정)한 것인지 아니면 기존의 기초서류를 고쳐서 작성(변경)한 것이지를 기준으로 구분할 수 있다. 전자가 신규 기초서류이고 후자가 변경 기초서류이다.

1) 허가 시 기초서류

허가 시 기초서류를 보자. 보험업의 허가를 받기 위해서 허가 신청서에 첨부해야 하는 기초서류가 허가 시 기초서류이다. 이러한 기초서류로는 보험종목별 사업방법서가 있다(시행령9②). 허가 시 기초서류는 금융위원회가 보험업 허가를 할지 판단하기 위해 심사하는 대상이다. 첨부된 기초서류는 심사과정에서 수정되는 경우도 있다. 이와 같이 보험업 허가를 받을 때 기초서류가 허가 시 기초서류 또는 최초(또는 원시) 기초서류이다.

2) 허가 이후 기초서류

(1) 보험업 허가 이후에 다른 기초서류가 새로이 제정되거나 또는 변경되기도 한다. 다른 기초서류가 제정되면 신규 기초서류, 허가 시 기초서류 또는 신규 기초서류가 변경되면 변경 기초서류가 된다.

(2) 후술하는 바와 같이 2010년 보험업법 개정 전에는 변경 기초서류가 신규 기초서류와 변경 기초서류를 포괄하는 개념이었으나, 2010년 보험업법 개정 후에 신규 기초서류와 변경 기초서류로 세분되었다. 아래에서 보는 대로 양자는 구별할 실익이 있기 때문에 나누어졌다.

3) 구분 실익

허가 시 기초서류, 신규 기초서류, 변경 기초서류를 구분하는 실익은 무엇인가? 다음의 두 가지를 들 수 있다.

(1) 허가 시 기초서류는 보험업 허가를 구하는 신청서에 첨부해야 한다는 점(법5(3))[87]이 여타 기초서류와 다르다. 보험업법상 기초서류에 관한 규정 중에서 보험업의 허가 이후에 적용된다고 해석되는 기초서류의 작성의무·신고의무·제출의무(법127), 그리고 이 의무를 전제로 한 변경권고(법127의2), 금융감독원의 확인 등(법128)은 허가 시 기초서류에는 적용하기 어렵다.

(2) 보험회사는 일정한 경우 신규 기초서류 또는 변경 기초서류를 금융위원회에 미리 신고해야 하지만 그 예외가 인정되는데, 변경 기초서류는 예외 범위가 좀 더 넓게 인정된

87) 보험업 허가신청서에 기초서류 중 보험종목별 사업방법서를 첨부해야 하는데(시행령9②), 이를 첨부하게 하는 이유는 보험업 허가의 핵심 요건인 '업무 시작 후 3년간의 사업계획서'(법5(2))가 적정한지를 판단하는 데 필요하기 때문이다.

다. 가령 보험회사가 이미 신고한 기초서류를 그 본래 취지를 벗어나지 않게 변경하면 신고하지 않아도 된다(시행령71①단).

제 2 관 기초서류 작성의무

1. 의의

(1) 보험회사는 취급하려는 보험상품에 관한 기초서류를 작성해야 한다(법127①).

(2) 기초서류 작성의무의 취지는 보험상품의 핵심서류인 기초서류를 작성하지 않은 채 보험상품을 판매하는 행위를 방지하는 데 있다. 위험의 집적, 분산, 이전 등을 목적으로 하는 보험상품은 확률에 기초하여 정교하게 설계하지 않으면 해당 보험회사의 재무건전성, 보험계약자 보호 등에 악영향을 끼칠 수 있다. 기초서류를 작성한다는 것은 보험상품이 확률에 기초하여 정교하게 설계했는지를 보여 주는 작업이다. 이러한 이유에서 2010년 보험업법 개정을 통해서 기초서류 작성의무가 신설되었다.

2. 적용 범위

(1) 기초서류 작성의무의 주체는 보험회사이다(법127①).

(2) 보험업 허가를 구하는 단계라면 기초서류 작성의무는 적용되지 않는다고 해석한다. 다만, 보험법 허가를 구하려면 허가신청서에 사업방법서를 제출해야 하므로(시행령9②), 보험업 허가를 구하는 단계부터 사업방법서를 작성하지 않을 수 없다. 다만, 사업방법서의 작성은 보험업법시행령 9조 2항에 따르면 되고, 보험업법 127조 1항에 따른다고 볼 일은 아니다. 보험업 허가를 구하는 단계에서 기초서류를 작성하지 않으면 보험업 허가를 얻지 못할 뿐이고, 보험회사가 기초서류 작성의무를 위반할 때 생기는 효과는 발생하지 않는다.

3. 위반 시 효과

전술한 대로 기초서류 작성의무 위반은 허가 시 기초서류가 아니라 신규 기초서류, 변경 기초서류에서 생기는 문제이다. 보험업법 127조를 위반하면 과징금(법196①(8)), 과태료(법209④(32))가 따른다.

제3관 기초서류 신고·제출의무

1. 의의

(1) 보험회사는 일정한 경우에 기초서류를 금융위원회에 신고해야 한다(법127②). 이 일정한 경우 이외에 금융위원회가 기초서류에 관한 자료를 제출하도록 요구하면 보험회사는 이에 응해야 한다(법127③). 이것이 기초서류 신고의무 또는 제출의무이다.

(2) 기초서류 신고의무 또는 제출의무에 담긴 취지는 금융위원회가 보험계약자 보호 등을 목적으로 기초서류가 적정한지 등을 심사할 수 있게 하자는 데 있다. 신고 또는 제출하는 절차 및 방법과 그 밖에 필요한 사항은 대통령령으로 정한다(법127④).

(3) 기초서류 작성·변경을 신고 수리하거나 자료 제출을 요구하는 업무는 금융감독원장에게 위탁되어 있다(시행령[별표8]31). 금융감독원장은 기초서류의 신고 수리 또는 자료 제출의 요구에 관해서 분기별 처리 결과를 매 분기 종료일로부터 10일 이내에 금융위원회에 보고해야 한다(감독규정10－4).[88]

2. 연혁

(1) 보험업법은 제정 당시에 기초서류에 대해 엄격하게 사전규제를 했지만, 이후에 사전규제를 완화하는 방향으로 개정되어 왔다. 그 이유는 사전규제를 완화하여 보험회사가 보다 자율성, 창의성, 신속성 등 시장원리에 입각하여 보험상품을 개발하여 판매할 수 있게 하기 위한 것이다. 아래에서 그 개정 연혁을 살펴보자.

(2) 먼저 2003년 개정 이전의 보험업법 7조 1항은 기초서류를 변경하려는 경우 금융감독위원회의 인가를 받도록 규정했다. 여기의 변경은 보험업 허가 이후에 허가 시 기초서류와 다른 내용으로 행하는 제정 또는 변경을 포함했다.[89] 여기서 제정과 변경은 신규로 만드는 행위인지 기존을 수정하는 행위인지가 일응의 기준이다. 그리고 여기서 금융감독위원회의 인가는 이론상 행정행위의 분류 중에서 허가에 해당한다.[90] 허가란 법령에 의해서 자연적 자유가 공익목적상 제한되어 있는 경우 일정한 요건을 충족하면 이 제한을 해제하여 자연적 자유를 적법하게 회복시켜 주는 행정행위이다(통설).

(3) 그러다가 2003년 개정 보험업법 127조 1항 및 2항은 기초서류에 대한 사전규제를 완화하기 위해서 인가를 신고로 전환하였다. 즉 보험회사가 기초서류를 변경하려면 미리

---

88) 다만, 이 규정은 상위법령의 명시적 위임이 없는 행정규칙이다.

89) 이성남·김건 307면

90) 실정법상 인가라고 표현되어 있더라도 이것이 반드시 이론상 인가에 해당한다고 할 것은 아니며, 해당 행위의 실질, 성질 등을 고려하여 이론상 다양한 행정행위 중 어느 것에 해당하는지를 판단해야 한다(대판 2002.9.24. 2000두5661). 통설도 같다.

금융감독위원회에 신고해야 하고, 만약 기초서류의 변경내용이 금융감독위원회가 정하는 기준에 부합하는 경우에는 그 변경내용을 매 분기별로 금융감독위원회에 제출함으로써 신고에 갈음할 수 있었다.

(4) 나아가 2010년 개정 보험업법 127조 2항 및 3항은 기초서류를 제정 또는 변경할 때[91] 미리 금융위원회에 해야 하는 신고의무를 일정한 경우로 제한했고, 기타의 경우는 금융위원회가 요구할 때만 기초서류를 제출하면 된다고 하였다. 즉 2003년 개정 보험업법에 비해서 신고의무가 크게 완화되었다.

(5) 요컨대, 2003년 개정 보험업법, 2010년 개정 보험업법은 기초서류의 인가제를 신고제로 전환하여 사전규제를 크게 완화하였다. 그리고 사전규제의 완화에 대응하여 사후규제 제도가 마련되어 있다. 즉 금융위원회는 신고 또는 제출된 기초서류가 보험계약자 보호 등에 반하는 경우 변경의 권고권(법127의2) 또는 변경 또는 사용정지의 명령권(법131②)을 행사할 수 있다.

3. 적용 범위

(1) 기초서류 신고·제출의무의 주체는 보험회사이다(법127②·③).

(2) 보험업 허가를 구하는 단계라면 기초서류 신고·제출의무는 적용되지 않는다고 해석한다. 다만, 보험업법 허가를 구하려면 허가 신청서에 사업방법서를 제출해야 하므로(시행령9②), 보험업 허가를 구하는 단계부터 사업방법서를 제출하지 않을 수 없다. 다만, 사업방법서의 신고·제출의무는 보험업법시행령 9조 2항에 따르면 되고, 보험업법 127조 2항 및 3항에 따른다고 볼 일은 아니다. 보험업 허가를 구하는 단계에서 기초서류를 제출하지 않으면 보험업 허가를 얻지 못할 뿐이고, 보험회사가 기초서류 신고·제출의무를 위반할 때 생기는 효과는 발생하지 않는다.

4. 신고의무

(1) 의의

보험회사는 작성하거나 변경하려는 기초서류 내용이 아래의 (2) 중에서 어느 하나에 해당하면 금융위원회에 미리 신고해야 한다(법127②본).

(2) 신고의무가 인정되는 경우

1) 법령의 제정·개정

법령의 제정·개정에 따라 새로운 보험상품이 도입되거나 보험상품의 가입이 의무가

91) 전술한 대로 기존에는 허가 시 기초서류와 다른 내용으로 행하는 제정 또는 이에 대한 변경을 포괄하여 변경이라는 한 가지 용어를 사용했지만, 2010년 개정 보험업법 이후부터는 기초서류의 제정 또는 변경을 구분하였다.

되는 경우에 기초서류를 미리 신고해야 한다(법127②⑴).

2) 금융기관보험대리점 등

⑴ 보험회사가 금융기관보험대리점등을 통하여 모집하는 경우에 기초서류를 미리 신고해야 한다(법127②⑵).

⑵ 다만, 대통령령으로 정하는 경미한 사항을 변경한다면 신고의무를 면한다(법127② 단). 경미한 사항을 변경하는 경우는 보험회사가 취급하는 보험상품에 관한 기초서류의 기재사항 중 보험요율에 관한 사항만을 금융위원회가 정하여 고시하는 바에 따라 달리 정하는 경우를 말한다(시행령71③). 이에 따라 보험회사는 '보험상품 판매목록'을 업무보고서(감독규정6-8)에 포함하여 제출해야 한다(감독규정7-53②). 보험업법시행령 71조 3항에 따른 분기별 보험상품 판매목록의 접수는 금융감독원장에게 위탁되어 있다(시행령[별표8]58).

3) 보험계약자 보호 등

i) 의의

⑴ 보험계약자 보호 등을 위하여 필요한 경우는 기초서류를 미리 신고해야 한다(법127②⑶). 다만, 조문체제의 변경, 자구수정 등 보험회사가 이미 신고한 기초서류의 내용의 본래 취지를 벗어나지 않는 범위에서 기초서류를 변경하는 경우는 제외한다(시행령71①단).

⑵ 위의 ⑴에 따라 보험회사가 기초서류를 작성하거나 변경하려는 경우 다음 각 호의 어느 하나에 해당하는 보험계약인 경우 금융위원회에 미리 신고해야 한다(시행령[별표6]).

1. 보험회사가 이미 신고 또는 판매되지 않는 위험을 보장하거나 새로운 위험구분단위 등을 적용하여 설계하는 경우.[92] 다만, 다른 보험회사가 이미 신고 또는 판매하고 있는 보험상품의 경우는 제외한다.
2. 법령에 따라 정부나 지방자치단체가 보험료의 일부를 지원하는 보험으로서 다음 각 목의 어느 하나에 해당하는 보험의 경우
   가. 농어업재해보험법에 따른 농작물재해보험, 임산물재해보험, 가축재해보험, 양식수산물재해보험
   나. 풍수해보험법에 따른 풍수해보험
   다. '농어업인의 안전보험 및 안전재해예방에 관한 법률'에 따른 농업인안전보험 및 어업인안전보험

---

92) *감독규정 7-73조 2항 단서 1호 및 4호(기업성 보험에 한정)는 여기에 해당하지 않는 것으로 본다(감독규정7-48②).

**감독규정 7-73조 2항의 각 호는 다음과 같다.

1. 기업성 보험
2. 가계성 일반손해보험 중 국내의 보험통계 등이 부족하여 보험요율을 산출할 수 없는 경우(보험상품의 판매개시일로부터 5년이 경과하는 경우에는 통계요율을 산출해야 한다)
3. 간단손해보험대리점등이 모집할 수 있는 보험
4. 1호 및 3호의 보험에 대해 감독규정 7-79조의3 2항의 내부통제기준에서 구체적 기준을 정하여 참조순보험요율을 할인 또는 할증하여 적용하는 경우

3. 1호 및 2호에서 규정한 사항 이외에 보험계약자 보호 등을 위하여 필요한 사항으로서 금융위원회가 정하여 고시하는 사항에 해당하는 경우

ii) 사업방법서

(1) 위 i)(2)의 3호에 따라 보험회사는 사업방법서를 작성하거나 변경하려는 경우 그 내용이 다음 각 호의 어느 하나에 해당하는 경우에는 미리 금융위원회에 신고해야 한다(감독규정7-49).

1. 금융감독원장이 정하는 표준사업방법서를 준용하지 않는 경우. 다만, 경미한 사항을 수정하거나 보험상품의 특성상 표준사업방법서를 준용할 수 없는 경우로서 보험계약자의 권익을 축소하지 아니하는 사항을 수정하여 사용하는 경우는 제외한다.
2. 단체 또는 단체의 대표자가 가입하는 보험으로 다음 각 목의 요건을 충족하지 못하는 경우. 다만, 개인보험과 동일한 보험요율을 적용하는 단체보험은 제외한다.
   가. 대상 단체
      1) 동일한 회사, 사업장, 관공서, 국영기업체, 조합 등 5인 이상의 근로자를 고용하고 있는 단체. 다만, 사업장, 직제, 직종 등으로 구분되어 있는 경우의 단체소속 여부는 관련법규 등에서 정하는 바에 따를 것
      2) 비영리법인단체 또는 변호사회, 의사회 등 동업자단체로서 5인 이상의 구성원이 있는 단체
      3) 그 밖에 단체의 구성원이 명확하여 계약의 일괄적인 관리가 가능한 단체로서 5인 이상의 구성원이 있는 단체
   나. 가목의 대상단체에 소속된 자로서 동일한 보험계약을 체결한 5인 이상의 주피보험자로 피보험단체를 구성해야 하며, 주피보험자의 배우자, 자녀, 부모, 배우자의 부모 등을 종피보험자로 하는 경우
   다. 단체 구성원의 일부만을 대상으로 가입하는 경우에는 다음의 조건을 모두 충족할 것
      1) 단체의 내규에 의한 복지제도로서 노사합의에 의할 것. 이 경우 보험료의 일부를 단체 또는 단체의 대표자가 부담하여야 한다.
      2) 가목 2)와 3)에 해당하는 단체는 내규에 의해 단체의 대표자와 보험회사가 협정에 의해 체결할 것
   라. 개별 피보험자가 보험료의 일부를 부담하는 때에는 그 부담비율만큼 보험계약자의 권리를 행사할 수 있을 것
   마. 단체 구성원의 입사, 퇴직 등의 사유로 피보험자의 변동이 있을 경우 보험계약자는 피보험자의 동의를 얻어 피보험자를 추가 또는 변경할 수 있으며, 보험료의 일부를 부담한 피보험자의 경우 개별계약으로 전환할 수 있어야 하며, 개별 피보험자의 위험에 부합하게 보험료를 정산 또는 조정할 수 있을 것

(2) 감독규정 7-49조 1호에 의한 표준사업방법서에 대해서는 감독시행세칙 [별표14]가 자세히 규정하고 있다(감독시행세칙5-13).

iii) 보험약관

(1) 위 i)(2)의 3호에 따라 보험회사는 보험약관을 작성하거나 변경하려는 경우 그 내용이 금융감독원장이 정하는 표준약관을 준용하지 않는 경우에는 미리 신고해야 한다(감독규정7-50본). 다만, 보험상품의 특성상 표준약관을 준용할 수 없는 경우로서 보험계약자의 권익을 축소하지 않는 사항을 수정하는 경우는 제외한다(감독규정7-50단).

(2) 감독규정 7-50조에 의한 표준약관에 대해서는 감독시행세칙 [별표15]가 자세히 규정하고 있다(감독시행세칙5-13).

iv) 산출방법서

위 i)(2)의 3호에 따라 보험회사는 보험료 및 책임준비금 산출방법서를 작성하거나 변경하려는 경우 보험계약 체결에 사용할 금액의 50%[93] 이상을 보험료 납입기간(납입기간이 7년 이상인 저축성보험은 최소 7년, 일시납 저축성보험은 최소 15개월을 말함) 동안 보험료에 균등하게 부가하지 않는 저축성보험에 대해서 미리 신고해야 한다(감독규정7-51).

(3) 예외 문제

(1) 전술한 대로 신고의무에는 예외가 있다. 즉 전술한 금융기관보험대리점등을 통하여 모집하는 경우에 예외(법127②(2)), 보험계약자 보호 등과 관련된 예외(시행령71①단) 등이 인정된다.

(2) 한편 감독규정 7-52조도 다음 각 호의 어느 하나에 해당하는 경우 신고의무 예외를 규정한다.

1. 법령의 개정 및 금융위원회의 명령에 따라 기초서류의 내용을 작성하거나 변경하는 경우
2. 조문체제의 변경, 자구수정 등 보험회사가 이미 신고된 기초서류 내용의 본래 취지를 벗어나지 않는 범위에서 변경하는 경우

(3) 위 감독규정 7-52조의 일부 내용은 보험업법과 충돌하는 문제가 있다. 즉 법령의 개정에 따라 기초서류의 내용을 작성하거나 변경하는 경우에 신고의무를 면제한다는 부분은 법령의 제정·개정에 따라 새로운 보험상품이 도입되거나 보험상품 가입이 의무가 되는 경우에 기초서류를 신고해야 한다는 보험업법 127조 2항 1호에 저촉되기 쉽고, 저촉 범위 내에서는 효력이 인정되기 어렵다.

(4) 신고의 법적 성질

1) 신고의 일반론

(1) 신고에는 '수리를 요하지 않는 신고'와 '수리를 요하는 신고'의 두 종류가 있다.

---

93) 보험기간이 종신인 생존연금은 40%, 금융기관보험대리점등(보험업법시행령 40조 1항 3호에 따른 신용카드업자는 제외)을 통하여 모집하는 보험상품은 70%, 또는 사이버몰을 이용하여 모집하는 보험상품은 100%

전자는 수리를 거치지 않고 신고만으로 신고 효과가 발생하지만, 후자는 심사를 거쳐 수리 여부를 결정하고 수리가 된 경우 비로소 신고 효과가 발생한다(판례,[94] 통설).

(2) 수리를 요하는 신고와 허가의 관계에 대해 논란이 있다. 먼저, 수리를 요하는 신고는 허가와 사실상 같다는 견해가 있다.[95] 생각건대, 수리를 요하는 신고와 허가가 같다는 견해에는 찬성하기 어렵다. 양자가 같다면 수리를 요하는 신고와 허가를 구분할 필요가 없기 때문이다. 다음, 수리를 요하는 신고와 허가는 다르다는 견해를 보면, 허가는 실질 요건도 심사하지만 수리를 요하는 신고는 형식 요건만 심사한다는 견해,[96] 수리를 요하는 신고도 실질 요건을 심사하지만 허가보다 실질 요건이 완화되고 명시적 규정이 없는 한 항상 기속행위라고 보아야 한다는 견해[97]가 있다. 후자가 타당하다고 본다. 한편, 수리를 요하지 않는 신고도 형식 요건은 충족되어야 신고 효과가 생긴다고 볼 수 있다.

(3) 수리를 요하는 신고인지를 명문으로 규정하고 있지 않은 경우, 수리를 요하는 신고인지 수리를 요하지 않는 신고인지는 관련규정에서 추론되는 입법자의 객관적 의사를 기준으로 구별해야 한다는 견해가 유력하다.[98] 판례도 같다.[99]

2) 기초서류 신고

(1) 기초서류 신고의 법적 성질이 '수리를 요하지 않는 신고'인지 '수리를 요하는 신고'인지가 문제된다. 기초서류 신고가 수리를 요하는지에 대한 명확한 보험업법 규정은 없다. 참고로, 2003년 보험업법을 개정하면서 기초서류의 허가제에서 신고제로 전환했고, 이때 보험업법 128조는 금융감독위원회가 기초서류 변경에 대한 신고의 "수리" 등을 함에 있어서 필요하면 금융감독원의 확인을 거치도록 할 수 있다고 규정했는데, 2010년 보험업법을 개정하면서 보험업법 128조 1항은 금융위원회가 보험회사로 하여금 기초서류를 신고할 때 필요하면 금융감독원 확인을 받도록 할 수 있다고 규정하여 "수리" 부분을 삭제했다.[100] 생각건대, 기초서류의 인가제를 신고제로 전환한 취지는 기초서류 신고를 '수리를 요하지 않는 신고'로 운영하는 데 있다고 사료된다. '수리를 요하는 신고'는 사실상 허

94) 대판(전원) 2011.1.20. 2010두14954
95) 류지태·박종수, 행정법신론, 2021, 140면
96) 홍정선 215-216면
97) 박균성 115면
98) 박균성 116면; 홍정선 210면
99) 대판 2009.2.26. 2006두16243('체육시설의 설치·이용에 관한 법률' 19조 1항, 동법시행령 18조 2항 1호 ㈎목, 18조의2 1항, 2항, 4항 전단 등의 규정에 의하면, 동법 19조의 규정에 의하여 체육시설의 회원을 모집하고자 하는 자는 시·도지사 등으로부터 회원모집계획서에 대한 검토결과 통보를 받은 후에 회원을 모집할 수 있다고 봄이 상당하고, 따라서 체육시설의 회원을 모집하고자 하는 자의 시·도지사 등에 대한 회원모집계획서 제출은 수리를 요하는 신고에서의 신고에 해당하며, 시·도지사 등의 검토결과 통보는 수리행위로서 행정처분에 해당한다고 할 것이다)
100) 다만, "기초서류 작성 또는 변경 신고의 수리"가 금융감독원장에게 위탁되어 있는데(시행령[별표 8]31), 보험업법 128조 1항에서 "수리"라는 표현을 삭제했던 2010년 보험업법 개정의 취지가 적절히 반영되지 않은 것이다.

가처럼 운영될 위험이 있기 때문이다.

(2) 하지만 실무상으로는 기초서류 신고가 '수리를 요하는 신고'로 운영되고 있다. 즉 기초서류의 신고 시에 형식 요건만이 아니라 실질 요건에 대해서도 심사하고 있다. 아래에서 보는 바와 같이 형식 요건뿐만 아니라 실질 요건이 포함된 기초서류 신고에 대한 심사기준이 마련되어 있기 때문이다.

(5) 심사 기준

(1) 기초서류 신고 시에 이에 대한 심사기준이 마련되어 있다. 이러한 심사기준은 감독규정 7-72조, 그리고 감독시행세칙 5-19조 및 [별표18] 및 [별표19]가 규정하고 있다. 감독시행세칙 [별표18]은 일반적 보험상품에 대한 심사기준이고 [별표19]는 자동차보험에 관한 심사기준이다. 이러한 심사기준에는 실질 요건과 관련된 것이 다수 존재한다. 예를 들면, 보장하는 위험에 부합하는 보험기간의 설정 여부, 위험 이외의 요소로 특정 계약자 또는 피보험자의 선택을 부당하게 제한하는 사항이 있는지 여부 등은 실질 요건에 해당한다고 볼 수 있다.

(2) 감독시행세칙 [별표18] 및 [별표19]가 규정하는 기초서류 신고 시의 심사기준에 대해서는 기초서류 작성·변경의 원칙에서 자세히 살펴보기로 한다.

(6) 신고 절차

(1) 기초서류는 미리 신고해야 한다(법127②). 신고의 절차 및 방법과 기타 사항은 대통령령에 정한다(법127④).

(2) 보험회사는 기초서류를 신고하는 경우 판매개시일 30일(보험업법 127조의2 1항의 변경권고를 반영하여 신고하는 경우에는 15일) 전까지 금융위원회 고시에 따른 보험상품신고서[101]에 다음 각 호의 서류를 첨부하여 제출해야 한다(시행령71②본).

1. 선임계리사가 검증·확인한 기초서류
2. 보험료, 책임준비금 및 위험률 산출의 변경이 있는 경우에는 그 변경이 적절한지에 대한 보험요율산출기관 또는 독립계리업자의 검증확인서

(3) 다만, 다른 법령의 개정에 따라 기초서류를 변경하는 경우 등 '금융위원회가 정하여 고시하는 경우'에는 '금융위원회가 정하여 고시하는 기한'까지 보험상품신고서를 제출할 수 있다(시행령71②단).

(a) '금융위원회가 정하여 고시하는 경우'는 보험업법 127조 2항 1호 또는 보험업법시행령 [별표6] 2에 의한 보험상품[102][103] 및 기업 또는 단체만을 보험계약자로 하는 보험상

---

101) 보험상품신고서는 신고사유, 신고내용 및 위험률에 대한 산출근거 등이 기재된 것으로서 금융감독원장이 정하는 서류를 말한다(감독규정7-53①). 보험상품신고서 서식은 감독시행세칙 [별지34]가 규정한다(감독시행세칙5-16①).

102) 보험업법 127조 2항 1호에 의한 보험상품은 법령의 제정·개정에 따라 새로운 보험상품이 도입되거

품(자동차보험, 보증보험은 제외)의 기초서류를 신고하는 경우를 말한다(감독규정7-53의2).

(b) '금융위원회가 정하여 고시하는 기한'은 판매개시일 전을 말한다(감독규정7-53의2).

(7) 기초서류의 확인

1) 확인 절차

금융위원회는 보험회사가 기초서류를 신고할 때 다음과 같은 확인 절차를 거치게 할 수 있다.

i) 금융감독원의 확인

금융위원회는 보험회사가 기초서류를 신고할 때 필요하면 금융감독원의 확인을 받도록 할 수 있다(법128①). 금융감독원은 전술한 기초서류 신고에 대한 심사기준에 따라서 확인을 하게 될 것이다.

ii) 보험요율산출기관 또는 독립계리업자

(1) 금융위원회는 보험회사가 기초서류를 신고할 때 산출방법서에 보험요율산출기관 또는 대통령령으로 정하는 독립계리업자의 검증확인서를 첨부하도록 할 수 있다(법128②).

(2) 위 (1)에서 독립계리업자는 금융위원회에 등록된 법인으로서 5명 이상의 상근 보험계리사를 두고 있는 보험계리업자를 말한다(시행령71의3본). 독립계리업자의 독립성과 책임성을 높이기 위해서, 다음 각 호의 어느 하나에 해당하는 보험계리업자는 제외한다(시행령71의3단).

1. 보험업법 181조 1항에 따라 해당 보험회사로부터 보험계리에 관한 업무를 위탁받아 수행 중인 보험계리업자
2. 대표자가 최근 2년 이내에 해당 보험회사에 고용된 사실이 있는 보험계리업자
3. 대표자나 그 배우자가 해당 보험회사의 대주주인 보험계리업자
4. 보험회사의 자회사인 보험계리업자
5. 보험계리업자 또는 보험계리업자의 대표자가 최근 5년 이내에 다음 각 목의 어느 하나에 해당하는 제재조치를 받은 사실이 있는 경우 해당 보험계리업자
   가. 보험업법 134조 1항 1호에 따른 경고 또는 문책
   나. 보험업법 134조 1항 3호에 따른 해임 또는 직무정지
   다. 보험업법 190조에 따른 보험계리업자 등록의 취소
   라. 보험업법 192조 1항에 따른 업무의 정지 또는 해임

나 보험상품 가입이 의무가 되는 경우를 가리킨다.

103) 보험업법시행령 [별표6] 2에 의한 보험상품은 다음을 가리킨다.
2. 법령에 따라 정부나 지방자치단체가 보험료의 일부를 지원하는 보험으로서 다음 각 목의 어느 하나에 해당하는 보험의 경우
   가. 농어업재해보험법에 따른 농작물재해보험, 임산물재해보험, 가축재해보험, 양식수산물재해보험
   나. 풍수해보험법에 따른 풍수해보험

2) 확인을 거치지 않은 경우

기초서류를 신고할 때 위 1)의 확인이 요구됨에도 불구하고 확인 없이 신고하면 신고의 효과가 생기지 않는다.

5. 제출의무

(1) 의의

(1) 금융위원회는 보험계약자 보호 등을 위하여 필요하다고 인정되면 보험회사에 대하여 취급하고 있는 보험상품의 기초서류에 관한 자료 제출을 요구할 수 있다(법127③).

(2) 이 경우 관련 자료를 제출하는 것으로 제출의 효과는 발생하는 것이고, 별도의 수리절차를 요한다고 해석할 것은 아니다.

(3) 기초서류에 관한 자료 제출의 요구는 금융감독원장에게 위탁되어 있다(시행령[별표8]32).

(2) 제출 절차

기초서류 제출의 절차, 방법과 기타 사항은 대통령령이 정하는데(법127④), 그 내용은 다음과 같다.

(1) 금융위원회는 보험계약자 보호 등에 필요하면 보험회사로 하여금 매 분기 종료일의 다음 달 말일까지 금융위원회 고시에 따라 분기별 보험상품 판매목록을 제출하게 할 수 있다(시행령71④). 금융위원회 고시에 따르면, 보험회사는 이 보험상품 판매목록을 감독규정 6-8조의 업무보고서에 포함하여 제출해야 한다(감독규정7-53②).

(2) 금융위원회는 보험계약자 보호 등에 필요한 보험상품에 한해서 사유를 적은 서면을 제시하여 보험회사로 하여금 선임계리사가 검증·확인한 기초서류를 제출하게 할 수 있다(시행령71⑤).

(3) 금융위원회는 보험업법시행령 71조 5항에 따라 확인한 보험상품에 대하여 보험료 및 책임준비금의 적절성 검증이 필요하면 사유를 적은 서면을 제시하여 보험회사로 하여금 보험요율산출기관 또는 독립계리업자의 검증확인서 및 보험업법시행령 71조 2항에 따른 보험상품신고서[104]를 제출하도록 요구할 수 있고, 보험회사는 제출요구일부터 30일 이내에 검증확인서를 제출해야 한다(시행령71⑥). 보험회사가 보험상품신고서를 제출하는 경우에는 신고일을 판매일로 기재하며 신고사유는 생략한다(감독규정7-53③).

---

104) 보험상품신고서는 신고사유, 신고내용 및 위험률에 대한 산출근거 등이 기재된 것으로서 금융감독원장이 정하는 서류를 말한다(감독규정7-53①). 보험상품신고서 서식은 감독시행세칙 [별지34]가 규정한다(감독시행세칙5-16①).

6. 위반 시 효과

(1) 사법상 효과

신고 또는 제출하지 않은 보험약관에 의해서 보험계약이 체결되어도 사법적(私法的) 효력은 인정된다고 해석한다.[105)]

(2) 공법상 효과

보험업법 127조를 위반하면 과징금(법196①(8)), 과태료(법209④(32))가 따른다.

7. 신고 수리 의무

금융위원회는 신고를 받은 경우 그 내용을 검토하여 이 법에 적합하면 신고를 수리하여야 한다(보험업법 127조④).

제4관 기초서류 변경권고

1. 의의

(1) 금융위원회는 일정한 경우 보험회사에게 기초서류의 변경을 권고할 수 있는 권한을 갖는다. 즉 금융위원회는 보험회사가 보험업법 127조 2항 또는 3항에 따라서 신고하거나 제출한 기초서류의 내용이 기초서류 작성·변경의 원칙(법128의3) 및 보험요율 산출의 원칙(법129)을 위반하는 경우 대통령령으로 정하는 바에 따라 기초서류의 변경을 권고할 수 있다(법127의2①).

(2) 위 (1)의 변경권고는 후술하는 보험업법 131조 2항에 따른 변경명령 또는 사용정지명령(이하 '변경 등 명령')과는 무엇보다도 강제성의 면에서 차이가 있다.

(3) 기초서류의 변경권고 권한은 금융감독원장에게 위탁되어 있다(시행령[별표8]33). 금융감독원장은 기초서류의 변경권고에 관해서 분기별 처리 결과를 매 분기 종료일로부터 10일 이내에 금융위원회에 보고해야 한다(감독규정10-4).[106)]

2. 법적 성격

(1) 행정지도

1) 비강제성

(1) 변경권고는 보험회사가 기초서류를 임의로 변경하도록 금융위원회가 지도하는 행

105) 최동준(보험업법2) 364면
106) 다만, 이 규정은 상위법령의 명시적 위임이 없는 행정규칙이다.

위로서 행정지도에 해당한다.

(2) 행정지도란 행정기관이 소관사무의 범위에서 일정한 행정목적을 실현하기 위하여 특정인에게 일정한 행위를 하거나 하지 않도록 지도, 권고, 조언 등을 하는 행정작용을 말한다(행정절차법2(3)). 행정지도는 상대방의 임의적 협력을 통해 사실상 효과를 기대하는 비권력적 사실행위이다(통설). 행정지도는 목적달성에 필요한 최소한도에 그쳐야 하고 상대방의 의사에 반하여 부당하게 강요할 수 없으며, 상대방이 행정지도에 따르지 않았다는 이유로 불이익한 조치를 할 수 없다(행정절차법48).

2) 확인적 성격

(1) 변경권고는 행정지도의 유형 중에서 규제적 지도에 해당한다. 규제적 지도란 일정한 행위의 억제를 내용으로 한다. 이외에도 행정지도 중에는 조정적 지도(이해관계자의 갈등 등을 조정하는 내용), 조성적 지도(발전된 방향으로 유도하는 내용)가 있다.

(2) 규제적 지도에는 법률상 근거가 별도로 있어야 한다는 견해가 종래 있었지만,[107] 통설은 규제적 지도도 다른 행정지도와 마찬가지로 법적 구속력이 없는 사실행위에 불과하므로 법률상 근거를 별도로 요구하지 않는다. 통설에 따르면 보험업법 127조의2 1항은 변경권고권을 창설하는 것이 아니라 확인하는 성격밖에 갖지 못한다. 이러한 규정이 없더라도 금융위원회는 행정지도의 방식으로 변경권고를 할 수 있기 때문이다. 즉 금융위원회는 금융위원회법 17조가 규정하는 금융위원회 소관사무 범위 내에서 행정지도를 할 수 있고, 기초서류에 대한 변경 등 명령(법131②)을 배경으로 사전적인 행정지도도 할 수 있다. 이하에서는 이것을 '일반적 변경권고'라고 함으로써 보험업법 127조의2에 따른 변경권고와 구분하기로 한다.

3) 행정절차법에 대한 특칙

(1) 보험업법 127조의2 1항이 일반적으로 가능한 변경권고를 확인하는 성격밖에 갖지 못하지만, 여기에서 요구되는 서면 요건(법127의2②) 및 변경권고 기한 요건(시행령71의2) 등은 그 존재 의의가 있다.

(2) 먼저, 보험업법 127조의2 2항은 변경권고를 그 내용 및 사유가 구체적으로 적힌 문서로 해야 한다고 규정하고 있는데, 이것은 행정절차법에 대한 특칙이다. 즉 이것은 행정절차법 49조 2항에 대한 특칙이다. 행정절차법 49조 2항에 따르면, 행정지도가 반드시 문서로 행해져야 하는 것이 아니고 상대방이 행정지도의 취지, 내용, 신분을 적은 서면의 교부를 요구하면 행정지도를 하는 자는 직무수행에 특별한 지장이 없으면 교부해야 한다.

(3) 또한, 금융위원회는 신고접수일 등으로부터 일정 기한 내에서만 변경권고를 할 수 있는데(시행령71의2), 이것은 이러한 요건이 없는 행정절차법에 대한 특별규정이 되는 것

107) 변재옥, 행정법(I), 1990, 422면

이다. 보험업법시행령 71조의2에 대해서는 후술한다.

4) 일반적 변경권고와의 관계

보험업법 127조의2에 따른 변경권고와 일반적 변경권고가 병존관계인지 상충관계인지가 문제된다. 기초서류에 대한 변경권고는 오직 보험업법 127조의2에 따른 변경권고를 통해서만 가능하다고 해석할 것인가? 이를 긍정하기 어렵다. 왜냐하면 보험업법 127조의2에 따른 변경권고의 사유가 상당히 제한적으로 열거되어 있기 때문이다. 이외의 사유에서 일반적 변경권고를 허용할 필요가 있는 것이다. 다만, 언제나 일반적 변경권고가 허용된다고 해석하는 것은 보험회사를 보호하기 위해 규정되어 있는 보험업법 127조의2에 의한 서면 요건 및 변경권고기한 요건의 존재를 무의미하게 만드는 문제가 있다. 따라서 현재로서는 보험업법 127조의2에 따른 변경권고가 적용되는 범위 내에서는 일반적 변경권고가 허용되지 않는다고 하되, 그 범위 이외에서는 일반적 변경권고가 허용되고 다만 여기에는 보험업법 127조의2에 의한 서면 요건 및 변경권고기한 요건이 적용되지 않는다고 해석하는 것이 불가피하다. 입법론 측면에서 볼 때 현재의 이러한 규정체계가 바람직한지는 고민해 볼 문제이다.

(2) 사후시정

⑴ 기초서류 작성·변경의 원칙 등에 반하는 기초서류에 입각한 보험상품이 판매되는 경우 보험계약자 보호 등에 문제가 생긴다. 이를 바로잡기 위한 제도가 바로 보험업법 127조의2에 따른 기초서류 변경권고이다. 전술한 바와 같이 기초서류는 이제 허가의 대상이 아니라 신고 또는 제출의 대상일 뿐이므로 기초서류에 대한 사전규제는 완화되어 있다. 이러한 상황하에서는 하자있는 기초서류에 대해서 사후시정이 필요한데, 변경권고는 이러한 필요성에 부응하기 위한 수단이 될 수 있다.

⑵ 비록 변경권고가 강제성 없이 상대방의 임의적 협력을 통해 사실상 효과를 기대하는 비권력적 사실행위인 것은 맞지만, 변경 등 명령(법131②)을 하는 데 앞서서 상대방의 저항이나 마찰을 줄이면서 시정효과를 달성할 수 있는 효과적인 행정수단(행정지도의 순기능적 측면)일 수 있다. 다만, 변경권고가 본래의 성격에서 벗어나 사실상 강제성을 띰(행정지도의 역기능적 측면)으로써 본연의 순기능이 훼손될 수 있다는 점에 항상 유의할 필요가 있다.

3. 적용 대상

⑴ 보험업법 127조의2의 문리에 따르면, 변경권고는 허가 시 기초서류에는 적용이 없다. 보험업법 127조의2는 보험업법 127조 2항 또는 3항에 따라 신고 또는 제출된 기초서류를 변경하도록 권고할 수 있다고 정하고 있는데, 허가 시 기초서류는 보험업법 5조 3호

가 적용되는 것이지 보험업법 127조 2항 또는 3항이 적용되는 것은 아니라고 해석해야 하기 때문이다.

(2) 보험업법 127조의2가 없더라도 일반적 변경권고에 따른 행정지도를 할 수 있다는 입장에서 보면, 보험업법 127조의2가 허가 시 기초서류에는 적용이 없다고 해도 허가 시 기초서류에 대해 행정지도를 하는 데 아무런 문제가 없다.

4. 변경 등 명령과 구분

(1) 보험업법 127조의2에 따른 변경권고는 변경 등 명령(법131②)과 함께 기초서류에 대한 사후시정을 목적으로 한다는 점에서 공통점이 있지만, 무엇보다도 법적 성격 면에서 차이가 있다. 즉 변경권고는 법적 구속력이 없는 사실행위인 행정지도에 불과하지만, 변경 등 명령은 법적 구속력을 갖는 하명에 해당하는 행정행위이다.

(2) 행정지도에 불과한 보험업법 127조의2에 따른 변경권고에는 변경 등 명령에 적용되는 청문 요건, 소급효 요건, 공고 요건(법131②~⑤)의 적용이 없다.

5. 요건

(1) 기초서류가 위법한 경우

(1) 보험업법 127조의2에 따른 변경권고의 사유는 기초서류의 내용이 보험업법이 규정한 원칙인 기초서류 작성·변경의 원칙(법128의3)에 위반하거나 보험요율 산출의 원칙(법129)에 위반한 경우이다(법127의2①). 보험업법 127조의2에 따른 변경권고의 사유는 이러한 위법한 경우로 한정되어 있는 것이다.

(2) 한편, 전술한 바와 같이 일반적 변경권고의 사유는 보험업법상 변경권고의 사유로 제한될 이유는 없으며 보다 넓을 수 있다.

(2) 변경권고의 절차

1) 서면 요건

보험업법 127조의2에 따른 변경권고는 그 내용 및 사유가 구체적으로 적힌 문서로 해야 한다(법127의2②). 이 경우 구두로 하는 변경권고는 법적 효력이 없다.

2) 변경권고기한 요건

(1) 보험업법 127조의2에 따른 변경권고에는 기한의 제한이 있다. 즉 금융위원회는 신고접수일 또는 제출접수일(보험업법시행령 71조 6항에 따라 검증확인서를 제출한 경우에는 검증확인서의 제출일)부터 20일(권고받은 사항에 대하여 다시 변경을 권고하는 경우에는 10일) 이내에 기초서류의 변경을 권고할 수 있다(시행령71의2).

(2) 위 (1)에 따른 기초서류의 변경권고는 금융감독원장에게 위탁되어 있다(시행령[별표

8]59).

3) 기타

보험업법 127조의2에 따른 변경권고를 하는데 청문은 요구되지 않는다.

6. 효과

변경권고는 보험회사가 기초서류를 임의로 변경하도록 유도하는 사실행위이므로 강제성을 띠지 않는다.[108] 따라서 변경권고는 목적달성에 필요한 최소한도에 그쳐야 하고 상대방의 의사에 반하여 부당하게 강요할 수 없으며, 상대방이 행정지도에 따르지 않았다는 이유로 불이익한 조치를 할 수 없다(행정절차법48). 따라서 변경권고를 따르지 않더라도 보험업법상 과징금, 과태료 등을 받는 대상이 되지 않는다. 이와 달리, 서면에 의한 변경권고라면 구속력을 인정해서 이를 따라야 한다는 견해가 있으나,[109] 찬성하기 어렵다.

7. 공정거래위원회 권한

기초서류 일종인 보험약관에 대해서는 공정거래위원회가 시정권고 또는 시정명령을 할 권한을 갖는다(약관규제법17의2). 공정거래위원회는 일정한 경우에는 보험회사에게 직접 시정권고 또는 시정명령을 하지 않고 관련 행정관청에게 그러한 조치를 취하도록 요청할 수도 있다(약관규제법18). 이에 대해서는 아래의 변경 등 명령에서 상술한다.

제5관 기초서류 변경 등 명령

1. 의의

(1) 금융위원회는 일정한 경우 보험회사에게 기초서류의 변경을 명령할 수 있는 권한을 갖는다. 즉 금융위원회는 보험회사의 업무 및 자산상황, 그 밖의 사정의 변경으로 공익 또는 보험계약자의 보호와 보험회사의 건전한 경영을 크게 해칠 우려가 있거나 보험회사의 기초서류에 법령을 위반하거나 보험계약자에게 불리한 내용이 있다고 인정되는 경우에는 청문을 거쳐 기초서류의 변경 또는 그 사용의 정지를 명령할 수 있다(법131②본).

(2) 여기서 명령의 내용은 기초서류의 변경명령 또는 사용정지명령인데, 여기서 편의상 '변경 등 명령'이라고 부른다.

---

108) 최동준(보험업법2) 364면
109) 성대규 · 안종민 582면

2. 법적 성격

(1) 하명

변경 등 명령은 이론상 행정행위의 하나인 하명(下命)에 해당한다. 이론상 하명이란 행정기관이 상대방에게 작위, 부작위, 수인, 급부를 명령하는 행정행위를 말한다. 변경 등 명령을 받은 보험회사는 이를 이행할 법적 의무를 부담하고, 이를 위반하면 제재 등 공법상 효과가 따르게 된다. 이와 같이 변경 등 명령은 보험회사에게 일정한 법적 효과를 발생키는 권력적 법적 행위이다.

(2) 사후시정

(1) 보험계약자 보호 등에 반하는 기초서류에 입각한 보험상품이 판매되는 경우 보험계약자 보호 등에 문제가 생긴다. 이를 바로잡기 위한 제도가 기초서류에 대한 변경 등 명령이다. 전술한 바와 같이 기초서류는 이제 허가의 대상이 아니라 신고 또는 제출의 대상일 뿐이므로 기초서류에 대한 사전규제는 완화되어 있다. 이러한 상황하에서는 하자있는 기초서류에 대해 사후적으로 시정할 필요가 있는데, 변경 등 명령은 이러한 필요성에 부응하기 위해서 행해질 수 있다.

(2) 전술한 변경권고는 강제성 없이 상대방의 임의적 협력을 통해 사실상 효과를 기대하는 비권력적 사실행위이지만, 변경 등 명령은 상대방의 의사와 무관하게 그에게 법적 구속력이 가해지는 권력적 법적 행위이다. 따라서 변경 등 명령은 변경권고를 통한 사후시정을 시도하더라도 상대방의 임의적 협력을 기대하기 어려운 경우에 행해지는 최후적 수단의 성격이 강하다. 변경 등 명령은 기초서류에 대한 사전규제의 완화에 따른 공백을 메울 수 있는 제도라는 점에서 그 의의가 크다.

3. 변경권고와의 구분

변경 등 명령은 변경권고와 함께 기초서류에 대한 사후시정을 목적으로 한다는 점에서 공통점이 있지만, 무엇보다도 강제성 여부에서 차이가 있으며, 이에 대해서는 변경권고 부분에서 기술하였다.

4. 명령의 요건

(1) 기초서류가 공익 등에 반하는 경우

(1) 변경 등 명령의 사유는 변경권고에 비해서 다양하고, 반드시 위법한 경우로 한정되어 있지 않다. 보험업법 131조 2항 본문에 따르면, 변경 등 명령의 사유는 크게 둘로 나누어 볼 수 있다.

(a) 보험회사의 업무 및 자산상황, 그 밖의 사정의 변경으로 공익 또는 보험계약자의 보호와 보험회사의 건전한 경영을 크게 해칠 우려가 있는 경우이다. 공익 등을 실제로 해치지 않고 해칠 우려만으로도 변경 등 명령의 사유가 된다.

(b) 기초서류에 법령을 위반하거나 보험계약자에게 불리한 내용이 있다고 인정되는 경우이다. 여기서 법령에는 보험업법에 한정되지 않고 여타 법령도 포함된다고 해석한다.

(2) 위 (1)의 변경 등 명령의 사유는 변경권고 사유(법127의2①)에 비해서 그 범위가 넓음을 알 수 있다.

(2) 청문

1) 의의

(1) 금융위원회가 변경 등 명령을 하기 위해서는 청문을 거쳐야 하는 것이 원칙이다(법131②본). 이에 대한 예외로서, 대통령령으로 정하는 경미한 사항에 관하여 변경 등 명령을 하는 경우에는 청문을 하지 않을 수 있다(법131②단).

(2) 청문이란 금융위원회가 변경 등 명령을 하기 전에 당사자 등의 의견을 직접 듣고 증거를 조사하는 절차를 말한다(행정절차법2(5)).

2) 필요성

변경 등 명령을 행사하는 경우 해당 보험회사 등의 이해관계에 미치는 영향이 크다는 점을 고려하여 청문 요건이 규정되어 있는 것이다.

3) 요건

(1) 전술한 바와 같이 청문이란 금융위원회가 변경 등 명령을 하기 전에 당사자 등의 의견을 직접 듣고 증거를 조사하는 절차를 말한다(행정절차법2(5)). 여기서 당사자 등이란, 금융위원회의 변경 등 명령에 대해서 직접 그 상대가 되는 당사자, 금융위원회가 직권으로 또는 신청에 따라 변경 등 명령에 관한 행정절차에 참여하게 한 이해관계인을 가리킨다(행정절차법2(4)).

(2) 금융위원회는 변경 등 명령을 할 때 청문조서, 청문 주재자의 의견서, 그 밖의 관계 서류 등을 충분히 검토하고 상당한 이유가 있다고 인정하는 경우에는 청문결과를 반영해야 한다(행정절차법35의2). 또한, 금융위원회는 청문을 마친 후 변경 등 명령을 할 때까지 새로운 사정이 발견되어 청문을 재개할 필요가 있다고 인정할 때에는 청문조서 등을 되돌려 보내고 청문의 재개를 명할 수 있다(행정절차법36전).

(3) 이외에도 금융위원회는 청문의 주재자, 청문 주재자의 제척·기피·회피, 청문의 공개, 청문의 진행, 청문의 병합·분리, 증거조사, 청문조서, 청문 주재자의 의견서, 청문의 종결, 문서의 열람 및 비밀유지 등의 규정(행정절차법28~35,37)을 준수해야 한다.

5. 명령의 효과

(1) 변경 등 명령에 대한 이행의무

(1) 변경 등 명령을 받은 보험회사는 이를 이행할 의무를 진다.

(2) 보험업법 131조 2항 및 4항에 따라 금융위원회로부터 기초서류의 변경·사용중지 명령 또는 보험료환급·보험금증액 명령을 받은 경우는 과징금(법196①⑾)이 따른다.

(2) 소급효의 문제

1) 소급효를 인정할 것인가?

i) 일반론

(1) 정상적인 절차에 따라서 기초서류가 변경된 경우 이것은 이미 체결된 보험계약에 대해서는 영향이 없다고 하는 것이 원칙이다. 기존 기초서류에 의해서 체결된 보험계약에 대해서는 보험약관을 포함하여 기존 기초서류가 적용되고, 변경된 기초서류에 의해서 체결된 보험계약에 대해서 변경된 기초서류가 적용되는 것이 원칙이라는 의미이다.

(2) 이 경우 기존의 기초서류에 의해서 체결된 보험계약의 계약자와 변경된 기초서류에 의해서 체결된 보험계약의 계약자 사이에 평등의 문제는 사법의 일반 법리에 의하면 고려될 사항이 아니다. 계약당사자는 계약내용을 자유롭게 선택할 수 있고 또한 유불리를 떠나서 선택결과에 대해서 스스로 구속되는 것이 사법의 일반 법리이다. 이와 달리 이미 체결된 보험계약에 대해서도 영향이 있다고 함은 소급효를 인정하는 것을 의미하는 것이고 소급효의 인정은 계약당사자의 지위를 불안정하게 만들기 때문에 사법의 일반 법리상 원칙적으로 허용되지 않는다.

ii) 변경 등 명령의 경우

(1) 보험업법 131조 2항에 따른 변경 등 명령의 경우는 위 i)과 사정이 좀 다르다. 이 경우는 보험회사의 업무 및 자산상황, 그 밖의 사정의 변경으로 공익 또는 보험계약자의 보호와 보험회사의 건전한 경영을 크게 해칠 우려가 있거나 보험회사의 기초서류에 법령을 위반하거나 보험계약자에게 불리한 내용이 있다는 이유에서 변경 등 명령에 의해 기초서류가 변경되는 것이므로 정상적인 기초서류 변경과는 다른 취급이 필요한 것이다. 특히 기존의 기초서류가 보험계약자 등에게 불리한 내용을 담고 있다는 이유로 계약당사자 사이의 사적 자치를 넘어서서 국가가 기존의 기초서류의 하자를 교정하는 취지에서 변경 등 명령을 행하는 것이라면, 변경 등 명령의 효력이 이미 체결된 보험계약에 대해서도 영향을 미친다고 하는 편이 기존 기초서류의 하자를 교정한다는 변경 등 명령의 취지를 잘 살리는 방법이기 때문이다.

(2) 위 (1)에서 기술한 대로 변경 등 명령의 실효성을 높이기 위해서는 소급효를 부여

할 필요가 있다. 이에 따라 보험업법 131조 3항 및 4항이 기초서류에 위법성 등이 있으면 이미 체결된 계약에 대해서도 변경명령의 효력을 미치게 할 수 있다고 규정한다. 변경 등 명령의 소급효 문제는 전형적인 소급효 문제와는 차이가 있다. 보험업법 131조 3항 및 4항이 변경 등 명령에 소급효를 명문으로 인정하므로 통상적 소급효 문제에서 등장하는 예견가능성 침해는 문제되지 않기 때문이다.

(3) 이하에서는 일반적인 경우와 달리 기존 계약내용에도 변경 등 명령에 따른 사법상 효과가 미치면 소급효에 해당한다고 전제한다. 보험업법은 변경 등 명령에 따른 소급효의 부여 여부, 내용 등을 다양하게 규정한다. 즉 경우에 따라서 장래에 체결할 계약에 대해서만 영향을 미치게 하고, 어떤 경우에는 이미 체결된 계약에도 영향을 미치게 하되 이미 이행된 기성사실에는 영향을 미치지 않게 하고(법131③), 특별히 필요한 경우에는 과거 지급된 금액의 일부를 반환하게 하는 등 이미 이행된 기성사실에도 영향을 미치게 하는 방식(법131④)으로 차별화해서 변경 등 명령을 할 수 있다.

2) 일정한 경우 소급효 허용

i) 기존 계약에 대해 장래를 향해 허용하는 경우

(1) 보험업법 131조 3항은 금융위원회가 일정한 경우 변경 등 명령의 효력이 이미 체결된 보험계약에 대해서도 장래를 향하여 미치게 할 수 있다고 규정한다. 여기서 일정한 경우란 보험계약자·피보험자 또는 보험금을 취득할 자의 이익을 보호하기 위하여 특히 필요하다고 인정되는 경우이다.

(2) 위 (1)은 일종의 제한적 소급효이다. 즉 변경 등 명령의 효력이 이미 체결된 보험계약에 대해서 처음부터 영향을 미치지는 않고 장래를 향해서만 영향을 미치는 것이지만, 이미 해당 기초서류에 의해 체결된 보험계약에 대해 장래를 향해서라도 영향을 미친다는 점에서 일종의 제한적 소급효라고 할 수 있는 것이다. 이것은 보험계약자 등의 보호를 위해서 이미 체결된 보험계약에 대해서 소급적으로 영향을 미치게 하되 이미 체결된 보험계약에 대해 처음부터 영향을 미친다면 보험회사 지위를 지나치게 불안정하게 만들 수 있다는 우려를 고려한 규정이라고 볼 수 있다. 한편, 보험업법 131조 3항이 불소급 원칙에 입각한 규정이라는 견해가 있으나,[110] 위와 같은 이유에서 제한적 소급효를 부여한 규정이라는 해석이 타당하다.

ii) 기존 계약에 대해 처음부터 허용하는 경우

(1) 나아가 보험업법 131조 4항은 금융위원회가 일정한 경우 변경 등 명령이 갖는 효력이 이미 체결된 보험계약에 대해서도 처음부터 미치게 할 수 있다고 규정한다. 즉 금융위원회는 변경 등 명령을 받은 기초서류 때문에 보험계약자·피보험자 또는 보험금을 취

110) 성대규·안종민 613면

득할 자가 부당한 불이익을 받을 일이 명백하다고 인정되는 경우에는 이미 체결된 보험계약에 따라 납입된 보험료 일부를 되돌려주거나 보험금을 증액하도록 할 수 있다.

(2) 이미 체결된 보험계약에 따라 납입된 보험료 일부를 반환하거나 보험금 증액을 한다는 규정은 이 범위 내에서 변경 등 명령이 갖는 효력이 장래를 향해서만이 아니라 처음부터 영향을 미친다는 의미를 갖는다. 전술한 대로 보험회사 지위가 지나치게 불안정해지는 현상을 막기 위해서 변경 등 명령이 갖는 효력이 이미 체결된 계약에 대해서는 원칙상 장래를 향해서만 영향을 미치도록 하지만, 보험계약자 등이 부당한 불이익을 받을 일이 명백히 인정되는 경우까지 장래를 향해서만 영향을 미친다고 해서는 미흡하므로, 위와 같이 보험료 및 보험금에 대해서 처음부터 영향을 미친다고 규정했다.

(3) 입법론 관점에서 보면, 보험료 및 보험금으로 제한하기보다는 면책사유 등을 포함한 다른 계약조건도 필요한 경우 처음부터 영향을 미친다고 규정할 필요가 있다.

(3) 변경 등 명령에 대한 공고의무

(1) 보험회사는 변경 등 명령을 받은 경우에 대통령령이 정하는 대로 그 요지를 공고해야 한다(법131⑤). 여기서 공고는 전국에 배포되는 둘 이상 일간신문에 각각 1회 이상 해야 하고, 금융위원회가 필요를 인정하는 경우에는 보험계약자 등에게 서면 안내를 해야 한다(시행령73③).

(2) 위 (1)의 공고의무를 부과하는 이유는 기초서류에 대한 변경 등 명령은 보험회사뿐만 아니라 보험계약자 등 이해관계자에게도 미치는 영향이 크므로 보험계약자 등이 그 명령을 인지할 수 있도록 하게 하기 위해서이다.

6. 위반 시 효과

(1) 사법상 효과

변경 등 명령을 받은 보험회사는 이를 이행할 의무를 진다. 변경 등 명령에 위반한 채 보험상품을 판매한 경우 그 사법상 효력은 부인되지 않는 것이 원칙이다. 법률이 달리 정하지 않는 한, 하명에 위반하여 행해진 행위의 사법상 효력은 부인되지 않는 것이 원칙(통설)이기 때문이다.

(2) 공법상 효과

보험업법 131조에 따른 명령을 위반한 경우 과태료(법209①⒁,④(37))가 따른다.

7. 공정거래위원회 권한

(1) 의의

공정거래위원회는 보험약관에 대해서 시정권고권, 시정명령권 또는 시정조치 요청권을 갖는다.

(2) 시정권고 및 시정명령

(1) 기초서류 일종인 보험약관에 대해서는 공정거래위원회도 시정권고 및 시정명령을 할 권한을 갖는다. 이 범위 내에서 금융위원회와 공정거래위원회가 각각 갖는 시정조치 권한은 병존관계에 있다.

(2) 먼저, 시정권고권을 보자. 공정거래위원회는 사업자가 불공정 약관조항을 계약 내용으로 한 경우 이에 대해 삭제·수정 등을 하라는 시정조치를 권고할 수 있다(약관규제법 17의2①). 여기서 불공정 약관조항이란 약관규제법 6조부터 14조까지의 규정에 해당하는 약관조항으로서 신의성실의 원칙을 위반하여 공정성을 잃은 약관조항을 가리킨다.

(3) 다음, 시정명령권이다. 공정거래위원회는 불공정 약관조항을 계약 내용으로 한 사업자가 다음 각 호의 어느 하나에 해당하는 경우('사업자 요건') 불공정 약관조항에 대해 삭제·수정, 시정명령을 받은 사실의 공표, 그 밖에 약관을 시정하기 위하여 필요한 조치를 명령할 수 있다(약관규제법17의2②).

1. 사업자가 독점규제법 2조 7호의 시장지배적 사업자인 경우
2. 사업자가 자기의 거래상의 지위를 부당하게 이용하여 계약을 체결하는 경우
3. 사업자가 일반 공중에게 물품·용역을 공급하는 계약으로서 계약 체결의 긴급성·신속성으로 인하여 고객이 계약을 체결할 때에 약관 조항의 내용을 변경하기 곤란한 경우
4. 사업자의 계약 당사자로서의 지위가 현저하게 우월하거나 고객이 다른 사업자를 선택할 범위가 제한되어 있어 약관을 계약의 내용으로 하는 것이 사실상 강제되는 경우
5. 계약의 성질상 또는 목적상 계약의 취소·해제 또는 해지가 불가능하거나 계약을 취소·해제 또는 해지하면 고객에게 현저한 재산상의 손해가 발생하는 경우
6. 사업자가 약관규제법 17조의2 1항에 따른 시정권고를 정당한 사유 없이 따르지 않아서 여러 고객에게 피해가 발생하거나 발생할 우려가 현저한 경우

(4) 위 (3)의 각 호가 규정하는 사업자 요건을 고려하면, 보험회사는 시정명령 대상인 사업자에 포함될 여지가 충분히 있다고 사료된다. 그리고 공정거래위원회는 시정권고 또는 시정명령을 할 때 필요하면 해당 사업자와 같은 종류의 사업을 하는 다른 사업자에게 같은 내용을 담은 불공정 약관조항을 사용하지 말도록 권고할 수 있다(약관규제법17의2③).

(3) 시정조치 요청

1) 일반론

(1) 공정거래위원회는 일정한 경우 사업자에게 직접 시정권고, 시정명령을 하지 않고 관련 행정관청에게 그러한 조치를 취하도록 요청할 수 있다. 즉 공정거래위원회는 행정관청이 작성한 약관이나 다른 법률에 따라 행정관청에서 인가를 받은 약관이 불공정 약관조

항이라고 인정될 때에는 해당 행정관청에 그 사실을 통보하고 이를 시정하기 위하여 필요한 조치를 하도록 요청할 수 있다(약관규제법18①). 이는 약관을 작성하거나 인가한 행정관청에게 그가 가진 전문성, 책임성에 입각하여 '결자해지'의 차원에서 시정하도록 하는 요청이다.

(2) 약관규제법 18조 1항의 문리에 따르면, 공정거래위원회는 위와 같은 시정조치를 요청할 권한을 가질 뿐이지 의무를 지는 것은 아니다. 또한 공정거래위원회가 시정조치 요청을 하지 않고 직접 시정권고, 시정명령을 하는 것도 가능하다고 해석한다(약관규제법 18조 3항에 대한 반대해석).

(3) 다만, 해당 행정관청에 시정조치를 요청한 경우라면 공정거래위원회는 독자적 시정권고 또는 시정명령은 하지 않아야 한다(약관규제법18③). 시정조치 요청을 한 상태에서 독자적 시정권고 또는 시정명령을 하는 것은 해당 사업자에게 시정내용 등에서 불필요하게 중복, 혼선 또는 부담을 줄 수 있기 때문이다.

2) 보험약관

(1) 보험약관 중에서는 표준약관이 시정조치를 요청할 대상이 될 수 있다. 표준약관이란 건전한 거래질서를 확립하고 불공정 약관조항이 통용되는 것을 방지하기 위하여 일정한 거래분야에서 표준이 될 약관을 가리킨다(약관규제법19의3①).

(2) 보험과 관련된 표준약관은 금융감독원이 작성하는데(감독규정7−50), 금융감독원은 행정관청인 금융위원회나 증권선물위원회가 행하는 지도·감독을 받아 금융기관에 대한 검사·감독 업무 등을 수행하기 위하여 설립된 기관이라는 점(금융위원회법24①)을 고려하면, 표준약관은 행정관청이 작성한 약관에 포함된다고 해석하는 것이 합목적적이다.[111]

(3) 표준약관을 제외한 다른 보험약관은 시정조치를 요청할 대상이 아니다. 일종의 기초서류인 보험약관이 금융위원회에 신고 또는 제출된다는(법127) 이유만으로 보험약관이 행정관청에서 인가를 받은 약관이라고 보기 어렵기 때문이다.

제6관 기초서류 준수의무

1. 의의

(1) 보험회사는 기초서류에 기재된 사항을 준수해야 한다(법127의3).

(2) 보험회사 기초서류는 보험료, 보험금, 책임준비금 등 보험상품별 핵심적 사항을 기재한 서류이고, 해당 보험회사의 재무건전성, 보험계약자 보호 등에 중대한 영향을 미

---

111) 성대규·안종민 578면에 의하면 표준약관은 금융감독원이 작성하고 금융위원회의 승인을 받으므로 행정관청이 작성한 약관으로 본다.

친다. 보험업법이 보험업 허가를 구할 때 일정한 기초서류를 첨부하여 제출하게 하고, 보험업 허가를 받은 이후 기초서류 작성의무·신고의무·제출의무를 부담시키는 등 기초서류에 여러 규제를 두는 이유이다. 만약 보험회사가 기초서류를 준수하지 않는다면 작성의무 등 여러 기초서류 규제가 무의미해진다. 보험업법은 보험회사로 하여금 일정한 원칙과 기준에 따라 보험상품별로 작성된 기초서류를 준수하게 하여 보험회사 재무건전성, 보험계약자 보호 등을 도모하는 것이다.

(3) 기초서류 준수의무는 2010년 보험업법 개정에서 신설되었다. 기초서류를 준수하지 않으면 과징금 등의 공법상 효과를 부과하여 기초서류 규제의 실효성을 높이기 위한 목적이다.

2. 적용대상

(1) 기초서류 준수의무의 주체는 보험회사이다(법127의3).

(2) 보험업 허가를 구하는 단계라면 기초서류 준수의무는 적용되지 않는다고 해석한다. 보험업 허가를 받기 전에는 보험상품을 판매할 수 없으므로 기초서류 준수의무를 따질 실익도 없다.

3. 위반 시 효과

(1) 보험업법 127조의3을 위반하면 과징금(법196①(9)), 과태료(법209④(33))가 따른다.

(2) 보험회사가 기초서류 내용 중에서 보험계약자 보호와 관련된 부분을 준수하지 않아서 보험계약자에게 손해가 발생하면, 보험계약자는 불법행위로 인한 손해배상청구권(민법750)을 행사할 수 있다.

제7관 기초서류 관리기준

1. 의의

(1) 보험회사는 기초서류를 작성하거나 변경할 때 지켜야 할 절차와 기준('기초서류 관리기준')을 정하고 지켜야 한다(법128의2①).

(2) 기초서류 관리기준은 보험회사가 기초서류를 작성 또는 변경할 때 준수해야 하는 일종의 내부통제기준(또는 내부검증기준)이며, 주로 절차, 방법 등을 포함하는 광의의 절차적 기준이다. 기초서류 관리기준은 보험회사가 스스로 내용을 정하는 내부통제기준이자 주로 절차적 기준이라는 점에서, 법이 내용을 정하고 또는 실질적 기준에 해당하는 기초서류의 작성·변경 원칙과는 다르다.

(3) 기초서류 관리기준 제도는 2010년 보험업법 개정 시에 신설되었다. 보험업법은 2003년 이후 기초서류에 대한 사전규제를 완화해 왔는데, 사전규제 완화가 초래할 부적정한 기초서류 작성 또는 변경의 위험을 주로 절차적 측면에서 통제하기 위해서 마련된 제도이다.

2. 적용대상

(1) 기초서류 관리기준을 정하고 지키는 등 의무의 주체는 보험회사이다(법128의2①).

(2) 보험업 허가를 구하는 단계라면 기초서류 관리기준은 적용되지 않는다고 해석한다.

3. 관리기준에 포함시킬 사항

(1) 보험회사가 기초서류 관리기준의 내용을 정할 수 있지만 다음 각 호의 사항을 반드시 포함시켜야 한다(법128의2②).

1. 기초서류 작성·변경의 절차 및 기준
2. 기초서류의 적정성에 대한 내부·외부 검증 절차 및 방법
3. 기초서류 작성 오류에 대한 통제 및 수정 방법
4. 기초서류 작성 및 관리과정을 감시·통제·평가하는 방법 및 관련 임직원, 또는 선임계리사의 역할과 책임
5. 그 밖에 기초서류 관리기준의 제정·개정 절차 등 대통령령으로 정하는 사항

(2) 보험업법시행령에 따르면 관리기준에 다음 각 호의 사항도 포함해야 한다(시행령71의4①).

1. 기초서류 관리기준의 제정 및 개정 절차
2. 기초서류 작성·변경과 관련한 업무의 분장 및 기초서류 관리책임자에 관한 사항
3. 임직원의 기초서류 관리기준 준수 여부를 확인하는 절차·방법과 그 기준을 위반한 임직원의 처리에 관한 사항
4. 그 밖에 법령을 준수하고 보험계약자를 보호하기 위하여 기초서류를 작성·변경할 때 따라야 할 사항으로서 금융위원회가 정하여 고시하는 사항

4. 보고의무

보험회사는 기초서류 관리기준을 제정 또는 개정하는 경우에는 금융위원회에 보고해야 한다(법128의2③).

5. 변경 등 명령

(1) 의의

금융위원회는 기초서류 관리기준 또는 그 운용이 부당하다고 판단되면 관리기준을 변경하거나 업무를 개선하도록 명령할 수 있다(법128의2③). 여기서 업무는 관리기준의 운용을 가리킨다고 해석한다.

(2) 기한

(1) 변경 등 명령에는 기한이 있다. 즉 보험회사가 보고한 기초서류 관리기준이 부당하다고 판단되면 보고한 날로부터 15일 이내에 해당 기준의 변경 또는 업무의 개선을 명령할 수 있다(시행령71의4②).

(2) 입법론 측면에서 보면, 기초서류 관리기준을 변경하라는 명령 기한을 관리기준 보고일을 기준으로 정한 것은 적절하지만, 업무를 개선하라는 명령 기한도 같은 기준으로 정하는 것은 적절하지 않다. 업무개선 명령기한은 관리기준이 부당하게 운용되는 사실을 안 시점을 기준으로 정하는 것이 합리적이다.

6. 위반 시 효과

보험업법 128조의2를 위반하면 과태료(법209①⒀,④(34))가 따른다.

제8관 기초서류 작성·변경 원칙

1. 의의

(1) 보험회사는 기초서류를 작성·변경할 때 일정한 원칙을 준수해야 한다(법128의3①). 여기의 일정한 원칙이 기초서류 작성·변경의 원칙이며, 보험회사가 기초서류를 작성 또는 변경할 때 준수해야 하는 실질적 기준이다.

(2) 기초서류 작성·변경의 원칙은 법이 그 내용을 정한 실질적 기준이라는 점에서, 보험회사가 스스로 내용을 정하는 내부통제기준이자 주로 절차적 기준에 해당하는 기초서류관리기준과 다르다.

(3) 기초서류 작성·변경의 원칙은 2010년 보험업법 개정 시에 신설되었다. 기초서류 작성·변경의 원칙을 신설한 이유는 2003년 이후 진행된 보험업법상 기초서류 사전규제의 완화가 초래할 수 있는 부적정한 기초서류 작성 또는 변경의 위험에 대처하기 위해서이다.

2. 적용대상

⑴ 기초서류 작성·변경의 원칙을 준수할 주체는 보험회사이다(법128의3①).

⑵ 보험업 허가를 구하는 단계라면 기초서류 작성·변경의 원칙을 준수할 의무는 적용되지 않는다고 해석한다. 다만, 보험업 허가를 구하려면 허가 신청서에 산출방법서를 첨부하여 제출해서 심사를 받게 되므로(시행령9②), 이에 관한 한 사실상 보험업 허가를 구하는 단계부터 기초서류 작성·변경의 원칙에 따르게 된다.

3. 작성·변경 원칙의 내용

(1) 대원칙

⑴ 보험업법 128조의3, 그리고 동법시행령 71조의5 및 [별표7]은 기초서류 작성·변경의 대원칙을 규정하고 있다. 그 내용은 다음과 같다.

⑵ 먼저, 보험업법 128조의3 1항에 의하면, 보험회사는 기초서류를 작성·변경할 때 다음 각 호의 사항을 지켜야 한다.

1. 보험업법 또는 다른 법령에 위반되는 내용을 포함하지 아니할 것
2. 정당한 사유 없는 보험계약자의 권리 축소 또는 의무 확대 등 보험계약자에게 불리한 내용을 포함하지 아니할 것
3. 그 밖에 보험계약자 보호, 재무건전성 확보 등을 위하여 대통령령으로 정하는 바에 따라 금융위원회가 정하는 기준에 적합할 것

⑶ 다음, 보험업법시행령 [별표7]에 의하면, 보험회사는 기초서류를 작성·변경할 때 다음 각 호의 사항을 지켜야 한다.

1. 보험업법 또는 동법시행령에 따른 생명보험업과 손해보험업 겸영 제한에 위배되지 않을 것
2. 보험료, 책임준비금 및 해약환급금을 금융위원회가 정하여 고시하는 기준에 따라 산출·적립할 것
3. 1호 및 2호에 규정된 사항 외에 보험계약자 보호, 재무건전성 확보 등을 위해 금융위원회가 정하여 고시하는 사항을 지킬 것

(2) 세부원칙

위 ⑴의 대원칙에 따라서 감독규정 7−54조 등이 정한 기초서류의 작성·변경에 관한 세부원칙은 다음과 같다.

1) 사업방법서의 작성·변경

사업방법서의 작성·변경 원칙에는 일정 사항을 필수로 기재해야 하는 공통적 필수기재사항, 그리고 보험종목별로 적용되는 특칙이 있다. 그 내용은 다음과 같다.

i) 공통적 필수기재사항

보험회사는 보험종목별 또는 보험상품별 사업방법서를 작성하려는 경우 다음 각 호의 사항을 기재해야 한다(감독규정7-54).

1. 보험업의 영위 지역, 영위하는 보험종목, 피보험자 또는 보험목적의 범위에 관한 사항
2. 삭제
3. 보험금액과 보험기간의 제한에 관한 사항
4. 피보험자 또는 보험목적의 선택과 보험계약체결의 절차에 관한 사항
5. 보험료의 수수, 보험금의 지급과 보험료 등의 환급에 관한 사항
6. 재보험의 수수에 관한 사항
7. 보험계약에 대한 이익 또는 잉여금의 배당에 관한 사항
8. 약관의 규정에 의한 대출에 관한 사항
9. 보험금액·보험종류 또는 보험기간 등 보험계약의 변경에 관한 사항
10. 위험의 상태와 보험목적의 검사에 관한 사항
11. 그 밖에 약관상 보험회사가 정하도록 한 사항

ii) 생명보험의 특칙

생명보험회사는 보험종목별 또는 생명보험상품별 사업방법서를 작성하려는 경우 다음 각 호의 사항을 지켜야 한다(감독규정7-55).

1. 삭제
2. 보험료의 추가납입은 주계약 기본보험료 납입한도의 2배 이내로 하여야 하며, 적립금의 중도인출은 해약환급금의 일정범위 내에서 할 것
3. 재무건전성을 해치지 않도록 보험금을 지급하기 위해 필요한 순보험료를 제외한 범위 이내에서 보험료를 할인할 수 있으며, 이 경우 할인요건 및 할인율 등을 구체적으로 명기할 것
4. 삭제
5. 감독규정 7-66조 4항[112]에 따라 설계된 보험상품을 판매하기 위해서는 동일한 위험보장에 대하여 감독규정 7-66조 1항[113]에 따라 설계된 보험상품을 동시에 판매할 것
6. 다른 법률과 보험금 지급사유가 연계되는 등 보험금 지급사유가 보험회사의 자체적인 기준이 아닌 경우 향후 법률 개정 등으로 계약유지 필요가 없어지거나 변동될 가능성을 고려하

112) 감독규정 7-66조 4항: 최적해지율을 사용한 순수보장성보험 및 생존연금의 경우에는 1항에서 정한 해약환급금을 지급하지 아니할 수 있다. 다만, 다음 각 호의 어느 하나에 해당하는 경우에는 그러하지 아니하다.
1. 변액보험인 경우
2. 보험료 납입기간 중 해약환급금은 1항에 따라 설계된 동일 위험 보장 보험상품('표준형 상품')의 해약환급금 대비 100분의 50 미만으로 하고, 보험료 납입기간 이후에는 표준형 상품의 해약환급금 대비 100분의 50을 초과하는 보험에서 보험료 납입기간 이후 환급률(각 시점별 기납입 보험료 대비 해약환급금 비율)이 표준형 상품의 환급률과 100% 중 큰 값을 초과하도록 설계한 경우

113) 감독규정 7-66조 1항에 대해서는 후술하는 산출방법서의 작성·변경과 관련하여 생명보험의 특칙으로서 해약환급금 부분을 참조

여 계약내용 변경 가능 여부, 안내방법 및 계약내용 변경 시 보험료와 책임준비금 정산에 관한 사항을 명기할 것

iii) 퇴직보험의 특칙

(1) 퇴직보험은 단체 또는 단체의 대표자가 단체의 구성원을 피보험자로 하여 단체의 구성원이 퇴직하는 경우 연금 또는 일시금으로 퇴직금을 수령할 수 있도록 하는 보험으로 근로기준법 34조의 규정에 의한 요건을 갖추어야 한다(감독규정7−56①).

(2) 책임준비금이 가입단체의 퇴직급여추계액을 초과하는 때에는 보험계약자에게 반환할 수 있다(감독규정7−56②).

iv) 손해보험의 특칙

(1) 손해보험회사가 보험종목별 또는 손해보험상품(연금저축손해보험상품 및 퇴직보험상품을 포함)별 사업방법서를 작성하려는 경우 지켜야 할 사항은 감독규정 7−55조 및 7−56조를 준용한다(감독규정7−57①본). 다만, 일반손해보험(자동차보험을 포함)은 제외한다(감독규정7−57①단).

(2) 장기손해보험의 저축성보험은 보험기간을 15년 이내로 설정해야 한다(감독규정7−57②).

(3) 손해보험업의 보험종목 전부를 취급하는 손해보험회사가 보험업법시행령 15조 1항 각 호의 보험종목[114]을 취급하는 경우에는 연금 지급기간을 5년 이상 25년 이내의 확정기간으로 설정하여야 한다(감독규정7−57③).

v) 제3보험의 특칙

① 일반

보험회사가 보험종목별 또는 제3보험상품별 사업방법서를 작성하려는 경우 지켜야 할 사항은 감독규정 7−55조 및 7−56조를 준용하며, 보장성보험으로 개발해야 한다(감독규정7−58본). 다만, 보험기간이 1년 이상 15년 이하인 손해보험회사의 상해보험은 저축성보험으로 개발할 수 있다(감독규정7−58단).

② 실손의료보험

실손의료보험은 일정한 사항을 준수하여 사업방법서를 작성해야 한다(감독규정7−63②(6)). 이에 관해서는 편의상 아래 보험약관 중 제3보험의 특칙에서 살펴보기로 한다.

2) 보험약관의 작성·변경

보험약관의 작성·변경 원칙에는 일정 사항을 필수로 기재해야 하는 공통적 필수기재

114) 보험업법시행령 15조 1항 각 호의 보험종목은 다음과 같다.
1. 소득세법 20조의3 1항 2호 각 목 외의 부분에 따른 연금저축계좌를 설정하는 계약
2. 퇴직급여법 29조 2항에 따른 보험계약 및 동법 부칙 2조 1항에 따른 퇴직보험계약

사항, 그리고 보험종목별로 적용되는 특칙이 있다. 그 내용은 다음과 같다.

i) 공통적 필수기재사항

보험회사는 보험약관을 작성하려는 경우 다음 각 호의 사항을 기재해야 한다(감독규정 7-59).

1. 보험회사가 보험금을 지급하여야 할 사유
2. 보험계약의 무효 사유
3. 보험회사의 면책 사유
4. 보험회사의 의무의 범위 및 의무이행의 시기
5. 보험계약자 또는 피보험자가 의무를 이행하지 아니한 경우에 받는 손실
6. 보험계약의 전부 또는 일부의 해지 원인과 해지한 경우 당사자의 권리의무
7. 보험계약자·피보험자 또는 보험금액을 취득할 자가 이익 또는 잉여금의 배당을 받을 권리가 있는 경우에는 그 범위
8. 적용이율 또는 자산운용 실적에 따라 보험금 등이 변동되는 경우 그 이율 및 실적의 계산 및 공시 방법 등
9. 예금자보호 등 보험계약자 권익보호에 관한 사항

ii) 생명보험의 특칙

보험회사는 생명보험상품을 설계하거나 보험약관을 작성하려는 경우 다음 각 호의 사항을 지켜야 한다(감독규정7-60).

1. 삭제
2. 저축성보험의 경우 생존 시 지급하는 보험금은 이미 납입한 보험료를 초과해야 한다. 다만, 생존연금을 지급하는 연금보험 및 변액보험은 그렇지 않다.
3. 저축성보험의 경우 평균공시이율을 부리이율로 계산한 순보험료식 보험료적립금이 납입완료시점(납입기간이 7년 이상인 경우 7년, 일시납의 경우 15개월)에 이미 납입한 보험료를 초과해야 한다. 다만, 보험기간이 종신인 생존연금 및 연금저축보험은 평균공시이율에 0.25%p를 가산한 부리이율로 계산할 수 있다.
4. 3호에 따라 순보험료식 보험료적립금을 계산할 때 위험보험료 및 보증수수료 등 위험보장에 필요한 금액과 특별계정 운용수수료는 영(0)으로 한다.
5. 삭제
6. 삭제
7. 변액보험 및 금리연동형보험(연금보험을 제외)의 경우 최저사망보험금 등을 설정해야 한다.
8. 중증의 상해, 질병 등으로 위험을 보장하기 어려운 경우 등을 제외하고는 보장하는 위험이 실효성이 있음에도 불구하고 보험계약을 소멸시켜서는 안 된다.
9. 피보험자의 사망을 보장하는 사망보험금이 이미 납입한 보험료의 합계액 이상이어야 한다. 다만, 연금보험에서 연금 지급이 시작된 이후 사망한 경우나 보험료 납입기간을 80세 이하로 설정한 경우는 제외한다.

iii) 장기손해보험의 특칙

손해보험회사가 장기손해보험상품(연금저축손해보험상품 및 퇴직보험상품을 포함)을 설계하려는 경우에 지켜야 할 사항은 아래에서 기술하는 제3보험의 특칙(감독규정7－63)을 준용한다(감독규정7－61).

iv) 자동차보험의 특칙

손해보험회사는 자동차보험상품을 설계하려는 경우 다음 각 호의 사항을 지켜야 한다(감독규정7－62).

1. 보험기간은 3년 이내로 할 것
2. 자동차보험의 위험담보의 범위는 다음 각 목으로 할 것
   가. 피보험자동차의 소유, 사용, 관리 중 발생한 사고로 인한 제3자에 대한 피보험자의 손해배상책임 담보
   나. 자동차사고로 인한 피보험자의 신체 또는 재물에 대한 보상 담보
   다. 자동차의 소유·사용·관리로 인한 피보험자의 각종 비용 담보

v) 제3보험의 특칙

① 일반

보험회사는 제3보험상품의 보험금 지급사유를 신설 및 변경하려는 경우 다음 각 호의 사항을 지켜야 한다(감독규정7－63①).

1. 약관상 보장하지 아니하는 원인으로 사망 시 책임준비금을 지급하고 계약이 소멸하도록 설계할 것
2. 해당 보험회사 또는 다른 보험회사가 판매하지 않는 새로운 보장내용이나 보험금 지급제한 조건 등을 적용하는 보험상품을 설계하는 경우 해당 의료기관 또는 대표기관이 포함된 협의기구 등을 통해 보험금 청구 시 제출서류, 제공절차 및 보험금 지급사유 및 지급제한 조건을 의학적으로 타당하고 소비자가 이해할 수 있도록 명확히 설정할 것. 이 경우 보험협회는 보험회사를 대신하여 협의기구를 구성할 수 있으며, 이에 대한 세부사항은 보험협회장이 정한다.

② 실손의료보험

약관상 실제 발생하는 손해('실손해')를 보장하는 경우 감독규정 7－63조 1항 1호 및 다음 각 호의 요건을 충족해야 한다(감독규정7－63②).

1. 실손의료보험은 보험업법시행령 42조의5 1항에 따른 실손의료보험계약으로만 구성된 보험상품으로 판매하고, 그 보험계약은 주계약과 특약(주계약에서 보장하지 않는 대상을 보장하는 계약)으로 구성할 것. 다만, 단체보험상품 및 여행보험상품의 경우에는 실손의료보험계약을 포함하여 판매할 수 있다.

1의2. 주계약으로 체결하는 실손의료보험계약[제2호 각 목에서 정하는 공제금액보다 높은 공

제금액을 적용하고 65세 이상에서 보험가입이 가능한 실손의료보험('노후실손의료보험')과 금융감독원장이 정하는 표준사업방법서[115]에 따른 계약전 알릴의무 사항을 축소한 실손의료보험('유병력자실손의료보험')은 제외한다. 이하 '기본형 실손의료보험'이라고 함]은 국민건강보험법에서 정한 요양급여 또는 의료급여법에서 정한 의료급여 중 본인부담금 부분을 보장하고, 특약으로 체결하는 실손의료보험계약(노후실손의료보험 및 유병력자실손의료보험은 제외)은 국민건강보험법 또는 의료급여법에 따른 비급여 부분을 보장할 것.

2. 기본형 실손의료보험의 보험금을 약관에서 보장대상으로 하는 본인부담의료비(공제전)에서 다음 각 목의 금액을 공제한 금액으로 할 것. 단, 국민건강보험법 42조의 요양기관이 아닌 해외 소재 의료기관의 의료비는 공제 대상 의료비에서 제외한다.
   가. 입원: 보장대상의료비의 20%(단, 공제할 금액이 연간 200만원을 초과하는 때에는 200만원까지 공제한다)
   나. 통원(외래 및 처방·조제비를 합산하여 통원 1회당)
      1) 국민건강보험법 42조2항에 의한 전문요양기관, 의료법 3조의4에 의한 상급종합병원, 동법 3조의3에 의한 종합병원에서의 외래 및 그에 따른 국민건강보험법 42조1항2호에 의한 약국, 동법 42조1항3호에 의한 한국희귀·필수의약품센터에서의 처방·조제: 2만원과 보장대상의료비의 20% 중 큰 금액
      2) 의료법 3조2항에 의한 의료기관(종합병원은 제외), 국민건강보험법 42조1항4호에 의한 보건소·보건의료원·보건지소, 동법 42조1항5호에 의한 보건진료소에서의 외래 및 국민건강보험법 42조1항2호에 의한 약국, 동법 42조1항3호에 의한 한국희귀·필수의약품센터에서의 처방·조제(의약분업 예외지역 등에서의 약사의 직접 조제 포함): 1만원과 보장대상의료비의 20% 중 큰 금액

2의2. 특약으로 체결한 실손의료보험계약(노후실손의료보험 및 유병력자실손의료보험은 제외)의 보험금을 약관에서 보장대상으로 하는 본인부담의료비(공제전)에서 다음 각 목의 금액을 공제한 금액으로 할 것. 단, 국민건강보험법 42조의 요양기관이 아닌 해외 소재 의료기관의 의료비는 공제 대상 의료비에서 제외한다.
   가. 입원 : 보장대상의료비의 30%
   나. 통원(국민건강보험법 42조1항1호에 의한 의료기관, 동법 42조1항4호에 의한 보건소·보건의료원·보건지소, 동법 42조1항5호에 의한 보건진료소에서의 외래 및 국민건강보험법 42조1항2호에 의한 약국, 동법 42조1항3호에 의한 한국희귀·필수의약품센터에서의 처방·조제) : 3만원과 보장대상의료비의 30% 중 큰 금액(외래 및 처방·조제비를 합산하여 통원 1회당)

3. 실손의료보험에서 위험구분단위별로 보험료의 변경이 매년 ±25%를 초과하지 않을 것. 다만, 보험회사가 7－16조부터 7－19조까지에서 정하는 조치[116]를 요구받거나 그러할 가능성이 있다고 인정되는 경우는 그러하지 아니한다.

3의2. 특약으로 체결하는 실손의료보험계약(노후실손의료보험, 유병력자실손의료보험, 단체보험상품 및 여행보험상품에 포함된 실손의료보험은 제외)의 경우에는 3호의3에 의한 요율

115) 표준사업방법서에 대해서는 감독시행세칙 [별표14]가 규정한다.
116) 이러한 조치는 경영개선협약(감독규정7－16), 경영개선권고(감독규정7－17), 경영개선요구(감독규정7－18), 경영개선명령(감독규정7－19)을 가리킨다.

상대도(할인·할증요율)를 적용하기 전 보험료를 기준으로 3호를 적용할 것

3의3. 특약으로 체결하는 실손의료보험계약(노후실손의료보험, 유병력자실손의료보험, 단체보험상품 및 여행보험상품에 포함된 실손의료보험은 제외)의 경우 보험료 갱신 전 12개월 이내 기간 동안의 보험금 지급 실적을 고려하여 보험료 갱신 시 순보험료(특약 순보험료 총액을 대상으로 한다)에 대한 요율 상대도(할인·할증요율)를 적용할 수 있을 것

4. 삭제

5. 노후실손의료보험의 경우 다음 각 목의 보장내용을 준수하여 보험약관을 작성할 것
   가. 보험가입금액의 한도는 다른 실손의료보험의 입원과 통원(외래 및 처방조제)의 연간 최대 보장금액을 합산한 금액 이하일 것. 다만, 통원의 회(건)당 보상한도는 100만원을 최고한도로 한다.
   나. 지급보험금 계산시 약관에서 보장대상으로 하는 본인부담 의료비(공제전)에서 입원은 30만원 통원은 3만원을 우선 공제한 후 나머지 금액에서 다음 각 세목의 금액을 추가로 공제할 것. 다만, 입원의 경우 공제할 금액이 연간 500만원을 초과하는 때에는 500만원까지 공제한다.
      1) 국민건강보험법 및 의료급여법에 근거하여 비용을 산정하는 급여부분 : 20% 이상
      2) 국민건강보험법 및 의료급여법에서 정하는 비급여부분 : 30% 이상

6. 실손의료보험은 다음 각 목의 내용을 준수하여 사업방법서를 작성할 것
   가. 경험통계 등을 기초로 순보험요율의 적정성을 매년 검증할 것. 다만, 새로운 위험을 보장하는 경우는 5년까지 적정성을 검증하지 아니할 수 있다.
   나. 보험기간 및 보장내용 변경주기를 5년 이내로 할 것. 다만, 노후실손의료보험 및 유병력자실손의료보험은 3년 이내로 한다.
   다. 75세 이상을 보장하는 경우 노후실손의료보험을 해당 시점에 판매 또는 보유하고 있을 것

7. 실손의료보험을 판매 또는 보유하는 보험회사는 단체보험으로 실손의료보험에 가입되어 있는 자가 중복하여 가입되어 있는 노후실손의료보험, 유병력자실손의료보험, 여행보험 및 단체보험을 제외한 실손의료보험('개인실손의료보험')의 보험료 납입 및 보장에 대해 중지, 재개를 신청하는 경우 감독원장이 정하는 바에 따라 이를 중지, 재개하여 주는 제도를 운영해야 한다.

③ 기타

제3보험과 관련하여 감독규정 7－63조 1항 및 2항에서 정하지 않은 사항은 감독규정 7－60조[117]를 준용해야 하고, 다만 손해보험회사의 경우에는 감독규정 7－60조 7호를 제외한다(감독규정7－63③).

3) 산출방법서의 작성·변경

보험료 및 책임준비금 산출방법서의 작성·변경 원칙에는 일정 사항을 필수로 기재해야 하는 공통적 필수기재사항, 그리고 보험종목별로 적용되는 특칙이 있다. 그 내용은 다음과 같다.

---

117) 감독규정 7－60조는 보험약관 작성·변경에 관한 생명보험의 특칙이다.

i) 공통적 필수기재사항

보험회사는 보험료 및 책임준비금 산출방법서를 작성하려는 경우 다음 각 호의 사항을 기재해야 한다(감독규정7－64).

1. 보험료의 계산에 관한 사항[보험기간이 3년을 초과하는 등 현금흐름방식을 적용해야 하는 보험계약의 경우(보험업법 108조 1항 2호의 보험계약[118]은 제외) 최적기초율[119]을 기초로 장래 현금흐름을 고려하여 보험료의 적정성을 분석한 결과를 포함]. 다만, 감독규정 7－73조 2항 단서 각 호에 따른 보험[120]의 경우에는 보험요율 등을 기재하지 않을 수 있다.
2. 책임준비금의 계산에 관한 사항(보험료적립금 산출 시에 적용한 이율, 위험률 등에 관한 사항을 포함)
3. 해약환급금의 계산에 관한 사항(해약환급금 계산 시에 적용한 이율, 위험률 및 해약공제액 등에 관한 사항을 포함)
4. 보험금 및 보험료가 변경되는 경우 그 계산에 관한 사항
5. 보증비용을 부과하는 경우 그 계산에 관한 사항

ii) 생명보험의 특칙

① 책임준비금

(1) 생명보험회사는 산출·적립하려는 경우 다음 각 호의 사항을 지켜야 한다(감독규정 7－65).

1. 보험료적립금은 순보험료식준비금으로 적립하며 회계연도 말 보험료적립금은 경과기간 등을 고려하여 금융감독원장이 정하는 바에 따라 산출할 것
2. 삭제
3. 보험료적립금은 연납보험료를 기준으로 하여 산출할 수 있다.

(2) 감독규정 7－65조 1호에 따라 금융감독원장이 정하는 사항은 다음 각 호와 같다(감독시행세칙5－20).

---

118) 보험업법 108조 1항 2호에 따라 설정된 특별계정은 퇴직급여법 29조 2항에 따른 퇴직보험계약 및 동법 부칙(법률7379호, 2005.1.27.) 2조 1항에 따른 퇴직보험계약의 특별계정을 가리킨다. 그런데, 2011.7.25.에 퇴직급여법의 개정으로 16조 2항이 29조 2항으로 변경되었다. 보험업법 108조 1항 2호는 16조 2항이라고 명시하고 있지만 29조 2항이라고 해석해야 한다.

119) 최적기초율이란 장래 현금흐름이 실제 발생하는 현금흐름에 최대한 근접하도록 추정된 기초율(최적사업비율, 최적위험률, 최적해지율 등)을 말한다(감독규정1－2⒄).

120) 감독규정 7－73조 2항의 각 호는 다음과 같다.
1. 기업성 보험(단, 법령에 따라 의무적으로 가입하여야 하는 보험상품으로 보험요율 산출기관이 참조순보험요율을 제공하는 경우 제외)
2. 가계성 일반손해보험 중 국내의 보험통계 등이 부족하여 보험요율을 산출할 수 없는 경우(보험상품의 판매개시일로부터 5년이 경과하는 경우에는 통계요율을 산출하여야 한다)
3. 간단손해보험대리점등이 모집할 수 있는 보험
4. 1호 및 3호의 보험에 대해 감독규정 7－79조의3 2항의 내부통제기준에서 구체적 기준을 정하여 참조순보험요율을 할인 또는 할증하여 적용하는 경우

1. 회계연도 말 보험료적립금은 다음과 같이 월별 기간경과에 따라 산출한다.

$${}_{t+\frac{m}{12}}V = {}_tV + \frac{m}{12}({}_{t+1}V - {}_tV)$$

단, m: 납입경과횟수, ${}_tV$: 보험연도 말 순보험료식 보험료적립금

다만, 보험료 납입이 완료된 계약의 경우에는 회계연도 말 보험료적립금을 다음과 같이 일별 기간경과에 따라 산출한다.

$${}_{t+\frac{d}{365}}V = {}_tV + \frac{d}{365}({}_{t+1}V - {}_tV)$$

단, d: 경과일수, ${}_tV$: 보험연도 말 순보험료식 보험료적립금

2. 미경과보험료적립금은 다음과 같이 산출한다.

$$\text{미경과보험료적립금} = \frac{m'-t}{m'} \quad P'$$

단, m: 납입주기(월), t: 납입경과월수, P: 납입주기별 영업보험료

(단, 사업방법서에 따라 회사가 보험료를 할인한 경우 할인금액은 차감한다)

② 해약환급금

(1) 생명보험회사는 해약환급금을 산출·적립하려는 경우 다음 각 호의 사항을 지켜야 한다(감독규정7-66①).

1. 해약환급금은 감독규정 7-65조 1호에 따른 보험료적립금에서 다음과 같이 해약공제액을 공제하여 계산한 금액 이상으로 산출할 수 있다. 다만, 순보험료식 보험료적립금에서 해약공제액을 공제한 금액이 음(-)의 값인 경우에는 이를 영(0)으로 처리한다.

$$W = V(N) - t\alpha$$

단, W: 해약환급금, $V(N)$: 순보험료식 보험료적립금, α: 표준해약공제액, t: 납입경과 월수
m: 해약공제기간(년)

2. 1호에 따른 해약공제기간은 보험료 납입기간 또는 신계약비 부가기간으로 하되, 보험료 납입기간 또는 신계약비 부가기간이 7년 이상일 때에는 7년으로 한다.
3. 1호에 따른 해약공제액은 감독규정 [별표14]에서 정한 표준해약공제액으로 한다.[121)]

(2) 해지 시 해지공제액을 공제하지 않는 보험계약에 대하여는 중도해지 시 보험금 등을 차등화하여 적용할 수 있다(감독규정7-66③).

(3) 최적해지율을 사용한 순수보장성상품 및 생존연금의 경우 위 (1)에서 정한 해약환급금을 지급하지 않을 수 있다(감독규정7-66④).

③ 보험가입금액

(1) 생명보험 보험가입금액의 산정기준은 감독규정 [별표15]와 같다(감독규정7-67).

(2) 감독규정 [별표15]의 구체적인 내용은 다음과 같다.

감독규정 7-67조의 규정에 의한 보험가입금액은 다음 각 호에서 정한 방법에 의하

121) 감독규정 [별표14]에서 정한 표준해약공제액은 연납순보험료의 5% × 해약공제계수 + 보장성보험의 보험가입금액의 10/1000이다. 자세한 사항은 감독규정 [별표14]에 규정되어 있다.

여 계산된 금액 이하로 해야 한다.

1. 가입자녀에 대한 학자금의 지급을 주된 목적으로 하는 교육보험은 가입자녀 0세 기준의 생존보험금 총액으로 한다.
2. 연금보험은 보증지급기간 중의 연금총액으로 한다.
3. 저축성보험 및 보장성보험은 일반사망보험금으로 한다.
4. 일반재해사망을 보장하는 상해보험은 일반재해사망보험금의 50%로 한다.
5. 질병의 진단 또는 질병으로 인한 사망을 주된 보험금 지급사유로 하는 질병보험은 기준연령 요건에서 위험보험료의 구성비가 가장 높은 위험에 대한 보장금액의 50%를 기준으로 한다.
6. 유족연금 등과 같이 보험금이 확정되지 않은 보험은 기준연령 요건으로 가입하여 중간시점에 사망한 것으로 하여 지급되는 보험기간별 보험금액 중 최저 보험금액으로 한다.
7. 1호 내지 3호의 기준에 불구하고 금리연동형 저축성보험은 납입보험료를 기준으로 할 수 있다. 이 경우 10년 이내의 납입보험료 총액을 한도로 한다.
8. 3호 내지 7호는 체증 또는 체감되기 이전의 금액으로 한다.
9. 1호 내지 5호에 해당되지 않는 경우에는 기준연령 요건에서 다음과 같이 산출한다. 다만, 정기보험은 해당 보험상품과 동일한 보험기간 기준으로 적용한다.

보험가입금액 = (위험보험료 / 정기보험의 위험보험료) × 정기보험의 보험가입금액

④ 변경방법

(1) 생명보험 보험금액, 보험종목 또는 보험기간 등을 변경할 때의 계산 기준은 금융감독원장이 정하는 바에 따라야 한다(감독규정7-68).

(2) 감독규정 7-68조에 의해서 금융감독원장이 정하는 기준은 감독시행세칙 [별표31]과 같다(감독시행세칙5-21). 감독시행세칙 [별표31]에 따르면, 보험가입금액, 보험종목 또는 보험기간 등을 변경할 때의 계산 기준에 관한 사항은 다음 각 호와 같다.

1. 보험가입금액을 감액할 때에는 감액된 부분은 해약된 것으로 보고 다음 공식에 준하여 산출된 금액을 계약자에게 지급한다.
   지급액 = $tWx(y) \cdot (S-S') / S$
   $tWx(y)$: 당초계약에 대한 변경당시의 해약환급금 해당액
   S: 당초계약의 보험가입금액
   S': 감액 후의 보험가입금액
2. 보험종목, 보험기간 또는 보험료납입기간 등을 변경할 경우에는 다음 방법에 의하여 계산된 금액을 추가납입토록 하거나 장래의 보험료에 충당한다.
   $| tWx(y) - tW'x(y) |$
   $tWx(y)$: 당초계약에 대한 해약환급금 해당액
   $tW'x(y)$: 변경된 계약에 대한 해약환급금 해당액
3. 감액완납보험으로 변경할 경우 감액완납보험가입금액은 다음 공식에 의해서 산출된 금액으

로 한다.

감액완납보험가입금액 = $S \cdot \frac{tWx(y)}{tW'x(y)}$

tWx(y): 당초계약에 대한 변경 당시의 해약환급금 해당액

tW 'x(y): 변경 당시 일시납 해약환급금 해당액

S: 당초계약의 보험가입금액

4. 기타 금융감독원장이 인정하는 방법

iii) 장기손해보험의 특칙

(1) 손해보험회사는 보험료 및 책임준비금 산출방법서를 작성하려는 경우 감독규정 7-66조 1항 3호에 따른 보험종류별 표준해약공제액을 산출함에 있어 보험가입금액은 기준연령 요건에서 다음과 같이 산출한다(감독규정7-69①본). 다만, 정기보험은 해당 보험상품과 동일한 보험기간 기준으로 적용한다(감독규정7-69①단).

보험가입금액 = (위험보험료 / 사망만을 보장하는 순수보장성보험('정기보험')의 위험보험료) × 정기보험의 보험가입금액

(2) 장기손해보험(연금저축손해보험 및 퇴직보험을 포함)의 보험요율의 산출과 보험료 및 책임준비금 산출방법서의 작성 등은 생명보험에 관한 감독규정 7-65조, 7-66조 및 7-68조를 준용한다(감독규정7-69②).

iv) 제3보험의 특칙

(1) 손해보험회사는 보험료 및 책임준비금 산출방법서를 작성하려는 경우 감독규정 7-66조 1항 3호에 따른 보험종류별 표준해약공제액을 산출함에 있어 보험가입금액은 기준연령 요건에서 다음과 같이 산출한다(감독규정7-70①본). 다만, 정기보험은 해당 보험상품과 동일한 보험기간 기준으로 적용한다(감독규정7-70①단).

보험가입금액 = (위험보험료 / 정기보험의 위험보험료) × 정기보험의 보험가입금액

(2) 제3보험의 보험요율의 산출과 보험료 및 책임준비금 산출방법서의 작성 등은 생명보험에 관한 감독규정 7-65조, 7-66조, 7-67조(생명보험회사에 한함) 및 7-68조를 준용한다(감독규정7-70②).

4) 기타

i) 금융기관보험대리점등을 통하여 모집하는 보험상품

(1) 보험회사는 금융기관보험대리점등(신용카드업자는 제외)을 통하여 모집하는 보험상품의 기초서류를 감독규정 [별표17]의 기준에 부합하도록 작성하여 신고해야 한다(감독규정7-71). 감독규정 [별표17]에 따르면, 금융기관보험대리점등을 통하여 모집하는 보험상품의 기초서류는 표준해약공제액 등의 산정기준, 모집수수료 지급기준, 상품설계기준, 불

완전판매 예방에 대한 특칙이 적용되고, 이 특칙을 제외하면 기초서류 작성·변경에 관한 일반 원칙(감독규정7-54~7-81)이 그대로 적용된다.

(2) 감독규정 [별표17]의 구체적인 내용은 다음과 같다.

1. 표준해약공제액 등의 산정기준

가. 일반손해보험 이외의 상품

보험회사는 금융기관보험대리점등에서 모집하는 보험상품의 표준해약공제액은 감독규정 [별표14]의 '표준해약환급금 계산 시 적용되는 해약공제액'에 의하여 산출된 표준해약공제액의 100분의 50(보장성보험은 100분의 70)의 범위 내에서 설정해야 한다.

나. 일반손해보험 상품

보험회사는 금융감독원장이 정하는 보험종류별(감독시행세칙 [별표14] '부표2'에서 정한 중분류 기준)[122]로 금융기관보험대리점등에서 모집하는 보험상품의 예정사업비를 보험회사 전체평균 예정사업비율(전체평균 예정사업비율이라 함은 전체 보험회사의 보험종류별 전전분기 말 직전 1년간의 원수보험료 기준으로 가중 평균한 것으로 보험협회장이 제시한 예정사업비율을 말한다. 다만, 금융기관보험대리점등을 제외한 보험대리점·보험중개사 및 보험설계사를 통해 판매되지 아니하는 상품, 재보험자와 협의된 보험요율만을 사용하는 상품, 단체보험상품은 전체평균 산출대상에서 제외한다)을 적용한 예정사업비의 100분의 85의 범위 내에서 설정하여야 한다.

2. 모집수수료 지급기준

가. 일반손해보험 이외의 상품

보험회사는 1호의 가목에서 정한 표준해약공제액 대비 모집수수료의 최고 지급률을 신고내용에 포함해야 한다[최고 지급률은 1호 가목에서 정한 표준해약공제액 설정 한도인 100분의 50(보장성보험은 100분의 70)을 100으로 하여 비율을 산정한다].

나. 일반손해보험 상품

보험회사는 1호의 나목에서 정한 예정사업비의 100분의 40 대비 모집수수료의 최고 지급률을 신고내용에 포함해야 한다(최고 지급률은 1호 나목에서 정한 예정사업비의 100분의 40을 100으로 하여 비율을 산정한다).

3. 상품설계기준

보험회사는 보장범위, 보험기간, 보험금액, 보험료 적립금 산정 시에 사용되는 이자율 등을 감독규정 6-12조 3항 4호의 보험상품별로 다른 모집종사자에 의하여 모집되고 있는 상품에 비하여 높지 않도록 설계해야 한다. 다만, 금융기관보험대리점등 이외의 모집종사자를 운영하지 않는 보험회사는 다른 보험회사의 경우를 고려하여 합리적으로 설계해야 한다.

4. 불완전판매 예방

보험회사는 불완전판매를 예방할 수 있도록 상품내용을 단순화하여 보험계약자가 알기 쉽게 하여야 하며, 질병보험 및 간병보험 상품에 대하여는 보험협회장이 제시한 청약서의 내용을 준수해야 한다.

---

122) 감독시행세칙 [별표14] '부표2'에서 정한 중분류 기준이라고 규정되어 있는데 '부표1'로 수정되어야 한다.

5. 기타 사항
   보험회사는 1호 내지 4호의 기준 이외의 사항에 대해서는 감독규정 7-54조부터 7-81조까지의 규정에서 정한 기초서류 작성·변경원칙을 준수해야 한다.

ii) 사이버몰을 이용하여 모집하는 보험상품

(1) 보험회사가 사이버몰을 이용하여 모집하는 보험상품의 기초서류를 작성·변경하려는 경우에는 감독규정 [별표17-2]에 부합하도록 해야 한다(감독규정7-71의2). 감독규정 [별표17-2]에 따르면, 사이버몰을 이용하여 모집하는 보험상품의 기초서류는 표준해약공제액 등의 산정기준, 상품설계기준에 대한 특칙이 적용된다. 이 특칙을 제외하면 기초서류 작성·변경에 관한 일반 원칙(감독규정7-54~7-81)이 그대로 적용된다고 해석된다.

(2) 감독규정 [별표17-2]의 구체적인 내용은 다음과 같다.

1. 표준해약공제액 등의 산정기준
   일반손해보험 이외 상품의 표준해약공제액은 감독규정 [별표14]의 '표준해약환급금 계산 시 적용되는 해약공제액'에 의하여 산출된 표준해약공제액의 100분의 50(보장성보험은 100분의 70)의 범위 내에서 설정해야 한다.
2. 상품설계기준
   질병·상해를 보장하는 급부를 설정함에 있어 합리적인 사유 없이 특정 위험을 급부에서 제외하지 않는다.

iii) 보험상품 심사의 세부기준

① 의의

(1) 금융감독원장은 기초서류 신고대상 및 기초서류 작성·변경 원칙에 따른 보험약관, 사업방법서, 산출방법서를 심사함에 있어 세부적인 기준을 정할 수 있다(감독규정 7-72).

(2) 위 (1)의 세부적인 심사기준은 감독시행세칙 5-19조 및 [별표18] 및 [별표19]가 규정하고 있다. 감독시행세칙 [별표18]은 일반적 보험상품에 대한 심사기준이고 [별표19]는 자동차보험에 관한 심사기준이다. 여기서는 일반보험상품의 심사기준인 감독시행세칙 [별표18]만 살펴본다.

② 일반보험상품 심사기준

감독시행세칙 [별표18]은 일반적 보험상품에 대한 심사기준에 대해 다음과 같이 정한다.

심 사 항 목
1. 보험업법 또는 다른 법령에 위반되는 내용을 포함하지 아니할 것
가. 보험업법, 상법, 소비자보호법, 약관규제법 등 관계법규에서 정한 사항에 위배되는지 여부

나. 약관작성원칙에 위배되거나 특별한 사유 없이 표준약관에서 정하는 내용보다 계약자에게 불리하게 작성하였는지 여부	
2. 정당한 사유 없는 보험계약자의 권리 축소 또는 의무 확대 등 보험계약자에게 불리한 내용을 포함하지 아니할 것	
가. 보험금 지급사유가 복잡하고 불명확하거나 유·무배당 여부, 변액 여부 등 보험상품 특징 및 보장내용에 부합되지 않는 명칭을 사용하는 등 보험가입자가 이해하기 어렵거나 불명확한 표현이 있는지 여부	
나. 여러 포괄적인 질병을 보장하면서 해당 통계가 없다는 이유만으로 특정질병의 보장을 제외하는 등 급부설계의 합리적인 이유없이 보험요율에 의하여 보험금 지급내용을 조정·제한하는지 여부	
다. 재해위험에 대하여 보험금을 감액 설계하거나 자동갱신 시 특별한 사유 없이 보험금액을 감액설계, 계약의 선택, 대기기간 설정 등으로 계약자의 권익을 축소하는지 여부	
라. 0.000001 이하의 위험률 등 실질적인 보험사고 발생가능성이 없는 위험을 단독으로 구분하여 보장하거나 보험사기 조장 등 계약자의 역선택을 조장하여 사회적 손실을 유발하는 급부의 설계 여부	
마. 보험사고의 입증이 어렵거나 보험사고의 입증을 위하여 불필요한 행정낭비를 초래하는 위험에 대한 급부의 설계 및 조건의 제시를 하는지 여부	
바. 주계약과 특약의 피보험자가 동일할 경우 주보험의 납입면제 시 특약의 납입면제를 설정하였는지 여부	
사. 위험의 특성상 추가적인 보장이 필요함에도 보험계약을 소멸 처리하는지 여부	
아. 주계약의 소멸(주계약이 무효인 경우는 제외)을 이유로 추가적인 보장이 필요한 특약을 소멸 처리하는지 여부	
자. 법률의 규정 등에 의한 계약자 등의 해지권 등을 임의로 배제하거나 그 행사를 제한하는지 여부(다만, 연금보험의 생존연금 등 보험상품의 특성상 해지를 제한할 필요성이 있는 경우는 제외)	
차. 선의의 계약자 보호 등 특별한 사유없이 보험요율에 반영하지 않고 보장내용 등을 임의로 제한하는 사항이 있는지 여부	
카. 일반적으로 자각증상이 없거나 자가진단이 불가능한 질병 및 재해에 대하여 대기기간을 설정하는지 여부	
타. 보장하는 위험에 부합하는 보험기간의 설정여부	
파. 위험 이외의 요소로 특정 계약자 또는 피보험자의 선택을 부당하게 제한하는 사항이 있는지 여부	
하. 지역, 종교, 인종, 신체적 또는 정신적 장애 유무를 이유로 보험요율 적용상의 차이 유무	
거. 자동갱신형 상품의 경우 계약자가 연령증가 등에 따른 예상보험료를 알기 쉽도록 최대 갱신가능 나이 또는 75세 이상을 포함하여 최소 5개 이상 갱신시점의 예상 영업보험료를 안내하는지 여부	
너. 보험료 할인 시 할인요건 및 할인율 등을 구체적으로 명기하고, 보험금을 지급하기 위해 필요한 순보험료를 제외한 범위 내에서 계약자 및 보험상품 사이에 합리적으로 설정하였는지 여부	
더. 계약자의 권리·의무와 관련된 사항 등 보험계약자 보호를 위해 관련 법규에서 정한 필수 기재사항을 약관에 명기하였는지 여부	

러. 계약전 알릴의무사항을 추가하는 경우 추가된 내용이 보험계약의 인수여부에 영향을 미치는 것으로 일반적으로 인정되는 사항인지 여부
머. 변액보험의 최저연금적립금 보증 및 금리연동형 보장성보험의 해지환급금 등에 대한 최저보증 설정 시 보증비용을 계약자에게 부담하게 하는 경우 보증 유무를 계약자가 선택할 수 있는지 여부
버. 다른 법률과 보험금 지급사유가 연계되는 등 보험금 지급사유가 보험회사의 자체적인 기준이 아닌 경우 향후 법률 개정 등으로 계약유지 필요가 없어지거나 변동될 가능성을 고려하여 계약내용 변경가능 여부, 안내방법 및 계약내용 변경 시 보험료와 책임준비금 정산에 관한 사항을 명기하였는지 여부
서. 피보험자의 사망을 보장하는 사망보험금이 이미 납입한 보험료의 합계액 이상인지 여부(다만, 연금보험에서 연금 지급이 시작된 이후 사망한 경우나 보험료 납입기간을 80세 이하로 설정한 경우는 제외)
어. 의료기관에 입원 또는 통원을 보장하며 보험업법시행령 [별표6] 1호에 해당하는 보험상품을 설계하는 경우에는 해당 의료기관(또는 대표기관)이 포함된 협의기구 등을 통해 보험금 청구 시 제출서류, 제공절차 및 보험금 지급사유를 명확히 설정하였는지 여부
저. 그 밖에 계약자의 권리를 제한하거나 보험회사의 의무를 축소하는지 여부
3. 보험료, 책임준비금 및 해약환급금은 금융위원회가 정하여 고시하는 기준에 따라 산출·적립할 것
가. 보험료의 계산에 관한 사항 (1) 최적기초율,[123] 보험요율에 관한 사항 – 보험업법 129조 및 감독규정 9절 등 보험요율 산출원칙에 부합하게 산출되었는지 여부 – 회사의 내부통제기준 등에서 정한 방법으로 일관성 있게 적용하고 있는지 여부 및 다르게 적용한 경우 합리적인 사유가 존재하는지 여부 – 유사한 위험별로 최적위험률 산출방법을 유사하게 적용하였는지 여부 및 다르게 적용하는 경우 그 사유의 합리성 여부 – 객관적이고 지속적으로 증가 또는 감소되는 위험의 경우에 이를 적절히 반영하였는지 여부 – 경험통계를 사용하는 경우 동일한 담보로 최근 5년 이상 계약통계가 집적되었고, 최근 3년(다만, 사망 시 이미 납입한 보험료만 지급하거나 부담보하는 기간을 제외) 이상의 지급통계를 사용하였는지 여부. 다만, 이와 달리 사용한 경우에는 그 사유의 합리성 여부 – 경험데이터 분석 및 향후 사업비 집행계획 등과 부합하도록 책정하였는지 여부 – 보험상품별, 판매채널별, 보험세목별 합리적인 기준에 따라 책정하였는지 여부
(2) 보험료의 적정성에 관한 사항 – 합리적인 회사의 수익성 가이드라인 설정 여부 – 해당 상품의 수익성이 회사의 수익성 가이드라인에 부합하는지 여부 및 이와 달리 결정한 경우 그 사유의 합리성 유무 – 실손의료보험의 경우, 위험구분 단위별로 보험료 변경이 감독규정 7-63조 2항 3호에서 정하는 한도를 벗어나는 사유가 합리적인지 여부

123) 최적기초율이란 장래 현금흐름이 실제 발생하는 현금흐름에 최대한 근접하도록 추정된 기초율(최적사업비율, 최적위험률, 최적해지율 등)을 말한다(감독규정1-2(17)).

– 통계요율 이외의 보험요율을 사용하는 경우 통계적으로 보험요율을 산출할 수 있는지 여부를 회사의 내부통제기준 등에서 정한 방법에 따라 검증하였는지 여부 – 통계요율 이외의 보험요율을 사용하는 경우 동질의 위험을 가진 보험계약자 간에 요율 종류(협의요율, 판단요율, 경험요율, 참조요율 등)를 다르게 적용하였는지 여부 나. 책임준비금에 관한 사항 – 보험업감독규정 등에 따라 보험금 지급재원의 확보와 재무건전성을 유지할 수 있는 수준으로 책임준비금이 결정되었는지 여부
다. 해약환급금 등의 계산에 관한 사항 – 감독규정에서 정한 해약환급금 계산 방법 등에 따라 계약자 등에게 불리한 내용이 없도록 합리적인 수준에서 결정하였는지 여부
라. 보험계약 내용을 변경하는 경우 그 계산에 관한 사항 – 계약변경 시 보험료 및 책임준비금 계산에 관한 사항에 계약자 등에게 불리한 내용이 있는지 여부
4. 보험업법 등 관련법규에 따른 생명보험업과 손해보험업 겸영 제한에 위배되지 않을 것
5. 그 밖에 보험계약자 보호, 재무건전성 확보 등을 위하여 필요한 사항으로서 금융위원회가 정하여 고시하는 사항을 지킬 것

4. 기초서류 작성·변경을 위한 준수 절차

(1) 원칙

(1) 보험회사는 기초서류를 작성·변경하려는 경우 다음 각 호에서 정하는 절차를 거쳐야 한다(감독규정7-72의1①본).

1. 기초서류 내용의 관련 법규 위반여부, 보험소비자의 권익 침해 및 분쟁발생 소지 등에 대한 법률전문가 또는 준법감시인의 심의
2. 해당 보험회사에서 현재 판매되지 않는 새로운 보장내용 또는 보험금 지급제한 조건 등을 적용하는 제3보험 상품의 경우 보험금 청구 시 제출서류, 보험금 지급제한 조건 등의 적정성에 대한 의료법 2조에서 정한 의료인의 심의

(2) 예외

다만, 자구수정 및 단순한 보험요율의 변경 등 기존에 작성된 기초서류 내용의 본래 취지를 벗어나지 아니하거나 표준약관 개정에 따라 보험약관을 변경하는 경우 이를 생략할 수 있다(감독규정7-72의1①단).

(2) 일괄심의

다수의 보험상품에 공통적으로 적용되는 기초서류의 변경이 있는 경우 변경된 사항에 대해 해당 보험상품을 일괄하여 위 (1)에서 정하는 심의를 실시할 수 있다(감독규정 7-72의1①).

5. 원칙준수의 추정

(1) 의의

(1) 보험회사가 기초서류를 작성·변경할 때 그 내용이 보험업법 127조 2항 각 호의 어느 하나에 해당하지 않으면 작성·변경 원칙을 준수하여 기초서류를 작성·변경했다고 추정한다(법128의3②). 보험업법 127조 2항 각 호는 기초서류를 금융위원회에 미리 신고해야 하는 경우를 가리킨다. 요컨대, 기초서류를 금융위원회에 미리 신고하지 않아도 되는 경우에는 작성·변경 원칙을 준수하여 기초서류를 작성·변경했다고 추정한다.

(2) 원칙준수의 추정은 2010년 보험업법 개정 시에 신설되었다. 비신고 보험상품에 원칙준수의 추정을 하는 취지는 비신고 보험상품은 신고 보험상품에 비해 규제의 필요성이 낮다고 보아서 입증책임의 부담을 덜어주자는 것이다.

(2) 추정의 효과

추정의 효과는 입증책임의 전환이다. 기초서류 작성·변경 원칙을 위반하였다고 주장하는 측이 원칙위반을 입증해야 한다. 원칙준수의 추정은 법률상 추정이므로, 적극적 반대사실을 입증해야 추정된 사실을 번복할 수 있다.

6. 위반 시 효과

보험업법 128조의3을 위반하여 기초서류를 작성·변경한 경우 과징금(법196①⑽), 과태료(법209④(35))가 따른다.

제9관 보험요율 산출의 원칙

1. 의의

(1) 보험요율의 개념

(1) 보험요율은 보험상품의 가격(보험료)을 결정하는 비율로서 보험상품을 구성하는 핵심 요소이다.

(2) 보험료는 보험요율의 크기와 보험금액의 크기에 의해서 결정된다.[124] 보험료(총보험료)는 순보험료(net premium)와 부가보험료(loading premium)로 구성된다. 순보험료는 장래 보험금의 지급에 충당되는 보험료이고, 부가보험료는 보험업을 경영하는 데 소요되는 비용 또는 이윤에 충당되는 보험료이다.

---

124) 이경룡, 보험학원론, 2008, 237면

(2) 규제의 취지 및 방향

보험요율은 보험회사의 재무건전성, 보험계약자 보호 등에 중대한 영향을 미치므로 규제대상이 된다. 보험요율은 보험상품의 가격을 결정하는 요소이므로 보험요율 산출에 가하는 규제는 일종의 가격 규제이다. 상부상조에 기초한 보험업이 갖는 공공성, 사회성이 가격 규제를 정당화하는 근거라고 할 수 있다. 보험업법이 보험요율 산출의 원칙을 규정한 이유이다. 보험요율 산출의 원칙은 2003년 보험업법 개정 시에 신설되었다. 다만, 보험요율의 규제가 지나쳐서 자칫 자율성, 창의성, 신속성 등 시장원리를 근본적으로 훼손해서는 안 되고 보험업의 공공성, 사회성을 고려한 필요최소한에 그쳐야 한다.

(3) 규정체계

규정체계 면에서 보면, 보험요율 산출의 원칙은 전술한 기초서류 작성·변경의 원칙(법128의3①)에 포함시킬 필요가 있다. 보험요율은 보험료를 결정하는 비율이므로 기초서류의 일종인 산출방법서에 포함된다고 볼 수 있기 때문이다. 2010년 보험업법 개정 시에 기초서류 작성·변경의 원칙을 신설하면서 기존에 있던 보험요율 산출의 원칙을 건드리지 않고 그대로 유지했기 때문에 보험요율 산출의 원칙과 기초서류 작성·변경의 원칙이 마치 독립적이고 별개인 것으로 보인다. 하지만 보험요율 산출의 원칙이 산출방법서의 일부를 구성하도록 개정하는 것이 규정체계 면에서 바람직하다.

2. 대원칙

(1) 의의

(1) 보험회사는 보험요율을 산출할 때 객관적이고 합리적인 통계자료를 기초로 대수(大數)의 법칙 및 통계신뢰도를 바탕으로 해야 하고 다음 각 호의 사항을 지켜야 한다(법129).

1. 보험요율이 보험금과 그 밖의 급부에 비하여 지나치게 높지 아니할 것
2. 보험요율이 보험회사의 재무건전성을 크게 해칠 정도로 낮지 아니할 것
3. 보험요율이 보험계약자 간에 부당하게 차별적이지 아니할 것
4. 자동차보험의 보험요율인 경우 보험금과 그 밖의 급부와 비교할 때 공정하고 합리적인 수준일 것

(2) 보험업법 129조로부터 보험요율 산출에 요구되는 네 가지 대원칙과 자동차보험의 특칙을 확인할 수 있다. 즉 보험상품 일반에 요구되는 보험요율 산출의 대원칙으로서 통계신뢰도, 비과도성, 충분성, 부당차별 금지, 그리고 자동차보험에 특별히 요구되는 원칙으로서 보험요율의 공정성과 합리성이 있다.

(2) 통계신뢰도

(1) 보험요율을 산출할 때 객관적이고 합리적인 통계자료를 기초로 대수의 법칙 및 통계신뢰도를 바탕에 두어야 한다.

(2) 보험요율은 미래에 위험집단에 발생할 평균적 손실과 비용을 예측하여 산출한다. 미래의 평균적 손실과 비용 예측을 위해서 일반적으로 통계를 이용하고, 통계는 경험통계를 가리킨다. 객관적이고 합리적인 통계자료가 충분히 확보되어야 통계신뢰도가 높아질 수 있다. 통계신뢰도 요건은 객관적이고 합리적인 통계자료가 충분히 확보될 수 있는 경우에 한정하여 적용될 수밖에 없다고 해석한다.

(3) 통계자료가 없거나 충분히 확보되지 않은 경우도 종종 있다. 이 경우는 통계신뢰도 요건이 적용되기 어렵다. 아래에서 보는 대로 감독규정은 통계에 기초하지 않은 보험요율 산출도 예외적으로 허용한다.

(3) 비과도성

(1) 보험요율은 보험금과 기타 급부에 비하여 지나치게 높지 않아야 한다. 이것이 보험요율의 비과도성 요건이다.

(2) 보험요율은 미래에 위험집단에 발생할 평균적 손실과 비용을 예측하여 산출하는데, 자의적으로 예측하여 보험요율이 지나치게 높아서는 안 된다. 과도한 보험요율은 보험시장에서 보험회사 간 경쟁이 부족하거나 보험회사가 보험요율을 담합하는 경우에 나타난다. 보험회사와 보험계약자 간에는 정보비대칭이 존재하므로 보험계약자는 보험요율이 과도한지 알기 어렵다. 비과도성 요건을 통해서 정보비대칭을 기화로 자칫 과도하거나 심지어 약탈적인 보험요율이 산출되어 보험계약자에게 손해를 끼치는 것을 방지할 수 있다.

(4) 충분성

(1) 보험요율이 보험회사의 재무건전성을 크게 해칠 정도로 낮지 않아야 한다. 이것이 보험요율의 충분성 요건이다.[125)]

(2) 보험요율은 지나치게 높아도 곤란하지만 지나치게 낮아도 곤란하다. 보험요율이 지나치게 낮으면 재무건전성이 악화되어 미래에 위험집단에 발생할 손실과 비용을 충당하지 못한다. 재무건전성이 악화되어 보험회사가 파산하면 보험계약자는 막대한 피해를 입는다. 보험회사가 보험요율을 지나치게 낮추는 현상은 저가경쟁(또는 덤핑경쟁)을 하는 경우에 나타난다. 적정성 요건을 통해서 보험회사가 보험요율을 지나치게 낮춤에 따라 필연적으로 재무건전성이 악화되는 현상을 방지할 수 있다.

---

125) 이경룡, 보험학원론, 2008, 241면. 적정성 요건이라고 부르기도 한다[최동준(보험업법2) 371면].

(5) 부당차별 금지

(1) 보험요율이 보험계약자 간에 부당하게 차별적이지 않아야 한다. 상부상조에 기초한 보험업이 띠는 공공성과 사회성을 고려할 때 보험요율의 부당한 차별은 금지되어야 한다.

(2) 보험요율은 위험의 정도와 수준에 따라 변화한다. 위험이 낮으면 보험요율이 낮고 위험이 높으면 보험요율이 높다. 위험별로 보험요율을 차등하여 적용하는 행위는 보험요율의 본질적 속성을 반영하는 현상일 뿐이지 부당한 차별이 아니다.

(3) 부당한 차별이란 위험의 정도와 수준이 같은 데도 불구하고 사회적 지위 등 위험이 아닌 이유로 행하는 보험요율의 차별을 가리킨다. 가령 성별은 위험의 정도와 수준에 영향을 미치기도 하지만 그렇지 않은 경우도 있는데, 후자의 경우에 성별을 이유로 차별을 한다면 부당한 차별이 된다.

(6) 자동차보험 - 공정성과 합리성

(1) 자동차보험의 보험요율이 보험금과 기타 급부와 비교할 때 공정하고 합리적인 수준이어야 한다. 이는 자동차보험 보험요율의 특칙이다.

(2) 가령 보험료가 수입차 등 고가 차량에 유리하게 산출된다면 보험계약자 사이의 형평성에 반하므로 공정성과 합리성을 띤다고 하기 어렵다. 보험금과 기타 급부가 높은 경우 이에 상응하는 공정하고 합리적인 보험요율이 산출되어야 한다는 의미이다. 무엇이 공정하고 합리적인 보험요율인지는 상황별로 구체적, 개별적으로 판단할 수밖에 없다.

3. 세부원칙

(1) 법적 근거

감독규정 7-73조부터 7-79조의3까지가 보험요율 산출에 관한 세부원칙을 규정하고 있다. 이 감독규정은 기초서류 작성·변경의 원칙에 관한 법령(법128의3①, 시행령71의5·[별표7])의 위임을 받은 것이라고 볼 수 있다.[126)]

(2) 모든 보험상품의 공통적 기준

감독규정 7-73조는 모든 보험상품에 적용되는 보험요율 산출의 공통기준을 정한다.

---

126) 감독규정 7-73조부터 7-79조의3까지는 법적 구속력이 인정되는 행정규칙이라고 볼 수 있다. 보험요율 산출 원칙에 관한 보험업법 129조는 입법을 위임하지 않으므로, 위 감독규정이 보험업법 129조에 따른 법규라고 하기는 어렵다. 위 감독규정은 기초서류 작성·변경 원칙에 관한 법령(법128의3①, 시행령71의5·[별표7])에 따른 법규라고 할 수 있다. 기초서류 작성·변경의 원칙에 관한 법령의 위임을 받은 금융위원회 고시는 감독규정 8절 2관(7-54~7-71의2)에 마련되어 있다. 형식적 측면만 본다면 보험요율 산출에 관한 감독규정은 여기에 포함되지 않고 감독규정 9절 1관(7-73조~7-79조의3)에 별도로 마련되어 있으므로 논란의 여지가 있겠지만, 보험요율 산출의 원칙은 그 실질이 기초서류 — 특히 보험료 및 책임준비금 산출방법서 — 작성·변경의 원칙에 속하므로 보험요율 산출에 관한 감독규정도 기초서류 작성·변경 원칙에 관한 법령에 따른 법규라고 볼 수 있는 것이다. 보험요율 산출에 관한 감독규정이 기초서류 작성·변경의 원칙에 관한 감독규정에 포함된다고 전제하는 규정을 발견할 수 있는데(감독규정7-71·[별표17]5), 이러한 규정은 타당한 입법이라고 사료된다.

보험요율은 '통계요율'과 '비통계요율'로 나뉜다(감독규정7-73②). 전자는 통계에 기초한 보험요율이고, 후자는 그렇지 않은 보험요율이다.

1) 통계요율 우선의 원칙

i) 의의

보험회사는 과거 경험통계 또는 객관성 있는 국내외 통계자료 등을 기초로 합리적인 방법으로 보험요율을 산출하거나 보험요율산출기관이 제공하는 참조순보험요율[127]을 참고한 보험요율('통계요율')을 산출할 수 있다(감독규정7-73②본).

ii) 취지

통계요율의 사용을 원칙으로 정한 것은 통계에 기초하지 않은 요율은 자의적이거나 리스크가 클 수 있기 때문이다.

iii) 경험요율과 참조요율

(1) 통계요율에는 경험요율과 참조요율의 두 가지가 있다.

(2) 경험요율은 보험회사가 과거의 경험통계 또는 객관성 있는 국내외 통계자료 등을 기초로 합리적인 방법으로 산출한 보험요율이다.

(3) 참조요율은 보험요율산출기관이 제공하는 참조순보험요율을 참고한 보험요율이다. 경험요율은 특정한 보험회사가 보유한 통계자료를 기초로 산출하고, 참조요율은 여러 보험회사가 보유한 통계자료를 기초로 산출하는 것이 보통이다.

2) 예외로서 비통계요율

i) 비통계요율을 산출할 수 있는 경우

다만, 다음 각 호에 해당하는 경우에는 통계요율 이외의 보험요율('비통계요율')을 산출할 수 있다(감독규정7-73②단).

1. 기업성 보험[128](단, 법령에 따라 의무적으로 가입하여야 하는 보험상품으로 보험요율 산출기관이 참조순보험요율을 제공하는 경우 제외)
2. 가계성 일반손해보험[129] 중 국내의 보험통계 등이 부족하여 보험요율을 산출할 수 없는 경우(보험상품의 판매개시일로부터 5년이 경과하는 경우에는 통계요율을 산출해야 한다).
3. 감독규정 4-4조의2에 따라 간단손해보험대리점등이 모집할 수 있는 보험[130]

127) 보험요율산출기관이 보험회사의 경험통계 등을 기초로 보험종목별·위험별 특성에 따른 위험률을 산출하거나 조정하여 금융위원회에 신고한 보험요율을 '참조순보험요율'이라고 한다(시행령87①).

128) 기업성 보험이란 가계성 일반손해보험과 자동차보험을 제외한 일반손해보험을 말한다(감독규정1-2⒇). 일반손해보험이란 보험료를 산출 시에 할인율을 적용하지 않고 순보험료가 위험보험료만으로 구성된 손해보험을 말한다(감독규정1-2⑾).

129) 가계성 일반손해보험은 개인 또는 가계의 일상생활 중 발생하는 위험(보험계약자가 개인인 경우로서 개인 또는 가계의 일상생활과 관련한 계약에 따른 채무의 불이행 또는 법령에 따른 의무의 불이행을 포함)을 보장하는 일반손해보험을 말한다(감독규정1-2⒆).

130) 간단손해보험대리점등의 영업범위는 간단손해보험대리점등을 통해 판매·제공·중개되는 재화 또는 용역과 관련된 보험상품으로 한정하며 그 세부적인 보험종목은 금융감독원장이 정한다(감독규정

4. 1호 및 3호의 보험에 대해 감독규정 7-79조의3 2항의 내부통제기준[131]에서 구체적 기준을 정하여 참조순보험요율을 할인 또는 할증하여 적용하는 경우

ii) 판단요율과 협의요율

(1) 통계요율 이외의 보험요율, 즉 비통계요율에는 판단요율과 협의요율이 있다.

(2) 판단요율은 보험회사가 통계에 기초하지 않고 스스로 판단하여 산출한 요율이다. 판단요율은 2016년 4월 감독규정 개정에 의해서 도입되었다. 보험회사가 상당한 위험평가 역량을 갖추지 않으면서 판단요율을 사용하는 것은 리스크가 크므로 신중을 요한다.

(3) 협의요율은 보험회사가 재보험자와 협의 등을 통하여 산출한 요율을 말한다. 보험회사가 협의요율을 적용하는 경우에 재보험자순보험료(보험회사 간에 재보험계약을 체결하는 경우에 당해 재보험계약에 적용되는 출재보험료로서 원수보험료에서 재보험출재수수료 등 사업비를 차감한 보험료를 말함)를 기준으로 적용할 수 있다(감독규정7-73③). 사업비를 협의요율에서 제외하게 되면 보험회사별로 사업비 면에서 차이가 생길 수 있고, 종국적으로 협의요율을 사용하는 보험회사의 보험료에 차이가 생길 수 있게 된다. 즉 보험회사 간에 사업비 경쟁 및 가격차별화 촉진을 위해서 재보험계약의 체결 시에 재보험회사순보험료 방식이 가능함을 규정한 것이다.

3) 통계적 신뢰도

보험요율은 보험종목별 또는 위험단위별 특성 등을 기준으로 통계적 신뢰도를 반영해야 한다(감독규정7-73④).

4) 위험률 할증

(1) 보험회사가 위험변화요인 등을 고려하여 보험요율을 산출하는 경우에는 위험률을 최대 30%까지 할증하여 사용할 수 있다(감독규정7-73⑤본). 다만, 1호 또는 2호에 해당하는 경우에는 추가 할증할 수 있고, 3호 또는 4호에 해당하는 경우로서 보험회사가 '위험률차 이익의 정산기능'을 마련하는 경우에는 20%까지 추가 할증할 수 있다(감독규정7-73⑤단).

1. 보편적인 위험집단보다 더 높은 위험발생 가능성을 지닌 위험집단을 보험가입 대상으로 특화하는 경우
2. 보험회사가 이미 신고 또는 판매되지 않은 새로운 유형의 위험을 보장하는 경우
3. 금전 이외의 급여를 지급하기로 약정한 보험계약
4. 제3보험 중 최초 가입 시 정해진 보험요율의 변경 없이 15년을 초과하여 보장하는 보험계약

4-4의2). 이에 따라 간단손해보험대리점등이 모집할 수 있는 보험상품의 범위는 감독시행세칙 [별표29]와 같다(감독시행세칙2-10의3①).

131) 보험회사는 비통계요율을 산출한 경우에는 보험계약자별 형평성이 저해되지 않도록 하는 등 보험요율의 산출절차 및 방법에 대하여 내부통제기준을 마련해야 한다(감독규정7-79의3②).

(2) 보험회사가 보험업법 7-73조 5항 단서 3호 또는 4호에 해당하여 위험률을 20%까지 추가 할증하여 사용한 경우에는 실제 지급보험금이 20%까지 추가 할증한 위험보험료보다 작을 경우, 할증 전 위험보험료와 실제지급보험금 중 큰 금액과 20%까지 추가 할증한 위험보험료 간 차액의 50% 이상을 보험계약자에게 보험료적립금 가산, 보험료 할인 및 보험금 증액 등의 방식으로 정산 지급해야 한다(감독규정7-73⑥). 이것이 위 (1)에서 말하는 '위험률차 이익의 정산기능'이다.

5) 동질위험에 대한 요율차등의 금지

보험회사는 비통계요율을 통해 보험상품을 설계하는 경우에도 동질의 위험을 가진 보험계약자 간에 보험요율을 다르게 적용할 수 없다(감독규정7-73⑦). 예를 들면, 보험회사가 동일한 위험을 대상으로 보험요율이 다른 수개의 판단요율을 사용할 수 없다. 통계요율인 경우에도 보험계약자 간에 보험요율을 다르게 적용할 수 없음은 물론이다.

6) 보험요율의 조정주기

보험회사는 경험통계를 이용하여 보험요율을 조정하는 경우에는 참조순보험요율의 조정주기와 다르게 적용할 수 있다(감독규정7-73⑧).

7) 보험통계의 관리·집적 등

(1) 보험회사는 비통계요율을 적용한 경우에는 해당 보험요율, 경험실적 등 관련 통계를 보관해야 하며 보험요율산출기관에 해당 내용을 제공해야 한다(감독규정7-79의3①).

(2) 보험회사는 비통계요율을 산출한 경우에는 보험계약자별 형평성이 저해되지 않도록 하는 등 보험요율의 산출절차 및 방법에 대하여 내부통제기준을 마련해야 한다(감독규정7-79의3②).

(3) 생명보험의 특칙

1) 예정퇴직률과 예정승급률

생명보험 예정퇴직률과 예정승급률은 가입단체의 3년 이상 경험통계를 기초로 산출하여 적용한다(감독규정7-74본). 다만, 300인 미만 단체 및 가입단체의 3년 이상 경험통계를 산출할 수 없는 경우에는 참조퇴직률과 참조승급률을 적용한다(감독규정7-74단).

2) 최적위험률

생명보험 약관상 보장하는 위험과 위험률, 산출통계 등이 일치해야 한다(감독규정7-75본). 다만, 합리적인 약관내용을 구성하기 위하여 부득이한 경우에는 보험요율의 적정성을 훼손하지 않는 범위 내에서 예외로 할 수 있다(감독규정7-75단).

3) 최적사업비율

생명보험에서 최적사업비율을 책정하기 위해서 보험회사는 실제사업비 배분 결과를 기초로 장래 발생할 비용을 예측해야 한다(감독규정7-76).

(4) 장기손해보험의 특칙

장기손해보험의 보험요율 산출에 관하여는 감독규정 7－74조부터 7－76조까지를 준용한다(감독규정7－76의2). 즉 위 생명보험의 특칙을 장기손해보험에 준용한다.

(5) 일반손해보험의 특칙

1) 산출기준

(1) 보험료는 순보험료에 부가보험료를 반영하여 산출해야 한다(감독규정7－77①).

(2) 보장하는 위험의 특성에 따라 보험상품별로 최저보험료를 정하여 운용할 수 있다(감독규정7－77②).

(3) 순보험요율의 할인·할증 및 부가보험요율의 할인에 관한 사항은 보험상품에서 구체적으로 정하되 부가보험요율의 할인은 예정사업비의 범위 내에서 정해야 한다(감독규정7－77③전). 이 경우 할인·할증 기준 및 수준 등에 관한 세부적인 사항은 보험료 및 책임준비금 산출방법서에 포함해야 한다(감독규정7－77③후).

2) 예정위험률

(1) 일반손해보험 예정위험률 산출에 적용되는 통계자료는 다음 각 호의 기준에 부합하여야 한다(감독규정7－78①).

1. 통계자료는 연 단위로 적용하며, 적용되는 통계기간은 최근 5년을 원칙으로 한다. 다만, 위험의 특성 및 통계자료의 통계적 신뢰도 등을 고려하여 통계기간을 달리할 수 있다.
2. 1호에 의한 통계기간 중에 보험요율, 보험금 지급기준 등의 변경이 있었을 경우에는 통계자료를 수정하여 사용할 수 있다.
3. 1호에 의한 통계기간이 1년 이상인 경우에는 연도별 통계자료에 적정한 가중치를 부여할 수 있다.
4. 사고발생에서 보험금 지급까지 장기간에 걸쳐 이루어지는 위험에 대하여는 시간의 경과에 따른 연도별 손해액의 진전추이를 반영할 수 있다.
5. 소득수준의 변화, 물가의 변동, 경기의 동향, 기술혁신 등으로 인하여 예정위험률 산출요소에 영향을 미치는 경우에는 그 변동요인을 반영할 수 있다.

(2) 일반손해보험 예정위험률은 다음 각 호의 기준에 부합해야 한다(감독규정7－78②).

1. 약관상 보장하는 위험과 위험률, 산출통계 등이 일치할 것. 다만, 합리적인 약관내용을 구성하기 위하여 보험요율의 적정성을 훼손하지 않는 경우에는 예외로 할 수 있다.
2. 위험집단별로 동일한 위험에 대하여는 위험률을 동일하게 사용할 것. 다만, 위험집단을 특화하는 경우에는 예외로 할 수 있다.
3. 위험률은 보장하는 위험의 특성 및 크기를 적절히 반영할 수 있어야 하며, 적용이 용이할 것
4. 공제금액, 보상범위의 제한 등이 보험금 지급에 영향을 미치는 경우에는 이를 위험률에 반영할 것

5. 손해율이 불안정하거나 거대손해의 발생가능성이 높은 위험의 경우에는 위험률에 안전율을 반영할 것

(3) 일반손해보험 예정위험률은 다음 각 호에 해당하는 경우 변경할 수 있다(감독규정7－78③).

1. 경험손해율의 변동
2. 약관, 예정위험률체계 등의 변경 또는 신설
3. 보험계약자 보호 또는 경제여건 변화 등
4. 법령 개정, 행정조치, 보증기금의 변경 등 그 밖의 보험 외적 환경변화

3) 부가보험요율

(1) 일반손해보험의 부가보험요율은 예정사업비율과 예정이익률로 구분해야 한다(감독규정7－79①).

(2) 위 (1)의 예정사업비율은 예정사업비율을 조정할 경우 최근 1년간의 사업비 실적과 변동추이 등을 고려하여 조정해야 한다(감독규정7－79②본). 다만, 사업비 지출의 일시적 증감 등이 발생한 경우 이를 감안하여 조정할 수 있다(감독규정7－79②단).

(6) 자동차보험의 특칙

1) 산정기준

(1) 자동차보험의 보험요율은 다음 각 호에 해당하는 경우 변경할 수 있다(감독규정7－77의2①).

1. 경험손해율 또는 경험위험도의 변동 등으로 향후 위험수준의 변화가 예상되는 경우
2. 약관 또는 요율체계의 변경 등이 있거나 새로운 위험담보를 도입하는 경우
3. 법령의 개정 또는 법에 따른 행정지도에 따라 필요한 경우

(2) 자동차보험의 보험요율은 약관내용에 부합되도록 산정되어야 하며, 동일한 위험에 대하여는 동일한 순보험료가 적용되도록 보험요율을 산정해야 한다(감독규정7－77의2②).

(3) 자동차보험의 보험요율산정은 순보험료법과 손해율법 중 위험도를 가장 잘 반영할 수 있는 방식을 선택하여 사용할 수 있다(감독규정7－77의2③).

2) 순보험요율

(1) 자동차보험 요율산정에 사용되는 통계자료는 현행 요율 및 제도수준으로 전환(On－Level)함을 원칙으로 하며, 전산방식을 이용하는 경우에는 그 적정성이 객관적으로 검증될 수 있어야 한다(감독규정7－78의2①). 전환된 통계자료 중 대인담보는 손해액 진전계수를 반영하여 수정해야 하고, 기타 담보의 경우에도 손해액의 진전추이가 있는 경우에는 이를 적용하여 수정할 수 있다(감독규정7－78의2②).

(2) 통계자료를 보험료가 적용되는 기간의 예상실적으로 수정하기 위해 추세율을 적용할 수 있다(감독규정7-78의2③).

(3) 요율구분을 위한 요율요소는 계리적, 법률적 측면과 피보험자의 도덕적 위험 방지 가능성을 고려하여 선택해야 한다(감독규정7-78의2④).

(4) 각 요율요소의 위험집단 구분은 통계적으로 위험도 차이를 적절히 반영할 수 있어야 한다(감독규정7-78의2⑤).

(5) 요율요소의 위험집단 간 상대도 산출은 다변량에 의한 산출을 원칙으로 한다(감독규정7-78의2⑥본). 다만, 다변량 산출이 곤란하거나 단변량 분석과 차이가 없다고 판단되는 등 타당성이 인정되는 경우에는 그렇지 않다(감독규정7-78의2⑥단).

(6) 요율 상대도를 산출하는 경우에는 변경 전의 총보험료 수준으로 기본요율을 조정(Off-Balance correction)하는 것을 원칙으로 한다(감독규정7-78의2⑦).

3) 부가보험요율

(1) 영업보험료는 산출된 순보험료에 예정부가율을 반영하여 산출하며, 예정부가율은 예정이익률과 예정사업비율로 구성된다(감독규정7-79의2①).

(2) 위 (1)에서 예정사업비율은 실제사업비율을 감안하여 조정할 수 있다(감독규정7-79의2②). 예정사업비율은 최소한 3년간의 실제사업비율의 평균과 동 기간의 증감 추세 등을 감안하여 결정함을 원칙으로 한다(감독규정7-79의2③본). 다만, 보험업을 개시한 후 3년이 경과하지 않아 사업비 통계가 부족한 경우에는 보험업을 개시할 때 사용한 예정사업비율을 사용해야 한다(감독규정7-79의2③단).

4. 위반 시 효과

(1) 보험요율 산출의 원칙을 규정한 보험업법 129조는 그 위반 시에 과태료나 과징금은 없다.

(2) 전술한 대로 보험요율 산출의 원칙을 정한 감독규정(7-73~7-79의3)은 기초서류 작성·변경 원칙에 관한 법령에 따른 법규라고 할 수 있다. 만약 이 감독규정을 위반한 경우라면 기초서류 작성·변경의 원칙(법128의3)의 위반이라고 보아서 과징금(법196①⑽), 과태료(법209④(35))를 부과할 수 있다고 해석한다.

제10관 보험약관 이해도 평가

1. 의의

(1) 보험약관은 보험회사가 일방적으로 작성하며 전문성, 복잡성, 방대성 등의 특징을

띠고 있다. 보험약관에서 보험회사와 보험소비자 사이에 강한 정보비대칭이 존재하는 이유이다. 이러한 정보비대칭을 해소하기 위해서 보험회사로 하여금 보험약관을 명시, 교부, 설명하게 하고(약관규제법3, 상법638의3), 보험계약의 중요 내용을 설명하게 하고 있다(법95의2①).

(2) 위와 같은 설명의무 등 이외에 보험약관이 이해하기 쉽게 기술된다면 정보비대칭 해소에 도움을 줄 수 있다. 약관규제법 3조 1항이 약관의 내용을 알기 쉽게 작성할 것을 요구하는 것은 이런 이유 때문이다. 이에 따르면, 사업자는 고객이 약관의 내용을 쉽게 알 수 있도록 한글로 작성하고, 표준화·체계화된 용어를 사용하며, 약관의 중요한 내용을 부호, 색채, 굵고 큰 문자 등으로 명확하게 표시하여 알아보기 쉽게 약관을 작성해야 한다. 하지만, 약관규제법 3조 1항의 위반 시에 사법상 또는 공법상 불이익을 부과하는 규정이 없기 때문에, 약관규제법 3조 1항만으로 보험약관의 이해도를 높이기에는 한계가 있다.

(3) 보험업법상 보험약관 이해도 평가제도는 보험약관이 이해하기 쉽게 기술되도록 유도하려는 제도이다. 보험소비자 등이 보험약관을 이해하는 정도를 평가하고 결과를 공시하여 보험회사가 압력을 느껴 스스로 보험약관의 이해도를 높이게 하자는 취지이다. 보험약관의 이해도 평가제도는 2010년 보험업법 개정 시에 보험소비자 보호를 목적으로 신설되었다.

2. 평가제도

(1) 의의

(1) 금융위원회는 보험소비자와 모집종사자 등 대통령령으로 정하는 자('보험소비자등')를 대상으로 보험약관 및 보험안내자료 중 금융위원회가 정하여 고시하는 자료('보험약관등')의 이해도를 평가하고 그 결과를 대통령령으로 정하는 바에 따라 공시할 수 있다(법128의4①).

(2) 보험약관등의 이해도 평가에 수반되는 비용부담, 평가시기, 평가방법 등 평가에 관한 사항은 금융위원회가 정한다(법128의4④).

(3) 위 (1)의 '보험안내자료 중 금융위원회가 정하여 고시하는 자료'란 '상품설명서'를 말한다(감독규정7-82①).

(2) 평가대행기관

(1) 금융위원회는 보험약관 이해도를 평가하기 위해 평가대행기관을 지정할 수 있다(법128의4②). 이에 따라 지정된 평가대행기관은 조사대상 보험약관에 대하여 평가대상자인 보험소비자등의 이해도를 평가하고 그 결과를 금융위원회에 보고해야 한다(법128의4③).

⑵ 보험요율산출기관이 평가대행기관으로 지정되어 있으며(감독규정7－82②), 현재 보험개발원이 이 역할을 맡고 있다.

(3) 평가위원회

1) 구성

⑴ 평가대행기관은 아래 평가대상자로 구성된 평가위원회를 구성한다(감독규정7－82③). 평가위원의 임기는 2년으로 하고, 위원장은 호선으로 한다(감독규정7－82④).

⑵ 보험약관 이해도 평가대상자는 보험소비자, 모집종사자를 포함하여 다음 각 호와 같다(시행령71의6①).

1. 금융감독원장이 추천하는 보험소비자 2명
2. 한국소비자원의 장이 추천하는 보험소비자 3명
3. 보험요율산출기관의 장이 추천하는 보험소비자 1명
4. 보험요율산출기관의 장이 추천하는 보험 관련 전문가 1명
5. 생명보험협회의 장이 추천하는 보험의 모집에 종사하는 자 1명
6. 손해보험협회의 장이 추천하는 보험의 모집에 종사하는 자 1명
7. 보험연구원의 장이 추천하는 보험 관련 법률전문가 1인

2) 업무

평가위원회는 보험종목별로 대표상품(기업성 보험은 제외)을 선정하여 명확성, 평이성, 간결성 등을 평가한다(감독규정7－82⑤).

3) 보험회사의 의무

보험회사는 평가대행기관이 요청하는 바에 따라 보험약관을 제출해야 한다(감독규정7－82⑥). 보험회사는 평가위원회가 승인하는 바에 따라 약관이해도 평가와 관련된 비용을 부담한다(감독규정7－82⑦).

4) 세부사항

평가대행기관의 장은 감독규정 7－82조 3항부터 7항까지와 관련하여 필요한 세부사항을 정할 수 있다(감독규정7－82⑧).

(4) 보고 및 공시

⑴ 평가대행기관은 조사대상인 보험약관의 이해도를 평가하고 결과를 금융위원회에 보고해야 한다(법128의4③).

⑵ 금융위원회는 보험약관 및 보험안내자료 중 금융위원회가 정하여 고시하는 자료 이해도의 평가결과를 대통령령이 정하는 대로 공시할 수 있다(법128조의4①). 보험약관등 이해도 평가결과에 대한 공시기준은 다음 각 호와 같다(시행령71의6②).

1. 공시대상: 보험약관의 이해도 평가 기준 및 해당 기준에 따른 평가 결과

2. 공시방법: 평가대행기관의 홈페이지에 공시
3. 공시주기: 연 2회 이상

3. 평가결과에 따른 불이익

보험약관 이해도 평가에 따른 결과가 낮더라도 과징금 등의 불이익은 없다. 평가결과가 공시되므로 낮은 평가를 받은 보험회사는 평판위험(reputation risk)에 노출된다.

제5절 보험회사 보고의무

1. 의의

보험회사는 일정한 사항이 변동되면 금융위원회에게 알려야 한다. 보고의무 또는 통지의무라고 할 수 있다. 보험업법 규정과 밀접한 관련이 있는 사항이 변동되는 경우 감독목적상 금융위원회가 알 수 있게 하기 위해서이다. 보고 또는 통지를 받은 금융위원회는 위법 사항이 있는지를 판단하여 필요한 경우 시정조치 등을 취하게 된다. 일종의 사후규제에 속한다. 보험업법 126조의 정관변경 및 130조의 상호변경 등이 대표적인 보고사항 또는 통지사항이다.

2. 보험업법 126조

(1) 의의

(1) 보험회사는 정관을 변경한 경우 변경일로부터 7일 이내에 금융위원회에 알려야 한다(법126). 정관의 의의 및 변경 등에 관한 사항은 본서 제3장 보험회사, 제1절 총설, 제1관 보험회사의 의의에서도 살펴 본 바 있다.

(2) 정관은 회사의 단체적 법률관계를 규율하는 근본규칙을 담고 있는 서면이다. 보험회사의 정관에는 취급하려는 보험종목과 사업의 범위, 자본 등 보험회사의 핵심요소가 기재된다.[132)]

(3) 정관변경 보고의 접수 업무는 금융감독원장에게 위탁되어 있다(시행령[별표8]30).

---

132) *주식회사인 보험회사의 정관에 기재될 항목으로는 목적, 상호, 회사가 발행할 주식의 총수, 액면주식을 발행하는 경우 1주의 금액, 회사의 설립 시에 발행하는 주식의 총수, 본점의 소재지, 회사가 공고를 하는 방법, 발기인의 성명·주민등록번호 및 주소 등이 있다(상법289①).
**상호회사인 보험회사의 정관에 기재될 항목으로는 취급하려는 보험종목과 사업의 범위, 명칭, 사무소 소재지, 기금의 총액, 기금의 갹출자가 가질 권리, 기금과 설립비용의 상각 방법, 잉여금의 분배 방법, 회사의 공고 방법, 회사 성립 후 양수할 것을 약정한 자산이 있는 경우에는 그 자산의 가격과 양도인의 성명, 존립시기 또는 해산사유를 정한 경우에는 그 시기 또는 사유 등이 있다(법34).

(2) 취지

금융위원회는 보고받은 정관기재사항 중에서 보험업법 위반 등이 있는지를 판단하게 된다.

(3) 시정조치

(1) 금융위원회는 보고받은 정관변경에 보험업법 또는 관계 법령에 위반되거나 보험계약자 등의 권익을 침해하는 내용이 있으면 해당 보험회사가 보완하도록 요구할 수 있다(시행령70①).

(2) 위 (1)의 보완요구권은 보험업법 126조가 입법을 위임하지 않은 사항이다. 대신에 보험회사는 보험업법 131조 1항의 시정조치 명령권을 행사해서 정관을 변경 또는 보완하라고 명령할 수 있다. 즉 정관변경에 보험업법 또는 관계 법령에 위반되거나 보험계약자 등의 권익을 침해하는 내용이 있다면 보험회사의 업무운영이 부적정한 경우에 해당하고, 금융위원회가 업무집행방법의 변경(가령 정관의 변경 또는 보완)을 명령할 수 있다.

3. 보험업법 130조

(1) 의의

(1) 보험회사는 다음 각 호의 어느 하나에 해당하는 사유가 발생한 경우에는 그 사유가 발생한 날부터 5일 이내에 금융위원회에 보고해야 한다(법130).

1. 상호나 명칭을 변경한 경우
2. 삭제
3. 본점의 영업을 중지하거나 재개한 경우
4. 최대주주가 변경된 경우
5. 대주주가 소유하고 있는 주식 총수가 의결권 있는 발행주식 총수의 100분의 1 이상만큼 변동된 경우
6. 그 밖에 해당 보험회사의 업무 수행에 중대한 영향을 미치는 경우로서 대통령령으로 정하는 경우

(2) 위 (1)에 따른 보고의 접수는 금융감독원장에게 위탁되어 있다(시행령[별표8]34).

(3) 아래에서 보험업법 130조 각 호의 구체적인 사항을 살펴보자.

(2) 상호·명칭 변경

(1) 보험회사는 상호나 명칭을 변경한 경우 변경일로부터 5일 이내에 금융위원회에 보고해야 한다(법130(1)).

(2) 금융위원회는 변경된 상호나 명칭을 알지 못하면 해당 보험회사를 감독하기 곤란하다. 보험업법 8조 1항(보험회사는 상호 또는 명칭 중에 주로 경영하는 보험업의 종류를 표시해야 한다)을 위반했는지를 판단하기 위해서도 변경된 상호나 명칭을 알 필요가 있다

(3) 본점의 영업중지 또는 영업재개

(1) 보험회사는 본점의 영업을 중지하거나 재개한 경우 중지일 또는 재개일로부터 5일 이내에 금융위원회에 보고해야 한다(법130(3)).

(2) 보험회사 본점이 영업을 중지 또는 재개하는 행위는 보험회사 경영에는 물론이고 보험계약자 등 이해관계자에게도 중대한 영향을 미칠 수 있다.[133] 금융위원회가 감독목적상 본점의 영업중지 또는 영업재개를 알아야 하는 이유이다.

(4) 최대주주의 변경

(1) 보험회사는 최대주주가 변경된 경우 변경일로부터 5일 이내에 금융위원회에 보고해야 한다(법130(4)).

(2) 보험회사 최대주주는 임원의 선임 또는 해임 등 보험회사 경영에 중대한 영향을 미치고 내부정보를 얻을 수 있는 지위에 있다. 금융위원회가 감독목적상 최대주주의 변경을 알 필요가 있는 이유다.

(3) 최대주주는 대주주의 일종이다(지배구조법2(6)).

(4) 보험회사 최대주주의 변경은 금융위원회의 승인사항이다. 즉 지배구조법 31조에 따르면 최대주주를 포함한 대주주가 되고자 하는 자는 금융위원회의 사전승인을 받아야 한다. 이러한 사전승인이 있는 경우에도 보험회사의 보고의무는 면제되지 않는다. 최대주주 변경의 주체는 대주주가 되고자 하는 자이고, 보고의무의 주체는 보험회사이다.

(5) 대주주 주식총수의 변동

(1) 보험회사는 대주주 소유의 주식총수가 의결권 있는 발행주식 총수의 100분의 1 이상 변동하는 경우 변동일로부터 5일 이내에 금융위원회에 보고해야 한다(법130(5)).

(2) 보험회사 대주주는 임원의 선임 또는 해임 등 보험회사 경영에 중대한 영향을 미치고 내부정보를 얻을 수 있는 지위에 있다. 금융위원회가 감독목적상 대주주의 주식총수 변동을 알 필요가 있는 이유다.

(3) 대주주의 개념은 지배구조법 2조 6호에 규정된 바에 따르며(법2(17)), 이에 의하면 대주주에는 최대주주와 주요주주가 포함된다.[134] 그 구체적인 내용에 대해서는 본서 제3

---

133) 최동준(보험업법2) 374면

134) 지배구조법 2조

6. "대주주"란 다음 각 목의 어느 하나에 해당하는 주주를 말한다.

가. 최대주주: 금융회사의 의결권 있는 발행주식(출자지분을 포함한다. 이하 같다) 총수를 기준으로 본인 및 그와 대통령령으로 정하는 특수한 관계가 있는 자('특수관계인')가 누구의 명의로 하든지 자기의 계산으로 소유하는 주식(그 주식과 관련된 증권예탁증권을 포함)을 합하여 그 수가 가장 많은 경우의 그 본인

나. 주요주주: 각 1) 및 2)의 어느 하나에 해당하는 자

1) 누구의 명의로 하든지 자기의 계산으로 금융회사의 의결권 있는 발행주식 총수의 100분의 10 이상의 주식(그 주식과 관련된 증권예탁증권을 포함)을 소유한 자

장 보험회사, 제2절 보험회사의 지배구조 부분에서 자세히 살펴본 바 있다.

(6) 기타

(1) 보험회사는 그 밖에 해당 보험회사의 업무 수행에 중대한 영향을 미치는 경우로서 '대통령령이 정하는 경우' 그 사유가 발생한 날부터 5일 이내에 금융위원회에 보고해야 한다(법130(6)).

(2) 위 (1)에서 '대통령령으로 정하는 경우'는 다음 각 호의 어느 하나에 해당하는 경우를 말한다(시행령72).

1. 자본금 또는 기금을 증액한 경우
2. 보험업법 21조에 따른 조직 변경의 결의를 한 경우
3. 보험업법 13장에 따른 처벌을 받은 경우
4. 조세 체납처분을 받은 경우 또는 조세에 관한 법령을 위반하여 형벌을 받은 경우
5. '외국환 거래법'에 따른 해외투자를 하거나 외국에 영업소, 그 밖의 사무소를 설치한 경우
6. 보험회사의 주주 또는 주주였던 자가 제기한 소송의 당사자가 된 경우

4. 위반 시 효과

(1) 보험업법 126조를 위반하여 정관변경을 보고하지 않은 경우 과태료(법209④(31))가 따른다.

(2) 보험업법 130조를 위반하여 보고하지 않은 경우 과태료(법209④(36))가 따른다.

제6절 시정조치 명령권

1. 의의

(1) 금융위원회의 시정조치 명령권은 금융위원회가 보험회사를 상대로 각종의 시정조치를 명령하는 권한이다.

(2) 시정조치를 명령할 권한을 인정하는 목적은 보험회사의 재무건전성, 보험계약자 보호 등에 위해가 발생했거나 발생할 우려가 있는 경우 이를 해소하기 위해서이다. 명령권을 행사해서 보험회사의 재무건전성, 보험계약자 보호 등을 정상으로 회복하도록 강제한다.

(3) 시정조치 명령권을 인정할 필요성을 좀 더 구체적으로 살펴보자. 보험업법은 위와 같은 위해발생이나 발생우려를 예방하기 위해 보험회사에게 각종 의무(보험업법 123조에 따른 재무건전성 유지, 보험업법 97조에 따른 보험계약 체결·모집에서 금지행위 등)를 지우고, 만

2) 임원(업무집행책임자는 제외)의 임면 등의 방법으로 금융회사의 중요한 경영사항에 대하여 사실상의 영향력을 행사하는 주주로서 대통령령으로 정하는 자

약 보험회사가 의무를 위반하면 과징금(법196), 형벌(법197~208), 과태료(법209), 제재(법134) 등을 가하는데, 과징금 등은 과거의 의무위반에 불이익을 주기 위한 목적이지 위해발생이나 발생우려를 해소하기 위한 목적은 아니다. 과징금 등이 가해진다고 해서 반드시 위해발생이나 발생우려가 해소된다고 보기 어렵고, 게다가 위해발생이나 발생우려가 위법한 행위 때문에 초래된 경우가 아니거나[135] 위법한 행위라고 해도 위법성이 경미한 경우는 과징금 등을 부과하기도 어렵다. 위해발생이나 발생우려를 해소하는 시정조치 명령권이 필요한 이유이다.

2. 명령권의 종류

(1) 의의

(1) 보험업법에는 다양한 시정조치 명령권이 규정되어 있는데, 다음과 같은 것들이 있다.

1. 부수업무 관련한 시정조치 명령권(법11의2②).
2. 외국보험회사등의 국내사무소에 대한 시정조치 명령권(법12⑤)
3. 외국보험회사국내지점에 대한 시정조치 명령권(법74②)
4. 보험설계사, 보험대리점 또는 보험중개사에 대한 시정조치 명령권(법86②,88②,90②)
5. 자금지원 관련 시정조치 명령권(법110③)
7. 신용공여 관련 금리인하 요구권(법110조의3①)
8. 부실 대주주에 대한 지원제한 명령권(법111⑥)
9. 재무건전성 관련한 시정조치 명령권(법123②)
10. 상호협정 관련한 시정조치 명령권(법125②)
11. 기초서류 관리기준에 관련한 시정조치 명령권(법128의2③)
12. 업무운영 부적정 또는 자산상황 불량과 관련한 시정조치 명령권(법131①)
13. 기초서류 관련한 시정조치 명령권(법131②)
14. 보험금 지급불능 우려 등과 관련한 시정조치 명령권(법131의2)
15. 보험업법 또는 보험업법에 따른 규정·명령 또는 지시를 위반한 경우 시정조치 명령권(법134①(2))
16. 제재 받은 사실에 대한 공표 명령권(법134③)
17. 청산인 관련한 명령권(법160)
18. 해산 후 강제관리 관련한 명령권(법161①)

(2) 보험업법시행령에는 보험대리점 영업보증금의 증액명령권(시행령33②), 감독규정에는 경영개선권고권(감독규정7-17), 경영개선요구권(감독규정7-18), 경영개선명령권(감독규정7-19), 경영개선계획과 관련한 시정조치 명령권(7-20⑤)이 규정되어 있다.

135) 가령 경제 환경의 변화 때문에 보험회사의 재무건전성이 악화된 경우가 그러하다.

(2) 일반적 명령권과 특수한 명령권

(1) 위 (1)의 시정조치 명령권은 요건 및 효과의 넓고 좁음을 기준으로 일반적 명령권과 특수한 명령권 두 가지로 구분이 가능하다. 일반적 명령권은 요건 및 효과가 비교적 일반적이고 광범위한 반면, 특수한 명령권은 요건과 효과가 비교적 특정되고 제한적이라는 차이가 있다.

(2) 위 (1)의 시정조치 명령권은 대부분 특수한 명령권에 속한다. 즉 그 요건 및 효과가 비교적 특정되고 제한적이기 때문이다. 이러한 특수한 명령권의 자세한 내용은 해당 부분에서 고찰한다.

(3) 일반적 명령권에 속하는 시정조치 명령권에는 위 (1)의 9.와 12.이다.

(a) 이 중에서 9.에 따르면, 보험회사가 재무건전성 기준(자본 적정성, 자산 건전성, 기타 경영건전성 확보에 필요사항)을 준수해야 하는데 이를 위반하여 경영건전성을 해칠 우려가 있으면 금융위원회는 기금 증액명령 등 필요한 시정조치를 명령할 수 있다(법123). 재무건전성 기준이라는 요건이 광범위하고 시정조치의 내용도 경영건전성을 해칠 우려를 해소하기 위한 목적 범위 내에서는 특별한 제한이 없다. 이러한 시정조치 명령권에 대해서는 재무건전성 기준 부분에서 이미 살펴보았다.

(b) 이하에서는 12.를 자세히 살펴보기로 한다.

3. 보험업법 131조 1항의 명령권

(1) 의의

보험업법 131조 1항의 명령권은 업무운영의 부적정 또는 자산상황의 불량과 관련한 시정조치 명령권이다. 즉 금융위원회는 보험회사의 업무운영이 적정하지 않거나 자산상황이 불량하여 보험계약자 등의 권익을 해칠 우려가 있으면 업무집행방법의 변경 등 시정조치를 명령할 수 있다. 그 요건 및 효과가 비교적 일반적이고 광범위하므로 일반적 명령권에 속한다.[136]

(2) 요건

(1) 명령권의 요건은 보험회사의 업무운영이 적정하지 않거나 자산상황이 불량하여 보험계약자 등의 권익을 해칠 우려가 있는 경우이다(법131①).

(2) 적정하지 않은 업무운영이란 보험회사가 위법하거나 부당하게 업무운영을 한 경우를 가리킨다.[137] 불량한 자산상황이란 자산 상태가 건전하지 못한 경우를 가리킨다.[138]

(3) 부적정한 업무운영 또는 불량한 자산상황 때문에 보험계약자 등의 권익을 해칠

136) 성대규 · 안종민 605면
137) 최동준(보험업법2) 377면
138) 최동준(보험업법2) 377면

'우려'가 있으면 명령권의 발동 요건이 충족된다.

(3) 효과

(1) 명령권의 요건이 충족되면 금융위원회는 다음 각 호의 어느 하나에 해당하는 조치를 명령할 수 있다(법131①).

1. 업무집행방법의 변경
2. 금융위원회가 지정하는 기관에의 자산 예탁
3. 자산의 장부가격 변경
4. 불건전한 자산에 대한 적립금의 보유
5. 가치가 없다고 인정되는 자산의 손실처리
6. 그 밖에 대통령령으로 정하는 필요한 조치

(2) 위 (1)의 6호에서 대통령령으로 정하는 필요한 조치는 보험계약자 보호에 필요한 사항의 공시를 명하는 것을 말한다(시행령73①).

(3) 위 (1)의 시정조치 중에 업무집행방법의 변경은 일정한 제한이 없으므로 효과가 비교적 일반적이고 광범위하다. 여타의 시정조치는 효과 면에서 비교적 특정되어 있는 편이다.

(4) 보험업법 123조와의 관계

(1) 보험업법 131조 1항의 불량한 자산상황에 대한 명령권과 보험업법 123조의 재무건전성 위해에 대한 명령권의 관계가 문제된다. 보험업법 123조에 따르면, 보험회사는 재무건전성 기준(자본적정성, 자산건전성, 기타 경영건전성 확보에 필요사항)을 준수해야 하는데, 이를 위반하여 경영건전성을 해칠 우려가 있으면 금융위원회는 기금 증액명령 등 필요한 시정조치를 명령할 수 있다.

(2) 보험업법 131조 1항과 보험업법 123조는 기본적으로 자산 건전성 면에서 요건과 효과가 중복되고, 효과 면에서 보험업법 123조가 보다 일반적이고 광범위하다는 차이가 있을 뿐이다. 금융위원회는 불건전한 자산상황인 경우 보험업법 131조 1항과 보험업법 123조의 명령권을 경합적으로 행사할 수 있다.

(3) 입법론 측면에서 보면, 위와 같은 중복을 없애기 위해서 보험업법 131조 1항에서 불량한 자산상황 요건 및 효과를 삭제할 필요가 있다. 보험업법 131조 1항 전체를 삭제하자는 견해도 있지만,[139] 부적정한 업무운영과 관련해서는 보험업법 131조 1항을 존치할 필요가 있다.

(5) 위반 시 효과

보험업법 131조에 따른 명령에 위반하면 과태료(법209조①⒁,④(37))가 따른다.

139) 최동준(보험업법2) 383면

제7절 자료제출 등 요구 및 보험회사의 검사

제1관 의의

(1) 보험회사를 효과 있게 감독하기 위해서는 보험회사가 경영하는 사업에 관한 정보를 알 필요가 있다. 보험회사 사업에 관한 정보는 일반적으로 보험회사 내부에 있고 감독기관은 잘 알지 못한다. 감독기관이 보험회사 사업에 관한 정보를 얻기 위해서 보험회사에게 관련 의무를 부과하고 감독기관에게 관련 권한을 부여해야 할 이유이다.

(2) 보험업법 133조는 금융위원회가 보험회사, 외부감사인에게 자료제출 등을 요구할 수 있고 금융감독원이 보험회사를 검사할 수 있다고 규정한다. 금융위원회는 보험업법 133조에 근거하여 보험회사 관련 정보를 확보하여, 보험회사가 위법한 행위를 하는지, 재무건전성을 포함한 건전한 경영에 반하는 행위를 하는지 등을 감독하는 행위를 한다. 이하에서 자료제출의무 등과 보험회사에 대한 검사로 구분하여 살펴보자.

제2관 자료제출 등 요구

1. 의의

(1) 금융위원회는 보험회사에게 보고 또는 자료제출을 요구할 수 있고, 외부감사인에게 자료제출을 요구할 수 있다(법133①·⑥).

(2) 효과적인 감독목적상 보험회사에 관한 정보를 얻기 위해서 보고 또는 자료제출의 요구가 필요하다.

(3) 보고 또는 자료제출 요구는 정보취득을 목적으로 한다는 측면에서 보면 보험회사에 대한 검사와 같다. 차이점은 보험회사에 대한 검사는 보고 또는 자료제출 요구 이외에도 관계인의 출석 및 의견의 진술, 현장검사 등을 포함하는 종합적 정보취득행위(법133②~⑤)라는 점이다. 보험업법 133조 1항, 6항을 통해서는 오직 보고 또는 자료제출만을 요구할 수 있다는 점에서 보험회사에 대한 검사와 다른 것이다.

2. 보험회사에 대한 요구

(1) 의의

(1) 보험회사에게 보고 또는 자료제출을 명령할 수 있다. 즉 금융위원회는 공익 또는 보험계약자 등을 보호하기 위하여 보험회사에게 보험업법에서 정하는 감독업무의 수행에

필요한 주주 현황, 그 밖에 사업에 관해서 보고 또는 자료제출을 명령할 수 있다(법133①).

(2) 위 (1)에 따른 보고 또는 자료제출의 명령은 금융감독원장에게 위탁되어 있다(시행령[별표8]35).

(2) 시기

보고 또는 자료제출 의무는 시기에 제한이 없이 요구하는 대로 응해야 하는 수시의무이다. 보험업법 118조가 규정하는 재무제표 등의 제출의무는 제출시점이 정해진 정기의무라는 점에서, 보험업법 133조 1항과 다르다. 보험업법 118조에 따르면, 재무제표는 장부폐쇄일로부터 3개월 이내, 매월 업무보고서는 다음 달 말일까지가 제출시점이다.

(3) 대상

보험업법 133조 1항은 '사업'에 관한 사항이면 보고 또는 제출의 대상이라고 규정한다. 보험회사의 사업과 직접 또는 간접 관련된 자료라면 보고 또는 제출의 범위에 포함된다고 해석한다. 다만, 사업에 관한 자료로서 감독목적상 필요한 범위 내로 한정된다고 해석한다.

3. 외부감사인에 대한 요구

(1) 의의

(1) 외부감사인에게 자료제출를 요구할 수 있다. 즉 금융감독원장은 외부감사법에 따라 보험회사가 선임한 외부감사인에게 보험회사를 감사한 결과 알게 된 정보나 그 밖에 경영건전성과 관련되는 자료의 제출을 요구할 수 있다(법133⑥).

(2) 회계전문가인 외부감사인이 감사 과정에서 취득한 정보는 감독목적상 효용성이 높기 때문에 자료제출 요구대상으로 규정했다.

(3) 외부감사인에게 자료제출을 요구한다는 점에서, 보험회사에게 보고 또는 자료제출을 요구하는 것과는 다르다.

(2) 비밀엄수 의무의 예외

(1) 외부감사인에게는 비밀엄수의무가 있다. 즉 다음 각 호의 어느 하나에 해당하는 자는 그 직무상 알게 된 비밀을 누설하거나 부당한 목적을 위하여 이용해서는 안 된다(외부감사법20본). 다만, 다른 법률에 특별한 규정이 있는 경우 또는 증권선물위원회가 외부감사법 26조 1항에 상당하는 업무를 수행하는 외국 감독기관과 정보를 교환하거나 그 외국 감독기관이 하는 감리·조사에 협조하기 위하여 필요하다고 인정한 경우에는 그렇지 않다(외부감사법20단).

1. 감사인

2. 감사인에 소속된 공인회계사
3. 증권선물위원회 위원
4. 감사 또는 감리 업무와 관련하여 1호부터 3호까지의 자를 보조하거나 지원하는 자
5. 증권선물위원회의 업무를 위탁받아 수행하는 한국공인회계사회의 관련자

(2) 보험업법 133조 6항은 다른 법률에 특별한 규정이 있는 경우이므로 위 (1)의 비밀엄수의무에 예외가 된다.

(3) 시기

자료제출 의무는 그 시기에 제한이 없는 수시의무이다.

(4) 대상

보험업법 133조 6항은 보험회사를 감사한 결과 아는 정보나 그 밖에 경영건전성과 관련되는 자료가 제출대상이라고 규정한다. 감사결과 아는 정보나 그 밖에 경영건전성과 관련되는 자료로서 감독목적상 필요하면 제출을 요구할 수 있는 것이다.

제3관 보험회사에 대한 검사

1. 의의

(1) 보험회사는 업무 및 자산상황에 관하여 금융감독원의 검사를 받아야 한다(법133②).

(2) 보험회사를 검사하는 목적은 효과적인 보험회사 감독을 위해서 필요한 정보를 수집하기 위해서이다. 검사는 보험업법 133조 1항의 보고·자료제출 요구에 비해 보다 종합적인 정보취득행위이다.

2. 법적 성격

(1) 보험회사에 대한 검사는 행정조사에 해당한다고 해석한다.[140] 보험업법 133조 2항이 규정하는 보험회사에 대한 검사는 이를 거부·방해 또는 기피한 경우 과태료 등이 따르므로 권력적 행정조사라고 볼 수 있다.[141] 이러한 행정조사를 강제조사라고 한다. 이와 달리 조사대상자의 자발적 협조에 따른 행정조사를 임의조사라고 한다.

(2) 행정조사는 행정에 필요한 정보를 수집하는 일체의 행위이다.[142] 실정법상 정의를 살펴보면, 행정조사란 행정기관이 정책을 결정하거나 직무를 수행하는 데 필요한 정보나 자료를 수집하기 위하여 현장조사·문서열람·시료채취 등을 하거나 조사대상자에게 보고

140) 성대규·안종민 619면; 최동준(보험업법2) 385면
141) 최동준(보험업법2) 385면
142) 박균성 524면

요구·자료제출요구 및 출석·진술요구를 행하는 활동을 말한다(행정조사기본법②(1)). 그리고 행정기관은 법령 및 조례·규칙에 따라 행정권한이 있는 기관과 그 권한을 위임 또는 위탁받은 법인·단체 또는 그 기관이나 개인을 말한다(행정조사기본법②(2)).

3. 적용 규정

(1) 보험업법

보험회사에 대한 검사에는 보험업법 133조 2항~5항이 적용된다.

(2) 금융위원회법

보험회사에 대한 검사에는 금융위원회법 중에서 검사 관련 규정도 적용된다(금융위원회법38(3)).

(3) 행정조사기본법

(1) 보험회사에 대한 검사에는 행정조사기본법 중 일부 규정이 적용된다. 행정조사에 관하여 다른 법률에 특별한 규정이 있는 경우를 제외하고 행정조사기본법이 행정조사에 적용된다(행정조사기본법3①).

(2) 그럼에도 불구하고 금융감독기관의 감독·검사·조사 및 감리에 관한 사항에는 원칙적으로 행정조사기본법 규정이 적용되지 않고, 다만 동법 4조(행정조사의 기본원칙), 5조(행정조사의 근거) 및 28조(정보통신 수단을 통한 행정조사)는 적용한다(행정조사기본법3②(6)·③). 즉 금융감독원 검사에는 행정조사기본법 4조, 5조, 28조만 적용된다.

(3) 행정조사기본법 5조에 따르면, 행정조사는 법령 및 조례·규칙이 규정해야만 실시할 수 있되, 조사대상자의 자발적인 협조를 얻은 행정조사('임의조사')의 경우에는 그렇지 않다. 행정조사기본법 4조와 28조에 대해서는 이하 해당 부분에서 설명하기로 한다.

(4) 행정규칙

(1) 보험회사에 대한 검사와 관련하여 '금융기관 검사 및 제재에 관한 규정' 및 이를 구체화한 '금융기관 검사 및 제재에 관한 규정 시행세칙'이 있다. 전자를 '검사제재규정', 후자를 '검사제재시행세칙'이라고 부르자.

(2) 위 (1)의 규정들은 상위법령의 명시적 위임에 근거하지 않은 행정규칙이지만, 실무상 이에 의해 검사가 이루어지고 있다.

4. 기본원칙

행정조사기본법 4조는 행정조사의 기본원칙을 규정하는데, 보험회사에 대한 행정조사에도 적용된다(행정조사기본법3②(6)·③). 행정조사기본법 4조 1항부터 6항까지가 규정하는 기본원칙의 내용은 다음과 같다.

(1) 행정조사는 조사목적을 달성하는 데 필요한 최소한의 범위에서 실시해야 하며, 다른 목적 등을 위하여 조사권을 남용해서는 안 된다(행정조사기본법4①(1)).

(2) 조사목적에 적합하게 조사대상자를 선정하여 행정조사를 실시해야 한다(행정조사기본법4①(2)).

(3) 유사 또는 동일한 사안은 공동조사 등을 실시하여 행정조사의 중복을 피해야 한다(행정조사기본법4①(3)).

(4) 행정조사는 법령 및 조례·규칙 위반의 처벌보다는 준수하도록 유도하는 데 중점을 두어야 한다(행정조사기본법4①(4)).

(5) 다른 법률에 특별한 규정이 있는 경우를 제외하고 행정조사의 대상자 또는 행정조사의 내용을 공표하거나 직무상 알게 된 비밀을 누설해서는 안 된다(행정조사기본법4①(5)).

(6) 행정조사를 통해 알게 된 정보를 다른 법률에 따라 내부에서 이용하거나 다른 기관에 제공하는 경우를 제외하고 원래의 조사목적 이외의 용도로 이용하거나 타인에게 제공해서는 안 된다(행정조사기본법4①(6)).

5. 요건

(1) 검사 주체

(1) 보험회사에 대한 검사의 주체는 금융감독원이다(법133②). 금융위원회법에 의하면 금융감독원은 금융위원회나 증권선물위원회의 지도·감독을 받아 금융기관에 대한 검사·감독 업무 등을 수행하기 위하여 설립된 무자본 특수법인이다(금융위원회법24).

(2) 금융위원회법에 의하면 보험회사에 대한 검사도 금융위원회의 소관업무이다(금융위원회법17(2)). 다만, 금융위원회는 검사업무의 수행과 관련하여 금융감독원을 지도·감독한다(금융위원회법24①).

(3) 행정기관이 아닌 금융감독원이 행정조사, 특히 현장조사를 하는 것이 허용되는가? 헌법 및 행정법상 다소 문제가 있다는 견해가 있다.[143] 생각건대, 허용된다고 해석한다. 행정조사기본법 2조 2호에 따르면 행정조사 권한을 위임 또는 위탁받은 경우라면 행정기관 이외라도 행정조사를 할 수 있다.[144] 행정조사기본법 2조 2호가 금융감독기관의 감독·검사·조사 및 감리에 관한 사항에 적용된다고 규정하고 있지 않지만(행정조사기본법3②(6)), 그 취지가 금융감독기관은 검사권한을 위임 또는 위탁받은 경우라도 조사를 할 수 없게 만들기 위해서라고 해석할 일은 아니다. 게다가 이렇게 해석하는 것은 금융위원회법 24조

143) 성대규·안종민 620면

144) 행정조사를 실시하는 행정기관에는 법령 및 조례·규칙에 따라 행정권한이 있는 기관뿐만 아니라 그 권한을 위임 또는 위탁받은 법인·단체 또는 그 기관이나 개인도 포함된다(행정조사기본법2(2)).

및 보험업법 133조 2항 사이에 충돌을 가져온다. 따라서 금융감독원은 금융위원회법 24조 및 보험업법 133조 2항에 따라서 검사권한을 위임 또는 위탁받았다고 볼 수 있으므로, 금융감독원이 검사 주체가 되는 데 문제가 없다.

(2) 검사 방법

1) 열거주의

(1) 금융감독원장은 검사할 때 필요한 경우 보험회사에게 ⓐ 업무 또는 자산에 관한 보고 ⓑ 자료의 제출, 또는 ⓒ 관계인의 출석 및 의견의 진술을 요구할 수 있다(법133③). 금융위원회법 40조 1항도 동일하게 규정하고 있다.

(2) 위 (1)의 ⓐ부터 ⓒ까지의 검사방법은 예시가 아니라 열거라고 해석한다.[145] 보험업법 133조 3항의 법문이 예시방식을 취하고 있지 않고, 행정조사는 침익적 성질이 있으므로 엄격하게 해석할 필요가 있기 때문이다.

(3) 보험업법상 검사방법의 일정한 열거는 행정조사기본법상 행정조사 방법의 다양한 예시와 대비된다. 행정조사는 행정기관이 정책을 결정하거나 직무를 수행하는 데 필요한 정보나 자료를 수집하기 위하여 현장조사·문서열람·시료채취 등을 하거나 조사대상자에게 보고요구·자료제출요구 및 출석·진술요구를 행하는 활동이고(행정조사기본법2(1)), 여기에는 다양한 조사방법이 예시되어 있다.

(4) 보험업법 133조 3항의 검사방법이 예시가 아니라 열거라고 해석하는 한, 보험업법 133조 3항이 규정한 조사방법 이외의 방법을 사용하여 조사하려는 경우에는 조사대상자의 자발적인 협조를 얻어야 한다. 가령 보험회사를 방문해서 하는 현장검사(임점검사)가 허용되는가? 현행 보험업법에 현장검사를 허용하는 명문의 규정이 없기 때문에 법적으로 다소 문제가 있다는 견해가 있다.[146] 이는 타당하며, 현장검사를 하려면 조사대상자의 자발적인 협조를 얻어야 한다고 해석한다.

2) 정보통신 수단을 통한 검사

(1) 행정조사기본법 28조는 정보통신 수단을 통한 행정조사를 규정한다. 즉 행정기관의 장은 인터넷 등 정보통신망을 통하여 조사대상자로 하여금 자료의 제출 등을 하게 할 수 있고, 행정기관의 장은 정보통신망을 통하여 자료의 제출 등을 요구받은 경우에는 조사대상자의 신상이나 사업비밀 등이 유출되지 않도록 제도적·기술적 보안조치를 강구해야 한다.

(2) 행정조사기본법 28조는 보험회사에 대한 행정조사에 적용된다(행정조사기본법3②(6)·③).

145) 성대규·안종민 619면
146) 성대규·안종민 620면

3) 증표제시

⑴ 검사를 하는 자는 검사권한을 표시하는 증표를 지니고 관계인에게 제시해야 한다(법133④). 검사행위의 절차적 요건에 해당한다. 금융위원회법 40조 2항도 동일하게 규정하고 있다.

⑵ 이러한 증표의 제시는 검사를 할 수 있는 정당한 권한이 있음을 입증하는 행위이고 이에 따라 그 상대방에게 조사에 따를 의무가 구체적으로 발생하게 된다.[147)]

⑶ 증표 제시의 요건은 강제조사이든 임의조사이든 공통적으로 적용된다고 해석한다.

6. 시정조치 등

⑴ 금융감독원장은 보험회사가 금융감독원의 검사업무의 수행을 거부·방해 또는 기피한 경우 그 보험회사의 장에게 이를 시정하게 하거나 해당 직원의 징계를 요구할 수 있다(금융위원회법41①⑶).

⑵ 금융감독원장은 보험회사의 임원이 금융위원회법 또는 이 법에 따른 규정·명령 또는 지시를 고의로 위반한 때에는 그 임원의 해임을 임면권자에게 권고할 수 있으며, 그 임원의 업무집행의 정지를 명할 것을 금융위원회에 건의할 수 있다(금융위원회법42).

⑶ 금융감독원장은 보험회사가 금융위원회법 또는 이 법에 따른 규정·명령 또는 지시를 계속 위반하여 위법 또는 불건전한 방법으로 영업하는 경우에는 금융위원회에 다음 각 호의 어느 하나의 조치를 명할 것을 건의할 수 있다(금융위원회법43).

1. 해당 기관의 위법행위 또는 비행의 중지
2. 6개월의 범위에서의 업무의 전부 또는 일부 정지

7. 후속조치

⑴ 금융감독원장은 보험회사에 대한 검사를 한 경우 결과에 따라 필요조치를 하고, 그 내용을 금융위원회에 보고해야 한다(법133⑤). 보고내용에는 검사내용 및 검사결과 등이 포함된다.

⑵ 금융위원회법 59조도 보험업법 133조 5항과 같은 보고의무를 규정하고 있다. 또한 금융위원회법 59조는 금융위원회법 41조 및 42조의 조치를 한 경우에도 보고의무를 규정하고 있다.

8. 분담금

금융감독원의 검사를 받는 보험회사를 비롯한 금융기관(금융위원회법38)은 분담금을

147) 박균성 530면

금융감독원에 납부해야 한다(금융위원회법47①). 이 분담금에 관련된 사항을 심의하기 위하여 금융위원회에 분담금 관리위원회를 설치한다(금융위원회법47②). 이 분담금의 분담요율 및 한도와 그 밖에 분담금의 납부에 필요한 사항 및 분담금 관리위원회의 구성 및 운영에 필요한 사항은 대통령령으로 정한다(금융위원회법47③).

9. 위반 시 효과

보험업법 133조에 따른 검사를 거부·방해 또는 기피하면 과태료(법209①⒂,④(38))가 따른다.

제8절 관계자에 대한 조사

1. 의의

금융위원회는 일정한 사유가 있는 경우 보험회사를 포함한 보험계약의 관계자에 대해 조사권한을 갖는다. 조사사유는 비교적 광범위하게 규정되어 있는데, 실무상 가장 흔히 나타나는 사유는 보험사기이다. 이러한 사유가 발생한 경우 그 관계자를 조사하기 위한 법적 근거를 마련하기 위해서 보험업법은 관계자의 조사에 관한 규정을 두고 있다.

2. 법적 성질

(1) 관계자에 대한 조사는 행정조사에 해당한다. 행정조사는 행정에 필요한 정보를 수집하는 일체의 행위이다.[148] 행정조사법상 행정조사의 정의는 전술한 보험회사 검사에서 살펴보았다.

(2) 행정조사에는 자료의 요구와 같은 명령적 행정행위는 물론이고, 질문, 현장조사, 문서열람과 같은 사실행위도 포함된다.

3. 관련 규정

(1) 보험업법 162조~164조가 관계자의 조사에 대해 적용된다.

(2) 행정조사기본법도 관계자에 대한 조사에 적용되지만 그 적용 범위가 제한된다. 즉 행정조사기본법은 금융감독기관의 감독·검사·조사 및 감리에 관한 사항에 대해서는 원칙적으로 그 적용이 배제되고(행정조사기본법3②(6)), 다만 행정조사기본법 4조(행정조사의 기본원칙), 5조(행정조사의 근거) 및 28조(정보통신 수단을 통한 행정조사)는 적용된다(행정조사기

148) 박균성 524면

본법3③). 이 점에 대해서는 전술한 보험회사에 대한 검사에서 살펴보았다.

4. 조사 요건

(1) 조사 주체

조사 주체는 금융위원회이다(법162①). 다만, 이 조사 업무는 금융감독원장에게 위탁되어 있다(시행령[별표8]41).

(2) 조사 대상

(1) 조사대상은 보험회사, 보험계약자, 피보험자, 보험금을 취득할 자, 그 밖에 보험계약에 관하여 이해관계가 있는 자('관계자')이다(법162①).

(2) 위 (1)의 관계자 범위는 보험계약의 유형 및 조사의 배경 등을 고려하여 구체적이고 개별적으로 판단하게 된다. 가령 자동차배상책임보험과 관련하여 보험사기를 조사한다면 그 관계자에는 보험회사, 보험계약자, 피보험자, 보험금을 취득할 자 이외에 피해자, 손해사정사, 모집종사자, 진료병원, 차량정비소 등이 포함될 수 있을 것이다.

(3) 조사 사유

(1) 조사사유는 다음 각 호의 어느 하나이다(법162①).

1. 보험업법 및 보험업법에 따른 명령 또는 조치를 위반한 사실이 있는 경우
2. 공익 또는 건전한 보험거래질서의 확립을 위하여 필요한 경우

(2) 위 (1)에서 1호는 비교적 특정적이고 구체적인 사유에 해당한다. 이와 달리 2호는 일반적이고 추상적인 사유이며 이 사유가 남용되지 않도록 그 해당 여부를 판단함에 있어서 객관적이고 공정해야 한다.

(4) 조사 방법

(1) 금융위원회는 조사를 위하여 필요하다고 인정되는 경우에는 관계자에게 다음 각 호의 사항을 요구할 수 있다(법162②).

1. 조사사항에 대한 사실과 상황에 대한 진술서의 제출
2. 조사에 필요한 장부, 서류, 그 밖의 물건의 제출

(2) 위 (1)의 규정상 조사방법은 한정적으로 열거된 것이라고 해석해야 한다. 보험업법 162조 2항의 법문이 예시방식을 취하고 있지 않고, 행정조사는 침익적 성질이 있으므로 엄격하게 해석할 필요가 있기 때문이다. 여기에서 열거하지 않은 다른 조사방법을 사용하려면 조사대상자의 자발적인 협조를 얻어야 한다고 해석한다.

(3) 다만, 위 (1)의 자료 제출 요구는 금융감독원장에게 위탁되어 있다(시행령[별표8]41).

(5) 증표의 소지 및 제시

(1) 관계자를 조사하는 자는 그 권한을 표시하는 증표를 지니고 이를 관계자에게 내보여야 한다(법162③,133④).

(2) 증표의 제시는 행정조사를 할 수 있는 정당한 권한이 있음을 입증하는 행위이고 그 상대방에게 조사에 따를 의무가 구체적으로 발생하게 된다.[149]

5. 보험조사협의회

(1) 의의

보험조사협의회('협의회')는 보험업법 162조에 따른 관계자에 대한 조사업무를 효율적으로 수행하기 위하여 금융위원회 내에 둔 기관으로서 보건복지부, 금융감독원, 보험 관련 기관 및 단체 등으로 구성된 협의회이다(법163①).

(2) 필요성

금융위원회의 관계자에 대한 조사를 효율적으로 진행하기 위해서는 유관기관 사이에 정보교환, 조사협조 등이 필요하므로 이러한 유관기관으로 구성된 협의회를 구성한 것이다.

(3) 구성, 기능, 운영

협의회의 구성·운영 등에 관하여 필요한 사항은 대통령령으로 정한다(법163②).

1) 구성

i) 위원

① 선임

(1) 협의회는 다음 각 호의 사람 중에서 금융위원회가 임명하거나 위촉하는 15명 이내의 위원으로 구성할 수 있다(시행령76①).

1. 금융위원회가 지정하는 소속 공무원 1명
2. 보건복지부장관이 지정하는 소속 공무원 1명

2의2. 삭제

3. 경찰청장이 지정하는 소속 공무원 1명
4. 해양경찰청장이 지정하는 소속 공무원 1명
5. 금융감독원장이 추천하는 사람 1명
6. 생명보험협회의 장, 손해보험협회의 장, 보험요율산출기관의 장이 추천하는 사람 각 1명
7. 보험사고의 조사를 위하여 필요하다고 금융위원회가 지정하는 보험 관련 기관 및 단체의 장이 추천하는 사람
8. 그 밖에 보험계약자·피보험자·이해관계인의 권익보호 또는 보험사고의 조사 등 보험에 관

149) 박균성 530면

한 학식과 경험이 있는 사람

(2) 위 (1)의 7호에서 '보험사고의 조사를 위하여 필요하다고 금융위원회가 지정하는 보험 관련 기관'은 다음 각 호에 해당하는 기관을 말한다(감독규정8-1).

1. 국민건강보험법에 의한 국민건강보험공단
2. 국민연금법에 의한 국민연금관리공단
3. 산업재해보상보험법에 의한 근로복지공단
4. 국민건강보험법에 의한 건강보험심사평가원

② 임기

협의회 위원의 임기는 3년으로 한다(시행령76③).

③ 해임

금융위원회는 협의회 위원이 다음 각 호의 어느 하나에 해당하는 경우에는 해당 위원을 해임 또는 해촉할 수 있다(시행령76의2).

1. 심신장애로 인하여 직무를 수행할 수 없게 된 경우
2. 직무와 관련된 비위사실이 있는 경우
3. 직무 태만, 품위 손상, 그 밖의 사유로 인하여 위원으로 적합하지 않다고 인정되는 경우
4. 위원 스스로 직무를 수행하는 것이 곤란하다고 의사를 밝히는 경우

ii) 의장

협의회의 의장('협의회장')은 위원 중에서 호선한다(시행령76②).

2) 기능

협의회는 보험조사와 관련된 다음 각 호의 사항을 심의한다(시행령77).

1. 조사업무의 효율적 수행을 위한 공동 대책의 수립 및 시행에 관한 사항
2. 조사한 정보의 교환에 관한 사항
3. 공동조사의 실시 등 관련 기관 간 협조에 관한 사항
4. 조사 지원에 관한 사항
5. 그 밖에 협의회장이 협의회의 회의에 부친 사항

3) 운영

(1) 협의회장은 협의회를 대표하고 회의를 총괄한다(법78①).

(2) 협의회 회의는 협의회장이 필요하다고 인정하거나 재적위원 3분의 1 이상이 요구할 때에 협의회장이 소집한다(법78②). 협의회의 회의는 재적위원 과반 수 이상의 출석으로 개의하고 출석위원 과반 수 이상의 찬성으로 의결한다(법78③). 협의회장은 회의를 소집하려는 경우에는 회의 개최 2일 전까지 회의의 일시·장소 및 회의에 부치는 사항을 위

원에게 서면으로 알려야 하고, 다만 긴급한 사정이 있거나 부득이한 경우에는 그렇지 않다(법78④).

(3) 협의회는 보험조사에 필요한 경우 '보험사고의 조사를 위하여 필요하다고 금융위원회가 지정하는 보험 관련 기관 및 단체'(시행령76①(7))에 자료제공을 요청할 수 있다(법78⑤). 이러한 기관 및 단체의 종류에 대해서는 전술하였다.

(4) 협의회의 운영에 필요한 사항은 협의회의 의결을 거쳐 협의회장이 정한다(법78⑥).

6. 조사정보의 공표

(1) 금융위원회는 관계자에 대한 조사실적, 처리결과, 그 밖에 관계자의 위법행위 예방에 필요한 정보 및 자료를 대통령령으로 정하는 바에 따라 공표할 수 있다(법164). 조사 관련 정보의 공표는 금융감독원장에게 위탁되어 있다(시행령[별표8]43).

(2) 금융위원회는 조사대상 행위의 유형 및 조사의 처리결과에 관한 통계자료와 위법행위의 예방에 필요한 홍보자료를 신문, 방송 또는 인터넷 홈페이지 등을 통하여 공표할 수 있다(시행령79). 통계자료 또는 홍보자료가 공표 대상이며, 여기에는 개인정보는 포함되지 않는다고 해석한다.

7. 위반 시 효과

(1) 금융위원회는 관계자가 조사를 방해하거나 제출하는 자료를 거짓으로 작성하거나 그 제출을 게을리한 경우에는 관계자가 소속된 단체의 장에게 관계자에 대한 문책 등을 요구할 수 있다(법162④). 조사 방해 등의 행위를 한 관계자에 대한 문책 등의 요구는 금융감독원장에게 위탁되어 있다(시행령[별표8]42).

(2) 보험업법 162조 2항에 따른 요구를 정당한 사유 없이 거부·방해 또는 기피하면 과태료(법209⑤(17))가 따른다.

제9절 제재

1. 의의

(1) 개념 및 필요성

(1) 제재는 보험회사가 위법한 또는 부당한 행위를 하는 등 건전한 경영을 해친 경우 감독기관이 보험회사(소속 임직원 포함)에게 주의 등 불이익을 가하는 행위이다.

(2) 제재는 위법행위 등이 발생하면 가하는 사후규제 또는 사후감독이다. 제재는 무엇보

다도 위법행위 등을 응징하는 목적이 크지만, 위법행위 등을 사전에 예방하는 효과도 있다.

(2) 관련 규정

(1) 보험업법 134조가 보험회사의 제재를 규정한다. 보험회사 자체에 대한 제재 및 그 임직원의 제재로 구분된다. 보험업법 135조는 보험회사의 퇴임임원 또는 퇴임직원의 제재에 대해서 규정한다. 이 절에서는 주로 보험업법 134조 및 135조에 대해서 기술한다.

(2) 허가의 취소도 제재의 한 종류이다. 허가 취소에 관한 구체적 내용은 본서 제2장 보험업의 허가 부분에도 자세히 기술되어 있다.

(3) 외환 건전성 관리기준을 위반한 경우에 대한 제재에 대해서는 본서 제7장 감독, 제1절 재무건전성 유지 부분에서 별도로 기술하였다.

(4) 지배구조법을 위반하면 제재가 따르고(지배구조법34,35), 이는 보험회사에도 적용된다. 따라서 보험회사가 지배구조법상 지배구조 관련 규정을 위반하면 동법에 따른 제재를 받는다. 이에 대해서는 본서 제3장 보험회사, 제2절 보험회사의 지배구조에서 기술하였다. 다만, 지배구조법 관련 규정을 위반한 보험회사에 대해 영업정지를 조치하려면 보험업법 134조의 제재가 적용되는데, 이에 대해서는 여기에서 기술한다.

(5) 금융소비자법을 위반하면 제재가 따르고(금융소비자법48~64), 이는 보험회사에도 적용된다. 따라서 보험회사가 금융소비자법을 위반하면 동법에 따른 제재를 받는다. 이에 대해서는 본서 제4장 모집, 제3절 영업행위규제, 제6관 금융상품등에 관한 광고, 10. 제재조치에서 금융소비자법상 제재체계(48이하)를 개관하였다. 다만, 금융소비자법 관련 규정을 위반한 보험회사에 대해 영업정지를 조치하려면 보험업법 134조의 제재가 적용되는데, 이에 대해서는 여기에서 기술한다. 다만, 금융소비자법 관련 규정을 위반한 보험회사에 대해 영업정지를 조치하려면 보험업법 134조의 제재가 적용되는데, 이에 대해서는 여기에서 기술한다.

(6) 금융기관에 대한 제재를 규정한 금융위원회 고시로 '금융기관 검사 및 제재에 관한 규정' 및 이를 구체화한 '금융기관 검사 및 제재에 관한 규정 시행세칙'이 있다. 다만, 이들은 상위법령의 명시적 위임에 근거하지 않은 행정규칙이다. 실무상 이에 의해 제재가 이루어지는 것이 보통이므로 이에 대해 살펴볼 필요가 있다.

2. 주체

제재의 종류에 따라서 제재 주체에 차이가 있다.

(1) 금융감독원장의 건의에 따라 금융위원회가 조치

1) 금융위원회 조치

금융위원회는 일정한 요건이 충족되면 금융감독원장의 건의에 따라 다음 각 호의 조치를 취할 수 있다(법134①).

1. 보험회사에 대한 주의·경고 또는 임직원에 대한 주의·경고·문책의 요구
2. 해당 위반행위에 대한 시정명령
3. 임원(지배구조법 2조 5호에 따른 업무집행책임자는 제외)의 해임권고·직무정지
4. 6개월 이내의 영업의 일부정지

2) 금융감독원장의 건의

(1) 금융감독원장의 건의는 금융위원회가 금융감독원장의 의견을 청취한다는 의미이지 구속력이 있다거나 동의를 의미한다고까지 해석하기 어렵다.[150] 금융감독원장의 건의가 요건인 취지는 일반적으로 금융감독원이 제재 사유를 검사 또는 조사하기 때문인데, 금융감독원장의 의견을 청취하는 것만으로도 그 취지를 살리는 데 문제가 없다고 본다.

(2) 만약 금융감독원장의 건의를 거치지 않은 경우라면 이는 절차적 하자에 해당한다. 행정행위에서 절차의 하자는 중요성에 따라 무효사유 또는 취소사유가 되며, 경미한 하자는 효력에 아무런 영향이 없다.[151] 금융감독원장의 건의를 거치지 않은 하자가 경미한 하자는 아니다. 판례는 다른 기관의 협의나 자문을 거치지 않은 것과 같은 절차의 하자는 무효사유가 아니라 취소사유에 그친다고 보고 있으며,[152] 금융감독원장의 건의를 거치지 않은 경우도 취소사유에 해당된다고 사료된다.

(2) 금융위원회의 금융감독원장에게 조치를 위탁

(1) 금융위원회는 일정한 요건이 충족되면 금융감독원장으로 하여금 '보험회사에 대한 주의·경고 또는 임직원에 대한 주의·경고·문책의 요구' 조치를 하게 할 수 있다(법134①).

(2) 위 (1)은 제재권의 위탁(위임)이다.

(3) 금융위원회의 조치

(1) 금융위원회는 일정한 요건이 충족되면 '6개월 이내의 영업의 전부정지, 보험업 허가의 취소'를 조치할 수 있다(법134②).

(2) 위 (1)에서 금융감독원장의 건의를 요건으로 하거나, 금융감독원장에게 조치하게 할 수 있다는 언급은 없다.

3. 요건

제재 요건에는 위반행위인 객관적 요건과 고의 또는 과실과 같은 주관적 요건이 있다.

---

150) 성대규·안종민 625면
151) 박균성 414면
152) 대판 2000.10.13. 99두653; 대판 2009.4.23. 2007두13159; 대판 2009.12.10 2009두8359

(1) 주관적 요건

(1) 보험업법 등의 위반행위라는 객관적 요건이 충족되면 충분하고, 특별한 사정이 없는 한 위반자의 고의 또는 과실과 같은 주관적 요건은 요구되지 않는다.[153)]

(2) 판례도 원칙적으로 위반자의 주관적 요건을 요구하지 않는다. 대판 2012.6.28. 2010두24371에서, 행정법규 위반에 대하여 가하는 제재조치는 행정목적의 달성을 위하여 행정법규 위반이라는 객관적 사실에 착안하여 가하는 제재이므로, 위반자가 의무를 알지 못하는 것이 무리가 아니었다고 할 수 있어 그것을 정당화할 수 있는 사정이 있을 때 또는 의무의 이행을 당사자에게 기대하는 것이 무리라고 하는 사정이 있을 때 등 의무 해태를 탓할 수 없는 정당한 사유가 있는 경우 등의 특별한 사정이 없는 한 위반자에게 고의나 과실이 없다고 하더라도 부과될 수 있다고 판시되었다.

(2) 객관적 요건

1) 위반행위

제재의 종류별로 위반행위의 유형이 다르다.

i) 영업 전부정지 또는 허가취소

① 일반적인 경우

(1) 6개월 이내의 영업 전부정지 또는 보험업의 허가 취소를 위해서는 다음 각 호의 어느 하나에 해당해야 한다(법134②).

1. 거짓이나 그 밖의 부정한 방법으로 보험업의 허가를 받은 경우
2. 허가의 내용 또는 조건을 위반한 경우
3. 영업의 정지기간 중에 영업을 한 경우
4. 보험업법 134조 1항 2호에 따른 위반행위 시정명령을 이행하지 않은 경우
5. 지배구조법 [별표] 각 호의 어느 하나에 해당하는 경우(영업의 전부정지를 명하는 경우로 한정)[154)]

---

153) 최동준(보험업법2) 399면. 대판 1980.5.13. 79누251; 대판 2003.9.2. 2002두5177; 대판 2012.6.28. 2010두24371

154) 지배구조법 [별표]의 내용은 다음과 같다.
1. 5조를 위반하여 임원 선임과 관련된 의무를 이행하지 않는 경우
2. 6조를 위반하여 사외이사 선임과 관련된 의무를 이행하지 않는 경우
3. 7조 1항을 위반하여 임원의 자격요건 적합 여부를 확인하지 않는 경우
4. 7조 2항을 위반하여 공시 또는 보고를 하지 아니하거나 거짓으로 공시 또는 보고를 한 경우
5. 7조 3항을 위반하여 해임(사임을 포함한다)사실을 공시 또는 보고를 하지 않거나 거짓으로 공시 또는 보고를 한 경우
6. 8조 1항을 위반하여 이사회의 의결을 거치지 아니하고 주요업무 집행책임자를 임면한 경우
7. 10조를 위반하여 겸직하는 경우
8. 11조 1항 및 2항을 위반하여 겸직 승인을 받지 않는 경우 또는 겸직 보고를 하지 않거나 거짓으로 보고하는 경우
9. 11조 3항에 따른 금융위원회의 명령을 따르지 않는 경우

6. 금융소비자법 51조 1항 4호 또는 5호에 해당하는 경우
7. 금융소비자법 51조 2항 각 호 외의 부분 본문 중 대통령령으로 정하는 경우(영업 전부의 정지를 명하는 경우로 한정)

(2) 무거운 제재인 만큼 제재 사유를 엄격하게 제한하였다.

---

10. 12조를 위반하여 이사회의 구성과 관련된 의무를 이행하지 않는 경우
11. 13조 2항을 위반하여 공시를 하지 아니하거나 거짓으로 공시를 한 경우 또는 선임사외이사를 선임하지 않는 경우
12. 13조 4항을 위반하여 선임사외이사의 업무를 방해하거나 협조를 거부하는 경우
13. 14조를 위반하여 지배구조내부규범과 관련된 의무를 이행하지 않는 경우
14. 15조 1항 및 2항을 위반하여 이사회의 심의·의결에 관한 의무를 이행하지 아니하는 경우
15. 16조를 위반하여 이사회 내에 위원회 설치 및 구성과 관련된 의무를 이행하지 않는 경우
16. 17조를 위반하여 임원 선임과 관련된 의무를 이행하지 않는 경우
17. 18조를 위반하여 사외이사에게 자료나 정보를 제공하지 않거나 거짓으로 제공하는 경우
18. 19조를 위반하여 감사위원회의 구성 및 감사위원의 선임 등과 관련된 의무를 이행하지 않는 경우
19. 20조를 위반하여 감사위원회 또는 감사에 대한 지원 등과 관련된 의무를 이행하지 않는 경우
20. 21조를 위반하여 위험관리위원회의 심의·의결에 관한 의무를 이행하지 않는 경우
21. 22조 1항을 위반하여 보수위원회의 심의·의결에 관한 의무를 이행하지 않는 경우
22. 22조 2항 및 3항을 위반하여 보수체계 등에 관한 의무를 이행하지 않는 경우
23. 22조 4항 및 5항을 위반하여 연차보고서를 작성하지 않은 경우 또는 공시를 하지 않거나 거짓으로 공시하는 경우

23의2. 22조의2 1항을 위반하여 내부통제위원회의 심의·의결에 관한 의무를 이행하지 아니하는 경우

24. 23조 2항 및 3항을 위반하여 상근감사를 선임하지 않거나 자격요건을 갖추지 못한 상근감사를 선임하는 경우
25. 24조를 위반하여 내부통제기준과 관련된 의무를 이행하지 않는 경우
26. 25조 1항을 위반하여 준법감시인을 두지 아니하는 경우
27. 25조 2항부터 6항까지(28조 2항에서 준용하는 경우를 포함한다)를 위반하여 준법감시인 임면 및 보수지급과 평가기준 운영에 관련된 의무를 이행하지 않는 경우
28. 26조에 따른 자격요건을 갖추지 못한 준법감시인을 선임하는 경우
29. 27조를 위반하여 위험관리기준과 관련된 의무를 이행하지 않은 경우
30. 28조 1항을 위반하여 위험관리책임자를 두지 아니하는 경우
31. 28조 3항 및 4항에 따른 자격요건을 갖추지 못한 위험관리책임자를 선임하는 경우
32. 29조를 위반하여 준법감시인 또는 위험관리책임자가 같은 조 각 호의 어느 하나에 해당하는 업무를 수행하는 직무를 담당하거나 준법감시인 또는 위험관리책임자에게 이를 담당하게 하는 경우
33. 30조 2항을 위반하여 준법감시인 및 위험관리책임자의 임면 사실을 보고하지 않거나 거짓 보고하는 경우
34. 30조 3항을 위반하여 준법감시인 및 위험관리책임자에 자료나 정보를 제공하지 않거나 거짓으로 제공하는 경우
35. 30조 4항을 위반하여 준법감시인 및 위험관리책임자에게 인사상 불이익을 주는 경우

35의2. 30조의3 1항부터 6항까지(5항은 제외한다)를 위반하여 책무구조도 마련·제출 또는 변경 관련 의무를 이행하지 아니한 경우

36. 32조 2항을 위반하여 적격성 유지요건을 충족하지 못함을 보고하지 않은 경우
37. 32조 3항에 따른 금융위원회의 자료제출 또는 정보제공 요구에 따르지 않거나 거짓 자료 또는 정보를 제공하는 경우
38. 33조에 따른 소수주주권의 행사를 부당한 방법으로 방해한 경우
39. 38조 2항을 위반하여 조치한 내용을 기록하지 않거나 이를 유지·관리하지 아니하는 경우
40. 41조 1항을 위반하여 주주총회와 관련한 공시를 하지 않거나 거짓으로 공시한 경우
41. 41조 2항을 위반하여 주주가 주주권을 행사한 내용을 공시하지 않거나 거짓 공시한 경우

(3) 지배구조법 위반은 6개월 이내의 영업의 전부정지가 가능하고 보험업의 허가취소는 할 수 없다.

(4) 보험업 허가취소에 관한 자세한 내용은 본서 제2장 보험업의 허가 부분에서 기술한 바 있다.

② 외국보험회사 국내지점인 경우

외국보험회사 국내지점에 대한 영업정지 또는 보험업 허가취소에 대해서는 보험업법 74조가 별도로 규정하고 있다. 이에 대해서는 본서 제2장 보험업의 허가 부분 또는 제3장 보험회사 부분에서 기술한 바 있다.

ii) 영업 전부정지 또는 허가취소 이외의 제재

(1) 6개월 이내의 영업의 전부정지 또는 보험업의 허가 취소 이외의 제재를 위해서는 다음과 같은 이유가 있어야 한다(법134①).

1. 보험회사 또는 임직원이 보험업법을 위반하거나 또는 보험업법에 따른 규정·명령 또는 지시를 위반하여 보험회사의 건전한 경영을 해칠 우려가 있다고 인정되는 경우
2. 지배구조법 [별표] 각 호의 어느 하나에 해당하는 경우(6개월 이내의 영업의 일부정지 조치로 한정)

(2) 건전한 경영을 해칠 우려가 있는지 여부는 위반행위의 성격, 위반행위가 건전한 경영에 미치는 영향 등 여러 사정을 종합적으로 고려하여 판단해야 한다.[155)]

(3) 지배구조법 위반으로 인한 제재의 종류로는 6개월 이내의 영업의 일부정지가 가능하다.

2) 청문

보험업의 허가취소는 청문을 거쳐야 한다(법134②). 청문에 대해서는 전술한 기초서류의 변경 등 명령(법131②)에서 자세히 살펴본 바 있다.

4. 효과

(1) 제재 종류

보험업법 134조가 규정하는 제재의 종류에는 다음이 있다. 보험회사에 대한 제재와 임직원에 대한 제재로 구분해서 살펴보자.

1) 보험회사

(1) 보험회사 제재 종류는 다음과 같다(법134①·②).

1. 보험회사에 대한 주의·경고
2. 해당 위반행위에 대한 시정명령

155) 최동준(보험업법2) 400면

3. 6개월 이내의 영업의 일부정지
4. 6개월 이내의 영업의 전부정지
5. 보험업 허가의 취소

(2) 보험업법 134조 2항에 따르면 금융위원회는 보험회사가 일정한 사유에 해당하는 경우 '영업 전부의 정지를 명하거나 청문을 거쳐 보험업의 허가를 취소할 수 있다'라고 규정하고 있다. 이에 따라 영업의 전부정지를 명할지 보험업 허가취소를 명할지 여부, 만약 한다면 둘 중 어느 것을 선택할지는 금융위원회의 재량사항이다. 행정행위의 취소 또는 철회는 원칙상 재량행위이기도 하다.[156] 그리고 업무정지를 명하는 경우 그 기간도 재량사항이며, 6개월 이내의 범위에서 구체적 타당성을 고려하여 정한다.

(3) 지배구조법 [별표]를 위반한 경우 보험업법 134조에 따른 보험회사에 대한 제재 종류로는 위 (1)의 3호와 4호만 가능하다. 즉 6개월 이내의 영업의 일부정지 또는 6개월 이내의 영업의 전부정지만 가능하다. 위 (1)의 1호와 2호의 제재는 지배구조법 34조에 의해야 한다.[157] 그리고 (1)의 5호의 제재, 즉 보험업 허가의 취소는 지배구조법 위반으로는 취할 수 없는 조치이다.

2) 임직원

보험회사 임직원에 대한 제재는 임원과 직원으로 구분해 볼 수 있다.

i) 임원

(1) 임원에 대한 제재 종류는 다음과 같다(법134①).

1. 임원에 대한 주의·경고·문책의 요구
2. 임원에 대한 해임권고·직무정지

(2) 임원에 대한 정의는 지배구조법이 정하는 바에 따른다(법134①(3) 참조). 즉 임원이란 이사, 감사, 집행임원(상법에 따른 집행임원을 둔 경우로 한정), 업무집행책임자를 말한다(지배구조법2(2)). 이사는 사내이사, 사외이사 및 그 밖에 상시적인 업무에 종사하지 아니하는 이사(비상임이사)이다(지배구조법2(3)). 업무집행책임자는 이사가 아니면서 명예회장·회장·부회장·사장·부사장·행장·부행장·부행장보·전무·상무·사 등 업무를 집행할 권한

156) 박균성 448면, 459면
157) 지배구조법 34조 1항은 다음과 같다.
금융위원회는 금융회사가 [별표] 각 호의 어느 하나에 해당하는 경우에는 다음 각 호의 어느 하나에 해당하는 조치를 할 수 있다.
1. 위법행위의 시정명령
2. 위법행위의 중지명령
3. 금융회사에 대한 경고
4. 금융회사에 대한 주의
5. 그 밖에 위법행위를 시정하거나 방지하기 위하여 필요한 조치로서 대통령령으로 정하는 조치

이 있다고 인정될 만한 명칭을 사용하여 금융회사의 업무를 집행하는 사람이다(지배구조법 2(5)). 다만, 해임권고 또는 직무정지의 경우는 업무집행책임자를 임원에서 제외한다(법134①(3)).

(3) 지배구조법 [별표]를 위반한 경우 보험업법 134조에 따른 임원 제재는 조치할 수 없다. 이 경우 임원 제재는 지배구조법 35조에 따라야 한다.158)

ii) 직원

(1) 직원에 대한 제재 종류에는 직원에 대한 주의·경고·문책의 요구가 있다(법134①).

(2) 직원의 범위는 객관적, 규범적으로 정해져야 한다. 정규직원뿐만 아니라 비정규직원도 포함된다고 해석한다. 비정규직원에 대한 내부통제, 징계여부 등이 금융기관별로 상이하므로 비정규직원에 대한 제재는 당해 금융기관의 내규를 고려하여 판단해야 한다는 견해가 있지만,159) 직원에 대한 제재는 금융기관 내부에 임의 조치가 아니라 보험업법에 따른 강제 조치이므로 금융기관별 차등 없이 객관적, 규범적으로 정해져야 하므로 찬성하기 어렵다.

(3) 지배구조법 [별표]를 위반한 경우 보험업법 134조에 따른 직원 제재는 조치할 수 없다. 이 경우 직원 제재는 지배구조법 35조에 따라야 한다.160)

(2) 제재사실 공표

1) 의의

금융위원회는 일정한 경우 보험회사가 제재 사실을 공표하게 할 수 있다(법134③). 즉 금융위원회는 금융감독원장의 건의에 따라 보험회사가 보험업법 134조 1항에 따른 조치, 2항에 따른 영업정지 또는 허가취소 처분을 받은 사실을 대통령령으로 정하는 대로 공표하도록 할 수 있다.

---

158) 금융위원회는 금융회사의 임원(업무집행책임자는 제외)이 [별표] 각 호의 어느 하나에 해당하는 경우에는 다음 각 호의 어느 하나에 해당하는 조치를 할 수 있다(지배구조법35①).
1. 해임요구
2. 6개월 이내의 직무정지 또는 임원의 직무를 대행하는 관리인의 선임
3. 문책경고
4. 주의적 경고
5. 주의

159) 최동준(보험업법2) 403면

160) 금융위원회는 금융회사의 직원(업무집행책임자를 포함)이 별표 각 호의 어느 하나에 해당하는 경우에는 다음 각 호의 어느 하나에 해당하는 조치를 할 것을 그 금융회사에 요구할 수 있다(지배구조법35②).
1. 면직
2. 6개월 이내의 정직
3. 감봉
4. 견책
5. 주의

2) 법적 성질

행정법상 제재적 공표는 행정법상 의무위반이 있는 경우 의무위반자의 명단, 위반사실 등을 공중이 알 수 있도록 알리는 행위를 가리킨다.[161] 보험업법 134조 3항의 공표는 제재적 공표에 해당한다. 제재적 공표의 목적은 의무 위반자를 명성위험(reputation risk)에 노출시켜 제재를 가할 뿐만 아니라 간접적으로 의무위반을 예방하고, 공중에게 제재 사실을 알게 하여 자기방어를 할 수 있는 기회를 주기 위해서이다.

3) 주체

(1) 금융위원회가 보험회사에게 제재사실을 공표하게 할 수 있다(법134③). 금융위원회는 공표를 명령하는 주체이고, 공표의 주체는 보험회사이다.

(2) 다만, 위 (1)은 금융감독원장의 건의에 따른다(법134③). 금융감독원장의 건의는 금융위원회가 금융감독원장의 의견을 청취한다는 의미로 해석한다.

4) 대상 및 방법

i) 구분

(1) 금융위원회는 보험회사가 제재를 받은 경우에는 그 사실을 다음 각 호의 구분에 따라 공표하도록 할 수 있다(시행령73의2①).

1. 보험회사에 대한 경고, 임원의 해임권고·직무정지의 요구: 해당 보험회사의 인터넷 홈페이지에 7영업일 이상 게재
2. 시정명령, 영업의 일부 또는 전부의 정지, 허가취소: 전국적으로 배포되는 일간신문에 1회 이상 게재 및 해당 보험회사의 본점과 영업소에 7영업일 이상 게시

(2) 위 (1)에 비추어 보면 공표 대상인 제재 사실은 보험회사 제재뿐만 아니라 임직원 제재도 포함된다. 다만, 보험회사에 대한 주의, 임직원에 대한 주의·경고·문책의 요구는 공표 대상에서 제외됨을 알 수 있다.

ii) 구체적 게시방법

① 인터넷 홈페이지 게시

위 i)(1)의 1호에 따른 인터넷 홈페이지 게시는 다음 각 호에서 정하는 바에 따른다(감독규정10-3②본). 다만, 금융위원회는 보험회사 인터넷 홈페이지의 기술적 한계 등을 감안하여 2호부터 4호까지 사항과 관련된 구체적 사항을 조정할 수 있다(감독규정10-3②단).

1. 공표기간: 7영업일(다만, 제재사실의 위법정도를 감안하여 5영업일 이내의 범위에서 공표기간을 연장할 수 있다)
2. 공표장소: 인터넷 사용자가 보험회사의 홈페이지에 접속할 때 최초로 보이는 주된 홈페이지. 다만, 홈페이지 구조 등으로 인하여 주된 홈페이지에 공표내용 전체를 게시하기 어려운

161) 홍정선 752면. 행정법상 공표에는 정보제공적 공표, 유도적 공표도 있다.

경우에는 홈페이지 공지사항에 제재사실의 공표를 명령받은 사실의 공표제목만 기재하고 별도의 인터넷 창(pop－up 창)으로 공표내용을 게시할 수 있다.
3. 공표문안 및 글자크기: 감독규정 [별표23]에서 정하는 바에 따라 게시할 것
4. 공표크기: 인터넷 사용자의 홈페이지 접속 시 모니터 화면의 3분의 1이상 면적으로 게시할 것

② 일간신문 게시

위 i)⑴의 2호에 따른 일간신문 게시는 다음 각 호에서 정하는 바에 따라 게시해야 한다(감독규정10－3③).

1. 공표일: 토요일, 일요일 및 공휴일을 제외한 평일
2. 공표장소: 일간신문의 2면, 3면, 사회면 또는 경제면 중 택일
3. 공표문안 및 글자크기: 감독규정 [별표23]에서 정하는 바에 따라 게시할 것
4. 공표크기: 5단 × 37㎝

③ 사업장 게시

위 i)⑴의 2호에 따른 본점 및 영업점('사업장') 게시는 다음 각 호에서 정하는 바에 따라 게시해야 한다(감독규정10－3④).

1. 공표기간: 7영업일(다만, 제재사실의 위법정도를 감안하여 5영업일 이내의 범위에서 공표기간을 연장할 수 있다)(감독규정10－3②⑴)
2. 공표장소: 모든 사업장의 정문 출입구, 승강기 입구 등 보험계약자 등이 출입하는 곳 중에서 공표사실을 가장 쉽게 볼 수 있는 곳
3. 공표문안 및 글자크기: 감독규정 [별표23]에서 정하는 바에 따라 게시할 것
4. 공표크기: 전지 규격 (78.8㎝ × 109㎝)

5) 공표요구에 대한 이행 기한

⑴ 제재사실의 공표를 요구받은 보험회사는 공표를 요구받은 날로부터 1개월 이내에 제재사실의 공표를 이행해야 한다(감독규정10－3①).

⑵ 보험회사는 공표요구에 대한 이행 기한으로부터 10영업일 이내에 금융위원회에 이행내용(증빙서류를 포함)을 보고해야 한다(감독규정10－3⑤).

6) 의견 제출 기회 제공

금융위원회가 보험업법 134조 3항에 따라 제재사실의 공표를 요구하고자 하는 때에는 미리 당사자에게 의견을 제출할 기회를 주어야 한다(감독규정10－3⑥).

(3) 제재 효과

⑴ 금융기관의 최대주주가 되고자 하는 경우에는 최근 1년간 기관경고 조치 또는 최근 3년간 시정명령이나 중지명령, 업무정지 이상의 조치를 받은 사실(기관경고를 받은 후 최대주주 및 그 특수관계인인 주주 전체가 변경된 경우에는 적용을 제외)이 없어야 한다[지배구조

감독규정[별표4]1다(3)(가).

(2) 보험회사 임원이 제재를 받으면, 일정한 경우 대통령령으로 정하는 기간 내에는 금융회사의 임원에 선임되지 못하고,[162] 또한 일정한 경우 임원직을 상실한다(지배구조법5①(7),②).[163]

(3) 최근 5년간 지배구조법 또는 금융관계법령을 위반하여 금융위원회 또는 금융감독원장, 그 밖에 대통령령으로 정하는 기관으로부터 문책경고 또는 감봉요구 이상에 해당하는 조치를 받은 사실이 있으면 위험관리책임자가 될 수 없다(지배구조법28③(1)).

5. 퇴임 임원 등

(1) 제재 필요성

(1) 보험회사에 재임·재직 중인 임직원은 제재 요건이 충족되면 제재를 받게 되고, 일정한 경우 대통령령이 정하는 기간 내에는 금융회사의 임원이 되지 못하며, 또한 일정한 경우 임원직을 상실한다(지배구조법5①(7),②). 제재를 하는 목적은 위법행위 등을 응징하고 사전에 예방하기 위해서이다.

(2) 만약 보험회사 임직원이 제재를 받았을 것으로 인정되는 위법행위 등을 했음에도 퇴임·퇴직했기 때문에 아무런 조치를 취하지 않으면, 제재를 통해서 위법행위 등을 응징하고 사전에 예방하려는 목적은 달성이 어렵다. 퇴임·퇴직한 임직원에게 가할 수 있는 조치는 제한될 수밖에 없다. 퇴임·퇴직한 임직원에게 문책 등과 같은 제재 조치나 임원직 상실은 아무런 실효성이 없기 때문이다. 다만, 퇴임·퇴직한 임직원이 이후에 일정 기

162) 대통령령으로 정하는 기간이란 아래 각 호의 기간을 말한다(지배구조법시행령7②).
1. 임원에 대한 제재조치의 종류별로 다음 각 목에서 정하는 기간
가. 해임(해임요구 또는 해임권고를 포함): 해임일(해임요구 또는 해임권고의 경우에는 해임요구일 또는 해임권고일)부터 5년
나. 직무정지(직무정지의 요구를 포함) 또는 업무집행정지: 직무정지 종료일(직무정지 요구의 경우에는 직무정지 요구일) 또는 업무집행정지 종료일부터 4년
다. 문책경고: 문책경고일로부터 3년
2. 직원에 대한 제재조치의 종류별로 다음 각 목에서 정하는 기간
가. 면직요구: 면직요구일로부터 5년
나. 정직요구: 정직요구일로부터 4년
다. 감봉요구: 감봉요구일로부터 3년
3. 재임 또는 재직 당시 금융관계법령에 따라 그 소속기관 또는 금융위원회·금융감독원장 외의 감독·검사기관으로부터 1호 또는 2호의 제재조치에 준하는 조치를 받은 사실이 있는 경우 1호 또는 2호에서 정하는 기간
4. 퇴임하거나 퇴직한 임직원이 재임 또는 재직 중이었더라면 1호부터 3호까지의 조치를 받았을 것으로 인정되는 경우 그 받았을 것으로 인정되는 조치의 내용을 통보받은 날부터 1호부터 3호까지에서 정하는 기간

163) 임원직을 상실하지 않는 경우는 직무정지, 업무집행정지 또는 정직요구(재임 또는 재직 중이었더라면 조치를 받았을 것으로 통보를 받은 경우를 포함) 이하의 제재를 받은 경우를 말한다(지배구조법시행령7④).

간 내에는 임원이 될 수 없도록 하는 제한은 실효성이 있다. 제재 조치 직전에 의도적으로 퇴임·퇴직하여 임원선임 제한을 피하는 부작용도 막을 수 있다. 퇴임·퇴직한 임직원에게 임원선임이 제한되도록 하는 법규가 존재하는 이유이다. 즉 퇴임·퇴직한 임직원이 재임·재직 중이었더라면 임원선임 제한 효과가 생길 정도의 제재조치를 받았으리라 인정되는 경우 제재조치 통보를 받은 날부터 임원선임이 제한되는 효과가 생긴다(지배구조법시행령7②(4)).

(2) 제재조치 통보

1) 의의

(1) 임원선임 제한을 퇴임·퇴직한 임직원에게 적용하려면, 퇴임·퇴직한 임직원도 재임·재직 중이었더라면 받았을 제재 조치를 결정하여 통보할 필요가 있다. 즉 금융위원회(보험업법 134조 1항에 따라 조치를 할 수 있는 금융감독원장을 포함)는 보험회사의 퇴임한 임원 또는 퇴직한 직원(지배구조법 2조 5호에 따른 업무집행책임자를 포함)[164]이 재임 또는 재직 중이었더라면 보험업법 134조 1항 1호 및 3호[165]에 해당하는 조치를 받았을 것이라고 인정되는 경우에는 조치의 내용을 해당 보험회사의 장에게 통보할 수 있다(법135①).

(2) 보험업법은 제재 조치의 통보만 규정하나, 통보를 위해서는 제재 조치 결정이 당연히 선행되어야 하므로 통보 전에 먼저 제재 조치를 결정하게 된다.

2) 통보의 내용 및 목적

(1) 통보의 내용은 해당 임직원이 재임 또는 재직 중이라고 가정하면 주의·경고·문책의 요구, 해임권고·직무정지 조치를 받았다고 인정되는 경우 해당 조치를 가리킨다.

(2) 통보의 목적은 임원선임을 제한하는 효과를 발생시키는 데 그치지 않는다. 지배구조법시행령 7조 2항에 따르면 임원선임이 제한되는 경우는 임원이 해임(해임요구 또는 해임권고를 포함), 직무정지(직무정지 요구를 포함) 또는 업무집행정지, 문책경고를 받은 경우, 직원이 면직요구, 정직요구, 감봉요구를 받은 경우로 한정되는데, 통보의 내용에는 주의를 포함하여 임직원을 제재하는 모든 조치가 포함되기 때문이다. 통보의 목적이 단순히 임원선임 제한과만 관련되지 않음을 알 수 있다. 통보의 목적은 임원선임 제한은 물론이고 해당 보험회사가 재채용 등 인사 참고자료로 활용할 수 있도록 하기 위해서이다.[166]

3) 통보 주체 및 객체

(1) 통보의 주체는 금융위원회 또는 금융감독원장이다. 금융감독원장이 통보권을 갖는

---

164) 다만, 해임권고 또는 직무정지의 경우는 업무집행책임자를 임원에서 제외한다(법134①(3)).

165) 보험업법 134조 1항 1호 및 3호는 다음과 같다.
1. 보험회사에 대한 주의·경고 또는 그 임직원에 대한 주의·경고·문책의 요구
3. 임원(지배구조법 2조 5호에 따른 업무집행책임자는 제외)의 해임권고·직무정지

166) 최동준(보험업법2) 406면

경우는 금융위원회가 금융감독원장으로 하여금 임직원에 대한 주의·경고·문책의 요구를 하게 한 경우이다.

(2) 통보의 객체는 당해 임직원이 재임·재직했던 보험회사의 현재 장이다.

4) 통보의 법적 성격

(1) 통보행위의 법적 성격은 준법률행위적 행정행위이다. 퇴임·퇴직한 임직원은 통보를 받은 날부터 임원선임이 제한되는 효과가 생긴다(지배구조법시행령7②(4)). 통보행위 자체가 일정한 법률효과를 생기게 하므로 행정행위의 일종이다. 통보행위를 사실행위라고 보는 견해가 있으나,[167] 위와 같은 이유 때문에 타당하지 않다.

(2) 통보행위는 재량행위이다. 보험업법 135조 1항 법문은 "통보할 수 있다"라고 규정하여, 통보 여부가 재량사항임을 명문으로 밝히고 있다. 일반적으로 제재처분은 법령에 의해서 재량행위로 규정된다. 제재처분에 재량권이 인정되는 이유는 구체적 타당성(합목적성)을 고려한 제재처분이 이루어지도록 하기 위해서이다. 보험업법 135조 1항 법문이 통보에 재량권을 부여한 이유는 제재가 아니라 통보에 의해서 임원선임 제한의 효과가 생긴다는 점(지배구조법시행령7②(4))을 고려했기 때문이다.

5) 통보의 처분성

(1) 통보행위가 행정소송의 대상이 되는 처분에 해당하는지가 문제된다. 처분성을 긍정하는 견해[168]와 부정하는 견해[169]가 대립한다. 부정하는 견해의 논거는 통보행위가 사실행위에 불과하고 사실행위는 처분에 해당하지 않는다는 점이다. 전술한 바와 같이 통보행위는 사실행위가 아닐 뿐만 아니라, 설령 사실행위라고 해도 권력적 사실행위는 처분성이 인정될 수 있기 때문에 타당한 논거라고 하기 어렵다.[170]

(2) 생각건대, 원칙적으로 통보행위의 처분성을 인정해야 한다. 퇴임·퇴직한 임직원은 통보를 받은 날부터 임원선임이 제한되는 효과가 생긴다(지배구조법시행령7②(4)). 통보행위가 처분에 해당한다고 볼 이유이다. 즉 행정소송법 2조 1항 1호는 처분을 행정청이 행하는 구체적 사실에 관한 법집행으로서의 공권력의 행사 또는 그 거부와 그 밖에 이에 준하는 행정작용이라고 정하는데, 통보행위는 여기에 포함된다고 해석한다.

(3) 다만, 임원선임 제한의 효과가 생기지 않는 제재(주의 등)의 통보행위도 처분성을 인정할 수 있는지는 별개의 문제이다. 임원선임 제한의 효과가 생기지 않는 제재(주의 등)를 통보하는 이유는 재채용 등 인사 참고자료로 활용할 수 있도록 하기 위해서이다. 재채용 등 인사 참고자료로 활용한다면 사실상 불이익으로 작용할 수 있다. 특히, 통보를 받으

---

167) 정채웅 843면
168) 성대규·안종민 631면
169) 정채웅 843면
170) 권력적 사실행위의 처분성을 인정한 판례로는 대판 2014.2.13. 2013두20899가 있다.

면 재취업 등에 반영한다는 보험회사 내규 등이 존재하는 경우는 사실상 불이익으로 작용할 수 있다. 사실상 불이익을 주는 통보행위에 처분성이 인정될 수 있는가? 생각건대, 사실상 불이익을 주는 통보행위에도 처분성이 인정되어야 통보 해당자가 위법 또는 부당한 권익침해로부터 구제를 받을 길이 열릴 수 있다는 견지에서 처분성을 긍정해야 한다.

(3) 통보받은 보험회사의 의무

(1) 통보를 받은 보험회사의 장은 퇴임·퇴직한 임직원에게 통보내용을 알리고 인사기록부에 기록·유지해야 한다(법135②).

(2) 해당 임직원에게 알리는 이유는 해당 사실을 알게 하고 해당 사실 때문에 위법, 부당한 권익침해가 있는 경우 행정구제를 받을 수 있도록 하기 위해서이다.[171]

(3) 인사기록부에 기록·유지하는 이유는 임원선임, 재채용 등의 인사 참고자료로 활용하기 위해서이다.[172]

6. 검사제재규정 등

(1) 의의

(1) 보험회사에 대한 제재와 관련하여 '금융기관 검사 및 제재에 관한 규정' 및 이를 구체화한 '금융기관 검사 및 제재에 관한 규정 시행세칙'이 있다. 전자를 '검사제재규정', 후자를 '검사제재시행세칙'이라고 부르자.

(2) 위 (1)의 규정들은 상위법령의 명시적 위임에 근거하지 않은 행정규칙이지만, 실무상 이에 의해 제재가 이루어지고 있다. 여기서는 그 주요내용으로서 제재의 종류와 사유, 그리고 제재기준에 대해서 살펴보기로 한다.

(2) 제재의 종류 및 사유

1) 기관에 대한 제재

금융위원회법, 구조개선법 및 금융업관련법의 규정 등에 의거 금융기관에 대하여 취할 수 있는 제재의 종류 및 사유는 다음 각 호와 같다(검사제재규정17①).

1. 영업의 인가·허가 또는 등록의 취소, 영업·업무의 전부 정지
   가. 허위 또는 부정한 방법으로 인가·허가를 받거나 등록을 한 경우 또는 인가·허가의 내용이나 조건에 위반한 경우
   나. 금융기관의 건전한 영업 또는 업무를 크게 저해하는 행위를 함으로써 건전경영을 심히 훼손하거나 당해 금융기관 또는 금융거래자 등에게 중대한 손실을 초래한 경우
   다. 영업·업무의 전부 또는 일부에 대한 정지조치를 받고도 당해 영업·업무를 계속하거나 동일 또는 유사한 위법·부당행위를 반복하는 경우

---

171) 최동준(보험업법2) 406면; 정채웅 842면은 이의신청의 기회를 주기 위해서라고 기술한다.
172) 최동준(보험업법2) 406면; 정채웅 842면

라. 위법부당행위에 대한 시정명령을 이행하지 않은 경우

2. 영업·업무의 일부에 대한 정지

가. 삭제

나. 금융기관의 건전한 영업 또는 업무를 저해하는 행위를 함으로써 건전경영을 훼손하거나 당해 금융기관 또는 금융거래자 등에게 재산상 손실을 초래한 경우

다. 3호의 영업점 폐쇄, 영업점 영업의 정지조치 또는 4호의 위법·부당행위의 중지조치를 받고도 당해 영업점 영업을 계속하거나 당해 행위를 계속하는 경우

라. 7호의 기관경고를 받고도 동일 또는 유사한 위법·부당행위를 반복하는 경우

3. 영업점의 폐쇄, 영업점 영업의 전부 또는 일부의 정지

금융기관의 위법·부당행위가 2호의 규정에 해당되나 그 행위가 일부 영업점에 국한된 경우로서 위법·부당행위의 경중에 따라 당해 영업점의 폐쇄 또는 그 영업의 전부 또는 일부를 정지시킬 필요가 있는 경우

4. 위법·부당행위 중지

금융기관의 위법·부당행위가 계속되고 있어 이를 신속히 중지시킬 필요가 있는 경우

5. 계약이전의 결정

구조개선법 2조 3호의 규정에서 정한 부실금융기관이 동법 14조 2항 각 호의 1에 해당되어 당해 금융기관의 정상적인 영업활동이 곤란한 경우

6. 위법내용의 공표 또는 게시요구

금융거래자의 보호를 위하여 위법·부당내용을 일간신문, 정기간행물 기타 언론에 공표하거나 영업점에 게시할 필요가 있는 경우

7. 기관경고

가. 2호 나목의 규정에 해당되나 위법·부당행위의 동기, 목적, 방법, 수단, 사후수습 노력 등을 고려할 때 그 위반의 정도가 2호의 제재에 해당되는 경우보다 가벼운 경우

나. 위법·부당행위로서 그 동기·결과가 다음 각 호의 하나에 해당하는 경우

(1) 위법·부당행위가 당해 금융기관의 경영방침이나 경영자세에 기인한 경우

(2) 관련점포가 다수이거나 부서 또는 점포에서 위법·부당행위가 조직적으로 이루어진 경우

(3) 임원이 위법·부당행위의 주된 관련자이거나 다수의 임원이 위법·부당행위에 관련된 경우

(4) 동일유형의 민원이 집단적으로 제기되거나 금융거래자의 피해규모가 큰 경우

(5) 금융실명법의 중대한 위반행위가 발생한 경우

(6) 위법·부당행위가 수사당국에 고발 또는 통보된 사항으로서 금융기관의 중대한 내부통제 또는 감독 소홀 등에 기인한 경우

다. 최근 1년 동안 내부통제업무 소홀 등의 사유로 금융사고가 발생하여

(1) 당해 금융기관의 최직근 분기 말 현재 자기자본(자기자본이 납입자본금보다 적은 경우에는 납입자본금. 이하 같다)의 100분의 2(자기자본의 100분의 2가 10억 원 미만인 경우에는 10억 원) 또는 다음의 금액을 초과하는 손실이 발생하였거나 발생이 예상되는 경우

㈎ 자기자본이 1조 5천억 원 미만인 경우: ①①억 원

(나) 자기자본이 1조 5천억 원 이상 2조 5천억 원 미만인 경우: 300억 원

(다) 자기자본이 2조 5천억 원 이상인 경우: 500억 원

(2) 손실(예상)금액이 (1)에 미달하더라도 내부통제가 매우 취약하여 중대한 금융사고가 빈발하거나 사회적 물의를 크게 야기한 경우

라. 삭제

마. 삭제

8. 삭제

9. 기관주의

정상참작의 사유가 크거나 위법·부당행위의 정도가 상당히 경미한 경우

2) 임원에 대한 제재

금융위원회법, 구조개선법 및 금융업관련법의 규정 등에 의거 금융기관의 임원에 대하여 취할 수 있는 제재의 종류 및 사유는 다음 각 호와 같다(검사제재규정18①).

1. 해임권고(해임요구, 개선(改選)요구를 포함)

가. 고의로 중대한 위법·부당행위를 함으로써 금융질서를 크게 문란시키거나 금융기관의 공신력을 크게 훼손한 경우

나. 금융기관의 사회적 명성에 중대한 손상이 발생하는 등 사회적 물의를 야기하거나 금융기관의 건전한 운영을 크게 저해하는 행위를 함으로써 당해 금융기관의 경영을 심히 위태롭게 하거나 당해 금융기관 또는 금융거래자 등에게 중대한 재산상의 손실을 초래한 경우

다. 고의 또는 중과실로 재무제표 등에 허위의 사실을 기재하거나 중요한 사실을 기재하지 아니하여 금융거래자등에게 중대한 재산상의 손실을 초래하거나 초래할 우려가 있는 경우 또는 위의 행위로 인하여 구조개선법 10조에서 정한 적기시정조치를 회피하는 경우

라. 고의 또는 중과실로 금융감독원장이 금융관련법규에 의하여 요구하는 보고서 또는 자료를 허위로 제출함으로써 감독과 검사업무 수행을 크게 저해한 경우

마. 고의 또는 중과실로 직무상의 감독의무를 태만히 하여 금융기관의 건전한 운영을 크게 저해하거나 금융질서를 크게 문란시킨 경우

바. 기타 금융관련법규에서 정한 해임권고 사유에 해당하는 행위를 한 경우

2. 업무집행의 전부 또는 일부의 정지[173)]

가. 위법·부당행위가 1호 각 목의 어느 하나에 해당되고 1호에 따른 제재의 효과를 달성하기 위해 필요한 경우

나. 위법·부당행위가 1호 각 목의 어느 하나에 해당되나 위법·부당행위의 동기, 목적, 방법, 수단, 사후수습 노력 등을 고려할 때 정상참작의 사유가 있는 경우

3. 문책 경고

가. 금융관련법규를 위반하거나 그 이행을 태만히 한 경우

나. 당해 금융기관의 정관에 위반되는 행위를 하여 신용질서를 문란시킨 경우

다. 금융감독원장이 금융관련법규에 의하여 요구하는 보고서 또는 자료를 허위로 제출하거

---

173) 업무집행 정지기간은 6월 이내로 한다(검사제재규정18⑥).

나 제출을 태만히 한 경우

라. 직무상의 감독의무 이행을 태만히 하여 금융기관의 건전한 운영을 저해하거나 금융질서를 문란시킨 경우

마. 금융관련법규에 의한 금융감독원의 감독과 검사업무의 수행을 거부·방해 또는 기피한 경우

바. 금융위원회, 금융감독원장, 기타 감독권자가 행한 명령, 지시 또는 징계요구의 이행을 태만히 한 경우

사. 기타 금융기관의 건전한 운영을 저해하는 행위를 한 경우

4. 주의적 경고
3호 각 목의 1에 해당되나 위법·부당행위의 동기, 목적, 방법, 수단, 사후수습 노력 등을 고려할 때 정상참작의 사유가 있거나 위법·부당행위의 정도가 3호의 제재에 해당되는 경우보다 가벼운 경우

5. 주의
정상참작의 사유가 크거나 위법·부당행위의 정도가 상당히 경미한 경우

3) 직원에 대한 제재

i) 종류 및 사유

(1) 검사제재규정 19조 1항은 직원에 대한 제재의 종류 및 사유에 대해 다음과 같이 규정한다.

(a) 금융감독원장은 금융관련법규에 따라 다음 각 호의 어느 하나에 해당하는 경우 금융위원회에 금융기관의 직원에 대한 면직요구 등을 건의하거나 당해 금융기관의 장에게 소속 직원에 대한 면직, 정직, 감봉, 견책 또는 주의 등의 제재조치를 취할 것을 요구할 수 있다.

1. 금융기관의 건전성 또는 금융소비자 권익을 크게 훼손하거나 금융질서를 문란하게 한 경우
2. 당해 금융기관의 내부통제체제가 취약하거나 검사제재규정 19조 2항에 의한 자율처리필요사항이 과거에 부적정하게 처리되는 등 자율처리필요사항을 통보하기에 적합하지 않다고 판단되는 경우

(b) 금융감독원장은 주된 행위자로서 위법·부당행위를 한 사실상 이사·감사 등과 동등한 지위에 있는 금융기관의 미등기 임원 등이 과거 재직하였던 금융기관에서 주된 행위자로서 동일 또는 유사한 위법·부당행위(이미 제재를 받은 행위는 제외)를 한 경우에는 이를 고려하여 검사제재규정 19조 1항의 제재사유에 해당하는지 여부를 판단할 수 있다(검사제재규정19③).

(2) 검사제재시행세칙 45조 1항은 직원에 대한 제재의 종류 및 사유를 다음 각 호와 같이 구체화하고 있다.

1. 면직
   가. 고의 또는 중대한 과실로 위법·부당행위를 행하여 금융기관 또는 금융거래자에게 중대한 손실을 초래하거나 신용질서를 크게 문란시킨 경우
   나. 횡령, 배임, 절도, 업무와 관련한 금품수수 등 범죄행위를 한 경우
   다. 변칙적·비정상적인 업무처리로 자금세탁행위에 관여하여 신용질서를 크게 문란시킨 경우
   라. 고의 또는 중과실로 금융감독원장이 금융관련법규에 의하여 요구하는 보고서 또는 자료를 허위로 제출함으로써 감독과 검사업무 수행을 크게 저해한 경우
   마. 고의 또는 중과실로 직무상의 감독의무를 태만히 하여 금융기관의 건전한 운영을 크게 저해하거나 금융질서를 크게 문란시킨 경우
2. 업무의 전부 또는 일부에 대한 정직
   1호 각 목의 1에 해당되나 위법·부당행위의 동기, 목적, 방법, 수단, 사후수습 노력 등을 고려할 때 정상참작의 사유가 있거나 위법·부당행위의 정도가 1호의 제재에 해당되는 경우보다 비교적 가벼운 경우
3. 감봉
   가. 위법·부당행위를 한 자로서 금융기관 또는 금융거래자에게 상당한 손실을 초래하거나 신용질서를 문란시킨 경우
   나. 업무와 관련하여 범죄행위를 한 자로서 사안이 가벼운 경우 또는 손실을 전액 보전한 경우
   다. 자금세탁행위에 관여한 자로서 사안이 가벼운 경우
   라. 금융감독원장이 금융관련법규에 의하여 요구하는 보고서 또는 자료를 허위로 제출하거나 제출을 태만히 한 경우
   마. 직무상의 감독의무 이행을 태만히 하여 금융기관의 건전한 운영을 저해하거나 금융질서를 문란시킨 경우
4. 견책
   3호 각 목의 1에 해당되나 위법·부당행위의 동기, 목적, 방법, 수단, 사후수습 노력 등을 고려할 때 정상참작의 사유가 있거나 위법·부당행위의 정도가 3호의 제재에 해당되는 경우보다 비교적 가벼운 경우
5. 주의
   4호에 해당되나 위법·부당행위의 동기, 목적, 방법, 수단, 사후수습 노력 등을 고려할 때 정상참작의 사유가 크거나 위법·부당행위의 정도가 4호의 제재에 해당되는 경우보다 경미한 경우

ii) 자율처리 필요사항

(1) 금융감독원장은 금융기관의 직원(사실상 이사·감사 등과 동등한 지위에 있는 미등기임원 등을 제외)의 검사제재규정 19조 1항 각 호 이외의 위법·부당행위에 대하여 당해 금융기관의 장에게 자율처리 필요사항을 통보할 수 있다(검사제재규정19②).

(2) 금융감독원장은 검사결과 금융기관의 직원(이사·감사 등과 사실상 동등한 지위에 있는 미등기 임원 등을 제외)이 검사제재시행세칙 45조 1항 4호 또는 5호에 따른 제재사유에

해당되는 위법·부당행위를 한 사실을 발견한 경우에는 검사제재규정 19조 2항에 따라 당해 기관의 장에게 자율처리 필요사항을 통보할 수 있다(검사제재시행세칙45②본). 다만, 이사·감사 또는 사실상 이와 동등한 지위에 있는 미등기 임원 등('임원등')과 관련된 위법·부당행위로서 직원이 주된 행위자인 경우에는 임원등을 조치(함께 조치하는 경우를 포함)한 후에 직원에 대해 자율처리 필요사항으로 통보할 수 있다(검사제재시행세칙45②단).

(3) 금융감독원장은 위 (2)에 불구하고 다음 각 호의 어느 하나에 해당하는 경우에는 제재대상자와 제재의 종류를 지정하여 조치를 요구할 수 있다(검사제재시행세칙45③본). 다만, 2호 또는 3호에 해당하는 위법·부당행위를 한 금융기관 직원에 대한 양정결과가 주의요구 이하로 예상되는 경우에는 검사제재시행세칙 45조 2항에 따라 자율처리 필요사항을 통보할 수 있다(검사제재시행세칙45③단).

1. 삭제
2. 금융관련법규상 신용공여 금지위반 또는 한도초과 행위, 금융투자업자의 증권 임의매매·불공정거래행위, 보험회사의 특별이익제공·무자격모집위탁 등으로 금융기관의 건전성 또는 금융소비자 권익을 크게 훼손한 행위
3. 금융사고, 금융실명제 위반, 회계분식, 감독 및 검사 방해·거부·기피 등으로 금융질서를 문란하게 한 행위
4. 당해 금융기관의 내부통제체제가 취약하거나 검사제재시행세칙 45조 2항에 따라 자율처리 필요사항으로 통보한 사항에 대해 부적정하게 처리하는 등 자율적인 제재가 곤란할 것으로 판단되는 경우

(3) 제재기준

1) 임직원 등에 대한 제재기준

i) 일반 위법·부당행위

(1) 위법·부당행위 관련 임직원 등을 제재함에 있어서는 검사제재시행세칙 [별표2]의 제재양정기준과 다음 각 호의 사유를 참작한다(검사제재시행세칙46①).

1. 제재대상자의 평소의 근무태도, 근무성적, 개전의 정 및 동일·유사한 위반행위에 대한 제재 등 과거 제재사실의 유무
2. 위법·부당행위의 동기, 정도, 손실액규모 및 금융질서 문란·사회적 물의야기 등 주위에 미친 영향
3. 제재대상자의 고의, 중과실, 경과실 여부
4. 사고금액의 규모 및 손실에 대한 시정·변상 여부
5. 검사업무에의 협조정도 등 사후수습 및 손실경감을 위한 노력 여부
6. 경영방침, 경영시스템의 오류, 금융·경제여건 등 내·외적 요인과 귀책판정과의 관계
7. 금융거래자의 피해에 대한 충분한 배상 등 피해회복 노력 여부
8. 그 밖의 정상참작 사유

(2) 검사제재시행세칙 [별표2]의 제재양정기준은 다음과 같다.

[제재양정기준]

위법·부당의 정도 / 유 형	비위의 정도가 심하고 고의가 있는 경우	비위의 정도가 심하고 중과실 이거나, 비위의 정도가 약하고 고의가 있는 경우	비위의 정도가 심하고 경과실이거나, 비위의 정도가 약하고 중과실인 경우	비위의 정도가 약하고 경과실인 경우
법령, 관계규정 또는 감독기관의 명령, 처분, 지시등의 위반	해임권고(면직)	해임권고(면직)~ 문책경고(감봉)	직무정지(정직)~ 문책경고(감봉)	주의적 경고 (견책)
횡령, 배임, 절도, 업무와 관련한 금품수수 등 범죄행위	–	–	–	–
당해 금융기관 또는 금융거래자 등에게 금전적 손해를 초래하거나 사회적 물의를 일으키는 행위	–	–	–	–
당해 금융기관의 정관 또는 내규를 위반하거나 충실의무의 위반	–	–	–	–
직무태만	–	직무정지(정직) ~ 문책경고(감봉)	문책경고(감봉)~ 주의적경고(견책)	–
기타 위법(단순 절차 위반 등)	–	–	–	–

ii) 특정 위법·부당행위

(1) 금융실명법을 위반한 행위 등 특정 위법·부당행위에 대한 제재는 검사제재시행세칙 [별표3]의 금융업종별·위반유형별 제재양정기준에 의한다(검사제재시행세칙46②본). 다만, 검사제재시행세칙 46조 1항 등 여타 제재기준을 참작하여 제재를 가중하거나 감경하는 등 제재수준을 정할 수 있다(검사제재시행세칙46②단).

(2) 검사제재시행세칙 [별표3]의 금융업종별·위반유형별 제재양정기준 중 Ⅳ.에 보험부문의 위법·부당행위가 규정되어 있다. 여기에는 ⓐ 동일인에 대한 신용공여 비율 등 위배 ⓑ 보험상품 판매 시 불건전 영업행위[174] ⓒ 금융기관보험대리점·금융기관보험중개사의 위규행위 ⓓ 보험관계 업무 종사자의 보험사기 연루행위 등에 대해 제재대상, 제재기준, 고려사항 등이 기술되어 있다.

2) 경합행위에 대한 제재

(1) 이미 제재를 받은 자에 대하여 그 제재 이전에 발생한 별개의 위법·부당행위가

174) 여기에 무자격자에 대한 보험모집 위탁 및 수수료 지급, 특별이익 제공 또는 약속, 타인 명의의 보험계약 모집행위, 그리고 허위·가공의 보험계약 모집행위가 포함된다.

추가로 발견된 경우에는 다음 각 호에 따라 제재한다(검사제재시행세칙46-2①).

1. 추가 발견된 위법·부당행위가 종전 검사종료 이전에 발생하여 함께 제재하였더라도 제재수준이 높아지지 않을 경우에는 제재하지 않는다. 다만, 금융사고와 관련된 경우에는 그러하지 아니하다.
2. 추가 발견된 위법·부당행위가 종전 검사종료 이전에 발생하여 제재하였더라면 종전 제재수준이 더 높아지게 될 경우에는 함께 제재하였더라면 받았을 제재 수준을 감안하여 추가로 발견된 위법·부당행위에 대하여 제재할 수 있다.

(2) 이미 제재를 받은 금융기관에 대하여 그 제재 이전에 발생한 별개의 위법·부당행위가 추가로 발견된 경우에는 다음 각호에 따라 제재한다(검사제재시행세칙46-2②).

1. 추가 발견된 위법·부당행위가 이미 제재를 받은 위법·부당행위와 동일한 법규위반에 해당하지 아니하는 경우에는 추가로 발견된 위법·부당행위에 대하여 별도로 제재한다.
2. 추가 발견된 위법·부당행위가 이미 제재를 받은 위법·부당행위와 동일한 법규위반에 해당하는 경우로서 종전 검사종료 이전에 발생하여 함께 제재하였더라도 제재수준이 높아지지 않을 경우에는 제재하지 않는다.
3. 추가 발견된 위법·부당행위가 이미 제재를 받은 위법·부당행위와 동일한 법규위반으로 인정되는 경우로서 종전 검사종료 이전에 발생하여 제재하였더라면 종전 제재수준이 더 높아지게 될 경우에는 함께 제재하였더라면 받았을 제재수준을 감안하여 추가로 발견된 위법·부당행위에 대하여 제재할 수 있다.

(3) 위 (2)에서 동일한 법규위반 해당 여부에 대한 세부 판단 기준은 검사제재시행세칙 [별표11]에 따른다.

3) 미등기 임원에 대한 제재

이사·감사와 사실상 동등한 지위에 있는 미등기 임원에 대하여는 임원에 대한 제재기준을 준용하여 제재양정을 결정하며, 직원에 대한 제재조치를 부과한다(검사제재시행세칙 46-3).

4) 제재의 감면 및 가중

(1) 금융기관 및 임직원에 대한 제재를 함에 있어 위법·부당행위의 정도, 고의·중과실 여부, 사후 수습 노력, 공적, 자진신고, 그 밖의 정상을 참작하여 제재를 감경하거나 면제할 수 있다(검사제재규정23①).

(2) 금융기관 또는 임직원에 대하여 과징금 또는 과태료를 부과하는 경우에는 동일한 위법·부당행위에 대한 기관제재 또는 임직원 제재는 이를 감경하거나 면제할 수 있다(검사제재규정23②).

(3) 제재의 감면 및 가중에 관한 구체적인 내용은 검사제재규정 23조~27조, 그리고 검사제재시행세칙 49조, 50조, 50조의4 등이 규정하고 있다.

제 8 장

해산 및 청산

제 1 절 해산

제 1 관 의의

보험업법은 8장 1절에서 보험회사의 해산에 대해서 규정한다. 해산사유, 해산등기에 대해서 규정하고 이와 관련하여 해산결의, 계약이전, 합병, 영업양도, 정리계획 등에 대해 자세히 규정하고 있다. 그런데 계약이전 중에서 일부이전은 해산사유가 아닐 뿐만 아니라, 영업양도, 정리계획 등도 해산결의 등을 통해서 해산으로 이어지기도 하지만 반드시 그런 것은 아니다. 따라서 보험업법 8장 1절이 해산을 제목으로 삼고 있지만 여기에는 해산뿐만 아니라 다른 요소도 포함되어 있음을 알 수 있다.

제 2 관 해산 일반

1. 의의

보험회사의 해산이란 보험회사의 법인격이 소멸되는 원인이 되는 사실이다. 아래 해산사유 중에서 합병[1]을 제외하면 해산으로 보험회사의 법인격이 즉시 소멸되는 것은 아니며 해산 후에 청산 등의 절차를 거친 후에 법인격이 소멸한다.

2. 해산사유

(1) 의의

(1) 보험회사는 다음 각 호의 사유로 해산한다(법137①).

1) 보험업법상 해산사유는 아니지만 해산사유에 속하는 분할의 경우에도 해당 보험회사의 법인격이 즉시 소멸된다.

1. 존립기간의 만료, 그 밖에 정관으로 정하는 사유의 발생
2. 주주총회 또는 사원총회의 결의
3. 회사의 합병
4. 보험계약 전부의 이전
5. 회사의 파산
6. 보험업의 허가취소
7. 해산을 명하는 재판

(2) 위 (1)의 해산사유 발생으로 보험회사는 당연히 해산하고 여타의 절차는 그 요건이 아니다.[2)]

(3) 아래에서 위 (1)의 해산사유를 좀 더 살펴본다.

(2) 존립기간의 만료, 그 밖에 정관으로 정하는 사유의 발생

(1) 존립시기 또는 해산사유를 정관으로 정한 경우 그 시기가 도래하거나 그 사유가 발생한 경우에 보험회사는 해산한다(법137①(1)). 존립시기가 도래한 시점 또는 해산사유가 발생한 시점에 해산의 효과가 생긴다. 이후에 청산절차를 거쳐서 법인격이 소멸한다.

(2) 존립시기 또는 해산사유를 정관으로 정한 경우 이는 등기해야 한다.[3)]

(3) 주주총회 또는 사원총회('총회')의 결의

(1) 총회의 해산 결의가 있으면 보험회사는 해산한다(법137①(2)). 이후에 청산절차를 거쳐서 법인격이 소멸한다.

(2) 해산 결의는 특별결의에 의한다.[4)] 그리고 해산 결의는 금융위원회의 인가를 받아야 한다(법139).

(4) 회사의 합병

(1) 합병에 의해서 소멸하는 보험회사는 해산한다(법137①(3)). 흡수합병의 경우에는 존속회사를 제외하고 나머지 합병관련 회사는 소멸하고, 신설합병의 경우 신설회사를 제외하고 나머지 합병관련 회사는 소멸한다. 합병에 의해서 소멸하는 보험회사는 청산 등의 별도의 절차를 거치지 않고 법인격을 상실한다. 합병은 합병등기에 의해서 효력이 발생한다(상법530②,234).

(2) 합병등기를 위해서는 그 이전에 합병 결의가 있어야 한다. 합병 결의는 특별결의에 의한다.[5)] 그리고 합병은 금융위원회의 인가를 받아야 한다(법139).

---

2) 대판 1964.5.5. 63마29
3) 주식회사인 경우는 상법 317조 2항 4호, 상호회사인 경우는 보험업법 40조 2항 1호 및 34조 10호
4) 주식회사의 경우는 주주총회가 출석한 주주의 의결권의 3분의 2 이상의 수와 발행주식총수의 3분의 1 이상의 수로써 결의해야 하고(법138,상법434), 상호회사의 경우는 사원총회(또는 사원총회 대행기관)가 사원 과반수의 출석과 그 의결권의 4분의 3 이상의 찬성으로 결의해야 한다(법138,39②,54②).
5) 특별결의의 내용은 위 각주 4)와 같다.

(5) 보험계약 전부의 이전

(1) 보험회사가 보험계약을 전부 이전하면 해산한다(법137①(4)). 보험계약의 전부이전을 해산사유로 할지는 입법정책의 문제이다. 보험업법은 보험계약의 전부이전을 해산사유로 정하고 있으며, 이에 따라 보험계약을 전부 이전하면 해당 보험회사는 해산되므로 새로이 보험계약을 인수할 수 없다. 보험계약의 전부이전으로 해산하면 이후에 청산절차를 거쳐서 법인격이 소멸한다.

(2) 보험계약의 이전을 위해서는 총회의 특별결의가 필요하다.[6] 그리고 보험계약의 이전은 금융위원회의 인가를 받아야 한다(법139).

(6) 회사의 파산

법원이 보험회사의 파산을 선고하면 보험회사는 해산한다(법137①(5)). 법원은 보험회사가 지급을 할 수 없을 때 파산선고를 하고 또는 부채의 총액이 자산의 총액을 초과하는 때에 파산선고를 할 수 있다(채무자회생법305,306). 파산은 선고를 한 때부터 효력이 생긴다(채무자회생법311). 이후 파산절차가 개시되고 이에 따라 보험회사의 재산이 공정하게 환가·배당된다. 이렇게 파산절차가 종료되면 법인격이 소멸한다.

(7) 보험업의 허가취소

보험업의 허가가 취소되면 보험회사는 해산한다(법137①(6)). 이후에 청산절차를 거쳐서 법인격이 소멸한다. 허가취소는 취소 시부터 그 효력이 생긴다.

(8) 해산을 명하는 재판

(1) 보험회사의 해산을 명하는 재판이 선고되면 그 보험회사는 해산한다(법137①(7)). 재판의 선고 시에 해산의 효력이 발생한다.

(2) 해산을 명하는 재판에는 회사의 해산명령과 해산판결이 있다. 해산명령이란 공익에 반하는 회사를 해산하는 제도이고, 해산판결은 소수주주 또는 사원의 이익을 보호하기 위해서 회사를 해산하는 제도이다.[7] 주식회사인 보험회사는 해산명령(상법176)[8]과 해산판결(상법520)[9]이 모두 규정되어 있다. 이와 달리 상호회사는 해산명령만 준용되고 있다(법

---

6) 특별결의의 내용은 위 각주 4)와 같다.

7) 김건식·노혁준·천경훈 920면

8) 법원은 다음의 사유가 있는 경우에는 이해관계인이나 검사의 청구에 의하여 또는 직권으로 회사의 해산을 명할 수 있다(상법176①).
   1. 회사의 설립목적이 불법한 것인 때
   2. 회사가 정당한 사유 없이 설립 후 1년 내에 영업을 개시하지 아니하거나 1년 이상 영업을 휴지하는 때
   3. 이사 또는 회사의 업무를 집행하는 사원이 법령 또는 정관에 위반하여 회사의 존속을 허용할 수 없는 행위를 한 때

9) 다음의 경우에 부득이한 사유가 있는 때에는 발행주식의 총수의 100분의 10 이상에 해당하는 주식을 가진 주주는 회사의 해산을 법원에 청구할 수 있다(상법520①).
   1. 회사의 업무가 현저한 정돈상태를 계속하여 회복할 수 없는 손해가 생긴 때 또는 생길 염려가

44,상법176).

3. 해산등기

(1) 의의

보험회사가 해산 요건이 충족되어 해산되면 이를 등기해야 한다. 해산등기의 시기 및 장소, 그리고 첨부 서류는 다음과 같다.

(2) 등기의무

1) 시기 및 장소

(1) 일반적으로는, 보험회사가 해산된 때에는 합병과 파산의 경우[10] 외에는 그 해산사유가 있은 날로부터 본점 소재지에서는 2주간 내, 지점 소재지에서는 3주간 내에 해산등기를 해야 한다(상법521의2,228,법70①).

(2) 보험업 허가취소의 특칙이 있다. 즉 보험회사가 보험업 허가취소로 해산하면 금융위원회는 7일 이내에 그 보험회사의 본점 또는 주된 사무소 소재지의 등기소에 해산등기를 촉탁해야 하고, 등기소는 이 촉탁을 받으면 7일 이내에 그 등기를 해야 한다(법137②·③).

2) 첨부서류

보험업법상 해산등기의 첨부 서류에 관한 일반규정은 없다. 다만, 다음의 특칙이 있다.

(1) 보험계약의 이전에 따른 해산등기의 신청서에는 다음 각 호의 모든 서류를 첨부해야 한다(법149).

1. 이전계약서
2. 각 보험회사 총회의 의사록
3. 보험업법 141조의 공고 및 이의에 관한 서류
4. 보험계약 이전의 인가를 증명하는 서류

(2) 상호회사의 해산 결의에 따른 해산등기의 신청서에는 다음의 모든 서류를 첨부해야 한다(법69②,149).

1. 상호회사 총회의 의사록
2. 보험업법 69조 및 141조의 공고, 그리고 이의에 관한 서류
3. 해산 결의의 인가를 증명하는 서류

있는 때

2. 회사재산의 관리 또는 처분의 현저한 실당으로 인하여 회사의 존립을 위태롭게 한 때

10) 합병과 파산의 경우는 해산등기를 하지 않는다. 합병의 경우는 합병등기(상법528)를 한다.

(3) 위반 시 효과

위 등기의무를 게을리하면 과태료(상법635①(1),법209④(43))가 따른다.

제 3 관 해산 결의

1. 의의

전술한 바와 같이 총회의 해산 결의가 있으면 보험회사는 해산한다. 이후에 청산절차를 거쳐서 법인격이 소멸한다.

2. 총회 결의

해산 결의는 총회의 특별결의에 의한다.[11)]

3. 해산 결의의 공고

(1) 상호회사인 경우

(1) 상호회사가 해산을 결의하고 금융위원회 인가를 받은 날부터 2주 이내에 결의의 요지와 대차대조표를 공고해야 한다(법69①). 이 규정의 타당성은 의문이다. 결의의 요지와 대차대조표를 공고하게 하는 이유는 아래에서 보는 보험계약자가 이의제기를 하는 데 필요한 정보를 제공하기 위해서이다. 이러한 이의제기는 금융위원회의 인가를 받기 전에 거쳐야 할 절차에 해당함에도 불구하고,[12)] 보험업법 69조 1항은 금융위원회 인가를 받은 후에 결의의 요지와 대차대조표를 공고하라고 규정하고 있으므로 타당하지 않은 것이다. 이러한 문제를 해소하기 위해서는 상호회사가 해산을 결의하면 2주 이내에 결의의 요지와 대차대조표를 공고해야 한다고 해석해야 한다.

(2) 위 (1)의 해산 결의의 공고에는 해산 결의에 이의가 있는 보험계약자는 일정한 기간(1개월 이상) 동안 이의를 제출할 수 있다는 내용이 포함되어야 한다(법69②,141②).

---

11) 주식회사의 경우는 주주총회가 출석한 주주의 의결권의 3분의 2 이상의 수와 발행주식총수의 3분의 1 이상의 수로써 결의해야 하고(법138,상법434), 상호회사의 경우는 사원총회(또는 사원총회 대행기관)가 사원 과반수의 출석과 그 의결권의 4분의 3 이상의 찬성으로 결의해야 한다(법138,39②,54②).

12) 보험업법시행규칙 35조에 따르면 보험회사의 해산 결의에 대한 인가신청 시에 보험계약자 및 이해관계인의 보호절차 이행을 증명하는 서류를 첨부하게 되어 있는데, 이는 금융위원회 인가 이전에 보험계약자 이의제기 절차를 거쳐야 함을 전제한 것이다. 그리고 참고로, 보험계약의 이전 시에 공고에 관한 보험업법 141조 1항에 의하면 보험계약 이전의 결의를 한 날부터 2주 이내에 계약 이전의 요지와 대차대조표를 공고하도록 되어 있다. 보험회사의 합병 시에 공고에 관한 보험업법 151조 1항도 보험회사가 합병을 결의한 경우 그 결의를 한 날부터 2주 이내에 합병계약서와 각 보험회사의 대차대조표를 공고하도록 되어 있다.

(2) 주식회사인 경우

주식회사인 경우 상호회사에 적용되는 보험업법 69조 1항과 같은 규정이 없다. 보험업법 69조 1항은 보험계약자 이의제기와 관련하여 정보 제공을 목적으로 하는데, 아래에서 보는 바와 같이 주식회사의 경우에는 보험계약자 이의제기 제도가 없기 때문에 그러한 정보 제공이 필요하지 않다.

4. 보험계약자의 이의제기

(1) 상호회사인 경우

1) 의의

해산 결의에 이의가 있는 보험계약자는 일정한 기간(1개월 이상) 동안 이의를 제출할 수 있다(법69②,141②). 해산이 되려면 이러한 이의제기 기간 동안에 이의를 제기한 자가 일정 수에 이르지 않아야 한다.

2) 취지

보험계약자는 해산 결의에 의해서 자신의 이해관계가 영향을 받게 되므로 이의제기를 할 수 있게 한 것이다.

3) 이의제기 기준

(1) 이의제기 기간 동안에 이의를 제기한 보험계약자가 보험계약자 총수의 10분의 1을 초과하거나 그 보험금액이 보험금 총액의 10분의 1을 초과하는 경우에는 해산을 하지 못한다(법69②,141③전).

(2) 보험계약자는 해산에 의해서 이해관계에 영향을 받게 되므로 이의제기를 할 수 있게 하되, 보험계약은 단체성이라는 특성이 있고 해산에 금융위원회 인가를 거친다는 점 등을 고려하여 보험계약자의 대다수가 찬성하면 해산이 될 수 있도록 규정한 것이다.

4) 사원총회에 의한 결의 시 예외

(1) 상호회사가 사원총회 대행기관(법54①)에 의하지 않고 해산 결의를 한 경우에는 보험계약자의 이의제기에 관한 보험업법 141조 2항 및 3항을 적용하지 않는다(법69②,141④).

(2) 위 (1)에 따르면 사원총회가 해산 결의를 한 경우에는 결의 후 공고에 이의제기에 관한 사항을 포함시킬 필요가 없고 또한 이의제기가 적용되지 않는다. 이러한 특칙을 둔 이유는 보험계약자의 지위도 겸하는 사원이 사원총회에서 결의한 사항에 대해서 보험계약자의 지위에서 별도의 이의를 제기를 할 수 있다고 하는 것은 모순적 행위에 해당하기 때문이다.

(3) 위 (1)에 따르면 사원총회 대행기관이 해산 결의를 한 경우는 이의제기를 거쳐야 한다. 사원총회 대행기관은 모든 사원이 아니라 일부의 사원으로 구성된 대행기관이라는

점을 고려하여, 이 기관이 해산 결의를 한 경우는 보험계약자의 이의제기를 거치게 만든 것이다.

(2) 주식회사인 경우

보험회사가 주식회사인 경우 상호회사와 달리 보험계약자 이의제기에 관한 보험업법 141조 2항~4항이 준용되지 않는다. 다만, 상호회사의 경우도 그러한 준용은 해산 결의가 사원총회 대행기관에 의해 이루어진 경우에 한정되고 사원총회에 의해 이루어진 경우에는 준용되지 않는다. 주식회사의 경우는 사원총회 대행기관에 상응하는 기관이 없고 오직 총회에 의해 해산 결의만이 가능하다. 그렇다면, 총회에 의한 해산 결의 시에는 보험계약자 이의제기가 적용되지 않는다는 점이 주식회사와 상호회사에서 다르지 않다.

5. 금융위원회의 인가

(1) 의의

(1) 해산사유 중에서 해산의 결의는 금융위원회의 인가를 받아야 한다(법139).

(2) 해산 결의는 보험계약자를 포함한 이해관계자에게 중대한 영향을 미친다는 점을 고려해서 인가를 요건으로 한 것이다.

(3) 예비인가를 포함한 인가에 관한 감독규정 7－24조~7－40조는 상위법령의 명시적 위임이 없는 행정규칙이다.[13] 따라서 이 규정 중 해산 결의의 인가에 관한 조항은 상위법령의 명시적 위임이 없는 행정규칙이다.

(2) 인가의 법적 성질

(1) 여기서 금융위원회 인가는 이론상 인가에 해당한다. 행정행위의 일종인 인가는 제3자의 법률적 행위를 보충하여 그 법률적 효력을 완성시켜 주는 행위이다. 즉 금융위원회의 인가는 해산의 결의라는 법률행위의 법률적 효력을 완성시켜 주는 행정행위에 해당한다(통설).

(2) 금융위원회의 인가는 해산 결의가 효력을 발생하기 위한 효력요건이다. 따라서 금융위원회의 인가를 얻지 못한 해산의 결의는 효력이 발생할 수 없다.

(3) 인가절차 및 이행의무

1) 인가절차

i) 예비인가

① 의의

(1) 금융위원회 인가를 신청하고자 하는 보험회사는 인가 신청 전에 금융위원회에 예

13) 보험업법시행령 75조 6항이 해산 결의, 보험계약의 이전, 합병 등의 인가에 대한 세부적인 내용을 감독규정에 위임하고 있으나, 이 시행령 조항 자체가 법률의 위임에 근거하지 않은 것이므로, 인가에 관한 감독규정 7－24조~7－40조는 상위법령의 명시적 위임이 없는 행정규칙인 것이다.

비인가를 신청할 수 있으며 예비인가의 절차는 감독규정 [별지13]과 같다(감독규정7-25). 감독규정 [별지13]의 내용은 다음의 그림과 같다.

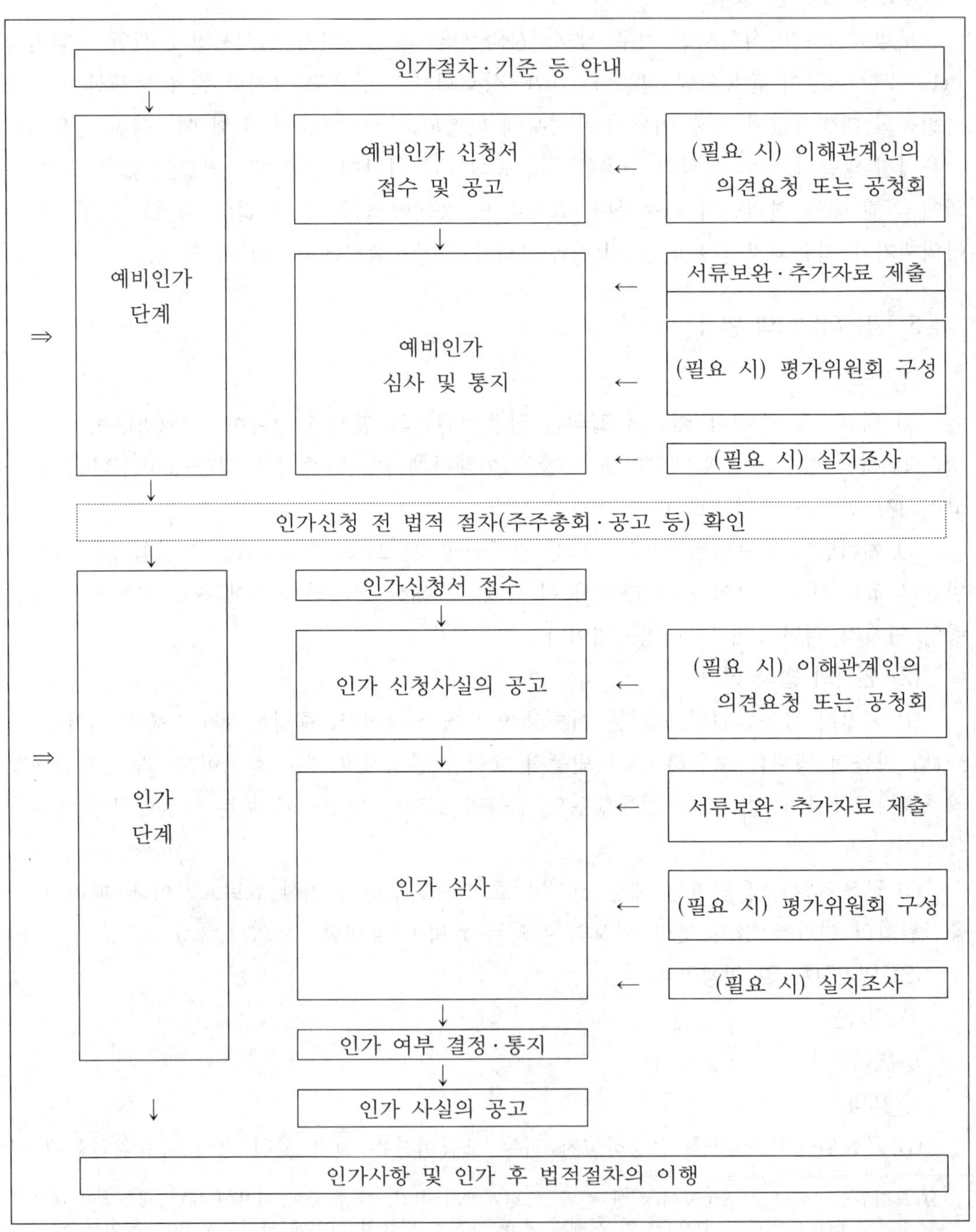

(2) 예비인가 신청인은 감독규정 [별지15]의 예비인가 신청서를 금융위원회에 제출해야 한다(감독규정7－27).

(3) 예비인가의 법적 성질은 이론상 사전결정(예비결정)에 해당한다. 사전결정이란 최종적인 행정결정이 이루어지기 전에 사전 단계에서 최종적 행정결정의 요건 중의 일부에 대해 종국적인 판단에 기해 내려지는 결정이다.[14] 사전결정은 그 자체가 하나의 행정행위이고, 따라서 취소소송의 대상이 된다.[15] 예비인가에 관한 자세한 설명은 보험업의 예비허가에서 기술한 바 있다.

② 의견수렴

(1) 금융위원회는 예비인가 신청이 있는 경우 이해관계인의 의견수렴 등을 위하여 신청인, 신청일자, 신청취지 및 내용, 의견제시의 방법 및 기간 등을 보도자료 또는 인터넷 홈페이지 등을 통하여 공고해야 한다(감독규정7－28①). 금융위원회는 예비인가의 심사를 위하여 필요한 경우 위 공고와는 별도로 예비인가 신청에 대하여 이해관계인의 의견을 요청할 수 있고 금융시장에 중대한 영향을 미칠 우려가 있다고 판단되는 경우 공청회를 개최할 수 있다(감독규정7－28②).

(2) 금융위원회는 공고 또는 공청회에 의해서 접수된 의견 중 신청인에게 불리한 의견에 대하여는 신청인에게 이를 소명하도록 기한을 정하여 통보할 수 있다(감독규정7－28③).

③ 심사

(1) 금융위원회는 예비인가 신청내용의 진위 여부를 확인하고 이해관계인, 일반인 및 관계기관 등으로부터 제시된 의견을 감안하여 신청내용이 관계법령 및 감독규정 7장 4절에서 규정하는 심사기준에 부합하는지를 심사해야 한다(감독규정7－29①).

(2) 금융위원회는 사업계획의 타당성을 평가하기 위하여 평가위원회를 구성·운영할 수 있다(감독규정7－29②).

(3) 금융위원회는 신청내용의 확인, 발기인 및 경영진과의 면담 등을 위하여 실지조사를 실시할 수 있다(감독규정7－29③).

(4) 금융위원회는 예비인가 심사 시에 서류의 보완 또는 추가 자료가 필요한 경우 신청인에게 기한을 정하여 그 제출을 요청할 수 있다(감독규정7－34①).

④ 결정

(1) 예비인가 신청에 대한 예비인가 여부는 관계법령 및 감독규정 7장 4절에서 규정하는 심사기준에 따라 결정한다(감독규정7－31①). 예비인가에는 조건을 붙일 수 있으며 예비인가를 거부하는 경우에는 서면으로 통보한다(감독규정7－31②).

---

14) 박균성 549면
15) 박균성 554면

(2) 신청인은 예비인가 시 부과된 조건이 있는 경우 그 이행 상황을 이행기일 경과 후 지체 없이 금융위원회에 보고해야 한다(감독규정7-34②).

ii) 인가

① 의의

(1) 인가의 절차는 전술한 감독규정 [별지13]과 같다(감독규정7-25).

(2) 인가신청인은 보험업법시행규칙 [별지13]의 인가신청서를 금융위원회에 제출해야 한다(감독규정7-32①). 인가신청서에 다음 각 호의 서류를 첨부해야 한다(시행규칙35).[16)]

1. 주주총회 의사록(상호회사인 경우에는 사원총회 의사록)
2. 청산 사무의 추진계획서
3. 보험계약자 및 이해관계인의 보호절차 이행을 증명하는 서류
4. 상법 등 관계 법령에 따른 절차의 이행에 흠이 없음을 증명하는 서류
5. 그 밖에 금융위원회가 필요하다고 인정하는 서류

② 의견수렴

의견수렴 부분은 예비인가 시의 의견수렴 규정을 준용한다(감독규정7-32②,7-28).

③ 심사

(1) 금융위원회는 인가 신청내용(조건부로 예비인가 한 경우 그 조건의 이행 여부를 포함)을 확인하기 위한 실지조사를 실시할 수 있으며, 신청인은 이에 적극 협조해야 한다(감독규정7-33③).

(2) 금융위원회는 사업계획의 타당성을 평가하기 위하여 평가위원회를 구성·운영할 수 있다(감독규정7-32②,7-29②).

(3) 금융위원회는 인가 심사 시에 서류의 보완 또는 추가 자료가 필요한 경우 신청인에게 기한을 정하여 그 제출을 요청할 수 있다(감독규정7-34①).

(4) 해산결의의 인가에 관한 심사기준은 다음 각 호와 같다(감독규정7-37).[17)]

1. 삭제
2. 보험계약자·피보험자 그 밖에 이해관계인의 권익 보호 및 금융질서의 유지에 지장을 초래하지 아니할 것
3. 보험업법·상법 그 밖에 관계법령에서 정하는 절차이행에 하자가 없을 것

---

16) 보험업법시행규칙 35조는 상위법령의 명시적 위임은 없는데 다만 이것은 법령의 위임이 필요 없는 집행명령이라고 해석된다.

17) 보험업법시행규칙은 해산 결의에 대한 인가의 심사기준을 다음과 같이 규정한다(시행규칙37).
1. 해산 결의가 보험업법, 상법, 자본시장법, 그 밖의 관련 법령에 따른 절차를 이행하였는지 여부
2. 해산 결의로 인하여 보험계약자 및 이해관계인에게 불이익이 발생하는지 여부
그런데 이 규정은 상위법령의 명시적 위임에 따른 것이라고 보기 어렵다.

④ 결정

(1) 인가 신청에 대해 인가할 것인지는 관계법령 및 감독규정 7장 4절에서 규정하는 심사기준에 따라 결정한다(감독규정7-33①).

(2) 인가에는 조건을 붙일 수 있으며 인가를 거부하는 경우에는 서면으로 통보한다(감독규정7-33②).

2) 이행의무

(1) 신청인은 인가일부터 6월 이내에 인가 대상행위를 이행해야 한다(감독규정7-33④본). 다만, 인가 당시 이행 기한을 따로 정하였거나 이행기한의 연장에 대하여 금융위원회의 승인을 얻은 경우에는 그렇지 않다(감독규정7-33④단).

(2) 신청인은 인가 시 부과된 조건이 있는 경우 그 이행상황을 이행기일 경과 후 지체없이 금융위원회에 보고해야 한다(감독규정7-34②).

6. 해산의 공고

(1) 상호회사인 경우

(1) 상호회사는 해산 결의에 의해서 해산한 경우에는 7일 이내에 그 취지를 공고해야 한다(법69②,145전). 해산하지 않게 된 경우에도 또한 같다(법69②,145후).

(2) 해산이 완성되었는지 여부를 그 이해관계자가 알 수 있게 공고의무를 둔 것이다.

(3) 해산된 경우는 해산의 요건이 충족된 경우를 가리킨다. 해산하지 않게 된 경우는 보험계약자의 이의제기 또는 금융위원회 인가 요건 등을 충족하지 못한 경우를 가리킨다.

(4) 공고해야 하는 취지에는 해산을 했다는 사실 또는 해산을 하지 않게 되었다는 사실이 포함된다.

(5) 공고의 방법에 대한 규정이 없는데, 이에 대한 규정을 둘 필요가 있다.

(2) 주식회사인 경우

주식회사의 경우 상호회사와 달리 보험업법 145조가 준용되지 않기 때문에 위 (1)과 같은 해산의 공고가 강제되지 않는다. 이는 입법론상 의문이다. 다만, 주식회사의 경우 해산한 때에는 이사가 지체 없이 주주에 대하여 그 통지를 해야 한다(상법521).

제 4 관 보험계약의 이전

1. 의의

(1) 개념

보험계약의 이전이란 어떤 보험회사의 보험계약이 다른 보험회사로 이전되는 것을 말한다. 보험계약이 이전되면 보험계약의 당사자인 보험회사가 변경되는 효과가 생긴다.

(2) 구분

보험계약의 이전은 영업양도와 구분된다.[18] 보험계약의 이전은 보험계약의 당사자를 변경하여 그 권리와 의무의 주체가 변경되는 효과가 생긴다. 하지만 영업의 양도는 일정한 영업목적에 의하여 조직화된 업체, 즉 인적·물적 조직을 그 동일성은 유지하면서 일체로서 이전하는 것이고(판례,[19] 통설), 이에 따르면 보험영업의 양도는 보험계약의 이전은 물론이고 인적·물적 조직의 이전을 포함하는 것이다.

(3) 종류

보험계약의 이전에는 강제이전과 임의이전이 있다. 보험계약의 이전을 위해서는 총회의 특별결의가 필요하고 금융위원회의 인가를 받아야 함도 전술하였는데, 이는 보험업법상 보험계약의 '임의이전'에 해당한다. 이는 보험회사 간의 사적 자치에 의해서 임의로 보험계약을 이전하는 것을 가리키며 보험업법이 이를 규율한다. 한편, 보험계약의 '강제이전'도 있다. 이는 보험회사가 부실화된 경우 금융위원회에 의해서 보험계약이 강제로 이전되는 것을 가리키고 구조개선법이 이를 규율한다. 이하에서는 양자를 같이 살펴보기로 한다.

(4) 해산사유

보험계약의 이전 중에서 전부이전은 보험회사의 해산사유가 된다. 하지만 일부이전은 해산사유가 되지 않는데, 강제이전이든 또는 임의이전이든 일부이전도 허용된다. 따라서 보험계약의 이전이 반드시 보험회사의 해산과 관련되는 것은 아니다.

2. 강제이전

(1) 의의

보험계약의 강제이전은 보험회사가 부실화된 경우 금융위원회에 의해서 보험계약이 강제로 이전되는 것을 가리킨다. 여기에는 계약이전의 명령과 계약이전의 결정이 있다.

(2) 계약이전의 명령

1) 의의

i) 개념

금융위원회가 일정한 요건하에 보험회사가 보험계약을 다른 보험회사에 이전하도록

18) 대판 2002.4.12. 2001다38807(계약이전과 상법상의 영업양도는 그 목적, 법적 성질, 효과를 달리한다); 대판 2003.5.30. 2002다23826(부실금융기관의 정리와 예금자보호를 위하여 그 부실금융기관의 일부 우량자산만을 다른 금융기관에게 이전시킨 구 구조개선법 14조 2항에 의한 계약이전결정에 의하여 고용승계를 수반하는 영업양도의 효과가 발생하였다고 볼 수 없다)

19) 대판 2003.5.30. 2002다23826

명령하는 것이 계약이전의 명령이다(구조개선법10①).

ii) 강제이전에 포함시키는 이유

(1) 계약이전의 명령에 따른 계약이전은 계약이전의 요건 면에서는 강제적이지만 계약이전의 절차 측면에서는 임의이전과 동일한 절차가 적용된다. 따라서 계약이전의 명령에 따른 계약이전은 어느 측면을 기준으로 삼느냐에 따라 강제이전인지 임의이전인지가 달라진다.

(2) 여기서는 계약이전의 원인 측면을 기준으로 삼아 계약이전의 명령에 따른 계약이전을 강제이전에 포함시켰다. 계약이전의 명령에 따르지 않으면 계약이전의 결정이 이루어지므로 계약이전의 명령과 계약이전의 결정은 밀접한 관련이 있고, 이 점도 계약이전의 명령을 계약이전의 결정과 함께 강제이전이라는 유형으로 다루는 이유이기도 하다.

iii) 법적 성질

계약이전 명령의 법적 성질은 보험회사에게 일정한 작위를 명하는 행위로서 행정행위의 일종인 하명에 해당한다고 볼 수 있다.

2) 요건

(1) 금융위원회는 금융기관이 재무상태가 일정한 기준에 미달하면 적기시정조치를 취해야 한다. 즉 금융위원회는 금융기관의 재무상태가 일정한 기준에 미달하거나 미달하게 될 것이 명백하다고 판단되면 금융기관의 부실화를 예방하고 건전한 경영을 유도하기 위하여 해당 금융기관이나 그 임원에 대하여 다음 각 호의 사항을 권고·요구 또는 명령하거나 그 이행계획을 제출할 것을 명해야 한다(구조개선법10①). 금융위원회는 적기시정조치를 하려면 미리 그 기준 및 내용을 정하여 고시해야 한다(구조개선법10②).

1. 금융기관 및 임직원에 대한 주의·경고·견책 또는 감봉
2. 자본증가 또는 자본감소, 보유자산의 처분이나 점포·조직의 축소
3. 채무불이행 또는 가격변동 등의 위험이 높은 자산의 취득금지 또는 비정상적으로 높은 금리에 의한 수신의 제한
4. 임원의 직무정지나 임원의 직무를 대행하는 관리인의 선임
5. 주식의 소각 또는 병합
6. 영업의 전부 또는 일부 정지
7. 합병 또는 제3자에 의한 해당 금융기관의 인수
8. 영업의 양도나 예금·대출 등 금융거래와 관련된 계약의 이전
9. 그 밖에 1호부터 8호까지의 규정에 준하는 조치로서 금융기관의 재무건전성을 높이기 위하여 필요하다고 인정되는 조치

(2) 보험계약의 이전은 위 적기시정조치 중에서 8호에 관련된다. 이를 구체화한 감독규정에 따르면, 보험회사가 구조개선법 2조 2호에서 정하는 부실금융기관에 해당하는 경

우, 또는 지급여력비율이 0% 미만에 해당하는 경우, 금융위원회는 일정한 시정조치를 취해야 하고, 시정조치 중에는 보험계약의 전부이전 또는 일부이전이 포함되어 있다(감독규정7-19①·②⑷). 다만, 계약의 '전부'이전의 조치는 구조개선법 2조 2호에서 정하는 부실금융기관에 해당하는 경우, 또는 지급여력비율이 0%에 미달하고 건전한 보험거래질서나 보험가입자의 권익을 해할 우려가 현저하다고 인정되는 경우에 한하여 취할 수 있다(감독규정7-19②단).

3) 효과

⑴ 계약이전 명령이 내려졌다고 해서 그 자체로 계약이전의 효과가 생기는 것은 아니다. 그러한 명령이 내려지면 보험회사는 이에 응할 의무가 있는 것이다. 계약이전 명령에 위반하면 아래에서 보는 바와 같이 금융위원회는 계약이전의 결정을 할 수 있다.

⑵ 계약이전의 명령이 내려지면 보험회사는 이에 따라 계약이전을 해야 한다. 이에 따른 계약이전은 임의이전과 동일하다. 즉 임의이전의 요건과 효과 등이 적용된다.

(3) 계약이전의 결정

1) 의의

i) 개념

계약이전의 결정에 따른 계약이전은 금융위원회가 일정한 요건하에 계약이전을 결정하는 것을 가리킨다(구조개선법14②). 계약이전의 결정은 법률의 규정에 기초하여 금융위원회가 계약이전을 강제하는 행정행위이다.

ii) 구분

계약이전의 결정에 따른 계약이전은 전형적인 강제이전에 해당하고, 계약이전의 요건이 강제적인 것은 물론이고 절차를 포함한 효과 면에서도 임의이전과는 구별된다.

iii) 법적 성질

계약이전 결정의 법적 성질은 금융위원회의 일방적인 결정에 의하여 금융거래상의 계약상의 지위가 이전되는 사법상의 법률효과를 가져오는 행정행위이다(판례,[20] 통설). 계약이전의 결정은 법률의 규정에 근거해서 금융위원회에게 주어진 권한이다. 계약이전의 결정에는 계약의 임의이전에 요구되는 주주총회 특별결의 등의 절차가 적용되지 않는다.[21] 구조개선법도 이 점을 확인하고 있다. 즉 계약이전은 관계 법률 및 정관의 규정에도 불구하고 계약이전을 하는 부실금융기관의 이사회 및 총회의 결의를 필요로 하지 않는다(구조개선법14⑥).

20) 대판 2002.4.12. 2001다38807; 대판 2003.5.30. 2002다23826
21) 대판 2002.4.12. 2001다38807

2) 요건

i) 결정 사유

(1) 금융위원회는 부실금융기관이 다음 각 호의 어느 하나에 해당하는 경우에는 그 부실금융기관에 대하여 계약이전의 결정을 할 수 있다(구조개선법14②본). 다만, 1호 및 2호의 부실금융기관이 부실금융기관에 해당하지 않게 된 경우는 그렇지 않다(구조개선법14②단).

1. 구조개선법 10조 1항[22]에 따른 명령 또는 구조개선법 12조 3항[23]에 따른 명령을 이행하지 않거나 이행할 수 없게 된 경우
2. 구조개선법 10조 1항 및 11조 3항[24]에서 규정하는 명령 또는 알선에 따른 부실금융기관의 합병 등이 이루어지지 아니하는 경우
3. 부채가 자산을 뚜렷하게 초과하여 구조개선법 10조 1항에 따른 명령의 이행이나 부실금융기관의 합병 등이 이루어지기 어렵다고 판단되는 경우

(2) 금융위원회는 부실보험회사가 위 요건에 해당하는 경우 그 보험회사에 대하여 계약이전의 결정을 할 수 있는 것이다.

ii) 결정 내용

금융위원회는 계약이전의 결정을 할 때 필요한 범위에서 계약이전이 되는 계약의 범위, 계약이전의 조건을 정해야 한다(구조개선법14⑤전). 계약이전의 조건에는 이전재산 등이 포함된다. 그리고 아래에서 보는 바와 같이 인수보험회사도 정해야 한다.

iii) 인수보험회사

(1) 금융위원회는 계약이전의 결정을 할 때 필요한 범위에서 이전받는 금융기관을 정해야 하고, 이 경우 계약이전을 받는 금융기관의 이사회의 동의를 미리 받아야 한다(구조개선법14⑤후). 여기의 금융기관이 보험회사이어야 함은 물론이다. 계약이전의 결정에 의해서 이전을 강제하더라도 이는 부실보험회사인 이전보험회사에게 할 수 있을 뿐이지 인수보험회사에게는 강제할 수 없기 때문에 인수보험회사의 이사회 동의를 얻도록 하는 것이다.

---

22) 구조개선법 10조 1항은 적기시정조치에 대해서 규정하고 있으며 대해서는 계약이전의 명령 부분에서 살펴보았다.

23) 금융위원회는 구조개선법 12조 1항에 따른 요청에 따라 정부등이 출자 또는 유가증권의 매입을 하였거나 출자 또는 유가증권의 매입을 하기로 결정한 부실금융기관에 대하여 특정주주(구조개선법 12조 1항에 따른 요청에 따라 정부등이 출자 또는 유가증권의 매입을 하거나 출자 또는 유가증권의 매입을 결정할 당시의 주주 또는 그 금융기관의 부실에 책임이 있다고 금융위원회가 인정하는 주주를 말함)가 소유한 주식의 일부 또는 전부를 유상 또는 무상으로 소각하거나 특정주주가 소유한 주식을 일정 비율로 병합하여 자본금을 감소하도록 명령할 수 있다(구조개선법12③전). 이 경우 금융위원회는 정부등이 소유한 주식에 대하여는 구조개선법 12조 1항에 따른 출자 또는 유가증권의 매입의 지원을 고려하여 다른 특정주주가 소유한 주식보다 유리한 조건이나 방법으로 소각 또는 병합하도록 명령할 수 있다(구조개선법12③후).

24) 예금보험공사는 금융기관이 적기시정조치를 원활하게 이행할 수 있도록 하기 위하여 필요하다고 인정되면 금융기관 간의 합병이나 영업의 양도·양수 또는 제3자에 의한 인수를 알선할 수 있다(구조개선법11③).

(2) 구조개선법 14조 2항에 따라 부실보험회사로부터 계약이전을 받은 보험회사가 계약이전과 관련하여 주주총회결의, 주식매수청구, 채권자이의제출 등의 절차를 이행하는 경우에는 구조개선법 5조를 준용한다(구조개선법14⑨). 구조개선법 5조는 금융기관의 합병 또는 전환과 관련하여 주주총회결의, 주식매수청구, 채권자이의제출 등의 절차를 간소화시킨 규정이다.

(3) 인수보험회사의 수에는 제한이 없다.[25] 임의이전의 경우에는 책임보험금 산출의 기초가 같은 보험계약의 전부를 포괄하여 다른 보험회사에 이전한다는 제한이 있지만(법140①), 계약이전의 결정에는 이러한 제한이 없다.

iv) 이전보험회사

(1) 계약이전의 결정은 법률의 규정에 기초하여 금융위원회가 계약이전을 강제하는 행정행위이다. 따라서 계약이전은 관계 법률 및 정관의 규정에도 불구하고 계약이전을 하는 부실보험회사의 이사회 및 총회의 결의는 필요로 하지 않는다(구조개선법14⑥).

(2) 보험계약을 임의이전하려면 금융위원회의 인가가 필요한데(법139), 계약이전의 결정에서는 그러한 인가가 필요하지 않다. 금융위원회가 계약이전의 결정을 한 보험회사에 대해서는 금융위원회로부터 인가를 받은 것으로 보기 때문이다(구조개선법14⑧). 계약이전 결정의 주체가 금융위원회이므로 금융위원회에 의한 별도의 계약이전 인가를 받지 않아도 되게 한 것이다. 이는 인가의제에 해당한다.

3) 효과

i) 관리인 선임

금융위원회는 계약이전의 결정을 한 때에는 부실보험회사의 관리인을 선임해야 한다(구조개선법14⑦). 이 관리인은 계약이전의 결정과 관련된 업무의 범위에서 부실금융기관의 자산·부채 등을 관리·처분할 권한을 가진다(구조개선법14의3①). 금융위원회는 관리인에게 그 업무수행에 필요한 명령을 할 수 있고 필요하다고 인정하면 관리인을 해임할 수 있다(구조개선법14의3②·③). 금융위원회는 관리인을 선임한 때에는 지체 없이 해당 보험회사의 본점 또는 주된 사무소의 소재지를 관할하는 지방법원에 그 취지를 알리고, 그 보험회사의 본점 또는 주된 사무소의 소재지를 관할하는 등기소에 그 등기를 촉탁해야 한다(구조개선법14의3④). 관리인은 상법 11조 1항 및 채무자회생법 30조, 360조부터 362조까지의 규정을 준용하고, 이 경우 채무자회생법 중에서 '법원'은 '금융위원회'로 본다(구조개선법14의3⑤).

ii) 이전결정의 공고

계약이전의 결정이 있는 경우에는 이전보험회사 및 인수보험회사는 공동으로 그 결

25) 성대규·안종민 643면

정의 요지와 계약이전의 사실을 2개 이상의 일간신문에 지체 없이 공고해야 한다(구조개선법14의2②).

iii) 권리의무의 승계 등

(1) 계약이전의 결정이 있는 경우 그 결정내용에 포함된 계약에 의한 이전보험회사의 권리와 의무는 계약이전의 결정이 있는 때 인수보험회사가 승계한다(구조개선법14의2①본). 다만, 계약이전의 대상이 되는 계약에 의한 채권을 피담보채권으로 하는 저당권이 있는 경우 그 저당권은 이전결정의 공고를 한 때 인수보험회사가 취득한다(구조개선법14의2①단).

(2) 이전결정의 공고가 있으면 그 계약이전과 관련된 채권자·채무자·물상보증인 및 그 밖의 이해관계인과 이전보험회사 사이의 법률관계는 인수보험회사가 동일한 내용으로 승계한다(구조개선법14의2③본). 다만, 이해관계인은 이전결정의 공고 전에 그 이전보험회사와의 사이에 발생한 사유로 인수보험회사에 대항할 수 있다(구조개선법14의2③단).

(3) 이전결정의 공고가 있으면 그 공고로써 민법 450조에 따른 지명채권양도의 대항요건을 갖춘 것으로 본다(구조개선법14의2④본). 다만, 이해관계인은 공고 전에 그 인수보험회사와의 사이에 발생한 사유로 인수보험회사에 대항할 수 있다(구조개선법14의2④단).

iv) 계약이전 관련 자료

계약이전의 결정이 있으면 금융위원회는 해당 이전보험회사 및 인수보험회사로 하여금 계약이전과 관련된 자료를 보관·관리하게 하고, 이해관계인이 열람할 수 있게 해야 하며, 이 경우 보관·관리 및 열람에 필요한 기준 및 절차는 금융위원회가 정한다(구조개선법14의2⑤).

v) 효력발생시기

계약이전 결정의 효력이 발생하는 시기는 다른 정함이 없으면 그 결정이 이루어진 시점이다.

3. 임의이전

(1) 의의

1) 개념

보험계약의 임의이전은 어떤 보험회사가 임의로 보험계약을 다른 보험회사에 이전하는 것을 가리킨다. 보험계약의 임의이전은 이전보험회사와 인수보험회사 사이의 이전계약을 통해서 이루어진다. 보험계약의 임의이전은 당사자인 보험회사는 물론이고 보험계약자를 포함한 이해관계자에게 미치는 영향이 크기 때문에 보험업법이 이를 규율하고 있다.

2) 법적 성질

(1) 보험계약 임의이전의 법적 성질은 계약당사자의 지위를 이전하는 성격을 띠므로

민법상 계약이전 또는 계약인수와 유사한 측면이 있다.[26)]

(2) 계약이전에 대해서는 민법상 규정이 없지만 계약이전의 필요성과 계약자유의 원칙에 따라 그 유효성이 인정된다(판례,[27)] 통설). 계약이전은 양도인, 양수인, 잔류 당사자의 삼자 계약에 의해서 이루어지기도 하고 2인이 합의하고 나머지 당사자가 동의하는 방법으로도 가능하다.[28)] 계약이전의 효력이 발생하면 종래 계약에서 발생한 권리와 의무를 포함하여 일체의 권리와 의무가 양수인에게 이전한다.[29)] 다만, 보험계약 임의이전은 민법상 일반적 계약이전과 달리 당사자인 보험회사는 물론이고 보험계약자를 포함한 이해관계자에게 미치는 영향이 크기 때문에 보험업법이 이를 규율하고 있다.

3) 구분

보험계약의 임의이전은 강제이전과 차이가 크다. 강제이전 중에서 계약이전의 결정이 특히 다르다. 계약이전의 명령은 계약이전의 원인이 명령이지만 이에 따라 계약이전이 진행되는 경우 그 요건 및 효과 등은 임의이전과 다르지 않다. 하지만 계약이전의 결정에서는 이전보험회사의 총회 의결이 필요하지 않는 점 등을 포함하여 그 요건 및 효과가 임의이전의 그것과는 크게 다르다.

(2) 요건

보험계약의 임의이전이 성립되고 효력이 발생하려면 이전계약이 존재해야 하고, 이에 대한 총회 의결이 있어야 하며, 이전결의를 공고하고, 이에 따른 보험계약자의 이의제기가 일정 수준에 이르지 않아야 하며, 그리고 금융위원회의 인가가 있어야 한다. 이러한 요건의 세부내용은 다음과 같다.

1) 이전계약의 존재

i) 의의

(1) 임의이전이 성립하려면 이전보험회사와 인수보험회사 사이에 이전계약이 체결되어야 한다(법140①). 이전계약에서 이전이 되는 계약의 범위, 계약이전의 조건 등이 정해진다.

(2) 이전보험계약의 당사자인 인수보험회사는 이전되는 보험계약과 같은 종류의 보험계약에 대해서 보험업 허가를 받은 자이어야 한다고 해석한다.

ii) 동종 보험계약 전부의 포괄이전

(1) 이전계약에는 동종 보험계약의 전부에 대한 포괄이전이 포함되어야 한다. 즉 책임준비금 산출의 기초가 같은 보험계약의 전부를 포괄하여 이전해야 한다(법140①).

---

26) 이성남 · 김건 366면; 정채웅 860면
27) 대판 1982.10.26. 82다카508
28) 대판 2012.5.24. 2009다88303
29) 대판(전원) 2011.6.23. 2007다63089

⑵ 책임준비금 산출의 기초가 같은 보험계약이란 동일한 '보험료 및 책임준비금 산출방법서'[30]에 따른 보험계약을 의미한다.[31] 책임준비금 산출의 기초가 같은 보험계약은 '동종 보험계약'이라고 할 수 있다.

⑶ 동종 보험계약은 '전부'를 포괄하여 이전해야 한다. 따라서 동종 보험계약의 일부만을 이전하는 것은 허용되지 않는다. 책임준비금 산출의 기초가 같은 보험계약의 일부만을 이전하게 되면 보험계약의 단체성에 반할 수 있기 때문에 전부이전을 하도록 규정한 것이다. 한편, 보험회사가 보유하는 동종 보험계약이 여러 개인 경우 그 중 일부만 이전하는 것은 가능하다고 해석한다. 이 점은 보험업법 140조 1항의 반대해석의 결과이다. 그리고 보험업법 142조에 의해서도 확인된다. 보험계약 이전에 대한 총회 결의가 있으면 이전하려는 보험계약과 같은 종류의 보험계약을 새로이 체결하지 못하는데(법142), 이는 보험계약의 종류가 여럿인 경우 그 중 일부 종류만 이전하는 것이 가능함을 전제한 규정이라고 할 수 있다.

⑷ 동종 보험계약은 전부 '포괄하여' 이전해야 한다. 따라서 동종 보험계약의 전부를 개별적으로 이전하는 것은 허용되지 않는다.

⑸ 보험회사가 보유한 모든 종류의 보험계약을 이전하면 보험계약의 전부이전이 되고, 일부 종류의 보험계약만 이전하면 보험계약의 일부이전이 된다. 보험계약의 전부이전이든 일부이전이든 보험계약의 임의이전에 해당한다. 보험계약의 전부이전은 보험회사의 해산사유이다(법137①⑷).

iii) 계약조건의 변경

⑴ 이전계약에는 계약조건의 변경이 포함될 수 있다. 즉 보험회사는 보험계약의 전부를 이전하는 경우에 이전할 보험계약에 대해 이전계약의 내용으로 다음의 각 호의 사항을 정할 수 있다(법143).

1. 계산의 기초의 변경
2. 보험금액의 삭감과 장래 보험료의 감액
3. 계약조항의 변경

⑵ 위 ⑴의 1호에서 계산의 기초는 '보험료 및 책임준비금 산출방법서'에 포함된 위험률, 예정이율 등을 가리킨다.

⑶ 위 ⑴의 3호에서 계약조항의 변경은 약관조항의 변경이라고 해석하는데,[32] 약관조항은 계약조항의 일부이므로 모든 계약조항의 변경이라고 해석한다.

---

30) 이 산출방법서는 기초서류의 일종이며, 보험업법 5조 3호가 규정하고 있다.
31) 정채웅 859면
32) 성대규 · 안종민 650면; 정채웅 868면

(4) 위 (1)의 1호~3호는 계약조건의 변경이라고 부를 수 있다. 계약조건의 변경은 보험계약자에게 유리한 경우도 불리한 경우도 있을 수 있다. 하지만 어떤 보험회사가 보험계약의 전부를 이전하려는 경우는 그 회사의 재무건전성이 부실화되어서 이전받을 수 있는 자산이 책임준비금에 비해서 부족한 경우가 보통이다. 이 경우 인수보험회사는 보험계약의 조건을 이전되는 보험계약자에게 불리하게 변경하여 위 부족분을 보완하는 것을 이전계약의 내용으로 삼으려는 경우가 보통이다.[33] 이전보험회사의 보험계약자도 재무건전성이 부실한 보험회사에 남아 있기보다는 계약조건의 변경을 감수하고 인수보험회사의 보험계약자로 전환되는 것을 선호할 수 있다. 보험업법 143조는 주로 이러한 사정을 고려하여 계약조건의 변경을 이전계약의 내용에 정할 수 있도록 규정한 것이다. 계약조건의 변경사항에 보험금액의 삭감과 장래 보험료의 감액이 포함된 것은 이 때문이다.

(5) 보험업법 143조 문언에 따르면 위 (1)의 1호~3호가 성립하려면 보험계약의 전부이전이어야 한다. 책임준비금 산출의 기초가 같은 동종 보험계약만 이전하는 것이 아니라 이전보험회사가 보유한 보험계약 전부를 이전해야 한다고 해석한다. 특정한 종류의 보험계약만을 이전하면서 이에 대한 계약조건을 변경하는 것은 나머지 보험계약과의 형평성을 해치는 문제가 있기 때문에 보험계약의 전부이전인 경우에 한하여 계약조건의 변경을 허용한 것으로 취지를 이해할 수 있다.

iv) 자산이전

① 원칙

보험회사는 이전계약에서 회사자산을 이전할 것을 정할 수 있다(법140②본). 이는 책임준비금과 회사자산의 원칙적 견련관계를 고려한 규정이다. 즉 책임준비금이란 보험회사가 보험계약상 부담하는 장래의 지급책임에 대비한 준비금이고 따라서 보험회사는 이에 상응하는 자산을 보유해야 하는데, 보험계약의 임의이전이 있으면 보험계약상 장래의 지급책임이 인수보험회사에게 이전되는 만큼 인수보험회사가 책임준비금에 상응하는 자산도 이전받아야 하는 것이 보통인 것이다. 따라서 보험회사는 이전계약에서 회사자산을 이전할 것을 정할 수 있다고 규정한 것이다.

② 예외

(1) 금융위원회가 그 보험회사의 채권자의 이익을 보호하기 위하여 필요하다고 인정하는 자산은 유보해야 한다(법140②단). 보험회사는 보험계약상 지급책임은 물론이고 일반채권자에 대한 지급책임도 부담한다. 따라서 일반채권자의 이익을 보호하기 위해서 필요한 범위 내에서의 자산은 유보할 필요가 있다.

(2) 다만, 일반채권자 보호를 위해서 자산을 유보하는 경우에 일반채권자의 보호 순위

33) 이는 인수보험회사 자신의 이익과 그에 속한 기존 보험계약자의 이익을 위해서 필요하다.

를 고려할 필요가 있다. 주식회사의 경우는 보험계약자나 보험금을 취득할 자가 우선취득권을 갖는다. 즉 보험계약자나 보험금을 취득할 자는 피보험자를 위해서 적립한 금액에 대해 주식회사의 자산에서 우선하여 취득할 수 있다(법32①). 따라서 보험계약자나 보험금을 취득할 자보다 일반채권자의 이익을 우선해서 보호하기 위해서 자산을 유보할 수는 없다. 상호회사의 경우는 일반채권자가 우선취득권을 갖는다. 즉 상호회사의 경우는 일반채권자가 보험계약자인 사원보다 상호회사의 자산에서 우선하여 취득할 수 있다(법72①). 따라서 사원인 보험계약자나 보험금을 취득할 자보다 일반채권자의 이익을 우선해서 보호하기 위해서 자산을 유보할 수 있다.

2) 계약이전의 결의

i) 의결방법

계약이전의 결의는 이전보험회사 총회의 특별결의에 의한다.[34)]

ii) 해산 후 결의

① 의의

보험회사는 해산한 후에도 3개월 이내에는 보험계약 이전을 결의할 수 있다(법148①). 이는 보험회사가 해산하여 청산하는 중이면 그 권리능력이 청산의 목적범위 내로 감축된다는 원칙(상법542①·245, 법73)에 대한 예외를 인정하는 특칙이다.

② 취지

해산 후 일정기간이 지나면 보험계약은 소멸되는데 이보다는 보험계약을 존속시키는 것이 보험회사, 보험계약자 등에게 유리한 경우가 있을 수 있다. 이를 고려하여 해산 후에도 계약이전이 가능하도록 하였다. 다만, 이를 언제나 인정하면 청산의 법률관계가 불안정해질 수 있으므로 기간을 제한할 필요가 있다.

③ 3개월

이전결의 기한을 해산 후 3개월 이내로 정한 것은 보험업법 158조를 감안한 것이다(통설). 즉 이 기간이 지난 후에는 보험금 지급사유가 발생해도 보험회사가 면책되고 피보험자를 위하여 적립한 금액이나 미경과보험료가 반환하게 되므로(법158②), 계약이전의 실효성이 없기 때문이다.

④ 보험업법 158조의 적용 배제

(1) 해산 후에 계약이전의 결의를 한 경우에는 보험업법 158조를 적용하지 않는다(법148②본). 보험업법 158조는 보험회사의 청산에 따라 보험계약이 소멸된다는 전제 하에 보험회사의 지급책임을 규정한 것이므로, 보험계약의 존속을 목적으로 계약이전의 결의를

34) 주식회사의 경우는 주주총회가 출석한 주주의 의결권의 3분의 2 이상의 수와 발행주식총수의 3분의 1 이상의 수로써 결의해야 하고(법138,상법434), 상호회사의 경우는 사원총회(또는 사원총회 대행기관)가 사원 과반수의 출석과 그 의결권의 4분의 3 이상의 찬성으로 결의해야 한다(법138,39②,54②).

한 경우에 보험회사의 지급책임으로는 적절하지 않기 때문이다. 보험업법 158조에 따르면 보험회사는 해산 결의, 보험업의 허가취소, 해산을 명하는 재판에 의해서 해산한 경우에 보험금 지급사유가 해산한 날부터 3개월 이내에 발생한 경우에만 보험금을 지급해야 하고, 이 기간이 지난 후에는 피보험자를 위하여 적립한 금액이나 아직 지나지 않은 기간에 대한 보험료를 되돌려주어야 한다.

(2) 보험업법 158조를 적용하지 않은 결과, 보험회사는 해산 후에 계약이전의 결의를 한 경우 보험사고가 발생하면 기간의 제한 없이 보험금을 지급해야 하고, 보험계약이 유지되는 한 피보험자를 위하여 적립한 금액이나 아직 지나지 않은 기간에 대한 보험료를 돌려줄 의무가 없다고 해석한다. 이러한 해석과 다르게, 해산 후에 계약이전의 결의를 한 경우 보험사고가 발생하더라도 보험금을 지급할 의무가 없다고 보는 견해가 있으나,[35] 이는 보험업법 158조의 적용 배제의 취지를 벗어나서 보험계약자의 권리를 정당한 이유 없이 제한한다는 점 때문에 찬성하기 어렵다. 해산 전에 계약이전의 결의를 한 경우 보험사고가 발생하면 보험금을 지급하는데, 해산 후에 계약이전의 결의를 한 경우 그러한 권리를 제한할 정당한 이유가 없다.

(3) 다만, 해산 후에 계약이전의 결의를 한 경우에도 보험계약을 이전하지 않게 된 경우에는 보험업법 158조를 적용한다(법148②단). 보험계약을 이전하지 않게 된 경우에는 청산에 따라 보험계약이 소멸되므로 보험업법 158조를 적용함이 당연하다.

3) 이전결의의 공고 및 통지

(1) 보험계약을 이전하려는 보험회사는 총회 결의(법138)를 한 날부터 2주 이내에 계약 이전의 요지와 각 보험회사의 대차대조표를 공고하고 서면교부, 우편, 전자우편, 전화, 팩스, 휴대전화 메시지 등의 방법으로 보험계약자에게 통지하여야 한다(법141①, 시행령75의2). 공고 및 통지에는 이전될 보험계약의 보험계약자로서 이의가 있는 자는 일정한 기간 동안 이의를 제출할 수 있다는 뜻을 덧붙여야 하고 그 기간은 1개월 이상으로 해야 한다(법141②).

(2) 공고 및 통지의 주체는 이전보험회사이다. 인수보험회사는 이전보험회사에게 대차대조표를 교부하면 된다.

(3) 공고 및 통지내용은 계약이전의 요지와 이전보험회사와 인수보험회사의 대차대조표이다. 계약이전의 요지에는 계약이전의 동기, 범위, 조건 등이 포함되고, 그리고 자산의 이전 또는 계약조건의 변경이 있는 경우에 이를 포함해야 한다. 계약이전의 요지와 대차대조표는 해당 보험계약자가 계약이전에 대해 이의제기를 할지를 판단하기 위해서 알 필요가 있는 사항들이다.

---

35) 성대규·안종민 654면; 정채웅 874면

(4) 공고의 방법에 대한 규정이 없는데, 이에 대한 규정을 둘 필요가 있다.

4) 보험계약자의 이의제기

i) 의의

(1) 전술한 바와 같이 이전결의의 공고에는 이전될 보험계약의 보험계약자로서 이의가 있는 자는 일정한 기간(1개월 이상) 동안 이의를 제출할 수 있다는 내용이 포함된다(법141②). 보험계약이 이전되려면 이러한 이의제기 기간 동안에 이의를 제기한 자가 일정 수에 이르지 않아야 한다. 이러한 이의제기는 계약이전 일반과 계약조건의 변경으로 구분된다.

(2) 이전될 보험계약의 보험계약자는 계약이전에 의해서 이해관계에 영향을 받게 되므로 이의제기를 할 수 있게 한 것이다. 다만, 모든 보험계약자가 아니라 이전대상인 보험계약자에 한하여 이의제기가 가능하다. 일부이전의 경우에 이전대상이 아닌 보험계약자라도 계약이전에 대해 간접적으로 이해관계를 갖지만, 보험업법은 계약이전에 대해 직접적인 이해관계를 갖고 있는 이전대상인 보험계약자에 대해서만 이의제기권을 부여한다.

ii) 계약이전 일반

(1) 이의제기 기간 동안에 이의를 제기한 보험계약자가 이전될 보험계약자 총수의 10분의 1을 초과하거나 그 보험금액이 이전될 보험금 총액의 10분의 1을 초과하는 경우에는 보험계약을 이전하지 못한다(법141③전).

(2) 전술한 바와 같이 보험계약 임의이전의 법적 성질은 계약 당사자의 지위를 이전하는 성격을 띠므로 민법상 계약이전 또는 계약인수와 유사한 측면이 있고, 이를 고려하면 이전하는 계약의 당사자인 보험계약자 전원의 동의가 필요하다고 할 수 있다. 하지만 보험계약은 단체성이라는 특성이 있고 계약이전에 금융위원회 인가를 거친다는 점 등을 고려하여 보험계약자의 대다수가 찬성하면 보험계약 임의이전이 될 수 있도록 규정한 것이다(통설).

(3) 이의제기를 한 보험계약자 수 및 보험계약자 총수, 이의제기를 한 보험금액 및 보험금 총액은 이전보험회사가 보유한 전체 보험계약이 아니라 이전될 보험계약을 기준으로 산정한다. 이 점은 보험업법 141조 3항 전단에서 확인된다.

iii) 계약조항의 변경

(1) 보험업법은 계약이전에 계약조항의 변경이 포함되는 경우 이에 대한 이의제기 요건을 별도로 두고 있다. 즉 계약조항의 변경을 정하는 경우에 이의를 제기한 보험계약자로서 그 변경을 받을 자가 변경을 받을 보험계약자 총수의 10분의 1을 초과하거나 그 보험금액이 변경을 받을 보험계약자의 보험금 총액의 10분의 1을 초과하는 경우에도 보험계약을 이전하지 못한다(법141③후).

(2) 보험계약자의 대다수가 찬성하면 계약조항의 변경이 가능하도록 규정한 것의 취

지는 위와 마찬가지로 보험계약의 단체성을 고려한 것이다.

(3) 이의제기를 한 보험계약자 수 및 보험계약자 총수, 이의제기를 한 보험금액 및 보험금 총액은 이전보험회사가 보유한 전체 보험계약이 아니라 계약조항이 변경될 보험계약을 기준으로 산정한다. 이 점은 보험업법 141조 3항 후단에서 확인된다.

iv) 상호회사의 특칙

(1) 상호회사가 사원총회 대행기관(법54①)에 의하지 않고 보험계약 이전의 결의를 한 경우에는 위 보험계약자의 이의제기에 관한 규정을 적용하지 않는다(법141④).

(2) 위 (1)에 따르면 사원총회 대행기관이 보험계약 이전의 결의를 한 경우는 이의제기를 거쳐야 한다. 사원총회 대행기관은 모든 사원이 아니라 일부의 사원으로 구성된 대행기관이라는 점을 고려하여 이 기관이 보험계약 이전의 결의를 한 경우는 보험계약자의 이의제기를 거치도록 한 것이다.

(3) 위 (1)에 따르면 사원총회가 보험계약 이전의 결의를 한 경우에는 결의 후 공고에 이의제기에 관한 사항을 포함시킬 필요가 없고 또한 이의제기가 적용되지 않는다. 이러한 특칙을 둔 이유는 보험계약자의 지위도 겸하는 사원이 사원총회에서 결의한 사항에 대해서 보험계약자의 지위에서 별도의 이의를 제기를 할 수 있다고 하는 것은 모순적 행위에 해당하기 때문이다.

5) 금융위원회 인가

i) 의의

(1) 계약이전의 결의는 금융위원회의 인가를 받아야 한다(법139). 보험계약의 이전은 보험계약자를 포함한 이해관계자에게 중대한 영향을 미친다는 점을 고려해서 인가를 요건으로 한 것이다.

(2) 인가는 이전계약의 효력발생요건이다. 인가의 법적 성질에 대해서는 해산결의의 인가 부분에서 설명한 바 있다.

(3) 해산 결의의 인가에서 기술한 바와 같이 예비인가를 포함한 인가에 관한 감독규정 7-24조~7-40조는 상위법령의 명시적 위임이 없는 행정규칙이다. 따라서 이 규정 중 계약이전 결의의 인가에 관한 조항은 상위법령의 명시적 위임이 없는 행정규칙이다.

ii) 인가절차 및 이행의무

계약이전 결의의 인가절차 및 이행의무는 해산결의의 그것과 동일하다(감독규정7-24(1)). 다만, 다음은 계약이전 결의에 적용되는 특수한 사항이다.

① 신청서 및 첨부 서류

(1) 예비인가 신청인은 감독규정 [별지17]의 예비인가 신청서를 금융위원회에 제출해야 한다(감독규정7-27). 인가신청인은 보험업법시행규칙 [별지14]의 인가신청서를 금융위

원회에 제출해야 한다(감독규정7-32①).

(2) 보험회사는 보험계약 이전의 인가를 받으려면 인가신청서에 다음 각 호의 서류를 첨부하여 이의제출 기간(법141②)이 지난 후 1개월 이내에 금융위원회에 제출해야 한다(시행규칙36).[36)]

1. 보험계약 이전계약서
2. 각 보험회사의 재산목록과 재무상태표
3. 이전할 보험계약의 종류·건수·금액 및 계약자 수와 그 지역별 통계
4. 이전할 보험계약에 관한 책임준비금 및 그 밖의 준비금의 금액과 그 산출방법을 적은 서류
5. 이전할 재산의 총액과 재산 종류별 수량 및 가액을 적은 서류
6. 각 보험회사의 보험계약의 건수·금액 및 계약자 수와 보험계약의 종류별 건수·금액·계약자수 및 책임준비금의 금액을 적은 서류
7. 보험업법 141조에 따른 보험계약 이전의 절차를 마쳤음을 증명하는 서류
8. 그 밖에 보험계약 이전에 관한 서류로서 보험계약자 보호를 위하여 금융위원회가 필요하다고 인정하는 서류

② 심사기준

감독규정이 규정하는 보험계약 이전의 인가에 관한 심사기준은 다음과 같다(감독규정 7-40).[37)]

1. 당해 보험회사의 경영 및 재무상태 등에 비추어 부득이할 것
2. 보험계약자·피보험자 그 밖에 이해관계인의 권익 보호 및 금융질서의 유지에 지장을 초래하지 아니할 것
3. 보험계약자 및 채권자 등의 이익을 보호하기 위하여 필요하다고 인정하는 자산을 보유할 수 있을 것

iii) 인가 후 통지의무

(1) 보험계약 이전의 인가가 있을 때에는 보험계약을 이전받은 보험회사는 1개월 이내에 이전된 보험계약의 계약자에게 그 취지를 통지해야 한다(시행규칙38①).

(2) 위 (1)의 통지의무 이행이 이전계약의 성립 또는 효력발생의 요건이라고 볼 것은 아니다. 그리고 위 보험업법시행규칙 38조는 상위법령의 명시적 위임에 따른 것이라고 보기 어렵다.

---

36) 보험업법시행규칙 36조는 상위법령의 명시적 위임이 없다.

37) 보험업법시행규칙은 보험계약 이전에 대한 인가 심사기준을 다음과 같이 규정한다(시행규칙37).
1. 보험계약의 이전이 보험업법, 상법, 자본시장법, 그 밖의 관련 법령에 따른 절차를 이행하였는지 여부
2. 보험계약의 이전으로 인하여 보험계약자 및 이해관계인에게 불이익이 발생하는지 여부
그런데 이 규정은 상위법령의 명시적 위임에 따른 것이라고 보기 어렵다.

(3) 효과

1) 승계

i) 대상 및 시점

① 보험계약상 권리의무

(1) 보험계약을 이전한 보험회사가 그 보험계약에 관하여 가진 권리와 의무는 보험계약을 이전받은 보험회사가 승계한다(법146①전). 이는 이전계약의 법적 효과를 규정한 것이다. 이전계약은 보험계약의 당사자인 보험회사의 지위를 이전보험회사에서 인수보험회사로 이전하기 위한 것이므로, 그 법적 효과는 이전보험회사의 보험계약상 권리의무가 인수보험회사로 승계되는 것이다.

(2) 보험계약상 권리의무의 승계시점에 대해서는 언급이 없다.

② 자산

(1) 이전계약으로써 이전할 것을 정한 자산도 보험계약을 이전받은 보험회사가 승계한다(법146①후). 이는 이전계약에 자산이전 약정이 포함된 경우 그 법적 효과를 규정한 것이다. 이전계약에 자산이전 약정이 포함된 경우 이는 자산에 대한 권리의무의 주체를 이전보험회사에서 인수보험회사로 이전하기 위한 것이므로, 그 법적 효과는 이전보험회사의 자산에 대한 권리의무가 인수보험회사로 승계되는 것이다.

(2) 보험계약상 자산의 승계시점에 대해서는 언급이 없다.

③ 수지 또는 변경

(1) 보험계약 이전의 결의를 한 후 이전할 보험계약에 관하여 발생한 수지나 그 밖에 이전할 보험계약 또는 자산에 관하여 발생한 변경은 이전을 받은 보험회사에 귀속된다(법146②).

(2) 위 (1)에서 보험계약에 관해서 발생한 수지는 보험료 수입, 보험금 지출 등이라고 해석한다. 자산에 관하여 발생한 변경은 자산의 멸실 또는 훼손 등이라고 해석한다.

(3) 수지 또는 변경의 승계시점을 보험계약 이전결의 시라고 규정하고 있다.

④ 사업방법서 등

(1) 이전보험회사가 그 이전한 보험계약에 관하여 사용하던 사업방법서, 보험약관, 보험료 및 책임준비금 산출방법서는 보험계약 이전의 인가가 있을 때에 인수보험회사가 승계한 것으로 본다(시행규칙38②). 여기서 보험계약 이전의 인가는 이전결의에 대한 금융위원회 인가(법139)를 가리킨다. 그런데 이 규정은 상위법령의 명시적 위임이 있다고 보기 어렵다.

(2) 사업방법서 등의 승계시점을 금융위원회의 인가 시라고 규정하고 있다.

ii) 승계시점에 대한 해석론

(1) 보험업법은 보험계약상 권리의무와 자산의 승계시점에 대해 특별한 언급이 없다. 그리고 수지 및 변경의 승계시점은 이전결의 시점, 그리고 사업방법서 등에 대해서는 금융위원회 인가 시점이라고 규정한다. 이런 상황에서 승계시점을 조화롭게 해석해야 하는 문제가 있다.

(2) 이러한 해석에서 우선 고려해야 하는 것은 명문의 규정이다. 전술한 바와 같이 수지 및 변경의 승계시점은 이전결의 시점, 그리고 사업방법서 등에 대해서는 금융위원회 인가 시점이라고 규정되어 있는데, 후자는 상위법령의 명시적 위임이 없는 시행규칙이라는 점에서 전자가 우선한다고 볼 수 있다.

(3) 보험업법이 수지 및 변경의 승계시점을 이전결의 시점이라고 정한 것은 보험계약상 권리의무와 자산의 승계시점을 판단할 때 절대적으로 고려해야 할 요소라고 본다. 수지 및 변경의 승계시점과 보험계약상 권리의무와 자산의 승계시점은 서로 일치시켜 통일적으로 다루는 것이 당사자의 합리적, 객관적 의사에 부합한다고 볼 수 있기 때문이다. 그렇다면 보험계약상 권리의무와 자산의 승계시점, 나아가 사업방법서 등의 승계시점도 이전결의 시점이라고 해석해야 한다.

(4) 다만, 주의할 것은 이전계약의 효력발생 요건인 금융위원회의 인가를 얻으면 이전결의 시점으로 소급해서 승계가 이루어진다고 해석해야 한다. 금융위원회의 인가를 얻기 전이거나 얻지 못한 경우에도 승계가 이루어진다고 할 수는 없으며, 그 대신에 인가를 얻는 경우 이전계약의 효력에 소급효를 부여하면 이전결의 시점을 승계시점으로 만들 수 있게 된다.

2) 계약이전으로 인한 입사

(1) 보험계약이 이전된 경우 이전을 받은 보험회사가 상호회사인 경우에는 그 보험계약자는 그 상호회사에 입사한다(법147).

(2) 위 (1)의 규정은 주식회사와 상호회사 간에 계약이전이 가능하다고 전제하고 이 경우 이전되는 보험계약자의 법적 지위에 대해서 규정한 것이다.

(3) 상호회사의 보험계약자는 사원의 지위도 갖게 되는 것이 원칙인데, 주식회사의 보험계약이 상호회사로 이전된 경우에 그 보험계약자도 예외 없이 상호회사의 사원이 된다고 규정한 것이다. 이는 인수보험회사를 기준으로 이전되는 보험계약자의 법적 지위가 정해짐을 밝힌 규정이다. 따라서 이 규정에 비추어 보면, 상호회사의 보험계약이 주식회사로 이전된 경우 그 보험계약자는 사원의 지위를 상실한다고 보아야 한다.[38] 한편, 상호회사의 보험계약이 다른 상호회사로 이전되는 경우에 그 보험계약자가 다른 상호회사에 입

38) 노상봉 435면

사하게 되는데, 이는 보험업법 147조가 없더라도 당연하다.

3) 계약이전 공고

(1) 보험회사는 보험계약을 이전한 경우에는 7일 이내에 그 취지를 공고해야 한다(법145전). 보험계약을 이전하지 않게 된 경우에도 또한 같다(법145후).

(2) 계약이전이 완성되었는지 여부를 그 이해관계자가 알 수 있게 공고의무를 둔 것이다.

(3) 보험계약의 전부이전이든 일부이전이든 공고해야 한다.

(4) 보험계약을 이전한 경우는 계약이전의 요건이 충족된 경우를 가리킨다. 즉 이전계약, 총회 의결, 이전결의 공고, 보험계약자의 이의제기, 그리고 금융위원회의 인가 요건을 충족한 경우를 말한다. 한편, 보험계약을 이전하지 않게 된 경우는 보험계약자의 이의제기 또는 금융위원회 인가 요건 등을 충족하지 못한 경우를 가리킨다.

(5) 공고해야 하는 취지에는 계약이전을 했다는 사실, 계약이전을 하지 않게 되었다는 사실이 포함된다.

(6) 공고의 방법에 대한 규정이 없는데, 이에 대한 규정을 둘 필요가 있다.

4) 전부이전 시 해산

보험회사가 보유한 보험계약의 전부를 이전한 경우에는 해산하게 된다(법137①(4)). 그러나 일부이전은 해산사유가 되지 않는다. 보험회사의 해산에 대해서는 전술한 바 있다.

(4) 기타 관련 사항

1) 신계약의 금지

i) 의의

이전보험회사는 일정기간 동안 신계약이 금지된다. 즉 보험계약을 이전하려는 보험회사는 총회의 결의가 있었던 때부터 보험계약을 이전하거나 이전하지 않게 될 때까지 그 이전하려는 보험계약과 같은 종류의 보험계약을 체결하지 못한다(법142본문). 다만, 보험회사의 부실에 따라 보험계약을 이전하려는 경우가 아닌 경우로서 대통령령으로 정하는 경우에는 그러하지 아니하다(법142단서).

ii) 취지

신계약 금지의 취지는 계약의 이전을 계획하면서 다른 한편으로 신계약을 체결하는 것은 계약이전의 취지에 반한다거나,[39] 계약이전의 절차를 진행하는 과정에서 필요성(가령 이의제기와 관련하여 이전대상 보험계약자 총수를 고정시켜야 할 필요성)이 있기 때문이라고[40] 설명된다.

---

39) 노상봉 428면

40) 성대규 · 안종민 648면

iii) 내용

(1) 총회의 계약이전 결의 시점부터 보험계약을 이전하거나 이전하지 않게 될 때까지 신계약 체결이 금지된다. 이전하게 될 때는 계약이전의 요건이 충족된 때, 즉 이전계약, 총회 의결, 이전결의 공고, 보험계약자의 이의제기, 그리고 금융위원회의 인가 요건을 충족할 때를 말한다. 이전하지 않게 될 때는 보험계약자의 이의제기 또는 금융위원회 인가 요건 등을 충족하지 못하게 될 때를 말한다.

(2) 이전하려는 보험계약과 같은 종류의 보험계약만 신계약이 금지된다. 이전대상이 아닌 종류의 보험계약은 신계약이 허용된다.

(3) 이전하려는 보험계약과 같은 종류의 신계약이라도 2020년 보험업법 개정으로 보험회사의 부실에 따라 보험계약을 이전하려는 경우가 아닌 경우로서 대통령령으로 정하는 경우에는 신계약 체결이 금지되지 아니한다. 시행령은 외국보험회사의 국내지점을 국내법인으로 전환함에 따라 국내지점의 보험계약을 국내법인으로 이전하려는 경우와 모회사에서 자회사인 보험회사를 합병함에 따라 자회사의 보험계약을 모회사로 이전하려는 경우를 들고 있다(법142단서, 시행령75조의3).

iv) 위반 시 효과

보험업법 142조를 위반한 경우 과태료(법209④(41))가 따른다.

v) 개정론

(1) 신계약의 금지에 대해서는 신계약에 대한 전면 허용론[41]과 보험회사 부실에 따른 구조조정의 목적이 아닌 경우에만 허용하자는 제한적 허용론[42]이 있었으나 제한적 허용론으로 개정되었다.

(2) 생각건대, 신계약은 전면적으로 허용해도 무방하다고 본다. 전술한 신계약 금지의 취지가 언급한 문제점은 절대적인 것이 아닐 뿐만 아니라 신계약의 보험계약자에 대한 보호 제도 등을 갖추면 해소될 수 있기 때문이다. 보험계약을 이전하려는 보험회사의 입장에서 볼 때 신계약을 체결하지 못하는 정도는 감수해야 할 불이익이라고 보는 시각도 있지만, 계약이전을 한다고 해서 신계약 체결이라는 정상적인 영업활동을 하지 못하는 불이익을 감수해야 하는 것은 불합리한 측면이 있다. 또한 신계약 금지는 이전대상인 보험계약을 갱신하려는 보험계약자에게 부당한 불이익을 주기도 한다는 점을 고려해서, 일본은 2012년에 신계약 금지 조항을 폐지하였다.[43] 즉 일본의 경우 종래 보험업법은 신계약 금지 조항을 두고 있었으나(일본 구 보험업법114), 현재는 신계약을 금지하지 않고, 다만 신계약을 체결하려는 자에게 이전계약의 요지 등을 통지하고 이전계약이 효력을 발생하면 인

41) 정채웅 867면

42) 성대규 · 안종민 648면

43) 安居孝啓, 保険業法の解説, 2016, 508면

수보험회사의 보험계약자로 된다는 점에 대해 승낙을 얻도록 하고 있다(일본 보험업법138).

2) 자산처분 또는 채무부담의 금지

i) 보험금액의 삭감

① 의의

이전계약에 보험금액을 삭감하기로 정하는 경우 이전보험회사는 총회의 결의가 있었던 때부터 보험계약을 이전하거나 이전하지 않게 될 때까지 그 자산을 처분하거나 채무를 부담하려는 행위를 하지 못한다(법144①본).

② 취지

보험금액을 삭감한 경우는 이전보험회사의 재무건전성이 부실화된 상황인 것이 보통이어서, 만약 계약이전의 완료 여부가 정해지기 전에 이전보험회사가 자산처분 또는 채무부담을 하게 되면, 추가적인 보험금액의 삭감 문제가 대두되고 약정한 자산이전이 가능한지에 의문이 생기는 사정 등으로 인해서 계약이전이라는 목적의 달성에 중대한 차질이 생길 수 있다. 이를 고려하여, 계약이전의 완료 여부가 정해지기 전까지는 자산처분 또는 채무부담을 하지 않게 정한 것이다.

③ 금지내용

(1) 총회의 이전결의 시점부터 보험계약을 이전하거나 이전하지 않게 될 때까지 자산처분 또는 채무부담이 금지된다. 이전하게 될 때, 이전하지 않게 될 때의 의미는 전술한 신계약의 금지에서 그것과 동일하다.

(2) 금지되는 자산처분에는 보험계약에 따라 발생한 채권의 지급도 포함된다. 보험계약에 따라 발생한 채권이란 보험금지급청구권, 해지환급금청구권 등을 가리킨다. 보험업법 144조 2항은 자산처분의 금지에 따라 지급이 정지된 보험계약상 채권에도 보험금액의 삭감비율이 적용된다고 규정하고 있는데, 여기서 보험계약에 따라 발생한 채권의 지급도 자산처분 금지의 일환으로 금지된다는 점을 알 수 있는 것이다.

④ 예외

(1) 다만, 보험업을 유지하기 위하여 필요한 비용을 지출하는 경우 또는 자산의 보전이나 그 밖의 특별한 필요에 따라 금융위원회의 허가를 받아 자산을 처분하는 경우에는 자산처분이나 채무부담을 할 수 있다(법144①단). 가령 인건비의 지급 등이 필요비용의 지출에 해당한다.

(2) 위 (1)의 자산처분 허가 여부에 대한 심사는 금융감독원장에게 위탁되어 있다(시행령[별표8]36).

ii) 계약조항의 변경

(1) 이전계약에 계약조항의 변경을 정하는 경우에 그 변경을 하려는 보험회사에 대하

여도 전술한 보험금액의 삭감을 정한 경우에 자산처분 또는 채무부담의 금지(법144①)가 적용된다(법144③본). 다만, 보험계약으로 발생한 채무를 변제하거나 금융위원회의 허가를 받아 그 변경과 관계없는 행위를 하는 경우에는 그렇지 않다(법144③단).

(2) 계약조항의 변경을 정한 경우에도 이전보험회사의 재무건전성이 부실화된 경우가 보통이라는 점을 고려하여 자산처분 또는 채무부담을 금지한 것이다.

(3) 총회의 이전결의 시점부터 보험계약을 이전하거나 이전하지 않게 될 때까지 금지된다. 이전하게 될 때, 이전하지 않게 될 때의 의미는 전술한 신계약의 금지에서 그것과 동일하다.

(4) 보험금액 삭감의 경우에 적용되는 자산처분 또는 채무부담의 금지에 대한 예외(법144①단)가 계약조항의 변경에도 적용된다(법144③본). 나아가, 계약조항의 변경인 경우 보험계약으로 발생한 채무를 변제하거나 금융위원회의 허가를 받아 그 변경과 관계없는 행위를 하는 경우에도 자산처분 또는 채무부담의 금지에 대한 예외가 된다(법144③단). 특히, 계약조항 변경인 경우에는 보험계약으로 발생한 채무, 즉 보험금지급채무 또는 해지환급금지급채무 등에 대한 변제를 하는 것이 허용된다. 보험금액 삭감인 경우 이것이 허용되지 않는데, 이 점은 양자의 중요한 차이라고 할 수 있다. 계약조항 변경인 경우 보험금액 삭감인 경우보다 이전보험회사의 재무건전성 부실화가 덜 심각하다고 보고 보험계약상 채무의 변제를 허용한 것이다.

3) 보험계약상 채권의 삭감

i) 의의

보험계약이 이전된 경우 보험계약에 따라 발생한 채권으로서 자산처분의 금지에 따라 지급이 정지된 것에 관하여 이전계약에서 정한 보험금액 삭감의 비율에 따라 그 금액을 삭감하여 지급해야 한다(법144②).

ii) 취지

보험금액의 삭감을 정한 경우에는 보험계약에 따라 발생한 채권의 지급도 자산처분의 금지에 따라서 허용되지 않는다는 점, 보험금액의 삭감은 보험계약의 이전 후에만 적용되는 것이 아니라 자산처분의 금지에 따라 지급이 정지된 것에도 적용된다는 점을 밝힌 것이다. 전자에 대해서는 자산처분의 금지에서 설명하였고, 여기에서는 후자에 대해서 주로 살펴본다.

iii) 내용

(1) 전술한 바와 같이 보험계약에 따라 발생한 채권이란 보험금지급청구권, 해지환급금청구권 등을 가리킨다.

(2) 이전계약에서 정한 보험금액 삭감비율에 따라 지급되는 보험계약상 채권은 총회

의 이전결의 이후에 발생한 보험계약상 채권으로 한정된다고 해석한다. 그 이전에 발생한 보험계약상 채권에 대해서도 삭감비율을 적용하는 것은 일종의 소급효를 인정하는 셈이어서 해당 보험계약자의 이익을 부당하게 침해할 수 있기 때문이다.

(5) 위반 시 효과

보험업법 142조를 위반하여 보험계약을 체결하거나 보험업법 144조를 위반하여 자산을 처분하거나 채무를 부담할 행위를 한 경우 과태료(법209⑥(41))가 따른다.

제 5 관 영업양도

1. 영업양도의 의의

(1) 개념

⑴ 영업의 양도란 일정한 영업목적에 의하여 조직화된 업체, 즉 인적·물적 조직을 그 동일성은 유지하면서 일체로서 계약에 의해서 이전하는 것을 말한다(판례,[44] 통설). 좀 더 자세히 보면, 양도의 대상인 영업이란 일정한 영업목적에 의하여 조직화된 유기적 일체로서의 기능적 재산인 영업을 구성하는 유형·무형의 재산과 경제적 가치를 갖는 사실관계가 서로 유기적으로 결합하여 수익의 원천으로 기능한다는 것과 이와 같이 유기적으로 결합한 수익의 원천으로서의 기능적 재산이 마치 하나의 재화와 같이 거래의 객체가 된다는 것을 의미한다.[45]

⑵ 영업의 일부만의 양도도 가능한데, 다만 양도되는 영업부분이 그 인적·물적 조직의 동일성을 유지하면서 이전되어야 한다(판례,[46] 통설).

(2) 구분

⑴ 보험계약의 이전은 보험계약상 권리의무, 그리고 필요한 경우 일정한 자산을 이전하는 것인데 비해서, 영업양도는 일정한 영업목적에 의하여 조직화된 업체, 즉 인적·물적 조직을 그 동일성의 유지하에 일체로서 이전하는 것이므로 영업의 양도가 보다 넓은 개념이다.

⑵ 합병이란 둘 이상의 회사가 계약에 의해서 존속회사 또는 신설회사로 통합되고 소멸회사의 권리의무가 존속회사 또는 신설회사로 포괄승계되는 것인데 비해서, 영업양도는 회사 간이 아니어도 가능하고 영업의 전부가 아니라 일부만의 양도도 가능하며 영업을 구성하는 재산 등이 양수인에게 포괄승계되는 것이 아니라 개별적으로 이전되어야 한다는 점에서 차이가 있다.

---

44) 대판 1994.6.28. 93다33173
45) 대판 2008.4.11. 2007다89722
46) 대판 1997.4.25. 96누19314

(3) 관련 규정

영업양도에 대한 일반규정으로 상법 41조~45조가 있다. 또한 주식회사의 영업양도 및 영업양수에 대해서는 주주총회의 결의에 관한 규정(상법374①(1),576①)이 있다.

2. 보험회사의 영업양도

(1) 의의

(1) 보험회사는 영업양도를 할 수 있다. 다만, 금융위원회의 인가를 받아야 한다(법150).

(2) 1999년 보험업법 개정 이전에는 보험회사의 영업양도를 금지하고 있었는데, 그 주된 이유는 보험계약의 이전에 의해서 영업양도 목적이 대개 달성될 수 있다고 보았기 때문이다. 하지만 전술한 바와 같이 보험계약의 이전과 영업양도는 다른 측면이 있기 때문에 1999년 보험업법 개정을 통해서 보험회사의 영업양도를 허용하게 되었다.

(2) 양도의 대상

(1) 영업양도의 대상은 보험업이든 아니든 무방하다. 보험회사는 보험업 이외에 부수업무 또는 겸영업무를 할 수 있는데, 이를 양도 또는 양수할 수 있다고 해석된다. 이러한 점이 보험회사의 영업양도를 허용해야 할 이유 중 하나이기도 하다. 이러한 경우는 영업양도의 일방 당사자가 보험회사가 아닐 수도 있다.

(2) 영업양도의 대상에 보험계약이 포함되어서는 안 된다고 해석한다. 즉 영업양도에 보험계약이 포함되는 경우는 보험계약 이전의 성격도 띠게 되는데, 보험계약 이전의 경우는 이의제기를 통한 보험계약자 보호제도(법141)가 마련되어 있지만 보험회사 영업양도의 경우에는 그렇지 않아서 보험계약자 보호의 문제가 있기 때문이다. 따라서 보험계약의 이전은 일부이든 전부이든 영업양도가 아닌 보험계약의 이전에 의해야 한다고 해석한다. 보험계약을 포함한 영업양도를 허용하기 위해서는 이의제기를 통한 보험계약자 보호제도를 준용하는 규정을 두어야 한다. 현행법 하에서는 보험계약을 포함한 영업양도의 효과를 내기 위해서 합병의 방식을 취할 수 있다. 보험계약 이전과 영업양도를 각각 별도로 진행하는 것도 가능하다.

(3) 양도의 대상은 영업의 전부이든 일부이든 무방하다고 해석한다. 보험업법 150조의 영업양도는 영업의 전부양도만을 의미하고 일부양도는 보험계약의 이전(법140)에 해당한다는 견해가 있으나,[47] 명문의 근거가 없다. 또한 영업양도와 보험계약의 이전은 구분되어야 함은 위 (2)에서 설명하였다.

---

47) 성대규 · 안종민 656면

(3) 총회의 의결

(1) 주식회사가 영업양도 또는 영업양수를 하려면 주주총회의 특별결의가 필요하다(상법374①(1),576①). 이는 양도하는 회사 및 양수하는 회사 모두에게 요구된다.

(2) 상호회사의 경우 위 주식회사에 관한 규정을 준용하고 있지 않다. 그리고 상법상 영업양도에 대한 일반규정(상법41~45)을 준용하고 있지 않다. 입법의 불비이다.

(4) 금융위원회의 인가

1) 의의

(1) 보험회사는 그 영업을 양도 또는 양수하려면 금융위원회의 인가를 받아야 한다(법150). 보험회사의 영업양도 및 영업양수는 보험계약자를 포함한 이해관계자에게 중대한 영향을 미친다는 점을 고려해서 인가를 요건으로 한 것이다.

(2) 인가는 영업양도 및 영업양수의 효력발생요건이다. 인가의 법적 성질에 대해서는 해산결의의 인가 부분에서 설명한 바 있다.

(3) 영업양도 또는 영업양수는 그 주체가 보험회사이기만 하면 각각 인가의 대상이라고 해석한다. 양도인과 양수인이 인가신청서를 공동으로 제출하게 할 필요가 있다.

(4) 해산 결의의 인가에서 기술한 바와 같이 예비인가를 포함한 인가에 관한 감독규정 7-24조~7-40조는 상위법령의 명시적 위임이 없는 행정규칙이다. 따라서 이 규정 중 영업의 양수도의 인가에 관한 조항은 상위법령의 명시적 위임이 없는 행정규칙이다.

2) 인가절차 및 이행의무

영업양도 및 영업양수의 인가절차 및 이행의무는 해산결의의 그것과 동일하다(감독규정7-24). 다만, 다음은 영업양도 및 영업양수에 적용되는 특수한 사항이다.

i) 신청서 및 첨부 서류

예비인가 신청인은 감독규정 [별지18]의 예비인가 신청서를 금융위원회에 제출해야 한다(감독규정7-27). 인가신청인은 감독규정 [별지21]의 인가신청서를 금융위원회에 제출해야 한다(감독규정7-32①).

ii) 심사기준

영업양수의 인가에 관하여는 합병의 인가 시 심사기준에 관한 감독규정 7-36조를, 영업양도의 인가에 관하여는 해산 결의의 인가 시 심사기준에 관한 감독규정 7-37조를 각각 준용한다(감독규정7-39).

(5) 해산사유

보험계약의 전부이전 또는 합병은 보험회사의 해산사유이지만(법137①), 영업양도는 그 자체로는 해산사유로 규정되어 있지 않다. 하지만 영업의 전부양도는 실질적으로 해산사유에 해당한다고 볼 수 있다. 하지만 명문의 규정을 두고 있지 않으므로, 현행법 하에서 영업양도를 이유로 해산하려면 이를 정관에 해산사유로 규정하거나 또는 해산 결의를 해야 한다. 참고로 상법도 영업양도는 주식회사의 해산사유(상법517)에 포함시키고 있지 않다.

제6관 합병

1. 의의

(1) 개념

(1) 합병이란 둘 이상의 회사가 계약에 의해서 존속회사 또는 신설회사로 통합되고 소멸회사의 권리의무가 존속회사 또는 신설회사로 포괄승계되는 것이다.

(2) 합병에 의해서 소멸하는 보험회사는 해산한다. 흡수합병의 경우에는 존속회사를 제외하고 나머지 합병관련 회사는 소멸하고, 신설합병의 경우 신설회사를 제외하고 나머지 합병관련 회사는 소멸한다. 합병에 의해서 소멸하는 보험회사는 청산 등의 별도의 절차를 거치지 않고 법인격을 상실한다. 합병은 합병등기에 의해서 효력이 발생한다(상법530②,234).

(2) 관련규정

(1) 보험회사의 합병에는 보험업법, 구조개선법, 상법 등의 순서로 적용된다. 상법은 회사의 합병에 관한 일반법이다. 상호회사는 여기의 회사에 포함되지 않는다. 구조개선법 2장은 금융기관의 합병에 관한 규정을 두고 있고, 이는 상법에 대한 특별법이다. 보험업법 8장은 보험회사의 합병에 관한 규정을 두고 있는데, 이는 구조개선법에 대한 특별법이다. 여기서는 보험업법상 합병 규정(상법 중 일부 규정을 포함)과 구조개선법상 합병 규정을 구분하여 살펴본다.

(2) 상호회사는 상법상 회사는 아니므로 상법의 합병 규정이 당연히 적용되는 것은 아니다. 이를 고려하여 보험업법은 다음과 같이 규정하고 있다.

(a) 상호회사와 주식회사가 합병하는 경우에는 이에 관한 보험업법 또는 상법의 합병에 관한 규정에 따른다(법153③).

(b) 상호회사 간의 합병인 경우에는 상법의 일부 규정이 준용된다. 즉 회사의 합병(상법174③), 합병 시 설립위원(상법175①), 해산등기(상법228), 채권자의 이의(상법232), 합병의 효력발생(상법234), 합병의 효과(상법235), 합병무효에 관한 사항(상법236~240), 합병계약서와 그 승인결의(상법522①·②), 흡수합병의 보고총회(상법526①), 신설합병의 창립총회(상법527①·②), 합병의 등기(상법528①), 합병 무효의 소(상법529) 등이 상호회사의 합병에 준용된다(법70①). 이와 관련하여, 상법 528조 1항에서 합병으로 인하여 설립되는 회사의 설립등기는 보험업법 40조로 보고, 상법 175조 1항에 따른 선임에 관해서는 보험업법 39조 2

항을 준용한다(법70).

2. 보험업법상 합병 규정

(1) 요건

보험회사의 합병이 성립하고 효력을 발생하려면 합병 요건을 충족해야 하는데, 이하에서는 보험회사 합병에 관한 보험업법상 규정을 중심으로 살펴보기로 한다.

1) 합병계약의 존재

i) 주체

(1) 보험업법은 주식회사인 보험회사는 합병의 주체가 될 수 있다는 전제 하에 상호회사 중심으로 합병 주체 문제를 규정하고 있다. 즉 상호회사는 다른 보험회사와 합병할 수 있다(법153①). 이 경우 합병 후 존속하는 보험회사 또는 합병으로 설립되는 보험회사는 상호회사이어야 한다(법153②본). 다만, 합병하는 보험회사의 한 쪽이 주식회사인 경우에는 합병 후 존속하는 보험회사 또는 합병으로 설립되는 보험회사를 주식회사로 할 수 있다(법153②단).

(2) 위 (1)에 따르면, 상호회사 간의 합병 후에 존속회사 또는 신설회사는 상호회사이어야 하고, 상호회사와 주식회사의 합병 후에 존속회사 또는 신설회사는 상호회사 또는 주식회사 중에서 선택할 수 있다.

ii) 법정기재사항

① 주식회사 간 합병

주식회사 간의 합병에는 법정사항을 기재한 합병계약서를 작성해야 한다(상522①). 합병계약서의 법정기재사항은 흡수합병과 신설합병으로 구분할 수 있다.

(ㄱ) 흡수합병인 경우

합병할 회사의 일방이 합병 후 존속하는 경우에는 합병계약서에 다음의 사항을 적어야 한다(상법523).

1. 존속하는 회사가 합병으로 인하여 그 발행할 주식의 총수를 증가하는 때에는 그 증가할 주식의 총수, 종류와 수
2. 존속하는 회사의 자본금 또는 준비금이 증가하는 경우에는 증가할 자본금 또는 준비금에 관한 사항
3. 존속하는 회사가 합병을 하면서 신주를 발행하거나 자기주식을 이전하는 경우에는 발행하는 신주 또는 이전하는 자기주식의 총수, 종류와 수 및 합병으로 인하여 소멸하는 회사의 주주에 대한 신주의 배정 또는 자기주식의 이전에 관한 사항
4. 존속하는 회사가 합병으로 소멸하는 회사의 주주에게 3호에도 불구하고 그 대가의 전부 또는 일부로서 금전이나 그 밖의 재산을 제공하는 경우에는 그 내용 및 배정에 관한 사항

5. 각 회사에서 합병의 승인결의를 할 사원 또는 주주의 총회의 기일
6. 합병을 할 날
7. 존속하는 회사가 합병으로 인하여 정관을 변경하기로 정한 때에는 그 규정
8. 각 회사가 합병으로 이익배당을 할 때에는 그 한도액
9. 합병으로 인하여 존속하는 회사에 취임할 이사와 감사 또는 감사위원회의 위원을 정한 때에는 그 성명 및 주민등록번호

㈄ 신설합병인 경우

합병으로 회사를 설립하는 경우에는 합병계약서에 다음의 사항을 적어야 한다(상법 524).

1. 설립되는 회사에 대하여 상법 289조 1항 1호부터 4호까지에 규정된 사항과 종류주식을 발행할 때에는 그 종류, 수와 본점소재지
2. 설립되는 회사가 합병당시에 발행하는 주식의 총수와 종류, 수 및 각 회사의 주주에 대한 주식의 배정에 관한 사항
3. 설립되는 회사의 자본금과 준비금의 총액
4. 각 회사의 주주에게 2호에도 불구하고 금전이나 그 밖의 재산을 제공하는 경우에는 그 내용 및 배정에 관한 사항
5. 상법 523조 5호 및 6호에 규정된 사항
6. 합병으로 인하여 설립되는 회사의 이사와 감사 또는 감사위원회의 위원을 정한 때에는 그 성명 및 주민등록번호

② 여타의 합병

주식회사와 상호회사의 합병인 경우에는 아래 ㉠~㉣ 중 어느 하나의 합병계약서 법정기재사항이 적용되고, 상호회사 간의 합병인 경우에는 아래 ㉠과 ㉡ 중 어느 하나의 합병계약서 법정기재사항이 적용된다.

㈎ 합병 후 존속회사가 상호회사인 경우

합병 후 존속하는 회사가 상호회사인 경우에는 합병계약서에 다음 각 호의 사항을 적어야 한다(시행령75②).

1. 존속하는 회사가 그 사원총회에서의 사원의 의결권을 증가시킬 것을 정한 경우에는 그 수
2. 합병으로 인하여 소멸되는 회사의 보험계약자 또는 사원이 존속하는 회사의 사원총회에서 가질 수 있는 권리에 관한 사항
3. 합병으로 인하여 소멸되는 회사의 주주 또는 기금의 갹출자나 사원에게 지급할 금액을 정한 경우에는 그 규정
4. 각 회사에서 합병의 결의를 할 주주총회 또는 사원총회의 기일
5. 합병의 시기를 정한 경우에는 그 시기
6. 1호부터 5호까지에 준하는 경우로서 금융위원회가 정하여 고시하는 사항

(ㄴ) 합병 후 설립회사가 상호회사인 경우

합병으로 인하여 설립되는 회사가 상호회사인 경우에는 합병계약서에 다음 각 호의 사항을 적어야 한다(시행령75③).

1. 보험업법 34조 2호 및 4호부터 7호까지의 기재사항과 주된 사무소의 소재지
2. 합병으로 인하여 설립되는 회사의 사원총회에서의 의결권 수와 각 회사의 보험계약자 또는 사원에 대한 의결권의 배정에 관한 사항
3. 각 회사의 주주 또는 기금의 갹출자 또는 사원에게 지급할 금액을 정한 경우에는 그 규정
4. 이전하여야 할 보험계약에 관한 책임준비금, 그 밖의 준비금의 금액과 그 산출방법
5. 이전하여야 할 재산의 총액과 그 종류별 수량 및 가격
6. 1호부터 5호까지에 준하는 경우로서 금융위원회가 정하여 고시하는 사항

(ㄷ) 주식회사와 상호회사가 합병하는 경우 존속회사가 주식회사인 경우

주식회사와 상호회사가 합병하는 경우에 합병 후 존속하는 회사가 주식회사인 경우에는 합병계약서에 다음 각 호의 사항을 적어야 한다(시행령75④).

1. 존속하는 회사가 자본을 증가시킬 것을 정한 경우에는 그 증가액
2. 1호의 경우에는 존속하는 회사가 발행할 신주의 종류·수 및 납입금액과 신주의 배정에 관한 사항
3. 보험업법시행령 75조 2항 3호부터 5호까지의 기재사항
4. 1호부터 3호까지에 준하는 사항으로서 금융위원회가 정하여 고시하는 사항

(ㄹ) 주식회사와 상호회사가 합병하는 경우 설립회사가 주식회사인 경우

주식회사와 상호회사가 합병하는 경우에 합병으로 인하여 설립되는 회사가 주식회사인 경우에는 합병계약서에 다음 각 호의 사항을 적어야 한다(시행령75⑤).

1. 상법 524조 1호의 기재사항
2. 합병으로 인하여 설립되는 회사가 발행할 주식의 종류·수 및 납입금액과 주식의 배정에 관한 사항
3. 보험업법시행령 75조 3항 3호부터 5호까지의 기재사항
4. 1호부터 3호까지에 준하는 사항으로서 금융위원회가 정하여 고시하는 사항

iii) 계약조건의 변경

(1) 합병계약에는 계약조건의 변경이 포함될 수 있다. 즉 보험회사는 합병을 하는 경우에 합병계약으로써 ⓐ 보험계약에 관한 계산의 기초, 또는 ⓑ 계약조항의 변경을 정할 수 있다(법152①).

(2) 위 (1)의 ⓐ에서 계산의 기초는 '보험료 및 책임준비금 산출방법서'에 포함된 위험률, 예정이율 등을 가리킨다. 위 (1)의 ⓑ에서 계약조항의 변경은 약관조항의 변경을 포함

하여 모든 계약조항의 변경이라고 해석한다. 합병의 경우 계약조건의 변경에 보험금액의 삭감과 장래 보험료의 감액은 포함되어 있지 않으며, 이 점이 계약이전에서 계약조건의 변경과 다르다.

2) 총회의 결의

합병의 결의는 총회의 특별결의에 의한다.[48]

3) 합병결의의 공고

(1) 보험회사가 합병을 결의한 경우에는 그 결의를 한 날부터 2주 이내에 합병계약의 요지와 각 보험회사의 재무상태표를 공고하여야 한다(법151①). 공고에는 합병에 이의가 있는 보험계약자가 일정한 기간 동안 이의를 제출할 수 있다는 뜻을 덧붙여야 하고 그 기간은 1개월 이상으로 해야 한다(법151②,141②).

(2) 공고의 주체는 합병을 결의한 보험회사이다.

(3) 공고내용은 합병계약의 요지와 합병을 결의한 각 보험회사의 재무상태표이다. 합병계약의 요지에는 합병의 동기, 범위, 조건 등이 포함되고, 그리고 계약조건의 변경이 있는 경우에 이를 포함해야 한다. 합병계약의 요지와 재무상태표는 해당 보험계약자가 합병에 대해 이의제기를 할지 여부를 판단하기 위해서 알 필요가 있는 사항들이다.

(4) 공고의 방법에 대한 규정이 없는데, 이에 대한 규정을 둘 필요가 있다.

4) 보험계약자의 이의제기

i) 의의

(1) 전술한 바와 같이 합병결의의 공고에는 합병에 이의가 있는 보험계약자가 일정한 기간(1개월 이상) 동안 이의를 제출할 수 있다는 내용이 포함된다(법151②,141②). 합병이 되려면 이러한 이의제기 기간 동안에 이의를 제기한 자가 일정 수에 이르지 않아야 한다. 이러한 이의제기의 대상은 합병계약 일반과 계약조건의 변경으로 구분된다.

(2) 합병될 보험계약자는 합병에 의해서 이해관계에 영향을 받게 되므로 이의제기를 할 수 있게 한 것이다.

ii) 합병계약 일반

(1) 이의제기 기간 동안에 이의를 제기한 보험계약자가 합병될 보험계약자 총수의 10분의 1을 초과하거나 그 보험금액이 합병될 보험금 총액의 10분의 1을 초과하는 경우에는 합병을 하지 못한다(법151②,141③전).

(2) 보험계약자는 합병에 의해서 이해관계에 영향을 받게 되므로 이의제기를 할 수 있게 하되, 보험계약은 단체성이라는 특성이 있고 합병에 금융위원회 인가를 거친다는 점

48) 주식회사의 경우는 주주총회가 출석한 주주의 의결권의 3분의 2 이상의 수와 발행주식총수의 3분의 1 이상의 수로써 결의해야 하고(법138,상법434), 상호회사의 경우는 사원총회(또는 사원총회 대행기관)가 사원 과반수의 출석과 그 의결권의 4분의 3 이상의 찬성으로 결의해야 한다(법138,39②,54②).

등을 고려하여 보험계약자의 대다수가 찬성하면 합병이 될 수 있도록 규정한 것이다.

iii) 계약조항의 변경

(1) 보험업법은 합병계약에 계약조항의 변경이 포함되는 경우 이에 대한 이의제기 요건을 별도로 두고 있다. 즉 계약조항의 변경을 정하는 경우에 이의를 제기한 보험계약자로서 그 변경을 받을 자가 변경을 받을 보험계약자 총수의 10분의 1을 초과하거나 그 보험금액이 변경을 받을 보험계약자의 보험금 총액의 10분의 1을 초과하는 경우에도 또한 같다(법151②,141③후).

(2) 보험계약자의 대다수가 찬성하면 계약조항의 변경이 가능하도록 규정한 것의 취지는 위와 마찬가지로 보험계약의 단체성을 고려한 것이다.

iv) 상호회사의 특칙

(1) 상호회사가 사원총회 대행기관(법54①)에 의하지 않고 합병 결의를 한 경우에는 위 보험계약자의 이의제기에 관한 규정을 적용하지 않는다(법151②,141④).

(2) 위 (1)에 따르면 사원총회 대행기관이 합병 결의를 한 경우는 이의제기를 거쳐야 한다. 사원총회 대행기관은 모든 사원이 아니라 일부의 사원으로 구성된 대행기관이라는 점을 고려하여 이 기관이 합병 결의를 한 경우는 보험계약자의 이의제기를 거치도록 한 것이다.

(3) 위 (1)에 따르면 사원총회가 합병 결의를 한 경우에는 결의 후 공고에 이의제기에 관한 사항을 포함시킬 필요가 없고 또한 이의제기가 적용되지 않는다. 이러한 특칙을 둔 이유는 보험계약자의 지위도 겸하는 사원이 사원총회에서 결의한 사항에 대해서 보험계약자의 지위에서 별도의 이의를 제기를 할 수 있다고 하는 것은 모순적 행위에 해당하기 때문이다.

5) 금융위원회 인가

i) 의의

(1) 보험회사의 합병은 금융위원회의 인가를 받아야 한다(법139조). 보험회사의 합병은 보험계약자를 포함한 이해관계자에게 중대한 영향을 미친다는 점을 고려해서 인가를 요건으로 한 것이다.

(2) 인가는 이전계약의 효력발생요건이다. 인가의 법적 성질에 대해서는 해산결의의 인가 부분에서 설명한 바 있다.

(3) 해산 결의의 인가에서 기술한 바와 같이 예비인가를 포함한 인가에 관한 감독규정 7-24조~7-40조는 상위법령의 명시적 위임이 없는 행정규칙이다. 따라서 이 규정 중 합병의 인가에 관한 조항은 상위법령의 명시적 위임이 없는 행정규칙이다.

ii) 인가절차 및 이행의무

합병의 인가절차 및 이행의무는 해산결의의 그것과 동일하다(감독규정7－24). 다만, 다음은 합병에 적용되는 특수한 사항이다.

① 신청서 및 첨부서류

(1) 예비인가 신청인은 감독규정 [별지16]의 예비인가 신청서를 금융위원회에 제출해야 한다(감독규정7－27). 인가신청인은 감독규정 [별지20]의 인가신청서를 금융위원회에 제출해야 한다(감독규정7－32①).

(2) 보험회사가 합병의 인가를 받으려는 경우에는 이의제출 기간(법141②)이 지난 후 1개월 이내에 신청서에 다음의 서류를 첨부하여 양쪽 회사가 공동으로 금융위원회에 제출하여야 한다(시행령75①).[49]

1. 합병계약서
2. 합병 후 존속하는 회사 또는 합병으로 인하여 설립되는 회사의 정관
3. 각 회사의 재산목록과 대차대조표
4. 각 회사의 보험계약건수·금액·계약자수 및 그 지역별 통계표
5. 그 밖에 합병인가에 필요한 서류로서 금융위원회가 정하여 고시하는 서류

② 심사기준

감독규정상 합병인가의 심사기준은 다음과 같다.[50] 즉 보험업법 139조에 따라 보험회사의 합병 인가를 받으려면 해당 보험회사의 대주주가 구조개선법에 따라 부실금융기관으로 지정되거나 최근 5년간 지배구조법시행령 5조에 따른 법령에 의하여 허가·인가·등록이 취소된 금융기관의 대주주 또는 그 특수관계인이어서는 안 된다(감독규정7－36②본). 다만, 다음 각 호의 어느 하나에 해당하는 경우에는 그렇지 않다(감독규정7－36②단).

1. 법원의 판결에 따라 부실책임이 없다고 인정된 경우
2. 금융위원회가 정하는 '부실금융기관 대주주의 경제적 책임부담 기준'에 의하여 경제적 책임부담의무를 이행하였거나 면제받은 경우
3. 금융위원회의 권고·요구·명령에 의하거나 금융산업의 구조조정을 위하여 필요하다고 금융위원회가 인정하는 경우

6) 합병등기

합병등기를 하면 합병의 효력이 발생한다(상법530②,법70①,상법234).

---

49) 보험업법시행령 75조는 상위법령의 명시적 위임이 없다.

50) 보험업법시행규칙은 합병에 대한 인가의 심사기준을 다음과 같이 규정한다(시행규칙37).
1. 합병이 보험업법, 상법, 자본시장법, 그 밖의 관련 법령에 따른 절차를 이행하였는지 여부
2. 합병으로 인하여 보험계약자 및 이해관계인에게 불이익이 발생하는지 여부
그런데 이 규정은 상위법령의 명시적 위임에 따른 것이라고 보기 어렵다.

(2) 효과

1) 포괄승계

합병등기에 의해서 합병이 효력을 발생하면 합병으로 소멸하는 보험회사의 권리의무는 존속하는 보험회사 또는 신설되는 보험회사로 포괄적으로 이전한다(상법530②,법70①,상법235). 그리고 합병은 이의를 제기한 보험계약자나 그 밖에 보험계약으로 발생한 권리를 가진 자에 대하여도 그 효력이 미친다(법151③).

2) 사원관계 및 보험관계

i) 사원관계

① 사원 지위의 변동

상호회사의 합병이 있는 경우 합병 후 존속하는 보험회사 또는 합병으로 설립되는 보험회사가 상호회사인 경우에는 합병으로 해산하는 보험회사의 보험계약자는 그 회사에 입사하고, 주식회사인 경우에 상호회사의 사원은 그 지위를 잃는다(법154①본). 상호회사의 보험계약자는 사원의 지위도 갖게 되고, 주식회사의 보험계약자는 그렇지 않다는 점을 고려한 규정이다.

② 흡수합병 시의 사원총회

합병 후 존속하는 상호회사에 입사할 자는 상법 526조 1항에 따른 사원총회에서 사원과 같은 권리를 가지며, 다만 합병계약에 따로 정한 것이 있으면 그렇지 않다(법154②). 상법 526조 1항에 따른 사원총회는 합병 후 존속하는 회사가 상호회사인 경우(상호회사에 의한 흡수합병)에 합병에 관한 사항을 보고하는 사원총회를 가리킨다.[51]

③ 신설합병 시의 창립총회

합병으로 설립되는 상호회사의 창립총회에 관하여는 상호회사의 창립총회(법39②), 사원총회 의결권(법55), 발기인의 보고(상법311), 임원의 선임(상법312), 정관변경 및 설립폐지의 결의(상법316②), 주주총회 소집의 통지(상법363①·②), 주주총회 소집지(상법364), 의결권의 행사(상법368②·③),[52] 정족수 및 의결권수의 계산(상법371②), 주주총회의 연기 및 속행의 결의(상법372), 주주총회의 의사록(상법373), 주주총회 결의의 하자에 관한 사항(상법376~381)을 준용한다(법154③).

---

51) 상법 526조 1항: 합병을 하는 회사의 일방이 합병 후 존속하는 경우에는 그 이사는 상법 527조의5의 절차의 종료 후, 합병으로 인한 주식의 병합이 있을 때에는 그 효력이 생긴 후, 병합에 적당하지 아니한 주식이 있을 때에는 합병 후, 존속하는 회사에 있어서는 상법 443조의 처분을 한 후, 소규모합병의 경우에는 상법 527조의3 3항 및 4항의 절차를 종료한 후 지체없이 주주총회를 소집하고 합병에 관한 사항을 보고하여야 한다.

52) 2014년 상법 개정으로 인해서 종전 상법 368조 3항 및 4항이 현재 상법 368조 2항 및 3항으로 변경되었다.

ii) 보험관계

전술한 바와 같이 상호회사의 합병이 있는 경우 존속회사 또는 설립회사가 주식회사인 경우 상호회사의 사원은 그 지위를 잃지만(법154①본), 이러한 사원 지위의 변동과 무관하게 보험관계는 존속회사 또는 설립회사에 승계된다. 즉 보험관계에 속하는 권리와 의무는 합병계약에서 정하는 바에 따라 합병 후 존속하는 주식회사 또는 합병으로 설립된 주식회사가 승계한다(법154①단). 상호회사의 사원이 합병으로 인해 자신의 사원으로서 지위를 상실한다고 해서 보험관계까지 소멸하게 되면 합병이 무의미해지므로 보험관계가 승계된다는 점을 확인한 것이다.

3) 공고

(1) 보험회사는 합병한 경우에 7일 이내에 그 취지를 공고해야 한다(법151②,145전). 합병하지 않게 된 경우에도 또한 같다(법151②,145후).

(2) 합병이 완성되었는지 여부를 그 이해관계자가 알 수 있게 공고의무를 둔 것이다.

(3) 합병된 경우는 합병의 요건이 충족된 경우를 가리킨다. 합병하지 않게 된 경우는 보험계약자의 이의제기 또는 금융위원회 인가 요건 등을 충족하지 못한 경우를 가리킨다.

(4) 공고해야 하는 취지에는 합병을 했다는 사실, 합병을 하지 않게 되었다는 사실이 포함된다.

(5) 공고의 방법에 대한 규정이 없는데, 이에 대한 규정을 둘 필요가 있다.

4) 해산

보험회사가 합병하게 되면 해산하게 된다(법137①(3)).

(3) 기타 관련 사항

1) 신계약의 금지

합병계약에서 계약조항의 변경을 정하는 경우 그 변경을 하려는 보험회사에 관하여는 계약의 이전에 적용되는 신계약의 금지(법142)를 준용한다(법152②). 즉 합병하려는 보험회사는 총회의 결의가 있었던 때부터 합병을 하거나 하지 않게 될 때까지 그 합병하려는 보험계약을 새로이 체결하지 못한다. 다만, 보험회사의 부실에 따라 보험계약을 이전하려는 경우가 아닌 경우로서 모회사에서 자회사인 보험회사를 합병함에 따라 자회사의 보험계약을 모회사로 이전하려는 경우 등은 그러하지 않다(법142단서,시행령75조의3). 그 취지, 내용, 입법론은 계약이전에서의 그것과 같다.

2) 자산처분 및 채무부담의 금지

합병계약에 계약조항의 변경을 정하는 경우 그 변경을 하려는 보험회사에 관하여는 계약이전에 적용되는 자산처분 및 채무부담의 금지(법144③)를 준용한다(법152②). 즉 합병계약에 계약조항의 변경을 정하는 경우에 그 변경을 하려는 보험회사에 대하여도 자산처분 및 채무부담의 금지가 적용되고, 다만 보험계약으로 발생한 채무를 변제하거나 금융위원회의 허가를 받아 그 변경과 관계없는 행위를 하는 경우에는 그렇지 않다. 그 취지, 내용은 계약이전에서 그것과 같다.

(4) 위반 시 효과

⑴ 합병에 관한 보험업법 151조 1항·2항, 153조 3항 또는 70조 1항에서 준용하는 상법 232조를 위반하여 합병절차를 밟은 경우에 과태료(법209⑥(42))가 따른다.

⑵ 보험업법 152조 2항이 준용하는 보험업법 142조를 위반하여 보험계약을 하거나 보험업법 144조를 위반하여 자산을 처분하거나 채무를 부담할 행위를 한 경우 과태료(법209⑥(41))가 따른다.

3. 구조개선법상 합병 규정

(1) 의의

금융기관은 같은 종류 또는 다른 종류의 금융기관과 서로 합병하여 같은 종류 또는 다른 종류의 금융기관이 될 수 있고, 단독으로 다른 종류의 금융기관으로 전환할 수 있다(구조개선법3). 여기서는 금융기관의 합병만 다루기로 한다.

(2) 금융위원회 인가

1) 의의

⑴ 금융기관이 구조개선법에 따른 합병을 하려면 미리 금융위원회의 인가를 받아야 한다(구조개선법4①). 금융기관이 이에 따른 합병 인가를 받으면 보험업법 139조에 따른 보험회사 합병에 대한 인가를 받은 것으로 본다(구조개선법5①).

⑵ 금융위원회는 금융산업의 건전한 발전을 위하여 필요하다고 인정하면 인가에 조건을 붙일 수 있다(구조개선법4⑤).

2) 심사기준

⑴ 금융위원회는 인가를 할 때 다음 각 호의 기준에 적합한지를 심사해야 한다(구조개선법4③).

1. 합병의 목적이 금융산업의 합리화와 금융구조조정의 촉진 등을 위한 것일 것
2. 합병이 금융거래를 위축시키거나 기존 거래자에게 불이익을 줄 우려가 없는 등 금융산업의 효율화와 신용질서의 유지에 지장이 없을 것
3. 합병이 금융기관 간 경쟁을 실질적으로 제한하지 아니할 것
4. 합병 후에 하려는 업무의 범위가 관계 법령 등에 위반되지 아니하고 영업계획이 적정할 것
5. 합병 후 업무를 할 수 있는 조직 및 인력의 체제와 능력을 갖추고 있을 것
6. 상법, 자본시장법, 그 밖의 관계 법령에 위반되지 아니하고, 그 절차의 이행에 흠이 없을 것
7. 자기자본비율, 부채 등이 적절한 수준일 것

8. 대통령령으로 정하는 주요 출자자가 충분한 출자능력과 건전한 재무상태를 갖추고 있을 것

(2) 구조개선법 4조 6항의 위임을 받아 감독규정 7−36조 1항은 위 (1)의 심사기준을 다음과 같이 구체화하고 있다.

1. 합병 후 3년간의 추정재무제표 및 수익전망이 영업계획에 비추어 타당하고, 영위하고자 하는 업무의 범위가 관계법령 등에 위반되지 아니하며, 합병 후 영업계획(합병 후 영위할 수 없는 업무를 조속한 시일 내에 정리하는 내용의 정리계획을 포함)이 적정할 것
2. 합병 후 지급여력비율이 100% 이상을 유지할 수 있을 것. 다만, 금융구조조정 등을 위하여 부득이한 경우로서 합병 후 지급여력비율이 100% 미만이 되는 경우에는 지급여력비율기준을 충족하기 위한 이행계획이 타당할 것
3. 합병 후 보험회사의 대주주가 되는 자가 감독규정 [별표4] 6호의 요건을 갖추고 있을 것

(3) 공정거래위원회와의 협의

(1) 금융위원회는 금융기관 간의 합병을 인가하려면 구조개선법 3항 3호에서 규정한 금융기관 간의 경쟁을 실질적으로 제한하지 아니하는지에 대하여 미리 공정거래위원회와 협의해야 한다(구조개선법4④).

(2) 위 (1)의 협의의 의의, 법적 성질 등은 상호협정의 인가에서 공정거래위원회와의 협의(법125)와 같으며, 이에 관해서는 본서 제7장 감독에서 살펴본 바 있다.

(4) 합병 절차의 간소화 등

(1) 금융기관은 합병을 결의하기 위하여 주주총회를 소집할 때에는 상법 363조 1항에도 불구하고 주주총회일 7일 전에 각 주주에게 서면으로 통지를 발송할 수 있다(구조개선법5④전). 이 경우 금융기관은 서면통지 발송일 이전에 2개 이상의 일간신문에 주주총회를 소집하는 뜻과 회의의 목적사항을 공고하여야 한다(구조개선법5④후).

(2) 금융기관은 주주총회에서 합병을 결의한 경우에는 상법 527조의5 1항에도 불구하고 채권자에게 10일 이상의 기간을 정하여 이의를 제출할 것을 2개 이상의 일간신문('신문 등의 진흥에 관한 법률' 2조 1호 가목에 따른 일반일간신문을 말함)에 공고할 수 있다(구조개선법5③전). 이 경우 개별채권자에 대한 최고는 생략할 수 있다(구조개선법5③후).

(3) 금융기관이 합병을 하는 경우에는 상법 522조의2 1항에도 불구하고 합병승인을 위한 주주총회일 7일 전부터 합병을 하는 각 금융기관의 재무상태표를 그 금융기관의 본점에 비치할 수 있다(구조개선법5⑤).

(4) 금융기관은 합병을 결의하기 위하여 상법 354조 1항에 따라 주주명부를 폐쇄하거나 기준일을 정할 때에는 같은 조 4항에도 불구하고 그 폐쇄일 또는 기준일부터 7일 전에 이를 공고할 수 있다(구조개선법5⑥전). 이 경우 2개 이상의 위 (2)의 일간신문에 공고해야 한다(구조개선법5⑥후).

(5) 금융기관이 합병으로 인하여 주식을 병합하는 경우에는 구조개선법 12조 6항[53]을 준용한다(구조개선법5⑦전). 이 경우 주주에 대한 개별통지는 2개 이상의 위 (2)의 일간신문에 공고함으로써 갈음할 수 있다(구조개선법5⑦후).

(6) 금융기관이 주주총회에서 합병을 결의하는 경우 주식매수청구에는 구조개선법 12조 7항부터 9항까지의 규정을 준용한다(구조개선법5⑧본). 다만, 정부 또는 예금보험공사('정부등')의 지원 없이 합병하는 경우로서 그 금융기관이 자본시장법에 따른 주권상장법인에 해당하면 주식매수가격의 결정에 관하여 같은 자본시장법 165조의5 3항을 준용한다(구조개선법5⑧단).

(7) 구조개선법에 따른 합병의 경우 조세특례제한법과 그 밖에 조세 감면에 관한 법령에서 정하는 바에 따라 다음 각 호의 조세를 감면할 수 있다(구조개선법5⑨).

1. 부동산 등의 취득에 따른 취득세
2. 법인·부동산 등의 등기에 따른 등록세
3. 합병으로 소멸되는 금융기관의 청산소득에 대한 법인세
4. 합병으로 소멸되는 금융기관의 주주의 의제배당에 대한 소득세 또는 법인세
5. 그 밖의 조세

(8) 금융기관이 주주총회에서 합병을 결의하는 경우 한국예탁결제원은 그 의결권을 행사할 수 있다(구조개선법5⑩본). 다만, 한국예탁결제원이 의결권을 행사하는 경우에는 그 주주총회의 참석 주식수에서 한국예탁결제원이 의결권을 행사할 주식수를 뺀 주식수의 의결 내용에 영향을 미치지 않도록 의결권을 행사해야 한다(구조개선법5⑩단).

(9) 금융기관이 상법 526조에 따른 흡수합병의 보고총회 또는 같은 법 527조에 따른 신설합병의 창립총회를 소집하는 경우에는 구조개선법 5조 4항을 준용한다(구조개선법5⑪).

(5) 인가사항 실행의 보고 및 인가의 등기

(1) 금융기관은 합병을 한 경우에는 지체 없이 금융위원회에 보고해야 한다(구조개선법7①).

(2) 금융기관이 합병 인가를 받은 날부터 6개월 이내에 그 인가 내용에 따라 합병에 따른 등기를 마치지 않으면 그 인가는 효력을 잃는다(구조개선법7②본). 다만, 금융위원회가 불가피한 사유가 있다고 인정하면 합병에 따른 등기 기간을 연장할 수 있다(구조개선법7②단).

---

53) 구조개선법 12조 3항 및 4항에 따라 주식을 병합하는 경우 해당 부실금융기관은 5일 이상의 기간(그 기간 중 마지막 날을 '주식병합기준일'이라 함)을 정하여 병합 내용과 그 기간 내에 주권을 회사에 제출할 것을 공고하고, 주식병합기준일부터 1개월 이내에 신주권을 교부해야 한다(구조개선법12⑥본). 다만, 자본시장법에 따라 주권이 예탁결제원에 예탁되어 있는 주식을 병합하는 경우에는 주식병합기준일에 실질 주주명부의 기재에 따라 구주권의 제출 및 신주권의 교부가 이루어진 것으로 할 수 있으며 이 경우 그 사실을 본문에 따른 공고를 할 때 함께 공고해야 한다(구조개선법12⑥단).

(6) 금융기관의 합병에 관한 지원

(1) 정부등은 금융기관의 자율적인 합병을 촉진하기 위하여 필요하다고 인정하면 구조개선법에 따른 합병으로 신설되는 금융기관 또는 존속하는 금융기관에 대하여 대통령령으로 정하는 바에 따라 출자 등 지원을 할 수 있다(구조개선법8①).

(2) 구조개선법에 따른 합병으로 신설되는 금융기관, 존속하는 금융기관은 합병 전 업무로서 그 금융기관에 적용되는 법령에 따라 수행할 수 없는 업무 중 대통령령으로 정하는 업무를 금융위원회의 인가를 받아 대통령령으로 정하는 기간 동안 계속할 수 있다(구조개선법8②전). 이 경우 구조개선법 9조 1항은 적용하지 않는다(구조개선법8②후).

(7) 합병에 따른 업무계속 등

구조개선법에 따른 합병으로 신설되는 금융기관, 존속하는 금융기관이 그 금융기관에 적용되는 법령에 따라 수행할 수 없는 업무로서 체결한 계약에 관련된 권리·업무를 합병 전의 금융기관으로부터 승계한 경우에는 그 합병등기일 또는 업종변경에 대한 정관의 변경등기일부터 6개월까지는 합병 전의 금융기관이 수행하던 업무를 계속할 수 있다(구조개선법9①본). 다만, 그 이행에 걸리는 기간이 6개월을 초과하는 계약에 관련된 권리·업무를 승계한 경우에는 그 계약기간이 끝날 때까지 승계한 업무와 금융위원회가 해당 업무를 이행하기 위하여 불가피하다고 인정하는 부수업무를 계속할 수 있다(구조개선법9①단).

제 7 관 정리계획서

1. 의의

(1) 보험회사가 그 보험업의 전부 또는 일부를 폐업하려는 경우에는 그 60일 전에 사업 폐업에 따른 정리계획서를 금융위원회에 제출해야 한다(법155).

(2) 보험업의 폐업은 특히 외국보험회사 국내지점과 관련이 많다. 외국보험회사 국내지점은 독립된 법인이 아니라 외국보험회사의 한 지점에 불과하기 때문에 국내지점만의 해산은 불가능하다. 외국보험회사는 그대로 존속하면서 국내에서 영업을 철수하기 위해서 그 국내지점의 영업을 폐지하고자 하는 경우에는 보험업의 폐업 제도를 따르게 된다.

(3) 위 (1)에 따른 정리계획서의 접수 업무는 금융감독원장에게 위탁되어 있다(시행령[별표8]37).

2. 구분

보험업의 폐업이란 보험회사의 해산과는 다르다. 보험회사의 해산은 보험회사의 법인격을 소멸시키는 원인이 되는 사실을 가리키며 청산 등을 거쳐서 법인격이 소멸된다. 이와 달리 보험업의 폐업은 영업을 정리하는 행위를 말하며, 특히 영업의 전부 폐업은 해산의 전 단계라고 말할 수 있다. 보험업법은 보험업의 폐업에 대해서는 정리계획서 이외에 특별한 규정을 두고 있지 않다.

3. 취지

보험회사가 영업을 폐지하려는 경우 그가 보유하는 보험계약에 속한 계약자를 포함한 채권자 보호의 문제가 등장한다. 이에 따라 보험회사가 영업을 폐지하려는 경우 보험계약자를 대상으로 한 보호계획 등을 담은 정리계획서를 제출하게 하여 금융위원회가 이를 검토한 후 조치를 취할 수 있도록 하게 하자는 것이다.

4. 내용

보험업법은 정리계획서에 포함시켜야 할 내용에 대해 아무런 언급이 없다. 보험계약자를 비롯한 채권자 보호 등에 필요한 내용이 포함되어야 하고, 이를 위한 입법적 보완이 필요하다.

5. 조치

정리계획서가 제출되면 금융위원회는 그 내용을 검토한 후 필요한 조치를 취한다.

제 2 절 청산

1. 의의

(1) 보험회사의 청산이란 그 존립 중에 발생한 일체의 법률관계를 종료시키는 과정이다. 청산을 마치면 보험회사의 법인격이 소멸된다.

(2) 보험업법은 보험회사의 청산에 대한 규정을 두고 있다. 보험회사에 공통으로 적용되는 규정(법156~161)과 상호회사에 적용되는 규정(법71~73)이 있다. 따라서 주식회사의 경우는 보험업법상 청산에 관한 공통 규정이 우선적용되고 상법의 청산에 관한 규정이 다음으로 적용된다. 상호회사의 경우는 보험업법상 청산에 관한 공통 규정, 그리고 상호회사에 적용되는 규정이 적용된다. 상호회사에 적용되는 규정에 의하면 상법상 청산에 관한 규정이 일부 준용된다.

(3) 이하에서는 보험회사에 공통으로 적용되는 규정과 상호회사에 적용되는 규정의 순서로 살펴본다.

2. 보험회사에 적용되는 공통규정

(1) 청산인

청산인은 현존업무의 종결, 채권의 추심과 채무의 변제와 같은 청산사무를 처리하는 자이다. 그 선임 및 해임, 보수 및 감독에 대해서 보험업법은 특칙을 두고 있다.

1) 선임 및 해임

i) 선임

① 일반

보험회사가 해산한 때에는 합병·분할·분할합병 또는 파산의 경우 외에는 이사가 청산인이 되고, 다만 정관에 다른 정함이 있거나 주주총회에서 타인을 선임한 때에는 그렇지 않다(상법531①,법73). 이에 따른 청산인이 없는 때에는 법원은 이해관계인의 청구에 의하여 청산인을 선임한다(상법531②,법73).

② 특칙

(1) 보험업법에 따르면 다음과 같은 경우는 금융위원회가 청산인을 선임한다.

(a) 보험회사가 보험업의 허가취소로 해산한 경우 금융위원회가 청산인을 선임한다(법156①).

(b) 상법 193조, 252조, 531조 2항에 따른 청산인은 금융위원회가 선임하고, 이 경우 이해관계인의 청구 없이 선임할 수 있다(법156②). 상법에 의하면 설립무효의 판결 또는 설립취소의 판결이 확정된 때(상법193), 사원이 1인으로 된 때(상법252,227(3)), 법원의 해산명령 또는 해산판결이 있는 경우(상법252,227(6)), 또는 보험회사가 해산하면 원칙적으로 이사가 청산인이 되지만 이러한 청산인이 없거나 정관에 다른 정함이 없거나 주주총회에서 선임한 자가 없는 경우(상법531②)에 이해관계인의 청구에 의해서 법원이 청산인을 선임한다. 보험회사인 경우 이 경우에 이해관계인의 청구 없이 금융위원회가 선임할 수 있다.

(c) 위 (a)와 (b)에서 금융위원회가 수인의 청산인을 선임하는 경우에는 보험회사를 대표할 자를 정하거나 수인이 공동하여 보험회사를 대표할 것을 정할 수 있다(법156③,상법255②).

(2) 위 (1)에 따른 청산인의 선임은 금융감독원장에게 위탁되어 있다(시행령[별표8]38).

(3) 구조개선법에 따르면 일정한 경우는 금융위원회가 청산인을 추천한다.[54]

---

54) 즉 구조개선법 15조를 보험회사에 적용해 보면 그 내용은 다음과 같다.

① 금융위원회는 보험회사가 해산한 경우 상법 531조에도 불구하고 다음 각 호의 사람 중에서 1명을 청산인으로 추천할 수 있으며, 법원은 금융위원회가 추천한 사람이 금융 관련 업무지식이 풍부하며 청산인의 직무를 효율적으로 수행하기에 적합하다고 인정되면 청산인으로 선임해야 한다. 이 경우 금융위원회는 그 금융기관이 예금자보호법 2조 1호에 따른 부보금융회사로서 예금보험공사 또는 정리금융회사가 그 금융기관에 대하여 대통령령으로 정하는 최대채권자에 해당하면 2호에 해

ii) 해임

① 일반

보험회사 청산인은 법원이 선임한 경우 이외에는 언제든지 주주총회의 결의로 이를 해임할 수 있다(상법539①,법73). 그리고 일정한 소수주주가 법원에 청산인의 해임을 청구할 수 있다.[55]

② 특칙

(1) 금융위원회는 다음 각 호의 어느 하나에 해당하는 자의 청구에 따라 청산인을 해임할 수 있다(법156④).

1. 감사
2. 3개월 전부터 계속하여 자본금의 100분의 5 이상의 주식을 가진 주주
3. 100분의 5 이상의 사원

(2) 상호회사는 위 (1)의 3호의 청구를 하는 사원에 관하여 정관으로 다른 기준을 정할 수 있다(법156⑤). 그리고 금융위원회는 중요한 사유가 있으면 위 (1)의 청구 없이 청산인을 해임할 수 있다(법156⑥).

(3) 위 (1)에 따른 청산인의 해임은 금융감독원장에게 위탁되어 있다(시행령[별표8]38).

2) 보수

i) 일반

보험회사 청산인의 보수는 정관에 그 액을 정하지 않은 때에는 주주총회의 결의로 이를 정한다(상법542,388,법73).

ii) 특칙

보험업법 156조에 따라 금융위원회가 청산인을 선임하는 경우에는 청산 중 회사로 하여금 금융위원회가 정하는 보수를 지급하게 할 수 있다(법157).

3) 감독

(1) 금융위원회는 청산인을 감독하기 위하여 보험회사의 청산업무와 자산상황을 검사하고, 자산의 공탁을 명하며, 그 밖에 청산의 감독상 필요한 명령을 할 수 있다(법160).

(2) 위 (1)에 따른 검사, 자산의 공탁 및 청산의 감독상 필요한 명령은 금융감독원장에게 위탁되어 있다(시행령[별표8]39).

당하는 사람을 추천해야 한다.

1. 대통령령으로 정하는 금융전문가
2. 예금보험공사의 임직원

② 금융위원회는 1항에 따른 청산인 또는 파산관재인의 추천을 금융감독원장에게 위탁할 수 있다.

55) 이에 관한 상세는 본서 제3장 보험회사, 제2절 보험회사의 지배구조 부분에서 설명하였다.

(2) 해산 후의 보험금 지급

1) 의의

보험회사가 청산 단계에 들어서면 현존업무를 종결하고 채권의 추심과 채무의 변제 등을 처리하게 된다. 이 때 보험금 지급사유가 발생한 경우 보험회사가 지급책임을 부담하는가? 보험업법은 일정 기간 내에는 이를 긍정한다. 즉 보험회사는 해산 결의, 보험업의 허가취소, 해산을 명하는 재판에 의해서 해산한 경우에 보험금 지급사유가 해산한 날부터 3개월 이내에 발생한 경우에만 보험금을 지급해야 하고, 이 기간이 지난 후에는 피보험자를 위하여 적립한 금액이나 아직 지나지 않은 기간에 대한 보험료를 되돌려주어야 한다(법158).

2) 취지

보험회사가 보험업법 158조가 정하는 사유에 의해 해산한 경우 청산을 거쳐서 보험계약이 소멸될 것이므로 보험금 지급책임을 제한해야 한다는 점, 그리고 한편으로는 보험계약자 보호를 위해서는 해산 후 일정 기간 내에 한해서는 보험금 지급책임을 질 필요가 있다는 점을 절충하여 해산 후 3개월 이내에 발생한 보험금 지급사유에 대해서는 보험회사에게 보험금 지급책임을 지운 것이다.

3) 요건

i) 해산 사유

① 해산 결의 등

해산 결의, 보험업의 허가취소, 해산을 명하는 재판에 의해서 해산한 경우에만 보험업법 158조가 적용된다.

② 다른 해산사유인 경우

(1) 합병의 경우는 합병 후의 존속회사 또는 설립회사가 해당 보험계약상 권리의무를 승계하므로 보험업법 158조가 적용되지 않는다.

(2) 보험계약의 이전인 경우 인수보험회사가 보험계약상 권리의무를 승계하므로 보험업법 158조가 적용되지 않는다. 보험회사는 해산한 후에도 3개월 이내에는 보험계약 이전을 결의할 수 있는데(법148①), 이 경우는 보험업법 158조를 적용하지 않고, 다만 보험계약을 이전하지 않게 된 경우에는 보험업법 158조를 적용한다(법148②). 해산 후 계약이전에 관해서는 보험계약의 이전 부분에서 자세히 살펴보았다.

(3) 파산의 경우에 보험계약자는 계약을 해지할 수 있고 해지하지 않은 보험계약은 파산선고 후 3월을 경과한 때에는 그 효력을 잃는다(상법654). 이와 같이 파산으로 해산한 경우에 보험계약이 3개월 동안은 유효하다는 점에서 보험업법 158조와 유사한 점이 있다. 다만, 파산채권은 파산절차에 의하지 않고는 행사할 수 없다는 점(채무자회생법424)이 특색

이다.

ii) 3개월 이내

보험금 지급사유가 해산한 날부터 3개월 이내에 발생한 경우에만 보험금을 지급해야 한다. 3개월은 보험회사의 면책과 보험계약자 보호를 절충한 기간이다.

4) 효과

보험회사는 보험금 지급사유가 해산한 날부터 3개월 이내에 발생한 경우에만 보험금 지급책임을 지고, 이후에는 피보험자를 위하여 적립한 금액이나 아직 지나지 않은 기간에 대한 보험료를 되돌려주어야 한다(법158). 아직 지나지 않은 기간에 대한 보험료는 미경과 보험료를 의미한다.

(3) 채권신고기간 내의 변제

(1) 보험회사의 청산인은 취임한 날로부터 2월 내에 회사채권자에 대하여 일정한 기간(2개월 이상) 내에 그 채권을 신고할 것과 그 기간 내에 신고하지 아니하면 청산에서 제외될 뜻을 2회 이상 공고로써 최고해야 한다(상법535,법73).

(2) 보험회사의 청산인은 위 (1)의 채권신고기간 내에는 채권자에 대하여 변제를 하지 못하고, 다만 회사는 그 변제의 지연으로 인한 손해배상의 책임을 면하지 못한다(상법536①,법73). 하지만 보험회사의 청산인은 소액의 채권, 담보 있는 채권 기타 변제로 인하여 다른 채권자를 해할 염려가 없는 채권에 대하여는 금융위원회의 허가를 얻어 이를 변제할 수 있다(상법536②,법73·159). 일반 회사의 경우에는 이 경우 법원의 허가를 얻으면 되는데, 보험회사의 경우는 금융위원회의 허가를 얻게 한 것이다(법159).

(4) 해산 후 강제관리

1) 의의

(1) 금융위원회는 해산한 보험회사의 업무 및 자산상황으로 보아 필요하다고 인정하는 경우에는 업무와 자산의 관리를 명할 수 있다(법161①).

(2) 업무와 자산의 관리는 현존업무를 종결한다는 청산업무의 예외에 해당한다고 할 수 있다.

(3) 위 (1)에 따른 업무와 자산의 관리 명령은 금융감독원장에게 위탁되어 있다(시행령[별표8]40).

2) 취지

보험회사가 해산하여 청산 중인 경우에도 그 업무 및 자산상황으로 보아서 계약이전 또는 합병 등이 보험계약자의 이익을 보호하는 데 유리하다고 판단되는 경우 그 업무 및 자산의 관리를 하게 하도록 명령할 수 있게 한 것이다.[56]

---

56) 성대규·안종민 671면; 정채웅 890면

3) 효과

i) 강제관리의 명령이 있는 경우

(1) 강제관리의 명령이 있는 경우에는 보험업법 148조 2항을 준용한다(법161②). 보험업법 148조 2항 본문에 따르면 보험업법 158조를 적용하지 않는다. 그 이유는 보험업법 158조는 보험회사의 청산에 따라 보험계약이 소멸된다는 전제 하에 보험회사의 지급책임을 규정한 것이므로, 업무와 자산을 관리하여 궁극적으로 보험계약의 존속을 목적에 두고 있는 강제관리의 명령을 한 경우에 보험회사의 지급책임으로는 적절하지 않기 때문이다.

(2) 보험업법 158조를 적용하지 않은 결과, 보험회사는 강제관리의 명령을 한 경우 보험사고가 발생하면 기간의 제한 없이 보험금을 지급해야 하고, 보험계약이 유지되는 한 피보험자를 위하여 적립한 금액이나 아직 지나지 않은 기간에 대한 보험료를 돌려줄 의무가 없다고 해석한다. 이러한 해석과 다르게, 강제관리의 명령을 한 경우 보험사고가 발생하더라도 보험금을 지급할 의무가 없다고 보는 견해가 있으나,[57] 이는 보험업법 158조 배제의 취지를 벗어나서 보험계약자의 권리를 정당한 이유 없이 제한한다는 점에서 찬성하기 어렵다.

ii) 강제관리를 하지 않게 된 경우

다만, 강제관리를 하지 않게 된 경우에는 보험업법 158조를 적용한다(법148②단). 강제관리를 하지 않게 된 경우에는 청산에 따라 보험계약이 소멸되므로 보험업법 158조를 적용함은 당연하다.

3. 상호회사에 관한 규정

(1) 적용범위

(1) 상호회사가 해산한 경우에는 합병과 파산의 경우가 아니면 보험업법 규정(법72~73)에 따라 청산을 해야 한다(법71).

(2) 합병의 경우는 합병 후 존속회사 또는 설립회사로 소멸회사의 권리의무가 승계되기 때문에 청산 문제가 생기지 않는다. 파산의 경우는 채무자회생법에 따라 해당 보험회사의 법인격이 소멸된다.

(2) 자산처분의 순위

(1) 상호회사의 청산인은 다음 각 호의 순위에 따라 회사자산을 처분해야 한다(법72①).

1. 일반채무의 변제
2. 사원의 보험금액과 보험업법 158조 2항에 따라 사원에게 환급할 금액의 지급
3. 기금의 상각

---

57) 성대규 · 안종민 671면; 정채웅 891면

(2) 상호회사의 보험계약자는 사원의 지위도 갖기 때문에 일반채무자에 비해서 후순위인 것이다. 주식회사의 보험계약자가 일반채무자에 우선해서 취득권(법32①)을 갖는 것과 대조적이다. 그리고 상호회사에서 기금갹출자는 가장 후순위의 채권자이다. 이에 관해서는 본서 제2장 보험회사, 제4절 상호회사의 기금 부분에서 자세히 살펴보았다.

(3) 사원에 대한 잔여재산 배분

상호회사의 청산인이 위 (2)의 순위에 따라 자산처분을 한 후 남은 자산은 상호회사의 정관에 특별한 규정이 없으면 잉여금을 분배할 때와 같은 비율로 사원에게 분배해야 한다(법72②). 다만, 다툼이 있는 채무에 대하여는 그 변제에 필요한 재산을 보류하고 잔여재산을 분배할 수 있다(법73,상법260단).

(4) 준용 규정

상법은 상호회사의 청산에 대해 다음의 규정을 준용한다(법73).

(1) 보험업법상 총회소집청구권(법56), 서류의 비치와 열람 등(법57), 그리고 지배구조법 33조를 준용한다. 지배구조법 33조는 소수주주권 행사에 관한 특칙이며, 여기에는 청산인에 대한 소수주주권 행사가 포함되어 있다. 그런데 지배구조법은 상호회사를 포함한 보험회사에 적용되며(지배구조법2(1)다), 따라서 이 규정은 불필요하며 주의적 성격을 띨 뿐이다.

(2) 상법 중에서 청산 중인 회사(상법245), 청산인의 등기(상법253), 청산인의 직무권한(상법254), 청산인의 회사대표(상법255), 채무의 변제(상법259), 잔여재산의 분배(상법260단), 청산종결의 등기(상법264), 설립무효의 소(상법328), 총회 소집결정(상법362), 검사인의 선임(상법367), 총회 의사록(상법373②), 총회 결의취소의 소(상법376), 제소주주의 담보제공의무(상법377), 회사와 이사의 관계(상법382②), 이사의 결원(상법386), 이사의 보수(상법388), 대표이사(상법389), 이사와 회사 간의 소에 관한 대표(상법394), 이사 등과 회사 간의 거래(상법398), 이사의 회사에 대한 책임(상법399①), 이사의 제3자에 대한 책임(상법401①), 이사의 직무집행정지, 직무대행자의 선임(상법407), 이사 직무대행자의 권한(상법408), 감사의 겸임금지(상법411), 감사의 직무 등(상법412), 이사의 감사에 대한 보고의무(상법412의2), 감사의 총회 소집청구(상법412의3), 감사의 이사회 소집청구(상법412의4), 감사의 조사·보고의무(상법413), 감사의 책임(상법414③), 주식회사의 회계 관련 규정(상법448~450), 청산인의 결정(상법531), 청산인의 신고(상법532), 청산인의 회사재산보고의무(상법533), 청산인의 대차대조표 제출 등(상법534), 회사채권자에의 최고(상법535), 채권신고기간 내의 변제(상법536), 제외된 채권자에 대한 변제(상법537), 청산인의 해임(상법539①), 청산의 종결(상법540), 청산서류 등의 보존(상법541)을 상호회사에 준용한다.

제 9 장

손해보험에서 제3자 보호제도

1. 의의

(1) 보험업법은 손해보험회사가 손해보험계약의 제3자가 보험사고로 입은 손해에 대한 보험금의 지급을 보장해야 한다고 규정하고 있다(법165). 이를 손해보험에서 제3자 보호제도라고 한다. 여기서 제3자란 보험계약의 보험계약자, 피보험자, 보험수익자 등과 같이 보험계약상 권리의무를 갖는 자 이외의 자를 가리킨다.

(2) 이 제도는 손해보험 중에서 책임보험과 관련하여 피해자인 제3자를 보호하는 것과 관련된다(통설). 책임보험계약을 체결한 보험회사가 채권의 지급정지 등의 사유로 보험금을 지급하지 못하게 된 경우에 피해자인 제3자에 대한 보험금 지급을 보장하기 위한 제도이다.

(3) 제3자 보호제도는 책임보험과 주로 관련된다는 점을 고려하면 책임보험에서 제3자 보호제도라고 부르는 것이 보다 적확하다. 즉 책임보험의 제3자 보호제도는 손해보험회사가 피해자인 제3자에게 공동으로 보험금을 지급하는 제도이다.

2. 필요성

(1) 책임보험의 궁극적 역할은 피해자인 제3자의 손해를 보상하는 것이고, 특히 그 손해보상의 필요성이 매우 큰 경우는 가해자가 될 수 있는 자에게 책임보험을 가입하도록 강제하고 있다. 이와 같이 가입이 강제되는 의무적 책임보험의 경우 만약 이를 체결한 보험회사가 재무건전성이 부실하여 채권이 지급정지 되는 등의 이유로 보험금을 지급하지 못하게 되면, 피해자인 제3자를 보호한다는 책임보험의 역할을 다하지 못하게 된다.

(2) 물론 이 경우 예금보호제도로 인해서 원칙상 1억 원까지는 보상을 받을 수 있다(예금자보호법32②,동법시행령18⑦). 하지만 이를 넘어서는 손해에 대해서는 피해자인 제3자가 보호의 사각지대에 놓이게 된다. 이를 보완하기 위해서 책임보험에서 제3자 보호제도를 마련하여 이 경우에도 피해자인 제3자가 보험금 지급을 받을 수 있도록 하자는 것이다.

3. 적용범위

(1) 의의

제3자 보호제도는 법령에 따라 가입이 강제되는 손해보험계약(자동차보험계약의 경우에는 법령에 따라 가입이 강제되지 않는 보험계약을 포함)으로서 대통령령으로 정하는 손해보험계약에만 적용한다(법166본).

(2) 책임보험에 한정

(1) 위에서 손해보험계약은 '책임보험'계약을 가리킨다(통설). 왜냐하면 피해자인 제3자를 보호하는 데에 제3자 보호제도의 취지가 있고 피해자인 제3자를 보호하는 것과 관련된 보험은 책임보험이기 때문이다. 보험업법시행령 80조 1항이 제3자 보호제도가 적용되는 손해보험계약을 열거하고 있는데,[1] 이는 모두 책임보험이다. 보험업법시행령 80조 1항 16호가 제3자 보호제도가 적용되는 손해보험계약에 자동차손배법에 따라 가입이 강제되지 않는 자동차보험을 포함시키고 있는데, 자동차보험 중에서 자기차량손해보험 및 자기신체사고보험은 책임보험이 아니므로 여기에서 제외된다고 해석한다.

(2) 책임보험 중에서 '제3자에 대한 신체사고를 보상'하는 책임보험에만 제3자 보호제도가 적용된다. 왜냐하면 피해자인 제3자의 신체사고에 대한 보험금 지급에 대해서만 제3자 보호제도가 적용되기 때문이다(시행령82①). 가령 자동차보험 중에서 책임보험에는 대인배상책임보험과 대물배상책임보험이 있는데, 제3자 보호제도는 대인배상책임보험에만 적용된다고 해석한다.

(3) 제3자 보호제도는 위와 같이 책임보험에서 제3자 보호를 위한 제도이므로 일정한

---

1) 1. '자동차손해배상 보장법' 5조에 따른 책임보험계약
2. '화재로 인한 재해보상과 보험가입에 관한 법률' 5조에 따른 신체손해배상특약부화재보험계약
3. 도시가스사업법 43조, '고압가스 안전관리법' 25조 및 '액화석유가스의 안전관리 및 사업법' 57조에 따라 가입이 강제되는 손해보험계약
4. 선원법 98조에 따라 가입이 강제되는 손해보험계약
5. '체육시설의 설치·이용에 관한 법률' 26조에 따라 가입이 강제되는 손해보험계약
6. '유선 및 도선사업법' 33조에 따라 가입이 강제되는 손해보험계약
7. '승강기시설 안전관리법' 11조의3에 따라 가입이 강제되는 손해보험계약
8. 수상레저안전법 49조에 따라 가입이 강제되는 손해보험계약
9. '청소년활동 진흥법' 25조에 따라 가입이 강제되는 손해보험계약
10. '유류오염손해배상 보장법' 14조에 따라 가입이 강제되는 유류오염 손해배상 보장계약
11. 항공사업법 70조에 따라 가입이 강제되는 항공보험계약
12. '낚시 관리 및 육성법' 48조에 따라 가입이 강제되는 손해보험계약
13. 도로교통법시행령 63조 1항, 67조 2항 및 [별표5] 9호에 따라 가입이 강제되는 손해보험계약
14. '국가를 당사자로 하는 계약에 관한 법률' 시행령 53조에 따라 가입이 강제되는 손해보험계약
15. '야생생물 보호 및 관리에 관한 법률' 51조에 따라 가입이 강제되는 손해보험계약
16. 자동차손배법에 따라 가입이 강제되지 않는 자동차보험계약
17. 1호부터 15호까지 외에 법령에 따라 가입이 강제되는 손해보험으로 총리령으로 정하는 보험계약

손해보험회사는 제3자 보호제도의 적용에서 제외된다. 즉 재보험과 보증보험을 전업으로 하는 손해보험회사는 제외한다(시행령81①). 재보험이 책임보험의 일종이기는 하나 원보험과 달리 제3자 보호와 직접 관련되어 있다고 보기 어렵고, 보증보험은 책임보험과는 그 법적 성질이 다르다고 보아서 제외한 것이다.

(3) 강제보험 여부

1) 원칙

제3자 보호제도의 적용은 원칙적으로 의무적 책임보험으로 한정된다(시행령80①). 모든 책임보험에 제3자 보호제도를 적용하는 것은 비용부담이 클 뿐만 아니라 그 필요성도 인정되기 어렵기 때문이다.

2) 예외

자동차보험계약의 경우에는 법령에 따라 가입이 강제되지 않는 보험계약도 포함한다(시행령80①(16)). 즉 자동차보험의 대인배상책임보험에서 대인배상Ⅰ만이 강제보험이고 대인배상Ⅱ는 임의보험인데, 후자에 대해서도 제3자 보호제도가 적용된다. 대인배상Ⅱ가 강제보험은 아니지만 제3자 보호제도의 적용을 받도록 한 것은 그것이 강제보험인지 여부를 떠나서 그 경우에도 자동차사고로 인한 피해자 보호의 필요성이 크다고 본 것이다.

(4) 법인이 보험계약자인 경우

(1) 제3자 보호제도는 대통령령으로 정하는 법인이 보험계약자인 경우에는 적용하지 않는다(법166단).

(2) 위 (1)에서 대통령령으로 정하는 법인은 예금자보호법시행령 3조 4항 1호에서 수입보험료가 예금등의 범위에 포함되지 않는 보험계약의 보험계약자 및 보험납부자인 법인을 말한다(시행령80②). 즉 이렇게 예금등의 범위에 포함되지 않는 수입보험료는 보험회사가 보험계약자 및 보험료납부자가 법인인 보험계약에 의하여 수입한 수입보험료이고, 다만 확정기여형퇴직연금제도, 개인형퇴직연금제도, 퇴직급여법 2조 14호의 중소기업퇴직연금기금제도 또는 법률 제10967호 퇴직급여법 전부개정법률 부칙 2조 1항 본문에 따른 퇴직보험계약에 의하여 수입한 수입보험료는 제외한다(예금자보호법2(2)다,동법시행령3④(1)). 즉 이러한 법인은 예금자보호의 대상이 아니다.

(3) 위 (2)와 같은 법인은 충분한 자기보호능력을 갖추고 있다고 보아서 제3자 보호제도를 적용하지 않는 것이다.

4. 요건

(1) 책임보험의 존재와 보험사고의 발생

일정한 책임보험계약이 유효하게 성립되어 존재해야 하고, 이 보험계약이 보장하는 보험사고로 인해서 제3자에게 신체사고(시행령82①)가 생겨야 한다.

(2) 지급불능 등의 보고

(1) 손해보험회사는 예금자보호법 2조 8호의 사유로 손해보험계약의 제3자에게 보험금을 지급하지 못하게 된 경우에는 즉시 그 사실을 손해보험협회장에게 보고해야 한다(법167①).

(a) 예금자보호법 2조 8호의 사유는 다음 각 목의 보험사고를 말한다.

가. 부보금융회사의 예금등 채권의 지급정지('제1종 보험사고')[2]
나. 부보금융회사의 영업 인가·허가의 취소, 해산결의 또는 파산선고('제2종 보험사고')

(b) 위와 같은 보고를 받은 손해보험협회장은 일정한 절차를 거쳐서 보험금을 지급하게 되며, 이에 대해서는 아래에서 살펴본다.

(2) 손해보험회사는 예금자보호법 2조 8호 나목에 따른 보험업 허가취소 등이 있었던 날부터 3개월 이내에 제3자에게 보험금을 지급하여야 할 사유가 발생하면 즉시 그 사실을 손해보험협회의 장에게 보고해야 한다(법167②).

(a) 예금자보호법 2조 8호 나목에 따른 보험업 허가취소 등은 손해보험회사의 영업 인가·허가의 취소, 해산결의 또는 파산선고를 가리킨다.

(b) 보험업 허가취소 등의 경우에 그 시점부터 3개월 이내에 보험금 지급사유가 발생하면 이를 보고하게 한 이유는, 이러한 경우에 이 시점이 지나면 손해보험회사가 면책되기 때문이다. 즉 손해보험회사는 해산결의 또는 보험업의 허가취소에 의해서 해산한 경우에 보험금 지급사유가 해산한 날부터 3개월 이내에 발생한 경우에만 보험금을 지급해야 한다(법158). 또한 파산의 경우에 보험계약자는 계약을 해지할 수 있고 해지하지 않은 보험계약은 파산선고 후 3월을 경과한 때에 그 효력을 잃는다(상법654). 이와 같이 파산으로 해산한 경우에 보험계약이 3개월 동안은 유효하다는 점에서 보험업법 158조와 유사한 점이 있다.

5. 효과 – 보험금 지급

(1) 지급의무

(1) 손해보험협회장은 보험업법 167조에 따른 보고를 받으면 금융위원회의 확인을 거쳐 손해보험계약의 제3자에게 대통령령으로 정하는 보험금을 지급해야 한다(법169①).

(2) 손해보험회사가 지급불능의 상황에 놓여 있으므로 관리 차원에서 금융위원회의 확인을 받도록 하였다.

---

2) 예금등 채권의 지급정지란, 제3자 보호제도와 관련시켜보면, 보험계약자 등이 손해보험회사에 대해서 가지는 보험금청구권 등의 채권에 대한 지급이 정지된 것을 말한다(예금자보호법2(4)).

(3) 위 (1)에 따른 지급불능의 확인은 금융감독원장에게 위탁되어 있다(시행령[별표 8]44).

(2) 지급기준

1) 원칙

i) 의의

(1) 보험업법 167조 1항에 따른 지급불능의 보고를 한 손해보험회사가 피해자인 제3자의 신체손해에 대하여 지급해야 하는 보험금은 '기준금액'에서 '공제금액'을 뺀 금액이다(시행령82①).

(2) 보험업법시행령 82조 1항에 따르면 기준금액과 공제금액은 다음 ii)와 iii)과 같이 산정한다. 여기서 손해보험회사에는 재보험과 보증보험을 전업으로 하는 손해보험회사를 제외한다(시행령81①).

ii) 기준금액

(1) 기준금액이란 지급불능금액을 다음 각 호의 기준에 따라 산정한 금액을 가리킨다(시행령82①).

1. 보험업법시행령 80조 1항 각 호의 손해보험계약 중 손해보험회사가 지급해야 할 보험금액의 한도를 해당 법령에서 따로 정하고 있는 보험계약의 경우: 해당 법령에서 정한 보험금액의 한도액
2. 보험업법시행령 80조 1항 각 호의 손해보험계약 중 손해보험회사가 지급해야 할 보험금액의 한도를 해당 법령에서 따로 정하고 있지 않은 보험계약의 경우에는 자동차손배법시행령 3조 1항에 따른 금액[3]

(2) 위 (1)에서 지급불능금액은 보험업법 167조 1항에 따른 지급불능의 보고를 한 손해보험회사가 보험업법시행령 80조 1항 각 호에 해당하는 손해보험계약에 따라 피해를 입은 제3자의 신체손해에 대하여 지급하여야 하는 보험금을 가리킨다(시행령82①).

iii) 공제금액

(1) 공제금액은 예금자보호법시행령 18조 7항에 따른 보장금액이다.[4] 이는 원칙상 1

---

3) 자동차손배법시행령 3조 1항에 따른 금액은 피해자 1명당 다음 각 호의 금액과 같다.
1. 사망한 경우에는 1억 5천만 원의 범위에서 피해자에게 발생한 손해액. 다만, 그 손해액이 2천만 원 미만인 경우에는 2천만 원으로 한다.
2. 부상한 경우에는 자동차손배법시행령 [별표1]에서 정하는 금액의 범위에서 피해자에게 발생한 손해액. 다만, 그 손해액이 자동차손배법 15조 1항에 따른 자동차보험진료수가에 관한 기준에 따라 산출한 진료비 해당액에 미달하는 경우에는 자동차손배법시행령 [별표1]에서 정하는 금액의 범위에서 그 진료비 해당액으로 한다.
3. 부상에 대한 치료를 마친 후 더 이상의 치료효과를 기대할 수 없고 그 증상이 고정된 상태에서 그 부상이 원인이 되어 신체의 장애('후유장애')가 생긴 경우에는 자동차손배법시행령 [별표2]에서 정하는 금액의 범위에서 피해자에게 발생한 손해액

4) 예금자보호법 32조 2항에 따른 보험금의 지급한도는 1억 원('보험금 지급한도')으로 한다(예금자보

억 원이다.

(2) 공제금액을 둔 이유는 손해보험에서 제3자 보호제도가 예금자보호법에 따른 보상을 초과하는 손해에 한해서 이를 보상하는 제도이기 때문이다.

2) 대인배상 II

(1) 보험업법시행령 80조 1항 16호의 보험계약에 대해서는 피해자 1명당 1억 원을 초과하지 않는 범위에서 지급불능금액의 100분의 80에 해당하는 금액을 지급한다(시행령82②).

(2) 보험업법시행령 80조 1항 16호의 보험계약은 자동차손배법에 따라 가입이 강제되지 않는 자동차보험계약인데, 전술한 바와 같이 이는 대인배상Ⅱ라고 해석된다.

3) 인하·조정

금융위원회는 출연금의 납부로 인하여 여러 손해보험회사의 경영이 부실화되고 보험시장의 혼란이 초래될 수 있다고 판단되는 경우에는 위 1)과 2)에 따른 지급보험금을 인하·조정할 수 있다(시행령82⑤).

(3) 공고의무 등

(1) 손해보험협회장은 보험금을 지급하기 전에 보험금 지급 대상, 보험금 지급 신청기간, 보험금 지급 시기 및 방법 등을 전국적으로 배포되는 둘 이상의 일간신문에 1회 이상 공고해야 한다(시행령82③).

(2) 손해보험협회장은 보험금의 지급 방법 및 절차 등에 관하여 필요한 세부 기준을 정할 수 있으며, 세부 기준을 정한 경우에는 그 내용을 지체 없이 금융위원회에 보고해야 한다(시행령82④).

6. 관련 문제

(1) 출연

1) 의의

(1) 책임보험의 제3자 보호제도는 손해보험회사가 공동으로 피해자인 제3자에게 보험금을 지급하는 제도이다. 이를 위해서는 각 손해보험회사가 이러한 지급책임에 부합하는 출연의무를 손해보험협회에 부담한다(법168).

(2) 전술한 바와 같이 재보험과 보증보험을 전업으로 하는 손해보험회사는 제외한다

호법시행령18⑦전). 이 경우 다음 각 호의 경우에는 각 호에서 정한 바에 따라 보험금 지급한도를 적용한다(예금자보호법시행령18⑥후).

1. 확정기여형퇴직연금제도등의 경우: 가입자별로 보험금 지급한도를 적용하되, 확정기여형퇴직연금제도등에 따른 예금등 채권과 그 밖의 예금등 채권에 대하여 각각 보험금 지급한도를 적용
2. 개인종합자산관리계좌의 경우: 계좌보유자별로 보험금 지급한도를 적용하되, 개인종합자산관리계좌의 예금등 채권과 그 밖의 예금등 채권(확정기여형퇴직연금제도등에 따른 예금등 채권은 제외한다)을 합산하여 보험금 지급한도를 적용

(시행령81①).

2) 출연기준

i) 산출식

수입보험료 및 책임준비금을 고려하여 대통령령으로 정하는 비율을 곱한 금액을 손해보험협회에 출연해야 한다(법168①). 이에 따라 개별 손해보험회사는 손해보험협회가 제3자에게 지급해야 할 금액에 '일정한 산정비율'을 곱한 금액을 손해보험협회에 출연해야 한다(시행령81①).

개별 보험회사의 출연금액 = 제3자에게 지급해야 할 금액 × 일정한 산정비율

ii) 일정한 산정비율

위 i)의 '일정한 산정비율'은 다음과 같다.

(1) 개별 손해보험회사의 수입보험료(보험업법 167조에 따른 지급불능의 보고가 있은 사업연도의 직전 사업연도 수입보험료를 말함)와 책임준비금의 산술평균액을 전체 손해보험회사의 수입보험료와 책임준비금의 산술평균액으로 나눈 비율을 말한다(시행령81②본). 이 비율을 산정할 때 금융위원회가 정하여 고시하는 장기보험계약은 포함하지 않는데(시행령81②단), 여기서 장기보험계약은 일반손해보험을 제외한 손해보험을 가리킨다(감독규정10-1①,1-2(12)). 장기보험은 손해보험회사가 경영하지만 본래적 손해보험과는 그 성격이 다르기 때문이다.

(2) 자동차보험만을 취급하는 손해보험회사는 대인배상책임보험(시행령80①(1)(16))[5]의 수입보험료를 기준으로 위 비율을 산정하고, 자동차보험을 취급하지 않는 손해보험회사는 자동차보험책임을 제외한 나머지 책임보험계약(시행령80①(2)~(15)·(17))의 수입보험료를 기준으로 위 비율을 산정한다(시행령81③).

3) 출연시기 및 방법

i) 사후적 연도별 출연

(1) 손해보험회사는 지급불능 보고를 한 후에 출연을 할 수 있다(법168②). 이는 사전출연이 아니라 사후출연을 의미한다.

(2) 손해보험회사는 출연금을 연도별로 분할하여 출연하되, 연간 출연금은 예금자보호법시행령 16조 1항에 따른 보험료 금액의 범위에서 금융위원회가 정하여 고시한다(시행령81④). 금융위원회 고시에 따른 연간 출연금액은 다음 각 호와 같이 정한다(감독규정10-1②).

5) 전술한 바와 같이 여기서 보험업법시행령 80조 1항 1호 및 16호의 자동차보험은 대인배상Ⅰ과 대인배상Ⅱ를 가리킨다고 해석한다.

1. 손해보험회사가 출연해야 할 전체 출연금액이 동 손해보험회사가 출연사유가 발생한 시점의 직전 사업연도에 예금자보호법 시행령 16조 1항에 의하여 납부한 예금보험료('납부예금보험료')의 100분의 50보다 작거나 같은 경우 전체 출연금액으로 한다.
2. 손해보험회사가 출연해야 할 전체 출연금액이 납부예금보험료의 100분의 50보다 큰 경우 납부예금보험료의 100분의 50을 연간 출연금액으로 하며, 납부 최종연도의 출연금의 잔여금액이 납부예금보험료의 100분의 50보다 작은 경우 동 잔여금액을 연간출연금으로 한다.

ii) 출연 기한

(1) 손해보험회사는 손해보험협회로부터 출연금 납부 통보를 받은 날부터 1개월 이내에 위 출연금을 손해보험협회에 내야 한다(시행령81⑤본). 다만, 경영상의 문제 등으로 인하여 출연금을 한꺼번에 내기 어렵다고 손해보험협회장이 인정하는 경우에는 6개월 이내의 범위에서 출연금의 납부를 유예할 수 있다(시행령81⑤단).

(2) 위 (1)의 납부기한까지 출연금을 내지 않은 경우에는 내야 할 출연금에 대하여 손해보험회사의 일반자금 대출 시의 연체이자율을 기준으로 손해보험협회장이 정하는 이자율을 곱한 금액을 지체기간에 따라 가산하여 출연해야 한다(시행령81⑥).

4) 세부 기준

손해보험협회장은 출연금의 납부 및 관리에 필요한 세부 기준을 정할 수 있다(시행령81⑦).

(2) 자료제출 요구

손해보험협회장은 위 출연금을 산정하고 보험금을 지급하기 위하여 필요한 범위에서 손해보험회사의 업무 및 자산상황에 관한 자료 제출을 요구할 수 있다(법170).

(3) 자금의 차입 및 보증

1) 자금의 차입

(1) 손해보험협회는 보험금의 지급을 위하여 필요한 경우에는 정부, 예금보험공사, 그 밖에 대통령령으로 정하는 금융기관으로부터 금융위원회의 승인을 받아 자금을 차입할 수 있다(법171①). 대통령령이 정하는 금융기관에는 은행, 한국산업은행, 중소기업은행, 농협은행, 수협은행, 보험회사, 상호저축은행, 신용협동조합이 포함된다(시행령83).

(2) 위 (1)과 같이 차입이 필요한 이유는 보험금의 지급시기와 출연금의 납부시기 사이에 시차가 있을 수 있기 때문이다.

(3) 위 (1)에 따른 손해보험협회의 자금차입 승인 여부의 심사는 금융감독원장에게 위탁되어 있다(시행령[별표8]45).

2) 차입의 보증

(1) 손해보험회사는 자신이 출연해야 하는 금액의 범위에서 손해보험협회의 위 차입에 대하여 보증할 수 있다(법171②).

(2) 위 (1)은 보험회사가 타인을 위해서 채무보증을 할 수 없다는 원칙(법113본)에 대한 예외이다. 손해보험회사 자신의 채무와 관련한 보증이라는 점을 고려하여 그 예외를 인정한 것이다.

(4) 구분회계

전술한 출연금 및 차입금은 손해보험협회의 일반예산과 구분하여 회계처리를 해야 한다(법172). 출연금 및 차입금은 일반예산과 그 목적과 용도가 다르므로 구분회계 하도록 규정한 것이다.

(5) 구상권

1) 의의

손해보험협회는 보험금을 지급한 경우에는 해당 손해보험회사에 대하여 구상권을 가진다(법173).

2) 주체와 상대방

(1) 구상권 행사의 주체는 손해보험협회, 그 상대방은 해당 손해보험회사이다. 즉 지급불능에 빠진 손해보험회사에 대해서 구상권을 행사할 수 있다. 피해자에 대한 지급채무는 해당 손해보험회사의 채무이고 보험금을 지급한 손해보험협회는 타인의 채무를 이행한 것이기 때문에 구상권을 인정한 것이다.

(2) 책임보험의 피보험자인 가해자에 대해서 구상권을 행사할 수 없음은 물론이다. 책임보험에서 피보험자는 보험보호의 대상자이기 때문이다. 책임보험의 피보험자에게 청구권대위(상법682)를 할 수 없음과 같은 맥락이다.

3) 청구권대위와 구분

손해보험협회의 구상권은 청구권대위(상법682)와 다른 것이다. 책임보험에서 청구권대위는 피보험자와 제3자(가해자)가 공동불법행위로 다른 제3자(피해자)에게 손해를 끼친 경우 보험금을 지급한 피보험자의 보험회사가 공동불법행위자인 제3자(가해자)에 대해서 갖는 피보험자의 구상권을 대위하여 행사하는 경우를 가리킨다. 이러한 청구권대위는 해당 손해보험회사가 행사할 수 있는 권리로서, 그 취지는 피보험자가 이중이득을 얻는 것을 방지하고 가해자가 부당하게 면책되는 것을 방지하는 데 있다(통설). 이와 같이 손해보험협회의 구상권과 위 청구권대위는 그 주체, 상대방, 취지 면에서 구분된다.

(6) 정산

손해보험협회는 출연금으로 보험금을 지급하고 남거나 부족한 금액이 있는 경우 또는 구상권의 행사로 수입한 금액이 있는 경우에는 정산해야 한다(법174).

제10장

보험관계단체 등

제 1 절 보험관계단체

제 1 관 의의

보험업법은 보험관계단체로 보험협회, 보험요율산출기관, 기타로 구분하여 규정하고 있다. 보험관계단체에 대해서 개별적으로 적용되는 규정과 공통적으로 적용되는 규정이 있다. 이하에서는 제2관~제4관에서 개별규정을 먼저 살펴보고, 제5관에서 공통규정에 대해서 살펴보기로 한다.

제 2 관 보험협회

1. 의의

(1) 보험회사는 상호 간의 업무질서를 유지하고 보험업의 발전에 기여하기 위하여 보험협회를 설립할 수 있다(법175①). 이러한 보험협회는 보험업법 11장이 규정하는 보험관계단체의 일종이다.

(2) 보험협회는 독점규제법에 따른 사업자단체가 될 수 있다. 독점규제법상 사업자단체는 그 형태 여하를 불문하고 둘 이상의 사업자가 공동의 이익을 증진할 목적으로 조직한 결합체 또는 그 연합체를 말하고(독점규제법2(2)), 보험업법 175조 1항이 보험협회가 이러한 사업자단체로 되는 것을 배제하고 있지 않으므로, 보험협회가 보험회사 공동이익의 증진을 목적으로 하는 정관을 두고 이에 따른 활동을 한다면 사업자단체가 된다고 보아야 한다.[1)]

1) 대한의사협회가 독점규제법상 사업자단체에 해당하는지 여부와 관련하여, 판례는 대한의사협회는 (구)의료법 26조 1항에 의하여 설립된 의사회의 중앙회로서, 그 정관에서 사회복지와 국민건강증진

(3) 보험협회의 수에는 제한이 없다(통설). 현재 보험업법 규정에 따라 설립된 보험협회에는 생명보험협회와 손해보험협회가 있다. 이외에도 한국화재보험협회가 있는데 이는 '화재로 인한 재해보상과 보험가입에 관한 법률'에 근거하여 설립된 보험협회이다.[2] 이하에서는 보험업법에 따른 보험협회를 중심으로 기술한다.

(4) 보험업법 175조 1항이 '보험협회를 설립할 수 있다'고 규정한 것을 보면 보험협회는 임의기관이다.[3] 다만, 보험협회가 필수기관임을 전제로 한 보험업법 규정들이 다수 존재한다. 보험협회에 대한 업무의 위탁(법194①), 제3자 보호제도와 관련한 손해보험협회(법167②) 등이 그 예이다. 따라서 보험협회는 사실상 필수적 보험관계단체라고 할 수 있다.

2. 설립목적

(1) 보험업법에 따른 설립목적

(1) 보험협회의 설립목적은 보험회사 상호 간의 업무질서를 유지하고 보험업의 발전에 기여하는 것이다(법175①).

(2) 먼저, 상호 간의 업무질서 유지이다. 이는 보험회사 상호 간에 과당경쟁 등을 포함하여 건전한 업무질서가 훼손되는 현상을 방지하는 것을 의미한다. 이를 위해서는 일종의 규제가 필요하며, 이것으로부터 보험협회가 일종의 공익적 자율규제기관이라는 성격을 띠게 된다.

(3) 다음, 보험업의 발전이다. 휴면보험금 찾아주기, 사회공헌 업무 등을 포함한 공익적 활동은 이러한 목적에 부합한다.

(2) 독점규제법에 따른 설립목적

1) 보험회사 공동이익

위 (1)과 같은 보험업법상 설립목적 이외에 보험회사 공동의 이익을 증진하는 것도 보험협회의 설립목적이 될 수 있다. 전술한 바와 같이 보험협회는 독점규제법이 규정하는 사업자단체가 될 수 있기 때문이다. 보험회사 상호 간의 업무질서를 유지하고 보험업의 발전에 기여하는 것은 보험회사 공동의 이익을 증진하는 것과 많은 경우에 일치하지만 반드시 그러한 것은 아니다.

및 보건향상에의 기여 이외에도 '의권 및 회원권익옹호' 등을 그 목적으로 정하고 이에 따른 활동을 한 점을 종합해 보면, 서비스업 기타 사업을 행하는 사업자인 의사들이 구성원이 되어 공동의 이익을 증진할 목적 등을 가지고 의료법에 의하여 조직된 사단법인이므로 독점규제법의 적용대상인 사업자단체에 해당한다고 판시했다(대판(전원) 2003.2.20. 2001두5347).

2) '화재로 인한 재해보상과 보험가입에 관한 법률' 11조: 손해보험회사는 대통령령으로 정하는 바에 따라 금융위원회의 허가를 받아 화재예방 및 소방시설에 대한 안전점검과 이에 관한 연구·계몽 등을 그 업무로 하는 한국화재보험협회를 설립하여야 한다. 화재보험협회에는 설립 강제주의가 적용되고 있음을 알 수 있다.

3) 김선정(보험업법2) 469면

2) 금지행위

(1) 보험회사 공동이익이라는 설립목적에 따른 행위라고 하더라도 이것이 무한히 허용되는 것은 아니다. 독점규제법 51조 1항에 따르면 사업자단체가 보험회사 공동이익을 증진한다는 이유로 다음 각 호의 하나에 해당하는 행위를 하는 것을 금지한다.

1. 부당하게 경쟁을 제한하는 행위
2. 일정한 거래분야에 있어서 현재 또는 장래의 사업자 수를 제한하는 행위
3. 구성원인 사업자('구성사업자')의 사업내용 또는 활동을 부당하게 제한하는 행위
4. 사업자에게 불공정거래행위 또는 재판매가격유지행위를 하게 하거나 이를 방조하는 행위

(2) 위 (1)의 금지행위 중에서 특히 3호는 사업자단체의 공동이익 추구와 구성사업자의 개별이익 추구가 충돌하는 경우 그 해결의 기준을 제시한 것이다. 즉 사업자단체가 구성사업자의 사업내용 또는 활동을 부당하게 제한하는 행위를 금지하는 취지는, 원래 사업자단체는 구성사업자의 공동의 이익을 증진하는 것을 목적으로 하는 단체이므로 그 목적 달성을 위하여 단체의 의사결정에 의하여 구성사업자의 사업활동에 대하여 일정한 범위의 제한을 하는 것이 어느 정도 예정되어 있다고 하더라도 그 결의의 내용이 구성사업자의 사업내용이나 활동을 과도하게 제한하여 구성사업자 사이의 공정하고 자유로운 경쟁을 저해할 정도에 이른 경우에는 이를 허용하지 않겠다는 데에 있다.[4]

(3) 위 (1)의 금지행위는 보험협회가 사업자단체로서 공동이익을 추구하는 것과 관련하여 적용되지만, 나아가 보험협회가 보험회사 상호 간의 업무질서를 유지하고 보험업의 발전에 기여하는 것과 관련해서도 유추적용된다고 해석한다. 즉 후자와 같은 경우에도 보험협회의 행위가 무한히 허용되는 것이 아니라 위와 같은 제한이 필요하다고 사료된다.

3. 법적 성격

(1) 사단

보험협회는 사단이다. 보험협회는 법인인 보험회사를 사원으로 하는 사단이다. 이 점은 보험협회에 관하여는 보험업법 및 이에 따른 명령에 특별한 규정이 없으면 민법 중 사단법인에 관한 규정을 준용한다는 점(법180)에서 확인할 수 있다.

(2) 비영리법인

(1) 보험협회는 '법인'으로 한다(법175②). 법인은 법률의 규정에 따라서 정관으로 정한 목적의 범위 내에서 권리와 의무의 주체가 된다(민법34).

(2) 보험협회는 보험업법 175조 1항이 규정하는 공익적 설립목적을 추구하는 '비영리' 사단법인이다. 따라서 보험협회는 영리를 추구할 수 없다. 여기서 영리를 추구한다는 의

4) 대판 2001.6.15. 2001두175; 대판 2010.10.28. 2010두14084

미는 이익을 내서 보험회사인 사원에게 배분한다는 의미이다(통설). 따라서 보험협회가 설립목적을 추구하면서 부수적으로 영리행위(가령 건물의 임대차)를 하는 경우 이를 사원에게 배분하지 않으면 영리를 추구한다고 보지 않는다.

(3) 영리가 아닌 사업을 목적으로 법인은 주무관청의 허가를 얻어 설립할 수 있으므로(민법32), 보험협회는 그 주무관청인 금융위원회의 허가를 얻어서 설립할 수 있다. 주무관청은 이 법인에 대한 사무를 검사 및 감독하는데(민법37), 보험업법 179조에 비추어 보면 보험협회에 대해서 이러한 역할을 하는 관청은 금융위원회이다(통설). 여기서 허가는 이론상 허가를 의미한다(판례,[5] 통설). 이론상 허가는 법령에 의해서 자연적 자유가 공익목적상 제한되어 있는 경우 일정한 요건을 충족하면 이 제한을 해제하여 자연적 자유를 적법하게 회복시켜 주는 행정행위이다(통설).

4. 업무 내용

(1) 보험업법 175조

1) 업무의 종류

(1) 보험협회는 정관으로 정하는 바에 따라 다음 각 호의 업무를 한다(법175③).

1. 보험회사 간의 건전한 업무질서의 유지

1의2. 보험업법 85조의3 2항에 따른 보험회사등이 지켜야 할 규약의 제정·개정

2. 보험상품의 비교·공시 업무

3. 정부로부터 위탁받은 업무

4. 1호·1호의2 및 2호의 업무에 부수하는 업무

5. 그 밖에 대통령령으로 정하는 업무

(2) 위 (1)의 1호는 보험협회의 설립목적(법175①)에 따른 업무이다.

(3) 위 (1)의 1의2호는 보험협회가 보험회사, 보험대리점 또는 보험중개사의 보험설계사에 대한 불공정한 모집위탁행위를 막기 위하여 보험회사등이 지켜야 할 규약을 정할 수 있다는 점(법85의3②)을 확인한 것이다. 이에 따라 제정된 규약이 '보험설계사에 대한 불공정행위 예방을 위한 준수규약'이다.

(4) 위 (1)의 2호는 보험협회가 보험료·보험금 등 보험계약에 관한 사항으로서 대통령령으로 정하는 사항을 금융위원회가 정하는 바에 따라 비교·공시할 수 있다는 점(법124②)을 확인한 것이다.

---

5) 대판 1996.9.10. 95누18437(민법 32조에서 "학술, 종교, 자선, 기예, 사교 기타 영리 아닌 사업을 목적으로 하는 사단 또는 재단은 주무관청의 허가를 얻어 이를 법인으로 할 수 있다"라고 규정하여 비영리법인의 설립에 관하여 허가주의를 채용하고 있다)

(5) 위 (1)의 3호에 따르면 보험협회는 정부로부터 위탁받은 업무를 수행할 수 있다. 보험설계사의 등록업무(법84) 및 보험대리점의 등록업무(법87)가 금융위원회로부터 보험협회에 위탁되어 있다(법194①). 보험협회의 업무 중에는 금융감독원으로부터 위탁받은 업무도 있다. 즉 금융감독원장은 보험업법에 따른 업무의 일부를 대통령령으로 정하는 바에 따라 보험협회장에게 위탁할 수 있다(법194④). 금융감독원은 조직법상 행정기관(정부)은 아니지만 법령에 의해서 행정권을 위탁받은 기관이므로 이러한 의미에서는 행정기관에 해당한다(통설).

(6) 위 (1)의 5호에 따라 대통령령으로 정하는 보험협회의 업무는 다음 각 호의 업무를 가리킨다(시행령84).

1. 보험업법 194조 1항 및 4항 따라 위탁받은 업무
2. 다른 법령에서 보험협회가 할 수 있도록 정하고 있는 업무
3. 보험회사의 경영과 관련된 정보의 수집 및 통계의 작성업무
4. 차량수리비 실태 점검업무
5. 모집 관련 전문자격제도의 운영·관리 업무

5의2. 보험설계사 및 개인보험대리점의 모집에 관한 경력(금융위원회가 정하여 고시하는 사항[6]으로 한정)의 수집·관리·제공에 관한 업무

6. 보험가입 조회업무[7]
7. 설립 목적의 범위에서 보험회사, 그 밖의 보험 관계 단체로부터 위탁받은 업무

---

6) 금융위원회가 고시하는 사항은 다음과 같다(감독규정9－4의2).
1. 보험회사, 보험대리점, 보험중개사 소속별 보험설계사 등록기간
2. 모집한 보험계약의 건수
3. 보험업법에 따라 영업정지, 등록취소 또는 과태료 처분을 받은 이력
4. 보험계약이 체결된 후 3개월 이내에 보험약관 또는 청약서의 미교부, 청약서 자필서명 누락, 보험상품 설명의무 위반으로 인하여 보험계약이 해지된 건수 및 3개월 이후에 기타 불완전판매 등으로 인하여 보험계약이 해지된 건수
5. 수당환수 유무
6. 보증보험 가입 및 청구 유무
7. 금융감독원장이 정하는 산식에 따른 불완전판매비율 및 계약 유지율(원계약 기준)
8. 감독규정 4－5조에 따른 교육대상(집합교육 대상 여부를 포함) 및 이수내역
9. 1호 내지 8호의 사항을 고려하여 보험협회의 장이 정하는 기준에 따른 우수 보험설계사 해당여부

7) *보험가입조회와 관련하여 다음과 같은 감독규정이 있는데, 다만 이 규정은 상위법령의 명시적 위임이 없는 행정규칙이다.

**감독규정 7－47조(보험가입조회) ① 보험협회는 보험업법시행령 84조 6호의 규정에 의하여 보험가입자가 본인의 보험가입사실을 알지 못하거나 보험수익자 또는 유족('보험가입자 등')이 사망자의 보험가입사실을 알지 못해 보험금을 청구하지 못하는 경우를 방지하기 위하여 보험가입자 등의 요청이 있을 때 이를 신속히 알려주어야 한다.
② 보험협회는 1항의 보험가입여부 조회 및 통지를 위한 창구와 전산시스템을 설치·운영하여야 한다.
③ 보험회사는 보험협회가 1항 및 2항의 규정에 의한 업무를 효율적으로 수행할 수 있도록 협조하여야 한다.

***위 감독규정 7－47조 1항의 '보험업법시행령 84조 6호'는 '84조 2항 6호'로 개정되었는바, 감독규정의 정비가 필요하다.

8. 보험회사가 공동으로 출연하여 수행하는 사회 공헌에 관한 업무
9. 보험사기방지법에 따른 보험사기행위를 방지하기 위한 교육·홍보 업무
10. 보험사기방지법에 따른 보험사기행위를 방지하는 데 기여한 자에 대한 포상금 지급 업무
11. 보험회사, 보험계약자, 피보험자 및 그 밖의 이해관계인 사이에 발생하는 다음 각 목의 사항과 관련된 단순 민원의 상담·처리
    가. 보험계약의 체결 절차 및 방법에 관한 사항
    나. 보험금 지급 요건에 관한 사항
    다. 그 밖에 보험의 모집, 보험계약 또는 보험금 지급에 관한 사항으로서 금융위원회가 정하여 고시하는 사항[8]

2) 정관에의 기재

(1) 보험협회는 정관으로 정하는 바에 따라 업무를 한다(법175③). 이와 같이 법인은 법률의 규정에 따라 정관에 정한 '목적의 범위 내'에서 권리와 의무의 주체가 되므로 목적은 정관의 절대적 기재사항이다(민법34,40(1)). 따라서 보험협회는 수행하려는 목적을 정관에 정해야 한다. 여기서 '목적의 범위 내'에 대해서는 소극적으로 그 목적에 반하지 않는 범위 내에서 권리와 의무의 주체가 될 수 있다고 해석하는 다수설과 적극적으로 그 목적을 수행하는 데 필요한 범위 내라고 해석하는 소수설이 있다. 판례는 그 목적을 수행하는 데 있어서 직접 또는 간접으로 필요한 행위는 모두 포함된다고 해석하고 있다.[9] 위 학설 또는 판례에 따를 때, 목적 범위 때문에 업무범위가 제한되는 일은 생기기 어렵다.

(2) 보험협회의 정관 변경은 주무관청의 허가를 얻지 못하면 그 효력이 없다(민법42②). 여기의 주무관청의 허가는 이론상 인가라고 해석한다.[10] 이론상 인가는 형성적 행정행위의 일종으로서 사인 간의 법률적 효력의 보충·완성을 목적으로 한다.

(2) 기타

손해보험에서 제3자 보호제도와 관련한 사무기관으로서 손해보험협회의 업무가 있다(법167,169~174).

---

8) 이에 해당하는 감독규정은 제정되지 않았다.

9) 대판 1991.11.22. 91다8821

10) 대판(전원) 1996.5.16. 95누4810(민법 45조는 1항에서 재단법인의 정관은 그 변경방법을 정관에 정한 때에 한하여 변경할 수 있다. 2항에서 재단법인의 목적달성 또는 그 재산의 보전을 위하여 적당한 때에는 전 항의 규정에 불구하고 명칭 또는 사무소의 소재지를 변경할 수 있다. 3항에서 42조 2항(정관의 변경은 주무관청의 허가를 얻지 아니하면 그 효력이 없다)의 규정은 전 2항의 경우에 준용한다고 규정하고, 같은 법 46조는 재단법인의 목적을 달성할 수 없는 때에는 설립자나 이사는 주무관청의 허가를 얻어 설립의 취지를 참작하여 그 목적 기타 정관의 규정을 변경할 수 있다고 규정하고 있는 바, 여기서 말하는 재단법인의 정관변경 "허가"는 법률상의 표현이 허가로 되어 있기는 하나, 그 성질에 있어 법률행위의 효력을 보충해 주는 것이지 일반적 금지를 해제하는 것이 아니므로, 그 법적 성격은 인가라고 보아야 할 것이다)

제 3 관 보험요율산출기관

1. 의의

⑴ 보험회사는 보험금의 지급에 충당되는 보험료('순보험료')를 결정하기 위한 요율('순보험요율')을 공정하고 합리적으로 산출하고 보험과 관련된 정보를 효율적으로 관리·이용하기 위하여 금융위원회의 인가를 받아 보험요율산출기관을 설립할 수 있다(법176①). 이러한 보험요율산출기관은 보험업법 11장이 규정하는 보험관계단체의 일종이다.

⑵ 보험요율산출기관의 수에는 제한이 없다(통설). 현재 보험업법 규정에 따라 설립된 보험요율산출기관에는 보험개발원이 있다.

⑶ 보험요율산출기관에 관해서는 보험업법 176조~177조, 동법시행령 85조~91조, 감독규정 9－5조에서 9－5조의4까지 등이 규정하고 있다. 그런데 일부 규정은 상위법령의 명시적 위임이 없는데, 동법시행령 87조, 88조 1항, 그리고 감독규정 9－5조의2에서 9－5조의4까지가 그러하다.

2. 설립목적

보험요율산출기관의 설립목적은 순보험요율을 공정하고 합리적으로 산출하고 보험과 관련된 정보를 효율적으로 관리·이용하는 것이다(법176①). 전체 보험회사의 경험통계를 활용하여 사고발생률을 예측하면 보다 공정하고 합리적인 순보험요율을 산출할 수 있고, 또한 전체 보험회사의 보험관련 정보를 집적하여 관리하고 이용하면 개별 보험회사가 이러한 행위를 하는 것보다 보험산업의 효율성을 높일 수 있는 것이다.

3. 법적 성격

(1) 사단

보험요율산출기관은 사단이다. 보험요율산출기관은 법인인 보험회사를 사원으로 하는 사단이다. 이 점은 보험요율산출기관에 관하여 보험업법 및 이에 따른 명령에 특별한 규정이 없으면 민법 중 사단법인에 관한 규정을 준용한다는 점(법180)에서 확인할 수 있다.

(2) 비영리법인

⑴ 보험요율산출기관은 '법인'으로 한다(법176②). 법인은 법률의 규정에 따라서 정관으로 정한 목적의 범위 내에서 권리와 의무의 주체가 된다(민법34).

⑵ 보험요율산출기관은 보험업법 176조 1항이 규정하는 설립목적을 고려하면 '비영리'사단법인이다. 따라서 보험요율산출기관은 영리를 추구할 수 없다. 여기서 영리를 추구한다는 의미는 이익을 내서 보험회사인 사원에게 배분한다는 의미이다(통설). 따라서 보험

요율산출기관이 설립목적을 추구하면서 부수적으로 영리행위(가령 건물의 임대차)를 하는 경우 이를 사원에게 배분하지 않으면 영리를 추구한다고 보지 않는다.

(3) 영리가 아닌 사업을 목적으로 법인은 주무관청의 허가를 얻어 설립할 수 있으므로 (민법32), 보험요율산출기관은 그 주무관청인 금융위원회의 허가를 얻어서 설립할 수 있다.[11] 주무관청이 금융위원회임은 보험업법 176조 1항에 명시되어 있다.

4. 설립인가

(1) 신청서 및 첨부서류

1) 신청서

보험요율산출기관의 설립인가를 받으려는 자는 다음 각 호의 사항을 적은 신청서를 금융위원회에 제출해야 한다(시행령85①).

1. 명칭
2. 설립 목적
3. 사무소의 소재지
4. 발기인과 임원에 관한 사항

2) 첨부서류

위 신청서에는 다음 각 호의 서류를 첨부하여야 한다(시행령85②).

1. 정관
2. 업무 개시 후 2년간의 사업계획서 및 예상 수지계산서
3. 발기인의 이력서
4. 업무의 종류와 방법을 적은 서류
5. 그 밖에 금융위원회가 설립인가의 심사에 필요하다고 인정하는 서류

(2) 인가기준

보험요율산출기관의 설립인가를 받으려는 자는 다음 각 호의 요건을 모두 충족해야 한다(시행령85③). 보험요율산출기관의 전문성, 공정성 등을 고려한 인가기준이다.

1. 보험요율산출기관의 업무(법176③) 수행에 필요한 전문 인력을 확보할 것
2. 임원 등 경영진을 보험사업에 관한 충분한 지식과 경험이 있는 사람들로 구성할 것
3. 사업계획이 지속적인 영업을 수행하기에 적합하고 추정재무제표 및 수익 전망이 사업계획에 비추어 타당성이 있을 것
4. 사업계획을 추진하는 데 드는 자본 등 자금의 조달방법이 적절할 것

11) 정채웅 930면

(3) 법적 성질

보험업법 176조 1항에 따르면 금융위원회의 '인가'라고 표현되어 있으나, 그 성질에 있어 법률행위의 효력을 보충해 주는 것이 아니라 일반적 금지를 해제하는 것이므로 그 법적 성격은 허가라고 보아야 할 것이다.[12] 이론상 인가는 타인의 법률행위를 보충하여 그 법률적 효력을 완성시켜 주는 행정행위이고, 이론상 허가란 법령에 의해서 자연적 자유가 공익목적상 제한되어 있는 경우 일정한 요건을 충족하면 이 제한을 해제하여 자연적 자유를 적법하게 회복시켜 주는 행정행위이다(통설). 즉 보험요율산출기관은 순보험요율을 공정하고 합리적으로 산출하여 이를 금융위원회에 신고할 수 있다는 점(법176①·④), 교통법규 위반 또는 운전면허 효력에 관한 개인정보 및 질병에 관한 통계를 관련 기관으로부터 제공받을 수 있다는 점(법176⑩·⑪) 등을 고려하면 보험요율산출기관의 설립은 일반적으로 금지되어 있다고 보는 것이 타당하다.

5. 업무 내용

(1) 보험업법 176조 3항

1) 업무의 종류

⑴ 보험요율산출기관은 정관으로 정하는 바에 따라 다음 각 호의 업무를 한다(법176③).

1. 순보험요율의 산출·검증 및 제공
2. 보험 관련 정보의 수집·제공 및 통계의 작성
3. 보험에 대한 조사·연구
4. 설립 목적의 범위에서 정부기관, 보험회사, 그 밖의 보험 관계 단체로부터 위탁받은 업무
5. 1호부터 3호까지의 업무에 딸린 업무
6. 그 밖에 대통령령으로 정하는 업무

⑵ 위 ⑴의 6호에 따른 대통령령으로 정하는 업무는 다음 각 호의 업무를 말한다(시행령86).

1. 보유정보의 활용을 통한 자동차사고 이력 및 자동차 기준가액의 정보 제공 업무
2. 보험회사 등으로부터 제공받은 보험정보 관리를 위한 전산망 운영 업무
3. 보험수리에 관한 업무
4. 보험업법 125조의 상호협정에 따라 보험회사가 공동으로 인수하는 보험계약(국내 경험통계 등의 부족으로 담보위험에 대한 보험요율을 산출할 수 없는 보험계약은 제외)에 대한 보험요율의 산출
5. 보험업법 194조 4항에 따라 위탁받은 업무
6. 퇴직급여법 28조 2항에 따라 퇴직연금사업자로부터 위탁받은 업무

---

12) 이와 달리 여기의 인가가 이론상 인가에 해당한다고 보는 견해로는 김선정(보험업법2) 478면이 있다.

7. 다른 법령에서 보험요율산출기관이 할 수 있도록 정하고 있는 업무

(3) 이상의 보험요율산출기관의 업무 중에서 순보험요율의 산출·검증 및 제공, 그리고 보험 관련 정보의 수집·제공 및 통계의 작성에 대해서는 아래 3) 및 4)에서 별도로 자세히 살펴보기로 한다.

2) 정관에의 기재

(1) 보험요율산출기관은 정관으로 정하는 바에 따라 업무를 한다(법176③). 법인은 법률의 규정에 따라 정관에 정한 '목적의 범위 내'에서 권리와 의무의 주체가 되므로 목적은 정관의 절대적 기재사항이다(민법34,40(1)). 따라서 보험요율산출기관은 수행하려는 목적을 정관에 정해야 한다. 여기서 '목적의 범위 내'에 대해서는 소극적으로 그 목적에 반하지 않는 범위 내에서 권리와 의무의 주체가 될 수 있다고 해석하는 다수설과 적극적으로 그 목적을 수행하는 데 필요한 범위 내라고 해석하는 소수설이 있다. 판례는 그 목적을 수행하는 데 있어서 직접 또는 간접으로 필요한 행위는 모두 포함된다고 해석하고 있다.[13] 위 학설 또는 판례에 따를 때, 목적 범위 때문에 업무범위가 제한되는 일은 생기기 어렵다.

(2) 보험요율산출기관의 정관 변경은 주무관청의 허가를 얻지 못하면 그 효력이 없다(민법42②). 여기의 주무관청의 허가는 이론상 인가라고 해석한다.[14] 이론상 인가는 형성적 행정행위의 일종으로서 사인 간의 법률적 효력의 보충·완성을 목적으로 한다.

3) 순보험요율의 산출·검증 및 제공

i) 산출

(1) 보험료는 보험금 지급에 충당되는 보험료(순보험료)와 사업비에 충당되는 보험료(부가보험료)로 구성되고, 이를 합한 것을 영업보험료라고 한다. 보험요율산출기관의 주요 업무는 전문성에 기초해서 순보험요율을 산출하는 것이고, 순보험료는 경험통계에 입각하여 사고발생률을 예측함으로써 공정하고 합리적으로 산출되어야 한다. 보험요율산출기관은 보험회사로부터 경험통계를 받아 집적하고 사고발생률을 예측하여 순보험료를 산출하는 보험요율에 관한 전문기관인 것이다.

(2) 산출의 대상을 영업보험료로 하면서 만약 수개의 또는 전체 보험회사가 이를 사용하는 경우에는 보험료와 관련하여 이들 사이에 경쟁을 제한하게 되고 나아가 공동행위의 문제도 제기될 수 있다.[15] 이러한 이유에서 보험요율산출기관은 순보험료만 산출하여 아래에서 보는 바와 같이 신고한다. 부가보험료는 각 보험회사가 정하게 되므로 이를 통해

13) 대판 1991.11.22. 91다8821

14) 대판(전원) 1996.5.16. 95누4810. 이 판결의 내용은 전술한 보험협회의 정관 변경 부분에 기술되어 있다.

15) 성대규·안종민 706면

서 보험료의 차별화가 생기게 된다.

ii) 신고 및 제시

(1) 보험요율산출기관은 보험회사가 적용할 수 있는 순보험요율을 산출하여 금융위원회에 신고할 수 있고, 금융위원회는 그 내용을 검토하여 보험업법에 적합하면 신고를 수리해야 한다(법176④). 이와 같이 보험회사의 경험통계 등을 기초로 보험종목별·위험별 특성에 따른 위험률을 산출하거나 조정하여 금융위원회에 신고한 보험요율을 '참조순보험요율'이라고 한다(시행령87①). 여기서 신고는 참조순보험요율의 시행 예정일 기준으로 90일 전까지, 법률에 따라 가입의무가 부과되는 보험의 참조순보험요율의 경우에는 30일 전까지 해야 한다(시행령87②).

(2) 위 (1)에 따른 순보험요율의 신고 수리는 금융감독원장에게 위탁되어 있다(시행령[별표8]46).

(3) 보험요율산출기관은 참조순보험요율을 보험회사가 요청하는 경우에 제시할 수 있다(시행령87①).

(4) 위 (3)에 따라 보험회사가 참조순보험요율을 자신에게 적용할지 여부는 선택사항이다. 보험회사가 스스로 순보험요율을 산출하여 적용하는 것이 일정 요건하에 허용되기 때문이다. 만약 보험회사가 참조순보험요율을 적용하는 경우에는 순보험료에 대하여 기초서류의 변경신고 및 자료제출(법127②·③)을 한 것으로 본다(법176⑥). 즉 이 경우에는 보험회사가 기초서류를 변경할 때 해야 하는 금융위원회에 대한 신고 및 제출(법127②·③)을 마친 것으로 간주하는 것이다. 참조순보험요율은 보험요율산출기관이 금융위원회에 이미 신고한 보험요율이라는 점을 고려한 것이다.

iii) 검증

① 주기적 검증

(1) 보험요율산출기관은 참조순보험요율을 주기적으로 검증해야 한다. 즉 보험요율산출기관은 참조순보험요율의 적정성 여부를 파악하고 참조순보험요율이 합리적인 수준을 유지할 수 있도록 매년(생명보험, 그 밖에 이와 유사한 보험상품으로서 '금융위원회가 정하여 고시하는 보험상품'은 5년마다) 이에 대한 검증을 실시하고, 그 검증보고서를 사업연도가 끝난 후 6개월 이내에 금융위원회에 제출해야 한다(시행령87③).

(2) 위 (1)의 '금융위원회가 고시하는 상품'이란 제3보험상품(실손의료보험 및 일반손해보험상품은 제외) 및 장기손해보험상품을 말한다(감독규정9-5⑧). 생명보험과 이와 유사한 보험상품은 단기간에는 보험요율의 변동성이 작기 때문이다. 가령 생명보험과 관련된 경험생명표는 우리나라의 경우 보통 5년마다 갱신된다.

(3) 위 (1)에 따른 참조순보험요율의 적정성 검증보고서 제출의 접수는 금융감독원장

에게 위탁되어 있다(시행령[별표8]60).

② 검증주기가 1년 초과하는 경우

(1) 보험요율산출기관은 위 검증주기가 1년을 초과하는 보험상품에 대하여 매년 참조순보험요율의 변동성을 분석하고, 그 분석보고서를 사업연도가 끝난 후 6개월 이내에 검증보고서 제출기관에 제출해야 한다(감독규정9-5의2). 검증주기가 1년을 초과하는 보험상품의 종류는 위 ①에 기술되어 있다.

(2) 위 (1)은 매년 변동성을 분석하는 데 그치고 적정성 여부 및 합리적 수준에 대한 검증까지는 가지 않는다.

③ 검증의 법적 성질

위 ① 및 ②에 따른 검증은 보험요율산출기관의 전문적 확인의 성격을 띨 뿐이고 정당성과 합리성을 법적으로 확정하는 효과가 생기는 것은 아니다(통설).

4) 보험 관련 정보의 수집·제공 및 통계의 작성

i) 의의

보험 관련 정보는 개인정보 등에 해당할 수 있으므로 그 수집 및 제공 등에 엄격한 제한이 따른다.

ii) 보험 관련 통계

(1) 보험요율산출기관은 순보험요율 산출 등 보험업법에서 정하는 업무 수행을 위하여 보험 관련 통계를 체계적으로 통합·집적하여야 하며 필요한 경우 보험회사에 자료의 제출을 요청할 수 있다(법176⑤전). 이 경우 보험회사는 이에 따라야 하고(법176⑤후), 그 정보를 3개월(자동차보험계약 정보의 경우 1개월) 이내에 제출해야 한다(감독규정9-5의3).

(2) 보험요율산출기관은 보험업법 176조 5항에 따라 경험생명표 등 참조순보험요율의 산출·검증을 위하여 연 1회(자동차보험계약 정보의 경우 월 1회)에 한정하여 보험회사에 보험계약 정보의 제공을 요청할 수 있고, 이 경우 제공받은 보험계약 정보는 참조순보험요율을 산출하거나 검증하는 용도로만 활용해야 한다(시행령88①). 자동차보험계약의 경우는 보험요율의 변동성이 보다 크기 때문에 월 1회 보험계약 정보를 요청할 수 있게 하였다.

iii) 교통법규 위반 또는 운전면허의 효력에 관한 정보

① 의의

(1) 보험요율산출기관은 교통법규 위반 또는 운전면허의 효력에 관한 정보를 제공받아 보험회사가 이용하게 할 수 있다. 즉 보험요율산출기관은 순보험요율을 산출하기 위하여 필요한 경우 또는 보험회사의 보험금 지급업무에 필요한 경우에는 음주운전 등 교통법규 위반 또는 운전면허(건설기계관리법 26조 1항 본문에 따른 건설기계조종사면허를 포함)의 효력에 관한 개인정보를 보유하고 있는 기관의 장으로부터 그 정보를 제공받아 보험회사가

보험계약자에게 적용할 순보험료의 산출 또는 보험금 지급업무에 이용하게 할 수 있다(법 176⑩).

(2) 보험요율산출기관이 위 (1)의 정보를 보험회사로 하여금 이용하게 할 수 있다는 것은 보험회사에게 제공할 수 있음을 전제한 것이다.

(3) 보험요율산출기관이 위 (1)의 정보를 보험회사에게 제공하여 순보험료의 산출 및 보험금 지급업무에 이용하게 할 수 있음은 물론이고 스스로 순보험료를 산출하는 데 이용할 수 있다고 해석한다. 보험요율산출기관은 보험금 지급업무가 없으므로 이에 이용하는 것은 허용되지 않는다.

② 정보의 요청

보험요율산출기관의 장은 위 ①에 따라 교통법규 위반 또는 운전면허의 효력에 관한 개인정보를 보유하고 있는 기관의 장에게 교통법규 위반 또는 운전면허의 효력과 관련이 있는 다음 각 호의 개인정보의 제공을 요청할 수 있다(시행령89①).

1. 교통법규 위반자의 성명·주민등록번호 및 운전면허번호
2. 교통법규의 위반일시 및 위반 항목
3. 운전면허 취득자의 성명, 주민등록번호 및 운전면허번호
4. 운전면허의 범위, 정지·취소 여부 및 정지기간·취소일

③ 제공 또는 열람

보험요율산출기관은 위 ②의 1호 및 2호에 따라 제공받은 교통법규 위반에 관한 개인정보를 기초로 하여 교통법규 위반자별로 보험요율을 산출하고 이를 보험회사에 제공하거나 보험회사가 열람하도록 할 수 있다(시행령89②).

④ 이용 제한

보험요율산출기관이 위 ②에 따라 제공받은 교통법규 위반 또는 운전면허의 효력에 관한 개인정보는 다음 각 호의 어느 하나에 해당하는 경우에만 이용할 수 있다(시행령89③).

1. 금융위원회 및 금융감독원장이 보험요율의 산출·적용에 관한 감독·검사를 위하여 이용하는 경우
2. 보험요율산출기관이 보험요율을 산출하기 위하여 이용하는 경우
3. 보험회사가 자동차보험계약의 체결·유지 및 관리를 위한 보험요율 적용 또는 보험금 지급업무에 이용하는 경우

iv) 질병에 관한 통계

① 의의

(1) 보험요율산출기관은 순보험요율을 산출하기 위하여 필요하면 질병에 관한 통계를 보유하고 있는 기관의 장으로부터 그 질병에 관한 통계를 제공받아 보험회사로 하여금 보

험계약자에게 적용할 순보험료의 산출에 이용하게 할 수 있다(법176⑪).

(2) 보험요율산출기관이 위 (1)의 통계를 보험회사로 하여금 이용하게 할 수 있다는 것은 보험회사에게 제공할 수 있음을 전제한 것이다.

(3) 보험요율산출기관이 위 (1)의 통계를 보험회사에게 제공하여 순보험료의 산출에 이용하게 할 수 있음은 물론이고 스스로 순보험료를 산출하는 데 이용할 수 있다고 해석한다.

(4) 제공받을 수 있는 정보는 질병에 관한 통계이지 질병에 관한 정보가 아니다. 후자는 민감한 개인정보이기 때문이다. 질병에 관한 통계에 불과하므로 보험금 지급에 이용할 정보는 아니다.

② 통계의 요청

보험요율산출기관은 위 ①에 따라 질병에 관한 통계를 보유하고 있는 기관의 장에게 다음 각 호의 질병에 관한 통계자료의 제공을 요청할 수 있다(시행령90①).

1. 질병의 종류 및 질병 발생자의 성·연령·직업, 그 밖에 보험요율 산출에 필요한 질병의 발생·진행·결과 및 치료비용 등에 관한 통계
2. 보험요율 산출에 필요한 질병의 관리 실태에 관한 통계

③ 제공 또는 열람

보험요율산출기관은 위 ②에 따라 제공받은 질병에 관한 통계자료를 기초로 하여 질병에 대한 보험요율을 산출하고 이를 보험회사에 제공하거나 보험회사가 열람하도록 할 수 있다(시행령90②).

④ 이용 제한

보험요율산출기관이 위 ②에 따라 제공받은 질병에 관한 통계자료는 다음의 어느 하나에 해당하는 경우에만 이용할 수 있다(시행령90③).

1. 금융위원회 및 금융감독원장이 보험요율의 산출·적용에 관한 감독·검사를 위하여 이용하는 경우
2. 보험요율산출기관이 보험요율을 산출하기 위하여 이용하는 경우
3. 보험회사가 해당 질병을 보장하는 보험계약의 체결·유지 및 관리를 위한 보험요율 적용에 이용하는 경우

v) 개인정보의 제공

① 예외적 허용

보험요율산출기관은 보험업법 또는 다른 법률에 따라 제공받아 보유하는 개인정보를 다음 각 호의 어느 하나에 해당하는 경우 외에는 타인에게 제공할 수 없다(법176⑫).

1. 보험회사의 순보험료 산출에 필요한 경우

1의2. 교통법규 위반 또는 운전면허의 효력에 관한 정보(법176⑩)를 제공받은 목적대로 보험회사가 이용하게 하기 위하여 필요한 경우

2. 신용정보법 33조 1항 2호부터 5호까지 어느 하나에서 정하는 사유에 따른 경우[16)]

---

16) *신용정보법 33조 1항 각 호는 다음과 같다.

1. 해당 신용정보주체가 신청한 금융거래 등 상거래관계의 설정 및 유지 여부 등을 판단하기 위한 목적으로 이용하는 경우
2. 제1호의 목적 외의 다른 목적으로 이용하는 것에 대하여 신용정보주체로부터 동의를 받은 경우
3. 개인이 직접 제공한 개인신용정보(그 개인과의 상거래에서 생긴 신용정보를 포함한다)를 제공받은 목적으로 이용하는 경우(상품과 서비스를 소개하거나 그 구매를 권유할 목적으로 이용하는 경우는 제외한다)
4. 신용정보법 32조 6항 각 호의 경우
5. 그 밖에 위 1호부터 3호까지의 규정에 준하는 경우로서 대통령령으로 정하는 경우

**신용정보법 32조 6항 각 호는 다음과 같다.

1. 신용정보회사가 다른 신용정보회사 또는 신용정보집중기관과 서로 집중관리·활용하기 위하여 제공하는 경우
2. 계약의 이행에 필요한 경우로서 신용정보법 17조 2항에 따라 신용정보의 처리를 위탁하기 위하여 제공하는 경우
3. 영업양도·분할·합병 등의 이유로 권리·의무의 전부 또는 일부를 이전하면서 그와 관련된 개인신용정보를 제공하는 경우
4. 채권추심(추심채권을 추심하는 경우만 해당), 인가·허가의 목적, 기업의 신용도 판단, 유가증권의 양수 등 대통령령으로 정하는 목적으로 사용하는 자에게 제공하는 경우
5. 법원의 제출명령 또는 법관이 발부한 영장에 따라 제공하는 경우
6. 범죄 때문에 피해자의 생명이나 신체에 심각한 위험 발생이 예상되는 등 긴급한 상황에서 위 5호에 따른 법관의 영장을 발부받을 시간적 여유가 없는 경우로서 검사 또는 사법경찰관의 요구에 따라 제공하는 경우. 이 경우 개인신용정보를 제공받은 검사는 지체 없이 법관에게 영장을 청구하여야 하고, 사법경찰관은 검사에게 신청하여 검사의 청구로 영장을 청구하여야 하며, 개인신용정보를 제공받은 때부터 36시간 이내에 영장을 발부받지 못하면 지체 없이 제공받은 개인신용정보를 폐기하여야 한다.
7. 조세에 관한 법률에 따른 질문·검사 또는 조사를 위하여 관할 관서의 장이 서면으로 요구하거나 조세에 관한 법률에 따라 제출의무가 있는 과세자료의 제공을 요구함에 따라 제공하는 경우
8. 국제협약 등에 따라 외국의 금융감독기구에 금융회사가 가지고 있는 개인신용정보를 제공하는 경우
9. 신용주체의 거래내용 및 신용도를 판단할 수 있는 정보를 개인신용평가회사, 개인사업자신용평가회사, 기업신용등급제공업무·기술신용평가업무를 하는 기업신용조회회사 및 신용정보집중기관에 제공하거나 그로부터 제공받는 경우

9의2. 통계작성, 연구, 공익적 기록보존 등을 위하여 가명정보를 제공하는 경우. 이 경우 통계작성에는 시장조사 등 상업적 목적의 통계작성을 포함하며, 연구에는 산업적 연구를 포함한다.

9의3. 제17조의2 제1항에 따른 정보집합물의 결합 목적으로 데이터전문기관에 개인신용정보를 제공하는 경우

9의4. 다음 각 목의 요소를 고려하여 당초 수집한 목적과 상충되지 아니하는 목적으로 개인신용정보를 제공하는 경우
가. 양 목적 간의 관련성
나. 신용정보회사등이 신용정보주체로부터 개인신용정보를 수집한 경위
다. 해당 개인신용정보의 제공이 신용정보주체에게 미치는 영향
라. 해당 개인신용정보에 대하여 가명처리를 하는 등 신용정보의 보안대책을 적절히 시행하였는지 여부

10. 이 법 및 다른 법률에 따라 제공하는 경우

3. 정부로부터 위탁받은 업무를 하기 위하여 필요한 경우
4. 보험업법에서 정하고 있는 보험요율산출기관의 업무를 하기 위하여 필요한 경우로서 대통령령으로 정하는 경우[17)]

② 절차 및 방법 등

보험요율산출기관이 보험업법 176조 12항에 따라 개인정보를 제공하는 절차·방법 등에 관하여 필요한 사항은 대통령령으로 정한다(법176⑭). 이에 따른 구체적 절차 및 방법 등은 다음과 같다.

(ㄱ) 관련 규정의 제정 및 운영

보험요율산출기관은 보험업법시행령 89조 1항 및 90조 1항에 따라 제공받거나 그 밖에 보유하고 있는 개인정보의 보안유지 및 관리를 위하여 필요한 규정을 정하여 운영해야 한다(시행령91②).

(ㄴ) 타인 동의의 확인

보험요율산출기관은 보유하는 개인정보를 타인에게 제공하는 경우에는 그 타인이 신용정보법 32조 1항 각 호의 어느 하나에 해당하는 방식[18)]으로 해당 개인으로부터 동의를 받았는지를 동법시행령 28조 7항에 따른 방식[19)]으로 확인해야 한다(감독규정9-5①). 보험요율산출기관은 그 확인 결과 해당 개인의 동의가 없는 경우에는 신용정보법 32조 7항[20)]

---

11. 제1호부터 제10호까지의 규정에 준하는 경우로서 대통령령으로 정하는 경우

17) 대통령령으로 정하는 경우는 다음 각 호의 어느 하나에 해당하는 경우를 말한다(시행령88②).
1. 보험회사의 보험계약 체결·유지 및 보험금 지급업무에 필요한 경우
2. 보험업법 또는 다른 법률에 따른 보험계약의 이전에 필요한 경우

18) 신용정보법 32조 1항 각 호는 다음과 같다.
1. 서면
2. 「전자서명법」 제2조 제2호에 따른 전자서명(서명자의 실지명의를 확인할 수 있는 것을 말한다)이 있는 전자문서(「전자문서 및 전자거래 기본법」 제2조 제1호에 따른 전자문서를 말한다)
3. 개인신용정보의 제공 내용 및 제공 목적 등을 고려하여 정보 제공 동의의 안정성과 신뢰성이 확보될 수 있는 유무선 통신으로 개인비밀번호를 입력하는 방식
4. 유무선 통신으로 동의 내용을 해당 개인에게 알리고 동의를 받는 방법. 이 경우 본인 여부 및 동의 내용, 그에 대한 해당 개인의 답변을 음성녹음하는 등 증거자료를 확보·유지하여야 하며, 대통령령으로 정하는 바에 따른 사후 고지절차를 거친다.
5. 그 밖에 대통령령으로 정하는 방식 [신용정보법 32조 1항 5호에서 "대통령령으로 정하는 방식"이란 정보 제공 동의의 안전성과 신뢰성이 확보될 수 있는 수단을 활용함으로써 해당 신용정보주체에게 동의 내용을 알리고 동의의 의사표시를 확인하여 동의를 받는 방식을 말한다(신용정보법시행령28④)]

19) 신용정보법 32조 3항에 따라 개인신용평가회사, 개인사업자신용평가회사, 기업신용조회회사 또는 신용정보집중기관은 개인신용정보를 제공받으려는 자가 해당 신용정보주체로부터 동의를 받았는지를 서면, 전자적 기록 등으로 확인하고, 확인한 사항의 진위 여부를 주기적으로 점검하여야 한다(신용정보법시행령28⑦).

20) 신용정보법 32조 6항 각 호에 따라 개인신용정보를 타인에게 제공하려는 자 또는 제공받은 자는 대통령령으로 정하는 바에 따라 개인신용정보의 제공 사실 및 이유 등을 사전에 해당 신용정보주체에게 알려야 한다(신용정보법32⑦본). 다만, 대통령령으로 정하는 불가피한 사유가 있는 경우에는 인

및 동법시행령 [별표2의2] 16호 나목[21]에 따라 개인정보의 제공 사실 및 이유 등을 해당 개인에게 알려야 한다(감독규정9-5②).

(ㄷ) 제공 후 기록·관리

보험업법 176조 14항에 따라 보험요율산출기관은 보유하고 있는 개인정보를 타인에게 제공한 경우에는 제공대상자, 제공정보, 제공목적, 제공방법을 기록·관리해야 한다(시행령91①,감독규정9-5④).

(ㄹ) 정보수령자의 주의의무

보험요율산출기관으로부터 개인정보를 제공받은 자는 개인정보를 제공받은 목적으로만 이용해야 한다(감독규정9-5③본). 다만, 해당 개인이 신용정보법 32조 1항 각 호의 방식[22]으로 제공받은 목적 외의 다른 목적에의 이용에 동의하거나 신용정보법 32조 6항 2호부터 11호까지 중 어느 하나에 해당하는 경우[23]에는 그렇지 않다(감독규정9-5③단).

(ㅁ) 개인인 정보주체의 권한

(1) 보험요율산출기관은 개인인 정보주체가 전화, 팩스 및 인터넷 홈페이지 등을 이용하여 보험요율산출기관이 보유하고 있는 본인의 개인정보 및 본인정보의 제3자 제공 현황을 제공·열람 또는 정정(본인정보가 사실과 다른 경우에 한함)하거나 본인정보 처리의 정지를 요구할 수 있도록 해야 하며, 그러한 요구를 받은 경우에는 지체 없이 그 요구를 처리하고 그 처리 결과 및 감독규정 9-5조 6항에 따른 처리 결과를 7일 이내에 해당 개인에게 알려야 한다(감독규정9-5⑤).

(2) 보험요율산출기관은 위 (1)에 따라 개인인 정보주체로부터 본인정보의 정정 또는 처리 정지를 요구받은 경우에는 해당 개인을 대신하여 본인정보를 제공한 자 및 제공받은 자 등에게 해당 요구 사실을 알려야 한다(감독규정9-5⑥전). 이 경우 요구 사실을 접수한 자는 관련 법령에 따라 해당 요구를 처리하고 그 결과를 지체 없이 보험요율산출기관에 통보해야 한다(감독규정9-5⑥후).

(ㅂ) 세부기준

보험요율산출기관이 보유하고 있는 개인정보의 취급자·이용절차 및 방법 등에 관한 세부기준은 감독규정 [별표18][24]과 같다(감독규정9-5⑦).

터넷 홈페이지 게재 또는 그 밖에 유사한 방법을 통하여 사후에 알리거나 공시할 수 있다(신용정보법32⑦단).

21) 개인신용정보 제공의 근거가 되는 법률에서 사후에 알리거나 공시하는 것을 정한 경우로서 해당 법률에서 그 기한을 정하지 않은 경우에는 개인신용정보를 제공한 날을 기준으로 6개월 이내(신용정보법시행령[별표2의2]16나)

22) 신용정보법 32조 1항 각 호는 위 각주 18)에 기술되어 있다.

23) 신용정보법 32조 6항 2호부터 11호까지는 위 각주 16)에 기술되어 있다.

24) 감독규정 [별표18]의 내용은 다음과 같다.

1. 개인정보의 취급자

③ 개인정보이용자의 의무

(ㄱ) 의의

보험업법 176조 10항에 따라 제공받은 교통법규 위반 또는 운전면허의 효력에 관한 개인정보와 그 밖에 보험계약과 관련하여 보험계약자 등으로부터 제공받은 질병에 관한 개인정보를 이용하여 순보험료의 산출·적용 업무 또는 보험금 지급업무에 종사하거나 종사하였던 자는 그 업무상 알게 된 개인정보를 누설하거나 타인에게 이용하도록 제공하는 등 부당한 목적을 위하여 사용해서는 안 된다(법177).

(ㄴ) 의무의 주체

(1) 순보험료의 산출·적용 업무 또는 보험금 지급업무에 종사하거나 종사하였던 자로서 그 업무상 개인정보를 알게 된 자가 의무의 주체이다.

(2) 순보험료의 산출·적용 업무 또는 보험금 지급업무에 종사하거나 종사하였던 자는 보험요율산출기관 또는 보험회사 등에서 그러한 업무에 종사하거나 종사하였던 자를 말한다.

(3) 현재 그 업무에 종사하는 자는 물론이고 종사하였던 자도 포함된다.

(ㄷ) 의무의 대상

제공받은 교통법규 위반 또는 운전면허의 효력에 관한 개인정보와 그 밖에 보험계약과 관련하여 보험계약자 등으로부터 제공받은 질병에 관한 개인정보가 의무의 대상이다.

가. 금융위원회 및 금융감독원의 직원 중 보험요율 산출·적용에 관한 감독·검사업무를 담당하는 자

나. 보험요율산출기관의 직원 중 보험요율 산출, 보험업법 162조의 규정에 의한 조사에 필요한 자료제공 및 보험전산망 운영업무를 담당하는 자

다. 보험회사의 직원 중 보험요율 적용 및 보험전산망 운영업무를 담당하는 자

2. 개인정보의 이용절차 및 방법

가. 보험요율산출기관의 장은 보험회사가 보험계약자에게 적용할 보험료산출에 이용할 수 있도록 보험요율에 관한 정보, 교통법규위반경력에 관한 개인정보, 질병에 관한 통계 및 그 적용률 등을 당해 보험회사에게 제공하여야 한다.

나. 보험요율산출기관의 장은 개인정보보유기관의 장으로부터 교통법규위반에 관한 개인정보 또는 질병에 관한 통계를 제공받은 경우에는 보험회사가 보험료 정정에 이용할 수 있도록 당해 내용 등을 지체 없이 제공하여야 한다.

다. 보험회사는 가항 및 나항의 규정에도 불구하고 보험계약자가 증빙서류를 첨부하여 교통법규위반에 관한 개인정보 또는 질병에 관한 통계에 대하여 이의를 제기하는 경우에는 이를 근거로 보험료를 적용할 수 있다.

라. 보험요율산출기관의 장은 가항 및 나항의 개인정보 및 통계를 제공하기 위하여 필요한 세부적인 사항을 별도로 정하여 운영하여야 한다.

3. 개인정보의 보안유지 및 관리 등

가. 보험요율산출기관의 장은 보유하고 있는 개인정보를 이용하는 자에 대하여 아이디 및 비밀번호를 부여하여 실제 사용자를 확인할 수 있어야 한다.

나. 보험요율산출기관의 장은 이용자별 접속내역을 관리하고 사용통계를 작성하여야 한다.

다. 보험요율산출기관의 장은 개인정보를 이용하는 자가 제공목적에 반하여 부당하게 사용하는 경우 금융감독원장에게 이를 보고하고, 위반자에 대하여 제재 조치를 취하여야 한다.

이러한 정보는 개인의 사생활과 관련된 민감한 정보이므로 보호의 대상이다.

㈃ 의무의 내용

⑴ 업무상 알게 된 개인정보를 누설하거나 타인에게 이용하도록 제공하는 등 부당한 목적을 위하여 사용하지 않아야 한다.

⑵ 개인정보를 누설하거나 타인에게 이용하도록 제공하는 행위가 예시적 행위임은 보험업법 177조의 문리에 비추어보면 분명하다. 이러한 행위뿐만 아니라 부당한 목적으로 사용하는 모든 행위가 금지 대상이다(통설). 따라서 자신이 부당한 목적으로 사용하는 것도 허용되지 않는다.

㈄ 효과

보험업법 177조를 위반하면 형벌(법202⑸)이 따른다.

(2) 기타

1) 기초서류 확인

⑴ 보험회사는 보험업법에 따라 금융위원회에 제출하는 기초서류를 보험요율산출기관으로 하여금 확인하게 할 수 있다(법176⑦).

⑵ 이러한 확인에 대해 확정적 효력은 부여되지 않는다. 금융위원회가 인가 등과 관련하여 심사 시에 중요한 참고사항이 된다.

2) 자료의 공표

보험요율산출기관은 보험계약자의 권익을 보호하기 위하여 필요하다고 인정되는 경우에는 다음의 자료를 공표할 수 있다(법176⑨).

1. 순보험요율 산출에 관한 자료
2. 보험 관련 각종 조사·연구 및 통계자료

3) 기업성보험 관련 특칙

i) 기업성보험 통계 분석보고서

보험요율산출기관은 매 사업연도가 끝난 후 집적한 보험요율 및 경험실적 등 보험 관련 통계를 분석하여 기업성 보험의 손해율 등 사고발생 위험을 분석한 보고서('기업성보험 통계 분석보고서')를 작성하여 홈페이지 등에 공시할 수 있다(감독규정9−5의4①).

ii) 기업성보험 위험평가정보시스템

⑴ 보험요율산출기관은 보험회사가 기업성보험의 순보험료 산출 및 감독규정 7−79조의3 2항에 따른 내부통제기준의 마련[25]을 위해서 위 i)에 따른 기업성보험 관련 통계

25) 감독규정 7−79조의3 2항에 따르면, 보험회사가 통계요율 이외의 보험요율을 산출한 경우 보험계약자별 형평성이 저해되지 않도록 하는 등 보험요율의 산출절차 및 방법에 대하여 내부통제기준을 마련해야 한다.

등을 요청하는 경우에 그 통계를 제공할 수 있고, 이를 위한 정보시스템('기업성보험 위험평가정보시스템')을 운영할 수 있다(감독규정9-5의4②).

(2) 보험요율산출기관은 위 (1)에 따라 제공하려는 정보에 신용정보법에 따른 개인신용정보가 포함되어 있는 경우에는 감독규정 9-5조에 따라 동의를 받았는지 여부를 확인해야 한다(감독규정9-5의4③). 감독규정 9-5조에 따른 동의에 관해서는 보험요율산출기관의 업무내용 중에서 개인정보의 제공에 관한 절차와 방법 등에서 기술하였다.

6. 수수료

보험요율산출기관은 그 업무와 관련하여 정관으로 정하는 바에 따라 보험회사로부터 수수료를 받을 수 있다(법176⑧).

제 4 관 그 밖의 보험관계단체

1. 의의

(1) 보험설계사, 보험대리점, 보험중개사, 보험계리사, 손해사정사, 그 밖에 보험 관계 업무에 종사하는 자는 공익이나 보험계약자 및 피보험자 등을 보호하고 모집질서를 유지하기 위하여 각각 단체를 설립할 수 있다(법178①). 이러한 단체는 보험업법 11장이 규정하는 보험관계단체의 일종이다.

(2) 기타 보험관계단체는 그 구성원이 사업자(구성사업자)에 해당하는 경우에는 독점규제법에 따른 사업자단체가 될 수 있다.[26] 독점규제법상 사업자단체는 그 형태 여하를 불문하고 둘 이상의 사업자가 공동의 이익을 증진할 목적으로 조직한 결합체 또는 그 연합체를 말하고(독점규제법2(2)), 보험업법 178조 1항이 기타 보험관계단체가 이러한 사업자단체로 되는 것을 배제하고 있지 않으므로, 기타 보험관계단체가 구성사업자 공동이익의 증진을 목적으로 하는 정관을 두고 이에 따른 활동을 한다면 사업자단체가 된다고 보아야 한다. 이에 대해서는 보험협회와 관련하여 살펴본 바 있다.

(3) 기타 보험관계단체의 수에는 제한이 없다(통설). 현재 보험업법 규정에 따라 설립된 기타 보험관계단체에는 보험대리점협회, 보험중개사협회, 보험계리사회, 손해사정사회 등이 있다.

2. 설립목적

(1) 기타 보험관계단체의 설립목적은 공익이나 보험계약자 및 피보험자 등을 보호하

---

26) 김선정(보험업법2) 489면

고 모집질서를 유지하는 것이다(법178①).

⑵ 위와 같은 설립목적 이외에 구성원인 사업자(구성사업자) 공동의 이익을 증진하는 것도 기타 보험관계단체의 설립목적이 될 수 있다. 전술한 바와 같이 기타 보험관계단체는 독점규제법이 규정하는 사업자단체(독점규제법2⑵)가 될 수 있기 때문이다. 다만, 구성사업자 상호 간의 업무질서를 유지하고 보험업의 발전에 기여하는 것은 보험회사 공동의 이익을 증진하는 것과 많은 경우에 일치하지만 반드시 그러한 것은 아니다. 독점규제법 26조 1항에 따르면 사업자단체가 구성사업자 공동이익을 증진한다는 이유로 부당하게 경쟁을 제한하는 행위 등을 금지하고 있는데, 이에 관해서는 보험협회에 관련해서 기술한 논의가 여기에도 적용된다.

3. 법적 성격

(1) 사단

기타 보험관계단체는 사단이다. 기타 보험관계단체는 보험설계사, 보험대리점, 보험중개사, 보험계리사, 손해사정사, 그 밖에 보험관계 업무에 종사하는 자를 사원으로 하는 사단이다. 이 점은 기타 보험관계단체에 관하여 보험업법 및 이에 따른 명령에 특별한 규정이 없으면 민법 중 사단법인에 관한 규정을 준용한다는 점(법180)에서 확인할 수 있다.

(2) 비영리법인

⑴ 기타 보험관계단체는 '법인'으로 한다(법178②). 법인은 법률의 규정에 따라서 정관으로 정한 목적의 범위 내에서 권리와 의무의 주체가 된다(민법34).

⑵ 기타 보험관계단체는 보험업법 178조 1항이 규정하는 설립목적을 고려하면 '비영리'사단법인이다(통설). 따라서 기타 보험관계단체는 영리를 추구할 수 없다. 여기서 영리를 추구한다는 의미는 이익을 내서 구성원인 사원에게 배분한다는 의미이다(통설). 따라서 기타 보험관계단체가 설립목적을 추구하면서 부수적으로 영리행위(가령 건물의 임대차)를 하는 경우 이를 사원에게 배분하지 않으면 영리를 추구한다고 보지 않는다.

⑶ 영리가 아닌 사업을 목적으로 법인은 주무관청의 허가를 얻어 설립할 수 있으므로(민법32), 기타 보험관계단체는 그 주무관청인 금융위원회의 허가를 얻어서 설립할 수 있다. 금융위원회가 주무관청임은 보험업법 179조를 통해서 확인된다. 여기서 허가는 법령에 의해서 자연적 자유가 공익목적상 제한되어 있는 경우 일정한 요건을 충족하면 이 제한을 해제하여 자연적 자유를 적법하게 회복시켜 주는 행정행위이다(통설).

4. 업무 내용

(1) 업무 종류

기타 보험관계단체는 정관으로 정하는 바에 따라 다음 각 호의 업무를 한다(법178③).

1. 회원 간의 건전한 업무질서 유지
2. 회원에 대한 연수·교육 업무
3. 정부·금융감독원 또는 보험협회로부터 위탁받은 업무
4. 1호 및 2호에 딸린 업무
5. 그 밖에 대통령령으로 정하는 업무

(2) 정관에의 기재

(1) 기타 보험관계단체는 정관으로 정하는 바에 따라 업무를 한다(법178③). 이와 같이 법인은 법률의 규정에 따라 정관에 정한 '목적의 범위 내'에서 권리와 의무의 주체가 되므로 목적은 정관의 절대적 기재사항이다(민법34,40(1)). 따라서 기타 보험관계단체는 수행하려는 목적을 정관에 정해야 한다. 여기서 '목적의 범위 내'에 대해서는 소극적으로 그 목적에 반하지 않는 범위 내에서 권리와 의무의 주체가 될 수 있다고 해석하는 다수설과 적극적으로 그 목적을 수행하는 데 필요한 범위 내라고 해석하는 소수설이 있다. 판례는 그 목적을 수행하는 데 있어서 직접 또는 간접으로 필요한 행위는 모두 포함된다고 해석하고 있다.[27] 위 학설 또는 판례에 따를 때, 목적 범위 때문에 업무범위가 제한되는 일은 생기기 어렵다.

(2) 기타 보험관계단체의 정관 변경은 주무관청의 허가를 얻지 못하면 그 효력이 없다(민법42②). 여기의 주무관청의 허가는 이론상 인가라고 해석한다.[28] 이론상 인가는 형성적 행정행위의 일종으로서 사인 간의 법률적 효력의 보충·완성을 목적으로 한다.

---

27) 대판 1991.11.22. 91다8821

28) 대판(전원) 1996.5.16. 95누4810(민법 45조는 1항에서 재단법인의 정관은 그 변경방법을 정관에 정한 때에 한하여 변경할 수 있다. 2항에서 재단법인의 목적달성 또는 그 재산의 보전을 위하여 적당한 때에는 전 항의 규정에 불구하고 명칭 또는 사무소의 소재지를 변경할 수 있다. 3항에서 42조 2항(정관의 변경은 주무관청의 허가를 얻지 아니하면 그 효력이 없다)의 규정은 전 2항의 경우에 준용한다고 규정하고, 같은 법 46조는 재단법인의 목적을 달성할 수 없는 때에는 설립자나 이사는 주무관청의 허가를 얻어 설립의 취지를 참작하여 그 목적 기타 정관의 규정을 변경할 수 있다고 규정하고 있는 바, 여기서 말하는 재단법인의 정관변경 "허가"는 법률상의 표현이 허가로 되어 있기는 하나, 그 성질에 있어 법률행위의 효력을 보충해 주는 것이지 일반적 금지를 해제하는 것이 아니므로, 그 법적 성격은 인가라고 보아야 할 것이다)

제 5 관 보험관계단체에 대한 공통사항

1. 감독

(1) 의의

보험협회, 보험요율산출기관 및 보험업법 178조에 따른 보험관계단체('보험관계단체')에 대해서는 보험회사 감독에 관한 규정 중에서 명령권(법131①), 자료제출 및 검사(법133), 제재(법134), 퇴임한 임원에 대한 조치 내용의 통보(법135)를 준용한다(법179).

(2) 시정조치 명령권

1) 의의

보험관계단체에 관하여는 보험회사에 대한 명령권에 대한 보험업법 131조 1항을 준용한다(법179). 보험업법 131조 1항에 대한 자세한 논의는 본서 제7장 감독 부분에서 기술한 바 있다.

2) 준용 내용

(1) 금융위원회는 보험관계단체의 업무운영이 적정하지 아니하거나 자산상황이 불량하여 보험계약자 및 피보험자 등의 권익을 해칠 우려가 있다고 인정되는 경우에는 다음의 어느 하나에 해당하는 조치를 명할 수 있다(법179,131①).

1. 업무집행방법의 변경
2. 금융위원회가 지정하는 기관에의 자산 예탁
3. 자산의 장부가격 변경
4. 불건전한 자산에 대한 적립금의 보유
5. 가치가 없다고 인정되는 자산의 손실처리
6. 그 밖에 대통령령으로 정하는 필요한 조치

(2) 위 (1)의 6호는 보험계약자 보호에 필요한 사항의 공시를 말한다(시행령73①).

(3) 자료제출 명령 등

1) 의의

보험관계단체에 관하여는 보험회사에 대한 자료제출 명령 등에 관한 보험업법 133조를 준용한다(법179). 보험업법 133조에 대한 자세한 논의는 본서 제7장 감독 부분에서 기술한 바 있다.

2) 준용 내용

i) 자료제출 명령 또는 요구

(1) 금융위원회는 공익 또는 보험계약자 등을 보호하기 위하여 보험관계단체에 보험업법에서 정하는 감독업무의 수행과 관련한 주주 현황, 그 밖에 사업에 관한 보고 또는

자료 제출을 명할 수 있다(법179,133①).

(2) 금융감독원장은 '주식회사 등의 외부감사에 관한 법률'에 따라 보험관계단체가 선임한 외부감사인에게 그 보험관계단체를 감사한 결과 알게 된 정보나 그 밖에 경영건전성과 관련되는 자료의 제출을 요구할 수 있다(법179,133⑥). 다만, 보험관계단체는 비영리사단법인이므로 '주식회사 등의 외부감사에 관한 법률' 2조 1호 및 4조에 따른 외부감사의 대상이 아니어서 실제로는 준용될 수 없다.

ii) 검사

(1) 보험관계단체는 그 업무 및 자산상황에 관하여 금융감독원의 검사를 받아야 한다(법179,133②).

(2) 금융감독원장은 위 (1)의 검사를 할 때 필요하다고 인정하면 보험관계단체에 대하여 업무 또는 자산에 관한 보고, 자료의 제출, 관계인의 출석 및 의견의 진술을 요구할 수 있다(법179,133③). 위 (1)의 검사를 하는 자는 그 권한을 표시하는 증표를 지니고 이를 관계인에게 내보여야 한다(법179,133④).

(3) 금융감독원장은 위 (1)의 검사를 한 경우에는 그 결과에 따라 필요한 조치를 하고, 그 내용을 금융위원회에 보고해야 한다(법179,133⑤).

(4) 제재

1) 의의

보험관계단체에 관하여는 보험회사의 제재에 대한 보험업법 134조 1항을 준용한다(법179). 보험업법 134조 1항에 대한 자세한 논의는 본서 제7장 감독 부분에서 기술한 바 있다.

2) 준용 내용

i) 보험관계단체 및 그 임직원

(1) 금융위원회는 보험관계단체(그 소속 임직원을 포함)가 보험업법 또는 보험업법에 따른 규정·명령 또는 지시를 위반하여 보험관계단체의 건전한 경영을 해칠 우려가 있다고 인정되는 경우 또는 지배구조법 [별표] 각 호의 어느 하나에 해당하는 경우(4호에 해당하는 조치로 한정), 금융소비자법 51조 1항 4호, 5호 또는 같은 조 2항 각 호 외의 부분 본문 중 대통령령으로 정하는 경우(시행령 [별표1] 각 호의 경우)에 해당하는 경우(4호에 해당하는 조치로 한정)에는 금융감독원장의 건의에 따라 다음 각 호의 어느 하나에 해당하는 조치를 하거나 금융감독원장으로 하여금 1호의 조치를 하게 할 수 있다(법179,134①).

1. 보험관계단체에 대한 주의·경고 또는 그 임직원에 대한 주의·경고·문책의 요구
2. 해당 위반행위에 대한 시정명령
3. 임원(지배구조법 2조 5호에 따른 업무집행책임자는 제외한다. 이하 보험업법 135조에서 같

다)의 해임권고·직무정지
4. 6개월 이내의 영업의 일부정지

(2) 금융위원회는 보험관계단체가 다음 각 호의 어느 하나에 해당하는 경우에는 6개월 이내의 기간을 정하여 영업 전부의 정지를 명하거나 청문을 거쳐 보험관계단체의 허가를 취소할 수 있다(법179,134②).

1. 거짓이나 그 밖의 부정한 방법으로 보험관계단체 설립의 허가를 받은 경우
2. 허가의 내용 또는 조건을 위반한 경우
3. 영업의 정지 기간 중에 영업을 한 경우
4. 보험업법 134조 1항 2호에 따른 시정명령을 이행하지 아니한 경우
5. 지배구조법 [별표] 각 호의 어느 하나에 해당하는 경우(영업의 전부정지를 명하는 경우로 한정)
6. 금융소비자법 51조 1항 4호의 시정명령 또는 중지명령을 받고 금융위원회가 정한 기간 내에 시정하거나 중지하지 아니하거나 5호의 그 밖에 금융소비자의 이익을 현저히 해칠 우려가 있거나 해당 금융상품판매업등을 영위하기 곤란하다고 인정되는 경우
7. 금융소비자법 51조 2항 각 호 외의 부분 본문 중 대통령령으로 정하는 경우(시행령 [별표1] 각 호의 경우)(영업 전부의 정지를 명하는 경우로 한정)

(3) 금융위원회는 금융감독원장의 건의에 따라 보험관계단체가 위 (1)에 따른 조치, 위 (2)에 따른 영업정지 또는 허가취소 처분을 받은 사실을 대통령령으로 정하는 바에 따라 공표하도록 할 수 있다(법179,134③).

ii) 퇴임한 임직원

(1) 금융위원회(보험업법 134조 1항에 따라 조치를 할 수 있는 금융감독원장을 포함)는 보험회사의 퇴임한 임원 또는 퇴직한 직원(지배구조법 2조 5호에 따른 업무집행책임자를 포함)이 재임 또는 재직 중이었더라면 보험업법 134조 1항 1호 및 3호에 해당하는 조치를 받았을 것으로 인정되는 경우에는 그 조치의 내용을 해당 보험관계단체의 장에게 통보할 수 있다(법179,135①).

(2) 위 (1)의 통보를 받은 보험관계단체의 장은 이를 퇴임·퇴직한 해당 임직원에게 알리고, 그 내용을 인사기록부에 기록·유지해야 한다(법179,135②).

2. 민법의 준용

(1) 보험협회, 보험요율산출기관 및 보험업법 178조에 따른 보험관계단체에 관하여는 보험업법 또는 보험업법에 따른 명령에 특별한 규정이 없으면 민법 중 사단법인에 관한 규정을 준용한다(법180).

(2) 위 (1)의 준용 규정은 보험관계단체가 사단법인에 해당함을 전제한 규정이다.

(3) 민법 중에서 31조에서 97조까지가 사단법인에 관한 규정이다. 이 규정이 보험관계단체에 적용된다. 보험업법 또는 보험업법에 따른 명령에 특별한 규정이 있는 경우, 즉 보험업법 175조~179조 및 이에 관한 보험업법시행령 및 감독규정이 우선해서 적용된다.

3. 기타

감독규정 9-1조에서 9-4조까지는 보험관계단체의 보고의무 등에 대해 규정한다. 다만 이 규정들은 상위법령의 명시적 위임이 없는 행정규칙이다.

(1) 임원선임 등에 대한 보고의무

보험관계단체는 다음 각 호의 하나에 해당하는 사항을 금융감독원장에게 보고해야 한다(감독규정9-1).

1. 임원을 선임할 때 7일 이내
2. 매 사업연도별 사업계획서 및 수입과 지출의 예산(변경사항도 포함)을 사업연도 개시 전에
3. 매 사업연도의 사업실적 및 결산결과를 매 사업연도 종료 후 3월 이내

(2) 서류 및 장부의 비치의무

보험관계단체는 다음 각 호의 서류 및 장부를 비치해야 한다(감독규정9-2).

1. 정관
2. 임직원 명부
3. 기관 의사에 관한 서류
4. 수입 및 지출에 관한 장부 및 증빙서류
5. 자산 및 부채대장

(3) 해산 신고의무

보험관계단체가 해산한 경우 그 대표자는 지체 없이 다음 각 호의 사항을 금융위원회에 신고하여야 한다(감독규정9-3①).

1. 해산 연월일
2. 해산사유
3. 해산당시 재산상황
4. 총회 또는 이사회의 의사록 사본
5. 청산인이 선임되었을 경우 청산인의 성명 및 주소

(4) 잔여재산 처분허가

보험관계단체의 대표자 또는 청산인은 해산 후 잔여재산을 처분하고자 금융위원회의 허가를 신청할 때에는 다음의 서류를 첨부하여 금융감독원장에게 제출해야 한다(감독규정

9－4①).

1. 처분하고자 하는 재산의 종류
2. 금액
3. 처분방법
4. 그 밖의 참고자료

(5) 청산결과에 대한 신고의무

보험관계단체의 대표자 또는 청산인은 해산된 단체의 청산을 종결한 때에는 그 결과를 금융위원회에 신고해야 한다(감독규정9－4②).

제 2 절 보험계리

1. 의의

(1) 보험계리의 개념

보험계리는 보험회사 기초서류의 내용 및 배당금 계산 등의 정당성 여부를 확인하는 것을 말한다(법181①).

(2) 전문성과 공정성

(1) 보험계리는 보험회사의 주요업무로서 보험료, 보험금 등의 정당성에 영향을 미치므로 높은 공정성이 요구되고, 그 성격상 보험학, 수학, 통계학 등을 활용하여 높은 전문성이 요구되는 업무이다.

(2) 이와 같이 보험계리는 전문성과 공정성이 요구되는 분야이므로 일정한 자격을 갖춘 자만이 할 수 있다. 보험계리 업무의 자격을 갖춘 자가 보험계리사(Actuary)이다.

2. 보험계리사의 고용 또는 위탁의무

(1) 보험회사는 보험계리에 관한 업무를 보험계리사를 고용하여 담당하게 하거나 보험계리업자에게 위탁해야 한다(법181①). 보험계리 업무는 전문성과 공정성 등이 요구되므로 보험계리사 또는 보험계리업자만이 수행하게 하자는 취지이다. 보험계리사의 고용 또는 위탁의무는 생명보험회사, 손해보험회사, 제3보험회사 모두에게 적용된다.

(2) 보험계리업자는 보험계리를 업으로 하는 자이다. 보험회사에 고용된 보험계리사를 '고용보험계리사', 그리고 보험계리업자로서 보험회사에 고용되지 않고 보험계리 업무를 위탁받은 자를 '독립보험계리사'(감독규정9－9①)라고 한다.[29]

3. 보험계리사

(1) 의의

보험계리 업무의 자격을 갖춘 자가 보험계리사(Actuary)이다. 보험계리 업무의 자격을 갖추기 위해서는 금융감독원장이 실시하는 시험에 합격하고 일정 기간의 실무수습을 마친 후 금융위원회에 등록해야 한다(법182①).

(2) 시험, 실무수습, 등록

1) 시험

i) 구분

보험계리사 시험은 1차 시험과 2차 시험으로 구분하여 실시한다(시행규칙46①). 1차 시험에 합격하지 아니한 사람은 2차 시험에 응시할 수 없고, 다만 1차 시험이 면제되는 사람은 그렇지 않다(시행규칙46②).

ii) 시험실시의 공고 등

① 공고

금융감독원장은 보험계리사 시험을 실시하려면 다음 각 호의 사항을 시험 실시 3개월 전까지 전국적으로 배포되는 1개 이상의 일간신문에 공고하고 인터넷에도 공고해야 한다(시행규칙49①).

1. 시험일시 및 장소
2. 시험방법 및 과목
3. 응시자격 및 응시절차
3의2. 보험업법시행규칙 48조의2 1항에 따른 과목별 최소합격 예정인원
4. 그 밖에 시험의 실시와 관련하여 필요한 사항

② 수수료

보험계리사 시험에 응시하려는 사람은 금융감독원장이 정하는 시험수수료를 금융감

---

29) 독립보험계리사에 대한 다음과 같은 특칙이 있다. 다만, 이는 상위법령의 명시적 위임이 없는 행정규칙이다.
*독립보험계리사는 보험회사 등으로부터 보험계리 업무를 수임한 경우 다음 각 호의 사항이 기재된 계약서를 사용해야 한다(감독시행세칙6-17).
1. 계약당사자
2. 계약일자
3. 계약조건
4. 보수기준
**독립보험계리사는 다음 각 호의 서류 등을 5년간 보존해야 한다(감독시행세칙6-19).
1. 보험계리업무 수임대장
3. 수임계약서
4. 현금출납장부

독원에 내야 하며, 금융감독원장은 차상위계층이나 장애연금 수급자, 한부모가족지원법상 지원대상자는 감면할 수 있다(시행규칙49②). 금융감독원은 시험 응시자가 시험수수료를 과오납한 경우, 시험 전날까지 응시 의사를 철회하는 경우 등에는 금융감독원장이 정하는 바에 따라 시험수수료를 반환해야 한다(시행규칙49③).

③ 세부사항

(1) 보험계리사의 시험실시에 필요한 세부 사항은 금융감독원장이 정한다(시행규칙49④).

(2) 위 (1)에 따라 감독시행세칙 7－2조부터 7－13조까지가 세부사항을 규정하고 있다.

iii) 시험방식

1차 시험은 선택형으로 하되 기입형을 병행할 수 있고, 2차 시험은 논문형으로 하되 선택형 또는 기입형을 병행할 수 있다(시행규칙46③).

iv) 시험과목

(1) 시험과목은 다음과 같다(시행규칙46④·[별표1])

1차 시험과목: ⓐ 경제학원론 ⓑ 보험수학 ⓒ 영어 ⓓ 보험계약법(상법 보험편), 보험업법 및 퇴직급여법 및 ⓔ 회계원리

2차 시험과목: ⓐ 계리리스크 관리 ⓑ 보험수리학 ⓒ 연금수리학 ⓓ 계리모형론 및 ⓔ 재무관리 및 금융공학

(2) 위 (1)에서 영어과목은 보험계리사 시험 공고일로부터 역산하여 5년이 되는 날이 속하는 해의 1월 1일 이후에 실시된 다른 시험기관의 영어시험에서 취득한 성적으로 시험성적을 대체한다(시행규칙46⑤). 여기서 영어시험의 종류 및 합격에 필요한 점수는 보험업법시행규칙 [별표1의2]와 같고,[30] 보험계리사 시험에 응시하려는 사람은 응시원서와 다른 시험기관에서 발급한 영어 시험의 성적표, 장애인등록증(청각장애인에 한함)을 제출해야 한다(시행규칙46⑥).

v) 시험면제

(1) 보험회사, 보험협회, 보험요율산출기관 또는 독립계리업자(법128②)인 법인에서 보험계리 업무에 5년 이상 종사한 경력이 있는 사람에 대해서는 1차 시험을 면제한다(시행규칙47①).[31] 법률 10522호 농업협동조합법 일부개정법률의 시행 당시에 종전의 농업협동조합법에 따른 농업협동조합중앙회에서 공제계리업무에 종사한 경력은 여기의 보험계리

30) 영어시험의 종류로는 토플(TOEFL), 토익(TOEIC), 텝스(TEPS), 지텔프(G－TELP), 플렉스(FLEX)가 있다.

31) 독립계리업자(법128②)인 법인에서 보험계리 업무에 5년 이상 종사한 경력이 있는 사람은 2018.5.9.의 보험업법시행규칙 개정을 통해서 새로이 포함되었다. 이를 고려하여 이에 대한 경과규정을 두고 있다. 즉 보험업법시행규칙 부칙(총리령1460호, 2018.5.9.) 3조에 따르면, 2018.5.9.에 개정된 보험업법시행규칙의 시행 전에 독립계리업자인 법인에서 보험계리 업무에 종사한 경력은 보험업법시행규칙 47조 1항의 개정규정에 따른 보험계리 업무 종사 경력으로 본다.

업무에 종사한 것으로 본다(시행규칙47③). 따라서 이러한 업무종사경력이 5년 이상인 경우에는 1차 시험을 면제한다.

(2) 금융위원회가 인정하는 외국의 보험계리사 자격을 가진 사람에 대해서는 1차 시험 및 2차 시험을 면제한다(시행규칙47②).

(3) 1차 시험에 합격한 사람은 1차 시험에 합격한 해를 포함하여 5년간 2차 시험에 응시할 수 있다(시행규칙47④).

(4) 2차 시험 과목 중 100점을 만점으로 하여 60점 이상 득점한 과목에 대해서는 60점 이상 득점한 해를 포함하여 5년간 같은 점수를 득점한 것으로 본다(시행규칙47⑤).

vi) 합격자 결정

(1) 1차 시험 합격자를 결정할 때에는 영어 과목을 제외한 나머지 과목에 대하여 매 과목 100점을 만점으로 하여 매 과목 40점 이상, 전 과목 평균 60점 이상 득점한 사람을 합격자로 한다(시행규칙48①).

(2) 2차 시험 합격자를 결정할 때에는 매 과목 100점을 만점으로 하여 매 과목 60점 이상을 득점한 사람을 합격자로 한다(시행규칙48②).

vii) 최소합격예정인원

(1) 금융감독원장은 보험계리사의 적정한 공급을 위하여 필요한 경우에는 2차 시험의 과목별 최소합격예정인원(합격자로 예정한 최소한의 인원수)을 공고할 수 있다(시행규칙48의2①).

(2) 위 (1)에 따라 금융감독원장이 과목별 최소합격예정인원을 공고한 경우 각 과목별로 100점을 만점으로 하여 60점 이상 득점한 사람이 과목별 최소합격예정인원에 미달할 때에는 각 과목별로 100점을 만점으로 하여 40점 이상 득점한 사람을 과목별 최소합격예정인원의 범위에서 고득점자 순으로 과목별 합격자로 결정할 수 있다(시행규칙48의2②). 이에 따라 과목별 합격자를 결정할 때 동점자로 인하여 해당 과목의 최소합격예정인원을 초과하게 되는 경우에는 그 동점자 모두를 과목별 합격자로 결정한다(시행규칙48의2③).

(3) 위 (2)에 따른 과목별 합격자는 2차 시험에 응시한 해당 연도에만 보험업법시행규칙 48조 2항에 따른 2차 시험의 합격자가 될 수 있다(시행규칙48의2④).

(4) 보험업법시행규칙 48조의2는 그 시행 이후 보험계리사 시험을 공고하는 경우부터 적용한다.[32]

2) 실무수습

i) 의의

(1) 보험계리사의 실무수습은 금융감독원, 보험회사, 보험협회, 보험요율산출기관, 그

32) 보험업법시행규칙 부칙(총리령1520호, 2019.1.3.) 2조

밖에 금융위원회가 지정하는 기관[33]에서 보험계리 업무에 관하여 수행해야 한다(시행규칙50①). 실무수습의 기간은 6개월로 한다(시행규칙50②).

(2) 금융위원회가 인정하는 외국의 보험계리사 자격을 가진 사람 및 위 (1)의 기관에서 보험계리 업무에 2년 이상 종사한 경력이 있는 사람에 대해서는 실무수습을 면제한다(시행규칙50③).

(3) 보험계리사 실무수습의 기간, 절차 및 방법 등에 대해서는 감독시행세칙 6-1조부터 6-6조까지가 규정하고 있다. 다만, 이 규정은 상위법령의 명시적 위임이 없는 행정규칙이다. 그 내용은 다음과 같다.

ii) 수습기간

실무수습기간은 6개월로 하며, 실무수습('수습')의 개시는 매월 초일부터 시작한다(감독시행세칙6-1①). 수습기관의 장은 수습자에게 이론 및 실무를 통산하여 수습기간 동안 300시간 이상을 매월 균등하게 배분하여 수습시켜야 한다(감독시행세칙6-1②). 수습자가 군복무, 재학, 질병 및 그 밖의 특별한 사유로 인하여 수습의 연기가 불가피할 때에는 수습기관의 장에게 감독시행세칙 [별지37] 서식의 수습연기신청서를 제출하여 수습의 연기를 신청할 수 있다(감독시행세칙6-1③전). 이 경우 이미 수습한 기간은 총수습기간 산출에 포함한다(감독시행세칙6-1③후).

iii) 수습의 신청 및 수습기관 지정

(1) 보험계리사 또는 손해사정사 수습을 받고자 하는 자는 감독시행세칙 [별지38] 서식의 수습신청서를 수습받고자 하는 기관에 제출해야 한다(감독시행세칙6-2①).

(2) 수습기관의 장은 수습신청을 받은 때에는 5일 내에 당해인에게 수습 동의 여부를 통보해야 하며, 수습신청을 거절한 경우에는 그 사유를 문서로 통지해야 한다(감독시행세칙6-2②).

(3) 수습신청의 거절을 받은 자는 감독시행세칙 [별지39] 서식의 수습기관 지정신청서를 금융감독원장에게 제출하여 수습기관을 지정받을 수 있다(감독시행세칙6-2③). 이에 따라 수습기관 지정신청이 있는 경우에는 금융감독원장은 수습을 받고자 하는 자의 주거지 등을 참작하여 수습기관을 지정하고 그 사실을 수습기관 및 당해인에게 통지한다(감독시행세칙6-2④). 금융감독원장으로부터 수습기관으로 지정받은 기관의 장은 당해 수습자에게 수습을 실시해야 한다(감독시행세칙6-2⑤).

---

33) 금융위원회가 지정하는 실무수습기관은 다음 각 호의 기관을 말한다(감독규정9-7).
1. 보험업법 183조에 의해 보험계리업을 영위하는 법인
2. 퇴직급여법 28조 1항 2호의 업무를 수행하기 위해 동법시행령 20조 2항에 따른 연금계리 전문인력을 갖추어야 하는 퇴직연금사업자

iv) 수습자의 관리

(1) 수습기관의 장은 수습자에 대한 수습계획서와 감독시행세칙 [별지40] 서식의 수습자 명부를 작성·관리해야 한다(감독시행세칙6−3①).

(2) 위 (1)의 수습계획서에는 다음 각 호의 사항이 포함되어야 한다(감독시행세칙6−3②).

1. 수습의 기본원칙
2. 수습의 방법 및 구체적인 내용
3. 세부일정
4. 수습기관의 수습에 관련된 당해부서 및 업무내용
5. 평가기준 및 평가위원
6. 수습감독방법 및 감독자
7. 그 밖에 수습에 관한 특기사항

v) 수습기관의 변경

(1) 수습자는 다음 각 호의 하나에 해당하는 경우에는 수습기관 또는 수습장소를 변경할 수 있다(감독시행세칙6−4①).

1. 수습기관의 해산
2. 수습기관의 장기간 휴업
3. 수습자의 주거지 이동
4. 그 밖에 수습기관을 변경하여야 할 특별한 사유가 발생한 때

(2) 위 (1)에 따라 수습기관 또는 수습장소를 변경하고자 할 경우에는 감독시행세칙 6−2조를 준용한다(감독시행세칙6−4②).

(3) 위 (1)에 의해 수습기관이 변경된 경우 이로 인한 수습기간의 중단은 15일 내에 한하여 수습이 계속된 것으로 본다(감독시행세칙6−4③).

vi) 수습자의 평가관리 등

(1) 수습기관은 수습자의 수습내용에 관하여 다음 각 호의 기준에 의거 수습 시작 후 3월 경과 시마다 평정하여 감독시행세칙 [별지41] 서식의 수습평가표에 의하여 관리해야 한다(감독시행세칙6−5①).

1. 수습담당부서장의 근무평가: 20점
2. 손해사정이론에 관한 논문심사(1편 이상): 30점
3. 손해사정업무 실적평가: 30점
4. 그 밖의 업무수행 능력평가(면접 또는 그 밖의 방법에 의함): 20점

(2) 위 (1)에 따른 수습 평가에서 60점 미만을 얻거나 논문을 제출하지 않은 자에 대하

여는 당해 분기수습은 하지 않은 것으로 한다(감독시행세칙6-5②).

(3) 수습기관의 장은 수습자의 수습상황에 관하여 감독시행세칙 [별지42] 서식의 수습일지를 작성·비치해야 한다(감독시행세칙6-5③).

(4) 수습기관은 수습을 종료한 자에 대하여 감독시행세칙 [별지43] 서식의 수습확인서를 교부해야 한다(감독시행세칙6-5④).

(5) 감독시행세칙 6-5조 1항 내지 4항의 규정은 보험계리사의 수습자 평가관리 등에 대하여 이를 준용한다(감독시행세칙6-5⑤).

vii) 수습의 감독

(1) 수습기관의 장은 수습자에 대하여 지도감독을 하여야 한다(감독시행세칙6-6①). 수습기관의 장은 수습자가 수습을 함에 있어 다음 각 호의 하나에 해당하는 경우에 수습자에 대하여 수습의 중단 등 필요한 조치를 취해야 한다(감독시행세칙6-6②).

1. 관계법령, 감독규정 또는 감독시행세칙을 위반한 때
2. 금융감독원장 또는 수습기관의 장의 지시사항을 위반한 때
3. 수습자로서의 품위를 크게 손상한 때
4. 그 밖에 현저하게 부당한 행위를 한 때

(2) 금융감독원장은 수습기관에 대하여 수습에 필요한 사항의 보고 또는 자료의 제출을 요구할 수 있으며, 수습에 관하여 필요한 조치를 취할 수 있다(감독시행세칙6-6③).

3) 등록

i) 등록의무

(1) 보험계리사로서 활동하기 위해서는 금융위원회에 등록할 것이 요구된다(법182①). 보험계리사의 등록을 하려는 사람은 등록신청서[34]에 다음 각 호의 서류(실무수습의 증명서류 및 이력서)를 첨부하여 금융감독원장에게 제출해야 한다(시행규칙51본). 다만, 외국의 보험계리사 자격을 가진 사람이 등록신청을 하는 경우에는 1호의 서류를 해당 외국의 보험계리사 자격을 증명하는 서류로 대체할 수 있다(시행규칙51단).

1. 실무수습을 마친 사실을 증명할 수 있는 서류(보험업법시행규칙 50조 3항에 따라 같은 조 1항에 따른 기관에서 보험계리 업무에 2년 이상 종사한 경력이 있는 사람의 경우에는 그 사실을 증명할 수 있는 서류를 말한다)
2. 이력서

(2) 위 (1)의 보험계리사의 등록 업무는 금융감독원장에게 위탁되어 있다(법194②(2)).

(3) 보험계리사의 전문성과 공정성을 확보하기 위해서 감독이 필요하고 이를 위해 위

34) 보험업법시행규칙 [별지15] 서식의 등록신청서를 말한다.

와 같은 등록 제도를 두고 있다.

ii) 절차

감독시행세칙 6-8조는 보험계리사의 등록 절차에 대해서 규정한다. 다만, 이 규정은 상위법령의 명시적 위임이 없는 행정규칙이다.

① 등록신청

보험계리사로 등록하고자 하는 자는 보험업법시행규칙 [별지15] 서식의 보험계리사 등록신청서에 다음 각 호의 서류를 첨부하여 금융감독원장에게 제출해야 한다(감독시행세칙6-8①본). 다만, 외국의 보험계리사 자격을 가진 자가 등록신청을 하는 경우에는 1호 및 2호의 서류 대신에 당해 외국의 보험계리사 자격을 증명하는 서류를 첨부해야 한다(감독시행세칙6-8①단).

1. 실무수습을 확인할 수 있는 서류
2. 이력서
3. 삭제
4. 그 밖에 등록에 필요한 서류

② 등록부 및 등록증

금융감독원장은 등록을 신청한 자가 보험계리사의 자격이 있고 보험업법 190조의 규정에 의한 등록취소 등 사유에 해당되지 않는 경우에는 보험계리사 등록부[35]에 기재하고 보험계리사 등록증[36]을 신청인에게 교부해야 한다(감독시행세칙6-8②). 보험계리사가 등록증을 분실 또는 훼손하여 재발급받고자 할 때에는 등록증 재발급신청서[37]에 사유서를 첨부하여 금융감독원장에게 제출하여 재발급받아야 한다(감독시행세칙6-8③).

iv) 등록의 취소 등

① 의의

(1) 보험계리사에 관하여는 보험설계사 등록의 취소 등에 관한 보험업법 86조를 준용하고, 이 경우 보험업법 86조 1항 3호에서 "84조"는 "182조 1항"으로 본다(법190).

(2) 위 준용에 따르면 그 내용은 아래 ②~④와 같다. ②~④에 대한 구체적인 내용, 그리고 취소의 법적 성질 및 그 효과 등에 대해서는 보험설계사 등록의 취소 등에서 기술한 바와 같다.

② 등록취소

금융위원회는 보험계리사가 다음 각 호의 어느 하나에 해당하는 경우에는 그 등록을

35) 감독시행세칙 [별지45] 서식
36) 감독시행세칙 [별지46] 서식
37) 감독시행세칙 [별지47] 서식

취소해야 한다(법190,86①).

1. 삭제[38]
2. 삭제
3. 거짓이나 그 밖의 부정한 방법으로 보험업법 182조 1항에 따른 등록을 한 경우
4. 보험업법에 따라 업무정지 처분을 2회 이상 받은 경우

③ 업무정지 또는 등록취소

금융위원회는 보험계리사가 다음 각 호의 어느 하나에 해당하는 경우에는 6개월 이내의 기간을 정하여 그 업무의 정지를 명하거나 그 등록을 취소할 수 있다(법190,86②).

1. 보험계리에 관한 보험업법의 규정을 위반한 경우
2. 보험계약자, 피보험자 또는 보험금을 취득할 자로서 보험업법 102조의2를 위반한 경우
3. 보험업법 102조의3을 위반한 경우
4. 보험업법에 따른 명령이나 처분을 위반한 경우
5. 보험업법에 따라 과태료 처분을 2회 이상 받은 경우
6. 금융소비자법 51조 1항 3호부터 5호까지의 어느 하나에 해당하는 경우
7. 금융소비자법 51조 2항 각호 외의 부분 본문 중 대통령령으로 정하는 경우(업무의 정지를 명하는 경우로 한정한다)

④ 청문

금융위원회는 위 ② 및 ③에 따라서 등록을 취소하거나 업무의 정지를 명하려면 보험계리사에 대하여 청문을 해야 한다(법190,86③).

⑤ 통지

금융위원회는 보험계리사의 등록을 취소하거나 업무의 정지를 명한 경우에는 지체 없이 그 이유를 적은 문서로 보험계리사 및 해당 보험계리사가 소속된 보험회사등에 그 뜻을 알려야 한다(법190,86④).

(3) 업무범위

보험계리사의 업무는 다음 각 호와 같다(시행규칙44).

1. 기초서류의 작성에 관한 사항
2. 책임준비금, 비상위험준비금 등 준비금의 적립에 관한 사항
3. 잉여금의 배분·처리 및 보험계약자 배당금의 배분에 관한 사항
4. 지급여력비율 계산 중 보험료 및 책임준비금과 관련된 사항
5. 상품 공시자료 중 기초서류와 관련된 사항

---

38) 감독시행세칙 6-7④에서 보험계리사 등록불가 사유를 정하고 있었고, 이는 보험설계사가 되지 못하는 사유(법84②) 일부와 같았다. 그러나 상위법령의 명시적 위임이 없는 행정규칙이었고 2022.4.27. 개정으로 삭제되었다.

6. 계리적 최적가정의 검증·확인에 관한 사항

(4) 금지행위

(1) 보험계리사는 그 업무를 할 때 다음의 행위를 해서는 안 된다(법184③).

1. 고의로 진실을 숨기거나 거짓으로 보험계리를 하는 행위
2. 업무상 알게 된 비밀을 누설하는 행위
3. 타인으로 하여금 자기의 명의로 보험계리업무를 하게 하는 행위
4. 그 밖에 공정한 보험계리업무의 수행을 해치는 행위로서 대통령령으로 정하는 행위

(2) 위 (1)의 4호에서 대통령령으로 정하는 행위란 다음 각 호의 어느 하나에 해당하는 행위를 말한다(시행령94).

1. 정당한 이유 없이 보험계리업무를 게을리하는 행위
2. 충분한 조사나 검증을 하지 아니하고 보험계리업무를 수행하는 행위
3. 업무상 제공받은 자료를 무단으로 보험계리업무와 관련이 없는 자에게 제공하는 행위

(3) 보험업법 184조 3항, 동법시행령 94조의 문언에 비추어 볼 때, 위 (1)과 (2)의 금지행위는 예시가 아니라 열거라고 해석한다.

(4) 위 (1)과 (2)의 금지행위는 보험계리사에게 요구되는 독립성, 공정성 등을 고려한 것이다.

(5) 자료제출의 협조

(1) 보험회사는 보험계리사가 그 업무를 신속, 공정하게 수행할 수 있도록 업무에 필요한 자료제공의 요청이 있을 경우에는 지체 없이 협조해야 한다(감독규정9−20②본). 다만, 다음 각 호의 경우로서 그 사유를 당해 보험계리사에게 서면으로 통보한 경우에는 그렇지 않다(감독규정9−20②단).

1. 당해 건의 보험계리업무와 무관한 자료요청
2. 기 제공자료와 중복되는 자료의 요청
3. 일반적으로 널리 알려진 사항에 대한 자료의 요청
4. 그 밖에 요청내용이 현저히 부적당한 것으로 판단되는 자료의 요청

(2) 다만, 위 감독규정 9−20조 2항은 상위법령의 명시적 위임이 없는 행정규칙이다.

(6) 보험계리사관리위원회

금융감독원장은 필요하다고 인정될 때에는 보험계리사관리위원회를 설치할 수 있다(감독시행세칙6−22①). 이 위원회의 운영에 관하여 필요한 사항은 금융감독원장이 정하는 바에 따른다(감독시행세칙6−22②). 다만, 감독시행세칙 6−22조는 상위법령의 명시적 위임이 없는 행정규칙이다.

4. 보험계리업

(1) 의의

(1) 보험계리업은 보험계리를 업으로 하는 경우를 가리킨다. 보험계리를 업으로 한다는 것은 영업으로 한다고 해석한다.[39] 보험업법 183조 4항도 보험계리업의 '영업'기준이라고 표현하고 있다. 여기서 영업에는 영리성과 계속반복성 등이 포한된다. 이에 따라 보험계리업자는 상법 5조에 따른 상인이 된다.

(2) 보험계리업의 주체는 법인이든 개인이든 무방하다. 법인인 경우는 일반적으로 상법상 회사의 형태를 띤다.

(2) 등록

1) 등록의무

(1) 보험계리를 업으로 하려는 자는 금융위원회에 등록해야 한다(법183①). 법인이든 개인이든 보험계리를 업으로 하려면 등록의무가 있다. 등록 시에는 등록수수료(1만 원)를 내야 한다(시행규칙56).

(2) 위 (1)의 보험계리업자의 등록 업무는 금융감독원장에게 위탁되어 있다(법194②(3)).

(3) 보험계리업의 전문성과 공정성을 확보하기 위해서 감독이 필요하고 이를 위해 위와 같은 등록 제도를 두고 있다.

2) 등록신청

i) 신청서

(1) 보험계리업의 등록을 하려는 자는 다음 각 호의 사항을 적은 신청서를 금융위원회에 제출해야 한다(시행령92①).

1. 성명(법인인 경우에는 상호 및 대표자의 성명)
2. 사무소의 소재지
3. 수행하려는 업무의 종류와 범위
4. 보험업법시행령 93조에 따른 보험계리사의 고용에 관한 사항

(2) 등록업무가 금융감독원장에게 위탁되어 있으므로, 보험계리업자로 등록하고자 하는 자는 감독시행세칙 [별지49] 서식의 등록신청서를 금융감독원장에게 제출해야 한다(감독시행세칙6－11①).

ii) 첨부서류

(1) 등록 신청서에는 다음 각 호의 사항을 적은 서류를 첨부해야 한다(시행령92②).

---

39) 김선정(보험업법2) 502면; 정채웅 954면

1. 정관(법인인 경우만 해당)
2. 대표자(법인인 경우에는 임원을 포함) 및 소속 보험계리사의 이력서
3. 영업용 재산상황을 적은 서류

(2) 감독시행세칙에 따르면 첨부서류는 다음 각 호와 같다(감독시행세칙6-11②). 다만, 이 규정은 상위법령의 명시적 위임이 없는 행정규칙이다.

1. 영업용 재산상황을 기재한 서류
2. 대표자(법인인 경우에는 임원 포함) 및 소속 보험계리사의 이력서
3. 정관(법인의 경우에 한한다)
4. 삭제
5. 손해배상의 보장에 관한 사항
6. 보험업법 178조의 규정에 의한 보험계리사 단체의 보험계리업자 교육 수료증
7. 그 밖에 등록에 필요한 사항

3) 등록기준

(1) 금융위원회는 등록신청이 다음 각 호의 어느 하나에 해당하는 경우를 제외하고는 등록을 해주어야 한다(시행령92③).

1. 보험업법 190조에서 준용하는 보험업법 86조 1항 1호에 해당하는 경우[40)]
2. 등록신청서류를 거짓으로 기재한 경우
3. 그 밖에 보험업법, 동법시행령 또는 다른 법령에 따른 제한에 위반되는 경우

---

40) 보험업법 190조에서 준용하는 보험업법 86조 1항 1호는 보험업법 84조 2항을 가리킨다. 보험업법 84조 2항은 보험설계사가 되지 못하는 다음 각 호의 사유를 가리킨다.
1. 피성년후견인 또는 피한정후견인
2. 파산선고를 받은 자로서 복권되지 아니한 자
3. 보험업법 또는 금융소비자법에 따라 벌금 이상의 형을 선고받고 그 집행이 끝나거나(집행이 끝난 것으로 보는 경우를 포함한다) 집행이 면제된 날부터 2년이 지나지 아니한 자
4. 보험업법에 따라 금고 이상의 형의 집행유예를 선고받고 그 유예기간 중에 있는 자
5. 보험업법 또는 금융소비자법에 따라 보험설계사·보험대리점 또는 보험중개사의 등록이 취소(1호 또는 2호에 해당하여 등록이 취소된 경우는 제외한다)된 후 2년이 지나지 아니한 자
6. 5호에도 불구하고 보험업법에 따라 보험설계사·보험대리점 또는 보험중개사 등록취소 처분을 2회 이상 받은 경우 최종 등록취소 처분을 받은 날부터 3년이 지나지 아니한 자
7. 보험업법 또는 금융소비자법에 따라 과태료 또는 과징금 처분을 받고 이를 납부하지 아니하거나 업무정지 및 등록취소 처분을 받은 보험대리점·보험중개사 소속의 임직원이었던 자(처분사유의 발생에 관하여 직접 또는 이에 상응하는 책임이 있는 자로서 대통령령으로 정하는 자만 해당한다)로서 과태료·과징금·업무정지 및 등록취소 처분이 있었던 날부터 2년이 지나지 아니한 자
8. 영업에 관하여 성년자와 같은 능력을 가지지 아니한 미성년자로서 그 법정대리인이 1호부터 7호까지의 규정 중 어느 하나에 해당하는 자
9. 법인 또는 법인이 아닌 사단이나 재단으로서 그 임원이나 관리인 중에 1호부터 7호까지의 규정 중 어느 하나에 해당하는 자가 있는 자
10. 이전에 모집과 관련하여 받은 보험료, 대출금 또는 보험금을 다른 용도에 유용한 후 3년이 지나지 아니한 자

(2) 위 (1)의 등록기준이 충족되면 금융위원회는 등록을 해주어야 한다. 위 등록기준은 그 충족 여부를 판단함에 있어서 금융위원회의 재량이 필요하지 않으므로 위 등록행위는 기속행위라고 해석한다.[41)]

4) 등록부 및 등록증

금융감독원장은 보험계리업의 등록을 신청한 자가 보험업법 190조에 의한 등록취소 등의 사유에 해당되지 않으면 보험계리업 등록부[42)]에 기재하고 보험계리업 등록증[43)]을 신청인에게 교부한다(감독시행세칙6－11③). 보험계리업자가 등록증을 분실 또는 훼손하여 재발급받고자 할 때에는 등록증 재발급신청서[44)]를 금융감독원장에게 제출해야 한다(감독시행세칙6－11⑤). 다만, 등록부 및 등록증에 관한 이 규정은 상위법령의 명시적 위임이 없는 행정규칙이다.

5) 등록사항의 변경

(1) 등록을 한 보험계리업자는 등록한 사항이 변경되었을 때에는 1주일 이내에 그 변경사항을 금융위원회에 신고해야 한다(시행령92④).

(2) 위 (1)에 따른 보험계리업자의 등록사항 변경신고의 접수는 금융감독원장에 위탁되어 있다(시행령[별표8]61).[45)]

6) 등록의 취소 등

(1) 보험계리업자에 관하여는 보험설계사 등록의 취소 등에 관한 보험업법 86조를 준용하고, 이 경우 보험업법 86조 1항 3호에서 "84조"는 "182조 1항", "183조 1항", "186조 1항" 또는 "187조 1항"으로 본다(법190).

(2) 위 준용에 따른 내용은 보험계리사에 관한 등록의 취소 등과 같고 '보험계리사'를 '보험계리업자'로 대체하면 되므로 여기서는 생략한다.

(3) 영업기준

1) 보험계리사의 수

i) 최소인원수

보험계리를 업으로 하려는 법인('보험계리법인')은 대통령령으로 정하는 수 이상의 보험계리사를 두어야 한다(법183②). 즉 보험계리법인은 2명 이상의 상근 보험계리사를 두어야 한다(시행령93①).

---

41) 김선정(보험업법2) 503면; 정채웅 954면. 이와 달리 사실상 허가로서 재량행위에 해당한다고 보는 견해로는 노상봉 583면

42) 감독시행세칙 [별지51] 서식

43) 감독시행세칙 [별지52] 서식

44) 감독시행세칙 [별지52－1] 서식

45) 보험업법시행령 [별표8] 61호는 보험업법시행령 92조 3항에 따른 보험계리업자의 등록사항 변경신고의 접수라고 규정하고 있으나, 보험업법시행령 92조 4항이 옳다.

ii) 결원인 경우

위 i)의 최소인원수에 결원이 생겼을 때에는 2개월 이내에 충원해야 한다(시행령93②). 위 인원에 결원이 생겼을 때에는 금융감독원장이 정하는 서식[46]에 따라 1주일 이내에 이를 신고해야 한다(감독규정9-7의2).[47] 결원이 생긴 기간이 위 충원 기한을 초과하는 경우에는 그 초과기간 동안 보험계리업자는 보험계리업무를 수행할 수 없다(시행령93③).

2) 보험계리사의 자격

개인으로서 보험계리를 업으로 하려는 사람은 보험계리사의 자격이 있어야 한다(시행령93④). 이에 따르면 보험계리사가 아닌 사람이 개인으로서 보험계리업을 할 수 없다.

3) 업무개시 시기

보험계리업자는 등록일로부터 1개월 내에 업무를 시작해야 하고, 다만 불가피한 사유가 있다고 금융위원회가 인정하는 경우는 그 기간을 연장할 수 있다(시행령93⑤). 보험계리업자 등록 제도가 형식적으로 운영되는 것을 막기 위한 규정이다.

4) 상호

보험계리업자는 상호 중에 "보험계리"라는 글자를 사용해야 한다(시행령93⑥(1)).

5) 장부폐쇄일

보험계리업자의 장부폐쇄일은 보험회사의 장부폐쇄일을 따라야 한다(시행령93⑥(2)).

(4) 업무범위

보험계리업자의 업무는 전술한 보험계리사의 업무와 같다(시행규칙44).

(5) 금지행위

보험계리업자의 금지행위는 전술한 보험계리사의 금지행위와 같다(법184③,시행령94).

(6) 손해배상의 보장

1) 의의

i) 개념

금융위원회는 보험계리업자가 그 업무를 할 때 고의 또는 과실로 타인에게 손해를 발생하게 한 경우 그 손해의 배상을 보장하기 위하여 보험계리업자에게 금융위원회가 지정하는 기관에의 자산 예탁, 보험 가입, 그 밖에 필요한 조치를 하게 할 수 있다(법191). 이것이 보험계리업자의 손해배상 보장제도이다. 여기서 금융위원회가 지정하는 기관은 금융감독원을 말한다(감독규정9-11의2①).

ii) 적용 범위

개인인 보험계리업자이든 법인인 보험계리업자이든 손해배상 보장제도의 적용을 받

46) 감독시행세칙 [별지48] 서식

47) 이는 상위법령의 명시적 위임이 없는 행정규칙이다.

는다. 보험회사에 고용된 보험계리사인 경우에는 보험회사가 손해를 입은 타인에게 사용자책임(민법756)을 진다는 점을 고려해서 손해배상 보장제도를 적용하지 않는다.

iii) 비교

손해배상 보장제도는 보험계리업자의 업무행위로부터 손해를 입은 제3자에 대한 배상책임을 보장하기 위한 제도이다. 이와 유사한 제도가 마련되어 있는 경우로 보험대리점(법87③), 보험중개사(법89③) 등이 있다.

iv) 관련 규정

보험계리업자의 손해배상 보장제도에 관한 구체적 내용은 감독규정 9-11조의2와 감독시행세칙 6-15조 및 6-15조의2가 규정하고 있는데, 이 중에서 감독규정 9-11조의2 1항을 제외하면 나머지는 상위법령의 명시적 위임이 없는 행정규칙이다.

2) 내용

i) 방법 - 예탁금 또는 보증보험

(1) 보험계리업자는 손해배상책임을 보장하기 위하여 500만 원 이상의 현금을 금융감독원에 예탁하거나 금융감독원장을 피보험자로 하여 국내 보증보험회사가 발행하는 인허가보증보험에 가입해야 한다(감독규정9-11의2②). 위 금액은 손해배상의 보장액으로서 다소 낮아서 그 실효성에 의문이 있다.[48]

(2) 금융감독원장은 보험계리업을 영위하는 자가 손해배상의 보장을 위한 금액을 현금으로 예탁하는 경우에는 예탁자별로 은행법 2조 1항 2호[49]의 규정에 의한 금융기관에 예치해야 하며, 동 예치금에서 발생하는 이자는 손해배상보장예탁금으로 본다(감독시행세칙6-15④).

ii) 예탁하지 않은 경우 영업금지

보험계리업자는 손해배상보장예탁금을 예탁하지 않고는 영업을 할 수 없다(감독규정9-11의2③). 인허가보증보험에 가입한 경우에는 영업을 할 수 있다고 해석한다.

iii) 예탁증서 교부

보험계리업을 영위하고자 하는 자가 손해배상보장예탁금 또는 인허가보증보험증권으로 예탁하는 경우 금융감독원장은 감독시행세칙 [별지21-2] 서식의 손해배상보장 예탁증서를 교부해야 한다(감독시행세칙6-15③).

iv) 손해배상금의 지급 및 잔액의 반환

① 지급신청 및 관련 조사

금융감독원장은 보험계약자 등 이해관계자로부터 손해배상금의 지급신청을 받은 때

48) 김선정(보험업법2) 529면

49) 은행이란 은행업을 규칙적·조직적으로 경영하는 한국은행 외의 모든 법인을 말한다(은행법2①(2)).

에는 신청서 접수일로부터 14일 이내에 관련 보험계리업자에게 그에 대한 의견과 증거서류를 제출할 것을 서면통지하고 사실관계에 대한 조사를 실시해야 한다(감독시행세칙6-15의2④). 금융감독원장은 조사의 실시와 관련하여 관계당사자에게 증거제출 및 의견진술의 기회를 주어야 한다(감독시행세칙6-15의2⑤).

② 배분표의 작성 및 이의제기

금융감독원장은 위 절차를 진행한 결과 당해 보험계리업자의 손해배상책임이 인정되는 신청인에 대하여는 신청인별로 손해배상보장예탁금 배분표를 작성하여 이를 관계당사자에게 통지하고 배분액에 관하여 이의가 있는 자는 14일 이내에 이의를 제기할 수 있음을 알려야 한다(감독시행세칙6-15의2⑥).

③ 예탁금의 배분

금융감독원장은 위 통지의 결과 관계당사자로부터 이의가 없을 경우에는 배분표에 따라 배분을 실시한다(감독시행세칙6-15의2⑦).

④ 잔액의 반환

금융감독원장은 위 절차를 진행한 결과 당해 보험계리업자가 예탁한 손해배상보장예탁금의 잔액이 있는 경우에는 그 잔액을 반환해야 한다(감독시행세칙6-15의2⑧).

v) 예탁금의 반환

① 반환사유

금융감독원은 보험계리업자가 다음 각 호의 어느 하나에 해당하는 때에는 손해배상보장예탁금의 전부 또는 일부를 반환한다(감독규정9-11의2④).

1. 보험계리업자가 보험계리업을 폐지한 경우
2. 개인인 보험계리업자가 사망한 경우
3. 법인인 보험계리업자가 파산 또는 해산하거나 합병에 의하여 소멸한 경우
4. 보험업법 190조의 규정에 따라 등록이 취소된 경우
5. 손해배상보장예탁금을 인허가보증보험으로 대체하는 경우

② 신청서

손해배상보장예탁금을 반환받고자 하는 자는 감독시행세칙 [별지21-3] 서식의 손해배상보장예탁금 반환신청서를 금융감독원장에게 제출해야 한다(감독시행세칙6-15의2②).

③ 공시

금융감독원장은 보험계리업자가 위 ①의 반환사유로 손해배상보장예탁금 반환신청을 하는 경우에는 다음 각 호의 사항을 금융감독원 인터넷홈페이지를 통하여 공시해야 한다(감독시행세칙6-15의2③).

1. 당해 보험계리업자의 손해배상보장예탁금 반환신청 사실 및 그 사유
2. 당해 보험계리업자와 관련하여 손해를 입은 자는 3월의 기간 내에 손해배상금 지급신청서[50]를 금융감독원장에게 제출해야 하며 동 기간 내에 손해배상금의 지급을 신청하지 않은 경우에는 당해 보험계리업자가 예탁한 손해배상보장예탁금에서 배분을 받을 수 없다는 내용

5. 선임계리사

(1) 의의

(1) 선임계리사는 기초서류의 내용 및 보험계약에 따른 배당금의 계산 등이 정당한지 여부를 검증하고 확인하는 등 보험계리 관련 업무를 총괄하는 보험계리사를 가리킨다(법181②).

(2) 선임계리사는 보험회사에 소속되어 보험계리 업무를 검증하고 확인하는 자율규제기관의 일종이다. 보험상품 등에 대한 규제완화에 따라 기초서류 등에 대한 객관적이고 공정한 사전검증의 필요성이 높아지고 이에 따라 자율규제기관으로서 선임계리사의 역할이 커지게 되었다(통설). 이를 고려하여 선임계리사의 전문성은 물론이고 그 독립성과 공정성을 높이는 제도가 마련되어 있다. 선임계리사 제도가 제대로 운영되면 보험회사의 경영건전성과 보험계약자 등과 같은 이해관계자의 보호에 도움이 된다.

(3) 보험업법 184조, 184조의2, 184조의3, 동법시행령 94조~96조의2, 동법시행규칙 44조~45조, 감독규정 9-9조에서 9-11조까지가 선임계리사 제도에 대해서 규정하고 있다. 그런데, 감독규정 9-9조에서 9-10조까지는 상위법령의 명시적 위임이 없는 행정규칙이다. 그리고 감독규정 9-9조에 따른 감독시행세칙 6-9조도 마찬가지이다.

(2) 선임 및 해임

1) 선임

i) 선임의무

보험회사는 선임계리사를 선임해야 한다(법181②).

ii) 자격요건

선임계리사가 되려는 사람은 다음 각 호의 요건을 모두 갖추어야 한다(법184의2①).

1. 보험업법 182조 1항에 따라 등록된 보험계리사일 것
2. 보험계리업무에 10년 이상 종사한 경력이 있을 것. 이 경우 손해보험회사의 선임계리사가 되려는 사람은 일반손해보험의 보험계리업무에 3년 이상 종사한 경력을 포함하여 보험계리업무에 10년 이상 종사한 경력이 있어야 한다.
3. 최근 5년 이내에 보험업법 134조 1항 1호(경고·문책만 해당) 및 3호, 190조 또는 192조 1항에 따른 조치를 받은 사실이 없을 것

---

50) 감독시행세칙 [별지21-4] 서식

iii) 타사 선임계리사의 선임 금지

보험회사는 다른 보험회사의 선임계리사를 해당 보험회사의 선임계리사로 선임할 수 없다(법181조의2②). 선임계리사가 특정한 보험회사에 전속하여 업무에 충실하게 하고 보험회사 사이에 기밀누설 등과 같은 이해 상충을 막을 수 있도록 하자는 취지이다.

2) 해임

i) 일반적 해임

(1) 보험회사가 선임계리사를 선임한 경우에는 그 선임일이 속한 사업연도의 다음 사업연도부터 연속하는 3개 사업연도가 끝나는 날까지 그 선임계리사를 해임할 수 없다(법184④본). 선임계리사의 임기를 보장하여 독립성을 확보하자는 것이다.

(2) 다만, 다음의 각 호의 어느 하나에 해당하는 경우에는 위 (1)에도 불구하고 해임할 수 있다(법184④단). 이러한 해임사유는 예시가 아니라 열거이고 엄격하게 해석해야 한다.[51]

1. 선임계리사가 회사의 기밀을 누설한 경우
2. 선임계리사가 그 업무를 게을리하여 회사에 손해를 발생하게 한 경우
3. 선임계리사가 계리업무와 관련하여 부당한 요구를 하거나 압력을 행사한 경우
4. 보험업법 192조에 따른 금융위원회의 해임 요구가 있는 경우

ii) 자격요건 위반으로 인한 해임

(1) 보험회사는 선임계리사로 선임된 사람이 선임 당시에 선임 시의 자격요건을 갖추지 못하였던 것으로 판명되었을 때에는 해임해야 한다(법184의2②).

(2) 위 (1)에 따르면 '해임해야' 하므로 선임 시에 자격요건 위반인 경우에 선임이 무효로 되는 것은 아니고 보험회사가 해임을 해야 비로소 선임계리사의 지위를 상실하게 된다.

(3) 위 해임의 효과에 대해 보험업법시행령은 별도의 규정을 두고 있지 않는데, 법적 안정성을 위해서 장래효라고 해석하는 것이 타당하고, 따라서 기존에 선임계리사로서 한 행위는 유효하다.[52]

3) 선임 또는 해임의 절차

(1) 보험회사가 선임계리사를 선임하거나 해임하려는 경우에는 이사회의 의결을 거쳐 다음 각 호의 구분에 따라 금융위원회에 보고하거나 신고해야 한다(법181의2①본).[53]

---

51) 다만 근로자로서 의무위반 등으로 인한 해임은 별개의 문제이다: 김선정(보험업법2) 507면

52) 성대규·안종민 730면; 정채웅 958면

53) *보험회사는 선임계리사 또는 그 업무대행자를 선임한 때에는 다음 각 호의 사항을 포함한 서류를 선임 후 7일 이내에 금융감독원장에게 제출해야 한다(감독규정9-10①).
1. 성명 및 주민등록번호
2. 보험계리사 등록일 및 등록번호
3. 보험계리업무 경력

1. 선임: 선임 후 보고
2. 해임: 해임 전 신고

(2) 위 (1)에도 불구하고 외국보험회사의 국내지점의 경우에는 이사회의 의결을 거치지 않을 수 있다(법181의2①단). 외국보험회사의 국내지점은 독립된 법인이 아니라는 점을 고려한 것이다.

(3) 위 (1)에 따라 선임계리사의 해임 신고를 할 때 보험회사는 그 해임사유를 제출해야 하며, 금융위원회는 해임사유에 대하여 해당 선임계리사의 의견을 들을 수 있다(법181의2③). 선임계리사의 의견을 듣는 것은 그 독립성을 높이기 위한 것이다.

(4) 보험회사는 선임계리사가 업무정지명령(법192①)에 따라 업무정지명령을 받은 경우에는 업무정지 기간 중에 그 업무를 대행할 사람(업무대행자)을 선임하여 금융위원회에 보고해야 한다(법181의2④).

(3) 업무내용

1) 일반

선임계리사의 일반 업무는 전술한 보험계리사의 그것과 같다(시행규칙44).

2) 기초서류 등에 대한 검증 및 확인

i) 의의

선임계리사는 기초서류의 내용 및 보험계약에 따른 배당금의 계산 등이 정당한지 여부를 검증하고 확인해야 한다(법184①).

ii) 검증의견서

① 작성

(ㄱ) 작성의무

선임계리사는 검증·확인을 했을 때에는 선임계리사 검증의견서를 작성해야 한다(법184의3③본).

---

4. 법에서 정한 자격요건에 적합하다는 사실
5. 임기 및 업무범위에 대한 사항

**보험회사는 선임계리사를 해임하고자 하는 때에는 다음 각 호의 사항을 포함한 서류를 금융감독원장에게 제출해야 한다(감독규정9-10②).

1. 해임예정일자
2. 해임사유
3. 향후 선임일정 및 절차

***금융감독원장은 보험회사가 선임계리사의 선임을 보고하는 경우 선임계리사가 보험업법 184조의2 1항의 자격요건을 갖추고 있는지 여부를 확인하고, 보험회사가 보험업법 181조의2 1항에 따라 선임계리사의 해임을 신고하는 경우 해임사유 등의 적정성을 심사하고 그 결과를 금융위원회에 보고한다(감독규정9-10③).

(ㄴ) 작성기준

선임계리사 검증의견서의 작성기준은 금융감독원장이 정한다(감독규정9-9④). 이에 따른 작성기준은 다음과 같다.

(1) 선임계리사 검증의견서에는 다음 사항을 기재해야 한다(감독시행세칙6-9①).

1. 검증절차
2. 검증대상 업무별 담당자, 결재자, 최종결재자, 보험업법 181조 1항에 의한 확인보험계리사 또는 보험계리업자
3. 제반 가정의 적정성
4. 산출방법의 적정성
5. 종합의견 및 근거
6. 선임계리사 서명

(2) 위 (1)의 5호의 종합의견은 다음 각 호의 어느 하나의 방법으로 표시해야 한다(감독시행세칙6-9②).

1. 적정: 제반 가정, 산출방법 등이 적정할 경우
2. 한정: 제반 가정, 산출방법 등이 전반적으로 적정하나 부분적으로 부적정할 경우
3. 부적정: 제반가정, 산출방법 등이 부적정할 경우

② 제출 등

(ㄱ) 이사회 등

(1) 선임계리사는 검증·확인을 했을 때에는 선임계리사 검증의견서를 이사회와 감사 또는 감사위원회('이사회등')에 제출해야 한다(법184의3③본). 다만, 금융위원회가 정하여 고시하는 사항에 대한 검증의견서는 대표이사에게 제출함으로써 이사회등에의 제출을 갈음할 수 있다(법184의3③단).[54]

(2) 위 (1)의 보고를 받은 이사회등은 선임계리사 검증의견서에 따라 필요한 조치를 해야 한다(법184의3④본). 다만, 선임계리사의 의견이 부적절하다고 판단되는 경우에는 이사회등은 이를 거부할 수 있다(법184의3④단).

(ㄴ) 금융감독원

(1) 보험회사는 선임계리사 검증의견서 중 다음 각 호의 검증의견서(독립보험계리사에게 검토하도록 한 경우 그 검토의견서를 포함)를 매 사업연도 종료 후 3월 이내에 금융감독원장에게 제출해야 한다(감독규정9-9①).

---

54) 대표이사에게 제출하는 것으로 갈음할 수 있는 사항은 다음을 말한다(감독규정9-8).
1. 보험업법 5조 3호에서 정한 기초서류
2. 상품공시자료 중 기초서류와 관련된 사항

1. 책임준비금·비상위험준비금 등 준비금
2. 잉여금의 배분·처리 및 보험계약자배당금
3. 지급여력기준금액의 생명·장기손해보험위험액, 일반손해보험위험액 및 시장위험액 중 금리 위험액

(2) 금융감독원장은 위 (1)에 따라 제출한 선임계리사 검증의견서의 적정성 여부를 판단하기 위하여 당해 보험회사로 하여금 금융감독원장이 지정한 독립보험계리사에게 그 검증의견서를 검토하게 할 수 있다(감독규정9-9②). 독립보험계리사가 선임계리사 검증의견서를 검토한 결과 그 작성기준에 비추어 부적정하다고 판단하는 경우 금융감독원장은 선임계리사의 의견을 청취할 수 있다(감독규정9-9③). 선임계리사 검증의견서의 작성기준은 전술하였다.

3) 기초서류관리기준의 위반 등에 대한 점검

(1) 선임계리사는 보험회사가 기초서류관리기준을 지키는지를 점검하고 이를 위반하는 경우에는 조사하여 그 결과를 이사회에 보고하여야 하며, 기초서류에 법령을 위반한 내용이 있다고 판단하는 경우에는 금융위원회에 보고해야 한다(법184②).

(2) 위 (1)에 따른 기초서류의 법령 위반 내용에 대한 선임계리사 보고의 접수는 금융감독원장에게 위탁되어 있다(시행령[별표8]47).

(4) 금지행위

1) 선임계리사의 업무시 금지행위는 전술한 보험계리사의 금지행위와 동일하다(법184③,시행령94).

2) 선임계리사는 다음 각 호의 직무를 담당해서는 아니 된다(법184⑦).

1. 보험상품 개발 업무(기초서류 등을 검증 및 확인하는 업무는 제외한다)를 직접 수행하는 직무
2. 보험회사의 대표이사, 보험회사의 최고경영자 또는 최고재무관리 책임자의 직무
3. 그 밖에 이해가 상충할 우려가 있거나 선임계리사 업무에 전념하기 어려운 경우로서 대통령령으로 정하는 직무[55]

(5) 업무수행을 위한 권한 등

1) 의의

보험업법은 선임계리사가 독립성을 유지하면서 효율적으로 자신의 업무를 수행하는 것을 돕기 위해서 다음과 같은 규정을 두고 있다.

2) 자료요청

선임계리사는 보험회사에 대하여 그 업무의 수행에 필요한 정보나 자료의 제공을 요

---

55) 이에 대하여 아직 시행령이 정하고 있지 않다.

청할 수 있으며, 요청을 받은 보험회사는 정당한 사유 없이 정보나 자료의 제공 및 접근을 거부해서는 안 된다(법184의3①).

3) 이사회 참석

선임계리사는 그 업무의 수행과 관련하여 이사회(이사회 내 위원회를 포함)에 참석할 수 있다(법184의3②). 명문의 규정은 없으나 참석의 실효성을 고려하면 의견의 진술도 가능하다고 해석한다.[56)]

4) 인적 및 물적 지원

i) 의의

보험회사는 선임계리사가 그 업무를 원활하게 수행할 수 있도록 필요한 인력 및 시설을 지원해야 하며, 인력 및 시설의 구체적인 기준은 대통령령으로 정한다(법184의3⑤,시행령96의2⑥).

ii) 보조인력

(1) 보험회사는 선임계리사를 보조하는 인력('보조인력')을 2인 이상 두어야 한다(시행령96의2①).

(2) 다만, 직전 사업연도 말 수입보험료와 책임준비금을 합산한 금액이 다음 각호에 해당하는 경우에는 보조인력을 추가로 두어야 한다(시행령96의2②).

1. 1조 원 이상이고 5조원 미만인 경우: 1명 이상
2. 5조 원 이상이고 10조원 미만인 경우: 2명 이상
3. 10조 원 이상이고 20조원 미만인 경우: 3명 이상
4. 20조 원 이상이고 50조원 미만인 경우: 4명 이상
5. 50조 원 이상이고 100조원 미만인 경우: 5명 이상
6. 100조 원 이상인 경우: 6명 이상

(3) 보험회사(직전 사업연도 말 수입보험료와 책임준비금을 합산한 금액이 5조원 미만인 보험회사는 제외)는 (1)(2)의 보조인력 중 2명 이상을 다음 각 호 어느 하나에 해당하는 사람으로 두어야 한다. 이 경우 2호나 3호에 해당하는 사람으로 보조인력을 둘 때는 다른 호에 해당하는 사람을 1명 이상 두어야 한다(시행령96의2③). 다만, 재보험을 전업으로 하는 보험회사는 (1)(2)의 보조인력 중 1명 이상을 1호 또는 2호에 해당하는 사람으로 두어야 한다(시행령96의2④).

1. 보험계리사
2. 보험계리에 관한 업무에 5년 이상 종사한 경력이 있는 사람
3. 보험상품 개발 업무(기초서류 등 검증 및 확인 업무를 포함한다)에 5년 이상 종사한 경력이

56) 김선정(보험업법2) 508면

있는 사람

iii) 전산설비 등

보험회사는 선임계리사의 검증 및 확인업무 수행에 필요한 다음 각 호의 전산설비 등을 지원해야 한다(시행령96의2⑥).

1. 본체장비, 입출력장치, 통신회선 등 전산설비
2. 보험료, 책임준비금 등의 검증, 확인에 필요한 소프트웨어

5) 인사상 불이익의 금지

(1) 보험회사는 선임계리사에 대하여 직무 수행과 관련한 사유로 부당한 인사상의 불이익을 주어서는 안 된다(법184의3⑥).

(2) 선임계리사는 기초서류 등에 대한 확인 및 검증 결과, 기초서류관리기준의 위반 등에 대해서 보험회사의 경영진을 거치지 않고 이사회등 또는 금융위원회에 보고할 수 있다. 이 과정에서 보험회사 경영진의 불만 등이 선임계리사에 대한 인사상 불이익으로 이어져서는 안 된다는 것이 위 (1)의 취지이다.

6) 의견 제출

(1) 금융위원회는 선임계리사에게 그 업무범위에 속하는 사항에 관하여 의견을 제출하게 할 수 있다(법184⑥). 이 경우 선임계리사는 보험회사의 경영진을 거치지 않고 바로 의견을 제출할 수 있다고 해석한다.

(2) 위 (1)에 따른 선임계리사에 대한 의견 제출 지시는 금융감독원장에게 위탁되어 있다(시행령[별표8]48).

6. 보험계리사 등에 대한 감독

(1) 보험계리사, 선임계리사, 보험계리업자 공통

1) 의의 - 직무정지 또는 해임의 명령

금융위원회는 보험계리사, 선임계리사 또는 보험계리업자가 그 직무를 게을리하거나 직무를 수행하면서 부적절한 행위를 하였다고 인정되는 경우에는 6개월 이내의 기간을 정하여 업무의 정지를 명하거나 해임하게 할 수 있다(법192①).

2) 요건

(1) 객관적 요건을 보면, 보험계리사 등이 그 직무를 게을리하거나 직무를 수행하면서 부적절한 행위를 하였다고 인정되면 요건이 충족된다.

(2) 주관적 요건을 보면, 직무를 게을리한다는 것은 고의 또는 과실이 있음을 전제한 것이다. 부적절한 행위에 대해서는 보험계리사 등의 고의 또는 과실의 유무를 묻지 않는

다고 해석한다.

3) 효과

금융위원회는 보험계리사 등에 대해서 6개월 이내의 기간을 정하여 업무의 정지를 명하거나 해임하게 할 수 있다. 여기서 해임하게 할 수 있다는 것은 보험회사로 하여금 보험계리사 등과의 고용 또는 위탁계약을 해지하게 할 수 있다는 의미로 해석한다.

(2) 보험계리업자에 대한 특칙

1) 시정조치 명령권

i) 의의

보험계리업자에 관하여는 보험회사에 대한 명령권에 대한 보험업법 131조 1항을 준용하고, 이 경우 "보험회사"는 "보험계리업자"로 본다(법192②). 보험업법 131조 1항에 대한 자세한 논의는 본서 제7장 감독 부분에서 기술한 바 있다.

ii) 준용 내용

(1) 금융위원회는 보험계리업자의 업무운영이 적정하지 아니하거나 자산상황이 불량하여 보험계약자 및 피보험자 등의 권익을 해칠 우려가 있다고 인정되는 경우에는 다음 각 호의 어느 하나에 해당하는 조치를 명할 수 있다(법192②,131①).

1. 업무집행방법의 변경
2. 금융위원회가 지정하는 기관에의 자산 예탁
3. 자산의 장부가격 변경
4. 불건전한 자산에 대한 적립금의 보유
5. 가치가 없다고 인정되는 자산의 손실처리
6. 그 밖에 대통령령으로 정하는 필요한 조치

(2) 위 (1)의 6호는 보험계약자 보호에 필요한 사항의 공시를 말한다(시행령73①).

2) 자료제출 명령 등

i) 의의

보험계리업자에 관하여는 보험회사에 대한 자료제출 명령 등에 관한 보험업법 133조를 준용하고, 이 경우 "보험회사"는 "보험계리업자"로 본다(법192②). 보험업법 133조에 대한 자세한 논의는 본서 제7장 감독 부분에서 기술한 바 있다.

ii) 준용 내용

① 자료제출 명령 또는 요구

(1) 금융위원회는 공익 또는 보험계약자 등을 보호하기 위하여 보험계리업자에 보험업법에서 정하는 감독업무의 수행과 관련한 주주 현황, 그 밖에 사업에 관한 보고 또는 자료 제출을 명할 수 있다(법192②,133①).

(2) 금융감독원장은 '주식회사 등의 외부감사에 관한 법률'에 따라 보험계리업자가 선임한 외부감사인에게 그 보험계리업자를 감사한 결과 알게 된 정보나 그 밖에 경영건전성과 관련되는 자료의 제출을 요구할 수 있다(법192②,133⑥). 다만, 이는 보험계리업자가 '주식회사 등의 외부감사에 관한 법률' 2조 1호 및 4조에 따라서 외부감사의 대상이 되는 회사의 형태를 띠고 있는 경우에만 적용될 수 있다.

② 검사

(1) 보험계리업자는 그 업무 및 자산상황에 관하여 금융감독원의 검사를 받아야 한다(법192②,133②).

(2) 금융감독원장은 위 검사를 할 때 필요하다고 인정하면 보험계리업자에 대하여 업무 또는 자산에 관한 보고, 자료의 제출, 관계인의 출석 및 의견의 진술을 요구할 수 있다(법192②,133③). 위 검사를 하는 자는 그 권한을 표시하는 증표를 지니고 이를 관계인에게 내보여야 한다(법192②,133④).

(3) 금융감독원장은 위 검사를 한 경우에는 그 결과에 따라 필요한 조치를 하고, 그 내용을 금융위원회에 보고해야 한다(법192②,133⑤).

3) 제재

i) 의의

보험계리업자에 관하여는 보험회사의 제재에 대한 보험업법 134조 1항을 준용하고, 이 경우 "보험회사"는 "보험계리업자"로 본다(법192②). 보험업법 134조 1항에 대한 자세한 논의는 본서 제7장 감독 부분에서 기술한 바 있다.

ii) 준용 내용

금융위원회는 보험계리업자(그 소속 임직원을 포함)가 보험업법 또는 보험업법에 따른 규정·명령 또는 지시를 위반하여 보험계리업자의 건전한 경영을 해칠 우려가 있다고 인정되는 경우, 지배구조법 [별표] 각 호의 어느 하나에 해당하는 경우(4호에 해당하는 조치로 한정) 또는 금융소비자법 51조 1항 4호, 5호 또는 같은 조 2항 각호 외 부분 본문 중 대통령령으로 정하는 경우(시행령 [별표1] 각 호의 경우)에 해당하는 경우(4호에 해당하는 조치로 한정)에는 금융감독원장의 건의에 따라 다음 각 호의 어느 하나에 해당하는 조치를 하거나 금융감독원장으로 하여금 1호의 조치를 하게 할 수 있다(법192②,134①).

1. 보험계리업자에 대한 주의·경고 또는 그 임직원에 대한 주의·경고·문책의 요구
2. 해당 위반행위에 대한 시정명령
3. 임원(지배구조법 2조 5호에 따른 업무집행책임자는 제외)의 해임권고·직무정지
4. 6개월 이내의 영업의 일부정지

7. 위반 시 효과

(1) 보험업법 181조 1항 및 184조 1항을 위반하여 정당한 사유 없이 확인을 하지 않거나 부정한 확인을 한 보험계리사 및 선임계리사, 그리고 보험업법 184조 3항 1호를 위반한 선임계리사 및 보험계리사에게는 형벌(법204①(7)·(8))이 따르고, 보험계리사에게 이러한 행위를 하게 하거나 이를 방조한 자는 정범에 준하여 처벌한다(법204②).

(2) 보험업법 183조 1항에 따른 등록을 하지 아니하고 보험계리업을 한 자 또는 그 밖의 부정한 방법으로 보험업법 183조 1항에 따른 등록을 한 자에게 형벌(법202(6)·(7))이 따른다.

제 3 절 손해사정

1. 의의

(1) 손해사정의 개념

손해사정은 보험사고에 따른 손해액 및 보험금의 사정을 하는 것을 말한다(법185). 손해사정은 손해액, 보험금의 정당성에 영향을 미치므로 높은 공정성이 요구되고, 그 성격상 보험학, 법률 등을 활용한 높은 전문성이 요구되는 업무이다.

(2) 손해사정의 전문성과 공정성

손해사정은 전문성과 공정성이 요구되는 분야이므로 일정한 자격을 갖춘 자만이 할 수 있다. 이와 같이 손해사정 업무의 자격을 갖춘 자가 손해사정사(Claims Adjuster)이다.

2. 손해사정사의 고용 또는 위탁의무

(1) 원칙

1) 의의

(1) 대통령령으로 정하는 보험회사는 손해사정 업무를 직접 수행하거나 손해사정을 업으로 하는 자(손해사정업자)를 선임하여 그 업무를 위탁해야 한다(법185①본). 손해사정사의 고용 또는 위탁의무는 생명보험회사, 손해보험회사, 제3보험회사 모두에게 적용된다.

(2) 위 (1)에서 손해사정업자는 손해사정을 업으로 하는 자이다. 그리고 손해사정사는 그 업무수행 형태에 따라 다음 각 호와 같이 구분한다.

1. 고용손해사정사: 보험회사에 고용된 손해사정사

2. 독립손해사정사: 보험회사에 고용되지 않고 독립하여 손해사정을 업으로 영위하는 손해사정사.[57)]

2) 적용범위

(1) 손해사정사 고용·위탁의무는 일정한 보험회사로 제한된다. 즉 다음 각 호의 어느 하나에 해당하는 보험회사에 대해서만 적용된다(시행령96의3①).

1. 손해보험상품(보증보험계약은 제외)을 판매하는 보험회사
2. 제3보험상품을 판매하는 보험회사

(2) 생명보험상품은 정액보상형이어서 이를 판매하는 보험회사에게는 손해사정사 고용·위탁의무를 면제한 것이다. 보증보험계약은 채무불이행으로 인한 손해를 보상하는 계약인데, 후술하는 바와 같이 국내에는 이러한 손해를 사정하는 손해사정사가 없기 때문에 보증보험계약을 판매하는 보험회사에게는 손해사정사 고용·위탁의무를 면제한 것이다.

(2) 예외

1) 보험계약자 등이 따로 선임하는 경우

i) 의의

(1) 보험사고가 외국에서 발생하거나 보험계약자 등이 금융위원회가 정하는 기준에 따라 손해사정사를 따로 선임한 경우에는 위와 같은 고용 또는 위탁의무가 적용되지 않는다(법185①단). 여기서 보험계약자 등은 보험계약자·피보험자·보험수익자·피해자·그 밖에 보험사고와 관련된 이해관계자를 말한다(감독규정9-16①).

(2) 보험사고가 외국에서 발생한 경우는 그 외국의 손해사정 제도를 이용할 가능성을 열어두자는 것이고, 보험계약자 등이 따로 손해사정사를 선임한 경우는 중복을 피하자는 취지이다.

---

57) 독립손해사정사에 대한 다음과 같은 특칙이 있다. 다만, 이는 상위법령의 명시적 위임이 없는 행정규칙이다.

*독립손해사정사는 보험회사 등으로부터 손해사정 업무를 수임한 경우 다음 각 호의 사항이 기재된 계약서를 사용해야 한다(감독시행세칙6-17).

1. 계약당사자
2. 계약일자
3. 계약조건
4. 보수기준

**독립손해사정사는 다음 각 호의 서류 등을 5년간 보존해야 한다(감독시행세칙6-19).

1. 손해사정업무 수임대장
2. 손해사정서 사본
3. 수임계약서
4. 현금출납장부

ii) 선임기준

(1) 보험계약자 등이 금융위원회가 정하는 기준에 따라 손해사정사를 따로 선임한 경우란 보험회사가 손해사정을 착수하기 이전에 보험계약자 등이 보험회사에 손해사정사의 선임의사를 통보한 경우를 말한다(감독규정9-16②). 보험계약자 등이 손해사정사를 선임하려고 보험회사에 알리는 경우 보험회사는 그 손해사정사가 금융위원회가 정하는 손해사정사 선임에 관한 동의기준을 충족하는 경우에는 이에 동의하여야 한다(법185②).

(2) 위 (1)의 금융위원회가 정하는 손해사정사 선임에 관한 동의기준이란 위 (1)에 따라 보험계약자 등이 손해사정사를 선임하는 경우로서 다음 각 호의 요건을 모두 충족하는 경우를 말한다.

1. 보험계약자 등이 선임하고자 하는 손해사정사가 법 187조에 따라 적법하게 등록한 자일 것
2. 보험계약자 등이 선임하고자 하는 손해사정사가 법 186조의2에 따른 교육을 이수하였을 것
3. 보험계약자 등이 선임하고자 하는 손해사정사가 감독규정 9-21조의2의 규정에 따른 손해배상보장예탁금을 예탁하거나 인허가보증보험에 가입하였을 것
4. 위 동의와 관련하여 협회가 마련한 보험회사의 표준동의기준에 부합할 것

(3) 보험계약자 등은 다음 각 호의 경우 보험회사와는 별개로 손해사정사를 선임할 수 있다.

1. 정당한 사유없이 보험회사가 보험사고 통보(제3보험상품의 경우 접수가 완료된 날을 말한다)를 받은 날부터 7일이 경과하여도 손해사정에 착수하지 아니한 경우
2. 보험회사가 고용 또는 선임한 손해사정사의 사정 결과에 승복하지 않거나 별도의 손해사정이 필요한 경우

iii) 보수

손해사정사의 보수는 위 ii)(1)과 (3)의 1호는 보험회사가, (3)의 2호는 보험계약자등이 부담함을 원칙으로 한다(감독규정9-16⑤).

iv) 통보

보험계약자등은 손해사정사를 선임했을 때에는 지체 없이 이를 보험회사에게 통보해야 하며, 이 경우 선임된 손해사정사는 보험계약자등을 대리하여 통보할 수 있다(감독규정9-16⑥).

2) 재보험의 특칙

보험회사가 손해사정사를 선임한 보험계약에 대해 재보험계약을 체결하는 경우 재보험을 받은 보험회사는 손해사정사 또는 손해사정업자를 선임하여 그 업무를 위탁한 것으로 본다(감독규정9-16⑦).

(3) 손해사정업무 직접수행시 준수사항

보험회사는 손해사정업무를 직접 수행하는 경우에는 다음 각 호의 사항을 준수하여야 한다(법185③).

1. 손해사정사를 고용하여 손해사정업무를 담당하게 할 것
2. 고용한 손해사정사에 대한 평가기준에 보험금 삭감을 유도하는 지표를 사용하지 아니할 것
3. 손해사정서를 작성한 경우에 지체 없이 서면, 문자메시지, 전자우편, 팩스 또는 그 밖에 이와 유사한 방법에 따라 보험계약자, 피보험자 및 보험금청구권자에게 손해사정서를 내어주고, 그 중요한 내용을 알려 줄 것
4. 그 밖에 공정한 손해사정을 위하여 필요한 사항으로서 금융위원회가 정하여 고시하는 사항을 준수할 것[58]

(4) 손해사정업무 위탁시 준수사항

(1) 보험회사는 손해사정업무를 위탁하는 경우에는 다음 각 호의 사항을 준수하여야 한다(법185④).

1. 손해사정사 또는 손해사정업자 선정기준 등 대통령령으로 정하는 사항을 포함한 업무위탁기준을 마련하고 이를 준수할 것
2. 전체 손해사정업무 중 각 보험회사의 직전 사업연도 전체 손해사정업무 중 위탁된 손해사정업무가 차지하는 비율의 100분의 50을 초과하는 손해사정업무를 자회사인 손해사정업자에게 위탁하는 경우에는 제1호에 따른 선정기준과 그 기준에 따른 선정 결과를 이사회에 보고하고 인터넷 홈페이지에 공시할 것
3. 그 밖에 공정한 손해사정을 위하여 필요한 사항으로서 금융위원회가 정하여 고시하는 사항을 준수할 것

(2) 위 (1)의 1.에서 손해사정사 또는 손해사정업자 선정기준 등 대통령령으로 정하는 사항은 손해사정사 또는 손해사정업자의 선정기준, 손해사정업무의 위탁 범위, 손해사정업무 위탁절차를 말한다(시행령96의3③, 감독규정9-16의2④).

(3) 보험회사는 손해사정사 또는 손해사정업자의 전문성, 인적자원, 경영 안정성, 소비자 만족도, 내부통제 수준, 소비자 보호 방안 등을 종합적으로 고려하여 손해사정 업무 위탁 평가기준을 구체적으로 마련하여야 한다. 다만, 손해사정 위탁 이력이 없는 경우에는 최초 1회에 한하여 선정을 위한 별도의 기준을 마련할 수 있다(감독규정9-16의2①). 보험회사는 위 손해사정업자 위탁평가기준을 수립할 때 다음 각 호에 해당하는 행위를 할 수 없다(감독규정9-16의2③).

1. 손해사정사 또는 손해사정업자별로 보험금액·손해율 등을 평가하여 사실상 보험금을 삭감

58) 그 밖에 공정한 손해사정을 위하여 필요한 사항에 대한 감독규정은 제정되지 않았다.

하도록 유도하는 행위
2. 손해사정업자별 손해율 총량한도 등을 제한하는 행위
3. 손해사정사 또는 손해사정업자에게 담보별로 보험금의 부지급, 인위적인 삭감을 유도하는 행위 등 손해사정의 객관성 및 공정성을 훼손하거나 소비자에게 불리한 내용을 포함하는 행위

보험협회는 손해사정업자 위탁평가기준과 관련하여 보험회사가 공통으로 사용할 수 있는 모범규준을 마련할 수 있다(감독규정9−16의2②).

(4) 손해사정업무 위탁시 금지사항

(1) 보험회사는 제1항 본문에 따라 손해사정업무를 위탁하는 경우 다음 각 호의 어느 하나에 해당하는 행위를 하여서는 아니 된다(법185⑤).

1. 손해사정 위탁계약서를 교부하지 아니하는 행위
2. 위탁계약서상 계약사항을 이행하지 아니하거나 위탁계약서에서 정한 업무 외의 업무를 강요하는 행위
3. 위탁계약서에서 정한 해지요건 외의 사유로 위탁계약을 해지하는 행위
4. 정당한 사유 없이 손해사정사 또는 손해사정업자가 요청한 위탁계약 해지를 거부하는 행위
5. 손해사정업무를 위탁받은 손해사정사 또는 손해사정업자에게 지급하여야 하는 수수료의 전부 또는 일부를 정당한 사유 없이 지급하지 아니하거나 지연하여 지급하는 행위
6. 정당한 사유 없이 손해사정사 또는 손해사정업자에게 지급한 수수료를 환수하는 행위
7. 손해사정을 보험회사에 유리하게 하도록 손해사정사 또는 손해사정업자에게 강요하는 행위 등 정당한 사유 없이 위탁한 손해사정업무에 개입하는 행위
8. 그 밖에 대통령령으로 정하는 불공정한 행위

(2) 위 (1)의 8.에서 그 밖에 대통령령으로 정하는 불공정한 행위란 손해사정업무를 위탁받은 손해사정사 또는 손해사정업자의 위탁업무 수행실적을 평가할 때 정당한 사유 없이 자회사인 손해사정업자를 우대하는 행위를 말한다(시행령96의3⑤).[59]

3. 손해사정사

(1) 의의

손해사정 업무의 자격을 갖춘 자가 손해사정사(Claims Adjuster)이다. 손해사정 업무의 자격을 갖추기 위해서는 금융감독원장이 실시하는 시험에 합격하고 일정 기간의 실무수습을 마친 후 금융위원회에 등록해야 한다(법186①).

59) 시행령 96조의3 5항에서는 금지되는 불공정한 행위로 손해사정사 등의 위탁업무 수행실적 평가할 때 정당한 사유 없이 자회사인 손해사정업자를 우대하는 행위 및 그 밖에 (1)의 1.부터 7.까지의 행위에 준하는 행위로서 금융위원회가 정하여 고시하는 행위를 말한다고 정하고 있으나, 이에 해당하는 감독규정은 제정되지 않았다.

(2) 유사명칭 사용 및 표시 · 광고 금지

보험업법에 따른 손해사정사가 아닌 자는 손해사정사 또는 이와 유사한 명칭을 사용하지 못하고(법187의2), 손해사정업무를 수행하는 것으로 오인될 우려가 있는 표시·광고를 하여서는 아니 된다(법189의2①).

(3) 손해사정사의 종류 및 업무범위

손해사정사의 종류 및 업무범위는 다음의 구분에 따른다(시행규칙52).[60]

1) 재물손해사정사

(1) 재물손해사정사는 보험업법시행령 1조의2 3항 1호·2호 및 6호부터 14호까지의 규정에 따른 보험계약의 손해액을 사정한다(시행규칙52(1)).

(2) 위 (1)의 보험계약에는 ⓐ 화재보험계약 ⓑ 해상보험계약(항공·운송보험계약을 포함) ⓒ 책임보험계약 ⓓ 기술보험계약 ⓔ 권리보험계약 ⓕ 도난보험계약 ⓖ 유리보험계약 ⓗ 동물보험계약 ⓘ 원자력보험계약 ⓙ 비용보험계약, 그리고 ⓚ 날씨보험계약이 포함된다.

2) 차량손해사정사

차량손해사정사는 자동차 사고로 인한 차량 및 그 밖의 재산상의 손해액을 사정한다(시행규칙52(2)).

3) 신체손해사정사

(1) 신체손해사정사는 보험업법시행령 1조의2 3항 6호 및 같은 조 4항에 따른 보험계

---

60) *보험업법에 따르면, 손해사정사가 되려는 자는 금융감독원장이 실시하는 시험에 합격하고 일정 기간의 실무수습을 마친 후 금융위원회에 등록해야 하고(법186①), 이에 따른 손해사정사의 등록, 시험과목 및 시험 면제와 실무수습 기간 등에 관하여 필요한 사항은 총리령으로 정한다(법186②). 보험업법시행규칙 52조는 보험업법 186조에 근거해서 손해사정사의 종류 및 업무범위를 규정하였다.
**위와 같은 보험업법시행규칙 52조의 규정이 포괄위임금지의 원칙에 위반되는지가 다투어졌는데 판례는 위반이 아니라고 판시하였다. 이에 관해서는 대판 2009.6.11. 2008두13637(법률의 시행령이나 시행규칙은 그 법률에 의한 위임이 없으면 개인의 권리·의무에 관한 내용을 변경·보충하거나 법률에 규정되지 아니한 새로운 내용을 정할 수는 없지만, 법률의 시행령이나 시행규칙의 내용이 모법의 입법 취지 및 관련 조항 전체를 유기적·체계적으로 살펴보아 모법의 해석상 가능한 것을 명시한 것에 지나지 아니하거나 모법 조항의 취지에 근거하여 이를 구체화하기 위한 것인 때에는 모법의 규율 범위를 벗어난 것으로 볼 수 없으므로, 모법에 이에 관하여 직접 위임하는 규정을 두지 않았다고 하더라도 이를 무효라고 볼 수는 없다. 원심은 손해사정사 관련 법규의 개정 연혁 및 보험업법이 법률 자체에서 이미 다양한 종류의 보험을 규정하고 있는 점, 이러한 각 보험은 그 종류에 따라 보험사고의 유형이나 손해의 내용이 상이할 수밖에 없어 보험사정 업무를 적정하게 수행하기 위해서는 보험의 종류별로 해당 분야의 전문지식과 경험을 갖추어야 할 것이라는 점 등을 종합하면, 구 보험업법(2008.2.9. 법률 8863호로 개정되기 전의 것, 이하 '법'이라 한다) 자체에서 이미 하위법령에서 보험의 종류에 따라 손해사정사의 자격을 구분하고 그 영위하고자 하는 업무의 종류와 범위를 한정하게 할 것이라는 점은 예측할 수 있다고 보아, 구 보험업법 시행령(2008.2.29. 대통령령 20653호로 개정되기 전의 것) 97조 1항 3호, 98조 2항, 보험업법시행규칙(2008.3.3. 총리령 875호로 개정되기 전의 것) 52조는 법 186조 2항, 187조 2항, 4항 등의 위임에 근거한 것으로 볼 수 있고, 따라서 그 위임이 포괄위임금지의 원칙에 위반되지 않는다고 판단하였다. 원심의 위와 같은 판단은 앞서 본 법리에 비추어 정당하다)

약의 손해액(사람의 신체와 관련된 손해액만 해당), 자동차 사고 및 그 밖의 보험사고로 인한 사람의 신체와 관련된 손해액을 사정한다(시행규칙52(3)).

(2) 위 (1)의 보험계약에는 ⓐ 책임보험계약 ⓑ 상해보험계약 ⓒ 질병보험계약, 그리고 ⓓ 간병보험계약이 포함된다. 여기서 책임보험계약에 대해서는 신체와 관련된 손해액만을 사정하므로 1)의 재물손해사정에서 책임보험계약과 구분된다.

4) 종합손해사정사

종합손해사정사는 위 1)부터 3)까지에서 규정한 손해액을 사정한다(시행규칙52(4)).

(4) 시험, 실무수습, 등록

1) 시험

i) 구분

손해사정사 시험은 1차 시험과 2차 시험으로 구분하여 실시한다(시행규칙55,46①). 1차 시험에 합격하지 않은 사람은 2차 시험에 응시할 수 없고, 다만 1차 시험이 면제되는 사람은 그렇지 않다(시행규칙55,46②).

ii) 시험실시의 공고 등

① 공고

금융감독원장은 손해사정사 시험을 실시하려면 다음 각 호의 사항을 시험 실시 3개월 전까지 전국적으로 배포되는 1개 이상의 일간신문에 공고하고 인터넷에도 공고하여야 한다(시행규칙55,49①).

1. 시험일시 및 장소
2. 시험방법 및 과목
3. 응시자격 및 응시절차
4. 그 밖에 시험의 실시와 관련하여 필요한 사항

② 수수료

시험에 응시하려는 사람은 금융감독원장이 정하는 시험수수료를 금융감독원에 내야 하며, 금융감독원장은 차상위계층이나 장애연금 수급자, 한부모가족지원법상 지원대상자는 감면할 수 있다(시행규칙49②). 금융감독원은 시험 응시자가 시험수수료를 과오납한 경우, 시험 전날까지 응시 의사를 철회하는 경우 등에는 금융감독원장이 정하는 바에 따라 시험수수료를 반환해야 한다(시행규칙49③)

③ 세부사항

(1) 손해사정사 시험 실시에 필요한 세부 사항은 금융감독원장이 정한다(시행규칙55,49④).

(2) 위 (1)에 따라 감독시행세칙 7-2조부터 7-13조까지가 세부사항을 규정하고 있다.

iii) 시험방식

1차 시험은 선택형으로 하되 기입형을 병행할 수 있고, 2차 시험은 논문형으로 하되 선택형 또는 기입형을 병행할 수 있다(시행규칙55,46③).

iv) 시험과목

① 1차 시험과목

(1) 손해사정사의 종류별 1차 시험과목은 다음과 같다(시행규칙53①·[별표2]).

1. 재물손해사정사: ⓐ 보험업법 ⓑ 보험계약법(상법 보험편) ⓒ 손해사정이론 ⓓ 영어
2. 차량손해사정사: ⓐ 보험업법 ⓑ 보험계약법(상법 보험편) ⓒ 손해사정이론
3. 신체손해사정사: ⓐ 보험업법 ⓑ 보험계약법(상법 보험편) ⓒ 손해사정이론

(2) 위 (1)의 1호에서 영어과목은 손해사정사 시험 공고일로부터 역산하여 5년이 되는 날이 속하는 해의 1월 1일 이후에 실시된 다른 시험기관의 영어시험에서 취득한 성적으로 시험성적을 대체한다(시행규칙53⑥). 여기서 영어시험의 종류 및 합격에 필요한 점수는 보험업법시행규칙 [별표1의2]와 같고,[61] 손해사정사 시험에 응시하려는 사람은 응시원서를 제출해야 하고, 재물손해사정사의 경우 이외에 다른 시험기관에서 발급한 영어 시험의 성적표와 장애인등록증(청각장애인에 한함)을 제출해야 한다(시행규칙53⑦).

② 2차 시험과목

손해사정사의 종류별 2차 시험과목은 다음과 같다(시행규칙53①·[별표2]).

1. 재물손해사정사: ⓐ 책임·화재·기술보험 등의 이론과 실무 ⓑ 해상보험의 이론과 실무(상법 해상편 포함) ⓒ 회계원리
2. 차량손해사정사: ⓐ 자동차보험의 이론과 실무(대물배상 및 차량손해) ⓑ 자동차 구조 및 정비이론과 실무
3. 신체손해사정사: ⓐ 책임보험·근로자재해보상보험의 이론과 실무 ⓑ 의학이론 ⓒ 제3보험의 이론과 실무 ⓓ 자동차보험의 이론과 실무(대인배상 및 자기신체손해)

v) 시험면제

(1) 손해보험회사, 손해보험협회(신체손해사정사의 경우에는 생명보험회사, 생명보험협회를 포함), 한국화재보험협회 또는 손해사정법인(법187②)에서 손해사정 관련 업무에 5년 이상 종사한 경력이 있는 사람에 대해서는 1차 시험을 면제한다(시행규칙53②). 법률 10522호 농업협동조합법 일부개정 법률의 시행 당시 종전의 농업협동조합법에 따른 농업협동조합중앙회에서 손해사정 관련 업무에 종사한 경력은 여기의 손해사정 관련 업무에 종사한 것으로 본다(시행규칙53④). 따라서 이러한 업무종사경력이 5년 이상인 경우에는 1차 시험을

61) 영어시험의 종류로는 토플(TOEFL), 토익(TOEIC), 텝스(TEPS), 지텔프(G－TELP), 플렉스(FLEX)가 있다.

면제한다.

(2) 금융위원회가 인정하는 외국의 손해사정사 자격을 가진 사람에 대해서는 1차 시험 및 2차 시험을 면제한다(시행규칙53③).

(3) 1차 시험에 합격한 사람에 대해서는 다음 회의 시험에 한정하여 1차 시험을 면제한다(시행규칙53⑤).

(4) 손해사정사가 다른 종류의 손해사정사 시험에 응시하는 경우에는 1차 시험을 면제한다(시행규칙53⑧본). 다만, 차량손해사정사 또는 신체손해사정사가 재물손해사정사 시험에 응시하려는 경우에는 재물손해사정사 1차 시험에 요구되는 영어시험 성적표와 장애인등록증(청각장애인에 한함)(시행규칙53⑦)을 제출해야 한다(시행규칙53⑧단).

(5) 2003.8.30. 이전에 국가기술자격법에 의한 2급 이상의 자동차정비기능사의 자격을 가진 자로서 보험업법시행규칙 54조 1항의 기관에서 해당분야의 손해사정업무에 3년 이상 종사한 경력이 있는 자는 같은 기관에서 해당분야의 손해사정 업무에 7년 이상 종사하는 경우 대물·차량손해사정사 1차 시험 및 2차 시험을 면제한다.[62] 보험업법시행규칙 54조 1항의 기관은 아래 실무수습 부분에 기술되어 있다. 여기서 대물·차량손해사정사는 현재 차량손해사정사라고 해석한다.

vi) 합격자 결정

(1) 1차 시험 합격자를 결정할 때에는 영어 과목을 제외한 나머지 과목에 대하여 매 과목 100점을 만점으로 하여 매 과목 40점 이상, 전 과목 평균 60점 이상 득점한 사람을 합격자로 한다(시행규칙53의2①).

(2) 2차 시험 합격자를 결정할 때에는 매 과목 100점을 만점으로 하여 매 과목 40점 이상, 전 과목 평균 60점 이상 득점한 사람을 합격자로 한다(시행규칙53의2②본). 다만, 금융감독원장이 손해사정사의 수급을 위해 필요하다고 인정하여 미리 선발예정인원을 공고한 경우에는 매 과목 40점 이상 득점한 사람 중에서 선발예정인원의 범위에서 전 과목 총득점이 높은 사람부터 차례로 합격자를 결정할 수 있다(시행규칙53의2②단). 이 단서에 따라 합격자를 결정할 때 동점자가 있어 선발예정인원을 초과하는 경우에는 해당 동점자 모두를 합격자로 하고, 동점자의 점수는 소수점 이하 둘째 자리까지 계산한다(시행규칙53조의2③).

2) 실무수습

(1) 실무수습은 금융감독원, 손해보험회사, 손해보험협회(신체손해사정사의 경우에는 생명보험회사, 생명보험협회를 포함), 그 밖에 금융위원회가 지정하는 기관[63]에서 손해사정사

62) 보험업법시행규칙 부칙(재정경제부령328호, 2003.8.30.) 5조 3항

63) 금융위원회가 지정하는 실무수습기관은 다음의 기관을 말한다(감독규정9-13).

1. 한국화재보험협회
2. 손해사정업을 영위하는 법인

의 종류별 해당 분야의 손해사정 업무에 관하여 수행해야 한다(시행규칙54①). 실무수습의 기간은 6개월로 한다(시행규칙54②).

(2) 금융위원회가 인정하는 외국의 손해사정사 자격을 가진 사람 및 위 (1)의 기관에서 손해사정 업무에 2년 이상 종사한 경력이 있는 사람에 대해서는 실무수습을 면제한다(시행규칙54③).

(3) 손해사정사 실무수습의 기간, 절차 및 방법 등에 대해서는 감독시행세칙 6-1조부터 6-6조까지가 규정하고 있다. 다만, 이 규정들은 상위법령의 명시적 위임이 없는 행정규칙이다. 이 규정들에 대한 자세한 내용은 보험계리사의 실무수습 부분에서 다루었으므로 여기서는 생략한다.

3) 등록

i) 등록의무

(1) 손해사정사로서 활동하기 위해서는 금융위원회에 등록할 것이 요구된다(법186①). 손해사정사의 등록을 하려는 사람은 등록신청서[64]에 다음 각 호의 서류(실무수습의 증명서류 및 이력서)를 첨부하여 금융감독원장에게 제출해야 한다(시행규칙55,51본). 다만, 외국의 손해사정사 자격을 가진 사람이 등록신청을 하는 경우에는 1호의 서류를 해당 외국의 손해사정사 자격을 증명하는 서류로 대체할 수 있다(시행규칙55,51단).

1. 실무수습을 마친 사실을 증명할 수 있는 서류(보험업법시행규칙 54조 3항에 따라 같은 조 1항에 따른 기관에서 손해사정 업무에 2년 이상 종사한 경력이 있는 사람의 경우에는 그 사실을 증명할 수 있는 서류를 말한다)
2. 이력서

(2) 위 (1)의 손해사정사의 등록 업무는 금융감독원장에게 위탁되어 있다(법194②(4)).

(3) 재물손해사정사, 차량손해사정사 및 신체손해사정사 시험에 모두 합격하고 실무수습을 마친 사람은 종합손해사정사 등록을 신청할 수 있다(시행규칙53⑨).

(4) 손해사정사의 전문성과 공정성을 확보하기 위해서 감독이 필요하고 이를 위해 위와 같은 등록 제도를 두고 있다.

ii) 절차

손해사정사의 등록 절차에는 보험계리사 등록 절차에 관한 감독시행세칙 6-8조 1항~3항이 준용된다(감독시행세칙6-8④). 다만, 이 규정은 상위법령의 명시적 위임이 없는 행정규칙이다.

① 등록신청

손해사정사로 등록하고자 하는 자는 보험업법시행규칙 [별지15] 서식의 손해사정사

64) 보험업법시행규칙 [별지15] 서식의 등록신청서를 말한다.

등록신청서에 다음 각 호의 서류를 첨부하여 금융감독원장에게 제출해야 한다(감독시행세칙6−8④·①본). 다만, 시행규칙 53조 3항의 금융위원회가 인정하는 외국의 손해사정사 자격을 가진 자가 등록신청을 하는 경우에는 1호 및 2호의 서류 대신에 당해 외국의 손해사정사 자격을 증명하는 서류를 첨부해야 한다(감독시행세칙6−8④·①단).

1. 실무수습을 확인할 수 있는 서류
2. 이력서
3. 삭제
4. 그 밖에 등록에 필요한 서류

② 등록부 및 등록증

금융감독원장은 등록을 신청한 자가 손해사정사의 자격이 있고 보험업법 190조의 등록취소 등 사유에 해당되지 않는 경우에는 손해사정사 등록부[65]에 기재하고 손해사정사 등록증[66]을 신청인에게 교부해야 한다(감독시행세칙6−8④·②). 손해사정사가 등록증을 분실 또는 훼손하여 재발급받고자 할 때에는 등록증 재발급신청서[67]에 사유서를 첨부하여 금융감독원장에게 제출하여 재발급받아야 한다(감독시행세칙6−8④·③).

iii) 등록의 취소 등

① 의의

(1) 손해사정사에 관하여는 보험설계사 등록의 취소 등에 관한 보험업법 86조를 준용하고, 이 경우 보험업법 86조 1항 3호에서 "84조"는 "186조 1항"으로 본다(법190).

(2) 위 준용에 따르면 그 내용은 아래 ②~④와 같다. ②~④에 대한 구체적인 내용은 보험설계사 등록의 취소 등에서 기술한 바와 같다.

② 등록취소

금융위원회는 손해사정사가 다음 각 호의 어느 하나에 해당하는 경우에는 그 등록을 취소해야 한다(법190,86①).

1. 손해사정사가 될 수 없는 사유에 해당하게 된 경우
2. 등록 당시 손해사정사가 될 수 없는 사유에 해당하는 자이었음이 밝혀진 경우
3. 거짓이나 그 밖의 부정한 방법으로 보험업법 186조 1항에 따른 등록을 한 경우
4. 보험업법에 따라 업무정지 처분을 2회 이상 받은 경우

③ 업무정지 또는 등록취소

금융위원회는 손해사정사가 다음 각 호의 어느 하나에 해당하는 경우에는 6개월 이

65) 감독시행세칙 [별지45] 서식
66) 감독시행세칙 [별지46] 서식
67) 감독시행세칙 [별지47] 서식

내의 기간을 정하여 그 업무의 정지를 명하거나 그 등록을 취소할 수 있다(법190,86②).

1. 손해사정에 관한 보험업법의 규정을 위반한 경우
2. 보험계약자, 피보험자 또는 보험금을 취득할 자로서 보험업법 102조의2를 위반한 경우
3. 보험업법 102조의3을 위반한 경우
4. 보험업법에 따른 명령이나 처분을 위반한 경우
5. 보험업법에 따라 과태료 처분을 2회 이상 받은 경우

④ 청문

금융위원회는 위 ② 및 ③에 따라서 등록을 취소하거나 업무의 정지를 명하려면 손해사정사에 대하여 청문을 해야 한다(법190,86③).

⑤ 통지

금융위원회는 손해사정사의 등록을 취소하거나 업무의 정지를 명한 경우에는 지체 없이 그 이유를 적은 문서로 손해사정사 및 해당 손해사정사가 소속된 보험회사 등에 그 뜻을 알려야 한다(법190,86④).

(5) 보조인과 전문인

1) 보조인

i) 의의

손해사정사는 금융위원회가 정하는 바에 따라 업무와 관련된 보조인을 둘 수 있다(법186③).

ii) 자격

손해사정사는 손해사정 업무를 수행하기 위하여 필요한 경우에 금융감독원장이 정하는 기준에 해당하는 자를 보조인으로 활용할 수 있다(감독규정9-15①). 금융감독원장이 정하는 기준에 해당하는 자는 다음 각 호의 하나를 말한다(감독시행세칙6-21①).

1. 해당 분야별 손해사정사 시험의 1차 시험에 합격한 자
2. 보험업법시행규칙 54조 1항의 기관[68]에서 2년 이상 해당 손해사정 업무에 종사한 경력이 있는 자
3. 보험연수원, 손해보험협회, 손해사정사단체 및 보험요율산출기관에서 시행하는 해당분야별 손해사정에 관한 연수과정을 이수한 자
4. 4년제 대학교 보험관련학과 졸업자

iii) 보조인의 수

(1) 고용손해사정사는 손해사정사 종류별로 1인당 2인 이내의 보조인을 활용할 수 있

68) 보험업법시행규칙 54조 1항은 실무수습의 기관을 규정하고 있다. 이에 대해서는 실무수습 부분에서 기술하였다.

고, 독립손해사정사는 손해사정사 종류별로 1인당 5인 이내의 보조인을 활용할 수 있다(감독시행세칙6－21②).

(2) 손해사정업무 수행과 관련이 있는 국가공인 전문자격증을 보유하고 있는 자가 손해사정업무와 관련하여 아래 2)의 전문인 업무를 수행하는 경우에는 보조인으로 보지 않는다(감독시행세칙6－21③).

iv) 업무범위

보조인의 업무범위는 다음 각 호와 같다(감독시행세칙6－21④).

1. 손해발생 사실에 대한 확인의 보조
2. 손해액 및 보험금 사정의 보조
3. 그 밖에 손해사정사의 사무보조

v) 준수사항

보조인은 업무를 수행함에 있어 다음 각호의 사항을 준수하여야 한다(감독시행세칙6－21⑤).

1. 소속된 손해사정사의 종류 및 업무범위 내에서 위 iv)의 업무범위를 준수할 것
2. 업무 수행시 보험계약자 등에게 소속된 손해사정사의 인적사항(성명, 종목, 연락처, 등록번호 등)을 제공할 것
3. 명함, 광고, 홍보물 등에 보조인임을 명시할 것

vi) 보조인 행위의 법적 효과

(1) 보조인의 업무상 행위는 그를 활용한 손해사정사의 행위로 본다(감독규정9－15③).

(2) 다만, 위 (1)이 보조인의 불법행위에는 적용되지 않는다고 해석한다. 즉 보조인이 불법행위를 한 경우에는 자기책임의 원칙에 따라 보조인이 불법행위책임(민법750)을 지고, 다만 그를 활용한 손해사정사는 사용자책임(민법756)을 진다.

2) 전문인

(1) 손해사정사는 보험사고에 대한 전문적인 지식이 요구되는 사항에 대하여 당해 분야에 대한 전문지식을 갖춘 자에게 조사를 의뢰하거나 자문을 요청할 수 있다(감독시행세칙6－20①).

(2) 손해사정사가 전문인의 조사 또는 자문의견을 수용한 경우에는 당해 전문인 이외의 자에 대하여 그 결과에 대한 책임을 진다(감독시행세칙6－20②).

(3) 다만, 전문인에 관한 감독규정은 상위법령의 명시적 위임이 없는 행정규칙이다.

(6) 업무범위

1) 종류

손해사정사의 업무는 다음 각 호와 같다(법188).

1. 손해발생 사실의 확인
2. 보험약관 및 관계 법규 적용의 적정성 판단
3. 손해액 및 보험금의 사정
4. 1호부터 3호까지의 업무와 관련된 서류의 작성·제출의 대행
5. 1호부터 3호까지의 업무수행과 관련된 보험회사에 대한 의견의 진술

2) 쟁점

(1) 손해사정사가 보험금 청구 또는 손해배상액의 결정과 관련하여 중재나 화해를 하도록 주선하거나 편의를 도모하는 등으로 관여하는 것이 허용되는지 문제된다. 즉 이러한 행위가 변호사가 아니면서 법률사무를 취급하거나 알선하는 행위를 금지하는 변호사법 109조 1호[69]에 위반되는지 여부가 문제이다.

(2) 위 (1)의 쟁점에 대해 판례는 위반이라고 해석한다. 즉 손해사정인이 그 업무를 수행함에 있어 보험회사에 손해사정보고서를 제출하고 보험회사의 요청에 따라 그 기재 내용에 관하여 근거를 밝히고 타당성 여부에 관한 의견을 개진하는 것이 필요할 경우가 있다고 하더라도 이는 어디까지나 보험사고와 관련한 손해의 조사와 손해액의 사정이라는 손해사정인 본래의 업무와 관련한 것에 한하는 것이고, 여기에서 나아가 금품을 받거나 보수를 받기로 하고 교통사고의 피해자 측을 대리 또는 대행하여 보험회사에 보험금을 청구하거나 피해자 측과 가해자가 가입한 자동차보험회사 등과 사이에서 이루어질 손해배상액의 결정에 관하여 중재나 화해를 하도록 주선하거나 편의를 도모하는 등으로 관여하는 것은 위와 같은 손해사정인의 업무범위에 속하는 손해사정에 관하여 필요한 사항이라고 할 수 없다고 판시했다.[70]

---

69) 변호사법 109조 1호에 따르면, 변호사가 아니면서 금품·향응 또는 그 밖의 이익을 받거나 받을 것을 약속하고 또는 3자에게 이를 공여하게 하거나 공여하게 할 것을 약속하고 다음 각 목의 사건에 관하여 감정·대리·중재·화해·청탁·법률상담 또는 법률관계 문서의 작성, 그 밖의 법률사무를 취급하거나 이러한 행위를 알선한 자에게는 형벌이 따른다.
가. 소송 사건, 비송 사건, 가사 조정 또는 심판 사건
나. 행정심판 또는 심사의 청구나 이의신청, 그 밖에 행정기관에 대한 불복신청 사건
다. 수사기관에서 취급 중인 수사 사건
라. 법령에 따라 설치된 조사기관에서 취급 중인 조사 사건
마. 그 밖에 일반의 법률사건

70) 대판 2001.11.27. 2000도513. 대판 1994.5.10. 94도563도 같다.

(7) 손해사정서의 작성, 교부 및 설명

1) 보험회사의 위탁인 경우

(1) 보험회사로부터 손해사정업무를 위탁받은 손해사정사는 손해사정업무를 수행한 후 손해사정서를 작성한 경우에 지체 없이 대통령령으로 정하는 방법에 따라 보험회사, 보험계약자, 피보험자 및 보험금청구권자에게 손해사정서를 내어 주고, 그 중요한 내용을 알려주어야 한다(법189①).

(2) 위 (1)에서 대통령령으로 정하는 방법은 서면, 문자메시지, 전자우편, 팩스 또는 그 밖에 이와 유사한 방법을 말한다(시행령99①). 교부방법으로 서면 등 다양한 방법을 사용할 수 있게 한 것이다.

(3) 보험회사로부터 손해사정업무를 위탁받은 손해사정사는 손해사정서에 피보험자의 건강정보 등 개인정보법 23조 1항에 따른 민감정보가 포함된 경우 피보험자의 동의를 받아야 하며, 동의를 받지 않은 경우에는 해당 민감정보를 삭제하거나 식별할 수 없도록 해야 한다(시행령99②). 여기의 동의는 민감정보를 대상으로 한 별도의 동의를 의미한다고 해석한다.

2) 보험계약자 등이 선임한 경우

보험계약자 등이 선임한 손해사정사는 손해사정업무를 수행한 후 지체 없이 보험회사 및 보험계약자 등에 대하여 손해사정서를 내어 주고, 그 중요한 내용을 알려주어야 한다(법189②).

3) 기재 및 설명 사항 등

감독규정은 손해사정서에 관한 위 1)과 2)를 보충하는 다음과 같은 사항을 규정하고 있다. 다만, 이 규정은 상위법령의 명시적 위임이 없는 행정규칙이다.

(1) 손해사정사는 손해사정업무를 수행한 때에 지체 없이 '금융감독원장이 정하는 사항'[71]을 기재한 손해사정서를 작성하고 자격을 표시한 후 서명(전자서명법 2조 2호에 따른 전자서명을 포함) 기명날인하여 보험회사(보험업법 185조 단서에 의하여 보험계약자 등이 선임

---

71) 여기서 '금융감독원장이 정하는 사항'은 다음 각 호를 말하고, 다만 1호 및 2호의 규정은 독립손해사정사에 한한다(감독시행세칙6-18①).

1. 손해사정 수임일자, 수임내용 및 위임자 인적사항(전화번호 등 연락처를 포함) 등 수임계약 내용
2. 손해사정 업무를 수행하는 손해사정사 및 보조인의 성명, 등록번호(보조인의 경우 법 제178조의 규정에 의한 손해사정사 단체에 신고한 현황 등 해당 손해사정사의 보조인임을 증명할 수 있는 자료), 연락처 등 인적사항
3. 보험계약 사항
4. 사고 및 손해조사내용(손해액 사정에 관한 중요 근거 및 결과를 포함한다)
5. 손해사정시 적용된 관계법규 및 약관
6. 약관상 보험회사 지급책임의 범위(보험금 사정에 관한 중요 근거 및 결과를 포함한다)
7. 그 밖에 손해액 및 보험금 사정에 크게 영향을 미친 사항
8. 보수청구서(실비변상적 추가경비 명세표를 포함한다)

한 독립손해사정사의 경우에는 보험계약자 등을 포함)에게 제출해야 한다(감독규정9－18①본). 다만, 소송이 제기된 경우 또는 보험금청구권자가 제출한 서류 심사만으로 지급심사가 완료되어 서류접수 완료일로부터 제3영업일 이내에 보험금이 지급되는 경우에는 손해사정서를 작성하지 않을 수 있다(감독규정9－18①단).

(2) 손해사정사는 위 (1)의 손해사정서 내용 중에서 '금융감독원장이 정하는 사항'[72]에 대하여 보험회사 및 보험금청구권자에게 설명해야 한다(감독규정9－18②).

(8) 금지행위

1) 손해사정사 일반

i) 보험계약자 등에 대한 이익침해행위

(1) 손해사정사(보조인을 포함한다)는 손해사정업무를 수행할 때 보험계약자, 그 밖의 이해관계자들의 이익을 부당하게 침해해서는 안 되고, 다음 각 호의 행위를 해서는 안 된다(법189③).

1. 고의로 진실을 숨기거나 거짓으로 손해사정을 하는 행위
1의2. 보험회사 또는 보험계약자 등 어느 일방에 유리하도록 손해사정업무를 수행하는 행위
2. 업무상 알게 된 보험계약자 등에 관한 개인정보를 누설하는 행위
3. 타인으로 하여금 자기의 명의로 손해사정업무를 하게 하는 행위
4. 정당한 사유 없이 손해사정업무를 지연하거나 충분한 조사를 하지 않고 손해액 또는 보험금을 산정하는 행위
5. 보험회사 및 보험계약자 등에 대하여 이미 제출받은 서류와 중복되는 서류나 손해사정과 관련이 없는 서류 또는 정보를 요청함으로써 손해사정을 지연하는 행위
6. 보험금 지급을 요건으로 합의서를 작성하거나 합의를 요구하는 행위
7. 그 밖에 공정한 손해사정업무의 수행을 해치는 행위로서 대통령령으로 정하는 행위

(2) 위 (1)의 7호에서 대통령령으로 정하는 행위란 다음 각 호의 어느 하나에 해당하는 행위를 말한다(시행령99③).

1. 등록된 업무범위 외의 손해사정을 하는 행위
2. 자기 또는 자기와 총리령으로 정하는 이해관계를 가진 자의 보험사고에 대하여 손해사정을 하는 행위
3. 자기와 총리령으로 정하는 이해관계를 가진 자가 모집한 보험계약에 관한 보험사고에 대하여 손해사정을 하는 행위(보험회사 또는 보험회사가 출자한 손해사정법인에 소속된 손해사정사가 그 소속 보험회사 또는 출자한 보험회사가 체결한 보험계약에 관한 보험사고에 대

---

72) 여기서 '금융감독원장이 정하는 사항'은 다음 각 호를 말한다(감독시행세칙6－18②).
1. 손해액 및 보험금 사정에 관한 중요 근거 및 결과
2. 손해사정 시에 적용된 관계법규 및 보험약관
3. 그 밖에 손해액 및 보험금 사정에 크게 영향을 미친 사항

하여 손해사정을 하는 행위는 제외한다)

(3) 손해사정사는 과대, 허위 등의 내용으로 보험계약자 등에게 피해를 줄 우려가 있는 표시·광고를 하여서는 아니 된다(법189의2②).

(4) 보험업법 189조 3항, 189조의2 2항, 동법시행령 99조 3항의 문언에 비추어 볼 때, 위 (1)(2)(3)의 금지행위는 예시가 아니라 열거라고 해석한다. 위 (1)(2)(3)의 금지행위는 손해사정사에게 요구되는 독립성, 공정성 등을 고려한 것이다.

ii) 이해관계를 가진 자

위 i)의 (2)에서 보험업법시행령 99조 3항 2호 및 3호에서 총리령으로 정하는 이해관계를 가진 자는 다음 각 호의 어느 하나에 해당하는 자를 말한다(시행규칙57①).

1. 개인인 손해사정사의 경우
   가. 본인의 배우자 및 본인과 생계를 같이하는 친족
   나. 본인을 고용하고 있는 개인 또는 본인이 상근 임원으로 있는 법인 또는 단체
   다. 본인이 고용하고 있는 개인 또는 본인이 대표자로 있는 법인 또는 단체
   라. 본인과 생계를 같이하는 2촌 이내의 친족, 본인의 배우자 또는 배우자의 2촌 이내의 친족이 상근 임원으로 있는 법인 또는 단체
2. 법인인 손해사정업자의 경우
   가. 해당 법인의 임직원을 고용하고 있는 개인 또는 법인
   나. 해당 법인에 대한 출자금액이 전체 출자금액의 100분의 30을 초과하는 자[73)]

2) 독립손해사정사 관련

(1) 독립손해사정사 또는 독립손해사정사에게 소속된 손해사정사는 업무와 관련하여 다음의 행위를 해서는 안 된다(감독규정9-14①).

1. 보험금의 대리청구행위
2. 일정한 보상금액의 사전약속 또는 약관상 지급보험금을 현저히 초과하는 보험금을 산정하여 제시하는 행위
3. 특정변호사·병원·정비공장 등을 소개·주선한 후 관계인으로부터 금품 등의 대가를 수수하는 행위
4. 불필요한 소송·민원유발 또는 이의 소개·주선·대행 등을 이유로 하여 대가를 수수하는 행위
5. 사건중개인 등을 통한 사정업무 수임행위
6. 보험회사와 보험금에 대하여 합의 또는 절충하는 행위
7. 그 밖에 손해사정업무와 무관한 사항에 대한 처리약속 등 손해사정업무 수임유치를 위한

73) 여기서 출자비율은 출자자가 개인인 경우에는 해당 개인 및 해당 개인과 생계를 같이하는 친족의 출자금액을 합산한 금액의 비율을 말하며, 출자자가 법인인 경우에는 해당 법인 및 해당 법인의 관계 법인(해당 법인과 그 임원 또는 직원의 출자비율의 합이 100분의 30을 초과하는 법인을 말함)과 그들의 임원 또는 직원의 출자금액을 합산한 금액의 비율을 말한다(시행규칙57②).

부당행위

(2) 위 (1)의 각 호의 행위는 보험회사에 고용되지 않은 독립손해사정사의 경우 더 자주 발생할 우려가 있음을 고려하여 특별히 금지 규정을 둔 것이다. 다만, 이 규정은 상위법령의 명시적 위임이 없는 행정규칙이다.

(9) 손해사정사관리위원회

금융감독원장은 필요하다고 인정될 때에는 손해사정사관리위원회를 설치할 수 있다(감독시행세칙6-22①). 이 위원회의 운영에 관하여 필요한 사항은 금융감독원장이 정하는 바에 따른다(감독시행세칙6-22②). 다만, 감독시행세칙 6-22조는 상위법령의 명시적 위임이 없는 행정규칙이다.

4. 손해사정업

(1) 의의

(1) 손해사정업은 손해사정을 업으로 하는 경우를 가리킨다. 손해사정을 업으로 한다는 것은 영업으로 한다고 해석한다.[74] 보험업법 187조 4항도 손해사정업의 '영업'기준이라고 표현하고 있다. 여기서 영업에는 영리성과 계속반복성 등이 포한된다. 이에 따라 손해사정업자는 상법 5조에 따른 상인이 된다.

(2) 손해사정업의 주체는 법인이든 개인이든 무방하다. 법인인 경우는 일반적으로 상법상 회사의 형태를 띤다.

(2) 유사명칭 사용 및 표시·광고 금지

보험업법에 따른 손해사정업자가 아닌 자는 손해사정업자 또는 이와 유사한 명칭을 사용하지 못하고(법187의2), 손해사정업무를 수행하는 것으로 오인될 우려가 있는 표시·광고를 하여서는 아니 된다(법189의2①).

(3) 등록

1) 등록의무

(1) 손해사정을 업으로 하려는 자는 금융위원회에 등록해야 한다(법187①). 법인이든 개인이든 손해사정을 업으로 하려면 등록의무가 있다. 등록 시에는 등록수수료(1만 원)를 내야 한다(시행규칙56).

(2) 위 (1)의 손해사정업자의 등록 업무는 금융감독원장에게 위탁되어 있다(법194②(5)).

(3) 손해사정업의 전문성과 공정성을 확보하기 위해서 감독이 필요하고 이를 위해 위와 같은 등록 제도를 두고 있다.

(4) 손해사정업자가 보조인을 활용하고자 할 때에는 등록 전에 보험업법 178조에 의

74) 김선정(보험업법2) 517면; 정채웅 970면

한 손해사정사 단체에 보조인의 현황을 신고해야 하고, 보조인의 변동 상황이 발생하였을 경우에도 같다(감독시행세칙6－12②). 다만, 이 규정은 상위법령의 명시적 위임이 없는 행정규칙이다.

2) 등록신청

i) 신청서

(1) 손해사정업의 등록을 하려는 자는 다음 각 호의 사항을 적은 신청서를 금융위원회에 제출해야 한다(시행령97①).

1. 성명(법인인 경우에는 상호 및 대표자의 성명)
2. 사무소의 소재지
3. 수행하려는 업무의 종류와 범위
4. 보험업법시행령 98조에 따른 손해사정사의 고용에 관한 사항

(2) 등록업무가 금융감독원장에게 위탁되어 있으므로, 손해사정업자로 등록하고자 하는 자는 감독시행세칙 [별지49] 서식의 등록신청서를 금융감독원장에게 제출해야 한다(감독시행세칙6－12①,6－11①).

ii) 첨부서류

(1) 등록 신청서에는 다음 각 호의 사항을 적은 서류를 첨부해야 한다(시행령97②).

1. 정관(법인인 경우만 해당)
2. 대표자(법인인 경우에는 임원을 포함) 및 소속 손해사정사의 이력서
3. 영업용 재산상황을 적은 서류

(2) 감독규정에 따르면 첨부서류는 다음 각 호와 같다(감독시행세칙6－12①,6－11②). 다만, 이 규정은 상위법령의 명시적 위임이 없는 행정규칙이다.

1. 영업용 재산상황을 기재한 서류
2. 대표자(법인인 경우에는 임원 포함) 및 소속 손해사정사의 이력서
3. 정관(법인의 경우에 한한다)
4. 삭제
5. 손해배상의 보장에 관한 사항
6. 보험업법 178조의 규정에 의한 손해사정사 단체의 손해사정업자 교육 수료증
7. 그 밖에 등록에 필요한 사항

3) 등록기준

(1) 금융위원회는 등록신청이 다음의 어느 하나에 해당하는 경우를 제외하고는 등록을 해주어야 한다(시행령97③).

1. 보험업법 190조에서 준용하는 보험업법 86조 1항 1호에 해당하는 경우[75)]
2. 등록신청서류를 거짓으로 기재한 경우
3. 그 밖에 보험업법, 동법시행령 또는 다른 법령에 따른 제한에 위반되는 경우

(2) 위 (1)의 등록기준이 충족되면 금융위원회는 등록을 해주어야 한다. 위 등록기준은 그 충족 여부를 판단함에 있어서 금융위원회의 재량이 필요하지 않으므로 위 등록행위는 기속행위라고 해석한다.[76)]

4) 등록부 및 등록증

금융감독원장은 손해사정업의 등록을 신청한 자가 보험업법 190조에 위한 등록취소 등의 사유에 해당되지 않으면 손해사정업 등록부[77)]에 기재하고 손해사정업 등록증[78)]을 신청인에게 교부한다(감독시행세칙6-12①,6-11③). 손해사정업자가 등록증을 분실 또는 훼손하여 재발급받고자 할 때에는 등록증 재발급신청서[79)]를 금융감독원장에게 제출해야 한다(감독시행세칙6-12①,6-11⑤). 다만, 등록부 및 등록증에 관한 이 규정은 상위법령의 명시적 위임이 없는 행정규칙이다.

---

75) 보험업법 190조에서 준용하는 보험업법 86조 1항 1호는 보험업법 84조 2항을 가리킨다. 보험업법 84조 2항은 보험설계사가 되지 못하는 다음과 같은 사유를 가리킨다.
1. 피성년후견인 또는 피한정후견인
2. 파산선고를 받은 자로서 복권되지 아니한 자
3. 보험업법 또는 금융소비자법에 따라 벌금 이상의 형을 선고받고 그 집행이 끝나거나(집행이 끝난 것으로 보는 경우를 포함한다) 집행이 면제된 날부터 2년이 지나지 아니한 자
4. 보험업법 또는 금융소비자법에 따라 금고 이상의 형의 집행유예를 선고받고 그 유예기간 중에 있는 자
5. 보험업법에 따라 보험설계사·보험대리점 또는 보험중개사의 등록이 취소(1호 또는 2호에 해당하여 등록이 취소된 경우는 제외한다)된 후 2년이 지나지 아니한 자
6. 5호에도 불구하고 보험업법에 따라 보험설계사·보험대리점 또는 보험중개사 등록취소 처분을 2회 이상 받은 경우 최종 등록취소 처분을 받은 날부터 3년이 지나지 아니한 자
7. 보험업법 또는 금융소비자법에 따라 과태료 또는 과징금 처분을 받고 이를 납부하지 아니하거나 업무정지 및 등록취소 처분을 받은 보험대리점·보험중개사 소속의 임직원이었던 자(처분사유의 발생에 관하여 직접 또는 이에 상응하는 책임이 있는 자로서 대통령령으로 정하는 자만 해당한다)로서 과태료·과징금·업무정지 및 등록취소 처분이 있었던 날부터 2년이 지나지 아니한 자
8. 영업에 관하여 성년자와 같은 능력을 가지지 아니한 미성년자로서 그 법정대리인이 1호부터 7호까지의 규정 중 어느 하나에 해당하는 자
9. 법인 또는 법인이 아닌 사단이나 재단으로서 그 임원이나 관리인 중에 1호부터 7호까지의 규정 중 어느 하나에 해당하는 자가 있는 자
10. 이전에 모집과 관련하여 받은 보험료, 대출금 또는 보험금을 다른 용도에 유용한 후 3년이 지나지 아니한 자

76) 김선정(보험업법2) 518면; 정채웅 970면. 이와 달리 사실상 허가로서 재량행위에 해당한다고 보는 견해로는 노상봉 593면

77) 감독시행세칙 [별지51] 서식

78) 감독시행세칙 [별지52] 서식

79) 감독시행세칙 [별지52-1] 서식

5) 등록사항의 변경

(1) 등록을 한 손해사정업자는 등록한 사항이 변경되었을 때에는 1주일 이내에 그 변경사항을 금융위원회에 신고해야 한다(시행령97④).

(2) 위 (1)에 따른 손해사정업자의 등록사항 변경신고의 접수는 금융감독원장에 위탁되어 있다(시행령[별표8]62).[80)]

6) 등록의 취소 등

(1) 손해사정업자에 관하여는 보험설계사 등록의 취소 등에 관한 보험업법 86조를 준용하고, 이 경우 보험업법 86조 1항 3호에서 "84조"는 "187조 1항"으로 본다(법190).

(2) 위 준용에 따른 내용은 손해사정사에 관한 등록의 취소 등과 같고 '손해사정사'를 '손해사정업자'로 보면 되므로 여기서는 생략한다.

(4) 영업기준

1) 손해사정사의 수

i) 최소인원수

(1) 손해사정을 업으로 하려는 법인('손해사정법인')은 대통령령으로 정하는 수 이상의 손해사정사를 두어야 한다(법187②). 즉 손해사정법인은 2명 이상의 상근 손해사정사를 두어야 한다(시행령98①전). 이 경우 손해사정사의 구분[81)]에 따라 수행할 업무의 종류별로 1명 이상의 상근 손해사정사를 두어야 한다(시행령98①후). 가령 재물손해사정, 차량손해사정, 신체손해사정의 업무를 수행하는 경우 각 업무별로 1명 이상의 상근 손해사정사를 두어야 한다. 따라서 이 경우는 상근 손해사정사의 최소인원수는 3명이다.

(2) 위 최소인원수는 본점, 지점, 사무소별로 충족해야 한다. 즉 법인이 지점 또는 사무소를 설치하려는 경우에는 각 지점 또는 사무소별로 손해사정사의 구분에 따라 수행할 업무의 종류별로 1명 이상의 손해사정사를 두어야 한다(시행령98②).

ii) 결원인 경우

위 i)의 최소인원수에 결원이 생겼을 때에는 2개월(지점·사무소의 경우에는 1개월) 이내에 충원해야 한다(시행령93③). 위 인원에 결원이 생겼을 때에는 금융감독원장이 정하는 서식[82)]에 따라 1주일 이내에 이를 신고해야 한다(감독규정9-15의2①(1)).[83)] 결원이 생긴 기간이 위 충원 기한을 초과하는 경우에는 그 초과기간 동안 손해사정업자는 손해사정업무를 수행할 수 없다(시행령98④).

80) 보험업법시행령 [별표8] 62호는 보험업법시행령 97조 3항에 따른 손해사정업자의 등록사항 변경신고의 접수라고 규정하고 있으나, 보험업법시행령 97조 4항이 옳다.

81) 보험업법시행규칙 52조에 따른 재물손해사정사, 차량손해사정사, 신체손해사정사, 종합손해사정사를 가리킨다.

82) 감독시행세칙 [별지48] 서식

83) 이는 상위법령의 명시적 위임이 없는 행정규칙이다.

2) 공시

등록을 한 손해사정업자는 경영현황 등 대통령령으로 정하는 사항을 금융위원회가 정하는 바에 따라 공시하여야 한다(법187조④). 대통령령으로 정하는 사항은 각 호와 같다(시행령98⑤(3)).

1. 재무, 손익 등 경영현황에 관한 사항
2. 조직 및 인력에 관한 사항
3. 그 밖에 보험계약자 등의 보호를 위해 공시할 필요가 있는 사항으로서 금융위원회가 정하여 고시하는 사항

위의 그 밖에 보험계약자 등의 보호를 위해 공시할 필요가 있는 사항은 각 호와 같다(감독규정9－18의4).

1. 대표자의 성명, 회사 주소
2. 임원에 관한 사항
3. 회사의 조직, 재무, 손익 및 경영지표
4. 선임 및 위탁계약 체결현황
5. 최근 5년간 감독기관으로부터 주의 이상의 지적을 받은 내용 및 사유

3) 손해사정사의 자격

개인으로서 손해사정을 업으로 하려는 사람은 손해사정사의 종류에 따른 손해사정사 자격이 있어야 한다(시행령98⑥). 이에 따라 손해사정사가 아닌 개인이 손해사정업을 할 수 없다.

4) 업무개시 시기

손해사정업자는 등록일로부터 1개월 내에 업무를 시작해야 하고, 다만 불가피한 사유가 있다고 금융위원회가 인정하는 경우는 그 기간을 연장할 수 있다(시행령98⑦). 손해사정업자 등록 제도가 형식적으로 운영되는 것을 막기 위한 규정이다.

5) 상호

손해사정업자는 상호 중에 "손해사정"이라는 글자를 사용해야 한다(시행령98⑧(1)).

6) 장부폐쇄일

손해사정업자의 장부폐쇄일은 보험회사의 장부폐쇄일을 따라야 한다(시행령98⑧(2)).

(5) 업무범위

손해사정업자의 업무범위는 전술한 손해사정사의 업무범위와 동일하다(법188).

(6) 손해사정서의 작성, 교부 및 설명

손해사정업자의 손해사정서의 작성, 교부 및 설명의무는 손해사정사의 그것과 동일하다(법189①·②). 손해사정사의 손해사정서의 작성, 교부 및 설명의무에 대해서는 전술하였다.

(7) 금지행위

손해사정업자의 금지행위는 전술한 손해사정사의 금지행위와 동일하다(법189③, 189조의2②).

(8) 손해배상의 보장

(1) 금융위원회는 손해사정업자가 그 업무를 할 때 고의 또는 과실로 타인에게 손해를 발생하게 한 경우 그 손해의 배상을 보장하기 위하여 손해사정업자에게 금융위원회가 지정하는 기관에의 자산 예탁, 보험 가입, 그 밖에 필요한 조치를 하게 할 수 있다(법191).

(2) 위 (1)에 따른 손해사정업자에 대한 자산 예탁 등의 조치 요구는 금융감독원장에게 위탁되어 있다(시행령[별표8]49).

(3) 손해사정업자에 관한 손해배상보장예탁금에 관하여는 보험계리업자에 감독규정 9-11조를 준용하고, 이 경우 "보험계리업자"는 "손해사정업자"로 본다(법191,감독규정 9-21의2).

5. 손해사정에 관한 보험회사 등의 의무

(1) 의의

감독규정은 손해사정사 또는 손해사정업자의 손해사정과 관련하여 보험회사에게 일정한 의무를 부과하고 있다. 이는 손해사정 제도의 건전한 운영을 위해서 보험회사에게 요구되는 사항이다. 다만, 아래 (2) 설명의무를 제외하고, 감독규정 9-20조 및 9-21조는 상위법령의 명시적 위임이 없는 행정규칙이다.

(2) 설명의무

(1) 보험회사는 보험금 청구 단계에서 일반보험계약자가 보험사고 조사 및 손해사정에 관하여 설명받아야 하는 사항으로서 '금융위원회가 정하여 고시하는 사항'을 설명해야 한다(시행령42의2③(2)다).

(2) 위 (1)에서 '금융위원회가 정하여 고시하는 사항'이란 다음 각 호의 사항을 말한다(감독규정 4-35의2⑨).

1. 해당 보험사고 및 보험금 청구가 보험업법 185조 및 동법시행령 96조의3에 따른 손해사정 대상인지 여부
2. 1호에 따른 손해사정 대상인 경우 보험계약자 등은 보험업법 185조 1항 2호 및 감독규정 9-16조 2항 및 4항에 따라 따로 손해사정사를 선임할 수 있다는 사실 및 감독규정 9-16조 3항에 따른 손해사정 비용 부담에 관한 사항
3. 보험계약자 등이 법 185조 1항 2호에 따라 손해사정사를 따로 선임하려는 경우 보험회사의 동의기준
4. 보험회사가 보험계약자 등의 손해사정사 선임에 동의하지 않는 경우 그 이유 및 근거

5. 보험계약자 등이 따로 손해사정사를 선임하지 않은 경우 보험회사에 소속된 손해사정사 또는 보험회사와 위탁계약이 체결된 손해사정업자가 손해사정을 하게 된다는 사실

(3) 보험회사는 보험금 청구 단계의 설명의무에 대하여 일반보험계약자가 계약 체결 전에 또는 보험금 청구권자가 보험금 청구 단계에서 동의한 경우에 한정하여 서면, 문자메시지, 전자우편 또는 팩스 등으로 중요 사항을 통보하는 것으로 이를 대신할 수 있다(시행령42의2③단서).

(3) 자료제출의 협조

보험회사는 손해사정사가 그 업무를 신속, 공정하게 수행할 수 있도록 업무에 필요한 자료제공의 요청이 있을 경우에는 지체 없이 협조해야 한다(감독규정9－20②본). 다만, 다음 각 호의 경우로서 그 사유를 당해 손해사정사에게 서면으로 통보한 경우에는 그렇지 않다(감독규정9－20②단).

1. 당해 건의 손해사정업무와 무관한 자료요청
2. 이미 제공한 자료와 중복되는 자료의 요청
3. 일반적으로 널리 알려진 사항에 대한 자료의 요청
4. 그 밖에 요청내용이 현저히 부적당한 것으로 판단되는 자료의 요청

(4) 손해사정사 등의 지정 및 통보

보험회사는 보험금청구권자가 보험금지급을 청구한 때에는 당해 손해사정업무를 담당하거나 보험금을 심사할 손해사정사 또는 손해사정업자를 지정하고(감독규정 9－18조 1항에 따라 손해사정서를 작성하지 않는 경우는 제외), 보험금청구권자(보험금청구권자가 독립손해사정사를 선임한 경우에는 독립손해사정사를 포함)에게 통보해야 한다(감독규정9－20③).

(5) 보험금지급 내역서

보험회사는 보험금 지급 시에 보험금수령자에게 보험금 세부산출근거가 명시된 보험금지급의 내역서를 교부해야 한다(감독규정9－20⑤). 다만, 이는 손해사정과는 직접 관련이 없는 규정이다.

(6) 손해사정서의 접수 및 처리절차

1) 접수의무 및 접수 전 보험금지급의 금지

(1) 보험회사는 손해사정사가 제출하는 손해사정서의 접수를 거절하지 못하며, 감독규정 9－18조 1항 단서의 사유에 해당하는 경우를 제외하고는 손해사정서가 제출되지 않은 상태에서 보험금을 지급해서는 안 된다(감독규정9－21①). 이는 손해사정 제도의 실효성을 높이기 위한 규정이다.

(2) 감독규정 9－18조 1항 단서에 의하면, 소송이 제기된 경우 또는 보험금청구권자가 제출한 서류 심사만으로 지급심사가 완료되어 서류접수 완료일로부터 제3영업일 이내에

보험금이 지급되는 경우에는 손해사정서를 작성하지 않을 수 있다.

2) 접수 후 지체 없는 보험금 심사·지급

보험회사는 손해사정사가 제출한 손해사정서를 접수한 때에는 지체 없이 보험금을 심사·지급해야 한다(감독규정9-21②본). 다만, 다음 각 호의 어느 하나에 해당되어 보험금 지급이 지연될 경우에는 손해사정서 접수일로부터 10일 이내에 그 사유를 보험금청구권자에게 통보해야 한다(감독규정9-21②단).

1. 손해사정서의 내용이 사실과 다르거나 자체적으로 조사·확인한 내용과 다른 것으로 판명된 때
2. 손해사정서의 내용이 관련 법규, 약관에 위반된 경우
3. 보험금청구권자가 손해사정서의 내용에 이의를 제기한 경우
4. 민원 또는 소송이 제기되거나 수사기관에 의하여 수사가 진행 중인 경우

3) 정정·보완이 필요한 경우

(1) 보험회사는 손해사정사가 제출한 손해사정서가 감독규정 9-21조 2항 1호 또는 2호에 해당되어 정정·보완('보정')이 필요한 경우에는 손해사정서 접수일로부터 10일 이내에 구체적인 사유와 근거를 명시하여 손해사정사 또는 보험금청구권자에게 서면, 문자메시지, 전자우편, 팩스 또는 그 밖에 이와 유사한 방법(서면 등)으로 요청해야 한다(감독규정9-21③).

(2) 손해사정사 또는 보험금청구권자는 보험회사로부터 위 (1)의 보정을 요청받은 경우에는 지체 없이 손해사정서를 보정하거나 이미 제출한 손해사정서의 정당성에 대한 의견과 근거를 작성하여 보험회사에 서면 등으로 제출해야 한다(감독규정9-21④).

(3) 보험회사는 위 (2)에 따른 보정서 또는 의견서를 접수한 때에는 지체 없이 보험금을 심사·지급해야 하며, 다음 각 호의 어느 하나에 해당하는 경우를 제외하고는 다시 보정을 요청할 수 없다(감독규정9-21⑤).

1. 보정서 또는 의견서의 내용이 부당하다는 객관적이고 명백한 반증이 있는 경우
2. 감독규정 9-21조 2항 1호 또는 2호에 해당하는 경우(기존의 보정 요청에 대하여 보정이 완료된 경우는 제외)

4) 손해사정서에 부합하는 보험금 지급

i) 원칙

보험회사는 손해사정서가 작성되지 않아도 되는 경우(감독규정9-18①단)를 제외하고는 감독규정 9-21조 2항 내지 5항에 따라 확정된 손해사정서에 의해서 보험금을 지급해야 한다(감독규정9-21⑥본).

ii) 예외

위 i)에도 불구하고 다음 각 호의 어느 하나에 해당하는 경우에는 손해사정서에 따른 보험금을 정정하여 지급할 수 있다(감독규정9－21⑥단).

1. 민원 또는 소송이 제기되어 보험회사가 지급해야 하는 보험금이 손해사정서와 다르게 결정된 경우
2. 보험금청구권자가 손해사정서 내용의 부당함에 대한 근거 및 자료를 서면 등으로 제출하고 보험회사가 이를 수용하여 보험회사가 지급해야 하는 보험금이 손해사정서와 다르게 된 경우
3. 보험회사가 결정한 보험금을 보험금청구권자가 수용한 경우

(7) 손해사정사 교육

1) 보험회사 및 법인인 손해사정업자

(1) 보험회사 및 법인인 손해사정업자는 소속 손해사정사 및 손해사정보조인에게 다음 각 호의 구분에 따른 날을 기준으로 2년이 지날 때마다 2년이 된 날부터 12개월 이내에 손해사정에 대한 교육을 하여야 한다(법186조의2①, 시행령96의4①).

1. 손해사정사: 법 제186조제1항에 따라 최초로 등록(등록이 유효한 경우로 한정한다)한 날
2. 손해사정보조인: 손해사정보조인이 된 날

(2) 위 (1)의 손해사정에 대한 교육기준은 다음과 같다(령[별표7의2]).

1. 교육과목: 손해사정 관련 윤리교육, 보험 관련 법령 및 분쟁사례, 손해사정서 작성방법 및 손해사정 실무, 그 밖에 손해사정업무에 필요한 과목
2. 교유기관: 보험회사, 법인인 손해사정업자, 보험요율 산출기관, 보험업법 178조 3항 2호에 따라 회원에 대한 연수·교육을 위하여 설립된 단체 및 금융위원회가 정하여 고시하는 교육기관
3. 교육방법: 집합교육 또는 사이버교육
4. 교육시간: 다음 각 목의 구분에 따른 시간 이상으로 외부 교육 시간을 5시간 이상 포함해야 한다(감독규정 9－18의3①)
   가. 손해사정사: 20시간(2개 이상의 손해사정 자격을 보유하고 있는 경우에는 30시간)
   나. 손해사정보조인: 15시간

(3) 위 4호의 외부 교육은 보험연수원, 보험요율 산출기관 및 보험업법 178조의 손해사정사 단체에서 실시하는 교육으로 다음 각 호의 강사가 실시하는 교육을 말한다(감독규정9－18조의3②).

1. 금융감독원, 협회, 보험요율 산출기관, 보험업법 제178조에 따른 손해사정사 단체에서 손해사정 관련 업무에 3년 이상 종사한 경력이 있는 자
2. 보험법규, 상법 등 보험관련 전공자로서 고등교육법 14조 2항에 따른 교원 및 17조에 따른 명예교수로 일하는 자

2) 개인인 손해사정업자 등

개인인 손해사정업자 및 손해사정보조인은 위 (1)의 구분에 따른 날을 기준으로 2년이 지날 때마다 2년이 된 날부터 12개월 이내에 위 (2)의 교육기준에 따른 교육을 받아야 한다(법186조의2②, 시행령96의4②).

3) 손해사정교육협의회

(1) 보험협회, 보험회사 및 손해사정업자는 위 1)2)에 따른 교육을 효율적으로 실시하기 위해 필요한 단체로서 손해사정교육협의회를 구성·운영할 수 있다(령96의4③, 감독규정9－18의2①). 손해사정교육협의회는 다음 각 호의 어느 하나에 해당하는 자로서 9인의 위원으로 구성한다(감독규정9－18의2②).

1. 감독원장이 추천하는 자 1인
2. 생명보험협회 및 손해보험협회의 장이 정하는 자 각 1인
3. 생명보험협회 및 손해보험협회의 장이 정하는 생명보험회사 및 손해보험회사 담당 임원 각 1인
4. 보험연수원장이 정하는 자 1인
5. 법 제178조에 따른 손해사정사 단체의 장이 정하는 자 각 1인
6. 보험요율산출기관의 장이 정하는 자 1인

(2) 손해사정교육협의회의 장은 (1)의 2호의 위원이 1년씩 담당한다(감독규정9－18의2③).

(3) 손해사정교육협의회는 다음 각 호의 업무를 한다(감독규정9－18의2④).

1. 교육기관이 적용할 표준 교육과정 마련
2. 외부교육을 강의하는 강사 지정 및 취소
3. 교육계획 확인 및 교육결과 점검
4. 그 밖에 제1호부터 제3호까지에 준하는 업무

(4) 손해사정교육협의회는 교육 실시를 위한 세부기준을 마련하여야 하고, 업무의 처리내용을 연 1회 감독원장에게 보고하여야 한다.

6. 손해사정사 등에 대한 감독

(1) 손해사정사, 손해사정업자 공통

1) 의의 - 직무정지 또는 해임의 명령

금융위원회는 손해사정사 또는 손해사정업자가 그 직무를 게을리하거나 직무를 수행하면서 부적절한 행위를 하였다고 인정되는 경우에는 6개월 이내의 기간을 정하여 업무의 정지를 명하거나 해임하게 할 수 있다(법192①).

2) 요건

(1) 객관적 요건을 보면, 손해사정사 등이 그 직무를 게을리하거나 직무를 수행하면서

부적절한 행위를 하였다고 인정되면 요건이 충족된다.

(2) 주관적 요건을 보면, 직무를 게을리한다는 것은 고의 또는 과실이 있음을 전제한 것이다. 부적절한 행위에 대해서는 손해사정사 등의 고의 또는 과실의 유무를 묻지 않는다고 해석한다.

3) 효과

금융위원회는 손해사정사 등에 대해서 6개월 이내의 기간을 정하여 업무의 정지를 명하거나 해임하게 할 수 있다. 여기서 해임하게 할 수 있다는 것은 보험회사로 하여금 손해사정사 등과의 고용 또는 위탁계약을 해지하게 할 수 있다는 의미로 해석한다.

(2) 손해사정업자에 대한 특칙

1) 시정조치 명령권

i) 의의

손해사정업자에 관하여는 보험회사에 대한 명령권에 대한 보험업법 131조 1항을 준용하고, 이 경우 "보험회사"는 "손해사정업자"로 본다(법192②). 보험업법 131조 1항에 대한 자세한 논의는 본서 제7장 감독 부분에서 기술한 바 있다.

ii) 준용 내용

(1) 금융위원회는 손해사정업자의 업무운영이 적정하지 아니하거나 자산상황이 불량하여 보험계약자 및 피보험자 등의 권익을 해칠 우려가 있다고 인정되는 경우에는 다음 각 호의 어느 하나에 해당하는 조치를 명할 수 있다(법192②,131①).

1. 업무집행방법의 변경
2. 금융위원회가 지정하는 기관에의 자산 예탁
3. 자산의 장부가격 변경
4. 불건전한 자산에 대한 적립금의 보유
5. 가치가 없다고 인정되는 자산의 손실처리
6. 그 밖에 대통령령으로 정하는 필요한 조치

(2) 위 (1)의 6호는 보험계약자 보호에 필요한 사항의 공시를 말한다(시행령73①).

2) 자료제출 명령 등

i) 의의

손해사정업자에 관하여는 보험회사에 대한 자료제출 명령 등에 관한 보험업법 133조를 준용하고, 이 경우 "보험회사"는 "손해사정업자"로 본다(법192②). 보험업법 133조에 대한 자세한 논의는 본서 제7장 감독 부분에서 기술한 바 있다.

ii) 준용 내용

① 자료제출 명령 또는 요구

(1) 금융위원회는 공익 또는 보험계약자 등을 보호하기 위하여 손해사정업자에 보험업법에서 정하는 감독업무의 수행과 관련한 주주 현황, 그 밖에 사업에 관한 보고 또는 자료 제출을 명할 수 있다(법192②,133①).

(2) 금융감독원장은 '주식회사 등의 외부감사에 관한 법률'에 따라 손해사정업자가 선임한 외부감사인에게 그 손해사정업자를 감사한 결과 알게 된 정보나 그 밖에 경영건전성과 관련되는 자료의 제출을 요구할 수 있다(법192②,133⑥). 다만, 이는 손해사정업자가 '주식회사 등의 외부감사에 관한 법률' 2조 1호 및 4조에 따라서 외부감사의 대상이 되는 회사의 형태를 띠고 있는 경우에만 적용될 수 있다.

② 검사

(1) 손해사정업자는 그 업무 및 자산상황에 관하여 금융감독원의 검사를 받아야 한다(법192②,133②).

(2) 금융감독원장은 위 검사를 할 때 필요하다고 인정하면 손해사정업자에 대하여 업무 또는 자산에 관한 보고, 자료의 제출, 관계인의 출석 및 의견의 진술을 요구할 수 있다(법192②,133③). 위 검사를 하는 자는 그 권한을 표시하는 증표를 지니고 이를 관계인에게 내보여야 한다(법192②,133④).

(3) 금융감독원장은 위 검사를 한 경우에는 그 결과에 따라 필요한 조치를 하고, 그 내용을 금융위원회에 보고해야 한다(법192②,133⑤).

3) 제재

i) 의의

손해사정업자에 관하여는 보험회사의 제재에 대한 보험업법 134조 1항을 준용하고, 이 경우 "보험회사"는 "손해사정업자"로 본다(법192②). 보험업법 134조 1항에 대한 자세한 논의는 본서 제7장 감독 부분에서 기술한 바 있다.

ii) 준용 내용

금융위원회는 손해사정업자(그 소속 임직원을 포함)가 보험업법 또는 보험업법에 따른 규정·명령 또는 지시를 위반하여 손해사정업자의 건전한 경영을 해칠 우려가 있다고 인정되는 경우 또는 지배구조법 [별표] 각 호의 어느 하나에 해당하는 경우(4호에 해당하는 조치로 한정), 금융소비자법 51조 1항 4호, 5호 또는 같은 조 2항 각호 외 부분 본문 중 대통령령으로 정하는 경우(시행령 [별표1] 각 호의 경우)에 해당하는 경우(4호에 해당하는 조치로 한정)에는 금융감독원장의 건의에 따라 다음 각 호의 어느 하나에 해당하는 조치를 하거나 금융감독원장으로 하여금 1호의 조치를 하게 할 수 있다(법192②,134①).

1. 손해사정업자에 대한 주의 · 경고 또는 그 임직원에 대한 주의 · 경고 · 문책의 요구
2. 해당 위반행위에 대한 시정명령
3. 임원(지배구조법 2조 5호에 따른 업무집행책임자는 제외)의 해임권고 · 직무정지
4. 6개월 이내의 영업의 일부정지

7. 위반 시 효과

(1) 보험업법 190조, 86조 2항에 따른 업무정지의 명령을 위반하여 손해사정업무를 한 자(법204①(3의2)), 보험업법 189조 3항 1호를 위반한 손해사정사에게는 형벌(법204①(9))이 따르고, 손해사정사에게 이러한 행위를 하게 하거나 이를 방조한 자는 정범에 준하여 처벌한다(법204②).

(2) 보험업법 187조 1항에 따른 등록을 하지 아니하고 손해사정업을 한 자 또는 그 밖의 부정한 방법으로 보험업법 187조 1항에 따른 등록을 한 자에게 형벌(법202(6)·(7))이 따른다.

제11장

업무의 위탁 등

제1관 업무의 위탁

1. 총설

(1) 의의

⑴ 보험업법 194조는 금융위원회의 업무 중에서 일부를 보험협회, 금융감독원 등에 위탁하는 것에 대해 규정한다. 이는 행정기관의 업무위탁의 일종이다.

⑵ 행정기관의 업무위탁에 관해서는 정부조직법 6조 및 이에 근거한 대통령령인 '행정권한의 위임 및 위탁에 관한 규정'(이하 '위탁규정')이 자세히 규율하고 있다. 민간위탁사무에 관해서는 다른 법령에 특별한 규정이 없으면 이 위탁규정의 규율을 받는다(위탁규정10).

⑶ 행정기관은 법령으로 정하는 바에 따라 그 소관사무의 일부를 보조기관 또는 하급행정기관에 위임하거나 다른 행정기관·지방자치단체 또는 그 기관에 위탁 또는 위임할 수 있다(정부조직법6①전). 이 경우 위임 또는 위탁을 받은 기관은 특히 필요한 경우에는 법령으로 정하는 바에 따라 위임 또는 위탁을 받은 사무의 일부를 보조기관 또는 하급행정기관에 재위임할 수 있다(정부조직법6①후).

(2) 필요성

행정기관 업무위탁의 취지는 수탁기관의 전문성, 효율성 등을 활용하는 데 있다.

(3) 민간위탁

1) 의의

보험협회, 금융감독원 등은 행정기관 또는 지방자치단체가 아니므로, 보험업법 194조의 업무위탁은 민간위탁의 일종에 해당한다. 민간위탁이란 법률에 규정된 행정기관의 사무 중 일부를 지방자치단체가 아닌 법인·단체 또는 그 기관이나 개인에게 맡겨 그의 명의로 그의 책임 아래 행사하도록 하는 것을 말한다(위탁규정2(3)).

2) 기준

(1) 행정기관의 장은 허가·인가·등록 등 민원에 관한 사무, 정책의 구체화에 따른 집행사무 및 일상적으로 반복되는 사무로서 그가 직접 시행해야 할 사무를 제외한 일부 권한을 그 보조기관 또는 하급행정기관의 장, 다른 행정기관의 장, 지방자치단체의 장에게 위임 및 위탁한다(위탁규정3①).

(2) 민간위탁은 법령으로 정하는 바에 따라 그 소관사무 중 조사·검사·검정·관리 업무 등 국민의 권리·의무와 직접 관계되지 아니하는 사무를 위탁하는 것이다(정부조직법6③). 이에 따라 행정기관은 다음 각 호의 사무를 민간위탁할 수 있다(위탁규정11①).

1. 단순 사실행위인 행정작용
2. 공익성보다 능률성이 현저히 요청되는 사무
3. 특수한 전문지식 및 기술이 필요한 사무
4. 그 밖에 국민 생활과 직결된 단순 행정사무

행정기관이 위 1호~4호의 어느 하나에 해당하는 사무를 민간위탁 했을 때에는 필요한 사무처리지침을 통보하고, 그 처리에 필요한 적절한 조치를 해야 한다(위탁규정11③).

3) 수탁기관과 위탁기관의 권한과 책임

i) 수탁기관

(1) 민간위탁을 받은 수탁기관은 위탁받은 사항에 대하여는 그 범위에서 행정기관으로서 그 사무를 수행한다(정부조직법6②). 수탁사무에 관한 권한을 행사할 때에는 수탁기관의 명의로 해야 한다(위탁규정8②).

(2) 수탁기관은 수탁사무를 처리할 때 법령을 준수하고, 수탁사무를 성실히 수행해야 한다(위탁규정5). 수탁사무의 처리에 관한 책임은 수탁기관에 있다(위탁규정8①).

ii) 위탁기관

① 감독의 권한과 책임

(1) 위탁기관은 민간위탁사무의 처리에 대하여 민간수탁기관을 지휘·감독하며, 필요하다고 인정될 때에는 민간수탁기관에 민간위탁사무에 관하여 필요한 지시를 하거나 조치를 명할 수 있다(위탁규정14①). 위탁기관은 민간수탁기관에 대하여 필요한 사항을 보고하게 할 수 있다(위탁규정14②).

(2) 수탁사무의 처리에 관한 책임은 수탁기관에 있으며, 위탁기관은 그에 대한 감독책임을 진다(위탁규정8①).

② 위탁 취소 또는 정지

위탁기관은 민간수탁기관의 사무 처리가 위법하거나 부당하다고 인정될 때에는 이를 취소하거나 정지시킬 수 있다(위탁규정14③). 위탁기관은 민간수탁기관이 위탁에 관한 계약을 위반한 경우에는 계약을 해제 또는 해지할 수 있고, 이 경우 위탁기관은 계약의 해제 또는 해지 사실을 해당 기관의 인터넷 홈페이지 등에 공개해야 한다(위탁규정14④). 이에 따라 위탁기관이 취소하거나 정지시키거나 해제 또는 해지하는 경우에는 그 사유를 문서로 민간수탁기관에 통보하고 사전에 의견 진술의 기회를 주어야 한다(위탁규정14⑤).

③ 감사 등

(1) 위탁기관은 민간위탁사무의 처리 결과에 대하여 매년 1회 이상 감사를 해야 한다(위탁규정16①).

(2) 위탁기관은 위 (1)에 따른 감사 결과 민간위탁사무의 처리가 위법하거나 부당하다고 인정될 때에는 민간수탁기관에 대하여 적절한 시정조치를 할 수 있고, 관계 임원과 직원에 대해서는 문책을 요구할 수 있다(위탁규정16②).

2. 금융위원회의 업무위탁

(1) 의의

금융위원회의 업무위탁은 보험협회에 대한 위탁, 금융감독원장에 대한 위탁으로 구분된다. 전술한 바와 같이 이는 민간위탁의 일종이다.

(2) 보험협회에 대한 위탁

금융위원회는 다음 각 호의 업무를 보험협회에 위탁한다(법194①).

1. 보험업법 84조에 따른 보험설계사의 등록업무
2. 보험업법 87조에 따른 보험대리점의 등록업무

(3) 금융감독원장에 대한 위탁

1) 보험업법 194조

금융위원회는 다음 각 호의 업무를 금융감독원장에게 위탁한다(법194②).

1. 보험업법 89조에 따른 보험중개사의 등록업무
2. 보험업법 182조에 따른 보험계리사의 등록업무
3. 보험업법 183조에 따른 보험계리업자의 등록업무
4. 보험업법 186조에 따른 손해사정사의 등록업무
5. 보험업법 187조에 따른 손해사정업자의 등록업무

2) 보험업법시행령 [별표8]

(1) 금융위원회는 보험업법에 따른 업무의 일부를 대통령령으로 정하는 바에 따라 금융감독원장에게 위탁할 수 있다(법194③). 이에 따라 금융위원회는 보험업법시행령 [별표 8]에 따른 업무를 금융감독원장에게 위탁한다(시행령100①). 금융감독원장은 위탁받은 업

무의 처리 내용을 반기별로 금융위원회에 보고해야 하고, 다만 금융위원회는 금융위원회가 정하여 고시하는 업무에 대해서는 보고의 시기를 달리 정할 수 있다(시행령100②).

(2) 보험업법시행령 [별표8]에 따라 금융감독원장에게 위탁하는 업무는 다음과 같다.

1. 보험업법 4조 8항에 따른 조건의 취소 또는 변경 신청에 대한 심사
1의2. 보험업법 6조 1항 및 2항에 따른 보험업의 허가 요건을 갖추었는지의 심사
2. 보험업법 6조 3항에 따른 보험종목 추가 허가의 요건을 갖추었는지의 심사
3. 보험업법 6조 4항 단서에 따른 물적 시설 유지의 예외 승인 요건을 갖추었는지의 심사
4. 삭제
5. 보험업법 7조 2항에 따른 예비허가의 심사
6. 보험업법 11조 각 호 외의 부분 후단에 따른 겸영업무 신고의 접수
7. 보험업법 11조의2 1항에 따른 부수업무 신고의 접수 및 부수업무의 신고내용이 같은 조 2항 각 호의 어느 하나에 해당하는지에 대한 심사
8. 보험업법 12조 2항에 따른 외국보험회사등의 국내사무소 설치신고의 접수
9. 삭제
10. 보험업법 20조 3항에 따른 준비금 적립금액의 결정
11. 보험업법 74조 3항에 따른 외국보험회사국내지점의 허가취소사유 보고의 접수
12. 보험업법 77조 1항에 따른 외국보험회사의 본점의 잔무를 처리할 자에 대한 선임 또는 해임
13. 보험업법 86조 4항에 따른 보험설계사의 등록취소의 통지 및 업무정지의 통지
14. 보험업법 87조의3 2항에 따른 법인보험대리점이 금융위원회에 알리는 사항의 접수
15. 보험업법 88조 3항에 따른 보험대리점의 등록취소의 통지 및 업무정지의 통지
16. 보험업법 89조 3항에 따른 보험중개사에 대한 영업보증금 예탁 등의 조치
17. 보험업법 89조의3 2항에 따른 법인보험중개사가 금융위원회에 알리는 사항의 접수
18. 보험업법 93조에 따른 신고의 수리
19. 보험업법 107조 2호에 따른 자산운용 제한에 대한 예외 승인 여부의 심사
20. 보험업법 111조 3항에 따른 대주주와의 거래 등에 관한 보고의 접수
21. 보험업법 111조 4항에 따른 대주주에 대한 신용공여나 대주주가 발행한 채권 또는 주식의 취득에 관한 사항에 대한 보고의 접수
22. 보험업법 112조에 따른 대주주 등에 대한 자료 제출 요구
23. 보험업법 115조 1항 각 호 외의 부분 본문에 따른 자회사의 소유에 관한 승인 여부의 심사
24. 보험업법 115조 1항 각 호 외의 부분 단서에 따른 자회사의 소유에 관한 신고의 접수
25. 보험업법 117조 1항 및 2항에 따른 자회사에 관한 서류의 접수
26. 보험업법 118조 1항 및 2항에 따른 재무제표 등의 접수
27. 보험업법 121조의2에 따른 배당보험계약 외의 보험계약에 대한 구분 회계처리에 관한 승인 여부의 심사
28. 보험업법 124조 6항에 따른 거짓이거나 사실과 다른 공시의 중단이나 시정조치 등의 요구
29. 보험업법 125조 1항 단서에 따른 상호협정 변경신고의 접수
30. 보험업법 126조에 따른 정관변경의 보고의 접수

31. 보험업법 127조 2항에 따른 기초서류 작성 또는 변경 신고의 수리
32. 보험업법 127조 3항에 따른 기초서류에 관한 자료 제출의 요구
33. 보험업법 127조의2 1항에 따른 기초서류의 변경 권고
34. 보험업법 130조에 따른 보고의 접수
35. 보험업법 133조 1항(보험업법 179조에서 준용하는 경우를 포함한다)에 따른 금융위원회의 감독업무의 수행과 관련한 보고 또는 자료 제출 명령
36. 보험업법 144조 1항 단서에 따른 자산 처분 허가 여부의 심사
37. 보험업법 155조에 따른 정리계획서의 접수
38. 보험업법 156조에 따른 청산인의 선임 및 해임
39. 보험업법 160조(보험업법 77조 3항에서 준용하는 경우를 포함한다)에 따른 검사, 자산의 공탁 및 청산의 감독상 필요한 명령
40. 보험업법 161조 1항에 따른 업무와 자산의 관리 명령
41. 보험업법 162조 1항 및 2항에 따른 조사 및 자료 제출 요구
42. 보험업법 162조 4항에 따른 조사 방해 등의 행위를 한 관계자에 대한 문책 등의 요구
43. 보험업법 164조에 따른 조사 관련 정보의 공표
44. 보험업법 169조 1항에 따른 지급불능의 확인
45. 보험업법 171조 1항에 따른 손해보험협회의 자금 차입 승인 여부의 심사
46. 보험업법 176조 4항에 따른 순보험요율의 신고 수리
47. 보험업법 184조 2항에 따른 기초서류의 보험업법령 위반 내용에 대한 선임계리사 보고의 접수
48. 보험업법 184조 6항에 따른 선임계리사에 대한 의견 제출 지시
49. 보험업법 191조에 따른 보험계리업자 또는 손해사정업자에 대한 자산 예탁 등의 조치의 요구
50. 보험업법 193조에 따른 다음 각 목의 업무
    가. 공제업을 운영하는 자에 대한 기초서류에 해당하는 사항에 대한 협의의 요구
    나. 공제업 관련 중앙행정기관의 장에 대한 재무건전성 관련 협의 요구

50의2. 보험업법 193조 3항에 따른 중앙행정기관의 장의 공동검사 협의 요구의 처리

51. 보험업법 195조 1항에 따른 보험업의 허가 및 허가취소의 공고 중 인터넷 홈페이지를 이용한 공고
52. 보험업법 195조 2항에 따른 인터넷 홈페이지 등을 이용한 공고
53. 보험업법시행령 7조 1항 5호에 따른 보험계약을 체결하기 곤란한 경우에 해당하는지에 대한 검토
54. 보험업법시행령 16조의2 1항에 따른 부수업무 신고내용의 인터넷 홈페이지 등에 공고
55. 삭제
56. 삭제
57. 보험업법시행령 66조에 따른 경영실태 및 위험에 대한 평가
58. 보험업법시행령 71조 3항에 따른 분기별 보험상품 판매 목록의 접수
59. 보험업법시행령 71조의2에 따른 기초서류의 변경 권고
60. 보험업법시행령 87조 3항에 따른 참조순보험요율의 적정성 검증보고서 제출의 접수

61. 보험업법시행령 92조 3항에 따른 보험계리업자의 등록사항 변경신고의 접수
62. 보험업법시행령 97조 3항에 따른 손해사정업자의 등록사항 변경신고의 접수
63. 보험업법 139조에 따른 해산의 결의·합병과 보험계약의 이전의 인가에 대한 심사
64. 보험업법 150조에 따른 영업양도·양수의 인가에 대한 심사
65. 그 밖에 위 1호부터 64호까지의 규정에 준하는 업무로서 금융위원회의 결정에 따른 업무의 집행에 필요한 업무

3) 지배구조법시행령 30조 1항

(1) 금융위원회는 지배구조법에 따른 권한의 일부를 대통령령으로 정하는 바에 따라 금융감독원장에게 위탁할 수 있다(지배구조법40). 이에 따라 금융위원회는 다음 각 호의 업무를 금융감독원장에게 위탁한다(지배구조법시행령30①). 금융감독원장은 위탁받은 업무의 처리 결과를 금융위원회가 정하는 바에 따라 금융위원회에 보고해야 한다(지배구조법30②).

(2) 지배구조법시행령 30조 1항에 따라 금융감독원장에게 위탁하는 업무는 다음과 같다.

1. 지배구조법 7조 2항 및 3항에 따른 보고의 접수
2. 지배구조법 11조 1항 각 호 외의 부분 본문에 따른 임직원 겸직 승인의 심사, 같은 항 각 호 외의 부분 단서에 따른 임직원 겸직 보고의 접수
3. 지배구조법 11조 2항에 따른 임원 겸직 보고의 접수
4. 지배구조법 20조 3항에 따른 보고서의 접수
5. 지배구조법 30조 2항에 따른 준법감시인 및 위험관리책임자 임면사실 보고의 접수

5의2. 지배구조법 30조의3 4항에 따른 책무구조도의 접수

5의3. 지배구조법 30조의3 5항에 따른 책무구조도의 기재내용에 대한 정정 또는 보완 요구

6. 지배구조법 31조 1항 본문에 따른 대주주의 변경승인의 심사, 같은 조 2항에 따른 승인의 심사 및 같은 조 5항 전단에 따른 보고의 접수
7. 지배구조법 32조 1항에 따라 적격성 심사대상이 적격성 유지요건에 부합하는지 여부에 대한 심사 및 같은 조 2항에 따른 보고의 접수
8. 지배구조법 32조 3항에 따른 자료 또는 정보의 제공 요구
9. 지배구조법 32조 4항 각 호 외의 부분에 따른 명령의 이행 여부 점검
10. 지배구조법 34조 1항 3호 또는 4호의 조치
11. 지배구조법 35조 1항 3호(해당 금융회사가 상호저축은행인 경우만 해당한다)부터 5호까지의 조치 및 같은 조 2항 2호부터 5호까지의 조치 요구

11의2. 지배구조법 35조 6항에 따른 조치 내용의 결정 및 통보[지배구조법 35조 1항 3호(해당 금융회사가 상호저축은행인 경우만 해당한다)부터 5호까지의 조치 또는 같은 조 2항 2호부터 5호까지의 조치 요구를 받았을 것으로 인정되는 경우의 조치 내용의 결정 및 통보에 한정한다]

12. 지배구조법 37조에 따른 이의신청의 접수
13. 지배구조법 38조 1항에 따른 조치 내용의 기록·유지·관리, 같은 조 3항에 따른 조회요청의 접수, 같은 조 4항에 따른 조회 요청자에 대한 통보

14. 지배구조법시행령 26조 9항 전단에 따른 변경승인신청서 내용의 심사 및 같은 항 후단에 따른 변경승인신청서 흠결에 대한 보완 요구
15. 지배구조법시행령 27조 2항 단서에 따른 심사기간 설정, 같은 조 9항에 따른 자료 또는 정보의 제출 요구
16. 지배구조법시행령 29조 2호의 조치

3. 금융감독원장의 업무위탁

(1) 의의

(1) 금융감독원장은 보험업법에 따른 업무의 일부를 대통령령으로 정하는 바에 따라 보험협회의 장, 보험요율산출기관의 장 또는 보험업법 178조에 따른 보험관계단체의 장, 자격검정 등을 목적으로 설립된 기관에 위탁할 수 있다(법194④).

(2) 금융감독원장의 업무위탁은 자신이 금융위원회로부터 받은 민간위탁을 법령에 따라 재위탁하는 것이라고 볼 수 있다. 이러한 민간위탁의 재위탁에 대해서는 '행정권한의 위임 및 위탁에 관한 규정'이 별도의 규정을 두고 있지 않다. 다만, 아래 (4)에서 동 규정이 일부 준용되고 있다.

(2) 보험협회에 대한 위탁

금융감독원장은 다음 각 호의 업무를 보험협회의 장에게 위탁한다(시행령101①).

1. 보험업법 86조 4항에 따른 보험설계사의 등록취소 또는 업무정지 통지에 관한 업무
2. 보험업법 88조 3항에 따른 보험대리점의 등록취소 또는 업무정지 통지에 관한 업무
3. 보험업법 93조 1항 1호부터 6호까지 및 8호에서 정한 사항 중 보험설계사에 관한 신고의 수리
4. 보험업법 93조 1항에서 정한 사항 중 보험대리점에 관한 신고의 수리

(3) 보험요율산출기관에 대한 위탁

금융감독원장은 보험업법 182조 1항 및 186조 1항의 시험에 관한 업무 중 다음 각 호의 업무를 보험요율산출기관의 장에게 위탁한다(시행령101②).

1. 시험 응시원서의 교부 및 접수
2. 시험의 시행 및 그에 부수하는 업무

(4) 보험협회 또는 기타 보험관계단체에 대한 위탁

(1) 금융감독원장은 보험업법 136조에 따른 보험대리점에 대한 검사업무 중 보험대리점 및 소속 모집인의 영업행위에 대한 검사업무의 일부를 보험협회의 장 또는 보험업법 178조에 따른 보험관계단체의 장에게 위탁한다(시행령101③전). 이 경우 검사업무 수탁기관은 위탁받은 검사업무를 공정하고 독립적으로 수행할 수 있는 조직구조를 갖추어 금융

감독원장에게 미리 확인을 받아야 한다(시행령101③후). 현재는 생명보험협회장과 손해보험협회장에게 위 업무가 위탁되어 있다.

(2) 금융감독원장은 위 (1)에 따른 위탁 검사업무의 대상, 범위, 방법 및 절차 등에 관하여 기준을 정할 수 있다(시행령101④).

(3) 위 (1)에 따른 검사업무 위탁에 관하여는 '행정권한의 위임 및 위탁에 관한 규정' 11조 2항·3항, 12조 1항·3항 및 13조부터 16조까지의 규정을 준용한다(시행령101⑤).

제2관 허가 등의 공고

1. 의의

보험업의 허가 등과 같이 보험회사 및 보험계약자는 물론이고 일반인도 이를 알 필요가 있는 사항에 대해서는 공고하게 하는 것이 바람직하다. 이에 따라 보험업법 195조는 공고에 대한 규정을 두고 있다.

2. 공고의 방법 및 대상

(1) 관보 및 인터넷 홈페이지 등에 의한 공고

(1) 금융위원회는 다음의 사항을 지체 없이 그 내용에 대해 관보에 공고하고 인터넷 홈페이지 등을 이용하여 일반인에게 알려야 한다(법195①).

1. 보험업법 4조 1항에 따른 보험업의 허가
2. 보험업법 74조 1항에 따른 외국보험회사 국내지점에 대한 보험업허가의 취소
3. 보험업법 134조 2항에 따른 보험회사에 대한 보험업허가의 취소

(2) 보험업의 허가 및 그 취소는 이해관계자에게 미치는 영향이 매우 크다는 점을 고려하여 관보 및 인터넷 홈페이지 등에 공고하게 하는 것이다. '인터넷 홈페이지 등'이라고 규정되어 있으므로, 인터넷 홈페이지는 예시이고 이에 준하는 것을 공고방법으로 사용할 수 있다.

(3) 여기의 공고기간은 아래에서 보는 바와 같이 허가받은 보험회사를 인터넷 홈페이지 등에 상시 공고하게 되어 있다는 점을 고려하면 일반인이 인식할 수 있는 합리적인 기간이라고 해석한다.[1] 법령에 보다 구체적으로 기간을 명시하는 것이 바람직하다.

(4) 위 (1)에 따른 보험업의 허가 및 허가취소의 공고 중 인터넷 홈페이지를 이용한 공고는 금융감독원장에게 위탁되어 있다(시행령[별표8]51).

1) 김선정(보험업법2) 540면; 정채웅 999면. 1개월 정도면 충분하다는 견해로는 성대규·안종민 767면

(2) 인터넷 홈페이지 등에 의한 공고

(1) 금융위원회는 다음 각 호의 사항을 인터넷 홈페이지 등을 이용하여 일반인에게 알려야 한다(법195②).

1. 보험업법 4조에 따라 허가받은 보험회사
2. 보험업법 12조에 따라 설치된 국내사무소
3. 보험업법 125조에 따라 인가된 상호협정

(2) 금융감독원장은 다음의 사항을 인터넷 홈페이지 등을 이용하여 일반인에게 알려야 한다(법195③).

1. 보험업법 89조에 따라 등록된 보험중개사
2. 보험업법 182조에 따라 등록된 보험계리사 및 183조에 따라 등록된 보험계리업자
3. 보험업법 186조에 따라 등록된 손해사정사 및 187조에 따라 등록된 손해사정업자

(3) 보험협회는 보험업법 87조에 따라 등록된 보험대리점을 인터넷 홈페이지 등을 이용하여 일반인에게 알려야 한다(법195④).

(4) 위 (1)~(3)에서 공고기간은 상시라고 해석한다.[2] 그 공고사항이 일반인이 수시로 확인할 수 있어야 하는 사항이기 때문이다.

(5) 위 (1)에 따른 인터넷 홈페이지 등을 이용한 공고는 금융감독원장에게 위탁되어 있다(시행령[별표8]52).

제 3 관 과징금

1. 과징금의 의의

(1) 개념

과징금은 행정법규 또는 행정법상 의무의 위반으로 경제적 이익을 얻게 되는 경우 이를 박탈하기 위해서 행정기관이 부과하는 행정상 제재금이다.

(2) 법적 성질

과징금은 부당하게 취득한 경제적 이익의 환수라는 성격뿐만 아니라 위반행위에 대한 제재적 성격도 띤다(판례,[3] 통설). 나아가 과징금 중에는 영업정지처분에 대신하여 부과되는 대체적 성격을 띠는 경우도 있다(통설). 이러한 변형된 과징금은 영업정지처분으로

---

2) 정채웅 999면

3) 대판 2010.1.14. 2009두11843(하도급법상의 과징금 부과가 제재적 성격을 가진 것이기는 하여도 기본적으로는 하도급법 위반행위에 의하여 얻은 불법적인 경제적 이익을 박탈하기 위하여 부과되는 것이다)

인해서 고객 불편 등과 같은 공익을 해칠 우려가 있는 경우에 부과된다. 이 경우 과징금을 부과할 것인지 영업정지처분을 내릴 것인지는 재량사항에 속한다.[4)]

(3) 구분

과징금은 벌금이나 과태료와 구분된다. 먼저, 과징금은 행정상 제재금일 뿐이지 형벌은 아니므로 형벌에 속하는 벌금과는 다르다. 따라서 벌금과 과징금을 같이 부과하는 것은 이중처벌 금지의 원칙에 대한 위반이 아니다.[5)] 다음, 과태료는 과징금과 더불어 행정상 제재금의 일종이나, 과태료는 행정질서의 위반 또는 경미한 행정법규의 위반인 경우에 부과되며 주로 제재적 성격을 띤다는 점에서 과징금과 구분된다.

(4) 재량행위

(1) 과징금의 부과 여부 및 그 금액은 재량사항이다(판례,[6)] 통설). 보험업법 196조도 "과징금을 부과할 수 있다"라고 하면서 과징금의 한도만을 정하고 있다. 다만, 과징금을 부과하는 경우 그 금액은 위반행위의 내용 및 정도, 위반행위의 기간 및 횟수, 위반행위로 인하여 취득한 이익의 규모를 고려해야 한다(법196④,은행법65의4①). 이는 과징금을 산정할 때 반드시 고려해야 하는 기준으로서 재량권 행사의 한계라고 볼 수 있다.

(2) 재량권을 일탈하는 것은 허용되지 않으며, 만약 재량권을 일탈한 경우라면 과징금 부과처분 중에서 재량권을 일탈한 부분만이 아니라 그 전부를 취소해야 한다.[7)]

(5) 독점규제법상 과징금과의 중첩적용

판례는 보험업법상 과징금과 독점규제법상 과징금이 일정한 경우 중첩적으로 적용하여 해당 과징금을 각각 부과할 수 있다고 해석한다. 즉 대주주에 대한 일정한 자산거래 또는 신용공여를 금지하는 보험업법 규정과 특수관계인에 대한 부당지원행위를 금지하는 공정거래법 규정의 체계와 내용, 취지와 목적, 보호법익 등을 종합하여 보면, 어느 동일한 행위에 대하여 그 보험업법 규정과 공정거래법 규정을 중첩적으로 적용하여 해당 과징금을 각각 부과할 수 있다고 해석한다.[8)]

---

4) 대판 1998.4.10. 98두2270; 대판 2015.6.24. 2015두39378

5) 헌재 1994.6.30. 92헌바38; 헌재(전원) 2003.7.24. 2001헌가25

6) 보험업법과 유사하게 규정하고 독점규제법에 따른 과징금 부과행위가 재량행위라고 판단한 것으로는 대판 2002.9.24. 2000두1713(독점규제법(1999.2.5. 법률 5813호로 개정되기 전의 것) 6조, 17조, 22조, 24조의2, 28조, 31조의2, 34조의2 등 각 규정을 종합하여 보면, 공정거래위원회는 법 위반행위에 대하여 과징금을 부과할 것인지 여부와 만일 과징금을 부과한다면 일정한 범위 안에서 과징금의 부과액수를 얼마로 정할 것인지에 관하여 재량을 가지고 있다 할 것이므로, 공정거래위원회의 법 위반행위자에 대한 과징금 부과처분은 재량행위이다)

7) 대판 2009.6.23. 2007두18062(처분을 할 것인지 여부와 처분의 정도에 관하여 재량이 인정되는 과징금 납부명령에 대하여 그 명령이 재량권을 일탈하였을 경우 법원으로서는 재량권의 일탈 여부만 판단할 수 있을 뿐이지 재량권의 범위 내에서 어느 정도가 적정한 것인지에 관하여는 판단할 수 없어 그 전부를 취소할 수밖에 없고, 법원이 적정하다고 인정되는 부분을 초과한 부분만 취소할 수는 없다); 대판 1998.4.10. 98두2270; 대판 2007.10.26. 2005두3172

8) 대판 2015.10.29. 2013두23935(구 보험업법(2010.7.23. 법률 10394호로 개정되기 전의 것) 111조 1항

2. 부과사유 및 부과금액

(1) 보험회사의 위반

(1) 금융위원회는 보험회사가 보험업법 98조, 99조, 105조, 106조, 110조, 111조, 127조, 127조의3, 128조의3, 131조를 위반한 경우에는 다음 각 호의 구분에 따라 과징금을 부과할 수 있다(법196①).

1. 삭제
2. 보험업법 98조를 위반하여 특별이익을 제공하거나 제공하기로 약속하는 경우: 특별이익의 제공 대상이 된 해당 보험계약의 연간 수입보험료 이하
3. 보험업법 99조 1항을 위반하여 모집을 할 수 있는 자 이외의 자에게 모집을 위탁한 경우:

2호, 196조 1항 5호('이 사건 과징금 조항들')에 의하면, 보험회사는 대주주와 통상의 거래조건에 비추어 해당 보험회사에 현저하게 불리한 조건으로 자산을 매매하거나 신용공여를 하는 행위를 하여서는 안 되고, 보험회사가 이를 위반한 경우에는 피고 금융위원회는 해당 신용공여액 또는 해당 자산의 장부가액의 100분의 20 이하의 범위 내에서 과징금을 부과할 수 있다. 그리고 독점규제법(2013.8.13. 12095호로 개정되기 전의 것) 23조 1항 7호, 24조의2에 의하면, 사업자가 부당하게 특수관계인 등에 대하여 가지급금·대여금 등을 제공하거나 현저히 유리한 조건으로 거래하여 특수관계인 등을 지원하는 행위로서 공정한 거래를 저해할 우려가 있는 행위를 한 경우에 공정거래위원회는 해당 사업자에 대하여 대통령령이 정하는 매출액에 100분의 5를 곱한 금액을 초과하지 아니하는 범위 안에서 과징금을 부과할 수 있다. 이 부분 상고이유의 요지는, 이와 같이 하나의 행위에 대하여 독점규제법상의 과징금과 중첩적으로 과징금을 부과할 수 있도록 규정한 이 사건 과징금 조항들이 이중처벌 금지의 원칙을 위반하거나 과잉금지의 원칙을 위반하여 위헌으로서 무효라는 취지이다. 그러나 <u>헌법 13조 1항에서 정하고 있는 이중처벌 금지 원칙에서의 '처벌'은 범죄에 대한 국가의 형벌권 실행을 의미하는 것이고, 국가가 행하는 일체의 제재나 불이익처분이 모두 그 '처벌'에 포함된다고 할 수 없다. 따라서 보험업법에서 정한 이 사건 과징금 조항들과 공정거래법 규정에 의한 과징금 부과에 대해서는 이중처벌 금지의 원칙이 직접 적용될 여지는 없다</u>. <u>그리고 보험업법과 공정거래법은 그 입법 목적과 보호법익이 서로 다르며, 공정거래법의 각종 규제만으로 보험업법의 입법목적을 충분히 달성할 수 있다고 단정하기 어렵다. 이 사건 과징금 조항들과 공정거래법상 과징금 부과 근거 규정의 문언, 내용, 취지 등을 고려할 때 양 법률에 의한 과징금 부과처분은 모두 재량행위로서, 각 부과권자는 위반행위의 정도와 내용, 위반행위로 인하여 취득한 이익의 규모 등의 여러 사정을 종합적으로 고려하여 과징금 부과 여부 및 그 액수를 정할 재량이 있으므로, 동일한 위반행위에 대하여 양 법률에 의한 과징금이 반드시 중복적으로 부과된다고 볼 수도 없다</u>. 특히 보험업법상 과징금에 관한 부과기준을 정하고 있는 금융위원회 고시인 '금융기관 검사 및 제재에 관한 규정'은 '동일한 위반행위에 대하여 형벌·과징금·과태료 등 실효성 있는 제재조치를 이미 받은 경우에는 그 제재에 상응하는 과징금을 부과하지 아니할 수 있다'는 취지의 명시적 규정을 두고 있다. <u>또한 보험계약자인 고객들이 납입하는 보험료 등으로 구성되는 보험회사의 자산은 종국적으로 고객에게 지급할 보험금에 충당되어야 할 재원으로서 이를 보존하여야 할 고도의 공익상 필요가 있으므로 대주주 등 특수관계인이 보험회사의 자산을 자신 또는 계열회사를 지원하는 목적으로 함부로 유출하는 행위를 규제할 필요성이 매우 크다. 이러한 사정들에 비추어 보면, 앞에서 본 것과 같이 공정거래법과 별도로 과징금을 부과할 수 있도록 한 이 사건 과징금 조항들이 헌법상 과잉금지의 원칙에 반한다고 볼 수도 없다</u>. 이와 같은 보험업법과 공정거래법 규정의 체계와 내용, 위 법률들의 입법 취지와 목적, 대주주에 대한 일정한 자산거래 또는 신용공여를 금지하는 보험업법 규정과 특수관계인에 대한 부당지원행위를 금지하는 공정거래법 규정의 각 보호법익 등을 종합하여 보면, 어느 동일한 행위에 대하여 이 사건 과징금 조항들과 공정거래법 규정을 중첩적으로 적용하여 해당 과징금을 각각 부과할 수 있다고 해석된다)

해당 보험계약의 수입보험료의 100분의 50 이하

3의2. 보험업법 105조 1호를 위반하여 업무용 부동산이 아닌 부동산(저당권 등 담보권의 실행으로 취득하는 부동산은 제외한다)을 소유하는 경우: 업무용이 아닌 부동산 취득가액의 100분의 30 이하

4. 보험업법 106조 1항 1호부터 3호까지의 규정에 따른 신용공여 등의 한도를 초과한 경우: 초과한 신용공여액 등의 100분의 30 이하
5. 보험업법 106조 1항 5호에 따른 신용공여의 한도를 초과한 경우: 초과한 신용공여액 이하
6. 보험업법 106조 1항 6호에 따른 채권 또는 주식의 소유한도를 초과한 경우: 초과 소유한 채권 또는 주식의 장부가액 합계액 이하

6의2. 보험업법 110조 1항을 위반하여 자금지원 관련 금지행위를 하는 경우: 해당 신용공여액 또는 주식의 장부가액 합계액의 100분의 30 이하

7. 보험업법 111조 1항을 위반하여 신용공여를 하거나 자산의 매매 또는 교환 등을 한 경우: 해당 신용공여액 또는 해당 자산의 장부가액 이하
8. 보험업법 127조(기초서류의 신고)를 위반한 경우: 해당 보험계약의 연간 수입보험료의 100분의 50 이하
9. 보험업법 127조의3(기초서류 기재사항의 준수의무)을 위반한 경우: 해당 보험계약의 연간 수입보험료의 100분의 50 이하
10. 보험업법 128조의3을 위반하여 기초서류를 작성·변경한 경우: 해당 보험계약의 연간 수입보험료의 100분의 50 이하
11. 보험업법 131조 2항 및 4항에 따라 금융위원회로부터 기초서류의 변경·사용중지 명령 또는 보험료환급·보험금증액 명령을 받은 경우: 해당 보험계약의 연간 수입보험료의 100분의 50 이하

(2) 위 (1)에서 2호~3호는 모집에 관한 위반, 3의2호~7호는 자산운용에 관한 위반, 8호~11호는 기초서류에 관한 위반, 11호는 금융위원회 명령에 관한 위반을 과징금 부과사유로 정하고 그 위반별 과징금 부과한도를 정하고 있다.

(2) 소속 임직원 또는 보험설계사의 위반

(1) 금융위원회는 보험회사의 소속 임직원 또는 소속 보험설계사가 설명의무(보험업법 95의2), 통신수단을 이용한 모집 시에 준수사항(법96①), 보험계약의 체결 또는 모집에 관한 금지행위(법97①)를 위반한 경우 그 보험회사에 대하여 해당 보험계약의 수입보험료의 100분의 50 이하의 범위에서 과징금을 부과할 수 있다(법196②본). 다만, 보험회사가 그 위반행위를 막기 위하여 해당 업무에 관하여 상당한 주의와 감독을 게을리하지 않은 경우에는 그렇지 않다(법196②단).

(2) 위 (1)은 불법행위에 관한 사용자책임(법102)에 과징금을 적용한 경우라고 볼 수 있다. 다만, 부과금액 관련하여 해당 보험계약의 연간 수입보험료를 기준으로 하는 경우에 수입보험료의 기준에 대한 정함이 없다. 특히 무효, 취소, 철회된 보험계약을 수입보험

료에 포함시킬 것인지에 대한 정함이 필요하다.

3. 부과기준

(1) 의의

1) 은행법시행령

⑴ 금융위원회는 과징금을 부과하는 경우 위반행위의 내용 및 정도, 위반행위의 기간 및 횟수, 위반행위로 인하여 취득한 이익의 규모를 고려해야 한다(법196④,은행법65의4①). 과징금의 부과에 관하여 그 밖에 필요한 사항은 대통령령으로 정한다(법196④,은행법65의4②).

⑵ 위 ⑴에 따라 은행법시행령 [별표3의2]의 1호가 이를 다음과 같이 구체화하고 있다.

1. 과징금의 산정기준
  가. 기본과징금의 산정
    1) 기본과징금은 은행법 65조의3 각 호에서 정한 과징금 금액의 상한에 2)에 따른 부과기준율을 곱한 금액으로 한다.
    2) 부과기준율은 은행법 65조의4 1항 각 호의 사항 등에 따라 위반행위의 중대성 정도를 "중대성이 약한 위반행위", "중대한 위반행위", "매우 중대한 위반행위"로 구분하여 금융위원회가 정하여 고시한다.
  나. 기본과징금의 조정
  금융위원회는 은행법 65조의4 1항 각 호의 사항(부과기준율 산정 단계에서 고려된 세부참작사항은 제외한다), 위반행위에 대한 검사의 협조 여부, 위반상태의 해소나 위반행위의 예방을 위한 노력, 그 밖에 금융위원회가 정하여 고시하는 사유를 고려하여 가목에 따라 산정한 기본과징금 금액을 감경하거나 2분의 1의 범위에서 가중할 수 있다. 다만, 가중하는 경우에도 은행법 65조의3 각 호에서 정한 과징금 금액의 상한을 초과할 수 없다.
  다. 부과과징금의 결정
    1) 금융위원회는 위반자의 현실적인 부담능력 등 특별한 사정, 금융시장 또는 경제여건, 위반행위로 인하여 발생한 피해의 배상 정도, 위반행위로 인하여 취득한 이익의 규모, 그 밖에 금융위원회가 정하여 고시하는 사유를 고려할 때, 나목에 따라 조정한 과징금 금액이 과중하다고 인정되는 경우에는 이를 감액하여 부과과징금으로 정할 수 있다.
    2) 금융위원회는 위반자의 지급불능·지급정지 또는 자본잠식 등의 사유로 인하여 위반자가 객관적으로 과징금을 납부할 능력이 없다고 인정되는 경우, 자신의 행위가 위법하지 않은 것으로 오인한 데 정당한 사유가 있는 경우, 과징금 외에 실효성 있는 다른 조치를 이미 받은 경우, 위반의 정도가 경미한 경우, 나목에 따라 조정한 과징금 금액이 소액인 경우, 그 밖에 금융위원회가 정하여 고시하는 사유에 해당하는 경우에는 과징금을 면제할 수 있다.

2) 금융위원회 고시

위 은행법시행령 [별표3의2]가 구체적인 내용을 다시 금융위원회에 고시에 위임하고 있으므로 이 고시를 통해서 부과기준의 구체적인 내용을 살펴보는 것이 효율적이다. 이 고시가 '금융기관 검사 및 제재에 관한 규정' [별표2]이다. 이를 이하에서는 편의상 '검사제재규정' [별표2]라고 부르기로 하자. 이 검사규정은 금융기관에 일반적으로 적용되는 과징금 부과규정이다. 보험회사와 관련해서는 기초서류와 관련한 과징금 부과의 특칙규정이 있다. 이것이 '보험회사의 기초서류 관련 의무위반에 대한 과징금 부과기준'이다.

(2) 검사제재규정

1) 의의

검사제재규정 [별표2]는 과징금 부과기준에 대해 정하고 있다. 이에 따르면 기본과징금을 산정하고, 위반자에게 가중·감경사유가 있는 경우에는 이에 따라 기본과징금을 조정하며, 감액사유 또는 면제사유 등을 고려하여 최종적으로 부과과징금을 결정한다(검사제재규정[별표2]2). 다만, 금융업관련법령 및 감독규정에서 업권별·위반행위 유형별로 별도의 기준을 정하는 경우 그 기준에 따르고, 이 경우 그 근거를 검사결과 조치안에 명시해야 한다(검사제재규정[별표2]2).

2) 기본과징금 산정

검사제재규정 [별표2]의 3호 및 4호에 따르면 기본과징금은 다음과 같은 방식으로 산정한다.

(1) 법정부과한도액에 부과기준율을 곱하여 기본과징금을 산정한다.

(2) 법정부과한도액은 기준금액에 법정최고부과비율을 곱한 금액이다.[9] 기준금액이 위반금액 전액인 경우에는 그 금액을 법정부과한도액으로 한다.[10] 위반행위가 일정기간 지속된 경우에는 그 기간 중에 위반금액의 최고액을 기준금액으로 한다.

(3) 부과기준율은 위반행위에 대한 세부평가를 통해 중대성 정도를 세 단계로 구분하여 적용한다. 세부평가는 세부평가 기준표에 따라 정해지며, 이 기준표에 따르면 산정점수는 참작사항별 비중[11]을 고려하여 부과수준별 점수[12]를 곱한 후 각 점수를 합하여 산출한다. 위반행위가 세부 참작사항별 부과수준 중 두 가지 이상에 해당하는 경우에는 높

---

9) 가령 "보험업법 99조 1항을 위반하여 모집을 할 수 있는 자 이외의 자에게 모집을 위탁한 경우: 해당 보험계약의 수입보험료의 100분의 50 이하"인 경우에 기준금액은 해당 보험계약의 수입보험료이고 법정최고부과비율은 100분의 50이다.

10) 가령 "보험업법 98조를 위반하여 특별이익을 제공하거나 제공하기로 약속하는 경우: 특별이익의 제공대상이 된 해당 보험계약의 연간 수입보험료 이하"인 경우가 기준금액이 위반금액 전액인 경우이다.

11) 참작사항 및 그 비중은 다음과 같다: 위반행위의 동기(0.2), 위반행위의 방법(0.2), 부당이득의 규모(0.2), 피해규모(0.2), 시장에 미치는 영향(0.1), 위반행위의 기간 및 횟수(0.1). 여기서 부당이득 규모는 위반자가 제3자(특수관계인)로 하여금 취득하도록 한 부당이득을 포함한다.

12) 부과수준 및 그 점수는 다음과 같다: 상(3), 중(2), 하(1)

은 점수의 부과수준을 적용한다. 세부평가 기준표에서 고려되지 않거나 세부평가 기준표와 다르게 고려할 사유(해당 사유가 가중 또는 감면사유와 중복되는 경우는 제외)가 있는 경우에는 부과기준율을 달리 결정할 수 있다. 다만, 이 경우 그 사유를 검사결과 조치안에 명시해야 한다.

[부과기준율표]

중대성의 정도	세부평가 기준표에 따른 산정점수	부과기준율
매우 중대한 위반행위	2.3 이상	100%
중대한 위반행위	1.6 이상 2.3 미만	75%
중대성이 약한 위반행위	1.6 미만	50%

3) 기본과징금의 조정

검사제재규정 [별표2]의 5호에 따르면 기본과징금은 다음과 같은 방식으로 조정한다.

i) 기준

위반자에게 가중·감경사유가 있는 경우에는 이에 따라 기본과징금을 조정한다. 조정금액은 기본과징금의 100분의 50을 초과할 수 없다. 또한, 조정 후 과징금이 법정부과한도액을 초과할 수 없다.

ii) 가중사유

가중사유는 다음과 같다.

(1) 위반행위로 인하여 취득한 부당이득액을 합리적으로 산정할 수 있고 그 부당이득액이 기본과징금보다 큰 경우에는 그 초과차액만큼 가중할 수 있다.

(2) 보험회사가 특별이익을 제공한 경우, 특별이익 제공금액이 기본과징금보다 큰 경우에는 그 차액을, 특별이익 제공을 약속한 경우, 특별이익 제공 약속금액의 50%가 기본과징금보다 큰 경우에는 그 차액을 각각 가중할 수 있다.

iii) 감경사유

감경사유는 다음과 같다.

(1) 위반행위를 감독기관이 인지하기 전에 스스로 시정 또는 치유한 경우에는 기본과징금의 100분의 50 내에서 감경할 수 있다.

(2) 위반행위를 감독기관이 인지하기 전에 자진하여 신고하는 등 검사에 적극적으로 협조한 경우에는 기본과징금의 100분의 50 내에서 감경할 수 있다.

(3) 동일 또는 유사한 위반행위의 방지를 위한 자체감사 또는 내부통제 시스템을 갖추어 시행하거나 대책을 마련하여 이행하는 등 상당한 주의 및 감독을 한 것으로 인정되는 경우에는 기본과징금의 100분의 50 내에서 감경할 수 있다.

(4) 검사제재규정 시행세칙 50조 2항 각 호[13]의 어느 하나에 해당하는 공적이 있거나 감독기관으로부터 경영실태평가를 1등급으로 평가받은 경우에는 기본과징금의 100분의 10 내에서 감경할 수 있다.

4) 부과과징금의 결정

검사제재규정 [별표2]의 6호 및 7호에 따르면 부과과징금은 다음과 같은 방식으로 결정한다.

i) 감액사유

다음과 같은 사정이 있는 경우 조정 후 과징금을 감액할 수 있다.

(1) 위반자에게 특별한 사정[14]이 있어 과징금 부과가 위반의 방지 또는 제재목적 달성에 필요한 범위를 벗어나 현저하게 과중하다고 인정되는 경우에는 가중·감경사유에 의한 조정 후에 과징금의 100분의 50 이내에서 감액할 수 있다.

(2) 가중·감경사유 조정 후에 과징금이 위반자의 직전 사업연도 종료일 현재의 대차대조표에 표시된 자본금 또는 자본총액 중 큰 금액의 10%를 초과하는 경우에는 그 초과부분 이내에서 감액할 수 있다.

(3) 위반행위로 인하여 취득한 부당이득액을 합리적으로 산정할 수 있고 가중·감경사유 조정 후에 과징금이 부당이득액의 10배를 초과하는 경우에는 그 초과부분 이내에서 감액할 수 있다. 다만, 해당 감액사유는 금융위원회가 특별히 인정하는 경우에 한하여 적용하며, 금융감독원장은 금융위원회에 과징금 부과를 건의할 때에 해당 감액사유를 고려하지 않는다.

ii) 면제사유

위반자에게 특별한 사정이 있어 과징금의 징수가 사실상 불가능하다고 인정되는 경우에는 과징금을 부과하지 않을 수 있다. 특별한 사정은 ⓐ 금융위원회로부터 경영개선명령 조치를 받은 경우 또는 이에 준하는 사유가 발생한 경우, ⓑ 위반자의 지급불능, 지급정지 또는 자본잠식 등의 사유로 위반자가 과징금을 납부할 능력이 없다고 객관적으로 인정되는 경우, 또는 ⓒ 금융산업의 전반적인 사정 또는 여건의 변화로 위반자의 과징금 납부가 사실상 불가능하다고 인정되는 경우를 가리킨다.

---

13) 검사제재규정 시행세칙 50조 2항 각 호는 다음과 같다.
1. 상훈법에 의하여 훈장 또는 포장을 받은 공적
2. 정부 표창규정에 의하여 장관 이상의 표창을 받은 공적
3. 금융위원장, 금융감독원장 또는 한국은행총재의 표창을 받은 공적

14) (1) 금융위원회 또는 금융감독원장으로부터 경영개선권고 또는 경영개선요구 조치를 받은 경우
(2) 위반자의 자산, 자기자본 등 재무상황에 비추어 위반자가 과징금을 부담할 능력이 현저히 부족하다고 객관적으로 인정되는 경우
(3) 기타 위 (1) 내지 (2)에 준하는 특별한 사유가 있어 과징금의 감액이 불가피하다고 인정되는 경우

iii) 기타

(1) 위반행위로 인한 금융거래자 등의 피해를 배상한 경우에는 그 배상액 범위 내에서 과징금을 감액할 수 있다.

(2) 동일한 위반행위에 대하여 형벌·과징금·과태료 등 실효성 있는 제재조치를 이미 받은 경우에는 그 제재에 상응하는 과징금을 부과하지 않을 수 있다.

(3) 기준금액이 경미하고 위반기간이 5영업일 이내인 경우에는 과징금을 부과하지 않을 수 있다.

(4) 조정 후 과징금이 1백만 원 이하인 경우에는 과징금을 부과하지 않을 수 있다.

(5) 공무원(금융감독원장을 포함)의 서면회신이나 행정지도, 기타 공적인 견해표명에 따라 위법행위를 행한 경우 등 자신의 행위가 위법하지 않은 것으로 오인하고 행한 행위로서 그 오인에 정당한 사유가 있는 경우에는 과징금을 부과하지 않을 수 있다.

(6) 고의나 중대한 과실이 아닌 사소한 부주의나 오류로 인한 위반행위로서 금융기관 또는 금융거래자에 미치는 영향이 없거나 미미한 경우에는 견책·주의 또는 시정조치 등으로 갈음할 수 있다.

(7) 부과과징금을 결정함에 있어서 1백만 원 단위 미만의 금액은 절사한다.

(3) 기초서류과징금규정

1) 의의

(1) 보험업법 196조 1항 8호~11호는 기초서류 위반과 관련한 부과사유와 부과금액을 규정하고 있다.[15)]

(2) 위 (1)의 부과사유와 부과금액과 관련한 과징금 부과기준에 대해 '보험회사의 기초서류 관련 의무위반에 대한 과징금 부과기준'이 규정하고 있다. 이를 편의상 '기초서류과징금규정'이라고 부르기로 한다. 이에 따르면 기본과징금을 산정하고, 위반자에게 가중·감경사유가 있는 경우에는 이에 따라 기본과징금을 조정하며, 감액사유 또는 면제사유 등을 고려하여 최종적으로 부과과징금을 결정한다(기초서류과징금규정3).

2) 기본과징금 산정

기초서류과징금규정 6호에 따르면 기본과징금은 다음과 같은 방식으로 산정한다.

---

15) 8. 보험업법 127조(기초서류의 신고)를 위반한 경우: 해당 보험계약의 연간 수입보험료의 100분의 50 이하

9. 보험업법 127조의3(기초서류 기재사항의 준수의무)을 위반한 경우: 해당 보험계약의 연간 수입보험료의 100분의 50 이하

10. 보험업법 128조의3을 위반하여 기초서류를 작성·변경한 경우: 해당 보험계약의 연간 수입보험료의 100분의 50 이하

11. 보험업법 131조 2항 및 4항에 따라 금융위원회로부터 기초서류의 변경·사용중지 명령 또는 보험료환급·보험금증액 명령을 받은 경우: 해당 보험계약의 연간 수입보험료의 100분의 50 이하

(1) 법정부과한도액에 부과기준율을 곱하여 기본과징금을 산정한다.

(2) 법정부과한도액은 기준금액에 법정최고부과비율을 곱한 금액이다.[16] 위반행위가 일정기간 지속된 경우에는 그 기간 중에 위반금액의 최고액을 기준금액으로 한다.

(3) 부과기준율은 다음의 표에 따른다. 즉 부과기준율은 위반행위의 경중 및 위반자의 고의·과실 등 주관적 사정을 고려하여 정해진다.

[부과기준율]

구분	고의	과실
매우 중대한 위반행위	법정부과한도액의 100분의 100	법정부과한도액의 100분의 75
중대한 위반행위	법정부과한도액의 100분의 75	법정부과한도액의 100분의 50
중대성이 약한 위반행위	법정부과한도액의 100분의 50	법정부과한도액의 100분의 25

[위반행위 경중의 판단 기준]

위반내용 및 정도	판단기준
매우 중대한 위반행위	– 보험계약자 등 이해관계자의 이익을 직접적으로 매우 중대하게 침해한 경우 – 보험거래 질서를 심히 문란하게 한 경우 – 법규의 금지사항을 회피하거나 잠탈한 경우 – 위반행위로 인하여 취득한 이익규모가 현저한 경우 – 기초서류의 신고의무를 회피하고자 한 경우 – 보험회사의 재무건전성을 크게 저해하였거나 저해할 것으로 인정되는 경우
중대한 위반행위	– 보험계약자 등 이해관계자에 대한 이익 침해가 중대한 경우 – 매우 중대하거나 중대성이 약한 위반행위에 해당되지 않는 경우
중대성이 약한 위반행위	– 보험계약자 등 이해관계자의 이익 침해가 경미한 경우 – 위반행위로 취득한 이익규모가 미미한 경우 – 보험회사의 재무건전성에 미치는 영향이 미미한 경우

3) 기본과징금의 조정

기초서류과징금규정 6호 및 7호에 따르면 기본과징금은 다음과 같은 방식으로 조정한다.

i) 1차 조정

위반행위의 기간 및 위반행위로 인한 효과의 지속기간에 따라 아래와 같이 기본과징

16) 가령 "보험업법 127조(기초서류의 신고)를 위반한 경우: 해당 보험계약의 연간 수입보험료의 100분의 50 이하"인 경우에 기준금액은 해당 보험계약의 수입보험료이고 법정최고부과비율은 100분의 50이다.

금을 조정한다.

위반행위 등의 기간	조정 금액
3년 초과	기본과징금의 100분의 150
2년 초과 3년 이하	기본과징금의 100분의 120
1년 초과 2년 이하	기본과징금의 100분의 110
9개월 초과 1년 이하	기본과징금의 100분의 100
6개월 초과 9개월 이하	기본과징금의 100분의 75
3개월 초과 6개월 이하	기본과징금의 100분의 50
3개월 이하	기본과징금의 100분의 25

ii) 2차 조정

① 기준

위반자에게 가중·감경사유가 있는 경우에는 이에 따라 기본과징금을 조정한다. 조정금액은 기본과징금의 100분의 50을 초과할 수 없다. 또한, 조정 후 과징금이 법정부과한도액을 초과할 수 없다.

② 가중사유

(1) 금융위원회로부터 과징금 부과처분을 받은 날로부터 3년 이내에 다시 법규위반행위를 한 자에 대하여 과징금 부과처분을 하는 경우에는 과징금 부과처분 1회당 기본과징금의 100분의 10을 가중하되, 그 가중액의 합은 기본과징금의 100분의 50을 초과할 수 없다.

(2) 위반행위로 인하여 취득한 부당이득액을 합리적으로 산정할 수 있고 그 부당이득액이 기본과징금보다 큰 경우에는 그 초과차액만큼 가중할 수 있다.

③ 감경사유

(1) 위반행위를 감독기관이 인지하기 전에 스스로 시정 또는 치유한 경우에는 기본과징금의 100분의 50 이내에서 감경할 수 있다.

(2) 위반행위를 감독기관이 인지하기 전에 자진하여 신고하는 등 검사에 적극적으로 협조한 경우에는 기본과징금의 100분의 50 이내에서 감경할 수 있다.

(3) 동일 또는 유사한 위반행위의 방지를 위한 자체감사 또는 내부통제 시스템을 갖추어 시행하는 등 상당한 주의 및 감독을 한 것으로 인정되는 경우에는 기본과징금의 100분의 50 이내에서 감경할 수 있다.

(4) 검사제재규정 시행세칙 50조 2항 각 호[17]의 어느 하나에 해당하는 공적이 있거나

17) 검사제재규정 시행세칙 50조 2항 각 호는 다음과 같다.
1. 상훈법에 의하여 훈장 또는 포장을 받은 공적
2. 정부 표창규정에 의하여 장관 이상의 표창을 받은 공적
3. 금융위원장, 금융감독원장 또는 한국은행총재의 표창을 받은 공적

감독기관으로부터 경영실태평가를 1등급으로 평가받은 경우에는 기본과징금의 100분의 10 이내에서 감경할 수 있다.

4) 부과과징금의 결정

기초서류과징금규정 8호에 따르면 부과과징금은 다음과 같은 방식으로 결정한다.

i) 감액사유

다음과 같은 사정이 있는 경우 조정 후 과징금을 감액할 수 있다.

(1) 위반자에게 특별한 사정[18]이 있어 과징금 부과가 위반의 방지 또는 제재목적 달성에 필요한 범위를 벗어나 현저하게 과중하다고 인정되는 경우에는 가중·감경사유에 의한 조정 후에 과징금의 100분의 50 이내에서 감액할 수 있다.

(2) 위반행위로 인하여 취득한 부당이득액을 합리적으로 산정할 수 있고 가중·감경사유 조정 후에 과징금이 부당이득액의 10배를 초과하는 경우에는 그 초과부분 이내에서 감액할 수 있다. 다만, 해당 감액사유는 금융위원회가 특별히 인정하는 경우에 한하여 적용하며, 금융감독원장은 금융위원회에 과징금 부과를 건의할 때에 해당 감액사유를 고려하지 않는다.

ii) 면제사유

위반자에게 특별한 사정이 있어 과징금의 징수가 사실상 불가능하다고 인정되는 경우에는 과징금을 부과하지 않을 수 있다. 특별한 사정은 ⓐ 금융위원회로부터 경영개선명령 조치를 받은 경우 또는 이에 준하는 사유가 발생한 경우, ⓑ 위반자의 지급불능, 지급정지 또는 자본잠식 등의 사유로 위반자가 과징금을 납부할 능력이 없다고 객관적으로 인정되는 경우, 또는 ⓒ 금융산업의 전반적인 사정 또는 여건의 변화로 위반자의 과징금 납부가 사실상 불가능하다고 인정되는 경우를 가리킨다.

iii) 기타

(1) 위반행위로 인한 금융거래자 등의 피해를 배상한 경우에는 그 배상액 범위 내에서 과징금을 감액할 수 있다.

(2) 동일한 위반행위에 대하여 형벌·과징금·과태료 등 실효성 있는 제재조치를 이미 받은 경우에는 그 제재에 상응하는 과징금을 부과하지 않을 수 있다.

(3) 기준금액이 경미하고 위반기간이 5영업일 이내인 경우에는 과징금을 부과하지 않을 수 있다.

(4) 조정 후에 과징금이 1백만 원 이하인 경우에는 과징금을 부과하지 않을 수 있고,

---

18) (1) 금융위원회 또는 금융감독원장으로부터 경영개선권고 또는 경영개선요구 조치를 받은 경우
(2) 위반자의 자산, 자기자본 등 재무상황에 비추어 위반자가 과징금을 부담할 능력이 현저히 부족하다고 객관적으로 인정되는 경우
(3) 기타 위 (1) 내지 (2)에 준하는 특별한 사유가 있어 과징금의 감액이 불가피하다고 인정되는 경우

부과과징금을 결정함에 있어서 1백만 원 단위 미만의 금액은 절사한다.

(5) 고의나 중대한 과실이 아닌 사소한 부주의나 오류로 인한 위반행위로서 금융기관 또는 금융소비자에 미치는 영향이 없거나 미미한 경우에는 견책·주의 또는 시정조치 등으로 갈음할 수 있다.

4. 병과

(1) 특별이익의 제공금지(법98), 자산운용의 방법·비율(법106①(1)~(3)·(5)·(6)), 또는 대주주와의 거래제한(법111①)을 위반한 자에게는 정상에 따라 보험업법 200조 또는 202조에 따른 형벌과 과징금을 병과할 수 있다(법196③).

(2) 위 (1)의 병과규정은 헌법재판소 결정에 따르면 확인적 성격을 띤다. 이중처벌 금지의 원칙은 형벌 사이에 적용되는 원칙이므로 형벌과 과징금을 같이 부과하는 것은 동 원칙의 위반이 아니라는 헌법재판소 결정[19]에 따르면 위 병과규정이 없더라도 형벌(특히 벌금)과 과징금을 같이 부과할 수 있다.

5. 과징금의 부과 및 징수 등

(1) 의의

과징금의 부과 및 징수 절차 등에 관하여는 은행법 65조의4부터 65조의8까지의 규정을 준용한다(법196④). 이에 따라 은행법 65조의4부터 65조의8까지의 규정 등을 살펴본다. '금융기관 검사 및 제재에 관한 규정', 즉 '검사제재규정'도 과징금의 부과 및 징수 절차에 대해 규정하고 있다.

(2) 내용

1) 의견제출

금융위원회는 과징금을 부과하기 전에 미리 당사자 또는 이해관계인 등에게 의견을 제출할 기회를 주어야 한다(은행법65의5①). 이에 따라 당사자 또는 이해관계인 등은 금융위원회의 회의에 출석하여 의견을 진술하거나 필요한 자료를 제출할 수 있다(은행법65의5②).

2) 부과건의

(1) 금융감독원장은 금융기관 또는 그 임직원, 그 밖에 금융업관련법의 적용을 받는 자가 금융업관련법에 정한 과징금의 부과대상이 되는 위법행위를 한 때에는 금융위원회에 과징금의 부과를 건의해야 한다(검사제재규정20①본).

(2) 금융감독원장은 당해 위법행위가 법령 등에 따라 부과 면제사유에 해당한다고 판

19) 헌재 1994.6.30. 92헌바38

단하는 경우에는 부과 면제를 건의해야 한다(검사제재규정20①단). 다만, 금융감독원장은 과징금의 부과면제 사유가 다음 각 호의 어느 하나에 해당하는 경우에는 금융위원회에 건의하지 않고 과징금의 부과를 면제할 수 있다(검사제재규정20②).

1. 삭제
2. 검사제재규정 [별표2] 과징금 부과기준 6호 라목의 (1)[20](경영개선명령조치를 받은 경우에 한함)과 (2),[21] 또는 마목의 (2)[22]와 (4)[23]
4. 위반자가 채무자회생법에 따른 개인회생절차개시결정 또는 파산선고를 받은 경우

3) 부과통지

금융위원회는 과징금을 부과하려는 때에는 그 위반행위의 종류와 해당 과징금의 금액을 구체적으로 밝혀 과징금을 낼 것을 서면으로 통지해야 한다(은행법시행령26의3②).

4) 납부기한 및 분할납부

(1) 부과통지를 받은 자는 통지받은 날부터 60일 이내에 금융위원회가 정하는 수납기관에 과징금을 내야 한다(은행법시행령26의3③).

(2) 금융위원회는 과징금납부의무자가 다음의 어느 하나에 해당하는 사유로 과징금 전액을 한꺼번에 내기 어렵다고 인정될 때에는 그 납부기한을 연장하거나 분할납부하게 할 수 있고, 이 경우 필요하다고 인정하면 담보를 제공하게 할 수 있다(은행법65의7①, 행정기본법 29조 단서).

1. 재해 등으로 재산에 현저한 손실을 입은 경우
2. 사업 여건의 악화로 사업이 중대한 위기에 처한 경우
3. 과징금을 한꺼번에 내면 자금 사정에 현저한 어려움이 예상되는 경우
4. 그 밖에 제1호부터 제3호까지에 준하는 경우로서 대통령령으로 정하는 사유가 있는 경우

(3) 위 납부기한의 연장은 그 납부기한의 다음 날부터 1년을 초과할 수 없다(은행법시행령26의4①). 분할 납부를 하게 하는 경우에는 분할된 납부기한 간의 간격은 6개월 이내로 하고, 분할 횟수는 3회 이내로 한다(은행법시행령26의4②).

(4) 과징금납부의무자가 과징금 납부기한을 연장하거나 분할납부를 하려는 경우에는 그 납부기한의 10일 전까지 금융위원회에 신청해야 한다(은행법65의7②).

(5) 금융위원회는 납부기한이 연장되거나 분할납부가 허용된 과징금납부의무자가 다

---

20) 금융위원회로부터 경영개선명령 조치를 받은 경우 또는 이에 준하는 사유가 발생한 경우
21) 위반자의 지급불능, 지급정지 또는 자본잠식 등의 사유로 위반자가 과징금을 납부할 능력이 없다고 객관적으로 인정되는 경우
22) 동일한 위반행위에 대하여 형벌·과징금·과태료 등 실효성 있는 제재조치를 이미 받은 경우에는 그 제재에 상응하는 과징금을 부과하지 아니할 수 있다.
23) 조정 후에 과징금이 1백만 원 이하인 경우에는 과징금을 부과하지 아니할 수 있다.

음의 어느 하나에 해당하게 되면 납부기한 연장 또는 분할납부 결정을 취소하고 과징금을 한꺼번에 징수할 수 있다(은행법65의7③).

1. 분할납부하기로 결정된 과징금을 납부기한까지 내지 아니하였을 때
2. 담보 변경명령이나 그 밖에 담보보전에 필요한 금융위원회의 명령을 이행하지 아니하였을 때
3. 강제집행, 경매의 개시, 파산선고, 법인의 해산, 국세 또는 지방세의 체납처분을 받은 경우 등 과징금의 전부 또는 잔여분을 징수할 수 없다고 인정될 때
4. 행정기본법 29조 각 호의 사유가 해소되어 과징금을 한꺼번에 납부할 수 있다고 인정되는 경우
5. 그 밖에 1호부터 4호까지의 규정에 준하는 경우로서 대통령령으로 정하는 사유가 있을 때

5) 이의신청

과징금 부과처분에 불복하는 자는 그 처분을 고지받은 날부터 30일 이내에 그 사유를 갖추어 금융위원회에 이의를 신청할 수 있다(행정기본법 36조①). 금융위원회는 이의신청에 대하여 30일 이내에 결정을 해야 하고, 다만 부득이한 사정으로 그 기간에 결정을 할 수 없는 경우에는 30일의 범위에서 그 기간을 연장할 수 있다(은행법65의6①). 이 결정에 불복하는 자는 행정심판을 청구할 수 있다(은행법65의6②).

6) 과징금 징수 및 체납처분

(1) 금융위원회는 과징금납부의무자가 납부기한까지 과징금을 내지 아니하면 납부기한의 다음 날부터 과징금을 낸 날의 전날까지의 기간에 대하여 대통령령으로 정하는 가산금을 징수할 수 있고, 이 경우 가산금을 징수하는 기간은 60개월을 초과하지 못한다(은행법65의8①). 대통령령으로 정하는 가산금은 체납된 과징금에 연 100분의 6을 적용하여 계산한 금액을 말한다(은행법시행령26조의5).

(2) 금융위원회는 과징금납부의무자가 납부기한까지 과징금을 내지 아니하면 기간을 정하여 독촉을 하고, 그 지정한 기간 이내에 과징금과 위 가산금을 내지 아니하면 국세체납처분의 예에 따라 징수할 수 있다(은행법65의8②). 이 독촉은 납부기한이 지난 후 15일 이내에 서면으로 해야 한다(은행법시행령26의6①). 이에 따라 독촉장을 발급하는 경우 체납된 과징금의 납부기한은 독촉장 발급일부터 10일 이내로 한다(은행법시행령26의6②).

(3) 금융위원회는 과징금 및 가산금의 징수 또는 체납처분에 관한 업무를 국세청장에게 위탁할 수 있다(은행법65의8③).

제 4 관 민감정보와 고유식별정보의 처리

1. 개인정보법에 의한 정보처리의 제한

개인정보법 23조 및 24조에 따르면 민감정보 및 고유식별정보의 처리는 법령이 허용하는 등의 일정한 요건하에서만 가능하다.

(1) 민감정보 처리의 제한

1) 민감정보

⑴ 민감정보란 사상·신념, 노동조합·정당의 가입·탈퇴, 정치적 견해, 건강, 성생활 등에 관한 정보, 그 밖에 정보주체의 사생활을 현저히 침해할 우려가 있는 개인정보로서 대통령령으로 정하는 정보를 가리킨다(개인정보법23①본).

⑵ 위 ⑴의 대통령령으로 정하는 정보는 다음 각 호의 어느 하나에 해당하는 정보를 말한다(개인정보법시행령18본). 다만, 공공기관이 개인정보법 18조 2항 5호부터 9호까지의 규정[24]에 따라 다음 각 호의 어느 하나에 해당하는 정보를 처리하는 경우의 해당 정보는 제외한다(개인정보법시행령18단).

1. 유전자검사 등의 결과로 얻어진 유전정보
2. '형의 실효 등에 관한 법률' 2조 5호에 따른 범죄경력 자료에 해당하는 정보
3. 개인의 신체적, 생리적, 행동적 특징에 관한 정보로서 특정 개인을 알아볼 목적으로 일정한 기술적 수단을 통해 생성한 정보
4. 인종이나 민족에 관한 정보

2) 처리의 제한

⑴ 개인정보처리자는 민감정보를 처리할 수 없는 것이 원칙이다(개인정보법23①본).

⑵ 다만, 다음 각 호의 어느 하나에 해당하는 경우에는 그렇지 않다(개인정보법23①단).

1. 정보주체에게 개인정보법 15조 2항 각 호[25] 또는 17조 2항 각 호[26]의 사항을 알리고 다른

---

24) 개인정보법 18조 2항 5호부터 9호까지는 다음과 같다.
5. 개인정보를 목적 외의 용도로 이용하거나 이를 제3자에게 제공하지 아니하면 다른 법률에서 정하는 소관 업무를 수행할 수 없는 경우로서 보호위원회의 심의·의결을 거친 경우
6. 조약, 그 밖의 국제협정의 이행을 위하여 외국정부 또는 국제기구에 제공하기 위하여 필요한 경우
7. 범죄의 수사와 공소의 제기 및 유지를 위하여 필요한 경우
8. 법원의 재판업무 수행을 위하여 필요한 경우
9. 형 및 감호, 보호처분의 집행을 위하여 필요한 경우

25) 개인정보법 15조 2항 각 호는 다음과 같다.
1. 개인정보의 수집·이용 목적
2. 수집하려는 개인정보의 항목
3. 개인정보의 보유 및 이용 기간
4. 동의를 거부할 권리가 있다는 사실 및 동의 거부에 따른 불이익이 있는 경우에는 그 불이익의 내용

개인정보의 처리에 대한 동의와 별도로 동의를 받은 경우
2. 법령에서 민감정보의 처리를 요구하거나 허용하는 경우

(3) 위 (1)에 따라 개인정보처리자가 민감정보를 처리하는 경우에는 그 민감정보가 분실·도난·유출·위조·변조 또는 훼손되지 않도록 개인정보법 29조에 따른 안전성 확보에 필요한 조치를 취해야 한다(개인정보법23②). 개인정보법 29조에 따르면, 개인정보처리자는 개인정보가 분실·도난·유출·위조·변조 또는 훼손되지 아니하도록 내부 관리계획 수립, 접속기록 보관 등 대통령령으로 정하는 바에 따라 안전성 확보에 필요한 기술적·관리적 및 물리적 조치를 해야 한다. 이에 따라 개인정보처리자는 다음 각 호의 안전성 확보 조치를 해야 한다(개인정보법시행령30①).

1. 개인정보의 안전한 처리를 위한 내부 관리계획의 수립·시행
2. 개인정보에 대한 접근 통제 및 접근 권한의 제한 조치
3. 개인정보를 안전하게 저장·전송할 수 있는 암호화 기술의 적용 또는 이에 상응하는 조치
4. 개인정보 침해사고 발생에 대응하기 위한 접속기록의 보관 및 위조·변조 방지를 위한 조치
5. 개인정보에 대한 보안프로그램의 설치 및 갱신
6. 개인정보의 안전한 보관을 위한 보관시설의 마련 또는 잠금장치의 설치 등 물리적 조치

(4) 행정안전부장관은 개인정보처리자가 위의 안전성 확보 조치를 하도록 시스템을 구축하는 등 필요한 지원을 할 수 있다(개인정보법시행령30②). 안전성 확보 조치에 관한 세부 기준은 행정안전부장관이 정하여 고시한다(개인정보법시행령30③).

(2) 고유식별정보 처리의 제한

1) 고유식별정보

(1) 고유식별정보란 개인을 고유하게 구별하기 위하여 부여된 식별정보로서 대통령령으로 정하는 정보이다(개인정보법24①).

(2) 위 (1)에서 대통령령으로 정하는 정보는 다음 각 호의 어느 하나에 해당하는 정보를 말한다(개인정보법시행령19본). 다만, 공공기관이 개인정보법 18조 2항 5호부터 9호까지의 규정에 따라 다음 각 호의 어느 하나에 해당하는 정보를 처리하는 경우의 해당 정보는 제외한다(개인정보법시행령19단).

1. 주민등록번호

---

26) 개인정보법 17조 2항 각 호는 다음과 같다.
1. 개인정보를 제공받는 자
2. 개인정보를 제공받는 자의 개인정보 이용 목적
3. 제공하는 개인정보의 항목
4. 개인정보를 제공받는 자의 개인정보 보유 및 이용 기간
5. 동의를 거부할 권리가 있다는 사실 및 동의 거부에 따른 불이익이 있는 경우에는 그 불이익의 내용

2. 여권번호
3. 운전면허의 면허번호
4. 외국인등록번호(출입국관리법31④)

2) 처리의 제한

(1) 개인정보처리자는 고유식별정보를 처리할 수 없는 것이 원칙이다(개인정보법24①).

(2) 다만, 개인정보처리자는 다음 각 호의 어느 하나에 해당하는 경우는 고유식별정보를 처리할 수 있다.

1. 정보주체에게 개인정보법 15조 2항 각 호[27] 또는 17조 2항 각 호[28]의 사항을 알리고 다른 개인정보의 처리에 대한 동의와 별도로 동의를 받은 경우
2. 법령에서 구체적으로 고유식별정보의 처리를 요구하거나 허용하는 경우

(3) 위 (1)에 따라 개인정보처리자가 고유식별정보를 처리하는 경우에는 그 고유식별정보가 분실·도난·유출·위조·변조 또는 훼손되지 않도록 대통령령으로 정하는 바에 따라 암호화 등 안전성 확보에 필요한 조치[29]를 하여야 한다(개인정보법24③). 이에 따른 고유식별정보의 안전성 확보 조치에 관하여는 개인정보법시행령 30조를 준용한다(개인정보법시행령21①). 개인정보법시행령 30조에 대해서는 전술하였다.

(4) 위 (2)에도 불구하고 개인정보처리자는 다음 각 호의 어느 하나에 해당하는 경우를 제외하고는 주민등록번호를 처리할 수 없다(개인정보법24의2①).

1. 법률·대통령령·국회규칙·대법원규칙·헌법재판소규칙·중앙선거관리위원회규칙 및 감사원규칙에서 구체적으로 주민등록번호의 처리를 요구하거나 허용한 경우
2. 정보주체 또는 제3자의 급박한 생명, 신체, 재산의 이익을 위하여 명백히 필요하다고 인정되는 경우
3. 1호 및 2호에 준하여 주민등록번호 처리가 불가피한 경우로서 행정안전부령으로 정하는 경우

---

27) 앞의 각주 25)를 참조
28) 앞의 각주 26)을 참조
29) *개인정보법 24조 3항에 따른 고유식별정보의 안전성 확보 조치에 관하여는 개인정보법 30조를 준용한다(개인정보법시행령21①). 이를 준용하면 다음과 같다.
**① 개인정보처리자는 개인정보법 24조 3항에 따라 다음 각 호의 안전성 확보 조치를 하여야 한다.
1. 고유식별정보의 안전한 처리를 위한 내부 관리계획의 수립·시행
2. 고유식별정보에 대한 접근 통제 및 접근 권한의 제한 조치
3. 고유식별정보를 안전하게 저장·전송할 수 있는 암호화 기술의 적용 또는 이에 상응하는 조치
4. 고유식별정보 침해사고 발생에 대응하기 위한 접속기록의 보관 및 위조·변조 방지를 위한 조치
5. 고유식별정보에 대한 보안프로그램의 설치 및 갱신
6. 고유식별정보의 안전한 보관을 위한 보관시설의 마련 또는 잠금장치의 설치 등 물리적 조치
② 행정안전부장관은 고유식별정보처리자가 1항에 따른 안전성 확보 조치를 하도록 시스템을 구축하는 등 필요한 지원을 할 수 있다.
③ 1항에 따른 안전성 확보 조치에 관한 세부 기준은 행정안전부장관이 정하여 고시한다.

2. 보험업법시행령에 의한 정보처리 허용

(1) 의의

위와 같이 개인정보법에 따르면 민감정보 및 고유식별정보의 처리는 법령이 허용하는 등의 일정한 요건하에서만 가능하다. 이 점을 고려하여 보험업법시행령 102조는 금융위원회, 금융감독원, 보험요율산출기관, 보험협회, 보험회사, 보험대리점, 보험중개사, 손해사정사, 손해사정업자, 보험계약의 비교·공시자 등이 업무의 수행을 위해서 불가피한 경우 민감정보 및 고유식별정보의 처리를 할 수 있도록 허용하고 있다.

(2) 금융위원회 또는 금융감독원

(1) 금융위원회(보험업법 194조 및 동법시행령 100조에 따라 금융위원회의 업무를 위탁받은 자를 포함) 또는 금융감독원장(보험업법 194조 및 동법시행령 101조에 따라 금융감독원장의 업무를 위탁받은 자를 포함)은 다음 각 호의 사무를 수행하기 위해 불가피한 경우 개인정보법시행령 19조에 따른 주민등록번호, 여권번호, 운전면허의 면허번호 또는 외국인등록번호가 포함된 자료를 처리할 수 있다(시행령102①).

1. 보험업법 12조에 따른 국내사무소 설치신고에 관한 사무
2. 보험업법 89조에 따른 영업보증금 예탁·관리에 관한 사무
3. 보험업법 93조에 따른 보험설계사 등의 신고사항 처리에 관한 사무
4. 보험업법 107조에 따른 자산운용비율 한도 초과 예외 승인에 관한 사무
5. 보험업법 111조에 따른 대주주와의 거래 관련 보고 등에 관한 사무
6. 보험업법 112조에 따른 대주주 등에 대한 자료 제출 요구에 관한 사무
7. 보험업법 114조에 따른 자산평가의 방법 등에 관한 사무
8. 보험업법 115조, 117조에 따른 자회사 소유 승인, 신고 또는 보고에 관한 사무
9. 보험업법 118조에 따른 재무제표 등의 제출에 관한 사무
10. 보험업법 120조에 따른 책임준비금 적립 등의 심의에 관한 사무
11. 보험업법 131조(보험업법 132조에서 준용하는 경우를 포함한다) 및 131조의2에 따른 조치, 명령 등에 관한 사무
12. 보험업법 139조에 따른 해산·합병·계약이전 등의 인가에 관한 사무
13. 보험업법 150조에 따른 영업양도·양수의 인가에 관한 사무
14. 보험업법 156조에 따른 청산인의 선임·해임에 관한 사무
15. 보험업법 160조에 따른 청산인에 대한 감독 등에 관한 사무
16. 보험업법 163조에 따른 보험조사협의회 구성에 관한 사무
17. 보험업법 제176조에 따른 순보험요율 신고에 관한 사무

(2) 금융위원회(보험업법 194조 및 동법시행령 100조에 따라 금융위원회의 업무를 위탁받은 자를 포함) 또는 금융감독원장(보험업법 194조 및 동법시행령 101조에 따라 금융감독원장의 업무

를 위탁받은 자를 포함)은 다음 각 호의 사무를 수행하기 위해 불가피한 경우 개인정보법 23조에 따른 건강에 관한 정보, 개인정보법시행령 18조 2호에 따른 범죄경력자료에 해당하는 정보, 개인정보법시행령 19조에 따른 주민등록번호, 여권번호, 운전면허의 면허번호 또는 외국인등록번호가 포함된 자료를 처리할 수 있다(시행령102②).

1. 보험업법 3조 단서 및 보험업법시행령 7조에 따른 보험계약 체결 승인에 관한 사무
2. 보험업법 4조부터 7조까지의 규정에 따른 허가, 승인, 예비허가 등에 관한 사무
4. 보험업법 20조 3항에 따른 손실보전 준비금적립액 산정에 관한 사무
5. 보험업법 74조에 따른 외국보험회사 국내지점의 허가취소 등에 관한 사무
6. 보험업법 84조, 87조, 89조, 182조, 183조, 186조 및 187조에 따른 보험설계사, 보험대리점, 보험중개사, 보험계리사, 보험계리업, 손해사정사 및 손해사정업의 등록 및 자격시험 운영·관리에 관한 사무
7. 보험업법 86조, 88조, 90조, 190조 및 192조에 따른 보험설계사, 보험대리점, 보험중개사, 보험계리사, 선임계리사, 보험계리업자, 손해사정사, 손해사정업자의 등록취소 및 업무정지 등 제재에 관한 사무
8. 보험업법 130조에 따른 보고에 관한 사무
9. 보험업법 133조·134조(보험업법 136조에서 준용하는 경우를 포함), 135조 및 179조에 따른 자료 제출, 검사, 제재, 통보 및 이에 따른 사후조치 등에 관한 사무
10. 보험업법 162조에 따른 조사 및 이에 따른 사후조치 등에 관한 사무
11. 보험업법 196조에 따른 과징금 부과에 관한 사무

(3) 보험요율산출기관

보험요율산출기관은 ⓐ 실손전산시스템의 운영에 관한 사무(법176③(1)), ⓑ 순보험요율의 산출·검증 및 제공(법176③(1)), ⓒ 보험 관련 정보의 수집·제공 및 통계의 작성(법176③(2)), 그리고 ⓓ 보험회사 등으로부터 제공받은 보험정보 관리를 위한 전산망 운영 업무(시행령86(2))에 따른 사무를 수행하기 위하여 불가피한 경우 개인정보법 23조에 따른 건강에 관한 정보, 개인정보법시행령 18조 2호에 따른 범죄경력자료에 해당하는 정보, 개인정보법시행령 19조에 따른 주민등록번호, 여권번호, 운전면허의 면허번호 또는 외국인등록번호가 포함된 자료를 처리할 수 있다(시행령102③).

(4) 보험협회

보험협회의 장은 다음 각 호의 사무를 수행하기 위하여 불가피한 경우 개인정보법 23조에 따른 건강에 관한 정보, 개인정보법시행령 19조에 따른 주민등록번호, 여권번호, 운전면허의 면허번호 또는 외국인등록번호가 포함된 자료를 처리할 수 있다(시행령102④).

1. 보험업법 95조의5에 따라 중복계약의 체결을 확인하거나 보험업법시행령 7조 2항에 따라 보험계약을 확인하는 경우 그에 따른 사무
2. 보험업법 125조에 따라 금융위원회로부터 인가받은 상호협정을 수행하는 경우 그에 따른

사무
3. 보험업법 169조, 170조에 따른 보험금 지급 및 자료 제출 요구에 관한 사무
3의2. 보험업법시행령 56조 2항에 따른 변액보험계약의 모집에 관한 연수과정의 운영·관리에 관한 사무
4. 보험업법시행령 84조 2항 4호에 따른 차량수리비 실태 점검에 관한 사무
4의2. 보험업법시행령 84조 2항 5호의2에 따른 보험설계사 및 개인보험대리점의 모집 경력 수집·관리·제공에 관한 사무
5. 보험업법시행령 84조 2항 6호에 따른 보험가입 조회에 관한 사무
6. 보험업법시행령 84조 2항 10호에 따른 포상금 지급에 관한 사무
7. 보험업법시행령 84조 2항 11호에 따른 민원의 상담·처리에 관한 사무

(5) 보험회사

보험회사는 다음 각 호의 사무를 수행하기 위하여 필요한 범위로 한정하여 해당 각 호의 구분에 따라 개인정보법 23조에 따른 민감정보 중에서 건강에 관한 정보('건강정보')나 개인정보법시행령 19조에 따른 주민등록번호, 여권번호, 운전면허의 면허번호 또는 외국인등록번호('고유식별정보')가 포함된 자료를 처리할 수 있다(시행령102⑤).

1. 상법 639조에 따른 타인을 위한 보험계약의 체결, 유지·관리, 보험금의 지급 등에 관한 사무: 피보험자에 관한 건강정보 또는 고유식별정보
2. 상법 719조(상법 726조에서 준용하는 재보험계약을 포함) 및 726조의2에 따라 제3자에게 배상할 책임을 이행하기 위한 사무: 제3자에 관한 건강정보 또는 고유식별정보
3. 상법 733조에 따른 보험수익자 지정 또는 변경에 관한 사무: 보험수익자에 관한 고유식별정보
4. 상법 735조의3에 따른 단체보험계약의 체결, 유지·관리, 보험금지급 등에 관한 사무: 피보험자에 관한 건강정보 또는 고유식별정보
5. 보증보험계약으로서 주택임대차보호법 2조에 따른 주택의 임차인이 임차주택에 대한 보증금을 반환받지 못하여 입은 손해를 보장하는 보험계약의 체결, 유지·관리 및 보험금의 지급 등에 관한 사무: 임대인에 관한 고유식별정보
5의2. 보증보험계약으로서 상가건물임대차보호법 2조에 따른 상가건물의 임차인이 임차상가건물에 대한 보증금을 반환받지 못해 입은 손해를 보장하는 보험계약의 체결, 유지·관리 및 보험금의 지급 등에 관한 사무: 임대인에 관한 고유식별정보
6. 보증보험계약으로서 임대인의 상가건물임대차보호법 10조의4 1항 위반으로 임차인이 입은 손해를 보장하는 보험계약의 체결, 유지·관리 및 보험금의 지급 등에 관한 사무: 임대인에 관한 고유식별정보

(6) 보험회사, 보험대리점, 보험중개사

보험회사, 보험대리점 및 보험중개사는 보험업법 84조, 87조 및 93조에 따른 보험설계사·보험대리점의 등록 및 신고에 관한 사무를 수행하기 위하여 불가피한 경우 개인정

보법시행령 19조 1호에 따른 주민등록번호가 포함된 자료를 처리할 수 있다(시행령102⑥).

(7) 손해사정사 또는 손해사정업자

손해사정사 또는 손해사정업자는 보험업법 188조에 따른 사무를 수행하기 위하여 불가피한 경우 해당 보험계약자 등의 동의를 받아 개인정보법시행령 19조 1호에 따른 주민등록번호가 포함된 자료를 처리할 수 있다(시행령102⑦).

(8) 보험협회 또는 보험계약의 비교·공시자

보험협회 또는 보험협회 이외의 자로서 보험계약에 관한 사항을 비교·공시하는 자(법124⑤) 중의 어느 하나에 해당하는 자는 보험업법 124조 2항 또는 5항에 따라 자동차보험계약의 보험료 비교·공시에 관한 사무를 수행하기 위하여 불가피한 경우 개인정보법시행령 19조 1호에 따른 주민등록번호가 포함된 자료를 처리할 수 있다(시행령102⑧).

제12장

벌칙

제 1 관 행정형벌

1. 의의

행정형벌은 행정법상의 의무위반에 대해 가하는 형벌이다. 보험업법 197조~208조, 금융소비자법 67조, 67조의2는 이러한 행정형벌에 대해서 규정하고 있다.

2. 내용

(1) 형벌의 구분

1) 보험업법 197조

⑴ 보험업법 197조는 보험계리사, 손해사정사 또는 상호회사의 발기인 등의 배임죄에 대해서 다음과 같이 규정한다.

ⓐ 보험계리사, 손해사정사 또는 상호회사의 발기인, 보험업법 70조 1항에서 준용하는 상법 175조 1항에 따른 설립위원·이사·감사, 보험업법 59조에서 준용하는 상법 386조 2항 및 407조 1항에 따른 직무대행자나 지배인, 그 밖에 사업에 관하여 어떠한 종류의 사항이나 특정한 사항을 위임받은 사용인이 그 임무를 위반하여 재산상의 이익을 취득하거나 제3자로 하여금 취득하게 하여 보험회사에 재산상의 손해를 입힌 경우에는 10년 이하의 징역 또는 1억 원 이하의 벌금에 처한다(법197①).

ⓑ 상호회사의 청산인 또는 보험업법 73조에서 준용하는 상법 386조 2항 및 407조 1항에 따른 직무대행자도 보험업법 197조 1항의 적용을 받는다(법197②).

⑵ 보험업법 197조는 형법에 따른 업무상 배임죄의 특칙이다. 형법에 따른 업무상 배임죄는 10년 이하의 징역 또는 3천만 원 이하의 벌금에 처한다(형법356).

⑶ 한편 보험업법 197조는 상호회사의 발기인 등의 배임죄에 대해서는 규정하고 있지만, 그에 상응하는 주식회사의 발기인 등에 대해서는 규정하고 있지 않다. 이에 대해서

는 상법이 규정하고 있다.

(a) 주식회사의 발기인, 업무집행사원, 이사, 집행임원, 감사위원회 위원, 감사 또는 상법 386조 2항, 407조 1항, 415조 또는 567조의 직무대행자, 지배인 기타 회사영업에 관한 어느 종류 또는 특정한 사항의 위임을 받은 사용인이 그 임무에 위배한 행위로써 재산상의 이익을 취하거나 제3자로 하여금 이를 취득하게 하여 회사에 손해를 가한 때에는 10년 이하의 징역 또는 3천만 원 이하의 벌금에 처한다(상법622①).

(b) 주식회사의 청산인 또는 상법 542조 2항의 직무대행자, 175조의 설립위원도 위 상법 622조 1항의 적용을 받는다(상법622②).

2) 보험업법 198조

(1) 보험업법 25조 1항 또는 54조 1항의 기관을 구성하는 자가 그 임무를 위반하여 재산상의 이익을 취득하거나 제3자로 하여금 취득하게 하여 보험계약자나 사원에게 손해를 입힌 경우에는 7년 이하의 징역 또는 7천만 원 이하의 벌금에 처한다(법198).

(2) 보험업법 198조는 형법에 따른 업무상 배임죄의 특칙이다. 형법에 따른 업무상 배임죄는 10년 이하의 징역 또는 3천만 원 이하의 벌금에 처한다(형법356).

3) 보험업법 199조

(1) 보험업법은 보험계리사, 손해사정사, 상호회사의 발기인 등 또는 검사인이 회사재산을 위태롭게 한 죄를 규정한다. 즉 보험업법 197조 1항에 열거된 자 또는 상호회사의 검사인이 다음 각 호의 어느 하나에 해당하는 행위를 한 경우에는 7년 이하의 징역 또는 7천만 원 이하의 벌금에 처한다(법199).

1. 상호회사를 설립하면서 사원의 수, 기금총액의 인수, 기금의 납입 또는 보험업법 34조 4호부터 6호까지 및 9호와 38조 2항 3호 및 5호에 열거된 사항에 관하여 법원 또는 총회에 보고를 부실하게 하거나 사실을 숨긴 경우
2. 명의에 관계없이 보험회사의 계산으로 부정하게 그 주식을 취득하거나 질권의 목적으로 받은 경우
3. 법령 또는 정관을 위반하여 기금의 상각, 기금이자의 지급 또는 이익이나 잉여금의 배당을 한 경우
4. 보험업을 하기 위한 목적 이외의 투기거래를 위하여 보험회사의 자산을 처분한 경우

(2) 한편, 보험업법 199조는 상호회사의 발기인 등, 검사인이 회사재산을 위태롭게 한 죄에 대해서는 규정하고 있지만, 그에 상응하는 주식회사의 발기인 등, 검사인이 회사재산을 위태롭게 한 죄에 대해서는 규정하고 있지 않다. 이에 대해서는 상법이 규정하고 있다. 즉 상법 622조 1항에 규정된 자, 검사인, 상법 298조 3항, 299조의2, 310조 3항 또는 313조 2항의 공증인(인가공증인의 공증담당변호사를 포함)이나 299조의2, 310조 3항 또는

422조 1항의 감정인이 다음 각 호의 어느 하나에 해당하는 행위를 한 때에는 5년 이하의 징역 또는 1천500만 원 이하의 벌금에 처한다(상법625).

1. 주식 또는 출자의 인수나 납입, 현물출자의 이행, 상법 290조, 416조 4호 또는 544조에 규정된 사항에 관하여 법원·총회 또는 발기인에게 부실한 보고를 하거나 사실을 은폐한 때
2. 누구의 명의로 하거나를 불문하고 회사의 계산으로 부정하게 그 주식 또는 지분을 취득하거나 질권의 목적으로 이를 받은 때
3. 법령 또는 정관에 위반하여 이익배당을 한 때
4. 회사의 영업범위 외에서 투기행위를 하기 위하여 회사재산을 처분한 때

4) 보험업법 200조

다음 각 호의 어느 하나에 해당하는 자는 5년 이하의 징역 또는 5천만 원 이하의 벌금에 처한다(법200).

1. 보험업법 4조 1항을 위반한 자
2. 보험업법 106조 1항 4호 및 5호를 위반하여 신용공여를 한 자
3. 보험업법 106조 1항 6호를 위반하여 채권 및 주식을 소유한 자
4. 보험업법 111조 1항을 위반하여 같은 항 각 호의 어느 하나에 해당하는 행위를 한 자
5. 보험업법 111조 5항을 위반하여 같은 항 각 호의 어느 하나에 해당하는 행위를 한 대주주 또는 그의 특수관계인

5) 보험업법 201조

(1) 보험업법 197조 및 198조에 열거된 자 또는 상호회사의 검사인이 그 직무에 관하여 부정한 청탁을 받고 재산상의 이익을 수수·요구 또는 약속한 경우에는 5년 이하의 징역 또는 5천만 원 이하의 벌금에 처한다(법201①). 이러한 이익을 약속 또는 공여하거나 공여 의사를 표시한 자도 같다(법201②).

(2) 보험업법 201조는 형법에 따른 배임수증재죄의 특칙이다. 형법에 따르면, 타인의 사무를 처리하는 자가 그 임무에 관하여 부정한 청탁을 받고 재물 또는 재산상의 이익을 취득하거나 제3자로 하여금 이를 취득하게 한 때에는 5년 이하의 징역 또는 1천만 원 이하의 벌금에 처한다(형법357①). 재물 또는 이익을 공여한 자는 2년 이하의 징역 또는 500만 원 이하의 벌금에 처한다(형법357②).

(3) 한편, 보험업법 201조는 상호회사의 발기인 등의 배임수증재죄에 대해서는 규정하고 있지만, 그에 상응하는 주식회사의 발기인 등에 대해서는 규정하고 있지 않다. 이에 대해서는 상법이 규정하고 있다. 즉 상법 622조와 623조에 규정된 자, 검사인, 상법 298조 3항, 299조의2, 310조 3항 또는 313조 2항의 공증인이나 상법 299조의2, 310조 3항 또는 422조 1항의 감정인이 그 직무에 관하여 부정한 청탁을 받고 재산상의 이익을 수수, 요구

또는 약속한 때에는 5년 이하의 징역 또는 1천500만 원 이하의 벌금에 처한다(상법630①). 이러한 이익을 약속, 공여 또는 공여의 의사를 표시한 자도 같다(상법630②).

6) 보험업법 202조

다음 각 호의 어느 하나에 해당하는 자는 3년 이하의 징역 또는 3천만 원 이하의 벌금에 처한다(법202).

1. 보험업법 18조 2항을 위반하여 승인을 받지 않고 자본감소의 결의를 한 주식회사
2. 보험업법 75조를 위반한 자
3. 보험업법 98조에서 규정한 금품 등을 제공(같은 조 보험업법 3호의 경우에는 보험금액 지급의 약속을 말한다)한 자 또는 이를 요구하여 수수한 보험계약자 또는 피보험자

3의2. 보험업법 102조의7 5항을 위반하여 업무를 수행하는 과정에서 알게 된 정보 또는 자료를 누설하거나 102조의6 1항에 따른 서류 전송 업무 외의 용도로 사용 또는 보관한 자

4. 보험업법 106조 1항 1호부터 3호까지의 규정을 위반한 자
5. 보험업법 177조를 위반한 자
6. 보험업법 183조 1항 또는 187조 1항에 따른 등록을 하지 않고 보험계리업 또는 손해사정업을 한 자
7. 거짓이나 그 밖의 부정한 방법으로 보험업법 183조 1항 또는 187조 1항에 따른 등록을 한 자
8. 보험업법 189조 3항 2호를 위반한 자

7) 보험업법 203조

(1) 보험업법 203조는 권리행사방해 등에 관한 수증재죄에 대해 다음과 같이 규정한다.

(a) 다음 각 호의 사항에 관하여 부정한 청탁을 받고 재산상의 이익을 수수·요구 또는 약속한 자는 1년 이하의 징역 또는 1천만 원 이하의 벌금에 처한다(법203①).

1. 보험계약자총회, 상호회사의 창립총회 또는 사원총회에서의 발언이나 의결권 행사
2. 보험업법 3장 2절·3절 및 8장 2절에서 규정하는 소의 제기 또는 자본금의 100분의 5 이상에 상당하는 주주 또는 100분의 5 이상의 사원의 권리의 행사

(b) 위와 같은 이익을 약속 또는 공여하거나 공여 의사를 표시한 자도 같다(법203②).

(2) 한편, 보험업법 203조는 상호회사에서 권리행사방해 등에 관한 수증재죄에 대해서 규정하고 있지만, 그에 상응하는 주식회사에서 권리행사방해 등에 관한 수증재죄에 대해서는 규정하고 있지 않다. 이에 대해서는 상법이 규정하고 있다.

(a) 다음의 사항에 관하여 부정한 청탁을 받고 재산상의 이익을 수수, 요구 또는 약속한 자는 1년 이하의 징역 또는 300만 원 이하의 벌금에 처한다(상법631①).

1. 창립총회, 사원총회, 주주총회 또는 사채권자집회에서의 발언 또는 의결권의 행사
2. 상법 3편에 정하는 소의 제기, 발행주식의 총수의 100분의 1 또는 100분의 3 이상에 해당하는 주주, 사채총액의 100분의 10 이상에 해당하는 사채권자 또는 자본금의 100분의 3 이

상에 해당하는 출자좌수를 가진 사원의 권리의 행사
3. 상법 402조 또는 424조에 정하는 권리의 행사

(b) 위와 같은 이익을 약속, 공여 또는 공여의 의사를 표시한 자도 같다(상법631②).

8) 보험업법 204조

(1) 다음 각 호의 어느 하나에 해당하는 자는 1년 이하의 징역 또는 1천만 원 이하의 벌금에 처한다(법204①).

1. 보험업법 8조 2항을 위반한 자
2. 보험업법 83조 1항을 위반하여 모집을 한 자
3. 거짓이나 그 밖의 부정한 방법으로 보험설계사·보험대리점 또는 보험중개사의 등록을 한 자

3의2. 보험업법 86조 2항(190조에 따라 준용하는 경우를 포함한다)에 따른 업무정지의 명령을 위반하여 모집, 보험계리업무 또는 손해사정업무를 한 자

4. 보험업법 86조 2항, 88조 2항, 90조 2항에 따른 업무정지의 명령을 위반하여 모집을 한 자
5. 삭제
6. 보험업법 150조를 위반한 자
7. 보험업법 181조 1항 및 보험업법 184조 1항을 위반하여 정당한 사유 없이 확인을 하지 않거나 부정한 확인을 한 보험계리사 및 선임계리사
8. 보험업법 184조 3항 1호를 위반한 선임계리사 및 보험계리사
9. 보험업법 189조 3항 1호를 위반한 손해사정사

(2) 보험계리사나 손해사정사에게 위 (1)의 7호부터 9호까지의 규정에 따른 행위를 하게 하거나 이를 방조한 자는 정범에 준하여 처벌한다(법204②).

9) 금융소비자법 67조

다음 각 호의 어느 하나에 해당하는 자는 5년 이하의 징역 또는 2억원 이하의 벌금에 처한다(금융소비자법67).

1. 금융소비자법 12조를 위반하여 금융상품판매업등의 등록을 하지 아니하고 금융상품판매업등을 영위한 자
2. 거짓이나 그 밖의 부정한 방법으로 제12조에 따른 등록을 한 자
3. 금융소비자법 24조를 위반하여 금융상품판매대리·중개업자가 아닌 자에게 금융상품계약체결등을 대리하거나 중개하게 한 자

10) 금융소비자법 67조의2

금융소비자법 16조의2 3항을 위반하여 방문판매 및 전화권유판매로 금융상품을 판매하려는 경우에 성명 등을 거짓으로 밝힌 자는 1천만원 이하의 벌금에 처한다.

(2) 미수범

미수범의 처벌은 개별적으로 처벌규정을 둔 경우에 한한다(형법29). 보험업법 197조

및 198조의 미수범은 처벌한다(법205). 미수범의 처벌은 원칙적으로 기수범과 같고, 다만 경우에 따라서 형을 감경할 수 있다(형법25②).

(3) 병과

보험업법 197조부터 205조까지에 규정된 죄를 범한 자에게는 정상에 따라 징역과 벌금을 병과할 수 있다(법206). 보험업법 197조부터 205조까지에 규정된 죄는 징역과 벌금이 선택형으로 규정되어 있지만, 보험업법 206조는 이를 병과형으로 처벌할 수 있음을 규정한 것이다.

(4) 몰수

(1) 보험업법 201조 및 203조의 경우 범인이 수수하였거나 공여하려 한 이익은 몰수하고, 그 전부 또는 일부를 몰수할 수 없는 경우에는 그 가액을 추징한다(법207).

(2) 위 (1)의 몰수는 범죄반복의 방지 또는 범죄에 의한 이득금지를 위해서 범죄와 관련된 재산을 박탈하는 형벌이다.[1] 이 점에서 범죄인에 대해 일정한 금액의 지불의무를 강제하는 형벌인 벌금과 다르다. 몰수는 법관의 재량에 의한 임의적 몰수가 원칙이나,[2] 보험업법 207조는 필수적 몰수를 규정한 것이다.

(3) 위 (1)의 추징은 몰수에 대신하여 그 가액의 납부를 명령하는 처분이다. 몰수할 수 없는 경우란 소비, 혼동, 분실, 양도 등으로 인해 판결 당시에 사실상 또는 법률상 몰수할 수 없는 경우를 가리킨다.[3]

(5) 양벌규정

(1) 법인(법인이 아닌 사단 또는 재단으로서 대표자 또는 관리인이 있는 것을 포함한다. 이하 이 항에서 같다)의 대표자나 법인 또는 개인의 대리인, 사용인, 그 밖의 종업원이 그 법인 또는 개인의 업무에 관하여 보험업법 200조, 202조, 204조, 금융소비자법 67조의 어느 하나에 해당하는 위반행위를 하면 그 행위자를 벌하는 외에 그 법인 또는 개인에게도 해당 조문의 벌금형을 과한다(법208①본, 금융소비자법68). 다만, 법인 또는 개인이 그 위반행위를 방지하기 위하여 해당 업무에 관하여 상당한 주의와 감독을 게을리하지 아니한 경우에는 그렇지 않다(법208①단). 이에 따라 법인이 아닌 사단 또는 재단에 대하여 벌금형을 과

---

1) 이재상 · 장영민 · 강동범, 형법총론, 2017, 585면

2) 형법 48조(몰수의 대상과 추징) ① 범인 이외의 자의 소유에 속하지 아니하거나 범죄 후 범인 이외의 자가 정을 알면서 취득한 다음 기재의 물건은 전부 또는 일부를 몰수할 수 있다.
   1. 범죄행위에 제공하였거나 제공하려고 한 물건
   2. 범죄행위로 인하여 생하였거나 이로 인하여 취득한 물건
   3. 전 2호의 대가로 취득한 물건.
   ② 전항에 기재한 물건을 몰수하기 불능한 때에는 그 가액을 추징한다.
   ③ 문서, 도화, 전자기록등 특수매체기록 또는 유가증권의 일부가 몰수에 해당하는 때에는 그 부분을 폐기한다.

3) 이재상 · 장영민 · 강동범, 형법총론, 2017, 589면

하는 경우에는 그 대표자 또는 관리인이 그 소송행위에 관하여 그 사단 또는 재단을 대표하는 법인을 피고인으로 하는 경우의 형사소송에 관한 법률을 준용한다(법208②).

(2) 위 (1)은 양벌규정이다. 즉 보험업법 등을 위반한 행위자를 처벌하는 것 이외에 그가 속한 법인도 처벌하는 내용이다. 법인은 범죄행위의 주체인 범죄행위자가 될 수 없지만, 즉 범죄능력이 없지만(판례,[4] 통설), 행정목적의 실현을 위해서 범죄행위자 이외에 법인도 처벌하자는 취지이다.

제 2 관 과태료

1. 의의

(1) 과태료는 행정벌의 일종으로서 행정질서벌이라고도 한다. 과태료는 행정질서의 위반을 통해서 행정목적을 간접적으로 침해하는 행위에 과해지거나, 또는 경미한 행정법규 위반인 경우에 과해지는 행정벌이다.

(2) 과태료는 행정형벌과 다르다. 행정형벌은 행정목적을 직접적으로 침해하는 행위에 과해지거나 또는 경미하지 않은 행정법규 위반인 경우에 과해지는 행정벌이다. 최근에 행정형벌의 과태료로의 전환 추세에 따라서 행정형벌을 과해야 할 행위에 대해 행정질서벌을 과하는 경우가 늘고 있다.[5]

(3) 과태료와 행정형벌을 같이 부과하는 것이 이중처벌 금지 원칙의 위반인지에 대해 논란이 있다. 대법원과 한법재판소는 행정법상의 질서벌인 과태료의 부과처분과 형사처벌은 그 성질이나 목적을 달리하는 별개의 것이므로 이중처벌 금지 원칙에 대한 위반이 아니라고 본다.[6][7]

---

4) 대판(전원) 1984.10.10. 82도2595

5) 박균성 588면

6) 대판 1996.4.12. 96도158(행정법상의 질서벌인 과태료의 부과처분과 형사처벌은 그 성질이나 목적을 달리하는 별개의 것이므로 행정법상의 질서벌인 과태료를 납부한 후에 형사처벌을 한다고 하여 이를 일사부재리의 원칙에 반하는 것이라고 할 수는 없다)

7) 헌재(전원) 1994.6.30. 92헌바38(헌법 13조 1항이 정한 이중처벌 금지의 원칙은 동일한 범죄행위에 대하여 국가가 형벌권을 거듭 행사할 수 없도록 함으로써 국민의 기본권 특히 신체의 자유를 보장하기 위한 것이므로, 그 처벌은 원칙으로 범죄에 대한 국가의 형벌권 실행으로서의 과벌을 의미하는 것이고, 국가가 행하는 일체의 제재나 불이익처분을 모두 그에 포함된다고 할 수는 없다. 구 건축법 54조 1항에 의한 형사처벌의 대상이 되는 범죄의 구성요건은 당국의 허가 없이 건축행위 또는 건축물의 용도변경행위를 한 것이고, 동법 56조의2 1항에 의한 과태료는 건축법령에 위반되는 위법건축물에 대한 시정명령을 받고도 건축주 등이 이를 시정하지 아니할 때 과하는 것이므로, 양자는 처벌 내지 제재대상이 되는 기본적 사실관계로서의 행위를 달리하는 것이다. 그리고, 전자가 무허가건축행위를 한 건축주 등의 행위 자체를 위법한 것으로 보아 처벌하는 것인 데 대하여, 후자는 위법건축물의 방치를 막고자 행정청이 시정조치를 명하였음에도 건축주 등이 이를 이행하지 아니한 경우에 행정명령의 실효성을 확보하기 위하여 제재를 과하는 것이므로 양자는 그 보호법익과 목적에서도 차이가 있고, 또한 무허가건축행위에 대한 형사처벌 시에 위법건축물에 대한 시정명령의

2. 내용

(1) 구분

과태료는 보험업법에 따른 과태료, 지배구조법에 따른 과태료, 금융소비자법에 따른 과태료로 나누어 살펴볼 필요가 있다.

(2) 보험업법

보험업법 209조에 따른 과태료의 내용은 다음과 같다.

1) 1억 원 이하

i) 보험회사

보험회사가 다음 각 호의 어느 하나에 해당하는 경우에는 1억 원 이하의 과태료를 부과한다(법209①).

1. 보험업법 10조 또는 보험업법 11조를 위반하여 다른 업무 등을 겸영한 경우
1의2. 보험업법 11조의2 1항을 위반하여 부수업무를 신고하지 않은 경우
2. 보험업법 95조를 위반한 경우
3. 보험업법 96조를 위반한 경우
4. 보험회사 소속 임직원 또는 보험설계사가 보험업법 99조 2항을 위반한 경우 해당 보험회사. 다만, 보험회사가 그 위반행위를 방지하기 위하여 해당 업무에 관하여 상당한 주의와 감독을 게을리하지 않은 경우는 제외한다.
5. 보험업법 106조 1항 7호부터 10호까지의 규정을 위반한 경우
6. 보험업법 109조를 위반하여 다른 회사의 주식을 소유한 경우
7. 삭제
7의2. 삭제
7의3. 보험업법 111조 2항을 위반하여 이사회의 의결을 거치지 않은 경우
7의4. 보험업법 111조 3항 또는 4항에 따른 보고 또는 공시를 하지 않거나 거짓으로 보고 또는 공시한 경우
8. 보험업법 113조를 위반한 경우
9. 보험업법 116조를 위반한 경우
10. 보험업법 118조를 위반하여 재무제표 등을 기한까지 제출하지 않거나 사실과 다르게 작성된 재무제표 등을 제출한 경우
10의2. 보험업법 120조 1항을 위반하여 책임준비금이나 비상위험준비금을 계상하지 않거나 과소·과다하게 계상하는 경우 또는 장부에 기재하지 않은 경우
11. 보험업법 124조 1항을 위반하여 공시하지 않은 경우

위반행위까지 평가된다고 할 수 없으므로 시정명령 위반행위가 무허가건축행위의 불가벌적 사후행위라고 할 수도 없다. 이러한 점에 비추어 구 건축법 54조 1항에 의한 무허가건축행위에 대한 형사처벌과 동법 56조2 1항에 의한 과태료의 부과는 헌법 13조 1항이 금지하는 이중처벌에 해당한다고 할 수 없다)

12. 보험업법 124조 4항을 위반하여 정보를 제공하지 않거나 부실한 정보를 제공한 경우
13. 보험업법 128조의2를 위반한 경우
14. 보험업법 131조 1항·2항 및 4항에 따른 명령을 위반한 경우
15. 보험업법 133조에 따른 검사를 거부, 방해 또는 기피한 경우
16. 보험업법 181조 2항을 위반하여 선임계리사를 선임하지 아니한 경우
17. 보험업법 181조의2에 따른 선임계리사 선임 및 해임에 관한 절차를 위반한 경우
18. 보험업법 184조의2에 따른 선임계리사의 요건을 충족하지 못한 자를 선임계리사로 선임한 경우

ii) 금융기관보험대리점등

보험업법 91조 1항에 따른 금융기관보험대리점등 또는 금융기관보험대리점등이 되려는 자가 보험업법 83조 2항 또는 100조를 위반한 경우에는 1억 원 이하의 과태료를 부과한다(법209②).

2) 5천만 원 이하

보험회사가 보험업법 95조의5를 위반한 경우에는 5천만원 이하의 과태료를 부과한다(법209③).

3) 3천만 원 이하

보험회사가 다음 각 호의 어느 하나에 해당하는 행위를 한 경우에는 3천만원 이하의 과태료를 부과한다(법209④).

1. 보험업법 85조의4를 위반하여 직원의 보호를 위한 조치를 하지 아니하거나 직원에게 불이익을 준 경우
2. 보험업법 184조 7항을 위반하여 같은 항 각 호의 어느 하나에 해당하는 직무를 담당하게 한 경우
3. 보험업법 184조의3 1항, 5항 또는 6항을 위반하여 선임계리사의 권한과 업무 수행의 독립성에 관하여 필요한 사항을 이행하지 아니한 경우

4) 2천만 원 이하

보험업법 110조의3 2항을 위반하여 신용공여 계약을 체결하려는 자에게 금리인하 요구를 할 수 있음을 알리지 아니한 보험회사(법209⑤), 보험회사의 발기인·설립위원·이사·감사·검사인·청산인, 상법 386조 2항 및 407조 1항에 따른 직무대행자(보험업법 59조 및 보험업법 73조에서 준용하는 경우를 포함) 또는 지배인이 다음 각 호의 어느 하나에 해당하는 행위를 한 경우에는 2천만 원 이하의 과태료를 부과한다(법209⑥).

1. 보험회사가 보험업법 10조 또는 보험업법 11조를 위반하여 다른 업무 등을 겸영한 경우
2. 삭제
3. 보험업법 18조를 위반하여 자본감소의 절차를 밟은 경우

4. 관청·총회 또는 보험업법 25조 1항 및 54조 1항의 기관에 보고를 부실하게 하거나 진실을 숨긴 경우
5. 보험업법 38조 2항을 위반하여 입사청약서를 작성하지 않거나 입사청약서에 적을 사항을 적지 않거나 부실하게 적은 경우
6. 정관·사원명부·의사록·자산목록·대차대조표·사업계획서·사무보고서·결산보고서, 또는 보험업법 44조에서 준용하는 상법 29조 1항의 장부에 적을 사항을 적지 않거나 부실하게 적은 경우
7. 보험업법 57조 1항(보험업법 73조에서 준용하는 경우를 포함)이나 보험업법 64조 및 보험업법 73조에서 준용하는 상법 448조 1항을 위반하여 서류를 비치하지 않은 경우
8. 사원총회 또는 보험업법 54조 1항의 기관을 보험업법 59조에서 준용하는 상법 364조를 위반하여 소집하거나 정관으로 정한 지역 이외의 지역에서 소집하거나 보험업법 59조에서 준용하는 상법 365조 1항을 위반하여 소집하지 않은 경우
9. 보험업법 60조 또는 62조를 위반하여 준비금을 적립하지 않거나 준비금을 사용한 경우
10. 보험업법 69조를 위반하여 해산절차를 밟은 경우
11. 보험업법 72조 또는 정관을 위반하여 보험회사의 자산을 처분하거나 그 남은 자산을 배분한 경우
12. 보험업법 73조에서 준용하는 상법 254조를 위반하여 파산선고의 신청을 게을리한 경우
13. 청산의 종결을 지연시킬 목적으로 보험업법 73조에서 준용하는 상법 535조 1항의 기간을 부당하게 정한 경우
14. 보험업법 73조에서 준용하는 상법 536조를 위반하여 채무를 변제한 경우
15. 보험업법 79조 2항에서 준용하는 상법 619조 또는 620조를 위반한 경우
16. 보험업법 85조 1항을 위반한 경우
17. 보험회사가 보험업법 95조를 위반한 경우
18. 보험회사의 임직원이 보험업법 95조의2, 95조의4, 97조를 위반한 경우
19. 보험회사가 보험업법 96조를 위반한 경우
20. 보험업법 106조 1항 4호 또는 7호부터 10호까지의 규정을 위반하여 자산운용을 한 경우
21. 보험업법 109조를 위반하여 다른 회사의 주식을 소유한 경우
22. 보험업법 110조를 위반한 경우

22의2. 삭제

23. 보험업법 113조를 위반한 경우
24. 보험업법 116조를 위반한 경우
25. 보험업법 118조를 위반하여 재무제표 등의 제출기한을 지키지 않거나 사실과 다르게 작성된 재무제표 등을 제출한 경우
26. 보험업법 119조를 위반하여 서류의 비치나 열람의 제공을 하지 않은 경우
27. 보험업법 120조 1항을 위반하여 책임준비금 또는 비상위험준비금을 계상하지 않거나 장부에 기재하지 않은 경우
28. 보험업법 124조 1항을 위반하여 공시하지 않은 경우
29. 보험업법 124조 4항을 위반하여 정보를 제공하지 않거나 부실한 정보를 제공한 경우
30. 보험업법 125조를 위반한 경우

31. 보험업법 126조를 위반하여 정관변경을 보고하지 않은 경우
32. 보험업법 127조를 위반한 경우
33. 보험회사가 보험업법 127조의3을 위반한 경우
34. 보험회사가 보험업법 128조의2를 위반한 경우
35. 보험회사가 보험업법 128조의3을 위반하여 기초서류를 작성·변경한 경우
36. 보험업법 130조를 위반하여 보고하지 않은 경우
37. 보험업법 131조에 따른 명령을 위반한 경우
38. 보험업법 133조에 따른 검사를 거부, 방해 또는 기피한 경우
39. 금융위원회가 선임한 청산인 또는 법원이 선임한 관리인이나 청산인에게 사무를 인계하지 않은 경우
40. 보험업법 141조를 위반하여 보험계약의 이전절차를 밟은 경우
41. 보험업법 142조를 위반하여 보험계약을 체결하거나 보험업법 144조(보험업법 152조 2항에서 준용하는 경우를 포함)를 위반하여 자산을 처분하거나 채무를 부담할 행위를 한 경우
42. 보험업법 151조 1항 및 2항, 보험업법 153조 3항 또는 보험업법 70조 1항에서 준용하는 상법 232조를 위반하여 합병절차를 밟은 경우
43. 보험업법에 따른 등기를 게을리한 경우
44. 보험업법 또는 정관에서 정한 보험계리사에 결원이 생긴 경우에 그 선임절차를 게을리한 경우

5) 1천만 원 이하

다음 각 호의 어느 하나에 해당하는 자에게는 1천만 원 이하의 과태료를 부과한다(법 209⑦).

1. 보험업법 3조를 위반한 자
2. 보험업법 85조 2항을 위반한 자

2의2. 보험업법 85조의3 1항을 위반한 자
2의3. 삭제
2의4. 보험업법 87조의3 2항을 위반한 자

3. 보험업법 92조를 위반한 자
4. 보험업법 93조에 따른 신고를 게을리한 자
5. 보험업법 95조를 위반한 자
6. 보험업법 95조의2를 위반한 자
7. 보험대리점·보험중개사 소속 보험설계사가 보험업법 95조의2, 95조의4, 96조 1항, 97조 1항, 99조 2항 및 3항을 위반한 경우 해당 보험대리점·보험중개사. 다만, 보험대리점·보험중개사가 그 위반행위를 방지하기 위하여 해당 업무에 관하여 상당한 주의와 감독을 게을리하지 않은 경우는 제외한다.

7의2. 보험업법 95조의5를 위반한 자

8. 삭제
9. 보험업법 96조 1항을 위반한 자

10. 보험업법 97조 1항을 위반한 자
11. 보험업법 99조 2항 및 3항을 위반한 자
11의2. 보험업법 102조의5 1항을 위반한 자
12. 보험업법 112조에 따른 자료제출을 거부한 자
13. 보험업법 124조 5항을 위반하여 비교·공시한 자
14. 보험업법 131조 1항을 준용하는 보험업법 132조, 179조, 192조 2항, 또는 보험업법 133조 1항을 준용하는 보험업법 136조, 179조, 192조 2항 및 192조 1항에 따른 명령을 위반한 자
15. 보험업법 133조 3항을 준용하는 보험업법 136조, 179조 및 192조 2항에 따른 검사를 거부, 방해 또는 기피한 자
16. 보험업법 133조 3항을 준용하는 보험업법 136조, 179조, 192조 2항에 따른 요구에 응하지 않은 자
17. 보험업법 162조 2항에 따른 요구를 정당한 사유 없이 거부, 방해 또는 기피한 자
18. 보험업법 185조 5항을 위반하여 같은 항 각 호의 어느 하나에 해당하는 행위를 한 자
19. 보험업법 189조 1항 및 2항을 위반한 자
20. 보험업법 189조 3항을 위반하여 같은 항 각 호(1호 및 2호를 제외한다)의 어느 하나에 해당하는 행위를 한 자
21. 보험업법 189조의2를 위반하여 손해사정의 표시·광고를 한 자

6) 5백만 원 이하

보험업법 187조의2를 위반하여 손해사정사, 손해사정업자 또는 이와 유사한 명칭을 사용한 자에게는 5백만원 이하의 과태료를 부과한다(법209⑧).

(3) 지배구조법

지배구조법 43조에 따른 과태료의 내용은 다음과 같다.

1) 1억 원 이하

다음 각 호의 어느 하나에 해당하는 자에게는 1억 원 이하의 과태료를 부과한다(지배구조법43①).

1. 지배구조법 8조 1항을 위반하여 이사회의 의결을 거치지 않고 주요업무집행책임자를 임면한 자
2. 지배구조법 12조 1항 및 2항을 위반하여 같은 항에 규정된 사외이사 선임의무를 이행하지 아니한 자
3. 지배구조법 12조 3항을 위반하여 같은 조 1항 및 2항의 이사회의 구성요건을 충족시키지 않은 자
4. 지배구조법 13조 2항을 위반하여 선임사외이사를 선임하지 않은 자
5. 지배구조법 13조 4항을 위반하여 선임사외이사의 업무를 방해하거나 협조를 거부한 자
6. 지배구조법 16조 1항 및 같은 조 2항 단서를 위반하여 이사회 내 위원회를 설치하지 않은 자
7. 지배구조법 16조 4항을 위반하여 위원회 위원의 과반수를 사외이사로 두지 않은 자
8. 지배구조법 17조 1항을 위반하여 임원후보를 추천하지 않은 자

9. 지배구조법 17조 2항을 위반하여 임원후보추천위원회를 구성한 자
10. 지배구조법 17조 3항에 따라 임원을 선임하지 않은 자
11. 지배구조법 17조 4항을 위반하여 주주제안권을 행사할 수 있는 요건을 갖춘 주주가 추천한 사외이사 후보를 포함시키지 않은 자
12. 지배구조법 19조 1항 및 2항을 위반하여 같은 항에 규정된 요건을 모두 충족하는 감사위원회를 설치하지 않은 자
13. 지배구조법 19조 3항을 위반하여 같은 조 지배구조법 1항 및 지배구조법 2항의 감사위원회의 구성요건을 충족시키지 않은 자
14. 지배구조법 19조 4항부터 7항까지의 규정을 위반하여 감사위원의 선임절차를 준수하지 않은 자
15. 지배구조법 19조 8항을 위반하여 상근감사를 두지 않은 자
16. 지배구조법 24조 1항을 위반하여 내부통제기준을 마련하지 않은 자
17. 지배구조법 25조 1항을 위반하여 준법감시인을 두지 않은 자
18. 지배구조법 25조 2항에 따라 준법감시인을 선임하지 않은 자
19. 지배구조법 25조 3항에 따른 의결절차(지배구조법 28조 2항에서 준용하는 경우를 포함)를 거치지 않고 준법감시인을 임면한 자
20. 지배구조법 25조 5항을 위반하여 준법감시인을 선임한 자
21. 지배구조법 27조 1항을 위반하여 위험관리기준을 마련하지 않은 자
22. 지배구조법 28조 1항을 위반하여 위험관리책임자를 두지 않은 자
22의2. 지배구조법 30조의3 3항에 따른 절차를 거치지 아니하고 책무구조도를 마련한 자
23. 지배구조법 32조 2항을 위반하여 보고를 하지 않거나 거짓으로 보고한 자
24. 지배구조법 32조 3항에 따른 금융위원회의 자료 또는 정보의 제공 요구에 따르지 않거나 거짓 자료 또는 정보를 제공한 자
25. 지배구조법 34조에 따른 시정명령·중지명령 및 조치를 이행하지 않은 자
26. 지배구조법 35조에 따른 임직원에 대한 조치요구를 이행하지 않은 자

2) 3천만 원 이하

다음 각 호의 어느 하나에 해당하는 자에게는 3천만 원 이하의 과태료를 부과한다(지배구조법43②).

1. 지배구조법 7조 1항을 위반하여 임원의 자격요건 적합 여부를 확인하지 않은 자
1의2. 지배구조법 7조 2항을 위반하여 임원의 선임사실 및 자격요건 적합 여부에 관한 공시 또는 보고를 하지 않거나 거짓으로 공시 또는 보고를 한 자
1의3. 지배구조법 7조 3항을 위반하여 임원의 해임(사임을 포함)에 관한 공시 또는 보고를 하지 않거나 거짓으로 공시 또는 보고를 한 자
2. 지배구조법 10조를 위반하여 겸직하게 하거나 겸직한 자
2의2. 지배구조법 11조 1항 본문을 위반하여 겸직승인을 받지 않은 자
2의3. 지배구조법 11조 1항 단서 및 같은 조 2항을 위반하여 겸직보고를 하지 않거나 거짓으

로 보고한 자

2의4. 지배구조법 13조 2항을 위반하여 사외이사가 아닌 자를 이사회 의장으로 선임하면서 그 사유를 공시하지 않거나 거짓으로 공시한 자

2의5. 지배구조법 14조 3항을 위반하여 공시를 하지 않거나 거짓으로 공시한 자

3. 지배구조법 18조(지배구조법 20조 4항에서 준용하는 경우를 포함)를 위반하여 자료나 정보를 제공하지 않거나 거짓으로 제공한 자
4. 지배구조법 20조 2항을 위반하여 담당부서를 설치하지 않은 자
5. 지배구조법 20조 3항을 위반하여 보고서를 제출하지 않은 자

5의2. 지배구조법 22조 4항 및 5항에 따른 연차보고서의 공시를 하지 않거나 거짓으로 공시한 자

6. 지배구조법 25조 6항(지배구조법 28조 2항에서 준용하는 경우를 포함)을 위반하여 준법감시인에 대한 별도의 보수지급 및 평가 기준을 운영하지 않은 자
7. 지배구조법 29조를 위반하여 준법감시인 또는 위험관리책임자가 같은 조 각 호의 어느 하나에 해당하는 업무를 수행하는 직무를 담당하거나 준법감시인 또는 위험관리책임자에게 이를 담당하게 한 자
8. 지배구조법 30조 2항을 위반하여 준법감시인 및 위험관리책임자의 임면사실을 보고하지 않거나 거짓으로 보고한 자

8의2. 지배구조법 30조의3 4항을 위반하여 책무구조도를 제출하지 아니한 자

9. 지배구조법 41조 1항을 위반하여 주주총회와 관련한 공시를 하지 않거나 거짓으로 공시한 자
10. 지배구조법 41조 2항을 위반하여 주주가 주주의 권리를 행사한 내용을 공시하지 않거나 거짓으로 공시한 자

3) 2천만 원 이하

금융회사의 임직원으로서 지배구조법에 따른 서류의 비치·제출·보고·공고 또는 공시를 게을리한 자에게는 2천만 원 이하의 과태료를 부과한다(지배구조법43③).

(4) 금융소비자법

금융소비자법 69조에 따른 과태료의 내용은 다음과 같다.

1) 1억 원 이하

다음 각 호의 어느 하나에 해당하는 자에게는 1억 원 이하의 과태료를 부과한다(금융소비자법69①).

1. 금융소비자법 16조 2항을 위반하여 내부통제기준을 마련하지 아니한 자
2. 금융소비자법 19조 1항을 위반하여 중요한 사항을 설명하지 아니하거나 같은 조 2항을 위반하여 설명서를 제공하지 아니하거나 확인을 받지 아니한 자
3. 금융소비자법 20조 1항 각 호의 어느 하나에 해당하는 행위를 한 자
4. 금융소비자법 21조 각 호의 어느 하나에 해당하는 행위를 한 자
5. 금융소비자법 22조 1항·3항 또는 4항을 위반하여 금융상품등에 관한 광고를 한 자
6. 금융상품판매대리·중개업자가 금융상품계약체결등의 업무를 대리하거나 중개하게 한 금융

상품판매대리·중개업자가 다음 각 목의 어느 하나에 해당하는 행위를 한 경우에 그 업무를 대리하거나 중개하게 한 금융상품판매대리·중개업자. 다만, 업무를 대리하거나 중개하게 한 금융상품판매대리·중개업자로서 그 위반행위를 방지하기 위하여 해당 업무에 관하여 적절한 주의와 감독을 게을리하지 아니한 자는 제외한다.

가. 금융소비자법 19조 1항을 위반하여 중요한 사항을 설명하지 아니하거나 같은 조 제2항을 위반하여 설명서를 제공하지 아니하거나 확인을 받지 아니한 경우

나. 금융소비자법 20조 1항 각 호의 어느 하나에 해당하는 행위를 한 경우

다. 금융소비자법 21조 각 호의 어느 하나에 해당하는 행위를 한 경우

라. 금융소비자법 22조 3항 또는 4항을 위반하여 금융상품등에 관한 광고를 한 경우

7. 금융소비자법 23조 1항을 위반하여 금융소비자에게 계약서류를 제공하지 아니한 자
8. 금융상품직접판매업자가 금융상품계약체결등의 업무를 대리하거나 중개하게 한 금융상품판매대리·중개업자가 금융소비자법 25조 1항 2호에 해당하는 행위를 한 경우에 그 업무를 대리하거나 중개하게 한 금융상품직접판매업자. 다만, 업무를 대리하거나 중개하게 한 금융상품직접판매업자로서 그 위반행위를 방지하기 위하여 해당 업무에 관하여 적절한 주의와 감독을 게을리하지 아니한 자는 제외한다.
9. 금융소비자법 27조 3항을 위반하여 같은 항 각 호의 어느 하나에 해당하는 사항을 금융소비자에게 알리지 아니한 자 또는 표지를 게시하지 아니하거나 증표를 내보이지 아니한 자
10. 금융소비자법 27조 4항을 위반하여 독립문자를 명칭에 사용하거나 광고에 사용한 자
11. 금융소비자법 27조 5항 각 호의 어느 하나에 해당하는 행위를 한 자
12. 금융소비자법 28조 1항을 위반하여 자료를 기록하지 아니하거나 자료의 종류별로 유지·관리하지 아니한 자
13. 금융소비자법 50조 1항에 따른 검사를 정당한 사유 없이 거부·방해 또는 기피한 자

2) 3천만 원 이하

다음 각 호의 어느 하나에 해당하는 자에게는 3천만 원 이하의 과태료를 부과한다(금융소비자법69②).

1. 금융소비자법 17조 2항을 위반하여 정보를 파악하지 아니하거나 확인을 받지 아니하거나 이를 유지·관리하지 아니하거나 확인받은 내용을 지체 없이 제공하지 아니한 자
2. 금융소비자법 17조 3항을 위반하여 계약 체결을 권유한 자
3. 금융소비자법 18조 1항을 위반하여 정보를 파악하지 아니한 자
4. 금융소비자법 18조 2항을 위반하여 해당 금융상품이 적정하지 아니하다는 사실을 알리지 아니하거나 확인을 받지 아니한 자
5. 금융소비자법 25조 1항 각 호의 어느 하나에 해당하는 행위를 한 자
6. 금융소비자법 25조 2항을 위반하여 수수료 외의 금품, 그 밖의 재산상 이익을 요구하거나 받은 자
7. 금융소비자법 26조 1항을 위반하여 같은 항 각 호의 어느 하나에 해당하는 사항을 미리 금융소비자에게 알리지 아니한 자 또는 같은 조 2항을 위반하여 표지를 게시하지 아니하거나

증표를 보여 주지 아니한 자

3) 1천만 원 이하

다음 각 호의 어느 하나에 해당하는 자에게는 1천만 원 이하의 과태료를 부과한다(금융소비자법69③).

1. 금융소비자법 21조의2 2항을 위반하여 일반금융소비자에게 금융상품을 소개하거나 계약 체결을 권유할 목적으로 연락한 자
2. 금융소비자법 21조의2 3항을 위반하여 일반금융소비자에게 금융상품을 소개하거나 계약 체결을 권유할 목적으로 방문하거나 연락한 자
3. 금융소비자법 48조 3항을 위반하여 등록요건에 대한 변동사항을 보고하지 아니한 자

4) 5백만 원 이하

금융소비자법 16조의2 1항을 위반하여 방문판매 및 전화권유판매를 하려는 임직원의 명부를 작성하지 아니하거나 같은 조 제2항을 위반하여 방문판매 및 전화권유판매를 하려는 임직원의 신원을 확인할 수 있도록 하지 아니한 자 또는 같은 조 제3항을 위반하여 성명 등을 밝히지 아니한 자에게는 500만원 이하의 과태료를 부과한다(금융소비자법69④).

3. 부과기준

(1) 구분

⑴ 과태료 부과기준은 보험업법에 따른 것, 지배구조법에 따른 것, 금융소비자법에 따른 것으로 구분된다.

⑵ 질서위반행위규제법 14조에 따르면, 행정청 및 법원은 과태료를 정함에 있어서 다음 각 호의 사항을 고려해야 한다.

1. 질서위반행위의 동기·목적·방법·결과
2. 질서위반행위 이후의 당사자의 태도와 정황
3. 질서위반행위자의 연령·재산상태·환경
4. 그 밖에 과태료의 산정에 필요하다고 인정되는 사유

⑶ 질서위반행위규제법의 과태료에 관한 규정은 우선적 효력이 있으므로(질서위반행위규제법5), 보험업법에 따른 부과기준, 지배구조법에 따른 부과기준을 적용함에 있어서는 위 질서위반행위규제법 14조에 입각해야 한다.

(2) 보험업법

1) 의의

과태료는 대통령령으로 정하는 바에 따라 금융위원회가 부과·징수한다(법209⑨). 이

에 따라 과태료 부과기준은 보험업법시행령 [별표9]가 규정하고 있다(시행령104). 보험업법시행령 [별표9]에 따르면 부과기준에는 일반기준과 개별기준이 있다.

2) 일반기준

금융위원회는 위반행위의 정도, 위반행위의 동기와 그 결과 등을 고려하여 아래 3) 개별기준에 따른 과태료 금액을 감경 또는 면제하거나 2분의 1의 범위에서 가중할 수 있다. 다만, 가중하는 경우에도 보험업법 209조 1항부터 7항까지의 규정에 따른 과태료 금액의 상한('법정최고한도액')을 초과할 수 없다.

3) 개별기준

(1) 개별기준에서는 위반유형별로 위 일반기준을 적용하기 위한 기준금액을 정하고 있다. 가령 보험업법 209조 5항 위반인 경우 과태료의 법정최고한도액이 1천만 원인데, 개별기준에 의하면 보험업법 209조 5항 위반에 속하는 보험업법 85조의3 1항의 위반행위에 대해 기준금액을 7백만 원으로 정하고 있다. 이 기준금액에 대해 위 일반기준을 적용하여 과태료를 결정하게 된다.

(2) 이하에서는 위반유형별로 기준금액을 살펴보자.

(a) 보험업법 209조 1항의 위반인 경우 보험업법상 최고한도액이 1억 원이다. 개별기준은 보험업법 209조 1항의 각 호별 기준금액을 1억 원, 6천만 원으로 각각 정하고 있다.

(b) 보험업법 209조 2항의 위반인 경우 보험업법상 최고한도액이 1억 원이다. 개별기준은 보험업법 209조 2항의 기준금액을 6천만 원으로 정하고 있다.

(c) 보험업법 209조 3항의 위반인 경우 보험업법상 최고한도액이 5천만 원이다. 개별기준은 보험업법 209조 3항의 기준금액을 5천만 원으로 정하고 있다.

(d) 보험업법 209조 4항의 위반인 경우 보험업법상 최고한도액이 3천만 원이다. 개별기준은 보험업법 209조 4항의 각 호별 기준금액을 3천만 원, 1천8백만 원으로 각각 정하고 있다.

(e) 보험업법 209조 5항의 위반인 경우 보험업법상 최고한도액이 2천만 원이다. 개별기준은 보험업법 209조 5항의 각 호별 기준금액을 1천만 원으로 정하고 있다.

(f) 보험업법 209조 6항의 위반인 경우 보험업법상 최고한도액이 2천만 원이다. 개별기준은 보험업법 209조 6항의 각 호별 기준금액을 2천만 원, 1천4백만 원, 1천만 원으로 각각 정하고 있다.

(g) 보험업법 209조 7항의 위반인 경우 보험업법상 최고한도액이 1천만 원이다. 개별기준은 보험업법 209조 7항의 각 호별 기준금액을 1천만 원, 7백만 원으로 각각 정하고 있다.

(h) 보험업법 209조 8항의 위반인 경우 보험업법상 최고한도액이 5천만 원이다. 개별

기준은 보험업법 209조 8항의 기준금액을 3백만 원으로 각각 정하고 있다.

(i) 그리고 위 (a)~(h)에서 법인이 아닌 자에 대해서는 기준금액을 별도로 정하는 경우가 있다.

(3) 지배구조법

1) 의의

과태료는 대통령령으로 정하는 바에 따라 금융위원회가 부과·징수한다(지배구조법43④). 이에 따라 과태료 부과기준은 지배구조법시행령 [별표2]가 규정하고 있다(시행령34). 지배구조법시행령 [별표2]에 따르면 부과기준에는 일반기준과 개별기준이 있다.

2) 일반기준

금융위원회는 위반행위의 정도, 위반행위의 동기와 그 결과 등을 고려하여 아래 3) 개별기준에 따른 과태료 금액을 감경 또는 면제하거나 2분의 1의 범위에서 늘릴 수 있다. 다만, 늘리는 경우에도 지배구조법 43조 1항부터 3항까지의 규정에 따른 과태료 금액의 상한('법정최고한도액')을 넘을 수 없다.

3) 개별기준

(1) 개별기준에서는 위반유형별로 위 일반기준을 적용하기 위한 기준금액을 정하고 있다. 가령 지배구조법 43조 2항 위반인 경우 과태료의 법정최고한도액이 3천만 원인데, 개별기준에 의하면 지배구조법 43조 2항 위반에 속하는 지배구조법 7조 2항의 위반행위에 대해 기준금액을 1천 8백만 원으로 정하고 있다. 이 기준금액에 대해 위 일반기준을 적용하여 과태료를 결정하게 된다.

(2) 이하에서는 위반유형별로 기준금액을 살펴보자.

(a) 지배구조법 43조 1항의 위반인 경우 지배구조법상 최고한도액이 1억 원이다. 개별기준은 지배구조법 43조 1항의 각 호별 기준금액을 1억 원 또는 5천만 원으로 각각 정하고 있다.

(b) 지배구조법 43조 2항의 위반인 경우 지배구조법상 최고한도액이 3천만 원이다. 개별기준은 지배구조법 43조 2항의 기준금액을 3천만 원 또는 1천 8백만 원으로 정하고 있다.

(c) 지배구조법 43조 3항의 위반인 경우 지배구조법상 최고한도액이 2천만 원이다. 개별기준은 지배구조법 43조 3항의 기준금액을 4백만 원으로 정하고 있다.

(d) 그리고 위 (a)~(c)에서 임직원, 준법감사인 또는 위험관리책임자에 대해서는 기준금액을 별도로 정하는 경우가 있다.

(4) 금융소비자법

1) 의의

과태료는 대통령령으로 정하는 바에 따라 금융위원회가 부과·징수한다(금융소비자법

69⑤). 이에 따른 과태료 부과기준은 금융소비자법시행령 [별표4]가 규정하고 있다(금융소비자법시행령51). 금융소비자법시행령 [별표4]에 따르면 부과기준에는 일반기준과 개별기준이 있다.

2) 일반기준

(1) 금융위원회는 위반행위의 정도, 위반행위의 동기와 그 결과 등을 고려하여 과태료를 줄일 필요가 있다고 인정되는 경우에는 아래 3)의 개별기준에 따른 과태료 금액의 2분의 1범위에서 그 금액을 줄이거나 면제할 수 있다. 다만, 과태료를 체납하고 있는 위반행위자의 경우에는 그렇지 않다.

(2) 금융위원회는 위반행위의 정도, 위반행위의 동기와 그 결과 등을 고려하여 과태료를 늘릴 필요가 있다고 인정한 경우에는 아래 3)의 개별기준에 따른 과태료금액의 2분의 1 범위에서 그 금액을 늘릴 수 있다. 다만, 늘리는 경우에도 금융소비자법 69조 1항부터 4항까지의 규정에 따른 과태료 금액의 상한('법정최고한도액')을 넘을 수 없다.

3) 개별기준

(1) 개별기준에서는 위반유형별로 위 일반기준을 적용하기 위한 기준금액을 정하고 있다. 가령 금융소비자법 69조 1항 위반인 경우 과태료의 법정최고한도액이 1억 원인데, 개별기준에 의하면 금융소비자법 69조 2항 위반에 속하는 금융소비자법 19조 1항의 위반행위에 대해 기준금액을 7천만 원으로 정하고 있다. 이 기준금액에 대해 위 일반기준을 적용하여 과태료를 결정하게 된다.

(2) 이하에서는 위반유형별로 기준금액을 살펴보자.

(a) 금융소비자법 69조 1항의 위반인 경우 금융소비자법상 최고한도액이 1억 원이다. 개별기준은 금융소비자법 69조 1항의 각 호별 기준금액을 1억 원, 7천만 원, 5천만 원으로 각각 정하고 있다.

(b) 금융소비자법 69조 2항의 위반인 경우 금융소비자법상 최고한도액이 3천만 원이다. 개별기준은 금융소비자법 69조 2항의 기준금액을 3천만 원 또는 2천만 원으로 정하고 있다.

(c) 금융소비자법 69조 3항의 위반인 경우 금융소비자법상 최고한도액이 1천만 원이다. 개별기준은 금융소비자법 69조 3항의 기준금액을 1천만 원으로 정하고 있다.

(d) 금융소비자법 69조 4항의 위반인 경우 금융소비자법상 최고한도액이 5백만 원이다. 개별기준은 금융소비자법 69조 4항의 기준금액을 4백만 원으로 정하고 있다.

(e) 그리고 위 (a)~(d)에서 법인이 아닌 자에 대해서는 기준금액을 별도로 정하는 경우가 있다.

4. 과태료의 부과 및 징수 등

(1) 의의

(1) 과태료의 부과 및 징수 등에 대해서는 질서위반행위규제법이 규율한다. 여기서 질서위반행위란 법률상의 의무를 위반하여 과태료를 부과하는 행위를 말한다. '금융기관 검사 및 제재에 관한 규정', 즉 '검사제재규정'도 과태료의 부과 및 징수 절차에 대해 규정하고 있다. 이 규정은 법령의 위임에 근거하지 않은 행정규칙이지만, 실무상 이에 의해 과태료 부과가 이루어지고 있다.

(2) 질서위반행위규제법상 과태료에 관한 규정은 우선적 효력이 있다. 즉 과태료의 부과·징수, 재판 및 집행 등의 절차에 관한 다른 법률의 규정 중 질서위반행위규제법의 규정에 저촉되는 것은 질서위반행위규제법으로 정하는 바에 따른다(질서위반행위규제법5).

(3) 고의 또는 과실이 없는 질서위반행위는 과태료를 부과하지 않는다(질서위반행위규제법7). 법인의 대표자, 법인 또는 개인의 대리인·사용인 및 그 밖의 종업원이 업무에 관하여 법인 또는 그 개인에게 부과된 법률상의 의무를 위반한 때에는 법인 또는 그 개인에게 과태료를 부과한다(질서위반행위규제법11①). 과태료는 행정청의 과태료 부과처분이나 법원의 과태료 재판이 확정된 후 5년간 징수하지 않거나 집행하지 않으면 시효로 인하여 소멸한다(질서위반행위규제법15①).

(4) 2인 이상이 질서위반행위에 가담한 때에는 각자가 질서위반행위를 한 것으로 본다(질서위반행위규제법12①).

(5) 하나의 행위가 2개 이상의 질서위반행위에 해당하는 경우에는 각 질서위반행위에 대하여 정한 과태료 중 가장 중한 과태료를 부과한다(질서위반행위규제법13①). 이러한 경우를 제외하고 2개 이상의 질서위반행위가 경합하는 경우에는 각 질서위반행위에 대하여 정한 과태료를 각각 부과한다(질서위반행위규제법13②본).

(2) 내용

1) 사전통지 및 의견제출

(1) 금융위원회가 질서위반행위에 대하여 과태료를 부과하고자 하는 때에는 미리 당사자에게 대통령령으로 정하는 사항을 통지하고, 10일 이상의 기간을 정하여 의견을 제출할 기회를 주어야 하고, 이 경우 지정된 기일까지 의견 제출이 없는 경우에는 의견이 없는 것으로 본다(질서위반행위규제법16①).

(2) 당사자는 의견 제출 기한 이내에 대통령령으로 정하는 방법에 따라 금융위원회에 의견을 진술하거나 필요한 자료를 제출할 수 있다(질서위반행위규제법16②). 금융위원회는

당사자가 제출한 의견에 상당한 이유가 있는 경우에는 과태료를 부과하지 않거나 통지한 내용을 변경할 수 있다(질서위반행위규제법16③).

2) 부과건의

(1) 금융감독원장은 금융기관 또는 그 임직원, 그 밖에 금융업관련법의 적용을 받는 자가 금융업관련법에 정한 과태료의 부과대상이 되는 위법행위를 한 때에는 금융위원회에 과태료의 부과를 건의해야 한다(검사제재규정20①본).

(2) 금융감독원장은 당해 위법행위가 법령 등에 따라 부과 면제사유에 해당한다고 판단하는 경우에는 부과면제를 건의해야 한다(검사제재규정20①단). 다만, 금융감독원장은 과태료의 부과면제 사유가 다음 각 호의 어느 하나에 해당하는 경우에는 금융위원회에 건의하지 않고 과태료의 부과를 면제할 수 있다(검사제재규정20②).

1. 삭제
3. 검사제재규정 [별표3] 과태료 부과기준 5호의 (1)[8]과 (2)[9]
4. 위반자가 채무자회생법에 따른 개인회생절차개시결정 또는 파산선고를 받은 경우

3) 과태료의 부과

금융위원회는 위 의견 제출 절차를 마친 후에 서면(당사자가 동의하는 경우에는 전자문서를 포함)으로 과태료를 부과해야 한다(질서위반행위규제법17①). 이 서면에는 질서위반행위, 과태료 금액, 그 밖에 대통령령으로 정하는 사항을 명시해야 한다(질서위반행위규제법17②).

4) 자진 납부

금융위원회는 당사자가 위 의견 제출 기한 이내에 과태료를 자진하여 납부하고자 하는 경우에는 대통령령으로 정하는 바에 따라 과태료를 감경할 수 있다(질서위반행위규제법18①). 이에 따라 당사자가 감경된 과태료를 납부한 경우에는 해당 질서위반행위에 대한 과태료 부과 및 징수절차는 종료한다(질서위반행위규제법18②).

5) 제척기간

금융위원회는 질서위반행위가 종료된 날(다수인이 질서위반행위에 가담한 경우에는 최종행위가 종료된 날을 말한다)부터 5년이 경과한 경우에는 해당 질서위반행위에 대하여 과태료를 부과할 수 없다(질서위반행위규제법19①). 금융위원회는 질서위반행위규제법 36조 또는 44조에 따른 법원의 결정이 있는 경우에는 그 결정이 확정된 날부터 1년이 경과하기 전까지는 과태료를 정정부과하는 등 해당 결정에 따라 필요한 처분을 할 수 있다(질서위반

8) 위반자의 지급불능 등 과태료 납부가 사실상 불가능하여 과태료 부과의 실효성이 없는 경우
9) 동일한 위반행위에 대하여 형벌·과징금 등 실효성 있는 제재조치를 이미 받은 경우 또는 금융기관의 인가·허가 또는 등록의 취소조치, 임원의 해임권고 및 직원의 면직을 이미 받았거나 받는 경우

행위규제법19②).

6) 이의제기 및 법원에의 통보

(1) 금융위원회의 과태료 부과에 불복하는 당사자는 과태료 부과 통지를 받은 날부터 60일 이내에 금융위원회에 서면으로 이의제기를 할 수 있다(질서위반행위규제법20①). 이의제기가 있는 경우에는 행정청의 과태료 부과처분은 그 효력을 상실한다(질서위반행위규제법20②).

(2) 이의제기를 받은 행정청은 이의제기를 받은 날부터 14일 이내에 이에 대한 의견 및 증빙서류를 첨부하여 관할 법원에 통보해야 한다(질서위반행위규제법21①본). 다만, 다음의 어느 하나에 해당하는 경우에는 그렇지 않다(질서위반행위규제법21①단).

1. 당사자가 이의제기를 철회한 경우
2. 당사자의 이의제기에 이유가 있어 과태료를 부과할 필요가 없는 것으로 인정되는 경우

(3) 과태료 재판에는 비송사건절차법 2조부터 4조까지, 6조, 7조, 10조(인증과 감정을 제외한다) 및 24조부터 26조까지의 규정을 준용한다(질서위반행위규제법28). 과태료 재판은 이유를 붙인 결정으로서 한다(질서위반행위규제법36①).

7) 질서위반행위의 조사

(1) 금융위원회는 질서위반행위가 발생하였다는 합리적 의심이 있어 그에 대한 조사가 필요하다고 인정할 때에는 대통령령으로 정하는 바에 따라 다음 각 호의 조치를 할 수 있다(질서위반행위규제법22①).

1. 당사자 또는 참고인의 출석 요구 및 진술의 청취
2. 당사자에 대한 보고 명령 또는 자료 제출의 명령

(2) 금융위원회는 질서위반행위가 발생하였다는 합리적 의심이 있어 그에 대한 조사가 필요하다고 인정할 때에는 그 소속 직원으로 하여금 당사자의 사무소 또는 영업소에 출입하여 장부·서류 또는 그 밖의 물건을 검사하게 할 수 있다(질서위반행위규제법22②).

(3) 위 검사를 하고자 하는 행정청 소속 직원은 당사자에게 검사 개시 7일 전까지 검사 대상 및 검사 이유, 그 밖에 대통령령으로 정하는 사항을 통지해야 하고, 다만 긴급을 요하거나 사전통지의 경우 증거인멸 등으로 검사목적을 달성할 수 없다고 인정되는 때에는 그렇지 않다(질서위반행위규제법22③). 검사를 하는 직원은 그 권한을 표시하는 증표를 지니고 이를 관계인에게 내보여야 한다(질서위반행위규제법22④).

(4) 위 (1)과 (2)에 따른 조치 또는 검사는 그 목적 달성에 필요한 최소한에 그쳐야 한다(질서위반행위규제법22⑤).

8) 자료제공의 요청

금융위원회는 과태료의 부과·징수를 위하여 필요한 때에는 관계 행정기관, 지방자치단체, 그 밖에 대통령령으로 정하는 공공기관의 장에게 그 필요성을 소명하여 자료 또는 정보의 제공을 요청할 수 있으며, 그 요청을 받은 공공기관 등의 장은 특별한 사정이 없는 한 이에 응해야 한다(질서위반행위규제법23).

9) 기타

질서위반행위규제법은 이외에도 과태료와 관련하여 가산금 징수 및 체납처분 등(질서위반행위규제법24), 상속재산 등에 대한 집행(질서위반행위규제법24의2), 과태료의 징수유예 등(질서위반행위규제법24의3) 등에 대해서 규정하고 있다.

판례색인

사항색인

손해사정사회 ··· 1106

공저자약력

한 기 정

서울대학교 법과대학 졸업(법학사)
영국 케임브리지대학교 대학원 졸업(Ph.D. in Law)
서울대학교 법학전문대학원 교수(현재)
공정거래위원회 위원장(제21대)
서울대학교 법학전문대학원 원장
법학전문대학원협의회 이사장
보험연구원 원장(제4대)
법무부 상법개정위원회 위원
금융위원회 금융발전심의회 위원
금융감독원 금융분쟁조정위원회 위원
사법시험위원, 보험중개사·보험계리사·손해사정사 시험위원

저서
보험법(제4판, 2025, 박영사)
신상법입문(제2판, 2022, 박영사)
보험법의 현대적 과제(편저, 2013, 소화)
새로운 금융법 체제의 모색(공저, 2006, 소화)

김 소 연

연세대학교 법과대학 졸업(법학사)
미국 UCLA 로스쿨 법학석사(LL.M.)
서울대학교 대학원 졸업(법학박사)
중앙대학교 법학전문대학원 부교수(현재)
삼성화재해상보험 변호사
법무법인 지평 변호사
사법연수원 37기

양 희 석

한양대학교 법과대학 졸업(법학사)
서울대학교 대학원 졸업(법학석사 및 법학박사)
충남대학교 법학전문대학원 조교수(현재)
NH농협생명보험 변호사
법무법인 민주 변호사
사법연수원 41기

저서
임원배상책임보험의 법적문제(2025, 경인문화사)
미국사법의 이해(공저, 2023, 박영사)

제2판
보험업법

초판발행 2019년 4월 8일
제2판발행 2026년 1월 15일

지은이 한기정 · 김소연 · 양희석
펴낸이 안종만 · 안상준

편 집 김선민
기획/마케팅 조성호
표지디자인 벤스토리
제 작 고철민 · 김원표

펴낸곳 (주) 박영사
서울특별시 금천구 가산디지털2로 53, 210호(가산동, 한라시그마밸리)
등록 1959. 3. 11. 제300-1959-1호(倫)
전 화 02)733-6771
f a x 02)736-4818
e-mail pys@pybook.co.kr
homepage www.pybook.co.kr
ISBN 979-11-303-9920-1 93360

정 가 67,000원